¡Necesito entender las palab
para poder utilizarlas!

otras **formas posibles de escribir una palabra**

favor (*GB* **favour**) /ˈfeɪvər/ ◆ *n* favor: *to ask a favor of sb* pedirle un favor a algn

variantes británicas

authorization, -isation /ˌɔːθərɪˈzeɪʃn; *GB* -raɪˈz-/ *n* autorización
authorize, -ise /ˈɔːθəraɪz/ *vt* autorizar

pronunciación y **acento**

photograph /ˈfoʊtəgræf; *GB* -grɑːf/ ◆ *n* (*tb* **photo**) fotografía, foto ◆ **1** *vt* fotografiar **2** *vi* salir en una foto: *He photographs well.* Es muy fotogénico. **photographer** /fəˈtɑgrəfər/ *n* fotógrafo, -a **photographic** /ˌfoʊtəˈgræfɪk/ *adj* fotográfico **photography** /fəˈtɑgrəfi/ *n*

ejemplos que le ayudarán a ver cómo se utiliza la palabra

fortunate /ˈfɔːrtʃənət/ *adj* afortunado: *to be fortunate* tener suerte

notas de vocabulario para aprender palabras relacionadas con la que se va a utilizar

gato, -a ◆ *nm-nf* cat

Tom-cat o **tom** es un gato macho, **kittens** son los gatitos. Los gatos ronronean (**purr**) y hacen miau (**miaow**).

◆ *nm* (*carro*) jack LOC **andar a gatas** to crawl **dar gato por liebre** to take *sb* in **el Gato con Botas** Puss in Boots **gato siamés** Siamese **haber gato encerrado**: *En esta oferta hay ~ encerrado.* There's something fishy about this offer. *Ver tb* PERRO

notas culturales que explican detalles interesantes y prácticos sobre las costumbres americanas y británicas

señorita *nf* **1** (*fórmula de cortesía*) Miss, Ms.

Miss se utiliza con el apellido o con el nombre y el apellido: "Miss Jones" o "Miss Mary Jones". Nunca se utiliza sólo con el nombre propio: *Llame a la señorita Elena/a la señorita Pelayo.* Phone Elena/Miss Pelayo.
Ms. se usa para mujeres casadas o solteras cuando no se conoce su estado civil.

palabras que se utilizan sólo en situaciones concretas, por ejemplo al hablar con amigos, pero no con un profesor

nutcase /ˈnʌtkeɪs/ *n* (*coloq*) chiflado, -a

¿Necesito entender las palabras para poder utilizarlas?

[illegible]

wagon [illegible] wagon [illegible]
[illegible] contexto [illegible]

[illegible] formas posibles de escribir una palabra

[illegible]

[illegible] verbos [illegible]

[illegible]

pronunciación [illegible]

[illegible]

ejemplos que [illegible] ver cómo se utiliza la palabra

[illegible]

notas de vocabulario [illegible] aprender palabras [illegible] [illegible]

[illegible]

[illegible] Mismo [illegible]

[illegible] Pigmentos, pinturas

[illegible]

notas culturales [illegible]

palabras que se utilizan sólo en situaciones concretas [illegible]

[illegible]

Diccionario Oxford Escolar

Edición Andina para estudiantes de inglés

Español–Inglés
Inglés–Español

Editores
Judith Willis
Patrick Goldsmith
Mª Ángeles Pérez Alonso

OXFORD UNIVERSITY PRESS · 1997

Oxford University Press
Great Clarendon Street, Oxford OX2 6DP

Oxford New York
Athens Auckland Bangkok Bogota Bombay
Buenos Aires Calcutta Cape Town Dar es Salaam
Delhi Florence Hong Kong Istanbul Karachi
Kuala Lumpur Madras Madrid Melbourne
Mexico City Nairobi Paris Singapore
Taipei Tokyo Toronto
and associated companies in
Berlin Ibadan

OXFORD and OXFORD ENGLISH
are trade marks of Oxford University Press

ISBN 0 19 431320 4

Diseño Holdsworth Associates, Isle of Wight

Cubierta Stonesfield Design, Stonesfield, Witney, Oxon

Ilustraciones Martin Cox, Margaret Heath, Phil Longford, Nigel Paige, Martin Shovel, Paul Thomas, Harry Venning, Michael Woods, Hardlines

Typeset in Great Britain by Tradespools Ltd, Frome, Somerset
Printed and bound by Richard Clay Ltd, Bungay, Suffolk

Índice

Introducción

El ***Diccionario Oxford Escolar Edición Andina*** es el primer diccionario bilingüe de bolsillo concebido y escrito exclusivamente para estudiantes de inglés de nivel elemental a intermedio en los países andinos. Los miembros del grupo editorial que llevó a cabo el proyecto son lexicógrafos con una amplia experiencia en la enseñanza del inglés.

Nuestro objetivo fundamental fue de elaborar un diccionario para guiar al estudiante en la primera etapa de su descubrimiento de la lengua y cultura del mundo angloparlante; de ahí los abundantes ejemplos de uso y las numerosas notas gramaticales, culturales y de vocabulario.

El ***Diccionario Oxford Escolar Edición Andina*** pertenece a una nueva generación de diccionarios bilingües publicados por Oxford University Press, únicos por estar basados en el estudio de una enorme colección de textos de inglés americano y británico. El equipo editorial tiene acceso directo a un corpus lingüístico de inglés americano y también al Corpus Nacional Británico (BNC), una base de datos de 100 millones de palabras que provienen de una extensa variedad de textos. Así tenemos la certeza de que la información que presentamos al estudiante en las entradas refleja con toda fidelidad el uso más actual de la lengua inglesa.

Queremos agradecer a los siguientes lexicógrafos su dedicación al proyecto: Stephanie Parker, Silvia Rivera, Paola Atehortúa Velásquez, Efraín Sánchez, Michael Britton.

Gracias también a Ruth Urbom, Marie Gorman, Mª José Rodríguez, Penny Fisher, Victoria Zaragoza, Mel Fraser, Raquel de Pedro, Mª Carmen Beaven, Enrique González Sardinero, Alayne Pullen, Margaret Jull Costa, Alison Sadler, Julie Watkins, Kate O'Neill, Ana Bremón e Idoia Noble.

Judith Willis
Patrick Goldsmith
Mª Ángeles Pérez Alonso

Prueba sobre el diccionario

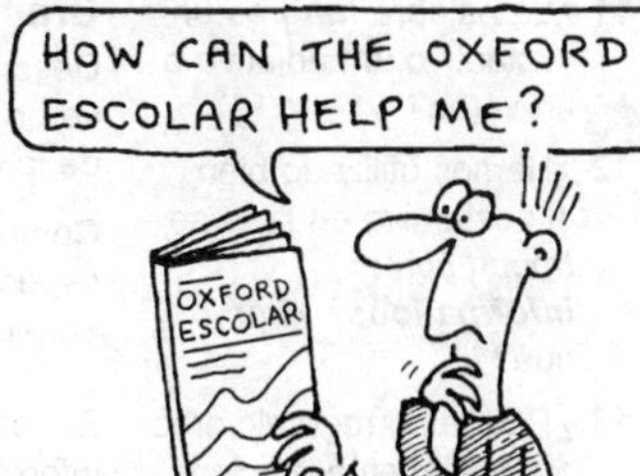

Para que se vea cómo el ***Diccionario Oxford Escolar*** puede ayudar en el aprendizaje del inglés, proponemos una pequeña prueba que se puede responder consultando las entradas del diccionario.

1 ¿Cómo se llaman la hembra y la cría del ***cerdo*** en inglés?

2 ¿Cómo se dice ***fútbol*** en inglés americano?

3 ¿Cómo se llaman los palos de la ***baraja*** en inglés?

4 La palabra ***swimsuit*** está mal utilizada en la siguiente frase: *I like John's swimsuit.* ¿Cúal es la palabra correcta?

5 ¿Cómo se puede felicitar a un amigo por su ***cumpleaños***?

6 ¿Qué se dice en inglés cuando alguien ***estornuda***?

7 ¿Dónde se celebran los ***matrimonios*** en Estados Unidos y Gran Bretaña?

8 ¿Cuándo se celebra el equivalente al ***día*** de los ***inocentes*** en los Estados Unidos?

Vocabulario

El ***Diccionario Oxford Escolar*** ayuda a ampliar el vocabulario de varias maneras: dando detalles sobre palabras ya conocidas, introduciendo otras nuevas relacionadas con ellas, citando la versión británica cuando la hay, etc.

También se pueden aprender expresiones típicas para utilizarlas en distintas situaciones.

Cada país tiene sus costumbres y celebraciones especiales. En este diccionario indicamos las más importantes de Estados Unidos y del Reino Unido, para que así resulte más fácil entender la cultura del mundo angloparlante.

9 ¿Hay alguna diferencia de pronunciación entre ***peace*** y ***piece***?

10 ¿De cuántas formas se puede pronunciar el sustantivo ***row*** y qué significa en cada caso?

Pronunciación

En la parte de inglés–español mostramos la pronunciación de las palabras. Los símbolos fonéticos aparecen a pie de página. Puede consultarse también la explicación que ofrecemos en el interior de la contraportada.

11 ¿La palabra ***lung*** es un sustantivo, un adjetivo o un verbo?

12 ¿Hemos utilizado bien el sustantivo en la frase *I need some **informations***? ¿Por qué?

13 ¿Podría corregir el verbo en la siguiente oración: *Jane **do** her homework in the library*?

14 ¿Cuál es el pasado simple del verbo *to **break***?

Gramática

Descubra si la palabra es un sustantivo, un verbo, un adverbio, etc consultando las partes de la oración que indicamos en cada entrada.

Compruebe si el sustantivo tiene un uso especial en inglés (a veces no se puede usar en plural porque es incontable).

En las entradas de los verbos damos información sobre las formas más importantes (pasado y participio). Además, en el apéndice 5 se encuentra la lista de los verbos irregulares más importantes.

15 ¿Cómo se escribe ***party*** en plural?

16 ¿Cuál es la forma en *-ing* del verbo *to **hit***?

Escritura

También se puede utilizar el diccionario para asegurarse de cómo se escribe una palabra, ya que a menudo indicamos pequeños cambios dependiendo de la forma del verbo o de si la palabra está en plural.

17 ¿Cómo se dice ***cepillo*** de dientes? ¿Y ***cepillo*** para el pelo?

18 ¿Dónde se pueden hacer huevos fritos: en una ***frying pan*** o en una ***saucepan***?

Explicaciones ilustradas

Para que se puedan distinguir palabras de un mismo grupo, añadimos dibujos que ayudan a identificar exactamente la que se necesita.

19 ¿Cómo se expresa la siguiente ***fecha*** en inglés: *July 4, 1998*?

20 ¿Cómo llamamos en inglés a una persona que nació en ***Alemania***?

Información adicional

Consulte las hojas de estudio centrales y los apéndices finales para aprender a expresar la hora y las fechas, a utilizar las preposiciones, los verbos irregulares, nombres de lugar, etc.

Respuestas

1 *Sow* y *piglet.* **2** *Soccer.* **3** *Hearts, diamonds, clubs* y *spades.* **4** *Swimming trunks.* **5** *Happy Birthday!* **6** *Bless you!* **7** En una iglesia (*a church wedding*) o un juzgado (*a civil ceremony*). **8** El 1º de Abril. **9** No. **10** De dos formas: /rəʊ/ (fila) y /raʊ/ (pelea). **11** Un sustantivo. **12** No, debería ser *I need some information* porque es incontable. **13** *Jane does her homework in the library.* **14** *Broke.* **15** *Parties.* **16** *Hitting.* **17** *Toothbrush* y *hairbrush.* **18** En una *frying pan.* **19** *July fourth, nineteen ninety-eight* o *The fourth of July, nineteen ninety-eight.* **20** *A German.*

Aa

a *prep*

- **dirección** to: *Se acercó a mí.* She came up to me.
- **posición** on: *a la izquierda* on the left ◊ *a este lado* on this side ◊ *Estaban sentados a la mesa.* They were sitting at the table.
- **distancia**: *a diez kilómetros de aquí* ten kilometers from here
- **tiempo 1** (*gen*) at: *a las doce* at twelve o'clock ◊ *a los sesenta años* at (the age of) sixty ◊ *Estamos a dos de enero.* It's the second of January. **2** (*después de*): *al año de su llegada* a year after his arrival ◊ *Volvieron a las cuatro horas.* They returned four hours later.
- **indicando finalidad** to: *Voy a repetirlo.* I'm going to do it again. ◊ *Me agaché a recogerlo.* I bent down to pick it up.
- **indicando modo o manera**: *ir a pie* to go on foot ◊ *Hazlo a tu manera.* Do it your way. ◊ *vestir a lo hippy* to dress like a hippy
- **complemento directo**: *No conozco a tu hermano.* I don't know your brother. ◊ *Llame al mesero.* Call the waiter over.
- **complemento indirecto 1** (*gen*) to: *Dáselo a tu hermano.* Give it to your brother. **2** (*para*) for: *Le compré una bicicleta a mi hija.* I bought a bicycle for my daughter. **3** (*de*) from: *No le copies el examen a Juan.* Don't copy from Juan.
- **otras construcciones 1** (*medida*) at: *Iban a 60 kilómetros por hora.* They were going at 60 kilometers an hour. **2** (*tarifa*) a, per (*más formal*): *cinco dólares al mes* five dollars a month **3** (*Dep*): *Ganaron tres a cero.* They won three to nothing. **4** (*en órdenes*): *¡A trabajar!* Let's do some work! ◊ *Sal a buscarla.* Go out and look for her. **LOC ¡a él, ella, etc!** get him, her, etc! **¿a qué...?** what...for?: *¿A qué fuiste?* What did you go for? *Ver tb* AL

abadía *nf* abbey [*pl* abbeys]

abajo ◆ *adv* **1** (*posición*) below: *desde ~* from below **2** (*en un edificio*) downstairs: *el vecino de ~* the man who lives downstairs ◊ *Hay otro baño ~.* There is another bathroom downstairs. **3** (*dirección*) down: *calle/escaleras ~* down the street/stairs ◆ **¡abajo!** *interj* down with...! **LOC echar abajo 1** (*edificio*) to knock *sth* down **2** (*gobierno*) to bring *sth* down **el de abajo** the bottom one **hacia abajo** downwards **más abajo 1** (*más lejos*) further down: *en esta misma calle, más ~* further down this street **2** (*en sentido vertical*) lower down: *Pon el cuadro más ~.* Put the picture lower down. *Ver tb* AHÍ, ALLÁ, ALLÍ, ARRIBA, BOCA, CALLE, CUESTA, PARTE[1], RÍO, RODAR

abalanzarse *v pron* **1 ~ sobre** to pounce **on *sth/sb***: *Me abalancé sobre mi adversario.* I pounced on my opponent. **2 ~ hacia** to rush **towards *sth/sb***: *El público se abalanzó hacia la puerta.* The crowd rushed towards the door.

abandonado, -a *pp, adj* (*edificio*) derelict *Ver tb* ABANDONAR

abandonar *vt* **1** (*gen*) to abandon: *~ una criatura/un animal* to abandon a child/an animal ◊ *~ un proyecto* to abandon a project **2** (*lugar*) to leave: *~ la sala* to leave the room **3** (*fig*) to desert: *Mis amigos no me abandonarían.* My friends would never desert me. **4** (*Informát*) to quit

abanicar(se) *vt, v pron* to fan (yourself)

abanico *nm* **1** (*gen*) fan **2** (*gama*) range: *un amplio ~ de opciones* a wide range of options

abastecer ◆ *vt* to supply *sb* (***with sth***): *La granja abastece de huevos a todo el pueblo.* The farm supplies the whole village with eggs. ◆ **abastecerse** *v pron* **abastecerse de** to stock up **on *sth***: *~se de harina* to stock up on flour

abastecimiento *nm* **1** (*acción*) supplying: *¿Quién se encarga del ~ de las tropas?* Who is in charge of supplying the troops? **2** (*suministro*) supply: *controlar el ~ de agua* to regulate the water supply

abasto *nm* **LOC no dar abasto**: *Con tantas cosas que hacer no doy ~.* I've got far too many things to do.

abdicar *vt, vi* ~ **(en favor de)** to abdicate **(in favor of *sb*)**: *Eduardo VIII abdicó (la corona) en favor de su hermano.* Edward the Eighth abdicated in favor of his brother.

abdomen *nm* abdomen

abdominal ◆ *adj* abdominal ◆ **abdominales** *nm* **1** (*músculos*) stomach muscles, abdominal muscles (*científ*) **2** (*ejercicios*) sit-ups: *hacer ~es* to do sit-ups

abecedario *nm* alphabet

abedul *nm* birch (tree)

abeja *nf* bee LOC **abeja obrera** worker (bee) **abeja reina** queen bee

abejorro *nm* bumble-bee

abertura *nf* **1** (*hueco*) gap **2** (*grieta*) crack

abeto *nm* fir (tree)

abierto, -a *pp, adj* **1** ~ (**a**) open (**to *sth*/*sb***): *Deje la puerta abierta.* Leave the door open. ◇ *~ al público* open to the public ◇ *El caso sigue ~.* The case is still open. **2** (*llave*) running: *dejar una llave abierta* to leave a faucet running **3** (*cremallera*) undone: *Llevas la cremallera abierta.* Your fly is undone. **4** (*persona*) sociable *Ver tb* ABRIR

abismo *nm* **1** (*gen*) abyss **2** ~ **entre...** gulf **between...**: *Hay un ~ entre tú y yo.* There is a gulf between us.

ablandar(se) *vt, v pron* to soften: *El calor ablanda la mantequilla.* Heat softens butter.

abobado, -a *adj Ver* ATONTADO

abofetear *vt* to slap

abogacía *nf* legal profession LOC **ejercer/practicar la abogacía** to practice law

abogado, -a *nm-nf* lawyer

> **Lawyer** en Gran Bretaña y los Estados Unidos es un término general que comprende los distintos tipos de abogado. En Estados Unidos se emplea la palabra **attorney** para referirse a los diferentes tipos de abogado: **criminal attorney**, **tax attorney**, **defense attorney**, **corporate attorney**. En Gran Bretaña se distingue entre **barristers**, quienes pueden actuar en todos los tribunales, y **solicitors**, quienes pueden intervenir únicamente en tribunales inferiores, y normalmente se encargan de preparar documentos legales y asesorar a los clientes.

LOC **abogado defensor** defense counsel **abogado del diablo** devil's advocate

abolición *nf* abolition

abolir *vt* to abolish

abolladura *nf* dent: *La puerta del garaje tiene una ~.* There's a dent in the garage door. ◇ *Le hice una ~ al carro.* I dented the car.

abollar *vt* to dent: *Me abollaste el carro.* You've dented my car.

abombado, -a *pp, adj* convex

abonar *vt* (*tierra*) to fertilize

abono *nm* **1** (*fertilizante*) fertilizer **2** (*pago*) payment: *mediante el ~ de 100 pesos* on payment of 100 pesos

abordaje *nm* (*barco*) boarding

abordar *vt* **1** (*barco*) to board **2** (*asunto, problema*) to approach

aborigen *nmf* native

aborrecer *vt* **1** (*detestar*) to detest *sth/doing sth* **2** (*animal*) to abandon

abortar *vi* **1** (*espontáneamente*) to have a miscarriage **2** (*voluntariamente*) to have an abortion

aborto *nm* **1** (*espontáneo*) miscarriage: *sufrir un ~* to have a miscarriage **2** (*provocado*) abortion

abotonar *vt* to button *sth* (up): *Le abotoné la camisa.* I buttoned (up) his shirt.

abovedado, -a *pp, adj* vaulted

abrasivo, -a *adj, nm* abrasive

abrazar *vt* to hug, to embrace (*más formal*): *Abrazó a sus hijos.* She hugged her children.

abrazo *nm* hug, embrace (*más formal*) LOC **un abrazo/un fuerte abrazo** love/lots of love: *Deles un ~ a sus papás.* Give my love to your parents. ◇ *Les mando un fuerte ~.* Lots of love.

abrecartas *nm* letter opener

abrelatas *nm* can opener

abreviación *nf* shortening

abreviar ◆ *vt* (*palabra*) to abbreviate ◆ *vi* (*ahorrar tiempo*) to save time LOC **¡abrevia!** hurry up!

abreviatura *nf* abbreviation (***for*/*of sth***)

abrigado, -a *pp, adj* **1** (*lugar*) sheltered **2** (*persona*): *bien ~* dressed very warmly ◇ *Vas demasiado ~.* You've got too much on. *Ver tb* ABRIGAR

abrigador, ~a *adj* warm: *Ponte algo más ~.* Put something warmer on.

abrigar ◆ *vt* **1** (*prenda*) to keep *sb* warm: *Esa bufanda te abrigará.* That scarf will keep you warm. **2** (*arropar*) to dress *sb* warmly: *Abriga bien a la niña.* Dress the child very warm. ◆ *vi* to be warm: *Este saco abriga mucho.* This cardigan is very warm. ◆ **abrigarse** *v pron* to dress warmly:

Abrígate, hace mucho frío. Dress very warmly, it's very cold outside.

abrigo *nm* coat: *Ponte el ~.* Put your coat on. **LOC al abrigo de** sheltered from *sth*: *al ~ de la lluvia* sheltered from the rain

abril *nm* April (*abrev* Apr) ☛ *Ver ejemplos en* ENERO

abrir ◆ *vt* **1** (*gen*) to open: *No abra la ventana.* Don't open the window. ◊ *~ fuego* to open fire **2** (*llave, gas*) to turn *sth* on **3** (*túnel*) to bore **4** (*agujero, camino*) to make ◆ *vi* (*abrir la puerta*) to open up: *¡Abre!* Open up! ◆ **abrirse** *v pron* **1** (*gen*) to open: *De repente se abrió la puerta.* Suddenly the door opened. **2** (*tierra*) to crack **LOC abrirse camino en la vida** to get on in life **abrirse la cabeza** to split your head open **abrir (un) expediente** to take proceedings (*against sb*) **en un abrir y cerrar de ojos** in the twinkling of an eye **no abrir el pico/la boca** not to say a word: *No abrió la boca en toda la tarde.* He didn't say a word all afternoon. *Ver tb* PASO

abrochar(se) *vt, v pron* **1** (*gen*) to do *sth* up (***for sb***): *Abróchate el abrigo.* Do your coat up. **2** (*broche, cinturón*) to fasten

abrupto, -a *adj* (*terreno*) rugged

absceso *nm* abscess

absolución *nf* **1** (*Relig*) absolution: *dar la ~* to give absolution **2** (*Jur*) acquittal

absoluto, -a *adj* absolute: *conseguir la mayoría absoluta* to obtain an absolute majority **LOC en absoluto**: *nada en ~* nothing at all ◊ *—¿Te importa? —En ~.* "Do you mind?" "Not at all."

absolver *vt* **1** (*Relig*) to absolve *sb* (***from sth***) **2** (*Jur*) to acquit *sb* (***of sth***): *El juez absolvió al acusado.* The defendant was acquitted.

absorbente *adj* absorbent

absorber *vt* to absorb: *~ un líquido/olor* to absorb a liquid/smell

abstención *nf* abstention (***from sth***)

abstenerse *v pron ~* (**de**) to abstain (**from** ***sth***): *~ de beber/fumar* to abstain from drinking/smoking ◊ *El Senador se abstuvo.* The Senator abstained.

abstinencia *nf* **LOC** *Ver* SÍNDROME

abstracto, -a *adj* abstract

abstraído, -a *pp, adj* (*preocupado*) preoccupied

absurdo, -a *adj* absurd

abuchear *vt* to boo

abuelo, -a *nm-nf* **1** (*gen*) grandpa [*fem* grandma] (*coloq*), grandfather [*fem* grandmother] **2 abuelos** grandparents: *en casa de mis ~s* at my grandparents'

aburrición *nf* boredom: *¡Qué ~ de película!* What a boring movie! ◊ *Como de pura ~.* I eat from sheer boredom.

aburrido, -a *pp, adj* **LOC estar aburrido** to be bored *Ver tb* ABURRIR

aburridor, ~a *adj* boring: *un discurso ~* a boring speech

aburrir ◆ *vt* **1** (*gen*) to bore: *Espero no estar aburriéndole.* I hope I'm not boring you. ◊ *Me aburre este programa.* I'm getting bored with this program. **2** (*hartar*): *Me aburren con sus quejas.* I'm sick of your moaning. ◆ **aburrirse** *v pron* to get bored **LOC aburrirse como una ostra** to be bored stiff

abusar *vi ~* (**de**) to abuse *sth/sb* [*vt*]: *No abuses de su confianza.* Don't abuse his trust. ◊ *Declaró que abusaron de ella.* She claims to have been sexually abused. **LOC abusar del alcohol, de la droga, etc** to drink, smoke, etc too much

abusivo, -a *adj* (*aprovechado*) freeloader [*n*]: *¡Mira que es ~!* You're a real freeloader!

abuso *nm ~* (**de**) abuse: *¡Es un ~!* That's outrageous! **LOC abuso del tabaco, etc** excessive smoking, etc

acá *adv* here: *Ven ~.* Come here. ◊ *Ponlo más (para) ~.* Bring it nearer. **LOC de acá para allá**: *Llevo todo el día de ~ para allá.* I've been running around all day. ◊ *He andado de ~ para allá buscándote.* I've been looking for you everywhere.

acabado, -a *pp, adj* **1** (*gen*) ending in *sth*: *una palabra acabada en "d"* a word ending in "d" **2** (*destruido*) clapped-out **3** (*persona*) worn out *Ver tb* ACABAR

acabar ◆ *vt, vi ~* (**de**) to finish (*sth/doing sth*): *Aún no he acabado el artículo.* I haven't finished the article yet. ◊ *Tengo que ~ de lavar el carro.* I have to finish washing the car. ◊ *La función acaba a las tres.* The show finishes at three. ◆ *vi* **1** *~* (**en/por**) to end up: *Ese vaso acabará por quebrarse.* That glass will end up getting broken. ◊ *~ en la ruina/arruinado* to end up penniless ◊ *Acabé cediendo.* I ended up giving in. **2** *~* **de hacer algo** to have just done sth: *Acabo de verlo.* I've just seen him. **3** *~* **en (a)** (*forma*) to end **in** ***sth***: *Acaba en punta.* It ends in a point.

(b) (*palabra*) to end **with *sth***: *¿En qué acaba, en "d" o en "z"?* What does it end with? A "d" or a "z"? **4 ~ con (a)** (*persona*) to be the death **of *sb***: *Vas a ~ conmigo.* You'll be the death of me. **(b)** (*poner fin*) to put an end **to *sth***: *~ con la injusticia* to put an end to injustice ◆ **acabarse** *v pron* to run out (**of *sth***): *Se acabó el azúcar.* The sugar's run out. ◊ *Se nos acabó el café.* We've run out of coffee. **LOC acabar mal**: *Esto tiene que ~ mal.* No good can come of this. ◊ *Ese muchacho acabará mal.* That boy will come to no good. **¡se acabó!** that's it!

acabóse *nm* **LOC ser el acabóse** to be the limit

academia *nf* **1** (*gen*) academy [*pl* academies]: *~ militar* military academy **2** (*escuela*) school: *~ de idiomas* language school

académico, -a *adj* academic: *curso/expediente ~* academic year/record

acampada *nf* **LOC ir de acampada** to go camping

acampar *vi* to camp

acantilado *nm* cliff

acariciar *vt* **1** (*persona*) to caress **2** (*animal*) to pet

acaso *adv* **1** (*quizás*) perhaps **2** (*en preguntas*): *¿~ dije yo eso?* Did I say that? **LOC por si acaso** just in case

acatar *vt* (*leyes, órdenes*) to obey

acceder *vi* ~ (a) **1** (*estar de acuerdo*) to agree (**to *sth*/to do *sth***) **2** (*institución*) to be admitted **to *sth***: *Las mujeres podrán ~ al ejército.* Women will be admitted to the army.

accesible *adj* accessible (***to sb***)

acceso *nm* ~ (a) **1** (*gen, Informát*) access (**to *sth*/*sb***): *la puerta de ~ a la cocina* the door into the kitchen ◊ *~ a la cámara blindada* access to the strongroom **2** (*vía de entrada*) entrance (**to *sth***): *Hay cuatro ~s al palacio.* There are four entrances to the palace. **3 ~ de** fit: *Le dan ~s de tos.* He has coughing fits.

accesorio *nm* accessory [*pl* accessories]: *bisutería y ~s* fashion jewelry and accessories

accidentado, -a ◆ *pp, adj* **1** (*terreno*) rugged **2** (*difícil*) difficult: *un viaje ~* a difficult journey ◆ *nm-nf* casualty [*pl* casualties]

accidental *adj* accidental: *muerte ~* accidental death

accidente *nm* **1** (*gen*) accident: *~ ferroviario* train accident ◊ *sufrir un ~* to have an accident **2** (*Geog*) (geographical) feature **LOC accidente aéreo/de tránsito** plane/car crash

acción *nf* **1** (*gen*) action: *entrar en ~* to go into action ◊ *~ criminal/legal* criminal/legal action **2** (*obra*) act: *una mala ~* a wrongful act **3** (*Fin*) share **LOC una buena acción** a good deed

accionar *vt* to work

accionista *nmf* shareholder

acechar *vt, vi* to lie in wait (**for *sth*/*sb***): *El enemigo acechaba en la oscuridad.* The enemy lay in wait in the darkness.

acecho *nm* **LOC estar al acecho** to lie in wait (*for sth/sb*)

aceite *nm* oil: *~ de girasol/oliva* sunflower/olive oil **LOC** *Ver* UNTAR

aceituna *nf* olive: *~s rellenas/sin pepa* stuffed/pitted olives

aceleración *nf* acceleration

acelerador *nm* accelerator

acelerar *vt, vi* to accelerate: *Acelere, que se para.* Accelerate or you'll stall. **LOC acelerar el paso** to quicken your pace

acelga *nf* chard [*incontable*]: *~s con besamel* chard in white sauce

acento *nm* accent: *con ~ en la última sílaba* with an accent on the last syllable ◊ *hablar con ~ extranjero* to speak with a foreign accent **LOC** *Ver* PEGAR

acentuar ◆ *vt* **1** (*poner tilde*) to accent: *Acentúa las siguientes palabras.* Put the accents on the following words. **2** (*resaltar, agravar*) to accentuate ◆ **acentuarse** *v pron* (*llevar tilde*) to have an accent: *Se acentúa en la segunda sílaba.* It has an accent on the second syllable.

aceptable *adj* acceptable (***to sb***)

aceptar *vt* **1** (*gen*) to accept: *Por favor acepta este pequeño regalo.* Please accept this small gift. ◊ *¿Va a ~ su oferta?* Are you going to accept their offer? **2** (*acceder a*) to agree ***to do sth***: *Aceptó irse.* He agreed to leave.

acera *nf* sidewalk

acerca *adv* **LOC acerca de** about, concerning (*más formal*)

acercar ◆ *vt* **1** (*aproximar*) to bring *sth* closer (***to sth*/*sb***): *Acercó el micrófono a la boca.* He brought the microphone closer to his mouth. **2** (*dar*) to pass: *Acércame ese cuchillo.* Pass me that knife. **3** (*en vehículo*) to give *sb* a ride: *Me acercaron a la casa/estación.* They gave me a ride home/to the station. ◆ **acercarse** *v pron* **acercarse (a)** to get closer (**to *sth/sb***): *Se acerca mi cumpleaños.* My birthday is getting closer. ◊ *Acérquese a mí.* Come closer.

acero *nm* steel: ~ *inoxidable* stainless steel

acertado, -a *pp, adj* **1** (*correcto*) right: *la respuesta acertada* the right answer **2** (*inteligente*) clever: *una idea acertada* a clever idea *Ver tb* ACERTAR

acertar ◆ *vt* to guess: ~ *la respuesta* to guess the answer ◆ *vi* **1** ~ **(en/con)** (*al elegir*) to get *sth* right **2** (*al obrar*) to be right ***to do sth***: *Hemos acertado al negarnos.* We were right to refuse. **3** ~ **(a/en)** (*al disparar*) to hit *sth* [*vt*]: ~ *en el blanco* to hit the target

acertijo *nm* riddle

achantado, -a *adj* down

achaque *nm* ailment: *los ~s de la edad* old people's ailments ◊ *Siempre con tus ~s.* You're always complaining of aches and pains.

achatar ◆ *vt* to flatten ◆ **achatarse** *v pron* to get flattened

achicar *vt* **1** (*empequeñecer*) to make *sth* smaller **2** (*agua*) to bail *water* out

achicharrar ◆ *vt* **1** (*quemar*) to burn **2** (*calor*) to scorch ◆ **achicharrarse** *v pron* (*pasar calor*) to roast: *Nos achicharraremos en la playa.* We'll roast on the beach.

¡achís! *interj* achoo!

La persona que estornuda suele disculparse con **excuse me!** La gente a su alrededor puede decir **bless you!**, aunque muchas veces no dicen nada.

acholado, -a *pp, adj* mestizo

acidez *nf* acidity **LOC** **acidez estomacal** heartburn

ácido, -a ◆ *adj* (*sabor*) sharp ◆ *nm* acid **LOC** *Ver* LLUVIA

acierto *nm* **1** (*respuesta correcta*) correct answer **2** (*buena idea*) good idea: *Fue un ~ venir.* It was a good idea to come.

aclamar *vt* to acclaim

aclarar ◆ *vt* **1** (*explicar*) to clarify: *¿Puedes ~ este punto?* Can you clarify this point? **2** (*juagar*) to rinse **3** (*color*) to lighten ◆ *vi, v imp* (*cielo*) to clear up ◆ **aclararse** *v pron* (*entender*) to understand: *A ver si me aclaro.* Let's see if I can understand this. **LOC** **¡a ver si te aclaras!** make up your mind!

acné *nm* acne

acobardar ◆ *vt* to intimidate ◆ **acobardarse** *v pron* **acobardarse (ante/por)** to feel intimidated (**by *sth/sb***)

acogedor, ~a *adj* (*lugar*) cozy

acoger *vt* **1** (*invitado, idea, noticia*) to welcome: *Me acogió con una sonrisa.* He welcomed me with a smile. ◊ *Acogieron la propuesta con entusiasmo.* They welcomed the proposal. ◊ *Nos acogieron muy bien.* We were given a warm welcome. **2** (*refugiado, huérfano*) to take *sb* in

acolitar *vt* to cover for *sb*

acomodado, -a *pp, adj* (*con dinero*) well off *Ver tb* ACOMODARSE

acomodador, ~a *nm-nf* usher

acomodarse *v pron* **1** (*instalarse*) to settle down: *Se acomodó en el sofá.* He settled down on the sofa. **2** ~ **a** (*adaptarse*) to adjust **to *sth***

acompañante *nmf* **LOC** *Ver* CARRO

acompañar *vt* **1** ~ **a** (*gen*) to go with *sth/sb*, to accompany (*más formal*): *el cassette que acompaña al libro* the tape which accompanies the book ◊ *Voy de paseo. ¿Me acompaña?* I'm going for a walk. Are you coming (with me)? **2** (*Mús*) to accompany *sb* (**on *sth***): *Su hermana lo acompañaba al piano.* His sister accompanied him on the piano.

acomplejarse *v pron* to get a complex

acondicionado, -a *pp, adj* **LOC** *Ver* AIRE

aconsejable *adj* advisable

aconsejar *vt* to advise *sb* (***to do sth***): *Te aconsejo que aceptes ese trabajo.* I advise you to accept that job. ◊ *—¿Lo compro? —No te lo aconsejo.* "Should I buy it?" "I wouldn't advise you to."

acontecimiento *nm* event: *Fue todo un ~.* It was quite an event.

acoplarse *v pron* ~ **(a)** to fit in (**with *sth/sb***): *Trataremos de acoplarnos a su horario.* We'll try to fit in with your schedule.

acorazado, -a ◆ *pp, adj* armor-plated ◆ *nm* battleship

acordar ◆ *vt* to agree (***to do sth***): *Acordamos volver al trabajo.* We agreed to return to work. ◆ **acordarse** *v pron* **acordarse (de)** to remember: *Acuérdate de poner la carta.* Remember to mail the letter. ◊ *No me acuerdo de su nombre.* I can't remember his name. **LOC** **acordarse de haber hecho algo** to remember doing sth: *Me acuerdo de haberlo visto.* I remember seeing it.

¡te acordarás! you'll regret it! ☛ *Ver nota en* REMEMBER

acorde *nm* (*Mús*) chord

acordeón *nm* accordion

acordonar *vt* (*lugar*) to cordon *sth* off

acorralar *vt* (*persona*) to corner

acortar ◆ *vt* to shorten ◆ **acortarse** *v pron* to get shorter

acostado, -a *pp, adj* LOC **estar acostado 1** (*recostado*) to be lying down **2** (*en la cama*) to be in bed *Ver tb* ACOSTAR

acostar ◆ *vt* to put *sb* to bed: *Tuvimos que ~lo.* We had to put him to bed. ◆ **acostarse** *v pron* **1** (*ir a la cama*) to go to bed: *Deberías ~te temprano hoy.* You should go to bed early today. ◊ *Es hora de ~se.* Time for bed. **2** (*recostarse*) to lie down ☛ *Ver nota en* LIE[2]

acostumbrado, -a *pp, adj* LOC **estar acostumbrado a** to be used to *sth/sb/doing sth*: *Está ~ a levantarse temprano.* He's used to getting up early. *Ver tb* ACOSTUMBRARSE

acostumbrarse *v pron* ~ **(a)** to get used **to *sth/sb/doing sth***: *~ al calor* to get used to the heat ◊ *Tendrás que acostumbrarte a madrugar.* You'll have to get used to getting up early.

ACPM *nm* diesel

acreedor, ~a *nm-nf* creditor LOC **ser acreedor de** to be worthy of *sth*

acribillar *vt* **1** (*gen*) to riddle: *~ a algn a balazos* to riddle sb with bullets **2** (*mosquitos*) to bite *sb* to death

acrobacia *nf* acrobatics: *Sus ~s recibieron grandes aplausos.* Her acrobatics were greeted with loud applause. ◊ *realizar ~s* to perform acrobatics

acróbata *nmf* acrobat

acta *nf* (*reunión*) minutes [*pl*]: *Carlos levantó el ~ de la reunión.* Carlos took the minutes of the meeting.

actitud *nf* attitude (***to/towards sth/sb***)

activar *vt* **1** (*poner en marcha*) to activate: *~ un mecanismo* to activate a mechanism **2** (*acelerar*) to accelerate

actividad *nf* activity [*pl* activities]

activo, -a *adj* active

acto *nm* **1** (*acción, Teat*) act: *un ~ violento* an act of violence ◊ *una obra en cuatro ~s* a four-act play **2** (*ceremonia*) ceremony [*pl* ceremonies]: *el ~ de clausura* the closing ceremony LOC **acto seguido** immediately afterward **en el acto** right away: *Me levanté en el ~.* I stood up right away.

actor, -triz *nm-nf* actor [*fem* actress] ☛ *Ver nota en* ACTRESS LOC **actor/actriz principal** male/female lead

actuación *nf* performance

actual *adj* **1** (*del momento presente*) current: *el estado ~ de las obras* the current state of the building work **2** (*de hoy en día*) present-day: *La ciencia ~ se enfrenta a problemas éticos.* Present-day science faces ethical problems.

actualidad *nf* present situation: *la ~ de nuestro país* the present situation in our country LOC **de actualidad** topical: *estar de ~* to be topical ◊ *asuntos/temas de ~* topical issues

actualizar *vt* to update

actualmente *adv* (*ahora*) at the moment

actuar *vi* **1** (*artista*) to perform **2 ~ de** to act **as *sth***: *~ de intermediario* to act as an intermediary

acuarela *nf* watercolor LOC *Ver* PINTAR

Acuario *nm, nmf* (*Astrología*) Aquarius ☛ *Ver ejemplos en* AQUARIUS

acuario *nm* aquarium [*pl* aquariums/aquaria]

acuático, -a *adj* **1** (*Biol*) aquatic **2** (*Dep*) water [*n atrib*]: *deportes ~s* water sports LOC *Ver* ESQUÍ

acudiente *nmf* guardian

acudir *vi* **1** (*ir*) to go (***to sth/sb***): *~ en ayuda de algn* to go to sb's aid **2** (*venir*) to come (***to sth/sb***): *Los recuerdos acudían a mi memoria.* Memories came flooding back. **3** (*recurrir*) to turn ***to sb***: *No sé a quién ~.* I don't know who to turn to.

acueducto *nm* aqueduct

acuerdo *nm* agreement: *llegar a un ~* to reach an agreement LOC **¡de acuerdo!** all right! **estar de acuerdo** to agree (*with sb*): *Estoy de ~ con él.* I agree with him. **ponerse de acuerdo** to agree (*to do sth*): *Se pusieron de ~ para ir juntos.* They agreed to go together.

acuerpado, -a *pp, adj* muscly

acumular(se) *vt, v pron* to accumulate

acupuntura *nf* acupuncture

acurrucarse *v pron* to curl up

acusación *nf* accusation: *hacer una ~ contra algn* to make an accusation against sb

acusado, -a *nm-nf* accused: *los ~s* the accused

acusar *vt* **1** (*gen*) to accuse *sb* (***of sth/doing sth***) **2** (*Jur*) to charge *sb* (***with sth/doing sth***): *~ a algn de asesinato* to charge sb with murder **3** (*mostrar*) to show signs of *sth*: ~ *el cansancio* to show signs of tiredness

acusetas *nmf* (*tb* **acusete, -a** *nm-nf*) tattletale

acústica *nf* acoustics [*pl*]: *La ~ de este local no es muy buena.* The acoustics in this hall aren't very good.

adaptador *nm* (*Electrón*) adaptor

adaptar ◆ *vt* to adapt: ~ *una novela para el teatro* to adapt a novel for the stage ◆ **adaptarse** *v pron* to adapt (*to sth*): ~*se a los cambios* to adapt to change

adecuado, -a *pp, adj*: *No es el momento ~.* This isn't the right time. ◊ *No encuentran a la persona adecuada para el puesto.* They can't find the right person for the job. ◊ *un traje ~ para la ocasión* a suitable dress for the occasion

adelantado, -a *pp, adj* **1** (*aventajado*) advanced: *Este niño está muy ~ para su edad.* This child is very advanced for his age. **2** (*que se ha hecho mucho*): *Llevo la tesis muy adelantada.* I'm coming along very well with my thesis. **3** (*en comparaciones*) ahead: *Vamos muy ~s con respecto a los de la otra clase.* We're way ahead of the other class. **4** (*reloj*) fast: *Llevas el reloj cinco minutos ~.* Your watch is five minutes fast. **LOC por adelantado** in advance *Ver tb* ADELANTAR

adelantar ◆ *vt* **1** (*objeto*) to move *sth* forward: *Adelanté un peón.* I moved a pawn forward. **2** (*acontecimiento, fecha*) to bring *sth* forward: *Queremos ~ el examen una semana.* We want to bring the exam forward a week. **3** (*reloj*) to put a *watch/clock* forward: *No te olvides de ~ el reloj una hora.* Don't forget to put your watch forward an hour. **4** (*sobrepasar*) to pass: *El camión me adelantó en la curva.* The lorry passed me on the curve. ◆ **adelantar(se)** *vi, v pron* (*reloj*) to gain (time): *Este reloj se adelanta.* This clock gains time.

adelante ◆ *adv* forward: *un paso ~* a step forward ◆ **¡adelante!** *interj* **1** (*entre*) come in! **2** (*siga*) go ahead! **LOC de adelante**: *los asientos de ~* the front seats ◊ *el conductor de ~* the driver in front **hacia/para adelante** forward **más adelante 1** (*espacio*) further on **2** (*tiempo*) later *Ver tb* AHORA, HOY

adelanto *nm* advance: *los ~s de la medicina* advances in medicine ◊ *Pedí un ~.* I asked for an advance.

adelgazar(se) *vi, v pron* to lose weight: ~ *tres kilos* to lose three kilos

además *adv* **1** (*también*) also: *Se le acusa ~ de estafa.* He's also accused of fraud. ☛ *Ver nota en* TAMBIÉN **2** (*lo que es más*) (and) what's more: *~, no creo que vengan.* What's more, I don't think they'll come. **LOC además de** as well as

adentro *adv* inside: *Está muy ~.* It's right inside. **LOC más adentro** further in **para mis adentros** to myself, yourself, etc: *Rió para sus ~s.* He laughed to himself. *Ver tb* MAR, TIERRA

aderezar *vt* to dress *sth* (*with sth*): ~ *una ensalada* to dress a salad

adhesivo, -a ◆ *adj* adhesive ◆ *nm* (*calcomanía*) sticker **LOC** *Ver* CINTA

adicional *adj* (*cama, mesa*) spare

adicto, -a ◆ *adj* ~ (**a**) addicted (*to sth*) ◆ *nm-nf* addict

adiestrar *vt* to train *sth/sb* (*as/in sth*)

¡adiós! *interj* **1** (*despedida*) goodbye!, bye! (*más coloq*) **2** (*saludo al pasar*) hi! **LOC decir adiós con la mano** to wave goodbye (*to sth/sb*)

adivinanza *nf* riddle

adivinar *vt* to guess: *Adivina lo que traigo.* Guess what I have. **LOC adivinar el pensamiento** to read *sb's* mind

adivino, -a *nm-nf* fortune-teller

adjetivo *nm* adjective

administración *nf* administration: *la ~ de la justicia* the administration of justice **LOC administración de empresas** (*estudios*) business studies [*sing*]

administrador, ~a *nm-nf* administrator

administrar *vt* **1** (*gestionar*) to run, to manage (*más formal*): ~ *un negocio* to run a business **2** (*dar*) to administer *sth* (*to sb*): ~ *un medicamento/justicia* to administer a medicine/justice

administrativo, -a ◆ *adj* administrative ◆ *nm-nf* administrative assistant

admirable *adj* admirable

admiración *nf* exclamation point ☛ *Ver págs 314-5.*

admirador, ~a *nm-nf* admirer

admirar *vt* to admire: ~ *el paisaje* to admire the scenery

admisión *nf* admission **LOC examen/prueba de admisión** entrance examination

admitir *vt* **1** (*aceptar*) to accept **2** (*culpa, error*) to admit: *Admito que fue culpa mía.* I admit (that) it was my fault. **3** (*dejar entrar en un sitio*) to admit *sth/sb* (**to sth**): *Me han admitido en el colegio.* I've been admitted to the school. **LOC no se admite(n)...**: *No se admiten perros.* No dogs. ◊ *No se admiten menores de 18 años.* No admittance to persons under 18. ◊ *No se admiten tarjetas de crédito.* We do not accept credit cards.

adolescencia *nf* adolescence

adolescente *nmf* teenager, adolescent (*más formal*)

adolorido, -a *adj* sore: *Tengo el hombro ~.* My shoulder is sore.

adonde *adv rel* where

adónde *adv interr* where: *¿~ van?* Where are you going?

adoptar *vt* to adopt

adoptivo, -a *adj* **1** (*gen*) adopted: *hijo/país ~* adopted child/country **2** (*padres*) adoptive

adoquín *nm* paving stone

adorar *vt* to adore

adormecerse *v pron* to doze off

adormecido, -a *pp, adj* sleepy

adornar *vt* to decorate, to adorn (*más formal*)

adorno *nm* **1** (*gen*) decoration: *~s de Navidad* Christmas decorations **2** (*objeto*) ornament

adquirir *vt* **1** (*gen*) to acquire: *~ riqueza/fama* to acquire wealth/fame **2** (*comprar*) to buy **LOC** *Ver* IMPORTANCIA

adquisición *nf* (*Dep*) signing: *la nueva ~ de Santafé* Santafé's new signing

adrede *adv* on purpose

aduana *nf* **1** (*oficina*) customs [*pl*]: *Pasamos la ~.* We went through customs. **2** (*derechos*) customs duty [*pl* customs duties]

adulterio *nm* adultery

adúltero, -a *adj* adulterous

adulto, -a *adj, nm-nf* adult: *las personas adultas* adults

adverbio *nm* adverb

adversario, -a *nm-nf* adversary [*pl* adversaries]

advertir *vt* **1** (*avisar*) to warn *sb* (**about/of sth**): *Les advertí del peligro.* I warned them about the danger. **2** (*decir*) to tell: *Te lo advertí.* I told you so! ◊ *Le advierto que a mí me da lo mismo.* Listen, it's all the same to me.

aéreo, -a *adj* **1** (*gen*) air [*n atrib*]: *tráfico ~* air traffic **2** (*vista, fotografía*) aerial **LOC** *Ver* ACCIDENTE, APARTADO, COMPAÑÍA, CORREO, FUERZA, PUENTE, VÍA

aeróbicos *nm* aerobics [*sing*]

aeronave *nf* aircraft [*pl* aircraft] **LOC aeronave espacial** spacecraft [*pl* spacecraft]

aeroplano *nm* airplane

aeropuerto *nm* airport: *Vamos a ir a buscarlos al ~.* We're going to meet them at the airport.

aerosol *nm* aerosol

afán *nm* hurry [*incontable*]: *No hay ~.* There's no hurry. ◊ *Con los afanes se me olvidó desenchufarlo.* I was in such a hurry that I forgot to unplug it. **LOC estar de afán** to be rushed off your feet **tener afán** to be in a hurry

afanado, -a *pp, adj* **1** (*con prisa*) in a hurry **2** (*preocupado*) worried *Ver tb* AFANAR

afanar ◆ *vt* to rush: *¡No me afanes!* Don't rush me! ◆ **afanarse** *v pron* **1** (*preocuparse*) to worry: *No ganas nada con ~te, espera a que llame.* There's no point in your worrying, wait till he calls. **2** (*apurarse*) to hurry up: *¡Afánate!* Hurry up! **LOC afanarse (en/por)** to try your hardest (*to do sth*)

afectar *vt* to affect: *El golpe le afectó el oído.* The blow affected his hearing. ◊ *Su muerte me afectó mucho.* I was deeply affected by his death.

afecto *nm* affection **LOC tomar afecto** to become attached *to sth/sb*: *Le hemos tomado mucho ~ al perro.* We've become very attached to our dog.

afeitarse *v pron* **1** (*gen*) to shave: *~ la cabeza* to shave your head ◊ *¿Te has afeitado hoy?* Did you shave today? **2** (*barba, bigote*) to shave *sth* off: *Se afeitó el bigote.* He shaved his mustache off. **LOC cuchilla/hoja de afeitar** razor blade *Ver tb* BROCHA, CREMA, MÁQUINA

afeminado, -a *pp, adj* effeminate

aferrarse *v pron* ~ (**a**) to cling **to sth/sb**: *~ a una idea* to cling to an idea

afiche *nm* poster: *poner/pegar un ~* to stick up a poster

afición *nf* **1** ~ (**a/por**) interest (**in sth**): *Ahora hay menos ~ por la lectura.* Nowadays there's less interest in reading. **2** (*pasatiempo*) hobby [*pl* hobbies]: *Su ~ es la fotografía.* Her hobby is photography. **LOC por afición** as a hobby

aficionado, -a ◆ *pp, adj* **1** ~ **a** (*entusiasta*) into **sth**: *Soy muy ~ al ciclismo.* I'm really into cycling. **2** (*amateur*) amateur: *una compañía de actores ~s* an amateur theater company ◆ *nm-nf* **1** (*espectador*) **(a)** (*Dep, música pop*) fan:

un ~ al fútbol a soccer fan **(b)** (*cine, música clásica, teatro*) lover: *un ~ a la ópera* an opera lover **2** (*amateur*) amateur: *No tocan mal para ser ~s.* They don't play badly for amateurs. *Ver tb* AFICIONARSE

aficionarse *v pron* ~ **a 1** (*pasatiempo*) to get **into** ***sth*/*doing sth***: *Se ha aficionado al ajedrez.* She's really gotten into chess. **2** (*placeres, vicios*) to acquire a taste **for** ***sth***: *~ a la buena vida* to acquire a taste for the good life

afilado, -a *pp, adj* sharp *Ver tb* AFILAR

afilar *vt* to sharpen

afiliarse *v pron* ~ **(a)** to join: *Decidí afiliarme al partido.* I decided to join the party.

afinar *vt* (*instrumento musical*) to tune **LOC afinar la puntería** to take better aim

afirmar *vt* to state, to say (*más coloq*) **LOC afirmar con la cabeza** to nod (your head)

afirmativo, -a *adj* affirmative

aflojar ◆ *vt* to loosen: *Le aflojé la corbata.* I loosened his tie. ◆ **aflojarse** *v pron* **1** (*gen*) to loosen: *Me aflojé el cinturón.* I loosened my belt. **2** (*tornillo, nudo*) to come loose: *Se aflojó el nudo.* The knot has come loose.

afluente *nm* tributary [*pl* tributaries]

afónico, -a *adj* **LOC estar afónico** to have lost your voice **quedarse afónico** to lose your voice

afortunado, -a *adj* lucky, fortunate (*más formal*)

Africa *nf* Africa

africano, -a *adj, nm-nf* African

afrontar *vt* to face up to *sth*: *~ la realidad* to face up to reality

afuera ◆ *adv* **1** ~ **(de)** outside: *Los gritos se oían desde ~.* You could hear the cries from outside. ◊ *Vámonos ~.* Let's go outside. ◊ *Cruzamos el puente y estamos ~ de Ecuador.* We cross the bridge and then we're out of Ecuador. ◊ *~ del almacén* outside the store **2** (*no en casa*) out: *comer ~* to eat out ◊ *Se pasan todo el día ~.* They're out all day. ◆ **afueras** *nf* outskirts: *Viven en las ~s de Bogotá.* They live on the outskirts of Bogotá.

agachar ◆ *vt* to lower: *~ la cabeza* to lower your head ◆ **agacharse** *v pron* to bend down **LOC ¡agáchate!/¡agáchense!** duck!

agallinarse *v pron* to lose your nerve

agalludo, -a *adj* stingy

agarrado, -a *pp, adj* **LOC** *Ver* BAILAR; *Ver tb* AGARRAR

agarrar ◆ *vt* **1** (*asir*) to grab: *Me agarró del brazo.* He grabbed me by the arm. **2** (*sujetar*) to hold: *Agarra eso para que no se caiga.* Hold it and don't let it fall. **3** (*atrapar, contraer*) to catch: *Si agarro a ese mocoso lo mato.* If I catch the little brat I'll kill him. ◊ *~ una pulmonía* to catch pneumonia ◆ **agarrarse** *v pron* **1 agarrarse a/de** (*sostenerse*) to hold on **(to *sth*/*sb*)**: *Agárrate a/de mí.* Hold on to me. **2** (*pelearse*) to have a fight: *~se a golpes/palo* to come to blows **3 agarrarse (en/con)** (*dedo*) to get *sth* caught **(in *sth*)**: *Me agarré el dedo en/con la puerta.* I got my finger caught in the door. **LOC agarrar al toro por los cuernos** to take the bull by the horns **agarrar la costumbre** to get into the habit (*of doing sth*)

agazaparse *v pron* to crouch (down)

agencia *nf* agency [*pl* agencies] **LOC agencia de viajes** travel agency [*pl* travel agencies]

agenda *nf* **1** (*libreta*) datebook **2** (*de direcciones y teléfonos*) address book

agente *nmf* **1** (*representante*) agent: *Eso trátelo con mi ~.* See my agent about that. **2** (*policía*) (police) officer **LOC agente viajero** sales rep *Ver tb* TRÁNSITO

ágil *adj* (*persona*) agile

agilidad *nf* agility

agitado, -a *pp, adj* **1** (*vida, día*) hectic **2** (*mar*) rough *Ver tb* AGITAR

agitar ◆ *vt* **1** (*botella*) to shake: *Agítese antes de usarlo.* Shake (well) before using. **2** (*pañuelo, brazos*) to wave **3** (*alas*) to flap ◆ **agitarse** *v pron* to get worked up: *Se agitó mucho.* She got very worked up.

agobiar ◆ *vt* to overwhelm ◆ **agobiarse** *v pron* to get worked up

agonía *nf* agony [*pl* agonies]

agonizar *vi* to be dying

agosto *nm* August (*abrev* Aug) ☛ *Ver ejemplos en* ENERO **LOC hacer el/su agosto** to make a fortune

agotado, -a *pp, adj* **1** (*cansado*) worn out, exhausted (*más formal*) **2** (*existencias*) sold out **3** (*libros*) out of print *Ver tb* AGOTAR

agotador, ~a *adj* exhausting

agotamiento *nm* exhaustion

agotar ◆ *vt* **1** (*gen*) to exhaust: *~ un tema* to exhaust a subject **2** (*existencias,* *reservas*) to use *sth* up: *Hemos agotado las existencias.* We've used up all our supplies. **3** (*cansar*) to wear *sb* out: *Los niños me agotan.* The children wear me out. ◆ **agotarse** *v pron* **1** (*gen*) to run out: *Se me está agotando la paciencia.* My patience is running out. **2** (*libro, entradas*) to sell out

agraciado, -a *pp, adj* attractive

agradable *adj* pleasant LOC **agradable a la vista/al oído** pleasing to the eye/ ear

agradar *vi* to please *sb* [*vt*]: *Intenta ~ a todo el mundo.* He tries to please everyone.

agradecer *vt* to thank *sb* (**for** ***sth/ doing sth***): *Agradezco mucho que hayan venido.* Thank you very much for coming.

agradecido, -a *pp, adj* grateful: *Le quedo muy ~.* I am very grateful to you. *Ver tb* AGRADECER

agradecimiento *nm* gratitude: *Deberías mostrar tu ~.* You should show your gratitude. ◊ *unas palabras de ~* a few words of thanks

agrandar *vt* to enlarge

agrario, -a *adj* (*ley, reforma*) agrarian

agravar ◆ *vt* to make *sth* worse ◆ **agravarse** *v pron* to get worse

agredir *vt* to attack

agregado *pp, adj* LOC *Ver* IMPUESTO; *Ver tb* AGREGAR

agregar *vt* to add *sth* (***to sth***)

agresión *nf* aggression: *un pacto de no ~* a non-aggression pact

agresivo, -a *adj* aggressive

agrícola *adj* agricultural LOC *Ver* FAENA, PRODUCTO

agricultor, ~a *nm-nf* farmer

agricultura *nf* agriculture, farming (*más coloq*)

agridulce *adj* sweet and sour

agriera *nf* acidity

agrietar(se) *vt, v pron* **1** (*gen*) to crack **2** (*piel*) to chap

agrio, -a *adj* **1** (*leche, vino, carácter*) sour **2** (*limón, experiencia*) bitter

agriparse *v pron* to catch a cold

agronomía *nf* agronomy LOC *Ver* PERITO

agrónomo, -a *adj* agricultural LOC *Ver* INGENIERO

agrupar ◆ *vt* to put *sth/sb* in a group ◆ **agruparse** *v pron* to get into groups: *~se de tres en tres* to get into groups of three

agua *nf* water LOC **agua corriente** running water **agua de la llave** tap water **agua dulce/salada** fresh/salt water: *peces de ~ salada* salt-water fish **agua mineral con/sin gas** carbonated/ non-carbonated mineral water **agua oxigenada** hydrogen peroxide **agua potable** drinking water **aguas negras** sewage [*incontable*] **estar con el agua al cuello** to be in deep water *Ver tb* AHOGAR, BOLSA[1], CLARO, GOTA, MOLINO, PAÑO

aguacate *nm* avocado [*pl* avocados]

aguacero *nm* (heavy) shower: *Ayer cayó un buen ~.* It really poured down yesterday.

aguafiestas *nmf* spoilsport

aguamala *nf* jellyfish [*pl* jellyfish]

aguantar ◆ *vt* **1** (*gen*) to put up with *sth/sb*: *Tendrás que ~ el dolor.* You'll have to put up with the pain.

> Cuando la frase es negativa se utiliza mucho **to stand**: *No aguanto este calor.* I can't stand this heat. ◊ *No los aguanto.* I can't stand them. ◊ *¡No hay quien te aguante!* You're unbearable!

2 (*peso*) to take: *El puente no aguantó el peso del camión.* The bridge couldn't take the weight of the truck. ◆ *vi* **1** (*durar*) to last: *La alfombra aguantará otro año.* The carpet will last another year. **2** (*esperar*) to hold on: *Aguanta, que ya casi llegamos.* Hold on, we're almost there. **3** (*resistir*) to hold: *Esta estantería no aguantará.* This shelf won't hold. ◆ **aguantarse** *v pron* to grin and bear it: *Yo también tengo hambre, pero me aguanto.* I'm hungry as well, but I grin and bear it. ◊ *Si no te gusta, te aguantas.* If you don't like it, tough! LOC **aguantar la respiración** to hold your breath

aguante *nm* stamina: *Tienen muy poco ~.* They have very little stamina.

aguardiente *nm* clear brandy

aguarrás *nm* turpentine

agudo, -a ◆ *adj* **1** (*gen*) sharp: *una inteligencia aguda* a sharp mind **2** (*ángulo, dolor*) acute: *un dolor ~* an acute pain **3** (*sonido, voz*) high-pitched **4** (*gracioso*) witty: *un comentario ~* a witty remark **5** (*palabra*): *Es una palabra aguda.* The accent is on the last syllable. ◆ *nm* (*Mús*) treble [*incontable*]: *No se oyen bien los ~s.* You can't hear the treble very well.

aguijón *nm* (*insecto*) sting: *clavar el ~* to sting

águila *nf* eagle

aguja *nf* **1** (*gen*) needle: *enhebrar una ~* to thread a needle **2** (*de reloj*) hand **3** (*de tocadiscos*) stylus [*pl* styluses/styli] **LOC** *Ver* BUSCAR

agujero *nm* hole: *hacer un ~* to make a hole

ahí *adv* **1** (*gen*) there: *~ van.* There they go ◊ *~ lo tienes.* There it is. ◊ *¡Párate ~!* Stand over there! **2** (*más o menos*) not so bad: *—¿Cómo anda su mamá? —Ahí.* How's your mother? Not so bad. **LOC ahí abajo/arriba** down/up there: *¿Están mis libros ~ abajo?* Are my books down there? **ahí dentro/fuera** in/out there: *~ fuera hace mucho frío.* It's freezing out there. **ahí mismo** right there **¡ahí va!** (*¡agárralo!*) catch! **por ahí 1** (*lugar determinado*) over there **2** (*lugar no determinado*): *He estado por ~.* I've been out. ◊ *ir por ~ a dar una vuelta* to go out for a walk **3** (*tiempo*): *Llego por ~ a las tres.* I'll get there at around three. *Ver tb* QUITAR

ahijado, -a *nm-nf* **1** (*sin distinción de sexo*) godchild [*pl* godchildren]: *Tengo dos ~s: un niño y una niña.* I've got two godchildren: one boy and one girl. **2** (*sólo masculino*) godson **3** (*sólo femenino*) god-daughter

ahogar ◆ *vt* **1** (*asfixiar*) to suffocate: *El humo me ahogaba.* The smoke was suffocating me. **2** (*en agua*) to drown ◆ **ahogarse** *v pron* **1** (*asfixiarse*) to suffocate: *Por poco se ahogan con el humo del incendio.* They nearly suffocated in the smoke from the fire. **2** (*en agua*) to drown **3** (*respirar mal*) to be unable to breathe: *Cuando me da asma me ahogo.* When I have an asthma attack, I can't breathe. **4** (*al atragantarse*) to choke: *Casi me ahogo con esa espina.* I almost choked on that bone. **LOC ahogarse en un vaso de agua** to get worked up over nothing

ahora *adv* now: *¿Qué voy a hacer ~?* What am I going to do now? ◊ *~ voy.* I'm coming. **LOC ahora mismo 1** (*en este momento*) right now: *~ mismo no puedo.* I can't do it right now. **2** (*enseguida*) right away: *~ mismo te lo doy.* I'll give it to you right away. **de ahora en adelante** from now on **hasta ahora** up until now **¡hasta ahora!** see you soon!

ahorcado (*tb* **ahorcadito**) *nm* hangman: *jugar al ~* to play hangman

ahorcar(se) *vt, v pron* to hang (yourself)

> En el sentido de *ahorcar* el verbo **to hang** es regular y por lo tanto forma el pasado añadiendo **-ed**.

ahorrador, ~a ◆ *adj* thrifty ◆ *nm-nf* saver **LOC ser poco ahorrador** to be bad with money

ahorrar *vt, vi* to save: *~ tiempo/dinero* to save time/money

ahorro *nm* saving: *mis ~s de toda la vida* my life savings **LOC** *Ver* CAJA, LIBRETA

ahumado, -a ◆ *pp, adj* smoked ◆ **ahumados** *nm* smoked fish [*incontable, v sing*] *Ver tb* AHUMAR

ahumar ◆ *vt* **1** (*alimentos*) to smoke **2** (*habitación*) to fill *sth* with smoke ◆ **ahumarse** *v pron* **1** (*habitación*) to fill with smoke **2** (*ennegrecerse*) to blacken

ahuyentar *vt* to frighten *sth/sb* away

aire *nm* air: *~ puro* fresh air **LOC aire acondicionado** air-conditioning **al aire libre** in the open air: *un concierto al ~ libre* an open-air concert **a mi aire**: *Le gusta estar a su ~.* He likes to do his own thing. **cogerlas en el aire** to catch on fast **darse aires de superioridad** to put on airs **estar al aire** to be on the air **saltar/volar por los aires** to blow up **tomar el aire** to get a breath of fresh air *Ver tb* BOMBA[2], PISTOLA

airear ◆ *vt* to air ◆ **airearse** *v pron* to get some fresh air

aislado, -a *pp, adj* isolated: *casos ~s* isolated cases *Ver tb* AISLAR

aislante ◆ *adj* insulating ◆ *nm* insulator **LOC** *Ver* CINTA

aislar *vt* **1** (*separar*) to isolate *sth/sb* (**from** *sth/sb*) **2** (*incomunicar*) to cut *sth/sb* off (**from** *sth/sb*): *Las inundaciones aislaron la aldea.* The village was cut off by the floods. **3** (*con material aislante*) to insulate

ajedrez *nm* **1** (*juego*) chess **2** (*tablero y piezas*) chess set **LOC** *Ver* TABLERO

ajeno, -a *adj* **1** (*de otro*) somebody else's: *en casa ajena* in somebody else's house **2** (*de otros*) other people's: *meterse en los problemas ~s* to interfere in other people's lives

ajetreado, -a *pp, adj* **1** (*persona*) busy **2** (*día*) hectic

ají *nm* chili [*pl* chilies]

ajo *nm* garlic **LOC** *Ver* CABEZA, DIENTE

ajuar *nm* trousseau [*pl* trousseaus/trousseaux]

ajustado, -a *pp, adj* **1** (*apretado*) tight:

un vestido muy ~ a tight-fitting dress **2** (*puerta, portón*) ajar *Ver tb* AJUSTAR

ajustar ◆ *vt* **1** (*gen*) to adjust: *~ la televisión* to adjust the television **2** (*apretar*) to tighten: *~ un tornillo* to tighten a screw **3** (*puerta, portón*) to leave *the door* ajar ◆ *vi* to fit: *La puerta no ajusta.* The door doesn't fit. ◆ **ajustarse** *v pron* **ajustarse (a)** to fit in (**with *sth***): *Es lo que mejor se ajusta a nuestras necesidades.* It's what suits our needs best. **LOC ajustarle las cuentas a algn** to settle accounts with sb

al *prep* **+ inf 1** (*gen*) when: *Al verme se echaron a reír.* They burst out laughing when they saw me. **2** (*simultaneidad*) as: *Lo vi al salir.* I saw him as I was leaving. *Ver tb* A

ala *nf* **1** (*gen*) wing: *las ~s de un avión* the wings of a plane ◊ *el ~ conservadora del partido* the conservative wing of the party **2** (*sombrero*) brim: *un sombrero de ~ ancha* a wide-brimmed hat **LOC ala delta 1** (*aparato*) hang-glider **2** (*deporte*) hang-gliding

alabanza *nf* praise [*incontable*]: *Se deshicieron en ~s hacia ti.* They were full of praise for you.

alabar *vt* to praise *sth/sb* (**for *sth***): *Lo alabaron por su valentía.* They praised him for his courage.

alacrán *nm* scorpion

alambrada *nf* wire fence

alambre *nm* wire: *~ de acero/cobre* steel/copper wire

álamo *nm* poplar

alarde *nm* **LOC hacer alarde de** to show off about *sth*

alardear *vi* ~ (**de**) to boast (**about/of *sth***)

alargado, -a *pp, adj* long *Ver tb* ALARGAR

alargar ◆ *vt* **1** (*gen*) to extend: *~ una carretera* to extend a road **2** (*prenda*) to lengthen **3** (*duración*) to prolong: *~ la guerra* to prolong the war **4** (*estirar, brazo, mano*) to stretch *sth* out ◆ **alargarse** *v pron* **1** (*gen*) to get longer: *Los días se van alargando.* The days are getting longer. **2** (*prolongarse demasiado*) to drag on: *La reunión se alargó hasta las dos.* The meeting dragged on till two. **3** (*hablando, explicando*) to go on for too long

alarma *nf* alarm: *dar la* (*voz de*) *~* to raise the alarm ◊ *Saltó la ~.* The alarm went off. **LOC alarma de incendios** fire alarm

alarmante *adj* alarming

alarmarse *v pron* ~ (**por**) to be alarmed (**at *sth***)

alba *nf* dawn: *al ~* at dawn

albañil *nm* **1** (*gen*) construction worker **2** (*que sólo pone ladrillos*) bricklayer

albaricoque *nm* apricot

albergar ◆ *vt* to house ◆ **albergarse** *v pron* to shelter

albergue *nm* **1** (*residencia*) hostel: *un ~ juvenil* a youth hostel **2** (*de montaña*) shelter

albóndiga *nf* meatball

alborotado, -a *pp, adj* **1** (*excitado*) in a state of excitement: *Los ánimos están ~s.* Feelings are running high. **2** (*con confusión*) in confusion: *La gente corría alborotada.* People were running around in confusion. *Ver tb* ALBOROTAR

alborotar ◆ *vt* **1** (*desordenar*) to mess *sth* up: *El viento nos alborotó el pelo.* The wind messed up our hair. **2** (*revolucionar*) to stir *sb* up: *~ al resto de la clase* to stir up the rest of the class ◆ **alborotarse** *v pron* to get excited

alboroto *nm* **1** (*barullo*) racket: *¿A qué viene tanto ~?* What's all the racket about? ◊ *armar/montar un ~* to make a racket **2** (*disturbio*) disturbance: *El ~ hizo que viniera la policía.* The disturbance led the police to intervene.

álbum *nm* album

alcachofa *nf* artichoke

alcalde, -esa *nm-nf* mayor

alcance *nm* **1** (*gen*) reach: *fuera de tu ~* out of your reach **2** (*arma, emisora, telescopio*) range: *misiles de medio ~* medium-range missiles

alcancía *nf* money box

alcanfor *nm* **LOC** *Ver* BOLA

alcantarilla *nf* sewer

alcantarillado *nm* sewage system

alcanzar ◆ *vt* **1** (*gen*) to reach: *~ un acuerdo* to reach an agreement **2** (*conseguir*) to achieve: *~ los objetivos* to achieve your objectives **3** (*seguir*) to catch up with *sb*: *No pude ~los.* I couldn't catch up with them. ◊ *Ve saliendo, ya te alcanzaré.* You go on—I'll catch up with you. ◆ *vi* **1** (*ser suficiente*) to be enough: *La comida no alcanzará para todos.* There won't be enough food for everybody. **2** (*llegar*) to reach: *No alcanzo.* I can't reach.

alcaparra *nf* caper

alcoba *nf* bedroom **LOC** *Ver* JUEGO

alcohol *nm* alcohol **LOC sin alcohol** non-alcoholic *Ver tb* CERVEZA

alcohólico, -a *adj, nm-nf* alcoholic

alcoholismo *nm* alcoholism

aldeano, -a *nm-nf* villager

alegar *vt* **1** (*gen*) to claim: *Alegan que existió fraude.* They're claiming that there was a fraud. ◊ *Alegan no tener dinero.* They claim not to have money. **2** (*razones, motivos*) to cite: *Alegó motivos personales.* He cited personal reasons.

alegrar ◆ *vt* **1** (*hacer feliz*) to make *sb* happy: *La carta me alegró mucho.* The letter made me very happy. **2** (*animar*) **(a)** (*persona*) to cheer *sb* up: *Intentamos ~ a los ancianos.* We tried to cheer the old people up. **(b)** (*fiesta*) to liven *sth* up: *Los magos alegraron la fiesta.* The magicians livened up the party. **3** (*casa, lugar*) to brighten *sth* up ◆ **alegrarse** *v pron* **1** (*estar contento*) **(a) alegrarse (de/por)** to be pleased (**about** ***sth*****/*****to do sth***): *Me alegro de saberlo.* I am pleased to hear it. **(b) alegrarse por algn** to be delighted **for sb**: *Me alegro por ustedes.* I'm delighted for you. **2** (*cara, ojos*) to light up: *Se le alegró la cara.* His face lit up.

alegre *adj* **1** (*feliz*) happy **2** (*de buen humor*) cheerful: *Tiene un carácter ~.* He's a cheerful person. **3** (*música, espectáculo*) lively **4** (*color, habitación*) bright

alegría *nf* joy: *gritar/saltar de ~* to shout/jump for joy **LOC ¡qué/vaya alegría!** great! *Ver tb* CABER

alejar ◆ *vt* **1** (*retirar*) to move *sth/sb* away (***from sth*****/*****sb***): *Debes ~lo de la ventana.* You should move it away from the window. **2** (*distanciar*) to distance *sth/sb* (**from** ***sth*****/*****sb***): *El desacuerdo nos alejó de mis padres.* The disagreement distanced us from my parents. ◆ **alejarse** *v pron* **alejarse (de) 1** (*apartarse*) to move away (**from** ***sth*****/*****sb***): *~se de un objetivo* to move away from a goal ◊ *No se alejen mucho.* Don't go too far away. **2** (*camino*) to leave

¡aleluya! *interj* alleluia!

alemán, -ana *adj, nm-nf, nm* German: *los alemanes* the Germans ◊ *hablar ~* to speak German **LOC** *Ver* PASTOR

Alemania *nf* Germany

alergia *nf* ~ **(a)** allergy [*pl* allergies] (**to** ***sth***): *tener ~ a algo* to be allergic to sth

alérgico, -a *adj* ~ **(a)** allergic (**to** ***sth***)

alero *nm* **1** (*tejado*) eaves [*pl*] **2** (*Dep*) winger

alerta ◆ *nf* alert: *en estado de ~* on alert ◊ *Dieron la (voz de) ~.* They gave the alert. ◆ *adj* alert (***to sth***)

alertar *vt* to alert *sb* (***to sth***): *Nos alertaron del riesgo.* They alerted us to the risk.

aleta *nf* **1** (*pez*) fin **2** (*buceador, foca*) flipper **3** (*vehículo*) wing

alfabético, -a *adj* alphabetical

alfabeto *nm* alphabet

alfalfa *nf* alfalfa

alféizar *nm* (*ventana*) windowsill

alfil *nm* bishop

alfiler *nm* pin

alfombra *nf* **1** (*grande*) carpet **2** (*más pequeña*) rug

alga *nf* **1** (*de agua dulce*) weed [*incontable*]: *El estanque está lleno de ~s.* The pond is full of weed. **2** (*de agua salada*) seaweed [*incontable*]

> También existe la palabra **algae**, pero es científica.

álgebra *nf* algebra

algo ◆ *pron* something, anything ☛ La diferencia entre **something** y **anything** es la misma que hay entre **some** y **any**. *Ver nota en* SOME. ◆ *adv* **1 + adj** rather: *~ ingenuo* rather naive ☛ *Ver nota en* FAIRLY **2 + verbo** a little: *Mi hija me ayuda ~.* My daughter helps me a little. ◆ *nm* tea: *Ellos vienen a tomar el ~ con nosotros.* They're coming for tea with us. **LOC ¿algo más?** (*almacén*) anything else? **en algo** in any way: *Si en ~ puedo ayudarles...* If I can help you in any way... **o algo así** or something like that **por algo será** there must be a reason

algodón *nm* **1** (*planta, fibra*) cotton **2** (*Med*) cotton ball: *Me tapé los oídos con algodones.* I put cotton balls in my ears. **LOC algodón de azúcar/dulce** candyfloss

alguien *pron* somebody, anybody: *¿Cree que vendrá ~?* Do you think anybody will come? ☛ La diferencia entre **somebody** y **anybody** es la misma que hay entre **some** y **any**. *Ver nota en* SOME.

> Nótese que **somebody** y **anybody** llevan el verbo en singular, pero sin embargo suelen ir seguidos de un pronombre en plural (p.ej. "their"): *Alguien dejó el abrigo.* Somebody's left their coat behind.

algún *adj Ver* ALGUNO

alguno, -a ◆ *adj* **1** (*gen*) some, any: *Te he comprado ~s libros para que te entretengas.* I've bought you some books to pass the time. ◊ *¿Hay algún problema?* Are there any problems? ☛ *Ver nota en* SOME **2** (*con número*) several: *~s centenares de personas* several hundred people **3** (*uno que otro*) the odd: *Alguna mala nota sacarás.* You're bound to get the odd bad grade. ◆ *pron*: *~s de ustedes son muy perezosos.* Some of you are very lazy. ◊ *Seguro que fue ~ de ustedes.* It must have been one of you. ◊ *~s protestaron.* Some (people) protested. **LOC alguna cosa** something, anything ☛ La diferencia entre **something** y **anything** es la misma que hay entre **some** y **any**. *Ver nota en* SOME. **algunas veces** sometimes **alguna vez** ever: *¿Has estado allá alguna vez?* Have you ever been there? **algún día** some day **en algún lugar/sitio/en alguna parte** somewhere, anywhere ☛ La diferencia entre **somewhere** y **anywhere** es la misma que hay entre **some** y **any**. *Ver nota en* SOME.

aliado, -a ◆ *pp, adj* allied ◆ *nm-nf* ally [*pl* allies] *Ver tb* ALIARSE

alianza *nf* alliance: *una ~ entre cinco partidos* an alliance between five parties

aliarse *v pron* ~ (**con/contra**) to form an alliance (**with/against** ***sth/sb***)

alicates *nm* wire cutters: *Necesito unos ~.* I need a pair of wire cutters.

aliento *nm* breath: *tener mal ~* to have bad breath **LOC sin aliento** out of breath: *Vengo sin ~.* I'm out of breath.

alimaña *nf* pest

alimentación *nf* **1** (*acción*) feeding **2** (*dieta*) diet: *una ~ equilibrada* a balanced diet

alimentar ◆ *vt* to feed *sth/sb* (***on/with sth***): *~ a los caballos con heno* to feed the horses (on) hay ◆ *vi* to be nourishing: *Alimenta mucho.* It's very nourishing. ◆ **alimentarse** *v pron* **alimentarse de** to live **on** ***sth***

alimenticio, -a *adj* **1** (*comida*) food [*n atrib*]: *productos ~s* foodstuffs **2** (*nutritivo*) nutritious: *Los bananos son muy ~s.* Bananas are very nutritious.

alimento *nm* **1** (*comida*) food: *~s enlatados* canned food(s) **2** (*valor nutritivo*): *Las lentejas son de mucho ~.* Lentils are very nourishing.

alineación *nf* (*Dep*) line-up

alinear *vt* **1** (*poner en hilera*) to line *sth/sb* up **2** (*Dep*) to field

aliñar *vt* to season *sth* (***with sth***): *~ la carne* to season meat

alisar *vt* to smooth

alistar ◆ *vt* to get *sb* ready ◆ **alistarse** *v pron* **1** ~ (**en**) (*enrolarse*) to enlist (**in** ***sth***) **2** (*prepararse*) to get ready: *Alístese que nos vamos.* Get ready, we're leaving.

aliviar *vt* to relieve: *~ el dolor* to relieve pain ◊ *El masaje me alivió un poco.* The massage made me feel a little better.

alivio *nm* relief: *¡Qué ~!* What a relief! ◊ *Ha sido un ~ para todos.* It came as a relief to everybody.

allá *adv* **1** (*lugar*) (over) there: *Déjalo ~.* Leave it (over) there. ◊ *de Cuenca para ~* from Cuenca on ◊ *Tengo un amigo ~* I have a friend there. ◊ *a 30 kilómetros de ~* 30 kilometers from there **2** ~ **en/por...** (*tiempo*) back **in...**: *~ por los años 60* back in the 60s **LOC allá abajo/arriba** down/up there **allá adentro/afuera** in/out there **allá mismo** right there **allá tú** it's your, his, etc problem **¡allá voy!** here I come! **el más allá** the afterlife **más allá 1** (*más lejos*) further on: *seis kilómetros más ~* six kilometers further on **2** (*hacia un lado*) further over: *correr la mesa más ~* to push the table further over **más allá de** beyond: *más ~ del río* beyond the river *Ver tb* ACÁ

allanar *vt* (*casa, edificio*) to raid: *La policía allanó la casa de Jorge.* The police raided Jorge's house.

allí *adv* there: *¡~ están!* There they are! ◊ *una chica que pasaba por ~* a girl who was passing by **LOC allí abajo/arriba** down/up there **allí adentro/afuera** in/out there **allí mismo** right there **es allí donde...** that's where...: *Fue ~ donde me caí.* That's where I fell.

alma *nf* **1** (*gen*) soul: *No había ni un ~.* There wasn't a soul. **2** (*carácter, mente*) spirit: *un ~ noble* a noble spirit

almacén *nm* store: *Hay unos almacenes divinos en ese centro comercial.* There are some wonderful stores in that mall.

almacenar *vt* to store

almeja *nf* clam

almendra *nf* almond

almendro *nm* almond tree

almíbar *nm* syrup

almirante *nmf* admiral

almohada *nf* pillow **LOC** *Ver* CONSULTAR

almorzar ◆ *vi* to have lunch: *¿A qué hora almorzamos?* What time are we going to have lunch? ◊ *¿Qué hay para ~?* What's for lunch? ◆ *vt* to have *sth* for lunch

almuerzo *nm* lunch: *¿Qué hay de ~?* What's for lunch?

¡aló! *interj* (*por teléfono*) hello!

alocado, -a *adj* rash: *una decisión alocada* a rash decision

alojar ◆ *vt* **1** (*gen*) to accommodate: *El hotel puede ~ a 200 personas.* The hotel can accommodate 200 people. **2** (*sin cobrar*) to put *sb* up: *Después del incendio nos alojaron en un colegio.* After the fire, they put us up in a school. ◆ **alojarse** *v pron* to stay: *Nos alojamos en un hotel.* We stayed in a hotel.

alpinismo *nm* mountaineering: *hacer ~* to go mountaineering

alpiste *nm* birdseed

alquilar *vt*

- **referido a la persona que toma algo en alquiler** to rent: *¿Cuánto me costaría alquilar un apartamento de dos alcobas?* How would it cost me to rent a two bedroom apartment? ◊ *Alquiló un disfraz para la fiesta.* She rented a fancy dress costume for the party.
- **referido a la persona que deja algo en alquiler** to rent *sth* out: *Viven de alquilar apartamentos.* They make a living by renting out apartments. ◊ *Alquilan caballos para el paseo.* They rent out horses for the trail ride.

alquiler *nm* **1** (*acción de alquilar*) **(a)** (*apartamento*) renting **(b)** (*televisor, disfraz*) rental: *una compañia de ~ de carros* a car-rental company **2** (*precio*) rent: *¿Pagaste el ~?* Did you pay the rent? **LOC** *Ver* CARRO

alquitrán *nm* tar

alrededor ◆ *adv* ~ **(de) 1** (*en torno a*) around: *las personas a mi ~* the people around me **2** (*aproximadamente*) around: *Vamos a llegar ~ de las diez y media.* We'll get there at around half past ten. ◆ **alrededores** *nm* (*ciudad*) outskirts **LOC** *Ver* GIRAR, VUELTA

alta *nf* **LOC dar de alta a algn** to discharge sb (from hospital)

altanero, -a *adj* cocky: *ponerse* (*en plan*) *~* to get cocky

altar *nm* altar

altavoz *nm* loudspeaker: *Lo anunciaron por los altavoces.* They announced it over the loudspeakers.

alterar ◆ *vt* to alter ◆ **alterarse** *v pron* **1** (*enojarse*) to get angry **2** (*ponerse nervioso*) to get nervous: *¡No te alteres!* Keep calm! **LOC alterar el orden público** to cause a breach of the peace

alternar ◆ *vt, vi* to alternate ◆ *vi* (*con gente*) to socialize

alternativa *nf* ~ **(a)** alternative **(to *sth*)**: *Es nuestra única ~.* It is our only option.

alterno, -a *adj* alternate: *en días ~s* on alternate days

altitud *nf* height, altitude (*más formal*): *a 3.000 metros de ~* at an altitude of 3,000 metres

alto, -a ◆ *adj* **1** (*gen*) tall, high

> **Tall** se usa para referirnos a personas, árboles y edificios que suelen ser estrechos además de altos: *el edificio más alto del mundo* the tallest building in the world ◊ *una niña muy alta* a tall girl. **High** se utiliza mucho con sustantivos abstractos: *altos niveles de contaminación* high levels of pollution ◊ *altos tipos de interés* high interest rates, y para referirnos a la altura sobre el nivel del mar: *La Paz es la capital más alta del mundo.* La Paz is the highest capital in the world.
>
> Los antónimos de **tall** son **short** y **small**, y el antónimo de **high** es **low**. Las dos palabras tienen en común el sustantivo **height**, *altura*.

2 (*mando, funcionario*) high-ranking **3** (*clase social, región*) upper: *el ~ Magdalena* the upper Magdalena **4** (*sonido, voz*) loud: *No pongas la música tan alta.* Don't play the music so loud. ◆ *adv* **1** (*poner, subir*) high: *Ese cuadro está muy ~.* That picture is too high up. **2** (*hablar, tocar*) loudly ◆ *nm* height: *Tiene tres metros de ~.* It is three meters high. **LOC alta fidelidad** hi-fi **alta mar** the high sea(s): *El barco estaba en alta mar.* The ship was on the high sea. **¡alto!** stop! **alto al fuego** ceasefire **pasar por alto** to overlook *Ver tb* CLASE, CUELLO, LUZ, POTENCIA, TRIBUNA

altura *nf* height: *caerse desde una ~ de tres metros* to fall from a height of three meters **LOC a estas alturas** at this stage **a la altura de...**: *una cicatriz a la ~ del codo* a scar near the elbow **altura máxima** maximum headroom **de gran/**

poca altura high/low **tener dos, etc metros de altura** (*cosa*) to be two, etc meters high *Ver tb* SALTO

alucinación *nf* hallucination

alucinar *vi* to hallucinate

alud *nm* avalanche

aludido, -a *pp, adj* LOC **darse por aludido**: *No se dieron por ~s.* They didn't take the hint. ◊ *Enseguida te das por ~.* You always take things personally.

alumbrado *nm* lighting

alumbrar ◆ *vt* to light *sth* (up): *Una gran lámpara alumbra la sala.* The room is lit by a huge lamp. ◆ *vi* to give off light: *Ese bombillo alumbra mucho.* That bulb gives off a lot of light. ◊ *Alumbra debajo de la cama.* Shine a light under the bed.

aluminio *nm* aluminum LOC *Ver* PAPEL

alumno, -a *nm-nf* **1** (*gen*) pupil: *uno de mis ~s* one of my pupils **2** (*universidad*) student

alzada *nf* height

alzar ◆ *vt* to raise: *~ el telón* to raise the curtain ◆ **alzarse** *v pron* **alzarse (contra)** to rebel (**against *sth/sb***): *Los militares se alzaron contra el gobierno.* The military rebelled against the government.

ama *nf* LOC **ama de casa** housewife [*pl* housewives] **ama de llaves** housekeeper

amable *adj* ~ (**con**) kind (**to *sb***): *Han sido muy ~s ayudándome.* It was very kind of them to help me. ◊ *Gracias, es usted muy ~.* Thank you, that's very kind of you. LOC **si es tan amable (de...)** if you would be so kind (as to...): *Si es tan ~ de cerrar la puerta.* If you would be so kind as to close the door.

amaestrar *vt* to train LOC **sin amaestrar** untrained

amamantar *vt* **1** (*persona*) to breastfeed **2** (*animal*) to suckle

amanecer[1] *nm* **1** (*alba*) dawn: *Nos levantamos al ~.* We got up at dawn. **2** (*salida del sol*) sunrise: *contemplar el ~* to watch the sunrise

amanecer[2] ◆ *v imp* to dawn: *Estaba amaneciendo.* Day was dawning. ◊ *Amaneció soleado.* It was sunny in the morning. ◆ *vi* (*despertarse*) to wake up: *Amanecí con dolor de cabeza.* I woke up with a headache.

amanerado, -a *pp, adj* **1** (*rebuscado*) affected **2** (*afeminado*) effeminate

amante ◆ *adj* loving: *~ padre y esposo* loving husband and father ◊ *~ de la música* music-loving ◆ *nmf* lover

amañado, -a *pp, adj* LOC **estar amañado** to feel comfortable

amañador, ~a *adj* pleasant

amapola *nf* poppy [*pl* poppies]

amar *vt* to love

amargado, -a ◆ *pp, adj* bitter: *estar ~ por algo* to be bitter about sth ◆ *nm-nf* bellyacher [*coloq*]: *Son un par de ~s.* They're a couple of bellyachers. *Ver tb* AMARGAR

amargar ◆ *vt* **1** (*persona*) to make *sb* bitter **2** (*ocasión*) to ruin: *Eso nos amargó las vacaciones.* That ruined our vacation. ◆ **amargarse** *v pron* to get upset: *No te amargues (la vida) por eso.* Don't get upset over something like that. LOC **amargarle la vida a algn** to make sb's life a misery

amargo, -a *adj* bitter

amarillento, -a *adj* yellowish

amarillo, -a ◆ *adj* (*color*) yellow: *Es de color ~.* It is yellow. ◊ *Yo iba de ~.* I was wearing yellow. ◊ *pintar algo de ~* to paint sth yellow ◊ *el muchacho de la camisa amarilla* the boy in the yellow shirt ◆ *nm* yellow: *No me gusta el ~.* I don't like yellow. LOC *Ver* COBRE, PÁGINA, PRENSA

amarra *nf* (*Náut*) mooring rope LOC *Ver* SOLTAR

amarrado, -a *pp, adj* stingy *Ver tb* AMARRAR

amarrar ◆ *vt* **1** (*gen*) to tie *sth/sb* up: *Lo amarraron con cuerdas.* They tied him up with a rope. **2** (*Náut*) to moor ◆ **amarrar(se)** *vt, v pron* to do *sth* up: *No puedo ~me los zapatos.* I can't do my shoes up.

amasar *vt* **1** (*Cocina*) to knead **2** (*fortuna*) to amass

amateur *adj, nmf* amateur

amazona *nf* (*jinete*) horsewoman [*pl* horsewomen]

ámbar *nm* amber

ambición *nf* ambition

ambicionar *vt* (*desear*) to want: *Lo que más ambiciono es...* What I want more than anything else is...

ambicioso, -a *adj* ambitious

ambientación *nf* (*película, obra de teatro*) setting

ambientador *nm* air freshener

ambiental *adj* **1** (*gen*) background [*n atrib*]: *música ~* background music **2** (*del medio ambiente*) environmental **3** (*del aire*) atmospheric: *condiciones ~es* atmospheric conditions

ambientar *vt* (*novela, película*) to set *sth* ***in...***

ambiente *nm* **1** (*gen*) atmosphere: *un ~ contaminado* a polluted atmosphere ◊ *El local tiene buen ~.* The place has a good atmosphere. ◊ *No hay ~ en la calle.* The streets are dead. **2** (*entorno*) environment: *El ~ familiar nos afecta.* Our family environment has quite an influence on us. **LOC estar en su ambiente** to be in your element **no estar en su ambiente** to be like a fish out of water *Ver tb* MEDIO

ambiguo, -a *adj* ambiguous

ambos, -as *pron* both (of us, you, them): *Me llevo bien con ~.* I get along well with both of them. ◊ *A ~ nos gusta viajar.* Both of us like traveling./We both like traveling.

ambulancia *nf* ambulance

ambulante *adj* traveling: *un circo ~* a traveling circus **LOC** *Ver* VENDEDOR

ambulatorio, -a *adj* outpatient [*n atrib*]: *Es un paciente ~ del hospital San José.* He's an outpatient at San José hospital.

amén *nm* amen

amenaza *nf* threat

amenazador, ~a (*tb* **amenazante**) *adj* threatening

amenazar *vt* to threaten (***to do sth***): *Amenazaron con acudir a los tribunales.* They threatened to take them to court. ◊ *Lo han amenazado de muerte* They've threatened to kill him. ◊ *Me amenazó con una navaja.* He threatened me with a knife.

ameno, -a *adj* **1** (*entretenido*) entertaining: *una novela muy amena* a very entertaining novel **2** (*agradable*) pleasant: *una conversación muy amena* a very pleasant conversation

América *nf* America

americano, -a *adj, nm-nf* American **LOC** *Ver* PAGAR

ametralladora *nf* machine gun

amígdala *nf* tonsil: *Me operaron de las ~s.* I had my tonsils out.

amigdalitis *nf* tonsilitis [*incontable*]

amigo, -a ◆ *adj* **1** (*voz*) friendly **2** (*mano*) helping ◆ *nm-nf* friend: *mi mejor ~* my best friend ◊ *Es íntimo ~ mío.* He's a very close friend of mine. **LOC ser muy amigo(s)** to be good friends (*with sb*): *Soy muy ~ suyo.* We're good friends.

amiguismo *nm* favoritism

amistad *nf* **1** (*relación*) friendship: *romper una ~* to end a friendship **2** **amistades** friends: *Tiene ~es influyentes.* He has friends in high places. **LOC entablar/hacer amistad** to become friends

amistoso, -a *adj* friendly

amnesia *nf* amnesia

amnistía *nf* amnesty [*pl* amnesties]

amo, -a *nm-nf* owner

amoblar *vt* to furnish **LOC sin amoblar** unfurnished

amodorrarse *v pron* to get drowsy

amoniaco (*tb* **amoníaco**) *nm* ammonia

amontonar ◆ *vt* **1** (*apilar*) to pile *sth* up **2** (*acumular*) to amass: *~ trastos* to amass junk ◆ **amontonarse** *v pron* **1** (*gen*) to pile up: *Se me amontonó el trabajo.* My work piled up. **2** (*apiñarse*) to cram (***into...***): *Se amontonaron en el carro.* They crammed into the car.

amor *nm* love: *una canción/historia de ~* a love song/love story ◊ *el ~ de mi vida* the love of my life ◊ *con ~* lovingly **LOC amor propio** pride **hacer el amor a/con** to make love (to/with *sb*) **¡por (el) amor de Dios!** for God's sake!

amoratado, -a *pp, adj* **1** (*de frío*) blue **2** (*con morados*) black and blue: *Tenía todo el cuerpo ~.* My whole body was black and blue. **3** (*ojo*) black

amordazar *vt* to gag

amorío *nm* (love) affair

amoroso, -a *adj* **1** (*relativo al amor*) love [*n atrib*]: *vida/carta amorosa* love life/letter **2** (*cariñoso*) loving **LOC** *Ver* DESENGAÑO

amortiguador *nm* shock absorber

amotinarse *v pron* **1** (*preso, masas*) to riot **2** (*Náut, Mil*) to mutiny (***against sth/sb***)

amparar ◆ *vt* to protect *sth/sb* (***against/from sth/sb***): *La ley nos ampara contra los abusos.* The law protects us from abuse. ◆ **ampararse** *v pron* **1** **ampararse (de)** (*refugiarse*) to shelter (**from** ***sth/sb***): *~se de una tormenta* to shelter from a storm **2** **ampararse en** (*apoyarse*) to seek the protection **of** ***sth/sb***: *Se amparó en su* *familia.* He sought the protection of his family.

amparo *nm* **1** (*protección*) protection **2** (*lugar de abrigo*) shelter **3** (*apoyo*) support

amperio *nm* amp

ampliación *nf* **1** (*número, cantidad*) increase: *una ~ de planta* an increase in personnel **2** (*local, negocio, información*) expansion: *la ~ del aeropuerto* the expansion of the airport **3** (*plazo, acuerdo*) extension **4** (*Fot*) enlargement

ampliar *vt* **1** (*gen*) to extend: *~ el local/plazo de matrícula* to extend the premises/registration period **2** (*número, cantidad*) to increase: *La revista amplió su difusión.* The magazine increased its circulation. **3** (*negocio, imperio*) to expand **4** (*Fot*) to enlarge

amplificador *nm* amplifier

amplio, -a *adj* **1** (*gama, margen*) wide: *una amplia gama de productos* a wide range of goods **2** (*lugar*) spacious: *un apartamento ~* a spacious apartment **3** (*ropa*) baggy

ampolla *nf* blister

amputar *vt* to amputate

amuleto *nm* amulet **LOC amuleto de la suerte** good-luck charm

amurallado, -a *pp, adj* walled

analfabeto, -a *adj, nm-nf* illiterate [*adj*]: *ser un ~* to be illiterate

analgésico *nm* painkiller

análisis *nm* analysis [*pl* analyses] **LOC análisis de sangre** blood test

analizar *vt* to analyse

anaranjado, -a *adj, nm Ver* NARANJADO

anarquía *nf* anarchy

anarquismo *nm* anarchism

anarquista *adj, nmf* anarchist

anatomía *nf* anatomy [*pl* anatomies]

ancheta *nf* Christmas hamper

ancho, -a ◆ *adj* **1** (*de gran anchura*) wide: *el ~ mar* the wide sea **2** (*ropa*) baggy: *un suéter ~* a baggy sweater ◊ *La cintura me queda ancha.* The waist is too big. **3** (*sonrisa, hombros, espalda*) broad: *Es muy ~ de espaldas.* He has broad shoulders. ☛ *Ver nota en* BROAD ◆ *nm* width: *¿Cuánto mide de ~?* How wide is it? ◊ *Tiene dos metros de ~.* It is two meters wide. **LOC a mis anchas 1** (*como en casa*) at home: *Ponte a tus anchas.* Make yourself at home. **2** (*con libertad*) quite happily: *Aquí los niños pueden jugar a sus anchas.* The children can play here quite happily.

anchoa *nf* anchovy [*pl* anchovies]

anchura *nf* (*medida*) width: *No tiene suficiente ~.* It isn't wide enough.

ancianato *nm* nursing home

anciano, -a ◆ *adj* elderly ◆ *nm-nf* elderly man/woman [*pl* elderly men/women]: *los ~s* the elderly

ancla *nf* anchor **LOC echar el ancla/anclas** to drop anchor *Ver tb* LEVAR

andado *nm* walk: *Lo reconocí por su ~.* I recognized him by his walk.

andamio *nm* scaffolding [*incontable*]: *Hay ~s por todas partes.* There's scaffolding everywhere.

andar ◆ *vi* **1** (*caminar*) to walk: *Vine andando.* I walked here. **2** (*funcionar*) to work: *Este reloj no anda.* This clock's not working. **3** (*estar*) to be: *¿Quién anda ahí?* Who's there? ◊ *~ ocupado/deprimido* to be busy/depressed ◊ *¿Qué andas buscando?* What are you looking for? **4 ~ por** to be **about *sth***: *Debe ~ por los 50 años.* He must be about 50. ◆ **andarse** *v pron* **andarse con**: *No te andes con bromas.* Stop fooling around. ◊ *Habrá que ~se con cuidado.* We'll have to be careful. ☛ Para otras expresiones con **andar**, véanse las entradas del sustantivo, adjetivo, etc, p.ej. **andar a gatas** en GATO y **andar con rodeos** en RODEO.

andén *nm* sidewalk

andrajoso, -a *adj* ragged

anécdota *nf* anecdote: *contar una ~* to tell an anecdote

anemia *nf* anemia **LOC tener anemia** to be anemic

anémico, -a *adj* anemic

anestesia *nf* anesthetic: *Me pusieron ~ general/local.* They gave me a general/local anesthetic.

anestesiar *vt* to anesthetize

anestesista *nmf* anesthetist

anfetamina *nf* amphetamine

anfibio, -a ◆ *adj* amphibious ◆ *nm* amphibian

anfiteatro *nm* **1** (*romano*) amphitheater **2** (*morgue*) morgue

anfitrión, -ona *nm-nf* host [*fem* hostess] **LOC** *Ver* EQUIPO

ángel *nm* angel: *~ de la guarda* guardian angel **LOC** *Ver* SOÑAR

anglicano, -a *adj, nm-nf* Anglican

anglosajón, -ona *adj, nm-nf* Anglo-Saxon

anguila *nf* eel
ángulo *nm* angle: ~ *recto/agudo/obtuso* right/acute/obtuse angle ◊ *Yo veo las cosas desde otro* ~. I see things from a different angle.
angustia *nf* anguish: *Gritó con tremenda* ~. He cried out in anguish.
angustiado, -a *pp, adj* anxious: *Esperaba* ~. I waited anxiously. *Ver tb* ANGUSTIAR
angustiar ◆ *vt* to worry: *Me angustian los exámenes.* I am worried about my final exams. ◆ **angustiarse** *v pron* **angustiarse (por)** to worry (**about *sth*/*sb***): *No debes ~te cada vez que llegan tarde.* You mustn't worry every time they're late.
anidar *vi* ~ (**en**) (*aves*) to nest (**in *sth***)
anillo *nm* ring **LOC venir como anillo al dedo** to be just right
animado, -a *pp, adj* **1** (*gen*) lively: *La fiesta estuvo muy animada.* It was a very lively party. **2** ~ (**a**) (*dispuesto*) eager (***to do sth***): *Yo estoy ~ a ir.* I am eager to go. **LOC** *Ver* DIBUJO; *Ver tb* ANIMAR
animal *adj, nm* animal [*n*]: ~ *doméstico/salvaje* domestic/wild animal ◊ *el reino* ~ the animal kingdom
animar ◆ *vt* **1** (*persona*) to cheer *sb* up: *Animé a mi hermana y dejó de llorar.* I cheered my sister up and she stopped crying. **2** (*conversación, partido*) to liven *sth* up **3** (*apoyar*) to cheer *sb* on: ~ *a un equipo* to cheer a team on ◆ **animarse** *v pron* **1** (*persona*) to cheer up: *¡Anímate hombre!* Cheer up! **2** (*decidirse*) to decide (***to do sth***): *A lo mejor me animo a ir.* I may decide to go. **LOC animar a algn a que haga algo** to encourage sb to do sth: *Yo los animo a que hagan deporte.* I'm encouraging them to take up sport.
ánimo *nm* spirits [*pl*]: *Estábamos bajos de* ~. Our spirits were low. **LOC ¡ánimo!** cheer up!
aniquilar *vt* to annihilate: ~ *al adversario* to annihilate the enemy
anís *nm* **1** (*semilla*) aniseed **2** (*licor*) anisette
aniversario *nm* anniversary [*pl* anniversaries]: *nuestro ~ de bodas* our wedding anniversary
ano *nm* anus [*pl* anuses]
anoche *adv* last night
anochecer ◆ *v imp* to get dark: *Está anocheciendo muy temprano.* It's getting dark very early. ◆ *nm* dusk: *al* ~ at dusk **LOC antes/después del anochecer** before/after dark
anónimo, -a ◆ *adj* anonymous ◆ *nm* (*carta*) anonymous letter **LOC** *Ver* SOCIEDAD
anorexia *nf* anorexia (nervosa)
anormal *adj* abnormal: *un comportamiento* ~ abnormal behavior
anotar *vt* **1** (*apuntar*) to note *sth* down: *Anoté la dirección.* I noted down the address. **2** (*triunfo*) to score: *El equipo anotó su primera victoria.* The team scored its first victory.
ansia *nf* **1** ~ (**de**) longing (**for *sth***): ~ *de cambio* a longing for change **2** ~ (**por**) desire (**for *sth*/*to do sth***): ~ *por mejorar* a desire to improve
ansiedad *nf* anxiety [*pl* anxieties]
antártico, -a ◆ *adj* Antarctic ◆ **Antártico** *nm* Antarctic Ocean **LOC** *Ver* CÍRCULO
ante *prep* **1** (*gen*) before: *ante las cámaras* before the cameras ◊ *comparecer ante el juez* to appear before the judge **2** (*enfrentado con*) in the face of *sth*: *ante las dificultades* in the face of adversity **LOC ante todo** *Ver* TODO
anteayer *adv Ver* ANTIER
antebrazo *nm* forearm
antelación *nf* **LOC con antelación** in advance: *con dos años de* ~ two years in advance
antemano *adv* **LOC de antemano** beforehand
antena *nf* **1** (*Radio, TV*) antenna [*pl gen* antennas] **2** (*Zool*) antenna [*pl* antennae] **LOC antena parabólica** satellite dish
antenoche *adv* the night before last
antepasado, -a *nm-nf* ancestor
anteponer *vt* (*poner delante*) to put *sth* in front of *sth*: *Anteponga el adjetivo al nombre.* Put the adjective before the noun.
anterior *adj* previous
antes *adv* **1** (*previamente*) before: *Ya lo habíamos discutido* ~. We had discussed it before. ☛ *Ver nota en* AGO **2** (*más temprano*) earlier: *Los lunes cerramos* ~. We close earlier on Mondays. **LOC antes de** before *sth/doing sth*: ~ *de ir a la cama* before going to bed ◊ ~ *de Navidad* before Christmas **antes que nada** above all **de antes** previous: *en el trabajo de* ~ in my previous job **lo antes posible** as soon as possible *Ver tb* CONSUMIR, CUANTO

antiaéreo, -a *adj* anti-aircraft
antibala (*tb* **antibalas**) *adj* bulletproof LOC *Ver* CHALECO
antibiótico *nm* antibiotic
anticipación *nf* LOC **con anticipación** in advance: *reservar entradas con ~* to book tickets in advance
anticipado, -a *pp, adj* LOC **por anticipado** in advance *Ver tb* ANTICIPAR
anticipar *vt* **1** (*adelantar*) to bring *sth* forward: *Anticipamos la boda.* We brought the wedding forward. **2** (*plata*) to advance *sth* (**to** *sb*): *Me anticipó dos mil pesos.* He advanced me two thousand pesos. **3** (*sueldo, alquiler*) to pay *sth* in advance
anticipo *nm* (*plata*) advance: *Pedí un ~ del sueldo.* I've asked for an advance on my salary.
anticonceptivo, -a *adj, nm* contraceptive: *los métodos ~s* contraceptive methods
anticuado, -a *adj, nm-nf* old-fashioned [*adj*]: *Esta camisa es muy anticuada.* This shirt's very old-fashioned. ◊ *¡Eres un ~, papá!* You're really old-fashioned, Dad!
anticuaria *nf* (*tb* **anticuario** *nm*) antique shop
anticuerpo *nm* antibody [*pl* antibodies]
antidoping LOC **control/prueba antidoping** drug test: *Salió positivo en la prueba ~* He tested positive for drugs.
antídoto *nm* ~ (**contra**) antidote (**to** *sth*)
antidroga *adj* anti-drug: *organizar una campaña ~* to organize an anti-drug campaign
antier *adv* the day before yesterday
antifaz *nm* mask
antiguamente *adv* in the olden days
antigüedad *nf* **1** (*cualidad*) age: *la ~ de las viviendas* the age of the housing **2** (*en trabajo*) seniority **3** (*época*) ancient times **4** (*objeto*) antique: *tienda de ~es* antique shop
antiguo, -a *adj* **1** (*viejo*) old: *carros ~s* old cars **2** (*anterior*) former (*formal*), old: *la antigua Unión Soviética* the former Soviet Union ◊ *mi ~ jefe* my old boss **3** (*Hist*) ancient: *la Grecia antigua* ancient Greece LOC *Ver* CHAPADO
antílope *nm* antelope
antimotines *adj* riot [*n atrib*]: *policía ~* riot police
antipático, -a *adj* unpleasant
antipatriótico, -a *adj* unpatriotic
antirrobo *adj* anti-theft: *sistema ~* anti-theft device
antojarse *v pron*: *Iré cuando se me antoje.* I'll go when I feel like it. ◊ *Al niño se le antojó un robot.* The child took a fancy to a robot.
antojo *nm* (*capricho*) whim LOC **tener antojo de** to have a craving for *sth* **tener antojos** to have cravings: *Algunas embarazadas tienen ~s.* Some pregnant women have cravings.
antónimo, -a *adj, nm*: *¿Cuál es el ~ de alto?* What's the opposite of tall? ◊ *Alto y bajo son ~s.* Tall and short are opposites.
antorcha *nf* torch: *la ~ olímpica* the Olympic torch
antro *nm* (*local*) dive
anual *adj* annual
anualmente *adv* annually
anulación *nf* **1** (*gen*) cancellation: *la ~ del torneo* the cancellation of the tournament **2** (*matrimonio*) annulment
anular[1] *vt* **1** (*cancelar*) to cancel: *Se anuló el partido.* The game was canceled. **2** (*matrimonio*) to annul **3** (*gol, tanto*) to disallow **4** (*votación, examen*) to declare *sth* invalid
anular[2] *nm* (*dedo*) ring finger
anunciar ◆ *vt* **1** (*informar*) to announce: *Anunciaron el resultado por los altavoces.* They announced the result over the loudspeakers. **2** (*hacer publicidad*) to advertise ◆ **anunciarse** *v pron* **anunciarse (en ...)** (*hacer publicidad*) to advertise (**in ...**)
anuncio *nm* **1** (*prensa, televisión*) advertisement, ad (*coloq*) **2** (*cartel*) poster **3** (*declaración*) announcement
anzuelo *nm* hook LOC *Ver* MORDER(SE)
añadir *vt* to add
añicos *nm* LOC **hacerse añicos** to shatter
año *nm* year: *todo el ~* all year (round) ◊ *todos los ~s* every year ◊ *~ académico/escolar* academic/school year LOC **año bisiesto** leap year **Año Nuevo 1** (*noche*) New Year's Eve: *¿Qué hiciste en Año Nuevo?* What did you do on New Year's Eve? **2** (*día*) New Year's Day: *En Año Nuevo salimos a pasear al campo.* On New Year's Day we went for a walk in the country. **año(s) luz** light year(s) **cada año por la cuaresma** once in a blue moon **de dos, etc años**: *una mujer de treinta años* a woman of thirty/a thirty-year-old woman ◊ *A Miguel, de 12 ~s, le gusta el cine.* Miguel, aged 12,

likes movies. **¡Feliz Año!** Happy New Year! **hace años** years ago: *Hace ~s que no voy al teatro.* I haven't been to the theater for a long time. **los años 50, 60, etc** the 50s, 60s, etc **quitarse años** to lie about your age **tener dos, etc años** to be two, etc (years old): *Tengo diez ~s.* I'm ten (years old). ◊ *¿Cuántos ~s tienes?* How old are you? ☛ *Ver nota en* OLD *Ver tb* CADA, CURSO

añorar *vt* (*echar de menos*) to miss

apaciguar ◆ *vt* to appease ◆ **apaciguarse** *v pron* to calm down: *cuando se hayan apaciguado los ánimos* once everybody has calmed down

apagado, -a *pp, adj* **1** (*persona*) listless **2** (*color*) dull **3** (*volcán*) extinct **LOC estar apagado 1** (*luz, aparato*) to be off **2** (*fuego*) to be out *Ver tb* APAGAR

apagar ◆ *vt* **1** (*fuego*) to put *a fire* out **2** (*vela*) to blow *a candle* out **3** (*cigarrillo*) to stub *a cigarette* out **4** (*luz, aparato*) to switch *sth* off ◆ **apagarse** *v pron* to go out: *Se me apagó la vela/el cigarrillo.* My candle/cigarette went out.

apagón *nm* power outage

apanado, -a *pp, adj* breaded *Ver tb* APANAR

apanar *vt* **1** (*con pan rallado*) to cover *sth* in breadcrumbs **2** (*con harina*) to dip *sth* in batter

aparador *nm* sideboard

aparato *nm* **1** (*máquina*) machine: *¿Cómo funciona este ~?* How does this machine work? **2** (*doméstico*) appliance **3** (*radio, televisión*) set **4** (*Anat*) system: *el ~ digestivo* the digestive system **5** (*Gimnasia*) apparatus [*incontable*]

aparatoso, -a *adj* (*caída, choque*) dramatic

aparecer ◆ *vi* **1** (*gen*) to appear: *Aparece mucho en la televisión.* He appears a lot on TV. **2** (*algn/algo que se había perdido*) to turn up: *Perdí las gafas pero aparecieron.* I lost my glasses but they turned up later. **3** (*figurar*) to be: *Mi número de teléfono no aparece en el directorio.* My number isn't in the directory. **4** (*llegar*) to show up: *A eso de las diez apareció Pedro.* Pedro showed up around ten. ◆ **aparecerse** *v pron* **aparecerse** (**a/ante**) to appear (**to** ***sb***)

aparentar ◆ *vt* **1** (*fingir*) to pretend: *Tuve que ~ alegría.* I had to pretend I was happy. **2** (*edad*) to look: *Aparenta unos 50 años.* He looks about 50. ◆ *vi* to show off: *Les gusta ~.* They love showing off.

aparente *adj* apparent: *sin un motivo ~* for no apparent reason

aparición *nf* **1** (*gen*) appearance **2** (*Relig*) vision **3** (*fantasma*) apparition **LOC hacer** (**su**) **aparición** to appear

apariencia *nf* appearance **LOC** *Ver* GUARDAR

apartado, -a ◆ *pp, adj* remote ◆ *nm* **1** (*gen*) section **2** (*párrafo*) paragraph **LOC apartado aéreo** post-office box (*abrev* PO box) *Ver tb* APARTAR

apartamento *nm* apartment: *bloques de ~s* apartment buildings **LOC** *Ver* COMPAÑERO

apartar ◆ *vt* **1** (*obstáculo*) to move *sth* (out of the way) **2** (*alejar*) to separate *sth/sb* **from** ***sth/sb***: *Sus papás lo apartaron de los amigos.* His parents separated him from his friends. ◆ **apartarse** *v pron* to move (over): *Apártate, que estorbas.* Move (over), you're in the way. **LOC apartar la vista** to look away

aparte ◆ *adv* **1** (*a un lado*) aside: *Voy a poner estos papeles ~.* I'll set these documents aside. **2** (*separadamente*) separately: *Esto lo pago ~.* I'll pay for this separately. ◆ *adj* **1** (*diferente*) different: *un mundo ~* a different world **2** (*separado*) separate: *¿Puede darme una cuenta ~ para estas cosas?* Could you give me a separate bill for these items? **LOC aparte de 1** (*excepto*) apart from *sth/sb*: *~ de eso no pasó nada.* Apart from that nothing happened. ◊ *No lo dijo nadie ~ de mí.* Nobody said it apart from me. **2** (*además de*) as well as: *~ de bonito, parece práctico.* It's practical as well as pretty. *Ver tb* CASO, PUNTO

apasionado, -a ◆ *pp, adj* passionate: *un temperamento muy ~* a very passionate temperament ◆ *nm-nf* ~ **de/por** lover **of** ***sth***: *los ~s de la ópera* opera lovers *Ver tb* APASIONAR

apasionante *adj* exciting

apasionar ◆ *vi* to love *sth/doing sth* [*vt*]: *Me apasiona el jazz.* I love jazz. ◆ **apasionarse** *v pron* **apasionarse con/por** to be crazy about ***sth/sb***

apedrear *vt* to stone

apego *nm* ~ (**a/por**) affection **for** ***sth/sb*** **LOC tenerle apego** to be very attached *to sth*

apelación *nf* appeal

apelar *vi* to appeal: *Apelaron a nuestra generosidad.* They appealed to our generosity. ◊ *Apelaron contra la sentencia.* They appealed against the sentence.

apellidarse *v pron*: *¿Cómo te apellidas?* What's your surname? ◊ *Se apellidan Morán.* Their surname's Morán.

apellido *nm* surname **LOC** *Ver* NOMBRE

apenado, -a *pp, adj* ~ **(por)** embarrassed **(about *sth*)** *Ver tb* APENARSE

apenarse *v pron* to be embarrassed (***about sth***)

apenas *adv* **1** (*escasamente*) scarcely: *Hace ~ un año.* Scarcely a year ago. **2** (*en cuanto*) as soon as: *~ llegaron* as soon as they arrived

apéndice *nm* **1** (*Anat*) appendix [*pl* appendixes] **2** (*libro, documento*) appendix [*pl* appendices]

apendicitis *nf* appendicitis

apeñuscar *vt* to stuff *sth* ***into sth***

aperitivo *nm* **1** (*bebida*) aperitif [*pl* aperitifs] **2** (*entrada*) appetizer

apertura *nf* **1** (*gen*) opening: *la ceremonia de ~* the opening ceremony **2** (*comienzo*) beginning: *la ~ del curso* the beginning of the academic year

apestar *vi* ~ **(a)** to stink **(of *sth*)**

apestarse *v pron* **1** (*persona*) to catch the flu **2** (*planta*) to become blighted

apetito *nm* appetite: *El paseo te abrirá el ~.* The walk will give you an appetite. ◊ *tener buen ~* to have a good appetite

apiadarse *v pron* ~ **de** to take pity **on *sb***

apicultura *nf* bee-keeping

apilar *vt* to stack

apiñarse *v pron* to crowd (together)

apio *nm* celery

aplanadora *nf* steamroller

aplastante *adj* overwhelming: *ganar por mayoría ~* to win by an overwhelming majority

aplastar *vt* **1** (*cosa hueca, persona*) to crush **2** (*cosa blanda, insecto*) to squash **3** (*derrotar*) to crush **4** (*peinado*) to flatten

aplaudir *vt, vi* to applaud

aplauso *nm* applause [*incontable*]: *grandes ~s* loud applause

aplazar *vt* **1** (*gen*) to put *sth* off, to postpone (*más formal*) **2** (*pago*) to defer

aplicable *adj* ~ **(a)** applicable **(to *sth*/ *sb*)**

aplicación *nf* application

aplicado, -a *pp, adj* **1** (*persona*) hard-working **2** ~ **(a)** applied **(to *sth*)**: *matemática aplicada* applied mathematics *Ver tb* APLICAR

aplicar ◆ *vt* **1** (*gen*) to apply *sth* **(to *sth*)**: *~ una regla* to apply a rule ◊ *Aplique la crema sobre la zona afectada.* Apply the cream to the affected area. **2** (*poner en práctica*) to put *sth* to use: *Vamos a ~ los conocimientos aprendidos.* Let's put what we've learned to use. ◆ *vi* ~ **para** to apply **for *sth***: *~ para una beca* to apply for a scholarship ◆ **aplicarse** *v pron* **aplicarse (a/en)** to apply yourself **(to *sth*)**: *~se a una tarea* to apply yourself to a task

apoderarse *v pron* ~ **de** to take: *Se apoderaron de las joyas.* They took the jewels.

apodo *nm* nickname

apolítico, -a *adj* apolitical

apología *nf* ~ **de** defense **of *sth*/*sb***

aporrear ◆ *vt* **1** (*puerta*) to hammer ***at the door*** **2** (*piano*) to bang away ***on the piano*** ◆ **aporrearse** *v pron* to hit yourself: *Me aporreé durísimo en la mano.* I hit my hand very hard.

aportar *vt* to contribute: *~ una idea interesante* to contribute an interesting idea

aporte *nm* ~ **a/para** contribution **to *sth***

aposta *adv* on purpose

apostar *vt, vi* ~ **(por)** to bet **(on *sth*/*sb*)**: *~ por un caballo* to bet on a horse ◊ *Apuesto lo que quieras a que no vienen.* I bet anything you like they won't come. ◊ *¿Qué apuestas?* What do you bet?

apóstol *nm* apostle

apoyado, -a *pp, adj* ~ **en/sobre/contra** **1** (*descansando*) resting **on/against *sth***: *Tenía la cabeza apoyada en el respaldo.* I was resting my head on the back of the chair. **2** (*inclinado*) leaning **against *sth***: *~ contra la pared* leaning against the wall ☛ *Ver dibujo en* LEAN[2]; *Ver tb* APOYAR

apoyar ◆ *vt* **1** (*gen*) to lean *sth* **against *sth***: *No lo apoyes contra la pared.* Don't lean it against the wall. ☛ *Ver dibujo en* LEAN[2] **2** (*descansar*) to rest *sth* **on/ against *sth***: *Apoya la cabeza en mi hombro.* Rest your head on my shoulder. **3** (*defender*) to support: *~ una huelga/a un compañero* to support a strike/colleague ◆ **apoyarse** *v pron* to lean ***on/against sth***: *~se en un bastón/ contra una pared* to lean on a stick/ against a wall

apoyo *nm* support: *una manifestación*

de ~ a la huelga a demonstration in support of the strike

apreciado, -a *pp, adj* (*cartas*) dear ☛ *Ver págs 310–1. Ver tb* APRECIAR

apreciar *vt* **1** (*cosa*) to value: *Aprecio el trabajo bien hecho.* I value a job well done. **2** (*persona*) to think highly **of *sb***: *Te aprecian mucho.* They think very highly of you. **3** (*percibir*) to see

aprecio *nm* regard (***for sth/sb***) **LOC tenerle mucho aprecio a algn** to be very fond of sb

aprender ◆ *vt, vi* to learn: *~ francés* to learn French ◊ *Deberías ~ a escuchar a los demás.* You should learn to listen to other people. ◊ *Quiero ~ a manejar.* I want to learn to drive. ◆ **aprenderse** *v pron* to learn: *~se tres capítulos* to learn three chapters ◊ *~se algo de memoria* to learn sth by heart

aprendiz *nmf* apprentice: *~ de peluquería* apprentice hairdresser

aprendizaje *nm*: *el ~ de un idioma* learning a language

apresurarse *v pron ~* **a** to hasten ***to do sth***: *Me apresuré a darles las gracias.* I hastened to thank them. **LOC ¡apresúrese!** hurry up!

apretado, -a *pp, adj* **1** (*ajustado*) tight: *Estos zapatos me quedan muy ~s.* These shoes are too tight. **2** (*gente*) squished together *Ver tb* APRETAR

apretar ◆ *vt* **1** (*botón, pedal*) to press **2** (*tuerca, tapa, nudo*) to tighten **3** (*gatillo*) to pull **4** (*exigir*) to be strict **with *sb*** **5** (*mano*) to squeeze ◆ *vi* **1** (*ropa*) to be too tight (**for *sb***): *El pantalón me aprieta.* The pants are too tight (for me). **2** (*zapatos*) to pinch ◆ **apretarse** *v pron* **apretarse** (**contra**) to squeeze up (**against *sth***) **LOC apretarse el cinturón** to tighten your belt

aprieto *nm* **LOC estar en aprietos/un aprieto** to be in a fix **poner en un aprieto** to put *sb* in a tight spot

aprobación *nf* approval **LOC dar su aprobación** to give your consent (*to sth*)

aprobar *vt* **1** (*examen, ley*) to pass: *No aprobé ni una materia.* I haven't passed a single subject. **2** (*aceptar*) to approve **of *sth/sb***: *No apruebo su comportamiento.* I don't approve of their behavior.

apropiado, -a *pp, adj* appropriate *Ver tb* APROPIARSE

apropiarse *v pron ~* **de** to take: *Niegan haberse apropiado del dinero.* They say they didn't take the money.

aprovechado, -a *nm-nf* freeloader

aprovechar ◆ *vt* **1** (*utilizar*) to use: *~ bien el tiempo* to use your time well **2** (*recursos naturales*) to exploit: *~ la energía solar* to exploit solar energy **3** (*oportunidad*) to take advantage of *sth/sb*: *Aproveché el viaje para visitar a mi hermano.* I took advantage of the journey to visit my brother. ◆ *vi*: *Aprovecha ahora que no está el jefe.* Seize the chance now that the boss isn't here. ◆ **aprovecharse** *v pron* **aprovecharse** (**de**) to take advantage (**of *sth/sb***) **LOC ¡que le aproveche!** enjoy your meal!

aproximado, -a *pp, adj* **LOC** *Ver* CÁLCULO; *Ver tb* APROXIMARSE

aproximarse *v pron* to approach, to draw near (*más coloq*): *Se aproximan los exámenes.* The final exams are getting closer.

aptitud *nf* **1** (*gen*) aptitude (***for sth/doing sth***): *prueba de ~* aptitude test **2** **aptitudes** gift [*sing*]: *tener ~es musicales* to have a gift for music

apto, -a *adj* suitable (***for sth/to do sth***): *No son ~s para este trabajo.* They're not suitable for this job.

apuesta *nf* bet: *hacer una ~* to make a bet

apuntar ◆ *vt* **1** (*anotar*) to note *sth* down: *Voy a ~ la dirección.* I'm going to note down the address. **2** (*inscribir*) to put *sb's* name down ◆ *vt, vi* to aim (*sth*) (***at sth/sb***): *Apunté demasiado alto.* I aimed too high. ◊ *Me apuntó con una pistola.* He aimed his gun at me. ◆ **apuntarse** *v pron* **1** (*inscribirse*) to put your name down: *Me apunté en una lista.* I put my name down on the list. **2** (*Dep, triunfo*) to score: *El equipo se apuntó una gran victoria.* The team scored a great victory. **3** (*rifa*): *Me apunté a una rifa.* I bought a raffle ticket.

apunte *nm* note: *tomar ~s* to take notes

apuñalar *vt* to stab

apurarse *v pron* (*darse prisa*) to get a move on: *¡Apúrate que nos deja el bus!* Get a move on or we'll miss the bus!

apuro *nm* **1** (*aprieto*) fix: *Eso nos sacaría del ~.* That would get us out of this fix. **2** (*prisa*) rush [*incontable*]: *No hay ~.* There's no rush. **3** **apuros** trouble [*sing*]: *un alpinista en ~s* a climber in trouble

aquel, aquella *adj* that [*pl* those] **LOC** *Ver* ENTONCES

aquél, aquélla *pron* **1** (*cosa*) that one [*pl* those (ones)]: *Este carro es mío y ~ de Pedro.* This car's mine and that one is Pedro's. ◊ *Prefiero aquéllos.* I prefer those (ones). **2** (*persona*): *¿Conoces a aquéllos?* Do you know those people?

aquello *pron*: *¿Ves ~ de allá?* Can you see that thing over there? ◊ *No te imaginas lo que fue ~.* You can't imagine what it was like. **LOC aquello que...** what...: *Recuerda ~ que tu madre siempre decía.* Remember what your mother always used to say.

aquí *adv* **1** (*lugar*) here: *Ya están ~.* They're here. ◊ *Es ~ mismo.* It's right here. **2** (*ahora*) now: *de ~ en adelante* from now on ◊ *Hasta ~ todo va bien.* Up till now everything's been fine. **LOC (por) aquí cerca** near here **por aquí (por favor)** this way (please)

árabe *nm* (*lengua*) Arabic

arábico, -a *adj* **LOC** *Ver* NUMERACIÓN, NÚMERO

arado *nm* plow

arancel *nm* tariff

arandela *nf* **1** (*aro*) metal ring **2** (*para un tornillo*) washer

araña *nf* spider

arañar(se) *vt, v pron* to scratch: *Me arañé los brazos recogiendo moras.* I scratched my arms picking blackberries.

arañazo *nm* scratch

arar *vt* to plow

arbitrar *vt* **1** (*Fútbol, Boxeo*) to referee **2** (*Tenis*) to umpire

arbitrario, -a *adj* arbitrary

árbitro, -a *nm-nf* **1** (*Fútbol, Boxeo*) referee **2** (*Tenis*) umpire **3** (*mediador*) arbitrator

árbol *nm* tree: *~ frutal* fruit tree **LOC árbol genealógico** family tree *Ver tb* TOMATE

arboleda *nf* grove

arbusto *nm* bush

arcada *nf* **LOC dar arcadas** to retch: *Me daban ~s.* I was retching.

archipiélago *nm* archipelago [*pl* archipelagos/archipelagoes]

archivador *nm* **1** (*mueble*) filing cabinet **2** (*carpeta*) file

archivar *vt* **1** (*clasificar*) to file **2** (*Informát*) to store: *~ datos* to store data **3** (*asunto*) to shelve

archivo *nm* **1** (*policía, Informát*) file **2** (*Hist*) archive(s) [*se usa mucho en plural*]: *un ~ histórico* historical archives

arcilla *nf* clay

arco *nm* **1** (*Arquit*) arch **2** (*Mat*) arc: *un ~ de 36°* a 36°arc **3** (*Dep, Mús*) bow: *el ~ y las flechas* a bow and arrows **4** (*Fútbol*) goal: *Tiró al ~ pero falló.* He shot at goal but missed. **LOC arco iris** rainbow: *¡Mira!, salió el ~ iris.* Look! There's a rainbow. *Ver tb* TIRO

arder *vi* **1** (*quemarse*) to burn **2** (*estar muy caliente*) to be boiling hot: *La sopa está ardiendo.* The soup is boiling hot. **LOC estar que arde** (*persona*) to be fuming: *Tu papá está que arde.* Your father is fuming.

ardiente *adj* **LOC** *Ver* CAPILLA

ardilla *nf* squirrel

ardor *nm* (*entusiasmo*) enthusiasm **LOC ardor de estómago** heartburn

área *nf* area: *el ~ de un rectángulo* the area of a rectangle ◊ *un ~ de servicio* a service area

arena *nf* sand: *jugar en la ~* to play in the sand **LOC arenas movedizas** quicksands *Ver tb* BANCO, CASTILLO

arenque *nm* herring

arepa *nf* corn pancake

arequipe *nm* fudge

arete *nm* earring

Argentina *nf* Argentina

argentino, -a *adj, nm-nf* Argentine, Argentinian

argolla *nf* ring **LOC argolla de compromiso** wedding band

argot *nm* **1** (*lenguaje coloquial*) slang **2** (*profesional*) jargon

argumento *nm* **1** (*razón*) argument: *los ~s a favor y en contra* the arguments for and against **2** (*Cine, Liter*) plot

árido, -a *adj* (*terreno, tema*) dry

Aries *nm, nmf* (*Astrología*) Aries ☛ *Ver ejemplos en* AQUARIUS

arisco, -a *adj* unfriendly

arista *nf* (*Geom*) edge

aristocracia *nf* aristocracy [*v sing o pl*]

aristócrata *nmf* aristocrat

aritmética *nf* arithmetic

arma *nf* **1** (*gen*) weapon: *~s nucleares* nuclear weapons **2 armas** arms: *un traficante de ~s* an arms dealer **LOC arma blanca** knife **arma de doble filo** double-edged sword **arma de fuego** firearm **arma homicida** murder weapon *Ver tb* CONTRABANDISTA, CONTRABANDO, ESCUDO

armada *nf* navy [*v sing o pl*] [*pl* navies]: *tres buques de la ~* three navy ships

armadillo *nm* armadillo [*pl* armadillos]

armadura *nf* armor [*incontable*]: *una ~* a suit of armor

armamento *nm* arms [*pl*]: *el control de ~s* arms control **LOC** *Ver* CARRERA

armar *vt* **1** (*entregar armas*) to arm *sb* (***with sth***): *Armaron a los soldados con fusiles.* They armed the soldiers with guns. **2** (*montar*) to assemble: *~ una carpa* to put up a tent **LOC armar barullo** to make a racket **armarse de paciencia** to be patient **armarse de valor** to pluck up courage **armarse un lío** to get confused: *Con tantas puertas me armo un lío.* I get confused with all these doors. **armar un lío** to have a fit *Ver tb* BRONCA, ESCÁNDALO

armario *nm* **1** (*gen*) cupboard **2** (*para ropa*) wardrobe

armisticio *nm* armistice

armonía *nf* harmony [*pl* harmonies]

armónica *nf* harmonica

arneses *nm* harness [*sing*]

aro *nm* **1** (*gen*) ring: *los ~s olímpicos* the Olympic rings **2** (*Gimnasia*) hoop

aroma *nm* aroma

aromático, -a *adj* aromatic

arpa *nf* harp

arpón *nm* harpoon

arqueología *nf* archaeology

arqueólogo, -a *nm-nf* archaeologist

arquero *nm* goalkeeper

arquitecto, -a *nm-nf* architect

arquitectura *nf* architecture

arraigado, -a *pp, adj* deep-rooted: *una costumbre muy arraigada* a deep-rooted custom *Ver tb* ARRAIGAR(SE)

arraigar(se) *vi, v pron* to take root

arrancar ◆ *vt* **1** (*sacar*) to pull *sth* out: *~ un clavo* to pull a nail out **2** (*planta*) to pull *sth* up: *~ la maleza* to pull the weeds up **3** (*página*) to tear *a page* out **4** (*quitar*) to pull *sth* off: *~ la etiqueta de una camisa* to pull the label off a shirt ◆ *vt, vi* (*motor*) to start

arranque *nm* **1** (*motor*) starting: *Tengo problemas con el ~.* I'm having problems starting the car. **2** (*persona*) get-up-and-go: *una persona de poco ~* a person with very little go **3 ~ de** fit **of *sth***: *un ~ de celos* a fit of jealousy

arrasar ◆ *vt* to destroy: *El incendio arrasó varios edificios.* The fire destroyed several buildings. ◆ *vi* (*ganar*) to win hands down: *El equipo local arrasó.* The local team won hands down.

arrastrar ◆ *vt* to drag: *No arrastres los pies.* Don't drag your feet. ◊ *No querían irse, los tuve que sacar arrastrando.* They didn't want to go so I had to drag them away. ◆ **arrastrarse** *v pron* **1** (*gatear*) to crawl: *~se por el suelo* to crawl along the floor **2 arrastrarse** (**ante**) (*humillarse*) to grovel (**to *sb***)

¡arre! *interj* giddy up!

arrear *vt* to drive

arrebato *nm* **LOC darle el arrebato a algn** to take it into your head (*to do sth*): *Me dio el ~ y me fui a comprarme ropa.* I took it into my head to go and buy some clothes.

arrecife *nm* reef

arreglado, -a *pp, adj* **1** (*persona*) dressed up: *¿Dónde va tan arreglada?* Where are you going all dressed up? ◊ *una señora muy arreglada* a smartly dressed lady **2** (*ordenado*) tidy **3** (*asunto*) sorted out: *Ya está ~ el problema.* The problem's sorted out now. *Ver tb* ARREGLAR

arreglar ◆ *vt* **1** (*reparar*) to fix: *Van a venir a ~ la lavadora.* They're coming to fix the washing machine. **2** (*hacer obras*) to fix *sth* up: *Estamos arreglando el cuarto de baño.* We're fixing up the bathroom. **3** (*ordenar*) to clean *sth* (up): *~ la casa* to clean up the house **4** (*asunto, problema*) to sort *sth* out: *No te preocupes que yo lo arreglaré.* Don't worry, I'll sort it out. **5** (*ensalada*) to dress ◆ **arreglarse** *v pron* **1** (*acicalarse*) to get ready **2** (*mejorar*) to get better, to improve (*más formal*): *Si se arregla la situación económica…* If the economic situation improves… **3** (*salir bien*) to work out: *Al final todo se arregló.* It all worked out in the end. **4** (*rebuscárselas*) to manage: *Hay poca comida pero ya nos arreglaremos.* There's not much food but we'll manage. **LOC arreglárselas** to get by

arreglo *nm* **1** (*reparación*) repair: *hacer ~s* to do repairs **2** (*acuerdo*) agreement **LOC no tiene arreglo 1** (*objeto*) it can't be fixed **2** (*problema*) it can't be solved **3** (*persona*) he/she is a hopeless case

arrendador, ~a *nm-nf* landlord [*fem* landlady]

arrendar *vt* **1** (*ceder*) to rent *sth* out: *Arrendaron la casa de la playa el verano pasado.* They rented out their beach house last summer. **2** (*tomar*) to rent: *Arrendé un apartamento en Medellín.* I rented an apartment in Medellín. ☛ *Ver ejemplos en* ALQUILAR

arrepentido, -a *pp, adj* **LOC estar arrepentido (de)** to be sorry (for/about *sth*) *Ver tb* ARREPENTIRSE

arrepentimiento *nm* **1** (*pesar*) regret **2** (*Relig*) repentance

arrepentirse *v pron* ~ **(de) 1** (*lamentar*) to regret: *Me arrepiento de habérselo prestado.* I regret lending it to him. **2** (*pecado*) to repent (***of sth***)

arrestar *vt* **1** (*detener*) to arrest **2** (*encarcelar*) to imprison

arresto *nm* **1** (*detención*) arrest **2** (*prisión*) imprisonment: *Dos semanas de ~* Two weeks' imprisonment

arrevesado, -a *pp, adj* **1** (*gen*) complicated **2** (*persona*) awkward

arriar *vt* to lower: *~ (la) bandera* to lower the flag

arriba ◆ *adv* **1** (*gen*) up: *aquel castillo allá ~* that castle up there ◇ *de la cintura para ~* from the waist up **2** (*piso*) upstairs: *Viven ~.* They live upstairs. ◇ *los vecinos de ~* our upstairs neighbors ◆ **¡arriba!** *interj* come on!: *¡~ Nacional!* Come on Nacional! **LOC ¡arriba las manos!** hands up! **de arriba abajo 1** (*gen*) up and down: *Me miró de ~ abajo.* He looked me up and down. ◇ *mover algo de ~ abajo* to move something up and down **2** (*completamente*): *cambiar algo de ~ abajo* to change sth completely **hacia arriba** upwards *Ver tb* AHÍ, ALLÁ, ALLÍ, BOCA, CALLE, CUESTA, PARTE[1], PATA, RÍO

arriesgado, -a *pp, adj* **1** (*peligroso*) risky **2** (*audaz*) daring *Ver tb* ARRIESGAR

arriesgar ◆ *vt* to risk: *~ la salud/el dinero/la vida* to risk your health/ money/life ◆ **arriesgarse** *v pron* to take a risk/risks: *Si yo fuera tú no me arriesgaría.* If I were you I wouldn't take that risk. **LOC** *Ver* PELLEJO

arrimar ◆ *vt* to bring *sth* closer (***to sth***): *Arrima la silla a la chimenea.* Bring your chair closer to the fire. ◆ **arrimarse** *v pron* **arrimarse (a)** to go/come near: *No te arrimes a la pared.* Don't go near that wall. ◇ *No te arrimes a esa puerta, está recién pintada.* Don't go near that door. It's just been painted. ◇ *No te arrimes tanto, que te vas a manchar.* Don't come so near or you'll get dirty.

arrinconar *vt* **1** (*cosa*) to discard **2** (*acorralar*) to corner **3** (*marginar*) to exclude

arrodillarse *v pron* to kneel (down)

arrogante *adj* arrogant

arrojar *vt* to throw: *~ piedras a la policía* to throw stones at the police

arrollar *vt* **1** (*peatón*) to run over *sb*: *Lo arrolló un carro.* He was run over by a car. **2** (*viento, agua*) to carry *sth* away: *El viento arrolló el tejado.* The wind carried the roof away. **3** (*vencer*) to thrash

arropar(se) *vt, v pron* to wrap (*sb*) up: *Arrópate bien.* Wrap up well.

arroyo *nm* stream

arroz *nm* rice **LOC arroz con leche** rice pudding

arrozal *nm* ricefield

arruga *nf* **1** (*piel*) wrinkle **2** (*papel, ropa*) crease

arrugar(se) *vt, v pron* **1** (*piel, ropa*) to wrinkle: *Esta falda se arruga enseguida.* This skirt wrinkles very easily. **2** (*papel*) to crumple *sth* (up): *Dóblalo bien para que no se arrugue.* Fold it properly so that it doesn't get crumpled.

arruinar ◆ *vt* to ruin: *La tormenta arruinó las cosechas.* The storm has ruined the crops. ◆ **arruinarse** *v pron* to go bankrupt

arsenal *nm* (*armas*) arsenal

arsénico *nm* arsenic

arte *nm* **1** (*gen*) art: *una obra de ~* a work of art **2** (*habilidad*) skill (***at sth/ doing sth***): *Tienes ~ para pintar.* You show great skill at painting. **LOC como por arte de magia** as if by magic *Ver tb* BELLO

artefacto *nm* **1** (*dispositivo*) device: *un ~ explosivo* an explosive device **2** (*aparato extraño*) contraption

arteria *nf* artery [*pl* arteries]

artesanía *nf* **1** (*habilidad*) craftsmanship **2** (*productos*) handicrafts [*pl*] **LOC de artesanía** handmade

artesano, -a *nm-nf* craftsman/woman [*pl* craftsmen/women]

ártico, -a ◆ *adj* Arctic ◆ **Artico** *nm* (*océano*) Arctic Ocean **LOC** *Ver* CÍRCULO

articulación *nf* **1** (*Anat, Mec*) joint **2** (*pronunciación*) articulation

artículo *nm* article: *Ojalá publiquen mi ~.* I hope my article gets published. ◇ *el ~ definido* the definite article

artificial *adj* artificial **LOC** *Ver* FUEGO, PULMÓN, RESPIRACIÓN

artillería *nf* artillery

artista *nmf* **1** (*gen*) artist **2** (*Cine, Teat*) actor [*fem* actress]

arveja *nf* pea

arzobispo *nm* archbishop

as *nm* ace: *el as de corazones* the ace of hearts ◊ *ases del ciclismo* ace cyclists ☛ *Ver nota en* BARAJA

asa *nf* handle

asado, -a ◆ *pp, adj* roast: *pollo ~* roast chicken ◆ *nm* (*parrillada, reunión*) barbecue: *hacer un ~* to have a barbecue **LOC bien asado** well done *Ver tb* ASAR

asalariado, -a ◆ *pp, adj* wage-earning ◆ *nm-nf* wage earner

asaltante *nmf* **1** (*agresor*) attacker **2** (*ladrón*) raider

asaltar *vt* **1** (*gen*) to raid: *Dos tipos asaltaron el banco.* Two men raided the bank. **2** (*persona*) to mug: *Nos asaltó un enmascarado.* We were mugged by a masked man.

asalto *nm* ~ (**a**) **1** (*gen*) raid (**on *sth***): *un ~ a una joyería* a raid on a jewelry store **2** (*a una persona*) attack (**on *sb***) **3** (*Boxeo*) round

asamblea *nf* **1** (*reunión*) meeting **2** (*parlamento*) assembly [*pl* assemblies]

asar ◆ *vt* **1** (*carne*) to roast **2** (*papa entera*) to bake ◆ **asarse** *v pron* to roast: *Me estoy asando vivo.* I'm roasting alive.

ascendente *nm* (*Astrología*) ascendant

ascender ◆ *vt* to promote *sb* (***to sth***): *Lo ascendieron a capitán.* He was promoted to captain. ◆ *vi* **1** (*elevarse*) to go up, to rise (*más formal*) **2** (*montañismo*) to climb (up) *sth* **3** (*trabajador*) to be promoted (***to sth***)

ascenso *nm* **1** (*temperatura, precios*) rise: *Habrá un ~ de las temperaturas.* There will be a rise in temperatures. **2** (*montaña*) ascent **3** (*de un empleado, de un equipo*) promotion

ascensor *nm* elevator: *llamar al ~* to call the elevator

asco *nm* **LOC dar asco**: *Me da ~ la sangre.* I can't stand the sight of blood. **¡qué asco!** how disgusting! *Ver tb* CARA

ascua *nf* **LOC estar en ascuas** to be on tenterhooks

aseado, -a *pp, adj* **1** (*persona*) clean **2** (*lugar*) tidy *Ver tb* ASEARSE

asearse *v pron* **1** (*lavarse*) to wash up **2** (*arreglarse*) to tidy yourself up

asegurar ◆ *vt* **1** (*garantizar*) to ensure: *~ que todo funcione* to ensure that everything works **2** (*afirmar*) to assure: *Asegura que no los vio.* She assures us she didn't see them. **3** (*con una compañía de seguros*) to insure *sth/sb* (***against sth***): *Quiero ~ el carro contra incendio y robo.* I want to insure my car against fire and theft. ◆ **asegurarse** *v pron* (*comprobar*) to make sure (***of sth/that...***): *Asegúrese de cerrar las ventanas.* Please make sure you close the windows.

asentir *vi* **LOC asentir con la cabeza** to nod

aseo *nm* cleanliness: *el ~ de la casa* cleaning the house **LOC aseo personal** personal hygiene

aserrín *nm* sawdust

asesinar *vt* to murder: *Parece que lo asesinaron.* He seems to have been murdered.

> Existe también el verbo **to assassinate** y los sustantivos **assassination** (*asesinato*) y **assassin** (*asesino*), pero sólo se utilizan cuando nos referimos a un personaje importante: *¿Quién asesinó al senador?* Who assassinated the senator? ◊ *Hubo un intento de asesinato contra el Presidente.* There was an assassination attempt on the President. ◊ *un asesino a sueldo* a hired assassin.

asesinato *nm* murder: *cometer un ~* to commit (a) murder ☛ *Ver nota en* ASESINAR

asesino, -a ◆ *nm-nf* murderer ☛ *Ver nota en* ASESINAR ◆ *adj* (*mirada*) murderous **LOC** *Ver* MANO

asfaltar *vt* to blacktop: *Asfaltaron la carretera.* They blacktopped the road.

asfalto *nm* blacktop

asfixia *nf* suffocation, asphyxia (*más formal*)

asfixiar ◆ *vt* **1** (*con humo, gas*) to suffocate, to asphyxiate (*más formal*) **2** (*con una almohada*) to smother ◆ **asfixiarse** *v pron* to suffocate

así *adv, adj* **1** (*de este modo, como éste*) like this: *Sujételo ~.* Hold it like this. **2** (*de ese modo, como ése*) like that: *Quiero un carro ~.* I want a car like that. ◊ *Con gente ~ da gusto trabajar.* It's nice working with people like that. ◊ *Yo soy ~.* That's the way I am. **LOC así de grande, gordo, etc** this big, fat etc **así,**

no más so so **así que** so: *No llegaban, ~ que me fui.* They didn't come so I left. ◊ *¡~ que se mudan!* So you're moving, are you? **¡así se habla/hace!** well said/ done! **o así** or so: *unos doce o ~* about twelve or so **y así sucesivamente** and so on (and so forth) *Ver tb* ALGO

Asia *nf* Asia

asiático, -a *adj, nm-nf* Asian

asiento *nm* seat

asignar *vt* to assign

asignatura *nf* subject: *Perdí dos ~s.* I failed two subjects.

asilo *nm* **1** (*residencia*) home **2** (*Pol*) asylum: *buscar ~ político* to seek political asylum

asimilar *vt* **1** (*absorber, comprender*) to assimilate **2** (*noticia*) to take: *Asimilaron resignadamente la noticia.* They took the news philosophically.

asistencia *nf* **1** (*presencia*) attendance **2** (*a enfermos*) care: *~ médica/sanitaria* medical/health care **LOC** *Ver* FALTA

asistente *adj, nmf* **1** ~ (**a**) present [*adj*] (**at *sth***): *entre los ~s a la reunión* among those present at the meeting **2** (*Educ*) unregistered student [*n*] **LOC asistente social** social worker

asistir ◆ *vi* ~ (**a**) (*acudir*) to attend: *~ a una clase/una reunión* to attend a lesson/meeting ◆ *vt* (*médico*) to treat: *¿Qué médico le asistió?* Which doctor treated you?

asma *nf* asthma

asmático, -a *adj, nm-nf* asthmatic

asno *nm* ass: *¡No seas ~!* Don't be such an ass!

asociación *nf* association

asociar ◆ *vt* to associate *sth/sb* (**with *sth*/*sb***): *~ el calor con las vacaciones* to associate good weather with the vacation ◆ **asociarse** *v pron* to form a partnership (***to do sth***)

asomar ◆ *vt*: *~ la cabeza por la ventana* to put your head out of the window ◊ *~ la cabeza por la puerta* to put your head around the door ◆ **asomarse** *v pron*: *Me asomé a la ventana para verlo mejor.* I put my head out of the window to get a better look. ◊ *Asómate al balcón.* Come out onto the balcony.

asombrarse *v pron* to be amazed: *Se asombraron al vernos.* They were amazed to see us. ◊ *Me asombré del desorden.* I was amazed by the mess.

asombro *nm* amazement: *mirar con ~* to look in amazement ◊ *poner cara de ~* to look amazed

aspa *nf* (*molino*) sail

aspecto *nm* **1** (*apariencia*) look: *No puedo salir con este ~.* I can't go out looking like this. ◊ *Su abuela no tiene muy buen ~.* Your grandmother doesn't look very well. **2** (*faceta*) aspect: *el ~ jurídico* the legal aspect

aspereza *nf* **LOC** *Ver* LIMAR

áspero, -a *adj* rough

aspirador *nm* (*tb* **aspiradora** *nf*) vacuum cleaner: *pasar el ~* to vacuum

aspirante *nmf* ~ (**a**) candidate (**for *sth***): *los ~s al puesto* the candidates for the job

aspirar ◆ *vt* **1** (*respirar*) to breathe *sth* in **2** (*máquina*) to suck *sth* up **3** (*cocaína*) to snort ◆ *vi* ~ **a** to aspire **to *sth***: *~ a ganar un sueldo decente* to aspire to a decent salary

aspirina *nf* aspirin: *tomarse una ~* to take an aspirin

asqueroso, -a *adj* **1** (*sucio*) filthy: *¡Tienes el carro ~!* Your car's filthy! **2** (*repugnante*) disgusting

asta *nf* flagpole **LOC** *Ver* MEDIO

asterisco *nm* asterisk

astilla *nf* splinter **LOC** *Ver* TAL

astillero *nm* shipyard

astro *nm* star

astrología *nf* astrology

astrólogo, -a *nm-nf* astrologer

astronauta *nmf* astronaut

astronomía *nf* astronomy

astrónomo, -a *nm-nf* astronomer

astucia *nf* **1** (*habilidad*) shrewdness: *tener mucha ~* to be very shrewd **2** (*malicia*) cunning **3** (*ardid*) trick: *Emplearon todo tipo de ~s para ganar.* They used all kinds of tricks to win.

astuto, -a *adj* **1** (*hábil*) shrewd: *un hombre muy ~* a very shrewd man **2** (*malicioso*) cunning: *Elaboraron un plan muy ~.* They devised a cunning plan.

asunto *nm* **1** (*tema*) matter: *un ~ de interés general* a matter of general interest **2** (*Pol*) affair **LOC no es asunto mío** it's none of my, your, etc business *Ver tb* DESCUBRIR

asustar ◆ *vt* to scare, to frighten (*más formal*): *Me asustó el perro.* The dog frightened me. ◊ *¿Te asusta la oscuridad?* Are you scared of the dark? ◆ **asustarse** *v pron* to be scared (*más* *coloq*), to be frightened: *Te asustas por nada.* You're frightened of everything.

atacar *vt* to attack

atajar *vt* to catch: *Atajó las llaves.* He caught the keys.

atajo *nm* short cut: *tomar un ~* to take a short cut

ataque *nm* **1** ~ (**a/contra**) attack (**on** ***sth/sb***): *un ~ al corazón* a heart attack **2** (*risa, tos*) fit: *Le dio un ~ de tos.* He had a coughing fit. **LOC ataque de nervios** nervous breakdown **de ataque** (*maravilloso*) great: *Estamos pasando de ~.* We're having a great time. *Ver tb* CARDIACO

atar *vt* to tie *sth/sb* (up): *Nos ataron las manos.* They tied our hands. ◊ *Ata bien el paquete.* Tie the package tightly.

atardecer *nm* dusk: *al ~* at dusk

atareado, -a *pp, adj* busy

atascamiento *nm* (*carros*) traffic jam

atascar ◆ *vt* to block *sth* (up) ◆ **atascarse** *v pron* **1** (*gen*) to get stuck: *Siempre me atasco en esa palabra.* I always get stuck on that word. **2** (*mecanismo*) to jam

ataúd *nm* coffin

atención ◆ *nf* attention ◆ **¡atención!** *interj* attention, please **LOC con atención** attentively **poner/prestar atención** to pay attention (*to sth/sb*) *Ver tb* HORARIO, LLAMAR

atender ◆ *vt* **1** (*recibir*) to see: *Tienen que ~ a muchas personas.* They have to see lots of people. **2** (*en un almacén*) to serve: *¿Lo atendieron?* Are you being served? **3** (*tarea, problema, solicitud*) to deal with *sth*: *Sólo atendemos casos urgentes.* We only deal with emergencies. **4** (*contestar*) to answer: *~ llamadas/al teléfono* to answer calls/the phone ◆ *vi* to pay attention (***to sth/sb***): *No atienden a lo que el profesor dice.* They don't pay any attention to what the teacher says.

atenerse *v pron* ~ **a 1** (*reglas, órdenes*) to abide by *sth*: *Nos atendremos a las normas.* We'll abide by the rules. **2** (*consecuencias*) to face: *Aténganse a las consecuencias.* You'll have to face the consequences. **LOC (no) saber a qué atenerse** (not) to know what to expect

atentado *nm* **1** (*ataque*) attack (***on sth/sb***): *un ~ contra un cuartel del ejército* an attack on an army headquarters **2** (*intento de asesinato*) attempt on *sb's* life: *un ~ contra dos senadores* an attempt on the lives of two senators

atentamente *adv* (*fórmula de despedida*) Sincerely, Yours sincerely ☛ *Ver págs 310–1.* **LOC** *Ver* SALUDAR

atentar *vi* ~ **contra** to make an attempt on *sb's* life: *Atentaron contra el juez.* They made an attempt on the judge's life.

atento, -a *adj* **1** (*prestando atención*) attentive: *Escuchaban ~s.* They listened attentively. **2** (*amable*) kind **LOC estar atento a algo 1** (*mirar*) to watch out for sth: *estar ~ a la llegada del bus* to watch out for the bus **2** (*prestar atención*) to pay attention to sth

ateo, -a *nm-nf* atheist: *ser ~* to be an atheist

aterrador, ~a *adj* terrifying

aterrizaje *nm* landing **LOC aterrizaje forzoso** emergency landing *Ver tb* TREN

aterrizar *vi* to land: *Aterrizaremos en Gatwick.* We will be landing at Gatwick.

aterrorizar *vt* **1** (*dar miedo*) to terrify: *Me aterrorizaba que pudieran tumbar la puerta.* I was terrified they might knock the door down. **2** (*con violencia*) to terrorize: *Esos hombres aterrorizan a los vecinos.* Those men terrorize the neighborhood.

atestado, -a *pp, adj* ~ (**de**) crammed (**with** ***sth***) **LOC atestado (de gente)** crowded *Ver tb* ATESTAR

atestar *vt* to fill *sth* to overflowing: *El público atestaba la sala.* The audience filled the hall to overflowing.

atiborrarse *v pron* ~ (**de**) to stuff yourself (**with** ***sth***): *Nos atiborramos de dulces.* We stuffed ourselves with candy.

ático *nm* **1** (*último piso*) top-floor flat **2** (*desván*) attic

atizar *vt* (*fuego*) to poke

atlántico, -a ◆ *adj* Atlantic ◆ **Atlántico** *nm* Atlantic (Ocean)

atlas *nm* atlas [*pl* atlases]

atleta *nmf* athlete

atlético, -a *adj* athletic

atletismo *nm* athletics [*sing*]

atmósfera *nf* atmosphere: *~ cargada/de malestar* stuffy/uneasy atmosphere

atómico, -a *adj* atomic **LOC** *Ver* REACTOR

átomo *nm* atom

atontado, -a ◆ *pp, adj* **1** (*alelado*) groggy: *Esas pastillas me dejaron ~.* Those pills have made me groggy.

2 (*por un golpe*) stunned ◆ *nm-nf* dimwit *Ver tb* ATONTAR

atontar *vt* **1** (*marear*) to make *sb* dopey **2** (*volver tonto*) to dull your senses: *Esas revistas te atontan.* Magazines like these dull your senses.

atormentar *vt* to torment

atornillar *vt* to screw *sth* down/in/on: ~ *la última pieza* to screw on the last part

atracador, ~a *nm-nf* **1** (*ladrón*) robber **2** (*en la calle*) mugger

atracar ◆ *vt* **1** (*asaltar*) to hold *sth/sb* up: ~ *una sucursal del Banco Central* to hold up a branch of the Central Bank **2** (*en la calle*) to mug: *Me atracaron en el bus.* I was mugged on the bus. ◆ *vt, vi* (*barco*) to dock

atracción *nf* attraction: *una ~ turística* a tourist attraction ◊ *sentir ~ por algn* to be attracted to sb **LOC** *Ver* PARQUE

atraco *nm* **1** (*robo*) hold-up: *Cometieron un ~ en una joyería.* They held up a jewelry store. **2** (*en la calle*) mugging **LOC** *Ver* MANO

atractivo, -a ◆ *adj* attractive ◆ *nm* **1** (*cosa que atrae*) attraction: *uno de los ~s de la ciudad* one of the city's attractions **2** (*interés*) appeal [*incontable*] **3** (*persona*) charm

atraer *vt* **1** (*gen*) to attract: ~ *a los turistas* to attract tourists ◊ *Me atraen los hombres mediterráneos.* I'm attracted to Mediterranean men. **2** (*idea*) to appeal **to *sb***

atragantarse *v pron* **1** ~ (**con**) to choke (**on *sth***): *Me atragante con una espina.* I choked on a bone. **2** (*objeto*) to get stuck in *sb's* throat: *Se le atragantó una pepa de aceituna.* An olive pit got stuck in his throat.

atrancarse *v pron* **1** (*tubería*) to get blocked **2** (*mecanismo, persona*) to get stuck: *Esta puerta se atrancó.* This door has stuck.

atrapado, -a *pp, adj* **LOC estar/quedarse atrapado** to be trapped *Ver tb* ATRAPAR

atrapar *vt* to catch

atrás *adv* back: *Vamos a ponernos más ~.* Let's sit further back. ◊ *Siempre se sientan ~.* They always sit in back. **LOC dejar atrás** to leave *sth/sb* behind **echarse/volverse atrás** (*desdecirse*) to go back on your word **hacia/para atrás** backwards: *andar hacia ~* to walk backwards *Ver tb* CUENTA, MARCHA, PARTE[1]

atrasado, -a *pp, adj* **1** (*publicación, sueldo*) back: *los números ~s de una revista* the back issues of a magazine **2** (*país, región*) backward **3** (*reloj*) slow: *Tu reloj está ~.* Your watch is slow. **LOC tener trabajo, etc atrasado** to be behind with your work, etc *Ver tb* ATRASAR

atrasar ◆ *vt* **1** (*aplazar*) to put *sth* off, to postpone (*más formal*): *Tuvieron que ~ la reunión una semana.* They had to postpone the meeting for a week. **2** (*reloj*) to put *sth* back: ~ *el reloj una hora* to put the clock back an hour ◆ **atrasar(se)** *vi, v pron* (*reloj*) to be slow: *(Se) atrasa cinco minutos.* It's five minutes slow.

atraso *nm* **1** (*demora*) delay [*pl* delays] **2** (*subdesarrollo*) backwardness

atravesar ◆ *vt* **1** (*cruzar*) to cross: ~ *la frontera* to cross the border **2** (*perforar, experimentar*) to go through *sth*: *Atraviesan una grave crisis.* They're going through a serious crisis. ◊ *La bala le atravesó el corazón.* The bullet went through his heart. ◆ **atravesarse** *v pron* **1** (*en el camino*) to block *sb's* path: *Se nos atravesó un camión.* An truck blocked our path. **2** (*en la garganta*) to get *sth* stuck in your throat: *Se me atravesó una espina.* I got a bone stuck in my throat.

atreverse *v pron* ~ (**a**) to dare (***do sth***): *No me atrevo a pedirle dinero.* I daren't ask him for money. ☛ *Ver nota en* DARE[1]

atrevido, -a *pp, adj* **1** (*gen*) daring: *una blusa/decisión atrevida* a daring blouse/decision **2** (*insolente*) sassy *Ver tb* ATREVERSE

atributo *nm* attribute

atropellado, -a *pp, adj* (*por un vehículo*): *Murió ~.* He died after being run over by a car. *Ver tb* ATROPELLAR

atropellar *vt* to run *sb* over: *Me atropelló un carro.* I was run over by a car.

atún *nm* tuna [*pl* tuna]

audaz *adj* bold

audición *nf* **1** (*oído*) hearing: *perder ~* to lose your hearing **2** (*prueba*) audition

audiencia *nf* audience: *el programa de mayor ~* the program with the largest audience

audífonos *nm* headphones

auditorio *nm* **1** (*audiencia*) audience **2** (*edificio*) concert hall

aula *nf* **1** (*de escuela*) classroom **2** (*de universidad*) lecture room

aullar *vi* to howl

aullido *nm* howl

aumentar ◆ *vt* **1** (*gen*) to increase: ~ *la competitividad* to increase competition **2** (*lupa, microscopio*) to magnify ◆ *vi* to increase: *Aumenta la población.* The population is increasing.

aumento *nm* rise, increase (*más formal*) (***in sth***): *un* ~ *de la población* an increase in population

aun *adv* even: ~ *así no lo aceptaría.* Even so, I wouldn't accept it.

aún *adv* **1** (*en oraciones afirmativas e interrogativas*) still: ~ *faltan dos horas.* There are still two hours to go. ◊ *¿~ estás aquí?* Are you still here? **2** (*en oraciones negativas e interrogativas-negativas*) yet: *—¿~ no te han contestado? —No,* ~ *no.* "Didn't they write back yet?" "No, not yet." ☛ *Ver nota en* STILL[1] **3** (*en oraciones comparativas*) even: *Esta me gusta* ~ *más.* I like this one even better.

aunque *conj* **1** (*a pesar de que*) although, though (*más coloq*)

> **Although** es más formal que **though**. Si se quiere dar más énfasis se puede usar **even though**: *No quisieron venir, aunque sabían que estarían ustedes.* They didn't want to come, although/though/even though they knew you'd be here.

2 (*incluso si*) even if: *Ven,* ~ *sea tarde.* Come along even if it's late.

auricular *nm* **1** (*teléfono*) receiver **2 auriculares** headphones

aurora *nf* dawn

ausencia *nf* absence

ausentarse *v pron* ~ (**de**) **1** (*no ir*) to stay away: ~ *de la escuela* to stay home from school **2** (*estar fuera*) to be away (**from ...**)

ausente ◆ *adj* absent (***from ...***): *Estaba* ~ *de la reunión.* He was absent from the meeting. ◆ *nmf* absentee

austeridad *nf* austerity

austero, -a *adj* austere

Australia *nf* Australia

australiano, -a *adj, nm-nf* Australian

Austria *nf* Austria

austriaco, -a (*tb* **austríaco, -a**) *adj, nm-nf* Austrian: *los ~s* the Austrians

auténtico, -a *adj* genuine, authentic (*más formal*): *un Renoir* ~ an authentic Renoir

auto *nm* (*carro*) car

autoadhesivo *nm* sticker

autobiografía *nf* autobiography [*pl* autobiographies]

autobiográfico, -a *adj* autobiographical

autodefensa *nf* self-defense

autodidacta *adj, nmf* self-taught [*adj*]: *Fue esencialmente un* ~. He was basically self-taught.

autoestop *nm Ver* AUTOSTOP

autoferro *nm* railcar

autogol *nm* own goal: *meter un* ~ to score an own goal

autógrafo *nm* autograph

automático, -a ◆ *adj* automatic ◆ *nm* (*Costura*) press-stud **LOC** *Ver* CAJERO, CONTESTADOR, PILOTO

automóvil *nm* car

automovilismo *nm* motor racing

automovilista *nmf* motorist

autonomía *nf* **1** (*autogobierno*) autonomy **2** (*independencia*) independence: *la* ~ *del poder judicial* the independence of the judiciary

autónomo, -a *adj* autonomous

autopista *nf* freeway [*pl* freeways]

autopsia *nf* post-mortem

autor, ~a *nm-nf* **1** (*escritor*) author **2** (*compositor musical*) composer **3** (*crimen*) perpetrator

autoridad *nf* authority [*pl* authorities]

autorización *nf* permission

autorizar *vt* **1** (*acción*) to authorize: *No han autorizado la huelga.* They haven't authorized the strike. **2** (*dar derecho*) to give *sb* the right (***to do sth***): *El cargo nos autoriza a utilizar un carro oficial.* The job gives us the right to use an official car.

autorretrato *nm* self-portrait

autoservicio *nm* **1** (*restaurante*) cafeteria **2** (*supermercado*) supermarket **3** (*gasolinera*) self-service gas station

autostop *nm* hitch-hiking **LOC hacer autostop** to hitch-hike

auxiliar *adj* **LOC** *Ver* MESA

auxilio *nm* help: *un grito de* ~ a cry for help **LOC** *Ver* PRIMERO, PUESTO

auyama *nf* pumpkin

avalancha *nf* avalanche

avanzado, -a *adj* **LOC** *Ver* TECNOLOGÍA

avanzar *vi* to advance

avaricia *nf* greed

avaro, -a ◆ *adj* miserly ◆ *nm-nf* miser

ave *nf* bird

avemaría *nf* Hail Mary: *rezar tres ~s* to say three Hail Marys

avena *nf* oats [*pl*]

avenida *nf* avenue (*abrev* Ave)

aventura *nf* **1** (*peripecia*) adventure: *Vivimos una ~ fascinante.* We had a fascinating adventure. **2** (*amorío*) fling

aventurero, -a ◆ *adj* adventurous ◆ *nm-nf* adventurer

avergonzar ◆ *vt* **1** (*humillar*) to make *sb* feel ashamed: *~ a la familia* to make your family feel ashamed **2** (*abochornar*) to embarrass: *Tu manera de vestir me avergüenza.* The way you dress embarrasses me. ◆ **avergonzarse** *v pron* **1** (*arrepentirse*) to be ashamed (**of sth/doing sth**): *Me avergüenzo de haberles mentido.* I'm ashamed of having told them a lie. **2** (*sentirse incómodo*) to be embarrassed: *Se avergüenzan de su propia ignorancia.* They're embarrassed by their own ignorance.

avería *nf* (*vehículo, mecanismo*) breakdown: *La ~ del carro me va a costar un ojo de la cara.* The breakdown's going to cost me an arm and a leg.

averiarse *v pron* (*Mec*) to break down

averiguar *vt* to find *sth* out, to discover (*más formal*)

avestruz *nm* ostrich

aviación *nf* **1** (*gen*) aviation: *~ civil* civil aviation **2** (*fuerzas aéreas*) air force

avinagrado, -a *pp, adj* (*vino*) vinegary

avión *nm* airplane, plane (*más coloq*) **LOC ir/viajar en avión** to fly **por avión** (*correo*) airmail

avioneta *nf* light aircraft [*pl* light aircraft]

avisar *vt* **1** (*informar*) to let *sb* know (**about sth**): *Avíseme cuando lleguen.* Let me know when they arrive. **2** (*advertir*) to warn: *Le aviso que si no me paga…* I'm warning you that if you don't pay… **LOC sin avisar**: *Vinieron sin ~.* They showed up unexpectedly. ◊ *Se fue de la casa sin ~.* He left home without saying anything.

aviso *nm* **1** (*gen*) notice: *Cerrado hasta nuevo ~.* Closed until further notice. **2** (*advertencia*) warning: *sin previo ~* without prior warning **LOC aviso luminoso/de neón** neon sign **aviso(s) clasificado(s)** classified ad(s) *Ver tb* PROHIBIDO

avispa *nf* wasp

avispado, -a *adj* bright

avispero *nm* (*nido*) wasps' nest

axila *nf* armpit

¡ay! *interj* **1** (*de dolor*) ow! **2** (*de aflicción*) oh (dear)!

ayer *adv* yesterday **LOC antes de ayer** the day before yesterday **ayer por la noche** last night **de ayer**: *el periodico de ~* yesterday's paper ◊ *Este pan es de ~.* This bread isn't fresh.

ayuda *nf* help [*incontable*]: *Gracias por su ~.* Thanks for your help. ◊ *Necesito ~.* I need some help.

ayudante *nmf* assistant

ayudar *vt, vi* to help *sb* (**to do sth**): *¿Le ayudo?* Can I help you?

ayunar *vi* to fast

ayunas **LOC en ayunas**: *Estoy en ~.* I've had nothing to eat or drink.

ayuno *nm* fast: *40 días de ~* 40 days of fasting

azabache *nm* jet: *negro como el ~* jet black

azadón *nm* hoe

azafata *nf* (air) stewardess

azafrán *nm* saffron

azahar *nm* orange blossom

azar *nm* **1** (*casualidad*) chance: *juego de ~* game of chance **2** (*destino*) fate **LOC al azar** at random: *Elija un número al ~.* Choose a number at random.

azote *nm*: *darle ~s a algn* to give sb a beating

azotea *nf* (flat) roof [*pl* roofs]

azúcar *nm* sugar: *un terrón/cubo de ~* a lump of sugar **LOC** *Ver* ALGODÓN

azucarera *nf* sugar bowl

azucena *nf* lily [*pl* lilies]

azufre *nm* sulphur

azul *adj, nm* blue ☛ *Ver ejemplos en* AMARILLO **LOC azul celeste/marino** sky/navy blue **azul turquesa** turquoise *Ver tb* PRÍNCIPE

azulejo *nm* tile

Bb

baba *nf* **1** (*de persona*) dribble **2** (*de animal*) foam **LOC caérsele la baba a algn** to dote *on sb*: *Se le cae la ~ por sus nietos.* She dotes on her grandchildren.

babear *vi* to dribble

babero *nm* bib

babor *nm* port: *a ~* to port

babosa *nf* slug

bacalao *nm* cod [*pl* cod]

bacano, -a *adj, adv* great: *¡Qué fiesta más bacana!* What a great party! ◊ *Pasamos muy ~.* We had a great time.

bache *nm* **1** (*hoyo*) pothole: *Estas carreteras tienen muchos ~s.* These roads are full of potholes. **2** (*dificultad*) tough time: *atravesar por un ~* to go through a tough time

bachillerato *nm* secondary school

bacilo *nm* bacillus [*pl* bacilli]

bacteria *nf* bacterium [*pl* bacteria]

bafle *nm* (loud)speaker

bahía *nf* bay [*pl* bays]

bailar ◆ *vt, vi* **1** (*danza*) to dance: *¿Bailas conmigo?* Would you like to dance? ◊ *~ un tango* to dance a tango **2** (*trompo*) to spin ◆ *vi* **1** (*estar suelto*) to be loose: *Me baila un diente.* I have a loose tooth. **2** (*quedar grande*) to be too big (***for sb***): *Esta falda me baila.* This skirt's too big for me. **LOC bailar agarrado** to have a slow dance **bailar con la más fea** to draw the short straw **sacar a bailar** to ask *sb* to dance

bailarín, -ina *nm-nf* dancer

baile *nm* **1** (*fiesta, danza*) dance: *El ~ empieza a las doce.* The dance begins at twelve. **2** (*acción*) dancing: *Me gusta mucho el ~.* I like dancing a lot. **LOC baile de disfraces** costume ball *Ver tb* PISTA

baja *nf* **1** (*Econ*) fall (***in sth***): *una ~ en el precio del pan* a fall in the price of bread ◊ *Continúa la ~ de los tipos de interés.* Interest rates continue to fall. **2** (*Mil*) discharge

bajada *nf* **1** (*descenso*) descent: *durante la ~* during the descent **2** (*pendiente*) slope: *La calle tiene mucha ~.* The street slopes steeply.

bajamar *nf* low tide

bajar ◆ *vt* **1** (*gen*) to get *sth* down: *¿Me ayuda a ~ la maleta?* Could you help me get my suitcase down? **2** (*traer, poner más abajo*) to bring *sth* down: *Bájelo un poco más.* Bring it down a little. **3** (*llevar*) to take *sth* down: *¿Tenemos que ~ esta silla al segundo piso?* Do we have to take this chair down to the third floor? **4** (*ir/venir abajo*) to go/come down: *~ la cuesta* to go down the hill **5** (*cabeza*) to bow **6** (*vista, voz*) to lower **7** (*volumen*) to turn *sth* down **8** (*precio*) to bring *a price* down, to lower (*más formal*) ◆ *vi* **1** (*ir/venir abajo*) to go/to come down: *¿Puede ~ a recepción, por favor?* Can you come down to reception, please? **2** (*temperatura, río*) to fall: *La temperatura ha bajado.* The temperature has fallen. **3** (*hinchazón*) to go down **4** (*marea*) to go out **5** (*precios*) to come down: *El pan volvió a ~.* (The price of) bread has come down again. ◆ **bajar(se)** *vi, v pron* **bajar(se)** (**de**) **1** (*automóvil*) to get out (**of *sth***): *Nunca (se) baje de un carro en marcha.* Never get out of a moving car. **2** (*transporte público, caballo, bicicleta*) to get off (*sth*): *~(se) de un bus* to get off a bus **LOC bajarle los humos a algn** to take sb down a peg or two **bajársele a algn la moral** to be in low spirits *Ver tb* ESCALERA

bajo[1] *nm* **1** (*vivienda*) first-floor apartment **2** (*voz*) bass

bajo[2] *prep* under: *Nos resguardamos bajo un paraguas.* We sheltered under an umbrella. ◊ *bajo la lluvia* in the rain

bajo[3] *adv* low

bajo, -a *adj* **1** (*persona*) short **2** ~ (**en**) low (**in *sth***): *una sopa baja en calorías* a low-calorie soup ◊ *El volumen está muy ~.* The volume is too low. **3** (*zapato*) flat **4** (*voz*) quiet: *hablar en voz baja* to speak quietly/softly **5** (*pobre*) poor: *los barrios ~s de la ciudad* the poor areas of the city **LOC** *Ver* CLASE, CONTROL, GOLPE, LUZ

bala *nf* (*arma*) bullet **LOC como una bala** like a shot *Ver tb* PRUEBA

balaca *nf* **1** (*accesorio*) hair band **2** (*Dep*) sweatband

balance *nm* **1** (*gen*) balance: *~ positivo/negativo* a positive/negative balance **2** (*número de víctimas*) toll

balancear(se) *vt, v pron* **1** (*gen*) to swing **2** (*cuna, mecedora*) to rock

balanza *nf* **1** (*instrumento*) scales [*pl*] **2** (*Com*) balance

balar *vi* to bleat

balazo *nm* **1** (*disparo*) shot **2** (*herida*) bullet wound

balbucear (*tb* **balbucir**) ◆ *vt, vi* (*adulto*) to stammer: *Balbuceó unas palabras.* He stammered a few words. ◆ *vi* (*bebé*) to babble

balcón *nm* balcony [*pl* balconies]: *salir al ~* to go out onto the balcony

balde[1] *nm* bucket

balde[2] **LOC en balde** in vain

baldosa *nf* **1** (*interior*) floor tile **2** (*exterior*) paving stone

baleta *nf* flat shoe

baliza *nf* **1** (*Náut*) buoy [*pl* buoys] **2** (*Aviación*) beacon

ballena *nf* whale

ballet *nm* ballet

balneario *nm* **1** (*en la costa*) seaside resort **2** (*de aguas termales*) spa

balón *nm* **1** (*gen*) ball **2** (*para cuerpos gaseosos*) bag **LOC** *Ver* CABEZAZO

baloncesto *nm* basketball: *jugar ~* to play basketball

balonmano *nm* handball

balsa *nf* (*embarcación*) raft

bambolearse *v pron* to sway

bambú *nm* bamboo: *una mesa de ~* a bamboo table

banano *nm* banana

banca *nf* **1** (*bancos*) banks [*pl*]: *la ~ japonesa* Japanese banks **2** (*sector*) banking: *los sectores de ~ y comercio* the banking and business sectors

bancario, -a *adj* **LOC** *Ver* GIRO, TRANSFERENCIA

bancarrota *nf* bankruptcy **LOC estar en bancarrota** to be bankrupt

banco *nm* **1** (*gen, Fin*) bank: *~ de datos/sangre* data/blood bank **2** (*asiento*) bench **3** (*iglesia*) pew **4** (*peces*) shoal **LOC banco de arena** sandbank

banda[1] *nf* band: *una ~ para el pelo* a hair band **LOC banda sonora** soundtrack *Ver tb* SAQUE

banda[2] *nf* **1** (*pandilla*) gang: *una ~ de delincuentes* a gang of thugs **2** (*grupo musical*) band **LOC banda terrorista** terrorist group

bandada *nf* **1** (*aves*) flock **2** (*peces*) shoal

bandearse *v pron* to get by: *Voy a ver cómo me bandeo sin trabajo.* Let's see how I get by without a job.

bandeja *nf* tray [*pl* trays] **LOC poner/servir en bandeja** to hand *sb sth* on a plate

bandera *nf* **1** (*gen*) flag: *Las ~s están a media asta.* The flags are flying at half-mast. **2** (*Mil*) colors [*pl*] **LOC bandera blanca** white flag *Ver tb* JURAR

banderín *nm* pennant

bandido, -a *nm-nf* bandit

bando *nm* **1** (*Mil, Pol*) faction **2** (*en juegos*) side: *Jugaremos en ~s distintos.* We'll be playing on different sides.

banquero, -a *nm-nf* banker

banqueta *nf* stool: *subirse a una ~* to stand on a stool

banquete *nm* banquet (*formal*), dinner: *Dieron un ~ en su honor.* They organized a dinner in his honor.

banquillo *nm* **1** (*Dep*) bench: *Me dejaron en el ~.* I was left on the bench. **2** (*Jur*) dock: *estar en el ~* to be in the dock

bañado, -a *pp, adj* bathed: *~ en lágrimas/sudor/sangre* bathed in tears/sweat/blood **LOC bañado en oro/plata** gold-plated/silver-plated *Ver tb* BAÑAR

bañar ◆ *vt* **1** (*gen*) to bathe **2** (*en metal*) to plate *sth* (**with sth**) **3** (*Cocina*) to coat *sth* (**in/with sth**): *~ una torta de chocolate* to coat a cake in chocolate ◆ **bañarse** *v pron* **1** (*en ducha*) to take a shower **2** (*lavarse*) to wash up: *Me voy a ~ el pelo.* I'm going to wash my hair **3** (*nadar*) to go for a swim

baño *nm* **1** (*cuarto de baño, w.c.*) bathroom: *¿Los ~s por favor?* Where is the bathroom, please? ☛ *Ver nota en* TOILET **2** (*en ducha*) shower **3** (*mar, piscina*) swim: *¿Nos damos un ~?* Shall we go for a swim? **LOC baño María** double boiler: *cocinar algo al ~ María* to cook sth in a double boiler *Ver tb* BATA, CUARTO, GEL, GORRO, PANTALONETA, SAL, TRAJE, VESTIDO

baqueta *nf* drumstick

bar *nm* **1** (*bebidas alcohólicas*) bar **2** (*cafetería*) snack bar ☛ *Ver pág 316.*

baraja *nf* pack of cards

Los palos de la baraja española (*oros, copas, espadas* y *bastos*) no tienen traducción porque en Gran Bretaña se utiliza la baraja francesa. La baraja francesa consta de 52 cartas divididas en cuatro *palos* o **suits**: **hearts** (*corazones*), **diamonds** (*diamantes*), **clubs** (*tréboles*) y **spades** (*picas*). Cada palo tiene un **ace** (*as*), **king** (*rey*), **queen** (*reina*), **jack** (*jota*), y nueve cartas numeradas del 2 al 10. Antes de empezar a jugar, se *baraja* (**shuffle**), se *corta* (**cut**) y se *reparten* las cartas (**deal**).

barajar *vt* to shuffle

barandilla (*tb* **baranda**) *nf* **1** (*de una escalera*) banister(s) [*se usa mucho en plural*]: *bajar por la ~* to slide down the banisters **2** (*de un balcón*) railing(s) [*se usa mucho en plural*]

barato, -a ◆ *adj* cheap: *Aquél es más ~.* That one's cheaper. ◆ *adv*: *comprar algo ~* to buy sth cheaply ◊ *Esa tienda vende ~.* Prices are low in that store.

barba *nf* beard: *dejarse crecer la ~* to grow a beard ◊ *un hombre con ~* a bearded man **LOC** *Ver* SUBIR

barbaridad *nf* **1** (*gen*) barbarity **2** (*disparate*) nonsense [*incontable*]: *¡No diga ~es!* Don't talk nonsense! **LOC ¡qué barbaridad!** good heavens!

bárbaro, -a *adj*, *nm-nf* barbarian

barbecho *nm* fallow land **LOC dejar en barbecho** to leave *land* fallow

barca *nf* (small) boat: *dar un paseo en ~* to go out in a boat ☛ *Ver nota en* BOAT **LOC barca de remos** row boat

barco *nm* **1** (*buque*) ship **2** (*más pequeño*) boat ☛ *Ver nota en* BOAT **LOC barco de vapor** steamship **barco de vela** sailboat **ir en barco** to go by boat/ship

bareto *nm* (*tb* **bareta** *nf*) marijuana

barítono *nm* baritone

barniz *nm* **1** (*madera*) varnish **2** (*cerámica*) glaze

barnizar *vt* **1** (*madera*) to varnish **2** (*cerámica*) to glaze

barómetro *nm* barometer

barquillo *nm* ice cream cone

barra *nf* **1** (*gen*) bar: *Tomaban café sentados en la ~.* They were sitting at the counter having a cup of coffee. **2** (*pandilla*) gang

barraca *nf* barrack hut

barranco *nm* ravine

barrendero, -a *nm-nf* road sweeper

barrer ◆ *vt* **1** (*limpiar, arrasar*) to sweep: *Una ola de terror barrió al país.* A wave of terror swept the country. **2** (*derrotar*) to thrash: *Los vamos a ~.* We're going to thrash you. ◆ *vi* to sweep up: *Si usted barre, yo lavo los platos.* If you sweep up, I'll do the dishes.

barrera *nf* **1** (*gen*) barrier: *La ~ estaba subida.* The barrier was up. ◊ *la ~ de comunicación* the language barrier **2** (*Fútbol*) wall

barricada *nf* barricade: *construir una ~* to build a barricade

barriga *nf* **1** (*estómago*) tummy [*pl* tummies]: *Me duele un poco la ~.* I've got tummy ache. **2** (*panza*) paunch: *Estás echando ~.* You're getting a paunch.

barril *nm* barrel **LOC** *Ver* CERVEZA

barrio *nm* **1** (*gen*) area: *Yo me crié en este ~.* I grew up in this area. **2** (*en las afueras*) suburb **3** (*zona típica*) quarter: *el ~ gótico* the Gothic quarter **LOC barrio de tugurios** shanty town **del barrio** local: *el carnicero del ~* the local butcher

barro *nm* **1** (*lodo*) mud: *¡No se metan en el ~!* Stay away from that mud! **2** (*arcilla*) clay **LOC de barro** earthenware: *vasijas de ~* earthenware pots

barroco, -a *adj*, *nm* baroque

barrote *nm* iron bar

barullo *nm* **1** (*ruido*) racket: *armar mucho ~* to make a big racket **2** (*confusión*) muddle: *Se organizó un ~ tremendo.* There was a terrible muddle. **LOC** *Ver* ARMAR

basar ◆ *vt* to base *sth* **on** *sth*: *Basaron la película en una novela.* They've based the movie on a novel. ◆ **basarse** *v pron* **basarse en 1** (*persona*) to have grounds (**for** *sth*/*doing sth*): *¿En qué se basa usted para decir eso?* What grounds do you have for saying that? **2** (*teoría, película*) to be based **on** *sth*

báscula *nf* scales [*pl*]: *~ de baño* bathroom scales

base *nf* **1** (*gen*) base: *un jarrón con poca ~* a vase with a small base ◊ *~ militar* military base **2** (*fundamento*) basis [*pl* bases]: *La confianza es la ~ de la amistad.* Trust is the basis of friendship. **LOC base de datos** database **base espacial** space station *Ver tb* SALARIO

básico, -a *adj* basic

basketball (*tb* **basquetbol**) *nm* basketball: *jugar ~* to play basketball

bastante ◆ *adj* **1** (*número considerable, mucho*): *Hace ~ tiempo que no la veo.* It's quite a long time since I last saw her. ◊ *Tengo ~s cosas que hacer.* I have quite a lot of things to do. **2** (*suficiente*) enough: *No tenemos ~ plata.* We don't have enough money. ◆ *pron* **1** (*mucho*) quite a lot **2** (*suficiente*) enough: *No, gracias; ya comimos ~s.* No thank you; we've had enough. ◆ *adv* **1 + adj/adv**

quite: *Es ~ inteligente.* He's quite intelligent. ◊ *Leen ~ bien para su edad.* They read quite well for their age. ☛ *Ver nota en* FAIRLY **2** (*lo suficiente*) enough: *Hoy no ha comido ~.* You haven't eaten enough today. **3** (*mucho*) quite a lot: *Aprendí ~ en tres meses.* I learned quite a lot in three months.

bastar *vi* to be enough: *Bastará con 30.000 pesos.* 30,000 pesos will be enough. **LOC ¡basta (ya)!** that's enough!

basto (*tb* **bastos**) *nm* (*Naipes*) ☛ *Ver nota en* BARAJA

basto, -a *adj* **1** (*persona, tejido, lenguaje*) coarse **2** (*superficie*) rough

bastón *nm* walking stick **LOC bastón de esquí** ski pole

basura *nf* garbage [*incontable*]: *En esta calle hay mucha ~.* There's a lot of garbage in this street. ◊ *Esa película es una ~.* That movie is garbage. **LOC tirar algo a la basura** to throw sth away *Ver tb* CARRO, RECOGIDA

basurero, -a ♦ *nm-nf* garbage collector ♦ *nm* **1** (*depósito de basuras*) (garbage) dump **2** (*contenedor*) garbage can

bata *nf* **1** (*de casa*) robe **2** (*de colegio, de trabajo*) overall **3** (*de laboratorio*) lab coat **4** (*de hospital*) white coat **LOC bata de baño** bathrobe

batalla *nf* battle **LOC de batalla** everyday: *Tengo puestas las botas de ~.* I'm wearing my everyday boots. *Ver tb* CAMPO

batallón *nm* battalion

bate *nm* bat: *~ de béisbol* baseball bat

batería ♦ *nf* **1** (*Electrón, Mil*) battery [*pl* batteries]: *Se quedó sin ~.* The battery is flat. **2** (*Mús*) drums [*pl*]: *Jeff Porcaro en la ~.* Jeff Porcaro on drums. ♦ *nmf* drummer **LOC batería de cocina** set of saucepans ☛ *Ver dibujo en* SAUCEPAN

batidora *nf* mixer

batir *vt* **1** (*gen*) to beat: *~ huevos* to beat eggs ◊ *~ al contrincante* to beat your opponent **2** (*crema*) to whip **3** (*récord*) to break: *~ el récord mundial* to beat the world record

batuta *nf* baton

baúl *nm* (*de viaje, de carro*) trunk

bautismal *adj* baptismal: *pila ~* (baptismal) font

bautismo *nm* baptism

bautizar *vt* **1** (*sacramento*) to baptize **2** (*barco, invento*) to name

bautizo *nm* baptism: *Mañana celebramos el ~ de mi hermano.* We're celebrating my brother's baptism tomorrow.

bayetilla *nf* cloth: *Pásele una ~ a la mesa por favor.* Can you please wipe the table?

bazo *nm* spleen **LOC** *Ver* DOLER

bebé *nm* baby [*pl* babies]

bebedor, ~a *nm-nf* (heavy) drinker

beber(se) *vt, vi, v pron* to drink: *Bébaselo todo.* Drink it up. ◊ *Se bebieron una botella entera de vino.* They drank a whole bottle of wine. **LOC beber a la salud de algn** to drink to sb's health **beber a pico de botella** to drink straight from the bottle **beber a sorbos** to sip **beber como un caballo** to drink like a fish **beber en vaso** to drink from a glass **beberse algo de un trago** to drink sth in one go

bebida *nf* drink: *~ no alcohólica* non-alcoholic drink

bebido, -a *pp, adj* **1** (*ligeramente*) tipsy **2** (*borracho*) drunk *Ver tb* BEBER(SE)

beca *nf* **1** (*del Estado*) grant **2** (*de entidad privada*) scholarship

bechamel *nf* white sauce

beige *adj, nm* beige ☛ *Ver ejemplos en* AMARILLO

béisbol *nm* baseball

belga *adj, nmf* Belgian: *los ~s* the Belgians

Bélgica *nf* Belgium

bélico, -a *adj* **1** (*belicoso*) warlike **2** (*armas, juguetes*) war [*n atrib*]: *películas bélicas* war movies

belleza *nf* beauty [*pl* beauties] **LOC** *Ver* CONCURSO, SALÓN

bello, -a *adj* beautiful **LOC bellas artes** fine art [*sing*] **la Bella Durmiente** Sleeping Beauty

bendecir *vt* to bless **LOC bendecir la mesa** to say grace

bendición *nf* blessing **LOC dar/echar la bendición** to bless *sth/sb*

bendito, -a *adj* blessed

beneficiar ♦ *vt* ~ (**a**) to benefit *sth/sb* ♦ **beneficiarse** *v pron* **beneficiarse (con/de)** to benefit (**from** *sth*): *Se beneficiaron del descuento.* They benefited from the reduction.

beneficio *nm* **1** (*bien*) benefit **2** (*Com, Fin*) profit: *dar/obtener ~s* to produce/make a profit **LOC en beneficio de** to the advantage of *sth/sb*: *en ~ tuyo* to your advantage

beneficioso, -a *adj* beneficial

benéfico, -a *adj* charity [*n atrib*]: *obras benéficas* charity work ◊ *una institución benéfica* a charity

bengala *nf* **1** (*gen*) flare **2** (*de mano*) sparkler

benigno, -a *adj* **1** (*tumor*) benign **2** (*clima*) mild

berberecho *nm* cockle

berenjena *nf* eggplant

bermudas *nm o nf* Bermuda shorts

berrinche *nm* tantrum: *estar con/tener un ~* to have a tantrum

besar *vt* to kiss: *Le besó la mano.* He kissed her hand. ◊ *Me besó en la frente.* She kissed me on the forehead.

beso *nm* kiss: *Dale un ~ a tu prima.* Give your cousin a kiss. ◊ *Nos dimos un ~.* We kissed. **LOC tirar un beso** to blow (*sb*) a kiss *Ver tb* COMER

bestia ◆ *nf* beast ◆ *adj, nmf* brute [*n*]: *¡Qué ~ eres!* You're such a brute! **LOC como una bestia**: *Trabajaba como una ~.* He was working like crazy. ◊ *Come como una ~.* He eats a huge amount.

bestial *adj* **1** (*enorme*) huge: *Tengo un hambre ~.* I'm famished. **2** (*genial*) great

bestialidad *nf* **1** (*brutalidad*): *Hicieron muchas ~es.* They did a lot of disgusting things. **2** (*estupidez*): *hacer/decir muchas ~es* to do/say a lot of stupid things

betún *nm* (*calzado*) (shoe) polish: *Échales ~ a los zapatos.* Polish your shoes.

Biblia *nf* Bible

bíblico, -a *adj* biblical

bibliografía *nf* bibliography [*pl* bibliographies]

biblioteca *nf* **1** (*edificio, conjunto de libros*) library [*pl* libraries] **2** (*mueble*) bookcase **LOC** *Ver* RATÓN

bibliotecario, -a *nm-nf* librarian

bicarbonato *nm* bicarbonate

bíceps *nm* biceps [*pl* biceps]

bicho *nm* **1** (*insecto*) bug, creepy-crawly (*coloq*) [*pl* creepy-crawlies] **2** (*cualquier animal*) animal **LOC ¿qué bicho te picó?** what's bugging you, him, her, etc? **ser un bicho** to be a nasty/rotten guy **ser un bicho raro** to be a weirdo

bicicleta *nf* bicycle, bike (*más coloq*): *¿Sabe montar en ~?* Can you ride a bike? ◊ *ir en ~ al trabajo* to cycle to work ◊ *dar un paseo en ~* to go for a bike ride **LOC bicicleta de carreras/montaña** racing/mountain bike

bidé *nm* bidet

bien[1] *adv* **1** (*gen*) well: *portarse ~* to behave well ◊ *Hoy no me encuentro ~.* I don't feel well today. ◊ *—¿Cómo está su papá? —Muy ~, gracias.* "How's your father?" "Very well, thanks." **2** (*de acuerdo, adecuado*) okay: *Les pareció ~.* They thought it was okay. ◊ *—¿Me lo presta? —Está ~, pero tenga cuidado.* "Can I borrow it?" "Okay, but be careful." **3** (*calidad, aspecto, olor, sabor*) good: *La escuela está ~.* The school is good. ◊ *¡Qué ~ huele!* That smells really good! **4** (*correctamente*): *Contesté ~ la pregunta.* I got the right answer. ◊ *Habla ~ el español.* You speak good Spanish. **LOC andar/estar bien de** to have plenty of *sth* **¡(muy) bien!** (very) good! ☛ Para otras expresiones con **bien**, véanse las entradas del adjetivo, verbo, etc, p.ej. **bien educado** en EDUCADO y **llevarse bien** en LLEVAR.

bien[2] *conj* **LOC bien ... bien ...** either ... or ...: *Voy a ir ~ en tren, o ~ en pullman.* I'll go either by train or by bus.

bien[3] *nm* **1** (*lo bueno*) good: *el ~ y el mal* good and evil **2 bienes** possessions **LOC bienes de consumo** consumer goods **por el bien de** for the good of *sth/sb* **por tu bien** for your, his, her, etc own good *Ver tb* MAL

bien[4] *adj* well-to-do: *Son de familia ~.* They're from a well-to-do family. **LOC** *Ver* GENTE, NIÑO

bienestar *nm* well-being

bienvenida *nf* welcome: *dar la ~ a algn* to welcome sb

bienvenido, -a *adj* welcome

bigote *nm* **1** (*persona*) mustache: *un hombre con ~* a man with a mustache ◊ *Papá Noel tenía unos grandes ~s.* Santa Claus had a large mustache. **2** (*gato*) whiskers [*pl*]

bikini *nm* bikini [*pl* bikinis]

biliar *adj* **LOC** *Ver* VESÍCULA

bilingüe *adj* bilingual

bilis *nf* bile

billar *nm* **1** (*juego*) pool: *jugar ~* to play pool **2** (*mesa*) pool table **3 billares** (*local*) pool hall

billete *nm* **1** (*Fin*) bill: *~s de 1.000 (pesos)* 1,000 peso bills **2** (*plata*) money **LOC billete de lotería** lottery ticket

billetera *nf* wallet

billón *nm* (*un millón de millones*) trillion ☛ *Ver nota en* BILLION

binario, -a *adj* binary

bingo *nm* **1** (*juego*) bingo: *jugar ~* to play bingo **2** (*sala*) bingo hall

binoculares (*tb* **binóculos**) *nm* binoculars

biodegradable *adj* biodegradable

biografía *nf* biography [*pl* biographies]

biología *nf* biology

biólogo, -a *nm-nf* biologist

biombo *nm* screen

bisabuelo, -a *nm-nf* **1** (*gen*) great-grandfather [*fem* great-grandmother] **2 bisabuelos** great-grandparents

bisagra *nf* hinge

bisiesto *adj* LOC *Ver* AÑO

bisnieto, -a *nm-nf* **1** (*gen*) great-grandson [*fem* great-granddaughter] **2 bisnietos** great-grandchildren

bisonte *nm* bison [*pl* bison]

bisoñé *nm* toupee

bistec *nm* steak

bisturí *nm* scalpel

bisutería *nf* costume jewelry

bit *nm* bit

bizco, -a *adj* cross-eyed

bizcocho *nm* cake: *~ de novia* wedding cake

biznieto, -a *nm-nf Ver* BISNIETO

blanca *nf* (*Mús*) half note

Blancanieves *n pr* Snow White

blanco, -a ◆ *adj* white: *pescado/vino ~* white fish/wine ☛ *Ver ejemplos en* AMARILLO **◆** *nm-nf* (*persona*) white man/woman [*pl* white men/women] **◆** *nm* **1** (*color*) white **2** (*diana*) target: *dar en el ~* to hit the target **LOC en blanco** blank: *un cheque/página en ~* a blank check/page **en blanco y negro** black and white: *ilustraciones en ~ y negro* black and white illustrations **más blanco que la nieve** as white as snow **quedarse en blanco** to go blank *Ver tb* ARMA, BANDERA, CHEQUE, MANJAR, PUNTA

blando, -a *adj* **1** (*gen*) soft: *queso ~* soft cheese ◊ *un profesor ~* a soft teacher **2** (*carne*) tender

blanqueador *nm* bleach

blanquear *vt* **1** (*gen*) to whiten **2** (*echar cal*) to whitewash **3** (*dinero*) to launder

blanquimento *nm* whitewash

blasfemar *vi* to blaspheme (***against sth/sb***)

blasfemia *nf* blasphemy [*incontable*]: *decir ~s* to blaspheme

blindado, -a *pp, adj* **1** (*vehículo*) armored: *un carro ~* an armored car **2** (*puerta*) reinforced

bloc *nm* writing pad

bloque *nm* **1** (*gen*) block: *un ~ de mármol* a marble block ◊ *un ~ de viviendas* an apartment building **2** (*Pol*) bloc

bloquear ◆ *vt* **1** (*obstruir*) to block: *~ el paso/una carretera* to block access/a road ◊ *~ a un jugador* to block a player **2** (*Mil*) to blockade **◆ bloquearse** *v pron* (*persona*) to freeze

bloqueo *nm* **1** (*Dep*) block **2** (*Mil*) blockade

blusa *nf* blouse

bluyín *nm* **1** (*tb* **bluyines**) (*pantalones*) jeans [*pl*]: *¡Te pusiste mi ~!* You're wearing my jeans! **2** (*tela*) denim: *una chaqueta de ~* a denim jacket

bobada *nf* **1** (*gen*) nonsense [*incontable*]: *decir ~s* to talk nonsense ◊ *Deje de hacer ~s.* Stop being silly. **2** (*tb* **bobadita**) (*cosita*) (little) thing: *Compré unas bobaditas para la comida.* I've bought a couple of things for dinner. ◊ *Te traje esta bobadita por tu cumpleaños.* I've brought you a little something for your birthday.

bobina *nf* **1** (*hilo*) reel **2** (*Electrón*) (*alambre*) coil

bobo, -a *adj, nm-nf* **1** (*tonto*) dumb, stupid [*adj*] **2** (*ingenuo*) naive [*adj*]: *Eres un ~.* You're so naive.

> **Dumb** y **stupid** son prácticamente sinónimos, aunque **stupid** es un poco más fuerte: *una excusa tonta* a dumb excuse ◊ *No seas tan bobo, y deja de llorar.* Don't be so stupid; stop crying.

LOC hacerse el bobo to play the fool

boca *nf* **1** (*Anat*) mouth: *No hable con la ~ llena.* Don't talk with your mouth full. **2** (*entrada*) entrance: *la ~ de la mina* the entrance to the mine **LOC boca abajo/arriba** (*recostado*) face down/up **boca de incendio/riego** hydrant **quedarse con la boca abierta** (*por sorpresa*) to be dumbfounded *Ver tb* ABRIR, CALLAR, PALABRA

bocacalle *nf* side street: *Está en una ~ de la calle Colombia.* It's in a side street off Colombia Street.

bocadillo *nm* guava jelly

bocado *nm* bite: *Se lo comieron de un ~.* They ate it all in one bite.

boceto *nm* **1** (*Arte*) sketch **2** (*idea general*) outline

bochinche (*tb* **bonche**) *nm* **1** (*alboroto*)

racket: *Armó un ~ en el almacén.* He caused a racket in the store. **2** (*discusión*) fight

bochorno *nm* **1** (*calor*): *Hace mucho ~.* It's very muggy. ◊ *un día de ~* a stiflingly hot day **2** (*vergüenza*) embarrassment: *¡Qué ~!* How embarrassing!

bocina *nf* horn: *tocar la ~* to sound your horn

bocón, -ona *nm-nf* big mouth: *¡Qué ~ eres!* You and your big mouth!

boda *nf* wedding: *aniversario de ~(s)* wedding anniversary ◊ *Mañana vamos a una ~.* We're going to a wedding tomorrow. ☛ *Ver nota en* MATRIMONIO **LOC bodas de oro/plata** golden/silver wedding [*sing*]

bodega *nf* **1** (*edificio*) warehouse **2** (*cuarto*) storeroom **3** (*barco, avión*) hold: *en las ~s del barco* in the ship's hold **4** (*para vino*) wine cellar

bodegón *nm* (*Arte*) still life [*pl* still lifes]

bofetada *nf* (*tb* **bofetón** *nm*) slap (in the face): *Me dio una ~.* She slapped me (in the face).

boicot *nm* boycott

boicotear *vt* to boycott

boina *nf* beret

bola *nf* ball: *una ~ de cristal* a crystal ball **LOC bola de nieve** snowball **bolas de alcanfor** mothballs **estar en bola** to be naked as a jaybird

bolera *nf* bowling alley [*pl* bowling alleys]

bolero *nm* frill: *un vestido de baño de ~s* a frilly swimsuit

boleta *nf* ticket

boletín *nm* bulletin: *~ informativo* news bulletin

bolígrafo *nm* ballpoint pen

bolillo *nm* (*de policía*) truncheon

Bolivia *nf* Bolivia

boliviano, -a *adj, nm-nf* Bolivian

bolo *nm* skittle: *jugar ~s* to play skittles

bolsa¹ *nf* **1** (*gen*) bag: *una ~ de deportes* a sports bag ◊ *una ~ de plástico* a plastic bag ◊ *una ~ de confites/papas fritas* a bag of candy/chips ☛ *Ver dibujo en* CONTAINER **2** (*concentración*) pocket: *una ~ de aire* an air pocket **LOC bolsa de agua caliente** hot-water bottle **bolsa de empleo** job openings **¡la bolsa o la vida!** your money or your life!

bolsa² *nf* stock exchange: *la ~ londinense* the London Stock Exchange

bolsillo *nm* pocket: *Está en el ~ de mi abrigo.* It's in my coat pocket. **LOC de bolsillo** pocket(-sized): *guía de ~* pocket guide *Ver tb* LIBRO

bolso *nm* purse **LOC bolso de viaje** travel bag

bomba¹ *nf* **1** (*Mil*) bomb: *~ atómica* atomic bomb ◊ *colocar una ~* to plant a bomb **2** (*noticia*) bombshell **LOC carro/carta bomba** car/letter bomb

bomba² *nf* **1** (*Tec*) pump **2** (*de gasolina*) gas station: *Voy a ir a tanquear el carro a la ~.* I'm going to the gas station to fill up the car. **3** (*elástica*) balloon **LOC bomba de aire** (air) pump

bombacho, -a ♦ *adj* loose ♦ **bombachos** *nm* (*de deporte*) tracksuit bottoms

bombardear *vt* to bombard: *Me bombardearon a preguntas.* They bombarded me with questions.

bombero *nmf* firefighter **LOC los bomberos** the fire department [*sing*] *Ver tb* CARRO, CUERPO, ESTACIÓN

bombillo *nm* light bulb

bombo *nm* **1** (*Mús*) bass drum **2** (*lotería*) lottery drum **LOC a bombo y platillo** with a great song and dance: *Lo anunciaron a ~ y platillo.* They made a great song and dance about it. **dar bombo** to make a fuss (*about sth/sb*)

bombón *nm* Popsicle®

bombona *nf* cylinder: *~ de oxígeno* oxygen cylinder

bómper *nm* bumper

bondad *nf* goodness **LOC tener la bondad de** to be so good as *to do sth*: *¿Tiene la ~ de ayudarme?* Would you be so good as to help me?

bondadoso, -a *adj* ~ (**con**) kind (**to** ***sth/sb***)

bonito, -a *adj* pretty, attractive (*más formal*): *una voz bonita* an atractive voice ◊ *Me probé un vestidito muy ~.* I tried on a very pretty dress.

bono *nm* voucher

boquiabierto, -a *adj* (*sorprendido*) speechless

boquilla *nf* (*Mús*) mouthpiece

borda *nf* side of the ship: *asomarse por la ~* to lean over the side of the ship **LOC echar/tirar por la borda** (*fig*) to throw *sth* away: *echar por la ~ una ocasión de oro* to throw away a golden opportunity

bordado, -a ♦ *pp, adj* embroidered: *~ a mano* hand-embroidered ♦ *nm* embroidery [*incontable*]: *un vestido con*

~s en las mangas a dress with embroidery on the sleeves *Ver tb* BORDAR

bordar *vt* to embroider

borde *nm* **1** (*gen*) edge: *al ~ de la mesa* on the edge of the table **2** (*objeto circular*) rim: *el ~ del vaso* the rim of the glass **LOC al borde de** (*fig*) on the verge of *sth*: *al ~ de las lágrimas* on the verge of tears

bordo *nm* **LOC a bordo** on board: *subir a ~ del avión* to get on board the plane

borrachera *nf*: *agarrar/coger una ~ (de whisky)* to get drunk (on whiskey)

borracho, -a ◆ *adj* drunk ◆ *nm-nf* drunk, drunkard (*más formal*)

borrador *nm* **1** (*de borrar lápiz, tablero*) eraser **2** (*texto provisional*) draft

borrar ◆ *vt* **1** (*con borrador*) to erase: *~ una palabra* to erase a word **2** (*tablero*) to clean **3** (*Informát*) to delete ◆ **borrarse** *v pron* **borrarse (de)** to withdraw **(from *sth*)**

borrasca *nf* storm

borrascoso, -a *adj* stormy

borrón *nm* ~ **(en)** smudge **(on *sth*)**: *hacer borrones* to make smudges

borroso, -a *adj* **1** (*impreciso*) blurred: *Sin gafas lo veo todo ~.* Everything is blurred without my glasses. **2** (*escritura*) illegible

bosque *nm* wood

bostezar *vi* to yawn

bostezo *nm* yawn

bota[1] *nf* boot: *~s de caminar* walking boots **LOC** *Ver* GATO

bota[2] *nf* (*vino*) wineskin

botánica *nf* botany

botar *vt* **1** (*desechar*) to throw *sth* away: *Bótalo que está muy viejo.* Throw it away, it's really old now. **2** (*buque*) to launch **3** (*expulsar*) to throw *sb* out **(of *sth*)** **LOC hasta para botar** to feed an army: *Tenemos comida hasta para ~.* We've got enough food to feed an army.

bote *nm* boat **LOC bote de pedal** pedal boat **bote salvavidas** lifeboat

botella *nf* bottle **LOC de/en botella** bottled: *Compramos la leche en ~.* We buy bottled milk. *Ver tb* BEBER(SE), VERDE

botín[1] *nm* (*bota*) ankle boot

botín[2] *nm* (*dinero*) loot

botiquín *nm* **1** (*maletín*) first-aid kit **2** (*armario*) medicine chest **3** (*habitación*) sickroom

botón *nm* **1** (*ropa*) button **2** (*control*) knob: *El ~ rojo es el del volumen.* The red knob is the volume control. **3** (*Bot*) bud **4 botones** (*en un hotel*) bellhop

bóveda *nf* vault

boxeador *nm* boxer

boxear *vi* to box

boxeo *nm* boxing

bozal *nm* muzzle

brasa *nf* ember **LOC a la brasa** grilled: *chuletas a la ~* grilled chops

brasier *nm* bra

Brasil *nm* Brazil

brasileño, -a *adj, nm-nf* Brazilian

bravo, -a ◆ *adj* **1** (*animal*) fierce **2** ~ **(con) (por)** (*persona*) angry **(with *sb*)**; **(at/about *sth*)**: *Están ~s conmigo.* They're angry with me. ◊ *Estoy ~ por la pérdida de mi billetera.* I'm angry about losing my wallet. ◊ *No te pongas ~ por esa tontería.* Don't get angry about such a silly thing. ◆ **¡bravo!** *interj* bravo!

braza *nf* fathom

brazada *nf* **1** (*gen*) stroke **2** (*pecho*) breast-stroke

brazalete *nm* armband

brazo *nm* **1** (*gen*) arm: *Me quebré el ~.* I've broken my arm. **2** (*lámpara*) bracket **3** (*río*) branch **LOC brazo de reina** Swiss roll **del brazo** arm in arm **ponerse con los brazos en cruz** to stretch your arms out to the side **quedarse de brazos cruzados**: *No se quede ahí de ~s cruzados y haga algo.* Don't just stand there! Do something. *Ver tb* COGIDO, CRUZAR

brea *nf* tar

breve *adj* short: *una estancia ~* a short stay **LOC en breve** shortly **en breves palabras** in a few words **ser breve** (*hablando*) to be brief

bricolaje *nm* do-it-yourself

brigada ◆ *nf* **1** (*Mil*) brigade **2** (*policía*) squad: *la ~ antimotines/antidroga* the riot/drug squad ◆ *nmf* sergeant major

brillante ◆ *adj* **1** (*luz, color*) bright **2** (*superficie*) shiny **3** (*fenomenal*) brilliant ◆ *nm* diamond

brillar *vi* to shine: *Sus ojos brillaban de alegría.* Their eyes shone with joy. ◊ *¡Cómo brilla!* Look how shiny it is! **LOC no todo lo que brilla es oro** all that glitters is not gold

brillo *nm* gleam **LOC sacar brillo** to make *sth* shine

brincar *vi* to jump

brinco *nm* jump **LOC dar/pegar un**

brinco/brincos to jump: *dar ~s de alegría* to jump for joy

brindar ◆ *vi* ~ **(a/por)** to drink a toast **(to *sth*/*sb*)**: *Brindemos por su felicidad.* Let's drink (a toast) to their happiness. ◆ *vt* **1** (*dedicar*) to dedicate *sth* **to *sb*** **2** (*proporcionar*) to provide: ~ *ayuda* to provide help ◆ **brindarse** *v pron* **brindarse a** to offer ***to do sth***

brindis *nm* toast **LOC hacer un brindis** to drink a toast (*to sth/sb*)

brisa *nf* breeze

británico, -a ◆ *adj* British ◆ *nm-nf* Briton: *los ~s* the British **LOC** *Ver* ISLA

brocha *nf* brush ☛ *Ver dibujo en* BRUSH **LOC brocha de afeitar** shaving brush

broche *nm* **1** (*Costura*) fastener **2** (*joya*) brooch **LOC broche a presión** snap fastener

broma *nf* joke: *Le hicieron muchas ~s.* They played a lot of jokes on him. **LOC broma pesada** practical joke **de/en broma** jokingly: *Lo digo en ~.* I'm only joking. **¡ni en broma(s)!** no way! *Ver tb* FUERA

bromear *vi* to joke

bromista *adj, nmf* joker [*n*]: *Es muy ~.* He's a real joker.

bronca *nf* **1** (*pelea*) row **2** (*reprimenda*) telling-off [*pl* tellings-off]: *Me echaron una ~.* I've been told off. **LOC armar/montar una bronca** to kick up a fuss

bronce *nm* bronze

bronceado *nm* (sun)tan

bronceador *nm* suntan lotion

broncearse *v pron* to get a suntan

bronquitis *nf* bronchitis [*incontable*]

brotar *vi* **1** (*plantas*) to sprout **2** (*flores*) to bud **3** (*líquido*) to gush (out) (***from sth***)

brote *nm* **1** (*gen*) shoot **2** (*flor*) bud **3** (*epidemia, violencia*) outbreak: *un ~ de cólera* an outbreak of cholera

bruces **LOC caerse de bruces** to fall flat on your face

bruja *nf* witch

brujería *nf* witchcraft

brujo *nm* **1** (*hechicero*) wizard **2** (*en tribus primitivas*) witch doctor

brújula *nf* compass

bruma *nf* mist

brusco, -a *adj* **1** (*repentino*) sudden **2** (*persona*) abrupt

brutal *adj* (*violento*) brutal

bruto, -a ◆ *adj* **1** (*torpe*) dense: *¡No seas ~!* Don't be so dense! **2** (*grosero*) crude **3** (*peso, ingresos*) gross ◆ *nm-nf* **1** (*torpe*) idiot **2** (*grosero*) slob

buceador, ~a *nm-nf* diver

bucear *vi* to dive

buceo *nm* diving: *practicar el ~* to go diving

budismo *nm* Buddhism

budista *adj, nmf* Buddhist

buen *adj Ver* BUENO

buen mozo *adj* good-looking: *¡Qué hombre tan ~!* What a good-looking man!

bueno, -a ◆ *adj* **1** (*gen*) good: *Es una buena noticia.* That's good news. ◇ *Es ~ hacer ejercicio.* It is good to exercise. **2** (*amable*) kind: *Fueron muy ~s conmigo.* They were very nice to me. **3** (*comida*) tasty **4** (*correcto*) right: *No andas por buen camino.* You're on the wrong road. **5** (*menudo*): *¡Buena la has hecho!* You really screwed up this time! ◇ *¡Buena se va a poner su mamá!* Your mother'll get in a terrible state! ◆ *nm-nf* good guy [*pl* good guys]: *Ganó el ~.* The good guy won. ◇ *Lucharon los ~s contra los malos.* There was a fight between the good guys and the bad guys. ◆ *adv*: *—¿Quiere ir al cine? —Bueno.* "Would you like to go to the movies?" "Okay." ◇ *~, yo pienso que…* Well, I think that… **LOC el bueno de…** good old…: *el ~ de Enrique* good old Enrique **estar bueno** to be a stunner: *Ese tipo está muy ~.* That guy's a stunner. **¡(muy) buenas!** good day! **pasar bueno** to have fun **por las buenas**: *Es mejor que lo hagas por las buenas.* It would be better if you did it willingly. ◇ *Se lo pido por las buenas.* I'm asking you nicely. **por las buenas o por las malas** whether you like it or not, whether he/she likes it or not, etc ☛ Para otras expresiones con **bueno**, véanse las entradas del sustantivo, p.ej. **¡buen provecho!** en PROVECHO y **hacer buenas migas** en MIGA.

buey *nm* ox [*pl* oxen] **LOC** *Ver* OJO

búfalo *nm* buffalo [*pl* buffalo/buffaloes]

bufanda *nf* scarf [*pl* scarves]

bufet *nm* buffet

bufete *nm* (*abogado*) legal practice

buhardilla *nf* **1** (*ático*) attic **2** (*ventana*) dormer window

búho *nm* owl

buitre *nm* vulture

bujía *nf* (*Mec*) spark plug

buldog *nm* bulldog

bulla *nf* racket: *armar/meter* ~ to make a racket

bullicio *nm* **1** (*ruido*) ruckus **2** (*actividad*) hustle and bustle: *el ~ de la capital* the hustle and bustle of the capital

bulto *nm* shape: *Me pareció ver un ~ que se movía.* I thought I saw a shape moving. **LOC a bulto** roughly: *A ~, calculo 500 personas.* I think there are roughly 500 people. **hacer bulto** to be bulky: *Esta caja hace mucho ~.* This box is too bulky. ◊ *Hace muy poco ~.* It hardly takes up any room at all. ◊ *¿Hace mucho ~?* Does it take up much room?

buque *nm* ship **LOC buque de guerra** warship

burbuja *nf* bubble: *un baño de ~s* a bubble bath **LOC con/sin burbujas** carbonated/non-carbonated **hacer burbujas** to bubble **tener burbujas** (*bebida*) to be fizzy: *Tiene muchas ~s.* It's very fizzy.

burgués, -esa *adj* middle-class

burguesía *nf* middle class

burla *nf* **1** (*mofa*) mockery [*incontable*]: *un tono de ~* a mocking tone **2** (*broma*) joke: *Déjate de ~s.* Stop joking. **LOC hacer burla** to make fun *of sth/sb*: *No me hagas ~.* Don't make fun of me.

burlar ◆ *vt* (*eludir*) to evade: *~ la justicia* to evade justice ◆ **burlarse** *v pron* **burlarse (de)** to make fun **of** ***sth/sb***

burlón, -ona *adj* (*gesto, sonrisa*) mocking

burocracia *nf* (*excesivo papeleo*) red tape

burrada *nf*: *Eso fue una verdadera ~.* That was a really stupid thing to do. ◊ *decir ~s* to talk nonsense

burro, -a ◆ *adj* **1** (*estúpido*) dense **2** (*terco*) pigheaded ◆ *nm-nf* **1** (*animal*) donkey [*pl* donkeys] **2** (*persona*) idiot **LOC burro de carga** (*persona*) drudge

bus *nm* bus: *coger/perder el ~* to catch/miss the bus **LOC** *Ver* TERMINAL

busca[1] *nf* **LOC en busca de** in search of *sth/sb*: *La policía salió en ~ de los delincuentes.* The police went in search of the criminals.

busca[2] *nm* beeper

buscador, ~a *nm-nf* **LOC buscador de oro** gold prospector **buscador de tesoros** treasure hunter

buscar ◆ *vt* **1** (*gen*) to look for *sth/sb*: *Busco trabajo.* I'm looking for work. **2** (*sistemáticamente*) to search **for** ***sth/sb***: *Usan perros para ~ droga.* They use dogs to search for drugs. **3** (*en un libro, en una lista*) to look *sth* up: *~ una palabra en el diccionario* to look a word up in the dictionary **4** (*recoger a algn*) **(a)** (*en carro*) to pick *sb* up: *Fuimos a ~lo a la estación.* We picked him up at the station. **(b)** (*andando*) to meet **5** (*conseguir y traer*) to get: *Fui a ~ al médico.* I went to get the doctor. ◆ *vi* ~ **(en/por)** to look **(in/through** ***sth*****)**: *Busqué en el archivo.* I looked in the file. **LOC buscar una aguja en un pajar** to look for a needle in a haystack **se busca** wanted: *Se busca apartamento.* Apartament wanted. **se la está buscando** you're asking for it

buseta *nf* minibus [*pl* minibuses]

búsqueda *nf* ~ **(de)** search **(for** ***sth*****)**: *la ~ de una solución pacífica* the search for a peaceful solution **LOC a la búsqueda de** in search of *sth*

busto *nm* bust

butaca *nf* **1** (*sillón*) armchair **2** (*Cine, Teat*) seat

buzo[1] *nm* diver

buzo[2] *nm* sweater ☛ *Ver nota en* SWEATER

buzón *nm* mailbox **LOC echar al buzón** to mail

byte *nm* (*Informát*) byte

Cc

cabal *adj* (*persona*) upright **LOC (no) estar en sus cabales** (not) to be in your right mind

cabalgar *vi* ~ **(en)** to ride **(on** ***sth*****)**: *~ en mula es muy divertido.* Riding (on) a mule is a lot of fun.

caballería *nf* **1** (*animal*) mount **2** (*Mil*) cavalry [*v sing o pl*] **3** (*caballeros andantes*) chivalry

caballeriza *nf* stable

caballero *nm* **1** (*gen*) gentleman [*pl* gentlemen]: *Mi abuelo era todo un ~.* My grandfather was a real gentleman. **2** (*Hist*) knight **LOC de caballero(s)**: *sección de ~s* men's clothing department

caballete *nm* **1** (*Arte*) easel **2** (*soporte*) trestle **3** (*gimnasia*) horse

caballitos *nm* merry-go-round [*sing*]

caballo *nm* **1** (*animal*) horse **2** (*Ajedrez*) knight **3** (*Mec*) horsepower (*abrev* hp): *un motor de doce ~s* a twelve horsepower engine **LOC caballo de carrera(s)** racehorse **caballo de mar** sea horse *Ver tb* BEBER(SE), CARRERA, COLA[1], MONTAR, POTENCIA

cabaña *nf* (*choza*) hut

cabecear *vi* **1** (*de sueño*) to nod off **2** (*caballo*) to toss its head **3** (*Fútbol*) to head the ball

cabecera *nf* **1** (*gen*) head: *sentarse en la ~ de la mesa* to sit at the head of the table **2** (*cama*) headboard **LOC cabecera municipal** town *Ver tb* MÉDICO

cabecilla *nmf* ringleader

cabello *nm* hair

caber *vi* **1** ~ **(en)** to fit **(in/into** ***sth*****)**: *Mi ropa no cabe en la maleta.* My clothes won't fit in the suitcase. ◊ *¿Quepo?* Is there room for me? **2** ~ **por** to go **through** ***sth***: *El piano no cabía por la puerta.* The piano wouldn't go through the door. **LOC no cabe duda** there is no doubt **no caber en sí de contento/alegría** to be beside yourself with joy *Ver tb* DENTRO

cabestrillo *nm* sling: *con el brazo en ~* with your arm in a sling

cabeza *nf* **1** (*gen*) head: *tener buena/mala ~ para las matemáticas* to have a good head/to have no head for math **2** (*lista, liga*) top: *en la ~ de la lista* at the top of the list **LOC cabeza de ajo(s)** head of garlic **cabeza de familia** head of the household **de cabeza** headlong: *tirarse a la piscina de ~* to dive headlong into the swimming pool **estar mal de la cabeza** to be touched **ir a la cabeza** to be in the lead **por cabeza** a/per head **ser un cabeza de chorlito** to be a scatterbrain **ser un cabeza dura** to be stubborn **tener la cabeza en otro planeta** to have your head in the clouds *Ver tb* ABRIR, AFIRMAR, ASENTIR, DOLOR, ENTRAR, LAVAR, METER, PERDER, PIE, SENTAR, SITUAR, SUBIR

cabezal *nm* headrest

cabezazo *nm* **1** (*golpe*) butt **2** (*Dep*) header **LOC dar un cabezazo (al balón)** to head the ball

cabina *nf* **1** (*avión*) cockpit **2** (*barco*) cabin **3** (*camión*) cab

cabizbajo, -a *adj* downcast

cable *nm* cable

cabo ◆ *nm* **1** (*extremo*) end **2** (*Náut*) rope **3** (*Geog*) cape: *el ~ de Buena Esperanza* the Cape of Good Hope ◆ *nmf* (*Mil*) corporal: *el ~ Ramos* Corporal Ramos **LOC al cabo de** after: *al ~ de un año* after a year **de cabo a rabo** from beginning to end **llevar a cabo** to carry *sth* out *Ver tb* FIN

cabra *nf* goat [*fem* nanny-goat] **LOC estar más loco que una cabra** to be off your rocker

cabrilla *nf* steering wheel

cabrito *nm* (*animal*) kid

caca *nf* poop **LOC hacer caca** to poop (*coloq*)

cacao *nm* **1** (*planta*) cacao [*pl* cacaos] **2** (*en polvo*) cocoa **3** (*labios*) lipsalve

cacarear *vi* **1** (*gallo*) to crow **2** (*gallina*) to cackle

cacería *nf*: *ir de ~* to go shooting

cacerola *nf* casserole ☛ *Ver dibujo en* SAUCEPAN

cachar *vt* **1** (*gen*) to catch **2** (*entender*) to understand

cachetada *nf* slap **LOC dar una cachetada** to slap *sb*

cacho *nm* **1** (*pedazo*) piece **2** (*cuerno*) horn

cachorro, -a *nm-nf* **1** (*perro*) puppy [*pl* puppies] **2** (*león, tigre*) cub

cachucha *nf* peaked cap

cactus (*tb* **cacto**) *nm* cactus [*pl* cacti/ cactuses]

cada *adj* **1** (*gen*) each: *Le dieron un regalo a ~ niño.* They gave each child a gift. ☛ *Ver nota en* EVERY **2** (*con expresiones de tiempo, con expresiones numéricas*) every: *~ semana/vez* every week/ time ◊ *~ diez días* every ten days **3** (*con valor exclamativo*): *¡Usted dice ~ cosa!* The things you come out with! **LOC cada año por la cuaresma** once in a blue moon **cada cosa a su tiempo** all in good time **cada cual** everyone **¿cada cuánto?** how often? **cada día, semana, etc de por medio** every other day, week, etc **cada dos por tres** every five minutes: *Hemos llegado tarde porque parábamos ~ dos por tres.* We're late because we kept stopping every five minutes. **cada loco con su tema** each to his own **cada uno** each (one): *~ uno valía 5.000 pesos.* Each one cost 5,000 pesos. ◊ *Nos dieron una bolsa a ~ uno.* They gave each of us a bag./They gave us a bag each. **cada vez más** more and more: *~ vez hay más problemas.* There are more and more problems. ◊ *Usted está ~ vez más bonita.* You're looking prettier and prettier. **cada vez mejor/ peor** better and better/worse and worse **cada vez menos**: *Tengo ~ vez menos plata.* I have less and less money. ◊ *~ vez hay menos alumnos.* There are fewer and fewer students. ◊ *Nos vemos ~ vez menos.* We see less and less of each other. **cada vez que...** whenever... **para cada...** between: *un libro para ~ dos/tres alumnos* one book between two/three students

cadáver *nm* corpse, body [*pl* bodies] (*más coloq*)

cadena *nf* **1** (*gen*) chain **2** (*Radio*) station **3** (*TV*) channel **4** (*organizaciones, sucursales*) chain **LOC cadena perpetua** life imprisonment

cadera *nf* hip

cadete *nmf* cadet

caducar *vi* **1** (*documento, plazo*) to expire **2** (*alimento*) to go past its expiration date **3** (*medicamento*) to be out of date: *¿Cuándo caduca?* When does it have to be used by?

caducidad *nf* **LOC** *Ver* FECHA

caduco, -a *adj* **LOC** *Ver* HOJA

caer ♦ *vi* **1** (*gen*) to fall: *La matera cayó desde el balcón.* The plant pot fell off the balcony. ◊ *~ en la trampa* to fall into the trap ◊ *Mi cumpleaños cae un martes.* My birthday falls on a Tuesday. ◊ *Caía la noche.* Night was falling. **2** ~ **(en)** (*entender*) to get *sth* [*vt*]: *Ya caigo.* Now I get it. **3** (*persona*): *Le caíste muy bien a mi mamá.* My mother really liked you. ◊ *Me cae muy mal.* I can't stand him. ◊ *¿Qué tal te cayó su novia?* What did you think of his girlfriend? ♦ **caerse** *v pron* **1** (*gen*) to fall: *Cuidado, se cae.* Careful you don't fall. ◊ *Se me caen los pantalones.* My pants are falling down. **2** (*diente, pelo*) to fall out: *Se le está cayendo el pelo.* His hair is falling out. **LOC caérsele algo a algn** to drop sth: *Se me cayó el helado.* I dropped my ice cream. ☛ Para otras expresiones con **caer**, véanse las entradas del sustantivo, adjetivo, etc, p.ej. **caer gordo** en GORDO y **caer como moscas** en MOSCA.

café ♦ *nm* **1** (*gen*) coffee [*incontable*]: *~ con leche* coffee with milk **2** (*taza de café*) cup of coffee: *¿Le provoca un ~?* Would you like a cup of coffee? **3** (*establecimiento*) café ☛ *Ver pág 316.* **4** (*color*) brown ♦ *adj* brown: *zapatos ~s* brown shoes **LOC café expreso** espresso [*pl* espressos] **café tinto** black coffee

cafeína *nf* caffeine: *sin ~* caffeine free

cafetal *nm* coffee plantation

cafetera *nf* coffee pot **LOC cafetera eléctrica** coffee-maker **cafetera italiana** espresso machine

cafetería *nf* snack bar ☛ *Ver pág 316.*

cafetero, -a ♦ *adj* **1** (*gen*) coffee [*n atrib*]: *la industria cafetera* the coffee industry **2** (*persona*): *ser muy ~* to be very fond of coffee ♦ *nm-nf* coffee grower

caficultor, ~a *nm-nf* coffee grower

cafre *adj* (*bruto*) wild

caída *nf* **1** (*gen*) fall: *una ~ de tres metros* a three-meter fall ◊ *la ~ del gobierno* the fall of the government **2** ~ **de** (*descenso*) fall **in** *sth*: *una ~ de los precios* a fall in prices **3** (*pelo*) loss: *prevenir la ~ del pelo* to prevent hair loss **LOC a la caída de la tarde/noche** at dusk/nightfall **caída libre** free fall

caído, -a ♦ *pp, adj* fallen: *un pino ~* a fallen pine ♦ *nm*: *los ~s en la guerra* those who died in the war **LOC caído**

del cielo 1 (*inesperado*) out of the blue **2** (*oportuno*): *Nos llega ~ del cielo.* It's a real godsend. *Ver tb* CAER

caimán *nm* alligator

caja *nf* **1** (*gen*) box: *una ~ de cartón* a cardboard box ◊ *una ~ de chocolates* a box of chocolates ☛ *Ver dibujo en* CONTAINER **2** (*botellas*) **(a)** (*gen*) crate **(b)** (*vino*) case **3** (*ataúd*) coffin **4** (*supermercado*) checkout **5** (*otras tiendas*) cash register **6** (*banco*) teller's window LOC **caja de ahorros** savings bank **caja de cambios/velocidades** gearbox **caja de herramientas** toolbox **caja fuerte** safe [*pl* safes] **caja negra** black box **caja registradora** till *Ver tb* CUADRAR

cajero, -a *nm-nf* cashier LOC **cajero automático** automated teller machine (*abrev* ATM)

cajetilla *nf* pack: *una ~ de cigarrillos* a pack of cigarettes

cajón *nm* **1** (*mueble*) drawer **2** (*de madera*) crate

cal *nf* lime

calabozo *nm* **1** (*mazmorra*) dungeon **2** (*celda*) cell

calamar *nm* squid [*pl* squid]

calambre *nm* cramp: *Me dan ~s en las piernas.* I get cramps in my legs.

calamidad *nf* **1** (*desgracia*) misfortune: *pasar ~es* to suffer misfortune **2** (*persona*) useless [*adj*]: *Eres una ~.* You're useless.

calavera *nf* skull

calcante *nm* tracing: *papel ~* tracing paper

calcar *vt* to trace

calcinado, -a *pp, adj* charred *Ver tb* CALCINAR

calcinar *vt* to burn *sth* down: *El fuego calcinó la fábrica.* The factory was burned down in the fire.

calcio *nm* calcium

calcomanía *nf* sticker

calculadora *nf* calculator

calcular *vt* **1** (*gen*) to work *sth* out, to calculate (*más formal*): *Calcule cuánto necesitamos.* Work out/calculate how much we need. **2** (*suponer*) to reckon: *Calculo que habrá 60 personas.* I reckon there must be around 60 people.

cálculo *nm* calculation: *Según mis ~s son 105.* It's 105 according to my calculations. ◊ *Tengo que hacer unos ~s antes de decidir.* I have to make some calculations before deciding. LOC **hacer un cálculo aproximado** to make a rough estimate

caldera *nf* boiler

caldo *nm* **1** (*para cocinar*) stock: *~ de pollo* chicken stock **2** (*sopa*) broth [*incontable*]: *Para mí el ~ de verduras.* I'd like the vegetable broth.

calefacción *nf* heating: *~ central* central heating

calendario *nm* calendar

calentador *nm* heater: *~ de agua* water heater

calentamiento *nm* warm-up: *ejercicios de ~* warm-up exercises ◊ *Primero haremos un poco de ~.* We're going to warm up first. LOC **calentamiento global** global warming

calentar ◆ *vt* **1** (*gen*) to heat *sth* up: *Voy a ~le la comida.* I'll heat up your supper. **2** (*templar*) to warm *sth/sb* up ◆ **calentarse** *v pron* **1** (*ponerse muy caliente*) to get very hot: *El motor se calentó demasiado.* The engine overheated. **2** (*templarse, Dep*) to warm up LOC *Ver* SESO

caleta *nf* cache

calibre *nm* calibre: *una pistola del ~ 38* a ·38 caliber gun

calidad *nf* quality: *la ~ de vida en las ciudades* the quality of life in the cities ◊ *fruta de ~* quality fruit LOC **en calidad de** as: *en ~ de portavoz* as a spokesperson *Ver tb* RELACIÓN

cálido, -a *adj* warm

caliente *adj* **1** (*gen*) hot: *agua ~* hot water **2** (*templado*) warm: *La casa está ~.* The house is warm. ☛ *Ver nota en* FRÍO LOC *Ver* BOLSA[1], PERRO, TIERRA, VENDER

calificación *nf* **1** (*nota escolar*) grade: *buenas calificaciones* good grades **2** (*descripción*) description: *Su comportamiento no merece otra ~.* His behavior cannot be described in any other way.

calificar *vt* **1** (*corregir*) to correct, to grade **2** (*describir*) to label *sb* (**as *sth***): *La calificaron de excéntrica.* They labeled her as eccentric.

caligrafía *nf* handwriting

callado, -a *pp, adj* **1** (*gen*) quiet: *Su hermano está muy ~ hoy.* Your brother is very quiet today. **2** (*en completo silencio*) silent: *Permaneció ~.* He remained silent. LOC **más callado que un muerto** as quiet as a mouse *Ver tb* CALLAR

callar ◆ *vt* **1** (*persona*) to get *sb* to be quiet: *¡Calle a esos niños!* Get those kids to be quiet! **2** (*información*) to keep quiet about *sth* ◆ **callar(se)** *vi, v pron* **1** (*no hablar*) to say nothing: *Prefiero ~(me).* I'd rather say nothing. **2** (*dejar de hablar o hacer ruido*) to go quiet, to shut up (*coloq*): *Déselo, a ver si (se) calla.* Give it to him and see if he shuts up. **LOC ¡calla!/¡cállate (la boca)!** be quiet!, shut up! (*coloq*)

calle *nf* street (*abrev* St.): *una ~ peatonal* a pedestrian street ◊ *Está en la ~ Santander.* It's in Santander Street.

> Cuando se menciona el número de la casa o portal se usa la preposición **at**: *Vivimos en la calle Santander 49–10.* We live at 49–10 Santander Street. ☛ *Ver nota en* STREET

LOC calle arriba/abajo up/down the street **calle cerrada/ciega** cul-de-sac **quedarse en la calle** (*sin trabajo*) to lose your job

callejero, -a *adj* **LOC** *Ver* PERRO

callejón *nm* alleyway [*pl* alleyways] **LOC callejón sin salida** dead end

callo *nm* **1** (*dedo del pie*) corn **2** (*mano, planta del pie*) callus [*pl* calluses] **3 callos** (*Cocina*) tripe [*incontable, v sing*]

calma *nf* calm: *mantener la ~* to keep calm **LOC ¡(con) calma!** calm down! **tomarse algo con calma** to take sth easy: *Tómeselo con ~.* Take it easy. *Ver tb* PERDER

calmante *nm* **1** (*dolor*) painkiller **2** (*nervios*) tranquilizer

calmar ◆ *vt* **1** (*nervios*) to calm **2** (*dolor*) to relieve **3** (*hambre, sed*) to satisfy ◆ **calmarse** *v pron* to calm down

calor *nm* heat: *El ~ resecó las plantas.* The heat has dried up the plants. **LOC hacer calor** to be hot: *Hace mucho ~.* It's very hot. ◊ *¡Qué ~ está haciendo!* It's so hot! **tener calor** to be/feel hot: *Tengo ~.* I'm hot. ☛ *Ver nota en* FRÍO; *Ver tb* ENTRAR

caloría *nf* calorie: *una dieta baja en ~s* a low-calorie diet ◊ *quemar ~s* to burn off calories

caluroso, -a *adj* **1** (*muy caliente*) hot: *Fue un día muy ~.* It was a very hot day. **2** (*tibio, fig*) warm: *una noche/bienvenida calurosa* a warm night/welcome

calva *nf* bald patch

calvo, -a *adj* bald: *quedarse ~* to go bald

calza *nf* (*muela*) filling

calzada *nf* road

calzado *nm* footwear: *~ de cuero* leather footwear

calzar ◆ *vt* **1** (*zapato*) to wear: *Calzo zapato plano.* I wear flat shoes. **2** (*número*) to take: *¿Qué número calza usted?* What size do you take? **3** (*persona*) to put *sb's* shoes on: *¿Puede ~ al niño?* Can you put the boy's shoes on for him? **4** (*diente*) to fill: *Me tienen que ~ tres muelas.* I have to have three teeth filled. ◆ **calzarse** *v pron* to put your shoes on **LOC** *Ver* VESTIR

calzón *nm* **calzones** panties ☛ Nótese que *unos calzones* se dice **a pair of panties**: *Tiene unos calzones limpios en el cajón.* You have a clean pair of panties in the drawer.

calzoncillo *nm* **calzoncillos** underpants ☛ Nótese que *unos calzoncillos* se dice **a pair of underpants**.

cama *nf* bed: *irse a la ~* to go to bed ◊ *¿Todavía está en la ~?* Are you still in bed? ◊ *meterse en la ~* to get into bed ◊ *salir de la ~* to get out of bed **LOC cama camarote** bunk bed: *Los niños duermen en ~ camarote.* The children sleep in bunk-beds. **cama individual/de matrimonio** single/double bed **estar/quedar de cama** to be shattered *Ver tb* CARRO, DESTENDER, JUEGO, SOFÁ

camada *nf* litter

camaleón *nm* chameleon

cámara *nf* **1** (*gen*) chamber: *la ~ legislativa* the legislative chamber ◊ *música de ~* chamber music **2** (*Cine, Fot*) camera **LOC a/en cámara lenta** in slow motion **cámara de fotos/fotográfica** camera

camarada *nmf* **1** (*Pol*) comrade **2** (*colega*) buddy [*pl* buddies]

camarógrafo, -a *nm-nf* cameraman/woman [*pl* cameramen/women]

camarón *nm* prawn

camarote *nm* cabin **LOC** *Ver* CAMA

cambiante *adj* changing

cambiar ◆ *vt* **1** (*gen*) to change *sth* (**for** *sth*): *Voy a ~ mi carro por uno más grande.* I'm going to trade in my car for a bigger one. **2** (*dinero*) to change *sth* (**into** *sth*): *~ pesos por dólares* to change pesos into dollars **3** (*intercambiar*) to exchange *sth* (**for** *sth*): *Si no le queda bien lo puede ~.* You can exchange it if it doesn't fit you. ◆ *vi* ~ (**de**) to change: *~ de trabajo/tren* to change jobs/trains ◊ *No van a ~.* They're not going to change. ◊ *~ de tema* to change the subject ◆ **cambiarse** *v pron* **1 cambiarse (de)** to change: *~se de zapatos* to change your shoes **2** (*persona*) to get changed: *Voy a ~me porque tengo que salir.* I'm going to get changed because I have to go out. **LOC cambiar de opinión** to change your mind **cambiar de velocidad** to shift gear **cambiar(se) de casa** to move house

cambio *nm* **1** ~ **(de)** (*gen*) change **(in/of *sth*)**: *un ~ de temperatura* a change in temperature ◊ *Hubo un ~ de planes.* There has been a change of plan. **2** (*carro, bicicleta*) gear: *hacer un ~* to change gear **3** (*intercambio*) exchange: *un ~ de impresiones* an exchange of views **4** (*menuda*) change: *Me dieron mal el ~.* They gave me the wrong change. ◊ *¿Tiene ~ de 1.000 soles?* Do you have change for 1,000 soles? **5** (*Fin*) exchange rate **LOC a cambio (de/de que)** in return (for *sth/doing sth*): *No recibieron nada a ~.* They got nothing in return. ◊ *a ~ de que usted me ayude en matemáticas* in return for you helping me with my math **cambio de guardia** changing of the Guard **cambio de sentido** U-turn **en cambio** on the other hand *Ver tb* CAJA, PALANCA

camello, -a ◆ *nm-nf* camel ◆ *nm* work **LOC ¡qué camello!** (*esfuerzo*) what a job

camerino *nm* **1** (*Teat*) dressing room **2** (*Dep*) locker room

camilla *nf* stretcher

caminante *nmf* hiker

caminar *vt, vi* to walk: *Caminamos 150km.* We've walked 150km. **LOC ir caminando** to go on foot

caminata *nf* trek **LOC darse una caminata** to go on a long walk

camino *nm* **1** (*carretera no asfaltada*) dirt road **2** (*ruta, medio*) way: *No me acuerdo del ~.* I can't remember the way. ◊ *Me la encontré en el ~.* I met her on the way. **3** ~ **(a/de)** (*senda*) path **(to *sth*)**: *el ~ a la fama* the path to fame **LOC camino vecinal** minor road **coger camino** to clear off **(estar/ir) camino de…** (to be) on the/your way to… **ir por buen/mal camino** to be on the right/wrong track **ponerse en camino** to set off *Ver tb* ABRIR, CAMINO, MEDIO

camión *nm* truck **LOC camión de mudanzas/trasteos** moving van

camionero, -a *nm-nf* truck driver

camioneta *nf* van

camisa *nf* shirt **LOC camisa de fuerza** straitjacket *Ver tb* METER

camiseta *nf* **1** (*gen*) T-shirt **2** (*Dep*) jersey [*pl* jerseys]: *la ~ número 11* the number 11 jersey ◊ *la ~ amarilla* the yellow jersey **3** (*ropa interior*) undershirt

camisón *nm* nightgown, nightie (*coloq*)

camorra *nf* **1** (*jaleo*) ruckus: *armar/montar ~* to have/throw a fit **2** (*pelea*) fight: *buscar ~* to be looking for a fight

camorrero, -a *nm-nf* troublemaker

campamento *nm* camp: *ir de ~* to go to a camp

campana *nf* **1** (*gen*) bell: *¿Oye las ~s?* Can you hear the bells ringing? **2** (*extractor*) extractor hood **LOC** *Ver* VUELTA

campanada *nf* **1** (*campana*): *Sonaron las ~s.* The bells rang out. **2** (*reloj*) stroke: *las doce ~s de medianoche* the twelve strokes of midnight **LOC dar dos, etc campanadas** to strike two, etc: *El reloj dio seis ~s.* The clock struck six.

campanario *nm* belfry [*pl* belfries]

campaña *nf* (*Com, Pol, Mil*) campaign: *~ electoral* election campaign

campeón, -ona *nm-nf* champion: *el ~ del mundo/de Europa* the world/European champion

campeonato *nm* championship: *los Campeonatos Mundiales de Atletismo* the World Athletics Championships

campesino, -a *nm-nf* **1** (*agricultor*) farmworker

> También se puede decir **peasant**, pero tiene connotaciones de pobreza.

2 (*aldeano*) countryman/woman [*pl* countrymen/women]: *los ~s* country people **LOC** *Ver* TRENZA

campestre *adj* **LOC** *Ver* COMIDA

camping *nm* campsite **LOC ir de camping** to go camping

campo *nm* **1** (*naturaleza*) country: *vivir en el ~* to live in the country **2** (*tierra de cultivo*) field: *~s de maíz* corn fields **3** (*paisaje*) countryside: *El ~ es precioso en abril.* The countryside looks nice in April. **4** (*ámbito, Fís, Informát*) field: *~ magnético* magnetic field ◊ *el ~ de la ingeniería* the field of engineering **5** (*terreno*) field: *un ~ de fútbol* a soccer field ◊ *salir al ~* to come out onto the field **6** (*campamento*) camp: *~ de concentración/prisioneros* concentration/prison camp **LOC campo de batalla** battlefield **campo de golf** golf course **campo de juego** ground **en campo contrario** (*Dep*) away: *jugar en*

~ *contrario* to play an away game *Ver tb* CARRERA, FAENA, MEDIO, PRODUCTO

camuflaje *nm* camouflage

camuflar *vt* to camouflage

cana¹ *nf* gray hair: *tener ~s* to have gray hair

cana² *nf* (*cárcel*) jail

Canadá *nm* Canada

canadiense *adj, nmf* Canadian

canal *nm* **1** (*estrecho marítimo natural, TV, Informát*) channel: *un ~ de televisión* a TV channel ◊ *el ~ Beagle* the Beagle Channel **2** (*estrecho marítimo artificial, de riego*) canal: *el ~ de Panamá* the Panama Canal ☛ *Ver nota en* TELEVISION

canario *nm* (*pájaro*) canary [*pl* canaries]

canasta *nf* basket: *meter una ~* to score a basket

cancelar *vt* **1** (*gen*) to cancel: *~ un vuelo/una reunión* to cancel a flight/meeting **2** (*deuda*) to settle

Cáncer *nm, nmf* (*Astrología*) Cancer ☛ *Ver ejemplos en* AQUARIUS

cáncer *nm* cancer [*incontable*]: *~ de pulmón* lung cancer

cancha *nf* **1** (*tenis, squash, basketball*) court: *Los jugadores ya están en la ~.* The players are on court. **2** (*Fútbol*) field **3** (*desenvoltura*) self-assurance: *un político con mucha ~* a very self-assured politician **LOC tener cancha** to be experienced *in sth*

canción *nf* song **LOC canción de cuna** lullaby [*pl* lullabies]

candado *nm* padlock: *cerrado con ~* padlocked

candela *nf* lighter: *¿Tienes ~?* Do you have a light?

candelero *nm* **1** (*para velas*) candlestick **2** (*chaperón*) chaperon: *ir de ~* to play the chaperon

candidato, -a *nm-nf* ~ (**a**) candidate (**for** *sth*): *el ~ a la presidencia del club* the candidate for chair of the club

candidatura *nf* ~ (**a**) candidacy (**for** *sth*): *renunciar a una ~* to withdraw your candidacy ◊ *Presentó su ~ al senado.* He is running for the senate.

caneca *nf* **1** (*en la cocina*) trash can **2** (*en la oficina*) wastebasket **3** (*en la calle*) litter basket **4** (*tambor*) oildrum

canela *nf* cinnamon

cangrejo *nm* **1** (*de mar*) crab **2** (*de río*) crayfish [*pl* crayfish]

canguro *nm* kangaroo [*pl* kangaroos]

caníbal *nmf* cannibal: *una tribu de ~es* a cannibal tribe

canibalismo *nm* cannibalism

canica *nf* marble: *jugar a las ~s* to play marbles

canino, -a *adj* canine **LOC** *Ver* HAMBRE

canjear *vt* to exchange *sth* (**for** ***sth***): *~ una mercancía* to exchange a piece of merchandise

canoa *nf* canoe

canoso, -a *adj* gray

canotaje *nm* canoeing: *hacer ~* to go canoeing

cansado, -a *pp, adj* **1** ~ (**de**) (*fatigado*) tired (**from** ***sth/doing sth***): *Están ~s de tanto correr.* They're tired from all that running. **2** ~ **de** (*harto*) tired **of** ***sth/sb/doing sth***: *¡Estoy ~ de usted!* I'm tired of you! *Ver tb* CANSAR

cansancio *nm* tiredness **LOC** *Ver* MUERTO

cansar ◆ *vt* **1** (*fatigar*) to tire *sth/sb* (out) **2** (*aburrir, hartar*): *Me cansa tener que repetir las cosas.* I get tired of having to repeat things. ◆ *vi* to be tiring: *Este trabajo cansa mucho.* This work is very tiring. ◆ **cansarse** *v pron* **cansarse** (**de**) to get tired (**of** ***sth/sb/doing sth***): *Se cansa enseguida.* He gets tired very easily.

cansón, -ona *adj* **1** (*agotador*) tiring: *El viaje fue muy ~.* It was a very tiring journey. **2** (*molesto*) tiresome: *Los niños de Marta son muy cansones.* Marta's children are very tiresome. ◊ *¡Qué tipo más ~!* That guy is such a pain (in the neck)!

cantaleta *nf*: *Esa ha sido la ~ de toda su vida.* That's been the story of his life. **LOC echar cantaleta** to be a nuisance: *¡Cállese, no eche tanta ~!* Be quiet! Don't be such a nuisance.

cantante *nmf* singer **LOC** *Ver* VOZ

cantar ◆ *vt, vi* to sing ◆ *vi* **1** (*cigarra, pájaro pequeño*) to chirp **2** (*gallo*) to crow

LOC cantar las cuarenta/las verdades to tell *sb* a few home truths **cantar victoria** to celebrate

cántaro *nm* pitcher **LOC** *Ver* LLOVER

cantautor, ~a *nm-nf* singer-songwriter

cantera *nf* **1** (*de piedra*) quarry [*pl* quarries] **2** (*Dep*) youth squad

cantidad ◆ *nf* **1** (*gen*) amount: *una ~ pequeña de pintura/agua* a small amount of paint/water ◊ *¿Cuánta ~*

necesita? How much do you need? **2** (*personas, objetos*) number: *¡Qué ~ de carros!* What a lot of cars! ◊ *Había ~ de gente.* There were a lot of people. **3** (*dinero*) amount, sum (*formal*) **4** (*magnitud*) quantity: *Prefiero la calidad a la ~.* I prefer quality to quantity. ◆ *adv* a lot: *Habla ~es.* He talks a lot. **LOC en cantidades industriales** in huge amounts

cantimplora *nf* water bottle

canto[1] *nm* **1** (*arte*) singing: *estudiar ~* to study singing **2** (*canción, poema*) song: *un ~ a la belleza* a song to beauty

canto[2] *nm* (*piedra*) pebble

canturrear *vt, vi* to hum

caña *nf* **1** (*junco*) reed **2** (*bambú, azúcar*) cane: *~ de azúcar* sugar cane **LOC caña (de pescar)** fishing rod

cañería *nf* pipe: *la ~ de desagüe* the drainpipe

cañón *nm* **1** (*de artillería*) cannon **2** (*fusil*) barrel: *una escopeta de dos cañones* a double-barreled shotgun **3** (*Geog*) canyon: *el ~ del Colorado* the Grand Canyon

caoba *nf* mahogany

caos *nm* chaos [*incontable*]: *La reunión fue un ~ total.* The meeting was total chaos.

capa *nf* **1** (*gen*) layer: *la ~ de ozono* the ozone layer **2** (*pintura, barniz*) coat **3** (*prenda*) **(a)** (*larga*) cloak **(b)** (*corta*) cape

capacidad *nf* ~ **(de/para) 1** (*gen*) capacity **(for *sth*)**: *una gran ~ de trabajo* a great capacity for work ◊ *un hotel con ~ para 300 personas* a hotel with capacity for 300 guests **2** (*aptitud*) ability (***to do sth***): *Tiene la ~ necesaria para hacerlo.* She has the ability to do it.

capar *vt* to castrate **LOC capar clase** to skip class: *Perdió la materia porque capó mucha clase.* He failed the subject because he was always skipping class.

caparazón *nm* shell: *un ~ de tortuga* a tortoise shell

capataz *nmf* foreman/woman [*pl* foremen/women]

capaz *adj* ~ **(de)** capable **(of *sth*/*doing sth*)**: *Quiero gente ~ y trabajadora.* I want capable, hard-working people. **LOC ser capaz de** to be able *to do sth*: *No sé cómo fueron capaces de decírselo así.* I don't know how they could tell her like that. ◊ *No soy ~ de aprendérmelo.* I just can't learn it.

capellán *nm* chaplain

Caperucita **LOC Caperucita Roja** Little Red Riding Hood

capicúa *nm* palindromic number

capilla *nf* chapel **LOC capilla ardiente** chapel of rest

capital ◆ *nf* capital ◆ *nm* (*Fin*) capital

capitalismo *nm* capitalism

capitalista *adj, nmf* capitalist

capitán, -ana ◆ *nm-nf* captain: *el ~ del equipo* the team captain ◆ *nmf* (*Mil*) captain

capítulo *nm* **1** (*libro*) chapter: *¿En que ~ va?* What chapter are you on? **2** (*Radio, TV*) episode **LOC** *Ver* SERIE

capó *nm* (*carro*) hood

capote *nm* cape

capricho *nm* (*antojo*) whim: *los ~s de la moda* the whims of fashion **LOC darle un capricho a algn** to give sb a treat

caprichoso, -a *adj* **1** (*que quiere cosas*): *¡Qué niño más ~!* That child's never satisfied! **2** (*que cambia de idea*): *Tiene un carácter ~.* He's always changing his mind. ◊ *un cliente ~* a fussy customer

Capricornio *nm, nmf* Capricorn ☛ *Ver ejemplos en* AQUARIUS

captura *nf* **1** (*fugitivo*) capture **2** (*armas, drogas*) seizure

capturar *vt* **1** (*fugitivo*) to capture **2** (*armas, drogas*) to seize

capucha *nf* (*tb* **capuchón** *nm*) hood

capul *nf* bangs [*pl*]

capullo *nm* **1** (*flor*) bud **2** (*insecto*) cocoon

caqui *nm* khaki: *unos pantalones ~* a pair of khaki trousers ☛ *Ver ejemplos en* AMARILLO

cara *nf* **1** (*rostro*) face **2** (*disco, papel, Geom*) side: *Escribí tres hojas por las dos ~s.* I wrote six sides. **LOC cara a cara** face to face **cara dura**: *Es un ~ dura.* What a jerk! **cara o sello** heads or tails **dar la cara** to face the music **partirle/romperle la cara a algn** to smash sb's face in **poner cara de asco** to make a face: *No ponga ~ de asco y cómaselo.* Don't make a face—just eat it. **tener buena/mala cara** (*persona*) to look well/sick *Ver tb* COSTAR, VOLTEAR, VOLVER

carabina *nf* (*arma*) carbine

caracol *nm* **1** (*de tierra*) snail **2** (*de mar*) winkle **LOC** *Ver* ESCALERA

caracola *nf* conch

carácter *nm* **1** (*gen*) character: *un*

defecto de mi ~ a character defect **2** (*índole*) nature **LOC tener buen/mal carácter** to be good-natured/ill-tempered **tener mucho/poco carácter** to be strong-minded/weak-minded

característica *nf* characteristic

característico, -a *adj* characteristic

caracterizar *vt* to characterize: *El orgullo caracteriza a este pueblo.* Pride characterizes this people.

¡caramba! *interj* **1** (*sorpresa*) my goodness! **2** (*enfado*) for heaven's sake!

carambolo *nm* starfruit

caramelo *nm* caramel

carantoña *nf* **LOC hacer carantoñas** to caress

carátula *nf* **1** (*libro, revista*) cover **2** (*disco*) jacket

caravana *nf* **1** (*expedición*) caravan **2** (*tráfico*) tailback

carbón *nm* coal **LOC carbón vegetal** charcoal

carboncillo *nm* charcoal

carbonizar(se) *vt, v pron* to burn

carbono *nm* carbon **LOC** *Ver* DIÓXIDO, HIDRATO, MONÓXIDO

carburante *nm* fuel

carca *adj, nmf* old fogey [*n*] [*pl* old fogeys]: *¡Qué papás más ~s tiene usted!* Your parents are real old fogeys!

carcacha *nf* (*carro*) old banger .

carcajada *nf* roar of laughter [*pl* roars of laughter] **LOC** *Ver* REÍR, SOLTAR

cárcel *nf* prison: *ir a la* ~ to go to prison ◊ *Lo metieron en la* ~. They put him in prison. ◊ *Fue condenado a diez meses de* ~. He was sentenced to ten months' imprisonment.

carcelero, -a *nm-nf* jailer

cardenal *nm* cardinal

cardiaco, -a (*tb* **cardíaco, -a**) *adj* **LOC ataque/paro cardiaco** cardiac arrest

cardinal *adj* cardinal

cardo *nm* thistle

carecer *vi* ~ **de** to lack *sth* [*vt*]: *Carecemos de medicinas.* We lack medicines. **LOC carece de sentido** it doesn't make sense

careta *nf* mask

carga *nf* **1** (*peso*) load: ~ *máxima* maximum load **2** (*mercancía*) **(a)** (*avión, barco*) cargo [*pl* cargoes] **(b)** (*camión*) load **3** (*explosivo, munición, Electrón*) charge: *una* ~ *eléctrica* an electric charge **4** (*obligación*) burden **5** (*bolígrafo*) refill **LOC ¡a la carga!** charge! *Ver tb* BURRO

cargada *nf* loading: *La* ~ *del buque llevó varios días.* Loading the ship took several days.

cargadera *nf* **1** (*vestido, brasier*) shoulder strap **2** (*pantalones*) suspenders [*pl*]

cargado, -a *pp, adj* **1** ~ **(de/con)** loaded (**with** *sth*): *Venían ~s de maletas.* They were loaded down with suitcases. ◊ *un arma cargada* a loaded weapon **2** ~ **de** (*responsabilidades*) burdened down **with** *sth* **3** (*cuarto*) stuffy **4** (*bebida*) strong: *un café muy* ~ a very strong coffee **5** (*comida*) big: *un desayuno bien* ~ a big breakfast *Ver tb* CARGAR

cargador *nm* (*Electrón*) charger: ~ *de pilas* battery charger

cargamento *nm* **1** (*avión, barco*) cargo [*pl* cargoes] **2** (*camión*) load

cargar ◆ *vt* **1** (*gen*) to load: *Cargaron el camión de cajas.* They loaded the truck with boxes. ◊ ~ *un arma* to load a weapon **2** (*pluma, encendedor*) to fill **3** (*pila, batería*) to charge ◆ *vi* **1** ~ **con (a)** (*llevar*) to carry *sth* [*vt*]: *Siempre me toca* ~ *con todo.* I always end up carrying everything. **(b)** (*responsabilidad*) to shoulder *sth* [*vt*] **2** ~ **(contra)** (*Mil*) to charge (**at** *sb*)

cargo *nm* **1** (*gen*) position: *un* ~ *importante* an important position **2** (*Pol*) office: *el* ~ *de alcalde* the office of mayor **3 cargos** (*Jur*) charges **LOC dar/tener cargo de conciencia** to feel guilty: *Me da* ~ *de conciencia.* I feel guilty. **hacerse cargo de 1** (*responsabilizarse*) to take charge of *sth* **2** (*cuidar de algn*) to look after *sb*

cargue *nm* loading: ~ *y descargue* loading and unloading

caribeño, -a *adj, nm-nf* Caribbean

caricatura *nf* caricature: *hacer una* ~ to draw a caricature

caricia *nf* caress **LOC hacer caricias** to caress

caridad *nf* charity: *vivir de la* ~ to live on charity

caries *nf* **1** (*enfermedad*) tooth decay [*incontable*]: *para prevenir la* ~ to prevent tooth decay **2** (*agujero*) cavity [*pl* cavities]: *Tengo* ~ *en la muela.* I have a cavity.

cariño *nm* **1** (*afecto*) affection **2** (*delicadeza*) loving care: *Trata sus cosas con mucho* ~. He treats his things with loving care. **3** (*apelativo*) sweetheart: *¡~ mío!* Sweetheart! **LOC agarrarle cariño a algn** to become fond of sb **con cariño**

(*en cartas*) with love **tenerle cariño a algo/algn** to be fond of sth/sb

cariñoso, -a *adj* ~ (**con**) **1** (*gen*) affectionate (**towards** ***sth/sb***) **2** (*abrazo, saludos*) warm

caritativo, -a *adj* ~ (**con**) charitable (**to/toward** ***sb***)

carmelito, -a *adj, nm* brown ☛ *Ver ejemplos en* AMARILLO

carnada *nf* bait

carnal *adj* (*sensual*) carnal **LOC** *Ver* PRIMO

carnaval *nm* carnival **LOC** *Ver* MARTES

carne *nf* **1** (*Anat, Relig, fruta*) flesh **2** (*alimento*) meat: *Me gusta la ~ bien cocida.* I like my meat well done.

> El inglés suele emplear distintas palabras para referirse al animal y a la carne que se obtiene de ellos: del *cerdo* (**pig**) se obtiene **pork**, de la *vaca* (**cow**), **beef**, del *ternero* (**calf**), **veal**. **Mutton** es la carne de la *oveja* (**sheep**), y del *cordero* (**lamb**) se obtiene la carne de cordero o **lamb**.

LOC carne de res beef **carne molida** ground meat **carnes frías** cold meat [*incontable*] **en carne viva** raw: *Tienes la rodilla en ~ viva.* Your knee is red and raw. **ser de carne y hueso** to be only human **tener carne de gallina** to have goose-pimples *Ver tb* PARRILLA

carné (*tb* **carnet**) *nm* card **LOC carné de afiliado** membership card *Ver tb* EXAMINAR, FOTO

carnicería *nf* **1** (*tienda*) butcher shop **2** (*matanza*) massacre

carnicero, -a *nm-nf* (*lit* y *fig*) butcher

carnívoro, -a *adj* carnivorous

caro, -a ◆ *adj* expensive ◆ *adv*: *comprar/pagar algo muy ~* to pay a lot for sth **LOC costar/pagar caro** to cost *sb* dearly: *Pagarán ~ su error.* Their mistake will cost them dearly.

carpa[1] *nf* (*pez*) carp [*pl* carp]

carpa[2] *nf* tent: *armar/desarmar una ~* to put up/take down a tent

carpeta *nf* **1** (*legajador*) folder **2** (*tejido*) mat

carpintería *nf* carpentry

carpintero, -a *nm-nf* carpenter

carraspear *vi* to clear your throat

carraspera *nf* hoarseness **LOC tener carraspera** to be hoarse

carrera *nf* **1** (*corrida*) run: *Ya no estoy para ~s.* I'm not up to running any more. **2** (*Dep*) race: *~ de relevos/de encostalados* relay/sack race **3 carreras** (*caballos*) races **4** (*licenciatura*) degree: *¿Qué ~ tienes?* What did you major in? **5** (*profesión*) career: *Estoy en el mejor momento de mi ~.* I'm at the peak of my career. **6** (*vía*) street **7** (*en el pelo*) part **LOC carrera a campo traviesa** cross-country race **carrera de armamentos** arms race **carrera de caballos** horse race *Ver tb* BICICLETA, CABALLO, CARRO

carreta *nf* cart **LOC echar carreta** to pad sth out

carrete *nm* (*de hilo*) spool

carretera *nf* road **LOC carretera circunvalar** bypass **carretera de doble vía** divided highway **carretera intermunicipal** secondary road **carretera principal** interstate **por carretera** by road *Ver tb* LUZ

carretilla *nf* wheelbarrow

carril *nm* **1** (*Dep, carretera*) lane: *el corredor del ~ dos* the athlete in lane two **2** (*riel*) rail

carrilera *nf* track: *la ~ del tren* the train track

carrillo *nm* cheek

carrito *nm* cart: *~ del mercado* shopping cart

carro *nm* **1** (*automóvil*) car: *ir en ~* to go by car **2** (*vehículo*) cart **3** (*vagón, carruaje*) carriage **4** (*supermercado, aeropuerto*) cart **5** (*para bebé*) baby carriage **6** (*máquina de escribir*) carriage **7 el Carro** (*Osa Mayor*) the Plough **LOC carro acompañante** tram car **carro cama** sleeping car **carro de alquiler** rental car **carro de bomberos** fire engine **carro de carreras** racing car **carro de la basura** garbage truck **carros chocones** dodgems: *montarse en los ~s chocones* to go on the dodgems *Ver tb* ACCIDENTE, BOMBA[1], CEMENTERIO

carrocería *nf* bodywork [*incontable*]

carroña *nf* carrion

carrotanque *nm* tanker

carroza *nf* **1** (*tirada por caballos*) carriage **2** (*en un desfile*) float

carruaje *nm* carriage

carrusel *nm* merry-go-round

carta *nf* **1** (*misiva*) letter: *poner una ~* to mail a letter ◇ *¿Llegaron ~s para mí?* Are there any letters for me? ◇ *~ recomendada/urgente* certified/express letter **2** (*naipe*) card: *jugar a las ~s* to play cards ☛ *Ver nota en* BARAJA **3** (*menú*) menu **4** (*documento*) charter **LOC carta de navegación** chart **echar**

las cartas to tell *sb's* fortune *Ver tb* BOMBA[1]

cartabón *nm* set square

cartel[1] *nm* sign: *poner un ~* to put up a sign **LOC cartel indicador** sign *Ver tb* PROHIBIDO

cartel[2] *nm* cartel: *el ~ de Cali* the Cali cartel

cartelera *nf* **1** (*sección de periódico*) listings [*pl*]: *~ teatral* theater listings **2** (*de avisos*) noticeboard **LOC en cartelera** on: *Lleva un mes en ~.* It has been on for a month.

cartera *nf* **1** (*billetera*) wallet **2** (*maletín*) briefcase

carterista *nmf* pickpocket

cartero, -a *nm-nf* letter carrier

cartilla *nf* (*Educ*) reader

cartón *nm* **1** (*material*) cardboard: *cajas de ~* cardboard boxes **2** (*cigarrillos, leche*) carton ☛ *Ver dibujo en* CONTAINER

cartucho *nm* (*proyectil, recambio*) cartridge

cartulina *nf* card

casa *nf* **1** (*vivienda*) **(a)** (*gen*) house **(b)** (*apartamento*) apartment **(c)** (*edificio*) apartment building **2** (*hogar*) home: *No hay nada como la ~ de uno* There's no place like home. **3** (*empresa*) company [*pl* companies]: *una ~ discográfica* a record company **LOC casa de empeño** pawnshop **como una casa** huge: *una mentira como una ~* a huge lie **en la casa** home: *Me quedé en la ~.* I stayed home. ◊ *¿Está tu mamá en la ~?* Is your mother in? **en la casa de** at *sb's* (house): *Voy a estar en la ~ de mi hermana.* I'll be at my sister's (house). ☛ En lenguaje coloquial se omite la palabra "house": *Estaré en la ~ de Ana.* I'll be at Ana's. **ir a la casa** to go home **ir a la casa de** to go to *sb's* (house): *Voy a ir a la ~ de mis papás.* I'm going to go to my parents' (house). **pasar por la casa de algn** to drop by (sb's house): *Pasaré por su casa mañana.* I'll drop by tomorrow. *Ver tb* AMO, CAMBIAR, LLEGAR

casado, -a ◆ *pp, adj*: *estar ~* (*con algn*) to be married (to sb) ◆ *nm-nf* married man/woman **LOC** *Ver* RECIÉN; *Ver tb* CASAR

casar ◆ *vi* ~ (**con**) to balance (**with** *sth*): *Las cuentas no casaban.* The accounts didn't balance. ◆ **casarse** *v pron* **1** (*gen*) to get married: *¿Sabe quién se casa?* Guess who's getting married. **2** **casarse con** to marry *sb*: *Jamás me casaré con usted.* I'll never marry you. **LOC casarse por la Iglesia/por lo civil** to get married in church/a civil ceremony ☛ *Ver nota en* MATRIMONIO

cascabel *nm* bell **LOC** *Ver* SERPIENTE

cascada *nf* waterfall

cascajo *nm* piece of gravel

cáscara *nf* **1** (*huevo, nuez*) shell: *~ de huevo* eggshell **2** (*limón, naranja*) peel **3** (*banano*) skin **4** (*cereal*) husk

cascarón *nm* eggshell

cascarrabias *nmf* grouch

casco *nm* **1** (*cabeza*) helmet: *llevar ~* to wear a helmet **2** (*animal*) hoof [*pl* hoofs/hooves] **3** (*barco*) hull

caserío *nm* hamlet

casero, -a *adj* **1** (*gen*) home-made: *mermelada casera* homemade jam **2** (*persona*) home-loving

caseta *nf* **1** (*en una feria*) stand **2** (*casa pequeña*) hut **LOC caseta de peaje** tollbooth **caseta electoral** voting booth

casi *adv* **1** (*en frases afirmativas*) almost, nearly: *~ me caigo.* I almost/nearly fell. ◊ *Estaba ~ lleno.* It was almost/nearly full. ◊ *Yo ~ diría que...* I would almost say... ☛ *Ver nota en* NEARLY **2** (*en frases negativas*) hardly: *No la veo ~ nunca.* I hardly ever see her. ◊ *No vino ~ nadie.* Hardly anybody came. ◊ *No queda ~ nada.* There's hardly anything left. **LOC casi, casi** very nearly: *~, ~ llegaban a mil personas.* There were very nearly a thousand people.

casilla *nf* **1** (*Ajedrez, Damas*) square **2** (*formulario*) box: *marcar la ~ con una cruz* to put a check mark in the box **3** (*cartas, llaves*) pigeon-hole **LOC sacar a algn de sus casillas** to drive sb up the wall

casillero *nm* pigeon-holes [*pl*]

casino *nm* **1** (*juego*) casino [*pl* casinos] **2** (*de socios*) club

caso *nm* case: *en cualquier ~* in any case **LOC el caso es que... 1** (*el hecho es que...*) the fact is (that)...: *El ~ es que no puedo ir.* The fact is I can't go. **2** (*lo que importa*) the main thing is that...: *No importa cómo, el ~ es que vaya.* It doesn't matter how he goes, the main thing is that he goes. **en caso de** in the event of *sth*: *Rómpase en ~ de incendio.* Break the glass in the event of fire. **en caso de que...** if...: *En ~ de que les pregunte...* If he asks you... **en**

el mejor/peor de los casos at best/ worst **en todo caso** in any case **hacer caso a/de** to take notice of *sth/sb* **hacer/venir al caso** to be relevant **ser un caso** to be a right one **ser un caso aparte** to be something else **yo en tu caso** if I were you *Ver tb* TAL

caspa *nf* dandruff

cassette *nm* cassette

También se puede decir **tape**. **Rewind** es rebobinar y **fast forward** adelantar.

casta *nf* **1** (*animal*) breed **2** (*grupo social*) caste **LOC de casta** thoroughbred

castaño, -a *adj* brown: *ojos ~s* brown eyes ◊ *Tiene el pelo ~.* He has brown hair.

castañuelas *nf* castanets

castellano *nm* (*lengua*) Castilian Spanish

castidad *nf* chastity

castigar *vt* **1** (*gen*) to punish *sb* (***for sth***): *Me castigaron por mentir.* I was punished for telling lies. ◊ *Nos castigaron sin recreo.* We were kept in at recess. **2** (*Dep*) to penalize

castigo *nm* punishment: *Habrá que darles un ~.* They'll have to be punished. ◊ *levantar un ~* to withdraw a punishment

castillo *nm* castle **LOC castillo de arena** sandcastle

casto, -a *adj* chaste

castor *nm* beaver

castrar *vt* to castrate

casual *adj* chance [*n atrib*]: *un encuentro ~* a chance meeting

casualidad *nf* chance: *Nos conocimos de/por pura ~.* We met by sheer chance. ◊ *¿No tendrás por ~ su teléfono?* You wouldn't have their number by any chance? **LOC da la casualidad (de) que...** it so happens that... **¡qué casualidad!** what a coincidence!

catalán *nm* (*lengua*) Catalan

catalizador *nm* (*de carro*) catalytic converter

catálogo *nm* catalogue

catar *vt* to taste

catarata *nf* **1** (*cascada*) waterfall **2** (*Med*) cataract

catástrofe *nf* catastrophe

catecismo *nm* catechism

catedral *nf* cathedral

catedrático, -a *nm-nf* head of department

categoría *nf* **1** (*sección*) category [*pl* categories] **2** (*nivel*) level: *un torneo de ~ intermedia* an intermediate-level tournament **3** (*estatus*) status: *mi ~ profesional* my professional status **LOC de (primera) categoría** first-rate **de segunda/tercera categoría** second-rate/third-rate

categórico, -a *adj* categorical

catolicismo *nm* Catholicism

católico, -a *adj, nm-nf* Catholic: *ser ~* to be a Catholic

catorce *nm, adj, pron* **1** (*gen*) fourteen **2** (*fecha*) fourteenth ☛ *Ver ejemplos en* ONCE *y* SEIS

cauce *nm* **1** (*río*) river bed **2** (*fig*) channel

cauchera *nf* slingshot

caucho *nm* **1** (*banda elástica*) elastic band **2** (*sustancia*) rubber

caudal *nm* (*agua*) flow: *el ~ del río* the flow of the river

caudaloso, -a *adj* large: *El Amazonas es un río muy ~.* The Amazon is a very large river.

caudillo *nm* **1** (*líder*) leader **2** (*jefe militar*) commander

causa *nf* **1** (*origen, ideal*) cause: *la ~ principal del problema* the main cause of the problem ◊ *Lo abandonó todo por la ~.* He left everything for the cause. **2** (*motivo*) reason: *sin ~ aparente* for no apparent reason **LOC a/por causa de** because of *sth/sb*

causar *vt* **1** (*ser la causa de*) to cause: *~ la muerte/heridas/daños* to cause death/injury/damage **2** (*alegría, pena*): *Me causó una gran alegría/tristeza.* It made me very happy/sad. **LOC** *Ver* SENSACIÓN

cautela *nf* **LOC con cautela** cautiously

cauteloso, -a (*tb* **cauto, -a**) *adj* cautious

cautivador, ~a *adj* captivating

cautivar *vt* (*atraer*) to captivate

cautiverio *nm* captivity

cautivo, -a *adj, nm-nf* captive

cavar *vt, vi* to dig

caverna *nf* cavern

caviar *nm* caviar

cavilar *vi* to think deeply ***about sth***: *después de mucho ~* after much thought

caza *nf* shooting **LOC ir a la caza de** to be after *sth/sb Ver tb* FURTIVO, TEMPORADA

cazabombardero *nm* fighter-bomber

cazador, ~a *nm-nf* hunter **LOC** *Ver* FURTIVO

cazar ◆ *vt* **1** (*gen*) to shoot **2** (*capturar*) to catch: ~ *mariposas* to catch butterflies **3** (*conseguir*) to land: ~ *un buen marido* to land a good husband ◆ *vi* to shoot

cazuela *nf* casserole ☛ *Ver dibujo en* SAUCEPAN

cebada *nf* barley

cebar *vt* **1** (*engordar*) to fatten *sth/sb* up **2** (*atiborrar*) to fill *sth/sb* up: *Su mamá los ceba.* Their mother fills them up.

cebo *nm* bait

cebolla *nf* onion

cebolleta *nf* **1** (*fresca*) spring onion **2** (*en vinagre*) pickled onion

cebra *nf* zebra

ceder ◆ *vt* to hand *sth* over (**to sb**): ~ *el poder* to hand over power ◊ *Cedieron el edificio al municipio.* They handed over the building to the city council. ◆ *vi* **1** (*transigir*) to give in (**to sth/sb**): *Es importante saber ~.* It's important to know how to give in gracefully. **2** (*intensidad, fuerza*) to ease off: *El viento cedió.* The wind eased off. **3** (*romperse*) to give way: *La estantería cedió por el peso de los libros.* The bookcase gave way under the weight of the books. **LOC ceda el paso** yield: *No vi la señal de ceda el paso.* I didn't see the Yield sign. **ceder el paso** to yield **ceder la palabra** to hand over to *sb*

cedro *nm* cedar

cédula *nf* (*finanzas*) bond **LOC cédula de ciudadanía** identity card (*abrev* ID card) *Ver tb* FOTO

cegar *vt* to blind: *Las luces me cegaron.* I was blinded by the lights.

ceguera *nf* blindness

ceja *nf* eyebrow

celador *nm* nightwatchman [*pl* nightwatchmen]

celda *nf* cell

celebración *nf* **1** (*fiesta, aniversario*) celebration **2** (*acontecimiento*): *La ~ de las elecciones será en junio.* The elections will be held in June.

celebrar ◆ *vt* **1** (*festejar*) to celebrate: ~ *un cumpleaños* to celebrate a birthday **2** (*llevar a cabo*) to hold: ~ *una reunión* to hold a meeting ◆ **celebrarse** *v pron* to take place

celeste *adj* heavenly **LOC** *Ver* AZUL

celo *nm* **celos** jealousy [*incontable, v sing*]: *No son más que ~s.* That's just jealousy. ◊ *Sentía ~s.* He felt jealous. **LOC dar celos a algn** to make sb jealous **estar en celo 1** (*hembra*) to be on heat **2** (*macho*) to be in rut **tener celos (de algn)** to be jealous (of sb) *Ver tb* COMIDO

celofán *nm* Cellophane®: *papel de ~* Cellophane wrapping

celosía *nf* lattice

celoso, -a *adj, nm-nf* jealous [*adj*]: *Es un ~.* He's very jealous.

célula *nf* cell

celular *adj* cellular

celulitis *nf* cellulite

cementerio *nm* **1** (*gen*) cemetery [*pl* cemeteries] **2** (*de iglesia*) graveyard **LOC cementerio de carros** breaker's yard

cemento *nm* cement

cena *nf* dinner ☛ *Ver pág 316.* **LOC cena de navidad** Christmas dinner

cenar *vi* to have dinner

cenicero *nm* ashtray [*pl* ashtrays]

Cenicienta *n pr* Cinderella

cenit *nm* zenith

ceniza *nf* ash: *esparcir las ~s* to scatter the ashes **LOC** *Ver* MIÉRCOLES

censo *nm* census [*pl* censuses] **LOC censo electoral** electoral register

censor, ~a *nm-nf* censor

censura *nf* censorship

censurar *vt* **1** (*libro, película*) to censor **2** (*reprobar*) to censure

centavo *nm* (*moneda*) cent: *ganar unos ~s* to earn some cash **LOC estar sin un / no tener ni un centavo** to be flat broke

centella *nf* spark

centellear *vi* **1** (*estrellas*) to twinkle **2** (*luz*) to flash

centena *nf* hundred: *unidades, decenas y ~s* hundreds, tens and units

centenar *nm* (*cien aproximadamente*) a hundred or so: *un ~ de espectadores* a hundred or so spectators **LOC centenares de...** hundreds of...: *~es de personas* hundreds of people

centenario *nm* centennial: *el ~ de su fundación* the centennial of its founding ◊ *el sexto ~ de su nacimiento* the 600th anniversary of his birth

centeno *nm* rye

centésimo, -a *adj, pron, nm-nf* hundredth: *una centésima de segundo* a hundredth of a second

centígrado, -a *adj* centigrade (*abrev* C): *cincuenta grados ~s* fifty degrees centigrade

centímetro *nm* centimeter (*abrev* cm): *~ cuadrado/cúbico* square/cubic centimeter ☛ *Ver Apéndice 1.*

centinela *nmf* **1** (*Mil*) sentry [*pl* sentries] **2** (*vigía*) lookout

centrado, -a *pp, adj* **1** (*en el centro*) centered: *El título no está bien ~.* The heading isn't centered. **2** (*persona*) settled *Ver tb* CENTRAR

central ◆ *adj* central: *calefacción ~* central heating ◆ *nf* **1** (*energía*) power plant: *una ~ nuclear* a nuclear power plant **2** (*oficina principal*) head office LOC **central telefónica** telephone exchange

centrar ◆ *vt* **1** (*colocar en el centro*) to center: *~ la fotografía en una página* to center the picture on a page **2** (*atención, mirada*) to focus *sth* **on** ***sth***: *Centraron sus críticas en el gobierno.* They focused their criticism on the government. **3** (*esfuerzos*) to concentrate (*your efforts*) (**on *sth*/*doing sth***) ◆ *vi* (*Dep*) to center (the ball): *Rápidamente centró y su compañero marcó gol.* He centered quickly and his team-mate scored. ◆ **centrarse** *v pron* **1 centrarse en** (*girar en torno*) to center **on/around *sth*/*doing sth***: *Se centra toda su vida en sus hijos.* She centers her whole life around her children. **2** (*adaptarse*) to settle down

céntrico, -a *adj*: *calles céntricas* downtown ◊ *un apartamento ~* an apartment in the center of town

centro *nm* center: *el ~ de la ciudad* downtown ◊ *el ~ de atención* the center of attention LOC **centro comercial** shopping mall **centro cultural** arts center **centro escolar** school **ir al centro** to go downtown

ceño *nm* frown LOC *Ver* FRUNCIR

cepa *nf* **1** (*vid*) vine **2** (*árbol*) stump

cepillar ◆ *vt* **1** (*prenda de vestir, pelo*) to brush **2** (*madera*) to plane ◆ **cepillarse** *v pron* **1** (*prenda de vestir, pelo*) to brush: *~se la chaqueta/el pelo* to brush your jacket/hair **2** (*adular*) to butter

cepillo *nm* **1** (*gen*) brush ☛ *Ver dibujo en* BRUSH **2** (*madera*) plane LOC **cepillo de dientes/pelo** toothbrush/hairbrush **cepillo de uñas** nail brush **echarle cepillo a algn** to butter sb up

cepo *nm* trap

cera *nf* **1** (*gen*) wax **2** (*oídos*) earwax

cerámica *nf* pottery

cerca¹ *nf* (*valla*) fence

cerca² *adv* near (by): *Vivimos muy ~.* We live very near by. LOC **cerca de 1** (*a poca distancia*) near: *~ de aquí* near here **2** (*casi*) nearly: *El avión se retrasó ~ de una hora.* The plane was nearly an hour late. **de cerca**: *Deja que lo vea de ~.* Let me see it close up. *Ver tb* AQUÍ

cercanías *nf* outskirts

cercano, -a *adj* **1** ~ (**a**) (*gen*) close (**to *sth***): *un amigo/pariente ~* a close friend/relative ◊ *fuentes cercanas a la familia* sources close to the family **2** ~ **a** (*referido a distancia*) near *sth/sb*, close **to *sth*/*sb***: *un pueblo ~ a Quito* a village close to/near Quito ☛ *Ver nota en* NEAR LOC *Ver* ORIENTE

cercar *vt* **1** (*poner una valla*) to fence *sth* in **2** (*rodear*) to surround

cerdo, -a ◆ *nm-nf* pig

> **Pig** es el sustantivo genérico, **boar** se refiere sólo al macho y su plural es "boar" o "boars". Para referirnos sólo a la hembra utilizamos **sow**. **Piglet** es la cría del cerdo.

◆ *nm* (*carne*) pork: *lomo de ~* loin of pork LOC *Ver* MANTECA

cereal *nm* **1** (*planta, grano*) cereal **2 cereales** cereal [*gen incontable*]: *Desayuno con ~es.* I have cereal for breakfast.

cerebral *adj* (*Med*) brain [*n atrib*]: *un tumor ~* a brain tumor LOC *Ver* CONMOCIÓN

cerebro *nm* **1** (*Anat*) brain **2** (*persona*) brains [*sing*]: *el ~ de la banda* the brains behind the gang

ceremonia *nf* ceremony [*pl* ceremonies]

cereza *nf* cherry [*pl* cherries]

cero *nm* **1** (*gen*) zero: *un cinco y dos ~s* a five and two zeros ◊ *~ coma cinco* zero point five ◊ *temperaturas bajo ~* temperatures below zero ◊ *Estamos a diez grados bajo ~.* It's ten below (zero). **2** (*para teléfonos*) O ☛ Se pronuncia "ou": *Mi teléfono es el veintinueve, ~ dos, cuarenta.* My telephone number is two nine O two four O. **3** (*Dep*) **(a)** (*gen*) nothing: *uno a ~* one to nothing ◊

Empataron ~ a ~. It was a scoreless tie. **(b)** (*Tenis*) love: *quince a ~* fifteen love **LOC empezar/partir de cero** to start from scratch **ser un cero a la izquierda** to be a nobody ☛ *Ver Apéndice 1.*

cerrado, -a *pp, adj* **1** (*gen*) closed, shut (*más coloq*) ☛ *Ver nota en* SHUT **2** (*con llave*) locked **3** (*espacio*) enclosed **4** (*noche*) dark **5** (*curva*) sharp **LOC** *Ver* CALLE, HERMÉTICAMENTE; *Ver tb* CERRAR

cerradura *nf* lock

cerrajero, -a *nm-nf* locksmith

cerrar ◆ *vt* **1** (*gen*) to close, to shut (*más coloq*): *Cierra la puerta.* Shut the door. ◊ *Cerré los ojos.* I closed my eyes. **2** (*gas, llave de paso, grifo*) to turn *sth* off **3** (*sobre*) to seal **4** (*botella*) to put the top on *sth* ◆ *vi* to close, to shut (*más coloq*): *No cerramos a mediodía.* We don't close at midday. ◆ **cerrarse** *v pron* to close, to shut (*más coloq*): *Se me cerró la puerta.* The door closed on me. ◊ *Se me cerraban los ojos.* My eyes were closing. **LOC cerrar con cerrojo** to bolt *sth* **cerrar con llave** to lock **¡cierra el pico!** shut up! **cerrar la puerta en las narices a algn** to shut the door in sb's face **cerrar(se) de un golpe/portazo** to slam *Ver tb* ABRIR

cerro *nm* hill

cerrojo *nm* bolt **LOC poner/quitar el cerrojo** to bolt/unbolt *sth Ver tb* CERRAR

certeza (*tb* **certidumbre**) *nf* certainty [*pl* certainties] **LOC tener la certeza de que...** to be certain that...

certificado, -a ◆ *pp, adj* certified: *por correo ~* by certified mail ◆ *nm* certificate: *~ de defunción* death certificate **LOC certificado escolar** school leaving certificate *Ver tb* CERTIFICAR

certificar *vt* **1** (*dar por cierto*) to certify **2** (*carta, paquete*) to register

cervatillo *nm* fawn ☛ *Ver nota en* CIERVO

cerveza *nf* beer: *Me da dos ~s, por favor.* Two beers, please. ◊ *Nos tomamos unas ~s con los de la oficina.* We had a few beers with the guys from the office. **LOC cerveza de barril** beer on tap **cerveza negra** stout **cerveza sin alcohol** alcohol-free beer *Ver tb* FÁBRICA, JARRO

cesar *vi* **1** ~ (**de**) to stop (***doing sth***) **2** ~ (**en**) (*dimitir*) to resign (**from** ***sth***) **LOC sin cesar** incessantly

césped *nm* **1** (*gen*) grass: *No pisar el ~.* Keep off the grass. **2** (*en un jardín privado*) lawn **LOC** *Ver* CORTAR

cesta *nf* basket: *una ~ con comida* a basket of food

cesto *nm* (big) basket **LOC cesto de la ropa sucia** laundry basket

chabacano, -a *adj* vulgar

chacal *nm* jackal

cháchara *nf* chatter: *¡Déjate de ~!* Stop chattering! **LOC estar de cháchara** to chatter away

chal *nm* shawl: *un ~ de seda* a silk shawl

chalé (*tb* **chalet**) *nm* **1** (*en la ciudad*) house: *un ~ en las afueras de Lima* a house on the outskirts of Lima **2** (*en la costa*) villa **3** (*en el campo*) cottage **LOC chalé individual** detached house

chaleco *nm* vest **LOC chaleco antibalas** bulletproof vest **chaleco salvavidas** life vest

chambonada *nf* screw-up: *Ese dibujo es una ~.* You really screwed up that drawing.

champaña *nm* champagne

champiñón *nm* mushroom

champú *nm* shampoo [*pl* shampoos]: *~ anticaspa* dandruff shampoo

chamuscar *vt* to singe

chancho, -a ◆ *adj* filthy ◆ *nm-nf* pig ☛ *Ver nota en* CERDO

chanchullo *nm* swindle: *¡Qué ~!* What a swindle! **LOC hacer chanchullos** to be involved in a racket

chancla (*tb* **chancleta**) *nf* **1** (*pantufla*) slipper **2 (a)** (*sandalia*) sandal **(b)** (*de caucho*) thong

chantaje *nm* blackmail **LOC hacer chantaje** to blackmail

chantajear *vt* to blackmail *sb* (***into doing sth***)

chantajista *nmf* blackmailer

chantar *vt* **1** (*golpe, etc*) to give: *~le una paliza a algn* to give sb a beating **2** (*trabajo*) to land *sth* ***on sb***

chapa *nf* (*cerradura*) lock

chapado, -a *pp, adj* (*metal*) plated: *un anillo ~ en oro* a gold-plated ring **LOC chapado a la antigua** old-fashioned

chaparro, -a *adj* short

chaparrón *nm* downpour: *¡Qué ~!* What a downpour!

chapola *nf* moth

chapucear ◆ *vt* to have a smattering of *sth*: *~ el italiano* to have a smattering of Italian ◆ *vi* to splash around: *Los niños chapuceaban en los charcos.* The children were splashing around in the puddles.

chapuzón *nm* dip **LOC darse un chapuzón** to go for a dip

chaqueta *nf* jacket

charanga *nf* brass band

charco *nm* **1** (*bañadero*) pool **2** (*de lluvia*) puddle

charcutería *nf* (*tienda*) delicatessen

charla *nf* **1** (*conversación*) visit **2** (*conferencia*) talk (**on *sth/sb***)

charlar *vi* to visit (***to sb***) (***about sth***)

charlatán, -ana ◆ *adj* talkative ◆ *nm-nf* **1** (*hablador*) chatterbox **2** (*indiscreto*) gossip

charol *nm* patent leather: *un bolso de ~* a patent leather bag

chárter *adj*, *nm*: *un* (*vuelo*) *~* a charter flight

chasco *nm* (*decepción*) let-down, disappointment (*más formal*): *¡Vaya ~!* What a let-down! **LOC llevarse un chasco** to be disappointed

chasis *nm* chassis [*pl* chassis]

chasquear ◆ *vt* **1** (*lengua*) to click **2** (*látigo*) to crack **3** (*dedos*) to snap ◆ *vi* **1** (*látigo*) to crack **2** (*madera*) to crackle **3** (*dientes*) to chatter

chasquido *nm* **1** (*látigo*) crack **2** (*madera*) crackle **3** (*lengua*) click: *dar un ~ con la lengua* to click your tongue **4** (*dedos*) snap

chatarra *nf* scrap [*incontable*]: *vender un carro como ~* to sell a car for scrap ◊ *Esta nevera es una ~.* This fridge is only fit for scrap.

chatarrero, -a *nm-nf* scrap merchant

chato, -a *adj* **1** (*persona*) snub-nosed **2** (*nariz*) snub **3** (*edificio, árbol*) squat

chazo *nm* wall plug

chécheres *nm* stuff [*incontable*] **LOC** *Ver* CUARTO

chepa *nf* stroke of luck

cheque *nm* check: *un ~ por valor de…* a check for… ◊ *consignar/cobrar un ~* to pay a check in **LOC cheque en blanco/sin fondos** blank/bad check **cheque viajero** traveler's check *Ver tb* PAGAR

chequear *vt* to check

chequeo *nm* check-up: *hacerse un ~* to have a check-up

chévere *adj* great

chicanear *vi* to show off

chicha *nf* alcoholic drink made from fermented corn, rice or pineapple, etc. **LOC ni chicha ni limonada** neither one thing nor the other

chicharra *nf* (*insecto*) cicada

chicharrón *nm* crackling [*incontable*]

chichón *nm* lump: *Me salió un ~.* A lump came up on my head.

chicle *nm* **1** (*de mascar*) chewing gum [*incontable*]: *Cómpreme un ~ de menta.* Buy me some spearmint chewing gum. **2 chicles** (*prenda*) leggings

chico, -a *nm-nf* **1** (*gen*) boy [*fem* girl]: *el ~ de la oficina* the office boy **2 chicos** (*niños y niñas*) children, kids (*coloq*) **3** (*joven*) young man/woman [*pl* young men/women]: *un ~ de 25 años* a young man of twenty-five

chiflado, -a ◆ *pp*, *adj* (*loco*) touched ◆ *nm-nf* crackpot **LOC estar chiflado (por algo/algn)** to be crazy (about sth/sb) *Ver tb* CHIFLAR

chifladura *nf* **1** (*locura*) madness **2** (*idea*) wild notion

chiflar ◆ *vi* **1** (*gen*) to whistle **2** (*encantar*) to love *sth/doing sth* [*vt*]: *Me chifla el pescado.* I love fish. ◆ *vt* **1** (*con la boca*) to whistle: *~ una canción* to whistle a song **2** (*instrumento*) to blow ◆ **chiflarse** *v pron* **1** (*enloquecer*) to go crazy **2 chiflarse con/por** (*entusiasmarse*) to be crazy **about *sth/sb***: *Mi prima se chifla con los dibujos animados.* My cousin is crazy about cartoons.

Chile *nm* Chile

chileno, -a *adj*, *nm-nf* Chilean

chillar *vi* **1** (*gen*) to yell (***at sb***): *¡No me chille!* Don't yell at me! **2** (*berrear*) to bawl **3** (*aves, frenos*) to screech **4** (*cerdo*) to squeal **5** (*ratón*) to squeak **6** (*colores*) to clash

chillido *nm* **1** (*persona*) shriek **2** (*ave, frenos*) screech **3** (*cerdo*) squeal **4** (*ratón*) squeak

chillón, -ona *adj* **1** (*persona*) noisy **2** (*sonido, color*) loud

chimenea *nf* **1** (*hogar*) fireplace: *Enciende la ~.* Light the fire. ◊ *sentados al lado de la ~* sitting by the fireplace **2** (*conducto de salida del humo*) chimney [*pl* chimneys]: *Desde acá se ven las ~s de la fábrica.* You can see the factory chimneys from here. **3** (*de barco*) funnel

chimpancé *nm* chimpanzee

China *nf* China

chinche *nf* **1** (*bicho*) bedbug **2** (*tachuela*) thumbtack

chinchín *nm* (*brindis*) cheers!

chino, -a ◆ *adj, nm* Chinese: *hablar ~* to speak Chinese ◆ *nm-nf* Chinese man/woman [*pl* Chinese men/women]: *los ~s* the Chinese **LOC** *Ver* CUENTO, TINTA

chip *nm* (*Informát*) chip

chipirón *nm* small squid [*pl* small squid]

chiquero *nm* pigsty [*pl* pigsties]

chiquillo, -a *nm-nf* kid

chiquito, -a ◆ *adj* small: *un carro ~* a small car ◆ *nm-nf* kid: *cuando yo era ~* when I was a kid

chirimoya *nf* custard apple

chiripa *nf* stroke of luck: *¡Qué ~!* What a stroke of luck! **LOC de chiripa** by sheer luck

chirriar *vi* **1** (*bicicleta*) to squeak: *La cadena de mi bicicleta chirría.* My bicycle chain squeaks. **2** (*puerta*) to creak **3** (*frenos*) to screech **4** (*ave*) to squawk

chirrido *nm* **1** (*bicicleta*) squeak **2** (*puerta*) creak **3** (*frenos*) screech **4** (*ave*) squawk

chisme *nm* gossip [*incontable*]: *contar ~s* to gossip ◊ *No me gustan los ~s en la oficina.* I don't want any gossip in the office. ◊ *¿Sabes el último ~?* Have you heard the latest gossip?

chismosear *vi* to gossip

chismoseo *nm* gossip [*incontable*]: *No me gustan los ~s.* I don't like gossip. ◊ *¿Oíste el último ~?* Did you hear the latest gossip?

chismoso, -a ◆ *adj* gossipy ◆ *nm-nf* gossip: *¡Es un ~!* He's such a gossip!

chispa *nf* spark **LOC estar algn que echa chispas** to be hopping mad **estar chispa** to be rather merry **tener chispa** to be witty

chispazo *nm* spark: *pegar un ~* to send out sparks

chispear *v imp* (*llover*) to spit: *Sólo chispeaba.* It was only spitting.

chistar *vi*: *sin ~* without saying a word ◊ *¡Hazlo sin ~!* Shut up and get on with it! ◊ *Se fue sin ~.* She went without saying a word.

chiste *nm* **1** (*hablado*) joke: *contar un ~* to tell a joke ◊ *entender el ~* to get the joke **2** (*dibujo*) cartoon

chistoso, -a *adj* funny **LOC hacerse el chistoso** to play the fool

¡chito! *interj* **1** (*¡silencio!*) sh! **2** (*¡oiga!*) hey!

chiva *nf* **1** (*bus*) bus **2** (*primicia*) exclusive

chivato, -a *nm-nf* **1** (*gen*) tattletale **2** (*de la policía*) nark

chivo *nm* ram

chocante *adj* (*desagradable*) unpleasant

chocar ◆ *vi* to surprise: *Me chocó que llegara sin avisar.* I was surprised he didn't tell us he was coming. ◆ *vt*: *¡Choca esos cinco!/¡Chócala!* Put it there! ◆ **chocarse** *v pron* (*colisionar*) to crash: *El carro se chocó contra una tapia.* The car crashed into a wall. ◊ *El balón se chocó contra la puerta.* The ball crashed against the door.

chochear *vi* to go senile

chocolate *nm* **1** (*gen*) chocolate: *una caja de ~s* a box of chocolates **2** (*líquido*) hot chocolate **LOC** *Ver* PASTILLA

chocolatina (*tb* **chocolata**) *nf* candy bar

chocón, -a *adj* **LOC** *Ver* CARRO

chofer *nmf* **1** (*carro privado*) chauffeur **2** (*camión, pullman*) driver

choke *nm* choke

cholo, -a *adj, nm-nf* mestizo [*pl* mestizos]

chompa *nf* jacket

choque *nm* **1** (*colisión, ruido*) crash **2** (*enfrentamiento*) clash

chorizo *nm* chorizo

chorlito *nm* **LOC** *Ver* CABEZA

chorrear *vi* **1** (*gotear*) to drip **2** (*estar empapado*) to be dripping wet: *Estas sábanas están chorreando.* These sheets are dripping wet.

chorro *nm* **1** (*gen*) jet **2** (*abundante*) gush **3** (*Cocina*) dash: *Añadir un ~ de limón.* Add a dash of lemon. **LOC a chorros**: *salir a ~s* to gush out

choza *nf* hut

chubasco *nm* shower: *Fue sólo un ~.* It was only a shower.

chuchería *nf* (*golosina*) sweet

chuleta *nf* chop: *~s de cerdo* pork chops

chulla ◆ *adj* single ◆ *nmf* single man/woman [*pl* single men/women]

chulo (*tb* **chulito**) *nm* tick

chupada *nf* **1** (*gen*) suck: *El niño le daba ~s a su paleta.* The boy was sucking his Popsicle. **2** (*cigarrillo*) puff: *dar una ~ a un cigarrillo* to have a puff of a cigarette

chupado, -a *pp, adj* (*persona*) skinny ☛ *Ver nota en* DELGADO; *Ver tb* CHUPAR

chupar *vt* **1** (*gen*) to suck **2** (*absorber*) to soak *sth* up: *Esta planta chupa mucha agua.* This plant soaks up a lot of water. **LOC chupar del bote** to free-load **chuparse el dedo 1** (*lit*) to suck your thumb **2** (*fig*): *¿Crees que me chupo el dedo?* Do you think I'm stupid? **chuparse los dedos** to lick your fingers: *Estaba para ~se los dedos.* It was delicious.

chupatintas *nmf* pen-pusher

chupete *nm* **1** (*de bébé*) pacifier **2** (*golosina*) Popiscle® **LOC chupete helado** Popiscle®

chupo *nm* **1** (*de biberón*) teat **2** (*de niño*) pacifier

churro *nm* kind of doughnut

chutar ◆ *vi* to shoot ◆ **chutarse** *v pron* to shoot *sth* up

chuzar *vt* **1** (*gen*) to prick: *~ algo con una aguja* to prick sth with a needle **2** (*apuñalar*) to knife

cicatriz *nf* scar: *Me quedó una ~.* I was left with a scar.

cicatrizar *vi* to heal

ciclismo *nm* bicycling: *hacer ~* to cycle

ciclista *nmf* bicyclist **LOC** *Ver* VUELTA

ciclo *nm* cycle: *un ~ de cuatro años* a four-year cycle

ciclón *nm* cyclone

ciego, -a ◆ *adj* ~ (**de**) blind (**with** *sth*): *quedarse ~* to go blind ◊ *~ de rabia* blind with rage ◆ *nm-nf* blind man/woman [*pl* blind men/women]: *una colecta para los ~s* a collection for the blind **LOC a ciegas**: *Lo compraron a ciegas.* They bought it without seeing it. *Ver tb* CIEGO, GALLINA

cielo ◆ *nm* **1** (*firmamento*) sky [*pl* skies] **2** (*Relig*) heaven ◆ **¡cielos!** *interj* good heavens! **LOC ser un cielo** to be an angel *Ver tb* CAÍDO, SÉPTIMO

ciempiés *nm* centipede

cien *nm, adj, pron* **1** (*gen*) a hundred: *Hoy cumple ~ años.* She's a hundred today. ◊ *Había ~ mil personas.* There were a hundred thousand people. **2** (*centésimo*) hundredth: *Soy el ~ en la lista.* I'm hundredth on the list. ☛ *Ver Apéndice 1.* **LOC (al) cien por cien** a hundred percent **cien mil veces** hundreds of times **poner a algn a cien** to drive sb crazy *Ver tb* OJO

ciencia *nf* **1** (*gen*) science **2 ciencias** (*Educ*) science [*sing*]: *mi profesor de ~s* my science teacher ◊ *Estudié ~s.* I studied science. **LOC ciencias naturales** natural science [*sing*]

ciencia-ficción *nf* science fiction

científico, -a ◆ *adj* scientific ◆ *nm-nf* scientist

ciento *nm, adj* (a) hundred [*pl* hundred]: *~ sesenta y tres* a hundred and sixty-three ◊ *varios ~s* several hundred ☛ *Ver Apéndice 1.* **LOC cientos de…** hundreds of…: *~s de libras* hundreds of pounds **por ciento** percent: *un/el 50 por ~ de la población* 50 percent of the population *Ver tb* TANTO

cierre *nm* **1** (*acto de cerrar*) closure **2** (*collar, bolso*) clasp **LOC** *Ver* LIQUIDACIÓN

cierto, -a *adj* **1** (*gen*) certain: *con cierta inquietud* with a certain anxiety ◊ *Sólo están a ciertas horas del día.* They're only there at certain times of the day. **2** (*verdadero*) true: *Es ~.* It's true. **LOC ¿cierto?**: *Estas flores son bonitas, ¿cierto?* These flowers are lovely, aren't they? ◊ *Estás cansada, ¿cierto?* You're tired, aren't you? **hasta cierto punto** up to a point **¿(no es) cierto que no?**: *No han venido, ¿(no es) cierto que no?* They haven't come, have they? **por cierto** by the way

ciervo, -a *nm-nf* deer [*pl* deer]

La palabra **deer** es el sustantivo genérico, **stag** (o **buck**) se refiere sólo al ciervo macho y **doe** sólo a la hembra. **Fawn** es el cervatillo.

cifra *nf* **1** (*gen*) figure: *un número de tres ~s* a three-figure number **2** (*teléfono*) digit: *un teléfono de seis ~s* a six-digit phone number **3** (*dinero*) figure: *una ~ de un millón de bolívares* a figure of one million bolivars

cigarrillo *nm* cigarette

cigüeña *nf* stork

cilantro *nm* cilantro

cilíndrico, -a *adj* cylindrical

cilindro *nm* cylinder: *~ de oxígeno* oxygen cylinder

cima *nf* top: *llegar a la ~* to reach the top

cimientos *nm* foundations

cinc *nm Ver* ZINC

cincel *nm* chisel

cinco *nm, adj, pron* **1** (*gen*) five **2** (*fecha*) fifth ☛ *Ver ejemplos en* SEIS

cincuenta *nm, adj, pron* **1** (*gen*) fifty **2** (*cincuentavo*) fiftieth ☛ *Ver ejemplos en* SESENTA

cine *nm* cinema: *ir a ~* to go to the

movies **LOC de cine** (*festival, director, crítico*) film: *un actor/director de ~* a film actor/director

cinematográfico, -a *adj* film [*n atrib*]: *la industria cinematográfica* the film industry

cínico, -a ◆ *adj* hypocritical ◆ *nm-nf* hypocrite

cinta *nf* (*lazo, máquina de escribir*) ribbon **LOC cinta adhesiva/pegante** Scotch® tape **cinta aislante** insulating tape **cinta para el pelo** hair band

cintura *nf* waist: *Tengo 60cm de ~.* I have a 24 inch waist.

cinturón *nm* belt: *ser ~ negro* to be a black belt **LOC cinturón (de seguridad)** seat belt *Ver tb* APRETAR

ciprés *nm* cypress

circo *nm* **1** (*espectáculo*) circus [*pl* circuses] **2** (*anfiteatro*) amphitheatre

circuito *nm* **1** (*Dep*) track: *El piloto dio diez vueltas al ~.* The driver did ten laps of the track. **2** (*Electrón*) circuit

circulación *nf* **1** (*gen*) circulation: *mala ~ de la sangre* poor circulation **2** (*tráfico*) traffic **LOC** *Ver* CÓDIGO

circular¹ *adj, nf* circular: *una mesa ~* a round table ◊ *remitir una ~* to send out a circular

circular² ◆ *vt, vi* to circulate: *La sangre circula por las venas.* Blood circulates through your veins. ◊ *~ una carta* to circulate a letter ◆ *vi* **1** (*carro*) to drive: *Circulen con precaución.* Drive carefully. **2** (*tren, bus*) to run **3** (*rumor*) to go around **LOC ¡circulen!** move along!

círculo *nm* **1** (*gen*) circle: *formar un ~* to form a circle **2** (*asociación*) society [*pl* societies] **LOC círculo polar ártico/antártico** Arctic/Antarctic Circle **círculo vicioso** vicious circle

circunferencia *nf* **1** (*círculo*) circle: *El diámetro divide una ~ en dos partes iguales.* The diameter divides a circle into two equal halves. ◊ *dos ~s concéntricas* two concentric circles **2** (*perímetro*) circumference: *La Tierra tiene unos 40.000 kilómetros de ~.* The earth has a circumference of about 40,000 kilometers.

circunstancia *nf* circumstance

circunvalar *nm* **LOC** *Ver* CARRETERA

cirio *nm* candle

ciruela *nf* plum **LOC ciruela pasa** prune

ciruelo *nm* plum tree

cirugía *nf* surgery: *~ estética/plástica* cosmetic/plastic surgery

cirujano, -a *nm-nf* surgeon

cisma *nm* schism

cisne *nm* swan

cisterna *nf* **1** (*depósito*) tank **2** (*baño*) cistern

cita *nf* **1** (*amigos, pareja*) date **2** (*médico, abogado*) appointment: *Tengo una ~ con el odontólogo.* I have a dental appointment. **3** (*frase*) quotation, quote (*coloq*) **LOC** *Ver* PEDIR

citar ◆ *vt* **1** (*convocar*) to arrange to meet *sb* **2** (*Jur*) to summons **3** (*hacer referencia*) to quote (**from *sth*/*sb***) ◆ **citarse** *v pron* **citarse (con)** to arrange to meet (*sb*)

citófono *nm* intercom

cítricos *nm* citrus fruits

ciudad *nf* **1** (*importante*) city [*pl* cities] **2** (*más pequeña*) town **LOC ciudad natal** home town

ciudadanía *nf* citizenship **LOC** *Ver* CÉDULA

ciudadano, -a ◆ *adj*: *por razones de seguridad ciudadana* for reasons of public safety ◊ *El alcalde pidió la colaboración ciudadana.* The mayor asked everyone to work together. ◆ *nm-nf* citizen: *ser ~ de la república del Ecuador* to be a citizen of the republic of Ecuador ◊ *Dio las gracias a todos los ~s del Caldas.* He thanked the people of Caldas. **LOC** *Ver* INSEGURIDAD

cívico, -a *adj* public-spirited: *sentido ~* public-spiritedness **LOC** *Ver* PARO

civil ◆ *adj* civil: *un enfrentamiento ~* a civil disturbance ◆ *nmf* civilian **LOC de civil 1** (*militar*) in civilian dress **2** (*policía*) in plain clothes *Ver tb* CASAR, ESTADO, INGENIERO, REGISTRO

civilización *nf* civilization

civilizado, -a *pp, adj* civilized

civismo *nm* community spirit

clamar ◆ *vt* (*exigir*) to demand ◆ *vi* (*gritar*) to shout

clamor *nm* **1** (*gritos*) shouts [*pl*]: *el ~ de la muchedumbre* the shouts of the crowd **2** (*en espectáculos*) cheers [*pl*]: *el ~ del público* the cheers of the audience

clan *nm* clan

clandestino, -a *adj* clandestine

clara *nf* egg white

claraboya *nf* skylight

clarear *v imp* **1** (*despejarse*) to clear up **2** (*amanecer*) to get light

clarete *nm* rosé

claridad *nf* **1** (*luz*) light **2** (*fig*) clarity

clarificar *vt* to clarify

clarín *nm* bugle

clarinete *nm* clarinet

claro, -a ◆ *adj* **1** (*gen*) clear **2** (*color*) light: *verde* ~ light green **3** (*luminoso*) bright **4** (*pelo*) fair **5** (*poco espeso*) thin ◆ *nm* (*bosque*) clearing ◆ *adv* clearly: *No oigo* ~. I can't hear clearly. ◆ **¡claro!** *interj* of course! LOC **claro que no** of course not **claro que sí** of course **dejar claro** to make *sth* clear **estar más claro que el agua** to be crystal clear **poner en claro** to make *sth* clear

clase *nf* **1** (*gen, Ciencias, Sociol*) class: *Estudiamos en la misma* ~. We were in the same class. ◊ *viajar en primera* ~ to travel first class **2** (*variedad*) kind: *distintas ~s de pan* different kinds of bread **3** (*aula*) classroom **4** (*lección*) lesson: *~s de manejar* driving lessons ◊ ~ *particular* private lesson LOC **clase alta/baja/media** upper/lower/middle class(es) [*se usa mucho en plural*] *Ver tb* CAPAR, COMPAÑERO, DICTAR, ESCAPAR(SE)

clásico, -a ◆ *adj* **1** (*Arte, Hist, Mús*) classical **2** (*típico*) classic: *el ~ comentario* the classic remark ◆ *nm* classic

clasificación *nf* **1** (*gen*) classification: *la ~ de las plantas* the classification of plants **2** (*Dep*): *partido de* ~ qualifying game ◊ *El tenista alemán encabeza la ~ mundial.* The German player is number one in the world rankings. ◊ *la ~ general de la liga* the league table

clasificado, -a *pp, adj* classified LOC *Ver* AVISO; *Ver tb* CLASIFICAR

clasificar ◆ *vt* to classify: ~ *los libros por materias* to classify books according to subject ◆ **clasificarse** *v pron* **clasificarse** (**para**) to qualify (**for** *sth*): *~se para la final* to qualify for the final LOC **clasificarse en segundo, tercer, etc lugar** to come second, third, etc

clasificatorio, -a *adj* qualifying

clasista ◆ *adj* class-conscious ◆ *nmf* snob

claudicar *vi* to surrender

claustro *nm* **1** (*Arquit*) cloister **2** (*conjunto de profesores*) faculty **3** (*reunión*) faculty meeting

claustrofobia *nf* claustrophobia: *tener* ~ to suffer from claustrophobia

claustrofóbico, -a *adj* claustrophobic

cláusula *nf* clause

clausura *nf* (*cierre*) closure LOC **de clausura** closing: *acto/discurso de* ~ closing ceremony/speech

clausurar(se) *vt, v pron* to end

clavado *nm* dive LOC **hacer un clavado** to dive

clavar ◆ *vt* **1** (*clavo, estaca*) to hammer *sth* **into** *sth*: ~ *clavos en la pared* to hammer nails into the wall **2** (*cuchillo, puñal*) to stick *sth* **into** *sth/sb*: *Clavó el cuchillo en la mesa.* He stuck the knife into the table. **3** (*sujetar algo con clavos*) to nail: *Clavaron el cuadro en la pared.* They nailed the picture onto the wall. **4** (*estafar*) to rip *sb* off ◆ **clavarse** *v pron*: *Me clavé una espina en el dedo.* I have a thorn in my finger. ◊ *Ten cuidado, te vas a ~ el alfiler/las tijeras.* Be careful you don't hurt yourself with that pin/the scissors. LOC **clavarse a estudiar** to study really hard

clave *nf* **1** (*código*) code **2** ~ (**de/para**) key (**to** *sth*): *la ~ de su éxito* the key to their success **3** (*fundamental*) key [*n atrib*]: *factor/persona* ~ key factor/person **4** (*Mús*) clef LOC **clave de sol/fa** treble/bass clef **ser clave** to be central *to sth*

clavel *nm* carnation

clavícula *nf* collarbone

clavo *nm* **1** (*gen*) nail **2** (*Cocina*) clove LOC **dar en el clavo** to hit the nail on the head

claxon *nm* horn: *tocar el* ~ to sound your horn

clero *nm* clergy [*pl*]

cliché *nm* **1** (*tópico*) cliché **2** (*Fot*) negative

cliente, -a *nm-nf* **1** (*tienda, restaurante*) customer: *uno de mis mejores ~s* one of my best customers **2** (*empresa*) client

clima *nm* **1** (*lit*) climate: *un ~ húmedo* a damp climate **2** (*fig*) atmosphere: *un ~ de cordialidad/tensión* a friendly/tense atmosphere LOC **al clima** at room temperature: *Las gaseosas están al ~.* The sodas are at room temperature.

climatizado, -a *pp, adj* air-conditioned LOC *Ver* PISCINA

clímax *nm* climax

clínica *nf* clinic

clip *nm* **1** (*papel*) paper clip **2** (*vídeo*) video [*pl* videos]

cloaca *nf* sewer

cloch *nm* clutch: *pisar el* ~ to put the clutch in

cloro *nm* chlorine

clorofila *nf* chlorophyll
club *nm* club
coacción *nf* coercion
coaccionar *vt* to coerce *sb* (***into doing sth***)
coagular(se) *vt, v pron* to clot
coágulo *nm* clot
coala *nm Ver* KOALA
coalición *nf* coalition
coartada *nf* alibi [*pl* alibis]: *tener una buena ~* to have a good alibi
coba *nf* **LOC dar coba** to soft-soap *sb*
cobarde ◆ *adj* cowardly: *No sea ~.* Don't be so cowardly. ◆ *nmf* coward
cobardía *nf* cowardice [*incontable*]: *Es una ~.* It's an act of cowardice.
cobertizo *nm* shed
cobija *nf* blanket: *Póngale una ~.* Put a blanket over him.
cobijar ◆ *vt* to shelter *sb* (***from sth***) ◆ **cobijarse** *v pron* **cobijarse (de)** to shelter (**from *sth***): *~se del frío* to shelter from the cold
cobra *nf* cobra
cobrador, ~a *nm-nf* **1** (*bus*) conductor **2** (*deudas, recibos*) collector
cobrar ◆ *vt, vi* **1** (*gen*) to charge (*sb*) (***for sth***): *Me cobraron cien pesos por un tinto.* They charged me a hundred pesos for a coffee. ◊ *¿Me cobra, por favor?* Can I have the check, please? **2** (*salario*): *Todavía no he cobrado las clases.* I still haven't been paid for those classes. ◊ *¡El jueves cobramos!* Thursday is pay day! ◆ *vt* **1** (*cheque*) to cash **2** (*adquirir*) to gain: *~ fuerza* to gain momentum ◆ *vi* to get a smack: *¡Va a ~!* You'll get a smack! ◆ **cobrarse** *v pron* **1** (*gen*): *Cóbrese, por favor.* Here you are. ◊ *¿Se cobra las bebidas?* How much are the drinks? **2** (*costar*) to cost: *La guerra se cobró muchas vidas.* The war has cost many lives. **LOC cobrar de más/menos** to overcharge/undercharge *Ver tb* IMPORTANCIA
cobre *nm* copper **LOC cobre amarillo** brass
cobro *nm* **1** (*pago*) payment **2** (*recaudación*) charging **LOC** *Ver* LLAMADA, LLAMAR
Coca-Cola® *nf* Coke®
cocaína *nf* cocaine
cocción *nf* cooking: *tiempo de ~* cooking time
cocear *vi* to kick
cochera *nf* **1** (*carro*) garage **2** (*bus*) depot
cochinada *nf* **1** (*cosa sucia*) disgusting [*adj*]: *¡Qué ~ de cocina!* This kitchen is disgusting! **2** (*mala jugada*) dirty trick: *hacerle una ~ a algn* to play a dirty trick on sb **LOC hacer cochinadas** to make a mess: *No hagas ~s con la comida.* Don't make a mess with your food.
cochino, -a *adj* **1** (*sucio*) dirty **2** (*tramposo*) cheat [*n*]: *Los del equipo contrario fueron muy ~s.* The other team were terrible cheats. **3** (*indecoroso*) offensive: *una revista cochina* an offensive magazine **4** (*despreciable*) rotten: *Estoy jarto de esta cochina vida.* I'm fed up with this rotten life.
cocina *nf* **1** (*lugar*) kitchen **2** (*arte de cocinar*) cookery: *un curso de ~* a cookery course **3** (*gastronomía*) cooking: *la ~ china* Chinese cooking **LOC** *Ver* BATERÍA, LIBRO, MENAJE, SAL
cocinado *nm* stew
cocinar ◆ *vt, vi* to cook: *No sé ~.* I can't cook. ◆ **cocinarse** *v pron* **1** (*alimento*) to cook **2** (*tener calor*) to boil: *Me estoy cocinando con este suéter.* I'm boiling in this sweater. **LOC cocinar a fuego lento** to simmer
cocinero, -a *nm-nf* cook: *ser buen ~* to be a good cook
coco *nm* **1** (*fruto*) coconut **2** (*cabeza*) nut **3** (*ser fantástico*) bogeyman **4** (*persona fea*) fright **LOC tener mucho coco** to be very brainy *Ver tb* COMER
cocodrilo *nm* crocodile **LOC** *Ver* LÁGRIMA
coctel *nm* **1** (*bebida*) cocktail **2** (*reunión*) cocktail party
cocuyo *nm* **1** (*insecto*) glowfly [*pl* glowflies] **2** (*carro*) parking light
codazo *nm* **1** (*violento, para abrirse paso*): *Me abrí paso a ~s.* I elbowed my way through the crowd. **2** (*para llamar la atención*) nudge: *Me dio un ~.* He gave me a nudge.
codearse *v pron* ~ **con** to rub shoulders **with *sb***
codicia *nf* **1** (*avaricia*) greed **2** ~ **de** lust **for *sth***: *su ~ de poder/riquezas* their lust for power/riches
codiciar *vt* (*ambicionar*) to covet
codificar *vt* (*Informát*) to encode
código *nm* code **LOC código de (la) circulación** Traffic Laws **código postal** postcode
codo *nm* elbow **LOC** *Ver* HABLAR
codorniz *nf* quail [*pl* quail/quails]

coeficiente *nm* coefficient **LOC coeficiente intelectual** intelligence quotient (*abrev* IQ)

coexistencia *nf* coexistence

cofradía *nf* brotherhood

cofre *nm* case

coger ◆ *vt* **1** (*tomar*) to take: *Coge los libros que quieras.* Take as many books as you like. ◊ *Prefiero ~ el bus.* I'd rather take the bus. ◊ *Lo cogí del brazo.* I took him by the arm. **2** (*agarrar*) to catch: *~ una pelota* to catch a ball ◊ *Los cogieron robando.* They were caught stealing. ◊ *~ un resfriado* to catch a cold **3** (*entender*) to get: *No lo cojo.* I don't get it. **4** (*fruta, flores*) to pick **5** (*tomar prestado*) to borrow: *¿Puedo ~ tu carro?* Can I borrow your car? ☛ *Ver dibujo en* BORROW **6** (*toro*) to gore **7** (*atropellar*) to run *sb* over: *Lo cogió un carro.* He was run over by a car. ◆ **cogerse** *v pron* to hold: *Cójase de mi mano.* Hold my hand. ◊ *~se de la barandilla* to hold on to the railings **LOC coger y ...** to up and *do sth*: *Cogí y me fui.* I upped and left. ☛ Para otras expresiones con **coger**, véanse las entradas del sustantivo, adjetivo, etc, p.ej. **coger camino** en CAMINO y **coger la indirecta** en INDIRECTA.

cogido, -a *pp, adj* **LOC cogidos de la mano** holding hands **cogidos del brazo** arm in arm ☛ *Ver dibujo en* ARM; *Ver tb* COGER

cogote *nm* back of the neck

coherencia *nf* coherence

cohete *nm* rocket

cohibir ◆ *vt* to inhibit ◆ **cohibirse** *v pron* to feel inhibited

coincidencia *nf* coincidence **LOC da la coincidencia de que ...** it just so happens (that) ...

coincidir *vi* **1** (*estar de acuerdo*) to agree (***with sb***) (***on/about sth***): *Coinciden conmigo en que es un muchacho estupendo.* They agree with me (that) he's a great guy. ◊ *Coincidimos en todo.* We agree on everything. **2** (*en un lugar*): *Coincidimos en el congreso.* We were both at the conference. **3** (*acontecimientos, resultados*) to coincide (***with sth***): *Espero que no me coincida con los exámenes.* I hope it doesn't coincide with my final exams.

cojear *vi* ~ **(de) 1** (*ser cojo*) to be lame (**in *sth***): *Cojeo del pie derecho.* I'm lame in my right foot. **2** (*por lesión*) to limp: *Todavía cojeo un poco, pero estoy mejor.* I'm still limping, but I feel better. **3** (*mueble*) to be wobbly **LOC cojear del mismo pie** to have the same faults (*as sb*)

cojera *nf* limp: *Casi no se le nota la ~.* He has a very slight limp.

cojín *nm* cushion

cojo, -a ◆ *adj* **1** (*persona*): *estar ~ (de un pie)* to have a limp ◊ *Se quedó ~ después del accidente.* The accident left him with a limp. **2** (*animal*) lame **3** (*mueble*) wobbly ◆ *nm-nf* cripple **LOC andar/ir cojo** to limp

cola[1] *nf* **1** (*animal*) tail **2** (*vestido*) train: *El vestido tiene un poco de ~.* The dress has a short train. **3** (*fila*) line: *ponerse en la ~* to join the line ◊ *Había mucha ~ para el concierto.* There was a long line for the concert. **4** (*trasero*) bottom: *Se cayó y se pegó en la ~.* She fell and hurt her bottom. **LOC ¡a la cola!** get in line! **cola (de caballo)** ponytail **hacer cola** to stand in line *Ver tb* PIANO

cola[2] *nf* (*pegamento*) glue

colaboración *nf* collaboration: *hacer algo en ~ con algn* to do sth in collaboration with sb

colaborador, ~a *nm-nf* collaborator

colaborar *vi* ~ **(con) (en)** to collaborate (**with *sb***) (**on *sth***)

colador *nm* **1** (*gen*) strainer **2** (*verduras*) colander

colar ◆ *vt* **1** (*infusión*) to strain **2** (*café*) to filter **3** (*verduras*) to drain ◆ **colarse** *v pron* **1** (*líquido*) to seep ***through sth*** **2** (*persona*) **(a)** (*gen*) to sneak in: *Vi cómo se colaban.* I noticed them sneaking in. ◊ *Nos colamos en el bus sin pagar.* We sneaked onto the bus without paying. **(b)** (*en una cola*) to cut in: *¡Oiga, no se cuele!* Hey! No cutting in! **LOC colarse en una fiesta** to crash a party

colcha *nf* bedspread

colchón *nm* mattress

colchoneta *nf* **1** (*gimnasio*) mat **2** (*camping, playa*) air-bed

colección *nf* collection

coleccionar *vt* to collect

coleccionista *nmf* collector

colecta *nf* collection **LOC hacer una colecta** (*con fines caritativos*) to collect for charity

colectivo, -a *adj, nm* collective

colega *nmf* **1** (*compañero*) colleague: *un ~ mío* a colleague of mine **2** (*amigo*) friend

colegial, ~a *nm-nf* schoolboy/girl [*pl* schoolchildren]

colegio *nm* **1** (*Educ*) school: *Los niños están en el ~.* The children are at school. ◊ *ir al ~* to go to school ☛ *Ver nota en* SCHOOL **2** (*asociación*) association: *el ~ de médicos* the medical association LOC **colegio de curas/monjas** Catholic school **colegio electoral** electoral college **colegio mayor** hall of residence **colegio privado/público** private/public school

cólera *nm* (*enfermedad*) cholera

colesterol *nm* cholesterol: *Me ha aumentado el ~.* My cholesterol (level) has gone up.

colgado, -a *pp, adj* ~ **en/de** hanging **on/from** ***sth*** LOC **dejar a algn colgado** to leave sb in the lurch **estar colgado** to be behind **mal colgado**: *Creo que tienen el teléfono mal ~.* They must have left the phone off the hook. *Ver tb* COLGAR

colgante *nm* pendant

colgar ◆ *vt* **1** (*gen*) to hang *sth* ***from/on sth*** **2** (*prenda de vestir*) to hang *sth* up **3** (*ahorcar*) to hang: *Lo colgaron en 1215.* He was hanged in 1215. ☛ *Ver nota en* AHORCAR(SE) ◆ *vi* to hang (***from/on sth***) LOC **colgar (el teléfono)** to hang up: *Se enfadó y me colgó el teléfono.* He got angry and hung up (on me). ◊ *No cuelgue, por favor.* Please hold. **colgar los guantes** to retire

cólico *nm* colic [*incontable*]

coliflor *nf* cauliflower

colilla *nf* cigarette butt

colina *nf* hill

colirio *nm* eye drops [*pl*]

colisión *nf* collision (***with sth***): *una ~ de frente* a head-on collision

colitis *nf* diarrhea [*incontable*]

collage *nm* collage: *hacer un ~* to make a collage

collar *nm* **1** (*adorno*) necklace: *un ~ de esmeraldas* an emerald necklace **2** (*perro, gato*) collar

colmena *nf* beehive

colmillo *nm* **1** (*persona*) canine (tooth) **2** (*elefante, jabalí*) tusk

colmo *nm* LOC **ser el colmo** to be the limit **para colmo** to make matters worse

colocado, -a *pp, adj* LOC **estar colocado** to be employed: *estar bien ~* to have a good job *Ver tb* COLOCAR

colocar ◆ *vt* **1** (*gen*) to place **2** (*bomba*) to plant **3** (*emplear*) to find *sb* a job (***with sb***) ◆ **colocarse** *v pron* **colocarse (de/como)** to get a job (**as** ***sth***)

Colombia *nf* Colombia

colombiano, -a *adj, nm-nf* Colombian

colombina® *nf* Popsicle®

colon *nm* colon

colonia[1] *nf* **1** (*gen*) colony [*pl* colonies] **2** (*grupo de viviendas*) housing development

colonia[2] *nf* (*perfume*) cologne [*incontable*]: *echarse ~* to put (some) cologne on

colonial *adj* colonial

colonización *nf* colonization

colonizador, ~a ◆ *adj* colonizing ◆ *nm-nf* settler

colonizar *vt* to colonize

coloquial *adj* colloquial

coloquio *nm* discussion (***about sth***)

color *nm* **1** (*gen*) color **2 colores** (*lápices de colores*) colored pencils LOC **a color**: *una televisión a ~* a color TV **de colores** colored: *mariposas de ~es* colored butterflies *Ver tb* PEZ, TIZA

colorado, -a *adj* red LOC **estar colorado como un tomate** to be as red as a beet **ponerse colorado** to blush *Ver tb* COLORÍN

colorante *adj, nm* coloring LOC **sin colorantes** no artificial colorings

colorear *vt* to color *sth* (in)

colorido *nm* coloring: *una ceremonia de gran ~* a very colorful ceremony

colorín *nm* LOC **colorín colorado...** and they all lived happily ever after

columna *nf* **1** (*gen*) column **2** (*Anat*) spine LOC **columna vertebral 1** (*Anat*) spinal column **2** (*fig*) backbone

columpiar ◆ *vt* to give *sb* a swing ◆ **columpiarse** *v pron* to have a swing

columpio *nm* swing: *jugar en los ~s* to play on the swings

coma[1] *nm* (*Med*) coma: *estar en ~* to be in a coma LOC *Ver* ESTADO

coma[2] *nf* **1** (*puntuación*) comma ☛ *Ver págs 314–5.* **2** (*Mat*) point: *cuarenta ~ cinco* (*40,5*) forty point five (40·5) ☛ *Ver Apéndice 1.* LOC *Ver* PUNTO

comadreja *nf* weasel

comandante *nmf* major

comando *nm* **1** (*Mil*) commando [*pl* commandos/commandoes] **2** (*terrorista*) cell

comarca *nf* area

combate *nm* combat [*incontable*]: *soldados caídos en ~* soldiers killed in combat ◊ *Hubo feroces ~s.* There was fierce fighting. **LOC de combate** fighter: *avión/piloto de ~* fighter plane/pilot *Ver tb* FUERA

combatiente *nmf* combatant

combatir ◆ *vt* to combat: *~ a la guerrilla* to combat the guerrillas ◆ *vi ~* (**contra/por**) to fight (**against/for** ***sth/sb***): *~ contra los rebeldes* to fight (against) the rebels

combinación *nf* **1** (*gen*) combination: *la ~ de una caja fuerte* the combination of a safe **2** (*prenda*) slip

combinar ◆ *vt* **1** (*gen*) to combine **2** (*ropa*) to match *sth* (***with sth***) ◆ *vi* **1** (*colores*) to go ***with sth***: *El negro combina bien con todos los colores.* Black goes well with any color. **2** (*ropa*) to match: *Esos zapatos no combinan con el bolso.* Those shoes don't match the handbag.

combustible ◆ *adj* combustible ◆ *nm* fuel

combustión *nf* combustion

comedia *nf* comedy [*pl* comedies] **LOC comedia musical** musical

comedor *nm* **1** (*casa, hotel*) dining room **2** (*colegio, fábrica*) cafeteria ☛ *Ver pág 316.* **3** (*muebles*) dining room suite

comelón, -ona ◆ *adj* greedy ◆ *nm-nf* big eater

comentar *vt* **1** (*decir*) to say: *Se limitó a ~ que estaba enfermo.* He would only say he was sick. **2** (*tema*) to discuss

comentario *nm* remark: *hacer un ~* to make a remark **LOC comentario de texto** textual criticism **hacer comentarios** to comment (*on sth/sb*) **sin comentarios** no comment

comentarista *nmf* commentator

comenzar *vt, vi ~* (**a**) to start (***sth/doing sth/to do sth***): *Comencé a sentirme mal.* I started to feel sick.

comer ◆ *vt* **1** (*ingerir*) to eat: *Debería ~ algo antes de salir.* You should eat something before you go. **2** (*insectos*) to eat *sb* alive: *Me han comido los mosquitos.* I've been eaten alive by the mosquitoes. **3** (*Ajedrez, Damas*) to take ◆ *vi* **1** (*ingerir*) to eat: *Su hijo no quiere ~.* Your son won't eat. **2** (*en la noche*) to have dinner: *¿A qué hora comemos?* What time are we going to have dinner? ◊ *¿Qué hay para ~?* What's for dinner? ◊ *Mañana comemos fuera.* We're going out for dinner tomorrow. ◆ **comerse** *v pron* **1** (*ingerir*) to eat: *~se un pescado* to eat fish **2** (*omitir*) to miss *sth*: *~se una palabra* to miss a word **LOC comer a besos** to smother *sb* with kisses **comer como una lima/fiera/vaca** to eat like a horse **comer de pecho** to feed **comerle el coco a algn** to brainwash sb **comerse el coco** to worry yourself (*about sth/sb*) **comérsele la lengua los ratones** to have lost your tongue: *¿Se te comieron la lengua los ratones?* Have you lost your tongue? **dar/echar de comer** to feed

comercial ◆ *adj* commercial ◆ *nm* (*televisión*) advertisement, ad (*coloq*) **LOC** *Ver* CENTRO, GALERÍA

comercializar *vt* to market

comerciante *nmf* (*dueño de una tienda*) shopkeeper

comerciar *vi ~* **con 1** (*producto*) to trade (**in** ***sth***): *~ con armas* to trade in arms **2** (*persona*) to do business (**with** ***sb***)

comercio *nm* **1** (*negocio*) trade: *~ exterior* foreign trade **2** (*almacén*) store: *Tienen un pequeño ~.* They have a small store. ◊ *¿A qué hora abre el ~?* What time do the stores open?

comestible *adj* edible

cometa ◆ *nm* (*astro*) comet ◆ *nf* (*juguete*) kite

cometer *vt* **1** (*delito*) to commit **2** (*error*) to make

cometido *nm* **1** (*encargo*) assignment **2** (*obligación*) duty [*pl* duties]

comicios *nm* elections

cómico, -a ◆ *adj* **1** (*gracioso*) funny **2** (*de comedia*) comedy [*n atrib*]: *actor ~* comedy actor ◆ *nm-nf* comedian [*fem* comedienne] **LOC** *Ver* PELÍCULA

comida *nf* **1** (*alimento*) food: *Tenemos la nevera llena de ~.* The fridge is full of food. **2** (*ocasión en que se come*) meal: *una ~ ligera* a light meal **3** (*en la noche*) dinner: *¿Qué hay de ~?* What's for dinner? ☛ *Ver pág 316.* **LOC comida campestre** picnic

comidilla *nf* **LOC ser la comidilla** to be the talk *of sth*

comido, -a *pp, adj*: *Ya vinieron ~s.* They had already eaten. **LOC comido por la envidia/la rabia/los celos** eaten up with envy/anger/jealousy *Ver tb* COMER

comienzo *nm* start, beginning (*más formal*) **LOC a comienzos de...** at the beginning of... **estar en sus comien-**

zos to be in its early stages **dar comienzo** to begin

comillas *nf* quotation marks ☛ *Ver págs 314–5.* **LOC entre comillas** in quotation marks

comilona *nf* **LOC pegarse una comilona** to stuff yourself full (*of sth*)

comisaría *nf* province

comisión *nf* commission: *una ~ del 10%* a 10% commission **LOC a comisión** on commission

comité *nm* committee [*v sing o pl*]

como ◆ *adv* **1** (*modo, en calidad de, según*) as: *Respondí ~ pude.* I answered as best I could. ◊ *Me lo llevé ~ recuerdo.* I took it home as a souvenir. ◊ *~ le iba diciendo...* As I was saying... **2** (*comparación, ejemplo*) like: *Tiene un carro ~ el de nosotros.* He has a car like ours. ◊ *aromáticas ~ la manzanilla y la hierbabuena* herbal teas like camomile and peppermint ◊ *suave ~ la seda* smooth as silk **3** (*aproximadamente*) around: *Llamé ~ a diez personas.* I called around ten people. ◆ *conj* **1** (*condición*) if: *~ venga tarde, no podremos ir.* If you're late, we won't be able to go. **2** (*causa*) as: *~ llegué temprano, me preparé un café.* As I was early, I made myself a cup of coffee. **LOC como que/si** as if: *Me trata ~ si fuera su hija.* He treats me as if I were his daughter.

En este tipo de expresiones lo más correcto es decir "as if I/he/she/it were", pero hoy en día en el lenguaje hablado se usa mucho "as if I/he/she/it was".

como sea 1 (*a cualquier precio*) at all costs: *Tenemos que ganar ~ sea.* We must win at all costs. **2** (*no importa*): *—¿Cómo quieres el café? — Como sea.* "How do you like your coffee?" "I don't care."

cómo ◆ *adv* **1** (*interrogación*) how: *¿~ se traduce esta palabra?* How do you translate this word? ◊ *No sabemos ~ pasó.* We don't know how it happened. **2** (*¿por qué?*) why: *¿~ no me lo dijo?* Why didn't you tell me? **3** (*cuando no se ha oído o entendido algo*) sorry: *¿Cómo? ¿Puedes repetir?* Sorry? Can you say that again? **4** (*exclamación*): *¡~ se parece a su papá!* You're just like your father! ◆ **¡cómo!** *interj* (*enfado, asombro*) what!: *¡Cómo! ¿No está vestido todavía?* What! Aren't you dressed yet? **LOC ¿a cómo está/están?** how much is it/are they? **¿cómo es?** (*descripción*) what is he, she, it, etc like? **¿cómo es eso?** how come? **¿cómo es que...?** how come?: *¿~ es que no has salido?* How come you didn't go out? **¿cómo estás?** how are you? **¡cómo no!** of course! **¿cómo que...?** (*asombro, enfado*): *¿~ que no lo sabía?* What do you mean, you didn't know? **¡cómo voy a...!** how am I, are you, etc supposed to...!: *¡~ lo iba a saber!* How was I supposed to know!

cómoda *nf* dresser

comodidad *nf* **1** (*confort*) comfort **2** (*conveniencia*) convenience: *la ~ de tener el colegio cerca* the convenience of having the school nearby

comodín *nm* joker

cómodo, -a *adj* **1** (*confortable*) comfortable: *sentirse ~* to feel comfortable **2** (*conveniente*) convenient: *Es muy ~ olvidarse del asunto.* It's very convenient to forget about it. **LOC ponerse cómodo** to make yourself comfortable

compact disc (*tb* **compacto**) *nm* **1** (*disco*) compact disc (*abrev* CD) **2** (*aparato*) CD player

compacto, -a *adj* compact **LOC** *Ver* DISCO

compadecer(se) *vt, v pron* ~ (**de**) to feel sorry **for *sb***

compaginar *vt* to combine *sth* (***with sth***): *~ el trabajo con la familia* to combine work with your family life

compañerismo *nm* comradeship

compañero, -a *nm-nf* **1** (*amigo*) companion **2** (*en pareja*) partner **3** (*en trabajo*) colleague **LOC compañero de clase** classmate **compañero de equipo** team mate **compañero de habitación/apartamento** roommate

compañía *nf* company [*pl* companies]: *Trabaja en una ~ de seguros.* He works for an insurance company. **LOC compañía aérea** airline **hacer compañía a algn** to keep sb company

comparable *adj* ~ **a/con** comparable **to/with *sth/sb***

comparación *nf* comparison: *Esta casa no tiene ~ con la anterior.* There's no comparison between this house and the old one. **LOC en comparación con** compared to/with *sth/sb*

comparar *vt* to compare *sth/sb* (***to/with sth/sb***): *¡No compares esta ciudad con la mía!* Don't go comparing this town to mine!

compartimento (*tb* **compartimiento**) *nm* compartment

compartir *vt* to share: ~ *un apartamento* to share an apartment

compás *nm* **1** (*Mat, Náut*) compass **2** (*Mús*) **(a)** (*tiempo*) time: *el ~ de tres por cuatro* three four time **(b)** (*división de pentagrama*) bar: *los primeros compases de una sinfonía* the first bars of a symphony **LOC** *Ver* MARCAR

compasión *nf* pity, compassion (*más formal*) **LOC tener compasión de algn** to take pity on sb

compasivo, -a *adj* ~ (**con**) compassionate (**toward** ***sb***)

compatible *adj* compatible

compatriota *nmf* fellow countryman/woman [*pl* fellow countrymen/women]

compenetrarse *v pron* ~ (**con**) to get along well (**with** ***sb***)

compensación *nf* compensation

compensar ◆ *vt* **1** (*dos cosas*) to make up for *sth*: *para ~ la diferencia de precios* to make up for the difference in price **2** (*a una persona*) to repay *sb* (**for** ***sth***): *No sé cómo ~los por todo lo que han hecho.* I don't know how to repay them for all they've done. ◆ *vi*: *No me compensa ir sólo media hora.* It's not worth going for half an hour. ◊ *A la larga compensa.* It's worth it in the long run.

competencia *nf* **1** (*rivalidad, certamen*) competition: *La ~ siempre es buena.* Competition is a good thing. **2** (*eficacia, habilidad*) competence: *falta de ~* incompetence **LOC hacer la competencia** to compete with *sth/sb*

competente *adj* competent: *un profesor ~* a competent teacher

competición *nf* competition

competir *vi* to compete: ~ *por el título* to compete for the title ◊ ~ *con empresas extranjeras* to compete with foreign companies

compinche *nmf* buddy [*pl* buddies]: *Han sido ~s desde que estaban en el colegio.* They've been buddies ever since they were at school.

complacer *vt* to please: *Es bastante difícil ~los.* They're rather hard to please.

complejo, -a *adj, nm* complex: *un ~ de oficinas* an office complex ◊ *tener ~ de gordo* to have a complex about being fat ◊ *tener ~ de superioridad* to have a superiority complex ◊ *Es un problema muy ~.* It's a very complex problem.

complemento *nm* **1** (*suplemento*) supplement: *como ~ a su dieta* as a dietary supplement **2** (*Gram*) object

completar *vt* to complete

completo, -a *adj* complete: *la colección completa* the complete collection ◊ *El equipo está ~.* The team is complete. **LOC por completo** completely *Ver tb* PENSIÓN, TIEMPO

complicado, -a *pp, adj* complicated *Ver tb* COMPLICAR

complicar ◆ *vt* **1** (*liar*) to complicate **2** (*implicar*) to implicate *sb* ***in sth*** ◆ **complicarse** *v pron* to become complicated **LOC complicarse la vida** to make life difficult for yourself

cómplice *nmf* accomplice (***in/to sth***)

complot *nm* plot

componer ◆ *vt* **1** (*formar*) to make *sth* up: *Cuatro relatos componen el libro.* The book is made up of four stories. **2** (*Mús*) to compose ◆ **componerse** *v pron* **componerse de** to consist **of** ***sth***: *El curso se compone de seis asignaturas.* The course consists of six subjects.

comportamiento *nm* behavior [*incontable*]: *Tuvieron un ~ ejemplar.* Their behavior was exemplary.

comportarse *v pron* to behave

composición *nf* composition

compositor, ~a *nm-nf* composer

compota *nf* compote: ~ *de manzana* apple compote

compra *nf* purchase: *una buena ~* a good buy **LOC ir/salir de compras** to go shopping

comprar *vt* to buy: *Quiero ~les un regalo.* I want to buy them a gift. ◊ *¿Me lo compra?* Will you buy it for me? ◊ *Le compré la bicicleta a un amigo.* I bought the bicycle from a friend. **LOC comprar a plazos** to buy *sth* on installments *Ver tb* CONTRABANDO

comprender ◆ *vt, vi* (*entender*) to understand: *Mis papás no me comprenden.* My parents don't understand me. ◊ *Como usted comprenderá…* As you will understand… ◆ *vt* **1** (*darse cuenta*) to realize: *Han comprendido su importancia.* They've realized how important it is. **2** (*incluir*) to include

comprendido, -a *pp, adj*: *niños de edades comprendidas entre los 11 y 13 años* children aged between 11 and 13 *Ver tb* COMPRENDER

comprensión *nf* understanding **LOC** *Ver* MOSTRAR

comprensivo, -a *adj* understanding (***toward sb***)

compresa *nf* sanitary towel

comprimido, -a *pp, adj, nm* (*pastilla*) tablet **LOC** *Ver* PISTOLA

comprobar *vt* to check

comprometedor, ~a *adj* compromising

comprometer ◆ *vt* **1** (*obligar*) to commit *sb* ***to sth/doing sth*** **2** (*poner en un compromiso*) to put *sb* in an awkward position ◆ **comprometerse** *v pron* **1** (*dar tu palabra*) to promise (***to do sth***): *No me comprometo a ir.* I'm not promising I'll go. **2** (*en matrimonio*) to get engaged (***to sb***)

comprometido, -a *pp, adj* (*situación*) awkward *Ver tb* COMPROMETER

compromiso *nm* **1** (*obligación*) commitment: *El matrimonio es un gran ~.* Marriage is a great commitment. **2** (*acuerdo*) agreement **3** (*cita, matrimonial*) engagement **4** (*aprieto*) awkward situation: *Me pone en un ~.* You're putting me in an awkward position. **LOC por compromiso** out of a sense of duty **sin compromiso** without obligation *Ver tb* ARGOLLA

compuesto, -a ◆ *pp, adj* **1** (*gen*) compound: *palabras compuestas* compound words **2 ~ de/por** consisting **of *sth*** ◆ *nm* compound *Ver tb* COMPONER

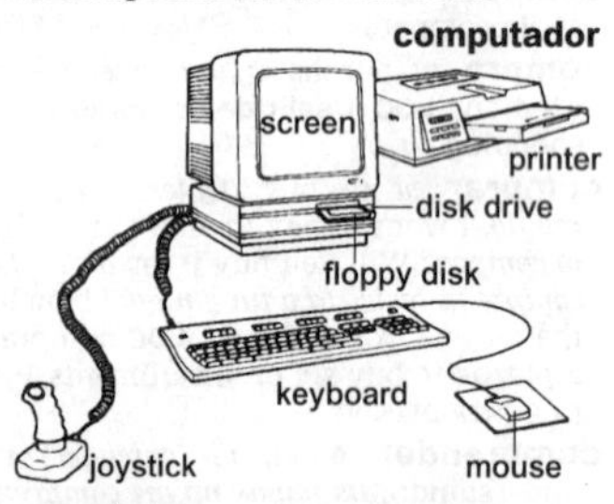

computador *nm* computer **LOC computador personal** personal computer (*abrev* PC)

comulgar *vi* (*Relig*) to take Communion

común *adj* **1** (*gen*) common: *un problema ~* a common problem ◊ *características comunes a un grupo* characteristics common to a group **2** (*compartido*) joint: *un esfuerzo ~* a joint effort **3** (*conocido*) unoriginal: *Ese motilado es muy ~.* That's not a very original haircut. **LOC común y corriente** ordinary: *una casa ~ y corriente* an ordinary house **poner algo en común** to discuss sth **tener algo en común 1** (*aficiones*) to share sth **2** (*parecerse*) to have sth in common *Ver tb* SENTIDO

comunicación *nf* **1** (*gen*) communication: *la falta de ~* lack of communication **2** (*teléfono*): *Se cortó la ~.* We were cut off. **LOC** *Ver* MEDIO

comunicado, -a ◆ *pp, adj* (*transporte*): *Toda esa zona está mal comunicada.* All that area is poorly served by public transportation. ◆ *nm* announcement *Ver tb* COMUNICAR

comunicar ◆ *vt* to communicate *sth* (**to *sb***): *Han comunicado sus sospechas a la policía.* They've communicated their suspicions to the police. ◆ **comunicarse** *v pron* **comunicarse (con) 1** (*gen*) to communicate **with *sth/sb***: *Mi habitación se comunica con la tuya.* My room communicates with yours. ◊ *Me cuesta ~me con los demás.* It's hard for me to communicate with other people. **2** (*ponerse en contacto*) to get in touch **with *sb***: *No puedo ~me con ellos.* I can't get in touch with them.

comunidad *nf* community [*v sing o pl*] [*pl* communities]

comunión *nf* communion **LOC hacer la (primera) comunión** to take (your first) Communion

comunismo *nm* communism

comunista *adj, nmf* communist

con *prep* **1** (*gen*) with: *Vivo con mis papás.* I live with my parents. ◊ *Pégalo con una tachuela.* Stick it up with a thumbtack. ◊ *¿Con qué lo limpia?* What do you clean it with? ☛ A veces se traduce por "and": *pan con mantequilla* bread and butter ◊ *agua con azúcar* sugar and water. También se puede traducir por "to": *¿Con quién hablabas?* Who were you talking to? ◊ *Es muy simpática con todo el mundo.* She is very nice to everybody. **2** (*contenido*) of: *una maleta con ropa* a suitcase (full) of clothes ◊ *un balde con agua y jabón* a bucket of soapy water **3** (*a pesar de*): *Con lo duro que trabajan y no lo van a acabar.* They're working so hard but they won't get it done. ◊ *¡Pero con lo que te gusta el chocolate!* But you're so fond of chocolate! **4 + inf**: *Con estudiar el fin de semana, pasará el examen.* You'll pass if you study on the weekend. ◊ *Será suficiente con llamarlos por teléfono.* All you'll need to do is call them. **LOC con (tal de) que…** as long as…: *con tal de que me avise* as long as you tell me

cóncavo, -a *adj* concave

concebir ◆ *vt* **1** (*idea, plan, novela*) to conceive **2** (*entender*) to understand: *¡Es que no lo concibo!* I just don't understand! ◆ *vt, vi* (*quedar embarazada*) to conceive

conceder *vt* **1** (*gen*) to give: ~ *un préstamo a algn* to give sb a loan ◊ *¿Me concede unos minutos, por favor?* Could you spare me a couple of minutes, please? **2** (*premio, beca*) to award: *Me concedieron una beca.* I was awarded a scholarship. **3** (*reconocer*) to acknowledge: *Hay que ~les algún mérito.* We have to acknowledge that they have some merit.

concejal, ~a *nm-nf* (city) councilor

concejo *nm* **1** (*cabildo*) (city) council [*v sing o pl*] **2** (*edificio*) city hall

concentración *nf* concentration: *falta de ~* lack of concentration

concentrado, -a ◆ *pp, adj* **1** (*persona*): *Estaba tan ~ en la lectura que no le oí entrar.* I was so immersed in the book that I didn't hear you come in. **2** (*sustancia*) concentrated ◆ *nm* concentrate: ~ *de mango* mango juice concentrate *Ver tb* CONCENTRAR

concentrar ◆ *vt* to concentrate ◆ **concentrarse** *v pron* **concentrarse (en)** to concentrate (**on *sth***): *Concéntrese en lo que hace.* Concentrate on what you are doing.

concepto *nm* **1** (*idea*) concept **2** (*opinión*) opinion: *No sé qué ~ tiene de mí.* I don't know what you think of me.

concha *nf* shell

conchudo, -a *adj, nm-nf*: *Tu hermano es un ~.* Your brother has a nerve. ◊ *¡Cómo eres de conchuda!* You've got some nerve!

conciencia *nf* **1** (*sentido moral*) conscience: *tener la ~ limpia* to have a clear conscience **2** (*conocimiento*) consciousness: ~ *de clase* class consciousness **LOC a conciencia** thoroughly **tener la conciencia tranquila** to have a clear conscience *Ver tb* CARGO, OBJETOR, REMORDER, REMORDIMIENTO

concientizar ◆ *vt* to make *sb* aware (***of sth***) ◆ **concientizarse** *v pron* to become aware (***of sth***)

concierto *nm* **1** (*recital*) concert **2** (*composición musical*) concerto [*pl* concertos]

concilio *nm* council

conciso, -a *adj* concise

conciudadano, -a *nm-nf* fellow citizen

concluir ◆ *vt, vi* (*terminar*) to conclude, to finish (*más coloq*) ◆ *vt* (*deducir*) to conclude *sth* (***from sth***): *Concluyeron que era inocente.* They concluded that he was innocent.

conclusión *nf* conclusion: *llegar a/sacar una ~* to reach/draw a conclusion

concordar *vi* ~ **(con) (en que…)** to agree (**with *sth/sb***) (**that…**): *Su respuesta no concuerda con la de él.* Your answer doesn't agree with his. ◊ *Todos concuerdan en que fue un éxito.* Everyone agrees (that) it was a success.

concretar *vt* **1** (*precisar*) to specify **2** (*fecha*) to fix

concreto, -a ◆ *adj* **1** (*específico*) specific: *las tareas concretas que desempeñan* the specific tasks they perform **2** (*preciso*) definite: *una fecha concreta* a definite date ◆ *nm* concrete

concurrido, -a *pp, adj* **1** (*lleno de gente*) crowded **2** (*popular*) popular

concursante *nmf* contestant

concursar *vi* **1** (*en un concurso*) to take part (***in sth***) **2** (*para un puesto*) to compete

concurso *nm* **1** (*juegos de habilidad, Dep*) competition **2** (*Radio, TV*) game show **3** (*para puestos vacantes*): *Conseguí el puesto por ~.* I got the job by going through a selection process of exams and interviews. **LOC concurso de belleza** beauty pageant

condecoración *nf* medal

condecorar *vt* to award *sb* a medal (***for sth***)

condena *nf* sentence **LOC poner una condena** to give *sb* a sentence

condenado, -a *pp, adj* **1** (*maldito*) wretched: *¡Ese ~ perro…!* That wretched dog…! **2** ~ **a** (*predestinado*) doomed (**to *sth***) *Ver tb* CONDENAR

condenar ◆ *vt* **1** (*desaprobar*) to condemn **2** (*Jur*) **(a)** (*a una pena*) to sentence *sb* (***to sth***): ~ *a algn a muerte* to sentence sb to death **(b)** (*por un delito*) to convict *sb* (***of sth***) ◆ **condenarse** *v pron* to go to hell

condensado, -a *pp, adj* **LOC** *Ver* LECHE

condensar(se) *vt, v pron* to condense

condescendiente *adj* **1** (*amable*)

kind (***to sb***) **2** (*transigente*) tolerant (***of/ toward sb***): *Sus papás son muy ~s con él.* His parents are very tolerant (toward him). **3** (*con aires de superioridad*) condescending: *una sonrisita ~* a condescending smile

condición *nf* **1** (*gen*) condition: *Esa es mi única ~.* That is my one condition. ◊ *Lo hago con la ~ de que me ayudes.* I'll do it on condition that you help me. ◊ *Ellos pusieron las condiciones.* They laid down the conditions. ◊ *La mercancía llegó en perfectas condiciones.* The goods arrived in perfect condition. **2** (*social*) background **LOC estar en condiciones de 1** (*físicamente*) to be fit *to do sth* **2** (*tener la posibilidad*) to be in a position *to do sth* **sin condiciones** unconditional: *una rendición sin condiciones* an unconditional surrender ◊ *Aceptó sin condiciones.* He accepted unconditionally.

condicional *adj* conditional **LOC** *Ver* LIBERTAD

condicionar *vt* to condition: *La educación te condiciona.* You are conditioned by your upbringing.

condimentar *vt* to season *sth* (***with sth***)

condimento *nm* seasoning

condón *nm* condom

cóndor *nm* condor

conducción *nf* **LOC** *Ver* ESCUELA, EXAMEN, LICENCIA

conducir *vt, vi* ~ (**a**) (*llevar*) to lead *sb* (**to** ***sth/sb***): *Las pistas nos condujeron al ladrón.* The clues led us to the thief. ◊ *Este camino conduce al palacio.* This path leads to the palace.

conducta *nf* behavior [*incontable*]

conducto *nm* **1** (*tubo*) pipe **2** (*Med*) duct

conductor, ~a *nm-nf* driver

conectar *vt* **1** (*unir*) to connect *sth* (up) (***with/to sth***): *~ la impresora al computador* to connect the printer to the computer **2** (*enchufar*) to plug *sth* in

conejillo *nm* **LOC conejillo de Indias** guinea pig

conejo, -a *nm-nf* rabbit

> **Rabbit** es el sustantivo genérico, **buck** se refiere sólo al macho y su plural es "buck" o "bucks". Para referirnos sólo a la hembra utilizamos **doe**.

conexión *nf* **1** ~ (**con**) connection (**to/ with** ***sth***) **2** ~ (**entre**) connection (**between**...)

confección *nf* **LOC** *Ver* CORTE[1]

confeccionar *vt* to make

conferencia *nf* **1** (*charla*) lecture **2** (*congreso*) conference **LOC** *Ver* PRENSA

conferencista *nmf* lecturer

confesar ◆ *vt, vi* **1** (*gen*) to confess (**to** ***sth/doing sth***): *Tengo que ~ que prefiero el tuyo.* I must confess I prefer yours. ◊ *~ un crimen/asesinato* to confess to a crime/murder ◊ *Confesaron haber robado el banco.* They confessed to robbing the bank. **2** (*cura*) to hear (*sb's*) confession: *Los domingos no confiesan.* They don't hear confession on Sundays. ◊ *¿Quién te confiesa?* Who is your confessor? ◆ **confesarse** *v pron* **1** (*Relig*) **(a)** (*gen*) to go to confession **(b) confesarse de** to confess *sth*, to confess (**to** ***doing sth***) **2** (*declararse*): *Se confesaron autores/culpables del crimen.* They confessed they had committed the crime. **LOC confesar la verdad** to tell the truth

confesión *nf* confession

confesonario (*tb* **confesionario**) *nm* confessional

confesor *nm* confessor

confeti *nm* confetti

confianza *nf* **1** ~ (**en**) confidence (**in** ***sth/sb***): *No tienen mucha ~ en él.* They don't have much confidence in him. **2** (*naturalidad, amistad*): *tratar a algn con ~* to treat sb in a friendly way ◊ *Te lo puedo decir porque tenemos ~.* I can tell you because we're friends. **LOC confianza en uno mismo** self-confidence: *No tengo ~ en mí mismo.* I lack self-confidence. **de confianza** trustworthy: *un empleado de ~* a trustworthy employee **en confianza** in confidence *Ver tb* DIGNO

confiar ◆ *vi* ~ **en 1** (*fiarse*) to trust *sth/ sb* [*vt*]: *Confíe en mí.* Trust me. ◊ *No confío en los bancos.* I don't trust banks. **2** (*esperar*) to hope: *Confío en que no llueva.* I hope it doesn't rain. ◊ *Confío en que lleguen a tiempo.* I hope they arrive on time. ◆ *vt* to entrust *sth/sb* **with** ***sth***: *Sé que puedo ~le la organización de la fiesta.* I know I can entrust him with the arrangements for the party. ◆ **confiarse** *v pron* to be overconfident

confidencial *adj* confidential

confirmar *vt* to confirm

confiscar *vt* to confiscate: *La policía les confiscó los documentos.* The police confiscated their documents.

confite *nm* candy [*pl* candies]

> Nótese que **candy** se usa frecuentemente como sustantivo incontable: *A Carlos le gustan mucho los ~s.* Carlos loves candy. ◊ *Me gustan los confites de anís.* I like aniseed candies.

confitería *nf* **1** (*tienda*) confectioner's [*pl* confectioners] **2** (*ramo comercial*) confectionery

conflicto *nm* conflict: *un ~ entre las dos potencias* a conflict between the two powers **LOC conflicto de intereses** clash of interests

conformarse *v pron* ~ **(con) 1** (*gen*) to be happy (**with *sth*/*doing sth***): *Me conformo con un seis.* I'll be happy with a pass. ◊ *Se conforman con poco.* They're easily pleased. **2** (*resignarse*): *No me gusta, pero tendré que conformarme.* I don't like it, but I'll have to get used to the idea.

conforme ◆ *conj* as: *Se sentaban ~ iban entrando.* They sat down as they arrived. ◆ *adj* **LOC estar conforme (con) 1** (*de acuerdo*) to agree with (*sth*): *Estoy ~ con las condiciones del contrato.* I agree with the terms of the contract. **2** (*contento*) to be satisfied (with *sth/sb*)

conformista *adj, nmf* conformist

confundir ◆ *vt* **1** (*mezclar*) to mix *sth* up: *La bibliotecaria confundió todos los libros.* The librarian mixed up all the books. ◊ *Sepárelos, no los confunda.* Separate them, don't mix them up. **2** (*dejar perplejo*) to confuse: *No me confundas.* Don't confuse me. **3** (*equivocar*) to mistake *sth/sb* **for *sth*/*sb***: *Creo que me confundiste con otra persona.* I think you've mistaken me for somebody else. ◊ *~ la sal con el azúcar* to mistake the salt for the sugar ◆ **confundirse** *v pron* **confundirse (de)** (*equivocarse*): *~se de puerta* to knock/ring at the wrong door ◊ *Se confundió de casa.* You have the wrong house. ◊ *Todo el mundo se puede ~.* We all make mistakes.

confusión *nf* **1** (*falta de claridad*) confusion: *crear ~* to cause confusion **2** (*equivocación*) mistake: *Debe de haber sido una ~.* It must have been a mistake.

confuso, -a *adj* **1** (*poco claro*) confusing: *Sus indicaciones eran muy confusas.* His directions were very confusing. **2** (*desconcertado*) confused

congelador *nm* freezer

congelar ◆ *vt* to freeze ◆ **congelarse** *v pron* **1** (*helarse*) to freeze (over): *El lago se congeló.* The lake has frozen over. **2** (*tener frío*) to be freezing: *Me estoy congelando.* I'm freezing. **3** (*Med*) to get frostbite

congénito, -a *adj* congenital

congestionado, -a *pp, adj* **1** (*calles*) congested: *Las calles están congestionadas por el tráfico.* The streets are congested with traffic. **2** (*nariz*) blocked up: *Todavía tengo la nariz muy congestionada.* My nose is still blocked up. **3** (*cara*) flushed *Ver tb* CONGESTIONAR

congestionar ◆ *vt*: *El accidente congestionó el tráfico.* The accident caused traffic congestion. ◆ **congestionarse** *v pron* (*enrojecer*) to get red in the face

congreso *nm* congress **LOC Congreso de los Diputados** Congress ☛ *Ver pág 318.*

cónico, -a *adj* conical

conífera *nf* conifer

conjugar *vt* to conjugate

conjunción *nf* conjunction

conjuntivitis *nf* conjunctivitis [*incontable*]

conjunto *nm* **1** (*de objetos, obras*) collection **2** (*totalidad*) whole: *el ~ de la industria brasileña* Brazilian industry as a whole **3** (*musical*) group **4** (*ropa*) outfit **5** (*Mat*) set

conjuro *nm* spell

conmigo *pron pers* with me: *Venga ~.* Come with me. ◊ *No quiere hablar ~.* He doesn't want to speak to me. **LOC conmigo mismo** with myself: *Estoy contenta ~ misma.* I'm very pleased with myself.

conmoción *nf* shock **LOC conmoción cerebral** concussion

conmovedor, ~a *adj* moving

conmover *vt* to move

conmutador *nm* switchboard

cono *nm* cone

conocer *vt* **1** (*gen*) to know: *Los conozco desde la universidad.* I know them from college. ◊ *Conozco muy bien París.* I know Paris very well. **2** (*a una persona por primera vez*) to meet: *Los conocí durante las vacaciones.* I met them on vacation. **3** (*saber de la existencia*) to know **of *sth*/*sb***: *¿Conoce un buen hotel?* Do you know of a good hotel? **LOC conocer algo como la palma de la mano** to know sth like the back of your hand **conocer de vista** to know *sb* by sight **se conoce que...** it seems (that)... *Ver tb* ENCANTADO

conocido, -a ◆ *pp, adj (famoso)* well known ◆ *nm-nf* acquaintance *Ver tb* CONOCER

conocimiento *nm* knowledge [*incontable*]: *Pusieron a prueba sus ~s.* They put their knowledge to the test. **LOC perder/recobrar el conocimiento** to lose/regain conciousness **sin conocimiento** unconscious

conque *conj* so: *~ ya lo sabes.* So now you know.

conquista *nf* conquest

conquistador, ~a ◆ *adj* conquering ◆ *nm-nf* **1** *(gen)* conqueror: *Guillermo el Conquistador* William the Conqueror **2** *(América)* conquistador [*pl* conquistadores/conquistadors]

conquistar *vt* **1** *(Mil)* to conquer **2** *(enamorar)* to win *sb's* heart

consagrar *vt* **1** *(Relig)* to consecrate **2** *(dedicar)* to devote *sth* (***to sth***): *Consagraron su vida al deporte.* They devoted their lives to sport. **3** *(lograr fama)* to establish *sth/sb* (**as *sth***): *La exposición lo consagró como pintor.* The exhibit established him as a painter.

consciente *adj* **1** ~ (**de**) conscious, aware *(más coloq)* (**of *sth***) **2** *(Med)* conscious

consecuencia *nf* **1** *(secuela)* consequence: *pagar las ~s* to suffer the consequences **2** *(resultado)* result: *como ~ de aquello* as a result of that

conseguir *vt* **1** *(obtener)* to obtain, to get *(más coloq)*: *~ una visa* to obtain a visa ◊ *~ que algn haga algo* to get sb to do sth **2** *(lograr)* to achieve: *para ~ nuestros objetivos* to achieve our aims **3** *(ganar)* to win: *~ una medalla* to win a medal

consejo *nm* **1** *(recomendación)* advice [*incontable*]: *Te voy a dar un ~.* I'm going to give you some advice. ◊ *No siga sus ~s.* Don't follow their advice. **2** *(organismo)* council **LOC consejo de administración** board of directors **el consejo de ministros** the Cabinet [*v sing o pl*]

consentimiento *nm* consent

consentir *vt* **1** *(tolerar)* to allow: *No consentiré que me trates así.* I won't allow you to treat me like this. ◊ *No se lo consientas.* Don't let him get away with it. **2** *(mimar)* to spoil: *Sus papás lo consienten demasiado.* His parents really spoil him.

conserva *nf* **1** *(en lata)* canned food: *tomates en ~* canned tomatoes **2** *(en cristal)* food in jars

conservador, ~a *adj, nm-nf* conservative

conservar *vt* **1** *(comida)* to preserve **2** *(cosas)* to keep: *Aún conservo sus cartas.* I still have his letters. **3** *(calor)* to retain

conservatorio *nm* school of music

consideración *nf* **1** *(reflexión, cuidado)* consideration: *tomar algo en ~* to take sth into consideration **2** ~ (**por/hacia**) *(respeto)* respect (**for *sb***) **LOC con/sin consideración** considerately/inconsiderately

considerado, -a *pp, adj (respetuoso)* considerate *Ver tb* CONSIDERAR

considerar *vt* **1** *(sopesar)* to weigh, to consider *(más formal)*: *~ los pros y los contras* to weigh the pros and cons **2** *(ver, apreciar)* to regard *sth/sb* (**as *sth***): *La considero nuestra mejor jugadora.* I regard her as our best player.

consignación *nf (de dinero)* deposit

consignar *vt* **1** *(dinero, cheques)* to pay *sth* in: *~ dinero en una cuenta bancaria* to pay money into a bank account **2** *(anotar)* to record: *Consigne lo siguiente en su cuaderno.* Write the following in your notebook.

consigo *pron pers* **1** *(él, ella)* with him/her **2** *(usted, ustedes)* with you **3** *(ellos, ellas)* with them **LOC consigo mismo** with himself, herself, etc

consistir *vi* ~ **en** to consist **of *sth*/*doing sth***: *Mi trabajo consiste en atender al público.* My work consists of dealing with the public.

consola *nf* control panel

consolación *nf* consolation: *premio de ~* consolation prize

consolar *vt* to console: *Traté de ~la por la pérdida de su mamá.* I tried to console her for the loss of her mother.

consonante *nf* consonant

conspiración *nf* conspiracy [*pl* conspiracies]

constancia *nf (perseverancia)* perseverance

constante *adj* **1** *(continuo)* constant **2** *(perseverante)* hard-working: *Mi hijo es muy ~ en sus estudios.* My son works hard at his studies.

constar *vi* **1** *(ser cierto)* to be sure (***of***

sth/that...): *Me consta que ellos no lo hicieron.* I'm sure they didn't do it. **2** ~ **de** to consist **of *sth***: *La obra consta de tres actos.* The play consists of three acts.

constelación *nf* constellation

constipado, -a *pp, adj*: *Estoy ~.* I have a bad cold.

La palabra **constipated** no significa constipado, sino *estreñido*.

constitución *nf* constitution **LOC tener una constitución de hierro** to have an iron constitution

constitucional *adj* constitutional

constituir *vt* to be, to constitute (*formal*): *Puede ~ un riesgo para la salud.* It may be a health hazard.

construcción *nf* building, construction (*más formal*): *en ~* under construction ◊ *Trabajan en la ~.* They're construction workers.

constructor, ~a *nm-nf* building contractor

construir *vt, vi* to build: *~ un futuro mejor* to build a better future ◊ *No han empezado a ~ todavía.* They haven't started building yet.

consuelo *nm* consolation: *Es un ~ saber que no soy el único.* It is (of) some consolation to know that I am not the only one. ◊ *buscar ~ en algo* to seek consolation in sth

cónsul *nmf* consul

consulado *nm* consulate

consulta *nf* **1** (*pregunta*) question: *¿Le puedo hacer una ~?* Could I ask you something? **2** (*Med*) office hours [*pl*]: *La doctora tiene ~ hoy.* The doctor has office hours today. **LOC de consulta** reference: *libros de ~* reference books

consultar *vt* **1** (*gen*) to consult *sth/sb* (***about sth***): *Nos han consultado sobre ese tema.* They've consulted us about this matter. **2** (*palabra, dato*) to look *sth* up: *Consúltelo en el diccionario.* Look it up in the dictionary. **LOC consultar algo con la almohada** to sleep on sth

consultorio *nm* **LOC consultorio sentimental 1** (*Period*) problem page **2** (*Radio*) (phone-in) advice program

consumidor, ~a ◆ *adj* consuming: *países ~es de petróleo* oil-consuming countries ◆ *nm-nf* consumer

consumir *vt* **1** (*gen*) to consume: *un país que consume más de lo que produce* a country which consumes more than it produces **2** (*energía*) to use: *Esta plancha consume mucha luz.* This iron uses a lot of electricity. **LOC consumir preferentemente antes de...** best before...

consumo *nm* consumption **LOC** *Ver* BIEN[3]

contabilidad *nf* **1** (*cuentas*) accounts [*pl*]: *la ~ de una empresa* a company's accounts **2** (*profesión*) accounting **LOC llevar la contabilidad** to do the accounts

contactar *vt* to contact: *Traté de ~ a mi familia.* I tried to contact my family.

contacto *nm* contact **LOC mantenerse/ponerse en contacto con algn** to keep/get in touch with sb **poner a algn en contacto con algn** to put sb in touch with sb *Ver tb* LENTE

contado LOC al contado cash: *pagar algo al/de ~* to pay cash for sth

contador, ~a ◆ *nm-nf* accountant ◆ *nm* meter: *el ~ de energía* the electricity meter

contagiar ◆ *vt* to pass *sth* on ***to sb***: *Le contagió la varicela.* He passed the chickenpox on to her. ◆ **contagiarse** *v pron* to be contagious

contagioso, -a *adj* contagious

contaminación *nf* **1** (*gen*) pollution: *~ atmosférica* atmospheric pollution **2** (*radiactiva, alimenticia*) contamination

contaminar *vt, vi* **1** (*gen*) to pollute: *Los vertidos de la fábrica contaminan el río.* Waste from the factory is polluting the river. **2** (*radiactividad, alimentos*) to contaminate

contante *adj* **LOC** *Ver* PLATA

contar ◆ *vt* **1** (*enumerar, calcular*) to count: *Contó el número de viajeros.* He counted the number of passengers. **2** (*explicar*) to tell: *Nos contaron un cuento.* They told us a story. ◊ *Cuénteme lo de ayer.* Tell me about yesterday. ◆ *vi* **1** (*gen*) to count: *Cuenta hasta 50.* Count to 50. **2** ~ **con** (*confiar*) to count on *sth/sb*: *Cuento con ellos.* I'm counting on them. **LOC ¿qué me cuenta(s)?** how are things? *Ver tb* LARGO

contemplar *vt* to contemplate: *~ un cuadro/una posibilidad* to contemplate a painting/possibility

contemporáneo, -a *adj, nm-nf* contemporary [*pl* contemporaries]

contenedor *nm* **1** (*de basura*) can **2** (*de mercancías*) container

contener *vt* **1** (*gen*) to contain: *Este texto contiene algunos errores.* This text contains a few mistakes. **2** (*aguantarse*) to hold *sth* back: *El niño no podía ~ el llanto.* The little boy couldn't hold back his tears.

contenido *nm* contents [*pl*]: *el ~ de un frasco* the contents of a bottle

contentarse *v pron* ~ **con** to be satisfied **with *sth***: *Se contenta con poco.* He's easily pleased.

contento, -a *adj* **1** (*feliz*) happy **2** ~ (**con/de**) (*satisfecho*) pleased (**with *sth/sb***): *Estamos ~s con el nuevo profesor.* We're pleased with the new teacher. **LOC** *Ver* CABER

contestador *nm* **LOC contestador (automático)** answering machine

contestar ♦ *vt* to answer *sth*, to reply **to *sth*** (*más formal*): *Nunca contestan mis cartas.* They never answer my letters. ♦ *vi* **1** (*dar una respuesta*) to answer, to reply (*más formal*) **2** (*replicar*) to answer back: *¡No me contestes!* Don't mouth off to me!

contigo *pron pers* with you: *Se fue ~.* He left with you. ◊ *Quiero hablar ~.* I want to talk to you. **LOC contigo mismo** with yourself

continente *nm* continent

continuación *nf* continuation **LOC a continuación** (*ahora*) next: *Y a ~ les ofrecemos una película de terror.* And next we have a horror movie.

continuar *vi* **1** (*gen*) to go on (***with sth/doing sth***), to continue (***with sth/to do sth***) (*más formal*): *Continuaremos apoyándole.* We shall go on supporting you. **2** (*estar todavía*) to be still...: *Continúa haciendo mucho calor.* It's still very hot. **LOC continuará...** to be continued...

continuo, -a *adj* continuous, continual ☛ *Ver nota en* CONTINUAL **LOC** *Ver* JORNADA

contorno *nm* **1** (*perfil*) outline **2** (*medida*) measurement: *~ de cintura* waist measurement

contra *prep* **1** (*gen*) against: *la lucha contra el crimen* the fight against crime ◊ *Póngase contra la pared.* Stand against the wall. **2** (*con verbos como lanzar, disparar, tirar*) at: *Lanzaron piedras contra las ventanas.* They threw stones at the windows. **3** (*con verbos como chocarse, arremeter*) into: *Mi carro se chocó contra el muro.* My car crashed into the wall. ◊ *Se estrelló contra un árbol.* He hit a tree. **4** (*golpe, ataque*) on: *Se dio un buen golpe contra el concreto.* She fell down on the concrete. ◊ *un atentado contra su vida* an attempt on his life **5** (*resultado*) to: *Ganaron por once votos contra seis.* They won by eleven votes to six. **6** (*tratamiento, vacuna*) for: *una cura contra el cáncer* a cure for cancer **7** (*enfrentamiento*) versus (*abrev* v, vs): *el Millonarios contra el Nacional* Millonarios v Nacional **LOC en contra (de)** against (*sth/sb*): *¿Estás a favor o en contra?* Are you for or against? ◊ *en contra de su voluntad* against their will *Ver tb* PRO[2]

contraatacar *vi* to fight back

contraataque *nm* counter-attack

contrabajo *nm* (*instrumento*) double bass

contrabandista *nmf* smuggler **LOC contrabandista de armas** gun-runner

contrabando *nm* **1** (*actividad*) smuggling **2** (*mercancía*) contraband **3** (*cargamento*) haul: *un ~ de 500 kg de cocaína* a haul of 500 kg of cocaine **LOC comprar/vender algo de contrabando** to buy/sell sth on the black market **contrabando de armas** gun-running **pasar algo de contrabando** to smuggle sth in

contradecir *vt* to contradict

contradicción *nf* contradiction

contradictorio, -a *adj* contradictory

contraer ♦ *vt* **1** (*gen*) to contract: *~ un músculo* to contract a muscle ◊ *~ deudas/la malaria* to contract debts/malaria **2** (*compromisos, obligaciones*) to take *sth* on ♦ **contraerse** *v pron* (*materiales, músculos*) to contract **LOC contraer matrimonio** to get married (*to sb*)

contraluz *nm o nf* **LOC a contraluz** against the light

contrapeso *nm* counterweight

contrapié **LOC a contrapié** on the wrong foot

contraportada *nf* **1** (*libro*) back cover **2** (*revista, periódico*) back page

contrariedad *nf* setback

contrario, -a ♦ *adj* **1** (*equipo, opinión, teoría*) opposing **2** (*dirección, lado*) opposite **3** ~ (**a**) (*persona*) opposed (**to *sth***) ♦ *nm-nf* opponent **LOC al/por el contrario** on the contrary **de lo contrario** otherwise **llevar la contraria** to disagree: *Les gusta llevar siempre la contraria.* They always like to disagree. **(todo) lo contrario** (quite) the opposite:

Sus profesores opinan lo ~. His teachers think the opposite. *Ver tb* CAMPO

contraseña *nf* password

contrastar *vt, vi* ~ (**con**) to contrast (*sth*) (**with** ***sth***): *~ unos resultados con otros* to contrast one set of results with another

contraste *nm* contrast

contratar *vt* **1** (*gen*) to take *sb* on, to contract (*más formal*) **2** (*deportista, artista*) to sign *sb* on/up

contratiempo *nm* **1** (*problema*) setback **2** (*accidente*) mishap

contrato *nm* contract

contraventana *nf* shutter

contravía *nm*: *manejar/ir en ~* to drive the wrong way (down the road) ◊ *Por ahí no, que es ~.* Not down there, it's one way. ◊ *¡Ese carro va en ~!* That car is driving the wrong way down the road!

contribuir *vi* **1** (*gen*) to contribute (*sth*) (**to/toward** ***sth***): *Contribuyeron con diez millones de soles a la construcción del hospital.* They contributed ten million soles to the construction of the hospital. **2** ~ **a hacer algo** to help **to do sth**: *Contribuirá a mejorar la imagen del colegio.* It will help (to) improve the school's image.

contribuyente *nmf* taxpayer

contrincante *nmf* rival

control *nm* **1** (*gen*) control: *~ de natalidad* birth control ◊ *perder el ~* to lose control **2** (*de policía, Dep*) checkpoint LOC **control remoto** remote control **estar bajo/fuera de control** to be under/out of control *Ver tb* ANTIDOPING

controlar *vt* to control: *~ a la gente/una situación* to control people/a situation

convalidar *vt* to recognize: *~ un título* to have a degree recognized

convencer ◆ *vt* **1** (*gen*) to convince *sb* (**of sth/to do sth/that...**): *Nos convencieron de que estaba bien.* They convinced us that it was right. **2** (*persuadir*) to persuade *sb* (**to do sth**); to talk *sb* (**into doing sth**) (*más coloq*): *A ver si lo convence para que venga.* See if you can persuade him to come. ◆ *vi* to be convincing ◆ **convencerse** *v pron* **convencerse de** to get *sth* into your head: *Tienes que ~te de que se acabó.* You must get it into your head that it's over.

conveniente *adj* convenient: *una hora/un lugar ~* a convenient time/place LOC **ser conveniente**: *Creo que es ~ que salgamos de madrugada.* I think it's a good idea to leave early.

convenio *nm* agreement

convenir ◆ *vi* **1** (*ser conveniente*) to suit: *Haz lo que más te convenga.* Do whatever suits you best. **2** (*ser aconsejable*): *No te conviene trabajar tanto.* You shouldn't work so hard. ◊ *Convendría repasarlo.* We should go over it again. ◆ *vt, vi* ~ (**en**) to agree **on sth/to do sth**: *Hay que ~ la fecha de la reunión.* We must agree on the date of the meeting.

convento *nm* **1** (*de monjas*) convent **2** (*de monjes*) monastery [*pl* monasteries]

conversación *nf* conversation: *un tema de ~* a topic of conversation

conversar *vi* to talk (**to/with sb**) (**about sth/sb**): *Conversamos sobre temas de actualidad.* We talked about current affairs.

convertir ◆ *vt* **1** (*gen*) to turn *sth/sb* **into sth**: *Convirtieron su casa en museo.* His house was turned into a museum. **2** (*Relig*) to convert *sb* (**to sth**) ◆ **convertirse** *v pron* **1 convertirse en** (*llegar a ser*) to become **2 convertirse en** (*transformarse*) to turn into *sth*: *El príncipe se convirtió en rana.* The prince turned into a frog. **3 convertirse** (**a**) (*Relig*) to convert (**to sth**): *Se han convertido al protestantismo.* They have converted to Protestantism. LOC **convertirse en realidad** to come true

convexo, -a *adj* convex

convivir *vi* to live together, to live with *sb*: *Convivieron antes de casarse.* They lived together before they got married. ◊ *Conviví con ella.* I lived with her.

convocar *vt* **1** (*huelga, elecciones, reunión*) to call: *~ una huelga general* to call a general strike **2** (*citar*) to summon: *~ a los líderes a una reunión* to summon the leaders to a meeting

convocatoria *nf* **1** (*huelga, elecciones*) call: *una ~ de huelga/elecciones* a strike call/a call for elections **2** (*Educ*): *Pasé en la ~ de junio.* I passed in June. ◊ *Lo intentaré otra vez en la ~ de septiembre.* I'll try again when they give the exam in September.

coñac *nm* brandy [*pl* brandies]

cooperar *vi* ~ (**con**) (**en**) to cooperate (**with sb**) (**on sth**): *Se negó a ~ con ellos en el proyecto.* He refused to cooperate with them on the project.

coordenada *nf* LOC *Ver* EJE

coordinar *vt* to coordinate

copa *nf* **1** (*vaso*) (wine) glass **2** (*bebida*) drink **3** (*árbol*) top **4 Copa** (*Dep*) Cup: *la Copa Mundial* the World Cup **5 copas** (*Naipes*) ☛ *Ver nota en* BARAJA **LOC** *Ver* SOMBRERO

copetón, -ona *adj* **LOC estar copetón** to be merry

copia *nf* copy [*pl* copies]: *hacer/sacar una* ~ to make a copy

copiar ◆ *vt, vi* to copy *sth* (***from sth/sb***): *¿Copiaste este cuadro del original?* Did you copy this painting from the original? ◊ *Se lo copié a Luis.* I copied it from Luis. ◆ *vt* (*escribir*) to copy *sth* down: *Copiaban lo que el profesor iba diciendo.* They copied down what the teacher said.

copiloto *nmf* **1** (*avión*) copilot **2** (*automóvil*) relief driver

copión, -ona *nm-nf* copycat

copo *nm* flake: *~s de nieve* snowflakes

coquetear *vi* to flirt (***with sb***)

coqueto, -a ◆ *adj* (*que coquetea*) flirtatious ◆ *nm-nf* flirt: *Es un ~.* He's a flirt.

coral[1] *nm* (*Zool*) coral

coral[2] ◆ *adj* choral ◆ *nf* (*coro*) choir

corazón *nm* **1** (*gen*) heart: *en el fondo de su ~* deep down (in his heart) ◊ *en pleno ~ de la ciudad* in the very heart of the city **2** (*fruta*) core: *Pelar y quitar el ~.* Peel and remove the core. **3** (*dedo*) middle finger **4 corazones** (*Naipes*) hearts ☛ *Ver nota en* BARAJA **LOC de todo corazón**: *Lo digo de todo ~.* I mean it with all my heart. **tener buen corazón** to be kind-hearted *Ver tb* OJO

corbata *nf* tie: *Todo el mundo iba con ~.* They were all wearing ties.

corbatín *nm* bow tie

corcharse *v pron* to fail

corchea *nf* (*Mús*) eighth note

corcho *nm* **1** (*gen*) cork **2** (*pesca*) float

cordel *nm* string

cordero, -a *nm-nf* lamb

cordillera *nf* mountain range: *la ~ Oriental* the Eastern Andes

cordón *nm* **1** (*cuerda*) cord **2** (*zapato*) (shoe)lace: *amarrarse los cordones de los zapatos* to do your shoelaces up **3** (*electricidad*) lead **LOC cordón policial** police cordon **cordón umbilical** umbilical cord

córnea *nf* cornea

corneta *nf* bugle

coro *nm* (*Arquit, coral*) choir

corona *nf* **1** (*de un rey, la monarquía, diente*) crown **2** (*de flores*) wreath

coronación *nf* (*de un rey*) coronation

coronar *vt* to crown: *Lo coronaron rey.* He was crowned king.

coronel *nmf* colonel

coronilla *nf* **1** (*gen*) crown **2** (*calvo*) bald patch **LOC estar hasta la coronilla** to be sick to death *of sth/sb/doing sth*

corporal *adj* **1** (*gen*) body [*n atrib*]: *lenguaje/temperatura ~* body language/temperature **2** (*necesidades, funciones, contacto*) bodily: *las necesidades ~es* bodily needs

corpulento, -a *adj* hefty

corral *nm* **1** (*para animales*) yard **2** (*de niño*) playpen

correa *nf* **1** (*cinturón*) belt **2** (*reloj, zapato, etc*) strap: *~ del reloj* watch strap **3** (*para perro*) leash

corrección *nf* correction: *hacer correcciones en un texto* to make corrections to a text

correcto, -a *adj* correct: *el resultado ~* the correct result ◊ *Tu abuelo es muy ~.* Your grandfather is very correct.

corredizo, -a *adj* **LOC** *Ver* NUDO, PUERTA

corredor, ~a ◆ *nm-nf* **1** (*atleta*) runner **2** (*ciclista*) cyclist ◆ *nm* (*pasillo*) corridor

corregimiento *nm* small village

corregir *vt* to correct: *~ exámenes* to correct final exams ◊ *Corrígeme si lo digo mal.* Correct me if I get it wrong.

correo *nm* **1** (*gen*) mail: *Me llegó en el ~ del jueves.* It came in the mail on Thursday. ☛ *Ver nota en* MAIL **2** (*oficina*) post office **LOC correo aéreo** airmail **del correo** postal: *huelga/paro del ~* postal strike **echar algo al correo** to mail sth

correr ◆ *vi* **1** (*gen*) to run: *Corrían por el patio.* They were running around the schoolyard. ◊ *Salí corriendo detrás de él.* I ran out after him. ◊ *Cuando me vio echó a ~.* He ran off when he saw me. **2** (*apurarse*) to hurry: *No corras, aún tienes tiempo.* There's no need to hurry, you've still got time. ◊ *¡Corre!* Hurry up! **3** (*automóvil*) to go fast: *Su moto corre mucho.* His motorcycle goes very fast. **4** (*conducir deprisa*) to drive fast **5** (*líquidos*) to flow: *El agua corría por la calle.* Water flowed down the street. ◆ *vt* **1** (*mover*) to move *sth* (along/down/over/up): *Corre un poco la silla.* Move your chair over a little. **2** (*cortina*) to draw **3** (*Dep*) to compete **in** ***sth***: ~ *los 100 metros planos* to compete in the 100 meters ◆ **correrse** *v pron* **1** (*moverse una persona*) to move up/over **2** (*tinta, maquillaje*) to run **LOC correr la voz** to spread the word (*that...*) **salir corriendo** to rush off: *Miró su reloj y salió corriendo.* He looked at his watch and rushed off. *Ver tb* PAREJO

correspondencia *nf* **1** (*correo*) correspondence **2** (*relación*) relation

corresponder *vi* **1** (*tener derecho*) to be entitled ***to sth***: *Te corresponde lo mismo que a los demás.* You're entitled to exactly the same as the others. **2** (*pertenecer, ser adecuado*): *Pon una cruz donde corresponda.* Check as appropriate. ◊ *Ese texto corresponde a otra foto.* That text goes with another photograph. **3** (*premio*) to go **to** ***sth/sb***: *El premio le correspondió a mi grupo.* The prize went to my group.

correspondiente *adj* **1** ~ (**a**) (*gen*) corresponding (**to** ***sth***): *¿Cuál es la expresión ~ en chino?* What's the corresponding expression in Chinese? ◊ *las palabras ~s a las definiciones* the words corresponding to the definitions **2** (*propio*) own: *Cada estudiante tendrá su título ~.* Each student will have their own diploma. **3** (*adecuado*) relevant: *presentar la documentación ~* to produce the relevant documents **4** ~ **a** for: *temas ~s al primer trimestre* subjects for the first term

corresponsal *nmf* correspondent

corrida *nf* **LOC corrida** (**de toros**) bullfight

corriente ◆ *adj* **1** (*normal*) ordinary: *gente ~* ordinary people **2** (*común*) common: *un árbol muy ~* a very common tree ◆ *nf* **1** (*agua, electricidad*) current: *Fueron arrastrados por la ~.* They were swept away by the current. **2** (*aire*) draft **LOC ponerse al corriente** to get up to date *Ver tb* AGUA, COMÚN, GENTE, SEGUIR

corro *nm* **1** (*personas*) circle: *hacer* (*un*) ~ to form a circle **2** (*juego*) ring-around-the-rosy

corroer(**se**) *vt, v pron* (*metales*) to corrode

corromper *vt* to corrupt

corrugado, -a *pp, adj* corrugated: *cartón ~* corrugated cardboard

corrupción *nf* corruption

cortacésped *nm* lawnmower

cortada *nf* cut: *una ~ en el dedo* a cut on your finger

cortado, -a *pp, adj* embarrassed: *estar/quedarse ~* to be embarrassed *Ver tb* CORTAR

cortar ◆ *vt* **1** (*gen*) to cut: *Córtalo en cuatro pedazos.* Cut it into four pieces. **2** (*agua, luz, parte del cuerpo, rama*) to cut *sth* off: *Cortaron el teléfono/gas.* The telephone/gas has been cut off. ◊ *La máquina le cortó un dedo.* The machine cut off one of his fingers. **3** (*con tijeras*) to cut *sth* out: *Corté los pantalones siguiendo el patrón.* I cut out the pants according to the pattern. ◆ *vi* to cut: *Este cuchillo no corta.* This knife doesn't cut. ◊ *Ten cuidado que esas tijeras cortan mucho.* Be careful, those scissors are very sharp. ◆ **cortarse** *v pron* **1** (*herirse*) to cut: *Me corté la mano con los cristales.* I cut my hand on the glass. **2** (*leche, mayonesa*) to curdle **3** (*teléfono*): *Estábamos hablando y de repente se cortó.* We were talking and then suddenly we got cut off. **4** (*turbarse*) to get embarrassed **LOC cortar el césped** to mow the lawn **cortarse el pelo 1** (*uno mismo*) to cut your hair **2** (*en la peluquería*) to have your hair cut

cortaúñas *nm* nail clippers [*pl*]

corte[1] *nm* cut: *Sufrió varios ~s en el brazo.* He got several cuts on his arm. ◊ *un ~ de luz* a power outage **LOC corte de pelo** haircut **corte** (**y confección**) dressmaking

corte[2] *nf* court

cortesía *nf* courtesy [*pl* courtesies]: *por ~* out of courtesy

corteza *nf* **1** (*árbol*) bark **2** (*pan*) crust **3** (*queso*) rind **LOC la corteza terrestre** the earth's crust

cortina *nf* curtain: *abrir/cerrar las ~s* to draw the curtains

corto, -a ◆ *adj* **1** (*gen*) short: *Ese pantalón te queda ~.* Those pants are too short for you. ◊ *una camisa de manga corta* a short-sleeved shirt **2** (*persona*) dumb ◆ *nm* (*Cine*) trailer **LOC ni corto ni perezoso** without thinking twice **ser corto de vista** to be short-sighted

cortocircuito *nm* short-circuit

cortometraje *nm* short (movie)

cosa *nf* **1** (*gen*) thing: *Una ~ ha quedado clara...* One thing is clear... **2** (*algo*): *Te quería preguntar una ~.* I wanted to ask you something. **3** (*nada*) nothing, anything: *No hay ~ más impre-*

sionante que el mar. There's nothing more impressive than the ocean. **4 cosas** (*asuntos*) affairs: *Quiero solucionar primero mis ~s.* I want to sort out my own affairs first. ◊ *Nunca habla de sus ~s.* He never talks about his personal life. **LOC ¡cosas de la vida!** that's life! **entre una cosa y otra** what with one thing and another **¡lo que son las cosas!** would you believe it! **¡qué cosa más rara!** how odd! **ser cosa de algn**: *Esta broma es ~ de mi hermana.* This joke must be my sister's doing. **ser poca cosa 1** (*herida*) not to be serious **2** (*persona*) to be a poor little thing **ver cosa igual/semejante**: *¿Habráse visto ~ igual?* Did you ever see anything like it? *Ver tb* ALGUNO, CADA, CUALQUIERA, OTRO

cosecha *nf* **1** (*gen*) harvest: *Este año habrá buena ~.* There's going to be a good harvest this year. **2** (*vino*) vintage: *la ~ del 85* the 1985 vintage

cosechar *vt, vi* to harvest

coser *vt, vi* to sew: *~ un botón* to sew a button on

cosmético, -a *adj, nm* cosmetic

cósmico, -a *adj* cosmic

cosmos *nm* cosmos

cosquillas *nf* **LOC hacer cosquillas** to tickle **tener cosquillas** to be ticklish: *Tengo muchas ~ en los pies.* My feet are very ticklish.

costa[1] *nf* coast: *Cartagena está en la ~ del Caribe.* Cartagena is on the Caribbean coast.

costa[2] **LOC a costa de** at *sb's* expense: *a ~ de nosotros* at our expense **a costa de lo que sea/a toda costa** at all costs *Ver tb* VIVIR

costado *nm* side: *Duermo de ~.* I sleep on my side.

costal *nm* **1** (*grande*) sack **2** (*pequeño*) bag

costar *vi* **1** (*gen*) to cost: *El tiquete cuesta 30 dólares.* The ticket costs $30. ◊ *El accidente costó la vida a cien personas.* The accident cost the lives of a hundred people. **2** (*tiempo*) to take: *Leerme el libro me costó un mes.* It took me a month to read the book. **3** (*resultar difícil*) to find it hard (***to do sth***): *Me cuesta levantarme temprano.* I find it hard to get up early. **LOC costar mucho/poco 1** (*dinero*) to be expensive/cheap **2** (*esfuerzo*) to be hard/easy **costar trabajo**: *Me cuesta trabajo madrugar.* I find it hard to get up early. ◊ *Este vestido me costó mucho trabajo.* This dress was a lot of work. **costar un riñón/un ojo de la cara** to cost an arm and a leg *Ver tb* CARO, CUÁNTO

costilla *nf* rib

costo *nm* cost: *el ~ de la vida* the cost of living

costra *nf* scab

costumbre *nf* **1** (*de una persona*) habit: *Escuchamos el radio por ~.* We listen to the radio out of habit. **2** (*de un país*) custom: *Es una ~ colombiana.* It's a Colombian custom. **LOC de costumbre** usual: *más simpático que de ~* nicer than usual *Ver tb* AGARRAR, QUITAR

costura *nf* **1** (*labor*) sewing: *una caja de ~* a sewing box **2** (*puntadas*) seam: *Se descosió el abrigo por la ~.* The seam of the coat has come undone. **3** (*asignatura fácil*) easy subject: *Esa materia es pura ~.* That subject is a cinch.

cotidiano, -a *adj* daily

cotorra *nf* parrot

coyote *nm* coyote

coz *nf* kick: *dar/pegar coces* to kick

cranear(se) *vt, v pron* (*planear*) to figure *sth* out

cráneo *nm* skull, cranium [*pl* crania] (*científ*)

cráter *nm* crater

creación *nf* creation

creador, ~a *nm-nf* creator

crear ◆ *vt* **1** (*gen*) to create: *~ problemas* to create problems **2** (*empresa*) to set *sth* up ◆ **crearse** *v pron*: *~se enemigos* to make enemies

creatividad *nf* creativity

creativo, -a *adj* creative

crecer *vi* **1** (*gen*) to grow: *¡Cómo te ha crecido el pelo!* Hasn't your hair grown! **2** (*criarse*) to grow up: *Crecí en el campo.* I grew up in the country. **3** (*río*) to rise **LOC dejarse crecer el pelo, la barba, etc** to grow your hair, a beard, etc

creciente *adj* increasing **LOC** *Ver* CUARTO, LUNA

crecimiento *nm* growth

crédito *nm* **1** (*préstamo*) loan **2** (*forma de pago*) credit: *comprar algo a ~* to buy sth on credit

credo *nm* creed

crédulo, -a *adj* gullible

creencia *nf* belief [*pl* beliefs]

creer ◆ *vt, vi* **1** (*aceptar como verdad, tener fe*) to believe (***in sth/sb***): *~ en la* *justicia* to believe in justice ◊ *Nadie me creerá.* Nobody will believe me. **2** (*pensar*) to think: *Creen haber descubierto la verdad.* They think they've uncovered the truth. ◊ *¿Tú crees?* Do you think so? ◊ *—¿Lloverá mañana? —No creo.* "Will it rain tomorrow?" "I don't think so." ♦ **creerse** *v pron* **1** (*gen*) to believe: *No me lo creo.* I don't believe it. **2** (*a uno mismo*) to think you are *sth/sb*: *Se cree muy listo.* He thinks he's very clever. ◊ *¿Qué se habrán creído?* Who do they think they are? **LOC creo que sí/no** I think so/I don't think so

creído, -a *pp, adj, nm-nf* (*engreído*) conceited [*adj*]: *ser un ~* to be conceited *Ver tb* CREER

crema *nf* **1** (*gen*) cream: *Echate/Ponte un poco de ~ en la espalda.* Put some cream on your back. ◊ *una bufanda color ~* a cream (colored) scarf **2** (*pastelería*) confectioner's custard **LOC crema de afeitar** shaving cream **crema de leche** cream **crema dental** toothpaste **la crema y nata** the crème de la crème *Ver tb* DESMAQUILLADOR, HIDRATANTE

cremallera *nf* **1** (*gen*) zipper: *No puedo subir la ~.* I can't do my zipper up. ◊ *Bájame la ~ (del vestido).* Unzip my dress for me. **2** (*del pantalón*) fly: *Tienes la ~ abajo.* Your fly is open.

crematorio *nm* crematorium [*pl* crematoria]

crepe *nf* crêpe

crepúsculo *nm* twilight

crespo, -a ♦ *adj* curly: *Tengo el pelo ~.* I have curly hair. ♦ *nm* (*pelo*) curl

cresta *nf* **1** (*gallo*) comb **2** (*otras aves, montaña, ola*) crest

creyente *nmf* believer **LOC no creyente** non-believer

cría *nf* **1** (*animal recién nacido*) baby [*pl* babies]: *una ~ de conejo* a baby rabbit **2** (*crianza*) breeding: *la ~ de perros* dog breeding

criadero *nm* farm: *~ de peces* fish farm **LOC criadero de perros** kennels [*pl*]

criado, -a *nm-nf* servant

criar ♦ *vt* **1** (*educar*) to bring *sb* up **2** (*animales*) to rear ♦ **criarse** *v pron* to grow up: *Me crié en la ciudad.* I grew up in the city. **LOC** *Ver* MOHO

crimen *nm* **1** (*gen*) crime: *cometer un ~* to commit a crime **2** (*asesinato*) murder

criminal *adj, nmf* criminal

crin *nf* **crines** mane [*sing*]

crisis *nf* crisis [*pl* crises]

crisma *nf* (*cabeza*) **LOC** *Ver* ROMPER

crispeta *nf* **crispetas** popcorn [*incontable, v sing*]: *¿Quiere unas ~s?* Would you like some popcorn?

cristal *nm* **1** (*gen*) glass [*incontable*]: *Me corté con un ~ roto.* I cut myself on a piece of broken glass. **2** (*vidrio fino, mineral*) crystal: *una licorera de ~* a crystal decanter **3** (*lámina*) pane: *el ~ de la ventana* the window pane

cristalero, -a *nm-nf* glazier

cristalino, -a *adj* (*agua*) crystal clear

cristianismo *nm* Christianity

cristiano, -a *adj, nm-nf* Christian

Cristo *n pr* Christ **LOC antes/después de Cristo** BC/AD

criterio *nm* **1** (*principio*) criterion [*pl* criteria] [*se usa mucho en plural*] **2** (*capacidad de juzgar, Jur*) judgement: *tener buen ~* to have sound judgement **3** (*opinión*) opinion: *según nuestro ~* in our opinion

crítica *nf* **1** (*gen*) criticism: *Estoy harta de tus ~s.* I'm fed up with your criticisms. **2** (*en un periódico*) review, write-up (*más coloq*): *La obra ha tenido una ~ excelente.* The play got an excellent review. **3** (*conjunto de críticos*) critics [*pl*]: *bien acogida por la ~* well received by the critics

criticar *vt, vi* to criticize

crítico, -a *nm-nf* critic

cromo *nm* **1** (*de colección*) picture card **2** (*Quím*) chromium

crónico, -a *adj* chronic

cronológico, -a *adj* chronological

cronometrar *vt* to time

cronómetro *nm* (*Dep*) stopwatch

croqueta *nf* croquette

cruasán *nm* croissant ☛ *Ver dibujo en* PAN

cruce *nm* **1** (*de carreteras*) intersection: *Al llegar al ~, gira a la derecha.* Turn right when you reach the intersection. **2** (*para peatones*) crosswalk **3** (*híbrido*) cross: *un ~ de bóxer y doberman* a cross between a boxer and a Dobermann

crucero *nm* (*viaje*) cruise: *hacer un ~* to go on a cruise

crucificar *vt* to crucify

crucifijo *nm* crucifix

crucigrama *nm* crossword: *hacer un ~* to do a crossword

crudo, -a ♦ *adj* **1** (*sin cocinar*) raw **2** (*poco hecho*) underdone **3** (*clima, realidad*) harsh **4** (*ofensivo*) shocking: *unas* *escenas crudas* some shocking scenes ◆ *nm* crude oil

cruel *adj* cruel

crueldad *nf* cruelty [*pl* cruelties]

crujido *nm* **1** (*hojas secas, papel*) rustle **2** (*madera, huesos*) creak

crujiente *adj* (*alimentos*) crunchy

crujir *vi* **1** (*hojas secas*) to rustle **2** (*madera, huesos*) to creak **3** (*alimentos*) to crunch **4** (*dientes*) to grind

crustáceo *nm* crustacean

cruz *nf* cross: *Señale la respuesta con una ~.* Put an "x" next to the answer. **LOC Cruz Roja** Red Cross *Ver tb* BRAZO

cruzado, -a *pp, adj* **LOC** *Ver* BRAZO, PIERNA; *Ver tb* CRUZAR

cruzar ◆ *vt* **1** (*gen*) to cross: *~ la calle/un río* to cross the street/a river ◊ *~ la calle corriendo* to run across the street ◊ *~ el río a nado* to swim across the river ◊ *~ las piernas* to cross your legs **2** (*palabras, miradas*) to exchange ◆ **cruzarse** *v pron* to meet (*sb*): *Nos cruzamos en el camino.* We met on the way. **LOC cruzar los brazos** to fold your arms

cuaderno *nm* **1** (*gen*) notebook **2** (*de ejercicios*) exercise book

cuadra *nf* **1** (*distancia*) block: *Hay tres ~s de aquí hasta mi casa.* It's only three blocks to my house from here. **2** (*para caballos*) stable

cuadrado, -a *adj, nm* square **LOC estar cuadrado** to be stocky *Ver tb* ELEVADO, RAÍZ; *Ver tb* CUADRAR

cuadrar ◆ *vi* ~ (**con**) to square (**with** ***sth***): *La noticia no cuadra con lo ocurrido.* The news doesn't square with what happened. ◆ *vt* (*Com*) to balance ◆ **cuadrarse** *v pron* **1** (*parquearse*) to park **2** (*ennoviarse*) to get engaged **3** (*Mil*) to stand to attention **LOC cuadrar la caja** to cash up

cuadriculado, -a *adj* **LOC** *Ver* PAPEL

cuadro *nm* **1** (*Arte*) painting **2 cuadros** (*tela*) plaid [*sing*]: *unos pantalones de ~s* plaid pants ◊ *Los ~s te favorecen.* You look good in plaid. **LOC cuadro escocés** plaid *Ver tb* ÓLEO

cuádruple ◆ *adj* quadruple ◆ *nm* four times: *¿Cuál es el ~ de cuatro?* What is four times four?

cuajar ◆ *vt* **1** (*leche*) to curdle **2** (*yogur*) to set ◆ *vi* to get off the ground: *El proyecto nunca cuajó.* The project never got off the ground. ◆ **cuajarse** *v pron* **1** (*leche*) to curdle **2** (*yogur*) to set

cual *pron rel* **1** (*persona*) whom: *Tengo diez alumnos, de los ~es dos son ingleses.* I have ten students, two of whom are English. ◊ *la familia para la ~ trabaja* the family he works for ☛ *Ver nota en* WHOM **2** (*cosa*) which: *Le pegó, lo ~ no está nada bien.* He hit her, which just isn't right. ◊ *un trabajo en el ~ me siento muy cómodo* a job I feel very comfortable in ☛ *Ver nota en* WHICH **LOC** *Ver* CADA

cuál *pron interr* **1** (*gen*) what: *¿~ es la capital de Perú?* What's the capital of Peru? **2** (*entre varios*) which (one): *¿~ prefieres?* Which one do you prefer? ☛ *Ver nota en* WHAT

cualidad *nf* quality [*pl* qualities]

cualquiera (*tb* **cualquier**) ◆ *adj* **1** (*gen*) any: *Cualquier bus que vaya al centro te sirve.* You can get any bus that goes into town. ◊ *en cualquier caso* in any case ☛ *Ver nota en* SOME **2** (*uno cualquiera*) any old: *Trae un trapo ~.* Get any old cloth. ◆ **cualquiera** *pron* **1** (*cualquier persona*) anybody: *~ puede equivocarse.* Anybody can make a mistake. **2** (*entre dos*) either (one): *~ de los dos me sirve.* Either (of them) will do. ◊ *—¿Cuál de las mermeladas puedo usar? —Cualquiera.* "Which jam can I use?" "Either one (of them)." **3** (*entre más de dos*) any (one): *en ~ de esas ciudades* in any one of those cities ◆ **cualquiera** *nmf* (*don nadie*) nobody: *No es más que un ~.* He is just a nobody. **LOC cualquier cosa** anything **cualquier cosa que…** whatever: *Cualquier cosa que pide, se la compran.* They buy her whatever she wants. **en cualquier lugar/parte/sitio** anywhere **por cualquier cosa** over the slightest thing: *Discuten por ~ cosa.* They argue over the slightest thing.

cuando *adv* when: *~ venga Juan iremos al zoológico.* When Juan gets here, we'll go to the zoo. ◊ *Me atacaron ~ volvía del cine.* I was attacked as I was going home from the cinema. ◊ *Pásese por el banco ~ quiera.* Pop into the bank whenever you want. **LOC cuando mucho** at most **cuando sea grande** when I, you, etc grow up: *~ sea grande quiero ser médico.* I want to be a doctor when I grow up. **de cuando en cuando** from time to time *Ver tb* VEZ

cuándo *adv interr* when: *¿~ es tu examen?* When's your exam? ◊ *Pregúntale ~ va a llegar.* Ask him when he'll be arriving. **LOC ¿desde cuándo?** how long...?: *¿Desde ~ juegas tenis?* How long have you been playing tennis?

> También se puede decir **since when?** pero tiene un fuerte matiz irónico: *Pero tú ¿desde cuándo te interesas por el deporte?* And since when have you been interested in sport?

¿hasta cuándo? how long...: *¿Hasta ~ te quedas?* How long are you staying?

cuanto, -a *adj*: *Haz cuantas pruebas sean necesarias.* Do whatever tests are necessary. ◊ *Lo haré cuantas veces haga falta.* I will do it as many times as I have to. **LOC cuanto antes** as soon as possible **en cuanto** as soon as: *En ~ me vieron, salieron corriendo.* As soon as they saw me, they ran off. **en cuanto a...** as for... **unos cuantos** a few: *unos ~s amigos* a few friends ◊ *Unos ~s llegaron tarde.* A few people were late.

cuánto, -a ◆ *adj*

- **uso interrogativo 1** (+ *sustantivo incontable*) how much: *¿~ dinero te gastaste?* How much money did you spend? **2** (+ *sustantivo contable*) how many: *¿Cuántas personas había?* How many people were there?
- **uso exclamativo**: *¡~ vino han tomado!* What a lot of wine they've drunk! ◊ *¡A cuántas personas ha ayudado!* He's helped so many people!

◆ *pron* how much [*pl* how many] ◆ *adv* **1** (*uso interrogativo*) how much **2** (*uso exclamativo*): *¡~ los quiero!* I'm so fond of them!

LOC ¿cuánto es/cuesta/vale? how much is it? **¿cuánto (tiempo)/cuántos días, meses, etc?** how long...?: *¿~ tardaste en llegar?* How long did it take you to get here? ◊ *¿~s años llevas en Londres?* How long have you been living in London? *Ver tb* CADA

cuarenta *nm, adj, pron* **1** (*gen*) forty **2** (*cuadragésimo*) fortieth ☛ *Ver ejemplos en* SESENTA **LOC los cuarenta principales** the top forty *Ver tb* CANTAR

cuaresma *nf* Lent: *Estamos en ~.* It's Lent. **LOC** *Ver* CADA

cuarta *nf*: *Es una ~ más alto que yo.* He's several inches taller than me.

cuartel *nm* barracks [*v sing o pl*]: *El ~ está muy cerca de aquí.* The barracks is/are very near here. **LOC cuartel general** headquarters [*v sing o pl*]

cuartilla *nf* sheet of paper

cuarto *nm* room: *No entres en mi ~.* Don't go into my room. **LOC cuarto de baño** bathroom **cuarto de estar** living room **cuarto de los chécheres** lumber room **cuarto de San Alejo/del reblujo** junkroom **hacerle un cuarto a algn** to cover for sb

cuarto, -a ◆ *adj, pron, nm-nf* fourth (*abrev* 4th) ☛ *Ver ejemplos en* SEXTO ◆ *nm* quarter: *un ~ de hora/kilo* a quarter of an hour/a kilo ◆ **cuarta** *nf* (*marcha*) fourth (gear) **LOC cuarto creciente/menguante** first/last quarter **cuartos de final** quarter finals **un cuarto para** a quarter to: *Llegaron a un ~ para las diez.* They arrived at a quarter to ten. **y cuarto** a quarter after: *Es la una y ~.* It's a quarter after one.

cuatro *nm, adj, pron* **1** (*gen*) four **2** (*fecha*) fourth ☛ *Ver ejemplos en* SEIS **LOC en cuatro patas** on all fours: *ponerse en ~ patas* to get down on all fours

cuatrocientos, -as *adj, pron, nm* four hundred ☛ *Ver ejemplos en* SEISCIENTOS

cúbico, -a *adj* cubic: *metro ~* cubic meter **LOC** *Ver* RAÍZ

cubierta *nf* (*Náut*) deck: *subir a ~* to go up on deck

cubiertería *nf* silverware

cubierto, -a ◆ *pp, adj* **1** ~ **(de/por)** covered **(in/with *sth*)**: *~ de manchas* covered in stains ◊ *El sillón estaba ~ con una sábana.* The chair was covered with a sheet. **2** (*cielo, día*) overcast **3** (*instalación*) indoor: *una piscina cubierta* an indoor swimming pool ◆ *nm* silverware [*incontable*]: *Sólo me falta poner los ~s.* I have just to put out the silverware. ◊ *Todavía no ha aprendido a usar los ~s.* He hasn't learned how to use a knife and fork yet. **LOC ponerse a cubierto** to take cover *from sth/sb* *Ver tb* CUBRIR

cubilete *nm* (*para dados*) shaker

cubo *nm* cube

cubrecama *nm* bedspread

cubrir *vt* to cover *sth/sb* (**with *sth***): *Han cubierto las paredes de propaganda electoral.* They've covered the walls with election posters. ◊ *~ los gastos de desplazamiento* to cover traveling expenses

cucaracha *nf* cockroach

cuchara *nf* spoon **LOC cuchara de palo/madera** wooden spoon

cucharada *nf* spoonful: *dos ~s de azúcar* two spoonfuls of sugar

cucharadita *nf* teaspoonful

cucharita *nf* teaspoon

cucharón *nm* ladle
cuchichear *vi* to whisper
cuchilla *nf* blade **LOC** *Ver* AFEITARSE
cuchillo *nm* knife [*pl* knives]
cuclillas **LOC en cuclillas** squatting **ponerse en cuclillas** to squat
cucú *nm* cuckoo [*pl* cuckoos] **LOC** *Ver* RELOJ
cucurucho *nm* **1** (*helado*) cornet **2** (*papel*) cone **3** (*gorro*) pointed hood
cuello *nm* **1** (*gen*) neck: *Me duele el ~.* My neck hurts. ◊ *el ~ de una botella* the neck of a bottle **2** (*prenda de vestir*) collar: *el ~ de la camisa* the shirt collar **LOC cuello alto/de tortuga** turtleneck **cuello en V** V-neck **cuello ortopédico** (surgical) collar *Ver tb* AGUA, SOGA
cuenca *nf* (*Geog*) basin: *la ~ del Amazonas* the Amazon basin **LOC cuenca minera** (*de carbón*) coalfield
cuenta *nf* **1** (*Com, Fin*) account: *una ~ corriente* a checking account **2** (*factura*) bill: *la ~ del teléfono* the phone bill ◊ *¡Camarero, la ~ por favor!* Could I have the check, please? **3** (*operación aritmética*) sum: *No me salen las ~s.* I can't work this out. **4** (*rosario*) bead **LOC cuenta atrás** countdown **darse cuenta de 1** (*gen*) to realize (*that* ...): *Me di ~ de que no me estaban escuchando.* I realized (that) they weren't listening. **2** (*ver*) to notice *sth/that* ... **echar/sacar la cuenta** to work *sth* out **hacer cuentas** to work *sth* out **tener/tomar en cuenta 1** (*hacer caso*) to bear *sth* in mind: *Tendré en ~ los consejos que me das.* I'll bear your advice in mind. **2** (*reprochar*) to take *sth* to heart: *No se lo tomes en ~.* Don't take it to heart. *Ver tb* AJUSTAR
cuentakilómetros *nm* ≃ milometer
cuentista *nmf* short-story writer
cuento *nm* **1** (*gen*) story [*pl* stories]: *~s de hadas* fairy stories ◊ *Cuéntame un ~.* Tell me a story. **2** (*mentira*) fib: *No me vengas con ~s.* Don't tell fibs. **LOC cuento chino** tall story **no venir a cuento** to be irrelevant: *Lo que dices no viene a ~.* What you say is irrelevant. *Ver tb* TRAGAR
cuerda *nf* **1** (*gen*) rope: *una ~ de saltar* a jump rope ◊ *Amárralo con una ~.* Tie it with some rope. **2** (*Mús*) string: *instrumentos de ~* stringed instruments **LOC cuerdas vocales** vocal chords **dar cuerda a algn** to encourage sb (to talk) **dar cuerda a un reloj** to wind a clock/watch
cuerdo, -a *adj* sane
cuerno *nm* horn **LOC ponerle los cuernos a algn** (*ser infiel*) to cheat on sb *Ver tb* AGARRAR
cuero *nm* leather: *una chaqueta de ~* a leather jacket **LOC en cueros** stark naked
cuerpo *nm* body [*pl* bodies] **LOC a cuerpo de rey** like a king **cuerpo de bomberos** fire department **de cuerpo entero** full-length: *una fotografía de ~ entero* a full-length photograph **sacarle el cuerpo a algn** to avoid sb: *No me sigas sacando el ~.* Stop avoiding me.
cuervo *nm* crow
cuesta *nf* slope **LOC a cuestas** on your back **cuesta abajo/arriba** downhill/uphill
cuestión *nf* (*asunto, problema*) matter: *en ~ de horas* in a matter of hours ◊ *Es ~ de vida o muerte.* It's a matter of life or death. **LOC en cuestión** in question **la cuestión es...** the thing is...
cuestionario *nm* questionnaire: *llenar un ~* to fill out a questionnaire
cueva *nf* cave
cuidado ◆ *nm* care ◆ **¡cuidado!** *interj* **1** (*gen*) look out!: *¡Cuidado! Viene un carro.* Look out! There's a car coming. **2 ~ con**: *¡~ con el perro!* Beware of the dog! ◊ *¡~ con el escalón!* Watch the step! **LOC al cuidado de** in charge of *sth/sb*: *Estoy al ~ de la oficina.* I'm in charge of the office. **con (mucho) cuidado** (very) carefully **tener cuidado (con)** to be careful (with *sth/sb*) *Ver tb* UNIDAD
cuidadoso, -a *adj* ~ **(con)** careful **(with *sth*)**: *Es muy ~ con sus juguetes.* He is very careful with his toys.
cuidar ◆ *vt, vi* ~ **(de)** to look after *sth/sb*: *Siempre he cuidado mis plantas.* I've always looked after my plants. ◊ *¿Puedes ~ de los niños?* Can you look after the children? ◆ **cuidarse** *v pron* to look after yourself: *No se cuida nada.* She doesn't look after herself at all. ◊ *Cuídate.* Look after yourself. **LOC** *Ver* LÍNEA
culata *nf* (*arma*) butt **LOC** *Ver* TIRO
culebra *nf* **1** (*Zool*) snake **2** (*deuda*) debt
culebrón *nm* soap (opera)
culinario, -a *adj* culinary
culpa *nf* fault: *No es ~ mía.* It isn't my fault. **LOC echar la culpa a algn (de algo)** to blame sb (for sth) **por culpa de** because of *sth/sb* **tener la culpa (de algo)** to be to blame (for sth): *Nadie*

tiene la ~ de lo que pasó. Nobody is to blame for what happened.

culpabilidad *nf* guilt

culpable ◆ *adj* ~ (**de**) guilty (**of** ***sth***): *ser ~ de asesinato* to be guilty of murder ◆ *nmf* culprit **LOC** *Ver* DECLARAR

culpar *vt* to blame *sb* (***for sth***): *Me culpan de lo ocurrido.* They blame me for what happened.

cultivar *vt* to grow

cultivo *nm*: *el ~ de tomates* tomato growing

culto, -a ◆ *adj* **1** (*persona*) cultured **2** (*lengua, expresión*) formal ◆ *nm* **1** ~ (**a**) (*veneración*) worship (**of** ***sth/sb***): *el ~ al sol* sun worship ◊ *libertad de ~* freedom of worship **2** (*secta*) cult: *miembros de un nuevo ~ religioso* members of a new religious cult **3** (*misa*) service

cultura *nf* culture

cultural *adj* cultural **LOC** *Ver* CENTRO

cumbamba *nf* jaw

cumbre *nf* summit

cumpleaños *nm* birthday [*pl* birthdays]: *El lunes es mi ~.* It's my birthday on Monday. ◊ *¡Feliz ~!* Happy Birthday!

cumplido, -a ◆ *pp, adj* (*puntual*) punctual ◆ *nm* compliment **LOC sin cumplidos** without ceremony *Ver tb* RECIÉN; *Ver tb* CUMPLIR

cumplir ◆ *vt* **1** (*años*) to be: *En agosto cumplirá 30.* She'll be 30 in August. ◊ *¿Cuántos años cumples?* How old are you? **2** (*condena*) to serve ◆ *vt, vi* ~ (**con**) **1** (*orden*) to carry *sth* out **2** (*promesa, obligación*) to fulfill ◆ *vi* **1** (*hacer lo que corresponde*) to do your part: *Yo he cumplido.* I've done my part. **2** (*plazo*) to expire ◆ **cumplirse** *v pron* (*realizarse*) to come true: *Se cumplieron sus sueños.* His dreams came true. **LOC hacer algo por cumplir** to do sth to be polite: *No lo hagas por ~.* Don't do it just to be polite.

cuna *nf* (*bebé*) crib **LOC** *Ver* CANCIÓN

cuncho (*tb* **cunchos**) *nm* (*sedimento*) dregs [*pl*]

cundir *vi* (*extenderse*) to spread: *Cundió el pánico.* Panic spread. ◊ *Que no cunda el pánico.* Don't panic.

cuneta *nf* ditch

cuña *nf* **1** (*de puerta*) wedge **2** (*TV*) advertisement, ad (*coloq*)

cuñado, -a *nm-nf* brother-in-law [*fem* sister-in-law] [*pl* brothers-in-law/sisters-in-law]

cuota *nf* fee: *la ~ de socio* the membership fee **LOC cuota inicial** deposit (***on sth***)

cupón *nm* **1** (*vale*) coupon **2** (*para un sorteo*) ticket

cúpula *nf* dome

cura[1] *nf* **1** (*de una herida*) bandage: *Después de lavar la herida, aplique la ~.* After washing the wound apply the bandage. **2** (*curación, tratamiento*) cure: *~ de reposo* rest cure **3** (*bandita para heridas*) Band-Aid® **LOC tener/no tener cura** to be curable/incurable

cura[2] *nm* priest **LOC** *Ver* COLEGIO

curandero, -a *nm-nf* quack

curar ◆ *vt* **1** (*sanar*) to cure (*sb*) (**of** ***sth***): *Esas pastillas me han curado el catarro.* Those pills have cured my cold. **2** (*herida*) to bandage **3** (*alimentos*) to cure ◆ **curarse** *v pron* **1 curarse** (**de**) (*ponerse bien*) to recover (**from** ***sth***): *El niño se curó del sarampión.* The little boy recovered from the measles. **2** (*herida*) to heal (over/up)

curiosidad *nf* curiosity **LOC por curiosidad** out of curiosity: *Entré por pura ~.* I went in out of pure curiosity. **tener curiosidad** (**por**) to be curious (about *sth*): *Tengo ~ por saber cómo son.* I'm curious to find out what they're like.

curioso, -a ◆ *adj* curious ◆ *nm-nf* **1** (*mirón*) onlooker **2** (*indiscreto*) busybody [*pl* busybodies]

currículo *nm* (*Educ*) curriculum

curriculum vitae *nm* resumé

cursi *adj* **1** (*persona*) affected: *¡Qué niña más ~!* What an affected little girl! **2** (*cosa*) flashy: *Viste muy ~.* He's a very flashy dresser.

cursillo *nm* short course

curso *nm* course: *el ~ de un río* the course of a river ◊ *~s de idiomas* language courses **LOC el año/mes en curso** the current year/month

cursor *nm* cursor

curtir *vt* to tan: *~ pieles* to tan leather hides

curul *nm* seat

curva *nf* curve: *dibujar una ~* to draw a curve ◊ *una ~ peligrosa/cerrada* a dangerous/sharp curve

curvo, -a *adj* **1** (*forma*) curved: *una línea curva* a curved line **2** (*doblado*) bent

custodia *nf* custody

custodiar *vt* to guard: *~ a los prisioneros* to guard the prisoners

cutícula *nf* cuticle

cutis *nm* **1** (*piel*) skin **2** (*tez*) complexion: *Tu ~ es muy pálido.* You have a very pale complexion.

cuyo, -a *adj rel* whose: *una persona ~ nombre no aparece en el directorio* a person whose name isn't in the directory

Dd

dactilar *adj* **LOC** *Ver* HUELLA

dado *nm* die [*pl* dice]: *echar/tirar los ~s* to roll the dice

dálmata *nmf* Dalmatian

daltónico, -a *adj* color-blind

dama *nf* **1** (*señora*) lady [*pl* ladies] **2** (*empleada de la reina*) lady-in-waiting [*pl* ladies-in-waiting] **3** (*en el juego de damas*) king **4 damas** checkers [*sing*]: *jugar a las ~s* to play checkers **LOC dama de honor** bridesmaid ☛ *Ver nota en* MATRIMONIO

danés, -esa ◆ *adj, nm* Danish: *hablar ~* to speak Danish ◆ *nm-nf* Dane: *los daneses* the Danes **LOC** *Ver* GRANDE

danza *nf* dance

dañar ◆ *vt* **1** (*hacer daño a*) to damage: *La sequía dañó las cosechas.* The drought damaged the crops. ◊ *El fumar puede ~ la salud.* Smoking can damage your health. **2** (*aparato*) to break: *Alguien dañó el video.* Somebody broke the video. ◊ *¡Vas a ~ la lavadora!* You're going to wreck the washing machine! **3** (*persona*) to hurt ◆ **dañarse** *v pron* **1** (*comida*) to go bad **2** (*aparato*) to break **3** (*carro*) to break down

dañino, -a *adj* harmful

daño *nm* damage (***to sth***) [*incontable*]: *La lluvia ha ocasionado muchos ~s.* The rain has caused a lot of damage. ◊ *El carro sufrió varios ~s con el choque.* The car was damaged in the crash. **LOC daños y perjuicios** damages **hacer daño** to hurt: *Tus palabras me hicieron ~.* Your words hurt me. ◊ *Me hace ~ la comida picante.* Spicy food disagrees with me. **hacerse daño** to hurt yourself

dar ◆ *vt* **1** (*gen*) to give: *Me dio la llave.* He gave me the key. ◊ *~le un susto a algn* to give sb a scare **2** (*Educ*) to teach: *~ ciencias* to teach science ◊ *~ clases nocturnas para adultos* to teach adults at night school **3** (*reloj*) to strike: *El reloj dio las doce.* The clock struck twelve. **4** (*fruto, flores*) to bear **5** (*olor*) to give *sth* off **6** (*película, programa*) to show: *¿Qué dan esta noche?* What's on tonight? ◆ *vi* **1** *~* **a** to overlook *sth* [*vt*]: *El balcón da a una plaza.* The balcony overlooks a square. **2** *~* (**con/contra**) (*golpear*) to hit *sth/sb* [*vt*]: *El carro dio contra el árbol.* The car hit the tree. ◊ *La rama me dio en la cabeza.* The branch hit me on the head. **3** (*ataque*) to have: *Le dio un ataque al corazón/de tos.* He had a heart attack/a coughing fit. **4** (*hora*) to be: *¿Ya dieron las cinco?* Is it five o'clock yet? **5** (*luz*) to shine: *La luz me daba de lleno en los ojos.* The light was shining in my eyes. ◆ **darse** *v pron* **1** (*tomarse*) to take: *~se un baño* to take a shower **2 darse** (**con/contra/en**) to hit: *Se dio con la rodilla en la mesa.* He hit his knee against the table. **LOC dárselas de** to act: *dárselas de listo/inocente* to act smart/innocent **no doy ni una** I, you, etc can't do anything right: *Hoy no das ni una.* You can't do anything right today. ☛ Para otras expresiones con **dar**, véanse las entradas del sustantivo, adjetivo, etc, p.ej. **darle duro** en DURO y **dar la cara** en CARA.

dátil *nm* date

dato *nm* **1** (*información*) information [*incontable*]: *un ~ importante* an important piece of information **2 datos** (*Informát*) data [*incontable*]: *procesamiento de ~s* data processing **LOC datos personales** personal details *Ver tb* BASE

de *prep*

• **posesión 1** (*de algn*): *el libro de Pedro* Pedro's book ◊ *el perro de mis amigos* my friends' dog ◊ *Es de ella/mi abuela.* It's hers/my grandmother's. **2** (*de *algo*): *una página del libro* a page of the book ◊ *las habitaciones de la casa* the rooms in the house ◊ *la catedral de Buga* Buga cathedral

• **origen, procedencia** from: *Son de Maracaibo.* They are from Maracaibo. ◊ *de Bogotá a Quito* from Bogotá to Quito

• **en descripciones de personas 1** (*cualidades físicas*) **(a)** (*gen*) with: *una niña de pelo rubio* a girl with fair hair **(b)** (*ropa, colores*) in: *la señora del vestido verde* the lady in the green dress **2** (*cualidades no físicas*) of: *una persona de gran carácter* a person of great character ◊ *una mujer de 30 años* a woman of 30

• **en descripciones de cosas 1** (*cualidades físicas*) **(a)** (*materia*): *un vestido de lino* a linen dress **(b)** (*contenido*) of: *un vaso de leche* a glass of milk **2** (*cualidades no físicas*) of: *un libro de gran interés* a book of great interest

• **tema, asignatura**: *un libro/profesor de física* a physics book/teacher ◊ *una clase de historia* a history class ◊ *No entiendo de política.* I don't understand anything about politics.

• **con números y expresiones de tiempo**: *más/menos de diez* more/less than ten ◊ *una estampilla de 200 pesos* a 200-peso stamp ◊ *un cuarto de kilo* a quarter of a kilogram ◊ *de noche/día* at night/during the day ◊ *a las diez de la mañana* at ten in the morning

• **agente** by: *un libro de García Márquez* a book by García Márquez ◊ *seguido de tres jóvenes* followed by three young people

• **causa**: *morirse de hambre* to die of hunger ◊ *Saltamos de alegría.* We jumped for joy.

• **otras construcciones**: *el mejor actor del mundo* the best actor in the world ◊ *Lo rompió de un golpe.* He broke it with one blow. ◊ *de un trago* in one gulp ◊ *¿Qué hay de postre?* What's for dessert? **LOC de a** each: *Tocan de a tres.* There are three each.

debajo *adv* **1** (*gen*) underneath: *Llevo una camiseta ~.* I'm wearing a T-shirt underneath. ◊ *Prefiero el de ~.* I'd prefer the bottom one. **2 ~ de** under: *Está ~ de la mesa.* It's under the table **LOC por debajo de** below *sth*: *por ~ de la rodilla* below the knee

debate *nm* debate: *hacer un ~* to have a debate

deber[1] ◆ *vt* **1 + sustantivo** to owe: *Te debo 3.000 pesos/una explicación.* I owe you 3,000 pesos/an explanation. **2 + inf (a)** (*en presente o futuro*) must: *Debes estudiar/obedecer las reglas.* You must study/obey the rules. ◊ *La ley deberá ser anulada.* The law must be abolished. ☛ *Ver nota en* MUST **(b)** (*en pasado o condicional*) should: *Hace una hora que debías estar aquí.* You should have been here an hour ago. ◊ *No deberías salir así.* You shouldn't go out like that. ◆ *v aux ~* **de 1** (*en frases afirmativas*) must: *Ya debe de estar en la casa.* She must be home by now. **2** (*en frases negativas*): *No debe de ser fácil.* It can't be easy. ◆ **deberse** *v pron* to be due ***to sth***: *Esto se debe a la falta de fondos.* This is due to lack of funds.

deber[2] *nm* duty [*pl* duties]: *cumplir con un ~* to do your duty

debido, -a *pp, adj* proper **LOC debido a** because of *sth/sb Ver tb* DEBER[1]

débil *adj* weak: *Está ~ del corazón.* He has a weak heart. **LOC** *Ver* PUNTO

debilidad *nf* weakness

debilitar(se) *vt, v pron* to weaken

década *nf* decade **LOC la década de los ochenta, noventa, etc** the eighties, nineties, etc [*pl*]

decadente *adj* decadent

decano, -a *nm-nf* dean

decapitar *vt* to behead

decena *nf* **1** (*Mat, numeral colectivo*) ten **2** (*aproximadamente*) about ten: *una ~ de personas/veces* about ten people/times

decente *adj* decent

decepción *nf* disappointment: *llevarse una ~* to be disappointed

decepcionante *adj* disappointing

decepcionar *vt* **1** (*desilusionar*) to disappoint: *Me decepcionó la película.* The movie was disappointing. **2** (*fallar*) to let *sb* down: *Me has vuelto a ~.* You've let me down again.

decidir ◆ *vt, vi* to decide: *Han decidido vender la casa.* They've decided to sell the house. ◆ **decidirse** *v pron* **1 decidirse (a)** to decide (***to do sth***): *Al final me decidí a salir.* In the end I decided to go out. **2 decidirse por** to decide **on *sth/sb***: *Todos nos decidimos por el rojo.* We decided on the red one. **LOC ¡decídete!** make up your mind!

decimal *adj, nm* decimal

décimo, -a *adj, pron, nm-nf* tenth ☛ *Ver ejemplos en* SEXTO **LOC tener**

unas décimas (**de fiebre**) to have a slight fever

decimotercero, -a *adj, pron* thirteenth ☛ Para *decimocuarto, decimoquinto*, etc, ver Apéndice 1.

decir¹ *vt* to say, to tell

Decir se traduce generalmente por **to say**: *—Son las tres, dijo Rosa.* "It's three o'clock," said Rosa. ◊ *¿Qué dijo?* What did he say? Cuando especificamos la persona con la que hablamos, es más normal utilizar **to tell**: *Me dijo que llegaría tarde.* He told me he'd be late. ◊ *¿Quién te lo dijo?* Who told you? **To tell** se utiliza también para dar órdenes: *Me dijo que me lavara las manos.* She told me to wash my hands. *Ver tb nota en* SAY.

LOC **¡diga!** (*teléfono*) hello **digamos...** let's say...: *Digamos las seis.* Let's say six o'clock. **digo...** I mean...: *Cuesta cuatro, digo cinco mil pesos.* It costs four, I mean five, thousand pesos. **el qué dirán** what people will say **¡no me diga!** you don't say! **se dice que...** they say that... **sin decir nada** without a word ☛ Para otras expresiones con **decir**, véanse las entradas del sustantivo, adjetivo, etc, p.ej. **no decir ni jota** en JOTA y **decir tonterías** en TONTERÍA.

decir² *nm* saying LOC **es un decir** you know what I mean

decisión *nf* **1** (*gen*) decision: *la ~ del árbitro* the referee's decision **2** (*determinación*) determination: *Hace falta mucha ~.* You need a lot of determination. LOC **tomar una decisión** to make/take a decision

decisivo, -a *adj* decisive

declaración *nf* **1** (*gen*) declaration: *una ~ de amor* a declaration of love **2** (*manifestación pública, Jur*) statement: *No quiso hacer declaraciones.* He didn't want to make a statement. ◊ *La policía le tomó ~.* The police took his statement. LOC **dar declaración** to give evidence **declaración de renta** tax return

declarar ◆ *vt, vi* **1** (*gen*) to declare: *¿Algo que ~?* Anything to declare? **2** (*en público*) to state: *según declaró el ministro* according to the senator statement **3** (*Jur*) to testify ◆ **declararse** *v pron* **1** (*gen*) to announce: *~se a favor/en contra de algo* to announce (that) you are in favor of/against **2** (*incendio, epidemia*) to break out **3** (*confesar amor*): *Se me declaró.* He told me he loved me. LOC **declararse culpable/inocente** to plead guilty/not guilty

decomisar *vt* to seize: *La policía les decomisó las posesiones.* The police seized their possessions.

decoración *nf* **1** (*acción, adorno*) decoration **2** (*estilo*) décor

decorado *nm* set

decorar *vt* to decorate

dedal *nm* thimble

dedicación *nf* dedication: *Tu ~ a los pacientes es admirable.* Your dedication to your patients is admirable.

dedicar ◆ *vt* **1** (*gen*) to devote *sth* ***to sth/sb***: *Dedicaron su vida a los animales.* They devoted their lives to animals. ◊ *¿A qué dedicas el tiempo libre?* How do you spend your free time? **2** (*canción, poema*) to dedicate *sth* (***to sb***): *Le dediqué el libro a mi papá.* I dedicated the book to my father. **3** (*ejemplar*) to autograph ◆ **dedicarse** *v pron* **dedicarse a**: *¿A qué te dedicas?* What do you do for a living? ◊ *Se dedica a las antigüedades.* He's in antiques.

dedicatoria *nf* dedication

dedillo *nm* LOC **al dedillo** by heart

dedo *nm* **1** (*de la mano*) finger **2** (*del pie*) toe LOC **dedo anular/corazón/índice** ring/middle/index finger **dedo meñique 1** (*de la mano*) little finger **2** (*del pie*) little toe **dedo pulgar/gordo 1** (*de la mano*) thumb **2** (*del pie*) big toe **echar dedo** to hitch-hike *Ver tb* ANILLO, CHUPAR, DOS

deducir *vt* **1** (*concluir*) to deduce *sth* (***from sth***): *Deduje que no estaba en la casa.* I deduced that he wasn't home. **2** (*restar*) to deduct *sth* (***from sth***)

defecto *nm* **1** (*gen*) defect: *un ~ en el habla* a speech defect **2** (*moral*) fault **3** (*ropa*) flaw ☛ *Ver nota en* MISTAKE LOC **encontrar/sacar defectos a todo** to find fault with everything

defectuoso, -a *adj* defective, faulty (*más coloq*)

defender ◆ *vt* to defend *sth/sb* (***against sth/sb***) ◆ **defenderse** *v pron* to get by: *No sé mucho inglés pero me defiendo.* I don't know much English but I get by.

defendido, -a *nm-nf* defendant

defensa ◆ *nf* defense: *las ~s del cuerpo* the body's defenses ◊ *un equipo con muy buena ~* a team with a very good defense ◆ *nmf* (*Dep*) defender LOC **en defensa propia** in self-defense

defensivo, -a *adj* defensive LOC **estar/**

ponerse a la defensiva to be/go on the defensive

defensor, ~a *adj* LOC *Ver* ABOGADO

deficiencia *nf* deficiency [*pl* deficiencies]

deficiente *adj, nmf* mentally deficient [*adj*]

definición *nf* definition

definir *vt* to define

definitivamente *adv* **1** (*para siempre*) for good: *Volvió ~ a su país.* He returned home for good. **2** (*de forma determinante*) definitely

definitivo, -a *adj* **1** (*gen*) final: *el resultado ~* the final result ◊ *el número ~ de víctimas* the final death toll **2** (*solución*) definitive LOC **en definitiva** in short

deformado, -a *pp, adj* (*prenda*) out of shape *Ver tb* DEFORMAR

deformar ◆ *vt* **1** (*cuerpo*) to deform **2** (*prenda*) to pull *sth* out of shape **3** (*imagen, realidad*) to distort ◆ **deformarse** *v pron* **1** (*cuerpo*) to become deformed **2** (*prenda*) to lose its shape

deforme *adj* deformed

defraudar *vt* **1** (*decepcionar*) to disappoint **2** (*estafar*) to defraud

degeneración *nf* degeneration

degenerado, -a *pp, adj, nm-nf* degenerate *Ver tb* DEGENERAR(SE)

degenerar(se) *vi, v pron* to degenerate

degradar *vt* to degrade

dejar ◆ *vt* **1** (*gen*) to leave: *¿Dónde dejaste las llaves?* Where did you leave the keys? ◊ *Déjelo para después.* Leave it till later. ◊ *¡Déjame en paz!* Leave me alone! **2** (*abandonar*) to give *sth* up: *~ el trabajo* to give up work **3** (*permitir*) to let *sb* (**do** *sth*): *Mis papás no me dejan salir por la noche.* My parents don't let me go out at night. ◆ *vi* ~ **de 1** (*parar*) to stop ***doing sth***: *Dejó de llover.* It's stopped raining. **2** (*abandonar una costumbre*) to give up ***doing sth***: *~ de fumar* to give up smoking ◆ *v aux* + **participio**: *La noticia nos dejó preocupados.* We were worried by the news. ☛ Para expresiones con **dejar**, véanse las entradas del sustantivo, adjetivo, etc, p.ej. **dejar colgado** en COLGADO y **sin dejar rastro** en RASTRO.

del *Ver* DE

delantal *nm* **1** (*cocina*) apron **2** (*de niño*) overall

delante *adv* ~ (**de**) in front (**of** ***sth/sb***): *Si no ve la pizarra, póngase ~.* Sit at the front if you can't see the board. ◊ *Me lo contó estando otros ~.* She told me in front of other people. ◊ *~ del televisor* in front of the television LOC **hacia delante** forward *Ver tb* PARTE[1]

delantero, -a ◆ *adj* front ◆ *nm-nf* (*Dep*) forward: *Juega de centro ~.* He plays center forward. LOC **llevar la delantera** to be in the lead

delatar *vt* to inform **on** ***sb***

delegación *nf* **1** (*comisión*) delegation: *una ~ de paz* a peace delegation **2** (*oficina*) office: *la ~ de Hacienda* the tax office

delegado, -a *nm-nf* (*Pol*) delegate ☛ *Ver pág 318.*

deletrear *vt* to spell

delfín *nm* dolphin

delgado, -a *adj* thin, slim

> **Thin** es la palabra más general para decir delgado y se puede utilizar para personas, animales o cosas. **Slim** se utiliza para referirnos a una persona delgada y con buen tipo. Existe también la palabra **skinny**, que significa *delgaducho*.

deliberado, -a *pp, adj* deliberate

delicadeza *nf* (*tacto*) tact: *Podías haberlo dicho con más ~.* You could have put it more tactfully. ◊ *Es una falta de ~.* It's very tactless. LOC **tener la delicadeza de** to have the courtesy *to do sth*

delicado, -a *adj* delicate

delicioso, -a *adj* delicious LOC **pasar delicioso** to have a fantastic time

delincuencia *nf* crime LOC **delincuencia juvenil** juvenile delinquency

delincuente *nmf* criminal

delineante *nmf* draftsman/woman [*pl* draftsmen/women]

delinquir *vi* to commit an offense

delirar *vi* **1** (*Med*) to be delirious **2** (*decir bobadas*) to talk nonsense

delito *nm* crime: *cometer un ~* to commit a crime

delta *nm* delta LOC *Ver* ALA

demanda *nf* **1** (*Com*) demand: *la oferta y la ~* supply and demand **2** (*Jur*) claim (**for sth**): *presentar/poner una ~ por algo* to submit a claim for sth

demandar *vt* **1** (*exigir*) to demand **2** (*Jur*) to sue *sb* (**for sth**)

demás ◆ *adj* other: *los ~ estudiantes* (the) other students ◆ *pron* (the) others: *Sólo vino Juan; los ~ se quedaron en la casa.* Only Juan came; the others stayed home. ◊ *ayudar a los ~* to help others LOC **lo demás** the rest: *Lo ~ no importa.* Nothing else matters. **y demás** and so on

demasiado, -a ◆ *adj* **1** (+ *sustantivo incontable*) too much: *Hay demasiada comida.* There is too much food. **2** (+ *sustantivo contable*) too many: *Llevas demasiadas cosas.* You're carrying too many things. ◆ *pron* too much [*pl* too many] ◆ *adv* **1** (*modificando a un verbo*) too much: *Fumas ~.* You smoke too much. **2** (*modificando a un adj o adv*) too: *Vas ~ rápido.* You're going too fast. LOC **demasiadas veces** too often

democracia *nf* democracy [*pl* democracies]

demócrata *nmf* democrat

democrático, -a *adj* democratic

demonio *nm* **1** (*diablo*) devil **2** (*espíritu*) demon **3** (*niño*) little devil: *Esos niños son unos ~s.* Those children are little devils. LOC **de mil/de todos los demonios**: *Hace un frío de mil ~s.* It's freezing. **saber a demonios** to taste foul **ser un demonio** to be a (little) devil *Ver tb* DÓNDE

demorar ◆ *vt* **1** (*tardar*) to take (time) ***to do sth***: *La operación demoró dos horas.* The operation took two hours. **2** (*retrasar*) to hold *sth/sb up*: *No te voy a ~ mucho.* I won't hold you up for long. ◆ **demorarse** *v pron* : *¡Cómo se demora tu hermana!* Your sister's taking a long time! ◊ *Se demoraron bastante en contestar.* It took them a long time to reply. ◊ *Me demoré dos meses en recuperarme.* It took me two months to get better. ◊ *No te demores.* Don't be long. LOC **no demorar en...**: *¡Rápido, que no demora en llegar el avión!* Quick! The plane will be here soon. **no demorarse nada** not to take a minute: *Tranquilo, eso no se demora nada.* Don't worry, it won't take a minute. **se demora...** it takes...: *En carro se demora tres horas.* It takes three hours by car.

demostrar *vt* **1** (*probar*) to prove: *Le demostré que estaba equivocado.* I proved him wrong. **2** (*mostrar*) to show

denegar *vt* to refuse

densidad *nf* **1** (*gen*) density [*pl* densities] **2** (*niebla*) thickness

denso, -a *adj* dense

dentadura *nf* teeth [*pl*]: *~ postiza* false teeth

dental *adj* LOC *Ver* CREMA

dentífrico *nm* toothpaste

dentista *nmf* dentist

dentro *adv* **1** (*gen*) in/inside: *El gato está ~.* The cat is inside. ◊ *allá/acá ~* in there/here **2** (*edificio*) indoors: *Prefiero que nos quedemos ~.* I'd rather stay indoors. **3** ~ **de (a)** (*espacio*) in/inside: *~ del sobre* in/inside the envelope **(b)** (*tiempo*) in: *~ de una semana* in a week ◊ *~ de un rato* in a little while ◊ *~ de tres meses* in three months' time LOC **de/desde dentro** from (the) inside **dentro de lo que cabe** all things considered **dentro de nada** very soon **por dentro** (on the) inside: *pintado por ~* painted on the inside *Ver tb* AHÍ

denuncia *nf* **1** (*accidente, delito*) report: *presentar una ~* to report sth to the police **2** (*contra una persona*) complaint: *presentar una ~ contra algn* to make a formal complaint against sb

denunciar *vt* **1** (*gen*) to report *sth/sb* (**to sb**): *Denunció el robo de su bicicleta.* He reported the theft of his bicycle. ◊ *Me denunciaron a la policía.* They reported me to the police. **2** (*criticar*) to denounce

departamento *nm* department

depender *vi* **1** ~ **de/de que/de si...** to depend **on sth/on whether...**: *Depende del tiempo que haga.* It depends on the weather. ◊ *Eso depende de que me traigas la plata.* That depends on whether you bring me the money. ◊ *—¿Vas a venir? —Depende.* "Will you be coming?" "That depends." **2** ~ **de algn** (**que...**) to be up **to sb** (**whether...**): *Depende de mi jefe que pueda tener un día libre.* It's up to my boss whether I can have a day off. **3** ~ **de** (*económicamente*) to be dependent **on *sth/sb***

depilar(se) *vt, v pron* **1** (*cejas*) to pluck **2** (*piernas, axilas*) **(a)** (*con cera*) to wax: *Me tengo que ~ para ir de vacaciones.* I must have my legs waxed before we go on vacation. **(b)** (*con máquina*) to shave

deporte *nm* sport: *¿Practicas algún ~?* Do you play any sports? **LOC hacer deporte** to get some exercise *Ver tb* ROPA

deportista ◆ *adj* athletic: *Siempre fue muy ~.* She's always been very athletic. ◆ *nmf* sportsman/woman [*pl* sportsmen/women]

deportivo, -a ◆ *adj* **1** (*gen*) sports [*n atrib*]: *competición deportiva* sports competition **2** (*conducta*) sporting: *una conducta poco deportiva* unsporting behavior ◆ *nm* (*carro*) sports car **LOC** *Ver* SUÉTER

depósito *nm* **1** (*Fin, Geol, Quím*) deposit **2** (*almacén*) warehouse

depresión *nf* depression

deprimente *adj* depressing

deprimir ◆ *vt* to depress ◆ **deprimirse** *v pron* to get depressed

derecho, -a ◆ *adj* **1** (*diestro*) right: *romperse el pie ~* to break your right foot **2** (*recto*) straight: *Ese cuadro no está ~.* That picture isn't straight. ◊ *Póngase ~.* Sit up straight. **3** (*erguido*) upright ◆ **derecha** *nf* **1** (*gen*) right: *Es la segunda puerta a la derecha.* It's the second door on the right. ◊ *Cuando llegue al semáforo, voltee a la derecha.* Turn right at the traffic lights. ◊ *Muévete un poco hacia la derecha.* Move a little to the right. **2** (*mano*) right hand: *escribir con la derecha* to be right-handed **3** (*pie*) right foot ◆ **derecho** *nm* **1** (*anverso*) right side **2** (*facultad legal o moral*) right: *¿Con qué ~ entras acá?* What right do you have to come in here? ◊ *los ~s humanos* human rights ◊ *el ~ de voto* the right to vote **3** (*estudios*) law ◆ **derecho** *adv* straight: *Vete ~ a la casa.* Go straight home. ◊ *Siga ~ hasta el final de la calle.* Go straight on to the end of the road. **LOC de derecha(s)** right-wing **estar en su derecho** to be within my, your, etc rights: *Estoy en mi ~.* I'm within my rights. **la derecha** (*Pol*) the Right [*v sing o pl*] **¡no hay derecho!** it's not fair! *Ver tb* HECHO, MANO

deriva *nf* **LOC a la deriva** adrift

derivar(se) *vi, v pron* **derivar(se) de 1** (*Ling*) to derive **from *sth*** **2** (*proceder*) to stem **from *sth***

derramamiento *nm* **LOC derramamiento de sangre** bloodshed

derramar(se) *vt, v pron* to spill: *Derramé un poco de vino en la alfombra.* I've spilled some wine on the carpet. **LOC derramar sangre/lágrimas** to shed blood/tears

derrame *nm* hemorrhage

derrapar *vi* to skid

derretir(se) *vt, v pron* to melt

derribar *vt* **1** (*edificio*) to demolish **2** (*puerta*) to batter *a door* down **3** (*persona*) to knock *sb* down **4** (*avión, pájaro*) to bring *sth* down

derrochador, ~a ◆ *adj* wasteful ◆ *nm-nf* squanderer

derrochar *vt* **1** (*dinero*) to squander **2** (*rebosar*) to be bursting **with *sth***: *~ felicidad* to be bursting with happiness

derrota *nf* defeat

derrotar *vt* to defeat

derruir *vt* to demolish

derrumbamiento *nm* **1** (*hundimiento*) collapse **2** (*demolición*) demolition

derrumbar ◆ *vt* to demolish ◆ **derrumbarse** *v pron* to collapse

desabrigado, -a *pp, adj*: *Vas muy ~.* You're not very warmly dressed.

desabrochar ◆ *vt* to undo ◆ **desabrocharse** *v pron* to come undone: *Se me desabrochó la falda.* My skirt came undone.

desactivar *vt* to defuse

desafiar *vt* **1** (*retar*) to challenge *sb* (**to *sth***): *Te desafío a las damas.* I challenge you to a game of checkers. **2** (*peligro*) to brave

desafilado, -a *pp, adj* blunt

desafinado, -a *pp, adj* out of tune *Ver tb* DESAFINAR

desafinar *vi* **1** (*cantando*) to sing out of tune **2** (*instrumento*) to be out of tune **3** (*instrumentista*) to play out of tune

desafío *nm* challenge

desafortunado, -a *adj* unfortunate

desagradable *adj* unpleasant

desagradar *vi* to dislike *sth/doing sth* [*vt*]: *No me desagrada.* I don't dislike it.

desagradecido, -a *pp, adj* ungrateful

desagüe *nm* waste pipe

desahogarse *v pron* **1** (*gen*) to let off steam **2 ~ con algn** to confide **in sb**

desalentador, ~a *adj* discouraging

desaliñado, -a *pp, adj* scruffy

desalmado, -a *adj* heartless

desalojar *vt* to clear: *Desalojen la sala por favor.* Please clear the hall.

desamarrar ◆ *vt* (*nudo, cuerda, animal*) to untie ◆ **desamarrarse** *v pron* **1** (*animal*) to get loose

2 (*paquete, cuerda*) to come undone: *Se me desamarró un zapato.* One of my laces has come undone. **3** (*barco*) to come untied

desamparado, -a *pp, adj* helpless

desangrarse *v pron* to bleed to death

desanimado, -a *pp, adj* (*deprimido*) depressed *Ver tb* DESANIMAR

desanimar ◆ *vt* to discourage ◆ **desanimarse** *v pron* to lose heart

desaparecer *vi* to disappear **LOC desaparecer del mapa** to vanish off the face of the earth

desaparición *nf* disappearance

desapegado, -a *pp, adj* cold: *Es muy ~ a su familia.* He's very cold toward his family.

desapercibido, -a *adj* unnoticed: *pasar ~* to go unnoticed

desaprovechar *vt* to waste: *No desaproveches esta oportunidad.* Don't waste this opportunity.

desarmar *vt* **1** (*persona, ejército*) to disarm **2** (*desmontar*) to take *sth* to pieces

desarme *nm* disarmament: *el ~ nuclear* nuclear disarmament

desarrollado, -a *pp, adj* developed: *los países ~s* developed countries **LOC poco desarrollado** undeveloped *Ver tb* DESARROLLAR(SE)

desarrollar(se) *vt, v pron* to develop: *~ los músculos* to develop your muscles

desarrollo *nm* development **LOC** *Ver* VÍA

desastre *nm* disaster

desastroso, -a *adj* disastrous

desatascar *vt* to unblock

desatender *vt* (*descuidar*) to neglect

desatornillar *vt* to unscrew

desatrancar *vt* **1** (*desatascar*) to unblock **2** (*puerta*) to unbolt

desautorizado, -a *pp, adj* unauthorized

desayunar ◆ *vi* to have breakfast: *Me gusta ~ en la cama.* I like having breakfast in bed. ◊ *antes de ~* before breakfast ◆ *vt* to have *sth* for breakfast: *¿Qué quieres ~?* What would you like for breakfast? ◊ *Sólo desayuno un café.* I just have a cup of coffee for breakfast. ☛ *Ver pág 316.*

desayuno *nm* breakfast: *¿Le preparo el ~?* Can I get you some breakfast? ☛ *Ver pág 316.*

desbandada *nf* **LOC salir en desbandada** to scatter in all directions

desbarajuste *nm* mess: *¡Qué ~!* What a mess!

desbaratar *vt* to foil: *~ un plan* to foil a plan

desbocado, -a *pp, adj* (*caballo*) runaway *Ver tb* DESBOCARSE

desbocarse *v pron* (*caballo*) to bolt

desbordamiento *nm* flood

desbordar ◆ *vt*: *La basura desborda la caneca.* The garbage can is overflowing with trash. ◆ **desbordarse** *v pron* (*río*) to burst its banks

descafeinado, -a *adj* decaffeinated

descalificación *nf* (*Dep*) disqualification

descalificar *vt* (*Dep*) to disqualify: *Lo descalificaron por hacer trampa.* He was disqualified for cheating.

descalzarse *v pron* to take your shoes off

descalzo, -a *adj* barefoot: *Me gusta andar descalza por la arena.* I love walking barefoot on the sand. ◊ *No andes ~.* Don't go around in your bare feet.

descampado *nm* area of open ground

descansado, -a *pp, adj* refreshed *Ver tb* DESCANSAR

descansar ◆ *vt, vi* to rest (*sth*) (**on** ***sth***): *Déjeme ~ un rato.* Let me rest for a few minutes. ◊ *~ la vista* to rest your eyes ◆ *vi* to take a break: *Terminamos esto y descansamos cinco minutos.* We'll finish this and take a break for five minutes. **LOC ¡que descanse(s)!** have a good rest!

descansillo *nm* landing

descanso *nm* **1** (*reposo*) rest: *El médico le mandó ~ y aire fresco.* The doctor prescribed rest and fresh air. **2** (*en el trabajo*) break: *trabajar sin ~* to work without a break

descapotable *adj, nm* convertible

descarado, -a *adj* impudent

descarga *nf* **1** (*mercancía*) unloading: *la carga y ~ de mercancías* the loading and unloading of goods **2** (*eléctrica*) discharge

descargado, -a *pp, adj* (*pila, batería*) dead *Ver tb* DESCARGAR

descargar ◆ *vt* to unload: *~ un camión/una pistola* to unload a truck/gun ◆ **descargarse** *v pron* (*pila, batería*) to go dead

descaro *nm* nerve: *¡Qué ~!* What (a) nerve!

descarriarse *v pron* to go off the straight and narrow

descarrilamiento *nm* derailment

descarrilarse *v pron* to be derailed: *El tren se descarriló.* The train was derailed.

descartar *vt* to rule *sth/sb* out: ~ *una posibilidad/a un candidato* to rule out a possibility/candidate

descendencia *nf* descendants [*pl*]

descender *vi* **1** (*ir/venir abajo*) to go/come down, to descend (*más formal*) **2** (*temperatura, precios, nivel*) to fall **3** ~ **de** (*familia*) to be descended **from *sb***: *Desciende de un príncipe ruso.* He's descended from a Russian prince. **4** (*Dep*) to be relegated: *Descendieron a tercera división.* They've been relegated to the third division.

descendiente *nmf* descendant

descenso *nm* **1** (*bajada*) descent: *Es un ~ peligroso.* It's a dangerous descent. ◊ *El avión tuvo problemas en el ~.* The plane had problems during the descent. **2** (*temperatura*) drop ***in sth*** **3** (*precios*) fall ***in sth*** **4** (*Dep*) relegation

deschavetado, -a *adj* crazy

descifrar *vt* **1** (*mensaje*) to decode **2** (*escritura*) to decipher **3** (*enigma*) to solve

descodificador *nm* decoder

descodificar *vt* to decode

descolgado, -a *pp, adj* (*teléfono*) off the hook: *Lo han debido de dejar ~.* They must have left it off the hook. *Ver tb* DESCOLGAR

descolgar *vt* **1** (*algo colgado*) to take *sth* down: *Ayúdame a ~ el espejo.* Help me take the mirror down. **2** (*teléfono*) to pick *the phone* up

descolorido, -a *adj* faded

descomponer ◆ *vt* (*Quím*) to split *sth* (***into sth***) ◆ **descomponer(se)** *vt, v pron* (*pudrirse*) to rot

desconcertado, -a *pp, adj* **LOC estar/quedar desconcertado** to be taken aback: *Quedaron ~s ante mi negativa.* They were taken aback by my refusal. *Ver tb* DESCONCERTAR

desconcertar *vt* to disconcert: *Su reacción me desconcertó.* I was disconcerted by his reaction.

desconectar ◆ *vt* **1** (*luz, teléfono*) to disconnect: *Nos desconectaron el teléfono.* Our phone's been disconnected. **2** (*apagar*) to turn *sth* off **3** (*desenchufar*) to unplug ◆ **desconectarse** *v pron* **1** (*aparato*) to turn off **2** (*persona*) to cut yourself off (***from sth/sb***)

desconfiado, -a *pp, adj* wary *Ver tb* DESCONFIAR

desconfiar *vi* ~ **de** not to trust *sth/sb* [*vt*]: *Desconfía hasta de su sombra.* He doesn't trust anyone.

descongelar *vt* (*nevera, alimento*) to defrost

desconocer *vt* not to know: *Desconozco el porqué.* I don't know the reason why.

desconocido, -a ◆ *pp, adj* unknown: *un equipo ~* an unknown team ◆ *nm-nf* stranger *Ver tb* DESCONOCER

desconsiderado, -a *pp, adj* inconsiderate

descontado, -a *pp, adj* **LOC dar por descontado que...** to take it for granted that... *Ver tb* DESCONTAR

descontar *vt* **1** (*hacer un descuento*) to give a discount (***on sth***): *Descontaban el 10% en todos los juguetes.* They were giving a 10% discount on all toys. **2** (*restar*) to deduct: *Tienes que ~ los gastos del viaje.* You have to deduct your traveling expenses. **3** (*no contar*) not to count: *Si descontamos el mes de vacaciones...* If we don't count our month of vacation...

descontento, -a *adj* ~ (**con**) dissatisfied (**with *sth/sb***)

descorchar *vt* to uncork

descortés *adj* rude

descoser ◆ *vt* to unpick ◆ **descoserse** *v pron* to come apart at the seams

descremado, -a *pp, adj* **LOC** *Ver* LECHE, YOGUR

describir *vt* to describe

descripción *nf* description

descuartizar *vt* **1** (*carnicero*) to carve *sth* up **2** (*asesino*) to chop *sth/sb* into pieces

descubierto, -a *pp, adj*: *el pecho ~* bare-chested ◊ *un vestido con la espalda descubierta* a backless dress **LOC al descubierto** (*al aire libre*) in the open air *Ver tb* DESCUBRIR

descubridor, ~a *nm-nf* discoverer

descubrimiento *nm* discovery [*pl* discoveries]

descubrir *vt* **1** (*encontrar, darse cuenta*) to discover: ~ *una isla/vacuna* to discover an island/a vaccine ◊ *Descubrí que no tenía plata.* I discovered I had no money. **2** (*averiguar*) to find *sth* (out): *Descubrí que me engañaban.* I found out that they were deceiving me. **3** (*estatua, placa*) to unveil **LOC se descubrió todo (el asunto)** it all came out

descuento *nm* discount: *Me hicieron un cinco por ciento de ~.* They gave me a five percent discount. ◊ *Son 5.000 menos el ~.* It's 5,000 before the discount.

descuidado, -a *pp, adj* **1** (*desatendido*) neglected **2** (*poco cuidadoso*) careless **3** (*desaliñado*) scruffy *Ver tb* DESCUIDAR

descuidar ◆ *vt* to neglect ◆ **descuidarse** *v pron*: *Si me descuido, pierdo el tren.* I nearly missed the train.

descuido *nm*: *El accidente ocurrió por un ~ del conductor.* The driver lost his concentration and caused an accident. ◊ *El perro se le escapó en un ~.* His attention wandered and he lost the dog.

desde *prep* **1** (*tiempo*) since: *Vivo en esta casa desde 1986.* I've been living in this house since 1986. ◊ *Desde que se fueron...* Since they left... ☛ *Ver nota en* FOR **2** (*lugar, cantidad*) from: *desde abajo* from below ◊ *Desde el apartamento se ve la playa.* You can see the beach from the apartment. **LOC desde... hasta...** from...to...: *desde el 8 hasta el 15* from the 8th to the 15th

desear *vt* **1** (*suerte*) to wish ***sb sth***: *Te deseo suerte.* I wish you luck. **2** (*anhelar*) to wish for *sth*: *¿Qué más podría ~?* What more could I wish for?

desembarcar ◆ *vt* **1** (*mercancía*) to unload **2** (*persona*) to set *sb* ashore ◆ *vi* to disembark

desembocadura *nf* **1** (*río*) mouth **2** (*calle*) end

desembocar *vi* ~ **en 1** (*río*) to flow **into *sth*** **2** (*calle, túnel*) to lead **to *sth***

desembolsar *vt* to pay *sth* (out)

desempacar *vt* to unpack **LOC** *Ver* MALETA

desempatar *vi* **1** (*Dep*) to break a tie **2** (*Pol*) to break the deadlock

desempate *nm* tiebreaker

desempeñar *vt* **1** (*cargo*) to hold: *~ el puesto de decano* to hold the post of dean **2** (*papel*) to play

desempleado, -a *adj, nm-nf* unemployed [*adj*]: *los ~s* the unemployed

desempleo *nm* unemployment

desencajado, -a *pp, adj* **1** (*cara*) contorted **2** (*hueso*) dislocated

desenchufar *vt* to unplug

desenfocado, -a *pp, adj* out of focus

desenfundar *vt* to pull *sth* out

desenganchar *vt* to unhook

desengañar ◆ *vt* **1** (*desilusionar*) to disillusion **2** (*revelar la verdad*) to open *sb's* eyes ◆ **desengañarse** *v pron* **1** (*desilusionarse*) to become disillusioned **2** (*enfrentarse a la verdad*) to face facts: *Desengáñate, no van a venir.* Face facts. They're not coming.

desengaño *nm* disappointment **LOC llevarse/sufrir un desengaño amoroso** to be disappointed in love

desenredarse *v pron* **LOC desenredarse el pelo** to get the tangles out of your hair

desenrollar(se) *vt, v pron* **1** (*papel*) to unroll **2** (*cable*) to unwind

desenterrar *vt* to dig *sth* up: *~ un hueso* to dig up a bone

desentonar *vi* ~ **(con)** to clash **(with *sth*)**: *¿Crees que estos colores desentonan?* Do you think these colors clash?

desenvolver ◆ *vt* to unwrap: *~ un paquete* to unwrap a package ◆ **desenvolverse** *v pron* to get along: *Se desenvuelve bien en el trabajo/colegio.* He's getting along well at work/school.

deseo *nm* wish: *Piensa un ~.* Make a wish.

desértico, -a *adj* **1** (*zona*) desert [*n atrib*]: *una zona desértica* a desert area **2** (*clima*) arid

desertor, ~a *nm-nf* deserter

desesperado, -a *pp, adj* **1** (*gen*) desperate: *Estoy ~ por verla.* I'm desperate to see her. **2** (*situación, caso*) hopeless **LOC a la desesperada** in desperation *Ver tb* DESESPERAR

desesperar ◆ *vt* to drive *sb* crazy: *Lo desesperaba no conseguir trabajo.* Not being able to get a job was driving him crazy. ◆ *vi* ~ **(de)** to despair **(of *doing sth*)**: *No desesperes, aún puedes pasar.* Don't despair. You can still pass.

desespero *nm* despair: *para ~ mío/de los médicos* to my despair/the despair of the doctors

desfasado, -a *pp, adj* out of date: *ideas desfasadas* out of date ideas

desfavorable *adj* unfavorable

desfigurar *vt* to disfigure

desfiladero *nm* gorge

desfilar *vi* **1** (*gen*) to march **2** (*modelos*) to parade

desfile *nm* parade LOC **desfile de modas** fashion show

desgarrar(se) *vt, v pron* to tear: *~se el pantalón/un ligamento* to tear your pants/a ligament

desgastar(se) *vt, v pron* **1** (*ropa, zapatos*) to wear (*sth*) out: *~ unas botas* to wear out a pair of boots ◊ *Se me desgastó el suéter por los codos.* My sweater's worn at the elbows. **2** (*rocas*) to wear (*sth*) away, to erode (*más formal*)

desgaste *nm* **1** (*rocas*) erosion **2** (*por el uso*) wear: *Esta alfombra sufre mucho ~.* This rug gets very heavy wear.

desgracia *nf* misfortune: *Han tenido muchas ~s.* They've had many misfortunes. LOC **por desgracia** unfortunately **tener la desgracia de** to be unlucky enough *to do sth*

desgraciado, -a ◆ *pp, adj* **1** (*sin suerte*) unlucky **2** (*infeliz*) unhappy: *llevar una vida desgraciada* to lead an unhappy life ◆ *nm-nf* **1** (*pobre*) wretch **2** (*mala persona*) swine

deshabitado, -a *pp, adj* deserted

deshacer ◆ *vt* **1** (*nudo, paquete*) to undo **2** (*desmontar*) to take *sth* apart: *~ un rompecabezas* to take a jigsaw apart **3** (*derretir*) to melt ◆ **deshacerse** *v pron* **1** (*nudo, costura*) to come undone **2** (*derretirse*) to melt **3 deshacerse de** to get rid of *sth/sb*: *~se de un carro viejo* to get rid of an old car

deshelar(se) *vt, v pron* to thaw

deshinchar ◆ *vt* (*desinflar*) to let the air out of *sth* ◆ **deshincharse** *v pron* to go down: *Ya se me deshinchó el tobillo.* The swelling in my ankle has gone down.

deshonesto, -a *adj* dishonest

desierto, -a ◆ *adj* deserted ◆ *nm* desert LOC *Ver* ISLA

designar *vt* **1** (*persona*) to appoint *sb* (***sth*/*to sth***): *Fue designado (como) presidente/para el puesto.* He was appointed chairman/to the post. **2** (*sitio*) to designate *sth* (***as sth***): *~ a Barranquilla como sede de los Juegos* to designate Barranquilla as the venue for the Games

desigual *adj* (*irregular*) uneven: *un terreno ~* uneven terrain

desigualdad *nf* inequality [*pl* inequalities]

desilusión *nf* disappointment LOC **llevarse una desilusión** to be disappointed

desilusionar *vt* to disappoint

desinfectante *nm* disinfectant

desinfectar *vt* to disinfect

desinflar ◆ *vt* to let the air out of *sth* ◆ **desinflarse** *v pron* (*objeto inflado*) to deflate

desinhibirse *v pron* to let your hair down

desintegración *nf* disintegration

desintegrarse *v pron* to disintegrate

desinterés *nm* lack of interest

desistir *vi* ~ (**de**) to give up (***sth*/*doing sth***): *~ de buscar trabajo* to give up looking for work

desleal *adj* disloyal

deslizamiento *nm* LOC **deslizamiento de tierra(s)** landslide

deslizar ◆ *vt* **1** (*gen*) to slide: *Puedes ~ el asiento hacia adelante.* You can slide the seat forward. **2** (*con disimulo*) to slip: *Deslizó la carta en su bolsillo.* He slipped the letter into his pocket. ◆ **deslizarse** *v pron* to slide: *~se sobre el hielo* to slide on the ice

deslumbrante *adj* dazzling: *una luz/actuación ~* a dazzling light/performance

deslumbrar *vt* to dazzle

desmantelar *vt* to dismantle

desmaquillador, ~a *adj* LOC **crema/loción desmaquilladora** makeup remover

desmayarse *v pron* to faint

desmayo *nm* fainting fit LOC **darle a algn un desmayo** to faint

desmedido, -a *pp, adj* excessive

desmejorado, -a *pp, adj*: *La encontré un poco desmejorada.* She wasn't looking too well. ◊ *Está muy ~ desde la última vez que lo vi.* He's gone rapidly downhill since the last time I saw him.

desmentir *vt* to deny: *Desmintió las acusaciones.* He denied the accusations.

desmenuzar *vt* **1** (*gen*) to break *sth* into small pieces **2** (*pan, galletas*) to crumble *sth* (up)

desmontar ◆ *vt* **1** (*gen*) to take *sth* apart: *~ una bicicleta* to take a bicycle apart **2** (*andamio, estantería, carpa*) to take *sth* down ◆ *vi* (*bajar de un caballo*) to dismount

desmoralizarse *v pron* to lose heart: *Sigue adelante, no te desmoralices.* Keep going, don't lose heart.

desnivel *nm*: *el ~ entre la casa y el jardín* the difference in level between the house and the garden

desnivelado, -a *pp, adj* not level: *El suelo está ~.* The ground isn't level.

desnudo, -a *adj* **1** (*persona*) naked: *El niño está medio ~.* The child is half-naked. **2** (*parte del cuerpo, vacío*) bare: *brazos ~s/paredes desnudas* bare arms/ walls ☛ *Ver nota en* NAKED

desnutrido, -a *pp, adj* under-nourished

desobedecer *vt* to disobey: *~ órdenes/ a tus papás* to disobey orders/your parents

desobediencia *nf* disobedience

desobediente *adj, nmf* disobedient [*adj*]: *¡Eres una ~!* You're a very disobedient girl!

desodorante *nm* deodorant

desolador, ~a *adj* devastating

desolar *vt* to devastate: *La noticia nos desoló.* We were devastated by the news.

desorden *nm* mess: *Perdone el ~.* Sorry for the mess. ◊ *Tenía la casa en ~.* The house was a mess.

desordenado, -a *pp, adj, nm-nf* messy [*adj*]: *¡Eres un ~!* You're so messy! LOC **dejar algo desordenado** to mess sth up *Ver tb* DESORDENAR

desordenar *vt* to mess *sth* up: *Me desordenaste el armario.* You've made a mess of my closet.

desorganizado, -a *pp, adj, nm-nf* disorganized [*adj*]: *Ya sé que soy un ~.* I know I'm disorganized. *Ver tb* DESORGANIZAR

desorganizar *vt* (*desordenar*) to mess *sth* up

desorientar ◆ *vt* (*desconcertar*) to confuse: *Sus instrucciones me desorientaron.* I was confused by his directions. ◆ **desorientarse** *v pron* to get lost: *Me desorienté.* I'm lost.

despachar *vt* **1** (*atender*) to serve **2** (*solucionar*) to settle: *Despachamos el tema en media hora.* We settled the matter in half an hour. **3** (*librarse de algn*) to get rid of *sb*: *Nos despachó rápido.* He soon got rid of us.

despacho *nm* **1** (*oficina*) office: *Nos recibió en su ~.* She saw us in her office. **2** (*en casa*) study [*pl* studies]

despacio ◆ *adv* **1** (*lentamente*) slowly: *Maneje ~.* Drive slowly. **2** (*largo y tendido*) at length: *¿Por qué no lo hablamos más ~ durante la comida?* Why don't we talk about it at length over dinner? ◆ **¡despacio!** *interj* slow down! LOC *Ver* TORTUGA

despampanante *adj* stunning

despaturrarse *v pron* to sprawl

despectivo, -a *adj* scornful: *en tono ~* in a scornful tone

despedida *nf* **1** (*gen*) goodbye, farewell (*más formal*): *cena de ~* farewell dinner **2** (*celebración*) leaving party LOC **despedida de soltero/soltera** stag/hen night

despedir ◆ *vt* **1** (*decir adiós*) to see *sb* off: *Fuimos a ~los a la estación.* We went to see them off at the station. **2** (*empleado*) to dismiss, to fire (*más coloq*) **3** (*calor, luz, olor*) to give *sth* off ◆ **despedirse** *v pron* **despedirse (de)** to say goodbye (**to *sth/sb***): *Ni siquiera se despidieron.* They didn't even say goodbye.

despegado, -a *pp, adj* unstuck *Ver tb* DESPEGAR

despegar ◆ *vt* to pull *sth* off ◆ *vi* (*avión*) to take off: *El avión está despegando.* The plane is taking off. ◆ **despegarse** *v pron* to come off: *Se despegó el asa.* The handle came off.

despegue *nm* take-off

despeinado, -a *pp, adj* messy: *Estás ~.* Your hair's messy *Ver tb* DESPEINAR(SE)

despeinar(se) *vt, v pron* to mess sb's/ your hair up: *No me despeines.* Don't mess my hair up.

despejado, -a *pp, adj* clear: *un cielo ~/una mente despejada* a clear sky/ mind *Ver tb* DESPEJAR

despejar ◆ *vt* to clear: *¡Despejen la zona!* Clear the area! ◆ *v imp* (*cielo*) to clear up: *Despejó a eso de las cinco.* It cleared up at about five. ◆ **despejarse** *v pron* **1** (*nubes*) to clear (away) **2** (*despertarse*) to wake up

despensa *nf* pantry

desperdiciar *vt* to waste

desperdicio *nm* **1** (*gen*) waste **2** **desperdicios** scraps

desperezarse *v pron* to stretch

despertador *nm* alarm (clock): *Puse el ~ para las siete.* I set the alarm for seven. ☛ *Ver dibujo en* RELOJ

despertar ◆ *vt* **1** (*persona*) to wake *sb* up: *¿A qué hora quiere que lo despierte?* What time do you want me to wake you up? **2** (*interés, sospecha*) to arouse ◆ **despertar(se)** *vi, v pron* to wake up

LOC **tener (un) buen/mal despertar** to wake up in a good/bad mood

despido *nm* dismissal

despierto, -a *pp, adj* **1** (*no dormido*) awake: *¿Estás ~?* Are you awake? **2** (*espabilado*) bright LOC *Ver* SOÑAR; *Ver tb* DESPERTAR

despistado, -a *pp, adj* **1** (*por naturaleza*) absent-minded **2** (*distraído*) miles away: *Iba ~ y no los vi.* I was miles away and didn't see them. LOC **hacerse el despistado**: *Nos vio pero se hizo el ~.* He saw us but pretended not to. *Ver tb* DESPISTAR

despistar *vt* **1** (*desorientar*) to confuse **2** (*a un perseguidor*) to shake *sb* off: *Despistó a la policía.* He shook off the police.

despiste *nm* absent-mindedness [*incontable*]: *¡Qué ~ el suyo!* He's so absent-minded!

desplazado, -a *pp, adj* out of place: *sentirse ~* to feel out of place *Ver tb* DESPLAZAR

desplazar ◆ *vt* (*sustituir*) to take the place **of** ***sth/sb***: *El computador ha desplazado a la máquina de escribir.* Computers have taken the place of typewriters. ◆ **desplazarse** *v pron* to go: *Se desplazan a todos los sitios en taxi.* They go everywhere by taxi.

desplegar *vt* **1** (*mapa, papel*) to unfold **2** (*velas*) to unfurl **3** (*tropas, armamento*) to deploy

despliegue *nm* deployment

desplomarse *v pron* to collapse

despoblado, -a *pp, adj* (*sin habitantes*) uninhabited

déspota *nmf* tyrant

despreciable *adj* despicable

despreciar *vt* **1** (*menospreciar*) to despise, to look down on *sb* (*más coloq*): *Despreciaban a los otros alumnos.* They looked down on the other students. **2** (*rechazar*) to reject: *Despreciaron nuestra ayuda.* They rejected our offer of help.

desprecio *nm* contempt (***for sth/sb***): *mostrar ~ por algn* to show contempt for sb

desprender ◆ *vt* **1** (*separar*) to take *sth* off, to remove (*más formal*): *Desprende la etiqueta.* Take the price tag off. **2** (*emanar*) to give *sth* off: *Esta estufa desprende gas.* This stove is giving off gas. ◆ **desprenderse** *v pron* **1** (*separarse*) to come off: *Se te desprendió un botón.* One of your buttons has come off. **2 desprenderse de** to get rid of *sth*: *Se desprendió de varios libros.* He got rid of some books.

desprendimiento *nm* LOC **desprendimiento de tierras** landslide

desprestigiar *vt* to discredit

desprevenido, -a *adj* LOC *Ver* PILLAR

desproporcionado, -a *adj* disproportionate (***to sth***)

desprovisto, -a *pp, adj* ~ **de** lacking in ***sth***

después *adv* **1** (*más tarde*) afterward(s), later (*más coloq*): *~ dijo que no le había gustado.* He said afterward(s) he hadn't liked it. ◊ *Salieron poco ~.* They came out shortly afterward(s). ◊ *Si estudia ahora, ~ puede ver la televisión.* If you do your homework now, you can watch TV later. ◊ *No me lo dijeron hasta mucho ~.* They didn't tell me until much later. **2** (*a continuación*) next: *¿Y qué pasó ~?* And what happened next? LOC **después de** after *sth/doing sth*: *~ de las dos* after two o'clock ◊ *~ de hablar con ellos* after talking to them ◊ *La farmacía está ~ del banco.* The drugstore is after the bank. **después de que** when: *~ de que acabes las tareas pon la mesa.* When you've finished your homework, you can set the table. **después de todo** after all

despuntar *vi* (*alba, día*) to break

destacar ◆ *vt* to point *sth* out: *El profesor destacó varios aspectos de su obra.* The teacher pointed out various aspects of his work. ◆ **destacar(se)** *vi, v pron* to stand out: *El rojo destaca sobre el verde.* Red stands out against green.

destapador *nm* bottle-opener

destapar ◆ *vt* **1** (*quitar la tapa*) to take the lid **off** ***sth***: *~ una olla* to take the lid off a saucepan **2** (*en la cama*) to pull the covers **off** ***sb***: *No me destape.* Don't pull the covers off me. ◆ **destaparse** *v pron* (*en la cama*) to throw the covers off

destaponar(se) *vt, v pron* to unblock

destemplado, -a *pp, adj* loose *Ver tb* DESTEMPLAR

destemplar ◆ *vt* **1** (*dientes*) to set *sb's* teeth on edge **2** (*aflojar*) to loosen ◆ **destemplarse** *v pron* (*desafinar*) to go out of tune: *Se destiempla cada vez que canta.* She always sings out of tune. LOC **destemplársele a algn los dientes**: *Se me destiemplan los dientes comiendo mango verde.* Eating green mangoes sets my teeth on edge.

destender *vt* LOC **destender la cama 1** (*para acostarse*) to pull the covers back: *Destendió la cama y se acostó.* She pulled the covers back and went to bed. **2** (*desordenar*) to mess the bed up

desteñir(se) ◆ *vt, v pron* to fade: *Se te destiñó la falda.* Your skirt's faded. ◆ *vi*: *Esa camisa roja destiñe.* The color runs in that red shirt.

destinar *vt* to post: *La destinaron a Sincelejo.* She's been posted to Sincelejo.

destinatario, -a *nm-nf* addressee

destino *nm* **1** (*sino*) fate **2** (*avión, barco, tren, pasajero*) destination **3** (*lugar de trabajo*): *Me van a cambiar de ~.* I'm going to be transferred somewhere else. LOC **con destino a...** for...: *el ferry con ~ a Providencia* the ferry for Providencia

destornillador *nm* screwdriver

destrozado, -a *pp, adj* (*abatido*) devastated (***at/by sth***): *~ por la pérdida de su hijo* devastated by the loss of his son *Ver tb* DESTROZAR

destrozar *vt* **1** (*gen*) to destroy **2** (*hacer trozos*) to smash: *Destrozaron los vidrios del la vitrina.* They smashed the display window. **3** (*arruinar*) to ruin: *~ la vida de algn* to ruin sb's life

destrucción *nf* destruction

destructivo, -a *adj* destructive

destructor *nm* (*Náut*) destroyer

destruir *vt* to destroy

desvalido, -a *adj* helpless

desvalijar *vt* **1** (*posesiones*): *Me habían desvalijado el carro.* Everything had been stolen from my car. **2** (*persona*) to rob *sb* of all they have

desván *nm* loft

desvanecerse *v pron* **1** (*desmayarse*) to faint **2** (*desaparecer*) to disappear

desvariar *vi* **1** (*delirar*) to be delirious **2** (*decir disparates*) to talk nonsense

desvelar ◆ *vt* **1** (*espabilar*) to keep *sb* awake **2** (*revelar*) to reveal ◆ **desvelarse** *v pron* **1** (*espabilarse*) to wake up **2** (*desvivirse*) to do your utmost ***for sb***

desventaja *nf* disadvantage LOC **estar en desventaja** to be at a disadvantage

desvergonzado, -a *adj, nm-nf* **1** (*que no tiene vergüenza*) shameless [*adj*]: *ser un ~* to have no shame **2** (*insolente*) impudent [*adj*]

desvestir ◆ *vt* to undress ◆ **desvestirse** *v pron* to get undressed: *Se desvistió y se metió en la cama.* He got undressed and went to bed.

desviación *nf* **1** (*tráfico*) detour **2** ~ **(de)** (*irregularidad*) deviation **(from *sth*)**

desviar ◆ *vt* to divert: *~ el tráfico* to divert traffic ◊ *~ los fondos de una sociedad* to divert company funds ◆ **desviarse** *v pron* **1** (*carretera*) to branch off: *La carretera se desvía hacia la izquierda.* The road branches off to the left. **2** (*carro*) to turn off LOC **desviar la mirada** to avert your eyes **desviarse del tema** to wander off the subject

desvío *nm* detour

desvivirse *v pron* ~ **por** to live **for *sth/sb***: *Se desviven por sus hijos.* They live for their children. ◊ *Se desvive por los nietos.* She will do anything for her grandchildren.

detalladamente *adv* in detail

detallado, -a *pp, adj* detailed *Ver tb* DETALLAR

detallar *vt* **1** (*contar con detalle*) to give details **of *sth*** **2** (*especificar*) to specify

detalle *nm* **1** (*pormenor*) detail **2** (*atención*) gesture LOC **¡qué detalle!** how thoughtful! **tener muchos detalles (con algn)** to be very considerate (to sb)

detallista *adj* thoughtful: *Usted siempre tan ~.* You're always so thoughtful.

detectar *vt* to detect

detective *nmf* detective

detector *nm* detector: *un ~ de mentiras/metales* a lie/metal detector

detención *nf* **1** (*arresto*) arrest **2** (*paralización*) halt: *La falta de material motivó la ~ de las obras.* Lack of materials brought the building work to a halt.

detener ◆ *vt* **1** (*gen*) to stop **2** (*arrestar*) to arrest ◆ **detenerse** *v pron* to stop

detenidamente *adv* carefully

detenido, -a ◆ *pp, adj*: *estar/quedar ~* to be under arrest ◆ *nm-nf* person under arrest *Ver tb* DETENER

detergente *nm* detergent

deteriorar ◆ *vt* to damage ◆ **deteriorarse** *v pron* to deteriorate: *Su salud se deterioraba día a día.* Her health deteriorated day by day.

determinado, -a *pp, adj* **1** (*cierto*) certain: *en ~s casos* in certain cases **2** (*artículo*) definite *Ver tb* DETERMINAR

determinar *vt* to determine: *~ el precio de algo* to determine the price of sth

detestar *vt* to detest *sth/doing sth*, to hate *sth/doing sth* (*más coloq*): *Detesto viajar sola.* I hate to travel alone.

detrás *adv* **1** (*gen*) behind: *Los otros vienen ~.* The others are coming behind. **2** (*atrás*) at/on the back: *El mercado está ~.* The market is at the back. ◊ *El precio está ~.* The price is on the back. **LOC detrás de 1** (*gen*) behind: *~ de nosotros/la casa* behind us/the house **2** (*después de*) after: *Fuma un cigarrillo ~ de otro.* He smokes one cigarette after another. **estar detrás de algn** to be after sb **por detrás** from behind

deuda *nf* debt **LOC tener una deuda** to be in debt (*to sth/sb*): *tener una ~ con el banco* to be in debt to the bank

devaluar *vt* to devalue

devanarse *v pron* **LOC** *Ver* SESO

devastador, ~a *adj* devastating

devolución *nf* **1** (*artículo*) return: *la ~ de mercancías defectuosas* the return of defective goods **2** (*dinero*) refund

devolver *vt* **1** (*gen*) to return *sth* (**to sth/sb**): *¿Devolviste los libros a la biblioteca?* Did you return the books to the library? **2** (*dinero*) to refund: *Se le devolverá el importe.* You will have your money refunded. **3** (*ajo, cebolla, pimentón*): *Estoy devolviendo el pimentón.* The peppers are repeating (on me).

devorar *vt* to devour: *Mi hija devora libros.* My daughter devours books.

devoto, -a *adj* (*piadoso*) devout

devuelta *nf* change: *Quédese con la ~.* Keep the change.

día *nm* **1** (*gen*) day [*pl* days]: *Pasamos el ~ en Manizales.* We spent the day in Manizales. ◊ *—¿Qué ~ es hoy? —Martes.* "What day is it today?" "Tuesday." ◊ *al ~ siguiente* the following day **2** (*en fechas*): *Llegaron el ~ 10 de abril.* They arrived on April 10. ☛ Se dice "April tenth" o "the tenth of April": *Termina el ~ 15.* It ends on the 15th. **LOC al/por día** a day: *tres veces al ~* three times a day **¡buenos días!** good morning! morning! (*más coloq*) **dar los buenos días** to say good morning **de día/durante el día** in the daytime/during the daytime: *Duermen de ~.* They sleep in the daytime. **día de la madre/del padre** Mother's/Father's Day **día de los enamorados** St. Valentine's Day **día de los inocentes** ≃ April Fool's Day ☛ *Ver nota en* APRIL **día de los Reyes Magos** January 6 **día de Navidad** Christmas Day ☛ *Ver nota en* NAVIDAD **día de Todos los Santos** All Saints' Day ☛ *Ver nota en* HALLOWEEN **día festivo** holiday [*pl* holidays] **día libre 1** (*no ocupado*) free day **2** (*sin ir a trabajar*) day off: *Mañana es mi ~ libre.* Tomorrow's my day off. **el día de mañana** in the future **estar al día** to be up to date **hacer buen día** to be a nice day: *Hace buen ~ hoy.* It's a nice day today. **hacerse de día** to get light **poner al día** to bring *sth/sb* up to date **ser de día** to be light **todos los días** every day ☛ *Ver nota en* EVERYDAY *Ver tb* ALGUNO, HOY, MENÚ, PLENO, QUINCE, VIVIR

diabetes *nf* diabetes [*sing*]

diabético, -a *adj, nm-nf* diabetic

diablo *nm* devil **LOC** *Ver* ABOGADO, OLER

diablura *nf* **LOC hacer diabluras/una diablura**: *Ese niño no deja de hacer ~s.* That boy is always up to mischief. ◊ *Deja de hacer ~s, ¿sí?* Don't be so naughty!

diadema *nf* hair band

diagnóstico *nm* diagnosis [*pl* diagnoses]

diagonal *adj, nf* diagonal

diagrama *nm* diagram

dialecto *nm* dialect: *un ~ del inglés* a dialect of English

diálogo *nm* conversation: *Tuvimos un ~ interesante.* We had an interesting conversation.

diamante *nm* **1** (*piedra*) diamond **2 diamantes** (*Naipes*) diamonds ☛ *Ver nota en* BARAJA

diámetro *nm* diameter

diapositiva *nf* slide: *una ~ en color* a color slide

diariamente *adv* every day, daily (*más formal*)

diario, -a ◆ *adj* daily ◆ *nm* **1** (*periódico*) newspaper **2** (*personal*) diary [*pl* diaries] **LOC a diario** every day **de/para diario** everyday: *ropa de ~* everyday clothes ☛ *Ver nota en* EVERYDAY

diarrea *nf* diarrhea [*incontable*]

dibujante *nmf* **1** (*Tec*) draftsman/woman [*pl* draftsmen/women] **2** (*humor*) cartoonist

dibujar *vt* to draw

dibujo *nm* **1** (*Arte*) drawing: *estudiar ~* to study drawing ◊ *un ~* a drawing ◊ *Haz un ~ de tu familia.* Draw your family. **2** (*motivo*) pattern **LOC dibujo lineal** technical drawing **dibujos animados** cartoons

diccionario *nm* dictionary [*pl* dictionaries]: *Búscalo en el ~.* Look it up in the dictionary. ◊ *un ~ bilingüe* a bilingual dictionary

dicho, -a ◆ *pp, adj* that [*pl* those]: *~ año* that year ◆ *nm* (*refrán*) saying **LOC dicho de otra forma/manera** in other words **dicho y hecho** no sooner said than done *Ver tb* MEJOR; *Ver tb* DECIR[1]

diciembre *nm* December (*abrev* Dec) ☛ *Ver ejemplos en* ENERO

dictado *nm* dictation: *Vamos a hacer un ~.* We're going to do a dictation.

dictador, ~a *nm-nf* dictator

dictadura *nf* dictatorship: *durante la ~ militar* under the military dictatorship

dictar *vt, vi* to dictate **LOC dictar clase** to teach: *Dicto clase en un colegio privado.* I teach at a private school. **dictar sentencia** to pass sentence

didáctico, -a *adj* **LOC** *Ver* MATERIAL

diecinueve *nm, adj, pron* **1** (*gen*) nineteen **2** (*fecha*) nineteenth ☛ *Ver ejemplos en* ONCE *y* SEIS

dieciocho *nm, adj, pron* **1** (*gen*) eighteen **2** (*fecha*) eighteenth ☛ *Ver ejemplos en* ONCE *y* SEIS

dieciséis *nm, adj, pron* **1** (*gen*) sixteen **2** (*fecha*) sixteenth ☛ *Ver ejemplos en* ONCE *y* SEIS

diecisiete *nm, adj, pron* **1** (*gen*) seventeen **2** (*fecha*) seventeenth ☛ *Ver ejemplos en* ONCE *y* SEIS

diente *nm* tooth [*pl* teeth] **LOC diente de ajo** clove of garlic **diente de leche** milk tooth [*pl* milk teeth] *Ver tb* CEPILLO, DESTEMPLAR, LAVAR

diesel *nm* (*motor*) diesel engine

diestro, -a *adj* (*persona*) right-handed **LOC a diestra y siniestra** left, right and center

dieta *nf* diet: *estar a ~* to be on a diet

dietético, -a *adj* (*refresco*) diet [*n atrib*]: *Coca-Cola dietética* Diet Coke ☛ *Ver nota en* LOW-CALORIE

diez *nm, adj, pron* **1** (*gen*) ten **2** (*fechas*) tenth ☛ *Ver ejemplos en* SEIS **LOC sacar un diez** to get an "A"

difamar *vt* **1** (*de palabra*) to slander **2** (*por escrito*) to libel

diferencia *nf* **1** ~ **con/entre** difference **between *sth and sth***: *Venezuela tiene una hora de ~ con Colombia.* There's an hour's difference between Venezuela and Colombia. ◊ *la ~ entre dos telas* the difference between two fabrics **2** ~ **(de)** difference **(in/of *sth*)**: *No hay mucha ~ de precio entre los dos.* There's not much difference in price between the two. ◊ *~ de opiniones* difference of opinion **LOC a diferencia de** unlike

diferenciar ◆ *vt* to differentiate *sth* (***from sth***); to differentiate **between *sth and sth*** ◆ **diferenciarse** *v pron*: *No se diferencian en nada.* There's no difference between them. ◊ *¿En qué se diferencia?* What's the difference?

diferente ◆ *adj* ~ **(a/de)** different **(from *sth/sb*)** ◆ *adv* differently: *Pensamos ~.* We think differently.

difícil *adj* difficult **LOC** *Ver* FÁCIL

dificultad *nf* difficulty [*pl* difficulties]

difuminar *vt* to blur

difundir ◆ *vt* **1** (*Radio, TV*) to broadcast **2** (*publicar*) to publish **3** (*oralmente*) to spread ◆ **difundirse** *v pron* (*noticia, luz*) to spread

difunto, -a ◆ *adj* late: *el ~ presidente* the late president ◆ *nm-nf* deceased: *los familiares del ~* the family of the deceased

difusión *nf* **1** (*ideas*) dissemination **2** (*programas*) broadcasting **3** (*diario, revista*) circulation

digerir *vt* to digest

digestión *nf* digestion **LOC hacer la digestión**: *Todavía estoy haciendo la ~.* I just ate. ◊ *Hay que hacer la ~ antes de bañarse en la piscina.* You shouldn't go swimming right after meals.

digestivo, -a *adj* digestive: *el aparato ~* the digestive system

digital *adj* digital

dignarse *v pron* to deign ***to do sth***

dignidad *nf* dignity

digno, -a *adj* **1** (*gen*) decent: *el derecho a un trabajo ~* the right to a decent job **2** ~ **de** worthy **of *sth***: *~ de atención* worthy of attention **LOC digno de confianza** reliable

dije *nm* charm

dilatar(se) *vt, v pron* **1** (*agrandar(se), ampliar(se)*) to expand **2** (*poros, pupilas*) to dilate

dilema *nm* dilemma

diluir ◆ *vt* **1** (*sólido*) to dissolve **2** (*líquido*) to dilute **3** (*salsa, pintura*) to thin ◆ **diluirse** *v pron* (*sólido*) to dissolve

diluvio *nm* flood **LOC el Diluvio Universal** the Flood

dimensión *nf* dimension: *la cuarta ~* the fourth dimension ◊ *las dimensiones de una sala* the dimensions of a room **LOC de grandes/enormes dimensiones** huge

diminutivo, -a *adj, nm* diminutive

diminuto, -a *adj* tiny

dimisión *nf* resignation: *Presentó su ~.* He handed in his resignation.

dimitir *vi* ~ **(de)** to resign **(from** ***sth*****)**: *~ de un cargo* to resign from a position

Dinamarca *nf* Denmark

dinámico, -a ◆ *adj* dynamic ◆ **dinámica** *nf* dynamics [*sing*]

dinamita *nf* dynamite

dínamo (*tb* **dinamo**) *nf* dynamo [*pl* dynamos]

dinastía *nf* dynasty [*pl* dynasties]

dinero *nm* money [*incontable*]: *¿Tienes ~?* Do you have any money? ◊ *Necesito ~.* I need some money. **LOC** *Ver* LAVADO

dinosaurio *nm* dinosaur

dioptría *nf*: *¿Cuántas ~s tienes?* How strong are your glasses?

dios *nm* god **LOC como Dios manda** right: *una oficina como Dios manda* a real office ◊ *hacer algo como Dios manda* to do sth right **¡Dios me libre!** God forbid! **¡Dios mío!** my God! **Dios sabe/sabrá Dios** God knows **¡por Dios!** for God's sake! *Ver tb* AMOR, PEDIR

diosa *nf* goddess

dióxido *nm* dioxide **LOC dióxido de carbono** carbon dioxide

diploma *nm* **1** (*gen*) diploma **2** (*universidad*) degree certificate

diplomacia *nf* diplomacy

diplomático, -a ◆ *adj* diplomatic ◆ *nm-nf* diplomat

diputado, -a *nm-nf* deputy [*pl* deputies] ≃ congressman [*fem* congresswoman] ☛ *Ver pág 318.* **LOC** *Ver* CONGRESO

dique *nm* dyke **LOC dique (seco)** dry dock

dirección *nf* **1** (*rumbo*) direction: *Iban en ~ contraria.* They were going in the opposite direction. ◊ *salir con ~ a Cúcuta* to set off for Cúcuta **2** (*datos*) address: *nombre y ~* name and address

direccional *nf* (*carro*) turn signal **LOC poner las direccionales** to signal

directamente *adv* (*derecho*) straight: *Volvimos ~ a Tunja.* We went straight back to Tunja.

directivo, -a ◆ *adj* management [*n atrib*]: *el equipo ~* the management team ◆ *nm-nf* director

directo, -a *adj* **1** (*gen*) direct: *un vuelo ~* a direct flight ◊ *¿Cuál es el camino más ~?* What's the most direct way? **2** (*tren*) through: *el tren ~ a Villavicencio* the through train to Villavicencio **LOC en directo** live: *una transmisión en ~* a live broadcast

director, ~a *nm-nf* **1** (*gen*) director: *~ artístico/financiero* artistic/financial director ◊ *un ~ de cine/teatro* a movie/theater director **2** (*colegio*) principal **3** (*banco*) manager **4** (*periódico, editorial*) editor **LOC director (de orquesta)** conductor **director general** chief executive officer (*abrev* CEO)

directorio *nm* telephone directory, phone book (*más coloq*): *Búscalo en el ~.* Look it up in the telephone directory.

dirigente ◆ *adj* (*Pol*) ruling ◆ *nmf* **1** (*Pol*) leader **2** (*empresa*) manager **LOC** *Ver* MÁXIMO

dirigir ◆ *vt* **1** (*película, obra de teatro, tráfico*) to direct **2** (*carta, mensaje*) to address *sth* ***to sth/sb*** **3** (*arma, manguera, telescopio*) to point *sth* ***at sth/sb*** **4** (*debate, campaña, expedición, partido*) to lead **5** (*negocio*) to run ◆ **dirigirse** *v pron* **1 dirigirse a/hacia** (*ir*) to head for...: *~se hacia la frontera* to head for the border **2 dirigirse a** (*hablar*) to speak **to** ***sb*** **3 dirigirse a** (*por carta*) to write **to** ***sb*** **LOC dirigir la palabra** to speak *to sb*

discapacitado, -a *adj, nm-nf* disabled: *los ~s* the disabled

disciplina *nf* **1** (*gen*) discipline: *mantener la ~* to maintain discipline **2** (*asignatura*) subject

discípulo, -a *nm-nf* **1** (*seguidor*) disciple **2** (*alumno*) student

disc-jockey *nmf* disc jockey [*pl* disc jockeys] (*abrev* DJ)

disco *nm* **1** (*Mús*) record: *grabar/poner un ~* to make/play a record **2** (*Informát*) disk: *el ~ duro* the hard disk **3** (*Dep*) discus **4** (*objeto circular*) disc **LOC disco compacto** compact disc (*abrev* CD)

discográfico, -a *adj* record [*n atrib*]: *una empresa discográfica* a record company

discoteca *nf* club

discotequero, -a *adj* (*música*) disco [*n atrib*]: *un ritmo ~* a disco beat

discreción *nf* discretion

discreto, -a *adj* discreet

discriminación *nf* discrimination (***against sb***): *la ~ racial* racial discrimination ◊ *la ~ de la mujer* discrimination against women

discriminar *vt* to discriminate **against** ***sb***

disculpa *nf* **1** (*excusa*) excuse: *Esto no tiene ~.* There's no excuse for this. **2** (*pidiendo perdón*) apology [*pl* apologies] LOC *Ver* PEDIR

disculpar ◆ *vt* to forgive: *Disculpe la interrupción.* Forgive the interruption. ◊ *Disculpa que llegue tarde.* Sorry I'm late. ◆ **disculparse** *v pron* to apologize (***to sb***) (***for sth***): *Me disculpé con ella por no haber escrito.* I apologized to her for not writing.

discurso *nm* speech: *pronunciar un ~* to give a speech

discusión *nf* **1** (*debate*) discussion **2** (*disputa*) argument

discutido, -a *pp, adj* (*polémico*) controversial *Ver tb* DISCUTIR

discutir ◆ *vt* **1** (*debatir*) to discuss **2** (*cuestionar*) to question: *~ una decisión* to question a decision ◆ *vi* **1** ~ **de/sobre** (*hablar*) to discuss *sth* [*vt*]: *~ de política* to discuss politics **2** (*pelear*) to argue (***with sb***) (***about sth***)

disecar *vt* **1** (*animal*) to stuff **2** (*flor*) to press **3** (*hacer la disección*) to dissect

diseñador, ~a *nm-nf* designer

diseñar *vt* **1** (*gen*) to design **2** (*plan*) to draw *sth* up

diseño *nm* design: *~ gráfico* graphic design

disfraz *nm* costume: *un sitio donde se alquilan disfraces* a store where you can rent costumes LOC *Ver* BAILE

disfrazarse *v pron* ~ (**de**) (*para una fiesta*) to dress up (**as** ***sth/sb***): *Se disfrazó de Cenicienta.* She dressed up as Cinderella.

disfrutar ◆ *vi, vt* to enjoy *sth/doing sth*: *Disfrutamos bailando/con el fútbol.* We enjoy dancing/soccer. ◊ *Disfruto de buena salud.* I enjoy good health. ◆ *vi* (*pasarlo bien*) to enjoy yourself: *¡Que disfrutes mucho!* Enjoy yourself!

disgustado, -a *pp, adj* upset *Ver tb* DISGUSTAR

disgustar *vi* to upset *sb* [*vt*]: *Les disgustó mucho que no aprobara.* They were very upset he failed.

disimular ◆ *vt* to hide: *~ la verdad/una cicatriz* to hide the truth/a scar ◆ *vi* to pretend: *Disimula, haz como que no sabes nada.* Pretend you don't know anything. ◊ *¡Ahí vienen! ¡Disimula!* There they are! Pretend you haven't seen them.

disimulo *nm* LOC **con/sin disimulo** surreptitiously/openly

dislexia *nf* dyslexia

disléxico, -a *adj, nm-nf* dyslexic

dislocar(se) *vt, v pron* to dislocate

disminución *nf* drop (***in sth***): *una ~ en el número de accidentes* a drop in the number of accidents

disminuir ◆ *vt* to reduce: *Disminuye la velocidad.* Reduce your speed. ◆ *vi* to drop: *Disminuyeron los precios.* Prices have dropped.

disolver(se) *vt, v pron* **1** (*en un líquido*) to dissolve: *Disuelva el azúcar en la leche.* Dissolve the sugar in the milk. **2** (*manifestación*) to break (*a demonstration*) up: *La manifestación se disolvió enseguida.* The demonstration broke up immediately.

disparado, -a *pp, adj* LOC **salir disparado** to shoot out (*of*...): *Salieron ~s del banco.* They shot out of the bank. *Ver tb* DISPARAR

disparar ◆ *vt, vi* to shoot: *~ una flecha* to shoot an arrow ◊ *¡No disparen!* Don't shoot! ◊ *Disparaban contra todo lo que se movía.* They were shooting at everything that moved. ◆ **dispararse** *v pron* **1** (*arma, alarma, dispositivo*) to go off: *La pistola se disparó.* The pistol went off. **2** (*aumentar*) to shoot up: *Se dispararon los precios.* Prices have shot up.

disparate *nm* **1** (*dicho*) nonsense [*incontable*]: *¡No digas ~s!* Don't talk nonsense! **2** (*hecho*) stupid thing LOC *Ver* SARTA

disparo *nm* shot: *Murió a consecuencia de un ~.* He died from a gunshot wound. ◊ *Oí un ~.* I heard a shot.

dispersar(se) *vt, v pron* to disperse

disponer ◆ *vi* ~ **de 1** (*tener*) to have *sth* [*vt*] **2** (*utilizar*) to use *sth* [*vt*]: *~ de tus ahorros* to use your savings ◆ **disponerse** *v pron* **disponerse a** to get ready **for** ***sth/to do sth***: *Me disponía a salir cuando llegó mi suegra.* I was getting ready to leave when my mother-in-law arrived.

disponible *adj* available

dispuesto, -a *pp, adj* **1** (*ordenado*) arranged **2** (*preparado*) ready (***for sth***): *Todo está ~ para la fiesta.* Everything is ready for the party. **3** (*servicial*) willing **4** ~ **a** (*decidido*) prepared ***to do***

sth: *No estoy ~ a dimitir.* I'm not prepared to resign. *Ver tb* DISPONER

disputado, -a *pp, adj* hard-fought *Ver tb* DISPUTAR

disputar ◆ *vt* (*Dep*) to play ◆ **disputarse** *v pron* to compete **for *sth***

disquete *nm* floppy disk ☛ *Ver dibujo en* COMPUTADOR

distancia *nf* distance: *¿A qué ~ está la próxima gasolinera?* How far is it to the next gas station? **LOC a mucha/poca distancia de...** a long way/not far from...: *a poca ~ de nuestra casa* not far from our house *Ver tb* LLAMADA

distante *adj* distant

distinción *nf* **1** (*gen*) distinction: *hacer distinciones* to make distinctions **2** (*premio*) award **LOC sin distinción de raza, sexo, etc** regardless of race, gender, etc

distinguido, -a *pp, adj* distinguished *Ver tb* DISTINGUIR

distinguir ◆ *vt* **1** (*gen*) to distinguish *sth/sb* (**from *sth*/*sb***): *¿Se pueden ~ los machos de las hembras?* Can you distinguish the males from the females? ◊ *No puedo ~ a los dos hermanos.* I can't tell the difference between the two brothers. **2** (*divisar*) to make *sth* out: *~ una silueta* to make out an outline ◆ **distinguirse** *v pron* **distinguirse por** to be known **for *sth***: *Se distingue por su tenacidad.* He's known for his tenacity.

distinto, -a *adj* **1** ~ (**a/de**) different (**from/to *sth*/*sb***): *Es muy ~ de/a su hermana.* He's very different from/to his sister. **2 distintos** (*diversos*) various: *los ~s aspectos del problema* the various aspects of the problem

distorsionar *vt* to distort: *~ una imagen/los hechos* to distort an image/the facts

distracción *nf* (*pasatiempo*) pastime: *Su ~ favorita es leer.* Reading is her favourite pastime.

distraer ◆ *vt* **1** (*entretener*) to keep *sb* amused: *Les conté cuentos para ~los.* I told them stories to keep them amused. **2** (*apartar la atención*) to distract *sb* (**from *sth***): *No me distraigas (de mi labor).* Don't distract me (from what I'm doing). ◆ **distraerse** *v pron* **1 distraerse haciendo algo** (*pasar el tiempo*) to pass your time **doing sth 2** (*despistarse*) to be distracted: *Me distraje un momento.* I was distracted for a moment.

distraído, -a *pp, adj* absent-minded **LOC estar/ir distraído** to be in a fog *Ver tb* DISTRAER

distribución *nf* **1** (*gen*) distribution **2** (*casa, apartamento*) layout

distribuir *vt* to distribute: *Distribuirán alimentos a/entre los refugiados.* They will distribute food to/among the refugees.

distrito *nm* district **LOC distrito electoral** (*parlamento*) congressional district

disturbio *nm* riot

disuadir *vt* to dissuade *sb* (**from *sth*/*doing sth***)

diversión *nf* **1** (*pasatiempo*) pastime **2** (*espectáculo*) entertainment: *lugares de ~* places of entertainment

diverso, -a *adj* **1** (*variado, diferente*) different: *personas de ~ origen* people from different backgrounds **2 diversos** (*varios*) various: *El libro abarca ~s aspectos.* The book covers various aspects.

divertido, -a *pp, adj* **1** (*gracioso*) funny **2** (*agradable*) enjoyable: *unas vacaciones divertidas* an enjoyable vacation **LOC estar/ser (muy) divertido** to be a lot of fun *Ver tb* DIVERTIR

divertir ◆ *vt* to amuse ◆ **divertirse** *v pron* to have fun **LOC divertirse en grande** to have a great time **¡que se divierta!** have a good time!

dividir ◆ *vt* **1** (*gen*) to divide *sth* (up): *~ el trabajo/la torta* to divide (up) the work/cake ◊ *~ algo en tres partes* to divide something into three parts ◊ *Lo dividieron entre sus hijos.* They divided it between their children. **2** (*Mat*) to divide *sth* (**by *sth***): *~ ocho entre/por dos* to divide eight by two ◆ **dividir(se)** *vt, v pron* **dividir(se) (en)** to split (**into *sth***): *Ese asunto ha dividido a la familia.* That affair has split the family. ◊ *~se en dos facciones* to split into two factions

divino, -a *adj* divine

divisa *nf* (*dinero*) (foreign) currency [*gen incontable*]: *pagar en ~s* to pay in foreign currency

divisar *vt* to make *sth/sb* out

división *nf* **1** (*gen*) division **2** (*Dep*) league: *un equipo de primera ~* a major-league team **3** (*pared*) partition

divisorio, -a *adj* **LOC** *Ver* LÍNEA

divorciado, -a ◆ *pp, adj* divorced ◆ *nm-nf* divorcé [*fem* divorcée] *Ver tb* DIVORCIARSE

divorciarse *v pron* ~ (**de**) to get divorced (**from *sb***)

divorcio *nm* divorce

divulgar(se) *vt, v pron* to spread

do *nm* **1** (*nota de la escala*) do **2** (*tonalidad*) C: *en do mayor* in C major

dobladillo *nm* hem

doblar ◆ *vt* **1** (*plegar*) to fold: ~ *un papel en ocho* to fold a piece of paper into eight **2** (*torcer, flexionar*) to bend: ~ *la rodilla/una barra de hierro* to bend your knee/an iron bar **3** (*duplicar*) to double: *Doblaron la oferta.* They doubled their offer. **4** (*esquina*) to turn **5** (*película*) to dub: ~ *una película al portugués* to dub a film into Portuguese ◆ *vi* (*campanas*) to toll ◆ **doblarse** *v pron* **1** (*cantidad*) to double **2** (*torcerse*) to bend

doble ◆ *adj* double ◆ *nm* **1** (*cantidad*) twice as much/many: *Cuesta el ~.* It costs twice as much. ◊ *Gana el ~ que yo.* She earns twice as much as me. ◊ *Había el ~ de gente.* There were twice as many people. **2 + de adj** twice as...: *el ~ de ancho* twice as wide **3** (*persona parecida*) double **4** (*Cine*) (stunt) double **LOC de doble sentido** (*chiste, palabra*) with a double meaning *Ver tb* ARMA, CARRETERA, PARQUEAR

doblez *nm* fold

doce *nm, adj, pron* **1** (*gen*) twelve **2** (*fecha*) twelfth ☛ *Ver ejemplos en* ONCE *y* SEIS

doceavo, -a *adj, nm* twelfth

docena *nf* dozen: *una ~ de personas* a dozen people **LOC por docenas** by the dozen

doctor, ~a *nm-nf* doctor (*abrev* Dr)

doctorado *nm* PhD: *estudiantes de ~* PhD students

doctrina *nf* doctrine

documentación *nf* **1** (*de una persona*) (identity) papers [*pl*]: *Me pidieron la ~.* They asked to see my (identity) papers. **2** (*de un carro*) documents [*pl*]

documental *nm* documentary [*pl* documentaries]

documento *nm* document **LOC documento de identidad** identity card

dólar *nm* dollar

doler *vi* **1** (*gen*) to hurt: *Esto no le va a ~ nada.* This won't hurt (you) at all. ◊ *Me duele la pierna/el estómago.* My leg/stomach hurts. ◊ *Me dolió que no me apoyaran.* I was hurt by their lack of support. **2** (*cabeza, muela*) to ache: *Me duele la cabeza.* I have a headache. **LOC doler el bazo a algn** to get a stitch

dolido, -a *pp, adj* **1** (*gen*) hurt: *Está ~ por lo que usted dijo.* He's hurt at what you said. **2** ~ **con** upset **with *sb*** *Ver tb* DOLER

dolor *nm* **1** (*físico*) pain: *algo contra/para el ~* something for the pain **2** (*pena*) grief **LOC dolor de cabeza/muelas/oídos** headache/toothache/earache **dolor de estómago** stomachache *Ver tb* ESTREMECER(SE), GRITAR, RETORCER

doloroso, -a *adj* painful

domador, ~a *nm-nf* tamer

domar *vt* **1** (*gen*) to tame **2** (*caballo*) to break

domesticar *vt* to domesticate

doméstico, -a *adj* **1** (*gen*) household [*n atrib*]: *tareas domésticas* household chores **2** (*animal*) domestic **LOC** *Ver* LABOR

domicilio *nm*: *cambio de ~* change of address ◊ *servicio a ~* delivery service

dominante *adj* dominant

dominar *vt* **1** (*gen*) to dominate: ~ *a los demás* to dominate other people **2** (*idioma*) to be fluent **in *sth***: *Domina el ruso.* He's fluent in Russian. **3** (*materia, técnica*) to be good **at *sth***

domingo *nm* Sunday [*pl* Sundays] (*abrev* Sun) ☛ *Ver ejemplos en* LUNES **LOC Domingo de Ramos/Resurrección** Palm/Easter Sunday

dominio *nm* **1** (*control*) control: *su ~ del balón* his ball control **2** (*lengua*) command **3** (*técnica*) mastery **LOC ser del dominio público** to be common knowledge

dominó *nm* (*juego*) dominoes [*sing*]: *jugar ~* to play dominoes **LOC** *Ver* FICHA

don, doña *nm-nf* Mr. [*fem* Mrs.]: *don José Ruiz* Mr. José Ruiz **LOC ser un don nadie** to be a nobody

dona *nf* donut ☛ *Ver dibujo en* PAN

donante *nmf* donor: *un ~ de sangre* a blood donor

donar *vt* to donate

donativo *nm* donation

donde *adv rel* **1** (*gen*) where: *la ciudad ~ nací* the city where I was born ◊ *Déjelo ~ pueda.* Leave it over there somewhere. ◊ *un lugar ~ vivir* a place to live **2** (*con preposición*): *la ciudad a/hacia ~ se dirigen* the city they're heading for ◊ *un alto de/desde ~ se ve el mar* a hill you can see the sea from ◊ *la calle por ~ pasa el bus* the street the bus goes along

dónde *adv interr* where: *¿~ lo pusiste?* Where did you put it? ◊ *¿De ~ eres?* Where are you from? **LOC ¿dónde demonios?** where on earth? **¿hacia dónde?** which way?: *¿Hacia ~ fueron?* Which way did they go? **¿por dónde se va a…?** how do you get to…?

doña *nf Ver* DON

dorado, -a *pp, adj* **1** (*gen*) gold [*n atrib*]: *un bolso ~* a gold bag ◊ *colores/tonos ~s* gold colors/tones **2** (*época, pelo*) golden: *la época dorada* the golden age

dormido, -a *pp, adj* asleep **LOC quedarse dormido** to oversleep *Ver tb* DORMIR

dormir ◆ *vi* **1** (*gen*) to sleep: *No puedo ~.* I can't sleep. ◊ *No dormí nada.* I didn't sleep a wink. **2** (*estar dormido*) to be asleep: *mientras mi mamá dormía* while my mother was asleep ◆ *vt* (*niño*) to put *sb* to sleep ◆ **dormirse** *v pron* **1** (*conciliar el sueño*) to fall asleep, to get to sleep (*más coloq*) **2** (*parte del cuerpo*) to go to sleep: *Se me durmió la pierna.* My leg's gone to sleep. **LOC ¡a dormir!** time for bed! **dormir como un lirón/tronco** to sleep like a log *Ver tb* SIESTA

dormitorio *nm* bedroom

dorsal *adj* **LOC** *Ver* ESPINA

dorso *nm* back: *al ~ de la tarjeta* on the back of the card

dos *nm, adj, pron* **1** (*gen*) two **2** (*fecha*) second ☛ *Ver ejemplos en* SEIS **LOC dos puntos** colon ☛ *Ver págs 314–5.* **en un dos por tres** in a flash **las/los dos** both: *las ~ manos* both hands ◊ *Fuimos los ~.* Both of us went./We both went. **no tener dos dedos de frente** to be (as) dumb as a post *Ver tb* CADA, GOTA, VEZ

doscientos, -as *adj, pron, nm* two hundred ☛ *Ver ejemplos en* SEISCIENTOS

dosis *nf* dose

dotado, -a *pp, adj ~* **de 1** (*de una cualidad*) endowed **with *sth***: *~ de inteligencia* endowed with intelligence **2** (*equipado*) equipped **with *sth***: *vehículos ~s de radio* vehicles equipped with a radio

dote *nf* **1** (*de una mujer*) dowry [*pl* dowries] **2 dotes** talent (***for sth/doing sth***) [*sing*]: *Tiene ~s de cómico.* He has a talent for comedy.

dragón *nm* dragon

drama *nm* drama

dramático, -a *adj* dramatic

droga *nf* **1** (*sustancia*) drug: *una ~ blanda/dura* a soft/hard drug **2 la droga** (*actividad*) drugs [*pl*]: *la lucha contra la ~* the fight against drugs **LOC** *Ver* TRÁFICO

drogadicto, -a *nm-nf* drug addict

drogar ◆ *vt* to drug ◆ **drogarse** *v pron* to take drugs

droguería *nf* **1** store selling medicines, household items and cleaning materials **2** (*farmacia*) pharmacy

dromedario *nm* dromedary [*pl* dromedaries]

ducha *nf* shower **LOC** *Ver* GEL

ducho, -a *adj* **LOC estar (muy) ducho en algo** to know a lot about sth

duda *nf* **1** (*incertidumbre*) doubt: *sin ~ (alguna)* without doubt ◊ *fuera de (toda) ~* beyond (all) doubt **2** (*problema*): *¿Tienen alguna ~?* Are there any questions? **LOC sacar de dudas** to dispel *sb's* doubts *Ver tb* CABER, LUGAR

dudar ◆ *vt, vi ~* **(de/que…)** to doubt: *Lo dudo.* I doubt it. ◊ *¿Dudas de mi palabra?* Do you doubt my word? ◊ *Dudo que sea fácil.* I doubt that it'll be easy. ◆ *vi* **1** *~* **de** (*persona*) to mistrust *sb* [*vt*]: *Duda de todos.* She mistrusts everyone. **2** *~* **en** to hesitate ***to do sth***: *No dudes en preguntar.* Don't hesitate to ask. **3** *~* **entre**: *Dudamos entre los dos carros.* We couldn't make up our minds between the two cars.

dudoso, -a *adj* **1** (*incierto*) doubtful: *Estoy algo ~.* I'm rather doubtful. **2** (*sospechoso*) dubious: *un penalti ~* a dubious penalty

duelo *nm* (*enfrentamiento*) duel

duende *nm* elf [*pl* elves]

dueño, -a *nm-nf* **1** (*gen*) owner **2** (*bar, pensión*) landlord [*fem* landlady]

dulce ◆ *adj* **1** (*gen*) sweet: *un vino ~* a sweet wine **2** (*persona, voz*) gentle ◆ *nm* candy [*pl* candies] ☛ *Ver nota en* CONFITE **LOC dulce de leche** fudge *Ver tb* AGUA, ALGODÓN, JAMÓN

dulcero *adj* **LOC** *Ver* PLATO

duna *nf* dune

dúo *nm* **1** (*composición*) duet **2** (*pareja*) duo [*pl* duos]

duodécimo, -a *adj, pron, nm-nf* twelfth

dúplex *nm* duplex apartment

duque, -esa *nm-nf* duke [*fem* duchess]

> El plural de **duke** es "dukes", pero cuando decimos *los duques* refiriéndonos al duque y a la duquesa, se traduce por **"the duke and duchess"**.

duración *nf* **1** (*gen*) length: *la ~ de una*

película the length of a movie **2** (*bombillo, pila*) life: *pilas de larga ~* long-life batteries

durante *prep* during, for: *durante el concierto* during the concert ◊ *durante dos años* for two years

During se utiliza para referirnos al tiempo o al momento en que se desarrolla una acción, y **for** cuando se especifica la duración de esta acción: *Me sentí mal durante la reunión.* I felt sick during the meeting. ◊ *Anoche llovió durante tres horas.* Last night it rained for three hours.

durar *vi* to last: *La crisis duró dos años.* The crisis lasted two years. ◊ *~ mucho* to last a long time ◊ *Duró poco.* It didn't last long.

durazno *nm* peach

durmiente *adj* **LOC** *Ver* BELLO

duro, -a ◆ *adj* **1** (*gen*) hard: *La mantequilla está dura.* The butter is hard. ◊ *una vida dura* a hard life ◊ *ser ~ con algn* to be hard on sb **2** (*castigo, clima, crítica, disciplina*) harsh **3** (*carne*) tough **4** (*resistente*) tough: *Hay que ser ~ para sobrevivir.* You have to be tough to survive. ◆ *adv* **1** (*mucho*) hard: *trabajar ~* to work hard **2** (*firmemente*) tight: *¡Agárrese ~!* Hold on tight! **3** (*sonido*) loud: *No hable tan ~.* Don't talk so loud. ◊ *Ponlo más ~.* Turn it up. **LOC darle duro**: *Le está dando ~ al piano.* She's really pounding the keys. **duro de oído** hard of hearing **duro y parejo** flat out: *trabajar ~ y parejo* to work flat out *Ver tb* CABEZA, CARA, HUESO, HUEVO, MANO, PAN

Ee

e *conj* and

ébano *nm* ebony

ebullición *nf* **LOC** *Ver* PUNTO

echado, -a *pp, adj* **LOC estar echado** to be lying down *Ver tb* ECHAR

echar ◆ *vt* **1** (*tirar*) to throw: *Echa el dado.* Throw the die. **2** (*dar*) to give: *Échame un poco de agua.* Give me some water. **3** (*poner*) to put *sth* ***in/on sth***: *Voy a ~ más leña.* I'm going to put some more logs on the fire. **4** (*humo, olor*) to give *sth* off: *La chimenea echaba mucho humo.* The fire was giving off a lot of smoke. **5** (*expulsar*) **(a)** (*gen*) to kick *sb* out: *Nos echaron del bar.* We were kicked out of the bar. **(b)** (*escuela*) to expel: *Me echaron del colegio.* I've been expelled from school. **(c)** (*trabajo*) to fire ◆ *vi* ~ **a** to start ***doing sth/to do sth***: *Echaron a correr.* They started to run. ◆ **echarse** *v pron* **1** (*tumbarse*) to lie down: *¡Échese!* Lie down! **2 echarse de** to get covered **in** ***sth***: *¡Cómo te echaste de pintura!* You're covered in paint! ☛ Para expresiones con **echar**, véanse las entradas del sustantivo, adjetivo, etc, p.ej. **echar a suertes** en SUERTE y **echarse la siesta** en SIESTA.

eclesiástico, -a *adj* ecclesiastical

eclipse *nm* eclipse

eco *nm* echo [*pl* echoes]: *Había ~ en la cueva.* The cave had an echo.

ecología *nf* ecology

ecológico, -a *adj* ecological

ecologismo *nm* environmentalism

ecologista ◆ *adj* environmental: *grupos ~s* environmental groups ◆ *nmf* environmentalist

economía *nf* economy [*pl* economies]: *la ~ de nuestro país* our country's economy

económico, -a *adj* **1** (*que gasta poco*) economical: *un carro muy ~* a very economical car **2** (*Econ*) economic

economista *nmf* economist

ecuación *nf* equation **LOC ecuación de segundo/tercer grado** quadratic/cubic equation

Ecuador *nm* Ecuador

ecuador *nm* equator

ecuatorial *adj* equatorial

ecuatoriano, -a *adj, nm-nf* Ecuadorian

edad *nf* age: *¿Qué ~ tienen?* How old are they? ◊ *a tu ~* at your age ◊ *niños de todas las ~es* children of all ages **LOC de mi edad** my, your, etc age: *No había ningún muchacho de mi ~.* There wasn't anybody my age. **la Edad Media** the Middle Ages [*pl*]: *la Alta/Baja Edad Media* the Early/Late Middle Ages **no tener edad** to be too young/too old (*for sth/to do sth*) **tener edad** to be old enough (*for sth/to do sth*) *Ver tb* MAYOR, MEDIANO, TERCERO

edición *nf* **1** (*publicación*) publication **2** (*tirada, versión, Radio, TV*) edition: *la primera ~ del libro* the first edition of the book ◊ *~ pirata/semanal* pirate/ weekly edition

edificar *vt, vi* (*construir*) to build

edificio *nm* building: *No queda nadie en el ~.* There is nobody left in the building.

editar *vt* **1** (*publicar*) to publish **2** (*preparar texto, Informát*) to edit

editor, ~a *nm-nf* **1** (*empresario*) publisher **2** (*textos, Period, Radio, TV*) editor

editorial ◆ *adj* (*sector*) publishing: *el mundo ~ de hoy* the publishing world of today ◆ *nm* (*periódico*) editorial ◆ *nf* publishing house: *¿De qué ~ es?* Who are the publishers?

edredón *nm* comforter

educación *nf* **1** (*enseñanza*) education: *~ sanitaria/sexual* health/sex education **2** (*crianza*) upbringing: *Tuvieron una buena ~.* They've been well brought up. **LOC educación física** physical education (*abrev* PE) **ser de buena/mala educación** to be good/bad manners (*to do sth*): *Interrumpir al que habla es de mala ~.* It's bad manners to interrupt while someone's talking. *Ver tb* FALTA

educado, -a *pp, adj* polite **LOC bien/ mal educado** well-mannered/rude: *No seas tan mal ~.* Don't be so rude. *Ver tb* EDUCAR

educar *vt* **1** (*enseñar*) to educate **2** (*criar*) to bring *sb* up: *Es difícil ~ bien a los hijos.* It's difficult to bring your children up well. **LOC educar el oído** to train your ear

educativo, -a *adj* **1** (*gen*) educational: *juguetes ~s* educational toys **2** (*sistema*) education [*n atrib*]: *el sistema ~* the education system **LOC** *Ver* MATERIAL

efectivamente *adv* (*respuesta*) that's right: *—¿Dice que lo vendió ayer? —Efectivamente.* "Did you say you sold it yesterday?" "That's right."

efectivo, -a ◆ *adj* effective ◆ *nm* cash **LOC** *Ver* PAGAR

efecto *nm* **1** (*gen, Ciencias*) effect: *hacer/no hacer ~* to have an effect/no effect **2** (*pelota*) spin: *La pelota iba con ~.* The ball had (a) spin on it. **LOC efecto invernadero** greenhouse effect **efectos (personales)** belongings **en efecto** indeed *Ver tb* SURTIR

efectuar *vt* to carry *sth* out: *~ un ataque/una prueba* to carry out an attack/a test

efervescente *adj* effervescent

eficaz *adj* **1** (*efectivo*) effective: *un remedio ~* an effective remedy **2** (*eficiente*) efficient

eficiente *adj* efficient: *un ayudante muy ~* a very efficient assistant

egoísta *adj, nmf* selfish [*adj*]: *No seas tan ~.* Don't be so selfish. ◊ *Son unos ~s.* They're really selfish.

egresado, -a *nm-nf* graduate

egresar *vi* to graduate

eje *nm* **1** (*ruedas*) axle **2** (*Geom, Geog, Pol*) axis [*pl* axes] **LOC eje de coordenadas** x and y axes [*pl*]

ejecutar *vt* **1** (*realizar*) to carry *sth* out: *~ una operación* to carry out an operation **2** (*pena de muerte, Jur, Informát*) to execute

ejecutivo, -a *adj, nm-nf* executive: *órgano ~* executive body ◊ *un ~ importante* an important executive **LOC** *Ver* PODER[2]

¡ejem! *interj* ahem!

ejemplar ◆ *adj* exemplary ◆ *nm* (*texto, disco*) copy [*pl* copies]

ejemplo *nm* example: *Espero que les sirva de ~.* Let this be an example to you. **LOC dar ejemplo** to set an example **por ejemplo** for example (*abrev* e.g.)

ejercer ◆ *vt* **1** (*profesión*) to practice: *~ la abogacía/medicina* to practice law/ medicine **2** (*autoridad, poder, derechos*) to exercise ◆ *vi* to practice: *Ya no ejerzo.* I no longer practice.

ejercicio *nm* **1** (*gen*) exercise: *hacer un ~ de matemáticas* to do a math exercise ◊ *Deberías hacer más ~.* You should get more exercise. **2** (*profesión*) practice

ejército *nm* army [*v sing o pl*] [*pl* armies]: *alistarse en el ~* to join the army

el, la *art def* the: *El tren llegó tarde.* The train was late. ☛ *Ver nota en* THE

LOC el/la de... 1 (*posesión*): *La de Marisa es mejor.* Marisa's (one) is better. **2** (*característica*) the one (with...): *el de los ojos verdes/la barba* the one with green eyes/the beard ◊ *Prefiero la de lunares.* I'd prefer the spotted one. **3** (*ropa*) the one in...: *el del abrigo gris* the one in the grey coat ◊ *la de rojo* the one in red **4** (*procedencia*) the one from...: *el de La Paz* the one from La Paz

el/la que... 1 (*persona*) the one (who/

that)...: *Ese no es el que vi.* He isn't the one I saw. **2** (*cosa*) the one (which/that)...: *La que compramos ayer era mejor.* The one (that) we bought yesterday was nicer. **3** (*quienquiera*) whoever: *El que llegue primero que haga café.* Whoever gets there first has to make the coffee.

él *pron pers* **1** (*persona*) **(a)** (*sujeto*) he: *José y él son primos.* José and he are cousins. **(b)** (*complemento, en comparaciones*) him: *Es para él.* It's for him. ◊ *Eres más alta que él.* You're taller than him. **2** (*cosa*) it: *Se me perdió el reloj y no puedo estar sin él.* I've lost my watch and I can't go without it. **LOC de él** (*posesivo*) his: *el carro de él* his car ◊ *No son de ella, son de él.* They're not hers, they're his. ◊ *los amigos de él* his friends **es él** it's him

elaborar *vt* **1** (*producto*) to produce **2** (*preparar*) to prepare: ~ *un informe* to prepare a report

elástico, -a *adj* **1** (*gen*) elastic **2** (*atleta*) supple

elección *nf* **1** (*gen*) choice: *no tener* ~ to have no choice **2 elecciones** election(s): *convocar elecciones* to call an election **LOC elecciones generales/legislativas** general election(s) **elecciones municipales** local election(s)

elector, ~a *nm-nf* voter

electorado *nm* electorate: *El* ~ *está desilusionado.* The electorate is disillusioned.

electoral *adj* electoral: *campaña* ~ electoral campaign ◊ *lista* ~ list of (election) candidates **LOC** *Ver* CABINA, COLEGIO, DISTRITO

electricidad *nf* electricity

electricista *nmf* electrician

eléctrico, -a *adj* electric, electrical

> **Electric** se emplea para referirnos a electrodomésticos y aparatos eléctricos concretos, por ejemplo *electric razor/car/fence*, en frases hechas como *an electric shock*, y en sentido figurado en expresiones como *The atmosphere was electric.* **Electrical** se refiere a la electricidad en un sentido más general, como por ejemplo *electrical engineering*, *electrical goods* o *electrical appliances.*

LOC *Ver* CAFETERA, ENERGÍA, ESCALERA, INSTALACIÓN, LAVAPLATOS, TENDIDO

electrocutarse *v pron* to be electrocuted

electrodo *nm* electrode

electrodoméstico *nm* electrical appliance

electrónico, -a ◆ *adj* electronic ◆ **electrónica** *nf* electronics [*sing*]

elefante, -a *nm-nf* elephant

elegante *adj* elegant

elegantoso, -a *adj* stylish

elegir *vt* **1** (*votar*) to elect: *Van a* ~ *un nuevo presidente.* They are going to elect a new president. **2** (*optar*) to choose: *No me dieron a* ~. They didn't let me choose. ◊ ~ *entre matemáticas y latín* to choose between math and Latin

elemental *adj* elementary

elemento *nm* element: *los ~s de la tabla periódica* the elements of the periodic table

elepé *nm* LP

elevado, -a *pp, adj* high: *temperaturas elevadas* high temperatures **LOC elevado a cuatro, etc** (raised) to the fourth power, etc **elevado al cuadrado/cubo** squared/cubed *Ver tb* ELEVAR

elevar *vt* to raise: ~ *el nivel de vida* to raise living standards

eliminación *nf* elimination

eliminar *vt* to eliminate

eliminatoria *nf* heat

elipse *nf* ellipse

ella *pron pers* **1** (*persona*) **(a)** (*sujeto*) she: *María y* ~ *son primas.* She and María are cousins. **(b)** (*complemento, en comparaciones*) her: *Es para* ~. It's for her. ◊ *Eres más alto que* ~. You're taller than her. **2** (*cosa*) it **LOC de ella** (*posesivo*) her(s): *la tía de* ~ her auntie ◊ *Ese collar era de* ~. This necklace was hers. ◊ *la casa de* ~ her house **es ella** it's her

ello *pron* (*complemento*) it

ellos, -as *pron pers* **1** (*sujeto*) they **2** (*complemento, en comparaciones*) them: *Dígaselo a* ~. Tell them. **LOC de ellos** (*posesivo*) their(s): *el apartamento de* ~ their apartment **son ellos** it's them

elogiar *vt* to praise

emanciparse *v pron* to become independent

embadurnarse *v pron* ~ **con/de** to get covered **in** ***sth***: *Se embadurnaron de pintura.* They got covered in paint.

embajada *nf* embassy [*pl* embassies]

embajador, ~a *nm-nf* ambassador

embalse *nm* (*represa*) reservoir

embarazada *pp, adj, nf* pregnant (woman)

embarazo *nm* pregnancy [*pl* pregnancies]: *Tiene cinco meses de ~.* She is five months pregnant.
embarcación *nf* boat, craft [*pl* craft] (*más formal*) ☛ *Ver nota en* BOAT
embarcadero *nm* pier
embarcar ◆ *vt* **1** (*pasajeros*) to embark **2** (*mercancías*) to load ◆ *vi* to board: *El avión está listo para ~.* The plane is ready for boarding.
embargo *nm* **LOC sin embargo** however, nevertheless (*formal*) **y sin embargo...** and yet...
embarque *nm* **LOC** *Ver* PUERTA
embarrado, -a *pp, adj* muddy *Ver tb* EMBARRAR
embarrar ◆ *vt* to get *sth* muddy ◆ **embarrarse** *v pron* to get covered in mud **LOC embarrarla** to mess things up
embestida *nf* (*toro*) charge
embestir *vt, vi* (*toro*) to charge (**at** ***sth/sb***)
emblema *nm* emblem
embolador, ~a *nm-nf* shoeshine
embolsar(se) *vt, v pron* to pocket: *Se embolsaron un platal.* They pocketed a fortune.
emborracharse *v pron* ~ (**con**) to get drunk (**on** ***sth***)
emboscada *nf* ambush: *tender una ~ a algn* to lay an ambush for sb
embotellamiento *nm* (*tráfico*) traffic jam
embrión *nm* embryo [*pl* embryos]
embrujado, -a *pp, adj* **1** (*persona*) bewitched **2** (*lugar*) haunted: *una casa embrujada* a haunted house
embrujo *nm* spell
embudo *nm* funnel
embutido *nm* cold meats [*pl*]
emergencia *nf* emergency [*pl* emergencies] **LOC** *Ver* FRENO
emigración *nf* emigration
emigrante *adj, nmf* emigrant [*n*]: *trabajadores ~s* emigrant workers
emigrar *vi* **1** (*gen*) to emigrate **2** (*dentro de un mismo país, animales*) to migrate
eminencia *nf* **1** (*persona*) leading figure **2 Eminencia** Eminence
emisión *nf* **1** (*emanación*) emission **2** (*Radio, TV*) **(a)** (*programa*) broadcast **(b)** (*Tec*) transmission: *problemas con la ~* transmission problems
emisora *nf* (*Radio*) radio station
emitir *vt* (*Radio, TV*) to broadcast
emoción *nf* emotion
emocionante *adj* **1** (*conmovedor*) moving **2** (*apasionante*) exciting
emocionar ◆ *vt* **1** (*conmover*) to move **2** (*apasionar*) to thrill ◆ **emocionarse** *v pron* **1** (*conmoverse*) to be moved (***by sth***) **2** (*apasionarse*) to get excited (***about sth***)
empacar *vt* to pack **LOC** *Ver* MALETA
empalagar *vt, vi* to be (too) sweet (***for sb***): *Este licor empalaga.* This liqueur is too sweet.
empalagoso, -a *adj* **1** (*alimento*) oversweet **2** (*persona*) smarmy
empalmar ◆ *vt* to connect *sth* (***to/with sth***) ◆ *vi* (*transportes*) to connect ***with sth***
empalme *nm* **1** (*gen*) connection **2** (*ferrocarril, carreteras*) junction
empanada *nf* turnover
empañar ◆ *vt* (*vapor*) to cloud ◆ **empañarse** *v pron* to steam up
empapado, -a *pp, adj* soaked through *Ver tb* EMPAPAR
empapar ◆ *vt* to soak: *El último chaparrón nos empapó.* We got soaked in the last shower. ◊ *¡Me empapó la falda!* You've made my skirt soaking wet! ◆ **empaparse** *v pron* to get soaked (through) **LOC empaparse hasta los huesos** to get soaked to the skin
empapelar *vt* to (wall)paper
empaquetar *vt* to pack
emparejar ◆ *vt* **1 (a)** (*pelo*) to make *sth* even **(b)** (*muro*) to make *sth* level **2** (*personas*) to pair *sb* off (***with sb***) ◆ **emparejarse** *v pron* to pair off (***with sb***)
empatado, -a *pp, adj* **LOC ir empatados**: *Cuando me fui iban ~s.* They were even when I left. ◊ *Van ~s cuatro-cuatro.* It's tied at four. *Ver tb* EMPATAR
empatar *vt, vi* **1** (*Dep*) **(a)** (*referido al resultado final*) to tie (*sth*) (***with sb***): *Empataron (el partido) con Argentina.* They tied with Argentina. **(b)** (*en el marcador*) to catch up: *Tenemos que ~ antes del medio tiempo.* We must catch up before half-time. **2** (*votación, concurso*) to tie (***with sb***) **LOC empatar cero-cero, uno-uno, etc** to tie at zero, one, etc.
empate *nm* tie: *un ~ dos-dos* a two-two tie **LOC** *Ver* GOL
empedrado *nm* cobbles [*pl*]
empeine *nm* instep
empelotar ◆ *vt* to undress ◆ **empelotarse** *v pron* to get undressed

empeloto (*tb* **empelota**) *adj* naked

empeñado, -a *pp, adj* LOC **estar empeñado (en hacer algo)** to be determined (to do sth) *Ver tb* EMPEÑAR

empeñar ◆ *vt* to pawn ◆ **empeñarse** *v pron* **empeñarse (en)** to persist (**in** ***doing sth***): *Se empeñó en hacerlo hasta que lo logró.* She persisted in doing it until she succeeded.

empeño *nm* ~ **(en/por)** determination (***to do sth***) LOC **poner empeño** to take pains *with sth/to do sth* *Ver tb* CASA

empeorar ◆ *vt* to make *sth* worse ◆ *vi* to get worse: *La situación ha empeorado.* The situation has gotten worse.

emperador, -triz *nm-nf* emperor [*fem* empress]

empezar *vt, vi* ~ **(a)** to begin, to start (***sth/doing sth/to do sth***): *De repente empezó a llorar.* All of a sudden he started to cry. LOC **para empezar** to start with *Ver tb* CERO

empinado, -a *pp, adj* (*cuesta*) steep

empírico, -a *adj* empirical

empleado, -a *nm-nf* **1** (*gen*) employee **2** (*oficina*) clerk

emplear *vt* **1** (*dar trabajo*) to employ **2** (*utilizar*) to use **3** (*tiempo, dinero*) to spend: *He empleado demasiado tiempo en esto.* I've spent too long on this. ◊ *~ mal el tiempo* to waste your time

empleo *nm* **1** (*puesto de trabajo*) job: *conseguir un buen ~* to get a good job ☛ *Ver nota en* WORK[1] **2** (*Pol*) employment LOC **estar sin empleo** to be unemployed *Ver tb* BOLSA[1], FOMENTO, OFERTA, OFICINA

empollar *vi* (*ave*) to sit (**on** ***sth***): *Las gallinas empollan casi todo el día.* The hens sit for most of the day.

empotrado, -a *pp, adj* built-in

emprendedor, ~a *adj* enterprising

emprender *vt* **1** (*iniciar*) to begin **2** (*negocio*) to start *sth* (up) **3** (*viaje*) to set off **on** ***sth***: *~ una gira* to set off on a tour LOC **emprender la marcha/viaje (hacia)** to set out (for...)

empresa *nf* **1** (*Com*) company [*v sing o pl*] [*pl* companies] **2** (*proyecto*) enterprise LOC **empresa estatal/pública** state-owned company **empresa privada** private company *Ver tb* ADMINISTRACIÓN

empresarial *adj* business [*n atrib*]: *sentido ~* business sense

empresariales *nf* business studies [*sing*]

empresario, -a *nm-nf* **1** (*gen*) businessman/woman [*pl* businessmen/women] **2** (*espectáculo*) impresario [*pl* impresarios]

empujar *vt* **1** (*gen*) to push: *¡No me empuje!* Don't push me! **2** (*carretilla, bicicleta*) to wheel **3** (*obligar*) to push *sb* **into doing sth**: *Su familia la empujó a que estudiara periodismo.* Her family pushed her into studying journalism.

empujón *nm* shove: *dar un ~ a algn* to give sb a shove LOC **a empujones**: *Salieron a empujones.* They pushed (and shoved) their way out.

empuñar *vt* **1** (*de forma amenazadora*) to brandish **2** (*tener en la mano*) to hold

en *prep*

- **lugar 1** (*dentro*) in/inside: *Las llaves están en el cajón.* The keys are in the drawer. **2** (*dentro, con movimiento*) into: *Entró en el cuarto.* He went into the room. **3** (*sobre*) on: *Está en la mesa.* It's on the table. **4** (*sobre, con movimiento*) onto: *Está goteando agua en el suelo.* Water is dripping onto the floor. **5** (*ciudad, país, campo*) in: *Trabajan en Sincelejo/el campo.* They work in Sincelejo/the country. **6** (*punto de referencia*) at

> Cuando nos referimos a un lugar sin considerarlo un área, sino como punto de referencia, utilizamos **at**: *Espéreme en la esquina.* Wait for me at the corner. ◊ *Nos encontramos en la estación.* We'll meet at the station. También se utiliza **at** para referirse a edificios donde la gente trabaja, estudia o se divierte: *Están en el colegio.* They're at school. ◊ *Mis papás están en teatro.* My parents are at the theater. ◊ *Trabajo en el supermercado.* I work at the supermarket.

- **con expresiones de tiempo 1** (*meses, años, siglos, estaciones*) in: *en verano/el siglo XII* in the summer/the twelfth century **2** (*Navidad, Semana Santa, momento*) at: *Siempre voy a mi casa en Navidad.* I always go home at Christmas. ◊ *en ese momento* at that moment **3** (*dentro de*) in: *Te veo en una hora.* I'll see you in an hour.
- **otras construcciones 1** (*medio de transporte*) by: *en tren/avión/carro* by train/plane/car **2 + inf** to do sth: *Fuimos los primeros en llegar.* We were the first to arrive.

enamorado, -a ◆ *pp, adj* in love: *estar ~ de algn* to be in love with sb ◆ *nm-nf* (*aficionado*) lover: *un ~ del arte* an art lover LOC *Ver* DÍA; *Ver tb* ENAMORAR

enamorar ♦ *vt* to win *sb's* heart ♦ **enamorarse** *v pron* **enamorarse (de)** to fall in love **(with *sth*/*sb*)**

enano, -a ♦ *adj* **1** (*gen*) tiny **2** (*Bot, Zool*) dwarf [*n atrib*]: *una conífera enana* a dwarf conifer ♦ *nm-nf* dwarf [*pl* dwarfs/dwarves]

encabezado *nm* **1** (*periódico*) headline **2** (*página, documento*) heading

encabezamiento *nm* heading

encabezar *vt* to head

encadenar *vt* **1** (*atar*) to chain *sth/sb* (***to sth***) **2** (*ideas*) to link

encajar ♦ *vt* **1** (*colocar, meter*) to fit *sth* (***into sth***) **2** (*juntar*) to fit *sth* together: *Estoy tratando de ~ las piezas del rompecabezas.* I'm trying to fit the pieces of the jigsaw together. ♦ *vi* to fit: *No encaja.* It doesn't fit.

encaje *nm* lace

encalambrarse *v pron* to get a shock: *¡Te vas a encalambrar!* You'll get a shock!

encallar *vi* (*embarcación*) to run aground

encaminarse *v pron* ~ **a/hacia** to head **(for...)**: *Se encaminaron hacia su casa.* They headed for home.

encanar *vt* to send *sb* to jail

encantado, -a *pp, adj* **1** ~ **(con)** (very) pleased **(with *sth*/*sb*)** **2** ~ **de/de que** (very) pleased **to do sth/(that...)**: *Estoy encantada de que hayan venido.* I'm very pleased (that) you've come. **3** (*hechizado*) **(a)** (*gen*) enchanted: *un príncipe ~* an enchanted prince **(b)** (*edificio*) haunted: *una casa encantada* a haunted house LOC **encantado (de conocerlo)** pleased to meet you *Ver tb* ENCANTAR

encantador, ~a *adj* lovely

encantamiento *nm* spell: *romper un ~* to break a spell

encantar ♦ *vt* to cast a spell **on *sth*/*sb*** ♦ *vi* to love *sth/doing sth* [*vt*]: *Me encanta ese vestido.* I love that dress. ◊ *Nos encanta ir al cine.* We love going to the movies.

encanto *nm* charm: *Tiene mucho ~.* He has a lot of charm. LOC **como por encanto** as if by magic **ser un encanto** to be delightful

encapricharse *v pron* ~ **(con/de)** to take a fancy **to *sth*/*sb***: *Se ha encaprichado con ese vestido.* She's taken a fancy to that dress.

encapuchado, -a *pp, adj* hooded: *dos hombres ~s* two hooded men

encarcelar *vt* to imprison

encargado, -a *pp, adj, nm-nf* in charge **(of *sth*/*doing sth*)**: *¿Quién es el ~?* Who's in charge? ◊ *el juez ~ del caso* the judge in charge of the case ◊ *Usted es la encargada de recoger la plata.* You're in charge of collecting the money. *Ver tb* ENCARGAR

encargar ♦ *vt* **1** (*mandar*) to ask *sb* ***to do sth***: *Me encargaron que regara el jardín.* They asked me to water the garden. **2** (*producto*) to order: *Ya hemos encargado el sofá a la tienda.* We've already ordered the couch from the store. ♦ **encargarse** *v pron* **encargarse de 1** (*cuidar*) to look after *sth/sb*: *¿Quién se encarga del niño?* Who will look after the baby? **2** (*ser responsable*) to be in charge **of *sth*/*doing sth***

encargo *nm* **1** (*recado*) errand: *hacer un ~* to run an errand **2** (*Com*) order: *hacer/cancelar un ~* to place/cancel an order

encariñado, -a *pp, adj* LOC **estar encariñado con** to be fond of *sth/sb Ver tb* ENCARIÑARSE

encariñarse *v pron* ~ **con** to get attached **to *sth*/*sb***

encarretarse *v pron* **1** (*hablar*) to get talking **2** ~ **con** (*primer beso*) to make out **with *sb***

encarrilar *vt* (*tren*) to put *sth* on the rails

encartar ♦ *vt* to land *sb* ***with sth*** ♦ **encartarse** *v pron* **encartarse con algo/algn** to get landed **with sth/sb**

encauzar *vt* **1** (*agua*) to channel **2** (*asunto*) to conduct

encendedor *nm* lighter

encender ♦ *vt* **1** (*con llama*) to light: *Encendimos una hoguera para calentarnos.* We lit a bonfire to warm ourselves. **2** (*aparato, luz*) to turn *sth* on ♦ **encenderse** *v pron* (*aparato, luz*) to come on: *Se encendió una luz roja.* A red light came on.

encendido, -a *pp, adj* **1** (*con llama*) **(a)** (*con el verbo estar*) lit: *Vi que el fuego estaba ~.* I noticed that the fire was lit. **(b)** (*detrás de un sustantivo*) lighted: *un cigarrillo ~* a lighted cigarette **2** (*aparato, luz*) on: *Tenían la luz encendida.* The light was on. LOC *Ver* LLAVE; *Ver tb* ENCENDER

encerrado, -a *pp, adj* **LOC** *Ver* GATO; *Ver tb* ENCERRAR

encerrar ◆ *vt* **1** (*gen*) to shut *sth/sb* up **2** (*con llave, encarcelar*) to lock *sth/sb* up ◆ **encerrarse** *v pron* **1** (*gen*) to shut yourself in **2** (*con llave*) to lock yourself in

encestar *vi* to score (a basket)

enchape *nm* veneer: *La mesa tiene ~ de caoba.* The table has a mahogany finish.

encharcado, -a *pp, adj* (*terreno*) covered with puddles

enchufar *vt* (*aparato*) to plug *sth* in

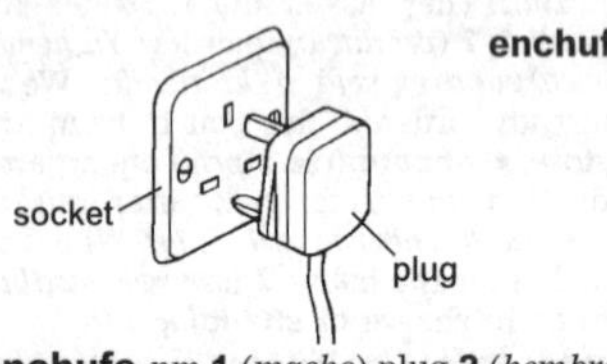

enchufe *nm* **1** (*macho*) plug **2** (*hembra*) socket

encía *nf* gum

enciclopedia *nf* encyclopedia [*pl* encyclopedias]

encima *adv* ~ **(de) 1** (*en*) on: *Déjelo ~ de la mesa.* Leave it on the table. **2** (*sobre*) on top (**of *sth/sb***): *Lo dejé ~ de los otros discos.* I've put it on top of the other records. ◊ *¿No prefieres el de ~?.* Would you prefer the top one?. **3** (*cubriendo algo*) over: *poner una cobija ~ del sofá* to put a blanket over the couch **4** (*además*) on top of everything: *¡Y ~ te ríes!* And on top of everything, you stand there laughing! **LOC estar encima de algn** to be on sb's back **hacer algo por encima** to do sth superficially **mirar por encima del hombro** to look down your nose at *sb* **por encima de** above: *El agua nos llegaba por ~ de las rodillas.* The water came above our knees. ◊ *Está por ~ de los demás.* He is above the rest. **venirse encima** (*estar cerca*): *La Navidad se nos viene ~.* Christmas is just around the corner. *Ver tb* QUITAR

encina *nf* holm-oak

encoger(se) *vi, v pron* to shrink: *En agua fría no encoge.* It doesn't shrink in cold water. **LOC encogerse de hombros** to shrug your shoulders

encontrar ◆ *vt* to find: *No encuentro mi reloj.* I can't find my watch. ◆ **encontrarse** *v pron* **1 encontrarse (con)** (*citarse*) to meet: *Decidimos ~nos en la librería.* We decided to meet in the bookstore. **2** (*por casualidad*) to run into *sb*: *Me la encontré en el supermercado.* I ran into her in the supermarket. **LOC** *Ver* DEFECTO

encorbatado, -a *pp, adj* wearing a tie

encorvarse *v pron* (*persona*) to become stooped

encrespar ◆ *vt* to curl ◆ **encresparse** *v pron* to get frizzy: *Con la lluvia se me encrespó el pelo.* My hair is frizzy because of the rain.

encuadernador, ~a *nm-nf* bookbinder

encuadernar *vt* to bind

encubrir *vt* **1** (*gen*) to conceal: ~ *un delito* to conceal a crime **2** (*delincuente*) to harbor

encuentro *nm* **1** (*reunión*) meeting **2** (*Dep*) game

encuesta *nf* **1** (*gen*) survey [*pl* surveys]: *efectuar una ~* to carry out a survey **2** (*sondeo*) (opinion) poll: *según las últimas ~s* according to the latest polls

enderezar ◆ *vt* **1** (*poner derecho*) to straighten: *Enderece la espalda.* Straighten your back. **2** (*persona*) to correct ◆ **enderezarse** *v pron* to straighten (up): *¡Enderécese!* Stand up straight!

endeudarse *v pron* to get into debt

endibia *nf* endive [*incontable*]

endulzar *vt* to sweeten

endurecer ◆ *vt* **1** (*gen*) to harden **2** (*músculos*) to firm *sth* up ◆ **endurecerse** *v pron* to harden

enemigo, -a *adj, nm-nf* enemy [*n*] [*pl* enemies]: *las tropas enemigas* the enemy troops

enemistar ◆ *vt* to set *sb* at odds (***with sb***): *Con sus habladurías enemistaron a las dos hermanas.* With their gossip they set the two sisters at odds. ◆ **enemistarse** *v pron* ~ **(con)** to have a falling out (**with *sb***)

energía *nf* energy [*gen incontable*]: ~ *nuclear* nuclear energy ◊ *No tengo ~s ni para levantarme de la cama.* I don't even have the energy to get out of bed. **LOC energía eléctrica** electric power

enero *nm* January (*abrev* Jan): *Los exámenes son en ~.* We have final exams in January. ◊ *Mi cumpleaños es el 12 de ~.* My birthday's (on) January

12. ☛ Se dice "January twelfth" o "the twelfth of January".

enésimo, -a *adj* (*Mat*) nth **LOC por enésima vez** for the umpteenth time

énfasis *nm* emphasis [*pl* emphases]

enfermarse *v pron* ~ (**de**) to get sick (**with** ***sth***)

enfermedad *nf* **1** (*gen*) illness: *Acaba de salir de una ~ gravísima.* He has just recovered from a very serious illness. **2** (*infecciosa, contagiosa*) disease: *~ hereditaria/de Parkinson* hereditary/Parkinson's disease ☛ *Ver nota en* DISEASE

enfermería *nf* infirmary [*pl* infirmaries]

enfermero, -a *nm-nf* nurse

enfermo, -a ◆ *adj* sick ◆ *nm-nf* **1** (*gen*) sick person ☛ Cuando nos referimos al conjunto de los enfermos, decimos **the sick**: *cuidar de los enfermos* to look after the sick. **2** (*paciente*) patient

enfiestado, -a *pp, adj* **LOC estar enfiestado** to be living it up

enfocar *vt* **1** (*ajustar*) to focus *sth* (**on** ***sth/sb***) **2** (*iluminar*) to shine a light **on** ***sth***: *Enfoque la caja de los fusibles.* Shine a light on the fuse box. **3** (*asunto, problema*) to approach

enfoque *nm* (*Fot*) focus [*pl* focuses/foci]

enfrentamiento *nm* confrontation

enfrentar ◆ *vt* to bring *sb* face to face ***with sth/sb*** ◆ **enfrentarse** *v pron* **1 enfrentarse a** (*gen*) to face: *El país se enfrenta a una profunda crisis.* The country is facing a serious crisis. **2 enfrentarse a** (*Dep*) to take *sb* on: *México se enfrenta a Colombia en la Copa América.* Mexico is taking on Colombia in the Copa America. **3 enfrentarse** (**con**) to argue (**with** ***sb***): *Si se enfrenta con ellos será peor.* You'll only make things worse if you argue with them.

enfrente *adv* ~ (**de**) opposite: *el señor que estaba sentado ~* the man sitting opposite

enfriar ◆ *vt* to cool *sth* (down) ◆ **enfriarse** *v pron* to get cold: *Se le está enfriando la sopa.* Your soup's getting cold.

enfurecer ◆ *vt* to infuriate ◆ **enfurecerse** *v pron* **enfurecerse** (**con**) (**por**) to become furious (**with** ***sb***) (**at** ***sth***)

enganchar ◆ *vt* **1** (*acoplar*) to hitch: *~ un remolque al tractor* to hitch a trailer to the tractor **2** (*garfio, anzuelo*) to hook ◆ **engancharse** *v pron* **1** (*atascarse*) to get caught: *Se me enganchó el zapato en la alcantarilla.* My shoe has gotten caught in the grating. **2** (*rasgarse*) to get snagged: *Se me volvieron a ~ las medias.* My pantyhose got snagged again.

enfrente

opposite in front of

engañar ◆ *vt* **1** (*mentir*) to lie **to** ***sb***: *No me engañes.* Don't lie to me. ◊ *Me engañaron diciéndome que era de oro.* They told me it was gold but it wasn't. ☛ *Ver nota en* LIE² **2** (*ser infiel*) to cheat **on** ***sb*** ◆ **engañarse** *v pron* to fool yourself

engaño *nm* (*estafa*) con (*coloq*)

engarzar ◆ *vt* to hook: *Engárcelo en esa puntilla.* Hook it onto that nail. ◆ **engarzarse** *v pron* to get caught: *Se me engarzó el suéter en el alambre de púas.* My sweater got caught on the barbed wire.

engatusar *vt* to sweet-talk *sb* (***into doing sth***)

engendrar *vt* **1** (*concebir*) to conceive **2** (*causar*) to generate

engordar ◆ *vt* (*cebar*) to fatten *sth/sb* (up) ◆ *vi* **1** (*persona*) to put on weight: *He engordado mucho.* I've put on a lot of weight. **2** (*alimento*) to be fattening: *Los dulces engordan.* Candy is fattening.

engrasar *vt* **1** (*con grasa*) to grease **2** (*con aceite*) to oil

engreído, -a *pp, adj, nm-nf* conceited [*adj*]: *No es más que un ~.* He's just conceited.

engullir *vt* to gobble *sth* (up/down)

enhebrar *vt* to thread

enigma *nm* enigma

enjabonar(se) *vt, v pron* to soap: *Primero me gusta ~me la espalda.* I like to soap my back first.

enjambre *nm* swarm

enjaular *vt* to cage

enjuagar(se) *vt, v pron Ver* JUAGAR(SE)
enjugarse *v pron* (*sudor, lágrimas*) to wipe *sth* (away): *Se enjugó las lágrimas.* He wiped his tears away.
enlace *nm* **1** (*gen*) link **2** (*buses, trenes*) connection
enlatar *vt* to can
enlazar *vt, vi* to connect (*sth*) (***to/with sth***)
enloquecedor, ~a *adj* infuriating
enloquecer ♦ *vi* **1** (*volverse loco*) to go crazy: *El público enloqueció de entusiasmo.* The audience went crazy with excitement. **2** (*gustar mucho*) to be crazy ***about sth***: *El chocolate me enloquece.* I'm crazy about chocolate. ♦ *vt* to drive *sb* crazy
enmarcar *vt* to frame
enmascarar ♦ *vt* to mask ♦ **enmascararse** *v pron* to put on a mask
enmendar ♦ *vt* **1** (*errores, defectos*) to correct **2** (*daños*) to repair **3** (*ley*) to amend ♦ **enmendarse** *v pron* to mend your ways
enmienda *nf* (*ley*) amendment (***to sth***)
enmohecerse *v pron* to go moldy
enmudecer *vi* **1** (*perder el habla*) to lose your voice **2** (*callar*) to get quiet
ennegrecer ♦ *vt* to blacken ♦ **ennegrecerse** *v pron* to turn
enojado, -a *pp, adj* ~ (**con**) (**por**) angry, mad (*más coloq*) (**with *sb***) (**about *sth***): *Están ~s conmigo.* They're mad with me. ◊ *Pareces ~.* You look angry. *Ver tb* ENOJAR
enojar ♦ *vt* to make *sb* mad ♦ **enojarse** *v pron* **enojarse** (**con**) (**por**) to get mad (**at/with *sb***) (**about *sth***): *No se enoje con ellos.* Don't get mad at them.
enorgullecer ♦ *vt* to make *sb* proud: *Su labor nos enorgullece.* We're proud of your achievements. ♦ **enorgullecerse** *v pron* to be proud ***of sth/sb***
enorme *adj* enormous LOC *Ver* DIMENSIÓN
enredadera *nf* creeper
enredado, -a *pp, adj* LOC **estar enredado con algn** to be involved with sb **estar enredado en algo** to be involved in sth *Ver tb* ENREDAR
enredar ♦ *vt* **1** (*pelo, cuerdas*) to get *sth* tangled (up) **2** (*confundir*) to confuse: *No me enrede.* Don't confuse me. **3** (*complicar*) to complicate: *Enredó aún más el asunto.* You complicated things even more. **4** (*involucrar*) to involve *sb* (***in sth***) ♦ *vi* to stir up trouble: *Siempre está enredando en la oficina.* She's always stirring up trouble in the office. ♦ **enredarse** *v pron* **1** (*pelo, cuerdas*) to get tangled (up) **2 enredarse** (**en**) (*disputa, asunto*) to get involved (**in *sth***) **3 enredarse** (**con/en**) (*confundirse*) to get confused (**about/over *sth***): *Se enreda con las fechas.* He gets confused over dates. **4 enredarse con** (*amorío*) to get involved **with *sb***: *Se enredó con la secretaria.* He got involved with his secretary.
enredo *nm* mess
enrejado *nm* **1** (*jaula, ventana*) bars [*pl*] **2** (*para plantas*) trellis
enriquecer ♦ *vt* **1** (*lit*) to benefit **2** (*fig*) to enrich: *Enriqueció su vocabulario con la lectura.* He enriched his vocabulary by reading. ♦ **enriquecerse** *v pron* to get rich
enrojecer ♦ *vt* to redden ♦ **enrojecer(se)** *vi, v pron* **enrojecer(se)** (**de**) to get red (**with *sth***): *Enrojeció de ira.* He got red with anger.
enrolarse *v pron* ~ (**en**) to enlist (**in *sth***)
enrollar *vt* to roll *sth* up
enroscar *vt* **1** (*tapón*) to screw *sth* on: *Enrosque bien el tapón.* Screw the top on tightly. **2** (*piezas, tuercas*) to screw *sth* together
ensalada *nf* salad LOC **ensalada de frutas** fruit salad **ensalada de lechuga/mixta** green/mixed salad
ensaladera *nf* salad bowl
ensamblar *vt* to assemble
ensanchar ♦ *vt* to widen ♦ **ensancharse** *v pron* **1** (*extenderse*) to widen **2** (*dar de sí*) to stretch: *Estos zapatos se ensancharon.* These shoes have stretched.
ensangrentado, -a *pp, adj* bloodstained *Ver tb* ENSANGRENTAR
ensangrentar *vt* (*manchar*) to get blood on *sth*
ensayar *vt, vi* **1** (*gen*) to practice **2** (*Mús, Teat*) to rehearse
ensayo *nm* **1** (*experimento*) test: *un tubo de ~* a test tube **2** (*Mús, Teat*) rehearsal **3** (*Liter*) essay [*pl* essays] LOC **ensayo general** dress rehearsal
enseguida *adv* straight away
ensenada *nf* **1** (*gen*) inlet **2** (*más pequeña*) cove
enseñado, -a *pp, adj* LOC **bien enseñado** well-trained **tener a algn mal**

enseñado: *Los tiene muy mal ~s.* You spoil them. *Ver tb* ENSEÑAR

enseñanza *nf* **1** (*gen*) teaching **2** (*sistema nacional*) education: *~ primaria/secundaria* primary/secondary education

enseñar *vt* to teach *sth*, to teach *sb* ***to do sth***: *Enseña matemáticas.* He teaches math. ◊ *¿Quién le enseñó a jugar?* Who taught you to play?

ensillar *vt* to saddle *sth* (up)

ensimismado, -a *pp, adj* **1** (*pensativo*) lost in thought **2** ~ **(en)** (*embebido*) engrossed **in *sth***: *Estaba muy ensimismada leyendo el libro.* She was deeply engrossed in her book.

ensordecedor, ~a *adj* deafening: *un ruido ~* a deafening noise

ensordecer ◆ *vt* to deafen ◆ *vi* to go deaf: *Corre peligro de ~.* You run the risk of going deaf.

ensuciar ◆ *vt* to get *sth* dirty: *No me ensucies la mesa.* Don't get the table dirty. ◆ **ensuciarse** *v pron* to get dirty: *Te ensuciaste el vestido de aceite.* You've got oil on your dress.

ensueño *nm* **LOC de ensueño** dream: *una casa de ~* a dream home

entablar *vt* (*comenzar*) to start *sth* (up): *~ una conversación* to start up a conversation **LOC** *Ver* AMISTAD

entablillar *vt* to put *sth* in a splint

entapetar *vt* to carpet

entender ◆ *vt* to understand: *No entiendo.* I don't understand. ◆ *vi* **1** (*gen*) to understand: *fácil/difícil de ~* easy/difficult to understand **2** ~ **de** to be well versed **in *sth***: *No entiendo mucho de eso.* I don't know much about that. ◆ **entenderse** *v pron* **entenderse (con)** to get along **(with *sb*)**: *Nos entendemos muy bien.* We get along very well. **LOC dar a entender** to imply **entender mal** to misunderstand **no entender ni jota**: *No entendí ni jota de lo que dijo.* I didn't understand a word he said.

entendido, -a ◆ *nm-nf* ~ **(en)** expert **(at/in/on *sth*)** ◆ *interj*: *¡Entendido!* Right! ◊ *¿Entendido?* All right?

enterado, -a *pp, adj* **LOC estar enterado (de)** to know (about *sth*) **no darse por enterado** to turn a deaf ear (*to sth*) *Ver tb* ENTERARSE

enterarse *v pron* ~ **(de)** (*suceso*) to hear **(about *sth*)**: *Ya me enteré de lo de tu abuelo.* I've heard about your grandfather. **LOC se va a enterar** (*amenaza*) you, he, they, etc will get what for

entero, -a *adj* **1** (*completo*) whole, entire (*formal*) **2** (*intacto*) intact **3** (*leche*) whole **LOC** *Ver* CUERPO

enterrador, ~a *nm-nf* gravedigger

enterrar *vt* (*lit* y *fig*) to bury **LOC enterrarse en vida** to shut yourself away

entierro *nm* **1** (*gen*) funeral: *Había mucha gente en el ~.* There were a lot of people at the funeral. **2** (*sepelio*) burial **LOC** *Ver* VELA[1]

entonación *nf* intonation

entonar ◆ *vt* (*cantar*) to sing ◆ *vi* to sing in tune ◆ **entonarse** *v pron* to perk up: *Báñese y verá como se entona.* Take a shower and you'll soon perk right up.

entonces *adv* then **LOC en/por aquel entonces** at that time

entornar *vt* to half-close

entorno *nm* **1** (*ambiente*) environment **2** (*círculo*) circle: *~ familiar* family circle **3** (*alrededores*): *en el ~ de la ciudad* in and around the city

entrada *nf* **1** ~ **(en)** (*acción de entrar*) **(a)** (*gen*) entry **(into *sth*)**: *Prohibida la ~.* No entry. **(b)** (*club, asociación*) admission **(to *sth*)**: *No cobran ~ a los socios.* Admission is free for members. **2** (*tiquete*) ticket: *No hay ~s.* Sold out. **3** (*puerta*) entrance **(*to sth*)**: *Te espero a la ~.* I'll wait for you at the entrance. **4 entradas** (*pelo*) receding hairline: *Cada vez tiene más ~s.* Your hairline is receding fast. **LOC entrada gratuita/libre** free admission *Ver tb* PROHIBIDO

entraña *nf* **entrañas** (*Anat*) entrails

entrañable *adj* (*querido*) much-loved

entrar *vi* **1 (a)** (*gen*) to go in/inside: *No me atreví a ~.* I didn't dare to go in. ◊ *El clavo no entró bien.* The nail didn't go in right. **(b)** (*pasar*) to come in/inside: *Hágalo ~.* Ask him to come in. **2** ~ **en (a)** (*gen*) to go into..., to enter (*más formal*): *No entre en mi oficina cuando no estoy.* Don't go into my office when I'm not there. ◊ *~ en detalles* to go into detail **(b)** (*pasar*) to come into..., to enter (*más formal*): *No entre en mi habitación sin llamar.* Knock before you come into my room. **3** ~ **en** (*ingresar*) **(a)** (*profesión, esfera social*) to enter *sth* [*vt*] **(b)** (*institución, club*) to join *sth* [*vt*] **4** (*caber*) **(a)** (*ropa*) to fit: *Esta falda no me entra.* This skirt doesn't fit (me). **(b)** ~ **(en)** to fit **(in/into *sth*)**: *No creo que entre en la maleta.* I don't think it'll fit in the trunk. **5** (*cambios*) to engage: *La primera nunca entra bien.* First never seems to engage right. **LOC entrar en calor** to warm up **no me entra (en la cabeza)**... I, you, etc just don't understand...

entre

a small house **between** two large ones

a house **among** some trees

entre *prep* **1** (*dos cosas, personas*) between: *entre el almacén y el teatro* between the store and the movie theater **2** (*más de dos cosas, personas*) among: *Nos sentamos entre los árboles.* We sat among the trees. **3** (*en medio*) somewhere between: *Tiene los ojos entre agrisados y azules.* Her eyes are somewhere between gray and blue. **LOC entre sí 1** (*dos personas*) each other: *Hablaban entre sí.* They were talking to each other. **2** (*varias personas*) among themselves: *Los muchachos lo discutían entre sí.* The boys were discussing it among themselves. **entre tanto** in the meantime **entre todos** together: *Lo haremos entre todos.* We'll do it together.

entreabierto, -a *adj* half-open

entrecejo *nm* space between the eyebrows

entrecortado, -a *adj* **1** (*voz*) faltering **2** (*frases*) broken

entredicho *nm* **LOC poner en entredicho** to call *sth* into question

entrega *nf* **1** (*gen*) handing over: *la ~ del dinero* the handing over of the money **2** (*mercancía*) delivery **3** (*fascículo*) installment: *Se va a publicar por ~s.* It will be published in installments. **LOC entrega de medallas** medal ceremony **entrega de premios** prize-giving **entrega inmediata** express delivery: *mandar una carta por ~ inmediata* to send a letter express

entregado, -a *pp, adj* ~ (**a**) devoted (**to *sth*/*sb***) *Ver tb* ENTREGAR

entregar ◆ *vt* **1** (*gen*) to hand *sth/sb* over (**to *sb***): *~ los documentos/las llaves* to hand over the documents/keys ◊ *~ a algn a las autoridades* to hand sb over to the authorities **2** (*premio, medallas*) to present *sth* (**to *sb***) **3** (*mercancía*) to deliver ◆ **entregarse** *v pron* **entregarse (a) 1** (*rendirse*) to give yourself up, to surrender (*más formal*) (**to *sb***): *Se entregaron a la policía.* They gave themselves up to the police. **2** (*dedicarse*) to devote yourself **to *sth*/*sb***

entrenador, ~a *nm-nf* **1** (*gen*) trainer **2** (*Dep*) coach

entrenamiento *nm* training

entrenar(se) *vt, v pron* to train

entrepierna *nf* crotch

entretanto *adv Ver* ENTRE

entretener ◆ *vt* **1** (*demorar*) to keep: *No quiero ~lo demasiado.* I won't keep you long. **2** (*divertir*) to keep *sb* amused **3** (*distraer*) to keep *sb* busy: *Entreténgalo mientras yo entro.* Keep him busy while I go in. ◆ **entretenerse** *v pron* **1 entretenerse (con)** (*disfrutar*): *Lo hago por ~me.* I just do it to pass the time. ◊ *Me entretengo con cualquier cosa.* I'm easily amused. **2** (*distraerse*) to hang around (***doing sth***): *No se entretengan y vengan a la casa enseguida.* Don't hang around; come home right away.

entretenido, -a *pp, adj* entertaining **LOC estar entretenido** to be happy (*doing sth*) *Ver tb* ENTRETENER

entretenimiento *nm* **1** (*diversión*) entertainment **2** (*pasatiempo*) pastime

entrevista *nf* **1** (*reunión*) meeting **2** (*trabajo, Period*) interview

entrevistador, ~a *nm-nf* interviewer

entrevistar ◆ *vt* to interview ◆ **entrevistarse** *v pron* **entrevistarse (con)** to meet: *Se entrevistó con él en el hotel.* She met him in the hotel.

entristecer ◆ *vt* to sadden ◆ **entristecerse** *v pron* **entristecerse (por)** to be sad (**because of/about *sth***)

entrometerse *v pron* ~ (**en**) to interfere (**in *sth***)

entrometido, -a ◆ *pp, adj* meddlesome ◆ *nm-nf* meddler *Ver tb* ENTROMETERSE

enturbiar ◆ *vt* **1** (*líquido*) to make *sth* cloudy **2** (*relaciones, asunto*) to cloud ◆ **enturbiarse** *v pron* **1** (*líquido*) to become cloudy **2** (*relaciones, asunto*) to become muddled

entusiasmado, -a *pp, adj* **LOC estar entusiasmado (con)** to be delighted (at/about *sth*) *Ver tb* ENTUSIASMAR

entusiasmar ◆ *vt* to thrill ◆ **entusias-**

marse *v pron* **entusiasmarse (con/por)** to get excited (**about/over** ***sth***)

entusiasmo *nm* ~ (**por**) enthusiasm (**for** ***sth***) **LOC con entusiasmo** enthusiastically

enumerar *vt* to list, to enumerate (*formal*)

enunciado *nm* (*problema, teoría*) wording

enunciar *vt* to enunciate

envasado, -a *pp, adj* **LOC envasado al vacío** vacuum-packed *Ver tb* ENVASAR

envasar *vt* **1** (*embotellar*) to bottle **2** (*enlatar*) to can

envase *nm* **1** (*botella*) bottle **2** (*lata*) can **3** (*caja*) package

envejecer ◆ *vi* (*persona*) to get old: *Ha envejecido mucho.* He's gotten very old. ◆ *vt* **1** (*persona, vino*) to age: *La enfermedad lo ha envejecido.* Illness has aged him. **2** (*madera*) to season

envenenar ◆ *vt* to poison ◆ **envenenarse** *v pron*: *Se envenenaron comiendo hongos.* They ate poisonous mushrooms.

enviado, -a *nm-nf* **1** (*emisario*) envoy [*pl* envoys] **2** (*Period*) correspondent: ~ *especial* special correspondent

enviar *vt* to send

enviciarse *v pron* ~ (**con**) to get hooked (**on** ***sth***)

envidia *nf* envy: *hacer algo por* ~ to do sth out of envy ◊ *¡Qué ~!* I really envy you! **LOC dar envidia** to make *sb* jealous **tener envidia** to be jealous (*of sth/sb*) *Ver tb* COMIDO, MUERTO

envidiar *vt* to envy

envidioso, -a *adj, nm-nf* envious [*adj*]: *Es un* ~. He's very envious.

envío *nm* **1** (*acción*) sending **2** (*paquete*) package **3** (*Com*) consignment **LOC envío contra reembolso** cash on delivery (*abrev* COD) *Ver tb* GASTO

enviudar *vi* to be widowed

envoltorio *nm* wrapper

envolver *vt* to wrap *sth/sb* (up) (***in sth***): *¿Se lo envolvemos?* Would you like it wrapped? **LOC envolver para regalo** to gift-wrap: *¿Me lo envuelve para regalo?* Can you gift-wrap it for me, please? *Ver tb* PAPEL

envuelto, -a *pp, adj* **LOC verse envuelto en** to find yourself involved in *sth Ver tb* ENVOLVER

enyesado, -a *pp, adj* in a cast: *Tengo el brazo* ~. My arm's in a cast. *Ver tb* ENYESAR

enyesar *vt* to put *sth* in plaster: *Me enyesaron una pierna.* They put my leg in plaster.

¡epa! *interj* **1** (*para animar*) hey! **2** (*cuidado*) careful!

epicentro *nm* epicentre

epidemia *nf* epidemic: *una ~ de cólera* a cholera epidemic

epilepsia *nf* epilepsy

episodio *nm* episode: *una serie de cinco ~s* a serial in five episodes

época *nf* **1** (*gen*) time: *en aquella* ~ at that time ◊ *la ~ más fría del año* the coldest time of the year **2** (*era*) age: *la ~ de Felipe II* the age of Philip II **LOC de época** period: *mobiliario de* ~ period furniture *Ver tb* GLACIAR

equilátero, -a *adj* **LOC** *Ver* TRIÁNGULO

equilibrio *nm* **1** (*gen*) balance: *mantener/perder el* ~ to keep/lose your balance ◊ *~ de fuerzas* balance of power **2** (*Fís*) equilibrium

equilibrista *nmf* **1** (*acróbata*) acrobat **2** (*en la cuerda floja*) tightrope walker

equino, -a *adj* **LOC** *Ver* GANADO

equipaje *nm* baggage [*incontable*]: *No tengo mucho* ~. I don't have much baggage. ◊ *~ de mano* hand baggage **LOC hacer el equipaje** to pack *Ver tb* EXCESO

equipar *vt* **1** (*gen*) to equip *sth/sb* (***with sth***): *~ una oficina con muebles* to equip an office with furniture **2** (*ropa, Náut*) to fit *sth/sb* out (***with sth***): *~ a los niños para el invierno* to fit the children out for the winter

equipo *nm* **1** (*grupo de personas*) team [*v sing o pl*]: *un ~ de fútbol* a soccer team ◊ *un ~ de expertos* a team of experts **2** (*equipamiento*) **(a)** (*gen*) equipment [*incontable*]: *un ~ de laboratorio* laboratory equipment **(b)** (*Dep*) gear: *~ de caza/pesca* hunting/fishing gear **LOC equipo anfitrión** home team **equipo de sonido** hi-fi (system) *Ver tb* COMPAÑERO, TRABAJO

equitación *nf* horseriding

equivaler *vi* ~ **a** (*valer*) to be equivalent **to** ***sth***: *Esto equivale a mil pesos.* That is equivalent to one thousand pesos.

equivocación *nf* **1** (*error*) mistake: *cometer una* ~ to make a mistake **2** (*malentendido*) misunderstanding

equivocado, -a *pp, adj* wrong: *estar* ~ to be wrong *Ver tb* EQUIVOCARSE

equivocarse *v pron* **1** ~ (**en**) (*confundirse*) to be wrong (**about** ***sth***): *En eso te equivocas.* You're wrong about that. **2** ~ (**de**): *Se equivocó de número.* You have the wrong number. ◊ ~ *de carretera* to take the wrong road

era¹ *nf* (*período*) era

era² *nf* (*Agricultura*) threshing floor

erección *nf* erection

erguir *vt* (*cabeza*) to hold *your head* up

erizo *nm* hedgehog **LOC erizo de mar** sea urchin

ermita *nf* hermitage

erosión *nf* erosion

erosionar *vt* to erode

erótico, -a *adj* erotic

errar ◆ *vt* to miss: *Erró el tiro.* He missed (with) his shot. ◆ *vi* (*vagar*) to wander

errata *nf* mistake

erróneo, -a *adj*: *La información era errónea.* The information was incorrect. ◊ *Tomaron la decisión errónea.* They made the wrong decision.

error *nm* mistake: *cometer un* ~ to make a mistake ☛ *Ver nota en* MISTAKE

eructar *vi* to burp (*coloq*), to belch

eructo *nm* burp (*coloq*), belch

erupción *nf* **1** (*gen*) eruption **2** (*Med*) rash

esbelto, -a *adj* **1** (*delgado*) slender **2** (*elegante*) graceful

escabeche *nm* **LOC en escabeche** in brine

escabullirse *v pron* **1** (*irse*) to slip away **2** ~ **de/de entre** to slip **out of** ***sth***: ~ *de las manos* to slip out of your hands

escafandra *nf* diving-suit

escala *nf* **1** (*gen*) scale: *en una* ~ *de uno a diez* on a scale of one to ten **2** (*viajes*) stopover **LOC escala musical** scale **hacer escala** to stop (over) *in*...

escalada *nf* (*montaña*) climb

escalador, ~a *nm-nf* climber

escalar *vt, vi* to climb

escaleno *adj* **LOC** *Ver* TRIÁNGULO

escalera *nf* (*de un edificio*) stairs [*pl*], staircase (*más formal*): *La casa tiene una* ~ *antigua.* The house has an antique staircase. ◊ *Me caí por las ~s.* I fell down the stairs. **LOC bajar/subir las escaleras** to go downstairs/ upstairs **escalera de caracol** spiral staircase **escalera de incendios** fire escape **escalera eléctrica** escalator *Ver tb* RODAR

escalofrío *nm* shiver **LOC dar escalofríos** to send shivers down your spine **tener/sentir escalofríos** to shiver

escalón *nm* step

escalope *nm* cutlet

escama *nf* scale

escampar *v imp* to clear up

escandalizar *vt* to shock

escándalo *nm* **1** (*asunto*) scandal **2** (*ruido*) racket: *¡Qué ~!* What a racket! **LOC armar/hacer un escándalo** to make a scene

escandaloso, -a *adj* (*risa, color*) loud

escapada *nf* **1** (*fuga*) escape **2** (*viaje*) short break: *una* ~ *de fin de semana* a weekend break **3** (*Dep*) breakaway

escaparate *nm* **1** (*aparador*) sideboard **2** (*de ropa*) wardrobe

escapar(se) ◆ *vi, v pron* **escapar(se)** (**de**) **1** (*lograr salir*) to escape (**from** ***sth/sb***): *El loro se escapó de la jaula.* The parrot escaped from its cage. **2** (*evitar*) to escape *sth* [*vt*]: ~ *de la justicia* to escape arrest ◆ **escaparse** *v pron* **1** (*gas, líquido*) to leak **2** (*detalles, oportunidad, medio de transporte*) to miss: *No se te escapa nada.* You don't miss a thing. **3** ~ **de** (*de una obligación*) to get out of *sth/doing sth*: *¡Siquiera! me escapé de lavar los platos hoy.* Thank goodness! I got out of washing the dishes today. **LOC dejar escapar 1** (*persona*) to let *sb* get away **2** (*oportunidad*) to pass *sth* up: *Ha dejado* ~ *la mejor ocasión de su vida.* You've passed up the chance of a lifetime. **escaparse de clase** to skip class

escapatoria *nf* way out: *Es nuestra única* ~. It's the only way out.

escape *nm* (*gas, líquido*) leak **LOC** *Ver* TUBO

escarabajo *nm* beetle

escarbar *vi, vt* (*tierra*) to dig

escarcha *nf* frost

escarmentado, -a *pp, adj* **LOC estar escarmentado** to have learned your lesson *Ver tb* ESCARMENTAR

escarmentar ◆ *vt* to teach *sb* a lesson ◆ *vi* to learn your lesson: *No escarmienta, ¿eh?* Will you never learn?

escarpín *nm* **escarpines** bootees

escasear *vi* to be scarce

escasez *nf* shortage: *Hay* ~ *de profesorado.* There is a shortage of teachers.

escaso, -a *adj* **1** (+ *sustantivo contable en plural*) few: *a ~s metros de distancia* a few meters away **2** (+ *sustantivo* *incontable*) little: *La ayuda que recibieron fue escasa.* They received very little help. ◊ *debido al ~ interés* due to lack of interest ◊ *productos de escasa calidad* poor quality products **3** (*apenas*) only just (*coloq*), barely: *Tiene tres años ~s.* She is barely three. **LOC andar escaso de** to be short of *sth*

escena *nf* scene: *acto primero, ~ segunda* act one, scene two **LOC poner en escena** to stage

escenario *nm* **1** (*teatro, auditorio*) stage: *salir al ~* to come onto the stage **2** (*lugar*) scene: *el ~ del crimen* the scene of the crime

escenificar *vt* **1** (*representar*) to stage **2** (*adaptar*) to dramatize

esclarecer *vt* **1** (*explicar*) to clarify **2** (*delito*) to clear *sth* up: *~ un asesinato* to clear a murder up

esclavitud *nf* slavery

esclavizado, -a *pp, adj* **LOC tener esclavizado a algn** to treat sb like a slave *Ver tb* ESCLAVIZAR

esclavizar *vt* to enslave

esclavo, -a *adj, nm-nf* slave [*n*]: *Los tratan como a ~s.* You are treated like slaves. ◊ *ser ~ del dinero* to be a slave to money

esclusa *nf* lock

escoba *nf* **1** (*gen*) broom, brush ☛ *Ver dibujo en* BRUSH **2** (*de bruja*) broomstick

escobilla *nf* (*cuarto de baño*) toilet brush

escocer *vi* to sting

escocés, -esa ◆ *adj* Scottish ◆ *nm-nf* Scotsman/woman [*pl* Scotsmen/ women]: *los escoceses* the Scots **LOC** *Ver* CUADRO, FALDA

Escocia *nf* Scotland

escoger *vt, vi* to choose: *Escoja usted.* You choose. ◊ *~ entre dos cosas* to choose between two things ◊ *Hay que ~ del menú.* You have to choose from the menu.

escolar ◆ *adj* **1** (*gen*) school [*n atrib*]: *año ~* school year ◊ *el comienzo de las vacaciones ~es* the start of school vacation **2** (*sistema*) education [*n atrib*]: *el sistema ~* the education system ◆ *nmf* schoolboy [*fem* schoolgirl] [*pl* schoolchildren] **LOC** *Ver* CENTRO, CERTIFICADO

escolta *nf, nmf* escort

escoltar *vt* to escort

escombro *nm* **escombros** rubble [*incontable, v sing*]: *reducir algo a ~s* to reduce sth to rubble ◊ *un montón de ~s* a pile of rubble

esconder ◆ *vt* to hide: *Lo escondieron debajo de la cama.* They hid it under the bed. ◊ *Esconda el regalo para que no lo vea mi mamá.* Hide the gift from my mother. ◆ **esconderse** *v pron* **esconderse (de)** to hide (**from** *sth/sb*): *¿De quién se esconden?* Who are you hiding from?

escondido, -a *pp, adj* (*recóndito*) secluded **LOC a escondidas** in secret *Ver tb* ESCONDER

escondite *nm* **1** (*escondrijo*) hiding place **2** (*juego*) hide-and-seek: *jugar al ~* to play hide-and-go-seek

escopeta *nf* **1** (*gen*) rifle **2** (*de perdigones*) shotgun

Escorpión (*tb* **escorpio, Escorpio**) *nm, nmf* (*Astrología*) Scorpio [*pl* Scorpios] ☛ *Ver ejemplos en* AQUARIUS

escorpión *nm* (*alacrán*) scorpion

escotado, -a *pp, adj* low-cut: *Es demasiado ~.* It's too low-cut. ◊ *un vestido ~ por detrás* a dress with a low-cut back

escote *nm* **1** (*prenda*) neckline: *Amplié el ~ de la blusa nueva.* I lowered the neckline on my new shirt. **2** (*pecho*) chest **LOC escote en V** V-neck

escotilla *nf* hatch

escozor *nm* sting

escribir ◆ *vt* **1** (*gen*) to write: *~ un libro* to write a book **2** (*ortografía*) to spell: *No sé ~lo.* I don't know how to spell it. ◊ *¿Cómo se escribe?* How do you spell it? ◆ *vi* to write: *Nunca me escribes.* You never write to me. ◊ *Todavía no sabe ~.* He can't write yet. ◊ *Este esfero no escribe.* This pen doesn't write. ◆ **escribirse** *v pron* **escribirse con**: *Me gustaría ~me con un inglés.* I'd like to have an English pen pal. **LOC escribir a mano** to write *sth* in longhand *Ver tb* MÁQUINA

escrito, -a ◆ *pp, adj*: *poner algo por ~* to put sth in writing ◆ *nm* **1** (*carta*) letter **2** (*documento*) document *Ver tb* ESCRIBIR

escritor, ~a *nm-nf* writer

escritorio *nm* desk

escritura *nf* **1** (*gen*) writing **2 Escritura(s)** Scripture: *la Sagrada Escritura/ las Escrituras* the Holy Scripture(s)/ the Scriptures

escrupuloso, -a *adj* **1** (*aprensivo*) fussy: *Présteme su vaso, no soy ~.* Give me your glass. I'm not fussy. **2** (*honrado*) scrupulous

escrutinio *nm* (*recuento*) count

escuadra *nf* **1** (*regla*) set square **2** (*Mil*) squad

escuadrón *nm* squadron

escuchar *vt, vi* to listen (**to *sth*/*sb***): *Nunca me escuchas.* You never listen to me. ◊ *¡Escuche! ¿Lo oye?* Listen! Can you hear it?

escudero *nm* squire

escudo *nm* **1** (*gen*) shield: ~ *protector* protective shield **2** (*insignia*) emblem **LOC escudo de armas** coat of arms

escuela *nf* **1** (*gen*) school: *Iremos después de la* ~. We'll go after school. ◊ *El lunes no va a haber* ~. There'll be no school on Monday. ◊ *Todos los días voy a la* ~ *en el bus.* I go to school on the bus every day. ◊ *El martes voy a ir a la* ~ *para hablar con su profesor.* On Tuesday I'm going to go the school to talk to your teacher. ☛ *Ver nota en* SCHOOL **2** (*academia*) academy: ~ *de policía* police academy **LOC escuela de conducción** driving school **escuela primaria** elementary school

esculcar ◆ *vt* to go through *sth*: *¡No me esculque!* Don't go through my things. ◆ *vi*: ~ *es de muy mala educación.* It's very rude to go through other peoples' things.

esculpir *vt, vi* to sculpt: *Me gustaría* ~ *en piedra.* I'd like to sculpt in stone.

escultor, ~a *nm-nf* sculptor

escultura *nf* sculpture

escupir ◆ *vt* **1** (*expectorar*) to spit *sth* (out) **2** (*a algn*) to spit **at *sb*** ◆ *vi* to spit

escupitajo *nm* spittle [*incontable*]: *Había un* ~ *en el suelo.* There was some spittle on the ground. ◊ *soltar un* ~ to spit

escurridor *nm* (*tb* **escurridora** *nf*) **1** (*verduras*) colander **2** (*platero*) dish-rack

escurrir ◆ *vt* **1** (*ropa*) to wring *sth* (out) **2** (*platos, verduras, legumbres*) to drain ◆ *vi* **1** (*gen*) to drain: *Ponga los platos a* ~. Leave the dishes to drain. **2** (*ropa*) to drip ◆ **escurrirse** *v pron* **escurrirse** (**de/entre/de entre**) to slip (**out of/from *sth***): *El jabón se le escurrió de entre las manos.* The soap slipped out of his hands.

ese, -a *adj* that [*pl* those]: *a partir de* ~ *momento* from that moment on ◊ *esos libros* those books

ése, -a *pron* **1** (*cosa*) that one [*pl* those (ones)]: *Yo no quiero ése/ésos.* I don't want that one/those ones. **2** (*persona*): *¡Fue ésa!* It was her! ◊ *Yo no voy con ésos.* I'm not going with them.

esencia *nf* essence

esencial *adj* ~ (**para**) essential (**to/for *sth***)

esfera *nf* **1** (*gen, Geom*) sphere **2** (*reloj*) face

esférico, -a *adj* spherical

esfero *nm* (ballpoint) pen

esfinge *nf* sphinx

esforzarse *v pron* ~ (**en/para/por**) to try (hard) (***to do sth***): *Se esforzaron mucho.* They tried very hard.

esfuerzo *nm* **1** (*gen*) effort: *Haga un* ~ *y coma algo.* Make an effort to eat something. ◊ *No deberías hacer* ~*s, aún no estás recuperado.* You shouldn't overdo it, you're still recovering. **2** (*intento*) attempt (***at doing sth*/*to do sth***): *en un último* ~ *por evitar el desastre* in a last attempt to avoid disaster **LOC sin esfuerzo** effortlessly

esfumarse *v pron* to vanish **LOC ¡esfúmese!** get lost!

esgrima *nf* (*Dep*) fencing

esgrimir *vt* (*arma*) to wield

esguince *nm* (*Med*) sprain: *hacerse un* ~ *en el tobillo* to sprain your ankle

eslogan *nm* slogan

esmaltar *vt* to enamel

esmalte *nm* enamel **LOC esmalte de uñas** nail varnish

esmeralda *nf* emerald

esmerarse *v pron* ~ (**en/por**) to try very hard (***to do sth***): *Esmérate un poco más.* Try a bit harder.

esmero *nm* **LOC con esmero** (very) carefully

esmoquin *nm* tuxedo [*pl* tuxedos]

esnob ◆ *adj* snobbish ◆ *nmf* snob

eso *pron* that: *¿Qué es* ~*?* What's that? ◊ ~ *es, muy bien.* That's right, very good. **LOC a eso de** at about: *a* ~ *de la una* at about one o'clock ☛ *Ver nota en* AROUND[1] **¡eso sí que no!** no way! **por eso** (*por esa razón*) so, therefore (*formal*)

esófago *nm* esophagus [*pl* esophagi/esophaguses]

esos, -as *adj Ver* ESE

ésos, -as *pron Ver* ÉSE

espabilado, -a *pp, adj* bright **LOC estar espabilado** to be wide awake *Ver tb* ESPABILAR

espabilar ◆ *vt* to wake *sb* up ◆ *vi* to get

with it: *¡Ya es hora de que espabiles!* It's about time you got with it!

espacial *adj* space [*n atrib*]: *misión/vuelo ~* space mission/flight **LOC** *Ver* AERONAVE, BASE, NAVE, TRAJE

espacio *nm* **1** (*gen, Mús*) space **2** (*sitio*) room: *En mi maleta hay ~ para tu suéter.* There is room for your sweater in my suitcase. **3** (*Radio, TV*) program

espada *nf* **1** (*arma*) sword **2 espadas** (*Naipes*) ☛ *Ver nota en* BARAJA **LOC estar entre la espada y la pared** to be between a rock and a hard place

espagueti *nm* **espaguetis** spaghetti [*incontable, v sing*]: *Me encantan los ~s.* I love spaghetti.

espalda *nf* **1** (*gen*) back: *Me duele la ~.* My back hurts. **2** (*natación*) backstroke: *100 metros ~* 100-meter backstroke **LOC dar la espalda** to turn your back on *sth/sb* **de espaldas**: *Póngase de ~s a la pared.* Stand with your back to the wall. ◊ *ver a algn de ~s* to see sb from behind **hacer algo a espaldas de algn** to do sth behind sb's back *Ver tb* NADAR

espantapájaros *nm* scarecrow

espantar ◆ *vt* **1** (*asustar*) to terrify **2** (*ahuyentar*) to drive *sth/sb* away ◆ *vi* to appal: *Nos dejaron espantados las condiciones del hospital.* We were appalled by conditions at the hospital.

espanto *nm* **1** (*miedo*) fear **2** (*fantasma*) ghost: *Se me apareció un ~* I saw a ghost.

espantoso, -a *adj* terrible: *Está haciendo un calor ~.* It's terribly hot.

España *nf* Spain

español, ~a ◆ *adj, nm* Spanish: *hablar ~* to speak Spanish ◆ *nm-nf* Spaniard: *los ~es* the Spanish

esparadrapo *nm* Band-Aid®

esparcimiento *nm* recreation: *Los niños necesitan un rato de ~.* Children need a time for recreation.

esparcir *vt* to scatter

espárrago *nm* asparagus [*incontable*]

esparto *nm* esparto

espátula *nf* spatula

especia *nf* spice

especial *adj* special **LOC en especial** **1** (*sobre todo*) especially: *Me gustan mucho los animales, en ~ los perros.* I'm very fond of animals, especially dogs. ☛ *Ver nota en* SPECIAL **2** (*en concreto*) in particular: *Sospechan de uno de ellos en ~.* They suspect one of them in particular.

especialidad *nf* specialty [*pl* specialties]

especialista *nmf* ~ (**en**) specialist (**in** ***sth***): *un ~ en informática* a computer specialist

especializarse *v pron* ~ (**en**) to specialize (**in** ***sth***)

especialmente *adv* **1** (*sobre todo*) especially: *Me encantan los animales, ~ los gatos.* I love animals, especially cats. **2** (*en particular*) particularly: *Estoy ~ preocupada por el abuelo.* I'm particularly concerned about grandpa. ◊ *No es un hombre ~ corpulento.* He's not a particularly fat man. **3** (*expresamente*) specially: *~ diseñado para minusválidos* specially designed for handicapped people ☛ *Ver nota en* SPECIAL

especie *nf* **1** (*Biol*) species [*pl* species] **2** (*clase*) kind: *Era una ~ de barniz.* It was a kind of varnish.

especificar *vt* to specify

específico, -a *adj* specific

espécimen *nm* specimen

espectacular *adj* spectacular

espectáculo *nm* **1** (*gen*) spectacle: *un ~ impresionante* an impressive spectacle **2** (*función*) show **LOC dar un espectáculo** to make a scene *Ver tb* GUÍA, MUNDO

espectador, ~a *nm-nf* **1** (*Teat, Mús*) member of the audience **2** (*Dep*) spectator

espejismo *nm* mirage

espejo *nm* mirror **LOC espejo retrovisor** rear-view mirror **mirarse en el espejo** to look (at yourself) in the mirror

espera *nf* wait **LOC** *Ver* LISTA, SALA

esperanza *nf* hope **LOC esperanza de vida** life expectancy

esperar ◆ *vt* to wait for *sth/sb*, to expect, to hope

> Los tres verbos **to wait, to expect** y **to hope** significan esperar, pero no deben confundirse:
> **To wait** indica que una persona espera, sin hacer otra cosa, a que alguien llegue o a que algo suceda por fin: *Espérame, por favor.* Wait for me, please. ◊ *Estoy esperando al bus.* I'm waiting for the bus. ◊ *Estamos esperando a que deje de llover.* We are waiting for it to stop raining.

To expect se utiliza cuando lo esperado es lógico y muy probable: *Había más tráfico de lo que yo esperaba.* There was more traffic than I had expected. ◊ *Esperaba carta suya ayer, pero no recibí ninguna.* I was expecting a letter from him yesterday, but didn't receive one. Si una mujer está embarazada, también se dice **expect**: *Está esperando un bebé.* She's expecting a baby.

Con **to hope** se expresa el deseo de que algo suceda o haya sucedido: *Espero volver a verte pronto.* I hope to see you again soon. ◊ *Espero que sí/no.* I hope so/not.

◆ *vi* to wait: *Estoy harta de ~.* I'm fed up of waiting.

esperma *nf* sperm

espesar(se) *vt, v pron* to thicken

espeso, -a *adj* thick: *La salsa está muy espesa.* This sauce is very thick.

espía *nmf* spy [*pl* spies]

espiar *vt, vi* to spy (**on *sb***): *No me espíe.* Don't spy on me.

espichar *vt* **1** (*gen*) to press **2** (*fruta, insecto*) to squash

espiga *nf* (*cereal*) ear

espina *nf* **1** (*Bot*) thorn **2** (*pez*) bone LOC **darle a uno mala espina** to have a bad feeling *about sth*: *Ese asunto me da mala ~.* I have a bad feeling about it. **espina dorsal** spine **espinas de pino** pine needles

espinaca *nf* spinach [*incontable*]: *Me encantan las ~s.* I love spinach.

espinilla *nf* **1** (*pierna*) shin **2** (*grano*) blackhead

espionaje *nm* spying: *Me acusan de ~.* I've been accused of spying. ◊ *Se dedica al ~.* He's a spy.

espiral *adj, nf* spiral

espiritismo *nm* spiritualism LOC **hacer espiritismo** to attend a séance

espíritu *nm* **1** (*gen*) spirit: *~ de equipo* team spirit **2** (*alma*) soul LOC **Espíritu Santo** Holy Spirit

espiritual *adj* spiritual

espléndido, -a *adj* **1** (*magnífico*) splendid: *Fue una cena espléndida.* It was a splendid dinner. **2** (*generoso*) generous

espolvorear *vt* to sprinkle *sth* (***with sth***)

esponja *nf* sponge

esponjoso, -a *adj* **1** (*torta, pan*) light **2** (*lana*) soft

espontáneo, -a *adj* **1** (*impulsivo*) spontaneous **2** (*natural*) natural

esporádico, -a *adj* sporadic

esposar *vt* to handcuff

esposas *nf* handcuffs LOC **ponerle las esposas a algn** to handcuff sb

esposo, -a *nm-nf* husband [*fem* wife, *pl* wives]

espuela *nf* spur

espuma *nf* **1** (*gen*) foam **2** (*cerveza, huevo*) froth **3** (*jabón, champú*) lather **4** (*pelo*) mousse LOC **hacer espuma** **1** (*olas*) to foam **2** (*jabón*) to lather

espumoso, -a *adj* (*vino*) sparkling

esqueje *nm* cutting

esquela *nf* notelet

esquelético, -a *adj* (*flaco*) skinny ☛ *Ver nota en* DELGADO

esqueleto *nm* **1** (*Anat*) skeleton **2** (*estructura*) framework

esquema *nm* **1** (*diagrama*) diagram **2** (*resumen*) outline

esquí *nm* **1** (*tabla*) ski [*pl* skis] **2** (*Dep*) skiing LOC **esquí acuático** water-skiing: *hacer ~ acuático* to go water-skiing *Ver tb* BASTÓN, PISTA

esquiador, ~a *nm-nf* skier

esquiar *vi* to ski: *Me gusta mucho ~.* I love skiing. ◊ *Esquían todos los fines de semana.* They go skiing every weekend.

esquilar *vt* to shear

esquimal *nmf* Eskimo [*pl* Eskimo/ Eskimos]

esquina *nf* corner: *Es la casa que hace ~ con la Séptima.* It's the house on the corner of Seventh Street. LOC *Ver* TIRO, VUELTA

esquirol *nmf* blackleg

esquivar *vt* **1** (*gen*) to dodge **2** (*persona*) to avoid

esquizofrenia *nf* schizophrenia

esquizofrénico, -a *adj, nm-nf* schizophrenic

esta *adj Ver* ESTE

ésta *pron Ver* ÉSTE

estabilidad *nf* stability

estabilizar(se) *vt, v pron* to stabilize: *El enfermo se estabilizó.* The patient's condition has stabilized.

estable *adj* stable

establecer ◆ *vt* **1** (*crear*) to set *sth* up: *~ una compañía* to set up a company **2** (*determinar, ordenar*) to establish: *~ la identidad de una persona* to establish the identity of a person **3** (*récord*) to set ◆ **establecerse** *v pron* **1** (*afincarse*) to settle **2** (*en un negocio*) to set up: *~se por su cuenta* to set up your own business

establo *nm* **1** (*vacas*) barn **2** (*caballos*) stable

estación *nf* **1** (*gen*) station: *¿Dónde está la ~ de metro más cercana?* Where's the nearest subway station? ◊ *~ de policía* police station **2** (*del año*) season **LOC estación de bomberos** fire station *Ver tb* JEFE

estacionamiento *nm* parking

estacionar *vi* to park

estadero *nm* small restaurant

estadio *nm* (*Dep*) stadium

estadística *nf* **1** (*ciencia*) statistics [*sing*] **2** (*cifra*) statistic

estado *nm* **1** (*gen*) state: *la seguridad del ~* state security **2** (*condición médica*) condition: *Su ~ no reviste gravedad.* Her condition isn't serious. **LOC en estado de coma** in a coma **en mal estado 1** (*alimento*): *agua en mal ~* contaminated water ◊ *El pescado estaba en mal ~.* The fish was bad. **2** (*carretera*) in a bad state of repair **estado civil** marital status **estar en estado** to be expecting **los Estados Unidos** the United States (*abrev* US/USA) [*v sing o pl*] *Ver tb* GOLPE

estafa *nf* swindle

estafar *vt* to swindle *sb* (**out of** ***sth***): *Estafó a los inversores por millones de dólares.* He has swindled the investors out of millions of dollars.

estalactita *nf* stalactite

estalagmita *nf* stalagmite

estallar *vi* **1** (*bomba explosiva*) to explode **2** (*bomba inflable*) to burst **3** (*guerra, epidemia*) to break out **4** (*escándalo, tormenta*) to break

estallido *nm* **1** (*bomba*) explosion **2** (*guerra*) outbreak

estampa *nf* (*dibujo*) picture

estampado, -a *pp, adj* (*tela*) patterned *Ver tb* ESTAMPAR

estampar ◆ *vt* **1** (*imprimir*) to print **2** (*arrojar*) to hurl *sth/sb* (***against sth***) ◆ **estamparse** *v pron* **estamparse contra** to smash **into** ***sth***

estampida *nf* stampede

estampilla *nf* stamp: *Dos ~s para Venezuela, por favor.* Two stamps for Venezuela, please. ◊ *Ponle una ~ a la postal.* Put a stamp on the postcard. ☛ *Ver nota en* STAMP

estancado, -a *pp, adj* (*agua*) stagnant *Ver tb* ESTANCARSE

estancarse *v pron* (*agua*) to stagnate

estancia *nf* **1** (*gen*) stay: *su ~ en el hospital* his stay in hospital **2** (*hacienda*) ranch

estanco *nm* liquor store

estándar *adj, nm* standard

estandarte *nm* banner

estanque *nm* (*jardín, parque*) pond

estante *nm* **1** (*repisa*) shelf [*pl* shelves] **2** (*mueble de entrepaños*) set of shelves

estantería *nf* shelves [*pl*]: *Esa ~ está torcida.* Those shelves are crooked.

estaño *nm* tin

estar ◆ *v copul, vi* **1** (*gen*) to be: *¿Dónde está la biblioteca?* Where's the library? ◊ *¿Está Ana?* Is Ana in? ◊ *~ enfermo/cansado* to be ill/tired **2** (*aspecto*) to look: *Hoy está muy buen mozo.* You look very nice today. ◆ *v aux* **+ gerundio** to be **doing sth**: *Estaban jugando.* They were playing. ◆ **estarse** *v pron* to be: *~se callado/quieto* to be quiet/still **LOC está bien** (*de acuerdo*) Okay: *—¿Me lo prestas? —Está bien.* "Can I borrow it?" "Okay." **¿estamos?** all right? **estar a 1** (*fecha*): *Estamos a tres de mayo.* It's May third. **2** (*temperatura*): *En Barranquilla están a 30°C.* It's 30°C in Barranquilla. **3** (*precio*): *¿A cuánto/cómo están los bananos?* How much are the bananas? **estar con** (*apoyar*) to be behind *sb*: *¡Animo, estamos contigo!* Go for it, we're behind you! **estar que...**: *Estoy que me caigo de sueño.* I'm dead on my feet. **estar sin** to manage without *sth/sb*: *No puedo ~ sin carro.* I can't manage without a car. **no estar para** not to be in the mood for *sth*: *No estoy para chistes.* I'm not in the mood for jokes. ☛ Para otras expresiones con **estar**, véanse las entradas del sustantivo, adjetivo, etc, p.ej. **estar al día** en DÍA y **estar de acuerdo** en ACUERDO.

estatal *adj* state [*n atrib*]: *un organismo ~* a state organization ◊ *escuela ~* public school **LOC** *Ver* EMPRESA

estático, -a *adj* static

estatua *nf* statue

estatura *nf* height: *Es pequeño de ~.* He's short. ◊ *Es una mujer de mediana ~.* She's of average height.

estatuto *nm* statute

este *nm* east (*abrev* E)

este, -a *adj* this [*pl* these]

éste, -a *pron* **1** (*cosa*) this one [*pl* these (ones)]: *Prefiero aquel vestido a ~.* I prefer that suit to this one. ◊ *¿Prefieres éstos?* Do you prefer these ones? **2** (*persona*): *¿Quién es ~?* Who's this? ◊ *El tiquete se la di a ésta.* I've given the ticket to her.

estela *nf* **1** (*embarcación*) wake **2** (*avión*) vapor trail

estelar *adj* **1** (*Astron*) stellar **2** (*fig*) starring: *un papel ~ en la nueva película* a starring role in the new movie

estera *nf* mat

estéreo *nm* stereo: *grabado en ~* recorded in stereo

estéril *adj* sterile

esterilizar *vt* to sterilize

esterlina *adj* sterling: *libras ~s* pounds sterling

esternón *nm* breastbone

estética *nf* aesthetics [*sing*]

esteticista *nmf* beautician

estético, -a *adj* aesthetic

estiércol *nm* manure

estilista *nmf* stylist

estilizar *vt* (*hacer delgado*): *Ese vestido te estiliza la figura.* That dress makes you look very slim.

estilo *nm* **1** (*gen*) style: *tener mucho ~* to have a lot of style **2** (*Natación*) stroke: *~ espalda* backstroke ◊ *~ mariposa* butterfly (stroke) **LOC algo por el estilo** something like that: *pimienta o algo por el ~* pepper or something like that **con estilo** stylish

estima *nf* esteem **LOC tener estima a/por algn** to think highly of sb

estimado, -a *pp, adj* (*cartas*) dear ☛ *Ver págs 310–1.*

estimulante ◆ *adj* stimulating ◆ *nm* stimulant: *La cafeína es un ~.* Caffeine is a stimulant.

estimular *vt* to stimulate

estímulo *nm* stimulus [*pl* stimuli] (***to sth/to do sth***)

estirado, -a *pp, adj* (*altivo*) stiff *Ver tb* ESTIRAR

estirar ◆ *vt* **1** (*gen*) to stretch: *~ una cuerda* to stretch a rope tight **2** (*brazo, pierna*) to stretch *sth* out **3** (*dinero*) to spin *sth* out **4** (*alisar*) to smooth ◆ **estirar** *vi* (*crecer*) to shoot up ◆ **estirarse** *v pron* **1** (*desperezarse*) to stretch **2** (*crecer*) to shoot up **LOC estirar la pata** to croak

estirón *nm* **LOC dar/pegar un estirón** (*crecer*) to shoot up

esto *pron* **1** (*gen*) this: *Hay que terminar con ~.* We have to put a stop to this. ◊ *¿Qué es ~?* What's this? **2** (*vacilación*) er: *Quería decirle que, ~...* I wanted to tell you... er...

estofado *nm* stew

estómago *nm* stomach: *Me duele el ~.* I have stomachache. **LOC** *Ver* ARDOR, DOLOR, PATADA

estorbar *vt, vi* to be in *sb's* way, to be in the way: *Si te estorban esas cajas dímelo.* Tell me if those boxes are in your way. ◊ *¿Estorbo?* Am I in the way?

estornudar *vi* to sneeze ☛ *Ver nota en* ¡ACHÍS!

estrago *nm* **LOC hacer estragos** to create havoc

estrangular *vt* to strangle

estrategia *nf* strategy [*pl* strategies]

estratégico, -a *adj* strategic

estrato *nm* (*Geol, Sociol*) stratum [*pl* strata]

estrechar(se) ◆ *vt, v pron* **1** (*gen*) to narrow: *La carretera se estrecha a 50 metros.* The road narrows in 50 meters. **2** (*abrazar*) to embrace ◆ *vt* (*ropa*) to take *sth* in

estrecho, -a ◆ *adj* **1** (*gen*) narrow **2** (*ropa*) tight: *Esa falda te queda estrecha.* That skirt's too tight (for you). ◆ *nm* strait(s) [*se usa mucho en plural*]: *el ~ de Magallanes* the Strait of Magellan

estrella *nf* star: *~ polar* pole star ◊ *un hotel de tres ~s* a three-star hotel ◊ *una ~ de cine* a movie star **LOC estrella fugaz** shooting star **estrella invitada** celebrity guest **ver las estrellas** to see stars *Ver tb* VUELTA

estrellado, -a *pp, adj* **1** (*noche, cielo*) starry **2** (*figura*) star-shaped *Ver tb* ESTRELLAR

estrellar ◆ *vt* to smash *sth* (***into/against sth***): *Estrellaron el carro contra un árbol.* They smashed the car into a tree. ◆ **estrellarse** *v pron* **1 estrellarse (contra)** (*chocarse*) to crash (**into** ***sth***): *~se contra otro vehículo* to crash into another vehicle **2** (*fracasar*) to founder

estremecer(se) *vt, v pron* to shake **LOC estremecerse de dolor** to wince with pain

estrenar *vt* **1** (*gen*): *Estoy estrenando zapatos.* I'm wearing new shoes. ◊ *¿Estás estrenando carro?* Is that a new car you're driving? **2** (*película*) to première **3** (*obra de teatro*) to stage *sth* for the first time

estreno *nm* **1** (*película*) première **2** (*obra de teatro*) first night

estreñido, -a *pp, adj* constipated *Ver tb* ESTREÑIR

estreñimiento *nm* constipation

estreñir ◆ *vt* to make *sb* constipated ◆ **estreñirse** *v pron* to become constipated

estrés *nm* stress **LOC tener estrés** to be suffering from stress

estresante *adj* stressful

estría *nf* **1** (*gen*) groove **2** (*piel*) stretch mark

estribillo *nm* **1** (*canción*) chorus **2** (*poema*) refrain

estribo *nm* stirrup

estribor *nm* starboard **LOC a estribor** to starboard

estricto, -a *adj* strict

estridente *adj* **1** (*sonido*) shrill **2** (*color*) gaudy

estrofa *nf* verse

estropajo *nm* loofah

estropear *vt* to spoil: *Nos estropeaste los planes.* You've spoiled our plans.

estructura *nf* structure

estruendo *nm* racket

estrujar ◆ *vt* (*papel*) to crumple *sth* (up) ◆ *vi* (*empujar*) to push: *¡No estrujen, por favor!* Don't push, please!

estuario *nm* estuary [*pl* estuaries]

estuche *nm* **1** (*pinturas, maquillaje, joyas*) box **2** (*lápices, instrumento musical*) case: *Pásame el ~ de las gafas, por favor.* Could you pass me my glasses case?

estudiante *nmf* student: *un grupo de ~s de medicina* a group of medical students **LOC** *Ver* RESIDENCIA

estudiar *vt, vi* to study: *Me gustaría ~ francés.* I'd like to study French. ◊ *Estudia en un colegio privado.* She goes to a private school. ◊ *Estudia mucho.* He works hard. **LOC estudiar de memoria** to learn *sth* by heart *Ver tb* CLAVAR, MATAR

estudio *nm* **1** (*gen*) study [*pl* studies]: *Han realizado ~s sobre la materia.* They've done studies on the subject. ◊ *Tiene todos los libros en el ~.* All her books are in the study. **2** (*apartamento*) studio apartment **3** (*Cine, Fot, TV*) studio [*pl* studios] **4 estudios** education [*sing*]: *~s primarios* elementary education **LOC** *Ver* PROGRAMA

estudioso, -a *adj* studious

estufa *nf* stove: *Dejaste la olla sobre la ~.* You left the pan on the stove.

estupendo, -a *adj* fantastic

estúpido, -a ◆ *adj* stupid ◆ *nm-nf* idiot

etapa *nf* stage: *Hicimos el viaje en dos ~s.* We made the trip in two stages. **LOC por etapas** in stages

etcétera *nm* et cetera (*abrev* etc)

eternidad *nf* eternity **LOC una eternidad** forever: *Te demoraste una ~.* You took forever.

eternizarse *v pron* to take forever (*doing sth*): *Se eterniza en el baño.* He takes forever in the bathroom.

eterno, -a *adj* eternal

ético, -a ◆ *adj* ethical ◆ **ética** *nf* ethics [*sing*]

etimología *nf* etymology [*pl* etymologies]

etiqueta *nf* **1** (*gen*) label: *la ~ de un paquete/una botella* the label on a package/bottle **2** (*precio*) price tag **3** (*Informát*) tag **LOC de etiqueta** formal: *traje de ~* formal dress

etiquetar *vt* to label

etnia *nf* ethnic group

étnico, -a *adj* ethnic

eucalipto *nm* eucalyptus [*pl* eucalyptuses/eucalypti]

Eucaristía *nf* Eucharist

euforia *nf* euphoria

eufórico, -a *adj* euphoric

Europa *nf* Europe

europeo, -a *adj, nm-nf* European

eutanasia *nf* euthanasia

evacuación *nf* evacuation

evacuar *vt* **1** (*desalojar*) to vacate: *El público evacuó el teatro.* The public vacated the theater. **2** (*trasladar*) to evacuate: *~ a los refugiados* to evacuate the refugees

evadido, -a *nm-nf* escapee

evadir ◆ *vt* **1** (*eludir*) to evade: *~ impuestos* to evade taxes **2** (*dinero*) to smuggle *money* out of the country ◆ **evadirse** *v pron* **evadirse (de)** to escape (from *sth*)

evaluación *nf* (*Educ*) assessment

evaluar *vt* to assess

evangelio *nm* gospel: *el ~ según San Juan* the gospel according to Saint John

evaporación *nf* evaporation

evaporar(se) *vt, v pron* to evaporate

evasión *nf* **1** (*fuga*) escape **2** (*distracción*) distraction **LOC evasión de impuestos** tax evasion

evasiva *nf* excuse: *Siempre está con ~s.* He's always making excuses.

evidencia *nf* evidence **LOC poner a algn en evidencia** to make a fool of sb

evidente *adj* obvious

evitar *vt* **1** (*impedir*) to prevent: *~ una catástrofe* to prevent a disaster **2** (*rehuir*) to avoid *sth/sb/doing sth*: *Me evita a toda costa.* He does everything he can to avoid me. **LOC no lo puedo evitar** I, you, etc can't help it **si puedo evitarlo** if I, you, etc can help it

evocar *vt* to evoke

evolución *nf* **1** (*Biol*) evolution **2** (*desarrollo*) development

evolucionar *vi* **1** (*Biol*) to evolve **2** (*desarrollarse*) to develop

exactitud *nf* **1** (*gen*) exactness **2** (*descripción, reloj*) accuracy **LOC con exactitud** exactly: *No se sabe con ~.* We don't know exactly.

exacto, -a ◆ *adj* **1** (*no aproximado*) exact: *Necesito las medidas exactas.* I need the exact measurements. ◊ *Dos kilos ~s.* Exactly two kilograms. **2** (*descripción, reloj*) accurate: *No me dieron una descripción muy exacta.* They didn't give me a very accurate description. **3** (*idéntico*) identical: *Las dos copias son exactas.* The two copies are identical. ◆ **¡exacto!** *interj* exactly!

exageración *nf* exaggeration

exagerado, -a *pp, adj* **1** (*gen*) exaggerated: *No sea ~.* Don't exaggerate. **2** (*excesivo*) excessive: *El precio me parece ~.* I think the price is excessive. *Ver tb* EXAGERAR

exagerar *vt, vi* to exaggerate: *~ la importancia de algo* to exaggerate the importance of sth ◊ *No exageres.* Don't exaggerate.

exaltado, -a ◆ *pp, adj* angry (***about sth***) ◆ *nm-nf* hothead: *un grupo de ~s* a group of hotheads *Ver tb* EXALTAR

exaltar ◆ *vt* (*alabar*) to praise ◆ **exaltarse** *v pron* to get heated

examen *nm* examination, exam (*más coloq*): *presentar un ~* to take an exam **LOC estar en exámenes** to be taking exams **examen de conducción** driving test **examen de selección múltiple** multiple-choice exam **examen final** finals [*pl*] *Ver tb* ADMISIÓN

examinar *vt* to examine **LOC hacerse examinar los ojos** to have your eyes tested

excavación *nf* excavation

excavadora *nf* digger

excavar ◆ *vt* **1** (*gen*) to dig: *~ un túnel* to dig a tunnel **2** (*Arqueología*) to excavate ◆ *vi* to dig

excelencia *nf* **LOC por excelencia** par excellence **Su Excelencia** His/Her Excellency **Su/Vuestra Excelencia** Your Excellency

excelente *adj* excellent

excepción *nf* exception **LOC a/con excepción de** except (for) *sth/sb*

excepcional *adj* exceptional

excepto *prep* except (**for**) ***sth/sb***: *todos excepto yo* everybody except me ◊ *todos excepto el último* all of them except (for) the last one

exceptuar *vt*: *Exceptuando a uno, el resto son veteranos.* Except for one, the rest are all veterans.

excesivo, -a *adj* excessive: *Tienen una excesiva afición por el fútbol.* They're much too fond of soccer.

exceso *nm* ~ (**de**) excess (**of** ***sth***) **LOC con/en exceso** too much **exceso de equipaje** excess baggage

excitar ◆ *vt* **1** (*gen*) to excite **2** (*nervios*) to make *sb* nervous ◆ **excitarse** *v pron* to get excited (***about/over sth***)

exclamación *nf* (*signo de puntuación*) exclamation point ☛ *Ver págs 314–5.*

exclamar *vi, vt* to exclaim

excluir *vt* to exclude *sth/sb* (***from sth***)

exclusivo, -a ◆ *adj* exclusive ◆ **exclusiva** *nf* (*reportaje*) exclusive

excomulgar *vt* to excommunicate

excomunión *nf* excommunication

excursión *nf* excursion **LOC ir/salir de excursión** to go on an excursion

excusa *nf* excuse (***for sth/doing sth***): *Siempre inventa ~s para no venir.* He always finds an excuse not to come.

exento, -a *adj* ~ (**de**) **1** (*exonerado*) exempt (**from** ***sth***) **2** (*libre*) free (**from** ***sth***)

exhalar ◆ *vt* **1** (*gas, vapor, olor*) to give *sth* off **2** (*suspiro, queja*): *~ un suspiro de alivio* to heave a sigh of relief ◊ *~ un gemido de dolor* to groan with pain ◆ *vi* to breathe out, to exhale (*formal*)

exhaustivo, -a *adj* thorough, exhaustive (*formal*)

exhausto, -a *adj* exhausted

exhibición *nf* exhibition

exhibicionismo *nm* **1** (*gen*) exhibitionism **2** (*sexual*) indecent exposure

exhibicionista *nmf* **1** (*gen*) exhibitionist **2** (*sexual*) flasher (*coloq*)

exhibir ◆ *vt* **1** (*exponer*) to exhibit **2** (*película*) to show ◆ **exhibirse** *v pron* (*presumir*) to show off

exigencia *nf* **1** (*requerimiento*) requirement **2** (*pretensión*) demand (***for sth/ that...***)

exigente *adj* **1** (*que pide mucho*) demanding **2** (*estricto*) strict

exigir *vt* **1** (*pedir*) to demand *sth* (***from sb***): *Exijo una explicación.* I demand an explanation. **2** (*requerir*) to require: *Exige una preparación especial.* It requires special training. **LOC** *Ver* RESCATE

exiliado, -a ◆ *pp, adj* exiled ◆ *nm-nf* exile *Ver tb* EXILIAR

exiliar ◆ *vt* to exile *sb* (***from...***) ◆ **exiliarse** *v pron* **exiliarse** (**a/en**) to go into exile (**in...**)

exilio *nm* exile

existencia *nf* **1** (*hecho de existir*) existence **2 existencias** stock [*sing*]: *Se nos están acabando las ~s de carne.* Our stock of meat is running low.

existir *vi* **1** (*gen*) to exist: *Esa palabra no existe.* That word doesn't exist. **2** (*haber*): *No existe una voluntad de colaboración.* There is no spirit of cooperation.

éxito *nm* **1** (*gen*) success **2** (*disco, canción*) hit: *su último ~* their latest hit **LOC tener éxito** to be successful

exorcismo *nm* exorcism

exótico, -a *adj* exotic

expandir ◆ *vt* **1** (*gen*) to expand **2** (*incendio, rumor*) to spread ◆ **expandirse** *v pron* to spread

expansión *nf* expansion

expatriado, -a *pp, adj, nm-nf* expatriate [*n*]: *suramericanos ~s en Estados Unidos* expatriate South Americans living in the United States *Ver tb* EXPATRIAR

expatriar ◆ *vt* to exile ◆ **expatriarse** *v pron* to emigrate

expectación *nf* sense of expectancy: *La ~ está creciendo.* The sense of expectancy is growing.

expectativa *nf* **1** (*esperanza*) expectation: *Superó mis ~s.* It exceeded my expectations. **2** (*perspectiva*) prospect: *~s electorales* electoral prospects **LOC estar a la expectativa** to be on the lookout (*for sth*)

expedición *nf* (*viaje*) expedition

expediente *nm* **1** (*documentación*) file: *los ~s municipales* municipal files **2** (*empleado, estudiante*) record: *tener un buen ~ académico* to have a good academic record **3** (*Jur*) proceedings [*pl*] **LOC** *Ver* ABRIR

expedir *vt* **1** (*carta, paquete*) to send **2** (*Administración*) to issue: *~ un pasaporte* to issue a passport

expensas *nf*: *a nuestras ~* at our expense

experiencia *nf* experience: *años de ~ laboral* years of work experience ◊ *Fue una gran ~.* It was a great experience. **LOC sin experiencia** inexperienced

experimentado, -a *pp, adj* (*persona*) experienced *Ver tb* EXPERIMENTAR

experimental *adj* experimental: *con carácter ~* on an experimental basis

experimentar ◆ *vi ~* (**con**) to experiment (**with *sth***) ◆ *vt* **1** (*aumento, mejoría*) to show **2** (*cambio*) to undergo

experimento *nm* experiment: *hacer un ~* to carry out an experiment

experto, -a *nm-nf ~* (**en**) expert (**at/in *sth/doing sth***)

expirar *vi* to expire

explanada *nf* open area

explicación *nf* explanation

explicar ◆ *vt* to explain *sth* (***to sb***): *Me explicó sus problemas.* He explained his problems to me. ◆ **explicarse** *v pron* (*entender*) to understand: *No me explico cómo sucedió todo esto.* I don't understand how all that happened. **LOC ¿me explico?** do you see what I mean?

explorador, ~a *nm-nf* explorer

explorar *vt* **1** (*país, región*) to explore **2** (*Med*) to examine

explosión *nf* explosion: *una ~ nuclear* a nuclear explosion ◊ *la ~ demográfica* the population explosion **LOC hacer explosión** to explode

explosivo, -a *adj, nm* explosive

explotar *vi* (*hacer explosión*) to explode

exponer ◆ *vt* **1** (*cuadro*) to exhibit **2** (*ideas*) to present **3** (*vida*) to risk ◆ **exponerse** *v pron* **exponerse a** to expose yourself **to *sth***: *No se exponga demasiado al sol.* Don't stay out in the sun too long. **LOC exponerse a que...** to risk *sth*: *Te expones a que te multen.* You're risking a fine.

exportación *nf* export **LOC** *Ver* IMPORTACIÓN

exportador, ~a ◆ *adj* exporting: *los países ~es de petróleo* the oil-exporting countries ◆ *nm-nf* exporter

exportar *vt* to export

exposición *nf* **1** (*de arte*) exhibit: *una ~ de fotografías* an exhibition of photographs ◊ *montar una ~* to put on an exhibition **2** (*de un tema*) presentation

exprés *adj* express **LOC** *Ver* OLLA

expresar *vt* to express

expresión *nf* expression **LOC** *Ver* LIBERTAD

expresivo, -a *adj* **1** (*gen*) expressive: *una expresiva pieza musical* an expressive piece of music **2** (*mirada*) meaningful **3** (*afectuoso*) affectionate

expreso, -a *adj*, *nm* express **LOC** *Ver* CAFÉ

exprimidor *nm* **1** (*manual*) lemon-squeezer **2** (*eléctrico*) juicer

exprimir *vt* (*fruta*) to squeeze

expulsar *vt* **1** (*gen*) to expel *sb* (**from...**): *La van a ~ del colegio.* They're going to expel her (from school). **2** (*Dep*) to send *sb* off: *Fue expulsado del terreno de juego.* He was sent off (the field).

expulsión *nf* expulsion: *Este año ha habido tres expulsiones en la escuela.* There have been three expulsions from the school this year.

exquisito, -a *adj* **1** (*comida, bebida*) delicious **2** (*gusto, objeto*) exquisite

éxtasis *nm* ecstasy [*pl* ecstasies]

extender ◆ *vt* **1** (*desdoblar, desplegar*) to spread *sth* (out): *~ un mapa sobre la mesa* to spread a map out on the table **2** (*alargar*) to extend: *~ una mesa* to extend a table **3** (*brazo*) to stretch out *your arm* **4** (*alas, mantequilla, pintura*) to spread ◆ **extender(se)** *vi, v pron* to spread: *La epidemia se extendió por todo el país.* The epidemic spread through the whole country. ◆ **extenderse** *v pron* **1** (*en el espacio*) to stretch: *El jardín se extiende hasta el lago.* The garden stretches down to the lake. **2** (*en el tiempo*) to last: *El debate se extendió durante horas.* The debate lasted for hours.

extendido, -a *pp, adj* **1** (*general*) widespread **2** (*brazos*) outstretched *Ver tb* EXTENDER

extensión *nf* **1** (*superficie*) area: *una ~ de 30 metros cuadrados* an area of 30 square meters **2** (*duración*): *una gran ~ de tiempo* a long period of time ◊ *¿Cuál es la ~ del contrato?* How long is the contract for? **3** (*teléfono*) extension

extenso, -a *adj* **1** (*grande*) extensive **2** (*largo*) long

exterior ◆ *adj* **1** (*gen*) outer: *la capa ~ de la Tierra* the outer layer of the earth **2** (*comercio, política*) foreign: *política ~* foreign policy ◆ *nm* outside: *el ~ de la casa* the outside of the house ◊ *desde el ~ del teatro* from outside the theater **LOC** *Ver* MINISTERIO, MINISTRO

exterminar *vt* to exterminate

externo, -a ◆ *adj* **1** (*gen*) external: *influencias externas* external influences **2** (*capa, superficie*) outer: *la capa externa de la piel* the outer layer of skin ◆ *nm-nf* day student **LOC** *Ver* USO

extinción *nf* (*especie*) extinction: *en peligro de ~* in danger of extinction

extinguidor *nm* fire extinguisher

extinguir ◆ *vt* **1** (*fuego*) to put *sth* out **2** (*especie*) to wipe *sth* out ◆ **extinguirse** *v pron* **1** (*fuego*) to go out **2** (*especie*) to become extinct

extirpar *vt* (*Med*) to remove

extra ◆ *adj* **1** (*superior*) top quality **2** (*adicional*) extra: *una capa ~ de barniz* an extra coat of varnish ◆ *nmf* (*Cine, Teat*) extra **LOC** *Ver* HORA

extraer *vt* **1** (*gen*) to extract *sth* **from *sth*/*sb***: *~ oro de una mina* to extract gold from a mine ◊ *~le información a algn* to extract information from sb **2** (*sangre*) to take *a blood sample* **from sb**

extraescolar *adj*: *actividades ~es* extracurricular activities

extranjero, -a ◆ *adj* foreign ◆ *nm-nf* foreigner **LOC al/en el extranjero** abroad

extrañar ◆ *vt* **1** (*sorprender*) to surprise: *Me extrañó ver tanta gente.* I was surprised to see so many people. **2** (*hacer falta*) to miss: *Extraño mucho mi cama.* I really miss my bed. ◆ **extrañarse** *v pron* to be surprised (**at *sth*/*sb***): *No me extraña que no quiera venir.* I'm not surprised he doesn't want to come. **LOC ya me extrañaba a mí** I thought it was strange

extraño, -a ◆ *adj* strange: *Oí un ruido ~.* I heard a strange noise. ◆ *nm-nf* stranger

extraordinario, -a *adj* **1** (*excelente*) excellent: *La comida estaba extraordinaria.* The food was excellent. **2** (*especial*) special: *edición extraordinaria* special edition **3** (*convocatoria, reunión*) extraordinary: *convocatoria extraordinaria* extraordinary meeting

extraterrestre ◆ *adj* extraterrestrial ◆ *nmf* alien

extraviado, -a *pp, adj* **1** (*persona, cosa*) lost **2** (*animal*) stray *Ver tb* EXTRAVIAR

extraviar ◆ *vt* to lose ◆ **extraviarse** *v pron* **1** (*persona*) to get lost **2** (*animal*) to stray **3** (*objeto*) to be missing: *Se me extraviaron las gafas.* My glasses are missing.

extremar *vt*: ~ *las precauciones* to take strict precautions ◊ ~ *las medidas de control* to implement tight controls

extremidad *nf* **1** (*extremo*) end **2 extremidades** (*cuerpo*) extremities

extremo, -a ◆ *adj* extreme: *un caso* ~ an extreme case ◊ *hacer algo con extrema precaución* to do sth with extreme care ◆ *nm* **1** (*punto más alto y más bajo*) extreme: *ir de un* ~ *a otro* to go from one extreme to another **2** (*punta*) end: *Viven en el otro* ~ *de la ciudad.* They live at the other end of town.

extrovertido, -a *adj* extrovert [*n*]: *Es muy* ~. He's a real extrovert.

Ff

fa *nm* **1** (*nota de la escala*) fa **2** (*tonalidad*) F: *fa mayor* F major **LOC** *Ver* CLAVE

fábrica *nf* **1** (*gen*) factory [*pl* factories]: *una* ~ *de conservas* a canning factory **2** (*cemento, acero, ladrillos*) works [*v sing o pl*]: *Va a cerrar la* ~ *de acero.* The steelworks is/are closing down. **LOC fábrica de cerveza** brewery [*pl* breweries] **fábrica de papel** paper mill

fabricación *nf* manufacture, making (*más coloq*): ~ *de aviones* aircraft manufacture **LOC de fabricación colombiana, peruana, etc** made in Colombia, Peru, etc

fabricante *nmf* manufacturer

fabricar *vt* to manufacture, to make (*más coloq*): ~ *carros* to manufacture cars **LOC fabricar en serie** to mass-produce

facha *nf* **1** (*aspecto*) look: *No me gusta mucho su* ~. I don't much like the look of him. **2** (*adefesio*) sight: *Esta chaqueta te hace ver con una* ~ *terrible.* You're a real sight in that jacket.

fachada *nf* (*Arquit*) façade (*formal*), front: *la* ~ *del hospital* the front of the hospital

fácil *adj* easy: *Es más* ~ *de lo que parece.* It's easier than it looks. ◊ *Eso es* ~ *de decir.* That's easy to say. **LOC quedar fácil/difícil** (*convenir*) be good/bad (for sb): *Mañana me queda difícil.* Tomorrow isn't good for me. ◊ *Si lo dejamos para la próxima semana me quedaría más* ~. It would be better it we left it till next week.

factor *nm* factor: *un* ~ *clave* a key factor

factura *nf* bill: *la* ~ *del gas/de la luz* the gas/electric bill ◊ *Haga la* ~. Make out the bill.

facultad *nf* **1** (*capacidad*) faculty [*pl* faculties]: *en plena posesión de sus* ~*es mentales* in full possession of his mental faculties ◊ *Perdió* ~*es.* He's lost his faculties. **2** (*Educ*) **(a)** (*universidad*) college: *un compañero de la* ~ a friend of mine from college **(b) Facultad** Faculty [*pl* Faculties]: ~ *de Filosofía y Letras* Faculty of Arts

faena *nf* (*tarea*) job: *No le dedique mucho tiempo a esa* ~. Don't spend a lot of time on that job. **LOC faenas agrícolas/del campo** farm work [*sing*]

faisán *nm* pheasant

faja *nf* **1** (*fajín*) sash **2** (*ropa interior*) girdle

fajo *nm* bundle: *un* ~ *de billetes nuevos* a bundle of crisp bills

falda *nf* **1** (*prenda*) skirt **2** (*montaña*) lower slope **LOC falda escocesa 1** (*gen*) plaid skirt **2** (*traje típico*) kilt **falda pantalón** culottes [*pl*]

faldero, -a *adj* **LOC** *Ver* PERRO

falla *nf* **1** (*error*) mistake, error (*más formal*): *debido a una* ~ *humana* due to human error **2** (*defecto*) fault: *una* ~ *en los frenos* a fault in the brakes ☛ *Ver nota en* MISTAKE

fallar ◆ *vi* **1** (*gen*) to fail: *Me falla la vista.* My eyesight's failing. **2** (*a un amigo*) to let *sb* down ◆ *vt* to miss: *El cazador falló el tiro.* The hunter missed. LOC **¡no falla!** it, he, etc is always the same: *Seguro que llega tarde, no falla nunca.* He's bound to be late; he's always the same.

falleba *nf* catch: *echar la ~* to put the catch on

fallecer *vi* to pass away

fallo *nm* decision, ruling (*más coloq*)

falsificación *nf* forgery [*pl* forgeries]

falsificar *vt* to forge

falso, -a *adj* **1** (*gen*) false: *una falsa alarma* a false alarm **2** (*de imitación*) fake: *diamantes ~s* fake diamonds

falta *nf* **1** ~ **de** (*carencia*) lack **of** *sth*: *su ~ de ambición/respeto* his lack of ambition/respect **2** (*error*) mistake: *muchas ~s de ortografía* a lot of spelling mistakes **3** (*fútbol*) foul: *hacer (una) ~* to commit a foul LOC **falta** (**de asistencia**) absence: *Ya tienes tres ~s este mes.* That's three times you've been absent this month. ◊ *No quiero que me pongan ~.* I don't want to be marked absent. **falta de educación** rudeness: *¡Qué ~ de educación!* How rude! **hace**(**n**) **falta** to need *sth/to do sth* [*vt*]: *Me hace ~ un carro.* I need a car. ◊ *Hacen ~ cuatro sillas más.* We need four more chairs. ◊ *Lléveselo, no me hace ~.* Take it, I don't need it. ◊ *Te hace ~ estudiar más.* You need to study harder. ◊ *No hace ~ que vengas.* You don't have to come. **sin falta** without fail *Ver tb* PITAR

faltar *vi* **1** (*necesitar*) to need *sth/sb* [*vt*]: *Les falta cariño.* They need affection. ◊ *Aquí falta un director.* This place needs a manager. ◊ *Me faltan dos monedas para poder llamar.* I need two coins to make a phone call. ◊ *Faltan medicinas en muchos hospitales.* Many hospitals need medicines. **2** (*no estar*) to be missing: *¿Falta alguien?* Is there anybody missing? **3** ~ (**a**) (*no acudir a un sitio*) to miss *sth* [*vt*]: *~ a una clase* to miss a class **4** (*quedar tiempo*): *Faltan diez minutos (para que se termine la clase).* There are ten minutes to go (till the end of class). ◊ *¿Falta mucho para comer?* Is it long till lunch? ◊ *¿Te falta mucho?* Are you going to be long? **5** (*hora*): *Faltan cinco para las doce.* It's five to twelve. ◊ *El bus sale faltando un cuarto para las cinco.* The bus leaves at a quarter to five. LOC **faltar al respeto** to show no respect *to sb* **faltarle un tornillo a algn** to have a screw loose **falta ver si...** what if...: *¡Falta ver si les pasó algo!* What if something has happened to them? **¡lo que faltaba!** that's all I/we needed!

fama *nf* **1** (*celebridad*) fame: *alcanzar la ~* to achieve fame **2** ~ (**de**) (*reputación*) reputation (**for** *sth*/*doing sth*): *tener buena/mala ~* to have a good/bad reputation ◊ *Tiene ~ de ser un tirano.* He has a reputation for being very strict.

familia *nf* family [*pl* families]: *una ~ numerosa* a large family ◊ *¿Cómo está tu ~?* How's your family? ◊ *Mi ~ vive en Ecuador.* My family lives in Ecuador. ◊ *Mi ~ es del norte.* My family is from the north.

> Hay dos formas posibles de expresar el apellido de la familia en inglés: con la palabra **family** ("the Robertson family") o poniendo el apellido en plural ("the Robertsons").

LOC **madre/padre de familia** mother/father **no ver ni por la familia** to be blind as a bat **venir de familia** to run in the family *Ver tb* CABEZA

familiar ◆ *adj* **1** (*de la familia*) family [*n atrib*]: *lazos ~es* family ties **2** (*conocido*) familiar: *una cara ~* a familiar face ◆ *nmf* (*pariente*) relative

famoso, -a *adj* ~ (**por**) **1** (*célebre*) famous (**for** *sth*): *hacerse ~* to become famous **2** (*de mala fama*) notorious (**for** *sth*): *Es ~ por su genio.* He's notorious for his bad temper.

fan *nmf* fan

fanático, -a *nm-nf* fanatic

fandango *nm* (*fiesta*) party [*pl* parties]

fanfarrón, -ona *adj, nm-nf* show-off [*n*]: *Es un ~ sin remedio.* He's a terrible show-off.

fanfarronear *vi* to show off

fantasía *nf* fantasy [*pl* fantasies]: *Son ~s de él.* That's just a fantasy of his.

fantasma *nm* ghost: *un relato de ~s* a ghost story

fantástico, -a *adj* fantastic

farmacéutico, -a *nm-nf* pharmacist

farmacia *nf* **1** (*tienda*) drugstore: *¿Dónde hay una ~ por acá?* Is there a drugstore near here? ☛ *Ver nota en* PHARMACY **2** (*estudios*) pharmacy LOC **farmacia de turno** all-night pharmacy

faro *nm* lighthouse

farol *nm* **1** (*lámpara*) lantern **2** (*de papel*) paper lantern

farola *nf* headlight

fascículo *nm* installment: *publicar/vender algo por ~s* to publish/sell sth in installments

fascinante *adj* fascinating

fascinar *vi* to love *sth/doing sth* [*vt*]: *Me fascina la comida italiana.* I love Italian food.

fascismo *nm* fascism

fascista *adj, nmf* fascist

fase *nf* stage, phase (*más formal*): *la ~ previa/clasificatoria* the preliminary/qualifying stage

fastidiar ◆ *vt* (*ropa, zapatos*): *Me fastidia la marquilla de la camiseta.* The label on my T-shirt is irritating me. ◊ *Ya sabía yo que estos zapatos me iban a ~.* I could tell these shoes were going to rub. ◆ *vi* to annoy, to bug (*coloq*): *Me fastidia tener que cocinar.* It really bugs me having to cook.

fastidio *nm* LOC **dar fastidio**: *Los riñones me dan ~.* I can't stand kidney. **¡qué fastidio! 1** (*qué repugnante*) how revolting! **2** (*qué molesto*) what a pain!

fatal *adj* fatal: *un accidente ~* a fatal accident

fauna *nf* fauna

favor *nm* favor: *¿Me haces un ~?* Can you do me a favor? ◊ *pedirle un ~ a algn* to ask sb a favor LOC **a favor de** in favor of *sth/sb/doing sth*: *Estamos a ~ de actuar.* We're in favor of taking action. **por favor** please *Ver tb* SEGUIR

favorable *adj* favorable

favorecer *vt* **1** (*gen*) to favor: *Estas medidas nos favorecen.* These measures favor us. **2** (*ropa, peinado*) to look good on: *Te favorece el rojo.* Red looks good on you.

favorecido, -a *pp, adj* winning: *...y el número ~ es el 24.* ...and the winning number is 24 *Ver tb* FAVORECER

favoritismo *nm* favoritism

favorito, -a *adj, nm-nf* favorite

fax *nm* fax: *poner un ~* to send a fax ◊ *Lo mandaron por ~.* They faxed it.

fe *nf* faith (*in sth/sb*)

febrero *nm* February (*abrev* Feb) ☛ *Ver ejemplos en* ENERO

fecha *nf* **1** (*gen*) date: *¿A qué ~ estamos?* What's the date today? ◊ *Tiene ~ del 3 de mayo.* It is dated May 3. **2 fechas** (*época*) time [*sing*]: *en/por estas ~s* at/around this time (of the year) LOC **fecha de caducidad** expiration date **fecha límite/tope 1** (*solicitud*) closing date **2** (*proyecto*) deadline *Ver tb* PASADO

fecundar *vt* to fertilize

federación *nf* federation

felicidad *nf* happiness: *cara de ~* a happy face LOC **¡felicidades!** happy birthday!

felicitaciones *nf* ~ (**por**) congratulations (**on** *sth/doing sth*): *¡~ por sus exámenes!* Congratulations on passing your exams.

felicitar *vt* to congratulate *sb* (**on** *sth*): *Lo felicité por el ascenso.* I congratulated him on his promotion. ◊ *¡Te felicito!* Congratulations!

feliz *adj* happy LOC **¡Feliz cumpleaños!** Happy birthday! **¡Feliz Navidad!** Merry Christmas! *Ver tb* AÑO, VIAJE

felpa *nf* plush LOC *Ver* MUÑECO, OSO

femenino, -a *adj* **1** (*gen*) female: *el sexo ~* the female sex **2** (*Dep, moda*) women's: *el equipo ~* the women's team **3** (*característico de la mujer, Gram*) feminine: *Lleva ropa muy femenina.* She wears very feminine clothes. ☛ *Ver nota en* FEMALE

feminista *adj, nmf* feminist

fenomenal *adj* fantastic

fenómeno *nm* **1** (*gen*) phenomenon [*pl* phenomena]: *~s sísmicos* seismic phenomena **2** (*prodigio*) fantastic [*adj*]: *Este actor es un ~.* This actor is fantastic.

feo, -a *adj* **1** (*aspecto*) ugly: *una persona/casa fea* an ugly person/house **2** (*desagradable*) nasty: *Esa es una costumbre muy fea.* That's a very nasty habit. LOC **ser más feo que un pecado mortal** to be as ugly as sin *Ver tb* BAILAR

féretro *nm* casket

feria *nf* fair: *~ del libro* book fair ◊ *Ayer fuimos a la ~.* We went to the fair yesterday. LOC **feria de muestras** trade fair

fermentar *vt, vi* to ferment

feroz *adj* fierce LOC *Ver* HAMBRE

ferretería *nf* **1** (*tienda*) hardware store **2** (*objetos*) hardware: *artículos de ~* hardware

ferrocarril *nm* railroad, train (*más coloq*): *estación de ~* train station

ferry *nm* ferry [*pl* ferries]

fértil *adj* (*tierra, persona*) fertile

festín *nm* feast: *¡Qué ~ el que nos dimos!* What a feast we had!

festival *nm* festival

festividad *nf* **1** (*celebración*) festivity [*pl* festivities] **2** (*Relig*) feast

festivo *nm* holiday [*pl* holidays] **LOC** *Ver* DÍA

fétido, -a *adj* foul-smelling

feto *nm* fetus [*pl* fetuses]

fiable *adj* reliable

fiambre *nm* picnic

fianza *nf* **1** (*Jur*) bail [*incontable*]: *una ~ de tres millones de pesos* bail of three million pesos **2** (*Com*) deposit **LOC** *Ver* LIBERTAD

fiar ◆ *vt* to let *sb* have *sth* on credit: *Me fiaron el pan.* They let me have the bread on credit. ◆ *vi* to give credit ◆ **fiarse** *v pron* **fiarse de** to trust: *No me fío de ella.* I don't trust her. **LOC ser de fiar** to be trustworthy

fibra *nf* fibre

ficción *nf* fiction

ficha *nf* **1** (*tarjeta*) (index) card **2** (*pieza de juego*) (playing) piece: *Se perdió una ~.* We've lost a piece. **LOC fichas de dominó** dominoes **ficha médica/policial** medical/police record

fichar *vt* (*policía*) to open a file **on *sb***

fichero *nm* **1** (*mueble*) filing cabinet **2** (*caja*) card index

ficho *nm* (*que reemplaza el dinero*) token

fidelidad *nf* faithfulness **LOC** *Ver* ALTO

fideo *nm* noodle: *sopa de ~s* noodle soup **LOC estar como un fideo** to be as skinny as a rail

fiebre *nf* **1** (*temperatura anormal*) temperature: *Le bajó/subió la ~.* Your temperature has gone down/up. ◊ *tener ~* to have a temperature ◊ *Tiene 38° de ~.* He has a temperature of 38°. **2** (*enfermedad, fig*) fever: *~ amarilla* yellow fever **LOC** *Ver* DÉCIMO

fiel *adj* **1** ~ (**a**) (*leal*) faithful (**to *sth/sb***) **2** ~ **a** (*creencias, palabra*) true **to *sth***: *~ a sus ideas* true to his ideas

fieltro *nm* felt

fiera *nf* wild animal **LOC estar/ponerse como una fiera** to be furious/to blow your top *Ver tb* COMER

fiero, -a *adj* fierce

fiesta *nf* **1** (*celebración*) party [*pl* parties]: *hacer una ~ de cumpleaños* to hold a birthday party **2 fiestas**: *las ~s navideñas* the Christmas festivities ◊ *las ~s del pueblo* the town festival **LOC día de fiesta** public holiday [*pl* holidays]: *Mañana es día de ~.* Tomorrow is a public holiday. *Ver tb* COLAR, SAL

figura *nf* figure: *una ~ de arcilla* a clay figure ◊ *una ~ política* a political figure

figurar *vi* to be: *Colombia figura entre los mayores exportadores de flores.* Colombia is among the main exporters of flowers.

fijamente *adv* **LOC mirar fijamente** to stare at *sth/sb*: *Me miró fijamente.* He stared at me.

fijar ◆ *vt* **1** (*gen*) to fix: *~ un precio/una fecha* to fix a price/date **2** (*atención*) to focus ◆ **fijarse** *v pron* **fijarse (en) 1** (*darse cuenta*) to see: *¿Te fijaste si estaban?* Did you see if they were there? **2** (*prestar atención*) to pay attention (**to *sth***): *sin ~se en los detalles* without paying attention to detail **3** (*mirar*) to look **at *sth/sb***: *Se fijaba mucho en ti.* He was looking at you a lot. **LOC** *Ver* PROHIBIDO

fijo, -a ◆ *adj* **1** (*gen*) fixed: *Las patas están fijas al suelo.* The legs are fixed to the ground. **2** (*permanente*) permanent: *un puesto/contrato ~* a permanent position/contract ◆ *adj, adv* definite(ly): *Eso es ~ que hoy me llama.* She'll definitely call me today.

fila *nf* **1** (*uno al lado de otro*) row: *Se sentaron en la primera/última ~.* They sat in the front/back row. **2** (*uno detrás de otro*) line: *Formen una ~.* Get in line. **3 filas** (*Mil, Pol*) ranks **LOC (en) fila india** (in) single file **hacer fila** to stand in line *Ver tb* PARQUEAR, ROMPER

filete *nm* **1** (*fino*) filet: *~s de bacalao* cod filets **2** (*grueso*) steak

filmadora *nf* video camera

filmar *vt* to film

filo *nm* **1** (*de una navaja*) cutting edge **2** (*de una montaña*) ridge **LOC** *Ver* ARMA

filología *nf* philology **LOC filología hispánica, inglesa, etc** Spanish, English, etc: *Soy licenciado en Filología Hispánica.* I have a degree in Spanish.

filosofía *nf* philosophy [*pl* philosophies]

filósofo, -a *nm-nf* philosopher

filtrar ◆ *vt* to filter ◆ **filtrarse** *v pron* **1** (*gen*) to filter (in/out) (***through sth***): *La luz se filtraba por las ranuras.* Light was filtering in through the cracks. **2** (*líquido*) to leak (in/out) (***through sth***): *Se filtró agua por la pared.* Water has leaked in through the wall.

filtro *nm* filter

fin *nm* **1** (*gen*) end: *a ~ de mes* at the end of the month ◊ *No es el ~ del mundo.* It's not the end of the world. **2** (*película,* *novela*) the end **3** (*finalidad*) purpose **LOC al/por fin** at last **al fin y al cabo** after all **en fin 1** (*bien*) well: *En ~, así es la vida.* Well, that's life. **2** (*en resumen*) in short: *En ~, que los pillaron desprevenidos.* To cut a long story short, they caught them unawares. **fin de semana** weekend: *Sólo nos vemos los ~es de semana.* We only see each other on weekends.

final ◆ *adj* final: *la decisión ~* the final decision ◆ *nm* **1** (*gen*) end: *a dos minutos del ~* two minutes from the end **2** (*novela, película*) ending: *un ~ feliz* a happy ending ◆ *nf* final: *la ~ de la copa* the Cup Final **LOC a finales de...** at the end of...: *a ~es del año* at the end of the year *Ver tb* CUARTO, EXAMEN, OCTAVO, PUNTO, RECTA, RESULTADO

finalista *adj, nmf* finalist [*n*]: *Quedó ~ del torneo.* He reached the final. ◊ *los equipos ~s* the finalists

finca *nf* **1** (*casa en el campo*) country estate **2** (*terreno de cultivo*) (plot of) land

fingir *vt, vi* to pretend: *Seguro que está fingiendo.* He's probably just pretending. ◊ *Fingieron no vernos.* They pretended they hadn't seen us.

finlandés, -esa ◆ *adj, nm* Finnish: *hablar ~* to speak Finnish ◆ *nm-nf* Finn: *los finlandeses* the Finns

Finlandia *nf* Finland

fino, -a *adj* **1** (*delgado*) fine: *un lápiz de punta fina* a fine pencil **2** (*dedos, talle*) slender **3** (*elegante, de buena calidad*) elegant, fancy (*coloq*): *¡Como se volvió de ~!* You've become very fancy! **4** (*educado*) polite **5** (*vista, oído*) keen

firma *nf* **1** (*nombre*) signature: *Han recogido cien ~s.* They've collected a hundred signatures. **2** (*acto*) signing: *Hoy es la ~ del contrato.* The signing of the contract takes place today.

firmar *vt, vi* to sign: *Firme en la línea punteada.* Sign on the dotted line.

firme *adj* firm: *un colchón ~* a firm mattress ◊ *Me mostré ~.* I stood firm. **LOC ¡firmes!** attention! **ponerse firme** to stand to attention *Ver tb* TIERRA

fiscal ◆ *adj* tax [*n atrib*]: *los impuestos ~es* taxes ◆ *nmf* public prosecutor

fisgonear *vt, vi* ~ **(en)** to snoop around **in *sth*** [*vi*]: *No me fisgonee las cartas.* Don't snoop around in my letters. ◊ *Alguien ha estado fisgoneando en mis cosas.* Somebody has been snooping around in my things.

física *nf* physics [*sing*]

físico, -a ◆ *adj* physical ◆ *nm-nf* (*científico*) physicist ◆ *nm* (*aspecto*) appearance: *El ~ es muy importante.* Appearance is very important. **LOC** *Ver* EDUCACIÓN

flaco, -a *adj* **1** (*delgado*) thin, skinny (*coloq*) ☛ *Ver nota en* DELGADO **2** (*débil*) weak

flamante *adj* **1** (*espléndido*) smart **2** (*nuevo*) brand-new

flamenco, -a ◆ *adj, nm* (*cante y baile*) flamenco ◆ *nm* (*ave*) flamingo [*pl* flamingos/flamingoes]

flan *nm* crème caramel

flaquear *vi* to flag: *Me flaquean las fuerzas.* My strength is flagging.

flash *nm* flash

flauta *nf* flute **LOC** *Ver* PITO

flautista *nmf* flautist

flecha *nf* arrow

flechazo *nm* love at first sight: *Fue un ~.* It was love at first sight.

fleco *nm* **flecos 1** (*adorno*) fringe: *una chaqueta de cuero con ~s* a fringed leather jacket **2** (*borde deshilachado*) frayed edge **LOC dejar hecho flecos** to exhaust

flequillo *nm* bangs [*pl*]

flexible *adj* flexible

flojo, -a *adj* **1** (*poco apretado*) **(a)** (*gen*) loose: *un tornillo ~* a loose screw **(b)** (*caucho, cuerda*) slack **2** (*cobarde*) cowardly: *Soy muy ~ para manejar en el centro.* I'm very cowardly about driving downtown. **LOC estar flojo en algo** to be weak at/in sth: *Estoy muy ~ en historia.* I'm very weak at history.

flor *nf* **1** (*gen*) flower: *~es secas* dried flowers **2** (*árbol frutal, arbusto*) blossom [*gen incontable*]: *las ~es del almendro* almond blossom **LOC en flor** in bloom

flora *nf* flora

florecer *vi* **1** (*planta*) to flower **2** (*árbol frutal, arbusto*) to blossom **3** (*fig*) to flourish: *La industria está floreciendo.* Industry is flourishing.

florero *nm* vase

floristería *nf* flower shop

flota *nf* fleet

flotador *nm* rubber ring

flotar *vi* to float: *El balón flotaba en el agua.* The ball was floating on the water.

flote LOC a flote afloat: *El barco/negocio sigue a ~.* The ship/business is still afloat. **sacar a flote 1** (*barco*) to refloat **2** (*negocio*) to put *a business* back on its feet **salir a flote** (*fig*) to pull through

fluido, -a ◆ *pp, adj* **1** (*circulación, diálogo*) free-flowing **2** (*lenguaje, estilo*) fluent ◆ *nm* fluid *Ver tb* FLUIR

fluir *vi* to flow

flúor *nm* **1** (*gas*) fluorine **2** (*dentífrico*) fluoride

fluorescente ◆ *adj* fluorescent ◆ *nm* fluorescent light

fluvial *adj* river [*n atrib*]: *el transporte ~* river transport

¡fo! *interj* ugh!

foca *nf* seal

foco *nm* **1** (*gen*) focus [*pl* focuses/foci]: *Eres el ~ de todas las miradas.* You're the focus of attention. **2** (*lámpara*) **(a)** (*gen*) spotlight: *Varios ~s iluminaban el monumento.* Several spotlights lit up the monument. **(b)** (*estadio*) floodlight

fogata *nf* bonfire

fogón *nm* burner: *Tengo la leche en el ~.* The milk's heating up.

fogueo *nm* LOC **de fogueo** blank: *munición de ~* blank ammunition

folclore (*tb* **folklore**) *nm* folklore

follaje *nm* foliage

folleto *nm* **1** (*librito*) **(a)** (*de publicidad*) brochure: *un ~ de viajes* a travel brochure **(b)** (*de información, de instrucciones*) booklet **2** (*hoja*) leaflet: *Me dieron un ~ con el horario.* They gave me a leaflet with the timetable in it.

fomentar *vt* to promote

fomento *nm* promotion LOC **fomento de empleo** job creation

fondo *nm* **1** (*gen*) bottom: *llegar al ~ del asunto* to get to the bottom of things **2** (*mar, río*) bed **3 (a)** (*calle, pasillo*) end: *Está al ~ del corredor, a la derecha.* It's at the end of the hallway on the right. **(b)** (*habitación, escenario*) back: *al ~ del restaurante* at the back of the restaurant ◊ *la habitación del ~* the back room **4** (*vaca*) kitty [*pl* kitties]: *poner/hacer un ~* (*común*) to have a kitty **5 fondos** (*dinero*) funds: *recaudar ~s* to raise funds LOC **a fondo 1** (*con sustantivo*) thorough: *una revisión a ~* a thorough review **2** (*con verbo*) thoroughly: *Límpielo a ~.* Clean it thoroughly. **de fondo** distance [*n atrib*]: *un corredor de ~* a distance runner **en el fondo 1** (*a pesar de las apariencias*) deep down: *Dices que no, pero en el ~ sí que te importa.* You say you don't mind, but deep down you do. **2** (*en realidad*) basically: *En el ~ todos pensamos lo mismo.* We are all basically in agreement. **sin fondo** bottomless *Ver tb* CHEQUE, MÚSICA

forastero, -a *nm-nf* stranger

forcejear *vi* to struggle

forense *nmf* forensic scientist

forestal *adj* forest [*n atrib*]: *un guarda/incendio ~* a forest ranger/fire

forjar *vt* to forge LOC **forjarse ilusiones** to get your hopes up

forma *nf* **1** (*contorno*) shape: *en ~ de cruz* in the shape of a cross ◊ *La sala tiene ~ rectangular.* The room is rectangular. **2** (*modo*) way [*pl* ways]: *Si lo hace de esta ~ es más fácil.* It's easier if you do it this way. ◊ *Es su ~ de ser.* It's just the way he is. ◊ *¡Qué ~ de manejar!* What a way to drive! LOC **de forma espontánea, indefinida, etc** spontaneously, indefinitely, etc **de todas formas** anyway **estar/ponerse en forma** to be/get in shape *Ver tb* DICHO, MANTENER, PLENO

formación *nf* **1** (*gen*) formation: *la ~ de un gobierno* the formation of a government **2** (*educación*) education LOC **formación profesional** vocational training

formado, -a *pp, adj* LOC **estar formado por** to consist of *sth/sb Ver tb* FORMAR

formal *adj* **1** (*gen*) formal: *un noviazgo ~* a formal engagement **2** (*que se porta bien*) well behaved: *un niño muy ~* a very well behaved child

formar ◆ *vt* **1** (*crear*) to form: *~ un grupo* to form a group **2** (*educar*) to educate ◆ *vi* (*Mil*) to fall in: *¡A ~!* Fall in! ◆ **formarse** *v pron* **1** (*hacerse*) to form **2** (*educarse*) to train

fórmula *nf* **1** (*gen*) formula [*pl* formulas/formulae] **2** (*receta médica*) prescription

formulario *nm* form: *llenar un ~* to fill out a form

forrado, -a *pp, adj* LOC **estar forrado** (*tener dinero*) to be rolling in it *Ver tb* FORRAR

forrar ◆ *vt* **1** (*el interior*) to line *sth* (***with sth***): *~ una caja de terciopelo* to line a box with velvet **2** (*el exterior*) to cover *sth* (***with sth***): *~ un libro con papel* to cover a book with paper ◆ **forrarse** *v pron* (*enriquecerse*) to make a killing: *Se forraron vendiendo empanadas.* They've made a killing selling turnovers.

forro *nm* **1** (*interior*) lining: *ponerle un ~ a un abrigo* to put a lining in a coat **2** (*exterior*) cover

fortaleza *nf* **1** (*fuerza*) strength **2** (*fortificación*) fortress

fortuna *nf* **1** (*riqueza*) fortune **2** (*suerte*) fortune, luck (*más coloq*): *probar ~* to try your luck

forzado, -a *pp, adj* **LOC** *Ver* MARCHA, TRABAJO; *Ver tb* FORZAR

forzar *vt* to force

forzoso, -a *adj* **LOC** *Ver* ATERRIZAJE

fosa *nf* **1** (*hoyo*) ditch **2** (*sepultura*) grave

fosforescente *adj* phosphorescent

fósforo *nm* **1** (*Quím*) phosphorus **2** (*para prender fuego*) match: *prender un ~* to strike a match ◊ *una caja de ~s* a box of matches

fósil *nm* fossil

foso *nm* **1** (*hoyo*) ditch **2** (*de castillo*) moat

foto *nf* photograph, picture (*más coloq*): *un álbum de ~s* a photograph album ◊ *Me tomó una ~.* He took my picture. **LOC foto tamaño cédula** passport photograph **tomarse una foto** to have your picture taken *Ver tb* CÁMARA

fotocopia *nf* (photo)copy [*pl* (photo)-copies]: *hacer/sacar una ~ de algo* to photocopy sth

fotocopiadora *nf* (photo)copier

fotocopiar *vt* to (photo)copy

fotogénico, -a *adj* photogenic

fotografía *nf* **1** (*actividad*) photography **2** (*foto*) photograph

fotografiar *vt* to photograph

fotográfico, -a *adj* **LOC** *Ver* CÁMARA

fotógrafo, -a *nm-nf* photographer

fracasado, -a *nm-nf* failure

fracasar *vi* **1** (*gen*) to fail **2** (*planes*) to fall through

fracaso *nm* failure

fracción *nf* **1** (*porción, Mat*) fraction **2** (*Pol*) faction **3** (*lotería*) share

fractura *nf* fracture

fracturar(se) *vt, v pron* to fracture

frágil *adj* fragile

fragmento *nm* fragment

fraile *nm* monk

frambuesa *nf* raspberry [*pl* raspberries]

francamente *adv* (*muy*) frankly: *~, no quería ir, pero me tocó.* Frankly, I didn't want to go, but I had to.

francés, -esa ◆ *adj, nm* French: *hablar ~* to speak French ◆ *nm-nf* Frenchman/woman [*pl* Frenchmen/women]: *los franceses* the French **LOC** *Ver* PAN, PAPA², TOSTADA

Francia *nf* France

franco *nm* (*moneda*) franc

franco, -a *adj* **1** (*sincero*) frank **2** (*claro*) marked: *un ~ deterioro* a marked decline

franela *nf* **1** (*material*) flannel **2** (*camiseta interior*) undershirt

franja *nf* strip

franquear *vt* (*carta, paquete*) to pay postage **on *sth***

franqueza *nf* frankness: *Hablemos con ~.* Let's be frank.

frasco *nm* **1** (*colonia, medicina*) bottle **2** (*conservas, mermelada*) jar

frase *nf* **1** (*oración*) sentence **2** (*locución*) phrase **LOC frase hecha** set phrase

fraternal (*tb* **fraterno, -a**) *adj* brotherly, fraternal (*más formal*): *el amor ~* brotherly love

fraude *nm* fraud

fraudulento, -a *adj* fraudulent

frecuencia *nf* frequency [*pl* frequencies] **LOC con frecuencia** frequently, often (*más coloq*)

frecuentar *vt* **1** (*lugar*) to frequent **2** (*amigos*) to hang around **with *sb***: *Ya no frecuento ese grupo de amigos.* I don't go around with that group of friends any more.

frecuente *adj* **1** (*reiterado*) frequent: *Tengo ~s ataques de asma.* I have frequent asthma attacks. **2** (*habitual*) common: *Es una práctica ~ en este país.* It is (a) common practice in this country.

fregar ◆ *vt* **1** (*molestar*) to annoy: *Deje de ~ a los niños.* Stop annoying the children. **2** (*estropear*) to ruin: *La lluvia nos fregó los planes.* The rain ruined our plans. ◆ **fregarse** *v pron* to be ruined: *Se nos fregaron las vacaciones.* Our vacation was ruined. ◊ *Ahora sí me fregué.* That really messed things up! **LOC ¡no friegue(s)!** you're kidding! **para que no friegue** so there! **¡te fregaste!/se fregó** tough!

freír *vt* to fry

frenar *vi* to brake: *Frené en seco.* I slammed on the brakes.

frenazo *nm*: *Se oyó un ~.* There was a screech of brakes. **LOC dar un frenazo** to slam on the brakes

frenillo *nm* braces [*pl*]: *Me tienen que poner ~.* I have to have braces.

freno *nm* **1** (*vehículo*) brake: *Me fallaron los ~s.* My brakes failed. ◊ *poner/quitar el ~* to apply/release the brake(s) **2** (*reducción*) curb (**on sth**): *un ~ a las exportaciones* a curb on exports **LOC freno de mano/emergencia** emergency brake

frente ◆ *nf* (*Anat*) forehead ◆ *nm* front **LOC al frente** forward: *Di un paso al ~.* I took a step forward. **al frente de** in charge of *sth*: *Está al ~ de la empresa.* He's in charge of the company. **de frente** (*choque, enfrentamiento*) head-on **hacerle frente a algo/algn** to stand up to sth/sb *Ver tb* DOS

fresa *nf* **1** (*fruta*) strawberry [*pl* strawberries] **2** (*de dentista*) drill

fresco, -a ◆ *adj* **1** (*temperatura, ropa*) cool: *El día está ~.* It is quite cool today. ☛ *Ver nota en* FRÍO **2** (*comida*) fresh **3** (*noticia*) latest: *noticias frescas* the latest news ◆ *adj, nm-nf* (*tranquilo, dejado*) laid back ◆ *nm* (*bebida*) soda **LOC ¡fresco!** don't worry! **fresco como una lechuga** (as) fresh as a daisy **hacer fresco** to be chilly: *Por la noche hace ~.* It's chilly at night. **tomar el fresco** to get some fresh air *Ver tb* PINTURA

fríjol (*tb* **frijol**) *nm* bean **LOC fríjol rojo** red kidney bean

frío, -a *adj, nm* cold: *Cierra la puerta, que está entrando ~.* Shut the door, you're letting the cold in.

> No se deben confundir las siguientes palabras: **cold** y **cool**, **hot** y **warm**.
> **Cold** indica una temperatura más baja que **cool** y muchas veces desagradable: *Ha sido un invierno muy frío.* It's been a terribly cold winter. **Cool** significa *fresco* más que frío: *Afuera hace calor, pero aquí está fresquito.* It's hot outside but it's nice and cool in here.
> **Hot** describe una temperatura bastante más caliente que **warm**. **Warm** es más bien *cálido, templado* y muchas veces tiene connotaciones agradables. Compárense los siguientes ejemplos: *No lo puedo tomar, está muy caliente.* I can't drink it, it's too hot. ◊ *¡Qué calor el que hace aquí!* It's too hot here! ◊ *Siéntate al lado de la chimenea y verás que en un momentico te calientas.* Sit by the fire, you'll soon get warm.

LOC hacer frío to be cold: *Está haciendo mucho ~ en la calle.* It's very cold outside. ◊ *¡Está haciendo un frío mortal!* It's freezing! **tener frío** to be/feel cold: *Tengo ~ en las manos.* My hands are cold. *Ver tb* CARNE, MORIR(SE), MUERTO, SANGRE, TEMBLAR, TIERRA, TIESO

friolento, -a *adj, nm-nf*: *Soy muy ~.* I feel the cold a lot.

fritar *vt* to fry

frito, -a *pp, adj* fried **LOC** *Ver* HUEVO, PAPA[2]; *Ver tb* FREÍR

frondio, -a *adj* **1** (*sucio*) filthy: *Estás ~.* You're filthy. ◊ *El tapete quedó ~ después de la fiesta.* The carpet was filthy after the party. **2** (*feo*) ugly: *¡Qué pintura tan frondia!* What an ugly picture!

frondoso, -a *adj* leafy

frontal *adj* (*ataque*) frontal

frontera *nf* border, frontier (*más formal*): *pasar la ~* to cross the border ◊ *en la ~ peruana* on the Peruvian border ☛ *Ver nota en* BORDER

fronterizo, -a *adj* **1** (*gen*) border [*n atrib*]: *región fronteriza* border area **2** (*limítrofe*) neighboring: *dos países ~s* two neighboring countries

frotar(se) *vt, v pron* to rub **LOC frotarse las manos** to rub your hands together

fruncir *vt* (*Costura*) to gather **LOC fruncir el ceño** to frown

frustración *nf* frustration

fruta *nf* fruit [*gen incontable*]: *¿Quieres una ~?* Do you want some fruit? ◊ *un pedazo de ~* a piece of fruit ◊ *¿Compramos ~s?* Shall we buy some fruit? **LOC** *Ver* ENSALADA

frutal *adj* fruit [*n atrib*]: *un árbol ~* a fruit tree

frutería *nf* fruit store

frutero, -a ◆ *nm-nf* fruit seller ◆ *nm* fruit bowl

fruto *nm* fruit **LOC frutos secos 1** (*de cáscara dura*) nuts **2** (*procesados*) dried fruit [*incontable, v sing*]

fucsia *nm* fuchsia

fuego *nm* fire: *encender el ~* to light the fire **LOC a fuego lento/vivo** over a low/high heat **fuegos artificiales** fireworks *Ver tb* ALTO, ARMA, COCINAR, PRENDER

fuente *nf* **1** (*en una plaza, en un jardín*) fountain **2** (*bandeja*) dish: *una ~ de carne* a dish of meat **3** (*origen*) source: *~s cercanas al gobierno* sources close to the government **LOC saber algo de**

buena fuente to have sth on good authority *Ver tb* ROMPER

fuera ◆ *adv* **1** ~ (**de**) outside: ~ *de Venezuela* outside Venezuela ◊ *Hay grietas por ~.* There are cracks on the outside. **2** (*no en casa*) out: *comer ~* to eat out **3** ~ **de** (*fig*) out **of *sth***: ~ *de peligro/de lo normal* out of danger/the ordinary ◊ *Mantener ~ del alcance de los niños.* Keep out of reach of children. ◆ **¡fuera!** *interj* get out! **LOC dejar a algn fuera de combate** to knock sb out **estar fuera de combate 1** (*gen*) to be out of action **2** (*Boxeo*) to be knocked out **fuera (de) broma** joking apart **fuera de juego/lugar** offside **fuera de sí** beside himself, herself, etc **fuera de tono** inappropriate *Ver tb* AHÍ, ALLÁ, ALLÍ, CONTROL

fuerte ◆ *adj* **1** (*gen*) strong: *un acento/olor muy ~* a very strong accent/smell **2** (*lluvia, nevada, tráfico, pesado*) heavy: *un ~ ritmo de trabajo* a heavy work schedule **3** (*dolor, crisis, descenso*) severe **4** (*abrazo*) big ◆ *adv* (*con fuerza, intensamente*) hard: *tirar ~ de una cuerda* to pull a rope hard ◆ *nm* (*fortaleza*) fort **LOC** *Ver* ABRAZO, CAJA, PLATO

fuerza *nf* **1** (*potencia, Fís, Mil, Pol*) force: *la ~ de la gravedad* the force of gravity ◊ *las ~s armadas* the armed forces **2** (*energía física*) strength [*incontable*]: *recobrar las ~s* to get your strength back ◊ *No tengo ~s para seguir.* I don't have the strength to carry on. **LOC a la fuerza 1** (*forzando*) by force: *Los sacaron a la ~.* They removed them by force. **2** (*por necesidad*): *Tengo que hacerlo a la ~.* I just have to do it. **fuerza de voluntad** will power **fuerza(s) aérea(s)** air force [*sing*] *Ver tb* CAMISA

fuga *nf* **1** (*huida*) flight: *emprender la ~* to take flight **2** (*gas, agua*) leak

fugarse *v pron* **1** (*de un país*) to flee [*vt*]: *Se fugaron del país.* They have fled the country. **2** (*de la cárcel*) to escape (***from sth***) **3** (*de la casa, del colegio*) to run away (***from sth***)

fugaz *adj* fleeting **LOC** *Ver* ESTRELLA

fugitivo, -a *nm-nf* fugitive

ful *adj* **LOC a ful** at top speed: *Siempre manejan a ~ en esos carros.* They always drive at top speed in those cars.

fulano, -a *nm-nf* so-and-so [*pl* so-and-so]: *Imagínate que viene ~...* Just suppose so-and-so comes... **LOC (señor/don) Fulano de Tal** Mr. So-and-so

fulminante *adj* **1** (*instantáneo*) immediate: *un éxito ~* an immediate success **2** (*mirada*) withering **3** (*muerte*) sudden

fumador, ~a *nm-nf* smoker **LOC ¿fumador o no fumador?** (*en transportes, en restaurantes*) smoking or non-smoking?

fumar *vt, vi* to smoke: *~ pipa* to smoke a pipe ◊ *Deberías dejar de ~.* You should give up smoking. **LOC** *Ver* PROHIBIDO, ROGAR

función *nf* **1** (*gen*) function: *Nuestra ~ es informar.* Our function is to inform. **2** (*Teat*) performance: *una ~ de gala* a gala performance

funcionamiento *nm* operation: *poner algo en ~* to put sth into operation

funcionar *vi* **1** (*gen*) to work: *La alarma no funciona.* The alarm doesn't work. ◊ *¿Cómo funciona?* How does it work? **2** ~ (**con**) to run (**on *sth***): *Este carro funciona con ACPM.* This car runs on diesel. **LOC no funciona** (*en un aviso*) out of order

funcionario, -a *nm-nf* civil servant

funda *nf* pillowcase

fundación *nf* (*institución*) foundation

fundador, ~a *adj, nm-nf* founder [*n*]: *los miembros ~es* the founding members

fundamental *adj* fundamental

fundar *vt* to found

fundir(se) *vt, v pron* **1** (*gen*) to melt: *~ queso* to melt cheese **2** (*fusible*) to blow: *Se fundieron los fusibles.* The fuses blew.

fúnebre *adj* **1** (*para un funeral*) funeral [*n atrib*]: *la marcha ~* the funeral march **2** (*triste*) mournful **LOC** *Ver* POMPA

funeral (*tb* **funerales**) *nm* funeral [*sing*]: *los ~es de un vecino* a neighbor's funeral

funeraria *nf* undertaker's [*pl* undertakers]

furgoneta *nf* van

furia *nf* fury **LOC con furia** furiously **estar hecho una furia** to be in a rage

furioso, -a *adj* furious: *Estaba ~ con ella.* I was furious with her. **LOC ponerse furioso** to fly into a rage

furtivo, -a *adj* furtive **LOC cazador/pescador furtivo** poacher **caza/pesca furtiva** poaching

fusible *nm* fuse: *Saltaron los ~s.* The fuses blew.

fusil *nm* rifle

fusión *nf* **1** (*Fís*) fusion: *la ~ nuclear* nuclear fusion **2** (*hielo, metales*) melting **3** (*empresas, partidos políticos*) merger **LOC** *Ver* PUNTO

fusta *nf* riding crop

fútbol *nm* soccer

futbolín *nm* **1** (*juego*) table football **2 futbolines** (*local*) amusement arcade [*sing*]

futbolista *nmf* footballer

futuro, -a *adj, nm* future

Gg

gabardina *nf* raincoat

gabinete *nm* **1** (*despacho*) office **2** (*Pol*) Cabinet [*v sing o pl*] **LOC gabinete de prensa** press office

gacela *nf* gazelle

gafas *nf* **1** (*gen*) glasses: *un muchacho mono, con ~* a fair boy with glasses ◊ *No lo vi porque no tenía las ~.* I couldn't see him because I didn't have my glasses on. ◊ *Me tienen que poner ~.* I need glasses. **2** (*motociclista, esquiador, buzo*) goggles **LOC gafas de sol** sunglasses

gaita *nf* bagpipe(s) [*se usa mucho en plural*]: *tocar la ~* to play the bagpipes

gaitero, -a *nm-nf* piper

gajes *nm* **LOC ser gajes del oficio** to go along with the job

gajo *nm* segment

gala *nf* **1** (*recepción, ceremonia, actuación*) gala: *Vamos a asistir a la ~ inaugural.* We'll attend the gala opening. ◊ *una cena de ~* a gala dinner **2 galas** best clothes: *Los invitados tenían sus mejores ~s.* The guests were wearing their best clothes. **LOC ir/vestirse de gala** to be dressed up

galáctico, -a *adj* galactic

galante *adj* gallant

galápago *nm* **1** (*Zool*) turtle **2** (*bicicleta*) saddle

galardón *nm* award

galardonado, -a *pp, adj* prize-winning: *un autor/libro ~* a prizewinning author/book *Ver tb* GALARDONAR

galardonar *vt* to award *sb* a prize

galaxia *nf* galaxy [*pl* galaxies]

galería *nf* **1** (*Arte, Teat*) gallery [*pl* galleries]: *una ~ de arte* an art gallery ☛ *Ver nota en* MUSEUM **2** (*balcón*) balcony [*pl* balconies] **LOC galerías (comerciales)** shopping mall [*sing*]

Gales *nm* Wales

galés, -esa ◆ *adj, nm* Welsh: *hablar ~* to speak Welsh ◆ *nm-nf* Welshman/woman [*pl* Welshmen/women]: *los galeses* the Welsh

galgo *nm* greyhound

galguerías *nf* snacks

gallada *nf* crowd of people

gallego *nm* (*lengua*) Galician

galleta *nf* cookie

gallina ◆ *nf* hen ◆ *adj, nmf* (*cobarde*) chicken [*adj*]: *¡No seas tan ~!* Don't be so chicken! **LOC la gallina/gallinita ciega** blind man's buff *Ver tb* CARNE, PIEL

gallinazo *nm* **1** (*pájaro*) black vulture **2** (*hombre*) womanizer

gallinero *nm* **1** (*para gallinas*) hen house **2** (*griterío*) madhouse **3 el gallinero** (*Teat*) the gods [*pl*] (*coloq*), the gallery

gallo *nm* **1** (*ave*) rooster **2** (*nota desafinada*) wrong note: *Se le salió un ~.* He hit the wrong note. **LOC** *Ver* MISA, PATA, PENSAR

galón[1] *nm* (*uniforme*) stripe

galón[2] *nm* (*medida*) gallon

galopar *vi* to gallop: *salir a ~* to go for a gallop

galope *nm* gallop **LOC al galope**: *El caballo se puso al ~.* The horse started to gallop. ◊ *Se fueron al ~.* They galloped off.

gama *nf* range: *una amplia ~ de colores* a wide range of colors

gambeta *nf* (*Fútbol*) dribble

gambetear *vt, vi* (*Fútbol*) to dribble

gamín, -ina *nm-nf* street urchin

gamuza *nf* suede: *Estos zapatos son de piel de ~.* These shoes are suede.

gana *nf* **LOC como me dé la gana** however I, you, etc want: *Lo haré como me dé la ~.* I'll do it however I want. **con/sin ganas** enthusiastically/half-heartedly **dar ganas de** to feel like *doing sth* **darle a algn la (real) gana** to want *to do sth*: *Lo hago por que me da la ~.* I'm doing it because I want to. **de buena/mala gana** willingly/reluctantly: *Lo hizo de mala ~.* She did it reluctantly. **hacer lo que me dé la gana** to do as I, you, etc please: *Haz lo que te dé la ~.* Do what you like. **tener/sentir ganas (de)** to feel like *sth/doing sth*: *Tengo ~s de comer algo.* I feel like having something to eat. *Ver tb* QUITAR

ganadería *nf* **1** (*actividad*) livestock farming **2** (*conjunto de ganado*) livestock

ganadero, -a *nm-nf* livestock farmer

ganado *nm* livestock **LOC ganado equino** horses [*pl*] **ganado lanar/ovino** sheep [*pl*] **ganado porcino** pigs [*pl*] **ganado (vacuno)** cattle [*pl*]

ganador, ~a ◆ *adj* winning ◆ *nm-nf* winner

ganancia *nf* profit **LOC** *Ver* PÉRDIDA

ganar ◆ *vt* **1** (*sueldo, sustento*) to earn: *Este mes gané poco.* I didn't earn much this month. ◊ *~se la vida* to earn your living **2** (*premio, partido, guerra*) to win: *~ la lotería* to win the lottery ◊ *¿Quién ganó el partido?* Who won the game? **3** (*a un contrincante*) to beat: *Inglaterra le ganó a Alemania.* England beat Germany. **4** (*conseguir*) to gain (***by/from sth/doing sth***): *¿Qué gano yo con decírtelo?* What do I gain by telling you? ◆ **ganarse** *v pron* **1** (*dinero, respeto*) to earn: *Se ha ganado el respeto de todos.* He has earned everybody's respect. **2** (*castigo, recompensa*) to deserve: *Te ganaste unas buenas vacaciones.* You deserve a vacation. **LOC ganarse el pan** to earn your living **ganar tiempo** to save time **salir ganando** to do well (*out of sth*): *Salí ganando con la reorganización.* I've done well out of the reorganization.

gancho *nm* **1** (*gen*) hook **2** (*cebo*) bait: *utilizar a algn como ~* to use sb as bait **3** (*de ropa*) hanger: *Cuelga el vestido en un ~.* Put your suit on a hanger. **LOC gancho de cosedora** staple **gancho de nodriza** safety pin **gancho de pelo** bobby pin

ganga *nf* bargain

gangrena *nf* gangrene

ganso, -a *nm-nf* goose [*pl* geese]

Si queremos especificar que se trata de un ganso macho, diremos **gander**.

garabatear *vt, vi* **1** (*dibujar*) to doodle **2** (*escribir*) to scribble

garabato *nm* **1** (*dibujo*) doodle **2** (*escritura*) scribble

garaje *nm* garage

garantía *nf* guarantee

garantizar *vt* **1** (*gen*) to guarantee: *Garantizamos la calidad del producto.* We guarantee the quality of the product. **2** (*asegurar*) to assure: *Van a venir, te lo garantizo.* They'll come, I assure you.

garbanzo *nm* garbanzo bean

garbo *nm* **LOC andar con garbo** to walk gracefully **tener garbo** to be graceful

garfio *nm* hook

garganta *nf* **1** (*Anat*) throat: *Me duele la ~.* I have a sore throat. **2** (*Geog*) gorge **LOC** *Ver* NUDO, TACO

gargantilla *nf* necklace

gárgaras *nf* **LOC hacer gárgaras** to gargle

garita *nf* **1** (*centinela*) sentry box **2** (*portería*) lodge

garra *nf* **1** (*animal*) **(a)** (*mano, pie*) paw **(b)** (*uñas*) claw **2** (*ave de rapiña*) talon

garrafa *nf* carafe

garrafal *adj* monumental

garrapata *nf* tick

garrocha *nf* **LOC** *Ver* SALTO

garrote *nm* stick

garza *nf* heron

gas *nm* **1** (*gen*) gas: *Huele a ~.* It smells of gas. **2 gases** (*Med*) gas [*incontable, v sing*]: *El bebé tiene ~es.* The baby has gas. **LOC gases lacrimógenos** tear gas [*incontable, v sing*] *Ver tb* AGUA

¡gas! *interj* yuk!

gasa *nf* **1** (*tejido*) gauze **2** (*vendaje*) bandage

gaseosa *nf* soda

gaseoso, -a *adj* **1** (*Quím*) gaseous **2** (*bebida*) carbonated

gasolina *nf* gasoline, gas (*más coloq*) **LOC gasolina normal** regular gasoline **gasolina súper** premium gasoline **gasolina verde** unleaded gasoline *Ver tb* INDICADOR

gasolinera (*tb* **gasolinería**) *nf* gas station

gastado, -a *pp, adj* (*desgastado*) worn out *Ver tb* GASTAR

gastar *vt* **1** (*dinero*) to spend *sth* (***on sth/sb***) **2** (*consumir*) to use: *~ menos* *electricidad* to use less electricity **3** (*agotar*) to use *sth* up: *Me gastaste toda la colonia.* You've used up all my cologne.

gasto *nm* **1** (*dinero*) expense: *No gano ni para los ~s.* I don't earn enough to cover my expenses. **2** (*agua, energía, gasolina*) consumption **LOC gastos de envío** postage and handling [*sing*]

gatear *vi* to crawl

gatillo *nm* trigger: *apretar el ~* to pull the trigger

gato, -a ◆ *nm-nf* cat

> **Tom-cat** o **tom** es un gato macho, **kittens** son los gatitos. Los gatos ronronean (**purr**) y hacen miau (**miaow**).

◆ *nm* (*carro*) jack **LOC andar a gatas** to crawl **dar gato por liebre** to take *sb* in **el Gato con Botas** Puss in Boots **gato siamés** Siamese **haber gato encerrado**: *En esta oferta hay ~ encerrado.* There's something fishy about this offer. *Ver tb* PERRO

gaviota *nf* seagull

gay *adj, nm* gay

gel *nm* gel **LOC gel de baño/ducha** shower gel

gelatina *nf* **1** (*sustancia*) gelatine **2** (*Cocina*) Jell-O® **LOC estar como una gelatina** to be shaking like a leaf

gemelo, -a *adj, nm-nf* twin [*n*]: *hermanas gemelas* twin sisters

gemido *nm* **1** (*persona*) groan: *Se podían oír los ~s del enfermo.* You could hear the sick man groaning. **2** (*animal*) whine: *los ~s del perro* the whining of the dog

Géminis *nm, nmf* (*Astrología*) Gemini ☛ *Ver ejemplos en* AQUARIUS

gemir *vi* **1** (*persona*) to groan **2** (*animal*) to whine

gene (*tb* **gen**) *nm* gene

genealógico, -a *adj* genealogical **LOC** *Ver* ÁRBOL

generación *nf* generation

general[1] *adj* general **LOC en general/por lo general** as a general rule *Ver tb* CUARTEL, DIRECTOR, ELECCIÓN, ENSAYO

general[2] *nmf* (*Mil*) general

generalizar *vt, vi* to generalize: *No se puede ~.* You can't generalize.

generar *vt* to generate: *~ energía* to generate energy

género *nm* **1** (*tipo*) kind: *problemas de ese ~* problems of that kind **2** (*Arte, Liter*) genre **3** (*Gram*) gender **4** (*tela*) material ☛ *Ver nota en* TELA **LOC género policiaco** crime writing

generoso, -a *adj* generous: *Es muy ~ con sus amigos.* He is very generous to his friends.

genético, -a ◆ *adj* genetic ◆ **genética** *nf* genetics [*sing*]

genial *adj* brilliant: *una idea/un pianista ~* a brilliant idea/pianist

genio *nm* **1** ~ (**con/para**) (*lumbrera*) genius [*pl* geniuses] (**at *sth*/*doing sth***): *Eres un ~ haciendo arreglos.* You're a genius at doing repairs. **2** (*mal humor*) temper: *¡Qué ~ el que tienes!* What a temper you have! **LOC estar de mal genio** to be in a bad mood **tener mal genio** to be bad-tempered

genital ◆ *adj* genital ◆ **genitales** *nm* genitals

gente *nf* people [*pl*]: *Había mucha ~.* There were a lot of people. ◊ *La ~ lloraba de alegría.* People were crying with joy. **LOC gente bien** well-off people **gente normal y corriente** ordinary people *Ver tb* ATESTADO

geografía *nf* geography

geográfico, -a *adj* geographical

geología *nf* geology

geológico, -a *adj* geological

geometría *nf* geometry

geométrico, -a *adj* geometric(al)

geranio *nm* geranium

gerente *nmf* manager **LOC** *Ver* DIRECTOR

germen *nm* germ

germinar *vi* to germinate

gesticular *vi* **1** (*con las manos*) to gesticulate **2** (*con la cara*) to pull a face, to grimace (*formal*)

gesto *nm* **1** (*gen*) gesture: *un ~ simbólico* a symbolic gesture ◊ *comunicarse/hablar por ~s* to communicate by gesture **2** (*cara*) expression: *con ~ pensativo* with a thoughtful expression **LOC hacer un gesto/gestos 1** (*con la mano*) to signal (*to sb*): *Me hizo un ~ para que entrara.* He signalled to me to come in. **2** (*con la cara*) to pull a face/faces (*at sb*)

gigante ◆ *adj* **1** (*gen*) gigantic **2** (*Bot*) giant [*n atrib*]: *un olmo ~* a giant elm ◆ *nm* giant

gigantesco, -a *adj* enormous

gimnasia *nf* **1** (*gen*) gymnastics [*sing*]: *el campeonato de ~ deportiva* the gymnastics championships **2** (*educación física*) physical education (*abrev*

PE): *un profesor de ~* a PE teacher **LOC hacer gimnasia** to exercise, to work out (*más coloq*)

gimnasio *nm* gymnasium, gym (*más coloq*)

ginebra *nf* gin

gira *nf* tour **LOC estar/ir de gira** to be/go on tour

girar *vi* to turn **LOC girar alrededor de algo/algn** to revolve around sth/sb: *La Tierra gira alrededor del Sol.* The earth revolves around the sun.

girasol *nm* sunflower

giratorio, -a *adj* **LOC** *Ver* PUERTA

giro *nm* **LOC giro bancario** bank draft **giro postal** postal money order

gitano, -a *adj, nm-nf* gypsy [*n*] [*pl* gypsies]

glacial *adj* **1** (*viento*) icy **2** (*temperatura*) freezing **3** (*período, zona*) glacial

glaciar *nm* glacier **LOC época/periodo glaciar** Ice Age

glándula *nf* gland

global *adj* **LOC** *Ver* CALENTAMIENTO

globo *nm* balloon: *una excursión en ~* a balloon trip **LOC el globo terráqueo** the globe *Ver tb* PAPEL

gloria *nf* **1** (*gen*) glory: *fama y ~* fame and glory **2** (*persona célebre*) great name: *las viejas ~s del deporte* the great sporting names of the past **LOC huele/sabe a gloria** it smells/tastes delicious

glorieta *nf* rotary [*pl* rotaries]

glucosa *nf* glucose

gobernador, ~a *nm-nf* governor

gobernante ◆ *adj* governing ◆ *nmf* leader

gobernar *vt* **1** (*país*) to govern **2** (*barco*) to steer

gobierno *nm* government [*v sing*]: *~ autónomo/central* regional/central government

gol *nm* goal: *marcar/meter un ~* to score a goal **LOC el gol del empate** the equalizer

golear *vt, vi*: *Alemania goleó a Holanda por cinco a cero.* Germany thrashed Holland five to nothing.

golf *nm* golf **LOC** *Ver* CAMPO

golfo *nm* gulf: *el ~ Pérsico* the Persian Gulf

golondrina *nf* swallow

goloso, -a *adj, nm-nf*: *ser muy/un ~* to have a sweet tooth ◊ *la gente golosa* people with a sweet tooth

golpe *nm* **1** (*gen*) blow: *un buen ~ en la cabeza* a severe blow to the head ◊ *Su muerte fue un duro ~ para nosotros.* Her death came as a heavy blow. ◊ *Lo mataron a ~s.* They beat him to death. **2** (*accidente*): *Me di un ~ en la cabeza.* I banged my head. ◊ *No corras que nos vamos a dar un ~.* Slow down or we'll have an accident. **3** (*moratón*) bruise **4** (*para llamar la atención*) knock: *Oí un ~ en la puerta.* I heard a knock at the door. ◊ *Di unos ~s en la puerta a ver si había alguien.* I knocked on the door to see if anybody was in. **5** (*Dep*) stroke **LOC golpe de estado** coup **un golpe bajo**: *Eso fue un ~ bajo.* That was below the belt. *Ver tb* CERRAR

golpear *vt* **1** (*gen*) to bang: *Esa puerta golpea la pared.* That door is banging against the wall. **2** (*repetidamente*) to beat (**against/on** ***sth***): *El granizo golpeaba los cristales.* The hail was beating against the windows. ◊ *Golpeaban los tambores con fuerza.* They were beating the drums.

goma *nf* **LOC tener la goma de (hacer) algo** to be keen on (doing) sth

gomina *nf* (hair) gel

gomoso, -a *adj* keen

gordo, -a ◆ *adj* **1** (*persona, animal*) fat **2** (*grueso*) thick ◆ *nm-nf* fat man/woman [*pl* fat men/women] ◆ *nm* (*lotería*) first prize **LOC caer gordo**: *Me cae muy ~.* I can't stand him. *Ver tb* DEDO, PEZ, SUDAR, VISTA

gorila *nm* **1** (*animal*) gorilla **2** (*guardaespaldas*) bodyguard

gorra *nf* cap **LOC de gorra** (*gratis*) free: *A ver si entramos de ~.* Let's see if we can get in free.

gorrión *nm* sparrow

gorro *nm* hat: *un ~ de lana/de cocinero* a knit/chef's hat **LOC gorro de baño 1** (*para piscina*) swimming cap **2** (*para ducha*) shower cap

gota *nf* drop **LOC ser como dos gotas de agua** to be like two peas in a pod **ser la gota que rebosa el vaso** to be the last straw *Ver tb* SUDAR

gotear *vi* **1** (*gen*) to drip: *Esa llave gotea.* That faucet's dripping. **2** (*tubería*) to leak

gotera *nf* leak: *Cada vez que llueve tenemos ~s.* The roof leaks every time it rains.

gótico, -a *adj, nm* Gothic

gozar *vi* ~ (**con/de**) to enjoy ***sth/doing sth***: *Gozan fastidiando a la gente.* They enjoy annoying people. ◊ *~ de buena salud* to enjoy good health

grabación *nf* recording

grabado *nm* **1** (*gen*) engraving **2** (*en un libro*) illustration

grabadora *nf* tape recorder

grabar *vt* **1** (*sonido, imagen*) to record **2** (*metal, piedra*) to engrave

gracia *nf* **1** (*encanto, simpatía*) charm: *No es bonita pero tiene ~.* She's not pretty but there's something about her all the same. **2** (*elegancia, Relig*) grace **3 gracias** witty remarks: *Con sus ~s nos hizo reír.* She made us laugh with her witty remarks. **LOC dar las gracias** to thank *sb* (***for sth/doing sth***): *sin darme las ~s* without thanking me **¡gracias!** thanks! (*coloq*) thank you!: *muchas ~s* thank you very much **gracias a...** thanks to *sth/sb*: *~s a ti, me han dado el puesto.* Thanks to you, I got the job. **hacer una gracia** to amuse: *Me hace una ~ oírlo hablar.* The way he talks amuses me. **no tener gracia**: *El espectáculo sin música no tiene ~.* The show doesn't work without music.

gracioso, -a *adj* funny, amusing (*formal*): *Ese chiste no me parece ~.* I don't find that joke very funny. **LOC hacerse el gracioso** to play the clown **¡qué tan gracioso!** how funny!

grada *nf* stand: *Las ~s estaban llenas.* The stands were full.

grado *nm* **1** (*gen*) degree: *Estamos a dos ~s bajo cero.* It's two degrees below zero. ◊ *quemaduras de tercer ~* third-degree burns **2 grados** (*alcohol*): *Este vino tiene 12 ~s.* The alcoholic content of this wine is 12%. ◊ *Esta cerveza tiene muchos ~s.* This beer is very strong.

graduado, -a *pp, adj* qualified: *una enfermera graduada* a qualified nurse *Ver tb* GRADUAR

graduar ◆ *vt* (*regular*) to adjust: *Gradúa la temperatura, por favor.* Please adjust the temperature. ◆ **graduarse** *v pron* to graduate: *Se graduó en Derecho el año pasado.* She graduated with a law degree last year.

gráfico, -a ◆ *adj* graphic ◆ **gráfico** *nm* (*tb* **gráfica** *nf*) graph **LOC** *Ver* REPORTERO

grafiti *nm* graffiti

gramática *nf* grammar

gramo *nm* gram (*abrev* g) ☛ *Ver Apéndice 1.*

gran *adj Ver* GRANDE

granate *adj, nm* maroon ☛ *Ver ejemplos en* AMARILLO

Gran Bretaña *nf* Great Britain (*abrev* GB)

grande *adj* **1** (*tamaño*) large, big (*más coloq*): *una casa/ciudad ~* a big house/city ◊ *¿~ o pequeño?* Large or small? ☛ *Ver nota en* BIG **2** (*fig*) big: *un gran problema* a big problem **3** (*número, cantidad*) large: *una gran cantidad de arena* a large amount of sand ◊ *una gran cantidad de gente* a large number of people **4** (*importante, notable*) great: *un gran músico* a great musician **LOC a grandes rasgos** in general terms **gran danés** Great Dane **(la/una) gran parte de** most of: *Una gran parte de la audiencia eran niños.* Most of the audience members were children. *Ver tb* DIMENSIÓN, DIVERTIR, POTENCIA

granel LOC a granel from the cask

granero *nm* barn

granito *nm* granite

granizada *nf* hailstorm

granizado *nm* drink with crushed ice

granizo *nm* hail: *¿Cayó ~ ayer?* Did it hail yesterday?

granja *nf* farm

granjero, -a *nm-nf* farmer

grano *nm* **1** (*gen*) grain: *un ~ de arena* a grain of sand **2** (*semilla*) seed **3** (*café*) bean **4** (*en la piel*) pimple: *Me salieron ~s.* My face has broken out. **LOC ir al grano** to get to the point

grapa *nf* **1** (*para papel*) staple **2** (*Med*) stitch

grapadora *nf* stapler

grasa *nf* **1** (*gen*) grease: *Quedé toda untada de ~.* I got covered in grease. ◊ *No me gusta la comida con tanta ~.* I don't like such greasy food. **2** (*en el cuerpo*) fat **LOC** *Ver* UNTAR

grasiento, -a *adj* greasy

graso, -a *adj* (*cutis, pelo, comida*) oily: *un champú para pelo ~* a shampoo for oily hair

gratis *adj, adv* free: *La bebida era ~.* The drinks were free. ◊ *Los jubilados viajan ~.* Senior citizens travel free. ◊ *trabajar ~* to work for nothing

grato, -a *adj* **1** (*agradable*) pleasant: *una grata sorpresa* a pleasant surprise **2** (*placentero*) pleasing: *~ al oído* pleasing to the ear

gratuito, -a *adj* free **LOC** *Ver* ENTRADA

grava *nf* gravel

grave *adj* **1** (*gen*) serious: *un problema/*

una enfermedad ~ a serious problem/illness **2** (*solemne*) solemn: *expresión* ~ solemn expression **3** (*sonido, nota*) low: *El bajo produce sonidos ~s.* The bass guitar produces low notes. **4** (*voz*) deep

gravedad *nf* **1** (*Fís*) gravity **2** (*importancia*) seriousness **LOC de gravedad** seriously: *Está herido de ~.* He's seriously injured.

gravemente *adv* seriously

graznar *vi* **1** (*cuervo*) to caw **2** (*pato*) to quack

Grecia *nf* Greece

gremio *nm* **1** (*oficio*) trade **2** (*artesanos, artistas*) guild

griego, -a ◆ *adj, nm* Greek: *hablar* ~ to speak Greek ◆ *nm-nf* Greek man/woman [*pl* Greek men/women]: *los ~s* the Greeks

grieta *nf* crack

grifo *nm* faucet: *abrir/cerrar el* ~ to turn the fancet on/off

grillo *nm* cricket

gringo, -a *adj, nm-nf* gringo [*pl* gringos]

gripa *nf* **1** (*con fiebre*) flu [*incontable*]: *Tengo ~.* I have the flu. **2** (*resfriado*) cold

gris ◆ *adj* **1** (*color*) gray ☛ *Ver ejemplos en* AMARILLO **2** (*tiempo*) dull: *El día está ~.* It's a dull day. ◆ *nm* gray

gritar *vt, vi* to shout (***at sb***): *El profesor nos gritó para que nos calláramos.* The teacher shouted at us to be quiet. ◊ *Gritaron pidiendo ayuda.* They shouted for help. ☛ *Ver nota en* SHOUT **LOC gritar de dolor** to cry out in pain

grito *nm* **1** (*gen*) shout: *Oímos un ~.* We heard a shout. **2** (*auxilio, dolor, alegría*) cry [*pl* cries]: *~s de alegría* cries of joy **LOC a gritos** at the top of your voice *Ver tb* PEGAR, VOZ

grosería *nf* swear word: *decir ~s* to swear

grosero, -a *adj, nm-nf* rude [*adj*]: *Eres un ~.* You're so rude.

grosor *nm* thickness: *Esta madera tiene dos centímetros de ~.* This piece of wood is two centimeters thick.

grúa *nf* **1** (*máquina*) crane **2** (*para vehículos*) **(a)** (*gen*) tow truck **(b)** (*del tránsito*): *La ~ se me llevó el carro.* My car has been towed away.

grueso, -a *adj* thick

grumo *nm* lump: *una salsa con ~s* a lumpy sauce

gruñir *vi* **1** (*persona, cerdo*) to grunt **2** (*perro, león*) to growl **3** (*refunfuñar*) to grumble

gruñón, -ona *adj, nm-nf* grumpy [*adj*]: *Es una gruñona.* She's really grumpy.

grupo *nm* **1** (*gen*) group: *Nos pusimos en ~s de seis.* We got into groups of six. ◊ *Me gusta el trabajo en ~.* I enjoy group work. **2** (*Educ*) year: *Todos los del ~ vamos a hacer una excursión.* All the people in my year are going on an excursion. **LOC grupo sanguíneo** blood group *Ver tb* REPRESENTANTE

gruta *nf* **1** (*natural*) cave **2** (*artificial*) grotto [*pl* grottoes/grottos]

guacamaya *nf* macaw

guadaña *nf* scythe

guagua *nf* baby [*pl* babies]

guandoca *nf* jail, slammer (*más coloq*): *estar en la* ~ to be in the slammer

guante *nm* **1** (*gen*) glove **2** (*de cocina*) mitten **LOC echarle el guante a algn** to catch sb: *La policía les echó el ~.* The police caught them. *Ver tb* COLGAR

guantera *nf* glove compartment

guapachoso, -a *adj* lively

guapo, -a *adj, nm-nf* brave, gutsy (*más coloq*): *Es muy ~ para las inyecciones.* He is very brave about injections.

guarda *nmf* **1** (*gen*) guard: *~ de seguridad* security guard **2** (*zoológico*) keeper

guardabarros *nm* fender

guardaequipaje *nm* baggage room

guardaespaldas *nmf* bodyguard: *rodeado de ~* surrounded by bodyguards

guardar *vt* **1** (*gen*) to keep: *Guarde el tiquete.* Keep your ticket. ◊ *~ un secreto* to keep a secret ◊ *¿Me puede ~ el puesto?* Could you please keep my place in line? **2** (*recoger*) to put *sth* away: *Ya guardé la ropa limpia.* I've put away all my clean clothes. **3** (*custodiar*) to guard: *Dos soldados guardan la entrada al cuartel.* Two soldiers guard the entrance to the barracks. **LOC guardar la línea** to keep in shape **guardar las apariencias** to keep up appearances **guardarle rencor a algn** to bear a grudge against sb: *No le guardo ningún rencor.* I don't bear any grudge against him.

guardería *nf* daycare center

guardia *nf* guard: *la Guardia Nacional* the National Guard **LOC de guardia** on duty: *el médico de ~* the doctor on duty ◊ *estar de ~* to be on duty **estar en**

guardia to be on your guard **hacer guardia** to mount guard *Ver tb* CAMBIO

guardián, -ana *nm-nf* guardian **LOC** *Ver* PERRO

guarecer ◆ *vt* to shelter *sb* (***from sth***) ◆ **guarecerse** *v pron* to take shelter (***from sth***)

guarida *nf* **1** (*gen*) den **2** (*ladrones*) hideout

guarnición *nf* **1** (*Cocina*): *una ~ de verduras* with vegetables **2** (*Mil*) garrison

guau *nm* woof

guayaba *nf* guava

guayabo *nm* **1** (*borrachera*) hangover: *tener ~* to have a hangover **2** (*árbol*) guava tree

guayos *nm* football boots

guerra *nf* war: *estar en ~* to be at war ◇ *en la Primera Guerra Mundial* during the First World War ◇ *declarar la ~ a algn* to declare war on sb **LOC dar guerra** to give *sb* trouble: *Estos niños dan mucha ~.* These kids are a real handful. *Ver tb* BUQUE

guerrilla *nf* (*grupo*) guerrillas [*pl*]

guerrillero, -a ◆ *adj* guerrilla [*n atrib*]: *ataque ~* guerrilla attack ◆ *nm-nf* guerrilla

gueto *nm* ghetto [*pl* ghettoes]

guía ◆ *nmf* (*persona*) guide ◆ *nf* **1** (*gen*) guide: *~ turística/de hoteles* tourist/hotel guide **2** (*estudios*) prospectus [*pl* prospectuses]: *La universidad publica una ~ anual.* The university publishes a prospectus every year. **LOC guía de espectáculos** What's On

guiar *vt* to guide **LOC guiarse por algo** to go by sth: *No deberías ~te por las apariencias.* You can't go by appearances.

guijarro *nm* pebble

guiñar *vt, vi* to wink (***at sb***): *Me guiñó el ojo.* He winked at me.

guiño *nm* wink

guión *nm* **1** (*cine*) script **2** (*esquema*) plan **3** (*Ortografía*) **(a)** (*gen*) hyphen **(b)** (*diálogo*) dash ☛ *Ver págs 314–5.*

guiso *nm* stew

guitarra *nf* guitar

guitarrista *nmf* guitarist

gula *nf* greed

gusano *nm* **1** (*gen*) worm **2** (*en los alimentos*) maggot **3** (*de mariposa*) caterpillar **LOC gusano de seda** silkworm

gustar *vi* **1** (*gen*) to like *sth/doing sth* [*vt*]: *No me gusta.* I don't like it. ◇ *Les gusta pasear.* They like walking. ◇ *Me gusta cómo explica.* I like the way she explains things. **2** (*atraer sentimentalmente*) to have a crush on *sb* [*vt*]: *Creo que le gustas.* I think he has a crush on you. **LOC me gusta más** I, you, etc prefer *sth/doing sth*: *Me gusta más el vestido rojo.* I prefer the red dress.

gusto *nm* taste: *Tenemos ~s totalmente diferentes.* Our tastes are completely different. ◇ *Hizo un comentario de mal ~.* His remark was in bad taste. ◇ *para todos los ~s* to suit all tastes **LOC ¡mucho gusto!** pleased to meet you!

Hh

haba *nf* broad bean

haber ◆ *v aux* **1** (*tiempos compuestos*) to have: *Yo ya he ido a ese bar.* I've been to that bar before. ◇ *No he terminado.* I haven't finished. **2** *~* **que** must: *Hay que ser valiente.* You must be brave. ◆ **haber** *v imp* there is, there are

There is se utiliza con sustantivos en singular e incontables: *Hay una botella de vino en la mesa.* There's a bottle of wine on the table. ◇ *No hay pan.* There isn't any bread. ◇ *No había nadie.* There wasn't anybody there.
There are se utiliza con sustantivos en plural: *¿Cuántas botellas de vino hay?* How many bottles of wine are there?

LOC de haber... if...: *De ~lo sabido no le habría dicho nada.* If I'd known, I wouldn't have said anything. **¡haberlo dicho, hecho, etc!** you should have said so, done it, etc: *¡~lo dicho antes de salir!* You should have said so before we left! **¡qué hay/hubo!** (*saludo*) how are things? ☛ Para otras expresiones con **haber**, véanse las entradas del sustantivo, adjetivo, etc, p.ej. **no hay derecho** en DERECHO y **no hay mal que por bien no venga** en MAL.

hábil *adj* **1** (*gen*) skillful: *un jugador muy ~* a very skillful player **2** (*astuto*) clever: *una maniobra muy ~* a clever move

habilidad *nf* skill

habilidoso, -a *adj* handy

habilitación *nf* (*examen*) retake

habilitar *vt* (*edificio, local*) to convert

habitación *nf* **1** (*gen*) room: *un apartamento de cuatro habitaciones* a four-roomed apartment **2** (*dormitorio*) bedroom **LOC habitación individual** single room *Ver tb* COMPAÑERO

habitante *nmf* inhabitant

habitar *vt, vi* ~ (**en**) to live **in**...: *la fauna que habita (en) los bosques* the animals that live in the woods

hábitat *nm* habitat

hábito *nm* habit **LOC coger el hábito** to get into the habit (*of doing sth*)

habitual *adj* **1** (*acostumbrado*) usual **2** (*cliente, lector, visitante*) regular

habituarse *v pron* ~ (**a**) to get used **to** ***sth*/*doing sth***: *Terminarás por habituarte.* You'll get used to it eventually.

habla *nf* **1** (*facultad*) speech **2** (*modo de hablar*) way of speaking: *el ~ boyacense* the way of speaking in Boyacá **LOC de habla francesa, hispana, etc** French-speaking, Spanish-speaking, etc **sin habla** speechless: *Me dejó sin ~.* It left me speechless.

hablado, -a *pp, adj* spoken: *el inglés ~* spoken English **LOC** *Ver* RETRATO; *Ver tb* HABLAR

hablador, ~a ◆ *adj* talkative ◆ *nm-nf* chatterbox

hablante *nmf* speaker

hablar ◆ *vt* **1** (*idioma*) to speak: *¿Hablas ruso?* Do you speak Russian? **2** (*tratar*) to talk **about** ***sth***: *Luego lo hablamos.* We'll talk about it. ◆ *vi* ~ (**con algn**) (**de/sobre algo/algn**) to speak, to talk (**to sb**) (**about sth/sb**)

> **To speak** y **to talk** tienen prácticamente el mismo significado, aunque **to speak** es el término más general: *Habla más despacio.* Speak more slowly. ◊ *hablar en público* to speak in public ◊ *¿Puedo hablar con Juan?* Can I speak to Juan? **To talk** se utiliza más cuando nos referimos a una conversación o a un comentario, o cuando nos referimos a varios hablantes: *hablar de política* to talk about politics ◊ *Están hablando de nosotros.* They're talking about us. ◊ *Están hablando de trastearse.* They're talking about moving. ◊ *Estuvimos hablando toda la noche.* We talked all night.

LOC hablar como lora mojada/hasta por los codos to talk nineteen to the dozen **no hablarse con algn** not to be on speaking terms with sb *Ver tb* ASÍ

hacer ◆ *vt*

- se traduce por **to make** en los siguientes casos: **1** (*fabricar*): *~ bicicletas/una blusa* to make bicycles/a blouse **2** (*dinero, ruido*): *El taladro hacía mucho ruido.* The drill was making a lot of noise. **3** (*comentario, promesa, esfuerzo*): *Tienes que ~ un esfuerzo.* You must make an effort. **4** (*amor*): *Haz el amor y no la guerra.* Make love, not war. **5** (*convertir en*): *Dicen que los sufrimientos te hacen más fuerte.* They say suffering makes you stronger. ☛ *Ver ejemplos en* MAKE[1]
- se traduce por **to do** en los siguientes casos: **1** cuando hablamos de una actividad sin decir de qué se trata: *¿Qué hacemos esta tarde?* What should we do this afternoon? ◊ *Hago lo que puedo.* I do what I can. ◊ *Cuéntame lo que haces en el colegio.* Tell me what you do at school. **2** (*estudios*): *~ las tareas* to do your homework ◊ *~ sumas y restas* to do sums **3** (*favor*): *¿Me haces un favor?* Will you do me a favor? ☛ *Ver ejemplos en* DO[2]
- **hacer (que...)** to get *sb* ***to do sth***: *Nos hacen venir todos los sábados.* They're getting us to come in every Saturday. ◊ *Hice que cambiaran la llanta.* I got them to change the tire.
- **otros usos: 1** (*escribir*) to write: *~ una redacción* to write an essay **2** (*pintar, dibujar*) to paint, to draw: *~ un cuadro/una raya* to paint a picture/to draw a line **3** (*examen, curso*) to take **4** (*nudo*) to tie: *~ un moño* to tie a bow **5** (*distancia*): *Todos los días hago 50km.* I travel/drive 50km every day. ◊ *A veces hacemos cinco kilómetros corriendo.* We sometimes go for a five-kilometer run. **6** (*pregunta*) to ask: *¿Por qué haces tantas preguntas?* Why do you ask so many questions? **7** (*papel*) to play: *Hice el papel de Julieta.* I played the part of Juliet. **8** (*deportes*): *~ judo/aerobic* to do judo/aerobics ◊ *~ ciclismo/alpinismo* to go bicycling/climbing

◆ *vi* ~ **de** to serve **as** ***sth***: *Una caja de cartón hacía de mesa.* A cardboard box served as a table. ◆ *v imp* **1** (*tiempo meteorológico*): *Está haciendo frío/calor/sol.* It's cold/hot/sunny. **2** (*tiempo cronológico*): *Me casé hace diez años.* I got married ten years ago. ◇ *Se habían conocido hacía pocos meses.* They had met a few months earlier. ◇ *¿Hace mucho que vives acá?* Have you been living here long? ◇ *Hace años que nos conocemos.* We've known each other for ages. ☛ *Ver nota en* AGO ◆ **hacerse** *v pron* **1 + sustantivo** to become: *Nos hicimos amigos muy rápido.* We very quickly because friends. **2 + adj**: *El problema se hace cada vez más complicado.* The problem is getting more and more complicated. ◇ *La última clase se me hace eterna.* The last class seems to go on for ever. **3 hacerse el/la + adj** to pretend to be *sth*: *No te hagas el sordo.* It's no good pretending to be deaf. ◇ *No te hagas la viva conmigo.* Don't try and be smart with me. **4** (*cuando otra persona realiza la acción*) to have *sth* done: *Se está haciendo arreglar las uñas.* She's having her nails done. ◇ *~se tomar una foto* to have your photo taken

LOC **desde hace/hacía...** for...: *Viven acá desde hace dos años.* They've been living here for two years. **hacer bien/mal** to be right/wrong (*to do sth*): *¿Hice bien en ir?* Was I right to go? **hacer como si...** to pretend: *Hizo como si no me hubiera visto.* He pretended he hadn't seen me. **hacerse pasar por...** to pass yourself off as *sth/sb*: *Se hizo pasar por el hijo del dueño.* He passed himself off as the owner's son. **hacer una de las suyas** to be up to his, her, etc old tricks again: *Nacho volvió a ~ una de las suyas.* Nacho's been up to his old tricks again. **¿qué haces? 1** (*profesión*) what do you do?: *—¿Qué hace?—Es profesora.* "What does she do?" "She's a teacher." **2** (*en este instante*) what are you doing?: *—Hola, ¿qué haces? —Estoy viendo una película.* "Hi, what are you doing?" "Watching a movie." ☛ Para otras expresiones con **hacer**, véanse las entradas del sustantivo, adjetivo, etc, p.ej. **hacer un clavado** en CLAVADO y **hacer trampa(s)** en TRAMPA.

hacha *nf* axe **LOC ser un hacha** to be a genius (*at sth/doing sth*)

hacia *prep* **1** (*dirección*) toward(s): *ir hacia algo/algn* to go towards sth/sb **2** (*tiempo*): *hacia finales del embarazo* toward the end of her pregnancy ◇ *hacia principios de abril* in early April ☛ *Ver nota en* AROUND[1]

hacienda *nf* (*finca*) estate **LOC** *Ver* MINISTERIO, MINISTRO

hada *nf* fairy [*pl* fairies]: *un cuento de ~s* a fairy story

halagar *vt* to flatter

halar *vt* to pull *sth*: *Hala la cadena.* Pull the chain.

halcón *nm* falcon

hall *nm* hall

hallar ◆ *vt* to find ◆ **hallarse** *v pron* to be

hallazgo *nm* **1** (*descubrimiento*) discovery [*pl* discoveries]: *Los científicos hicieron un gran ~.* Scientists have made an important discovery. **2** (*persona, cosa*) find: *La nueva bailarina es un auténtico ~.* The new dancer is a real find.

hamaca *nf* hammock

hambre *nf* hunger, starvation, famine

> No deben confundirse las palabras **hunger**, **starvation** y **famine**:
>
> **Hunger** es el término general y se usa en casos como: *hacer huelga de hambre* to go on (a) hunger strike, o para expresar un deseo: *hambre de conocimiento/poder* hunger for knowledge/power.
>
> **Starvation** se refiere al hambre sufrida durante un período prolongado de tiempo: *Le dejaron morir de hambre.* They let him die of starvation. El verbo **to starve** significa *morir de hambre* y se utiliza mucho en la expresión: *Me muero de hambre.* I'm starving.
>
> **Famine** es hambre que afecta normalmente a un gran número de personas y suele ser consecuencia de una catástrofe natural: *una población debilitada por el hambre* a population weakened by famine ◇ *A la larga sequía siguieron meses de hambre.* The long drought was followed by months of famine.

LOC pasar hambre to go hungry **tener hambre** to be hungry: *La niña tiene ~.* The baby's hungry. **tener un hambre canina/feroz** to be starving *Ver tb* MATAR, MUERTO

hambriento, -a *adj* starving

hamburguesa *nf* hamburger, burger (*más coloq*)

hámster *nm* hamster

harapo *nm* rag

harina *nf* flour

hartarse *v pron* **1** ~ (**de**) (*cansarse*) to be fed up (**with** ***sth/sb/doing sth***): *Ya me harté de tus quejas.* I'm fed up with your complaints. **2** (*atiborrarse*) **(a)** (*gen*) to be full (up): *Comí hasta hartarme.* I ate till I was full (up). **(b)** ~ **de** to stuff yourself (**with** ***sth***): *Me harté de pasteles.* I stuffed myself with pastries.

harto, -a *adj* a lot of: *Hay ~ tráfico.* There's a lot of traffic.

hasta ◆ *prep*

- **tiempo** until, till (*más coloq*)

> **Until** se usa tanto en inglés formal como informal. **Till** se usa sobre todo en inglés hablado y no suele aparecer al principio de la frase: *Voy a estar en la casa ~ las tres.* I'll be at home until three.

- **lugar 1** (*distancia*) as far as…: *Vinieron conmigo hasta Ibagué.* They came with me as far as Ibagué. **2** (*altura, longitud, cantidad*) up to…: *El agua llegó hasta acá.* The water came up to here. **3** (*hacia abajo*) down to…: *La falda me llega hasta los tobillos.* The skirt comes down to my ankles.
- **saludos** see you…: *¡Hasta mañana/el lunes!* See you tomorrow/on Monday! ◊ *¡Hasta luego!* Bye!

◆ *adv* even: *Hasta yo lo hice.* Even I did it.

hazaña *nf* exploit **LOC ser toda una hazaña** to be quite a feat

hebilla *nf* **1** (*de correa*) buckle **2** (*para el pelo*) slide

hebra *nf* (piece of) thread

hechicero, -a *nm-nf* wizard [*fem* witch]

hechizar *vt* to cast a spell (**on** ***sb***): *La bruja hechizó al príncipe.* The witch cast a spell on the Prince.

hechizo *nm* spell: *estar bajo un ~* to be under a spell

hecho, -a ◆ *pp, adj* (*manufacturado*) made: *¿De qué está ~?* What's it made of? ◊ *~ a mano/máquina* handmade/machine-made ◊ *hecho en…* made in… *Ver tb* HACER ◆ *nm* **1** (*gen*) fact **2** (*acontecimiento*) event: *su versión de los ~s* his version of the events **LOC ¡bien hecho!** well done! **dar por hecho** to take *sth* for granted **de hecho** in fact **hecho y derecho** grown: *un hombre ~ y derecho* a grown man **mal hecho**: *Si se lo dijiste, mal ~.* You shouldn't have told him. ◊ *Está mal ~ que le contestes a tu mamá.* It's wrong to mouth off to your mother. *Ver tb* DICHO, FRASE, LUGAR, TRATO

hectárea *nf* hectare (*abrev* ha)

helada *nf* frost **LOC** *Ver* TORTA

heladería *nf* ice cream parlor

helado, -a ◆ *pp, adj* **1** (*congelado*) frozen: *un estanque ~* a frozen pond **2** (*persona, habitación*) freezing: *Estoy ~.* I'm freezing! ◆ *nm* ice cream: *~ de chocolate* chocolate ice cream **LOC** *Ver* CHUPETE

helecho *nm* fern

hélice *nf* (*avión, barco*) propeller

helicóptero *nm* helicopter

helio *nm* helium

hembra *nf* **1** (*gen*) female: *un leopardo ~* a female leopard ☛ *Ver nota en* FEMALE **2** (*enchufe*) socket ☛ *Ver dibujo en* ENCHUFE

hemisferio *nm* hemisphere: *el ~ norte/sur* the northern/southern hemisphere

hemorragia *nf* haemorrhage

hepatitis *nf* hepatitis [*incontable*]

herbívoro, -a *adj* herbivorous

heredar *vt* to inherit *sth* (***from sb***): *Cuando él se murió, heredé sus propiedades.* On his death I inherited all his property.

heredero, -a *nm-nf* ~ (**de**) heir (**to** ***sth***): *el ~/la heredera del trono* the heir to the throne

> También existe el femenino **heiress**, pero sólo se usa para referirnos a una *rica heredera.*

LOC *Ver* PRÍNCIPE

hereditario, -a *adj* hereditary

herencia *nf* inheritance

herida *nf* **1** (*gen*) injury [*pl* injuries] **2** (*bala, navaja*) wound

> Es difícil saber cuándo usar **wound** y cuándo **injury**, o los verbos **to wound** y **to injure**.
> **Wound** y **to wound** se utilizan para referirnos a heridas causadas por un arma (p.ej. una navaja, pistola, etc) de forma deliberada: *heridas de bala* gunshot wounds ◊ *La herida no va a demorar en cicatrizar.* The wound will soon heal. ◊ *Lo hirieron en la guerra.* He was wounded in the war.
> Si la herida es resultado de un accidente utilizamos **injury** o **to injure**, que también se puede traducir a veces

por *lesión* o *lesionarse*: *Sólo sufrió heridas leves.* He only suffered minor injuries. ◊ *Los trozos de cristal hirieron a varias personas.* Several people were injured by flying glass. ◊ *El casco protege a los jugadores de posibles lesiones cerebrales.* Helmets protect players from brain injuries.

herido, -a *nm-nf* casualty [*pl* casualties]

herir *vt* **1** (*gen*) to injure **2** (*bala, navaja*) to wound ☛ *Ver nota en* HERIDA

hermanastro, -a *nm-nf* stepbrother [*fem* stepsister]

hermandad *nf* **1** (*entre hombres*) brotherhood **2** (*entre mujeres*) sisterhood **3** (*gremio*) association

hermano, -a *nm-nf* **1** (*pariente*) brother [*fem* sister]: *Tengo un ~ mayor.* I have an older brother. ◊ *mi hermana la pequeña* my youngest sister ◊ *Son dos ~s y tres hermanas.* There are two boys and three girls.

A veces decimos *hermanos* refiriéndonos a hermanos y hermanas, en cuyo caso debemos decir en inglés "**brothers and sisters**": *¿Tienes hermanos?* Do you have any brothers and sisters? ◊ *Somos seis hermanos.* I have five brothers and sisters.

2 (*comunidad religiosa*) brother [*fem* sister]: *el ~ Francisco* brother Francis **LOC medio hermano** half brother/ sister **hermanos siameses** Siamese twins *Ver tb* PRIMO

herméticamente *adv* **LOC herméticamente cerrado** airtight

hermético, -a *adj* airtight

hermoso, -a *adj* beautiful

hermosura *nf* beauty: *¡Qué ~!* How beautiful!

hernia *nf* hernia

héroe, heroína *nm-nf* hero [*pl* heroes] [*fem* heroine]

heroína *nf* (*droga*) heroin

herradura *nf* horseshoe

herramienta *nf* tool **LOC** *Ver* CAJA

herrar *vt* to shoe

herrería *nf* forge

herrero, -a *nm-nf* blacksmith

hervir *vt, vi* to boil: *La leche está hirviendo.* The milk is boiling. ◊ *Pon a ~ las papas.* Put the potatoes on to boil. ◊ *Me hierve la sangre cuando me acuerdo.* Just thinking about it makes my blood boil.

heterosexual *adj, nmf* heterosexual

hexágono *nm* hexagon

¡hey! *interj* hey!: *¡Hey, cuidado!* Hey, watch out!

hibernar *vi* to hibernate

hidratante *adj* moisturizing **LOC crema/leche hidratante** moisturizer

hidratar *vt* (*piel*) to moisturize

hidrato *nm* hydrate **LOC hidratos de carbono** carbohydrates

hidráulico, -a *adj* hydraulic: *energía/ bomba hidráulica* hydraulic power/ pump

hidroavión *nm* seaplane

hidroeléctrico, -a *adj* hydroelectric

hidrógeno *nm* hydrogen

hiedra *nf* ivy

hielo *nm* ice [*incontable*]: *Saca unos ~s.* Bring me some ice. ◊ *una bandeja para el ~* an ice cube tray **LOC** *Ver* HOCKEY, PISTA, ROMPER

hiena *nf* hyena

hierba *nf* **1** (*gen*) grass: *acostarse en la ~* to lie down on the grass **2** (*Med, Cocina*) herb **3** (*marihuana*) pot **LOC mala hierba** weed

hierbabuena *nf* mint

hierro *nm* iron: *una barra de ~* an iron bar ◊ *~ forjado/fundido* wrought/cast iron **LOC** *Ver* CONSTITUCIÓN

hígado *nm* liver

higiene *nf* hygiene: *la ~ bucal/corporal* oral/personal hygiene

higiénico, -a *adj* hygienic **LOC** *Ver* PAPEL

higo *nm* fig

higuera *nf* fig tree

hijastro, -a *nm-nf* stepson [*fem* stepdaughter] [*pl* stepchildren]

hijo, -a *nm-nf* son [*fem* daughter] [*pl* children]: *Tienen dos hijas y un ~.* They have two daughters and a son. ◊ *No tenemos ~s.* We don't have any children. **LOC hijo de papi** daddy's boy/girl **hijo único** only child: *Soy ~ único.* I'm an only child.

hilera *nf* **1** (*fila*) row: *una ~ de niños/ árboles* a row of children/trees **2** (*Mil*) (*hormigas*) column

hilo *nm* **1** (*gen*) thread: *un carrete de ~* a spool of thread ◊ *Perdí el ~ de la conversación.* I've lost the thread of the argument. **2** (*tela*) linen: *una falda de ~* a linen skirt

himno *nm* hymn **LOC himno nacional** national anthem

hincapié *nm* **LOC hacer hincapié en algo** to stress sth

hincar *vt* **1** (*diente*) to sink *your teeth* ***into sth***: *Hincó los dientes en la sandía.* He sank his teeth into the watermelon. **2** (*clavo, estaca*) to drive *sth* ***into sth***: *Hincó las estacas en la tierra.* He drove the stakes into the ground.

hincha *nmf* supporter

hinchado, -a *pp, adj* **1** (*gen*) swollen: *un brazo/pie ~* a swollen arm/foot **2** (*estómago*) bloated *Ver tb* HINCHARSE

hincharse *v pron* to swell (up): *Se me hinchó el tobillo.* My ankle has swollen up.

hinchazón *nf* (*Med*) swelling: *Parece que bajó la ~.* The swelling seems to have gone down.

hindú *adj, nmf* (*Relig*) Hindu

hinduismo *nm* Hinduism

hipermétrope *adj* farsighted

hipermetropía *nf* farsightedness: *tener ~* to be farsighted

hípica *nf* riding

hípico, -a *adj* riding [*n atrib*]: *club/concurso ~* riding club/competition

hipnotizar *vt* to hypnotize

hipo *nm* hiccups [*pl*]: *Tengo ~.* I have the hiccups. ◊ *quitar el ~* to cure the hiccups

hipócrita ◆ *adj* hypocritical ◆ *nmf* hypocrite

hipódromo *nm* racecourse

hipopótamo *nm* hippo [*pl* hippos]

Hippopotamus es la palabra científica.

hipótesis *nf* hypothesis [*pl* hypotheses]

hippy (*tb* **hippie**) *adj, nmf* hippie

hispanohablante ◆ *adj* Spanish-speaking ◆ *nmf* Spanish speaker

histeria *nf* hysteria: *Le dio un ataque de ~.* He became hysterical.

histérico, -a *adj, nm-nf* hysterical [*adj*] **LOC ponerse histérico** to have a fit **ser un histérico** to get worked up about things

historia *nf* **1** (*gen*) history: *~ antigua/natural* ancient/natural history ◊ *He aprobado ~.* I've passed history. **2** (*relato*) story [*pl* stories]: *Cuéntenos una ~.* Tell us a story. **LOC dejarse de historias** to get to the point **historia médica** medical history

historiador, ~a *nm-nf* historian

historial *nm* record

histórico, -a *adj* **1** (*gen*) historical: *documentos/personajes ~s* historical documents/figures **2** (*importante*) historic: *un triunfo/acuerdo ~* a historic victory/agreement

historieta *nf* **1** (*aventuras, cómic*) cartoon: *Les encantan las ~s de Batman.* They love Batman cartoons. ◊ *una revista de ~s* a comic **2** (*anécdota*) story [*pl* stories]

hobby *nm* hobby [*pl* hobbies]

hocico *nm* **1** (*gen*) muzzle **2** (*cerdo*) snout

hockey *nm* field hockey **LOC hockey sobre hielo** (ice) hockey

hogar *nm* **1** (*casa*) home: *~ dulce ~.* Home sweet home. **2** (*familia*) family: *casarse y fundar un ~* to get married and start a family **3** (*chimenea*) fireplace

hogareño, -a *adj* (*persona*) home-loving: *ser muy ~* to love being at home

hoguera *nf* bonfire: *hacer una ~* to make a bonfire ☛ *Ver nota en* BONFIRE NIGHT

hoja *nf* **1** (*gen*) leaf [*pl* leaves]: *las ~s de un árbol* the leaves of a tree ◊ *En otoño se caen las ~s.* The trees lose their leaves in the fall. **2** (*libro, periódico*) page **3** (*de papel*) sheet (of paper): *Deme una ~ de papel.* Can I have some paper, please? ◊ *una ~ en blanco* a clean sheet of paper **4** (*arma blanca, herramienta*) blade **LOC de hoja caduca/perenne** deciduous/evergreen **hoja de vida** resumé **pasar la hoja/página** to turn over *Ver tb* AFEITARSE

hojalata *nf* tin

hojaldre *nm* puff pastry

hojear *vt* **1** (*pasar hojas*) to flip through *sth*: *~ una revista* to flip through a magazine **2** (*mirar por encima*) to glance **at** ***sth***: *~ el periódico* to glance at the paper

¡hola! *interj* hi! (*coloq*), hello!

Holanda *nf* Holland

holandés, -esa ◆ *adj, nm* Dutch: *hablar ~* to speak Dutch ◆ *nm-nf* Dutchman/woman [*pl* Dutchmen/women]: *los holandeses* the Dutch

holgazán, -ana ◆ *adj* lazy ◆ *nm-nf* lazybones [*pl* lazybones]: *Es un ~.* He's a lazybones.

holgazanear *vi* to laze around

hollejo *nm* **1** (*gen*) skin **2 hollejos** (*hortalizas*) peelings: *~s de papa* potato peelings

hollín *nm* soot

holocausto *nm* holocaust: *un ~ nuclear* a nuclear holocaust

holograma *nm* hologram

hombre ◆ *nm* **1** (*gen*) man [*pl* men]: *el ~ contemporáneo* modern man ◊ *tener una conversación de ~ a ~* to have a man-to-man talk ◊ *el ~ de la calle* the man in the street **2** (*humanidad*) mankind: *la evolución del ~* the evolution of mankind ☛ *Ver nota en* MAN[1] ◆ **¡hombre!** *interj*: *¡Hombre! ¡qué bien que haya venido!* Great! You've come! ◊ *¡Hombre! ¿qué hace acá?* Gee! What are you doing here? **LOC hacerse hombre** to grow up **hombre lobo** werewolf [*pl* werewolves] **hombre rana** frogman [*pl* frogmen] *Ver tb* NEGOCIO

hombrera *nf* shoulder pad

hombro *nm* shoulder **LOC llevar/sacar en hombros** to carry *sth/sb* on your shoulders *Ver tb* ENCIMA, ENCOGER(SE), MANGA

homenaje *nm* homage [*incontable*]: *hacer un ~ a algn* to pay homage to sb **LOC en homenaje a** in honor of *sth/sb*

homicida *nmf* murderer [*fem* murderess] **LOC** *Ver* ARMA

homicidio *nm* homicide

homogéneo, -a *adj* homogeneous

homónimo *nm* homonym

homosexual *adj, nmf* homosexual

hondo, -a *adj* deep: *Es un pozo muy ~.* It's a very deep well.

honestidad *nf* honesty: *Nadie duda de su ~.* Nobody doubts his honesty.

honesto, -a *adj* honest: *una persona honesta* an honest person

hongo *nm* fungus [*pl* fungi/funguses] **LOC hongo venenoso** toadstool

honor *nm* **1** (*gen*) honor: *el invitado de ~* the guest of honor ◊ *Es un gran ~ para mí estar hoy aquí.* It's a great honor for me to be here today. **2** (*buen nombre*) good name: *El ~ del banco está en peligro.* The bank's good name is at risk. **LOC tener el honor de** to have the honor of *doing sth* *Ver tb* DAMA, PALABRA

honra *nf* honor **LOC ¡(y) a mucha honra!** and proud of it!

honradez *nf* honesty

honrado, -a *pp, adj* honest *Ver tb* HONRAR

honrar *vt* **1** (*mostrar respeto*) to honor sb (**with sth**): *un acto para ~ a los soldados* a ceremony to honor the soldiers **2** (*ennoblecer*) to do *sb* credit: *Su comportamiento lo honra.* Your behavior does you credit.

hora *nf* **1** (*gen*) hour: *La clase dura dos ~s.* The class lasts two hours. ◊ *120km por ~* 120km an hour **2** (*reloj, momento, horario*) time: *¿Qué ~s son?* What time is it? ◊ *¿A qué ~ vienen?* What time are they coming? ◊ *a cualquier ~ del día* at any time of the day ◊ *~s de oficina/visita* office/visiting hours ◊ *a la ~ del almuerzo/de la comida* at lunchtime/supper time **LOC a la hora de la verdad** when it comes down to it: *A la hora de la verdad nunca hacen nada.* When it comes down to it they never do anything. **hora pico** rush hour **horas extras** overtime [*sing*] **pasarse las horas haciendo algo** to do sth for hours on end **ser hora de**: *Es ~ de irse a la cama.* It's time to go to bed. ◊ *Creo que ya es ~ de que nos vayamos.* I think it's time we were going. ◊ *Ya era ~ de que nos escribiera.* It was about time you wrote to us. **¡ya era hora!** about time too! *Ver tb* ÚLTIMO

horario *nm* **1** (*clases, tren*) timetable **2** (*consulta, trabajo*) hours [*pl*]: *El ~ de oficina es de nueve a tres.* Office hours are nine to three. **LOC horario de atención al público** opening hours [*pl*]

horca *nf* (*cadalso*) gallows [*pl* gallows]

horizontal *adj* horizontal

horizonte *nm* horizon: *en el ~* on the horizon

hormiga *nf* ant

hormigón *nm* concrete

hormigueo *nm* pins and needles [*pl*]: *Siento un ~ en las yemas de los dedos.* I have got pins and needles in my fingers.

hormiguero *nm* **1** (*agujero*) ants' nest **2** (*montículo*) anthill **LOC** *Ver* OSO

hormona *nf* hormone

hornear *vt* to bake

horno *nm* **1** (*gen*) oven: *prender el ~* to turn the oven on ◊ *Esta sala es un ~.* It's like an oven in here. **2** (*Tec*) furnace **3** (*cerámica, ladrillos*) kiln **LOC al horno** roast: *pollo al ~* roast chicken

horóscopo *nm* horoscope

horqueta *nf* **1** (*gen*) fork **2** (*Agricultura*) pitchfork

horquilla *nf* **1** (*pelo*) split ends [*pl*] **2** (*palo, rama*) fork **LOC horquilla de moño** hairpin

horrible *adj* awful

horror *nm* **1** (*miedo*) horror: *un grito de ~* a cry of horror ◊ *los ~es de la guerra* the horrors of war **2** (*mucho*): *Les han gustado ~es.* They loved them. **LOC ¡qué horror!** how awful! **tenerle horror a** to hate *sth/doing sth*

horrorizar ◆ *vt* to frighten: *Lo horroriza la oscuridad.* He's frightened of the dark. ◆ *vi* to hate *sth/doing sth* [*vt*]: *Me horroriza ese vestido.* I hate that dress.

horroroso, -a *adj* **1** (*aterrador*) horrific: *un incendio ~* a horrific fire **2** (*muy feo*) hideous: *Tiene una nariz horrorosa.* He has a hideous nose. **3** (*malo*) awful: *Hace un tiempo ~.* The weather is awful.

hortaliza *nf* vegetable

hospedarse *v pron* to stay

hospital *nm* hospital ☛ *Ver nota en* SCHOOL

hospitalidad *nf* hospitality

hospitalizar *vt* to admit *sb* (to hospital): *Lo hospitalizan mañana.* They're admitting him tomorrow. ◊ *Me tuvieron que ~.* I had to be taken into hospital.

hostería *nf* hotel

hotel *nm* hotel

hotelería *nf* (*estudios*) catering and hotel management

hoy *adv* today: *Hay que terminarlo ~.* We have to get it finished today. **LOC de hoy**: *la música de ~* present-day music ◊ *el periódico de ~* today's paper ◊ *Este pan no es de ~.* This bread isn't fresh. **de hoy en adelante** from now on **hoy (en) día** nowadays

hoyo *nm* hole: *hacer/cavar un ~* to dig a hole

hoyuelo *nm* dimple

hoz *nf* sickle

hueco, -a ◆ *adj* hollow: *Este muro está ~.* This wall is hollow. ◊ *sonar a ~* to sound hollow ◆ *nm* **1** (*agujero*) hole: *hacer un ~ en la pared* to make a hole in the wall **2** (*bache*) pothole: *Esta calle está llena de ~s.* This street is full of potholes.

huelga *nf* strike: *estar/ponerse en ~* to be/go on strike ◊ *una ~ general/de hambre* a general/hunger strike

huella *nf* **1** (*pie, zapato*) footprint **2** (*animal, vehículo*) track: *~s de oso* bear tracks **LOC huella (dactilar)** fingerprint **sin dejar huella** without trace: *Desaparecieron sin dejar ~.* They disappeared without trace.

huérfano, -a *adj, nm-nf* orphan [*n*]: *~s de guerra* war orphans ◊ *ser ~* to be an orphan **LOC huérfano de madre/padre** motherless/fatherless **quedar huérfano de madre/padre** to lose your mother/father

huerta *nf* truck farm

huerto *nm* **1** (*gen*) vegetable garden **2** (*sólo de árboles frutales*) orchard

hueso *nm* **1** (*Anat*) bone **2** (*color*) ivory **LOC estar/quedarse en los huesos** to be nothing but skin and bone **ser un hueso** (*ser malo*) to be bad: *Esa película es un ~.* That movie is awful. **un hueso duro de roer** a hard grind *Ver tb* CARNE, EMPAPAR

huésped, ~a *nm-nf* guest

huevo *nm* egg: *poner un ~* to lay an egg **LOC huevo duro/frito** hard-boiled/fried egg **huevos pericos** scrambled eggs **huevo tibio** boiled egg *Ver tb* PENSAR

huida *nf* escape, flight (*más formal*)

huir ◆ *vi* ~ (**de**) to escape (**from** ***sth/sb***): *Huyeron de la prisión.* They escaped from prison. ◆ *vt, vi* ~ (**de**) to avoid *sth/sb*: *No nos huyas.* Don't try to avoid us. ◊ *Conseguimos ~ de la prensa.* We managed to avoid the press. **LOC huir del país** to flee the country

hule *nm* oilcloth

humanidad *nf* humanity [*pl* humanities]

humanitario, -a *adj* humanitarian: *ayuda humanitaria* humanitarian aid

humano, -a ◆ *adj* **1** (*gen*) human: *el cuerpo ~* the human body ◊ *los derechos ~s* human rights **2** (*comprensivo, justo*) humane: *un sistema judicial más ~* a more humane judicial system ◆ *nm* human being

humareda *nf* cloud of smoke

humedad *nf* **1** (*gen*) dampness: *Esta pared tiene ~.* This wall is damp. **2** (*atmósfera*) humidity

humedecer ◆ *vt* to dampen: *~ la ropa para plancharla* to dampen clothes before ironing them ◆ **humedecerse** *v pron* to get wet

húmedo, -a *adj* **1** (*gen*) damp: *Estas medias están húmedas.* These socks are damp. **2** (*aire, calor*) humid **3** (*lugar*) wet: *un país ~* a wet country ☛ *Ver nota en* MOIST

humildad *nf* humility

humilde *adj* humble

humillante *adj* humiliating

humo *nm* **1** (*gen*) smoke: *Había demasiado ~.* There was too much smoke. ◊ *Salía ~ por la puerta.* There was smoke coming out of the door. **2** (*carro*) fumes [*pl*]: *el ~ del exhosto* exhaust fumes **3** **humos** (*arrogancia*) airs: *darse muchos ~s* to put on airs **LOC** *Ver* BAJAR, SUBIR

humor *nm* **1** (*gen*) humor: *tener sentido del ~* to have a sense of humor ◊ *~ negro* black humor **2** (*comicidad*) comedy: *una serie de ~* a comedy series **LOC** **estar de buen/mal humor** to be in a good/bad mood **estar de humor** to be in the mood (*for sth/doing sth*) **poner a algn de mal humor** to make sb angry **tener buen/mal humor** to be good-tempered/bad-tempered

humorista *nmf* humorist

hundido, -a *pp, adj* **1** (*barco*) sunken: *un galeón ~* a sunken galleon **2** (*persona*) depressed *Ver tb* HUNDIR

hundir ◆ *vt* **1** (*gen*) to sink: *Una bomba hundió el barco.* A bomb sank the boat. ◊ *~ los pies en la arena* to sink your feet into the sand **2** (*persona*) to destroy ◆ **hundirse** *v pron* **1** (*irse al fondo*) to sink **2** (*derrumbarse*) to collapse: *El puente se hundió.* The bridge collapsed. **3** (*negocio*) to go under: *Muchas empresas se hundieron.* Many companies have gone under.

huracán *nm* hurricane

hurgar ◆ *vi* ~ **en** to rummage **in/through** ***sth***: *No hurgue en mis cosas.* Don't rummage through my things. ◆ **hurgarse** *v pron* to pick: *~se las narices* to pick your nose

¡hurra! *interj* hurrah!

husmear ◆ *vi* **1** (*olfatear*) to sniff around **2** (*curiosear*) to snoop around: *La policía ha estado husmeando por aquí.* The police have been snooping around here. ◆ *vt* (*olfatear*) to sniff

¡huy! *interj* **1** (*sorpresa*) wow! **2** (*dolor*) ow!

Ii

iceberg *nm* iceberg

ida *nf* outward journey: *durante la ~* on the way there **LOC** **ida y vuelta** there and back (*coloq*): *Son tres horas de ~ y vuelta.* It's three hours there and back. *Ver tb* PARTIDO, TIQUETE

idea *nf* **1** (*ocurrencia*) idea: *Tengo una ~.* I have an idea. **2** (*concepto*) concept: *la ~ de la democracia* the concept of democracy **3** (*impresión*) impression: *Su comportamiento deja muy mala ~.* His behavior creates a very bad impression. **4** **ideas** (*ideología*) convictions: *~s políticas/religiosas* political/religious convictions **LOC** **¡ni idea!** I don't have a clue!

ideal *adj, nm* ideal: *Eso sería lo ~.* That would be ideal/the ideal thing. ◊ *Es un hombre sin ~es.* He's a man without ideals.

idealista ◆ *adj* idealistic ◆ *nmf* idealist

idealizar *vt* to idealize

ídem *pron* (*en una lista*) ditto ☛ *Ver nota en* DITTO

idéntico, -a *adj* ~ (**a**) identical (**to** ***sth/sb***): *gemelos ~s* identical twins ◊ *Es ~ al mío.* It's identical to mine.

identidad *nf* identity [*pl* identities] **LOC** *Ver* DOCUMENTO

identificar ◆ *vt* to identify ◆ **identificarse** *v pron* **identificarse con** to identify **with** ***sth/sb***: *No podía ~me con el personaje principal.* I couldn't identify with the main character. **LOC** **sin identificar** unidentified

ideología *nf* ideology [*pl* ideologies]

idioma *nm* language

idiota ◆ *adj* stupid ◆ *nmf* idiot: *¡Qué ~ (es)!* What an idiot (he is)!

idiotez *nf* stupidity: *el colmo de la ~* the height of stupidity **LOC** **decir idioteces** to talk nonsense

ido, -a *pp, adj* **1** (*distraído*) absent-minded **2** (*loco*) crazy *Ver tb* IR

ídolo *nm* idol

iglesia *nf* (*institución, edificio*) church: *la Iglesia católica* the Catholic Church ☛ *Ver nota en* SCHOOL **LOC** *Ver* CASAR

ignorante ◆ *adj* ignorant ◆ *nmf* ignoramus [*pl* ignoramuses]

ignorar *vt* **1** (*desconocer*) not to know: *Ignoro si salieron ya.* I don't know if they've already left. **2** (*hacer caso omiso*) to ignore

igual ◆ *adj* **1** (*gen*) equal: *Todos los ciudadanos son ~es.* All citizens are equal. ◊ *A es ~ a B.* A is equal to B. **2 ~ (a)** (*idéntico*) the same (**as *sth/sb***): *Esa falda es ~ a la suya.* That skirt is the same as yours. ◆ *nmf* equal ◆ *adv* **1 ~ de** equally: *Son ~ de culpables.* They are equally guilty. **2 ~ de…que** as…as: *Son ~ de responsables que nosotros.* They are as responsible as we are. **3** (*de todos modos*) anyway: *No le di permiso pero ~ salió.* I didn't give him permission but he went out anyway. **LOC me da igual** it's all the same to me, you, etc *Ver tb* COSA

igualar ◆ *vt* (*terreno*) to level ◆ *vi* (*Dep*) to equalize

igualmente *adv* equally **LOC ¡igualmente!** the same to you!

ilegal *adj* illegal

ileso, -a *adj* unharmed: *resultar ~* to escape unharmed

ilimitado, -a *adj* unlimited

iluminado, -a *pp, adj* ~ (**con**) lit (up) (**with *sth***): *La cocina estaba iluminada con velas.* The kitchen was lit (up) with candles. *Ver tb* ILUMINAR

iluminar *vt* to light *sth* up: *~ un monumento* to light a monument up

ilusión *nf* **1** (*noción falsa*) illusion **2** (*sueño*) dream: *Era la ~ de su vida.* It was her dream. **3** (*esperanza*) hope: *lleno de ilusiones* full of hope **LOC con la ilusión de (que…)** hoping to/that…: **con la ~ de ganar** hoping to win **hacerse ilusiones** to build up your hopes *Ver tb* FORJAR

ilusionado, -a *pp, adj* **1** (*esperanzado*) enthusiastic: *Vine muy ~ al puesto.* I was very enthusiastic when I started. **2 ~ con** excited **about *sth/doing sth***: *Están muy ~s con el viaje.* They're really excited about the trip.

iluso, -a ◆ *adj* gullible ◆ *nm-nf* mug: *Es un completo ~.* He's a real mug.

ilustración *nf* (*dibujo*) illustration **LOC la Ilustración** the Enlightenment

ilustrar *vt* to illustrate

ilustre *adj* illustrious: *personalidades ~s* illustrious figures

imagen *nf* **1** (*gen*) image: *Los espejos distorsionaban su ~.* The mirrors distorted his image. ◊ *Me gustaría un cambio de ~.* I'd like to change my image. **2** (*Cine, TV*) picture

imaginación *nf* imagination

imaginario, -a *adj* imaginary

imaginar(se) *vt, v pron* to imagine: *Me imagino (que sí).* I imagine so. ◊ *¡Imagínese!* Just imagine! ◊ *Ya me lo imaginaba yo.* I thought as much.

imán *nm* magnet

imbécil ◆ *adj* stupid: *No sea ~.* Don't be stupid. ◆ *nmf* idiot: *¡Cállese, ~!* Be quiet, you idiot!

imitación *nf* imitation **LOC ser una imitación** to be a fake

imitar *vt* **1** (*copiar*) to imitate **2** (*parodiar*) to mimic: *Imita increíble a los profesores.* He's really good at mimicking the teachers.

impacientar ◆ *vt* to exasperate ◆ **impacientarse** *v pron* **impacientarse (por)** to get worked up (**about *sth***)

impaciente *adj* impatient

impacto *nm* **1** (*colisión, impresión, repercusión*) impact: *el ~ ambiental* the impact on the environment **2** (*huella*) hole: *dos ~s de bala* two bullet holes

impajaritable *adj* undeniable

impar *adj* odd: *número ~* odd number

imparcial *adj* unbiased

impecable *adj* impeccable

impedido, -a *pp, adj, nm-nf* disabled [*adj*]: *ser un ~* to be disabled *Ver tb* IMPEDIR

impedimento *nm* **1** (*obstáculo*) obstacle **2** (*Jur*) impediment

impedir *vt* **1** (*paso*) to block *sth* (up): *~ la entrada* to block the entrance (up) **2** (*imposibilitar*) to prevent *sth/sb* (***from doing sth***): *La lluvia impidió que se celebrase la boda.* The rain prevented the wedding from taking place. ◊ *Nada te lo impide.* There's nothing stopping you.

impenetrable *adj* impenetrable

imperativo, -a *adj, nm* imperative

imperfección *nf* imperfection

imperfecto *nm* (*defecto*) flaw

imperialismo *nm* imperialism

imperio *nm* empire

impermeable ◆ *adj* waterproof ◆ *nm* raincoat

impersonal *adj* impersonal

impertinente *adj* impertinent

implantar *vt* to introduce: *Quieren ~ un nuevo sistema.* They want to introduce a new system.

implicar *vt* **1** (*mezclar a algn en algo*) to implicate: *Lo implicaron en el asesi-*

nato. He was implicated in the murder. **2** (*significar*) to imply

imponer ◆ *vt* to impose: ~ *condiciones/una multa* to impose conditions/a fine ◆ **imponerse** *v pron* to prevail (**over** ***sth*/*sb***): *La justicia se impuso*. Justice prevailed.

importación *nf* import: *la ~ de trigo* the import of wheat ◊ *reducir la ~* to reduce imports **LOC de importación** imported: *un carro de ~* an imported car **de importación y exportación** import-export: *un negocio de ~ y exportación* an import-export business

importador, ~a *nm-nf* importer

importancia *nf* importance **LOC adquirir/cobrar importancia** to become important **no tiene importancia** it doesn't matter **sin importancia** unimportant *Ver tb* QUITAR, RESTAR

importante *adj* **1** (*gen*) important: *Es ~ que asistas a clase*. It's important for you to attend lectures. **2** (*considerable*) considerable: *un número ~ de ofertas* a considerable number of offers

importar[1] *vt* to import: *Colombia importa productos químicos*. Colombia imports chemicals.

importar[2] *vi* **1** (*tener importancia*) to matter: *Lo que importa es la salud*. Health is what matters most. ◊ *No importa*. It doesn't matter. **2** (*preocupar*) to care (**about** ***sth*/*sb***): *No me importa lo que piensen*. I don't care what they think. ◊ *No parecen ~le sus hijos*. He doesn't seem to care about his children. ◊ *¡Claro que me importa!* Of course I care! **LOC ¿le importa...?** do you mind...?: *¿Le importa cerrar la puerta?* Do you mind shutting the door? ◊ *¿Le importa que abra la ventana?* Do you mind if I open the window? **me importa un bledo, pepino, pito, etc** I, you, etc couldn't care less **no me importa** I, you, etc don't mind (*sth/doing sth*): *No me importa levantarme temprano*. I don't mind getting up early.

importe *nm* **1** (*cantidad*) amount: *el ~ de la deuda* the amount of the debt **2** (*costo*) cost: *el ~ de la reparación* the cost of the repair

imposible *adj, nm* impossible: *No pida ~s*. Don't ask (for) the impossible.

impotente *adj* impotent

imprenta *nf* **1** (*taller*) print shop **2** (*máquina*) printing press

imprescindible *adj* essential

impresión *nf* **1** (*sensación*) impression **2** (*proceso*) printing: *listo para ~* ready for printing **LOC me da la impresión de que...** I get the impression that...

impresionante *adj* **1** (*gen*) impressive: *un logro ~* an impressive achievement **2** (*espectacular*) striking: *una belleza ~* striking beauty

impresionar *vt* **1** (*gen*) to impress: *Me impresiona su eficacia*. I am impressed by her efficiency. **2** (*emocionar*) to move: *El final me impresionó mucho*. The ending was very moving. **3** (*desagradablemente*) to shock: *Nos impresionó el accidente*. We were shocked by the accident.

impreso, -a ◆ *adj* printed ◆ *nm* form: *llenar un ~* to fill out a form

impresora *nf* printer ☛ *Ver dibujo en* COMPUTADOR

imprevisto, -a ◆ *adj* unforeseen ◆ *nm*: *Surgió un ~*. Something unexpected has come up. ◊ *Tengo un dinero ahorrado para ~s*. I have some money put aside for a rainy day.

imprimir *vt* **1** (*imprenta*) to print **2** (*huella*) to imprint

improvisar *vt* to improvise

imprudente *adj* **1** (*gen*) rash **2** (*conductor*) careless

impuesto *nm* tax: *libre de ~s* tax free **LOC Impuesto al Valor Agregado** sales tax **impuesto predial** property tax *Ver tb* EVASIÓN

impulsar *vt* **1** (*gen*) to drive: *La curiosidad me impulsó a entrar*. Curiosity drove me to enter. **2** (*estimular*) to stimulate: *~ la producción* to stimulate production

impulsivo, -a *adj* impulsive

impulso *nm* **1** (*gen*) impulse: *actuar por ~* to act on impulse **2** (*empujón*) boost: *El buen tiempo ha dado gran ~ al turismo*. The good weather has given tourism a boost. **LOC tomar impulso** to take a run-up

impuro, -a *adj* impure

inaccesible *adj* inaccessible

inaceptable *adj* unacceptable

inadaptado, -a *adj* maladjusted

inadecuado, -a *adj* inappropriate

inadvertido, -a *adj* unnoticed: *pasar ~* to go unnoticed

inagotable *adj* **1** (*inacabable*) inexhaustible **2** (*incansable*) tireless

inaguantable *adj* unbearable

inalámbrico, -a *adj* cordless: *un teléfono ~* a cordless telephone

inapreciable *adj* (*valioso*) invaluable: *su ~ ayuda* their invaluable help

inauguración *nf* opening, inauguration (*formal*): *la ceremonia de ~* the opening ceremony ◊ *Había unas cien personas en la ~.* There were a hundred people at the inauguration.

inaugurar *vt* to open, to inaugurate (*formal*)

incapaz *adj* ~ **de** incapable **of *sth*/*doing sth***: *Son incapaces de prestar atención.* They are incapable of paying attention.

incautar *vt* to seize: *La policía incautó 10kg de cocaína.* The police seized 10kg of cocaine.

incendiar ◆ *vt* to set fire **to *sth***: *Un loco incendió la escuela.* A madman set fire to the school. ◆ **incendiarse** *v pron* to catch fire: *El establo se incendió.* The stable caught fire.

incendio *nm* fire: *apagar un ~* to put out a fire **LOC incendio provocado** arson *Ver tb* ALARMA, BOCA, ESCALERA

incidente *nm* incident

incinerar *vt* **1** (*gen*) to incinerate **2** (*cadáver*) to cremate

incisivo *nm* incisor

inclinar ◆ *vt* **1** (*gen*) to tilt: *Incline el paraguas un poco.* Tilt the umbrella a little. **2** (*cabeza para asentir o saludar*) to nod ◆ **inclinarse** *v pron* **1** (*lit*) to lean: *El edificio se inclina hacia un lado.* The building leans to one side. **2 inclinarse por** (*fig*): *Nos inclinamos por el partido verde.* Our sympathies lie with the Green Party.

incluido, -a *pp, adj* including: *con el IVA ~* including sales tax **LOC todo incluido** all-inclusive: *Son 10.000 pesos todo ~.* It's 10,000 pesos all-inclusive. *Ver tb* INCLUIR

incluir *vt* to include: *El precio incluye el servicio.* The price includes a service charge.

inclusive *adv* inclusive: *hasta el sábado ~* up to and including Saturday ◊ *del 3 al 7 ambos ~* from the 3rd through the 7th

incluso *adv* even: *~ me dieron dinero.* They even gave me money. ◊ *Eso sería ~ mejor.* That would be even better.

incógnito, -a *adj* **LOC de incógnito** incognito: *viajar de ~* to travel incognito

incoherente *adj* **1** (*confuso*) incoherent: *palabras ~s* incoherent words **2** (*ilógico*) inconsistent: *comportamiento ~* inconsistent behavior

incoloro, -a *adj* colorless

incombustible *adj* fireproof

incomible *adj* inedible

incomodar *vt* to make *sb* uncomfortable: *La sola presencia de él me incomoda.* Just his presence makes me feel uncomfortable.

incómodo, -a *adj* **1** (*gen*) uncomfortable **2** (*penoso*) embarrassing: *una situación incómoda* an embarrassing situation

incompatible *adj* incompatible

incompetente *adj, nmf* incompetent

incompleto, -a *adj* **1** (*gen*) incomplete: *información incompleta* incomplete information **2** (*sin acabar*) unfinished

incomprensible *adj* incomprehensible

incomunicado, -a *adj* **1** (*gen*) cut off: *Nos quedamos ~s por la inundación.* We were cut off by the floods. **2** (*preso*) in solitary confinement

inconfundible *adj* unmistakable

inconsciente ◆ *adj* unconscious: *El paciente está ~.* The patient is unconscious. ◊ *un gesto ~* an unconscious gesture ◆ *adj, nmf* (*irresponsable*) irresponsible [*adj*]: *Es un ~.* You're so irresponsible.

incontable *adj* **1** (*gen*) countless **2** (*Ling*) uncountable

inconveniente ◆ *adj* **1** (*inoportuno, molesto*) inconvenient: *una hora ~* an inconvenient time **2** (*no apropiado*) inappropriate: *un comentario ~* an inappropriate comment ◆ *nm* **1** (*dificultad, obstáculo*) problem: *Surgieron algunos ~s.* Some problems have arisen. **2** (*desventaja*) disadvantage: *Tiene ventajas e ~s.* It has its advantages and disadvantages.

incorporación *nf* ~ (**a**) (*entrada*) entry (**into *sth***): *la ~ de Venezuela a la OPEP* Venezuela's entry into OPEC

incorporado, -a *pp, adj* **1** ~ **a** (*gen*) incorporated **into *sth***: *nuevos vocablos ~s al idioma* new words incorporated into the language **2** (*Tec*) built-in: *con antena incorporada* with a built-in antenna *Ver tb* INCORPORAR

incorporar ◆ *vt* **1** (*persona*) to include *sb* (**in *sth***): *Me han incorporado al* *equipo.* I've been included in the team. **2** (*territorio*) to annex **3** (*persona caída*) to sit *sb* up: *Lo incorporé para que no se ahogara.* I sat him up so he wouldn't choke. ◆ **incorporarse** *v pron* **incorporarse (a) 1** (*gen*) to join *sth* **2** (*trabajo*) to start *sth*: *El lunes me incorporo a mi nuevo empleo.* I start my new job on Monday.

incorrecto, -a *adj* **1** (*erróneo*) incorrect **2** (*conducta*) impolite

increíble *adj* incredible

incrustarse *v pron*: *La bala se incrustó en la pared.* The bullet embedded itself in the wall.

incubadora *nf* incubator

incubar(se) *vt, v pron* to incubate

inculto, -a *adj, nm-nf* ignorant [*adj*]: *Es un* ~. He's so ignorant.

incultura *nf* lack of culture

incumplido, -a *adj, nmf* unreliable [*adj*]: *Es un ~, siempre llega tarde.* He's very unreliable; he's always late.

incurable *adj* incurable

incursión *nf* (*Mil*) raid

indagación *nf* enquiry [*pl* enquiries]

indecente *adj* **1** (*sucio*) filthy: *Esta cocina está* ~. This kitchen is filthy. **2** (*espectáculo, gesto, lenguaje*) obscene **3** (*ropa*) indecent

indeciso, -a *adj, nm-nf* (*de carácter*) indecisive [*adj*]: *ser un* ~ to be indecisive

indecoroso, -a *adj* **LOC** *Ver* PROPOSICIÓN

indefenso, -a *adj* defenseless

indefinido, -a *adj* **1** (*periodo, Ling*) indefinite: *una huelga indefinida* an indefinite strike **2** (*color, edad, forma*) indeterminate

indemnizar *vt* to pay *sb* compensation (***for sth***)

independencia *nf* independence

independiente *adj* **1** (*gen*) independent **2** (*trabajador*) self-employed

independizarse *v pron* **1** (*individuo*) to leave home **2** (*país, colonia*) to gain independence

indestructible *adj* indestructible

India *nf* India

indicación *nf* **1** (*gen*) sign **2 indicaciones (a)** (*instrucciones*) instructions: *Siga las indicaciones del folleto.* Follow the instructions in the leaflet. **(b)** (*camino*) directions

indicado, -a *pp, adj* **1** (*conveniente*) suitable **2** (*convenido*) specified: *la fecha indicada en el documento* the date specified in the document **3** (*aconsejable*) advisable *Ver tb* INDICAR

indicador *nm* indicator **LOC indicador de gasolina/presión** gas/pressure gauge

indicar *vt* **1** (*mostrar*) to show, to indicate (*más formal*): ~ *el camino* to show the way **2** (*señalar*) to point *sth* out (***to sb***): *Indicó que se trataba de un error.* He pointed out that it was a mistake.

indicativo *nm* (*teléfono*) area code: *¿Cuál es el ~ de Medellín?* What's the area code for Medellín?

índice *nm* **1** (*gen*) index **2** (*dedo*) index finger **LOC índice (de materias)** table of contents **índice de natalidad** birth rate

Indico *nm* Indian Ocean

indiferencia *nf* indifference (***to sth/sb***)

indiferente *adj* indifferent (***to sth/sb***), not interested (***in sth/sb***) (*más coloq*): *Es ~ a la moda.* She isn't interested in fashion. **LOC me es indiferente** I, you, etc don't care **ser indiferente**: *Es ~ que sea blanco o negro.* It doesn't matter whether it's black or white.

indígena ◆ *adj* indigenous ◆ *nmf* native

indigestión *nf* indigestion

indignado, -a *pp, adj* indignant (***at/about sth***) *Ver tb* INDIGNAR

indignante *adj* outrageous

indignar ◆ *vt* to infuriate ◆ **indignarse** *v pron* **indignarse (con) (por)** to get angry (***with sb***) (***about sth***)

indigno, -a *adj* **1** (*despreciable*) contemptible **2** ~ **de** unworthy ***of sth/sb***: *una conducta indigna de un director* behavior unworthy of a director

indio, -a *adj, nm-nf* Indian: *los ~s* the Indians **LOC** *Ver* FILA

indirecta *nf* hint **LOC agarrar/coger la indirecta** to take the hint **echar/lanzar/soltar una indirecta** to drop a hint

indirecto, -a *adj* indirect

indiscreción *nf*: *Fue una ~ por su parte preguntarlo.* She shouldn't have asked. ◊ *si no es* ~ if you don't mind my asking

indiscutible *adj* indisputable

indispensable *adj* essential **LOC lo indispensable** the bare essentials [*v pl*]

indispuesto, -a *adj* (*enfermo*) not well: *No ha venido a clase porque está* ~. He hasn't come to school because he's not well.

individual *adj* individual **LOC** *Ver* CAMA, CHALÉ, HABITACIÓN

individuo, -a *nm-nf* individual

indudable *adj* undoubted **LOC es indudable que...** there is no doubt that...

indulto *nm* pardon: *El juez le concedió el ~.* The judge pardoned him.

industria *nf* industry [*pl* industries]: *~ alimenticia/siderúrgica* food/iron and steel industry

industrial ◆ *adj* industrial ◆ *nmf* industrialist **LOC** *Ver* CANTIDAD

industrialización *nf* industrialization

industrializar ◆ *vt* to industrialize ◆ **industrializarse** *v pron* to become industrialized

inédito, -a *adj* (*desconocido*) previously unknown

ineficaz *adj* **1** (*gen*) ineffective: *un tratamiento ~* ineffective treatment **2** (*persona*) inefficient

ineficiente *adj* (*persona*) inefficient

inercia *nf* inertia **LOC por inercia** through force of habit

inesperado, -a *adj* unexpected

inestable *adj* **1** (*gen*) unstable: *Tiene un carácter muy ~.* He's very unstable. **2** (*tiempo*) changeable

inevitable *adj* inevitable

inexperiencia *nf* inexperience

inexperto, -a *adj* inexperienced

infancia *nf* childhood

infantería *nf* infantry [*v sing o pl*] **LOC infantería de marina** marines [*pl*]

infantil *adj* **1** (*de niño*) children's: *literatura/programación ~* children's books/programs **2** (*inocente*) childlike: *una sonrisa ~* a childlike smile **3** (*peyorativo*) childish, infantile (*más formal*): *No sea ~.* Don't be childish. **LOC** *Ver* JARDÍN

infarto *nm* heart attack

infección *nf* infection

infeccioso, -a *adj* infectious

infectar ◆ *vt* to infect *sth/sb* (***with sth***) ◆ **infectarse** *v pron* to become infected: *Se infectó la herida.* The wound has become infected.

infeliz ◆ *adj* unhappy ◆ *nmf* wretch

inferior *adj* **1** ~ (**a**) (*gen*) inferior (**to *sth/sb***): *de una calidad ~ a la de ustedes* inferior to yours **2** ~ (**a**) (*por debajo*) lower (**than *sth***): *una tasa de natalidad ~ a la del año pasado* a lower birth rate than last year

infidelidad *nf* infidelity [*pl* infidelities]

infiel *adj* unfaithful (***to sth/sb***): *Le ha sido ~.* He has been unfaithful to her.

infierno *nm* hell: *ir al ~* to go to hell

infinidad *nf* (*multitud*) a great many: *una ~ de gente/cosas* a great many people/things

infinito, -a *adj* infinite: *Las posibilidades son infinitas.* The possibilities are infinite. ◇ *Se necesita una paciencia infinita.* You need infinite patience.

inflación *nf* inflation

inflamación *nf* (*Med*) swelling, inflammation (*formal*)

inflamarse *v pron* **1** (*encenderse*) to catch fire: *Se inflamó el depósito de la gasolina.* The gas tank caught fire. **2** (*Med*) to swell: *Se me inflamó un poco el tobillo.* My ankle is a little swollen.

inflar *vt* to blow *sth* up, to inflate (*más formal*): *~ un balón* to blow up a ball

influencia *nf* influence (***on/over sth/sb***): *No tengo ~ sobre él.* I have no influence over him.

influir *vi* ~ **en** to influence *sth/sb* [*vt*]: *No quiero ~ en tu decisión.* I don't want to influence your decision.

información *nf* **1** (*gen*) information (***on/about sth/sb***) [*incontable*]: *pedir ~* to ask for information **2** (*noticias*) news [*sing*]: *La televisión ofrece mucha ~ deportiva.* There's a lot of sports news on television. **3** (*telefónica*) directory assistance [*incontable*] **4** (*recepción*) information desk **LOC** *Ver* OFICINA

informal *adj* (*ropa, acto*) informal: *una reunión ~* an informal gathering

informar ◆ *vt* **1** (*notificar*) to inform *sb* (***of/about sth***): *Debemos ~ a la policía del accidente.* We must inform the police of the accident. **2** (*anunciar*) to announce: *Se informó por radio que...* It was announced on the radio that... ◆ *vi* ~ (**de/acerca de**) (*dar un informe*) to report (**on *sth***): *~ de lo decidido en la reunión* to report on what was decided at the meeting ◆ **informarse** *v pron* **informarse** (**de/sobre/acerca de**) to find out (**about *sth/sb***): *Tengo que ~me de lo sucedido.* I have to find out what happened.

informática *nf* **1** (*gen*) computing **2** (*disciplina*) computer science

informe *nm* **1** (*documento, exposición oral*) report: *el ~ anual de una sociedad* the company's annual report ◇ *un ~ escolar* a school report **2 informes** information [*incontable, v sing*]: *de* *acuerdo con sus ~s* according to their information

infracción *nf* **1** (*gen*) offense: *una ~ de tráfico* a traffic offense **2** (*acuerdo, contrato, regla*) breach **of *sth***: *una ~ de la ley* a breach of the law

infrarrojo, -a *adj* infrared

infundado, -a *adj* unfounded

infundir *vt* **1** (*miedo*) to instill *sth* (***in/into sb***) **2** (*sospechas*) to arouse *sb's suspicions* **3** (*respeto, confianza*) to inspire *sth* (***in sb***)

infusión *nf* herbal tea

ingeniar *vt* to think *sth* up, to devise (*más formal*) **LOC ingeniárselas** to find a way (*to do sth/of doing sth*): *Nos las ingeniamos para entrar en la fiesta.* We found a way to get into the party. ◊ *Ingénieselas como pueda.* You'll have to manage somehow.

ingeniería *nf* engineering

ingeniero, -a *nm-nf* engineer **LOC ingeniero agrónomo** agriculturalist **ingeniero civil** civil engineer

ingenio *nm* **1** (*inventiva*) ingenuity **2** (*humor*) wit **3** (*de azúcar*) sugar mill

ingenioso, -a *adj* **1** (*gen*) ingenious **2** (*perspicaz*) witty

ingenuo, -a *adj, nm-nf* **1** (*inocente*) innocent **2** (*crédulo*) naive [*adj*]: *¡Es un ~!* You're so naive!

ingerir *vt* to consume

Inglaterra *nf* England

ingle *nf* groin

inglés, -esa ◆ *adj, nm* English: *hablar ~* to speak English ◆ *nm-nf* Englishman/woman [*pl* Englishmen/women]: *los ingleses* the English

ingrato, -a *adj* **1** (*persona*) ungrateful **2** (*trabajo, tarea*) thankless

ingrediente *nm* ingredient

ingresar *vi* ~ (**en**) **1** (*Mil, club*) to join *sth* [*vt*]: *~ en el ejército* to join the army **2** (*centro sanitario*): *Ingreso mañana.* I'm going into hospital tomorrow. ◊ *Ingresó en La Paz a las 4.30.* He was admitted to La Paz at 4.30.

ingreso *nm* **1** (*entrada*) **(a)** (*ejército*) enlistment (***in sth***) **(b)** (*organización*) entry (***into sth***): *el ~ de Colombia en el Grupo de Río* Colombia's entry into the Group of Rio **(c)** (*hospital, institución*) admission (***to sth***) **2 ingresos (a)** (*persona, institución*) income [*sing*] **(b)** (*Estado, municipio*) revenue [*sing*]

inhabitado, -a *adj* uninhabited

inhalador *nm* inhaler

inhalar *vt* to inhale

inherente *adj* ~ (**a**) inherent (**in *sth/sb***): *problemas ~s al cargo* problems inherent in the job

inhumano, -a *adj* **1** (*gen*) inhuman **2** (*injusto*) inhumane

iniciación *nf* ~ (**a**) **1** (*gen*) introduction (**to *sth***): *~ a la música* an introduction to music **2** (*rito*) initiation (**into *sth***)

inicial *adj, nf* initial **LOC** *Ver* CUOTA

iniciar *vt* **1** (*comenzar*) to begin: *~ la reunión* to begin the meeting **2** (*conversaciones*) to initiate

iniciativa *nf* initiative: *tener ~* to show initiative ◊ *tomar la ~* to take the initiative **LOC por iniciativa propia** on your own initiative

inicio *nm* **1** (*principio*) beginning: *desde los ~s de su carrera* right from the beginning of his career **2** (*guerra, enfermedad*) outbreak

injusticia *nf* injustice: *Cometieron muchas ~s.* Many injustices were done. **LOC ser una injusticia**: *Es una ~.* It's not fair.

injusto, -a *adj* ~ (**con/para con**) unfair (**on/to *sb***): *Es ~ para con los demás.* It's unfair on the others.

inmaduro, -a *adj, nm-nf* (*persona*) immature [*adj*]

inmediato, -a *adj* **LOC** *Ver* ENTREGA

inmejorable *adj* **1** (*resultado, referencia, tiempo*) excellent **2** (*calidad, nivel*) top **3** (*precio, récord*) unbeatable

inmenso, -a *adj* **1** (*gen*) immense: *de una importancia inmensa* of immense importance **2** (*sentimientos*) great: *una alegría/pena inmensa* great happiness/sorrow **LOC la inmensa mayoría** the vast majority [*pl*]

inmigración *nf* immigration

inmigrado, -a *nm-nf* (*tb* **inmigrante** *nmf*) immigrant

inmigrar *vi* to immigrate

inmoral *adj* immoral

inmortal *adj, nmf* immortal

inmóvil *adj* still: *permanecer ~* to stand still

inmunidad *nf* immunity: *gozar de/tener ~ diplomática* to have diplomatic immunity

inmutarse *v pron*: *No se inmutaron.* They didn't bat an eye.

innato, -a *adj* innate

innovador, ~a *adj* innovative

innumerable *adj* innumerable

inocente ◆ *adj, nmf* innocent: *hacerse*

el ~ to play the innocent ◊ *Soy* ~. I'm innocent. ◆ *adj* **1** (*ingenuo*) naive **2** (*broma*) harmless **LOC** *Ver* DECLARAR, DÍA

inofensivo, -a *adj* harmless

inolvidable *adj* unforgettable

inoportuno, -a *adj* inopportune: *un momento* ~ an inopportune moment **LOC ¡qué inoportuno!** what a nuisance!

inoxidable *adj* (*acero*) stainless

inquieto, -a *adj* **1** (*agitado, activo*) restless: *un niño* ~ a restless child **2** ~ (**por**) (*preocupado*) worried (**about *sth*/*sb***): *Estoy* ~ *por los niños.* I'm worried about the children.

inquietud *nf* **1** (*preocupación*) anxiety **2 inquietudes** interest [*sing*]: *Es una persona sin ~es.* He has no interest in anything.

inquilino, -a *nm-nf* tenant

insatisfecho, -a *adj* dissatisfied (***with sth/sb***)

inscribir ◆ *vt* **1** (*en un registro*) to register: ~ *un nacimiento* to register a birth **2** (*en un curso*) to enroll *sb*: *Voy a* ~ *a mi hijo en el colegio.* I'm going to enroll my son in school. **3** (*grabar*) to inscribe ◆ **inscribirse** *v pron* **1** (*curso*) to enroll (***for/on sth***) **2** (*organización, partido*) to join **3** (*competición, concurso*) to enter

inscripción *nf* **1** (*grabado*) inscription **2 (a)** (*registro*) registration **(b)** (*curso, ejército*) enrollment

insecticida *nm* insecticide

insecto *nm* insect

inseguridad *nf* **1** (*falta de confianza*) insecurity **2** (*tiempo, trabajo, proyecto*) uncertainty [*pl* uncertainties] **LOC inseguridad ciudadana** lack of safety on the streets

inseguro, -a *adj* **1** (*sin confianza en uno mismo*) insecure **2** (*peligroso*) unsafe **3** (*paso, voz*) unsteady

insensible *adj* **1** ~ (**a**) insensitive (**to *sth***): ~ *al frío/sufrimiento* insensitive to cold/suffering **2** (*miembro, nervio*) numb

inservible *adj* useless

insignia *nf* badge

insignificante *adj* insignificant

insinuación *nf* **1** (*sugerencia*) hint **2** (*ofensiva*) insinuation

insinuar *vt* **1** (*sugerir*) to hint: *Insinuó que había aprobado.* He hinted that I'd passed. **2** (*algo desagradable*) to insinuate: *¿Qué insinúa, que miento?* Are you insinuating that I'm lying?

insistente *adj* **1** (*con palabras*) insistent **2** (*actitud*) persistent

insistir *vi* ~ (**en/sobre**) to insist (**on *sth*/*doing sth***): *Insistió en que fuéramos.* He insisted that we go.

insolación *nf* sunstroke [*incontable*]: *meter(se) una* ~ to get sunstroke

insomnio *nm* insomnia

insonorizar *vt* to soundproof

insoportable *adj* unbearable

inspeccionar *vt* to inspect

inspector, ~a *nm-nf* inspector

inspiración *nf* inspiration

inspirado, -a *pp, adj* inspired: *Hoy está* ~. He's feeling inspired today. *Ver tb* INSPIRAR

inspirar ◆ *vt* to inspire (*sb*) (**with *sth***): *Ese médico no me inspira ninguna confianza.* That doctor doesn't inspire me with confidence. ◆ **inspirarse** *v pron* **inspirarse (en)** to get inspiration (**from *sth***): *El autor se inspiró en un hecho real.* The author got his inspiration from a real-life event.

instalación *nf* **1** (*gen*) installation **2 instalaciones** facilities: *instalaciones deportivas* sports facilities **LOC instalación eléctrica** (electrical) wiring

instalar ◆ *vt* to install ◆ **instalarse** *v pron* **1** (*en una ciudad, un país*) to settle (down) **2** (*en una casa*) to move ***into sth***: *Acabamos de ~nos en la nueva casa.* We've just moved into our new house.

instantáneo, -a *adj* instantaneous

instante *nm* moment: *en ese mismo* ~ at that very moment

instinto *nm* instinct **LOC por instinto** instinctively

institución *nf* (*organismo*) institution

instituto *nm* **1** (*gen*) institute **2** (*Educ*) school **LOC instituto técnico** ≃ technical college

instrucción *nf* **1** (*Mil*) training **2 instrucciones** instructions: *instrucciones de uso* instructions for use

instructor, ~a *nm-nf* instructor

instrumental *nm* instruments [*pl*]: *el* ~ *médico* medical instruments

instrumento *nm* instrument

insubordinado, -a *adj* insubordinate (*formal*), rebellious

insuficiencia *nf* **1** (*deficiencia*) inadequacy [*pl* inadequacies] **2** (*Med*) failure: ~ *cardiaca/renal* heart/kidney failure

insuficiente ◆ *adj* **1** (*escaso*) insufficient **2** (*deficiente*) inadequate ◆ *nm* F: *Muchos sacaron ~ en historia.* A lot of people got F's in history.

insultar *vt* to insult

insulto *nm* insult

insuperable *adj* **1** (*hazaña, belleza*) matchless **2** (*dificultad*) insuperable **3** (*calidad, oferta*) unbeatable

insustituible *adj* irreplaceable

intachable *adj* irreproachable

intacto, -a *adj* **1** (*no tocado*) untouched **2** (*no dañado*) intact: *Su reputación permaneció intacta.* His reputation remained intact.

integración *nf* ~ (**en**) integration (**into** ***sth***)

integral *adj* comprehensive: *una reforma* ~ a comprehensive reform ◊ *un programa* ~ a comprehensive program **LOC** *Ver* PAN

integrarse *v pron* ~ (**en**) (*adaptarse*) to integrate (**into** ***sth***)

integridad *nf* integrity

íntegro, -a *adj* whole: *mi sueldo* ~ my whole salary

intelectual *adj, nmf* intellectual **LOC** *Ver* COEFICIENTE

inteligencia *nf* intelligence

inteligente *adj* intelligent

intemperie *nf* **LOC a la intemperie** out in the open

intención *nf* intention: *tener malas intenciones* to have evil intentions **LOC con (mala) intención** maliciously **hacer algo con buena intención** to mean well: *Lo hizo con buena ~.* He meant well. **tener intención de** to intend *to do sth*: *Tenemos ~ de comprar un apartamento.* We intend to buy an apartment.

intencionado, -a *adj* deliberate **LOC bien/mal intencionado** well-meaning/ malicious

intensidad *nf* **1** (*gen*) intensity **2** (*corriente eléctrica, viento, voz*) strength

intensificar(se) *vt, v pron* to intensify

intensivo, -a *adj* intensive **LOC** *Ver* UNIDAD

intenso, -a *adj* **1** (*gen*) intense: *una ola de frío/calor* ~ intense cold/heat **2** (*vigilancia*) close **3** (*negociaciones*) intensive

intentar *vt* to try (*sth/to do sth*): *Inténtelo.* Just try.

intento *nm* attempt **LOC al primer, segundo, etc intento** at the first, second, etc attempt **de intento** on purpose

intercambiar *vt* to exchange, to trade (*coloq*): ~ *prisioneros* to exchange prisoners ◊ ~ *monos* to trade stickers

intercambio *nm* exchange **LOC** *Ver* VIAJE

interceder *vi* ~ (**a favor de/por**) to intervene (**on** ***sb's*** **behalf**): *Intercedieron por mí.* They intervened on my behalf.

interés *nm* **1** ~ (**en/por**) interest (**in** ***sth/ sb***): *La novela ha suscitado un gran ~.* The novel has aroused a lot of interest. ◊ *tener ~ en la política* to be interested in politics ◊ *a un 10% de* ~ at 10% interest **2** (*egoísmo*) self-interest: *Lo hicieron por puro ~.* They did it in their own self-interest. **LOC hacer algo sin ningún interés** to show no interest in sth: *Trabajan sin ningún ~.* They show no interest in their work. *Ver tb* CONFLICTO

interesante *adj* interesting

interesar ◆ *vi* to be interested **in** ***sth/ doing sth***: *Nos interesa el arte.* We're interested in art. ◊ *¿Le interesa participar?* Are you interested in taking part? ◆ *vt* ~ **a algn** (**en algo**) to interest sb (**in sth**): *No consiguió ~ al público en la reforma.* He didn't manage to interest the public in the reforms. ◆ **interesarse** *v pron* **interesarse por 1** (*mostrar interés*) to show (an) interest **in** ***sth***: *El director se interesó por mi obra.* The director showed (an) interest in my work. **2** (*preocuparse*) to ask **after** ***sth/sb***: *Se interesó por mi salud.* He asked after my health.

interferencia *nf* interference [*incontable*]: *Hubo ~s en la emisión.* The program has been affected by interference. ◊ *Hay muchas ~s.* We're getting a lot of interference.

interferir *vi* ~ (**en**) to meddle, to interfere (*más formal*) (**in** ***sth***): *Deje de ~ en mis asuntos.* Stop meddling in my affairs.

interior ◆ *adj* **1** (*gen*) inner: *una habitación* ~ an inner room **2** (*bolsillo*) inside **3** (*comercio, política*) domestic ◆ *nm* interior: *el ~ de un edificio/país* the interior of a building/country **LOC** *Ver* MINISTERIO, MINISTRO, ROPA

interjección *nf* interjection

intermediario, -a *nm-nf* **1** (*mediador*) mediator: *La ONU actuó de intermediaria en el conflicto.* The UN acted as a mediator in the conflict. **2** (*Com*) middleman [*pl* middlemen]

intermedio, -a ◆ *adj* intermediate ◆ *nm* **1** (*Teat*) intermission: *Me encontré con ellos en el ~.* I met them during the intermission. **2** (*Dep*) half-time: *En el ~ iban tres a uno.* The score was three to one at half-time.

interminable *adj* endless

intermunicipal *adj* inter-city: *servicios ~es* inter-city services **LOC** *Ver* CARRETERA

internacional *adj* international

internado *nm* boarding school

internar *vt*: *Lo internaron en el hospital.* He was admitted to hospital. ◊ *Internaron al papá en un ancianato.* They got their father into a home.

interno, -a[1] *adj* **1** (*gen*) internal: *órganos ~s* internal organs **2** (*dentro de un país*) domestic: *comercio ~* domestic trade **3** (*cara, parte*) inner: *la parte interna del muslo* the inner thigh

interno, -a[2] *nm-nf* **1** (*alumno*) boarder **2** (*cárcel*) inmate

interpretación *nf* interpretation

interpretar *vt* **1** (*gen*) to interpret: *~ la ley* to interpret the law **2** (*Cine, Teat, Mús*) to perform

intérprete *nmf* **1** (*gen*) interpreter **2** (*Teat, Cine, Mús*) performer

interrogación *nf* question mark ☛ *Ver págs 314–5.*

interrogar *vt* to question

interrogatorio *nm* interrogation

interrumpir *vt* **1** (*gen*) to interrupt: *~ la emisión* to interrupt a program ◊ *No me interrumpa.* Don't interrupt me. **2** (*tráfico, clase*) to disrupt: *Las obras interrumpirán el tráfico.* The roadworks will disrupt the traffic.

interruptor *nm* switch

intervalo *nm* interval: *a ~s de media hora* at half-hourly intervals

intervenir ◆ *vi* **1** ~ **(en)** to intervene (**in** ***sth***): *Tuvo que ~ la policía.* The police had to intervene. **2** (*hablar*) to speak ◆ *vt* (*operar*) to operate (**on** ***sb***)

intestino *nm* intestine: *~ delgado/grueso* small/large intestine

intimidad *nf* (*vida privada*) private life: *No le gusta que se metan en su ~.* He doesn't like people interfering in his private life. ◊ *el derecho a la ~* the right to privacy

íntimo, -a *adj* **1** (*gen*) intimate: *una conversación íntima* an intimate conversation **2** (*amistad, relación*) close: *Son ~s amigos.* They're very close friends.

intolerable *adj* intolerable

intriga *nf* **1** (*película, novela*) suspense: *una película con mucha ~* a movie with lots of suspense **2** (*enredo*): *~s políticas* political intrigues

intrigar *vt* to intrigue: *Ahora me intriga.* I'm intrigued now.

introducción *nf* introduction: *una ~ a la música* an introduction to music

introducir *vt* to put *sth* in, to put *sth* ***into sth***, to insert (*más formal*): *Introduzca la moneda en la ranura.* Insert the coin in the slot.

introvertido, -a ◆ *adj* introverted ◆ *nm-nf* introvert

intruso, -a *nm-nf* intruder

intuición *nf* intuition: *Contesté por ~.* I answered intuitively.

intuir *vt* to sense

inundación *nf* flood

inundar ◆ *vt* to flood ◆ **inundarse** *v pron* **1** (*mojarse*) to flood: *Se inundaron los campos.* The fields flooded. **2** (*motor*) to stall: *Se me inundó el carro.* I stalled the car.

inútil ◆ *adj* useless: *cacharros ~es* useless junk ◊ *Es un esfuerzo ~.* It's a waste of time. ◆ *nmf* good-for-nothing **LOC es inútil (que...)**: *Es ~ que intentes convencerlo.* It's pointless trying to convince him. ◊ *Es ~ que grites.* There's no point in shouting.

invadir *vt* to invade

inválido, -a ◆ *adj* (*Med*) disabled ◆ *nm-nf* disabled person

invasión *nf* **1** (*de un país, etc*) invasion **2** (*barrio*) shanty town

invasor, ~a ◆ *adj* invading ◆ *nm-nf* invader

invencible *adj* invincible

inventar ◆ *vt* (*descubrir*) to invent: *Gutenberg inventó la imprenta.* Gutenberg invented the printing press. ◆ **inventar(se)** *vt, v pron* to make *sth* up: *~(se) una excusa* to make up an excuse ◊ *Te lo inventaste.* You've made that up.

invento *nm* invention: *Esto es un ~ mío.* This is an invention of mine.

inventor, ~a *nm-nf* inventor

invernadero *nm* greenhouse **LOC** *Ver* EFECTO

inversión *nf* (*Fin*) investment

inverso, -a *adj* **1** (*proporción*) inverse **2** (*orden*) reverse **3** (*dirección*) opposite: *en sentido ~ a la rotación* in the opposite direction from the rotation **LOC a la inversa** the other way round

invirtebrado, -a *adj, nm* invertebrate

invertir *vt* (*tiempo, dinero*) to invest: *Invirtieron diez millones en la compañía.* They've invested ten million pesos in the company.

investigación *nf* ~ (**de/sobre**) **1** (*gen*) investigation (**into** ***sth***): *Habrá una ~ sobre el accidente.* There'll be an investigation into the accident. **2** (*científica, académica*) research [*incontable*] (**into/on** ***sth***): *Están haciendo un trabajo de ~ sobre la malaria.* They're doing research on malaria.

investigador, ~a *nm-nf* **1** (*gen*) investigator **2** (*científico, académico*) researcher LOC **investigador privado** private detective

investigar *vt, vi* **1** (*gen*) to investigate: *~ un caso* to investigate a case **2** (*científico, académico*) to do research (***into/on sth***): *Están investigando sobre el virus del sida.* They're doing research on the AIDS virus.

invierno *nm* **1** (*gen*) winter: *ropa de ~* winter clothes ◊ *Nunca uso la bicicleta en ~.* I never ride my bicyle in the winter. **2** (*en los países tropicales*) rainy season

invisible *adj* invisible

invitación *nf* invitation (***to sth/to do sth***)

invitado, -a *pp, adj, nm-nf* guest [*n*]: *el artista ~* the guest artist ◊ *Los ~s llegarán a las siete.* The guests will arrive at seven. LOC *Ver* ESTRELLA; *Ver tb* INVITAR

invitar ◆ *vt* to invite *sb* (***to sth/to do sth***): *Me invitó a su fiesta de cumpleaños.* She's invited me to her birthday party. ◆ *vi* (*pagar*): *Invito yo.* I'll get this one. ◊ *Invita la casa.* It's on the house.

inyección *nf* injection: *poner una ~ a algn* to give sb an injection

inyectar *vt* to give *sb* an injection

ir ◆ *vi* **1** (*gen*) to go: *Van a Roma.* They're going to Rome. ◊ *ir en carro/tren/avión* to go by car/train/plane ◊ *ir a pie* to go on foot ◊ *¿Cómo te va (con tu novio)?* How's it going (with your boyfriend)? ◊ *¿Cómo van las cosas?* How are things going? **2** (*estar, haber diferencia*) to be: *Ibamos cansados.* We were tired. ◊ *ir bien/mal vestido* to be well/badly dressed ◊ *¡Lo que va de un hermano a otro!* It's amazing the difference between the two brothers. ◆ *v aux* **1** ~ **a hacer algo (a)** (*gen*) to be going **to do sth**: *Vamos a vender la casa.* We're going to sell the house. ◊ *Ibamos a comer cuando sonó el teléfono.* We were just going to eat when the phone rang. **(b)** (*en órdenes*) to go **and do sth**: *Ve a hablar con tu papá.* Go and talk to your father. **(c)** (*en sugerencias*): *¡Vamos a comer!* Let's go and eat! ◊ *¡Vamos a ver!* Let's see! **2** ~ **haciendo algo** to start **doing sth**: *Vayan preparando la mesa.* Start laying the table. ◆ **irse** *v pron* **1** (*marcharse*) to leave: *Mañana me voy para España.* I'm leaving for Spain tomorrow. ◊ *irse de la casa* to leave home **2** (*mancha, luz, dolor*) to go: *Se fue la luz.* The electricity's gone (off). **3** (*líquido, gas*) to leak LOC **(a mí) ni me va ni me viene** that's nothing to do with me, you, etc **ir a dar a** (*calle*) to lead to *sth*: *Este camino va a dar al pueblo.* This track leads to the town. **ir a lo suyo** to mind your own business: *Ve a lo tuyo.* Mind your own business. **ir con** (*combinar*) to go with *sth*: *Esas medias no van con estos zapatos.* Those socks don't go with these shoes. **ir de** to be dressed as *sth/sb*/in *sth*: *Iba de payaso.* I was dressed as a clown. ◊ *ir de azul* to be dressed in blue **ir por 1** (*traer*) to go and get *sth/sb*: *Tengo que ~ por pan.* I have to go and get some bread. **2** (*llegar*) to be up to *sth*: *Voy por la página 100.* I'm up to page 100. **¡qué va!** no way! **¡vamos!** come on!: *¡Vamos, que perdemos el tren!* Come on or we'll miss the train! **¡(ya) voy!** coming! ☛ Para otras expresiones con **ir**, véanse las entradas del sustantivo, adjetivo, etc, p.ej. **ir empatados** en EMPATADO e **ir al grano** en GRANO.

iris *nm* iris LOC *Ver* ARCO

Irlanda *nf* Ireland LOC **Irlanda del Norte** Northern Ireland

irlandés, -esa ◆ *adj, nm* Irish: *hablar ~* to speak Irish ◆ *nm-nf* Irishman/woman [*pl* Irishmen/women]: *los irlandeses* the Irish

ironía *nf* irony [*pl* ironies]: *una de las ~s de la vida* one of life's little ironies

irónico, -a *adj* ironic

irracional *adj* irrational: *un miedo ~* irrational fear

irreal *adj* unreal

irreconocible *adj* unrecognizable: *Estaba ~ con ese disfraz.* He was unrecognizable in that disguise. ◊ *Ultimamente está ~, siempre sonriendo.* She's been a changed woman recently; she's always smiling.

irregular *adj* **1** (*gen*) irregular: *verbos ~es* irregular verbs ◊ *un latido ~* an irregular heartbeat **2** (*anormal*) abnormal: *una situación ~* an abnormal situation

irremediable *adj* irreparable: *una pérdida/un error ~* an irreparable loss/mistake ◊ *Eso ya es ~*. Nothing can be done about it now.

irreparable *adj* irreparable

irrepetible *adj* (*excelente*) unique: *una experiencia/obra de arte ~* a unique experience/work of art

irresistible *adj* irresistible: *un atractivo/una fuerza ~* an irresistible attraction/force ◊ *Tenían unas ganas ~s de verse.* They were dying to see each other.

irrespetuoso, -a *adj* ~ **con/para con** disrespectful (**to/toward** ***sth/sb***)

irresponsable *adj, nmf* irresponsible [*adj*]: *¡Eres un ~!* You're so irresponsible!

irreversible *adj* irreversible

irritar ◆ *vt* to irritate ◆ **irritarse** *v pron* (*Med*) to get irritated

irrompible *adj* unbreakable

isla *nf* island: *las Islas Galápagos* the Galapagos Islands **LOC isla desierta** desert island **las Islas Británicas** the British Isles

islámico, -a *adj* Islamic

isleño, -a *nm-nf* islander

isósceles *adj* **LOC** *Ver* TRIÁNGULO

istmo *nm* isthmus [*pl* isthmuses]: *el ~ de Panamá* the Isthmus of Panama

Italia *nf* Italy

italiano, -a *adj, nm-nf, nm* Italian: *los ~s* the Italians ◊ *hablar ~* to speak Italian **LOC** *Ver* CAFETERA

itinerario *nm* itinerary [*pl* itineraries], route (*más coloq*)

IVA *nm* sales tax

izquierdo, -a ◆ *adj* left: *Me rompí el brazo ~.* I've broken my left arm. ◊ *la orilla izquierda del Sena* the left bank of the Seine ◆ **izquierda** *nf* left: *Siga por la izquierda.* Keep left. ◊ *manejar por la izquierda* to drive on the left ◊ *la casa de la izquierda* the house on the left ◊ *La carretera se desvía hacia la izquierda.* The road bears left. **LOC de izquierda** left-wing: *grupos de izquierda* left-wing groups **la izquierda** (*Pol*) the Left [*v sing o pl*]: *La izquierda ganó las elecciones.* The Left has won the election. *Ver tb* CERO, LEVANTAR, MANO

Jj

¡ja! *interj* ha! ha!

jabalí, -ina *nm-nf* wild boar [*pl* wild boar]

jabalina *nf* (*Dep*) javelin: *lanzamiento de ~* javelin throwing

jabón *nm* soap [*incontable*]: *una pasta de ~* a bar of soap ◊ *~ de afeitar* shaving soap **LOC jabón lavaplatos** washing-up liquid *Ver tb* PAN

jabonar(se) *vt, v pron Ver* ENJABONAR(SE)

jabonera *nf* soap dish

jacinto *nm* hyacinth

jadear *vi* to pant

jaguar *nm* jaguar

jalado, -a *pp, adj* drunk *Ver tb* JALAR

jalador, ~a *nm-nf* car thief

jalar *vt Ver* HALAR

jalea *nf* **LOC jalea real** royal jelly

jamás *adv* never: *~ he conocido a alguien así.* I've never known anyone like him. ☛ *Ver nota en* ALWAYS **LOC** *Ver* NUNCA

jamón *nm* ham **LOC jamón dulce** cooked ham

Japón *nm* Japan

japonés, -esa ◆ *adj, nm* Japanese: *hablar ~* to speak Japanese ◆ *nm-nf* Japanese man/woman [*pl* Japanese men/women]: *los japoneses* the Japanese

jaque *nm* check **LOC jaque mate** checkmate: *dar/hacer ~ mate* to checkmate

jaqueca *nf* migraine

jarabe *nm* mixture: *~ para la tos* cough syrup

jardín *nm* garden **LOC jardín infantil** nursery school

jardinera *nf* (*para plantas*) window box

jardinería *nf* gardening

jardinero, -a *nm-nf* gardener

jarra *nf* pitcher

jarro *nm* (large) pitcher **LOC jarro de cerveza** beer mug

jarrón *nm* vase

jartera *nf* **1** (*gen*) drag: *Tengo ~ de levantarme hoy.* I can't be bothered to get up today. ◊ *Se quedó todo el día en la casa, muerta de la ~.* She spent the whole day at home, bored stiff. ◊ *Mañana comienzan los exámenes. ¡Qué ~!* Final exams start tomorrow. What a drag! ◊ *¡Qué ~ de película!* What a boring movie! **2** (*persona*) bore: *Ese tipo es una ~.* What a bore that man is!

jarto, -a *adj* **1** ~ **(de/con)** (*hastiado*) fed up (**with *sth/sb/doing sth***): *Estoy ~ de viajar en bus.* I'm fed up with traveling by bus. **2** (*aburrido*) boring: *Qué novela tan jarta.* What a boring novel! **3** (*molesto*) annoying: *Es muy ~ tener que esperar.* It's very annoying to have to wait.

jaula *nf* cage

jefatura *nf* **1** (*oficina central*) headquarters (*abrev* HQ) [*v sing o pl*]: *La ~ está al final de la calle.* The headquarters is/are at the end of the street. **2** (*cargo, dirección*) leadership

jefe, -a *nm-nf* **1** (*superior*) boss: *ser el ~* to be the boss **2** (*de una institución*) head: *~ de departamento/estado* head of department/state **3** (*de una asociación*) leader: *el ~ de un partido* the party leader **4** (*de una tribu*) chief **LOC jefe de estación** station master **jefe de policía** police chief

jerarquía *nf* hierarchy [*pl* hierarchies]

jerez *nm* sherry

jeringa *nf* (*Med*) syringe

jeroglífico *nm* hieroglyph

Jesucristo *n pr* Jesus Christ

jesuita *adj, nm* Jesuit

Jesús *n pr* **LOC ¡Jesús!** (*sorpresa*) good heavens!

jeta *nf* gob **LOC** *Ver* ROMPER

jinete *nmf* **1** (*persona que va a caballo*) rider **2** (*jockey*) jockey [*pl* jockeys]

jirafa *nf* giraffe

jockey *nmf* jockey [*pl* jockeys]

jolgorio *nm* celebrations [*pl*]: *El ~ continuó hasta bien entrada la noche.* The celebrations continued till well into the night.

jornada *nf* **1** (*gen*) day [*pl* days]: *una ~ de ocho horas* an eight-hour day ◊ *al final de la ~* at the end of the day **2 jornadas** (*congreso*) conference [*sing*] **LOC jornada continua**: *un colegio de ~ continua* a school where they don't have a lunch break **jornada laboral** working day

jornalero, -a *nm-nf* casual laborer

joroba *nf* hump

jorobado, -a ◆ *pp, adj* hunched ◆ *nm-nf* hunchback *Ver tb* JOROBAR

jorobar *vt* to get on *sb's* nerves

jota *nf* (*Naipes*) jack ☛ *Ver nota en* BARAJA **LOC no decir ni jota** not to say a word **no saber ni jota** not to know a thing (*about sth*): *No sé ni ~ de francés.* I don't know a word of French. *Ver tb* ENTENDER

joven ◆ *adj* young ◆ *nmf* **1** (*muchacho*) young man **2** (*muchacha*) girl, young woman (*más formal*) **3 jóvenes** young people

joya *nf* **1** (*gen*) jewelry [*incontable, v sing*]: *Las ~s estaban en la caja fuerte.* The jewelry was in the safe. ◊ *~s robadas* stolen jewelry **2** (*cosa, persona*) treasure: *Eres una ~.* You're a treasure.

joyería *nf* jewelry store

joyero, -a ◆ *nm-nf* jeweler ◆ *nm* jewelry box

juagada *nf* **LOC meterse/pegarse una juagada** to get soaked

juagado, -a *pp, adj* **LOC estar juagado de la risa** to kill yourself laughing: *¡Estábamos ~s de la risa con esa película!* That movie had us in stitches. *Ver tb* JUAGAR(SE)

juagar(se) *vt, v pron* to rinse: *Juáguese bien las manos.* Rinse your hands well. ◊ *Juáguese (la boca).* Rinse (your mouth) out.

juanete *nm* bunion

jubilación *nf* **1** (*retiro*) retirement **2** (*pensión*) pension

jubilado, -a ◆ *pp, adj* retired: *estar ~* to be retired ◆ *nm-nf* senior citizen

jubilarse *v pron* to retire

judaísmo *nm* Judaism

judicial *adj* **LOC** *Ver* PODER^2

judío, -a ◆ *adj* Jewish ◆ *nm-nf* Jew

judo *nm* judo

juego *nm* **1** (*gen*) game: *~ de cartas* card game ◊ *El tenista español gana tres ~s a uno.* The Spanish player is winning by three games to one. **2** (*azar*) gambling **3** (*conjunto*) set: *~ de llaves* set of keys

LOC estar (algo) en juego to be at stake **hacer juego (con)** to match: *Los aretes hacen ~ con el collar.* The earrings match the necklace. ◊ *La falda y la chaqueta hacen ~.* Her skirt and jacket match. **juego de alcoba** bedroom suite **juego de azar** game of chance **juego de cama** bedding **juego de mesa/salón** board game **juego de niños** child's play **juego de palabras** pun **juego limpio/ sucio** fair/foul play **Juegos Olímpicos** Olympic Games **poner en juego** to put *sth* at stake *Ver tb* CAMPO, FUERA, TERRENO

juerga *nf*: *Montamos una gran ~ el día de la boda.* We had a big party on the day of the wedding. **LOC ir(se) de juerga** to go out

jueves *nm* Thursday [*pl* Thursdays] (*abrev* Thur(s)) ☛ *Ver ejemplos en* LUNES **LOC Jueves Santo** Holy Thursday

juez *nmf* judge

jugada *nf* move **LOC hacerle una mala jugada a algn** to play a dirty trick on sb

jugador, ~a *nm-nf* **1** (*competidor*) player **2** (*que apuesta*) gambler

jugar ◆ *vt* **1** (*gen*) to play: *~ un partido de fútbol/una partida de cartas* to play a game of soccer/cards ◊ *El trabajo juega un papel importante en mi vida.* Work plays an important part in my life. **2** (*dinero*) to put *money* ***on sth***: *~ 30.000 pesos a un caballo* to put 30,000 pesos on a horse ◆ *vi* **1** (*gen*) to play: *~ a las muñecas* to play with dolls **2** (*apostar*) to gamble ◆ **jugarse** *v pron* **1** (*apostar*) to gamble *sth* (away) **2** (*arriesgarse*) to risk: *~se la vida* to risk your life **LOC jugar la lotería** to buy a lottery ticket **jugar limpio/sucio** to play fair/ dirty *Ver tb* LAZO, PASADA, PELLEJO

jugarreta *nf* **LOC hacer una jugarreta** to play a dirty trick *on sb*

jugo *nm* **1** (*gen*) juice: *~ de piña* pineapple juice **2** (*salsa*) gravy **LOC sacarle el jugo a algo** to get the most out of sth

jugoso, -a *adj* **1** (*gen*) juicy **2** (*carne*) succulent

juguete *nm* toy [*pl* toys] **LOC de juguete** toy: *camión de ~* toy truck

juguetería *nf* toy store

juguetón, -ona *adj* playful

juicio *nm* **1** (*cualidad*) judg(e)ment: *Confío en el ~ de las personas.* I trust people's judg(e)ment. **2** (*sensatez*) (common) sense: *Careces totalmente de ~.* You're totally lacking in common sense. **3** (*opinión*) opinion: *emitir un ~* to give an opinion **4** (*Jur*) trial **LOC a mi juicio** in my, your, etc opinion **llevar a juicio** to take *sth/sb* to court *Ver tb* MUELA, PERDER, SANO

juicioso, -a *adj* **1** (*comportamiento*) well behaved **2** (*serio, responsable*) conscientious: *un estudiante ~* a conscientious student

julio *nm* July (*abrev* Jul) ☛ *Ver ejemplos en* ENERO

jungla *nf* jungle

junio *nm* June (*abrev* Jun) ☛ *Ver ejemplos en* ENERO

juntar *vt* **1** (*poner juntos*) to put *sth/sb* together: *¿Juntamos las mesas?* Should we put the tables together? **2** (*unir*) to join *sth* (together): *Junté los dos trozos.* I've joined the two pieces (together). **3** (*reunir*) to get *people* together

junto, -a ◆ *adj* **1** (*gen*) together: *todos ~s* all together ◊ *Siempre estudiamos ~s.* We always study together. **2** (*cerca*) close together: *Los árboles están muy ~s.* The trees are very close together. ◆ *adv* **1** ~ **a** next to: *El teatro está ~ al café.* The movie theater is next to the café. **2** ~ **con** with

Júpiter *nm* Jupiter

jurado *nm* jury [*v sing o pl*] [*pl* juries]: *El ~ salió para deliberar.* The jury retired to consider its verdict.

juramento *nm* oath [*pl* oaths] **LOC** *Ver* PRESTAR

jurar *vt, vi* to swear **LOC jurar bandera** to swear allegiance to the flag **jurar lealtad a algo/algn** to swear allegiance to sth/sb

jurgo *nm* awful lot (***of sth***): *un ~ de plata* an awful lot of money ◊ *Se aprende un ~.* You learn an awful lot.

justicia *nf* **1** (*gen*) justice: *Espero que se haga ~.* I hope justice is done. **2** (*organización estatal*) law: *No te tomes la ~ por tu cuenta.* Don't take the law into your own hands.

justificar *vt* to justify

justo, -a ◆ *adj* **1** (*razonable*) fair: *una decisión justa* a fair decision **2** (*correcto, exacto*) right: *el precio ~* the right price **3** (*apretado*) tight: *Esta falda me queda muy justa.* This skirt is too tight for me. **4 justos** (*suficientes*) just enough: *Tenemos los platos ~s.* We have just enough plates. ◆ *adv* just, exactly (*formal*): *Lo encontré ~ donde dijiste.* I found it just where you told me. **LOC justo cuando...** just as...: *Llegaron ~ cuando nos íbamos.* They arrived just as we were leaving.

juvenil *adj* **1** (*carácter*) youthful: *la moda ~* young people's fashion **2** (*Dep*) junior **LOC** *Ver* DELINCUENCIA

juventud *nf* **1** (*edad*) youth **2** (*los jóvenes*) young people [*pl*]: *A la ~ de hoy en día le gusta tener libertad.* The young people of today like to have their freedom.

juzgado *nm* court

juzgar *vt* to judge **LOC juzgar mal** to misjudge

Kk

karate *nm* karate: *hacer ~* to do karate

kart *nm* go-kart

kilo (*tb* **kilogramo**) *nm* kilogram (*abrev* kg) ☛ *Ver Apéndice 1.*

kilómetro *nm* kilometer (*abrev* km) ☛ *Ver Apéndice 1.*

kilovatio *nm* kilowatt (*abrev* kw)

kimono *nm Ver* QUIMONO

kinder *nm* kindergarten

kiosco *nm Ver* QUIOSCO

kiwi *nm* kiwi fruit [*pl* kiwi fruit]

kleenex® *nm* kleenex®

koala *nm* koala (bear)

Ll

la¹ ◆ *art def* the: *La casa es vieja.* The house is old. ☛ *Ver nota en* THE ◆ *pron pers* **1** (*ella*) her: *La sorprendió.* It surprised her. **2** (*cosa*) it: *Déjame que la vea.* Let me see it. **3** (*usted*) you **LOC la de/que...** *Ver* EL

la² *nm* **1** (*nota de la escala*) la **2** (*tonalidad*) A: *la menor* A minor

laberinto *nm* **1** (*gen*) maze **2** (*fig*) labyrinth

labial *nm* lipstick

labio *nm* lip **LOC** *Ver* LEER, PINTAR

labor *nf* **1** (*trabajo*) work [*incontable*]: *Llevaron a cabo una gran ~.* They did some great work. **2** (*de coser*) needlework [*incontable*] **3** (*de punto*) knitting [*incontable*] **LOC labores domésticas** housework [*incontable, v sing*]

laborable *adj* working: *los días ~s* working days

laboratorio *nm* laboratory [*pl* laboratories], lab (*más coloq*)

labrador, ~a *nm-nf* **1** (*propietario*) small farmer **2** (*jornalero*) farm laborer

laca *nf* lacquer [*incontable*]

lacra *nf* (*persona*) degenerate

lacrimógeno, -a *adj* **LOC** *Ver* GAS

lácteo, -a *adj* **LOC** *Ver* VÍA

ladera *nf* hillside

lado *nm* **1** (*gen*) side: *Un triángulo tiene tres ~s.* A triangle has three sides. ◊ *ver el ~ bueno de las cosas* to look on the bright side **2** (*lugar*) place: *de un ~ para otro* from one place to another ◊ *¿Nos vamos a otro ~?* Should we go somewhere else? ◊ *en algún/ningún ~* somewhere/nowhere **3** (*dirección*) way: *Fueron por otro ~.* They went a different way. ◊ *mirar a todos ~s* to look in all directions ◊ *Se fueron cada uno por su ~.* They all went their separate ways. **LOC al lado 1** (*cerca*) really close: *Está aquí al ~.* It's really close. **2** (*contiguo*) next door: *el edificio de al ~* the building next door ◊ *los vecinos de al ~* the next-door neighbors **al lado de** next to *sth/sb*: *Se sentó al ~ de su amiga.* She sat down next to her friend. ◊ *Ponte a mi ~.* Stand next to me. **de lado** sideways: *ponerse de ~* to turn sideways **estar/ponerse del lado de algn** to be on/take sb's side: *¿De qué ~ estás?* Whose side are you on? **por un lado...por otro (lado)** on the one hand...on the other (hand) *Ver tb* OTRO

ladrar *vi* to bark (***at sb/sth***): *El perro no dejaba de ~nos.* The dog wouldn't stop barking at us. **LOC** *Ver* PERRO

ladrillo *nm* brick

ladrón, -ona *nm-nf* **1** (*gen*) thief [*pl* thieves]: *Los de esa tienda son unos ladrones.* They're a bunch of thieves at that store. **2** (*en una casa*) burglar **3** (*en un banco*) robber ☛ *Ver nota en* THIEF

lagaña *nf* sleep [*incontable*]: *Tienes los ojos llenos de ~s.* Your eyes are full of sleep. **LOC no es cualquier lagaña de mico** it's not to be sneezed at

lagartija *nf* small lizard

lagarto, -a *nm-nf* **1** (*Zool*) lizard **2** (*persona*) crawler

lago *nm* lake

lágrima *nf* tear **LOC lágrimas de cocodrilo** crocodile tears *Ver tb* DERRAMAR(SE), LLORAR

laguna *nf* **1** (*lago*) (small) lake **2** (*omisión*) gap

lama *nf* slime

lamber (*tb* **lamer**) ◆ *vt* (*con la lengua*) to lick ◆ *vi* (*lambonear*) to brown-nose: *No le lambas que no lo convencerás.* It's no good brown-nosing him; you won't persuade him. ◊ *Lamba bastante y le darán el puesto.* Brown-nose enough and they'll give you the job.

lamentable *adj* **1** (*aspecto, condición*) pitiful **2** (*desafortunado*) regrettable: *Es ~ que...* It's regrettable that...

lamentar ◆ *vt* to regret ***sth/doing sth/to do sth***: *Lamentamos haberles causado tanto trastorno.* We regret having caused you so much trouble. ◊ *Lamentamos comunicarle que...* We regret to inform you that... ◊ *Lo lamento mucho.* I am terribly sorry. ◆ **lamentarse** *v pron* to complain (***about sth***): *Ahora no sirve de nada ~se.* It's no use complaining now.

lámina *nf* **1** (*hoja*) sheet **2** (*ilustración*) plate: *~s en color* color plates

laminar *vt* to laminate

lámpara *nf* **1** (*interna*) lamp: *una ~ de escritorio* a desk lamp **2** (*calle*) street lamp **LOC lámpara de pie** floor lamp

lana *nf* **1** (*material*) wool **2** (*plata*) dough **LOC de lana** woolen: *un suéter de ~* a woolen sweater **lana virgen** new wool

lanar *adj* **LOC** *Ver* GANADO

lancha *nf* launch **LOC lancha de motor** motor boat

langosta *nf* **1** (*de mar*) lobster **2** (*insecto*) locust

langostino *nm* jumbo shrimp [*pl* jumbo shrimp]

lánguido, -a *adj* languid

lanza *nf* spear

lanzamiento *nm* **1** (*misil, satélite, producto*) launch: *el ~ de su nuevo disco* the launch of their new album **2** (*bomba*) dropping **3** (*Dep*) throw: *Su último ~ fue el mejor.* His last throw was the best one.

lanzar ◆ *vt* **1** (*en un juego o deporte*) to throw *sth* **to sb**: *Lánzale la pelota a tu compañero.* Throw the ball to your team mate. **2** (*con intención de hacer daño*) to throw *sth* **at sb** ☛ *Ver nota en* THROW[1] **3** (*misil, producto*) to launch **4** (*bomba*) to drop ◆ **lanzarse** *v pron* **1** (*arrojarse*) to throw yourself: *Me lancé al agua.* I threw myself into the water. **2 lanzarse sobre** to pounce **on** ***sth/sb***: *Se lanzaron sobre mí/el dinero.* They pounced on me/the money. **LOC** *Ver* INDIRECTA, PARACAÍDAS

lapicero *nm* (ballpoint) pen

lápida *nf* gravestone

lápiz *nm* pencil: *lápices de colores* colored pencils **LOC a lápiz** in pencil

largarse *v pron* **1** (*irse*) to clear off **2** ~ **a** to start **doing sth/to do sth**

largo, -a ◆ *adj* long: *El abrigo te queda muy ~.* That coat is too long for you. ◆ *nm* length: *¿Cuánto mide de ~?* How long is it? ◊ *Tiene cincuenta metros de ~.* It's fifty meters long. **LOC a lo largo** lengthwise **a lo largo de 1** (*referido a espacio*) along... **2** (*referido a tiempo*) throughout...: *a lo ~ del día* throughout the day **es largo de contar** it's a long story **hacerse largo** to drag: *El día se me está haciendo muy ~.* Today is really dragging. **¡largo (de aquí)!** clear off! **pasar de largo** to go straight past *sth/sb* **tener para largo**: *Yo acá tengo para ~.* I'm going to be a while. *Ver tb* LLAMADA

las *art def, pron pers Ver* LOS

lasaña *nf* lasagne

láser *nm* laser **LOC** *Ver* RAYO

lástima *nf*: *¡Qué ~!* That's too bad! ◊ *Es una ~ botarlo.* It's a shame to throw it away. **LOC dar lástima 1** (*persona*) to feel sorry *for sb*: *Esos niños me dan mucha ~.* I feel very sorry for those children. **2** (*cosa, situación*): *Me da ~ que se tengan que ir.* I'm sorry you have to go.

lastimar *vt* to hurt

lata *nf* **1** (*envase*) can **2** (*de hornear*) baking tray [*pl* baking trays] **3** (*material*) tin **4** (*molestia*) pain: *¡Qué ~!* What a pain! **LOC a la lata** very fast **dar lata 1** (*molestar*) to be a pain: *¡Cuánta ~ das!* What a pain you are! **2** (*pedir con insistencia*) to pester: *Nos estuvo dando ~ para que le compráramos la bicicleta.* He kept pestering us to get him the bike.

lateral *adj, nm* side [*n*]: *una calle ~* a side street

latido *nm* (*corazón*) (heart)beat

latifundio *nm* large estate

latigazo *nm* **1** (*golpe*) lash **2** (*chasquido*) crack

látigo *nm* whip

latín *nm* Latin

latino, -a *adj* Latin: *la gramática latina* Latin grammar ◊ *el temperamento ~* the Latin temperament

latir *vi* to beat

latitud *nf* latitude

latonería *nf* bodywork

latoso, -a ◆ *adj* **1** (*molesto*) annoying: *¡Que niño más ~!* That kid is such a pain! **2** (*aburrido*) dull ◆ *nm-nf* (*persona molesta*) pain

laurel *nm* **1** (*Cocina*) bay leaf [*pl* bay leaves]: *una hoja de ~* a bay leaf ◊ *No tengo ~.* I don't have any bay leaves. **2** (*árbol*) bay tree

lava *nf* lava

lavada *nf* wash: *Hago dos ~s al día.* I do two washes a day. **LOC lavada en seco** dry cleaning *Ver tb* PEGAR

lavadero *nm* **1** (*edificio*) wash-house **2** (*tina*) sink

lavado *nm* **LOC lavado de dinero** laundering

lavadora *nf* **1** (*de ropa*) washing machine **2** (*de platos*) dishwasher

lavamanos *nm* (bathroom) sink

lavanda *nf* lavender

lavandería *nf* dry-cleaner's [*pl* dry-cleaners]

lavaplatos *nm* sink **LOC lavaplatos eléctrico** dishwasher

lavar ◆ *vt* to wash: *~ la ropa* to wash your clothes ◆ **lavarse** *v pron* **1** (*con la lluvia*) to get drenched **2** (*bañarse*) to wash: *~se los pies* to wash your feet ◊ *Lávate bien la cara.* Wash your face well. **LOC lavar a mano** to wash *sth* by hand **lavar en seco** to dry clean **lavar la loza/los platos/trastes** to do the dishes **lavarse la cabeza** to wash your hair **lavarse los dientes** to brush your teeth

laxante *adj, nm* laxative

lazo *nm* **1** (*cuerda*) rope **2** (*de amistad, familia*) bond: *Me unen ~s muy fuertes con mi hermano.* There is a strong bond between my brother and me. **3** (*moño*) bow: *una blusa con ~s rojos* a blouse with red bows **4** (*cinta*) ribbon **5** (*juego*) jumping rope **6** (*cuerda*) skipping rope **LOC jugar/saltar lazo** to jump rope: *Están saltando ~.* They are jumping rope.

le *pron pers* **1** (*él/ella/ello*) **(a)** (*complemento*): *Le compramos la casa.* We bought our house from him/her. ◊ *Vi a mi jefa pero no le hablé.* I saw my boss but I didn't speak to her. ◊ *Le vamos a comprar un vestido.* We're going to buy her a dress. ◊ *No le des importancia.* Ignore it. **(b)** (*partes del cuerpo, efectos personales*): *Le quitaron la cédula.* They took away his identity card. ◊ *Le arreglaron la falda.* She's had her skirt repaired. **2** (*usted*) **(a)** (*complemento*) you: *Le hice una pregunta.* I asked you a question. **(b)** (*partes del cuerpo, efectos personales*): *Tenga cuidado, o le robarán el bolso.* Be careful or they'll steal your bag.

leal *adj* **1** (*persona*) loyal (***to sth/sb***) **2** (*animal*) faithful (***to sb***)

lealtad *nf* loyalty (***to sth/sb***) **LOC con lealtad** loyally *Ver tb* JURAR

lección *nf* lesson **LOC preguntar/tomar la lección** to test *sb* (*on sth*): *Repasa los verbos, que luego te tomaré la ~.* Revise your verbs and then I'll test you (on them).

leche *nf* milk: *Se nos acabó la ~.* We've run out of milk. ◊ *¿Compro ~?* Should I get some milk? **LOC leche condensada** condensed milk **leche descremada/entera** skim/whole milk **leche en polvo** powdered milk *Ver tb* ARROZ, CREMA, DIENTE, HIDRATANTE, LECHE

lechero, -a ◆ *adj* dairy [*n atrib*]: *una vaca lechera* a dairy cow ◆ *nm-nf* milkman [*pl* milkmen]

lechuga *nf* lettuce **LOC** *Ver* ENSALADA

lechuza *nf* barn owl

lector, ~a *nm-nf* reader

lectura *nf* reading: *Mi pasatiempo favorito es la ~.* My favorite hobby is reading.

leer *vt, vi* to read: *Léeme la lista.* Read me the list. ◊ *Me gusta ~.* I like reading.

LOC leer los labios to lip-read **leer para sí** to read to yourself

legajador *nm* folder

legal *adj* **1** (*Jur*) legal **2** (*estupendo*) great

legalizar *vt* to legalize

legislación *nf* legislation

legislar *vi* to legislate

legislativo, -a *adj* **LOC** *Ver* ELECCIÓN, PODER[2]

legua *nf* **LOC a la legua/a leguas**: *A la ~ se ve que está borracho.* It's obvious he's drunk. ◊ *Es a ~s el más importante.* It's by far the most important.

legumbre *nf* pulse: *pasta y ~s* pasta and pulses

lejano, -a *adj* distant: *un lugar/pariente ~* a distant place/relative

lejos *adv* ~ (**de**) far (away), a long way (away) (**from sth/sb**) ☛ **A long way (away)** se suele utilizar en frases afirmativas, especialmente en lenguaje informal: *Queda lejos.* It's a long way (away). ◊ *Vivo lejos del colegio.* I live a long way (away) from the school.
Far se usa normalmente en preguntas y frases negativas: *¿Queda lejos?* Is it far? ◊ *No vivo lejos del colegio.* I don't live far from the school.
Nótese que *demasiado lejos* se traduce por **too far**: *Es demasiado lejos para caminar.* It's too far to walk. **LOC a lo lejos** in the distance **de/desde lejos** from a distance **más lejos** further *Ver tb* LLEGAR

lema *nm* **1** (*Com, Pol*) slogan **2** (*regla de conducta*) motto [*pl* mottoes]

lencería *nf* (*ropa interior*) lingerie

lengua *nf* **1** (*Anat, zapato*) tongue: *sacar la ~ a algn* to stick your tongue out at sb **2** (*idioma*) language **LOC echar lengua** to talk too much **las malas lenguas** gossip [*incontable*]: *Dicen las malas ~s que...* Word has it that... **lengua materna** mother tongue **tener lengua viperina** to have a sharp tongue *Ver tb* COMER, MEDIO, PELO, SOLTAR, TRABARSE

lenguaje *nm* **1** (*gen*) language **2** (*hablado*) speech

lente *nm* lens [*pl* lenses]: *el ~ de la cámara* the camera lens **LOC lentes de contacto** contact lenses

lenteja *nf* lentil

lento, -a *adj* slow **LOC lento pero seguro** slowly but surely *Ver tb* CÁMARA, COCINAR, FUEGO, TORTUGA

leña *nf* firewood

leñador, ~a *nm-nf* lumberjack

leño *nm* log

Leo *nm, nmf* (*Astrología*) Leo [*pl* Leos] ☛ *Ver ejemplos en* AQUARIUS

león, -ona *nm-nf* lion [*fem* lioness]

leopardo *nm* leopard

lepra *nf* leprosy

leproso, -a ◆ *adj* leprous ◆ *nm-nf* leper

les *pron pers* **1** (*a ellos, a ellas*) **(a)** (*complemento*) them: *Les di todo lo que tenía.* I gave them everything I had. ◊ *Les compré una torta.* I bought them a cake./I bought a cake for them. **(b)** (*partes del cuerpo, efectos personales*): *Les robaron el bolso.* Their bag was stolen. **2** (*a ustedes*) **(a)** (*complemento*) you: *¿Les provoca un café?* Would you like a cup of coffee? **(b)** (*partes del cuerpo, efectos personales*): *¿Les quito los abrigos?* Can I take your coats?

lesbiana *nf* lesbian

lesión *nf* **1** (*gen*) injury [*pl* injuries]: *lesiones graves* serious injuries **2** (*herida*) wound: *lesiones de bala* bullet wounds **3** (*hígado, riñón, cerebro*) damage [*incontable*] ☛ *Ver nota en* HERIDA

lesionado, -a ◆ *pp, adj* injured: *Está ~.* He is injured. ◆ *nm-nf* injured person: *la lista de los ~s* the list of people injured *Ver tb* LESIONARSE

lesionarse *v pron* to hurt yourself: *Me lesioné la pierna.* I hurt my leg. ☛ *Ver nota en* HERIDA

letargo *nm* **1** (*sopor*) lethargy **2** (*hibernación*) hibernation

letra *nf* **1** (*abecedario, grafía*) letter **2** (*signo de escritura*) character: *las ~s chinas* Chinese characters **3** (*escritura*) writing **4** (*canción*) lyrics [*pl*]: *La ~ de esta canción es muy difícil.* The lyrics of this song are very difficult. **LOC** *Ver* PIE, PUÑO

letrero *nm* **1** (*nota*) notice: *Había un ~ en la puerta.* There was a notice on the door. **2** (*rótulo*) sign: *Ponga el ~ de cerrado en la puerta.* Put the closed sign on the door.

leucemia *nf* leukemia

levadizo, -a *adj* **LOC** *Ver* PUENTE

levadura *nf* yeast

levantadora *nf* robe

levantamiento *nm* uprising **LOC levantamiento de pesas** weightlifting

levantar ◆ *vt* **1** (*gen*) to raise: *Levanta*

el brazo izquierdo. Raise your left arm. ◊ ~ *la moral/voz* to raise your spirits/ voice **2** (*peso, tapa*) to lift *sth* up: *Levanta esa tapa.* Lift that lid up. **3** (*recoger*) to pick *sth/sb* up: *Lo levantaron entre todos.* They picked him up between them. ◆ **levantarse** *v pron* **1** (*ponerse de pie*) to stand up **2** (*de la cama, viento*) to get up: *Suelo ~me temprano.* I usually get up early. **3** (*conquistar*) to pick *sb* up **LOC levantarse con el pie izquierdo** to get up on the wrong side of the bed *Ver tb* MESA

levar *vt* **LOC levar anclas** to weigh anchor

leve *adj* slight

ley *nf* **1** (*gen*) law: *la ~ de la gravedad* the law of gravity ◊ *ir contra la ~* to break the law **2** (*parlamento*) act **LOC** *Ver* PROYECTO

leyenda *nf* legend

libélula *nf* dragonfly [*pl* dragonflies]

liberación *nf* **1** (*país*) liberation **2** (*presos*) release

liberado, -a *pp, adj* **1** (*gen*) freed **2** (*mujer*) liberated *Ver tb* LIBERAR

liberal *adj, nmf* liberal

liberar *vt* **1** (*país*) to liberate **2** (*prisionero*) to free

libertad *nf* freedom **LOC libertad bajo fianza/provisional** bail: *salir en ~ bajo fianza* to be released on bail **libertad condicional** parole **libertad de expresión** freedom of speech **libertad de prensa** freedom of the press

Libra *nf, nmf* (*Astrología*) Libra ☛ *Ver ejemplos en* AQUARIUS

libra *nf* **1** (*dinero*) pound: *cincuenta ~s* (*£50*) fifty pounds ◊ *~s esterlinas* pounds sterling **2** (*peso*) pound (*abrev* lb) ☛ *Ver Apéndice 1.*

librar ◆ *vt* to save *sth/sb* ***from sth/ doing sth***: *Lo libraron de perecer en el incendio.* They saved him from the fire. ◆ **librarse** *v pron* **librarse (de) 1** (*escaparse*) to get out of *sth/doing sth*: *Me libré del servicio militar.* I got out of doing military service. **2** (*desembarazarse*) to get rid of *sth/sb*: *Quiero ~me de esta estufa.* I want to get rid of this cooker. **LOC** *Ver* DIOS

libre *adj* **1** (*gen*) free: *Soy ~ de hacer lo que quiera.* I'm free to do what I want. ◊ *¿Está ~ esta silla?* Is this seat free? **2** (*disponible*) vacant: *No quedan asientos ~s.* There are no vacant seats. **LOC** *Ver* AIRE, CAÍDA, DÍA, ENTRADA, LUCHA, NADAR, NADO

librería *nf* bookstore

librero, -a *nm-nf* bookseller

libreta *nf* notebook **LOC libreta de ahorro(s)** savings book

libro *nm* book **LOC libro de bolsillo** paperback **libro de cocina** cookbook **libro de texto** textbook

licencia *nf* license: *~ de pesca/armas* fishing/gun license **LOC licencia de conducción** driver's license

licenciado, -a *pp, adj, nm-nf ~* **(en)** (person) with a degree **(in *sth*)**: *~ en Ciencias Biológicas* with a degree in biology ◊ *un ~ de la Universidad de Londres* a person with a degree from London University *Ver tb* LICENCIARSE

licenciarse *v pron ~* **(en)** to graduate **(in *sth*)**: *~ de la Universidad Nacional* to graduate from the National University

licenciatura *nf* **1** (*título*) degree **2** (*estudios*) program of study

licor *nm* liqueur: *un ~ de manzana* an apple liqueur

licorera *nf* **1** (*mueble*) drinks cabinet **2** (*recipiente*) decanter

licuadora *nf* blender

líder *nmf* leader

liebre *nf* hare **LOC** *Ver* GATO

liendra *nf* nit

lienzo *nm* canvas

liga *nf* **1** (*gen*) league: *la ~ de baloncesto* the basketball league **2** (*cinta*) garter

ligamento *nm* ligament: *sufrir una fractura/rotura de ~s* to tear a ligament

ligeramente *adv* slightly: *~ inestable* slightly unsettled

ligero, -a *adj* **1** (*gen*) light: *comida/ ropa ligera* light food/clothing ◊ *tener el sueño ~* to sleep lightly **2** (*que casi no se nota*) slight: *un ~ acento venezolano* a slight Venezuelan accent **3** (*ágil*) agile **LOC hacer algo a la ligera** to do sth hastily **tomarse algo a la ligera** to take sth lightly

lija *nf* sandpaper

lijar *vt* to sand

lila *nf, nm* lilac: *El ~ te sienta muy bien.* Lilac suits you.

lima *nf* **1** (*herramienta*) file: *~ de uñas* nail file **2** (*fruta*) lime **LOC** *Ver* COMER

limar *vt* to file **LOC limar asperezas** to smooth things over

limbo *nm* limbo **LOC estar en el limbo** to have your head in the clouds

limitación *nf* limitation: *Conoce sus limitaciones.* He knows his limitations.

limitado, -a *pp, adj* limited: *un número ~ de puestos* a limited number of places **LOC** *Ver* SOCIEDAD; *Ver tb* LIMITAR

limitar ◆ *vt* to limit ◆ *vi* ~ **con** to border **on** ...: *Colombia limita con Venezuela.* Colombia borders on Venezuela. ◆ **limitarse** *v pron* **limitarse a**: *Limítese a responder a la pregunta.* Just answer the question.

límite *nm* **1** (*gen*) limit: *el ~ de velocidad* the speed limit **2** (*Geog, Pol*) boundary [*pl* boundaries] ☛ *Ver nota en* BORDER **LOC** **sin límite** unlimited: *kilometraje sin ~* unlimited mileage ◊ *Tiene una paciencia sin ~.* She has unlimited patience. *Ver tb* FECHA

limón *nm* **1** (*fruto, color*) lemon: *un vestido amarillo ~* a lemon yellow dress **2** (*árbol*) lemon tree **LOC** *Ver* RALLADURA

limonada *nf* (traditional) lemonade **LOC** *Ver* CHICHA

limosna *nf*: *Le dimos una ~.* We gave him some money. ◊ *Una ~ por favor.* Could you spare some change, please? **LOC** *Ver* PEDIR

limosnero, -a *nm-nf* beggar

limpiabrisas *nm* windshield wiper

limpiar ◆ *vt* **1** (*gen*) to clean: *Tengo que ~ los vidrios.* I have to clean the windows. **2** (*pasar un trapo*) to wipe **3** (*sacar brillo*) to polish ◆ **limpiarse** *v pron* to clean yourself up **LOC** **limpiarse la nariz** to wipe your nose

limpieza *nf* **1** (*acción de limpiar*) cleaning: *productos de ~* cleaning products **2** (*pulcritud*) cleanliness

limpio, -a ◆ *adj* **1** (*gen*) clean: *El hotel estaba bastante ~.* The hotel was quite clean. ◊ *Mantén limpia tu ciudad.* Keep your city tidy. **2** (*pelado*) broke ◆ *adv* fair: *jugar ~* to play fair **LOC** **pasar a limpio/poner en limpio** to make a final copy *of sth* **sacar en limpio** (*entender*) to get *sth* out of *sth*: *No he sacado nada en ~.* I didn't get anything out of it. *Ver tb* JUEGO, JUGAR

limpión *nm* dishtowel

lince *nm* lynx **LOC** **ser un lince** not to miss a trick: *Es un ~.* She never misses a trick.

lindo, -a ◆ *adj* **1** (*bonito*) pretty **2** (*amable*) kind: *Fue un detalle muy ~.* It was a very kind gesture. ◆ *adv* beautifully: *Escribe muy ~.* She writes beautifully. **LOC** **de lo lindo**: *divertirse de lo ~* to have a great time

línea *nf*: *una ~ recta* a straight line **LOC** **cuidar/mantener la línea** to watch your weight **línea de meta** finishing line **línea divisoria** dividing line **por línea materna/paterna** on my, your, etc mother's/father's side *Ver tb* GUARDAR

lineal *adj* **LOC** *Ver* DIBUJO

lingote *nm* ingot

lingüística *nf* linguistics [*sing*]

lino *nm* **1** (*Bot*) flax **2** (*tela*) linen

linterna *nf* flashlight

lío *nm*: *¡Qué ~!* What a mess! ◊ *Lo metieron en un ~.* They got him into trouble. ◊ *No se meta en ~s.* Don't get into trouble. **LOC** **estar hecho un lío** to be really confused **hacerse un lío** (*confundirse*) to get into a muddle *Ver tb* ARMAR

liquidación *nf* (*rebaja*) sale **LOC** **liquidación por cierre de negocio** clearance sale

liquidar *vt* **1** (*deuda*) to settle **2** (*negocio*) to liquidate **3** (*matar*) to bump *sb* off

líquido, -a *adj, nm* liquid: *Sólo puedo tomar ~s.* I can only have liquids.

lira *nf* (*moneda*) lira

lírica *nf* lyric poetry

lirio *nm* iris

lirón *nm* dormouse [*pl* dormice] **LOC** *Ver* DORMIR

liso, -a *adj* **1** (*llano*) flat **2** (*suave*) smooth **3** (*sin adornos, de un solo color*) plain **4** (*pelo*) straight

lista *nf* list: *~ del mercado* shopping list **LOC** **lista de espera** waiting list **pasar lista** to take attendance

listo, -a *adj* **1** (*preparado*) ready: *Estamos ~s para salir.* We're ready to leave. **2** (*de acuerdo*) okay **LOC** *Ver* PREPARADO

litera *nf* **1** (*en barco*) bunk **2** (*en tren*) couchette

literatura *nf* literature

litro *nm* liter (*abrev* l): *medio ~* half a liter ☛ *Ver Apéndice 1.*

llaga *nf* ulcer

llama[1] *nf* (*de fuego*) flame **LOC** **estar en llamas** to be ablaze

llama[2] *nf* (*animal*) llama

llamada *nf* call: *hacer una ~ (telefónica)* to make a (phone) call ◊ *la ~ del deber* the call of duty **LOC** **darle/pegarle una llamada a algn** to give sb a call **llamada de cobro revertido** collect call **llamada de larga distancia** long-distance call: *hacer una ~ de larga distancia* to make a long-distance call

llamado, -a *pp, adj* so-called: *el ~*

Tercer Mundo the so-called Third World *Ver tb* LLAMAR

llamar ♦ *vt* to call: ~ *a la policía* to call the police ◊ *Llámame cuando llegues.* Give me a call when you get there. ♦ *vi* **1** (*por teléfono*) to call: *¿Quién llama?* Who's calling? **2** (*puerta*) to knock: *Están llamando a la puerta* Someone's knocking at the door. ♦ **llamarse** *v pron* to be called: *¿Cómo te llamas?* What's your name? ◊ *Me llamo Ana.* I'm called Ana./My name's Ana. ◊ *Se llama Ignacio pero lo llaman Nacho.* His name's Ignacio but they call him Nacho. **LOC llamar la atención 1** (*sobresalir*) to attract attention: *Se viste así para ~ la atención.* He dresses like that to attract attention. **2** (*sorprender*) to surprise: *Nos llamó la atención que volvieras sola.* We were surprised that you came back alone. **3** (*atraer*) to like *sth/sb/doing sth*: *No me llama la atención estudiar.* I really don't like studying. **4** (*reprender*) to tell *sb* off: *Me llamaron la atención por llegar tarde.* They told me off for being late. **llamar por cobro revertido** to call collect **llamar por teléfono** to telephone *sb*, to give *sb* a call (*más coloq*) *Ver tb* PAN

llamativo, -a *adj* **1** (*noticia, persona*) striking: *Esta canción es muy llamativa.* That song really has something. **2** (*ostentoso*) flashy: *un carro muy ~* a flashy car

llano, -a ♦ *adj* **1** (*gen*) flat **2** (*sencillo*) simple ♦ *nm* plain: *los Llanos Orientales* the Eastern Plains

llanta *nf* tire

llanto *nm* crying

llanura *nf* plain

llave *nf* **1** ~ (**de**) (*gen*) key [*pl* keys] (**to** ***sth***): *la ~ del escaparate* the key to the wardrobe ◊ *la ~ de la puerta* the door key **2** (*agua*) faucet: *No tomes agua de la ~.* Don't drink the tap water. **3** (*Mec*) spanner **LOC bajo llave** under lock and key **echar llave** to lock up **llave de encendido** ignition key **llave de paso** (*del agua*) stopcock *Ver tb* AMO, CERRAR, LLAVE

llavero *nm* keyring

llegada *nf* arrival

llegar *vi* **1** (*gen*) to arrive (**at/in...**): *Llegamos al aeropuerto/hospital a las cinco.* We arrived at the airport/ hospital at five o'clock. ◊ *Llegué a Inglaterra hace un mes.* I arrived in England a month ago. ☛ *Ver nota en* ARRIVE **2** (*alcanzar*) to reach: *¿Llegas?* Can you reach? ◊ *~ a una conclusión* to reach a conclusion **3** (*altura*) to come up *to sth*: *Mi hija ya me llega al hombro.* My daughter comes up to my shoulder. **4** ~ **hasta** (*extenderse*) to go **as far as...**: *La finca llega hasta el río.* The estate goes as far as the river. **5** (*tiempo*) to come: *cuando llegue el verano* when summer comes ◊ *Ha llegado el momento de...* The time has come to... **LOC estar por llegar** to be due to arrive any time: *Tu papá debe estar por ~.* Your father must be due any time now. **llegar a hacer algo** (*lograr*) to manage to do sth **llegar a la casa** to get home **llegar a las manos** to come to blows **llegar a ser** to become **llegar a tiempo** to be on time **llegar lejos** to go far **llegar tarde/temprano** to be late/early **si no llega a ser por él** if it hadn't been for him, her, etc: *Si no llega a ser por él me mato.* If it hadn't been for him, I would have been killed.

llenar ♦ *vt* **1** (*gen*) to fill *sth/sb* (***with sth***): *Llene la jarra de agua.* Fill the pitcher with water. ◊ *No lo llenes tanto que se derrama.* Don't fill it too much or it'll run over. ◊ *Se la pasaba llenando los vasos.* He just kept refilling everybody's glasses. **2** (*satisfacer*) to satisfy: *Aquel estilo de vida no me llenaba.* That lifestyle didn't satisfy me. **3** (*formulario, impreso*) to fill *sth* out: *~ un formulario* to fill out a form ♦ **llenarse** *v pron* **1** (*gen*) to fill (up) (***with sth***): *La casa se llenó de invitados.* The house filled (up) with guests. **2** (*comiendo*) to stuff yourself (***with sth***)

lleno, -a *adj* **1** (*gen*) full (**of** ***sth***): *Esta habitación está llena de humo.* This room is full of smoke. ◊ *No quiero más, estoy ~.* I don't want any more, I'm full. ◊ *El bus estaba ~ hasta el tope.* The bus was packed full. **2** (*cubierto*) covered ***in/with sth***: *El techo estaba ~ de telarañas.* The ceiling was covered in cobwebs. **LOC** *Ver* LUNA

llevadero, -a *adj* bearable

llevar ♦ *vt* **1** (*gen*) to take: *Lleve las sillas a la cocina.* Take the chairs to the kitchen. ◊ *Me llevará un par de días arreglarlo.* It'll take me a couple of days to fix it. ◊ *Llevé el perro al veterinario.* I took the dog to the vet.

Cuando el hablante se ofrece a llevarle algo al oyente, se utiliza **to bring**: *No hace falta que vengas, te lo llevo el* *viernes.* You don't need to come, I'll bring it on Friday.

☛ *Ver dibujo en* TAKE **2** (*carga*) to carry: *Se ofreció a ~le la maleta.* He offered to carry her suitcase. **3** (*gafas, ropa, peinado*) to wear: *Lleva gafas.* She wears glasses. **4** (*manejar*) to drive: *¿Quién llevaba el carro?* Who was driving? **5** (*tener*) to have: *No llevaba nada de plata conmigo.* I didn't have any cash on me. ◊ *¿Llevas suelto?* Do you have any change? **6** (*tiempo*) to have been (***doing sth***): *Llevan dos horas esperando.* They've been waiting for two hours. ◊ *¿Cuánto tiempo lleva en Caracas?* How long have you been in Caracas? ◆ *vi* to lead to *sth*: *Esta carretera lleva a la desembocadura del río.* This road leads to the mouth of the river. ◆ *v aux* **+ participio** to have: *Llevo vistas tres películas esta semana.* I've seen three movies this week. ◆ **llevarse** *v pron* **1** (*robar*) to take: *El ladrón se llevó el video.* The thief took the video. **2** (*Mat*) to carry: *22 y llevo dos.* 22 and carry two. **LOC llevarle a algn dos, etc años, etc** to be two, etc years older than sb: *Me lleva seis meses.* She's six months older than me. **llevarse bien/mal** to get along well/badly (*with sb*) **para llevar** to go: *una pizza para ~* a pizza to go ☛ Para otras expresiones con **llevar**, véanse las entradas del sustantivo, adjetivo, etc, p.ej. **llevar la voz cantante** en VOZ y **llevarse una desilusión** en DESILUSIÓN.

llorar *vi* **1** (*gen*) to cry: *No llore.* Don't cry. ◊ *ponerse a ~* to burst into tears ◊ *~ de alegría/rabia* to cry with joy/rage **2** (*ojos*) to water: *Me lloran los ojos.* My eyes are watering. **LOC llorar a lágrima viva/a moco tendido** to cry your eyes out

llorón, -ona *adj, nm-nf* cry baby [*n*] [*pl* cry babies]: *No sea tan ~.* Don't be such a cry baby. **LOC** *Ver* SAUCE

llover *v imp* to rain: *Estuvo lloviendo toda la tarde.* It was raining all afternoon. ◊ *¿Llueve?* Is it raining? **LOC llover a cántaros** to pour: *Está lloviendo a cántaros.* It's pouring. *Ver tb* PARECER

llovizna *nf* drizzle

lloviznar *v imp* to drizzle

lluvia *nf* **1** (*gen*) rain: *La ~ no me dejó dormir.* The rain kept me awake. ◊ *un día de ~* a rainy day ◊ *Estas son unas buenas botas para la ~.* These boots are good for wet weather. **2** **~ de** (*estrellas, regalos, polvo*) shower **of *sth*** **3** **~ de** (*balas, piedras, golpes, insultos*) hail **of *sth*** **LOC bajo la lluvia** in the rain **lluvia ácida** acid rain **lluvia radiactiva** radioactive fallout

lluvioso, -a *adj* **1** (*zona, temporada*) wet **2** (*día, tiempo*) rainy

lo ◆ *art def* (*para sustantivar*) the... thing: *lo interesante/difícil es...* the interesting/difficult thing is... ◆ *pron pers* **1** (*él*) him: *Lo eché de casa.* I threw him out of the house. **2** (*cosa*) it: *¿Dónde lo tienes?* Where is it? ◊ *No lo creo.* I don't believe it. ☛ Cuando se usa como complemento directo de algunos verbos como *decir, saber* y *ser* no se traduce: *Te lo digo mañana.* I'll tell you tomorrow. ◊ *Todavía no eres médico pero lo serás.* You are not a doctor yet, but you will be. **3** (*usted*) you **LOC lo cual** which: *lo cual no es cierto* which isn't true **lo de... 1** (*posesión*): *Todo ese equipaje es lo de Juan.* All that baggage is Juan's. **2** (*asunto*): *Lo del viaje fue muy inesperado.* The journey came as a real surprise. ◊ *Lo de la fiesta era una broma ¿no?* What you said about the party was a joke, wasn't it? **lo mío 1** (*posesión*) my, your, etc things: *Todo lo mío es tuyo.* Everything I have is yours. **2** (*afición*) my, your etc thing: *Lo suyo es la música.* Music's his thing. **lo que...** what: *No te imaginas lo que fue aquello.* You can't imagine what it was like. ◊ *Haré lo que diga.* I'll do whatever you say. ◊ *Haría lo que fuera por pasar.* I'd do anything to pass.

lobo, -a ◆ *nm-nf* wolf [*pl* wolves]

Si queremos especificar que se trata de una hembra, diremos **she-wolf**.

◆ *adj* **1** (*objetos, ideas*) tacky **2** (*colores*) garish **LOC** *Ver* HOMBRE

local ◆ *adj* local ◆ *nm* premises [*pl*]: *El ~ es bastante grande.* The premises are quite big.

localidad *nf* **1** (*pueblo*) village **2** (*ciudad pequeña*) town **3** (*Cine, Teat*) seat **LOC no hay localidades** sold out

localizar *vt* **1** (*encontrar*) to locate: *Localizaron su paradero.* They've located his whereabouts. **2** (*contactar*) to get hold of *sb*: *Llevo toda la mañana tratando de ~te.* I've been trying to get hold of you all morning.

locha *nf* laziness **LOC tener locha** to feel lazy

lochar *vi* to laze around

locho, -a *adj* lazy

loción *nf* lotion **LOC** *Ver* DESMAQUILLADOR

locker *nm* locker

loco, -a ◆ *adj* crazy: *volverse ~* to go crazy ◊ *El chocolate me vuelve ~.* I'm crazy about chocolate. ◆ *nm-nf* madman/woman [*pl* madmen/women] **LOC estar como loco (con)** (*encantado*) to be crazy about *sth/sb* **estar loco de** to be beside yourself with *sth*: *Está loca de alegría.* She's beside herself with joy. **estar loco de remate** to be around the bend **hacerse el loco** to pretend not to notice *Ver tb* CABRA, CADA

locomotora *nf* engine

locura *nf* (*disparate*) crazy thing: *He hecho muchas ~s.* I've done a lot of crazy things. ◊ *Es una ~ ir solo.* It's crazy to go alone.

locutor, ~a *nm-nf* (*de noticias*) newsreader

lodo *nm* mud

lógico, -a *adj* **1** (*normal*) natural: *Es ~ que se preocupe.* It's only natural that you're worried. **2** (*Fil*) logical

lograr *vt* **1** (*gen*) to get, to achieve (*más formal*): *Logré buenos resultados.* I got good results. **2 + inf** to manage ***to do sth***: *Logré convencerlos.* I managed to persuade them. **3 ~ que...** to get *sb* ***to do sth***: *No lograrás que vengan.* You'll never get them to come.

logro *nm* achievement

lombriz *nf* worm

lomo *nm* **1** (*Anat*) back **2** (*Cocina*) loin: *~ de cerdo* loin of pork **3** (*libro*) spine **4** (*cuchillo*) back

lonchera *nf* lunch box

longitud *nf* **1** (*gen*) length: *Tiene dos metros de ~.* It is two meters long. **2** (*Geog*) longitude **LOC** *Ver* SALTO

lonja *nf* slice **LOC en lonjas** sliced

loquear *vi* to clown around

lora *nf* **1** (*ave*) parrot **2** (*persona*) windbag **LOC** *Ver* HABLAR

los, las ◆ *art def* the: *los libros que compré ayer* the books I bought yesterday ☛ *Ver nota en* THE ◆ *pron pers* **1** (*a ellos*) them: *Los/las vi en el teatro.* I saw them at the movie theater. **2** (*a ustedes*) you **LOC de los/las de...**: *un terremoto de los de verdad* a really violent earthquake ◊ *El diseño del carro es de los de antes.* The design of the car is old-fashioned. **los/las de... 1** (*posesión*): *los de mi abuela* my grandmother's **2** (*característica*) the ones (with...): *Prefiero los de punta fina.* I prefer the ones with a fine point. ◊ *Me gustan las de cuadros.* I like the plaid ones. **3** (*ropa*) the ones in...: *las de rojo* the ones in red **4** (*procedencia*) the ones from...: *los de Puno* the ones from Puno **los/las hay**: *Los hay con muy poco dinero.* There are some with very little money. ◊ *Dígame si los hay o no.* Tell me if there are any or not. **los/las que... 1** (*personas*): *los que se encontraban en la casa* the ones who were in the house ◊ *los que tenemos que madrugar* those of us who have to get up early ◊ *Entrevistamos a todos los que se presentaron.* We interviewed everyone who applied. **2** (*cosas*) the ones (which/that)...: *las que compramos ayer* the ones we bought yesterday

losa *nf* flagstone

lote *nm* **1** (*terreno*) plot **2** (*grupo*) group **3** (*Com*) batch

lotería *nf* lottery [*pl* lotteries] **LOC** *Ver* BILLETE, JUGAR

loto *nm* lotus [*pl* lotuses]

loza *nf* china: *un plato de ~* a china plate **LOC** *Ver* LAVAR

lucha *nf* ~ (**contra/por**) fight (**against/for** ***sth/sb***): *la ~ contra la contaminación/por la igualdad* the fight against pollution/for equality **LOC lucha libre** wrestling

luchador, ~a ◆ *adj, nm-nf* fighter [*n*]: *Es un hombre muy ~.* He's a real fighter. ◆ *nm-nf* (*deportista*) wrestler

luchar *vi* **1** (*gen*) to fight (**for/against** ***sth/sb***); to fight *sth/sb*: *~ por la libertad* to fight for freedom ◊ *~ contra los prejuicios raciales* to fight racial prejudice **2** (*Dep*) to wrestle

lúcido, -a *adj* lucid

lucir ◆ *vt* (*ropa*) to wear ◆ *vi* **1** (*resaltar*) to look nice: *Esa figura luce mucho ahí.* That figure looks very nice there. **2** (*aparecer*) to look: *El panorama lucía esperanzador.* Prospects looked hopeful. ◆ **lucirse** *v pron* to show off: *Lo hace para ~se.* He just does it to show off.

luego ◆ *adv* **1** (*más tarde*) later: *Se lo cuento ~.* I'll tell you later. **2** (*a continuación*) then: *Se baten los huevos y ~ se añade el azúcar.* Beat the eggs and then stir in the sugar. ◊ *Primero está el hospital y ~ la droguería.* First there's the hospital and then the drugstore.

◆ *conj* therefore: *Pienso, ~ existo.* I think therefore I am. **LOC desde luego** of course: *¡Desde ~ que no!* Of course not! **¡hasta luego!** bye!

lugar *nm* **1** (*gen*) place: *Me gusta este ~.* I like this place. ◊ *En esta fiesta estoy fuera de ~.* I feel out of place at this party. **2** (*posición, puesto*) position: *ocupar un ~ importante en la empresa* to have an important position in the company **3** (*pueblo*) town: *los del ~* the people from the town **LOC dar lugar a algo** to cause sth **en el lugar de los hechos** on the spot **en lugar de** instead of *sth/sb/doing sth*: *En ~ de salir tanto, más le valdría estudiar.* Instead of going out so much, you'd be better off studying. **en primer, segundo, etc lugar 1** (*posición*) first, second, etc: *El equipo francés quedó clasificado en último ~.* The French team came last. **2** (*en un discurso*) first of all, secondly, etc: *En último ~...* Last of all... **lugar de nacimiento 1** (*gen*) birthplace **2** (*en impresos*) place of birth **sin lugar a dudas** undoubtedly **tener lugar** to take place: *El accidente tuvo ~ a las dos de la madrugada.* The accident took place at two in the morning. **yo en tu lugar** if I were you: *Yo, en tu ~, aceptaría la invitación.* If I were you, I'd accept the invitation. *Ver tb* ALGUNO, CLASIFICAR, CUALQUIERA, FUERA, NINGUNO, OTRO

lúgubre *adj* gloomy

lujo *nm* luxury [*pl* luxuries]: *No puedo permitirme esos ~s.* I can't afford such luxuries. **LOC a todo lujo** in style: *Viven a todo ~.* They live in style. **de lujo** luxury: *un apartamento de ~* a luxury apartment

lujoso, -a *adj* luxurious

lujuria *nf* lust

lumbre *nf* fire: *Nos sentamos al calor de la ~.* We sat down by the fire.

luminoso, -a *adj* **1** (*gen*) bright: *una habitación/idea luminosa* a bright room/idea **2** (*que despide luz*) luminous: *un reloj ~* a luminous watch **LOC** *Ver* AVISO

luna *nf* moon: *un viaje a la Luna* a trip to the moon **LOC estar en la luna** to be lost in thought **luna creciente/menguante** waxing/waning moon **luna de miel** honeymoon **luna llena/nueva** full/new moon

lunar ◆ *adj* lunar ◆ *nm* **1** (*piel*) **(a)** (*grande*) mole **(b)** (*pequeño*) freckle **2** (*dibujo*) polka dot: *una falda de ~es* a polka-dot skirt **LOC lunar de nacimiento** birthmark

lunático, -a *adj, nm-nf* lunatic

lunes *nm* Monday [*pl* Mondays] (*abrev* Mon): *el ~ por la mañana/tarde* on Monday morning/afternoon ◊ *Los ~ no trabajo.* I don't work on Mondays. ◊ *un ~ sí y otro no* every other Monday ◊ *Ocurrió el ~ pasado.* It happened last Monday. ◊ *Nos vemos el ~ que viene.* We'll meet next Monday. ◊ *Mi cumpleaños cae el ~ este año.* My birthday falls on a Monday this year. ◊ *Se casarán el ~ 25 de julio.* They're getting married on Monday July 25. ☛ Se lee: "Monday, July twenty-fifth"

lupa *nf* magnifying glass

luto *nm* mourning: *una jornada de ~* a day of mourning **LOC estar de/llevar luto** to be in mourning (*for sb*) **ir de luto** to be dressed in mourning

luz *nf* **1** (*gen*) light: *prender/apagar la ~* to turn the light on/off ◊ *Hay mucha ~ en este apartamento.* This apartment gets a lot of light. **2** (*electricidad*) electricity: *Con la tormenta se fue la ~.* The electricity went off during the storm. **3** (*día*) daylight **4 luces (a)** (*inteligencia*): *tener muchas/pocas luces* to be bright/dim **(b)** (*carro*) headlights: *hacer señas con las luces* to flash your lights **LOC dar a luz** to give birth (to *sb*): *Dio a ~ una niña.* She gave birth to a baby girl. **luces altas** headlights **luces bajas** dimmed headlights: *Puse las luces bajas.* I dimmed my headlights. **luces de parqueo** sidelights **sacar a la luz** to bring *sth* (out) into the open **salir a la luz** (*secreto*) to come to light *Ver tb* AÑO, PLENO

Mm

macabro, -a *adj* macabre

macarrón *nm* **macarrones** macaroni [*incontable, v sing*]: *Los macarrones son fáciles de hacer.* Macaroni is easy to cook.

machacar ◆ *vt* **1** (*aplastar*) **(a)** (*gen*) to crush: ~ *ajo/nueces* to crush garlic/ nuts **(b)** (*fruta, papa, zanahoria*) to mash **2** (*romper*) to smash: *El niño machacó los juguetes.* The boy smashed his toys to pieces. ◆ *vt, vi* to go over (and over) *sth*: *Les machaqué la canción hasta que se la aprendieron.* I went over and over the song until they learned it.

machera *nf* fantastic [*adj*]: *El nuevo equipo de sonido es la ~.* The new hi-fi is fantastic. **LOC ¡qué machera!** great! **¡qué machera de ...!**: *¡Qué ~ de moto!* What a great motorcycle!

machete *nm* machete

machetero, -a *adj, nm-nf* (*persona*) slapdash [*adj*]: *Ese plomero es un ~.* That plumber is really slapdash.

machismo *nm* machismo

machista *adj, nmf* sexist: *publicidad/ sociedad ~* sexist advertising/society ◊ *Mi jefe es un ~ de tiempo completo.* My boss is really sexist.

macho ◆ *adj, nm* **1** (*gen*) male: *una camada de dos ~s y tres hembras* a litter of two males and three females ◊ *¿Es ~ o hembra?* Is it male or female? ☛ *Ver nota en* FEMALE **2** (*machote*) macho [*adj*]: *Ese tipo se las da de ~.* He's kind of a macho man. ◆ *nm* (*enchufe*) plug ☛ *Ver dibujo en* ENCHUFE

macizo, -a *adj* (*objeto*) solid

madeja *nf* skein

madera *nf* **1** (*material*) wood [*gen incontable*]: *El roble es una ~ de gran calidad.* Oak is a high quality wood. ◊ *~ procedente de Noruega* wood from Norway **2** (*tabla*) piece of wood: *Esa ~ puede servir para tapar el agujero.* We could use that piece of wood to block the hole. **3** (*de construcción*) lumber: *las ~s del techo* the roof beams **LOC de madera** wooden: *una silla/viga de ~* a wooden chair/beam **madera de pino, roble, etc** pine, oak, etc: *una mesa de ~ de pino* a pine table **tener madera de artista, líder, etc** to be a born artist, leader, etc **¡toca madera!** knock on wood! *Ver tb* CUCHARA

madero *nm* **1** (*tronco*) log **2** (*tablón*) piece of lumber

madrastra *nf* stepmother

madre *nf* mother: *ser ~ de dos hijos* to be the mother of two children **LOC ¡madre mía!** good heavens! **madre soltera** single parent **madre superiora** Mother Superior *Ver tb* DÍA, FAMILIA, HUÉRFANO

madriguera *nf* **1** (*gen*) den: *una ~ de león/lobo* a lion's/wolf's den **2** (*conejo*) burrow

madrina *nf* **1** (*bautizo*) godmother **2** (*confirmación*) sponsor **3** (*matrimonio*) woman who accompanies the bride and groom ☛ *Ver nota en* MATRIMONIO

madrugada *nf*: *a las dos de la ~* at two in the morning ◊ *en la ~ del viernes al sábado* in the early hours of Saturday morning

madrugar *vi* to get up early

madurar *vi* **1** (*fruta*) to ripen **2** (*persona*) to mature

maduro, -a ◆ *adj* **1** (*fruta*) ripe **2** (*de mediana edad*) middle-aged: *un hombre ya ~* a middle-aged man **3** (*sensato*) mature: *Javier es muy ~ para su edad.* Javier is very mature for his age. ◆ *nm* plantain

maestría *nf* (*Educ*) master's (degree): *hacer una ~ en comunicaciones* to do a master's degree in communications

maestro, -a *nm-nf* **1** (*educador*) teacher **2** ~ **(de/en)** (*figura destacada*) master: *un ~ del ajedrez* a chess master **LOC** *Ver* OBRA

mafia *nf* mafia: *la ~ de la droga* the drug mafia ◊ *la Mafia* the Mafia

magia *nf* magic: *~ blanca/negra* white/ black magic **LOC** *Ver* ARTE

mágico, -a *adj* magic: *poderes ~* magic powers **LOC** *Ver* OJO, VARITA

magisterio *nm* **1** (*profesión*) teaching: *ejercer el ~* to be a teacher **2** (*conjunto de maestros*) teachers [*pl*]: *la huelga del ~* the teachers' strike

magma *nm* magma

magnate *nmf* tycoon, magnate (*más formal*)

magnético, -a *adj* magnetic
magnetismo *nm* magnetism
magnífico, -a *adj, interj* wonderful: *Hizo un tiempo ~.* The weather was wonderful. ◊ *una magnífica nadadora* a wonderful swimmer
mago, -a *nm-nf* (*ilusionista*) magician **LOC** *Ver* REY
magullado, -a *pp, adj* **1** (*fruta*) bruised **2** (*carro, etc*) dented
maicena® *nf* cornstarch
maíz *nm* corn **LOC maíz pira** (*crispetas*) popcorn [*incontable*]: *¿Quieres comer ~ pira?* Would you like some popcorn?
Majestad *nf* Majesty [*pl* Majesties]: *Su ~* His/Her/Your Majesty
mal ◆ *adj Ver* MALO ◆ *adv* **1** (*gen*) badly: *portarse/hablar ~* to behave/speak badly ◊ *un trabajo ~ pagado* a poorly/badly paid job ◊ *Mi abuela oye muy ~.* My grandmother's hearing is very bad. ◊ *¡Qué ~ la pasamos!* What a terrible time we had! **2** (*calidad, aspecto*) bad: *Esa chaqueta no está ~.* That jacket's not bad. **3** (*equivocadamente, moralmente*): *Escogió ~.* You've made the wrong choice. ◊ *contestar ~ a una pregunta* to give the wrong answer ◆ *nm* **1** (*daño*) harm: *No le deseo ningún ~.* I don't wish you any harm. **2** (*problema*) problem: *La venta de la casa nos salvó de ~es mayores.* The sale of the house saved us any further problems. **3** (*Fil*) evil: *el bien y el ~* good and evil **LOC andar/estar mal de** to be short of *sth* **estar/encontrarse mal** to be/feel ill **no hay mal que por bien no venga** every cloud has a silver lining ☛ Para otras expresiones con **mal**, véanse las entradas del sustantivo, adjetivo, etc, p.ej. **estar mal de la cabeza** en CABEZA y **¡menos mal!** en MENOS.
malcriado, -a *pp, adj* spoiled: *¡Que niños tan ~s!* What spoiled children!
malcriar *vt* to spoil
maldad *nf* wickedness [*incontable*]: *Siempre se han caracterizado por su ~.* Their wickedness is notorious. ◊ *Ha sido una ~ de su parte.* It was a wicked thing to do.
maldecir *vt* to curse
maldición *nf* curse: *Nos cayó una ~.* There's a curse on us. ◊ *echarle una ~ a algn* to put a curse on sb ◊ *No dejaba de soltar maldiciones.* He kept cursing and swearing.
maldito, -a *pp, adj* **1** (*lit*) damned **2** (*fig*) rotten: *¡Estos ~s zapatos me aprietan!* These rotten shoes are too tight for me! *Ver tb* MALDECIR
maleducado, -a *pp, adj, nm-nf* rude [*adj*]: *¡Que niños tan ~s!* What rude children! ◊ *Es un ~.* You're so rude!
malentendido *nm* misunderstanding: *Hubo un ~.* There has been a misunderstanding.
malestar *nm* **1** (*indisposición*): *Siento un ~ general.* I don't feel very well. **2** (*inquietud*) unease: *Sus palabras causaron ~ en medios políticos.* His words caused unease in political circles.
maleta *nf* **1** (*equipaje*) (suit)case **2** (*de colegio*) school bag **3** (*de carro*) trunk **4** (*joroba*) hump **LOC empacar/desempacar la(s) maleta(s)** to pack/unpack
maletero, -a *nm-nf* porter
maletín *nm* **1** (*documentos*) briefcase **2** (*médico*) (doctor's) bag
malgastar *vt* to waste: *~ la plata* to waste money
malgeniado, -a *adj* bad-tempered
malhablado, -a *adj, nm-nf* foul-mouthed [*adj*]: *ser un ~* to be foul-mouthed
malherido, -a *pp, adj* badly injured
maligno, -a *adj* (*Med*) malignant
malla *nf* **1** (*ballet, Gimnasia*) tights [*pl*] **2** (*Dep*) net **3** (*de alambre*) wire mesh
malo, -a ◆ *adj* **1** (*gen*) bad: *una mala persona* a bad person ◊ *~s modales/mala conducta* bad manners/behavior ◊ *Tuvimos muy mal tiempo.* We had very bad weather. **2** (*inadecuado*) poor: *mala alimentación/visibilidad* poor food/visibility ◊ *debido al mal estado del terreno* due to the poor condition of the ground **3** (*travieso*) naughty: *No sea ~ y tómese la leche.* Don't be naughty—drink up your milk. **4 ~ en/para** (*torpe*) bad **at *sth*/doing *sth***: *Soy malísimo en matemáticas.* I'm hopeless at math. ◆ *nm-nf* villain, bad guy (*coloq*): *El ~ muere en el último acto.* The villain dies in the last act. ◊ *Al final luchan los buenos contra los ~s.* At the end there is a fight between the good guys and the bad guys. **LOC estar de malas** to be unlucky **estar malo** to be ill **lo malo es que...** the trouble is (that)... ☛ Para otras expresiones con **malo**, véanse las entradas del sustantivo, p.ej. **mala hierba** en HIERBA y **hacerle una mala jugada a algn** en JUGADA.
malpensado, -a *adj, nm-nf* **1** (*que*

siempre sospecha) suspicious[*adj*]: *Es un ~.* You have a really suspicious mind. **2** (*obsceno*) dirty-minded [*adj*]: *¡Cómo eres de ~!* What a dirty mind you have!

malteada *nf* milk shake: *una ~ de fresa* a strawberry milk shake

maltratar *vt* to mistreat: *Dijeron que las habían maltratado.* They said they had been mistreated. ◊ *Nos maltrataron física y verbalmente.* We were subjected to physical and verbal abuse.

maluco, -a *adj* **1** (*enfermo*) under the weather **2** (*comida*): *Esta fruta me sabe muy maluca.* This fruit doesn't taste too good.

malva ◆ *nf* (*flor*) mallow ◆ *nm* (*color*) mauve ☛ *Ver ejemplos en* AMARILLO

malvado, -a *adj* wicked

mama *nf* breast

mamá *nf* mom ☛ Los niños pequeños suelen decir **mommy**.

mamado, -a *adj* exhausted

mamagallista *adj* joker [*n*] **LOC ser un mamagallista** to be a real laugh

mamar ◆ *vi* to feed ◆ **mamarse** *v pron* **1** (*cansarse*) to get tired: *Me mamé de tus insultos.* I've gotten tired of your insults. **2** (*aguantarse*): *No me mamo esa clase tan aburrida.* I can't stand that boring class. ◊ *Se mamó todo el discurso.* He sat through the whole speech. **LOC mamar gallo** to joke around: *No son serios, maman mucho gallo.* They're not serious—they like to joke around.

mamífero *nm* mammal

mamón, -ona *adj* boring

manada *nf* **1 (a)** (*gen*) herd: *una ~ de elefantes* a herd of elephants **(b)** (*lobos, perros*) pack **(c)** (*leones*) pride **2** (*gente*) crowd

manantial *nm* spring: *agua de ~* spring water

manar *vi* to flow (***from sth*/*sb***)

mancha *nf* **1** (*suciedad*) stain: *una ~ de grasa* a grease stain **2** (*leopardo*) spot

manchado, -a *pp, adj* **1** ~ **(de)** (*embadurnado*) stained (**with *sth***): *Lleva la camisa manchada de vino.* You have a wine stain on your shirt. ◊ *una carta manchada de sangre/tinta* a bloodstained/ink-stained letter **2** (*animal*) spotted *Ver tb* MANCHAR

manchar ◆ *vt* to get *sth* dirty: *No manche el mantel.* Don't get the tablecloth dirty. ◊ *Manchaste el suelo de barro.* You've gotten mud on the floor. ◆ **mancharse** *v pron* to get dirty

manco, -a *adj* **1** (*sin un brazo*) one-armed **2** (*sin una mano*) one-handed

mancornas *nf* cuff links

mandado *nm* errand: *Tengo que hacer unos ~s.* I have to run a few errands.

mandamiento *nm* (*Relig*) commandment

mandar ◆ *vt* **1** (*ordenar*) to tell *sb* ***to do sth***: *Mandó a los niños que se callaran.* He told the children to be quiet. **2** (*enviar*) to send: *Te he mandado una carta.* I've sent you a letter. ◊ *El ministerio mandó a un inspector.* The ministry has sent an inspector. **3** (*llevar*) to have *sth* done: *Lo voy a ~ limpiar.* I'm going to have it cleaned. ◆ *vi* **1** (*gobierno*) to be in power **2** (*ser el jefe*) to be the boss (*coloq*), to be in charge **3** (*arrojar*) to throw: *~ una piedra* to throw a stone ◊ *Me mandó un puño/una patada.* He punched/kicked me **LOC mandar a algn a la porra** to tell sb to get lost **mandarle el zarpazo a algo/algn** to get your hands on *sth/sb* *Ver tb* DIOS

mandarina *nf* tangerine

mandíbula *nf* jaw

mando *nm* **1 (a)** (*liderazgo*) leadership: *tener don de ~* to be a born leader **(b)** (*Mil*) command: *entregar/tomar el ~* to hand over/take command **2** (*Informát*) joystick ☛ *Ver dibujo en* COMPUTADOR **3 mandos** controls: *tablero de ~* control panel

mandón, -ona *adj, nm-nf* bossy [*adj*]: *Eres un ~.* You're very bossy.

manecilla *nf* (*reloj*) hand

manejar ◆ *vt* **1** (*gen*) to handle **2** (*carro*) to drive **3** (*moto*) to ride **4** (*máquina*) to operate **5** (*manipular*) to manipulate: *No te dejes ~.* Don't let yourself be manipulated. ◆ *vi* to drive: *Estoy aprendiendo a ~.* I'm learning to drive. ◆ **manejarse** *v pron* (*portarse*) to behave: *Manéjese bien.* Behave yourself.

manera *nf* ~ **(de) 1** (*modo*) way [*pl* ways] (**of *doing sth***): *su ~ de hablar/vestir* her way of speaking/dressing **2 maneras** manners: *buenas ~s* good manners ◊ *pedir algo de buenas ~s* to ask nicely for sth **LOC a mi manera** my, your, etc way **de todas (las) maneras** anyway **manera de ser**: *Es mi ~ de ser.* It's just the way I am. **no haber manera de** to be impossible *to do sth*: *No h* *habido ~ de prender el carro.* It was impossible to start the car. **¡qué manera de ...!** what a way to ...!: *¡Qué ~ de hablar!* What a way to speak! *Ver tb* DICHO, NINGUNO

manga *nf* sleeve: *una camisa de ~ larga/corta* a long-sleeved/short-sleeved shirt **LOC estar manga por hombro** to be in a mess **sacarse algo de la manga** to make sth up **sin mangas** sleeveless

mango[1] *nm* (*asa*) handle

mango[2] *nm* (*fruta*) mango [*pl* mangoes]

mangonear *vi* to boss people around

manguera *nf* hose

maní *nm* peanut

manía *nf* quirk: *Todo el mundo tiene sus pequeñas ~s.* Everybody has their own little quirks. ◊ *¡Qué ~!* You're getting obsessed about it! **LOC tener la manía de hacer algo** to have the strange habit of doing sth *Ver tb* QUITAR

maniático, -a *adj* (*quisquilloso*) fussy

manicomio *nm* psychiatric hospital

manifestación *nf* **1** (*protesta*) demonstration **2** (*expresión*) expression: *una ~ de apoyo* an expression of support **3** (*declaración*) statement

manifestante *nmf* demonstrator

manifestar ◆ *vt* **1** (*opinión*) to express **2** (*mostrar*) to show ◆ **manifestarse** *v pron* to demonstrate: *~se en contra/a favor de algo* to demonstrate against/in favor of sth

manifiesto *nm* manifesto [*pl* manifestos/manifestoes]: *el ~ comunista* the Communist Manifesto

manija *nf* handle

maniobra *nf* maneuver

maniobrar *vi* **1** (*gen*) to maneuver **2** (*ejército*) to be on maneuvers

manipular *vt* **1** (*deshonestamente*) to manipulate: *~ los resultados de las elecciones* to manipulate the election results **2** (*lícitamente*) to handle: *~ alimentos* to handle food

maniquí *nm* mannequin

manirroto, -a *nm-nf* big spender

manivela *nf* handle, crank (*téc*)

manjar *nm* delicacy [*pl* delicacies] **LOC manjar blanco** blancmange

mano *nf* **1** (*gen*) hand: *Levanta la ~.* Put your hand up. ◊ *estar en buenas ~s* to be in good hands **2** (*animal*) forefoot [*pl* forefeet] **3** (*pintura*) coat **LOC a la mano** at hand: *¿Tienes un diccionario a la ~?* Do you have a dictionary at hand? **a mano** by hand: *Hay que lavarlo a ~.* It needs to be washed by hand. ◊ *hecho a ~* handmade **a mano derecha/izquierda** on the right/left **atraco/robo a mano armada 1** (*lit*) armed robbery **2** (*fig*) daylight robbery **dar la mano** to hold *sb's* hand: *Deme la ~.* Hold my hand. **darle una mano a algn** to give sb a hand **dar(se) la mano** to shake hands (*with sb*): *Se dieron la ~.* They shook hands. **de la mano** hand in hand (*with sb*): *Paseaban (cogidos) de la ~.* They were walking along hand in hand. **en mano** in hand: *Salió de la casa, maleta en ~.* He left the house suitcase in hand. **la mano asesina** the murderer **mano a mano** clash: *un ~ a ~ entre varios miembros de la Cámara de representantes* a clash between several members of the Chamber of Representatives **mano de obra** labor **mano dura** firm hand **¡manos arriba!** hands up! **sacar la mano** to have had it: *La televisión ya sacó la ~.* The TV has had it. **tener buena mano** to be good *at sth/with sb*: *Tiene muy buena ~ para la cocina/los niños.* She's very good at cooking/with children. *Ver tb* ¡ADIÓS!, COGIDO, CONOCER, ESCRIBIR, FRENO, FROTAR(SE), LAVAR, LLEGAR, PÁJARO, PILLAR, SALUDAR, SEGUNDO

manojo *nm* bunch

manopla *nf* knuckle-duster

manosear *vt* to touch

manotazo *nm* slap

mansión *nf* mansion

manso, -a *adj* **1** (*animal*) tame **2** (*persona*) meek: *más ~ que un cordero* as meek as a lamb

manteca *nf* fat **LOC manteca (de cerdo)** lard

mantel *nm* tablecloth

mantener ◆ *vt* **1** (*conservar*) to keep: *~ la comida caliente* to keep food hot ◊ *~ una promesa* to keep a promise **2** (*económicamente*) to support: *~ a una familia de ocho* to support a family of eight **3** (*afirmar*) to maintain **4** (*sujetar*) to hold: *Mantenga bien sujeta la botella.* Hold the bottle tight. ◆ **mantenerse** *v pron* to live ***on sth***: *~se a base de comida enlatada* to live on canned food **LOC mantenerse en forma** to keep in shape **mantenerse en pie** to stand (up): *No puede ~se en pie.* He can't stand (up) any more. **mantenerse firme** to stand your ground **mantener vivo** to keep *sth/sb* alive: *~ viva la ilusión* to keep your hopes alive *Ver tb* CONTACTO, LÍNEA

mantenimiento *nm* maintenance

mantequilla *nf* butter

manual *adj, nm* manual: *~ de instrucciones* instruction manual **LOC** *Ver* TRABAJO

manubrio *nm* handlebars [*pl*]

manufacturar *vt* to manufacture

manuscrito *nm* manuscript

manzana *nf* **1** (*fruta*) apple **2** (*de casas*) block **LOC manzana de Adán** Adam's apple *Ver tb* VUELTA

manzanilla *nf* **1** (*planta*) camomile **2** (*infusión*) camomile tea

manzano *nm* apple tree

maña *nf* **1** (*habilidad*) skill **2 mañas** cunning [*incontable*]: *Empleó todas sus ~s para que lo ascendieran.* He used all his cunning to get promoted. **LOC darse maña 1** (*lograr hacer algo*) to manage to do sth: *Se dio ~ de llegar allá sin mapa.* He managed to get there without a map. **2** (*ser bueno en algo*) to be good *at sth/doing sth*: *darse ~ con la carpintería* to be good at woodworking

mañana ◆ *nf* morning: *a la ~ siguiente* the following morning ◊ *a las dos de la ~* at two o'clock in the morning ◊ *Se marcha hoy por la ~.* He's leaving this morning. ◊ *El examen es el lunes por la ~.* The exam is on Monday morning. ◊ *Salimos ~ por la ~.* We're leaving tomorrow morning. ☛ *Ver nota en* MORNING ◆ *nm* future: *No pienses en el ~.* Don't think about the future. ◆ *adv* tomorrow: *~ es sábado ¿no?* Tomorrow is Saturday, isn't it? ◊ *el periódico de ~* tomorrow's paper **LOC ¡hasta mañana!** see you tomorrow! *Ver tb* DÍA, MEDIO, NOCHE, PASADO

mañoso, -a *adj* fussy

mapa *nm* map: *Está en el ~.* It's on the map. **LOC** *Ver* DESAPARECER

mapamundi *nm* world map

maqueta *nf* model

maquillaje *nm* make-up [*incontable*]: *Ana se compra un ~ carísimo.* Ana buys very expensive make-up.

maquillar ◆ *vt* to make *sb* up ◆ **maquillarse** *v pron* to put on your make-up: *No he tenido tiempo de ~me.* I haven't had time to put on my make-up.

máquina *nf* machine: *~ de coser* sewing machine **LOC escribir/pasar a máquina** to type **máquina de afeitar** razor **máquina de escribir** typewriter **máquina (de retratar)** camera **máquina traganíqueles** slot machine

maquinaria *nf* machinery

maquinista *nmf* engineer

mar *nm o nf* sea: *Este verano quiero ir al ~.* I want to go to the beach this summer.

En inglés **sea** se escribe con mayúscula cuando aparece con el nombre de un mar: *el mar Negro* the Black Sea.

LOC hacerse a la mar to put out to sea **mar adentro** out to sea **por mar** by sea *Ver tb* ALTO, CABALLO, ERIZO, ORILLA, SAL

maracuyá *nm* passion fruit

maratón *nm o nf* marathon

maravilla *nf* wonder **LOC hacer maravillas** to work wonders: *Este jarabe hace ~s.* This cough mixture works wonders. **¡qué maravilla!** how wonderful!

maravilloso, -a *adj* wonderful

marca *nf* **1** (*señal*) mark **2** (*productos de limpieza, alimentos*) brand: *una ~ de desodorante* a brand of deodorant **3** (*carros, electrodomésticos, computadores*) make: *¿Qué ~ de carro tienes?* What make of car do you have? **4** (*récord*) record: *batir/establecer una ~* to beat/set a record **LOC de marca**: *productos de ~* brand name goods ◊ *ropa de ~* designer clothes **marca (registrada)** (registered) trade mark

marcado, -a *pp, adj* (*fuerte*) strong: *hablar con ~ acento venezolano* to speak with a strong Venezuelan accent *Ver tb* MARCAR

marcador *nm* **1** (*Dep*) scoreboard **2** (*para escribir*) marker pen

marcar ◆ *vt* **1** (*gen*) to mark: *~ el suelo con tiza* to mark the ground with chalk **2** (*ganado*) to brand **3** (*indicar*) to say: *El reloj marcaba las cinco.* The clock said five o'clock. ◆ *vt, vi* **1** (*Dep*) to score: *Marcaron (tres goles) en el primer tiempo.* They scored (three goals) in the first half. **2** (*teléfono*) to dial: *Marcaste mal.* You've dialed the wrong number. **LOC marcar el compás/ritmo** to beat time/the rhythm **marcar tarjeta** (*en el trabajo*) to punch in/out

marcha *nf* **1** (*Mil, Mús, manifestación*) march **2** (*velocidad*) speed: *reducir la ~* to reduce speed **LOC a marchas forzadas** against the clock **a toda marcha** at top speed **dar marcha atrás** to reverse **sobre la marcha** as I, you, etc go (along): *Lo decidiremos sobre la ~.* We'll decide as we go along. *Ver tb* EMPRENDER

marchar ◆ *vi* to go: *Todo marcha a las mil maravillas.* Everything's going wonderfully. ◆ **marcharse** *v pron* to leave: *Me marcho.* I'm taking off.

marchito, -a *adj* (*flor*) withered

marcial *adj* martial

marcianitos *nm* Space Invaders

marciano, -a *adj*, *nm-nf* Martian

marco *nm* **1** (*cuadro, puerta*) frame **2** (*moneda*) mark

marea *nf* tide: *~ alta/baja* high/low tide ◊ *Subió/bajó la ~.* The tide has come in/gone out. **LOC marea negra** oil slick *Ver tb* VIENTO

mareado, -a *pp, adj* **1** (*gen*) sick: *Estoy un poco ~.* I'm feeling rather sick. **2** (*harto*) sick and tired: *Me tiene ~ con la idea de la moto.* I'm sick and tired of him going on about that motorcycle. *Ver tb* MAREAR

marear ◆ *vt* **1** (*gen*) to make *sb* feel sick: *Ese olor me marea.* That smell makes me feel sick. **2** (*hartar*) to get on *sb's* nerves: *La están mareando con esa música.* Their music is getting on her nerves. ◊ *¡No me marees!* Don't bug me! ◆ **marearse** *v pron* **1** (*gen*) to get sick: *Me mareo en el asiento de atrás.* I get sick if I sit in the back seat. **2** (*perder el equilibrio*) to feel dizzy **3** (*en el mar*) to get seasick

maremoto *nm* tidal wave

mareo *nm* dizziness: *sufrir/tener ~s* to feel dizzy **LOC** *Ver* PASTILLA

marfil *nm* ivory

margarina *nf* margarine

margarita *nf* daisy [*pl* daisies]

margen ◆ *nf* bank ◆ *nm* **1** (*en una página*) margin **2** (*libertad*) room (**for** ***sth***): *~ de duda* room for doubt **LOC al margen**: *Lo dejan al ~ de todo.* They leave him out of everything.

marginado, -a ◆ *pp, adj* **1** (*persona*) left out, alienated (*más formal*): *sentirse ~* to feel left out **2** (*zona*) deprived ◆ *nm-nf* outcast *Ver tb* MARGINAR

marginar *vt* to shun

marica *nm* sissy [*pl* sissies]

marido *nm* husband

marihuana *nf* marijuana

marina *nf* navy [*v sing o pl*]: *la Marina Mercante* the Merchant Marine **LOC** *Ver* INFANTERÍA

marinero, -a *adj, nm* sailor [*n*]: *una gorra marinera* a sailor hat

marino, -a ◆ *adj* **1** (*gen*) marine: *vida/contaminación marina* marine life/pollution **2** (*aves, sal*) sea [*n atrib*] ◆ *nm* sailor **LOC** *Ver* AZUL

marioneta *nf* **1** (*gen*) puppet **2 marionetas** puppet show [*sing*]

mariposa *nf* butterfly [*pl* butterflies]: *los 200 metros ~* the 200–meter butterfly **LOC** *Ver* NADAR

mariquita *nf* ladybug

marisco *nm* shellfish

marisma *nf* marsh

marítimo, -a *adj* **1** (*pueblo, zona*) coastal **2** (*puerto, ruta*) sea [*n atrib*]: *puerto ~* sea port

marketing *nm* marketing

mármol *nm* marble

marqués, -esa *nm-nf* marquis [*fem* marchioness]

marranada *nf* dirty trick: *Me hicieron una ~ en la oficina.* They played a dirty trick on me at the office.

marranito *nm* sucking pig

marrano, -a ◆ *nm-nf* **1** (*animal*) pig ☛ *Ver nota en* CERDO **2** (*carne*) pork ◆ *adj* (*rudo*) brute [*n*] **LOC estar como un marrano** to be very fat

Marte *nm* Mars

martes *nm* Tuesday [*pl* Tuesdays] (*abrev* Tue(s)) ☛ *Ver ejemplos en* LUNES **LOC martes trece** ≃ Friday the thirteenth

martillo *nm* hammer

mártir *nmf* martyr

marxismo *nm* marxism

marzo *nm* March (*abrev* Mar) ☛ *Ver ejemplos en* ENERO

más ◆ *adv*

- **uso comparativo** more (***than sth/sb***): *Es ~ alta/inteligente que yo.* She's taller/more intelligent than me. ◊ *Tú has viajado ~ que yo.* You have traveled more than me/than I have. ◊ *~ de cuatro semanas* more than four weeks ◊ *Me gusta ~ que el tuyo.* I like it better than yours. ◊ *durar/trabajar ~* to last longer/work harder ◊ *Son ~ de las dos.* It's after two.

> En comparaciones como *más blanco que la nieve*, *más sordo que una tapia*, etc el inglés utiliza la construcción **as ... as**: "as white as snow", "as deaf as a post".

- **uso superlativo** most (***in/of...***): *el edificio ~ antiguo de la ciudad* the oldest building in the town ◊ *el ~*

simpático de todos the nicest one of all ◊ *el almacén que ~ libros ha vendido* the store that has sold most books

Cuando el superlativo se refiere sólo a dos cosas o personas, se utiliza la forma **more** o **-er**. Compárense las frases siguientes: *¿Cuál es la cama más cómoda (de las dos)?* Which bed is more comfortable? ◊ *¿Cuál es la cama más cómoda de la casa?* Which is the most comfortable bed in the house?

• **con pronombres negativos, interrogativos e indefinidos** else: *Si tienes algo ~ que decirme...* If you have anything else to tell me... ◊ *¿Alguien ~?* Anyone else? ◊ *nada/nadie ~* nothing/nobody else ◊ *¿Qué ~ puedo hacer por ustedes?* What else can I do for you?

• **otras construcciones 1** (*exclamaciones*): *¡Qué paisaje ~ hermoso!* What lovely scenery! ◊ *¡Es ~ aburrido!* He's so boring! **2** (*negaciones*) only: *No sabemos ~ que lo que dijo el radio.* We only know what it said on the radio. ◊ *Esto no lo sabe nadie ~ que tú.* Only you know this.

◆ *nm, prep* plus: *Dos ~ dos, cuatro.* Two plus two is four.

LOC a más no poder: *Gritamos a ~ no poder.* We shouted as loud as we could. **de lo más...** really: *una cara de lo ~ antipática* a really nasty face **de más 1** (*que sobra*) too much, too many: *Hay dos sillas de ~.* There are two chairs too many. ◊ *Pagaste tres dólares de ~.* You paid three dollars too much. **2** (*de sobra*) spare: *No te preocupes, yo llevo un esfero de ~.* Don't worry. I have a spare pen. **más bien** rather: *Es ~ bien feo, pero muy simpático.* He's rather ugly, but very nice. **más o menos** *Ver* MENOS **más que nada** particularly **por más que** however much: *Por ~ que grites...* However much you shout... **¿qué más da?** what difference does it make? **sin más ni más** just like that ☛ Para otras expresiones con **más**, véanse las entradas del adjetivo, adverbio, etc, p.ej. **más callado que un muerto** en CALLADO y **más que nunca** en NUNCA.

masa *nf* **1** (*gen*) mass: *~ atómica* atomic mass ◊ *una ~ de gente* a mass of people **2** (*pan*) dough **3** (*de torta*) pastry **LOC de masas** mass: *cultura/movimientos de ~s* mass culture/movements *Ver tb* PILLAR

masaje *nm* massage: *¿Me das un poco de ~ en la espalda?* Can you massage my back for me?

mascar *vt, vi* to chew

máscara *nf* mask

mascota *nf* mascot

masculino, -a *adj* **1** (*gen*) male: *la población masculina* the male population **2** (*Dep, moda*) men's: *la prueba masculina de los 100 metros* the men's 100 meters **3** (*característico del hombre, Gram*) masculine ☛ *Ver nota en* MALE

masivo, -a *adj* huge, massive (*más formal*): *una afluencia masiva de turistas* a huge influx of tourists

masticar *vt, vi* to chew: *Hay que ~ bien la comida.* You should chew your food thoroughly.

mástil *nm* **1** (*barco*) mast **2** (*bandera*) flagpole

masturbarse *v pron* to masturbate

mata *nf* **1** (*planta*) plant **2** (*arbusto*) bush

matadero *nm* slaughterhouse

matanza *nf* slaughter

matar *vt, vi* to kill: *~ el tiempo* to kill time ◊ *¡Te voy a ~!* I'm going to kill you! **LOC matar a disgustos** to make *sb's* life a misery **matar a tiros/de un tiro** to shoot *sb* dead **matar dos pájaros de un solo tiro** to kill two birds with one stone **matar el hambre**: *Compramos frutas para ~ el hambre.* We bought some fruit to keep us going. **matarse estudiando/trabajando** to work like crazy

matasellos *nm* postmark

mate¹ *nm* (*Ajedrez*) mate **LOC** *Ver* JAQUE

mate² *adj* (*sin brillo*) matt

matemáticas *nf* mathematics (*abrev* math) [*v sing o pl*]: *Le va bien en ~.* He's good at math.

matemático, -a ◆ *adj* mathematical ◆ *nm-nf* mathematician

matera *nf* flowerpot

materia *nf* **1** (*gen*) matter: *~ orgánica* organic matter **2** (*asignatura, tema*) subject: *ser un experto en la ~* to be an expert on the subject **LOC materia prima** raw material *Ver tb* ÍNDICE

material ◆ *adj* material ◆ *nm* **1** (*materia, datos*) material: *un ~ resistente al fuego* fire-resistant material ◊ *Tengo todo el ~ que necesito para el artículo.* I have all the material I need for the article. **2** (*equipo*) equipment [*incontable*]: *~ deportivo/de laboratorio* sports/laboratory equipment **LOC material**

didáctico/educativo teaching materials [*pl*]

materialista ◆ *adj* materialistic ◆ *nmf* materialist

maternal *adj* motherly, maternal (*más formal*)

maternidad *nf* **1** (*condición*) motherhood, maternity (*formal*) **2** (*sala*) maternity ward

materno, -a *adj* **1** (*maternal*) motherly: *amor ~* motherly love **2** (*parentesco*) maternal: *abuelo ~* maternal grandfather **LOC** *Ver* LENGUA, LÍNEA

matinal *adj* morning [*n atrib*]: *un vuelo ~* a morning flight

matiz *nm* **1** (*color*) shade **2** (*rasgo*) nuance: *matices de significado* nuances of meaning ◊ *un ~ irónico* a touch of irony

matizar *vt* **1** (*palabras, afirmaciones*) to qualify **2** (*colores*) to blend

matón *nm* bully [*pl* bullies]

matorral *nm* scrub [*incontable*]: *Estábamos escondidos entre unos ~es.* We were hidden in the scrub.

matrícula *nf* registration: *Están abiertas las ~s.* Registration has begun.

matricular(se) *vt, v pron* to enroll (*sb*) (***in sth***): *Todavía no me he matriculado.* I still haven't enrolled.

matrimonio *nm* **1** (*institución*) marriage **2** (*ceremonia*) wedding: *La próxima semana es el ~ de su hija.* It's their daughter's wedding next week.

> **Wedding** se refiere a la ceremonia, **marriage** suele referirse al matrimonio como institución. En Estados Unidos y Gran Bretaña los matrimonios se pueden celebrar en una *iglesia* (a **church wedding**) o en un *juzgado* (a **civil ceremony**). La novia (**bride**) suele llevar *damas de honor* (**bridesmaids**). El *novio* (**groom**) no lleva *madrina*, sino que va acompañado del **best man** (normalmente su mejor amigo). Tampoco se habla del *padrino*, aunque la novia normalmente entra con su padre. Después de la ceremonia se da un *banquete* (a **reception**).

3 (*pareja*) (married) couple **LOC** *Ver* CAMA, CONTRAER, PROPOSICIÓN

matriz *nf* **1** (*Anat*) womb **2** (*Mat*) matrix [*pl* matrices/matrixes]

matutino, -a *adj* morning [*n atrib*]: *al final de la sesión matutina* at the end of the morning session

maullar *vi* to meow

máximo, -a ◆ *adj* maximum: *temperatura máxima* maximum temperature ◊ *Tenemos un plazo ~ de siete días para pagar.* We have a maximum of seven days in which to pay. ◊ *el ~ goleador de la liga* the top scorer in the league ◆ *nm* maximum: *un ~ de diez personas* a maximum of ten people **LOC al máximo**: *Debemos aprovechar los recursos al ~.* We must make maximum use of our resources. ◊ *Me esforcé al ~.* I tried my best. **como máximo** at most **máximo dirigente** leader *Ver tb* ALTURA, PENA

mayo *nm* May ☛ *Ver ejemplos en* ENERO

mayonesa *nf* mayonnaise [*incontable*]

mayor ◆ *adj*

- **uso comparativo 1** (*tamaño*) bigger (***than sth***): *Londres es ~ que Madrid.* London is bigger than Madrid. ◊ *~ de lo que parece* bigger than it looks **2** (*edad*) older (***than sb***): *Soy ~ que mi hermano.* I'm older than my brother. ☛ *Ver nota en* ELDER
- **uso superlativo** ~ (**de**) (*edad*) oldest (**in ...**): *Es el alumno ~ de la clase.* He's the oldest student in the class. ☛ *Ver nota en* ELDER
- **otros usos 1** (*adulto*) grown-up: *Sus hijos son ya ~es.* Their children are grown-up now. **2** (*anciano*) old **3** (*principal*) main: *la plaza ~* the main square **4** (*Mús*) major: *en do ~* in C major

◆ *nmf* **1** ~ (**de**) oldest (one) (**in/of ...**): *El ~ tiene quince años.* The oldest (one) is fifteen. ◊ *la ~ de las tres hermanas* the oldest of the three sisters ☛ *Ver nota en* ELDER **2 mayores** (*adultos*) grown-ups: *Los ~es no llegarán hasta las ocho.* The grown-ups won't get here till eight. **LOC al por mayor** wholesale **de mayor importancia**, **prestigio**, **etc** the most important, prestigious, etc: *la zona de ~ riesgo* the most dangerous area **hacerse mayor** to grow up **la mayor parte** (**de**) most (of *sth/sb*): *La ~ parte son católicos.* Most of them are Catholics. **ser mayor de edad**: *Cuando sea ~ de edad podré votar.* I'll be able to vote when I'm eighteen. ◊ *Puede sacar el pase porque es ~ de edad.* He can get his driver's licence because he is over eighteen. *Ver tb* COLEGIO, PERSONA

mayordomo *nm* butler

mayoreo *nm* wholesale

mayoría *nf* majority [*pl* majorities]: *obtener la ~ absoluta* to get an absolute majority LOC **la mayoría de...** most (of...): *A la ~ de nosotros nos gusta.* Most of us like it. ◇ *La ~ de mis amigos preferiría vivir en el campo.* Most of my friends would prefer to live in the country. ☛ *Ver nota en* MOST; *Ver tb* INMENSO

mayúscula *nf* capital letter LOC **con mayúscula** with a capital letter **en mayúsculas** in capitals

mazacote *nm* lump

mazapán *nm* marzipan

mazo *nm* (*martillo*) mallet

me *pron pers* **1** (*complemento*) me: *¿No me vio?* Didn't you see me? ◇ *Dámelo.* Give it to me. ◇ *¡Cómpremelo!* Buy it for me. **2** (*partes del cuerpo, efectos personales*): *Me voy a lavar las manos.* I'm going to wash my hands. **3** (*reflexivo*) (myself): *Me vi en el espejo.* I saw myself in the mirror. ◇ *Me vestí enseguida.* I got dressed right away.

mear *vi* to pee

mecánica *nf* mechanics [*sing*]

mecánico, -a ◆ *adj* mechanical ◆ *nm-nf* mechanic

mecanismo *nm* mechanism: *el ~ de un reloj* a watch mechanism

mecanografía *nf* typing

mecanografiar *vt* to type

mecanógrafo, -a *nm-nf* typist

mecato *nm* snack

mecedora *nf* rocking chair

mecer(se) *vt, v pron* **1** (*columpio*) to swing **2** (*cuna, bebé, barca*) to rock

mecha *nf* **1** (*vela*) wick **2** (*bomba*) fuse **3 mechas** (*pelo*) hair: *Me voy a hacer cortar las ~s.* I'm going to have my hair cut. LOC **a toda mecha** at full speed

mechero *nm* lighter

mechón *nm* **1** (*porción de pelo*) lock **2 mechones** (*claros en el pelo*) highlights LOC **hacerse mechones** to have highlights put in

mechonear *vt* to pull *sb's* hair

mechudo, -a *adj* long-haired

medalla *nf* medal: *~ de oro* gold medal LOC *Ver* ENTREGA

media[1] *nf* **1** (*promedio*) average **2** (*Mat*) mean **3** (*reloj*): *Son las tres y ~.* It's three thirty.

media[2] *nf* **1** (*corta*) sock: *¿Has visto la otra ~?* Have you seen my other sock? **2 medias** (*largas*) pantyhose [*pl*] LOC **írsele a uno las medias**: *Se me fueron las ~s.* I have a run in my pantyhose. **media media** knee sock **medias pantalón** pantyhose [*pl*] **medias veladas** nylon stockings **media tobillera** anklet

mediados LOC **a mediados de...** in the middle of... **hacia mediados de...** around the middle of...

mediagua *nf* hut

mediano, -a *adj* **1** (*gen*) medium: *de tamaño ~* of medium size ◇ *Uso la talla mediana.* I wear a medium size. **2** (*regular*): *de mediana estatura/inteligencia* of average height/intelligence LOC **de mediana edad** middle-aged

medianoche *nf* midnight: *Llegaron a ~.* They arrived at midnight.

medicamento *nm* medicine

medicina *nf* medicine: *recetar una ~* to prescribe a medicine

médico, -a ◆ *adj* medical: *un chequeo ~* a medical examination ◆ *nm-nf* doctor: *ir al ~* to go to the doctor's LOC **médico de cabecera** general practitioner *Ver tb* FICHA, HISTORIA, RECONOCIMIENTO

medida *nf* **1** (*extensión*) measurement: *¿Qué ~s tiene esta habitación?* What are the measurements of this room? ◇ *El sastre me tomó las ~s.* The tailor took my measurements. **2** (*unidad, norma*) measure: *pesos y ~s* weights and measures ◇ *Habrá que tomar ~s al respecto.* Something must be done about it. LOC **(hecho) a la medida** (made) to measure

medieval *adj* medieval

medio, -a ◆ *adj* **1** (*la mitad de*) half a/half an: *media botella de vino* half a bottle of wine ◇ *media hora* half an hour **2** (*promedio, normal*) average: *temperatura/velocidad media* average temperature/speed ◇ *un muchacho de inteligencia media* a boy of average intelligence ◆ *adv* half: *Cuando llegó estábamos ~ dormidos.* We were half asleep when he arrived. ◆ *nm* **1** (*centro*) middle: *una plaza con un quiosco en el ~* a square with a newsstand in the middle **2** (*entorno*) environment **3** (*Mat*) half [*pl* halves]: *Dos ~s suman un entero.* Two halves make a whole. **4** (*procedimiento, recurso*) means [*pl* means]: *~ de transporte* means of transport ◇ *No tienen ~s para comprar una casa.* They lack the means to buy a house. LOC **a media asta** at half-mast **media mañana/tarde** in the middle of the morning/afternoon **a medio camino** halfway: *A ~ camino paramos a descansar.* We stopped to rest halfway

en medio de in the middle of *sth* **estar/ponerse en el medio** to be/get in the way: *No puedo pasar, siempre estás en el ~.* I can't get by—you're always (getting) in the way. **media lengua**: *Está hablando en media lengua.* He's babbling. **medias tintas** half measures: *No me gustan las medias tintas.* I don't like to do things by halves. **medio ambiente** environment **medio campo** midfield: *un jugador de ~ campo* a midfield player **medio (de comunicación)** medium [*pl* media]: *un ~ tan poderoso como la televisión* a powerful medium like TV **medio mundo** lots of people [*pl*] **medio tiempo 1** (*Dep*) half-time **2** (*trabajo*) part-time: *trabajar ~ tiempo* to have a part-time job **y medio** and a half: *kilo y ~ de tomates* one and a half kilograms of tomatoes ◊ *Tardamos dos horas y media.* It took us two and a half hours. *Ver tb* CLASE, EDAD, HERMANO, PENSIÓN, VUELTA

mediodía *nm* noon: *Llegaron al ~.* They arrived at lunchtime. ◊ *la comida del ~* the noon meal

medir ◆ *vt* to measure: *~ la cocina* to measure the kitchen ◆ *vi*: *—¿Cuánto mides?* "How tall are you?" ◊ *La mesa mide 1,50m de largo por 1m de ancho.* The table is 1·50m long by 1m wide. **LOC medírsele a algo/algn** to take sth/sb on

meditar *vt, vi* ~ (**sobre**) to think (**about *sth***): *Meditó sobre su respuesta.* He thought about his answer.

mediterráneo, -a *adj, nm* Mediterranean

médula (*tb* **medula**) *nf* marrow: *~ ósea* bone marrow

medusa *nf* jellyfish [*pl* jellyfish]

mejicano, -a *adj, nm-nf Ver* MEXICANO

Méjico *nm Ver* MÉXICO

mejilla *nf* cheek

mejillón *nm* mussel

mejor ◆ *adj, adv* (*uso comparativo*) better (***than sth/sb***): *Tienen un apartamento ~ que el nuestro.* Their apartment is better than ours. ◊ *Me siento mucho ~.* I feel much better. ◊ *cuanto antes ~* the sooner the better ◊ *Cantas ~ que yo.* You're a better singer than me. ◆ *adj, adv, nmf* ~ (**de**) (*uso superlativo*) best (**in/of/that…**): *mi ~ amigo* my best friend ◊ *el ~ equipo de la liga* the best team in the league ◊ *Es la ~ de la clase.* She's the best in the class. ◊ *el que ~ canta* the one who sings best **LOC a lo mejor** maybe **hacer algo lo mejor posible** to do your best: *Preséntese al examen y hágalo lo ~ posible.* Go to the exam and do your best. **mejor dicho** I mean: *cinco, ~ dicho, seis* five, I mean six **mejor que nunca** better than ever *Ver tb* CADA, CASO

mejorar ◆ *vt* **1** (*gen*) to improve: *~ las carreteras* to improve the roads **2** (*enfermo*) to make *sb* feel better ◆ *vi* to improve: *Si las cosas no mejoran…* If things don't improve… ◆ **mejorarse** *v pron* to get better: *¡Que te mejores!* Get well soon!

mejoría *nf* improvement (***in sth/sb***): *la ~ de su estado de salud* the improvement in his health

melancólico, -a *adj* sad

melcochudo, -a *adj* chewy

melena *nf* hair: *llevar ~ suelta* to wear your hair loose

mellizo, -a *adj, nm-nf* twin [*n*]

melocotón *nm* peach

melodía *nf* tune **LOC estar hecho/quedar vuelto una melodía** to be in a mess: *El bebé comió sólo y está hecho una ~.* The baby fed himself and he's in a real mess. ◊ *La novia lo dejó y quedó vuelto una ~.* His girlfriend left him and he is shattered.

melón *nm* melon

memorable *adj* memorable

memoria *nf* **1** (*gen*) memory: *Tienes buena ~.* You have a good memory. ◊ *perder la ~* to lose your memory **2 memorias** (*autobiografía*) memoirs **LOC de memoria** by heart: *saberse algo de ~* to know something by heart **hacer memoria** to try to remember *Ver tb* ESTUDIAR

memorizar *vt* to memorize

menaje *nm* **LOC menaje de cocina** kitchenware

mención *nf* mention

mencionar *vt* to mention **LOC sin mencionar** not to mention

mendigar *vt, vi* to beg (**for *sth***): *~ comida* to beg for food

mendigo, -a *nm-nf* beggar

mendrugo *nm* crust

menear *vt* **1** (*sacudir*) to shake **2** (*cabeza*) **(a)** (*para decir que sí*) to nod **(b)** (*para decir que no*) to shake **3** (*cola*) to wag

menguante *adj* (*luna*) waning **LOC** *Ver* CUARTO

menopausia *nf* menopause

menor ◆ *adj*

• **uso comparativo** **1** (*tamaño*) smaller (***than sth***): *Mi jardín es ~ que el tuyo.* My garden is smaller than yours. **2** (*edad*) younger (***than sb***): *Eres ~ que ella.* You're younger than her.

• **uso superlativo** ~ (**de**) (*edad*) youngest (**in...**): *el alumno ~ de la clase* the youngest student in the class ◊ *el hermano ~ de María* María's youngest brother

• **música** minor: *una sinfonía en mi ~* a symphony in E minor

◆ *nmf* **1** ~ (**de**) youngest (one) (**in/of...**): *La ~ tiene cinco años.* The youngest (one) is five. ◊ *el ~ de la clase* the youngest in the class **2** (*menor de edad*) minor: *No se sirve alcohol a ~es.* Alcohol will not be served to minors. **LOC al por menor** retail **menor de 18, etc años**: *Prohibida la entrada a los ~es de 18 años.* No entry for persons under 18. *Ver tb* PAÑO

menos ◆ *adv*

• **uso comparativo** less (***than sth/sb***): *A mí sírvame ~.* Give me less. ◊ *Tardé ~ de lo que yo pensaba.* It took me less time than I thought it would. ☛ Con sustantivos contables es más correcta la forma **fewer**, aunque cada vez más gente utiliza **less**: *Había menos gente/carros que ayer.* There were fewer people/cars than yesterday. *Ver tb nota en* LESS.

• **uso superlativo** least (***in/of...***): *la ~ habladora de la familia* the least talkative member of the family ◊ *el alumno que ~ trabaja* the student who works least ☛ Con sustantivos contables es más correcta la forma **fewest**, aunque cada vez más gente utiliza **least**: *la clase con menos alumnos* the class with fewest pupils *Ver tb nota en* LESS.

◆ *prep* **1** (*excepto*) except: *Fueron todos ~ yo.* Everybody went except me. **2** (*hora*) to: *Son las doce ~ cinco.* It's five to twelve. **3** (*Mat, temperatura*) minus: *Estamos a ~ diez grados.* It's minus ten. ◊ *Cinco ~ tres, dos.* Five minus three is two. ◆ *nm* (*signo matemático*) minus (sign)

LOC al menos at least **a menos que** unless: *a ~ que deje de llover* unless it stops raining **de menos** too little, too few: *Me dieron mil pesos de ~.* They gave me a thousand pesos too little. ◊ *tres tenedores de ~* three forks too few **echar de menos** to miss *sth/sb/doing sth*: *Echaremos de ~ el ir a cine.* We'll miss going to the movies. **lo menos** the least: *¡Es lo ~ que puedo hacer!* It's the least I can do! ◊ *lo ~ posible* as little as possible **más o menos** more or less **¡menos mal!** thank goodness! **ni mucho menos** hardly **por lo menos** at least *Ver tb* MIENTRAS

mensaje *nm* message

mensajero, -a *nm-nf* messenger

menso, -a ◆ *adj* stupid ◆ *nm-nf* fool

menstruación *nf* menstruation

mensual *adj* monthly: *un salario ~* a monthly salary

menta *nf* mint

mental *adj* mental

mentalidad *nf* mentality [*pl* mentalities] **LOC tener una mentalidad abierta/estrecha** to be open-minded/narrow-minded

mentalizar *vt* (*concienciar*) to make *sb* aware (***of sth***): *~ a la población de la necesidad de cuidar del medio ambiente* to make people aware of the need to look after the environment

mente *nf* mind **LOC tener algo en mente** to have sth in mind: *¿Tiene algo en ~?* Do you have anything in mind?

mentir *vi* to lie: *¡No me mienta!* Don't lie to me! ☛ *Ver nota en* LIE²

mentira *nf* lie: *meter/decir ~s* to tell lies ◊ *¡Eso es ~!* That isn't true! **LOC ¡mentiras!** nonsense! [*incontable*]: *—¿Que van a crear empleos? ¡Mentiras!* They're going to create jobs? That's nonsense! **una mentira piadosa** a white lie *Ver tb* PARECER

mentiroso, -a ◆ *adj* deceitful: *una persona mentirosa* a deceitful person ◆ *nm-nf* liar

mentón *nm* chin

menú *nm* menu: *No estaba en el ~.* It wasn't on the menu. **LOC menú del día** set menu

menuda *nf* small change

menudencia *nf* **menudencias** giblets

menudeo *nm* retail trade

menudo, -a ◆ *adj* **1** (*pequeño*) small **2** (*en exclamaciones*): *¡En ~ lío te metiste!* You've gotten yourself into a real mess! ◆ *nm* **1** (*cocina*) tripe **2** (*cambio*) small change: *Necesito ~ para comprar pan.* I need some small change to buy bread **LOC a menudo** often

meñique *nm* **1** (*de la mano*) little finger **2** (*del pie*) little toe

mercadeo *nm* marketing

mercado *nm* **1** (*lugar*) market: *Lo*

compré en el ~. I bought it at the market. **2** (*compras*) shopping: *la lista del ~* the shopping list **LOC hacer (el) mercado** to do the shopping **mercado negro** black market

mercancía *nf* goods [*pl*]: *La ~ estaba defectuosa.* The goods were damaged.

mercar *vi* to do the shopping

mercería *nf* **1** (*almacén*) sewing notions store **2** (*puesto*) sewing notions stand

mercurio *nm* **1** (*Quím*) mercury **2** **Mercurio** (*planeta*) Mercury

merecer(se) *vt, v pron* to deserve: *(Te) mereces un castigo.* You deserve to be punished. ◊ *El equipo mereció perder.* The team deserved to lose. **LOC** *Ver* PENA

merecido, -a *pp, adj* well deserved: *una victoria bien merecida* a well deserved victory **LOC lo tienes bien merecido** it serves you right *Ver tb* MERECER(SE)

merengue *nm* **1** (*Cocina*) meringue **2** (*baile*) merengue

meridiano *nm* meridian

mérito *nm* merit **LOC tener mérito** to be praiseworthy

merluza *nf* hake [*pl* hake]

mermelada *nf* **1** (*gen*) jam: *~ de mora* mulberry jam **2** (*de cítricos*) marmalade

mero, -a *adj* mere: *Fue una mera casualidad.* It was mere coincidence.

mes *nm* month: *Dentro de un ~ empiezan las vacaciones.* Vacation starts in a month. ◊ *el ~ pasado/que viene* last/next month ◊ *a primeros de ~* at the beginning of the month **LOC al mes 1** (*cada mes*) a month: *¿Cuánto gastas al ~?* How much do you spend a month? **2** (*transcurrido un mes*) within a month: *Al ~ de empezar enfermó.* Within a month of starting he got sick. **por meses** monthly: *Nos pagan por ~es.* We're paid monthly. **tener dos, etc meses de embarazo** to be two, etc months pregnant **un mes sí y otro no** every other month *Ver tb* CURSO

mesa *nf* table: *No ponga los pies en la ~.* Don't put your feet on the table. ◊ *¿Nos sentamos a la ~?* Shall we sit at the table? **LOC levantar/recoger la mesa** to clear the table **mesa auxiliar** (occasional) table **mesa redonda** (*lit* y *fig*) round table **poner la mesa** to set the table *Ver tb* BENDECIR, JUEGO, TENIS

mesada *nf* allowance

mesero, -a *nm-nf* waiter [*fem* waitress]

meseta *nf* plateau [*pl* plateaus/plateaux]

mesita *nf* **LOC mesita (de noche)** bedside table

mesón *nm* inn

mestizo, -a *adj, nm-nf* mestizo [*pl* mestizos]

meta *nf* **1** (*Atletismo*) finishing line: *el primero en cruzar la ~* the first across the finishing line **2** (*objetivo*) goal: *alcanzar una ~* to achieve a goal

metáfora *nf* metaphor

metal *nm* metal

metálico, -a *adj* **1** (*gen*) metal [*n atrib*]: *una barra metálica* a metal bar **2** (*color, sonido*) metallic **LOC en metálico** cash: *un premio en ~* a cash prize

meteorito *nm* meteor

meteorológico, -a *adj* weather [*n atrib*], meteorological (*formal*): *un informe ~* a weather bulletin

meter ◆ *vt* **1** (*gen*) to put: *Mete el carro en el garaje.* Put the car in the garage. ◊ *¿Dónde metiste mis llaves?* Where have you put my keys? ◊ *Metí 200.000 pesos en mi cuenta.* I put 200,000 pesos into my account. **2** (*gol, canasta*) to score ◆ **meterse** *v pron* **1** (*introducirse*) to get into *sth*: *~se en la cama/ducha* to get into bed/the shower ◊ *Se me metió una piedra en el zapato.* I have a stone in my shoe. **2** (*involucrarse, interesarse*) to get involved ***in sth***: *~se en política* to get involved in politics **3** (*en los asuntos de otro*) to interfere (***in sth***): *Se meten en todo.* They interfere in everything. **4 meterse con** (*criticar*) to pick on *sb* **LOC meter la pata** to put your foot in it **meter las narices** to poke/stick your nose *into sth* **meterle un susto a algn** to frighten sb **meterse en camisa de once varas** to get yourself into a mess **meterse en la droga** to get hooked on drugs **metérsele a algn en la cabeza hacer algo** to take it into your head to do sth: *Se les metió en la cabeza ir al puesto caminando.* They took it into their heads to walk to the town.

metiche (*tb* **metete**) *nmf* busybody [*pl* busybodies]

metida *nf* **LOC metida de pata** blunder

metido, -a ◆ *pp, adj* nosy ◆ *nm-nf* busybody **LOC dejar metido a algn** to stand sb up *Ver tb* METER

método *nm* method

metralleta *nf* sub-machine gun

métrico, -a *adj* metric: *el sistema ~* the metric system

metro¹ *nm* **1** (*medida*) meter (*abrev* m): *los 200 ~s pecho* the 200–meter breaststroke ◊ *Se vende por ~s.* It's sold by the meter. ☛ *Ver Apéndice 1.* **2** (*cinta para medir*) tape measure

metro² *nm* subway: *Podemos ir en ~.* We can go there on the subway.

mexicano, -a *adj, nm-nf* Mexican

México *nm* (*país*) Mexico

mezanín *nm* (*edificio*) mezzanine

mezcla *nf* **1** (*gen*) mixture: *una ~ de aceite y vinagre* a mixture of oil and vinegar **2** (*tabaco, alcohol, café, té*) blend **3** (*racial, social, musical*) mix

mezclar ◆ *vt* **1** (*gen*) to mix: *Hay que ~ bien los ingredientes.* Mix the ingredients well. **2** (*desordenar*) to get *sth* mixed up: *No mezcles las fotos.* Don't get the pictures mixed up. ◆ **mezclarse** *v pron* **1** (*alternar*) to mix ***with sb***: *No quiere ~se con la gente del pueblo.* He doesn't want to mix with people from the town. **2** (*meterse*) to get mixed up ***in sth***: *No quiero ~me en asuntos de familia.* I don't want to get mixed up in family affairs.

mezquita *nf* mosque

mi¹ *adj pos* my: *mis amigos* my friends

mi² *nm* **1** (*nota de la escala*) mi **2** (*tonalidad*) E: *mi mayor* E major

mí *pron pers* me: *¿Es para mí?* Is it for me? ◊ *No me gusta hablar de mí misma.* I don't like talking about myself.

miau *nm* meow ☛ *Ver nota en* GATO

mico, -a *nm-nf* monkey [*pl* monkeys] **LOC decirle a algn hasta mico** to call sb all the names under the sun *Ver tb* LAGAÑA

microbio *nm* microbe, germ (*más coloq*)

micrófono *nm* microphone, mike (*más coloq*)

microfútbol *nm* five-a-side football

microondas *nm* microwave (oven)

microscopio *nm* microscope

miedo *nm* fear (***of sth/sb/doing sth***): *el ~ a volar/al fracaso* fear of flying/failure **LOC coger miedo** to be scared *of sth/sb/doing sth* **dar miedo** to frighten, to scare (*más coloq*): *Sus amenazas no me dan ningún ~.* His threats don't frighten me. ◊ *Me dio un ~ espantoso.* I was terribly frightened. **por miedo a/de** for fear of *sth/sb/doing sth*: *No lo hice por ~ a que me regañaran.* I didn't do it for fear of being scolded. **¡qué miedo!** how scary! **tener miedo** to be afraid (*of sth/sb/doing sth*), to be scared (*más coloq*): *Le tiene mucho ~ a los perros.* He's very scared of dogs. ◊ *¿Tenías ~ de perder la materia?* Were you afraid you'd fail? *Ver tb* MORIR(SE), MUERTO, PELÍCULA

miel *nf* honey **LOC** *Ver* LUNA

miembro *nm* **1** (*gen*) member: *hacerse ~* to become a member **2** (*Anat*) limb

mientras ◆ *adv* in the meantime ◆ *conj* **1** (*simultaneidad*) while: *Canta ~ pinta.* He sings while he paints. **2** (*tanto tiempo como, siempre que*) as long as: *Aguanta ~ puedas.* Put up with it as long as you can. **LOC mientras más/menos…** the more/less…: *~ más tiene, más quiere.* The more he has, the more he wants. ◊ *~ más lo pienso, menos lo entiendo.* The more I think about it, the less I understand. **mientras que** while **mientras tanto** in the meantime

miércoles *nm* Wednesday [*pl* Wednesdays] (*abrev* Wed) ☛ *Ver ejemplos en* LUNES **LOC Miércoles de Ceniza** Ash Wednesday

miga *nf* crumb: *~s de galleta* cookie crumbs **LOC hacer buenas migas** to get along well (*with sb*)

migración *nf* migration

mijo, -a *pron* dear

mil *nm, adj, pron* **1** (*gen*) (a) thousand: *~ personas* a thousand people ◊ *un billete de cinco ~* a five-thousand peso bill

> **Mil** puede traducirse también por **one thousand** cuando va seguido de otro número: *mil trescientos sesenta* one thousand three hundred and sixty, o para dar énfasis: *Te dije mil, no dos mil.* I said one thousand, not two.
> De 1.100 a 1.900 es muy frecuente usar las formas **eleven hundred, twelve hundred**, etc: *una carrera de mil quinientos metros* a fifteen-hundred-meter race.

2 (*años*): *en 1600* in sixteen hundred ◊ *1713* seventeen thirteen ◊ *el año 2000* the year two thousand ☛ *Ver Apéndice 1.* **LOC miles de…** thousands of…: *~es de moscos* thousands of flies **mil millones** (a) billion: *Costó tres ~ millones de pesos.* It cost three billion pesos. **por miles** in their thousands *Ver tb* CIEN, DEMONIO

milagro *nm* miracle

milésimo, -a *adj, pron, nm-nf* thousandth: *una milésima de segundo* a thousandth of a second

milímetro *nm* millimetre (*abrev* mm) ☛ *Ver Apéndice 1.*

militar ◆ *adj* military: *uniforme* ~ military uniform ◆ *nmf* soldier: *Mi papá era* ~. My father was in the forces. **LOC** *Ver* PAGAR

milla *nf* mile

millar *nm* thousand [*pl* thousand]: *dos ~es de libros* two thousand books **LOC millares de...** thousands of...: *~es de personas* thousands of people

millón *nm* million [*pl* million]: *dos millones trescientas quince* two million three hundred and fifteen ◊ *Tengo un ~ de cosas que hacer.* I have a million things to do. ☛ *Ver Apéndice 1.* **LOC millones de...** millions of...: *millones de partículas* millions of particles *Ver tb* MIL

millonario, -a *nm-nf* millionaire [*fem* millionairess] ☛ *Ver nota en* MILLIONAIRE

mimar *vt* to spoil

mimbre *nm* wicker: *un cesto de* ~ a wicker basket

mímica *nf* (*lenguaje*) sign language **LOC hacer mímica** to mime

mimo ◆ *nm* **mimos 1** (*cariño*) fuss [*incontable*]: *Los niños necesitan ~s.* Children need to be made a fuss of. **2** (*excesiva tolerancia*): *No le dé tantos ~s.* Don't spoil him. ◆ *nmf* mime artist

mina *nf* **1** (*gen*) mine: *una ~ de carbón* a coal mine **2** (*lápiz*) lead

mineral *nm* mineral **LOC** *Ver* AGUA

minero, -a ◆ *adj* mining [*n atrib*]: *varias empresas mineras* several mining companies ◆ *nm-nf* miner **LOC** *Ver* CUENCA

miniatura *nf* miniature

minifalda *nf* miniskirt

mínimo, -a ◆ *adj* **1** (*menor*) minimum: *la tarifa mínima* the minimum charge **2** (*insignificante*) minimal: *La diferencia entre ellos era mínima.* The difference between them was minimal. ◆ *nm* minimum: *reducir al ~ la contaminación* to cut pollution to a minimum **LOC como mínimo** at least *Ver tb* SALARIO

ministerio *nm* (*Pol, Relig*) ministry [*pl* ministries] **LOC Ministerio de Relaciones Exteriores** Foreign Ministry ≃ State Department (*USA*) **Ministerio de Hacienda** Finance Minister ≃ Treasury Department (*USA*) **Ministerio del Interior** Interior Ministry ≃ Department of the Interior (*USA*)

ministro, -a *nm-nf* minister: *el Ministro colombiano de Educación* the Colombian Minister for Education **LOC Ministro de Relaciones Exteriores** Foreign Minister ≃ Secretary of State (*USA*) **Ministro de Hacienda** ≃ Treasury Secretary **Ministro del Interior** Interior Minister ≃ Secretary of the Interior (*USA*) *Ver tb* CONSEJO, PRIMERO

minoría *nf* minority [*v sing o pl*] [*pl* minorities] **LOC ser minoría** to be in the minority

minúsculo, -a ◆ *adj* **1** (*diminuto*) tiny **2** (*letra*) small, lower case (*más formal*): *una "m" minúscula* a small "m" ◆ **minúscula** *nf* small letter, lower case letter (*más formal*)

minusválido, -a *adj, nm-nf* disabled [*adj*]: *asientos reservados para los ~s* seats for the disabled

minutero *nm* minute hand

minuto *nm* minute: *Espere un ~.* Just a minute.

mío, -a *adj pos, pron pos* mine: *Estos libros son ~s.* These books are mine.

Nótese que *un amigo mío* se traduce por **a friend of mine** porque significa *uno de mis amigos.*

miope *adj* nearsighted

miopía *nf* nearsightedness

mirada *nf* **1** (*gen*) look: *tener una ~ inexpresiva* to have a blank look (on your face) **2** (*vistazo*) glance: *Sólo me dio tiempo de echarle una ~ rápida al periódico.* I only had time for a glance at the newspaper. **LOC** *Ver* DESVIAR

mirador *nm* viewpoint

mirar ◆ *vt* **1** (*gen*) to look **at *sth*/*sb***: ~ *el reloj* to look at the clock **2** (*observar*) to watch: *Estaban mirando cómo jugaban los niños.* They were watching the children play. ◆ *vi* to look: ~ *hacia arriba/abajo* to look up/down ◊ ~ *por una ventana/un agujero* to look out of a window/through a hole **LOC mira que...**: *No vayas, mira que es peligroso.* Don't go; it might be dangerous. ◊ *Mira que mi paciencia tiene un límite* Be careful, there's a limit to my patience. **se mire como/por donde se mire** whichever way you look at it ☛ Para otras expresiones con **mirar**, véanse las entradas del sustantivo, adjetivo, etc, p.ej. **mirar de reojo** en REOJO y **mirar fijamente** en FIJAMENTE.

mirla *nmf* blackbird

misa *nf* mass **LOC misa del gallo** midnight mass

miserable ◆ *adj* **1** (*sórdido, escaso*) miserable: *un cuarto/sueldo ~* a miserable room/salary **2** (*persona, vida*) wretched ◆ *nmf* **1** (*malvado*) wretch **2** (*tacaño*) miser

miseria *nf* **1** (*pobreza*) poverty **2** (*cantidad pequeña*) pittance: *Gana una ~.* He earns a pittance.

misil *nm* missile

misión *nf* mission

misionero, -a *nm-nf* missionary [*pl* missionaries]

mismo, -a ◆ *adj* **1** (*idéntico*) same: *al ~ tiempo* at the same time ◊ *Vivo en la misma casa que él.* I live in the same house as him. **2** (*uso enfático*): *Yo ~ lo vi.* I saw it myself. ◊ *estar en paz contigo ~* to be at peace with yourself ◊ *la princesa misma* the princess herself ◆ *pron* same one: *Es la misma que vino ayer.* She's the same one who came yesterday. ◆ *adv*: *delante ~ de mi casa* right in front of my house ◊ *Le prometo hacerlo hoy ~.* I promise you I'll get it done today. **LOC lo mismo** the same: *Deme lo ~ de siempre.* I'll have the same as usual. **me da lo mismo** I, you, etc don't mind: *—¿Café o té? —Me da lo ~.* "Coffee or tea?" "I don't mind." **quedarse en las mismas** not to understand a thing: *Me quedé en las mismas.* I didn't understand a thing. **ya mismo** right away *Ver tb* AHÍ, AHORA, ALLÍ, COJEAR, CONFIANZA, VESTIR

misterio *nm* mystery [*pl* mysteries]

misterioso, -a *adj* mysterious

mitad *nf* half [*pl* halves]: *La ~ de los diputados votó en contra.* Half the representatives voted against. ◊ *en la primera ~ del partido* in the first half of the game ◊ *partir algo por la ~* to cut sth in half **LOC a mitad de precio** half-price: *Lo compré a ~ de precio.* I bought it half-price. **en/por (la) mitad (de)**: *Haremos una parada en la ~ del camino.* We'll stop halfway. ◊ *La botella estaba por la ~.* The bottle was half empty.

mitin *nm* (*reunión política*) meeting: *hacer un ~* to hold a meeting

mito *nm* **1** (*leyenda*) myth **2** (*persona famosa*) legend: *Es un ~ del fútbol colombiano.* He's a Colombian soccer legend.

mitología *nf* mythology

mixto, -a *adj* (*colegio*) coeducational **LOC** *Ver* ENSALADA

mobiliario *nm* furniture

mochila *nf* shoulder bag

mocho, -a *adj*: *Tiene una oreja mocha.* He's only got one ear.

moco *nm* **mocos LOC tener mocos** to have a runny nose *Ver tb* LLORAR

moda *nf* fashion: *seguir la ~* to follow fashion **LOC (estar/ponerse) de moda** (to be/become) fashionable: *un bar de ~* a fashionable bar **pasarse de moda** to go out of fashion *Ver tb* DESFILE, PASADO

modales *nm* manners: *tener buenos ~* to have good manners

modelo ◆ *nm* **1** (*gen*) model: *un ~ a escala* a scale model **2** (*ropa*) style: *Tenemos varios ~s de chaqueta.* We have several styles of jacket. ◆ *nmf* (*persona*) model

moderado, -a *pp, adj* moderate *Ver tb* MODERAR

moderador, ~a *nm-nf* moderator

moderar *vt* **1** (*velocidad*) to reduce **2** (*lenguaje*) to watch: *Modera tus palabras.* Watch your language.

modernizar(se) *vt, v pron* to modernize

moderno, -a *adj* modern

modestia *nf* modesty

modesto, -a *adj* modest

modificar *vt* **1** (*cambiar*) to change **2** (*Gram*) to modify

modisto, -a ◆ *nm-nf* (*diseñador*) designer ◆ **modista** *nf* (*costurera*) dressmaker

modo *nm* way [*pl* ways] (***of doing sth***): *un ~ especial de reír* a special way of laughing ◊ *Lo hace del mismo ~ que yo.* He does it the same way as me. **LOC a mi modo** my, your, etc way: *Déjelos que lo hagan a su ~.* Let them do it their way. **de modo que** (*por tanto*) so: *Has estudiado poco, de ~ que no puedes pasar.* You haven't studied much, so you won't pass. **de todos modos** anyway *Ver tb* NINGUNO

mofle *nm* muffler

moflete *nm* chubby cheek

mogolla *nf* bread roll

moho *nm* mold **LOC criar/tener moho** to get/be moldy

mojado, -a *pp, adj* wet **LOC** *Ver* HABLAR; *Ver tb* MOJAR

mojar ♦ *vt* **1** (*gen*) to get *sth/sb* wet: *No mojes el suelo.* Don't get the floor wet. **2** (*empapar*) to dip, to dunk (*más coloq*): *~ el pan en la sopa* to dip your bread in the soup ♦ **mojarse** *v pron* to get wet: *~se los pies* to get your feet wet ◊ *¿Te mojaste?* Did you get wet?

molde *nm* **1** (*Cocina*) can **2** (*de yeso*) cast: *un ~ de yeso* a cast

molécula *nf* molecule

moler *vt* **1** (*café, trigo, carne*) to grind **2** (*cansar*) to wear *sb* out **3** (*trabajar*) to work **LOC moler a palo** to give *sb* a beating

molestar ♦ *vt* **1** (*importunar*) to bother: *Siento ~te a estas horas.* I'm sorry to bother you so late. **2** (*interrumpir*) to disturb: *No quiere que la molesten mientras trabaja.* She doesn't want to be disturbed while she's working. **3** (*ofender*) to upset ♦ *vi* to be a nuisance: *No quiero ~.* I don't want to be a nuisance. ♦ **molestarse** *v pron* **1 molestarse (por)** (*digustarse*) to get upset (**about** ***sth***): *Se molestó por mis comentarios.* She got upset about my remarks. ◊ *Me molesta que hables mal de la gente.* It upsets me when you say unkind things about people. **2 molestarse (en)** (*tomarse trabajo*) to bother (***to do sth***): *Ni se molestó en contestar mi carta.* He didn't even bother to reply to my letter. **LOC no molestar** do not disturb **¿te molesta que...?** do you mind if...?: *¿Te molesta que fume?* Do you mind if I smoke?

molestia *nf* **1** (*dolor*) discomfort [*incontable*] **2 molestias** inconvenience [*sing*]: *causar ~s a algn* to cause inconvenience to sb ◊ *Disculpen las ~s.* We apologize for any inconvenience. **LOC si no es molestia** if it's no bother **tomarse la molestia de** to take the trouble *to do sth*

molesto, -a *adj* **1** (*que fastidia*) annoying **2** (*disgustado*) annoyed (***with sb***): *Está ~ conmigo por lo del carro.* He's annoyed with me about the car.

molido, -a *pp, adj* **1** (*cansado*) pooped (out) **2** (*cuerpo*) stiff: *Tengo las piernas molidas.* My legs are stiff. **LOC** *Ver* CARNE; *Ver tb* MOLER

molinillo *nm* whisk

molino *nm* mill **LOC molino de agua/viento** watermill/windmill

momento *nm* **1** (*gen*) moment: *Espere un ~.* Hold on a moment. **2** (*período*) time: *en estos ~s de crisis* at this time of crisis **LOC del momento** contemporary: *el mejor cantante del ~* the best contemporary singer **de un momento a otro** from one minute to the next **en el momento menos pensado** when I, you, least expect it **por/en el momento** for the time being: *Por/en el ~ tengo bastante trabajo.* I have enough work for the time being. **¡un momentico!** wait a minute! *Ver tb* NINGUNO

momia *nf* mummy [*pl* mummies]

monaguillo *nm* altar boy

monarca *nmf* monarch

monarquía *nf* monarchy [*pl* monarchies]

monasterio *nm* monastery [*pl* monasteries]

moneda *nf* **1** (*pieza*) coin: *¿Tienes una ~ de 50?* Do you have a 50 peso coin? **2** (*unidad monetaria*) currency [*pl* currencies]: *la ~ francesa* the French currency

monedero *nm* coin purse

monitor, ~a ♦ *nm-nf* student who acts as an assistant teacher ♦ *nm* (*pantalla*) monitor

monje, -a *nm* monk [*fem* nun] **LOC** *Ver* COLEGIO

mono, -a ♦ *adj* fair, blond [*fem* blonde]

> **Fair** se usa sólo si el mono es natural y **blond** tanto si es natural como si es teñido.: *Es ~.* He has fair/blond hair. ◊ *una muchacha mona y de ojos azules* a girl with blond hair and blue eyes.

♦ *nm-nf* (*animal*) monkey [*pl* monkeys] ♦ *nm* (*dibujo*): *Pintaba ~s en el cuaderno.* He was doodling in his exercise book. ◊ *los ~s del periódico* the cartoons in the newspaper **LOC** *Ver* TEÑIR

monolito *nm* monolith

monólogo *nm* monologue

monopatín *nm* skateboard

monopolio *nm* monopoly [*pl* monopolies]

monótono, -a *adj* monotonous

monóxido *nm* monoxide **LOC monóxido de carbono** carbon monoxide

monstruo *nm* **1** (*gen*) monster: *un ~ de tres ojos* a three-eyed monster **2** (*genio*) genius [*pl* geniuses]: *un ~ de las matemáticas* a mathematical genius

montado, -a *pp, adj*: *~ en un caballo/una motocicleta* riding a horse/a motorcycle *Ver tb* MONTAR

montaje *nm* **1** (*máquina*) assembly: *una línea de ~* an assembly line

2 (*truco*) set-up: *Seguro que todo es un ~.* I bet it's all a set-up.

montaña *nf* **1** (*gen*) mountain: *en lo alto de una ~* at the top of a mountain **2** (*tipo de paisaje*) mountains [*pl*]: *Prefiero la ~ a la playa.* I prefer the mountains to the beach. **LOC montaña rusa** roller coaster *Ver tb* BICICLETA

montañismo *nm* mountaineering

montañoso, -a *adj* mountainous **LOC** *Ver* SISTEMA

montar ◆ *vt* **1** (*establecer*) to set *sth* up: *~ un negocio* to set up a business **2** (*piedras preciosas*) to mount **3** (*máquina*) to assemble **4** (*exposición, campaña*) to mount **5** (*obra de teatro*) to put *a play* on ◆ *vi* to ride: *~ en bicicleta* to ride a bicycle ◇ *botas/traje de ~* riding boots/clothes ◆ **montar(se)** *vi, v pron* to get on (*sth*): *Se montaron dos pasajeros.* Two passengers got on. **LOC montar a caballo** to go horseback riding: *Me gusta ~ a caballo.* I like riding. *Ver tb* BRONCA, ESCÁNDALO, SILLA

monte *nm* **1** (*gen*) mountain **2** (*con nombre propio*) Mount: *el ~ Everest* Mount Everest

montón *nm* **1** (*pila*) pile: *un ~ de arena/libros* a pile of sand/books **2** (*muchos*) lot (**of sth**): *un ~ de problemas* a lot of problems ◇ *Tienes montones de amigos.* You have lots of friends. **LOC del montón** ordinary: *una muchacha del ~* an ordinary girl **por montones**: *Gasta plata por montones.* You spend loads of money.

montura *nf* (*gafas*) frame

monumento *nm* monument

moña *nf* bun: *Siempre va peinada con ~.* She always wears her hair in a bun. **LOC** *Ver* HORQUILLA

moño *nm* bow

moñona *nf* (*bolos, etc*) strike

mora *nf* **1** (*del árbol*) mulberry [*pl* mulberries] **2** (*del arbusto*) blackberry [*pl* blackberries]

morado, -a ◆ *adj, nm* purple ☛ *Ver ejemplos en* AMARILLO ◆ *nm* bruise: *Tengo ~s en las piernas.* I have bruises on my legs.

moral ◆ *adj* moral ◆ *nf* **1** (*principios*) morality **2** (*ánimo*) morale: *La ~ está baja.* Morale is low.

moraleja *nf* moral

morcilla *nf* blood sausage

mordaza *nf* gag **LOC ponerle una mordaza a algn** to gag sb: *Los asaltantes le pusieron una ~.* The robbers gagged him.

mordedura *nf* bite

morder(se) *vt, vi, v pron* to bite: *El perro me mordió en la pierna.* The dog bit my leg. ◇ *Mordí la manzana.* I bit into the apple. ◇ *~se las uñas* to bite your nails **LOC estar que muerde**: *No le pregunte, está que muerde.* Don't ask him; he'll bite your head off. **morder el anzuelo** to swallow the bait **morderse la lengua** (*lig* y *fig*) to bite your tongue *Ver tb* PERRO

mordisco *nm* bite **LOC dar/pegar un mordisco** to bite

mordisquear *vt* to nibble

moreno, -a *adj* **1** (*pelo, piel*) dark: *Mi hermana es mucho más morena que yo.* My sister has a much darker complexion than me. **2** (*bronceado, azúcar, pan*) brown: *ponerse ~* to go brown

morfina *nf* morphine

morgue *nf* morgue

moribundo, -a *adj* dying

morir(se) *vi, v pron* to die: *~ de un infarto/en un accidente* to die of a heart attack/in an accident **LOC morirse de aburrición** to be bored stiff **morirse de frío** to be freezing **morirse del susto** to get the fright of your life **morirse de miedo** to be scared stiff **morirse de risa** to die laughing **morirse por hacer algo** to be dying to do sth *Ver tb* MOSCA, RISA

moro, -a ◆ *adj* Moorish ◆ *nm-nf* Moor

morocho, -a ◆ *adj* black ◆ *nm-nf* black man/woman [*pl* black men/women]

morral *nm* backpack

morsa *nf* walrus [*pl* walruses]

morse *nm* Morse Code

mortadela *nf* bologna

mortal ◆ *adj* **1** (*gen*) mortal: *Los seres humanos son ~es.* Human beings are mortal. ◇ *pecado ~* mortal sin **2** (*enfermedad, accidente*) fatal **3** (*veneno, enemigo*) deadly **4** (*aburrición, ruido, trabajo*) dreadful: *La película es de una pesadez ~.* The movie is terribly boring. ◆ *nmf* mortal **LOC** *Ver* FEO, RESTO

mortalidad *nf* mortality

mortero *nm* mortar

mosaico *nm* mosaic

mosca *nf* fly [*pl* flies] **LOC caer/morir como moscas** to drop like flies

ponerse mosca to smell a rat **¿qué mosca te picó?** what's eating you?

mosco *nm* fly [*pl* flies]

mosquito *nm* mosquito [*pl* mosquitoes]

mostaza *nf* mustard

mostrador *nm* **1** (*tienda*) counter **2** (*bar*) bar **3** (*aeropuerto*) check-in desk

mostrar ◆ *vt* to show: *Mostraron mucho interés por ella.* They showed great interest in her. ◊ *Muéstrame tu habitación.* Show me your room. ◆ **mostrarse** *v pron* (*parecer*) to seem: *Se mostraba algo pesimista.* He seemed rather pessimistic. **LOC mostrar comprensión** to be understanding (*toward sb*)

mota *nf* speck

motilado *nm* haircut

motilar ◆ *vt* to cut *sb's* hair ◆ **motilarse** *v pron* to have your hair cut

motín *nm* mutiny [*pl* mutinies]

motivar *vt* **1** (*causar*) to cause **2** (*incentivar*) to motivate

motivo *nm* reason (**for sth**): *el ~ de nuestro viaje* the reason for our trip ◊ *por ~s de salud* for health reasons ◊ *Se puso bravo conmigo sin ~ alguno.* He got angry with me for no reason. **LOC ¡que sea un motivo!** let's drink to that

moto (*tb* **motocicleta**) *nf* motorcycle: *ir en ~* to ride a motorcycle

motociclismo *nm* motorcycling

motociclista *nmf* motorcyclist

motocross *nm* motocross

motor, ~a ◆ *adj* motive: *potencia ~a* motive power ◆ *nm* engine, motor ☛ *Ver nota en* ENGINE **LOC** *Ver* LANCHA

movedizo, -a *adj* **LOC** *Ver* ARENA

mover(se) *vt, vi, v pron* to move: *~ una pieza del ajedrez* to move a chess piece ◊ *Le toca ~.* It's your move. ◊ *Muévase un poco para que me siente.* Move up a little so I can sit down. ◊ *¡Muévete que nos va dejar el bus!* Get a move on or we'll miss the bus. **LOC ¡muévete!, ¡movámonos!**: *¡Movámonos que nos va a dejar el bus!* Let's get a move on or we'll miss the bus. **no moverse ni a palos** to be bone idle

movido, -a *pp, adj* **1** (*ajetreado*) busy: *Hemos tenido un mes muy ~.* We've had a very busy month. **2** (*foto*) blurry *Ver tb* MOVER(SE)

móvil *adj* mobile

movimiento *nm* **1** (*gen*) movement: *un leve ~ de la mano* a slight movement of the hand ◊ *el ~ obrero/romántico* the labor/Romantic movement **2** (*marcha*) motion: *El carro estaba en ~.* The car was in motion. ◊ *poner algo en ~* to set sth in motion **3** (*actividad*) activity

mu *nm* moo **LOC no decir ni mu** not to open your mouth

muchacho, -a *nm-nf* **1** (*gen*) boy, guy (*más coloq*) [*fem* girl] **2 muchachos** (*chicos y chicas*) young people, kids (*más coloq*) **LOC** *Ver* SERVICIO

muchedumbre *nf* crowd

mucho, -a ◆ *adj*

- **en oraciones afirmativas** a lot of *sth*: *Tengo ~ trabajo.* I have a lot of work. ◊ *Había ~s carros.* There were a lot of cars.
- **en oraciones negativas e interrogativas** **1** (+ *sustantivo incontable*) much, a lot of *sth* (*más coloq*): *No tiene mucha suerte.* He doesn't have much luck. ◊ *¿Toma ~ café?* Do you drink a lot of coffee? **2** (+ *sustantivo contable*) many, a lot of *sth* (*más coloq*): *No había ~s ingleses.* There weren't many English people.
- **otras construcciones**: *¿Tienes mucha hambre?* Are you very hungry? ◊ *hace ~ tiempo* a long time ago

◆ *pron* **1** (*en oraciones afirmativas*) a lot: *~s de mis amigos* a lot of my friends **2** (*en oraciones negativas e interrogativas*) much [*pl* many] ☛ *Ver nota en* MANY ◆ *adv* **1** (*gen*) a lot: *Se parece ~ al papá.* He's a lot like his father. ◊ *Tu amigo viene ~ por acá.* Your friend comes over here a lot. ◊ *trabajar ~* to work hard **2** (*con formas comparativas*) much: *Eres ~ mayor que ella.* You're much older than her. ◊ *~ más interesante* much more interesting **3** (*mucho tiempo*) a long time: *Llegaron ~ antes que nosotros.* They got here a long time before us. ◊ *hace ~* a long time ago **4** (*en respuestas*) very: *—¿Está cansado? —No ~.* "Are you tired?" "Not very." ◊ *—¿Le gustó? —Mucho.* "Did you like it?" "Very much."

LOC por mucho que... however much...: *Por ~ que insistas...* However much you insist...

mudanza *nf* **LOC** *Ver* CAMIÓN

mudar(se) *vt, v pron* **mudar(se)** (**de**) (*cambiar*) to change: *Hay que ~ al bebé.* The baby needs changing. ◊ *~se de camisa* to change your shirt

mudo, -a *adj* mute: *Es ~ de nacimiento.* He was born mute. **LOC** *Ver* PELÍCULA

mueble *nm* **1** (*gen*) piece of furniture: *un ~ muy elegante* a lovely piece of furniture **2 muebles** (*conjunto*) furniture [*incontable, v sing*]: *Los ~s estaban cubiertos de polvo.* The furniture was covered in dust.

mueca *nf* **LOC hacer muecas** to make faces (*at sb*)

mueco, -a *adj* gap-toothed

muela *nf* molar **LOC muela del juicio** wisdom tooth **ser buena muela 1** (*buena persona*) to be a good sort **2** (*apetito*) to enjoy your food *Ver tb* DOLOR

muelle *nm* **1** (*resorte*) spring **2** (*de un puerto*) wharf [*pl* wharves]

muenda *nf* beating: *darle una ~ a algn* to give sb a beating

muerte *nf* death **LOC dar muerte a algo/algn** to kill sth/sb **de mala muerte** horrible: *un barrio de mala ~* a horrible neighborhood *Ver tb* PENA, REO

muerto, -a *pp, adj, nm-nf* dead [*adj*]: *La habían dado por muerta.* They had given her up for dead. ◊ *El pueblo queda ~ durante el invierno.* The town is dead in winter. ◊ *los ~s en la guerra* the war dead ◊ *Hubo tres ~s en el accidente.* Three people were killed in the accident. **LOC muerto de cansancio** tired as a dog **muerto de envidia** green with envy **muerto de frío/hambre** freezing/starving **muerto de miedo** scared to death **muerto de sed** dying of thirst *Ver tb* CALLADO, NATURALEZA, PUNTO, VIVO; *Ver tb* MORIR(SE)

muestra *nf* **1** (*Med, Estadística, mercancía*) sample: *una ~ de sangre* a blood sample **2** (*prueba*) token: *una ~ de amor* a token of love **3** (*señal*) sign: *dar ~s de cansancio* to show signs of fatigue **LOC** *Ver* FERIA

mugir *vi* **1** (*vaca*) to moo **2** (*toro*) to bellow

mugre *nf* filth **LOC** *Ver* UÑA

mujer *nf* **1** (*gen*) woman [*pl* women] **2** (*esposa*) wife [*pl* wives] **LOC** *Ver* NEGOCIO

mula *nf* mule

muleta *nf* crutch: *andar con ~s* to walk on crutches

mullido, -a *pp, adj* soft

multa *nf* fine **LOC poner una multa** to fine: *Le pusieron una ~.* He's been fined.

multinacional ◆ *adj* multinational ◆ *nf* multinational company [*pl* multinational companies]

múltiple *adj* **1** (*no simple*) multiple: *una fractura ~* a multiple fracture **2** (*numerosos*) numerous: *en ~s casos* on numerous occasions **LOC** *Ver* EXAMEN

multiplicación *nf* multiplication

multiplicar *vt, vi* (*Mat*) to multiply: *~ dos por cuatro* to multiply two by four ◊ *¿Ya sabe ~?* Do you know how to do multiplication yet?

multirracial *adj* multiracial

multitud *nf* **1** (*muchedumbre*) crowd [*v sing o pl*] **2 ~ de** (*muchos*) a lot **of *sth***: (*una*) *~ de problemas* a lot of problems

mundial ◆ *adj* world [*n atrib*]: *el récord ~* the world record ◆ *nm* world championship: *los Mundiales de Atletismo* the World Athletics Championships ◊ *el Mundial de fútbol* the World Cup

mundo *nm* **1** (*planeta*) world: *dar la vuelta al ~* to go around the world **2** (*gran número*): *Había un ~ de carros.* There were loads of cars. **LOC el mundo del espectáculo** show business **todo el mundo** everybody *Ver tb* MEDIO, VUELTA

munición *nf* ammunition [*incontable*]: *quedarse sin municiones* to run out of ammunition

municipal *adj* municipal **LOC** *Ver* CABECERA, ELECCIÓN

municipio *nm* municipality

muñeca *nf* **1** (*juguete*) doll: *¿Te gusta jugar con ~s?* Do you like playing with dolls? **2** (*parte del cuerpo*) wrist: *fracturarse la ~* to fracture your wrist

muñeco *nm* **1** (*juguete*) doll: *un ~ de trapo* a rag doll **2** (*de un ventrílocuo, maniquí*) dummy [*pl* dummies] **LOC muñeco de felpa** stuffed toy **muñeco de nieve** snowman [*pl* snowmen]

muñequera *nf* wristband

mural *nm* mural

muralla *nf* wall(s) [*se usa mucho en plural*]: *la ~ medieval* the medieval walls

murciélago *nm* bat

murmullo *nm* murmur: *el ~ de su voz/del viento* the murmur of his voice/the wind

murmurar ◆ *vt, vi* (*hablar en voz baja*) to mutter ◆ *vi* (*chismosear*) to gossip (***about sth/sb***)

muro *nm* wall

musa *nf* muse

musaraña *nf* **LOC** *Ver* PENSAR

muscular *adj* muscle [*n atrib*]: *una lesión ~* a muscle injury

músculo *nm* muscle

musculoso, -a *adj* muscular

museo *nm* museum: *Está en el Museo de Arte Moderno.* It's in the Museum of Modern Art. ☛ *Ver nota en* MUSEUM

musgo *nm* moss

música *nf* music: *Me gusta la ~ clásica.* I like classical music. **LOC música de fondo** background music **música en vivo** live music

musical *adj, nm* musical **LOC** *Ver* COMEDIA, ESCALA

músico *nmf* musician

muslo *nm* **1** (*gen*) thigh **2** (*ave*) leg

musulmán, -ana *adj, nm-nf* Muslim

mutante *adj, nmf* mutant

mutilar *vt* to mutilate

mutuamente *adv* each other, one another: *Se odian ~.* They hate each other. ☛ *Ver nota en* EACH OTHER

mutuo, -a *adj* mutual

muy *adv* **1** (*gen*) very: *Están ~ bien/cansados.* They're very well/tired. ◊ *~ despacio/temprano* very slowly/early **2** (+ *sustantivo*): *El ~ sinvergüenza se fue sin pagar.* The pig left without paying. ◊ *Es ~ hombre.* He's a real man. **LOC muy bien** (*de acuerdo*) okay **por muy ... que ...** however ...: *Por ~ simpático que sea...* However nice he is...

Nn

nabo *nm* turnip

nácar *nm* mother-of-pearl

nacer *vi* **1** (*persona, animal*) to be born: *¿Dónde naciste?* Where were you born? ◊ *Nací en 1971.* I was born in 1971. **2** (*río*) to rise **3** (*planta, pelo, plumas*) to grow **LOC nacer para actor, cantante, etc** to be a born actor, singer, etc

nacido, -a *pp, adj* **LOC** *Ver* RECIÉN; *Ver tb* NACER

naciente *adj* (*sol*) rising

nacimiento *nm* **1** (*gen*) birth: *fecha de ~* date of birth **2** (*río*) source **3** (*pelo, uña*) root **LOC de nacimiento**: *Es ciega de ~.* She was born blind. ◊ *ser colombiano de ~* to be Colombian by birth *Ver tb* LUGAR, LUNAR

nación *nf* nation **LOC** *Ver* ORGANIZACIÓN

nacional *adj* **1** (*de la nación*) national: *la bandera ~* the national flag **2** (*no internacional*) domestic: *el mercado ~* the domestic market ◊ *vuelos/salidas ~es* domestic flights/departures **LOC** *Ver* HIMNO

nacionalidad *nf* **1** (*gen*) nationality [*pl* nationalities] **2** (*ciudadanía*) citizenship

nacionalizar ◆ *vt* to nationalize ◆ **nacionalizarse** *v pron* to become a British, Venezuelan, etc citizen

nada ◆ *pron* nothing, anything

> **Nothing** se utiliza cuando el verbo está en forma afirmativa en inglés y **anything** cuando está en negativa: *No queda nada.* There's nothing left. ◊ *No tengo nada que perder.* I have nothing to lose. ◊ *No quiero nada.* I don't want anything. ◊ *No tienen nada en común.* They don't have anything in common. ◊ *¿No quieres nada?* Don't you want anything?

◆ *adv* at all: *No está ~ claro.* It's not at all clear. **LOC con nada más que hacer algo**: *Lo conocí con ~ más que verlo.* I recognized him as soon as I saw him. **de nada** you're welcome: *—Gracias por la comida. —¡De ~!* "Thank you for the meal." "You're welcome!"

> También se puede decir **don't mention it**.

nada más 1 (*eso es todo*) that's all **2** (*sólo*) only: *Tengo un hijo ~ más.* I only have one son. **nada más y nada menos que... 1** (*persona*) none other than...: *~ más y ~ menos que el Presidente* none other than the President **2** (*cantidad*) no less than...: *~ más y ~ menos que 100 personas* no less than 100 people **nada que...**: *—¿Hablaste con Paola? —Nada que me llama.* "Did you talk to Paola?" "She hasn't called me yet." *Ver tb* DENTRO, SERVIR

nadador, ~a *nm-nf* swimmer

nadar *vi* to swim: *No sé ~.* I can't swim. **LOC nadar cinco, diez, etc piscinas** to swim five, ten, etc lengths **nadar espalda** to do the backstroke **nadar libre** to do the crawl **nadar pecho/mariposa** to do (the) breast stroke/butterfly

nadie *pron* nobody: *Eso no lo sabe ~.* Nobody knows that. ◊ *No había ~ más.* There was nobody else there.

> Nótese que cuando el verbo en inglés está en forma negativa, usamos **anybody**: *Está bravo y no habla con nadie.* He is angry and won't talk to anybody.

LOC *Ver* DON

nado LOC a nado: *Cruzaron el río a ~.* They swam across the river. **nado libre** crawl

naipe *nm* (playing) card ☛ *Ver nota en* BARAJA

nalga *nf* **nalgas** bottom, butt (*coloq*) [*sing*]: *Las ~s me duelen de estar sentada.* I have a sore bottom from sitting down so long.

naranja ◆ *nf* (*fruta*) orange ◆ *adj, nm* (*color*) orange ☛ *Ver ejemplos en* AMARILLO **LOC** *Ver* RALLADURA

naranjada *nf* orangeade

naranjado, -a *adj, nm* orange ☛ *Ver ejemplos en* AMARILLO

naranjo *nm* orange tree

narco *nmf* drug trafficker

narcótico *nm* **narcóticos** drugs

narcotraficante *nmf* drug dealer

narcotráfico *nm* drug trafficking

nariz *nf* nose: *Suénate la ~.* Blow your nose. **LOC estar hasta las narices (de)** to be fed up (with *sth*/*sb*/*doing sth*) *Ver tb* CERRAR, LIMPIAR, METER, PALMO

narrador, ~a *nm-nf* narrator

narrar *vt* to tell

nasal *adj* **LOC** *Ver* TABIQUE

nata *nf* (*de leche hervida*) skin **LOC** *Ver* CREMA

natación *nf* swimming

natal *adj* native: *país ~* native country **LOC** *Ver* CIUDAD

natalidad *nf* birth rate **LOC** *Ver* ÍNDICE

nativo, -a *adj, nm-nf* native

nato, -a *adj* born: *un músico ~* a born musician

natural *adj* **1** (*gen*) natural: *causas ~es* natural causes ◊ *¡Es ~!* It's only natural! **2** (*fruta, flor*) fresh **3** (*espontáneo*) unaffected: *un gesto ~* an unaffected gesture **LOC ser natural de…** to come from… *Ver tb* CIENCIA

naturaleza *nf* nature **LOC naturaleza muerta** still life **por naturaleza** by nature

naturalidad *nf*: *con la mayor ~ del mundo* as if it were the most natural thing in the world **LOC con naturalidad** naturally

naturalmente *adv* of course: *Sí, ~ que sí.* Yes, of course.

naturista *adj* **LOC** *Ver* TIENDA

naufragar *vi* to be wrecked

naufragio *nm* shipwreck

náufrago, -a *nm-nf* castaway [*pl* castaways]

náusea *nf* **LOC dar náuseas** to make *sb* feel nauseous **sentir/tener náuseas** to feel nauseous

náutico, -a *adj* sailing: *club ~* sailing club

navaja *nf* **1** (*pequeña*) penknife [*pl* penknives] **2** (*arma*) knife [*pl* knives]: *Me sacaron una ~ en la calle.* They pulled a knife on me in the street. **LOC** *Ver* PUNTA

navajazo *nm* knife wound: *Tenía un ~ en la cara.* He had a knife wound on his face. **LOC dar un navajazo** to stab

nave *nf* **1** (*Náut*) ship **2** (*iglesia*) nave **LOC nave espacial** spaceship

navegación *nf* navigation **LOC** *Ver* CARTA

navegar *vi* **1** (*barcos*) to sail **2** (*aviones*) to fly

navidad (*tb* **Navidad**) *nf* Christmas: *¡Feliz Navidad!* Merry Christmas! ◊ *Siempre nos reunimos en Navidad.* We always get together at Christmas. **LOC** *Ver* CENA

> En Estados Unidos apenas se celebra el día de Nochebuena o **Christmas Eve**. El día más importante es el 25 de diciembre, llamado **Christmas Day**. La familia se levanta por la mañana y todos abren los regalos que ha traído **Santa Claus**.

navideño, -a *adj* Christmas [*n atrib*]

neblina *nf* **1** (*espesa*) fog: *Hay mucha ~.* It's very foggy. **2** (*suave*) mist

necesario, -a *adj* necessary: *Haré lo que sea ~.* I'll do whatever's necessary. ◊ *No lleves más de lo ~.* Only take what you need. ◊ *No es ~ que vengas.* You don't have to come. **LOC si es necesario** if necessary

neceser *nm* toilet case

necesidad *nf* **1** (*cosa imprescindible*) necessity [*pl* necessities]: *La calefacción es una ~.* Heating is a necessity. **2** ~ (**de**) need (**for** ***sth*/*to do sth***): *No veo la ~ de ir en carro.* I don't see the need to go by car. **LOC no hay necesidad** there's no need (*for sth*/*to do sth*) **pasar necesidades** to suffer hardship *Ver tb* PRIMERO

necesitado, -a ◆ *pp, adj* (*pobre*) needy ◆ *nm-nf*: *ayudar a los ~s* to help the poor *Ver tb* NECESITAR

necesitar *vt* to need

necio, -a *adj* **1** (*travieso*) naughty **2** (*tonto*) dumb

nectarina *nf* nectarine

negado, -a *pp, adj, nm-nf* useless **LOC ser negado** to be useless (*at sth/doing sth*): *Soy ~ para las matemáticas.* I'm useless at math. *Ver tb* NEGAR

negar ◆ *vt* **1** (*hecho*) to deny ***sth*/*doing sth*/*that...***: *Negó haber robado el cuadro.* He denied stealing the picture. **2** (*permiso, ayuda*) to refuse: *Nos negaron la entrada al país.* We were refused admittance into the country. ◆ **negarse** *v pron* **negarse a** to refuse ***to do sth***: *Se negaron a pagar.* They refused to pay.

negativa *nf* refusal

negativo, -a *adj, nm* negative

negociación *nf* negotiation

negociante *nmf* businessman/woman [*pl* businessmen/women]

negociar *vt, vi* to negotiate

negocio *nm* **1** (*comercio, asunto*) business: *hacer ~s* to do business ◊ *Muchos ~s han fracasado.* A lot of businesses have gone broke. ◊ *Los ~s son los ~s.* Business is business. ◊ *Estoy aquí de ~s.* I'm here on business. **2** (*irónicamente*) bargain: *¡Qué negocito el que hemos hecho!* Some bargain we got there! **LOC hombre/mujer de negocios** businessman/woman [*pl* businessmen/women] *Ver tb* LIQUIDACIÓN

negrear *vt* (*marginar*) to ostracize

negro, -a ◆ *adj, nm* black ☛ *Ver ejemplos en* AMARILLO ◆ *nm-nf* black man/woman [*pl* black men/women] **LOC** *Ver* AGUA, BLANCO, CAJA, CERVEZA, MAREA, MERCADO, OVEJA

neón *nm* neon **LOC** *Ver* AVISO

Neptuno *nm* Neptune

nervio *nm* **1** (*gen*) nerve: *Eso son los ~s.* That's nerves. **2** (*carne*) gristle: *Esta carne tiene mucho ~.* This meat is very gristly. **LOC poner los nervios de punta** to set *sb's* nerves on edge *Ver tb* ATAQUE

nerviosismo *nm* nervousness

nervioso, -a *adj* **1** (*gen*) nervous: *el sistema ~* the nervous system ◊ *estar ~* to be nervous **2** (*Anat, célula, fibra, impulso*) nerve [*n atrib*]: *tejido ~* nerve tissue **LOC poner nervioso a algn** to get on sb's nerves **ponerse nervioso** to get worked up

neto, -a *adj* net: *ingresos ~s* net income ◊ *peso ~* net weight

neumático *nm* inner tube

neumonía *nf* pneumonia [*incontable*]: *Me dio una ~.* I caught pneumonia.

neutral *adj* neutral

neutro, -a ◆ *adj* **1** (*gen*) neutral **2** (*Biol, Gram*) neuter ◆ *nm* neutral: *poner el carro en ~* to put the car in neutral

neutrón *nm* neutron

nevada *nf* snowfall

nevado, -a ◆ *pp, adj* (*cubierto de nieve*) snow-covered ◆ *nm* (*montaña con nieve perpetua*) snow-capped mountain *Ver tb* NEVAR

nevar *v imp* to snow: *Creo que va a ~.* I think it's going to snow.

nevera *nf* fridge

ni *conj* **1** (*doble negación*) neither... nor...: *Ni tú ni yo hablamos inglés.* Neither you nor I speak English. ◊ *Ni lo sabe ni le importa.* He neither knows nor cares. ◊ *No dijo ni que sí ni que no.* He hasn't said either yes or no. **2** (*ni siquiera*) not even: *Ni él mismo sabe lo que gana.* Not even he knows how much he earns. **LOC ni aunque** even if: *ni aunque me dieran dinero* not even if they paid me **ni nada** or anything **¡ni que fuera...!** anyone would think...: *¡Ni que yo fuera millonario!* Anyone would think I was a millionaire! **ni una palabra, un día, etc más** not another word, day, etc more **ni uno** not a single (one): *No me queda ni un peso.* I don't have a single peso left. **ni yo (tampoco)** neither am I, do I, have I, etc: *—Yo no voy a la fiesta. —Ni yo tampoco.* "I'm not going to the party." "Neither am I."

nicotina *nf* nicotine

nido *nm* nest: *hacer un ~* to build a nest

nieto, -a *nm-nf* **1** (*gen*) grandson [*fem* granddaughter] **2 nietos** grandchildren

nieve *nf* snow **LOC** *Ver* BLANCO, BOLA, MUÑECO, PUNTO

ningún *adj Ver* NINGUNO

ninguno, -a ◆ *adj* no, any: *No es ningún imbécil.* He's no fool.

Se utiliza **no** cuando el verbo va en forma afirmativa en inglés: *Aún no ha llegado ningún alumno.* No students have arrived yet. ◊ *No mostró ningún entusiamo.* He showed no enthusiasm. **Any** se utiliza cuando el verbo va en negativa: *No le dio ninguna importancia.* He didn't pay any attention to it.

◆ *pron* **1** (*entre dos personas o cosas*) neither, either

Neither se utiliza cuando el verbo está en forma afirmativa en inglés: *—¿Cuál de los dos prefieres? —Ninguno.* "Which one do you prefer?" "Neither (of them)." **Either** se utiliza cuando está en negativa: *No peleé con ninguno de los dos.* I didn't argue with either of them.

2 (*entre más de dos personas o cosas*) none: *Había tres, pero no queda ~.* There were three, but there are none left. ◊ *~ de los concursantes acertó.* None of the participants got the right answer. **LOC de ninguna manera/de ningún modo** no way! (*coloq*), certainly not!: *No quiso quedarse de ninguna manera.* He absolutely refused to stay. **en ningún lugar/sitio/en ninguna parte** nowhere, anywhere

Nowhere se utiliza cuando el verbo está en forma afirmativa en inglés: *Al fin no iremos a ningún sitio.* We'll go nowhere in the end. **Anywhere** se utiliza cuando está en negativa: *No lo encuentro en ninguna parte.* I can't find it anywhere.

en ningún momento never: *En ningún momento pensé que lo harían.* I never thought they would do it.

niña *nf* **LOC ser la niña de los ojos de algn** to be the apple of sb's eye *Ver tb* OJO

niñez *nf* childhood

niño, -a *nm-nf* **1** (*sin distinción de sexo*) **(a)** (*gen*) child [*pl* children] **(b)** (*recién nacido*) baby [*pl* babies]: *tener un ~* to have a baby **2** (*masculino*) boy **3** (*femenino*) girl **LOC niño bien** rich kid **niño prodigio** child prodigy [*pl* child prodigies] *Ver tb* JUEGO, SILLA

nitrógeno *nm* nitrogen

nivel *nm* **1** (*gen*) level: *~ del agua/mar* water/sea level ◊ *a todos los ~es* in every respect **2** (*calidad, preparación*) standard: *un excelente ~ de juego* an excellent standard of play **LOC nivel de vida** standard of living *Ver tb* PASO

nivelar *vt* **1** (*superficie, terreno*) to level **2** (*desigualdades*) to even *sth* out

no ◆ *adv* **1** (*respuesta*) no: *No, gracias.* No, thank you. ◊ *He dicho que no.* I said no. **2** (*referido a verbos, adverbios, frases*) not: *No lo sé.* I don't know. ◊ *No es un buen ejemplo.* It's not a good example. ◊ *¿Empezamos ya o no?* Are we starting now or not? ◊ *Por supuesto que no.* Of course not. ◊ *Que yo sepa, no.* Not as far as I know. **3** (*doble negación*): *No sale nunca.* He never goes out. ◊ *No sé nada de fútbol.* I know nothing about soccer. **4** (*palabras compuestas*) non-: *no fumador* non-smoker ◊ *fuentes no oficiales* unofficial sources ◆ *nm* no [*pl* noes]: *un no categórico* a categorical no **LOC ¿a que no...?** I bet...: *¿A que no ganas?* I bet you don't win. **¿no?**: *Hoy es jueves ¿no?* Today is Thursday, isn't it? ◊ *Lo compraste, ¿no?* You did buy it, didn't you? ☛ Para otras expresiones con **no**, véanse las entradas del verbo, sustantivo, etc, p.ej. **no pegar el ojo** en PEGAR y **no obstante** en OBSTANTE.

noble ◆ *adj* **1** (*gen*) noble **2** (*madera, material*) fine ◆ *nmf* nobleman/woman [*pl* noblemen/women]

nobleza *nf* nobility

noche *nf* night, evening: *el lunes por la ~* on Monday evening/night ◊ *las diez de la ~* ten o'clock at night

Night tiene un uso más general y se refiere principalmente al período en que la gente está dormida. **Evening** se usa para referirse al período entre las seis y las diez aproximadamente.

LOC buenas noches good evening **de la noche a la mañana** overnight **de noche 1** (*trabajar, estudiar*) at night **2** (*vestido*) evening **esta noche** tonight **hacerse de noche** to get dark **¡que pase buena noche!** good night! *Ver tb* AYER, CAÍDA, MESITA, TRAJE

Nochebuena *nf* Christmas Eve: *En ~ nos reunimos todos.* We all get together on Christmas Eve. ☛ *Ver nota en* NAVIDAD

noción *nf* notion **LOC tener nociones de algo** to have a basic grasp of sth

nocivo, -a *adj* ~ (**para**) harmful (**to** *sth*/*sb*)

nocturno, -a *adj* **1** (*gen*) night [*n atrib*]: *servicio ~ de buses* night bus service **2** (*clases*) evening [*n atrib*]: *función nocturna* evening performance

nodriza *nf* **LOC** *Ver* GANCHO

nogal *nm* walnut (tree)

nómada ◆ *adj* nomadic ◆ *nmf* nomad

nombrar *vt* **1** (*citar*) to mention *sb's* name: *sin ~lo* without mentioning his name **2** (*designar a algn para un cargo*) to appoint

nombre *nm* **1 (a)** (*gen*) name **(b)** (*en formularios*) first name ☛ *Ver nota en* MIDDLE NAME **2** (*Gram*) noun: *~ común* common noun **LOC en nombre de** on behalf of *sb*: *Le dio las gracias en ~ del presidente.* He thanked her on behalf of the president. **nombre de pila** given name **nombre propio** proper noun **nombres y apellidos** full name

nómina *nf* (*de sueldos*) payroll

nominar *vt* to nominate *sth/sb* (**for** ***sth***): *Fue nominada a un Oscar.* She was nominated for an Oscar.

nono, -a *adj* odd: *Tengo la media nona.* This is an odd sock.

noreste (*tb* **nordeste**) *nm* **1** (*punto cardinal, región*) north-east (*abrev* NE) **2** (*viento, dirección*) north-easterly

norma *nf* rule **LOC tener por norma hacer/no hacer algo** to always/never do sth: *Tengo por ~ no comer a deshoras.* I never eat between meals.

normal *adj* **1** (*común*) normal: *el curso ~ de los acontecimientos* the normal course of events ◊ *Es lo ~.* That's the normal thing. **2** (*corriente*) ordinary: *un empleo ~* an ordinary job **3** (*estándar*) standard: *el procedimiento ~* the standard procedure **LOC** *Ver* GASOLINA, GENTE

normalizar ◆ *vt* (*relaciones, situación*) to restore *sth* to normal ◆ **normalizarse** *v pron* to return to normal

noroccidental *adj* north-western: *la zona ~ de la ciudad* the north-west of the city

noroccidente *nm* north-west (*abrev* NW)

noroeste *nm* **1** (*punto cardinal, región*) north-west (*abrev* NW) **2** (*dirección, viento*) north-westerly

nororiental *adj* north-eastern: *la zona ~ de la ciudad* the north-east of the city

nororiente *nm* north-east (*abrev* NE)

norte *nm* north (*abrev* N): *en el ~ de Colombia* in the north of Colombia ◊ *en la costa ~* on the north coast **LOC** *Ver* IRLANDA

Noruega *nf* Norway

noruego, -a *adj, nm-nf, nm* Norwegian: *los ~s* the Norwegians ◊ *hablar ~* to speak Norwegian

nos *pron pers* **1** (*complemento*) us: *Nos vieron.* They've seen us. ◊ *Nunca nos dicen la verdad.* They never tell us the truth. ◊ *Nos mintieron.* They've lied to us. ◊ *Nos prepararon la comida.* They made supper for us. **2** (*partes del cuerpo, efectos personales*): *Nos quitamos el abrigo.* We took our coats off. **3** (*reflexivo*) (ourselves): *Nos divertimos mucho.* We enjoyed ourselves very much. ◊ *Nos acabamos de bañar.* We've just taken a shower. ◊ *¡Vámonos!* Let's go! **4** (*recíproco*) each other, one another: *Nos queremos mucho.* We love each other very much. ☛ *Ver nota en* EACH OTHER

nosotros, -as *pron pers* **1** (*sujeto*) we: *Tú no lo sabes. ~ sí.* You don't know. We do. ◊ *Lo vamos a hacer ~.* We'll do it. **2** (*complemento, en comparaciones*) us: *¿Vienes con ~?* Are you coming with us? ◊ *Hace menos deporte que ~.* He does less sport than us. **LOC de nosotros** our(s): *un amigo de ~* a friend of ours ◊ *el carro de ~* our car **entre nosotros** (*confidencialmente*) between ourselves **somos nosotros** it's us

nota *nf* **1** (*gen*) note: *Te dejé una ~ en la cocina.* I left you a note in the kitchen. **2** (*Educ*) grade: *sacar buenas/malas ~s* to get good/bad grades **LOC las notas** report [*sing*]: *El jueves me dan las ~s.* I'm getting my report on Thursday. **tomar nota** to take note (*of sth*)

notable *adj* noteworthy

notar ◆ *vt* **1** (*advertir*) to notice: *No he notado ningún cambio.* I haven't noticed any change. **2** (*encontrar*): *Lo noto muy triste.* He seems very sad. ◆ **notarse** *v pron* **1** (*sentirse*) to feel: *Se nota la tensión.* You can feel the tension. **2** (*verse*) to show: *No se le notan los años.* He doesn't look his age. **LOC se nota que...** you can tell (that)...: *Se notaba que estaba nerviosa.* You could tell she was nervous.

notario, -a *nm-nf* notary public ☛ *Ver nota en* ABOGADO

noticia *nf* **1** (*gen*) news [*incontable, v sing*]: *Te tengo que dar una buena/mala ~.* I've got some good/bad news for you. ◊ *Las ~s son alarmantes.* The news is alarming. **2** (*Period, TV*) news item **LOC las noticias** the news [*sing*]: *Lo dijeron en las ~s de las tres.* It was on the three o'clock news. **tener noticias de algn** to hear from sb: *¿Tienes ~s de tu hermana?* Have you heard from your sister?

noticiero *nm* news [*sing*]: *¿A qué hora es el ~?* What time is the news on? ◊ *Lo dijeron en el ~ de las tres.* It was on the three o'clock news. ◊ *Ni siquiera he podido ver el ~ hoy.* I haven't even had time to watch the news today.

notificar *vt* to announce: *La Corte ya notificó su decisión.* The Court has announced its decision.

novato, -a ◆ *adj* inexperienced ◆ *nm-nf* **1** (*gen*) beginner **2** (*colegio*) freshman **3** (*cuartel*) new recruit

novecientos, -as *adj, pron, nm* nine hundred ☛ *Ver ejemplos en* SEISCIENTOS

novedad *nf* **1** (*gen*) novelty [*pl* novelties]: *la ~ de la situación* the novelty of the situation ◊ *El computador es para mí una ~.* Computers are a novelty to me. ◊ *la gran ~ de la temporada* the latest thing **2** (*cambio*) change: *No hay ~ en el estado del enfermo.* There's no change in the patient's condition. **3** (*noticia*) news [*incontable, v sing*]: *¿Alguna ~?* Any news?

novela *nf* novel: *~ de aventuras/espionaje* adventure/spy novel **LOC novela rosa/policiaca** romance/detective novel

novelista *nmf* novelist

noveno, -a *adj, pron, nm-nf* ninth ☛ *Ver ejemplos en* SEXTO

noventa *nm, adj, pron* **1** (*gen*) ninety **2** (*nonagésimo*) ninetieth ☛ *Ver ejemplos en* SESENTA

noviembre *nm* November (*abrev* Nov) ☛ *Ver ejemplos en* ENERO

novillo, -a *nm-nf* bullock [*fem* heifer]

novio, -a *nm-nf* **1** (*gen*) boyfriend [*fem* girlfriend]: *¿Tienes novia?* Do you have a girlfriend? **2** (*prometido*) fiancé [*fem* fiancée] **3** (*en un matrimonio, recién casados*) (bride)groom [*fem* bride] ☛ *Ver nota en* MATRIMONIO **LOC los novios 1** (*en un matrimonio*) the bride and groom **2** (*recién casados*) the newlyweds **ser novios**: *Hace dos años que somos ~s.* We've been going together for two years. *Ver tb* VESTIDO

nube *nf* cloud **LOC estar en las nubes** to have your head in the clouds

nublado, -a *pp, adj* cloudy *Ver tb* NUBLARSE

nublarse *v pron* **1** (*cielo*) to cloud over **2** (*vista*) to be blurred

nubosidad *nf* **LOC nubosidad variable** patchy cloud

nuca *nf* nape (of the neck)

nuclear *adj* nuclear **LOC** *Ver* REACTOR

núcleo *nm* nucleus [*pl* nuclei]

nudillo *nm* knuckle

nudo *nm* knot: *hacer/deshacer un ~* to tie/undo a knot **LOC nudo corredizo** slip-knot **tener un nudo en la garganta** to have a lump in your throat

nuera *nf* daughter-in-law [*pl* daughters-in-law]

nuestro, -a ◆ *adj pos* our: *nuestra familia* our family ◆ *pron pos* ours: *El carro de ustedes es mejor que el ~.* Your car is better than ours.

> Nótese que *una amiga nuestra* se traduce por **a friend of ours** porque significa *una de nuestras amigas.*

nueve *nm, adj, pron* **1** (*gen*) nine **2** (*fecha*) ninth ☛ *Ver ejemplos en* SEIS

nuevo, -a *adj* **1** (*gen*) new: *¿Son ~s esos zapatos?* Are those new shoes? **2** (*adicional*) further: *Se han presentado ~s problemas.* Further problems have arisen. **LOC de nuevo** again *Ver tb* AÑO, LUNA

nuez *nf* pecan **LOC nuez moscada** nutmeg

nulo, -a *adj* **1** (*inválido*) invalid: *un acuerdo ~* an invalid agreement **2** (*inexistente*) non-existent: *Las posibilidades son prácticamente nulas.* The chances are almost non-existent. **3 ~ en/para** hopeless **at *sth*/*doing sth***: *Soy ~ para el deporte.* I'm hopeless at sport. **LOC** *Ver* VOTO

numeración *nf* numbers [*pl*] **LOC numeración arábica/romana** Arabic/Roman numerals [*pl*]

numeral *nm* numeral

numerar ◆ *vt* to number ◆ **numerarse** *v pron* to number off

número *nm* **1** (*gen*) number: *un ~ de teléfono* a telephone number ◊ *~ par/impar* even/odd number **2** (*talla*) size: *¿Qué ~ de zapatos usas?* What size shoe do you wear? **3** (*publicación*) issue (*formal*), number: *un ~ atrasado* a back issue **4** (*Teat*) act: *un ~ circense* a circus act **LOC número de placa** registration number **número primo** prime number **números arábicos/romanos** Arabic/Roman numerals

numeroso, -a *adj* **1** (*grande*) large: *una familia numerosa* a large family

2 (*muchos*) numerous: *en numerosas ocasiones* on numerous occasions

nunca *adv* never, ever

> **Never** se utiliza cuando el verbo está en forma afirmativa en inglés: *Nunca estuve en París.* I've never been to Paris. **Ever** se utiliza con conceptos negativos o palabras como **nobody**, **nothing**, etc: *Nunca pasa nada.* Nothing ever happens. ☛ *Ver nota en* ALWAYS

LOC casi nunca hardly ever: *No nos vemos casi ~.* We hardly ever see each other. **como nunca** like never before **más que nunca** more than ever: *Hoy está haciendo más calor que ~.* It's hotter than ever today. **nunca jamás** never ever: *~ jamás volveré a prestarle nada.* I'll never ever lend him anything again. **nunca más** never again *Ver tb* MEJOR

nupcial *adj* wedding [*n atrib*]

nutria *nf* otter

nutrición *nf* nutrition

nutritivo, -a *adj* nutritious

¡ñam! *interj* **LOC ¡ñam, ñam!** yum-yum!

ñame *nm* yam

ñapa *nf*: *Me dieron dos mandarinas de ~.* They gave me two tangerines for free.

ñato, -a *adj* snub-nosed

Oo

o *conj* or: *¿Té o café?* Tea or coffee? ◊ *O te comes todo, o no sales a jugar.* If you don't eat it all up, you're not going out to play. ◊ *llueva o no llueva* whether it rains or not

oasis *nm* oasis [*pl* oases]

obedecer ◆ *vt* to obey: *~ a tus papás* to obey your parents ◆ *vi* to do as you are told: *¡Obedece!* Do as you're told!

obediente *adj* obedient

obispo *nm* bishop

obituario *nm* obituary [*pl* obituaries]

objetar *vt* to object

objetivo, -a ◆ *adj* objective ◆ *nm* **1** (*finalidad*) objective, aim (*más coloq*): *~s a largo plazo* long-term objectives **2** (*Mil*) target **3** (*Fot*) lens

objeto *nm* **1** (*cosa, Gram*) object **2** (*propósito*) purpose **LOC objetos perdidos** lost property [*sing*]: *oficina de ~s perdidos* lost and found

objetor, ~a *nm-nf* **LOC objetor (de conciencia)** conscientious objector

oblea *nf* wafer

oblicuo, -a *adj* oblique

obligación *nf* obligation **LOC tener (la) obligación de** to be obliged *to do sth*

obligado, -a *pp, adj* **LOC estar obligado a** to have *to do sth*: *Estamos ~s a cambiarlo.* We have to change it. **sentirse/verse obligado** to feel obliged *to do sth* *Ver tb* OBLIGAR

obligar *vt* to force *sb* ***to do sth***: *Me obligaron a entregar el maletín.* They forced me to hand over the case.

obligatorio, -a *adj* compulsory: *la enseñanza obligatoria* compulsory education

oboe *nm* oboe

obra *nf* **1** (*gen*) work: *una ~ de arte* a work of art ◊ *la ~ completa de Machado* the complete works of Machado **2** (*acción*) deed: *realizar buenas ~s* to do good deeds **3** (*lugar en construcción*) site: *Hubo un accidente en la ~.* There was an accident at the site. **4 obras** (*de carretera*) roadworks **LOC obra maestra** masterpiece **obra (teatral/de teatro)** play [*pl* plays] *Ver tb* MANO

obrero, -a ◆ *adj* **1** (*familia, barrio*) blue-collar **2** (*sindicato*) labor [*n atrib*]:

el movimiento ~ the labor movement ◆ *nm-nf* worker **LOC** *Ver* ABEJA

obsceno, -a *adj* obscene

observación *nf* observation: *capacidad de* ~ powers of observation **LOC estar en observación** to be under observation

observador, ~a ◆ *adj* observant ◆ *nm-nf* observer

observar *vt* **1** (*mirar*) to observe, to watch (*más coloq*): *Observaba a la gente desde mi ventana.* I was watching people from my window. **2** (*notar*) to notice: *¿Has observado algo extraño en él?* Have you noticed anything odd about him?

observatorio *nm* observatory [*pl* observatories]

obsesión *nf* obsession (***with sth/sb/doing sth***): *una* ~ *por las motos/ganar* an obsession with motorcycles/winning **LOC tener obsesión por** to be obsessed with *sth/sb/doing sth*

obsesionar ◆ *vt* to obsess: *Le obsesionan los libros.* He's obsessed with books. ◆ **obsesionarse** *v pron* to become obsessed (***with sth/sb/doing sth***)

obstaculizar *vt* to block

obstáculo *nm* obstacle

obstante LOC no obstante nevertheless, however (*más coloq*)

obstruir *vt* **1** (*cañería, baño*) to block **2** (*dificultar*) to obstruct: ~ *la justicia* to obstruct justice

obtener *vt* to obtain, to get (*más coloq*): ~ *un préstamo/el apoyo de algn* to get a loan/sb's support

obvio, -a *adj* obvious

ocasión *nf* **1** (*vez*) occasion: *en numerosas ocasiones* on numerous occasions **2** (*oportunidad*) opportunity [*pl* opportunities], chance (*más coloq*) (***to do sth***): *una* ~ *única* a unique opportunity

occidental ◆ *adj* western: *el mundo* ~ the western world ◊ *en la costa* ~ on the west coast ◆ *nmf* westerner

occidente *nm* west: *en/por el* ~ in the west ◊ *las diferencias entre Oriente y Occidente* the differences between East and West

océano *nm* ocean

> En inglés **ocean** se escribe con mayúscula cuando aparece con el nombre de un océano: *el océano Indico* the Indian Ocean.

ochenta *nm, adj, pron* **1** (*gen*) eighty **2** (*octogésimo*) eightieth ☛ *Ver ejemplos en* SESENTA

ocho *nm, adj, pron* **1** (*gen*) eight **2** (*fecha*) eighth ☛ *Ver ejemplos en* SEIS

ochocientos, -as *adj, pron, nm* eight hundred ☛ *Ver ejemplos en* SEISCIENTOS

ocio *nm* leisure: *tiempo/ratos de* ~ leisure time

octavo, -a *adj, pron, nm-nf* eighth ☛ *Ver ejemplos en* SEXTO **LOC octavos de final** round prior to quarter-finals

octubre *nm* October (*abrev* Oct) ☛ *Ver ejemplos en* ENERO

ocultar ◆ *vt* to hide: *Me ocultaron la verdad.* They hid the truth from me. ◊ *No tengo nada que* ~. I have nothing to hide. ◆ **ocultarse** *v pron* to hide (***from sth/sb***): *el sitio donde se ocultaban* their hiding place

ocupado, -a *pp, adj* **1** ~ (**en/con**) (*persona*) busy (**with *sth/sb***); busy (***doing sth***): *Si llaman, di que estoy* ~. If anyone calls, say I'm busy. **2** (*teléfono*) busy **3** (*inodoro*) occupied **4** (*asiento, taxi*) taken: *¿Está* ~ *este puesto?* Is this seat taken? **5** (*país*) occupied *Ver tb* OCUPAR

ocupar *vt* **1** (*espacio, tiempo*) to take up *sth*: *Ocupa media página.* It takes up half a page. ◊ *Ocupa todo mi tiempo libre.* It takes up all my spare time. **2** (*cargo oficial*) to hold **3** (*país*) to occupy

ocurrencia *nf* idea **LOC ¡qué ocurrencia(s)!** what will you, he, etc think of next?

ocurrir ◆ *vi* to happen, to occur (*más formal*): *Lo que ocurrió fue…* What happened was that… ◊ *No quiero que vuelva a* ~. I don't want it to happen again. ◆ **ocurrirse** *v pron* to occur ***to sb***; to think ***of sth/doing sth***: *Se me acaba de* ~ *que…* It has just occurred to me that… ◊ *¿Se te ocurre algo?* Can you think of anything?

odiar *vt* to hate *sth/sb/doing sth*: *Odio cocinar.* I hate cooking.

odio *nm* hatred (**for/of *sth/sb***)

odioso, -a *adj* horrible

oeste *nm* west (*abrev* W): *más al* ~ further west **LOC** *Ver* PELÍCULA

ofender ◆ *vt* to offend ◆ **ofenderse** *v pron* to take offense (***at sth***): *Te ofendes por cualquier tontería.* You take offense at the slightest thing.

ofensa *nf* offense

ofensiva *nf* offensive

ofensivo, -a *adj* offensive

oferta *nf* **1** (*gen*) offer: *una ~ especial* a special offer **2** (*Econ, Fin*) supply: *La demanda supera a la ~.* Demand outstrips supply. **LOC en oferta** on special offer **ofertas de empleo** job vacancies

oficial ◆ *adj* official ◆ *nmf* (*policía, Mil*) officer **LOC no oficial** unofficial

oficina *nf* office: *~ de correos* post office ◊ *Estaré en la ~.* I'll be at the office. **LOC oficina de empleo** unemployment office **oficina de información y turismo** tourist information center

oficinista *nmf* office worker

oficio *nm* trade: *Es plomero de ~.* He is a plumber by trade. ◊ *aprender un ~* to learn a trade **LOC** *Ver* GAJES

ofrecer ◆ *vt* to offer: *Nos ofrecieron un café.* They offered us a cup of coffee. ◆ **ofrecerse** *v pron* **ofrecerse (a/para)** to volunteer (***to do sth***): *Me ofrecí para llevarlos a su casa.* I volunteered to take them home.

oftalmólogo, -a *nm-nf* ophthalmologist

ofuscación *nf* **LOC dar(se) una ofuscación** to go mad

ofuscado, -a *pp, adj* **LOC estar ofuscado** to be in a bad mood *Ver tb* OFUSCAR

ofuscar ◆ *vt* to annoy: *Lo que más me ofusca es que…* What annoys me most of all is that… ◆ **ofuscarse** *v pron* **ofuscarse (con) (por)** to get annoyed (**with *sb***) (**about *sth***)

oída LOC de oídas: *Lo conozco de ~s pero no nos han presentado.* I've heard a lot about him but we haven't been introduced yet.

oído *nm* **1** (*Anat*) ear **2** (*sentido*) hearing **LOC al oído**: *Dímelo al ~.* Whisper it in my ear. **de oído** by ear: *Toco el piano de ~.* I play the piano by ear. **tener buen oído** to have a good ear *Ver tb* DOLOR, DURO, EDUCAR, ZUMBAR

oír *vt* **1** (*percibir sonidos*) to hear: *No oyeron el despertador.* They didn't hear the alarm. ◊ *No te oí entrar.* I didn't hear you come in. **2** (*escuchar*) to listen (**to *sth/sb***): *~ el radio* to listen to the radio **LOC ¡oiga!** excuse me! *Ver tb* PARED

ojal *nm* buttonhole

¡ojalá! *interj* **1** (*espero que*) I hope…: *¡~ ganen!* I hope they win! ◊ *—Vas a ver que pasas. —¡Ojalá!* "I'm sure you'll pass." "I hope so!" **2** (*ya quisiera yo*) if only: *¡~ pudiera ir!* If only I could go!

ojeada *nf* glance: *con una sola ~* at a glance **LOC echar una ojeada** to have a (quick) look (*at sth*)

ojeras *nf* dark circles: *¡Qué ~ tienes!* You really have dark circles under your eyes.

ojo *nm* **1** (*gen*) eye: *Es morena de ~s verdes.* She has dark hair and green eyes. ◊ *tener los ~s saltones* to have bulging eyes **2** (*cerradura*) keyhole **3** (*cuidado*) (be) careful: *¡~ con esa jarra!* (Be) careful with that pitcher! ◊ *Debes tener ~ con lo que haces.* You must be careful what you do. **LOC andar con cien ojos** to be very careful **a ojo** roughly: *Lo calculé a ~.* I worked it out roughly. **con los ojos vendados** blindfold **echarle (un) ojo a algo/algn** (*cuidar*) to keep an eye on sth/sb **mirar a los ojos** to look into *sb's* eyes **mirarse a los ojos** to look into each other's eyes **ojo de buey** (*ventana*) porthole **ojo mágico** spyhole **ojos que no ven, corazón que no siente** what the eye doesn't see, the heart doesn't grieve over **sacarse un ojo**: *Casi me saco un ~ para entenderlo.* I'm going crazy trying to understand it. *Ver tb* ABRIR, COSTAR, EXAMINAR, PEGAR, PICAR, PINTAR, QUITAR, RABILLO, SOMBRA, VENDAR

ola *nf* wave

¡olé! (*tb* **¡ole!**) *interj* bravo!

oleaje *nm* swell: *un fuerte ~* a heavy swell

óleo *nm* oil **LOC cuadro/pintura al óleo** oil painting *Ver tb* PINTAR

oler *vt, vi* ~ (**a**) to smell (**of *sth***): *~ a pintura* to smell of paint ◊ *¿A qué huele?* What's that smell? ◊ *Ese perfume huele bien.* That perfume smells nice. ☛ *Ver nota en* SMELL **LOC oler a diablos** to stink **oler a quemado** to smell like *sth* is burning **oler raro** to smell fishy **olerse algo** to suspect sth **olérsela** to smell a rat *Ver tb* GLORIA

olfatear *vt* **1** (*oler*) to sniff **2** (*seguir el rastro*) to scent

olfato *nm* (*sentido*) smell **LOC tener olfato** to have a nose *for sth*: *Tienen ~ para las antigüedades.* They have a nose for antiques.

olimpiada (*tb* **olimpíada**) *nf* Olympics [*pl*] **LOC las Olimpiadas** the Olympic Games

olímpico, -a *adj* Olympic: *el récord ~* the Olympic record **LOC** *Ver* JUEGO, VILLA

oliva *nf* olive

olivo *nm* olive tree

olla *nf* pot **LOC estar en la olla** (*no tener dinero*) to be flat broke **olla (exprés/a presión)** pressure cooker ☛ *Ver dibujo en* SAUCEPAN

olmo *nm* elm (tree)

olor *nm* smell (**of** ***sth***): *Había un ~ a rosas/quemado.* It smelled like roses/ something burning.

oloroso, -a *adj* sweet-smelling

olvidadizo, -a *adj* forgetful

olvidado, -a *pp, adj* **LOC dejar algo olvidado** to leave sth (behind): *No lo dejes ~.* Don't leave it behind. *Ver tb* OLVIDAR(SE)

olvidar(se) *vt, v pron* **1** (*gen*) to forget: *Se me olvidó (comprar) el detergente.* I forgot (to buy) the laundry detergent. **2** (*dejar*) to leave *sth* (behind): *Se me olvidó el paraguas en el bus.* I left my umbrella on the bus.

ombligo *nm* navel, belly-button (*coloq*)

omitir *vt* to omit, to leave *sth* out (*más coloq*)

once ◆ *nm, adj, pron* **1** (*gen*) eleven **2** (*fecha*) eleventh **3** (*títulos*) the Eleventh: *Alfonso XI* Alfonso XI ☛ Se lee: "Alfonso the Eleventh". ☛ *Ver ejemplos en* SEIS ◆ **onces** *nm* tea: *¿Qué quieren de ~s?* What do you want for tea? **LOC tomar onces** to have tea: *Tomamos ~s a las cinco.* We have tea at five o'clock. ☛ *Ver pág 316.*

onceavo, -a *adj, nm* eleventh

onda *nf* wave: *~ sonora/explosiva* sound/shock wave ◊ *~ corta/media/ larga* short/medium/long wave

ondear ◆ *vt* to wave: *~ una pancarta* to wave a banner ◆ *vi* (*bandera*) to fly

ondulado, -a *pp, adj* **1** (*pelo*) wavy **2** (*superficie*) undulating

ONU *nf* UN

¡opa! *interj* careful!

opaco, -a *adj* opaque

opción *nf* option: *No tiene otra ~.* He has no option.

opcional *adj* optional

ópera *nf* opera

operación *nf* **1** (*gen*) operation: *sufrir una ~ cardiaca* to have a heart operation ◊ *una ~ policial* a police operation **2** (*Fin*) transaction **LOC operación tortuga** go-slow

operar ◆ *vt* to operate **on** ***sb***: *Me operaron de apendicitis.* I had my appendix out. ◆ *vi* to operate ◆ **operarse** *v pron* to have an operation: *Tengo que ~me del pie.* I have to have an operation on my foot.

opinar *vt* to think: *¿Qué opinas?* What do you think?

opinión *nf* opinion: *en mi ~* in my opinion **LOC tener buena/mala opinión de** to have a high/low opinion of *sth/sb Ver tb* CAMBIAR

oponente *nmf* opponent

oponer ◆ *vt* to offer: *~ resistencia a algo/algn* to offer resistance to sth/sb ◆ **oponerse** *v pron* **1 oponerse a** to oppose: *~se a una idea* to oppose an idea **2** (*poner reparos*) to object: *Iré a la fiesta si mis padres no se oponen.* I'll go to the party if my parents don't object.

oportunidad *nf* **1** (*gen*) chance, opportunity [*pl* opportunities] (*más formal*): *Tuve la ~ de ir al teatro.* I had the chance to go to the theater. **2** (*ganga*) bargain

oportuno, -a *adj* **1** (*en buen momento*) timely: *una visita oportuna* a timely visit **2** (*adecuado*) appropriate: *Tu respuesta no fue muy oportuna.* Your reply wasn't very appropriate.

oposición *nf* opposition (**to** ***sth/sb***): *el líder de la ~* the leader of the opposition

opresivo, -a *adj* oppressive

oprimir *vt* to oppress

optar *vi* ~ **por** to opt **for** ***sth/to do sth***: *Optaron por seguir estudiando.* They opted to carry on studying.

optativo, -a *adj* optional

óptico, -a ◆ *adj* optical ◆ **óptica** *nf* (*establecimiento*) optical establishment

optimismo *nm* optimism

optimista ◆ *adj* optimistic ◆ *nmf* optimist

optómetra *nmf* optometrist

opuesto, -a *pp, adj* **1** (*extremo, lado, dirección*) opposite: *El frío es lo ~ al calor.* Cold is the opposite of heat. **2** (*dispar*) different: *Mis dos hermanos son totalmente ~s.* My two brothers are totally different. **LOC** *Ver* POLO

oración *nf* **1** (*Relig*) prayer: *rezar una ~* to say a prayer **2** (*Gram*) **(a)** (*gen*) sentence: *una ~ compuesta* a complex sentence **(b)** (*proposición*) clause: *una ~ subordinada* a subordinate clause

oral *adj* oral

orar *vi* to pray

órbita *nf* (*Astron*) orbit

orden ◆ *nm* order: *en/por ~ alfabético* in alphabetical order ◊ *por ~ de importancia* in order of importance ◆ *nf*

1 (*gen*) order: *por ~ judicial* by order of the court ◊ *la ~ franciscana* the Franciscan Order **2** (*Jur*) warrant: *una ~ de allanamiento* a search warrant **LOC** *Ver* ALTERAR

ordenado, -a *pp, adj* neat: *una niña/habitación muy ordenada* a very neat girl/room *Ver tb* ORDENAR

ordenar *vt* **1** (*habitación*) to clean *a room* up: *¿Podrías ~ tu cuarto?* Could you clean your bedroom up? **2** (*apuntes, carpetas*) to put *sth* in order: *~ las tarjetas alfabéticamente* to put the cards in alphabetical order **3** (*mandar*) to order *sb* ***to do sth***: *Me ordenó que me sentara.* He ordered me to sit down.

ordeñar *vt* to milk

ordinario, -a *adj* **1** (*habitual*) ordinary: *acontecimientos ~s* ordinary events **2** (*vulgar*) vulgar: *Son muy ~s.* They're very vulgar.

orégano *nm* oregano

oreja *nf* ear

orfanato (*tb* **orfelinato**) *nm* orphanage

organismo *nm* **1** (*Biol*) organism **2** (*organización*) organization

organización *nf* organization: *organizaciones internacionales* international organizations ◊ *una ~ juvenil* a youth group **LOC Organización de las Naciones Unidas** (*abrev* (**ONU**)) the United Nations (*abrev* UN)

organizador, ~a ◆ *adj* organizing ◆ *nm-nf* organizer

organizar ◆ *vt* to organize ◆ **organizarse** *v pron* (*persona*) to get yourself organized: *Debería ~me mejor.* I should get myself better organized.

órgano *nm* (*Anat, Mús*) organ

orgullo *nm* pride: *herir el ~ de algn* to hurt sb's pride

orgulloso, -a *adj, nm-nf* proud [*adj*]: *Está ~ de sí mismo.* He is proud of himself. ◊ *Son unos ~s.* They're very proud.

orientado, -a *pp, adj* **LOC estar orientado a/hacia** (*edificio, habitación*) to face: *El balcón está ~ hacia el sureste.* The balcony faces south-east. *Ver tb* ORIENTAR

oriental ◆ *adj* eastern: *Europa Oriental* Eastern Europe ◊ *en la costa ~* on the east coast ◊ *la zona ~ del país* the east of the country ◆ *nmf* oriental [*adj*]: *En mi clase hay dos ~es.* There are two Asian people in my class.

Existe la palabra **Oriental** como sustantivo en inglés, pero es preferible no usarla porque puede ofender.

orientar ◆ *vt* **1** (*colocar*) to position: *~ una antena* to position an antenna **2** (*dirigir*) to direct: *El policía los orientó.* The policeman directed them. ◆ **orientarse** *v pron* (*encontrar el camino*) to find your way around

oriente *nm* east: *en/por el ~* in the east **LOC el Cercano/Lejano Oriente** the Near/Far East

origen *nm* origin **LOC dar origen a** to give rise to *sth*

original *adj, nm* original **LOC** *Ver* VERSIÓN

originar ◆ *vt* to lead to *sth* ◆ **originarse** *v pron* to start: *Se originó un incendio en el bosque.* A fire started in the woods.

orilla *nf* **1** (*borde*) edge: *a la ~ del camino* at the edge of the path **2** (*río*) bank: *a ~s del Sena* on the banks of the Seine **3** (*lago, mar*) shore **LOC a la orilla del mar/río** on the seashore/riverside

orillarse *v pron* to pull over

orina *nf* urine

orinar ◆ *vi* to urinate, to pass water (*más coloq*) ◆ **orinarse** *v pron* to wet your pants

oro *nm* **1** (*gen*) gold: *tener un corazón de ~* to have a heart of gold ◊ *una medalla de ~* a gold medal **2 oros** (*Naipes*) ☛ *Ver nota en* BARAJA **LOC** *Ver* BAÑADO, BODA, BRILLAR, BUSCADOR, SIGLO

orquesta *nf* **1** (*de música clásica*) orchestra **2** (*de música ligera*) band: *una ~ de baile/jazz* a dance/jazz band **LOC** *Ver* DIRECTOR

orquídea *nf* orchid

ortografía *nf* spelling: *faltas de ~* spelling mistakes

ortopédico, -a *adj* **LOC** *Ver* CUELLO

orzuelo *nm* sty(e) [*pl* sties/styes]: *Me salió un ~.* I have a stye on my eye.

oscilar *vi* **1** (*lámpara, péndulo*) to swing **2 ~ entre** (*precios, temperaturas*) to vary **from *sth* to *sth***: *El precio oscila entre las cinco y las siete dólares.* The price varies from five to seven dollars.

oscurecer ◆ *vt* to darken ◆ **oscurecer(se)** *v imp, v pron* to get dark

oscuridad *nf* **1** (*lit*) darkness: *la ~ de la noche* the darkness of the night ◊ *Me da miedo la ~.* I'm afraid of the dark. **2** (*fig*) obscurity: *vivir en la ~* to live in obscurity

oscuro, -a *adj* **1** (*lit*) dark: *azul* ~ dark blue **2** (*fig*) obscure: *un* ~ *poeta* an obscure poet **LOC a oscuras** in the dark: *Nos quedamos a oscuras.* We were left in the dark.

oso, -a *nm-nf* bear: ~ *polar* polar bear **LOC hacer el oso** to make a fool of yourself **oso de felpa** teddy bear **oso hormiguero** anteater **(oso) perezoso** sloth

ostra *nf* oyster **LOC** *Ver* ABURRIR

otoño *nm* fall: *en* ~ in (the) fall

otorgar *vt* to award *sth* (***to sb***)

otro, -a ◆ *adj* another, other

> **Another** se usa con sustantivos en singular y **other** con sustantivos en plural: *No hay otro tren hasta las cinco.* There isn't another train until five. ◊ *en otra ocasión* on another occasion ◊ *¿Tienes otros colores?* Do you have any other colors? **Other** también se utiliza en expresiones como: *la otra noche* the other night ◊ *mi otro hermano* my other brother.
>
> A veces **another** va seguido de un número y un sustantivo plural cuando tiene el sentido de "más": *Me quedan otros tres exámenes.* I have another three exams to take. También se puede decir en estos casos "I have three more exams."

◆ *pron* another (one) [*pl* others]: *un día u* ~ one day or another ◊ *¿Tienes ~?* Do you have another (one)? ◊ *No me gustan. ¿Tienes ~s?* I don't like these ones. Do you have any others? ☛ **El otro**, **la otra** se traducen por "the other one": *¿Dónde está el otro?* Where's the other one? **LOC en otro lugar/sitio/en otra parte** somewhere else **lo otro 1** (*la otra cosa*) the other thing: *¿Qué era lo ~ que quería?* What was the other thing you wanted? **2** (*lo demás*) the rest: *Lo ~ no importa.* The rest doesn't matter. **nada del otro mundo** nothing to write home about **otra cosa** something else: *Había otra cosa que quería decirte.* There was something else I wanted to tell you.

> Si la oración es negativa podemos decir **nothing else** o **anything else**, dependiendo de si hay o no otra partícula negativa en la frase: *No hay otra cosa.* There's nothing else./There isn't anything else. ◊ *No pudieron hacer otra cosa.* They couldn't do anything else.

otra vez again: *Perdí otra vez.* I've failed again. **otro(s) tanto(s)** as much/as many again: *Me ha pagado 5.000 pesos y todavía me debe ~ tanto.* He's paid me 5,000 pesos and still owes me as much again. **por otra parte/otro lado** on the other hand *Ver tb* COSA, MES, SEMANA, SITIO

ovalado, -a *adj* oval

ovario *nm* ovary [*pl* ovaries]

oveja *nf* sheep [*pl* sheep]: *un rebaño de ~s* a flock of sheep **LOC oveja negra** black sheep

overol (*tb* **overoles**) *nm* **1** (*de trabajo*) coveralls [*pl*]: *Llevaba un ~ azul.* He was wearing blue coveralls. **2** (*de cargaderas*) overalls

ovillo *nm* ball: *un ~ de lana* a ball of wool **LOC hacerse un ovillo** to curl up

ovino, -a *adj* **LOC** *Ver* GANADO

ovni *nm* UFO [*pl* UFOs]

oxidado, -a *pp, adj* rusty *Ver tb* OXIDAR(SE)

oxidar(se) *vt, v pron* to rust: *Se oxidaron las tijeras.* The scissors have rusted.

oxígeno *nm* oxygen

oyente *nmf* listener

ozono *nm* ozone: *la capa de ~* the ozone layer

Pp

pabellón *nm* **1** (*exposición*) pavilion: *el ~ de Francia* the French pavilion **2** (*hospital*) block **3** (*cárcel*) prison

pacer *vi* to graze

paciencia *nf* patience: *Se me está acabando la ~.* My patience is wearing thin. **LOC ¡paciencia!** be patient! **tener paciencia** to be patient: *Hay que tener ~.* You must be patient. *Ver tb* ARMAR

paciente *adj, nmf* patient

pacificar ◆ *vt* to pacify ◆ **pacificarse** *v pron* to calm down

pacífico, -a ◆ *adj* peaceful ◆ **Pacífico** *adj, nm* Pacific: *el (océano) Pacífico* the Pacific (Ocean)

pacifista *nmf* pacifist

pactar ◆ *vt* to agree **on *sth***: *Pactaron un alto al fuego.* They agreed on a ceasefire. ◆ *vi* to make an agreement (***with sb***) (***to do sth***)

pacto *nm* agreement: *romper un ~* to break an agreement

padecer *vi* **~ de** to suffer (**from *sth***): *Padece de dolores de cabeza.* He suffers from headaches. **LOC padecer de la espalda, del corazón, etc** to have back, heart, etc trouble

padrastro *nm* **1** (*familiar*) stepfather **2** (*pellejo*) hangnail

padre *nm* **1** (*gen*) father: *Es ~ de dos hijos.* He is the father of two children. ◊ *el ~ García* Father García **2 padres** (*padre y madre*) parents **LOC** *Ver* DÍA, FAMILIA, HUÉRFANO

padrenuestro *nm* Our Father: *rezar dos ~s* to say two Our Fathers

padrino *nm* **1** (*bautizo*) godfather **2** (*boda*) man who accompanies the bride, usually her father ☛ *Ver nota en* MATRIMONIO **3 padrinos** godparents

paella *nf* paella

pagano, -a *adj* pagan

pagar ◆ *vt* to pay (**for**) ***sth***: *~ las deudas/los impuestos* to pay your debts/taxes ◊ *Mi abuelo me paga los estudios.* My grandfather is paying for my education. ◆ *vi* to pay: *Pagan bien.* They pay well. **LOC ¡me las vas a pagar!** you'll pay for this! **pagar a la americana** to go Dutch **pagar con cheque/tarjeta** to pay (*for sth*) by check/credit card **pagar el pato** to carry the can **pagar el servicio (militar)** to do (your) military service **pagar en efectivo** to pay (*for sth*) in cash *Ver tb* CARO

página *nf* page (*abrev* p): *en la ~ tres* on page three **LOC páginas amarillas** yellow pages **página social** gossip column *Ver tb* HOJA

pago *nm* (*dinero*) payment: *efectuar/hacer un ~* to make a payment ◊ *~ contra entrega* cash on delivery

país *nm* country [*pl* countries] **LOC** *Ver* HUIR

paisaje *nm* landscape ☛ *Ver nota en* SCENERY

paisano, -a *nm-nf* **1** (*compatriota*) fellow countryman/woman [*pl* fellow countrymen/women] **2** (*de la misma región, ciudad*): *Somos ~s, ambos nacimos en Cali.* We're from the same place, we were both born in Cali.

paja *nf* **1** (*Agr*) **(a)** (*hierba seca*) hay **(b)** (*tallo de los cereales*) straw **2** (*en un texto/discurso*) waffle **LOC hablar/echar paja 1** (*decir mentiras*) to tell lies: *Nadie le cree porque echa mucha ~.* Nobody believes him because he tells a lot of lies. **2** (*charlar*) to chat: *Pasaron la tarde echando ~.* They spent the afternoon chatting. **¡paja!** nonsense!

pajar *nm* hay loft **LOC** *Ver* BUSCAR

pájaro *nm* bird **LOC más vale pájaro en mano que cien volando** a bird in the hand is worth two in the bush *Ver tb* MATAR

paje *nm* page

pajecito, -a *nm-nf* page boy [*fem* bridesmaid]

pajudo, -a *adj, nm-nf* fibber [*n*]: *¡Qué tan ~!* What a fibber!

pala *nf* **1** (*gen*) shovel **2** (*playa*) spade: *jugar con el balde y la ~* to play with your bucket and spade

palabra *nf* word: *una ~ de tres letras* a three-letter word ◊ *Te doy mi ~.* I give you my word. ◊ *No dijo ni ~.* He didn't say a word. ◊ *en otras ~s* in other words **LOC cogerle la palabra a algn** to take sb at their word **decir palabras** to swear **dejarle a algn con la palabra en la boca** to cut sb short: *Me dejó con la ~ en la boca y se fue.* He cut me short and walked off. **¡palabra (de honor)!** honestly! **tener la última palabra** to have the last word (*on sth*) *Ver tb* BREVE, CEDER, DIRIGIR, JUEGO, SOLTAR

palacio *nm* palace

paladar *nm* palate **LOC** *Ver* VELO

palanca *nf* **1** (*Mec*) lever: *En caso de emergencia, jale la ~.* In an emergency, pull the lever. **2** (*contactos*) contacts [*pl*] **LOC palanca de cambios** gear shift **tener palanca** to be well-connected: *Tiene ~ con todos los políticos.* He's well in with all the politicians.

palanquear *vt, vi* to pull strings (**for *sb***): *Su amigo lo palanqueó para conseguir ese trabajo.* A friend pulled some strings to get him that job.

palco *nm* box

paleta *nf* **1** (*helado*) Popsicle® **2** (*Arte*) palette

palidecer *vi* to go pale

pálido, -a *adj* pale: *rosado ~* pale pink **LOC ponerse/quedar pálido** to go pale

palillo *nm* **1** (*de dientes*) toothpick **2 palillos (a)** (*para tambor*) drumsticks **(b)** (*para comida*) chopsticks **LOC estar hecho un palillo** to be as thin as a rake

paliza *nf* beating: *El América les metió una buena ~.* América gave them a sound beating. **LOC darle una paliza a algn** (*pegar*) to beat sb up

palma *nf* **1** (*mano*) palm: *Acompañaban con las ~s.* They clapped in time to the music. **2** (*árbol*) palm (tree): *~ de coco* coconut palm **LOC** *Ver* CONOCER

palmada *nf* **1** (*gesto amistoso*) pat: *Me dio una ~ en la espalda.* He gave me a pat on the back. **2** (*golpe de castigo*) smack: *dar/pegar una ~* to smack ◊ *Le voy a dar una ~ si me vuelve a contestar (mal).* I'm going to smack him if he talks back to me. **LOC dar palmadas** to clap: *Dio tres ~.* He clapped three times.

palmera *nf* palm (tree)

palmo *nm* **LOC dejar a algn con un palmo de narices** to snub *sb* **palmo a palmo** inch by inch

palo *nm* **1** (*gen*) stick **2** (*barco*) mast **3** (*Naipes*) suit ☛ *Ver nota en* BARAJA **4** (*golf*) (golf) club **LOC a palo seco** on its own **de palo** wooden: *cuchara/pata de ~* wooden spoon/leg **ni a palo(s)** for love nor money: *Este niño no come ni a ~.* This child won't eat for love nor money. *Ver tb* CUCHARA, MOLER, MOVER(SE), TAL

paloma *nf* **1** (*gen*) pigeon: *una ~ mensajera* a carrier pigeon **2** (*blanca*) dove: *la ~ de la paz* the dove of peace **LOC se me fue la paloma** it's gone right out of my head

palomar *nm* dovecote

palpar(se) *vt, vi, v pron* to feel: *El médico me palpó el estomago.* The doctor felt my stomach. ◊ *Se palpó los bolsillos.* He felt his pockets.

palpitar *vi* to beat

palta *nf* avocado [*pl* avocados]

palurdo *adj, nm-nf* hick [*n*]: *No seas tan ~.* Don't be such a hick.

palustre *nm* trowel

pan

pan *nm* **1** (*sustancia*) bread [*incontable*]: *Me gusta el ~ recién hecho.* I like freshly-baked bread. ◊ *¿Quieres ~?* Do you want some bread? ☛ *Ver nota en* BREAD **2** (*pieza*) **(a)** (*grande*) loaf [*pl* loaves] **(b)** (*pequeña*) roll: *¿Me da tres ~es?* Could I have three rolls, please? **LOC (llamar) al pan pan y al vino vino** to call a spade a spade **pan de jabón** bar of soap **pan duro** stale bread **pan francés** baguette **pan integral/tajado** wholemeal/sliced bread **pan rallado** breadcrumbs [*pl*] *Ver tb* GANAR, VENDER

pana *nf* corduroy: *Ponte los pantalones de ~.* Wear your corduroy pants.

panadería *nf* bakery [*pl* bakeries]

panadero, -a *nm-nf* baker

panal *nm* honeycomb

Panamá *nm* Panama

panameño, -a *adj, nm-nf* Panamanian

pancarta *nf* **1** (*de cartón*) placard **2** (*de tela*) banner

páncreas *nm* pancreas

panda *nm* panda

pandereta *nf* tambourine

pandilla *nf* gang: *Vendrá toda la ~.* All the gang are coming.

pando, -a *adj* shallow **LOC** *Ver* PLATO

pánel *nm* panel

panfleto *nm* pamphlet

pánico *nm* panic **LOC darle a algn pánico**: *Me dio ~.* I was panic-stricken. ◊ *Le da ~ salir sola de noche.* She's scared stiff of going out alone at night. **tenerle pánico a algo/algn** to be scared stiff of sth/sb: *Le tienen ~ al mar.* They're scared stiff of the ocean. *Ver tb* PRESA

panorama *nm* **1** (*vista*) view: *contemplar un hermoso ~* to look at a lovely view **2** (*perspectiva*) prospect: *un oscuro ~* a bleak prospect

pantalla *nf* **1** (*gen*) screen: *una ~ de computador* a computer screen ☛ *Ver dibujo en* COMPUTADOR **2** (*lámpara*) lampshade **3** (*fig*) front: *La empresa es sólo una ~.* The company is just a front.

pantalón (*tb* **pantalones**) *nm* pants [*pl*]: *No encuentro el ~ de la piyama.* I can't find my pajama pants.

Pants es una palabra plural en inglés, por lo tanto para referirnos a *un pantalón* o *unos pantalones* utilizamos **some/a pair of pants**: *Llevaba un pantalón viejo.* He was wearing some old pants/an old pair of pants. ◊ *Necesito unos pantalones negros.* I need a pair of black pants.

LOC *Ver* FALDA, MEDIAS

pantaloncillos *nm* underpants [*pl*]

pantaloneta *nf* boxer shorts [*pl*]: *Le compré una ~ de algodón.* I bought him some cotton boxer shorts. **LOC pantaloneta de baño** swimming trunks [*pl*] ☛ Nótese que *una pantaloneta de baño* se dice **a pair of swimming trunks**.

pantano *nm* marsh

pantera *nf* panther

pantufla *nf* slipper

pañal *nm* diaper: *cambiar el ~ a un niño* to change a baby's diaper

paño *nm* woolen cloth: *un vestido de ~* a woolen suit **LOC en paños menores** in your underwear **paños/pañitos de agua tibia** half measures

pañuelo *nm* **1** (*para sonarse*) handkerchief [*pl* handkerchiefs/handkerchieves] **2** (*cuello*) scarf [*pl* scarves] **LOC pañuelo de papel** Kleenex®

papa¹ *nm* pope: *el ~ Juan Pablo II* Pope John Paul II

papa

potato chips

French fries

papa² *nf* potato [*pl* potatoes] **LOC ni papa** not a thing: *No oigo ni ~.* I can't hear a thing. **papas a la francesa** (French) fries **papas fritas** chips **ser buena papa** to be nice *Ver tb* PURÉ

papá *nm* **1** (*padre*) father, pop, dad [*coloq*]: *Pregúntale a tu ~.* Ask your dad. ☛ Los niños pequeños suelen decir **daddy**. **2 papás** parents: *una reunión con los ~s en el colegio* a parents' evening at school **LOC Papá Noel** Santa Claus ☛ *Ver nota en* NAVIDAD

papagayo *nm* parrot

papaya *nf* papaya

papel *nm* **1** (*material*) paper [*incontable*]: *una hoja de ~* a sheet of paper ◊ *La acera está llena de ~es.* The sidewalk is covered in bits of paper. ◊ *servilletas de ~* paper napkins ◊ *~ reciclado* recycled paper **2** (*recorte, cuartilla*) piece of paper: *anotar algo en un ~* to note sth down on a piece of paper **3** (*personaje, función*) part: *hacer el ~ de Otelo* to play the part of Othello ◊ *Jugará un ~ importante en la reforma.* It will play an important part in the reform. **LOC papel cuadriculado** graph paper **papel (de) aluminio** foil **papel de envolver/regalo** wrapping paper **papel globo** tissue paper **papel higiénico** toilet paper **papel principal/secundario** (*Cine, Teat*) starring/supporting role *Ver tb* FÁBRICA, PAÑUELO, VASO

papeleo *nm* paperwork

papelera *nf* wastebasket: *Tíralo a la ~.* Throw it in the wastebasket.

papelería *nf* office supply store

papeleta *nf* **1** (*electoral*) ballot paper **2** (*sorteo, rifa*) raffle ticket

paperas *nf* mumps [*sing*]: *tener ~* to have (the) mumps

papi *nm* pop **LOC** *Ver* HIJO

papilla *nf* (*de bebé*) baby food

paprika *nf* paprika

paquete *nm* **1** (*comida, tabaco*) pack: *un ~ de cigarrillos* a pack of cigarettes ☛ *Ver dibujo en* CONTAINER **2** (*bulto*) package: *mandar un ~ por correo* to mail a package **LOC** *Ver* BOMBA¹

par ◆ *adj* even: *números ~es* even numbers ◆ *nm* **1** (*pareja*) pair: *un ~ de medias* a pair of socks ◊ *un ~ de policías* two police officers **2** (*número indefinido*) couple: *hace un ~ de meses* a couple of months ago **LOC a la par** (*a la vez*) at the same time **de par en par** wide open: *dejar la puerta de ~ en ~* to leave the door wide open

para *prep* **1** (*gen*) for: *muy útil para la*

lluvia very useful for the rain ◊ *demasiado complicado para mí* too complicated for me ◊ *¿Para qué lo quieres?* What do you want it for? **2 + inf** to do sth: *Llegaron para quedarse.* They've come to stay. ◊ *Lo hice para no molestarte.* I did it so as not to bother you. **3** (*futuro*): *Lo necesito para el lunes.* I need it for Monday. ◊ *Va a estar terminado para octubre.* It will be finished by October. **4** (*dirección*): *Ahora mismo voy para la casa.* I'm going home now. ◊ *Van para allá.* They're on their way. **LOC para eso**: *Para eso, me compro uno nuevo.* I might as well buy a new one. ◊ *¿Para eso me has hecho venir?* You got me here just for that? **para que...** so (that)...: *Los reprendió para que no lo volvieran a hacer.* He told them off so that they wouldn't do it again. **para sí** to yourself: *hablar para sí* to talk to yourself

parábola *nf* **1** (*Biblia*) parable **2** (*Geom*) parabola

parabólico, -a *adj* **LOC** *Ver* ANTENA

parabrisas *nm* windshield

paracaídas *nm* parachute **LOC lanzarse/tirarse en paracaídas** to parachute

paracaidista *nmf* parachutist

parada *nf* stop: *hacer una ~ para almorzar* to make a stop for lunch

paradero *nm* **1** (*de bus*) bus stop **2** (*de taxi*) taxi stand **3** (*de una persona*) whereabouts: *Se desconoce su ~.* His whereabouts are unknown.

parado, -a *pp, adj* **1** (*de pie*) standing up **2** (*paralizado*) at a standstill: *Las obras están paradas desde hace dos meses.* The construction work has been at a standstill for two months. **LOC salir bien/mal parado** to come off well/badly *Ver tb* PARAR

paraguas *nm* umbrella: *abrir/cerrar un ~* to put up/take down an umbrella

paragüero *nm* umbrella stand

paraíso *nm* paradise **LOC paraíso terrenal** heaven on earth

paraje *nm* spot

paralelas *nf* parallel bars

paralelo, -a *adj* ~ (**a**) parallel (**to** *sth*): *líneas paralelas* parallel lines

parálisis *nf* paralysis [*incontable*]

paralítico, -a *adj* paralyzed: *quedarse ~ de la cintura para abajo* to be paralyzed from the waist down

paralizar *vt* **1** (*Med*) to paralyze **2** (*negociación*) to bring *sth* to a standstill

paramilitar *adj, nmf* paramilitary [*pl* paramilitaries]

páramo *nm* **1** (*tierras altas*) uplands [*pl*] **2** (*lugar desolado*) moor

parapente *nm* paragliding

parar ◆ *vt* to stop: *Para el carro.* Stop the car. ◆ *vi* to stop: *El tren no paró.* The train didn't stop. ◊ *Paré a hablar con una amiga.* I stopped to talk to a friend. ◆ **pararse** *v pron* to stand (up): *Me paré en la cola.* I stood in line. ◊ *Párense cuando entre el alcalde.* Stand up when the mayor comes in. **LOC ir a parar** to end up: *Fueron a ~ a la cárcel.* They ended up in prison. ◊ *¿Dónde habrá ido a ~?* Where can it have gone? **no parar** to be always on the go **para parar un tren** to feed an army: *Tenemos comida para ~ un tren.* We have enough food here to feed an army. **sin parar** non-stop: *trabajar sin ~* to work non-stop *Ver tb* SECO

pararrayos *nm* lightning rod

parásito *nm* parasite

parcela *nf* (*terreno*) plot

parche *nm* patch

parcial ◆ *adj* **1** (*incompleto*) partial: *una solución ~* a partial solution **2** (*partidista*) biased ◆ *nm* end of semester/year exam

pare *nm* (*tránsito*) stop sign

parecer ◆ *vi* **1** (*dar la impresión*) to seem: *Parecen (estar) seguros.* They seem certain. ◊ *Parece que fue ayer.* It seems like only yesterday. **2** (*tener aspecto*) **(a) + adj** to look: *Parece más joven de lo que es.* She looks younger than she really is. **(b) + sustantivo** to look like *sth/sb*: *Parece una actriz.* She looks like an actress. **3** (*opinar*) to think: *Me pareció que no tenía razón.* I thought he was wrong. ◊ *¿Qué te parecieron mis primos?* What did you think of my cousins? ◊ *No me parece bien que no los llames.* I think you ought to phone them. ◊ *¿Te parece bien mañana?* Is tomorrow all right? ◆ **parecerse** *v pron* **parecerse (a)** **1** (*personas*) **(a)** (*físicamente*) to look alike, to look like *sb*: *Se parecen mucho.* They look very much alike. ◊ *Te pareces mucho a tu hermana.* You look very much like your sister. **(b)** (*en carácter*) to be alike, to be like *sb*: *Nos llevamos mal porque nos parecemos mucho.* We don't get along because we are so alike. ◊ *Usted* *se parece a su papá en eso.* You're like your father in that. **2** (*cosas*) to be similar (**to *sth***): *Se parece mucho al mío.* It's very similar to mine. **LOC al parecer/según parece** apparently **parece mentira (que...)**: *¡Parece mentira!* I can hardly believe it! ◊ *Parece mentira que seas tan despistado.* How can you be so absent-minded? **parece que...** it looks like...: *Parece que va a llover.* It looks like rain.

parecido, -a ◆ *pp, adj* ~ (**a**) **1** (*personas*) alike, like *sb*: *¡Ustedes son tan ~s!* You're so alike! ◊ *Eres muy parecida a tu mamá.* You're very like your mother. **2** (*cosas*) similar (**to *sth***): *Tienen estilos ~s.* They have similar styles. ◊ *Ese vestido es muy ~ al de Ana.* That dress is very similar to Ana's. ◆ *nm* similarity **LOC algo parecido** something like that *Ver tb* PARECER

pared *nf* wall: *Hay varios carteles en la ~.* There are several posters on the wall. **LOC las paredes oyen** walls have ears *Ver tb* ESPADA, SUBIR

pareja *nf* **1** (*relación amorosa*) couple: *Hacen muy buena ~.* They make a really nice couple. **2** (*animales, equipo*) pair: *la ~ vencedora del torneo* the winning pair **3** (*cónyuge, compañero, de juegos, de baile*) partner: *No puedo jugar porque no tengo ~.* I can't play because I don't have a partner. ◊ *Pedro y su ~* Pedro and his partner **LOC en parejas** two by two: *Entraron en ~s.* They went in two by two. **sacar pareja** to ask sb to dance: *¡Saquen sus ~s!* Take your partners!

parejo, -a ◆ *adj* (*sin desniveles*) even: *Las dos hojas tienen que quedar parejas.* The two sheets have to be even. ◆ *nm* (*compañero, de baile*) partner: *Ana vino con su ~.* Ana came with her partner. **LOC correr/estar/ir parejo** to go hand in hand: *Los ciclistas van muy ~s.* The two cyclists are neck and neck. *Ver tb* DURO

parentela *nf* relations [*pl*]

parentesco *nm* relationship **LOC tener parentesco con algn** to be related to sb

paréntesis *nm* (*signo*) parenthesis [*pl* parentheses]: *abrir/cerrar* (*el*) ~ to open/close (the) parentheses ☛ *Ver págs 314–5.* **LOC entre paréntesis** in parentheses

pargo *nm* bream [*pl* bream]

pariente, -a *nm-nf* relation: ~ *cercano/lejano* close/distant relation

parir *vt, vi* to give birth (**to *sth/sb***)

parlamentario, -a ◆ *adj* parliamentary ◆ *nm-nf* Member of Parliament

parlamento *nm* parliament [*v sing o pl*]

parlanchín, -ina ◆ *adj* talkative ◆ *nm-nf* chatterbox

parlante *nm* speaker

paro *nm* (*huelga*) strike **LOC paro cívico** community protest *Ver tb* CARDIACO

parpadear *vi* **1** (*ojos*) to blink **2** (*luz*) to flicker

párpado *nm* eyelid

parque *nm* **1** (*jardín*) park **2** (*munición*) ammunition **LOC parque de atracciones** amusement park

parqueadero *nm* **1** (*parking*) parking lot: *un ~ subterráneo* an underground parking garage **2** (*espacio*) parking space: *No encuentro ~.* I can't find a parking space.

parquear *vt, vi* to park: *¿Dónde parqueó?* Where did you park? **LOC parquear en doble fila** to double-park

parqueo *nm* parking **LOC** *Ver* LUZ

parqués *nm* Parcheesi®

párrafo *nm* paragraph

parranda *nf* party

parrandear *vi* to go out partying

parrilla *nf* **1** (*Cocina*) grill **2** (*carro*) roof-rack **LOC carne/pescado a la parrilla** grilled meat/fish

párroco *nm* parish priest

parroquia *nf* **1** (*iglesia*) parish church **2** (*comunidad*) parish

parte¹ *nf* **1** (*gen*) part: *tres ~s iguales* three equal parts ◊ *¿En qué ~ de la ciudad vives?* What part of the town do you live in? ◊ *las dos terceras ~s* two thirds ◊ *Vete a hacer ruido a otra ~.* Go and make a noise somewhere else. ◊ *Esto te lo arreglan en cualquier ~.* This can be repaired anywhere. **2** (*persona*) party [*pl* parties]: *la ~ contraria* the opposing party **LOC de parte de algn** on behalf of sb: *de ~ de todos nosotros* on behalf of us all **¿de parte de quién?** (*por teléfono*) who's calling? **en/por todas partes** everywhere **la parte de abajo/arriba** the bottom/top **la parte de atrás/delante** the back/front **por mi parte** as far as I am, you are, etc concerned: *Por nuestra ~ no hay ningún problema.* As far as we're concerned there's no problem. **por partes** little by little: *Estamos arre-*

glando el tejado por ~s. We're repairing the roof little by little. **por una parte... por la otra...** on the one hand... on the other...: *Por una ~ me alegro, pero por la otra me da tristeza.* On the one hand I'm pleased, but on the other I think it's sad. **tomar parte en algo** to take part in sth *Ver tb* ALGUNO, CUALQUIERA, GRANDE, MAYOR, NINGUNO, OTRO, SALUDAR, SEXTO

parte² *nm* **1** (*informe*) report: *~ médico/ meteorológico* medical/weather report **2** (*multa*) fine: *Me pusieron un ~ por exceso de velocidad.* I got a fine for speeding. **LOC dar parte** to inform *sb* (*of/about sth*)

participación *nf* **1** (*intervención*) participation: *la ~ del público* audience participation **2** (*Fin*) share

participante ◆ *adj* participating: *los países ~s* the participating countries ◆ *nmf* participant

participar *vi* ~ (**en**) to participate, to take part (*más coloq*) (**in** ***sth***): *~ en un proyecto* to participate in a project

partícula *nf* particle

particular *adj* **1** (*gen*) characteristic: *Cada vino tiene su sabor ~.* Each wine has its own characteristic taste. **2** (*privado*) private: *clases ~es* private classes

partida *nf* **1** (*juego*) game: *echar una ~ de ajedrez* to have a game of chess **2** (*nacimiento, matrimonio, defunción*) certificate

partidario, -a ◆ *adj* ~ **de** in favor **of** ***sth/doing sth***: *No soy ~ de hacer eso.* I'm not in favor of doing that. ◆ *nm-nf* supporter

partido *nm* **1** (*Pol*) party [*pl* parties] **2** (*Dep*) game: *ver un ~ de fútbol* to watch a soccer game **LOC partido de ida/ vuelta** first/second leg **sacar partido a/ de algo** to make the most of sth

partir ◆ *vt* **1** (*con cuchillo*) to cut *sth* (up): *~ la torta* to cut up the cake **2** (*con las manos*) to break *sth* (off): *¿Me partes un pedazo de pan?* Could you break me off a piece of bread? **3** (*quebrar*) to crack ◆ *vi* (*marcharse*) to leave (**for...**): *Parten mañana hacia Medellín.* They're leaving for Medellín tomorrow. ◆ **partirse** *v pron* **1** (*gen*) to split: *Si te caes te vas a ~ la cabeza.* You'll split your head open if you fall. **2** (*diente, alma*) to break **LOC a partir de** from...(on): *a ~ de las nueve de la noche* from 9p.m. onwards ◊ *a ~ de entonces* from then on ◊ *a ~ de mañana* starting from tomorrow *Ver tb* CARA, CERO

partitura *nf* score

parto *nm* birth **LOC** *Ver* TRABAJO

pasa *nf* **LOC** *Ver* UVA

pasabordo *nm* boarding card

pasada *nf* **LOC de pasada** in passing **hacer/jugar una mala pasada** to play a dirty trick *on sb*

pasadizo *nm* passage

pasado, -a ◆ *pp, adj* **1** (*día, semana, mes, verano, etc*) last: *el martes ~* last Tuesday **2** (*Gram*) (*época*) past: *siglos ~s* past centuries **3** (*comida*) **(a)** (*demasiado cocinada*) overdone **(b)** (*estropeada*) bad ◆ *nm* past **LOC estar pasado de fecha** (*producto*) to be past its expiration date **pasado de moda** (*ropa*) unfashionable **pasado mañana** the day after tomorrow *Ver tb* PASAR

pasaje *nm* **1** (*tiquete*) ticket **2** (*calle pequeña*) side street

pasajero, -a *nm-nf* passenger: *un barco de ~s* a passenger boat

pasamontañas *nm* ski mask

pasaporte *nm* passport

pasar ◆ *vi* **1** (*gen*) to pass: *La moto pasó a toda velocidad.* The motorcycle passed at top speed. ◊ *Pasaron tres horas.* Three hours passed. ◊ *Ya pasaron dos días desde que llamó.* It's two days since he called. ◊ *¡Cómo pasa el tiempo!* Doesn't time fly! ◊ *Ese bus pasa por el museo.* That bus goes past the museum. **2** (*entrar*) to come in: *¿Puedo ~?* May I come in? **3** (*ir*) to go: *Mañana voy a ~ por el banco.* I'll go to the bank tomorrow. **4** (*ocurrir*) to happen: *A mí me pasó lo mismo.* The same thing happened to me. ◆ *vt* **1** (*gen*) to pass: *¿Me pasas ese libro?* Can you pass me that book, please? ◊ *Teje para ~ el tiempo.* She knits to pass the time. **2** (*período de tiempo*) to spend: *Pasamos la tarde/dos horas charlando.* We spent the afternoon/two hours chatting. ◊ *~ un examen* to pass an exam ◆ **pasarse** *v pron* **1** (*ir demasiado lejos*): *No te pases comiendo.* Don't eat too much. ◊ *¡Esta vez te pasaste!* You've gone too far this time! ◊ *~se del paradero* to go past your stop **2** (*comida*) **(a)** (*ponerse mala*) to go bad **(b)** (*demasiado cocinada*) to be overcooked: *Se te pasó el arroz.* The rice is overcooked. **3** (*olvidarse*) to forget: *Se me pasó completamente lo del entrenamiento.* I completely forgot about the training session. **4** (*el tiempo*) to spend: *Me pasé toda la semana estudiando.* I spent the whole week studying. **LOC ¿pasa algo?** anything the matter? **pasarla bien** to have a good time **pasarla mal** to have a hard time: *La está pasando muy mal.* She's having a very hard time. **pasar por algo/algn 1** (*aparentar*) to pass for sth/sb: *Esa muchacha podría ~ por italiana.* That girl could easily pass for an Italian. **2** (*recoger*) to pick *sth/sb* up: *Paso por ti a las tres.* I'll pick you up at three. **¿qué pasa?** (*¿hay problemas?*) what's the matter? ☛ Para otras expresiones con **pasar**, véanse las entradas del sustantivo, adjetivo, etc, p.ej. **pasar delicioso** en DELICIOSO y **pasar el rato** en RATO.

pasatiempo *nm* **1** (*afición*) hobby [*pl* hobbies] **2 pasatiempos** (*en un periódico*) puzzles: *la página de ~s* the puzzle page

pascua *nf* **1** (*Semana Santa*) Easter **2 pascuas** (*Navidad*) Christmas: *¡Felices Pascuas!* Merry Christmas! **LOC** *Ver* SANTO

pase *nm* **1** (*autorización*) pass: *No se puede entrar sin ~.* You can't get in without a pass. **2** (*de conducción*) driver's license: *Marcos sacó el ~ el viernes pasado.* Marcos passed his driver's test last Friday.

pasear *vt, vi* to walk: *~ al perro* to walk the dog ◊ *Todos los días salgo a ~.* I go for a walk every day.

paseo *nm* **1** (*a pie*) walk **2** (*en bicicleta, a caballo*) ride **LOC dar un paseo** to go for a walk **ser un paseo** to be dead easy: *Para él las matemáticas son un ~.* Math is dead easy for him.

pasillo *nm* **1** (*gen*) corridor: *No corras por los ~s.* Don't run through the corridors. **2** (*iglesia, avión, teatro*) aisle **3** (*Mus*) Colombian folk dance

pasión *nf* passion **LOC tener pasión por algo/algn** to be crazy about sth/sb

pasito *adv* quietly: *Hable ~.* Speak quietly. ◊ *Ponga el televisor más ~ por favor.* Turn the television down, please.

pasivo, -a ◆ *adj* passive ◆ **pasiva** *nf* (*Gram*) passive (voice)

pasmado, -a ◆ *pp, adj* amazed (**at/by** *sth*): *Me quedé ~ ante su insolencia.* I was amazed at their insolence. ◆ *nm-nf* halfwit

paso *nm* **1** (*gen*) step: *dar un ~ adelante/atrás* to step forward/back ◊ *un ~ hacia la paz* a step toward peace **2** (*acción de pasar*) passage: *el ~ del tiempo* the passage of time **3** (*camino*) way (through): *Por aquí no hay ~.* There's no way through. **4** (*de montaña*) pass **5 pasos** footsteps: *Me pareció oír ~s.* I thought I heard footsteps. **LOC abrir/dar paso** to make way (*for sth/sb*): *¡Denle ~ a la ambulancia!* Make way for the ambulance! ◊ *Nos abrimos ~ a codazos entre la gente.* We elbowed our way through the crowd. **a paso de tortuga** at a snail's pace **de paso 1** (*en el camino*) on the way: *Me queda de ~.* It's on my way. **2** (*al mismo tiempo*): *Lleva esto a la oficina y de ~ habla con la secretaria.* Take this to the office, and while you're there have a word with the secretary. **paso a nivel/de peatones** railroad crossing/(pedestrian) crosswalk **paso a paso** step by step **paso subterráneo** underpass **salir del paso** to get by: *Estudian sólo lo justo para salir del ~.* They do just enough work to get by. *Ver tb* ACELERAR, CEDER, LLAVE, PROHIBIDO

pasta *nf* **1** (*masa, concentrado*) paste: *Mézclese hasta que la ~ quede espesa.* Mix to a thick paste. **2** (*fideos, macarrones*) pasta **3** (*libro*) cover **LOC pasta de jabón** bar of soap

pastar *vt, vi* to graze

pastel *nm* **1** (*de dulce*) cake: *~ de chocolate* chocolate cake **2** (*de sal*) pie: *~ de pollo* chicken pie **3** (*de hojaldre*) pie: *un ~ de manzana* an apple pie **4** (*Arte*) pastel

pastelería *nf* cake shop

pasterizadora *nf* dairy [*pl* dairies]

pastilla *nf* (*píldora*) tablet **LOC pastilla de chocolate** candy bar **pastillas contra el mareo** travel-sickness pills

pasto *nm* **1** (*hierba*) grass **2** (*Agricultura*) pasture

pastor, ~a *nm-nf* shepherd [*fem* shepherdess] **LOC pastor alemán** German shepherd *Ver tb* PERRO

pata *nf* **1** (*gen*) leg: *la ~ de la mesa* the table leg **2** (*pie*) **(a)** (*de cuadrúpedo con uñas*) paw: *El perro se hizo daño en la ~.* The dog has hurt its paw. **(b)** (*pezuña*) hoof [*pl* hoofs/hooves]: *las ~s de un caballo* a horse's hooves **3** (*animal*) duck ☛ *Ver nota en* PATO **4** (*gafas*) arm **LOC andar en pata de gallo** to hop **mala pata** bad luck: *¡Qué mala ~ tienen!* They're so unlucky! **patas arriba**: *La casa está ~s arriba.* The house is a mess. **patas de gallo** crow's feet *Ver tb* CUATRO, ESTIRAR, METER, METIDA

patada *nf* **1** (*puntapié*) kick: *Le dio una ~ a la mesa.* He kicked the table. **2** (*en el suelo*) stamp **LOC caer/sentar como una patada (en el estómago)** to be like a kick in the teeth **echar a algn a patadas** to kick sb out

patalear *vi* **1** (*en el suelo*) to stamp (your feet) **2** (*en el aire*) to kick (your feet)

pataleta *nf* tantrum: *dar una ~* to throw a tantrum

patán ◆ *adj* loutish ◆ *nm* lout

patatús *nm* **LOC darle a algn un patatús 1** (*desmayarse*) to faint **2** (*disgustarse*) to have a fit

paté *nm* pâté

patear *vt* to kick

patente *nf* patent

paternal *adj* fatherly, paternal (*más formal*)

paternidad *nf* fatherhood, paternity (*formal*)

paterno, -a *adj* **1** (*paternal*) fatherly **2** (*parentesco*) paternal: *abuelo ~* paternal grandfather **LOC** *Ver* LÍNEA

patico, -a *nm-nf* duckling

patilla *nf* **1** (*pelo*) sideburn **2** (*fruta*) watermelon

patín *nm* **1** (*con ruedas*) roller skate **2** (*con cuchilla*) ice skate **3** (*de bebé*) bootee

patinador, ~a *nm-nf* skater

patinaje *nm* skating: *~ sobre hielo/artístico* ice skating/figure skating **LOC** *Ver* PISTA

patinar *vi* **1** (*persona*) to skate **2** (*vehículo*) to skid

patineta *nf* scooter

patio *nm* **1** (*gen*) courtyard **2** (*colegio*) playground

pato, -a *nm-nf* duck

> **Duck** es el sustantivo genérico. Para referirnos sólo al macho decimos **drake**. **Ducklings** son los paticos.

LOC ir de pato to ride pillion *Ver tb* PAGAR

patonear(se) *vi, vt, v pron* (*andar mucho*) to tramp around: *Nos patoneamos la ciudad entera.* We tramped around the whole city.

patria *nf* (native) country

patriota *nmf* patriot

patriotismo *nm* patriotism

patrocinador, ~a *nm-nf* sponsor

patrocinar *vt* to sponsor

patrón, -ona ◆ *nm-nf* **1** (*jefe*) boss **2** (*Relig*) patron saint: *San Isidro es el ~ de Madrid.* Saint Isidore is the patron saint of Madrid. ◆ *nm* (*Costura*) pattern

patrulla *nf* patrol: *un carro ~* a patrol car

patrullar *vt, vi* to patrol

pausa *nf* pause **LOC hacer una pausa** to have a short break

pavimento *nm* pavement

pavo, -a *nm-nf* turkey [*pl* turkeys] **LOC pavo real** peacock [*fem* peahen]

pay *nm* pie

payasada *nf* **LOC hacer payasadas** to goof around: *Siempre estás haciendo ~s.* You're always goofing around.

payaso, -a *nm-nf* clown **LOC hacerse el payaso** to clown around

paz *nf* peace: *plan de ~* peace plan ◊ *en tiempo(s) de ~* in peacetime **LOC dejar en paz** to leave *sth/sb* alone: *No me dejan en ~.* They won't leave me alone. **hacer las paces** to make up (*with sb*): *Hicieron las paces.* They've made up. *Ver tb* VIVIR

pe *nf* **LOC de pe a pa** from beginning to end

peaje *nm* toll

peatón *nm* pedestrian **LOC** *Ver* PASO

peatonal *adj* pedestrian [*n atrib*]: *calle ~* pedestrian street

peca *nf* freckle: *Me han salido muchas ~s.* I've gotten freckles all over.

pecado *nm* sin **LOC** *Ver* FEO

pecador, ~a *nm-nf* sinner

pecar *vi* to sin **LOC pecar de** to be too...: *Pecas de confiado.* You're too trusting.

pecera *nf* fish bowl

pechirrojo *nm* robin

pecho *nm* **1** (*gen*) chest: *Tengo gripa de ~.* I have a chest cold. **2** (*sólo mujer*) **(a)** (*busto*) bust **(b)** (*mama*) breast **3** (*carne de res*) fillet mignon **LOC dar pecho** to breastfeed **tomar(se) algo a pecho 1** (*en serio*) to take sth seriously: *Se toma el trabajo demasiado a ~.* He takes his work too seriously. **2** (*ofenderse*) to take sth to heart: *Era una broma, no lo tomes a ~.* It was a joke; don't take it to heart. *Ver tb* COMER, NADAR

pechuga *nf* (*ave*) breast: *~ de pollo* chicken breast

pedagogía *nf* education

pedagógico, -a *adj* educational

pedal *nm* pedal **LOC** *Ver* BOTE

pedalear *vi* to pedal

pedante ◆ *adj* pedantic ◆ *nmf* pedant

pedazo *nm* piece, bit (*más coloq*): *un ~ de ponqué* a piece of cake ◊ *unos ~s de queso* a few pieces of cheese **LOC caerse algo a pedazos** to fall apart **hacerse pedazos** to smash (to pieces)

pedestal *nm* pedestal

pediatra *nmf* pediatrician

pedido *nm* order: *hacer un ~* to place an order

pedir *vt* **1** (*gen*) to ask (*sb*) **for** ***sth***: *~ pan/la cuenta* to ask for bread/the check ◊ *~ ayuda a los vecinos* to ask the neighbors for help **2** (*permiso, favor, cantidad*) to ask (*sb*) (*sth*): *Te quiero ~ un favor.* I want to ask you a favor. ◊ *Piden dos mil dólares.* They're asking two thousand dollars. **3 ~ a algn que haga algo** to ask sb **to do sth**: *Me pidió que esperara.* He asked me to wait. **4** (*encargar*) to order: *De entrada pedimos sopa.* We ordered soup as a first course. **LOC pedir cita** to make an appointment **pedir disculpas/perdón** to apologize (*to sb*) (*for sth*) **pedir** (**limosna**) to beg **pedir prestado** to borrow: *Me pidió prestado el carro.* He borrowed my car. ☛ *Ver dibujo en* BORROW **te pido por Dios/por lo que más quieras que…** I beg you to… *Ver tb* RESCATE

pedo *nm* (*gases*) gas [*incontable*], fart (*coloq*) **LOC pedo químico** stink bomb **tirarse un pedo** to pass gas, to fart (*coloq*)

pedrada *nf*: *Lo recibieron a ~s.* They threw stones at him.

pega *nf* trick **LOC hacer pegas** to play tricks/jokes: *Le hicieron una ~ de muy mal gusto.* They played a joke on him that was in very bad taste.

pegachento, -a *adj* sticky

pegado, -a *pp, adj* **LOC estar pegado a** (*muy cerca*) to be right next to… **pegado del teléfono** on the phone *Ver tb* PEGAR

pegajoso, -a *adj* **1** (*gen*) sticky **2** (*molesto*) clingy **3** (*música*) catchy

pegante *nm* glue **LOC** *Ver* CINTA

pegar ◆ *vt* **1** (*golpear*) to hit **2** (*adherir*) to stick: *~ una etiqueta en un paquete* to stick a label on a package ◊ *~ una taza rota* to glue a broken cup together **3** (*acercar*) to put *sth* ***against sth***: *Pegó la cama a la ventana.* He put his bed against the window. **4** (*contagiar*) to give: *Me pegaste la gripa.* You've given me your flu. ◆ *vi* **1** (*ropa, colores*) to go (***with sth***): *La chaqueta no pega con la falda.* The jacket doesn't go with the skirt. **2** (*sol, bebida*) to be strong ◆ **pegarse** *v pron* **1** (*pelearse*) to fight **2** (*adherirse, comida*) to stick **3** (*enfermedad*) to be catching **4** (*golpearse*) to knock: *Me pegué con la silla.* I knocked myself on the chair. ◊ *Me pegué en la cabeza.* I knocked my head. **LOC no pegar el ojo** not to sleep a wink **pegar un grito** to shout: *Pégale un ~ a tu hermano para que venga.* Give your brother a shout. **pegársele a algn un acento** to pick up an accent **pegarse una lavada** to get drenched **pegarse una perra/rasca** to get plastered **pegar un tiro** to shoot: *Se pegó un tiro.* He shot himself. *Ver tb* BRINCO, ESTIRÓN, GRITO, MORDISCO, PELLIZCO

pegote *nm* sticky mess: *El arroz está hecho un ~.* This rice is a sticky mess.

peinado, -a ◆ *pp, adj*: *¿Todavía no estás peinada?* Haven't you done your hair yet? ◆ *nm* hairstyle **LOC hacerse un peinado** to have your hair styled **ir bien/mal peinado**: *Iba muy bien peinada.* Her hair looked really nice. ◊ *Siempre va muy mal ~.* His hair is always a mess. *Ver tb* PEINAR

peinar ◆ *vt* **1** (*gen*) to comb *sb's* hair: *Déjeme que lo peine.* Let me comb your hair. **2** (*peluquero*) to do *sb's* hair: *Voy a que me peinen.* I'm going to have my hair done. **3** (*zona*) to comb ◆ **peinarse** *v pron* to comb your hair: *Péinate antes de salir.* Comb your hair before you go out.

peinilla *nf* comb

pela *nf* smack **LOC darle/pegarle una pela a algn** to wallop sb

pelado, -a ◆ *pp, adj* (*sin plata*) flat broke: *Está ~.* He's flat broke ◆ *nm-nf* (*niño*) kid

pelar ◆ *vt* **1** (*gen*) to peel: *~ una naranja* to peel an orange **2** (*arvejas, mariscos*) to shell **3** (*dulce*) to unwrap ◆ **pelarse** *v pron* to peel: *Se te va a ~ la nariz.* Your nose will peel.

peldaño *nm* step

pelea *nf* fight: *meterse en una ~* to get into a fight ◊ *Siempre están de ~.* They're always fighting.

pelear(se) *vi, v pron* **1** (*luchar*) to fight (***for/against/over sth/sb***): *Los niños (se) peleaban por los juguetes.* The children were fighting over the toys. **2** (*reñir*) to quarrel

peleón, -ona *adj* **1** (*que discute*) argumentative **2** (*que pelea*): *No me gustan los niños peleones.* I don't like children who are always fighting.

pelícano (*tb* **pelicano**) *nm* pelican

película *nf* movie **LOC dar una película** to show a movie **película cómica/de risa** comedy [*pl* comedies] **película del oeste** western **película de miedo** horror movie **película muda** silent movie **película policiaca** thriller **película virgen** videotape

peligrar *vi* to be in danger

peligro *nm* danger: *Está en ~.* He's in danger. ◊ *fuera de ~* out of danger

peligroso, -a *adj* dangerous

pelirrojo, -a ◆ *adj* red-haired, ginger (*más coloq*) ◆ *nm-nf* redhead

pellejo *nm* **1** (*gen*) skin **2** (*en una uña*) hangnail **LOC arriesgar/jugarse el pellejo** to risk your neck

pellizcar *vt* to pinch

pellizco *nm* **1** (*en la piel*) pinch **2** (*pedacito*) little bit: *un pellizquito de pan* a little bit of bread **LOC dar/pegar un pellizco** to pinch

pelo *nm* **1** (*gen*) hair: *tener el ~ crespo/liso* to have curly/straight hair **2** (*piel de animal*) fur [*incontable*], coat: *Ese perro tiene un ~ muy suave.* That dog has a silky coat. **LOC no tener pelos en la lengua** not to mince your words **ponérsele los pelos de punta a algn**: *Se me pusieron los ~s de punta.* My hair stood on end. **por el pelo** by the skin of your teeth: *Se libraron del accidente por un ~.* They missed having an accident by the skin of their teeth. **tomarle el pelo a algn** to pull sb's leg *Ver tb* CEPILLO, CINTA, CORTAR, CORTE[1], DESENREDARSE, PELO, RECOGER, SALVAR, SOLTAR, TOMADURA

pelón, -ona *adj* (*con mucho pelo*) hairy

pelota ◆ *nf* ball: *una ~ de tenis* a tennis ball ◆ *adj, nmf* jerk [*n*]: *No seas ~.* Don't be such a jerk.

pelotera *nf* **1** (*pelea*) ruckus: *Hubo ~ en la discoteca.* There was a terrible ruckus at the club. **2** (*ruido*) uproar: *La reunión terminó en una ~ tremenda.* The meeting ended in an uproar.

pelotón *nm* (*ciclismo*) bunch

peluca *nf* wig

peludo, -a *adj* **1** (*gen*) hairy: *unos brazos ~s* hairy arms **2** (*animal*) long-haired

peluquería *nf* **1** (*gen*) salon **2** (*para hombres*) barber shop

peluquero, -a *nm-nf* **1** (*gen*) hair stylist **2** (*para hombres*) barber

pelusa (*tb* **pelusilla**) *nf* **1** (*fruta*) fuzz **2** (*tela, suciedad*) piece of lint

pena *nf* **1** (*tristeza*) sorrow: *ahogar las ~s* to drown your sorrows **2** (*vergüenza*) embarrassment: *Le dio ~ que lo vieran así.* He was embarrassed to be seen like that. ◊ *Pasé una ~ horrible.* I felt so embarrassed. **3** (*condena*) sentence **4 penas** (*problemas*) troubles: *No me cuentes tus ~s.* Don't tell me your troubles. **LOC darle pena a algn** to feel embarrassed: *Me dio mucha ~.* I felt really embarrassed. **merecer/valer la pena** to be worth *doing sth*: *Vale la ~ leerlo.* It's worth reading. ◊ *No merece la ~.* It's not worth it. **pena de muerte** death penalty **pena máxima** (*Fútbol*) penalty [*pl* penalties] **¡qué pena! 1** (*para disculparse*) I'm so sorry! **2** (*situación embarazosa*) how embarrassing!

penal *adj* penal

pénal *nm* penalty [*pl* penalties]

penalti *nm* penalty [*pl* penalties]: *meter un gol de ~* to score from a penalty ◊ *meter un ~* to score a penalty **LOC** *Ver* PITAR

pendiente ◆ *adj* **1** (*asunto, factura, problema*) outstanding **2** (*decisión, veredicto*) pending ◆ *nf* slope: *una ~ suave/pronunciada* a gentle/steep slope **LOC estar pendiente (de algo/algn) 1** (*vigilar*) to keep an eye on sth/sb: *Esté ~ de los niños.* Keep an eye on the children. **2** (*estar atento*) to be attentive (to sth/sb): *Estaba muy ~ de sus invitados.* He was very attentive to his guests. **3** (*estar esperando*) to be waiting (for sth): *Estamos ~s de su decisión.* We're waiting for his decision.

pene *nm* penis

penetrante *adj* **1** (*gen*) penetrating: *una mirada ~* a penetrating look **2** (*frío, viento*) bitter

penetrar *vt, vi* ~ **(en) 1** (*entrar*) to enter, to get into *sth* (*más coloq*): *El agua penetró en el sótano.* The water got into the basement. **2** (*bala, flecha, sonido*) to pierce: *La bala le penetró el corazón.* The bullet pierced his heart.

penicilina *nf* penicillin

península *nf* peninsula

penique *nm* penny [*pl* pennies] ☛ *Ver Apéndice 1.*

penitencia *nf* penance: *hacer ~* to do penance

penitenciaría *nf* penitentiary [*pl* penitentiaries]

penoso, -a *adj* shy

pensado *pp, adj* **LOC** *Ver* MOMENTO; *Ver tb* PENSAR

pensamiento *nm* thought **LOC** *Ver* ADIVINAR

pensar *vt, vi* **1** ~ (**en**) to think (**about/of *sth/sb***); to think (**about/of *doing sth***): *Piensa un número.* Think of a number. ◊ *¿En qué piensas?* What are you thinking about? ◊ *Estamos pensando en casarnos.* We're thinking about getting married. ◊ *¿Piensa que vendrán?* Do you think they'll come? **2** (*opinar*) to think *sth* **of *sth/sb***: *¿Usted, qué piensa de Juan?* What do you think of Juan? ◊ *No pienses mal de ellos.* Don't think badly of them. **3** (*tener decidido*): *Pensábamos irnos mañana.* We were going to go tomorrow. ◊ *No pienso ir.* I'm not going. ◊ *¿Piensas venir?* Are you going to come? **LOC ¡ni pensarlo!** no way! **pensándolo bien...** on second thoughts... **pensar en los huevos del gallo/las musarañas** to daydream **piénsalo** think it over

pensativo, -a *adj* thoughtful

pensión *nf* **1** (*jubilación, subsidio*) pension: *una ~ de viudez* a widow's pension **2** (*mensualidad*) tuiton fees [*pl*] **3** (*hospedaje*) guest house **LOC pensión completa/media pensión** (*alojamiento*) full/half board

pensionado, -a *nm-nf* retired person [*pl* retired people]

pentagrama *nm* staff

penúltimo, -a ◆ *adj* penultimate, second-to-last (*más coloq*): *el ~ capítulo* the penultimate chapter ◊ *el ~ paradero* the second-to-last stop ◆ *nm-nf* second-to-last

peña *nf* rock

peón *nm* **1** (*obrero*) laborer **2** (*Ajedrez*) pawn

peor ◆ *adj, adv* (*uso comparativo*) worse (***than sth/sb***): *Este carro es ~ que aquél.* This car is worse than that one. ◊ *Hoy me encuentro mucho ~.* I feel much worse today. ◊ *Fue ~ de lo que me esperaba.* It was worse than I had expected. ◊ *Cocina aún ~ que la mamá.* She's an even worse cook than her mother. ◆ *adj, adv, nmf* ~ (**de**) (*uso superlativo*) worst (**in/of...**): *Soy el ~ corredor del mundo.* I'm the worst runner in the world. ◊ *la ~ de todas* the worst of all ◊ *el que ~ canta* the one who sings worst **LOC** *Ver* CADA, CASO

pepa *nf* **1** (*limón, uva*) pip **2** (*aceituna, aguacate*) pit **3** (*inteligencia*) intelligence

pepinillo *nm* pickle: *~s en vinagre* pickles

pepino *nm* (*cohombro*) cucumber **LOC** *Ver* IMPORTAR[2]

pepita *nf* nugget: *~s de oro* gold nuggets

pequeño, -a ◆ *adj* **1** (*gen*) small: *un ~ problema/detalle* a small problem/detail ◊ *El cuarto es demasiado ~.* The room is too small. ◊ *Todas las faldas se me quedaron pequeñas.* All my skirts are too small for me now. ☛ *Ver nota en* SMALL **2** (*joven*) little: *cuando yo era ~* when I was little ◊ *los niños ~s* little children **3** (*el más joven*) youngest: *mi hijo ~* my youngest son **4** (*poco importante*) minor: *unos ~s cambios* a few minor changes ◆ *nm-nf* youngest (one): *El ~ está estudiando Derecho.* The youngest one is studying law.

pera *nf* pear

peral *nm* pear tree

percha *nf* **1** (*de pie*) coat stand **2** (*de pared*) coat hook

perdedor, ~a ◆ *adj* losing: *el equipo ~* the losing team ◆ *nm-nf* loser: *ser un buen/mal ~* to be a good/bad loser

perder ◆ *vt* **1** (*gen*) to lose: *~ altura/peso* to lose height/weight ◊ *Se me perdió el reloj.* I've lost my watch. **2** (*medio de transporte, oportunidad*) to miss: *~ el bus/avión* to miss the bus/plane ◊ *¡No pierda esta oportunidad!* Don't miss this opportunity! **3** (*desperdiciar*) to waste: *~ el tiempo* to waste time ◊ *sin ~ un minuto* without wasting a minute **4** (*reprobar*) to fail: *Perdí matemáticas.* I failed math. **5** (*líquido, gas*) to leak: *El tanque está perdiendo gasolina.* The tank is leaking (gas). ◊ *~ aceite/gas* to have an oil/gas leak ◆ *vi* **1** ~ (**en**) to lose (**at *sth***): *Perdimos.* We've lost. ◊ *~ en ajedrez* to lose at chess **2** (*salir perjudicado*) to lose out: *Tú eres el único que pierde.* You're the only one to lose out. ◆ **perderse** *v pron* **1** (*gen*) to get lost: *Si no llevas mapa te vas a ~.* If you don't take a map you'll get lost. **2** (*película, espectáculo*) to miss: *No te pierdas esa película.* Don't miss that movie. LOC **echar algo a perder** to ruin sth **perder algo/a algn de vista** to lose sight of sth/sb **perder el rastro** to lose track *of sth/sb* **perder la cabeza/el juicio** to go crazy **perder la calma** to lose your temper **¡piérdase!** get lost! **salir perdiendo** to lose out *Ver tb* CONOCIMIENTO

pérdida *nf* **1** (*gen*) loss: *Su salida fue una gran ~.* His leaving was a great loss. ◊ *sufrir ~s económicas* to lose money **2** (*de tiempo*) waste: *Esto es una ~ de tiempo.* This is a waste of time. **3 pérdidas** (*daños*) damage [*incontable, v sing*]: *Las ~s a causa de la tormenta son cuantiosas.* The storm damage is extensive. LOC **pérdidas y ganancias** profit and loss

perdido, -a *pp, adj* **1** (*gen*) lost: *Estoy completamente perdida.* I'm completely lost. **2** (*perro*) stray LOC *Ver* OBJETO; *Ver tb* PERDER

perdigón *nm* pellet

perdiz *nf* partridge

perdón ◆ *nm* forgiveness ◆ **¡perdón!** *interj* sorry! ☛ *Ver nota en* EXCUSE LOC *Ver* PEDIR

perdonar *vt* **1** (*gen*) to forgive *sb* (**for** ***sth/doing sth***): *¿Me perdonas?* Will you forgive me? ◊ *Jamás le perdonaré lo que me hizo.* I'll never forgive him for what he did. **2** (*deuda, obligación, condena*) to write *sth* off: *Me perdonó los diez mil pesos que le debía.* He wrote off the ten thousand pesos I owed him. LOC **perdona, perdone, etc 1** (*para pedir disculpas*) sorry: *¡Ay! Perdone, ¿lo pisé?* Sorry, did I stand on your foot? **2** (*para llamar la atención*) excuse me: *¡Perdone! ¿Tiene horas?* Excuse me! Do you have the time, please? **3** (*cuando no se ha oído bien*) sorry, I beg your pardon (*más formal*): *—Soy la señora de Rodríguez. —¡Perdone! ¿Señora de qué?* "I am Mrs. Rodríguez." "Sorry? Mrs. who?" ☛ *Ver nota en* EXCUSE

perecear *vi* to laze around

peregrinación *nf* (*tb* **peregrinaje** *nm*) pilgrimage: *ir en ~* to go on a pilgrimage

peregrino, -a *nm-nf* pilgrim

perejil *nm* parsley

perenne *adj* LOC *Ver* HOJA

pereque *nm* nuisance LOC **poner pereque** to be a nuisance: *No me ponga ~.* Don't be a nuisance.

pereza *nf*: *Después del almuerzo me entra mucha ~.* I always feel very sleepy after lunch. ◊ *¡Qué ~ tener que levantarme ahora!* I really don't feel like getting up now. ◊ *¡Me da una ~ tener que ir!* It's a real drag to have to go!

perezosa *nf* (*silla*) deckchair

perezoso, -a *adj, nm-nf* lazy [*adj*]: *Mi hermano es un ~.* My brother is really lazy. LOC *Ver* CORTO, OSO

perfeccionar *vt* (*mejorar*) to improve: *Quiero ~ mi alemán.* I want to improve my German.

perfecto, -a *adj* perfect LOC **salir perfecto** to turn out perfectly: *Nos salió todo ~.* It all turned out perfectly for us.

perfil *nm* **1** (*persona*) profile: *Se ve más buen mozo de ~.* He's better looking in profile. ◊ *un retrato de ~* a profile portrait ◊ *Ponte de ~.* Stand sideways. **2** (*edificio, montaña*) outline

perfilar *vt* (*dibujo*) to draw the outline **of** ***sth***

perforadora *nf* hole punch

perforar *vt* (*tiquete*) to punch

perfumado, -a *pp, adj* scented *Ver tb* PERFUMAR

perfumar ◆ *vt* to perfume ◆ **perfumarse** *v pron* to put perfume on

perfume *nm* perfume

perfumería *nf* perfumery [*pl* perfumeries]

perico *nm* **1** (*café*) coffee with milk **2** (*cocaína*) cocaine **3** (*pájaro*) parakeet LOC *Ver* HUEVO

perilla *nf* doorknob

perímetro *nm* perimeter

periódico, -a ◆ *adj* periodic ◆ *nm* newspaper, paper (*más coloq*) LOC *Ver* PUESTO, QUIOSCO, REPARTIDOR

periodismo *nm* journalism

periodista *nmf* journalist

período *nm* period LOC **en período de prueba** on trial: *Me admitieron en período de ~ en la fábrica.* I was hired at the factory for a trial period. *Ver tb* GLACIAR

periquito *nm* parakeet

perito *nmf* expert (***in sth***) LOC **perito en agronomía** agronomist

perjudicar *vt* **1** (*salud*) to damage **2** (*intereses*) to prejudice

perjudicial *adj* ~ (**para**) (*salud*) bad (**for** ***sth/sb***): *El tabaco es ~ para la salud.* Smoking is bad for your health.

perjuicio *nm* harm: *ocasionar un ~ a algn* to cause/do sb harm LOC **ir en**

perjuicio de algn to go against sb *Ver tb* DAÑO

perla *nf* pearl **LOC caer de perlas** to come in (very) handy: *Me cae de ~s.* It will come in very handy.

permanecer *vi* to remain, to be (*más coloq*): *~ pensativo/sentado* to remain thoughtful/seated ◊ *Permanecí despierta toda la noche.* I was awake all night.

permanente ◆ *adj* permanent ◆ *nf* perm **LOC hacerse la permanente** to have your hair permed

permiso *nm* **1** (*autorización*) permission (***to do sth***): *pedir/dar ~* to ask for/give permission **2** (*documento*) permit: *~ de residencia/trabajo* residence/work permit **3** (*vacación*) leave: *Estoy en ~.* I'm on leave. ◊ *Pedí una semana de ~.* I've asked for a week off. **LOC con (su) permiso**: *Con ~, ¿puedo seguir?* May I come in? ◊ *Me siento aquí, con su ~.* I'll sit here, if you don't mind.

permitir ◆ *vt* **1** (*dejar*) to let *sb* (***do sth***): *Permítame ayudarle.* Let me help you. ◊ *No me lo permitirían.* They wouldn't let me. **2** (*autorizar*) to allow *sb* ***to do sth***: *No permiten entrar sin corbata.* You are not allowed in without a tie. ☛ *Ver nota en* ALLOW ◆ **permitirse** *v pron* **1** (*atreverse, tomarse*) to take: *Se permite demasiadas confianzas con ellos.* He takes too many liberties with them. **2** (*económicamente*) to afford: *No nos lo podemos ~.* We can't afford it. **LOC ¿me permite...?** may I...?: *¿Me permite su encendedor?* May I use your lighter?

permutación *nf* (*Mat*) permutation

pero ◆ *conj* but: *lento ~ seguro* slowly but surely ◆ *nm* (*defecto*) fault: *Le encuentras ~s a todo.* You find fault with everything.

perpendicular ◆ *adj* perpendicular (***to sth***) ◆ *nf* perpendicular

perpetuo, -a *adj* perpetual **LOC** *Ver* CADENA

perplejo, -a *adj* puzzled: *Quedé ~.* I was puzzled.

perra *nf* **1** (*animal*) bitch ☛ *Ver nota en* PERRO **2** (*borrachera*): *Se pegó una ~ espantosa.* He got terribly drunk. **LOC** *Ver* PEGAR

perrera *nf* kennel

perrito, -a *nm-nf* puppy [*pl* puppies] ☛ *Ver nota en* PERRO

perro, -a *nm-nf* dog

Para referirnos sólo a la hembra, decimos **bitch**. A los perros recién nacidos se les llama **puppies**.

LOC de perros lousy: *un día de ~s* a lousy day **llevarse como perros y gatos** to fight like cat and dog **perro caliente** hot dog **perro callejero** stray (dog) **perro faldero** (*lit* y *fig*) lapdog **perro guardián** guard dog **perro pastor** sheepdog **perro que ladra no muerde** his/her bark is worse than his/her bite *Ver tb* CRIADERO, VIDA

persecución *nf* **1** (*gen*) pursuit: *La policía iba en ~ de los atracadores.* The police went in pursuit of the robbers. **2** (*Pol, Relig*) persecution

perseguir *vt* **1** (*gen*) to pursue: *~ un carro/objetivo* to pursue a car/an objective **2** (*Pol, Relig*) to persecute

persiana *nf* blind [*pl*]: *subir/bajar las ~s* to raise/lower the blinds

persistente *adj* persistent

persistir *vi* to persist (***in sth***)

persona *nf* person [*pl* people]: *miles de ~s* thousands of people **LOC en persona** in person **persona mayor** grown-up **por persona** a head: *5.000 pesos por ~* 5,000 pesos a head **ser (una) buena persona** to be nice: *Son muy buenas ~s.* They're very nice.

personaje *nm* **1** (*de un libro, una película*) character: *el ~ principal* the main character **2** (*persona importante*) personality [*pl* personalities]

personal ◆ *adj* personal ◆ *nm* personnel [*v sing o pl*] **LOC** *Ver* ASEO, COMPUTADOR, DATO, EFECTO, PLANTA

personalidad *nf* personality [*pl* personalities]

perspectiva *nf* **1** (*gen*) perspective: *A ese cuadro le falta ~.* The perspective's not quite right in that painting. **2** (*vista*) view **3** (*en el futuro*) prospect: *buenas ~s* good prospects

perspicacia *nf* insight

perspicaz *adj* perceptive

persuadir ◆ *vt* to persuade: *Me persuadieron de que fuera a cine.* They persuaded me to go to the movies. ◆ **persuadirse** *v pron* to become convinced (***of sth/that...***)

persuasivo, -a *adj* persuasive

pertenecer *vi* to belong ***to sth/sb***: *Este collar perteneció a mi abuela.* This necklace belonged to my grandmother.

perteneciente *adj* ~ **a** belonging **to**

sth/sb: *los países ~s a la OEA* the countries belonging to the OAS

pertenencia *nf* **1** (*a un partido, club, etc*) membership **2 pertenencias** belongings

pértiga *nf* pole

pertinente *adj* relevant

Perú *nm* Peru

peruano, -a *adj, nm-nf* Peruvian

pervertir *vt* to pervert

pesa *nf* **1** (*gen*) weight **2** (*balanza*) scales [*pl*]: *Esta ~ no es muy exacta.* These scales aren't very accurate. **LOC hacer pesas** to lift weights *Ver tb* LEVANTAMIENTO

pesadez *nf* **1** (*aburrimiento*): *¡Qué ~ de película!* What a boring movie! **2** (*molestia*) nuisance: *Estos moscos son una ~.* These flies are a nuisance.

pesadilla *nf* nightmare: *Anoche tuve una ~.* I had a nightmare last night.

pesado, -a ◆ *pp, adj* **1** (*gen*) heavy: *una maleta/comida pesada* a heavy suitcase/meal **2** (*aburrido*) boring ◆ *adj, nm-nf* (*pelmazo*) pain [*n*]: *Son unos ~s.* They're a pain. ◊ *No seas ~.* Don't be such a pain. **LOC** *Ver* BROMA; *Ver tb* PESAR[1]

pésame *nm* condolences [*pl*]: *Mi más sentido ~.* My deepest condolences. **LOC dar el pésame** to offer *sb* your condolences

pesar[1] ◆ *vt* to weigh: *~ una maleta* to weigh a suitcase ◆ *vi* **1** (*gen*) to weigh: *¿Cuánto pesas?* How much do you weigh? ◊ *¡Cómo pesa!* It weighs a ton! **2** (*tener mucho peso*) to be heavy: *¡Este paquete sí que pesa!* This package is very heavy. ◊ *¿Te pesa?* Is it very heavy? ◊ *¡No pesa nada!* It hardly weighs a thing! **LOC pesar una tonelada** to weigh a ton

pesar[2] *nm* (*tristeza*) sorrow **LOC a pesar de algo** in spite of sth: *Fuimos a ~ de la lluvia.* We went in spite of the rain. **a pesar de que...** although...: *A ~ de que implicaba riesgos...* Although it was risky... **es un pesar...** it's a pity... **¡qué pesar!** what a pity

pesca *nf* fishing: *ir de ~* to go fishing **LOC** *Ver* FURTIVO

pescadería *nf* fish market

pescado *nm* fish [*incontable*]: *Voy a comprar ~.* I'm going to buy some fish. ◊ *Es un tipo de ~.* It's a kind of fish. ☛ *Ver nota en* FISH **LOC** *Ver* PARRILLA

pescador, ~a *nm-nf* fisherman/woman [*pl* fishermen/women] **LOC** *Ver* FURTIVO

pescar ◆ *vi* to fish: *Habían salido a ~.* They'd gone out fishing. ◆ *vt* (*coger*) to catch: *Pesqué dos truchas.* I caught two trout. ◊ *~ una pulmonía* to catch pneumonia **LOC** *Ver* CAÑA

pesebre *nm* (*nacimiento*) creche: *Vamos a poner el ~.* Let's set up the creche.

peseta *nf* peseta

pesimista ◆ *adj* pessimistic ◆ *nmf* pessimist

pésimo, -a *adj* dreadful

pesista *nmf* weightlifter

peso *nm* **1** (*gen*) weight: *ganar/perder ~* to put on/lose weight ◊ *vender algo al ~* to sell sth by weight ◊ *~ bruto/neto* gross/net weight **2** (*moneda*) peso: *ganar unos ~* to earn some money **LOC de peso** (*fig*) **1** (*persona*) influential **2** (*asunto*) weighty **no tener ni un peso** not to have a dime: *No puedo comprarte nada, no tengo ni un peso.* I can't buy you anything, I don't have a dime. *Ver tb* QUITAR

pesquero, -a ◆ *adj* fishing [*n atrib*]: *un puerto ~* a fishing port ◆ *nm* fishing boat

pestaña *nf* (*ojo*) eyelash **LOC** *Ver* QUEMAR

pestañeada *nf* **LOC echar una pestañeada** to have a nap

pestañear *vi* to blink **LOC sin pestañear** without batting an eye: *Escuchó la noticia sin ~.* He heard the news without batting an eye.

pestañina *nf* mascara: *echarse ~* to apply mascara

peste *nf* **1** (*epidemia*) plague **2** (*resfriado*) cold: *Tengo una ~ terrible.* I have a terrible cold. **LOC decir/echar pestes (de)** to rag on *sth/sb*

pestillo *nm* catch: *echar el ~* to put the catch on

petaca *nf* **1** (*cesto*) basket **2** (*de cuero, lona*) trunk **LOC echarse por/con las petacas** to go to pieces

pétalo *nm* petal

petardo *nm* firecracker

petición *nf* **1** (*gen*) request: *hacer una ~ de ayuda* to make a request for help **2** (*instancia*) petition: *redactar una ~* to draw up a petition

petróleo *nm* oil: *un pozo de ~* an oil well

petrolero *nm* oil tanker

pez *nm* fish [*pl* fish]: *peces de agua dulce* freshwater fish ◊ *Hay dos peces en la pecera.* There are two fish in the fish bowl. ☛ *Ver nota en* FISH **LOC pez de colores** goldfish [*pl* goldfish] **pez gordo** big shot

pezón *nm* **1** (*persona*) nipple **2** (*animal*) teat

pezuña *nf* hoof [*pl* hoofs/hooves]

piadoso, -a *adj* devout **LOC** *Ver* MENTIRA

pianista *nmf* pianist

piano *nm* piano [*pl* pianos]: *tocar una pieza en el* ~ to play a piece of music on the piano **LOC piano de cola** grand piano

piar *vi* to chirp

pica *nf* **1** (*herramienta*) pick **2 picas** (*Naipes*) spades ☛ *Ver nota en* BARAJA

picada *nf* **1** (*comida*) (hot) appetizer: *pedir una* ~ to order an appetizer **2** (*dolor*) shooting pain **LOC caer en picada** to nosedive

picado, -a *pp, adj* **1** (*diente*) bad **2** (*mar*) choppy **3** (*enfadado*) mad: *Creo que están ~s conmigo.* I think they're mad at me. *Ver tb* PICAR

picadura *nf* **1** (*mosquito, serpiente*) bite: *una ~ de serpiente* a snake bite **2** (*abeja, avispa*) sting

picante *adj* (*Cocina*) hot: *una salsa* ~ a hot sauce

picaporte *nm* door handle

picar ◆ *vt, vi* **1** (*pájaro*) to peck **2** (*mosquito, serpiente*) to bite **3** (*abeja, avispa*) to sting **4** (*planta espinosa*) to be prickly: *Ten cuidado que pican.* Be careful, they're very prickly. **5** (*comer*): *¿Te provoca ~ algo?* Do you want something to eat? ◊ *Acabo de ~ un poco de queso.* I've just had some cheese. ◊ *Nos pusieron unas cosas para ~.* They gave us some munchies. ◆ *vt* (*cebolla, verdura*) to chop *sth* (up) ◆ *vi* **1** (*producir picor*) to itch: *Este suéter pica.* This sweater makes me itch. **2** (*ojos*) to sting: *Me pican los ojos.* My eyes are stinging. **3** (*pez*) to bite: *¡Picó uno!* I've got a bite! **4** (*ser picante*) to be hot: *¡Esta salsa pica muchísimo!* This sauce is terribly hot! ◆ **picarse** *v pron* **1** (*diente, fruta, vino, crema*) to go bad **2 picarse (con) (por)** (*molestarse*) to get annoyed (**with** *sb*) (**about** *sth*): *Se pica por todo.* He's always getting annoyed about something. **LOC picar el ojo** to wink *Ver tb* BICHO, MOSCA

picardía *nf* craftiness: *tener mucha ~ to* be very crafty ◊ *Tienes que hacerlo con* ~. You have to be crafty.

pichón *nm* young pigeon

pico *nm* **1** (*pájaro*) beak **2** (*montaña*) peak: *los ~s cubiertos de nieve* the snow-covered peaks **LOC y pico 1** (*gen*) odd: *dos mil y ~ de pesos/personas* two thousand odd pesos/people ◊ *Tiene treinta y ~ de años.* He's thirty something. **2** (*hora*) just after: *Eran las dos y* ~. It was just after two. *Ver tb* BEBER(SE), CERRAR, HORA

picor *nm* **1** (*picazón*) itch: *Tengo ~ en la espalda.* My back itches. **2** (*escozor*) stinging **3** (*garganta*) tickle

picotazo *nm* **1** (*mosquito*) bite **2** (*abeja, avispa*) sting: *No se mueva o le pegará un* ~. Don't move or it'll sting you. **3** (*pájaro*) peck

pie¹ *nm* **1** (*gen*) foot [*pl* feet]: *el ~ derecho/izquierdo* your right/left foot ◊ *tener los ~s planos* to have flat feet **2** (*copa*) stem **3** (*lámpara*) stand **LOC al pie (de)** near: *al ~ de la casa* near the house **al pie de la letra** word for word **andar con pies de plomo** to tread carefully **a pie** on foot **de pies a cabeza** from top to toe **estar de pie** to be standing (up) **hacer pie**: *No hago* ~. My feet don't touch the bottom. **no tener ni pies ni cabeza** to be absurd **ponerse de pie** to stand up *Ver tb* COJEAR, LÁMPARA, LEVANTAR, MANTENER, PLANTA

pie² *nm Ver* PAY

piedad *nf* **1** (*compasión*) mercy (**on** *sb*): *Señor ten* ~. Lord have mercy. **2** (*devoción*) piety **3** (*imagen, escultura*) pietà

piedra *nf* stone: *una pared de* ~ a stone wall ◊ *una ~ preciosa* a precious stone **LOC quedarse como una piedra** to be speechless

piel *nf* **1** (*Anat*) skin: *tener la ~ blanca/morena* to have fair/dark skin **2** (*con pelo*) fur: *un abrigo de ~es* a fur coat **3** (*cuero*) leather: *una cartera de* ~ a leather wallet **4** (*fruta*) skin: *Quítale la ~ a las uvas.* Peel the grapes. **LOC piel de gallina** goose bumps: *Se me puso la ~ de gallina.* I got goose bumps.

pierde *nm* **LOC no tiene pierde** you can't miss it

pierna *nf* leg: *romperse una* ~ to break your leg ◊ *cruzar/estirar las ~s* to cross/stretch your legs **LOC con las piernas cruzadas** cross-legged

pieza *nf* **1** (*Ajedrez, Mús*) piece **2** (*Mec*) part: *una ~ de repuesto* a spare part

3 (*dormitorio*) bedroom **LOC quedarse de una pieza** to be speechless

pigmento *nm* pigment

pila *nf* **1** (*montón*) pile: *una ~ de periódicos* a pile of newspapers **2** (*gran cantidad*): *Tienen ~s de plata.* They have loads of money. ◊ *Tengo una ~ de trabajo.* I have loads of work. **3** (*Electrón*) battery [*pl* batteries]: *Se acabaron las ~s.* The batteries have run out. **4** (*fuente*) fountain **LOC ponerse las pilas** to get cracking *Ver tb* NOMBRE

pilado, -a *pp, adj* dead easy: *El examen estaba ~.* The exam was dead easy.

pilar *nm* pillar

píldora *nf* pill: *¿Estás tomando la ~?* Are you on the pill?

pillaje *nm* plunder

pillar ◆ *vt* to catch: *¡A que no me pillas!* I bet you can't catch me! ◊ *Pillé a un muchacho robando manzanas.* I caught a boy stealing apples. ◆ **pillarse** *v pron* **pillarse (con)**: *Me pillé con mis amigos.* I met up with my friends. **LOC ¡nos pillamos!** see you later! **pillar a algn con las manos en la masa** to catch sb red-handed **pillar a algn desprevenido** to catch sb unawares

pilotear *vt* **1** (*avión*) to fly **2** (*carro*) to drive

piloto *nmf* **1** (*avión*) pilot **2** (*carro*) racing driver **LOC piloto automático** automatic pilot: *El avión iba con el ~ automático.* The plane was on automatic pilot.

pimentón *nm* bell pepper **LOC pimentón morrón** red pepper

pimienta *nf* pepper

pinar *nm* pine wood

pincel *nm* paintbrush

pinchar ◆ *vt* **1** (*balón, llanta*) to puncture **2** (*picar*) to prick: *~ a algn con un alfiler* to prick sb with a pin ◆ *vi* (*tener un pinchazo*) to have a flat (tire): *He pinchado dos veces en una semana.* I've had two flat tires in a week. ◆ **pincharse** *v pron* **1** (*llanta*) to puncture: *Se me pinchó una rueda.* I've got a flat (tire). **2 pincharse (con)** to prick yourself (**on/with** ***sth***): *~se con una aguja* to prick yourself on/with a needle

pinchazo *nm* puncture: *arreglar un ~* to mend a puncture

pincho *nm* **1** (*varilla para asar*) spit **2** (*de carne*) shish kebab

ping-pong *nm* ping-pong

pingüino *nm* penguin

pino *nm* pine (tree) **LOC** *Ver* ESPINA

pinta *nf* **1** (*aspecto*) look: *No me gusta la ~ de ese pescado.* I don't like the look of that fish. **2** (*medida*) pint ☛ *Ver Apéndice 1.* **LOC ponerse la pinta** to get dressed up **tener pinta (de)** to look (like *sth*): *Con ese vestido tienes ~ de payaso.* You look like a clown in that suit. ◊ *Esos bizcochos tienen muy buena ~.* Those cakes look very nice.

pintada *nf* graffiti [*incontable*]: *Había ~s por toda la pared.* There was graffiti all over the wall. ◊ *Había una ~ que decía…* There was graffiti saying…

pintado, -a *pp, adj* **LOC quedar/salir/venir que ni pintado** to be perfect: *Ese trabajo me va que ni ~.* A job like that is just perfect for me. **pintado de** painted: *Las paredes están pintadas de azul.* The walls are painted blue. *Ver tb* PINTAR

pintalabios *nm* lipstick

pintar ◆ *vt, vi* to paint: *~ una pared de rojo* to paint a wall red ◊ *Me gusta ~.* I like painting. ◆ *vt* (*colorear*) to color *sth* (in): *El niño había pintado la casa de azul.* The little boy had colored the house blue. ◊ *Dibujó una pelota y luego la pintó.* He drew a ball and then colored it in. ◆ **pintarse** *v pron* **1** (*gen*) to paint: *~se las uñas* to paint your nails **2** (*maquillarse*) to put on your make-up: *No he tenido tiempo de ~me.* I haven't had time to put on my make-up. **LOC pintar al óleo/a la acuarela** to paint in oils/watercolors **pintarse los labios/ojos** to put on your lipstick/eye make-up

pintor, ~a *nm-nf* painter

pintoresco, -a *adj* picturesque: *un paisaje ~* a picturesque landscape

pintura *nf* **1** (*gen*) painting: *La ~ es una de mis aficiones.* Painting is one of my hobbies. **2** (*producto*) paint: *una mano de ~* a coat of paint **LOC pintura fresca** (*cartel*) wet paint *Ver tb* ÓLEO

pinza *nf* **1** (*para tender*) clothespin **2** (*de pelo*) clip **3** (*cangrejo, langosta*) pincer **4 pinzas (a)** (*gen*) tweezers: *unas ~s de para las cejas* tweezers **(b)** (*azúcar hielo, carbón*) tongs **(c)** (*alicates*) pliers

piña *nf* **1** (*fruta tropical*) pineapple **2** (*pino*) pine cone

piñón *nm* (*Bot*) pine nut

pío *nm* (*sonido*) tweet **LOC no decir ni pío** not to open your mouth

piojo *nm* louse [*pl* lice]

pionero, -a ◆ *adj* pioneering ◆ *nm-nf* pioneer (***in sth***): *un ~ de la cirugía estética* a pioneer in cosmetic surgery

pipa *nf* pipe: *fumar ~* to smoke a pipe ◊ *la ~ de la paz* the pipe of peace

pipeta *nf* pipette

pique *nm* **LOC irse a pique 1** (*negocio*) to go broke **2** (*plan*) to fall through **3** (*barco*) to sink **tenerse pique**: *Se tienen mucho ~.* There's a lot of rivalry between them.

piquete *nmf* **1** (*comida*) picnic: *Llevamos ~.* Let's take a picnic. **2** (*soldados*) squad

piquetear *vi* to have a picnic: *Fueron al campo a ~.* They went for a picnic in the country.

pira *nf* **LOC** *Ver* MAÍZ

piragua *nf* large canoe

pirámide *nf* pyramid

pirata *adj, nmf* pirate [*n*]: *un barco/una emisora ~* a pirate boat/radio station

piratear *vt* **1** (*disco, video*) to pirate **2** (*entrar en un sistema informático*) to hack **into *sth***

pirómano, -a *nm-nf* arsonist

piropo *nm* **1** (*cumplido*) compliment **2** (*en la calle*): *echar un ~* to whistle at sb

pirueta *nf* pirouette

pis *nm* pee **LOC hacer pis** to pee

pisada *nf* **1** (*sonido*) footstep **2** (*huella*) footprint

pisar ◆ *vt* **1** (*gen*) to step **on/in *sth***: *~le el pie a algn* to step on sb's foot ◊ *~ un charco* to step in a puddle **2** (*tierra*) to tread *sth* down **3** (*acelerador, freno*) to put your foot **on *sth*** **4** (*dominar*) to walk all over *sb*: *No te dejes ~.* Don't let people walk all over you. ◆ *vi* to tread ◆ **pisarse** *v pron* to clear off **LOC pisárselas** to leg it *Ver tb* PROHIBIDO

piscina *nf* swimming pool **LOC piscina climatizada/cubierta** heated/indoor pool *Ver tb* NADAR

Piscis *nm, nmf* Pisces ☛ *Ver ejemplos en* AQUARIUS

piso *nm* (*suelo, planta*) floor: *Vivo en el tercer ~.* I live on the third floor. **LOC de dos, etc pisos** (*edificio*) two-story, etc: *un bloque de cinco ~s* a five-story block *Ver tb* MOVER(SE)

pisotear *vt* **1** (*pisar*) to stamp **on *sth*** **2** (*fig*) to trample **on *sth***: *~ los derechos de algn* to trample on sb's rights

pisotón *nm* **LOC dar un pisotón a algn** to tread on sb's foot

pista *nf* **1** (*huella*) track(s) [*se usa mucho en plural*]: *seguir la ~ de un animal* to follow an animal's tracks ◊ *Le perdí la ~ a Juancho.* I've lost track of Juancho. **2** (*dato*) clue: *Dame más ~s.* Give me more clues. **3** (*carreras*) track: *una ~ al aire libre/cubierta* an outdoor/indoor track **4** (*Aeronáut*) runway [*pl* runways] **LOC estar sobre la pista de algn** to be on sb's trail **pista de baile** dance floor **pista de esquí** ski slope **pista de hielo/patinaje** ice rink/skating-rink

pistacho *nm* pistachio [*pl* pistachios]

pistola *nf* gun, pistol (*téc*) **LOC pistola de aire comprimido** airgun *Ver tb* PUNTA

pita *nf* twine

pitar *vi* **1** (*policía, árbitro*) to blow your whistle (***at sth/sb***): *El policía nos pitó.* The policeman blew his whistle at us. **2** (*con el pito de un carro*) to honk (***at sth/sb***): *El conductor me pitó.* The driver honked at me. **LOC irse/salir pitando** to dash off **pitar un penalti/una falta** to award a penalty/free kick

pitido *nm* **1** (*tren, árbitro, policía*) whistle: *los ~s del tren* the whistle of the train **2** (*pito de carro*) honk **3** (*despertador*) ring

pitillo *nm* straw

pito *nm* whistle **LOC entre pitos y flautas** what with one thing and another

pitón *nm* python

piyama *nf* pajamas [*pl*]: *Esa ~ te queda pequeña.* Those pajamas are too small for you. ☛ Nótese que *una piyama* se dice **a pair of pajamas**: *Mete dos piyamas en la maleta.* Pack two pairs of pajamas.

pizarra *nf* slate: *un piso de ~* a slate floor

pizarrón *nm* blackboard

pizca *nf*: *una ~ de sal* a pinch of salt ◊ *una ~ de humor* a touch of humor **LOC ni pizca**: *Hoy no hace ni ~ de frío.* It's not at all cold today. ◊ *No tiene ni ~ de gracia.* It's not the least bit funny.

pizza *nf* pizza

placa *nf* **1** (*lámina, Fot, Geol*) plate: *~s de acero* steel plates ◊ *La ~ de la puerta dice "dentista".* The plate on the door says "dentist". **2** (*vehículo*) **(a)** (*número*) license plate number: *Apunté la ~.* I wrote down the license plate number. **(b)** (*placa*) license plate **3** (*conmemorativa*) plaque: *una ~ conmemorativa* a commemorative plaque **4** (*policía*) badge **LOC** *Ver* NÚMERO

placer *nm* pleasure: *un viaje de ~* a pleasure trip ◊ *Tengo el ~ de presentarles al Dr García.* It is my pleasure to introduce Dr García. ◊ *Pinto por ~.* I paint for fun.

plaga *nf* plague: *una ~ de mosquitos* a plague of mosquitoes

plan *nm* **1** (*gen*) plan: *Cambié de ~es.* I've changed my plans. ◊ *¿Tienes ~ para el sábado?* Do you have anything planned for Saturday? **2** (*humor*): *Si sigues en ese ~, me voy.* If you're going to keep this up, I'm going.

plancha *nf* (*electrodoméstico*) iron **LOC a la plancha** grilled

planchar ◆ *vt* to iron: *~ una camisa* to iron a shirt ◆ *vi* to do the ironing: *Hoy me toca ~.* I have to do the ironing today. **LOC** *Ver* TABLA

planear[1] *vt* (*organizar*) to plan: *~ la fuga* to plan your escape

planear[2] *vi* (*avión, pájaro*) to glide

planeo *nm* gliding

planeta *nm* planet **LOC** *Ver* CABEZA

planificación *nf* planning

plano, -a ◆ *adj* flat: *una superficie plana* a flat surface ◆ *nm* **1** (*nivel*) level: *Las casas están construidas en distintos ~s.* The houses are built on different levels. ◊ *en el ~ personal* on a personal level **2** (*diagrama*) **(a)** (*ciudad, metro*) map **(b)** (*Arquit*) plan **3** (*Cine*) shot **LOC** *Ver* PRIMERO

planta *nf* **1** (*Bot*) plant **2** (*piso*) floor: *Vivo en la ~ baja.* I live on the ground floor. **LOC planta del pie** sole **planta de personal** personnel [*v sing o pl*]

plantación *nf* plantation

plantado, -a *pp, adj* **LOC dejar plantado** to stand *sb* up *Ver tb* PLANTAR

plantar *vt* **1** (*gen*) to plant **2** (*dejar plantado*) to stand *sb* up

planteamiento *nm* approach: *su ~ del problema* your approach to the problem

plantear ◆ *vt* to raise: *~ dudas/preguntas* to raise doubts/questions ◊ *El libro plantea temas muy importantes.* The book raises very important issues. ◆ **plantearse** *v pron* to think (**about *sth*/*doing sth***): *¡Eso ni me lo planteo!* I don't even think about that!

plantel *nm* (*escuela*) school

plantilla *nf* **1** (*zapato*) insole **2** (*para dibujar*) template

plástico, -a ◆ *adj* plastic: *cirujía plástica* plastic surgery ◆ *nm* plastic [*incontable*]: *un envase de ~* a plastic container ◊ *Tápelo con un ~.* Cover it with a plastic sheet. **LOC** *Ver* VASO

plastificar *vt* to laminate

plastilina *nf* modeling clay

plata *nf* **1** (*metal*) silver: *un anillo de ~* a silver ring **2** (*dinero*) money [*incontable*]: *¿Tienes ~?* Do you have any money? ◊ *Necesito ~.* I need some money. **LOC andar/estar mal de plata** to be short of money **plata contante y sonante** hard cash **plata suelto** (loose) change *Ver tb* BAÑADO, BODA

plataforma *nf* platform

platal *nm* fortune: *Cuesta un ~.* It costs a fortune.

plátano *nm* **1** (*verdura*) plantain **2** (*árbol*) banana tree

platea *nf* orchestra

plateado, -a *pp, adj* **1** (*color*) silver: *pintura plateada* silver paint **2** (*revestido de plata*) silver-plated

platero *nm* dishrack

platillo *nm* **platillos** cymbals **LOC platillo volador** flying saucer *Ver tb* BOMBO

platino *nm* platinum

plato *nm* **1** (*utensilio*) **(a)** (*gen*) plate: *¡Ya se rompió otro ~!* There goes another plate! **(b)** (*para debajo de la taza*) saucer **2** (*guiso*) dish: *un ~ típico del país* a national dish **3** (*parte de la comida*) course: *De primer ~ tomé sopa.* I had soup for my first course. **LOC plato dulcero** saucer **plato fuerte** main course: *¿Qué quieres de ~ fuerte?* What would you like as a main course? **plato hondo/sopero** soup plate **plato pando/de postre** dinner/dessert plate **ser un plato** to be a scream *Ver tb* LAVAR, SECAR

platón *nm* bowl

platudo, -a *adj* well-heeled

playa *nf* beach: *Pasamos el verano en la ~.* We spent the summer at the beach.

plaza *nf* **1** (*espacio abierto*) square: *la ~ mayor* the main square **2** (*mercado*) market (place) **3** (*asiento*) seat: *un avión de cuatro ~s* a four-seater plane **4** (*puesto de trabajo*) position **LOC plaza de toros** bullring

plazo *nm* **1** (*período*): *el ~ de inscripción* the registration period ◊ *Tenemos un mes de ~ para pagar.* We have a month to pay. ◊ *El ~ vence mañana.* The deadline is tomorrow. **2** (*pago*) installment:

pagar algo a ~s to pay for sth in installments **LOC** *Ver* COMPRAR

plectro *nm* (*Mús*) plectrum [*pl* plectra]

plegable *adj* folding: *una cama ~* a folding bed

plegar *vt* to fold

pleito *nm* lawsuit

pleno, -a *adj* full: *Soy miembro de ~ derecho.* I'm a full member. ◊ *~s poderes* full powers **LOC a plena luz del día** in broad daylight **en pleno...** (right) in the middle of...: *en ~ invierno* in the middle of winter ◊ *en ~ centro de la ciudad* right in the center of the city **estar en plena forma** to be in peak condition

pliegue *nm* **1** (*gen*) fold: *La tela caía formando ~s.* The material hung in folds. **2** (*falda*) pleat

plomero, -a *nm-nf* plumber

plomo *nm* lead **LOC** *Ver* PIE

pluma *nf* feather: *un colchón de ~s* a feather mattress

plumero *nm* feather duster

plural *adj, nm* plural

Plutón *nm* Pluto

plutonio *nm* plutonium

población *nf* **1** (*conjunto de personas*) population: *la ~ económicamente activa* the working population **2** (*localidad*) **(a)** (*ciudad grande*) city [*pl* cities] **(b)** (*ciudad pequeña*) town

poblado *nm* small town

pobre ◆ *adj* poor ◆ *nmf* **1** (*gen*) poor man/woman [*pl* poor men/women]: *los ricos y los ~s* the rich and the poor **2** (*desgraciado*) poor thing: *¡Pobre! Tiene hambre.* He's hungry, poor thing!

pobreza *nf* poverty

pocilga *nf* pigsty [*pl* pigsties]: *No puedo vivir en esta ~.* I can't live in this pigsty.

pocillo *nm* (*taza*) cup

poco, -a ◆ *adj* **1** (+ *sustantivo incontable*) little, not much (*más coloq*): *Tienen muy ~ interés.* They have very little interest. ◊ *Tengo poca suerte.* I don't have much luck. **2** (+ *sustantivo contable*) few, not many (*más coloq*): *en muy pocas ocasiones* on very few occasions ◊ *Tiene ~s amigos.* He doesn't have many friends. ☛ *Ver nota en* LESS ◆ *pron* little [*pl* few]: *Vinieron muy ~s.* Very few came. ◆ *adv* **1** (*gen*) not much: *Come ~ para lo alto que es.* He doesn't eat much for his size. **2** (*poco tiempo*) not long: *La vi hace ~.* I saw her not long ago/recently. **3** (+ *adj*) not very: *Es ~ inteligente.* He's not very intelligent. **LOC poco a poco** gradually **poco después de** shortly after: *~ después de su ida* shortly after you left **poco más/menos (de)** just over/under: *~ menos de 5.000 personas* just under 5,000 people **por poco** nearly: *Por ~ me atropellan.* I was almost run over. **un poco** a little: *un ~ más/mejor* a little more/better ◊ *un ~ de azúcar* a little sugar ◊ *Espera un ~.* Wait a moment. **unos pocos** a few: *unos ~s claveles* a few carnations ◊ *—¿Cuántos quieres? —Dame unos ~s.* "How many would you like?" "Just a few." ☛ Para otras expresiones con **poco**, véanse las entradas del sustantivo, adjetivo, etc, p.ej. **ser poca cosa** en COSA y **al poco tiempo** en TIEMPO. ☛ *Ver nota en* FEW

podadora *nf* (lawn)mower

podar *vt* to prune

poder¹ *vt, vi* **1** (*gen*) can ***do sth***, to be able ***to do sth***: *Puedo escoger Londres o Quito.* I can choose London or Quito. ◊ *No podía creerlo.* I couldn't believe it. ◊ *Desde entonces no ha podido caminar.* He hasn't been able to walk since then. ☛ *Ver nota en* CAN² **2** (*tener permiso*) can, may (*más formal*): *¿Puedo hablar con Andrés?* Can I talk to Andrés? ☛ *Ver nota en* MAY **3** (*probabilidad*) may, could, might

> El uso de **may**, **could**, **might** depende del grado de probabilidad de realizarse la acción: **could** y **might** expresan menor probabilidad que **may**: *Pueden llegar en cualquier momento.* They may arrive at any minute. ◊ *Podría ser peligroso.* It could/might be dangerous.

LOC ¡bien pueda! go (right) ahead! **no poder más** (*estar cansado*) to be exhausted **poder con** to cope with *sth*: *No puedo con tantas tareas.* I can't cope with so much homework. **puede (que...)** maybe: *Puede que sí, puede que no.* Maybe, maybe not. **se puede/no se puede**: *¿Se puede?* May I come in? ◊ *No se puede fumar aquí.* You can't smoke in here. ☛ Para otras expresiones con **poder**, véanse las entradas del sustantivo, adjetivo, etc, p.ej. **a más no poder** en MÁS y **sálvese quien pueda** en SALVAR.

poder² *nm* power: *tomar el ~* to seize power **LOC el poder ejecutivo/judicial/legislativo** the executive/judiciary/legislature

poderoso, -a *adj* powerful

podrido, -a *pp, adj* rotten: *una manzana/sociedad podrida* a rotten apple/society **LOC estar podrido en plata** to be stinking rich

poema *nm* poem

poesía *nf* **1** (*gen*) poetry: *la ~ épica* epic poetry **2** (*poema*) poem

poeta *nmf* poet

poético, -a *adj* poetic

poetisa *nf* poet

polaco, -a ◆ *adj, nm* Polish: *hablar ~* to speak Polish ◆ *nm-nf* Pole: *los ~s* the Poles

polar *adj* polar **LOC** *Ver* CÍRCULO

polea *nf* pulley [*pl* pulleys]

polémico, -a ◆ *adj* controversial ◆ **polémica** *nf* controversy [*pl* controversies]

polen *nm* pollen

policía ◆ *nmf* police officer ◆ *nf* police [*pl*]: *La ~ está investigando el caso.* The police are investigating the case. **LOC** *Ver* JEFE, TRÁNSITO

policiaco, -a (*tb* **policíaco, -a**) *adj* **LOC** *Ver* GÉNERO, NOVELA, PELÍCULA

policial *adj* **LOC** *Ver* CORDÓN, FICHA

polideportivo *nm* sports center

polígono *nm* polygon

polilla *nf* moth

politécnico, -a ◆ *adj* polytechnic ◆ *nm* technical college

política *nf* **1** (*Pol*) politics [*sing*]: *meterse en ~* to get involved in politics **2** (*postura, programa*) policy [*pl* policies]: *la ~ exterior* foreign policy

político, -a ◆ *adj* **1** (*Pol*) political: *un partido ~* a political party **2** (*diplomático*) diplomatic **3** (*familia*): *mi familia política* my in-laws ◆ *nm-nf* politician: *un ~ de izquierda* a left-wing politician

póliza *nf* policy [*pl* policies]: *tomar una ~* to take out a policy

polizón *nmf* stowaway [*pl* stowaways]: *colarse de ~* to stow away

pollito (*tb* **polluelo**) *nm* chick

pollo *nm* chicken: *~ asado* roast chicken

polo *nm* **1** (*Geog, Fís*) pole: *el ~ Norte/Sur* the North/South Pole **2** (*camisa*) polo shirt **LOC ser polos opuestos** (*carácter*) to be like chalk and cheese

Polonia *nf* Poland

polución *nf* pollution

polvareda *nf* cloud of dust: *levantar una ~* to raise a cloud of dust

polvo *nm* **1** (*suciedad*) dust: *Hay mucho ~ en la biblioteca.* There's a lot of dust on the bookcase. ◊ *Estás levantando ~.* You're kicking up the dust. **2** (*Cocina, Quím*) powder **3 polvos** (*tocador*) powder [*incontable, v sing*] **LOC estar hecho polvo** (*cansado*) to be shattered **limpiar/quitar el polvo (a/de)** to dust (*sth*) *Ver tb* LECHE, TRAPO

pólvora *nf* gunpowder

polvoriento, -a *adj* dusty

polvorín *nm* (*depósito*) magazine

pomada *nf* ointment

pomo *nm* **1** (*puerta*) doorknob **2** (*cajón*) knob

pompa *nf* **1** (*burbuja*) bubble: *hacer ~s de jabón* to blow bubbles **2** (*solemnidad*) pomp **LOC pompas fúnebres** funeral [*sing*]

pomposo, -a *adj* pompous: *un lenguaje retórico y ~* rhetorical, pompous language

pómulo *nm* cheekbone

poner ◆ *vt* **1** (*colocar*) to put: *Ponga los libros sobre la mesa/en una caja.* Put the books on the table/in a box. **2** (*aparato*) to turn *sth* on: *~ el radio* to turn on the radio **3** (*disco*) to play **4** (*reloj*) to set: *Pon el despertador a las seis.* Set the alarm for six. **5** (*vestir*) to put *sth* on (***for sb***): *Póngale la bufanda a su hermano.* Put your brother's scarf on for him. **6** (*servir*) to give: *Ponme un poco más de sopa.* Give me some more soup please. **7** (*huevos*) to lay **8** (*tareas*) to set **9** (*sábana, mantel*) to put *sth* on: *Pon el mantel/la sábana.* Put the tablecloth on the table./Put the sheet on the bed. **10** (*correo*) to mail: *~ una carta (en el correo)* to mail a letter ◆ **ponerse** *v pron* **1** (*de pie*) to stand: *Ponte a mi lado.* Stand next to me. **2** (*sentado*) to sit **3** (*vestirse*) to put *sth* on: *¿Qué me pongo?* What shall I put on? **4** (*sol*) to set **5 + adj** to get: *Se puso enfermo.* He got sick. ◊ *¡No te pongas atrevido conmigo!* Don't get fresh with me! **6 ponerse a** to start ***doing sth/to do sth***: *Se puso a llover.* It's started raining. ◊ *Ponte a estudiar.* Get on with some work. ☛ Para expresiones con **poner**, véanse las entradas del sustantivo, adjetivo, etc, p.ej. **ponerse la pinta** en PINTA y **ponerse rojo** en ROJO.

ponqué *nm* cake: *un ~ de cumpleaños* a birthday cake

pontífice *nm* pontiff: *el Sumo Pontífice* the Supreme Pontiff

pony (*tb* **poni**) *nm* pony [*pl* ponies]

popa *nf* stern

popular *adj* popular

por *prep*

• **lugar 1** (*con verbos de movimiento*): *manejar por la derecha/izquierda* to drive on the right/left ◊ *¿Pasas por una droguería?* Are you going past a drugstore? ◊ *pasar por el centro de París* to go through the center of Paris ◊ *Pasaré por tu casa mañana.* I'll drop by tomorrow. ◊ *viajar por Europa* to travel around Europe **2** (*con verbos como coger, agarrar*) by: *Lo agarré por el brazo.* I grabbed him by the arm.

• **tiempo 1** (*tiempo determinado*): *por la mañana/tarde* in the morning/afternoon ◊ *por la noche* at night ◊ *mañana por la mañana/noche* tomorrow morning/night **2** (*duración*) for: *sólo por unos días* only for a few days ☛ *Ver nota en* FOR

• **causa**: *Se suspende por (el) mal tiempo.* It's been canceled because of bad weather. ◊ *hacer algo por dinero* to do sth for money ◊ *Lo despidieron por robar/vago.* He was fired for stealing/being lazy.

• **finalidad**: *Por ti haría cualquier cosa.* I'd do anything for you. ◊ *por ayudar* to help ◊ *por no molestar* so as not to annoy

• **agente** by: *firmado por…* signed by… ◊ *pintado por Botero* painted by Botero

• **hacia/en favor de** for: *sentir cariño por algn* to feel affection for sb ◊ *¡Vote por nosotros!* Vote for us!

• **con expresiones numéricas**: *4 por 3 son 12.* 4 times 3 is 12. ◊ *Mide 7 por 2.* It measures 7 by 2. ◊ *50 dólares por hora* 50 dollars an/per hour

• **otras construcciones 1** (*medio, instrumento*): *por correo/mar/avión* by mail/sea/air **2** (*sustitución*): *Ella irá por mí.* She'll go instead of me. ◊ *Cámbialo por una camisa.* Exchange it for a shirt. ◊ *Lo compré por dos millones.* I bought it for two million pesos. **3** (*sucesión*) by: *uno por uno* one by one ◊ *paso por paso* step by step **4 + adj/adv** however: *Por simple que…* However simple… ◊ *Por mucho que trabajes…* However much you work…

LOC por mí as far as I am, you are, etc concerned **por qué** why: *No dijo por qué no venía.* He didn't say why he wasn't coming. ◊ *¿Por qué no?* Why not?

porcelana *nf* porcelain

porcentaje *nm* percentage

porcino, -a *adj* **LOC** *Ver* GANADO

pornografía *nf* pornography

pornográfico, -a *adj* pornographic

poro *nm* pore

poroso, -a *adj* porous

porque *conj* because: *No viene ~ no quiere.* He's not coming because he doesn't want to.

porqué *nm* ~ (**de**) reason (**for** ***sth***): *el ~ de la huelga* the reason for the strike **LOC ¿por qué?** *Ver* POR

porquería *nf* **1** (*suciedad*) filthy [*adj*]: *En esta cocina hay mucha ~.* This kitchen is filthy. ◊ *La calle quedó hecha una ~.* The street was filthy. **2** (*asquerosidad*) disgusting [*adj*]: *Lo que estás haciendo con la comida es una ~.* What you're doing with your food is disgusting. **3** (*golosina*) junk (food) [*incontable, v sing*]: *Deja de comer ~s.* Stop eating junk food.

porra *nf* **LOC** *Ver* MANDAR, QUINTO

portada *nf* **1** (*libro, revista*) cover **2** (*disco*) sleeve

portal *nm* (entrance) hall

portarse *v pron* to behave: *~ bien/mal* to behave well/badly ◊ *Pórtese bien.* Be good.

portátil *adj* portable: *un televisor ~* a portable television

portavasos *nm* coaster

portaviones *nm* aircraft carrier

portavoz *nmf* spokesperson [*pl* spokespersons/spokespeople]

> Existen las formas **spokesman** y **spokeswoman**, pero se prefiere usar **spokesperson** porque se refiere tanto a un hombre como a una mujer: *los portavoces de la oposición* spokespersons for the opposition.

portazo *nm* bang **LOC dar un portazo** to slam the door *Ver tb* CERRAR

portería *nf* **1** (*de un edificio público*) reception desk **2** (*de un edificio privado*) superintendent room **3** (*Dep*) goal

portero, -a *nm-nf* **1** (*de un edificio público*) custodian **2** (*de un edificio privado*) superintendent **3** (*Dep*) goalkeeper

portón *nm* main door

Portugal *nm* Portugal

portugués, -esa ◆ *adj, nm* Portuguese: *hablar* ~ to speak Portuguese. ◆ *nm-nf* Portuguese man/woman [*pl* Portuguese men/women]: *los portugueses* the Portuguese

porvenir *nm* future: *tener un buen* ~ to have a good future ahead of you

posar ◆ *vi* (*para una foto*) to pose ◆ **posarse** *v pron* **1 posarse (en/sobre)** (*aves, insectos*) to land (**on *sth***) **2** (*polvo, sedimento*) to settle (**on *sth***)

posdata *nf* postscript (*abrev* PS)

poseer *vt* (*ser dueño*) to own

posesivo, -a *adj* possessive

posibilidad *nf* possibility [*pl* possibilities] **LOC tener (muchas) posibilidades de...** to have a (good) chance of *doing sth*

posible *adj* **1** (*gen*) possible: *Es ~ que ya hayan llegado.* It's possible that they've already arrived. **2** (*potencial*) potential: *un ~ accidente* a potential accident **LOC hacer (todo) lo posible por/para** to do your best *to do sth Ver tb* ANTES, MEJOR

posición *nf* position: *Terminaron en última ~.* They finished last.

positivo, -a *adj* positive: *La prueba salió positiva.* The test was positive.

postal ◆ *adj* postal ◆ *nf* postcard **LOC** *Ver* CÓDIGO, GIRO

poste *nm* post: *~ de la luz* lamppost ◊ *El balón dio en el ~.* The ball hit the post. ◊ *~ telegráfico* telegraph pole

posterior *adj* ~ **(a) 1** (*tiempo*): *un suceso ~* a subsequent event ◊ *los años ~es a la guerra* the years after the war **2** (*lugar*): *en la parte ~ del bus* in the back of the bus ◊ *la fila ~ a la de ustedes* the row behind yours

postizo, -a *adj* false: *dentadura postiza* false teeth

postre *nm* dessert: *¿Qué hay de ~?* What's for dessert? ◊ *De ~ me comí un bizcocho.* I had cake for dessert. **LOC** *Ver* PLATO

postura *nf* **1** (*del cuerpo*) position: *dormir en mala ~* to sleep in an awkward position **2** (*actitud*) stance

posudo, -a *adj* snobbish: *No puede ser más ~.* He's incredibly snobbish.

potable *adj* drinkable **LOC** *Ver* AGUA

potencia *nf* power: *~ atómica/económica* atomic/economic power ◊ *80 vatios de ~* 80 watts of power **LOC de alta/gran potencia** powerful **potencia (en caballos)** horsepower [*pl* horsepower] (*abrev* hp)

potente *adj* powerful

potro, -a ◆ *nm-nf* foal

> **Foal** es el sustantivo genérico. Para referirnos sólo al macho decimos **colt**. **Filly** se refiere sólo a la hembra y su plural es "fillies".

◆ *nm* (*Gimnasia*) vaulting horse

pozo *nm* well: *un ~ de petróleo* an oil well

práctica *nf* **1** (*gen*) practice: *En teoría funciona, pero en la ~...* It's all right in theory, but in practice... ◊ *poner algo en ~* to put sth into practice **2** (*Educ*) practical

prácticamente *adv* practically

practicante ◆ *adj* practicing: *Soy católico ~.* I'm a practicing Catholic. ◆ *nmf* **1** (*Educ*) student teacher **2** (*Med*) student doctor

practicar *vt* **1** (*gen*) to practice: *~ la medicina* to practice medicine **2** (*deporte*) to play: *¿Practicas algún deporte?* Do you play any sports?

práctico, -a *adj* **1** (*gen*) practical: *Debemos ser ~s.* We must be practical. **2** (*útil*) handy: *una excusa muy práctica* a very handy excuse

pradera *nf* meadow

prado *nm* meadow **LOC** *Ver* PROHIBIDO

preámbulo *nm* **1** (*prólogo*) introduction **2** (*rodeos*): *Déjate de ~s.* Stop beating about the bush.

precaución *nf* precaution: *tomar precauciones contra incendios* to take precautions against fire **LOC con precaución** carefully: *Manejen con ~.* Drive carefully. **por precaución** as a precaution

preceder *vt* ~ **a** to precede, to go/come before *sth/sb* (*más coloq*): *El adjetivo precede al nombre.* The adjective goes before the noun. ◊ *Al incendio precedió una gran explosión.* A huge explosion preceded the fire.

precepto *nm* rule

precio *nm* price: *~s de fábrica* factory prices ◊ *¿Qué ~ tiene la habitación doble?* How much is a double room? **LOC** *Ver* MITAD, RELACIÓN

preciosidad *nf* lovely [*adj*]: *Ese vestido es una ~.* That dress is lovely.

precioso, -a *adj* **1** (*valioso*) precious: *el ~ don de la libertad* the precious gift of freedom ◊ *una piedra preciosa* a precious stone **2** (*persona, cosa*) cute: *¡Qué gemelos tan ~s!* What cute twins!

precipicio *nm* precipice

precipitaciones *nf* (*lluvia*) rainfall [*incontable, v sing*]: *~ abundantes* heavy rainfall

precipitado, -a *pp, adj* hasty *Ver tb* PRECIPITARSE

precipitarse *v pron* **1** (*sin pensar*) to be hasty: *No te precipites, piénsalo bien.* Don't be hasty. Think it over. **2** (*arrojarse*) to jump **out of** ***sth***: *El paracaidista se precipitó al vacío desde el avión.* The parachutist jumped out of the plane.

precisar *vt* **1** (*necesitar*) to need, to require (*más formal*) **2** (*especificar*) to specify: *~ hasta el más mínimo detalle* to specify every last detail

precisión *nf* accuracy **LOC con precisión** accurately

preciso, -a *adj*: *decir algo en el momento ~* to say sth at the right moment **LOC ser preciso** (*necesario*): *No fue ~ recurrir a los bomberos.* They didn't have to call the fire department. ◊ *Es ~ que vengas.* You must come.

precoz *adj* (*niño*) precocious

predecir *vt* to foretell

predial *adj* **LOC** *Ver* IMPUESTO

predicar *vt, vi* to preach

predominante *adj* predominant

preescolar ◆ *adj* pre-school: *niños en edad ~* pre-school children ◆ *nm* kindergarten

prefabricado, -a *pp, adj* prefabricated

prefacio *nm* preface

preferencia *nf* preference

preferible *adj* preferable **LOC ser preferible**: *Es ~ que no entres ahora.* It would be better not to go in now.

preferido, -a *pp, adj, nm-nf* favorite, pet (*más coloq*): *Es el ~ del profesor.* He is the teacher's pet. *Ver tb* PREFERIR

preferir *vt* to prefer *sth/sb* (**to** ***sth/sb***): *Prefiero el té al café.* I prefer tea to coffee. ◊ *Prefiero estudiar por las mañanas.* I prefer to study in the morning.

Cuando se pregunta qué prefiere una persona, se suele utilizar **would prefer** si se trata de dos cosas o **would rather** si se trata de dos acciones, por ejemplo: *¿Prefieres té o café?* Would you prefer tea or coffee? ◊ *¿Prefieres ir a cine o ver un video?* Would you rather go to the movies or watch a video? Para contestar a este tipo de preguntas se suele utilizar **I would rather**, **he/she would rather**, etc, o **I'd rather**, **he'd/she'd rather**, etc: *—¿Prefieres té o café? —Prefiero té.* "Would you prefer tea or coffee?" "I'd rather have tea, please." ◊ *—¿Quieres salir? —No, prefiero quedarme en la casa esta noche.* "Would you like to go out?" "No, I'd rather stay home tonight."
Nótese que **would rather** siempre va seguido de infinitivo sin TO.

prefijo *nm* prefix

pregonar *vt* (*divulgar*): *Lo ha ido pregonando por todo el colegio.* He told the whole school.

pregunta *nf* question: *contestar a una ~* to answer a question **LOC hacer una pregunta** to ask a question

preguntar ◆ *vt, vi* to ask ◆ *vi* ~ **por 1** (*buscando algo/a algn*) to ask **for** ***sth/sb***: *Vino un señor preguntando por ti.* A man was asking for you. **2** (*interesándose por algo/algn*) to ask **about** ***sth/sb***: *Pregúntale por el niño.* Ask about her little boy. ◆ **preguntarse** *v pron* to wonder: *Me pregunto quién será a estas horas.* I wonder who it can be at this time of night. **LOC** *Ver* LECCIÓN

preguntón, -ona *adj* nosy

prehistórico, -a *adj* prehistoric

prejuicio *nm* prejudice

prematuro, -a *adj* premature

premiar *vt* to award *sb* a prize: *Premiaron al novelista.* The novelist was awarded a prize. ◊ *Fue premiado con un Oscar.* He was awarded an Oscar.

premio *nm* **1** (*gen*) prize: *Gané el primer ~.* I won first prize. ◊ *~ de consolación* consolation prize **2** (*recompensa*) reward: *como ~ a tu esfuerzo* as a reward for your efforts **LOC** *Ver* ENTREGA

prenatal *adj* prenatal

prenda *nf* **1** (*ropa*) garment **2 prendas** (*juego*) forfeits

prender ◆ *vt* **1** (*luz, aparato*) to turn *sth* on: *Si tienes miedo, puedes ~ la luz.* If you're scared, you can turn the light on. ◊ *~ la televisión* to turn on the television **2** (*carro*) to start: *Prenda el carro y nos vamos.* Start the car and we'll go. **3** (*con alfileres*) to pin *sth* (**to/on** ***sth***): *Prendí la manga con alfileres.* I pinned on the sleeve. ◆ *vi* **1** (*fuego*) to light: *Si está mojado no prende.* It won't light if it's wet. **2** (*aparato eléctrico, luz*) to come on: *Se prendió una luz roja.* A red light came on. **3** (*carro*) to start: *No prende, se le dañó la batería.* It won't start, the battery's dead. **LOC prender fuego** to set light *to sth*: *Prendieron fuego al carbón.* They set light to the coal.

prensa *nf* **1** (*Tec, imprenta*) press: *~ hidraúlica* hydraulic press **2** (*periódicos*) papers [*pl*]: *No se olvide de comprar la ~.* Don't forget to buy the papers. **3 la prensa** (*periodistas*) the press: *Acudió toda la ~ internacional.* All the international press was there. **LOC conferencia/rueda de prensa** press conference **prensa amarilla** tabloid press *Ver tb* GABINETE, LIBERTAD

prensar *vt* to press

preñada *adj* pregnant

preocupación *nf* worry [*pl* worries]

preocupar ◆ *vt* to worry: *Me preocupa la salud de mi papá.* My father's health worries me. ◆ **preocuparse** *v pron* **preocuparse (por)** to worry (**about** ***sth/sb***): *No te preocupes por mí.* Don't worry about me.

preparación *nf* **1** (*gen*) preparation: *tiempo de ~: 10 minutos* preparation time: 10 minutes **2** (*entrenamiento*) training: *~ profesional/física* professional/physical training

preparado, -a *pp, adj* **1** (*listo*) ready: *La comida está preparada.* Dinner is ready. **2** (*persona*) qualified **LOC preparados, listos, ¡ya!** ready, set, go! *Ver tb* PREPARAR

preparador, ~a *nm-nf* trainer

preparar ◆ *vt* to prepare, to get *sth/sb* ready (*más coloq*) (**for** ***sth***): *~ la comida* to get supper ready ◆ **prepararse** *v pron* **prepararse para** to prepare **for** ***sth***: *Se prepara para el examen de conducción.* He's preparing for his driver's test.

preparativos *nm* preparations

preposición *nf* preposition

presa *nf* **1** (*gen*) prey [*incontable*]: *aves de ~* birds of prey **2** (*embalse*) dam **3** (*de pollo*) piece **LOC ser presa del pánico** to be seized by panic

presagio *nm* omen

prescindir *vi* ~ **de 1** (*privarse*) to do without *sth*: *No puedo ~ del carro.* I can't do without the car. **2** (*deshacerse*) to dispense with *sb*: *Prescindieron del entrenador.* They dispensed with the trainer.

presencia *nf* **1** (*gen*) presence: *Su ~ me pone nerviosa.* I get nervous when he's around. **2** (*apariencia*) appearance: *buena/mala ~* pleasant/unattractive appearance

presencial *adj* **LOC** *Ver* TESTIGO

presenciar *vt* **1** (*ser testigo*) to witness: *Mucha gente presenció el accidente.* Many people witnessed the accident. **2** (*estar presente*) to attend: *Presenciaron el partido más de 10.000 espectadores.* More than 10,000 spectators attended the game.

presentación *nf* **1** (*gen*) presentation: *La ~ es muy importante.* Presentation is very important. **2 presentaciones** introductions: *No has hecho las presentaciones.* You haven't introduced us.

presentador, ~a *nm-nf* presenter

presentar ◆ *vt* **1** (*gen*) to present (*sb*) (**with** ***sth***); to present (*sth*) (**to** ***sb***): *Presentó las pruebas ante el juez.* He presented the judge with the evidence. **2** (*dimisión*) to submit: *Presentó su renuncia.* She submitted her resignation. **3** (*denuncia, demanda, queja*) to make: *~ una denuncia* to make an official complaint **4** (*persona*) to introduce *sb* (**to** ***sb***): *¿Cuándo nos la presentas?* When are you going to introduce her to us? ◊ *Les presento a mi esposo.* This is my husband.

> Hay varias formas de presentar a la gente en inglés según el grado de formalidad de la situación, por ejemplo: "John, meet Mary." (*informal*); "Mrs. Smith, this is my daughter Jane" (*informal*); "May I introduce you. Bob Smith, this is Mary Jones. Mary, Bob Smith." (*formal*). Cuando te presentan a alguien, se puede responder "Hello" o "Nice to meet you" si la situación es informal, o "How do you do?" si es formal. A "How do you do?" la otra persona responde "How do you do?"

5 (*en la televisión*): *Van a ~ una película esta noche.* There's a movie on tonight. **6** (*examen*) to take: *~ el examen de conducción* to take your driver's test ◆ **presentarse** *v pron* **1** (*a elecciones*) to run (**for** ***sth***): *~se para diputado* to run for Congress **2** (*a un cargo*) to apply (**for** ***sth***): *~se a un puesto en el Concejo* to apply for a job with the Council **3** (*aparecer*) to turn up: *Se presenta cuando le da la gana.* He turns up whenever he feels like it. **LOC** *Ver* VOLUNTARIO

presente ◆ *adj, nmf* present [*adj*]: *los ~s* those present ◆ *nm* (*Gram*) present

presentimiento *nm* feeling: *Tengo el ~ de que...* I have a feeling that...

presentir *vt* to have a feeling (***that...***): *Presiento que vas a pasar el examen.* I have a feeling that you're going to pass the exam.

preservativo *nm* **1** (*condón*) condom **2** (*Quím*) preservative

presidencia *nf* **1** (*gen*) presidency [*pl* presidencies]: *la ~ de un país* the presidency of a country **2** (*club, comité, empresa, partido*) chairmanship

presidencial *adj* presidential

presidente, -a *nm-nf* **1** (*gen*) president **2** (*club, comité, empresa, partido*) chair ☛ *Ver pag 318.*

presidiario, -a *nm-nf* convict

presidir *vt* to preside **at/over** ***sth***: *El secretario presidirá la asamblea.* The secretary will preside at/over the meeting.

presión *nf* pressure: *la ~ atmosférica* atmospheric pressure **LOC** *Ver* BROCHE, INDICADOR, OLLA

presionar *vt* **1** (*apretar*) to press **2** (*forzar*) to put pressure on *sb* (***to do sth***): *No lo presiones.* Don't put pressure on him.

preso, -a ◆ *adj*: *estar ~* to be in prison ◊ *Se lo llevaron ~.* They took him prisoner. ◆ *nm-nf* prisoner

prestado, -a *pp, adj*: *No es mío, es ~.* It's not mine. I borrowed it. ◊ *¿Por qué no se lo pide ~?* Why don't you ask him if you can borrow it? **LOC dejar prestado** to lend: *Te lo dejo ~ si tienes cuidado.* I'll lend it to you if you're careful. ☛ *Ver dibujo en* BORROW; *Ver tb* PEDIR, PRESTAR

préstamo *nm* loan

prestar *vt* to lend: *Le presté mis libros.* I lent her my books. ◊ *¿Me lo presta?* Can I borrow it? ◊ *¿Me prestas 10000 pesos?* Can you lend me 10,000 pesos, please? ☛ *Ver dibujo en* BORROW **LOC prestar juramento** to take an oath *Ver tb* ATENCIÓN

prestigio *nm* prestige **LOC de mucho prestigio** very prestigious

presumido, -a *pp, adj* vain *Ver tb* PRESUMIR

presumir *vi* **1** (*gen*) to show off: *Les encanta ~.* They love showing off. **2 ~ de**: *Presume de avispado.* He thinks he's so smart. ◊ *Siempre están presumiendo de su carro.* They're always bragging about their car.

presunto, -a *adj* alleged: *el ~ criminal* the alleged criminal

presupuesto *nm* **1** (*cálculo anticipado*) estimate: *Pedí que me hagan un ~ para el baño.* I've asked for an estimate for the bathroom. **2** (*de gastos*) budget: *No quiero pasarme del ~.* I don't want to exceed my budget.

pretender *vt* **1** (*querer*): *¿Qué pretendes de mí?* What do you want from me? ◊ *Si pretendes ir sola, ni lo sueñes.* Don't even think about going alone. ◊ *¿No pretenderá quedarse en nuestra casa?* He's not expecting to stay at our house, is he? ◊ *No pretenderás que lo crea, ¿no?* You don't expect me to believe that, do you? **2** (*intentar*) to try ***to do sth***: *¿Qué pretende decirnos?* What's he trying to tell us?

pretexto *nm* excuse: *Siempre encuentras algún ~ para no lavar la loza.* You always find some excuse not to do the dishes.

prevención *nf* prevention

prevenido, -a *pp, adj* **1** (*preparado*) prepared: *estar ~ para algo* to be prepared for sth **2** (*prudente*) prudent: *ser ~* to be prudent *Ver tb* PREVENIR

prevenir *vt* **1** (*evitar*) to prevent: *~ un accidente* to prevent an accident **2** (*avisar*) to warn *sb* ***about sth***: *Los campesinos previnieron al gobierno del desastre.* The peasants warned the government about the disaster. ◊ *Te previne de lo que planeaban.* I warned you what they were planning.

prever *vt* to foresee

previo, -a ◆ *adj*: *experiencia previa* previous experience ◊ *sin ~ aviso* without prior warning ◆ **previa** *nf* written test

previsor, ~a *adj* far-sighted

prima *nf* bonus [*pl* bonuses]

primario, -a ◆ *adj* primary: *color ~* primary color ◊ *enseñanza primaria* elementary education ◆ **primaria** *nf* (*escuela*) elementary school: *maestra de primaria* elementary school teacher

primavera *nf* spring: *en ~* in (the) spring

primer *adj Ver* PRIMERO

primera *nf* **1** (*automóvil*) first (gear): *Puse la ~ y salí zumbando.* I put it into first and sped off. **2** (*clase*) first class: *viajar en ~* to travel first class **LOC a la primera** first time: *Me salió bien a la ~.* I got it right first time.

primero, -a ◆ *adj* **1** (*gen*) first (*abrev* 1st): *primera clase* first class ◊ *Me gustó desde el primer momento.* I liked it from the first moment. **2** (*días*) first: *el ~ de mayo* the first of May **3** (*principal*) main, principal (*más formal*): *el primer país azucarero del mundo* the principal sugar-producing country in the world ◆ *pron, nm-nf* **1** (*gen*) first (one): *Fuimos los ~s en salir.* We were the first (ones) to leave. **2** (*mejor*) top: *Eres el ~ de la clase.* You're at the top of the class. ◆ *adv* first: *Prefiero hacer las tareas ~.* I'd rather do my homework first. **LOC de primera necesidad** absolutely essential **de primero** first: *Llegó de ~.* He came in first. **primer ministro** prime minister **primeros auxilios** first aid [*incontable, v sing*] **primer plano** close-up *Ver tb* PUESTO

primitivo, -a *adj* primitive

primo, -a *nm-nf* (*pariente*) cousin **LOC primo hermano/segundo** first/second cousin *Ver tb* MATERIA, NÚMERO

princesa *nf* princess

principal *adj* main, principal (*más formal*): *comida/oración ~* main meal/clause ◊ *Eso es lo ~.* That's the main thing. **LOC** *Ver* ACTOR, CARRETERA, CUARENTA, PAPEL

príncipe *nm* prince

El plural de **prince** es "princes", pero si nos referimos a la pareja de príncipes, decimos **prince and princess**: *Los príncipes nos recibieron en palacio.* The prince and princess received us at the palace.

LOC príncipe azul Prince Charming **príncipe heredero** Crown prince

principiante, -a *nm-nf* beginner

principio *nm* **1** (*comienzo*) beginning: *al ~ de la novela* at the beginning of the novel ◊ *desde el ~* from the beginning **2** (*concepto, moral*) principle **LOC al principio** at first **a principio(s) de...** at the beginning of...: *a ~s del año* at the beginning of the year ◊ *a ~s de enero* in early January

prioridad *nf* priority [*pl* priorities]

prisa *nf* **LOC darse prisa** to hurry up

prisión *nf* prison

prisionero, -a *nm-nf* prisoner **LOC hacer prisionero** to take *sb* prisoner

privado, -a *pp, adj* private: *en ~* in private **LOC** *Ver* COLEGIO, EMPRESA, INVESTIGADOR; *Ver tb* PRIVARSE

privarse *v pron* **1** ~ **de** to do without *sth* **2** (*desmayarse*) to pass out

privilegiado, -a ◆ *pp, adj* **1** (*excepcional*) exceptional: *una memoria privilegiada* an exceptional memory **2** (*favorecido*) privileged: *las clases privilegiadas* the privileged classes ◆ *nm-nf* privileged [*adj*]: *Somos unos ~s.* We're privileged people.

privilegio *nm* privilege

pro[1] *prep* for: *la organización pro ciegos* the association for the blind **LOC en pro de** in favor of *sth/sb*

pro[2] *nm* **LOC los pros y los contras** the pros and cons

proa *nf* bow(s) [*se usa mucho en plural*]

probabilidad *nf* ~ (**de**) chance (**of** ***sth/doing sth***): *Creo que tengo muchas ~es de pasar.* I think I have a good chance of passing. ◊ *Tiene pocas ~es.* He doesn't have much chance.

probable *adj* likely, probable (*más formal*): *Es ~ que no esté en casa.* He probably won't be in. ◊ *Es muy ~ que llueva.* It's likely to rain. **LOC poco probable** unlikely

probar ◆ *vt* **1** (*demostrar*) to prove: *Esto prueba que yo tenía razón.* This proves I was right. **2** (*comprobar que funciona*) to try *sth* out: *~ la lavadora* to try out the washing machine **3** (*comida, bebida*) **(a)** (*por primera vez*) to try: *Nunca he probado el caviar.* I've never tried caviar. **(b)** (*catar, degustar*) to taste: *Prueba esto. ¿Le falta sal?* Taste this. Does it need salt? ◆ *vi* ~ (**a**) to try (***doing sth***): *¿Probaste a abrir la ventana?* Did you try opening the window? ◊ *He probado con todo y no hay manera.* I've tried everything but with no success. ◆ **probar(se)** *vt, v pron* (*ropa*) to try *sth* on

probeta *nf* test tube

problema *nm* problem

procedencia *nf* origin

procedente *adj* ~ **de** from...: *el tren ~ de Londres* the train from London

proceder *vi* ~ **de** to come **from...**: *La sidra procede de la manzana.* Cider comes from apples.

procedimiento *nm* procedure [*gen incontable*]: *según los ~s establecidos* according to established procedure

procesador *nm* processor: *~ de datos/palabras* data/word processor

procesamiento *nm* processing **LOC procesamiento de textos** word processing

procesar *vt* **1** (*juzgar*) to prosecute *sb* (***for sth/doing sth***): *La procesaron por fraude.* She was prosecuted for fraud. **2** (*producto, Informát*) to process

procesión *nf* procession: *la ~ de los Reyes Magos* the Twelfth Night procession

proceso *nm* **1** (*gen*) process: *un ~ químico* a chemical process **2** (*Jur*) proceedings [*pl*]

procurar *vt* **1 ~ hacer algo** to try **to do sth**: *Procuremos descansar.* Let's try to rest. **2 ~ que** to make sure (**that...**): *Procuraré que vengan.* I'll make sure they come. ◊ *Procura que todo esté en orden.* Make sure everything's okay.

prodigio *nm* (*persona*) prodigy [*pl* prodigies] **LOC** *Ver* NIÑO

producción *nf* **1** (*gen*) production: *la ~ del acero* steel production **2** (*agrícola*) harvest **3** (*industrial, artística*) output

producir *vt* to produce: *~ aceite/papel* to produce oil/paper **LOC** *Ver* VÉRTIGO

producto *nm* product: *~s de belleza/limpieza* beauty/cleaning products **LOC productos agrícolas/del campo** agricultural/farm produce ☛ *Ver nota en* PRODUCT

productor, ~a ◆ *adj* producing: *un país ~ de petróleo* an oil-producing country ◆ *nm-nf* producer ◆ **productora** *nf* production company [*pl* production companies]

profesión *nf* profession, occupation ☛ *Ver nota en* WORK[1]

profesional *adj, nmf* professional: *un ~ del ajedrez* a professional chess player **LOC** *Ver* FORMACIÓN, INSTITUTO

profesor, ~a *nm-nf* **1** (*gen*) teacher: *un ~ de geografía* a geography teacher **2** (*de universidad*) professor

profesorado *nm* teachers [*pl*]: *El ~ está muy descontento.* The teachers are very unhappy. ◊ *la formación del ~* teacher training

profeta, -isa *nm-nf* prophet [*fem* prophetess]

profundidad *nf* depth: *a 400 metros de ~* at a depth of 400 meters **LOC poca profundidad** shallowness

profundo, -a *adj* deep: *una voz profunda* a deep voice ◊ *sumirse en un sueño ~* to fall into a deep sleep **LOC estar profundo** to be fast asleep **poco profundo** shallow

programa *nm* **1** (*gen*) program: *un ~ de televisión* a TV program **2** (*Informát*) program **3** (*temario de una asignatura*) syllabus [*pl* syllabuses] **LOC programa de estudios** curriculum **programa de risa** comedy program

programación *nf* programs [*pl*]: *la ~ infantil* children's programs

programador, ~a *nm-nf* (*Informát*) programmer

programar ◆ *vt* **1** (*elaborar*) to plan **2** (*aparato*) to set: *~ el video* to set the video ◆ *vt, vi* (*Informát*) to program

progresar *vi* to make progress: *Ha progresado mucho.* He's made good progress.

progreso *nm* progress [*incontable*]: *hacer ~s* to make progress

prohibido, -a *pp, adj* **LOC prohibido el paso/prohibida la entrada** no entry **prohibido fijar avisos/carteles** post no bills **prohibido fumar** no smoking **prohibido pisar el prado** keep off the grass *Ver tb* PROHIBIR

prohibir ◆ *vt* **1** (*gen*) to forbid *sb* ***to do sth***: *Mi papá me ha prohibido salir de noche.* My father has forbidden me to go out at night. ◊ *Le han prohibido los dulces.* She's been forbidden to eat sweets. **2** (*oficialmente*) to prohibit *sth/sb* (***from doing sth***): *Prohibieron el tráfico por el centro.* Traffic has been prohibited downtown. ◆ **prohibirse** *v pron*: *Se prohibe fumar.* No smoking.

prójimo *nm* neighbor: *amar al ~* to love your neighbor

prólogo *nm* prologue

prolongar ◆ *vt* to prolong (*formal*), to make *sth* longer: *~ la vida de un enfermo* to prolong a patient's life ◆ **prolongarse** *v pron* to go on: *La reunión se prolongó demasiado.* The meeting went on too long.

promedio *nm* average **LOC en promedio** on average

promesa *nf* promise: *cumplir/hacer una ~* to keep/make a promise ◊ *una joven ~* a young man/woman with great promise

prometer *vt* to promise: *Te prometo que volveré.* I promise I'll come back. ◊ *Te lo prometo.* I promise.

prometido, -a *nm-nf* fiancé [*fem* fiancée]

promoción *nf* **1** (*gen*) promotion: *la ~ de una película* the promotion of a movie **2** (*curso*) year: *un compañero de mi ~* one of the people in my year

promover *vt* (*fomentar*) to promote: *~ el diálogo* to promote dialogue

pronombre *nm* pronoun
pronosticar *vt* to forecast
pronóstico *nm* **1** (*predicción*) forecast **2** (*Med*) prognosis [*pl* prognoses]: *Sufrió heridas de ~ grave.* He was seriously injured. ◊ *¿Cuál es el ~ de los especialistas?* What do the specialists think?
pronto *adv* **1** (*enseguida*) soon: *Vuelve ~.* Come back soon. ◊ *lo más ~ posible* as soon as possible **2** (*rápidamente*) quickly: *Por favor, doctor, venga ~.* Please, doctor, come quickly. **LOC de pronto 1** (*tal vez*) maybe: *Cuidado, que de ~ te caes.* Be careful, you might fall. **2** (*de repente*) suddenly **¡hasta pronto!** see you soon!
pronunciación *nf* pronunciation
pronunciar ◆ *vt* **1** (*sonidos*) to pronounce **2** (*discurso*) to give: *~ un discurso* to give a speech ◆ *vi*: *Pronuncias muy bien.* Your pronunciation is very good. ◆ **pronunciarse** *v pron* **pronunciarse en contra/a favor de** to speak out **against/in favor of** ***sth***: *~se en contra de la violencia* to speak out against violence
propaganda *nf* **1** (*publicidad*) advertising: *hacer ~ de un producto* to advertise a product **2** (*cuña*) advertisement, ad (*coloq*): *una ~ de chicles* an ad for chewing gum **3** (*material publicitario*): *Estaban repartiendo ~ de la nueva discoteca.* They were handing out flyers for the new club. ◊ *En el buzón no había más que ~.* The mail box was full of junk mail. **4** (*Pol*) propaganda: *~ electoral* election propaganda
propagar(se) *vt, v pron* to spread: *El viento propagó las llamas.* The wind spread the flames.
propenso, -a *adj* ~ **a** prone **to** ***sth*/to *do sth***
propiedad *nf* property [*pl* properties]: *~ particular/privada* private property ◊ *las ~es medicinales de las plantas* the medicinal properties of plants
propietario, -a *nm-nf* owner
propina *nf* tip: *¿Dejamos ~?* Should we leave a tip? ◊ *Le di tres dólares de ~.* I gave him a three-dollar tip.
propio, -a *adj* **1** (*de uno*) my, your, etc own: *Todo lo que haces es en beneficio ~.* Everything you do is for your own benefit. **2** (*mismo*) himself [*fem* herself] [*pl* themselves]: *El ~ pintor inauguró la exposición.* The painter himself opened the show. **3** (*característico*) typical **of** ***sb***: *Llegar tarde es ~ de ella.* It's typical of her to be late. **LOC** *Ver* AMOR, DEFENSA, INICIATIVA, NOMBRE
proponer ◆ *vt* **1** (*medida, plan*) to propose: *Le propongo un trato.* I have a deal for you. **2** (*acción*) to suggest ***doing sth*/(*that*...)**: *Propongo ir a cine esta tarde.* I suggest going to the movies this evening. ◊ *Propuso que nos fuéramos.* He suggested (that) we should leave. ◆ **proponerse** *v pron* to set out ***to do sth***: *Me propuse acabarlo.* I set out to finish it.
proporción *nf* **1** (*relación, tamaño*) proportion: *El largo debe estar en ~ con el ancho.* The length must be in proportion to the width. **2** (*Mat*) ratio: *La ~ de niños y niñas es de uno a tres.* The ratio of boys to girls is one to three.
proposición *nf* proposal **LOC hacer proposiciones indecorosas** to make improper suggestions **proposición de matrimonio** proposal (of marriage): *hacerle una ~ de matrimonio a algn* to propose to sb
propósito *nm* **1** (*intención*) intention: *buenos ~s* good intentions **2** (*objetivo*) purpose: *El ~ de esta reunión es...* The purpose of this meeting is... **LOC a propósito 1** (*adrede*) on purpose **2** (*por cierto*) by the way
propuesta *nf* proposal: *Desestimaron la ~.* The proposal was turned down.
prórroga *nf* **1** (*de un plazo*) extension **2** (*Dep*) overtime
prosa *nf* prose
prospecto *nm* leaflet
prosperar *vi* to prosper
prosperidad *nf* prosperity
próspero, -a *adj* prosperous
prostituta *nf* prostitute
protagonista *nmf* main character
protagonizar *vt* to star **in** ***sth***: *Protagonizan la película dos actores desconocidos.* Two unknown actors star in this movie.
protección *nf* protection
protector, ~a *adj* protective (***toward sb***)
proteger *vt* to protect *sb* (***against/from sth/sb***): *El sombrero te protege del sol.* Your hat protects you from the sun.
proteína *nf* protein
protesta *nf* protest: *Ignoraron las ~s de los alumnos.* They ignored the students' protests. ◊ *una carta de ~* a letter of protest

protestante *adj, nmf* Protestant

protestantismo *nm* Protestantism

protestar *vi* **1** ~ **(por)** (*quejarse*) to complain (**about *sth***): *Deje ya de ~.* Stop complaining. **2** ~ **(contra/por)** (*reivindicar*) to protest (**against/about *sth***): *~ contra una ley* to protest against a law

prototipo *nm* **1** (*primer ejemplar*) prototype: *el ~ de las nuevas locomotoras* the prototype for the new engines **2** (*modelo*) epitome: *el ~ del hombre moderno* the epitome of modern man

provecho *nm* benefit **LOC ¡buen provecho!** enjoy your meal! **sacar provecho** to benefit *from sth*

proverbio *nm* proverb

providencia *nf* providence

provincia *nf* **1** (*región*) province: *un pueblo de la ~ del Tequendama* a town in the province of Tequendama **2** (*fuera de la capital*) provinces [*pl*]: *un hombre de ~* a man from the provinces

provisional *adj* provisional **LOC** *Ver* LIBERTAD

provocado, -a *pp, adj* **LOC** *Ver* INCENDIO; *Ver tb* PROVOCAR

provocar ◆ *vt* **1** (*hacer enfadar*) to provoke **2** (*causar*) to cause: *~ un accidente* to cause an accident **3** (*incendio*) to start ◆ *vi* to feel like *sth/doing sth*: *¿Le provoca un trago?* Do you feel like a drink?

proximidad *nf* nearness, proximity (*más formal*): *la ~ del mar* the nearness/proximity of the sea

próximo, -a *adj* **1** (*siguiente*) next: *el ~ paradero* the next stop ◊ *el mes/martes ~* next month/Tuesday **2** (*en el tiempo*): *La Navidad/el verano está próxima.* It will soon be Christmas/summer.

proyectar *vt* **1** (*reflejar*) to project: *~ una imagen sobre una pantalla* to project an image onto a screen **2** (*Cine*) to show: *~ diapositivas/una película* to show slides/a movie

proyectil *nm* projectile

proyecto *nm* **1** (*gen*) project: *Estamos casi al final del ~.* We're almost at the end of the project. **2** (*plan*) plan: *¿Tienes algún ~ para el futuro?* Do you have any plans for the future? **LOC proyecto de ley** bill

proyector *nm* projector

prudencia *nf* good sense: *¡Qué poca ~ tienes!* You have no sense! **LOC con prudencia** carefully: *manejar con ~* to drive carefully

prudente *adj* **1** (*sensato*) sensible: *un hombre/una decisión ~* a sensible man/decision **2** (*cauto*) careful

prueba *nf* **1** (*gen*) test: *una ~ de aptitud* an aptitude test ◊ *hacerse la ~ de embarazo* to have a pregnancy test **2** (*Mat*) proof **3** (*Dep*): *Hoy comienzan las ~s de salto de altura.* The high jump competition begins today. **4** (*Jur*) evidence [*incontable*]: *No hay ~s contra mí.* There's no evidence against me. **LOC a prueba de balas** bulletproof **poner a prueba a algn** to test sb *Ver tb* ADMISIÓN, ANTIDOPING

psicología *nf* psychology

psicólogo, -a *nm-nf* psychologist

psiquiatra *nmf* psychiatrist

psiquiatría *nf* psychiatry

psiquiátrico, -a *adj* psychiatric: *hospital ~* psychiatric hospital

púa *nf* **1** (*punta aguda*) spike **2** (*animal*) spine **3** (*peine*) tooth [*pl* teeth]

pubertad *nf* puberty

pubis *nm* pubic area

publicación *nf* publication **LOC de publicación semanal** weekly: *una revista de ~ semanal* a weekly magazine

publicar *vt* **1** (*gen*) to publish: *~ una novela* to publish a novel **2** (*divulgar*) to publicize

publicidad *nf* **1** (*gen*) publicity: *Le han dado demasiada ~ al caso.* The case has had too much publicity. **2** (*propaganda*) advertising: *hacer ~ en la televisión* to advertise on TV

publicitario, -a *adj* advertising [*n atrib*]: *una campaña publicitaria* an advertising campaign **LOC** *Ver* VALLA

público, -a ◆ *adj* public: *la opinión pública* public opinion ◊ *transporte ~* public transportation ◊ *una escuela pública* a public school ◊ *el sector ~* the public sector ◆ *nm* **1** (*gen*) public: *abierto/cerrado al ~* open/closed to the public ◊ *El ~ está en favor de la nueva ley.* The public is in favor of the new law. ◊ *hablar en ~* to speak in public **2** (*clientela*) clientele: *un ~ selecto* a select clientele **3** (*espectadores*) audience **LOC** *Ver* ALTERAR, COLEGIO, DOMINIO, EMPRESA, HORARIO, RELACIÓN

puchero *nm* **1** (*recipiente*) cooking pot **2** (*cocido*) stew **LOC hacer pucheros** to pout

pucho *nm* cigarette

pudiente *adj* wealthy

pudor *nm* shame

pudrirse *v pron* to rot

pueblo *nm* **1** (*gente*) people [*pl*]: *el ~ colombiano* the Colombian people **2** (*población*) town

puente *nm* bridge: *un ~ colgante* a suspension bridge **LOC hacer puente** to have a long weekend **puente aéreo** shuttle service **puente levadizo** drawbridge

puerco, -a *adj* filthy **LOC puerco espín** porcupine

puerro *nm* leek

puerta *nf* **1** (*gen*) door: *la ~ principal/trasera* the front/back door ◊ *Llaman a la ~.* There's somebody at the door. **2** (*de una ciudad, un palacio*) gate **LOC puerta corrediza/giratoria** sliding/revolving door **puerta de embarque** gate *Ver tb* CERRAR

puerto *nm* port: *un ~ comercial/pesquero* a commercial/fishing port

pues *conj* well: *~ como íbamos diciendo...* Well, as we were saying... ◊ *¡~ a mí no me dijo nada!* Well, he didn't mention it to me! ◊ *¿Que no te provoca salir?, ~ no salgas.* You don't feel like going out? Well, don't.

puesta *nf* **LOC puesta de sol** sunset

puesto, -a ◆ *pp, adj*: *Voy a dejar la mesa puesta.* I'll leave the table set. ◊ *No lo envuelva, me lo llevo ~.* There's no need to put it in a bag, I'll wear it. ◆ *nm* **1** (*lugar, en un curso*) place: *El ciclista colombiano ocupa el primer ~.* The Colombian cyclist is in first place. ◊ *llegar en tercer ~* to be third ◊ *¡Todo el mundo a sus ~s!* Places, everyone! **2** (*empleo*) job: *solicitar un ~ de trabajo* to apply for a job ◊ *Su esposa tiene un buen ~.* His wife has a good job. ☛ *Ver nota en* WORK[1] **3** (*caseta*) **(a)** (*en un mercado*) stall **(b)** (*en una feria*) stand **4** (*asiento*) seat: *¿Queda algún ~ en el bus?* Are there any seats left on the bus? **LOC bien puesto** well-dressed **puesto de periódicos** newsstand **puesto de primeros auxilios** first-aid post *Ver tb* PONER

puf *nm* footstool

¡puf! *interj* you bet!

púgil *nm* boxer

pulcritud *nf* neatness

pulcro, -a *adj* neat

pulga *nf* flea **LOC tener malas pulgas** to have a bad temper

pulgada *nf* inch (*abrev* in) ☛ *Ver Apéndice 1.*

pulgar *nm* **1** (*de la mano*) thumb **2** (*del pie*) big toe

Pulgarcito *n pr* Tom Thumb

pulir ◆ *vt* to polish ◆ **pulirse** *v pron* (*refinarse*) to become more refined

pullman *nm* bus

pulmón *nm* lung **LOC pulmón artificial** iron lung

pulmonar *adj* lung [*n atrib*]: *una infección ~* a lung infection

pulmonía *nf* pneumonia [*incontable*]: *coger una ~* to catch pneumonia

pulpa *nf* pulp

púlpito *nm* pulpit

pulpo *nm* octopus [*pl* octopuses]

pulsación *nf* (*corazón*) pulse rate: *Con el ejercicio aumenta el número de pulsaciones.* Your pulse rate increases after exercise.

pulsar *vt* **1** (*gen*) to press: *Pulse la tecla dos veces.* Press the key twice. **2** (*timbre*) to ring

pulsera *nf* **1** (*brazalete*) bracelet **2** (*de reloj*) strap

pulso *nm* **1** (*Med*) pulse: *Tienes el ~ muy débil.* You have a very weak pulse. ◊ *El médico me tomó el ~.* The doctor took my pulse. **2** (*mano firme*) (steady) hand: *tener buen ~* to have a steady hand ◊ *Me tiembla el ~.* My hand is trembling. **LOC a pulso** with my, your, etc bare hands: *Me levantó a ~.* He lifted me up with his bare hands. **echar un pulso** to arm wrestle

pulverizador *nm* spray [*pl* sprays]

pulverizar *vt* **1** (*rociar*) to spray **2** (*destrozar*) to pulverize

puma *nm* puma

punk *adj, nmf* punk [*n*]

punta *nf* **1** (*cuchillo, arma, lápiz*) point **2** (*lengua, dedo, isla, iceberg*) tip: *Lo tengo en la ~ de la lengua.* It's on the tip of my tongue. **3** (*extremo, pelo*) end: *en la otra ~ de la mesa* at the other end of the table **LOC a punta de navaja/pistola** at knifepoint/gunpoint **de punta a punta**: *de ~ a ~ de Bogotá* from one side of Bogotá to the other **de punta en blanco** dressed up to the nines **sacar punta** (*afilar*) to sharpen *Ver tb* NERVIO, PELO

puntada *nf* stitch: *Dale una ~ a ese dobladillo.* Put a stitch in the hem.

puntapié *nm* kick: *Le di un ~.* I kicked him.

puntería *nf* aim: *¡Qué ~ la mía!* What good aim I have! **LOC tener buena/mala**

puntería to be a good/bad shot *Ver tb* AFINAR

puntiagudo, -a *adj* pointed

puntilla *nf* **LOC en puntillas** on tiptoe: *andar en ~s* to walk on tiptoe ◊ *Entré/salí en ~s.* I tiptoed in/out.

punto *nm* **1** (*gen*) point: *en todos los ~s del país* all over the country ◊ *Pasemos al siguiente ~.* Let's go on to the next point. ◊ *Perdimos por dos ~s.* We lost by two points. **2** (*signo de puntuación*) period ☛ *Ver págs 314–5.* **3** (*grado*) extent: *¿Hasta qué ~ es cierto?* To what extent is this true? **4** (*Costura, Med*) stitch: *Me pusieron tres ~s.* I had three stitches. **LOC a punto de nieve** stiffly beaten: *batir las claras a ~ de nieve* to beat egg whites until they are stiff **con puntos y comas** down to the last detail **de punto** knitted: *un vestido de ~* a knit dress **en punto** precisely: *Son las dos en ~.* It's two o'clock precisely. ◊ *Salió a las cuatro en ~.* It left at four o'clock on the dot. **en su punto** (*carne*) medium rare **estar a punto de hacer algo 1** (*gen*) to be about to do sth: *Está a ~ de terminar.* It's about to finish. **2** (*por poco*) to almost do sth: *Estuvo a ~ de perder la vida.* He almost lost his life. **hacer punto** to knit **punto débil/flaco** weak point **punto de ebullición/fusión** boiling point/melting point **punto de vista** point of view **punto final** period **punto muerto** deadlock **puntos suspensivos** dot dot dot **punto y aparte** new paragraph **punto y coma** semicolon ☛ *Ver págs 314–5. Ver tb* CIERTO, DOS

puntuación *nf* **1** (*escritura*) punctuation: *signos de ~* punctuation marks **2** (*competencia*) score(s) [*se usa mucho en plural*]: *Todo depende de la ~ que le den los jueces.* It all depends on what scores the judges award him.

puntual *adj* punctual

> **Punctual** se suele utilizar para referirnos a la cualidad o virtud de una persona: *Es importante ser puntual.* It's important to be punctual. Cuando nos referimos a la idea de *llegar a tiempo* se utiliza la expresión **on time**: *Procura ser/llegar puntual.* Try to get there on time. ◊ *Este muchacho nunca es puntual.* He's always late./He's never on time.

puntualidad *nf* punctuality

puntuar *vt* **1** (*escritura*) to punctuate **2** (*calificar*) to mark

punzada *nf* sharp pain: *Siento ~s en la barriga.* I have sharp pains in my stomach.

punzante *adj* sharp: *un objeto ~* a sharp object

puñado *nm* handful: *un ~ de arroz* a handful of rice

puñal *nm* dagger

puñalada *nf* stab

puñetazo *nm* punch: *Me dio un ~ en todo el estómago.* He punched me in the stomach.

puño *nm* **1** (*mano cerrada*) fist **2** (*manga*) cuff **3** (*bastón, paraguas*) handle **4** (*espada*) hilt **LOC de a puño** great big…: *mentiras de a ~* great big lies **de su puño y letra** in his/her own handwriting

pupila *nf* pupil

pupitre *nm* desk

purasangre *nm* thoroughbred

puré *nm* purée: *~ de tomate/manzana* tomato/apple purée **LOC naco/puré de papa** mashed potato [*incontable*]

pureza *nf* purity

purgatorio *nm* purgatory

purificar *vt* to purify

puritanismo *nm* puritanism

puritano, -a ◆ *adj* **1** (*mojigato*) puritanical **2** (*Relig*) Puritan ◆ *nm-nf* Puritan

puro, -a *adj* **1** (*gen*) pure: *oro ~* pure gold ◊ *por pura casualidad* purely by chance **2** (*enfático*) simple: *la pura verdad* the simple truth **LOC** *Ver* SUGESTIÓN

púrpura *nf* purple

pus *nm* pus

Qq

que¹ *pron rel*

• **sujeto 1** (*personas*) who: *el hombre ~ vino ayer* the man who came yesterday ◊ *Mi hermana, ~ vive allá, dice que es precioso.* My sister, who lives there, says it's lovely. **2** (*cosas*) that: *el carro ~ está estacionado en la plaza* the car that's parked in the square ☛ Cuando **que** equivale a *el cual, la cual,* etc, se traduce por **which**: *Este edificio, ~ antes fue sede del Gobierno, hoy es una biblioteca.* This building, which previously housed the Government, is now a library.

• **complemento** ☛ El inglés prefiere no traducir **que** cuando funciona como complemento, aunque también es correcto usar **that/who** para personas y **that/which** para cosas: *el muchacho ~ conociste en Roma* the boy (that/who) you met in Rome ◊ *la revista ~ me prestaste ayer* the magazine (that/which) you lent me yesterday **LOC el que/la que/los que/las que** *Ver* EL

que² *conj* **1** (*con oraciones subordinadas*) (that): *Dijo ~ vendría esta semana.* He said (that) he would come this week. ◊ *Quiero ~ viajes en primera clase.* I want you to travel first class. **2** (*en comparaciones*): *Mi hermano es más alto ~ tú.* My brother's taller than you. **3** (*en mandatos*): *¡~ te calles!* Shut up! ◊ *¡~ la pasen bien!* Have a good time! **4** (*resultado*) (that): *Estaba tan cansada ~ me quedé dormida.* I was so tired (that) I fell asleep. **5** (*otras construcciones*): *Súbele al radio ~ no lo oigo.* Turn the radio up—I can't hear it. ◊ *Cuando lavo el carro queda ~ parece nuevo.* When I wash the car, it looks like new. ◊ *No hay día ~ no llueva.* There isn't a single day when it doesn't rain. ◊ *¿Cómo? ¿~ ya pasó el plazo?* What! It's too late to apply? **LOC ¡que sí/no!** yes/no!

qué ◆ *adj*

• **interrogación** what: *¿~ horas son?* What time is it? ◊ *¿En ~ piso vive?* What floor do you live on? ☛ Cuando existen sólo pocas posibilidades solemos usar **which**: *¿En ~ carro nos vamos hoy? ¿En el tuyo o en el mío?* Which car shall we take today? Yours or mine?

• **exclamación 1** (+ *sustantivos contables en plural e incontables*) what: *¡~ casas tan bonitas!* What lovely houses! ◊ *¡~ valor!* What courage! **2** (+ *sustantivos contables en singular*) what a: *¡~ vida!* What a life! **3** (*cuando se traduce por adjetivo*) how: *¡~ rabia/horror!* How annoying/awful!

◆ *pron* what: *¿Qué? Habla más alto.* What? Speak up. ◊ *No sé ~ quieres.* I don't know what you want.

◆ *adv* how: *¡~ interesante!* How interesting!

LOC ¿a qué estamos (hoy)? what's the date today? **¡qué bien!** great! **¡qué cantidad de...!** what a lot of...!: *¡~ cantidad de turistas!* What a lot of tourists! **¡qué mal!** oh no! **¿qué tal? 1** (*saludo*) how are things? **2** (*¿cómo está/están?*) how is/are...?: *¿~ tal tus papás?* How are your parents? **3** (*¿cómo es/son?*) what is/are *sth/sb* like?: *¿~ tal la película?* What was the movie like? **¡qué va!** no way! **¿y a mí qué?** what's it to me, you, etc?

quebrado *nm* fraction

quebrar ◆ *vt* **1** (*gen*) to break: *~ un vaso/plato* to break a glass/plate ◊ *Quebré la ventana de un pelotazo.* I broke the window with my ball. **2** (*lápiz*) to snap **3** (*rajar*) to crack **4** (*diente*) to chip ◆ *vi* to go bankrupt ◆ **quebrarse** *v pron* to break: *Me quebré el brazo jugando al fútbol.* I broke my arm playing soccer. ◊ *Se quebró sola.* It broke of its own accord.

queda *nf* **LOC** *Ver* TOQUE

quedar ◆ *vi* **1** (*haber*) to be left: *¿Queda café?* Is there any coffee left? ◊ *Quedan tres días para las vacaciones.* There are three days left before we go on vacation. ◊ *Todavía quedan cinco kilómetros para Cúcuta.* It's still five kilometers to Cúcuta. **2** (*tener*) to have *sth* left: *Todavía nos quedan dos botellas.* We have still two bottles left. ◊ *No me queda plata.* I don't have any money left. **3** (*estar situado, llegar*) to be: *¿Dónde queda tu hotel?* Where is your hotel? ◊ *Quedamos (de) terceros en el concurso.* We were third in the competition. **4** (*arreglo personal*): *¿Qué tal le queda la chaqueta?* How does the jacket look on her? ◊ *La falda me quedaba grande.* The skirt was too big for me. ◊ *El pelo corto te queda muy bien.* Short hair looks really good on you. **5 ~ de** to agree ***to do sth***: *Quedamos de vernos el martes.* We agreed to meet on Tuesday. ◊ *¿Dónde quedamos de encontrarnos?* Where shall we meet? ◆ **quedarse** *v pron* **1** (*en un sitio*) to stay: *~se en la casa/cama* to stay home/in bed **2 + adj** to go: *~se calvo/ciego* to go bald/blind **3 quedarse (con)** to keep: *Quédese con las vueltas.* Keep the change. **LOC quedar bien/mal** to make a good/bad impression (*on sb*): *Quedé muy mal con Raúl.* I made a bad impression on Raúl. **quedarse sin algo** to run out of sth: *Me quedé sin suelto.* I've run out of change. ☛ Para otras expresiones con **quedar**, véanse las entradas del sustantivo, adjetivo, etc, p.ej. **quedarse como una piedra** en PIEDRA y **quedarse en las mismas** en MISMO.

queja *nf* complaint

quejarse *v pron* ~ (**de/por**) to complain, to bellyache (*más coloq*) (**about *sth/sb***)

quejetas *nmf* crybaby [*pl* crybabies]

quejido *nm* **1** (*de dolor*) moan **2** (*lamento, suspiro*) sigh **3** (*animal*) whine

quejumbroso, -a *adj* whiner [*n*]: *¡Deja de ser ~!* Stop whining!

quemado, -a *pp, adj* burned **LOC saber a quemado** to taste burned *Ver tb* OLER; *Ver tb* QUEMAR

quemadura *nf* **1** (*gen*) burn: *~s de segundo grado* second-degree burns **2** (*con líquido hirviendo*) scald **LOC quemadura de sol** sunburn [*incontable*]: *Esta crema es para las ~s de sol.* This cream is for sunburn.

quemar ◆ *vt* **1** (*gen*) to burn: *Vas a ~ la tortilla.* You're going to burn the omelet. **2** (*edificio, bosque*) to burn *sth* down: *Ha quemado ya tres edificios.* He's already burned down three buildings. **3** (*cerámica*) to fire ◆ *vi* to be hot: *¡Cómo quema!* It's very hot! ◆ **quemarse** *v pron* **1 quemarse (con)** (*persona*) to burn *sth/yourself* (**on *sth***): *~se la lengua* to burn your tongue ◊ *Me quemé con la sartén.* I burned myself on the frying pan. **2** (*comida*) to be burned **3** (*agotarse*) to burn yourself out **4** (*con el sol*) to get sunburned: *Me quemo muy rápido.* I get sunburned very easily. **LOC quemarse las pestañas** to cram

querer ◆ *vt* **1** (*amar*) to love **2** (*algo, hacer algo*) to want: *¿Cuál quieres?* Which one do you want? ◊ *Quiero salir.* I want to go out. ◊ *Quiere que vayamos a su casa.* He wants us to go to his house. ◊ *De entrada, quiero sopa de pescado.* I'd like fish soup to start with. ☛ *Ver nota en* WANT ◆ *vi* to want to: *No quiero.* I don't want to. ◊ *Pues claro que quiere.* Of course he wants to. **LOC querer decir** to mean: *¿Qué quiere decir esta palabra?* What does this word mean? **queriendo** (*a propósito*) on purpose **quisiera...** I, he, etc would like *to do sth*: *Quisiera saber por qué siempre llegas tarde.* I'd like to know why you're always late. **sin querer**: *Perdona, fue sin ~.* Sorry, it was an accident.

querido, -a *pp, adj* **1** (*apreciado*) dear **2** (*simpático*) nice: *Es una muchacha muy querida.* She's a really nice girl. *Ver tb* QUERER

queso *nm* cheese: *~ rallado* grated cheese ◊ *No me gusta el ~.* I don't like cheese. ◊ *un sánduche de ~* a cheese sandwich

quicio *nm* **LOC sacar de quicio** to drive *sb* crazy

quiebra *nf* bankruptcy [*pl* bankruptcies]

quien *pron rel* **1** (*sujeto*) who: *Fue mi hermano ~ me lo dijo.* It was my brother who told me. ◊ *Aquí no hay ~ trabaje.* No one can work here. **2** (*complemento*) ☛ El inglés prefiere no traducir **quien** cuando funciona como complemento, aunque también es correcto usar **who** o **whom**: *Es a mi mamá a ~ quiero ver.* It's my mother I want to see. ◊ *Fue a él a ~ se lo dije.* He was the one I told. ◊ *El muchacho con ~ la vi ayer es su primo.* The boy (who) I saw her with yesterday is her cousin. ◊ *la actriz de ~ se ha escrito tanto* the actress about whom so much has been written **3** (*cualquiera*) whoever: *Invite a ~ quiera.* Invite whoever you want. ◊ *~ esté a favor, que levante la mano.* Those in favor, raise your hands. ◊ *Pacho, Julián o ~ sea* Pacho, Julián or whoever

quién *pron interr* who: *¿~ es?* Who is it? ◊ *¿A ~ viste?* Who did you see? ◊ *¿~es vienen?* Who's coming? ◊ *¿Para ~ es este regalo?* Who is this present for? ◊ *¿De ~ hablas?* Who are you talking about? **LOC ¿de quién...?** (*posesión*) whose...?: *¿De ~ es este abrigo?* Whose is this coat?

quienquiera *pron* whoever: *~ que sea el culpable recibirá su castigo.* Whoever is responsible will be punished.

quieto, -a *adj* still: *estarse/quedarse ~* to keep still

química *nf* chemistry

químico, -a ◆ *adj* chemical ◆ *nm-nf* chemist **LOC** *Ver* PEDO

quimono *nm* kimono [*pl* kimonos]

quince *nm, adj, pron* **1** (*gen*) fifteen **2** (*fecha*) fifteenth ☛ *Ver ejemplos en* ONCE *y* SEIS **LOC quince días** two weeks: *Sólo vamos ~ días.* We're only going for two weeks.

quinceañero, -a *nm-nf* (*adolescente*) teenager

quincena *nf* (*quince días*) two weeks [*pl*]: *la segunda ~ de enero* the last two weeks of January

quinientos, -as *adj, pron, nm* five hundred ☛ *Ver ejemplos en* SEISCIENTOS

quinto, -a ◆ *adj, pron, nm-nf* fifth ☛ *Ver ejemplos en* SEXTO ◆ **quinta** *nf* (*cambio*) fifth (gear) **LOC en la quinta porra** in the middle of nowhere

quiosco *nm* stand **LOC quiosco de periódicos** newsstand

quiquiriquí *nm* cock-a-doodle-doo

quirófano *nm* operating room

quirúrgico, -a *adj* surgical: *una intervención quirúrgica* an operation

quisquilloso, -a *adj* **1** (*exigente*) fussy **2** (*susceptible*) touchy

quitamanchas *nm* stain remover

quitar ◆ *vt* **1** (*gen*) to take *sth* off/down/out: *Quita tus cosas de mi escritorio.* Take your things off my desk. ◊ *Quítale el suéter.* Take his jumper off. ◊ *Quitó el cartel.* He took the poster down. **2** (*Mat, sustraer*) to take *sth* away (***from sth/sb***): *Si a tres le quitas uno...* If you take one (away) from three... ◊ *Me quitaron el pase.* I had my driver's license taken away. **3** (*mancha*) to remove, to get *a stain* out (*más coloq*) **4** (*dolor*) to relieve **5** (*tiempo*) to take up *sb's time*: *Los niños me quitan mucho tiempo.* The children take up a lot of my time. ◆ *vi* (*mancha*) to come out: *Esta mancha no quita.* This stain won't come out. ◆ **quitarse** *v pron* to take *sth* off: *Quítate los zapatos.* Take your shoes off. **LOC no quitar la vista/los ojos (de encima)** not to take your eyes off *sth/sb* **quitar importancia** to play *sth* down: *Siempre le quita importancia a sus triunfos.* She always plays down her achievements. **quitarse de encima a algn** to get rid of sb **quitarse la costumbre/manía** to kick the habit (*of doing sth*): *~se la costumbre de morderse las uñas* to kick the habit of biting your nails **quitarse las ganas** to not feel like (*doing sth anymore*): *Se me quitaron las ganas de ir a cine.* I don't feel like going to the movies anymore. **quitarse un peso de encima**: *Me he quitado un gran peso de encima.* That's a great weight off my mind. **¡quite (de ahí)!/¡quítese de en medio!** get out of the way! *Ver tb* POLVO

quizá (*tb* **quizás**) *adv* maybe: *—¿Crees que vendrá? —Quizás sí.* "Do you think she'll come?" "Maybe."

Rr

rábano *nm* radish

rabia *nf* **1** (*ira*) anger **2** (*Med*) rabies [*sing*]: *El perro tenía ~.* The dog had rabies. **LOC dar rabia** to drive *sb* up the wall: *Me da muchísima ~.* It really drives me up the wall. *Ver tb* COMIDO

rabieta *nf* tantrum: *Le dan muchas ~s.* He's always throwing tantrums.

rabillo *nm* **LOC con/por el rabillo del ojo** out of the corner of your eye

rabioso, -a *adj* **1** (*furioso*) furious: *Me contestó ~.* He replied furiously. **2** (*Med*) rabid: *un perro ~* a rabid dog

rabo *nm* **1** (*animal*) tail **2** (*planta, fruta*) stalk **LOC** *Ver* CABO

racha *nf* run: *una ~ de suerte* a run of good luck ◊ *una ~ de desgracias* a series of misfortunes **LOC pasar una mala racha** to be going through a bad spell

racial *adj* racial: *la discriminación ~* racial discrimination ◊ *relaciones ~es* race relations

racimo *nm* bunch

ración *nf* (*comida*) portion, helping (*más coloq*): *Tomaron unas buenas raciones.* They took big helpings.

racional *adj* rational

racionamiento *nm* rationing: *el ~ del agua* water rationing

racismo *nm* racism

racista *adj, nmf* racist

radar *nm* radar [*incontable*]: *los ~es enemigos* enemy radar

radiactivo, -a *adj* radioactive **LOC** *Ver* LLUVIA

radiador *nm* radiator

radial *adj* radio [*n atrib*]: *una cadena ~* a radio station

radiante *adj* **1** (*brillante*) bright: *Lucía un sol ~.* The sun was shining brightly. **2** (*persona*) radiant: *~ de alegría* radiant with happiness

radical *adj, nmf* radical

radicar *vi* ~ **en** to lie **in** ***sth***: *El éxito del grupo radica en su originalidad.* The group's success lies in their originality.

radio¹ *nm* **1** (*Geom*) radius [*pl* radii] **2** (*rueda*) spoke

radio² *nm* (*Quím*) radium

radio³ *nm o nf* radio [*pl* radios]: *oír/escuchar el ~* to listen to the radio **LOC en/por el radio** on the radio: *Lo oí en el ~.* I heard it on the radio. ◊ *hablar por ~* to speak on the radio

radioaficionado, -a *nm-nf* ham radio operator

radioescucha *nmf* listener

radiograbadora *nf* radio cassette player

radiografía *nf* X-ray [*pl* X-rays]: *hacer una ~* to take an X-ray

ráfaga *nf* **1** (*viento*) gust **2** (*disparos*) burst: *una ~ de disparos* a burst of gunfire

raído, -a *pp, adj* threadbare

raíz *nf* root **LOC echar raíces 1** (*planta*) to take root **2** (*persona*) to put down roots **raíz cuadrada/cúbica** square/cube root: *La ~ cuadrada de 49 es 7.* The square root of 49 is 7.

rajadura *nf* **1** (*fisura*) crack **2** (*herida*) cut

rajar ◆ *vt* to cut: *Por poco me rajas el dedo.* You almost cut my finger. ◊ *~ leña* to chop firewood ◆ **rajarse** *v pron* **1** (*romperse*) to crack **2** (*perder un examen*) to flunk: *Me rajé en matemáticas.* I flunked math.

rajatablas *nm* **LOC echar un rajatablas** to give *sb* a telling-off

rallado *pp, adj* **LOC** *Ver* PAN; *Ver tb* RALLAR

ralladura *nf* **LOC ralladura de limón/naranja** grated lemon/orange rind

rallar *vt* to grate

rama *nf* branch: *la ~ de un árbol* the branch of a tree ◊ *una ~ de la filosofía* a branch of philosophy **LOC andar/irse por las ramas** to beat about the bush

ramo *nm* **1** (*de flores*) bunch **2** (*sector*) sector **LOC** *Ver* DOMINGO

rampa *nf* ramp

rana *nf* frog **LOC** *Ver* HOMBRE

rancio, -a *adj* **1** (*mantequilla*) rancid: *Sabe a ~.* It tastes rancid. **2** (*pan*) stale **3** (*olor*) musty: *El sótano olía a ~.* The basement smelt musty.

rango *nm* rank

ranura *nf* slot: *Hay que introducir la moneda en la ~.* You have to put the coin in the slot.

rapanero, -a *nm-nf* bag snatcher

rapar *vt* (*pelo*) to crop

rapaz *nf* (*ave*) bird of prey

rapidez *nf* speed **LOC con rapidez** quickly

rápido, -a ◆ *adj* **1** (*breve*) quick: *¿Puedo hacer una llamada rápida?* Can I make a quick phone call? **2** (*veloz*) fast: *un corredor ~* a fast runner ☛ *Ver nota en* FAST¹ ◆ *adv* quickly ◆ *nm* (*río*) rapids [*pl*] **LOC ¡rápido!** hurry up!

raponazo *nm* mugging: *Cuidado que esta calle es famosa por los ~s.* Watch out, this street is famous for muggings. ◊ *ser víctima de un ~* to have your bag snatched

raptar *vt* to kidnap

rapto *nm* kidnapping

raptor, ~a *nm-nf* kidnapper

raqueta *nf* racket: *una ~ de tenis* a tennis racket

raro, -a *adj* **1** (*extraño*) strange: *una manera muy rara de hablar* a very strange way of speaking ◊ *¡Qué ~!* How strange! **2** (*poco común*) rare: *una planta rara* a rare plant **LOC** *Ver* BICHO, COSA, OLER

ras *nm* **LOC a ras de** level with *sth*: *a ~ del suelo* along the floor

rasca *nf* **LOC** *Ver* PEGAR

rascacielos *nm* skyscraper

rascar ◆ *vt* to scratch: *Oí al perro rascando la puerta.* I heard the dog scratching at the door. ◆ **rascarse** *v pron* to scratch: *~se la cabeza* to scratch your head

rasgado *pp, adj* (*ojos*) almond-shaped *Ver tb* RASGAR

rasgar ◆ *vt* to tear *sth* (up) ◆ **rasgarse** *v pron* to tear

rasgo *nm* **1** (*gen*) feature: *los ~s distintivos de su obra* the distinctive features of her work **2** (*personalidad*) characteristic **3** (*del estilógrafo*) stroke **LOC** *Ver* GRANDE

rasguño *nm* (*tb* **rasguñadura** *nf*) scratch

raso, -a ◆ *adj* **1** (*llano*) flat **2** (*cucharada, medida*) level ◆ *nm* satin

raspar ◆ *vt* **1** (*arañar*) to scratch **2** (*quitar*) to scrape *sth* (***off sth***): *Raspa el papel de la pared.* Scrape the paper off the wall. ◆ *vi* to be rough: *Esta toalla raspa.* This towel is rough. ◆ **rasparse** *v pron* to graze: *~se la mano* to graze your hand

rastra *nf* **LOC a rastras**: *Se acercó a ~s.* He crawled over.

rastrear *vt* **1** (*seguir la pista*) to follow: *Los perros rastreaban el olor.* The dogs followed the scent. **2** (*zona*) to comb

rastreo *nm* search: *Realizaron un ~ en los bosques.* They searched the woods.

rastrillo *nm* rake

rastro *nm* trail: *Los perros siguieron el ~.* The dogs followed the trail. ◊ *No había ni ~ de ella.* There was no trace of her. **LOC sin dejar rastro** without trace *Ver tb* PERDER

rata ◆ *nf* rat ◆ *adj, nmf* (*persona*) mean [*adj*]

ratear(se) *vt, v pron* to pinch

ratero, -a *nm-nf* **1** (*en una casa*) burglar **2** (*callejero*) pickpocket ☛ *Ver nota en* THIEF

ratificar *vt* **1** (*tratado, acuerdo*) to ratify **2** (*noticia*) to confirm

rato *nm* while: *Un ~ más tarde sonó el teléfono.* The telephone rang a while later. **LOC al** (**poco**) **rato** shortly after: *Llegaron al poco ~ de irse usted.* They arrived shortly after you left. **a ratos** sometimes **para rato**: *Todavía tengo para ~, no me esperes.* I still have a lot to do, so don't wait for me. **pasar el rato** to pass the time

ratón *nm* (*animal, Informát*) mouse [*pl* mice] ☛ *Ver dibujo en* COMPUTADOR **LOC el ratón Pérez** the tooth fairy **ratón de biblioteca** bookworm *Ver tb* COMER

ratonera *nf* **1** (*trampa*) mousetrap **2** (*madriguera*) mousehole

raya *nf* **1** (*gen*) line: *marcar una ~* to draw a line **2** (*franja*) stripe: *una camisa de ~s* a striped shirt **3** (*pelo*) part: *un peinado con ~ en el medio* a hairstyle with a center part **4** (*pantalón*) crease **LOC pasarse de la raya** to go too far: *Esta vez te pasaste de la ~.* This time you've gone too far. **tener a algn a raya** to keep a tight rein on sb

rayado, -a *pp, adj* crazy

rayar ◆ *vt* to scratch ◆ *vi* ~ (**en/con**) to border **on** ***sth***: *Mi admiración por él rayaba en la devoción.* My admiration for him bordered on devotion.

rayitos *nm* (*pelo*) highlights

rayo *nm* **1** (*gen*) ray [*pl* rays]: *un ~ de sol* a ray of sunshine ◊ *los ~s del sol* the sun's rays **2** (*Meteorología*) lightning [*incontable*]: *Los ~s y los truenos me asustan.* Thunder and lightning frighten me. **LOC rayo láser** laser beam **rayos X** X-rays

raza *nf* **1** (*humana*) race **2** (*animal*) breed: *¿De qué ~ es?* What breed is it? **LOC de raza** (*perro*) pedigree

razón *nf* **1** (*argumento*) reason (***for sth/doing sth***): *La ~ de su dimisión es obvia.* The reason for his resignation is obvious. **2** (*mensaje*) message: *dejar una ~* to leave a message **LOC no tener razón** to be wrong **tener razón** to be right

razonable *adj* reasonable

razonamiento *nm* reasoning

razonar ◆ *vi* (*pensar*) to think: *No razonaba con claridad.* He wasn't thinking clearly. ◆ *vt* (*explicar*) to give reasons **for** ***sth***: *Razona tu respuesta.* Give reasons for your answer.

re *nm* **1** (*nota de la escala*) re **2** (*tonalidad*) D: *re mayor* D major

reabastecerse *v pron* (*combustible*) to refuel

reacción *nf* reaction

reaccionar *vi* to react

reactor *nm* **1** (*motor*) jet engine **2** (*avión*) jet **LOC reactor atómico/nuclear** nuclear reactor

readmitir *vt* to readmit *sb* (***to…***): *Lo readmitieron en el colegio.* He was readmitted to school.

real¹ *adj* (*caso, historia*) true **LOC** *Ver* GANA

real² *adj* (*de reyes*) royal **LOC** *Ver* JALEA PAVO

realidad *nf* reality [*pl* realities] **LOC en realidad** actually **hacerse realidad** to come true *Ver tb* CONVERTIR

realismo *nm* realism

realista ◆ *adj* realistic ◆ *nmf* realist

realización *nf* **1** (*proyecto, trabajo*) carrying out: *Yo me encargaré de la ~ del plan.* I'll take charge of carrying out the plan. **2** (*objetivo, sueño*) fulfillment

realizar ◆ *vt* **1** (*llevar a cabo*) to carry *sth* out: ~ *un proyecto* to carry out a project **2** (*sueño, objetivo*) to fulfill ◆ **realizarse** *v pron* **1** (*hacerse realidad*) to come true: *Mis sueños se realizaron.* My dreams came true. **2** (*persona*) to fulfill yourself

realmente *adv* really

realzar *vt* to enhance

reanimar ◆ *vt* to revive ◆ **reanimarse** *v pron* **1** (*fortalecerse*) to get your strength back **2** (*volver en sí*) to regain consciousness

reanudar *vt* **1** (*gen*) to resume: ~ *el trabajo* to resume work **2** (*amistad, relación*) to renew

rearme *nm* rearmament

rebaja *nf* discount: *Nos hicieron una ~.* They gave us a discount.

rebajar ◆ *vt* **1** (*gen*) to reduce: ~ *una condena* to reduce a sentence ◊ *Nos rebajó un 15 por ciento.* He gave us a 15 percent reduction. **2** (*color*) to soften **3** (*humillar*) to humiliate: *Me rebajó delante de todos.* He humiliated me in front of everyone. ◆ **rebajarse** *v pron* **1 rebajarse (a hacer algo)** to lower yourself (**by doing sth**): *No me rebajaría a aceptar su plata.* I wouldn't lower myself by accepting your money. **2 rebajarse ante algn** to bow down **to sb**

rebanada *nf* slice: *dos ~s de pan* two slices of bread ☛ *Ver dibujo en* PAN

rebaño *nm* **1** (*ovejas*) flock **2** (*ganado*) herd

rebelarse *v pron* ~ (**contra**) to rebel (**against** ***sth/sb***)

rebelde ◆ *adj* **1** (*gen*) rebel [*n atrib*]: *el general* ~ the rebel general **2** (*espíritu*) rebellious **3** (*niño*) difficult ◆ *nmf* rebel

rebelión *nf* rebellion

reblujo *nm* **LOC** *Ver* CUARTO

rebobinar *vt* to rewind

rebosante *adj* ~ (**de**) overflowing (**with** ***sth***): ~ *de alegría* overflowing with joy

rebosar *vi, vt* to be overflowing ***with sth*** **LOC** *Ver* GOTA

rebotar ◆ *vt* to bounce ◆ *vi* **1** (*gen*) to bounce (***off sth***): *El balón rebotó en el aro.* The ball bounced off the hoop. **2** (*bala*) to ricochet (***off sth***)

rebote *nm* rebound **LOC de rebote** on the rebound

rebuscado, -a *nm-nf* know-it-all

rebuscarse *v pron* **LOC rebuscárselas** to get by

rebuznar *vi* to bray

recaer *vi* **1** (*Med*) to have a relapse **2** (*vicio*) to go back to your old ways **3** ~ **en** (*responsabilidad, sospecha*) to fall **on** ***sb***: *Todas las sospechas recayeron sobre mí.* Suspicion fell on me.

recalcar *vt* to stress

recalentar ◆ *vt* to warm *sth* up ◆ **recalentarse** *v pron* to overheat

recapacitar ◆ *vt* to think *sth* over ◆ *vi* to think things over

recargado, -a *pp, adj* **1** (*de peso*) overloaded **2** (*estética*): *Estaba un poco recargada para mi gusto.* She was a little overdressed for my taste. *Ver tb* RECARGAR

recargar *vt* **1** (*cargar de nuevo*) **(a)** (*pila, batería*) to recharge **(b)** (*arma*) to reload **(c)** (*estilógrafo*) to refill **2** (*de peso*) to overload

recargo *nm* surcharge

recaudar *vt* to collect

recepción *nf* reception

recepcionista *nmf* receptionist

recesión *nf* recession: ~ *económica* economic recession

receta *nf* **1** (*Cocina*) recipe (***for sth***): *Tienes que darme la ~ de este plato.* You must give me the recipe for this dish. **2** (*Med*) prescription: *Sólo se vende con ~.* Only available with a prescription.

recetar *vt* to prescribe

rechazar *vt* to turn *sth/sb* down: *Rechazaron nuestra propuesta.* Our proposal was turned down.

recibir *vt* **1** (*gen*) to receive, to get (*más coloq*): *Recibí tu carta.* I received/got your letter. **2** (*persona*) to welcome: *Salió a ~nos.* He came out to welcome us.

recibo *nm* **1** (*comprobante*) receipt: *Para cambiarlo necesita el ~.* You'll need the receipt if you want to exchange it. **2** (*factura*) bill: *el ~ de la luz* the electric bill

reciclar *vt* (*materiales*) to recycle

recién *adv* recently: ~ *creado* recently formed **LOC los recién casados** the newly weds **recién cumplidos**: *Tengo 15 años ~ cumplidos.* I've just turned 15. **un recién nacido** a newborn baby

reciente *adj* **1** (*huella*) fresh **2** (*acontecimiento*) recent

recipiente *nm* container

recitar *vt* to recite

reclamar ◆ *vt* to demand: *Reclaman justicia.* They are demanding justice. ◆ *vi* to complain: *Deberías ~, no funciona.*

This doesn't work so you ought to complain.

reclamo *nf* complaint: *hacer/presentar un* ~ to make/lodge a complaint

reclinable *adj* (*asiento*) reclining

reclinar ◆ *vt* to lean *sth* (***on sth/sb***): *Reclinó la cabeza en mi hombro.* He leant his head on my shoulder. ◆ **reclinarse** *v pron* (*persona*) to lean back (***against sth/sb***)

reclinatorio, -a *adj* **LOC** *Ver* SILLA

recluso, -a *nm-nf* prisoner

recluta *nmf* recruit

recobrar ◆ *vt* **1** (*gen*) to regain, to get *sth* back (*más coloq*): ~ *el dinero* to get your money back **2** (*salud, memoria*) to recover, to get *sth* back (*más coloq*): ~ *la memoria* to get your memory back ◆ **recobrarse** *v pron* to recover (***from sth***): ~*se de una enfermedad* to recover from an illness **LOC** *Ver* CONOCIMIENTO

recogebolas *nmf* ballboy [*fem* ballgirl]

recogedor *nm* dustpan

recoger ◆ *vt* **1** (*objeto caído*) to pick *sth* up: *Recoge el pañuelo.* Pick up the handkerchief. **2** (*reunir*) to collect: ~ *firmas* to collect signatures **3** (*ordenar*) to clean *sth* up: ~ *el desorden* to clear up the mess ◊ ~ *la mesa* to clear the table **4** (*ir a buscar*) to pick *sth/sb* up: ~ *a los niños del colegio* to pick the children up from school ◆ *vi* to clean up: *¿Me ayudas a ~?* Will you help me clean up? **LOC recogerse el pelo** to tie your hair back *Ver tb* MESA

recogida *nf* **LOC hacer una recogida** to clear *sth* up: *Haga una ~ de papeles.* Clear the papers up. **recogida de basura** garbage collection

recogido, -a *pp, adj* **1** (*tranquilo*) quiet **2** (*pelo*) up: *Quedas mejor con el pelo ~.* You look better with your hair up. *Ver tb* RECOGER

recomendación *nf* recommendation: *Fuimos por ~ de mi hermano.* We went on my brother's recommendation.

recomendado, -a *pp, adj* **1** (*elogio*) recommended: *muy* ~ highly recommended **2** (*correo*) registered: *mandar una carta recomendada* to send a letter by registered mail

recomendar *vt* to recommend

recompensa *nf* reward **LOC en/como recompensa (por)** as a reward (for *sth*)

recompensar *vt* to reward *sb* (***for sth***)

reconciliarse *v pron* to make up (***with sb***): *Pelearon pero ya se reconciliaron.* They quarreled but they've made up now.

reconocer *vt* **1** (*gen*) to recognize: *No la reconocí.* I didn't recognize her. **2** (*admitir*) to admit: ~ *un error* to admit a mistake **3** (*examinar*) to examine: ~ *a un paciente* to examine a patient

reconocido, -a *pp, adj* (*apreciado*) well known: *un ~ sociólogo* a well known sociologist *Ver tb* RECONOCER

reconocimiento *nm* recognition **LOC reconocimiento (médico)** physical (examination): *Tienes que hacerte un ~ médico.* You have to have a physical.

reconquista *nf* reconquest

reconstruir *vt* **1** (*gen*) to rebuild **2** (*hechos, suceso*) to reconstruct

recopilar *vt* to collect

récord *nm* record: *batir/tener un ~* to break/hold a record

recordar *vt* **1 ~le algo a algn** to remind *sb* (**about sth/to do sth**): *Recuérdame que tengo que comprar pan.* Remind me to buy some bread. ◊ *Recuérdemelo mañana o se me olvidará.* Remind me tomorrow or I'll forget. **2** (*por asociación*) to remind *sb* **of** ***sth/sb***: *Me recuerda a mi hermano.* He reminds me of my brother. ◊ *¿Sabes a qué/quién me recuerda esta canción?* Do you know what/who this song reminds me of? ☛ *Ver nota en* REMIND **3** (*acordarse*) to remember ***sth/doing sth***: *No recuerdo su nombre.* I can't remember his name. ◊ *No recuerdo habértelo dicho.* I don't remember telling you. ◊ *Recuerdo que los vi.* I remember seeing them. ☛ *Ver nota en* REMEMBER **LOC que yo recuerde** as far as I remember **te recuerdo que...** remember...: *Te recuerdo que mañana tienes un examen.* Remember you have a test tomorrow.

recorrer *vt* **1** (*gen*) to go **around...**: *Recorrimos Ecuador en bus.* We went around Ecuador by bus. **2** (*distancia*) to cover, to do (*más coloq*): *Nos demoramos tres horas en ~ un kilómetro.* It took us three hours to do one kilometer.

recorrido *nm* route: *el ~ del bus* the bus route

recortar *vt* **1** (*artículo, figura*) to cut *sth* out: *Recorté la foto de una revista vieja.* I cut the photograph out of an old magazine. **2** (*lo que sobra*) to trim **3** (*gastos*) to cut

recostado, -a *pp, adj* lying: *Estaba ~*

en el sofá. He was lying on the couch. *Ver tb* RECOSTAR

recostar ◆ *vt* (*apoyar*) to lean: *Lo recosté contra la pared.* I leaned it (up) against the wall. ◊ *Recostó la cabeza en la almohada.* He laid his head back on the pillow. ◆ **recostarse** *v pron* to lie down ☛ *Ver nota en* LIE[2]

recrearse *v pron* ~ **con/en** to take pleasure **in *sth*/*doing sth***: *~ con las desgracias ajenas* to take pleasure in other people's misfortunes

recreo *nm* recess: *A las once salimos a ~.* Recess is at eleven. **LOC de recreo** recreational

recta *nf* straight line **LOC recta final 1** (*Dep*) home stretch **2** (*fig*) closing stages [*pl*]: *en la ~ final de la campaña* in the closing stages of the campaign

rectangular *adj* rectangular

rectángulo *nm* rectangle **LOC** *Ver* TRIÁNGULO

rectificar *vt* **1** (*gen*) to rectify: *La empresa tendrá que ~ los daños.* The company will have to rectify the damage. **2** (*actitud, conducta*) to improve

recto, -a ◆ *adj* straight ◆ *nm* rectum [*pl* rectums/recta]

recuadro *nm* (*casilla*) box

recuerdo *nm* **1** (*memoria*) memory [*pl* memories]: *Guardo un buen ~ de su amistad.* I have happy memories of our friendship. **2** (*turismo*) souvenir **3 recuerdos** regards: *Dale ~s de mi parte.* Give him my regards. ◊ *Mi mamá te manda ~s.* My mother sends her regards.

recuperar ◆ *vt* **1** (*gen*) to recover: *Confío en que recupere la vista.* I'm sure he'll recover his sight. **2** (*tiempo, clases*) to make *sth* up: *Tienes que ~ tus horas de trabajo.* You'll have to make up the time. **3** (*Educ*) to pass a retake exam: *Recuperé historia.* I've passed a test the second time around. ◆ **recuperarse** *v pron* **recuperarse de** to recover **from *sth***

recurrir *vi* ~ **a 1** (*utilizar*) to resort **to *sth* 2** (*pedir ayuda*) to turn **to *sb***: *No tenía a quién ~.* I had no one to turn to.

recurso *nm* **1** (*medio*) resort: *como último ~* as a last resort **2 recursos** resources: *~s humanos/económicos* human/economic resources

red *nf* **1** (*Dep, Caza, Pesca*) net **2** (*Informát, Comunicaciones*) network: *la ~ de ferrocarriles/carreteras* the railroad/road network **LOC caer en la red** to fall into the trap

redacción *nf* essay [*pl* essays]: *hacer una ~ sobre tu ciudad* to write an essay on your town

redactar *vt, vi* to write: *~ una carta* to write a letter ◊ *Para ser tan pequeño redacta bien.* He writes well for his age.

redactor, ~a *nm-nf* (*Period*) editor

redada *nf* raid: *efectuar una ~* to carry out a raid

redoblar *vi* (*tambor*) to roll

redomado, -a *adj* out-and-out: *un mentiroso ~* an out-and-out liar

redonda *nf* (*Mús*) whole note

redondear *vt* **1** (*gen*) to round *sth* off: *~ un negocio* to round off a business deal **2** (*precio, cifra*) to round *sth* up/down

redondo, -a *adj* round: *en números ~s* in round figures **LOC a la redonda**: *No había ninguna casa en diez kilómetros a la redonda.* There were no houses within ten kilometers. *Ver tb* MESA

reducción *nf* reduction

reducido, -a *pp, adj* (*pequeño*) small *Ver tb* REDUCIR

reducir *vt* to reduce: *~ la velocidad* to reduce your speed ◊ *El fuego redujo la casa a cenizas.* The fire reduced the house to ashes. **LOC todo se reduce a...** it all boils down to...

redundancia *nf* redundancy

reelegir *vt* to re-elect: *Lo reelegieron como su representante.* They've re-elected him as their representative.

reembolsar *vt* **1** (*cantidad pagada*) to refund **2** (*gastos*) to reimburse

reembolso *nm* **LOC contra reembolso** cash on delivery (*abrev* COD) *Ver tb* ENVÍO

reemplazar *vt* to replace *sth/sb* (**with *sth*/*sb***)

reencarnación *nf* reincarnation

reencarnarse *v pron* ~ (**en**) to be reincarnated (**in/as *sth*/*sb***)

refajo *nm* shandy [*pl* shandies]

referencia *nf* reference (***to sth*/*sb***): *servir de/como ~* to serve as a (point of) reference ◊ *Con ~ a su carta...* With reference to your letter... ◊ *tener buenas ~s* to have good references **LOC hacer referencia a** to refer to *sth/sb*

referéndum (*tb* **referendo**) *nm* referendum [*pl* referendums/referenda]

referente *adj* ~ **a** regarding *sth/sb* **LOC** (**en lo**) **referente a** with regard to *sth/sb*

referirse *v pron* ~ **a** to refer **to *sth*/*sb***: *¿A qué se refiere?* What are you referring to?

refilón LOC **de refilón**: *Me miraba de ~.* He was looking at me out of the corner of his eye. ◊ *La vi sólo de ~.* I only caught a glimpse of her.

refinería *nf* refinery [*pl* refineries]

reflejar *vt* to reflect

reflejo, -a ◆ *adj* reflex [*n atrib*]: *un acto ~* a reflex action ◆ *nm* **1** (*gen*) reflection: *Veía mi ~ en el espejo.* I could see my reflection in the mirror. **2** (*reacción*) reflex: *tener buenos ~s* to have good reflexes

reflexionar *vi* ~ (**sobre**) to reflect (**on *sth***)

reforestación *nf* reafforestation

reforma *nf* **1** (*gen*) reform **2** (*en un edificio*) alteration: *cerrado por ~s* closed for alterations

reformar ◆ *vt* **1** (*gen*) to reform: *~ una ley/a un delincuente* to reform a law/delinquent **2** (*edificio*) to make alterations **to *sth*** ◆ **reformarse** *v pron* to mend your ways

reformatorio *nm* juvenile detention center

reforzar *vt* to reinforce *sth* (**with *sth***)

refrán *nm* saying: *Como dice el ~...* As the saying goes...

refrescante *adj* refreshing

refrescar ◆ *vt* **1** (*enfriar*) to cool **2** (*memoria*) to refresh **3** (*conocimientos*) to brush up **on *sth***: *Necesito ~ mi inglés.* I have to brush up on my English. ◆ *v imp* to get cooler: *Por las noches refresca.* It gets cooler at night. ◆ **refrescarse** *v pron* to freshen up

refresco *nm* soda

refrigerar *vt* to refrigerate

refuerzo *nm* reinforcement

refugiado, -a *nm-nf* refugee: *un campo de ~s* a refugee camp

refugiar ◆ *vt* to shelter *sth/sb* (**from *sth*/*sb***) ◆ **refugiarse** *v pron* **refugiarse** (**de**) to take refuge (**from *sth***): *~se de la lluvia* to take refuge from the rain

refugio *nm* refuge: *un ~ de montaña* a mountain refuge

refunfuñar *vi* to grumble (***about sth***)

regadera *nf* watering can

regadío *nm* irrigation: *tierra de ~* irrigated land

regalado, -a *pp, adj* **1** (*muy barato*) dirt cheap **2** (*muy fácil*) easy: *El examen estaba ~.* The test was a piece of cake. *Ver tb* REGALAR

regalar *vt* **1** (*hacer un regalo*) to give: *Me regaló un ramo de flores.* She gave me a bunch of flowers. **2** (*cuando no se quiere algo*) to give *sth* away: *Voy a ~ tus muñecas.* I'm going to give your dolls away.

regalo *nm* gift: *La última pregunta fue un ~.* The last question was an absolute gift. LOC *Ver* ENVOLVER, PAPEL

regañadientes LOC **a regañadientes** reluctantly

regañar *vt* to tell *sb* off (***for sth*/*doing sth***): *Me regañó por no haber regado las plantas.* He told me off for not watering the plants.

regar *vt* **1** (*planta, jardín*) to water **2** (*esparcir*) to scatter

regatear *vt, vi* (*precio*) to haggle (***over*/*about sth***)

regazo *nm* lap

regenerar ◆ *vt* to regenerate ◆ **regenerarse** *v pron* **1** (*gen*) to regenerate **2** (*persona*) to mend your ways

régimen *nm* **1** (*Pol, normas*) regime: *un ~ muy liberal* a very liberal regime **2** (*dieta*) diet: *estar a ~* to be on a diet

regimiento *nm* regiment

región *nf* region

regional *adj* regional

regir ◆ *vt* **1** (*país, sociedad*) to rule **2** (*empresa, proyecto*) to run ◆ *vi* to be in force: *El convenio rige desde el pasado día 15.* The agreement has been in force since the 15th.

registrado, -a *pp, adj* LOC *Ver* MARCA; *Ver tb* REGISTRAR

registrador, ~a *adj* LOC *Ver* CAJA

registradora *nf* (*puerta*) turnstile

registrar ◆ *vt* **1** (*inspeccionar*) to search **2** (*grabar, hacer constar*) to record: *~ información* to record information **3** (*en aeropuerto*) to check *sth* in: *¿Ya registraste las maletas?* Have you checked in the cases? ◆ **registrarse** *v pron* to register

registro *nm* **1** (*inscripción*) registration **2** (*inspección*) search **3** (*lugar, oficina*) registry [*pl* registries] LOC **registro civil** registry

regla *nf* **1** (*gen*) rule: *Va contra las ~s del colegio.* It's against the school rules. ◊ *por ~ general* as a general rule **2** (*instrumento*) ruler **3** (*menstruación*) period: *Tengo la ~.* I have my period. LOC **en regla** in order

reglamentario, -a *adj* regulation [*n atrib*]: *uniforme ~* regulation uniform

reglamento *nm* regulations [*pl*]

regocijarse *v pron* to be delighted (***at/ with sth***): *Se regocijaron con la noticia.* They were delighted at the news.

regocijo *nm* delight

regresar *vi* to go/come back (***to…***): *No quieren ~ a su país.* They don't want to go back to their own country. ◊ *Creo que regresan mañana.* I think they're coming back tomorrow.

regreso *nm* return (***to…***): *a mi ~ a la ciudad* on my return to the city

reguero *nm* trickle: *un ~ de agua/ aceite* a trickle of water/oil

regular[1] *vt* to regulate

regular[2] ◆ *adj* **1** (*gen*) regular: *verbos ~es* regular verbs **2** (*mediocre*) poor: *Sus notas han sido muy ~es.* His marks have been very poor. **3** (*mediano*) medium: *de altura ~* of medium height ◆ *adv*: *—¿Qué tal te va? —Regular.* "How are things?" "So so." ◊ *El negocio va ~.* Business isn't going too well. ◊ *La abuela está ~ (de salud).* Granny isn't doing too well. **LOC** *Ver* VUELO

regularidad *nf* regularity **LOC con regularidad** regularly

rehabilitación *nf* rehabilitation: *programas para la ~ de delincuentes* rehabilitation programs for young offenders

rehabilitar *vt* to rehabilitate

rehacer *vt* to redo **LOC rehacer la vida** to rebuild your life

rehén *nmf* hostage

rehuir *vt* to avoid ***sth/sb/doing sth***: *Rehuyó mi mirada.* She avoided my gaze.

rehusar *vt* to refuse *sth/to do sth*: *Rehusaron venir.* They refused to come. ◊ *Rehusé su invitación.* I turned their invitation down.

reina *nf* queen **LOC** *Ver* ABEJA, BRAZO

reinado *nm* reign

reinar *vi* **1** (*gobernar*) to reign **2** (*prevalecer*) to prevail

reincidir *vi* ~ **(en)** to relapse (**into *sth/ doing sth***)

reiniciar *vt* to resume: *~ el trabajo* to resume work

reino *nm* **1** (*gen*) kingdom: *el ~ animal* the animal kingdom **2** (*ámbito*) realm **LOC el Reino Unido** the United Kingdom (*abrev* UK)

reintegro *nm* **1** (*gen*) refund **2** (*en un sorteo*) return of stake

reír ◆ *vi* to laugh: *echarse a ~* to burst out laughing ◆ *vt* to laugh **at *sth*** ◆ **reírse** *v pron* **1 reírse con algn** to have a good time **with sb**: *Siempre nos reímos con él.* We always have a laugh with him. **2 reírse con algo** to laugh **at sth 3 reírse de** to laugh **at *sth/sb***: *¿De qué te ríes?* What are you laughing at? ◊ *Siempre se ríen de mí.* They always laugh at me. ◊ *Se ríen de todas sus bromas.* They laugh at all his jokes. **LOC reír(se) a carcajadas** to split your sides (laughing)

reivindicación *nf* **1** (*derecho*) claim (***for sth***) **2** ~ **(de)** (*atentado*): *No se ha producido una ~ de la bomba.* Nobody has claimed responsibility for the bomb.

reivindicar *vt* **1** (*reclamar*) to claim **2** (*atentado*) to claim responsibility **for *sth***

reja *nf* **1** (*ventana*) grille **2 rejas** bars: *entre ~s* behind bars

rejilla *nf* **1** (*gen*) grille **2** (*alcantarilla*) grating

rejuvenecer *vt* to make *sb* look younger

relación *nf* **1** ~ **(con)** (*gen*) relationship (**with *sth/sb***): *mantener relaciones con algn* to have a relationship with sb ◊ *Nuestra ~ es puramente laboral.* Our relationship is strictly professional. **2** ~ **(entre)** (*conexión*) connection (**between…**) **LOC con/en relación a** in/ with relation to *sth/sb* **relación calidad precio** value for money **relaciones públicas** public relations (*abrev* PR) *Ver tb* MINISTERIO, MINISTRO

relacionado, -a *pp, adj* ~ **(con)** related (**to *sth***) *Ver tb* RELACIONAR

relacionar ◆ *vt* to relate *sth* (***to/with sth***): *Los médicos relacionan los problemas del corazón con el estrés.* Doctors relate heart disease to stress. ◆ **relacionarse** *v pron* **relacionarse (con)** to mix (**with *sb***)

relajación *nf* **1** (*gen*) relaxation: *técnicas de ~* relaxation techniques **2** (*tensión*) easing: *la ~ de las tensiones internacionales* the easing of international tension

relajar ◆ *vt* to relax: *Relaja la mano.* Relax your hand. ◆ **relajarse** *v pron* **1** (*gen*) to relax: *Tiene que ~se.* You must relax. **2** (*reglas, disciplina, etc*) to become lax

relajo *nm* mess: *¡Qué ~ el que tienes en la oficina!* What a mess your office is! **LOC** *Ver* ARMAR

relámpago *nm* **1** (*tormenta*) lightning [*incontable*]: *Un ~ y un trueno anunciaron la tormenta.* A flash of lightning and a clap of thunder heralded the storm. ◊ *Me asustan los ~s.* Lightning frightens me. **2** (*rápido*) lightning [*n atrib*]: *un viaje/una visita ~* a lightning trip/visit

relatar *vt* to relate

relatividad *nf* relativity

relativo, -a *adj* **1** (*no absoluto*) relative: *Hombre, eso es ~.* Well, that depends. **2 ~ a** relating **to *sth***

relato *nm* **1** (*cuento*) story [*pl* stories]: *un ~ histórico* a historical story **2** (*descripción*) account: *hacer un ~ de los hechos* to give an account of events

relevar ◆ *vt* **1** (*sustituir*) to take over (**from *sb***): *Estuve de guardia hasta que me relevó un compañero.* I was on duty until a colleague took over from me. **2** (*de un cargo*) to relieve *sb* ***of sth***: *Fue relevado del cargo.* He has been relieved of his duties. ◆ **relevarse** *v pron* to take turns (***at sth/doing sth***)

relevo *nm* **1** (*gen*) relief: *El ~ no tardará en llegar.* The relief will be here soon. **2** (*turno*) shift: *¿Quién va a organizar los ~s?* Who is going to organize the shifts? **3 relevos** (*Dep*): *una carrera de ~s* a relay race

relieve *nm* **1** (*Geog*): *una región de ~ accidentado* an area with a rugged landscape ◊ *un mapa en ~* a relief map **2** (*importancia*) significance: *un acontecimiento de ~ internacional* an event of international significance

religión *nf* religion

religioso, -a ◆ *adj* religious ◆ *nm-nf* monk [*fem* nun]

relinchar *vi* to neigh

reliquia *nf* relic

rellenar *vt* to fill *sth* (***with sth***): *Rellené las tortas de/con fruta.* I filled the cakes with fruit.

relleno *nm* **1** (*gen*) filling: *pasteles con ~ de guayaba* pastries filled with guava **2** (*cojín*) stuffing **LOC relleno sanitario** landfill site

reloj *nm* **1** (*gen*) clock: *¿Qué hora tiene el ~ de la cocina?* What time does the kitchen clock say? **2** (*de pulsera, de bolsillo*) watch: *Tengo el ~ atrasado.* My watch is slow. **LOC contra reloj** against

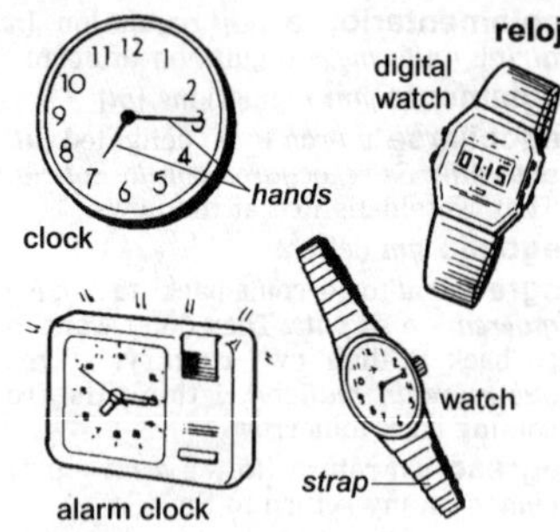

the clock **reloj cucú** cuckoo clock **reloj de sol** sundial *Ver tb* CUERDA

relojería *nf* watch repair shop

relojero, -a *nm-nf* watchmaker

relucir *vi* to shine

remangar(se) *vt, v pron* **1** (*manga, pantalón*) to roll *sth* up: *Se remangó los pantalones.* He rolled up his pants. **2** (*falda*) to lift

remar *vi* to row

rematar *vt* **1** (*gen*) to finish *sth/sb* off: *Remataré el informe este fin de semana.* I'll finish off the report this weekend. **2** (*Dep*) to shoot: *El capitán recibió la pelota y remató la jugada.* The ball went to the captain, who shot at goal.

remate *nm* **1** (*término*) end **2** (*extremo*) top: *el ~ de una torre* the top of a tower **3** (*borde*) border: *un ~ de encaje* a lace border **4** (*Dep*) shot: *El portero evitó el ~.* The goalkeeper saved the shot. **LOC de remate**: *ser un imbécil de ~* to be a total idiot *Ver tb* LOCO

remediar *vt* **1** (*solucionar*) to remedy: *~ la situación* to remedy the situation **2** (*daño*) to repair: *Me gustaría ~ todo el daño que he causado.* I'd like to repair all the damage I've caused. **LOC no lo puedo remediar** I, you, etc can't help it

remedio *nm* ~ (**para/contra**) remedy [*pl* remedies] (**for *sth***) **LOC no tener más remedio (que...)** to have no choice (but to...)

remendar *vt* **1** (*gen*) to mend **2** (*medias*) to darn

remiendo *nm* (*Costura*) patch **LOC hacer remiendos** (*arreglos*) to do odd jobs

remite *nm* return address

remitente *nmf* sender

remo *nm* **1** (*instrumento*) oar **2** (*Dep*) rowing: *practicar el ~* to row ◊ *un club* *de* ~ a rowing club **LOC a remo**: *Cruzaron el estrecho a ~.* They rowed across the straits. *Ver tb* BARCA

remojar *vt* to soak

remojo *nm*: *Pon los garbanzos en ~.* Soak the garbanzo beans.

remolacha *nf* beet **LOC remolacha azucarera** sugar beet

remolcar *vt* to tow

remolino *nm* **1** (*gen*) eddy [*pl* eddies] **2** (*en río*) whirlpool **3** (*pelo*) cow lick

remolón, -ona ◆ *adj* lazy ◆ *nm-nf* slacker

remolque *nm* tow

remontar ◆ *vt* **1** (*dificultad*) to overcome **2** (*partido, marcador*) to turn *sth* around: *El equipo no consiguió ~ el marcador.* The team didn't manage to turn the game around. ◆ **remontarse** *v pron* **remontarse a** (*hecho, tradición*) to date back **to *sth*** **LOC remontar el vuelo** to soar

remorder *vi* **LOC remorderle a algn la conciencia** to have a guilty conscience

remordimiento *nm* remorse [*incontable*] **LOC tener remordimientos (de conciencia)** to feel guilty

remoto, -a *adj* remote: *una posibilidad remota* a remote possibility **LOC** *Ver* CONTROL

remover *vt* **1** (*líquido*) to stir **2** (*ensalada*) to toss **3** (*tierra*) to turn *sth* over **4** (*asunto*) to bring *sth* up

renacimiento *nm* **1** (*resurgimiento*) revival **2 Renacimiento** Renaissance

renacuajo *nm* tadpole

rencor *nm* resentment **LOC** *Ver* GUARDAR

rencoroso, -a *adj* resentful

rendición *nf* surrender

rendido, -a *pp, adj* (*agotado*) worn out, exhausted (*más formal*) *Ver tb* RENDIR

rendija *nf* crack

rendimiento *nm* **1** (*gen*) performance: *su ~ en los estudios* his academic performance ◊ *un motor de alto ~* a high-performance engine **2** (*producción*) output

rendir ◆ *vt* (*cansar*) to tire *sb* out ◆ *vi* **1** (*alimento*): *La pasta rinde mucho.* Pasta goes a long way. **2** (*persona*): *Rindo mucho más por la mañana.* I work much better in the mornings. ◆ **rendirse** *v pron* **1** (*gen*) to give up: *No te rindas.* Don't give up. **2** (*Mil*) to surrender (***to sth/sb***) **LOC rendir culto** to worship

renegar *vi* **1** ~ **de** to renounce *sth* [*vt*]: *~ de la religión/política* to renounce your religion/politics **2** (*quejarse*) to grumble (***about sth***): *Deja ya de ~.* Stop grumbling.

renglón *nm* line

reno *nm* reindeer [*pl* reindeer]

renombre *nm* renown: *un médico de mucho ~* a renowned doctor

renovación *nf* **1** (*gen*) renewal: *la fecha de ~* the renewal date **2** (*estructural*) renovation: *Están haciendo renovaciones en el edificio.* They're doing renovation work in the building.

renovar *vt* **1** (*gen*) to renew: *~ un contrato/el pasaporte* to renew a contract/your passport **2** (*edificio*) to renovate **3** (*modernizar*) to modernize

renta *nf* **1** (*alquiler*) rent **2** (*Fin, ingresos*) income: *el impuesto sobre la ~* income tax **LOC** *Ver* DECLARACIÓN

rentable *adj* profitable: *un negocio ~* a profitable deal

renuncia *nf* resignation: *dar/entregar la ~* to hand in your resignation

renunciar *vt* ~ **a 1** (*gen*) to renounce: *~ a una herencia/un derecho* to renounce an inheritance/a right **2** (*puesto*) to resign (**from *sth***): *Renunció a su cargo.* She resigned from her position.

reñido, -a *pp, adj* hard-fought: *El partido estuvo muy ~.* It was a hard-fought game. *Ver tb* REÑIR

reñir *vi* ~ **(con) (por) 1** (*discutir*) to argue (**with *sb***) (**about/over *sth***): *No riñan por eso.* Don't argue over something like that. **2** (*enemistarse*) to fall out (**with *sb***) (**about/over *sth***): *Creo que riñó con su novia.* I think he's fallen out with his girlfriend.

reo *nmf* accused **LOC reo de muerte** condemned person

reojo LOC mirar de reojo to look *at sb* out of the corner of your eye

reparación *nf* repair: *reparaciones en el acto* repairs while you wait ◊ *Esta casa necesita reparaciones.* This house is in need of repair.

reparar ◆ *vt* to repair ◆ *vi* ~ **en** to notice *sth*/(*that...*): *Reparé en que sus zapatos estaban mojados.* I noticed (that) his shoes were wet.

reparo *nm* reservation **LOC poner reparos** to find fault *with sth*

repartidor, ~a *nm-nf* delivery man/woman [*pl* delivery men/women]

LOC repartidor de periódicos paperboy [*pl* paperboys] [*fem* papergirl]

repartir *vt* **1** (*dividir*) to divide *sth* up: ~ *el trabajo* to divide the work up **2 (a)** (*distribuir*) to distribute **(b)** (*correo, mercancías*) to deliver **(c)** (*cartas, golpes*) to deal

reparto *nm* **1** (*distribución*) distribution **2** (*mercancías, correo*) delivery [*pl* deliveries] **3** (*Cine, Teat*) cast

repasar *vt* **1** (*revisar*) to check: ~ *un texto* to check a text **2** (*Educ, estudiar*) to review

repaso *nm* **1** (*Educ*) review: *Hoy vamos a hacer ~.* We're going to do some reviewing today. ◊ *dar un ~ a algo* to review sth **2** (*revisión, inspección*) check

repatriar *vt* to repatriate

repelente *adj, nmf* (*persona*) horrible [*adj*]: *un niño ~* a horrible child

repente *nm* **LOC de repente** suddenly

repentino, -a *adj* sudden

repercusión *nf* repercussion

repercutir *vi* to have repercussions: *Podría ~ en la economía.* It could have repercussions on the economy.

repertorio *nm* (*musical*) repertoire

repetición *nf* repetition

repetir ◆ *vt* to repeat: *¿Puede repetírmelo?* Could you repeat that please? ◊ *No se lo pienso ~.* I'm not going to tell you again. ◆ *vi* **1** (*servirse otro poco*) to have another helping: *¿Puedo ~?* Can I have another helping? **2** (*volver a hacer*) to do *sth* again: *Lo voy a tener que ~.* I'm going to have to do it again. ◆ **repetirse** *v pron* **1** (*acontecimiento*) to happen again: *¡Y que no se repita!* And don't let it happen again! **2** (*persona*) to repeat yourself

repicar *vt, vi* to ring

repisa *nf* **1** (*gen*) ledge **2** (*chimenea*) mantelpiece **3** (*ventana*) windowsill

repleto, -a *adj* ~ **(de)** full **(of *sth*/*sb*)**

replicar ◆ *vt* to retort: *—¿Quién ha pedido tu opinión? —replicó.* "Who asked you?" he retorted ◆ *vi* to answer back: *No me repliques ¿eh?* Don't answer me back!

repollito *nm* **LOC repollito de Bruselas** Brussels sprout

repollo *nm* cabbage

reponer ◆ *vt* **1** (*combustible, provisiones*) to replenish **2** (*película*) to rerun ◆ **reponerse** *v pron* **reponerse (de)** to recover **(from *sth*)**

reportaje *nm* documentary [*pl* documentaries]: *Esta noche pasan un ~ sobre la India.* There's a documentary about India tonight.

reportero, -a *nm-nf* reporter **LOC reportero gráfico** press photographer

reposar *vi* **1** (*gen*) to rest: *Necesitas ~.* You need to rest. **2** (*yacer*) to lie: *Sus restos reposan en este cementerio.* His remains lie in this cemetery. ☛ *Ver nota en* LIE[2]

reposo *nm* **1** (*descanso*) rest: *Los médicos le mandaron ~.* The doctors have told him to rest. **2** (*paz*) peace: *No tengo ni un momento de ~.* I don't get a moment's peace.

repostería *nf* baking: *No soy muy buena en ~.* I'm not very good at baking.

represa *nf* reservoir

represalia *nf* reprisal: *Esperemos que no haya ~s contra los vecinos.* Let's hope there are no reprisals against the local people.

representación *nf* **1** (*gen*) representation **2** (*Teat*) performance

representante *nmf* **1** (*gen*) representative: *el ~ del partido* the party representative **2** (*Cine, Teat*) agent: *el ~ de la actriz* the actress's agent **LOC representante de grupo** student representative

representar *vt* **1** (*organización, país*) to represent: *Representaron a Brasil en el mundial de fútbol.* They represented Brazil in the World Cup. **2** (*cuadro, estatua*) to depict: *El cuadro representa una batalla.* The painting depicts a battle. **3** (*simbolizar*) to symbolize: *El verde representa la esperanza.* Green symbolizes hope. **4** (*Teat*) **(a)** (*obra*) to perform **(b)** (*papel*) to play: *Representó el papel de Otelo.* He played the part of Othello. **5** (*edad*) to look: *Representa unos 30 años.* She looks about 30.

representativo, -a *adj* representative

represión *nf* repression

represivo, -a *adj* repressive

reprimido, -a *pp, adj, nm-nf* repressed [*adj*]: *Es un ~.* He's repressed.

reprobar *vt, vi* to fail: *Reprobé inglés.* I've failed English. ◊ *Reprobó en dos asignaturas.* He failed two subjects.

reprochar *vt* to reproach *sb* ***for sth*/*doing sth***: *Me reprochó el no haberlo llamado.* He reproached me for not telephoning him.

reproducción *nf* reproduction

reproducir(se) *vt, v pron* to reproduce
reptar *vi* **1** (*serpiente*) to slither **2** (*persona*) to crawl
reptil *nm* reptile
república *nf* republic
republicano, -a *adj, nm-nf* republican
repuesto *nm* **1** (*gen*) spare part **2** (*bolígrafo*) refill **LOC de repuesto** spare: *un rollo de ~* a spare roll of film
repugnante *adj* revolting
reputación *nf* reputation: *tener buena/mala ~* to have a good/bad reputation
requemado, -a *pp, adj* burned
requisar *vt* to search: *Requisaron a todos los pasajeros.* All the passengers were searched.
requisito *nm* requirement (***for sth/to do sth***)
res *nf* (farm) animal
resaltador *nm* highlighter
resaltar ◆ *vt* **1** (*color, belleza*) to bring *sth* out **2** (*poner énfasis*) to highlight ◆ *vi* to stand out (***from sth***) **LOC hacer resaltar** to bring *sth* out
resbaladizo, -a *adj* slippery
resbalar ◆ *vi* **1** (*vehículo*) to skid **2** (*superficie*) to be slippery **3** ~ (**por**) to slide (**along/down *sth***): *La lluvia resbalaba por la ventana.* The rain slid down the window. ◆ **resbalarse** *v pron* to slip (***on sth***): *Me resbalé en una mancha de aceite.* I slipped on a patch of oil.
resbalón *nm* slip: *dar/pegarse un ~* to slip
rescatar *vt* **1** (*salvar*) to rescue *sb* (***from sth***) **2** (*recuperar*) to recover *sth* (***from sth/sb***): *Pudieron ~ el dinero.* They were able to recover the money.
rescate *nm* **1** (*salvación*) rescue: *las labores de ~* rescue work **2** (*pago*) ransom: *pedir un ~ muy elevado* to demand a high ransom **LOC exigir/pedir rescate por algn** to hold sb to ransom
rescoldo *nm* embers [*pl*]
reseco, -a *adj* very dry
resentirse *v pron* **1** (*deteriorarse*) to deteriorate: *Su salud empieza a ~.* His health is starting to deteriorate. **2** (*enfadarse*) to be annoyed (***with sb***) (***about sth***): *Se resintió con ella porque le mintió.* He was annoyed with her because she'd lied to him. **3** (*dolerse*) to hurt: *La pierna aún está resentida por la caída.* My leg still hurts from the fall.
reserva ◆ *nf* **1** ~ (**de**) reserve(s) [*se usa mucho en plural*]: *una buena ~ de carbón* good coal reserves ◊ *~s de petróleo* oil reserves **2** (*gasolina*) reserve tank **3** (*animales, plantas*) reserve ◆ *nmf* (*Dep*) reserve
reservación *nf* (*hotel, viaje, restaurante*) reservation: *hacer una ~* to make a reservation
reservado, -a *pp, adj* (*persona*) reserved *Ver tb* RESERVAR
reservar *vt* **1** (*guardar*) to save: *Resérvame un sitio.* Save me a place. **2** (*pedir con antelación*) to reserve: *Quiero ~ una mesa para tres.* I'd like to reserve a table for three.
resfriado, -a ◆ *pp, adj*: *Estoy ~.* I have a cold. ◆ *nm* cold *Ver tb* RESFRIARSE
resfriarse *v pron* to catch a cold
resguardar ◆ *vt* to protect *sth/sb* ***against/from sth*** ◆ **resguardarse** *v pron* **resguardarse** (**de**) to shelter (**from *sth***): *~se de la lluvia* to shelter from the rain
residencia *nf* residence **LOC residencia de estudiantes** dormitory
residuo *nm* **residuos** waste [*incontable, v sing*]: *~s tóxicos* toxic waste
resina *nf* resin
resistencia *nf* (*física*) strength: *No tengo mucha ~.* I'm not very strong.
resistir ◆ *vt* **1** (*soportar*) to withstand: *Los tugurios no resistieron el vendaval.* The shanty town didn't withstand the gale. **2** (*peso*) to take: *El puente no va a ~ el peso de ese camión.* The bridge won't take the weight of that truck. **3** (*tentación*) to resist *sth/doing sth*: *No pude ~lo y me comí todos los pasteles.* I couldn't resist eating all the pies. ◆ *vi* to hold up ◆ **resistirse** *v pron* to refuse ***to do sth***: *Me resistía a creerlo.* I refused to believe it.
resolver *vt* **1** (*problema, misterio, caso*) to solve **2** ~ **hacer algo** to resolve **to do sth**: *Resolvimos no decírselo.* We've resolved not to tell her.
resonar *vi* **1** (*metal, voz*) to ring **2** (*retumbar*) to resound
resoplar *vi* to huff and puff: *Deje de ~.* Stop huffing and puffing.
respaldar *vt* to back *sth/sb* up: *Mis padres siempre me respaldaron.* My parents always backed me up.
respaldo *nm* **1** (*silla*) back **2** (*apoyo*) support
respectivo, -a *adj* respective

respecto *nm* **LOC con respecto a** with regard to *sth/sb*

respetable *adj* respectable: *una persona/cantidad ~* a respectable person/amount

respetar *vt* **1** (*estimar*) to respect *sth/sb* (**for** *sth*): *~ las opiniones de los demás* to respect other people's opinions **2** (*código, signo*) to obey: *~ las señales de tránsito* to obey road signs

respeto *nm* **1** *~* (**a/hacia**) (*consideración, veneración*) respect (**for** *sth/sb*): *el ~ a los demás/la naturaleza* respect for others/nature **2** *~* **a** (*miedo*) fear **of** *sth*: *tenerle ~ al agua* to be afraid of water **LOC** *Ver* FALTAR

respetuoso, -a *adj* respectful

respiración *nf*: *ejercicios de ~* breathing exercises ◊ *quedarse sin ~* to be out of breath ◊ *contener la ~* to hold your breath **LOC respiración artificial** artificial respiration **respiración boca a boca** mouth-to-mouth resuscitation *Ver tb* AGUANTAR

respirar *vt, vi* to breathe: *~ aire puro* to breathe fresh air ◊ *Respira hondo.* Take a deep breath. **LOC no dejar a algn ni respirar** not to give sb a minute's rest

respiratorio, -a *adj* respiratory

resplandecer *vi* to shine

resplandeciente *adj* shining

resplandor *nm* **1** (*gen*) brightness: *el ~ de la lámpara* the brightness of the lamp **2** (*fuego*) blaze

responder ◆ *vt, vi ~* (**a**) to answer, to reply (*más formal*): *Tengo que ~ a estas cartas.* I have to reply to these letters. ◊ *~ a una pregunta* to answer a question ◆ *vi* **1** (*reaccionar*) to respond (**to** *sth*): *~ a un tratamiento* to respond to treatment ◊ *Los frenos no respondían.* The brakes didn't respond. **2** *~* **por** to answer **for** *sth/sb*: *¡No respondo por mis acciones!* I won't answer for my actions! ◊ *Yo respondo por él.* I'll answer for him.

responsabilidad *nf* responsibility [*pl* responsibilities]

responsabilizarse *v pron* **responsabilizarse** (**de**) to assume responsibility (**for** *sth*): *Me responsabilizo de mis decisiones.* I assume responsibility for my decisions.

responsable ◆ *adj* responsible (**for** *sth*) [*adj*]: *¿Quién es el ~ de este barullo?* Who is responsible for this row? ◆ *nmf* (*encargado*) person in charge: *el ~ de las obras* the person in charge of the construction work ◊ *Los ~s se entregaron.* Those responsible gave themselves up.

respuesta *nf* **1** (*contestación*) answer, reply [*pl* replies] (*más formal*): *No nos han dado ninguna ~.* We haven't had a reply. ◊ *una ~ clara* a clear answer ◊ *Quiero una ~ a mi pregunta.* I want an answer to my question. **2** (*reacción*) response (**to** *sth*): *una ~ favorable* a favorable response

resquebrajar(se) *vt, v pron* to crack

resta *nf* (*Mat*) subtraction

restablecer ◆ *vt* **1** (*gen*) to restore: *~ el orden* to restore order **2** (*diálogo, negociaciones*) to resume ◆ **restablecerse** *v pron* to recover (**from** *sth*): *Tardó varias semanas en ~se.* He took several weeks to recover.

restar *vt* to subtract (*formal*), to take *sth* away: *~ 3 de 7* to take 3 away from 7 **LOC restar(le) importancia a algo** to play sth down

restauración *nf* restoration

restaurador, ~a *nm-nf* restorer

restaurante *nm* restaurant ☛ *Ver pág 316.*

restaurar *vt* to restore

resto *nm* **1** (*gen*) rest: *El ~ te lo contaré mañana.* I'll tell you the rest tomorrow. **2** (*Mat*) remainder: *¿Qué ~ te da?* What's the remainder? **3 restos (a)** (*comida*) leftovers **(b)** (*Arqueología*) remains **LOC restos mortales** mortal remains

restregar ◆ *vt* to scrub ◆ **restregarse** *v pron* to rub: *El pequeño se restregaba los ojos.* The little boy was rubbing his eyes.

resucitar ◆ *vi* (*Relig*) to rise from the dead ◆ *vt* (*Med*) to resuscitate

resultado *nm* result: *como ~ de la rifa* as a result of the raffle **LOC dar/no dar resultado** to be successful/unsuccessful **resultado final** (*Dep*) final score

resultar *vi* **1** (*ser, quedar*) to be: *Resulta difícil de creer.* It's hard to believe. ◊ *Su cara me resulta familiar.* His face is familiar to me. **2** *~* **que...** to turn out (**that...**): *Resultó que se conocían.* It turned out (that) they knew each other.

resumen *nm* summary [*pl* summaries]: *~ informativo* news summary **LOC en resumen** in short

resumir *vt* **1** (*gen*) to summarize: *~ un libro* to summarize a book **2** (*concluir*) to sum *sth* up: *Resumiendo,...* To sum up,...

resurrección *nf* resurrection **LOC** *Ver* DOMINGO

retablo *nm* (*altar*) altarpiece

retardado, -a *pp, adj* delayed: *de acción retardada* delayed-action

retazo *nm* remnant

retención *nf* (*tráfico*) holdup

retener *vt* **1** (*guardar*) to keep **2** (*memorizar*) to remember **3** (*detener*) to hold: *~ a algn en contra de su voluntad* to hold sb against their will

retina *nf* retina

retirada *nf* retreat: *El general ordenó la ~.* The general ordered a retreat.

retirado, -a *pp, adj* **1** (*remoto*) remote **2** (*jubilado*) retired *Ver tb* RETIRAR

retirar ◆ *vt* to withdraw (*sth/sb*) (***from sth***): *~le el pase a algn* to withdraw sb's license ◊ *~ una revista de circulación* to withdraw a magazine from circulation ◆ **retirarse** *v pron* **1** (*irse*) to withdraw (***from sth***): *~se de una lucha* to withdraw from a fight **2** (*jubilarse*) to retire (***from sth***): *Se retiró de la política.* He retired from politics. **3** (*Mil*) to retreat

retiro *nm* **1** (*jubilación, de una profesión*) retirement: *Anunció su ~ del fútbol.* He announced his retirement from football. **2** (*lugar*) retreat

reto *nm* challenge

retocar *vt* (*pintura, fotos*) to retouch

retoñar *vi* to bud: *Ya están retoñando los rosales.* The roses are starting to bud.

retoque *nm* finishing touch: *dar los últimos ~s a un dibujo* to put the finishing touches to a drawing

retorcer *vt* to twist: *Me retorció el brazo.* He twisted my arm. **LOC retorcerse de dolor** to writhe in pain **retorcerse de risa** to double up with laughter

retorcijón *nm* cramp: *retorcijones de estómago* stomach cramps

retornable *adj* returnable **LOC no retornable** non-returnable

retorno *nm* return

retrasado, -a ◆ *pp, adj* **1** (*atrasado*) behind (***with sth***): *Voy muy ~ en mi trabajo.* I'm very behind with my work. **2** (*país, región*) backward ◆ *adj, nm-nf* retarded [*adj*]: *~s mentales* mentally retarded people *Ver tb* RETRASAR

retrasar ◆ *vt* **1** (*retardar*) to hold *sth/sb* up, to delay (*más formal*): *Retrasaron todos los vuelos.* All the flights were delayed. **2** (*reloj*) to put *sth* back: *~ el reloj una hora* to put your watch back an hour ◆ **retrasarse** *v pron* **1** (*llegar tarde*) to be late: *Siento haberme retrasado.* Sorry I'm late. **2** (*en trabajo*) to fall behind (***in/with sth***): *Empezó a ~se en sus estudios.* He began to fall behind in his studies. **3** (*reloj*) to be slow: *Este reloj se retrasa diez minutos.* This watch is ten minutes slow.

retraso *nm* **1** (*demora*) delay [*pl* delays]: *Algunos vuelos sufrieron ~s.* Some flights were subject to delays. ◊ *Empezó con cinco minutos de ~.* It began five minutes late. **2** (*subdesarrollo*) backwardness **LOC llevar/tener retraso** to be late: *El tren lleva cinco horas de ~.* The train is five hours late.

retratar *vt* **1** (*pintar*) to paint *sb's* portrait: *El artista la retrató en 1897.* The artist painted her portrait in 1897. **2** (*Fot*) to take a photograph (**of *sth/sb***) **3** (*describir*) to portray: *La obra retrata la vida aristocrática.* The play portrays aristocratic life. **LOC** *Ver* MÁQUINA

retrato *nm* **1** (*cuadro*) portrait **2** (*foto*) photograph **3** (*descripción*) portrayal **LOC retrato hablado** identikit picture

retroceder *vi* **1** (*gen*) to go back: *Este no es el camino, retrocedamos.* We're going the wrong way, let's go back. **2** (*echarse atrás*) to back down: *No voy a ~ ante las dificultades.* I won't back down in the face of adversity.

retroceso *nm* **1** (*movimiento*) backward movement **2** (*de arma*) recoil

retrovisor *nm* rear-view mirror **LOC** *Ver* ESPEJO

retumbar *vt* to resound

reumatismo *nm* rheumatism

reunificar *vt* to reunify

reunión *nf* **1** (*gen*) meeting: *Mañana tenemos una ~ importante.* We have an important meeting tomorrow. **2** (*encuentro*) reunion: *una ~ de antiguos alumnos* a school reunion

reunir ◆ *vt* **1** (*gen*) to gather *sth/sb* together: *Reuní a mis amigas/la familia.* I gathered my friends/family together. **2** (*información*) to collect **3** (*dinero*) to raise **4** (*cualidades*) to have: *~ cualidades para ser líder* to have leadership qualities ◆ **reunirse** *v pron* to meet: *Nos reuniremos esta tarde.* We'll meet this evening.

revancha *nf* revenge **LOC tomar revancha** to get/take your revenge (*for sth*)

revelado *nm* developing

revelar *vt* **1** (*gen*) to reveal: *Nunca nos reveló su secreto.* He never revealed his secret to us. **2** (*Fot*) to develop

reventar(se) *vt, vi, v pron* to burst: *Si comes más te vas a ~.* If you eat any more you'll burst. ◊ *¡No revientes la bomba!* Don't burst the balloon!

reverencia *nf* **LOC hacer una reverencia 1** (*hombres*) to bow **2** (*mujeres*) to curtsey

reversa *nf* reverse (gear): *meter la ~* to put the car into reverse

reversible *adj* reversible

reverso *nm* **1** (*papel*) back **2** (*moneda*) reverse

revertido, -a *pp, adj* **LOC** *Ver* LLAMADA, LLAMAR

revés *nm* **1** (*tela*) wrong side **2** (*Dep*) backhand **3** (*bofetada*) slap **4** (*contratiempo*) setback: *sufrir un ~* to suffer a setback **LOC al revés 1** (*mal*) wrong: *¡Todo me está saliendo al ~!* Everything's going wrong for me! **2** (*al contrario*) the other way round: *Lo hice al ~ que usted.* I did it the other way round than you did. **al/del revés 1** (*con lo de arriba hacia abajo*) upside down **2** (*con lo de dentro hacia afuera*) inside out: *Tienes el suéter al ~.* Your sweater's on inside out. **3** (*con lo de delante hacia atrás*) backwards

revestir *vt* (*cubrir*) to cover

revisar *vt* to check: *Vinieron a ~ el calentador de agua.* They came to check the boiler.

revisión *nf* **1** (*gen*) revision **2** (*vehículo*) service **3** (*Med*) checkup

revista *nf* **1** (*publicación*) magazine **2** (*Teat*) revue **3** (*Mil*) review: *pasar ~ a las tropas* to review the troops

revivir *vt, vi* to revive: *~ el pasado/una vieja amistad* to revive the past/an old friendship

revolcar ◆ *vt* to knock *sb* over ◆ **revolcarse** *v pron* **1** (*gen*) to roll around: *Nos revolcamos en el césped.* We rolled around on the lawn. **2** (*en agua, barro*) to wallow

revolotear *vi* to fly around

revoltoso, -a *adj, nm-nf* troublemaker [*n*]: *Los niños de este grupo son muy ~s.* The children in this group are real troublemakers.

revolución *nf* revolution

revolucionar *vt* **1** (*transformar*) to revolutionize **2** (*alborotar*) to stir *sb* up: *No revoluciones a todo el mundo.* Don't stir everybody up.

revolucionario, -a *adj, nm-nf* revolutionary [*pl* revolutionaries]

revolver ◆ *vt* **1** (*remover*) **(a)** (*gen*) to stir: *Revuélvelo bien.* Stir it well. **(b)** (*ensalada*) to toss **2** (*desordenar*) **(a)** (*gen*) to mess *sth* up: *No revuelvas los cajones.* Don't mess the drawers up. **(b)** (*ladrones*) to turn *sth* upside down: *Los ladrones revolvieron todo el apartamento.* The burglars turned the apartment upside down. **3** (*estómago*) to turn ◆ *vi* (*fisgar*) to rummage: *Estuvo revolviendo un rato en mi escaparate.* She spent some time rummaging through my closet.

revólver *nm* revolver

revuelta *nf* **1** (*alzamiento*) revolt **2** (*desorden*) ruckus

revuelto, -a *pp, adj* **1** (*desordenado*) messy **2** (*agitado*) worked up: *El pueblo anda ~ con las elecciones.* People are worked up about the elections. **3** (*estómago*) upset: *Tengo el estómago ~.* I've got an upset stomach. *Ver tb* REVOLVER

rey *nm* **1** (*monarca*) king

> El plural de **king** es regular ("kings"), pero cuando decimos *los reyes* refiriéndonos al rey y la reina, se dice **the king and queen**.

2 Reyes Epiphany **LOC los Reyes Magos** the Three Wise Men *Ver tb* CUERPO, DÍA, VIVIR

rezagado, -a ◆ *pp, adj*: *Ven, no te*

quedes ~. Come on, don't get left behind. ◆ *nm-nf* straggler

rezar ◆ *vt* to say: ~ *una plegaria* to say a prayer ◆ *vi* ~ (**por**) to pray (**for** ***sth/ sb***)

riachuelo *nm* stream

ribera *nf* **1** (*orilla*) bank **2** (*vega*) riverside

rico, -a ◆ *adj* **1** ~ (**en**) rich (**in** ***sth***): *una familia rica* a rich family ◊ ~ *en minerales* rich in minerals **2** (*comida*) delicious ◆ *nm-nf* rich man/woman [*pl* rich men/women]: *los ~s* the rich

ridiculez *nf*: *¡Qué ~!* How ridiculous! ◊ *Lo que dice es una* ~. He's talking nonsense.

ridiculizar *vt* to ridicule

ridículo, -a *adj* ridiculous **LOC dejar/ poner a algn en ridículo** to make a fool of sb **hacer el ridículo** to make a fool of yourself

riego *nm* (*Agricultura*) irrigation **LOC riego sanguíneo** circulation *Ver tb* BOCA

riel *nm* rail

rienda *nf* rein **LOC dar rienda suelta** to give free rein *to sth/sb* **llevar las riendas** to be in charge (*of sth*)

riesgo *nm* risk: *Corren el ~ de perder su dinero.* They run the risk of losing their money. **LOC contra todo riesgo** (*seguro*) comprehensive **¡ni riesgos!** no way!: *¡Ni ~s! Yo allá no voy.* There's no way I'm going there.

rifa *nf* raffle

rifar *vt* to raffle

rifle *nm* rifle

rígido, -a *adj* **1** (*tieso*) rigid **2** (*severo*) strict: *Tiene unos padres muy ~s.* She has very strict parents.

riguroso, -a *adj* **1** (*estricto*) strict **2** (*minucioso*) thorough **3** (*castigo*) harsh

rima *nf* rhyme

rimar *vi* to rhyme

rimbombante *adj* (*lenguaje*) pompous

rincón *nm* corner: *en un tranquilo ~ de Cartagena* in a quiet corner of Cartagena

rinoceronte *nm* rhino [*pl* rhinos]

> **Rhinoceros** es la palabra científica.

riña *nf* **1** (*pelea*) fight **2** (*discusión*) row

riñón *nm* **1** (*órgano*) kidney [*pl* kidneys] **2 riñones** (*zona lumbar*) lower back [*sing*] **LOC** *Ver* COSTAR

río *nm* river

> En inglés **river** se escribe con mayúscula cuando aparece con el nombre de un río: *el río Amazonas* the River Amazon.

LOC río abajo/arriba downstream/ upstream

riqueza *nf* **1** (*dinero*) wealth [*incontable*]: *acumular ~s* to amass wealth **2** (*cualidad*) richness: *la ~ del terreno* the richness of the land

risa *nf* **1** (*gen*) laugh: *una ~ nerviosa/ contagiosa* a nervous/contagious laugh ◊ *¡Qué ~!* What a laugh! **2 risas** laughter [*incontable*]: *Se oían las ~s de los pequeños.* You could hear the children's laughter. **LOC dar risa** to make *sb* laugh **me dio la risa** I, you, etc got the giggles *Ver tb* MORIR(SE), PELÍCULA, PROGRAMA, RETORCER

risueño, -a *adj* **1** (*cara*) smiling **2** (*persona*) cheerful

ritmo *nm* **1** (*Mús*) rhythm, beat (*más coloq*): *seguir el ~* to keep time **2** (*velocidad*) rate: *el ~ de crecimiento* the growth rate **LOC ritmo de vida** pace of life **tener ritmo 1** (*persona*) to have a good sense of rhythm **2** (*melodía*) to have a good beat *Ver tb* MARCAR

rito *nm* rite

ritual *nm* ritual

rival *adj, nmf* rival

róbalo *nm* sea bass [*pl* sea bass]

robar ◆ *vt* **1** (*banco, tienda, persona*) to rob: ~ *un banco* to rob a bank **2** (*dinero, objetos*) to steal: *Me robaron el reloj.* My watch has been stolen. **3** (*casa, caja fuerte*) to break into *sth*: *Le enseñaron a ~ cajas fuertes.* They taught him how to break into a safe. **4** (*idea*) to pinch: *~le a algn una idea* to pinch an idea from sb ◆ *vi* **1** (*gen*) to steal: *Lo echaron del colegio por ~.* He was expelled for stealing. **2** (*a una persona*) to rob [*vt*]: *¡Me robaron!* I've been robbed! **3** (*en una casa*): *Robaron en/a casa de los vecinos.* Our neighbors' house has been broken into. ☛ *Ver nota en* ROB **4** (*Naipes*) to draw: *Te toca ~.* It's your turn to draw.

roble *nm* oak (tree)

robo *nm* **1** (*de un banco, una tienda, o una persona*) robbery [*pl* robberies]: *el ~ al supermercado* the supermarket robbery ◊ *Fui víctima de un ~.* I've been robbed. **2** (*de objetos*) theft: *acusado de ~* accused of theft ◊ ~ *de carros/ bicicletas* car/bicycle theft **3** (*a una casa, oficina*) burglary [*pl* burglaries]:

El domingo hubo tres ~s en esta calle. There were three burglaries in this street on Sunday. **4** (*estafa*) rip-off: *¡Vaya ~!* That's a rip-off! ☛ *Ver nota en* THEFT **LOC** *Ver* MANO

robot *nm* robot

robusto, -a *adj* robust

roca *nf* rock

roce *nm* **1** (*rozamiento*) rubbing **2** (*discusión*) clash: *Ya he tenido varios ~s con él.* I've already clashed with him several times.

rociar *vt* to spray *sth* (**with** *sth*): *Hay que ~ las plantas dos veces al día.* The plants should be sprayed twice a day.

rocío *nm* dew

rocoso, -a *adj* rocky

rodaja *nf* slice: *una ~ de melón* a slice of melon **LOC en rodajas**: *Córtalo en ~s.* Slice it. ◊ *piña en ~s* pineapple rings

rodaje *nm* **1** (*Cine*) filming, shooting (*más coloq*): *el ~ de una serie de televisión* the filming of a TV series **2** (*carro*): *El carro está todavía en ~.* I'm still running my car in.

rodar ◆ *vi* **1** (*dar vueltas*) to roll: *Las canicas ruedan.* Marbles roll. ◊ *Las rocas rodaron por el precipicio.* The rocks rolled down the cliff. **2** (*ir de un lado a otro*) to lie around: *Esta carta lleva un mes rodando por la oficina.* This letter has been lying around the office for a month now. ◆ *vt* **1** (*película*) to film, to shoot (*más coloq*) **2** (*vehículo, motor*) to run *sth* in: *Todavía estoy rodando el carro.* I'm still running the car in. **LOC rodar escaleras abajo** to fall down the stairs

rodear ◆ *vt* **1** (*gen*) to surround *sth/sb* (***with sth/sb***): *Hemos rodeado al enemigo.* We've surrounded the enemy. ◊ *Sus amigas la rodearon para felicitarla.* She was surrounded by friends wanting to congratulate her. **2** (*con los brazos*): *Sus brazos me rodearon.* He put his arms around me. ◆ *vt, vi* ~ (**por**) to make a detour: *Podemos ~ (por) el bosque.* We can make a detour through the woods. ◆ **rodearse** *v pron* **rodearse de** to surround yourself **with** ***sth/sb***: *Les encanta ~se de gente joven.* They love to surround themselves with young people.

rodeo *nm* **1** (*desvío*) detour: *Tuvimos que dar un ~ de cinco kilómetros.* We had to make a five-kilometer detour. **2** (*espectáculo*) rodeo [*pl* rodeos] **LOC andar con rodeos** to beat about the bush

rodilla *nf* knee **LOC de rodillas**: *Todo el mundo estaba de ~s.* Everyone was kneeling down. ◊ *Tendrás que pedírmelo de ~s.* You'll have to get down on your knees and beg. **ponerse de rodillas** to kneel (down)

rodillera *nf* **1** (*Dep*) kneepad **2** (*Med*) knee support **3** (*parche*) knee patch

rodillo *nm* **1** (*Cocina*) rolling pin **2** (*pintura, máquina de escribir*) roller

roedor *nm* rodent

roer *vt* to gnaw (**at**) ***sth***: *El perro roía su hueso.* The dog was gnawing (at) its bone. **LOC** *Ver* HUESO

rogar *vt* **1** (*suplicar*) to beg (*sb*) **for** ***sth***; to beg (*sth*) **of sb**: *Le rogaron misericordia.* They begged him for mercy. ◊ *Les rogué que me soltaran.* I begged them to let me go. **2** (*pedir*): *Tranquilízate, te lo ruego.* Calm down, please. ◊ *Me rogaron que me fuera.* They asked me to go. **3** (*rezar*) to pray: *Roguemos al Señor.* Let us pray. **LOC hacerse de rogar** to play hard to get **se ruega no fumar** please do not smoke **se ruega silencio** silence please

rojizo, -a *adj* reddish

rojo, -a *adj, nm* red ☛ *Ver ejemplos en* AMARILLO **LOC al rojo vivo** (*metal*) red-hot **estar/quedar en rojo** to be in the red: *No puedo darte plata, estoy en ~.* I can't give you any money—I'm in the red. **ponerse rojo** to turn red *Ver tb* CAPERUCITA, CRUZ, FRÍJOL

rollo *nm* **1** (*gen*) roll: *~s de papel higiénico* rolls of toilet paper **2** (*pesadez, aburrición*): *¡Qué ~ de libro!* What a boring book! ◊ *Esa clase es un ~.* That class is really boring. ◊ *Ese tipo me parece un ~.* I find that guy so boring. **3** (*asunto*): *¿Cuál es el ~?* What are you up to? ◊ *Está metido en un ~ muy raro.* He's involved in something very odd. **4** (*amorío*) fling **5** (*Fot*) roll of film: *Se me veló todo el ~.* The whole roll (of film) is out of focus.

románico, -a *adj* (*Arquit*) Romanesque

romano, -a *adj* Roman **LOC** *Ver* NUMERACIÓN, NÚMERO

romántico, -a *adj, nm-nf* romantic

rombo *nm* rhombus [*pl* rhombuses]

romero *nm* rosemary

rompecabezas *nm* **1** (*piezas para armar*) jigsaw: *hacer un ~* to do a jigsaw **2** (*acertijo*) puzzle

rompeolas *nm* breakwater

romper ◆ *vt* **1** (*gen*) to break: ~ *una promesa* to break a promise **2** (*papel, tela*) to tear: *Rompí la falda con un clavo.* I tore my skirt on a nail. ◊ *Rompió la carta.* He tore up the letter. **3** (*ropa, zapatos*) to wear *sth* out: *Rompió el suéter por el codo.* He wore his sweater out at the elbow. ◆ *vi* **1** ~ **con** to fall out **with** ***sb***: ~ *con la familia política* to fall out with your in-laws **2** (*novios*) to split up (**with** ***sb***) ◆ **romperse** *v pron* **1** (*tela, papel*) to tear: *Esta tela se rompe fácilmente.* This material tears easily. **2** (*cuerda*) to snap **3** (*ropa, zapatos*) to wear out: *Seguro que se rompen a los dos días.* They're bound to wear out in no time. **LOC romper el hielo** to break the ice **romper filas** to fall out **romper fuente**: *Rompió fuente.* Her waters broke. **romperle la jeta a algn** to smash sb's face **romperse la crisma** to crack your head open *Ver tb* CARA

ron *nm* rum

roncar *vi* to snore

ronco, -a *adj* (*afónico*) hoarse: *Me quedé ~ de gritar.* I shouted myself hoarse.

ronda *nf* round: *Esta ~ la pides tú.* It's your round. ◊ *Su casa no está incluida en mi ~.* Your house isn't on my round. **LOC hacer la ronda 1** (*policía*) to walk a beat **2** (*soldado, vigilante*) to be on patrol **3** (*repartidor*) to do your rounds

rondín *nm* watchman [*pl* watchmen]

ronronear *vi* to purr

ronroneo *nm* purr: *Se oía el ~ del gato.* You could hear the cat purring.

roña *nf* (*mugre*) dirt: *Tienes ~ en el cuello.* You've got dirt on your collar.

roñoso, -a *adj* **1** (*mugriento*) grimy **2** (*tacaño*) stingy

ropa *nf* **1** (*de persona*) clothes [*pl*]: ~ *infantil* children's clothes ◊ ~ *usada/sucia* second-hand/dirty clothes ◊ *¿Qué ~ me pongo hoy?* What shall I wear today? **2** (*de uso doméstico*) linen: ~ *blanca/de cama* household/bed linen **LOC ropa de deportes** sportswear **ropa interior** underwear *Ver tb* CESTO

ropero *nm* **1** (*de pie*) coat stand **2** (*de pared*) coat rack

rosa *nf* rose **LOC** *Ver* NOVELA

rosado, -a *adj* pink ☛ *Ver ejemplos en* AMARILLO

rosal *nm* rose bush

rosario *nm* (*Relig*) rosary [*pl* rosaries]: *rezar el ~* to say the rosary

rosca *nf* **1** (*pan*) (ring-shaped) roll **2** (*tornillo*) thread **LOC pasarse de rosca** to go over the top *Ver tb* TAPÓN

rostro *nm* face: *La expresión de su ~ lo decía todo.* The look on his face said it all.

rotación *nf* rotation: ~ *de cultivos* crop rotation

roto, -a ◆ *pp, adj* (*papel, ropa*) torn ◆ *nm* hole *Ver tb* ROMPER

rótula *nf* kneecap

rotulador *nm* felt-tip pen

rotular *vt* (*poner rótulos*) to put the lettering **on** ***sth***

rótulo *nm* **1** (*en un cartel, mapa*) lettering [*incontable*]: *Los ~s son demasiado pequeños.* The lettering's too small. **2** (*letrero*) sign

rotundo, -a *adj* **1** (*contundente*) resounding: *un sí/fracaso ~* a resounding "yes"/flop **2** (*negativa*) emphatic

rozar ◆ *vt, vi* **1** (*gen*) to brush (***against sth/sb***): *Le rocé el vestido.* I brushed against her dress. ◊ *La pelota me rozó la pierna.* The ball grazed my leg. **2** (*raspar*) to rub: *Estas botas me rozan atrás.* These boots rub at the back. ◊ *El guardabarros roza con la llanta.* The fender rubs against the wheel. ◆ *vt* (*hacer un rozón*) to scratch: *No me roces el carro.* Don't scratch my car.

ruana *nf* poncho [*pl* ponchos]

rubeola (*tb* **rubéola**) *nf* German measles [*sing*]

rubí *nm* ruby [*pl* rubies]

rubor *nm* blusher: *echarse un poco de ~* to apply blusher

rueda *nf* **1** (*gen*) wheel: ~ *delantera/trasera* front/back wheel ◊ *cambiar la ~* to change the wheel **2** (*neumático*) tire: *Se me pinchó una ~.* I have a flat (tire). **LOC ir sobre ruedas** to go really well **rueda de Chicago** ferris wheel *Ver tb* PRENSA, SILLA

ruedo *nm* **1** (*toros*) ring: *El torero dio la vuelta al ~.* The bullfighter paraded around the ring. **2** (*dobladillo*) hem

ruego *nm* plea

rugby *nm* rugby: *un partido de ~* a rugby game

rugido *nm* roar

rugir *vi* to roar

ruido *nm* noise: *No hagas ~.* Don't make any noise. ◊ *Oí ~s raros y me dio miedo.* I heard some strange noises and got frightened. ◊ *¿Oíste un ~?* Did you hear something?

ruidoso, -a *adj* noisy

ruina *nf* **1** (*gen*) ruin: *La ciudad estaba en ~s.* The city was in ruins. ◊ *las ~s de una ciudad romana* the ruins of a Roman city ◊ *~ económica* financial ruin **2** (*hundimiento*) collapse: *Ese edificio amenaza ~.* That building is in danger of collapsing. **LOC estar en la ruina** to be flat broke **ser la/una ruina**: *Los carros son una ~.* Cars cost a fortune.

ruiseñor *nm* nightingale

ruleta *nf* roulette

rulo *nm* roller

rumba *nf* rumba

rumbo *nm* **1** (*camino, dirección*) direction **2** (*avión, barco*) course: *El barco tomó ~ al sur.* The ship set course southward. **LOC (con) rumbo a** bound for: *El barco iba con ~ a Cartagena.* The ship was bound for Cartagena.

rumiante *adj, nm* ruminant

rumiar *vi* (*vaca*) to ruminate (*téc*), to chew the cud

rumor *nm* **1** (*noticia*) rumor: *Corre el ~ de que se van a casar.* There's a rumor going round that they're getting married. **2** (*murmullo*) murmur

rumorar *vt* **LOC se rumora que...** there are rumors (that...): *Se rumora que han hecho un fraude.* There are rumors of a fraud.

rural *adj* rural

Rusia *nf* Russia

ruso, -a *adj, nm-nf, nm* Russian: *los ~s* the Russians ◊ *hablar ~* to speak Russian **LOC** *Ver* MONTAÑA

rústico, -a *adj* rustic

ruta *nf* route: *¿Qué ~ seguiremos?* What route will we take?

rutina *nf* routine: *inspecciones de ~* routine inspections ◊ *No quiere cambiar la ~ diaria.* She doesn't want to change her daily routine. ◊ *Se ha convertido en ~.* It's become a routine.

Ss

sábado *nm* Saturday [*pl* Saturdays] (*abrev* Sat) ☛ *Ver ejemplos en* LUNES

sábana *nf* sheet

saber ◆ *vt* **1** (*gen*) to know: *No supe qué contestar.* I didn't know what to say. ◊ *No sé nada de mecánica.* I don't know anything about mechanics. ◊ *Sabía que volvería.* I knew he would be back. ◊ *¡Ya lo sé!* I know! **2 ~ hacer algo** can: *¿Sabes nadar?* Can you swim? ◊ *No sé escribir a máquina.* I can't type. **3** (*enterarse*) to find out: *Lo supe ayer.* I found out yesterday. **4** (*idioma*) to speak: *Sabe mucho inglés.* He speaks good English. ◆ *vi* **1** (*gen*) to know: *Le tengo mucho aprecio, ¿sabes?* I'm very fond of her, you know. ◊ *¿Sabes? Santiago se casa.* You know what? Santiago's getting married. ◊ *Nunca se sabe.* You never know. **2 ~ de** (*tener noticias*) to hear **of *sth*/*sb***: *Nunca más supimos de él.* That was the last we heard of him. **3 ~ (a)** to taste (**of *sth***): *Sabe a menta.* It tastes of mint. ◊ *¡Qué bueno sabe!* It tastes really good! **LOC no sé qué/cuántos** something or other: *Me habló de no sé qué.* He talked to me about something or other. **¡qué sé yo!/¡yo qué sé!** how should I know? **que yo sepa** as far as I know **saber mal** to have a nasty taste ☛ Para otras expresiones con **saber**, véanse las entradas del sustantivo, adjetivo, etc, p.ej. **no saber ni jota** en JOTA y **saber a quemado** en QUEMADO.

sabiduría *nf* wisdom

sabio, -a *adj* wise

sabor *nm* ~ **(a) 1** (*gusto*) taste (**of *sth***): *El agua no tiene ~.* Water is tasteless. ◊ *Tiene un ~ muy raro.* It tastes very strange. **2** (*gusto que se añade a un producto*) flavor: *Viene en siete ~es distintos.* It comes in seven different flavors. ◊ *¿De qué ~ lo quieres?* Which flavor would you like? **LOC con sabor a** flavored: *un yogur con ~ a durazno* a peach-flavored yogurt

saborear *vt* to savor: *Le gusta ~ su café.* He likes to savor his coffee.

sabotaje *nm* sabotage

sabotear *vt* to sabotage

sabroso, -a *adj* **1** (*comida*) delicious **2** (*música, etc*) pleasant: *La fiesta estuvo* *muy sabrosa.* The party was great. **3** (*clima*) beautiful

sacacorchos *nm* corkscrew

sacapuntas *nm* pencil sharpener

sacar ◆ *vt* **1** (*fuera*) to take *sth/sb* out (***of sth***): *Sacó una carpeta del cajón.* He took a folder out of the drawer. ◊ *El dentista le sacó una muela.* The dentist took his tooth out. ◊ *~ la basura* to take the trash out **2** (*conseguir*) to get: *¿Cuánto sacaste en matemáticas?* What did you get in math? ◊ *No sé de dónde sacó la plata.* I don't know where she got the money from. **3** (*parte del cuerpo*) to stick *sth* out: *No me saque la lengua.* Don't stick your tongue out at me. ◊ *~ la cabeza por la ventanilla* to stick your head out of the window ◊ *¡Casi me sacas un ojo!* You nearly poked my eye out! **4** (*producir*) to make *sth* (***from sth***): *~ la mantequilla de la leche* to make butter from milk ◆ *vt, vi* (*Tenis*) to serve ◆ **sacarse** *v pron*: *¡Sáquese las manos de los bolsillos!* Take your hands out of your pockets. ☛ Para expresiones con **sacar**, véanse las entradas del sustantivo, adjetivo, etc, p.ej. **sacar de quicio** en QUICIO y **sacar punta** en PUNTA.

sacarina *nf* saccharin

sacerdote *nm* priest

saciar *vt* **1** (*hambre, ambición, deseo*) to satisfy **2** (*sed*) to quench

saco *nm* cardigan ☛ *Ver nota en* SWEATER

sacoleva *nm* morning coat

sacramento *nm* sacrament

sacrificar ◆ *vt* to sacrifice: *Sacrificó su carrera para tener hijos.* She sacrificed her career to have children. ◊ *Lo sacrifiqué todo para sacar adelante a mi familia.* I sacrificed everything for my family. ◆ **sacrificarse** *v pron* **sacrificarse (por/para)** to make sacrifices: *Mis papás se han sacrificado mucho.* My parents have made a lot of sacrifices.

sacrificio *nm* sacrifice: *Tendrás que hacer algunos ~s.* You'll have to make some sacrifices.

sacudida *nf* (*eléctrica*) shock: *Me pegó una buena ~.* I got an electric shock.

sacudir ◆ *vt* **1** (*gen*) to shake: *Sacude el mantel.* Shake the tablecloth. ◊ *~ la arena* (*de la toalla*) to shake the sand off (the towel) **2** (*pegar*) to give *sb* a smack ◆ **sacudirse** *v pron* to brush *sth* (off): *~se la caspa del abrigo* to brush the dandruff off your coat

sádico, -a *nm-nf* sadist

Sagitario *nm, nmf* (*Astrología*) Sagittarius ☛ *Ver ejemplos en* AQUARIUS

sagrado, -a *adj* **1** (*Relig*) holy: *un lugar ~* a holy place ◊ *la Sagrada Familia* the Holy Family **2** (*intocable*) sacred: *Los domingos para mí son ~s.* My Sundays are sacred.

sal *nf* salt **LOC sal de cocina/de mar** table/sea salt **sales de baño** bath salts

sala *nf* **1** (*gen*) room: *~ de juntas* meeting room **2** (*casa*) living room **3** (*Cine*) screen: *La ~ 1 es la más grande.* Screen 1 is the largest. **4** (*hospital*) ward **LOC sala de espera** waiting room **sala de estar** living room

salado, -a *pp, adj* **1** (*gusto*) salty **2** (*desafortunado*) jinxed: *Debe estar ~ que todo le sale mal.* He seems to be jinxed; nothing turns out right for him. **LOC** *Ver* AGUA

salar *vt* (*dar mala suerte*) to put a jinx **on *sth/sb***

salario *nm* salary [*pl* salaries] **LOC salario base/mínimo** basic/minimum wage

salchicha *nf* sausage

salchichón *nm* salami [*incontable*]

saldar *vt* (*cuenta, deuda*) to settle

saldo *nm* **1** (*en una cuenta*) balance **2** (*rebaja*) sale

salero *nm* (*para la sal*) salt shaker

salida *nf* **1** (*acción de salir*) way out (***of sth***): *a la ~ del teatro* on the way out of the theater **2** (*puerta*) exit: *la ~ de emergencia* the emergency exit **3** (*avión, tren*) departure: *~s nacionales/internacionales* domestic/international departures ◊ *la cartelera de ~s* the departures board **LOC salida del sol** sunrise *Ver tb* CALLEJÓN

salir ◆ *vi* **1** (*ir/venir fuera*) to go/come out: *¿Salimos al jardín?* Should we go out into the garden? ◊ *No quería ~ del baño.* He wouldn't come out of the bathroom. ◊ *Salí a ver qué pasaba.* I went out to see what was going on. **2** (*partir*) to leave: *¿A qué hora sale el avión?* What time does the plane leave? ◊ *Salimos de la casa a las dos.* We left home at two. ◊ *~ para Cuzco* to leave for Cuzco **3** (*alternar*) to go out: *Anoche salimos a comer.* We went out for a meal last night. ◊ *Sale con un estudiante.* She's going out with a student. **4** (*producto, flor*) to come out: *El disco/libro sale en abril.* The record/book is coming out in April. **5** (*sol*) **(a)** (*amanecer*) to rise **(b)** (*de entre las nubes*) to come out: *Por la tarde salió el sol.* The sun came out in the afternoon. **6** ~ **de** (*superar*): ~ *de una operación* to pull through an operation ◊ ~ *de la droga* to quit taking drugs **7** ~ **a algn** (*parecerse*) to take after sb **8** ~ **a/por** (*costar*) to work out **at *sth***: *Sale a 6.000 pesos el metro.* It works out at 6,000 pesos a meter. **9** (*al hacer cuentas*): *A mí me sale 18.* I make it 18. **10** (*resultar*) to turn out: *¿Qué tal te salió la receta?* How did the recipe turn out? ◊ *El viaje salió muy bien.* The trip turned out really well. **11** (*saber hacer algo*): *Todavía no me sale bien la parada de manos.* I still can't do handstands properly. ◆ **salirse** *v pron* **1** (*gen*) to come off: *Se salió una pieza.* A piece has come off. ◊ *El carro se salió de la carretera.* The car came off the road. **2** (*líquido*) to leak **LOC salirse con la suya** to get your own way ☛ Para otras expresiones con **salir**, véanse las entradas del sustantivo, adjetivo, etc, p.ej. **salir a flote** en FLOTE y **salir victorioso** en VICTORIOSO.

saliva *nf* saliva

salmo *nm* psalm

salmón ◆ *nm* salmon [*pl* salmon] ◆ *adj, nm* (*color*) salmon ☛ *Ver ejemplos en* AMARILLO

salón *nm* **1** (*de una escuela*) classroom **2** (*de universidad*) lecture room **3** (*de un hotel*) lounge **LOC salón de actos** main hall **salón de belleza** beauty salon **salón de fiestas** function room *Ver tb* JUEGO

salpicadero *nm* dashboard

salpicar *vt* to splash *sth/sb* (***with sth***): *Un carro me salpicó los pantalones.* A car splashed water onto my pants.

salpicón *nm* (*de frutas*) fruit cocktail

salsa *nf* **1** (*gen*) sauce: ~ *de tomate* tomato sauce **2** (*de jugo de carne*) gravy **3** (*Mús*) salsa (music)

saltamontes *nm* grasshopper

saltar ◆ *vt* to jump: *El caballo saltó la valla.* The horse jumped the fence. ◆ *vi* to jump: *Saltaron al agua/por la ventana.* They jumped into the water/out of the window. ◊ *Salté de la silla cuando oí el timbre.* I jumped up from my chair when I heard the bell. ◊ ~ *sobre algn* to jump on sb ◆ **saltarse** *v pron* **1** (*omitir*) to skip: *~se una comida* to skip a meal **2** (*cola, semáforo*) to jump: *~se un semáforo* to jump the lights **LOC saltar a la vista** to be obvious *Ver tb* AIRE, LAZO

salto *nm* **1** (*gen*) jump: *Los niños daban ~s de alegría.* The children were jumping for joy. ◊ *Atravesé el arroyo de un ~.* I jumped over the stream. **2** (*pájaro, conejo, canguro*) hop: *El conejo se escapó dando ~s.* The rabbit hopped away to safety. **3** (*de trampolín*) dive **4** (*salto vigoroso, progreso*) leap **LOC salto de altura/longitud** high jump/long jump **salto de/con garrocha** pole vault

saltón, -ona *adj* (*ojos*) bulging

salud *nf* health: *estar bien/mal de ~* to be in good/poor health **LOC ¡salud! 1** (*para brindar*) cheers! **2** (*al estornudar*) bless you! ☛ *Ver nota en* ¡ACHÍS!

saludable *adj* healthy

saludar *vt* to say hello (***to sb***)to greet (*más formal*): *Me vio pero no me saludó.* He saw me but didn't say hello. **LOC lo saluda atentamente** Yours sincerely ☛ *Ver págs 310–1.* **salúdalo de mi parte** give him my regards **saludar con la mano** to wave (*to sb*)

saludo *nm* **1** (*gen*) greeting **2 saludos** best wishes, regards (*más formal*): *Te mandan ~s.* They send their regards.

salvación *nf* salvation: *Fuiste mi ~.* You've saved my life.

salvador, ~a *nm-nf* savior

salvajada *nf* atrocity [*pl* atrocities] **LOC ser una salvajada** to be outrageous

salvaje *adj* **1** (*gen*) wild: *animales ~s* wild animals **2** (*pueblo, tribu*) uncivilized

salvamento *nm* rescue: *equipo de ~* rescue team

salvar ◆ *vt* **1** (*gen*) to save: *El cinturón de seguridad le salvó la vida.* The seat belt saved his life. **2** (*obstáculo*) to cross: ~ *un río* to cross a river ◆ **salvarse** *v pron* to survive **LOC salvarse por un pelo** to escape by the skin of your teeth **¡sálvese quien pueda!** every man for himself!

salvavidas *nm* lifebelt **LOC** *Ver* BOTE, CHALECO

salvo *prep* except: *Todos vinieron salvo él.* Everybody came except him. **LOC estar a salvo** to be safe **salvo que...** unless...: *Lo haré, salvo que me digas lo contrario.* I'll do it, unless you say otherwise.

San *adj* Saint (*abrev* St.)

sanar *vi* **1** (*herida*) to heal **2** (*enfermo*) to recover

sanción *nf* **1** (*castigo*) sanction: *sanciones económicas* economic sanctions **2** (*multa*) fine

sancionar *vt* **1** (*penalizar*) to penalize **2** (*económicamente*) to sanction

sandalia *nf* sandal

sandía *nf* watermelon

sánduche *nm* sandwich: *un ~ de queso* a cheese sandwich

sangrar *vt, vi* to bleed: *Estoy sangrando por la nariz.* I've got a nosebleed.

sangre *nf* blood: *donar ~* to give blood LOC **a sangre fría** in cold blood **salirle sangre a algn**: *Me caí y me salió ~ de la rodilla.* I fell and cut my knee. **tener sangre fría** (*serenidad*) to keep your cool *Ver tb* ANÁLISIS, DERRAMAMIENTO, DERRAMAR(SE), SUDAR

sangriento, -a *adj* **1** (*lucha*) bloody **2** (*herida*) bleeding

sanguíneo, -a *adj* blood [*n atrib*]: *grupo ~* blood group LOC *Ver* RIEGO

sanidad *nf* **1** (*pública*) public health **2** (*higiene*) sanitation

sanitario, -a *adj* **1** (*de salud*) health [*n atrib*]: *medidas sanitarias* health measures **2** (*de higiene*) sanitary LOC *Ver* RELLENO

sano, -a *adj* **1** (*clima, vida, ambiente, cuerpo, comida*) healthy **2** (*en forma*) fit **3** (*madera*) sound LOC **no estar en su sano juicio** not to be in your right mind **sano y salvo** safe and sound

santiamén LOC **en un santiamén** in no time at all

santo, -a ◆ *adj* **1** (*Relig*) holy: *la santa Biblia* the Holy Bible **2** (*enfático*): *No salimos de casa en todo el ~ día.* We didn't go out of the house all day. ◆ *nm-nf* **1** (*gen*) saint: *Esa mujer es una santa.* That woman is a saint. **2** (*título*) Saint (*abrev* St.) LOC **ser un santo varón** to be a saint **¡y santas pascuas!** and that's that! *Ver tb* DÍA, ESPÍRITU, JUEVES, SEMANA, VIERNES

santuario *nm* shrine

sapear *vt, vi* to tell: *No le sapees.* Don't tell him. ◊ *Me sapearon la última pregunta.* They told me the answer to the last question. ◊ *Me vio copiando y le sapeó al profesor.* He saw me copying and told on me to the teacher.

sapo *nm* toad

saque *nm* **1** (*Fútbol*) kickoff **2** (*Tenis*) serve LOC **saque de banda** throw-in

saquear *vt* **1** (*ciudad*) to sack **2** (*despensa*) to raid **3** (*robar*) to loot

sarampión *nm* measles [*sing*]

sarcástico, -a *adj* sarcastic

sardina *nf* sardine

sardinel *nm* **1** (*andén*) sidewalk **2** (*borde exterior del andén*) curb

sardino, -a *nm-nf* kid

sargento *nmf* sergeant

sarta *nf* string LOC **decir una sarta de disparates/tonterías** to talk a load of rubbish **una sarta de mentiras** a pack of lies

sartén *nf* **1** (*cacerola*) saucepan **2** (*para freír*) frying pan ☛ *Ver dibujo en* SAUCEPAN

sastre, -a *nm-nf* tailor LOC *Ver* VESTIDO

satélite *nm* satellite LOC *Ver* VÍA

satín *nm* satin

satisfacción *nf* satisfaction

satisfacer ◆ *vt* **1** (*gen*) to satisfy: *~ el hambre/la curiosidad* to satisfy your hunger/curiosity **2** (*sed*) to quench **3** (*ambición, sueño*) to fulfill ◆ *vi* **1** (*gen*) to satisfy *sb* [*vt*]: *Nada le satisface.* He's never satisfied. **2** (*complacer*) to please *sb* [*vt*]: *Me satisface poder hacerlo.* I'm pleased to be able to do it.

satisfactorio, -a *adj* satisfactory

satisfecho, -a *pp, adj* **1** (*gen*) satisfied (***with sth***): *un cliente ~* a satisfied customer **2** (*complacido*) pleased (***with sth/sb***): *Estoy muy satisfecha del rendimiento de mis alumnos.* I'm very pleased with the way my students are working. LOC **darse por satisfecho** to be happy *with sth*: *Me daría por ~ con un seis.* I'd be happy with a passing grade. **satisfecho de sí mismo** self-satisfied *Ver tb* SATISFACER

Saturno *nm* Saturn

sauce *nm* willow LOC **sauce llorón** weeping willow

sauna *nf* sauna

savia *nf* (*Bot*) sap

saxofón *nm* saxophone (*abrev* sax)

sazonar *vt* to season

se *pron pers*

- **reflexivo 1** (*él, ella, ello*) himself, herself, itself: *Se compró un compact disc.* He bought himself a CD. ◊ *Se aporreó.* She hurt herself. **2** (*usted, ustedes*) yourself [*pl* yourselves] **3** (*ellos, ellas*) themselves **4** (*partes del cuerpo, efectos personales*): *Se lavó las manos.* He washed his hands. ◊ *Se secó el pelo.* She dried her hair.
- **recíproco** each other, one another: *Se*

quieren. They love each other. ☛ *Ver nota en* EACH OTHER

- **pasivo**: *Se construyó hace años.* It was built a long time ago. ◊ *Se registraron tres muertes.* Three deaths were recorded. ◊ *Se dice que están arruinados.* People say they're flat broke. ◊ *No se admiten tarjetas de crédito.* No credit cards. ◊ *Se prohíbe fumar.* No smoking.
- **impersonal**: *Se vive bien aquí.* Life here is terrific. ◊ *Se les recompensará.* They'll get their reward.
- **en lugar de le, les** him, her, you, them: *Se lo di.* I gave it to him/her. ◊ *Se lo robamos.* We stole it from them.

secador *nm* hairdryer

secadora *nf* tumble-dryer

secar ♦ *vt, vi* to dry ♦ **secarse** *v pron* **1** (*gen*) to dry: *Se secó las lágrimas.* He dried his tears. **2** (*planta, río, estanque, tierra, herida*) to dry up: *El estanque se había secado.* The pond had dried up. **LOC secar los platos** to dry up

sección *nf* **1** (*gen, Arquit, Mat*) section **2** (*almacén*) department: *~ de hombres* mens' clothing department **3** (*periódico, revista*) pages [*pl*]: *la ~ deportiva* the sports pages **LOC sección transversal** cross section

seco, -a *adj* **1** (*gen*) dry: *¿Está ~?* Is it dry? ◊ *un clima muy ~* a very dry climate **2** (*persona*) unfriendly **3** (*sin vida*) dead: *hojas secas* dead leaves **4** (*frutos, flores*) dried **5** (*sonido, golpe*) sharp **LOC a secas** just: *Me dijo que no, a secas.* He just said "no". **frenar/parar en seco** to stop dead *Ver tb* DIQUE, FRUTO, LAVADA, PALO

secretaría *nf* **1** (*oficina para matricularse*) admissions office **2** (*cargo*) secretariat: *la ~ de la ONU* the UN secretariat **3** (*oficina del secretario*) secretary's office

secretariado *nm* (*estudios*) secretarial course

secretario, -a *nm-nf* secretary [*pl* secretaries]

secreto, -a *adj, nm* secret **LOC en secreto** secretly

secta *nf* sect

sector *nm* **1** (*zona, industria*) sector **2** (*grupo de personas*) section: *un pequeño ~ de la población* a small section of the population

secuencia *nf* sequence

secuestrador, ~a *nm-nf* **1** (*de una persona*) kidnapper **2** (*de un avión*) hijacker

secuestrar *vt* **1** (*persona*) to kidnap **2** (*avión*) to hijack

secuestro *nm* **1** (*de una persona*) kidnapping **2** (*de un avión*) hijacking

secundaria *nf* secondary school

secundario, -a *adj* secondary **LOC** *Ver* PAPEL

sed *nf* thirst **LOC tener/pasar sed** to be thirsty: *Tengo mucha ~.* I'm very thirsty. *Ver tb* MUERTO

seda *nf* silk: *una camisa de ~* a silk shirt **LOC** *Ver* GUSANO

sedante *nm* sedative

sede *nf* headquarters (*abrev* HQ) [*v sing o pl*]

sediento, -a *adj* thirsty

sedimento *nm* sediment

seducción *nf* seduction

seducir *vt* to seduce

seductor, ~a ♦ *adj* seductive ♦ *nm-nf* seducer

segadora *nf* combine harvester

segar *vt* to cut

segmento *nm* segment

segregar *vt* to segregate *sth/sb* (**from** ***sth/sb***)

seguido, -a *pp, adj* in a row: *cuatro veces seguidas* four times in a row ◊ *Lo hizo tres días ~s.* He did it three days running. **LOC** *Ver* ACTO; *Ver tb* SEGUIR

seguir ♦ *vt* to follow: *Sígueme.* Follow me. ♦ *vi* **1** (*gen*) to go on (***doing sth***): *Siga hasta la avenida séptima.* Go on till you reach Seventh Avenue. ◊ *Siguieron trabajando hasta las nueve.* They went on working till nine. **2** (*en una situación*) to be still...: *¿Sigue enferma?* Is she still sick? ◊ *Sigo en el mismo trabajo.* I'm still in the same job. **LOC seguirle la corriente a algn** to humor sb **siga por favor** come in, please

según ♦ *prep* according to *sth/sb*: *~ ella/los planes* according to her/the plans ♦ *adv* **1** (*dependiendo de*) depending on *sth*: *~ sea el tamaño* depending on what size it is ◊ *Tal vez lo haga, ~.* I might do it; it depends. **2** (*de acuerdo con, a medida que*) as: *~ van entrando* as they come in

segundero *nm* second hand

segundo, -a ♦ *adj, pron, nm-nf* second (*abrev* 2nd) ☛ *Ver ejemplos en* SEXTO ♦ *nm* (*tiempo*) second ♦ **segunda** *nf* (*marcha*) second (gear) **LOC de segunda mano** second-hand *Ver tb* ECUACIÓN, PRIMO

seguramente *adv* probably

seguridad *nf* **1** (*contra accidente*) safety: *la ~ ciudadana/vial* public/road safety **2** (*contra un ataque/robo, garantía*) security: *controles de ~* security checks **3** (*certeza*) certainty **4** (*en sí mismo*) self-confidence **LOC con seguridad** for certain: *No lo saben con ~.* They don't know for certain. *Ver tb* CINTURÓN

seguro, -a ◆ *adj* **1** (*sin riesgo*) safe: *un lugar ~* a safe place **2** (*convencido*) sure: *Estoy segura de que vendrán.* I'm sure they'll come. **3** (*firme, bien sujeto*) secure ◆ *nm* **1** (*póliza*) insurance [*incontable*]: *sacarse un ~ de vida* to take out life insurance **2** (*mecanismo*) safety catch **LOC seguro que...**: *~ que llegan tarde.* They're bound to be late. **seguro social** ≃ social security *Ver tb* LENTO

seis *nm, adj, pron* **1** (*gen*) six: *el número ~* number six ◊ *El ~ sigue al cinco.* Six comes after five. ◊ *~ y tres son nueve.* Six and three are/make nine. ◊ *~ por tres (son) dieciocho.* Three sixes (are) eighteen. ◊ *Faltan cinco/falta un cuarto para las seis.* It's five/a quarter to six. **2** (*fecha, sexto*) sixth: *en el minuto ~* in the sixth minute ◊ *Fuimos el 6 de mayo.* We went on May 6 ☛ Se lee: "May sixth". **LOC a las seis** at six o'clock **dar las seis** to strike six: *Dieron las ~ en el reloj.* The clock struck six. **las seis y cinco, etc** five, etc after six **las seis y cuarto** a quarter after six **las seis y media** six thirty **seis de cada diez** six out of ten **son las seis** it's six o'clock ☛ Para más información sobre el uso de los números, fechas, etc, ver Apéndice 1.

seiscientos, -as ◆ *adj, pron* six hundred: *~ cuarenta y dos* six hundred (and) forty-two ◊ *Eramos ~ en la boda.* There were six hundred of us at the wedding. ◊ *hace ~ años* six hundred years ago ◆ *nm* six hundred **LOC seiscientos un(o), seiscientos dos, etc** six hundred (and) one, six hundred (and) two, etc ☛ *Ver Apéndice 1.*

selección *nf* **1** (*gen*) selection **2** (*equipo*) (national) team: *la ~ ecuatoriana de baloncesto* the Ecuadorian basketball team **LOC** *Ver* EXAMEN

seleccionar *vt* to select

selecto, -a *adj* select: *un grupo/restaurante ~* a select group/restaurant

sellar *vt* **1** (*cerrar*) to seal: *~ un sobre/una amistad* to seal an envelope/a friendship **2** (*marcar con un sello*) to stamp: *~ una carta/un pasaporte* to stamp a letter/passport

sello *nm* **1** (*correo*) stamp **2** (*oficial*) seal ☛ *Ver nota en* STAMP **LOC** *Ver* CARA

selva *nf* jungle

semáforo *nm* traffic light: *un ~ en rojo* a red light

semana *nf* week: *la ~ pasada/que viene* last/next week ◊ *dos veces por ~* twice a week **LOC Semana Santa** Easter: *¿Qué vas a hacer en Semana Santa?* What are you doing at Easter?

También existe la expresión **Holy Week**, pero se usa solamente para referirse a las festividades religiosas.

una semana sí y otra no every other week *Ver tb* FIN

semanal *adj* **1** (*de cada semana*) weekly: *una revista ~* a weekly magazine **2** (*a la semana*): *Tenemos una hora ~ de gimnasia.* We have one hour of PE a week.

sembrar *vt* **1** (*gen*) to sow: *~ trigo/un campo* to sow wheat/a field **2** (*hortalizas*) to plant: *Sembraron ese campo de papas.* They've planted that field with potatoes.

semejante *adj* **1** (*parecido*) similar: *un modelo ~ a éste* a model similar to this one **2** (*tal*): *¿Cómo pudiste hacer ~ cosa?* How could you do a thing like that? **LOC** *Ver* COSA

semejanza *nf* similarity [*pl* similarities]

semen *nm* semen

semicírculo *nm* semicircle

semicorchea *nf* (*Mús*) sixteenth note

semifinal *nf* semifinal

semifinalista *nmf* semifinalist

semilla *nf* seed

seminario *nm* **1** (*clase*) seminar **2** (*Relig*) seminary [*pl* seminaries]

senado *nm* senate ☛ *Ver pág 318.*

senador, ~a *nm-nf* senator ☛ *Ver pág 318.*

sencillez *nf* simplicity

sencillo, -a ◆ *adj* **1** (*gen*) simple: *una comida sencilla* a simple meal **2** (*persona*) straightforward ◆ *nm* **1** (*dinero*) small change **2** (*disco*) single: *el último ~ del grupo* the group's latest single

senda *nf* path

seno *nm* breast: *cáncer de ~* breast cancer

sensación *nf* feeling **LOC causar/hacer sensación 1** (*hacer furor*) to cause a sensation **2** (*emocionar*) to make an impression *on sb*: *Volver a verlo me causó una gran ~.* Seeing him again made a deep impression on me.

sensacional *adj* sensational

sensatez *nf* good sense

sensato, -a *adj* sensible

sensibilidad *nf* sensitivity

sensible *adj* **1** (*gen*) sensitive (***to sth***): *Mi piel es muy ~ al sol.* My skin is very sensitive to the sun. ◊ *Es una niña muy ~.* She's a very sensitive child. **2** (*grande*) noticeable: *una mejora ~* a noticeable improvement

sensual *adj* sensual

sentada *nf* (*protesta*) sit-in **LOC de/en una sentada** in one go

sentado, -a *pp, adj* sitting, seated (*más formal*): *Estaban ~s a la mesa.* They were sitting at the table. ◊ *Se quedaron ~s.* They remained seated. **LOC dar algo por sentado** to assume sth *Ver tb* SENTAR

sentar ◆ *vt* to sit: *Sentó al niño en su cochecito.* He sat the baby in its stroller. ◆ *vi* to look good (on *sb*): *Te sienta mejor el rojo.* The red one looks better on you. ◊ *¿Qué tal me sienta?* How does it look? ◆ **sentarse** *v pron* to sit (down): *Siéntese.* Sit down, please. ◊ *Nos sentamos en el suelo.* We sat (down) on the floor. **LOC sentar bien/mal 1** (*ropa*) to look good/bad on *sb*: *Este vestido me sienta muy mal.* This dress doesn't look good on me at all. **2** (*alimentos*) to agree/not to agree *with sb*: *El café no me sienta bien.* Coffee doesn't agree with me. **3** (*hacer buen efecto*) to do *sb* good/no good: *Me sentó bien el descanso.* The rest did me good. **4** (*tomar bien/mal*): *Me sentó mal que no me invitaran.* I was upset that I wasn't invited. **sentar cabeza** to settle down *Ver tb* PATADA

sentencia *nf* **1** (*Jur*) sentence **2** (*dicho*) maxim **LOC** *Ver* DICTAR

sentenciar *vt* to sentence *sb* ***to sth***

sentido *nm* **1** (*gen*) sense: *los cinco ~s* the five senses ◊ *~ del humor* sense of humor ◊ *No tiene ~.* It doesn't make sense. **2** (*significado*) meaning **3** (*dirección*) direction **LOC sentido común** common sense *Ver tb* CALLE, CARECER, DOBLE, SEXTO

sentimental *adj* **1** (*gen*) sentimental: *valor ~* sentimental value **2** (*vida*) love [*n atrib*]: *vida ~* love life **LOC** *Ver* CONSULTORIO

sentimiento *nm* feeling

sentir ◆ *vt* **1** (*gen*) to feel: *~ frío/hambre* to feel cold/hungry **2** (*oír*) to hear **3** (*lamentar*) to be sorry **about sth**/(**that…**): *Siento no poder ayudarle.* I'm sorry (that) I can't help you. ◊ *Sentimos mucho su desgracia.* We're very sorry about your bad luck. ◆ **sentirse** *v pron* to feel: *Me siento bien/mal.* I feel/don't feel very well. ◊ *¿Te sientes bien?* Do you feel all right? **LOC lo siento (mucho)** I'm (very) sorry *Ver tb* ESCALOFRÍO, GANA, NÁUSEA, OBLIGADO, OJO, SIMPATÍA, SOLO

seña *nf* **1** (*gesto*) sign **2 señas** (*dirección*) address [*sing*] **LOC hacer señas** to signal: *Me hacían ~s para que parara.* They were signaling to me to stop.

señal *nf* **1** (*gen*) sign: *~es de tránsito* road signs ◊ *Es una buena/mala ~.* It's a good/bad sign. ◊ *en ~ de protesta* as a sign of protest **2** (*marca*) mark **3** (*teléfono*) tone: *la ~ para marcar/de ocupado* the dial tone/busy signal **LOC dar señales** to show signs *of sth/doing sth* **hacer una señal/señales** to signal: *El conductor me hacía ~es.* The driver was signaling to me.

señalar *vt* **1** (*marcar*) to mark: *Señala las faltas con un lápiz rojo.* Mark the mistakes in red pencil. **2** (*mostrar, afirmar*) to point *sth* out: *~ algo en un mapa* to point sth out on a map ◊ *Señaló que…* He pointed out that…

señalizar *vt* to signpost

señor, ~a ◆ *nm-nf* **1** (*adulto*) man [*fem* lady] [*pl* men/ladies]: *Hay un ~ que quiere hablar contigo.* There's a man who wants to talk to you. ◊ *ropa para señoras* ladies' clothing **2** (*delante del apellido*) Mr. [*fem* Mrs.] [*pl* Mr. and Mrs.]: *¿Está el ~ López?* Is Mr. López in? ◊ *los ~es de Soler* Mr. and Mrs. Soler **3** (*delante del nombre o de cargos*): *La señora Luisa es la costurera.* Luisa is the dressmaker. ◊ *el ~ alcalde* the mayor **4** (*para llamar la atención*) excuse me!: *¡Señor! Se le cayó el tiquete.* Excuse me! You've dropped your ticket. **5** (*de cortesía*) sir [*fem* madam] [*pl* gentlemen/ladies]: *Buenos días ~.* Good morning, sir. ◊ *Señoras y señores…* Ladies and gentlemen… ◆ *nm* **Señor** Lord ◆ **señora** *nf* (*esposa*) wife [*pl* wives] **LOC ¡no señor!** no way! **¡señor!** good Lord! **¡sí señor!** that's right! *Ver tb* SERVICIO

señorita *nf* **1** (*fórmula de cortesía*) Miss, Ms.

Miss se utiliza con el apellido o con el nombre y el apellido: "Miss Jones" o "Miss Mary Jones". Nunca se utiliza sólo con el nombre propio: *Llame a la señorita Elena/a la señorita Pelayo.* Phone Elena/Miss Pelayo.
Ms. se usa para mujeres casadas o solteras cuando no se conoce su estado civil.

2 (*maestra*) teacher: *La ~ nos pone muchas tareas.* Our teacher gives us a lot of homework. **3** (*para llamar la atención*) excuse me: *¡Señorita! ¿Me puede atender, por favor?* Excuse me! Can you help me please?

separación *nf* **1** (*gen*) separation **2** (*distancia*) gap: *Hay siete metros de ~.* There's a seven-meter gap.

separado, -a *pp, adj* **1** (*matrimonio*) separated: *—¿Soltera o casada? —Separada.* "Married or single?" "Separated." **2** (*distinto*) separate: *llevar vidas separadas* to lead separate lives **LOC por separado** separately *Ver tb* SEPARAR

separar ◆ *vt* **1** (*gen*) to separate *sth/sb* (***from sth/sb***): *Separa las bolas rojas de las verdes.* Separate the red balls from the green ones. **2** (*alejar*) to move *sth/sb* away (***from sth/sb***): *~ la mesa de la ventana* to move the table away from the window **3** (*guardar*) to save: *Sepárame un pan.* Save a loaf of bread for me. ◆ **separarse** *v pron* **1** (*gen*) to separate, to split up (*más coloq*): *Se separó de su marido.* She separated from her husband. ◊ *Nos separamos a mitad de camino.* We split up halfway. **2** (*apartarse*) to move away (***from sth/sb***): *~se de la familia* to move away from your family

separatista *adj, nmf* separatist

septiembre *nm* September (*abrev* Sept) ☛ *Ver ejemplos en* ENERO

séptimo, -a *adj, pron, nm-nf* seventh ☛ *Ver ejemplos en* SEXTO **LOC estar en el séptimo cielo** to be in seventh heaven

sepultura *nf* grave

sequía *nf* drought

ser[1] ◆ *v copul, vi* **1** (*gen*) to be: *Es alta.* She's tall. ◊ *Soy de La Paz.* I'm from La Paz. ◊ *Dos y dos son cuatro.* Two and two are four. ◊ *Son las siete.* It's seven o'clock. ◊ *—¿Cuánto es? —Son 320 pesos.* "How much is it?" "(It's) 320 pesos." ◊ *—¿Quién es? —Soy Ana.* "Who's that?" "It's Ana." ◊ *En mi familia somos seis.* There are six of us in my family.

En inglés se utiliza el artículo indefinido **a/an** delante de profesiones en oraciones con el verbo "to be": *Es médico/ingeniero.* He's a doctor/an engineer.

2 ~ de (*material*) to be made **of *sth***: *Es de aluminio.* It's made of aluminum. ◆ *v aux* to be: *Será juzgado el lunes.* He will be tried on Monday.
LOC a no ser que... unless... **es más** what's more **¡eso es!** that's right! **es que...**: *Es que no me provoca.* I just don't feel like it. ◊ *¡Es que es muy caro!* It's very expensive! ◊ *¿Es que no se conocían?* Didn't you know each other, then? **lo que sea** whatever **no sea que/no vaya a ser que** (just) in case **o sea**: *¿O sea que se van mañana?* So you're leaving tomorrow, are you? ◊ *El 17, o sea el martes pasado.* The 17th, that is to say last Tuesday. **por si fuera poco** to top it all **¿qué ha sido de...?**: *¿Qué ha sido de tu hermana?* What's your sister been up to? ◊ *¿Qué ha sido de su vida?* What have you been up to? **sea como sea/sea lo que sea/sea quien sea** no matter how/what/who **si no es/fuera por** if it weren't for *sth/sb* **si yo fuera** if I were **soy yo** it's me, you, etc ☛ Para otras expresiones con **ser**, véanse las entradas del sustantivo, adjetivo, etc, p.ej. **ser el colmo** en COLMO y **ser tartamudo** en TARTAMUDO.

ser[2] *nm* being: *un ~ humano/vivo* a human/living being

serial *nm* serial ☛ *Ver nota en* SERIES

serie *nf* series [*pl* series]: *una ~ de desgracias* a series of disasters ◊ *una nueva ~ televisiva* a new TV series ☛ *Ver nota en* SERIES **LOC serie en capítulos** serial *Ver tb* FABRICAR

serio, -a *adj* **1** (*gen*) serious: *un libro/asunto ~* a serious book/matter **2** (*cumplidor*) reliable: *Es un hombre de negocios ~.* He's a reliable businessman. **LOC en serio** seriously: *tomar algo en ~* to take sth seriously ◊ *¿Lo dices en ~?* Are you serious? **ponerse serio con algn** to get annoyed with sb

sermón *nm* (*Relig*) sermon **LOC echar un sermón** to give *sb* a lecture *Ver tb* SOLTAR

serpentina *nf* streamer

serpiente *nf* snake **LOC serpiente de cascabel** rattlesnake

serrar *vt* to saw *sth* (up): *Serré la madera.* I sawed up the wood.

servicio *nm* **1** (*gen, Tenis*) service: *~ de buses* bus service **2** (*doméstico*) domestic help **LOC muchacha/señora del servicio** maid *Ver tb* PAGAR

servido, -a *pp, adj* **LOC darse por bien servido** to count yourself lucky *Ver tb* SERVIR

servilleta *nf* napkin: *~s de papel* paper napkins

servilletero *nm* napkin ring

servir ◆ *vt* to serve: *Demoraron mucho en ~nos.* They took a long time to serve us. ◊ *¿Te sirvo un poco más?* Would you like some more? ◆ *vi* **1** (*gen, Tenis*) to serve: *~ en la marina* to serve in the navy **2** *~* **de/como/para** to serve **as *sth*/ to do *sth***: *Sirvió para aclarar las cosas.* It served to clarify things. ◊ *La caja me sirvió de mesa.* I used the box as a table. ◊ *Este vaso sirve de florero.* This glass will do as a vase. **3** *~* **para** (*usarse*) to be (used) **for *doing sth***: *Sirve para cortar.* It is used for cutting. ◊ *¿Para qué sirve?* What do you use it for? **4** (*ropa*) to fit: *Ya no me sirve este pantalón.* These pants don't fit me any more. ◆ **servirse** *v pron* (*comida*) to help yourself (**to *sth***): *Me serví ensalada.* I helped myself to salad. ◊ *Sírvase usted mismo.* Help yourself. **LOC no servir 1** (*utensilio*) to be no good (*for doing sth*): *Este cuchillo no sirve para cortar carne.* This knife is no good for cutting meat. **2** (*persona*) to be no good *at sth/doing sth*: *No sirvo para enseñar.* I'm no good at teaching. **no servir para nada/taco** to be useless: *Este gobierno no sirve para nada.* This government is useless. *Ver tb* BANDEJA

sesenta *nm, adj, pron* **1** (*gen*) sixty **2** (*sexagésimo*) sixtieth: *Eres el número ~ en la lista.* You're sixtieth on the list. ◊ *el ~ aniversario* the sixtieth anniversary **LOC los sesenta** (*los años 60*) the sixties **sesenta y un(o), sesenta y dos, etc** sixty-one, sixty-two, etc ☛ *Ver Apéndice 1.*

sesión *nf* **1** (*gen*) session: *~ de entrenamiento/clausura* training/closing session **2** (*Cine*) showing **3** (*Teat*) performance

seso *nm* brain **LOC calentarse/ devanarse los sesos** to rack your brains

set *nm* set **LOC salir al set** to go/come onto the stage

setecientos, -as *adj, pron, nm* seven hundred ☛ *Ver ejemplos en* SEISCIENTOS

setenta *nm, adj, pron* **1** (*gen*) seventy **2** (*septuagésimo*) seventieth ☛ *Ver ejemplos en* SESENTA

seudónimo *nm* pseudonym

severo, -a *adj* **1** (*intenso*) severe: *un golpe ~* a severe blow **2** *~* (**con**) (*estricto*) strict (**with *sb***): *Mi papá era muy ~ con nosotros.* My father was very strict with us. **3** (*castigo, crítica*) harsh

sexista *adj, nmf* sexist

sexo *nm* sex

sexto, -a ◆ *adj* **1** (*gen*) sixth: *la sexta hija* the sixth daughter ◊ *Vivo en el ~ piso.* I live on the sixth floor. **2** (*en títulos*): *Felipe VI* Philip VI ☛ Se lee "Philip the Sixth". ☛ *Ver Apéndice 1* ◆ *pron, nm-nf* sixth: *Es el ~ de la familia.* He's sixth in the family. ◊ *Fui el ~ en cruzar la meta.* I was the sixth to finish. ◆ *nm* sixth: *cinco ~s* five sixths **LOC la/una sexta parte** a sixth **sexto sentido** sixth sense

sexual *adj* **1** (*gen*) sexual: *acoso ~* sexual harassment **2** (*educación, órganos, vida*) sex [*n atrib*]

sexualidad *nf* sexuality

shorts *nm* shorts

si[1] *nm* (*Mús*) **1** (*nota de la escala*) ti **2** (*tonalidad*) B: *si mayor* B major

si[2] *conj* **1** (*gen*) if: *Si llueve no iremos.* If it rains, we won't go. ◊ *Si fuera rico me compraría una moto.* If I were rich, I'd buy a motorcycle. ☛ Es más correcto decir "if I/he/she/it **were**", pero hoy en día en el lenguaje hablado se suele usar "if I/he/she/it **was**". **2** (*duda*) whether: *No sé si quedarme o irme.* I don't know whether to stay or go. **3** (*deseo*) if only: *¡Si me lo hubieras dicho antes!* If only you had told me before! **4** (*protesta*) but: *¡Si no me lo habías dicho!* But you didn't tell me! **5** (*enfático*) really: *Si será despistada.* She's really scatterbrained. **LOC si no** otherwise

sí[1] ◆ *adv* **1** (*gen*) yes: *—¿Quieres un poco más? —Sí.* "Would you like a bit more?" "Yes, please." **2** (*énfasis*): *Sí que estoy contenta.* I am really happy. ◊ *Ella no irá, pero yo sí.* She's not going but I am. ◆ *nm*: *Contestó con un tímido sí.* He shyly said yes. ◊ *Aún no me ha dado el sí.* He still hasn't said yes. **LOC ¡eso sí que no!** definitely not! **¿sí?**: *¡Estate quieta!¿sí?* Keep still, will you!

sí[2] *pron pers* **1** (*él*) himself: *Hablaba*

para sí (mismo). He was talking to himself. **2** (*ella*) herself: *Sólo sabe hablar de sí misma*. She can only talk about herself. **3** (*ello*) itself: *El problema se solucionó por sí mismo*. The problem solved itself. **4** (*ellos, ellas*) themselves **5** (*impersonal, usted*) yourself: *querer algo para sí* to want sth for yourself ☛ *Ver nota en* YOU **6** (*ustedes*) yourselves **LOC darse de sí** (*prendas, zapatos*) to stretch **de por sí/en sí (mismo)** in itself

siamés, -esa *adj* **LOC** *Ver* GATO, HERMANO

sida (*tb* **SIDA**) *nm* AIDS

siderurgia *nf* iron and steel industry

siderúrgico, -a *adj* iron and steel [*n atrib*]: *el sector ~ latinoamericano* the Latin American iron and steel sector

siembra *nf* sowing

siempre *adv* always: *~ dices lo mismo*. You always say the same thing. ◊ *~ he vivido con mis primos*. I've always lived with my cousins. ☛ *Ver nota en* ALWAYS **LOC como siempre** as usual **de siempre** (*acostumbrado*) usual: *Nos veremos en el sitio de ~*. We'll meet in the usual place. **lo de siempre** the usual thing **para siempre 1** (*permanentemente*) for good: *Me voy de Colombia para ~*. I'm leaving Colombia for good. **2** (*eternamente*) forever: *Nuestro amor es para ~*. Our love will last for ever. **siempre que...** whenever...: *~ que vamos de vacaciones te enfermas*. Whenever we go on vacation you get sick.

sien *nf* temple

sierra *nf* **1** (*herramienta*) saw **2** (*región*) mountains [*pl*]: *una casita en la ~* a cabin in the mountains **3** (*Geog*) mountain range **4** (*pez*) tuna [*pl* tuna]

siesta *nf* siesta **LOC dormir/hacer la siesta** to take a siesta

siete *nm, adj, pron* **1** (*gen*) seven **2** (*fecha*) seventh ☛ *Ver ejemplos en* SEIS **LOC tener siete vidas** to have nine lives

sigilosamente *adv* very quietly

sigla *nf* **siglas**: *¿Cuáles son las ~s de...?* What's the abbreviation for...? ◊ *CEPAL son las ~s de la Comisión Económica para América Latina y el Caribe*. CEPAL stands for "Comisión Económica para América Latina y el Caribe".

siglo *nm* **1** (*centuria*) century [*pl* centuries]: *en el ~ XX* in the 20th century ☛ Se lee: "in the twentieth century". **2** (*era*) age: *Vivimos en el ~ de los computadores*. We live in the age of computers. **LOC Siglo de Oro** Golden Age

significado *nm* meaning

significar *vt, vi* to mean (*sth*) (***to sb***): *¿Qué significa esta palabra?* What does this word mean? ◊ *El significa mucho para mí*. He means a lot to me.

signo *nm* **1** (*gen*) sign: *los ~s del zodíaco* the signs of the zodiac **2** (*imprenta, fonética*) symbol **LOC signo de admiración/interrogación** exclamation point/question mark ☛ *Ver págs 314–5*.

siguiente ◆ *adj* next: *al día ~* the next day ◆ *nmf* next one: *Que pase la ~*. Tell the next one to come in. **LOC lo siguiente** the following

sílaba *nf* syllable

silbar *vt, vi* **1** (*gen*) to whistle: *~ una canción* to whistle a tune **2** (*abuchear*) to boo

silbato *nm* whistle: *El árbitro tocó el ~*. The referee blew the whistle.

silbido *nm* **1** (*gen*) whistle: *el ~ del viento* the whistling of the wind **2** (*protesta, serpiente*) hiss **3** (*oídos*) buzzing

silenciar *vt* **1** (*persona*) to silence **2** (*suceso*) to hush *sth* up

silencio *nm* silence: *En la clase había ~ absoluto*. There was total silence in the classroom. **LOC ¡silencio!** be quiet! *Ver tb* ROGAR

silencioso, -a *adj* **1** (*en silencio, callado*) silent: *La casa estaba completamente silenciosa*. The house was totally silent. ◊ *un motor ~* a silent engine **2** (*tranquilo*) quiet: *una calle muy silenciosa* a very quiet street

silla *nf* chair: *sentado en una ~* sitting on a chair **LOC silla de montar** saddle **silla de ruedas** wheelchair **silla para niños** highchair **silla reclinatoria** chaise

sillón *nm* armchair: *sentado en un ~* sitting in an armchair

silueta *nf* silhouette

silvestre *adj* wild

simbólico, -a *adj* symbolic

simbolizar *vt* to symbolize

símbolo *nm* symbol

simétrico, -a *adj* symmetrical

similar *adj* ~ (**a**) similar (**to *sth/sb***)

simio, -a *nm-nf* ape

simpatía *nf* charm **LOC sentir/tener simpatía hacia/por algn** to like sb

simpático, -a *adj* nice: *Es una muchacha muy simpática.* She's a very nice girl. ◊ *Me pareció muy ~.* I thought he was very nice.

Nótese que **sympathetic** no significa simpático sino *comprensivo, compasivo*: *Todos fueron muy comprensivos.* Everyone was very sympathetic.

LOC hacerse el simpático: *Se estaba haciendo el ~.* He was trying to be nice.

simpatizante *nmf* sympathizer: *ser ~ del partido liberal* to be a liberal party sympathizer

simpatizar *vi* (*llevarse bien*) to get along (well) (***with sb***)

simple *adj* **1** (*sencillo, fácil*) simple: *No es tan ~ como parece.* It's not as simple as it looks. **2** (*soso*) tasteless: *La sopa está algo ~.* This soup needs a little salt. **3** (*persona*) plain: *Ella es muy ~.* She's rather plain. ◊ *Víctor es muy ~ para vestir.* Victor doesn't make much effort in the way he dresses. **4** (*mero*): *Es un ~ apodo.* It's just a nickname. **LOC a simple vista** at first glance

simplificar *vt* to simplify

simultáneo, -a *adj* simultaneous

sin *prep* **1** (*gen*) without: *sin azúcar* without sugar ◊ *sin pensar* without thinking ◊ *Salió sin decir nada.* She went out without saying anything. ◊ *Salieron sin que nadie los viera.* They left without anybody seeing them. **2** (*por hacer*): *Los platos estaban todavía sin lavar.* The dishes still hadn't been done. ◊ *Tuve que dejar el trabajo sin terminar.* I had to leave the work unfinished. **LOC sin embargo** *Ver* EMBARGO

sinagoga *nf* synagogue

sinceridad *nf* sincerity

sincero, -a *adj* sincere

sincronización *nf* (*motor*) tuning

sincronizar *vt* to synchronize: *Sincronicemos los relojes.* Let's synchronize our watches.

sindicato *nm* (labor) union: *el ~ de trabajadores* the workers' union

síndrome *nm* syndrome **LOC síndrome de abstinencia** withdrawal symptoms [*pl*] **síndrome de inmunodeficiencia adquirida** (*abrev* (**SIDA**)) Acquired Immune Deficiency Syndrome (*abrev* AIDS)

sinfonía *nf* symphony [*pl* symphonies]

sinfónico, -a *adj* **1** (*música*) symphonic **2** (*orquesta*) symphony [*n atrib*]: *orquesta sinfónica* symphony orchestra

singular *adj* (*Gram*) singular

siniestro, -a *adj* sinister: *aspecto ~* sinister appearance **LOC** *Ver* DIESTRO

sino *conj* but: *no sólo en Cartagena, ~ también en otros sitios* not only in Cartagena but in other places as well ◊ *No haces ~ criticar.* You do nothing but criticize.

sinónimo, -a ♦ *adj* ~ (**de**) synonymous (**with** ***sth***) ♦ *nm* synonym

síntoma *nm* symptom

sintonizar *vt, vi* to tune in (***to sth***): *~ (con) Caracol* to tune in to Radio Caracol

sinvergüenza *nmf* scoundrel

siquiera *adv* **1** (*en frase negativa*) even: *Ni ~ me llamaste.* You didn't even phone me. ◊ *sin vestirme ~* without even getting dressed **2** (*al menos*) at least: *Deme ~ una idea.* At least give me an idea. **3** (*afortunadamente*) thank goodness: *~ llegaste.* Thank goodness you've arrived.

sirena *nf* **1** (*señal acústica*) siren: *~ de policía* police siren **2** (*mujer-pez*) mermaid

sirviente, -a ♦ *nm-nf* servant ♦ **sirvienta** *nf* maid

sísmico, -a *adj* seismic

sistema *nm* **1** (*gen*) system: *~ político/educativo* political/education system ◊ *el ~ solar* the solar system **2** (*método*) method: *los ~s pedagógicos modernos* modern teaching methods **LOC sistema montañoso** mountain range

sitio *nm* **1** (*gen*) place: *un ~ para dormir* a place to sleep **2** (*espacio*) room: *¿Hay ~?* Is there any room? ◊ *Creo que no habrá ~ para todos.* I don't think there'll be enough room for everybody. **LOC hacer sitio** to make room (*for sth/sb*) **ir de un sitio a/para otro** to rush around *Ver tb* ALGUNO, CUALQUIERA, NINGUNO, OTRO

situación *nf* situation: *una ~ difícil* a difficult situation

situado, -a *pp, adj* situated *Ver tb* SITUAR

situar ♦ *vt* **1** (*colocar*) to put, to place (*más formal*): *Me sitúa en una posición muy comprometida.* This puts me in a very awkward position. **2** (*en un mapa*) to find: *Sitúeme Cuzco en el mapa.* Find Cuzco on the map. ♦ **situarse** *v pron* (*clasificación*) to be: *~se entre las cinc* *primeras* to be among the top five **LOC situarse a la cabeza** to lead the field

sobaco *nm* armpit

sobar *vt* **1** (*cosa*) to finger: *Deja de ~ la tela.* Stop fingering the material. **2** (*persona*) to paw

soberano, -a *adj*, *nm-nf* sovereign

sobornar *vt* to bribe

soborno *nm*: *intento de ~* attempted bribery ◊ *aceptar ~s* to accept/take bribes

sobra *nf* **1** (*exceso*) surplus: *Hay mano de obra barata de ~.* There is a surplus of cheap labor. **2 sobras** (*restos*) leftovers **LOC de sobra 1** (*suficiente*) plenty (of *sth*): *Hay comida de ~.* There's plenty of food. ◊ *Tenemos tiempo de ~.* We have plenty of time. **2** (*muy bien*) very well: *Sabes de ~ que no me gusta.* You know very well that I don't like it.

sobrado *adv* easily

sobrar *vi* **1** (*quedar*): *Sobra queso de anoche.* There's some cheese left (over) from last night. **2** (*haber más de lo necesario*): *Sobra tela para la falda.* There's plenty of material for the skirt. ◊ *Sobran dos sillas.* There are two chairs too many. **3** (*estar de más*) **(a)** (*cosa*) to be unnecessary: *Sobran las palabras.* Words are unnecessary. **(b)** (*persona*) to be in the way: *Aquí sobramos.* We're in the way here. **LOC sobrarle algo a algn 1** (*quedar*) to have sth left: *Me sobran dos confites.* I have two pieces of candy left. **2** (*tener demasiado*) to have too much/many...: *Me sobra trabajo.* I've got too much work.

sobre[1] *nm* **1** (*carta*) envelope **2** (*envoltorio*) package: *un ~ de sopa* a package of soup

sobre[2] *prep* **1** (*encima de*) on: *sobre la mesa* on the table **2** (*por encima, sin tocar*) over: *Volamos sobre Caracas.* We flew over Caracas. **3** (*temperatura*) above: *diez grados sobre cero* ten degrees above zero **4** (*acerca de, expresando aproximación*) about: *una película sobre Machu Picchu* a film about Machu Picchu ◊ *Llegaré sobre las ocho.* I'll arrive about eight. **LOC sobre todo** *Ver* TODO

sobrecargado, -a *pp*, *adj* overloaded: *una línea sobrecargada* an overloaded line

sobredosis *nf* overdose

sobremesa *nf*: *¿Qué quieres de ~? ¿Jugo o leche?* What would you like to drink with your meal? Juice or milk?

sobrenatural *adj* supernatural

sobrentenderse (*tb* **sobreentenderse**) *v pron* to be understood

sobrepasar *vt* **1** (*cantidad, límite, medida, esperanzas*) to exceed: *Sobrepasó los 170km por hora.* It exceeded 170km an hour. **2** (*rival, récord*) to beat

sobrepoblado, -a *pp*, *adj* overpopulated

sobresaliente *adj* outstanding: *una actuación ~* an outstanding performance

sobresalir *vi* **1** (*objeto, parte del cuerpo*) to stick out, to protrude (*formal*) **2** (*destacar, resaltar*) to stand out (***from sth/sb***): *Sobresale entre sus compañeras.* She stands out from her friends.

sobresaltar *vt* to startle

sobrevivir *vi* to survive

sobrino, -a *nm-nf* nephew [*fem* niece]

> A veces decimos *sobrinos* refiriéndonos a sobrinos y sobrinas, en cuyo caso debemos decir en inglés **nephews and nieces**: *¿Cuántos sobrinos tienes?* How many nephews and nieces do you have?

sobrio, -a *adj* sober

sociable *adj* sociable

social ◆ *adj* social ◆ **sociales** *nf* gossip column [*sing*]: *La noticia saldrá publicada mañana en ~.* The news will be published in tomorrow's gossip column. **LOC** *Ver* ASISTENTE, PÁGINA, SEGURO

socialismo *nm* socialism

socialista *adj*, *nmf* socialist

sociedad *nf* **1** (*gen*) society [*pl* societies]: *una ~ de consumo* a consumer society **2** (*Com*) company [*pl* companies] **LOC sociedad anónima** public corporation **sociedad limitada** limited company (*abrev* Ltd)

socio, -a *nm-nf* **1** (*club*) member: *hacerse ~ de un club* to become a member of a club/to join a club **2** (*Com*) partner

sociología *nf* sociology

sociólogo, -a *nm-nf* sociologist

socorrer *vt* to help

socorrismo *nm* life-saving

socorrista *nmf* lifeguard

socorro ◆ *nm* help ◆ **¡socorro!** *interj* help!

sofá *nm* couch **LOC sofá cama** sofa bed

sofisticado, -a *adj* sophisticated

sofocante *adj* stifling: *Hacía un calor ~.* It was stiflingly hot.

sofocar ◆ *vt* **1** (*fuego*) to smother **2** (*rebelión*) to put *sth* down ◆ **sofocarse** *v pron* **1** (*de calor*) to suffocate: *Me estaba sofocando en el bus.* I was suffocating on the bus. **2** (*quedarse sin aliento*) to get out of breath **3** (*irritarse*) to get worked up

sofoco *nm* **1** (*vergüenza*) embarrassment: *¡Qué ~!* How embarrassing! **2** (*sudores*) hot flash

sofreír *vt* to fry *sth* lightly

soga *nf* rope **LOC estar con la soga al cuello** to be in a bind

sol[1] *nm* sun: *Me daba el ~ en la cara.* The sun was shining on my face. ◊ *sentarse al ~* to sit in the sun ◊ *una tarde de ~* a sunny afternoon **LOC de sol a sol** from morning to night **hacer sol** to be sunny **no dejar a algn ni a sol ni a sombra** not to leave sb in peace **tomar el sol** to sunbathe *Ver tb* GAFAS, PUESTA, QUEMADURA, RELOJ, SALIDA

sol[2] *nm* **1** (*nota de la escala*) so **2** (*tonalidad*) G: *~ bemol* G flat **LOC** *Ver* CLAVE

solamente *adv Ver* SÓLO

solapa *nf* **1** (*chaqueta*) lapel **2** (*libro, sobre*) flap

solar[1] *adj* (*del sol*) solar

solar[2] *nm* (*terreno*) plot

soldado *nmf* soldier

soldar *vt* to solder

soleado, -a *adj* sunny

solemne *adj* solemn

soler *vi* **1** (*en presente*) to usually do sth: *No suelo desayunar.* I don't usually have breakfast. ☛ *Ver nota en* ALWAYS **2** (*en pasado*) used to do sth: *Solíamos visitarlo en el verano.* We used to visit him in the summer. ◊ *No solíamos salir.* We didn't use to go out. ☛ *Ver nota en* USED TO

solfeo *nm* music theory

solicitante *nmf* applicant (***for sth***)

solicitar *vt* **1** (*gen*) to request: *~ una entrevista* to request an interview **2** (*empleo, beca*) to apply **for *sth***

solicitud *nf* **1** (*petición*) request (***for sth***): *una ~ de información* a request for information **2** (*instancia*) application (***for sth***): *una ~ de trabajo* a job application ◊ *rellenar una ~* to fill out an application (form)

solidez *nf* solidity

solidificar(se) *vt, v pron* **1** (*gen*) to solidify **2** (*agua*) to freeze

sólido, -a *adj, nm* solid

solista *nmf* soloist

solitario, -a ◆ *adj* **1** (*sin compañía*) solitary: *Lleva una vida solitaria.* She leads a solitary life. **2** (*lugar*) lonely: *las calles solitarias* the lonely streets ◆ *nm* (*Naipes*) solitaire [*incontable*]: *hacer un ~* to play a game of solitaire

sollado, -a *pp, adj* **LOC estar sollado** to be high

sollozo *nm* sob

solo, -a ◆ *adj* **1** (*sin compañía*) alone: *Estaba sola en la casa.* She was alone in the house. **2** (*sin ayuda*) by myself, yourself, etc: *El niño ya come ~.* He can eat by himself now. ☛ *Ver nota en* ALONE ◆ *nm* solo [*pl* solos]: *hacer un ~* to play/sing a solo **LOC estar a solas** to be alone **estar/sentirse solo** to be/feel lonely **quedarse solo** to be (left) on your own

sólo (*tb* **solamente**) *adv* only: *Trabajo ~ los sábados.* I only work on Saturdays. ◊ *Es ~ un niño.* He's only a child. ◊ *Tan ~ te pido una cosa.* I'm just asking you one thing. **LOC no sólo ... sino también ...** not only ... but also ...

solomito *nm* sirloin (steak)

soltar ◆ *vt* **1** (*desasir*) to let go **of *sth/sb***: *¡Suéltame!* Let go of me! **2** (*dejar caer*) to drop **3** (*dejar libre*) to set *sth/sb* free, to release (*más formal*) **4** (*perro*) to set *a dog* loose **5** (*cable, cuerda*) to let *sth* out: *Suelta un poco de cuerda.* Let the rope out a little. **6** (*olor, humo*) to give *sth* off: *Suelta mucho humo.* It gives off a lot of smoke. **7** (*plata*) to cough *sth* up **8** (*grito, suspiro*) to let *sth* out ◆ **soltarse** *v pron* **1** (*separarse*) to let go (***of sth/sb***): *No te sueltes de mi mano.* Don't let go of my hand. **2 soltarse (en)** to get the hang **of *sth***: *Ya se está soltando en inglés.* She's getting the hang of English now. **LOC no soltar palabra/prenda** not to say a word **soltarle la lengua a algn** to make sb talk **soltarse el pelo** to let your hair down **soltar una carcajada** to burst out laughing **soltar un sermón** to give *sb* a lecture (*on sth*) *Ver tb* INDIRECTA

soltero, -a ◆ *adj* single: *ser/estar ~* to be single ◆ *nm-nf* single man/woman [*pl* single men/women] **LOC** *Ver* DESPEDIDA, MADRE

solterón, -ona *nm-nf* bachelor [*fem* old maid]: *Es un ~ empedernido.* He is a confirmed bachelor.

soltura *nf* **1** (*desparpajo*) self-confidence: *Se desenvuelve con ~.* He's very confident. **2** (*facilidad*): *Habla francés con ~.* She speaks fluent French. ◊ *manejar con ~* to drive well ◊ *adquirir ~ en el computador* to get the hang of the computer

soluble *adj* soluble

solución *nf* solution (*to sth*): *encontrar la ~ del problema* to find a solution to the problem

solucionar *vt* to solve: *Lo solucionaron con una llamada.* They solved the problem with a phone call.

solvente *adj* solvent

sombra

a shadow

They're sitting in the shade.

sombra *nf* **1** (*ausencia de sol*) shade: *Nos sentamos en la ~.* We sat in the shade. ◊ *El árbol daba ~ al carro.* The car was shaded by the tree. **2** (*silueta*) shadow: *proyectar una ~* to cast a shadow ◊ *No es ni la ~ de lo que era.* She is a shadow of her former self. **LOC sombra (de ojos)** eyeshadow

sombreado, -a *adj* shady

sombrero *nm* hat **LOC sombrero de copa** top hat

sombrilla *nf* (*playa*) sunshade

someter ◆ *vt* **1** (*dominar*) to subdue **2** (*exponer*) to subject *sth/sb* ***to sth***: *~ a los presos a torturas* to subject prisoners to torture ◊ *Sometieron el metal al calor.* The metal was subjected to heat. **3** (*buscar aprobación*) to submit *sth* (***to sth/sb***): *Tienen que ~ el proyecto al consejo.* The project must be submitted to the council. ◆ **someterse** *v pron* (*rendirse*) to surrender (***to sb***) **LOC someter a votación** to put *sth* to the vote

somnífero *nm* sleeping pill

sonado, -a *pp, adj* **1** (*comentado*) much talked-about: *la sonada dimisión del ministro* the much talked-about resignation of the minister **2** (*impresionante*) incredible *Ver tb* SONAR

sonajero *nm* rattle

sonámbulo, -a *nm-nf* sleepwalker

sonante *adj* **LOC** *Ver* PLATA

sonar ◆ *vi* **1** (*gen*) to sound: *Esta pared suena hueca.* This wall sounds hollow. ◊ *El piano suena de maravilla.* The piano sounds great. ◊ *¿Cómo te suena este párrafo?* How does this paragraph sound to you? **2** (*alarma, sirena*) to go off **3** (*timbre, campanilla, teléfono*) to ring **4** (*ser familiar*) to ring a bell: *Ese nombre me suena.* That name rings a bell. **5** (*tripas*) to rumble: *Me sonaban las tripas.* My tummy was rumbling. ◆ **sonarse** *v pron* (*nariz*) to blow your nose

sonda *nf* (*Med*) probe

sondear *vt* **1** (*persona*) to sound *sb* out (***about/on sth***) **2** (*opinión, mercado*) to test

sondeo *nm* (*opinión, mercado*) poll: *un ~ de opinión* an opinion poll

sonido *nm* sound **LOC** *Ver* EQUIPO

sonoro, -a *adj* **1** (*Tec*) sound [*n atrib*]: *efectos ~s* sound effects **2** (*voz*) loud **LOC** *Ver* BANDA[1]

sonreír *vi* to smile (***at sb***): *Me sonrió.* He smiled at me.

sonriente *adj* smiling

sonrisa *nf* smile

sonrojarse *v pron* to blush

sonrosado, -a *adj* rosy

soñador, ~a *nm-nf* dreamer

soñar ◆ *vi* **~ con 1** (*durmiendo*) to dream **about** ***sth/sb***: *Anoche soñé contigo.* I dreamed about you last night. **2** (*desear*) to dream **of** ***doing sth***: *Sueño con una moto.* I dream of having a motorcycle. ◊ *Sueñan con ser famosos.* They dream of becoming famous. ◆ *vt* to dream: *No sé si lo he soñado.* I don't know if I dreamed it. **LOC ni lo sueñes** no chance **soñar con los angelitos** to have sweet dreams **soñar despierto** to daydream **¡sueñe!** you wish!

sopa *nf* soup: *~ de fideos* noodle soup ◊ *~ de sobre* instant soup mix **LOC hasta en la sopa** all over the place

sopero, -a ◆ *adj* soup [*n atrib*]: *cuchara sopera* soup spoon ◆ **sopera** *nf* soup tureen **LOC** *Ver* PLATO

soplar ◆ *vt* **1** (*para apagar algo*) to blow *sth* out: *~ una vela* to blow out a candle **2** (*para enfriar algo*) to blow **on *sth***: ~ *la sopa* to blow on your soup **3** (*decir en voz baja*) to whisper: *Me soplaba las respuestas.* He whispered the answers to me. **4** (*chivarse*) **(a)** (*entre niños*) to tell (on *sb*): *Si no me lo devuelves se lo soplo a la maestra.* If you don't give it back to me, I'll tell the teacher on you. **(b)** (*a la policía*) to squeal ◆ *vi* **1** (*persona, viento*) to blow **2** (*beber*) to drink

soplo *nm* **1** (*gen*) blow: *Apagó todas las velas de un ~.* He blew out the candles in one go. **2** (*viento*) gust

soplón, -ona *nm-nf* **1** (*gen*) tattle-tale **2** (*de la policía*) informant

soportar *vt* to put up with *sth/sb*: ~ *el calor* to put up with the heat ☛ Cuando la frase es negativa se utiliza mucho **to stand**: *No la soporto.* I can't stand her. ◊ *No soporto tener que esperar.* I can't stand waiting.

soporte *nm* **1** (*gen*) support **2** (*estantería*) bracket

soprano *nf* soprano [*pl* sopranos]

sorber *vt, vi* **1** (*líquido*) **(a)** (*gen*) to sip **(b)** (*con una pajita*) to suck **2** (*por las narices*) to sniff

sorbete *nm* sorbet

sorbo *nm* sip: *tomar un ~ de café* to have a sip of coffee **LOC** *Ver* BEBER(SE)

sordera *nf* deafness

sórdido, -a *adj* sordid

sordo, -a *adj, nm-nf* deaf [*adj*]: *un colegio especial para ~s* a special school for the deaf ◊ *quedarse ~* to go deaf **LOC hacerse el sordo** to turn a deaf ear (*to sth/sb*) **sordo como una tapia** as deaf as a post

sordomudo, -a ◆ *adj* deaf and dumb ◆ *nm-nf* deaf mute

soroche *nm* altitude sickness

sorprendente *adj* surprising

sorprender ◆ *vt* **1** (*gen*) to surprise: *Me sorprende que no haya llegado todavía.* I'm surprised he hasn't arrived yet. **2** (*agarrar desprevenido*) to catch *sb* (unawares): *Los sorprendió robando.* He caught them stealing. ◊ *Sorprendieron a los atracadores.* They caught the robbers off guard. ◆ **sorprenderse** *v pron* to be surprised: *Se sorprendieron al vernos.* They were surprised to see us.

sorprendido, -a *pp, adj* surprised *Ver tb* SORPRENDER

sorpresa *nf* surprise **LOC coger por sorpresa** to take *sb* by surprise

sortear *vt* **1** (*echar a suertes*) to draw straws **for *sth*** **2** (*rifar*) to raffle **3** (*golpe, obstáculo*) to dodge **4** (*dificultad, trabas*) to overcome

sorteo *nm* **1** (*lotería, adjudicación*) draw **2** (*rifa*) raffle

sortija *nf* ring

SOS *nm* SOS: *enviar un ~* to send out an SOS

sosegado, -a *pp, adj* calm *Ver tb* SOSEGARSE

sosegarse *v pron* to calm down

sosiego *nm* calm

sospecha *nf* suspicion

sospechar *vt, vi* ~ **(de)** to suspect: *No sospechaban de mí.* They didn't suspect me. ◊ *Sospechan que el joven es un terrorista.* They suspect the young man of being a terrorist. **LOC ¡ya (me) lo sospechaba!** just as I thought!

sospechoso, -a ◆ *adj* suspicious ◆ *nm-nf* suspect

sostén *nm* (*brasier*) bra

sostener ◆ *vt* **1** (*sujetar*) to hold **2** (*peso, carga*) to support **3** (*afirmar*) to maintain ◆ **sostenerse** *v pron* to stand up

sostenido, -a *pp, adj* (*Mús*) sharp: *fa ~* F sharp *Ver tb* SOSTENER

sotana *nf* cassock

sótano *nm* basement

soya *nf* soya

sport *nm* **LOC de sport** casual: *zapatos/ropa de ~* casual shoes/clothes

squash *nm* squash

stop *nm* stop light

su *adj pos* **1** (*de él*) his **2** (*de ella*) her **3** (*de objeto, animal, concepto*) its **4** (*de ellos/ellas*) their **5** (*impersonal*) their: *Cada cual tiene su opinión.* Everyone has their own opinion. **6** (*de usted, de ustedes*) your

suave *adj* **1** (*color, luz, música, piel, ropa, voz*) soft **2** (*superficie*) smooth **3** (*brisa, persona, curva, pendiente, sonido*) gentle **4** (*castigo, clima, sabor*) mild **5** (*ejercicios, lluvia, viento*) light **6** (*café, té*) weak

suavizante *nm* **1** (*pelo*) conditioner **2** (*ropa*) (fabric) softener

suavizar *vt* **1** (*piel*) to moisturize **2** (*pelo*) to condition

subasta *nf* auction

subcampeón, -ona *nm-nf* runner-up [*pl* runners-up]

subconsciente *adj, nm* subconscious

subdesarrollado, -a *adj* underdeveloped

subdesarrollo *nm* underdevelopment

súbdito, -a *nm-nf* subject: *una súbdita británica* a British subject

subida *nf* **1** (*acción*) ascent **2** (*pendiente*) hill: *al final de esta ~* at the top of this hill **3** (*aumento*) rise (***in sth***): *una ~ de precios* a rise in prices

subido, -a *pp, adj* (*color*) bright *Ver tb* SUBIR

subir ◆ *vt* **1** (*llevar*) to take/bring *sth* up: *Subió las maletas a la habitación.* He took the suitcases up to the room. **2** (*poner más arriba*) to put *sth* up: *Súbelo un poco más.* Put it up a little higher. **3** (*levantar*) to lift *sth* (up): *Subí el equipaje al tren.* I lifted the baggage onto the train. **4** (*ir/venir arriba*) to go/come up: *~ una calle* to go up a street **5** (*cuesta*) to go up **6** (*volumen*) to turn *sth* up **7** (*precios*) to put *sth* up, to raise (*más formal*) ◆ *vi* **1** (*ir/venir arriba*) to go/come up: *Subimos al segundo piso.* We went up to the second floor. ◊ *~ al tejado* to go up onto the roof **2** (*temperatura, río*) to rise **3** (*marea*) to come in **4** (*precios*) to go up (in price): *Ha subido la gasolina.* Petrol has gone up in price. **5** (*volumen, voz*) to get louder ◆ **subir(se)** *vi, v pron* **subir(se)** (**a**) **1** (*automóvil*) to get in, to get into *sth*: *Subí al taxi.* I got into the taxi. **2** (*transporte público, caballo, bicicleta*) to get on (*sth*) LOC **subirse a la cabeza** to go to your head **subirse a las barbas** to walk all over *sb* **subírsele los humos a algn** to become high and mighty **subirse por las paredes** to hit the roof *Ver tb* ESCALERA

subjetivo, -a *adj* subjective

subjuntivo, -a *adj, nm* subjunctive

sublevación *nf* uprising

sublime *adj* sublime

submarino, -a ◆ *adj* underwater ◆ *nm* submarine

subordinado, -a *pp, adj, nm-nf* subordinate

subrayar *vt* to underline

subsidio *nm* subsidy

subsistir *vi* to subsist (***on sth***)

subterráneo, -a *adj* underground LOC *Ver* PASO

subtítulo *nm* subtitle

suburbio *nm* **1** (*alrededores*) suburb **2** (*barrio pobre*) slum quarter

subvencionar *vt* to subsidize

sucedáneo *nm* substitute (***for sth***)

suceder ◆ *vi* (*ocurrir*) to happen (***to sth/sb***): *¡Que no vuelva a ~!* Don't let it happen again! ◆ *vt* (*en un cargo, etc.*) to succeed: *Su hijo lo sucederá en el trono.* His son will succeed to the throne.

sucesión *nf* succession

sucesivamente *adv* successively LOC *Ver* ASÍ

suceso *nm* **1** (*acontecimiento*) event: *los ~s de los últimos días* the events of the past few days **2** (*incidente*) incident

sucesor, ~a *nm-nf* ~ (**a**) successor (**to *sth/sb***): *Todavía no han nombrado a su sucesora.* They have yet to name her successor.

suciedad *nf* dirt

sucio, -a *adj* dirty LOC *Ver* CESTO, JUEGO, JUGAR, TRAPO

suculento, -a *adj* succulent

sucursal *nf* branch

sudadera *nf* tracksuit

sudar *vi* to sweat LOC **sudar la gota gorda/sangre/tinta** to sweat blood

sudor *nm* sweat

sudoroso, -a *adj* sweaty

Suecia *nf* Sweden

sueco, -a ◆ *adj, nm* Swedish: *hablar ~* to speak Swedish ◆ *nm-nf* Swede: *los ~s* the Swedes

suegro, -a *nm-nf* **1** (*gen*) father-in-law [*fem* mother-in-law] **2 suegros** parents-in-law, in-laws (*más coloq*)

suela *nf* sole: *zapatos con ~ de caucho* rubber-soled shoes

sueldo *nm* **1** (*gen*) pay [*incontable*]: *pedir un aumento de ~* to ask for a pay increase **2** (*mensual*) salary [*pl* salaries]

suelo *nm* **1** (*superficie de la tierra*) ground: *caer al ~* to fall (to the ground) **2** (*dentro de un edificio*) floor **3** (*terreno*) land

suelto, -a ◆ *adj* loose: *una página suelta* a loose page ◊ *Siempre llevo el pelo ~.* I always wear my hair loose. ◊ *Creo que hay un tornillo ~.* I think there's a screw loose. ◆ *nm* small change LOC *Ver* PLATA, RIENDA

sueño *nm* **1** (*descanso*) sleep: *debido a la falta de ~* due to lack of sleep ◊ *No deje que le quite el ~.* Don't lose any sleep over it. **2** (*somnolencia*) drowsiness: *Estas pastillas producen ~.* These pills make you drowsy. **3** (*lo soñado, ilusión*) dream: *Fue un ~ hecho realidad.* It was a dream come true. **LOC caerse de sueño** to be dead on your feet **dar sueño** to make *sb* drowsy **tener sueño** to be sleepy

suerte *nf* **1** (*fortuna*) luck: *¡Buena ~ con el examen!* Good luck with your test! ◊ *dar/traer buena/mala ~* to bring good/bad luck **2** (*destino*) fate **LOC de la suerte** lucky: *mi número de la ~* my lucky number **echar a suertes** to toss for *sth*: *Lo echamos a ~s.* We tossed for it. **por suerte** fortunately **tener mala suerte** to be unlucky **tener suerte** to be lucky *Ver tb* AMULETO

suéter *nm* **1** (*gen*) sweater **2** (*de la sudadera*) sweatshirt ☛ *Ver nota en* SWEATER

suficiente ◆ *adj* enough: *No tengo arroz ~ para tantas personas.* I don't have enough rice for all these people. ◊ *¿Serán ~s?* Will there be enough? ◊ *Gano lo ~ para vivir.* I earn enough to live on. ◆ *nm* (*exámenes*) pass ≃ D

sufrido, -a *pp, adj* (*persona*) long-suffering *Ver tb* SUFRIR

sufrimiento *nm* suffering

sufrir ◆ *vt* **1** (*gen*) to suffer: *~ una derrota/lesión* to suffer a defeat/an injury **2** (*tener*) to have: *~ un accidente/ataque al corazón* to have an accident/a heart attack ◊ *La ciudad sufre problemas de tráfico.* The city has traffic problems. **3** (*cambio*) to undergo ◆ *vi* ~ (**de**) to suffer (**from *sth***): *Sufre del corazón.* He suffers from heart trouble. **LOC** *Ver* DESENGAÑO

sugerencia *nf* suggestion

sugerir *vt* to suggest: *Sugiero que consultemos con un abogado.* I suggest we consult a lawyer.

sugestión *nf* **LOC es (pura) sugestión** it's all in the mind

sugestionar ◆ *vt* to influence ◆ **sugestionarse** *v pron* to convince yourself ***that...***

suicidarse *v pron* to commit suicide

suicidio *nm* suicide

Suiza *nf* Switzerland

suizo, -a ◆ *adj* Swiss ◆ *nm-nf* Swiss man/woman [*pl* Swiss men/women]: *los ~s* the Swiss

sujetar ◆ *vt* **1** (*agarrar*) to hold: *Sujete bien la maleta.* Hold the suitcase tight. **2** (*asegurar*) to fasten: *~ unos papeles con un clip* to fasten papers together with a paper clip ◆ **sujetarse** *v pron* **sujetarse** (**a/de**) (*agarrarse*) to hold on (**to *sth***): *Sujétate de mi brazo.* Hold on to my arm.

sujeto, -a ◆ *pp, adj* **1** (*atado*) fastened: *El equipaje iba bien ~.* The baggage was tightly fastened. **2** (*agarrado*): *Dos policías lo tenían ~.* Two policemen were holding him down. **3** (*fijo*) secure: *El gancho no estaba bien ~.* The hook wasn't secure. **4** ~ **a** (*sometido*) subject **to *sth***: *Estamos ~s a las reglas del club.* We are subject to the rules of the club. ◆ *nm* **1** (*tipo*) character **2** (*Gram*) subject *Ver tb* SUJETAR

suma *nf* sum: *hacer una ~* to do a sum

sumar *vt, vi* to add (*sth*) up: *Suma dos y cinco.* Add up two and five. ◊ *¿Saben ~?* Can you add up?

sumergible *adj* water-resistant

sumergir(se) *vt, v pron* to submerge

suministrar *vt* to supply (*sb*) (**with *sth***): *Me suministró los datos.* He supplied me with the information.

sumiso, -a *adj* submissive

superar ◆ *vt* **1** (*dificultad, problema*) to overcome, to get over *sth* (*más coloq*): *Superé el miedo a volar.* I've gotten over my fear of flying. **2** (*récord*) to beat **3** (*prueba*) to pass **4** (*ser mejor*) to surpass: *~ las expectativas* to surpass expectations ◊ *El equipo colombiano superó a los argentinos en el partido.* The Colombian team outplayed the Argentinians. ◆ **superarse** *v pron* to better yourself

superficial *adj* superficial

superficie *nf* **1** (*gen*) surface: *la ~ del agua* the surface of the water **2** (*Mat, extensión*) area

superfluo, -a *adj* **1** (*gen*) superfluous: *detalles ~s* superfluous detail **2** (*gastos*) unnecessary

superior ◆ *adj* **1** ~ (**a**) (*gen*) higher (**than *sth/sb***): *una cifra 20 veces ~ a lo normal* a figure 20 times higher than normal ◊ *estudios ~es* higher education **2** ~ (**a**) (*calidad*) superior (**to *sth/sb***): *Fue ~ a su rival.* He was superior to his rival. **3** (*posición*) top: *el ángulo ~ izquierdo* the top left-hand corner ◊ *el labio ~* the upper/top lip ◆ *nm* superior

superiora *nf* (*Relig*) Mother Superior

superioridad *nf* superiority **LOC** *Ver* AIRE

supermercado *nm* supermarket

superstición *nf* superstition

supersticioso, -a *adj* superstitious

supervisar *vt* to supervise

superviviente ◆ *adj* surviving ◆ *nmf* survivor

suplemento *nm* supplement: *el ~ dominical* the Sunday supplement

suplente *adj, nmf* **1** (*gen*) relief [*n atrib*]: *un conductor ~* a relief driver **2** (*maestro*) substitute **3** (*Dep*) substitute [*n*]: *estar de ~* to be a substitute

súplica *nf* plea

suplicar *vt* to beg (*sb*) (**for** ***sth***): *Le supliqué que no lo hiciera.* I begged him not to do it. ◊ *~ piedad* to beg for mercy

suplicio *nm* **1** (*tortura*) torture: *Estos tacones son un ~.* These high heels are torture. **2** (*experiencia*) ordeal: *Aquellas horas de incertidumbre fueron un ~.* Those hours of uncertainty were an ordeal.

suponer *vt* to suppose: *Supongo que vendrán.* I suppose they'll come. ◊ *Supongo que sí/no.* I suppose so/not. **LOC supón/supongamos que...** supposing...

suposición *nf* supposition

supositorio *nm* suppository [*pl* suppositories]

supremacía *nf* supremacy (***over sth/sb***)

supremo, -a *adj* supreme

suprimir *vt* **1** (*omitir, excluir*) to leave *sth* out: *Yo suprimiría este párrafo.* I'd leave this paragraph out. **2** (*abolir*) to abolish: *~ una ley* to abolish a law

supuesto, -a *pp, adj* (*presunto*) alleged: *el ~ culpable* the alleged culprit **LOC por supuesto (que...)** of course *Ver tb* SUPONER

sur *nm* south (*abrev* S): *en el ~ de Ecuador* in the south of Ecuador ◊ *Queda al ~ de Buenaventura.* It's south of Buenaventura. ◊ *en la costa ~* on the south coast

surco *nm* **1** (*agricultura, arruga*) furrow **2** (*en el agua*) wake **3** (*disco, metal*) groove

sureste *nm* **1** (*punto cardinal, región*) south-east (*abrev* SE): *la fachada ~ del edificio* the south-east face of the building **2** (*viento, dirección*) south-easterly: *en dirección ~* in a south-easterly direction

surf *nm* surfing: *hacer/practicar el ~* to go surfing

surgir *vi* to arise: *Espero que no surja ningún problema.* I hope that no problems arise.

suroccidental *adj* south-western: *la zona ~ de la ciudad* the south-west of the city

suroccidente *nm* south-west (*abrev* SW)

suroeste *nm* **1** (*punto cardinal, región*) south-west (*abrev* SW) **2** (*viento, dirección*) south-westerly

suroriental *adj* south-eastern: *la zona ~ de la ciudad* the south-east of the city

suroriente *nm* south-east (*abrev* SE)

surtido, -a ◆ *pp, adj* (*variado*) assorted: *chocolates ~s* assorted chocolates ◆ *nm* selection: *Tienen muy poco ~.* They have a very poor selection. *Ver tb* SURTIR

surtidor *nm* fountain

surtir *vt* **LOC surtir efecto** to have an effect

susceptible *adj* (*irritable*) touchy

suscribirse *v pron* ~ (**a**) **1** (*publicación*) to take out a subscription (**to** ***sth***) **2** (*asociación*) to become a member (**of** ***sth***)

suscripción *nf* subscription

susodicho, -a *adj, nm-nf* above-mentioned [*adj*]: *los ~s* the above-mentioned

suspender *vt* to suspend: *El árbitro suspendió el partido media hora.* The referee suspended the game for half an hour.

suspensivo, -a *adj* **LOC** *Ver* PUNTO

suspenso *nm* suspense **LOC libro/película de suspenso** thriller

suspensores *nm* suspenders

suspirar *vi* to sigh

suspiro *nm* sigh

sustancia *nf* substance

sustancial *adj* substantial

sustancioso, -a *adj* (*comida*) nourishing

sustantivo *nm* noun

sustento *nm* **1** (*alimento*) sustenance **2** (*soporte, apoyo*) support

sustitución *nf* **1** (*permanente*) replacement **2** (*temporal, Dep*) substitution

sustituir *vt* (*suplir*) to stand in **for** ***sb***: *Mi ayudante me va a ~.* My assistant will stand in for me.

sustituto, -a *nm-nf* **1** (*permanente*) replacement: *Están buscando un ~ para el jefe de personal.* They're looking for a replacement for the personnel manager. **2** (*suplente*) stand-in

susto *nm* **1** (*miedo, sobresalto*) fright:

¡Qué ~ el que me pegaste! What a fright you gave me! **2** (*falsa alarma*) scare **LOC** *Ver* METER, MORIR(SE)

sustraer *vt* (*Mat*) to subtract

susurrar *vt, vi* to whisper

susurro *nm* whisper

sutil *adj* subtle

sutura *nf* suture

suyo, -a *adj pos, pron pos* **1** (*de usted/ustedes*) yours: *un despacho junto al ~* an office next to yours

> Nótese que *un amigo suyo* se traduce por "a friend of yours" porque significa *uno de sus amigos.*

2 (*de él*) his **3** (*de ella*) hers **4** (*de ellas/ellos*) theirs **5** (*de animal*) its

Tt

tabaco *nm* **1** (*planta, picadura*) tobacco: *~ de pipa* pipe tobacco **2** (*cigarro*) cigar: *fumarse un ~* to smoke a cigar **LOC** **tabaco rubio/negro** Virginia/black tobacco

tábano *nm* horsefly [*pl* horseflies]

taberna *nf* bar ☛ *Ver pág 316.*

tabique *nm* **LOC** **tabique nasal** nasal septum (*cientif*)

tabla *nf* **1** (*de madera sin alisar*) plank: *un puente construido con ~s* a bridge made from planks **2** (*de madera pulida, plancha*) board **3** (*lista, índice, Mat*) table: *~ de equivalencias* conversion table ◊ *saberse las ~s* (*de multiplicar*) to know your (multiplication) tables **LOC** **la tabla del dos, etc** the two, etc times table **tabla de planchar** ironing board **tabla de windsurf** sailboard

tablero *nm* **1** (*en una clase*) blackboard: *pasar al ~* to go up to the blackboard **2** (*panel*) panel: *~ de control/mandos* control/instrument panel **LOC** **tablero de ajedrez** chessboard

tableta *nf* **1** (*Med*) tablet **2** (*chocolate*) bar

tabú *nm* taboo [*pl* taboos]: *un tema/una palabra ~* a taboo subject/word

taburete *nm* stool

tacaño, -a ◆ *adj* mean, stingy (*más coloq*) ◆ *nm-nf* tightwad

tachar *vt* to cross *sth* out: *Tacha todos los adjetivos.* Cross out all the adjectives.

tachón *nm* crossed-out word: *lleno de tachones* full of crossed-out words

tachuela *nf* (thumb)tack

taco *nm* **LOC** **a todo taco 1** (*con lujo*) in style: *Decoraron la casa a todo ~.* They decorated the house in style. **2** (*muy rápido*) at top speed: *manejar a todo ~* to drive at top speed ◊ *Pasó a todo ~.* He shot past. **3** (*volumen*) (at) full blast: *No es necesario poner la música a todo ~.* You don't need to put the music on full blast. **tener un taco en la garganta** to have a lump in your throat

tacón *nm* heel: *Se me dañó el ~.* I've broken my heel. ◊ *Nunca se pone tacones.* She never wears high heels. **LOC** **de tacón** high-heeled

táctica *nf* **1** (*estrategia*) tactics [*pl*]: *la ~ de guerra de los romanos* Roman military tactics ◊ *un cambio de ~* a change of tactics **2** (*maniobra*) tactic: *una brillante ~ electoral* a brilliant electoral tactic

tacto *nm* sense of touch: *tener un ~ muy desarrollado* to have a highly developed sense of touch ◊ *reconocer algo por el ~* to recognize sth by touch

tajada *nf* slice

tajado, -a *adj* **LOC** *Ver* PAN

tajante *adj* adamant: *una negativa ~* an adamant refusal

tal *adj* **1** (+ *sustantivos contables en plural e incontables*) such: *en ~es situaciones* in such situations ◊ *un hecho de ~ gravedad* a matter of such importance **2** (+ *sustantivos contables en singular*) such a: *¿Cómo puedes decir ~ cosa?* How can you say such a thing? **LOC** **con tal de** to: *Haría cualquier cosa con ~ de ganar.* I'd do anything to win. **de tal palo tal astilla** like father like son **el/la tal** the so-called: *La ~ esposa no era más que su cómplice.* His so-called wife was only his accomplice. **en tal caso** in that case **(ser) tal para cual** to be two of a kind **tal como** the way: *Se escribe ~ como suena.* It's spelled the way it sounds. **tales como...** such as... **tal vez** maybe **un/**

una tal a: *Lo llamó un ~ Luis Moreno.* A Luis Moreno rang for you. *Ver tb* FULANO, QUÉ

taladrar *vt* to drill a hole **in** ***sth***: *Los albañiles taladraron el cemento.* The workmen drilled a hole in the cement.

taladro *nm* drill

talar *vt* (*árboles*) to fell

talco (*tb* **talcos**) *nm* talcum powder

talego *nm* bag

talento *nm* **1** (*habilidad*) talent (***for sth/doing sth***): *Tiene ~ para la música/pintar.* He has a talent for music/painting. **2** (*inteligencia*) ability: *Tiene ~ pero no le gusta estudiar.* He has ability but doesn't like studying.

talla *nf* **1** (*prenda*) size: *¿Qué ~ de camisa usas?* What size shirt do you wear? ◊ *No tienen la ~.* They don't have the right size. **2** (*escultura*) carving

tallar *vt* **1** (*madera, piedra*) to carve: *~ algo en coral* to carve sth in coral **2** (*joya, cristal*) to cut

taller *nm* **1** (*gen*) workshop: *un ~ de teatro/carpintería* a theater/carpenter's workshop **2** (*Mec*) garage **3** (*Arte*) studio [*pl* studios]

tallo *nm* stem

talón *nm* heel

talonario *nm* **1** (*cheques*) checkbook **2** (*boletas, recibos*) book

tamaño *nm* size: *¿Qué ~ tiene la caja?* What size is the box? ◊ *ser del/tener el mismo ~* to be the same size **LOC** *Ver* FOTO

tamarindo *nm* tamarind

también *adv* also, too, as well

> **Too** y **as well** suelen ir al final de la frase: *Yo también quiero ir.* I want to go too/as well. ◊ *Yo también llegué tarde.* I was late too/as well. **Also** es la variante más formal y se coloca delante del verbo principal, o detrás si es un verbo auxiliar: *También venden zapatos.* They also sell shoes. ◊ *Conocí a Jane y también a sus papás.* I've met Jane and I've also met her parents.

LOC yo también me too: *—Quiero un sánduche. —Yo ~.* "I want a sandwich." "Me too." *Ver tb* SÓLO

ambor *nm* drum: *tocar el ~* to play the drum

ampoco *adv* neither, nor, either: *—No he visto esa película. —Yo ~.* "I haven't seen that movie." "Neither have I./Me neither./Nor have I." ◊ *—No me gusta. —A mí ~.* "I don't like it." "Nor do I./Neither do I./I don't either." ◊ *Yo ~ fui.* I didn't go either. ☛ *Ver nota en* NEITHER

tampón *nm* tampon

tan *adv* **1** (*delante de adjetivo/adverbio*) so: *No creo que sea ~ ingenuo.* I don't think he's so naive. ◊ *No creí que llegarías ~ tarde.* I didn't think you'd be this late. ◊ *Es ~ difícil que...* It's so hard that... **2** (*detrás de sustantivo*) such: *No me esperaba un regalo ~ caro.* I wasn't expecting such an expensive gift. ◊ *Son unos niños ~ buenos que...* They're such good children that... ◊ *¡Qué casa ~ bonita tiene!* What a lovely house you have! **LOC tan...como...** as...as...: *Es ~ buen mozo como el papá.* He's as good-looking as his father. ◊ *~ pronto como llegues* as soon as you arrive

tangente *adj, nf* tangent [*n*]

tanque *nm* tank: *~ de gasolina* gas tank

tanquear *vt, vi* (*carro*) to fill (*sth*) up

tantear *vt* **1** (*persona*) to sound *sb* out **2** (*situación*) to weigh *sth* up

tanto *nm* **1** (*cantidad*) so much: *Me dan un ~ al mes.* They give me so much a month. **2** (*gol*) goal: *marcar un ~* to score a goal **LOC poner al tanto** to fill *sb* in (*on sth*): *Me puso al ~ de la situación.* He filled me in on what was happening. **un tanto** (*bastante*) rather **un tanto por ciento** a percentage *Ver tb* ENTRE, MIENTRAS, OTRO

tanto, -a ◆ *adj* **1** (+ *sustantivo incontable*) so much: *No me pongas ~ arroz.* Don't give me so much rice. ◊ *Nunca había pasado tanta hambre.* I'd never been so hungry. **2** (+ *sustantivo contable*) so many: *¡Había tanta gente!* There were so many people! ◊ *¡Tenía ~s problemas!* He had so many problems! ◆ *pron* so much [*pl* so many]: *¿Por qué compraste ~s?* Why did you buy so many? ◆ *adv* **1** (*gen*) so much: *He comido ~ que no me puedo mover.* I've eaten so much (that) I can't move. **2** (*tanto tiempo*) so long: *¡Hace ~ que no te veo!* I haven't seen you for so long! **3** (*tan rápido*) so fast: *No corras ~ con el carro.* Don't drive so fast. **4** (*tan a menudo*) so often **LOC entre tanto** *Ver* ENTRETANTO **no ser para tanto**: *¡Sé que te duele, pero no es para ~!* I know it hurts but it's not as bad as all that! **por (lo) tanto** therefore **tanto...como...** **1** (*en comparaciones*) **(a)** (+ *sustantivo incontable*) as much...as...: *Bebí tanta cerveza como tú.* I drank as much beer as you. **(b)** (+ *sustantivo contable*) as many...as...: *No tenemos ~s amigos* *como antes.* We don't have as many friends as we had before. **2** (*los dos*) both...and...: *Lo sabían ~ él como su hermana.* He and his sister both knew. **y tantos 1** (*con cantidad, con edad*) odd: *cuarenta y tantas personas* forty-odd people **2** (*con año*): *mil novecientos sesenta y ~s* nineteen sixty something *Ver tb* MIENTRAS

tap *nm* tap-dancing

tapa *nf* **1** (*olla*) lid: *Pon la ~.* Put the lid on. **2** (*bolígrafo, botella*) top **3** (*zapatos*) heel: *Estas botas necesitan ~s.* These boots need new heels.

tapada *nf* (*Dep*) save: *El arquero hizo una ~ fantástica.* The goalkeeper made a spectacular save.

tapado, -a *pp, adj* **1** (*bloqueado*) blocked: *Tengo la nariz tapada.* My nose is blocked. **2** (*tonto*) dumb *Ver tb* TAPAR

tapar ◆ *vt* **1** (*cubrir*) to cover *sth/sb* (***with sth***): *~ una herida con una venda* to cover a wound with a bandage **2** (*abrigar*) to wrap *sth/sb* up (***in sth***): *La tapé con una cobija.* I wrapped her up in a blanket. **3** (*con una tapa*) to put the lid **on *sth***: *Tapa la olla.* Put the lid on the pan. **4** (*con un tapón*) to put the top **on *sth***: *~ la crema dental* to put the top on the toothpaste **5** (*agujero, gotera*) to plug *sth* (up) (***with sth***): *Tapé los agujeros con yeso.* I plugged (up) the holes with plaster. **6** (*obstruir*) to block: *La suciedad tapó el desagüe.* The garbage blocked the drainpipe. **7** (*gol*) to save **8** (*la vista*) to block *sb's* view **of *sth***: *No me tapes la televisión.* Don't block my view of the TV. **9** (*diente*) to fill ◆ **taparse** *v pron* **1 taparse** (**con**) (*abrigarse*) to bundle up (***in sth***): *Tápate bien.* Bundle up well. **2** (*obstruirse*) to get blocked: *Siempre se me tapan los oídos en un avión.* My ears always get blocked on a plane.

tapete *nm* **1** (*en la puerta*) doormat **2** (*alfombra grande*) carpet **3** (*alfombra pequeña*) rug

tapia *nf* wall **LOC** *Ver* SORDO

tapicería *nf* (*carro, mueble*) upholstery [*incontable*]

tapiz *nm* tapestry [*pl* tapestries]

tapizar *vt* (*carro, mueble*) to upholster

tapón *nm* **1** (*gen*) top **2** (*Tec, tina, para los oídos*) plug: *ponerse tapones en los oídos* to put earplugs in **LOC tapón de rosca** screw top

taquigrafía *nf* shorthand

taquilla *nf* **1** (*estación, Dep*) ticket office **2** (*Cine, Teat*) box office

tarántula *nf* tarantula

tararear *vt, vi* to hum

tardar *vi* to take (time) ***to do sth***: *Tardaron bastante en contestar.* They took a long time to reply. ◊ *Tardé dos meses en recuperarme.* It took me two months to get better.

tarde ◆ *nf* afternoon: *El concierto es por la ~.* The concert is in the afternoon. ◊ *Llegaron el domingo por la ~.* They arrived on Sunday afternoon. ◊ *Te veo mañana por la ~.* I'll see you tomorrow afternoon. ◊ *¿Qué vas a hacer esta ~?* What are you doing this afternoon? ◊ *a las cuatro de la ~* at four o'clock in the afternoon ◆ *adv* **1** (*gen*) late: *Nos levantamos ~.* We got up late. ◊ *Me voy, que se hace ~.* I'm going; it's getting late. **2** (*demasiado tarde*) too late: *Es ~ para llamarlos por teléfono.* It's too late to call them. **LOC ¡buenas tardes!** good afternoon! **tarde o temprano** sooner or later *Ver tb* CAÍDA, LLEGAR

tarea *nf* **1** (*actividad*) task: *una ~ imposible* an impossible task **2** (*Educ*) homework [*incontable*]: *El profesor nos pone muchas ~s.* The teacher gives us a lot of homework. ◊ *Ya terminé la ~ de geografía.* I already finished my Geography homework.

tarima *nf* platform

tarjeta *nf* card: *~ de crédito/identidad* credit/identity card ◊ *~ de Navidad* Christmas card ◊ *Le sacaron ~ amarilla.* He was given a yellow card. **LOC** *Ver* MARCAR, PAGAR, TIMBRAR

tarro *nm* can ☛ *Ver dibujo en* CONTAINER

tartamudear *vt* to stutter

tartamudo, -a *adj, nm-nf*: *los ~s* people who stutter **LOC ser tartamudo** to have a stutter

tasa *nf* **1** (*índice*) rate: *la ~ de natalidad* the birth rate **2** (*impuesto*) tax **3** (*cuota*) fee: *~s académicas* tuition fees

tatarabuelo, -a *nm-nf* **1** (*gen*) great-great-grandfather [*fem* great-great-grandmother] **2 tatarabuelos** great-great-grandparents

tatuaje *nm* tattoo [*pl* tattoos]

taurino, -a *adj* **LOC** *Ver* TEMPORADA

Tauro *nm, nmf* (*Astrología*) Taurus ☛ *Ver ejemplos en* AQUARIUS

taxi *nm* taxi

taxista *nmf* taxi driver

taza *nf* **1** (*gen*) cup: *una ~ de café* a cup of coffee **2** (*sin plato*) mug ☛ *Ver dibujo en* MUG **3** (*inodoro*) bowl

tazón *nm* bowl

te *pron pers* **1** (*complemento*) you: *¿Te vio?* Did he see you? ◊ *Te traje un libro.* I've brought you a book. ◊ *Te escribiré pronto.* I'll write to you soon. ◊ *Te lo compré.* I bought it for you. **2** (*partes del cuerpo, efectos personales*): *Quítate el abrigo.* Take your coat off. ◊ *¿Te duele la espalda?* Does your back hurt? **3** (*reflexivo*) (yourself): *Te vas a aporrear.* You'll hurt yourself. ◊ *Vístete.* Get dressed.

té *nm* tea: *¿Te provoca un té?* Would you like a cup of tea?

teatral *adj* **LOC** *Ver* OBRA

teatro *nm* **1** (*gen*) theater: *el ~ clásico/moderno* classical/modern theater **2** (*sala de cine*) (movie) theater **LOC hacer teatro** to put on an act: *Le duele el pie, pero también hace un poquito de ~.* His foot does hurt, but he's also putting on a bit of an act. *Ver tb* OBRA

techo *nm* **1** (*interior*) ceiling: *Hay una mancha de humedad en el ~.* There's a damp patch on the ceiling. **2** (*exterior, carro*) roof [*pl* roofs]

tecla *nf* key [*pl* keys]: *tocar una ~* to press a key

teclado *nm* keyboard ☛ *Ver dibujo en* COMPUTADOR

teclear *vt* (*computador*) to enter *sth*: *Teclee su número personal.* Enter your personal identification number (PIN).

técnica *nf* **1** (*método*) technique **2** (*tecnología*) technology: *los avances de la ~* technological advances

técnico, -a ◆ *adj* technical: *una falla técnica* a technical fault ◆ *nm-nf* technician **LOC** *Ver* INSTITUTO

tecnología *nf* technology [*pl* technologies] **LOC tecnología de avanzada** state-of-the-art technology

teja *nf* tile

tejado *nm* roof [*pl* roofs]

tejer *vt* **1** (*hacer punto*) to knit **2** (*en un telar*) to weave: *~ una canasta* to weave a basket **3** (*araña, gusano*) to spin

tejido *nm* **1** (*tela*) fabric ☛ *Ver nota en* TELA **2** (*Anat*) tissue

tela *nf* cloth, material, fabric

> **Cloth** es la palabra más general para decir tela y se puede utilizar tanto para referirnos a la tela con la que se hacen los trajes, cortinas, etc como para describir de qué está hecha una cosa: *Está hecho de tela.* It's made of cloth. ◊ *una bolsa de tela* a cloth bag. **Material** y **fabric** se utilizan sólo para referirnos a tela que se usa en sastrería y tapicería, aunque **fabric** suele indicar que tiene distintos colores. **Material** y **fabric** son sustantivos contables e incontables, mientras que **cloth** suele ser incontable cuando significa tela: *Algunas telas encogen al lavar.* Some materials/fabrics shrink when you wash them. ◊ *Necesito más tela para las cortinas.* I need to buy some more cloth/material/fabric for the curtains.

telaraña *nf* cobweb

telecomunicaciones *nf* telecommunications [*pl*]

teleférico *nm* cable car

telefonazo *nm* call: *Dame un ~ mañana.* Give me a call tomorrow.

telefónico, -a *adj* telephone, phone (*coloq*) [*n atrib*]: *hacer una llamada telefónica* to make a phone call

telefonista *nmf* telephonist

teléfono *nm* **1** (*aparato*) telephone, phone (*coloq*): *¡Ana, al ~!* Phone for you, Ana! ◊ *~ público* public telephone ◊ *Está hablando por ~ con la mamá.* She's on the phone with her mother. ◊ *¿Puedes contestar el ~?* Can you answer the phone? **2** (*número*) phone number: *¿Tienes mi ~?* Do you have my phone number? **LOC** *Ver* COLGAR, LLAMAR, PEGADO

telegrama *nm* telegram: *poner un ~* to send a telegram

telenovela *nf* soap (opera)

teleobjetivo *nm* telephoto lens

telepatía *nf* telepathy

telescopio *nm* telescope

teletexto *nm* teletext

televidente *nmf* viewer

televisar *vt* to televise

televisión *nf* television (*abrev* TV): *salir en la ~* to be on television ◊ *Prende/apaga la ~.* Turn the TV on/off. ◊ *¿Qué presentan en la ~ esta noche?* What's on tonight? ◊ *Estábamos viendo ~.* We were watching television. ☛ *Ver nota en* TELEVISION

televisor *nm* television (set) (*abrev* TV)

télex *nm* telex [*pl* telexes]

telón *nm* curtain: *Subieron el ~.* The curtain went up.

tema *nm* **1** (*gen*) subject: *el ~ de una charla/poema* the subject of a talk/

poem ◊ *No cambies de ~.* Don't change the subject. **2** (*Mús*) theme **3** (*cuestión importante*) question: *~s ecológicos/económicos* ecological/economic questions **LOC** *Ver* CADA, DESVIAR

temario *nm* syllabus [*pl* syllabuses]

temblar *vi* **1** ~ **(de)** (*gen*) to tremble (**with *sth***): *La mujer temblaba de miedo.* The woman was trembling with fear. ◊ *Le temblaba la voz.* His voice trembled. **2** (*edificio, muebles*) to shake: *El terremoto hizo ~ el pueblo entero.* The earthquake made the whole town shake. **LOC temblar de frío** to shiver

temblor *nm* tremor: *un ligero ~ en la voz* a slight tremor in his voice ◊ *un ~ de tierra* an earth tremor

temer ◆ *vt* to be afraid ***of sth/sb/doing sth***: *Le teme a la oscuridad.* He's afraid of the dark. ◊ *Temo equivocarme.* I'm afraid of making mistakes. ◆ **temerse** *v pron* to be afraid: *Me temo que no van a venir.* I'm afraid they won't come.

temible *adj* fearful

temor *nm* fear: *No lo dije por ~ a que se enojara.* I didn't say it for fear of offending him.

temperamento *nm* temperament: *un ~ abierto* an open temperament **LOC tener temperamento** to have spirit

temperatura *nf* temperature

tempestad *nf* storm

templado, -a *pp, adj* **1** (*clima*) mild **2** (*comida, líquidos*) lukewarm

templo *nm* temple

temporada *nf* **1** (*período de tiempo*) time: *Llevaba enfermo una larga ~.* He had been ill for a long time. **2** (*época*) season: *la ~ futbolística* the football season ◊ *la ~ alta/baja* the high/low season **LOC de temporada** seasonal **temporada de caza** open season **temporada taurina** bullfighting season

temporal ◆ *adj* temporary ◆ *nm* storm

temprano, -a *adj, adv* early: *Llegó por la mañana ~.* He arrived early in the morning. **LOC** *Ver* TARDE

tenaz *adj* tenacious

tenazas *nf* pliers

tendedero *nm* **1** (*cuerda*) clothes line **2** (*plegable*) (clothes) drying rack **3** (*lugar*) drying-room

tendencia *nf* **1** (*gen*) tendency [*pl* tendencies]: *Tiene ~ a engordar.* He has a tendency to put on weight. **2** (*moda*) trend: *las últimas ~s de la moda* the latest trends in fashion

tender ◆ *vt* **1** (*ropa*) **(a)** (*fuera*) to hang *sth* out: *Todavía tengo que ~ la ropa.* I have still to hang the laundry out. **(b)** (*dentro*) to hang *sth* up **2** (*cama*) to make: *Tiende la cama y organiza tu cuarto.* Make your bed and clean up your room. ◆ *vi* ~ **a**: *Tiende a complicar las cosas.* He tends to complicate things. ◊ *La economía tiende a recuperarse.* The economy is recovering.

tendero, -a *nm-nf* store owner

tendido, -a *pp, adj*: *La ropa está tendida.* The wash is on the line. **LOC tendido eléctrico** cables [*pl*] *Ver tb* TENDER

tendón *nm* tendon

tenebroso, -a *adj* sinister

tenedor *nm* fork

tener ◆ *vt*

• **posesión** to have

> Existen dos formas para expresar *tener* en presente: *to have* y *to have got*. **To have** es más frecuente en Estados Unidos y siempre va acompañado de un auxiliar en interrogativa y negativa: *¿Tienes hermanos?* Do you have any brothers or sisters? ◊ *No tiene dinero.* He doesn't have any money. **To have got** no necesita un auxiliar en oraciones negativas e interrogativas: Have you got any brothers or sisters? ◊ He hasn't got any money. En los demás tiempos verbales se utiliza *to have*: *Cuando era pequeña tenía una bicicleta.* I had a bicycle when I was little.

• **estados, actitudes 1** (*edad, tamaño*) to be: *Mi hija tiene diez años.* My daughter is ten (years old). ◊ *Tiene tres metros de largo.* It's three meters long. **2** (*sentir, tener una actitud*) to be

> Cuando "tener" significa "sentir", el inglés utiliza el verbo *to be* con un adjetivo mientras que en español usamos un sustantivo: *Tengo mucha hambre.* I'm very hungry. ◊ *tener calor/frío/sed/miedo* to be hot/cold/thirsty/frightened ◊ *Le tengo un gran cariño a tu mamá.* I'm very fond of your mother ◊ *tener cuidado/paciencia* to be careful/patient.

• **en construcciones con adjetivos** *Me tiene harta de tanto esperar.* I'm sick of waiting for him. ◊ *Tienes las manos sucias.* Your hands are dirty. ◊ *Tengo a mi mamá enferma.* My mother is sick. ◆ *v aux* **1** ~ **que hacer algo** to have to do sth: *Tuvieron que irse enseguida*

They had to leave straight away. ◊ *Tienes que decírselo.* You must tell him. ☛ *Ver nota en* MUST **2 + participio**: *Lo tienen todo planeado.* It's all arranged. ◊ *Su comportamiento nos tiene preocupados.* We're worried about the way he's been behaving.

LOC tener que ver (*asunto*) to have to do with *sth/sb*: *Pero ¿eso qué tiene que ver?* What's that got to do with it? ◊ *Eso no tiene nada que ver.* That has nothing to do with it. ☛ Para otras expresiones con **tener**, véanse las entradas del sustantivo, adjetivo, etc, p.ej. **tener afán** en AFÁN y **tener chispa** en CHISPA.

teniente *nmf* lieutenant

tenis *nm* **1** (*Dep*) tennis **2** (*zapatos*) sneakers **LOC tenis de mesa** table tennis

tenista *nmf* tennis player

tenor *nm* tenor

tensar *vt* to tighten: *~ las cuerdas de una raqueta* to tighten the strings of a racket

tensión *nf* **1** (*gen*) tension: *la ~ de una cuerda* the tension of a rope ◊ *Hubo mucha ~ durante la comida.* There was a lot of tension during dinner. **2** (*eléctrica*) voltage: *cables de alta ~* high voltage cables **3** (*Med*) blood pressure

tenso, -a *adj* tense

tentación *nf* temptation: *No pude resistir la ~ de comérmelo.* I couldn't resist the temptation to eat it up. ◊ *caer en la ~* to fall into temptation

tentáculo *nm* tentacle

tentador, ~a *adj* tempting

tentar *vt* **1** (*inducir*) to tempt: *Me tienta la idea de irme de vacaciones.* I'm tempted to go on vacation. **2** (*palpar*) to feel

tentativa *nf* attempt

tenue *adj* (*luz, sonido, línea*) faint

teñir ◆ *vt* to dye: *~ una camisa de rojo* to dye a shirt red ◆ **teñirse** *v pron* to dye your hair: *~se de castaño* to dye your hair dark brown **LOC teñirse de mono** to bleach your hair

teología *nf* theology

teoría *nf* theory [*pl* theories]

teórico, -a *adj* theoretical

terapia *nf* therapy [*pl* therapies]: *~ de grupo* group therapy

tercer *adj Ver* TERCERO

tercero, -a ◆ *adj, pron, nm-nf* third (*abrev* 3rd) ☛ *Ver ejemplos en* SEXTO ◆ *nm* third party: *seguro a/contra ~s* third-party insurance ◆ **tercera** *nf* (*cambio del carro*) third (gear) **LOC a la tercera va la vencida** the third time is the charm **tercera edad**: *actividades para la tercera edad* activities for senior citizens *Ver tb* ECUACIÓN

tercio *nm* third: *dos ~s de la población* two thirds of the population

terciopelo *nm* velvet

terco, -a *adj* stubborn

térmico, -a *adj* thermal

terminación *nf* ending

terminal *adj, nf, nm* terminal: *enfermos ~es* terminally ill patients ◊ *~ de pasajeros* passenger terminal **LOC terminal de buses** bus station

terminar ◆ *vt* to finish ◆ *vi* **1** ~ (**en algo**) to end (**in sth**): *Las fiestas terminan el próximo lunes.* The festivities end next Monday. ◊ *La manifestación terminó en tragedia.* The demonstration ended in tragedy. **2** ~ (**de hacer algo**) to finish (**doing sth**): *Ya terminé de hacer las tareas.* I've finished doing my homework. **3** ~ **haciendo/por hacer algo** to end up **doing sth**: *Terminamos riéndonos.* We ended up laughing. **4** ~ **como/igual que...** to end up **like *sth*/*sb***: *Vas a ~ igual que tu papá.* You'll end up like your father. ◆ **terminarse** *v pron* (*llegar a su fin*) to be over: *Se terminó la fiesta.* The party's over.

término *nm* **1** (*gen*) term: *en ~s generales* in general terms **2** (*fin*) end

termo *nm* Thermos® bottle

termómetro *nm* thermometer **LOC poner el termómetro** to take *sb's* temperature

termostato *nm* thermostat

ternero, -a ◆ *nm-nf* calf [*pl* calves] ◆ **ternera** *nf* (*Cocina*) veal

ternura *nf* tenderness: *tratar a algn con ~* to treat sb tenderly

terráqueo, -a *adj* **LOC** *Ver* GLOBO

terrateniente *nmf* landowner

terraza *nf* **1** (*balcón*) balcony [*pl* balconies] **2** (*bar*): *Sentémonos en la ~.* Let's sit outside. **3** (*Agricultura*) terrace

terremoto *nm* earthquake

terrenal *adj* **LOC** *Ver* PARAÍSO

terreno *nm* **1** (*tierra*) land [*incontable*]: *un ~ muy fértil* very fertile land ◊ *Compraron un ~.* They bought some land. **2** (*fig*) field: *el ~ de la biología* the field of biology **LOC terreno de juego** pitch

terrestre *adj* land [*n atrib*]: *un animal/*

ataque ~ a land animal/attack **LOC** *Ver* CORTEZA

terrible *adj* terrible

territorio *nm* territory [*pl* territories]

terrón *nm* lump: *un ~ de azúcar* a sugar cube

terror *nm* terror **LOC** **de terror** (*película, novela*) horror [*n atrib*]: *una película de ~* a horror movie

terrorífico, -a *adj* terrifying

terrorismo *nm* terrorism

terrorista *adj, nmf* terrorist **LOC** *Ver* BANDA[2]

tertulia *nf* get-together: *hacer/tener una ~* to have a get-together

tesis *nf* thesis [*pl* theses]

teso, -a *adj* **1** (*difícil*) hard **2** (*valiente*) feisty

tesón *nm* determination: *trabajar con ~* to work with determination

tesorero, -a *nm-nf* treasurer

tesoro *nm* treasure: *encontrar un ~ escondido* to find hidden treasure ◊ *¡Eres un ~!* You're a treasure! **LOC** *Ver* BUSCADOR

testamento *nm* **1** (*Jur*) will: *hacer ~* to make a will **2** **Testamento** Testament: *el Antiguo/Nuevo Testamento* the Old/New Testament

testarudo, -a *adj* stubborn

testículo *nm* testicle

testigo ◆ *nmf* witness ◆ *nm* (*Dep*) baton: *entregar el ~* to pass the baton **LOC** **ser testigo de algo** to witness sth **testigo presencial** eyewitness

tetera *nf* **1** (*para té*) teapot **2** (*para hervir agua*) kettle

tetero *nm* baby's bottle

tétrico, -a *adj* gloomy

textil *adj* textile [*n atrib*]: *una fábrica ~* a textile factory

texto *nm* text **LOC** *Ver* COMENTARIO, LIBRO, PROCESAMIENTO

textualmente *adv* word for word

textura *nf* texture

tez *nf* complexion

ti *pron pers* you: *Lo hago por ti.* I'm doing it for you. ◊ *Siempre estás pensando en ti misma.* You're always thinking of yourself.

tibio, -a *adj* lukewarm **LOC** *Ver* HUEVO, PAÑO

tiburón *nm* shark

tiempo *nm* **1** (*gen*) time: *en ~s de los romanos* in Roman times ◊ *Hace mucho ~ que vivo acá.* I've been living here for a long time. ◊ *en mi ~ libre* in my spare time ◊ *¿Cuánto ~ hace que estudias inglés?* How long have you been studying English? **2** (*meteorológico*) weather: *Ayer hizo buen/mal ~.* The weather was good/bad yesterday. **3** (*Dep*) half [*pl* halves]: *el primer ~* the first half **4** (*verbal*) tense **LOC** **al poco tiempo** soon afterwards **a tiempo**: *Todavía estás a ~ de enviarlo.* You've still got time to send it. **con el tiempo** in time: *Lo entenderás con el ~.* You'll understand in time. **con tiempo (de sobra)** in good time: *Avísame con ~.* Let me know in good time. **hacer tiempo** to while away your time **tiempo completo** full time: *Buscan a alguien que trabaje ~ completo.* They're looking for someone to work full time. *Ver tb* CADA, CUÁNTO, GANAR, LLEGAR, MEDIO

tienda *nf* grocery store **LOC** **tienda naturista** health food store: *Siempre compra las tortas de la ~ naturista.* She always buys cakes from the health food store.

tierno, -a *adj* **1** (*gen*) tender: *un filete ~* a tender steak ◊ *una mirada tierna* a tender look **2** (*pan*) fresh

tierra *nf* **1** (*por oposición al mar, campo, fincas*) land [*incontable*]: *viajar por ~* to travel by land ◊ *cultivar la ~* to work the land ◊ *Vendió las ~s de su familia.* He sold his family's land. **2** (*para plantas, terreno*) soil: *~ para las materas* soil for the plants ◊ *una ~ fértil* fertile soil **3** (*patria*) home: *costumbres de mi ~* customs from back home **4** **Tierra** (*planeta*) earth: *La Tierra es un planeta.* The earth is a planet. **LOC** **echar por tierra** to ruin **tierra adentro** inland **¡tierra a la vista!** land ahoy! **tierra caliente/fría** lowlands/highlands [*pl*] **tierra firme** dry land **Tierra Santa** the Holy Land **tomar tierra** to land *Ver tb* DESLIZAMIENTO, DESPRENDIMIENTO, TOMA

tieso, -a *adj* stiff: *Me molesta ponerme los cuellos ~s.* I can't stand wearing stiff collars. **LOC** **dejar a algn tieso** (*asombrar*) to leave sb speechless: *La noticia nos dejó ~s.* The news left us speechless. **quedarse tieso (de frío)** to be frozen stiff

tiestazo *nm* **1** (*golpe*) bump **2** (*ruido*) racket **LOC** **darse un tiestazo** (*manejando*) to have a crash

tifón *nm* typhoon

tifus *nm* typhus

tigre, -esa *nm-nf* tiger [*fem* tigress]

tijera *nf* **tijeras** scissors [*pl*]

> **Scissors** es una palabra plural en inglés, por lo tanto para referirnos a *unas tijeras* utilizamos **some/a pair of scissors**: *Necesito unas tijeras nuevas.* I need some new scissors/a new pair of scissors.

tilde *nf* **1** (*acento*) accent: *con ~ en la última sílaba* with an accent on the last syllable **2** (*en la eñe*) tilde

tilo *nm* (*infusión*) lime tea

timar *vt* to swindle

timbrar ◆ *vt* **1** (*impreso*) to print **2** (*documento*) to stamp ◆ *vi* to ring the bell: *Están timbrando.* Someone's ringing the bell. ◆ **timbrarse** *v pron* (*ponerse nervioso*) to get jumpy **LOC timbrar tarjeta** to start to work

timbre *nm* **1** (*campanilla*) bell: *tocar el ~* to ring the bell **2** (*voz*) pitch: *Tiene un ~ de voz muy alto.* He has a very high-pitched voice.

tímido, -a *adj, nm-nf* shy [*adj*]: *Es un ~.* He's shy.

timo *nm* swindle, rip-off (*más coloq*): *¡Qué ~!* What a rip-off!

timón *nm* **1** (*barco*) rudder **2** (*carro*) steering wheel

tímpano *nm* (*oído*) eardrum

tina *nf* bathtub

tinieblas *nf* darkness [*sing*]

tino *nm* **LOC cogerle el tino a algo** to get the hang of sth

tinta *nf* ink: *un dibujo a ~* an ink drawing **LOC tinta china** Indian ink *Ver tb* MEDIO, SUDAR

tinte *nm* dye

tinto *nm* black coffee: *Todos los días me tomo un ~ en la mañana.* I have a cup of black coffee every morning. **LOC** *Ver* CAFÉ, VINO

tintorería *nf* dry-cleaner's [*pl* dry-cleaners]

tinturar ◆ *vt* to dye ◆ **tinturarse** *v pron* to dye your hair

tío, -a *nm-nf* **1** (*familiar*) uncle [*fem* aunt, auntie (*más coloq*)]: *el ~ Daniel* Uncle Daniel **2 tíos** uncle and aunt: *Voy a la casa de mis ~s.* I'm going to my uncle and aunt's.

típico, -a *adj* **1** (*característico*) typical (**of *sth/sb***): *Eso es ~ de Pepe.* That's just typical of Pepe. **2** (*tradicional*) traditional: *un baile/traje ~* a traditional dance/costume

tipo *nm* **1** (*gen*) kind (**of *sth***): *el ~ de persona nerviosa* the nervous kind ◊ *todo ~ de gente/animales* all kinds of people/animals ◊ *No es mi ~.* He's not my type. **2** (*cuerpo*) **(a)** (*de mujer*) figure: *Tiene un ~ bonito.* She has a nice figure. **(b)** (*de hombre*) body **3** (*individuo*) guy [*pl* guys]: *¡Qué ~ más feo!* What an ugly guy! **LOC** *Ver* VESTIDO

tiquete *nm* **1** (*entrada, transporte*) ticket: *un ~ de avión* an airline ticket ◊ *sacar un ~* to get a ticket **2** (*recibo*) receipt **LOC tiquete de ida** one-way ticket **tiquete de ida y vuelta** round-trip ticket

tira *nf* **1** (*papel, tela*) strip: *Corta el papel en ~s.* Cut the paper into strips. **2** (*zapato*) strap

tirado, -a *pp, adj* lying (around): *~ en el suelo* lying on the ground ◊ *Lo dejaron todo ~.* They left everything lying around. *Ver tb* TIRAR

tirador, ~a ◆ *nm-nf* shot: *Es un buen ~.* He's a good shot. ◆ *nm* (*cajón, puerta*) knob

tiranizar *vt* to tyrannize

tirante *adj* **1** (*gen*) tight: *Pon la cuerda bien ~.* Make sure the rope is tight. **2** (*ambiente, situación*) tense

tirar ◆ *vt* **1** (*lanzar*) to throw *sth* (***to sb***): *Los niños tiraban piedras.* The children were throwing stones. ◊ *Tírale la pelota a tu compañero.* Throw the ball to your team mate.

> Cuando se tira algo a alguien con intención de hacerle daño, se usa **to throw sth at sb**: *Le tiraban piedras al pobre gato.* They were throwing stones at the poor cat.

2 (*residuos*) to dump ◆ *vi* **1 ~ a**: *Tiene el pelo tirando a mono.* He's got blondish hair. ◊ *rosa tirando a rojo* pinkish red ◊ *Tira un poco a la familia de la mamá.* He looks a little like his mother's side of the family. **2** (*disparar, Dep*) to shoot (**at *sth/sb***): *~ a la red/al arco* to shoot at goal ◆ **tirarse** *v pron* **1** (*gen*) to jump: *~se por la ventana/al agua* to jump out of the window/into the water **2** (*echar a perderse*) to ruin ☛ Para otras expresiones con **tirar**, véanse las entradas del sustantivo, adjetivo, etc, p.ej. **tirar algo a la basura** en BASURA y **tirar la toalla** en TOALLA.

tiritar *vi* ~ (**de**) to shiver (**with *sth***): *~ de frío* to shiver with cold

tiro *nm* **1** (*lanzamiento*) throw **2** (*disparo, Dep*) shot: *un ~ a la red/al arco* a shot at goal **3** (*herida de disparo*) bullet wound: *un ~ en la cabeza* a bullet wound in the head **4** (*chimenea*) draft **LOC caer como un tiro**: *Me cayó como un ~ que me dijera eso.* I was really upset when he said that. ◊ *La comida me cayó como un ~.* Dinner didn't agree with me. **salir como un tiro** to rush out **salir el tiro por la culata** to backfire: *Me salió el ~ por la culata.* Things backfired on me. **tiro con arco** archery **tiro de esquina** corner: *El jugador cobró un ~ de esquina.* The player took a corner. *Ver tb* MATAR, PEGAR

tirón *nm* tug: *dar un ~ de pelo* to give sb's hair a tug ◊ *Sentí un ~ en la manga.* I felt a tug on my sleeve.

tiroteo *nm* **1** (*entre policía y delincuentes*) shoot-out: *Murió en el ~.* He died in the shoot-out. **2** (*ruido de disparos*) shooting [*incontable*]: *Escuchamos un ~ desde la calle.* We heard shooting out in the street. **3** (*durante una guerra*) fighting

tirria *nf* grudge **LOC tenerle/tomarle tirria a algn** to be out to get sb: *El profesor me tiene ~.* The teacher is out to get me. **tenerle/tomarle tirria a algo** to hate sth

títere *nm* **1** (*muñeco*) puppet **2 títeres** (*representación*) puppet show [*sing*]

titulado, -a *pp, adj* (*libro, película*) called, entitled (*más formal*) *Ver tb* TITULAR[1]

titular[1] *vt* to call: *No sé cómo ~ el poema.* I don't know what to call the poem.

titular[2] ◆ *adj* varsity: *el equipo ~* the varsity team ◊ *un jugador ~* a varsity player ◆ *nmf* (*pasaporte, cuenta bancaria*) holder ◆ *nm* headline: *Estaba en los ~es de esta mañana.* It was in the headlines this morning.

título *nm* **1** (*gen*) title: *¿Qué ~ le pusiste a tu novela?* What title have you given your novel? ◊ *Mañana van a boxear por el ~.* They're fighting for the title tomorrow. **2** (*estudios*) degree: *obtener el ~ de abogado* to get a degree in law ◊ *~ universitario* university degree

tiza *nf* chalk [*gen incontable*]: *Dame una ~.* Give me a piece of chalk. ◊ *Tráeme unas ~s.* Bring me some chalk. **LOC tizas de colores** colored chalks

toalla *nf* towel: *~ de baño/de las manos* bath/hand towel **LOC tirar la toalla** to throw in the towel

tobillera *nf* ankle support **LOC** *Ver* MEDIA[2]

tobillo *nm* ankle: *Me torcí el ~.* I've sprained my ankle.

tobogán *nm* (*parque*) slide

tocadiscos *nm* record player

tocar ◆ *vt* **1** (*gen*) to touch: *¡No lo toques!* Don't touch it! **2** (*palpar*) to feel: *¿Me dejas ~ la tela?* Can I feel the fabric? **3** (*Mús*) to play: *~ la guitarra/un villancico* to play the guitar/a carol **4** (*hacer sonar*) **(a)** (*campana, timbre*) to ring **(b)** (*bocina, sirena*) to sound ◆ *vi* **1** (*Mús*) to play **2** (*turno*) to be *sb's* turn (***to do sth***): *Te toca tirar.* It's your turn to throw. ◊ *¿Ya me toca?* Is it my turn yet? **3** (*corresponder*) **(a)** (*seguido de acción*) to have ***to do sth***: *Hoy nos toca ir a mercar.* We have to go shopping today. **(b)** (*en un reparto*) to get: *Me ha tocado el mismo profesor que el año pasado.* I have the same teacher as last year. **(c)** (*en un sorteo*) to win: *Me tocó una muñeca.* I won a doll. **LOC** *Ver* MADERA

tocayo, -a *nm-nf* namesake: *¡Somos ~s!* We have the same name!

tocineta *nf* bacon

tocino *nm* pork fat

todavía *adv* **1** (*en oraciones afirmativas e interrogativas*) still: *¿~ vives en Londres?* Do you still live in London? **2** (*en oraciones negativas e interrogativas-negativas*) yet: *~ no están maduras.* They're not ripe yet. ◊ *—¿~ no te han contestado? —No, ~ no.* "Haven't they written back yet?" "No, not yet." ☛ *Ver nota en* STILL[1] **3** (*en oraciones comparativas*) even: *Ella pinta ~ mejor.* She paints even better.

todo *nm* whole: *considerado como un ~* taken as a whole

todo, -a ◆ *adj* **1** (*gen*) all: *Yo he hecho ~ el trabajo.* I've done all the work. ◊ *Lleva ~ el mes enfermo.* He's been sick all month. ◊ *Van a limpiar ~s los edificios del pueblo.* They're going to clean up all the buildings in town.

Con un sustantivo contable en singular, el inglés prefiere utilizar **the whole**: *Van a limpiar todo el edificio.* They're going to clean the whole building.

2 (*cada*) every: *~s los días me levanto a las siete.* I get up at seven every day. ☛ *Ver nota en* EVERY ◆ *pron* **1** (*gen*) all: *Eso es ~ por hoy.* That's all for today. ◊ *ante/después de ~* above/after all ◊ *A ~s nos gustó la obra.* We all/All of us liked the play. **2** (*todas las cosas*) everything:

~ *lo que le dije era verdad.* Everything I told you was true. ◊ *Llora ~ lo que quieras.* Cry as much as you like. **3** (*cualquier cosa*) anything: *Mi loro come de ~.* My parrot eats anything. **4 todos** everyone, everybody [*sing*]: *~s dicen lo mismo.* Everyone says the same thing.

Nótese que **everyone** y **everybody** llevan el verbo en singular, pero sin embargo suelen ir seguidos de un pronombre en plural (p.ej. "their"): *¿Todos tienen sus lápices?* Does everyone have their pencils?

LOC ante todo above all **a toda** very fast **con todo eso** in spite of this/that **por toda Colombia, todo el mundo, etc** throughout Colombia, the world, etc **sobre todo** especially ☛ Para otras expresiones con **todo**, véanse las entradas del sustantivo, adjetivo, etc, p.ej. **todo el mundo** en MUNDO y **a todo taco** en TACO.

toldo *nm* awning

tolerar *vt* **1** (*soportar*) to bear, to tolerate (*más formal*): *No tolera a las personas como yo.* He can't bear people like me. **2** (*consentir*) to let *sb* get away with *sth*: *Te toleran demasiadas cosas.* They let you get away with too much.

toma *nf* **1** (*gen*) taking: *la ~ de la ciudad* the taking of the city **2** (*medicina*) dose **3** (*Cine, TV*) take **LOC toma de tierra** ground: *El cable está conectado a la ~ de tierra.* The cable is grounded.

tomadura *nf* **LOC tomadura de pelo** joke

tomar ◆ *vt* **1** (*gen*) to take: *~ una decisión* to take a decision ◊ *~ apuntes/precauciones* to take notes/precautions **2** (*beber*) to drink: *¿Qué vas a ~?* What are you going to drink? ◆ *vi* **1** (*gen*) to take: *Toma, es para ti.* Here, it's for you. **2** (*beber*) to drink: *Mi hermano toma mucho.* My brother drinks a lot. ◆ **tomarse** *v pron* to take: *He decidido ~me unos días de descanso.* I've decided to take a few days off. ◊ *No deberías habértelo tomado así.* You shouldn't have taken it like that. **LOC tomar a algn por algo** to think sb is sth: *¿Por quién me tomas?* What do you take me for? ◊ *Me tomas por boba, ¿cierto?* You think I'm dumb, don't you? ☛ Para otras expresiones con **tomar**, véanse las entradas del sustantivo, adjetivo, etc, p.ej. **tomar el sol** en SOL y **tomarle el pelo a algn** en PELO.

tomate *nm* tomato [*pl* tomatoes] **LOC ponerse como un tomate** to get as red as a beet **tomate de árbol** tree tomato, [*pl* tree tomatoes] *Ver tb* COLORADO

tombo, -a ◆ *nm-nf* cop ◆ **tomba** *nf* cops [*pl*]: *Viene la tomba.* The cops are coming.

tomillo *nm* thyme

tomo *nm* volume

ton *nm* **LOC sin ton ni son** for no particular reason

tonalidad *nf* **1** (*Mús*) key [*pl* keys] **2** (*color*) tone

tonel *nm* barrel

tonelada *nf* ton **LOC** *Ver* PESAR[1]

tónica *nf* (*bebida*) tonic: *Dos ~s, por favor.* Two tonics, please.

tónico, -a ◆ *adj* (*Ling*) stressed ◆ *nm* tonic

tono *nm* **1** (*gen*) tone: *¡No me hables en ese ~!* Don't speak to me in that tone of voice! **2** (*color*) shade **3** (*Mús*) key [*pl* keys] **LOC** *Ver* FUERA

tontear *vi* to fool around (***with sb***)

tontería *nf* (*acción, dicho*) silly thing: *Siempre discutimos por ~s.* We're always arguing over silly little things. **LOC decir tonterías** to talk nonsense **dejarse de tonterías** to stop messing around *Ver tb* SARTA

tonto, -a ◆ *adj* dumb ◆ *nm-nf* fool

toparse *v pron* ~ **con** to bump **into *sth/sb***

tope *nm* **1** (*punto más alto*) top: *en el ~ de la lista/del cerro* at the top of the list/hill **2** (*límite*) limit: *¿Hay una edad ~?* Is there an age limit? **LOC hasta el tope**: *El supermercado estaba hasta el ~.* The supermarket was packed. ◊ *Estoy hasta el ~ de trabajo.* I'm up to my neck in work. *Ver tb* FECHA

topo *nm* mole

toque *nm* **1** (*golpecito*) tap **2** (*matiz*) touch: *dar el ~ final a algo* to put the finishing touch to sth **LOC toque de queda** curfew

tórax *nm* thorax [*pl* thoraxes/thoraces]

torbellino *nm* whirlwind

torcedura *nf* sprain

torcer ◆ *vt* **1** (*gen*) to twist: *Le torció el brazo.* She twisted his arm. **2** (*cabeza*) to turn ◆ **torcerse** *v pron* (*tobillo, muñeca*) to sprain: *Se torció el tobillo.* He sprained his ankle.

torcido, -a *pp, adj* **1** (*dientes, nariz*) crooked **2** (*cuadro, ropa*) not straight: *¿No ves que el cuadro está ~?* Can't you see the picture isn't straight?

3 (*muñeca, tobillo*) sprained *Ver tb* TORCER

torear *vt, vi* to fight (a bull) **LOC torear a algn** to tease sb

torero, -a *nm-nf* bullfighter

tormenta *nf* storm: *Se avecina una ~.* There's a storm brewing. ◊ *Parece que va a haber ~.* It looks like there's going to be a storm.

tormento *nm* **1** (*tortura*) torture **2** (*persona, animal*) pest: *Este niño es un ~.* This child's a pest.

tornado *nm* tornado [*pl* tornadoes]

torneo *nm* **1** (*gen*) tournament **2** (*atletismo*) meeting

tornillo *nm* **1** (*gen*) screw: *apretar un ~* to put a screw in **2** (*para tuerca*) bolt **LOC** *Ver* FALTAR

torniquete *nm* (*Med*) tourniquet

torno *nm* **1** (*mecanismo elevador*) winch **2** (*alfarero*) (potter's) wheel

toro *nm* **1** (*animal*) bull **2 toros**: *ir a los ~s* to go to a bullfight ◊ *A mi hermano le encantan los ~s.* My brother loves bullfighting. **LOC** *Ver* AGARRAR, CORRIDA, PLAZA

toronja *nf* grapefruit [*pl* grapefruit/grapefruits]

torpe *adj* **1** (*maniflojo*) clumsy **2** (*zoquete*) slow

torpedo *nm* torpedo [*pl* torpedoes]

torpeza *nf* **1** (*gen*) clumsiness **2** (*lentitud*) slowness

torre *nf* **1** (*gen, electricidad*) tower **2** (*telecomunicaciones*) antenna **3** (*Ajedrez*) rook, castle (*más coloq*) **LOC torre de vigilancia** watch tower

torrencial *adj* torrential: *lluvias ~es* torrential rain

torrente *nm* (*río*) torrent

torso *nm* torso [*pl* torsos]

torta *nf* **1** (*dulce*) cake **2** (*de sal*) **(a)** (*frita*) fritter **(b)** (*asada*) pie **LOC torta helada** ice cream cake

tortícolis *nm o nf* crick in your neck: *Me produjo ~.* It's given me a crick in my neck.

tortilla *nf* omelet

tortuga *nf* turtle **LOC ir más despacio/lento que una tortuga** to go at a snail's pace *Ver tb* CUELLO, OPERACIÓN, PASO

tortura *nf* torture: *métodos de ~* methods of torture

torturar *vt* to torture

tos *nf* cough: *El humo del cigarrillo me da ~.* Cigarette smoke makes me cough.

toser *vi* to cough

tostada *nf* toast [*incontable*]: *Se me quemaron las ~s.* I've burned the toast. ◊ *una ~ con mermelada* a slice of toast with jam **LOC tostada a la francesa** French toast

tostador *nm* (*tb* **tostadora** *nf*) toaster

tostar *vt* **1** (*pan, frutos secos*) to toast **2** (*café*) to roast **3** (*piel*) to tan

total *adj, nm* total **LOC en total** altogether: *Somos diez en ~.* There are ten of us altogether.

tóxico, -a *adj* toxic

trabado, -a *pp, adj* **LOC estar trabado** (*con droga*) to be stoned *Ver tb* TRABARSE

trabajador, ~a ◆ *adj* hard-working ◆ *nm-nf* worker: *~es cualificados/no cualificados* skilled/unskilled workers

trabajar *vi, vt* to work: *Trabaja para una compañía inglesa.* She works for an English company. ◊ *Nunca he trabajado de profesora.* I've never worked as a teacher. ◊ *¿En qué trabaja tu hermana?* What does your sister do? ◊ *~ la tierra* to work the land **LOC** *Ver* COSTAR, MATAR

trabajo *nm* **1** (*gen*) work [*incontable*]: *Tengo mucho ~.* I've got a lot of work to do. ◊ *Debes ponerte al día con el ~ atrasado.* You must get up to date with your work. ◊ *Me dieron la noticia en el ~.* I heard the news at work. **2** (*empleo*) job: *dar (un) ~ a algn* to give sb a job ◊ *un ~ bien pagado* a well-paid job ◊ *quedarse sin ~* to lose your job ☛ *Ver nota en* WORK[1] **3** (*en el colegio*) project: *hacer un ~ sobre el medio ambiente* to do a project on the environment **LOC estar en trabajo de parto** to be in labor **estar sin trabajo** to be out of work **trabajo de/en equipo** teamwork **trabajos forzados** hard labor [*sing*] **trabajos manuales** arts and crafts

trabalenguas *nm* tongue-twister

trabarse *v pron* ~ (**con**) to get high (**on** *sth*) **LOC trabársele la lengua** to get tongue-tied

tractor *nm* tractor

tradición *nf* tradition: *seguir una ~ familiar* to follow a family tradition

tradicional *adj* traditional

traducción *nf* translation (***from sth***) (***into sth***): *hacer una ~ del español al ruso* to do a translation from Spanish into Russian

traducir *vt, vi* to translate (***from sth***) (***into sth***): *~ un libro del francés al* *inglés* to translate a book from French into English ☛ *Ver nota en* INTERPRET

traductor, ~a *nm-nf* translator

traer ◆ *vt* **1** (*gen*) to bring: *¿Qué quiere que le traiga?* What do you want me to bring you? ☛ *Ver dibujo en* TAKE **2** (*causar*) to cause: *El nuevo sistema nos va a ~ problemas.* The new system is going to cause problems. ◆ **traerse** *v pron* to bring *sth/sb* (with you): *Tráete una almohada.* Bring a pillow with you. **LOC traerse algo (entre manos)** to be up to sth: *¿Qué te traes entre manos?* What are you up to?

traficante *nmf* dealer: *un ~ de armas* an arms dealer

traficar *vi* ~ **con/en** to deal **in *sth***: *Traficaban con drogas.* They dealt in drugs.

tráfico *nm* traffic: *Hay mucho ~ en el centro.* There's a lot of traffic downtown. **LOC tráfico de drogas** (*delito*) drug trafficking

traganíqueles *nm* **LOC** *Ver* MÁQUINA

tragar ◆ *vt, vi* to swallow: *Me duele la garganta al ~.* My throat hurts when I swallow. ◆ **tragarse** *v pron* **1** (*gen*) to swallow: *Me tragué una pepa de aceituna.* I swallowed an olive pit. ◊ *~se el orgullo* to swallow your pride **2** (*soportar*) to put up with *sb*: *Será tragárnoslo por un rato.* We'll just have to put up with him for a while. ◊ *Yo a ése no me lo trago ni en pintura.* I really can't stand him. **LOC tragarse el cuento** to fall for the story: *Se tragó el cuento de mi embarazo.* He fell for the story of my pregnancy.

tragedia *nf* tragedy [*pl* tragedies]

trágico, -a *adj* tragic

trago *nm* **1** (*gen*) drink: *un ~ de agua* a drink of water **2** (*bebida alcohólica*) alcoholic drink **3** (*mal momento*) shock **LOC tomarse unos tragos** to have a few drinks *Ver tb* BEBER(SE)

traición *nf* **1** (*gen*) betrayal: *cometer ~ contra tus amigos* to betray your friends **2** (*contra el Estado*) treason: *Lo juzgarán por alta ~.* He will be tried for high treason. **LOC a traición**: *Le dispararon a ~.* They shot him in the back. ◊ *Lo hicieron a ~.* They went behind his back.

traicionar *vt* **1** (*gen*) to betray: *~ a un compañero/una causa* to betray a friend/cause **2** (*nervios*) to let *sb* down: *Los nervios me traicionaron.* My nerves let me down.

traidor, ~a *nm-nf* traitor

traje *nm* dress [*incontable*]: *Me encanta el ~ típico llanero.* I love the regional dress of the Llanos region. **LOC traje de baño** swimsuit **traje de noche** evening dress **traje espacial** spacesuit

trama *nf* plot

tramar *vt* to plot: *Sé que están tramando algo.* I know they're up to something.

tramitar *vt* to process

trámite *nm* procedure [*incontable*]: *Cumplió con los ~s habituales.* He followed the usual procedure. **LOC en trámite(s) de** in the process of *doing sth*: *Estamos en ~s de divorcio.* We are in the process of getting a divorce.

tramo *nm* **1** (*carretera*) stretch **2** (*escalera*) flight

trampa *nf* **1** (*gen*) trap: *caer en una ~* to fall into a trap ◊ *tenderle una ~ a algn* to set a trap for sb ◊ *Esto es demasiado barato, ¿cuál será la ~?* This is too cheap. What's the catch? **2** (*en un juego*) cheating [*incontable*]: *Una ~ más y estás eliminado.* Any more cheating and you're out of the game. ◊ *Eso es ~.* That's cheating. **LOC hacer trampa(s)** to cheat: *Siempre haces ~s.* You always cheat.

trampolín *nm* **1** (*gen*) springboard: *La gimnasta tomó impulso desde el ~.* The gymnast jumped off the springboard. **2** (*Natación*) diving board: *tirarse del ~* to dive from the board

tramposo, -a *adj, nm-nf* cheat(er) [*n*]: *No seas tan ~.* Don't be such a cheater.

trancón *nm* traffic jam

tranquilidad *nf* **1** (*gen*) calm: *un ambiente de ~* an atmosphere of calm ◊ *¡Qué ~, no tener que trabajar!* What a relief, no work! ◊ *la ~ del campo* the peace of the countryside **2** (*espíritu*) peace of mind: *Para tu ~, te diré que es cierto.* For your peace of mind, I can tell you it is true.

tranquilizante *nm* (*medicamento*) tranquilizer

tranquilizar ◆ *vt* **1** (*gen*) to calm *sb* down: *No logró ~la.* He couldn't calm her down. **2** (*aliviar*) to reassure: *Las noticias lo tranquilizaron.* The news reassured him. ◆ **tranquilizarse** *v pron* to calm down: *Tranquilícese, que están para llegar.* Calm down, they'll soon be here.

tranquilo, -a *adj* **1** (*gen*) calm: *Es una mujer muy tranquila.* She's a very calm person. ◊ *El mar está ~.* The sea is calm. **2** (*lento*) laid-back: *Es tan ~ que me pone nerviosa.* He's so laid-back he makes me nervous. **3** (*apacible*) quiet: *Vivo en una zona tranquila.* I live in a quiet area. **LOC tan tranquilo** not at all worried: *Perdió el año y se quedó tan tranquila.* She failed, but she didn't seem worried at all. ◊ *Me dio una cachetada y se fue tan ~.* He slapped me and walked off just like that. *Ver tb* CONCIENCIA

transatlántico *nm* liner

transcripción *nf* transcription: *una ~ fonética* a phonetic transcription

transcurrir *vi* **1** (*tiempo*) to pass: *Han transcurrido dos días desde su partida.* Two days have passed since he left. **2** (*ocurrir*) to take place

transeúnte *nmf* passer-by [*pl* passers-by]

transferencia *nf* transfer **LOC transferencia bancaria** credit transfer

transferir *vt* to transfer: *Dos jugadores del Millonarios han sido transferidos.* Two Millonarios players have been transferred.

transformador *nm* transformer

transformar ◆ *vt* to transform *sth/sb* (***into sth***): *~ un lugar/a una persona* to transform a place/person ◆ **transformarse** *v pron* **transformarse en** to turn **into *sth/sb***: *La rana se transformó en príncipe.* The frog turned into a prince.

transfusión *nf* transfusion: *Le hicieron dos transfusiones (de sangre).* He was given two (blood) transfusions.

transición *nf* transition

transistor *nm* (transistor) radio

transitivo, -a *adj* transitive

tránsito *nm* **LOC agente/policía de tránsito** traffic police officer *Ver tb* ACCIDENTE

transmisión *nf* broadcast: *una ~ en directo/diferido* a live/recorded broadcast

transmitir *vt* **1** (*gen*) to transmit: *~ una enfermedad* to transmit a disease ◊ *Les transmitimos la noticia.* We passed the news on to them. **2** (*programa*) to broadcast: *~ un partido* to broadcast a game

transparentar(se) *vi, v pron*: *Esa tela (se) transparenta demasiado.* That material is really see-through. ◊ *Con esa falda se te transparentan las piernas.* You can see your legs through that skirt.

transparente *adj* **1** (*gen*) transparent: *El cristal es ~.* Glass is transparent. **2** (*ropa*): *una blusa ~* a see-through blouse ◊ *Es demasiado ~.* You can see right through it.

transportador *nm* carrier

transportar *vt* to carry

transporte *nm* transportation: *~ público/escolar* public/school transportation ◊ *el ~ aéreo* air travel

transversal *adj* transverse: *eje ~* transverse axis ◊ *La 47 es ~ a la avenida 50.* 47th Street crosses 50th Avenue. **LOC** *Ver* SECCIÓN

tranvía *nm* streetcar

trapeador *nm* mop

trapear *vt, vi* to mop

trapecio *nm* **1** (*circo*) trapeze **2** (*Geom*) trapezoid

trapecista *nmf* trapeze artist

trapo *nm* **1** (*limpieza*) cloth **2 trapos** (*ropa*) clothes **LOC sacar (a relucir) los trapos sucios** to wash your dirty linen in public **trapo de cocina** dish towel **trapo del polvo** duster **trapo viejo** old rag

tráquea *nf* windpipe, trachea [*pl* tracheas/tracheae] (*científ*)

tras *prep* **1** (*después de*) after: *día tras día* day after day **2** (*detrás de*) behind: *La puerta se cerró tras ella.* The door closed behind her. **3** (*más allá de*) beyond: *Tras las montañas está el mar.* Beyond the mountains is the sea. **LOC andar/estar/ir tras algo/algn** to be after sth/sb

trasbocar ◆ *vt* to bring *sth* up ◆ *vi* to be sick: *El niño trasbocó.* The baby has been sick.

trasbordo *nm* **LOC hacer transbordo** to change: *Tuvimos que hacer dos ~s.* We had to change twice.

trasero, -a ◆ *adj* back: *la puerta trasera* the back door ◆ *nm* butt, bottom (*más formal*)

trasladar ◆ *vt* **1** (*gen*) to move: *Trasladaron todas mis cosas al otro despacho.* They moved all my things to the other office. **2** (*destinar*) to transfer: *Lo trasladaron al servicio de inteligencia.* He's been transferred to the intelligence service. ◆ **trasladarse** *v pron* to move: *Nos trasladamos al número 44 A 16.* We moved to number 44 A 16.

traslado *nm* **1** (*trasteo, desplazamiento*) move **2** (*cambio de destino*) transfer

traslucir *vt* to reveal

trasluz *nm* **LOC al trasluz** against the light: *mirar los negativos al* ~ to look at the negatives against the light

trasmano LOC (a) trasmano out of the way: *Nos queda muy a ~ pasar por tu casa primero.* It would be out of our way to go by your house first.

trasnochar *vi* to stay up late

traspapelarse *v pron* to be mislaid

traspasar *vt* **1** (*atravesar*) to go **through *sth***: ~ *la barrera del sonido* to go through the sound barrier **2** (*líquido*) to soak **3** (*negocio*) to sell

traspié *nm* **LOC dar un traspié** to trip

trasplantar *vt* to transplant

trasplante *nm* transplant

traste *nm* **LOC** *Ver* LAVAR

trastearse *v pron* to move house

trasteo *nm* move **LOC estar de trasteo** to be moving *Ver tb* CAMIÓN

trastornar ◆ *vt* **1** (*gen*) to upset: *La huelga trastornó todos mis planes.* The strike has upset all my plans. **2** (*volver loco*) to drive *sb* out of their mind ◆ **trastornarse** *v pron* **1** (*persona*) to go crazy **2** (*planes*) to be upset

tratado *nm* (*Pol*) treaty [*pl* treaties]

tratamiento *nm* treatment: *un ~ contra la celulitis* treatment for cellulite

tratar ◆ *vt* **1** (*gen*) to treat: *Nos gusta que nos traten bien.* We like people to treat us well. **2** (*discutir*) to deal with *sth*: *Trataremos estas cuestiones mañana.* We will deal with these matters tomorrow. ◆ *vi* **1** ~ **con** to deal **with *sth/sb***: *No trato con ese tipo de gente.* I don't have any dealings with people like that. **2** (*intentar*) to try ***to do sth***: *Trata de llegar a tiempo.* Try to/and get there on time. ☛ *Ver nota en* TRY ◆ **tratarse** *v pron* **tratarse de** to be **about *sth/sb/doing sth***: *Se trata de tu hermano.* It's about your brother. ◊ *Se trata de aprender, no de aprobar.* It's about learning, not just passing. ◊ *La película se trata del mundo del espectáculo.* The movie is about show business. **LOC tratar a algn de tú/usted** to be on first-name/formal terms with sb

trato *nm* **1** (*gen*) treatment: *el mismo ~ para todos* the same treatment for everyone **2** (*relación*): *Debemos mejorar nuestro ~ con los vecinos.* We must try to get along with our neighbors a little better. ◊ *El ~ que tenemos entre nosotros no es muy bueno.* We don't get along very well. **3** (*acuerdo*) deal: *hacer/cerrar un ~* to make/close a deal **LOC malos tratos** mistreatment [*incontable*]: *Sufrieron malos ~s en la cárcel.* They were subjected to mistreatment in prison. **tener/no tener trato con algn** to see/not to see sb: *No tengo demasiado ~ con ellos.* I don't see much of them. **trato hecho** it's a deal!

trauma *nm* trauma

través LOC a través de through: *Corría a ~ del bosque.* He was running through the wood. ◊ *Huyeron a ~ del parque/de los campos.* They ran across the park/fields.

travesti *nmf* transvestite

travesura *nf* prank **LOC hacer travesuras** to play pranks

travieso, -a *adj* naughty

trayecto *nm* route: *Este bus hace el ~ Bogotá-Cúcuta.* This bus runs on the Bogotá-Cúcuta route.

trayectoria *nf* trajectory [*pl* trajectories]

trazar *vt* **1** (*línea, plano*) to draw **2** (*plan, proyecto*) to devise (*formal*), to draw *sth* up: ~ *un plan* to draw up a plan

trébol *nm* **1** (*Bot*) clover **2 tréboles** (*Naipes*) clubs ☛ *Ver nota en* BARAJA

trece *nm, adj, pron* **1** (*gen*) thirteen **2** (*fecha*) thirteenth ☛ *Ver ejemplos en* ONCE *y* SEIS **LOC** *Ver* MARTES

treceavo, -a *adj, nm* thirteenth ☛ Para *catorceavo, quinceavo*, etc, ver Apéndice 1.

trecho *nm* stretch: *un ~ peligroso* a dangerous stretch of road ◊ *De aquí a mi casa hay un buen ~.* It's quite a way to my house from here.

tregua *nf* truce: *romper una ~* to break a truce

treinta *nm, adj, pron* **1** (*gen*) thirty **2** (*trigésimo*) thirtieth ☛ *Ver ejemplos en* SESENTA

tremendo, -a *adj* **1** (*gen*) terrible: *un disgusto/dolor ~* a terrible blow/pain **2** (*positivo*) tremendous: *El niño tiene una fuerza tremenda.* That child is tremendously strong. ◊ *Tuvo un éxito ~.* It was a tremendous success.

tren *nm* train: *coger/perder el ~* to catch/miss the train **LOC tren de aterrizaje** undercarriage: *bajar el ~ de aterrizaje* to lower the undercarriage **tren de vida** lifestyle *Ver tb* PARAR

trenza *nf* braid: *Hágase una ~.* Braid

your hair. **LOC trenzas de campesina** pigtails

trepar *vi* to climb, to climb (up) *sth*: *~ a un árbol* to climb (up) a tree

tres *nm, adj, pron* **1** (*gen*) three **2** (*fecha*) third ☛ *Ver ejemplos en* SEIS **LOC** *Ver* CADA

trescientos, -as *adj, pron, nm* three hundred ☛ *Ver ejemplos en* SEISCIENTOS

triangular *adj* triangular

triángulo *nm* triangle **LOC triángulo equilátero/escaleno/isósceles** equilateral/scalene/isosceles triangle **triángulo rectángulo** right triangle

tribu *nf* tribe

tribuna *nf* bleachers [*pl*]: *Montaron una ~.* They've put up bleachers. ◊ *Compramos boletas de ~ alta.* We've got bleacher tickets.

tribunal *nm* court: *comparecer ante el ~* to appear before the court **LOC llevar a los tribunales** to take *sth/sb* to court

triciclo *nm* tricycle, trike (*coloq*)

trigo *nm* wheat

trigonometría *nf* trigonometry

trillado, -a *pp, adj* (*común*) hackneyed *Ver tb* TRILLAR

trillar *vt* to thresh

trillizos, -as *nm-nf* triplets

trimestral *adj* quarterly: *revistas/facturas ~es* quarterly magazines/bills

trimestre *nm* **1** (*gen*) quarter **2** (*Educ*) term

trinar *vi* (*pájaro*) to sing

trinchera *nf* trench

trineo *nm* **1** (*gen*) sledge **2** (*de caballos*) sleigh: *Papá Noel viaja siempre en ~.* Santa Claus always travels by sleigh.

trinidad *nf* trinity

trino *nm* trill

trío *nm* trio [*pl* trios]

tripas *nf*: *Me suenan las ~.* My stomach's rumbling.

triple ◆ *adj* triple: *~ salto* triple jump ◆ *nm* three times: *Nueve es el ~ de tres.* Nine is three times three. ◊ *Este es el ~ de grande que el otro.* This one's three times bigger than the other one. ◊ *Gana el ~ que yo.* He earns three times as much as me.

triplicado, -a *pp, adj* **LOC por triplicado** in triplicate *Ver tb* TRIPLICAR(SE)

triplicar(se) *vt, v pron* to treble

tripulación *nf* crew [*v sing o pl*]

tripular *vt* **1** (*barco*) to sail **2** (*avión*) to fly

triqui *nm* tic-tac-toe

triste *adj* **1** (*gen*) sad: *estar/sentirse ~* to be/feel sad **2** (*deprimente, deprimido habitación*) gloomy: *un paisaje/una habitación ~* a gloomy landscape/room

tristeza *nf* **1** (*gen*) sadness **2** (*melancolía*) gloominess

triturar *vt* **1** (*carne*) to mince **2** (*cosas duras*) to crush **3** (*papel*) to shred

triunfal *adj* **1** (*arco, entrada*) triumphal **2** (*gesto, regreso*) triumphant

triunfar *vi* **1** (*tener éxito*) to succeed: *~ en la vida* to succeed in life ◊ *Esta canción va a ~ en el extranjero.* This song will do well abroad. **2** ~ (**en**) (*ganar*) to win: *~ a cualquier precio* to win at any price **3** ~ (**sobre**) to triumph (**over** *sth/sb*): *Triunfaron sobre sus enemigos.* They triumphed over their enemies.

triunfo *nm* **1** (*Pol, Mil*) victory [*pl* victories] **2** (*logro personal, proeza*) triumph: *un ~ de la ingeniería* a triumph of engineering **3** (*Mús, éxito*) hit: *sus últimos ~s cinematográficos* his latest box-office hits **4** (*Naipes*) trump

trivial *adj* trivial

trivialidad *nf* **1** (*cosa trivial*) triviality [*pl* trivialities] **2** (*comentario*) trite remark: *decir ~es* to make trite remarks

triza *nf* **LOC hacer trizas 1** (*gen*) to beat *Terminé hecho ~s.* I was beat. **2** (*papel tela*) to tear *sth* to shreds

trofeo *nm* trophy [*pl* trophies]

trombón *nm* (*instrumento*) trombone

trompa *nf* **1** (*Zool*) **(a)** (*gen*) snout **(b)** (*elefante*) trunk **(c)** (*insecto*) proboscis **2** (*avión, carro*) nose

trompeta *nf* (*instrumento*) trumpet

trompo *nm* spinning top: *tirar el ~* to spin a top

tronar *v imp* to thunder: *¡Está tronando!* It's thundering!

tronco *nm* **1** (*árbol, Anat*) trunk **2** (*leño*) log **LOC** *Ver* DORMIR

trono *nm* throne: *subir al ~* to come to the throne ◊ *el heredero del ~* the heir to the throne

tropa *nf* troop

tropezar(se) *vi, v pron* **tropezar(se)** (**con**) **1** (*caerse*) to trip (**over** *sth*): *~ con una raíz* to trip over a root **2** (*problemas*) to come up against *sth*: *Hemos tropezado con serias dificultades.* We've come up against serious difficulties.

tropezón *nm* (*traspié*) stumble

tropical *adj* tropical

trópico *nm* tropic: *el ~ de Cáncer/ Capricornio* the tropic of Cancer/ Capricorn

trotar *vi* to go jogging

trote *nm* **1** (*gen*) trot: *ir al ~* to go at a trot **2** (*Dep*) jogging: *El ~ es bueno para el corazón.* Jogging is good for the heart. **3** (*actividad intensa*): *Tanto ~ va a acabar conmigo.* All this rushing around will finish me off. **LOC no estar para muchos/esos trotes**: *Ya no estoy para esos ~s.* I'm not up to it any more.

trozo *nm* piece: *un ~ de pan* a piece of bread ◊ *Corte la carne en ~s.* Cut the meat into pieces.

trucha *nf* trout [*pl* trout]

truco *nm* trick **LOC coger el truco** to get the hang (*of sth*)

trueno *nm* thunder [*incontable*]: *¿No oíste un ~?* Wasn't that a clap of thunder? ◊ *Los ~s ya pararon.* The thunder's stopped. ◊ *rayos y ~s* thunder and lightning

trufa *nf* truffle

tu *adj pos* your: *tus libros* your books

tú *pron pers* you: *¿Eres tú?* Is that you? **LOC** *Ver* YO

tuberculosis *nf* tuberculosis (*abrev* TB)

tubería *nf* pipe: *Se rompió una ~.* A pipe has burst.

tubo *nm* **1** (*de conducción*) pipe **2** (*recipiente*) tube: *un ~ de crema dental* a tube of toothpaste ☛ *Ver dibujo en* CONTAINER **LOC tubo de escape** exhaust (pipe)

tuerca *nf* nut

tuerto, -a *adj* one-eyed **LOC ser tuerto** to be blind in one eye

tufo *nm* (rotten) smell: *¡Qué ~ hay!* What a smell!

tugurio *nm* **1** (*cuchitril*) hovel **2** (*taberna*) dive **LOC** *Ver* BARRIO

tulipán *nm* tulip

tumba *nf* **1** (*gen*) grave **2** (*mausoleo*) tomb: *la ~ de Marx* Marx's tomb

tumbar ◆ *vt* **1** (*a propósito*) to knock *sth/sb* down: *Me tumbó de un puñetazo.* He knocked me down. **2** (*por accidente*) to knock *sth/sb* over: *Cuidado tumbas ese jarrón.* Careful you don't knock that vase over.

tumbo *nm* **LOC dar tumbos 1** (*tambalearse*) to stagger **2** (*tener dificultades*) to lurch from one crisis to another

tumor *nm* tumor: *~ benigno/cerebral* benign/brain tumor

tumulto *nm* (*multitud*) crowd

túnel *nm* tunnel: *pasar por un ~* to go through a tunnel

tupido, -a *pp, adj* **1** (*gen*) dense **2** (*tela*) densely woven

turbante *nm* turban

turbio, -a *adj* **1** (*líquido*) cloudy **2** (*asunto*) shady

turismo *nm* **1** (*industria*) tourism **2** (*turistas*) tourists [*pl*]: *un 40% del ~ que visita nuestra zona* 40% of the tourists visiting our area **LOC hacer turismo 1** (*por un país*) to tour: *hacer ~ por Africa* to tour round Africa **2** (*por una ciudad*) to go sightseeing *Ver tb* OFICINA

turista *nmf* tourist

turistear *vi* to tour

turnarse *v pron* ~ (**con**) (**para**) to take turns (**with** ***sb***) (**to do** ***sth***): *Nos turnamos para hacer la limpieza de la casa.* We take turns doing the housework.

turno *nm* **1** (*orden*) turn: *Espere su ~ en la cola.* Wait your turn in line. **2** (*trabajo*) shift: *~ de día/noche* day/ night shift **LOC estar de turno** to be on duty *Ver tb* FARMACIA

turquesa *nf* **LOC** *Ver* AZUL

turrón *nm* Spanish nougat [*incontable*]

tutear(se) *vt, v pron* to be on first-name terms (**with** ***sb***)

tuyo, -a *adj pos, pron pos* yours: *Esos zapatos no son ~s.* Those shoes aren't yours. ◊ *No es problema ~.* That's none of your business.

> Nótese que *un amigo tuyo* se traduce por "a friend of yours" porque significa *uno de tus amigos.*

Uu

u *conj* or

uchuvas *nf* physalis

úlcera *nf* ulcer

últimamente *adv* lately

ultimátum *nm* ultimatum [*pl* ultimatums]

último, -a ◆ *adj* **1** (*gen*) last: *el ~ episodio* the last episode ◊ *estos ~s días* the last few days ◊ *Te lo digo por última vez.* I'm telling you for the last time. **2** (*más reciente*) latest: *la última moda* the latest fashion **3** (*más alto*) top: *en el ~ piso* on the top floor **4** (*más bajo*) bottom: *Están en ~ lugar de la tabla de posiciones.* They are at the bottom of the league. ◆ *nm-nf* **1** (*gen*) last (one): *Fuimos los ~s en llegar.* We were the last (ones) to arrive. **2** (*mencionado en último lugar*) latter **LOC a última hora 1** (*en último momento*) at the last moment **2** (*al final de un día*) late: *a última hora de la tarde de ayer* late yesterday afternoon ◊ *a última hora del martes* late last Tuesday **ir/vestir a la última** to be fashionably dressed

ultraderecha *nf* extreme right

umbilical *adj* **LOC** *Ver* CORDÓN

umbral *nm* threshold: *en el ~ del nuevo siglo* on the threshold of the new century

un, una ◆ *art indef* **1** a, an ☛ La forma **an** se emplea delante de sonido vocálico: *un árbol* a tree ◊ *un brazo* an arm ◊ *una hora* an hour **2 unos** some: *Necesito unos zapatos nuevos.* I need some new shoes. ◊ *Ya que vas, compra unos bananos.* Get some bananas while you're there. ◊ *Tienes unos ojos preciosos.* You have beautiful eyes. ◆ *adj Ver* UNO

unanimidad *nf* unanimity **LOC por unanimidad** unanimously

undécimo, -a *adj, pron, nm-nf* eleventh

único, -a ◆ *adj* **1** (*solo*) only: *la única excepción* the only exception **2** (*excepcional*) extraordinary: *una mujer única* an extraordinary woman **3** (*sin igual*) unique: *una obra de arte única* a unique work of art ◆ *nm-nf* only one: *Es la única que sabe nadar.* She's the only one who can swim. **LOC** *Ver* HIJO

unidad *nf* **1** (*gen*) unit: *~ de medida* unit of measurement **2** (*unión*) unity: *falta de ~* lack of unity **LOC Unidad de Cuidados Intensivos** intensive care unit

unido, -a *pp, adj* close: *una familia muy unida* a very close family ◊ *Están muy ~s.* They're very close. **LOC** *Ver* ESTADO, ORGANIZACIÓN, REINO; *Ver tb* UNIR

unificar *vt* to unify

uniforme ◆ *adj* **1** (*gen*) uniform: *de tamaño ~* of uniform size **2** (*superficie*) even ◆ *nm* uniform **LOC con/de uniforme**: *soldados de ~* uniformed soldiers ◊ *estudiantes con ~* children in school uniform

unión *nf* **1** (*gen*) union: *la ~ matrimonial* marital union **2** (*unidad*) unity: *La ~ es nuestra mejor arma.* Unity is our best weapon. **3** (*acción*) joining (together): *la ~ de las dos partes* the joining together of the two parts

unir ◆ *vt* **1** (*intereses, personas*) to unite: *los objetivos que nos unen* the aims that unite us **2** (*piezas, objetos*) to join **3** (*carretera, ferrocarril*) to link ◆ **unirse** *v pron* **unirse a** to join: *Se unieron al grupo.* They joined the group.

universal *adj* **1** (*gen*) universal: *Es un problema ~.* It's a universal problem. **2** (*historia, literatura*) world [*n atrib*]: *historia ~* world history **LOC** *Ver* DILUVIO

universidad *nf* university [*pl* universities]: *ir a la ~* to go to college

universo *nm* universe

uno, -a ◆ *adj* **1** (*cantidad*) one: *Dije un kilo, no dos.* I said one kilogram, not two. **2 unos** (*aproximadamente*): *~s quince días* around two weeks ◊ *Sólo estaré ~s días.* I'll only be there a few days. ◊ *Tendrá ~s 50 años.* He must be about 50. ◆ *pron* **1** (*gen*) one: *No tenía corbata y le presté una.* He didn't have a tie, so I lent him one. **2** (*uso impersonal*) you, one (*más formal*): *~ no sabe a qué atenerse.* You don't know what to think, do you? **3 unos**: *A ~s les gusta y a otros no.* Some (people) like it; some don't. ◆ *nm* one: *~, dos, tres* one, two, three **LOC ¡a la una, a las dos y a las tres!** ready, set, go! **de una** all at once **de uno en uno** one by one: *Mételos de ~*

en ~. Put them in one by one. **es la una** it's one o'clock **(los) unos a (los) otros** each other, one another: *Se ayudaban (los) ~s a (los) otros.* They helped each other. ☛ *Ver nota en* EACH OTHER ☛ *Para más información sobre el uso del numeral uno, ver ejemplos en* SEIS.

untar *vt* to spread *sth* ***on sth***: *~ las tostadas con/de mermelada* to spread jam on toast **LOC untar con aceite/grasa** to grease: *~ un molde con aceite* to grease a tin

uña *nf* **1** (*mano*) (finger)nail: *comerse las ~s* to bite your nails **2** (*pie*) toenail **LOC ser uña y mugre** to be inseparable *Ver tb* CEPILLO, ESMALTE

uranio *nm* uranium

Urano *nm* Uranus

urbanización *nf* housing development

urbano, -a *adj* urban

urgencia *nf* **1** (*emergencia, caso urgente*) emergency [*pl* emergencies]: *en caso de ~* in case of emergency **2 urgencias** (*en un hospital*) emergency room

urgente *adj* **1** (*gen*) urgent: *un pedido/trabajo ~* an urgent order/job **2** (*correo*) express

urna *nf* **1** (*cenizas*) urn **2** (*Pol*) ballot box

urraca *nf* magpie

usado, -a *pp, adj* **1** (*ropa*) second-hand **2** (*carro*) used *Ver tb* USAR

usar ◆ *vt* **1** (*utilizar*) to use: *Uso mucho el computador.* I use the computer a lot. **2** (*ponerse*) to wear: *¿Qué colonia usas?* What cologne do you wear? **3** (*talla*) to wear: *~ pantalones talla cuarenta* to wear size forty pants ◆ **usarse** *v pron* (*estar de moda*) to be in: *Ahora se usa mucho el pelo corto.* Short hair is in at the moment.

uso *nm* use: *instrucciones de ~* instructions for use **LOC de uso externo/tópico** (*pomada*) for external application

usted *pron pers* you: *Todo se lo debo a ~.* I owe it all to you. **LOC de usted** yours: *Es de ~.* It's yours.

ustedes *pron pers* you: *Es más fácil para ~ porque ya lo conocen.* It's easier for you because you know him. **LOC de ustedes** yours: *¿Es de ~?* Is it yours?

usuario, -a *nm-nf* user

utensilio *nm* **1** (*herramienta*) tool **2** (*cocina*) utensil

útero *nm* womb

útil ◆ *adj* useful ◆ **útiles** *nm* equipment [*incontable, v sing*]

utilidad *nf* usefulness **LOC tener mucha utilidad** to be very useful

utilizar *vt* to use

utopía *nf* Utopia

uva *nf* grape **LOC uva pasa** raisin

Vv

vaca *nf* **1** (*animal*) cow **2** (*carne*) beef **LOC hacer (una) vaca/vaquita** to club together (*to do sth*): *Todos los del grupo hicieron ~ para comprar el regalo.* They all clubbed together to buy the gift. *Ver tb* COMER

vacación *nf* vacation **LOC estar de/en vacaciones** to be on vacation **irse de/salir a vacaciones** to go on vacation

vaciar *vt* **1** (*gen*) to empty *sth* (out) (***into sth***): *Vaciemos esta caja.* Let's empty (out) that box. **2** (*un lugar*) to clear *sth* (***of sth***): *Quiero que vacíes tu cuarto de chécheres.* I want you to clear your room of junk.

vacilar *vt* (*tomar el pelo*) to tease

vacío, -a ◆ *adj* empty: *una caja/casa vacía* an empty box/house ◆ *nm* vacuum **LOC** *Ver* ENVASADO

vacuna *nf* vaccine: *la ~ contra la polio* the polio vaccine

vacunar *vt* to vaccinate *sth/sb* (***against sth***): *Tenemos que ~ al perro contra la rabia.* We have to get the dog vaccinated against rabies.

vacuno, -a *adj* **LOC** *Ver* GANADO

vado *nm* (*de un río*) ford

vagabundo, -a ◆ *adj* **1** (*persona*) wandering **2** (*animal*) stray ◆ *nm-nf* vagrant

vagar *vi* **1** (*deambular*) to wander: *Pasaron toda la noche vagando por las* *calles de la ciudad.* They spent all night wandering the city streets. **2** (*no estudiar*) to laze around

vagina *nf* vagina

vago, -a¹ ◆ *adj* lazy ◆ *nm-nf* slacker

vago, -a² *adj* vague: *una respuesta vaga* a vague answer ◊ *un ~ parecido* a vague resemblance

vagón *nm* (train) car: *~ de pasajeros* passenger car

vaho *nm* **1** (*vapor*) steam **2** (*aliento*) breath

vaina *nf* **1** (*problema, contratiempo*) nuisance, drag (*más coloq*): *Es una ~ que no puedas venir.* It's a drag that you can't come. **2** (*cosa*) thing: *esa ~ roja de allá* that red thing over there

vainilla *nf* vanilla

vaivén *nm* swinging: *el ~ del péndulo* the swinging of the pendulum

vajilla *nf* **1** (*gen*) stoneware [*incontable*] **2** (*juego completo*) dinner service

vale *nm* **1** (*cupón*) voucher **2** (*entrada*) (free) ticket

valentía *nf* courage

valer ◆ *vt* **1** (*costar*) to cost: *El libro valía 1.500 pesos.* The book cost 1,500 pesos. **2** (*tener un valor*) to be worth: *Un dólar vale unos 1.000 pesos.* One dollar is worth around 1000 pesos. ◆ *vi* **1** ~ **por** to entitle *sb* **to** *sth*: *Este cupón vale por un descuento.* This coupon entitles you to a discount. **2** (*estar permitido*) to be allowed: *No vale hacer trampas.* No cheating. ◆ **valerse** *v pron* **valerse de** to use: *Se valió de todos los medios para triunfar.* He used every means possible to get on. **LOC más vale...**: *Más vale que lleves el paraguas.* You'd better take your umbrella. ◊ *Más te vale decir la verdad.* You're better off telling the truth. **¡no vale!** (*no es justo*) that's not fair! **valerse (por sí mismo)** to manage (on your own) *Ver tb* CUÁNTO, PENA

válido, -a *adj* valid: *Este pasaporte ya no es ~.* This passport is no longer valid.

valiente *adj, nmf* brave [*adj*]: *¡Eres un ~!* You're very brave!

valioso, -a *adj* valuable

valla *nf* **1** (*cerca*) fence **2** (*Dep*) hurdle: *los 500 metros ~s* the 500-meters hurdles **LOC valla publicitaria** billboard

valle *nm* valley [*pl* valleys]

valor *nm* **1** (*gen*) value: *Tiene un gran ~ sentimental para mí.* It has great sentimental value for me. **2** (*precio*) price: *Las joyas alcanzaron un ~ muy alto.* The jewels sold for a very high price. **3** (*valentía*) courage: *Me falta ~.* I don't have the courage. **LOC sin valor** worthless *Ver tb* ARMAR, IMPUESTO

valorar *vt* **1** (*gen*) to value *sth* (**at** *sth*): *Valoraron el anillo en un millón de pesos.* The ring was valued at a million pesos. **2** (*considerar*) to assess: *Llegó el momento de ~ los resultados.* It was time to assess the results.

vals *nm* waltz

válvula *nf* valve: *la ~ de escape/seguridad* the exhaust/safety valve

vampiro *nm* **1** (*murciélago*) vampire bat **2** (*Cine*) vampire

vandalismo *nm* vandalism

vándalo, -a *nm-nf* vandal

vanguardia *nf* **1** (*Mil*) vanguard **2** (*Arte*) avant-garde: *teatro de ~* avant-garde theatre

vanguardismo *nm* (*Arte, Liter*) avant-gardism

vanidad *nf* vanity

vanidoso, -a *adj, nm-nf* vain [*adj*]: *Eres un ~.* You're so vain.

vano, -a *adj* vain: *un intento ~* a vain attempt **LOC en vano** in vain

vapor *nm* **1** (*gen*) steam: *una locomotora a ~* a steam engine ◊ *una plancha a ~* a steam iron **2** (*Quím*) vapor: *~es tóxicos* toxic vapors **LOC al vapor** steamed *Ver tb* BARCO

vaquero, -a ◆ *nm-nf* (*pastor*) cowherd ◆ *nm* (*cowboy*) cowboy [*pl* cowboys]

vara *nf* **1** (*palo*) stick **2** (*rama*) branch **LOC** *Ver* METER

vararse *v pron* (*carro*) to break down

variable ◆ *adj* (*carácter*) changeable ◆ *nf* variable **LOC** *Ver* NUBOSIDAD

variación *nf* variation: *ligeras variaciones de presión* slight variations in pressure

variar *vt, vi* **1** (*dar variedad, ser variado*) to vary: *Los precios varían según el restaurante.* Prices vary depending on the restaurant. ◊ *Hay que ~ la alimentación.* You should vary your diet. **2** (*cambiar*) to change: *No varía en plural.* It doesn't change in the plural. **LOC para variar** for a change

varicela *nf* chickenpox

variedad *nf* variety [*pl* varieties]

varilla *nf* rod

varillo *nm* joint

varios, -as *adj, pron* several: *en varias*

ocasiones on several occasions ◊ *Hay varias posibilidades.* There are several possibilities. ◊ ~ *en este grupo van a tener que estudiar más.* Several people in this group are going to have to work harder.

varita *nf* stick **LOC varita mágica** magic wand

variz *nf* varicose vein

varón *nm* (*hijo*) boy: *Nos gustaría un ~.* We would like a boy. **LOC** *Ver* SANTO

varonil *adj* manly, virile (*formal*): *una voz ~* a manly voice

vasija *nf* vessel

vaso *nm* **1** (*gen*) glass: *un ~ de agua* a glass of water **2** (*Anat, Bot*) vessel: *~s capilares/sanguíneos* capillary/blood vessels **LOC vaso de plástico/papel** plastic/paper cup *Ver tb* AHOGAR, GOTA

vatio *nm* watt: *un bombillo de 60 ~s* a 60-watt light bulb

vecinal *adj* **LOC** *Ver* CAMINO

vecindario *nm* residents [*pl*]: *Todo el ~ salió a la calle.* All the residents took to the streets.

vecino, -a ♦ *adj* neighboring: *países ~s* neighboring countries ♦ *nm-nf* neighbor: *¿Qué tal son tus ~s?* What are your neighbors like?

veda *nf* closed season: *El salmón está en ~.* It's the closed season for salmon.

vegetación *nf* **1** (*gen*) vegetation **2** **vegetaciones** (*Med*) adenoids

vegetal ♦ *adj* vegetable [*n atrib*]: *aceites ~es* vegetable oils ◊ *el reino ~* the vegetable kingdom ♦ *nm* vegetable **LOC** *Ver* CARBÓN

vegetar *vi* **1** (*Bot*) to grow **2** (*persona*) to be a vegetable

vegetariano, -a *adj, nm-nf* vegetarian: *ser ~* to be a vegetarian

vehículo *nm* vehicle

veinte *nm, adj, pron* **1** (*gen*) twenty **2** (*vigésimo*) twentieth: *el siglo ~* the twentieth century ☛ *Ver ejemplos en* SESENTA

vejestorio *nm* old relic

vejez *nf* old age

vejiga *nf* bladder

vela[1] *nf* candle: *prender/apagar una ~* to light/put out a candle **LOC estar/pasarse la noche en vela 1** (*gen*) to stay up all night **2** (*con un enfermo*) to keep watch (*over sb*) **no cargar/tener velas en el entierro** to be none of your business: *Yo me quedo callada, porque no tengo ~s en el entierro.* I'm keeping quiet because it's none of my business.

vela[2] *nf* **1** (*de un barco*) sail **2** (*Dep*) sailing: *hacer ~* to go sailing **LOC** *Ver* BARCO

velada *nf* evening

velado, -a *adj* **LOC** *Ver* MEDIA[2]

velar ♦ *vt* to keep vigil **over *sb*** ♦ *vi* ~ **por** to look after *sth/sb*: *Tu padrino velará por ti.* Your godfather will look after you.

velarse *v pron* (*rollo*) to be exposed: *No abras la máquina que se vela el rollo.* Don't open the camera or you'll expose the film.

velero *nm* sailboat

veleta *nf* weathervane

vello *nm* **1** (*en la cara*) peach fuzz **2** (*en el cuerpo*) hair: *tener ~ en las piernas* to have hair on your legs

velo *nm* veil **LOC velo del paladar** soft palate

velocidad *nf* **1** (*rapidez*) speed: *la ~ del sonido* the speed of sound ◊ *trenes de gran ~* high-speed trains **2** (*Mec*) gear: *cambiar de ~* to shift gear ◊ *un carro con cinco ~es* a car with a five-speed gearbox **LOC** *Ver* CAJA, CAMBIAR

velocímetro *nm* speedometer

velocista *nmf* sprinter

velódromo *nm* velodrome, cycle track (*más coloq*)

velorio *nm* wake

veloz *adj* fast: *No es tan ~ como yo.* He isn't as fast as me. ☛ *Ver nota en* FAST[1]

vena *nf* vein

vencedor, ~a ♦ *adj* **1** (*gen*) winning: *el equipo ~* the winning team **2** (*país, ejército*) victorious ♦ *nm-nf* **1** (*gen*) winner: *el ~ de la prueba* the winner of the competition **2** (*Mil*) victor

vencer ♦ *vt* **1** (*Dep*) to beat: *Nos vencieron en la semifinal.* We were beaten in the semifinal. **2** (*Mil*) to defeat **3** (*rendir*) to overcome: *Me venció el sueño.* I was overcome with sleep. ♦ *vi* **1** (*gen*) to win: *Venció el equipo visitante.* The visiting team won. **2** (*plazo*) to expire: *El plazo venció ayer.* The deadline expired yesterday. **3** (*pago*) to be due: *El pago del préstamo vence hoy.* Repayment of the loan is due today.

vencido, -a ♦ *pp, adj*: *darse por ~* to give in ♦ *nm-nf* loser: *vencedores y ~s* winners and losers **LOC** *Ver* TERCERO; *Ver tb* VENCER

venda *nf* bandage: *Me puse una ~ en el dedo.* I bandaged (up) my finger.

vendado, -a *pp, adj* **LOC** *Ver* OJO; *Ver tb* VENDAR

vendar *vt* to bandage *sth/sb* (up): *Me vendaron el tobillo.* They bandaged (up) my ankle. ◊ *La vendaron de pies a cabeza.* She was bandaged from head to foot. **LOC vendarle los ojos a algn** to blindfold sb

vendaval *nm* gale

vendedor, ~a *nm-nf* **1** (*particular*) salesman/woman [*pl* salesmen/ women] **2** (*en un almacén*) salesclerk **LOC vendedor ambulante** hawker

vender ◆ *vt* to sell: *Están vendiendo el apartamento de arriba.* The upstairs apartment is for sale. ◆ **venderse** *v pron* **1** (*estar a la venta*) to be on sale: *Se venden en el mercado.* They are on sale in the market. **2** (*dejarse sobornar*) to sell yourself **LOC se vende** for sale **venderse como pan caliente** to sell like hot cakes *Ver tb* CONTRABANDO

vendimia *nf* grape harvest

vendimiar *vi* to harvest grapes

veneno *nm* poison

venenoso, -a *adj* poisonous **LOC** *Ver* HONGO

venezolano, -a *adj, nm-nf* Venezuelan

Venezuela *nf* Venezuela

venganza *nf* revenge

vengarse *v pron* to take revenge (***on sb***) (***for sth***): *Se vengó de lo que le hicieron.* He took revenge for what they'd done to him. ◊ *Me vengaré de él.* I'll get my revenge on him.

venida *nf* **LOC a la venida** on the way back: *A la ~ nos volvimos a encontrar.* We met up again on the way back. ◊ *Te veo a la ~.* I'll see you when I get back.

venir ◆ *vi* **1** (*gen*) to come: *¡Ven acá!* Come here! ◊ *Nunca vienes a hacerme la visita.* You never come to see me. ◊ *No me vengas con excusas.* Don't come to me with excuses. **2** (*volver*) to be back: *Vengo enseguida.* I'll be back in a minute. **3** (*estar*) to be: *Viene en todos los periódicos.* It's in all the papers. ◊ *Hoy vengo como cansado.* I'm a little tired today. ◆ *v aux* ~ **haciendo algo** to have been **doing sth**: *Hace años que te vengo diciendo lo mismo.* I've been telling you the same thing for years. **LOC que viene** next: *el martes que viene* next Tuesday ☛ Para otras expresiones con **venir**, véanse las entradas del sustantivo, adjetivo, etc, p.ej. **no venir a cuento** en CUENTO y **venir de familia** en FAMILIA.

venta *nf* sale: *en ~* for sale

ventaja *nf* advantage: *Vivir en el campo tiene muchas ~s.* Living in the country has a lot of advantages. **LOC llevarle ventaja a algn** to have an advantage over sb

ventana *nf* window

ventanilla *nf* (*coche*) window: *Baja/ sube la ~.* Open/shut the window.

ventear *vi*: *En Cartagena ventea mucho.* It's very windy in Cartagena. ◊ *Está venteando muy fuerte.* There's a strong wind (blowing).

ventilación *nf* ventilation

ventilador *nm* fan

ventilar *vt* (*habitación, ropa*) to air

ventrílocuo, -a *nm-nf* ventriloquist

Venus *nm* Venus

ver ◆ *vt* **1** (*gen*) to see: *Hace mucho que no la veo.* I haven't seen her for a long time. ◊ *¿Lo ves?, ya te volviste a caer.* You see? You've fallen down again. ◊ *No veo por qué.* I don't see why. ◊ *¿Ve aquel edificio de allá?* Can you see that building over there? ◊ *Esta vez vi a su papá mucho mejor.* Your father was looking much better this time. **2** (*televisión*) to watch: *~ televisión* to watch TV **3** (*examinar*) to look at *sth*: *Necesito ~lo con más calma.* I need more time to look at it. ◆ *vi* to see: *Espere, voy a ~.* Wait, I'll go and see. ◆ **verse** *v pron* **1 verse (con)** to meet (*sb*): *Me vi con tu hermana en el parque.* I met your sister in the park. **2** (*estar*) to be: *Nunca me había visto en una situación igual.* I'd never been in a situation like that. **3** (*apariencia*) to look: *Mi mamá se se ve mucho mejor.* My mother is looking much better. **LOC a ver** let's see **a ver si... 1** (*deseo*) I hope...: *A ~ si paso el examen esta vez.* I hope I pass this time. **2** (*ruego, mandato*) how about...?: *A ~ si me escribes de una vez.* How about writing to me sometime? **ver venir algo** to see it coming: *Lo estaba viendo venir.* I could see it coming ☛ Para otras expresiones con **ver**, véanse las entradas del sustantivo, adjetivo, etc, p.ej. **tener que ver** en TENER y **ver visiones** en VISIÓN.

verano *nm* **1** (*gen*) summer: *En ~ hace mucho calor.* It's very hot in (the) summer. **2** (*en países tropicales*) dry season: *Estamos pasando por un ~ muy* *largo.* We're having a very long dry season.

verbena *nf* open-air dance

verbo *nm* verb

verdad *nf* truth: *Di la ~.* Tell the truth. LOC **ser verdad** to be true: *No puede ser ~.* It can't be true. **¿verdad?**: *Este carro es más rápido, ¿verdad?* This car's faster, isn't it? ◊ *No le gusta la leche, ¿verdad?* You don't like milk, do you? *Ver tb* CANTAR, CONFESAR, HORA

verdadero, -a *adj* true: *la verdadera historia* the true story

verde ◆ *adj* **1** (*gen*) green ☛ *Ver ejemplos en* AMARILLO **2** (*fruta*) unripe: *Todavía están ~s.* They're not ripe yet. **3** (*obsceno*) dirty: *chistes ~s* dirty jokes ◆ *nm* **1** (*color*) green **2** (*hierba*) grass LOC **verde botella** bottle-green *Ver tb* GASOLINA, VIEJO, ZONA

verdugo *nm* executioner

verdura *nf* vegetable(s) [*se usa mucho en plural*]: *frutas y ~s* fruit and vegetables ◊ *Comer ~s es muy sano.* Vegetables are good for you. ◊ *sopa de ~s* vegetable soup

vergonzoso, -a *adj* disgraceful

vergüenza *nf* **1** (*timidez, sentido del ridículo*) embarrassment: *¡Qué ~!* How embarrassing! **2** (*sentido de culpabilidad, modestia*) shame: *No tienes ~.* You have no shame. ◊ *Le daba ~ confesarlo.* He was ashamed to admit it. LOC **dar/pasar vergüenza** to be embarrassed: *Me da ~ preguntarles.* I'm too embarrassed to ask them.

verídico, -a *adj* true

verificar *vt* to check

verja *nf* **1** (*cerca*) railing(s) [*se usa mucho en plural*]: *saltar una ~ de hierro* to jump over some iron railings **2** (*puerta*) gate: *Cierre la ~, por favor.* Shut the gate, please.

verraquera *nf* (*valentía*) guts (*pl*) LOC **ser la verraquera** to be fantastic **tener verraquera** to be angry

verruga *nf* wart

versión *nf* version LOC **en versión original** (*película*) with subtitles

verso *nm* **1** (*línea de un poema*) line **2** (*género literario*) poetry **3** (*poema*) verse

vértebra *nf* vertebra [*pl* vertebrae]

vertebrado, -a *adj, nm* vertebrate

vertebral *adj* LOC *Ver* COLUMNA

verter *vt* to pour: *Vierta la leche en otra taza.* Pour the milk into another cup.

vertical *adj* **1** (*gen*) vertical: *una línea ~* a vertical line **2** (*posición*) upright: *en posición ~* in an upright position

vértice *nm* vertex [*pl* vertexes/ vertices]

vértigo *nm* vertigo: *tener ~* to get vertigo LOC **dar/producir vértigo** to make *sb* dizzy

vesícula *nf* LOC **vesícula (biliar)** gall bladder

vestíbulo *nm* **1** (*entrada, recibidor*) hall **2** (*teatro, cine, hotel*) foyer

vestido *nm* **1** (*para mujer*) dress: *Tienes un ~ precioso.* You're wearing a beautiful dress. **2** (*para hombre*) suit: *un ~ muy elegante* a very smart suit LOC **vestido de baño** swimsuit **vestido de novia** wedding dress **vestido tipo sastre** woman's suit

vestier *nm* **1** (*en un almacén*) fitting room **2** (*en un gimnasio, en una piscina*) locker room ☛ También se dice **dressing room**.

vestir ◆ *vt* **1** (*gen*) to dress: *Vestí a los niños.* I got the children dressed. **2** (*tener puesto*) to wear: *Mercedes vestía un vestido tipo sastre.* Mercedes was wearing a suit. ◆ **vestir(se)** *vi, v pron* **vestir(se) (de)** to dress (**in *sth***): *~ bien/ de blanco* to dress well/in white ◆ **vestirse** *v pron* to get dressed: *Vístete o vas a llegar tarde.* Get dressed or you'll be late. LOC **el mismo que viste y calza** the very same *Ver tb* GALA, ÚLTIMO

vestuario *nm* wardrobe

veterano, -a ◆ *adj* experienced: *el jugador más ~ del equipo* the most experienced player in the team ◆ *nm-nf* veteran: *ser ~* to be a veteran

veterinaria *nf* veterinary science

veterinario, -a *nm-nf* vet

veto *nm* veto [*pl* vetoes]

vez *nf* time: *tres veces al año* three times a year ◊ *Se lo he dicho cien veces.* I've told you hundreds of times. ◊ *Gano cuatro veces más que él.* I earn four times as much as he does. LOC **a la vez (que)** at the same time (as): *Lo dijimos a la ~.* We said it at the same time. ◊ *Terminó a la ~ que yo.* He finished at the same time as I did. **a veces** sometimes **de una vez**: *¡Contéstalo de una ~!* Hurry up and answer! **de una vez por todas** once and for all **de vez en cuando** from time to time **dos veces** twice **en vez de** instead of *sth/sb/doing sth* **érase una vez...** once upon a time there was... **una vez** once *Ver tb* ALGUNO, CADA, CIEN, DEMASIADO, OTRO

vía *nf* **1** (*calle*) road **2 vías** (*Med*) tract [*sing*]: *~s respiratorias* respiratory tract **LOC de una vía** one-way: *Esta calle es de una ~.* This a one-way street. **en vía de desarrollo** developing: *países en ~ de desarrollo* developing countries **(por) vía aérea** (*correos*) (by) airmail **Vía Láctea** Milky Way **vía satélite** satellite: *una conexión ~ satélite* a satellite link *Ver tb* CARRETERA

viajar *vi* to travel: *~ en avión/carro* to travel by plane/car

viaje *nm* journey [*pl* journeys], trip, travel

> Las palabras **travel**, **journey** y **trip** no deben confundirse.
> El sustantivo **travel** es incontable y se refiere a la actividad de viajar en general: *Sus principales aficiones son los libros y los viajes.* Her main interests are reading and travel. **Journey** y **trip** se refieren a un viaje concreto. **Journey** indica sólo el desplazamiento de un lugar a otro: *El viaje fue agotador.* The journey was exhausting. **Trip** incluye también la estancia: *¿Qué tal tu viaje a París?* How did your trip to Paris go? ◊ *un viaje de negocios* a business trip
> Otras palabras que se utilizan para referirnos a viajes son **voyage** y **tour**. **Voyage** es un viaje largo por mar: *Colón es famoso por sus viajes al Nuevo Mundo.* Columbus is famous for his voyages to the New World. **Tour** es un viaje organizado donde se va parando en distintos sitios: *Jane va a hacer un viaje por Tierra Santa.* Jane is going on a tour around the Holy Land.

LOC ¡buen/feliz viaje! have a good trip! **estar/irse de viaje** to be/go away **viaje de intercambio** exchange visit *Ver tb* AGENCIA, BOLSO, EMPRENDER

viajero, -a *nm-nf* **1** (*pasajero*) passenger **2** (*turista*) traveler: *un ~ incansable* a tireless traveler **LOC** *Ver* CHEQUE, AGENTE

vial *adj* road [*n atrib*]: *seguridad ~* road safety

viáticos *nm* traveling expenses

víbora *nf* viper

vibrar *vi* to vibrate

vicepresidente, -a *nm-nf* vice-president

vicesecretario, -a *nm-nf* deputy secretary [*pl* deputy secretaries]

viceversa *adv* vice versa

vicio *nm* **1** (*gen*) vice: *No tengo ~s.* I don't have any vices. **2** (*adicción*) addiction: *El juego se convirtió en ~.* Gambling became an addiction. **LOC coger/tener el vicio de algo** to get/be addicted to sth

vicioso, -a ◆ *adj* depraved ◆ *nm-nf* drug addict **LOC** *Ver* CÍRCULO

víctima *nf* victim: *ser ~ de un robo* to be the victim of a burglary

victoria *nf* **1** (*gen*) victory [*pl* victories] **2** (*Dep*) win: *una ~ en campo contrario* a win on the road **LOC** *Ver* CANTAR

victorioso, -a *adj* **LOC salir victorioso** to triumph

vid *nf* vine

vida *nf* **1** (*gen*) life [*pl* lives]: *¿Qué hay de tu ~?* How's life? **2** (*sustento*) living: *ganarse la ~* to make a living **LOC con vida** alive: *Siguen con ~.* They're still alive. **darse la gran vida** to live the good life **de toda la vida**: *La conozco de toda la ~.* I've known her all my life. ◊ *amigos de toda la ~* lifelong friends **en la vida** never: *En la ~ he visto una cosa igual.* I've never seen anything like it. **¡esto sí es vida!** this is the life! **llevar una vida de perros** to lead a dog's life **para toda la vida** for life *Ver tb* ABRIR, AMARGAR, BOLSA[1], COMPLICAR, COSA, ENTERRAR, ESPERANZA, HOJA, NIVEL, RITMO, SIETE, TREN

video *nm* **1** (*gen*) video [*pl* videos] **2** (*aparato*) video recorder (*abrev* VCR) **LOC filmar/grabar en video** to film/to tape

videoclip *nm* video [*pl* videos]

videoteca *nf* video library [*pl* video libraries]

vidriera *nf* glazier's

vidrio *nm* glass [*incontable*]: *una botella de ~* a glass bottle

viejo, -a ◆ *adj* old: *estar/volverse ~* to look/get old ◆ *nm-nf* old man/woman [*pl* old men/women] **LOC viejo verde** dirty old man *Ver tb* TRAPO

viento *nm* wind **LOC contra viento y marea** come hell or high water *Ver tb* MOLINO

vientre *nm* **1** (*abdomen*) belly [*pl* bellies] **2** (*matriz*) womb

viernes *nm* Friday [*pl* Fridays] (*abrev* Fri) ☛ *Ver ejemplos en* LUNES **LOC Viernes Santo** Good Friday

viga *nf* **1** (*madera*) beam **2** (*metal*) girder

vigente *adj* current **LOC estar vigente** to be in force

vigía *nmf* lookout

vigilancia *nf* (*control*) surveillance: *Van a aumentar la ~.* They're going to increase surveillance. **LOC** *Ver* TORRE

vigilante *nmf* guard

vigilar *vt* **1** (*prestar atención, atender*) to keep an eye on *sth/sb* **2** (*enfermo*) to look after *sb* **3** (*custodiar*) to guard: *~ la frontera/a los presos* to guard the border/prisoners **4** (*examen*) to proctor

vigor *nm* **1** (*Jur*) force: *entrar en ~* to come into force **2** (*energía*) vigor

villa *nf* (*finca*) villa **LOC villa olímpica** Olympic village

villancico *nm* (Christmas) carol

vilo LOC en vilo (*intranquilo*) on tenterhooks: *Nos has tenido en ~ toda la noche.* You've kept us on tenterhooks all night.

vinagre *nm* vinegar

vinagrera *nf* vinegar bottle

vinagreta *nf* vinaigrette

vínculo *nm* link

vinícola *adj* wine [*n atrib*]: *industria ~* wine industry ◊ *región ~* wine-growing region

vinicultor, ~a *nm-nf* wine-grower

vinicultura *nf* wine-growing

vino *nm* wine: *¿Te provoca un ~?* Would you like a glass of wine? ◊ *~ blanco/rojo/de mesa* white/red/table wine **LOC vino tinto** burgundy *Ver tb* PAN

viña *nf* (*tb* **viñedo** *nm*) vineyard

violación *nf* **1** (*delito*) rape **2** (*transgresión, profanación*) violation

violador, ~a *nm-nf* rapist

violar *vt* **1** (*forzar*) to rape **2** (*incumplir*) to break **3** (*profanar*) to violate

violencia *nf* violence

violentar *vt* to force: *~ una cerradura* to force a lock

violento, -a *adj* violent: *una película violenta* a violent film

violeta *adj, nf, nm* violet ☛ *Ver ejemplos en* AMARILLO

violín *nm* violin

violinista *nmf* violinist

violoncelo *nm* cello [*pl* cellos]

viperino, -a *adj* **LOC** *Ver* LENGUA

virar *vi* to swerve: *Tuvo que ~ rápidamente hacia la derecha.* He had to swerve to the right.

virgen ◆ *adj* **1** (*gen*) virgin: *bosques vírgenes* virgin forests ◊ *aceite de oliva ~ extra* virgin olive oil **2** (*cassette*) blank ◆ *nmf* virgin: *la Virgen del Carmen* the Virgin of Carmen ◊ *ser ~* to be a virgin **LOC** *Ver* LANA, PELÍCULA

virginidad *nf* virginity

Virgo *nm, nmf* (*Astrología*) Virgo [*pl* Virgos] ☛ *Ver ejemplos en* AQUARIUS

viril *adj* manly, virile (*formal*)

virilidad *nf* manliness

virtualmente *adv* virtually

virtud *nf* virtue: *tu mayor ~* your greatest virtue

virtuoso, -a *adj* (*honesto*) virtuous

viruela *nf* smallpox

virus *nm* virus [*pl* viruses]

visa *nf* visa: *~ de entrada/salida* entry/exit visa

visar *vt* (*pasaporte*) to stamp a visa in *a passport*

viscoso, -a *adj* viscous

visera *nf* **1** (*gen*) (sun) visor **2** (*de una gorra*) peak

visibilidad *nf* visibility: *poca ~* poor visibility

visible *adj* visible

visión *nf* **1** (*vista*) (eye)sight: *perder la ~ en un ojo* to lose the sight of one eye **2** (*punto de vista*) view: *una ~ personal/de conjunto* a personal/an overall view **3** (*alucinación*) vision: *tener una ~* to have a vision **4** (*instinto*): *un político con mucha ~* a very far-sighted politician ◊ *Tiene mucha ~ para los negocios.* You have a good eye for a deal/bargain. **LOC ver visiones** to hallucinate

visita *nf* **1** (*gen*) visit: *horario de ~(s)* visiting hours **2** (*visitante*) visitor: *Me parece que tienes ~.* I think you've got visitors/a visitor. **LOC hacer una visita** to pay *sb* a visit

visitante ◆ *adj* visiting: *el equipo ~* the visiting team ◆ *nmf* visitor: *Los ~s hicieron una buena donación.* The visitors made a generous donation.

visitar *vt* to visit: *Fui a ~lo al hospital.* I went to visit him in the hospital.

visón *nm* mink

víspera *nf* day before (*sth*): *Dejé todo preparado la ~.* I got everything ready the day before. ◊ *la ~ del examen* the day before the test

También existe la palabra **eve**, que se usa cuando es la víspera de una fiesta religiosa o de un acontecimiento importante: *la víspera de la navidad* Christmas Eve ◊ *Llegaron la víspera de* *las elecciones.* They arrived on the eve of the elections.

LOC **en vísperas de** just before *sth*: *en ~s de exámenes* just before the exams

vista *nf* **1** (*gen*): *Lo operaron de la ~.* He had an eye operation. ◊ *La zanahoria es muy buena para la ~.* Carrots are very good for your eyes. **2** (*panorama*) view: *la ~ desde mi cuarto* the view from my room ◊ *con ~s al mar* overlooking the sea LOC **dejar algo a la vista**: *Déjelo a la ~ para que no se me olvide.* Leave it where I can see it or I'll forget it. **en vista de** in view of *sth*: *en ~ de lo ocurrido* in view of what has happened **hacer el/la de la vista gorda** to turn a blind eye (*to sth*) **¡hasta la vista!** see you! *Ver tb* APARTAR, CONOCER, CORTO, PERDER, PUNTO, QUITAR, SALTAR, SIMPLE, TIERRA

vistazo *nm* look: *Con un ~ tengo suficiente.* Just a quick look will do. LOC **dar/echar un vistazo** to have a look (*at sth/sb*)

visto, -a *pp, adj* LOC **estar bien/mal visto** to be well thought of/frowned upon **por lo visto** apparently **visto bueno** approval *Ver tb* VER

vistoso, -a *adj* colorful

visual *adj* visual

vital *adj* **1** (*Biol*) life [*n atrib*]: *el ciclo ~* the life cycle **2** (*persona*) full of life **3** (*decisivo*) vital

vitalidad *nf* vitality

vitamina *nf* vitamin: *la ~ C* vitamin C

vitral *nm* stained glass [*incontable*]: *Me encantaron los ~es de esa iglesia.* I loved the stained glass windows in that church.

vitrina *nf* **1** (*en un almacén*) shop window **2** (*en una casa*) glass cabinet

vitrinear *vi* to go window-shopping

viudo, -a ◆ *adj* widowed: *Se quedó viuda muy joven.* She was widowed at an early age. ◆ *nm-nf* widower [*fem* widow]

viva ◆ *nm* cheer: *¡Tres ~s al campeón!* Three cheers for the champion! ◆ **¡viva!** *interj* hooray!: *¡~, ganamos!* Hooray! We won!

víveres *nm* provisions

vivero *nm* nursery [*pl* nurseries]: *un ~ de árboles* a tree nursery

vividor, ~a *nm-nf* freeloader

vivienda *nf* **1** (*gen*) housing [*incontable*]: *el problema de la ~* the housing problem **2** (*casa*) house: *buscar ~* to look for a house

vivir ◆ *vi* **1** (*gen*) to live: *Vivió casi noventa años.* He lived for almost ninety years. ◊ *¿Dónde vives?* Where do you live? ◊ *Viven en Bucaramanga/el segundo piso.* They live in Bucaramanga/on the second floor. ◊ *¡Cómo vives de bien!* What a nice life you have! **2** (*subsistir*) to live on *sth*: *No sé de qué viven.* I don't know what they live on. ◊ *Vivimos con 1.000.000 pesos al mes.* We live on 1,000,000 pesos a month. **3** (*existir*) to be alive: *Mi bisabuelo aún vive.* My great-grandfather is still alive. ◆ *vt* to live (***through sth***): *Vive tu vida.* Live your own life. ◊ *~ una mala experiencia* to live through a bad experience LOC **no dejar vivir en paz** not to leave *sb* in peace: *El jefe no nos deja ~ en paz.* Our boss won't leave us in peace. **¡viva el rey!** long live the King **vivir a costa de algn** to live off sb **vivir al día** to live from hand to mouth

vivo, -a *adj* **1** (*gen*) living: *seres ~s* living beings ◊ *lenguas vivas* living languages **2** (*persona*) bright **3** (*luz, color, ojos*) bright **4** (*activo*) lively: *una ciudad viva* a lively city **5** (*astuto*) sharp LOC **dárselas de vivo** to be too clever by half: *No te las des de ~ conmigo.* Don't try and be clever with me. **en vivo** (*en directo*) live **estar vivo** to be alive: *¿Está ~?* Is he alive? **vivo o muerto** dead or alive *Ver tb* CARNE, FUEGO, LLORAR, MANTENER, MÚSICA, ROJO

vocabulario *nm* vocabulary [*pl* vocabularies]

vocación *nf* vocation

vocal ◆ *adj* vocal ◆ *nf* (*letra*) vowel ◆ *nmf* member LOC *Ver* CUERDA

vocalizar *vi* to speak clearly

vodka *nm* vodka

volador, ~a *adj* flying LOC *Ver* PLATILLO

volante *nm* **1** (*automóvil*) steering wheel **2** (*de tela*) frill

volar ◆ *vi* **1** (*gen*) to fly: *Volamos a Lima desde Bogotá.* We flew to Lima from Bogotá. ◊ *El tiempo vuela.* Time flies. **2** (*con el viento*) to blow away: *El sombrero voló por los aires.* His hat blew away. ◆ *vt* (*hacer explotar*) to blow *sth* up: *~ un edificio* to blow up a building LOC **volando** (*con afán*) in a rush: *Fuimos volando a la terminal.* We rushed off to the bus station. *Ver tb* AIRE, PÁJARO

volcán *nm* volcano [*pl* volcanoes]

volcar ◆ *vi, vt* to knock *sth* over: *Los muchachos volcaron el contenedor de basuras.* The children knocked the garbage can over. ◆ **volcarse** *v pron* to overturn: *El carro se volcó al patinar.* The car skidded and overturned.

voleibol *nm* volleyball

voltaje *nm* voltage

voltear ◆ *vt, vi* to turn: ~ *a la derecha* to turn right ◊ *Volteó la cabeza.* He turned his head. ◆ *vt* (*carne, página*) to turn *sth* over: *Volteé el filete.* I turned the steak over. ◆ **voltearse** *v pron* to turn around: *Se volteó y me miró.* She turned around and looked at me. ◊ *Se volteó hacia Elena.* He turned toward Elena. **LOC voltear la cara** to look the other way

voltearepas *adj* opportunistic

voltereta *nf* somersault: *dar una* ~ to do a somersault

voltio *nm* volt

voluble *adj* changeable

volumen *nm* volume: *Compré el primer* ~. I bought the first volume. ◊ *bajar/subir el* ~ to turn the volume down/up

voluntad *nf* **1** (*gen*) will: *No tiene* ~ *propia.* He has no will of his own. ◊ *contra mi* ~ against my will **2** (*deseo*) wishes [*pl*]: *Debemos respetar su* ~. We must respect his wishes. **LOC buena voluntad** goodwill: *mostrar buena* ~ to show goodwill *Ver tb* FUERZA

voluntario, -a ◆ *adj* voluntary ◆ *nm-nf* volunteer: *Trabajo de* ~. I work as a volunteer. **LOC presentarse/ofrecerse como voluntario** to volunteer

volver ◆ *vi* **1** (*regresar*) to go/come back: *Volví a mi casa.* I went back home. ◊ *Vuelve acá.* Come back here. ◊ *¿A qué hora va a volver?* What time will you be back? **2** ~ **a hacer algo** to do sth again: *No vuelvas a decirlo.* Don't say that again. ◆ **volverse** *v pron* to become: *Se ha vuelto muy tranquilo.* He's become very calm. ◊ *~se loco* to go insane ◊ *Ya me estoy volviendo viejo.* I'm getting old now. **LOC volver en sí** to come round

vomitar ◆ *vt* to throw *sth* up: *Vomité toda la comida.* I threw up all my dinner. ◆ *vi* to vomit, to throw up: *Tengo ganas de* ~. I think I'm going to throw up.

vómito *nm* vomit

votación *nf* vote **LOC hacer una votación** to vote *Ver tb* SOMETER

votar *vt, vi* to vote (***for sth/sb***): *Voté por el partido ecológico.* I voted for the Green Party. ◊ ~ *a favor/en contra de algo* to vote for/against sth

voto *nm* **1** (*Pol*) vote: *100 ~s a favor y dos en contra* 100 votes in favor, two against **2** (*Relig*) vow **LOC voto nulo** spoiled ballot

voz *nf* voice: *decir algo en* ~ *alta/baja* to say sth in a loud/quiet voice **LOC a voz en grito** at the top of your voice **correr la voz** to spread the word (*that…*) **llevar la voz cantante** to be the boss

vuelo *nm* **1** (*gen*) flight: *el* ~ *Santiago-Caracas* the Santiago-Caracas flight ◊ *~s nacionales/internacionales* domestic/international flights **2** (*prenda*): *Esa falda tiene mucho* ~. That skirt's very full. **LOC vuelo regular** scheduled flight *Ver tb* REMONTAR

vuelta *nf* **1** (*regreso*) return: *la* ~ *a la normalidad* the return to normality **2** (*Dep*) lap: *Dieron tres ~s a la pista.* They did three laps of the track. **LOC a la vuelta de la esquina** (just) around the corner: *La Navidad está a la* ~ *de la esquina.* Christmas is just around the corner. **dar (dos, etc) vueltas a/alrededor de algo** to go around sth (twice, etc): *La Luna da ~s alrededor de la Tierra.* The moon goes around the earth. **dar la vuelta a la manzana/al mundo** to go around the block/world **darle vueltas a algo 1** (*gen*) to turn sth: *Siempre le doy dos ~s a la llave.* I always turn the key twice. **2** (*pensar*) to worry about sth: *Deja de darle ~s al asunto.* Stop worrying about it. **dar media vuelta** to turn around **dar vueltas** to spin: *La Tierra da ~s sobre su eje.* The earth spins on its axis. **hacer vueltas** to run errands **(ir/salir a) dar una vuelta** to go (out) for a walk **vuelta ciclística** cycle race **vuelta de campana** somersault: *El carro dio tres ~s de campana.* The car somersaulted three times. **vuelta estrella** cartwheel *Ver tb* IDA, PARTIDO, TIQUETE

vuelto *nm* change: *Quédese con el* ~. Keep the change.

vulgar *adj* vulgar

walkie-talkie *nm* walkie-talkie

walkman® *nm* Walkman® [*pl* Walkmans]

waterpolo *nm* water polo

whisky *nm* whiskey [*pl* whiskeys]: *tomarse un* ~ to drink a glass of whiskey

windsurf *nm* windsurfing: *practicar el* ~ to go windsurfing **LOC** *Ver* TABLA

xilófono *nm* xylophone

Yy

y *conj* **1** (*copulativa*) and: *hombres y mujeres* men and women **2** (*en interrogaciones*) and what about...?: *¿Y tú?* And what about you? **3** (*para expresar las horas*) after: *Son las dos y diez.* It's ten after two. **LOC ¿y qué?** so what?

ya *adv* **1** (*referido al presente o al pasado*) already: *Ya son las tres.* It's already three o'clock. ◊ *¿Ya lo terminaste?* Have you finished it already? ◊ *Estaba muy enfermo pero ya está bien.* He was very sick but he's fine now. ☛ *Ver nota en* YET **2** (*referido al futuro*): *Ya veremos.* We'll see. ◊ *Ya le escribirán.* They'll write to you (eventually). **LOC ya no...**: *Ya no vivo allá.* I don't live there any more. **¡ya no más!** that's enough! **¡ya voy!** coming! *Ver tb* BASTAR

yacimiento *nm* **1** (*Geol*) deposit **2** (*Arqueología*) site

yanqui *adj, nmf* Yankee [*n*]: *la hospitalidad* ~ Yankee hospitality

yate *nm* yacht

yegua *nf* mare

yema *nf* **1** (*huevo*) (egg) yolk **2** (*dedo*) (finger)tip: *No siento las ~s de los dedos.* I can't feel my fingertips. ◊ *la ~ del pulgar* the tip of the thumb

yerba *nf* (*marihuana*) pot

yerno *nm* son-in-law [*pl* sons-in-law]

yeso *nm* plaster

yo *pron pers* **1** (*sujeto*) I: *Vamos a ir mi hermana y yo.* My sister and I will go. ◊ *Lo voy a hacer yo mismo.* I'll do it myself. **2** (*en comparaciones, con preposición*) me: *excepto yo* except (for) me ◊ *Llegaste antes que yo.* You got here before me. **LOC soy yo** it's me **¿yo?** me?: *¿Quién dices? ¿Yo?* Who do you mean? Me? **yo de ti/usted** if I were you: *Yo de usted no iría.* I wouldn't go if I were you.

yodo *nm* iodine

yoga *nm* yoga: *hacer* ~ to practice yoga

yogur *nm* yogurt **LOC yogur descremado** low-fat yogurt

yuca *nf* cassava

yudo *nm* judo

yugular *adj, nf* jugular

Zz

zafar ◆ *vt* (*desatar*) to untie ◆ **zafarse** *v pron* **1** (*involuntariamente*): *Se le zafó una grosería.* He accidentally swore. **2** (*secreto*) to let *sth* slip: *Se me zafó que estaba embarazada.* I let (it) slip that she was expecting. **3** (*despretar*) to loosen: *Se zafó el cinturón.* He loosened his belt.

zafiro *nm* sapphire

zaguán *nm* hallway

zamarra *nf* **1** (*chaqueta de piel*) sheepskin jacket **2** (*chaqueta gruesa*) heavy jacket

zambomba *nf* traditional percussion instrument

zambullirse *v pron* (*meterse al agua*) to take a dip

zanahoria *nf* carrot

zancada *nf* stride

zancadilla *nf* **LOC poner zancadilla** to trip *sb* up: *Le pusiste ~.* You tripped him up.

zángano, -a *nm-nf* slacker

zanja *nf* trench

zanjar *vt* to put an end to *sth*

zapallo *nm* pumpkin

zapatería *nf* shoe store

zapatero, -a *nm-nf* shoemaker

zapatilla *nf* **LOC zapatillas de ballet** ballet shoes

zapato *nm* shoe: *~s planos* flat shoes ◊ *~s de tacón* high-heeled shoes ◊ *~s de lona* canvas sneakers

zarandear *vt* to shake: *La zarandeó para que dejara de gritar.* He shook her to stop her shouting.

zarcillo *nm* earring

zarpar *vi* ~ (**hacia/con rumbo a**) to set sail (**for...**): *El buque zarpó hacia Cuba.* The boat set sail for Cuba.

zarpazo *nm* swipe **LOC** *Ver* MANDAR

zarza *nf* bramble

¡zas! *interj* bang!

zigzag *nm* zigzag: *un camino en ~* a zigzag path **LOC hacer zigzag 1** (*carretera, animal*) to zigzag **2** (*persona*) to stagger

zinc *nm* zinc

zodiaco (*tb* **zodíaco**) *nm* zodiac: *los signos del ~* the signs of the zodiac

zombi *adj, nmf* zombie [*n*]: *estar como un ~* to go around like a zombie

zona *nf* **1** (*área*) area: *~ industrial/residencial* industrial/residential area **2** (*Anat, Geog, Mil*) zone: *~ fronteriza/neutral* border/neutral zone **LOC zona norte, etc** north, etc: *la ~ sur de la ciudad* the south of the city **zonas verdes** parks

zoológico *nm* zoo [*pl* zoos]

zopenco, -a ◆ *adj* stupid ◆ *nm-nf* jerk

zoquete ◆ *adj* dimwitted ◆ *nmf* dimwit

zorro, -a ◆ *nm-nf* (*animal*) fox [*fem* vixen] ◆ *nm* (*piel*) fox fur

zueco *nm* clog

zumbar *vt, vi* **LOC zumbarle los oídos** to have a buzzing in your ears

zumbido *nm* **1** (*insecto*) buzzing [*incontable*]: *Se oían los ~s de las moscas.* You could hear the flies buzzing. **2** (*máquina*) humming [*incontable*]

zurcir *vt* to darn

zurdo, -a *adj* left-handed: *ser ~* to be left-handed

Hojas de estudio

He aquí la lista de apartados que hemos elaborado para hacerle más fácil el inglés:

Preposiciones de lugar

The lamp is **above/ over** the table.

The meat is **on** the table.

The cat is **under** the table.

The truck is **in front of** the car.

The car is **behind** the truck.

The bird is **in/ inside** the cage.

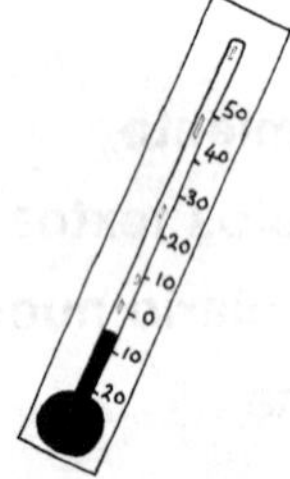

The temperature is **below** zero.

Sam is **between** Kim and Tom.

Kim is **next to/beside** Sam.

Tom is **opposite/ across from** Kim.

The house is **among** the trees.

The girl is leaning **against** the wall.

Preposiciones de movimiento

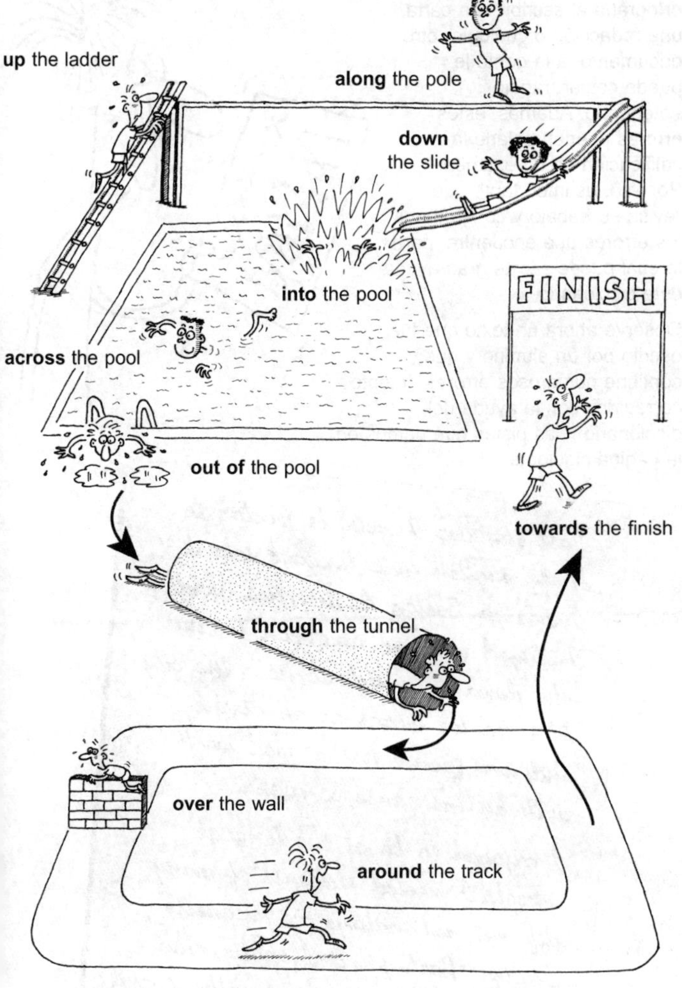

Cómo corregir sus propios textos

Si comete muchos errores y faltas de ortografía al escribir una carta, una redacción o cualquier otro documento, a la gente le puede costar trabajo entenderlo. Además, estos errores pueden bajarle la calificación en un examen. Por eso, es importante que revise su trabajo y corrija todos los errores que encuentre, para lo cual puede ser de gran ayuda este diccionario.

Observe ahora un texto que fue escrito por un alumno y que contiene numerosos errores. Intente corregirlos con la ayuda del diccionario y las pistas que damos en la página siguiente.

Last summer I went to Boston to study english in a langage school. I was in Boston during two months. I stayed with an american family, who dwell in a suburb near the city. Mrs Taylor works as an atorney and her spouse has a good work with an insuranse company.

I enjoyed to be at the langage school. I meeted students of many diferent nationalitys – Japanesse, Italien, Portugal and spain. The professors were very sympathetic and teached me a lot, but I didn't like making so many homeworks!

Pistas para la corrección de textos

☐ **1 ¿He utilizado la palabra correcta?**

En este diccionario incluimos notas sobre palabras que la gente tiende a confundir. Busque entradas como ***sympathetic, work*** o cualquier otra que lo haga dudar.

☐ **2 ¿He escogido el estilo más adecuado?**

Puede que algunas de las palabras que ha utilizado sean demasiado formales o informales para el texto que escribió. Compruébelo en las entradas correspondientes de nuestro diccionario.

☐ **3 ¿He combinado correctamente las palabras?**

¿Se dice *to **make** your **homework*** o *to **do** your **homework***? Si no está seguro, consulte las entradas de los verbos correspondientes, donde encontrará un ejemplo que se lo aclare.

☐ **4 ¿Qué preposición debo utilizar?**

¿Se dice ***close to*** o ***close from***? Las preposiciones en inglés pueden llegar a ser una pesadilla... ¡¡parece como si cada sustantivo, adjetivo y verbo llevara una preposición diferente!! Este diccionario le ayudará a la hora de hacer la elección.

☐ **5 ¿He acertado con la estructura sintáctica?**

¿***Enjoy to do sth*** o ***enjoy doing sth***? La entrada ***enjoy*** le ayudará a solucionar esta duda. Asegúrese de comprobar este tipo de estructuras en el texto.

☐ **6 ¿He cometido faltas de ortografía?**

Tenga cuidado con aquellas palabras que se parecen a las de su propia lengua, ya que a menudo se escriben de distinta manera. Fíjese también en los nombres de países y nacionalidades (encontrará una lista en el apéndice 2). Compruebe las terminaciones del plural, las formas en *-ing*, las dobles consonantes, etc.

☐ **7 ¿Es el texto gramaticalmente correcto?**

¿Se ha fijado en si los sustantivos son contables o incontables? ¿Ha utilizado el pasado y el participio correctos en los verbos? Consulte la lista de verbos irregulares del apéndice 5 para asegurarse.

Ahora ya puede darle la vuelta a la página para comprobar las respuestas.

Respuestas

Last summer I went to Boston to study **E**nglish in a lang**u**age school. I was in Boston **for** two months. I stayed with an **A**merican family, who **live** in a suburb near the city. Mrs. Taylor works as an a**tt**orney, and her **husband** has a good **job** with an insuran**c**e company.

I enjoyed **being** at the lang**u**age school. I **met** students of many di**ff**erent national**ities** – Japan**ese**, Italian, Portu**guese** and **Spanish**. The **teachers** were very **nice** and **taught** me a lot, but I didn't like **doing** so **much** homework!

Cómo archivar el vocabulario nuevo

A la hora de aprender vocabulario, es importante ordenar y archivar todas aquellas palabras nuevas que se quieran recordar. He aquí algunas sugerencias sobre cómo hacerlo.

Cuadernos de vocabulario

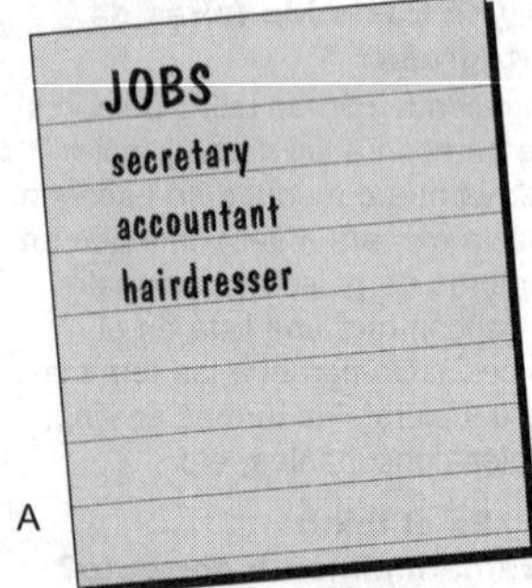

A

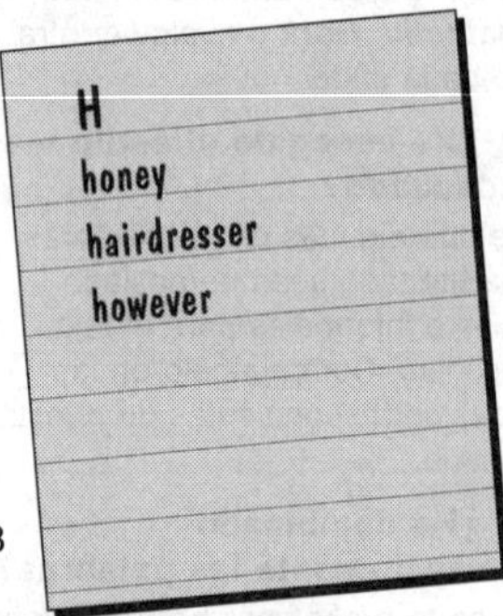

B

A muchos estudiantes les gusta tener un cuaderno especial para anotar el vocabulario. Hay dos maneras de organizar dicho cuaderno: por *temas* (como en el dibujo A) o por *orden alfabético* (dibujo B). Escriba unas cuantas palabras al principio, y añada después otras a medida que las vaya aprendiendo.

Fichas de vocabulario

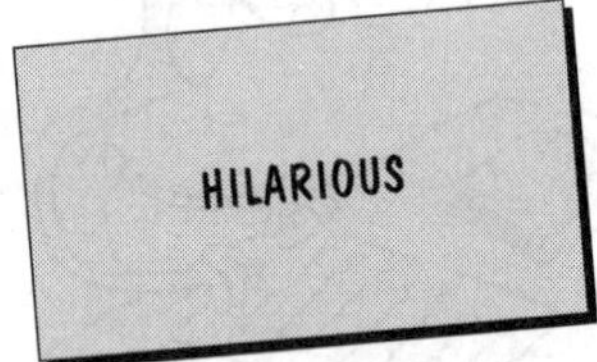

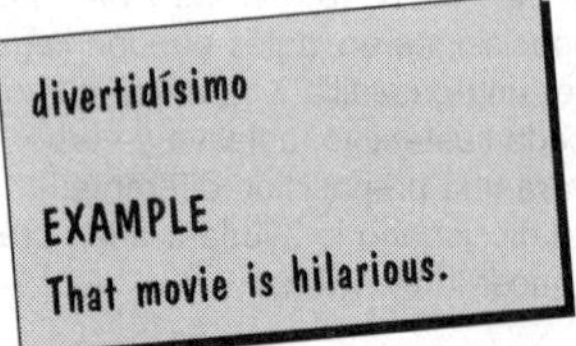

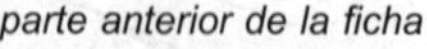

parte anterior de la ficha *parte posterior de la ficha*

Otra manera de organizar el vocabulario es escribir cada palabra nueva en una ficha y guardar todas las fichas en un fichero. Escriba la palabra en una cara de la ficha y la traducción, acompañada de algún ejemplo, en la otra cara. Esto le será muy útil cuando quiera repasar lo que ha aprendido: mire la palabra e intente recordar cómo se traduce al español; o, si prefiere, mire la traducción y trate de adivinar de qué palabra se trata.

Cómo anotar información adicional sobre una palabra

Puede que le interese recordar ciertos detalles sobre una palabra. Búsquelos en el diccionario y decida cuáles quiere anotar en su cuaderno o en sus fichas de vocabulario. Trate de dar siempre un ejemplo, pues le ayudará a recordar cómo se usa la palabra en inglés.

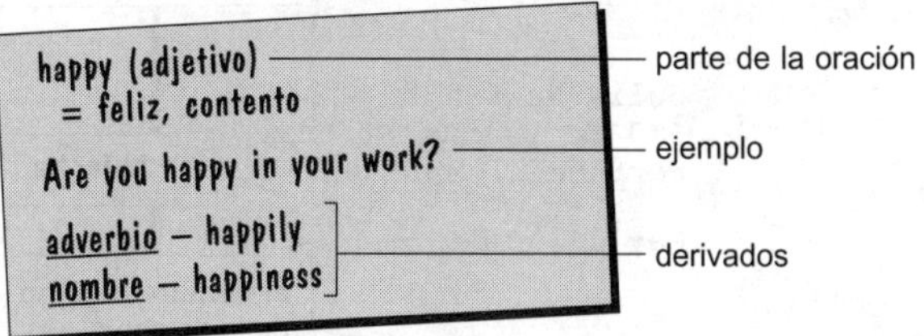

> ***Ejercicio 1***
> *Establezca, con la ayuda del diccionario, cuáles son los detalles más importantes de las siguientes palabras, y a continuación anótelos.*
> **bleed deaf on the ball fluent swap**

Cuadros sinópticos y diagramas

A veces puede ser interesante agrupar las palabras por familias. Observe los dos métodos que mostramos a continuación:

a) Cuadros sinópticos

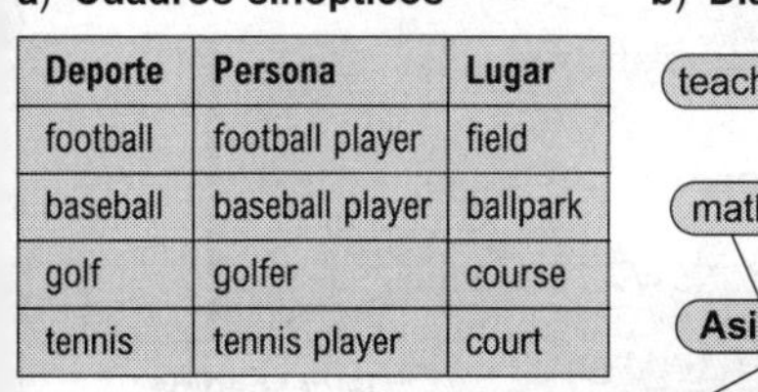

Deporte	Persona	Lugar
football	football player	field
baseball	baseball player	ballpark
golf	golfer	course
tennis	tennis player	court

b) Diagramas

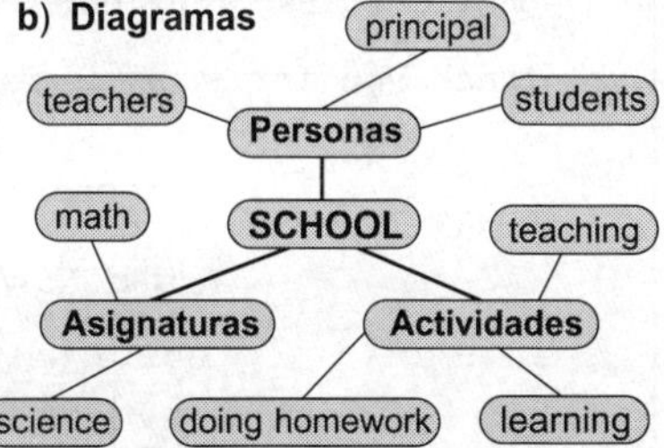

> ***Ejercicio 2***
> **a)** *Haga un cuadro sinóptico utilizando palabras que se refieran a trabajos, lugares de trabajo y cosas que la gente utiliza en el trabajo.*
> **b)** *Haga un diagrama que muestre vocabulario relacionado con las vacaciones. Puede agrupar las palabras según se refieran a lugares donde alojarse, métodos de transporte o actividades.*

Cómo redactar una carta

Cartas formales

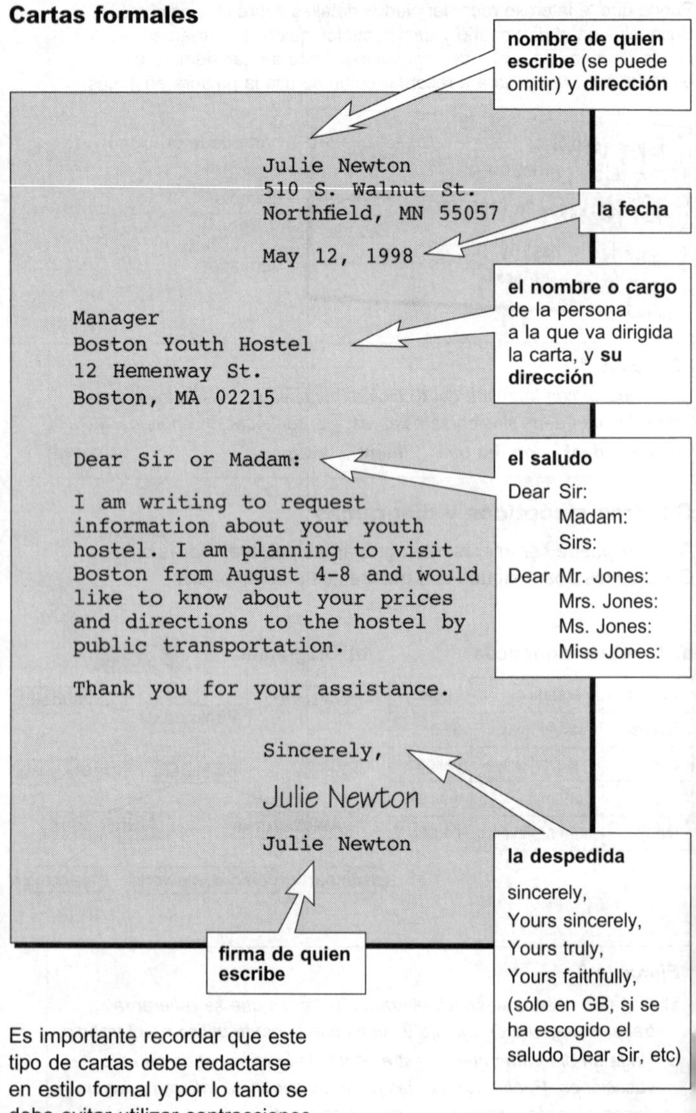

Julie Newton
510 S. Walnut St.
Northfield, MN 55057

May 12, 1998

Manager
Boston Youth Hostel
12 Hemenway St.
Boston, MA 02215

Dear Sir or Madam:

I am writing to request information about your youth hostel. I am planning to visit Boston from August 4-8 and would like to know about your prices and directions to the hostel by public transportation.

Thank you for your assistance.

Sincerely,

Julie Newton

Julie Newton

Es importante recordar que este tipo de cartas debe redactarse en estilo formal y por lo tanto se debe evitar utilizar contracciones como *I'm*, *I'd*, etc.

Cartas informales

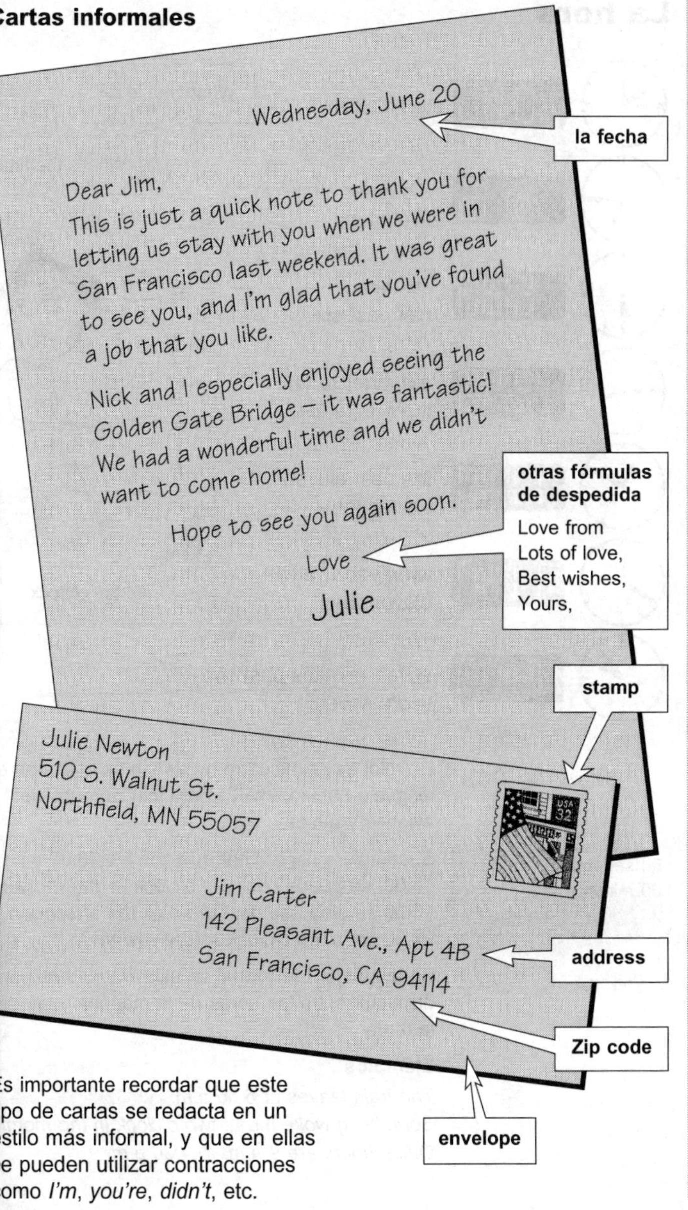

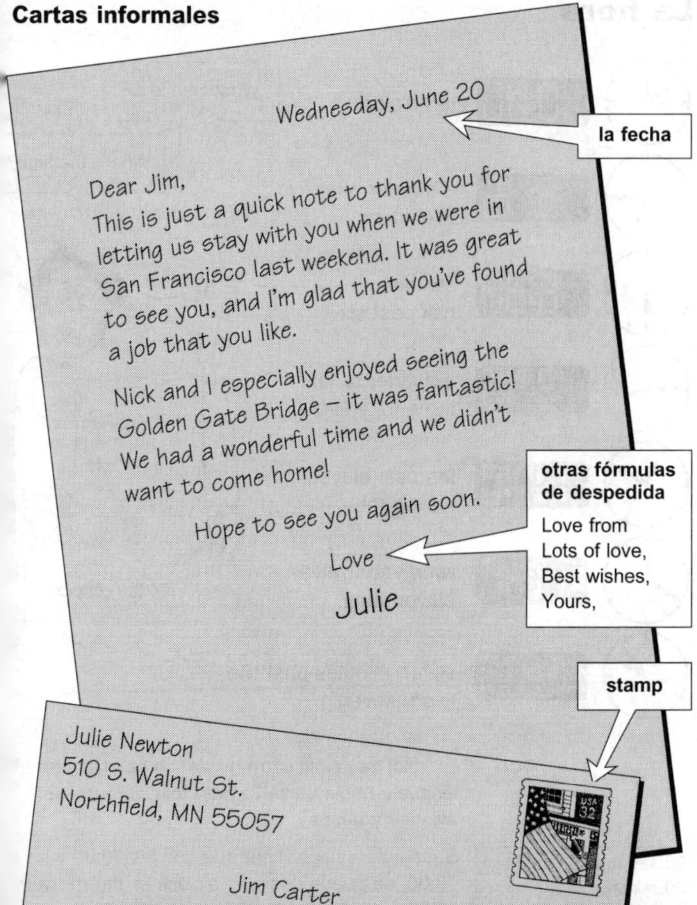
Wednesday, June 20
la fecha
Dear Jim,
This is just a quick note to thank you for letting us stay with you when we were in San Francisco last weekend. It was great to see you, and I'm glad that you've found a job that you like.
Nick and I especially enjoyed seeing the Golden Gate Bridge – it was fantastic! We had a wonderful time and we didn't want to come home!
Hope to see you again soon.
Love
Julie
otras fórmulas de despedida
Love from
Lots of love,
Best wishes,
Yours,
stamp
Julie Newton
510 S. Walnut St.
Northfield, MN 55057
Jim Carter
142 Pleasant Ave., Apt 4B
San Francisco, CA 94114
address
Zip code
envelope

Es importante recordar que este tipo de cartas se redacta en un estilo más informal, y que en ellas se pueden utilizar contracciones como *I'm*, *you're*, *didn't*, etc.

La hora

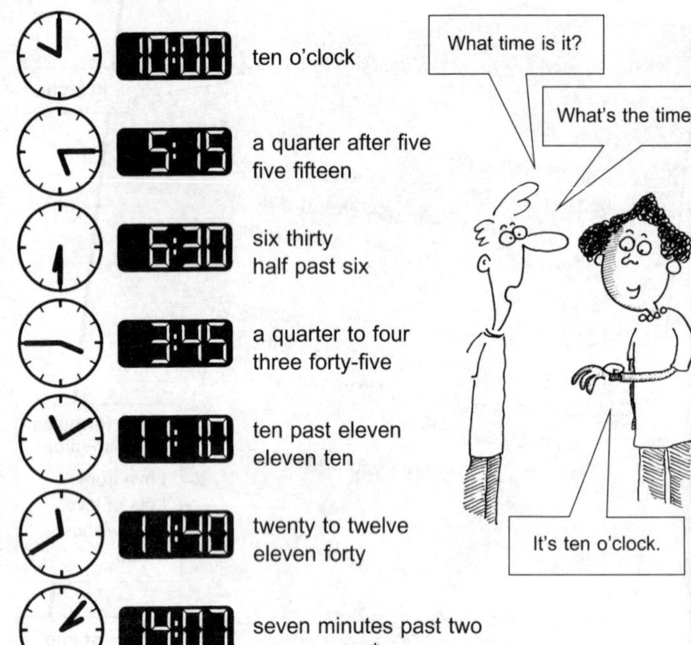

* El "reloj de veinticuatro horas" no se utiliza en el lenguaje hablado, salvo para leer horarios de aviones y buses.

60 seconds	= 1 minute
60 minutes	= 1 hour
24 hours	= 1 day

Si se quiere especificar que son las 06:00 y no las 18:00, se puede decir *six o'clock* ***in the morning***, 15:30 se diría *half past three* ***in the afternoon*** y 22:00 sería *ten o'clock* ***in the evening***.

En lenguaje más formal se utiliza *a.m./p.m.* para distinguir entre las horas de la mañana y las de la tarde.

Ejemplos
The train leaves at 6:56 a.m.
Something woke me at two o'clock in the morning.
Office hours are 9 a.m. to 4:30 p.m.

Vamos a llamar por teléfono

¿Cómo se expresan los números de teléfono?

(617) 731–0293 area code six one seven, seven three one, o two nine three

637–2335 six three seven, two three three five

Para hacer una *llamada telefónica* (a **telephone call**), *levantamos* el *auricular* (**pick up** the **receiver**) y *marcamos* un número de teléfono (**dial** a telephone number). Cuando el teléfono *suena* (the telephone **rings**), la persona a la que llamamos lo *contesta* (**answers** it). Si esa persona está hablando por teléfono en ese momento, el teléfono estará *ocupado* (**busy**).

La puntuación inglesa

. El *punto seguido* o **period** (**.**) pone fin a la frase, siempre que ésta no sea una pregunta o una exclamación:

We're leaving now.
That's all.
Thank you.

También se utiliza en abreviaturas:

Acacia Ave.
Walton St.

? El *signo de interrogación* o **question mark** (**?**) se pone al final de una frase interrogativa directa:

"Who's that man?" Jenny asked.

pero nunca al final de una interrogativa indirecta:

Jenny asked who the man was.

! El *signo de admiración* o **exclamation point** (**!**) se pone al final de una frase que expresa sorpresa, entusiasmo, miedo, etc:

What an amazing story!
How well you look!
Oh no! The cat's been run over!

También se utiliza con interjecciones y palabras onomatopéyicas:

Bye!
Ow!
Crash!

, La coma o **comma** (**,**) indica una breve pausa dentro de una frase:

I ran all the way to the station, but I still missed the train.
However, he may be wrong.

También utilizamos la coma para citar a una persona o para introducir una frase en estilo directo:

Fiona said, "I'll help you."
"I'll help you," said Fiona, "but you'll have to wait till Monday."

La coma puede separar los elementos de una enumeración o de una lista (no es obligatoria delante de *"and"*).

It was a cold, rainy day.
This store sells records, tapes, and compact discs.

: Los *dos puntos* o **colon** (**:**) se utilizan para introducir citas largas o listas de objetos:

There is a choice of main course: roast beef, turkey or omelette.

; El *punto y coma* o **semicolon** (**;**) se utiliza para separar dos partes bien diferenciadas dentro de una oración:

John wanted to go; I did not.

También puede separar elementos de una lista cuando ya hemos utilizado la coma:

The school uniform consists of navy skirt or pants; gray, white or pale blue shirt; navy sweater or cardigan.

El *apóstrofo* o **apostrophe** (') puede indicar dos cosas:

a) que se ha omitido una letra, como en el caso de las contracciones

hasn't, don't, I'm y *he's*

b) el genitivo sajón:

Peter's scarf
Jane's mother
my friend's car

Cuando un sustantivo acaba en *s*, no siempre es necesario añadir una segunda *s*, p. ej. en

Jesus' family

Observemos que la posición del apóstrofo es distinta cuando acompaña a sustantivos que están en singular y en plural:

the girl's keys
(= las llaves de una niña)
the girls' keys
(= las llaves de varias niñas)

Las *comillas o* **quotation marks** (" "), se utilizan para introducir las palabras o los pensamientos de una persona:

"Come and see," said Martin.
Angela shouted, "Over here!"
"Will they get here on time?" she wondered.

Cuando queremos destacar una palabra, o bien la utilizamos con un sentido poco común o irónico, dicha palabra suele aparecer entre comillas:

The word "conversation" is often spelled incorrectly.

La palabra "conversación" a menudo se escribe incorrectamente.

The "experts" were unable to answer a simple question.

Los "expertos" fueron incapaces de contestar una pregunta tan sencilla.

El *guión* o **hyphen** (-) se usa para unir dos o más palabras que forman una unidad:

mother-in-law
a ten-ton truck

También se usa para unir un prefijo a una palabra:

non-violent
anti-American

y en números compuestos:

thirty-four
seventy-nine

Cuando tenemos que partir una palabra al final de una línea, lo hacemos por medio de un guión.

La *raya* o **dash** (–) se utiliza para separar una frase o explicación dentro de una oración más amplia. También la podemos encontrar al final de la oración, para resumir su contenido:

A few people – not more than ten – had already arrived.
The burglars had taken the furniture, the TV and stereo, the paintings – absolutely everything.

El *paréntesis* o **parentheses ( )** sirve para resaltar información adicional dentro de una oración:

Two of the runners (Johns and Smith) finished the race in under an hour.

Los números y letras que indican distintos apartados se marcan también mediante paréntesis:

The camera has three main advantages:
1) *its compact size*
2) *its low price and*
3) *the quality of the photographs.*

What would you do if you won a lot of money?
a) *save it*
b) *travel around the world*
c) *buy a new house*

¡A comer en los EEUU!

Muchas familias estadounidenses suelen salir a comer varias veces por semana, sobre todo si los padres trabajan. La gente disfruta comiendo afuera en una variedad de restaurantes ya que no resulta tan caro en los Estados Unidos como en algunos otros países.

Si una persona tiene afán, puede ir a un **fast-food restaurant**, donde la comida se puede ordenar desde el carro (**the drive-through**) o en el mostrador (**at the counter**). Puede pedir la comida para comer allí mismo (**to eat in**) o para llevar (**to go**). Otra manera de ahorrar tiempo es comprar comida preparada (**takeout**) en un **delicatessen** (también se le llama **deli**), para luego servirla y comerla en la casa.

El desayuno

Algunos disfrutan saliendo a desayunar en un restaurante los fines de semana. Pueden pedir un **omelette**, crepes (llamados **pancakes** en Estados Unidos) o **waffles** con miel (**syrup**). Algunos restaurantes ofrecen un **brunch** especial los domingos, que es una combinación de desayuno y almuerzo tipo buffet que incluye carnes, ensaladas, huevos pericos, pan y postres. Entre semana, lo normal es desayunar en la casa de manera más sencilla. El desayuno se compone de cereal, pan tostado, jugo, café, etc.

El almuerzo y la comida

Lunch, **dinner** y **supper** significan cosas distintas en las diferentes regiones de los Estados Unidos. La comida principal es la de la noche (**dinner**), y la mayoría de la gente come a las 6 de la tarde. Algunas personas llaman a la comida **supper**.

El almuerzo (**lunch**) se toma aproximadamente a las doce, y es más sencillo que la comida. Puede consistir en un sánduche acompañado por sopa o una pequeña ensalada (**side salad**). La gente que trabaja a veces toma un **coffee break** con café y una dona o algún otro bocado a media mañana y otra vez a media tarde.

EEUU	América Latina
breakfast	desayuno
lunch/dinner	almuerzo
dinner/supper	comida/cena

El sistema de educación en los EEUU

Escuelas

La mayoría de los niños norteamericanos van a escuelas oficiales, que son gratuitas. En los Estados Unidos éstas se llaman **public schools**. (No deben confundirse con las **public schools** británicas.) También existen los colegios particulares (**private schools**) que a veces son respaldados por organizaciones religiosas.

Evaluaciones

No existe un sistema nacional de exámenes, aunque algunas escuelas y algunos estados hacen sus propios exámenes al final de cada semestre. En general, se evalúa a los alumnos por el proceso de **continuous assessment**, lo que significa que los maestros evalúan a los alumnos durante todo el año con base en sus calificaciones en pruebas, discusiones, y trabajo escrito y oral. Si los estudiantes quieren continuar su educación, algunas universidades y colegios les exigen presentar un examen, el **SAT** (**Scholastic Aptitude Test**).

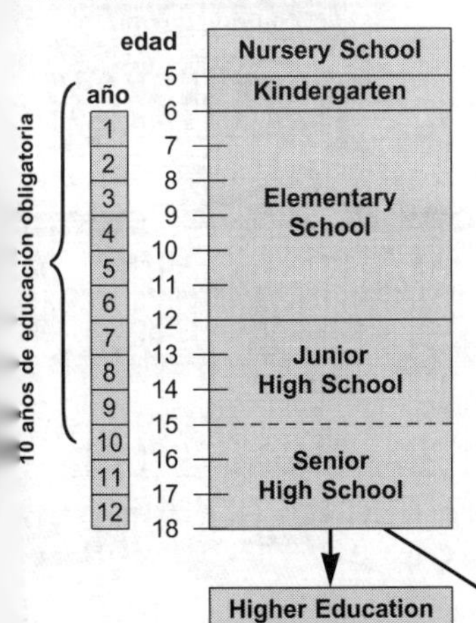

Grado

Los alumnos pueden graduarse en **high school** si han reunido suficientes **units** (aproximadamente 120 horas de clase en una materia). Casi todos los alumnos reúnen **units** en materias básicas (y obligatorias) llamadas **requirements** en sus primeros años de **high school**. En los dos últimos años pasan a materias electivas y más especializadas llamadas **electives**.

Estudios superiores

La mayoría de los programas universitarios tienen una duración de cuatro años. Muchas universidades son privadas, pero los estudiantes también tienen que pagar para asistir a las universidades públicas. No hay exámenes finales; los estudiantes reciben un **degree** si han reunido suficientes **credits** en la materia elegida.

Esta tabla muestra cómo se organiza generalmente la educación en los Estados Unidos, aunque existen sistemas diferentes en algunos estados.

El gobierno en los EEUU

El sistema federal

La constitución de los Estados Unidos divide el poder entre el gobierno federal (**the federal government**) y los gobiernos de los estados individuales (**state governments**). Cada estado tiene sus propias leyes y su propio sistema de gobierno. El gobierno federal se ocupa de asuntos nacionales como la economía y la política exterior.

El gobierno federal está compuesto por tres ramas: la ejecutiva, bajo el mando del presidente (**President**); la legislativa (el congreso o **Congress**, compuesto por el senado o **Senate** y la Cámara de Representantes o **House of Representatives**); y la judicial (la Corte Suprema o **Supreme Court** y las cortes federales). El congreso hace las leyes pero el presidente tiene el poder de vetarlas o **veto**; la Corte Suprema puede declarar que una ley va en contra de la constitución.

Las elecciones

Cada estado elige dos senadores (**senators**) y varios representantes (**representatives**) a la Cámara (el número depende de la población de cada estado).

La elección de los representantes se lleva a cabo cada dos años. Los senadores se eligen por un período de seis años; cada dos años la tercera parte de éstos se somete a nuevas elecciones. El presidente no es elegido directamente por los ciudadanos, sino por el colegio electoral (**electoral college**), que está compuesto por delegados (**delegates**) de los cincuenta estados. Las elecciones presidenciales se llevan a cabo cada cuatro años.

Aa

A, a /eɪ/ *n* (*pl* **A's, a's** /eɪz/) **1** A, a: *A as in apple* A de Andrés ◊ *"bean" (spelled) with an "a"* bean con "a" ◊ *"Awful" begins/starts with an "A".* "Awful" empieza por "A". ◊ *"Data" ends in an "a".* "Data" termina en "a". **2** (*Educ*) sobresaliente: *to get an A in English* sacar (un) diez en lengua y literatura inglesas (*nota de 8.5 a 10*) **3** (*Mús*) la

a /ə, eɪ/ (*tb* **an** /ən, æn/) *art indef* ☛ **A, an** corresponde al español *un, una* excepto en los siguientes casos: **1** (*números*): *a hundred and twenty people* ciento veinte personas **2** (*profesiones*): *My mother is a lawyer.* Mi madre es abogada. **3** por: *200 words a minute* 200 palabras por minuto ◊ *50¢ a dozen* 50 centavos la docena **4** (*con desconocidos*) un(a) tal: *Do we know a Tim Smith?* ¿Conocemos a un tal Tim Smith?

aback /əˈbæk/ *adv Ver* TAKE

abandon /əˈbændən/ *vt* abandonar: *We abandoned the attempt.* Abandonamos el intento. ◊ *an abandoned baby/car/village* un bebé/carro/pueblo abandonado

abbess /ˈæbes/ *n* abadesa

abbey /ˈæbi/ *n* (*pl* **-eys**) abadía

abbot /ˈæbət/ *n* abad

abbreviate /əˈbriːvieɪt/ *vt* abreviar **abbreviation** *n* **1** abreviación **2** abreviatura

ABC /ˌeɪ biː ˈsiː/ *n* **1** abecedario **2** abecé

abdicate /ˈæbdɪkeɪt/ *vt, vi* abdicar: *to abdicate (all) responsibility* declinar toda responsabilidad

abdomen /ˈæbdəmən/ *n* abdomen **abdominal** /æbˈdɑmɪnl/ *adj* abdominal

abduct /əbˈdʌkt, æb-/ *vt* secuestrar **abduction** *n* secuestro

abide /əˈbaɪd/ *vt* soportar: *I can't abide them.* No los puedo soportar. **PHR V to abide by sth 1** (*veredicto, decisión*) acatar algo **2** (*promesa*) cumplir algo

ability /əˈbɪləti/ *n* (*pl* **-ies**) **1** (*talento*) capacidad, aptitud: *her ability to accept change* su capacidad para asumir los cambios ◊ *Despite his ability as a dancer...* A pesar de sus aptitudes como bailarín... **2** habilidad

ablaze /əˈbleɪz/ *adj* **1** en llamas: *to set sth ablaze* prender fuego a algo **2 to be ~ with sth** resplandecer de algo: *The garden was ablaze with flowers.* El jardín estaba inundado de flores.

able¹ /ˈeɪbl/ *adj* **to be ~ to do sth** poder hacer algo: *Will he be able to help you?* ¿Podrá ayudarte? ◊ *They are not yet able to swim.* No saben nadar todavía. ☛ *Ver nota en* CAN² **LOC** *Ver* BRING

able² /ˈeɪbl/ *adj* (**abler, ablest**) capaz

abnormal /æbˈnɔːrml/ *adj* anormal **abnormality** /ˌæbnɔːrˈmæləti/ *n* (*pl* **-ies**) anormalidad

aboard /əˈbɔːrd/ *adv, prep* a bordo: *aboard the ship* a bordo del barco ◊ *Welcome aboard.* Bienvenidos a bordo.

abode /əˈboʊd/ *n* (*formal*) morada **LOC** *Ver* FIXED

abolish /əˈbɑlɪʃ/ *vt* abolir **abolition** *n* abolición

abominable /əˈbɑmənəbl; *GB* -mɪn-/ *adj* abominable

abort /əˈbɔːrt/ **1** *vt, vi* (*Med*) abortar **2** *vt* abortar: *They aborted the launch.* Detuvieron el lanzamiento.

abortion /əˈbɔːrʃn/ *n* aborto (*intencionado*): *to have an abortion* abortar ☛ *Comparar con* MISCARRIAGE

abortive /əˈbɔːrtɪv/ *adj* fracasado: *an abortive coup/attempt* un golpe de estado/intento fracasado

abound /əˈbaʊnd/ *vi* ~ (**with sth**) abundar (en algo)

about¹ /əˈbaʊt/ *adv* **1** (*tb* **around**) más o menos: *about the same height as you* más o menos de tu misma altura **2** (*tb* **around**) hacia: *I got home at about half past seven.* Llegué a la casa hacia las siete y media. ☛ *Ver nota en* AROUND¹ **3** (*tb esp USA* **around**) por aquí: *She's somewhere about.* Está por aquí. ◊ *There are no jobs about at the moment.* De momento no hay ningún trabajo. **4** casi: *Dinner's about ready.* La comida está casi lista. **LOC to be about to do sth** estar a punto de hacer algo

about² /əˈbaʊt/ (*esp GB*) (*tb esp USA* **around**, *GB* **round**) *part adv* **1** de un lado a otro: *I could hear people moving* *about.* Oía gente yendo de un lado para otro. **2** aquí y allá: *People were standing about in the street.* Había gente parada en la calle. ☛ Para los usos de **about** en PHRASAL VERBS ver las entradas de los verbos correspondientes, p.ej. **to lie about** en LIE[2].

about³ /əˈbaʊt/ *prep* **1** por: *papers strewn about the room* papeles esparcidos por el cuarto ◊ *She's somewhere about the place.* Anda por aquí. **2** sobre: *a book about flowers* un libro sobre flores ◊ *What's the book about?* ¿De qué trata el libro? **3** [*con adjetivos*]: *angry/happy about sth* enojado por/contento con algo **4** (*característica*): *There's something about her I like.* Tiene algo que me gusta. **LOC how/what about?**: *What about his car?* ¿Y su carro? ◊ *How about going swimming?* ¿Qué les parece ir a nadar?

above¹ /əˈbʌv/ *adv* arriba: *the people in the apartment above* la gente del apartamento de arriba ◊ *children aged eleven and above* niños mayores de once años

above² /əˈbʌv/ *prep* **1** por encima de, más arriba de: *1,000 meters above sea level* 1.000 metros sobre el nivel del mar ◊ *I live in the apartment above the store.* Vivo en el apartamento que está justo encima del almacén. **2** más de: *above 50%* más del 50% **LOC above all** sobre todo

abrasive /əˈbreɪsɪv/ *adj* **1** (*persona*) brusco y desagradable **2** (*superficie*) áspero: *abrasive paper* papel de lija

abreast /əˈbrest/ *adv*: *to cycle two abreast* andar en bicicleta parejo con algn **LOC to be/keep abreast of sth** estar/mantenerse al corriente de algo

abroad /əˈbrɔːd/ *adv* en el extranjero, en el exterior: *to go abroad* ir al extranjero ◊ *Have you ever been abroad?* ¿Has estado en el extranjero?

abrupt /əˈbrʌpt/ *adj* **1** (*cambio*) repentino, brusco **2** (*persona*) brusco, cortante: *He was very abrupt with me.* Fue muy brusco conmigo.

absence /ˈæbsəns/ *n* **1** ausencia: *absences due to illness* ausencias por enfermedad **2** [*sing*] ausencia, falta: *the complete absence of noise* la ausencia total de ruido ◊ *in the absence of new evidence* a falta de nuevas pruebas **LOC** *Ver* CONSPICUOUS

absent /ˈæbsənt/ *adj* **1** ausente **2** distraído

absentee /ˌæbsənˈtiː/ *n* ausente: *absentee ballot* (*USA*) voto por correo

absent-minded /ˌæbsənt ˈmaɪndɪd/ *adj* distraído

absolute /ˈæbsəluːt/ *adj* absoluto

absolutely /ˈæbsəluːtli/ *adv* **1** absolutamente: *You are absolutely right.* Tiene toda la razón. ◊ *Are you absolutely sure/certain that…?* ¿Está completamente seguro de que…? ◊ *It's absolutely essential/necessary that…* Es imprescindible que… **2** [*en negativa*]: *absolutely nothing* nada en absoluto **3** (*mostrando acuerdo con algn*): *Oh absolutely!* ¡Sin duda!

absolve /əbˈzɑlv/ *vt* ~ **sb** (**from/of sth**) absolver a algn (de algo)

absorb /əbˈsɔːrb/ *vt* **1** absorber, asimilar: *The root hairs absorb the water.* Los pelos de la raíz absorben el agua. ◊ *easily absorbed into the bloodstream* fácilmente asimilado por la sangre ◊ *to absorb information* asimilar información **2** amortiguar: *to absorb the shock* amortiguar el golpe

absorbed /əbˈsɔːrbd/ *adj* absorto

absorbing /əbˈsɔːrbɪŋ/ *adj* absorbente (*libro, película, etc.*)

absorption /əbˈsɔːrpʃn/ *n* **1** (*líquidos*) absorción **2** (*minerales, ideas*) asimilación

abstain /əbˈsteɪn/ *vi* ~ (**from sth**) abstenerse (de algo)

abstract /ˈæbstrækt/ ◆ *adj* abstracto ◆ *n* (*Arte*) obra de arte abstracto **LOC in the abstract** en abstracto

absurd /əbˈsɜːrd/ *adj* absurdo: *How absurd!* ¡Qué disparate! ◊ *You look absurd in that hat.* Te ves ridículo con ese sombrero. **absurdity** *n* (*pl* **-ies**) absurdo: *our absurdities and inconsistencies* nuestros absurdos e incoherencias ◊ *the absurdity of…* lo absurdo de…

abundance /əˈbʌndəns/ *n* abundancia

abundant /əˈbʌndənt/ *adj* abundante

abuse /əˈbjuːz/ ◆ *vt* **1** abusar de: *to abuse your power* abusar de su poder **2** insultar **3** maltratar **4** (*sexualmente*) abusar de ◆ /əˈbjuːs/ *n* **1** abuso: *human rights abuses* abusos contra los derechos humanos **2** [*incontable*] insultos: *They shouted abuse at him.* Lo insultaron a gritos. **3** malos tratos **4** abuso sexual (infantil) **abusive** *adj* insultante, grosero

academic /ˌækəˈdemɪk/ *adj* **1** académico **2** especulativo

academy /əˈkædəmi/ *n* (*pl* **-ies**) academia

accelerate /əkˈseləreɪt/ *vt, vi* acelerar **acceleration** *n* **1** aceleración **2** (*vehículo*) arranque **accelerator** *n* acelerador

accent /ˈæksent, ˈæksənt/ *n* **1** acento **2** énfasis **3** tilde

accentuate /əkˈsentʃueɪt/ *vt* **1** acentuar **2** resaltar **3** agravar

accept /əkˈsept/ **1** *vt, vi* aceptar **2** *vt* admitir: *I've been accepted by the university.* Me aceptaron en la universidad. **3** *vt* (*máquina*): *The machine only accepts dimes.* La máquina sólo funciona con monedas de diez centavos LOC *Ver* FACE VALUE

acceptable /əkˈseptəbl/ *adj* ~ (**to sb**) aceptable (para algn)

acceptance /əkˈseptəns/ *n* **1** aceptación **2** aprobación

access /ˈækses/ *n* ~ (**to sth/sb**) acceso (a algo/algn)

accessible /əkˈsesəbl/ *adj* accesible

accessory /əkˈsesəri/ *n* (*pl* **-ies**) **1** accesorio **2** [*gen pl*] (*ropa*) complemento LOC **accessory** (**to sth**) cómplice (de algo)

accident /ˈæksɪdənt/ *n* **1** accidente **2** casualidad LOC **by accident 1** accidentalmente **2** por casualidad **3** por descuido **accidental** /ˌæksɪˈdentl/ *adj* **1** accidental **2** casual

acclaim /əˈkleɪm/ ◆ *vt* aclamar ◆ *n* [*incontable*] elogios

accommodate /əˈkɑmədeɪt/ *vt* **1** alojar **2** (*vehículo*): *The car can accommodate four people.* El carro tiene capacidad para cuatro personas.

accommodations /əˌkɑməˈdeɪʃnz/ (*GB* **accommodation**) *n* alojamiento

accompaniment /əˈkʌmpənimənt/ *n* acompañamiento

accompany /əˈkʌmpəni/ *vt* (*pret, pp* **-ied**) acompañar

accomplice /əˈkɑmplɪs; *GB* əˈkʌm-/ *n* cómplice

accomplish /əˈkɑmplɪʃ; *GB* əˈkʌm-/ *vt* **1** llevar a cabo **2** lograr

accomplished /əˈkɑmplɪʃt/ *adj* consumado

accomplishment /əˈkɑmplɪʃmənt/ *n* **1** logro **2** talento

accord /əˈkɔːrd/ ◆ *n* acuerdo LOC **in accord** (**with sth/sb**) de acuerdo (con algo/algn) **of your own accord** por decisión propia, (de) motu proprio ◆ **1** *vi* ~ **with sth** (*formal*) concordar con algo **2** *vt* (*formal*) otorgar, conceder

accordance /əˈkɔːrdns/ *n* LOC **in accordance with sth** de acuerdo con algo

accordingly /əˈkɔːrdɪŋli/ *adv* **1** por lo tanto, por consiguiente **2** en consecuencia: *to act accordingly* obrar en consecuencia

according to *prep* según

accordion /əˈkɔːrdiən/ *n* acordeón

account /əˈkaʊnt/ ◆ *n* **1** (*Fin, Com*) cuenta: *checking account* cuenta corriente **2** factura **3** **accounts** [*pl*] contabilidad **4** relato, relación LOC **by/from all accounts** por lo que dicen **of no account** sin ninguna importancia **on account of sth** a causa de algo **on no account; not on any account** bajo ningún concepto, de ninguna manera **on this/that account** por esta/esa razón **to take account of sth; to take sth into account** tener algo en cuenta **to take sth/sb into account** tener algo/a algn en cuenta ◆ *vi* ~ (**to sb**) **for sth** rendir cuentas (a algn) de algo

accountable /əˈkaʊntəbl/ *adj* ~ (**to sb**) (**for sth**) responsable (ante algn) (de algo) **accountability** /əkaʊntəˈbɪləti/ *n* responsabilidad de la que hay que dar cuenta

accountant /əˈkaʊntənt/ *n* contador, -ora

accounting /əˈkaʊntɪŋ/ (*GB* **accountancy** /əˈkaʊntənsi/) *n* contabilidad

accumulate /əˈkjuːmjəleɪt/ *vt, vi* acumular(se) **accumulation** *n* acumulación

accuracy /ˈækjərəsi/ *n* precisión

accurate /ˈækjərət/ *adj* exacto: *an accurate shot* un disparo certero

accusation /ˌækjuˈzeɪʃn/ *n* acusación

accuse /əˈkjuːz/ *vt* ~ **sb** (**of sth**) acusar a algn (de algo): *He was accused of murder.* Fue acusado de asesinato. **the accused** *n* (*pl* **the accused**) el acusado, la acusada **accusingly** *adv*: *to* *look accusingly at sb* lanzar una mirada acusadora a algn

accustomed /ə'kʌstəmd/ *adj* ~ **to sth** acostumbrado a algo: *to be accustomed to sth* estar acostumbrado a algo ◊ *to become/get/grow accustomed to sth* acostumbrarse a algo

ace /eɪs/ *n* as

ache /eɪk/ ◆ *n* dolor *Ver tb* BACKACHE, HEADACHE, TOOTHACHE ◆ *vi* doler

achieve /ə'tʃiːv/ *vt* **1** (*objetivo, éxito*) lograr **2** (*resultados*) conseguir **achievement** *n* logro

aching /'eɪkɪŋ/ *adj* dolorido

acid /'æsɪd/ ◆ *n* ácido ◆ *adj* **1** (*sabor*) ácido, agrio **2** (*tb* **acidic**) ácido **acidity** /ə'sɪdəti/ *n* acidez

acid rain *n* lluvia ácida

acknowledge /ək'nɑlɪdʒ/ *vt* **1** reconocer **2** (*carta*) acusar recibo de **3** darse por enterado de **acknowledg(e)ment** *n* **1** reconocimiento **2** acuse de recibo **3** agradecimiento (*en un libro, etc.*)

acne /'ækni/ *n* acné

acorn /'eɪkɔːrn/ *n* bellota

acoustic /ə'kuːstɪk/ *adj* acústico **acoustics** *n* [*pl*] acústica

acquaintance /ə'kweɪntəns/ *n* **1** amistad **2** conocido **LOC to make sb's acquaintance/to make the acquaintance of sb** (*formal*) conocer a algn (*por primera vez*) **acquainted** *adj* familiarizado: *to become/get acquainted with sb* (llegar a) conocer a algn

acquiesce /ˌækwi'es/ *vi* (*formal*) ~ (**in sth**) consentir (algo/en algo); aceptar (algo) **acquiescence** *n* consentimiento

acquire /ə'kwaɪər/ *vt* **1** (*conocimientos, posesiones*) adquirir **2** (*información*) obtener **3** (*reputación*) adquirir, ganarse **4** hacerse con, apoderarse de

acquisition /ˌækwɪ'zɪʃn/ *n* adquisición

acquit /ə'kwɪt/ *vt* (**-tt-**) ~ **sb** (**of sth**) absolver a algn (de algo) **acquittal** *n* absolución

acre /'eɪkər/ *n* acre

acrobat /'ækrəbæt/ *n* acróbata

across /ə'krɔːs; *GB* ə'krɒs/ *part adv, prep* **1** [*suele traducirse por un verbo*] de un lado a otro: *to swim across* cruzar nadando ◊ *to walk across the border* cruzar la frontera a pie ◊ *to take the path across the fields* tomar el camino que atraviesa los campos **2** al otro lado: *We were across in no time.* Llegamos al otro lado en un instante. ◊ *from across the room* desde el otro lado de la habitación **3** sobre, a lo largo de: *a bridge across the river* un puente sobre el río ◊ *A branch lay across the path.* Había una rama atravesada en el camino. **4** de ancho: *The river is half a mile across.* El río tiene media milla de ancho. ☛ Para los usos de **across** en PHRASAL VERBS ver las entradas de los verbos correspondientes, p.ej. **to come across** en COME.

across from (*GB* **opposite**) *prep* enfrente de

acrylic /ə'krɪlɪk/ *adj, n* acrílico

act /ækt/ ◆ *n* **1** acto: *an act of violence/kindness* un acto de violencia/amabilidad **2** (*Teat*) acto **3** número: *a circus act* un número de circo **4** (*Jur*) decreto **LOC in the act of doing sth** en el momento de hacer algo **to get your act together** (*coloq*) organizarse **to put on an act** (*coloq*) fingir ◆ **1** *vi* actuar **2** *vi* comportarse **3** *vt* (*Teat*) hacer el papel de **LOC** *Ver* FOOL

acting[1] /'æktɪŋ/ *n* teatro (*como profesión*): *his acting career* su carrera como actor ◊ *Her acting was awful.* Actuó muy mal.

acting[2] /'æktɪŋ/ *adj* en funciones: *He was acting chairman at the meeting.* Actuó como presidente en la reunión. ◊ *acting director* director interino ☛ Sólo se usa antes de sustantivo.

action /'ækʃn/ *n* **1** acción **2** medidas: *Drastic action is needed.* Hay que tomar medidas drásticas. **3** acto **4** (*Mil*) acción: *to go into action* entrar en acción **LOC in action** en acción **out of action 1** (*soldado*) fuera de combate **2** *This machine is out of action.* Esta máquina no funciona. **to put sth into action** poner algo en práctica **to take action** tomar medidas *Ver tb* COURSE

activate /'æktɪveɪt/ *vt* activar

active /'æktɪv/ *adj* **1** activo: *to take an active part in sth* participar activamente en algo ◊ *to take an active interest in sth* interesarse vivamente por algo **2** (*volcán*) en actividad

activity /æk'tɪvəti/ *n* (*pl* **-ies**) **1** actividad **2** bullicio

actor /'æktər/ *n* actor, actriz ☛ *Ver nota en* ACTRESS

actress /ˈæktrəs/ *n* actriz

Hay mucha gente que prefiere el término **actor** tanto para el femenino como para el masculino.

actual /ˈæktʃuəl/ *adj* **1** exacto: *What were his actual words?* ¿Qué fue lo que dijo exactamente? **2** verdadero: *based on actual events* basado en hechos reales **3** propiamente dicho: *the actual city center* el centro propiamente dicho ☛ *Comparar con* CURRENT sentido 1, PRESENT-DAY **LOC in actual fact** en realidad

actually /ˈæktʃuəli/ *adv* **1** en realidad, de hecho: *He's actually very bright.* La verdad es que es muy inteligente. **2** exactamente: *What did she actually say?* ¿Qué dijo exactamente? **3** *Actually, my name's Sue, not Ann.* A propósito, me llamo Sue, no Ann. **4** (*para dar énfasis*): *You actually met her?* ¿De verdad la conociste? **5** hasta: *He actually expected me to leave.* Hasta esperaba que me fuera. ☛ *Comparar con* AT PRESENT *en* PRESENT, CURRENTLY *en* CURRENT

acupuncture /ˈækjʊpʌŋktʃər/ *n* acupuntura

acute /əˈkjuːt/ *adj* **1** extremo: *to become more acute* agudizarse **2** agudo: *acute angle* ángulo agudo ◊ *acute appendicitis* apendicitis aguda **3** (*remordimiento*) profundo

AD /ˌeɪˈdiː/ *abrev* **anno domini** después de Cristo

ad /æd/ *n* (*coloq*) **advertisement** anuncio, aviso (*publicidad*)

adamant /ˈædəmənt/ *adj* ~ (**about/in sth**) firme, categórico en cuanto a algo: *He was adamant about staying behind.* Se empeñó en quedarse.

adapt /əˈdæpt/ *vt, vi* adaptar(se) **adaptable** *adj* **1** (*persona*): *to learn to be adaptable* aprender a adaptarse **2** (*aparatos, etc.*) adaptable **adaptation** *n* adaptación

adaptor /əˈdæptər/ *n* enchufe múltiple, adaptador

add /æd/ *vt* añadir, agregar **LOC to add A and B together** sumar A y B **PHR V to add sth on (to sth)** añadir algo (a algo) **to add to sth 1** aumentar algo **2** ampliar algo **PHR V to add up** (*coloq*) cuadrar: *His story doesn't add up.* Hay cosas en su relato que no cuadran. **to add (sth) up** sumar (algo) **to add up to sth** ascender a algo: *The bill adds up to $40.* La cuenta asciende a 40 dólares.

adder /ˈædər/ *n* víbora

addict /ˈædɪkt/ *n* adicto, -a: *drug addict* drogadicto **addicted** /əˈdɪktɪd/ *adj* adicto **addiction** /əˈdɪkʃn/ *n* adicción **addictive** /əˈdɪktɪv/ *adj* adictivo

addition /əˈdɪʃn/ *n* **1** incorporación **2** adquisición **3** (*Mat*): *Children are taught addition and subtraction.* Los niños aprenden a sumar y a restar. **LOC in addition** por añadidura **in addition (to sth)** además (de algo) **additional** *adj* adicional

additive /ˈædətɪv/ *n* aditivo

address /ˈædres, əˈdres/ ◆ *n* **1** dirección: *address book* libreta de direcciones **2** discurso **LOC** *Ver* FIXED ◆ *vt* **1** (*carta, etc.*) dirigir **2** ~ **sb** dirigirse a algn **3** ~ (**yourself to**) **sth** hacer frente a algo

adept /əˈdept/ *adj* hábil

adequate /ˈædɪkwət/ *adj* **1** adecuado **2** aceptable

adhere /ədˈhɪər/ *vi* (*formal*) **1** adherirse **2** ~ **to sth** (*creencia, etc.*) observar algo **adherence** *n* ~ (**to sth**) **1** adhesión (a algo) **2** observancia (de algo) **adherent** *n* adepto, -a

adhesive /ədˈhiːsɪv/ *adj, n* adhesivo

adjacent /əˈdʒeɪsnt/ *adj* adyacente

adjective /ˈædʒɪktɪv/ *n* adjetivo

adjoining /əˈdʒɔɪnɪŋ/ *adj* contiguo, colindante

adjourn /əˈdʒɜːrn/ **1** *vt* aplazar **2** *vt, vi* (*reunión, sesión*) suspender(se)

adjust /əˈdʒʌst/ **1** *vt* ajustar, arreglar **2** *vt, vi* ~ (**sth**) (**to sth**) adaptar algo (a algo); adaptarse (a algo) **adjustment** *n* **1** ajuste, modificación **2** adaptación

administer /ədˈmɪnɪstər/ *vt* **1** administrar **2** (*organización*) dirigir **3** (*castigo*) aplicar

administration /ədˌmɪnɪˈstreɪʃn/ *n* **1** administración **2** dirección

administrative /ədˈmɪnɪstreɪtɪv/ *adj* administrativo

administrator /ədˈmɪnɪstreɪtər/ *n* administrador, -ora

admirable /ˈædmərəbl/ *adj* admirable

admiral /ˈædmərəl/ *n* almirante

admiration /ˌædməˈreɪʃn/ *n* admiración

admire /əd'maɪər/ *vt* admirar, elogiar **admirer** *n* admirador, -ora **admiring** *adj* lleno de admiración

admission /əd'mɪʃn/ *n* **1** entrada, admisión **2** reconocimiento **3** (*hospital*) ingreso

admit /əd'mɪt/ (**-tt-**) **1** *vt* ~ **sb** dejar entrar, admitir, ingresar a algn **2** *vt, vi* ~ (**to**) **sth** (*crimen*) confesar algo **3** *vt, vi* ~ (**to**) **sth** (*error*) reconocer algo **admittedly** *adv*: *Admittedly...* Hay que admitir que...

adolescent /ˌædə'lesnt/ *adj, n* adolescente **adolescence** *n* adolescencia

adopt /ə'dɑpt/ *vt* adoptar **adopted** *adj* adoptivo **adoption** *n* adopción

adore /ə'dɔːr/ *vt* adorar: *I adore cats.* Me encantan los gatos.

adorn /ə'dɔːrn/ *vt* adornar

adrenalin /ə'drenəlɪn/ *n* adrenalina

adrift /ə'drɪft/ *adj* a la deriva

adult /ə'dʌlt, 'ædʌlt/ ◆ *adj* adulto, mayor de edad ◆ *n* adulto, -a

adultery /ə'dʌltəri/ *n* adulterio

adulthood /'ædʌlthʊd/ *n* madurez

advance /əd'væns; *GB* -'vɑːns/ ◆ *n* **1** avance **2** (*sueldo*) adelanto LOC **in advance 1** de antemano **2** con antelación **3** por adelantado ◆ *adj* anticipado: *advance warning* previo aviso ◆ **1** *vi* avanzar **2** *vt* hacer avanzar **advanced** *adj* avanzado **advancement** *n* **1** desarrollo, fomento **2** (*trabajo*) ascenso

advantage /əd'væntɪdʒ; *GB* -'vɑːn-/ *n* **1** ventaja **2** provecho LOC **to take advantage of sth 1** aprovecharse de algo **2** sacar provecho de algo **to take advantage of sth/sb** abusar de algo/ algn **advantageous** /ˌædvən'teɪdʒəs/ *adj* ventajoso

advent /'ædvent/ *n* **1** advenimiento **2 Advent** (*Relig*) adviento

adventure /əd'ventʃər/ *n* aventura **adventurer** *n* aventurero, -a **adventurous** *adj* **1** aventurero **2** aventurado **3** audaz

adverb /'ædvɜːrb/ *n* adverbio

adversary /'ædvərseri; *GB* -səri/ *n* (*pl* **-ies**) adversario, -a

adverse /'ædvɜːrs/ *adj* **1** adverso **2** (*crítica*) negativo **adversely** *adv* negativamente

adversity /əd'vɜːrsəti/ *n* (*pl* **-ies**) adversidad

advert /'ædvɜːrt/ *n* (*GB, coloq*) anuncio (*publicidad*)

advertise /'ædvərtaɪz/ **1** *vt* anunciar **2** *vi* hacer publicidad **3** *vi* ~ **for sth/sb** buscar algo/a algn **advertisement** /ˌædvər'taɪzmənt; *GB* əd'vɜːtɪsmənt/ (*tb* **advert**, **ad**) *n* ~ (**for sth/sb**) anuncio (de algo/algn) **advertising** *n* **1** publicidad: *advertising campaign* campaña publicitaria **2** anuncios

advice /əd'vaɪs/ *n* [*incontable*] consejo(s): *a piece of advice* un consejo ◊ *I asked for her advice.* Le pedí consejo. ◊ *to seek/take legal advice* consultar a un abogado

advisable /əd'vaɪzəbl/ *adj* aconsejable

advise /əd'vaɪz/ *vt, vi* **1** aconsejar, recomendar: *to advise sb to do sth* aconsejar a algn que haga algo ◊ *You would be well advised to...* Sería prudente... **2** asesorar **advisor** (*GB* **adviser**) *n* consejero, -a, asesor, -ora **advisory** *adj* consultivo

advocacy /'ædvəkəsi/ *n* ~ **of sth** apoyo a algo; defensa de algo

advocate /'ædvəkeɪt/ *vt* abogar por

aerial /'eəriəl/ ◆ *n* (*GB*) antena ◆ *adj* aéreo

aerobics /ə'roʊbɪks/ *n* [*sing*] aeróbicos

aerodynamic /ˌeərədaɪ'næmɪk/ *adj* aerodinámico

aeroplane /'eərəpleɪn/ (*GB*) (*USA* **airplane**) *n* avión

aesthetic /es'θetɪk/ *adj* estético

affair /ə'feər/ *n* **1** asunto: *the Watergate affair* el caso Watergate **2** acontecimiento **3** aventura (amorosa): *to have an affair with sb* tener relaciones (amorosas) con algn LOC *Ver* STATE[1]

affect /ə'fekt/ *vt* afectar, influir en ☛ *Comparar con* EFFECT

affection /ə'fekʃn/ *n* cariño **affectionate** *adj* ~ (**towards sth/sb**) cariñoso (con algo/algn)

affinity /ə'fɪnəti/ *n* (*pl* **-ies**) **1** afinidad **2** simpatía

affirm /ə'fɜːrm/ *vt* afirmar, sostener

afflict /ə'flɪkt/ *vt* afligir: *to be afflicted with sth* sufrir de algo

affluent /'æfluənt/ *adj* rico, opulento **affluence** *n* riqueza, opulencia

afford /ə'fɔːrd/ *vt* **1** permitirse (el lujo de): *Can you afford it?* ¿Te lo puedes permitir? **2** proporcionar **affordable** *adj* accesible

afield /ə'fi:ld/ *adv* LOC **far/further afield** muy lejos/más allá: *from as far afield as...* desde lugares tan lejanos como...

afloat /ə'floʊt/ *adj* a flote

afraid /ə'freɪd/ *adj* **1 to be ~ (of sth/sb)** tener miedo (de algo/algn) **2 to be ~ to do sth** no atreverse a hacer algo **3 to be ~ for sb** temer por algn LOC **I'm afraid (that...)** me temo que..., lo siento, pero...: *I'm afraid so/not.* Me temo que sí/no.

afresh /ə'freʃ/ *adv* de nuevo

after /'æftər; *GB* 'ɑ:f-/ ◆ *adv* **1** después: *soon after* poco después ◊ *the day after* al día siguiente **2** detrás: *She came running after.* Llegó corriendo detrás. ◆ *prep* **1** después de: *after doing your homework* después de hacer la tarea ◊ *after lunch* después de almorzar ◊ *the day after tomorrow* pasado mañana **2** detrás de, tras: *time after time* una y otra vez **3** (*búsqueda*): *They're after me.* Me están buscando. ◊ *What are you after?* ¿Qué estás buscando? ◊ *She's after a job in advertising.* Está buscando un trabajo en publicidad. **4** *We named him after you.* Le pusimos tu nombre. LOC **after all** después de todo, al fin y al cabo ◆ *conj* después de que

aftermath /'æftərmæθ; *GB* 'ɑ:f-/ *n* [*sing*] secuelas LOC **in the aftermath of** en el período subsiguiente a

afternoon /ˌæftər'nu:n; *GB* ˌɑ:f-/ *n* tarde: *tomorrow afternoon* mañana por la tarde LOC **good afternoon** buenas tardes ☛ *Ver nota en* MORNING

afterthought /'æftərθɔ:t; *GB* 'ɑ:f-/ *n* ocurrencia tardía

afterwards /'æftərwədz; *GB* 'ɑ:f-/ (*USA tb* **afterward**) *adv* después: *shortly/soon afterwards* poco después

again /ə'gen, ə'geɪn/ *adv* otra vez, de nuevo: *once again* una vez más ◊ *never again* nunca más ◊ *Don't do it again.* No lo vuelva a hacer. LOC **again and again** una y otra vez **then/there again** por otra parte *Ver tb* NOW, OVER, TIME, YET

against /ə'genst, ə'geɪnst/ *prep* **1** (*contacto*) contra: *Put the piano against the wall.* Ponga el piano contra la pared. **2** (*oposición*) en contra de, contra: *We were rowing against the current.* Remábamos contra la corriente. **3** (*contraste*) sobre: *The mountains stood out against the blue sky.* Las montañas se recortaban sobre el azul del cielo. ☛ Para los usos de **against** en PHRASAL VERBS ver las entradas de los verbos correspondientes, p.ej. **to come up against** en COME.

age /eɪdʒ/ ◆ *n* **1** edad: *to be six years of age* tener seis años (de edad) **2** vejez: *It improves with age.* Mejora con el tiempo. **3** época, era **4** eternidad: *It's been ages since I saw her.* Hace tiempos que no la veo. LOC **age of consent** edad legal para mantener relaciones sexuales **to come of age** alcanzar la mayoría de edad **under age** demasiado joven, menor de edad *Ver tb* LOOK[1] ◆ *vt, vi* (*pt pres* **aging** *pret, pp* **aged** /eɪdʒd/) (hacer) envejecer

aged /'eɪdʒd/ ◆ *adj* **1** de ...años de edad: *He died aged 81.* Murió a la edad de 81 años. **2** /'eɪdʒɪd/ anciano ◆ /'eɪdʒɪd/ **the aged** *n* [*pl*] los ancianos

agency /'eɪdʒənsi/ *n* (*pl* **-ies**) **1** agencia **2** organismo

agenda /ə'dʒendə/ *n* **1** (*GB* **diary**) agenda **2** orden del día

agent /'eɪdʒənt/ *n* agente, representante

aggravate /'ægrəveɪt/ *vt* **1** agravar **2** fastidiar **aggravating** *adj* molesto **aggravation** *n* **1** fastidio **2** agravamiento

aggression /ə'greʃn/ *n* [*incontable*] agresión, agresividad: *an act of aggression* una agresión

aggressive /ə'gresɪv/ *adj* agresivo

agile /'ædʒl; *GB* 'ædʒaɪl/ *adj* ágil **agility** /ə'dʒɪləti/ *n* agilidad

aging (*GB tb* **ageing** /'eɪdʒɪŋ/) ◆ *adj* **1** envejecido **2** (*irón*) no tan joven ◆ *n* envejecimiento

agitated /'ædʒɪteɪtɪd/ *adj* agitado: *to get agitated* perturbarse, molestarse **agitation** *n* **1** inquietud, perturbación **2** (*Pol*) agitación

ago /ə'goʊ/ *adv* hace: *ten years ago* hace diez años ◊ *How long ago did she die?* ¿Cuánto hace que murió? ◊ *as long ago as 1950* ya en 1950

Ago se usa con el pasado simple y el pasado continuo, pero nunca con el pretérito perfecto: *She arrived a few* *minutes ago.* Llegó hace unos minutos. Con el pretérito pluscuamperfecto se usa **before** o **earlier**: *She had arrived two days before.* Había llegado hacía dos días/dos días antes. ☛ *Ver ejemplos en* FOR sentido 3

agonize, -ise /ˈægənaɪz/ *vi* ~ (**about/over sth**) atormentarse (por/con motivo de algo): *to agonize over a decision* angustiarse tratando de decidir algo **agonized, -ised** *adj* angustiado **agonizing, -ising** *adj* **1** angustioso, desconsolador **2** (*dolor*) horroroso

agony /ˈægəni/ *n* (*pl* **-ies**) **1** *to be in agony* tener unos dolores espantosos **2** (*coloq*): *It was agony!* ¡Fue una pesadilla!

agree /əˈgriː/ **1** *vi* ~ (**with sb**) (**on/about sth**) estar de acuerdo (con algn) (en/sobre algo): *They agreed with me on all the major points.* Estuvieron de acuerdo conmigo en todos los puntos fundamentales. **2** *vi* ~ (**to sth**) consentir (en algo); acceder (a algo): *He agreed to let me go.* Consintió en que me fuera. **3** *vt* acordar: *It was agreed that...* Se acordó que... **4** *vi* llegar a un acuerdo **5** *vi* concordar **6** *vt* (*informe, etc.*) aprobar **PHR V to agree with sb** sentarle bien a algn (*comida, clima*): *The climate didn't agree with him.* El clima no le sentaba bien. **agreeable** *adj* **1** agradable **2** ~ (**to sth**) conforme (con algo)

agreement /əˈgriːmənt/ *n* **1** conformidad, acuerdo **2** convenio, acuerdo, pacto **3** (*Com*) contrato **LOC in agreement with** de acuerdo con

agriculture /ˈægrɪkʌltʃər/ *n* agricultura **agricultural** /ˌægrɪˈkʌltʃərəl/ *adj* agrícola

ah! /ɑ/ *interj* ¡ah!

ahead /əˈhed/ ◆ *part adv* **1** hacia adelante: *She looked (straight) ahead.* Miró hacia adelante. **2** próximo: *during the months ahead* durante los próximos meses **3** por delante: *the road ahead* la carretera que se abre por delante de nosotros **LOC to be ahead** llevar ventaja ☛ Para los usos de **ahead** en PHRASAL VERBS ver las entradas de los verbos correspondientes, p.ej. **to press ahead** en PRESS. ◆ *prep* ~ **of sth/sb 1** (por) delante de algo/algn: *directly ahead of us* justo delante de nosotros **2** antes que algo/algn **LOC to be/get ahead of sth/sb** llevar ventaja a/adelantarse a algo/algn

aid /eɪd/ ◆ *n* **1** ayuda **2** auxilio: *to come/go to sb's aid* acudir en auxilio de algn **3** apoyo **LOC in aid of sth/sb** a beneficio de algo/algn ◆ *vt* ayudar, facilitar

AIDS (*GB*) (*tb* **Aids**) /eɪdz/ *abrev* **acquired immune deficiency syndrome** Sida (= síndrome de inmunodeficiencia adquirida)

ailment /ˈeɪlmənt/ *n* achaque, dolencia

aim /eɪm/ ◆ **1** *vt, vi* **to aim** (**sth**) (**at sth/sb**) (*arma*) apuntar(le) (a algo/algn) (con algo) **2** *vt* **to aim sth at sth/sb** dirigir algo contra algo/algn: *to be aimed at sth/doing sth* tener como objetivo algo/hacer algo ◊ *She aimed a blow at his head.* Le dirigió un golpe a la cabeza. **3** *vi* **to aim at/for sth** aspirar a algo **4** *vi* **to aim to do sth** tener la intención de hacer algo ◆ *n* **1** objetivo, propósito **2** puntería **LOC to take aim** apuntar

aimless /ˈeɪmləs/ *adj* sin objeto **aimlessly** *adv* sin rumbo

ain't /eɪnt/ (*coloq*) **1** = AM/IS/ARE NOT *Ver* BE **2** = HAS/HAVE NOT *Ver* HAVE

air /eər/ ◆ *n* aire: *air fares* tarifas aéreas ◊ *air pollution* contaminación atmosférica **LOC by air 1** en avión **2** por vía aérea **in the air**: *There's something in the air.* Se está tramando algo. **to be on the air** estar al aire **to give yourself/put on airs** darse aires **(up) in the air**: *The plan is still up in the air.* El proyecto sigue en el aire. *Ver tb* BREATH, CLEAR, OPEN, THIN ◆ *vt* **1** airear, ventilar **2** (*ropa*) orear **3** (*queja*) ventilar

air-conditioned /ˈeər kəndɪʃənd/ *adj* climatizado **air-conditioning** *n* aire acondicionado

aircraft /ˈeərkræft; *GB* -krɑːft/ *n* (*pl* **aircraft**) avión, aeronave

airfield /ˈeərfiːld/ *n* aeródromo

air force *n* [*v sing o pl*] fuerza(s) aérea(s)

air hostess *n* azafata

airline /ˈeərlaɪn/ *n* línea aérea **airliner** *n* avión (de pasajeros)

airmail /ˈeərmeɪl/ *n* correo aéreo: *by airmail* por vía aérea

airplane /ˈeərpleɪn/ (*GB* **aeroplane**) *n* avión

airport /ˈeərpɔːrt/ *n* aeropuerto
air raid *n* ataque aéreo
airtight /ˈeərtaɪt/ *adj* hermético
aisle /aɪl/ *n* pasillo
akin /əˈkɪn/ *adj* ~ **to sth** semejante a algo
alarm /əˈlɑrm/ ◆ *n* **1** alarma: *to raise/sound the alarm* dar/hacer sonar la alarma **2** (*tb* **alarm clock**) (reloj) despertador ☛ *Ver dibujo en* RELOJ **3** (*tb* **alarm bell**) timbre de alarma **LOC** *Ver* FALSE ◆ *vt* alarmar: *to be/become/get alarmed* alarmarse **alarming** *adj* alarmante
alas! /əˈlæs/ *interj* ¡por desgracia!
albeit /ˌɔːlˈbiːɪt/ *conj* (*formal*) aunque
album /ˈælbəm/ *n* álbum
alcohol /ˈælkəhɑl; *GB* -hɒl/ *n* alcohol: *alcohol-free* sin alcohol **alcoholic** /ˌælkəˈhɑlɪk/ *adj*, *n* alcohólico, -a
ale /eɪl/ *n* tipo de cerveza
alert /əˈlɜːrt/ ◆ *adj* despierto ◆ *n* **1** alerta: *to be on the alert* estar alerta **2** aviso: *bomb alert* alerta de bomba ◆ *vt* ~ **sb** (**to sth**) alertar a algn (de algo)
algae /ˈældʒiː; *GB tb* ˈælgi/ *n* [*v sing o pl*] algas
algebra /ˈældʒɪbrə/ *n* álgebra
alibi /ˈæləbaɪ/ *n* coartada
alien /ˈeɪliən/ ◆ *adj* **1** extraño **2** extranjero **3** ~ **to sth/sb** ajeno a algo/algn ◆ *n* **1** (*formal*) extranjero, -a **2** extraterrestre **alienate** *vt* enajenar
alight /əˈlaɪt/ *adj*: *to be alight* estar ardiendo **LOC** *Ver* SET[2]
align /əˈlaɪn/ **1** *vt* ~ **sth** (**with sth**) alinear algo (con algo) **2** *v refl* ~ **yourself with sb** (*Pol*) aliarse con algn
alike /əˈlaɪk/ ◆ *adj* **1** parecido: *to be/look alike* parecerse **2** igual: *No two are alike.* No hay dos iguales. ◆ *adv* igual, del mismo modo: *It appeals to young and old alike.* Atrae a viejos y jóvenes por igual. **LOC** *Ver* GREAT
alive /əˈlaɪv/ *adj* [*nunca delante de sustantivo*] **1** vivo, con vida: *to stay alive* sobrevivir **2** en el mundo: *He's the best player alive.* Es el mejor jugador del mundo. ☛ *Comparar con* LIVING **LOC alive and kicking** vivito y coleando **to keep sth alive 1** (*tradición*) conservar algo **2** (*recuerdo*) mantener fresco algo **to keep yourself alive** sobrevivir
all /ɔːl/ ◆ *adj* **1** todo: *all four of us* los cuatro **2** *He denied all knowledge of the crime.* Negó todo conocimiento del crimen. **LOC on all fours** a gatas *Ver tb* FOR ◆ *pron* **1** todo: *I ate all of it.* Me lo comí todo. ◊ *All of us liked it.* Nos gustó a todos. ◊ *Are you all going?* ¿Se van todos? **2** *All I want is...* Lo único que quiero es... **LOC all in all** en conjunto **all the more** tanto más, aún más **at all**: *if it's at all possible* si existe la más mínima posibilidad **in all** en total **not at all** *Ver* NOT **1** no, en absoluto **2** (*respuesta*) de nada ◆ *adv* **1** todo: *all in white* todo de blanco ◊ *all alone* completamente solo **2** *all excited* muy emocionado **3** (*Dep*): *The score is two all.* Están empatados dos a dos. **LOC all along** (*coloq*) todo el tiempo **all but** casi: *It was all but impossible.* Fue casi imposible. **all over 1** por todas partes **2** *That's her all over.* Eso es muy de ella. **all the better** tanto mejor **all too** demasiado **to be all for sth** estar totalmente a favor de algo
all-around /ˌɔːl əˈraʊnd/ *adj* **1** general **2** (*persona*) completo
allegation /ˌæləˈgeɪʃn/ *n* acusación
allege /əˈledʒ/ *vt* afirmar **alleged** *adj* presunto **allegedly** *adv* supuestamente
allegiance /əˈliːdʒəns/ *n* lealtad: *political allegiances* filiaciones políticas
allergic /əˈlɜːrdʒɪk/ *adj* ~ (**to sth**) alérgico (a algo)
allergy /ˈælərdʒi/ *n* (*pl* **-ies**) alergia
alleviate /əˈliːvieɪt/ *vt* aliviar **alleviation** *n* alivio
alley /ˈæli/ *n* (*pl* **-eys**) (*tb* **alleyway**) callejón
alliance /əˈlaɪəns/ *n* alianza
allied /ˈælaɪd, əˈlaɪd/ *adj* ~ (**to sth**) **1** relacionado (con algo) **2** (*Pol*) aliado (a algo)
alligator /ˈælɪgeɪtər/ *n* caimán
allocate /ˈæləkeɪt/ *vt* asignar **allocation** *n* asignación
allot /əˈlɑt/ *vt* (**-tt-**) ~ **sth** (**to sth/sb**) asignar algo (a algo/algn) **allotment** *n* **1** asignación **2** (*GB*) parcela
all-out /ˌɔːl ˈaʊt/ ◆ *adj* total ◆ *adv* **LOC to go all out** no reparar en nada
allow /əˈlaʊ/ *vt* **1** ~ **sth/sb to do sth** permitir a algo/algn que haga algo: *Dogs are not allowed.* No se admiten perros.

Allow se usa igualmente en inglés formal y coloquial. La forma pasiva **be allowed to** es muy corriente. **Permit** es una palabra muy formal y se usa fundamentalmente en lenguaje escrito. **Let** es informal y se usa mucho en inglés hablado.

2 conceder **3** calcular **4** admitir **PHR V to allow for sth** tener algo en cuenta **allowable** *adj* admisible, permisible

allowance /əˈlaʊəns/ *n* **1** límite permitido **2** subvención **LOC to make allowances for sth/sb** tener algo en cuenta/ser indulgente con algn

alloy /ˈælɔɪ/ *n* aleación

all right (*tb* **alright**) *adj, adv* **1** bien: *Did you get here all right?* ¿Te fue fácil llegar? **2** (*adecuado*): *The food was all right.* La comida no estaba mal. **3** (*consentimiento*) de acuerdo **4** *That's him all right.* Seguro que es él.

all-time /ˈɔːl taɪm/ *adj* de todos los tiempos

ally /əˈlaɪ/ ◆ *vt, vi* (*pret, pp* **allied**) ~ (**yourself**) **with/to sth/sb** aliarse con algo/algn ◆ /ˈælaɪ/ *n* (*pl* **-ies**) aliado, -a

almond /ˈɑmənd, ˈɔːl-/ *n* **1** almendra **2 almond tree** almendro

almost /ˈɔːlmoʊst/ *adv* casi ☛ *Ver nota en* NEARLY

alone /əˈloʊn/ *adj, adv* **1** solo: *Are you alone?* ¿Está sola?

Nótese que **alone** no se usa delante de sustantivo y es una palabra neutra, mientras que **lonely** sí puede ir delante del sustantivo y siempre tiene connotaciones negativas: *I want to be alone.* Quiero estar solo. ◊ *She was feeling very lonely.* Se sentía muy sola. ◊ *a lonely house* una casa solitaria.

2 sólo: *You alone can help me.* Sólo tú me puedes ayudar. **LOC to leave sth/sb alone** dejar algo/a algn en paz *Ver tb* LET[1]

along /əˈlɔːŋ; *GB* əˈlɒŋ/ ◆ *prep* por, a lo largo de: *a walk along the beach* un paseo por la playa ◆ *part adv*: *I was driving along.* Iba manejando. ◊ *Bring some friends along* (*with you*). Tráete a algunos amigos.

Along se emplea a menudo con verbos de movimiento en tiempos continuos cuando no se menciona ningún destino y generalmente no se traduce en español.

LOC along with junto con **come along!** ¡vamos! ☛ Para los usos de **along** en PHRASAL VERBS ver las entradas de los verbos correspondientes, p.ej. **to get along** en GET.

alongside /əlɔːŋˈsaɪd; *GB* əˌlɒŋˈsaɪd/ *prep, adv* junto (a): *A car drew up alongside.* Un carro paró junto al de nosotros.

aloud /əˈlaʊd/ *adv* **1** en voz alta **2** a voces

alphabet /ˈælfəbet/ *n* alfabeto

already /ɔːlˈredi/ *adv* ya: *We got there at 6:30 but Martin had already left.* Llegamos a las 6:30, pero Martin ya se había ido. ◊ *Have you already eaten?* ¿Ya comiste? ◊ *Surely you are not going already!* ¿Ya te vas? ☛ *Ver nota en* YET

alright /ɔːlˈraɪt/ *Ver* ALL RIGHT

also /ˈɔːlsoʊ/ *adv* también, además: *I've also met her parents.* También conocí a sus padres. ◊ *She was also very rich.* Además era muy rica. ☛ *Ver nota en* TAMBIÉN

altar /ˈɔːltər/ *n* altar

alter /ˈɔːltər/ **1** *vt, vi* cambiar **2** *vt* (*ropa*) arreglar: *The skirt needs altering.* La falda necesita arreglos. **alteration** *n* **1** cambio **2** (*ropa*) arreglo

alternate /ˈɔːltərnət; *GB* ɔːlˈtɜːnət/ ◆ *adj* alterno ◆ /ˈɔːltərneɪt/ *vt, vi* alternar(se)

alternative /ɔːlˈtɜːrnətɪv/ ◆ *n* alternativa: *She had no alternative but to…* No tuvo más remedio que… ◆ *adj* alternativo

although /ɔːlˈðoʊ/ *conj* aunque

altitude /ˈæltɪtuːd; *GB* -tjuːd/ *n* altitud

altogether /ˌɔːltəˈgeðər/ *adv* **1** completamente: *I don't altogether agree.* No estoy completamente de acuerdo. **2** en total **3** *Altogether, it was disappointing.* En general, fue decepcionante.

aluminum /əˈluːmɪnəm/ (*GB* **aluminium** /ˌæljəˈmɪniəm/) *n* aluminio

always /ˈɔːlweɪz/ *adv* siempre **LOC as always** como siempre

La posición de los *adverbios de frecuencia* (**always**, **never**, **ever**, **usually**, etc.) depende del verbo al que acompañan, es decir, van detrás de los verbos auxiliares y modales **(be, have, can**, etc.) y delante de los demás verbos: *I have never visited her.* Nunca la he visitado. ◊ *I am always tired.* Siempre estoy cansado. ◊ *I usually go shopping on Mondays.* Normalmente merco los lunes.

am /əm, m, æm/ **LOC** *Ver* BE

a.m. /ˌeɪ ˈem/ *abrev* de la mañana: *at 11a.m.* a las once de la mañana ☛ *Ver nota en* P.M.

amalgam /əˈmælgəm/ *n* amalgama

amalgamate /əˈmælgəmeɪt/ *vt, vi* fusionar(se)

amateur /ˈæmətər, -tʃʊər/ *adj, n* **1** aficionado, -a **2** (*pey*) chapucero, -a

amaze /əˈmeɪz/ *vt* asombrar: *to be amazed at/by sth* quedar asombrado por algo **amazement** *n* asombro **amazing** *adj* asombroso

ambassador /æmˈbæsədər/ *n* embajador, -ora

amber /ˈæmbər/ *adj, n* ámbar

ambiguity /ˌæmbɪˈgjuːəti/ *n* (*pl* **-ies**) ambigüedad

ambiguous /æmˈbɪgjuəs/ *adj* ambiguo

ambition /æmˈbɪʃn/ *n* ambición

ambitious /æmˈbɪʃəs/ *adj* ambicioso

ambulance /ˈæmbjələns/ *n* ambulancia

ambush /ˈæmbʊʃ/ *n* emboscada

amen /ɑˈmen, eɪˈmen/ *interj, n* amén

amend /əˈmend/ *vt* enmendar **amendment** enmienda

amends /əˈmendz/ *n* [*pl*] **LOC to make amends (to sb) (for sth)** compensar (a algn) (por algo)

amenities /əˈmenətiz; *GB* əˈmiːnətiz/ *n* [*pl*] **1** comodidades **2** (*GB*) instalaciones (*públicas*)

amiable /ˈeɪmiəbl/ *adj* amable

amicable /ˈæmɪkəbl/ *adj* amistoso

amid /əˈmɪd/ (*tb* **amidst** /əˈmɪdst/) *prep* (*formal*) entre, en medio de: *Amid all the confusion, the thieves got away.* Entre tanta confusión, los ladrones se escaparon.

ammunition /ˌæmjuˈnɪʃn/ *n* [*incontable*] **1** municiones: *live ammunition* fuego real **2** (*fig*) argumentos (*para discutir*)

amnesty /ˈæmnəsti/ *n* (*pl* **-ies**) amnistía

among /əˈmʌŋ/ (*tb* **amongst** /əˈmʌŋst/) *prep* entre (*más de dos cosas/personas*): *I was among the last to leave.* Fui de los últimos en irse. ☛ *Ver dibujo en* ENTRE

amount /əˈmaʊnt/ ◆ *vi* ~ **to sth 1** ascender a algo: *Our information doesn't amount to much.* No tenemos muchos datos. ◊ *John will never amount to much.* John nunca llegará a nada. **2** equivaler a algo ◆ *n* **1** cantidad **2** (*factura*) importe **3** (*dinero*) suma **LOC any amount of**: *any amount of money* cualquier cantidad de dinero

amphibian /æmˈfɪbiən/ *adj, n* anfibio

amphitheater (*GB* **-tre**) /ˈæmfɪθɪətər/ *n* anfiteatro

ample /ˈæmpl/ *adj* **1** abundante **2** (*suficiente*) bastante **3** (*extenso*) amplio **amply** *adv* ampliamente

amplify /ˈæmplɪfaɪ/ *vt* (*pret, pp* **-fied**) **1** amplificar **2** (*relato, etc.*) ampliar **amplifier** *n* amplificador

amuse /əˈmjuːz/ *vt* **1** hacer gracia **2** distraer, divertir **amusement** *n* **1** diversión **2** atracción: *amusement arcade* sala de juegos ◊ *amusement park* parque de atracciones **amusing** *adj* divertido, gracioso

an *Ver* A

anaemia (*GB*) *Ver* ANEMIA

anaesthetic (*GB*) *Ver* ANESTHETIC

analogy /əˈnælədʒi/ *n* (*pl* **-ies**) analogía: *by analogy with* por analogía con

analyse (*GB*) *Ver* ANALYZE

analysis /əˈnæləsɪs/ *n* (*pl* **-yses** /-əsiːz/) análisis **LOC in the last/final analysis** a fin de cuentas

analyst /ˈænəlɪst/ *n* analista, psicólogo, -a

analytic(al) /ˌænəˈlɪtɪk(l)/ *adj* analítico

analyze (*GB* **analyse**) /ˈænəlaɪz/ *vt* analizar

anarchist /ˈænərkɪst/ *adj, n* anarquista

anarchy /ˈænərki/ *n* anarquía **anarchic** /əˈnɑrkɪk/ *adj* anárquico

anatomy /əˈnætəmi/ *n* (*pl* **-ies**) anatomía

ancestor /ˈænsestər/ *n* antepasado, -a **ancestral** /ænˈsestrəl/ *adj* ancestral: *ancestral home* casa de los antepasados **ancestry** /ˈænsestri/ *n* (*pl* **-ies**) ascendencia

anchor /ˈæŋkər/ ◆ *n* **1** ancla **2** (*fig*) soporte **LOC at anchor** anclado *Ver tb* WEIGH ◆ *vt, vi* anclar

ancient /ˈemʃənt/ *adj* **1** antiguo **2** (*coloq*) viejísimo

and /ænd, ənd/ *conj* **1** y **2** con: *ham and eggs* huevos con jamón **3** (*números*): *one hundred and three* ciento tres **4** a: *Come and help me.* Ven a ayudarme. **5** [*con comparativos*]: *bigger and bigger* cada vez más grande **6** (*repetición*): *They shouted and shouted.* Gritaron sin parar. ◊ *I've tried and tried.* Lo he intentado repetidas veces. **LOC** *Ver* TRY

anecdote /ˈænɪkdoʊt/ *n* anécdota

anemia (*GB* **anaemia**) /əˈniːmiə/ *n* anemia **anemic** (*GB* **anaemic**) *adj* anémico

anesthetic (*GB* **anaesthetic**) /ˌænəsˈθetɪk/ *n* anestesia: *to give sb an anesthetic* anestesiar a algn

angel /ˈeɪndʒl/ *n* ángel: *guardian angel* ángel de la guarda

anger /ˈæŋgər/ ◆ *n* ira, enojo ◆ *vt* enojar

angle /ˈæŋgl/ *n* **1** ángulo **2** punto de vista **LOC at an angle** inclinado

angling /ˈæŋglɪŋ/ *n* pesca (con caña)

angry /ˈæŋgri/ *adj* (**-ier**, **-iest**) **1** ~ (**at/about sth**); ~ (**with sb**) enojado (por algo); enojado (con algn) **2** (*cielo*) tormentoso **LOC to get angry** enojarse **to make sb angry** enojar a algn **angrily** *adv* con ira

anguish /ˈæŋgwɪʃ/ *n* angustia **anguished** *adj* angustiado

angular /ˈæŋgjələr/ *adj* **1** angular **2** (*facciones*) anguloso

animal /ˈænɪml/ *n* animal: *animal experiments* experimentos con animales

animate /ˈænɪmət/ ◆ *adj* animado (*vivo*) ◆ /ˈænɪmeɪt/ *vt* animar

ankle /ˈæŋkl/ *n* tobillo

anniversary /ˌænɪˈvɜːrsəri/ *n* (*pl* **-ies**) aniversario **LOC golden/silver (wedding) anniversary** bodas de oro/plata

announce /əˈnaʊns/ *vt* anunciar (*hacer público*) **announcement** *n* anuncio (*en público*) **LOC to make an announcement** comunicar algo **announcer** *n* locutor, -ora (*radio, etc.*)

annoy /əˈnɔɪ/ *vt* molestar **annoyance** *n* molestia: *much to our annoyance* para molestia nuestra **annoyed** *adj* enojado **LOC to get annoyed** enojarse **annoying** *adj* molesto

annual /ˈænjuəl/ *adj* anual **annually** *adv* anualmente

anonymity /ˌænəˈnɪməti/ *n* anonimato

anonymous /əˈnɑnɪməs/ *adj* anónimo

another /əˈnʌðər/ ◆ *adj* otro: *another one* otro (más) ◊ *another five* cinco más ◊ *I'll do it another time.* Lo hago en otro momento. ☛ *Ver nota en* OTRO ◆ *pron* otro, -a: *one way or another* de una manera u otra ☛ El plural del *pron* **another** es **others**. *Ver tb* ONE ANOTHER

answer /ˈænsər; *GB* ˈɑːnsə(r)/ ◆ *n* **1** respuesta: *I called, but there was no answer.* Llamé, pero no contestaban. **2** solución **3** (*Mat*) resultado **LOC in answer (to sth)** en respuesta (a algo) **to have/know all the answers** saberlo todo ◆ **1** *vt, vi* ~ (**sth/sb**) contestar (a algo/algn): *to answer the door* abrir la puerta **2** *vt* (*acusación, propósito*) responder a **3** *vt* (*ruegos*) oír **PHR V to answer back** replicar (*con insolencia*): *Don't answer back!* ¡No me contestes! **to answer for sth/sb** responder por algo/algn **to answer to sb (for sth)** responder ante algn (de algo) **to answer to sth** responder a algo (*descripción*)

ant /ænt/ *n* hormiga

antagonism /ænˈtægənɪzəm/ *n* antagonismo **antagonistic** *adj* hostil

antenna /ænˈtenə/ *n* **1** (*pl* **-nae** /-niː/) (*insecto*) antena **2** (*USA*) (*pl* **-s**) (*Radio, TV*) antena

anthem /ˈænθəm/ *n* himno

anthology /ænˈθɑlədʒi/ *n* (*pl* **-ies**) antología

anthropology /ˌænθrəˈpɑlədʒi/ *n* antropología **anthropological** /ˌænθrəpəˈlɑdʒɪkl/ *adj* antropológico **anthropologist** /ˌænθrəˈpɑlədʒɪst/ *n* antropólogo, -a

antibiotic /ˌæntibaɪˈɑtɪk/ *adj, n* antibiótico

antibody /ˈæntibɑdi/ *n* (*pl* **-ies**) anticuerpo

anticipate /ænˈtɪsɪpeɪt/ *vt* **1** ~ **sth** prever algo: *as anticipated* de acuerdo con lo previsto ◊ *We anticipate some difficulties.* Contamos con tener algunas dificultades. **2** ~ **sth/sb** anticiparse a algo/algn

anticipation /æn,tɪsɪ'peɪʃn/ *n* **1** previsión **2** expectativa

antics /'æntɪks/ *n* [*pl*] payasadas

antidote /'æntidoʊt/ *n* ~ (**for/to sth**) antídoto (contra algo)

antiquated /'æntɪkweɪtɪd/ *adj* anticuado

antique /æn'ti:k/ ◆ *n* (*objeto*) antigüedad: *an antique shop* una anticuaria ◆ *adj* antiguo (*generalmente de objetos valiosos*) **antiquity** /æn'tɪkwəti/ *n* (*pl* **-ies**) antigüedad

antithesis /æn'tɪθəsɪs/ *n* (*pl* **-ses** /æn'tɪθəsi:z/) antítesis

antler /'æntlər/ *n* **1** asta de ciervo, reno, alce **2 antlers** [*pl*] cornamenta

anus /'eɪnəs/ *n* (*pl* **~es**) ano

anxiety /æŋ'zaɪəti/ *n* (*pl* **-ies**) **1** angustia, preocupación **2** (*Med*) ansiedad **3** ~ **for sth/to do sth** ansia de algo/de hacer algo

anxious /'æŋkʃəs/ *adj* **1** ~ (**about sth**) preocupado (por algo): *an anxious moment* un momento de ansiedad **2** ~ **to do sth** ansioso por hacer algo **anxiously** *adv* con ansia

any /'eni/ ◆ *adj, pron* ☛ *Ver nota en* SOME

- **frases interrogativas** **1** *Do you have any cash?* ¿Tienes plata? **2** algo (de): *Do you know any French?* ¿Sabes algo de francés? **3** algún: *Are there any problems?* ¿Hay algún problema? ☛ En este sentido el sustantivo suele ir en plural en inglés.
- **frases negativas** **1** *He doesn't have any friends.* No tiene amigos. ◊ *There isn't any left.* No queda nada. ☛ *Ver nota en* NINGUNO **2** [*uso enfático*]: *We won't do you any harm.* No le vamos a hacer ningún daño.
- **frases condicionales** **1** *If I had any relatives...* Si yo tuviera familiares... **2** algo (de): *If he's got any sense, he won't go.* Si tiene un mínimo de sentido común, no irá. **3** algún: *If you see any mistakes, tell me.* Si ve algún error, dígamelo. ☛ En este sentido el sustantivo suele ir en plural en inglés.

En las frases condicionales se puede emplear la palabra **some** en vez de **any** en muchos casos: *If you need some help, tell me.* Si necesita ayuda, dígamelo.

- **frases afirmativas** **1** cualquier(a): *just like any other boy* igual que cualquier otro niño **2** *Take any one you like.* Toma el que quieras. **3** todo: *Give her any help she needs.* Préstele toda la ayuda que necesite. ◆ *adv* [*antes de comparativo*] más: *She doesn't work here any longer.* Ya no trabaja acá. ◊ *I can't walk any faster.* No puedo caminar más rápido.

anybody /'enibɑdi/ (*tb* **anyone**) *pron* **1** alguien: *Is anybody there?* ¿Hay alguien? **2** [*en frases negativas*] nadie: *I can't see anybody.* No veo a nadie. ☛ *Ver nota en* NOBODY **3** [*en frases afirmativas*]: *Invite anybody you like.* Invita a quien quieras. ◊ *Ask anybody.* Pregúntele a cualquiera. **4** [*en frases comparativas*] nadie: *He spoke more than anybody.* Habló más que nadie. ☛ *Ver nota en* EVERYBODY, SOMEBODY **LOC anybody else** alguien más: *Anybody else would have refused.* Cualquier otro se habría negado. *Ver tb* GUESS

anyhow /'enihaʊ/ *adv* **1** (*coloq* **any old how**) de cualquier manera **2** (*tb* **anyway**) de todas formas

anymore /,eni'mɔ:r/ (*GB* **any more**) *adv*: *She doesn't live here anymore.* Ya no vive acá.

anyone /'eniwʌn/ *Ver* ANYBODY

anyplace /'enipleɪs/ (*USA*) *Ver* ANYWHERE

anything /'eniθɪŋ/ *pron* **1** algo: *Is anything wrong?* ¿Pasa algo? ◊ *Is there anything in these rumors?* ¿Hay algo de verdad en estos rumores? **2** [*en frases afirmativas*] cualquier cosa, todo: *We'll do anything you say.* Haremos lo que nos diga. **3** [*frases negativas y comparativas*] nada: *He never says anything.* Nunca dice nada. ◊ *It was better than anything he'd seen before.* Fue mejor que nada que él hubiera visto antes. ☛ *Ver nota en* NOBODY, SOMETHING **LOC anything but**: *It was anything but pleasant.* Fue de todo menos agradable. ◊ *"Are you tired?" "Anything but."* —¿Está cansado? —¡Para nada! **if anything**: *I'm a pacifist, if anything.* En todo caso, soy pacifista.

anyway /'eniweɪ/ *Ver* ANYHOW sentido 2

anywhere /'enɪweər/ (*USA tb* **anyplace**) *adv, pron* **1** [*en frases interrogativas*] en/a alguna parte **2** [*en* *frases afirmativas*]: *I'd live anywhere.* Viviría en cualquier sitio. ◊ *anywhere you like* donde quieras **3** [*en frases negativas*] en/a/por ninguna parte: *I didn't go anywhere special.* No fui a ningún sitio en especial. ◊ *I don't have anywhere to stay.* No tengo donde alojarme. ☛ *Ver nota en* NOBODY **4** [*en frases comparativas*]: *more beautiful than anywhere* más bonito que ningún otro sitio ☛ *Ver nota en* SOMEWHERE **LOC** *Ver* NEAR

apart /əˈpɑrt/ *adv* **1** *The two men were five meters apart.* Los dos hombres estaban a cinco metros uno del otro. ◊ *They are a long way apart.* Están muy lejos el uno del otro. **2** aislado **3** separado: *They live apart.* Viven separados. ◊ *I can't pull them apart.* No puedo separarlos. **LOC to take sth apart 1** desarmar algo **2** (*fig*) hacer pedazos algo *Ver tb* POLE

apart from (*USA tb* **aside from**) *prep* aparte de

apartment /əˈpɑrtmənt/ (*GB* **flat**) *n* apartamento

apathy /ˈæpəθi/ *n* apatía **apathetic** /ˌæpəˈθetɪk/ *adj* apático

ape /eɪp/ ◆ *n* simio ◆ *vt* remedar

apologetic /əˌpɑləˈdʒetɪk/ *adj* de disculpa: *an apologetic look* una mirada de disculpa ◊ *to be apologetic* (*about sth*) disculparse (por algo)

apologize, -ise /əˈpɑlədʒaɪz/ *vi* ~ (**for sth**) disculparse (por algo)

apology /əˈpɑlədʒi/ *n* (*pl* **-ies**) disculpa **LOC to make no apologies/apology (for sth)** no disculparse (por algo)

apostle /əˈpɑsl/ *n* apóstol

appal (*USA tb* **appall**) /əˈpɔːl/ *vt* (**-ll-**) horrorizar: *He was appalled at/by her behavior.* Le horrorizó su comportamiento. **appalling** *adj* espantoso, horrible

apparatus /ˌæpəˈrætəs; *GB* -ˈreɪtəs/ *n* [*incontable*] aparato (*en un gimnasio, laboratorio*)

apparent /əˈpærənt/ *adj* **1** evidente: *to become apparent* hacerse evidente **2** aparente: *for no apparent reason* sin motivo aparente **apparently** *adv* al parecer: *Apparently not.* Parece que no.

appeal /əˈpiːl/ ◆ *vi* **1** ~ (**to sb**) **for sth** pedir algo (a algn) **2** ~ **to sb to do sth** hacerle un llamado a algn para que haga algo **3** apelar **4** ~ (**to sb**) atraer (a algn) **5** ~ (**against sth**) (*sentencia, etc.*) apelar (algo) ◆ *n* **1** llamado: *an appeal for help* un llamado pidiendo ayuda **2** súplica **3** atractivo **4** recurso: *appeal(s) court* tribunal de apelación **appealing** *adj* **1** atractivo: *to look appealing* tener un aspecto atractivo **2** suplicante

appear /əˈpɪər/ *vi* **1** aparecer: *to appear on TV* salir en televisión **2** parecer: *You appear to have made a mistake.* Parece que cometió un error. = SEEM **3** (*fantasma*) aparecerse **4** (*acusado*) comparecer **appearance** *n* **1** apariencia **2** aparición **LOC to keep up appearances** mantener las apariencias

appendicitis /əˌpendəˈsaɪtɪs/ *n* apendicitis

appendix /əˈpendɪks/ *n* **1** (*pl* **-dices** /-dɪsiːz/) (*escrito*) apéndice **2** (*pl* **-dixes**) (*Anat*) apéndice

appetite /ˈæpɪtaɪt/ *n* **1** apetito: *to give sb an appetite* abrirle el apetito a algn **2** apetencia **LOC** *Ver* WHET

applaud /əˈplɔːd/ *vt, vi* aplaudir **applause** *n* [*incontable*] aplausos: *a big round of applause* un fuerte aplauso

apple /ˈæpl/ *n* **1** manzana **2** (*tb* **apple tree**) manzano

appliance /əˈplaɪəns/ *n* aparato: *electrical/kitchen appliances* electrodomésticos

applicable /ˈæplɪkəbl, əˈplɪkəbl/ *adj* aplicable

applicant /ˈæplɪkənt/ *n* solicitante, aspirante

application /ˌæplɪˈkeɪʃn/ *n* **1** solicitud: *application form* formulario de solicitud **2** aplicación

applied /əˈplaɪd/ *adj* aplicado

apply /əˈplaɪ/ (*pret, pp* **applied**) **1** *vt* aplicar **2** *vt* (*fuerza, etc.*) ejercer: *to apply the brakes* frenar **3** *vi* hacer una solicitud **4** *vi* ser aplicable: *In this case, the condition does not apply.* En este caso, no es aplicable esta condición. **PHR V to apply for sth** solicitar algo **to apply to sth/sb** aplicarse a algo/algn: *This applies to men and women.* Esto se aplica tanto a los hombres como a las mujeres. **to apply yourself** (**to sth**) aplicarse (a algo)

appoint /əˈpɔɪnt/ *vt* **1** nombrar **2** (*formal*) (*hora, lugar*) señalar **appoint-**

ment *n* **1** (*acto*) nombramiento **2** puesto **3** cita (*profesional*)

appraisal /əˈpreɪzl/ *n* evaluación, estimación

appreciate /əˈpriːʃieɪt/ **1** *vt* apreciar **2** *vt* (*ayuda, etc.*) agradecer **3** *vt* (*problema, etc.*) comprender **4** *vi* revalorizarse **appreciation** *n* **1** (*gen, Fin*) apreciación **2** agradecimiento **3** valoración **appreciative** /əˈpriːʃətɪv/ *adj* **1** ~ (**of sth**) agradecido (por algo) **2** (*mirada, comentario*) de admiración **3** (*público*) agradecido

apprehend /ˌæprɪˈhend/ *vt* detener, capturar **apprehension** *n* aprensión: *filled with apprehension* lleno de aprensión **apprehensive** *adj* aprensivo

apprentice /əˈprentɪs/ *n* **1** aprendiz: *apprentice plumber* aprendiz de plomero **2** principiante **apprenticeship** *n* aprendizaje

approach /əˈproʊtʃ/ ◆ **1** *vt, vi* acercarse (a) **2** *vt* ~ **sb** (*por ayuda*) acudir a algn **3** *vt* (*tema, persona*) abordar ◆ *n* **1** llegada **2** aproximación **3** acceso **4** enfoque

appropriate¹ /əˈproʊprieɪt/ *vt* apropiarse de

appropriate² /əˈproʊpriət/ *adj* **1** apropiado, adecuado **2** (*momento, etc.*) oportuno **appropriately** *adv* apropiadamente, adecuadamente

approval /əˈpruːvl/ *n* aprobación, visto bueno **LOC on approval** a prueba

approve /əˈpruːv/ **1** *vt* aprobar **2** *vi* ~ (**of sth**) estar de acuerdo (con algo) **3** *vi* ~ (**of sb**): *I don't approve of him.* No tengo un buen concepto de él. **approving** *adj* de aprobación

approximate /əˈprɑksɪmət/ *adj* aproximado **approximately** *adv* aproximadamente

apricot /ˈæprɪkɑt, ˈeɪ/ *n* **1** albaricoque **2** (*tb* **apricot tree**) albaricoquero **3** color albaricoque

April /ˈeɪprəl/ *n* (*abrev* **Apr**) abril: *April Fool's Day* día de los inocentes ☛ *Ver nota y ejemplos en* JANUARY

April Fool's Day es el primero de abril.

apron /ˈeɪprən/ *n* delantal

apt /æpt/ *adj* (**apter**, **aptest**) acertado **LOC to be apt to do sth** tener tendencia a hacer algo **aptly** *adv* acertadamente

aptitude /ˈæptɪtuːd; *GB* -tjuːd/ *n* aptitud

aquarium /əˈkweəriəm/ *n* (*pl* **-riums** *o* **-ria**) acuario

Aquarius /əˈkweəriəs/ *n* acuario: *My sister is* (*an*) *Aquarius.* Mi hermana es acuario. ◊ *born under Aquarius* nacido bajo el signo de Acuario

aquatic /əˈkwætɪk/ *adj* acuático

arable /ˈærəbl/ *adj* cultivable: *arable farming* agricultura ◊ *arable land* tierra de cultivo

arbitrary /ˈɑrbɪtreri; *GB* ˈɑːbɪtrəri/ *adj* **1** arbitrario **2** indiscriminado

arbitrate /ˈɑrbɪtreɪt/ *vt, vi* arbitrar **arbitration** *n* arbitraje

arc /ɑrk/ *n* arco

arcade /ɑrˈkeɪd/ *n* **1** galería: *amusement arcade* sala de juegos **2** [*sing*] portales

arch /ɑrtʃ/ ◆ *n* arco ◆ *vt, vi* **1** (*espalda*) arquear(se) **2** (*cejas*) enarcar(se)

archaic /ɑrˈkeɪɪk/ *adj* arcaico

archbishop /ˌɑrtʃˈbɪʃəp/ *n* arzobispo

archeology (*GB* **archaeology**) /ˌɑrkiˈɑlədʒi/ *n* arqueología **archeological** (*GB* **archaeological**) /ˌɑrkiəˈlɑdʒɪkl/ *adj* arqueológico **archeologist** (*GB* **archaeologist**) /ˌɑrkiˈɑlədʒɪst/ *n* arqueólogo, -a

archer /ˈɑrtʃər/ *n* arquero, -a **archery** *n* tiro con arco

architect /ˈɑrkɪtekt/ *n* arquitecto, -a

architecture /ˈɑrkɪtektʃər/ *n* arquitectura **architectural** /ˌɑrkɪˈtektʃərəl/ *adj* arquitectónico

archive /ˈɑrkaɪv/ *n* archivo

archway /ˈɑrtʃweɪ/ *n* arco (*arquitectónico*)

ardent /ˈɑrdnt/ *adj* ferviente, entusiasta

ardor (*GB* **ardour**) /ˈɑrdər/ *n* fervor

arduous /ˈɑrdʒuəs; *GB* -dju-/ *adj* arduo

are /ər, ɑr/ *Ver* BE

area /ˈeəriə/ *n* **1** superficie **2** (*Mat*) área **3** (*Geog*) zona, región: *area manager* director regional **4** (*de uso específico*) zona, recinto **5** (*de actividad, etc.*) área

area code (*GB* **dialling code**) *n* código (territorial), indicativo (*teléfono*)

arena /əˈriːnə/ *n* **1** (*Dep*) estadio **2** (*circo*) pista **3** (*plaza de toros*) ruedo **4** (*fig*) ámbito

aren't /ɑrnt/ = ARE NOT *Ver* BE

arguable /ˈɑrgjuəbl/ *adj* **1** *It is arguable that...* Podría decirse que... **2** discutible **arguably** *adv* probablemente

argue /ˈɑrgjuː/ **1** *vi* discutir **2** *vt, vi* argumentar: *to argue for/against* dar argumentos a favor de/en contra de

argument /ˈɑrgjumənt/ *n* **1** discusión: *to have an argument* discutir ☛ *Comparar con* ROW³ **2** ~ (**for/against sth**) argumento (a favor de/en contra de algo)

arid /ˈeərɪd; *GB* ˈærɪd/ *adj* árido

Aries /ˈeəriːz/ *n* Aries ☛ *Ver ejemplos en* AQUARIUS

arise /əˈraɪz/ *vi* (*pret* **arose** /əˈroʊz/ *pp* **arisen** /əˈrɪzn/) **1** (*problema*) surgir **2** (*oportunidad*) presentarse **3** (*tormenta*) levantarse **4** (*situación, etc.*) producirse: *should the need arise* si fuera preciso **5** (*cuestión, etc.*) plantearse **6** (*antic*) alzarse

aristocracy /ˌærɪˈstɑkrəsi/ *n* [*v sing o pl*] (*pl* **-ies**) aristocracia

aristocrat /əˈrɪstəkræt; *GB* ˈærɪst-/ *n* aristócrata **aristocratic** /əˌrɪstəˈkrætɪk/ *adj* aristocrático

arithmetic /əˈrɪθmətɪk/ *n* aritmética: *mental arithmetic* cálculos mentales

ark /ɑrk/ *n* arca

arm

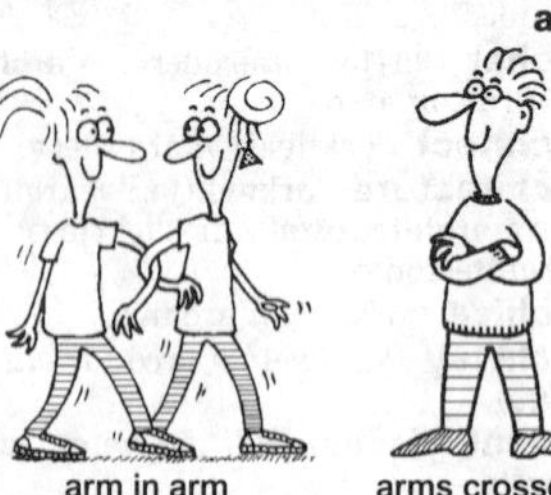

arm in arm

arms crossed/folded

arm /ɑrm/ ◆ *n* **1** brazo: *I've broken my arm.* Me quebré el brazo.

Nótese que en inglés las partes del cuerpo van normalmente precedidas por un adjetivo posesivo (*my, your, her, etc.*).

2 (*camisa, etc.*) manga **LOC arm in arm** (**with sb**) del brazo (de algn) *Ver tb* CHANCE, FOLD ◆ *vt, vi* armar(se): *to arm yourself with sth* armarse con/de algo

armament /ˈɑrməmənt/ *n* armamento: *armaments factory* fábrica de armamento

armchair /ɑrmˈtʃeər/ *n* sillón, butaca

armed /ɑrmd/ *adj* armado

armed forces (*tb* **armed services**) *n* fuerzas armadas

armed robbery *n* asalto a mano armada

armistice /ˈɑrmɪstɪs/ *n* armisticio

armor (*GB* **armour**) /ˈɑrmər/ *n* [*incontable*] **1** armadura: *a suit of armor* una armadura **2** blindaje **LOC** *Ver* CHINK

armored (*GB* **armoured**) *adj* **1** (*vehículo*) blindado **2** (*barco*) acorazado

armpit /ˈɑrmpɪt/ *n* axila

arms /ɑrmz/ *n* [*pl*] **1** armas: *arms race* carrera armamentista **2** escudo (de armas) **LOC to be up in arms (about/over sth)** estar en pie de guerra (por algo)

army /ˈɑrmi/ *n* (*pl* **armies**) ejército

arose *pret de* ARISE

around¹ /əˈraʊnd/ (*tb* **about**) *adv* **1** más o menos: *around 200 people* más o menos 200 personas **2** hacia: *around 1850* hacia 1850

En expresiones temporales, la palabra **about** suele ir precedida por las preposiciones **at**, **on**, **in**, etc., mientras que la palabra **around** no requiere preposición: *around/at about five o'clock* a eso de las cinco ◊ *around/on about June 15* hacia el 15 de junio.

3 *There are few good teachers around.* No hay buenos profesores.

around² /əˈraʊnd/ (*tb esp GB* **about**, *tb GB* **round**) *part adv* **1** de aquí para allá: *I've been dashing around all morning.* Llevo toda la mañana de aquí para allá. **2** a su alrededor: *to look around* mirar (algn) a su alrededor ☛ Para los usos de **around** en PHRASAL VERBS ver las entradas de los verbos correspondientes, p.ej. **to lie around** en LIE².

around³ /əˈraʊnd/ (*GB tb* **round**) *prep* **1** por: *to travel around the world* viajar por todo el mundo **2** alrededor de: *sitting around the table* sentados alrededor de la mesa

arouse /əˈraʊz/ *vt* **1** provocar **2** excitar (sexualmente) **3** ~ **sb (from sth)** despertar a algn (de algo)

arrange /əˈreɪndʒ/ *vt* **1** disponer **2** ordenar **3** (*evento*) organizar **4** ~ **for sb**

to do sth asegurarse de que algn haga algo **5** ~ **to do sth/that...** quedar en hacer algo/en que... **6** (*Mús*) arreglar
arrangement *n* **1** disposición **2** arreglo **3** acuerdo **4 arrangements** [*pl*] preparativos

arrest /əˈrest/ ◆ *vt* **1** (*delincuente*) detener **2** (*formal*) (*inflación, etc.*) contener **3** (*atención*) atraer ◆ *n* **1** detención **2** *cardiac arrest* paro cardiaco **LOC to be under arrest** estar/quedar detenido

arrival /əˈraɪvl/ *n* **1** llegada **2** (*persona*): *new/recent arrivals* recién llegados

arrive /əˈraɪv/ *vi* **1** llegar

> **¿Arrive in** o **arrive at? Arrive in** se utiliza cuando se llega a un país o a una población: *When did you arrive in England?* ¿Cuándo llegaste a Inglaterra? **Arrive at** se usa seguido de lugares específicos como un edificio, una estación, etc.: *We'll call you as soon as we arrive at the airport.* Los llamaremos en cuanto lleguemos al aeropuerto. El uso de **at** seguido del nombre de una población implica que se está considerando esa población como un punto en un itinerario. Nótese que "llegar a casa" se dice *to arrive home* o *to get home.*

2 (*coloq*) (*éxito*) llegar a la cima

arrogant /ˈærəgənt/ *adj* arrogante **arrogance** *n* arrogancia

arrow /ˈæroʊ/ *n* flecha

arson /ˈɑrsn/ *n* incendio provocado

art /ɑrt/ *n* **1** arte: *a work of art* una obra de arte **2 the arts** [*pl*] las Bellas Artes **3 arts** [*pl*] (*asignatura*) letras: *Bachelor of Arts* Licenciado (en una carrera de Humanidades) **4** maña

artery /ˈɑrtəri/ *n* (*pl* **-ies**) arteria

arthritis /ɑrˈθraɪtɪs/ *n* artritis **arthritic** *adj, n* artrítico, -a

artichoke /ˈɑrtɪtʃoʊk/ *n* alcachofa

article /ˈɑrtɪkl/ *n* **1** artículo: *definite/indefinite article* artículo definido/indefinido **2** *articles of clothing* prendas de vestir

articulate[1] /ɑrˈtɪkjələt/ *adj* capaz de expresarse con claridad

articulate[2] /ɑrˈtɪkjʊleɪt/ *vt, vi* articular

artificial /ˌɑrtɪˈfɪʃl/ *adj* artificial

artillery /ɑrˈtɪləri/ *n* artillería

artisan /ˈɑrtɪzn; *GB* ˌɑːtɪˈzæn/ *n* artesano, -a

artist /ˈɑrtɪst/ *n* artista

artistic /ɑrˈtɪstɪk/ *adj* artístico

artwork /ˈɑrtwɜːrk/ *n* material gráfico (*en una publicación*)

as /əz, æz/ ◆ *prep* **1** (*en calidad de*) como: *Treat me as a friend.* Trátame como a un amigo. ◊ *Use this plate as an ashtray.* Use este plato como cenicero. **2** (*con profesiones*) de: *to work as a waiter* trabajar de mesero **3** (*cuando algn es/era*) de: *as a child* cuando era pequeño

> Nótese que para comparaciones y ejemplos usamos **like**: *a car like yours* un carro como el tuyo ◊ *Romantic poets, like Byron, Shelley, etc.* poetas románticos (tales) como Byron, Shelley, etc.

◆ *adv* **1 as...as** tan...como: *She is as tall as me/as I am.* Es tan alta como yo. ◊ *as soon as possible* lo antes posible ◊ *I earn as much as her/as she does.* Gano tanto como ella. **2** (*según*) como: *as you can see* como puedes ver ◆ *conj* **1** mientras: *I watched her as she combed her hair.* La miré mientras se peinaba. **2** como: *as you weren't there...* como no estabas... **3** tal como: *Leave it as you find it.* Déjalo tal como lo encuentres. **LOC as for sth/sb** en cuanto a algo/algn **as from** (*esp USA* **as of**): *as from/of May 12* a partir del 12 de mayo **as if/as though** como si: *as if nothing had happened* como si no hubiera sucedido nada **as it is** dada la situación **as many again/more** otros tantos **as many 1** tantos: *We no longer have as many members.* Ya no tenemos tantos socios. **2** otros tantos: *four jobs in as many months* cuatro trabajos en otros tantos meses **as many as 1** *I didn't win as many as him.* No gané tantos como él. **2** hasta: *as many as ten people* hasta diez personas **3** *You ate three times as many as I did.* Comiste tres veces más que yo. **as many...as** tantos...como **as much**: *I don't have as much as you.* No tengo tanto como tú. ◊ *I thought as much.* Eso pensé. **as much again** otro tanto **as to sth/as regards sth** en cuanto a algo **as yet** hasta ahora

asbestos /æsˈbestəs, əzˈbestəs/ *n* asbesto

ascend /əˈsend/ (*formal*) **1** *vi* ascender **2** *vt* subir (a): *to ascend the throne* subir al trono

ascendancy /ə'sendənsi/ *n* ~ (**over sth/sb**) ascendiente (sobre algo/algn)

ascent /ə'sent/ *n* ascenso

ascertain /ˌæsər'tem/ *vt* (*formal*) averiguar

ascribe /ə'skraɪb/ *vt* ~ **sth to sth/sb** atribuirle algo a algo/algn

ash /æʃ/ *n* **1** (*tb* **ash tree**) fresno **2** ceniza

ashamed /ə'ʃeɪmd/ *adj* ~ (**of sth/sb**) avergonzado (de algo/algn) **LOC to be ashamed to do sth** darle vergüenza a uno hacer algo

ashore /ə'ʃɔːr/ *adv, prep* en/a tierra: *to go ashore* desembarcar

ashtray /'æʃtreɪ/ *n* cenicero

Ash Wednesday *n* miércoles de Ceniza

aside /ə'saɪd/ ◆ *adv* **1** a un lado **2** en reserva ◆ *n* aparte (*Teatro*) *Ver tb* JOKE

aside from *prep* (*esp USA*) aparte de

ask /æsk; *GB* ɑːsk/ **1** *vt, vi* **to ask** (**sb**) (**sth**) preguntar (algo) (a algn): *to ask a question* hacer una pregunta ◊ *to ask about sth* preguntar por algo **2** *vt, vi* **to ask** (**sb**) **for sth** pedir algo (a algn) **3** *vt* **to ask sb to do sth** pedir a algn que haga algo **4** *vt* **to ask sb** (**to sth**) invitar a algn (a algo) **LOC don't ask me!** (*coloq*) ¡yo qué sé! **for the asking** con sólo pedirlo **to ask for trouble/it** (*coloq*) buscársela **to ask sb out** invitar a algn a salir **to ask sb over** invitar a algn (a su casa) **PHR V to ask about sb** preguntar cómo está algn **to ask for sb** preguntar por algn (*para verle*)

asleep /ə'sliːp/ *adj* dormido: *to fall asleep* dormirse ◊ *fast/sound asleep* profundamente dormido

Nótese que **asleep** no se usa antes de un sustantivo, por lo tanto, para traducir "un niño dormido" tendríamos que decir *a sleeping baby*.

asparagus /ə'spærəgəs/ *n* [*incontable*] espárrago(s)

aspect /'æspekt/ *n* **1** (*de una situación, etc.*) aspecto **2** (*Arquit*) orientación

asphalt /'æsfɔːlt; *GB* -fælt/ *n* asfalto

asphyxiate /əs'fɪksieɪt/ *vt* asfixiar

aspiration /ˌæspə'reɪʃn/ *n* aspiración

aspire /ə'spaɪər/ *vi* ~ **to sth** aspirar a algo: *aspiring musicians* aspirantes a músicos

aspirin /'æsprɪn, 'æspərɪn/ *n* aspirina

ass /æs/ *n* **1** (*antic*) asno **2** (*coloq*) (*idiota*) burro **3** (*coloq*) cola (*trasero*)

assailant /ə'seɪlənt/ *n* (*formal*) agresor, -ora

assassin /ə'sæsn; *GB* -sɪn/ *n* asesino, -a **assassinate** *vt* asesinar **assassination** *n* asesinato ☛ *Ver nota en* ASESINAR

assault /ə'sɔːlt/ ◆ *vt* agredir ◆ *n* **1** agresión **2** ~ (**on sth/sb**) ataque (contra algo/algn)

assemble /ə'sembl/ **1** *vt, vi* reunir(se) **2** *vt* (*Mec*) montar

assembly /ə'sembli/ *n* (*pl* **-ies**) **1** asamblea **2** (*escuela*) reunión de profesores y alumnos, al iniciarse la jornada escolar **3** montaje: *assembly line* línea de montaje

assert /ə'sɜːrt/ *vt* **1** afirmar **2** (*derechos, etc.*) hacer valer **LOC to assert yourself** imponerse **assertion** *n* afirmación

assertive /ə'sɜːrtɪv/ *adj* firme, que se hace valer

assess /ə'ses/ *vt* **1** (*propiedad, etc.*) valorar **2** (*impuestos, etc.*) calcular **assessment** *n* **1** valoración **2** análisis **assessor** *n* **1** tasador, -ora **2** (*Educ*) educador, -ora

asset /'æset/ *n* **1** ventaja, baza: *to be an asset to sth/sb* ser muy valioso para algo/algn **2 assets** [*pl*] (*Com*) bienes

assign /ə'saɪn/ *vt* **1** ~ **sth to sb** asignar algo a algn **2** ~ **sb to sth** asignar a algn a algo

assignment /ə'saɪnmənt/ *n* **1** (*en colegio*) trabajo, tarea **2** misión **3** (*en el extranjero*) destino

assimilate /ə'sɪməleɪt/ **1** *vt* asimilar **2** *vi* ~ **into sth** asimilarse a algo

assist /ə'sɪst/ *vt* (*formal*) *vi* ayudar, asistir **assistance** *n* (*formal*) **1** ayuda **2** auxilio

assistant /ə'sɪstənt/ *n* **1** ayudante **2** (*tb* **sales assistant**, *GB* **shop assistant**) empleado, -a (de almacén) **3** *the assistant manager* la subdirectora

associate¹ /ə'soʊʃiət, -siət/ *n* socio, -a

associate² /ə'soʊʃieɪt, -sieɪt/ **1** *vt* ~ **sth/sb with sth/sb** relacionar algo/a algn con algo/algn **2** *vi* ~ **with sb** relacionarse con algn

association /əˌsoʊsi'eɪʃn/ *n* **1** asociación **2** implicación

assorted /ə'sɔːrtɪd/ *adj* **1** variados **2** (*galletas, etc.*) surtidos

assortment /ə'sɔːrtmənt/ *n* variedad, surtido

assume /ə'suːm; *GB* ə'sjuːm/ *vt* **1** suponer **2** dar por hecho **3** (*expresión, nombre falso*) adoptar **4** (*significado*) adquirir **5** (*control*) asumir

assumption /ə'sʌmpʃn/ *n* **1** supuesto **2** (*de poder, etc.*) toma

assurance /ə'ʃʊərəns; *GB* ə'ʃɔːrəns/ *n* **1** garantía **2** confianza

assure /ə'ʃʊər/ **1** *vt* asegurar **2** *vt* ~ **sb of sth** prometer algo a algn **3** *vt* ~ **sb of sth** convencer a algn de algo **4** *v refl* ~ **yourself that...** cerciorarse de que... **assured** *adj* seguro LOC **to be assured of sth** tener algo asegurado

asterisk /'æstərɪsk/ *n* asterisco

asthma /'æzmə; *GB* 'æsmə/ *n* asma **asthmatic** *adj, n* asmático, -a

astonish /ə'stɑnɪʃ/ *vt* asombrar **astonishing** *adj* asombroso **astonishingly** *adv* increíblemente **astonishment** *n* asombro

astound /ə'staʊnd/ *vt* dejar atónito: *We were astounded to find him playing chess with his dog.* Nos quedamos atónitos al encontrarlo jugando ajedrez con el perro. **astounding** *adj* increíble

astray /ə'streɪ/ *adv* LOC **to go astray** extraviarse

astride /ə'straɪd/ *adv, prep* ~ (**sth**) a horcajadas (en algo)

astrology /ə'strɑlədʒi/ *n* astrología

astronaut /'æstrənɔːt/ *n* astronauta

astronomy /ə'strɑnəmi/ *n* astronomía **astronomer** *n* astrónomo, -a **astronomical** /ˌæstrə'nɑmɪkl/ *adj* astronómico

astute /ə'stuːt; *GB* ə'stjuːt/ *adj* astuto

asylum /ə'saɪləm/ *n* **1** asilo **2** (*tb* **lunatic asylum**) (*antic*) manicomio

at /æt, ət/ *prep* **1** (*posición*) en: *at home* en la casa ◊ *at the door* en la puerta ◊ *at the top* en lo alto ☛ *Ver nota en* EN **2** (*tiempo*): *at 3:35* a las 3:35 ◊ *at dawn* al amanecer ◊ *at times* a veces ◊ *at night* por la noche ◊ *at Christmas* en la temporada de Navidad ◊ *at the moment* de momento **3** (*precio, frecuencia, velocidad*) a: *at 50mph* a 80km/h ◊ *at full volume* a todo volumen ◊ *two at a time* de dos en dos **4** (*hacia*): *to stare at sb* mirar fijamente a algn **5** (*reacción*): *surprised at sth* sorprendido por algo ◊ *At this, she fainted.* Y entonces, se desmayó. **6** (*actividad*) en: *She's at work.* Está en el trabajo. ◊ *to be at war* estar en guerra ◊ *children at play* niños jugando

ate *pret de* EAT

atheism /'eɪθiɪzəm/ *n* ateísmo **atheist** *n* ateo, -a

athlete /'æθliːt/ *n* atleta

athletic /æθ'letɪk/ *adj* atlético **athletics** *n* [*sing*] atletismo

atlas /'ætləs/ *n* **1** atlas **2** (*de carreteras*) mapa

atmosphere /'ætməsfɪər/ *n* **1** atmósfera **2** ambiente

atom /'ætəm/ *n* **1** átomo **2** (*fig*) ápice

atomic /ə'tɑmɪk/ *adj* atómico: *atomic weapons* armas nucleares

atrocious /ə'troʊʃəs/ *adj* **1** atroz **2** pésimo **atrocity** /ə'trɑsəti/ *n* (*pl* **-ies**) atrocidad

attach /ə'tætʃ/ *vt* **1** atar **2** unir **3** (*documentos*) adjuntar **4** (*fig*): *to attach importance to sth* darle importancia a algo **attached** *adj*: *to be attached to sth/sb* tenerle cariño a algo/algn LOC *Ver* STRING **attachment** *n* **1** accesorio **2** ~ **to sth** apego a algo

attack /ə'tæk/ ◆ *n* ~ (**on sth/sb**) ataque (contra algo/algn) ◆ *vt, vi* atacar **attacker** *n* agresor, -ora

attain /ə'teɪn/ *vt* alcanzar **attainment** *n* éxito

attempt /ə'tempt/ ◆ *vt* intentar: *to attempt to do sth* intentar hacer algo ◆ *n* **1** ~ (**at doing/to do sth**) intento (de hacer algo) **2** atentado **attempted** *adj*: *attempted robbery* intento de robo ◊ *attempted murder* asesinato frustrado

attend /ə'tend/ **1** *vt, vi* ~ (**sth**) asistir (a algo) **2** *vi* ~ **to sth/sb** ocuparse de algo/algn **attendance** *n* asistencia LOC **in attendance** presente

attendant /ə'tendənt/ *n* encargado, -a

attention /ə'tenʃn/ ◆ *n* atención: *for the attention of...* a la atención de... LOC *Ver* CATCH, FOCUS, PAY ◆ **attention!** *interj* (*Mil*) ¡firmes!

attentive /ə'tentɪv/ *adj* atento

attic /'ætɪk/ *n* desván, zarzo

attitude /'ætɪtuːd; *GB* -tjuːd/ *n* actitud

attorney /ə'tɜːrni/ *n* (*pl* **-eys**) **1** (*USA*)

abogado, -a **2** apoderado, -a ☛ *Ver nota en* ABOGADO

Attorney-General /əˌtɜːrni ˈdʒenrəl/ *n* **1** (*USA*) procurador, -ora general **2** (*GB*) asesor, -ora legal del gobierno

attract /əˈtrækt/ *vt* **1** atraer **2** (*atención*) llamar **attraction** *n* **1** atracción **2** atractivo **attractive** *adj* **1** (*persona*) atractivo **2** (*salario, etc.*) interesante

attribute /ˈætrɪbjuːt/ ◆ *n* atributo ◆ /əˈtrɪbjuːt/ *vt* ~ **sth to sth** atribuir algo a algo

aubergine /ˈoʊbərʒiːn/ (*USA* **eggplant**) ◆ *n* berenjena ◆ *adj* (*color*) morado

auction /ˈɔːkʃn/ ◆ *n* subasta ◆ *vt* subastar **auctioneer** /ˌɔːkʃəˈnɪər/ *n* subastador, -ora

audible /ˈɔːdəbl/ *adj* audible

audience /ˈɔːdiəns/ *n* **1** [*v sing o pl*] (*teatro, etc.*) público **2** ~ **with sb** audiencia con algn

audit /ˈɔːdɪt/ ◆ *n* auditoría ◆ *vt* auditar

audition /ɔːˈdɪʃn/ ◆ *n* audición ◆ *vi* ~ **for sth** presentarse a una audición para algo

auditor /ˈɔːdɪtər/ *n* auditor, -ora

auditorium /ˌɔːdɪˈtɔːriəm/ *n* (*pl* **-ria** *o* **-riums**) auditorio

August /ˈɔːgəst/ *n* (*abrev* **Aug**) agosto ☛ *Ver nota y ejemplos en* JANUARY

aunt /ænt; *GB* ɔːnt/ *n* tía: *Aunt Louise* la tía Luisa ◊ *my aunt and uncle* mis tíos **auntie** (*tb* **aunty**) (*coloq*) *n* tía

au pair /ˌoʊ ˈpeər/ *n* nana, niñera

> Se dice de estudiantes en el extranjero quienes realizan servicio doméstico o cuidado de niños a cambio de la estancia y un pequeño sueldo.

austere /ɔːˈstɪər/ *adj* austero **austerity** *n* austeridad

authentic /ɔːˈθentɪk/ *adj* auténtico

authenticity /ˌɔːθenˈtɪsəti/ *n* autenticidad

author /ˈɔːθər/ *n* autor, -ora, escritor, -ora

authoritarian /ɔːˌθɒrɪˈteəriən/ *adj, n* autoritario, -a

authoritative /ɔːˈθɒrəteɪtɪv; *GB* -tətɪv/ *adj* **1** (*libro, etc.*) de gran autoridad **2** (*voz, etc.*) autoritario

authority /ɔːˈθɒrəti/ *n* (*pl* **-ies**) autoridad LOC **to have it on good authority that...** saber de buena fuente que...

authorization, -isation /ˌɔːθərɪˈzeɪʃn; *GB* -raɪˈz-/ *n* autorización

authorize, -ise /ˈɔːθəraɪz/ *vt* autorizar

autobiographical /ˌɔːtəˌbaɪəˈgræfɪkl/ *adj* autobiográfico

autobiography /ˌɔːtəbaɪˈɑgrəfi/ *n* (*pl* **-ies**) autobiografía

autograph /ˈɔːtəgræf; *GB* -grɑːf/ ◆ *n* autógrafo ◆ *vt* firmar

automate /ˈɔːtəmeɪt/ *vt* automatizar

automatic /ˌɔːtəˈmætɪk/ ◆ *adj* automático ◆ *n* **1** arma automática **2** carro automático **automatically** *adv* automáticamente

automation /ˌɔːtəˈmeɪʃn/ *n* automatización

automobile /ɔːtəməˈbɪl, ˈɔːtəməbiːl/ *n* (*esp USA*) automóvil

autonomous /ɔːˈtɑnəməs/ *adj* autónomo **autonomy** *n* autonomía

autopsy /ˈɔːtɑpsi/ *n* (*pl* **-ies**) autopsia

autumn /ˈɔːtəm/ (*USA* **fall**) *n* otoño

auxiliary /ɔːgˈzɪliəri/ *adj, n* auxiliar

avail /əˈveɪl/ *n* LOC **to no avail** en vano

available /əˈveɪləbl/ *adj* disponible

avalanche /ˈævəlæntʃ; *GB* -lɑːnʃ/ *n* avalancha

avant-garde /ˌævɑŋ ˈgɑrd/ *adj* vanguardista, de vanguardia

avenue /ˈævənuː; *GB* -njuː/ *n* **1** (*abrev* **Ave**) avenida **2** (*fig*) vía, camino

average /ˈævərɪdʒ/ ◆ *n* promedio: *on average* como/en promedio ◆ *adj* **1** medio: *average earnings* el sueldo medio **2** (*coloq, pey*) mediocre ◆ PHR V **to average out (at sth)**: *It averages out at 10%.* Sale a un promedio del 10%.

aversion /əˈvɜːrʒn/ *n* aversión

avert /əˈvɜːrt/ *vt* **1** (*mirada*) apartar **2** (*crisis, etc.*) evitar

aviation /ˌeɪviˈeɪʃn/ *n* aviación

avid /ˈævɪd/ *adj* ávido

avocado /ˌævəˈkɑdoʊ, ˌɑv-/ *n* (*pl* **~s**) aguacate, palta

avoid /əˈvɔɪd/ *vt* **1** ~ **(doing) sth** evitar (hacer) algo: *She avoided going.* Evitó ir. **2** (*responsabilidad, etc.*) eludir

await /əˈweɪt/ *vt* (*formal*) ~ **sth 1** estar en espera de algo **2** aguardar algo: *A surprise awaited us.* Nos aguardaba una sorpresa. ☛ *Comparar con* WAIT

awake /əˈweɪk/ ◆ *adj* **1** despierto **2 ~ to sth** (*peligro, etc.*) consciente de algo ◆ *vt, vi* (*pret* **awoke** /əˈwoʊk/ *pp* **awoken** /əˈwoʊkən/) despertar(se)

Los verbos **awake** y **awaken** sólo se emplean en lenguaje formal o literario. La expresión normal es **to wake (sb) up**.

awaken /əˈweɪkən/ **1** *vt, vi* despertar (se) ☛ *Ver nota en* AWAKE **2** *vt* **~ sb to sth** (*peligro, etc.*) advertir a algn de algo

award /əˈwɔːrd/ ◆ *vt* (*premio, etc.*) conceder, otorgar ◆ *n* premio, galardón

aware /əˈweər/ *adj* **~ of sth** consciente de algo LOC **as far as I am aware** que yo sepa **to make sb aware of sth** informar a algn de algo, concientizar a algn de algo *Ver tb* BECOME **awareness** *n* conciencia

away /əˈweɪ/ *part adv* **1** (*indicando distancia*): *The hotel is two kilometers away.* El hotel está a dos kilómetros. ◊ *It's a long way away.* Queda muy lejos. **2** [*con verbos de movimiento*] irse de una determinada manera: *He limped away.* Se fue cojeando. **3** [*uso enfático con tiempos continuos*]: *I was working away all night.* Pasé toda la noche trabajando. **4** por completo: *The snow had melted away.* La nieve se había derretido del todo. **5** (*GB, Dep*) como visitante: *an away win* una victoria como visitante LOC *Ver* RIGHT ☛ Para los usos de **away** en PHRASAL VERBS ver las entradas de los verbos correspondientes, p.ej. **to get away** en GET.

awe /ɔː/ *n* admiración LOC **to be in awe of sb** sentirse intimidado por algn **awesome** *adj* impresionante

awful /ˈɔːfl/ *adj* **1** (*accidente, etc.*) horroroso **2** *an awful lot of money* un montón de plata **awfully** *adv* terriblemente: *I'm awfully sorry.* Lo siento muchísimo.

awkward /ˈɔːkwərd/ *adj* **1** (*momento, etc.*) inoportuno **2** (*sensación, etc.*) incómodo **3** (*persona*) difícil **4** (*movimiento*) torpe

awoke *pret de* AWAKE

awoken *pp de* AWAKE

ax (*GB* **axe**) /æks/ ◆ *n* hacha LOC **to have an ax to grind** tener un interés particular en algo ◆ *vt* **1** (*servicio, etc.*) cortar, suprimir **2** despedir

axis /ˈæksɪs/ *n* (*pl* **axes** /ˈæksiːz/) eje

axle /ˈæksl/ *n* eje (*de ruedas*)

aye (*tb* **ay**) /aɪ/ *interj, n* (*antic*) sí: *The ayes have it.* Ganaron los síes. ☛ **Aye** *es corriente en Escocia y en el norte de Inglaterra.*

Bb

B, b /biː/ *n* (*pl* **B's, b's** /biːz/) **1** B, b: *B as in Barbara* B de burro ☛ *Ver ejemplos en* A, A **2** (*Educ*) ocho: *to get* (*a*) *B in Science* sacar un ocho en Ciencias **3** (*Mús*) si

babble /ˈbæbl/ ◆ *n* **1** (*voces*) murmullo **2** (*bebé*) balbuceo ◆ *vt, vi* farfullar, balbucear

babe /beɪb/ *n* (*coloq*) mamacita

baby /ˈbeɪbi/ *n* (*pl* **babies**) **1** bebé: *a newborn baby* un recién nacido ◊ *a baby girl* una niña **2** (*animal*) cría **3** (*esp USA, coloq*) mi amor

babysit /ˈbeɪbisɪt/ *vi* (**-tt-**) (*pret* **-sat**) **~ (for sb)** cuidar a un niño (de algn) **babysitter** *n* niñero, -a (*esporádico*)

bachelor /ˈbætʃələr/ *n* soltero: *a bachelor flat* (*GB*) un apartamento de soltero

back¹ /bæk/ ◆ *n* **1** parte de atrás, parte de detrás **2** dorso **3** revés **4** espalda: *He was lying on his back.* Estaba acostado boca arriba. **5** (*silla*) espaldar LOC **at the back of your/sb's mind** para sus/mis adentros **back to back** espalda con espalda **back to front** (*GB*) al revés ☛ *Ver dibujo en* REVÉS **behind sb's back** a espaldas de algn **to be glad, pleased, etc. to see the back of sth/sb** (*GB*) alegrarse de librarse de algo/algn **to be on sb's back** estar encima de algn **to get/put sb's back up** sacar de quicio a algn **to have your back to the wall** estar acorralado *Ver tb* BREAK¹, PAT ◆ *adj* **1** de atrás: *the back door* la puerta de atrás **2** (*número de revista*) atrasado **LOC by/through the back door** por la puerta de atrás ◆ *adv, part adv* **1** (*movimiento, posición*) hacia atrás: *Stand back.* Manténganse alejados. ◊ *a mile back* una milla más atrás **2** (*regreso, repetición*) de vuelta: *They are back in power.* Están en el poder otra vez. ◊ *on the way back* a la/de venida ◊ *to go there and back* ir y volver **3** (*tiempo*) allá: *back in the seventies* allá por los años setenta ◊ *a few years back* hace algunos años **4** (*reciprocidad*): *He smiled back* (*at her*). Le devolvió la sonrisa. **LOC to get/have your own back** (**on sb**) (*GB, coloq*) vengarse (de algn), desquitarse **to go, travel, etc. back and forth** ir y venir ☛ Para los usos de **back** en PHRASAL VERBS ver las entradas de los verbos correspondientes, p.ej. **to go back** en GO[1].

back² /bæk/ **1** *vt* ~ **sth/sb** (**up**) respaldar algo/a algn **2** *vt* financiar **3** *vt* apostar por **4** *vi* ~ (**up**) reversar, retroceder **PHR V to back away** (**from sth/sb**) retroceder (ante algo/algn) **to back down** (*USA*) **to back off** retractarse **to back on to sth** (*GB*): *The house backs on to the river.* La parte de atrás de la casa da al río. **to back out** (**of an agreement, etc.**) echarse atrás (de un acuerdo, etc.)

backache /ˈbækeɪk/ *n* dolor de espalda

backbone /ˈbækboʊn/ *n* **1** columna vertebral **2** fortaleza, agallas

backdrop /ˈbækdrɑp/ (*GB tb* **backcloth** /ˈbækklɔːθ; *GB* -klɒθ/) *n* telón de fondo

backfire /ˌbækˈfaɪər/ *vi* **1** (*carro*) producir detonaciones en el tubo de escape **2** ~ (**on sb**) (*fig*): *The plan backfired on him.* Le salió el tiro por la culata.

background /ˈbækgraʊnd/ *n* **1** fondo **2** contexto **3** clase social, educación, formación

backing /ˈbækɪŋ/ *n* **1** respaldo, apoyo **2** (*Mús*) acompañamiento

backlash /ˈbæklæʃ/ *n* reacción violenta

backlog /ˈbæklɔːg/ *n* atraso: *a huge backlog of work* un montón de trabajo atrasado

backpack /ˈbækpæk/ (*GB tb* **rucksack**) *n* morral, mochila

back seat *n* (*carro*) asiento trasero/de atrás **LOC to take a back seat** pasar a segundo plano

backside /ˈbæksaɪd/ *n* trasero

backstage /ˌbækˈsteɪdʒ/ *adv* entre bastidores

backup /ˈbækʌp/ *n* **1** refuerzos, asistencia **2** (*Informát*) copia

backward /ˈbækwərd/ *adj* **1** hacia atrás: *a backward glance* una mirada hacia atrás **2** atrasado

backward(s) /ˈbækwərd(z)/ *adv* **1** hacia atrás **2** de espaldas: *He fell backwards.* Se cayó de espaldas. **3** al revés **LOC backward**(**s**) **and forward**(**s**) de un lado a otro

backyard /ˌbækˈjɑrd/ (*tb* **yard**) *n* jardín de atrás

bacon /ˈbeɪkən/ *n* tocineta ☛ *Comparar con* HAM, GAMMON

bacteria /bækˈtɪəriə/ *n* [*pl*] bacterias

bad /bæd/ *adj* (*comp* **worse** /wɜːrs/ *superl* **worst** /wɜːrst/) **1** malo: *It's bad for your health.* Es malo para la salud. ◊ *This movie's not bad.* Esta película no está mal. **2** grave **3** (*dolor de cabeza, etc.*) fuerte **LOC to be bad at sth**: *to be bad at sport/names* ser malo para los deportes/para recordar los nombres ◊ *I'm bad at Math.* Soy muy malo en matemáticas. **to be in sb's bad books** (*GB*): *I'm in his bad books.* Me puso en su lista negra. **to go through/hit a bad patch** (*coloq*) pasar/tener una mala racha **too bad 1** *That's too bad!* ¡Qué pesar/lástima! ◊ *It's too bad you can't come.* Es un pesar que no pueda venir. **2** (*irón*) ¡peor para usted! *Ver tb* FAITH, FEELING

bade *pret de* BID

badge /bædʒ/ *n* **1** insignia, prendedor **2** (*fig*) símbolo

badger /ˈbædʒər/ *n* tejón

bad language *n* malas palabras

badly /ˈbædli/ *adv* (*comp* **worse** /wɜːrs/ *superl* **worst** /wɜːrst/) **1** mal: *It's badly made.* Está mal hecho. **2** (*dañar, etc.*): *The house was badly damaged.* La casa sufrió muchos daños. **3** (*necesitar, etc.*) con urgencia **LOC** (**not**) **to be badly off** (no) andar mal de plata

badminton /ˈbædmɪntən/ *n* bádminton

bad-tempered /ˌbæd ˈtempərd/ *adj* de mal genio

baffle /ˈbæfl/ *vt* **1** desconcertar **2** frustrar **baffling** *adj* desconcertante

bag /bæg/ *n* bolsa, bolso ☛ *Ver dibujo en* CONTAINER **LOC bags of sth** (*GB, coloq*) un montón de algo **to be in the bag** (*coloq*) estar asegurado *Ver tb* LET[1], PACK

baggage /ˈbægɪdʒ/ (*GB tb* **luggage**) *n* equipaje

bagpipe /ˈbægpaɪp/ (*tb* **bagpipes**) *n* gaita: *bagpipe music* música de gaita

baguette /bæˈget/ *n* pan francés ☛ *Ver dibujo en* PAN

bail /beɪl/ *n* [*incontable*] fianza, libertad bajo fianza **LOC** (*GB*) **to go/stand bail (for sb)** pagar la fianza (de algn) ☛ *Comparar con* POST

bailiff /ˈbeɪlɪf/ *n* alguacil

bait /beɪt/ *n* carnada, cebo

bake /beɪk/ **1** *vt, vi* (*pan, pastel*) hacer(se): *a baking tray* una lata de hornear **2** *vt, vi* (*papas*) asar(se) **baker** *n* panadero, -a **bakery** *n* (*pl* **-ies**) panadería

baked beans *n* [*pl*] fríjoles en salsa de tomate: *a can of baked beans* una lata de fríjoles en salsa de tomate

balance /ˈbæləns/ ◆ *n* **1** equilibrio: *to lose your balance* perder el equilibrio **2** (*Fin*) saldo, balance **3** (*instrumento*) balanza **LOC on balance** (*GB*) bien mirado *Ver tb* CATCH ◆ **1** *vi* ~ **(on sth)** mantener el equilibrio (sobre algo) **2** *vt* ~ **sth (on sth)** mantener algo en equilibrio (sobre algo) **3** *vt* equilibrar **4** *vt* compensar, contrarrestar **5** *vt, vi* (*cuentas*) (hacer) cuadrar

balcony /ˈbælkəni/ *n* (*pl* **-ies**) balcón

bald /bɔːld/ *adj* calvo

ball /bɔːl/ *n* **1** (*Dep*) balón, pelota, bola **2** esfera, ovillo **3** baile (de etiqueta) **LOC (to be) on the ball** (*coloq*) (estar) al tanto **to have a ball** (*coloq*) pasar de ataque **to start/get the ball rolling** poner las cosas en marcha

ballad /ˈbæləd/ *n* **1** (*Mús*) balada **2** (*poesía*) romance

ballet /bæˈleɪ/ *n* ballet

ballet dancer *n* bailarín, -ina (*de ballet*)

balloon /bəˈluːn/ *n* bomba, globo

ballot /ˈbælət/ *n* votación

ballot box *n* urna (*electoral*)

ballpoint pen (*GB* **biro**) *n* bolígrafo, esfero

ballroom /ˈbɔːlruːm/ *n* salón de baile: *ballroom dancing* baile de salón

bamboo /ˌbæmˈbuː/ *n* bambú

ban /bæn/ ◆ *vt* (**-nn-**) prohibir ◆ *n* **ban (on sth)** prohibición (de algo)

banana /bəˈnænə; *GB* bəˈnɑːnə/ *n* banano: *banana skin* cáscara de banano

band /bænd/ *n* **1** cinta, franja **2** (*Mús, Radio*) banda: *a jazz band* un grupo de jazz **3** (*de ladrones, etc.*) banda

bandage /ˈbændɪdʒ/ ◆ *n* vendaje, venda ◆ *vt* vendar

Band-Aid® /bænd eɪd/ *n* (*USA*) (*GB* **plaster**) cura

bandwagon /ˈbændwægən/ *n* **LOC to climb/jump on the bandwagon** (*coloq*) estar en/seguir/meterse en la onda

bang /bæŋ/ ◆ **1** *vt* dar un golpe en: *He banged his fist on the table.* Le pegó un puño a la mesa. ◊ *I banged the box down on the floor.* Tiré la caja al suelo de un golpe. **2** *vt* ~ **your head, etc. (against/on sth)** darse en la cabeza, etc. (con algo) **3** *vi* ~ **into sth/sb** darse contra algo/algn **4** *vi* (*petardo, etc.*) estallar **5** *vi* (*puerta, etc.*) dar golpes ◆ *n* **1** golpe **2** estallido ◆ (*GB, coloq*) *adv* justo, completamente: *bang on time* justo a tiempo ◊ *bang up to date* completamente al día **LOC bang goes sth** (*GB*) se acabó algo **to go bang** (*coloq*) estallar ◆ **bang!** *interj* ¡pum!

banger /ˈbæŋər/ *n* (*GB, coloq*) **1** salchicha **2** petardo **3** (*carro*) carcacha: *an old banger* una carcacha vieja

bangs /bæŋz/ *n* [*pl*] capul, flequillo

banish /ˈbænɪʃ/ *vt* desterrar

banister /ˈbænɪstər/ *n* baranda, pasamanos

bank[1] /bæŋk/ *n* orilla (*de río, lago*) ☛ *Comparar con* SHORE

bank[2] /bæŋk/ ◆ *n* banco: *bank manager* gerente de banco ◊ *bank statement* estado de cuenta ◊ *bank account* cuenta bancaria ◊ *bank balance* saldo bancario **LOC** *Ver* BREAK[1] ◆ **1** *vt* (*dinero*) consignar **2** *vi* tener cuenta: *Who do you bank with?* ¿En qué banco tienes cuenta? **PHR V to bank on sth/sb** contar con algo/algn **banker** *n* banquero, -a

bank holiday *n* (*GB*) día festivo

bankrupt /ˈbæŋkrʌpt/ *adj* en bancarrota, en quiebra LOC **to go bankrupt** ir a la bancarrota **bankruptcy** *n* bancarrota, quiebra

banner /ˈbænər/ *n* pancarta, estandarte

banning /ˈbænɪŋ/ *n* (*GB*) prohibición

banquet /ˈbæŋkwɪt/ *n* banquete

baptism /ˈbæptɪzəm/ *n* bautismo, bautizo

baptize, -ise /ˈbæptaɪz; *GB* bæpˈtaɪz/ *vt* bautizar

bar /bɑr/ ◆ *n* **1** barra **2** bar **3** (*de chocolate*) chocolatina **4** (*de jabón*) barra **5** (*Mús*) compás **6** prohibición LOC **behind bars** (*coloq*) tras rejas ◆ *vt* (**-rr-**) **to bar sb from doing sth** prohibir a algn hacer algo LOC **to bar the way** cerrar el paso ◆ *prep* excepto

barbarian /bɑrˈbeəriən/ *n* bárbaro, -a **barbaric** /bɑrˈbærɪk/ *adj* bárbaro

barbecue /ˈbɑrbɪkjuː/ *n* **1** asado, parrillada **2** carne asada a la parrilla

barbed wire /ˌbɑrbd ˈwaɪər/ *n* alambre de púas

barber /ˈbɑrbər/ *n* peluquero, -a

barbershop /ˈbɑrbərʃɑp/ *n* peluquería

bare /beər/ *adj* (**barer**, **barest**) **1** desnudo ☛ *Ver nota en* NAKED **2** descubierto **3** ~ (**of sth**): *a room bare of furniture* una habitación sin muebles **4** mínimo: *the bare essentials* lo mínimo **barely** *adv* apenas

barefoot /ˈbeərfʊt/ *adv* descalzo

bargain /ˈbɑrgən/ ◆ *n* **1** trato **2** ganga LOC **into the bargain 1** (y) encima, además **2** para acabar de ajustar *Ver tb* DRIVE ◆ *vi* **1** negociar **2** regatear PHR V **to bargain for sth** (*coloq*) contar con algo, esperar algo **bargaining 1** negociación: *wage bargaining* negociaciones salariales **2** regateo

barge /bɑrdʒ/ *n* barcaza

bar graph *n* gráfica de barras

baritone /ˈbærɪtoʊn/ *n* barítono

bark[1] /bɑrk/ *n* corteza (*árbol*)

bark[2] /bɑrk/ ◆ *n* ladrido ◆ **1** *vi* ladrar **2** *vt, vi* (*persona*) gritar **barking** *n* ladridos

barley /ˈbɑrli/ *n* cebada

barmaid /ˈbɑrmeɪd/ *n* mesera de barra o taberna

barman /ˈbɑrmən/ *n* (*pl* **-men** /-mən/) (*USA* **bartender**) barman, mesero

barn /bɑrn/ *n* granero

barometer /bəˈrɑmɪtər/ *n* barómetro

baron /ˈbærən/ *n* barón

baroness /ˈbærənɪs/ *n* baronesa

barracks /ˈbærəks/ *n* [*v sing o pl*] cuartel

barrage /bəˈrɑʒ; *GB* ˈbærɑːʒ/ *n* **1** (*Mil*) descarga de fuego **2** (*quejas, preguntas, etc.*) bombardeo

barrel /ˈbærəl/ *n* **1** barril, tonel **2** cañón

barren /ˈbærən/ *adj* árido, improductivo (*tierra, etc.*)

barricade /ˌbærɪˈkeɪd/ ◆ *n* barricada ◆ *vt* bloquear (con una barricada) PHR V **to barricade yourself in** encerrarse (poniendo barricadas)

barrier /ˈbæriər/ *n* barrera

barrister /ˈbærɪstər/ *n* (*GB*) abogado, -a ☛ *Ver nota en* ABOGADO

barrow /ˈbæroʊ/ *n Ver* WHEELBARROW

bartender /ˈbɑrtendər/ *n* (*GB* **barman**) barman, mesero

base /beɪs/ ◆ *n* base ◆ *vt* **1** basar **2 to be based in/at** tener su base en

baseball /ˈbeɪsbɔːl/ *n* béisbol

basement /ˈbeɪsmənt/ *n* sótano

bash /bæʃ/ ◆ *vt, vi* (*coloq*) **1** golpear fuertemente **2** ~ **your head, elbow, etc.** (**against/on/into sth**) darse un golpe en la cabeza, el codo, etc. (con algo) ◆ *n* golpe fuerte LOC **to have a bash (at sth)** (*GB, coloq*) intentar (algo)

basic /ˈbeɪsɪk/ ◆ *adj* **1** fundamental **2** básico **3** elemental ◆ **basics** *n* [*pl*] lo esencial, la base **basically** *adv* básicamente, fundamentalmente

basin /ˈbeɪsn/ *n* **1** (*GB*) (*tb* **washbasin**) lavamanos, lavabo ☛ *Comparar con* SINK **2** (*Geog*) cuenca

basis /ˈbeɪsɪs/ *n* (*pl* **bases** /ˈbeɪsiːz/) base: *on the basis of sth* basándose en algo LOC *Ver* REGULAR

basket /ˈbæskɪt; *GB* ˈbɑːskɪt/ *n* canasta, cesto LOC *Ver* EGG

basketball /ˈbæskɪtbɔːl; *GB* ˈbɑːs-/ *n* baloncesto

bass /beɪs/ ◆ *n* **1** (*cantante*) bajo **2** graves: *to turn up the bass* subir los graves **3** (*tb* **bass guitar**) bajo **4** (*tb* **double bass**) contrabajo ◆ *adj* bajo ☛ *Comparar con* TREBLE[2]

be			
		negativa	
presente	*contracciones*	*contracciones*	*pasado*
I **am**	I**'m**	I**'m not**	I **was**
you **are**	you**'re**	you **aren't**	you **were**
he/she/it **is**	he**'s**/she**'s**/it**'s**	he/she/it **isn't**	he/she/it **was**
we **are**	we**'re**	we **aren't**	we **were**
you **are**	you**'re**	you **aren't**	you **were**
they **are**	they**'re**	they **aren't**	they **were**

forma en -ing **being** *participio pasado* **been**

bat¹ /bæt/ *n* murciélago

bat² /bæt/ ◆ *n* bate ◆ *vt, vi* (**-tt-**) batear LOC **not to bat an eye** (*coloq*) no pestañear

batch /bætʃ/ *n* lote

bath /bæθ; *GB* bɑːθ/ ◆ *n* (*pl* **~s** /bæðz; *GB* bɑːðz/) **1** baño (*en bañera*): *to take/have a bath* darse un baño **2** bañera ◆ *vt* (*GB*) bañar

bathe /beɪð/ **1** *vt* (*ojos, herida*) lavar **2** *vi* bañarse

bathroom /ˈbæθruːm; *GB* ˈbɑːθ-/ *n* baño ☛ *Ver nota en* TOILET

baton /bəˈtɑn; *GB* ˈbætn, ˈbætɒn/ *n* **1** (*policía*) bolillo, porra **2** (*Mús*) batuta **3** (*Dep*) testigo

battalion /bəˈtæliən/ *n* batallón

batter /ˈbætər/ **1** *vt* ~ **sb** apalear a algn: *to batter sb to death* matar a algn a palo **2** *vt, vi* ~ (**at/on**) **sth** aporrear algo PHR V **to batter sth down** derribar algo a golpes **battered** *adj* (*objeto*) deformado

battery /ˈbætəri/ *n* (*pl* **-ies**) **1** (*Electrón*) batería, pila **2** de cría intensiva: *a battery hen* gallina de cría industrial ☛ *Comparar con* FREE-RANGE

battle /ˈbætl/ ◆ *n* batalla, lucha LOC *Ver* FIGHT, WAGE ◆ *vi* **1** ~ (**with/against sth/sb**) (**for sth**) luchar (con/contra algo/algn) (por algo) **2** ~ (**on**) seguir luchando

battlefield /ˈbætlfiːld/ (*tb* **battleground**) *n* campo de batalla

battlements /ˈbætlmənts/ *n* [*pl*] almenas

battleship /ˈbætlʃɪp/ *n* acorazado

bauble /ˈbɔːbl/ *n* adorno, chuchería

bawl /bɔːl/ **1** *vi* berrear **2** *vt* gritar

bay /beɪ/ ◆ *n* **1** bahía **2** *loading bay* zona de carga **3** (*tb* **bay tree**) laurel **4** caballo pardo LOC **to hold/keep sth/sb at bay** mantener algo/a algn a raya ◆ *vi* aullar

bayonet /ˈbeɪənət/ *n* bayoneta

bay window *n* ventana (*que forma un ventanal semicircular*)

bazaar /bəˈzɑr/ *n* **1** bazar **2** mercado benéfico *Ver tb* FÊTE

BC /ˌbiːˈsiː/ *abrev* **before Christ** antes de Cristo

be /bi, biː/ ☛ Para los usos de **be** con **there** *Ver* THERE.

● **v intransitivo 1** ser: *Life is unfair.* La vida es injusta. ◊ *'Who is it?' 'It's me.'* —¿Quién es? —Soy yo. ◊ *It's John's.* Es de John. ◊ *Be quick!* ¡Apúrese! ◊ *I was late.* Llegué tarde. **2** (*estado*) estar: *How are you?* ¿Cómo estás? ◊ *Is he alive?* ¿Está vivo?

Con adjetivos terminados en **-ed**, como *interested, tired*, etc., el verbo **to be** expresa un estado y se traduce por "estar", mientras que con adjetivos terminados en *-ing*, como *interesting, tiring*, etc., expresa una cualidad y se traduce por "ser".

3 (*localización*) estar: *Mary's upstairs.* Mary está arriba. **4** (*origen*) ser: *She's from Italy.* Es italiana. **5** [*sólo en tiempo perfecto*] visitar: *I've never been to Spain.* Nunca he estado en España. ◊ *Has the postman been yet?* ¿Ya vino el cartero? ◊ *I've been into town.* Estuve en el centro. ☛ A veces **been** se utiliza como participio de **go**. *Ver nota en* GO¹. **6** tener: *I'm right, aren't I?* ¿A que tengo razón? ◊ *I'm hot/afraid.* Tengo calor/miedo. ◊ *Are you in a hurry?* ¿Está de afán?

Nótese que en español se usa **tener** con sustantivos como *calor, frío, hambre, sed*, etc., mientras que en inglés se usa **be** con el adjetivo correspondiente.

7 (*edad*) tener: *He is ten (years old).*

Tiene diez años. ☛ *Ver nota en* OLD, YEAR **8** (*tiempo*): *It's cold/hot.* Hace frío/calor. ◊ *It's foggy.* Hay niebla. **9** (*medida*) medir: *He is six feet tall.* Mide 1,80m. **10** (*hora*) ser: *It's two o'clock.* Son las dos. **11** (*precio*) costar: *How much is that dress?* ¿Cuánto cuesta ese vestido? **12** (*Mat*) ser: *Two and two is/are four.* Dos y dos son cuatro.

• **v auxiliar 1** [*con participios para formar la voz pasiva*]: *He was killed in the war.* Lo mataron en la guerra. ◊ *It is said that he is/He is said to be rich.* Dicen que es rico. **2** [*con -ing para formar tiempos continuos*]: *What are you doing?* ¿Qué haces/Qué estás haciendo? ◊ *I'm just coming!* ¡Ya voy! **3** [*con infinitivo*]: *I am to inform you that...* Debo informarle que... ◊ *They were to be married.* Se iban a casar. ☛ Para expresiones con **be**, véanse las entradas del sustantivo, adjetivo, etc., p.ej. **to be a drain on sth** en DRAIN. **PHR V to be through (to sth/sb)** (*GB*) tener línea (con algo/algn) **to be through (with sth/sb)** haber terminado (con algo/algn)

beach /biːtʃ/ ◆ *n* playa ◆ *vt*: *to beach a boat* encallar

beacon /ˈbiːkən/ *n* **1** faro **2** (*hoguera*) almenara **3** (*tb* **radio beacon**) radiofaro

bead /biːd/ *n* **1** cuenta **2 beads** [*pl*] collar de cuentas **3** (*de sudor, etc.*) gota

beak /biːk/ *n* pico

beaker /ˈbiːkər/ *n* **1** (*Quím*) vaso de precipitados **2** (*GB*) vaso alto (*de plástico*)

beam /biːm/ ◆ *n* **1** viga, travesaño **2** (*de luz*) rayo **3** (*de linterna, etc.*) haz de luz **4** sonrisa radiante ◆ *vi*: *to beam at sb* sonreír radiantemente a algn ◆ *vt* transmitir (*programa, mensaje*)

bean /biːn/ *n* **1** (*frijol*): *kidney beans* fríjoles rojos ◊ *green beans* habichuelas *Ver tb* BAKED BEANS **2** (*café, cacao*) grano

bear[1] /beər/ *n* oso

bear[2] /beər/ (*pret* **bore** /bɔːr/ *pp* **borne** /bɔrn/) **1** *vt* aguantar **2** *vt* (*firma, etc.*) llevar: *The letter bears his signature.* La carta lleva la firma de él. **3** *vt* (*carga*) soportar **4** *vt* (*gastos*) hacerse cargo de **5** *vt* (*responsabilidad*) asumir **6** *vt* resistir: *It won't bear close examination.* No va a resistir un examen a fondo. **7** *vt* (*formal*) (*hijo*) dar a luz **8** *vt* (*cosecha, resultado*) producir **9** *vi* (*carretera, etc.*) voltear **LOC to bear a grudge** guardar rencor **to bear a resemblance to sth/sb** tener un parecido a algo/algn **to bear little relation to sth** tener poca relación con algo **to bear sth/sb in mind** tener algo/a algn en cuenta *Ver tb* GRIN **PHR V to bear sth/sb out** confirmar algo/lo que algn ha dicho **to bear with sb** tener paciencia con algn **bearable** *adj* tolerable

beard /bɪərd/ *n* barba **bearded** *adj* barbudo, con barba

bearer /ˈbeərər/ *n* **1** (*noticias, cheque*) portador, -ora **2** (*documento*) titular

bearing /ˈbeərɪŋ/ *n* (*Náut*) marcación **LOC to get your bearings** orientarse **to have a bearing on sth** tener que ver con algo, afectar algo

beast /biːst/ *n* animal, bestia: *wild beasts* fieras

beat /biːt/ ◆ (*pret* **beat** *pp* **beaten** /ˈbiːtn/) **1** *vt* golpear **2** *vt* (*metal, huevos, alas*) batir **3** *vt* (*tambor*) tocar **4** *vt, vi* dar golpes (en) **5** *vi* (*corazón*) latir **6** *vi* ~ **against/on sth** batir (contra) algo **7** *vt* ~ **sb (at sth)** vencer a algn (en algo) **8** *vt* (*récord*) batir **9** *vt* (*fig*): *Nothing beats home cooking.* No hay nada como la cocina casera. **LOC off the beaten track** (en un lugar) apartado **to beat around the bush** andarse con rodeos **PHR V to beat sb up** darle una golpiza a algn ◆ *n* **1** ritmo **2** (*tambor*) redoble **3** (*policía*) ronda **beating** *n* **1** (*castigo, derrota*) golpiza **2** batir **3** (*corazón*) latido **LOC to take a lot of/some beating** ser difícil de superar

beautiful /ˈbjuːtɪfl/ *adj* **1** hermoso **2** magnífico **beautifully** *adv* estupendamente

beauty /ˈbjuːti/ *n* (*pl* **-ies**) **1** belleza **2** (*persona o cosa*) preciosidad

beaver /ˈbiːvər/ *n* castor

became *pret de* BECOME

because /bɪˈkɔːz; *GB* -ˈkɒz/ *conj* porque **because of** *prep* a causa de debido a: *because of you* por usted

beckon /ˈbekən/ **1** *vi* ~ **to sb** hacerle señas a algn **2** *vt* llamar con señas

become /bɪˈkʌm/ *vi* (*pret* **became** /bɪˈkeɪm/ *pp* **become**) **1** [+ *sustantivo*] llegar a ser, convertirse en, hacerse

She became a doctor. Se hizo médica. **2** [+ *adj*] ponerse, volverse: *to become fashionable* ponerse de moda ◊ *She became aware that...* Se dio cuenta de que... *Ver tb* GET **LOC to become aware of sth** darse cuenta de algo **to become of sth/sb** pasar con algo/algn: *What will become of me?* ¿Que será de mí?

bed /bed/ *n* **1** cama: *a king-size bed* una cama (extragrande) de matrimonio ◊ *to make the bed* tender la cama

Nótese que en las siguientes expresiones no se usa el artículo determinado en inglés: *to go to bed* irse a la cama ◊ *It's time for bed.* Es hora de irse a la cama.

2 (*tb* **river bed**) lecho (*de un río*) **3** (*GB tb* **sea bed**) fondo (*del océano*) **4** (*flores*) macizo *Ver tb* FLOWER BED

bed and breakfast (*tb abrev* **B & B, b&b**) *n* hospedaje y desayuno

bedding /ˈbedɪŋ/ (*GB* **bedclothes** /ˈbedkloʊθz/ [*pl*]) *n* ropa de cama

bedroom /ˈbedruːm/ *n* habitación, alcoba, cuarto

bedside /ˈbedsaɪd/ *n* cabecera: *bedside table* mesita de noche

bedsit /ˈbedsɪt/ *n* (*GB*) habitación con cama y cocina

bedspread /ˈbedspred/ *n* colcha, cubrecama ☛ *Comparar con* QUILT

bedtime /ˈbedtaɪm/ *n* hora de acostarse

bee /biː/ *n* abeja

beech /biːtʃ/ (*tb* **beech tree**) *n* haya

beef /biːf/ *n* carne de res: *roast beef* carne al horno ☛ *Ver nota en* CARNE

beefburger /ˈbiːfbɜːrgər/ *n* (*GB*) hamburguesa ☛ *Comparar con* BURGER, HAMBURGER

beehive /ˈbiːhaɪv/ *n* colmena

been /bɪn; *GB* biːn, bɪn/ *pp de* BE

beer /bɪər/ *n* cerveza ☛ *Comparar con* BITTER, ALE, LAGER

beet /biːt/ (*GB* **beetroot** /ˈbiːtruːt/) *n* remolacha

beetle /ˈbiːtl/ *n* escarabajo

before /bɪˈfɔːr/ ◆ *adv* antes: *the day/week before* el día/la semana anterior ◊ *I've never seen her before.* No la había visto nunca. ◆ *prep* **1** antes de (que), antes que: *before lunch* antes de almorzar ◊ *the day before yesterday* antier ◊ *He arrived before me.* Llegó antes que yo. **2** ante: *right before my eyes* ante mis propios ojos **3** delante de: *He puts his work before everything else.* Pone su trabajo antes de todo lo demás. ◆ *conj* antes de que: *before he goes on vacation* antes de que se vaya de vacaciones

beforehand /bɪˈfɔːrhænd/ *adv* de antemano

beg /beg/ (**-gg-**) **1** *vt, vi* **to beg (sth/for sth) (from sb)** mendigar: *They had to beg (for) scraps from storekeepers.* Tenían que mendigarles sobras a los tenderos. **2** *vt* **to beg sb to do sth** rogar, suplicar a algn que haga algo ☛ *Comparar con* ASK **LOC to beg sb's pardon 1** pedir perdón a algn **2** pedirle a algn que repita lo que dijo **beggar** *n* mendigo, -a

begin /bɪˈgɪn/ *vt, vi* (**-nn-**) (*pret* **began** /bɪˈgæn/ *pp* **begun** /bɪˈgʌn/) ~ (**doing/to do sth**) empezar (a hacer algo): *Shall I begin?* ¿Empiezo yo? **LOC to begin with 1** para empezar **2** al principio **beginner** *n* principiante **beginning** *n* **1** comienzo, principio: *at/in the beginning* al principio ◊ *from beginning to end* de principio a fin **2** origen

behalf /bɪˈhæf; *GB* -ˈhɑːf/ *n* **LOC in behalf of sb/in sb's behalf**; (*GB*) **on behalf of sb/on sb's behalf** en nombre de algn/en su nombre

behave /bɪˈheɪv/ *vi* ~ **well, badly, etc. (towards sb)** comportarse bien, mal, etc. (con algn): *Behave yourself!* ¡Pórtese bien! ◊ *well-behaved* bien educado

behavior (*GB* **behaviour**) /bɪˈheɪvjər/ *n* comportamiento

behind /bɪˈhaɪnd/ ◆ *prep* **1** detrás de, tras: *I put it behind the couch.* Lo puse detrás del sofá. ◊ *What's behind this sudden change?* ¿Qué hay detrás de este cambio repentino? **2** retrasado con respecto a: *to be behind schedule* estar atrasado (con respecto a los planes) **3** a favor de ◆ *adv* **1** atrás: *to leave sth behind* dejar algo atrás ◊ *to look behind* mirar hacia atrás ◊ *He was shot from behind.* Le dispararon por la espalda. ◊ *to stay behind* quedarse ☛ *Comparar con* FRONT **2** ~ **(in/with sth)** atrasado (en/con algo) ◆ *n* (*eufemismo*) trasero

being /ˈbiːɪŋ/ *n* **1** ser: *human beings* seres humanos **2** existencia **LOC to come into being** crearse

belated /bɪˈleɪtɪd/ *adj* tardío

belch /beltʃ/ ◆ *vi* eructar ◆ *n* eructo

belief /bɪˈliːf/ *n* **1** creencia **2** ~ **in sth** confianza, fe en algo LOC **beyond belief** increíble **in the belief that...** confiando en que... *Ver tb* BEST

believe /bɪˈliːv/ *vt, vi* creer: *I believe so.* Creo que sí. LOC **believe it or not** aunque no lo crea *Ver tb* LEAD[2] PHR V **to believe in sth** creer en algo, confiar en algo **believable** *adj* creíble **believer** *n* creyente LOC **to be a (great/firm) believer in sth** ser (gran) partidario de algo

bell /bel/ *n* **1** campana, campanilla **2** timbre: *to ring the bell* tocar el timbre

bellow /ˈbeloʊ/ ◆ **1** *vi* bramar **2** *vt, vi* gritar ◆ *n* **1** bramido **2** grito

belly /ˈbeli/ *n* (*pl* **-ies**) **1** (*coloq*) (*persona*) vientre, barriga **2** (*animal*) panza

belong /bɪˈlɔːŋ; *GB* -ˈlɒŋ/ *vi* **1** ~ **to sth/sb** pertenecer a algo/algn: *Who does this book belong to?* ¿De quién es este libro? **2** deber estar: *Where does this belong?* ¿Dónde se pone esto? **belongings** *n* [*pl*] pertenencias

below /bɪˈloʊ/ ◆ *prep* (por) debajo de, bajo: *five degrees below freezing* cinco grados bajo cero ◆ *adv* (más) abajo: *above and below* arriba y abajo

belt /belt/ *n* **1** cinturón, correa **2** (*Mec*) correa: *conveyor belt* correa transportadora **3** (*Geog*) zona LOC **below the belt** golpe bajo: *That remark hit below the belt.* Ese comentario fue un golpe bajo.

bemused /bɪˈmjuːzd/ *adj* perplejo

bench /bentʃ/ *n* **1** (*asiento*) banco **2** **benches** (*GB, Pol*) escaños **3** **the bench** el tribunal

benchmark /ˈbentʃmɑrk/ *n* punto de referencia, parámetro

bend /bend/ ◆ (*pret, pp* **bent** /bent/) **1** *vt, vi* doblar(se) **2** *vi* (*tb* **to bend down**) agacharse, inclinarse PHR V **to be bent on (doing) sth** estar empeñado en (hacer) algo ◆ *n* **1** curva **2** (*tubería*) codo

beneath /bɪˈniːθ/ ◆ *prep* (*formal*) **1** bajo, debajo de **2** indigno de ◆ *adv* abajo

benefactor /ˈbenɪfæktər/ *n* benefactor, -ora

beneficial /ˌbenɪˈfɪʃl/ *adj* beneficioso, provechoso

benefit /ˈbenɪfɪt/ ◆ *n* **1** beneficio: *to be of benefit to* ser beneficioso para **2** subsidio: *unemployment benefit* subsidio de desempleo **3** función benéfica LOC **to give sb the benefit of the doubt** conceder a algn el beneficio de la duda ◆ (*pret, pp* **-fited**, *USA tb* **-fitted**) **1** *vt* beneficiar **2** *vi* ~ (**from/by sth**) beneficiarse, sacar provecho (de algo)

benevolent /bəˈnevələnt/ *adj* **1** benévolo **2** benéfico **benevolence** *n* benevolencia

benign /bɪˈnaɪn/ *adj* benigno

bent /bent/ *pret, pp de* BEND ◆ *n* ~ (**for sth**) facilidad (para algo); inclinación (por algo)

bequeath /bɪˈkwiːð/ *vt* (*formal*) ~ **sth** (**to sb**) legar algo (a algn)

bequest /bɪˈkwest/ *n* (*formal*) legado

bereaved /ˈbɪriːvd/ *adj* (*formal*) afligido por la muerte de un ser querido **bereavement** *n* pérdida (de un ser querido)

beret /bəˈreɪ; *GB* ˈbereɪ/ *n* boina

berry /ˈberi/ *n* (*pl* **-ies**) baya

berserk /bəˈsɜːrk/ *adj* loco: *to go berserk* volverse loco

berth /bɜːrθ/ ◆ *n* **1** (*barco*) camarote **2** (*tren*) litera **3** (*Náut*) muelle ◆ *vt, vi* atracar (*un barco*)

beset /bɪˈset/ *vt* (**-tt-**) (*pret, pp* **beset**) (*formal*) acosar: *beset by doubts* acosado por las dudas

beside /bɪˈsaɪd/ *prep* junto a, al lado de LOC **beside yourself (with sth)** fuera de sí (por algo)

besides /bɪˈsaɪdz/ ◆ *prep* **1** además de **2** aparte de: *No one writes to me besides you.* Aparte de ti, nadie me escribe. ◆ *adv* además

besiege /bɪˈsiːdʒ/ *vt* **1** (*lit y fig*) asediar **2** acosar

best /best/ ◆ *adj* (*superl de* **good**) mejor: *the best dinner I've ever had* la mejor comida que he tenido en mi vida ◊ *the best soccer player in the world* el mejor futbolista del mundo ◊ *my best friend* mi mejor amigo *Ver tb* GOOD, BETTER LOC **best before**: *best before January 1999* consumir antes de enero 1999 **best wishes**: *Best wishes, Ann.* Un fuerte abrazo, Ann. ◊ *Give her my best wishes.* Déle muchos recuerdos. ◆ *adv* (*superl de* **well**) **1** mejor: *best dressed* mejor vestido ◊ *Do as you think best* Haga lo que le parezca más oportuno

2 más: *best-known* más conocido **LOC as best you can** lo mejor que pueda ◆ *n* **1 the best** el/la mejor: *She's the best by far.* Ella es con mucho la mejor. **2 the best** lo mejor: *to want the best for sb* querer lo mejor para algn **3 (the)** ~ **of sth**: *We're (the) best of friends.* Somos excelentes amigos. **LOC at best** en el mejor de los casos **to be at its/your best** estar algo/algn en su mejor momento **to do/try your (level/very) best** hacer todo lo posible **to make the best of sth** sacar el máximo partido de algo **to the best of my belief/ knowledge** que yo sepa

best man *n* padrino (de boda) ☛ *Ver nota en* MATRIMONIO

bestseller /ˌbestˈselər/ *n* éxito editorial

bet /bet/ ◆ *vt* (**-tt-**) (*pret, pp* **bet** o **betted**) **to bet on sth** apostar en algo **LOC I bet (that)...** (*coloq*): *I bet you he doesn't come.* ¡A que no viene! ◆ *n* apuesta: *to place/put a bet (on sth)* apostar (por algo)

betide /bɪˈtaɪd/ **LOC** *Ver* WOE

betray /bɪˈtreɪ/ *vt* **1** (*país, principios*) traicionar **2** (*secreto*) revelar **betrayal** *n* traición

better /ˈbetər/ ◆ *adj* (*comp de* **good**) mejor: *It was better than I expected.* Fue mejor de lo que esperaba. ◊ *He is much better today.* Hoy está mucho mejor. *Ver tb* BEST, GOOD **LOC (to be) little/no better than...** no valer más que... **to get better** mejorar **to have seen/known better days** no ser lo que era *Ver tb* ALL ◆ *adv* **1** (*comp de* **well**) mejor: *She sings better than me/than I (do).* Canta mejor que yo. **2** más: *I like him better than before.* Me gusta más que antes. **LOC better late than never** (*refrán*) más vale tarde que nunca **better safe than sorry** (*refrán*) más vale prevenir que lamentar **I'd, you'd, etc. better/best do sth** ser mejor que haga, hagas, etc. algo: *I'd better be going now.* Será mejor que me vaya ahora. **to be better off (doing sth)**: *He'd be better off leaving now.* Más le valdría irse ahora. **to be better off (without sth/sb)** estar mejor (sin algo/ algn) *Ver tb* KNOW, SOON ◆ *n* (algo) mejor: *I expected better of him.* Esperaba más de él. **LOC to get the better of sb** vencer a algn: *His shyness got the better of him.* Lo venció la timidez.

betting shop *n* (*GB*) agencia de apuestas

between /bɪˈtwiːn/ ◆ *prep* entre (*dos cosas/personas*) ☛ *Ver dibujo en* ENTRE ◆ *adv* (*tb* **in between**) en medio

beverage /ˈbevrɪdʒ/ *n* bebida

beware /bɪˈweər/ *vi* ~ (**of sth/sb**) tener cuidado (con algo/algn)

bewilder /bɪˈwɪldər/ *vt* dejar perplejo **bewildered** *adj* perplejo **bewildering** *adj* desconcertante **bewilderment** *n* perplejidad

bewitch /bɪˈwɪtʃ/ *vt* hechizar

beyond /bɪˈjɑnd/ *prep, adv* más allá **LOC to be beyond sb** (*coloq*): *It's beyond me.* No lo puedo entender.

bias /ˈbaɪəs/ *n* **1** ~ **towards sth/sb** predisposición a favor de algo/algn **2** ~ **against sth/sb** prejuicios contra algo/ algn **3** parcialidad **biased** (*tb* **biassed**) *adj* parcial

bib /bɪb/ *n* **1** babero **2** peto (*de delantal*)

Bible /ˈbaɪbl/ *n* biblia **biblical** (*tb* **Biblical**) *adj* bíblico

bibliography /ˌbɪbliˈɑgrəfi/ *n* (*pl* **-ies**) bibliografía

biceps /ˈbaɪseps/ *n* (*pl* **biceps**) bíceps

bicker /ˈbɪkər/ *vi* discutir (*por asuntos triviales*)

bicycle /ˈbaɪsɪk(ə)l/ *n* bicicleta: *to ride a bicycle* montar en bicicleta

bid /bɪd/ ◆ *vt, vi* (**-dd-**) (*pret, pp* **bid**) **1** ~ **on sth** (*subasta*) pujar (por algo) **2** (*Com*) hacer ofertas **LOC** *Ver* FAREWELL ◆ *n* **1** (*subasta*) puja **2** (*Com*) oferta **3** intento: *to make a bid for sth* intentar conseguir algo **bidder** *n* postor, -ora

bide /baɪd/ *vt* **LOC to bide your time** esperar el momento oportuno

biennial /baɪˈeniəl/ *adj* bienal

big /bɪg/ ◆ *adj* (**bigger**, **biggest**) **1** grande: *the biggest desert in the world* el desierto más grande del mundo

> **Big** y **large** describen el tamaño, la capacidad o la cantidad de algo, pero **big** es menos formal.

2 mayor: *my big sister* mi hermana mayor **3** (*decisión*) importante **4** (*error*) grave **LOC a big cheese/fish/noise/shot** (*coloq*) un pez gordo **big business**: *This is big business.* Esto es una mina. **the big time** (*coloq*) el estrellato ◆ *adv* (**bigger**, **biggest**) (*coloq*) a lo grande:

Let's think big. Vamos a planearlo a lo grande.

bigamy /ˈbɪgəmi/ *n* bigamia

bigoted /ˈbɪgətɪd/ *adj* intolerante

bike /baɪk/ *n* (*coloq*) **1** cicla **2** (*GB* **motor bike**) moto

bikini /bɪˈkiːni/ *n* bikini

bilingual /ˌbaɪˈlɪŋgwəl/ *adj, n* bilingüe

bill[1] /bɪl/ ◆ *n* **1** factura: *phone/gas bills* recibos del teléfono/del gas ◊ *a bill for 5,000 pesos* una factura de 5.000 pesos **2** (*GB*) (*USA* **check**) (*restaurante*) cuenta: *The bill, please.* La cuenta, por favor. **3** programa **4** proyecto de ley **5** (*GB* **note**): *a ten-dollar bill* un billete de diez dólares LOC **to fill/fit the bill** satisfacer los requisitos *Ver tb* FOOT ◆ *vt* **1** *to bill sb for sth* pasar la factura (de algo) a algn **2** anunciar (*en un programa*)

bill[2] /bɪl/ *n* pico (*de pájaro*)

billboard /ˈbɪlbɔːrd/ *n* (*GB tb* **hoarding**) valla publicitaria

billiards /ˈbɪliərdz/ *n* [*sing*] billar **billiard** *adj*: *billiard ball/room/table* bola/sala/mesa de billar

billing /ˈbɪlɪŋ/ *n*: *to get top/star billing* encabezar el reparto

billion /ˈbɪljən/ *adj, n* mil millones

Antiguamente **a billion** equivalía a un billón, pero hoy en día equivale a mil millones. **A trillion** equivale a un millón de millones, es decir, a un billón.

☛ *Ver Apéndice 1.*

bin /bɪn/ *n* **1** caneca, tarro **2** (*GB*) caneca de basura: *waste-paper bin* basurero

binary /ˈbaɪnəri/ *adj* binario

bind[1] /baɪnd/ *vt* (*pret, pp* **bound** /baʊnd/) **1** ~ **sth/sb** (**together**) atar algo/a algn **2** ~ **sth/sb** (**together**) (*fig*) unir algo/a algn **3** ~ **sb/yourself** (**to sth**) obligar a algn/obligarse (a algo)

bind[2] /baɪnd/ *n* (*coloq*) **1** lata: *It's a terrible bind.* Es una lata. **2** apuro: *I'm in a real bind.* Estoy en un apuro.

binder /ˈbaɪndər/ *n* carpeta

binding /ˈbaɪndɪŋ/ ◆ *n* **1** encuadernación **2** ribete ◆ *adj* ~ (**on/upon sb**) vinculante (para algn)

binge /bɪndʒ/ ◆ *n* (*coloq*) parranda, rumba ◆ *vi* atracarse de comida, emborracharse

bingo /ˈbɪŋgoʊ/ *n* bingo

binoculars /bɪˈnɑkjələrz/ *n* [*pl*] binoculares, prismáticos

biochemical /ˌbaɪoʊˈkemɪkl/ *adj* bioquímico

biochemist /ˌbaɪoʊˈkemɪst/ *n* bioquímico, -a **biochemistry** *n* bioquímica

biographical /ˌbaɪəˈgræfɪkl/ *adj* biográfico

biography /baɪˈɑgrəfi/ *n* (*pl* **-ies**) biografía **biographer** *n* biógrafo, -a

biology /baɪˈɑlədʒi/ *n* biología **biological** /baɪəˈlɑdʒɪkl/ *adj* biológico **biologist** /baɪˈɑlədʒɪst/ *n* biólogo, -a

bird /bɜːrd/ *n* ave, pájaro: *bird of prey* ave de rapiña LOC *Ver* EARLY

biro® /ˈbaɪrəʊ/ (*tb* **Biro**) (*GB*) (*USA* **ballpoint pen**) *n* (*pl* ~**s**) bolígrafo, esfero

birth /bɜːrθ/ *n* **1** nacimiento **2** natalidad **3** parto **4** cuna, origen LOC **to give birth** (**to sth/sb**) dar a luz (a algo/algn)

birthday /ˈbɜːrθdeɪ/ *n* **1** cumpleaños: *Happy birthday!* ¡Feliz cumpleaños! ◊ *birthday card* tarjeta de cumpleaños **2** aniversario

birthplace /ˈbɜːrθpleɪs/ *n* lugar de nacimiento

biscuit /ˈbɪskɪt/ *n* **1** bollo, panecillo **2** (*GB*) (*USA* **cookie**) galleta

bishop /ˈbɪʃəp/ *n* **1** obispo **2** (*ajedrez*) alfil

bit[1] /bɪt/ *n* (*GB*) (*USA* **piece**) trocito, pedacito LOC **a little bit** un poco: *I have a little bit of shopping to do.* Tengo que hacer algunas compras. **a bit much** (*GB, coloq*) demasiado **bit by bit** (*GB*) (*USA* **little by little**) poco a poco **bits and pieces** (*coloq*) cosillas **not one little bit** en absoluto: *I don't like it one little bit.* No me gusta nada. **quite a bit** mucho: *It rained quite a bit.* Llovió mucho. **to bits** (*GB*) (*USA* **to pieces**): *to pull/tear sth to bits* hacer algo pedazos **to do your bit** (*GB, coloq*) (*USA tb* **to do your part**) hacer tu parte

bit[2] /bɪt/ *n* freno (*para un caballo*)

bit[3] /bɪt/ *n* (*Informát*) bit

bit[4] *pret de* BITE

bitch /bɪtʃ/ *n* perra ☛ *Ver nota en* PERRO

bite /baɪt/ ◆ (*pret* **bit** /bɪt/ *pp* **bitten** /ˈbɪtn/) **1** *vt, vi* ~ (**into sth**) morder (algo): *to bite your nails* comerse las uñas **2** *vt* (*insecto*) picar ◆ *n* **1** mordisco **2** bocado **3** picadura

bitter /ˈbɪtər/ ◆ *adj* (**-est**) **1** amargo **2** resentido **3** (*clima*) glacial ◆ *n* (*GB*) cerveza amarga **bitterly** *adv* amargamente: *It's bitterly cold.* Está haciendo un frío terrible. **bitterness** *n* amargura

bizarre /bɪˈzɑr/ *adj* **1** (*suceso*) insólito **2** (*aspecto*) estrafalario

black /blæk/ ◆ *adj* (**-er**, **-est**) **1** (*lit y fig*) negro: *black eye* ojo morado ◊ *black market* mercado negro **2** (*cielo, noche*) oscuro **3** (*café*) tinto, negro **4** (*té*) solo ◆ *n* **1** negro **2** (*persona*) negro, -a ◆ PHR V **to black out** perder el conocimiento

blackberry /ˈblækberi; *GB* -bəri/ *n* (*pl* **-ies**) **1** mora **2** zarza

blackbird /ˈblækbɜːrd/ *n* mirlo

blackboard /ˈblækbɔːrd/ *n* pizarrón, tablero (*en una clase*)

blackcurrant /ˌblækˈkʌrənt/ *n* fruta de la familia de las bayas

blacken /ˈblækən/ *vt* **1** (*reputación, etc.*) manchar **2** ennegrecer

blacklist /ˈblæklɪst/ ◆ *n* lista negra ◆ *vt* poner en la lista negra

blackmail /ˈblækmeɪl/ ◆ *n* chantaje ◆ *vt* chantajear **blackmailer** *n* chantajista

blacksmith /ˈblæksmɪθ/ (*GB tb* **smith**) *n* herrero, -a

bladder /ˈblædər/ *n* vejiga

blade /bleɪd/ *n* **1** (*cuchillo, etc.*) hoja **2** (*patín*) cuchilla **3** (*ventilador*) aspa **4** (*remo*) pala **5** (*pasto*) brizna

blame /bleɪm/ ◆ *vt* **1** culpar: *He blames it on her/He blames her for it.* Le echa la culpa a ella. ☛ Nótese que **to blame sb for sth** es igual que **to blame sth on sb**. **2** [*en oraciones negativas*]: *You couldn't blame him for being annoyed.* No me extraña que se hubiera enojado. LOC **to be to blame (for sth)** tener la culpa (de algo) ◆ *n* ~ (**for sth**) culpa (de algo) LOC **to lay/to put the blame (for sth) on sb** echar la culpa (de algo) a algn

bland /blænd/ *adj* (**-er**, **-est**) insípido

blank /blæŋk/ ◆ *adj* **1** (*papel, cheque, etc.*) en blanco **2** (*pared, espacio, etc.*) desnudo **3** (*casete*) virgen **4** (*municiones*) de fogueo **5** (*expresión*) vacío ◆ *n* **1** espacio en blanco **2** (*tb* **blank cartridge**) bala de fogueo

blanket /ˈblæŋkɪt/ ◆ *n* cobija ◆ *adj* general ◆ *vt* cubrir (*por completo*)

blare /bleər/ *vi* ~ (**out**) sonar a todo volumen

blasphemy /ˈblæsfəmi/ *n* [*gen incontable*] blasfemia **blasphemous** *adj* blasfemo

blast /blæst; *GB* blɑːst/ ◆ *n* **1** explosión **2** onda expansiva **3** ráfaga: *a blast of air* una ráfaga de viento LOC *Ver* FULL ◆ *vt* volar (*con explosivos*) PHR V **to blast off** (*Aeronáut*) despegar ◆ **blast!** *interj* (*GB*) maldición **blasted** *adj* (*coloq*) condenado

blatant /ˈbleɪtnt/ *adj* descarado

blaze /bleɪz/ ◆ *n* **1** incendio **2** hoguera **3** [*sing*] **a ~ of sth**: *a blaze of color* una explosión de color ◊ *in a blaze of publicity* con mucha publicidad ◆ *vi* **1** arder **2** brillar **3** (*fig*): *eyes blazing* echando chispas por los ojos

blazer /ˈbleɪzər/ *n* saco: *an elegant blue blazer* un elegante saco azul

bleach /bliːtʃ/ ◆ *vt* blanquear ◆ *n* cloro, blanqueador

bleachers /ˈbliːtʃərz/ *n* [*pl*] tribuna al aire libre

bleak /bliːk/ *adj* (**-er**, **-est**) **1** (*paisaje*) inhóspito **2** (*tiempo*) crudo **3** (*día*) gris y deprimente **4** (*fig*) poco prometedor **bleakly** *adv* desoladamente **bleakness** *n* **1** desolación **2** crudeza

bleed /bliːd/ *vi* (*pret, pp* **bled** /bled/) sangrar **bleeding** *n* hemorragia

blemish /ˈblemɪʃ/ ◆ *n* mancha (*reputación, actuación, etc.*) ◆ *vt* manchar

blend /blend/ ◆ **1** *vt, vi* mezclar(se) **2** *vi* difuminarse PHR V **to blend in (with sth)** armonizar (con algo) ◆ *n* mezcla **blender** *n* licuadora

bless /bles/ *vt* (*pret, pp* **blessed** /blest/) bendecir LOC **bless you! 1** ¡que Dios te bendiga! **2** ¡salud! (*al estornudar*) ☛ *Ver nota en* ¡ACHÍS! **to be blessed with sth** gozar de algo

blessed /ˈblesɪd/ *adj* **1** santo **2** bendito **3** (*coloq*): *the whole blessed day* todo el santo día

blessing /ˈblesɪŋ/ *n* **1** bendición **2** [*gen sing*] visto bueno LOC **it's a blessing in disguise** (*refrán*) no hay mal que por bien no venga

blew *pret de* BLOW

blind /blaɪnd/ ◆ *adj* ciego LOC *Ver* TURN ◆ *vt* **1** (*momentáneamente*) deslumbrar **2** cegar ◆ *n* **1** persiana **2 the blind** [*pl*] los ciegos **blindly** *adv* ciegamente **blindness** *n* ceguera

blindfold /ˈblaɪndfoʊld/ ◆ *n* venda (*en los ojos*) ◆ *vt* vendar los ojos a ◆ *adv* con los ojos vendados

blink /blɪŋk/ ◆ *vi* parpadear ◆ *n* parpadeo

bliss /blɪs/ *n* [*incontable*] (una) dicha **blissful** *adj* dichoso

blister /ˈblɪstər/ *n* **1** ampolla **2** (*pintura*) burbuja

blistering /ˈblɪstərɪŋ/ *adj* abrasador (*calor*)

blitz /blɪts/ *n* **1** (*Mil*) ataque relámpago **2** (*coloq*) ~ (**on sth**) campaña (contra/sobre algo)

blizzard /ˈblɪzərd/ *n* ventisca (de nieve)

bloated /ˈbloʊtɪd/ *adj* hinchado

blob /blɑb/ *n* gota (*líquido espeso*)

bloc /blɑk/ *n* bloque

block /blɑk/ ◆ *n* **1** (*piedra, hielo, etc.*) bloque **2** (*edificios*) manzana, cuadra **3** (*entradas, acciones, etc.*) paquete: *a block reservation* una reservación en grupo **4** obstáculo, impedimento: *a mental block* un bloqueo mental **LOC** *Ver* CHIP ◆ *vt* **1** atascar, bloquear **2** tapiar **3** impedir

blockade /blɑˈkeɪd/ ◆ *n* bloqueo (*Mil*) ◆ *vt* bloquear (*puerto, ciudad, etc.*)

blockage /ˈblɑkɪdʒ/ *n* **1** obstrucción **2** bloqueo **3** atasco

blockbuster /ˈblɑkbʌstər/ *n* libro o película que rompe récords

block capitals (*tb* **block letters**) *n* [*pl*] mayúsculas

bloke /bloʊk/ *n* (*GB, coloq*) tipo

blond (*tb* **blonde**) /blɑnd/ ◆ *adj* (**-er**, **-est**) rubio, mono ◆ *n* rubio, -a, mono, -a ☛ La variante **blonde** se suele escribir cuando nos referimos a una mujer. *Ver nota en* RUBIO

blood /blʌd/ *n* sangre: *blood group* grupo sanguíneo ◊ *blood pressure* presión arterial ◊ *blood test* examen de sangre **LOC** *Ver* FLESH *Ver tb* COLD-BLOODED

bloodshed /ˈblʌdʃed/ *n* derramamiento de sangre

bloodshot /ˈblʌdʃɑt/ *adj* inyectado de sangre (*ojos*)

blood sports *n* [*pl*] caza

bloodstream /ˈblʌdstriːm/ *n* flujo sanguíneo

bloody /ˈblʌdi/ ◆ *adj* (**-ier**, **-iest**) **1** ensangrentado **2** sanguinolento **3** (*batalla, etc.*) sangriento ◆ *adj, adv* (*GB, coloq*): *That bloody car!* ¡Ese maldito carro!

bloom /bluːm/ ◆ *n* flor ◆ *vi* florecer

blossom /ˈblɑsəm/ ◆ *n* flor (*de árbol frutal*) ◆ *vi* florecer ☛ *Comparar con* FLOWER

blot /blɑt/ ◆ *n* **1** manchón **2** ~ **on sth** (*fig*) mancha en algo ◆ *vt* (**-tt-**) **1** (*carta, etc.*) emborronar **2** (*con papel secante*) secar: *blotting-paper* (papel) secante **PHR V to blot sth out 1** (*memoria, etc.*) borrar algo **2** (*panorama, luz, etc.*) tapar algo

blotch /blɑtʃ/ *n* mancha (*esp en la piel*)

blouse /blaʊs; *GB* blaʊz/ *n* blusa

blow /bləʊ/ ◆ (*pret* **blew** /bluː/ *pp* **blown** /bləʊn/ **1** *vi* soplar **2** *vi* (*movido por el viento*): *to blow shut/open* cerrarse/abrirse de golpe **3** *vi* (*pito*) sonar **4** *vt* (*pito*) tocar **5** *vt* (*viento, etc.*) llevar: *The wind blew us towards the island.* El viento nos llevó hacia la isla. **LOC blow it!** ¡maldita sea! **to blow your nose** sonarse (la nariz)

PHR V to blow away irse volando (llevado por el viento)

to blow down/over ser derribado por el viento **to blow sth/sb down/over** derribar algo/a algn (*el viento*)

to blow sth out apagar algo

to blow over pasar sin más (*tormenta, escándalo*)

to blow up 1 (*bomba, etc.*) explotar **2** (*tormenta, escándalo*) estallar **3** (*coloq*) cabrearse **to blow sth up 1** (*reventar*) volar algo **2** (*bomba elástica, etc.*) inflar algo **3** (*Fot*) ampliar algo **4** (*coloq*) (*asunto*) exagerar algo

◆ *n* ~ (**to sth/sb**) golpe (para algo/algn) **LOC a blow-by-blow account, description, etc.** (**of sth**) un relato, descripción, etc. (de algo) con pelos y señales **at one blow/at a single blow** de un (solo) golpe **come to blows** (**over sth**) irse a las manos (por algo)

blue /bluː/ ◆ *adj* **1** azul **2** (*coloq*) triste **3** (*película, etc.*) porno ◆ *n* **1** azul **2 the blues** [*v sing o pl*] (*Mús*) el blues **3 the blues** [*pl*] la depre **LOC out of the blue** de repente

blueberry /ˈbluːberi; *GB* -bəri/ *n* (*pl* **-ies**) tipo de arándano

blue jay /ˈbluː dʒeɪ/ *n* arrendajo azul

blueprint /ˈbluːprɪnt/ *n* ~ **(for sth)** anteproyecto (de algo)

bluff /blʌf/ ◆ *vi* fanfarronear ◆ *n* fanfarronada

blunder /ˈblʌndər/ ◆ *n* metedura de pata ◆ *vi* cometer una equivocación

blunt /blʌnt/ ◆ *vt* despuntar ◆ *adj* **(-er, -est) 1** despuntado, desafilado **2** romo: *blunt instrument* instrumento contundente **3** (*negativa*) liso y llano: *to be blunt with sb* hablar a algn sin rodeos **4** (*comentario*) brusco

blur /blɜːr/ ◆ *n* imagen borrosa ◆ *vt* **(-rr-) 1** hacer borroso **2** (*diferencia*) atenuar **blurred** *adj* borroso

blurt /blɜːrt/ **PHR V to blurt sth out** soltar algo

blush /blʌʃ/ ◆ *vi* sonrojarse ◆ *n* sonrojo **blusher** *n* rubor

boar /bɔːr/ *n* (*pl* **boar** *o* **~s**) **1** jabalí **2** verraco ☛ *Ver nota en* CERDO

board /bɔːrd/ ◆ *n* **1** tabla: *ironing board* mesa/tabla de planchar **2** (*tb* **blackboard**) pizarrón, tablero (*en una clase*) **3** (*tb* **bulletin board**) cartelera **4** (*ajedrez, etc.*) tablero **5** pasta dura **6 the board** (*tb* **the board of directors**) mesa directiva **7** (*comida*) pensión: *full/half board* pensión completa/media pensión **LOC above board** limpio **across the board** en todos los niveles: *a 10% pay increase across the board* un aumento general de sueldo del 10% **on board** a bordo ◆ **1** *vt* ~ **sth (up/over)** cubrir algo con tablas **2** *vi* embarcar **3** *vt* subir a

boarder /ˈbɔːrdər/ *n* **1** (*colegio*) interno, -a **2** (*casa de huéspedes*) huésped

boarding card (*tb* **boarding pass**) *n* tarjeta de embarque

boarding house *n* casa de huéspedes

boarding school *n* internado

boardwalk /ˈbɔːrdwɔːk/ *n* paseo marítimo entablado

boast /boʊst/ ◆ **1** *vi* ~ **(about/of sth)** alardear (de algo) **2** *vt* (*formal*) gozar de: *The town boasts a famous museum.* La ciudad tiene un museo famoso. ◆ *n* alarde **boastful** *adj* **1** presuntuoso **2** pretencioso

boat /boʊt/ *n* **1** barco: *to go by boat* ir en barco **2** bote, barca: *rowing boat* bote de remos ◊ *boat race* regata **3** buque **LOC** *Ver* SAME

Boat y **ship** tienen significados muy similares, pero **boat** se suele utilizar para embarcaciones más pequeñas.

bob /bɑb/ *vi* **(-bb-) to bob (up and down)** (*en el agua*) balancearse **PHR V to bob up** surgir

bobby /ˈbɑbi/ *n* (*pl* **-ies**) (*GB, coloq*) policía, tombo

bode /boʊd/ *vt* (*formal*) presagiar, augurar **LOC to bode ill/well (for sth/sb)** ser de mal agüero/buena señal (para algo/algn)

bodice /ˈbɑdɪs/ *n* (*prenda femenina*) chaleco

bodily /ˈbɑdɪli/ ◆ *adj* del cuerpo, corporal ◆ *adv* **1** a la fuerza **2** en conjunto

body /ˈbɑdi/ *n* (*pl* **bodies**) **1** cuerpo **2** cadáver **3** organismo: *a government body* un organismo gubernamental **4** conjunto **LOC body and soul** en cuerpo y alma

bodyguard /ˈbɑdigɑrd/ *n* **1** guardaespaldas **2** (*grupo*) escolta

bodywork /ˈbɑdiwɜːrk/ *n* [*incontable*] carrocería

bog /bɔːg/ ◆ *n* **1** ciénaga, pantano **2** (*GB, coloq*) baño ◆ *v* **(-gg-) PHR V to get bogged down 1** (*fig*) estancarse **2** (*lit*) atascarse **boggy** *adj* pantanoso

bogeyman /ˈbʊgimæn/ *n* (*pl* **bogeymen**) coco (*espíritu maligno*)

bogus /ˈboʊgəs/ *adj* falso, fraudulento

boil[1] /bɔɪl/ *n* forúnculo

boil[2] /bɔɪl/ ◆ **1** *vt, vi* hervir **2** *vt* (*huevo*) cocinar **PHR V to boil down to sth** reducirse a algo **to boil over** rebosarse ◆ *n* **LOC to be on the boil** (*GB*) estar hirviendo **boiling** *adj* hirviendo: *boiling point* punto de ebullición ◊ *boiling hot* al rojo vivo

boiler /ˈbɔɪlər/ *n* caldera

boisterous /ˈbɔɪstərəs/ *adj* bullicioso, alborotado

bold /boʊld/ *adj* **(-er, -est) 1** valiente **2** audaz, atrevido **3** bien definido, marcado **4** llamativo **LOC to be/make so bold (as to do sth)** (*formal*) atreverse (a hacer algo) *Ver tb* FACE[1] **boldly** *adv* **1** resueltamente **2** audazmente, atrevidamente **3** marcadamente **boldness** *n* **1** valentía **2** audacia, atrevimiento

bolster /ˈboʊlstər/ *vt* **1** ~ **sth (up)** reforzar algo **2** ~ **sb (up)** animar a algn; apoyar a algn

bolt¹ /boʊlt/ ◆ *n* **1** pasador, cerrojo **2** tornillo **3** *a bolt of lightning* un rayo ◆ *vt* **1** cerrar con pasador **2** ~ **A to B**; ~ **A and B together** atornillar A a B

bolt² /boʊlt/ ◆ **1** *vi* (*caballo*) desbocarse **2** *vi* salir disparado **3** *vt* ~ **sth (down)** (*GB*) engullir algo ◆ *n* **LOC to make a bolt/dash/run for it** intentar escapar

bomb /bɑm/ ◆ *n* **1** bomba: *bomb disposal* desactivación de bombas ◊ *bomb scare* amenaza de bomba ◊ *to plant a bomb* poner una bomba **2 the bomb** la bomba atómica **LOC to go like a bomb** (*GB, coloq*) ir como un rayo *Ver tb* COST ◆ **1** *vt, vi* bombardear **2** *vt, vi* poner una bomba (*en un edificio, etc.*) **3** *vi* ~ **along, down, up, etc.** (*GB, coloq*) ir zumbando

bombard /bɑm'bɑrd/ *vt* **1** bombardear **2** (*a preguntas, etc.*) acosar **bombardment** *n* bombardeo

bomber /'bɑmər/ *n* **1** (*avión*) bombardero **2** persona que pone bombas

bombing /'bɑmɪŋ/ *n* **1** bombardeo **2** atentado con explosivos

bombshell /'bɑmʃel/ *n* bomba: *The news came as a bombshell.* La noticia cayó como una bomba.

bond /bɑnd/ ◆ *vt* unir ◆ *n* **1** pacto **2** lazos **3** bono: *Government bonds* bonos de Tesorería **4 bonds** [*pl*] cadenas

bone /boʊn/ ◆ *n* **1** hueso **2** (*pez*) espina **LOC bone dry** completamente seco **to be a bone of contention** ser la manzana de la discordia **to have a bone to pick with sb** tener que ajustarle las cuentas a algn **to make no bones about sth** no andarse con rodeos en cuanto a algo *Ver tb* CHILL, WORK² ◆ *vt* deshuesar

bone marrow *n* médula

bonfire /'bɑnfaɪər/ *n* hoguera, fogata

Bonfire Night *n* (*GB*)

> El 5 de noviembre se celebra en Gran Bretaña lo que llaman **Bonfire Night**. La gente hace hogueras por la noche y hay fuegos artificiales para recordar aquel 5 de noviembre de 1605 cuando Guy Fawkes intentó quemar el Parlamento.

bonnet /'bɑnɪt/ *n* **1** (*bebé*) gorrito **2** (*señora*) sombrero **3** (*GB*) (*USA* **hood**) (*carro*) capó

bonus /'boʊnəs/ *n* **1** bonificación: *a productivity bonus* bonificación de productividad **2** prima de Navidad **3** (*fig*) ventaja adicional

bony /'boʊni/ *adj* **1** óseo **2** lleno de espinas/huesos **3** huesudo

boo /buː/ ◆ *vt, vi* abuchear ◆ *n* (*pl* **boos**) abucheo ◆ **boo!** *interj* ¡bu!

booby-trap /'buːbi træp/ *n* trampa (explosiva)

boogeyman *n* **LOC** *Ver* BOGEYMAN

book¹ /bʊk/ *n* **1** libro: *book club* club de libros **2** libreta **3** cuaderno **4 the books** [*pl*] las cuentas: *to do the books* llevar las cuentas **LOC to be in sb's good books** (*GB*) gozar del favor de algn **to do sth by the book** hacer algo según las normas *Ver tb* BAD, COOK, LEAF, TRICK

book² /bʊk/ **1** *vt, vi* reservar, hacer una reservación **2** *vt* contratar **3** *vt* (*coloq*) (*policía*) fichar **4** *vt* (*Dep*) amonestar **LOC to be booked up 1** agotarse las localidades **2** (*coloq*): *I'm booked up.* No tengo ni un momento libre. **PHR V to book in** registrarse

bookcase /'bʊkkeɪs/ *n* biblioteca (*mueble*), anaquel, estante

booking /'bʊkɪŋ/ *n* (*esp GB*) reservación

booking office *n* (*esp GB*) taquilla

booklet /'bʊklət/ *n* folleto

bookmaker /'bʊkmeɪkər/ (*tb* **bookie**) *n* corredor, -ora de apuestas

bookseller /'bʊkˌselər/ *n* librero, -a

bookshelf /'bʊkʃelf/ *n* (*pl* **-shelves** /-ʃelvz/) estante para libros

bookstore /'bʊkstɔːr/ (*GB* **bookshop**) *n* librería

boom /buːm/ ◆ *vi* resonar, retumbar ◆ *n* estruendo

boost /buːst/ ◆ *vt* **1** (*ventas, confianza*) aumentar **2** (*moral*) levantar **3** (*economía*) estimular ◆ *n* **1** aumento **2** estímulo

boot /buːt/ *n* **1** bota **2** (*GB*) (*USA* **trunk**) (*carro*) baúl **LOC** *Ver* TOUGH

booth /buːθ; *GB* buːð/ *n* **1** caseta **2** cabina: *polling/telephone booth* caseta electoral/cabina telefónica

booty /'buːti/ *n* botín

booze /buːz/ ◆ *n* [*incontable*] (*coloq*) bebida (alcohólica) ◆ *vi* (*coloq*): *to go out boozing* ir de parranda

border /'bɔːrdər/ ◆ *n* **1** frontera

Border se usa para referirse a la división entre países o estados: *The river forms the border between the two countries.* El río constituye la frontera entre los dos países. Por otro lado, **frontier** se refiere a un área no colonizada: *Space is the final frontier.* El espacio es lo último por colonizar.

2 (*para matas de adorno*) jardinera **3** borde, ribete ◆ *vt* limitar con, lindar con **PHR V to border on sth** rayar en algo

borderline /ˈbɔːrdərlaɪn/ *n* límites **LOC a borderline case** un caso dudoso

bore¹ *pret de* BEAR²

bore² /bɔːr/ ◆ *vt* **1** aburrir **2** (*agujero*) hacer (*con taladro*) ◆ *n* **1** (*persona*) aburrido, -a **2** jartera, pereza **3** (*escopeta*) calibre **bored** *adj* aburrido: *I am bored.* Estoy aburrido. **boredom** *n* aburrición **boring** *adj* aburridor, jarto: *He is boring.* Es aburridor.

born /bɔːrn/ ◆ *pp* nacido **LOC to be born** nacer: *She was born in Chicago.* Nació en Chicago. ◊ *He was born blind.* Es ciego de nacimiento. ◆ *adj* [*sólo antes de sustantivo*] nato: *He's a born actor.* Es un actor nato.

borne *pp de* BEAR²

borough /ˈbʌroʊ; *GB* -rə/ *n* municipio

borrow

She's **lending** her son some money.

He's **borrowing** some money from his mother.

borrow /ˈbɑroʊ/ *vt* ~ **sth (from sth/sb)** pedir (prestado) algo (a algo/algn) ☛ Lo más normal en español es cambiar la estructura, y emplear un verbo como "prestar": *Could I borrow a pen?* ¿Me prestas un esfero? **borrower** *n* prestatario, -a **borrowing** *n* crédito: *public sector borrowing* crédito al sector público

bosom /ˈbʊzəm/ *n* **1** (*ret*) pecho, busto **2** (*fig*) seno

boss /bɔːs; *GB* bɒs/ ◆ *n* (*coloq*) jefe, -a ◆ *vt* ~ **sb around/about** (*pey*) dar órdenes a algn; mangonear a algn **bossy** *adj* (**-ier**, **-iest**) (*pey*) mandón

botany /ˈbɑtəni/ *n* botánica **botanical** /bəˈtænɪkl/ (*tb* **botanic**) *adj* botánico **botanist** /ˈbɑtənɪst/ *n* botánico, -a

both /boʊθ/ ◆ *pron, adj* ambos, -as, los/las dos: *both of us* nosotros dos ◊ *Both of us went./We both went.* Los dos fuimos. ◆ *adv* **both ... and ... 1** a la vez ... y ...: *The report is both reliable and readable.* El informe es a la vez confiable e interesante. **2** *both you and me* tanto tú como yo **3** *He both plays and sings.* Canta y toca. **LOC** *Ver* NOT ONLY ... BUT ALSO *en* ONLY

bother /ˈbɑðər/ ◆ **1** *vt* molestar **2** *vt* preocupar: *What's bothering you?* ¿Qué es lo que te preocupa? **3** *vi* ~ **(to do sth)** molestarse (en hacer algo): *He didn't even bother to say thank you.* No se molestó ni siquiera en dar las gracias. **4** *vi* ~ **about sth/sb** preocuparse por algo/algn **LOC I can't be bothered (to do sth)** (*GB*) no me dan ganas (de hacer algo) **I'm not bothered** (*GB*) me da igual ◆ *n* molestia ◆ **bother!** (*GB*) *interj* ¡caramba!, ¡qué vaina!

bottle /ˈbɑtl/ ◆ *n* **1** botella **2** frasco **3** biberón ◆ *vt* **1** embotellar **2** envasar

bottle bank *n* (*GB*) contenedor de botellas/frascos

bottom /ˈbɑtəm/ *n* **1** (*cerro, página, escaleras*) pie **2** (*mar, barco, taza*) fondo **3** (*Anat*) trasero **4** (*calle*) final **5** último: *He's at the bottom of the class.* Es el último de la clase. **6** *bikini bottom* el calzón del bikini ◊ *pajama bottoms* pantalones de piyama **LOC to be at the bottom of sth** estar detrás de algo **to get to the bottom of sth** llegar al fondo de algo *Ver tb* ROCK¹

bough /baʊ/ *n* rama

bought *pret, pp de* BUY

boulder /ˈboʊldər/ *n* roca (*grande*)

bounce /baʊns/ ◆ **1** *vt, vi* rebotar **2** *vi* (*coloq*) (*cheque*) ser devuelto **PHR V to bounce back** (*coloq*) recuperarse ◆ *n* rebote

bound¹ /baʊnd/ ◆ *vi* saltar ◆ *n* salto

bound² /baʊnd/ *adj* ~ **for...** con destino a...

bound³ *pret, pp de* BIND¹

bound⁴ /baʊnd/ *adj* **1 to be ~ to do sth**: *You're bound to pass the exam.* Seguro que apruebas el examen. **2** obligado (*por la ley o el deber*) **LOC bound up with sth** ligado a algo

boundary /ˈbaʊndəri, -dri/ *n* (*pl* **-ies**) límite

boundless /ˈbaʊndləs/ *adj* ilimitado

bounds /baʊndz/ *n* [*pl*] límites **LOC out of bounds** prohibido

bouquet /buˈkeɪ/ *n* **1** (*flores*) ramo **2** (*vino*) buqué

bourgeois /ˌbʊərˈʒwɑ/ *adj, n* burgués, -esa

bout /baʊt/ *n* **1** (*actividad*) racha **2** (*enfermedad*) ataque **3** (*boxeo*) combate, encuentro

bow¹ /boʊ/ *n* **1** lazo, moño **2** (*Dep*) (*violín*) arco

bow² /baʊ/ ◆ **1** *vi* inclinarse, hacer una reverencia **2** *vt* (*cabeza*) inclinar, bajar ◆ *n* **1** reverencia **2 bows** [*pl*] (*Náut*) proa

bowel /ˈbaʊəl/ *n* **1** (*Med*) [*a menudo pl*] intestino(s) **2 bowels** [*pl*] (*fig*) entrañas

bowl¹ /boʊl/ *n* **1** tazón ☛ **Bowl** se usa en muchas formas compuestas, cuya traducción es generalmente una sola palabra: *a fruit bowl* un frutero ◊ *a sugar bowl* una azucarera ◊ *a salad bowl* una ensaladera. **2** plato hondo **3** tazón **4** (*baño*) taza (del inodoro)

bowl² /boʊl/ *vt, vi* lanzar (la pelota)

bowler /ˈboʊlər/ *n* (*GB*) **1** (*Dep*) (*críquet*) lanzador, -ora **2** (*tb* **bowler hat**) bombín

bowling /ˈboʊlɪŋ/ *n* [*incontable*] bolos: *Bowling is fun.* Los bolos son divertidos. ◊ *bowling alley* cancha de bolos

bow tie *n* corbatín

box¹ /bɑks/ ◆ *n* **1** caja: *cardboard box* caja de cartón ☛ *Ver dibujo en* CONTAINER **2** estuche **3** (*correo*) buzón **4** (*Teat*) palco **5** (*GB*) (*teléfono*) cabina **6 the box** (*GB, coloq*) la televisión ◆ *vt* (*tb* **to box up**) empacar (*en caja*)

box² /bɑks/ *vt, vi* boxear (contra)

boxer /ˈbɑksər/ *n* **1** boxeador, -ora **2** (*perro*) bóxer

boxing /ˈbɑksɪŋ/ *n* boxeo

Boxing Day *n* (*GB*) 26 de diciembre ☛ *Ver nota en* NAVIDAD

box number *n* apartado postal

box office /ˈbɑks ɔːfɪs/ *n* taquilla

boy /bɔɪ/ *n* **1** niño: *It's a boy!* ¡Es un niño! **2** hijo: *his oldest boy* su hijo mayor ◊ *I've got three children, two boys and one girl.* Tengo tres hijos: dos niños y una niña. **3** muchacho: *boys and girls* muchachos y muchachas

boycott /ˈbɔɪkɑt/ ◆ *vt* boicotear ◆ *n* boicot

boyfriend /ˈbɔɪfrend/ *n* novio: *Is he your boyfriend, or just a friend?* ¿Es tu novio o sólo un amigo?

boyhood /ˈbɔɪhʊd/ *n* niñez

boyish /ˈbɔɪɪʃ/ *adj* **1** (*hombre*) aniñado, juvenil **2** (*mujer*): *She has a boyish figure.* Tiene tipo de muchacho.

bra /brɑ/ *n* brasier

brace /breɪs/ ◆ *n* **1 braces** [*pl*] (*para los dientes*) aparato, frenillos **2 braces** (*GB*) (*USA* **suspenders**) [*pl*] tirantas, cargaderas ◆ *v refl* **~ yourself (for sth)** prepararse (para algo) **bracing** *adj* estimulante

bracelet /ˈbreɪslət/ *n* pulsera

bracket /ˈbrækɪt/ ◆ *n* **1** (*GB* **square bracket**) corchete **2** (*USA* **parenthesis**) paréntesis: *in brackets* entre paréntesis **3** (*Tec*) soporte **4** categoría: *the 20–30 age bracket* el grupo de edad de 20 a 30 años ◆ *vt* **1** poner entre paréntesis **2** agrupar

brag /bræg/ *vi* (**-gg-**) ~ **(about sth)** jactarse (de algo)

braid /breɪd/ (*GB* **plait** /plæt/) *n* trenza

brain /breɪn/ *n* **1** cerebro: *He's the brains of the family.* Es el cerebro de la familia. **2 brains** [*pl*] sesos **3** mente **LOC to have sth on the brain** (*coloq*) tener algo metido en la cabeza *Ver tb* PICK, RACK **brainless** *adj* insensato, estúpido **brainy** *adj* (**-ier**, **-iest**) (*coloq*) inteligente

brainwash /ˈbreɪnwɑʃ/ *vt* ~ **sb (into doing sth)** lavarle el cerebro a algn (para que haga algo) **brainwashing** *n* lavado de cerebro

brake /breɪk/ ◆ *n* freno: *to put on/apply the brake(s)* frenar/meter el freno ◆ *vt, vi* frenar: *to brake hard* frenar de golpe

bramble /ˈbræmbl/ *n* zarza

bran /bræn/ *n* salvado

branch /bræntʃ; *GB* brɑːntʃ/ ◆ *n* **1** rama **2** sucursal: *your nearest/local branch* la sucursal más cercana

◆ **PHR V to branch off** desviarse, ramificarse **to branch out** (**into sth**) extenderse (a algo), comenzar (con algo): *They are branching out into Eastern Europe.* Están comenzando a operar en Europa Oriental.

brand /brænd/ ◆ *n* **1** (*Com*) marca (*productos de limpieza, tabaco, ropa, alimentos, etc.*) ☛ *Comparar con* MAKE[2] **2** forma: *a strange brand of humor* un sentido del humor muy peculiar ◆ *vt* **1** (*ganado*) marcar, herrar **2** ~ **sb** (**as sth**) tildar a algn (de algo)

brandish /ˈbrændɪʃ/ *vt* blandir

brand new *adj* completamente nuevo

brandy /ˈbrændi/ *n* coñac, brandy

brash /bræʃ/ *adj* (*pey*) descarado **brashness** *n* desparpajo

brass /bræs; *GB* brɑːs/ *n* **1** latón **2** *the brass section* los instrumentos de metal **3** (**military**) **brass** los altos mandos

bravado /brəˈvɑdoʊ/ *n* bravuconería

brave /breɪv/ ◆ *vt* **1** (*peligro, intemperie, etc.*) desafiar **2** (*dificultades*) soportar ◆ *adj* (**-er**, **-est**) valiente **LOC** *Ver* FACE[1]

brawl /brɔːl/ *n* pelea, bronca

breach /briːtʃ/ ◆ *n* **1** (*contrato, etc.*) incumplimiento **2** (*ley*) violación **3** (*relaciones*) ruptura **4** (*seguridad*) falla **LOC breach of confidence/faith/trust** abuso de confianza ◆ *vt* **1** (*contrato, etc.*) incumplir **2** (*ley*) violar **3** (*muro, defensas*) abrir una brecha en

bread /bred/ *n* **1** [*incontable*] pan: *I bought a loaf/two loaves of bread.* Compré un pan/dos panes. ◊ *a slice of bread* una tajada de pan **2** [*contable*] (tipo de) pan ☛ Nótese que el plural **breads** sólo se usa para referirse a distintos tipos de pan, no a varias piezas de pan. *Ver dibujo en* PAN

breadcrumbs /ˈbredkrʌmz/ *n* [*pl*] pan rallado: *fish in breadcrumbs* pescado empanado

breadth /bredθ/ *n* **1** amplitud **2** anchura

break[1] /breɪk/ (*pret* **broke** /broʊk/ *pp* **broken** /ˈbroʊkən/) **1** *vt* romper: *to break sth in two/in half* romper algo en dos/por la mitad ◊ *She's broken her leg.* Se le rompió la pierna. ☛ **Break** no se usa con materiales flexibles, como la tela o el papel. *Ver tb* ROMPER **2** *vi* romperse, hacerse pedazos **3** *vt* (*ley*) violar **4** *vt* (*promesa, palabra*) no cumplir **5** *vt* (*récord*) batir **6** *vt* (*caída*) amortiguar **7** *vt* (*viaje*) interrumpir **8** *vi* hacer un descanso: *Let's break for coffee.* Vamos a parar para tomar un café. **9** *vt* (*voluntad*) quebrantar **10** *vt* (*mala costumbre*) dejar **11** *vt* (*código*) descifrar **12** *vt* (*caja fuerte*) forzar **13** *vi* (*tiempo*) cambiar **14** *vi* (*tormenta, escándalo*) estallar **15** *vi* (*noticia, historia*) hacerse público **16** *vi* (*voz*) quebrarse, cambiar **17** *vi* (*olas, fuente*) romper: *Her waters broke.* Rompió fuente. **LOC break it up!** ¡basta ya! **to break the bank** (*coloq*) arruinar: *A meal out won't break the bank.* Comer afuera no nos va a arruinar. **to break the news** (**to sb**) dar la (mala) noticia (a algn) **to break your back** (**to do sth**) sudar la gota gorda (para hacer algo) *Ver tb* WORD

PHR V to break away (**from sth**) separarse (de algo), romper (con algo)

to break down 1 (*carro*) vararse: *We broke down.* Se nos varó el carro. **2** (*máquina*) dañarse **3** (*persona*) perder el control: *He broke down and cried.* Perdió el control y rompió a llorar. **4** (*negociaciones*) romperse **to break sth down 1** echar abajo algo **2** vencer algo **3** descomponer algo

to break in forzar la entrada **to break into sth 1** (*ladrones*) entrar en algo **2** (*mercado*) introducirse en algo **3** (*empezar a hacer algo*): *to break into a run* echar a correr ◊ *He broke into a cold sweat.* Le dio un sudor frío.

to break off dejar de hablar **to break sth off 1** partir algo (*trozo*) **2** romper algo (*compromiso*)

to break out 1 (*epidemia*) declararse **2** (*guerra, violencia*) estallar **3** (*incendio*) producirse **4** llenarse: *I broke out in a rash.* Me llené de granos.

to break through sth abrirse camino a través de algo

to break up 1 (*reunión*) disolverse **2** (*relación*) terminarse **3** *The school breaks up on 20 July.* Las clases terminan el 20 de julio. **to break** (**up**) **with sb** romper con algn **to break sth up** disolver, hacer fracasar algo

break[2] /breɪk/ *n* **1** rotura, abertura **2** descanso, vacaciones cortas, recreo: *a coffee break* un descanso para tomar café **3** ruptura, cambio: *a break in the* *routine* un cambio de rutina **4** (*coloq*) golpe de suerte **LOC to give sb a break** dar un respiro a algn **to make a break (for it)** intentar escapar *Ver tb* CLEAN

breakdown /ˈbreɪkdaʊn/ *n* **1** avería **2** (*salud*) crisis: *a nervous breakdown* una crisis nerviosa **3** (*estadística*) análisis

breakfast /ˈbrekfəst/ *n* desayuno: *to have breakfast* desayunar *Ver tb* BED AND BREAKFAST

break-in /ˈbreɪk ɪn/ *n* robo

breakthrough /ˈbreɪkθruː/ *n* avance (importante)

breast /brest/ *n* seno, pecho (*de mujer*): *breast cancer* cáncer de seno

breath /breθ/ *n* aliento: *to take a deep breath* respirar a fondo **LOC a breath of fresh air** una bocanada de aire fresco **(to be) out of/short of breath** (quedarse) sin aire **to catch your breath** recuperar el aire **to say sth, speak, etc. under your breath** decir algo, hablar, etc. en voz baja **to take sb's breath away** dejar a algn boquiabierto *Ver tb* CATCH, HOLD, WASTE

breathe /briːð/ **1** *vi* respirar **2** *vt, vi* ~ **(sth) (in/out)** aspirar, expirar (algo) **LOC not to breathe a word (of/about sth) (to sb)** no soltarle ni una palabra (de algo) (a algn) **to breathe down sb's neck** (*coloq*) estar encima de algn **to breathe life into sth/sb** infundir vida a algo/algn **breathing** *n* respiración: *heavy breathing* jadeo

breathless /ˈbreθləs/ *adj* jadeante, sin aliento

breathtaking /ˈbreθteɪkɪŋ/ *adj* impresionante, pasmoso

breed /briːd/ ◆ (*pret, pp* **bred** /bred/) **1** *vi* (*animal*) reproducirse **2** *vt* (*ganado*) criar **3** *vt* producir, engendrar: *Dirt breeds disease.* La suciedad produce enfermedad. ◆ *n* raza, casta

breeze /briːz/ *n* brisa

brew /bruː/ **1** *vt* (*cerveza*) elaborar **2** *vt, vi* (*té*) hacer(se) **3** *vi* (*fig*) prepararse: *Trouble is brewing.* Se está armando lío.

bribe /braɪb/ ◆ *n* soborno ◆ *vt* ~ **sb (into doing sth)** sobornar a algn (para que haga algo) **bribery** *n* cohecho, soborno

brick /brɪk/ ◆ *n* ladrillo **LOC** *Ver* DROP ◆ **PHR V to brick sth in/up** enladrillar algo

bride /braɪd/ *n* novia **LOC the bride and groom** los novios

bridegroom /ˈbraɪdgruːm/ (*tb* **groom**) *n* novio (*en un matrimonio*): *the bride and groom* los novios

bridesmaid /ˈbraɪdzmeɪd/ *n* **1** dama de honor **2** pajecita ☛ *Ver nota en* MATRIMONIO

bridge /brɪdʒ/ ◆ *n* **1** puente **2** vínculo ◆ *vt* **LOC to bridge a/the gap between...** acortar la distancia entre...

bridle /ˈbraɪdl/ *n* brida

brief /briːf/ *adj* (**-er**, **-est**) breve **LOC in brief** en pocas palabras **briefly** *adv* **1** brevemente **2** en pocas palabras

briefcase /ˈbriːfkeɪs/ *n* maletín de ejecutivo

briefs /briːfs/ *n* [*pl*] **1** calzoncillos **2** calzones ☛ *Ver nota en* PAIR

bright /braɪt/ ◆ *adj* (**-er**, **-est**) **1** brillante, luminoso: *bright eyes* ojos vivos **2** (*color*) vivo **3** (*sonrisa, expresión, carácter*) radiante, alegre **4** inteligente, avispado **LOC** *Ver* LOOK[1] ◆ *adv* (**-er**, **-est**) brillantemente

brighten /ˈbraɪtn/ **1** *vi* ~ **up** animarse **2** *vi* (*tiempo*) ~ **up** despejar **3** *vt* ~ **sth (up)** animar algo

brightly /ˈbraɪtli/ *adv* **1** brillantemente **2** *brightly lit* con mucha iluminación ◊ *brightly painted* pintado con colores vivos **3** radiantemente, alegremente

brightness /ˈbraɪtnəs/ *n* **1** brillo, claridad **2** alegría **3** inteligencia

brilliant /ˈbrɪliənt/ *adj* **1** brillante **2** (*GB*) genial **brilliance** *n* **1** brillo, resplandor **2** brillantez

brim /brɪm/ *n* **1** borde: *full to the brim* lleno hasta el borde **2** ala (*de sombrero*)

bring /brɪŋ/ *vt* (*pret, pp* **brought** /brɔːt/) ☛ *Ver nota en* LLEVAR **1** ~ **(with you)** traer (consigo) **2** llevar: *Can I bring a friend to your party?* ¿Puedo llevar a un amigo a su fiesta? ☛ *Ver dibujo en* TAKE **3** (*acciones judiciales*) entablar **LOC to be able to bring yourself to do sth**: *I couldn't bring myself to tell her.* No tuve fuerzas para decírselo. **to bring sb to justice** llevar a algn ante la justicia **to bring sb up to date** poner a algn al día **to bring sth home to sb** (*GB*) hacer que algn comprenda algo **to bring sth (out) into the open** sacar algo a la luz **to bring sth to a close** concluir algo **to bring sth/sb to life** animar algo/a algn **to bring sth up to date** actualizar algo **to bring tears to sb's eyes/a smile to sb's face** hacer llorar/sonreír a algn **to bring up the rear** ir en la cola *Ver tb* CHARGE, PEG, QUESTION

PHR V to bring sth about/on provocar algo

to bring sth back 1 restaurar algo **2** hacer pensar en algo

to bring sth down 1 derribar algo, derrocar algo **2** (*inflación, etc.*) reducir algo, bajar algo

to bring sth forward adelantar algo

to bring sth in introducir algo (*ley*)

to bring sth off (*coloq*) lograr algo

to bring sth on yourself buscarse algo

to bring sth out 1 producir algo **2** publicar algo **3** realzar algo

to bring sb round/over (to sth) (*GB*) convencer a algn (de algo) **to bring sb around/to** hacer que algn vuelva en sí

to bring together reconciliar, unir

to bring sb up criar a algn: *She was brought up by her granny.* La crió la abuela. ☛ *Comparar con* EDUCATE, RAISE sentido 8 **to bring sth up 1** vomitar algo **2** sacar algo a colación

brink /brɪŋk/ *n* borde: *on the brink of war* al borde de la guerra

brisk /brɪsk/ *adj* (**-er**, **-est**) **1** (*paso*) enérgico **2** (*negocio*) activo

brittle /ˈbrɪtl/ *adj* **1** quebradizo **2** (*fig*) frágil

broach /broʊtʃ/ *vt* abordar

broad /brɔːd/ *adj* (**-er**, **-est**) **1** ancho **2** (*sonrisa*) amplio **3** (*esquema, acuerdo*) general, amplio: *in the broadest sense of the word* en el sentido más amplio de la palabra

Para referirnos a la distancia entre los dos extremos de algo es más común utilizar **wide**: *The gate is four meters wide.* La reja tiene cuatro metros de ancho. **Broad** se utiliza para referirnos a características geográficas: *a broad expanse of desert* una amplia extensión de desierto, y también en frases como: *broad shoulders* espalda ancha.

LOC in broad daylight a la plena luz del día

broad bean *n* (*GB*) haba ☛ *Comparar con* LIMA BEAN

broadcast /ˈbrɔːdkæst; *GB* ˈbrɔːdkɑːst/ ◆ (*pret, pp* **broadcast**) **1** *vt* (*Radio, TV*) transmitir **2** *vt* (*opinión, etc.*) difundir **3** *vi* emitir ◆ *n* transmisión: *party political broadcast* (*GB*) espacio electoral

broaden /ˈbrɔːdn/ *vt, vi* ~ (**out**) ensanchar(se)

broadly /ˈbrɔːdli/ *adv* **1** ampliamente: *smiling broadly* con una amplia sonrisa **2** en general: *broadly speaking* hablando en términos generales

broccoli /ˈbrɑkəli/ *n* brócoli

brochure /broʊˈʃʊər; *GB* ˈbrəʊʃə(r)/ *n* folleto (*esp de viajes o publicidad*)

broil /brɔɪl/ *n* asar a la parrilla

broke /broʊk/ ◆ *adj* (*coloq*) sin plata **LOC to go broke** quebrar (*negocio*) ◆ *pret de* BREAK[1]

broken /ˈbroʊkən/ ◆ *adj* **1** roto **2** (*corazón, hogar*) destrozado ◆ *pp de* BREAK[1]

bronchitis /brɑŋˈkaɪtɪs/ *n* [*incontable*] bronquitis: *to catch bronchitis* coger una bronquitis

bronze /brɑnz/ ◆ *n* bronce ◆ *adj* de (color) bronce

brooch /broʊtʃ/ *n* broche

brood /bruːd/ *vi* ~ (**on/over sth**) darle vueltas a algo

brook /brʊk/ *n* arroyo

broom /bruːm, brʊm/ *n* **1** escoba ☛ *Ver dibujo en* BRUSH **2** (*Bot*) retama **broomstick** *n* (palo de) escoba

broth /brɔːt; *GB* brɒθ/ *n* [*incontable*] caldo

brother /ˈbrʌðər/ *n* **1** hermano: *Does she have any brothers or sisters?* ¿Tiene hermanos? ◊ *Brother Luke* el Hermano Luke **2** (*fig*) cofrade **brotherhood** *n* [*v sing o pl*] **1** hermandad **2** cofradía **brotherly** *adj* fraternal

brother-in-law /ˈbrʌðər ɪn lɔː/ *n* (*pl* **-ers-in-law**) cuñado

brought *pret, pp de* BRING

brow /braʊ/ *n* **1** (*Anat*) frente ☛ La palabra más normal es **forehead**. **2** [*gen pl*] (*tb* **eyebrow**) ceja **3** (*cerro*) cima

brown /braʊn/ ◆ *adj, n* (**-er**, **-est**) **1** café **2** (*pelo*) castaño **3** (*piel, azúcar*) moreno **4** (*oso*) pardo **5** *brown bread* (*GB*) pan integral ◊ *brown paper* papel de empacar ◆ *vt, vi* dorar(se) **brownish** *adj* pardusco

brownie /ˈbraʊni/ *n* **1** (*tb* **Brownie**)

guía scout **2** (*USA*) bizcocho de chocolate y nueces

browse /braʊz/ *vi* **1** ~ **(through sth)** (*almacén*) echar un vistazo (a algo) **2** ~ **(through sth)** (*revista*) hojear (algo)

bruise /bruːz/ ◆ *n* **1** moretón **2** (*fruta*) magulladura ◆ **1** *vt, vi* ~ **(yourself)** (*persona*) magullar(se) **2** *vt* (*fruta*) magullarse **bruising** *n* [*incontable*] (*GB*) *He had a lot of bruising.* Tenía muchas magulladuras.

brush /brʌʃ/ ◆ *n* **1** cepillo **2** escoba **3** pincel **4** brocha **5** (*Electrón*) escobilla **6** cepillado **7** ~ **with sth** (*fig*) roce con algo ◆ *vt* **1** cepillar: *to brush your hair/teeth* cepillarse el pelo/los dientes **2** barrer **3** ~ **past/against sth/sb** rozarse contra algo/con algn **PHR V to brush sth aside** hacer caso omiso de algo **to brush up on sth** pulir algo (*idioma, etc.*)

brusque /brʌsk; *GB* bruːsk/ *adj* brusco (*comportamiento, voz*)

Brussels sprout (*tb* **sprout**) *n* repollito/col de Bruselas

brutal /ˈbruːtl/ *adj* brutal **brutality** /bruːˈtæləti/ *n* (*pl* **-ies**) brutalidad

brute /bruːt/ ◆ *n* **1** bestia **2** bruto ◆ *adj* bruto **brutish** *adj* brutal

bubble /ˈbʌbl/ ◆ *n* **1** burbuja **2** pompa: *to blow bubbles* hacer pompas ◆ *vi* **1** borbotear **2** burbujear **bubbly** *adj* (**-ier, -iest**) **1** burbujeante, efervescente **2** (*persona*) animado

bubble bath *n* espuma para baño

bubblegum /ˈbʌblgʌm/ *n* chicle (*que hace bombas*)

buck¹ /bʌk/ *n* macho (*de venado, conejo*) ☛ *Ver nota en* CIERVO, CONEJO

buck² /bʌk/ *vi* dar brincos **LOC to buck the trend** ir contra la corriente **PHR V to buck sb up** (*coloq*) animar a algn

buck³ /bʌk/ *n* **1** (*USA, coloq*) (*dólar*) verde **2** [*gen pl*] (*coloq*) lana **LOC the buck stops here** yo soy el último responsable **to make a fast/quick buck** hacer plata fácil

bucket /ˈbʌkɪt/ *n* **1** balde **2** (*máquina excavadora*) pala **LOC** *Ver* KICK

buckle /ˈbʌkl/ ◆ *n* hebilla ◆ **1** *vt* ~ **sth (up)** abrochar algo **2** *vi* (*piernas*) doblarse **3** *vt, vi* (*metal*) deformar(se)

bud /bʌd/ *n* **1** (*flor*) capullo **2** (*Bot*) yema, brote

Buddhism /ˈbuːdɪzəm, ˈbʊ-/ *n* budismo **Buddhist** *adj, n* budista

budding /ˈbʌdɪŋ/ *adj* en ciernes

buddy /ˈbʌdi/ *n* (*pl* **-ies**) (*coloq*) (*amigo*) mano ☛ Se emplea sobre todo entre chicos y se usa mucho en Estados Unidos.

budge /bʌdʒ/ *vt, vi* **1** mover(se) **2** (*opinión*) ceder

budgerigar /ˈbʌdʒərɪˌgɑr/ *n* (*GB*) (*USA* **parakeet**) periquito

budget /ˈbʌdʒɪt/ ◆ *n* **1** presupuesto: *a budget deficit* un déficit presupuestal **2** (*Pol*) presupuesto nacional ◆ **1** *vt* hacer un presupuesto de **2** *vi* (*gastos*) planificarse **3** *vi* ~ **for sth** contar con algo **budgetary** *adj* presupuestal

buff /bʌf/ ◆ *n* entusiasta: *a film buff* un entusiasta del cine ◆ *adj, n* beige

buffalo /ˈbʌfəloʊ/ *n* (*pl* **buffalo** *o* **~es**) **1** búfalo, bisonte **2** (*tb* **water buffalo**) búfalo

buffer /ˈbʌfər/ *n* **1** (*lit y fig*) amortiguador **2** (*en tren, estación*) tope **3** (*Informát*) memoria intermedia **4** (*GB, coloq*) (*tb* **old buffer**) vejestorio

buffet¹ /bəˈfeɪ; *GB* ˈbʊfeɪ/ *n* **1** cafetería: *buffet car* vagón restaurante **2** bufé

buffet² /ˈbʌfɪt/ *vt* zarandear **buffeting** *n* zarandeo

bug /bʌg/ ◆ *n* **1** insecto, bicho **2** (*coloq*) virus, infección **3** (*coloq*) (*Informát*) error de programación **4** (*coloq*) micrófono oculto ◆ *vt* (**-gg-**) **1** poner un micrófono escondido en **2** escucha mediante un micrófono oculto **3** (*coloq, esp USA*) sacar de quicio

buggy /ˈbʌgi/ *n* (*pl* **-ies**) cochecito (de niño), caminador

build /bɪld/ *vt* (*pret, pp* **built** /bɪlt/) **1** construir **2** crear, producir **PHR V to build sth in 1** empotrar algo **2** (*fig*) incorporar algo **to build on sth** partir de la base de algo **to build up 1** intensificarse **2** acumularse **to build sth/sb up** poner algo/a algn muy bien **to build sth up 1** (*colección*) acumular algo **2** (*negocio*) crear algo

builder /ˈbɪldər/ *n* constructor, -ora, contratista

building /ˈbɪldɪŋ/ *n* **1** edificio **2** construcción

building site *n* **1** lote para construcción **2** (*construcción*) obra

building society *n* (*GB*) corporación de ahorro y vivienda

build-up /ˈbɪld ʌp/ *n* **1** aumento gradual **2** acumulación **3** ~ (**to sth**) preparación (para algo)

built *pret, pp de* BUILD

built-in /ˌbɪlt ˈɪn/ *adj* **1** empotrado **2** incorporado

built-up /ˌbɪlt ˈʌp/ *adj* (*GB*) edificado: *built-up areas* zonas edificadas

bulb /bʌlb/ *n* **1** (*Bot*) bulbo **2** (*tb* **light bulb**) bombillo

bulge /bʌldʒ/ ◆ *n* **1** bulto **2** (*coloq*) aumento (transitorio) **3** protuberancia ◆ *vi* **1** ~ (**with sth**) rebosar (de algo) **2** abombarse

bulk /bʌlk/ *n* **1** volumen: *bulk buying* compra al por mayor **2** mole **3 the bulk (of sth)** la mayor parte (de algo) **LOC in bulk 1** al por mayor **2** a granel **bulky** *adj* (**-ier**, **-iest**) voluminoso

bull /bʊl/ *n* **1** toro **2** (*GB*) *Ver* BULL'S-EYE

bulldoze /ˈbʊldoʊz/ *vt* **1** (*con buldozer*) aplanar **2** derribar

bullet /ˈbʊlɪt/ *n* bala

bulletin /ˈbʊlətɪn/ *n* **1** (*declaración*) comunicado **2** boletín: *news bulletin* boletín de noticias ◊ *bulletin board* cartelera (de avisos)

bulletproof /ˈbʊlɪtpruːf/ *adj* a prueba de balas

bullfight /ˈbʊlfaɪt/ *n* corrida de toros **bullfighter** *n* torero, -a **bullfighting** *n* toreo

bullfrog /ˈbʊlfrɔːg/ *n* rana toro

bullion /ˈbʊliən/ *n* oro/plata (*en lingotes*)

bullring /ˈbʊlrɪŋ/ *n* plaza de toros

bull's-eye /ˈbʊlz aɪ/ *n* (centro del) blanco

bully /ˈbʊli/ ◆ *n* (*pl* **-ies**) matón, -ona ◆ *vt* (*pret, pp* **bullied**) meterse con algn, intimidar a algn

bum /bʌm/ ◆ *n* (*coloq*) **1** (*esp USA*) vago, -a **2** (*GB*) (*USA* **butt**) trasero ◆ *v* (*coloq*) **PHR V to bum around** vagar

bumblebee /ˈbʌmblbiː/ *n* abejorro

bump /bʌmp/ ◆ **1** *vt* ~ **sth (against/on sth)** dar(se) con algo (contra/en algo) **2** *vi* ~ **into sth/sb** darse con algo/algn **PHR V to bump into sb** tropezarse con algn **to bump sb off** (*coloq*) cargarse a algn ◆ *n* **1** golpe **2** sacudida **3** (*Anat*) chichón **4** abolladura

bumper /ˈbʌmpər/ ◆ *n* bómper, parachoques: *bumper car* carro chocón ◆ *adj* abundante

bumpy /ˈbʌmpi/ *adj* (**-ier**, **-iest**) **1** (*superficie*) desigual **2** (*carretera*) lleno de baches **3** (*viaje*) agitado

bun /bʌn/ *n* **1** pan **2** mojicón **3** (*pelo*) moña

bunch /bʌntʃ/ ◆ *n* **1** (*uvas, plátanos*) racimo **2** (*flores*) ramo **3** (*hierbas, llaves*) manojo **4** [*v sing o pl*] (*coloq*) grupo ◆ *vt, vi* agrupar(se), apiñar(se)

bundle /ˈbʌndl/ ◆ *n* **1** (*ropa, papeles*) bulto, atado **2** haz **3** (*billetes*) fajo ◆ *vt* ~ **sth (together/up)** empaquetar algo

bung /bʌŋ/ ◆ *n* tapón ◆ *vt* **1** tapar **2** (*GB, coloq*) poner

bungalow /ˈbʌŋgəloʊ/ *n* casa de un solo piso

bungle /ˈbʌŋgl/ **1** *vt* dañar, tirarse **2** *vi* fracasar, meter la pata

bunk /bʌŋk/ *n* litera **LOC to do a bunk** (*GB, coloq*) largarse

bunny /ˈbʌni/ (*tb* **bunny rabbit**) *n* conejito

bunting /ˈbʌntɪŋ/ *n* [*incontable*] banderolas

buoy /ˈbuːi; *GB* bɔɪ/ ◆ *n* boya ◆ *v* **PHR V to buoy sb up** dar ánimo a algn **to buoy sth up** mantener algo a flote

buoyant /ˈbɔɪənt/ *adj* (*Econ*) boyante

burble /ˈbɜːrbl/ *vi* **1** (*arroyo*) borbotear, susurrar **2** ~ (**on**) (**about sth**) (*GB*) balbucear algo

burden /ˈbɜːrdn/ ◆ *n* **1** carga **2** peso

◆ *vt* **1** cargar **2** (*fig*) agobiar **burdensome** *adj* agobiante

bureau /ˈbjʊəroʊ/ *n* (*pl* **-reaus** /-rəʊz/) **1** (*USA*) cómoda **2** (*GB*) escritorio **3** (*esp USA, Pol*) departamento (de gobierno) **4** (*GB*) agencia: *travel bureau* agencia de viajes

bureaucracy /bjʊəˈrɑkrəsi/ *n* (*pl* **-ies**) burocracia **bureaucrat** /ˈbjʊərəkræt/ *n* burócrata **bureaucratic** /ˌbjʊərəˈkrætɪk/ *adj* burocrático

burger /ˈbɜːrgər/ *n* (*coloq*) hamburguesa

La palabra **burger** se usa mucho en compuestos como: *cheeseburger* hamburguesa con queso.

burglar /ˈbɜːrglər/ *n* ladrón, -ona: *burglar alarm* alarma antirrobo ☛ *Ver nota en* THIEF **burglarize** (*GB*) **burgle** *vt* robar en ☛ *Ver nota en* ROB **burglary** *n* (*pl* **-ies**) robo (*en una casa*) ☛ *Ver nota en* THEFT

burgundy /ˈbɜːrgəndi/ *n* **1** (*tb* **Burgundy**) (*vino*) borgoña **2** color vino tinto (*del vino de Burdeos*)

burial /ˈberiəl/ *n* entierro

burly /ˈbɜːrli/ *adj* (**-ier**, **-iest**) fornido

burn /bɜːrn/ ◆ (*pret, pp* **burned** *o* **burnt** /bɜːrnt/) ☛ *Ver nota en* DREAM **1** *vt, vi* quemar: *to be badly burned* sufrir graves quemaduras **2** *vi* (*lit y fig*) arder: *a burning building* un edificio en llamas ◊ *to burn to do sth/for sth* (*GB*) arder en deseos de (hacer) algo **3** *vi* escocer **4** *vi* (*luz, etc.*): *He left the lamp burning.* Dejó la lámpara encendida. **5** *vt*: *The furnace burns oil.* La caldera funciona con petróleo. ◆ *n* quemadura

burner /ˈbɜːrnər/ *n* quemador (*cocina*)

burning /ˈbɜːrnɪŋ/ *adj* **1** ardiente **2** (*vergüenza*) intenso **3** (*tema*) candente

burnt /bɜːrnt/ ◆ *pret, pp de* BURN ◆ *adj* quemado

burp /bɜːrp/ ◆ **1** *vi* eructar **2** *vt* (*bebé*) hacer eructar ◆ *n* eructo

burrow /ˈbɜːroʊ/ ◆ *n* madriguera ◆ *vt* excavar

burst /bɜːrst/ ◆ *vt, vi* (*pret, pp* **burst**) **1** reventar(se) **2** explotar: *The river burst its banks.* El río se desbordó. **LOC to be bursting to do sth** reventarse por hacer algo **to burst open** abrirse de golpe **to burst out laughing** echar(se) a reír **PHR V to burst into sth 1** *to burst into a room* irrumpir en un cuarto **2** *to burst into tears* romper a llorar **to burst out** salir de golpe (*de un cuarto*) ◆ *n* **1** (*ira, etc.*) arranque **2** (*disparos*) ráfaga **3** (*aplausos*) salva

bury /ˈberi/ *vt* (*pp* **buried**) **1** enterrar **2** sepultar **3** (*cuchillo, etc.*) clavar **4** *She buried her face in her hands.* Ocultó la cara en las manos.

bus /bʌs/ *n* (*pl* **buses**) bus: *bus conductor/conductress* cobrador, -ora de bus (*GB*) *bus driver* conductor, -ora de bus ◊ *bus stop* paradero (de bus)

bush /bʊʃ/ *n* **1** arbusto: *a rose bush* un rosal ☛ *Comparar con* SHRUB **2 the bush** el monte **LOC** *Ver* BEAT **bushy** *adj* **1** (*barba*) poblado **2** (*rabo*) peludo **3** (*planta*) frondoso

busily /ˈbɪzɪli/ *adv* activamente, con juicio

business /ˈbɪznəs/ *n* **1** [*incontable*] negocios **2** [*antes de sustantivo*]: *business card* tarjeta de presentación ◊ *business studies* administración de empresas ◊ *a business trip* un viaje de negocios **3** negocio, empresa **4** asunto: *It's none of your business!* ¡No es asunto tuyo! **5** (*en una reunión*): *any other business* temas varios ◊ *Is there any other business?* ¿Hay alguna pregunta u otro tema por tratar? **LOC business before pleasure** (*refrán*) primero el deber (y después el placer) **on business** en viaje de negocios **to do business with sb** hacer negocios con algn **to get down to business** ir al grano **to go out of business** quebrar **to have no business doing sth** no tener derecho a hacer algo *Ver tb* BIG, MEAN[1], MIND

businesslike /ˈbɪznəslaɪk/ *adj* **1** formal **2** sistemático

businessman /ˈbɪznəsmæn/ *n* (*pl* **-men** /-men/) hombre de negocios

businesswoman /ˈbɪznɪswʊmən/ *n* (*pl* **-women**) mujer de negocios

busk /bʌsk/ *vi* (*GB*) tocar música en un lugar público **busker** *n* (*GB*) músico callejero

bust[1] /bʌst/ *n* **1** (*escultura*) busto **2** (*Anat*) pecho

bust[2] /bʌst/ ◆ *vt, vi* (*pret, pp* **bust** *o* **busted**) (*coloq*) romper(se) ☛ *Ver nota en* DREAM ◆ *adj*: *coloq* roto **LOC to go bust** ir a la quiebra

bustle /ˈbʌsl/ ◆ *vi* ~ (**about**) trajinar

◆ *n* (*tb* **hustle and bustle**) bullicio, ajetreo **bustling** *adj* bullicioso

busy /ˈbɪzi/ ◆ *adj* (**busier, busiest**) **1** ~ (**at/with sth**) ocupado (con algo) **2** (*sitio*) concurrido **3** (*temporada*) de mucha actividad **4** (*programa*) apretado **5** (*GB* **engaged**) (*teléfono*): *The line is busy.* Está ocupado. ◆ *v refl* ~ **yourself with** (**doing**) **sth** ocuparse en algo/haciendo algo

busybody /ˈbɪzibɒdi/ *n* (*pl* **-ies**) metido, -a

but /bʌt, bət/ ◆ *conj* **1** pero **2** sino: *Not only him but me too.* No sólo él, sino yo también. ◊ *What could I do but cry?* ¿Qué podía hacer sino llorar? ◆ *prep* excepto: *nobody but you* sólo tú LOC **but for sth/sb** de no haber sido por algo/algn **we can but hope, try, etc.** sólo nos queda esperar, intentar, etc.

butcher /ˈbʊtʃər/ ◆ *n* carnicero, -a ◆ *vt* **1** (*animal*) matar **2** (*persona*) matar brutalmente

butcher's /ˈbʊtʃərz/ (*tb* **butcher shop**) *n* carnicería

butler /ˈbʌtlər/ *n* mayordomo

butt /bʌt/ ◆ *n* **1** tonel **2** aljibe **3** culata **4** (*cigarrillo*) colilla **5** (*coloq*) (*GB* **bum**) culo **6** (*de burlas*) blanco ◆ *vt* dar un cabezazo a PHR V **to butt in** (*coloq*) interrumpir

butter /ˈbʌtər/ ◆ *n* mantequilla ◆ *vt* untar con mantequilla

buttercup /ˈbʌtərkʌp/ *n* botón de oro

butterfly /ˈbʌtərflaɪ/ *n* (*pl* **-ies**) mariposa LOC **to have butterflies (in your stomach)** estar muy nervioso

buttock /ˈbʌtək/ *n* nalga

button /ˈbʌtn/ ◆ *n* botón ◆ *vt, vi* ~ (**sth**) (**up**) abotonar(se)

buttonhole /ˈbʌtnhoʊl/ *n* ojal

buttress /ˈbʌtros/ *n* contrafuerte

buy /baɪ/ ◆ *vt* (*pret, pp* **bought** /bɔːt/) **1 to buy sth for sb; to buy sb sth** comprarle algo a algn, comprar algo para algn: *He bought his girlfriend a present.* Le compró un regalo a la novia. ◊ *I bought one for myself for $10.* Yo me compré uno por diez dólares. **2 to buy sth from sb** comprarle algo a algn ◆ *n* compra: *a good buy* una buena compra **buyer** *n* comprador, -ora

buzz /bʌz/ ◆ *n* **1** zumbido **2** (*voces*) murmullo **3** *I get a real buzz out of flying.* Ir en avión me vuelve loco. **4** (*coloq*) (*teléfono*) llamada ◆ *vi* zumbar PHR V **buzz off!** (*coloq*) ¡lárguese!

buzzard /ˈbʌzərd/ *n* águila ratonera

buzzer /ˈbʌzər/ *n* timbre eléctrico

by /baɪ/ ◆ *prep* **1** por: *by mail* por correo ◊ *ten* (*multiplied*) *by six* diez (multiplicado) por seis ◊ *designed by Wren* diseñado por Wren **2** al lado de, junto a: *Sit by me.* Siéntate a mi lado. **3** antes de, a las/para: *to be home by ten o'clock* estar en casa antes de las diez ◊ *I need the work by Friday.* Necesito el trabajo para el viernes. **4** de: *by day/night* de día/noche ◊ *by birth/profession* de nacimiento/profesión ◊ *a novel by Steinbeck* una novela de Steinbeck **5** en: *to go by boat, car, bicycle* ir en barco, carro, bicicleta ◊ *two by two* de dos en dos **6** según: *by my watch* según mi reloj **7** con: *to pay by check* pagar con cheque **8** a: *little by little* poco a poco **9** a base de: *by working hard* a base de trabajo duro **10 by doing sth** haciendo algo: *Let me begin by saying...* Permítanme que empiece diciendo... LOC **to have/keep sth by you** tener algo a mano ◆ *adv* LOC **by and by** dentro de poco **by the way** a propósito **to go, drive, run, etc. by** pasar por delante (en carro, corriendo, etc.) **to keep/put sth by** guardar algo para más tarde *Ver tb* LARGE

bye! /baɪ/ (*tb* **bye-bye!** /ˌbaɪˈbaɪ, bəˈbaɪ/) *interj* (*coloq*) ¡adiós!

by-election /ˈbaɪ ɪlekʃn/ *n* (*GB*): *She won the by-election.* Ganó las elecciones parciales.

bygone /ˈbaɪgɒn/ *adj* pasado

bypass /ˈbaɪpæs; *GB* -pɑːs/ ◆ *n* (*carretera*) circunvalar ◆ *vt* **1** circundar **2** evitar

by-product /ˈbaɪ prɑdʌkt/ *n* **1** (*lit*) subproducto **2** (*fig*) consecuencia

bystander /ˈbaɪstændər/ *n* persona que está en un sitio: *seen by bystanders* visto por los que estaban allá

Cc

C, c /siː/ *n* (*pl* **C's**, **c's** /siːz/) **1** C, c: *C as in Charlie* C de Carlos ☛ *Ver ejemplos en* A, A **2** (*Educ*) bien: *to get a C in Physics* sacar un siete en Física **3** (*Mús*) do

cab /kæb/ *n* **1** (*esp GB* **taxi**) taxi **2** cabina (*de un camión*)

cabbage /ˈkæbɪdʒ/ *n* repollo

cabin /ˈkæbɪn/ *n* **1** (*Náut*) camarote **2** (*Aeronáut*) cabina (de pasajeros): *pilot's cabin* cabina de mando **3** cabaña

cabinet /ˈkæbɪnət/ *n* **1** gabinete: *bathroom cabinet* gabinete de baño ◊ *drinks cabinet* bar (en la casa) **2 the Cabinet** [*v sing o pl*] gabinete

cable /ˈkeɪbl/ *n* **1** cable **2** amarra

cable car *n* teleférico

cackle /ˈkækl/ ◆ *n* **1** cacareo **2** carcajada desagradable ◆ *vt* **1** (*gallina*) cacarear **2** (*persona*) reírse a carcajadas

cactus /ˈkæktəs/ *n* (*pl* **~es** *o* **cacti** /ˈkæktaɪ/) cactus

cadet /kəˈdet/ *n* cadete

Caesarean /siˈzeəriən/ (*tb* **Caesarean section**) *n* cesárea

café /kæˈfeɪ; *GB* ˈkæfeɪ/ *n* cafetería

cafeteria /ˌkæfəˈtɪəriə/ *n* restaurante de autoservicio

caffeine /ˈkæfiːn/ *n* cafeína

cage /keɪdʒ/ ◆ *n* jaula ◆ *vt* enjaular

cagey /ˈkeɪdʒi/ *adj* (**cagier**, **cagiest**) ~ (**about sth**) (*coloq*) reservado: *He's very cagey about his family.* No suelta nada sobre su familia.

cake /keɪk/ *n* [*gen incontable*] ponqué, torta: *birthday cake* pastel de cumpleaños **LOC to have your cake and eat it too** (*coloq*) andar en la misa y la procesión *Ver tb* PIECE

caked /keɪkt/ *adj* ~ **with sth** cubierto de algo: *caked with mud* cubierto de barro

calamity /kəlˈæməti/ *n* (*pl* **-ies**) calamidad

calculate /ˈkælkjuleɪt/ *vt* calcular **LOC to be calculated to do sth** estar pensado para hacer algo **calculating** *adj* calculador **calculation** *n* cálculo

calculator /ˈkælkjʊleɪtər/ *n* calculadora

calendar /ˈkælɪndər/ *n* calendario: *calendar month* mes (del calendario)

calf¹ /kæf; *GB* kɑːf/ *n* (*pl* **calves** /kævz; *GB* kɑːvz/) **1** becerro, ternero ☛ *Ver nota en* CARNE **2** cría (*de foca, etc.*)

calf² /kæf; *GB* kɑːf/ *n* (*pl* **calves** /kævz; *GB* kɑːvz/) pantorrilla

caliber (*GB* **calibre**) /ˈkælɪbər/ *n* calibre, valía

call /kɔːl/ ◆ *n* **1** grito, llamada **2** (*de pájaro*) canto **3** visita **4** (*tb* **phone call**) llamada (telefónica) **5** ~ **for sth**: *There isn't much call for such things.* Hay poca demanda para esas cosas. **LOC (to be) on call** (estar) de guardia *Ver tb* CLOSE¹, PORT ◆ **1** *vi* ~ **(out) (to sb) (for sth)** llamar (a gritos) (a algn) (pidiendo algo): *I thought I heard somebody calling.* Creí que había oído gritar a alguien. ◊ *She called to her father for help.* Pidió ayuda a su padre a gritos. **2** *vt* ~ **sth (out)** gritar algo, llamar (a gritos): *Why didn't you come when I called (out) your name?* ¿Por qué no viniste cuando te llamé? **3** *vt, vi* hablar (por teléfono) **4** *vt* (*taxi, ambulancia*) llamar **5** *vt* llamar: *Please call me at seven o'clock.* Por favor llámeme a las siete. **6** *vt* llamar: *What's your dog called?* ¿Cómo se llama el perro? **7** *vi* (*GB*) ~ **(in/round) (on sb)**; ~ **(in/round) (at…)** visitar (a algn), pasarse (por…): *Let's call (in) on John/at John's house.* Vamos a pasar por la casa de John. ◊ *He was out when I called (round) (to see him).* No estaba cuando fui a la casa de él. ◊ *Will you call in at the supermarket for some eggs?* ¿Puedes pasar por el supermercado a comprar huevos? **8** *vi* ~ **at** (*GB, tren*) parar en **9** *vt* (*reunión, elección*) convocar **LOC to call it a day** (*coloq*) dejarlo por hoy: *Let's call it a day.* Dejémoslo por hoy. **LOC** *Ver* QUESTION

PHR V to call by (*coloq*) pasar: *Could you call by on your way home?* ¿Puedes pasar al volver a tu casa?

to call for sb ir a buscar a algn: *I'll call for you at seven o'clock.* Voy a buscarte

a las siete. **to call for sth** requerir algo: *The situation calls for prompt action.* La situación requiere acción rápida.
to call sth off cancelar algo, abandonar algo
to call sb out llamar a algn: *to call out the troops/the fire department* llamar al ejército/ a los bomberos
to call sb up 1 (*esp USA*) (*por teléfono*) llamar a algn **2** (*GB*) llamar a algn al servicio militar

caller /ˈkɔːlər/ *n* **1** el/la que llama (por teléfono) **2** visita

callous /ˈkæləs/ *adj* insensible, cruel

calm /kɑm/ ◆ *adj* (**-er**, **-est**) tranquilo ◆ *n* calma ◆ *vt, vi* ~ (**sb**) (**down**) calmar(se), tranquilizar(se): *Just calm down a little!* ¡Tranquilícese un poco!

calorie /ˈkæləri/ *n* caloría

calves *plural de* CALF[1,2]

came *pret de* COME

camel /ˈkæml/ *n* **1** camello **2** beige (*color*)

camera /ˈkæmərə/ *n* cámara (fotográfica): *a television/video camera* una cámara de televisión/video

camouflage /ˈkæməflɑʒ/ ◆ *n* camuflaje ◆ *vt* camuflar

camp /kæmp/ ◆ *n* campamento: *concentration camp* campo de concentración ◆ *vi* acampar: *to go camping* ir a acampar

campaign /kæmˈpeɪn/ ◆ *n* campaña ◆ *vi* ~ (**for/against sth/sb**) hacer campaña (a favor de/en contra de algo/algn) **campaigner** *n* militante

campsite /ˈkæmpsaɪt/ (*tb* **campground**) *n* camping

campus /ˈkæmpəs/ *n* (*pl* **~es**) ciudad universitaria

can[1] /kæn/ (*tb esp GB* **tin**) ◆ *n* lata: *a can of sardines* una lata de sardinas ◇ *a gasoline can* un tarro (de gasolina) *Ver* CARRY ☛ *Ver dibujo en* CONTAINER ◆ *vt* (**-nn-**) enlatar, hacer conservas en lata de

can[2] /kən, kæn/ *v modal* (*neg* **cannot** /ˈkænɒt/ *o* **can't** /kænt; *GB* kɑːnt/ *pret* **could** /kəd, kʊd/ *neg* **could not** *o* **couldn't** /ˈkʊdnt/)

> **Can** es un verbo modal al que sigue un infinitivo sin TO, y las oraciones interrogativas y negativas se construyen sin el auxiliar *do*. Sólo tiene presente: *I can't swim.* No sé nadar; y pasado, que también tiene un valor condicional: *He couldn't do it.* No pudo hacerlo. ◇ *Could you come?* ¿Podría venir? Cuando queremos utilizar otras formas, tenemos que usar **to be able to**: *Will you be able to come?* ¿Puede venir? ◇ *I'd like to be able to go.* Me gustaría poder ir.

• **posibilidad** poder: *We can catch a bus from here.* Podemos tomar un bus acá. ◇ *She can be very forgetful.* A veces es muy olvidadiza.

• **conocimentos, habilidades** saber: *They can't read or write.* No saben leer ni escribir. ◇ *Can you swim?* ¿Sabes nadar? ◇ *He couldn't answer the question.* No supo contestar la pregunta.

• **permiso** poder: *Can I open the window?* ¿Puedo abrir la ventana? ◇ *You can't go swimming today.* No puedes ir a nadar hoy. ☛ *Ver nota en* MAY

• **ofrecimientos, sugerencias, peticiones** poder: *Can I help?* ¿Puedo ayudarle? ◇ *We can eat in a restaurant, if you want.* Podemos comer en un restaurante si quieres. ◇ *Could you help me with this box?* ¿Me puede ayudar con esta caja? ☛ *Ver nota en* MUST

• **con verbos de percepción**: *You can see it everywhere.* Se puede ver por todas partes. ◇ *She could hear them clearly.* Los oía claramente. ◇ *I can smell something burning.* Huele a quemado. ◇ *She could still taste the garlic.* Le quedaba en la boca el sabor a ajo.

• **incredulidad, perplejidad**: *I can't believe it.* No lo puedo creer. ◇ *Whatever can they be doing?* ¿Qué estarán haciendo? ◇ *Where can she have put it?* ¿Dónde lo habrá puesto?

canal /kəˈnæl/ *n* **1** canal **2** tubo, conducto: *the birth canal* el canal del parto

canary /kəˈneəri/ *n* (*pl* **-ies**) canario

cancel /ˈkænsl/ *vt, vi* (**-l-**, *GB* **-ll-**) **1** (*vuelo, pedido, vacaciones*) cancelar ☛ *Comparar con* POSTPONE **2** (*contrato*) anular **PHR V to cancel (sth) out** eliminarse, eliminar algo **cancellation** *n* cancelación

Cancer /ˈkænsər/ *n* Cáncer ☛ *Ver ejemplos en* AQUARIUS

cancer /ˈkænsər/ *n* [*incontable*] cáncer

candid /ˈkændɪd/ *adj* franco

candidate /ˈkændɪdeɪt; *GB* -dət/ *n* **1** candidato, -a **2** (*GB*) persona que se presenta a un examen **candidacy** *n* candidatura

candle /ˈkændl/ *n* **1** vela **2** (*Relig*) cirio

candlelight /ˈkændllaɪt/ *n* luz de una vela

candlestick /ˈkændlstɪk/ *n* **1** candelero **2** candelabro

candy /ˈkændi/ *n* **1** [*incontable*] dulces: *a candy bar* una chocolatina **2** (*pl* **-ies**) (*GB* **sweet**) dulce (*caramelo, bombón, etc.*)

cane /keɪn/ *n* **1** (*Bot*) caña **2** mimbre **3** bastón **4 the cane** vara (*para castigar*)

canister /ˈkænɪstər/ *n* **1** tarro (*de café, té, galletas*) **2** bomba (*de gas*)

canned /kænd/ (*GB* **tinned**) *adj* en lata, de lata

cannibal /ˈkænɪbl/ *n* caníbal

cannon /ˈkænən/ *n* (*pl* **cannon** *o* **~s**) cañón

canoe /kəˈnuː/ *n* canoa, piragua **canoeing** *n* canotaje

canopy /ˈkænəpi/ *n* (*pl* **-ies**) **1** toldo **2** dosel **3** (*fig*) techo

cantaloupe /ˈkæntəloʊp/ *n* melón chino

canteen /kænˈtiːn/ *n* **1** cantimplora **2** (*GB*) comedor

canter /ˈkæntər/ *n* medio galope

canvas /ˈkænvəs/ *n* **1** lona **2** (*Arte*) lienzo

canvass /ˈkænvəs/ **1** *vt, vi* ~ (**sb**) (**for sth**) pedir apoyo (a algn) (para algo) **2** *vt, vi* (*Pol*): *to canvass for/on behalf of sb* hacer campaña por algn ◊ *to go out canvassing* (*for votes*) salir a buscar votos **3** *vt* (*opinión*) sondear

canyon /ˈkænjən/ *n* cañón (*Geol*)

cap /kæp/ ◆ *n* **1** gorra **2** cofia **3** gorro **4** tapa, tapón ◆ *vt* (**-pp-**) superar **LOC to cap it all** para colmo

capability /ˌkeɪpəˈbɪləti/ *n* (*pl* **-ies**) **1** capacidad, aptitud **2 capabilities** [*pl*] potencial

capable /ˈkeɪpəbl/ *adj* capaz

capacity /kəˈpæsəti/ *n* (*pl* **-ies**) **1** capacidad: *filled to capacity* lleno hasta el borde/completo **2** nivel máximo de producción: *at full capacity* al límite de capacidad **LOC in your capacity as sth** en su calidad de algo

cape /keɪp/ *n* **1** capa **2** (*Geog*) cabo

caper /ˈkeɪpər/ ◆ *vi* ~ (**about**) brincar ◆ *n* **1** (*coloq*) broma, travesura **2** alcaparra

capillary /ˈkæpəleri; *GB* kəˈpɪləri/ *n* (*pl* **-ies**) capilar

capital[1] /ˈkæpɪtl/ ◆ *n* **1** (*tb* **capital city**) capital **2** (*tb* **capital letter**) mayúscula **3** (*Arquit*) capitel ◆ *adj* **1** capital: *capital punishment* pena de muerte **2** mayúsculo

capital[2] /ˈkæpɪtl/ *n* capital: *capital gains* utilidades de capital ◊ *capital goods* bienes de capital **LOC to make capital** (**out**) **of sth** sacar partido de algo **capitalism** *n* capitalismo **capitalist** *adj, n* capitalista **capitalize, -ise** *vt* (*Fin*) capitalizar **PHR V to capitalize on sth** aprovecharse de algo, sacar partido de algo

capitulate /kəˈpɪtʃuleɪt/ *vi* ~ (**to sth/sb**) capitular (ante algo/algn)

capricious /kəˈprɪʃəs/ *adj* caprichoso

Capricorn /ˈkæprɪkɔːrn/ *n* Capricornio ☛ *Ver ejemplos en* AQUARIUS

capsize /ˈkæpsaɪz; *GB* kæpˈsaɪz/ *vt, vi* volcar(se)

capsule /ˈkæpsl; *GB* ˈkæpsjuːl/ *n* cápsula

captain /ˈkæptən/ ◆ *n* **1** (*Dep, Náut*) capitán, -ana **2** (*avión*) comandante ◆ *vt* capitanear, ser el capitán de **captaincy** *n* capitanía

caption /ˈkæpʃn/ *n* **1** encabezamiento, título **2** pie (de foto) **3** (*Cine, TV*) letrero

captivate /ˈkæptɪveɪt/ *vt* cautivar **captivating** *adj* cautivador, encantador

captive /ˈkæptɪv/ ◆ *adj* cautivo **LOC to hold/take sb captive/prisoner** tener preso/apresar a algn ◆ *n* preso, -a, cautivo, -a **captivity** /kæpˈtɪvəti/ *n* cautividad

captor /ˈkæptər/ *n* captor, -ora

capture /ˈkæptʃər/ ◆ *vt* **1** capturar **2** (*interés, etc.*) atraer **3** (*Mil*) tomar **4** (*fig*): *She captured his heart.* Le conquistó el corazón. **5** (*Arte*) captar ◆ *n* **1** captura **2** (*ciudad*) toma

car /kɑr/ *n* **1** (*GB tb* **motor car**, *USA* **automobile**) carro, automóvil: *by car* en carro ◊ *car accident* accidente de carro ◊ *car bomb* carro bomba **2** (*Ferrocarril*): *dining car* vagón restaurante ◊ *sleeping car* vagón para dormir **3** (*GB* **carriage**) (*Ferrocarril*) vagón

caramel /ˈkærəməl, ˈkɑrməl/ *n* **1** caramelo (*azúcar quemado*) **2** color caramelo

carat /ˈkærət/ *n* **1** (*piedras preciosas*), quilate **2** (*GB*) (*USA* **karat**) quilate (*medida de pureza del oro*)

caravan /ˈkærəvæn/ *n* **1** (*GB*) (*USA* **trailer**) carrocasa **2** caravana

carbohydrate /ˌkɑrbəˈhaɪdreɪt/ *n* carbohidrato, hidrato de carbono

carbon /ˈkɑrbən/ *n* **1** carbono: *carbon dating* datar por medio de la técnica del carbono 14 ◊ *carbon dioxide/monoxide* dióxido/monóxido de carbono **2** *carbon paper* papel carbón ☛ *Comparar con* COAL

carbon copy *n* (*pl* **-ies**) **1** copia al carbón **2** (*fig*) réplica: *She's a carbon copy of her sister.* Es idéntica a su hermana.

carburetor /ˈkɑrbəˌreɪtər/ (*GB* **carburettor** /ˌkɑːbəˈretə(r)/) *n* carburador

carcass (*tb* **carcase**) /ˈkɑrkəs/ *n* **1** restos (*de pollo, etc.*) **2** res muerta lista para partir

card /kɑrd/ *n* **1** tarjeta **2** ficha: *card index* fichero **3** (*de socio, de identidad, etc.*) carné **4** carta (*de baraja*) **5** [*incontable*] cartulina **LOC in the cards** (*coloq*) probable **to get your cards/give sb their cards** (*coloq*) ser despedido/despedir a algn *Ver tb* LAY[1], PLAY

cardboard /ˈkɑrdbɔːrd/ *n* cartón

cardholder /ˈkɑrdˌhoʊldər/ *n* poseedor, -ora de tarjeta (de crédito)

cardiac /ˈkɑrdiæk/ *adj* cardiaco

cardigan /ˈkɑrdɪgən/ *n* saco (abierto/de botones)

cardinal /ˈkɑrdnl/ ◆ *adj* **1** (*pecado, etc.*) cardinal **2** (*regla, etc.*) fundamental ◆ *n* (*Relig, Ornit*) cardenal

care /keər/ ◆ *n* **1** ~ (**over sth/in doing sth**) cuidado (con algo/al hacer algo): *to take care* tener cuidado **2** atención: *child care* servicio de cuidado de los niños **3** preocupación **LOC care of sb** (*correos*) a la atención de algn **that takes care of that** así se da por terminado **to take care of sth/sb** encargarse de algo/algn **to take care of yourself/sth/sb** cuidarse/cuidar algo/a algn **to take sb into/put sb in care** (*GB*) poner a algn (esp a un niño) al cuidado de una institución ◆ *vi* **1** ~ (**about sth**) importarle a algn (algo): *See if I care.* ¿Y a mí qué me importa? **2** ~ **to do sth** querer hacer algo **LOC for all I, you, etc. care** para lo que a mí me, a ti te, etc. importa **I, you, etc. couldn't care less** me, te, etc. importa un comino **PHR V to care for sb 1** querer a algn **2** cuidar a algn **to care for sth 1** gustarle algo a algn **2** provocarle algo a algn

career /kəˈrɪər/ ◆ *n* carrera (*actividad profesional*): *career prospects* perspectivas profesionales ☛ *Comparar con* DEGREE sentido 2 ◆ *vi* correr a toda velocidad

carefree /ˈkeərfriː/ *adj* libre de preocupaciones

careful /ˈkeərfl/ *adj* **1** *to be careful* (*about/of/with sth*) tener cuidado (con algo) **2** (*trabajo, etc.*) cuidadoso **carefully** *adv* con cuidado, cuidadosamente: *to listen/think carefully* escuchar con atención/pensar bien **LOC** *Ver* TREAD

careless /ˈkeərləs/ *adj* **1** ~ (**about sth**) descuidado, despreocupado (con algo): *to be careless of sth* no preocuparse por algo **2** imprudente

carer /ˈkeɪrər/ *n* (*GB*) cuidador, -ora (*de persona anciana o enferma*)

caress /kəˈres/ ◆ *n* caricia ◆ *vt* acariciar

caretaker /ˈkeərteɪkər/ ◆ *n* (*GB*) (*USA* **janitor**) conserje, portero, -a, vigilante ◆ *adj* temporal (*gobierno*): *a caretaker government* un gobierno temporal

cargo /ˈkɑrgoʊ/ *n* (*pl* **~s**, *GB* **~es**) **1** carga **2** cargamento

caricature /ˈkærɪkətʃər/ ◆ *n* caricatura ◆ *vt* caricaturizar

caring /ˈkeərɪŋ/ *adj* bondadoso: *a caring image* una imagen bondadosa

carnation /kɑrˈneɪʃn/ *n* clavel

carnival /ˈkɑrnɪvl/ *n* carnaval

carnivore /ˈkɑrnɪvɔːr/ *n* carnívoro **carnivorous** /kɑrˈnɪvərəs/ *adj* carnívoro

carol /ˈkærəl/ *n* villancico

car park (*GB*) (*USA* **parking lot**) *n* parqueadero, estacionamiento

carpenter /ˈkɑrpəntər/ *n* carpintero, -a, ebanista **carpentry** *n* carpintería

carpet /ˈkɑrpɪt/ ◆ *n* alfombra ◆ *vt* alfombrar **carpeting** *n* [*incontable*] alfombrado

carriage /ˈkærɪdʒ/ *n* **1** carruaje **2** (*GB*)

(*USA* **car**) (*Ferrocarril*) vagón **3** (*correos*) porte **carriageway** *n* carril

carrier /ˈkæriər/ *n* **1** portador, -ora **2** empresa de transportes

carrier bag *n* (*GB*) bolsa de plástico/papel

carrot /ˈkærət/ *n* zanahoria

carry /ˈkæri/ (*pret, pp* **carried**) **1** *vt* llevar: *to carry a gun* estar armado ☛ *Ver nota en* WEAR **2** *vt* soportar **3** *vt* (*votación*) aprobar **4** *v refl* ~ **yourself**: *She carries herself well.* Camina con mucha elegancia. **5** *vi* oírse: *Her voice carries well.* Tiene una voz muy fuerte. LOC **to carry the can** (**for sth**) (*GB, coloq*) cargar con la culpa (de algo) **to carry the day** triunfar **to carry weight** tener gran peso

PHR V **to carry sth/sb away 1** (*lit*) llevar(se) algo/a algn **2** (*fig*): *Don't get carried away.* No se entusiasme.

to carry sth off 1 salir airoso de algo **2** realizar algo **to carry sth/sb off** llevar(se) algo/a algn

to carry on (**with sb**) (*coloq*) tener una aventura (con algn) **to carry on** (**with sth/doing sth**); **to carry sth on** continuar (con algo/haciendo algo): *to carry on a conversation* mantener una conversación

to carry sth out 1 (*promesa, orden, etc.*) cumplir algo **2** (*plan, investigación, etc.*) llevar a cabo algo

to carry sth through llevar a término algo

carryall /ˈkæriɔːl/ (*GB* **holdall**) *n* bolsa de viaje, tula

cart /kɑrt/ ◆ *n* carreta ◆ *vt* acarrear PHR V **to cart sth about/around** (*coloq*) cargar con algo **to cart sth/sb off** (*coloq*) llevarse algo/a algn

carton /ˈkɑrtn/ *n* caja, cartón ☛ *Ver dibujo en* CONTAINER

cartoon /kɑrˈtuːn/ *n* **1** caricatura **2** tira cómica, historieta **3** dibujos animados **4** (*Arte*) cartón (*boceto*) **cartoonist** *n* caricaturista

cartridge /ˈkɑrtrɪdʒ/ *n* **1** cartucho **2** (*de cámara, etc.*) rollo

carve /kɑrv/ **1** *vt, vi* esculpir: *carved out of/from/in marble* esculpido en mármol **2** *vt, vi* (*madera*) tallar **3** *vt* (*iniciales, etc.*) grabar **4** *vt, vi* (*carne*) trinchar PHR V **to carve sth out** (**for yourself**) ganarse algo **to carve sth up** (*coloq*) repartir algo **carving** *n* escultura, talla

cascade /kæˈskeɪd/ *n* cascada

case¹ /keɪs/ *n* **1** (*gen, Med, Gram*) caso: *It's a case of...* Se trata de... **2** argumento(s): *There is a case for...* Hay razones para... **3** (*Jur*) causa: *the case for the defense/prosecution* la defensa/la acusación LOC **in any case** en cualquier caso (**just**) **in case** por si acaso **to make** (**out**) **a case** (**for sth**) presentar argumentos convincentes (para algo) *Ver tb* BORDERLINE, JUST

case² /keɪs/ *n* **1** estuche **2** cajón (*de embalaje*) **3** caja (*de vino*) **4** maleta

cash /kæʃ/ ◆ *n* [*incontable*] dinero (en efectivo), plata: *to pay* (*in*) *cash* pagar en efectivo/al contado ◊ *cash card* tarjeta de cajero automático ◊ *cash price* precio al contado ◊ *cash machine* cajero automático ◊ *cash flow* movimiento de fondos ◊ *cash register* caja ◊ *to be short of cash* estar mal de plata LOC **cash down** pago de contado **cash on delivery** (*abrev* **COD**) pago a la entrega *Ver tb* HARD ◆ *vt* hacer efectivo PHR V **to cash in** (**on sth**) aprovecharse (de algo) **to cash sth in** canjear algo

cashier /kæˈʃɪər/ *n* cajero, -a

cashmere /ˌkæʃˈmɪər/ *n* cachemir

casino /kəˈsiːnoʊ/ *n* (*pl* ~**s**) casino

cask /kæsk; *GB* kɑːsk/ *n* barril

casket /ˈkæskɪt; *GB* ˈkɑːskɪt/ *n* **1** (*USA*) ataúd **2** (*GB*) cofre (*para joyas, etc.*)

casserole /ˈkæsəroʊl/ *n* **1** (*tb* **casserole dish**) cazuela ☛ *Ver dibujo en* SAUCEPAN **2** guiso, estofado

cassette /kəˈset/ *n* cassette: *cassette deck/player/recorder* grabadora

cast /kæst; *GB* kɑːst/ ◆ *n* **1** [*v sing o pl*] (*Teat*) reparto **2** (*Med*): *My arm's in a cast.* Tengo el brazo enyesado. **3** (*Arte*) vaciado ◆ *vt* (*pret, pp* **cast**) **1** (*Teat*): *to cast sb as Othello* dar a algn el papel de Otelo **2** arrojar, lanzar **3** (*mirada*) echar **4** (*sombra*) proyectar **5** (*voto*) emitir: *to cast your vote* votar LOC **to cast an eye/your eye(s) over sth** echar un vistazo a algo **to cast a spell on sth/sb** hechizar algo/a algn **to cast doubt** (**on sth**) hacer dudar (de algo) PHR V **to cast about/around for sth** buscar algo **to cast sth/sb aside** dejar de lado algo/a algn **to cast sth off** deshacerse de algo

castaway /ˈkæstəweɪ; *GB* ˈkɑːst-/ *n* náufrago, -a

caste /kæst; *GB* kɑːst/ *n* casta: *caste system* sistema de castas

cast iron ◆ *n* hierro fundido ◆ *adj* **1** de hierro fundido **2** (*constitución*) de hierro **3** *a cast iron alibi* una coartada irrefutable

castle /ˈkæsl; *GB* ˈkɑːsl/ *n* **1** castillo **2** (*ajedrez*) (*tb* **rook**) torre

castrate /ˈkæstreɪt; *GB* kæˈstreɪt/ *vt* castrar **castration** *n* castración

casual /ˈkæʒuəl/ *adj* **1** (*ropa*) informal **2** (*trabajo*) ocasional: *casual worker* (*GB*) trabajador por horas **3** superficial: *a casual acquaintance* un conocido ◊ *a casual glance* un vistazo **4** (*encuentro*) fortuito **5** (*comentario*) sin importancia **6** (*comportamiento*) despreocupado, informal: *casual sex* promiscuidad sexual **casually** *adv* **1** como por casualidad **2** informalmente **3** temporalmente **4** despreocupadamente

casualty /ˈkæʒuəlti/ *n* (*pl* **-ies**) víctima, baja

cat /kæt/ *n* **1** gato: *cat food* comida para gatos ☛ *Ver nota en* GATO **2** felino: *big cat* felino salvaje **LOC** *Ver* LET[1]

catalogue (*USA tb* **catalog**) /ˈkætəlɔːg; *GB* -lɒg/ ◆ *n* **1** catálogo **2** (*fig*): *a catalogue of disasters* una serie de desastres ◆ *vt* catalogar **cataloguing** *n* catalogación

catalyst /ˈkætəlɪst/ *n* catalizador

catapult /ˈkætəpʌlt/ ◆ *n* cauchera, catapulta ◆ *vt* catapultar

cataract /ˈkætərækt/ *n* catarata (*Geog, Med*)

catarrh /kəˈtɑr/ *n* (*GB*) resfriado

catastrophe /kəˈtæstrəfi/ *n* catástrofe **catastrophic** /ˌkætəˈstrɑfɪk/ *adj* catastrófico

catch /kætʃ/ (*pret, pp* **caught** /kɔːt/) ◆ **1** *vt, vi* agarrar: *Here, catch!* ¡Toma! **2** *vt* atrapar, agarrar **3** *vt* sorprender **4** *vt* (*coloq*) pillar **5** *vt* (*USA, coloq*) ir a ver: *I'll catch you later.* ¡Nos pillamos! **6** *vt* ~ **sth (in/on sth)** engarzar algo (en/con algo): *He caught his thumb in the door.* Se machucó el dedo con la puerta. **7** *vt* (*Med*) contagiarse de **8** *vt* oír, entender **9** *vi* (*fuego*) prenderse **LOC to catch fire** incendiarse **to catch it** (*coloq*): *You'll catch it!* ¡Se la va a ganar! **to catch sb off balance** agarrar desprevenido a algn **to catch sb's attention/eye** captar la atención de algn **to catch sight/a glimpse of sth/sb** vislumbrar algo/a algn **to catch your breath 1** recuperar el aliento **2** contener la respiración **to catch your death (of cold)** (*coloq*) agarrar una pulmonía *Ver tb* CROSSFIRE, EARLY, FANCY

PHR V to catch at sth *Ver* TO CLUTCH AT STH *en* CLUTCH

to catch on (*coloq*) hacerse popular **to catch on (to sth)** (*coloq*) entender (algo) **to catch sb out** agarrar en falta a algn **to be caught up in sth** estar metido en algo **to catch up (on sth)** ponerse al día (con algo) **to catch up (with sb)**/ (*GB*) **to catch sb up** alcanzar a algn ◆ *n* **1** acción de agarrar (especialmente una pelota) **2** captura **3** (*peces*) pesca **4** (*coloq, fig*): *He's a good catch.* Es un buen partido. **5** cierre, cerradura **6** (*fig*) trampa: *It's a catch-22 (situation).* Es una situación sin salida. **catcher** *n* catcher (*beisbol*) **catching** *adj* contagioso **catchy** *adj* (**-ier, -iest**) **1** pegajoso **2** (*fig*) fácil de recordar

catchment area *n* (*GB*) distrito

catchphrase /ˈkætʃfreɪz/ *n* dicho (*de persona famosa*)

catechism /ˈkætəkɪzəm/ *n* catecismo

categorical /ˌkætəˈgɔːrɪkl; *GB* -ˈgɒr-/ (*tb* **categoric**) *adj* **1** (*respuesta*) categórico **2** (*rechazo*) rotundo **3** (*regla*) terminante **categorically** *adv* categóricamente

categorize, -ise /ˈkætəgəraɪz/ *vt* clasificar

category /ˈkætəgɔːri; *GB* -gəri/ *n* (*pl* **-ies**) categoría

cater /ˈkeɪtər/ *vi* abastecer: *to cater for a party* proveer la comida para una fiesta ◊ *to cater for all tastes* intentar darle gusto a todo el mundo **catering** *n* comida: *the catering industry* la actividad banquetera

caterpillar /ˈkætərpɪlər/ *n* **1** oruga **2** (*tb* **Caterpillar track**) cadena (*de tanque, etc.*)

catfish /ˈkætfɪʃ/ *n* bagre

cathedral /kəˈθiːdrəl/ *n* catedral

Catholic /ˈkæθlɪk/ *adj, n* católico, -a **Catholicism** /kəˈθɑləsɪzəm/ *n* catolicismo

cattle /ˈkætl/ *n* [*pl*] ganado

caught *pret, pp de* CATCH **LOC** *Ver* CROSSFIRE

cauldron (*tb* **caldron**) /ˈkɔːldrən/ *n* caldera

cauliflower /ˈkɔːlɪflaʊər; *GB* ˈkɒlɪ-/ *n* coliflor

cause /kɔːz/ ◆ *vt* causar **LOC** *Ver* HAVOC ◆ *n* **1** ~ (**of sth**) causa (de algo) **2** ~ (**for sth**) motivo, razón (de/para algo): *cause for complaint/to complain* motivo de queja **LOC** *Ver* ROOT

causeway /ˈkɔːzweɪ/ *n* carretera o camino más elevado que el terreno a los lados

caustic /ˈkɔːstɪk/ *adj* **1** cáustico **2** (*fig*) mordaz

caution /ˈkɔːʃn/ ◆ **1** *vt, vi* ~ (**sb**) **against sth** advertir (a algn) contra algo **2** *vt* amonestar ◆ *n* **1** precaución, cautela: *to exercise extreme caution* extremar las precauciones **2** amonestación **LOC to throw/fling caution to the wind** abandonar la prudencia **cautionary** *adj* **1** de advertencia **2** ejemplar: *a cautionary tale* un relato ejemplar

cautious /ˈkɔːʃəs/ *adj* ~ (**about/of sth**) cauteloso (con algo): *a cautious driver* un conductor precavido **cautiously** *adv* con cautela

cavalry /ˈkævlri/ *n* [*v sing o pl*] caballería

cave /keɪv/ ◆ *n* cueva: *cave painting* pintura rupestre ◆ **PHR V to cave in 1** derrumbarse **2** (*fig*) ceder

cavern /ˈkævərn/ *n* caverna **cavernous** *adj* cavernoso

cavity /ˈkævəti/ *n* (*pl* **-ies**) **1** cavidad **2** caries

cease /siːs/ *vt, vi* (*formal*) cesar, terminar: *to cease to do sth* dejar de hacer algo

ceasefire /ˈsiːsfaɪər/ *n* cese de hostilidades

ceaseless /ˈsiːsləs/ *adj* incesante

cede /siːd/ *vt* ~ **sth** (**to**) ceder algo (a)

ceiling /ˈsiːlɪŋ/ *n* **1** techo (*en el interior*) **2** altura máxima **3** (*fig*) tope, límite

celebrate /ˈselɪbreɪt/ **1** *vt* celebrar **2** *vi* festejar **3** *vt* (*formal*) alabar **celebrated** *adj* ~ (**for sth**) célebre (por algo) **celebration** *n* celebración: *in celebration of...* en conmemoración de ... **celebratory** /ˈseləbrəˌtɔːri/ *adj* conmemorativo, festivo

celebrity /səˈlebrəti/ *n* (*pl* **-ies**) celebridad

celery /ˈseləri/ *n* apio

cell /sel/ *n* **1** celda **2** (*Anat, Pol*) célula **3** (*Electrón*) pila

cellar /ˈselər/ *n* sótano

cellist /ˈtʃelɪst/ *n* violonchelista

cello /ˈtʃeloʊ/ *n* (*pl* ~**s**) violonchelo

cellular /ˈseljulər/ *adj* celular

cement /sɪˈment/ ◆ *n* cemento ◆ *vt* **1** revestir de cemento, pegar con cemento **2** (*fig*) cimentar

cemetery /ˈseməteri; *GB* -tri/ *n* (*pl* **-ies**) cementerio

censor /ˈsensər/ ◆ *n* censor, -ora ◆ *vt* censurar **censorship** *n* [*incontable*] censura

censure /ˈsenʃər/ ◆ *vt* ~ **sb** (**for**) censurar a algn (por) ◆ *n* censura

census /ˈsensəs/ *n* (*pl* ~**es**) censo

cent /sent/ *n* centavo

centennial /senˈteniəl/ *n* centenario

center (*GB* **centre**) /ˈsentər/ ◆ *n* **1** centro: *the center of town* el centro de la ciudad **2** núcleo: *a center of commerce* un núcleo comercial **3** (*Fútbol*) (centro) delantero **4** (*rugby*) centrocampista ◆ *vt, vi* centrar(se) **PHR V to center (sth) on/upon/(a)round sth/sb** centrar algo/centrarse en/alrededor de algo/algn

center forward (*tb* **center**) *n* (centro) delantero

center half *n* mediocampista

centimeter (*GB* **-metre**) /ˈsentɪmiːtər/ *n* (*abrev* **cm**) centímetro

centipede /ˈsentɪpiːd/ *n* ciempiés

central /ˈsentrəl/ *adj* **1** (*en una población*) céntrico: *central Boston* el centro de Boston **2** central: *central air conditioning* aire acondicionado central **3** principal **centralize, -ise** *vt* centralizar **centralization, -isation** *n* centralización **centrally** *adv* centralmente

centre (*GB*) *Ver* CENTER

century /ˈsentʃəri/ *n* (*pl* **-ies**) siglo

cereal /ˈsɪəriəl/ *n* cereal(es)

cerebral /səˈriːbrəl; *GB* ˈserəbrəl/ *adj* cerebral

ceremonial /ˌserɪˈmoʊniəl/ *adj, n* ceremonial

ceremony /ˈserəmoʊni; *GB* -məni/ *n* (*pl* **-ies**) ceremonia

certain /ˈsɜːrtn/ ◆ *adj* **1** seguro: *That's*

far from certain. Eso dista mucho de ser seguro. ◊ *It is certain that he'll be elected.* Es seguro que será elegido. **2** cierto: *to a certain extent* hasta cierto punto **3** tal: *a certain Mr. Brown* un tal Sr Brown **LOC for certain** con seguridad **to make certain (that...)** asegurarse (de que...) **to make certain of (doing) sth** asegurarse de (que se haga) algo ◆ *pron* ~ **of...**: *certain of those present* algunos de los presentes **certainly** *adv* **1** con toda certeza ☛ *Comparar con* SURELY **2** (*como respuesta*) ¡desde luego!, ¡cómo no!: *Certainly not!* ¡Desde luego que no! **certainty** *n* (*pl* **-ies**) certeza

certificate /sərˈtɪfɪkət/ *n* **1** certificado: *doctor's certificate* excusa médica **2** (*nacimiento, etc.*) partida

certify /ˈsɜːrtɪfaɪ/ *vt* (*pret, pp* **-fied**) **1** certificar **2** (*tb* **to certify insane**): *He was certified (insane).* Declararon que no estaba en posesión de sus facultades mentales. **certification** *n* certificación

chain /tʃeɪn/ ◆ *n* **1** cadena: *chain mail* cota de malla ◊ *chain reaction* reacción en cadena **2** (*Geog*) cordillera **LOC in chains** encadenado ◆ *vt* ~ **sth/sb (up)** encadenar algo/a algn

chainsaw /ˈtʃeɪnsɔː/ *n* sierra mecánica

chain-smoke /ˈtʃeɪn smoʊk/ *vi* fumar uno tras otro

chair /tʃeər/ ◆ *n* **1** silla: *Pull up a chair.* Toma asiento. ◊ *easy chair* sillón **2 the chair** (*reunión*) la presidencia, el presidente, la presidenta **3 the chair** (*tb* **the electric chair**) la silla eléctrica **4** (*universidad*) cátedra ◆ *vt* presidir (*reunión*)

chairman /ˈtʃeərmən/ *n* (*pl* **-men** /-mən/) presidente ☛ Se prefiere utilizar la forma **chairperson**, que se refiere tanto a un hombre como a una mujer.

chairperson /ˈtʃeərpɜːrsn/ *n* presidente, -a

chairwoman /ˈtʃeərwʊmən/ *n* (*pl* **-women** /-ˈwɪmɪn/) presidenta ☛ Se prefiere utilizar la forma **chairperson**, que se refiere tanto a un hombre como a una mujer.

chalet /ʃæˈleɪ/ *n* chalé (*esp de estilo suizo*)

chalk /tʃɔːk/ ◆ *n* [*gen incontable*] **1** (*Geol*) creta, caliza **2** tiza: *a piece/stick of chalk* una tiza ◆ **PHR V to chalk sth up** apuntarse algo

chalkboard /ˈtʃɔːkbɔːrd/ *n* tablero (*en una clase*)

challenge /ˈtʃæləndʒ/ ◆ *n* **1** desafío: *to issue a challenge to sb* desafiar a algn **2** reto ◆ *vt* **1** desafiar **2** dar el alto a **3** (*derecho, etc.*) poner en duda **4** (*trabajo, etc.*) estimular **challenger** *n* **1** (*Dep*) aspirante **2** desafiador, -ora **challenging** *adj* estimulante, exigente

chamber /ˈtʃeɪmbər/ *n* cámara: *chamber music* música de cámara ◊ *chamber of commerce* cámara de comercio

champagne /ʃæmˈpeɪn/ *n* champaña

champion /ˈtʃæmpiən/ ◆ *n* **1** (*Dep, etc.*) campeón, -ona: *the defending/reigning champion* el actual campeón **2** (*pleito judicial*) defensor, -ora ◆ *vt* defender **championship** *n* campeonato: *world championship* campeonato mundial

chance /tʃæns; *GB* tʃɑːns/ ◆ *n* **1** azar **2** casualidad: *a chance meeting* un encuentro casual **3** posibilidad **4** oportunidad **5** riesgo **LOC by (any) chance** por casualidad **on the (off) chance** por si acaso **the chances are (that)...** (*coloq*) lo más probable es que... **to take a chance (on sth)** correr el riesgo (de algo) **to take chances** arriesgarse *Ver tb* STAND ◆ *vt* ~ **doing sth** correr el riesgo de hacer algo **LOC to chance your arm/luck** (*coloq*) arriesgarse **PHR V to chance on/upon sth/sb** encontrarse algo/a algn (*por casualidad*)

chancellor /ˈtʃænsələr; *GB* ˈtʃɑːns-/ *n* **1** canciller: *Chancellor of the Exchequer* (*GB*) Ministro de Hacienda **2** (*universidad*) rector, -ora

chandelier /ˌʃændəˈlɪər/ *n* candelabro

change /tʃeɪndʒ/ ◆ **1** *vt, vi* cambiar(se): *to change your mind* cambiar de opinión **2** *vt* ~ **sth/sb (into sth)** convertir algo/a algn (en algo) **3** *vi* ~ **from sth (in)to sth** pasar de algo a algo **LOC to change hands** (*posesiones*) cambiar de manos **to change places (with sb) 1** cambiar de lugar (con algn) **2** (*fig*) cambiarse (por algn) **to change your mind** cambiar de opinión **to change your tune** (*coloq*) cambiar de actitud **PHR V to change back into sth 1** (*ropa*) ponerse algo otra vez **2** volver a convertirse en algo **to change into sth** **1** ponerse algo (*ropa*) **2** transformarse en algo **to change over (from sth to sth)** cambiar (de algo a algo) ◆ *n* **1** cambio: *a change of socks* otro par de medias **2** transbordo **3** [*incontable*] monedas: *loose change* menuda, cambio **4** (*dinero*) cambio, vuelto, vueltas **LOC a change for the better/worse** un cambio para mejor/peor **a change of heart** un cambio de actitud **for a change** para variar **the change of life** la menopausia **to make a change** cambiar las cosas *Ver tb* CHOP **changeable** *adj* variable

changeover /ˈtʃeɪndʒoʊvər/ *n* cambio (*p.ej. de un sistema político a otro*)

changing room *n* vestier

channel /ˈtʃænl/ ◆ *n* **1** (*TV*) cadena, canal **2** (*Radio*) banda **3** cauce **4** canal (de navegación) **5** (*fig*) vía ◆ *vt* (**-ll-** *USA tb* **-l-**) **1** encauzar **2** acanalar

chant /tʃænt; *GB* tʃɑːnt/ ◆ *n* **1** (*Relig*) canto (litúrgico) **2** (*multitud*) consigna, canción ◆ *vt, vi* **1** (*Relig*) cantar **2** (*multitud*) gritar, corear

chaos /ˈkeɪɑs/ *n* [*incontable*] caos: *to cause chaos* provocar un caos **chaotic** /keɪˈɑtɪk/ *adj* caótico

chap /tʃæp/ *n* (*coloq, GB*) tipo: *He's a good chap.* Es un buen tipo.

chapel /ˈtʃæpl/ *n* capilla

chaplain /ˈtʃæplɪn/ *n* capellán

chapped /tʃæpt/ *adj* agrietado

chapter /ˈtʃæptər/ *n* **1** capítulo **2** época **LOC chapter and verse** con pelos y señales

char /tʃɑr/ *vt, vi* (**-rr-**) carbonizar(se), chamuscar(se)

character /ˈkærəktər/ *n* **1** carácter: *character references* referencias personales ◊ *character assassination* difamación **2** (*coloq*) tipo **3** (*Liter*) personaje: *the main character* el protagonista **4** reputación **LOC in/out of character** típico/poco típico (de algn)

characteristic /ˌkærəktəˈrɪstɪk/ ◆ *adj* característico ◆ *n* rasgo, característica **characteristically** *adv*: *His answer was characteristically frank.* Respondió con la franqueza que lo caracteriza.

characterize, -ise /ˈkærəktəraɪz/ *vt* **1** ~ **sth/sb as sth** calificar algo/a algn de algo **2** caracterizar: *It is characterized by...* Se caracteriza por... **characterization, -isation** *n* descripción, caracterización

charade /ʃəˈreɪd; *GB* ʃəˈrɑːd/ *n* (*fig*) farsa

charcoal /ˈtʃɑrkoʊl/ *n* **1** carbón vegetal **2** (*Arte*) carboncillo **3** (*tb* **charcoal gray**) color gris oscuro

charge /tʃɑrdʒ/ ◆ *n* **1** acusación **2** (*Mil*) carga **3** (*Dep*) ataque **4** (*animales*) embestida **5** precio, cobro: *free of charge* gratis/sin cobro adicional **6** cargo: *to leave a child in a friend's charge* dejar a un amigo a cargo de un niño **7** carga (*eléctrica o de un arma*) **LOC in charge (of sth/sb)** a cargo (de algo/algn): *Who's in charge here?* ¿Quién es el encargado acá? **in/under sb's charge** a cargo/bajo el cuidado de algn **to bring/press charges against sb** presentar cargos contra algn **to have charge of sth** estar a cargo de algo **to take charge (of sth)** hacerse cargo (de algo) *Ver tb* EARTH, REVERSE ◆ **1** *vt* ~ **sb (with sth)** acusar a algn (de algo) **2** *vt, vi* ~ **(at sth/sb)** (*Mil, Dep*) lanzarse (contra algo/algn): *The children charged down/up the stairs.* Los niños se lanzaron escaleras abajo/arriba. **3** *vt, vi* ~ **(at sth/sb)** (*animal*) embestir (algo/a algn) **4** *vt, vi* cobrar **5** *vt* (*pistola, pila*) cargar **6** *vt* (*formal*) encomendar **PHR V to charge sth (up) (to sb)** cargar algo a la cuenta (de algn) **chargeable** *adj* **1** gravable, sujeto a pago **2** ~ **to sb** (*pago*) a cargo de algn

chariot /ˈtʃæriət/ *n* carroza

charisma /kəˈrɪzmə/ *n* carisma **charismatic** /ˌkærɪzˈmætɪk/ *adj* carismático

charitable /ˈtʃærətəbl/ *adj* **1** caritativo **2** bondadoso **3** (*organización*) benéfico

charity /ˈtʃærəti/ *n* (*pl* **-ies**) **1** caridad **2** comprensión **3** (*organismo*) organización benéfica: *for charity* con fines benéficos

charm /tʃɑrm/ ◆ *n* **1** encanto **2** dije: *a charm bracelet* una pulsera de dijes **3** hechizo **LOC** *Ver* WORK² ◆ *vt* encantar: *a charmed life* una vida afortunada **PHR V to charm sth from/out of sth/sb** conseguir algo de algo/algn por medio del encanto **charming** *adj* encantador

chart /tʃɑrt/ ◆ *n* **1** carta de navegación **2** gráfica: *flow chart* organigrama **3 the charts** [*pl*] los discos más vendidos

◆ *vt*: *to chart the course/the progress of sth* hacer una gráfica de la trayectoria/ del progreso de algo

charter /ˈtʃɑrtər/ ◆ *n* **1** estatutos: *royal charter* (*GB*) autorización real **2** flete: *a charter flight* un vuelo chárter ◊ *a charter plane/boat* un avión/barco fletado ◆ *vt* **1** otorgar autorización a **2** (*avión*) fletar **chartered** *adj* diplomado: *chartered accountant* (*GB*) auditor

chase /tʃeɪs/ ◆ **1** *vt, vi* (*lit y fig*) perseguir: *He's always chasing* (*after*) *women.* Siempre anda persiguiendo mujeres. **2** *vt* (*coloq*) andar detrás de PHR V **to chase about, around, etc.** correr de un lado para otro **to chase sth/sb away, off, out, etc.** echar/ ahuyentar algo/a algn **to chase sth up** (*GB, coloq*) agilizar algo ◆ *n* **1** persecución **2** (*animales*) caza

chasm /ˈkæzəm/ *n* abismo

chassis /ˈtʃæsi/ *n* (*pl* **chassis** /ˈʃæsiz/) chasis

chaste /tʃeɪst/ *adj* **1** casto **2** (*estilo*) sobrio

chastened /ˈtʃeɪsnd/ *adj* **1** escarmentado **2** (*tono*) sumiso **chastening** *adj* que sirve de escarmiento

chastity /ˈtʃæstəti/ *n* castidad

chat /tʃæt/ ◆ *n* charla: *chat show* (*GB*) programa de entrevistas ◆ *vi* (**-tt-**) ~ (**to/with sb**) (**about sth**) charlar (con algn) (de algo) PHR V **to chat sb up** (*GB, coloq*) encarretar a algn **chatty** *adj* (**-ier, -iest**) **1** (*persona*) parlanchín **2** (*carta*) informal

chatter /ˈtʃætər/ ◆ *vi* **1** ~ (**away/on**) parlotear **2** (*mico*) chillar **3** (*pájaro*) trinar **4** (*dientes*) castañear ◆ *n* parloteo

chauffeur /ʃoʊˈfɜːr; *GB* ˈʃəʊfə(r)/ ◆ *n* chofer ◆ *vt* ~ **sb around** hacer de chofer para algn; llevar en carro a algn

chauvinism /ˈʃoʊvɪnɪzəm/ *n* chovinismo, patriotería

chauvinist /ˈʃoʊvɪnɪst/ ◆ *n* chovinista, patriotero, -a ◆ *adj* (*tb* **chauvinistic**) /ˌʃoʊvɪˈnɪstɪk/ chovinista

cheap /tʃiːp/ ◆ *adj* (**-er, -est**) **1** barato **2** económico **3** de mala calidad **4** (*coloq*) (*comentario, chiste, etc.*) ordinario **5** (*USA, coloq*) tacaño LOC **cheap at the price** (*GB*) regalado ◆ *adv* (*coloq*) (**-er, -est**) barato LOC **not to come cheap** (*coloq*): *Success doesn't come cheap.* El éxito no lo regalan. **to be going cheap** (*coloq*) estar en oferta ◆ *n* LOC **on the cheap** (*coloq*) barato **cheapen** *vt* abaratar: *to cheapen yourself* rebajarse **cheaply** *adv* barato, a bajo precio

cheat /tʃiːt/ ◆ **1** *vi* hacer trampa(s) **2** *vt* engañar PHR V **to cheat sb** (**out**) **of sth** quitar algo a algn (por medio de engaños) **to cheat on sb** engañar a algn (*siendo infiel*) ◆ *n* **1** tramposo, -a **2** engaño, trampa

check /tʃek/ ◆ **1** *vt* chequear, revisar *Ver tb* DOUBLE-CHECK **2** *vt, vi* asegurar(se) **3** *vt* contener **4** *vi* detenerse LOC **to check** (**sth**) **for sth** chequear que no haya algo (en algo) PHR V **to check in** (**at...**); **to check into...** registrarse (*en un hotel*) **to check sth in** chequear, registrar algo (*equipaje*) **to check sth off** tachar algo de una lista **to check out** (**of...**) saldar la cuenta e irse (*de un hotel*) **to check sth/sb out** (*USA*) hacer averiguaciones sobre algo/algn **to check** (**up**) **on sth/sb** hacer averiguaciones sobre algo/algn ◆ *n* **1** comprobación, revisión **2** investigación **3** (*ajedrez*) jaque *Ver tb* CHECKMATE **4** (*GB* **cheque**) cheque: *by check* con cheque ◊ *check card* (*GB*) tarjeta bancaria que garantiza el pago de cheques **5** (*GB* **bill**) (*restaurante*) cuenta: *The check, please.* La cuenta, por favor. LOC **to hold/keep sth in check** contener/controlar algo **checked** (*tb* **check**) *adj* a cuadros

checkbook (*GB* **cheque book**) /ˈtʃekbʊk/ *n* chequera

checkers /ˈtʃekərz/ (*GB* **draughts**) *n* [*sing*] damas (*juego*)

check-in /ˈtʃek ɪn/ *n* registro, facturación (*en un aeropuerto*)

checklist /ˈtʃeklɪst/ *n* lista

check mark

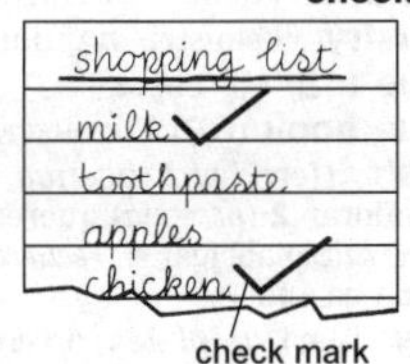

check mark (*GB* **tick**) *n* chulito, visto bueno

checkmate /ˈtʃekmeɪt/ (*tb* **mate**) *n* jaque mate

checkout /ˈtʃekaʊt/ *n* **1** caja (*en un almacén*) **2** acto de cancelar y salir de un hotel

checkpoint /ˈtʃekpɔɪnt/ *n* puesto de control

check-up /ˈtʃek ʌp/ *n* **1** chequeo (*médico*) **2** verificación

cheek /tʃiːk/ *n* **1** mejilla **2** (*GB, fig*) cara: *What (a) cheek!* ¡Qué descaro! *Ver* TONGUE **cheeky** *adj* (**-ier**, **-iest**) (*GB*) descarado

cheer /tʃɪər/ ◆ **1** *vt, vi* aclamar, vitorear **2** *vt* animar, alegrar: *to be cheered by sth* animarse con algo **PHR V to cheer sb on** alentar a algn **to cheer (sth/sb) up** alegrar (algo), animar (a algn): *Cheer up!* ¡Anímate! ◆ *n* ovación, vítor: *Three cheers for...* ¡Tres hurras por...! **cheerful** *adj* **1** alegre **2** agradable **cheery** *adj* (**-ier**, **-iest**) alegre

cheering /ˈtʃɪərɪŋ/ ◆ *n* [*incontable*] vítores ◆ *adj* alentador, reconfortante

cheerio! /ˌtʃɪəriˈoʊ/ *interj* (*GB*) ¡hasta luego!

cheerleader /ˈtʃɪərliːdər/ *n* porrista

cheers! /tʃɪərz/ *interj* (*GB*) **1** ¡salud! **2** ¡adiós! **3** ¡gracias!

cheese /tʃiːz/ *n* queso: *Would you like some cheese?* ¿Quieres queso? ◊ *a wide variety of cheeses* una amplia selección de quesos **LOC** *Ver* BIG

cheesecake /ˈtʃiːzkeɪk/ *n* torta de queso

cheetah /ˈtʃiːtə/ *n* guepardo

chef /ʃef/ *n* chef, cocinero, -a jefe

chemical /ˈkemɪkl/ ◆ *adj* químico ◆ *n* sustancia química

chemist /ˈkemɪst/ *n* **1** químico, -a **2** (*GB*) (*USA* **pharmacist**) farmacéutico, -a **chemist's (shop)** (*GB*) droguería, farmacia ☛ *Ver nota en* PHARMACY

chemistry /ˈkemɪstri/ *n* química

cheque (*GB*) *Ver* CHECK

cheque book (*GB*) *Ver* CHECKBOOK

cherish /ˈtʃerɪʃ/ *vt* **1** (*libertad, tradiciones*) valorar **2** (*persona*) querer, cuidar **3** (*esperanza*) abrigar **4** (*recuerdo*) guardar con cariño

cherry /ˈtʃeri/ *n* (*pl* **-ies**) **1** cereza **2** (*tb* **cherry tree**) (*árbol*) cerezo: *cherry blossom* flor del cerezo **3** (*tb* **cherry red**) (*color*) rojo cereza

cherub /ˈtʃerəb/ *n* (*pl* **~s** *o* **~im**) querubín

chess /tʃes/ *n* ajedrez: *chessboard* tablero de ajedrez

chest /tʃest/ *n* **1** baúl: *chest of drawers* (*GB*) cómoda **2** pecho (*tórax*) ☛ *Comparar con* BREAST **LOC to get it/something off your chest** (*coloq*) quitarse un peso de encima, desahogarse

chestnut /ˈtʃesnʌt/ ◆ *n* **1** castaña **2** (*árbol, madera*) castaño **3** (*coloq*) chiste viejo ◆ *adj, n* (color) caoba

chew /tʃuː/ *vt* ~ **sth (up)** masticar algo: *chewing gum* chicle **PHR V to chew sth over** (*coloq*) rumiar algo

chewing gum *n* [*incontable*] chicle

chick /tʃɪk/ *n* polluelo

chicken /ˈtʃɪkɪn/ ◆ *n* **1** (*carne*) pollo **2** (*ave*) gallina *Ver tb* HEN **3** (*coloq*) miedoso ◆ **PHR V to chicken out** (*coloq*) quitarse, acobardarse ◆ *adj* (*coloq*) cobarde

chickenpox /ˈtʃɪkɪnpɑks/ *n* [*incontable*] varicela, lechina

chickpea /ˈtʃɪkpiː/ *n* garbanzo

chicory /ˈtʃɪkəri/ *n* achicoria

chief /tʃiːf/ ◆ *n* jefe, -a ◆ *adj* principal **chiefly** *adv* **1** sobre todo **2** principalmente

chieftain /ˈtʃiːftən/ *n* cacique (*de tribu o clan*)

child /tʃaɪld/ *n* (*pl* **~ren** /ˈtʃɪldrən/) **1** niño, -a: *child benefit* (*GB*) subsidio familiar ◊ *child care* puericultura ◊ *child care provisions* (*GB*) servicios de cuidado de los niños ◊ *child minder* persona que cuida niños en casa ◊ *children's clothes/television* ropa para niños/programación infantil **2** hijo, -a: *an only child* un hijo único **3** (*fig*) producto **LOC child's play** (*coloq*) juego de niños **childbirth** *n* parto **childhood** *n* infancia, niñez **childish** *adj* **1** infantil **2** (*pey*) inmaduro: *to be childish* portarse como un niño **childless** *adj* sin hijos **childlike** *adj* (*aprob*) de (un) niño

chili (*GB* **chilli**) /ˈtʃɪli/ *n* (*pl* **~es**) (*tb* **chili pepper**) ají

chill /tʃɪl/ ◆ *n* **1** frío **2** resfriado: *to catch/get a chill* resfriarse **3** escalofrío ◆ **1** *vt* helar **2** *vt, vi* (*comestibles*) enfriar(se), refrigerar(se): *frozen and chilled foods* alimentos congelados y refrigerados **LOC to chill sb to the bone/marrow** helar a algn hasta los huesos **chilling** *adj* escalofriante **chilly** *adj* (**-ier**, **-iest**) frío

chilli (*GB*) *Ver* CHILI

chime /tʃaɪm/ ◆ *n* **1** repique **2** campanada ◆ *vi* repicar **PHR V to chime in (with sth)** (*coloq*) interrumpir (diciendo algo)

chimney /ˈtʃɪmni/ *n* (*pl* **-eys**) chimenea: *chimney sweep* deshollinador, -ora

chimp /tʃɪmp/ *n* (*coloq*) *Ver* CHIMPANZEE

chimpanzee /ˌtʃɪmpænˈziː/ *n* chimpancé

chin /tʃɪn/ *n* barbilla **LOC to keep your chin up** (*coloq*) poner al mal tiempo buena cara *Ver tb* CUP

china /ˈtʃaɪnə/ *n* **1** porcelana **2** vajilla (de porcelana)

chink /tʃɪŋk/ *n* grieta, abertura **LOC a chink in sb's armor** el punto débil de algn

chip /tʃɪp/ ◆ *n* **1** trocito **2** (*madera*) astilla **3** desportilladura **4** (*GB*) (*USA* **French fry**) papa a la francesa (*larga*) ☛ *Ver dibujo en* PAPA **5** (*GB* **crisp**) papa frita (*de bolsa*) ☛ *Ver dibujo en* PAPA **6** (*casino*) ficha **7** (*Electrón*) chip **LOC a chip off the old block** (*coloq*) de tal palo tal astilla **to have a chip on your shoulder** (*coloq*) estar resentido ◆ *vt, vi* desportillar(se) **PHR V to chip away at sth** minar algo (*destruir poco a poco*) **to chip in (with sth)** (*coloq*) **1** (*comentario*) interrumpir (diciendo algo) **2** (*dinero*) contribuir (con algo) **chippings** *n* [*pl*] **1** cascajo **2** (*tb* **wood chippings**) virutas de madera

chipmunk /ˈtʃɪpmʌŋk/ *n* ardillita

chirp /tʃɜːrp/ ◆ *n* **1** pío **2** (*grillo*) canto ◆ *vi* **1** piar **2** (*grillo*) cantar **chirpy** *adj* alegre

chisel /ˈtʃɪzl/ ◆ *n* cincel ◆ *vt* **1** cincelar: *finely chiseled features* rasgos elegantes **2** (*con cincel*) tallar

chivalry /ˈʃɪvəlri/ *n* **1** caballería **2** caballerosidad

chive /tʃaɪv/ *n* [*gen pl*] cebolleta

chloride /ˈklɔːraɪd/ *n* cloruro

chlorine /ˈklɔːriːn/ *n* cloro

chock-a-block /ˌtʃɑk ə ˈblɑk/ *adj* ~ **(with sth)** atestado (de algo)

chock-full /ˌtʃɑk ˈfʊl/ *adj* ~ **(of sth)** hasta el tope/los topes (de algo)

chocolate /ˈtʃɑklət/ ◆ *n* chocolate: *milk/dark chocolate* chocolate con leche/negro ◆ *adj* **1** (*salsa, pastel, etc.*) de chocolate **2** color chocolate

choice /tʃɔɪs/ ◆ *n* **1** ~ **(between...)** elección (entre...): *to make a choice* escoger **2** selección **3** posibilidad: *If I had the choice...* Si de mí dependiera... **LOC by choice** por decisión propia **to have no choice** no tener más remedio ◆ *adj* (**-er**, **-est**) **1** de calidad: *choice wines* vinos de calidad **2** escogido

choir /ˈkwaɪər/ *n* [*v sing o pl*] coro: *choir boy* niño que canta en un coro

choke /tʃoʊk/ ◆ **1** *vi* ~ **(on sth)** atragantarse/ahogarse con algo: *to choke to death* asfixiarse **2** *vt* ahogar, estrangular **3** *vt* ~ **sth (up) (with sth)** atascar algo (con algo) **PHR V to choke sth back** contener algo ◆ *n* ahogador

cholera /ˈkɑlərə/ *n* cólera

cholesterol /kəˈlestərɑl; *GB* -rɒl/ *n* colesterol

choose /tʃuːz/ (*pret* **chose** /tʃoʊz/ *pp* **chosen** /tʃoʊzn/) **1** *vi* ~ **between A and/or B** elegir, escoger entre A y B **2** *vt* ~ **A from B** elegir, escoger A de entre B **3** *vt* ~ **sth/sb as sth** elegir, escoger algo/a algn como algo **4** *vt* (*Dep*) seleccionar **5** *vt, vi* ~ **(to do sth)** decidir (hacer algo) **6** *vi* preferir: *whenever I choose* cuando me provoca **LOC** *Ver* PICK **choosy** *adj* (**-ier**, **-iest**) (*coloq*) melindroso, quisquilloso

chop /tʃɑp/ ◆ *vt, vi* (**-pp-**) **1** ~ **sth (up) (into sth)** cortar algo (en algo): *to chop sth in two* partir algo por la mitad ◊ *chopping board* tabla de picar **2** picar **3** (*GB, coloq*) reducir **LOC to chop and change** (*GB*) cambiar de opinión varias veces **PHR V to chop sth down** talar algo **to chop sth off (sth)** cortar algo ◆ *n* **1** hachazo **2** golpe **3** chuleta, costilla **chopper** *n* **1** hacha **2** (*carne*) hacha pequeña (*usada en la cocina*) **3** (*coloq*) helicóptero **choppy** *adj* (**-ier**, **-iest**) picado (*mar*)

chopsticks /ˈtʃɑpstɪks/ *n* [*pl*] palillos chinos

choral /ˈkɔːrəl/ *adj* coral

chord /kɔːrd/ *n* acorde

chore /tʃɔːr/ *n* tarea (*habitual*): *household chores* quehaceres domésticos

choreography /ˌkɔːriˈɑgrəfi; *GB* ˌkɒri-/ *n* coreografía **choreographer** *n* coreógrafo, -a

chorus /ˈkɔːrəs/ ◆ *n* [*v sing o pl*] **1** (*Mús, Teat*) coro: *chorus girl* corista **2** estribillo **LOC in chorus** a coro ◆ *vt* corear

chose *pret de* CHOOSE

chosen *pp de* CHOOSE

Christ /kraɪst/ (*tb* **Jesus**, **Jesus Christ**) *n* Cristo

christen /ˈkrɪsn/ *vt* bautizar (con el nombre de) **christening** *n* bautizo

Christian /ˈkrɪstʃən/ *adj*, *n* cristiano, -a **Christianity** /ˌkrɪstiˈænəti/ *n* cristianismo

Christian name (*tb* **first name**, *USA tb* **given name**) *n* nombre de pila

Christmas /ˈkrɪsməs/ *n* Navidad: *Christmas Day* Día de Navidad ◇ *Christmas Eve* Nochebuena ◇ *Merry/Happy Christmas!* ¡Feliz Navidad! ☛ *Ver nota en* NAVIDAD

chrome /kroʊm/ *n* cromo

chromium /ˈkroʊmiəm/ *n* cromo: *chromium-plating/plated* cromado

chromosome /ˈkroʊməsoʊm/ *n* cromosoma

chronic /ˈkrɑnɪk/ *adj* **1** crónico **2** (*mentiroso, alcohólico, etc.*) empedernido

chronicle /ˈkrɑnɪkl/ ◆ *n* crónica ◆ *vt* registrar

chrysalis /ˈkrɪsəlɪs/ *n* (*pl* **~es**) crisálida

chubby /ˈtʃʌbi/ *adj* (**-ier**, **-iest**) gordinflón *Ver tb* FAT

chuck /tʃʌk/ *vt* (*coloq*) **1** tirar **2 ~ sth (in/up)** (*GB*) dejar algo **PHR V to chuck sth away/out** (*GB*) tirar algo (a la basura) **to chuck sb out** (*GB*) echar a algn

chuckle /ˈtʃʌkl/ ◆ *vi* reírse entre dientes ◆ *n* risita

chum /tʃʌm/ *n* (*coloq*) compinche

chunk /tʃʌŋk/ *n* trozo **chunky** *adj* (**-ier**, **-iest**) fornido

church /tʃɜːrtʃ/ *n* iglesia: *church hall* salón parroquial **LOC to go to church** ir a misa/ir al oficio ☛ *Ver nota en* SCHOOL

churchyard /ˈtʃɜːrtʃjɑrd/ *n* (*GB*) cementerio (*alrededor de una iglesia*)

churn /tʃɜːrn/ **1** *vt* **~ sth (up)** (*agua, lodo*) remover algo **2** *vi* (*aguas*) agitarse **3** *vi* (*estómago*) revolverse **PHR V to churn sth out** (*coloq*) fabricar en serie (*libros, etc.*)

chute /ʃuːt/ *n* **1** chute (*para mercancías o desechos*) **2** (*GB*) (*USA* **water slide**) tobogán

cider /ˈsaɪdər/ *n* sidra

cigar /sɪˈgɑr/ *n* tabaco

cigarette /ˌsɪgəˈret/ *n* cigarrillo: *cigarette butt/* (*GB*) *end* colilla

cinder /ˈsɪndər/ *n* ceniza

cinema /ˈsɪnəmə/ *n* (*GB*) (*USA* **movie theater**) cine, teatro (*para cine*)

cinnamon /ˈsɪnəmən/ *n* canela

circle /ˈsɜːrkl/ ◆ *n* **1** círculo, circunferencia: *the circumference of a circle* el perímetro de una circunferencia **2** corro, rueda: *to stand in a circle* hacer un corro **3** (*Teat*) anfiteatro (*primer piso*) **LOC to go around in circles** no hacer progresos *Ver tb* FULL, VICIOUS ◆ *vt* **1** dar una vuelta/vueltas a **2** rodear **3** marcar con un círculo

circuit /ˈsɜːrkɪt/ *n* **1** gira **2** vuelta **3** pista **4** (*Electrón*) circuito

circular /ˈsɜːrkjələr/ ◆ *adj* redondo, circular ◆ *n* circular

circulate /ˈsɜːrkjəleɪt/ *vt, vi* (hacer) circular

circulation /ˌsɜːrkjəˈleɪʃn/ *n* **1** circulación **2** (*periódico*) tirada

circumcise /ˈsɜːrkəmsaɪz/ *vt* circuncidar **circumcision** /ˌsɜːrkəmˈsɪʒn/ *n* circuncisión

circumference /sərˈkʌmfərəns/ *n* circunferencia: *the circumference of a circle* el perímetro de una circunferencia ◇ *the circumference of the earth* la circunferencia de la Tierra

circumstance /ˈsɜːrkəmstæns/ *n* **1** circunstancia **2 circumstances** [*pl*] situación económica **LOC in/under no circumstances** en ningún caso **in/under the circumstances** dadas las circunstancias

circus /ˈsɜːrkəs/ *n* circo

cistern /ˈsɪstərn/ *n* **1** cisterna **2** depósito

cite /saɪt/ *vt* **1** citar **2** (*USA*, *Mil*) mencionar

citizen /ˈsɪtɪzn/ *n* ciudadano, -a **citizenship** *n* ciudadanía

citrus /ˈsɪtrəs/ *adj* cítrico: *citrus fruit(s)* cítricos

city /ˈsɪti/ *n* (*pl* **cities**) **1** ciudad: *the*

center of the city el centro de la ciudad **2 the City** (*GB*) el centro financiero de Londres

civic /ˈsɪvɪk/ *adj* **1** municipal: *civic center* centro municipal **2** cívico

civil /ˈsɪvl/ *adj* **1** civil: *civil strife* disensión social ◊ *civil law* código/derecho civil ◊ *civil rights/liberties* derechos civiles ◊ *the Civil Service* (*GB*) la Administración Pública ◊ *civil servant* funcionario (del Estado) **2** educado, atento

civilian /səˈvɪliən/ *n* civil

civilization, -isation /ˌsɪvəlɪˈzeɪʃn; *GB* -əlaɪˈz-/ *n* civilización

civilized, -ised /ˈsɪvəlaɪzd/ *adj* civilizado

clad /klæd/ *adj* (*formal*) ~ (**in sth**) vestido (de algo)

claim /kleɪm/ ◆ **1** *vt, vi* ~ (**for sth**) reclamar (algo) **2** *vt* afirmar, sostener **3** *vt* (*atención*) merecer **4** *vt* (*vidas*) cobrarse ◆ *n* **1** ~ (**for sth**) solicitud (de algo): *wage claim* solicitud de aumento salarial **2** ~ (**against sth/sb**) demanda (contra algo/algn): *insurance claim* reclamación al seguro **3** ~ (**on sth/sb**) derecho (sobre algo/algn) **4** ~ (**to sth**) derecho (a algo) **5** afirmación, pretensión **LOC** *Ver* LAY[1], STAKE **claimant** *n* demandante

clam /klæm/ ◆ *n* almeja ◆ *v* (**-mm-**) **PHR V to clam up** (*coloq*) cerrar el pico

clamber /ˈklæmbər/ *vi* trepar (*esp con dificultad*)

clammy /ˈklæmi/ *adj* (**-ier**, **-iest**) sudoroso, pegajoso

clamor (*GB* **clamour**) /ˈklæmər/ ◆ *n* clamor, griterío ◆ *vi* **1** clamar **2** ~ **for sth** pedir algo a voces **3** ~ **against sth** protestar a gritos contra algo

clamp /klæmp/ ◆ *n* **1** (*tb* **cramp**) grapa **2** abrazadera **3** cepo ◆ *vt* **1** sujetar **2** poner el cepo a **PHR V to clamp down on sth/sb** (*coloq*) apretar los tornillos a algo/algn

clampdown /ˈklæmpdaʊn/ *n* ~ (**on sth**) restricción (de algo); medidas drásticas (contra algo)

clan /klæn/ *n* [*v sing o pl*] clan

clandestine /klænˈdestɪn/ *adj* (*formal*) clandestino

clang /klæŋ/ ◆ *n* tañido (*metálico*) ◆ *vt, vi* (hacer) sonar

clank /klæŋk/ *vi* hacer un ruido metálico (*cadenas, maquinaria*)

clap /klæp/ ◆ (**-pp-**) **1** *vt, vi* aplaudir **2** *vt*: *to clap your hands* (*together*) batir palmas ◊ *to clap sb on the back* (*GB*) dar una palmada en la espalda a algn ◆ *n* **1** aplauso **2** *a clap of thunder* un trueno **clapping** *n* aplausos

clarify /ˈklærəfaɪ/ *vt* (*pret, pp* **-fied**) aclarar **clarification** *n* aclaración

clarinet /ˌklærəˈnet/ *n* clarinete

clarity /ˈklærəti/ *n* lucidez, claridad

clash /klæʃ/ ◆ **1** *vt, vi* (hacer) chocar (*con ruido*) **2** *vi* ~ (**with sb**) tener un enfrentamiento (con algn) **3** *vi* ~ (**with sb**) (**on/over sth**) discrepar (con algn) (en algo) **4** *vi* (*fechas*) coincidir **5** *vi* (*colores*) desentonar ◆ *n* **1** estruendo **2** enfrentamiento **3** ~ (**on/over sth**) discrepancia (por algo): *a clash of interests* un conflicto de intereses

clasp /klæsp; *GB* klɑːsp/ ◆ *n* cierre ◆ *vt* apretar

class /klæs; *GB* klɑːs/ ◆ *n* **1** clase: *They're in class.* Están en clase. ◊ *class struggle/system* lucha/sistema de clases **2** categoría: *They are not in the same class.* No tienen comparación. **LOC in a class of your/its own** inigualable, sin par ◆ *vt* ~ **sth/sb** (**as sth**) clasificar algo/a algn (como algo)

classic /ˈklæsɪk/ *adj, n* clásico: *It was a classic case.* Fue un caso típico.

classical /ˈklæsɪkl/ *adj* clásico

classification /ˌklæsɪfɪˈkeɪʃn/ *n* **1** clasificación **2** categoría

classify /ˈklæsɪfaɪ/ *vt* (*pret, pp* **-fied**) clasificar **classified** *adj* **1** clasificado: *classified advertisements/ads* avisos clasificados **2** confidencial

classmate /ˈklæsmeɪt; *GB* ˈklɑːs-/ *n* compañero, -a de clase

classroom /ˈklæsruːm, -rʊm; *GB* ˈklɑːs-/ *n* aula, clase, salón

classy /ˈklæsi; *GB* ˈklɑːsi/ *adj* (**-ier**, **-iest**) con mucho estilo

clatter /ˈklætər/ ◆ *n* (*tb* **clattering** /-ərɪŋ/) **1** estrépito **2** (*tren*) traqueteo ◆ **1** *vt, vi* hacer ruido (*con platos, etc.*) **2** *vi* (*tren*) traquetear

clause /klɔːz/ *n* **1** (*Gram*) proposición **2** (*Jur*) cláusula

claw /klɔː/ ◆ *n* **1** garra **2** (*gato*) uña

3 (*cangrejo*) pinza 4 (*máquina*) garfio ◆ *vt* arañar

clay /kleɪ/ *n* arcilla, barro

clean /kliːn/ ◆ *adj* (**-er**, **-est**) **1** limpio: *to wipe clean* limpiar **2** (*Dep*) que juega limpio **3** (*papel, etc.*) en blanco **LOC to make a clean break (with sth)** romper por completo (con algo) ◆ *vt, vi* limpiar(se) **PHR V to clean sth from/off sth** limpiar algo de algo **to clean sb out** (*coloq*) dejar a algn sin cinco **to clean sth out** limpiar algo a fondo **to clean (sth) up** limpiar (algo): *to clean up your image* mejorar algn su imagen **cleaning** *n* limpieza (*trabajo*) **cleanliness** /ˈklenlinəs/ *n* limpieza (*cualidad*) **cleanly** *adv* limpiamente

clean-cut /ˌkliːn ˈkʌt/ *adj* **1** pulcro **2** (*rasgos*) muy bien perfilado

cleaner /ˈkliːnər/ *n* **1** limpiador, -ora **2 cleaners** [*pl*] lavandería, tintorería

cleanse /klenz/ *vt* ~ **sth/sb (of sth) 1** limpiar en profundidad algo/a algn (de algo) **2** (*fig*) purificar algo/a algn (de algo) **cleanser** *n* **1** producto de limpieza **2** (*para cara*) crema limpiadora

clean-shaven /ˌkliːn ˈʃeɪvn/ *adj* afeitado

clean-up /ˈkliːn ʌp/ *n* limpieza

clear /klɪər/ ◆ *adj* (**-er**, **-est**) **1** claro: *Are you quite clear about what the job involves?* ¿Tienes claro lo que implica el trabajo? **2** (*tiempo, cielo, carretera*) despejado **3** (*cristal*) transparente **4** (*sonido*) claro **5** (*imagen, recuerdo*) nítido **6** (*conciencia*) tranquilo **7** libre: *clear of debt* libre de deudas ◊ *to keep next weekend clear* dejar libre el fin de semana que viene **LOC (as) clear as day** más claro que el agua **(as) clear as mud** nada claro **in the clear** (*coloq*) **1** fuera de sospecha **2** fuera de peligro **to make sth clear/plain (to sb)** dejar algo claro (a algn) *Ver tb* CRYSTAL ◆ **1** *vi* (*tiempo*) despejar(se) **2** *vt* (*duda*) despejar **3** *vi* (*agua*) aclararse **4** *vt* (*tubería*) destapar **5** *vt* (*de gente*) desalojar **6** *vt* ~ **sb (of sth)** absolver a algn (de algo): *to clear your name* limpiar su nombre **7** *vt* (*obstáculo*) salvar **LOC to clear the air** aclarar las cosas **to clear the table** levantar la mesa **PHR V to clear (sth) away/up** recoger (algo) **to clear off** (*coloq*) largarse **to clear sth out** ordenar algo **to clear up** despejarse **to clear sth up** dejar algo claro ◆ *adv* (**-er**, **-est**) **1** claramente **2** completamente **LOC to keep/stay/steer clear (of sth/sb)** mantenerse alejado (de algo/algn)

clearance /ˈklɪərəns/ *n* **1** despeje: *a clearance sale* una liquidación **2** espacio libre **3** autorización

clear-cut /ˌklɪər ˈkʌt/ *adj* definido

clear-headed /ˌklɪər ˈhedɪd/ *adj* de mente despejada

clearing /ˈklɪərɪŋ/ *n* claro (*de bosque*)

clearly /ˈklɪərli/ *adv* claramente

clear-sighted /ˌklɪər ˈsaɪtɪd/ *adj* lúcido

cleavage /ˈkliːvɪdʒ/ *n* escote (*entre el busto*)

clef /klef/ *n* clave (*Mús*)

clench /klentʃ/ *vt* apretar (*puños, dientes*)

clergy /ˈklɜːrdʒi/ *n* [*pl*] clero

clergyman /ˈklɜːrdʒimən/ *n* (*pl* **-men** /-mən/) **1** clérigo **2** sacerdote anglicano ☛ *Ver nota en* PRIEST

clerical /ˈklerɪkl/ *adj* **1** de oficina: *clerical staff* personal administrativo **2** (*Relig*) eclesiástico

clerk /klɜːrk; *GB* klɑːk/ *n* **1** oficinista, empleado, -a **2** (*concejo, juzgado*) secretario, -a **3** (*USA*) (*tb* **desk clerk**) recepcionista **4** (*USA*) (*en un almacén*) vendedor, -a

clever /ˈklevər/ *adj* (**-er**, **-est**) **1** inteligente, avispado **2** hábil: *to be clever at sth* tener aptitud para algo **3** ingenioso **4** astuto **LOC to be too clever** pasarse de listo **cleverness** *n* inteligencia, habilidad, astucia

cliché /ˈkliːʃeɪ/ *n* cliché

click /klɪk/ ◆ *n* **1** clic **2** chasquido **3** taconazo ◆ **1** *vt*: *to click your heels* dar un taconazo ◊ *to click your fingers* chasquear los dedos **2** *vi* (*cámara, etc.*) hacer clic **3** *vi* (*hacerse amigos*) conectar **4** *vi* caer en la cuenta **LOC to click open/shut** abrir(se)/cerrar(se) con un clic

client /ˈklaɪənt/ *n* cliente, -a

clientele /ˌklaɪənˈtel; *GB* ˌkliːənˈtel/ *n* clientela

cliff /klɪf/ *n* acantilado, precipicio

climate /ˈklaɪmət/ *n* clima: *the economic climate* las condiciones económicas

climax /ˈklaɪmæks/ *n* clímax

climb /klaɪm/ ◆ *vt, vi* **1** escalar **2** subir: *The road climbs steeply.* La carretera es muy empinada. **3** trepar **4** (*sociedad*) ascender **LOC to go climbing** hacer alpinismo *Ver tb* BANDWAGON **PHR V to climb down 1** (*fig*) dar marcha atrás **2** bajar **to climb out of sth 1** *to climb out of bed* levantarse de la cama **2** (*carro, etc.*) bajarse de algo **to climb (up) on to sth** subirse a algo **to climb up sth** subirse a algo, trepar por algo ◆ *n* **1** escalada, subida **2** pendiente

climber /ˈklaɪmər/ *n* alpinista

clinch /klɪntʃ/ *vt* **1** (*trato, etc.*) cerrar **2** (*partido, etc.*) ganar **3** (*victoria, etc.*) conseguir: *That clinched it.* Eso fue decisivo.

cling /klɪŋ/ *vi* (*pret, pp* **clung** /klʌŋ/) ~ **(on) to sth/sb** (*lit y fig*) agarrarse/aferrarse a algo/algn: *to cling to each other* abrazarse estrechamente **clinging** *adj* **1** (*tb* **clingy**) (*ropa*) ceñido **2** (*pey*) (*persona*) pegajoso

clinic /ˈklɪnɪk/ *n* clínica

clinical /ˈklɪnɪkl/ *adj* **1** clínico **2** (*fig*) imparcial

clink /klɪŋk/ **1** *vi* tintinear **2** *vt*: *They clinked glasses.* Brindaron.

clip /klɪp/ ◆ *n* **1** clip **2** (*joya*) broche, prendedor ◆ *vt* **(-pp-) 1** cortar, recortar **2** ~ **sth (on) to sth** prender algo a algo (con un clip) **PHR V to clip sth together** unir algo (con un clip)

clique /klɪk/ *n* (*pey*) grupo que excluye a los demás

cloak /kloʊk/ ◆ *n* capa ◆ *vt* envolver: *cloaked in secrecy* rodeado de un gran secreto

cloakroom /ˈkloʊkruːm/ *n* **1** guardarropa **2** (*GB, eufemismo*) baño ☛ *Ver nota en* TOILET

clock /klɑk/ ◆ *n* **1** reloj (*de pared o de mesa*) ☛ *Ver dibujo en* RELOJ **2** (*coloq*) cuentakilómetros **3** (*coloq*) taxímetro **LOC (a)round the clock** las veinticuatro horas ◆ *vt* cronometrar **PHR V to clock in/on** marcar tarjeta (*en el trabajo*) **to clock off/out** marcar tarjeta (*al salir*) **to clock sth up** registrar algo, acumular algo **clockwise** *adv, adj* en el sentido de las manecillas del reloj

clockwork /ˈklɑkwɜːrk/ ◆ *adj* con mecanismo de relojería ◆ *n* mecanismo **LOC like clockwork** como un reloj, a pedir de boca

clog /klɑg/ ◆ *n* zueco ◆ *vt, vi* ~ **(sth) (up)** obstruir(se), atascar(se), taparse

cloister /ˈklɔɪstər/ *n* claustro

close¹ /kloʊs/ ◆ *adj* **(-er, -est) 1** (*pariente*) cercano **2** (*amigo*) íntimo **3** (*vínculos, etc.*) estrecho **4** (*vigilancia*) estricto **5** (*examen*) minucioso **6** (*Dep*) (*partido*) muy reñido **7** (*tiempo*) bochornoso, pesado **8** ~ **to sth** cerca de algo, al lado de algo: *close to tears* casi llorando **9** ~ **to sb** (*emocionalmente*) unido a alguien **LOC it/that was a close call/shave** (*coloq*) por un pelo me, te, etc... **to keep a close eye/watch on sth/sb** mantener algo/a algn bajo estricta vigilancia ◆ *adv* **(-er, -est)** (*tb* **close by**) cerca **LOC close on** casi **close together** juntos **closely** *adv* **1** estrechamente **2** atentamente **3** (*examinar*) minuciosamente **closeness** *n* **1** proximidad **2** intimidad

close² /kloʊz/ ◆ **1** *vt, vi* cerrar(se) **2** *vt, vi* (*reunión, etc.*) concluir(se) **LOC to close your mind to sth** no querer saber nada de algo **PHR V to close down 1** (*empresa*) cerrar (definitivamente) **2** (*emisora*) cerrar la emisión **to close sth down** cerrar algo (*empresa, etc.*) **to close in** (*día*) acortarse **to close in (on sth/sb)** (*niebla, noche, enemigo*) venirse encima (de algo/algn) ◆ *n* final: *towards the close of* a finales de **LOC to come/draw to a close** llegar a su fin *Ver tb* BRING **closed** *adj* cerrado: *a closed door* una puerta cerrada

close-knit /ˌkloʊs ˈnɪt/ *adj* muy unido (*comunidad, etc.*)

closet /ˈklɑzɪt/ *n* (*esp USA*) clóset

close-up /ˈkloʊs ʌp/ *n* primer plano

closing /ˈkloʊzɪŋ/ *adj* **1** (*minutos, años, palabras*) último **2** (*fecha*) límite **3** *closing time* hora de cierre

closure /ˈkloʊʒər/ *n* cierre

clot /klɑt/ *n* **1** coágulo **2** (*GB, coloq, joc*) bobo, -a

cloth /klɔːθ; *GB* klɒθ/ *n* (*pl* **~s** /klɔːðz; *GB* klɒθs/) **1** tela, paño ☛ *Ver nota en* TELA **2** trapo

clothe /kloʊð/ *vt* ~ **sb/yourself (in sth)** vestir(se) (de algo)

clothes /kloʊz; *GB* kləʊðz/ *n* [*pl*] ropa: *clothes line* tendedero ◊ *clothes-pin* gancho (para tender la ropa) ☛ *Comparar con* ROPA

clothing /ˈkloʊðɪŋ/ *n* ropa: *the clothing*

industry la industria textil ☛ *Comparar con* ROPA

cloud /klaʊd/ ◆ *n* nube ◆ **1** *vt* (*juicio*) ofuscar **2** *vt* (*asunto*) complicar **3** *vi* (*expresión*) ensombrecerse **PHR V to cloud over** nublarse **cloudless** *adj* despejado **cloudy** *adj* (**-ier**, **-iest**) **1** nublado **2** (*recuerdo*) vago

clout /klaʊt/ ◆ *n* (*coloq*) **1** golpe, palmada **2** (*fig*) influencia ◆ *vt* (*GB, coloq*) darle un golpe/una palmada a

clove /kloʊv/ *n* **1** clavo (*especia*) **2** **clove of garlic** diente de ajo

clover /ˈkloʊvər/ *n* trébol

clown /klaʊn/ *n* payaso, -a

club /klʌb/ ◆ *n* **1** club **2** *Ver* NIGHTCLUB **3** garrote **4** palo (*de golf*) **5** **clubs** [*pl*] (*cartas*) trébol ☛ *Ver nota en* BARAJA ◆ *vt, vi* (**-bb-**) aporrear: *to club sb to death* matar a algn a garrotazos **PHR V to club together** (**to do sth**) hacer un fondo/una vaca (para hacer algo)

clue /kluː/ *n* **1** ~ (**to sth**) pista (de algo) **2** indicio **3** (*crucigrama*) definición **LOC not to have a clue** (*coloq*) **1** no tener ni idea **2** ser un inútil

clump /klʌmp/ *n* grupo (*plantas, etc.*)

clumsy /ˈklʌmzi/ *adj* (**-ier**, **-iest**) **1** torpe, desgarbado **2** tosco

clung *pret, pp de* CLING

cluster /ˈklʌstər/ ◆ *n* grupo ◆ **PHR V to cluster/be clustered** (**together**) **around sth/sb** apiñarse alrededor de algo/algn

clutch /klʌtʃ/ ◆ *vt* **1** (*tener*) apretar, estrechar **2** (*coger*) agarrar **PHR V to clutch at sth** agarrarse a/de algo ◆ *n* **1** cloch, embrague **2** **clutches** [*pl*] (*pey*) garras

clutter /ˈklʌtər/ ◆ *n* (*pey*) desorden, confusión ◆ *vt* (*pey*) ~ **sth** (**up**) atestar algo

coach /koʊtʃ/ ◆ *n* **1** (*GB*) bus, pullman **2** (*GB, Ferrocarril*) vagón, coche *Ver tb* CARRIAGE sentido 2 **3** carroza **4** entrenador, -ora **5** profesor, -ora particular **6** (*USA, avión*) tercera clase ◆ **1** *vt* (*Dep*) entrenar: *to coach a swimmer for the Olympics* entrenar a una nadadora para las Olimpiadas **2** *vt, vi* ~ (**sb**) (**for/in sth**) dar clases particulares (de algo) (a algn) **coaching** *n* entrenamiento, preparación

coal /koʊl/ *n* **1** carbón **2** trozo de carbón: *hot/live coals* brasas

coalfield /ˈkoʊlfiːld/ *n* **1** yacimiento de carbón **2** [*gen pl*] mina de carbón

coalition /ˌkoʊəˈlɪʃn/ *n* coalición

coal mine (*tb* **pit**) *n* mina de carbón

coarse /kɔːrs/ *adj* (**-er**, **-est**) **1** (*arena, etc.*) grueso **2** (*tela, manos*) áspero **3** vulgar **4** (*lenguaje, persona*) grosero **5** (*chiste*) basto, grosero

coast /koʊst/ ◆ *n* costa ◆ *vi* **1** (*carro*) ir en neutro **2** (*bicicleta*) ir sin pedalear **coastal** *adj* costero

coastguard /ˈkoʊstgɑrd/ *n* (servicio de) guardacostas

coastline /ˈkoʊstlaɪn/ *n* litoral

coat /koʊt/ ◆ *n* **1** abrigo, saco: *coat-hanger* gancho (*de ropa*) **2** **white coat** bata (*blanca*) **3** (*animal*) pelo, lana **4** (*pintura*) capa, mano ◆ *vt* ~ **sth** (**in/with sth**) cubrir, bañar, rebozar algo (de algo) **coating** *n* capa, baño

coax /koʊks/ *vt* ~ **sb into/out of** (**doing**) **sth**; ~ **sb to do sth** engatusar, persuadir a algn (para que haga/deje de hacer algo) **PHR V to coax sth out of/from sb** sonsacar algo a algn

cobble /ˈkɑbl/ (*tb* **cobblestone**) *n* adoquín

cobweb /ˈkɑbweb/ *n* telaraña

cocaine /koʊˈkeɪn/ *n* cocaína

cockney /ˈkɑkni/ ◆ *adj* del este de Londres ◆ *n* **1** (*pl* **-eys**) nativo, -a del este de Londres **2** dialecto de éstos

cockpit /ˈkɑkpɪt/ *n* cabina (del piloto)

cockroach /ˈkɑkroʊtʃ/ *n* cucaracha

cocktail /ˈkɑkteɪl/ *n* **1** coctel **2** (*de fruta*) coctel **3** (*coloq, fig*) mezcla

cocoa /ˈkoʊkoʊ/ *n* **1** cacao **2** (*bebida*) chocolate

coconut /ˈkoʊkənʌt/ *n* coco

cocoon /kəˈkuːn/ *n* **1** (*gusano*) capullo **2** (*fig*) caparazón

cod /kɑd/ *n* bacalao

code /koʊd/ *n* **1** código **2** (*mensaje*) clave: *code name* nombre en clave

coercion /koʊˈɜːrʃn/ *n* coacción

coffee /ˈkɔːfi; *GB* ˈkɒfi/ *n* **1** café: *coffee bar/shop* cafetería **2** color café

coffin /ˈkɔːfɪn; *GB* ˈkɒf-/ *n* ataúd

cog /kɑg/ *n* **1** rueda dentada, piñón **2** (*de rueda dentada/piñón*) diente

cogent /ˈkoʊdʒənt/ *adj* convincente

coherent /koʊˈhɪərənt/ *adj* **1** coherente **2** (*habla*) inteligible

coil /kɔɪl/ ◆ *n* **1** rollo **2** (*serpiente*) anillo ◆ **1** *vt* ~ **sth** (**up**) enrollar algo **2** *vt, vi* ~ (**yourself**) **up** (**around sth**) enroscarse (en algo)

coin /kɔɪn/ ◆ *n* moneda ◆ *vt* acuñar

coincide /ˌkoʊɪnˈsaɪd/ *vi* ~ (**with sth**) coincidir (con algo)

coincidence /koʊˈɪnsɪdəns/ *n* **1** casualidad **2** (*formal*) coincidencia

coin purse *n* (*GB* **purse**) monedero

coke /koʊk/ *n* **1 Coke®** Coca-Cola® **2** (*coloq*) (*cocaína*) coca **3** coque

cold /koʊld/ ◆ *adj* (**-er**, **-est**) frío ☛ *Ver nota en* FRÍO LOC **to be cold 1** (*persona*) tener frío **2** (*tiempo*) hacer frío **3** (*objeto*) estar frío **4** (*lugares, períodos de tiempo*) ser (muy) frío **to get cold 1** enfriarse **2** (*tiempo*) ponerse frío **to get/have cold feet** (*coloq*) sentir miedo ◆ *n* **1** frío **2** resfriado: *to catch (a) cold* resfriarse ◆ *adv* de improviso

cold-blooded /ˌkoʊld ˈblʌdɪd/ *adj* **1** (*Biol*) de sangre fría **2** desalmado

coliseum /kɑlɪˈsiːəm/ *n* estadio (*en forma de coliseo*)

collaboration /kəˌlæbəˈreɪʃn/ *n* **1** colaboración **2** colaboracionismo

collapse /kəˈlæps/ ◆ *vi* **1** derrumbarse, desplomarse **2** caer desmayado **3** (*negocio, etc.*) hundirse **4** (*valor*) caer en picada **5** (*mueble, etc.*) plegarse ◆ *n* **1** derrumbamiento **2** caída en picada **3** (*Med*) colapso

collar /ˈkɑlər/ *n* **1** (*camisa, etc.*) cuello **2** (*perro*) collar

collateral /kəˈlætərəl/ *n* garantía

colleague /ˈkɑliːg/ *n* colega, compañero, -a (*de profesión*)

collect /kəˈlekt/ ◆ **1** *vt* recoger: *collected works* obras completas **2** *vt* ~ **sth** (**up/together**) juntar, reunir algo **3** *vt* (*datos*) recopilar **4** *vt* (*fondos, impuestos*) recaudar **5** *vt* (*estampillas, monedas*) coleccionar **6** *vi* (*muchedumbre*) reunirse **7** *vi* (*polvo, agua*) acumularse ◆ *adj, adv* (*USA*) por cobrar LOC *Ver* REVERSE **collection** *n* **1** colección **2** recogida **3** (*en iglesia*) colecta **4** conjunto, grupo **collector** *n* coleccionista

collective /kəˈlektɪv/ *adj, n* colectivo

college /ˈkɑlɪdʒ/ *n* **1** centro de educación superior *Ver tb* TECHNICAL COLLEGE **2** (*USA*) universidad **3** (*GB*) colegio universitario (*Oxford, Cambridge, etc.*)

collide /kəˈlaɪd/ *vi* ~ (**with sth/sb**) chocar (con algo/algn)

colliery /ˈkɑliəri/ *n* (*pl* **-ies**) (*GB*) mina de carbón *Ver tb* COAL MINE

collision /kəˈlɪʒn/ *n* choque

collusion /kəˈluːʒn/ *n* confabulación

colon /ˈkoʊlən/ *n* **1** (*Anat*) colon **2** dos puntos *Ver págs 314–5.*

colonel /ˈkɜːrnl/ *n* coronel

colonial /kəˈloʊniəl/ *adj* colonial

colony /ˈkɑləni/ *n* [*v sing o pl*] (*pl* **-ies**) colonia

color (*GB* **colour**) /ˈkʌlər/ ◆ *n* **1** color: *color-blind* daltónico **2 colors** [*pl*] (*equipo, partido, etc.*) colores **3 colors** [*pl*] (*Mil*) bandera LOC **to be/feel off color** (*coloq*) no estar muy bien ◆ *vt* **1** colorear, pintar **2** (*afectar*) marcar **3** (*juicio*) ofuscar PHR V **to color sth in** colorear algo **to color** (**up**) (**at sth**) ruborizarse (ante algo) **colored** (*GB* **coloured**) *adj* **1** de colores: *cream-colored* (de) color crema **2** (*pey*) (*persona*) de color **3** (*exagerado*) adornado **colorful** (*GB* **colourful**) *adj* **1** lleno de color, llamativo **2** (*personaje, vida*) interesante **coloring** (*GB* **colouring**) *n* **1** colorido **2** tez **3** colorante **colorless** (*GB* **colourless**) *adj* **1** incoloro, sin color **2** (*personaje, estilo*) gris

colossal /kəˈlɑsl/ *adj* colosal

colt /koʊlt/ *n* potro ☛ *Ver nota en* POTRO

column /ˈkɑləm/ *n* columna

coma /ˈkoʊmə/ *n* coma

comb /koʊm/ ◆ *n* **1** peinilla **2** (*adorno*) peineta ◆ **1** *vt* peinar **2** *vt, vi* ~ (**through**) **sth** (**for sth/sb**) rastrear, peinar algo (en busca de algo/algn)

combat /ˈkɑmbæt/ ◆ *n* [*incontable*] combate ◆ *vt* combatir, luchar contra

combination /ˌkɑmbɪˈneɪʃn/ *n* combinación

combine /kəmˈbaɪn/ **1** *vt, vi* combinar(se) **2** *vi* ~ **with sth/sb** (*Com*) fusionarse con algo/algn **3** *vt* (*cualidades*) reunir

come /kʌm/ *vi* (*pret* **came** /keɪm/ *pp* **come**) **1** venir: *to come running* venir corriendo **2** llegar **3** recorrer **4** (*posición*) ser: *to come first* ser el/lo primero

◊ *It came as a surprise.* Fue una sorpresa. **5** (*resultar*): *to come undone* desamarrarse **6** ~ **to/into + sustantivo**: *to come to a halt* pararse ◊ *to come into a fortune* heredar una fortuna **LOC come what may** pase lo que pase **to come to nothing**; **not to come to anything** quedarse en nada **when it comes to (doing) sth** cuando se trata de (hacer) algo ☛ Para otras expresiones con **come**, véanse las entradas del sustantivo, adjetivo, etc., p.ej. **to come of age** en AGE.

PHR V to come about (that…) ocurrir, suceder (que…)

to come across sth/sb encontrar algo/ encontrarse con algn

to come along 1 aparecer, presentarse **2** venir también **3** *Ver* TO COME ON

to come apart deshacerse

to come around; **to come to** volver en sí **to come around (to…)**; **to come over to…** venir (a…) **to come away (from sth)** desprenderse (de algo) **to come away (with sth)** marcharse, irse (con algo)

to come back volver

to come by sth 1 (*obtener*) conseguir algo **2** (*recibir*) adquirir algo

to come down 1 (*precios, temperatura*) bajar **2** desplomarse, venirse abajo

to come forward ofrecerse

to come from… ser de…: *Where do you come from?* ¿De dónde eres?

to come in 1 entrar: *Come in!* ¡Adelante! **2** llegar **to come in for sth** (*crítica, etc.*) recibir algo

to come off 1 (*mancha*) quitarse **2** (*pieza*): *Does it come off?* ¿Se puede quitar? **3** (*coloq*) tener éxito, resultar (*plan*) **to come off (sth)** caerse, desprenderse (de algo)

to come on 1 (*actor*) salir a la escena **2** (*tb* **to come along**) hacer progresos **to come out 1** salir **2** ponerse de manifiesto **3** declararse homosexual

to come out with sth soltar algo, salir con algo

to come over (to…) (*GB*) (*tb* **to come round to…**) venir (a…) **to come over sb** invadir a algn: *I can't think what came over me.* No sé qué me pasó.

to come through (sth) sobrevivir a (algo)

to come to sth 1 ascender a algo **2** llegar a algo

to come up 1 (*planta, sol*) salir **2** (*tema*) surgir **to come up against sth** tropezar con algo **to come up to sb** acercarse a algn

comeback /ˈkʌmbæk/ *n*: *to make/ stage a comeback* reaparecer en escena

comedian /kəˈmiːdiən/ *n* (*fem* **comedienne** /kəˌmiːdiˈen/) humorista, cómico, -a

comedy /ˈkɑmədi/ *n* (*pl* **-ies**) **1** comedia **2** comicidad

comet /ˈkɑmɪt/ *n* (*Astronomía*) cometa

comfort /ˈkʌmfərt/ ◆ *n* **1** bienestar, comodidad **2** consuelo **3 comforts** [*pl*] comodidades ◆ *vt* consolar

comfortable /ˈkʌmfərtəbl; *GB* -ftəbl-/ *adj* **1** cómodo **2** (*victoria*) fácil **3** (*mayoría*) amplia **comfortably** *adv* (*ganar*) cómodamente **LOC to be comfortably off** (*GB*) vivir holgadamente

comforter /ˈkʌmfərtər/ (*GB* **duvet**, **quilt**) *n* edredón (nórdico)

comic /ˈkɑmɪk/ ◆ *adj* cómico ◆ *n* **1** (*GB*) (*USA* **comic book**) cómic, tira cómica **2** humorista, cómico, -a

coming /ˈkʌmɪŋ/ ◆ *n* **1** llegada **2** (*Relig*) advenimiento ◆ *adj* próximo

comma /ˈkɑmə/ *n* coma (*Ortografía*): *Ver págs 314–5.*

command /kəˈmænd; *GB* -ˈmɑːnd/ ◆ **1** *vt* ordenar **2** *vt, vi* tener el mando (de) **3** *vt* (*recursos*) disponer de **4** *vt* (*vista*) tener **5** *vt* (*respeto*) infundir **6** *vt* (*atención*) llamar ◆ *n* **1** orden **2** (*Informát*) orden, comando **3** (*Mil*) mando **4** (*idioma*) dominio **commander** *n* **1** (*Mil*) comandante **2** jefe, -a

commemorate /kəˈmeməreɪt/ *vt* conmemorar

commence /kəˈmens/ *vt, vi* (*formal*) dar comienzo (a)

commend /kəˈmend/ *vt* **1** elogiar **2** (*formal, GB*) ~ **sb to sb** recomendar a algn a algn **commendable** *adj* meritorio, digno de mención

comment /ˈkɑment/ ◆ *n* **1** comentario **2** [*incontable*] comentarios: *"No comment."* "Sin comentarios." ◆ *vi* **1** ~ **(that…)** comentar (que…) **2** ~ **(on sth)** hacer comentarios (sobre algo)

commentary /ˈkɑmənteri; *GB* -tri/ *n* (*pl* **-ies**) **1** (*Dep*) comentarios **2** (*texto*) comentario

commentator /ˈkɑmenˌteɪtər/ *n* comentarista

commerce /ˈkɑmɜːrs/ *n* comercio ☛ Se usa más la palabra **trade**.

commercial /kəˈmɜːrʃl/ ◆ *adj* **1** comercial **2** (*derecho*) mercantil **3** (*TV, Radio*) financiado por medio de la publicidad ☛ *Ver nota en* TELEVISION ◆ *n* propaganda, comercial

commission /kəˈmɪʃn/ ◆ *n* **1** (*porcentaje, organismo*) comisión **2** encargo ◆ *vt* encargar

commissioner /kəˈmɪʃənər/ *n* jefe de policía

commit /kəˈmɪt/ (**-tt-**) **1** *vt* cometer **2** *vt* ~ **sth/sb to sth** entregar algo/a algn a algo: *to commit sth to memory* aprenderse algo de memoria **3** *v refl* ~ **yourself (to sth/to doing sth)** comprometerse (a algo/a hacer algo) ☛ *Comparar con* ENGAGED *en* ENGAGE **4** *v refl* ~ **yourself (on sth)** definirse (en algo) **commitment** *n* **1** ~ **(to sth/to do sth)** compromiso (con algo/de hacer algo) ☛ *Comparar con* ENGAGEMENT sentido 1 **2** entrega

committee /kəˈmɪti/ *n* [*v sing o pl*] comité

commodity /kəˈmɑdəti/ *n* (*pl* **-ies**) **1** producto **2** (*Fin*) mercancía

common /ˈkɑmən/ ◆ *adj* **1** corriente **2** ~ **(to sth/sb)** común (a algo/algn): *common sense* sentido común **3** (*pey*) ordinario, vulgar ☛ *Comparar con* ORDINARY **LOC in common** en común ◆ *n* **1** (*tb* **common land**) tierra comunal **2 the Commons** (*GB*) *Ver* THE HOUSE OF COMMONS **commonly** *adv* generalmente

commonplace /ˈkɑmənpleɪs/ *adj* normal

commotion /kəˈmoʊʃn/ *n* revuelo

communal /kəˈmjuːnl, ˈkɑmjənl/ *adj* comunal

commune /ˈkɑmjuːn/ *n* [*v sing o pl*] comuna

communicate /kəˈmjuːnɪkeɪt/ **1** *vt* ~ **sth (to sth/sb)** comunicar algo (a algo/algn) **2** *vi* ~ **(with sth/sb)** comunicarse (con algo/algn) **communication** *n* **1** comunicación **2** mensaje

communion /kəˈmjuːniən/ (*tb* **Holy Communion**) *n* comunión

communiqué /kəˌmjuːnəˈkeɪ; *GB* kəˈmjuːnɪkeɪ/ *n* comunicado

communism /ˈkɑmjuːnɪzəm/ *n* comunismo **communist** *adj, n* comunista

community /kəˈmjuːnəti/ *n* [*v sing o pl*] (*pl* **-ies**) **1** comunidad: *community center* centro social **2** (*de expatriados*) colonia

commute /kəˈmjuːt/ *vi* viajar para ir al trabajo **commuter** *n* persona que tiene que viajar para ir al trabajo

compact /kəmˈpækt/ ◆ *adj* compacto ◆ /ˈkɑmpækt/ *n* (*tb* **powder compact**) polvera

compact disc *n* (*abrev* **CD**) disco compacto, compact disc

companion /kəmˈpæniən/ *n* compañero, -a **companionship** *n* compañerismo

company /ˈkʌmpəni/ *n* (*pl* **-ies**) **1** compañía **2** (*Com*) compañía, empresa **LOC to keep sb company** hacer compañía a algn *Ver tb* PART

comparable /ˈkɑmpərəbl/ *adj* ~ **(to/with sth/sb)** comparable (a algo/algn)

comparative /kəmˈpærətɪv/ *adj* **1** comparativo **2** relativo

compare /kəmˈpeər/ **1** *vt* ~ **sth with/to sth** comparar algo con algo **2** *vi* ~ **(with sth/sb)** compararse (con algo/algn)

comparison /kəmˈpærɪsn/ *n* ~ **(of sth and/to/with sth)** comparación (de algo con algo) **LOC there's no comparison** no hay punto de comparación

compartment /kəmˈpɑrtmənt/ *n* compartimento

compass /ˈkʌmpəs/ *n* **1** brújula **2** compás

compassion /kəmˈpæʃn/ *n* compasión **compassionate** *adj* compasivo

compatible /kəmˈpætəbl/ *adj* compatible

compel /kəmˈpel/ *vt* (**-ll-**) (*formal*) **1** obligar **2** forzar **compelling** *adj* **1** irresistible **2** (*motivo*) apremiante **3** (*argumento*) convincente *Ver tb* COMPULSION

compensate /ˈkɑmpenseɪt/ **1** *vt, vi* ~ **(sb) (for sth)** compensar (a algn) (por algo) **2** *vt* ~ **sb (for sth)** indemnizar a algn (por algo) **3** *vi* ~ **(for sth)** contrarrestar (algo) **compensation** *n* **1** compensación **2** indemnización

compete /kəmˈpiːt/ *vi* **1** ~ **(against/with sb) (in sth) (for sth)** competir (con algn) (en algo) (por algo) **2** ~ **(in sth)** (*Dep*) tomar parte (en algo)

competent /ˈkɑmpɪtənt/ *adj* **1** ~ **(as/at/in sth)** competente (como/para/en algo) **2** ~ **(to do sth)** competente (para hacer algo) **competence** *n* aptitud, eficiencia

competition /ˌkɑmpəˈtɪʃn/ *n* **1** competencia, concurso **2** ~ **(with sb/between...)** **(for sth)** enfrentamiento (con algn/entre...) (por algo) **3 the competition** [*v sing o pl*] la competencia

competitive /kəmˈpetətɪv/ *adj* competitivo

competitor /kəmˈpetɪtər/ *n* competidor, -ora, concursante *Ver tb* CONTESTANT *en* CONTEST

compile /kəmˈpaɪl/ *vt* compilar

complacency /kəmˈpleɪsnsi/ *n* ~ **(about sth/sb)** autosatisfacción (con algo/algn) **complacent** *adj* satisfecho de sí mismo

complain /kəmˈpleɪn/ *vi* **1** ~ **(to sb)** **(about/at/of sth)** quejarse (a algn) (de algo) **2** ~ **(that...)** quejarse (de que...) **complaint** *n* **1** queja, reclamación **2** (*Med*) afección

complement /ˈkɑmplɪmənt/ ◆ *n* **1** ~ **(to sth)** complemento (para algo) **2** dotación ◆ *vt* complementar ☛ *Comparar con* COMPLIMENT **complementary** /ˌkɑmplɪˈmentəri; *GB* -tri/ *adj* ~ **(to sth)** complementario (a algo)

complete /kəmˈpliːt/ ◆ *vt* **1** completar **2** terminar **3** (*formulario*) llenar ◆ *adj* **1** completo **2** total **3** (*éxito*) rotundo **4** terminado **completely** *adv* completamente, totalmente **completion** *n* **1** conclusión **2** formalización del contrato de venta (*de una casa*)

complex /kəmˈpleks; *GB* ˈkɒmpleks/ ◆ *adj* complejo, complicado ◆ /ˈkɑmpleks/ *n* complejo

complexion /kəmˈplekʃn/ *n* **1** tez, cutis **2** (*fig*) pinta

compliance /kəmˈplaɪəns/ *n* obediencia: *in compliance with* conforme a

complicate /ˈkɑmplɪkeɪt/ *vt* complicar **complicated** *adj* complicado **complication** *n* complicación

compliment /ˈkɑmplɪmənt/ ◆ *n* **1** cumplido: *to pay sb a compliment* hacer un cumplido a algn **2 compliments** [*pl*] (*formal*) saludos: *with the compliments of* con un atento saludo de ◆ *vt* ~ **sb (on sth)** felicitar a algn (por algo) ☛ *Comparar con* COMPLEMENT **complimentary** /ˌkɑmplɪˈmentəri; *GB* -tri/ *adj* **1** elogioso, favorable **2** (*entrada, etc.*) de cortesía, gratuito

comply /kəmˈplaɪ/ *vi* (*pret, pp* **complied**) ~ **(with sth)** obedecer (algo)

component /kəmˈpoʊnənt/ ◆ *n* **1** componente **2** (*Mec*) pieza ◆ *adj*: *component parts* piezas integrantes

compose /kəmˈpoʊz/ **1** *vt* (*Mús*) componer **2** *vt* (*escrito*) redactar **3** *vt* (*pensamientos*) poner en orden **4** *v refl* ~ **yourself** serenarse **composed** *adj* sereno **composer** *n* compositor, -ora

composition /ˌkɑmpəˈzɪʃn/ *n* **1** composición **2** (*colegio*) redacción *Ver tb* ESSAY

compost /ˈkɑmpoʊst/ *n* abono

composure /kəmˈpoʊʒər/ *n* calma

compound /ˈkɑmpaʊnd/ ◆ *adj, n* compuesto ◆ *n* recinto ◆ /kəmˈpaʊnd/ *vt* agravar

comprehend /ˌkɑmprɪˈhend/ *vt* comprender (*en su totalidad*) *Ver tb* UNDERSTAND **comprehensible** *adj* ~ **(to sb)** comprensible (para algn) **comprehension** *n* comprensión

comprehensive /ˌkɑmprɪˈhensɪv/ *adj* global, completo

comprehensive school *n* (*GB*) colegio de enseñanza secundaria

compress /kəmˈpres/ *vt* **1** comprimir **2** (*argumento, tiempo*) condensar **compression** *n* compresión

comprise /kəmˈpraɪz/ *vt* **1** constar de **2** formar

compromise /ˈkɑmprəmaɪz/ ◆ *n* acuerdo ◆ **1** *vi* ~ **(on sth)** llegar a un acuerdo (en algo) **2** *vt* comprometer **compromising** *adj* comprometedor

compulsion /kəmˈpʌlʃn/ *n* ~ **(to do sth)** **1** obligación (de hacer algo) **2** deseo irresistible

compulsive /kəmˈpʌlsɪv/ *adj* **1** compulsivo **2** (*novela*) absorbente **3** (*jugador*) empedernido

compulsory /kəmˈpʌlsəri/ *adj* **1** obligatorio **2** (*despido*) forzoso LOC **compulsory purchase** expropiación

computer /kəmˈpjuːtər/ *n* computador: *computer programmer* programador, -ora de computadores ☛ *Ver dibujo en* COMPUTADOR **computerize, -ise** *vt* computarizar **computing** *n* informática

comrade /ˈkɑmræd; *GB* -reɪd/ *n* **1** (*Pol*) camarada **2** compañero, -a

con /kɑn/ ◆ *n* (*coloq*) estafa: *con artist/man* estafador **LOC** *Ver* PRO ◆ *vt* (*coloq*) (**-nn-**) **to con sb (out of sth)** estafar (algo) a algn

conceal /kənˈsiːl/ *vt* **1** ocultar **2** (*alegría*) disimular

concede /kənˈsiːd/ *vt* **1** conceder **2** ~ **that...** admitir que...

conceit /kənˈsiːt/ *n* vanidad **conceited** *adj* vanidoso

conceivable /kənˈsiːvəbl/ *adj* concebible **conceivably** *adv* posiblemente

conceive /kənˈsiːv/ *vt, vi* **1** concebir **2** ~ **(of) sth** imaginar algo

concentrate /ˈkɑnsntreɪt/ *vt, vi* concentrar(se) **concentration** *n* concentración

concept /ˈkɑnsept/ *n* concepto

conception /kənˈsepʃn/ *n* **1** concepción **2** idea

concern /kənˈsɜːrn/ ◆ **1** *vt* tener que ver con: *as far as I am concerned* por lo que a mí se refiere/en cuanto a mí **2** *vt* referirse a **3** *v refl* ~ **yourself with sth** interesarse por algo **4** *vt* preocupar ◆ *n* **1** preocupación **2** interés **3** negocio **concerned** *adj* preocupado **LOC to be concerned with sth** tratar de algo **concerning** *prep* **1** acerca de **2** en lo que se refiere a

concert /ˈkɑnsərt/ *n* concierto: *concert hall* sala de conciertos

concerted /kənˈsɜːrtɪd/ *adj* **1** (*ataque*) coordinado **2** (*intento, esfuerzo*) conjunto

concerto /kənˈtʃɜːrtoʊ/ *n* (*pl* ~**s**) concierto

concession /kənˈseʃn/ *n* **1** concesión **2** (*Fin*) exención

conciliation /kənˌsɪliˈeɪʃn/ *n* conciliación **conciliatory** /kənˈsɪliətɔːri/ *adj* conciliador

concise /kənˈsaɪs/ *adj* conciso

conclude /kənˈkluːd/ **1** *vt, vi* concluir **2** ~ **that...** llegar a la conclusión de que... **3** (*acuerdo*) concertar **conclusion** *n* conclusión **LOC** *Ver* JUMP

conclusive /kənˈkluːsɪv/ *adj* definitivo, decisivo

concoct /kənˈkɑkt/ *vt* **1** (*frec pey*) elaborar **2** (*pretexto*) inventar **3** (*plan, intriga*) tramar **concoction** *n* **1** mezcolanza **2** (*líquido*) menjurje

concord /ˈkɑŋkɔːrd/ *n* concordia, armonía

concourse /ˈkɑŋkɔːrs/ *n* vestíbulo (*de edificio*)

concrete /ˈkɑŋkriːt/ ◆ *adj* concreto, tangible ◆ *n* concreto

concur /kənˈkɜːr/ *vi* (**-rr-**) (*formal*) ~ **(with sth/sb) (in sth)** estar de acuerdo, coincidir (con algo/algn) (en algo) **concurrence** *n* acuerdo **concurrent** *adj* simultáneo (con algo) **concurrently** *adv* al mismo tiempo

concussion /kənˈkʌʃn/ *n* conmoción cerebral

condemn /kənˈdem/ *vt* **1** ~ **sth/sb (for/as)** condenar algo/a algn (por) **2** ~ **sb (to sth/to do sth)** condenar a algn (a algo/a hacer algo) **3** (*edificio*) declarar ruinoso **condemnation** *n* condena

condensation /ˌkɑndenˈseɪʃn/ *n* **1** condensación **2** vaho **3** (*texto*) versión resumida

condense /kənˈdens/ *vt, vi* ~ **(sth) (into/to sth)** **1** condensar algo (en algo); condensarse (en algo) **2** resumir algo (en algo); resumirse (en algo)

condescend /ˌkɑndɪˈsend/ *vi* ~ **to do sth** dignarse hacer algo

condition /kənˈdɪʃn/ ◆ *n* **1** estado, condición **2** *to be out of condition* no estar en forma **3** (*contrato*) requisito **4** **conditions** [*pl*] circunstancias, condiciones **LOC on condition (that...)** a condición de que... **on no condition** (*formal*) bajo ninguna circunstancia **on one condition** (*formal*) con una condición *Ver tb* MINT ◆ *vt* **1** condicionar, determinar **2** acondicionar **conditional** *adj* condicional: *to be conditional on/upon sth* depender de algo **conditioner** *n* bálsamo, acondicionador (*de cabello*)

condolence /kənˈdoʊləns/ *n* [*gen pl*] condolencia: *to give/send your condolences* dar el pésame

condom /ˈkɑndəm; *GB* ˈkɒndɒm/ *n* preservativo, condón

condominium /ˌkɑndəˈmɪniəm/ *n* condominio

condone /kənˈdoʊn/ *vt* **1** aprobar **2** (*abuso*) sancionar

conducive /kənˈduːsɪv; *GB* -ˈdjuːs-/ *adj* ~ **to sth** propicio para algo

conduct /ˈkɑndʌkt/ ◆ *n* **1** conducta

2 ~ of sth: *her conduct of the investigation* la manera en que condujo la investigación ◆ /kənˈdʌkt/ **1** *vt* guiar **2** *vt* dirigir **3** *vt* (*investigación*) llevar a cabo **4** *vt* (*orquesta*) dirigir **5** *v refl* ~ **yourself** (*formal*) comportarse **6** *vt* (*Electrón*) conducir **conductor** *n* **1** (*Mús*) director, -ora **2** (*GB*) (*bus*) cobrador, -ora

Para referirnos al conductor de un bus, decimos **driver**.

3 (*GB* **guard**) (*Ferrocarril*) jefe, -a de tren **4** (*Electrón*) conductor

cone /koʊn/ *n* **1** cono **2** (*helado*) cono, cucurucho **3** (*Bot*) piña (*de pino, etc.*)

confectioner's sugar (*GB* **icing sugar**) *n* azúcar en polvo

confectionery /kənˈfekʃəneri; *GB* -nəri/ *n* [*incontable*] productos de confitería

confederation /kənˌfedəˈreɪʃn/ *n* confederación

confer /kənˈfɜːr/ *vi* (**-rr-**) **1** deliberar **2** ~ **with sb** consultar a algn **3** ~ **sth (on)** (*título, etc.*) conceder algo (a)

conference /ˈkɑnfərəns/ *n* **1** congreso: *conference hall* sala de conferencias ☛ *Comparar con* LECTURE **2** (*discusión*) reunión

confess /kənˈfes/ **1** *vt* confesar **2** *vi* confesarse: *to confess to sth* confesar algo **confession** *n* **1** confesión **2** (*crimen*) declaración de culpabilidad

confide /kənˈfaɪd/ *vt* ~ **sth to sb** confiar secretos, etc. a algn **PHR V to confide in sb** hacer confidencias a algn

confidence /ˈkɑnfɪdəns/ *n* **1** ~ **(in sth/sb)** confianza (en algo/algn): *confidence trick* estafa **2** confidencia **LOC to take sb into your confidence** hacer confidencias a algn *Ver tb* BREACH, STRICT, VOTE **confident** *adj* **1** seguro (de sí mismo) **2** *to be confident of sth* confiar en algo ◊ *to be confident that...* confiar en que... **confidential** /ˌkɑnfɪˈdenʃl/ *adj* **1** confidencial **2** (*tono, etc.*) de confianza **confidently** *adv* con toda confianza

confine /kənˈfaɪn/ *vt* **1** confinar: *to be confined to bed* tener que guardar cama **2** limitar **confined** *adj* limitado (*espacio*) **confinement** *n* confinamiento **LOC** *Ver* SOLITARY

confines /ˈkɑnfaɪnz/ *n* [*pl*] (*formal*) límites, confines

confirm /kənˈfɜːrm/ *vt* confirmar **confirmed** *adj* (*solterón, mentiroso*) empedernido

confirmation /ˌkɑnfərˈmeɪʃn/ *n* confirmación

confiscate /ˈkɑnfɪskeɪt/ *vt* confiscar

conflict /ˈkɑnflɪkt/ ◆ *n* conflicto ◆ /kənˈflɪkt/ *vi* ~ **(with sth)** discrepar (de algo) **conflicting** *adj* discrepante: *conflicting evidence* pruebas contradictorias

conform /kənˈfɔːrm/ *vi* **1** ~ **to sth** atenerse a algo **2** seguir las reglas **3** ~ **with/to sth** ajustarse a algo **conformist** *n* conformista **conformity** (*formal*) *n* conformidad: *in conformity with* de conformidad con

confront /kənˈfrʌnt/ *vt* hacer frente a, enfrentarse con: *They confronted him with the facts.* Lo hicieron afrontar los hechos. **confrontation** *n* enfrentamiento

confuse /kənˈfjuːz/ *vt* **1** ~ **sth/sb with sth/sb** confundir algo/a algn con algo/algn **2** (*persona*) desorientar **3** (*asunto*) complicar **confused** *adj* **1** confuso **2** (*persona*) desorientado: *to get confused* desorientarse/ofuscarse **confusing** *adj* confuso ☛ *Comparar con* CONFUSO **confusion** *n* confusión

congeal /kənˈdʒiːl/ *vi* coagularse, cuajarse

congenial /kənˈdʒiːniəl/ *adj* agradable **LOC congenial to sb** atractivo para algn **congenial to sth** propicio para algo

congenital /kənˈdʒenɪtl/ *adj* congénito

congested /kənˈdʒestɪd/ *adj* ~ **(with sth)** congestionado (de algo) **congestion** *n* congestión

conglomerate /kənˈglɑmərət/ *n* grupo (*de empresas*)

congratulate /kənˈgrætʃuleɪt/ *vt* ~ **sb (on)** felicitar a algn (por) **congratulation** *n* felicitación **LOC congratulations!** ¡felicitaciones!

congregate /ˈkɑŋgrɪgeɪt/ *vi* congregarse **congregation** *n* feligreses

congress /ˈkɑŋgrəs; *GB* -gres/ *n* congreso **congressional** /kənˈgreʃənl/ *adj* del congreso

congressman /ˈkɑngrəsmən; *GB* -gres-/ *n* (*pl* **-men**) /-mən/ (*Pol*) congresista

congresswoman /ˈkɑngrəswʊmən;

GB -gres-/ *n* (*pl* **-women** /-wɪmɪn/) (*Pol*) congresista

conical /ˈkɑnɪkl/ *adj* cónico

conifer /ˈkɑnɪfər/ *n* conífera

conjecture /kənˈdʒektʃər/ *n* **1** conjetura **2** [*incontable*] conjeturas

conjunction /kənˈdʒʌŋkʃn/ *n* (*Gram*) conjunción **LOC in conjunction with** conjuntamente con

conjure /ˈkʌndʒər/ *vi* hacer magia con las manos **PHR V to conjure sth up 1** (*imagen, etc.*) evocar algo **2** hacer aparecer algo como por arte de magia **3** (*espíritu*) invocar **conjurer** *n* prestidigitador, -ora, mago, -a

connect /kəˈnekt/ **1** *vt, vi* (*gen, Electrón*) conectar(se) **2** *vt* (*habitaciones*) comunicar **3** *vt* emparentar: *connected by marriage* emparentados políticamente **4** *vt* ~ **sth/sb** (**with sth/sb**) relacionar algo/a algn (con algo/algn) **5** *vt* ~ **sb** (**with sb**) (*teléf*) comunicar a algn (con algn) **connection** *n* **1** conexión **2** relación **3** (*transporte*) conexión **LOC in connection with** en relación con **to have connections** tener palancas

connoisseur /ˌkɑnəˈsɜːr/ *n* conocedor, -ora, experto, -a

conquer /ˈkɑŋkər/ *vt* **1** conquistar **2** vencer, derrotar **conqueror** *n* **1** conquistador, -ora **2** vencedor, -ora

conquest /ˈkɑŋkwest/ *n* conquista

conscience /ˈkɑnʃəns/ *n* (*moral*) conciencia **LOC to have sth on your conscience** pesar algo sobre la conciencia de algn *Ver tb* EASE

conscientious /ˌkɑnʃiˈenʃəs/ *adj* concienzudo: *conscientious objector* objetor de conciencia

conscious /ˈkɑnʃəs/ *adj* **1** consciente **2** (*esfuerzo, decisión*) deliberado **consciously** *adv* deliberadamente **consciousness** *n* **1** conocimiento **2 consciousness** (**of sth**) conciencia (de algo)

conscript /ˈkɑnskrɪpt/ *n* recluta **conscription** *n* reclutamiento (*obligatorio*)

consecrate /ˈkɑnsɪkreɪt/ *vt* consagrar

consecutive /kənˈsekjətɪv/ *adj* consecutivo

consent /kənˈsent/ ◆ *vi* ~ (**to sth**) acceder (a algo) ◆ *n* consentimiento **LOC** *Ver* AGE

consequence /ˈkɑnsɪkwens; *GB* -kwəns/ *n* **1** [*gen pl*] consecuencia: *as a/in consequence of sth* como/a consecuencia de algo **2** (*formal*) importancia

consequent /ˈkɑnsɪkwənt/ *adj* (*formal*) **1** consiguiente **2** ~ **on/upon sth** que resulta de algo **consequently** *adv* por consiguiente

conservation /ˌkɑnsərˈveɪʃn/ *n* conservación, ahorro: *conservation area* zona protegida

conservative /kənˈsɜːrvətɪv/ (*tb* **Conservative**) *adj, n* conservador, -ora *Ver tb* TORY

conservatory /kənˈsɜːrvətɔːri; *GB* -tri/ *n* (*pl* **-ies**) **1** invernadero **2** (*Mús*) conservatorio

conserve /kənˈsɜːrv/ *vt* **1** conservar **2** (*energía*) ahorrar **3** (*fuerzas*) reservar **4** (*naturaleza*) proteger

consider /kənˈsɪdər/ *vt* **1** considerar: *to consider doing sth* pensar hacer algo **2** tener en cuenta

considerable /kənˈsɪdərəbl/ *adj* considerable **considerably** *adv* bastante

considerate /kənˈsɪdərət/ *adj* ~ (**towards sth/sb**) considerado (con algo/algn)

consideration /kənˌsɪdəˈreɪʃn/ *n* **1** consideración: *It is under consideration.* Lo están considerando. **2** factor **LOC to take sth into consideration** tener algo en cuenta

considering /kənˈsɪdərɪŋ/ *conj* teniendo en cuenta

consign /kənˈsaɪn/ *vt* ~ **sth/sb** (**to sth**) abandonar algo/a algn (a/en algo): *consigned to oblivion* relegado al olvido **consignment** *n* **1** envío **2** pedido

consist /kənˈsɪst/ **PHR V to consist of sth** consistir en algo, estar formado por/de algo

consistency /kənˈsɪstənsi/ *n* (*pl* **-ies**) **1** consistencia **2** (*actitud*) coherencia

consistent /kənˈsɪstənt/ *adj* **1** (*persona*) consecuente **2** ~ (**with sth**) en concordancia (con algo) **consistently** *adv* **1** constantemente **2** (*actuar*) consecuentemente

consolation /ˌkɑnsəˈleɪʃn/ *n* consuelo

console /kənˈsoʊl/ *vt* consolar

consolidate /kənˈsɑlɪdeɪt/ *vt, vi* consolidar(se)

consonant /ˈkɑnsənənt/ *n* consonante

consortium /kənˈsɔːrʃiəm; *GB*

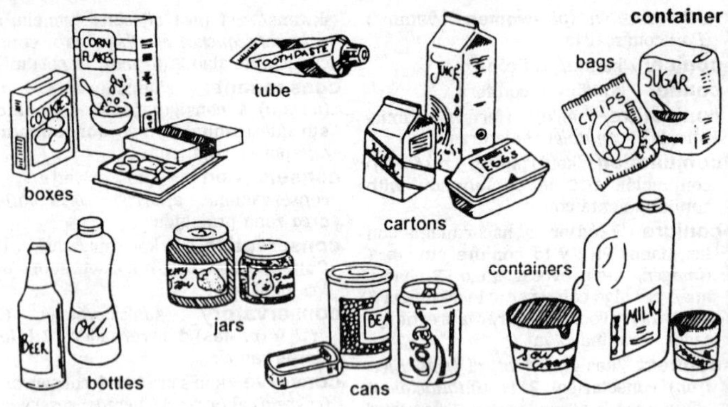

-ˈsɔːtiəm/ *n* (*pl* **-tia** /-ʃɪə; *GB* -tɪə/) consorcio

conspicuous /kənˈspɪkjuəs/ *adj* **1** llamativo: *to make yourself conspicuous* llamar la atención **2** (*irón*) **to be ~ for sth** distinguirse por algo **3** visible LOC **to be conspicuous by your/its absence** brillar algn/algo por su ausencia **conspicuously** *adv* notablemente

conspiracy /kənˈspɪrəsi/ *n* (*pl* **-ies**) **1** conspiración **2** conjura **conspiratorial** /kənˌspɪrəˈtɔːriəl/ *adj* de complicidad

conspire /kənˈspaɪər/ *vi* conspirar

constable /ˈkɑnstəbl; *GB* ˈkʌn-/ *n* (*GB*) (agente de) policía

constant /ˈkɑnstənt/ ◆ *adj* **1** constante, continuo **2** (*amigo, seguidor, etc.*) fiel ◆ *n* constante **constantly** *adv* constantemente

constipated /ˈkɑnstɪpeɪtɪd/ *adj* estreñido

constipation /ˌkɑnstɪˈpeɪʃn/ *n* estreñimiento

constituency /kənˈstɪtjuənsi/ *n* (*pl* **-ies**) **1** votantes de una circunscripción electoral **2** (*GB*) circunscripción electoral

constituent /kənˈstɪtjuənt/ *n* **1** (*Pol*) elector, -ora **2** componente

constitute /ˈkɑnstɪtuːt/ *vt* constituir

constitution /ˌkɑnstɪˈtuːʃn; *GB* -ˈtjuːʃn/ *n* constitución **constitutional** *adj* constitucional

constraint /kənˈstreɪnt/ *n* **1** coacción **2** limitación

constrict /kənˈstrɪkt/ *vt* **1** apretar **2** limitar

construct /kənˈstrʌkt/ *vt* construir ☛ La palabra más normal es **build**. **construction** *n* construcción

construe /kənˈstruː/ *vt* interpretar

consul /ˈkɑnsl/ *n* cónsul

consulate /ˈkɑnsələt; *GB* -sjəl-/ *n* consulado

consult /kənˈsʌlt/ *vt*, *vi* consultar: *consulting room* consultorio **consultant** *n* **1** asesor, -ora **2** (*Med*) especialista **consultancy** *n* asesoría **consultation** *n* consulta

consume /kənˈsuːm; *GB* -ˈsjuːm/ *vt* consumir: *He was consumed with envy.* Lo consumía la envidia. **consumer** *n* consumidor, -ora

consummate /kənˈsʌmət/ ◆ *adj* (*formal*) **1** consumado **2** (*habilidad, etc.*) extraordinario ◆ /ˈkɑnsəmeɪt/ *vt* (*formal*) **1** culminar **2** (*matrimonio*) consumar

consumption /kənˈsʌmpʃn/ *n* **1** consumo **2** (*antic, Med*) tisis

contact /ˈkɑntækt/ ◆ *n* (*gen, Electrón*) contacto: *contact lens* lente de contacto LOC **to make contact (with sth/sb)** ponerse en contacto (con algo/algn) ◆ *vt* ponerse en contacto con

contagious /kənˈteɪdʒəs/ *adj* contagioso

contain /kənˈteɪn/ *vt* contener: *to contain yourself* contenerse **container** *n* **1** recipiente **2** contenedor: *container ship* buque para contenedores

contaminate /kən'tæmɪneɪt/ *vt* contaminar

contemplate /'kɑntəmpleɪt/ **1** *vt, vi* contemplar, meditar (sobre) **2** *vt* considerar: *to contemplate doing sth* considerar la idea de hacer algo

contemporary /kən'tempəreri; *GB* -prəri/ ◆ *adj* **1** contemporáneo **2** de la época ◆ *n* (*pl* **-ies**) contemporáneo, -a

contempt /kən'tempt/ *n* **1** desprecio **2** (*tb* **contempt of court**) desacato (al tribunal) **LOC beneath contempt** despreciable *Ver tb* HOLD **contemptible** *adj* despreciable **contemptuous** *adj* desdeñoso, despectivo

contend /kən'tend/ **1** *vi* ~ **with sth** luchar contra algo: *She's had a lot of problems to contend with.* Ha tenido que enfrentarse con muchos problemas. **2** *vi* ~ (**for sth**) competir, luchar (por algo) **3** *vt* afirmar **contender** *n* contendiente

content¹ /'kɑntent/ (*tb* **contents** [*pl*]) *n* contenido: *table of contents* índice de contenido

content² /kən'tent/ ◆ *adj* ~ (**with sth/ to do sth**) contento (con algo/con hacer algo); satisfecho con algo ◆ *v refl* ~ **yourself with sth** contentarse con algo **contented** *adj* satisfecho **contentment** *n* contento, satisfacción

contention /kən'tenʃn/ *n* **1** contienda: *the teams in contention for...* los equipos en contienda por... **2** controversia **LOC** *Ver* BONE

contentious /kən'tenʃəs/ *adj* **1** polémico **2** pendenciero

contest /kən'test/ ◆ *vt* **1** (*afirmación*) rebatir **2** (*decisión*) impugnar **3** (*premio, escaño*) disputar ◆ /'kɑntest/ *n* **1** concurso, competencia **2** (*fig*) competencia, lucha **contestant** /kən'testənt/ *n* concursante

context /'kɑntekst/ *n* contexto

continent /'kɑntɪnənt/ *n* **1** (*Geog*) continente **2 the Continent** (*GB*) el continente europeo **continental** /ˌkɑntɪ'nentl/ *adj* continental: *continental breakfast* desayuno ligero (café y pan)

contingency /kən'tɪndʒənsi/ *n* (*pl* **-ies**) **1** eventualidad **2** contingencia: *contingency plan* plan de emergencia

contingent /kən'tɪndʒənt/ *n* [*v sing o pl*] **1** (*Mil*) contingente **2** (*grupo representativo, delegación*) representación

continual /kən'tɪnjuəl/ *adj* continuo **continually** *adv* continuamente

> ¿**Continual** o **continuous**? **Continual** y **continually** suelen emplearse para describir acciones que se repiten sucesivamente y a menudo tienen un matiz negativo: *His continual phone calls started to annoy her.* Sus continuas llamadas empezaban a fastidiarla. **Continuous** y **continuously** se utilizan para describir acciones ininterrumpidas: *There has been a continuous improvement in his work.* Su trabajo ha mostrado una mejoría constante. ◊ *It has rained continuously here for three days.* Ha llovido sin parar durante tres días.

continuation /kənˌtɪnju'eɪʃn/ *n* continuación

continue /kən'tɪnjuː/ *vt, vi* continuar, seguir: *to continue doing sth/to do sth* continuar haciendo algo **continued** *adj* continuo **continuing** *adj* continuado

continuity /ˌkɑntɪ'nuːəti; *GB* -'njuː-/ *n* continuidad

continuous /kən'tɪnjuəs/ *adj* constante, continuo **continuously** *adv* continuamente, sin parar ☛ *Ver nota en* CONTINUAL

contort /kən'tɔːrt/ **1** *vt* (re)torcer **2** *vi* contorsionarse, retorcerse

contour /'kɑntʊər/ *n* contorno

contraband /'kɑntrəbænd/ *n* contrabando

contraception /ˌkɑntrə'sepʃn/ *n* anticoncepción **contraceptive** *adj, n* anticonceptivo

contract /'kɑntrækt/ ◆ *n* contrato **LOC under contract (to sth/sb)** bajo contrato (con algo/algn) ◆ /kən'trækt/ **1** *vt* (*trabajador*) contratar **2** *vt* (*enfermedad, matrimonio, deudas*) contraer **3** *vi* contraerse **4** *vi* ~ **with sb** hacer un contrato con algn

contraction /kən'trkʃən/ *n* contracción **contractor** /'kɑntræktər/ *n* contratista

contradict /ˌkɑntrə'dɪkt/ *vt* contradecir **contradiction** *n* contradicción **contradictory** *adj* contradictorio

contrary /'kɑntreri; *GB* -trəri/ ◆ *adj* contrario ◆ *adv* ~ **to sth** en contra de algo; contrario a algo ◆ **the contrary** *n* lo contrario **LOC on the contrary** por el contrario

contrast /kənˈtræst; *GB* -ˈtrɑːst/ ◆ *vt*, *vi* ~ (**A and/with B**) contrastar (A con B) ◆ /ˈkɑntræst; *GB* -trɑːst/ *n* contraste

contribute /kənˈtrɪbjuːt/ **1** *vt*, *vi* contribuir **2** *vt*, *vi* ~ (**sth**) **to sth** (*artículo*) escribir (algo) para algo **3** *vi* ~ **to sth** (*debate*) participar en algo **contributor** *n* **1** contribuyente **2** (*publicación*) colaborador, -ora **contributory** *adj* **1** que contribuye **2** (*plan de jubilación*) con aporte obligatorio del empleado

contribution /ˌkɑntrɪˈbjuːʃn/ *n* **1** contribución, aporte **2** (*publicación*) artículo

control /kənˈtroʊl/ ◆ *n* **1** control, mando, dominio: *to be in control of sth* tener el control de algo/tener algo bajo control **2 controls** [*pl*] mandos **LOC to be out of control 1** estar fuera de control: *Her car went out of control.* Perdió el control del carro. **2** (*persona*) desmandarse ◆ **1** *vt* controlar, tener el mando de **2** *vt* (*carro*) manejar **3** *v refl* ~ **yourself** dominarse **4** *vt* (*ley*) regular **5** *vt* (*gastos, inflación*) contener

controversial /ˌkɑntrəˈvɜːrʃl/ *adj* controvertido, polémico

controversy /ˈkɑntrəvɜːrsi/ *n* (*pl* **-ies**) ~ (**about/over sth**) controversia (acerca de algo)

convene /kənˈviːn/ **1** *vt* convocar **2** *vi* reunirse

convenience /kənˈviːniəns/ *n* **1** comodidad: *public conveniences* (*GB*) baños públicos **2** conveniencia

convenient /kənˈviːniənt/ *adj* **1** *if it's convenient* (*for you*) si le queda bien **2** (*momento*) oportuno **3** práctico **4** (*accesible*) a mano **5** ~ **for sth** bien situado en relación con algo **conveniently** *adv* oportunamente (*tb irón*)

convent /ˈkɑnvent; *GB* -vənt/ *n* convento

convention /kənˈvenʃn/ *n* **1** congreso **2** convencionalismo **3** (*acuerdo*) convención **conventional** *adj* convencional **LOC conventional wisdom** sabiduría popular

converge /kənˈvɜːrdʒ/ *vi* **1** convergir **2** ~ (**on sth**) (*personas*) reunirse en algo **convergence** *n* convergencia

conversant /kənˈvɜːrsnt/ *adj* (*formal*) ~ **with sth** versado en algo: *to become conversant with* familiarizarse con

conversation /ˌkɑnvərˈseɪʃn/ *n* conversación: *to make conversation* hacer la conversación

converse[1] /kənˈvɜːrs/ *vi* (*formal*) conversar

converse[2] /ˈkɑnvɜːrs/ **the converse** *n* lo contrario **conversely** *adv* a la inversa

conversion /kənˈvɜːrʒn; *GB* kənˈvɜːʃn/ *n* ~ (**from sth**) (**into/to sth**) conversión (de algo) (en/a algo)

convert /kənˈvɜːrt/ ◆ *vt*, *vi* **1** ~ (**sth**) (**from sth**) (**into/to sth**) convertir algo (de algo) (en algo); convertirse (de algo) (en algo): *The sofa converts* (*in*)*to a bed.* El sofá se vuelve cama. **2** ~ (**sb**) (**from sth**) (**to sth**) (*Relig*) convertir a algn (de algo) (a algo); convertirse (de algo) (a algo) ◆ /ˈkɑnvɜːrt/ *n* ~ (**to sth**) converso, -a (a algo)

convertible /kənˈvɜːrtəbl/ ◆ *adj* ~ (**into/to sth**) convertible (en algo) ◆ *n* convertible

convey /kənˈveɪ/ *vt* **1** (*formal*) llevar, transportar **2** (*idea, agradecimiento*) expresar **3** (*saludos*) enviar **4** (*propiedad*) traspasar **conveyor** (*tb* **conveyor belt**) *n* cinta transportadora

convict /kənˈvɪkt/ ◆ *vt* ~ **sb** (**of sth**) declarar culpable a algn (de algo) ◆ /ˈkɑnvɪkt/ *n* preso, -a: *an escaped convict* un preso fugado **conviction** *n* **1** ~ (**for sth**) condena (por algo) **2** ~ (**that…**) convicción (de que…): *to lack conviction* no ser convincente

convince /kənˈvɪns/ *vt* **1** ~ **sb** (**that…/of sth**) convencer a algn (de que…/de algo) **2** (*esp USA*) determinar **convinced** *adj* convencido **convincing** *adj* convincente

convulse /kənˈvʌls/ *vt* convulsionar: *convulsed with laughter* muerto de risa **convulsion** *n* [*gen pl*] convulsión

cook /kʊk/ ◆ **1** *vi* (*persona*) cocinar, hacer la comida **2** *vi* (*comida*) cocinar **3** *vt* preparar: *The potatoes aren't cooked.* Las papas no están cocinadas. **LOC to cook the books** (*coloq, pey*) adulterar los libros de contabilidad **PHR V to cook sth up** (*coloq*): *to cook up an excuse* inventar una excusa ◆ *n* cocinero, -a

cookbook /ˈkʊkbʊk/ *n* libro de cocina
cooker /ˈkʊkər/ *n* (*GB*) estufa (*electrodoméstico*) *Ver tb* STOVE
cookery /ˈkʊkəri/ (*GB*) (*USA* **cooking**) *n* [*incontable*] cocina: *Oriental cookery* la cocina oriental
cookie /ˈkʊki/ (*GB* **biscuit**) *n* galleta
cooking /ˈkʊkiŋ/ *n* [*incontable*] cocina: *French cooking* cocina francesa ◊ *to do the cooking* hacer la comida ◊ *cooking apple* manzana de cocinar
cool /kuːl/ ◆ *adj* (**-er**, **-est**) **1** fresco ☛ *Ver nota en* FRÍO **2** (*coloq*) impasible **3** ~ (**about sth/towards sb**) indiferente (a algo/algn) **4** (*acogida*) frío **5** (*coloq*) chévere, full LOC **to keep/stay cool** no perder la calma: *Keep cool!* ¡Tranquilo! ◆ *vt, vi* ~ (**sth**) (**down/off**) enfriarse, enfriar algo PHR V **to cool** (**sb**) **down/off** calmarse, calmar a algn ◆ **the cool** *n* [*incontable*] el fresco LOC **to keep/lose your cool** (*coloq*) mantener/perder la calma
cooperate /koʊˈɑpəreɪt/ *vi* **1** ~ (**with sb**) (**in doing/to do sth**) cooperar (con algn) (para hacer algo) **2** ~ (**with sb**) (**on sth**) cooperar (con algn) (en algo) **3** colaborar **cooperation** *n* **1** cooperación **2** colaboración
cooperative /koʊˈɑpərətɪv/ ◆ *adj* **1** cooperativo **2** dispuesto a colaborar ◆ *n* cooperativa
coordinate /koʊˈɔːrdɪnəɪt/ *vt* coordinar
cop /kɑp/ *n* (*coloq*) policía, tombo
cope /koʊp/ *vi* ~ (**with sth**) arreglárselas (con algo); hacer frente a algo: *I can't cope.* No puedo más.
copious /ˈkoʊpiəs/ *adj* (*formal*) copioso, abundante
copper /ˈkɑpər/ *n* **1** cobre **2** (*coloq, GB*) policía
copy /ˈkɑpi/ ◆ *n* (*pl* **copies**) **1** copia **2** (*libro, disco, etc.*) ejemplar **3** (*revista, etc.*) número **4** texto (*para imprimir*) ◆ *vt* (*pret, pp* **copied**) **1** ~ **sth** (**down/out**) (**in/into sth**) copiar algo (en algo) **2** fotocopiar **3** ~ **sth/sb** copiar, imitar algo/a algn
copyright /ˈkɑpiraɪt/ ◆ *n* derechos de autor, copyright ◆ *adj* registrado, protegido por las leyes de derechos de autor/por copyright
coral /ˈkɔːrəl; *GB* ˈkɒrəl/ ◆ *n* coral ◆ *adj* de coral, coralino
cord /kɔːrd/ *n* **1** cordón **2** (*GB* **flex**) cable eléctrico **3** (*coloq*) pana **4 cords** [*pl*] pantalón de pana
cordon /ˈkɔːrdn/ ◆ *n* cordón ◆ PHR V **to cordon sth off** acordonar algo
corduroy /ˈkɔːrdərɔɪ/ *n* pana
core /kɔːr/ *n* **1** (*fruta*), corazón **2** centro, núcleo: *a hard core* un núcleo arraigado LOC **to the core** hasta la médula
cork /kɔːrk/ *n* corcho
corkscrew /ˈkɔːrkskruː/ *n* descorchador
corn /kɔːrn/ *n* **1** (*USA*) maíz **2** (*GB*) cereal **3** callo
corncob /ˈkɔːrnkɑb/ *n* mazorca
corner /ˈkɔːrnər/ ◆ *n* **1** (*desde dentro*) rincón **2** (*desde fuera*) esquina **3** (*tb* **corner kick**) tiro de esquina LOC (**just**) **around the corner** a la vuelta de la esquina ◆ **1** *vt* acorralar **2** *vi* tomar una curva **3** *vt* monopolizar: *to corner the market in sth* monopolizar el mercado de algo
cornerstone /ˈkɔːrnərstoʊn/ *n* piedra angular
cornstarch /ˈkɔːrnstɑrtʃ/ *n* harina de maíz
corollary /ˈkɔːrəleri; *GB* kəˈrɒləri/ *n* ~ (**of/to sth**) (*formal*) consecuencia lógica (de algo)
coronation /ˌkɔːrəˈneɪʃn; *GB* ˌkɒr-/ *n* coronación
coroner /ˈkɔːrənər; *GB* ˈkɒr-/ *n* juez de instrucción (*en casos de muerte violenta o accidentes*)
corporal /ˈkɔːrpərəl/ ◆ *n* (*Mil*) cabo ◆ *adj*: *corporal punishment* castigo corporal
corporate /ˈkɔːrpərət/ *adj* **1** colectivo **2** corporativo
corporation /ˌkɔːrpəˈreɪʃn/ *n* **1** concejo municipal **2** corporación
corps /kɔːr/ *n* (*pl* **corps** /kɔːz/) cuerpo (*diplomático, etc.*)
corpse /kɔːrps/ *n* cadáver
correct /kəˈrekt/ ◆ *adj* correcto: *Would I be correct in saying…?* ¿Me equivoco si digo…? ◆ *vt* corregir
correlation /ˌkɔːrəˈleɪʃn; *GB* ˌkɒr-/ *n* ~ (**with sth**)/(**between…**) correlación (con algo)/(entre…)
correspond /ˌkɔːrəˈspɒnd; *GB* ˌkɒr-/ *vi* **1** ~ (**with sth**) coincidir (con algo)

2 ~ **(to sth)** equivaler (a algo) **3** ~ **(with sb)** mantener correspondencia (con algn) **correspondence** *n* correspondencia **correspondent** *n* corresponsal **corresponding** *adj* correspondiente

corridor /ˈkɔːrɪdɔːr; *GB* ˈkɒr-/ *n* corredor, pasillo

corrosion /kəˈroʊʒn/ *n* corrosión

corrugated /ˈkɔːrəgeɪtɪd/ *adj* corrugado

corrupt /kəˈrʌpt/ ◆ *adj* **1** corrupto, deshonesto **2** depravado ◆ *vt* corromper, sobornar **corruption** *n* corrupción

cosmetic /kɑzˈmetɪk/ *adj* cósmetico: *cosmetic surgery* cirugía estética **cosmetics** *n* [*pl*] cosméticos

cosmopolitan /ˌkɑzməˈpɑlɪtən/ *adj*, *n* cosmopolita

cost /kɔːst; *GB* kɒst/ ◆ *vt* **1** (*pret*, *pp* **cost**) costar, valer **2** (*pret*, *pp* **costed**) (*Com*) presupuestar LOC **to cost a bomb** (*GB*) costar un dineral *Ver tb* EARTH ◆ *n* **1** costo: *whatever the cost* cueste lo que cueste ◊ *cost-effective* rentable *Ver tb* PRICE **2 costs** [*pl*] (*legales*) costos, gastos LOC **at all costs** a toda costa *Ver tb* COUNT **costly** *adj* (**-ier**, **-iest**) costoso

costume /ˈkɑstuːm; *GB* -tjuːm/ *n* **1** traje, disfraz **2 costumes** [*pl*] (*Teat*) vestuario

cosy (*GB*) *Ver* COZY

cot /kɑt/ *n* **1** (*USA*) catre **2** (*GB*) (*USA* **crib**) cuna

cottage /ˈkɑtɪdʒ/ *n* casita (*de campo*)

cotton /ˈkɑtn/ *n* **1** algodón **2** hilo (*de algodón*)

cotton wool *n* [*incontable*] (*GB*) algodón

couch /kaʊtʃ/ ◆ *n* sofá ◆ *vt* (*formal*) ~ **sth (in sth)** expresar algo (en algo)

cough /kɔːf; *GB* kɒf/ ◆ **1** *vi* toser **2** *vt* ~ **sth up** escupir algo PHR V **to cough (sth) up** (*GB*, *coloq*) soltar (algo) ◆ *n* tos

could *pret de* CAN²

council /ˈkaʊnsl/ *n* **1** concejo, municipio: *council flat/house* (*GB*) vivienda protegida perteneciente al municipio **2** consejo **councilor** (*GB* **councillor**) *n* concejal

counsel /ˈkaʊnsl/ ◆ *n* **1** (*formal*) consejo *Ver tb* ADVICE **2** (*pl* **counsel**) abogado ☛ *Ver nota en* ABOGADO ◆ *vt* (**-l-**, *GB* **-ll-**) (*formal*) aconsejar **counseling** (*GB* **counselling**) *n* asesoramiento, orientación **counselor** (*GB* **counsellor**) *n* **1** asesor, -ora, consejero, -a **2** (*USA o Irl*) abogado, -a

count¹ /kaʊnt/ **1** *vt*, *vi* ~ **(sth) (up)** contar (algo) **2** *vi* ~ **(as sth)** contar (como algo) **3** *vi* ~ **(for sth)** importar, contar (para algo) **4** *vi* valer **5** *v refl*: *to count yourself lucky* considerarse afortunado LOC **to count the cost (of sth)** pagar las consecuencias (de algo) PHR V **to count down** hacer la cuenta regresiva **to count sth/sb in** incluir algo/a algn **to count on sth/sb** contar con algo/algn **to count sth/sb out** (*coloq*) no contar con algo/algn **to count towards sth** contribuir a algo

count² /kaʊnt/ *n* **1** conde **2** recuento

countdown /ˈkaʊntdaʊn/ *n* ~ **(to sth)** cuenta regresiva (de algo)

countenance /ˈkaʊntənəns/ ◆ *vt* (*formal*) aprobar, tolerar ◆ *n* rostro

counter /ˈkaʊntər/ ◆ **1** *vi* rebatir, contrarrestar **2** *vt* (*ataque*) contestar, responder a ◆ *n* **1** (*juego*) ficha **2** contador **3** mostrador **4** (*cocina*) (*GB* **worktop**) superficie de trabajo ◆ *adv* ~ **to sth** en contra de algo

counteract /ˌkaʊntərˈækt/ *vt* contrarrestar

counter-attack /ˈkaʊntər ətæk/ *n* contraataque

counterfeit /ˈkaʊntərfɪt/ *adj* falsificado

counterpart /ˈkaʊntərpɑrt/ *n* **1** homólogo, -a **2** equivalente

counter-productive /ˌkaʊntər prəˈdʌktɪv/ *adj* contraproducente

countess /ˈkaʊntəs/ *n* condesa

countless /ˈkaʊntləs/ *adj* innumerable

country /ˈkʌntri/ *n* (*pl* **-ies**) **1** país **2** [*sing*] patria **3** [*incontable*] (*tb* **the country**) campo: *country life* la vida rural **4** zona, tierra

countryman /ˈkʌntrimən/ *n* (*pl* **-men** /-mən/) **1** compatriota **2** campesino, -a ☛ *Ver nota en* CAMPESINO

countryside /ˈkʌntrisaɪd/ *n* [*incontable*] **1** campo **2** paisaje

countrywoman /ˈkʌntriwʊmən/ *n* (*pl* **-women**) **1** compatriota **2** campesina

county /ˈkaʊnti/ *n* (*pl* **-ies**) condado

coup /kuː/ *n* (*pl* **~s** /kuːz/) (*Fr*) **1** (*t*

coup d'état /kuːdeɪˈtɑ/) (*pl* **~s d'état**) golpe (de estado) **2** éxito

couple /ˈkʌpl/ ◆ *n* **1** pareja (*relación amorosa*): *a married couple* un matrimonio **2** par LOC **a couple of** un par de, unos, -as cuantos, -as ◆ *vt* **1** asociar, acompañar: *coupled with sth* junto con algo **2** acoplar, enganchar

coupon /ˈkuːpɑn/ *n* cupón, vale

courage /ˈkʌrɪdʒ/ *n* valor LOC *Ver* DUTCH, PLUCK **courageous** /kəˈreɪdʒəs/ *adj* **1** (*persona*) valiente **2** (*intento*) valeroso

courgette /kʊərˈʒet/ (*USA* **zucchini**) *n* calabacín

courier /ˈkʊriər/ *n* **1** guía turístico, -a (*persona*) **2** mensajero, -a

course /kɔːrs/ *n* **1** curso, transcurso **2** (*barco, avión, río*) rumbo, curso: *to be on/off course* seguir el rumbo/un rumbo equivocado **3** ~ (**in/on sth**) (*Educ*) curso (de algo) **4** ~ **of sth** (*Med*) tratamiento de algo **5** (*golf*) campo **6** (*carreras*) pista **7** (*comida*) plato LOC **a course of action** una línea de acción **in the course of sth** en el transcurso de algo **of course** por supuesto *Ver tb* DUE, MATTER

court /kɔːrt/ ◆ *n* **1** ~ (**of law**) juzgado, tribunal: *a court case* un pleito ◊ *court order* orden judicial *Ver tb* THE HIGH COURT, THE SUPREME COURT **2** (*Dep*) pista, cancha **3 Court** corte LOC **to go to court** (**over sth**) ir a juicio (por algo) **to take sb to court** demandar a algn ◆ *vt* **1** cortejar **2** (*peligro*) exponerse a

courteous /ˈkɜːrtiəs/ *adj* cortés

courtesy /ˈkɜːrtəsi/ *n* (*pl* **-ies**) cortesía LOC (**by**) **courtesy of sb** (por) gentileza de algn

court martial *n* (*pl* **~s martial**) consejo de guerra

courtship /ˈkɔːrtʃɪp/ *n* noviazgo

courtyard /ˈkɔːrtjɑrd/ *n* patio

cousin /ˈkʌzn/ (*tb* **first cousin**) *n* primo (hermano), prima (hermana)

cove /koʊv/ *n* bahía, rada

covenant /ˈkʌvənənt/ *n* convenio, pacto

cover /ˈkʌvər/ ◆ **1** *vt* ~ **sth** (**up/over**) (**with sth**) cubrir algo (con algo) **2** *vt* ~ **sth/sb in/with sth** cubrir algo/a algn de algo **3** *vt* (*olla, cara*) tapar **4** *vt* (*timidez, etc.*) disimular **5** *vt* abarcar **6** *vt* (*tema*) tratar **7** (*zona*) encargarse de **8** *vi* ~ **for sb** sustituir a algn PHR V **to cover** (**sth**) **up** (*pey*) ocultar (algo) **to cover up for sb** cubrir las espaldas a algn ◆ *n* **1** cubierta **2** funda **3** (*tarro*) tapa **4** (*revista*) portada **5** (*libro*) pasta, tapa **6 the covers** [*pl*] las cobijas **7** ~ (**for sth**) (*fig*) tapadera (para algo) **8** identidad falsa **9** (*Mil*) protección **10** ~ (**for sb**) sustitución (de algn) **11** ~ (**against sth**) seguro (contra algo) LOC **from cover to cover** de pasta a pasta **to take cover** (**from sth**) resguardarse (de algo) **under cover of sth** al amparo de algo *Ver tb* DIVE **coverage** *n* cobertura **covering** *n* **1** envoltura **2** capa

covert /ˈkoʊvɜːrt; *GB* ˈkʌvət/ *adj* **1** secreto, encubierto **2** (*mirada*) furtivo

cover-up /ˈkʌvər ʌp/ *n* (*pey*) encubrimiento

covet /ˈkʌvət/ *vt* codiciar

cow /kaʊ/ *n* vaca ☛ *Ver nota en* CARNE

coward /ˈkaʊərd/ *n* cobarde **cowardice** *n* [*incontable*] cobardía **cowardly** *adj* cobarde

cowboy /ˈkaʊbɔɪ/ *n* **1** vaquero **2** (*GB, coloq*) pirata (*albañil, plomero, etc.*)

coworker /ˈkoʊwɜːrkər/ (*GB* **workmate**) *n* compañero, -a de trabajo

coy /kɔɪ/ *adj* (**coyer**, **coyest**) **1** tímido (*por coquetería*) **2** reservado

cozy (*GB* **cosy**) /ˈkoʊzi/ *adj* (**-ier**, **-iest**) acogedor

crab /kræb/ *n* cangrejo

crack /kræk/ ◆ *n* **1** ~ (**in sth**) grieta (en algo) **2** ~ (**in sth**) (*fig*) defecto (de algo) **3** rendija, abertura **4** chasquido, (r)estallido LOC **the crack of dawn** (*coloq*) el amanecer ◆ **1** *vt, vi* resquebrajar(se): *a cracked cup* una taza agrietada **2** *vt* ~ **sth** (**open**) abrir algo **3** *vi* ~ (**open**) abrirse (*rompiéndose*) **4** *vt* (*nuez*) cascar **5** *vt* ~ **sth** (**on/against sth**) golpear algo (contra algo) **6** *vt, vi* chasquear **7** *vt* (*látigo*) restallar **8** *vi* desmoronarse **9** *vt* (*resistencia*) quebrantar **10** *vt* (*coloq*) resolver **11** *vi* (*voz*) quebrarse **12** *vt* (*coloq*) (*chiste*) contar LOC **to get cracking** (*GB, coloq*) poner manos a la obra PHR V **to crack down** (**on sth/sb**) tomar medidas enérgicas (contra algo/algn) **to crack up** (*coloq*) sufrir un colapso nervioso

crackdown /ˈkrækdaʊn/ *n* ~ (**on sth**) medidas enérgicas (contra algo)

cracker /ˈkrækər/ *n* **1** galleta salada **2** buscapiés **3** (*tb* **Christmas cracker**) (*GB*) petardo sorpresa

crackle /ˈkrækl/ ◆ *vi* crepitar ◆ *n* (*tb* **crackling**) crujido, chisporroteo

cradle /ˈkreɪdl/ ◆ *n* (*lit y fig*) cuna ◆ *vt* acunar

craft /kræft; *GB* krɑːft/ ◆ *n* **1** artesanía: *a craft fair* una feria artesanal **2** (*destreza*) oficio **3** embarcación ◆ *vt* fabricar artesanalmente

craftsman /ˈkræftsmən; *GB* ˈkrɑːfts-/ *n* (*pl* **-men** /-mən/) **1** artesano **2** (*fig*) artista **craftsmanship** *n* **1** artesanía **2** arte

crafty /ˈkræfti; *GB* ˈkrɑːfti/ *adj* (**-ier**, **-iest**) astuto, ladino

crag /kræg/ *n* peñasco, risco **craggy** *adj* escarpado

cram /kræm/ **1** *vt* ~ **A into B** atiborrar, llenar B de A; meter A en B (*a presión*) **2** *vi* ~ **into sth** meterse con dificultad en algo; abarrotar, algo **3** *vi* (*coloq*) embutirse

cramp /kræmp/ ◆ *n* **1** (*muscular*) calambre, jalón **2** **cramps** (*tb* **stomach cramps**) [*pl*] retortijones ◆ *vt* (*movimiento, desarrollo, etc.*) obstaculizar **cramped** *adj* **1** (*letra*) apretado **2** (*espacio*) estrecho

crane /kreɪn/ *n* **1** (*Ornitología*) grulla **2** (*Mec*) grúa

crank /kræŋk/ *n* **1** (*Mec*) manivela **2** (*coloq*) excéntrico, -a **3** (*USA*) cascarrabias

cranky /krænki/ *adj* **1** excéntrico **2** (*USA*) cascarrabias

crash /kræʃ/ ◆ *n* **1** estrépito **2** accidente, choque: *crash helmet* casco protector **3** (*Com*) quiebra **4** (*bolsa*) caída ◆ **1** *vt* (*carro*) estrellarse: *He crashed his car last Monday.* Se estrelló el lunes pasado. **2** *vt, vi* ~ (**sth**) (**into sth**) (*vehículo*) estrellar algo/estrellarse (contra algo): *He crashed into a lamppost.* Se estrelló contra un poste de la luz. ◆ *adj* (*curso, dieta*) intensivo

crash landing *n* aterrizaje de emergencia

crass /kræs/ *adj* (*pey*) **1** craso **2** sumo **3** majadero

crate /kreɪt/ *n* **1** cajón **2** caja (*para botellas*)

crater /ˈkreɪtər/ *n* cráter

crave /kreɪv/ **1** *vt* anhelar **2** *vt* (*antic*) (*perdón*) suplicar **craving** *n* ~ (**for sth**) ansia, antojo (de algo)

crawl /krɔːl/ ◆ *vi* **1** gatear, arrastrarse **2** (*tb* **to crawl along**) (*tráfico*) avanzar a paso de tortuga **3** (*coloq*) ~ (**to sb**) cepillar (a algn) LOC **crawling with sth** lleno/cubierto de algo ◆ *n* **1** paso de tortuga **2** (*natación*) crawl, crol

crayfish /ˈkreɪfɪʃ/ *n* (*pl* **crayfish**) langostino de río

crayon /ˈkreɪən/ *n* **1** lápiz de colores, crayola **2** (*Arte*) pastel

craze /kreɪz/ *n* moda, fiebre

crazy /ˈkreɪzi/ *adj* (**-ier**, **-iest**) (*coloq*) **1** loco: *a crazy idea* una idea loca **2** *crazy paving* (*GB*) empedrado de piezas irregulares

creak /kriːk/ *vi* crujir, chirriar

cream¹ /kriːm/ ◆ *n* **1** crema: *cream cheese* queso crema **2** crema, pomada **3** **the cream of the crop** la flor y nata ◆ *adj, n* color crema **creamy** *adj* (**-ier**, **-iest**) cremoso

cream² /kriːm/ *vt* batir PHR V **to cream sth off** quedarse con lo mejor de algo

crease /kriːs/ ◆ *n* **1** arruga, pliegue **2** (*pantalón*) raya ◆ *vt, vi* arrugar(se)

create /kriˈeɪt/ *vt* crear, producir: *to create a fuss* hacer un escándalo **creation** *n* creación **creative** *adj* creativo

creator /kriːˈeɪtər/ *n* creador, -ora

creature /ˈkriːtʃər/ *n* criatura: *living creatures* seres vivos ◇ *a creature of habit* un animal de costumbres ◇ *creature comforts* comodidades

crèche /kreʃ/ *n* guardería infantil

credentials /krəˈdenʃlz/ *n* [*pl*] **1** documentos (*de identidad, etc.*) **2** (*para un trabajo*) currículum, antecedentes

credibility /ˌkredəˈbɪləti/ *n* credibilidad

credible /ˈkredəbl/ *adj* verosímil, creíble

credit /ˈkredɪt/ ◆ *n* **1** crédito: *on credit* a crédito ◇ *creditworthy* solvente **2** saldo positivo: *to be in credit* (*GB*) tener saldo positivo **3** (*contabilidad*) haber **4** mérito **5** **credits** [*pl*] (*Cine, TV*) créditos LOC **to be a credit to sth/sb** hacer honor a algo/algn **to do sb credit** honrar a algn ◆ *vt* **1** ~ **sth/sb with sth** atribuir el mérito de algo a algo/algn

2 (*Fin*) abonar, consignar **3** creer **creditable** *adj* encomiable **creditor** *n* acreedor, -ora

creed /kri:d/ *n* credo

creek /krɪk; *GB* kri:k/ *n* **1** (*USA*) riachuelo, quebrada **2** (*GB*) cala LOC **to be up the creek (without a paddle)** (*coloq*) estar en un apuro

creep /kri:p/ ◆ *vi* (*pret*, *pp* **crept**) **1** deslizarse (sigilosamente): *to creep up on sb* aproximarse sigilosamente a algn/coger desprevenido a algn **2** (*fig*): *A feeling of drowsiness crept over him.* Lo invadió una sensación de modorra. **3** (*planta*) trepar ◆ *n* (*coloq*) lambón, -ona LOC **to give sb the creeps** (*coloq*) ponerle los pelos de punta a algn **creepy** *adj* (**-ier**, **-iest**) (*coloq*) *adj* espeluznante

cremation /krəˈmeɪʃn/ *n* cremación

crematorium /ˈkri:mətɔ:riəm/ *n* (*pl* **-riums** *o* **-ria** /-riə/) crematorio

crêpe /kreɪp/ (*GB* **pancake**) *n* crepe

crept *pret*, *pp de* CREEP

crescendo /krəˈʃendoʊ/ *n* (*pl* ~**s**) **1** (*Mús*) crescendo **2** (*fig*) punto culminante

crescent /ˈkresnt/ *n* **1** media luna: *a crescent moon* la media luna **2** calle en forma de media luna

cress /kres/ *n* berro

crest /krest/ *n* **1** cresta **2** (*cerro*) cima **3** (*Heráldica*) emblema

crestfallen /ˈkrestfɑlən/ *adj* cabizbajo

crevice /ˈkrevɪs/ *n* grieta (*en roca*)

crew /kru:/ *n* **1** tripulación: *cabin crew* tripulación (de un avión) **2** (*remo, cine*) equipo

crew cut /ˈkru: kʌt/ *n* rapada de pelo

crib /krɪb/ ◆ *n* **1** pesebre **2** (*GB* **cot**) cuna **3** (*plagio*) copia ◆ *vt*, *vi* copiar, plagiar

cricket /ˈkrɪkɪt/ *n* **1** (*Zool*) grillo **2** (*Dep*) críquet **cricketer** *n* jugador, -ora de críquet

crime /kraɪm/ *n* **1** delito, crimen **2** delincuencia

criminal /ˈkrɪmɪnl/ ◆ *adj* **1** delictivo, criminal: *criminal damage* daños y perjuicios ◇ *a criminal record* antecedentes penales **2** (*derecho*) penal **3** inmoral ◆ *n* delincuente, criminal

crimson /ˈkrɪmzn/ *adj* carmesí

cringe /krɪndʒ/ *vi* **1** (*por miedo*) encogerse **2** (*fig*) morirse de vergüenza

cripple /ˈkrɪpl/ ◆ *n* inválido, -a ◆ *vt* **1** dejar inválido **2** (*fig*) perjudicar seriamente **crippling** *adj* **1** (*enfermedad*) que deja inválido **2** (*deuda*) agobiante

crisis /ˈkraɪsɪs/ *n* (*pl* **crises** /-si:z/) crisis

crisp /krɪsp/ ◆ *adj* (**-er**, **-est**) **1** crujiente **2** (*verduras*) fresco **3** (*papel*) sin arrugas, firme: *a crisp new $5 dollar bill* un billete nuevo de $5 **4** (*tiempo*) seco y frío **5** (*manera*) tajante ◆ *n* (*tb* **potato crisp**) (*GB*) (*USA* **potato chip**, **chip**) papa frita (*de bolsa*) ☛ *Ver dibujo en* PAPA **crisply** *adv* tajantemente **crispy** *adj* (**-ier**, **-iest**) crujiente

criterion /kraɪˈtɪəriən/ *n* (*pl* **-ria** /-rɪə/) criterio

critic /ˈkrɪtɪk/ *n* **1** detractor, -ora **2** (*cine*) crítico, -a **critical** *adj* **1** crítico: *to be critical of sth/sb* criticar algo/a algn ◇ *critical acclaim* el aplauso de la crítica **2** (*persona*) criticón **3** (*momento*) crítico, crucial **4** (*estado*) crítico **critically** *adv* **1** críticamente **2** *critically ill* gravemente enfermo

criticism /ˈkrɪtɪsɪzəm/ *n* **1** crítica **2** [*incontable*] críticas: *He can't take criticism.* No soporta que lo critiquen. **3** [*incontable*] crítica: *literary criticism* crítica literaria

criticize, -ise /ˈkrɪtɪsaɪz/ *vt* criticar

critique /krɪˈti:k/ *n* análisis crítico

croak /kroʊk/ ◆ *vi* **1** croar **2** (*fig*) gruñir ◆ *n* (*tb* **croaking**) croar

crochet /kroʊˈʃeɪ; *GB* ˈkrəʊʃeɪ/ *n* (labor de) crochet

crockery /ˈkrɑkəri/ *n* [*incontable*] loza, vajilla

crocodile /ˈkrɑkədaɪl/ *n* cocodrilo

crocus /ˈkroʊkəs/ *n* (*pl* ~**es** /-sɪz/) azafrán

crony /ˈkroʊni/ *n* (*pl* **-ies**) (*pey*) compinche

crook /krʊk/ *n* (*coloq*) ladrón **crooked** /ˈkrʊkɪd/ *adj* (**-er**, **-est**) **1** torcido **2** (*camino*) tortuoso, lleno de curvas **3** (*coloq*) (*persona*) deshonesto **4** (*acción*) poco limpio

crop /krɑp/ ◆ *n* **1** cosecha **2** cultivo **3** (*fig*) montón LOC *Ver* CREAM[1] ◆ *vt* (**-pp-**) **1** (*pelo*) cortar muy corto **2** (*animales*): *to crop the grass* pastar PHR V **to crop up** surgir, aparecer

croquet /kroʊˈkeɪ; *GB* ˈkrəʊkeɪ/ *n* croquet

cross /krɔːs; *GB* krɒs/ ◆ *n* **1** cruz **2** ~ (**between…**) cruce, mezcla (de…) ◆ **1** *vt, vi* cruzar, atravesar: *Shall we cross over?* ¿Pasamos al otro lado? **2** *vt, vi* ~ (**each other/one another**) cruzarse **3** *v refl* ~ **yourself** persignarse **4** *vt* llevar la contraria a **5** *vt* ~ **sth with sth** (*Zool, Bot*) cruzar algo con algo **LOC cross your fingers** (**for me**) deséame suerte **to cross your mind** pasar por la mente, ocurrírsele a uno *Ver tb* DOT **PHR V to cross sth off/out/through** tachar algo: *to cross sb off the list* borrar a algn de la lista ◆ *adj* (**-er**, **-est**) **1** enojado: *to get cross* enojarse **2** (*viento*) de costado

crossbar /ˈkrɔːsbɑr; *GB* ˈkrɒs-/ *n* **1** barra **2** (*Dep*) travesaño

crossbow /ˈkrɔːsboʊ; *GB* ˈkrɒs-/ *n* ballesta

cross-country /ˌkrɔːs ˈkʌntri; *GB* ˌkrɒs/ *adj, adv* a campo traviesa

cross-examine /ˌkrɔːs ɪgˈzæmɪn; *GB* ˌkrɒs/ *vt* interrogar

cross-eyed /ˈkrɔːs aɪd; *GB* ˈkrɒs/ *adj* bizco

crossfire /ˈkrɔːsfaɪər; *GB* ˈkrɒs-/ *n* fuego cruzado, tiroteo (cruzado) **LOC to get caught in the crossfire** encontrarse entre dos fuegos

crossing /ˈkrɔːsɪŋ; *GB* ˈkrɒs-/ *n* **1** (*viaje*) travesía **2** (*GB, carretera*) cruce **3** paso a nivel **4** cruce peatonal *Ver* ZEBRA CROSSING **5** *border crossing* frontera

cross-legged

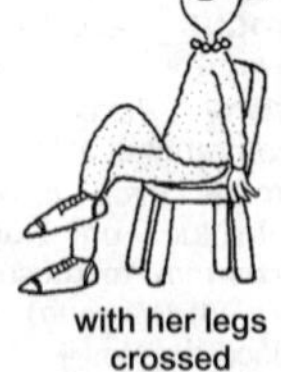

cross-legged — with her legs crossed

cross-legged /ˌkrɔːs ˈlegɪd; *GB* ˌkrɒs/ *adj, adv* con las piernas cruzadas

crossly /ˈkrɔːsli; *GB* ˈkrɒs-/ *adv*: *to say sth crossly* decir algo enojado

crossover /ˈkrɔːsoʊvər; *GB* ˈkrɒs-/ *n* paso

cross purposes *n* **LOC at cross purposes**: *We're* (*talking*) *at cross purposes.* Aquí hay un malentendido.

cross-reference /ˌkrɔːs ˈrefrəns; *GB* ˌkrɒs/ *n* referencia

crossroads /ˈkrɔːsroʊdz; *GB* ˈkrɒs-/ *n* **1** cruce, encrucijada **2** (*fig*) encrucijada

cross-section /ˌkrɔːs ˈsekʃn; *GB* ˌkrɒs/ *n* **1** corte transversal **2** (*estadística*) muestra representativa

crossword /ˈkrɔːswɜːrd; *GB* ˈkrɒs-/ (*tb* **crossword puzzle**) *n* crucigrama

crotch /krɑtʃ/ *n* entrepierna

crouch /kraʊtʃ/ *vi* agacharse, agazaparse, ponerse en cuclillas

crow /kroʊ/ ◆ *n* cuervo **LOC as the crow flies** en línea recta ◆ *vi* **1** cantar **2** ~ (**over sth**) jactarse (de algo)

crowbar /ˈkroʊbɑr/ *n* palanca

crowd /kraʊd/ ◆ *n* [*v sing o pl*] **1** multitud **2** (*espectadores*) concurrencia **3 the crowd** (*pey*) las masas **4** (*coloq*) gente, grupo (de amigos) **LOC crowds of/a crowd of** un montón de *Ver tb* FOLLOW ◆ *vt* (*espacio*) llenar **PHR V to crowd around** (**sth/sb**) apiñarse (alrededor de algo/algn) **to crowd in** entrar en tropel **to crowd sth/sb in** apiñar algo/a algn **crowded** *adj* **1** lleno (de gente) **2** (*fig*) repleto

crown /kraʊn/ ◆ *n* **1** corona: *crown prince* príncipe heredero **2 the Crown** (*GB, Jur*) el estado **3** (*cabeza*) coronilla **4** (*sombrero*) copa **5** (*cerro*) cumbre **6** (*diente*) corona ◆ *vt* coronar

crucial /ˈkruːʃl/ *adj* ~ (**to/for sth/sb**) crucial (para algo/algn)

crucifix /ˈkruːsəfɪks/ *n* crucifijo

crucify /ˈkruːsɪfaɪ/ *vt* (*pret, pp* **-fied**) (*lit y fig*) crucificar

crude /kruːd/ *adj* (**-er**, **-est**) **1** burdo ☛ *Comparar con* RAW **2** ordinario

crude oil *n* crudo (*petróleo*)

cruel /kruːəl/ *adj* (**-er**, **-est**) ~ (**to sth/sb**) cruel (con algo/algn) **cruelty** *n* (*pl* **-ies**) crueldad

cruise /kruːz/ ◆ *vi* **1** hacer un crucero **2** (*avión*) volar (a velocidad de crucero) **3** (*carro*) ir a velocidad constante ◆ *n* crucero (*viaje*) **cruiser** *n* **1** (*barco*) crucero **2** (*tb* **cabin-cruiser**) lancha de motor con camarotes

crumb /krʌm/ *n* **1** miga **2** (*fig*) migaja **3 crumbs!** (*GB*) ¡caramba!

crumble /ˈkrʌmbl/ **1** *vi* ~ **(away)** desmoronarse, deshacerse **2** *vt* deshacer **3** *vt, vi* (*Cocina*) desmenuzar(se) **crumbly** *adj* (**-ier**, **-iest**) que se desmorona, que se deshace en migajas

crumple /ˈkrʌmpl/ *vt, vi* ~ **(sth) (up)** arrugarse, arrugar algo

crunch /krʌntʃ/ ◆ **1** *vt* ~ **sth (up)** morder algo (*haciendo ruido*) **2** *vt, vi* (hacer) crujir ◆ *n* crujido **crunchy** *adj* (**-ier**, **-iest**) crujiente

crusade /kruːˈseɪd/ *n* cruzada **crusader** *n* **1** (*Hist*) cruzado **2** luchador, -ora

crush /krʌʃ/ ◆ *vt* **1** aplastar: *to be crushed to death* morir aplastado **2** ~ **sth (up)** (*roca, etc.*) triturar algo: *crushed ice* hielo picado **3** (*ajo, etc.*) machacar **4** (*fruta*) exprimir **5** moler **6** (*ropa*) arrugar **7** (*ánimo*) abatir ◆ *n* **1** (*gentío*) aglomeración **2** ~ **(on sb)** (*coloq*) enamoramiento (breve) (de algn): *I had a crush on my teacher.* Me tragué de mi profesora. **3** (*fruta*) jugo **crushing** *adj* aplastante (*derrota, golpe*)

crust /krʌst/ *n* corteza ☛ *Ver dibujo en* PAN **crusty** *adj* (**-ier**, **-iest**) (de corteza) crujiente

crutch /krʌtʃ/ *n* **1** muleta **2** (*fig*) apoyo

crux /krʌks/ *n* quid

cry /kraɪ/ (*pret, pp* **cried**) ◆ **1** *vi* **to cry (over sth/sb)** llorar (por algo/algn): *to cry for joy* llorar de alegría ◊ *cry-baby* llorón **2** *vt, vi* **to cry (sth) (out)** gritar (algo) LOC **it's no use crying over spilled milk** a lo hecho, pecho **to cry your eyes/heart out** llorar a lágrima viva PHR V **to cry off** echarse atrás **to cry out for sth** (*fig*) pedir algo a gritos ◆ *n* (*pl* **cries**) **1** grito **2** llorona: *to have a (good) cry* desahogarse llorando LOC *Ver* HUE **crying** *adj* LOC **a crying shame** una verdadera lástima

crypt /krɪpt/ *n* cripta

cryptic /ˈkrɪptɪk/ *adj* críptico

crystal /ˈkrɪstl/ *n* (*gen, Quím*) cristal LOC **crystal clear 1** cristalino **2** (*significado*) claro como el agua

cub /kʌb/ *n* **1** (*león, tigre, zorro*) cachorro **2** osezno **3** lobezno **4 the Cub Scouts** [*pl*] los lobatos

cube /kjuːb/ *n* **1** cubo **2** (*esp alimento*) cubito: *sugar cube* cubo de azúcar **cubic** *adj* cúbico

cubicle /ˈkjuːbɪkl/ *n* **1** cubículo **2** vestier, probador

cuckoo /ˈkʊkuː/ *n* (*pl* ~**s**) cucú

cucumber /ˈkjuːkʌmbər/ *n* pepino, cocombro

cuddle /ˈkʌdl/ ◆ **1** *vt* tener en brazos **2** *vt, vi* abrazar(se) PHR V **to cuddle up (to sb)** acurrucarse junto a algn ◆ *n* abrazo **cuddly** *adj* (**-ier**, **-iest**) (*aprob, coloq*) adorable: *cuddly toy* muñeco de felpa

cue /kjuː/ ◆ *n* **1** señal **2** (*Teat*) entrada: *He missed his cue.* Perdió la entrada. **3** ejemplo: *to take your cue from sb* seguir el ejemplo de algn **4** (*tb* **billiard/pool cue**) taco (*de billar*) LOC **(right) on cue** en el momento preciso ◆ *vt* **1 to cue sb (in)** darle la señal a algn **2 to cue sb (in)** (*Teat*) darle la entrada a algn

cuff /kʌf/ ◆ *n* **1** (*ropa*) puño **2** manotazo LOC **off the cuff** de improviso ◆ *vt* darle un manotazo a

cuff link *n* mancorna

cuisine /kwɪˈziːn/ *n* (*Fr*) cocina (*arte de cocinar*)

cul-de-sac /ˈkʌl də sæk/ *n* (*pl* ~**s**) (*Fr*) calle cerrada/ciega

cull /kʌl/ *vt* **1** (*información*) seleccionar **2** (*animales*) matar (*para controlar el número*)

culminate /ˈkʌlmɪneɪt/ *vi* (*formal*) ~ **in sth** culminar en algo **culmination** *n* culminación

culottes /k(j)uːˈlɑts/ *n* [*pl*] falda pantalón

culprit /ˈkʌlprɪt/ *n* culpable

cult /kʌlt/ *n* **1** ~ **(of sth/sb)** culto (a algo/algn) **2** moda

cultivate /ˈkʌltɪveɪt/ *vt* **1** cultivar **2** (*fig*) fomentar **cultivated** *adj* **1** (*persona*) culto **2** cultivado **cultivation** *n* cultivo

cultural /ˈkʌltʃərəl/ *adj* cultural

culture /ˈkʌltʃər/ *n* **1** cultura: *culture shock* choque cultural **2** (*Biol, Bot*) cultivo **cultured** *adj* **1** (*persona*) culto **2** *cultured pearl* perla cultivada

cum /kʌm/ *prep* (*GB*): *a kitchen-cum-dining room* una cocina-comedor

cumbersome /ˈkʌmbərsəm/ *adj* **1** engorroso **2** voluminoso

cumulative /ˈkjuːmjələtɪv/ *adj* **1** acumulado **2** acumulativo

cunning /ˈkʌnɪŋ/ ◆ *adj* **1** (*persona,*

acción) astuto **2** (*aparato*) ingenioso ◆ *n* [*incontable*] astucia **cunningly** *adv* astutamente

cup /kʌp/ ◆ *n* **1** taza: *paper cup* vaso de papel ☛ *Ver dibujo en* MUG **2** (*premio*) copa LOC **not to be sb's cup of tea** (*coloq*) no ser del gusto de algn ◆ *vt* (*manos*) ahuecar, hacer bocina con: *She cupped a hand over the receiver.* Tapó el teléfono con la mano. LOC **to cup your chin/face in your hands** apoyar la quijada/la cara en las manos

cupboard /ˈkʌbərd/ *n* armario, clóset: *cupboard love* (*GB*) amor interesado

cupful /ˈkʌpfʊl/ *n* taza (*cantidad*)

curate /ˈkjʊərət/ *n* (*iglesia anglicana*) coadjutor, -ora (del párroco)

curative /ˈkjʊərətɪv/ *adj* curativo

curator /ˈkjʊərətər; *GB* kjʊəˈreɪtə(r)/ *n* curador, -ora, conservador, -ora (*de museo*)

curb /kɜːrb/ ◆ *n* **1** (*fig*) freno **2** (*GB*) (*tb* **kerb**) sardinel ◆ *vt* frenar

curdle /ˈkɜːrdl/ *vt, vi* **1** cuajar(se) **2** cortar(se)

cure /kjʊər/ ◆ *vt* **1** curar **2** (*fig*) sanear **3** (*alimentos*) curar ◆ *n* **1** cura, curación **2** (*fig*) remedio

curfew /ˈkɜːrfjuː/ *n* toque de queda

curious /ˈkjʊəriəs/ *adj* curioso: *I'm curious to…* Tengo curiosidad por… **curiosity** /ˌkjʊəriˈɑsəti/ *n* (*pl* **-ies**) **1** curiosidad **2** cosa rara

curl /kɜːrl/ ◆ *n* **1** rizo **2** (*humo*) espiral ◆ **1** *vt, vi* rizar(se) **2** *vi*: *The smoke curled upwards.* El humo subía en espiral. PHR V **to curl up 1** rizarse **2** acurrucarse **curly** *adj* (**-ier**, **-iest**) rizado

currant /ˈkʌrənt/ *n* **1** uva pasa **2** grosella (negra)

currency /ˈkʌrənsi/ *n* (*pl* **-ies**) **1** moneda: *foreign/hard currency* divisa extranjera/fuerte **2** aceptación: *to gain currency* generalizarse

current /ˈkʌrənt/ ◆ *n* corriente ◆ *adj* **1** actual: *current affairs* temas de actualidad **2** generalizado **currently** *adv* actualmente

curriculum /kəˈrɪkjələm/ *n* (*pl* **~s** *o* **-a** /-lə/) plan de estudios

curriculum vitae /kəˈrɪkjələm viːtaɪ/ (*abrev* **cv**) (*GB*) (*USA* **resumé**) *n* hoja de vida, historial profesional

curry /ˈkʌri/ ◆ *n* (*pl* **-ies**) (plato al) curry ◆ *vt* (*pp* **curried**) LOC **to curry favor (with sb)** congraciarse (con algn)

curse /kɜːrs/ ◆ *n* **1** maldición **2** maleficio **3** desgracia **4 the curse** (*coloq*) la regla ◆ *vt, vi* maldecir LOC **to be cursed with sth** estar atribulado por algo

cursory /ˈkɜːrsəri/ *adj* rápido, superficial

curt /kɜːrt/ *adj* (*manera de hablar*) cortante

curtail /kɜːrˈteɪl/ *vt* acortar **curtailment** *n* **1** (*poder*) limitación **2** interrupción

curtain /ˈkɜːrtn/ *n* **1** cortina: *to draw the curtains* abrir/correr las cortinas ◇ *lace/net curtains* visillos **2** (*Teat*) telón **3 curtains** [*pl*] (*coloq*) ~ (**for sth/sb**) el fin (de algo/algn): *If she finds out, it'll be curtains for you.* Si ella llega a saberlo, hasta ahí llegaste.

curtsy (*tb* **curtsey**) /ˈkɜːrtsi/ ◆ *vi* (*pret, pp* **curtsied** *o* **curtseyed**) (*sólo mujeres*) hacer una reverencia ◆ *n* (*pl* **-ies** *o* **-eys**) reverencia

curve /kɜːrv/ ◆ *n* curva ◆ *vi* describir/hacer una curva **curved** *adj* **1** curvo **2** (*tb* **curving**) en curva, arqueado

cushion /ˈkʊʃn/ ◆ *n* **1** cojín **2** (*fig*) colchón ◆ *vt* **1** amortiguar **2** ~ **sth/sb (against sth)** (*fig*) proteger algo/a algn (de algo)

custard /ˈkʌstərd/ *n* [*incontable*] crema hecha con leche, huevos y azúcar

custodian /kʌˈstoʊdiən/ *n* **1** guardián, -ana **2** conservador, -ora (*de museo, etc.*), curador, -ora

custody /ˈkʌstədi/ *n* **1** custodia: *in custody* bajo custodia **2** *to remand sb in custody* ordenar la detención de algn

custom /ˈkʌstəm/ *n* **1** costumbre **2** clientela **customary** *adj* acostumbrado, habitual: *It is customary to…* Es costumbre… **customer** *n* cliente

customs /ˈkʌstəmz/ *n* [*pl*] **1** (*tb* **customs duty**) derechos de aduana **2** aduana

cut /kʌt/ ◆ (**-tt-**) (*pret, pp* **cut**) **1** *vt, vi* cortar(se): *to cut sth in half* partir algo por la mitad *Ver tb* CHOP **2** *vt* (*gema*) tallar: *cut glass* cristal tallado **3** *vt* (*fig*) herir **4** *vt* reducir, recortar **5** *vt* (*precio*) rebajar *Ver tb* SLASH **6** *vt* (*suprimir*) cortar **7** *vt* (*motor*) apagar LOC **cut it/**

that out! (*coloq*) ¡ya no más! **to cut it/things close** dejar algo hasta el último momento **to cut sth short** truncar algo **to cut sth/sb short** interrumpir algo/a algn

PHR V to cut across sth 1 rebasar algo **2** cortar camino por algo

to cut back (on sth) recortar algo **to cut sth back** podar algo

to cut down (on sth): *to cut down on smoking* fumar menos **to cut sth down 1** talar algo **2** reducir algo

to cut in (on sth/sb) 1 (*carro*) atravesarse (delante de algo/algn) **2** interrumpir (algo/a algn)

to cut sb off 1 desheredar a algn **2** (*teléfono*): *I've been cut off.* Se cortó la llamada/comunicación. **to cut sth off 1** cortar algo: *to cut 20 seconds off the record* mejorar el récord en 20 segundos **2** (*pueblo*) aislar algo: *to be cut off* quedar incomunicado

to be cut out to be sth; to be cut out for sth (*coloq*) estar hecho para algo, tener madera de algo **to cut sth out 1** recortar algo **2** (*información*) suprimir algo **3** *to cut out sweets* dejar de comer dulces

to cut sth up cortar algo (en pedazos), picar algo

◆ *n* **1** corte, incisión **2** reducción, recorte, rebaja **3** (*carne*) pieza **4** (*ropa*) corte **5** (*coloq*) (*ganancias*) parte **LOC a cut above sth/sb** (*coloq*) (algo) superior a algo/algn *Ver tb* SHORT CUT

cutback /ˈkʌtbæk/ *n* recorte, reducción

cute /kjuːt/ *adj* (**cuter, cutest**) (*coloq, a veces ofen*) cuco, lindo

cutlery /ˈkʌtləri/ *n* [*incontable*] cubiertos

cutlet /ˈkʌtlət/ *n* chuleta

cut-off /ˈkʌt ɔːf/ (*tb* **cut-off point**) *n* límite

cut-rate /ˌkʌt ˈreɪt/ *adj, adv* a precio rebajado

cutthroat /ˈkʌtθroʊt/ *adj* despiadado

cutting /ˈkʌtɪŋ/ ◆ *n* **1** (*periódico, etc.*) recorte **2** (*Bot*) esqueje, pie ◆ *adj* **1** (*viento*) cortante **2** (*comentario*) mordaz

cv /siː ˈviː/ *abrev de* **curriculum vitae**

cyanide /ˈsaɪənaɪd/ *n* cianuro

cycle /ˈsaɪkl/ ◆ *n* **1** ciclo **2** (*obras*) serie **3** cicla ◆ *vi* ir en bicicleta: *to go cycling* ir de paseo en cicla **cyclic** (*tb* **cyclical**) *adj* cíclico **cycling** *n* ciclismo **cyclist** *n* ciclista

cyclone /ˈsaɪkloʊn/ *n* ciclón

cylinder /ˈsɪlɪndər/ *n* **1** cilindro **2** (*gas*) cilindro **cylindrical** /səˈlɪndrɪkl/ *adj* cilíndrico

cymbal /ˈsɪmbl/ *n* platillo (*música*)

cynic /ˈsɪnɪk/ *n* mal pensado, -a, desconfiado, -a **cynical** *adj* **1** que desconfía de todo **2** sin escrúpulos **cynicism** *n* **1** desconfianza **2** falta de escrúpulos

cypress /ˈsaɪprəs/ *n* ciprés

cyst /sɪst/ *n* quiste

cystic fibrosis /ˌsɪstɪk faɪˈbroʊsɪs/ *n* [*incontable*] fibrosis pulmonar

czar (*tb* **tsar**) /zɑr/ *n* zar

czarina (*tb* **tsarina**) /zɑˈriːnə/ *n* zarina

Dd

D, d /diː/ *n* (*pl* **D's, d's** /diːz/) **1** D, d: *D as in David* D de dedo ☛ *Ver ejemplos en* A, A **2** (*Educ*) aprobado: *to get (a) D in Math* sacar un seis en Matemáticas **3** (*Mús*) re

dab /dæb/ ◆ *vt, vi* (**-bb-**) **to dab (at) sth** tocar algo ligeramente **PHR V to dab sth on (sth)** poner un poco de algo (en algo): *She dabbed some cream on to the cut.* Se puso un poco de crema en la herida. ◆ *n* poquito

dad /dæd/ (*tb* **daddy** /ˈdædi/) *n* (*coloq*) papá

daffodil /ˈdæfədɪl/ *n* narciso

daft /dæft; *GB* dɑːft/ *adj* (**-er, -est**) (*GB, coloq*) bobo, ridículo

dagger /ˈdægər/ *n* puñal, daga

daily /ˈdeɪli/ ◆ *adj* diario, cotidiano ◆ *adv* a diario, diariamente ◆ *n* (*pl* **-ies**) diario (*periódico*)

dairy /ˈdeəri/ *n* (*pl* **-ies**) lechería

dairy farm *n* finca lechera **dairy farming** *n* industria lechera

dairy products *n* [*pl*] productos lácteos

daisy /ˈdeɪzi/ *n* (*pl* **-ies**) margarita

dale /deɪl/ *n* valle

dam /dæm/ ◆ *n* represa (*de un río*) ◆ *vt* represar

damage /ˈdæmɪdʒ/ ◆ *vt* **1** dañar **2** perjudicar ◆ *n* **1** [*incontable*] daño **2** **damages** [*pl*] daños y perjuicios **damaging** *adj* perjudicial

Dame /deɪm/ *n* (*GB*) título honorífico concedido a mujeres

damn /dæm/ ◆ *vt* condenar ◆ (*tb* **damned**) (*coloq*) *adj* maldito ◆ **damn!** *interj* ¡maldita sea! **damnation** *n* condenación **damning** *adj* contundente (*críticas, pruebas*)

damp /dæmp/ ◆ *adj* (**-er**, **-est**) húmedo ☛ *Ver nota en* MOIST ◆ *n* humedad ◆ *vt* **1** (*tb* **dampen**) mojar **2** ~ **sth (down)** amortiguar algo; sofocar algo

dance /dæns; *GB* dɑːns/ ◆ *vt, vi* bailar ◆ *n* baile **dancer** *n* bailarín, -ina **dancing** *n* baile

dandelion /ˈdændɪlaɪən/ *n* diente de león (*flor*)

dandruff /ˈdændrʌf/ *n* caspa

danger /ˈdeɪndʒər/ *n* peligro **LOC to be in danger of sth** estar en peligro de algo: *They're in danger of losing their jobs.* Corren el peligro de quedarse sin trabajo. **dangerous** *adj* **1** peligroso **2** nocivo

dangle /ˈdæŋgl/ *vi* colgar

dank /dæŋk/ *adj* (**-er**, **-est**) (*pey*) húmedo y frío

dare¹ /deər/ *v modal, vi* (*neg* **don't/doesn't dare** *o* **dare not** (*GB*) *o* **daren't** /deərnt/ (*GB*) *pret* **didn't dare** *o* **dared not** (*GB*)) (*en frases negativas y en preguntas*) atreverse a **LOC don't you dare** ni se te ocurra: *Don't you dare tell her!* ¡No se le ocurra decírselo! **how dare you!** ¡cómo te atreves! **I dare say** yo diría

> Cuando **dare** es un verbo modal le sigue un infinitivo sin TO, y construye las oraciones negativas e interrogativas y el pasado sin el auxiliar *do*: *Nobody dared speak.* Nadie se atrevió a hablar. ◊ *I don't dare ask my boss for a day off.* No me atrevo a pedirle a mi jefe un día libre.

dare² /deər/ *vt* ~ **sb (to do sth)** desafiar a algn (a hacer algo)

daring /ˈdeərɪŋ/ ◆ *n* atrevimiento, osadía ◆ *adj* atrevido, audaz

dark /dɑrk/ ◆ **the dark** *n* la oscuridad **LOC before dark** antes de que anochezca/anocheciera **after dark** después de que anochezca/anocheciera, de noche ◆ *adj* (**-er**, **-est**) **1** oscuro: *to get/grow dark* anochecer/oscurecer(se) ◊ *dark green* verde oscuro **2** (*persona, tez*) moreno **3** secreto **4** triste, sombrío: *These are dark days.* Estamos en tiempos difíciles. **LOC a dark horse** una persona de talentos ocultos

darken /ˈdɑrkən/ *vt, vi* oscurecer(se)

dark glasses *n* [*pl*] gafas oscuras

darkly /ˈdɑrkli/ *adv* **1** misteriosamente **2** con pesimismo

darkness /ˈdɑrknəs/ *n* oscuridad, tinieblas: *in darkness* a oscuras

darkroom /ˈdɑrkruːm/ *n* (*Fot*) cuarto oscuro

darling /ˈdɑrlɪŋ/ *n* encanto: *Hello, darling!* ¡Hola, cariño!

dart¹ /dɑrt/ *n* dardo: *to play darts* jugar a los dardos

dart² /dɑrt/ *vi* precipitarse **PHR V to dart away/off** salir disparado

dash /dæʃ/ ◆ *n* **1** ~ **(of sth)** pizca (de algo) **2** guión *Ver págs 314–5.* **3** raya **LOC to make a dash for sth** precipitarse hacia algo *Ver tb* BOLT² ◆ **1** *vi* apurarse: *I must dash.* Tengo que apurarme. **2** *vi* ir muy rápido: *He dashed across the room.* Cruzó la sala corriendo. ◊ *I dashed upstairs.* Subí las escaleras volando. **3** *vt* (*esperanzas, etc.*) desbaratar **PHR V to dash sth off** hacer algo muy aprisa

dashboard /ˈdæʃbɔːrd/ *n* tablero de instrumentos (*carro*)

data /ˈdætə, ˈdeɪtə; *GB* ˈdɑːtə/ *n* **1** [*sing*] (*Informát*) datos **2** [*v sing o pl*] información

database /ˈdeɪtəbeɪs/ *n* base de datos

date¹ /deɪt/ ◆ *n* **1** fecha **2** (*coloq*) cita **LOC out of date 1** pasado de moda **2** desfasado **3** caducado **up to date 1** al día **2** actualizado **to date** hasta la fecha *Ver tb* BRING ◆ *vt* **1** fechar **2** (*fósiles, cuadros*) datar **3** (*esp USA*) ~ **sb** salir con algn **dated** *adj* pasado de moda

date² /deɪt/ *n* dátil
daughter /ˈdɔːtər/ *n* hija
daughter-in-law /ˈdɔːtər ɪn lɔː/ *n* (*pl* **-ers-in-law**) nuera
daunting /ˈdɔːntɪŋ/ *adj* sobrecogedor: *the daunting task of...* la impresionante tarea de...
dawn /dɔːn/ ◆ *n* amanecer: *from dawn till dusk* de sol a sol **LOC** *Ver* CRACK ◆ *vi* amanecer
day /deɪ/ *n* **1** día: *all day* todo el día **2** jornada **3 days** [*pl*] época **LOC by day/night** de día/noche **day after day** día tras día **day by day** día a día **day in, day out** todos los días sin excepción **from one day to the next** de un día para otro **one/some day; one of these days** algún día, un día de éstos **the day after tomorrow** pasado mañana **the day before yesterday** antier **these days** hoy en día **to this day** aun ahora *Ver tb* BETTER, CALL, CARRY, CLEAR, EARLY, FINE
daycare center *n* (*USA*) guardería
daydream /ˈdeɪdriːm/ ◆ *n* ensueño ◆ *vi* soñar despierto
daylight /ˈdeɪlaɪt/ *n* luz del día: *in daylight* de día **LOC** *Ver* BROAD
day off *n* día libre
day return *n* (*GB*) tiquete de ida y vuelta para un mismo día
daytime /ˈdeɪtaɪm/ *n* día: *in the daytime* de día
day-to-day /ˌdeɪ tə ˈdeɪ/ *adj* día a día
day trip *n* excursión de un día
daze /deɪz/ *n* **LOC in a daze** aturdido **dazed** *adj* aturdido
dazzle /ˈdæzl/ *vt* deslumbrar
dead /ded/ ◆ *adj* **1** muerto **2** (*hojas*) seco **3** (*brazo, etc.*) dormido **4** (*pilas*) gastado **5** (*teléfono*): *The line's gone dead.* Se murió la línea. ◆ *adv* (*esp GB*) completamente: *You are dead right.* Tienes toda la razón. **LOC** *Ver* FLOG, DROP, STOP ◆ *n* **LOC in the/at dead of night** en plena noche **deaden** *vt* **1** (*sonido*) amortiguar **2** (*dolor*) aliviar
dead end *n* callejón sin salida
dead heat *n* empate
deadline /ˈdedlaɪn/ *n* fecha/hora límite
deadlock /ˈdedlɑk/ *n* punto muerto
deadly /ˈdedli/ *adj* (**-ier**, **-iest**) mortal
deaf /def/ *adj* (**-er**, **-est**) sordo: *deaf and dumb* sordomudo **deafen** *vt* ensordecer **deafening** *adj* ensordecedor **deafness** *n* sordera
deal¹ /diːl/ *n* **LOC a good/great deal** mucho: *It's a good/great deal warmer today.* Hace mucho más calor hoy.
deal² /diːl/ *n* **1** trato **2** contrato
deal³ /diːl/ *vt, vi* (*pret, pp* **dealt** /delt/) (*golpe, naipes*) dar **PHR V to deal in sth** comerciar con/en algo: *to deal in drugs/arms* traficar con drogas/armas **to deal with sb 1** tratar a/con algn **2** castigar a algn **3** ocuparse de algn **to deal with sth 1** (*un problema*) resolver algo **2** (*una situación*) manejar algo **3** (*un tema*) tratar de algo
dealer /ˈdiːlər/ *n* **1** vendedor, -ora, comerciante **2** (*de drogas, armas*) traficante **3** (*naipes*) tallador, -ora
dealing /ˈdiːlɪŋ/ *n* (*drogas, armas*) tráfico **LOC to have dealings with sth/sb** tratar con algo/algn
dealt *pret, pp de* DEAL³
dean /diːn/ *n* **1** (*universidad*) decano, -a **2** (*GB, Relig*) deán
dear /dɪər/ ◆ *adj* (**-er**, **-est**) **1** querido **2** (*carta*): *Dear Sir* Estimado señor ◇ *Dear Jason,...* Querido Jason:... *Ver págs 310–1.* **3** (*GB*) caro **LOC oh dear!** ¡caramba! ◆ *n* cariño **dearly** *adv* mucho
death /deθ/ *n* muerte: *death certificate* certificado de defunción ◇ *death penalty/sentence* pena/sentencia de muerte ◇ *to beat sb to death* matar a algn a golpes **LOC to put sb to death** dar muerte a algn *Ver tb* CATCH, MATTER, SICK **deathly** *adj* (**-lier**, **-liest**) sepulcral: *deathly cold/pale* frío/pálido como un muerto
debase /dɪˈbeɪs/ *vt* ~ **sth/sb/yourself** degradarse/degradar algo/a algn
debatable /dɪˈbeɪtəbl/ *adj* discutible
debate /dɪˈbeɪt/ ◆ *n* debate ◆ *vt, vi* debatir
debit /ˈdebɪt/ ◆ *n* débito ◆ *vt* cobrar
debris /dəˈbriː; *GB* ˈdeɪbriː/ *n* escombros
debt /det/ *n* deuda **LOC to be in debt** tener deudas **debtor** *n* deudor, -ora
decade /ˈdekeɪd, diˈkeɪd/ *n* década
decadent /ˈdekədənt/ *adj* decadente **decadence** *n* decadencia

decaffeinated /ˌdiːˈkæfɪneɪtɪd/ *adj* descafeinado

decay /dɪˈkeɪ/ ◆ *vi* **1** (*dientes*) picarse **2** descomponerse **3** decaer ◆ *n* [*incontable*] **1** (*tb* **tooth decay**) caries **2** descomposición

deceased /dɪˈsiːst/ ◆ *adj* (*formal*) difunto ◆ **the deceased** *n* el difunto, la difunta

deceit /dɪˈsiːt/ *n* **1** (*doblez*) falsedad **2** engaño **deceitful** *adj* **1** mentiroso **2** engañoso

deceive /dɪˈsiːv/ *vt* engañar

December /dɪˈsembər/ *n* (*abrev* **Dec**) diciembre ☛ *Ver nota y ejemplos en* JANUARY

decency /ˈdiːsnsi/ *n* decencia, decoro

decent /ˈdiːsnt/ *adj* **1** decente, correcto **2** adecuado, aceptable **3** amable

deception /dɪˈsepʃn/ *n* engaño

deceptive /dɪˈseptɪv/ *adj* engañoso

decide /dɪˈsaɪd/ **1** *vi* ~ (**against sth/sb**) decidirse (en contra de algo/algn) **2** *vi* ~ **on sth/sb** optar por algo/algn **3** *vt* decidir, determinar **decided** *adj* **1** (*claro*) marcado **2** ~ (**about sth**) decidido, resuelto (en algo)

decimal /ˈdesɪml/ *adj*, *n* decimal: *decimal point* coma/punto decimal

decipher /dɪˈsaɪfər/ *vt* descifrar

decision /dɪˈsɪʒn/ *n* ~ (**on/against sth**) decisión (sobre/en contra de algo): *decision-making* toma de decisiones

decisive /dɪˈsaɪsɪv/ *adj* **1** decisivo **2** decidido, resuelto

deck /dek/ *n* **1** (*Náut*) cubierta **2** (*bus*) piso **3** (*GB* **pack**) juego de naipes **4** (*tb* **cassette deck**, **tape deck**) pasacintas

deckchair /ˈdektʃeər/ *n* silla de piscina/playa, perezosa

declaration /ˌdekləˈreɪʃn/ *n* declaración

declare /dɪˈkleər/ **1** *vt* declarar **2** *vi* ~ **for/against sth/sb** pronunciarse a favor/en contra de algo/algn

decline /dɪˈklaɪn/ ◆ **1** *vt* declinar **2** *vi* ~ **to do sth** negarse a hacer algo **3** *vi* disminuir ◆ *n* **1** disminución **2** decadencia, deterioro

decompose /ˌdiːkəmˈpoʊz/ *vt, vi* descomponer(se), pudrir(se)

décor /deɪˈkɔːr; *GB* ˈdeɪkɔː(r)/ *n* [*incontable*] decoración

decorate /ˈdekəreɪt/ *vt* **1** ~ **sth** (**with sth**) adornar algo (con/de algo) **2** empapelar, pintar **3** ~ **sb** (**for sth**) condecorar a algn (por algo) **decoration** *n* **1** decoración **2** adorno **3** condecoración

decorative /ˈdekərətɪv/ *adj* decorativo

decoy /ˈdiːkɔɪ/ *n* señuelo

decrease /dɪˈkriːs/ ◆ **1** *vi* disminuir **2** *vt* reducir ◆ /ˈdiːkriːs/ *n* ~ (**in sth**) disminución, reducción (en/de algo)

decree /dɪˈkriː/ ◆ *n* decreto ◆ *vt* (*pret, pp* **decreed**) decretar

decrepit /dɪˈkrepɪt/ *adj* decrépito

dedicate /ˈdedɪkeɪt/ *vt* dedicar, consagrar **dedication** *n* **1** dedicación **2** dedicatoria

deduce /dɪˈduːs; *GB* dɪˈdjuːs/ *vt* deducir (*teoría, conclusión, etc.*)

deduct /dɪˈdʌkt/ *vt* deducir (*impuestos, gastos, etc.*) **deduction** *n* deducción

deed /diːd/ *n* **1** (*formal*) acción, obra **2** hazaña **3** (*Jur*) escritura

deem /diːm/ *vt* (*formal*) considerar

deep /diːp/ ◆ *adj* (**-er**, **-est**) **1** profundo **2** *This pool is only one meter deep.* Esta piscina sólo tiene un metro de profundidad. **3** (*respiración*) hondo **4** (*voz, sonido, etc.*) grave **5** (*color*) intenso **6** ~ **in sth** sumido, absorto en algo ◆ *adv* (**-er**, **-est**) muy profundo, con profundidad: *Don't go in too deep!* ¡No te metas muy adentro! LOC **deep down** (*coloq*) en el fondo **to go/run deep** estar muy arraigado **deeply** *adv* profundamente, a fondo, muchísimo

deepen /ˈdiːpən/ *vt, vi* hacer(se) más profundo, aumentar

deep-freeze /ˌdiːp ˈfriːz/ *n Ver* FREEZER

deer /dɪər/ *n* (*pl* **deer**) venado ☛ *Ver nota en* CIERVO

default /dɪˈfɔːlt/ ◆ *n* **1** incumplimiento **2** falta de asistencia, incomparecencia LOC **by default** por falta de asistencia, por incomparecencia ◆ *vi* **1** no comparecer **2** ~ (**on sth**) dejar incumplido (algo) ◆ *adj* (*Informát*) por defecto

defeat /dɪˈfiːt/ ◆ *vt* **1** derrotar, vencer **2** (*fig*) frustrar ◆ *n* derrota: *to admit/accept defeat* darse por vencido

defect[1] /dɪˈfekt/ *vi* **1** ~ (**from sth**) desertar (de algo) **2** ~ **to sth** pasarse a algo **defection** *n* **1** deserción **2** exilio **defector** *n* desertor, -ora

defect² /ˈdiːfekt, dɪˈfekt/ *n* defecto ☛ *Ver nota en* MISTAKE **defective** /dɪˈfektɪv/ *adj* defectuoso

defense (*GB* **defence**) /dɪˈfens/ *n* **1** ~ (**of sth**) (**against sth**) defensa (de algo) (contra algo) **2 the defense** (*juicio*) la defensa **defenseless** *adj* indefenso

defend /dɪˈfend/ *vt* ~ **sth/sb** (**against/from sth/sb**) defender, proteger algo/a algn (de algo/algn) **defendant** *n* acusado, -a, inculpado, -a ☛ *Comparar con* PLAINTIFF **defensive** /dɪˈfensɪv/ *adj* ~ (**about sth**) a la defensiva (sobre algo) LOC **to put sb/to be on the defensive** poner a algn/estar a la defensiva

defer /dɪˈfɜːr/ *vt* (**-rr-**) ~ **sth to sth** posponer algo para algo **deference** /ˈdefərəns/ *n* deferencia, respeto LOC **in deference to sth/sb** por deferencia a algo/algn

defiance /dɪˈfaɪəns/ *n* desafío, desobediencia **defiant** *adj* desafiante

deficiency /dɪˈfɪʃnsi/ *n* (*pl* **-ies**) deficiencia **deficient** *adj* ~ (**in sth**) deficiente (en algo)

define /dɪˈfaɪn/ *vt* ~ **sth** (**as sth**) definir algo (como algo)

definite /ˈdefɪnət/ *adj* **1** definitivo, concreto **2** ~ (**about sth/that...**) seguro (sobre algo/de que...) **3** definido: *definite article* artículo definido **definitely** *adv* **1** definitivamente **2** sin duda alguna

definition /ˌdefɪˈnɪʃn/ *n* definición

definitive /dɪˈfɪnətɪv/ *adj* definitivo, determinante

deflate /diːˈfleɪt/ *vt, vi* desinflar(se)

deflect /dɪˈflekt/ *vt* ~ **sth** (**from sth**) desviar algo (de algo)

deform /dɪˈfɔːrm/ *vt* deformar **deformed** *adj* deforme **deformity** *n* (*pl* **-ies**) deformidad

defrost /ˌdɪˈfrɔːst; *GB* ˌdiːˈfrɒst/ *vt* descongelar

deft /deft/ *adj* hábil

defunct /dɪˈfʌŋkt/ *adj* (*formal*) **1** muerto **2** extinto, desaparecido

defuse /ˌdiːˈfjuːz/ *vt* **1** (*bomba*) desactivar **2** (*tensión, crisis*) atenuar

defy /dɪˈfaɪ/ *vt* (*pret, pp* **defied**) **1** desafiar **2** ~ **sb to do sth** retar, desafiar a algn a que haga algo

degenerate /dɪˈdʒenəreɪt/ *vi* ~ (**from sth**) (**into sth**) degenerar (de algo) (en algo) **degeneration** *n* degeneración

degrade /dɪˈɡreɪd/ *vt* degradar **degradation** *n* degradación

degree /dɪˈɡriː/ *n* **1** grado **2** título: *a college/university degree* un título universitario ◊ *a degree course* (*GB*) una licenciatura LOC **by degrees** poco a poco

deity /ˈdeɪəti/ *n* (*pl* **-ies**) deidad

dejected /dɪˈdʒektɪd/ *adj* desanimado

delay /dɪˈleɪ/ ◆ **1** *vt* demorar: *The train was delayed.* El tren se demoró. ☛ *Comparar con* LATE **2** *vi* esperar, demorar: *Don't delay!* ¡No esperes! **3** *vt* aplazar: *delayed action* de acción retardada ◆ *n* demora **delaying** *adj* dilatorio: *delaying tactics* tácticas de distracción

delegate /ˈdelɪɡət/ ◆ *n* delegado ◆ /ˈdelɪɡeɪt/ *vt* ~ **sth** (**to sb**) encomendar algo (a algn) **delegation** *n* [*v sing o pl*] delegación

delete /dɪˈliːt/ *vt* **1** suprimir, eliminar **2** tachar **3** (*Informát*) borrar **deletion** *n* **1** supresión, eliminación **2** (*Informát*) borrado

deliberate¹ /dɪˈlɪbərət/ *adj* deliberado

deliberate² /dɪˈlɪbəreɪt/ *vi* ~ (**about/on sth**) (*formal*) deliberar (sobre algo) **deliberation** *n* [*gen pl*] deliberación

delicacy /ˈdelɪkəsi/ *n* (*pl* **-ies**) **1** delicadeza **2** manjar

delicate /ˈdelɪkət/ *adj* delicado: *delicate china* porcelana fina ◊ *a delicate color* un color suave ◊ *a delicate flavor* un exquisito sabor

delicatessen /ˌdelɪkəˈtesn/ *n* delicatessen

delicious /dɪˈlɪʃəs/ *adj* delicioso

delight¹ /dɪˈlaɪt/ *n* deleite: *the delights of traveling* el placer de viajar LOC **to take delight in** (**doing**) **sth 1** deleitarse en (hacer) algo **2** (*pey*) regodearse en (hacer) algo

delight² /dɪˈlaɪt/ **1** *vt* encantar **2** *vi* ~ **in** (**doing**) **sth** deleitarse en algo/haciendo algo **delighted** *adj* **1** ~ (**at/with sth**) encantado (con algo) **2** ~ (**to do sth/that...**) encantado (de hacer algo/de que...)

delightful /dɪˈlaɪtfl/ *adj* encantador

delinquent /dɪˈlɪŋkwənt/ *adj, n* delincuente **delinquency** *n* delincuencia

delirious /dɪˈlɪriəs/ *adj* delirante: *delirious with joy* loco de alegría **delirium** *n* delirio

deliver /dɪˈlɪvər/ *vt* **1** (*correo, mercancías*) repartir **2** (*razón, mensaje*) comunicar **3** (*discurso*) pronunciar **4** (*Med*): *her husband delivered the baby* su marido la asistió en el parto **5** (*golpe*) dar **delivery** *n* (*pl* **-ies**) **1** reparto **2** entrega **3** parto **LOC** *Ver* CASH

delta /ˈdeltə/ *n* delta

delude /dɪˈluːd/ *vt* engañar

deluge /ˈdeljuːdʒ/ ◆ *n* (*formal*) **1** diluvio **2** (*fig*) lluvia ◆ *vt* ~ **sth/sb** (**with sth**) inundar algo/a algn (de algo)

delusion /dɪˈluːʒn/ *n* engaño, espejismo

deluxe /dəˈlʌks, -ˈlʊks/ *adj* de lujo

demand /dɪˈmænd; *GB* dɪˈmɑːnd/ ◆ *n* **1** ~ (**for sb to do sth**) exigencia (de que algn haga algo) **2** ~ (**that…**) exigencia (de que…) **3** ~ (**for sth/sb**) demanda (de algo/algn) **LOC in demand** solicitado **on demand** a petición *Ver tb* SUPPLY ◆ *vt* **1** exigir **2** requerir **demanding** *adj* exigente

demise /dɪˈmaɪz/ *n* (*formal*) fallecimiento: *the demise of the business* el fracaso del negocio

demo /ˈdemoʊ/ *n* (*pl* **~s**) (*coloq*) manifestación

democracy /dɪˈmɑkrəsi/ *n* (*pl* **-ies**) democracia **democrat** /ˈdeməkræt/ (*tb* **Democrat**) *n* demócrata **democratic** /ˌdeməˈkrætɪk/ *adj* democrático

demographic /ˌdeməˈgræfɪk/ *adj* demográfico

demolish /dɪˈmɑlɪʃ/ *vt* demoler **demolition** *n* demolición

demon /ˈdiːmən/ *n* demonio **demonic** *adj* diabólico

demonstrate /ˈdemənstreɪt/ **1** *vt* demostrar **2** *vi* ~ (**against/in favor of sth/sb**) manifestarse (en contra/a favor de algo/algn) **demonstration** *n* **1** demostración **2** ~ (**against/in favor of sth/sb**) manifestación (en contra/a favor de algo/algn)

demonstrative /dɪˈmɑnstrətɪv/ *adj* **1** cariñoso **2** (*Gram*) demostrativo

demonstrator /ˈdemənstreɪtər/ *n* manifestante

demoralize, -ise /dɪˈmɔːrəlaɪz; *GB* -ˈmɒr-/ *vt* desmoralizar

demure /dɪˈmjʊər/ *adj* recatado

den /den/ *n* guarida

denial /dɪˈnaɪəl/ *n* **1** ~ (**that…/of sth**) negación (de que…/de algo) **2** ~ **of sth** denegación, rechazo

denim /ˈdenɪm/ *n* tela de bluyín

denomination /dɪˌnɑmɪˈneɪʃn/ *n* (*Relig*) confesión

denounce /dɪˈnaʊns/ *vt* ~ **sth/sb** (**to sb**) (**as sth**) denunciar algo/a algn (a algn) (como algo): *An informer denounced him to the police* (*as a terrorist*). Un informante lo denunció a la policía (como terrorista).

dense /dens/ *adj* (**-er**, **-est**) denso **density** *n* (*pl* **-ies**) densidad

dent /dent/ ◆ *n* abolladura ◆ *vt, vi* abollar(se)

dental /ˈdentl/ *adj* dental

dentist /ˈdentɪst/ *n* dentista

denunciation /dɪˌnʌnsiˈeɪʃn/ *n* denuncia

deny /dɪˈnaɪ/ *vt* (*pret, pp* **denied**) **1** negar **2** (*verdad*) desmentir

deodorant /diˈoʊdərənt/ *n* desodorante

depart /dɪˈpɑrt/ *vi* (*formal*) ~ (**for…**) (**from…**) salir, partir (hacia…) (de…)

department /dɪˈpɑrtmənt/ *n* (*abrev* **Dept**) **1** departamento, sección **2** ministerio **departmental** /ˌdiːpɑrtˈmentl/ *adj* departamental, de departamento

department store *n* almacenes

departure /dɪˈpɑrtʃər/ *n* **1** ~ (**from…**) partida (de…) **2** (*de avión, tren*) salida

depend /dɪˈpend/ *vi* **LOC that depends it** (**all**) **depends** depende **PHR V to depend on/upon sth/sb 1** contar con algo/algn **2** confiar en algo/algn **to depend on sth/sb** (**for sth**) depender de algo/algn (para algo) **dependable** *adj* fiable

dependent (*GB tb* **-ant**) /dɪˈpendənt/ *n* persona bajo el cargo de otra **dependence** *n* ~ (**on/upon sth/sb**) dependencia (de algo/algn) **dependent** *adj* **1 to be ~ on/upon sth/sb** depender de algo/algn **2** (*persona*) poco independiente

depict /dɪˈpɪkt/ *vt* representar

depleted /dɪˈpliːtɪd/ *adj* reducido

deplore /dɪˈplɔːr/ *vt* **1** condenar **2** lamentar

deploy /dɪˈplɔɪ/ *vt, vi* desplegar(se)

deport /dɪˈpɔːrt/ *vt* deportar **deportation** *n* deportación

depose /dɪˈpoʊz/ *vt* destituir, deponer

deposit /dɪˈpɑzɪt/ ◆ *vt* **1** (*dinero*) depo

sitar **2** ~ **sth** (**with sb**) (*bienes*) dejar algo (a cargo de algn) ◆ *n* **1** depósito: *safety deposit box* caja de seguridad ◊ *to leave a deposit on sth* dejar un depósito para algo **2** depósito, sedimento

depot /ˈdiːpoʊ; *GB* ˈdepəʊ/ *n* **1** depósito, almacén **2** (*para vehículos*) garaje **3** (*USA*) terminal (*de tren o de buses*)

depress /dɪˈpres/ *vt* deprimir **depression** *n* depresión

deprivation /deprɪˈveɪʃn/ *n* **1** pobreza **2** privación

deprive /dɪˈpraɪv/ *vt* ~ **sth/sb of sth** privar algo/a algn de algo **deprived** *adj* necesitado

depth /depθ/ *n* profundidad LOC **in depth** a fondo, en profundidad

deputation /ˌdepjuˈteɪʃn/ (*GB*) (*USA* **delegation**) *n* [*v sing o pl*] delegación

deputize, -ise /ˈdepjətaiz/ *vi* ~ (**for sb**) sustituir a algn

deputy /ˈdepjəti/ *n* (*pl* **-ies**) **1** sustituto, -a, suplente: *deputy chairman* vicepresidente **2** (*Pol*) diputado, -a, representante **3** ayudante: *sheriff's deputy* ayudante del sheriff

deranged /dɪˈreɪndʒd/ *adj* trastornado, loco

deregulation /ˌdɪregjʊˈleɪʃn/ *vt* liberalización (*ventas, servicios, etc.*)

derelict /ˈderəlɪkt/ *adj* abandonado (y en ruinas) (*edificio*)

deride /dɪˈraɪd/ *vt* ridiculizar, burlarse de

derision /dɪˈrɪʒn/ *n* burla(s) **derisive** /dɪˈraɪsɪv/ *adj* burlón **derisory** /dɪˈraɪsəri/ *adj* irrisorio

derivation /ˌderɪˈveɪʃn/ *n* derivación **derivative** /dɪˈrɪvətɪv/ *n* derivado

derive /dɪˈraɪv/ **1** *vt* ~ **sth from sth** obtener, sacar algo de algo: *to derive comfort from sth* hallar consuelo en algo **2** *vt, vi* ~ **from sth** derivar de algo

derogatory /dɪˈrɑgətɔːri; *GB* -tri/ *adj* despectivo

descend /dɪˈsend/ *vt, vi* (*formal*) descender **descendant** *n* descendiente

descent /dɪˈsent/ *n* **1** descenso **2** ascendencia

describe /dɪˈskraɪb/ *vt* ~ **sth/sb** (**as sth**) describir algo/a algn (como algo) **description** *n* descripción

desert¹ /ˈdezərt/ *n* desierto

desert² /dɪˈzɜːrt/ **1** *vt* ~ **sth/sb** abandonar algo/a algn **2** *vi* (*Mil*) desertar **deserted** *adj* desierto **deserter** *n* desertor, -ora

deserve /dɪˈzɜːrv/ *vt* merecer LOC *Ver* RICHLY *en* RICH **deserving** *adj* digno

design /dɪˈzaɪn/ ◆ *n* **1** ~ (**for/of sth**) diseño (de algo) **2** plan **3** dibujo ◆ *vt* diseñar

designate /ˈdezɪgneɪt/ *vt* **1** ~ **sth/sb** (**as**) **sth** (*formal*) designar algo/a algn algo **2** nombrar

designer /dɪˈzaɪnər/ *n* diseñador, -ora

desirable /dɪˈzaɪrəbl/ *adj* deseable

desire /dɪˈzaɪər/ ◆ *n* **1** ~ (**for sth/sb**) deseo (de/por algo/algn) **2** ~ (**to do sth**) deseo (de hacer algo) **3** ~ (**for sth/to do sth**) ansias (de algo/de hacer algo): *He had no desire to see her.* No tenía ningunas ganas de verla. ◆ *vt* desear

desk /desk/ *n* escritorio

desktop /ˈdesktɑp/ *adj*: *a desktop computer* un computador ◊ *desktop publishing* autoedición (por computador)

desolate /ˈdesələt/ *adj* **1** (*paisaje*) desolado, desierto **2** (*futuro*) desolador **desolation** *n* **1** desolación **2** desconsuelo

despair /dɪˈspeər/ ◆ *vi* (*formal*) ~ (**of sth/doing sth**) perder las esperanzas (de algo/de hacer algo) ◆ *n* desesperación **despairing** *adj* desesperado

despatch /dɪˈspætʃ/ *n, vt Ver* DISPATCH

desperate /ˈdespərət/ *adj* desesperado

despicable /dɪˈspɪkəbl/ *adj* despreciable

despise /dɪˈspaɪz/ *vt* despreciar

despite /dɪˈspaɪt/ *prep* a pesar de

despondent /dɪˈspɑndənt/ *adj* abatido, desalentado

despot /ˈdespɑt/ *n* déspota

dessert /dɪˈzɜːrt/ (*tb* **sweet**) *n* postre

dessertspoon /dɪˈzɜːrtspuːn/ *n* **1** cuchara de postre **2** (*tb* **dessertspoonful**) cucharada (*de postre*)

destination /ˌdestɪˈneɪʃn/ *n* destino (*de avión, barco, etc.*)

destined /ˈdestɪnd/ *adj* (*formal*) destinado: *It was destined to fail.* Estaba condenado a fracasar.

destiny /ˈdestəni/ *n* (*pl* **-ies**) destino (*hado*)

destitute /ˈdestɪtuːt; *GB* -tjuːt/ *adj* indigente

destroy /dɪˈstrɔɪ/ *vt* destruir **destroyer** *n* destructor

destruction /dɪˈstrʌkʃn/ *n* destrucción **destructive** *adj* destructivo

detach /dɪˈtætʃ/ *vt* ~ **sth** (**from sth**) separar algo (de algo) **detachable** *adj* que se puede separar

detached /dɪˈtætʃd/ *adj* **1** imparcial **2** (*GB, vivienda*) no unido a otra casa: *detached house* casa independiente ☛ *Comparar con* SEMI

detachment /dɪˈtætʃmənt/ *n* **1** imparcialidad **2** (*Mil*) destacamento

detail /dɪˈteɪl, ˈdiːteɪl/ ◆ *n* detalle, pormenor **LOC in detail** en detalle, detalladamente **to go into detail**(**s**) entrar en detalles ◆ *vt* detallar **detailed** *adj* detallado

detain /dɪˈteɪn/ *vt* retener **detainee** *n* detenido, -a

detect /dɪˈtekt/ *vt* **1** detectar **2** (*fraude*) descubrir **detectable** *adj* detectable **detection** *n* descubrimiento: *to escape detection* pasar inadvertido/desapercibido

detective /dɪˈtektɪv/ *n* **1** detective **2** (*policía*) agente, oficial detective, policía vestido de civil: *detective story* novela policiaca

detention /dɪˈtenʃn/ *n* detención: *detention center* centro de detención preventiva

deter /dɪˈtɜːr/ *vt* (**-rr-**) ~ **sb** (**from doing sth**) disuadir a algn (de hacer algo)

detergent /dɪˈtɜːrdʒənt/ *adj, n* detergente

deteriorate /dɪˈtiərɪəreɪt/ *vi* deteriorarse, empeorar **deterioration** *n* deterioro

determination /dɪˌtɜːrmɪˈneɪʃn/ *n* determinación

determine /dɪˈtɜːrmɪn/ *vt* determinar, decidir: *determining factor* factor determinante ◊ *to determine the cause of an accident* determinar la causa de un accidente **determined** *adj* ~ (**to do sth**) resuelto (a hacer algo)

determiner /dɪˈtɜːrmɪnər/ *n* (*Gram*) determinante

deterrent /dɪˈtɜːrənt; *GB* -ˈter-/ *n* **1** escarmiento **2** argumento disuasorio **3** (*Mil*) fuerza disuasoria: *nuclear deterrent* fuerza disuasoria nuclear

detest /dɪˈtest/ *vt* detestar *Ver tb* HATE

detonate /ˈdetəneɪt/ *vt, vi* detonar

detour /ˈdiːtʊər/ *n* desvío

detract /dɪˈtrækt/ *vi* ~ **from sth** restar mérito a algo: *The incident detracted from our enjoyment of the evening.* El incidente le restó placer a nuestra velada.

detriment /ˈdetrɪmənt/ *n* **LOC to the detriment of sth/sb** en detrimento de algo/algn **detrimental** /ˌdetrɪˈmentl/ *adj* ~ (**to sth/sb**) perjudicial (para/a algo/algn)

devalue /ˌdiːˈvæljuː/ *vt, vi* devaluar(se) **devaluation** *n* devaluación

devastate /ˈdevəsteɪt/ *vt* **1** devastar, asolar **2** (*persona*) desolar, destrozar **devastating** *adj* **1** devastador **2** desastroso **devastation** *n* devastación

develop /dɪˈveləp/ **1** *vt, vi* desarrollar(se) **2** *vt* (*plan, estrategia*) elaborar **3** *vt, vi* (*Fot*) revelar(se) **4** *vt* (*terreno*) urbanizar, construir en **developed** *adj* desarrollado **developer** *n* promotor, -ora **developing** *adj* en (vías de) desarrollo

development /dɪˈveləpmənt/ *n* **1** desarrollo, evolución: *development area* área de desarrollo ◊ *There has been a new development.* Ha cambiado la situación. **2** (*de terrenos*) urbanización **3** (*tb* **developing**) (*Fot*) revelado

deviant /ˈdiːviənt/ *adj, n* **1** desviado, -a **2** (*sexual*) pervertido, -a

deviate /ˈdiːvieɪt/ *vi* ~ (**from sth**) desviarse (de algo) **deviation** *n* ~ (**from sth**) desviación (de algo)

device /dɪˈvaɪs/ *n* **1** aparato, dispositivo, mecanismo: *explosive device* artefacto explosivo ◊ *nuclear device* arma nuclear **2** (*plan*) ardid, estratagema **LOC** *Ver* LEAVE

devil /ˈdevl/ *n* demonio, diablo: *You lucky devil!* ¡Qué suerte tienes!

devious /ˈdiːviəs/ *adj* **1** enrevesado, intrincado **2** (*método, persona*) poco escrupuloso

devise /dɪˈvaɪz/ *vt* idear, elaborar

devoid /dɪˈvɔɪd/ *adj* ~ **of sth** desprovisto, exento de algo

devolution /ˌdevəˈluːʃn; *GB* ˌdiːv-/ *n* **1** descentralización **2** (*de poderes*) delegación

devote /dɪˈvoʊt/ **1** *v refl* ~ **yourself to sth/sb** dedicarse a algo/algn **2** *vt* ~ **sth to sth/sb** dedicar algo a algo/algn **3** *vt*

~ **sth to sth** (*recursos*) destinar algo a algo **devoted** *adj* ~ (**to sth/sb**) fiel, leal (a algo/algn): *They're devoted to each other.* Están entregados el uno al otro.

devotee /ˌdevəˈtiː/ *n* devoto, -a

devotion /dɪˈvoʊʃn/ *n* ~ (**to sth/sb**) devoción (por/a algo/algn)

devour /dɪˈvaʊər/ *vt* devorar

devout /dɪˈvaʊt/ *adj* **1** devoto, piadoso **2** (*esperanza, deseo*) sincero **devoutly** *adv* **1** piadosamente, con devoción **2** sinceramente

dew /duː; *GB* djuː/ *n* rocío

dexterity /dekˈsterəti/ *n* destreza

diabetes /ˌdaɪəˈbiːtiːz/ *n* [*incontable*] diabetes **diabetic** *adj, n* diabético, -a

diabolic /ˌdaɪəˈbɑlɪk/ (*tb* **diabolical**) *adj* diabólico

diagnose /ˌdaɪəgˈnoʊs; *GB* ˈdaɪəgnəʊz/ *vt* ~ **sb with sth** (*USA*) ~ **sth** (**as sth**) diagnosticar: *She was diagnosed with cancer.* Le diagnosticaron cáncer. ◊ *I've been diagnosed as having hepatitis.* Me diagnosticaron una hepatitis. **diagnosis** /ˌdaɪəgˈnoʊsɪs/ *n* (*pl* **-oses** /-ˈnoʊsiːz/) diagnóstico **diagnostic** *adj* diagnóstico

diagonal /daɪˈægənl/ *adj, n* diagonal **diagonally** *adv* diagonalmente

diagram /ˈdaɪəgræm/ *n* diagrama

dial /ˈdaɪəl/ ◆ *n* **1** (*instrumento*) indicador **2** (*teléfono*) disco **3** (*reloj*) cara ◆ *vt* (**-l-**, *GB* **-ll-**) marcar: *to dial a wrong number* marcar un número equivocado

dialect /ˈdaɪəlekt/ *n* dialecto

dialling code (*GB*) (*USA* **area code**) *n* código (territorial), indicativo (*teléfono*)

dialogue (*USA tb* **dialog**) /ˈdaɪəlɔːg; *GB* -lɒg/ *n* diálogo

dial tone (*GB* **dialling tone**) *n* tono de marcar

diameter /daɪˈæmɪtər/ *n* diámetro: *It is 15cm in diameter.* Tiene 15cm. de diámetro.

diamond /ˈdaɪmənd, ˈdaɪə-/ *n* **1** diamante **2** rombo **3** *diamond jubilee* sexagésimo aniversario **4** **diamonds** [*pl*] (*en cartas*) diamantes ☛ *Ver nota en* BARAJA

diaper /ˈdaɪpər/ (*GB* **nappy**) *n* pañal

diaphragm /ˈdaɪəfræm/ *n* diafragma

diarrhea (*GB* **diarrhoea**) /ˌdaɪəˈrɪə/ *n* [*incontable*] diarrea

diary /ˈdaɪəri/ *n* (*pl* **-ies**) **1** diario **2** (*GB*) (*USA* **agenda**) agenda

dice[1] /daɪs/ (*tb esp USA* **die** /daɪ/) *n* (*pl* **dice**) dado: *to roll/throw the dice* tirar/lanzar los dados ◊ *to play dice* jugar a los dados

dice[2] /daɪs/ *vt* cortar en cubitos

dictate /ˈdɪkteɪt; *GB* dɪkˈteɪt/ *vt, vi* ~ (**sth**) (**to sb**) dictar (algo) (a algn) **PHR V to dictate to sb**: *You can't dictate to your children how to run their lives.* No puedes decirles a tus hijos cómo vivir su vida. **dictation** *n* dictado

dictator /ˈdɪkteɪtər; *GB* dɪkˈteɪtə(r)/ *n* dictador **dictatorship** *n* dictadura

dictionary /ˈdɪkʃəneri; *GB* -nri/ *n* (*pl* **-ies**) diccionario

did *pret de* DO

didactic /daɪˈdæktɪk/ *adj* (*formal, a veces pey*) didáctico

didn't /ˈdɪd(ə)nt/ = DID NOT *Ver* DO

die[1] /daɪ/ *vi* (*pret, pp* **died** *pt pres* **dying**) (*lit y fig*) morir: *to die of/from sth* morir de algo **LOC to be dying for sth/to do sth** morirse por algo/por hacer algo **PHR V to die away 1** disminuir poco a poco hasta desaparecer **2** (*ruido*) alejarse hasta perderse **to die down 1** apagarse gradualmente, disminuir **2** (*viento*) amainar **to die off** morir uno tras otro **to die out 1** (*Zool*) extinguirse **2** (*tradiciones*) desaparecer

die[2] *Ver* DICE[1]

diesel /ˈdiːzl/ *n* diesel: *diesel fuel/oil* ACPM

diet /ˈdaɪət/ ◆ *n* dieta, régimen ☛ *Comparar con* REGIME **LOC to be/go on a diet** estar/ponerse a dieta ☛ *Ver nota en* LOW-CALORIE ◆ *vi* estar/ponerse a dieta **dietary** *adj* dietético

differ /ˈdɪfər/ *vi* **1** ~ (**from sth/sb**) ser diferente de algo/algn **2** ~ (**with sb**) (**about/on sth**) no estar de acuerdo (con algn) (sobre/en algo)

difference /ˈdɪfrəns/ *n* diferencia: *to make up the difference (in price)* compensar la diferencia (en el precio) ◊ *a difference of opinion* una desavenencia **LOC it makes all the difference** lo cambia todo **it makes no difference** da lo mismo **what difference does it make?** ¿qué más da?

different /ˈdɪfrənt/ *adj* ~ (**from sth/sb**) (*USA tb* **than sth/sb**) diferente, distinto (a/de algo/algn) **differently** *adv* de otra manera, de distinta manera

differentiate /ˌdɪfəˈrenʃieɪt/ *vt, vi* ~ **between A and B**; ~ **A from B** distinguir, diferenciar entre A y B; A de B **differentiation** *n* diferenciación

difficult /ˈdɪfɪkəlt/ *adj* difícil **difficulty** *n* (*pl* **-ies**) **1** dificultad: *with great difficulty* con mucha dificultad **2** (*situación difícil*) apuro, aprieto: *to get/run into difficulties* verse en un apuro/ encontrarse en apuros ◊ *to make difficulties for sb* poner obstáculos a algn

diffident /ˈdɪfɪdənt/ *adj* poco seguro de sí mismo **diffidence** *n* falta de confianza en sí mismo

dig /dɪg/ ◆ *vt, vi* (**-gg-**) (*pret, pp* **dug** /dʌg/) **1** cavar: *to dig for sth* cavar en busca de algo **2 to dig (sth) into sth** clavar algo/clavarse en algo: *The chair-back was digging into his back.* El respaldo de la silla se le clavaba en la espalda. **LOC to dig your heels in** cerrarse a la banda **PHR V to dig in** (*coloq*) (*comida*) atacar **to dig sth/sb out** sacar algo/a algn (cavando) **to dig sth up 1** (*planta*) sacar de la tierra **2** (*un objeto oculto*) desenterrar **3** (*calle*) levantar ◆ *n* excavación **digger** *n* excavadora

digest¹ /ˈdaɪdʒest/ *n* **1** resumen **2** compendio

digest² /daɪˈdʒest/ *vt, vi* digerir(se) **digestion** *n* digestión

digit /ˈdɪdʒɪt/ *n* dígito **digital** *adj* digital

dignified /ˈdɪgnɪfaɪd/ *adj* digno

dignitary /ˈdɪgnɪteri; *GB* -təri/ *n* (*pl* **dignitaries**) dignatario, -a

dignity /ˈdɪgnəti/ *n* dignidad

digression /daɪˈgreʃn/ *n* digresión

dike *Ver* DYKE

dilapidated /dɪˈlæpɪdeɪtɪd/ *adj* **1** ruinoso **2** (*vehículo*) destartalado

dilemma /dɪˈlemə, daɪ-/ *n* dilema

dilute /dɪˈluːt; *GB* -ˈljuːt/ *vt* **1** diluir **2** (*fig*) suavizar, debilitar

dim /dɪm/ ◆ *adj* (**dimmer**, **dimmest**) **1** (*luz*) débil, tenue **2** (*recuerdo, noción*) vago **3** (*perspectiva*) poco prometedor, sombrío **4** (*GB, coloq*) (*persona*) tonto **5** (*vista*) turbio ◆ (**-mm-**) **1** *vt* (*luz*) bajar **2** *vi* (*luz*) apagarse poco a poco **3** *vt, vi* (*fig*) empañar(se), apagar(se)

dime /daɪm/ *n* (*Can, USA*) moneda de 10 centavos

dimension /dɪˈmenʃn, daɪ-/ *n* dimensión

diminish /dɪˈmɪnɪʃ/ *vt, vi* disminuir

diminutive /dɪˈmɪnjətɪv/ ◆ *adj* diminuto ◆ *adj, n* diminutivo

dimly /ˈdɪmli/ *adv* **1** (*iluminar*) débilmente **2** (*recordar*) vagamente **3** (*ver*) apenas

dimple /ˈdɪmpl/ *n* hoyuelo

din /dɪn/ *n* [*sing*] **1** (*de gente*) alboroto **2** (*de máquinas*) estruendo

dine /daɪn/ *vi* (*formal*) ~ (**on sth**) cenar, comer (algo) *Ver tb* DINNER **PHR V to dine out** comer fuera **diner** *n* **1** comensal **2** (*USA*) restaurante (*de carretera*)

dinghy /ˈdɪŋgi/ *n* (*pl* **dinghies**) **1** bote, barca **2** (*de caucho*) (*GB*) bote neumático

dingy /ˈdɪndʒi/ *adj* (**-ier**, **-iest**) **1** (*deprimente*) sombrío **2** sucio

dining room *n* comedor

dinner /ˈdɪnər/ *n* **1** [*incontable*] comida, cena: *to have/eat dinner* comer **2** almuerzo **3** cena (de gala) ☛ *Ver nota en* NAVIDAD **4** (*tb* **dinner party**) (*entre amigos*) cena: *Ver pág 316.*

dinner jacket *n* (*GB*) (*USA* **tuxedo**) smoking

dinosaur /ˈdaɪnəsɔːr/ *n* dinosaurio

diocese /ˈdaɪəsɪs, -siːs/ *n* diócesis

dioxide /daɪˈɑksaɪd/ *n* dióxido

dip /dɪp/ ◆ (**-pp-**) **1** *vt* **to dip sth (in/into sth)** meter, mojar, bañar algo (en algo) **2** *vi* descender **3** *vt, vi* (*GB*) (*USA* **dim**) bajar: *to dip the headlights* (*of a car*) bajar las luces (de un carro) ◆ *n* **1** (*coloq*) chapuzón **2** (*Geog*) depresión **3** declive **4** (*precios, etc.*) baja

diploma /dɪˈploʊmə/ *n* diploma

diplomacy /dɪˈploʊməsi/ *n* diplomacia **diplomat** /ˈdɪpləmæt/ *n* diplomático, -a **diplomatic** /ˌdɪpləˈmætɪk/ *adj* (*lit y fig*) diplomático **diplomatically** *adv* diplomáticamente, con diplomacia

dire /ˈdaɪər/ *adj* (**direr**, **direst**) **1** (*formal*) horrible, extremo **2** (*coloq*) fatal

direct /dɪˈrekt, daɪ-/ ◆ *vt* dirigir: *Could you direct me to…?* ¿Podría indicarme el camino a…? ◆ *adj* **1** directo **2** franco **3** *the direct opposite* totalmente lo contrario ◆ *adv* **1** directamente: *You don't have to change, the train goes direct to London.* No tienes que trasbordar, el tren va directamente a Londres. **2** en persona

direct debit *n* (*GB*) débito automático

direction /dɪˈrekʃn, daɪ-/ *n* **1** dirección, sentido **2 directions** [*pl*] instrucciones: *to ask* (*sb*) *for directions* preguntar (a algn) el camino a algún sitio

directive /dɪˈrektɪv, daɪ-/ *n* directiva

directly /dɪˈrektli, daɪ-/ *adv* **1** directamente: *directly opposite* (*sth*) justo enfrente (de algo) **2** enseguida

directness /dɪˈrektnəs, daɪ-/ *n* franqueza

director /dɪˈrektər, daɪ-/ *n* director, -ora

directorate /dɪˈrektərət, daɪ-/ *n* **1** junta directiva **2** Dirección General (de…)

directory /dəˈrektəri, daɪ-/ *n* (*pl* **-ies**) guía (*telefónica, etc.*), directorio

dirt /dɜːrt/ *n* **1** suciedad, mugre **2** tierra **3** *to dig up the dirt on sb* sacarle los trapos al sol a algn **LOC** *Ver* TREAT

dirty /ˈdɜːrti/ ◆ *vt, vi* (*pret, pp* **dirtied**) ensuciar(se) ◆ *adj* (**-ier**, **-iest**) **1** (*lit y fig*) sucio **2** (*chiste, libro, etc.*) verde: *dirty word* palabrota **3** (*coloq*) sucio: *dirty trick* mala pasada

disability /ˌdɪsəˈbɪləti/ *n* (*pl* **-ies**) **1** incapacidad **2** (*Med*) minusvalía

disabled /dɪsˈeɪbld/ ◆ *adj* incapacitado ◆ **the disabled** *n* [*pl*] los minusválidos

disadvantage /ˌdɪsədˈvæntɪdʒ; *GB* -ˈvɑːn-/ *n* desventaja **LOC to put sb/be at a disadvantage** poner a algn/estar en desventaja **disadvantaged** *adj* desventajado, marginado **disadvantageous** *adj* desventajoso

disagree /ˌdɪsəˈɡriː/ *vi* (*pret, pp* **-reed**) ~ (**with sth/sb**) (**about/on sth**) no estar de acuerdo (con algo/algn) (sobre algo): *He disagreed with her on how to spend the money.* No estuvo de acuerdo con ella sobre cómo gastar el dinero. **PHR V to disagree with sb** sentarle mal a algn (*comida, clima*) **disagreeable** *adj* desagradable **disagreement** *n* **1** desacuerdo **2** discrepancia

disappear /ˌdɪsəˈpɪər/ *vi* desaparecer: *It disappeared into the bushes.* Desapareció entre los matorrales. **disappearance** *n* desaparición

disappoint /ˌdɪsəˈpɔɪnt/ *vt* decepcionar, defraudar **disappointed** *adj* **1** ~ (**about/at/by sth**) decepcionado, defraudado (por algo) **2** ~ (**in/with sth/sb**) decepcionado (con algo/algn): *I'm disappointed in you.* Me has decepcionado. **disappointing** *adj* decepcionante **disappointment** *n* decepción

disapproval /ˌdɪsəˈpruːvl/ *n* desaprobación

disapprove /ˌdɪsəˈpruːv/ *vi* **1** ~ (**of sth**) desaprobar (algo) **2** ~ (**of sb**) tener mala opinión (de algn) **disapproving** *adj* de desaprobación

disarm /dɪsˈɑrm/ *vt, vi* desarmar(se) **disarmament** *n* desarme

disassociate /ˌdɪsəˈsoʊʃieɪt/ *Ver* DISSOCIATE

disaster /dɪˈzæstər; *GB* -ˈzɑːs-/ *n* desastre **disastrous** *adj* desastroso, catastrófico

disband /dɪsˈbænd/ *vt, vi* disolver(se)

disbelief /ˌdɪsbɪˈliːf/ *n* incredulidad

disc (*USA tb* **disk**) /dɪsk/ *n* disco *Ver tb* DISK

discard /dɪsˈkɑrd/ *vt* desechar, deshacerse de

discern /dɪˈsɜːrn/ *vt* **1** percibir **2** discernir

discernible /dɪˈsɜːrnəbl/ *adj* perceptible

discharge /dɪsˈtʃɑrdʒ/ ◆ *vt* **1** (*residuos*) verter **2** (*Mil*) licenciar **3** (*Med*) (*paciente*) dar de alta **4** (*deber*) desempeñar ◆ /ˈdɪstʃɑrdʒ/ *n* **1** (*eléctrica, de cargamento, de artillería*) descarga **2** (*residuo*) vertido **3** (*Mil*) licenciamiento **4** (*GB, Jur*): *conditional discharge* libertad condicional **5** (*Med*) supuración

disciple /dɪˈsaɪpl/ *n* discípulo, -a

discipline /ˈdɪsəplɪn/ ◆ *n* disciplina ◆ *vt* disciplinar **disciplinary** *adj* disciplinario

disc jockey *n* (*pl* **-eys**) (*abrev* **DJ**) disc jockey (*de radio*)

disclose /dɪsˈkloʊz/ *vt* (*formal*) revelar **disclosure** /dɪsˈkloʊʒər/ *n* revelación

discolor (*GB* **discolour**) /dɪsˈkʌlər/ *vt, vi* decolorar

discomfort /dɪsˈkʌmfərt/ *n* [*incontable*] incomodidad

disconcerted /ˌdɪskənˈsɜːrtɪd/ *adj* desconcertado **disconcerting** *adj* desconcertante

disconnect /ˌdɪskəˈnekt/ *vt* **1** desconectar **2** (*luz*) cortar **disconnected** *adj* inconexo, incoherente

discontent /ˌdɪskənˈtent/ (*tb* **discontentment**) *n* ~ (**with/over sth**) descontento (con algo) **discontented** *adj* descontento

discontinue /ˌdɪskənˈtɪnjuː/ *vt* suspender, descontinuar

discord /ˈdɪskɔːrd/ *n* (*formal*) **1** discordia **2** (*Mús*) disonancia **discordant** /dɪsˈkɔːdənt/ *adj* **1** (*opiniones*) discorde **2** (*sonido*) disonante

discount[1] *vt* **1** /dɪsˈkaʊnt/ descartar, ignorar **2** /ˈdɪskaʊnt/ (*Com*) descontar, rebajar

discount[2] /ˈdɪskaʊnt/ *n* descuento LOC **at a discount** a precio rebajado

discourage /dɪsˈkʌrɪdʒ/ *vt* **1** desanimar **2** ~ **sth** oponerse a algo; aconsejar que no se haga algo **3** ~ **sb from doing sth** disuadir a algn de hacer algo **discouraging** *adj* desalentador

discover /dɪsˈkʌvər/ *vt* descubrir **discovery** *n* (*pl* **-ies**) descubrimiento

discredit /dɪsˈkredɪt/ *vt* desacreditar

discreet /dɪˈskriːt/ *adj* discreto

discrepancy /dɪsˈkrepənsi/ *n* (*pl* **-ies**) discrepancia

discretion /dɪˈskreʃn/ *n* **1** discreción **2** albedrío LOC **at sb's discretion** a juicio de algn

discriminate /dɪˈskrɪmɪneɪt/ *vi* **1** ~ (**between...**) discernir (entre...) **2** ~ **against/in favor of sb** discriminar a algn; dar trato de favor a algn **discriminating** *adj* perspicaz **discrimination** *n* **1** discernimiento, buen gusto **2** discriminación

discuss /dɪˈskʌs/ *vt* ~ **sth** (**with sb**) hablar, tratar de algo (con algn) **discussion** *n* debate, deliberación ☛ *Comparar con* ARGUMENT

disdain /dɪsˈdeɪn/ *n* desdén, desprecio

disease /dɪˈziːz/ *n* enfermedad, afección

> En general, **disease** se usa para enfermedades específicas como *heart disease, Parkinson's disease*, mientras que **illness** se suele referir a la enfermedad como estado o al período en que uno está enfermo. *Ver ejemplos en* ILLNESS

diseased *adj* enfermo

disembark /ˌdɪsɪmˈbɑrk/ *vi* ~ (**from sth**) desembarcar (de algo) (*barcos y aviones*)

disenchanted /ˌdɪsɪnˈtʃæntɪd; *GB* -ˈtʃɒːntɪd/ *adj* ~ (**with sth/sb**) desilusionado (con algo/algn)

disentangle /ˌdɪsɪnˈtæŋgl/ *vt* **1** desenredar **2** ~ **sth/sb** (**from sth**) liberar algo/a algn (de algo)

disfigure /dɪsˈfɪgjər; *GB* -gə(r)/ *vt* desfigurar

disgrace /dɪsˈgreɪs/ ◆ *vt* deshonrar: *to disgrace yourself* deshonrar su nombre ◆ *n* **1** desgracia, deshonra **2** ~ (**to sth/sb**) vergüenza (para algo/algn) LOC **in disgrace** (**with sb**) desacreditado (ante algn) **disgraceful** *adj* vergonzoso

disgruntled /dɪsˈgrʌntld/ *adj* **1** ~ (**at/about sth**) disgustado (por algo) **2** ~ (**with sb**) disgustado (con algn)

disguise /dɪsˈgaɪz/ ◆ *vt* **1** ~ **sth/sb** (**as sth/sb**) disfrazar algo/a algn (de algo/algn) **2** (*voz*) cambiar **3** (*emoción*) disimular ◆ *n* disfraz LOC **in disguise** disfrazado *Ver tb* BLESSING

disgust /dɪsˈgʌst/ *n* asco, repugnancia **disgusting** *adj* asqueroso, repugnante

dish /dɪʃ/ ◆ *n* **1** (*guiso*) plato: *the national dish* el plato típico nacional **2** (*para servir*) fuente **3** (*vajilla*): *to wash/do the dishes* lavar los platos ◆ PHR V **to dish sth out 1** (*comida*) servir algo **2** (*plata*) repartir algo a manos llenas **to dish sth up** servir algo

disheartened /dɪsˈhɑrtnd/ *adj* desalentado, desanimado **disheartening** *adj* desalentador

disheveled (*GB* **dishevelled**) /dɪˈʃevld/ *adj* **1** (*pelo*) despeinado **2** (*ropa, apariencia*) desaliñado

dishonest /dɪsˈɑnɪst/ *adj* **1** (*persona*) deshonesto **2** fraudulento **dishonesty** *n* deshonestidad

dishonor (*GB* **dishonour**) /dɪsˈɑnər/ ◆ *n* deshonor, deshonra ◆ *vt* deshonrar **dishonorable** (*GB*) **dishonourable** *adj* deshonroso

dishwasher /ˈdɪʃwɑʃər/ *n* lavavajillas, lavaplatos

disillusion /ˌdɪsɪˈluːʒn/ ◆ *n* (*tb* **disillusionment**) ~ (**with sth**) desengaño, desencanto (con algo) ◆ *vt* desengañar, desencantar

disinfect /ˌdɪsɪnˈfekt/ *vt* desinfectar **disinfectant** *n* desinfectante

disintegrate /dɪsˈɪntɪgreɪt/ *vt, vi* desin

tegrar(se) **disintegration** *n* desintegración

disinterested /dɪsˈɪntrəstɪd/ *adj* desinteresado

disjointed /dɪsˈdʒɔɪntɪd/ *adj* inconexo

disk /dɪsk/ *n* **1** (*esp USA*) *Ver* DISC **2** (*Informát*) disco

disk drive *n* unidad de disco ☛ *Ver dibujo en* COMPUTADOR

diskette /dɪsˈket/ *n* disquete

dislike /dɪsˈlaɪk/ ◆ *vt* no gustar, tener aversión a ◆ *n* ~ (**of sth/sb**) aversión (por/a algo/algn); antipatía (a/hacia algn) **LOC to take a dislike to sth/sb** tomarle aversión a algo/algn, tomarle antipatía a algn

dislocate /ˈdɪsloʊkeɪt; *GB* -lək-/ *vt* dislocarse **dislocation** *n* dislocación

dislodge /dɪsˈlɑdʒ/ *vt* ~ **sth/sb** (**from sth**) desalojar, sacar algo/a algn (de algo)

disloyal /dɪsˈlɔɪəl/ *adj* ~ (**to sth/sb**) desleal (a algo/con algn) **disloyalty** *n* deslealtad

dismal /ˈdɪzməl/ *adj* **1** triste **2** (*coloq*) pésimo

dismantle /dɪsˈmæntl/ *vt* **1** desarmar **2** (*fig, buque, edificio*) desmantelar

dismay /dɪsˈmeɪ/ ◆ *n* ~ (**at sth**) consternación (ante algo) ◆ *vt* llenar de consternación

dismember /dɪsˈmembər/ *vt* desmembrar

dismiss /dɪsˈmɪs/ *vt* **1** ~ **sb** (**from sth**) despedir, destituir a algn (de algo) **2** ~ **sth/sb** (**as sth**) descartar, desechar algo/a algn (por ser algo) **dismissal** *n* **1** despido **2** rechazo **dismissive** *adj* desdeñoso

dismount /dɪsˈmaʊnt/ *vi* ~ (**from sth**) desmontar, apearse (de algo)

disobedient /ˌdɪsəˈbiːdiənt/ *adj* desobediente **disobedience** *n* desobediencia

disobey /ˌdɪsəˈbeɪ/ *vt, vi* desobedecer

disorder /dɪsˈɔːrdər/ *n* desorden: *in disorder* desordenado **disorderly** *adj* **1** desordenado **2** indisciplinado, descontrolado **LOC** *Ver* DRUNK[1]

disorganized, -ised /dɪsˈɔːrgənaɪzd/ *adj* desorganizado

disorient /dɪsˈɔːriənt/ (*GB* **disorientate**) /dɪsˈɔːrienteɪt/ *vt* desorientar

disown /dɪsˈoʊn/ *vt* renegar de

dispatch (*GB* **despatch**) /dɪˈspætʃ/ ◆ *vt* (*formal*) enviar ◆ *n* **1** envío **2** (*Period*) despacho

dispel /dɪˈspel/ *vt* (**-ll-**) disipar

dispense /dɪˈspens/ *vt* repartir **PHR V to dispense with sth/sb** prescindir de algo/algn

disperse /dɪˈspɜːrs/ *vt, vi* dispersar(se) **dispersal** (*tb* **dispersion**) *n* dispersión

displace /dɪsˈpleɪs/ *vt* **1** desplazar (a) **2** reemplazar

display /dɪˈspleɪ/ ◆ *vt* **1** exponer, exhibir **2** (*emoción, etc.*) mostrar, manifestar **3** (*Informát*) mostrar en pantalla ◆ *n* **1** exposición, exhibición **2** demostración **3** (*Informát*) pantalla (*de información*) **LOC on display** expuesto

disposable /dɪˈspoʊzəbl/ *adj* **1** desechable **2** (*Fin*) disponible

disposal /dɪˈspoʊzl/ *n* desecho **LOC at your/sb's disposal** a su disposición/a la disposición de algn

disposed /dɪˈspoʊzd/ *adj* dispuesto **LOC to be ill/well disposed towards sth/sb** estar mal/bien dispuesto hacia algo/algn

disposition /ˌdɪspəˈzɪʃn/ *n* modo de ser, manera

disproportionate /ˌdɪsprəˈpɔːrʃənət/ *adj* desproporcionado

disprove /ˌdɪsˈpruːv/ *vt* refutar (*teoría*)

dispute /dɪˈspjuːt/ ◆ *n* **1** discusión **2** conflicto, disputa **LOC in dispute 1** en discusión **2** (*Jur*) en litigio ◆ *vt, vi* discutir, poner en duda

disqualify /dɪsˈkwɑlɪfaɪ/ *vt* (*pret, pp* **-fied**) descalificar: *to disqualify sb from doing sth* inhabilitar a algn para hacer algo

disregard /ˌdɪsrɪˈgɑrd/ ◆ *vt* hacer caso omiso de (*consejo, error*) ◆ *n* ~ (**for/of sth/sb**) indiferencia (hacia algo/algn)

disreputable /dɪsˈrepjətəbl/ *adj* **1** de mala reputación **2** (*método, aspecto*) vergonzoso

disrepute /ˌdɪsrɪˈpjuːt/ *n* desprestigio

disrespect /ˌdɪsrɪˈspekt/ *n* falta de respeto

disrupt /dɪsˈrʌpt/ *vt* interrumpir **disruption** *n* trastorno, molestia(s)

disruptive /dɪsˈrʌptɪv/ *adj* molesto, que causa molestias

dissatisfaction /ˌdɪsˌsætɪsˈfækʃn/ *n* descontento

dissatisfied /dɪˈsætɪsfaɪd/ *adj* ~ (**with sth/sb**) insatisfecho (con algo/algn)
dissent /dɪˈsent/ *n* desacuerdo **dissenting** *adj* en desacuerdo, contrario
dissertation /ˌdɪsərˈteɪʃn/ *n* ~ (**on sth**) tesis (sobre algo)
dissident /ˈdɪsɪdənt/ *adj, n* disidente
dissimilar /dɪˈsɪmɪlər/ *adj* ~ (**from/to sth/sb**) distinto (de algo/algn)
dissociate /dɪˈsoʊʃieɪt/ (*tb* **disassociate** /ˌdɪsəˈsoʊʃieɪt/) **1** *v refl* ~ **yourself from sth/sb** desligarse de algo/ algn **2** *vt* disociar
dissolve /dɪˈzɑlv/ **1** *vt, vi* disolver(se) **2** *vi* desvanecerse
dissuade /dɪˈsweɪd/ *vt* ~ **sb** (**from sth/ doing sth**) disuadir a algn (de algo/ hacer algo)
distance /ˈdɪstəns/ ◆ *n* distancia: *from/at a distance* a distancia **LOC in the distance** a lo lejos ◆ *vt* ~ **sb** (**from sth/sb**) distanciar a algn (de algo/algn) **distant** *adj* **1** distante, lejano **2** (*pariente*) lejano
distaste /dɪsˈteɪst/ *n* ~ (**for sth/sb**) aversión (a algo/algn) **distasteful** *adj* desagradable
distill (*GB* **distil**) /dɪˈstɪl/ *vt* (**-ll-**) ~ **sth** (**off/out**) (**from sth**) destilar algo (de algo) **distillery** destilería
distinct /dɪˈstɪŋkt/ *adj* **1** claro **2** ~ (**from sth**) distinto (de algo): *as distinct from sth* en contraposición a algo **distinction** *n* **1** distinción **2** honor **distinctive** *adj* **1** distintivo, característico **2** particular
distinguish /dɪˈstɪŋgwɪʃ/ **1** *vt* ~ **A** (**from B**) distinguir A (de B) **2** *vi* ~ **between A and B** distinguir entre A y B **3** *v refl* ~ **yourself** distinguirse
distort /dɪˈstɔːrt/ *vt* **1** deformar, distorsionar **2** (*fig*) tergiversar **distortion** *n* **1** distorsión **2** tergiversación
distract /dɪˈstrækt/ *vt* ~ **sb** (**from sth**) distraer a algn (de algo) **distracted** *adj* distraído **distraction** *n* distracción: *to drive sb to distraction* sacar a algn de quicio
distraught /dɪˈstrɔːt/ *adj* consternado
distress /dɪˈstres/ *n* **1** angustia **2** dolor **3** peligro: *a distress signal* una señal de peligro **distressed** *adj* afligido **distressing** *adj* angustioso, angustiante
distribute /dɪˈstrɪbjuːt/ *vt* ~ **sth** (**to/ among sth/sb**) repartir, distribuir algo (a/entre algo/algn) **distribution** distribución **distributor** *n* distribuidor, -ora
district /ˈdɪstrɪkt/ *n* **1** distrito, región **2** zona
distrust /dɪsˈtrʌst/ ◆ *n* [*sing*] desconfianza ◆ *vt* desconfiar de **distrustful** *adj* desconfiado
disturb /dɪˈstɜːrb/ *vt* **1** molestar, interrumpir: *I'm sorry to disturb you.* Siento molestarlo. **2** (*silencio, sueño*) perturbar **LOC do not disturb** no molestar **to disturb the peace** perturbar la paz y el orden **disturbance** *n* **1** molestia: *to cause a disturbance* causar alteraciones **2** disturbios **disturbed** *adj* trastornado **disturbing** *adj* inquietante
disuse /dɪsˈjuːs/ *n* desuso: *to fall into disuse* caer en desuso **disused** *adj* abandonado
ditch /dɪtʃ/ ◆ *n* zanja ◆ *vt* (*coloq*) botar
dither /ˈdɪðər/ *vi* (*coloq*) ~ (**about sth**) titubear (sobre algo)
ditto /ˈdɪtoʊ/ *n* ídem

> **Ditto** se suele referir al símbolo (") que se utiliza para evitar las repeticiones en una lista.

dive /daɪv/ ◆ *vi* (*pret* **dove** /doʊv/ *o GB* **dived** *pp* **dived**) **1** ~ (**from/off sth**) (**into sth**) tirarse de cabeza (desde algo) (en algo) **2** (*submarino*) sumergirse **3** ~ (**down**) (**for sth**) (*persona*) bucear (en busca de algo) **4** (*avión*) bajar en picada **5** ~ **into/under sth** meterse en/debajo de algo **LOC to dive for cover** meterse en/debajo de algo para protegerse ◆ *n* salto **diver** *n* buzo, -a
diverge /daɪˈvɜːrdʒ/ *vi* **1** ~ (**from sth**) (*líneas, carreteras*) bifurcarse (de algo) **2** (*formal*) (*opiniones*) diferir **divergence** *n* divergencia **divergent** *adj* divergente
diverse /daɪˈvɜːrs/ *adj* diverso **diversification** *n* diversificación **diversify** *vt, vi* (*pret, pp* **-fied**) diversificar(se)
diversion /daɪˈvɜːrʒn; *GB* -ˈvɜːʃn/ *n* desviación
diversity /daɪˈvɜːrsəti/ *n* diversidad
divert /daɪˈvɜːrt/ *vt* ~ **sth/sb** (**from sth**) (**to sth**) desviar algo/a algn (de algo) (a algo)
divide /dɪˈvaɪd/ **1** *vt* ~ **sth** (**up**) (**into sth**) dividir algo (en algo) **2** *vi* ~ (**up**) **into sth** dividirse en algo **3** *vt* ~ **sth** (**out/up**) (**between/among sb**) dividir,

repartir algo (entre algn) **4** *vt* ~ **sth (between A and B)** dividir, repartir algo (entre A y B) **5** *vt* separar **6** *vt* ~ **sth by sth** (*Mat*) dividir algo por algo **divided** *adj* dividido

dividend /ˈdɪvɪdend/ *n* dividendo

divine /dɪˈvaɪn/ *adj* divino

diving /daɪvɪŋ/ *n* buceo

diving board *n* trampolín

division /dɪˈvɪʒn/ *n* **1** división **2** sección, departamento (*en una empresa*) **divisional** *adj* divisionario

divorce /dɪˈvɔːrs/ ◆ *n* divorcio ◆ *vt* divorciarse de: *to get divorced* divorciarse **divorcé** /dɪˌvɔːrˈsiː/ *n* divorciado **divorcée** /dɪˌvɔːrˈsiː/ *n* divorciada

divulge /daɪˈvʌldʒ/ *vt* ~ **sth (to sb)** revelar algo (a algn)

DIY /ˌdiː aɪ ˈwaɪ/ *abrev* (*GB*) **do-it-yourself** bricolaje

dizzy /ˈdɪzi/ *adj* (**-ier**, **-iest**) mareado **dizziness** *n* mareo, vértigo

DJ /ˈdiː dʒeɪ/ *abrev* **disc jockey**

do

presente	*negativa contracciones*
I **do**	I **don't**
you **do**	you **don't**
he/she/it **does**	he/she/it **doesn't**
we **do**	we **don't**
you **do**	you **don't**
they **do**	they **don't**
pasado	**did**
forma en -ing	**doing**
participio pasado	**done**

do¹ /duː/ *v aux* ☛ En español, **do** no se traduce. Lleva el tiempo y la persona del verbo principal de la oración.

• **frases interrogativas y negativas**: *Does she speak French?* ¿Habla francés? ◊ *Did you go home?* ¿Se fueron para la casa? ◊ *She didn't go to Paris.* No fue a París. ◊ *He doesn't want to come with us.* No quiere venir con nosotros.

• **question tags 1** [*oración afirmativa*]: **do** + n't + sujeto (pron pers)?: *John lives here, doesn't he?* John vive acá ¿verdad? **2** [*oración negativa*]: **do** + sujeto (pron pers)?: *Mary doesn't know, does she?* Mary no lo sabe, ¿verdad? **3** [*oración afirmativa*]: **do** + sujeto (pron pers)?: *So you told them, did you?* O sea que les contaste, ¿no?

• **en afirmativas con un uso enfático**: *He does look tired.* De verdad se ve cansado. ◊ *Well, I did warn you.* Bueno, te lo advertí. ◊ *Oh, do be quiet!* ¡Cállate ya!

• **para evitar repeticiones**: *He drives better than he did a year ago.* Maneja mejor que hace un año. ◊ *She knows more than he does.* Ella sabe más que él. ◊ *'Who won?' 'I did.'* —¿Quién ganó? —Yo. ◊ *'He smokes.' 'So do I.'* —El fuma. —Yo también. ◊ *Peter didn't go and neither did I.* Peter no fue y yo tampoco. ◊ *You didn't know her but I did.* Tú no la conocías pero yo sí.

do² /duː/ (*3ª pers sing pres* **does** /dʌz/ *pret* **did** /dɪd/ *pp* **done** /dʌn/)

• *vt, vi* hacer ☛ Usamos **to do** cuando hablamos de una actividad sin decir exactamente de qué se trata, como por ejemplo, cuando va acompañado de palabras como *something*, *nothing*, *anything*, *everything*, etc.: *What are you doing this evening?* ¿Qué vas a hacer esta noche? ◊ *Are you doing anything tomorrow?* ¿Vas a hacer algo mañana? ◊ *We'll do what we can to help you.* Haremos lo que podamos para ayudarte. ◊ *What does she want to do?* ¿Qué quiere hacer? ◊ *I've got nothing to do.* No tengo nada que hacer. ◊ *What can I do for you?* ¿En qué puedo servirle? ◊ *I have a number of things to do today.* Hoy tengo que hacer varias cosas. ◊ *Do as you please.* Haz lo que quieras. ◊ *Do as you're told!* ¡Haz lo que se te dice!

• **to do + the, my, etc. + -ing** *vt* (*obligaciones y hobbies*) hacer: *to do the washing up* lavar los platos ◊ *to do the ironing* planchar ◊ *to do the/your shopping* mercar

• **to do + (the, my, etc.) + sustantivo** *vt*: *to do your homework* hacer la tarea ◊ *to do a test/an exam* (*GB*) (*USA* **take**) presentar un examen ◊ *to do an English course* (*GB*) (*USA* **take**) hacer un curso de inglés ◊ *to do business* hacer negocios ◊ *to do your duty* cumplir con tu deber ◊ *to do your job* hacer tu trabajo ◊ *to do the housework* hacer los oficios domésticos ◊ *to do your hair/to have your hair done* arreglarse el pelo/ir a la peluquería

• **otros usos 1** *vt*: *to do your best* hacer lo que se pueda ◊ *to do good* hacer el bien ◊ *to do sb a favor* hacerle un favor a algn **2** *vi* ser suficiente, servir: *Will $10 do?* ¿Será suficiente con diez dólares? ◊ *All right, a pencil will do.* Da igual, un lápiz me sirve. **3** *vi* acomodar: *Will next Friday do?* ¿Te queda bien el viernes? **4** *vi* ir: *She's doing well at school.* Va bien en la escuela. ◊ *How's the business doing?* ¿Qué tal va el negocio? ◊ *He did badly on the exam.* Le fue mal en el examen. **LOC it/that will never/won't do**: *It (simply) won't do.* No puede ser. ◊ *It would never do to…* No estaría bien que… **that does it!** (*coloq*) ¡se acabó! **that's done it** (*GB, coloq*) ¡se acabó! **that will do!** ¡ya está bien! **to be/have to do with sth/sb** tener que ver con algo/algn: *What's it got to do with you?* ¡Y a ti que te importa! ☛ Para otras expresiones con **do**, véanse las entradas del sustantivo, adjetivo, etc., p.ej. **to do your bit** en BIT[1].

PHR V to do away with sth deshacerse de algo, abolir algo

to do sth up 1 abrochar(se) algo **2** amarrar(se) algo **3** (*GB*) (*USA* **to wrap sth up**) envolver algo **4** (*GB*) (*USA* **to fix sth up**) renovar algo

to do with 1 *I could do with a good night's sleep.* Me haría bien dormir toda la noche. ◊ *We could do with a holiday.* Nos sentarían bien unas vacaciones. **2** *She won't have anything to do with him.* No quiere tener nada que ver con él.

to do without (sth/sb) arreglárselas sin algo/algn ☛ *Ver tb ejemplos en* MAKE[1]

do[3] /duː/ *n* (*pl* **dos** *o* **do's** /duːz/) **LOC do's and don'ts** reglas

docile /ˈdɑsl; *GB* ˈdəʊsaɪl/ *adj* dócil

dock[1] /dɑk/ ◆ *n* **1** muelle **2 docks** [*pl*] puerto ◆ **1** *vt, vi* (*Náut*) (hacer) entrar en dique, atracar (en un muelle) **2** *vi* llegar en barco **3** *vt, vi* (*Aeronáut*) acoplar(se)

dock[2] /dɑk/ *n* (*GB*) banquillo (de los acusados)

dock[3] /dɑk/ *vt* reducir (*sueldo*)

doctor /ˈdɑktər/ ◆ *n* (*abrev* **Dr.**) **1** (*Med*) médico, -a **2** ~ (**of sth**) (*título*) doctor, -ora (en algo) ◆ *vt* (*coloq*) **1** (*información*) adulterar **2** (*comestibles*) adulterar

doctorate /ˈdɑktərət/ *n* doctorado

doctrine /ˈdɑktrɪn/ *n* doctrina

document /ˈdɑkjumənt/ ◆ *n* documento ◆ *vt* documentar

documentary /ˌdɑkjuˈmentəri/ *adj, n* (*pl* **-ies**) documental

dodge /dɑdʒ/ **1** *vi* hacerse a un lado, apartarse: *She dodged around the corner.* Se escondió rápidamente a la vuelta de la esquina. ◊ *to dodge awkward questions* eludir preguntas embarazosas **2** *vt* (*golpe*) esquivar **3** *vt* (*perseguidor*) eludir

dodgy /ˈdɑdʒi/ *adj* (**-ier, -iest**) (*GB, coloq*) problemático: *Sounds a bit dodgy to me.* Me suena un poco peligroso. ◊ *a dodgy situation* una situación delicada ◊ *a dodgy wheel* una rueda defectuosa

doe /doʊ/ *n* cierva, coneja, liebre hembra ☛ *Ver nota en* CIERVO, CONEJO

does /dəz, dʌz/ *Ver* DO

doesn't /ˈdʌz(ə)nt/ = DOES NOT *Ver* DO

dog /dɔːg; *GB* dɒg/ ◆ *n* perro **LOC** *Ver* TREAT ◆ *vt* (**-gg-**) seguir: *He was dogged by misfortune.* Lo persiguió la mala suerte.

dogged /ˈdɔːgɪd; *GB* ˈdɒgɪd/ *adj* (*aprob*) tenaz **doggedly** *adv* tenazmente

doggie (*tb* **doggy**) /ˈdɔːgi; *GB* ˈdɒgi/ *n* (*coloq*) perrito

dogsbody /ˈdɔːgzbɑdi; *GB* ˈdɒg-/ *n* (*pl* **-ies**) (*GB*) muchacho, -a para todo

do-it-yourself /ˌduː ɪt jərˈself/ *n* (*abrev* **DIY**) (*GB*) bricolaje

the dole /doʊl/ *n* (*GB, coloq*) (*USA* **welfare**) subsidio de desempleo: *to be/go on the dole* estar cobrando/cobrar subsidio de desempleo

doll /dɑl/ *n* muñeca

dollar /ˈdɑlər/ *n* dólar: *a dollar bill* un billete de dólar

dolly /ˈdɑli/ *n* (*pl* **dollies**) muñequita

dolphin /ˈdɑlfɪn/ *n* delfín

domain /doʊˈmeɪn/ *n* **1** (*lit*) propiedad **2** campo: *outside my domain* fuera de mi campo

dome /doʊm/ *n* cúpula **domed** *adj* abovedado

domestic /dəˈmestɪk/ *adj* **1** doméstico **2** nacional **domesticated** *adj* **1** doméstico **2** casero

dominant /ˈdɑmɪnənt/ *adj* dominante **dominance** *n* dominación

dominate /ˈdɑmɪneɪt/ *vt, vi* dominar **domination** *n* dominio

domineering /ˌdɑmɪˈnɪərɪŋ/ *adj* dominante

dominion /dəˈmɪniən/ *n* dominio

domino /ˈdɑmɪnoʊ/ *n* **1** (*pl* **~es**) ficha de dominó **2 dominoes** [*sing*]: *to play dominoes* jugar dominó

donate /ˈdoʊneɪt; *GB* dəʊˈneɪt/ *vt* donar **donation** *n* **1** donativo **2** [*incontable*] donación

done /dʌn/ ◆ *pp de* DO[2] ◆ *adj* hecho

donkey /ˈdɑŋki, ˈdɔːn-/ *n* (*pl* **-eys**) burro

donor /ˈdoʊnər/ *n* donante

don't /doʊnt/ = DO NOT **LOC** *Ver* DO[1,2]

donut /ˈdoʊnʌt/ dona ☛ *Ver dibujo en* PAN

doom /duːm/ *n* [*sing*] **1** (*formal*) perdición: *to send a man to his doom* mandar a un hombre a la muerte **2** pesimismo **doomed** *adj* condenado: *doomed to failure* destinado al fracaso

door /dɔːr/ *n* **1** puerta **2** *Ver* DOORWAY **LOC (from) door to door** de puerta en puerta: *a door-to-door salesman* un vendedor ambulante **out of doors** al aire libre

doorbell /ˈdɔːrbel/ *n* timbre (*de puerta*)

doormat /ˈdɔːrmæt/ *n* tapete (*en la entrada*)

doorstep /ˈdɔːrstep/ *n* peldaño de la puerta **LOC on your doorstep** a un paso

doorway /ˈdɔːrweɪ/ *n* entrada

dope[1] /doʊp/ *n* (*coloq*) imbécil

dope[2] /doʊp/ *vt* narcotizar

dope test *n* prueba antidoping

dormant /ˈdɔːrmənt/ *adj* inactivo

dormitory /ˈdɔːrmətɔːri; *GB* -tri/ *n* (*pl* **-ies**) (*tb* **dorm**) **1** (*GB* **hall**) residencia universitaria **2** (*GB*) (*internado*) dormitorio

dosage /ˈdoʊsɪdʒ/ *n* dosificación

dose /doʊs/ *n* dosis

dot /dɑt/ ◆ *n* punto **LOC on the dot** (*coloq*) a la hora en punto ◆ *vt* (**-tt-**) poner un punto sobre **LOC to dot your/the i's and cross your/the t's** dar los últimos retoques

dote /doʊt/ *vi* ~ **on sth/sb** adorar algo/a algn **doting** *adj* devoto

double[1] /ˈdʌbl/ ◆ *adj* doble: *double figures* número de dos cifras ◊ *She earns double what he does.* Gana el doble que él. ◆ *adv*: *to see double* ver doble ◊ *bent double* encorvado ◊ *to fold a blanket double* doblar una cobija en dos

double[2] /ˈdʌbl/ *n* **1** doble **2 doubles** [*pl*] dobles: *mixed doubles* dobles mixtos

double[3] /ˈdʌbl/ **1** *vt, vi* duplicar(se) **2** *vt* ~ **sth (up/over/across/back)** doblar algo (en dos) **3** *vi* ~ **as sth** hacer de algo **PHR V to double back** volver sobre sus pasos **to double (sb) up**: *to be doubled up with laughter* doblarse de risa ◊ *to double up with pain* doblarse de dolor

double-barrelled /ˌdʌbl ˈbærəld/ *adj* **1** (*escopeta*) de dos cañones **2** (*GB*) (*apellido*) compuesto

double bass *n* contrabajo

double bed *n* cama matrimonial

double-breasted /ˌdʌbl ˈbrestɪd/ *adj* cruzado

double-check /ˌdʌbl ˈtʃek/ *vt* volver a mirar

double-cross /ˌdʌbl ˈkrɔːs; *GB* ˈkrɒs/ *vt* engañar

double-decker /ˌdʌbl ˈdekər/ (*tb* **double-decker bus**) *n* (*GB*) bus de dos pisos

double-edged /ˌdʌbl ˈedʒd/ *adj* de doble filo

double glazed *adj* (*GB*) con doble vidrio

double glazing *n* (*GB*) ventanas de dos vidrios para proteger las casas en invierno

doubly /ˈdʌbli/ *adv* doblemente: *to make doubly sure of sth* asegurarse bien de algo

doubt /daʊt/ ◆ *n* **1** ~ **(about sth)** duda (sobre algo) **2** ~ **as to (whether)...** duda sobre (si)... **LOC beyond a/all/any doubt** fuera de toda duda **in doubt** dudoso **no doubt; without (a) doubt** sin duda *Ver tb* BENEFIT, CAST ◆ *vt, vi* dudar **doubter** *n* escéptico, -a **doubtless** *adv* sin duda

doubtful /ˈdaʊtfl/ *adj* dudoso: *to be doubtful about (doing) sth* tener dudas sobre (si hacer) algo **doubtfully** *adv* sin convicción

dough /doʊ/ *n* **1** masa **2** (*coloq*) plata

doughnut *Ver* DONUT

dour /dʊər/ *adj* (*formal*) austero

douse /daʊs/ *vt* ~ **sth/sb (in/with sth)** empapar algo/a algn (de algo)

dove[1] /dʌv/ *n* paloma

dove² *pret de* DIVE

dowdy /ˈdaʊdi/ *adj* (**-ier**, **-iest**) (*pey*) **1** (*ropa*) sin gracia **2** (*persona*) vestido con un estilo muy gris

down¹ /daʊn/ *part adv* **1** abajo: *face down* boca abajo **2** bajo: *Inflation is down this month.* La inflación bajó este mes. ◊ *to be $50 down* faltarle a algn 50 dólares **3** *Ten down, five to go.* Van diez, quedan cinco. **4** (*Informát*): *The computer's down.* El computador está dañado. LOC **down with sth/sb!** ¡abajo algo/algn! **to be/feel down** (*coloq*) estar deprimido ☛ Para los usos de **down** en PHRASAL VERBS ver las entradas de los verbos correspondientes, p.ej. **to go down** en GO¹.

down² /daʊn/ *prep* abajo: *He ran his eyes down the list.* Recorrió la lista de arriba abajo. ◊ *down the hill* cerro abajo ◊ *down the corridor on the right* por el pasillo a la derecha

down³ /daʊn/ *n* **1** plumones **2** pelusa **3** vello

down-and-out /ˈdaʊn ən ˌaʊt/ *n* vagabundo, -a

downcast /ˈdaʊnkæst; *GB* -kɑːst/ *adj* abatido

downfall /ˈdaʊnfɔːl/ *n* [*sing*] caída: *Drink will be your downfall.* El trago será tu perdición.

downgrade /ˈdaʊngreɪd/ *vt* ~ **sth/sb (from ... to ...)** degradar algo/a algn (de ... a ...)

downhearted /ˌdaʊnˈhɑrtɪd/ *adj* desanimado

downhill /ˌdaʊnˈhɪl/ *adv, adj* cuesta abajo LOC **it is (all) downhill (from here)/there** (a partir de ahora/entonces) todo marchará sobre ruedas **to go downhill** ir cuesta abajo

downmarket /ˌdaʊnˈmɑrkɪt/ *adj* de/para la gran masa, vulgar

downpour /ˈdaʊnpɔːr/ *n* chaparrón

downright /ˈdaʊnraɪt/ ◆ *adj* total: *downright stupidity* estupidez declarada ◆ *adv* completamente

the downs /daʊnz/ *n* [*pl*] (*GB*) las lomas

downside /ˈdaʊnsaɪd/ *n* inconveniente

Down's syndrome *n* síndrome de Down

downstairs /ˌdaʊnˈsteərz/ ◆ *adv* (escaleras) abajo ◆ *adj* (en el/del piso de) abajo ◆ *n* [*sing*] planta baja

downstream /ˌdaʊnˈstriːm/ *adv* río abajo

down-to-earth /ˌdaʊn tuː ˈɜːrθ/ *adj* práctico, con los pies en la tierra

downtown /ˌdaʊnˈtaʊn/ *adj, adv* (*esp USA*) al/en el centro (*de ciudad*)

downtrodden /ˈdaʊntrɑdn/ *adj* oprimido

downturn /ˈdaʊntɜːrn/ *n* bajada: *a downturn in sales* un descenso en las ventas

down under *adv, n* (en) las antípodas

downward /ˈdaʊnwərd/ ◆ *adj* hacia abajo: *a downward trend* una tendencia a la baja ◆ *adv* (*tb* **downwards**) hacia abajo

downy /daʊni/ *adj* aterciopelado

dowry /ˈdaʊri/ *n* (*pl* **-ies**) dote

doze /doʊz/ ◆ *vi* dormitar PHR V **to doze off** quedarse dormido ◆ *n* cabeceada

dozen /ˈdʌzn/ *n* (*abrev* **doz**) docena: *There were dozens of people.* Había muchísima gente. ◊ *two dozen eggs* dos docenas de huevos

dozy /ˈdoʊzi/ *adj* (**-ier**, **-iest**) (*GB*) amodorrado

drab /dræb/ *adj* monótono, gris

draft /dræft; *GB* drɑːft/ ◆ *n* **1** borrador: *a draft bill* un anteproyecto de ley **2** (*Fin*) orden de pago, letra de cambio **3** **the draft** (*USA*) el reclutamiento para el servicio militar (*obligatorio*) **4** (*GB* **draught**) corriente (*de aire*) ◆ *adj* (*GB* **draught**) de barril: *draft beer* cerveza de barril ◆ *vt* **1** hacer un borrador de **2** (*USA, Mil*) reclutar **3** ~ **sth/sb (in)** destacar algo/a algn

draftsman (*GB* **draughtsman**) /ˈdræftsmən; *GB* ˈdrɑːfts-/ *n* (*pl* **-men** /-mən/) dibujante, delineante

drafty /ˈdræfti/ (*GB* **draughty** /ˈdrɑːfti/) *adj* (**-ier**, **-iest**) con muchas corrientes (*de aire*)

drag¹ /dræg/ *n* **1** **a drag** (*coloq*) (*persona, cosa*) un rollo, un camello, una lata **2** (*coloq*): *a man dressed in drag* un hombre vestido de mujer

drag² /dræg/ (**-gg-**) **1** *vt, vi* arrastrar(se) **2** *vi* (*tiempo*) pasar lentamente **3** *vt* (*Náut*) rastrear **4** *vi* ~ **(on)** hacerse eterno

dragon /ˈdrægən/ *n* dragón

dragonfly /ˈdrægənflaɪ/ *n* libélula

drain /dreɪn/ ◆ *n* **1** desagüe **2** alcantarilla LOC **to be a drain on sth** ser un continuo desangre de algo ◆ *vt* **1** (*platos, verduras, etc.*) escurrir **2** (*terreno, lago, etc.*) drenar LOC **to be/feel drained** estar/sentirse agotado: *She felt drained of all energy.* Se sentía completamente agotada. **PHR V to drain away 1** (*lit*) perderse **2** (*fig*) consumirse (*lentamente*) **drainage** *n* drenaje

draining board *n* escurridor

drainpipe /ˈdreɪnpaɪp/ *n* tubería de desagüe

drama /ˈdrɑmə/ *n* **1** obra de teatro **2** drama: *drama school* escuela de arte dramático ◊ *drama student* estudiante de arte dramático **dramatic** *adj* dramático **dramatically** *adv* dramáticamente, de modo impresionante

dramatist /ˈdræmətɪst/ *n* dramaturgo, -a **dramatization, -isation** *n* dramatización **dramatize, -ise** *vt, vi* (*lit y fig*) dramatizar

drank *pret de* DRINK

drape /dreɪp/ *vt* **1** ~ **sth across/around/over sth** (*tejido*) colgar algo sobre algo **2** ~ **sth/sb** (**in/with sth**) cubrir, envolver algo/a algn (en/con algo) **drapes** (*tb* **draperies**) *n* (*pl*) cortinas (gruesas)

drastic /ˈdræstɪk/ *adj* **1** drástico **2** grave **drastically** *adv* drásticamente

draught (*GB*) *Ver* DRAFT

draughts /drɑːfts/ (*GB*) *Ver* CHECKERS

draughty (*GB*) *Ver* DRAFTY

draw[1] /drɔː/ *n* **1** (*GB*) (*USA* **drawing**) [*gen sing*] sorteo **2** (*GB*) (*USA* **tie**) empate

draw[2] /drɔː/ (*pret* **drew** /druː/ *pp* **drawn** /drɔːn/) **1** *vt, vi* dibujar, trazar **2** *vi*: *to draw level with sb* alcanzar a algn ◊ *to draw near* acercarse **3** *vt* (*cortinas*) correr, descorrer **4** *vt* (*conclusión*) sacar: *to draw comfort from sth/sb* hallar consuelo en algo/algn ◊ *to draw inspiration from sth* inspirarse en algo ◊ *to draw a distinction* hacer una distinción ◊ *to draw an analogy/a parallel* establecer una analogía/un paralelo **5** *vt* (*sueldo*) cobrar **6** *vt* provocar, causar **7** *vt* ~ **sb** (**to sth/sb**) atraer a algn (hacia algo/algn) **8** *vi* (*Dep*) empatar LOC *Ver* CLOSE[2]

PHR V to draw back retroceder, retirarse **to draw sth back** retirar algo, descorrer algo

to draw in (*GB, tren*) entrar en la estación

to draw on/upon sth hacer uso de algo

to draw out 1 (*día*) alargarse **2** (*GB, tren*) salir de la estación

to draw up 1 pararse **2** (*silla*) acercar

to draw sth up redactar algo

drawback /ˈdrɔːbæk/ *n* ~ (**of/to sth/to doing sth**) inconveniente, desventaja (de algo/de hacer algo)

drawer /drɔːr/ *n* cajón

drawing /ˈdrɔːɪŋ/ *n* **1** dibujo **2** (*GB* **draw**) sorteo

drawing pin *n* (*GB*) chinche, tachuela

drawing-room /ˈdrɔːɪŋ ruːm/ *n* (*GB*) sala

drawl /drɔːl/ *n* voz lenta y pesada

drawn[1] *pp de* DRAW[2]

drawn[2] /drɔːn/ *adj* demacrado

dread /dred/ ◆ *n* terror ◆ *vt* tener terror a: *I dread to think what will happen.* Me aterroriza (el) sólo pensar lo que pasará. **dreadful** *adj* **1** terrible, espantoso **2** horrible, pésimo: *I feel dreadful.* Me siento muy mal. ◊ *I feel dreadful about what happened.* Me siento muy mal por lo que pasó. ◊ *How dreadful!* ¡Qué horror! **dreadfully** *adv* **1** terriblemente **2** muy mal **3** muy: *I'm dreadfully sorry.* Lo siento muchísimo.

dream /driːm/ ◆ *n* (*lit y fig*) sueño: *to have a dream about sth/sb* soñar con algo/algn ◊ *to go around in a dream/live in a dream world* vivir en las nubes ◆ (*pret, pp* **dreamt** /dremt/ *o* **dreamed**) **1** *vt, vi* ~ (**about/of sth/doing sth**) soñar (con algo/con hacer algo): *I dreamed (that) I could fly.* Soñé que podía volar. **2** *vt* imaginar: *I never dreamed (that) I'd see you again.* Nunca imaginé que te volvería a ver.

> Algunos verbos poseen tanto formas regulares como irregulares para el pasado y el participio pasado: **spell**: **spelled/spelt, spill**: **spilled/spilt, etc.** En inglés británico se prefieren las formas irregulares (**spelt, spilt**, etc.), mientras que en inglés americano se utilizan las formas regulares (**spelled, spilled**, etc.).

dreamer *n* soñador, -ora **dreamy** *adj* (**-ier, -iest**) **1** soñador, distraído **2** vago **dreamily** *adv* distraídamente

dreary /ˈdrɪəri/ (*tb antic,* **drear** /drɪər/)

adj (**-ier**, **-iest**) **1** deprimente **2** aburrido

dredge /dredʒ/ *vt, vi* dragar **dredger** (*tb* **dredge**) *n* draga

drench /drentʃ/ *vt* empapar: *to get drenched to the skin/drenched through* empaparse hasta los huesos ◊ (*absolutely*) *drenched* empapado

dress /dres/ ◆ *n* **1** vestido **2** [*incontable*] ropa: *to have no dress sense* no saber vestirse *Ver tb* FANCY DRESS ◆ **1** *vt, vi* vestir(se): *to dress as sth* vestirse de algo ◊ *to dress smartly* vestir bien ☛ Cuando nos referimos simplemente a la acción de vestirse decimos **get dressed**. **2** *vt* (*herida*) curar **3** *vt* (*ensalada*) aderezar LOC (**to be**) **dressed in sth** (ir) vestido de algo PHR V **to dress** (**sb**) **up** (**as sth/sb**) disfrazarse/disfrazar a algn (de algo/algn) **to dress** (**sb**) **up** (**in sth**) disfrazarse/disfrazar a algn (con algo) **to dress sth up** disfrazar algo **to dress up** engalanarse

dress circle *n* (*GB, Teat*) platea alta

dresser /ˈdresər/ *n* **1** (*GB* **dressing table**) tocador **2** buffet

dressing /ˈdresɪŋ/ *n* **1** vendaje **2** aderezo

dressing gown (*USA* **robe**) *n* levantadora, batín

dressing room *n* vestidor, camerino

dressing table (*USA* **dresser**) *n* tocador

dressmaker /ˈdresmeɪkər/ (*tb* **dress designer**) *n* modista, sastre **dressmaking** *n* corte y confección

drew *pret de* DRAW[2]

dribble /ˈdrɪbl/ **1** *vi* babear **2** *vt, vi* driblar

dried *pret, pp de* DRY

drift /drɪft/ ◆ *vi* **1** flotar **2** (*arena, nieve*) amontonarse **3** ir a la deriva: *to drift into* (*doing*) *sth* hacer algo a la deriva ◆ *n* **1** [*sing*] idea general **2** montón: *snow drifts* montones de nieve **drifter** *n* vagabundo, -a

drill /drɪl/ ◆ *n* **1** taladro: *a dentist's drill* una fresa de odontólogo **2** instrucción **3** ejercicio **4** rutina ◆ *vt* **1** taladrar, perforar **2** instruir

drily *Ver* DRYLY

drink /drɪŋk/ ◆ *n* bebida: *a drink of water* un trago de agua ◊ *to go for a drink* ir a tomar algo ◊ *a soft drink* un refresco ◆ *vt, vi* (*pret* **drank** /dræŋk/ *pp* **drunk** /drʌŋk/) beber: *Don't drink and drive.* Si tomas, no manejes. LOC **to drink to sb's health** beber a la salud de algn PHR V **to drink** (**a toast**) **to sth/sb** brindar por algo/algn **to drink sth down/up** tomarse algo (todo) **to drink sth in** embeberse en algo **drinker** *n* bebedor **drinking** *n* el beber

drinking water *n* agua potable

drip /drɪp/ ◆ *vi* (**-pp-**) gotear LOC **to be dripping with sth 1** *to be dripping with sweat* estar empapado en sudor **2** *She was dripping with jewels.* Estaba cargada de joyas. ◆ *n* **1** gota **2** (*Med*) gotero: *He is on a drip.* Está con suero.

drive /draɪv/ ◆ (*pret* **drove** /droʊv/ *pp* **driven** /ˈdrɪvn/) **1** *vt, vi* manejar: *Can you drive?* ¿Sabes manejar? **2** *vi* viajar en carro: *Did you drive?* ¿Viniste en carro? **3** *vt* llevar (en carro) **4** *vt*: *to drive cattle* arrear ganado ◊ *to drive sb crazy* volver loco a algn ◊ *to drive sb to drink* llevar a algn a la bebida **5** *vt* impulsar LOC **to be driving at sth**: *What are you driving at?* ¿Qué insinúas? **to drive a hard bargain** ser un negociador duro PHR V **to drive away**; **to drive off** alejarse en carro **to drive sth/sb back/off** ahuyentar algo/a algn **to drive** (**sb**) **on** empujar (a algn) ◆ *n* **1** vuelta, viaje (*en carro, etc.*): *to go for a drive* dar una vuelta en carro **2** (*GB*) (*USA* **driveway**) (*en una casa*) camino de entrada **3** (*Dep*) golpe directo, drive **4** empuje **5** campaña **6** (*Mec*) mecanismo de transmisión: *four-wheel drive* tracción en las cuatro ruedas ◊ *a left-hand drive car* un carro con el timón a la izquierda **7** (*Informát*): *disk drive* unidad de disco

drive-in /ˈdraɪv ɪn/ *n* (*USA*) lugar al aire libre, sobre todo cines, restaurantes, etc. donde se sirve a los clientes sin que tengan que salir del carro

driven *pp de* DRIVE

driver /ˈdraɪvər/ *n* conductor, -ora: *train driver* maquinista LOC **to be in the driver's seat** tener la sartén por el mango

driver's license (*GB* **driving licence**) *n* pase (de manejar), licencia de conducción

driveway /ˈdraɪvweɪ/ (*GB* **drive**) *n* camino de entrada (*en una casa*)

driving school *n* escuela de conducción

driving test *n* examen de conducción

drizzle /ˈdrɪzl/ ◆ *n* llovizna ◆ *vi* lloviznar

drone /droʊn/ ◆ *vi* zumbar: *to drone on about sth* hablar sobre algo en un tono monótono ◆ *n* zumbido

drool /druːl/ *vi* babear: *to drool over sth/sb* caérsele la baba a uno por algo/algn

droop /druːp/ *vi* **1** caer **2** (*flor*) marchitarse **3** (*ánimo*) decaer **drooping** (*tb* **droopy**) *adj* **1** caído **2** (*flor*) marchito

drop /drɑp/ ◆ *n* **1** gota: *Would you like a drop of wine?* ¿Te provoca un vino? **2** [*sing*] caída: *a sheer drop* un precipicio ◊ *a drop in prices* una caída de los precios ◊ *a drop in temperature* un descenso de la temperatura LOC **at the drop of a hat** sin pensarlo dos veces **to be (only) a drop in the bucket** no ser más que una gota de agua en el océano ◆ (**-pp-**) **1** *vi* caer: *He dropped to his knees.* Se arrodilló. **2** *vt* dejar caer: *to drop a bomb* lanzar una bomba ◊ *to drop anchor* echar el ancla **3** *vi* desplomarse: *I feel ready to drop.* Estoy que me caigo. ◊ *to work till you drop* matarse trabajando **4** *vt, vi* disminuir, caer: *to drop prices* reducir precios **5** *vt* ~ **sth/sb (off)** (*pasajero, paquete*) dejar algo/a algn **6** *vt* omitir: *He's been dropped from the team.* Lo sacaron del equipo. **7** *vt* ~ **sb** romper con algn **8** *vt* ~ **sth** (*hábito, actitud*) dejar: *Drop everything!* ¡Déjalo todo! ◊ *Can we drop the subject?* ¿Podemos olvidar el tema? LOC **to drop a brick** (*coloq*) meter la pata **to drop a hint (to sb)/drop (sb) a hint** soltarle una indirecta (a algn) **to drop dead** (*coloq*) caerse muerto: *Drop dead!* ¡Vete al demonio! **to drop sb a line** (*coloq*) mandarle unas líneas a algn *Ver tb* LET[1] PHR V **to drop back**; **to drop behind** quedarse atrás, rezagarse **to drop by/in/over**: *Why don't you drop by?* ¿Por qué no pasas por la casa? ◊ *They dropped in for breakfast.* Pasaron a desayunar. ◊ *Drop over some time.* Venga a vernos alguna vez. **to drop in on sb** hacer una visita informal a algn **to drop off** (*coloq*) quedarse dormido **to drop out (of sth)** retirarse (de algo): *to drop out (of college)* dejar los estudios ◊ *to drop out (of society)* automarginarse

dropout /ˈdrɑpaʊt/ *n* estudiante que no termina los estudios

droppings /ˈdrɑpɪŋz/ *n* [*pl*] excrementos (*de animales o pájaros*)

drought /draʊt/ *n* sequía

drove *pret de* DRIVE

drown /draʊn/ *vt, vi* ahogar(se) PHR V **to drown sth/sb out** ahogar (a algo/algn): *His words were drowned out by the music.* La música ahogó sus palabras.

drowsy /ˈdraʊzi/ *adj* (**-ier**, **-iest**) adormilado: *This drug can make you drowsy.* Este medicamento puede producir somnolencia.

drudgery /ˈdrʌdʒəri/ *n* trabajo pesado

drug /drʌg/ ◆ *n* **1** (*Med*) fármaco, medicamento: *drug company* empresa farmacéutica **2** droga: *to be on drugs* consumir drogas habitualmente ◆ *vt* (**-gg-**) drogar

drug abuse *n* abuso de drogas

drug addict *n* drogadicto, -a **drug addiction** *n* drogadicción

drugstore /ˈdrʌgstɔːr/ *n* (*USA*) farmacia que también vende comestibles, periódicos, etc. *Ver tb* PHARMACY

drum /drʌm/ ◆ *n* **1** (*Mús*) tambor, batería: *to play the drums* tocar la batería **2** tambor, bidón ◆ (**-mm-**) **1** *vi* tocar el tambor **2** *vt, vi* ~ **(sth) on sth** tamborilear (con algo) en algo PHR V **to drum sth into sb/into sb's head** machacarle algo a algn **to drum sb out (of sth)** echar a algn (de algo) **to drum sth up** esforzarse por conseguir algo (*apoyo, clientes, etc.*): *to drum up interest in sth* fomentar el interés en algo **drummer** *n* batería

drumstick /ˈdrʌmstɪk/ *n* **1** (*Mús*) baqueta, palillo (de tambor) **2** (*Cocina*) muslo (*de pollo, etc.*)

drunk[1] /drʌŋk/ ◆ *adj* borracho: *to be drunk with joy* estar ebrio de alegría LOC **drunk and disorderly**: *to be charged with being drunk and disorderly* ser acusado de borrachera y alboroto **to get drunk** emborracharse ◆ *n* *Ver* DRUNKARD

drunk[2] *pp de* DRINK

drunkard /ˈdrʌŋkərd/ *n* borracho, -a

drunken /ˈdrʌŋkən/ *adj* borracho: *to be charged with drunken driving* ser acusado de manejar en estado de embriaguez **drunkenness** *n* embriaguez

dry /draɪ/ ◆ *adj* (**drier**, **driest**) **1** seco: *dry white wine* vino blanco seco ◊ *Tonight will be dry.* Esta noche no va a llover. **2** árido **3** (*humor*) irónico **LOC** *Ver* BONE, HIGH[1], RUN ◆ *vt, vi* (*pret, pp* **dried**) secar(se): *He dried his eyes.* Se secó las lágrimas. **PHR V to dry out** secarse **to dry up** (*río*), secarse **to dry sth up** secar (*platos, etc.*) ◆ *n* **LOC in the dry** a cubierto

dry-clean /ˈdraɪ kliːn/ *vt* limpiar en seco **dry cleaner's** *n* lavandería **dry cleaning** *n* lavado en seco

dryer /ˈdraɪər/ *n* secadora

dry land *n* tierra firme

dryly (*tb* **drily**) /ˈdraɪli/ *adv* en tono seco

dryness /ˈdraɪnəs/ *n* **1** sequedad **2** aridez **3** (*humor*) ironía

dual /ˈduːəl; *GB* ˈdjuːəl/ *adj* doble

dual carriageway *n* (*GB*) (*USA* **divided highway**) carretera de doble vía

dub /dʌb/ *vt* (**-bb-**) doblar: *dubbed into English* doblado al inglés **dubbing** *n* doblaje

dubious /ˈduːbiəs; *GB* ˈdjuː-/ *adj* **1** *to be dubious about sth* tener dudas acerca de algo **2** (*pey*) (*conducta*) sospechoso **3** (*honor*) discutible **dubiously** *adv* **1** de un modo sospechoso **2** en tono dudoso

duchess (*tb* **Duchess** *en títulos*) /ˈdʌtʃəs/ *n* duquesa

duck /dʌk/ ◆ *n* pato, -a ☛ *Ver nota en* PATO ◆ **1** *vi* agachar la cabeza: *He ducked behind a rock.* Se escondió detrás de una roca. **2** *vt* (*responsabilidad*) eludir **PHR V to duck out of sth** (*coloq*) escabullirse de algo

duct /dʌkt/ *n* conducto

dud /dʌd/ ◆ *adj* (*coloq*) **1** defectuoso **2** inútil **3** (*cheque*) sin fondos ◆ *n* (*coloq*): *This battery is a dud.* Esta pila es defectuosa.

due /duː; *GB* djuː/ ◆ *adj* **1** *the money due to them* el dinero que se les debe ◊ *Our thanks are due to…* Quedamos agradecidos a… ◊ *Payment is due on the fifth.* El próximo pago vence el cinco. **2** *The bus is due (in) at five o'clock.* El bus debe llegar a las cinco. ◊ *She's due to arrive soon.* Debe llegar pronto. ◊ *She's due back on Thursday.* Vuelve el jueves. **3 due (for) sth**: *I reckon I'm due (for) a holiday.* Creo que me merezco unas vacaciones. **4** debido: *with all due respect* con el debido respeto ◊ *It's all due to her efforts.* Se lo debemos todo al esfuerzo de ella. **LOC in due course** a su debido tiempo ◆ **dues** *n* [*pl*] cuota **LOC to give sb their due** para ser justo ◆ *adv*: *due south* directamente al sur

duel /ˈduːəl; *GB* ˈdjuːəl/ *n* duelo

duet /duːˈet; *GB* djuˈet/ *n* dúo (*pieza musical*)

duffle coat /ˈdʌfl koʊt/ *n* (*GB*) abrigo tres cuartos (*con capucha*)

dug *pret, pp de* DIG

duke (*tb* **Duke** *en títulos*) /duːk; *GB* djuːk/ *n* duque

dull /dʌl/ *adj* (**-er**, **-est**) **1** (*tiempo*) gris **2** (*color*) apagado **3** (*superficie*) deslustrado **4** (*luz*) sombrío: *a dull glow* una luz mortecina **5** (*dolor, ruido*) sordo **6** aburrido, soso **7** sin filo **dully** *adv* con desgana

duly /ˈduːli; *GB* ˈdjuːli/ *adv* **1** debidamente **2** a su debido tiempo

dumb /dʌm/ *adj* (**-er**, **-est**) **1** (*coloq*) tonto **2** mudo: *to be deaf and dumb* ser sordomudo **dumbly** *adv* sin hablar

dumbfounded /dʌmˈfaʊndɪd/ (*tb* **dumfounded**) (*tb* **dumbstruck**) *adj* mudo de asombro

dummy /ˈdʌmi/ *n* (*pl* **-ies**) **1** maniquí **2** imitación **3** (*GB*) (*USA* **pacifier**) chupo **4** (*coloq*) imbécil

dump /dʌmp/ ◆ *vt, vi* **1** tirar, botar: *No dumping.* Prohibido botar basuras. ◊ *dumping ground* basurero **2** (*coloq, pey*) abandonar **3** deshacerse de ◆ *n* **1** vertedero **2** (*Mil*) depósito **3** (*coloq, pey*) antro

dumpling /ˈdʌmplɪŋ/ *n* bola de una masa especial que se come en sopas o guisos

dumps /dʌmps/ *n* [*pl*] **LOC to be (down) in the dumps** (*coloq*) tener el ánimo en/por el suelo.

dune /duːn; *GB* djuːn/ (*tb* **sand-dune**) *n* duna

dung /dʌŋ/ *n* abono, estiércol

dungarees /ˌdʌŋgəˈriːz/ *n* [*pl*] overol

dungeon /ˈdʌndʒən/ *n* mazmorra

duo /ˈduːoʊ; *GB* ˈdjuːəʊ/ *n* (*pl* **duos**) dúo

dupe /duːp, djuːp/ *vt* engañar

duplicate /ˈduːplɪkeɪt; *GB* ˈdjuː-/ ◆ *vt* duplicar ◆ /ˈduːplɪkət; *GB* ˈdjuː-/ *adj, n* duplicado: *a duplicate (letter)* una copia

durable /ˈdʊərəbl; *GB* ˈdjʊə-/ ◆ *adj* duradero ◆ *n [pl]* (*tb* **consumer durables**) electrodomésticos **durability** /ˌdʊərəˈbɪləti; *GB* ˌdjʊə-/ *n* durabilidad

duration /duˈreɪʃn; *GB* dju-/ *n* duración LOC **for the duration** (*coloq*) durante el tiempo que dure

duress /duˈres; *GB* dju-/ *n* LOC **to do sth under duress** hacer algo bajo coacción

during /ˈdʊərɪŋ; *GB* ˈdjʊər-/ *prep* durante: *during the meal* mientras comíamos ☛ *Ver ejemplos en* FOR sentido 3 *y nota en* DURANTE

dusk /dʌsk/ *n* crepúsculo: *at dusk* al atardecer

dusky /ˈdʌski/ *adj* (**-ier**, **-iest**) moreno

dust /dʌst/ ◆ *n* polvo: *gold dust* oro en polvo ◆ *vt, vi* limpiar el polvo PHR V **to dust sth/sb down/off** quitarle el polvo a algo/algn **to dust sth with sth** espolvorear algo de algo

dustbin /ˈdʌstbɪn/ (*GB*) (*USA* **trash can**) *n* caneca de basura

dustcloth /ˈdʌstklɔːθ/ *n* trapo (del polvo)

dustman /ˈdʌstmən/ *n* (*pl* **-men** /-mən/) (*GB*) (*USA* **garbage man**) barrendero

dustpan /ˈdʌstpæn/ *n* recogedor (de basura)

dusty /ˈdʌsti/ *adj* (**-ier**, **-iest**) polvoriento

Dutch /dʌtʃ/ *adj* LOC **Dutch courage** (*coloq, joc*) valor infundido por el alcohol **to go Dutch (with sb)** pagar/ir a la americana

dutiful /ˈduːtɪfl; *GB* ˈdjuː-/ *adj* (*formal*) obediente, concienzudo **dutifully** *adv* obedientemente, cumplidamente

duty /ˈduːti; *GB* ˈdjuːti/ *n* (*pl* **duties**) **1** deber, obligación: *to do your duty (by sb)* cumplir uno con su deber (para con algn) **2** obligación, función: *duty officer* oficial de guardia ◇ *the duties of the president* las obligaciones de la presidenta **3** ~ **(on sth)** aranceles (sobre algo) *Ver tb* TARIFF sentido 2 LOC **to be on/off duty** estar/no estar de servicio

duty-free /ˌduːti ˈfriː; *GB* ˈdjuːti friː/ *adj* libre de impuestos

duvet /duːˈveɪ/ (*GB*) (*USA* **comforter**) *n* edredón (nórdico)

dwarf /dwɔːrf/ ◆ *n* (*pl* **dwarfs** *o* **dwarves** /dwɔːrvz/) enano, -a ◆ *vt* empequeñecer: *a house dwarfed by skyscrapers* una casa empequeñecida por los rascacielos

dwell /dwel/ *vi* (*pret, pp* **dwelled** *o* **dwelt** /dwelt/) (*GB*) ☛ *Ver nota en* DREAM ~ **in/at sth** (*antic*) morar en algo PHR V **to dwell on/upon sth 1** insistir en algo, extenderse en algo **2** dejarse obsesionar por algo **dwelling** (*tb* **dwelling place**) *n* morada, vivienda

dwindle /ˈdwɪndl/ *vi* disminuir, reducirse: *to dwindle (away) (to nothing)* quedar reducido (a la nada)

dye /daɪ/ ◆ *vt, vi* (*3ª pers sing pres* **dyes** *pret, pp* **dyed** *pt pres* **dyeing**) teñir(se): *to dye sth blue* teñir algo de azul ◆ *n* tinte (*para el pelo, la ropa, etc.*)

dying /ˈdaɪɪŋ/ *adj* **1** (*persona*) moribundo, agonizante **2** (*palabras, momentos, etc.*) último: *her dying wish* su último deseo ◇ *a dying breed* una raza en vías de extinción

dyke /daɪk/ (*tb* **dike**) *n* **1** (*ofen*) lesbiana **2** dique **3** acequia

dynamic /daɪˈnæmɪk/ *adj* dinámico

dynamics /daɪˈnæmɪks/ *n [pl]* dinámica

dynamism /ˈdaɪnəmɪzəm/ *n* dinamismo

dynamite /ˈdaɪnəmaɪt/ ◆ *n* (*lit y fig*) dinamita ◆ *vt* dinamitar

dynamo /ˈdaɪnəmoʊ/ *n* (*pl* ~**s**) dinamo, dínamo

dynasty /ˈdaɪnəsti; *GB* ˈdɪ-/ *n* (*pl* **-ies**) dinastía

dysentery /ˈdɪsənteri; *GB* -tri/ *n* disentería

dyslexia /dɪsˈleksiə/ (*GB* **word-blindness**) *n* dislexia **dyslexic** *adj, n* disléxico, -a

dystrophy /ˈdɪstrəfi/ *n* distrofia

Ee

E, e /iː/ *n* (*pl* **E's**, **e's** /iːz/) **1** E, e: *E as in Edward* E de Enrique ☛ *Ver ejemplos en* A, A **2** (*GB, Educ*) cinco: *to get (an) E in French* sacar (un) cinco en Francés **3** (*Mús*) mi

each /iːtʃ/ ◆ *adj* cada: *each for himself* cada cual por su cuenta

> **Each** casi siempre se traduce por "cada (uno)" y **every** por "todo(s)". Una excepción importante es cuando se expresa la repetición de algo a intervalos fijos de tiempo: *The Olympics are held every four years.* Los Juegos Olímpicos se celebran cada cuatro años. *Ver tb nota en* EVERY.

◆ *pron* cada uno (*de dos o más*) ◆ *adv* cada uno: *We have two each.* Tenemos dos cada uno.

each other *pron* uno a otro (*mutuamente*) ☛ **Each other** se suele utilizar para referirse a dos personas y **one another** a más de dos: *We love each other.* Nos queremos. ◊ *They all looked at one another.* Todos se miraron (entre sí).

eager /ˈiːgər/ *adj* ~ (**for sth/to do sth**) ávido (de algo); ansioso (por hacer algo): *eager to please* ansioso por complacer **eagerly** *adv* con impaciencia/ilusión **eagerness** *n* ansia

eagle /ˈiːgl/ *n* águila

ear¹ /ɪər/ *n* **1** oreja **2** oído: *to have an ear/a good ear for sth* tener buen oído para algo **LOC to be all ears** (*coloq*) ser todo oídos **to be up to your ears/eyes in sth** estar hasta el cuello de algo *Ver tb* PLAY, PRICK

ear² /ɪər/ *n* espiga

earache /ˈɪəreɪk/ *n* [*gen sing*] dolor de oídos

eardrum /ˈɪərdrʌm/ *n* tímpano

earl /ɜːrl/ *n* conde

early /ˈɜːrli/ ◆ *adj* (**-ier**, **-iest**) **1** temprano **2** (*muerte*) prematuro **3** (*jubilación*) anticipado **4** (*primero*): *my earliest memories* mis primeros recuerdos ◊ *at an early age* a una edad temprana ◆ *adv* (**-ier**, **-iest**) **1** temprano **2** con anticipación **3** prematuramente **4** a principios de: *early last week* a principios de la semana pasada **LOC as early as...**: *as early as 1988* ya en 1988 **at the earliest** lo más pronto **early bird** (*joc*) madrugador **early on** al poco tiempo de empezar: *earlier on* anteriormente **it's early days (yet)** (*esp GB*) es demasiado pronto **the early bird gets the worm** (*refrán*) al que madruga, Dios le ayuda **the early hours** la madrugada

earmark /ˈɪərmɑrk/ *vt* (*fig*) destinar

earn /ɜːrn/ *vt* **1** (*dinero*) ganar: *to earn a living* ganarse la vida **2** merecer(se)

earnest /ˈɜːrnɪst/ *adj* **1** (*carácter*) serio **2** (*deseo, etc.*) ferviente **LOC in earnest 1** de veras **2** en serio: *She said it in earnest.* Hablaba con la mayor seriedad. **earnestly** *adv* con empeño **earnestness** *n* fervor

earnings /ˈɜːrnɪŋz/ *n* [*pl*] ingresos

earphones /ˈɪərfoʊnz/ *n* [*pl*] audífonos

earring /ˈɪərɪŋ/ *n* arete

earshot /ˈɪərʃɑt/ *n* **LOC (to be) out of/within earshot** (estar) fuera del/al alcance del oído

earth /ɜːrθ/ ◆ *n* **1 the Earth** (*planeta*) la Tierra **2** (*Geol, Electrón*) tierra **LOC how/what/why, etc. on earth/in the world** (*coloq*) ¿cómo/qué/por qué demonios?: *What on earth are you doing?* ¿Qué demonios estás haciendo? **to charge/cost/pay the earth** (*GB, coloq*) cobrar/costar/pagar un dineral **to come back/down to earth (with a bang/bump)** (*coloq*) bajar de las nubes ◆ *vt* (*GB, Electrón*) conectar a tierra

earthly /ˈɜːrθli/ *adj* **1** (*lit*) terrenal **2** (*coloq, fig*) concebible: *You don't have an earthly (chance) of winning.* No tienes la más remota posibilidad de ganar. ☛ En este sentido suele usarse en frases negativas o interrogativas.

earthquake /ˈɜːrθkweɪk/ (*tb* **quake**) *n* terremoto

ease /iːz/ ◆ *n* **1** facilidad **2** desahogo **3** alivio **LOC (to be/feel) at (your) ease** (estar/sentirse) a gusto *Ver tb* ILL, MIND ◆ *vt* **1** (*dolor*) aliviar **2** (*tensión*) reducir **3** (*tráfico*) disminuir **4** (*situación*) suavizar **5** (*restricción*) aflojar **LOC t**

ease sb's conscience/mind tranquilizar la conciencia/mente de algn **PHR V to ease (sth/sb) across, along, etc. sth** mover (algo/a algn) cuidadosamente a través de/a lo largo de, etc. algo **to ease off/up** aligerarse **to ease up on sth/sb** moderarse con algo/algn

easel /ˈiːzl/ *n* caballete (*de artista*)

easily /ˈiːzəli/ *adv* **1** fácilmente *Ver tb* EASY **2** seguramente: *It's easily the best.* Es seguramente el mejor. **3** muy probablemente

east /iːst/ ◆ *n* **1** (*tb* **the east, the East**) (*abrev* **E**) (el) oriente, (el) este: *Newcastle is in the East of England.* Newcastle está al oriente de Inglaterra. ◊ *eastbound* en/con dirección al oriente **2 the East** (el) Oriente, los países orientales ◆ *adj* oriental, (del) este: *east winds* vientos del este ◆ *adv* al oriente/este: *They headed east.* Fueron hacia el este. *Ver tb* EASTWARD(S)

Easter /ˈiːstər/ *n* Pascua: *Easter egg* huevo de Pascua

eastern /ˈiːstərn/ (*tb* **Eastern**) *adj* oriental, (del) este

eastward(s) /ˈiːstwərd(z)/ *adv* hacia el oriente/este *Ver tb* EAST *adv*

easy /ˈiːzi/ ◆ *adj* (**-ier, -iest**) **1** fácil **2** tranquilo: *My mind is easier now.* Estoy más tranquilo ahora. **LOC I'm easy** (*coloq, esp GB*) me da igual ◆ *adv* (**-ier, -iest**) **LOC easier said than done** del dicho al hecho hay mucho trecho **take it easy!** ¡cálmese! **to go easy on/with sth/sb** (*coloq*) tomárselo con tranquilidad con algo/algn **to take it/things easy** tomarse las cosas con calma *Ver tb* FREE

easygoing /ˌiːziˈgoʊɪŋ/ *adj* tolerante: *She's very easygoing.* Es muy fácil de tratar.

eat /iːt/ *vt, vi* (*pret* **ate** /eɪt; *GB* et/ *pp* **eaten** /ˈiːtn/) comer **LOC to be eaten up with sth** estar consumido por algo **to be eating sb** estar inquietando a algn: *What's eating you?* ¿Qué te atormenta? **to eat out of sb's hand** estar sometido a algn: *She had him eating out of her hand.* Lo tenía totalmente dominado. **to eat your words** tragarse las palabras *Ver tb* CAKE **PHR V to eat away at sth/eat sth away 1** (*lit*) erosionar(se) algo **2** (*fig*) consumir(se) algo **to eat into sth 1** corroer algo, desgastar algo **2** (*fig*) mermar algo (*reservas*) **to eat out** comer fuera **to eat (sth) up** comérselo todo **to eat sth up** (*fig*) devorar algo: *This car eats up gas!* Este carro traga un montón de gasolina. **eater** *n*: *He's a big eater.* Es un comelón.

eavesdrop /ˈiːvzdrɑp/ *vi* (**-pp-**) ~ (**on sth/sb**) espiar (algo/a algn) (*escuchar*)

ebb /eb/ ◆ *vi* **to ebb (away) 1** (*marea*) bajar **2** (*fig*) disminuir ◆ **the ebb** *n* [*sing*] (*lit y fig*) (el) reflujo **LOC on the ebb** en decadencia **the ebb and flow (of sth)** los altibajos (de algo)

ebony /ˈebəni/ *n* ébano

echo /ˈekoʊ/ ◆ *n* (*pl* **echoes**) **1** eco, resonancia **2** (*fig*) imitación ◆ **1** *vt* ~ **sth (back)**: *The tunnel echoed back their words.* El eco del túnel repitió sus palabras. **2** *vt* (*fig*) repetir, reflejar algo **3** *vi* resonar

ecological /ˌiːkəˈlɑdʒɪkl/ *adj* ecológico **ecologically** *adv* ecológicamente

ecology /iˈkɑlədʒi/ *n* ecología **ecologist** *n* ecologista, ecólogo

economic /ˌiːkəˈnɑmɪk, ˌekə-/ *adj* **1** (*desarrollo, crecimiento, política*) económico ☛ *Comparar con* ECONOMICAL **2** rentable

economical /ˌiːkəˈnɑmɪkl, ˌekə-/ *adj* (*combustible, aparato, estilo*) económico ☛ A diferencia de **economic**, **economical** puede ser calificado por palabras como *more, less, very*, etc.: *a more economical car* un carro más económico **LOC to be economical with the truth** decir las verdades a medias **economically** *adv* económicamente

economics /ˌiːkəˈnɑmɪks, ˌekə-/ *n* [*sing*] economía **economist** /iˈkɑnəmɪst, ɪˈkɑn-/ *n* economista

economize, -ise /ɪˈkɑnəmaɪz/ *vi* economizar: *to economize on gas* ahorrar gasolina

economy /ɪˈkɑnəmi/ *n* (*pl* **-ies**) economía: *to make economies* economizar ◊ *economy size* envase en tamaño de oferta

ecstasy /ˈekstəsi/ *n* (*pl* **-ies**) éxtasis: *to be in/go into ecstasy/ecstasies* (*over sth*) extasiarse (con algo) **ecstatic** /ɪkˈstætɪk/ *adj* extasiado

edge /edʒ/ ◆ *n* **1** filo (*de cuchillo, etc.*) **2** borde **LOC to be on edge** estar con los nervios de punta **to have an/the edge on/over sth/sb** (*coloq*) tener ventaja sobre algo/algn **to take the edge off sth** suavizar algo ◆ *vt* ~ **(sth) (with sth)** bordear (algo) (de algo) **PHR V to edge (your way) along, away, etc.** avanzar, alejarse, etc. poco a poco: *I edged slowly towards the door.* Me fui acercando poco a poco hacia la puerta.

edgy /ˈedʒi/ *adj* (*coloq*) nervioso

edible /ˈedəbl/ *adj* comestible

edit /ˈedɪt/ *vt* **1** (*libro*) preparar una edición de **2** (*texto*) editar **edition** *n* edición

editor /ˈedɪtər/ *n* **1** director, -ora (*de periódico, etc.*): *the arts editor* el director/la directora de la sección de cultura **2** redactor, -ora

educate /ˈedʒukeɪt/ *vt* educar (*académicamente*): *He was educated abroad.* Se educó en el exterior. ☛ *Comparar con* RAISE, TO BRING SB UP *en* BRING **educated** *adj* culto **LOC an educated guess** una conjetura con fundamento

education /ˌedʒuˈkeɪʃn/ *n* **1** educación, enseñanza **2** pedagogía **3** cultura **educational** *adj* educativo, educacional, docente

eel /iːl/ *n* anguila

eerie (*tb* **eery**) /ˈɪəri/ *adj* (**-ier**, **-iest**) misterioso, horripilante

effect /ɪˈfekt/ ◆ *n* efecto: *It had no effect on her.* No le hizo ningún efecto. **LOC for effect** para impresionar **in effect** en realidad **to come into effect** entrar en vigor **to take effect 1** surtir efecto **2** entrar en vigor **to no effect** inútilmente **to this effect** con este propósito *Ver tb* WORD ◆ (*formal*) *vt* efectuar (*una cura, un cambio*) ☛ *Comparar con* AFFECT

effective /ɪˈfektɪv/ *adj* ~ **(in doing sth) 1** (*sistema, medicina*) eficaz (para hacer algo) **2** de mucho efecto **effectively** *adv* **1** eficazmente **2** en efecto **effectiveness** *n* eficacia

effeminate /ɪˈfemɪnət/ *adj* afeminado

efficient /ɪˈfɪʃnt/ *adj* **1** (*persona*) eficiente **2** (*máquina, etc.*) eficaz **efficiency** *n* eficiencia **efficiently** *adv* eficientemente

effort /ˈefərt/ *n* **1** esfuerzo: *to make an effort* esforzarse/hacer un esfuerzo **2** intento

e.g. /ˌiːˈdʒiː/ *abrev* por ejemplo (= p.ej.)

egg /eg/ ◆ *n* huevo **LOC to put all your eggs in one basket** jugárselo todo a una sola carta ◆ **PHR V to egg sb on (to do sth)** animar mucho a algn (a que haga algo)

eggplant /ˈegplænt; *GB* -plaːnt/ (*GB* **aubergine**) *n* berenjena

eggshell /ˈegʃel/ *n* cáscara de huevo

ego /ˈiːgoʊ; *GB* ˈegəʊ/ *n* ego: *to boost sb's ego* alimentarle el ego a algn

eight /eɪt/ *adj, pron, n* ocho ☛ *Ver ejemplos en* FIVE **eighth 1** *adj* octavo **2** *pron, adv* el octavo, la octava, los octavos, las octavas **3** *n* octava parte, octavo ☛ *Ver ejemplos en* FIFTH

eighteen /ˌeɪˈtiːn/ *adj, pron, n* dieciocho ☛ *Ver ejemplos en* FIVE **eighteenth 1** *adj* decimoctavo **2** *pron, adv* el decimoctavo, la decimoctava, los decimoctavos, las decimoctavas **3** *n* dieciochoava parte, dieciochoavo ☛ *Ver ejemplos en* FIFTH

eighty /ˈeɪti/ *adj, pron, n* ochenta ☛ *Ver ejemplos en* FIFTY, FIVE **eightieth 1** *adj, pron* octogésimo **2** *n* ochentava parte, ochentavo ☛ *Ver ejemplos en* FIFTH

either /ˈaɪðər, ˈiːðər/ ◆ *adj* **1** cualquiera de los dos: *Either kind of flour will do.* Cualquiera de los dos tipos de harina sirve. ◊ *either way...* de cualquiera de las dos maneras... **2** ambos: *on either side of the road* en ambos lados de la calle **3** [*en frases negativas*] ninguno de los dos ◆ *pron* **1** cualquiera, uno u otro **2** ninguno: *I don't want either of them.* No quiero ninguno de los dos. ☛ *Ver nota en* NINGUNO ◆ *adv* **1** tampoco: *'I'm not going.' 'I'm not either.'* —No voy a ir. —Yo tampoco. **2 either... or...** o... o..., ni... ni... ☛ *Comparar con* ALSO, TOO *y ver nota en* NEITHER

eject /iˈdʒekt/ **1** *vt* (*formal*) expulsar **2** *vt* arrojar **3** *vt, vi* eyectar(se)

elaborate¹ /ɪˈlæbərət/ *adj* complicado, intrincado

elaborate² /ɪˈlæbəreɪt/ *vi* ~ **(on sth)** dar detalles (sobre algo)

elapse /ɪˈlæps/ *vi* (*formal*) pasar (*tiempo*)

elastic /ɪˈlæstɪk/ ◆ *adj* **1** elástico **2** flexible ◆ *n* elástico

elastic band *n* caucho (*banda*)

elated /iˈleɪtɪd/ *adj* jubiloso

elbow /ˈelboʊ/ *n* codo

elder /ˈeldər/ *adj, pron* mayor: *Pitt the Elder* Pitt el Viejo

Los comparativos más normales de **old** son **older** y **oldest**: *He is older than me.* Es mayor que yo. ◊ *the oldest building in the city* el edificio más antiguo de la ciudad. Cuando se comparan las edades de las personas, sobre todo de los miembros de una familia, **elder** y **eldest** se pueden usar como adjetivos y como pronombres: *my eldest brother* mi hermano el mayor ◊ *the elder of the two brothers* el mayor de los dos hermanos. Nótese que **elder** y **eldest** no se pueden usar con *than* y como adjetivos sólo pueden ir delante del sustantivo.

elderly *adj* anciano: *the elderly* los ancianos

eldest /ˈeldɪst/ *adj, pron* mayor ☛ *Ver nota en* ELDER

elect /ɪˈlekt/ *vt* elegir **election** *n* elección: *Ver pág 318.* **electoral** *adj* electoral **electorate** *n* [*v sing o pl*] electorado

electric /ɪˈlektrɪk/ *adj* eléctrico **electrical** *adj* eléctrico ☛ *Ver nota en* ELÉCTRICO **electrician** /ɪˌlekˈtrɪʃn/ *n* electricista **electricity** /ɪˌlekˈtrɪsəti/ *n* electricidad: *to turn off the electricity* cortar la luz **electrification** *n* electrificación **electrify** *vt* (*pret, pp* **-fied**) **1** electrificar **2** (*fig*) electrizar

electrocute /ɪˈlektrəkjuːt/ *vt* **to be electrocuted** electrocutarse

electrode /ɪˈlektroʊd/ *n* electrodo

electron /ɪˈlektrɑn/ *n* electrón

electronic /ɪˌlekˈtrɑnɪk/ *adj* electrónico **electronics** *n* [*sing*] electrónica

elegant /ˈelɪgənt/ *adj* elegante **elegance** *n* elegancia

element /ˈelɪmənt/ *n* elemento

elementary /ˌelɪˈmentəri/ *adj* elemental: *elementary school* escuela primaria

elephant /ˈelɪfənt/ *n* elefante

elevator /ˈelɪveɪtər/ *n* (*GB* **lift**) ascensor

eleven /ɪˈlevn/ *adj, pron, n* once ☛ *Ver ejemplos en* FIVE **eleventh 1** *adj* undécimo **2** *pron, adv* el undécimo, la undécima, los undécimos, las undécimas **3** *n* onceava parte, onceavo ☛ *Ver ejemplos en* FIFTH

elicit /ɪˈlɪsɪt/ *vt* (*formal*) obtener

eligible /ˈelɪdʒəbl/ *adj*: *to be eligible for sth* tener derecho a algo ◊ *to be eligible to do sth* llenar los requisitos para hacer algo ◊ *an eligible bachelor* un buen partido

eliminate /ɪˈlɪmɪneɪt/ *vt* **1** eliminar **2** (*enfermedad, pobreza*) erradicar

elk /elk/ *n* alce

elm /elm/ (*tb* **elm tree**) *n* olmo

elope /ɪˈloʊp/ *vi* fugarse con su amante

eloquent /ˈeləkwənt/ *adj* elocuente

else /els/ *adv* [*con pronombres indefinidos, interrogativos o negativos, y con adverbios*]: *Did you see anybody else?* ¿Viste a alguien más? ◊ *anyone else* cualquier otra persona ◊ *everyone/everything else* todos los/todo lo demás ◊ *It must have been somebody else.* Debe haber sido otro. ◊ *nobody else* nadie más ◊ *Anything else?* ¿Algo más? ◊ *somewhere else* a/en otra parte ◊ *What else?* ¿Qué más? **elsewhere** *adv* en, a o de otra parte

elude /iˈluːd/ *vt* escaparse de **elusive** *adj* escurridizo: *an elusive word* una palabra difícil de recordar

emaciated /ɪˈmeɪʃieɪtɪd/ *adj* demacrado

e-mail /ˈiːmeɪl/ ◆ *n* correo electrónico ◆ *vt* mandar por correo electrónico

emanate /ˈeməneɪt/ *vi* ~ **from sth/sb** emanar, provenir de algo/algn

emancipation /ɪˌmænsɪˈpeɪʃn/ *n* emancipación

embankment /ɪmˈbæŋkmənt/ *n* terraplén

embargo /ɪmˈbɑrgoʊ/ *n* (*pl* **~es** /-goʊz/) prohibición, embargo

embark /ɪmˈbɑrk/ *vi* **1** ~ **(for...)** embarcar(se) (con rumbo a...) **2** ~ **on sth** emprender algo

embarrass /ɪmˈbærəs/ *vt* hacerle pasar vergüenza a, turbar **embarrassed** *adj* avergonzado, apenado: *I'm embarrassed* me da pena **embarrassing** *adj* embarazoso, penoso **embarrassment** *n* **1** vergüenza, pena **2** (*persona o cosa que incomoda*) estorbo

embassy /ˈembəsi/ *n* (*pl* **-ies**) embajada

embedded /ɪmˈbedɪd/ *adj* **1** empotrado **2** (*dientes, espada*) clavado, hincado

ember /ˈembər/ *n* brasa

embezzlement /ɪmˈbezlmənt/ *n* desfalco

embittered /ɪmˈbɪtərd/ *adj* amargado
embody /ɪmˈbɑdi/ *vt* (*pret, pp* **-died**) (*formal*) encarnar **embodiment** *n* personificación
embrace /ɪmˈbreɪs/ ◆ *vt, vi* abrazar(se) ◆ *n* abrazo
embroider /ɪmˈbrɔɪdər/ *vt, vi* bordar **embroidery** *n* [*incontable*] bordado
embryo /ˈembrioʊ/ *n* (*pl* **~s** /-oʊz/) embrión
emerald /ˈemərəld/ *n* esmeralda
emerge /iˈmɜːrdʒ/ *vi* ~ (**from sth**) **1** emerger, salir (de algo) **2** surgir (de algo): *It emerged that…* Salió a relucir que… **emergence** *n* aparición, surgimiento
emergency /iˈmɜːrdʒənsi/ *n* (*pl* **-ies**) emergencia: *emergency exit* salida de emergencia
emigrate /ˈemɪgreɪt/ *vi* emigrar **emigrant** *n* emigrante **emigration** *n* emigración
eminent /ˈemɪnənt/ *adj* eminente
emission /iˈmɪʃn/ *n* (*formal*) emanación
emit /iˈmɪt/ *vt* (**-tt-**) **1** (*rayos, sonidos*) emitir **2** (*olores, vapores*) despedir
emotion /ɪˈmoʊʃn/ *n* emoción **emotional** *adj* emocional, emotivo **emotive** *adj* emotivo
empathy /ˈempəθi/ *n* empatía
emperor /ˈempərər/ *n* emperador
emphasis /ˈemfəsɪs/ *n* (*pl* **-ases** /-əsiːz/) ~ (**on sth**) énfasis (en algo) **emphatic** *adj* categórico, enfático
emphasize, -ise /ˈemfəsaɪz/ *vt* enfatizar, recalcar
empire /ˈempaɪər/ *n* imperio
employ /ɪmˈplɔɪ/ *vt* emplear **employee** *n* empleado **employer** *n* empleador, -ora **employment** *n* empleo, trabajo ☛ *Ver nota en* WORK[1]
empress /ˈemprəs/ *n* emperatriz
empty /ˈempti/ ◆ *adj* **1** vacío **2** vano, inútil ◆ (*pret, pp* **emptied**) **1** *vt* ~ **sth** (**out**) (**onto/into sth**) desocupar, verter algo (en algo) **2** *vt* (*basura*) botar **3** *vt* (*habitación, edificio*) desocupar **4** *vi* ~ desocuparse, quedar vacío **emptiness** *n* **1** vacío **2** (*fig*) futilidad
empty-handed /ˌempti ˈhændɪd/ *adj* con las manos vacías
enable /ɪˈneɪbl/ *vt* ~ **sb to do sth** permitir a algn hacer algo
enact /ɪˈnækt/ *vt* (*formal*) **1** (*Teat*) representar **2** llevar a cabo
enamel /ɪˈnæml/ *n* esmalte
enchanting /ɪnˈtʃæntɪŋ; *GB* -ˈtʃɑːnt-/ *adj* encantador
encircle /ɪnˈsɜːrkl/ *vt* rodear, encerrar
enclose /ɪnˈkloʊz/ *vt* **1** ~ **sth** (**with sth**) encerrar, cercar algo (de algo) **2** adjuntar: *I enclose…/Please find enclosed…* Adjunto…/adjuntamos **enclosure** *n* **1** recinto **2** documento adjunto, anexo
encore /ˈɑŋkɔːr/ ◆ *interj* ¡otra! ◆ *n* repetición, bis
encounter /ɪnˈkaʊntər/ ◆ *vt* (*formal*) encontrarse con ◆ *n* encuentro
encourage /ɪnˈkɜːrɪdʒ/ *vt* **1** ~ **sb** (**in sth/to do sth**) animar, alentar a algn (en algo/a hacer algo) **2** fomentar, estimular **encouragement** *n* ~ (**to sb**) (**to do sth**) aliento, estímulo (a algn) (para hacer algo) **encouraging** *adj* alentador
encyclopedia (*tb* **-paedia**) /ɪnˌsaɪkləˈpiːdiə/ *n* enciclopedia
end /end/ ◆ *n* **1** final, extremo: *from end to end* de punta a punta **2** (*palo, etc.*) punta **3** (*hilo, etc.*) cabo **4** *the east end of town* la parte/zona oriental de la ciudad **5** (*tiempo*) fin, final: *at the end of* al final/a finales de ◇ *from beginning to end* de principio a fin **6** propósito, fin **7** (*Dep*) campo, lado LOC (**to be**) **at an end** tocar a su fin, haber terminado (ya) **in the end** al final **on end 1** de punta **2** *for days on end* durante días (y días) **to be at the end of your rope** no poder más *Ver tb* LOOSE, MEANS[1], ODDS, WIT ◆ *vt, vi* terminar, acabar PHR V **to end in sth 1** (*forma*) terminar en algo **2** (*resultado*) acabar en algo: *Their argument ended in tears.* La discusión les acabó en lágrimas. **to end up** (**as sth/doing sth**) terminar (siendo algo/haciendo algo) **to end up** (**in…**) ir a parar (a…) (*lugar*)
endanger /ɪnˈdeɪndʒər/ *vt* poner en peligro
endear /ɪnˈdɪər/ *vt* (*formal*) ~ **sb/yourself to sb** hacerse querer por algn; granjearse las simpatías de algn **endearing** *adj* atractivo
endeavor (*GB* **-vour**) /ɪnˈdevər/ ◆ *n* (*formal*) esfuerzo ◆ *vi* (*formal*) ~ **to do sth** esforzarse por hacer algo
ending /ˈendɪŋ/ *n* final
endive /ˈendaɪv/ *n* endibia

endless /ˈendləs/ *adj* **1** interminable, sin fin: *endless possibilities* infinitas posibilidades **2** (*paciencia*) inagotable

endorse /ɪnˈdɔːrs/ *vt* **1** aprobar **2** (*cheque*) endosar **endorsement** *n* **1** aprobación **2** endoso

endow /ɪnˈdaʊ/ *vt* ~ **sth/sb with sth** dotar algo/a algn de algo **endowment** *n* dotación (*dinero*)

endurance /ɪnˈdʊərəns; *GB* -ˈdjʊə-/ *n* resistencia

endure /ɪnˈdʊər; *GB* -djʊə(r)/ **1** *vt* soportar, aguantar ☛ En negativa es más corriente decir **can't bear** o **can't stand**. **2** *vi* perdurar **enduring** *adj* duradero

enemy /ˈenəmi/ *n* (*pl* **-ies**) enemigo, -a

energy /ˈenərdʒi/ *n* [*gen incontable*] (*pl* **-ies**) energía **energetic** /ˌenəˈdʒetɪk/ *adj* lleno de energía

enforce /ɪnˈfɔːrs/ *vt* hacer cumplir (*ley*) **enforcement** *n* aplicación

engage /ɪnˈgeɪdʒ/ **1** *vt* ~ **sb (as sth)** (*formal*) contratar a algn (como algo) **2** *vt* (*formal*) (*tiempo, pensamientos*) ocupar **3** *vt* (*formal*) (*atención*) llamar **4** *vi* ~ **(with sth)** (*Mec*) encajar (con algo) PHR V **to engage in sth** dedicarse a algo **to engage sb in sth** ocupar a algn en algo **engaged** *adj* **1** ocupado, comprometido **2** (*GB*) (*USA* **busy**) (*teléfono*) ocupado **3** ~ **(to sb)** comprometido (con algn): *to get engaged* comprometerse **engaging** *adj* atractivo

engagement /ɪnˈgeɪdʒmənt/ *n* **1** compromiso matrimonial **2** (*período*) noviazgo **3** cita, compromiso

engine /ˈendʒɪn/ *n* **1** motor: *The engine is overheating.* El motor del carro se está recalentando.

> La palabra **engine** se utiliza para referirnos al motor de un vehículo y **motor** para el de los electrodomésticos. **Engine** normalmente es de gasolina y **motor** eléctrico.

2 (*tb* **locomotive**) locomotora: *engine driver* maquinista

engineer /ˌendʒɪˈnɪər/ ◆ *n* **1** ingeniero, -a **2** (*teléfono, mantenimiento, etc.*) técnico, -a **3** (*en barco o avión*) maquinista **4** (*GB* **driver**) maquinista ◆ *vt* **1** (*coloq, frec pey*) maquinar **2** construir

engineering /ˌendʒɪˈnɪərɪŋ/ *n* ingeniería

engrave /ɪnˈgreɪv/ *vt* ~ **B on A/A with B** grabar B en A **engraving** *n* grabado

engrossed /ɪnˈgroʊst/ *adj* absorto

enhance /ɪnˈhæns; *GB* -ˈhɑːns/ *vt* **1** aumentar, mejorar **2** (*aspecto*) realzar

enjoy /ɪnˈdʒɔɪ/ *vt* **1** disfrutar de: *Enjoy your meal!* ¡Que le aproveche! **2** ~ **doing sth** gustarle a algn hacer algo LOC **to enjoy yourself** divertirse, pasarla bien: *Enjoy yourself!* ¡Que la pases bien! **enjoyable** *adj* agradable, divertido **enjoyment** *n* satisfacción, disfrute: *He spoiled my enjoyment of the film.* Me dañó la película.

enlarge /ɪnˈlɑrdʒ/ *vt* ampliar, agrandar **enlargement** *n* ampliación

enlighten /ɪnˈlaɪtn/ *vt* ~ **sb (about/as to/on sth)** aclarar (algo) a algn **enlightened** *adj* **1** (*persona*) culto **2** (*política*) inteligente **enlightenment** *n* (*formal*) **1** aclaración **2 the Enlightenment** la Ilustración

enlist /ɪnˈlɪst/ **1** *vi* ~ **(in/for sth)** (*Mil*) enrolarse (en algo) **2** *vt* ~ **sth/sb (in/for sth)** reclutar algo/a algn (en/para algo)

enmity /ˈenməti/ *n* enemistad

enormous /ɪˈnɔːrməs/ *adj* enorme **enormously** *adv* enormemente: *I enjoyed it enormously.* Me gustó muchísimo.

enough /ɪˈnʌf/ ◆ *adj, pron* suficiente, bastante: *Is that enough food for ten?* ¿Será suficiente comida para diez? ◊ *That's enough!* ¡Ya no más! ◊ *I've saved up enough to go on holiday.* He ahorrado lo suficiente para ir a vacaciones. LOC **to have had enough (of sth/sb)** estar jarto (de algo/algn) ◆ *adv* **1** ~ **(for sth/sb)** (lo) bastante (para algo/algn) **2** ~ **(to do sth)** (lo) bastante (como para hacer algo): *Is it near enough to go on foot?* ¿Está lo bastante cerca como para ir a pie? ☛ Nótese que **enough** siempre aparece después del adjetivo y **too** delante: *You're not old enough./You're too young.* Eres demasiado joven. *Comparar con* TOO LOC **curiously, oddly, strangely, etc. enough** lo curioso, raro, etc. es que…

enquire *Ver* INQUIRE

enrage /ɪnˈreɪdʒ/ *vt* enfurecer

enrich /ɪnˈrɪtʃ/ *vt* ~ **sth/sb (with sth)** enriquecer algo/algn (con algo)

enroll (*tb esp GB* **enrol**) /ɪnˈroʊl/ *vt, vi* **(-ll-)** ~ **(sb) (in/as sth)** inscribirse/

inscribir a algn, matricularse/matricular a algn (en/como algo) **enrollment** (*tb esp GB* **enrolment**) *n* inscripción, matrícula

ensure (*GB*) *Ver* INSURE

entangle /ɪnˈtæŋgl/ *vt* ~ **sth/sb (in/with sth)** enredar algo/a algn (en algo) **entanglement** *n* enredo

enter /ˈentər/ **1** *vt* entrar en: *The thought never entered my head.* La idea ni se me pasó por la cabeza. **2** *vt, vi* ~ (**for**) **sth** inscribirse en algo **3** *vt* (*colegio, universidad*) matricularse en **4** *vt* (*hospital, sociedad*) ingresar en **5** *vt* ~ **sth** (**up**) (**in sth**) anotar algo (en algo) **PHR V to enter into sth 1** (*negociaciones*) iniciar **2** (*un acuerdo*) llegar a **3** tener que ver: *What he wants doesn't enter into it.* Lo que él quiera no tiene nada que ver.

enterprise /ˈentərpraɪz/ *n* **1** (*actividad*) empresa **2** espíritu emprendedor **enterprising** *adj* emprendedor

entertain /ˌentərˈteɪn/ *vt, vi* **1** recibir (*en casa*) **2** ~ **sb** (**with sth**) (*divertir*) entretener a algn (con algo) **3** (*idea*) albergar **entertainer** *n* artista (del mundo del espectáculo) **entertaining** *adj* entretenido, divertido **entertainment** *n* entretenimiento, diversión

enthralling /ɪnˈθrɔːlɪŋ/ *adj* cautivador

enthusiasm /ɪnˈθuːziæzəm; *GB* -ˈθjuː-/ *n* ~ (**for/about sth**) entusiasmo (por algo) **enthusiast** *n* entusiasta **enthusiastic** /ɪnˌθjuːziˈæstɪk/ *adj* entusiasta

entice /ɪnˈtaɪs/ *vt* tentar

entire /ɪnˈtaɪər/ *adj* entero, todo **entirely** *adv* totalmente, enteramente **entirety** *n* totalidad

entitle /ɪnˈtaɪtl/ *vt* **1** ~ **sb to** (**do**) **sth** dar derecho a algn a (hacer) algo **2** (*libro*) titular **entitlement** *n* derecho

entity /ˈentəti/ *n* (*pl* **-ies**) entidad, ente

entrance /ˈentrəns/ *n* ~ (**to sth**) entrada (de algo)

entrant /ˈentrənt/ *n* ~ (**for sth**) participante (en algo)

entrepreneur /ˌɑntrəprəˈnɜːr/ *n* empresario

entrust /ɪnˈtrʌst/ *vt* ~ **sb with sth/sth to sb** confiar algo a algn

entry /ˈentri/ *n* (*pl* **-ies**) **1** ~ (**into sth**) entrada, ingreso (en algo): *No entry.* Prohibido el paso. **2** (*diario*) apunte, anotación **3** (*diccionario*) entrada

enunciate /ɪˈnʌnsieɪt/ *vt, vi* pronunciar,

envelop /ɪnˈveləp/ *vt* ~ **sth/sb** (**in sth**) envolver algo/a algn (en algo)

envelope /ˈenvəloʊp, ˈɑn-/ *n* sobre (*para carta*)

enviable /ˈenviəbl/ *adj* envidiable **envious** *adj* envidioso: *to be envious of* tenerle envidia a/envidiar

environment /ɪnˈvaɪrənmənt/ **the environment** *n* el medio ambiente **environmental** /ɪnˌvaɪrənˈmentl/ *adj* ambiental: *environmental groups* grupos ecologistas **environmentalist** *n* ecologista

envisage /ɪnˈvɪsɪdʒ/ *vt* imaginar(se)

envoy /ˈenvɔɪ, ˈɑn-/ *n* enviado, -a

envy /ˈenvi/ ◆ *n* envidia ◆ *vt* (*pret, pp* **envied**) envidiar

enzyme /ˈenzaɪm/ *n* enzima

ephemeral /ɪˈfemərəl/ *adj* efímero

epic /ˈepɪk/ ◆ *n* épica, epopeya ◆ *adj* épico

epidemic /ˌepɪˈdemɪk/ *n* epidemia

epilepsy /ˈepɪlepsi/ *n* epilepsia **epileptic** /ˌepɪˈleptɪk/ *adj, n* epiléptico, -a

episode /ˈepɪsoʊd/ *n* episodio

epitaph /ˈepɪtæf; *GB* -tɑːf/ *n* epitafio

epitome /ɪˈpɪtəmi/ *n* **LOC to be the epitome of sth** ser la más pura expresión de algo

epoch /ˈepək; *GB* ˈiːpɒk/ *n* (*formal*) época

equal /ˈiːkwəl/ ◆ *adj, n* igual: *equal opportunities* igualdad de oportunidades **LOC to be on equal terms (with sb)** tener una relación de igual a igual (con algn) ◆ *vt* (**-l-**) (*GB* **-ll-**) **1** igualar **2** (*Mat*): *13 plus 29 equals 42.* 13 más 29 son 42. **equality** /ɪˈkwɒləti/ *n* igualdad **equally** *adv* **1** igualmente **2** equitativamente

equate /iˈkweɪt/ *vt* ~ **sth** (**to/with sth**) equiparar, comparar algo (con algo)

equation /ɪˈkweɪʒn/ *n* ecuación

equator /ɪˈkweɪtər/ *n* ecuador

equilibrium /ˌiːkwɪˈlɪbriəm, ˌek-/ *n* equilibrio

equinox /ˈiːkwɪnɑks, ˈek-/ *n* equinoccio

equip /ɪˈkwɪp/ *vt* (**-pp-**) ~ **sth/sb** (**with sth**) (**for sth**) equipar, proveer algo/a algn (con/de algo) (para algo) **equipment** *n* [*incontable*] equipo, material

equitable /ˈekwɪtəbl/ *adj* (*formal*) equitativo, justo

equivalent /ɪˈkwɪvələnt/ *adj, n* ~ (**to sth**) equivalente (a algo)

era /ˈɪərə, ˈeərə/ *n* era

eradicate /ɪˈrædɪkeɪt/ *vt* erradicar

erase /ɪˈreɪs; *GB* ɪˈreɪz/ *vt* ~ **sth** (**from sth**) borrar algo (de algo) **eraser** (*GB* **rubber**) *n* borrador

erect /ɪˈrekt/ ◆ *vt* erigir ◆ *adj* **1** erguido **2** (*pene*) erecto **erection** *n* erección

erode /ɪˈroʊd/ *vt* erosionar

erotic /ɪˈrɑtɪk/ *adj* erótico

errand /ˈerənd/ *n* mandado: *to run errands for sb* hacer mandados para algn

erratic /ɪˈrætɪk/ *adj* (*frec pey*) irregular

error /ˈerər/ *n* (*formal*) error: *to make an error* cometer un error ◇ *The letter was sent to you in error.* Se le envió la carta por error. ☛ **Mistake** es un término más corriente que **error**. Sin embargo, en algunas construcciones sólo se puede utilizar **error**: *human error* error humano ◇ *an error of judgment* una equivocación. *Ver nota en* MISTAKE *Ver tb* TRIAL

erupt /ɪˈrʌpt/ *vi* **1** (*volcán*) hacer erupción **2** (*violencia*) estallar

escalate /ˈeskəleɪt/ *vt, vi* **1** aumentar **2** intensificar(se) **escalation** *n* escalamiento, intensificación

escalator /ˈeskəleɪtər/ *n* escalera eléctrica

escapade /ˈeskəpeɪd, ˌeskəˈpeɪd/ *n* aventura

escape /ɪˈskeɪp/ ◆ **1** *vi* ~ (**from sth/sb**) escapar (de algo/algn) **2** *vt, vi* salvarse (de): *They escaped unharmed.* Salieron ilesos. **3** *vi* (*gas, líquido*) escaparse, fugarse **LOC to escape** (**sb's**) **notice** pasar inadvertido (a algn) *Ver tb* LIGHTLY ◆ *n* **1** ~ (**from sth**) fuga (de algo): *to make your escape* darse a la fuga **2** (*de gas, fluido*) escape **LOC** *Ver* NARROW

escort /ˈeskɔːrt/ ◆ *n* **1** [*v sing o pl*] escolta **2** (*formal*) acompañante ◆ /ɪˈskɔːrt/ *vt* ~ **sb** (**to sth**) acompañar a algn (a algo)

especially /ɪˈspeʃəli/ *adv* sobre todo, especialmente ☛ *Ver nota en* SPECIALLY

espionage /ˈespiənɑʒ/ *n* espionaje

essay /ˈeseɪ/ *n* **1** (*Liter*) ensayo **2** (*colegio*) redacción

essence /ˈesns/ *n* esencia **essential** *adj* **1** ~ (**to/for sth**) imprescindible (para algo) **2** fundamental **essentially** *adv* básicamente

establish /ɪˈstæblɪʃ/ *vt* ~ **sth/sb/yourself** establecer(se) **established** *adj* **1** (*negocio*) sólido **2** (*religión*) oficial **establishment** *n* **1** establecimiento **2** institución **3 the Establishment** la clase dirigente, el sistema

estate /ɪˈsteɪt/ *n* **1** finca, hacienda **2** (*bienes*) herencia **3** *Ver* HOUSING ESTATE

estate agent (*GB*) (*USA* **real estate agent**) *n* corredor, -ora de finca raíz

estate (**car**) *n* (*GB*) (*USA* **station wagon**) camioneta

esteem /ɪˈstiːm/ *n* **LOC to hold sth/sb in high/low esteem** tener una buena/mala opinión de algo/algn

estimate /ˈestɪmət/ ◆ *n* **1** cálculo **2** valoración **3** (*cálculo previo*) presupuesto ◆ /ˈestɪmeɪt/ *vt* calcular

estimation /ˌestɪˈmeɪʃn/ *n* juicio

estranged /ɪˈstreɪndʒd/ *adj* **LOC to be estranged from sb 1** estar enemistado con algn **2** vivir separado de algn

estuary /ˈestʃueri; *GB* -uəri/ *n* (*pl* **-ies**) estuario

etching /ˈetʃɪŋ/ *n* grabado (al aguafuerte)

eternal /ɪˈtɜːrnl/ *adj* eterno **eternity** *n* eternidad

ether /ˈiːθər/ *n* éter **ethereal** *adj* etéreo

ethics /ˈeθɪks/ *n* [*sing*] ética **ethical** *adj* ético

ethnic /ˈeθnɪk/ *adj* étnico

ethos /ˈiːθɑs/ *n* (*formal*) carácter

etiquette /ˈetɪket, -kɪt/ *n* etiqueta (*modales*)

Euro-MP /ˈjʊəroʊ empiː/ *n* (*GB*) eurodiputado, -a (*miembro del Parlamento Europeo*)

evacuate /ɪˈvækjueɪt/ *vt* evacuar (*a personas*) **evacuee** /ɪˌvækjuˈiː/ *n* evacuado, -a

evade /ɪˈveɪd/ *vt* evadir, eludir

evaluate /ɪˈvæljueɪt/ *vt* evaluar

evaporate /ɪˈvæpəreɪt/ *vt, vi* evaporar(se) **evaporation** *n* evaporación

evasion /ɪˈveɪʒn/ *n* evasión **evasive** *adj* evasivo

eve /iːv/ *n* **LOC on the eve of sth 1** (*lit*)

la víspera de algo **2** (*fig*) en vísperas de algo

even¹ /ˈiːvn/ ◆ *adj* **1** (*superficie*) llano, liso **2** (*color*) uniforme **3** (*temperatura*) constante **4** (*competición, puntuación*) empatado **5** (*número*) par ☛ *Comparar con* ODD ◆ **PHR V to even out** allanar(se), nivelar(se) **to even sth out** repartir algo equitativamente **to even sth up** nivelar algo

even² /ˈiːvn/ *adv* **1** [*uso enfático*] aun, hasta: *He didn't even open the letter.* Ni siquiera abrió la carta. **2** [*con adj o adv comparativo*] aun **LOC even if/though** aunque, aun cuando **even so** aun así, no obstante

evening /ˈiːvnɪŋ/ *n* **1** noche: *tomorrow evening* mañana por la tarde/noche ◊ *an evening class* una clase nocturna ◊ *evening dress* (*GB*) traje de noche/de etiqueta ◊ *the evening meal* la comida ◊ *an evening newspaper* un periódico de la tarde ☛ *Ver nota en* MORNING, NOCHE **2** atardecer **LOC good evening** buenas tardes, buenas noches ☛ *Ver nota en* NOCHE

evenly /ˈiːvənli/ *adv* **1** de modo uniforme **2** (*repartir, etc.*) equitativamente

event /ɪˈvent/ *n* suceso, acontecimiento **LOC at all events/in any event** en todo caso **in the event** al final **in the event of sth** en caso de (que) **eventful** *adj* memorable

eventual /ɪˈventʃuəl/ *adj* final **eventually** *adv* finalmente

ever /ˈevər/ *adv* nunca, jamás: *more than ever* más que nunca ◊ *Has it ever happened before?* ¿Ha pasado alguna vez antes? **LOC ever since** desde entonces ☛ *Ver nota en* ALWAYS, NUNCA

every /ˈevri/ *adj* cada, todos (los): *every (single) time* cada vez ◊ *every 10 minutes* cada 10 minutos

> Utilizamos **every** para referirnos a todos los elementos de un grupo en conjunto: *Every player was in top form.* Todos los jugadores estaban en plena forma. **Each** se utiliza para referirnos individualmente a cada uno de ellos: *The Queen shook hands with each player after the game.* La Reina le dio la mano a cada jugador después del partido. *Ver tb nota en* EACH.

LOC every last... hasta el último... **every now and again/then** de vez en cuando **every other** uno sí y uno no: *every other week* cada dos semanas **every so often 1** cada tanto **2** una que otra vez

everybody /ˈevribɑdi/ (*tb* **everyone** /ˈevriwʌn/) *pron* todos, todo el mundo

> **Everybody**, **anybody** y **somebody** llevan el verbo en singular, pero suelen ir seguidos por un pronombre en plural, salvo en lenguaje formal: *Somebody has left their coat behind.* Alguien dejó su saco.

everyday /ˈevrideɪ/ *adj* cotidiano, de todos los días: *for everyday use* para uso diario ◊ *in everyday use* de uso corriente

> **Everyday** sólo se usa antes de un sustantivo. No se debe confundir con la expresión **every day**, que significa "todos los días".

everything /ˈevriθɪŋ/ *pron* todo

everywhere /ˈevriweər/ *adv* (en/a/por) todas partes

evict /ɪˈvɪkt/ *vt* ~ **sb** (**from sth**) desalojar a algn (de algo)

evidence /ˈevɪdəns/ *n* [*incontable*] **1** (*derecho*) pruebas: *insufficient evidence* falta de pruebas **2** (*derecho*) testimonio **evident** *adj* ~ (**to sb**) (**that...**) evidente (para algn) (que...) **evidently** *adv* obviamente

evil /ˈiːvl/ ◆ *adj* malvado, muy malo ◆ *n* (*formal*) mal

evocative /ɪˈvɑkətɪv/ *adj* ~ (**of sth**) evocador (de algo)

evoke /ɪˈvoʊk/ *vt* evocar

evolution /ˌevəˈluːʃn; *GB* ˌiːv-/ *n* evolución

evolve /iˈvɑlv/ *vi* evolucionar

ewe /juː/ *n* oveja hembra

exact /ɪgˈzækt/ *adj* exacto

exacting /ɪgˈzæktɪŋ/ *adj* exigente

exactly /ɪgˈzæktli/ *adv* exactamente **LOC exactly!** ¡exacto!

exaggerate /ɪgˈzædʒəreɪt/ *vt* exagerar **exaggerated** *adj* exagerado

exam /ɪgˈzæm/ *n* (*Educ*) examen: *to take an exam* presentar un examen

examination /ɪgˌzæmɪˈneɪʃn/ *n* (*formal*) **1** examen **2** reconocimiento, revisión **examine** *vt* revisar, examinar

example /ɪɡˈzæmpl; *GB* -ˈzɑːmpl/ *n* ejemplo LOC **for example** (*abrev* **eg**) por ejemplo *Ver tb* SET[2]

exasperate /ɪɡˈzæspəreɪt; *GB* -ˈzɑːs/ *vt* desesperar, sacar de quicio **exasperation** *n* exasperación

excavate /ˈekskəveɪt/ *vt, vi* excavar

exceed /ɪkˈsiːd/ *vt* exceder(se en), superar **exceedingly** *adv* sumamente

excel /ɪkˈsel/ *vi* (**-ll-**) ~ **in/at sth** sobresalir, destacar(se) en algo

excellent /ˈeksələnt/ *adj* excelente **excellence** *n* excelencia

except /ɪkˈsept/ *prep* **1** ~ **(for) sth/sb** excepto algo/algn **2** ~ **that…** excepto que… **exception** *n* excepción **exceptional** *adj* excepcional

excerpt /ˈeksɜːrpt/ *n* ~ (**from sth**) extracto (de algo)

excess /ɪkˈses, ˈekses/ *n* exceso **excessive** *adj* excesivo

exchange /ɪksˈtʃeɪndʒ/ ◆ *n* cambio, intercambio ◆ *vt* **1** ~ **A for B** cambiar A por B **2** ~ **sth** (**with sb**) cambiar algo (con algn)

the Exchequer /ɪksˈtʃekər/ *n* (*GB*) Ministerio de Hacienda y Crédito Público

excite /ɪkˈsaɪt/ *vt* excitar, alborotar **excitable** *adj* excitable **excited** *adj* **1** emocionado **2** entusiasmado: *to get excited about sth* entusiasmarse con algo **3** alborotado: *to get excited* **excitement** *n* emoción **exciting** *adj* emocionante

exclaim /ɪkˈskleɪm/ *vi* exclamar **exclamation** *n* exclamación

exclamation point (*GB* **exclamation mark**) *n* signo de exclamación: *Ver págs 314–5.*

exclude /ɪkˈskluːd/ *vt* ~ **sth/sb** (**from sth**) excluir algo/a algn (de algo) **exclusion** *n* ~ (**of sth/sb**) (**from sth**) exclusión (de algo/algn) (de algo)

exclusive /ɪkˈskluːsɪv/ *adj* **1** exclusivo **2** ~ **of sth/sb** sin incluir algo/a algn

excursion /ɪkˈskɜːrʒn; *GB* -ɜːʃn/ *n* excursión

excuse /ɪkˈskjuːs/ ◆ *n* ~ (**for sth/doing sth**) excusa, pretexto (por/para algo/hacer algo) ◆ /ɪkˈskjuːz/ *vt* **1** ~ **sth/sb** (**for sth/doing sth**) disculpar algo/a algn (por algo/por hacer algo) **2** ~ **sb** (**from sth**) excusar a algn (de algo)

Se dice **excuse me** cuando se quiere interrumpir o abordar a algn: *Excuse me, sir!* ¡Perdón, señor! Decimos **sorry** cuando tenemos que pedir perdón por algo que hemos hecho: *I'm sorry I'm late.* Siento llegar tarde. ◊ *Did I hit you? I'm sorry!* ¿Te pegué? ¡Perdóname! En inglés americano se usa **excuse me** en vez de **sorry**.

execute /ˈeksɪkjuːt/ *vt* ejecutar **execution** *n* ejecución **executioner** *n* verdugo

executive /ɪɡˈzekjətɪv/ *n* ejecutivo, -a

exempt /ɪɡˈzempt/ ◆ *adj* ~ (**from sth**) exento (de algo) ◆ *vt* ~ **sth/sb** (**from sth**) eximir algo/a algn (de algo); exonerar a algn (de algo) **exemption** *n* exención

exercise /ˈeksərsaɪz/ ◆ *n* ejercicio ◆ **1** *vi* hacer ejercicio **2** *vt* (*derecho, poder*) ejercer

exert /ɪɡˈzɜːrt/ **1** *vt* ~ **sth** (**on sth/sb**) ejercer algo (sobre algo/algn) **2** *v refl* ~ **yourself** esforzarse **exertion** *n* esfuerzo

exhaust[1] /ɪɡˈzɔːst/ *n* **1** (*tb* **exhaust fumes**) gases del exhosto **2** (*tb* **exhaust pipe**) exhosto

exhaust[2] /ɪɡˈzɔːst/ *vt* agotar **exhausted** *adj* exhausto **exhausting** *adj* agotador **exhaustion** *n* agotamiento **exhaustive** *adj* exhaustivo

exhibit /ɪɡˈzɪbɪt/ ◆ *n* objeto expuesto ◆ **1** *vt, vi* exponer **2** *vt* manifestar

exhibition /ˌeksɪˈbɪʃn/ *n* exposición

exhilarating /ɪɡˈzɪləreɪtɪŋ/ *adj* estimulante, emocionante **exhilaration** *n* euforia

exile /ˈeɡzaɪl, ˈeksaɪl/ ◆ *n* **1** exilio **2** (*persona*) exilado, -a ◆ *vt* exilar

exist /ɪɡˈzɪst/ *vi* **1** ~ (**in sth**) existir (en algo) **2** ~ (**on sth**) subsistir (a base de algo) **existence** *n* existencia **existing** *adj* existente

exit /ˈeksɪt/ *n* salida

exotic /ɪɡˈzɑtɪk/ *adj* exótico

expand /ɪkˈspænd/ *vt, vi* **1** (*metal, etc.*) dilatar(se) **2** (*negocio*) ampliar(se) PHR V **to expand on sth** ampliar algo

expanse /ɪkˈspæns/ *n* ~ (**of sth**) extensión (de algo)

expansion /ɪkˈspænʃn/ *n* **1** expansión **2** desarrollo

expansive /ɪkˈspænsɪv/ *adj* comunicativo

expatriate /ˌeksˈpeɪtriət; *GB* -ˈpæt-/ *n* expatriado, -a

expect /ɪkˈspekt/ *vt* **1** ~ **sth (from sth/ sb)** esperar algo (de algo/algn) ☛ *Ver nota en* ESPERAR **2** (*esp GB, coloq*) suponer **expectant** *adj* expectante: *expectant mother* mujer embarazada **expectancy** *n* expectación *Ver tb* LIFE EXPECTANCY **expectation** *n* ~ **(of sth)** expectativa (de algo) LOC **against/ contrary to (all) expectation(s)** contra todas las previsiones

expedition /ˌekspəˈdɪʃn/ *n* expedición

expel /ɪkˈspel/ *vt* **(-ll-)** ~ **sth/sb (from sth)** expulsar algo/a algn (de algo)

expend /ɪkˈspend/ *vt* ~ **sth (on/upon sth/doing sth)** (*formal*) emplear algo (en algo/hacer algo)

expendable /ɪkˈspendəbl/ *adj* (*formal*) **1** (*cosas*) desechable **2** (*personas*) prescindible

expenditure /ɪkˈspendɪtʃər/ *n* gasto(s)

expense /ɪkˈspens/ *n* gasto(s), costo **expensive** *adj* caro, costoso

experience /ɪkˈspɪəriəns/ ◆ *n* experiencia ◆ *vt* experimentar **experienced** *adj* experimentado

experiment /ɪkˈsperɪmənt/ ◆ *n* experimento ◆ *vi* ~ **(on/with sth)** hacer experimentos, experimentar (con algo)

expert /ˈekspɜːrt/ *adj, n* ~ **(at/in/on sth/ at doing sth)** experto, -a, perito, -a (en algo/en hacer algo) **expertise** /ˌekspɜːrˈtiːz/ *n* conocimientos (técnicos), pericia

expire /ɪkˈspaɪər/ *vi* vencer, caducar: *My passport expired.* Mi pasaporte está vencido. **expiration** (*GB* **expiry**) *n* vencimiento

explain /ɪkˈspleɪn/ *vt* ~ **sth (to sb)** explicar, aclarar algo (a algn): *Explain this to me.* Explícame esto. **explanation** *n* ~ **(of/for sth)** explicación, aclaración (de algo) **explanatory** /ɪkˈsplænətɔːri; *GB* -tri/ *adj* explicativo, aclaratorio

explicit /ɪkˈsplɪsɪt/ *adj* explícito

explode /ɪkˈsploʊd/ *vt, vi* estallar, explotar

exploit¹ /ˈeksplɔɪt/ *n* proeza, hazaña

exploit² /ɪkˈsplɔɪt/ *vt* explotar (*personas, recursos*) **exploitation** *n* explotación

explore /ɪkˈsplɔːr/ *vt, vi* explorar **exploration** *n* exploración, investigación **explorer** *n* explorador, -ora

explosion /ɪkˈsploʊʒn/ *n* explosión **explosive** *adj, n* explosivo

export /ˈekspɔːrt/ ◆ *n* (artículo de) exportación ◆ /ɪkˈspɔːrt/ *vt, vi* exportar

expose /ɪkˈspoʊz/ **1** *vt* ~ **sth/sb (to sth)** exponer algo/a algn (a algo) **2** *v refl* ~ **yourself (to sth)** exponerse (a algo) **3** *vt* (*persona culpable*) desenmascarar **exposed** *adj* descubierto **exposure** *n* **1** ~ **(to sth)** exposición (a algo): *to die of exposure* morir de frío (a la intemperie) **2** (*de falta*) descubrimiento, revelación

express /ɪkˈspres/ ◆ *adj* **1** (*tren*) directo, rápido **2** (*entrega*) inmediato **3** (*deseo, etc.*) expreso ◆ *adv* **1** por entrega inmediata **2** en tren directo ◆ *vt* ~ **sth (to sb)** expresar algo (a algn): *to express yourself* expresarse ◆ *n* **1** (*tb* **express train**) directo, rápido **2** servicio urgente/entrega inmediata

expression /ɪkˈspreʃn/ *n* **1** expresión **2** muestra, expresión: *as an expression of his gratitude* como muestra de su gratitud **3** expresividad

expressive /ɪkˈspresɪv/ *adj* expresivo

expressly /ɪkˈspresli/ *adv* expresamente

expressway /ɪkˈspresweɪ/ *n* autopista

expulsion /ɪkˈspʌlʃn/ *n* expulsión

exquisite /ˈekskwɪzɪt, ɪkˈskwɪzɪt/ *adj* exquisito

extend /ɪkˈstend/ **1** *vt* extender, ampliar **2** *vi* extenderse: *to extend as far as sth* llegar hasta algo **3** *vt* (*estancia, vida*) prolongar **4** *vt* (*plazo, crédito*) prorrogar **5** *vt* (*mano*) tender **6** *vt* (*bienvenida*) dar

extension /ɪkˈstenʃn/ *n* **1** extensión **2** ~ **(to sth)** ampliación, anexo (de algo): *to build an extension to sth* hacer una ampliación de algo **3** (*período*) prolongación **4** (*plazo*) prórroga **5** (*Telec*) extensión

extensive /ɪkˈstensɪv/ *adj* **1** extenso **2** (*daños*) cuantioso **3** (*conocimiento*) amplio **4** (*uso*) frecuente **extensively** *adv* **1** extensamente **2** (*usar*) comúnmente

extent /ɪkˈstent/ *n* alcance, grado: *the full extent of the losses* el valor real de las pérdidas LOC **to a large/great extent** en gran parte **to a lesser extent** en menor grado **to some/a certain extent**

hasta cierto punto **to what extent** hasta qué punto

exterior /ɪkˈstɪəriər/ ◆ *adj* exterior ◆ *n* **1** exterior **2** (*persona*) aspecto

exterminate /ɪkˈstɜːrmɪneɪt/ *vt* exterminar

external /ɪkˈstɜːrnl/ *adj* externo, exterior

extinct /ɪkˈstɪŋkt/ *adj* **1** (*animal*) extinguido, desaparecido: *to become extinct* extinguirse **2** (*volcán*) inactivo

extinguish /ɪkˈstɪŋgwɪʃ/ *vt* extinguir, apagar ☛ La palabra más normal es **put out**. **extinguisher** *n* extinguidor

extort /ɪkˈstɔːrt/ *vt* ~ **sth** (**from sb**) **1** (*dinero*) obtener algo (de algn) mediante extorsión **2** (*confesión*) sacar algo (a algn) por la fuerza **extortion** *n* extorsión

extortionate /ɪkˈstɔːrʃənət/ *adj* **1** (*precio*) exorbitante **2** (*exigencia*) excesivo

extra /ˈekstrə/ ◆ *adj* **1** adicional, de más, extra: *extra charge* recargo ◊ *Wine is extra.* El vino no está incluido. **2** de sobra **3** (*Dep*): *extra time* tiempo suplementario ◆ *adv* súper, extra: *to pay extra* pagar un suplemento ◆ *n* **1** extra **2** (*precio*) suplemento **3** (*Cine*) extra

extract /ɪkˈstrækt/ ◆ *vt* **1** ~ **sth** (**from sth**) extraer algo (de algo) **2** ~ **sth** (**from sth/sb**) conseguir algo (de algo/algn) ◆ /ˈekstrækt/ *n* **1** extracto **2** pasaje

extraordinary /ɪkˈstrɔːrdəneri; *GB* -dnri/ *adj* extraordinario

extravagant /ɪkˈstrævəgənt/ *adj* **1** extravagante **2** exagerado **extravagance** *n* extravagancia

extreme /ɪkˈstriːm/ *adj*, *n* extremo: *with extreme care* con sumo cuidado **extremely** *adv* extremadamente **extremist** *n* extremista **extremity** /ɪkˈstreməti/ *n* (*pl* **-ies**) extremidad

extricate /ˈekstrɪkeɪt/ *vt* (*formal*) ~ **sth/sb** (**from sth**) sacar algo/a algn (de algo)

extrovert /ˈekstrəvɜːrt/ *n* extrovertido, -a

exuberant /ɪgˈzuːbərənt; *GB* -ˈzjuː-/ *adj* (*persona*) desbordante de vida y entusiasmo

exude /ɪgˈzuːd; *GB* -ˈzjuːd/ *vt*, *vi* **1** (*formal*) exudar **2** (*fig*) rebosar

eye /aɪ/ ◆ *n* ojo: *to have sharp eyes* tener muy buena vista **LOC before your very eyes** bajo tus propias narices **in the eyes of sb/in sb's eyes** en opinión de algn **in the eyes of the law** a los ojos de la ley (**not**) **to see eye to eye with sb** (no) estar plenamente de acuerdo con algn **to keep an eye on sth/sb** echarle un ojo a algo/algn *Ver tb* BAT[2], BRING, CAST, CATCH, CLOSE[1], CRY, EAR[1], MEET[1], MIND, NAKED, TURN ◆ *vt* (*pt pres* **eyeing**) mirar

eyeball /ˈaɪbɔːl/ *n* globo ocular

eyebrow /ˈaɪbraʊ/ *n* ceja **LOC** *Ver* RAISE

eye-catching /ˈaɪ kætʃɪŋ/ *adj* vistoso

eyelash /ˈaɪlæʃ/ (*tb* **lash**) *n* pestaña

eye-level /ˈaɪ levl/ *adj* a la altura de los ojos

eyelid /ˈaɪlɪd/ (*tb* **lid**) *n* párpado

eyesight /ˈaɪsaɪt/ *n* vista

eyewitness /ˈaɪwɪtnəs/ *n* testigo ocular

Ff

F, f /ef/ *n* (*pl* **F's**, **f's** /efs/) **1** F, f: *F as in Frank* F de Fernando ☛ *Ver ejemplos en* A, A **2** (*Educ*): *to get an F in History* perder Historia **3** (*Mús*) fa

fable /ˈfeɪbl/ *n* fábula

fabric /ˈfæbrɪk/ *n* **1** tejido, tela ☛ *Ver nota en* TELA **2 the** ~ (**of sth**) [*sing*] (*lit y fig*) la estructura (de algo)

fabulous /ˈfæbjələs/ *adj* **1** fabuloso **2** de leyenda

façade /fəˈsɑd/ *n* (*lit y fig*) fachada

face[1] /feɪs/ *n* **1** cara, rostro: *to wash your face* lavarse la cara ◊ *face down/up* boca abajo/arriba **2** lado: *the south face of…* el lado sur de… ◊ *a rock face* una pared de roca **3** cara (*de reloj*) **4** superficie **LOC face to face** cara a cara: *to come face to face with sth* enfrentarse con algo **in the face of sth 1** a pesar de algo **2** frente a algo **on the face of it** (*coloq*) a primera vista **to make faces/a face** hacer muecas **to put a bold, brave, good, etc. face on it/on sth** poner al mal tiempo buena cara **to sb's face** a la cara ☛ *Comparar con* BEHIND SB'S BACK *en* BACK[1] *Ver tb* BRING, CUP, SAVE, STRAIGHT

face[2] /feɪs/ *vt* **1** estar de cara a: *They sat down facing each other.* Se sentaron uno frente al otro. **2** dar a: *a house facing the park* una casa que da al parque **3** enfrentarse con **4** (*fig*) afrontar: *to face the facts* afrontar los hechos **5** (*sentencia, multa*) correr el riesgo de recibir **6** revestir **LOC** *Ver* LET[1] **PHR V to face up to sth/sb** enfrentarse a algo/algn

faceless /ˈfeɪsləs/ *adj* anónimo

facelift /ˈfeɪslɪft/ *n* **1** estiramiento (*facial*) **2** (*fig*) remodelación superficial

facet /ˈfæsɪt/ *n* faceta

facetious /fəˈsiːʃəs/ *adj* (*pey*) gracioso

face value *n* valor nominal **LOC to accept/take sth at (its) face value** tomar algo literalmente

facial /ˈfeɪʃl/ ◆ *adj* facial ◆ *n* tratamiento facial

facile /ˈfæsl; *GB* ˈfæsaɪl/ *adj* (*pey*) simplista

facilitate /fəˈsɪlɪteɪt/ *vt* (*formal*) facilitar

facility /fəˈsɪləti/ *n* **1** [*sing*] facilidad **2 facilities** [*pl*]: *sports/banking facilities* instalaciones deportivas/servicios bancarios

fact /fækt/ *n* hecho: *in fact* de hecho ◊ *the fact that...* el hecho de que... **LOC facts and figures** (*coloq*) detalles precisos **the facts of life** (*eufemismo*) de dónde vienen los niños, la sexualidad *Ver tb* ACTUAL, MATTER, POINT

factor /ˈfæktər/ *n* factor

factory /ˈfæktəri/ *n* (*pl* **-ies**) fábrica: *a shoe factory* una fábrica de zapatos ◊ *factory workers* obreros fabriles

factual /ˈfæktʃuəl/ *adj* basado en los hechos

faculty /ˈfæklti/ *n* (*pl* **-ies**) **1** facultad: *mental faculties* facultades mentales **2** (*USA*) profesorado **3** (*GB*): *Arts Faculty* Facultad de Filosofía y Letras

fad /fæd/ *n* **1** manía **2** moda

fade /feɪd/ *vt, vi* **1** descolorar(se) **2** (*tela*) desteñir(se) **PHR V to fade away** ir desapareciendo poco a poco

fag /fæg/ *n* **1** (*USA, ofen*) marica **2** (*GB, coloq*) cigarrillo

fail /feɪl/ ◆ **1** *vt* (*examen*) perder **2** *vt* (*candidato*) rajar, hacer perder, reprobar **3** *vi* ~ (**in sth**) fracasar (en algo): *to fail in your duty* faltar al deber **4** *vi* ~ **to do sth**: *They failed to notice anything unusual.* No notaron nada extraño. **5** *vi* (*fuerzas, motor, etc.*) fallar **6** *vi* (*salud*) deteriorarse **7** *vi* (*cosecha*) perderse **8** *vi* (*negocio*) quebrar ◆ *n* **LOC without fail** sin falta

failing /ˈfeɪlɪŋ/ ◆ *n* **1** debilidad **2** defecto ◆ *prep* a falta de: *failing this* si esto no es posible

failure /ˈfeɪljər/ *n* **1** fracaso **2** falla: *heart failure* paro cardíaco ◊ *engine failure* daño en el motor **3** ~ **to do sth**: *His failure to answer puzzled her.* Le extrañó que no contestara.

faint /feɪnt/ ◆ *adj* (**-er, -est**) **1** (*sonido*) débil **2** (*rastro*) leve **3** (*parecido*) ligero **4** (*esperanza*) pequeño **5** ~ (**from/with sth**) mareado (de/por algo): *to feel faint* estar mareado ◆ *vi* desmayarse ◆ *n* [*sing*] desmayo **faintly** *adv* **1** débilmente **2** vagamente

fair /feər/ ◆ *n* feria: *a trade fair* una feria comercial ◊ *a fun fair* un parque de diversiones ◆ *adj* (**-er, -est**) **1** ~ (**to/on sb**) justo, imparcial (con algn) **2** (*tiempo*) despejado **3** (*pelo*) mono ☛ *Ver nota en* MONO **4** (*idea*) bastante bueno: *a fair size* bastante grande **LOC fair and square 1** merecidamente **2** claramente **fair game** objeto legítimo de persecución o burla **fair play** juego limpio **to have, etc. (more than) your fair share of sth**: *We had more than our fair share of rain.* Nos llovió más de lo que podía esperarse.

fair-haired /ˌfeər ˈheərd/ *adj* mono

fairly /ˈfeərli/ *adv* **1** justamente, equitativamente **2** [*antes de adj o adv*] bastante: *It's fairly easy.* Es bastante fácil. ◊ *It's fairly good.* No está mal. ◊ *fairly quickly* bastante rápido

En Gran Bretaña, los adverbios **fairly**, **quite**, **rather** y **pretty** modifican la intensidad de los adjetivos o adverbios a los que acompañan, y pueden significar "bastante", "hasta cierto punto" o "no muy". **Fairly** es el de grado más bajo. En Estados Unidos, **quite** y **rather** no se usan de esta manera.

fairy /ˈfeəri/ *n* (*pl* **-ies**) hada: *fairy tale* cuento de hadas ◊ *fairy godmother* hada madrina

faith /feɪθ/ *n* ~ (**in sth/sb**) fe (en algo/ algn) **LOC in bad/good faith** de mala/ buena fe **to put your faith in sth/sb** confiar en algo/algn *Ver tb* BREACH

faithful /ˈfeɪθfl/ *adj* fiel, leal **faithfully** *adv* fielmente **LOC** *Ver* YOURS

fake /feɪk/ ◆ *n* imitación ◆ *adj* falso ◆ **1** *vt* (*firma, documento*) falsificar **2** *vt, vi* fingir

falcon /ˈfælkən; *GB* ˈfɔːlkən/ *n* halcón

fall /fɔːl/ ◆ *n* **1** (*lit y fig*) caída **2** baja, descenso **3** *a fall of snow* una nevada **4** (*GB* **autumn**) otoño **5** [*gen pl*] (*Geog*) catarata ◆ *vi* (*pret* **fell** /fel/ *pp* **fallen** /ˈfɔːlən/) **1** (*lit y fig*) caer(se) **2** (*precio, temperatura*) bajar

A veces el verbo **fall** tiene el sentido de "volverse", "quedarse", "ponerse", p.ej.: *He fell asleep.* Se quedó dormido. ◊ *He fell ill.* Se enfermó.

LOC to fall in love (**with sb**) enamorarse (de algn) **to fall short of sth** no alcanzar algo **to fall victim to sth** sucumbir a algo, ser víctima de algo *Ver tb* FOOT

PHR V to fall apart deshacerse

to fall back retroceder **to fall back on sth/sb** recurrir a algo/algn

to fall behind (**sb/sth**) quedar(se) atrás, quedarse rezagado de algo/algn **to fall behind with sth** retrasarse con algo/en hacer algo

to fall down 1 (*persona, objeto*) caerse **2** (*plan*) fracasar

PHR V to fall for sb (*coloq*) enamorarse de algn

to fall for sth (*coloq*) tragarse algo (*trampa*)

to fall in 1 (*techo*) desplomarse **2** (*Mil*) formar

to fall off 1 caerse **2** decaer

to fall on/upon sb recaer en algn

to fall out (**with sb**) pelearse (con algn)

to fall over caerse **to fall over sth/sb** tropezar(se) con algo/algn

to fall through fracasar, irse a pique

fallen /ˈfɔːlən/ ◆ *adj* caído ◆ *pp de* FALL

false /fɔːls/ *adj* **1** falso **2** (*dentadura, etc.*) postizo **3** (*reclamación*) fraudulento **LOC a false alarm** una falsa alarma **a false move** un paso en falso **a false start 1** (*Dep*) salida en falso **2** intento fallido

falsify /ˈfɔːlsɪfaɪ/ *vt* (*pret, pp* **-fied**) falsificar

falter /ˈfɔːltər/ *vi* **1** (*persona*) vacilar **2** (*voz*) titubear

fame /feɪm/ *n* fama

familiar /fəˈmɪljər/ *adj* **1** familiar (*conocido*) **2** ~ **with sth/sb** familiarizado con algo/algn **familiarity** /fəˌmɪliˈærəti/ *n* **1** ~ **with sth** conocimientos de algo **2** familiaridad

family /ˈfæməli/ *n* [*v sing o pl*] (*pl* **-ies**) familia: *family name* apellido ◊ *family man* hombre consagrado a su familia ◊ *family tree* árbol genealógico ☛ *Ver nota en* FAMILIA **LOC** *Ver* RUN

famine /ˈfæmɪn/ *n* hambruna ☛ *Ver nota en* HAMBRE

famous /ˈfeɪməs/ *adj* famoso

fan /fæn/ ◆ *n* **1** abanico **2** ventilador **3** hincha, aficionado, -a ◆ *vt* (**-nn-**) **1 to fan** (**yourself**) abanicar(se) **2** (*disputa, fuego*) atizar **PHR V to fan out** desplegarse en abanico

fanatic /fəˈnætɪk/ *n* fanático, -a **fanatic**(**al**) *adj* fanático

fanciful /ˈfænsɪfl/ *adj* **1** (*idea*) extravagante **2** (*persona*) fantasioso

fancy /ˈfænsi/ ◆ *n* **1** capricho **2** fantasía ◆ *adj* fuera de lo común: *nothing fancy* nada extravagante ◆ *vt* (*pret, pp* **fancied**) **1** imaginarse **2** (*coloq*): *Do you fancy going to the movies?* ¿Te provoca ir al cine? ◊ *Do you fancy an ice cream?* ¿Te provoca un helado? **3** (*GB, coloq*) gustar: *I don't fancy him.* No me gusta. **LOC fancy** (**that**)! ¡quién lo iba a creer! **to catch/take sb's fancy** cautivar a algn: *whatever takes your fancy* lo que más te plazca **to fancy yourself as sth** (*GB, coloq*) presumir de algo **to take a fancy to sth/sb** encapricharse con algo/algn

fancy dress *n* [*incontable*] (*GB*) disfraz

fantastic /fænˈtæstɪk/ *adj* fantástico

fantasy /ˈfæntəsi/ *n* (*pl* **-ies**) fantasía

far /fɑr/ ◆ *adj* (*comp* **farther** /ˈfɑrðər/ *o* **further** /ˈfɜːrðər/ *superl* **farthest** /ˈfɑrðɪst/ *o* **furthest** /ˈfɜːrðɪst/) *Ver tb* FURTHER, FURTHEST **1** extremo: *the far north* el extremo norte ◊ *the far end* el otro extremo **2** opuesto: *on the far bank* en la margen opuesta **3** (*antic*) lejano ◆ *adv* (*comp* **farther** /ˈfɑrðər/ *o* **further** /ˈfɜːrðər/ *superl* **furthest** /ˈfɜːrðɪst/) *Ver tb* FURTHER, FURTHEST **1** lejos: *Is it far?* ¿Queda lejos? ◊ *How far is it?* ¿A qué distancia está? ☛ En este sentido se usa en frases negativas o interrogativas. En frases afirmativas es mucho más frecuente decir **a long way**. **2** [*con preposiciones*] muy: *far above/far beyond sth* muy por encima/mucho más allá de algo **3** [*con comparativos*] mucho: *It's far easier for him.* Es mucho más fácil para él. **LOC as far as** hasta **as/so far as** por lo que: *as far as I know* que yo sepa **as/so far as sth/sb is concerned** por lo que se refiere a algo/algn **by far** con mucho **far and wide** por todas partes **far away** muy lejos **far from it** (*coloq*) ni mucho menos **to be far from sth**: *The problem is far from easy.* El problema está lejos de/dista mucho de ser fácil. **to go too far** pasarse **so far 1** hasta ahora **2** hasta cierto punto *Ver tb* AFIELD, FEW

faraway /ˈfɑrəweɪ/ *adj* **1** remoto **2** (*expresión*) distraído

fare /feər/ ◆ *n* tarifa, precio del tiquete ◆ *vi* (*formal*): *to fare well/badly* irle bien/mal a uno

farewell /ˌfeərˈwel/ ◆ *interj* (*antic, formal*) adiós ◆ *n* despedida: *farewell party* fiesta de despedida **LOC to bid/say farewell to sth/sb** despedirse de algo/algn ☛ *Comparar con* BADE

farm /fɑrm/ ◆ *n* granja, finca, hacienda, chacra ◆ **1** *vt, vi* labrar, cultivar **2** *vt* criar

farmer /ˈfɑrmər/ *n* agricultor, -ora, hacendado, -a

farmhouse /ˈfɑrmhaʊs/ *n* casa (*de finca, granja, etc.*)

farming /ˈfɑrmɪŋ/ *n* agricultura, ganadería

farmyard /ˈfɑrmjɑːrd/ *n* corral

farsighted /ˈfɑrsaɪtɪd/ *adj* **1** con visión de futuro **2** (*GB* **long-sighted**) hipermétrope

fart /fɑrt/ ◆ *n* (*coloq*) pedo ◆ *vi* (*coloq*) echarse un pedo

farther /ˈfɑrðər/ *adv* (*comp de* **far**) más lejos: *I can swim farther than you.* Puedo nadar más lejos que tú. ☛ *Ver nota en* FURTHER

farthest /ˈfɑrðɪst/ *adj, adv* (*superl de* **far**) *Ver* FURTHEST

fascinate /ˈfæsɪneɪt/ *vt* fascinar **fascinating** *adj* fascinante

fascism /ˈfæʃɪzəm/ *n* fascismo **fascist** *adj, n* fascista

fashion /ˈfæʃn/ ◆ *n* **1** moda: *to have no fashion sense* no saber vestirse **2** [*sing*] manera **LOC to be/go out of fashion** estar pasado/pasar de moda **to be in/come into fashion** estar/ponerse de moda *Ver tb* HEIGHT ◆ *vt* formar, hacer

fashionable /ˈfæʃnəbl/ *adj* de moda

fast[1] /fæst; *GB* fɑːst/ ◆ *adj* (**-er**, **-est**) **1** rápido

> Tanto **fast** como **quick** significan rápido, pero **fast** suele utilizarse para describir a una persona o cosa que se mueve a mucha velocidad: *a fast horse/car/runner* un caballo/carro/corredor rápido, mientras que **quick** se refiere a algo que se realiza en un breve espacio de tiempo: *a quick decision/visit* una decisión/visita rápida.

2 (*reloj*) adelantado **LOC** *Ver* BUCK[3] ◆ *adv* (**-er**, **-est**) rápido, rápidamente

fast[2] /fæst; *GB* fɑːst/ ◆ *adj* **1** fijo **2** (*color*) que no destiñe ◆ *adv*: *fast asleep* dormido profundamente **LOC** *Ver* HOLD

fast[3] /fæst; *GB* fɑːst/ ◆ *vi* ayunar ◆ *n* ayuno

fasten /ˈfæsn; *GB* ˈfɑːsn/ **1** *vt* ~ **sth** (**down**) asegurar algo **2** *vt* ~ **sth** (**up**) abrochar algo **3** *vt* sujetar, fijar: *to fasten sth* (*together*) unir algo **4** *vi* cerrarse, abrocharse

fastidious /fæˈstɪdiəs, fə-/ *adj* meticuloso, exigente, quisquilloso

fat /fæt/ ◆ *adj* (**fatter**, **fattest**) gordo: *You're getting fat.* Estás engordando. ☛ Otras palabras menos directas que **fat** son **chubby**, **stout**, **plump** y **overweight**. ◆ *n* **1** grasa **2** manteca

fatal /ˈfeɪtl/ *adj* **1** ~ (**to sth/sb**) fatal (para algo/algn) **2** (*formal*) fatídico **fatality** /fəˈtæləti/ *n* (*pl* **-ies**) víctima mortal

fate /feɪt/ *n* destino, suerte **fated** *adj* predestinado **fateful** *adj* fatídico

father /ˈfɑðər/ ◆ *n* padre: *Father Christmas* (*GB*) Papá Noel ☛ *Ver nota en* NAVIDAD ◆ *vt* engendrar **LOC like father, like son** de tal palo, tal astilla

father-in-law /ˈfɑðər ɪn lɔː/ *n* (*pl* **-ers-in-law**) suegro

fatigue /fəˈtiːg/ ◆ *n* fatiga, cansancio ◆ *vt* fatigar

fatten /ˈfætn/ *vt* **1** (*un animal*) cebar **2** (*alimento*) engordar: *Butter is very fattening.* La mantequilla engorda mucho. *Ver tb* TO LOSE/PUT ON WEIGHT *en* WEIGHT

fatty /ˈfæti/ *adj* **1** (**-ier**, **-iest**) (*Med*) adiposo **2** (*alimento*) grasoso

faucet /ˈfɔːsət/ (*GB* **tap**) *n* llave (de agua)

fault /fɔːlt/ ◆ *vt* criticar: *He can't be faulted.* Es irreprochable. ◆ *n* **1** defecto, falla ☛ *Ver nota en* MISTAKE **2** culpa: *Whose fault is it?* ¿Quién tiene la culpa? **3** (*Dep*) falta **4** (*Geol*) falla **LOC to be at fault** tener la culpa *Ver tb* FIND

faultless /ˈfɔːltləs/ *adj* sin tacha, impecable

faulty /ˈfɔːlti/ *adj* (**-ier**, **-iest**) defectuoso

fauna /ˈfɔːnə/ *n* fauna

favor (*GB* **favour**) /ˈfeɪvər/ ◆ *n* favor: *to ask a favor of sb* pedirle un favor a algn ◊ *Can you do me a favor?* ¿Te puedo pedir un favor? **LOC in favor of (doing) sth** a favor de (hacer) algo *Ver tb* CURRY ◆ *vt* **1** favorecer **2** preferir, ser partidario, -a de (*idea*)

favorable (*GB* **favour-**) /ˈfeɪvərəbl/ *adj* **1** ~ (**for sth**) favorable (para algo) **2** ~ (**to/toward sth/sb**) a favor (de algo/algn)

favorite (*GB* **favour-**) /ˈfeɪvərɪt/ ◆ *n* favorito, -a ◆ *adj* preferido

fawn /fɔːn/ ◆ *n* cervatillo ☛ *Ver nota en* CIERVO ◆ *adj*, *n* beige

fax /fæks/ ◆ *n* fax ◆ *vt* **1 to fax sb** mandarle un fax a algn **2 to fax sth (to sb)** mandar(le) algo por fax (a algn)

fear /fɪər/ ◆ *vt* temerle a: *I fear so.* Me temo que sí. ◆ *n* miedo, temor: *to shake with fear* temblar de miedo **LOC for fear of (doing) sth** por temor a (hacer) algo **for fear (that/lest)...** por temor a... **in fear of sth/sb** con miedo de algo/algn

fearful /ˈfɪərfl/ *adj* horrendo, terrible

fearless /ˈfɪərləs/ *adj* intrépido

fearsome /ˈfɪərsəm/ *adj* temible

feasible /ˈfiːzəbl/ *adj* factible **feasibility** /ˌfiːzəˈbɪləti/ *n* factibilidad, viabilidad

feast /fiːst/ *n* **1** banquete **2** (*Relig*) fiesta

feat /fiːt/ *n* proeza, hazaña

feather /ˈfeðər/ *n* pluma

feature /ˈfiːtʃər/ ◆ *n* **1** característica, rasgo **2 features** [*pl*] facciones ◆ *vt*: *featuring Jack Lemmon* protagonizada por Jack Lemmon **featureless** *adj* sin rasgos característicos

February /ˈfebrueri; *GB* -uəri/ *n* (*abrev* **Feb**) febrero ☛ *Ver nota y ejemplos en* JANUARY

fed *pret*, *pp de* FEED

federal /ˈfedərəl/ *adj* federal

federation /ˌfedəˈreɪʃn/ *n* federación

fed up *adj* ~ (**about/with sth/sb**) (*coloq*) jarto (de algo/algn)

fee /fiː/ *n* **1** [*gen pl*] honorarios **2** cuota (*de club*) **3** *school fees* matrícula y pensión

feeble /ˈfiːbl/ *adj* (**-er**, **-est**) débil

feed /fiːd/ ◆ (*pret*, *pp* **fed** /fed/) **1** *vi* ~ (**on sth**) alimentarse, nutrirse (de algo) **2** *vt* dar de comer a, alimentar **3** *vt* (*datos, etc.*) suministrar ◆ *n* **1** comida **2** alimento para animales

feedback /ˈfiːdbæk/ *n* reacción

feel /fiːl/ ◆ (*pret*, *pp* **felt** /felt/) **1** *vt* sentir, tocar: *He feels the cold a lot.* Es muy sensible al frío. ◊ *She felt the water.* Probó la temperatura del agua. **2** *vi* sentirse: *I felt like a fool.* Me sentí como un idiota. ◊ *to feel sick/sad* sentirse enfermo/triste ◊ *to feel cold/hungry* tener frío/hambre **3** *vt*, *vi* (*pensar*) opinar: *How do you feel about him?* ¿Qué opinas de él? **4** *vi* (*cosa*) parecer: *It feels like leather.* Parece de cuero. **LOC to feel good** sentirse bien **to feel like...**: *I feel like I'm going to throw up.* Creo que voy a vomitar. **to feel like (doing) sth**: *I felt like hitting him.* Me dieron ganas de agarrarlo a golpes. **to feel sorry for sb** compadecer a algn: *I felt sorry for the children.* Los niños me dieron lástima. **to feel sorry for yourself** sentir lástima de uno mismo **to feel yourself** sentirse bien **to**

feel your way ir a tientas *Ver tb* COLOR, DOWN[1], DRAIN, EASE **PHR V to feel about (for sth)** buscar (algo) a tientas **to feel for sb** sentir lástima de/por algn **to feel up to (doing) sth** sentirse capaz de (hacer) algo ◆ *n*: *Let me have a feel.* Déjame tocar. **LOC to get the feel of sth/of doing sth** (*coloq*) familiarizarse con algo

feeling /ˈfiːlɪŋ/ *n* **1** ~ (**of...**) sensación (de...): *I've got a feeling that...* Se me hace que... **2** [*sing*] (*opinión*) sentir **3** [*gen pl*] sentimiento **4** sensibilidad: *to lose all feeling* perder toda la sensibilidad **LOC bad/ill feeling** resentimiento *Ver tb* MIXED *en* MIX

feet *plural de* FOOT

fell /fel/ **1** *pret de* FALL **2** *vt* (*árbol*) talar **3** *vt* tumbar

fellow /ˈfeloʊ/ *n* **1** compañero: *fellow countryman, -men* compatriota, -as ◊ *fellow passenger* compañero de viaje ◊ *fellow Colombians* compatriotas colombianos **2** (*GB, coloq*) tipo: *He's a nice fellow.* Es un buen tipo.

fellowship /ˈfeloʊʃɪp/ *n* **1** compañerismo **2** beca

felt[1] *pret, pp de* FEEL

felt[2] /felt/ *n* fieltro

female /ˈfiːmeɪl/ ◆ *adj* **1** femenino ☛ Se aplica a las características físicas de las mujeres: *the female figure* la figura femenina. *Comparar con* FEMININE **2** hembra

> **Female** y **male** especifican el sexo de personas o animales: *a female friend, a male colleague; a female rabbit, a male eagle, etc.*

3 de la mujer: *female equality* la igualdad de la mujer ◆ *n* hembra

feminine /ˈfemənɪn/ *adj, n* femenino (*propio de la mujer*)

> **Feminine** se aplica a las cualidades que consideramos típicas de una mujer. Compárese con EFFEMINATE.

feminism /ˈfemənɪzəm/ *n* feminismo **feminist** *n* feminista

fence[1] /fens/ ◆ *n* **1** cerca, cercado **2** malla ◆ *vt* cercar

fence[2] /fens/ *vi* practicar la esgrima **fencing** *n* esgrima

fend /fend/ **PHR V to fend for yourself** cuidar de sí mismo **to fend sth/sb off** rechazar algo/a algn

fender /ˈfendər/ (*GB* **wing**) *n* guardabarros, tapabarros

ferment /fərˈment/ ◆ *vt, vi* fermentar ◆ /ˈfɜːrment/ *n* conmoción (*fig*)

fern /fɜːrn/ *n* helecho

ferocious /fəˈroʊʃəs/ *adj* feroz

ferocity /fəˈrɑsəti/ *n* ferocidad

ferry /ˈferi/ ◆ *n* (*pl* **-ies**) **1** ferry: *car ferry* transbordador de carros **2** balsa (*para cruzar ríos*) ◆ *vt* (*pret, pp* **ferried**) transportar

fertile /ˈfɜːrtl; *GB* ˈfɜːtaɪl/ *adj* **1** fértil, fecundo **2** (*fig*) abonado

fertility /fərˈtɪləti/ *n* fertilidad

fertilization, -isation /ˌfɜːrtəlɪˈzeɪʃn/ *n* fertilización

fertilize, -ise /ˈfɜːrtəlaɪz/ *vt* **1** fertilizar **2** abonar **fertilizer, -iser** *n* **1** fertilizante **2** abono

fervent /ˈfɜːrvənt/ (*tb* **fervid**) *adj* ferviente

fester /ˈfestər/ *vi* enconarse

festival /ˈfestɪvl/ *n* **1** (*de arte, cine*) festival **2** (*Relig*) fiesta

fetch /fetʃ/ *vt* **1** traer **2** buscar, ir a recoger ☛ *Ver dibujo en* TAKE **3** alcanzar (*precio*)

fête /feɪt/ *n* (*GB*) bazar, feria: *the village fête* el bazar del pueblo *Ver tb* BAZAAR

fetus (*GB* **foetus**) /ˈfitəs/ *n* feto

feud /fjuːd/ ◆ *n* rencilla ◆ *vi* ~ (**with sth/sb**) tener un pleito (con algo/algn)

feudal /ˈfjuːdl/ *adj* feudal **feudalism** *n* feudalismo

fever /ˈfiːvər/ *n* (*lit y fig*) fiebre **feverish** *adj* febril

few /fjuː/ *adj, pron* **1** (**fewer**, **fewest**) pocos: *every few minutes* cada pocos minutos ◊ *fewer than six* menos de seis ☛ *Ver nota en* LESS **2 a few** unos cuantos, algunos

> **¿Few** o **a few**? *Few* tiene un sentido negativo y equivale a "poco". *A few* tiene un sentido mucho más positivo, equivale a "unos cuantos", "algunos". Compárense las siguientes oraciones: *Few people turned up.* Vino poca gente. ◊ *I've got a few friends coming for dinner.* Vienen unos cuantos amigos a comer.

LOC a good few; quite a few; not a few un buen número (de), bastantes **few and far between** escasos, contadísimos

fiancé (*fem* **fiancée**) /ˌfiːɑnˈseɪ; *GB* fɪˈɒnseɪ/ *n* prometido, -a

fib /fɪb/ ◆ *n* (*coloq*) cuentico ◆ *vi* (*coloq*) (**-bb-**) contar cuentos/mentiras

fiber (*GB* **fibre**) /ˈfaɪbər/ *n* (*lit y fig*) fibra **fibrous** *adj* fibroso

fickle /ˈfɪkl/ *adj* veleidoso, voluble

fiction /ˈfɪkʃn/ *n* ficción

fiddle /ˈfɪdl/ ◆ *n* (*coloq*) **1** violín **2** estafa ◆ **1** *vt* (*coloq*) (*gastos, etc.*) falsificar **2** *vi* tocar el violín **3** *vi* ~ (**about/around**) **with sth** jugar/molestar con algo **LOC** *Ver* FIT[1] **PHR V to fiddle around** perder el tiempo **fiddler** *n* violinista

fiddly /ˈfɪdli/ *adj* (*GB, coloq*) complicado

fidelity /faɪˈdeləti; *GB* fɪ-/ *n* ~ (**to sth/sb**) fidelidad (a algo/algn) ☛ La palabra más normal es **faithfulness**.

field /fiːld/ *n* (*lit y fig*) campo

fiend /fiːnd/ *n* **1** desalmado, -a **2** (*coloq*) entusiasta **fiendish** *adj* (*coloq*) endemoniado

fierce /fɪərs/ *adj* (**-er**, **-est**) **1** (*animal*) feroz **2** (*oposición*) fuerte

fifteen /ˌfɪfˈtiːn/ *adj, pron, n* quince ☛ *Ver ejemplos en* FIVE **fifteenth 1** *adj* decimoquinto **2** *pron, adv* el decimoquinto, la decimoquinta, los decimoquintos, las decimoquintas **3** *n* quinceava parte, quinceavo ☛ *Ver ejemplos en* FIFTH

fifth (*abrev* **5th**) /fɪfθ/ ◆ *adj* quinto: *We live on the fifth floor.* Vivimos en el quinto piso. ◊ *It's his fifth birthday today.* Hoy cumple cinco años. ◆ *pron, adv* el quinto, la quinta, los quintos, las quintas: *She came fifth in the world championships.* Quedó de quinta en los campeonatos del mundo. ◊ *the fifth to arrive* el quinto en llegar ◊ *I was fifth on the list.* Yo era la quinta de la lista. ◊ *I've had four cups of coffee already, so this is my fifth.* Ya me he tomado cuatro tazas de café, así que ésta es la quinta. ◆ *n* **1** quinto, quinta parte: *three fifths* tres quintos **2 the fifth** el (día) cinco: *They'll be arriving on the fifth of March.* Estarán llegando el (día) cinco de marzo. **3** (*tb* **fifth gear**) quinta: *to change into fifth* meter la quinta

La abreviatura de los números ordinales se hace poniendo el número en cifra seguido por las dos últimas letras de la palabra: *1st, 2nd, 3rd, 20th, etc.*

☛ *Ver Apéndice 1.*

fifty /ˈfɪfti/ *adj, pron, n* cincuenta: *the fifties* los años cincuenta ◊ *to be in your fifties* tener cincuenta y pico de años ☛ *Ver ejemplos en* FIVE **LOC to go fifty-fifty** pagar a la americana **fiftieth 1** *adj, pron* quincuagésimo **2** *n* cincuentava parte, cincuentavo ☛ *Ver ejemplos en* FIFTH y Apéndice 1.

fig /fɪg/ *n* **1** higo **2** (*tb* **fig tree**) higuera

fight /faɪt/ ◆ *n* **1** ~ (**for/against sth/sb**) lucha, pelea (por/contra algo/algn): *A fight broke out in the bar.* Se armó una pelea en el bar. **2** combate

Cuando se trata de un conflicto continuado (normalmente en situaciones de guerra), se suele usar **fighting**: *There has been heavy/fierce fighting in the capital.* Ha habido combates intensos/encarnizados en la capital.

3 ~ (**to do sth**) lucha (por hacer algo) ◆ (*pret, pp* **fought** /fɔːt/) **1** *vi, vt* ~ (**against/with sth/sb**) (**about/over sth**) luchar (contra algo/algn) (por algo): *They fought (against/with) the Germans.* Lucharon contra los alemanes. **2** *vi, vt* ~ (**sb/with sb**) (**about/over sth**) pelear (con algn) (por algo): *They fought (with) each other about/over the money.* Pelearon por la plata. **3** *vt* (*corrupción, droga*) combatir **LOC to fight a battle** (**against sth**) librar una batalla (contra algo) **to fight it out**: *They must fight it out between them.* Deben arreglarlo entre ellos. **to fight tooth and nail** luchar a brazo partido **to fight your way across, into, through, etc. sth** abrirse paso hacia, en, por, etc. algo **to give up without a fight** rendirse sin luchar **to put up a good/poor fight** ponerle mucho/poco empeño a algo *Ver tb* PICK **PHR V to fight back** contraatacar **to fight for sth** luchar por algo **to fight sth/sb off** repeler algo/a algn

fighter /ˈfaɪtər/ *n* **1** luchador, -ora, combatiente **2** caza (*avión*)

figure /ˈfɪgjər; *GB* ˈfɪgə(r)/ ◆ *n* **1** cifra, número **2** [*gen sing*] cantidad, suma **3** figura: *a key figure* un personaje clave **4** tipo, cuerpo: *to have a good figure* tener buen tipo **5** silueta **LOC to put a**

figure on sth dar una cifra sobre algo, ponerle precio a algo *Ver tb* FACT ◆ **1** *vi* ~ (**in sth**) figurar (en algo) **2** (*coloq*) *vi*: *It/That figures.* Se comprende. **3** *vt* (*esp USA*) figurarse: *It's what I figured.* Es lo que me figuraba. **PHR V to figure sth out** entender algo

file /faɪl/ ◆ *n* **1** carpeta **2** archivo: *to be on file* estar en el archivo **3** (*Informát*) fichero **4** lima **5** fila: *in single file* en fila india **LOC** *Ver* RANK ◆ **1** *vt* ~ **sth** (**away**) archivar algo **2** *vt* (*demanda*) presentar **3** *vt* limar **4** *vi* ~ (**past sth**) desfilar (ante algo) **5** *vi* ~ **in/out, etc.** entrar/ salir, etc. en fila

fill /fɪl/ **1** *vi* ~ (**with sth**) llenarse (de algo) **2** *vt* ~ **sth** (**with sth**) llenar algo (de algo) **3** *vt* (*diente*) calzar, tapar **4** *vt* (*grieta*) rellenar **5** *vt* (*cargo*) ocupar **LOC** *Ver* BILL[1] **PHR V to fill in** (**for sb**) sustituir (a algn) **to fill sth in 1** (*formulario, casilla*) llenar algo **2** (*nombre*) poner algo **to fill sb in** (**on sth**) poner a algn al tanto (de algo) **to fill sth out** llenar algo (*formulario, etc.*)

fillet /ˈfɪlɪt/ *n* filete

filling /ˈfɪlɪŋ/ *n* **1** calza, tapadura **2** relleno

film /fɪlm/ ◆ *n* (*esp GB*) **1** película (*capa fina*) **2** película: *filmmaker* cineasta ◇ *filmmaking* cinematografía ◇ *film star* estrella de cine ◆ *vt* filmar **filming** *n* rodaje

filter /ˈfɪltər/ ◆ *n* filtro ◆ *vt, vi* filtrar (se)

filth /fɪlθ/ *n* **1** mugre **2** groserías **3** porquerías (*revistas, etc.*)

filthy /ˈfɪlθi/ *adj* (**-ier**, **-iest**) **1** (*costumbre, etc.*) asqueroso **2** (*manos, mente*) sucio, cochino **3** obsceno **4** (*coloq*) desagradable: *a filthy mouth* hablado de camionero

fin /fɪn/ *n* aleta

final /ˈfaɪnl/ ◆ *n* **1** *the men's final(s)* la final masculina **2 finals** [*pl*] (exámenes) finales ◆ *adj* último, final **LOC** *Ver* ANALYSIS, STRAW

finally /ˈfaɪnəli/ *adv* **1** por último **2** finalmente **3** por fin, al final, al fin

finance /ˈfaɪnæns, fəˈnæns/ ◆ *n* finanzas: *finance company* (compañía) financiera ◇ *the finance minister* (*GB*) el ministro de Hacienda ◆ *vt* financiar **financial** /faɪˈnænʃl, fəˈnæ-/ *adj* financiero, económico: *financial year* (*GB*) año fiscal

find /faɪnd/ *vt* (*pret, pp* **found** /faʊnd/) **1** encontrar, hallar **2** buscar: *They came here to find work.* Vinieron a buscar trabajo. **3** *to find sb guilty* declarar a algn culpable **LOC to find fault** (**with sth/sb**) encontrar(le) fallas (a algo/algn), criticar(le) (algo/a algn) **to find your feet** adaptarse **to find your way** encontrar el camino *Ver tb* MATCH[2], NOWHERE **PHR V to find** (**sth**) **out** enterarse (de algo) **to find sb out** descubrir a algn **finding** *n* **1** conclusión (*de una investigación, etc.*) **2** fallo

fine /faɪn/ ◆ *adj* (**finer**, **finest**) **1** excelente: *I'm fine.* Estoy bien. ◇ *You're a fine one to talk!* (*GB*) ¡Mira quién habla! **2** (*seda, polvo, etc.*) fino **3** (*rasgos*) delicado **4** (*tiempo*) bueno: *a fine day* un día estupendo **5** (*distinción*) sutil **LOC** *Ver* CUT ◆ *adv* (*coloq*) bien: *That suits me fine.* Eso me queda muy bien. **LOC one fine day** un buen día ◆ *n* multa ◆ *vt* ~ **sb** (**for doing sth**) multar a algn (por hacer algo)

fine art (*tb* **the fine arts**) *n* bellas artes

finger /ˈfɪŋgər/ *n* dedo (*de la mano*): *little finger* dedo meñique ◇ *forefinger/ index finger* dedo índice ◇ *middle finger* dedo del corazón ◇ *ring finger* dedo anular *Ver tb* THUMB ☛ *Comparar con* TOE **LOC to be all fingers and thumbs** ser torpe **to put your finger on sth** señalar/identificar algo (con precisión) *Ver tb* CROSS, WORK[2]

fingernail /ˈfɪŋgərneɪl/ *n* uña (*de la mano*)

fingerprint /ˈfɪŋgərprɪnt/ *n* huella digital

fingertip /ˈfɪŋgərtɪp/ *n* yema del dedo **LOC to have sth at your fingertips** tener algo a mano, saberse algo al dedillo

finish /ˈfɪnɪʃ/ ◆ **1** *vt, vi* ~ (**sth/doing sth**) terminar (algo/de hacer algo) **2** *vt* ~ **sth** (**off/up**) (*comida*) acabar (algo) **PHR V to finish up**: *He could finish up dead.* Podría acabar muerto. ◆ *n* **1** acabado **2** meta

finish(ing) line *n* línea de meta

fir /fɜːr/ (*tb* **fir tree**) *n* abeto

fire /ˈfaɪər/ ◆ **1** *vt, vi* disparar: *to fire at sth/sb* hacer fuego sobre algo/algn **2** *vt* (*insultos*) soltar **3** *vt* (*coloq*) ~ **sb** echa a algn (del trabajo) **4** *vt* (*imaginación*) estimular ◆ *n* **1** fuego **2** calentador **3** incendio **4** disparos LOC **on fire** en llamas: *to be on fire* estar ardiendo **to be/come under fire 1** encontrarse bajo fuego enemigo **2** (*fig*) ser objeto de severas críticas *Ver tb* CATCH, FRYING PAN, SET[2]

firearm /ˈfaɪərɑrm/ *n* [*gen pl*] arma de fuego

fire engine *n* carro de bomberos

fire escape *n* escalera de incendios

fire extinguisher (*tb* **extinguisher**) *n* extinguidor

firefighter /ˈfaɪərˌfaɪtər/ *n* bombero, -a

fireman /ˈfaɪərmən/ *n* (*pl* **-men** /-mən/) bombero

fireplace /ˈfaɪərpleɪs/ *n* chimenea

fire station *n* estación de bomberos

firewood /ˈfaɪərwʊd/ *n* leña

firework /ˈfaɪərwɜːrk/ *n* **1** cohete **2 fireworks** [*pl*] fuegos artificiales

firing /ˈfaɪərɪŋ/ *n* tiroteo: *firing line* línea de fuego ◊ *firing squad* pelotón de fusilamiento

firm /fɜːrm/ ◆ *n* [*v sing o pl*] firma, empresa ◆ *adj* (**-er**, **-est**) firme LOC **a firm hand** mano dura **to be on firm ground** pisar terreno firme *Ver tb* BELIEVER *en* BELIEVE ◆ *adv* LOC *Ver* HOLD, STAND

first (*abrev* **1st**) /fɜːrst/ ◆ *adj* primero: *a first night* un estreno ◊ *first name* nombre de pila ◆ *adv* **1** primero: *to come first in the race* ganar la carrera **2** por primera vez: *I first came to Oxford in 1989.* Vine a Oxford por primera vez en 1989. **3** en primer lugar **4** antes: *Finish your dinner first.* Primero acabe de comer. ◆ *pron* el primero, la primera, los primeros, las primeras ◆ *n* **1 the first** el (día) primero **2** (*tb* **first gear**) primera ☛ *Ver ejemplos en* FIFTH LOC **at first** al principio **at first hand** directamente, de primera mano **first come, first served** por orden de llegada **first of all 1** al principio **2** en primer lugar **first thing** a primera hora **first things first** lo primero es lo primero **from first to last** de principio a fin **from the (very) first** desde el primer momento **to put sth/sb first** poner algo/a algn por encima de todo *Ver tb* HEAD[1]

first aid *n* primeros auxilios: *first aid kit* botiquín

first class ◆ *n* primera (clase): *first class ticket* tiquete de primera (clase) ◊ *first class stamp* estampilla de primera clase ◆ *adv* en primera: *to travel first class* viajar en primera ◊ *to send sth first class* mandar algo por primera clase

first-hand /ˌfɜːrst ˈhænd/ *adj*, *adv* de primera mano, directo

firstly /ˈfɜːrstli/ *adv* en primer lugar

first-rate /ˌfɜːrst ˈreɪt/ *adj* excelente, de primera categoría

fish /fɪʃ/ *n* pescado: *fish and chips* (*GB*) pescado con papas fritas

> **Fish** como sustantivo contable tiene dos formas para el plural: **fish** y **fishes**. **Fish** es la forma más normal. **Fishes** es una forma anticuada, técnica o literaria.

LOC **an odd/a queer fish** (*GB*, *coloq*) un bicho raro **like a fish out of water** como mosca en leche *Ver tb* BIG

fisherman /ˈfɪʃərmən/ *n* (*pl* **-men** /-mən/) pescador

fishing /ˈfɪʃɪŋ/ *n* la pesca

fishmonger /ˈfɪʃmʌŋgər/ *n* (*GB*) pescadero, -a, vendedor, -ora de pescado: *fishmonger's* pescadería

fishy /ˈfɪʃi/ *adj* (**-ier**, **-iest**) **1** a pescado (*olor, gusto*) **2** (*coloq*) sospechoso, raro: *There's something fishy going on.* Aquí hay gato encerrado.

fist /fɪst/ *n* puño **fistful** puñado

fit[1] /fɪt/ *adj* (**fitter**, **fittest**) **1 fit (for sth/sb/to do sth)** apto, en condiciones, adecuado (para algo/algn/para hacer algo): *a meal fit for a king* una comida digna de un rey **2 fit to do sth** (*coloq*) listo (para hacer algo) **3** en forma LOC **(as) fit as a fiddle** en excelente estado (físico), rebosante de salud **to keep fit** (*esp GB*) mantenerse en forma

fit[2] /fɪt/ ◆ (**-tt-**) (*pret*, *pp* **fit**, *GB* **fitted**) **1** *vi* **to fit (in/into sth)** caber: *It doesn't fit in/into the box.* No cabe en la caja. **2** *vt* entrar en: *These shoes don't fit (me).* Estos zapatos no me quedan bien. **3** *vt* **to fit sth with sth** equipar algo con algo **4** *vt* **to fit sth on(to) sth** poner algo en algo; ponerle algo a algo **5** *vt* cuadrar con: *to fit a description* cuadrar con una descripción LOC **to fit (sb) like a glove**

quedarle (a algn) como anillo al dedo *Ver tb* BILL[1] **PHR V to fit in (with sth/sb)** encajar (con algo/algn) ◆ *n* **LOC to be a good, tight, etc. fit** quedarle a algn bien, ajustado, etc.

fit[3] /fɪt/ *n* ataque (*de risa, tos, etc.*) **LOC to have/throw a fit**: *She'll have/throw a fit!* ¡Le va a dar un ataque!

fitness /ˈfɪtnəs/ *n* forma (física)

fitted /ˈfɪtɪd/ *adj* **1** (*tapete*) instalado **2** (*habitación*) amueblado

fitting /ˈfɪtɪŋ/ ◆ *adj* apropiado ◆ *n* **1** repuesto, pieza **2** (*vestido*) prueba: *fitting room* vestier

five /faɪv/ *adj, pron, n* cinco: *page/chapter five* la página/el capítulo (número) cinco ◊ *five past/after nine* las nueve y cinco ◊ *on May 5* el 5 de mayo ◊ *all five of them* los cinco ◊ *There were five of us.* Eramos cinco. ◊ *Ver Apéndice 1.* **fiver** *n* (*GB, coloq*) (billete de) cinco libras

fix /fɪks/ ◆ *n* (*coloq*) lío: *to be in/get yourself into a fix* estar/meterse en un lío ◆ *vt* **1 to fix sth (on sth)** fijar algo (en algo) **2** arreglar **3** establecer **4 to fix sth (for sb)** (*comida*) prepararle algo (a algn) **5** (*coloq*) falsificar **6** (*coloq*) ajustarle las cuentas a **PHR V to fix on sth/sb** decidirse por algo/algn **to fix sb up (with sth)** (*coloq*) conseguirle algo a algn **to fix sth up 1** arreglar algo **2** reparar/retocar algo

fixed /fɪkst/ *adj* fijo **LOC (of) no fixed abode/address** sin domicilio fijo

fixture /ˈfɪkstʃər/ *n* **1** accesorio fijo de una casa **2** cita deportiva **3** (*coloq*) inamovible

fizz /fɪz/ *vi* **1** burbujear **2** silbar

fizzy /ˈfɪzi/ *adj* (**-ier**, **-iest**) con gas, gaseoso

flabby /ˈflæbi/ *adj* (*coloq, pey*) (**-ier**, **-iest**) fofo

flag /flæg/ ◆ *n* **1** bandera **2** banderín ◆ *vi* (**-gg-**) flaquear

flagrant /ˈfleɪgrənt/ *adj* flagrante

flair /fleər/ *n* **1** [*sing*] ~ **for sth** aptitud para algo **2** estilo, elegancia

flake /fleɪk/ ◆ *n* copo, hojuela ◆ *vi* ~ **(off/away) 1** (*paint*) descascararse **2** (*skin*) desescamarse

flamboyant /flæmˈbɔɪənt/ *adj* **1** (*persona*) extravagante **2** (*vestido*) llamativo

flame /fleɪm/ *n* (*lit y fig*) llama

flammable /ˈflæməbl/ (*tb* **inflammable**) *adj* inflamable

flank /flæŋk/ ◆ *n* **1** (*persona*) costado **2** (*animal*) ijar **3** (*Mil*) flanco ◆ *vt* flanquear

flannel /ˈflænl/ *n* **1** franela **2** (*GB*) (*USA* **washcloth**) toalla de cara

flap /flæp/ ◆ *n* **1** (*sobre*) solapa **2** (*bolso*) tapa **3** (*mesa*) hoja plegable **4** (*Aeronáut*) alerón ◆ (**-pp-**) **1** *vt, vi* agitar(se) **2** *vt* (*alas*) batir

flare /fleər/ ◆ *n* **1** luz de bengala **2** destello **3 flares** (*pl, GB*) (*USA* **bellbottoms**) (*pl*) pantalón acampanado ◆ *vi* **1** llamear **2** (*fig*) estallar: *Tempers flared.* Se enardecieron los ánimos. **PHR V to flare up 1** (*fuego*) avivarse **2** (*conflicto*) estallar **3** (*problema*) reavivarse

flash /flæʃ/ ◆ *n* **1** destello: *a flash of lightning* un relámpago **2** (*fig*) golpe: *a flash of genius* un golpe de genio **3** (*Fot*) flash **4** (*noticias*) avance de última hora **LOC a flash in the pan**: *It was no flash in the pan.* No fue flor de un día. **in a/like a flash** en un abrir y cerrar de ojos ◆ **1** *vi* centellear, brillar: *It flashed on and off.* Se encendía y apagaba. **2** *vt* dirigir (*luz*): *to flash your headlights* poner las altas **3** *vt* mostrar rápidamente (*imagen*) **PHR V to flash by, past, through, etc.** pasar, cruzar, etc. como un rayo

flashy /ˈflæʃi/ *adj* (**-ier**, **-iest**) ostentoso, llamativo

flask /flæsk; *GB* flɑːsk/ *n* **1** termo **2** (*licores*) frasco

flat /flæt/ ◆ *n* **1** (*esp GB*) apartamento **2 the ~ of sth** (*GB*) la parte plana de algo: *the flat of your hand* la palma de la mano **3** [*gen pl*] (*Geog*) playones: *mud flats* marismas **4** (*Mús*) bemol ☛ *Comparar con* SHARP **5** (*USA, coloq*) pinchazo ◆ *adj* (**flatter**, **flattest**) **1** plano, liso, llano **2** (*llanta*) desinflado **3** (*GB*) (*batería*) descargado **4** (*bebida*) sin gas **5** (*Mús*) desafinado (*demasiado bajo*) **6** (*precio, etc.*) único ◆ *adv* (**flatter**, **flattest**): *to lie down flat* acostarse completamente **LOC flat out** al máximo (*trabajar, correr, etc.*) **in 10 seconds, etc. flat** en 10 segundos, etc. exactos

flatly /ˈflætli/ *adv* rotundamente, de plano (*decir, rechazar, negar*)

flatten /ˈflætn/ **1** *vt* ~ **sth** (**out**) aplanar algo, alisar algo **2** *vt* ~ **sth/sb** aplastar, arrasar algo/a algn **3** *vi* ~ (**out**) (*paisaje*) volverse más plano

flatter /ˈflætər/ **1** *vt* adular, halagar: *I was flattered by your invitation.* Me halagó tu invitación. **2** *vt* (*ropa, etc.*) favorecer **3** *v refl* ~ **yourself** (**that**) hacerse ilusiones (de que) **flattering** *adj* favorecedor, halagador

flaunt /flɔːnt/ *vt* (*pey*) ~ **sth** alardear de algo

flavor (*GB* **flavour**) /ˈfleɪvər/ ◆ *n* sabor, gusto ◆ *vt* dar sabor a, condimentar

flaw /flɔː/ *n* **1** (*objetos*) imperfección **2** (*plan, carácter*) falla, defecto **flawed** *adj* defectuoso **flawless** *adj* impecable

flea /fliː/ *n* pulga: *flea market* mercado de las pulgas

fleck /ˈflek/ *n* ~ (**of sth**) mota de algo (*polvo, color*)

flee /fliː/ (*pret, pp* **fled** /fled/) **1** *vi* huir, escapar **2** *vt* abandonar

fleet /fliːt/ *n* [*v sing o pl*] flota (*de transporte terrestre, pesquera*)

flesh /fleʃ/ *n* **1** carne **2** (*de fruta*) pulpa LOC **flesh and blood** carne y hueso **in the flesh** en persona **your own flesh and blood** (pariente) sangre de tu sangre

flew *pret de* FLY

flex /fleks/ ◆ *n* (*USA* **cord**) cable (eléctrico) ◆ *vt* flexionar

flexible /ˈfleksəbl/ *adj* flexible

flick /flɪk/ ◆ *n* **1** pastorejo **2** movimiento rápido: *a flick of the wrist* un giro de la muñeca ◆ *vt* **1** pegar **2** ~ **sth** (**off, on, etc.**) mover algo rápidamente PHR V **to flick through** (**sth**) hojear algo rápidamente

flicker /ˈflɪkər/ ◆ *vi* parpadear: *a flickering light* una luz titilante ◆ *n* **1** (*luz*) parpadeo **2** (*fig*) atisbo

flight /flaɪt/ *n* **1** vuelo **2** huida **3** (*aves*) bandada **4** (*escalera*) tramo LOC **to take (to) flight** darse a la fuga

flight attendant *n* auxiliar de vuelo

flimsy /ˈflɪmzi/ *adj* (**-ier**, **-iest**) **1** (*tela*) muy delgado **2** (*objetos, excusa*) endeble, débil

flinch /flɪntʃ/ *vi* **1** retroceder **2** ~ **from sth/from doing sth** echarse para atrás ante algo/a la hora de hacer algo

fling /flɪŋ/ ◆ *vt* (*pret, pp* **flung** /flʌŋ/) **1** ~ **sth** (**at sth**) arrojar, lanzar algo (contra algo): *She flung her arms around him.* Le echó los brazos al cuello. **2** *He flung open the door.* Abrió la puerta de un golpe. LOC *Ver* CAUTION ◆ *n* **1** juerga **2** aventura (amorosa)

flint /flɪnt/ *n* **1** pedernal **2** piedra (*de encendedor*)

flip /flɪp/ (**-pp-**) **1** *vt* echar: *to flip a coin* echar una moneda a cara o sello/un carisellazo **2** *vt, vi* ~ (**sth**) (**over**) darle la vuelta a algo/darse la vuelta **3** *vi* (*coloq*) enloquecer

flippant /ˈflɪpənt/ *adj* frívolo, poco serio

flirt /flɜːrt/ ◆ *vi* coquetear ◆ *n* coqueto, -a: *He's a terrible flirt.* Siempre está coqueteando.

flit /flɪt/ *vi* (**-tt-**) revolotear

float /floʊt/ ◆ **1** *vi* flotar **2** *vt* (*barco*) poner a flote **3** *vt* (*proyecto, idea*) proponer ◆ *n* **1** corcho **2** boya **3** flotador **4** (*carnaval*) carroza

flock /flɑk/ ◆ *n* **1** rebaño (*de ovejas*) **2** bandada **3** multitud ◆ *vi* **1** agruparse **2** ~ **into/to sth** acudir en tropel a algo

flog /flɑg/ *vt* (**-gg-**) **1** azotar **2** ~ **sth** (**off**) (**to sb**) (*GB, coloq*) vender(le) algo (a algn) LOC **to flog a dead horse** malgastar saliva

flood /flʌd/ ◆ *n* **1** inundación **2 the Flood** (*Relig*) el Diluvio **3** (*fig*) torrente, avalancha ◆ *vt, vi* inundar(se) PHR V **to flood in** llegar en avalancha

flooding /ˈflʌdɪŋ/ *n* [*incontable*] inundación, inundaciones

floodlight /ˈflʌdlaɪt/ ◆ *n* reflector ◆ *vt* (*pret, pp* **floodlighted** *o* **floodlit** /-lɪt/) iluminar con reflectores

floor /flɔːr/ ◆ *n* **1** suelo: *on the floor* en el suelo **2** planta, piso **3** (*mar, valle*) fondo ◆ *vt* **1** (*contrincante*) tumbar **2** (*coloq, fig*) dejar fuera de combate

floorboard /ˈflɔːrbɔːrd/ *n* tabla (*del suelo*)

flop /flɑp/ ◆ *n* (*coloq*) fracaso ◆ *vi* (**-pp-**) **1** desplomarse **2** (*coloq*) (*obra, negocio*) fracasar

floppy /ˈflɑpi/ *adj* (**-ier**, **-iest**) **1** flojo, flexible **2** (*orejas*) caído

floppy disk (*tb* **floppy**, **diskette**) *n* diskette ☛ *Ver dibujo en* COMPUTADOR

flora /ˈflɔːrə/ *n* [*pl*] flora

floral /ˈflɔːrəl/ *adj* de flores: *floral tribute* corona de flores

florist /ˈflɔːrɪst; *GB* ˈflɒr-/ *n* vendedor de flores **florist's** *n* floristería

flounder /ˈflaʊndər/ ◆ *vi* **1** tambalearse **2** balbucear **3** caminar con dificultad ◆ *n* platija

flour /ˈflaʊər/ *n* harina

flourish /ˈflɜːrɪʃ/ ◆ **1** *vi* prosperar, florecer **2** *vt* (*arma*) blandir ◆ *n* **1** floritura (*ademán elegante*) **2** *a flourish of the pen* una rúbrica

flow /floʊ/ ◆ *n* **1** flujo **2** caudal **3** circulación **4** suministro ◆ *vi* (*pret, pp* **-ed**) **1** (*lit y fig*) fluir: *to flow into the sea* desembocar en el mar **2** circular **3** (*marea*) subir **LOC** *Ver* EBB **PHR V to flow in/out**: *Is the tide flowing in or out?* ¿La marea está subiendo o bajando? **to flow in/into sth** llegar sin parar a algo

flower /ˈflaʊər/ ◆ *n* flor ☛ *Comparar con* BLOSSOM ◆ *vi* florecer

flower bed *n* bancal de flores

flowering /ˈflaʊərɪŋ/ ◆ *n* florecimiento ◆ *adj* que da flores (*planta*)

flowerpot /ˈflaʊərpɑt/ *n* matera

flown *pp de* FLY

flu /fluː/ *n* [*incontable*] (*coloq*) gripa

fluctuate /ˈflʌktʃueɪt/ *vi* ~ (**between ...**) fluctuar, variar (entre ...)

fluent /ˈfluːənt/ *adj* **1** (*Ling*): *She's fluent in Russian.* Habla ruso con fluidez. ◊ *She speaks fluent French.* Domina el francés. **2** (*orador*) elocuente **3** (*estilo*) fluido

fluff /flʌf/ *n* **1** pelusa: *a piece of fluff* una pelusa **2** (*en el cuerpo humano*) vello **fluffy** *adj* (**-ier, -iest**) **1** lanudo, velludo, cubierto de pelusa **2** mullido, esponjoso

fluid /ˈfluːɪd/ ◆ *adj* **1** fluido, líquido **2** (*plan*) flexible **3** (*situación*) variable, inestable **4** (*estilo, movimiento*) fluido, suelto ◆ *n* **1** líquido **2** (*Quím, Biol*) fluido

fluke /fluːk/ *n* (*coloq*) chiripa

flung *pret, pp de* FLING

flunk /flʌŋk/ *vt* (*coloq*) rajarse (*estudios*)

flurry /ˈflɜːri/ *n* (*pl* **-ies**) **1** ráfaga: *a flurry of snow* una ráfaga de nieve **2** ~ (**of sth**) (*de actividad, emoción*) frenesí (de algo)

flush /flʌʃ/ ◆ *n* rubor: *hot flushes* calores ◆ **1** *vi* ponerse colorado **2** *vt* (*baño*) soltar la cisterna

fluster /ˈflʌstər/ *vt* aturdir: *to get flustered* ponerse nervioso

flute /fluːt/ *n* flauta

flutter /ˈflʌtər/ ◆ **1** *vi* (*pájaro*) revolotear, aletear **2** *vt, vi* (*alas*) agitar(se), batir(se) **3** *vi* (*cortina, bandera, etc.*) ondear **4** *vt* (*objeto*) menear ◆ *n* **1** (*alas*) aleteo **2** (*pestañas*) pestañeo **3** *all of a/in a flutter* alterado/nervioso

fly /flaɪ/ ◆ *n* (*pl* **flies**) **1** mosca, mosco **2** (*GB, tb* **flies** [*pl*]) bragueta ◆ (*pret* **flew** /fluː/ *pp* **flown** /floʊn/) **1** *vi* volar: *to fly away/off* irse volando **2** *vi* (*persona*) ir/viajar en avión: *to fly in/out/back* llegar/partir/regresar (en avión) **3** *vt* (*avión*) pilotear **4** *vt* (*pasajeros o mercancías*) transportar (en avión) **5** *vi* ir de afán: *I must fly.* Me voy corriendo. **6** *vi* (*repentinamente*): *The wheel flew off.* La rueda salió disparada. ◊ *The door flew open.* La puerta se abrió de golpe. **7** *vi* (*flotar al aire*) ondear **8** *vt* (*bandera*) izar **9** *vt* (*cometa*) echar **LOC to fly high** ser ambicioso *Ver tb* CROW, LET[1], TANGENT **PHR V to fly at sb** lanzarse sobre algn

flying /ˈflaɪɪŋ/ ◆ *n* volar: *flying lessons* clases de pilotaje ◆ *adj* volador

flying saucer *n* platillo volador

flying start *n* **LOC to get off to a flying start** empezar con el pie derecho

flyover /ˈflaɪoʊvər/ (*USA* **overpass**) *n* paso elevado

foam /foʊm/ ◆ *n* **1** espuma **2** (*tb* **foam rubber**) caucho espuma ◆ *vi* echar espuma

focus /ˈfoʊkəs/ ◆ *n* (*pl* **~es** *o* **foci** /ˈfoʊsaɪ/) foco **LOC to be in focus/out of focus** estar enfocado/desenfocado ◆ (**-s-** *o* **-ss-**) **1** *vt, vi* enfocar **2** *vt* ~ **sth on sth** concentrar algo (esfuerzo, etc.) en algo **LOC to focus your attention/mind on sth** concentrar la atención en algo

fodder /ˈfɑdər/ *n* forraje

foetus (*USA* **fetus**) /ˈfiːtəs/ *n* feto

fog /fɔːg; *GB* fɒg/ ◆ *n* niebla ☛ *Comparar con* HAZE, MIST ◆ *vi* (**-gg-**) (*tb* **to fog up**) empañarse

foggy /ˈfɔːgi; *GB* ˈfɒgi/ *adj* (**-ier**, **-iest**): *a foggy day* un día de niebla

foil /fɔɪl/ ◆ *n* lámina: *aluminum foil* papel de aluminio ◆ *vt* frustrar

fold /foʊld/ ◆ **1** *vt, vi* doblar(se), plegar(se) **2** *vi* (*coloq*) (*empresa, negocio*) venirse abajo **3** *vi* (*coloq*) (*obra de teatro*): *The show folded after only two performances.* Quitaron el espectáculo después de sólo dos presentaciones. **LOC to fold your arms** cruzar los brazos **PHR V to fold (sth) back/down/up** doblar algo/doblarse ◆ *n* **1** pliegue **2** redil

folder /ˈfoʊldər/ *n* carpeta, fólder

folding /ˈfoʊldɪŋ/ *adj* plegable ☛ Se usa sólo antes de sustantivo: *a folding table/bed* una mesa/cama plegable

folk /foʊk/ ◆ *n* **1** gente: *country folk* gente de pueblo **2 folks** [*pl*] (*coloq*) gente **3 folks** [*pl*] (*coloq*) parientes ◆ *adj* folklórico, popular

follow /ˈfɑloʊ/ *vt, vi* **1** seguir **2** (*explicación*) entender **3** ~ (**from sth**) resultar, ser la consecuencia (de algo) **LOC as follows** como sigue **to follow the crowd** hacer lo que hacen los demás **PHR V to follow on** seguir: *to follow on from sth* ser una consecuencia de algo **to follow sth through** seguir con algo hasta el final **to follow sth up** redondear algo, completar algo

follower /ˈfɑloʊər/ *n* seguidor, -ora

following /ˈfɑloʊɪŋ/ ◆ *adj* siguiente ◆ *n* **1 the following** [*v sing o pl*] lo siguiente/lo que sigue **2** seguidores ◆ *prep* tras: *following the burglary* tras el robo

follow-up /ˈfɑloʊ ʌp/ *n* continuación

fond /fɑnd/ *adj* (**-er, -est**) **1** [*antes de sustantivo*] cariñoso: *fond memories* gratos recuerdos ◊ *a fond smile* una sonrisa cariñosa **2 to be ~ of sb** tenerle cariño a algn **3 to be ~ of (doing) sth** ser aficionado a (hacer) algo **4** (*esperanza*) vano

fondle /ˈfɑndl/ *vt* acariciar

food /fuːd/ *n* alimento, comida **LOC (to give sb) food for thought** (darle a algn) algo en que pensar

food processor *n* procesador (*de alimentos*)

foodstuffs /ˈfuːdstʌfs/ *n* [*pl*] alimentos

fool /fuːl/ ◆ *n* (*pey*) tonto, bobo **LOC to act/play the fool** hacer(se) el tonto **to be no fool** no tener un pelo de bobo **to be nobody's fool** no dejarse engañar por/de nadie **to make a fool of yourself/sb** ponerse/poner a algn en ridículo ◆ **1** *vi* bromear **2** *vt* engañar **PHR V to fool around/about** perder el tiempo: *Stop fooling around with that knife!* ¡Deja de jugar con ese cuchillo!

foolish /ˈfuːlɪʃ/ *adj* **1** tonto **2** ridículo

foolproof /ˈfuːlpruːf/ *adj* infalible

foot /fʊt/ ◆ *n* **1** (*pl* **feet** /fiːt/) pie: *at the foot of the stairs* al pie de las escaleras **2** (*pl* **feet** *o* **foot**) (*abrev* **ft**) (*unidad de longitud*) pie (*30,48 centímetros*) ☛ *Ver Apéndice 1.* **LOC on foot** a pie **to fall/land on your feet** caer parado (*salir las cosas bien*) **to put your feet up** descansar **to put your foot down** oponerse (*enérgicamente*) **to put your foot in it** meter la pata *Ver tb* COLD, FIND, SWEEP ◆ *vt* **LOC to foot the bill (for sth)** pagar los gastos (de algo)

football /ˈfʊtbɔːl/ *n* **1** fútbol americano **2** balón (de fútbol americano)

football player *n* jugador de fútbol americano ☛ *Ver nota en* FÚTBOL

footing /ˈfʊtɪŋ/ *n* [*incontable*] **1** equilibrio: *to lose your footing* perder el equilibrio **2** (*fig*) situación: *on an equal footing* en igualdad de condiciones

footnote /ˈfʊtnoʊt/ *n* nota (de pie de página)

footpath /ˈfʊtpæθ; *GB* -pɑːθ/ *n* sendero: *public footpath* camino público

footprint /ˈfʊtprɪnt/ *n* [*gen pl*] huella

footstep /ˈfʊtstep/ *n* pisada, paso

footwear /ˈfʊtweər/ *n* [*incontable*] calzado

for /fər, fɔːr/ ◆ *prep* **1** para: *a letter for you* una carta para ti ◊ *What's it for?* ¿Para qué sirve? ◊ *the train for Glasgow* el tren que va para Glasgow ◊ *It's time for supper.* Es hora de comer. **2** por: *for her own good* por su propio bien ◊ *What can I do for you?* ¿Qué puedo hacer por usted? ◊ *to fight for your country* luchar por su país **3** (*en expresiones de tiempo*) durante, desde hace: *They are going for a month.* Se van por un mes. ◊ *How long are you here for?* ¿Cuánto tiempo van a estar aquí? ◊ *I haven't seen him for two days.* No lo veo desde hace dos días.

¿**For** o **since**? Cuando **for** se traduce por "desde hace" se puede confundir con **since**, "desde". Las dos palabras se usan para expresar el tiempo que ha durado la acción del verbo, pero **for** especifica la duración de la acción y

since el comienzo de dicha acción: *I've been living here for three months.* Vivo acá desde hace tres meses. ◊ *I've been living here since August.* Vivo acá desde agosto. Nótese que en ambos casos se usa el pretérito perfecto o el pluscuamperfecto, nunca el presente. *Ver tb nota en* AGO

4 [*con infinitivo*]: *There's no need for you to go.* No hace falta que vayas. ◊ *It's impossible for me to do it.* Me es imposible hacerlo. **5** (*otros usos de for*): *I for Irene* (*GB*) I de Irene ◊ *for miles and miles* por millas y millas ◊ *What does he do for a job?* ¿Qué trabajo tiene? **LOC for all**: *for all his wealth* a pesar de toda su riqueza **to be for/against sth** estar a favor/en contra de algo **to be for it** (*GB, coloq*): *He's for it now!* ¡Ya se fregó! ☛ Para los usos de **for** en PHRASAL VERBS ver las entradas de los verbos correspondientes, p.ej. **to look for** en LOOK. ◆ *conj* (*formal, antic*) ya que

forbade (*tb* **forbad**) *pret de* FORBID

forbid /fərˈbɪd/ *vt* (*pret* **forbade** /fərˈbæd, -ˈbeɪd; *GB* fəˈbæd/ *pp* **forbidden** /fərˈbɪdn/) ~ **sb to do sth** prohibir a algn hacer algo: *It is forbidden to smoke.* Se prohibe fumar. ◊ *They forbade them from entering.* Les prohibieron entrar. **forbidding** *adj* imponente, amenazante

force /fɔːrs/ ◆ *n* (*lit y fig*) fuerza: *the armed forces* las fuerzas armadas **LOC by force** a la fuerza **in force** en vigor: *to be in/come into force* estar/entrar en vigor ◆ *vt* ~ **sth/sb** (**to do sth**) forzar, obligar a algo/algn (a hacer algo) **PHR V to force sth on sb** imponerle algo a algn

forcible /ˈfɔːrsəbl/ *adj* **1** a/por la fuerza **2** convincente **forcibly** *adv* **1** por la fuerza **2** enérgicamente

ford /fɔːrd/ ◆ *n* vado ◆ *vt* vadear

fore /fɔːr/ ◆ *adj* delantero, anterior ◆ *n* proa **LOC to be/come to the fore** destacarse/hacerse importante

forearm /ˈfɔːrɑrm/ *n* antebrazo

forecast /ˈfɔːrkæst; *GB* -kɑːst/ ◆ *vt* (*pret, pp* **forecast** *o* **forecasted**) pronosticar ◆ *n* pronóstico

forefinger /ˈfɔːrfɪŋgər/ *n* dedo índice

forefront /ˈfɔːrfrʌnt/ *n* **LOC at/in the forefront of sth** en la vanguardia de algo

foreground /ˈfɔːrgraʊnd/ *n* primer plano

forehead /ˈfɔːrhed, -ɪd; *GB* ˈfɒrɪd/ *n* (*Anat*) frente

foreign /ˈfɔːrən; *GB* ˈfɒr-/ *adj* **1** extranjero **2** exterior: *foreign exchange* divisas ◊ *Foreign Office/Secretary* (*GB*) Secretaría/Secretario de Relaciones Exteriores **3** (*formal*) ~ **to sth/sb** ajeno a algo/algn

foreigner /ˈfɔːrənər; *GB* ˈfɒrənə(r)/ *n* extranjero, -a

foremost /ˈfɔːrmoʊst/ ◆ *adj* más destacado ◆ *adv* principalmente

forerunner /ˈfɔːrʌnər/ *n* precursor, -ora

foresee /fɔːrˈsiː/ *vt* (*pret* **foresaw** /fɔːrˈsɔː/ *pp* **foreseen** /fɔːrˈsiːn/) prever **forseeable** *adj* previsible **LOC for/in the foreseeable future** en un futuro previsible

foresight /ˈfɔːrsaɪt/ *n* previsión, precaución

foresook *pret de* FORSAKE

forest /ˈfɔːrɪst; *GB* ˈfɒr-/ *n* bosque, selva: *rainforest* selva pluvial

foretell /fɔːrˈtel/ *vt* (*pret, pp* **foretold** /fɔːˈtoʊld/) (*formal*) predecir

forever /fəˈrevər/ *adv* **1** (*GB* **for ever**) para siempre **2** siempre

foreword /ˈfɔːrwɜːrd/ *n* prefacio

forgave *pret de* FORGIVE

forge /fɔːrdʒ/ ◆ *n* fragua ◆ *vt* **1** (*lazos, metal*) forjar **2** (*plata, etc.*) falsificar **PHR V to forge ahead** progresar con rapidez

forgery /ˈfɔːrdʒəri/ *n* (*pl* **-ies**) falsificación

forget /fərˈget/ (*pret* **forgot** /fərˈgɑt/ *pp* **forgotten** /fərˈgɑtn/) **1** *vt, vi* ~ (**sth/to do sth**) olvidarse (de algo/hacer algo): *He forgot to pay me.* Se le olvidó pagarme. **2** *vt* (*dejar de pensar en*) olvidar **LOC not forgetting...** sin olvidarse de... **PHR V to forget about sth/sb 1** olvidársele a uno algo/algn **2** olvidar algo/a algn **forgetful** *adj* **1** olvidadizo **2** descuidado

forgive /fərˈgɪv/ *vt* (*pret* **forgave** /fərˈgeɪv/ *pp* **forgiven** /fərˈgɪvn/) perdonar: *Forgive me for interrupting.* Perdóname por interrumpir. **forgiveness** *n* perdón: *to ask* (*for*) *forgiveness*

iː	i	ɪ	e	æ	ɑ	ʌ	ʊ	uː
see	happy	sit	ten	hat	cot	cup	put	too

(*for sth*) pedir perdón (por algo) **forgiving** *adj* indulgente

forgot *pret de* FORGET

forgotten *pp de* FORGET

fork /fɔːrk/ ◆ *n* **1** tenedor **2** (*Agric*), horqueta (*para cavar*) **3** bifurcación ◆ *vi* **1** (*camino*) bifurcarse **2** (*persona*): *to fork left* torcer a la izquierda **PHR V to fork out (for/on sth)** (*coloq*) desembolsar (plata)/(para algo)

form /fɔːrm/ ◆ *n* **1** forma: *in the form of sth* en forma de algo **2** forma, hoja (impresa): *application form* hoja de solicitud **3** formas: *as a matter of form* porque así se acostumbra **4** año: *in the first form* en primero **LOC in/off form** en forma/bajo de forma *Ver tb* SHAPE ◆ **1** *vt* formar, constituir: *to form an idea* (*of sth/sb*) formarse una idea (de algo/ algn) **2** *vi* formarse

formal /ˈfɔːrml/ *adj* **1** (*ademán, etc.*) ceremonioso, formal **2** (*comida*) formal: *formal dress* traje de etiqueta **3** (*declaración, etc.*) oficial **4** (*formación*) convencional

formality /fɔːrˈmæləti/ *n* (*pl* **-ies**) **1** formalidad, ceremonia **2** trámite: *legal formalities* requisitos legales

formally /ˈfɔːrməli/ *adv* **1** oficialmente **2** de etiqueta

format /ˈfɔːrmæt/ *n* formato

formation /fɔːrˈmeɪʃn/ *n* formación

former /ˈfɔːrmər/ ◆ *adj* **1** antiguo: *the former champion* el antiguo campeón **2** anterior: *in former times* en otros tiempos **3** primero: *the former option* la primera opción ◆ **the former** *pron* aquello, aquél, -la, -los, -las: *The former was much better than the latter.* Aquélla fue mucho mejor que ésta. ☛ *Comparar con* LATTER

formerly /ˈfɔːrmərli/ *adv* **1** anteriormente **2** antiguamente

formidable /ˈfɔːrmɪdəbl/ *adj* **1** extraordinario, formidable **2** (*tarea*) tremendo

formula /ˈfɔːrmjələ/ *n* (*pl* **~s** *o en uso científico* **-lae** /ˈfɔːrmjʊliː/) fórmula

forsake /fərˈseɪk/ *vt* (*pret* **forsook** /fərˈsʊk/ *pp* **forsaken** /fərˈseɪkən/) **1** (*formal*) renunciar **2** abandonar

fort /fɔːrt/ *n* fortificación, fuerte

forth /fɔːrθ/ *adv* (*formal*) en adelante: *from that day forth* desde aquel día **LOC and (so on and) so forth** y demás, etcétera *Ver tb* BACK[1]

forthcoming /ˌfɔːrθˈkʌmɪŋ/ *adj* **1** venidero, próximo: *the forthcoming election* las próximas elecciones **2** de próxima aparición **3** disponible ☛ No se usa antes de sustantivo: *No offer was forthcoming.* No hubo ninguna oferta. **4** (*persona*) comunicativo ☛ No se usa antes de sustantivo.

forthright /ˈfɔːrθraɪt/ *adj* **1** (*persona*) directo **2** (*oposición*) enérgico

fortieth *Ver* FORTY

fortification /ˌfɔːrtɪfɪˈkeɪʃn/ *n* fortificación

fortify /ˈfɔːrtɪfaɪ/ *vt* (*pret, pp* **fortified**) **1** fortificar **2** ~ **sb/yourself** fortalecer(se)

fortnight /ˈfɔːrtnaɪt/ *n* (*GB*) quincena (*dos semanas*): *a fortnight today* de hoy en quince días

fortnightly /ˈfɔːrtnaɪtli/ ◆ *adj* (*GB*) quincenal ◆ *adv* cada quince días, quincenalmente

fortress /ˈfɔːrtrəs/ *n* fortaleza

fortunate /ˈfɔːrtʃənət/ *adj* afortunado: *to be fortunate* tener suerte

fortune /ˈfɔːrtʃən/ *n* **1** fortuna: *to be worth a fortune* valer una fortuna **2** suerte **LOC** *Ver* SMALL

forty /ˈfɔːrti/ *adj, pron, n* cuarenta ☛ *Ver ejemplos en* FIFTY, FIVE **fortieth 1** *adj, pron* cuadragésimo **2** *n* cuarentava parte, cuarentavo ☛ *Ver ejemplos en* FIFTH

forward /ˈfɔːrwərd/ ◆ *adj* **1** *a forward movement* un movimiento hacia adelante **2** delantero: *a forward position* una posición avanzada **3** hacia/ para el futuro: *forward planning* planificación para/hacia el futuro ◊ *forward thinking* previsión **4** atrevido, descarado ◆ *adv* **1** (*tb* **forwards**) adelante, hacia adelante **2** en adelante: *from that day forward* a partir de entonces **LOC** *Ver* BACKWARD(S) ◆ *vt* ~ **sth (to sb)** remitir algo (a algn): *please forward* se ruega enviar ◊ *forwarding address* dirección (a la que han de remitirse las cartas) ◆ *n* delantero, -a

fossil /ˈfɑsl/ *n* (*lit y fig*) fósil

foster /ˈfɑstər/ *vt* **1** fomentar **2** acoger en una familia

fought *pret, pp de* FIGHT

foul /faʊl/ ◆ *adj* **1** (*agua, lenguaje*) sucio **2** (*comida, olor, sabor*) asqueroso **3** (*carácter, humor, tiempo*) horrible ◆ *n* falta (*Dep*) ◆ *vt* cometer una falta contra (*Dep*) **PHR V to foul sth up** dañar algo

foul play *n* **1** (*Jur*): *The police suspect foul play.* La policía sospecha que se trata de un crimen. **2** (*Dep*) juego sucio

found¹ *pret, pp de* FIND

found² /faʊnd/ *vt* **1** fundar **2** fundamentar: *founded on fact* basado en la realidad

foundation /faʊnˈdeɪʃn/ *n* **1** fundación **2 the foundations** [*pl*] los cimientos **3** fundamento **4** (*tb* **foundation cream**) (crema) base

founder /ˈfaʊndər/ *n* fundador, -ora

fountain /ˈfaʊntn; *GB* -tən/ *n* fuente

fountain pen *n* estilógrafo

four /fɔːr/ *adj, pron, n* cuatro ☛ *Ver ejemplos en* FIVE

fourteen /ˌfɔːrˈtiːn/ *adj, pron, n* catorce ☛ *Ver ejemplos en* FIVE **fourteenth 1** *adj* decimocuarto **2** *pron, adv* el decimocuarto, la decimocuarta, los decimocuartos, las decimocuartas **3** *n* catorceava parte, catorceavo ☛ *Ver ejemplos en* FIFTH

fourth (*abrev* **4th**) /fɔːrθ/ ◆ *adj* cuarto ◆ *pron, adv* el cuarto, la cuarta, los cuartos, las cuartas ◆ *n* **1 the fourth** el (día) cuatro **2** (*tb* **fourth gear**) cuarta ☛ *Ver ejemplos en* FIFTH

Para hablar de proporciones, "un cuarto" se dice **a quarter**: *We ate a quarter of the cake each.* Nos comimos un cuarto del ponqué cada uno.

fowl /faʊl/ *n* (*pl* **fowl** *o* **~s**) ave (*de corral*)

fox /fɑks/ *n* zorro

foyer /ˈfɔɪer; *GB* ˈfɔɪəɪ/ *n* foyer, vestíbulo

fraction /ˈfrækʃn/ *n* fracción

fracture /ˈfræktʃər/ ◆ *n* fractura ◆ *vt, vi* fracturar(se)

fragile /ˈfrædʒl; *GB* -dʒaɪl/ *adj* (*lit y fig*) frágil, delicado

fragment /ˈfrægmənt/ ◆ *n* fragmento, parte ◆ /frægˈment/ *vt, vi* fragmentar (se)

fragrance /ˈfreɪgrəns/ *n* fragancia, aroma, perfume

fragrant /ˈfreɪgrənt/ *adj* aromático, fragante

frail /freɪl/ *adj* frágil, delicado ☛ Se aplica sobre todo a personas ancianas o enfermas.

frame /freɪm/ ◆ *n* **1** marco **2** armazón, estructura **3** (*gafas*) montura **LOC frame of mind** estado de ánimo ◆ *vt* **1** enmarcar **2** (*pregunta, etc.*) formular **3** (*coloq*) ~ **sb** declarar en falso para incriminar a algn

framework /ˈfreɪmwɜːrk/ *n* **1** armazón, estructura **2** marco, coyuntura

franc /fræŋk/ *n* franco (*moneda*)

frank /fræŋk/ *adj* franco, sincero

frantic /ˈfræntɪk/ *adj* frenético, desesperado

fraternal /frəˈtɜːrnl/ *adj* fraternal

fraternity /frəˈtɜːrnəti/ *n* (*pl* **-ies**) **1** fraternidad **2** hermandad, cofradía, sociedad

fraud /frɔːd/ *n* **1** (*delito*) fraude **2** (*persona*) impostor, -ora

fraught /frɔːt/ *adj* **1** ~ **with sth** lleno, cargado de algo **2** preocupante, tenso

fray /freɪ/ *vt, vi* desgastar(se), raer(se), deshilachar(se)

freak /friːk/ *n* (*coloq, pey*) bicho raro

freckle /ˈfrekl/ *n* peca **freckled** *adj* pecoso

free /friː/ ◆ *adj* (**freer** /friːər/ **freest** /ˈfriːɪst/) **1** libre: *free speech* libertad de expresión ◊ *free will* libre albedrío ◊ *to set sb free* poner a algn en libertad ◊ *to be free of/from sth/sb* estar libre de algo/algn **2** (*sin amarrar*) suelto, libre **3** gratis, gratuito: *free admission* entrada libre ◊ *free of charge* gratis **4** ~ **with sth** generoso con algo **5** (*pey*) desvergonzado: *to be too free* (*with sb*) tomarse demasiadas libertades (con algn) **LOC free and easy** relajado, informal **of your own free will** por voluntad propia **to get, have, etc. a free hand** tener las manos libres *Ver tb* HOME ◆ *vt* (*pret, pp* **freed**) **1** ~ **sth/sb (from sth)** liberar algo/a algn (de algo) **2** ~ **sth/sb of/from sth** librar, eximir algo/a algn de algo **3** ~ **sth/sb (from sth)** soltar algo/a algn (de algo) ◆ *adv* gratis **freely** *adv* **1** libremente, copiosamente **2** generosamente

freedom /ˈfriːdəm/ *n* **1** ~ **(of sth)** libertad (de algo): *freedom of speech* libertad de expresión **2** ~ **(to do sth)** libertad (para hacer algo) **3** ~ **from sth** inmunidad contra algo

free-range /ˌfriː ˈreɪndʒ/ *adj* de granja *free-range eggs* huevos de granja ☛ *Comparar con* BATTERY sentido 2

freeway /ˈfriːweɪ/ (*GB* **motorway**) *n* autopista

freeze /friːz/ ◆ (*pret* **froze** /froʊz/ *pp* **frozen** /ˈfroʊzn/) **1** *vt, vi* helar(se), congelar(se): *I'm freezing!* ¡Estoy muerto de frío! ◊ *freezing point* punto de congelación **2** *vt, vi* (*comida, precios, salarios, fondos*) congelar(se) **3** *vi* quedarse rígido: *Freeze!* ¡No te muevas! ◆ *n* **1** (*tb* **freeze-up**) helada **2** (*de salarios, precios*) congelación

freezer /ˈfriːzər/ (*tb* **deep-freeze**) *n* congelador

freight /freɪt/ *n* carga

French fry (*GB* **chip**) *n* papa a la francesa ☛ *Ver dibujo en* PAPA

French window (*USA tb* **French door**) *n* puerta doble (*que da a un jardín, porche, etc.*)

frenzied /ˈfrenzid/ *adj* frenético, enloquecido

frenzy /ˈfrenzi/ *n* [*gen sing*] frenesí

frequency /ˈfriːkwənsi/ *n* (*pl* **-ies**) frecuencia

frequent /ˈfriːkwənt/ ◆ *adj* frecuente ◆ /friˈkwent/ *vt* frecuentar

frequently /ˈfriːkwəntli/ *adv* con frecuencia, frecuentemente ☛ *Ver nota en* ALWAYS

fresh /freʃ/ *adj* (**-er**, **-est**) **1** nuevo, otro **2** reciente **3** (*alimentos, aire, tiempo, cutis*) fresco **4** (*agua*) dulce **LOC** *Ver* BREATH **freshly** *adv* recién: *freshly baked* recién salido del horno **freshness** *n* **1** frescura **2** novedad

freshen /ˈfreʃn/ **1** *vt* ~ **sth** (**up**) dar nueva vida a algo **2** *vi* (*viento*) refrescar **PHR V to freshen** (**yourself**) **up** arreglarse

freshman /ˈfreʃmən/ *n* (*pl* **-men**) /-mən/ (*USA*) estudiante de primer año

freshwater /ˈfreʃˌwɔːtər/ *adj* de agua dulce

fret /fret/ *vi* (**-tt-**) ~ (**about/at/over sth**) afanarse, preocuparse (por algo)

friar /ˈfraɪər/ *n* fraile

friction /ˈfrɪkʃn/ *n* **1** fricción, rozamiento **2** fricción, desavenencia

Friday /ˈfraɪdeɪ, ˈfraɪdi/ *n* (*abrev* **Fri**) viernes ☛ *Ver ejemplos en* MONDAY **LOC Good Friday** Viernes Santo

fridge /frɪdʒ/ *n* (*coloq*) nevera: *fridge-freezer* (*GB*) nevera/congelador

fried /fraɪd/ ◆ *pret, pp de* FRY ◆ *adj* frito

friend /frend/ *n* **1** amigo, -a **2** ~ **of/to sth** partidario, -a de algo **LOC to be friends** (**with sb**) ser amigo (de algn) **to have friends in high places** tener palanca **to make friends** hacer amigos **to make friends with sb** hacerse amigo (de algn)

friendly /ˈfrendli/ *adj* (**-ier**, **-iest**) **1** (*persona*) simpático, amable ☛ Nótese que **sympathetic** se traduce por "compasivo". **2** (*relación, consejo*) amistoso **3** (*gesto, palabras*) amable **4** (*ambiente, lugar*) acogedor **5** (*partido*) amistoso **friendliness** *n* simpatía, cordialidad

friendship /ˈfrendʃɪp/ *n* amistad

fright /fraɪt/ *n* susto: *to give sb/get a fright* pegar un susto a algn/pegarse un susto

frighten /ˈfraɪtn/ *vt* asustar, dar miedo a **frightened** *adj* asustado: *to be frightened* (*of sth/sb*) tener miedo (a/de algo/algn) **LOC** *Ver* WIT **frightening** *adj* alarmante, aterrador

frightful /ˈfraɪtfl/ *adj* **1** horrible, espantoso **2** (*GB, coloq*) (*para enfatizar*): *a frightful mess* un desorden terrible **frightfully** *adv* (*GB, coloq*) *I'm frightfully sorry.* Lo siento muchísimo.

frigid /ˈfrɪdʒɪd/ *adj* frígido

frill /frɪl/ *n* **1** (*costura*) volante **2** [*gen pl*] (*fig*) adorno: *no frills* sin adornos

fringe /frɪndʒ/ ◆ *n* **1** (*GB*) (*USA* **bangs** [*pl*]) capul, flequillo **2** flecos **3** (*fig*) margen ◆ *vt* **LOC to be fringed by/with sth** estar bordeado por/con algo

frisk /frɪsk/ **1** *vt* (*coloq*) requisar **2** *vi* juguetear **frisky** *adj* juguetón

frivolity /frɪˈvɑləti/ *n* frivolidad

frivolous /ˈfrɪvələs/ *adj* frívolo

fro /froʊ/ *adv Ver* TO

frock /frɑk/ *n* vestido

frog /frɔːg; *GB* frɒg/ *n* rana

from /frəm; *GB tb* frɑm/ *prep* **1** de (*procedencia*): *from Bogotá to Orlando* de Bogotá a Orlando ◊ *I'm from New Zealand.* Soy de Nueva Zelanda. ◊ *from bad to worse* de mal en peor ◊ *the train from Cartago* el tren (procedente) de Cartago ◊ *a present from a friend* un regalo de un amigo ◊ *to take sth away from sb* quitarle algo a algn **2** (*tiempo, situación*) desde: *from above/below* desde arriba/abajo ◊ *from time to time* de vez en cuando ◊ *from yesterday* desde ayer ☛ *Ver nota en* SINCE **3** por: *from choice* por elección ◊ *from what I can gather* por lo que yo entiendo **4** entre: *to choose from...* elegir entre... **5** con: *Wine is made from grapes.* El vino se hace con uvas. **6** (*Mat*): *13 from 34 is/are 21.* 34 menos 13 son 21. **LOC from...on**: *from now on* de ahora en adelante ◊ *from then on* desde entonces ☛ Para los usos de **from** en PHRASAL VERBS ver las entradas de los verbos correspondientes, p.ej. **to hear from** en HEAR.

front /frʌnt/ ◆ *n* **1 the ~ (of sth)** el frente, la (parte) delantera (de algo): *If you can't see the board, sit at the front.* Si no ve el tablero, siéntese adelante. ◊ *The number is shown on the front of the bus.* El número está puesto en la parte delantera del bus. **2 the front** (*Mil*) el frente **3** fachada: *a front for sth* una fachada para algo **4** terreno: *on the financial front* en el terreno económico ◆ *adj* delantero, de adelante (*rueda, habitación, etc.*) ◆ *adv* **LOC in front** adelante: *the row in front* la fila de adelante ☛ *Ver dibujo en* DELANTE **up front** (*coloq*) por adelantado *Ver tb* BACK[1] ◆ *prep* **LOC in front of 1** delante de **2** ante ☛ Nótese que **enfrente de** se traduce por **across from** o **opposite**. *Ver dibujo en* ENFRENTE

front cover *n* portada

front door *n* puerta de entrada

frontier /frʌnˈtiər; *GB* ˈfrʌntɪə(r)/ *n* ~ **(with sth/between...)** frontera (con algo/entre...) ☛ *Ver nota en* BORDER

front page *n* primera plana

front row *n* primera fila

frost /frɔːst; *GB* frɒst/ ◆ *n* **1** helada **2** escarcha ◆ *vt, vi* cubrir de escarcha **frosty** *adj* (**-ier**, **-iest**) **1** helado **2** cubierto de escarcha

froth /frɔːθ; *GB* frɒθ/ ◆ *n* espuma ◆ *vi* hacer espuma

frown /fraʊn/ ◆ *n* ceño ◆ *vi* fruncir el ceño **PHR V to frown on/upon sth** desaprobar algo

froze *pret de* FREEZE

frozen *pp de* FREEZE

fruit /fruːt/ *n* **1** [*gen incontable*] fruta: *fruit and vegetables* frutas y verduras ◊ *tropical fruits* frutas tropicales **2** fruto: *the fruit(s) of your labors* el fruto de su trabajo

fruitful /ˈfruːtfl/ *adj* fructífero, provechoso

fruition /fruˈɪʃn/ *n* realización: *to come to fruition* verse realizado

fruitless /ˈfruːtləs/ *adj* infructuoso

frustrate /ˈfrʌstreɪt; *GB* frʌˈstreɪt/ *vt* frustrar

fry /fraɪ/ *vt, vi* (*pret, pp* **fried** /fraɪd/) freír(se)

frying pan /ˈfraɪɪŋ pæn/ (*USA tb* **skillet**) *n* sartén ☛ *Ver dibujo en* SAUCEPAN **LOC out of the frying pan into the fire** de Guatemala a guatepeor

fuel /ˈfjuːəl/ *n* **1** combustible **2** carburante

fugitive /ˈfjuːdʒətɪv/ *adj, n* ~ **(from sth/sb)** fugitivo, -a, prófugo, -a (de algo/algn)

fulfill (*GB* **fulfil**) /fʊlˈfɪl/ *vt* (**-ll-**) **1** (*promesa*) cumplir **2** (*tarea*) llevar a cabo **3** (*deseo*) satisfacer **4** (*función*) realizar

full /fʊl/ ◆ *adj* (**-er**, **-est**) **1** ~ **(of sth)** lleno (de algo) **2** ~ **of sth** obsesionado por algo **3** ~ **(up)** hasta arriba: *I'm full up.* Ya no puedo más. **4** (*instrucciones*) completo **5** (*discusiones*) extenso **6** (*sentido*) amplio **7** (*investigación*) detallado **8** (*ropa*) holgado **LOC (at) full blast** a tope **(at) full speed** a toda velocidad **full of yourself** (*pey*): *You're very full of yourself.* Eres un creído. **in full** detalladamente, íntegramente **in full swing** en plena marcha **to come full circle** volver al principio **to the full** (*GB*) al máximo ◆ *adv* **1** *full in the face* en plena cara **2** muy: *You know full well that...* Sabes muy bien que...

full board *n* pensión completa

full-length /ˌfʊl ˈleŋθ/ *adj* **1** (*espejo*) de cuerpo entero **2** (*ropa*) largo

full stop (*GB*) (*tb* **full point**, *USA* **period**) *n* punto (y seguido) ☛ *Ver págs 314–5.*

full-time /ˌfʊl ˈtaɪm/ *adj, adv* tiempo completo

fully /ˈfʊli/ *adv* **1** completamente **2** del todo **3** por lo menos: *fully two hours* por lo menos dos horas

fumble /ˈfʌmbl/ *vi* ~ **(with sth)** manipular torpemente algo

fume /fjuːm/ ◆ *n* [*gen pl*] humo: *poisonous fumes* gases tóxicos ◆ *vi* echar humo (*de rabia*)

fun /fʌn/ ◆ *n* diversión: *to have fun* pasar bueno ◇ *to take the fun out of sth* quitar toda la gracia a algo **LOC to make fun of sth/sb** reírse de algo/algn *Ver tb* POKE ◆ *adj* (*coloq*) divertido, entretenido

function /ˈfʌŋkʃn/ ◆ *n* **1** función **2** ceremonia ◆ *vi* **1** funcionar **2** ~ **as sth** servir, hacer de algo

fund /fʌnd/ ◆ *n* **1** fondo (*de dinero*) **2 funds** [*pl*] fondos ◆ *vt* financiar, subsidiar

fundamental /ˌfʌndəˈmentl/ ◆ *adj* ~ (**to sth**) fundamental (para algo) ◆ *n* [*gen pl*] fundamento

funeral /ˈfjuːnərəl/ *n* **1** funeral, entierro: *funeral parlor* funeraria **2** cortejo fúnebre

fungus /ˈfʌŋgəs/ *n* (*pl* **-gi** /-gaɪ, -dʒaɪ/ *o* **-guses** /-gəsɪz/) hongo

funnel /ˈfʌnl/ ◆ *n* **1** embudo **2** (*de un barco*) chimenea ◆ *vt* (**-l-**, *GB* **-ll-**) canalizar

funny /ˈfʌni/ *adj* (**-ier**, **-iest**) **1** gracioso, divertido **2** extraño, raro

fur /fɜːr/ *n* **1** pelo (*de animal*) **2** piel: *a fur coat* un abrigo de piel

furious /ˈfjʊəriəs/ *adj* **1** ~ (**at sth/with sb**) furioso (con algo/algn) **2** (*esfuerzo, lucha, tormenta*) violento **3** (*debate*) acalorado **furiously** *adv* violentamente, furiosamente

furnace /ˈfɜːrnɪs/ *n* caldera

furnish /ˈfɜːrnɪʃ/ *vt* **1** ~ **sth** (**with sth**) amoblar algo (con algo): *a furnished apartment* un apartamento amoblado **2** ~ **sth/sb with sth** proveer algo a algo/algn **furnishings** *n* [*pl*] mobiliario

furniture /ˈfɜːrnɪtʃər/ *n* [*incontable*] mobiliario, muebles: *a piece of furniture* un mueble

furrow /ˈfʌroʊ/ ◆ *n* surco ◆ *vt* hacer surcos en: *a furrowed brow* una frente arrugada

furry /ˈfɜːri/ *adj* (**-ier**, **-iest**) **1** peludo **2** de peluche

further /ˈfɜːrðər/ ◆ *adj* **1** (*tb* **farther**) más lejos: *¿Which is further?* ¿Cuál está más lejos? **2** más: *until further notice* hasta nuevo aviso ◇ *for further details/information...* para mayor información... ◆ *adv* **1** (*tb* **farther**) más lejos: *How much further is it to Oxford?* ¿Cuánto falta para llegar a Oxford? **2** además: *Further to my letter...* En relación a mi carta... **3** más: *to hear nothing further* no tener más noticias **LOC** *Ver* AFIELD

> **¿Farther** o **further?** Los dos son comparativos de **far**, pero sólo son sinónimos cuando nos referimos a distancias: *Which is further/farther?* ¿Cuál está más lejos?

furthermore /ˌfɜːrðəˈmɔːr/ *adv* además

furthest /ˈfɜːrðɪst/ *adj, adv* (*superl de* **far**) más lejano/alejado: *the furthest corner of Europe* el punto más lejano de Europa

fury /ˈfjʊəri/ *n* furia, rabia

fuse /fjuːz/ ◆ *n* **1** fusible **2** mecha **3** (*USA tb* **fuze**) detonador ◆ **1** *vi* fundirse **2** *vt* ~ **sth** (**together**) soldar algo

fusion /ˈfjuːʒn/ *n* fusión

fuss /fʌs/ ◆ *n* [*incontable*] alboroto, lío **LOC to make a fuss of/over sb** hacerle fiestas a algn **to make a fuss of/over sth** hacer escándalo por/de algo **to make, kick up, etc. a fuss (about/over sth)** armar un escándalo (por algo) ◆ *vi* **1** ~ (**about**) preocuparse (*por una menudencia*) **2** ~ **over sb** mimar a algn

fussy /ˈfʌsi/ *adj* (**-ier**, **-iest**) **1** quisquilloso **2** ~ (**about sth**) exigente (con algo)

futile /ˈfjuːtl; *GB* -taɪl/ *adj* inútil

future /ˈfjuːtʃər/ ◆ *n* **1** futuro: *in the near future* en un futuro cercano **2** porvenir **LOC in (the) future** en el futuro, de ahora en adelante *Ver tb* FORESEE ◆ *adj* futuro

fuze (*USA*) *Ver* FUSE

fuzzy /ˈfʌzi/ *adj* (**-ier**, **-iest**) **1** velludo, peludo **2** borroso **3** (*mente*) confuso

Gg

G, g /dʒiː/ *n* (*pl* **G's, g's** /dʒiːz/) **1** G, g: *G as in George* G de gato ☛ *Ver ejemplos en* A, A **2** (*Mús*) sol

gab /gæb/ *n* **LOC** *Ver* GIFT

gable /ˈgeɪbl/ *n* hastial (*triángulo de fachada que soporta el tejado*)

gadget /ˈgædʒɪt/ *n* aparato

gag /gæg/ ◆ *n* **1** (*lit y fig*) mordaza **2** gag ◆ *vt* (**-gg-**) (*lit y fig*) amordazar

gage *Ver* GAUGE

gaiety /ˈgeɪəti/ *n* alegría

gain /geɪn/ ◆ *n* **1** ganancia **2** aumento, subida ◆ **1** *vt* adquirir, ganar: *to gain control* adquirir control **2** *vt* aumentar, subir, ganar: *to gain two kilograms* engordar dos kilos ◊ *to gain speed* ganar velocidad **3** *vi* ~ **by/from (doing) sth** beneficiarse de (hacer) algo **4** *vi* (*reloj*) adelantarse **PHR V to gain on sth/sb** ir alcanzando algo/a algn

gait /geɪt/ *n* [*sing*] paso, caminado

galaxy /ˈgæləksi/ *n* (*pl* **-ies**) galaxia

gale /geɪl/ *n* temporal

gallant /ˈgælənt/ *adj* **1** (*formal*) valiente **2** *tb* /ˌgəˈlænt/ galante **gallantry** *n* valentía

gallery /ˈgæləri/ *n* (*pl* **-ies**) **1** (*tb* **art gallery**) museo ☛ *Ver nota en* MUSEUM **2** (*almacén*) galería **3** (*Teat*) galería

galley /ˈgæli/ *n* (*pl* **-eys**) **1** cocina (*en un avión o un barco*) **2** (*Náut*) galera

gallon /ˈgælən/ *n* (*abrev* **gall**) galón

gallop /ˈgæləp/ ◆ *vt, vi* (hacer) galopar ◆ *n* (*lit y fig*) galope

the gallows /ˈgæloʊz/ *n* (la) horca

gamble /ˈgæmbl/ ◆ *vt, vi* (*plata*) jugar, apostar **PHR V to gamble on (doing) sth** confiar en (hacer) algo, arriesgarse a (hacer) algo ◆ *n* **1** jugada **2** (*fig*): *to be a gamble* ser arriesgado **gambler** *n* jugador, -ora **gambling** *n* juego

game /geɪm/ ◆ *n* **1** juego **2** partido ☛ *Comparar con* MATCH[2] **3** (*cartas, ajedrez*) partido **4 games** [*pl*] (*GB*) educación física **5** [*incontable*] caza **LOC** *Ver* FAIR, MUG ◆ *adj*: *Are you game?* ¿Se anima?

gammon /ˈgæmən/ *n* [*incontable*] (*GB*) jamón (fresco salado) ☛ *Comparar con* BACON, HAM

gander *Ver* GOOSE

gang /gæŋ/ ◆ *n* **1** barra, pandilla **2** brigada (*de trabajadores*) ◆ **PHR V to gang up on sb** juntarse contra algn

gangster /ˈgæŋstər/ *n* gángster

gangway /ˈgæŋweɪ/ *n* **1** pasarela **2** (*GB*) pasillo (*entre sillas, etc.*)

gaol /dʒeɪl/ *Ver* JAIL

gap /gæp/ *n* **1** hueco, abertura **2** espacio **3** (*tiempo*) intervalo **4** (*fig*) separación **5** (*deficiencia*) laguna, vacío **LOC** *Ver* BRIDGE

gape /geɪp/ *vi* **1** ~ (**at sth/sb**) mirar boquiabierto (algo/a algn) **2** abrirse, quedar abierto **gaping** *adj* enorme: *a gaping hole* un agujero enorme

garage /gəˈrɑʒ, -ˈrɑdʒ; *GB* ˈgærɑːʒ, ˈgærɪdʒ/ *n* **1** garaje **2** taller **3** estación de servicio

garbage /ˈgɑrbɪdʒ/ *n* (*GB* **rubbish**) [*incontable*] (*lit y fig*) basura

garbage man (*GB* **dustman**) *n* basurero

garbled /ˈgɑrbld/ *adj* confuso

garden /ˈgɑrdn/ ◆ *n* jardín ◆ *vi* trabajar en el jardín **gardener** *n* jardinero, -a **gardening** *n* jardinería

gargle /ˈgɑrgl/ *vi* hacer gárgaras

garish /ˈgeərɪʃ/ *adj* chillón (*color, ropa*)

garland /ˈgɑrlənd/ *n* guirnalda

garlic /ˈgɑrlɪk/ *n* [*incontable*] ajo: *clove of garlic* diente de ajo

garment /ˈgɑrmənt/ *n* (*formal*) prenda (*de vestir*)

garnish /ˈgɑrnɪʃ/ ◆ *vt* adornar, aderezar ◆ *n* adorno

garrison /ˈgærɪsn/ *n* [*v sing o pl*] guarnición (*militar*)

gas /gæs/ ◆ *n* (*pl* ~**es**) **1** gas: *gas mask* careta antigás **2** (*GB* **petrol**) (*coloq*) gasolina ◆ *vt* (**-ss-**) asfixiar con gas

gash /gæʃ/ *n* herida profunda

gasoline /ˈgæsəliːn/ *n* (*GB* **petrol**) gasolina

gasp /gæsp; *GB* gɑːsp/ ◆ **1** *vi* dar un grito ahogado **2** *vi* jadear: *to gasp for air* hacer esfuerzos para respirar **3** *vt* ~

sth (**out**) decir algo con voz entrecortada ◆ *n* jadeo, grito ahogado

gas station *n* (*GB* **petrol station**) gasolinera, bomba (de gasolina)

gate /geɪt/ *n* puerta, portón, reja

gatecrash /ˈgeɪtkræʃ/ *vt, vi* colarse (en)

gateway /ˈgeɪtweɪ/ *n* **1** entrada, puerta **2** ~ **to sth** (*fig*) pasaporte hacia algo

gather /ˈgæðər/ **1** *vi* juntarse, reunirse **2** *vi* (*muchedumbre*) formarse **3** *vt* ~ **sth/sb** (**together**) reunir/juntar algo; reunir a algn **4** *vt* (*flores, fruta*) recoger **5** *vt* deducir, tener entendido **6** *vt* ~ **sth** (**in**) (*costura*) fruncir algo **7** *vt* (*velocidad*) adquirir **PHR V to gather around** acercarse **to gather around sth/sb** agruparse en torno a algo/algn **to gather sth up** recoger algo **gathering** *n* reunión

gaudy /ˈgɔːdi/ *adj* (**-ier**, **-iest**) (*pey*) chillón, llamativo (*colores, etc.*)

gauge (*USA tb* **gage**) /geɪdʒ/ ◆ *n* **1** medida **2** (*Ferrocarril*) ancho de vía **3** indicador ◆ *vt* **1** calibrar, calcular **2** juzgar

gaunt /gɔːnt/ *adj* demacrado

gauze /gɔːz/ *n* gasa

gave *pret de* GIVE

gay /geɪ/ ◆ *adj* **1** gay, homosexual **2** (*antic*) alegre ◆ *n* gay

gaze /geɪz/ ◆ *vi* ~ (**at sth/sb**) mirar fijamente (algo/a algn): *They gazed into each other's eyes.* Se miraron fijamente a los ojos. ◆ *n* [*sing*] mirada fija y larga

GCSE /ˌdʒiːsiːesˈiː/ *abrev* (*GB*) **General Certificate of Secondary Education** exámenes presentados durante el bachillerato, alrededor de los 16 años

gear /gɪər/ ◆ *n* **1** equipo: *camping gear* equipo de acampar **2** (*carro*) cambio: *out of gear* en neutro ◊ *to shift gears* hacer un cambio/cambiar de velocidad *Ver tb* REVERSE **3** (*Mec*) engranaje ◆ **PHR V to gear sth to/towards sth** adaptar algo a algo, enfocar algo a algo **to gear (sth/sb) up (for/to do sth)** prepararse (para algo/para hacer algo), preparar algo/a algn (para algo/para hacer algo)

gearbox /ˈgɪərbɑks/ *n* caja de cambios

geese *plural de* GOOSE

gem /dʒem/ *n* **1** piedra preciosa **2** (*fig*) joya

Gemini /ˈdʒemɪnaɪ/ *n* Géminis ☛ *Ver ejemplos en* AQUARIUS

gender /ˈdʒendər/ *n* **1** (*Gram*) género **2** sexo

gene /dʒiːn/ *n* gen

general /ˈdʒenrəl/ ◆ *adj* general: *as a general rule* por regla general ◊ *the general public* el público/la gente (en general) **LOC in general** en general ◆ *n* general

general election *n* elecciones generales

generalize, -ise /ˈdʒenrəlaɪz/ *vi* ~ (**about sth**) generalizar (sobre algo) **generalization, -isation** *n* generalización

generally /ˈdʒenrəli/ *adv* generalmente, por lo general: *generally speaking...* en términos generales...

general practice *n* (*GB*) medicina general

general practitioner *n* (*abrev* **GP**) (*GB*) médico general

general-purpose /ˌdʒenrəl ˈpɜːrpəs/ *adj* de uso general

generate /ˈdʒenəreɪt/ *vt* generar **generation** *n* generación: *the older/ younger generation* los mayores/ jóvenes ◊ *the generation gap* el conflicto generacional

generator /ˈdʒenəreɪtər/ *n* generador

generosity /ˌdʒenəˈrɑsəti/ *n* generosidad

generous /ˈdʒenərəs/ *adj* **1** (*persona, regalo*) generoso **2** (*ración*) abundante: *a generous helping* una buena porción

genetic /dʒəˈnetɪk/ *adj* genético **genetics** *n* [*sing*] genética

genial /ˈdʒiːniəl/ *adj* simpático

genital /ˈdʒenɪtl/ *adj* genital **genitals** (*tb* **genitalia** /ˌdʒenɪˈteɪliə/) *n* [*pl*] (*formal*) genitales

genius /ˈdʒiːniəs/ *n* (*pl* **geniuses**) genio

genocide /ˈdʒenəsaɪd/ *n* genocidio

gent /dʒent/ *n* **1 the Gents** [*sing*] (*GB, coloq*) baños (de caballeros) **2** (*coloq, joc*) caballero

genteel /dʒenˈtiːl/ *adj* (*pey*) fino, elegante **gentility** /dʒenˈtɪləti/ *n* (*aprob, irón*) finura

gentle /ˈdʒentl/ *adj* (**-er**, **-est**) **1** (*persona, carácter*) amable, benévolo **2** (*brisa, caricia, ejercicio*) suave **3**

(*animal*) manso **4** (*declive, toque*) ligero **gentleness** *n* **1** amabilidad **2** suavidad **3** mansedumbre **gently** *adv* **1** suavemente **2** (*freír*) a fuego lento **3** (*persuadir*) poco a poco

gentleman /ˈdʒentlmən/ *n* (*pl* **-men** /-mən/) caballero *Ver tb* LADY

genuine /ˈdʒenjuɪn/ *adj* **1** (*cuadro*) auténtico **2** (*persona*) sincero

geography /dʒiˈɑgrəfi/ *n* geografía **geographer** /dʒiˈɑgrəfər/ *n* geógrafo, -a **geographical** /ˌdʒiːəˈgræfɪkl/ *adj* geográfico

geology /dʒiˈɑlədʒi/ *n* geología **geological** /ˌdʒiːəˈlɑdʒɪkl/ *adj* geológico **geologist** /dʒiˈɑlədʒɪst/ *n* geólogo, -a

geometry /dʒiˈɑmətri/ *n* geometría **geometric** /dʒiəˈmetrɪk/ (*tb* **geometrical** /-ɪkl/) *adj* geométrico

geriatric /ˌdʒeriˈætrɪk/ *adj, n* geriátrico, -a

germ /dʒɜːrm/ *n* germen, microbio

get /get/ (**-tt-**) (*pret* **got** /gɒt/ *pp* **gotten** /ˈgɒtn/, *GB* **got**)

• **to get + n/pron** *vt* recibir, conseguir: *to get a shock* llevarse un susto ◊ *to get a letter* recibir una carta ◊ *How much did you get for your car?* ¿Cuánto le dieron por el carro? ◊ *She gets bad headaches.* Sufre de fuertes dolores de cabeza. ◊ *I didn't get the joke.* No entendí el chiste.

• **to get + objeto + infinitivo o -ing** *vt* **to get sth/sb doing sth/to do sth** hacer, conseguir que algo/algn haga algo: *to get the car to start* hacer que el carro arranque ◊ *to get him talking* hacerlo hablar

• **to get + objeto + participio** *vt* (*con actividades que queremos que sean realizadas por otra persona para nosotros*): *to get your hair cut* cortarse el pelo ◊ *You should get your watch repaired.* Debería llevar a arreglar su reloj. *Ver tb* HAVE sentido 6

• **to get + objeto + adj** *vt* (*conseguir que algo se vuelva/haga...*): *to get sth right* acertar algo ◊ *to get the children ready for school* arreglar a los niños para ir al colegio ◊ *to get (yourself) ready* arreglarse

• **to get + adj** *vi* volverse, hacerse: *to get wet* mojarse ◊ *It's getting late.* Se está haciendo tarde. ◊ *to get better* mejorar/recuperarse

• **to get + participio** *vt*: *to get fed up with sth* cansarse de algo ◊ *to get used to sth* acostumbrarse a algo ◊ *to get lost* perderse

Algunas combinaciones frecuentes de **to get + participio** se traducen por verbos pronominales: *to get bored* aburrirse ◊ *to get divorced* divorciarse ◊ *to get dressed* vestirse ◊ *to get drunk* emborracharse ◊ *to get married* casarse. Para conjugarlos, añadimos la forma correspondiente de **get**: *She soon got used to it.* Se acostumbró rapidísimo. ◊ *I'm getting dressed.* Me estoy vistiendo. ◊ *We'll get married in the summer.* Nos vamos a casar este verano. **Get + participio** se utiliza también para expresar acciones que ocurren o se realizan de forma accidental, inesperada o repentina: *I got caught in a heavy rainstorm.* Me agarró una tormenta muy fuerte. ◊ *Simon got hit by a ball.* A Simon le dieron un pelotazo.

• **otros usos 1** *vi* **to get to do sth** llegar a hacer algo: *to get to know sb* (llegar a) conocer a algn **2** *vt, vi* **to have got (to do) sth** tener (que hacer) algo ☛ *Comparar con* HAVE **3** *vi* **to get to...** (*movimiento*) llegar a...: *How do you get to Springfield?* ¿Cómo se llega a Springfield? **LOC to get away from it all** (*coloq*) huir de todo y de todos **to get (sb) nowhere; not to get (sb) anywhere** (*coloq*) no llevar (a algn) a ninguna parte **to get there** lograrlo ☛ Para otras expresiones con **get**, véanse las entradas del sustantivo, adjetivo, etc., p.ej. **to get the hang of sth** en HANG.

PHR V to get about/(a)round 1 (*persona, animal*) salir, moverse **2** (*rumor, noticia*) circular, correr

to get sth across (to sb) comunicar algo (a algn)

to get ahead (of sb) adelantarse (a algn)

to get along with sb; to get along (together) llevarse bien (con algn)

to get (a)round to (doing) sth encontrar tiempo para (hacer) algo

to get at sb (*coloq*) meterse con algn **to get at sth** (*coloq*) insinuar algo: *What are you getting at?* ¿Qué quieres decir?

to get away (from...) irse, salir (de...)

to get away with (doing) sth salvarse de un castigo por (hacer) algo

to get back regresar **to get back at sb** (*coloq*) vengarse de algn **to get sth back** recuperar, recobrar algo
to get behind (with sth) retrasarse (con/en algo)
to get by (lograr) pasar, arreglárselas
to get down 1 bajar **2** (*niños*) levantarse (de la mesa) **to get down to (doing) sth** ponerse a hacer algo **to get sb down** (*coloq*) deprimir a algn
to get in; to get into sth 1 (*tren*) llegar (a algún sitio) **2** (*persona*) volver (a la casa) **3** subirse (a algo) (*vehículo*) **to get sth in** recoger algo
to get off (sth) 1 salir (del trabajo) **2** (*vehículo*) bajar (de algo) **to get off with sb** (*GB, coloq*) encarretarse con algn **to get sth off (sth)** quitar algo (de algo)
to get on 1 (*GB*) (*USA* **to do well**) tener éxito **2** (*GB*) (*USA* **to get along**) arreglárselas **to get on; to get onto sth** subirse (a algo) **to get on to sth** ponerse a hablar de algo, pasar a considerar algo **to get on with sb; to get on (together)** (*GB*) (*USA* **to get along**) llevarse bien (con algn) **to get on with sth** seguir con algo: *Get on with your work!* ¡Sigan trabajando! **to get sth on** poner(se) algo
to get out (of sth) 1 salir (de algo): *Get out (of here)!* ¡Fuera de aquí! **2** (*vehículo*) bajar (de algo) **to get out of (doing) sth** librarse de (hacer) algo **to get sth out of sth/sb** sacar algo de algo/algn
to get over sth 1 (*problema, timidez*) superar algo **2** olvidar algo **3** recuperarse de algo
to get round sb (*GB, coloq*) convencer a algn
to get through sth 1 (*plata, comida*) consumir algo **2** (*tarea*) terminar algo **to get through (to sb)** (*por teléfono*), comunicarse (con algn) **to get through to sb** entenderse con algn
to get together (with sb) reunirse (con algn) **to get sth/sb together** reunir, juntar algo/a algn **to get up** levantarse **to get up to sth 1** llegar a algo **2** meterse en algo **to get sb up** levantar a algn

getaway /ˈgetəweɪ/ *n* fuga: *getaway car* carro para la fuga

ghastly /ˈgæstli; *GB* ˈgɑːstli/ *adj* (**-ier, -iest**) espantoso: *the whole ghastly business* todo el asqueroso asunto

ghetto /ˈgetoʊ/ *n* (*pl* **~s**) gueto

ghost /goʊst/ *n* fantasma **LOC to give up the ghost** (*GB, coloq*) estirar la pata **ghostly** *adj* (**-ier, -iest**) fantasmal

ghost story *n* historia de terror

giant /ˈdʒaɪənt/ *n* gigante

gibberish /ˈdʒɪbərɪʃ/ *n* tonterías

giddy /ˈgɪdi/ *adj* (**-ier, -iest**) mareado: *The dancing made her giddy.* El baile la mareó.

gift /gɪft/ *n* **1** regalo *Ver tb* PRESENT **2** ~ **(for sth/doing sth)** don, aptitudes (para algo/hacer algo) **3** (*coloq*) ganga **LOC to have the gift of the gab** tener mucha labia *Ver tb* LOOK[1] **gifted** *adj* dotado

gift certificate (*tb* **gift voucher**) *n* vale de regalo

gift-wrap /ˈgɪft ræp/ *vt* envolver en papel de regalo

gig /gɪg/ *n* (*coloq*) actuación (*musical*)

gigantic /dʒaɪˈgæntɪk/ *adj* gigantesco

giggle /ˈgɪgl/ ◆ *vi* ~ **(at sth/sb)** reírse tontamente (de algo/algn) ◆ *n* **1** risita **2** broma: *I only did it for a giggle.* Sólo lo hice para reírnos un rato. **3 the giggles** [*pl*]: *a fit of the giggles* un ataque de risa

gilded /ˈgɪldɪd/ (*tb* **gilt** /gɪlt/) *adj* dorado

gimmick /ˈgɪmɪk/ *n* truco publicitario o de promoción

gin /dʒɪn/ *n* ginebra

ginger /ˈdʒɪndʒər/ ◆ *n* jengibre ◆ *adj* (*GB*) pelirrojo: *a ginger cat* un gato de color rojizo

gingerly /ˈdʒɪndʒərli/ *adv* cautelosamente, sigilosamente

gipsy *Ver* GYPSY

giraffe /dʒəˈræf; *GB* -ˈrɑːf/ *n* jirafa

girl /gɜːrl/ *n* niña, chica

girlfriend /ˈgɜːrlfrend/ *n* **1** novia **2** (*esp USA*) amiga

gist /dʒɪst/ *n* **LOC to get the gist of sth** captar lo esencial de algo

give /gɪv/ ◆ (*pret* **gave** /geɪv/ *pp* **given** /ˈgɪvn/) **1** *vt* ~ **sth (to sb)**; ~ **(sb) sth** dar algo (a algn): *I gave each of the boys an apple.* Le di una manzana a cada uno de los muchachos. ◊ *It gave us a big shock.* Nos dio un buen susto. **2** *vi* ~ **(to sth)** dar plata (para algo) **3** *vi* ceder **4** *vt* (*tiempo, pensamiento*) dedicar **5** *vt* contagiar: *You've given me your cold.* Me pegaste la gripa. **6** *vt* conceder: *I'll* *give you that.* Te reconozco eso. **7** *vt* dar: *to give a lecture* dar una conferencia **LOC don't give me that!** ¡no me salga con eso! **give or take sth**: *an hour and a half, give or take a few minutes* una hora y media, más o menos **not to give a damn, a hoot, etc.** (**about sth/sb**) (*coloq*) importar a algn un comino (algo/algn): *She doesn't give a damn about it.* Le importa un comino. ☛ Para otras expresiones con **give**, véanse las entradas del sustantivo, adjetivo, etc., p.ej. **to give rise to sth** en RISE.

PHR V to give sb away delatar a algn **to give sth away** regalar algo, revelar algo **to give (sb) back sth**; **to give sth back (to sb)** devolver algo (a algn)
to give in (to sth/sb) ceder (a algo/algn) **to give sth in** entregar algo
to give sth out repartir algo
to give up abandonar, rendirse **to give sth up**; **to give up doing sth** dejar algo, dejar de hacer algo: *to give up hope* perder las esperanzas ◊ *to give up smoking* dejar de fumar ◆ *n* **LOC give and take** toma y daca

given /ˈgɪvn/ ◆ *adj, prep* dado ◆ *pp de* GIVE

given name (*GB* **Christian name**) *n* nombre de pila

glad /glæd/ *adj* (**gladder**, **gladdest**) **1 to be ~ (about sth/to do sth/that...)** alegrarse (de algo/de hacer algo/de que...): *I'm glad (that) you could come.* Me alegro de que pudiera venir. **2 to be ~ to do sth** tener mucho gusto en hacer algo: *"Can you help?" "I'd be glad to."* ¿Puede ayudar? Con mucho gusto. **3 to be ~ of sth** agradecer algo

> **Glad** y **pleased** se utilizan para referirse a una circunstancia o un hecho concretos: *Are you glad/pleased about getting the job?* ¿Está contento de haber conseguido el trabajo? **Happy** describe un estado mental y puede preceder al sustantivo al que acompaña: *Are you happy in your new job?* ¿Está contento en su nuevo trabajo? ◊ *a happy occasion* una ocasión feliz ◊ *happy memories* recuerdos felices.

gladly *adv* con gusto

glamor (*GB* **glamour**) /ˈglæmər/ *n* glamour **glamorous** *adj* glamoroso

glance /glæns; *GB* glɑːns/ ◆ *vi* ~ **at/down/over/through sth** echar un vistazo/una mirada a algo ◆ *n* mirada (rápida), vistazo: *to take a glance at sth* echar un vistazo a algo **LOC at a glance** a simple vista

gland /glænd/ *n* glándula

glare /gleər/ ◆ *n* **1** luz deslumbrante **2** mirada desafiante ◆ *vi* ~ **at sth/sb** mirar de manera desafiante a algo/algn **glaring** *adj* **1** (*error*) evidente **2** (*expresión*) airado, desafiante **3** (*luz*) deslumbrante **glaringly** *adv*: *glaringly obvious* muy evidente

glass /glæs; *GB* glɑːs/ *n* **1** [*incontable*] vidrio, cristal: *a pane of glass* un vidrio ◊ *broken glass* vidrios rotos **2** copa, vaso: *a glass of water* un vaso de agua **3 glasses** (*GB tb* **spectacles**) [*pl*] gafas, anteojos: *I need a new pair of glasses.* Necesito unas gafas nuevas. **LOC** *Ver* RAISE ☛ *Ver nota en* PAIR

glaze /gleɪz/ ◆ *n* **1** (*cerámica*) barniz **2** (*Cocina*) glaseado ◆ *vt* **1** (*cerámica*) barnizar **2** (*cocina*) glasear *Ver tb* DOUBLE GLAZING **PHR V to glaze over** ponerse vidrioso (*ojos*) **glazed** *adj* **1** (*ojos*) inexpresivo **2** (*cerámica*) barnizado

gleam /gliːm/ ◆ *n* **1** destello **2** brillo ◆ *vi* **1** destellar **2** brillar, relucir **gleaming** *adj* reluciente

glean /gliːn/ *vt* sacar (*información*)

glee /gliː/ *n* regocijo **gleeful** *adj* eufórico **gleefully** *adv* con euforia

glen /glen/ *n* valle estrecho

glide /glaɪd/ ◆ *n* deslizamiento ◆ *vi* **1** deslizarse **2** (*en el aire*) planear **glider** *n* planeador

glimmer /ˈglɪmər/ *n* **1** luz tenue **2** ~ **(of sth)** (*fig*) chispa (de algo): *a glimmer of hope* un rayo de esperanza

glimpse /glɪmps/ ◆ *n* visión momentánea **LOC** *Ver* CATCH ◆ *vt* vislumbrar

glint /glɪnt/ ◆ *vi* **1** destellar **2** (*ojos*) brillar ◆ *n* **1** destello **2** (*ojos*) chispa

glisten /ˈglɪsn/ *vi* brillar (*esp superficie mojada*)

glitter /ˈglɪtər/ ◆ *vi* relucir ◆ *n* **1** brillo **2** (*fig*) esplendor

gloat /gloʊt/ *vi* ~ **(about/over sth)** jactarse, regocijarse (de algo)

global /ˈgloʊbl/ *adj* **1** mundial **2** global

globe /gloʊb/ *n* **1** globo **2** globo terráqueo

gloom /gluːm/ *n* **1** penumbra **2** tristeza **3** pesimismo **gloomy** *adj* (**-ier**, **-iest**) **1** (*lugar*) oscuro **2** (*día*) triste **3** (*pronóstico*) poco prometedor **4** (*aspecto, voz, etc.*) triste **5** (*carácter*) melancólico

glorious /ˈglɔːriəs/ *adj* **1** glorioso **2** espléndido

glory /ˈglɔːri/ ◆ *n* **1** gloria **2** esplendor ◆ *vi* ~ **in sth 1** vanagloriarse de algo **2** enorgullecerse de algo

gloss /glɔːs, glɑs/ ◆ *n* **1** brillo **2** (*tb* **gloss paint**) pintura de esmalte ☛ *Comparar con* MATT **3** (*fig*) lustre **4** ~ (**on sth**) glosa (de algo) ◆ **PHR V to gloss over sth** pasar algo por alto **glossy** *adj* (**-ier**, **-iest**) reluciente, lustroso

glossary /ˈglɑsəri/ *n* (*pl* **-ies**) glosario

glove /glʌv/ *n* guante **LOC** *Ver* FIT[2]

glow /gloʊ/ ◆ *vi* **1** (*metal*) estar al rojo vivo **2** brillar (suavemente) **3** (*cara*) enrojecerse **4** ~ (**with sth**) (*esp salud*) rebosar (de algo) ◆ *n* **1** luz suave **2** arrebol **3** (sentimiento de) satisfacción

glucose /ˈgluːkoʊs/ *n* glucosa

glue /gluː/ goma de pegar, pegante ◆ *vt* (*pt pres* **gluing**) pegar

glutton /ˈglʌtn/ *n* **1** glotón, -ona, comelón, -ona **2** ~ **for sth** (*coloq, fig*) amante de algo: *to be a glutton for punishment* ser un masoquista

gnarled /nɑrld/ *adj* **1** (*árbol, mano*) retorcido **2** (*tronco*) nudoso

gnaw /nɔː/ *vt, vi* **1** ~ (**at**) **sth** roer algo **2** ~ (**at**) **sb** atormentar a algn

gnome /noʊm/ *n* gnomo

go[1] /goʊ/ *vi* (*3ª pers sing pres* **goes** /goʊz/ *pret* **went** /went/ *pp* **gone** /gɔːn; *GB* gɒn/) **1** ir: *to go home* irse a la casa ◊ *I went to bed at ten o'clock.* Me acosté a las diez.

> **Been** se usa como participio pasado de **go** para expresar que alguien ha ido a un lugar y ha vuelto: *Have you ever been to London?* ¿Has estado alguna vez en Londres? **Gone** implica que esa persona no ha regresado todavía: *John's gone to Peru. He'll be back in May.* John se fue para Perú. Vuelve en mayo.

2 irse, marcharse **3** (*tren, etc.*) salir **4 to go + -ing** ir: *to go fishing/swimming/camping* ir a pescar/a nadar/de camping **5 to go for a + sustantivo** ir: *to go for a walk* ir a dar un paseo **6** (*progreso*) ir, salir: *How's it going?* ¿Cómo le va? ◊ *Everything went well.* Todo salió bien. **7** (*máquina*) funcionar **8** volverse, quedarse: *to go crazy/blind/pale* volverse loco/quedarse ciego/palidecer *Ver tb* BECOME **9** hacer (*emitir un sonido*): *Cats go "meow".* Los gatos hacen "miau". **10** desaparecer, terminarse: *My headache's gone.* Se me quitó el dolor de cabeza. ◊ *Is it all gone?* ¿Se acabó? **11** gastarse, dañarse **12** (*tiempo*) pasar **LOC to be going to do sth**: *We're going to buy a house.* Vamos a comprar una casa. ◊ *He's going to fall!* ¡Se va a caer! ☛ Para otras expresiones con **go**, véanse las entradas del sustantivo, adjetivo, etc., p.ej. **to go astray** en ASTRAY.

PHR V to go about (*tb* **to go around**) **1** [*con adj o -ing*] andar: *to go about naked* andar desnudo **2** (*rumor*) circular **to go about** (**doing**) **sth**: *How should I go about telling him?* ¿Cómo debería decírselo?

to go ahead (**with sth**) seguir adelante (con algo)

to go along with sth/sb estar conforme con algo/con lo que dice algn

to go around alcanzar, ser suficiente **to go around** (*tb* **to go about**) **1** [*con adj o -ing*] andar: *to go around criticizing everybody* andar criticando a todo el mundo **2** (*rumor*) circular

to go away 1 irse (de viaje) **2** (*mancha*) desaparecer

to go back volver **to go back on sth** faltar a algo (*promesa, etc.*)

to go by pasar: *as time goes by* con el tiempo

to go down 1 bajar **2** (*barco*) hundirse **3** (*sol*) ponerse **to go down** (**with sb**) (*película, obra*) ser recibido/acogido (por algn)

to go for sb atacar a algn **to go for sth/sb** ir por algo/algn: *That goes for you too.* Eso va para usted también.

to go in entrar **to go in** (**sth**) caber (en algo) **to go in for** (**doing**) **sth** interesarse por (hacer) algo (*hobby, etc.*)

to go into sth 1 decidir dedicarse a algo (*profesión*) **2** examinar algo: *to go into* (*the*) *details* entrar en detalles

to go off 1 irse, marcharse **2** (*arma*) dispararse **3** (*bomba*) explotar **4**

(*alarma*) sonar **5** (*luz*) apagarse **6** (*alimentos*) pasarse **7** (*acontecimiento*) salir: *It went off well.* Salió muy bien. **to go off sth/sb** perder interés en algo/ algn **to go off with sth** llevarse algo
to go on 1 seguir adelante **2** (*luz*) encenderse **3** suceder: *What's going on here?* ¿Qué pasa aquí? **4** (*situación*) continuar, durar **to go on (about sth/ sb)** no parar de hablar (de algo/algn) **to go on (with sth/doing sth)** seguir (con algo/haciendo algo)
to go out 1 salir **2** (*luz*) apagarse
to go over sth 1 examinar algo **2** (*de nuevo*) repasar algo **to go over to sth** pasarse a algo (*opinión, partido*)
to go through ser aprobado (*ley, etc.*) **to go through sth 1** revisar, registrar algo **2** (*de nuevo*) repasar algo **3** sufrir, pasar por algo **to go through with sth** llevar algo a cabo, seguir adelante con algo
to go together hacer juego, armonizar
to go up 1 subir **2** (*edificio*) levantarse **3** estallar, explotar
to go with sth ir bien, hacer juego con algo
to go without pasar privaciones **to go without sth** arreglárselas sin algo

go² /goʊ/ *n* (*pl* **goes** /goʊz/) **1** (*GB*) turno: *Whose go is it?* ¿A quién le toca? *Ver* TURN **2** (*coloq*) empuje, dinamismo **LOC to be on the go** (*coloq*) no parar **to have a go (at sth/doing sth)** (*coloq*) probar suerte (con algo), intentar (hacer algo)

goad /goʊd/ *vt* ~ **sb (into doing sth)** incitar a algn (a hacer algo)

go-ahead /ˈgoʊ əhed/ ◆ **the go-ahead** *n* luz verde ◆ *adj* emprendedor

goal /goʊl/ *n* **1** portería **2** gol **3** (*fig*) meta **goalkeeper** (*coloq* **goalie**) *n* portero, -a **goalpost** *n* poste de la portería

goat /goʊt/ *n* cabra

gobble /ˈgɑbl/ *vt* ~ **sth (up/down)** engullir algo; tragarse algo

go-between /ˈgoʊ bɪtwiːn/ *n* intermediario, -a

god /gɑd/ *n* **1** dios **2 God** [*sing*] Dios **LOC** *Ver* SAKE, KNOW

godchild /ˈgɑdtʃaɪld/ *n* ahijado, -a

god-daughter /ˈgɑd dɔːtər/ *n* ahijada

goddess /ˈgɑdes/ *n* diosa

godfather /ˈgɑdfɑðər/ *n* padrino

godmother /ˈgɑdmʌðər/ *n* madrina

godparent /ˈgɑdpeərənt/ *n* **1** padrino, madrina **2 godparents** [*pl*] padrinos

godsend /ˈgɑdsend/ *n* regalo del cielo

godson /ˈgɑdsʌn/ *n* ahijado

goggles /ˈgɑglz/ *n* [*pl*] gafas (protectoras) (*de motociclista, deportista, etc.*)

going /ˈgoʊɪŋ/ *n* **1** [*sing*] (*marcha*) ida **2** *Good going!* ¡Bien hecho! ◊ *That was good going.* Fue muy rápido. ◊ *The path was rough going.* El camino estaba en muy mal estado. **LOC to get out, etc. while the going is good** irse, etc. mientras las condiciones son favorables

gold /goʊld/ *n* oro: *a gold bracelet* una pulsera de oro **LOC (as) good as gold** más bueno que el pan

gold dust *n* oro en polvo

golden /ˈgoʊldən/ *adj* **1** de oro **2** (*color y fig*) dorado **LOC** *Ver* ANNIVERSARY

goldfish /ˈgoʊldfɪʃ/ *n* pez de colores

golf /gɑlf/ *n* golf: *golf course* campo de golf **golf club** *n* **1** club de golf **2** palo de golf **golfer** *n* golfista

gone /gɔːn; *GB* gɒn/ ◆ *pp de* GO¹ ◆ *prep* (*GB*): *It was gone midnight.* Eran las doce pasadas.

gonna /ˈgʊnə, ˈgənə/ (*coloq*) = GOING TO *en* GO¹

good /gʊd/ ◆ *adj* (*comp* **better** /ˈbetər/ *superl* **best** /best/) **1** bueno: *good nature* bondad **2** *to be good at sth* tener aptitud para algo **3** ~ **to sb** bueno, amable con algn **4** *Vegetables are good for you.* Las verduras son buenas para la salud. **LOC as good as** prácticamente: *He as good as said I was a liar.* Prácticamente me llamó mentiroso. **good for you, her, etc.!** (*coloq*) ¡bien hecho! ☛ Para otras expresiones con **good**, véanse las entradas del sustantivo, adjetivo, etc., p.ej. **a good many** en MANY. ◆ *n* **1** bien **2 the good** [*pl*] los buenos **LOC for good** para siempre **to be no good (doing sth)** no servir de nada (hacer algo) **to do sb good** hacerle/caerle/sentarle bien a algn

goodbye /ˌgʊdˈbaɪ/ *interj, n* adiós, hasta luego: *to say goodbye* despedirse ☛ Otras palabras más informales son **bye, cheerio** y **cheers**.

good-humored /ˌgʊd ˈhjuːmərd/ (*GB* **-humoured**) *adj* **1** atento, cordial **2** de buen humor

good-looking /ˌgʊd ˈlʊkɪŋ/ *adj* buen mozo

good-natured /ˌgʊd ˈneɪtʃərd/ *adj* **1** amable **2** de buen corazón

goodness /ˈgʊdnəs/ ◆ *n* **1** bondad **2** valor nutritivo ◆ *interj* ¡Dios mío! **LOC** *Ver* KNOW

goods /gʊdz/ *n* [*pl*] **1** bienes **2** artículos, mercancías, productos

goodwill /ˌgʊdˈwɪl/ *n* buena voluntad

goose /guːs/ *n* (*pl* **geese** /giːs/) (*masc* **gander** /ˈgændər/) ganso

gooseberry /ˈguːsberi; *GB* ˈgʊzbəri/ *n* (*pl* **-ies**) baya verde del tamaño de una uva que se usa en mermeladas

goose pimples (*tb* **goose bumps**) *n* [*pl*] piel de gallina

gorge /gɔːrdʒ/ *n* cañón (*Geog*)

gorgeous /ˈgɔːrdʒəs/ *adj* **1** magnífico **2** (*coloq*) precioso

gorilla /gəˈrɪlə/ *n* gorila

gory /ˈgɔːri/ *adj* (**gorier**, **goriest**) **1** sangriento **2** morboso

go-slow /ˌgoʊ ˈsloʊ/ *n* (*GB*) operación tortuga

gospel /ˈgɑspl/ *n* evangelio

gossip /ˈgɑsɪp/ ◆ *n* **1** [*incontable*] (*pey*) chismes **2** (*pey*) chismoso, -a ◆ *vi* ~ (**with sb**) (**about sth**) chismosear (con algn) (de algo)

got (*GB*) *pret, pp de* GET

Gothic /ˈgɑθɪk/ *adj* gótico

gotten (*USA*) *pp de* GET

gouge /gaʊdʒ/ *vt* hacer (*agujero*) **PHR V to gouge sth out** sacar/extraer algo

gout /gaʊt/ *n* gota (*enfermedad*)

govern /ˈgʌvərn; *GB* ˈgʌvn/ **1** *vt, vi* gobernar **2** *vt* (*acto, negocio*) regir **governing** *adj* rector

governess /ˈgʌvərnəs/ *n* institutriz

government /ˈgʌvərnmənt/ *n* gobierno **LOC in government** en el gobierno **governmental** /ˌgʌvərnˈmentl; *GB* ˌgʌvn-/ *adj* gubernamental

governor /ˈgʌvərnər/ *n* **1** gobernador, -ora **2** director, -ora

gown /gaʊn/ *n* **1** vestido largo y elegante **2** (*Educ, Jur*) toga **3** (*Med*) bata

GP /ˌdʒiːˈpiː/ *abrev* (*GB*) **general practitioner**

grab /græb/ ◆ (**-bb-**) **1** *vt* agarrar **2** *vt* (*atención*) captar **3** *vi* ~ **at sth/sb** tratar de agarrar algo/a algn **4** *vt* ~ **sth** (**from sth/sb**) quitarle algo (a algn) **PHR V to grab hold of sth/sb** agarrar algo/a algn ◆ *n* **LOC to make a grab for/at sth** intentar agarrar algo

grace /greɪs/ ◆ *n* **1** gracia, elegancia **2** plazo: *five days' grace* cinco días de gracia **3** *to say grace* bendecir la mesa ◆ *vt* **1** adornar **2** ~ **sth/sb** (**with sth**) honrar algo/a algn (con algo) **graceful** *adj* **1** grácil, elegante **2** delicado (*cortés*)

gracious /ˈgreɪʃəs/ *adj* **1** afable **2** elegante, lujoso

grade /greɪd/ ◆ *n* **1** clase, categoría **2** (*GB* **mark**) (*Educ*) calificación, nota **3** (*GB* **year**) (*Educ*) año **4** (*GB* **gradient**) (*Geog*) pendiente **LOC to make the grade** (*coloq*) tener éxito ◆ *vt* **1** clasificar **2** (*GB* **mark**) (*Educ*) calificar (*examen*) **grading** *n* clasificación

grade crossing (*GB* **level crossing**) *n* cruce (de tren)

gradient /ˈgreɪdiənt/ *n* (*Geog*) pendiente

gradual /ˈgrædʒuəl/ *adj* **1** gradual, paulatino **2** (*pendiente*) suave **gradually** *adv* paulatinamente, poco a poco

graduate /ˈgrædʒʊət/ ◆ *n* **1** (*USA*) graduado, -a **2** (*GB*) ~ (**in sth**) egresado, -a (de algo) ◆ /ˈgrædʒʊeɪt/ **1** *vi* ~ (**in sth**) graduarse (en algo) **2** *vt* graduar **graduation** *n* graduación

graffiti /grəˈfiːti/ *n* [*incontable*] grafitis

graft /græft; *GB* grɑːft/ ◆ *n* (*Bot, Med*) injerto ◆ *vt* ~ **sth** (**onto sth**) injertar algo (en algo)

grain /greɪn/ *n* **1** *incontable* cereales **2** grano **3** veta (*madera*)

gram (*GB* **gramme**) /græm/ *n* (*abrev* **g**) gramo ☛ *Ver Apéndice 1.*

grammar /ˈgræmər/ *n* gramática (*libro, reglas*)

grammar school *n* **1** (*USA, antic*) escuela primaria **2** (*GB*) colegio (para alumnos de 12 a 18 años)

grammatical /grəˈmætɪkl/ *adj* **1** gramatical **2** (gramaticalmente) correcto

gramme /græm/ *n* (*GB*) *Ver* GRAM

gramophone /ˈgræməfoʊn/ *n* (*antic*) gramófono

grand /grænd/ ◆ *adj* (**-er**, **-est**) **1**

espléndido, magnífico, grandioso **2** (*antic, coloq, Irl*) estupendo **3 Grand** (*títulos*) gran **4** *grand piano* piano de cola ◆ *n* (*pl* **grand**) (*coloq*) mil dólares o libras

grandad /ˈgrændæd/ *n* (*coloq*) abuelo, abuelito

grandchild /ˈgræntʃaɪld/ *n* (*pl* **-children**) nieto, -a

granddaughter /ˈgrændɔːtər/ *n* nieta

grandeur /ˈgrændʒər/ *n* grandiosidad, grandeza

grandfather /ˈgrænfɑðər/ *n* abuelo

grandma /ˈgrænmɑ/ *n* (*coloq*) abuela, abuelita

grandmother /ˈgrænmʌðər/ *n* abuela

grandpa /ˈgrænpɑ/ *n* (*coloq*) abuelo, abuelito

grandparent /ˈgrænpeərənt/ *n* abuelo, -a

grandson /ˈgrænsʌn/ *n* nieto

grandstand /ˈgrændstænd/ *n* (*Dep*) tribuna

granite /ˈgrænɪt/ *n* granito

granny /ˈgræni/ *n* (*pl* **-ies**) (*coloq*) abuela, abuelita

grant /grænt; *GB* grɑːnt/ ◆ *vt* ~ **sth** (**to sb**) conceder algo (a algn) **LOC to take sth/sb for granted** dar algo por hecho/ seguro, no darse cuenta de lo que vale algn ◆ *n* **1** subsidio **2** (*GB, Educ*) beca

grape /greɪp/ *n* uva

grapefruit /ˈgreɪpfruːt/ *n* (*pl* **grapefruit** *o* **~s**) toronja

grapevine /ˈgreɪpvaɪn/ *n* **1** viña **2 the grapevine** (*fig*) comunicación clandestina: *I heard it through the grapevine.* Me lo dijo un pajarito.

graph /græf; *GB* grɑːf/ *n* gráfico

graphic /ˈgræfɪk/ *adj* gráfico **graphics** *n* [*pl*]: *computer graphics* gráficas (computarizadas)

grapple /ˈgræpl/ *vi* ~ (**with sth/sb**) (*lit y fig*) luchar (con algo/algn)

grasp /græsp; *GB* grɑːsp/ ◆ *vt* **1** agarrar **2** (*oportunidad*) aprovechar **3** comprender ◆ *n* **1** (*fig*) alcance: *within/ beyond the grasp of* al alcance/fuera del alcance de **2** conocimiento, noción **grasping** *adj* codicioso

grass /græs; *GB* grɑːs/ *n* hierba, pasto

grasshopper /ˈgræshɑpər; *GB* ˈgrɑːs-/ *n* saltamontes

grassland /ˈgræslænd, -lənd; *GB* ˈgrɑːs-/ (*tb* **grasslands** [*pl*]) *n* pradera(s)

grass roots *n* (*Pol*) base/clase popular

grassy /græsi; *GB* grɑːsi/ *adj* (**-ier, -iest**) cubierto de pasto

grate /greɪt/ ◆ **1** *vt* rallar **2** *vi* chirriar **3** *vi* ~ (**on sth/sb**) (*fig*) irritar (algo/a algn) ◆ *n* parrilla (*de chimenea*)

grateful /ˈgreɪtfl/ *adj* ~ (**to sb**) (**for sth**); ~ (**that...**) agradecido (a algn) (por algo); agradecido (de que...)

grater /greɪtər/ *n* rallador

gratitude /ˈgrætɪtuːd; *GB* -tjuːd/ *n* ~ (**to sb**) (**for sth**) gratitud (a algn) (por algo)

grave /greɪv/ ◆ *adj* (**-er, -est**) (*formal*) grave, serio ☛ La palabra más normal es **serious**. ◆ *n* tumba

gravel /ˈgrævl/ *n* gravilla

graveyard /ˈgreɪvjɑrd/ (*tb* **cemetery**) *n* cementerio

gravity /ˈgrævəti/ *n* **1** (*Fís*) gravedad **2** (*formal*) seriedad ☛ Una palabra más normal es **seriousness**.

gravy /ˈgreɪvi/ *n* salsa (*hecha con el jugo de la carne*)

gray (*GB* **grey**) /greɪ/ ◆ *adj* (**-er, -est**) **1** (*lit y fig*) gris **2** (*pelo*) cano: *to go/turn gray* encanecer ◊ *gray-haired* canoso ◆ *n* (*pl* **grays**) gris

graze /greɪz/ ◆ **1** *vi* pacer, pastar **2** *vt* ~ **sth** (**against/on sth**) (*pierna, etc.*) rasparse algo (con algo) **3** *vt* rozar ◆ *n* raspadura (*Med*)

grease /griːs/ ◆ *n* **1** grasa **2** (*Mec*) lubricante **3** gomina, gel ◆ *vt* engrasar **greasy** *adj* (**-ier, -iest**) grasiento

great /greɪt/ ◆ *adj* (**-er, -est**) **1** gran, grande: *in great detail* con gran detalle ◊ *the world's greatest tennis player* la mejor tenista del mundo ◊ *We're great friends.* Somos muy amigos. ◊ *I'm not a great reader.* No soy muy aficionado a la lectura. **2** (*distancia*) largo **3** (*edad*) avanzado **4** (*cuidado*) mucho **5** (*coloq*) estupendo: *We had a great time.* Pasamos delicioso. ◊ *It's great to see you!* ¡Qué alegría verte! **6** ~ **at sth** muy bueno en algo **7** (*coloq*) muy: *a great big dog* un perro enorme **LOC great minds think alike** los grandes cerebros siempre coinciden *Ver tb* BELIEVER *en* BELIEVE, DEAL[1], EXTENT ◆ *n* [*gen pl*] (*coloq*) *one of the jazz greats* una de las grandes figuras del jazz **greatly** *adv* muy, mucho: *greatly exaggerated* muy exagerado ◊ *It varies greatly.* Varía mucho. **greatness** *n* grandeza

great-grandfather /ˌgreɪt ˈgrænfɑðər/ *n* bisabuelo

great-grandmother /ˌgreɪt ˈgrænmʌðər/ *n* bisabuela

greed /griːd/ *n* **1** ~ (**for sth**) codicia (de algo) **2** gula **greedily** *adv* **1** codiciosamente **2** vorazmente **greedy** *adj* (**-ier**, **-iest**) **1** ~ (**for sth**) codicioso (de algo) **2** glotón

green /griːn/ ◆ *adj* (**-er**, **-est**) verde ◆ *n* **1** verde **2** **greens** [*pl*] verduras **3** prado **greenery** *n* verde, follaje

greengrocer /ˈgriːnˌgroʊsər/ *n* (*GB*) verdulero, -a: *greengrocer's* (*shop*) verdulería

greenhouse /ˈgriːnhaʊs/ *n* invernadero: *greenhouse effect* efecto invernadero

greet /griːt/ *vt* **1** ~ **sb** saludar a algn: *He greeted me with a smile.* Me recibió con una sonrisa. ☛ *Comparar con* SALUTE **2** ~ **sth with sth** recibir, acoger algo con algo **greeting** *n* **1** saludo **2** recibimiento

grenade /grəˈneɪd/ *n* granada (*de mano*)

grew *pret de* GROW

grey (*esp GB*) *Ver* GRAY

greyhound /ˈgreɪhaʊnd/ *n* galgo

grid /grɪd/ *n* **1** rejilla **2** (*GB*) (*electricidad, gas*) red **3** (*mapa*) cuadrícula

grief /griːf/ *n* ~ (**over/at sth**) dolor, pesar (por algo) **LOC to come to grief** (*GB, coloq*) **1** fracasar **2** sufrir un accidente

grievance /ˈgriːvns/ *n* ~ (**against sb**) **1** (motivo de) queja (contra algn) **2** (*de trabajadores*) protesta (contra algn)

grieve /griːv/ (*formal*) **1** *vt* afligir, dar pena a **2** *vi* ~ (**for/over/about sth/sb**) llorar la pérdida (de algo /algn) **3** *vi* ~ **at/about/over sth** lamentarse de algo; afligirse por algo

grill /grɪl/ ◆ *n* **1** parrilla **2** (*plato*) parrillada **3** *Ver* GRILLE ◆ **1** *vt, vi* asar(se) a la parrilla **2** *vt* (*coloq, fig*) interrogar

grille (*tb* **grill**) /grɪl/ *n* rejilla, reja

grim /grɪm/ *adj* (**grimmer**, **grimmest**) **1** (*persona*) severo, ceñudo **2** (*lugar*) triste, lúgubre **3** deprimente, triste **4** macabro, siniestro

grimace /ˈgrɪməs, grɪˈmeɪs/ ◆ *n* mueca ◆ *vi* ~ (**at sth/sb**) hacer muecas (a algo/algn)

grime /graɪm/ *n* mugre **grimy** *adj* (**-ier**, **-iest**) mugriento

grin /grɪn/ ◆ *vi* (**-nn-**) ~ (**at sth/sb**) sonreír de oreja a oreja (a algo/algn) **LOC to grin and bear it** poner al mal tiempo buena cara ◆ *n* sonrisa

grind /graɪnd/ ◆ (*pret, pp* **ground** /graʊnd/) **1** *vt, vi* moler(se) **2** *vt* afilar **3** *vt* (*dientes*) rechinar **LOC to grind to a halt/standstill 1** detenerse (un vehículo) con un chirrido de los frenos **2** (*proceso*) detenerse gradualmente *Ver tb* AX ◆ *n* (*coloq*): *the daily grind* la rutina cotidiana

grip /grɪp/ ◆ (**-pp-**) **1** *vt, vi* agarrar(se), asir(se) **2** *vt* (*mano*) coger **3** *vt* (*atención*) absorber ◆ *n* **1** ~ (**on sth/sb**) agarre, adherencia a algo/algn **2** ~ (**on sth/sb**) (*fig*) dominio, control, presión (sobre algo/algn) **3** agarradera, empuñadura **LOC to come/get to grips with sth/sb** (*lit y fig*) enfrentarse a algo/algn **gripping** *adj* fascinante, absorbente

grit /grɪt/ ◆ *n* **1** arena, arenilla **2** valor, determinación ◆ *vt* (**-tt-**) cubrir con arena **LOC to grit your teeth 1** apretar los dientes **2** (*fig*) armarse de valor

groan /groʊn/ ◆ *vi* **1** ~ (**with sth**) gemir (de algo) **2** (*muebles, etc.*) crujir **3** ~ (**on**) (**about/over sth**) quejarse (de algo) **4** ~ (**at sth/sb**) quejarse (a algo/algn) ◆ *n* **1** gemido **2** quejido **3** crujido

grocer /ˈgroʊsər/ *n* **1** tendero, -a **2** **grocer's** (*tb* **grocery shop**, **grocery store**) tienda de abarrotes **groceries** *n* [*pl*] abarrotes

groggy /ˈgrɑgi/ *adj* (**-ier**, **-iest**) mareado

groin /grɔɪn/ *n* bajo vientre: *a groin injury* una herida en la ingle

groom /gruːm/ ◆ *n* **1** mozo, -a de cuadra **2** = BRIDEGROOM **LOC** *Ver* BRIDE ◆ *vt* **1** (*caballo*) cepillar **2** (*pelo*) arreglar **3** ~ **sb** (**for sth/to do sth**) preparar a algn (para algo/para hacer algo)

groove /gruːv/ *n* ranura, estría, surco

grope /groʊp/ *vi* **1** andar a tientas **2** ~ (**about**) **for sth** buscar algo a tientas; tantear, vacilar buscando algo

gross /groʊs/ ◆ *n* (*pl* **gross** *o* **grosses**) gruesa (*doce docenas*) ◆ *adj* (**-er**, **-est**) **1** repulsivamente gordo **2** grosero **3**

(*exageración*) flagrante **4** (*error, negligencia*) craso **5** (*injusticia, indecencia*) grave **6** (*total*) bruto ◆ *vt* recaudar, ganar (*en bruto*) **grossly** *adv* extremadamente

grotesque /groʊˈtesk/ *adj* grotesco

grouch /graʊtʃ/ *n* cascarrabias

grouchy /ˈgraʊtʃi/ *adj* cascarrabias

ground /graʊnd/ ◆ *n* **1** (*lit*) suelo, tierra, terreno **2** (*fig*) terreno **3** zona, campo (*de juego*) **4 grounds** [*pl*] jardines **5** [*gen pl*] motivo, razón **6 grounds** [*pl*] cuncho, sedimento **LOC on the ground** en el suelo, sobre el terreno **to get off the ground 1** ponerse en marcha, resultar factible **2** (*avión*) despegar **to give/lose ground (to sth/sb)** ceder/perder terreno (frente a algo/algn) **to the ground** (*destruir*) completamente *Ver tb* FIRM, MIDDLE, THIN ◆ *vt* **1** (*avión*) impedir que despegue **2** (*coloq*) castigar sin salir **3** (*GB* **to earth**) conectar a tierra ◆ *pret, pp de* GRIND ◆ *adj* molido **grounding** *n* [*sing*] ~ **(in sth)** base, conceptos fundamentales de algo **groundless** *adj* infundado

ground floor *n* **1** planta baja **2 ground-floor** [*antes de sustantivo*] de/en la planta baja *Ver tb* FLOOR

group /gruːp/ ◆ *n* [*v sing o pl*] (*gen, Mús*) grupo ◆ *vt, vi* ~ **(together)** agrupar(se) **grouping** *n* agrupación

grouse /graʊs/ *n* (*pl* **grouse**) urogallo

grove /groʊv/ *n* arboleda

grovel /ˈgrʌvl/ *vi* (**-l-**, *GB* **-ll-**) (*pey*) ~ **(to sb)** humillarse (ante algn) **grovelling** *adj* servil

grow /groʊ/ (*pret* **grew** /gruː/ *pp* **grown** /groʊn/) **1** *vi* crecer **2** *vt* (*pelo, barba*) dejar crecer **3** *vt* cultivar **4** *vt* hacerse, volverse (*algo*): *to grow old/rich* envejecer/enriquecerse **5** *vi*: *He grew to rely on her.* Llegó a depender de ella. **PHR V to grow into sth** convertirse en algo **to grow on sb** empezar a gustarle a uno cada vez más **to grow up 1** desarrollarse **2** crecer: *when I grow up* cuando sea mayor ◊ *Oh, grow up!* ¡Madure! *Ver tb* GROWN-UP **growing** *adj* creciente

growl /graʊl/ ◆ *vi* gruñir ◆ *n* gruñido

grown /grəʊn/ ◆ *adj* adulto: *a grown man* un adulto ◆ *pp de* GROW

grown-up /ˌgroʊn ˈʌp/ ◆ *adj* mayor ◆ /ˈgroʊn ʌp/ *n* adulto

growth /groʊθ/ *n* **1** crecimiento **2** ~ **(in/of sth)** aumento (de algo) **3** [*sing*] brotes **4** tumor

grub /grʌb/ *n* **1** larva **2** (*coloq*) comida

grubby /ˈgrʌbi/ *adj* (**-ier**, **-iest**) (*coloq*) sucio

grudge /grʌdʒ/ ◆ *vt* ~ **sb sth 1** envidiar algo a algn **2** escatimar algo a algn ◆ *n* rencor: *to bear sb a grudge/have a grudge against sb* guardar rencor a algn **LOC** *Ver* BEAR[2] **grudgingly** *adv* de mala gana, a regañadientes

grueling (*GB* **gruelling**) /ˈgruːəlɪŋ/ *adj* muy duro, penoso

gruesome /ˈgruːsəm/ *adj* espantoso, horrible

gruff /grʌf/ *adj* (*voz*) tosco, áspero

grumble /ˈgrʌmbl/ ◆ *vi* refunfuñar: *to grumble about/at/over sth* quejarse de algo ◆ *n* queja

grumpy /ˈgrʌmpi/ *adj* (**-ier**, **-iest**) (*coloq*) gruñón

grunt /grʌnt/ ◆ *vi* gruñir ◆ *n* gruñido

guarantee /ˌgærənˈtiː/ ◆ *n* ~ **(of sth/that...)** garantía (de algo/de que...) ◆ *vt* **1** garantizar **2** (*préstamo*) avalar

guard /gɑrd/ ◆ *vt* **1** proteger, guardar **2** ~ **sb** vigilar a algn **PHR V to guard against sth** protegerse contra algo ◆ *n* **1** guardia, vigilancia: *to be on guard* estar de guardia ◊ *guard dog* perro guardián **2** guardia, centinela **3** [*v sing o pl*] guardia (*grupo de soldados*) **4** (*maquinaria*) dispositivo de seguridad **5** (*GB*) (*USA* **conductor**) (*Ferrocarril*) jefe de tren **LOC to be off/on your guard** estar desprevenido/alerta **guarded** *adj* cauteloso, precavido

guardian /ˈgɑrdiən/ *n* **1** guardián, -ana: *guardian angel* ángel de la guarda **2** tutor, -ora

guerrilla (*tb* **guerilla**) /gəˈrɪlə/ *n* guerrillero, -a: *guerrilla war(fare)* guerra de guerrillas

guess /ges/ ◆ *vt, vi* **1** ~ **(at sth)** adivinar, imaginar **2** (*coloq, esp USA*) creer, pensar: *I guess so/not.* Supongo que sí/no. ◆ *n* suposición, conjetura, cálculo: *to have/make a guess (at sth)* intentar adivinar algo ◊ *guesswork* conjeturas **LOC it's anybody's guess** nadie lo sabe *Ver tb* HAZARD

guest /gest/ *n* **1** invitado, -a **2** huésped: *guest house* pensión

guidance /ˈgaɪdns/ *n* orientación, supervisión

guide /gaɪd/ ◆ *n* **1** (*persona*) guía **2** (*tb* **guidebook**) guía (*turística*) **3** (*GB*) (*tb* **Guide**, **Girl Guide**) (*USA* **Girl Scout**) guía (*de los scouts*) ◆ *vt* **1** guiar, orientar: *to guide sb to sth* llevar a algn hasta algo **2** influenciar **guided** *adj* con guía

guideline /ˈgaɪdlaɪn/ *n* directriz, pauta

guilt /gɪlt/ *n* culpa, culpabilidad **guilty** *adj* (**-ier**, **-iest**) culpable **LOC** *Ver* PLEAD

guinea pig /ˈgɪni pɪg/ *n* (*lit y fig*) conejillo de Indias

guise /gaɪz/ *n* apariencia

guitar /gɪˈtɑr/ *n* guitarra

gulf /gʌlf/ *n* **1** (*Geog*) golfo **2** abismo

gull /gʌl/ (*tb* **seagull**) *n* gaviota

gullible /ˈgʌləbl/ *adj* crédulo

gulp /gʌlp/ ◆ *vt* **1** ~ **sth** (**down**) tragarse algo **2** *vi* tragar saliva ◆ *n* trago

gum /gʌm/ *n* **1** (*Anat*) encía **2** goma de pegar, pegante **3** chicle *Ver* BUBBLEGUM, CHEWING GUM

gun /gʌn/ ◆ *n* **1** arma (*de fuego*) **2** escopeta *Ver tb* MACHINE GUN, PISTOL, RIFLE, SHOTGUN ◆ *v* (**-nn-**) **PHR V to gun sb down** (*coloq*) matar/herir gravemente a algn a tiros

gunfire /ˈgʌnfaɪər/ *n* fuego (*disparos*)

gunman /ˈgʌnmən/ *n* (*pl* **-men** /-mən/) pistolero

gunpoint /ˈgʌnpɔɪnt/ *n* **LOC at gunpoint** a punta de pistola

gunpowder /ˈgʌnpaʊdər/ *n* pólvora

gunshot /ˈgʌnʃɑt/ *n* disparo

gurgle /ˈgɜːrgl/ *vi* gorjear, gorgotear

gush /gʌʃ/ *vi* **1** ~ (**out**) (**from sth**) salir a borbotones, manar (de algo) **2** ~ (**over sth/sb**) (*pey, fig*) hablar con demasiado entusiasmo (de algo/algn)

gust /gʌst/ *n* ráfaga

gusto /ˈgʌstoʊ/ *n* (*coloq*) entusiasmo

gut /gʌt/ ◆ *n* **1 guts** [*pl*] (*coloq*) tripas **2 guts** [*pl*] (*fig*) agallas **3** intestino: *a gut reaction/feeling* una reacción visceral/un instinto ◆ *vt* (**-tt-**) **1** destripar **2** destruir por dentro

gutter /ˈgʌtər/ *n* **1** alcantarilla: *the gutter press* la prensa amarilla **2** canal de desagüe (abajo de un tejado)

guy /gaɪ/ *n* (*coloq*) tipo

guzzle /ˈgʌzl/ *vt* ~ **sth** (**down/up**) (*coloq*) tragarse algo

gymnasium /dʒɪmˈneɪziəm/ (*pl* **-siums** *o* **-sia** /-zɪə/) (*coloq* **gym**) *n* gimnasio

gymnast /ˈdʒɪmnæst, -nəst/ *n* gimnasta

gymnastics /dʒɪmˈnæstɪks/ (*coloq* **gym**) *n* [*sing*] gimnasia

gynecologist (*GB* **gynae-**) /ˌgaɪnəˈkɑlədʒɪst/ *n* ginecólogo, -a

gypsy (*tb* **gipsy**, **Gypsy**) /ˈdʒɪpsi/ *n* (*pl* **-ies**) gitano, -a

Hh

H, h /eɪtʃ/ *n* (*pl* **H's**, **h's** /ˈeɪtʃɪz/) H, h: *H as in Harry* H de huevo ☛ *Ver ejemplos en* A, A

habit /ˈhæbɪt/ *n* **1** costumbre, hábito **2** (*Relig*) hábito

habitation /ˌhæbɪˈteɪʃn/ *n* habitación: *not fit for human habitation* no apto para ser habitado

habitual /həˈbɪtʃuəl/ *adj* habitual

hack¹ /hæk/ *vt, vi* ~ (**at**) **sth** golpear algo (*con algo cortante*)

hack² /hæk/ *vt, vi* ~ (**into**) (**sth**) (*Informát, coloq*) lograr acceso (a algo) ilegalmente **hacking** *n* acceso ilegal

had /həd, hæd/ *pret, pp de* HAVE

hadn't /ˈhæd(ə)nt/ = HAD NOT *Ver* HAVE

haemo- (*GB*) *Ver* HEMO-

haggard /ˈhægərd/ *adj* demacrado

haggle /ˈhægl/ *vi* ~ (**over/about sth**) regatear (por algo)

hail¹ /heɪl/ ◆ *n* [*incontable*] granizo ◆ *vi* granizar

hail² /heɪl/ *vt* **1** llamar a (*para atraer la atención*) **2** ~ **sth/sb as sth** aclamar algo/a algn como algo: *It was hailed as a triumph.* Fue aclamado como un triunfo.

hailstone /ˈheɪlstoʊn/ *n* granizo

hailstorm /ˈheɪlstɔːrm/ *n* granizada

hair /heər/ *n* **1** pelo, cabello **2** vello **LOC** *Ver* PART

hairbrush /ˈheərbrʌʃ/ *n* cepillo (*para el pelo*) ☛ *Ver dibujo en* BRUSH

haircut /ˈheərkʌt/ *n* corte de pelo, motilado: *to have/get a haircut* cortarse el pelo

hairdo /ˈheərduː/ *n* (*pl* ~**s**) (*coloq*) peinado

hairdresser /ˈheərdresər/ *n* peluquero, -a **hairdresser's** (*GB*) (*USA* **salon**) *n* peluquería

hairdryer /ˈheərdraɪər/ *n* secador (*de pelo*)

hairpin /ˈheərpɪn/ *n* gancho, pinza (*para el pelo*): *hairpin curve/turn* curva muy cerrada

hairstyle /ˈheərstaɪl/ *n* peinado

hair stylist *n* peluquero, -a

hairy /ˈheəri/ *adj* (**-ier**, **-iest**) peludo

half /hæf; *GB* hɑːf/ ◆ *n* (*pl* **halves** /hævz; *GB* hɑːvz/) mitad, medio: *The second half of the book is more interesting.* La segunda mitad del libro es más interesante. ◊ *two and a half hours* dos horas y media ◊ *Two halves make a whole.* Dos medios hacen un entero. **LOC to break, etc. sth in half** partir, etc. algo por/a la mitad **to go halves** pagar algo en compañía/por mitades ◆ *adj*: *pron* mitad, medio: *half the team* la mitad del equipo ◊ *half an hour* media hora ◊ *to cut sth by half* reducir algo a la mitad **LOC half past one, two, etc.** la una, las dos, etc. y media ◆ *adv* a medio, a medias: *The job will have been only half done.* Habrán hecho el trabajo sólo a medias. ◊ *half built* a medio construir

half board *n* media pensión

half-brother /ˈhæf brʌðər; *GB* ˈhɑːf-/ *n* medio hermano

half-hearted /ˌhæf ˈhɑrtɪd; *GB* ˌhɑːf-/ *adj* poco entusiasta **half-heartedly** *adv* sin entusiasmo

half-sister /ˈhæf sɪstər; *GB* ˈhɑːf-/ *n* media hermana

half-term /ˌhæf ˈtɜːrm; *GB* ˌhɑːf-/ *n* (*GB*) vacaciones escolares de una semana a mediados de cada trimestre

half-time /ˈhæf taɪm; *GB* ˌhɑːf ˈtaɪm/ *n* (*Dep*) intermedio, medio tiempo

halfway /ˌhæfˈweɪ; *GB* ˌhɑːf-/ *adj*, *adv* a medio camino, a mitad: *halfway between London and Glasgow* a medio camino entre Londres y Glasgow

halfwit /ˈhæfwɪt; *GB* ˈhɑːf-/ *n* bobo, -a

hall /hɔːl/ *n* **1** (*tb* **hallway**) vestíbulo, entrada **2** (*de conciertos o reuniones*) sala **3** (*GB*) (*USA* **dormitory**) residencia universitaria

hallmark /ˈhɔːlmɑrk/ *n* **1** (*de metales preciosos*) contraste **2** (*fig*) sello

Halloween /ˌhæləˈwiːn/ *n*

> **Halloween** (31 de octubre) significa la víspera de Todos los Santos y es la noche de los fantasmas y las brujas. Mucha gente vacía una auyama, le da forma de cara y pone una vela dentro. Los niños se disfrazan y van por las casas pidiendo dulces o dinero. Cuando les abren la puerta dicen **trick or treat** ("quiero dulces para mí y si no me da, se le tuerce la nariz").

hallucination /həˌluːsɪˈneɪʃn/ *n* alucinación

hallway *Ver* HALL

halo /ˈheɪloʊ/ *n* (*pl* **haloes** *o* ~**s**) halo, aureola

halt /hɔːlt/ ◆ *n* parada, alto, interrupción **LOC** *Ver* GRIND ◆ *vt*, *vi* parar(se), detener(se): *Halt!* ¡Alto!

halting /ˈhɔːltɪŋ/ *adj* vacilante, titubeante

halve /hæv; *GB* hɑːv/ *vt* **1** partir por la mitad **2** reducir a la mitad

halves *plural de* HALF

ham /hæm/ *n* jamón dulce

hamburger /ˈhæmbɜːrgər/ (*tb* **burger**) *n* hamburguesa

hamlet /ˈhæmlət/ *n* aldea, caserío

hammer /ˈhæmər/ ◆ *n* martillo ◆ **1** *vt* martillar **2** *vi* (*coloq*, *fig*) dar una paliza a **PHR V to hammer sth in** clavar algo (a martillazos)

hammock /ˈhæmək/ *n* hamaca

hamper[1] /ˈhæmpər/ *n* **1** (*USA*) canasta (*de la ropa sucia*) **2** (*GB*) canasta (*para alimentos*)

hamper[2] /ˈhæmpər/ *vt* obstaculizar

hamster /ˈhæmstər/ *n* hámster

hand /hænd/ ◆ *n* **1** mano **2** [*sing*] (*tb* **handwriting**) letra **3** (*reloj, etc.*) manecilla ☛ *Ver dibujo en* RELOJ **4** peón, jornalero **5** (*Náut*) tripulante **6** (*naipes*) mano **7** (*medida*) palmo **LOC by hand** a mano: *made by hand* hecho a mano ◊

delivered by hand entregado personalmente **(close/near) at hand** a la mano: *I always keep my glasses close at hand.* Siempre tengo mis gafas a la mano. **hand in hand 1** cogidos de la mano **2** (*fig*) muy unido, a la par **hands up!** ¡manos arriba! **in hand 1** disponible, en reserva **2** entre manos **on hand** disponible **on the one hand ... on the other (hand) ...** por un lado ... por otro ... **out of hand 1** descontrolado **2** sin pensarlo **to give/lend sb a hand** darle una mano a algn, ayudar a algn **to hand** a mano *Ver tb* CHANGE, CUP, EAT, FIRM, FIRST, FREE, HEAVY, HELP, HOLD, MATTER, PALM, SHAKE, UPPER ◆ *vt* pasar **PHR V to hand sth back (to sb)** devolver algo (a algn) **to hand sth in (to sb)** entregar algo (a algn) **to hand sth out (to sb)** repartir algo (a algn)

handbag /ˈhændbæg/ (*USA* **purse**) *n* cartera, bolso

handbook /ˈhændbʊk/ *n* manual, guía

handbrake /ˈhændbreɪk/ *n* freno de mano/emergencia

handcuff /ˈhændkʌf/ ◆ *vt* esposar ◆ **handcuffs** *n* [*pl*] esposas

handful /ˈhændfʊl/ *n* (*pl* ~**s**) (*lit y fig*) puñado: *a handful of students* un puñado de estudiantes **LOC to be a (real) handful** (*coloq*) ser una pesadilla

handicap /ˈhændikæp/ ◆ *n* **1** (*Med*) minusvalía **2** (*Dep*) desventaja ◆ *vt* (**-pp-**) **1** perjudicar **2** (*Dep*) compensar **handicapped** *adj* minusválido, discapacitado

handicrafts /ˈhændikræfts; *GB* -krɑːfts/ *n* [*pl*] artesanía

handkerchief /ˈhæŋkərtʃɪf, -tʃiːf/ *n* (*pl* **-chiefs** *o* **-chieves** /-tʃiːvz/) pañuelo (*de bolsillo*)

handle /ˈhændl/ ◆ *n* **1** mango ☛ *Ver dibujo en* SAUCEPAN **2** manija **3** asa ☛ *Ver dibujo en* MUG ◆ *vt* **1** manejar **2** (*maquinaria*) operar **3** (*gente*) tratar **4** soportar

handlebars /ˈhændlbɑrz/ *n* [*pl*] manubrio

handmade /ˌhændˈmeɪd/ *adj* hecho a mano, de artesanía

> En inglés se pueden formar adjetivos compuestos para todas las destrezas manuales: p.ej. **hand-built** (construido a mano), **hand-knit** (tejido a mano), **hand-painted** (pintado a mano), etc.

handout /ˈhændaʊt/ *n* **1** donación **2** folleto **3** (*clase*) fotocopia (*con ejercicios*)

handshake /ˈhændʃeɪk/ *n* apretón de manos

handsome /ˈhænsəm/ *adj* **1** buen mozo ☛ Se aplica sobre todo a los hombres. **2** (*regalo*) generoso

handwriting /ˈhændraɪtɪŋ/ *n* **1** escritura **2** letra

handwritten /ˌhændˈrɪtn/ *adj* escrito a mano

handy /ˈhændi/ *adj* (**-ier**, **-iest**) **1** práctico **2** a la mano

hang /hæŋ/ ◆ (*pret, pp* **hung** /hʌŋ/) **1** *vt* colgar **2** *vi* estar colgado **3** *vi* (*ropa, pelo*) caer **4** (*pret, pp* **hanged**) *vt, vi* ahorcar(se) **5** *vi* ~ **(above/over sth/sb)** pender (sobre algo/algn) **PHR V to hang around/about** (*coloq*) **1** holgazanear **2** esperar (*sin hacer nada*) **to hang (sth) out** tender algo **to hang up (on sb)** (*coloq*) colgar (a algn) (*el teléfono*) ◆ *n* **LOC to get the hang of sth** (*coloq*) agarrarle la onda/el tiro a algo

hangar /ˈhæŋər/ *n* hangar

hanger /ˈhæŋər/ (*tb* **clothes hanger**, **coat hanger**) *n* gancho (*aparato para ropa*)

hang-glider /ˈhæŋ glaɪdər/ *n* ala delta **hang-gliding** *n* ala delta (*deporte*)

hangman /ˈhæŋmən/ *n* (*pl* **-men** /-mən/) **1** verdugo (*de horca*) **2** (*juego*) ahorcadito

hangover /ˈhæŋoʊvər/ *n* guayabo, resaca

hang-up /ˈhæŋ ʌp/ *n* (*argot*) trauma, complejo

haphazard /hæpˈhæzərd/ *adj* al azar, de cualquier manera

happen /ˈhæpən/ *vi* ocurrir, suceder, pasar: *whatever happens* pase lo que pase ◇ *if you happen to go into town* si por casualidad vas al centro **happening** *n* suceso, acontecimiento

happy /ˈhæpi/ *adj* (**-ier**, **-iest**) **1** feliz: *a happy marriage/memory/child* un matrimonio/recuerdo/niño feliz **2** contento: *Are you happy in your work?* ¿Estás contento con tu trabajo? ☛ *Ver nota en* GLAD **happily** *adv* **1** felizmente **2** afortunadamente **happiness** *n* felicidad

harass /həˈræs, ˈhærəs/ *vt* hostigar,

acosar **harassment** *n* hostigamiento, acoso

harbor (*GB* **harbour**) /ˈhɑrbər/ ◆ *n* puerto ◆ *vt* **1** proteger, dar cobijo a **2** (*sospechas*) albergar

hard /hɑrd/ ◆ *adj* (**-er**, **-est**) **1** duro **2** difícil: *It's hard to tell.* Es difícil saber con seguridad. ◊ *It's hard for me to say no.* Me cuesta trabajo decir que no. ◊ *hard to please* exigente **3** duro, agotador: *a hard worker* una persona trabajadora **4** (*persona, trato*) duro, severo, cruel **5** (*bebida*) alcohólico **LOC hard cash** plata contante y sonante **hard luck** (*coloq*) mala suerte **the hard way** por la vía difícil **to have/give sb a hard time** (hacerle) pasar a algn un mal rato **to take a hard line (on/over sth)** adoptar una postura tajante (en algo) *Ver tb* DRIVE ◆ *adv* (**-er**, **-est**) **1** (*trabajar, llover*) mucho, duro: *She hit her head hard.* Se dio un fuerte golpe en la cabeza. ◊ *to try hard* esforzarse **2** (*tirar*) fuerte **3** (*pensar*) detenidamente **4** (*mirar*) fijamente **LOC to be hard put to do sth** tener dificultad en hacer algo **to be hard up** estar mal de plata

hardback /ˈhɑrdbæk/ (*tb* **hardcover** /ˈhɑrdkʌvər/) *n* libro de pasta dura: *hardback edition* edición de pasta dura ☛ *Comparar con* PAPERBACK

hard disk (*tb* **hard drive**) *n* disco duro

harden /ˈhɑrdn/ **1** *vt, vi* endurecer(se) **2** *vt* (*fig*) endurecer, insensibilizar: *a hardened criminal* un criminal que no se arrepiente de sus crímenes **hardening** *n* endurecimiento

hardly /ˈhɑrdli/ *adv* **1** casi no, apenas: *I hardly know her.* Casi no la conozco. **2** difícilmente: *It's hardly surprising.* No es ninguna sorpresa. ◊ *He's hardly the world's best cook.* No es el mejor cocinero del mundo. **3** *hardly anybody* casi nadie ◊ *hardly ever* casi nunca

hardship /ˈhɑrdʃɪp/ *n* apuro, privación

hardware /ˈhɑrdweər/ *n* **1** ferretería: *hardware store* ferretería **2** (*Mil*) armamentos **3** (*Informát*) hardware

hard-working /ˌhɑrd ˈwɜːrkɪŋ/ *adj* muy trabajador

hardy /ˈhɑrdi/ *adj* (**-ier**, **-iest**) **1** fuerte **2** (*Bot*) resistente

hare /heər/ *n* liebre

harm /hɑrm/ ◆ *n* daño, mal: *He meant no harm.* No tenía malas intenciones. ◊ *There's no harm in asking.* No se pierde nada con preguntar. ◊ *(There's) no harm done.* No pasó nada. **LOC out of harm's way** a salvo **to come to harm**: *You'll come to no harm.* No te va a pasar nada. **to do more harm than good** ser peor el remedio que la enfermedad ◆ *vt* **1** (*persona*) hacer daño a **2** (*cosa*) dañar **harmful** *adj* dañino, nocivo, perjudicial **harmless** *adj* **1** inocuo **2** inocente, inofensivo

harmony /ˈhɑrməni/ *n* (*pl* **-ies**) armonía

harness /ˈhɑrnəs/ ◆ *n* [*sing*] arreos, arneses ◆ *vt* **1** (*caballo*) enjaezar **2** (*rayos solares*) aprovechar

harp /hɑrp/ ◆ *n* arpa ◆ **PHR V to harp on (about) sth** hablar repetidamente de algo

harsh /hɑrʃ/ *adj* (**-er**, **-est**) **1** (*textura, voz*) áspero **2** (*color, luz*) chillón **3** (*ruido, etc.*) estridente **4** (*clima, etc.*) riguroso **5** (*castigo, etc.*) severo **6** (*palabra, profesor*) duro **harshly** *adv* duramente, severamente

harvest /ˈhɑrvɪst/ ◆ *n* cosecha ◆ *vt* cosechar

has /həz, hæz/ *Ver* HAVE

hasn't /ˈhæz(ə)nt/ = HAS NOT *Ver* HAVE

hassle /ˈhæsl/ ◆ *n* (*coloq*) **1** (*complicación*) lío, rollo: *It's a big hassle.* Es mucho lío. **2** molestias: *Don't give me any hassle!* ¡Déjeme en paz! ◆ *vt* (*coloq*) molestar

haste /heɪst/ *n* afán **LOC in haste** de afán **hasten** /ˈheɪsn/ **1** *vi* apurarse **2** *vt* acelerar **hastily** *adv* precipitadamente **hasty** *adj* (**-ier**, **-iest**) precipitado

hat /hæt/ *n* sombrero **LOC** *Ver* DROP

hatch¹ /hætʃ/ *n* **1** escotilla **2** ventanilla (*para pasar comida*)

hatch² /hætʃ/ **1** *vi* ~ **(out)** salir del huevo **2** *vi* (*huevo*) abrirse **3** *vt* incubar **4** *vt* ~ **sth (up)** tramar algo

hate /heɪt/ ◆ *vt* **1** odiar **2** lamentar: *I hate to bother you, but…* Siento molestarle, pero… ◆ *n* **1** odio **2** (*coloq*) *pet hate* la cosa que más se detesta **hateful** *adj* odioso **hatred** *n* odio

haul /hɔːl/ ◆ *vt* jalar, arrastrar ◆ *n* **1** (*distancia*) camino, trayecto **2** redada (*de peces*) **3** botín, contrabando

haunt /hɔːnt/ ◆ *vt* **1** (*fantasma*) aparecerse en **2** (*lugar*) frecuentar **3** (*pensamiento*) atormentar ◆ *n* lugar

have

presente	*contracciones*	*negativa contracciones*	*pasado contracciones*
I **have**	I**'ve**	I **haven't**	I**'d**
you **have**	you**'ve**	you **haven't**	you**'d**
he/she/it **has**	he**'s**/she**'s**/it**'s**	he/she/it **hasn't**	he**'d**/she**'d**/it**'d**
we **have**	we**'ve**	we **haven't**	we**'d**
you **have**	you**'ve**	you **haven't**	you**'d**
they **have**	they**'ve**	they **haven't**	they**'d**

pasado **had** *forma en -ing* **having** *participio pasado* **had**

predilecto **haunted** *adj* embrujado (*casa*)

have /həv, hæv/ ◆ *v aux* haber: *"I've finished my work." "So have I."* Terminé mi trabajo. Yo también. ◊ *He's gone home, hasn't he?* Se fue para la casa, ¿no? ◊ *"Have you seen it?" "Yes, I have./No, I haven't."* ¿Lo has visto? Sí./No. ◆ *vt* **1** (*tb* **to have got**) tener: *She's got a new car.* Tiene un carro nuevo. ◊ *to have flu/a headache* tener gripa/dolor de cabeza ☛ *Ver nota en* TENER **2** ~ (**got**) **sth to do** tener algo que hacer: *I've got a bus to catch.* Tengo que tomar el bus. **3** ~ (**got**) **to do sth** tener que hacer algo: *I've got to go to the bank.* Tengo que ir al banco. ◊ *Did you have to pay a fine?* ¿Tuviste que pagar una multa? ◊ *It has to be done.* Hay que hacerlo. **4** (*tb* **to have got**) llevar: *Do you have any money on you?* ¿Tiene plata ahí? **5** tomar: *to have a cup of coffee* tomar un café ◊ *to have a bath/wash* bañarse/lavarse ◊ *to have breakfast/lunch/dinner* desayunar/almorzar/cenar ☛ Nótese que la estructura **to have + sustantivo** a menudo se expresa en español con un verbo. **6** ~ **sth done** hacer/mandar hacer algo: *to have your hair cut* cortarse el pelo ◊ *to have a dress made* mandar a hacer un vestido ◊ *She had her bag stolen.* Le robaron el bolso. **7** consentir: *I won't have it!* ¡No lo consentiré! **LOC to have had it** (*coloq*): *The TV has had it.* La televisión ya sacó la mano. **to have it (that)**: *Rumor has it that...* Se dice que... ◊ *As luck would have it...* Como quiso la suerte... **to have to do with sth/sb** tener que ver con algo/algn: *It has nothing to do with me.* No tiene nada que ver conmigo. ☛ Para otras expresiones con **have**, véanse las entradas del sustantivo, adjetivo, etc., p.ej. **to have a sweet tooth** en SWEET. **PHR V to have sth back**: *Let me have it back soon.* Devuélvamelo pronto. **to have sb on** (*GB, coloq*) tomarle el pelo a algn: *You're having me on!* ¡Me estás tomando el pelo! **to have sth on 1** (*ropa*) tener algo puesto: *He's got a tie on today.* Hoy tiene corbata. **2** (*GB*) estar ocupado con algo: *I've got a lot on.* Estoy muy ocupado. ◊ *Have you got anything on tonight?* ¿Tienes algún plan para esta noche?

haven /ˈheɪvn/ *n* refugio

haven't /ˈhæv(ə)nt/ = HAVE NOT *Ver* HAVE

havoc /ˈhævək/ *n* estragos **LOC to wreak/cause/play havoc with sth** causar estragos en algo

hawk /hɔːk/ *n* halcón

hay /heɪ/ *n* heno: *hay fever* alergia al polen

hazard /ˈhæzərd/ ◆ *n* peligro, riesgo: *a health hazard* un peligro para la salud ◆ *vt* **LOC to hazard a guess** aventurar una opinión **hazardous** *adj* peligroso, arriesgado

haze /heɪz/ *n* neblina, bruma ☛ *Comparar con* FOG, MIST

hazel /ˈheɪzl/ ◆ *n* avellano ◆ *adj* color avellana

hazelnut /ˈheɪzlnʌt/ *n* avellana

hazy /ˈheɪzi/ *adj* (**hazier**, **haziest**) **1** brumoso **2** (*idea, etc.*) vago **3** (*persona*) confuso

he /hiː/ ◆ *pron pers* él: *He's in Paris.* Está en París. ☛ El *pron pers* no se puede omitir en inglés. *Comparar con* HIM ◆ *n* [*sing*]: *Is it a he or a she?* ¿Es macho o hembra?

head[1] /hed/ *n* **1** cabeza: *It never entered my head.* Jamás se me ocurrió. ◊ *to have a good head for business* tener talento para los negocios **2 a/per head** por cabeza: *ten dollars a head* diez dólares por cabeza **3** cabecera: *the head of the table* la cabecera de la mesa **4** jefe: *the heads of government* los jefes de gobierno **5** director, -ora (*de un colegio*) **LOC head first** de cabeza **heads or tails?** ¿cara o sello? **not to make head (n)or tail of sth** no lograr entender algo: *I can't make head (n)or tail of it.* No logro entenderlo. **to be/go above/over your head** ser muy difícil de entender **to go to your head** subírsele a la cabeza a algn *Ver tb* HIT, SHAKE, TOP[1]

head² /hed/ *vt* **1** encabezar **2** (*Dep*) dar un cabezazo **PHR V to head for sth** dirigirse a algo, ir camino de algo

headache /ˈhedeɪk/ *n* **1** dolor de cabeza **2** (*fig*) jaqueca

heading /ˈhedɪŋ/ *n* encabezamiento, apartado

headlight /ˈhedlaɪt/ (*tb* **headlamp**) *n* farola (*de carro*)

headline /ˈhedlaɪn/ *n* **1** titular **2 the headlines** [*pl*] resumen de noticias

headmaster /ˈhedmæstər/ *n* director (*de un colegio*)

headmistress /ˈhedmɪstrəs/ *n* directora (*de un colegio*)

head office *n* sede central

head-on /hed ˈɒn/ *adj, adv* de frente: *a head-on collision* un choque de frente

headphones /ˈhedfoʊnz/ *n* [*pl*] audífonos

headquarters /ˌhedˈkwɔːrtəz/ *n* (*abrev* **HQ**) [*v sing o pl*] oficina central, cuartel general

head start *n*: *You had a head start over me.* Usted me llevaba ventaja.

headway /ˈhedweɪ/ *n* **LOC to make headway** avanzar

heal /hiːl/ **1** *vi* cicatrizar, sanar **2** *vt* ~ **sth/sb** sanar, curar algo/a algn

health /helθ/ *n* salud: *health center* centro médico **LOC** *Ver* DRINK

healthy /ˈhelθi/ *adj* (**-ier**, **-iest**) **1** (*lit*) sano **2** saludable (*estilo de vida, etc.*)

heap /hiːp/ ◆ *n* montón ◆ *vt* ~ **sth (up)** amontonar algo

hear /hɪərr/ (*pret, pp* **heard** /hɜːrd/) **1** *vt, vi* oír: *I couldn't hear a thing.* No oía nada. ◊ *I heard someone laughing.* Oí a alguien que se reía. **2** *vt* escuchar **3** *vt* (*Jur*) conocer **PHR V to hear about sth** enterarse de algo **to hear from sb** tener noticias de algn **to hear of sth/sb** oír hablar de algo/algn

hearing /ˈhɪərɪŋ/ *n* **1** (*tb* **sense of hearing**) oído **2** (*Jur*) vista, audiencia

heart /hɑrt/ *n* **1** corazón: *heart attack/failure* ataque/paro cardiaco **2** (*centro*): *the heart of the matter* el meollo del asunto **3** (*de lechuga, etc.*) corazón **4 hearts** [*pl*] (*en cartas*) corazones ☛ *Ver nota en* BARAJA **LOC at heart** en el fondo **by heart** de memoria **to take heart** alentarse **to take sth to heart** tomar algo a pecho **your/sb's heart sinks**: *When I saw the line my heart sank.* Cuando vi la fila se me cayó el alma a los pies. *Ver tb* CHANGE, CRY, SET[2]

heartbeat /ˈhɑrtbiːt/ *n* latido (*del corazón*)

heartbreak /ˈhɑrtbreɪk/ *n* congoja, angustia **heartbreaking** *adj* que parte el corazón, angustioso **heartbroken** *adj* acongojado, angustiado

hearten /ˈhɑrtn/ *vt* animar **heartening** *adj* alentador

heartfelt /ˈhɑrtfelt/ *adj* sincero

hearth /hɑrθ/ *n* **1** chimenea **2** (*lit y fig*) hogar

heartless /ˈhɑrtləs/ *adj* inhumano, cruel

hearty /ˈhɑrti/ *adj* (**-ier**, **-iest**) **1** (*enhorabuena*) cordial **2** (*persona*) jovial (*a veces en exceso*) **3** (*comida*) abundante

heat /hiːt/ ◆ *n* **1** calor **2** (*Dep*) prueba clasificatoria **LOC to be in heat**; (*GB*) **to be on heat** estar en celo ◆ *vt, vi* ~ **(up)** calentar(se) **heated** *adj* **1** *a heated pool* una piscina climatizada ◊ *centrally heated* con calefacción central **2** (*discusión, persona*) acalorado **heater** *n* calentador (*aparato*)

heath /hiːθ/ *n* brezal, monte

heathen /ˈhiːðn/ *n* no creyente

heather /ˈheðər/ *n* brezo

heating /ˈhiːtɪŋ/ *n* calefacción

heatwave /ˈhiːtweɪv/ *n* ola de calor

heave /hiːv/ ◆ **1** *vt, vi* arrastrar(se) (*con esfuerzo*) **2** *vi* ~ **(at/on sth)** tirar con esfuerzo (de algo) **3** (*coloq*) *vt* arrojar (*algo pesado*) ◆ *n* tirón, empujón, jalón

heaven /ˈhevn/ (*tb* **Heaven**) *n* (*Relig*) cielo **LOC** *Ver* KNOW, SAKE

heavenly /ˈhevnli/ *adj* **1** (*Relig*) celestial **2** (*Astron*) celeste **3** (*coloq*) divino

heavily /ˈhevɪli/ *adv* **1** muy, mucho: *heavily loaded* muy cargado ◊ *to rain heavily* llover muchísimo **2** pesadamente

heavy /ˈhevi/ *adj* (**-ier**, **-iest**) **1** pesado: *How heavy is it?* ¿Cuánto pesa? **2** más de lo normal: *heavy traffic* un tráfico denso **3** (*facciones, movimiento*) torpe LOC **with a heavy hand** con mano dura

heavyweight /ˈheviweɪt/ *n* **1** peso pesado **2** (*fig*) figura (importante)

heckle /ˈhekl/ *vt, vi* interrumpir (*con preguntas y comentarios*)

hectare /ˈhekteər/ *n* hectárea

hectic /ˈhektɪk/ *adj* frenético

he'd /hiːd/ **1** = HE HAD *Ver* HAVE **2** = HE WOULD *Ver* WOULD

hedge /hedʒ/ ◆ *n* **1** seto **2** ~ (**against sth**) protección (contra algo) ◆ *vt, vi* esquivar

hedgehog /ˈhedʒhɔːg; *GB* -hɒg/ *n* erizo

heed /hiːd/ ◆ *vt* (*formal*) prestar atención a ◆ *n* LOC **to take heed (of sth)** hacer caso (de algo)

heel /hiːl/ *n* **1** talón **2** tacón LOC *Ver* DIG

hefty /ˈhefti/ *adj* (**-ier**, **-iest**) (*coloq*) **1** fornido **2** (*objeto*) pesado **3** (*golpe*) fuerte

height /haɪt/ *n* **1** estatura **2** altura **3** (*Geog*) altitud **4** (*fig*) cumbre, colmo: *at/in the height of summer* en pleno verano LOC **the height of fashion** la última moda ☛ *Ver nota en* ALTO

heighten /ˈhaɪtn/ *vt, vi* intensificar, aumentar

heir /eər/ *n* ~ (**to sth**) heredero, -a (de algo)

heiress /ˈeərəs/ *n* heredera

held *pret, pp de* HOLD

helicopter /ˈhelɪkɑptər/ *n* helicóptero

hell /hel/ *n* infierno: *to go to hell* ir al infierno ☛ Nótese que **hell** no lleva artículo. LOC **a/one hell of a ...** (*coloq*) *I got a hell of a shock.* Me pegué un susto terrible. **hellish** *adj* infernal

he'll /hiːl/ = HE WILL *Ver* WILL

hello /həˈloʊ/ *interj, n* hola: *Say hello for me.* Salúdalos de mi parte.

helm /helm/ *n* timón

helmet /ˈhelmɪt/ *n* casco

help /help/ ◆ **1** *vt, vi* ayudar: *Help!* ¡Socorro! ◊ *How can I help you?* ¿En qué puedo servirle? **2** *v refl* ~ **yourself (to sth)** servirse algo LOC **a helping hand**: *to give/lend (sb) a helping hand* darle una mano (a algn) **can/could not help sth**: *I couldn't help laughing.* No pude contener la risa. ◊ *He can't help it.* No lo puede evitar. **it can't/couldn't be helped** no hay/había remedio PHR V **to help (sb) out** darle una mano (a algn) ◆ *n* [*incontable*] **1** ayuda: *It wasn't much help.* No sirvió de mucho. **2** asistencia

helper /ˈhelpər/ *n* ayudante

helpful /ˈhelpfl/ *adj* **1** servicial **2** amable **3** (*consejo, etc.*) útil

helping /ˈhelpɪŋ/ *n* porción: *Would you like another helping?* ¿Quiere repetir?

helpless /ˈhelpləs/ *adj* **1** indefenso **2** desamparado **3** imposibilitado

helter-skelter /ˌheltər ˈskeltər/ ◆ *n* tobogán (*en espiral*) ◆ *adj* precipitado

hem /hem/ ◆ *n* dobladillo, bastilla ◆ *vt* (**-mm-**) coser el dobladillo de PHR V **to hem sth/sb in** **1** cercar algo/a algn **2** cohibir a algn

hemisphere /ˈhemɪsfɪər/ *n* hemisferio

hemoglobin (*GB* **haemo-**) /ˌhiːməˈgloʊbɪn/ *n* hemoglobina

hemorrhage (*GB* **haemo-**) /ˈhemərɪdʒ/ *n* hemorragia

hen /hen/ *n* gallina

hence /hens/ *adv* **1** (*GB*) (*tiempo*) desde ahora: *3 years hence* de aquí a 3 años **2** (*por esta razón*) de ahí, por eso

henceforth /ˌhensˈfɔːrθ/ *adv* (*formal*) de ahora en adelante

hepatitis /ˌhepəˈtaɪtɪs/ *n* [*incontable*] hepatitis

her /hɜːr, ɜːr, ər/ ◆ *pron pers* **1** [*como objeto directo*] la: *I saw her.* La vi. **2** [*como objeto indirecto*] le, a ella: *I asked her to come.* Le pedí que viniera. ◊ *I said it to her.* Se lo dije a ella. **3** [*después de preposición y del verbo* **to be**] ella: *I think of her often.* Pienso en ella a menudo. ◊ *She took it with her.* Se lo llevó consigo. ◊ *It wasn't her.* No fue ella. ☛ *Comparar con* SHE ◆ *adj pos* su(s) (*de ella*): *her book(s)* su(s) libro(s) ☛ **Her** se usa también para referirse a carros, barcos o naciones. *Comparar con* HERS *y ver nota en* MY

herald /ˈherəld/ ◆ *n* heraldo ◆ *vt* anunciar (*llegada, comienzo*) **heraldry** *n* heráldica

herb /ɜːrb; *GB* hɜːb/ *n* hierba (fina) **herbal** *adj* (a base) de hierbas: *herbal tea* infusión

herd /hɜːrd/ ◆ *n* manada (*de vacas, cabras, cerdos, etc.*) ☛ *Comparar con* FLOCK ◆ *vt* llevar en manada

here /hɪər/ ◆ *adv* aquí, acá: *I live a mile from here.* Vivo a una milla de aquí. ◊ *Please sign here.* Firme acá, por favor.

En las oraciones que empiezan con **here** el verbo se coloca detrás del sujeto si éste es un pronombre: *Here they are, at last!* Ya llegaron ¡por fin! ◊ *Here it is, on the table!* Aquí está, encima de la mesa. Y antes si es un sustantivo: *Here comes the bus.* Ya viene el bus.

LOC **here and there** aquí y allá **here you are** aquí tiene **to be here** llegar: *They'll be here any minute.* Están a punto de llegar. ◆ **here!** *interj* **1** ¡oye! **2** (*ofreciendo algo*) ¡toma! **3** (*respuesta*) ¡presente!

hereditary /həˈredɪteri; *GB* -tri/ *adj* hereditario

heresy /ˈherəsi/ *n* (*pl* **-ies**) herejía

heritage /ˈherɪtɪdʒ/ *n* [*gen sing*] patrimonio

hermit /ˈhɜːrmɪt/ *n* ermitaño, -a

hero /ˈhɪəroʊ/ *n* (*pl* **~es**) **1** protagonista (*de novela, película, etc.*) **2** (*persona*) héroe, heroína: *sporting heroes* los héroes del deporte **heroic** /həˈroʊɪk/ *adj* heroico **heroism** /ˈheroʊɪzəm/ *n* heroísmo

heroin /ˈheroʊɪn/ *n* heroína (*droga*)

heroine /ˈheroʊɪn/ *n* heroína (*persona*)

herring /ˈherɪŋ/ *n* (*pl* **herring** *o* **~s**) arenque LOC *Ver* RED

hers /hɜːrz/ *pron pos* suyo, -a, -os, -as, de ella: *a friend of hers* un amigo de ella/suyo ◊ *Where are hers?* ¿Dónde están los de ella?

herself /hɜːrˈself/ *pron* **1** [*uso reflexivo*] se, a ella misma: *She bought herself a book.* Se compró un libro. **2** [*después de preposición*] sí (misma): *"I am free," she said to herself.* —Soy libre, —se dijo a sí misma. **3** [*uso enfático*] ella misma: *She told me the news herself.* Me contó la noticia ella misma.

he's /hiːz/ **1** = HE IS *Ver* BE **2** = HE HAS *Ver* HAVE

hesitant /ˈhezɪtənt/ *adj* vacilante, indeciso

hesitate /ˈhezɪteɪt/ *vi* **1** dudar: *Don't hesitate to call.* No dude en llamar. **2** vacilar **hesitation** *n* vacilación, duda

heterogeneous /ˌhetərəˈdʒiːniəs/ *adj* heterogéneo

heterosexual /ˌhetərəˈsekʃuəl/ *adj, n* heterosexual

hexagon /ˈheksəgɑn; *GB* -gən/ *n* hexágono

heyday /ˈheɪdeɪ/ *n* (días de) apogeo

hi! /haɪ/ *interj* (*coloq*) ¡hola!

hibernate /ˈhaɪbərneɪt/ *vi* invernar **hibernation** *n* hibernación

hiccup (*tb* **hiccough**) /ˈhɪkʌp/ *n* **1** hipo: *I got* (*the*) *hiccups.* Me dio hipo. **2** (*coloq*) problema

hid *pret de* HIDE[1]

hidden /ˈhɪdn/ **1** *pp de* HIDE[1] **2** *adj* oculto, escondido

hide[1] /haɪd/ *vi* (*pret* **hid** /hɪd/ *pp* **hidden** /ˈhɪdn/) **1** ~ (**from sb**) esconderse, ocultarse (de algn): *The child was hiding under the bed.* El niño estaba escondido debajo de la cama. **2** ~ **sth** (**from sb**) ocultar algo (a algn): *The trees hid the house from view.* Los árboles ocultaban la casa.

hide[2] /haɪd/ *n* piel (*de animal*)

hide-and-seek /ˌhaɪd n ˈsiːk/ *n* escondite: *to play hide-and-seek* jugar a las escondidas

hideous /ˈhɪdiəs/ *adj* espantoso

hiding[1] /ˈhaɪdɪŋ/ *n* LOC **to be in/go into hiding** estar escondido/ocultarse

hiding[2] /ˈhaɪdɪŋ/ *n* (*coloq*) tunda

hierarchy /ˈhaɪərɑrki/ *n* (*pl* **-ies**) jerarquía

hieroglyphics /ˌhaɪərəˈglɪfɪks/ *n* jeroglíficos

hi-fi /ˈhaɪ faɪ/ *adj, n* (*coloq*) (equipo de) alta fidelidad

high[1] /haɪ/ *adj* (**-er**, **-est**) **1** (*precio, techo, velocidad*) alto ☛ *Ver nota en* ALTO **2** *to have a high opinion of sb* tener buena opinión de algn ◊ *high hopes* grandes esperanzas **3** (*viento*) fuerte **4** (*ideales, ganancias*) elevado: *to set high standards* tener estándares muy altos ◊ *I have it on the highest authority.* Lo sé de muy buena fuente. ◊ *She has friends in high places.* Tiene amigos muy influyentes. **5** *the high life* la vida de lujo ◊ *the high point of the evening* el mejor momento de la noche **6** (*sonido*) agudo **7** *in high summer* en pleno verano ◊ *high season* temporada alta **8** (*coloq*) ~ (**on sth**) trabado, volado (con algo) (*drogas, alcohol*) **LOC high and dry** plantado: *to leave sb high and dry* dejar plantado a algn **to be X meters, feet, etc. high** medir X metros, pies, etc. de altura: *The wall is six feet high.* La pared mide seis pies de altura. ◊ *How high is it?* ¿Cuánto mide de altura? *Ver tb* ESTEEM, FLY

high² /haɪ/ ◆ *n* punto alto ◆ *adv* (**-er, -est**) alto, a gran altura

highbrow /ˈhaɪbraʊ/ *adj* (*frec pey*) culto, intelectual

high-class /ˌhaɪ ˈklæs; *GB* ˈklɑːs/ *adj* de categoría

the High Court *n* (*GB*) la Corte Suprema de Justicia

higher education *n* educación superior

high jump *n* salto alto

highland /ˈhaɪlənd/ *n* [*gen pl*] región montañosa

high-level /ˌhaɪ ˈlevl/ *adj* de alto nivel

highlight /ˈhaɪlaɪt/ ◆ *n* **1** punto culminante, aspecto notable **2** [*gen pl*] (*en el pelo*) mechones ◆ *vt* poner de relieve, (hacer) resaltar

highly /ˈhaɪli/ *adv* **1** muy, altamente, sumamente: *highly unlikely* altamente improbable **2** *to think/speak highly of sb* tener muy buena opinión/hablar muy bien de algn

highly strung *adj* nervioso

Highness /ˈhaməs/ *n* alteza

high-powered /ˌhaɪ ˈpaʊərd/ *adj* **1** (*carro*) de gran potencia **2** (*persona*) enérgico, dinámico

high pressure /ˌhaɪ ˈpreʃə/ ◆ *n* (*Meteor*) altas presiones ◆ *adj* estresante

high-rise /ˈhaɪ raɪz/ ◆ *n* torre (*de muchos pisos*) ◆ *adj* **1** (*edificio*) de muchos pisos **2** (*piso*) de un edificio alto

high school *n* (*esp USA*) escuela de enseñanza secundaria

high street *n* (*GB*) calle principal: *high-street shops* almacenes de la calle principal

high-tech (*tb* **hi-tech**) /ˌhaɪ ˈtek/ *adj* (*coloq*) de alta tecnología

high tide (*tb* **high water**) *n* pleamar, marea alta

highway /ˈhaɪweɪ/ *n* **1** (*esp USA*) carretera, autopista **2** (*GB*) vía pública: *Highway Code* código de circulación

hijack /ˈhaɪdʒæk/ ◆ *vt* **1** secuestrar (*esp en el aire*) **2** (*fig*) acaparar ◆ *n* secuestro **hijacker** *n* secuestrador, -ora

hike /haɪk/ ◆ *n* caminata ◆ *vi* ir de excursión a pie **hiker** *n* caminante, excursionista

hilarious /hɪˈleəriəs/ *adj* divertidísimo, muy cómico

hill /hɪl/ *n* **1** colina, cerro **2** cuesta, pendiente **hilly** *adj* montañoso

hillside /ˈhɪlsaɪd/ *n* ladera

hilt /hɪlt/ *n* empuñadura **LOC (up) to the hilt 1** hasta el cuello **2** (*apoyar*) incondicionalmente

him /hɪm/ *pron pers* **1** [*como objeto directo*] lo: *I saw him yesterday.* Lo vi ayer. **2** [*como objeto indirecto*] le: *Give it to him.* Déselo. **3** [*después de preposición y del verbo* **to be**] él: *He always has it with him.* Siempre lo tiene consigo. ◊ *It must be him.* Debe de ser él. ☛ *Comparar con* HE

himself /hɪmˈself/ *pron* **1** [*uso reflexivo*] se **2** [*después de preposición*] sí (mismo): *"I tried," he said to himself.* —Lo intenté, —se dijo a sí mismo. **3** [*uso enfático*] él mismo: *He said so himself.* El mismo lo dijo.

hinder /ˈhɪndər/ *vt* entorpecer, dificultar: *It seriously hindered him in his work.* Lo entorpeció seriamente en su trabajo. ◊ *Our progress was hindered by bad weather.* El mal tiempo nos dificultó el trabajo.

hindrance /ˈhɪndrəns/ *n* ~ (**to sth/sb**) estorbo, obstáculo (para algo/algn)

hindsight /ˈhaɪndsaɪt/ *n*: *with (the benefit of)/in hindsight* viéndolo a posteriori

Hindu /ˈhɪnduː; *GB* ˌhɪnˈduː/ *adj, n* hindú **Hinduism** *n* hinduismo

hinge /hɪndʒ/ ◆ *n* bisagra, gozne ◆ **PHR V to hinge on sth** depender de algo

hint /hɪnt/ ◆ *n* **1** insinuación, indirecta **2** indicio **3** consejo ◆ **1** *vi* ~ **at sth** referirse indirectamente a algo **2** *vt, vi* ~ (**to sb**) **that...** insinuar (a algn) que...

hip /hɪp/ ◆ *n* cadera ◆ *adj* (*USA*) *argot* in

hippopotamus /ˌhɪpəˈpɑtəməs/ *n* (*pl* **-muses** /-məsɪz/ *o* **-mi** /-maɪ/) (*tb* **hippo**) hipopótamo

hire /ˈhaɪər/ ◆ *vt* **1** (*persona*) contratar **2** (*GB*) alquilar ☛ *Ver nota en* ALQUILAR ◆ *n* (*GB*) alquiler: *Bicycles for hire.* Se alquilan bicicletas. ◊ *hire purchase* compra a plazos/por cuotas

his /hɪz/ **1** *adj pos* su(s) (*de él*): *his bag(s)* su(s) bolsa(s) **2** *pron pos* suyo, -a, -os, -as, de él: *a friend of his* un amigo de él/suyo ◊ *He lent me his.* Me prestó el de él. ☛ *Ver nota en* MY

hiss /hɪs/ ◆ **1** *vi* silbar **2** *vt, vi* (*desaprobación*) silbar, chiflar ◆ *n* silbido, rechifla

historian /hɪˈstɔːriən/ *n* historiador, -ora

historic /hɪˈstɔːrɪk; *GB* -ˈstɒr-/ *adj* histórico **historical** *adj* histórico ☛ *Comparar con* HISTÓRICO

history /ˈhɪstri/ *n* (*pl* **-ies**) historia: *medical history* historia médica

hit /hɪt/ ◆ *vt* (**-tt-**) (*pret, pp* **hit**) **1** golpear: *to hit a nail* darle a un clavo **2** alcanzar: *He's been hit in the leg by a bullet.* Le dieron con una bala en la pierna. **3** chocar contra **4 to hit sth (on/against sth)** golpearse algo (con/contra algo): *I hit my knee against the table.* Me golpeé la rodilla contra la mesa. **5** (*pelota*) pegar a **6** afectar: *Rural areas have been worst hit by the strike.* Las zonas rurales son las más afectadas por la huelga. **LOC to hit it off (with sb)** (*coloq*): *Pete and Sue hit it off immediately.* Pete y Sue se cayeron bien desde el principio. **to hit the nail on the head** dar en el clavo *Ver tb* HOME **PHR V to hit back (at sth/sb)** contestar (a algo/algn), devolver el golpe (a algo/algn) **to hit out (at sth/sb)** lanzarse (contra algo/algn) ◆ *n* **1** golpe **2** éxito

hit-and-run /ˌhɪt ən ˈrʌn/ *adj*: *a hit-and-run driver* conductor que atropella a alguien y se vuela

hitch¹ /hɪtʃ/ *vt, vi*: *to hitch* (*a ride*) echar dedo ◊ *Can I hitch a ride with you as far as the station?* ¿Me puede llevar hasta la estación? **PHR V to hitch sth up 1** (*pantalones*) subirse algo un poco **2** (*falda*) alzarse

hitch² /hɪtʃ/ *n* pega: *without a hitch* sin dificultades

hitchhike /ˈhɪtʃhaɪk/ *vi* echar dedo **hitchhiker** *n* persona que viaja echando dedo

hi-tech *Ver* HIGH-TECH

hive /haɪv/ (*tb* **beehive**) *n* colmena

hoard /hɔːrd/ ◆ *n* **1** tesoro **2** provisión ◆ *vt* acaparar (*provisiones*)

hoarding /ˈhɔːrdɪŋ/ (*USA* **billboard**) *n* valla publicitaria

hoarse /hɔːrs/ *adj* ronco

hoax /hoʊks/ *n* broma de mal gusto: *a bomb threat hoax* una amenaza de bomba falsa

hob /hɑb/ *n* (*GB*) hornilla, parrilla

hockey /ˈhɑki/ *n* hockey

hoe /hoʊ/ *n* azadón

hog /hɔːg; *GB* hɒg/ ◆ *n* cerdo ◆ *vt* (*coloq*) acaparar

hoist /hɔɪst/ *vt* izar, levantar

hold /hoʊld/ ◆ (*pret, pp* **held** /held/) **1** *vt* sostener, tener en la mano: *to hold hands* ir cogidos de la mano **2** *vt* agarrarse a **3** *vt, vi* (*peso*) aguantar **4** *vt* (*criminal, rehén, etc.*) retener, tener detenido **5** *vt* (*opinión*) sostener **6** *vt* tener espacio para: *It won't hold you all.* No van a caber todos. **7** *vt* (*puesto, cargo*) ocupar **8** *vt* (*conversación*) mantener **9** *vt* (*reunión, elecciones*) celebrar **10** *vt* (*poseer*) tener **11** *vt* (*formal*) considerar **12** *vi* (*oferta, acuerdo*) ser válido **13** *vt* (*título*) ostentar **14** *vi* (*al teléfono*) esperar **LOC don't hold your breath!** ¡espere sentado! **hold it!** (*coloq*) ¡espere! **to hold fast to sth** (*GB*) aferrarse a algo **to hold firm to sth** mantenerse firme en algo **to hold hands (with sb)** ir de la mano (con algn) **to hold sb to ransom** (*fig*) chantajear a algn **to hold sth/sb in contempt** despreciar algo/a algn **to hold the line** no colgar el teléfono **to hold your breath** contener el aliento *Ver tb* BAY, CAPTIVE, CHECK, ESTEEM
PHR V to hold sth against sb (*coloq*) tener algo en contra de algn
to hold sth/sb back refrenar algo/a algn **to hold sth back** ocultar algo
to hold forth echar un discurso
to hold on (to sth/sb) agarrarse (a algo/algn) **to hold sth on/down** sujetar algo
to hold out 1 (*provisiones*) durar

2 (*persona*) aguantar
to hold up (**a bank, etc.**) asaltar (un banco, etc.) **to hold sth/sb up** retrasar algo/a algn
to hold with sth estar de acuerdo con algo ◆ *n* **1** *to keep a firm hold of sth* tener algo bien agarrado **2** (*judo*) llave **3** ~ (**on/over sth/sb**) influencia, control (sobre algo/algn) **4** (*barco, avión*) bodega **LOC to take hold of sth/sb** tomar algo/a algn **to get hold of sb** ponerse en contacto con algn

holdall /ˈhoʊldɔːl/ (*GB*) (*USA* **carryall**) *n* bolsa de viaje, tula

holder /ˈhoʊldər/ *n* **1** titular **2** poseedor, -ora **3** recipiente

hold-up /ˈhoʊld ʌp/ *n* **1** (*tráfico*) trancón **2** retraso **3** asalto

hole /hoʊl/ *n* **1** agujero **2** perforación **3** (*carretera*) bache, hueco **4** boquete **5** madriguera **6** (*coloq*) aprieto **7** (*Dep*) hoyo **LOC** *Ver* PICK

holiday /ˈhɑlədeɪ/ ◆ *n* **1** día de fiesta, día festivo **2** (*GB*) (*USA* **vacation**) vacaciones: *to be/go on holiday* estar en/irse de vacaciones ◆ *vi* (*GB*) estar de vacaciones

holiday-maker /ˈhɑlədeɪ meɪkər/ *n* (*GB*) turista

holiness /ˈhoʊlinəs/ *n* santidad

hollow /ˈhɑloʊ/ ◆ *adj* **1** hueco **2** (*cara, ojos*) hundido **3** (*sonido*) sordo **4** (*fig*) poco sincero, falso ◆ *n* **1** hoyo **2** hondonada **3** hueco ◆ *vt* (*tb* **to hollow sth out**) ahuecar algo

holly /ˈhɑli/ *n* acebo

holocaust /ˈhɑləkɔːst/ *n* holocausto

holster /ˈhoʊlstər/ *n* funda (de pistola)

holy /ˈhoʊli/ *adj* (**holier**, **holiest**) **1** santo **2** sagrado **3** bendito

homage /ˈhɑmɪdʒ, ˈɑm-/ *n* [*incontable*] (*formal*) homenaje: *to pay homage to sth/sb* rendir homenaje a algo/algn

home /hoʊm/ ◆ *n* **1** (*hogar*) casa, hogar **2** (*de ancianos, etc.*) residencia, ancianato **3** (*fig*) cuna **4** (*Zool*) hábitat **5** (*carrera*) meta **LOC at home 1** en la casa **2** a sus anchas **3** en mi, su, nuestro, etc. país ◆ *adj* **1** (*vida*) familiar: *home comforts* las comodidades del hogar **2** (*cocina, películas, etc.*) casero **3** (*GB*) (*no extranjero*) nacional: *the Home Office* Ministerio del Interior **4** (*Dep*) local **5** (*pueblo, país*) natal ◆ *adv* **1** a la casa: *to go home* ir a la casa **2** (*fijar, clavar, etc.*) a fondo **LOC home free** a salvo **to hit/strike home** dar en el blanco *Ver tb* BRING

homeland /ˈhoʊmlænd/ *n* tierra natal, patria

homeless /ˈhoʊmləs/ ◆ *adj* sin hogar ◆ **the homeless** *n* [*pl*] las personas sin hogar

homely /ˈhoʊmli/ *adj* (**-ier**, **-iest**) **1** (*USA, pey*) feo, poco atractivo **2** (*GB*) (*ambiente, lugar*) (*USA* **homey**) familiar **3** (*GB*) (*persona*) sencillo

homemade /ˌhoʊmˈmeɪd/ *adj* casero, hecho en casa

home run *n* jonrón

homesick /ˈhoʊmsɪk/ *adj* nostálgico: *to be/feel homesick* sentir nostalgia

homework /ˈhoʊmwɜːrk/ *n* [*incontable*] (*colegio*) tarea(s)

homicide /ˈhɑmɪsaɪd/ *n* homicidio ☛ *Comparar con* MANSLAUGHTER, MURDER **homicidal** /ˌhɑmɪˈsaɪdl/ *adj* homicida

homogeneous /ˌhoʊməˈdʒiːniəs/ *adj* homogéneo

homosexual /ˌhoʊməˈsekʃuəl/ *adj, n* homosexual **homosexuality** /ˌhoʊməsekʃuˈæləti/ *n* homosexualidad

honest /ˈɑnɪst/ *adj* **1** (*persona*) honesto, honrado **2** (*afirmación*) franco, sincero **3** (*sueldo*) justo **honestly** *adv* **1** honradamente, honestamente **2** [*uso enfático*] de verdad, francamente

honesty /ˈɑnəsti/ *n* **1** honradez, honestidad **2** franqueza

honey /ˈhʌni/ *n* **1** miel **2** (*USA, coloq*) (*tratamiento*) cielo, gordo, -a

honeymoon /ˈhʌnimuːn/ *n* (*lit y fig*) luna de miel

honk /hɔːŋk, hɑŋk/ *vt, vi* tocar el pito

honor (*GB* **honour**) /ˈɑnər/ ◆ *n* **1** honor **2** (*título*) condecoración **3 honors** [*pl*] distinción: (*first class*) *honors degree* (*esp GB*) licenciatura/grado de honor (con la nota más alta) **4 your Honor, his/her Honor** su Señoría **LOC in honor of sth/sb; in sth's/sb's honor** en honor de/a algo/algn ◆ *vt* **1** ~ **sth/sb** (**with sth**) honrar algo/a algn (con algo) **2** ~ **sth/sb** (**with sth**) condecorar a algn (con algo) **3** (*opinión, etc.*) respetar **4** (*compromiso/deuda*) cumplir (con)

honorable (*GB* **honourable**) /ˈɑnərəbl/ *adj* **1** honorable **2** honroso

honorary /ˈɑnəreri; *GB* ˈɒnərəri/ *adj* **1** honorífico **2** (*doctor*) honoris causa **3** (*no remunerado*) honorario

hood /hʊd/ *n* **1** capucha **2** (*GB* **bonnet**) (*carro*) capó

hoof /hu:f, hʊf/ *n* (*pl* **~s** *o* **hooves** /hu:vz/) casco, pezuña

hook /hʊk/ ◆ *n* **1** gancho, garfio **2** (*pesca*) anzuelo LOC **off the hook** descolgado (*teléfono*) **to let sb/get sb off the hook** (*coloq*) dejar que algn se salve/sacar a algn del apuro ◆ *vt, vi* enganchar LOC **to be hooked (on sb)** (*coloq*) estar chiflado (por algn) **to be/get hooked (on sth)** (*coloq*) estar metido/meterse (en algo) (*droga*)

hooligan /ˈhu:lɪgən/ *n* (*esp GB*) vándalo, -a **hooliganism** *n* (*GB*) vandalismo

hoop /hu:p/ *n* aro

hooray! /hʊˈreɪ/ *interj Ver* HURRAH

hoot /hu:t/ ◆ *n* **1** (*búho*) ululato **2** pitazo ◆ **1** *vi* (*búho*) ulular **2** *vi* ~ **(at sth/sb)** (*carro*) pitar (a algo/algn) **3** *vt* (*pito*) tocar

Hoover® /ˈhu:vər/ (*GB*) (*USA* **vacuum**) ◆ *n* aspiradora ◆ *vt, vi* pasar la aspiradora (a)

hooves /hu:vz/ *n plural de* HOOF

hop /hɑp/ ◆ *vi* (**-pp-**) **1** (*persona*) saltar con un solo pie **2** (*animal*) dar saltitos, saltar ◆ *n* **1** salto **2** (*Bot*) lúpulo

hope /hoʊp/ ◆ *n* **1** ~ **(of/for sth)** esperanza (de/para algo) **2** ~ **(of doing sth/that...)** esperanza (de hacer algo/de que...) ◆ **1** *vi* ~ **(for sth)** esperar (algo) **2** *vt* ~ **to do sth/that...** esperar hacer algo/que...: *I hope not/so.* Espero que no/sí. LOC **I should hope not!** ¡no faltaba más! ☛ *Ver nota en* ESPERAR

hopeful /ˈhoʊpfl/ *adj* **1** (*persona*) esperanzado, confiado: *to be hopeful that...* tener la esperanza de que... **2** (*situación*) prometedor, esperanzador **hopefully** *adv* **1** con optimismo, con esperanzas **2** con un poco de suerte, si Dios quiere

hopeless /ˈhoʊpləs/ *adj* **1** inútil, desastroso **2** (*tarea*) imposible **hopelessly** *adv* (*enfático*) totalmente

horde /hɔ:rd/ *n* (*a veces pey*) multitud: *hordes of people* miles de personas

horizon /həˈraɪzn/ *n* **1 the horizon** el horizonte **2 horizons** [*gen pl*] (*fig*) perspectiva

horizontal /ˌhɔ:rɪˈzɑntl; *GB* ˌhɒr-/ *adj, n* horizontal

hormone /ˈhɔ:rmoʊn/ *n* hormona

horn /hɔ:rn/ *n* **1** cuerno, asta, cacho **2** (*Mús*) instrumento de viento con pabellón como el de la trompeta **3** (*carro, etc.*) pito

horoscope /ˈhɔ:rəskoʊp; *GB* ˈhɒr-/ *n* horóscopo

horrendous /hɔ:ˈrendəs; *GB* hɒˈr-/ *adj* **1** horrendo **2** (*coloq*) (*excesivo*) tremendo

horrible /ˈhɔ:rəbl; *GB* ˈhɒr-/ *adj* horrible

horrid /ˈhɔ:rɪd; *GB* ˈhɒrɪd/ *adj* horrible, horroroso

horrific /həˈrɪfɪk/ *adj* horripilante, espantoso

horrify /ˈhɔ:rɪfaɪ; *GB* ˈhɒr-/ *vt* (*pret, pp* **-fied**) horrorizar **horrifying** *adj* horroroso, horripilante

horror /ˈhɔ:rər; *GB* ˈhɒr-/ *n* horror: *horror film* película de terror

horse /hɔ:rs/ *n* caballo LOC *Ver* DARK, FLOG, LOOK[1]

horseback rider /ˈhɔ:rsbæk raɪdər/ *n* jinete

horseman /ˈhɔ:rsmən/ *n* (*pl* **-men** /-mən/) jinete

horsepower /ˈhɔ:rspaʊər/ *n* (*pl* **horsepower**) (*abrev* **hp**) caballo de fuerza, potencia

horseshoe /ˈhɔ:rsʃu:/ *n* herradura

horsewoman /ˈhɔ:rswʊmən/ *n* (*pl* **-women** /-wɪmɪn/) amazona

horticulture /ˈhɔ:rtɪkʌltʃər/ *n* horticultura **horticultural** /ˌhɔ:rtɪˈkʌltʃərəl/ *adj* hortícola

hose /hoʊz/ (*GB tb* **hosepipe**) *n* manguera

hospice /ˈhɑspɪs/ *n* hospital (*para enfermos desahuciados*)

hospitable /hɑˈspɪtəbl, ˈhɑspɪtəbl/ *adj* hospitalario

hospital /ˈhɑspɪtl/ *n* hospital

hospitality /ˌhɑspɪˈtæləti/ *n* hospitalidad

host /hoʊst/ ◆ *n* **1** multitud, montón: *a host of admirers* una multitud de admiradores **2** (*fem* **hostess**) anfitrión, -ona **3** (*TV*) presentador, -ora **4 the Host** (*Relig*) la hostia ◆ *vt*: *Barcelona hosted the 1992 Olympic Games.* Barcelona fue la sede de los Juegos Olímpicos de 1992

hostage /ˈhɑstɪdʒ/ *n* rehén

hostel /ˈhɑstl/ *n* albergue: *youth hostel* albergue juvenil

hostess /ˈhoʊstəs, -tes/ *n* **1** anfitriona **2** (*TV*) presentadora

hostile /ˈhɑstl; *GB* -taɪl/ *adj* **1** hostil **2** (*territorio*) enemigo

hostility /hɑˈstɪləti/ *n* hostilidad

hot /hɑt/ *adj* (**hotter**, **hottest**) **1** (*agua, comida, objeto*) caliente ☛ *Ver nota en* FRÍO **2** (*día*) caluroso: *in hot weather* cuando hace calor **3** (*sabor*) picante **LOC to be hot 1** (*persona*) tener calor **2** (*tiempo*): *It's very hot.* Está haciendo mucho calor. *Ver tb* PIPING *en* PIPE

hotel /hoʊˈtel/ *n* hotel

hotly /ˈhɑtli/ *adv* ardientemente, enérgicamente

hound /haʊnd/ ◆ *n* perro de caza ◆ *vt* acosar

hour /ˈaʊər/ *n* **1** hora: *half an hour* media hora **2 hours** [*pl*] horario: *office/opening hours* el horario de oficina/apertura **3** [*gen sing*] momento **LOC after hours** después del horario de trabajo/de apertura **on the hour** a la hora en punto *Ver tb* EARLY **hourly** *adv, adj* cada hora

house /haʊs/ ◆ *n* (*pl* **~s** /ˈhaʊzɪz/) **1** casa **2** (*Teat*) sala de espectáculos: *There was a full house.* Se llenó (el teatro). **LOC on the house** cortesía de la casa *Ver tb* MOVE ◆ /haʊz/ *vt* alojar, albergar

household /ˈhaʊshoʊld/ *n*: *a large household* una casa de mucha gente ◊ *household chores* quehacer(es) doméstico(s) **householder** *n* dueño, -a de la casa

housekeeper /ˈhaʊskiːpər/ *n* ama de llaves, empleada del servicio **housekeeping** *n* **1** organización/reglas de una casa **2** gastos de la casa

the House of Commons (*tb* **the Commons**) (*GB*) *n* [*v sing o pl*] la Cámara de los Comunes

the House of Lords (*tb* **the Lords**) (*GB*) *n* [*v sing o pl*] la Cámara de los Lores

the House of Representatives (*USA*) *n* la Cámara de Representantes: *Ver pág 318.*

the Houses of Parliament (*GB*) *n* el Parlamento (británico)

housewife /ˈhaʊswaɪf/ *n* (*pl* **-wives**) ama de casa

housework /ˈhaʊswɜːrk/ *n* [*incontable*] oficio(s) doméstico(s)

housing /ˈhaʊzɪŋ/ *n* [*incontable*] vivienda, alojamiento

housing development *n* (*USA*) urbanización

housing estate *n* (*GB*) urbanización

hover /ˈhʌvər; *GB* ˈhɒvə(r)/ *vi* **1** (*ave*) planear **2** (*objeto*) quedarse suspendido (en el aire) **3** (*persona*) rondar

hovercraft /ˈhʌvərkræft; *GB* ˈhɒvəkrɑːft/ *n* (*pl* **hovercraft**) hovercraft, aerodeslizador

how /haʊ/ ◆ *adv interr* **1** cómo: *How can that be?* ¿Cómo puede ser? ◊ *Tell me how to spell it.* Dime cómo se escribe. ◊ *How is your job?* ¿Cómo va el trabajo? **2** *How old are you?* ¿Cuántos años tienes? ◊ *How fast were you going?* ¿A qué velocidad ibas? **3 how many** cuántos **how much** cuánto: *How much is it?* ¿Cuánto es? ◊ *How many letters did you write?* ¿Cuántas cartas escribiste? **LOC how about?**: *How about it?* ¿qué le parece? **how are you?** ¿cómo está? **how come ... ?** ¿cómo es que ... ? **how do you do?** mucho gusto

> **How do you do?** se usa en presentaciones formales, y se contesta con *how do you do?* En cambio **how are you?** se usa en situaciones informales, y se responde según se encuentre uno: *fine, very well, not too bad, etc.*

◆ *adv* (*formal*) ¡cómo ... !: *How cold it is!* ¡Cómo está haciendo de frío. ◊ *How you've grown!* ¡Cómo ha crecido! ◆ *conj* como: *I dress how I like.* Me visto como quiero.

however /haʊˈevər/ ◆ *adv* **1** sin embargo **2** por muy/mucho que: *however strong you are* por muy fuerte que seas ◊ *however hard he tries* por mucho que lo intente ◆ *conj* (*tb* **how**) como: *how(ever) you like* como quieras ◆ *adv interr* cómo: *However did she do it?* ¿Cómo pudo hacerlo?

howl /haʊl/ ◆ *n* **1** aullido **2** grito ◆ *vi* **1** aullar **2** dar alaridos

hub /hʌb/ *n* **1** (*rueda*) dado **2** (*fig*) eje

hubbub /ˈhʌbʌb/ *n* ajetreo, algarabía

huddle /ˈhʌdl/ ◆ *vi* **1** acurrucarse **2** apiñarse ◆ *n* grupo

hue /hju:/ *n* (*formal*) **1** (*color, significado*) matiz **2** color **LOC hue and cry** revuelo, gritería

huff /hʌf/ *n* rabieta: *to be in a huff* estar bravo, tener una rabieta

hug /hʌg/ ◆ *n* abrazo: *to give sb a hug* darle un abrazo a algn ◆ *vt* (**-gg-**) abrazar

huge /hju:dʒ/ *adj* enorme

hull /hʌl/ *n* casco (*de un barco*)

hullo *Ver* HELLO

hum /hʌm/ ◆ *n* **1** zumbido **2** (*voces*) murmullo ◆ (**-mm-**) **1** *vi* zumbar **2** *vt, vi* tararear (*con la boca cerrada*) **3** *vi* (*coloq*) bullir: *to hum with activity* bullir de actividad

human /ˈhju:mən/ *adj, n* humano: *human being* ser humano ◊ *human rights* derechos humanos ◊ *human nature* la naturaleza humana ◊ *the human race* el género humano

humane /hju:ˈmeɪn/ *adj* humanitario, humano

humanitarian /hju:ˌmænɪˈteəriən/ *adj* humanitario

humanity /hju:ˈmænəti/ *n* **1** humanidad **2 humanities** [*pl*] humanidades

humble /ˈhʌmbl/ ◆ *adj* (**-er**, **-est**) humilde ◆ *vt*: *to humble yourself* adoptar una actitud humilde

humid /ˈhju:mɪd/ *adj* húmedo **humidity** /hju:ˈmɪdəti/ *n* humedad

> **Humid** y **humidity** sólo se refieren a la humedad atmosférica. ☛ *Ver nota en* MOIST

humiliate /hju:ˈmɪlieɪt/ *vt* humillar **humiliating** *adj* humillante, vergonzoso **humiliation** *n* humillación

humility /hju:ˈmɪləti/ *n* humildad

hummingbird /ˈhʌmɪŋbɜ:rd/ *n* picaflor, colibrí

humor (*GB* **humour**) /ˈhju:mər/ ◆ *n* **1** humor **2** (*estado de ánimo*) genio **3** (*comicidad*) gracia ◆ *vt* seguirle la corriente a, complacer

humorous /ˈhju:mərəs/ *adj* humorístico, divertido

hump /hʌmp/ *n* joroba, giba

hunch[1] /hʌntʃ/ *n* corazonada, presentimiento

hunch[2] /hʌntʃ/ *vt, vi* ~ (**sth**) (**up**) encorvar algo/encorvarse

hundred /ˈhʌndrəd/ ◆ *adj, pron* cien, ciento ☛ *Ver ejemplos en* FIVE ◆ *n* ciento, centenar **hundredth 1** *adj, pron* centésimo **2** *n* centésima parte ☛ *Ver ejemplos en* FIFTH

hung *pret, pp de* HANG

hunger /ˈhʌŋgər/ ◆ *n* hambre ☛ *Ver nota en* HAMBRE ◆ **PHR V to hunger for/after sth** anhelar algo, tener hambre/sed de algo

hungry /ˈhʌŋgri/ *adj* (**-ier**, **-iest**) con hambre: *I'm hungry.* Tengo hambre.

hunk /hʌŋk/ *n* (buen) trozo/pedazo

hunt /hʌnt/ ◆ *vt, vi* **1** cazar, ir de cacería **2** ~ (**for sth/sb**) buscar (algo/a algn) ◆ *n* **1** caza, cacería **2** búsqueda, busca **hunter** *n* cazador, -ora

hunting /ˈhʌntɪŋ/ *n* caza, cacería

hurdle /ˈhɜ:rdl/ *n* **1** obstáculo **2** (*fig*) barrera

hurl /hɜ:rl/ *vt* **1** lanzar, arrojar **2** (*insultos, etc.*) soltar

hurrah! /həˈrɑ/ (*tb* **hooray!**) *interj* ~ (**for sth/sb**) ¡viva! (algo/algn)

hurricane /ˈhɜ:rɪkeɪn; *GB* ˈhʌrɪkən/ *n* huracán

hurried /ˈhɜ:rid/ *adj* apresurado, afanado, rápido

hurry /ˈhɜ:ri/ ◆ *n* [*sing*] afán **LOC to be in a hurry** tener afán ◆ *vt, vi* (*pret, pp* **hurried**) apurar(se), apresurar(se) **PHR V to hurry up** (*coloq*) apurarse

hurt /hɜ:rt/ (*pret, pp* **hurt**) **1** *vt* lastimar, hacerle daño a: *to get hurt* lastimarse **2** *vi* doler: *My leg hurts.* Me duele la pierna. **3** *vt* (*afligir*) herir, ofender **4** *vt* (*intereses, reputación, etc.*) perjudicar dañar **hurtful** *adj* hiriente, cruel, perjudicial

hurtle /ˈhɜ:rtl/ *vi* precipitarse

husband /ˈhʌzbənd/ *n* esposo

hush /hʌʃ/ ◆ *n* [*sing*] silencio ◆ **PHR V to hush sth/sb up** hacer callar algo/a algn

husky /ˈhʌski/ ◆ *adj* (**-ier**, **-iest**) ronco ◆ *n* (*pl* **-ies**) perro esquimal

hustle /ˈhʌsl/ ◆ *vt* **1** empujar a **2** (*coloq*) apurar a ◆ *n* **LOC hustle and bustle** ajetreo

hut /hʌt/ *n* choza, cabaña

hybrid /ˈhaɪbrɪd/ *adj, n* híbrido

hydrant /ˈhaɪdrənt/ *n* bocatoma: *fire hydrant* hidrante

hydraulic /haɪˈdrɑlɪk/ *adj* hidráulico

hydroelectric /ˌhaɪdroʊɪˈlektrɪk/ *adj* hidroeléctrico

hydrogen /ˈhaɪdrədʒən/ *n* hidrógeno

hyena (*tb* **hyaena**) /haɪˈiːnə/ *n* hiena

hygiene /ˈhaɪdʒiːn/ *n* higiene **hygienic** *adj* higiénico

hymn /hɪm/ *n* himno

hype /haɪp/ ◆ *n* (*coloq*) despliegue publicitario ◆ **PHR V to hype sth (up)** (*coloq*) anunciar algo con gran despliegue

hypermarket /ˈhaɪpərmɑrkɪt/ *n* (*GB*) hipermercado

hyphen /ˈhaɪfn/ *n* guión: *Ver págs 310–1.*

hypnosis /hɪpˈnoʊsɪs/ *n* hipnosis

hypnotic /hɪpˈnɑtɪk/ *adj* hipnótico

hypnotism /ˈhɪpnətɪzəm/ *n* hipnotismo **hypnotist** *n* hipnotizador, -ora

hypnotize, -ise /ˈhɪpnətaɪz/ *vt* (*lit y fig*) hipnotizar

hypochondriac /ˌhaɪpəˈkɑndriæk/ *n* hipocondríaco, -a

hypocrisy /hɪˈpɑkrəsi/ *n* hipocresía

hypocrite /ˈhɪpəkrɪt/ *n* hipócrita **hypocritical** /ˌhɪpəˈkrɪtɪkl/ *adj* hipócrita

hypothesis /haɪˈpɑθəsɪs/ *n* (*pl* **-ses** /-siːz/) hipótesis

hypothetical /ˌhaɪpəˈθetɪkl/ *adj* hipotético

hysteria /hɪˈsteriə/ *n* histeria

hysterical /hɪˈsterɪkl/ *adj* **1** (*risa, etc.*) histérico **2** (*coloq*) para morirse de la risa

hysterics /hɪˈsterɪks/ *n* [*pl*] **1** crisis de histeria **2** (*coloq*) ataque de risa

Ii

I, i /aɪ/ *n* (*pl* **I's, i's** /aɪz/) I, i: *I as in ice cream* I de indio ☛ *Ver ejemplos en* A, A

I /aɪ/ *pron pers* yo: *I am 15 (years old).* Tengo quince años. ☛ El *pron pers* no se puede omitir en inglés. *Comparar con* ME sentido 3

ice /aɪs/ ◆ *n* [*incontable*] hielo: *ice cube* cubo de hielo ◆ *vt* glasear

iceberg /ˈaɪsbɜːrg/ *n* iceberg

icebox /ˈaɪsbɑks/ *n* (*USA, antic*) nevera

ice cream *n* helado

ice lolly /ˌaɪs ˈlɑli/ *n* (*pl* **-ies**) (*GB*) (*USA* **Popsicle**®) paleta (*de agua*)

ice rink *n* pista para el hielo

ice skate /ˈaɪs skeɪt/ ◆ *n* patín de hielo ◆ *vi* patinar sobre hielo **ice skating** *n* patinaje sobre hielo

icicle /ˈaɪsɪkl/ *n* carámbano (*aguja de hielo*)

icing /ˈaɪsɪŋ/ *n* glaseado: *icing sugar* (*GB*) azúcar en polvo

icon /ˈaɪkɑn/ *n* **1** (*Relig*) icono **2** (*Informát*) ícono

icy /ˈaɪsi/ *adj* (**icier, iciest**) **1** helado **2** (*fig*) gélido

I'd /aɪd/ **1** = I HAD *Ver* HAVE **2** = I WOULD *Ver* WOULD

idea /aɪˈdɪə/ *n* **1** idea **2** ocurrencia: *What an idea!* ¡Qué ocurrencia! **LOC to get/have the idea that…** tener la impresión de que… **to get the idea** sacar la idea **to give sb ideas** meterle a algn ideas en la cabeza **to have no idea** no tener ni idea

ideal /aɪˈdiːəl/ ◆ *adj* ~ (**for sth/sb**) ideal (para algo/algn) ◆ *n* ideal

idealism /aɪˈdiːəlɪzəm/ *n* idealismo **idealist** *n* idealista **idealistic** /ˌaɪdiəˈlɪstɪk/ *adj* idealista

idealize, -ise /aɪˈdiːəlaɪz/ *vt* idealizar

ideally /aɪˈdiːəli/ *adv* idealmente, en el mejor de los casos: *They are ideally suited.* Se complementan perfectamente. ◇ *Ideally, they should all help.* Lo ideal sería que todos ayudaran.

identical /aɪˈdentɪkl/ *adj* ~ (**to/with sth/sb**) idéntico a algo/algn

identification /aɪˌdentɪfɪˈkeɪʃn/ *n* identificación: *identification papers* documento de identidad ◇ *identification* *parade* (*GB*) desfile de sospechosos (*para identificación*)

identify /aɪˈdentɪfaɪ/ *vt* (*pret, pp* **-fied**) **1** ~ **sth/sb as sth/sb** identificar algo/a algn como algo/algn **2** ~ **sth with sth** identificar algo con algo

identity /aɪˈdentəti/ *n* (*pl* **-ies**) **1** identidad **2** *a case of mistaken identity* un error de identificación

ideology /ˌaɪdiˈɑlədʒi/ *n* (*pl* **-ies**) ideología

idiom /ˈɪdiəm/ *n* **1** modismo, locución **2** (*individuo, época*) lenguaje

idiosyncrasy /ˌɪdiəˈsɪŋkrəsi/ *n* idiosincrasia

idiot /ˈɪdiət/ *n* (*coloq, pey*) idiota **idiotic** /ˌɪdiˈɑtɪk/ *adj* estúpido

idle /ˈaɪdl/ ◆ *adj* (**idler**, **idlest**) **1** holgazán **2** desocupado **3** (*maquinaria*) parado **4** vano, inútil ◆ **PHR V to idle sth away** desperdiciar algo **idleness** *n* ociosidad, holgazanería

idol /ˈaɪdl/ *n* ídolo **idolize, -ise** *vt* idolatrar

idyllic /aɪˈdɪlɪk; *GB* ɪˈd-/ *adj* idílico

ie /ˌaɪ ˈiː/ *abrev* es decir

if /ɪf/ *conj* **1** si: *If he were here…* Si estuviera él aquí… **2** cuando, siempre que: *if in doubt* en caso de duda **3** (*tb* **even if**) aunque, incluso si **LOC if I were you** si yo fuera usted, yo de usted **if only** ojalá: *If only I had known!* ¡De haberlo sabido! **if so** de ser así

igloo /ˈɪgluː/ *n* (*pl* **~s**) iglú

ignite /ɪgˈnaɪt/ *vt, vi* prenderle (fuego a), encender(se) **ignition** *n* **1** ignición **2** (*Mec*) encendido

ignominious /ˌɪgnəˈmɪniəs/ *adj* vergonzoso

ignorance /ˈɪgnərəns/ *n* ignorancia

ignorant /ˈɪgnərənt/ *adj* ignorante: *to be ignorant of sth* desconocer algo

ignore /ɪgˈnɔːr/ *vt* **1** ~ **sth/sb** no hacer caso de algo; no hacerle caso a algn **2** ~ **sb** ignorar a algn **3** ~ **sth** pasar algo por alto

I'll /aɪl/ **1** = I WILL *Ver* WILL **2** = I SHALL *Ver* SHALL

ill /ɪl/ ◆ *adj* **1** (*GB*) (*USA* **sick**) enfermo: *to fall/be taken ill* enfermarse ◊ *to feel ill* sentirse mal **2** malo ☛ *Ver nota en* ENFERMO ◆ *adv* mal: *to speak ill of sb* hablar mal de algn ☛ Se emplea mucho en compuestos, p.ej. **ill-fated** infortunado, **ill-equipped** mal equipado, **ill-advised** imprudente, desaconsejable. **LOC ill at ease** incómodo, molesto *Ver tb* BODE, DISPOSED, FEELING ◆ *n* (*formal*) mal, daño

illegal /ɪˈliːgl/ *adj* ilegal

illegible /ɪˈledʒəbl/ *adj* ilegible

illegitimate /ˌɪləˈdʒɪtɪmət/ *adj* ilegítimo

ill feeling *n* rencor

ill health *n* mala salud

illicit /ɪˈlɪsɪt/ *adj* ilícito

illiterate /ɪˈlɪtərət/ *adj* **1** analfabeto **2** ignorante

illness /ˈɪlnəs/ *n* enfermedad: *mental illness* enfermedad mental ◊ *absences due to illness* ausencia por enfermedad ☛ *Ver nota en* DISEASE

illogical /ɪˈlɑdʒɪkl/ *adj* ilógico

ill-treatment /ˌɪl ˈtriːtmənt/ *n* maltrato

illuminate /ɪˈluːmɪneɪt/ *vt* iluminar **illuminating** *adj* revelador **illumination** *n* **1** iluminación **2 illuminations** [*pl*] (*GB*) luces, iluminación

illusion /ɪˈluːʒn/ *n* ilusión (*idea equivocada*) **LOC to be under an illusion** engañarse a uno mismo

illusory /ɪˈluːsəri/ *adj* ilusorio

illustrate /ˈɪləstreɪt/ *vt* ilustrar **illustration** *n* **1** ilustración **2** ejemplo

illustrious /ɪˈlʌstriəs/ *adj* ilustre

I'm /aɪm/ = I AM *Ver* BE

image /ˈɪmɪdʒ/ *n* imagen **imagery** *n* imágenes

imaginary /ɪˈmædʒəneri; *GB* -ɪnəri/ *adj* imaginario

imagination /ɪˌmædʒɪˈneɪʃn/ *n* imaginación **imaginative** /ɪˈmædʒɪnətɪv/ *adj* imaginativo

imagine /ɪˈmædʒɪn/ *vt* imaginar(se)

imbalance /ɪmˈbæləns/ *n* desequilibrio

imbecile /ˈɪmbəsl; *GB* -siːl/ *n* imbécil

imitate /ˈɪmɪteɪt/ *vt* imitar

imitation /ˌɪmɪˈteɪʃn/ *n* **1** (*acción y efecto*) imitación **2** copia, reproducción

immaculate /ɪˈmækjələt/ *adj* **1** inmaculado **2** (*ropa*) impecable

immaterial /ˌɪməˈtɪəriəl/ *adj* irrelevante

immature /ˌɪməˈtʊər, -ˈtʃʊər; *GB* -ˈtjʊə(r)/ *adj* inmaduro

immeasurable /ɪˈmeʒərəbl/ *adj* inconmensurable
immediate /ɪˈmiːdiət/ *adj* **1** inmediato: *to take immediate action* actuar de inmediato **2** (*familia, parientes*) más cercano **3** (*necesidad, etc.*) urgente
immediately /ɪˈmiːdiətli/ ◆ *adv* **1** inmediatamente **2** directamente ◆ *conj* (*GB*) en cuanto: *immediately I saw her* inmediatamente/apenas la vi
immense /ɪˈmens/ *adj* inmenso
immerse /ɪˈmɜːrs/ *vt* (*lit y fig*) sumergir(se) **immersion** *n* inmersión
immigrant /ˈɪmɪgrənt/ *adj, n* inmigrante
immigration /ˌɪmɪˈgreɪʃn/ *n* inmigración
imminent /ˈɪmɪnənt/ *adj* inminente
immobile /ɪˈmoʊbl; *GB* -baɪl/ *adj* inmóvil
immobilize, -ise /ɪˈmoʊbəlaɪz/ *vt* inmovilizar
immoral /ɪˈmɔːrəl; *GB* ɪˈmɒrəl/ *adj* inmoral
immortal /ɪˈmɔːrtl/ *adj* **1** (*alma, vida*) inmortal **2** (*fama*) imperecedero **immortality** /ˌɪmɔːrˈtæləti/ *n* inmortalidad
immovable /ɪˈmuːvəbl/ *adj* **1** (*objeto*) inamovible **2** (*persona, actitud*) inflexible
immune /ɪˈmjuːn/ *adj* ~ (**to/against sth**) inmune (a algo) **immunity** *n* inmunidad
immunize, -ise /ˈɪmjʊnaɪz/ *vt* ~ **sb** (**against sth**) inmunizar a algn (contra algo) **immunization, -isation** *n* inmunización
imp /ɪmp/ *n* **1** diablillo **2** (*niño*) diablito
impact /ˈɪmpækt/ *n* **1** (*lit y fig*) impacto **2** (*carro*) choque
impair /ɪmˈpeər/ *vt* deteriorar, debilitar: *impaired vision* vista debilitada **impairment** *n* deficiencia
impart /ɪmˈpɑrt/ *vt* **1** conferir **2** ~ **sth** (**to sb**) impartir(le) algo (a algn)
impartial /ɪmˈpɑrʃl/ *adj* imparcial
impasse /ˈɪmpæs; *GB* ˈæmpɑːs/ *n* (*fig*) impase, callejón sin salida
impassioned /ɪmˈpæʃnd/ *adj* apasionado
impassive /ɪmˈpæsɪv/ *adj* impasible
impatience /ɪmˈpeɪʃns/ *n* impaciencia
impatient /ɪmˈpeɪʃnt/ *adj* impaciente
impeccable /ɪmˈpekəbl/ *adj* impecable
impede /ɪmˈpiːd/ *vt* obstaculizar
impediment /ɪmˈpedɪmənt/ *n* **1** ~ (**to sth/sb**) impedimento (para algo/algn) **2** (*habla*) defecto
impel /ɪmˈpel/ *vt* (**-ll-**) impulsar
impending /ɪmˈpendɪŋ/ *adj* inminente
impenetrable /ɪmˈpenɪtrəbl/ *adj* impenetrable
imperative /ɪmˈperətɪv/ ◆ *adj* **1** (*esencial*) urgente, imprescindible **2** (*tono de voz*) imperativo ◆ *n* imperativo
imperceptible /ˌɪmpərˈseptəbl/ *adj* imperceptible
imperfect /ɪmˈpɜːrfɪkt/ *adj, n* imperfecto
imperial /ɪmˈpɪəriəl/ *adj* imperial **imperialism** *n* imperialismo
impersonal /ɪmˈpɜːrsənl/ *adj* impersonal
impersonate /ɪmˈpɜːrsəneɪt/ *vt* **1** imitar **2** hacerse pasar por
impertinent /ɪmˈpɜːrtɪnənt/ *adj* impertinente
impetus /ˈɪmpɪtəs/ *n* **1** impulso, ímpetu **2** (*Fís*) impulso
implausible /ɪmˈplɔːzəbl/ *adj* inverosímil
implement /ˈɪmplɪmənt/ ◆ *n* utensilio ◆ *vt* **1** llevar a cabo, implementar, realizar **2** (*decisión*) poner en práctica **3** (*ley*) aplicar **implementation** *n* **1** realización, implementación, puesta en práctica **2** (*ley*) aplicación
implicate /ˈɪmplɪkeɪt/ *vt* ~ **sb** (**in sth**) implicar a algn (en algo)
implication /ˌɪmplɪˈkeɪʃn/ *n* **1** ~ (**for sth/sb**) implicación, consecuencia (para algo/algn) **2** implicación (*delito*)
implicit /ɪmˈplɪsɪt/ *adj* **1** ~ (**in sth**) implícito (en algo) **2** absoluto
implore /ɪmˈplɔːr/ *vt* implorar, suplicar
imply /ɪmˈplaɪ/ *vt* (*pret, pp* **implied**) **1** insinuar, dar a entender **2** implicar, suponer
import /ɪmˈpɔːrt/ ◆ *vt* **1** importar **2** (*fig*) traer ◆ *n* /ˈɪmpɔːrt/ importación
important /ɪmˈpɔːrtnt/ *adj* importante: *vitally important* de suma importancia **importance** *n* importancia
impose /ɪmˈpoʊz/ *vt* ~ **sth** (**on sth/sb**) imponer algo a /sobre algo; imponerle

algo a/sobre algn **PHR V to impose on/ upon sth/sb** abusar (de la hospitalidad) de algo/algn **imposing** *adj* imponente **imposition** *n* ~ (**on sth/sb**) **1** imposición (sobre algo/algn) (*restricción, etc.*) **2** molestia

impossible /ɪmˈpɑsəbl/ ◆ *adj* **1** imposible **2** intolerable ◆ **the impossible** *n* lo imposible **impossibility** /ɪmˌpɑsəˈbɪləti/ *n* imposibilidad

impotence /ˈɪmpətəns/ *n* impotencia **impotent** *adj* impotente

impoverished /ɪmˈpɑvərɪʃt/ *adj* empobrecido

impractical /ɪmˈpræktɪkl/ *adj* poco práctico

impress /ɪmˈpres/ **1** *vt* impresionar **2** *vt* ~ **sth on/upon sb** recalcar algo a algn **3** *vi* causar buena impresión

impression /ɪmˈpreʃn/ *n* **1** impresión: *to be under the impression that...* tener la impresión de que... **2** imitación

impressive /ɪmˈpresɪv/ *adj* impresionante

imprison /ɪmˈprɪzn/ *vt* encarcelar **imprisonment** *n* encarcelamiento *Ver tb* LIFE

improbable /ɪmˈprɑbəbl/ *adj* improbable, poco probable

impromptu /ɪmˈprɑmptuː; *GB* -tjuː/ *adj* improvisado

improper /ɪmˈprɑpər/ *adj* **1** incorrecto, indebido **2** impropio **3** (*transacción*) irregular

improve /ɪmˈpruːv/ *vt, vi* mejorar **PHR V to improve on/upon sth** superar algo **improvement** *n* **1** ~ (**on/in sth**) mejora (de algo): *to be an improvement on sth* suponer una mejora sobre algo **2** reforma

improvise /ˈɪmprəvaɪz/ *vt, vi* improvisar

impulse /ˈɪmpʌls/ *n* impulso **LOC on impulse** sin pensar

impulsive /ɪmˈpʌlsɪv/ *adj* impulsivo

in /ɪn/ ◆ *prep* **1** en: *in here/there* aquí/ahí dentro **2** [*después de superlativo*] de: *the best stores in town* los mejores almacenes de la ciudad **3** (*tiempo*): *in the morning* por la mañana ◊ *in the daytime* de día ◊ *ten in the morning* las diez de la mañana **4** *I'll see you in two days.* Te veo dentro de dos días. ◊ *He did it in two days.* Lo hizo en dos días. **5** por: *5p in the pound* (*GB*) cinco peniques por libra ◊ *one in ten people* una de cada diez personas **6** (*descripción, método*): *the girl in glasses* la chica de gafas ◊ *covered in mud* cubierto de barro ◊ *Speak in English.* Hable en inglés. **7 + ing**: *In saying that, you're contradicting yourself.* Al decir eso te contradices a ti mismo. **LOC in that** en tanto que ◆ *part adv* **1 to be in** estar (*en la casa*): *Is anyone in?* ¿Hay alguien? **2** (*tren, etc.*): *to be/get in* haber llegado/llegar ◊ *Applications must be in by...* Las solicitudes deberán llegar antes del... **3** de moda **LOC to be in for sth** (*coloq*) esperarle a uno algo: *He's in for a surprise!* ¡Qué sorpresa que se va a llevar! **to be/get in on sth** (*coloq*) participar en algo, enterarse de algo **to have (got) it in for sb** (*coloq*): *He's got it in for me.* Me tiene tirria. ☛ Para los usos de **in** en PHRASAL VERBS ver las entradas de los verbos correspondientes, p.ej. **to go in** en GO[1]. ◆ *n* **LOC the ins and outs (of sth)** los pormenores (de algo)

inability /ˌɪnəˈbɪləti/ *n* ~ (**of sb**) (**to do sth**) incapacidad (de algn) (para hacer algo)

inaccessible /ˌɪnækˈsesəbl/ *adj* **1** ~ (**to sb**) inaccesible (para algn) **2** (*fig*) incomprensible (para algn)

inaccurate /ɪnˈækjərət/ *adj* inexacto, impreciso

inaction /ɪnˈækʃn/ *n* pasividad

inadequate /ɪnˈædɪkwət/ *adj* **1** insuficiente **2** incapaz

inadvertently /ˌɪnədˈvɜːrtəntli/ *adv* por descuido, sin darse cuenta

inappropriate /ˌɪnəˈproʊpriət/ *adj* ~ (**to/for sth/sb**) poco apropiado, impropio (para algo/algn)

inaugural /ɪˈnɔːgjərəl/ *adj* **1** inaugural **2** (*discurso*) de apertura

inaugurate /ɪˈnɔːgjəreɪt/ *vt* **1** ~ **sb (as sth)** investir a algn (como algo) **2** inaugurar

incapable /ɪnˈkeɪpəbl/ *adj* **1** ~ **of (doing) sth** incapaz de (hacer) algo **2** incompetente

incapacity /ˌɪnkəˈpæsəti/ *n* ~ (**for sth/to do sth**) incapacidad (para algo/hacer algo)

incense /ˈɪnsens/ *n* incienso

incensed /ɪnˈsenst/ *adj* ~ (**by/at sth**) furioso (por algo)

incentive /ɪnˈsentɪv/ *n* ~ (**to do sth**) incentivo, aliciente (para hacer algo)

incessant /ɪnˈsesnt/ *adj* incesante **incessantly** *adv* sin parar

incest /ˈɪnsest/ *n* incesto

inch /ɪntʃ/ *n* (*abrev* **in**) pulgada (*25,4 milímetros*): *Ver Apéndice 1.* **LOC not to give an inch** no ceder ni un palmo

incidence /ˈɪnsɪdəns/ *n* ~ **of sth** frecuencia, tasa, caso de algo

incident /ˈɪnsɪdənt/ *n* incidente, suceso: *without incident* sin novedad

incidental /ˌɪnsɪˈdentl/ *adj* **1** ocasional, fortuito **2** sin importancia, secundario, marginal **3** ~ **to sth** propio de algo **incidentally** *adv* **1** a propósito **2** de paso

incisive /ɪnˈsaɪsɪv/ *adj* **1** (*comentario*) incisivo **2** (*tono*) mordaz **3** (*cerebro*) penetrante

incite /ɪnˈsaɪt/ *vt* ~ **sb** (**to sth**) incitar a algn (a algo)

inclination /ˌɪnklɪˈneɪʃn/ *n* **1** inclinación, tendencia **2** ~ **to/for/towards sth** disposición para algo/a hacer algo **3** ~ **to do sth** deseo de hacer algo

incline /ɪnˈklaɪn/ ◆ *vt, vi* inclinar(se) ◆ /ˈɪŋklaɪn/ *n* pendiente **inclined** *adj* **to be ~ to do sth 1** (*voluntad*) inclinarse a hacer algo; estar dispuesto a hacer algo **2** (*tendencia*) ser propenso a algo/hacer algo

include /ɪnˈkluːd/ *vt* ~ **sth/sb** (**in/among sth**) incluir algo/a algn (en algo) **including** *prep* incluido, inclusive

inclusion /ɪnˈkluːʒn/ *n* inclusión

inclusive /ɪnˈkluːsɪv/ *adj* **1** incluido: *to be inclusive of sth* incluir algo **2** inclusive

incoherent /ˌɪnkoʊˈhɪərənt/ *adj* incoherente

income /ˈɪŋkʌm/ *n* ingresos: *income tax* impuesto sobre la renta

incoming /ˈɪnkʌmɪŋ/ *adj* entrante

incompetent /ɪnˈkɑmpɪtənt/ *adj, n* incompetente

incomplete /ˌɪnkəmˈpliːt/ *adj* incompleto

incomprehensible /ɪnˌkɑmprɪˈhensəbl/ *adj* incomprensible

inconceivable /ˌɪnkənˈsiːvəbl/ *adj* inconcebible

inconclusive /ˌɪnkənˈkluːsɪv/ *adj* no concluyente: *The meeting was inconclusive.* La reunión no llegó a ninguna conclusión.

incongruous /ɪnˈkɑŋgruəs/ *adj* incongruente

inconsiderate /ˌɪnkənˈsɪdərət/ *adj* desconsiderado

inconsistent /ˌɪnkənˈsɪstənt/ *adj* inconsecuente, incoherente

inconspicuous /ˌɪnkənˈspɪkjuəs/ *adj* **1** apenas visible **2** poco llamativo: *to make yourself inconspicuous* procurar pasar inadvertido

inconvenience /ˌɪnkənˈviːniəns/ ◆ *n* **1** [*incontable*] inconveniente **2** molestia ◆ *vt* incomodar

inconvenient /ˌɪnkənˈviːniənt/ *adj* **1** molesto, incómodo **2** (*momento*) inoportuno

incorporate /ɪnˈkɔːrpəreɪt/ *vt* **1** ~ **sth** (**in/into sth**) incorporar algo (a algo) **2** ~ **sth** (**in/into sth**) incluir algo (en algo) **3** (*USA, Com*) constituir en sociedad anónima: *incorporated company* sociedad anónima

incorrect /ˌɪnkəˈrekt/ *adj* incorrecto

increase /ˈɪŋkriːs/ ◆ *n* ~ (**in sth**) aumento, ampliación (de algo) **LOC on the increase** (*coloq*) en aumento ◆ **1** /ɪnˈkriːs/ *vt, vi* aumentar **2** *vt, vi* incrementar(se) **increasing** *adj* creciente **increasingly** *adv* cada vez más

incredible /ɪnˈkredəbl/ *adj* increíble

indecisive /ˌɪndɪˈsaɪsɪv/ *adj* **1** indeciso **2** no concluyente

indeed /ɪnˈdiːd/ *adv* **1** (*GB*) [*uso enfático*] de verdad: *Thank you very much indeed!* ¡Muchísimas gracias! **2** (*comentario, respuesta o reconocimiento*) de veras: *Did you indeed?* ¿De veras? **3** (*formal*) en efecto, de hecho

indefensible /ˌɪndɪˈfensəbl/ *adj* intolerable (*comportamiento*)

indefinite /ɪnˈdefɪnət/ *adj* **1** vago **2** indefinido: *indefinite article* artículo indefinido **indefinitely** *adv* **1** indefinidamente **2** por tiempo indefinido

indelible /ɪnˈdeləbl/ *adj* imborrable

indemnity /ɪnˈdemnəti/ *n* **1** indemnización **2** indemnidad

independence /ˌɪndɪˈpendəns/ *n* independencia

independent /ˌɪndɪˈpendənt/ *adj* **1** independiente **2** (*colegio*) privado

in-depth /ˌɪn ˈdepθ/ *adj* exhaustivo

indescribable /ˌɪndɪˈskraɪbəbl/ *adj* indescriptible

index /ˈɪndeks/ *n* **1** (*pl* **indexes**) (*libro*) índice: *index finger* dedo índice ◊ *index-linked* actualizado según el costo de vida ◊ *the consumer price index* el índice de precios al consumidor **2** (*pl* **indexes**) (*tb* **card index**) (*archivo*) ficha **3** (*pl* **indices** /ˈɪndɪsiːz/) (*Mat*) exponente

indicate /ˈɪndɪkeɪt/ **1** *vt* indicar **2** *vi* poner las direccionales

indication /ˌɪndɪˈkeɪʃn/ *n* **1** indicación **2** indicio, señal

indicative /ɪnˈdɪkətɪv/ *adj* indicativo

indicator /ˈɪndɪkeɪtər/ *n* **1** indicador **2** (*carro*) direccionales

indices *plural de* INDEX

indictment /ɪnˈdaɪtmənt/ *n* **1** acusación **2** procesamiento **3** (*fig*) crítica

indifference /ɪnˈdɪfrəns/ *n* indiferencia

indifferent /ɪnˈdɪfrənt/ *adj* **1** indiferente **2** (*pey*) mediocre

indigenous /ɪnˈdɪdʒənəs/ *adj* (*formal*) indígena

indigestion /ˌɪndɪˈdʒestʃən/ *n* [*incontable*] indigestión

indignant /ɪnˈdɪgnənt/ *adj* indignado

indignation /ˌɪndɪgˈneɪʃn/ *n* indignación

indignity /ɪnˈdɪgnəti/ *n* humillación

indirect /ˌɪndəˈrekt, -daɪˈr-/ *adj* indirecto **indirectly** *adv* indirectamente

indiscreet /ˌɪndɪˈskriːt/ *adj* indiscreto

indiscretion /ˌɪndɪˈskreʃn/ *n* indiscreción

indiscriminate /ˌɪndɪˈskrɪmɪnət/ *adj* indiscriminado

indispensable /ˌɪndɪˈspensəbl/ *adj* imprescindible

indisputable /ˌɪndɪˈspjuːtəbl/ *adj* irrefutable

indistinct /ˌɪndɪˈstɪŋkt/ *adj* confuso (*poco claro*)

individual /ˌɪndɪˈvɪdʒuəl/ ◆ *adj* **1** suelto **2** individual **3** personal **4** particular, original ◆ *n* individuo **individually** *adv* **1** por separado **2** individualmente

individualism /ˌɪndɪˈvɪdʒuəlɪzəm/ *n* individualismo

indoctrination /ɪnˌdɑktrɪˈneɪʃn/ *n* adoctrinamiento

indoor /ˈɪndɔːr/ *adj* interior: *indoor (swimming) pool* piscina cubierta ◊ *indoor activities* juegos de salón

indoors /ˌɪnˈdɔːrz/ *adv* en la casa

induce /ɪnˈduːs; *GB* -ˈdjuːs/ *vt* **1** ~ **sb to do sth** inducir a algn a que haga algo **2** causar **3** (*Med*) inducir el parto de

induction /ɪnˈdʌkʃn/ *n* iniciación: *an induction course* un curso de introducción

indulge /ɪnˈdʌldʒ/ **1** *vt*: *to indulge yourself* darse el placer/capricho **2** *vt* (*capricho*) complacer, satisfacer **3** *vi* ~ (**in sth**) darse el gusto de algo

indulgence /ɪnˈdʌlgəns/ *n* **1** tolerancia **2** vicio, placer **indulgent** *adj* indulgente

industrial /ɪnˈdʌstriəl/ *adj* **1** industrial: *industrial park* zona industrial **2** laboral **industrialist** *n* empresario, -a

industrialization, -isation /ɪnˌdʌstriəlɪˈzeɪʃn; *GB* -laɪˈz-/ *n* industrialización

industrialize, -ise /ɪnˈdʌstrɪəlaɪz/ *vt* industrializar

industrious /ɪnˈdʌstriəs/ *adj* trabajador

industry /ˈɪndəstri/ *n* (*pl* **-ies**) **1** industria **2** (*formal*) aplicación

inedible /ɪnˈedəbl/ *adj* (*formal*) no comestible, incomible

ineffective /ˌɪnɪˈfektɪv/ *adj* **1** ineficaz **2** (*persona*) incapaz

inefficiency /ˌɪnɪˈfɪʃnsi/ *n* incompetencia **inefficient** *adj* **1** ineficaz **2** incompetente

ineligible /ɪnˈelɪdʒəbl/ *adj* **to be ~ (for sth/to do sth)** no tener derecho a/para algo/hacer algo

inept /ɪˈnept/ *adj* inepto

inequality /ˌɪnɪˈkwɑləti/ *n* (*pl* **-ies**) desigualdad

inert /ɪˈnɜːrt/ *adj* inerte

inertia /ɪˈnɜːrʃə/ *n* inercia

inescapable /ˌɪnɪˈskeɪpəbl/ *adj* ineludible

inevitable /ɪnˈevɪtəbl/ *adj* inevitable **inevitably** *adv* inevitablemente

inexcusable /ˌɪnɪkˈskjuːzəbl/ *adj* imperdonable

inexhaustible /ˌɪnɪgˈzɔːstəbl/ *adj* inagotable

inexpensive /ˌɪnɪkˈspensɪv/ *adj* económico

inexperience /ˌɪnɪkˈspɪəriəns/ *n* inexperiencia **inexperienced** *adj* sin experiencia: *inexperienced in business* inexperto en los negocios

inexplicable /ˌɪnɪkˈsplɪkəbl/ *adj* inexplicable

infallible /ɪnˈfæləbl/ *adj* infalible **infallibility** /ɪnˌfæləˈbɪləti/ *n* infalibilidad

infamous /ˈɪnfəməs/ *adj* infame

infancy /ˈɪnfənsi/ *n* **1** infancia: *in infancy* de niño **2** (*fig*): *It was still in its infancy.* Todavía estaba en desarrollo.

infant /ˈɪnfənt/ ◆ *n* niño pequeño: *infant school* (*GB*) escuela primaria (hasta los 7 años) ◇ *infant mortality rate* tasa de mortalidad infantil ☛ **Baby**, **toddler** y **child** son palabras más normales. ◆ *adj* naciente

infantile /ˈɪnfəntaɪl/ *adj* (*ofen*) infantil

infantry /ˈɪnfəntri/ *n* [*v sing o pl*] infantería

infatuated /ɪnˈfætʃueɪtɪd/ *adj* ~ (**with/by sth/sb**) encaprichado (con algo/algn) **infatuation** *n* ~ (**with/for sth/sb**) encaprichamiento (con algo/algn)

infect /ɪnˈfekt/ *vt* **1** infectar **2** (*fig*) contagiar **infection** *n* infección **infectious** *adj* infeccioso

infer /ɪnˈfɜːr/ *vt* (**-rr-**) **1** deducir **2** insinuar **inference** *n* conclusión: *by inference* por deducción

inferior /ɪnˈfɪəriər/ *adj, n* inferior **inferiority** /ɪnˌfɪəriˈɔːrəti/ *n* inferioridad: *inferiority complex* complejo de inferioridad

infertile /ɪnˈfɜːrtl; *GB* -taɪl/ *adj* estéril **infertility** /ˌɪnfɜːrˈtɪləti/ *n* esterilidad

infest /ɪnˈfest/ *vt* infestar **infestation** *n* plaga

infidelity /ˌɪnfɪˈdeləti/ *n* (*formal*) infidelidad

infiltrate /ˈɪnfɪltreɪt/ *vt, vi* infiltrar(se)

infinite /ˈɪnfɪnət/ *adj* infinito **infinitely** *adv* muchísimo

infinitive /ɪnˈfɪnətɪv/ *n* infinitivo

infinity /ɪnˈfɪnəti/ *n* **1** infinidad **2** infinito

infirm /ɪnˈfɜːrm/ *adj* débil, achacoso **infirmity** *n* (*pl* **-ies**) **1** debilidad **2** achaque

infirmary /ɪnˈfɜːrməri/ *n* (*pl* **-ies**) hospital

inflamed /ɪnˈfleɪmd/ *adj* **1** (*Med*) inflamado **2** ~ (**by/with sth**) (*fig*) acalorado (por algo)

inflammable /ɪnˈflæməbl/ *adj* inflamable

Nótese que **inflammable** y **flammable** son sinónimos.

inflammation /ˌɪnfləˈmeɪʃn/ *n* inflamación

inflate /ɪnˈfleɪt/ *vt, vi* inflar(se), hinchar(se)

inflation /ɪnˈfleɪʃn/ *n* inflación

inflexible /ɪnˈfleksəbl/ *adj* inflexible

inflict /ɪnˈflɪkt/ *vt* ~ **sth** (**on sb**) **1** (*sufrimiento, derrota*) infligir algo (a algn) **2** (*daño*) causar algo (a algn) **3** (*coloq, gen joc*) imponer algo a algn

influence /ˈɪnfluəns/ ◆ *n* **1** influencia **2** palanca ◆ *vt* **1** ~ **sth** influir en/sobre algo **2** ~ **sb** influenciar a algn

influential /ˌɪnfluˈenʃl/ *adj* influyente

influenza /ˌɪnfluˈenzə/ (*formal*) (*coloq* **flu** /fluː/) *n* gripa

influx /ˈɪnflʌks/ *n* afluencia

inform /ɪnˈfɔːrm/ **1** *vt* ~ **sb** (**of/about sth**) informar a algn (de algo) **2** *vi* ~ **against/on sb** delatar a algn **informant** *n* informante

informal /ɪnˈfɔːrml/ *adj* **1** (*charla, reunión, etc.*) informal, no oficial **2** (*persona, tono*) familiar, sencillo **3** (*vestir*) informal

information /ˌɪnfərˈmeɪʃn/ *n* [*incontable*] información: *a piece of information* un dato ◇ *I need some information on…* Necesito información sobre…

information technology *n* informática

informative /ɪnˈfɔːrmətɪv/ *adj* informativo

informer /ɪnˈfɔːrmər/ *n* soplón, -ona

infrastructure /ˈɪnfrəˌstrʌktʃər/ *n* infraestructura

infrequent /ɪnˈfriːkwənt/ *adj* poco frecuente

infringe /ɪnˈfrɪndʒ/ *vt* infringir, violar

infuriate /ɪnˈfjʊərieɪt/ *vt* enfurecer **infuriating** *adj* desesperante

ingenious /ɪnˈdʒiːniəs/ *adj* ingenioso

ingenuity /ˌɪndʒəˈnuːəti; *GB* -ˈnjuː-/ *n* ingenio

ingrained /ɪnˈgreɪnd/ *adj* arraigado

ingredient /ɪnˈgriːdiənt/ *n* ingrediente

inhabit /ɪnˈhæbɪt/ *vt* habitar

inhabitant /ɪnˈhæbɪtənt/ *n* habitante

inhale /ɪnˈheɪl/ **1** *vi* respirar **2** *vi* (*fumador*) tragarse el humo **3** *vt* inhalar

inherent /ɪnˈherənt/ *adj* ~ (**in sth/sb**) inherente (a algo/algn) **inherently** *adv* intrínsecamente

inherit /ɪnˈherɪt/ *vt* heredar **inheritance** *n* herencia

inhibit /ɪnˈhɪbɪt/ *vt* **1** ~ **sb** (**from doing sth**) impedir a algn (hacer algo) **2** (*un proceso, etc.*) dificultar **inhibited** *adj* cohibido **inhibition** *n* inhibición

inhospitable /ˌɪnhɑˈspɪtəbl/ *adj* **1** inhospitalario **2** (*fig*) inhóspito

inhuman /ɪnˈhjuːmən/ *adj* inhumano, despiadado

initial /ɪˈnɪʃl/ ◆ *adj, n* inicial ◆ *vt* (**-l-**, *GB* **-ll-**) poner las iniciales en **initially** *adv* en un principio, inicialmente

initiate /ɪˈnɪʃieɪt/ *vt* **1** (*formal*) iniciar **2** (*proceso*) entablar **initiation** *n* iniciación

initiative /ɪˈnɪʃətɪv/ *n* iniciativa

inject /ɪnˈdʒekt/ *vt* inyectar **injection** *n* inyección

injure /ˈɪndʒər/ *vt* herir, lesionar: *Five people were injured in the crash.* Cinco personas resultaron heridas en el accidente. ☛ *Ver nota en* HERIDA **injured** *adj* **1** herido, lesionado **2** (*tono*) ofendido

injury /ˈɪndʒəri/ *n* (*pl* **-ies**) **1** herida, lesión: *injury time* tiempo de descuento ☛ *Ver nota en* HERIDA **2** (*fig*) perjuicio

injustice /ɪnˈdʒʌstɪs/ *n* injusticia

ink /ɪŋk/ *n* tinta

inkling /ˈɪŋklɪŋ/ *n* ~ (**of sth/that...**) indicio, idea (de algo/de que...)

inland /ˈɪnlənd/ ◆ *adj* (del) interior ◆ /ˌɪnˈlænd/ *adv* hacia el interior, tierra adentro

Inland Revenue *n* (*GB*) Dirección de Impuestos

in-laws /ˈɪn lɔːz/ *n* [*pl*] (*coloq*) familia política

inlet /ˈɪnlet/ *n* **1** ensenada **2** entrada

inmate /ˈɪnmeɪt/ *n* interno, -a (*en un recinto vigilado*)

inn /ɪn/ *n* **1** (*USA, GB, antic*) posada **2** (*GB*) taberna

innate /ɪˈneɪt/ *adj* innato

inner /ˈɪnər/ *adj* **1** interior **2** íntimo

innermost /ˈɪnərmoʊst/ *adj* **1** (*fig*) más secreto/íntimo **2** más recóndito

innocent /ˈɪnəsnt/ *adj* inocente **innocence** *n* inocencia

innocuous /ɪˈnɑkjuəs/ *adj* **1** (*comentario*) inofensivo **2** (*sustancia*) inocuo

innovate /ˈɪnəveɪt/ *vi* introducir novedades **innovation** *n* innovación **innovative** (*tb* **innovatory**) *adj* innovador

innuendo /ˌɪnjuˈendoʊ/ *n* (*pey*) insinuación

innumerable /ɪˈnuːmərəbl; *GB* ɪˈnjuː-/ *adj* innumerable

inoculate /ɪˈnɑkjuleɪt/ (*tb* **innoculate**) *vt* vacunar **inoculation** *n* vacuna

input /ˈɪnpʊt/ *n* **1** contribución **2** (*Informát*) entrada

inquest /ˈɪŋkwest/ *n* ~ (**on sb/into sth**) investigación (judicial) (acerca de algn/algo)

inquire (*tb esp GB* **enquire**) /ɪnˈkwaɪər/ (*formal*) **1** *vt* preguntar **2** *vi* ~ (**about sth/sb**) pedir información (sobre algo/algn) **inquiring** (*tb esp GB* **enquiring**) *adj* **1** *mente* curioso **2** *mirada* inquisitiva

inquiry (*tb esp GB* **enquiry**) /ˈɪnkwəri; *GB* ɪnˈkwaɪəri/ *n* (*pl* **-ies**) **1** (*formal*) pregunta **2** **inquiries** [*pl*] oficina de información **3** investigación

inquisition /ˌɪnkwɪˈzɪʃn/ *n* (*formal*) interrogatorio

inquisitive /ɪnˈkwɪzətɪv/ *adj* inquisitivo

insane /ɪnˈseɪn/ *adj* loco

insanity /ɪnˈsænəti/ *n* demencia, locura

insatiable /ɪnˈseɪʃəbl/ *adj* insaciable

inscribe /ɪnˈskraɪb/ *vt* ~ **sth** (**in/on sth**) grabar algo (en algo) **inscribed** *adj* grabado: *a plaque inscribed with a quotation from Dante* una placa con una cita de Dante grabada

inscription /ɪnˈskrɪpʃn/ *n* inscripción (*en piedra, etc.*), dedicatoria (*de un libro*)

insect /ˈɪnsekt/ *n* insecto **insecticide** /ɪnˈsektɪsaɪd/ *n* insecticida

insecure /ˌɪnsɪˈkjʊər/ *adj* inseguro **insecurity** *n* inseguridad

insensitive /ɪnˈsensətɪv/ *adj* **1** ~ (**to sth**) (*persona*) insensible (a algo) **2** (*acto*) falto de sensibilidad **insensitivity** /ɪnˌsensəˈtɪvəti/ *n* insensibilidad

inseparable /ɪnˈseprəbl/ *adj* inseparable

insert /ɪnˈsɜːrt/ *vt* introducir, insertar

inside /ɪnˈsaɪd/ ◆ *n* **1** interior: *The door was locked from the inside.* La puerta estaba cerrada por dentro. **2 insides** [*pl*] (*coloq*) tripas LOC **inside out 1** al revés: *You've got your sweater on inside out.* Llevas el suéter al revés. ☛ *Ver dibujo en* REVÉS **2** de arriba abajo: *She knows these streets inside out.* Se conoce estas calles como la palma de la mano. ◆ *adj* [*antes de sustantivo*] **1** interior, interno: *the inside pocket* el bolsillo interior **2** interno: *inside information* información interna ◆ *prep* (*USA tb* **inside of**) dentro de: *Is there anything inside the box?* ¿Hay algo dentro de la caja? ◆ *adv* adentro: *Let's go inside.* Vamos adentro. ◊ *Pete's inside.* Pete está adentro. **insider** *n* alguien de adentro (*empresa, grupo*)

insight /ˈɪnsaɪt/ *n* **1** perspicacia, entendimiento **2** ~ (**into sth**) idea, percepción (de algo)

insignificant /ˌɪnsɪgˈnɪfɪkənt/ *adj* insignificante **insignificance** *n* insignificancia

insincere /ˌɪnsɪnˈsɪər/ *adj* falso, hipócrita **insincerity** *n* insinceridad

insinuate /ɪnˈsɪnjueɪt/ *vt* insinuar **insinuation** *n* insinuación

insist /ɪnˈsɪst/ *vi* **1** ~ (**on sth**) insistir (en algo) **2** ~ **on** (**doing**) **sth** empeñarse en (hacer) algo: *She always insists on a room to herself.* Siempre se empeña en tener una habitación para ella sola.

insistence /ɪnˈsɪstəns/ *n* insistencia **insistent** *adj* insistente

insofar as /ˌɪnsoʊˈfɑːr æz/ *conj* en la medida en que

insolent /ˈɪnsələnt/ *adj* insolente **insolence** *n* insolencia

insomnia /ɪnˈsɑmniə/ *n* insomnio

inspect /ɪnˈspekt/ *vt* **1** inspeccionar **2** (*equipaje*) revisar **inspection** *n* inspección **inspector** *n* **1** inspector, -ora **2** (*de tiquetes*) revisor, -ora

inspiration /ˌɪnspəˈreɪʃn/ *n* inspiración

inspire /ɪnˈspaɪər/ *vt* **1** inspirar **2** ~ **sb** (**with sth**) (*entusiasmo, etc.*) infundir algo (en algn)

instability /ˌɪnstəˈbɪləti/ *n* inestabilidad

install /ɪnˈstɑl/ *vt* instalar

installation /ˌɪnstəˈleɪʃn/ *n* instalación

installment (*GB* **instalment**) /ɪnˈstɔːlmənt/ *n* **1** (*publicaciones*) entrega, fascículo **2** (*televisión*) episodio **3** ~ (**on sth**) (*pago*) plazo (de algo): *to pay in installments* pagar a plazos

instance /ˈɪnstəns/ *n* caso LOC **for instance** por ejemplo

instant /ˈɪnstənt/ ◆ *n* instante ◆ *adj* **1** inmediato **2** *instant coffee* café instantáneo **instantly** *adv* inmediatamente, de inmediato

instantaneous /ˌɪnstənˈteɪniəs/ *adj* instantáneo

instead /ɪnˈsted/ ◆ *adv* en vez de eso ◆ *prep* ~ **of sth/sb** en vez de algo/algn

instigate /ˈɪnstɪgeɪt/ *vt* instigar **instigation** *n* instigación

instill (*GB* **instil**) /ɪnˈstɪl/ *vt* (**-ll-**) ~ **sth** (**in/into sb**) infundir algo (a algn)

instinct /ˈɪnstɪŋkt/ *n* instinto **instinctive** /ɪnˈstɪŋktɪv/ *adj* instintivo

institute /ˈɪnstɪtuːt; *GB* -tjuːt/ ◆ *n* instituto, centro ◆ *vt* (*formal*) iniciar (*investigación*)

institution /ˌɪnstɪˈtuːʃn; *GB* -ˈtjuːʃn/ *n* institución **institutional** *adj* institucional

instruct /ɪnˈstrʌkt/ *vt* **1** ~ **sb** (**in sth**) enseñar (algo) a algn **2** dar instrucciones a

instruction /ɪnˈstrʌkʃn/ *n* **1** ~(**s**) (**to do sth**) instrucción, instrucciones (para hacer algo) **2** ~ (**in sth**) formación (en algo)

instructive /ɪnˈstrʌktɪv/ *adj* instructivo

instructor /ɪnˈstrʌktər/ *n* profesor, -ora, instructor, -ora

instrument /ˈɪnstrəmənt/ *n* instrumento

instrumental /ˌɪnstrəˈmentl/ *adj* **1 to be ~ in doing sth** contribuir materialmente a hacer algo **2** (*Mús*) instrumental

insufferable /ɪnˈsʌfrəbl/ *adj* insufrible

insufficient /ˌɪnsəˈfɪʃnt/ *adj* insuficiente

insular /ˈɪnsələr, -sjələr/ *adj* estrecho de miras

insulate /ˈɪnsəleɪt; *GB* -sjul-/ *vt* aislar **insulation** *n* material aislante

insult /ˈɪnsʌlt/ ◆ *n* insulto ◆ /ɪnˈsʌlt/ *vt* insultar **insulting** *adj* insultante

insurance /ɪnˈʃʊərəns; *GB tb* -ˈʃɔːr-/ *n* [*incontable*] seguro (*Fin*)

insure /ɪnˈʃʊər/ *vt* **1** ~ **sth/sb** (**against sth**) asegurar algo/a algn (contra algo): *to insure sth for $5,000* asegurar algo en 5.000 dólares **2** (*GB* **ensure**) asegurar, garantizar

intake /ˈɪnteɪk/ *n* **1** (*personas*) número admitido: *We have an annual intake of 20.* Admitimos a 20 cada año. **2** (*de comida, etc.*) consumo

integral /ˈɪntɪgrəl/ *adj* esencial: *an integral part of sth* una parte fundamental de algo

integrate /ˈɪntɪgreɪt/ *vt, vi* integrar(se) **integration** *n* integración

integrity /ɪnˈtegrəti/ *n* integridad

intellectual /ˌɪntəˈlektʃuəl/ *adj, n* intelectual **intellectually** *adv* intelectualmente

intelligence /ɪnˈtelɪdʒəns/ *n* inteligencia **intelligent** *adj* inteligente **intelligently** *adv* inteligentemente

intend /ɪnˈtend/ *vt* **1** ~ **to do sth** pensar hacer algo; tener la intención de hacer algo **2 intended for sth/sb** destinado a algo/algn: *It is intended for Sally.* Está destinado a Sally. ◊ *They're not intended for eating/to be eaten.* No son para comer. **3** ~ **sb to do sth**: *I intend you to take over.* Mi intención es que te hagas cargo. ◊ *You weren't intended to hear that remark.* Tú no tenías que haber oído ese comentario. **4** ~ **sth as sth**: *It was intended as a joke.* Se suponía que era una broma.

intense /ɪnˈtens/ *adj* (**-er**, **-est**) **1** intenso **2** (*emociones*) ardiente, fuerte **3** (*persona*) nervioso, serio **intensely** *adv* intensamente, sumamente **intensify** *vt, vi* (*pret, pp* **-fied**) intensificar(se), aumentar(se) **intensity** *n* intensidad, fuerza

intensive /ɪnˈtensɪv/ *adj* intensivo: *intensive care* cuidados intensivos

intent /ɪnˈtent/ ◆ *adj* **1** (*concentrado*) atento **2 to be** ~ **on/upon doing sth** estar resuelto a hacer algo **3 to be** ~ **on/upon** (**doing**) **sth** estar absorto en algo/haciendo algo ◆ *n* LOC **to all intents** (**and purposes**) para los efectos prácticos

intention /ɪnˈtenʃn/ *n* intención: *to have the intention of doing sth* tener la intención de hacer algo ◊ *I have no intention of doing it.* No tengo intención de hacerlo. **intentional** *adj* intencionado *Ver tb* DELIBERATE[1] **intentionally** *adv* intencionadamente

intently /ɪnˈtentli/ *adv* fijamente

interact /ˌɪntərˈækt/ *vi* **1** (*personas*) relacionarse entre sí **2** (*cosas*) influirse mutuamente **interaction** *n* **1** relación (*entre personas*) **2** interacción

intercept /ˌɪntərˈsept/ *vt* interceptar

interchange /ˌɪntərˈtʃeɪndʒ/ ◆ *vt* intercambiar ◆ /ˈɪntərtʃeɪndʒ/ *n* intercambio **interchangeable** /ˌɪntərˈtʃeɪndʒəbl/ *adj* intercambiable

interconnect /ˌɪntərkəˈnekt/ *vi* **1** interconectarse, conectarse entre sí **2** (*tb* **intercommunicate**) comunicarse entre sí **interconnected** *adj*: *to be interconnected* tener conexión entre sí **interconnection** *n* conexión

intercourse /ˈɪntərkɔːrs/ *n* (*formal*) relaciones sexuales, coito

interest /ˈɪntrəst/ ◆ *n* **1** ~ (**in sth**) interés (por algo): *It is of no interest to me.* No me interesa. **2** afición: *her main interest in life* lo que más le interesa en la vida **3** (*Fin*) interés LOC **in sb's interest**(**s**) en interés de algn **in the interest**(**s**) **of sth** en aras de/con el fin de: *in the interest(s) of safety* por razones de seguridad *Ver tb* VEST[2] ◆ *vt* **1** interesar **2** ~ **sb in sth** hacer que algn se interese por algo

interested /ˈɪntrəstɪd/ *adj* interesado: *to be interested in sth* interesarse por algo

interesting /ˈɪntrəstɪŋ/ *adj* interesante **interestingly** *adv* curiosamente

interfere /ˌɪntərˈfɪər/ *vi* **1** ~ (**in sth**) entrometerse (en algo) **2** ~ **with sth** manosear algo **3** ~ **with sth** interponerse en algo, dificultar algo **interference** *n* [*incontable*] **1** ~ (**in sth**) intromisión (en algo) **2** (*Radio*) interferencias **3** (*Dep*) obstrucción **interfering** *adj* entrometido

interim /ˈɪntərɪm/ ◆ *adj* provisional ◆ *n* LOC **in the interim** mientras tanto

interior /ɪnˈtɪəriər/ *adj, n* interior

interlude /ˈɪntərluːd/ *n* intermedio

intermediate /ˌɪntərˈmiːdiət/ *adj* intermedio

intermission /ˌɪntərˈmɪʃn/ *n* intermedio (*Teat*)

intern /ɪnˈtɜːrn/ *vt* internar

internal /ɪnˈtɜːrnl/ *adj* interno, interior: *internal affairs* asuntos internos ◊ *internal injuries* heridas internas ◊ *internal market* mercado interno **internally** *adv* internamente, interiormente

international /ˌɪntərˈnæʃnəl/ ◆ *adj* internacional ◆ *n* (*GB, Dep*) **1** campeonato internacional **2** jugador, -ora internacional **internationally** *adv* internacionalmente

internet /ˈɪntərnet/ *n* internet

interpret /ɪnˈtɜːrprɪt/ *vt* **1** interpretar, entender **2** traducir

> **Interpret** se utiliza para referirse a la traducción oral, y **translate** a la traducción escrita.

interpretation interpretación **interpreter** *n* intérprete ☛ *Comparar con* TRANSLATOR *en* TRANSLATE

interrelated /ˌɪntərɪˈleɪtɪd/ *adj* interrelacionado

interrogate /ɪnˈterəgeɪt/ *vt* interrogar **interrogation** *n* interrogación **interrogator** *n* interrogador, -ora

interrogative /ˌɪntəˈrɑgətɪv/ *adj* interrogativo

interrupt /ˌɪntəˈrʌpt/ *vt, vi* interrumpir: *I'm sorry to interrupt but there's a phone call for you.* Perdonen que los interrumpa, pero lo llaman por teléfono. **interruption** *n* interrupción

intersect /ˌɪntərˈsekt/ *vi* cruzarse, cortar(se) **intersection** /ˈɪntərsekʃən/ *n* intersección, cruce

interspersed /ˌɪntərˈspɜːrst/ *adj* ~ **with sth** intercalado con algo

intertwine /ˌɪntərˈtwaɪn/ *vt, vi* entrelazar(se)

interval /ˈɪntərvl/ *n* **1** intervalo **2** (*GB, Teat*) intermedio **3** (*Dep*) descanso

intervene /ˌɪntərˈviːn/ *vi* (*formal*) **1** ~ (**in sth**) intervenir (en algo) **2** (*tiempo*) transcurrir **3** interponerse **intervening** *adj* intermedio

intervention /ˌɪntərˈvenʃn/ *n* intervención

interview /ˈɪntərvjuː/ ◆ *n* entrevista ◆ *vt* entrevistar **interviewee** *n* entrevistado, -a **interviewer** *n* entrevistador, -ora

interweave /ˌɪntərˈwiːv/ *vt, vi* (*pret* **-wove** /-ˈwoʊv/ *pp* **-woven** /-ˈwoʊvn/) entretejer(se)

intestine /ɪnˈtestɪn/ *n* intestino: *small/large intestine* intestino delgado/grueso

intimacy /ˈɪntɪməsi/ *n* intimidad

intimate[1] /ˈɪntɪmət/ *adj* **1** (*amigo, restaurante, etc.*) íntimo **2** (*amistad*) estrecho **3** (*formal*) (*conocimiento*) profundo

intimate[2] /ˈɪntɪmeɪt/ *vt* ~ **sth** (**to sb**) (*formal*) dar a entender, insinuar algo (a algn) **intimation** *n* (*formal*) indicación, indicio

intimidate /ɪnˈtɪmɪdeɪt/ *vt* intimidar **intimidation** *n* intimidación

into /ˈɪntə/ ☛ Antes de vocal y al final de la frase se pronuncia /ˈɪntuː/ *prep* **1** (*dirección*) en, dentro de: *to come into a room* entrar en un cuarto ◊ *He put it into the box.* Lo metió dentro de la caja. **2** a: *to get into a taxi* subir al taxi ◊ *She went into town.* Fue al centro. ◊ *to translate into Spanish* traducir al español **3** (*tiempo, distancia*): *long into the night* bien entrada la noche ◊ *far into the distance* a lo lejos **4** (*Mat*): *12 goes into 144 12 times.* 144 dividido por 12 son 12. **LOC to be into sth** (*coloq*): *She's into motorcycles.* Es muy aficionada a las motos. ☛ Para los usos de **into** en PHRASAL VERBS ver las entradas de los verbos correspondientes, p.ej. **to look into** en LOOK[1].

intolerable /ɪnˈtɑlərəbl/ *adj* intolerable, insufrible

intolerance /ɪnˈtɑlərəns/ *n* intolerancia, intransigencia

intolerant /ɪnˈtɑlərənt/ *adj* (*pey*) intolerante

intonation /ˌɪntəˈneɪʃn/ *n* entonación

intoxicated /ɪnˈtɑksɪkeɪtɪd/ *adj* (*formal, lit y fig*) ebrio

intoxication /ɪnˌtɑksɪˈkeɪʃn/ *n* embriaguez

intrepid /ɪnˈtrepɪd/ *adj* intrépido

intricate /ˈɪntrɪkət/ *adj* intrincado, complejo

intrigue /ˈɪntriːg, ɪnˈtriːg/ ◆ *n* intriga ◆ /ɪnˈtriːg/ **1** *vi* intrigar **2** *vt* fascinar **intriguing** *adj* intrigante, fascinante

intrinsic /ɪnˈtrɪnzɪk/ *adj* intrínseco

introduce /ˌɪntrəˈduːs; *GB* -ˈdjuːs/ *vt* **1** ~ **sth/sb** (**to sb**) presentar algo/algn (a algn) ☛ *Ver nota en* PRESENTAR

2 ~ **sb to sth** iniciar a algn en algo **3** (*producto, reforma, etc.*) introducir

introduction /ˌɪntrəˈdʌkʃn/ *n* **1** presentación **2** ~ (**to sth**) prólogo (de algo) **3** [*sing*] ~ **to sth** iniciación a/en algo **4** [*incontable*] introducción (*producto, reforma, etc.*)

introductory /ˌɪntrəˈdʌktəri/ *adj* **1** (*capítulo, curso*) preliminar **2** (*oferta*) introductorio

introvert /ˈɪntrəvɜːrt/ *n* introvertido, -a

intrude /ɪnˈtruːd/ *vi* (*formal*) **1** importunar, molestar **2** ~ (**on/upon sth**) entrometerse, inmiscuirse (en algo) **intruder** *n* intruso, -a **intrusion** *n* **1** [*incontable*] invasión **2** [*contable*] intromisión **intrusive** *adj* intruso

intuition /ˌɪntuˈɪʃn; *GB* -tju-/ *n* intuición

intuitive /ɪnˈtuːɪtɪv; *GB* -ˈtjuː-/ *adj* intuitivo

inundate /ˈɪnʌndeɪt/ *vt* ~ **sth/sb** (**with sth**) inundar algo/a algn (de algo): *We were inundated with applications.* Nos vimos inundados de solicitudes.

invade /ɪnˈveɪd/ *vt, vi* invadir **invader** *n* invasor, -ora

invalid /ˈɪnvəlɪd/ ◆ *n* inválido, -a ◆ /ɪnˈvælɪd/ *adj* no válido, nulo

invalidate /ɪnˈvælɪdeɪt/ *vt* invalidar, anular

invaluable /ɪnˈvæljuəbl/ *adj* inestimable

invariably /ɪnˈveəriəbli/ *adv* invariablemente

invasion /ɪnˈveɪʒn/ *n* invasión

invent /ɪnˈvent/ *vt* inventar **invention** *n* **1** invención **2** invento **inventive** *adj* **1** (*poderes*) de invención **2** que tiene mucha imaginación **inventiveness** *n* inventiva **inventor** *n* inventor, -ora

inventory /ˈɪnvəntɔːri; *GB* -tri/ *n* (*pl* **-ies**) inventario

invert /ɪnˈvɜːrt/ *vt* invertir: *in inverted commas* (*GB*) entre comillas

invertebrate /ɪnˈvɜːrtɪbrət/ *adj, n* invertebrado

invest /ɪnˈvest/ *vt, vi* ~ (**in sth**) invertir (en algo)

investigate /ɪnˈvestɪgeɪt/ *vt, vi* investigar

investigation /ɪnˌvestɪˈgeɪʃn/ *n* ~ **into sth** investigación de algo

investigative /ɪnˈvestɪgeɪtɪv; *GB* -gətɪv/ *adj*: *investigative journalism* periodismo investigativo

investigator /ɪnˈvestɪgeɪtər/ *n* investigador, -ora

investment /ɪnˈvestmənt/ *n* ~ (**in sth**) inversión (en algo)

investor /ɪnˈvestər/ *n* inversionista

invigorating /ɪnˈvɪgəreɪtɪŋ/ *adj* vigorizante, estimulante

invincible /ɪnˈvɪnsəbl/ *adj* invencible

invisible /ɪnˈvɪzəbl/ *adj* invisible

invitation /ˌɪnvɪˈteɪʃn/ *n* invitación

invite /ɪnˈvaɪt/ ◆ *vt* **1** ~ **sb** (**to/for sth**)/(**to do sth**) invitar a algn (a algo)/(a hacer algo): *to invite trouble* buscarse problemas **2** (*sugerencias, aportes*) pedir, solicitar PHR V **to invite sb back 1** invitar a algn a la casa (*para corresponder a su invitación previa*) **2** invitar a algn a volver con uno a su casa **to invite sb in** invitar a algn a entrar **to invite sb out** invitar a algn a salir **to invite sb over/round** (*GB*) invitar a algn a la casa ◆ /ˈɪnvaɪt/ *n* (*coloq*) invitación **inviting** /ɪnˈvaɪtɪŋ/ *adj* **1** atractivo, tentador **2** (*comida*) apetitoso

invoice /ˈɪnvɔɪs/ ◆ *n* ~ (**for sth**) factura (de algo) ◆ *vt* ~ **sth/sb** pasar factura a algo/algn

involuntary /ɪnˈvɑlənteri; *GB* -tri/ *adj* involuntario

involve /ɪnˈvɑlv/ *vt* **1** suponer, implicar: *The job involves me/my living in London.* El trabajo requiere que viva en Londres. **2** ~ **sb in sth** hacer participar a algn en algo: *to be involved in sth* participar en algo **3** ~ **sb in sth** meter/enredar a algn en algo: *Don't involve me in your problems.* No me mezcles en tus problemas. **4** ~ **sb in sth** (*esp crimen*) involucrar a algn en algo: *to be/get involved in sth* estar involucrado/involucrarse en algo **5 to be/become/get involved with sb** (*pey*) estar enredado, enredarse con algn **6 to be/become/get involved with sb** (*emocionalmente*) estar involucrado, involucrarse con algn **involved** *adj* complicado, enrevesado **involvement** *n* **1** ~ (**in sth**) implicación, compromiso, participación (en algo) **2** ~ (**with sb**) compromiso, relación (con algn)

inward /ˈɪnwərd/ ◆ *adj* **1** (*pensamientos, etc.*) interior, íntimo: *to give an inward sigh* suspirar uno para s

2 (*dirección*) hacia adentro ◆ *adv* (*tb* **inwards**) hacia adentro **inwardly** *adv* **1** por dentro **2** (*suspirar, sonreír, etc.*) para sí

IQ /ˌaɪˈkjuː/ *abrev* **intelligence quotient** coeficiente de inteligencia: *She has an IQ of 120.* Tiene un coeficiente de inteligencia de 120.

iris /ˈaɪrɪs/ *n* **1** (*Anat*) iris **2** (*Bot*) lirio

iron /ˈaɪərn; *GB* ˈaɪən/ ◆ *n* **1** (*Quím*) hierro **2** (*para ropa*) plancha ◆ *vt* planchar **PHR V to iron sth out 1** (*arrugas*) planchar algo **2** (*problemas, etc.*) resolver algo **ironing** *n* **1** planchado: *to do the ironing* planchar ◊ *ironing board* mesa de planchar **2** ropa para planchar, ropa planchada

ironic /aɪˈrɑnɪk/ *adj* irónico: *It is ironic that we only won the last match.* Resulta irónico que sólo hayamos ganado el último partido. ◊ *He gave an ironic smile.* Sonrió irónicamente. ☛ *Comparar con* SARCASTIC *en* SARCASM **ironically** *adv* irónicamente, con ironía

irony /ˈaɪrəni/ *n* (*pl* **-ies**) ironía

irrational /ɪˈræʃənl/ *adj* irracional **irrationality** /ɪræʃəˈnæləti/ *n* irracionalidad **irrationally** *adv* de forma irracional

irrelevant /ɪˈreləvənt/ *adj* que no viene al caso: *irrelevant remarks* observaciones que no vienen al caso **irrelevance** *n* algo que no viene al caso: *the irrelevance of the curriculum to their own life* lo poco que el currículo tiene que ver con sus vidas

irresistible /ˌɪrɪˈzɪstəbl/ *adj* irresistible **irresistibly** *adv* irresistiblemente

irrespective of /ˌɪrɪˈspektɪv əv/ *prep* sin consideración a

irresponsible /ˌɪrɪˈspɑnsəbl/ *adj* irresponsable: *It was irresponsible of you.* Fue una irresponsabilidad de tu parte. **irresponsibility** /ˌɪrɪˌspɑnsəˈbɪləti/ *n* irresponsabilidad **irresponsibly** *adv* de forma irresponsable

irrigation /ˌɪrɪˈgeɪʃn/ *n* riego, regado

irritable /ˈɪrɪtəbl/ *adj* irritable **irritability** /ˌɪrɪtəˈbɪləti/ *n* irritabilidad **irritably** *adv* con irritación

irritate /ˈɪrɪteɪt/ *vt* irritar: *He's easily irritated.* Se irrita con facilidad. **irritating** *adj* irritante: *How irritating!* ¡Qué jartera! **irritation** *n* irritación

IRS /ˌaɪ ɑr ˈes/ *abrev* **Internal Revenue Service** Dirección Nacional de Impuestos

is /ɪz, s, z/ *Ver* BE

Islam /ˈɪzlɑm, ɪzˈlɑm/ *n* Islam

island /ˈaɪlənd/ *n* (*abrev* **I**, **Is**) isla: *a desert island* una isla desierta **islander** *n* isleño, -a

isle /aɪl/ *n* (*abrev* **I**, **Is**) isla ☛ Se usa sobre todo en nombres de lugares, p. ej.: *the Isle of Man. Comparar con* ISLAND

isn't /ˈɪznt/ = IS NOT *Ver* BE

isolate /ˈaɪsəleɪt/ *vt* ~ **sth/sb** (**from sth/sb**) aislar algo/a algn (de algo/algn) **isolated** *adj* aislado **isolation** *n* aislamiento **LOC in isolation** (**from sth/sb**) aislado (de algo/algn): *Looked at in isolation...* Considerado fuera del contexto...

issue /ˈɪʃuː; *GB tb* ˈɪsjuː/ ◆ *n* **1** asunto, cuestión **2** emisión, provisión **3** (*de una revista, etc.*) número **LOC to make an issue** (**out**) **of sth** hacer de algo un problema: *Let's not make an issue of it.* No lo convirtamos en un problema. ◆ **1** *vt* ~ **sth** (**to sb**) distribuir algo (a algn) **2** *vt* ~ **sb with sth** proveer a algn de algo **3** *vt* (*visa, etc.*) expedir **4** *vt* publicar **5** *vt* (*estampilla, etc.*) poner en circulación **6** *vt* (*llamada*) emitir **7** *vi* ~ **from sth** (*formal*) salir de algo

it /ɪt/ *pron pers*

- **como sujeto y objeto** ☛ **It** sustituye a un animal o una cosa. También se puede utilizar para referirse a un bebé. **1** [*como sujeto*] él, ella, ello: *Where is it?* ¿Dónde está? ◊ *The baby is crying, I think it's hungry.* El bebé está llorando, creo que tiene hambre. ◊ *Who is it?* ¿Quién es? ◊ *It's me.* Soy yo. ☛ El *pron pers* no se puede omitir en inglés. **2** [*como objeto directo*] lo, la: *Did you buy it?* ¿Lo compraste? ◊ *Give it to me.* Dámelo. **3** [*como objeto indirecto*] le: *Give it some milk.* Dale un poco de leche. **4** [*después de preposición*]: *That box is heavy. What's inside it?* Esa caja pesa mucho, ¿qué hay adentro?
- **frases impersonales** ☛ En muchos casos **it** carece de significado, y se utiliza como sujeto gramatical para construir oraciones que en español suelen ser impersonales. Normalmente no se traduce. **1** (*de tiempo, distancia y tiempo atmosférico*): *It's ten past twelve.* Son las doce y diez. ◊ *It's May 12.* Es el

12 de mayo. ◊ *It's two miles to the beach.* Hay dos millas hasta la playa. ◊ *It's been a long time since they left.* Hace mucho tiempo que se fueron. ◊ *It's raining.* Está lloviendo. ◊ *It's hot.* Hace calor. **2** (*en otras construcciones*): *Does it matter what color the hat is?* ¿Importa de qué color sea el sombrero? ◊ *I'll come at seven if it's convenient.* Voy a venir a las siete, si te parece bien. ◊ *It's Jim who's the smart one, not his brother.* Es Jim el que es avispado, no su hermano.
LOC **that's it 1** ya está **2** eso es todo **3** ya está bien **4** eso es **that's just it** ahí está el problema **this is it** llegó la hora

italics /ɪˈtælɪks/ *n* [*pl*] cursiva

itch /ɪtʃ/ ◆ *n* picor ◆ *vi* picar: *My leg itches.* Me pica la pierna. ◊ *to be itching to do sth* tener muchas ganas de hacer algo
itchy *adj* que pica: *My skin is itchy.* Me pica la piel.

it'd /ˈɪtəd/ **1** = IT HAD *Ver* HAVE **2** = IT WOULD *Ver* WOULD

item /ˈaɪtəm/ *n* **1** artículo **2** (*tb* **news item**) noticia

itinerary /aɪˈtɪnereri; *GB* -rəri/ *n* (*pl* **-ies**) itinerario

it'll /ˈɪtl/ = IT WILL *Ver* WILL

its /ɪts/ *adj pos* su(s) (*que pertenece a una cosa, un animal o un bebé*): *The table isn't in its place.* La mesa no está en su lugar. ☛ *Ver nota en* MY

it's /ɪts/ **1** = IT IS *Ver* BE **2** = IT HAS *Ver* HAVE ☛ *Comparar con* ITS

itself /ɪtˈself/ *pron* **1** [*uso reflexivo*] se: *The cat was washing itself.* El gato se estaba bañando. **2** [*uso enfático*] él mismo, ella misma, ello mismo **3** *She is kindness itself.* Es la bondad personificada. LOC **by itself 1** por sí mismo **2** solo **in itself** de por sí

I've /aɪv/ = I HAVE *Ver* HAVE

ivory /ˈaɪvəri/ *n* marfil

ivy /ˈaɪvi/ *n* hiedra

Jj

J, j /dʒeɪ/ *n* (*pl* **J's**, **j's** /dʒeɪz/) J, j: *J as in Jack* J de Juan ☛ *Ver ejemplos en* A, A

jab /dʒæb/ ◆ *vt, vi* (**-bb-**) dar, pinchar(se): *He jabbed his finger with a needle.* Se pinchó el dedo con una aguja. ◊ *She jabbed at a potato with her fork.* Intentó ensartar una papa con el tenedor. PHR V **to jab sth into sth/sb** clavar algo en algo/a algn ◆ *n* **1** inyección **2** piquete **3** golpe

jack /dʒæk/ *n* **1** (*Mec*) gato **2** (*tb* **knave**) jota (*baraja francesa*)

jackal /ˈdʒækl/ *n* chacal

jackdaw /ˈdʒækdɔː/ *n* grajilla

jacket /ˈdʒækɪt/ *n* **1** saco, chaqueta ☛ *Comparar con* CARDIGAN **2** chompa **3** (*de un libro*) sobrecubierta

jackpot /ˈdʒækpɑt/ *n* premio mayor

jade /dʒeɪd/ *adj, n* jade

jaded /ˈdʒeɪdɪd/ *adj* (*pey*) agotado, con falta de entusiasmo, hastiado

jagged /ˈdʒægɪd/ *adj* dentado

jaguar /ˈdʒægwɑr/ *n* jaguar

jail /dʒeɪl/ *n* cárcel

jam /dʒæm/ ◆ *n* **1** mermelada ☛ *Comparar con* MARMALADE **2** trancón, atascamiento: *traffic jam* embotellamiento **3** (*coloq*) aprieto: *to be in/get into a jam* estar/meterse en un aprieto ◆ (**-mm-**) **1** *vt* **to jam sth into, under, etc. sth** meter algo a la fuerza en, debajo, etc. de algo: *He jammed the flowers into a vase.* Metió las flores en un jarrón, todas apretujadas. **2** *vt, vi* apretujar(se): *The three of them were jammed into a phone booth.* Los tres estaban apretujados en una cabina de teléfonos. **3** *vt, vi* atascar(se), obstruir(se) **4** *vt* (*Radio*) interferir

jangle /ˈdʒæŋgl/ *vt, vi* (hacer) sonar de manera disonante

janitor /ˈdʒænətər/ (*GB* **porter**) *n* portero, -a

January /ˈdʒænjʊeri; *GB* -juəri/ *n* (*abrev* **Jan**) enero: *They are getting married this January/in January.* Se van a casar en enero. ◊ *on January 1st* el primero de enero ◊ *every January* cada enero ◊ *next January* en enero del año entrante ☛ Los nombres de los meses en inglés se escriben con mayúscula.

ar[1] /dʒɑr/ *n* **1** tarro, frasco ☛ *Ver dibujo en* CONTAINER **2** jarra

ar[2] /dʒɑr/ (**-rr-**) **1** *vi* **to jar (on sth/sb)** irritar (algo/a algn) **2** *vi* **to jar (with sth)** (*fig*) desentonar (con algo) **3** *vt* golpear

argon /ˈdʒɑrgən/ *n* jerga

asmine /ˈdʒæzmən; *GB* ˈdʒæzmɪn/ *n* jazmín

aundice /ˈdʒɔːndɪs/ *n* ictericia **jaundiced** *adj* amargado

avelin /ˈdʒævlɪn/ *n* jabalina

aw /dʒɔː/ *n* **1** [*gen pl*] (*persona*) mandíbula **2** (*animal*) quijada **3 jaws** [*pl*] fauces

azz /dʒæz/ ◆ *n* jazz ◆ **PHR V to jazz sth up** animar algo **jazzy** (*coloq*) *adj* vistoso

ealous /ˈdʒeləs/ *adj* **1** envidioso: *I'm very jealous of your new car.* Tu carro nuevo me da mucha envidia. **2** celoso: *He's very jealous of her male friends.* Tiene muchos celos de sus amigos. **jealousy** *n* [*gen incontable*] (*pl* **-ies**) envidia, celos

eans /dʒiːnz/ *n* [*pl*] bluyín, jeans ☛ *Ver nota en* PAIR

Jeep® /dʒiːp/ *n* jeep

eer /dʒɪər/ ◆ *vt, vi* ~ **(at) (sth/sb) 1** mofarse, burlarse (de algo/algn) **2** abuchear (a algo/algn) ◆ *n* burla, abucheo

Jell-O® (*GB* **jelly**) *n* gelatina (*de sabores*)

elly /ˈdʒeli/ *n* (*pl* **-ies**) **1** (*GB*) (*USA* **Jell-O®**) gelatina (*de sabores*) **2** jalea

ellyfish /ˈdʒelifɪʃ/ *n* (*pl* **jellyfish** *o* **~es**) medusa, aguamala

eopardize, -ise /ˈdʒepərdaɪz/ *vt* poner en peligro

eopardy /ˈdʒepərdi/ *n* **LOC (to be, put, etc.) in jeopardy** (estar, poner, etc.) en peligro

erk /dʒɜːrk/ ◆ *n* **1** sacudida, tirón **2** (*coloq, pey*) idiota ◆ *vt, vi* sacudir(se), mover(se) a sacudidas

et[1] /dʒet/ *n* **1** (*tb* **jet aircraft**) jet, reactor **2** (*de agua, gas*) chorro

jet[2] /dʒet/ *n* azabache: *jet-black* negro azabache

jetty /ˈdʒeti/ *n* (*pl* **-ies**) embarcadero, malecón, muelle

Jew /dʒuː/ *n* judío, -a *Ver tb* JUDAISM

jewel /ˈdʒuːəl/ *n* **1** joya **2** piedra preciosa **jeweler** (*GB* **jeweller**) *n* joyero, -a **jewelery shop/store** (*esp GB* **jeweller's**) *n* joyería **jewelry** (*GB* **jewellery**) *n* [*incontable*] joyas: *jewelry box/case* joyero

Jewish /ˈdʒuːɪʃ/ *adj* judío

jigsaw /ˈdʒɪgsɔː/ (*tb* **jigsaw puzzle**) *n* rompecabezas

jingle /ˈdʒɪŋgl/ ◆ *n* **1** [*sing*] tintineo, cascabeleo **2** anuncio cantado ◆ *vt, vi* (hacer) tintinear

jinx /dʒɪŋks/ ◆ *n* (*coloq*) persona o cosa que trae mala suerte ◆ *vt* (*coloq*) traer mala suerte a algo/algn

job /dʒɑb/ *n* **1** (puesto de) trabajo, empleo ☛ *Ver nota en* WORK[1] **2** tarea **3** deber, responsabilidad **LOC a good job** (*GB, coloq*): *It's a good job you've come.* Menos mal que viniste. **out of a job** sin trabajo

jobcenter /ˈdʒɑbˌsentər/ *n* (*GB*) oficina de empleo

jobless /ˈdʒɑbləs/ *adj* sin empleo, cesante

jockey /ˈdʒɑki/ *n* (*pl* **-eys**) jockey

jog /dʒɑg/ ◆ *n* [*sing*] **1** empujoncito **2** *to go for a jog* ir a correr/trotar ◆ (**-gg-**) **1** *vt* empujar (ligeramente) **2** *vi* correr, trotar **LOC to jog sb's memory** refrescar la memoria a algn

jogger /ˈdʒɑgər/ *n* persona que corre (*por ejercicio*)

jogging /ˈdʒɑgɪŋ/ *n* correr, trotar

join /dʒɔɪn/ ◆ *n* **1** unión **2** costura ◆ **1** *vt* ~ **sth (on)to sth** unir, juntar algo con algo **2** *vi* ~ **up (with sth/sb)** juntarse (con algo/algn); unirse a algo/algn **3** *vt* ~ **sb** reunirse con algn **4** *vt, vi* (*club, etc.*) hacerse socio (de), afiliarse (a) **5** *vt, vi* (*empresa*) unirse (a) **6** *vt* (*organización*) ingresar en **PHR V to join in (sth)** participar en (algo)

joiner /ˈdʒɔɪnər/ *n* (*GB*) (*USA* **carpenter**) carpintero, -a, ebanista

joint[1] /dʒɔɪnt/ *adj* conjunto, mutuo, colectivo

joint[2] /dʒɔɪnt/ *n* **1** (*Anat*) articulación **2** junta, ensambladura **3** trozo de carne

4 (*argot, pey*) antro **5** (*argot*) varillo
jointed *adj* articulado, plegable
joke /dʒoʊk/ ◆ *n* **1** chiste: *to tell a joke* contar un chiste **2** broma: *to play a joke on sb* hacer una broma a algn **3** [*sing*] mamada de gallo: *The new dog laws are a joke.* La nueva ley sobre perros es un chiste. ◆ *vi* ~ (**with sb**) bromear (con algn) LOC (**all**) **joking aside** fuera de broma
joker /ˈdʒoʊkər/ *n* **1** (*coloq*) bromista **2** (*coloq*) hazmerreír **3** (*cartas*) comodín
jolly /ˈdʒɑli/ ◆ *adj* (**-ier**, **-iest**) alegre, jovial ◆ *adv* (*GB, coloq*) muy
jolt /dʒoʊlt/ ◆ **1** *vi* traquetear **2** *vt* sacudir ◆ *n* **1** sacudida **2** susto
jostle /ˈdʒɑsl/ *vt, vi* empujar(se), codear (se)
jot /dʒɑt/ *v* (**-tt-**) PHR V **to jot sth down** apuntar algo
journal /ˈdʒɜːrnl/ *n* **1** revista (*especializada*) **2** diario **journalism** *n* periodismo **journalist** *n* periodista
journey /ˈdʒɜːrni/ *n* (*pl* **-eys**) viaje, recorrido ☛ *Ver nota en* VIAJE
joy /dʒɔɪ/ *n* **1** alegría: *to jump for joy* saltar de alegría **2** encanto LOC *Ver* PRIDE **joyful** *adj* alegre **joyfully** *adv* alegremente
joystick /ˈdʒɔɪstɪk/ *n* (*Aeronáut, Informát*) mando ☛ *Ver dibujo en* COMPUTADOR
jubilant /ˈdʒuːbɪlənt/ *adj* jubiloso **jubilation** *n* júbilo
jubilee /ˈdʒuːbɪliː/ *n* aniversario
Judaism /ˈdʒuːdiːɪzəm; *GB* -deɪɪzəm/ *n* judaísmo
judge /dʒʌdʒ/ ◆ *n* **1** juez **2** (*de competición*) juez, árbitro, -a **3** ~ (**of sth**) conocedor, -ora (de algo) ◆ *vt, vi* juzgar, considerar, calcular: *judging by/from...* a juzgar por...
judgment (*GB tb* **judgement**) /ˈdʒʌdʒmənt/ *n* juicio: *to use your own judgment* actuar según su propio criterio
judicious /dʒuˈdɪʃəs/ *adj* juicioso **judiciously** *adv* juiciosamente
judo /ˈdʒuːdoʊ/ *n* judo
jug /dʒʌg/ *n* **1** (*GB* **pitcher**) jarrón **2** (*GB*) (*USA* **pitcher**) jarra
juggle /ˈdʒʌgl/ *vt, vi* **1** ~ (**sth/with sth**) hacer juegos malabares (con algo) **2** ~ (**with**) **sth** (*fig*) dar vueltas a algo: *She juggles home, career and children.* S[e] las arregla para llevar casa, trabajo [e] hijos al mismo tiempo.
juice /dʒuːs/ *n* jugo **juicy** *adj* (**-ier**, **-iest**) **1** jugoso **2** (*coloq*) (*cuento, etc.*) sabroso, jugoso
July /dʒʌˈlaɪ/ *n* (*abrev* **Jul**) julio ☛ *Ve[r] nota y ejemplos en* JANUARY
jumble /ˈdʒʌmbl/ ◆ *vt* ~ **sth** (**up**) revol[-]ver algo ◆ *n* **1** revoltijo **2** (*GB*) objetos [o] ropa usados para una venta benéfica
jumbo /ˈdʒʌmboʊ/ *adj* (*coloq*) (d[e] tamaño) súper, jumbo
jump /dʒʌmp/ ◆ *n* **1** salto *Ver tb* HIG[H] JUMP, LONG JUMP **2** aumento ◆ **1** *vt, v[i]* saltar: *to jump up and down* dar salto[s] ◇ *to jump up* levantarse de un salto **2** *v[i]* sobresaltarse: *It made me jump.* M[e] sobresaltó. **3** *vi* aumentar LOC **to jump the queue** (*GB*) colarse/saltarse la col[a] **to jump to conclusions** sacar conclu[-]siones precipitadas **jump to it!** (*coloq*) ¡volando! *Ver tb* BANDWAGON PHR V **t[o] jump at sth** aprovechar una oportuni[-]dad con entusiasmo
jumper /ˈdʒʌmpər/ *n* **1** (*USA*) (*vestido*) jumper **2** (*GB*) (*USA* **sweater**) suéte[r] ☛ *Ver nota en* SWEATER **3** saltador, -or[a]
jumpy /ˈdʒʌmpi/ *adj* (**-ier**, **-iest**) (*coloq*) nervioso
junction /ˈdʒʌŋkʃn/ *n* cruce (*Aut*)
June /dʒuːn/ *n* (*abrev* **Jun**) juni[o] ☛ *Ver nota y ejemplos en* JANUARY
jungle /ˈdʒʌŋgl/ *n* selva, jungla
junior /ˈdʒuːnɪər/ ◆ *adj* **1** subalterno **2** (*abrev* **Jr**) júnior **3** (*Dep*) juvenil **4** (*GB*) *junior school* escuela primaria ◆ *n* **1** subalterno, -a **2** [*precedido de adjetivos posesivos*]: *He is three years her junior.* Es tres años más joven que ella. **3** (*USA*) estudiante de tercer año **4** (*GB*) alumno, -a de escuela primaria
junior high school *n* ☛ *Ver pág 31[?]*
junk /dʒʌŋk/ *n* [*incontable*] **1** (*coloq*) basura **2** baratijas, chécheres
junk food *n* (*coloq, pey*) [*incontable*] comidas preparadas (gen poco nutriti[-]vas)
junk mail *n* propaganda
Jupiter /ˈdʒuːpɪtər/ *n* Júpiter
juror /ˈdʒʊərər/ *n* miembro del jurado
jury /ˈdʒʊəri/ *n* (*pl* **-ies**) jurado
just /dʒʌst/ ◆ *adv* **1** justo, exactamente[:] *It's just what I need.* Es justo lo qu[e]

necesito. ◊ *That's just it!* ¡Exacto! ◊ *just here* aquí mismo **2 ~ as** justo cuando; justo como: *She arrived just as we were leaving.* Llegó justo cuando nos íbamos. ◊ *It's just as I thought.* Es justo como/lo que yo pensaba. **3 ~ as ... as ...** igual de ... que ...: *She's just as smart as her mother.* Es igual de inteligente a su madre. **4 to have ~ done sth** acabar de hacer algo: *She has just left.* Acaba de irse. ◊ *We had just arrived when...* Acabábamos de llegar cuando... ◊ *"Just married"* "Recién casados" **5** (*GB*) (**only**) ~ por muy poco: *I can (only) just reach the shelf.* Llego al estante a duras penas. **6 ~ over/under**: *It's just over a kilogram.* Pasa un poco del kilo. **7** ahora: *I'm just going.* Ahora mismo me voy. **8 to be ~ about/going to do sth** estar a punto de hacer algo: *I was just about/going to phone you.* Estaba a punto de llamarte. **9** sencillamente: *It's just one of those things.* Es una de esas cosas que pasan, nada más. **10** *Just let me say something!* ¡Déjeme hablar un momento! **11** sólo: *I waited an hour just to see you.* Esperé una hora sólo para poder verte. ◊ *just for fun* para reírnos un poco **LOC it is just as well (that...)** menos mal (que)... **just about** (*coloq*) casi: *I know just about everyone.* Conozco más o menos a todo el mundo. **just in case** por si acaso **just like 1** igual que: *It was just like old times.* Fue como en los viejos tiempos. **2** típico de: *It's just like her to be late.* Es muy propio de ella llegar tarde. **just like that** sin más **just now 1** en estos momentos **2** hace un momento ◆ *adj* **1** justo **2** merecido

justice /ˈdʒʌstɪs/ *n* **1** justicia **2** juez: *justice of the peace* juez de paz **LOC to do justice to sth/sb 1** hacerle justicia a algo/algn **2** *We couldn't do justice to her cooking.* No pudimos hacer los honores a su comida. **to do yourself justice**: *He didn't do himself justice in the exam.* Podía haber hecho el examen mucho mejor. *Ver tb* BRING, MISCARRIAGE

justifiable /ˌdʒʌstɪˈfaɪəbl, ˈdʒʌstɪfaɪəbl/ *adj* justificable **justifiably** *adv* justificadamente: *She was justifiably angry.* Estaba furiosa, y con razón.

justify /ˈdʒʌstɪfaɪ/ *vt* (*pret, pp* **-fied**) justificar

justly /ˈdʒʌstli/ *adv* justamente, con razón

jut /dʒʌt/ *v* (**-tt-**) **PHR V to jut out** sobresalir

juvenile /ˈdʒuːvənaɪl/ ◆ *n* menor ◆ *adj* **1** juvenil **2** (*pey*) pueril

juxtapose /ˌdʒʌkstəˈpoʊz/ *vt* (*formal*) contraponer **juxtaposition** *n* contraposición

Kk

K, k /keɪ/ *n* (*pl* **K's, k's** /keɪz/) K, k: *K as in king* k de kilo ☛ *Ver ejemplos en* A, A

kaleidoscope /kəˈlaɪdəskoʊp/ *n* calidoscopio

kangaroo /ˌkæŋgəˈruː/ *n* (*pl* **~s**) canguro

karat (*GB* **carat**) /ˈkærət/ *n* quilate (*oro*)

karate /kəˈrɑti/ *n* karate

kebab /kəˈbɑb/ *n* pincho

keel /kiːl/ ◆ *n* quilla ◆ **PHR V to keel over** (*coloq*) desplomarse

keen /kiːn/ *adj* (**-er**, **-est**) **1** entusiasta **2 to be ~ (that.../to do sth)** estar ansioso (de que... /de hacer algo); tener ganas (de hacer algo) **3** (*interés*) grande **4** (*olfato*) fino **5** (*oído, inteligencia*) agudo **LOC to be keen on sth/sb** (*esp GB*) gustarle a uno algo/algn **keenly** *adv* **1** con entusiasmo **2** (*sentir*) profundamente

keep /kiːp/ ◆ (*pret, pp* **kept** /kept/) **1** *vi* quedarse, permanecer: *Keep still!* ¡Estáte quieto! ◊ *Keep quiet!* ¡Cállese! ◊ *to keep warm* no enfriarse **2** *vi* ~ (**on**) **doing sth** seguir haciendo algo; no parar de hacer algo: *He keeps interrupting me.* No deja de interrumpirme. **3** *vt* [*con adj, adv o -ing*] mantener, tener: *to keep sb waiting* hacer esperar a algn ◊

to keep sb amused/happy tener a algn entretenido/contento ◊ *Don't keep us in suspense.* No nos tengas en suspenso. **4** *vt* entretener, retener: *What kept you?* ¿Por qué tardó tanto? **5** *vt* guardar, tener: *Will you keep my place in line?* ¿Me guardas el puesto en la fila? **6** *vt* (*no devolver*) quedarse con: *Keep the change.* Quédese con el vuelto. **7** *vt* (*negocio*) tener, ser propietario de **8** *vt* (*animales*) criar, tener **9** *vt* (*secreto*) guardar **10** *vi* (*alimentos*) conservarse (fresco), durar **11** *vt* (*diario*) escribir, llevar **12** *vt* (*cuentas, registro*) llevar **13** *vt* (*familia, persona*) mantener **14** *vt* (*cita*) acudir a **15** *vt* (*promesa*) cumplir ☛ Para expresiones con **keep**, véanse las entradas del sustantivo, adjetivo, etc., p.ej. **to keep your word** en WORD.
PHR V to keep away (from sth/sb) mantenerse alejado (de algo/algn)
to keep sth/sb away (from sth/sb) mantener alejado algo/a algn (de algo/algn) **to keep sth (back) from sb** ocultar algo a algn
to keep sth down mantener algo (a)bajo
to keep sb from (doing) sth impedir, no dejar a algn hacer algo **to keep (yourself) from doing sth** evitar hacer algo
to keep off (sth) no acercarse (a algo), no tocar (algo): *Keep off the grass.* Prohibido pisar el césped. **to keep sth/sb off (sth/sb)** no dejar a algo/algn acercarse (a algo/algn): *Keep your hands off me!* ¡No me toque!
to keep on (at sb) (about sth/sb) no dejar de dar lata (a algn) (sobre algo/algn)
to keep (sth/sb) out (of sth) no dejar (a algo/algn) entrar (en algo): *Keep Out!* ¡Prohibida la entrada!
to keep (yourself) to yourself guardar las distancias **to keep sth to yourself** guardarse algo (para sí)
to keep up (with sth/sb) seguir el ritmo (de algo/algn) **to keep sth up** mantener algo, seguir haciendo algo: *Keep it up!* ¡Dale! ◆ *n* manutención

keeper /ˈkiːpər/ *n* **1** (*zoo*) guarda **2** (*museo*) conservador, -ora **3** portero, -a

keeping /ˈkiːpɪŋ/ *n* **LOC in/out of keeping (with sth)** de acuerdo/en desacuerdo (con algo) **in sb's keeping** al cuidado de algn

kennel /ˈkenl/ *n* residencia canina

kept *pret, pp de* KEEP

kerb (*esp USA* **curb**) /kɜːrb/ *n* sardinel

kerosene /ˈkerəsiːn/ (*GB* **paraffin**) *n* kerosene

ketchup /ˈketʃəp/ *n* salsa de tomate

kettle

kettle /ˈketl/ *n* **1** (*USA*) olla **2** (*GB*) (*USA* **tea kettle**) pava, tetera (*para calentar agua*)

key /kiː/ ◆ *n* (*pl* **keys**) **1** llave: *the car keys* las llaves del carro **2** (*Mús*) tono **3** tecla **4 key (to sth)** clave (de algo): *Exercise is the key (to good health).* El ejercicio es la clave (de la buena salud). ◆ *adj* clave ◆ *vt* **to key sth (in)** teclear algo

keyboard /ˈkiːbɔːrd/ *n* teclado ☛ *Ver dibujo en* COMPUTADOR

keyhole /ˈkiːhoʊl/ *n* ojo de la cerradura

khaki /ˈkɑki/ *adj, n* caqui

kick /kɪk/ ◆ **1** *vt* dar una patada a **2** *vt* (*pelota*) golpear (*con el pie*): *to kick the ball into the river* tirar la pelota al río de una patada **3** *vi* patear **LOC to kick the bucket** (*coloq*) estirar la pata *Ver tb* ALIVE **PHR V to kick off** hacer el saque inicial **to kick sb out (of sth)** (*coloq*) echar a algn (de algo) ◆ *n* **1** puntapié, patada **2** (*coloq*): *for kicks* para divertirse

kickoff /ˈkɪkɔːf; *GB* -ɒf/ *n* saque inicial

kid /kɪd/ ◆ *n* **1** (*coloq*) niño, -a: *How are your wife and the kids?* ¿Cómo están su esposa y sus niños? **2** (*coloq, esp USA*): *his kid sister* su hermana menor **3** (*Zool*) cabrito **4** (*piel*) cabritilla ◆ **(-dd-)** **1** *vt, vi* (*coloq*) bromear: *Are you kidding?* ¿Estás bromeando? **2** *v refl* **to kid yourself** engañarse a sí mismo

kidnap /ˈkɪdnæp/ *vt* **(-pp-)** secuestrar **kidnapper** *n* secuestrador, -ora **kidnapping** *n* secuestro

kidney /ˈkɪdni/ *n* (*pl* **-eys**) riñón

kill /kɪl/ ◆ *vt, vi* matar: *Smoking kills.* Fumar mata. ◊ *She was killed in a car crash.* Se mató en un accidente de carro. **LOC to kill time** matar el tiempo **PHR V to kill sth/sb off** exterminar algo, rematar a algn ◆ *n* (*animal matado*) pieza **LOC to go/move in for the kill** entrar a matar **killer** *n* asesino, -a

killing /ˈkɪlɪŋ/ *n* matanza **LOC to make a killing** hacer el agosto

kiln /kɪln/ *n* horno para cerámica

kilogram /ˈkɪləgræm/ (*GB* **kilogramme**, **kilo** /ˈkiːloʊ/) *n* (*abrev* **kg**) kilo(gramo) ☛ *Ver Apéndice 1.*

kilometer (*GB* **-metre**) /kɪlˈɑmɪtər/ *n* (*abrev* **km**) kilómetro

kilt /kɪlt/ *n* falda escocesa

kin /kɪn/ (*tb* **kinsfolk**) *n* [*pl*] (*antic*, *formal*) familia *Ver tb* NEXT OF KIN

kind[1] /kaɪnd/ *adj* (**-er**, **-est**) amable

kind[2] /kaɪnd/ *n* tipo, clase: *the best of its kind* el mejor de su categoría **LOC in kind 1** en especie **2** (*fig*) con la misma moneda **kind of** (*coloq*) en cierto modo: *kind of scared* como asustado *Ver tb* NOTHING

kindly /ˈkaɪndli/ ◆ *adv* **1** amablemente **2** *Kindly leave me alone!* ¡Haga el favor de dejarme en paz! **LOC not to take kindly to sth/sb** no gustarle algo/algn a uno ◆ *adj* (**-ier**, **-iest**) amable

kindness /ˈkaɪndnəs/ *n* **1** amabilidad, bondad **2** favor

king /kɪŋ/ *n* rey

kingdom /ˈkɪŋdəm/ *n* reino

kingfisher /ˈkɪŋfɪʃər/ *n* martín pescador

kinship /ˈkɪnʃɪp/ *n* parentesco

kiosk /ˈkiːɑsk/ *n* **1** quiosco **2** (*antic*, *GB*) (*teléf*) caseta

kipper /ˈkɪpər/ *n* (*GB*) arenque ahumado

kiss /kɪs/ ◆ *vt*, *vi* besar(se) ◆ *n* beso **LOC the kiss of life** (*GB*) respiración boca a boca

kit /kɪt/ *n* **1** equipo **2** conjunto para armar

kitchen /ˈkɪtʃɪn/ *n* cocina

kite /kaɪt/ *n* cometa

kitten /ˈkɪtn/ *n* gatito ☛ *Ver nota en* GATO

kitty /ˈkɪti/ *n* (*pl* **-ies**) **1** (*coloq*) fondo (*de dinero*) **2** gatito

knack /næk/ *n* maña: *to get the knack of sth* cogerle el tiro a algo

knapsack /ˈnæpsæk/ *n* mochila

knead /niːd/ *vt* amasar

knee /niː/ *n* rodilla **LOC to be/go (down) on your knees** estar/ponerse de rodillas

kneecap /ˈniːkæp/ *n* rótula

kneel /niːl/ *vi* (*pret*, *pp* **knelt** /nelt/ (*USA tb* **kneeled**) ☛ *Ver nota en* DREAM ~ **(down)** arrodillarse, hincarse

knew *pret de* KNOW

knickers /ˈnɪkərz/ *n* [*pl*] (*GB*) calzones (*de mujer*): *a pair of knickers* unos calzones ☛ *Ver nota en* PAIR

knife /naɪf/ ◆ *n* (*pl* **knives** /naɪvz/) cuchillo, navaja ◆ *vt* acuchillar

knight /naɪt/ ◆ *n* **1** caballero **2** (*ajedrez*) caballo ◆ *vt* nombrar caballero a **knighthood** *n* título de caballero

knit /nɪt/ (**-tt-**) (*pret*, *pp* **knit** *o esp GB* **knitted**) **1** *vt*, *vi* tejer **2** *Ver* CLOSE-KNIT **knitting** *n* [*incontable*] tejido: *knitting needle* aguja (de tejer)

knitwear /ˈnɪtweər/ *n* [*incontable*] (prendas) tejidas

knob /nɑb/ *n* **1** (*de puerta, cajón*) perilla **2** (*de radio, televisor*) control (*que gira*) **3** (*árbol*) nudo

knock /nɑk/ ◆ **1** *vt*, *vi* golpear: *to knock your head on the ceiling* pegarse con la cabeza en el techo **2** *vi*: *to knock at/on the door* llamar, tocar a la puerta **3** *vt* (*coloq*) criticar **LOC knock on wood** (*USA*) toca madera **PHR V to knock sb down** atropellar a algn **to knock sth down** derribar algo **to knock off (sth)** (*coloq*): *to knock off (work)* terminar de trabajar **to knock sth off** hacer un descuento de algo (*una cantidad*) **to knock sth/sb off (sth)** tirar algo/a algn (de algo) **to knock sb out 1** (*boxeo*) dejar K.O. a algn, noquear a algn **2** dejar inconsciente a algn **3** (*coloq*) dejar boquiabierto a algn **to knock sth/sb over** tirar algo/a algn ◆ *n* **1** *There was a knock at the door.* Llamaron a la puerta. **2** (*lit y fig*) golpe

knockout /ˈnɑkaʊt/ *n* **1** nocaut **2** *knock-out (tournament)* eliminatoria

knot /nɑt/ ◆ *n* **1** nudo **2** grupo (*de gente*) ◆ *vt* (*pret*, *pp* **-tt-**) hacer un nudo a, anudar

know /noʊ/ ◆ (*pret* **knew** /nuː; *GB* njuː/ *pp* **known** /noʊn/) **1** *vt*, *vi* ~ **(how to do sth)** saber (hacer algo): *to know how to swim* saber nadar ◇ *Let me know if...* Avísame si... **2** *vt*: *I've never known anyone to...* Nunca se ha visto que… **3** *vt* conocer: *to get to know sb* llegar a conocer a algn

LOC **for all you know** por lo (poco) que uno sabe **God/goodness/Heaven knows** sabe Dios **to know best** saber uno lo que hace **to know better (than that/than to do sth)**: *You ought to know better!* ¡Parece mentira que tú hayas hecho eso! ◊ *I should have known better.* Debería haberlo supuesto. **you never know** nunca se sabe *Ver tb* ANSWER, ROPE

PHR V **to know of sth/sb** saber de algo/algn: *Not that I know of.* Que yo sepa, no. ◆ *n* LOC **to be in the know** (*coloq*) estar enterado

knowing /ˈnoʊɪŋ/ *adj* (*mirada*) de complicidad **knowingly** *adv* intencionadamente

knowledge /ˈnɑlɪdʒ/ *n* [*incontable*] **1** conocimiento(s): *not to my knowledge* que yo sepa, no **2** saber LOC **in the knowledge that…** a sabiendas de que… **knowledgeable** *adj* que posee muchos conocimientos sobre algo

known *pp de* KNOW

knuckle /ˈnʌkl/ ◆ *n* nudillo ◆ PHR V **to knuckle down (to sth)** (*coloq*) poner manos a la obra **to knuckle under** (*coloq*) doblegarse

Koran /kəˈræn; *GB* -ˈrɑːn/ *n* Corán

Ll

L, l /el/ *n* (*pl* **L's, l's** /elz/) L, l: *L as in Larry* L de Luis ☛ *Ver ejemplos en* A, A

label /ˈleɪbl/ ◆ *n* etiqueta, marca ◆ *vt* (**-l-**, *GB* **-ll-**) **1** etiquetar, poner etiquetas a **2** ~ **sth/sb as sth** (*fig*) calificar algo/a algn de algo

labor (*GB* **labour**) /ˈleɪbər/ ◆ *n* **1** [*incontable*] trabajo **2** [*incontable*] mano de obra: *parts and labor* los repuestos y la mano de obra ◊ *labor relations* relaciones laborales **3** [*incontable*] parto: *to go into labor* entrar en trabajo de parto **4 Labor** (*tb* **the Labor Party**) [*v sing o pl*] (*GB*) el Partido Laborista ☛ *Comparar con* LIBERAL sentido 3, TORY ◆ *vi* esforzarse **labored** (*GB* **laboured**) *adj* **1** dificultoso **2** pesado **laborer** (*GB* **labourer**) *n* trabajador, -ora

laboratory /ˈlæbrətɔːri; *GB* ləˈbɒrətri/ *n* (*pl* **-ies**) laboratorio

laborious /ləˈbɔːriəs/ *adj* **1** laborioso **2** penoso

labyrinth /ˈlæbərɪnθ/ *n* laberinto

lace /leɪs/ ◆ *n* **1** encaje **2** (*tb* **shoelace**) cordón ◆ *vt, vi* amarrar(se) (*con un lazo*)

lack /læk/ ◆ *vt* ~ **sth** carecer de algo LOC **to be lacking** faltar **to be lacking in sth** carecer de algo ◆ *n* [*incontable*] falta, carencia

lacquer /ˈlækər/ *n* laca

lacy /ˈleɪsi/ *adj* de encaje

lad /læd/ *n* (*coloq*) muchacho, chico, joven

ladder /ˈlædər/ ◆ *n* **1** escalera de mano **2** (*fig*) escala (*social, profesional, etc.*) ◆ *vi* romperse, írsele a uno (*las medias*)

laden /ˈleɪdn/ *adj* ~ **(with sth)** cargado (de algo)

ladies /ˈleɪdiz/ *n* **1** *plural de* LADY **2** *Ver* LADY sentido 4

ladies' room *n* (*USA*) baño de mujeres

lady /ˈleɪdi/ *n* (*pl* **ladies**) **1** señora: *Ladies and gentlemen…* Señoras y señores… *Ver tb* GENTLEMAN **2** dama **3 Lady** Lady (*como título nobiliario*) *Ver tb* LORD **4 Ladies** [*sing*] (*GB*) baño de mujeres

ladybug /ˈleɪdibʌg/ (*GB* **ladybird** /ˈleɪdibɜːrd/) *n* mariquita

lag /læg/ ◆ *vi* (**-gg-**) LOC **to lag behind (sth/sb)** quedarse atrás (con respecto a algo/algn) ◆ *n* (*tb* **time lag**) retraso

lager /ˈlɑgər/ *n* cerveza rubia ☛ *Comparar con* BEER

lagoon /ləˈguːn/ *n* laguna

laid *pret, pp de* LAY[1]

laid-back /ˌleɪd ˈbæk/ *adj* (*coloq*) tranquilo

lain *pp de* LIE[2]

lake /leɪk/ *n* lago

lamb /læm/ *n* cordero ☛ *Ver nota en* CARNE

lame /leɪm/ *adj* **1** cojo **2** (*excusa, etc.*) poco convincente

lament /ləˈment/ *vt, vi* ~ (**for/over sth/sb**) lamentar(se) (de algo/algn)

lamp /læmp/ *n* lámpara

lamppost /ˈlæmppoʊst/ *n* poste de la luz

lampshade /ˈlæmpʃeɪd/ *n* pantalla (de lámpara)

land /lænd/ ◆ *n* **1** tierra: *by land* por tierra ◊ *on dry land* en tierra firme **2** tierra(s): *arable land* tierra de cultivo ◊ *a plot of land* una parcela **3 the land** campo: *to work on the land* dedicarse a la agricultura **4** país: *the finest in the land* el mejor del país ◆ **1** *vt, vi* ~ (**sth/sb**) (**at...**) desembarcar (algo/a algn) (en...) **2** *vt* (*avión*) poner en tierra **3** *vi* aterrizar **4** *vi* caer: *The ball landed in the water.* La pelota cayó al agua. **5** *vi* (*pájaro*) posarse **6** *vt* (*coloq*) (*lograr*) conseguir, obtener **LOC** *Ver* FOOT **PHR V to land sb with sth/sb** (*GB, coloq*) cargar a algn con algo/algn: *I got landed with the washing up.* A mí me tocó lavar la loza.

landing /ˈlændɪŋ/ *n* **1** aterrizaje **2** desembarco **3** (*escalera*) rellano, descanso

landlady /ˈlændleɪdi/ *n* (*pl* **-ies**) dueña

landlord /ˈlændlɔːrd/ *n* dueño

landmark /ˈlændmɑrk/ *n* **1** (*lit*) punto destacado, hito **2** (*fig*) algo que hace época

landowner /ˈlændoʊnər/ *n* terrateniente

landscape /ˈlændskeɪp/ *n* paisaje ☛ *Ver nota en* SCENERY

landslide /ˈlændslaɪd/ *n* **1** (*lit*) deslizamiento (*de tierras*) **2** (*tb* **landslide victory**) (*fig*) victoria aplastante

lane /leɪn/ *n* **1** camino **2** callejón **3** carril: *slow/fast lane* carril de la derecha/de aceleración

language /ˈlæŋgwɪdʒ/ *n* **1** lenguaje: *to use bad language* decir malas palabras **2** idioma, lengua

lantern /ˈlæntərn/ *n* farol

lap[1] /læp/ *n* regazo

lap[2] /læp/ *n* vuelta (*Dep*)

lap[3] /læp/ (**-pp-**) **1** *vi* (*agua*) chapotear **2** *vt* **to lap sth** (**up**) lamer algo **PHR V to lap sth up** (*coloq*) tragarse algo

lapel /ləˈpel/ *n* solapa

lapse /læps/ ◆ *n* **1** error, lapso **2** ~ (**into sth**) caída (en algo) **3** (*de tiempo*) lapso, período: *after a lapse of six years* al cabo de seis años ◆ *vi* **1** ~ (**from sth**) (**into sth**) caer (de algo) (en algo): *to lapse into silence* quedarse callado **2** (*Jur*) caducar

larder /ˈlɑrdər/ *n* (*GB*) (*USA* **pantry**) despensa

large /lɑrdʒ/ ◆ *adj* (**-er**, **-est**) **1** grande: *small, medium or large* pequeña, mediana o grande ◊ *to a large extent* en gran parte **2** extenso, amplio ☛ *Ver nota en* BIG **LOC by and large** en términos generales *Ver tb* EXTENT ◆ *n* **LOC at large 1** en libertad **2** en general: *the world at large* todo el mundo

largely /ˈlɑrdʒli/ *adv* en gran parte

large-scale /ˈlɑrdʒ skeɪl/ *adj* **1** a gran escala, extenso **2** (*mapa*) a gran escala

lark /lɑrk/ *n* alondra

laser /ˈleɪzər/ *n* láser: *laser printer* impresora láser

lash /læʃ/ ◆ *n* **1** azote, latigazo **2** *Ver* EYELASH ◆ *vt* **1** azotar **2** (*cola*) sacudir **PHR V to lash out at/against sth/sb 1** agarrarla a golpes contra algo/algn **2** arremeter contra algo/algn

lass /læs/ (*tb* **lassie** /ˈlæsi/) *n* muchacha (*esp en Escocia y el N de Inglaterra*)

last /læst; *GB* lɑːst/ ◆ *adj* **1** último: *last thing at night* lo último por la noche ☛ *Ver nota en* LATE **2** pasado: *last month* el mes pasado ◊ *last night* anoche ◊ *the night before last* antenoche **LOC as a/in the last resort** como último recurso **to have the last laugh** reírse el último **to have the last word** tener la última palabra *Ver tb* ANALYSIS, EVERY, FIRST, STRAW, THING ◆ *n* **1 the last** (**of sth**) el último/la última (de algo): *the last but one* (*GB*) el penúltimo/la penúltima **2 the last** el/la anterior **LOC at** (**long**) **last** por fin ◆ *adv* **1** último: *He came last.* Llegó en último lugar/al final. **2** por última vez **LOC** (**and**) **last but not least** y por último, aunque no por ello de menor importancia ◆ **1** *vt, vi* ~ (**for**) **hours, days, etc.** durar horas, días, etc. **2** *vi* perdurar **lasting** *adj* duradero, permanente **lastly** *adv* por último

last name (*GB* **surname**) *n* apellido

latch /lætʃ/ ◆ *n* **1** cerrojo **2** picaporte

◆ PHR V **to latch on (to sth)** (*coloq*) enterarse (de algo) (*explicación, etc.*)

late /leɪt/ ◆ *adj* (**later**, **latest**) **1** tarde, tardío: *to be late* llegar tarde ◊ *My flight was an hour late.* Mi vuelo se retrasó una hora. **2** *in the late 19th century* a finales del siglo XIX ◊ *in her late twenties* cerca de treinta **3 latest** último, más reciente ☛ El superlativo **latest** significa el más reciente, el más nuevo: *the latest technology* la tecnología más reciente. El adjetivo **last** significa el último de una serie: *The last bus is at twelve.* El último bus sale a las doce. **4** [*antes de sustantivo*] difunto LOC **at the latest** a más tardar ◆ *adv* (**-er**, **-est**) tarde: *He arrived half an hour late.* Llegó con media hora de retraso. LOC **later on** más tarde *Ver tb* BETTER, SOON

lately /ˈleɪtli/ *adv* últimamente

lather /ˈlæðər; *GB* ˈlɑːð-/ *n* espuma

latitude /ˈlætɪtuːd; *GB* -tjuːd/ *n* latitud

the latter /ˈlætər/ *pron* el segundo ☛ *Comparar con* FORMER

laugh /læf; *GB* lɑːf/ ◆ *vi* reír(se) LOC *Ver* BURST PHR V **to laugh at sth/sb 1** reírse de algo/algn **2** burlarse de algo/algn ◆ *n* **1** risa, carcajada **2** (*coloq*) (*suceso o persona*): *What a laugh!* ¡Es para morirse de risa! LOC **to be good for a laugh** ser divertido *Ver tb* LAST **laughable** *adj* risible **laughter** *n* [*incontable*] risa(s): *to roar with laughter* reírse a carcajadas

launch¹ /lɔːntʃ/ ◆ *vt* **1** (*proyectil, ataque, campaña*) lanzar **2** (*buque nuevo*) botar PHR V **to launch into sth** (*discurso, etc.*) comenzar algo ◆ *n* lanzamiento

launch² /lɔːntʃ/ *n* lancha

laundromat /ˈlɔːndrəmæt/ (*GB* **launderette** /lɔːnˈdret/) *n* lavandería (*establecimiento donde uno va a lavar la ropa*) ☛ *Comparar con* LAUNDRY

laundry /ˈlɔːndri/ *n* (*pl* **-ies**) **1** ropa sucia: *to do the laundry* lavar la ropa **2** lavandería industrial: *laundry service* servicio de lavandería ☛ *Comparar con* LAUNDROMAT

lava /ˈlɑvə, ˈlævə/ *n* lava

lavatory /ˈlævətɔːri/ *n* (*pl* **-ies**) (*formal*) **1** excusado, inodoro **2** (*público*) baños **3** (*en casa particular*) baño ☛ *Ver nota en* TOILET

lavender /ˈlævəndər/ *n* espliego, lavanda

lavish /ˈlævɪʃ/ *adj* **1** pródigo, generoso **2** abundante

law /lɔː/ *n* **1** (*tb* **the law**) ley: *against the law* en contra de la ley **2** (*carrera*) derecho LOC **law and order** orden público *Ver tb* EYE **lawful** *adj* legal, legítimo *Ver tb* LEGAL

lawn /lɔːn/ *n* césped, pasto

lawsuit /ˈlɔːsuːt/ *n* pleito, litigio

lawyer /ˈlɔːjər/ *n* abogado, -a ☛ *Ver nota en* ABOGADO

lay¹ /leɪ/ *vt, vi* (*pret, pp* **laid** /leɪd/) **1** colocar, poner **2** (*cimientos*) echar **3** (*cable, etc.*) tender **4** extender ☛ *Ver nota en* LIE² **5** (*huevos*) poner LOC **to lay claim to sth** reclamar algo **to lay your cards on the table** poner las cartas sobre la mesa *Ver tb* BLAME, TABLE PHR V **to lay sth aside** poner algo a un lado **to lay sth down 1** (*armas*) deponer algo **2** (*regla, principio, etc.*) estipular, establecer algo **to lay sb off** (*coloq*) despedir a algn **to lay sth on 1** (*GB*) (*gas, luz, etc.*) instalar algo **2** (*coloq*) (*facilitar*) proveer algo PHR V **to lay sth out 1** (*sacar a la vista*) disponer algo **2** (*argumento*) exponer algo **3** (*jardín, ciudad*) hacer el plano de algo: *well laid out* bien distribuido/planificado

lay² *pret de* LIE²

lay³ /leɪ/ *adj* **1** laico **2** (*no experto*) lego

lay-by /ˈleɪ baɪ/ *n* (*pl* **-bys**) (*GB*) área de descanso (*en carretera*)

layer /ˈleɪər/ *n* **1** capa **2** (*Geol*) estrato **layered** *adj* en capas

lazy /ˈleɪzi/ *adj* (**lazier**, **laziest**) **1** vago, flojo **2** perezoso

lead¹ /led/ *n* plomo **leaded** *adj* con plomo

lead² /liːd/ ◆ *n* **1** iniciativa **2** (*competición*) ventaja: *to be in the lead* llevar la delantera **3** (*Teat*) papel principal **4** (*cartas*) mano: *It's your lead.* Tú llevas la mano. **5** (*indicio*) pista **6** (*GB*) (*de perro, etc.*) correa **7** (*Electrón*) cable ◆ (*pret, pp* **led** /led/) **1** *vt* llevar, conducir **2** *vt* ~ **sb (to do sth)** llevar a algn (a hacer algo) **3** *vi* ~ **to/into sth** (*puerta etc.*) dar, llevar (a algo): *This door leads into the garden.* Esta puerta da al jardín. ◊ *This road leads back to town* Por este camino se vuelve a la ciudad **4** *vi* ~ **to sth** dar lugar a algo **5** *vt* (*vida* llevar **6** *vi* llevar la delantera **7** *vt* encabezar **8** *vt, vi* (*cartas*) salir **LOC to lead sb to believe (that)...** hacer creer a algn (que)... **to lead the way (to sth)** mostrar el camino (a algo) **PHR V to lead up to sth** preparar el terreno para algo **leader** *n* líder, dirigente **leadership** *n* **1** liderazgo **2** [*v sing o pl*] (*cargo*) jefatura **leading** *adj* principal, más importante

leaf /li:f/ *n* (*pl* **leaves** /li:vz/) hoja **LOC to take a leaf out of sb's book** seguir el ejemplo de algn *Ver tb* TURN **leafy** *adj* (**-ier**, **-iest**) frondoso: *leafy vegetables* verduras de hoja

leaflet /ˈli:flət/ *n* folleto

league /li:g/ *n* **1** (*alianza*) liga **2** (*Dep*) liga, división **3** (*coloq*) (*categoría*) clase **LOC in league (with sb)** confabulado (con algn)

leak /li:k/ ◆ *n* **1** agujero, gotera **2** fuga, escape **3** (*fig*) filtración ◆ **1** *vi* (*recipiente*) estar agujereado, tener una fuga **2** *vi* (*gas o líquido*) salirse, escaparse **3** *vt* dejar escapar

lean¹ /li:n/ *adj* (**-er**, **-est**) **1** (*persona, animal*) delgado, flaco **2** magro

lean

She is **leaning against** a tree. He is **leaning out of** a window.

lean² /li:n/ (*pret, pp* **leaned** *o* **leant**) lent (*GB*) ☛ *Ver nota en* DREAM **1** *vi* inclinar(se), ladear(se): *to lean out of the window* asomarse a la ventana ◊ *to lean back/forward* inclinarse hacia atrás/adelante **2** *vt, vi* ~ **against/on sth** recostar(se), apoyar(se) contra/en algo **leaning** *n* inclinación

leap /li:p/ ◆ *vi* (*pret, pp* **leaped** *o esp GB* **leapt** /lept/) ☛ *Ver nota en* DREAM **1** saltar, brincar **2** (*corazón*) dar un salto ◆ *n* salto

leap year *n* año bisiesto

learn /lɜ:rn/ *vt, vi* (*pret, pp* **learned** *o* **learnt** /lɜ:rnt/ *GB*) ☛ *Ver nota en* DREAM **1** aprender **2** ~ **(of/about) sth** enterarse de algo **LOC to learn your lesson** escarmentar *Ver tb* ROPE **learner** *n* aprendiz, principiante **learning** *n* **1** (*acción*) aprendizaje **2** (*conocimientos*) erudición

lease /li:s/ ◆ *n* contrato de arrendamiento **LOC** *Ver* NEW ◆ *vt* ~ **sth (to/from sb)** arrendar algo (a algn) (*propietario o inquilino*)

leash /li:ʃ/ *n* correa (*de perro*)

least /li:st/ ◆ *pron* (*superl de* **little**) menos: *It's the least I can do.* Es lo menos que puedo hacer. **LOC at least** al menos, por lo menos **not in the least** en absoluto **not least** especialmente *Ver tb* LAST ◆ *adj* menor ◆ *adv* menos: *when I least expected it* cuando menos lo esperaba

leather /ˈleðər/ *n* cuero

leave /li:v/ ◆ (*pret, pp* **left** /left/) **1** *vt, vi* dejar: *Leave it to me.* Yo me encargo. **2** *vt, vi* irse (de), salir (de) **3** *vi* **to be left** quedar: *You've only got two days left.* Sólo te quedan dos días. ◊ *to be left over* sobrar **LOC to leave sb to their own devices/to themselves** dejar a algn a su libre albedrío *Ver tb* ALONE **PHR V to leave behind** dejar (atrás), olvidar ◆ *n* permiso (*vacaciones*) **LOC on leave** en licencia

leaves *plural de* LEAF

lecture /ˈlektʃər/ ◆ *n* **1** conferencia: *to give a lecture* dar una conferencia ☛ *Comparar con* CONFERENCE **2** (*reprimenda*) sermón **LOC lecture hall/theater** aula magna ◆ **1** *vi* ~ **(on sth)** dar una conferencia/conferencias (sobre algo) **2** *vt* ~ **sb (for/about sth)** sermonear a algn (por/sobre algo) **lecturer** *n* **1** (*GB*) (*USA* **professor**) ~ **(in sth)** (*de universidad*) profesor, -ora (de algo) **2** conferencista

led *pret, pp de* LEAD²

ledge /ledʒ/ *n* **1** repisa: *the window ledge* el alféizar **2** (*Geog*) plataforma

leek /li:k/ *n* puerro

left¹ *pret, pp de* LEAVE

left² /left/ ◆ *n* **1** izquierda: *on the left* a la izquierda **2 the Left** [*v sing o pl*] (*Pol*) la izquierda ◆ *adj* izquierdo ◆ *adv* a la izquierda: *Turn/Go left.* Voltee a la izquierda.

left-hand /ˈleft hænd/ *adj* a/de (la)

izquierda: *on the left-hand side* a mano izquierda **left-handed** *adj* zurdo

left luggage office *n* (*GB*) guardaequipaje

leftover /ˈleftoʊvər/ *adj* sobrante **leftovers** *n* [*pl*] sobras

left wing *adj* izquierdista

leg /leg/ *n* **1** pierna **2** (*de animal/mueble*) pata **3** (*carne*) pierna, muslo **4** (*pantalón*) manga **LOC to give sb a leg up** (*coloq*) ayudar a algn a subirse a algo **not to have a leg to stand on** (*coloq*) no tener uno nada que lo respalde *Ver tb* PULL, STRETCH

legacy /ˈlegəsi/ *n* (*pl* **-ies**) **1** legado **2** (*fig*) patrimonio

legal /ˈliːgl/ *adj* jurídico, legal: *to take legal action against sb* entablar un proceso legal contra algn *Ver tb* LAWFUL *en* LAW **legality** /lɪˈgæləti/ *n* legalidad **legalization, -isation** *n* legalización **legalize, -ise** *vt* legalizar

legend /ˈledʒənd/ *n* leyenda **legendary** *adj* legendario

leggings /ˈlegɪŋz/ *n* [*pl*] mallas, chicles (*pantalón*)

legible /ˈledʒəbl/ *adj* legible

legion /ˈliːdʒən/ *n* legión

legislate /ˈledʒɪsleɪt/ *vi* ~ (**for/against sth**) legislar (para/contra algo) **legislation** *n* legislación **legislative** *adj* legislativo **legislature** *n* (*formal*) asamblea legislativa

legitimacy /lɪˈdʒɪtɪməsi/ *n* (*formal*) legitimidad

legitimate /lɪˈdʒɪtɪmət/ *adj* **1** legítimo, lícito **2** justo, válido

leisure /ˈliːʒər; *GB* ˈleʒə(r)/ *n* ocio: *leisure time* tiempo libre **LOC at your leisure** cuando te quede bien

leisure center *n* (*GB*) centro recreativo

leisurely /ˈliːʒərli; *GB* ˈleʒəli/ ◆ *adj* pausado, relajado ◆ *adv* tranquilamente

lemon /ˈlemən/ *n* limón

lemonade /ˌleməˈneɪd/ *n* **1** limonada **2** (*GB*) gaseosa de limón

lend /lend/ *vt* (*pret, pp* **lent** /lent/) prestar **LOC** *Ver* HAND ☛ *Ver dibujo en* BORROW

length /leŋθ/ *n* **1** largo, longitud: *20 meters in length* 20 metros de largo **2** duración: *for some length of time* durante un buen rato/una temporada **LOC to go to any, great, etc. lengths (to do sth)** hacer todo lo posible (por hacer algo) **lengthen** *vt, vi* alargar(se), prolongar(se) **lengthy** *adj* (**-ier**, **-iest**) largo

lenient /ˈliːniənt/ *adj* **1** indulgente **2** (*tratamiento*) clemente

lens /lenz/ *n* (*pl* **lenses**) **1** (*cámara*) objetivo **2** lente: *contact lenses* lentes de contacto

lent *pret, pp de* LEND

lentil /ˈlentl/ *n* lenteja

Leo /ˈliːoʊ/ *n* (*pl* **Leos**) Leo ☛ *Ver ejemplos en* AQUARIUS

leopard /ˈlepərd/ *n* leopardo

lesbian /ˈlezbiən/ *n* lesbiana

less /les/ ◆ *adv* ~ (**than...**) menos (que/de...): *less often* con menos frecuencia **LOC less and less** cada vez menos *Ver tb* EXTENT, MORE ◆ *adj, pron* ~ (**than...**) menos (que/de...): *I have less than you.* Tengo menos que tú.

> **Less** se usa como comparativo de **little** y normalmente va con sustantivos incontables: *"I've got very little money." "I have even less money (than you)."* —Tengo poca plata. —Yo tengo aún menos (que tú). **Fewer** es el comparativo de **few** y normalmente va con sustantivos en plural: *fewer accidents, people, etc.* menos accidentes, gente, etc. Sin embargo, en el inglés hablado se utiliza más **less** que **fewer**, aunque sea con sustantivos en plural.

lessen **1** *vi* disminuir **2** *vt* reducir **lesser** *adj* menor: *to a lesser extent* en menor grado

lesson /ˈlesn/ *n* **1** clase: *four English lessons a week* cuatro clases de inglés a la semana ☛ *Comparar con* CLASE **2** lección **LOC** *Ver* LEARN, TEACH

let[1] /let/ *vt* (**-tt-**) (*pret, pp* **let**) dejar, permitir: *to let sb do sth* dejar a algn hacer algo ◇ *My dad won't let me smoke in my bedroom.* Mi papá no me deja fumar en mi cuarto.

> **Let us** + infinitivo sin TO se utiliza para hacer sugerencias. Excepto en el habla formal, normalmente se usa la contracción **let's**: *Let's go!* ¡Vamos! En negativa, se usa **let's not**: *Let's not argue.* No discutamos.

LOC let alone mucho menos: *I can*

afford new clothes, let alone a vacation. No me puedo permitir ropa nueva, y mucho menos unas vacaciones. **let's face it** (*coloq*) reconozcámoslo **let us say** digamos **to let fly at sth/sb** atacar algo/a algn **to let fly with sth** disparar con algo **to let off steam** (*coloq*) desahogarse **to let sb know sth** informar a algn de algo **to let sth/sb go; to let go of sth/sb** soltar algo/a algn **to let sth/sb loose** soltar algo/a algn **to let sth slip**: *I let it slip that I was married.* Se me escapó que estaba casado. **to let the cat out of the bag** irse de la lengua **to let the matter drop/rest** dejar el asunto quieto **to let yourself go** dejarse llevar por el instinto *Ver tb* HOOK **PHR V to let sb down** fallarle a algn **to let sb in/out** dejar entrar/salir a algn **to let sb off (sth)** perdonar (algo) a algn **to let sth off 1** (*arma*) disparar algo **2** (*fuegos artificiales*) hacer estallar algo

let² /let/ *vt* (**-tt-**) (*pret, pp* **let**) (*GB*) (*USA* **rent**) **to let sth (to sb)** (*USA* **to rent sth (out) (to sb)**) alquilar, arrendar algo (a algn) **LOC to let** (*USA* **for rent**) se alquila/arrienda ☛ *Ver nota en* ALQUILAR

lethal /ˈliːθl/ *adj* letal

lethargy /ˈleθərdʒi/ *n* aletargamiento **lethargic** /ləˈθɑrdʒɪk/ *adj* aletargado

let's /lets/ = LET US *Ver* LET¹

letter /ˈletər/ *n* **1** letra **2** carta: *to mail a letter* poner una carta **LOC to the letter** al pie de la letra

letter box (*GB*) (*USA* **mailbox**) *n* **1** buzón (*en la calle*) **2** ranura en la puerta de una casa por la que se echan las cartas

letter carrier (*GB* **postman, postwoman**) *n* cartero, -a

lettuce /ˈletɪs/ *n* lechuga

leukemia (*GB* **leukaemia**) /luːˈkiːmiə/ *n* leucemia

level /ˈlevl/ ◆ *adj* **1** raso **2** ~ **(with sth/sb)** al nivel (de algo/algn) **LOC** *Ver* BEST ◆ *n* nivel: *1,000 meters above sea level* a 1.000 metros sobre el nivel del mar ◇ *noise level* el nivel de ruido ◇ *high-/low-level negotiations* negociaciones de alto/bajo nivel ◆ *vt* (**-l-**, *GB* **-ll-**) nivelar **PHR V to level sth at sth/sb** dirigir algo a algo/algn (*críticas, etc.*) **to level off/out** estabilizarse

level crossing (*GB*) (*USA* **grade crossing**) *n* cruce (de tren), paso a nivel

lever /ˈlevər; *GB* ˈliːvə(r)/ *n* palanca **leverage** *n* **1** (*fig*) influencia **2** (*lit*) fuerza de la palanca, apalancamiento

levy /ˈlevi/ ◆ *vt* (*pret, pp* **levied**) imponer (*impuestos, etc.*) ◆ *n* **1** gravamen **2** impuesto

liability /ˌlaɪəˈbɪləti/ *n* (*pl* **-ies**) **1** ~ **(for sth)** responsabilidad (por algo) **2** (*coloq*) problema **liable** *adj* **1** responsable: *to be liable for sth* ser responsable de algo **2** ~ **to sth** sujeto a algo **3** ~ **to sth** propenso a algo **4** ~ **to do sth** tendente a hacer algo

liaison /ˈlieɪzɑn, liˈeɪzn/ *n* **1** vinculación **2** relación sexual

liar /ˈlaɪər/ *n* mentiroso, -a

libel /ˈlaɪbl/ *n* libelo, difamación

liberal /ˈlɪbərəl/ *adj* **1** liberal **2** libre **3** **Liberal** (*Pol*) liberal: *the Liberal Democrats* (*GB*) el Partido Demócrata Liberal ☛ *Comparar con* LABOR sentido 4, TORY

liberate /ˈlɪbəreɪt/ *vt* ~ **sth/sb (from sth)** liberar algo/a algn (de algo) **liberated** *adj* liberado **liberation** *n* liberación

liberty /ˈlɪbərti/ *n* (*pl* **-ies**) libertad *Ver tb* FREEDOM **LOC to take liberties** tomarse libertades

Libra /ˈliːbrə/ *n* Libra ☛ *Ver ejemplos en* AQUARIUS

library /ˈlaɪbreri; *GB* -brəri/ *n* (*pl* **-ies**) biblioteca **librarian** /laɪˈbreəriən/ *n* bibliotecario, -a

lice *plural de* LOUSE

license (*GB* **licence**) /ˈlaɪsns/ *n* **1** licencia: *a driver's license* un pase **LOC** *Ver* OFF-LICENCE **2** (*formal*) permiso

license plate (*GB* **number plate**) *n* placa (*de carro*)

lick /lɪk/ ◆ *vt* lamer ◆ *n* lengüetazo

licorice (*GB* **liquorice**) /ˈlɪkərɪs, -ɪʃ/ *n* regaliz

lid /lɪd/ *n* tapa ☛ *Ver dibujo en* SAUCEPAN

lie¹ /laɪ/ ◆ *vi* (*pret, pp* **lied** *pt pres* **lying**) **to lie (to sb) (about sth)** mentir (a algn) (sobre algo) ◆ *n* mentira: *to tell lies* decir mentiras

lie² /laɪ/ *vi* (*pret* **lay** /leɪ/ *pp* **lain** /leɪn/ *pt pres* **lying**) **1** echarse, yacer **2** estar: *the life that lay ahead of him* la vida que le esperaba ◊ *The problem lies in...* El problema está en... **3** extenderse **PHR V to lie about/around 1** pasar el tiempo sin hacer nada **2** estar esparcido: *Don't leave all your clothes lying around.* No dejes toda la ropa por ahí tirada. **to lie back** recostarse **to lie down** acostarse **to lie in** (*GB*) (*USA* **to sleep in**) (*coloq*) quedarse en la cama

Compárense los verbos **lie** y **lay**. El verbo **lie (lay, lain, lying)** es intransitivo y significa "estar acostado": *I was feeling sick, so I lay down on the bed for a while.* Me sentía mal, así que me acosté un rato. Es importante no confundirlo con **lie (lied, lied, lying)**, que significa "mentir". Por otro lado, **lay (laid, laid, laying)** es transitivo y tiene el significado de "poner sobre": *She laid her dress on the bed to keep it neat.* Puso el vestido sobre la cama para que no se arrugara.

lieutenant /lu:ˈtenənt; *GB* lefˈt-/ *n* teniente

life /laɪf/ (*pl* **lives** /laɪvz/) *n* **1** vida: *late in life* a una avanzada edad ◊ *a friend for life* un amigo de por vida ◊ *home life* la vida casera *Ver* LONG-LIFE **2** (*tb* **life, sentence**, **life imprisonment**) cadena perpetua **LOC to come to life** animarse **to take your (own) life** suicidarse *Ver tb* BREATHE, BRING, FACT, KISS, MATTER, NEW, PRIME, TIME, TRUE, WALK, WAY

lifebelt /ˈlaɪfbelt/ (*tb* **lifebuoy**) (*GB*) (*USA* **life preserver**) *n* salvavidas

lifeboat /ˈlaɪfboʊt/ *n* bote salvavidas

life expectancy *n* (*pl* **-ies**) esperanza de vida

lifeguard /ˈlaɪfgɑrd/ *n* socorrista

life jacket *n* chaleco salvavidas

lifelong /ˈlaɪflɔːŋ; *GB* -lɒŋ/ *adj* de toda la vida

life preserver (*GB* **lifebelt**, **life jacket**) *n* chaleco salvavidas

lifestyle /ˈlaɪfstaɪl/ *n* estilo de vida

lifetime /ˈlaɪftaɪm/ *n* toda una vida **LOC the chance, etc. of a lifetime** la oportunidad, etc. de tu vida

lift /lɪft/ ♦ **1** *vt* ~ **sth/sb (up)** levantar algo/a algn **2** *vt* (*embargo, toque de queda*) levantar **3** *vi* (*neblina, nubes*) disiparse **PHR V to lift off** despegar ♦ *n* **1** impulso **2** (*GB*) (*USA* **elevator**) ascensor **3** *to give sb a lift* llevar a algn en carro **LOC** *Ver* THUMB

light /laɪt/ ♦ *n* **1** luz: *to turn on/off the light* prender/apagar la luz **2** (**traffic**) **lights** [*pl*] semáforo **3 a light**: *Have you got a light?* ¿Tienes candela? **LOC in the light of sth** considerando algo **to come to light** salir a la luz *Ver tb* SET[2] ♦ *adj* (**-er**, **-est**) **1** (*cuarto*) luminoso, claro **2** (*color, tono*) claro **3** ligero: *two kilograms lighter* dos kilos menos **4** (*golpe, viento*) suave ♦ (*pret, pp* **lit** /lɪt/ *o* **lighted**) **1** *vt, vi* encender(se), prender **2** *vt* iluminar, alumbrar ☛ Generalmente se usa **lighted** como *adj* antes del sustantivo: *a lighted candle* una vela encendida, y **lit** como verbo: *He lit the candle.* Encendió la vela. **PHR V to light up (with sth)** iluminarse (de algo) (*cara, ojos*) ♦ *adv*: *to travel light* viajar ligero (de equipaje)

light bulb *Ver* BULB

lighten /ˈlaɪtn/ *vt, vi* **1** iluminar(se) **2** aligerar(se) **3** alegrar(se)

lighter /ˈlaɪtər/ *n* encendedor

light-headed /ˌlaɪt ˈhedɪd/ *adj* mareado

light-hearted /ˌlaɪt ˈhɑrtɪd/ *adj* **1** despreocupado **2** (*comentario*) desenfadado

lighthouse /ˈlaɪthaʊs/ *n* faro

lighting /ˈlaɪtɪŋ/ *n* **1** iluminación **2** *street lighting* alumbrado público

lightly /ˈlaɪtli/ *adv* **1** ligeramente, levemente, suavemente **2** ágilmente **3** a la ligera **LOC to get off/escape lightly** (*coloq*) salir bien parado

lightness /ˈlaɪtnəs/ *n* **1** claridad **2** ligereza **3** suavidad **4** agilidad

lightning /ˈlaɪtnɪŋ/ *n* [*incontable*] relámpago, rayo

lightweight /ˈlaɪtweɪt/ ♦ *n* peso ligero (*boxeo*) ♦ *adj* **1** ligero **2** (*boxeador*) de peso ligero

like[1] /laɪk/ *vt* gustar: *Do you like fish?* ¿Te gusta el pescado? ◊ *I like swimming.* Me gusta nadar. **LOC if you like** si quiere **likeable** *adj* agradable

like[2] /laɪk/ ♦ *prep* **1** como: *to look/be like sb* parecerse a algn **2** (*comparación*) como, igual que: *He cried like a child.* Lloró como un niño. ◊ *He acted like our leader.* Se comportó como si fuera nuestro líder. **3** (*ejemplo*) como, tal como: *European countries like Spain, France, etc.* países europeos (tales) como España, Francia, etc.

☛ *Comparar con* AS **4 like + -ing** como + infinitivo: *It's like baking a cake.* Es como hacer un pastel. **LOC** *Ver* JUST ◆ *conj* (*coloq*) **1** como: *It didn't end quite like I expected it to.* No terminó como esperaba. **2** como si *Ver tb* AS IF/THOUGH *en* AS

likely /ˈlaɪkli/ ◆ *adj* (**-ier**, **-iest**) **1** probable: *It isn't likely to rain.* No es probable que llueva. ◊ *She's very likely to call me/It's very likely that she'll call me.* Es muy probable que me llame. **2** apropiado ◆ *adv* **LOC not likely!** (*coloq*) ¡ni hablar! **likelihood** *n* [*sing*] probabilidad

liken /ˈlaɪkən/ ~ **sth to sth** (*formal*) *vt* comparar algo con algo

likeness /ˈlaɪknəs/ *n* parecido: *a family likeness* un aire de familia

likewise /ˈlaɪkwaɪz/ *adv* (*formal*) **1** de la misma forma: *to do likewise* hacer lo mismo **2** asimismo

liking /ˈlaɪkɪŋ/ *n* **LOC to sb's liking** (*formal*) del agrado de algn **to take a liking to sb** encariñarse con algn

lilac /ˈlaɪlək/ *n* (color) lila

lily /ˈlɪli/ *n* (*pl* **lilies**) **1** lirio **2** azucena

lima bean /ˈlaɪmə biːn/ *n* (*USA*) fríjol blanco ☛ *Comparar con* BROAD BEAN

limb /lɪm/ *n* (*Anat*) brazo, pierna (*de persona*)

lime[1] /laɪm/ *n* cal

lime[2] /laɪm/ ◆ *n* limón ◆ *adj*, *n* (*tb* **lime green**) (color) verde limón

limelight /ˈlaɪmlaɪt/ *n*: *to be in the limelight* ser el foco de atención

limestone /ˈlaɪmstoʊn/ *n* piedra caliza

limit[1] /ˈlɪmɪt/ *n* límite: *the speed limit* el límite de velocidad **LOC within limits** dentro de ciertos límites **limitation** *n* limitación **limitless** *adj* ilimitado

limit[2] /ˈlɪmɪt/ *vt* ~ **sth/sb** (**to sth**) limitar algo/a algn (a algo) **limited** *adj* limitado **limiting** *adj* restrictivo

limousine /ˌlɪməˈziːn, ˈlɪməziːn/ *n* limusina

limp[1] /lɪmp/ *adj* **1** flácido **2** débil

limp[2] /lɪmp/ ◆ *vi* cojear ◆ *n* cojera: *to have a limp* ser/estar cojo

line[1] /laɪn/ *n* **1** línea, raya **2** fila, cola: *to stand in line* hacer cola **3 lines** [*pl*] (*Teat*): *to learn your lines* aprender su papel **4 lines** [*pl*] copias (*castigo*) **5** cuerda: *a fishing line* un sedal (de pesca) ◊ *a clothes line* un tendedero **6** línea telefónica: *The line is busy.* Está ocupado. **7** vía **8** [*sing*]: *the official line* la postura oficial **LOC along/on the same, etc. lines** del mismo, etc. estilo **in line with sth** conforme a algo *Ver tb* DROP, HARD, HOLD, TOE

line[2] /laɪn/ *vt* alinear(se) **PHR V to line up (for sth)** hacer fila (para algo) **lined** *adj* **1** (*papel*) rayado **2** (*rostro*) arrugado

line[3] /laɪn/ *vt* ~ **sth** (**with sth**) forrar, revestir algo (de algo) **lined** *adj* forrado, revestido **lining** *n* **1** forro **2** revestimiento

line drawing *n* dibujo a lápiz o pluma

linen /ˈlɪnən/ *n* **1** lino **2** ropa blanca

liner /ˈlaɪnər/ *n* transatlántico

linger /ˈlɪŋgər/ *vi* **1** (*persona*) quedarse mucho tiempo **2** (*duda, olor, memoria*) perdurar, persistir

linguist /ˈlɪŋgwɪst/ *n* **1** políglota **2** lingüista **linguistic** /lɪŋˈgwɪstɪk/ *adj* lingüístico **linguistics** *n* [*sing*] lingüística

link /lɪŋk/ ◆ *n* **1** eslabón **2** lazo **3** vínculo **4** conexión: *satellite link* conexión vía satélite ◆ *vt* **1** unir: *to link arms* cogerse del brazo **2** vincular, relacionar **PHR V to link up** (**with sth/sb**) unirse (con algo/algn)

lion /ˈlaɪən/ *n* león: *a lion tamer* un domador de leones ◊ *a lion cub* un cachorro de león

lip /lɪp/ *n* labio

lip-read /ˈlɪp riːd/ *vi* (*pret, pp* **lip-read** /-red/) leer los labios

lipstick /ˈlɪpstɪk/ *n* lápiz labial

liqueur /lɪˈkɜː(r); *GB* -ˈkjʊə(r)/ *n* licor

liquid /ˈlɪkwɪd/ ◆ *n* líquido ◆ *adj* líquido **liquidize, -ise** *vt* licuar

liquor /ˈlɪkər/ *n* **1** (*USA*) bebida fuerte **2** (*GB*) alcohol

liquorice (*GB*) *Ver* LICORICE

liquor store (*GB* **off-licence**) *n* estanco, almacén de licores

lisp /lɪsp/ ◆ *n* ceceo ◆ *vt, vi* cecear

list /lɪst/ ◆ *n* lista: *to make a list* hacer una lista ◊ *waiting list* lista de espera ◆ *vt* **1** enumerar, hacer una lista de **2** catalogar

listen /ˈlɪsn/ *vi* **1** ~ (**to sth/sb**) escuchar (algo/a algn) **2** ~ **to sth/sb** hacer caso a algo/algn **PHR V to listen** (**out**) **for** estar atento a **listener** *n* **1** (*Radio*) oyente **2** *a good listener* uno que sabe escuchar

lit *pret, pp de* LIGHT

liter (*GB* **litre**) /ˈliːtər/ *n* (*abrev* **l**) litro: *Ver Apéndice 1.*

literacy /ˈlɪtərəsi/ *n* alfabetismo

literal /ˈlɪtərəl/ *adj* literal **literally** *adv* literalmente

literary /ˈlɪtəreri; *GB* -rəri/ *adj* literario

literate /ˈlɪtərət/ *adj* que sabe leer y escribir

literature /ˈlɪtərətʃʊər, -tʃə(r)/ *n* **1** literatura **2** (*coloq*) información

litter /ˈlɪtər/ ◆ *n* **1** (*papel, etc. en la calle*) basura **2** (*Zool*) camada ◆ *vt* estar esparcido por: *Newspapers littered the floor.* Había periódicos tirados por el suelo.

litter bin *n* (*GB*) (*USA* **trash can**) caneca

little /ˈlɪtl/ ◆ *adj* ☛ El comparativo **littler** y el superlativo **littlest** son poco frecuentes y normalmente se usan **smaller** y **smallest**. **1** pequeño: *When I was little...* Cuando era pequeño... ◊ *my little brother* mi hermano pequeño ◊ *little finger* meñique ◊ *Poor little thing!* ¡Pobrecito! **2** poco: *to wait a little while* esperar un poco ☛ *Ver nota en* LESS

¿**Little** o **a little**? *Little* tiene un sentido negativo y equivale a "poco". *A little* tiene un sentido mucho más positivo, equivale a "algo de". Compárense las siguientes oraciones: *I've got little hope.* Tengo pocas esperanzas. ◊ *You should always carry a little money with you.* Siempre deberías llevar algo de dinero.

◆ *n, pron* poco: *There was little anyone could do.* No se pudo hacer nada. ◊ *I only want a little.* Sólo quiero un poco. ◆ *adv* poco: *little more than an hour ago* hace poco más de una hora **LOC little by little** poco a poco **little or nothing** casi nada

live¹ /laɪv/ ◆ *adj* **1** vivo **2** (*bomba, etc.*) activado **3** (*Electrón*) conectado **4** (*TV*) en vivo y en directo **5** (*grabación*) en vivo ◆ *adv* en vivo

live² /lɪv/ *vi* **1** vivir: *Where do you live?* Dónde vive? **2** (*fig*) permanecer vivo **PHR V to live for sth** vivir para algo **to live on** seguir viviendo **to live on sth** vivir de algo **to live through sth** sobrevivir algo **to live up to sth** estar a la altura de su fama **to live with sth** aceptar algo

livelihood /ˈlaɪvlihʊd/ *n* medio de subsistencia

lively /ˈlaɪvli/ *adj* (**-ier**, **-iest**) **1** (*persona, imaginación*) vivo **2** (*conversación, fiesta*) animado

liver /ˈlɪvər/ *n* hígado

lives *plural de* LIFE

livestock /ˈlaɪvstɑk/ *n* ganado

living /ˈlɪvɪŋ/ ◆ *n* vida: *to earn/make a living* ganarse la vida ◊ *What do you do for a living?* ¿Cómo te ganas la vida? ◊ *cost/standard of living* costo/nivel de vida ◆ *adj* [*sólo antes de sustantivo*] vivo: *living creatures* seres vivos ☛ *Comparar con* ALIVE **LOC in/within living memory** que se recuerda

living room (*GB* **sitting room**) *n* sala

lizard /ˈlɪzərd/ *n* lagarto, lagartija

load /loʊd/ ◆ *n* **1** carga **2 loads (of sth)** [*pl*] (*coloq*) montones (de algo) **LOC a load of (old) rubbish, etc.** (*GB, coloq*): *What a load of rubbish!* ¡Qué cantidad de paja! ◆ **1** *vt* ~ **sth (into/onto sth/sb)** cargar algo (en algo/algn) **2** *vt* ~ **sth (up) (with sth)** cargar algo (con/de algo) **3** *vt* ~ **sth/sb (down)** cargar (con mucho peso) algo/a algn **4** *vi* ~ **(up)/(up with sth)** cargar algo (con algo) **loaded** *adj* cargado **LOC a loaded question** una pregunta con segundas

loaf /loʊf/ *n* (*pl* **loaves** /loʊvz/) pan (*de molde, redondo, etc.*): *a loaf of bread* un pan ☛ *Ver dibujo en* PAN

loan /loʊn/ *n* préstamo

loathe /loʊð/ *vt* abominar, aborrecer **loathing** *n* aborrecimiento

loaves *plural de* LOAF

lobby /ˈlɑbi/ ◆ *n* (*pl* **-ies**) **1** vestíbulo **2** lobby (*hotel*) **3** [*v sing o pl*] (*Pol*) grupo (*de presión*) ◆ *vt* (*pret, pp* **lobbied**) ~ **(sb) (for sth)** presionar (a algn) (para algo)

lobster /ˈlɑbstər/ *n* langosta

local /ˈloʊkl/ *adj* **1** local, de la zona: *local authority* (*GB*) gobierno local/regional **2** (*Med*) localizado: *local anesthetic* anestesia local **locally** *adv* localmente

locate /ˈloʊkeɪt; *GB* ləʊˈkeɪt/ *vt* **1** localizar **2** situar

location /loʊˈkeɪʃn/ *n* **1** lugar **2** localización **3** (*persona*) paradero **LOC to be on location** rodar en exteriores

loch /lɑk, lɑx/ *n* (*Escocia*) lago

lock /lɑk/ ◆ *n* **1** cerradura **2** (*canal*) esclusa ◆ *vt, vi* **1** cerrar con llave **2** (*timón, etc.*) bloquear(se) **PHR V to lock sth away/up** guardar algo bajo llave **to lock sb up** encerrar a algn

locker /ˈlɑkər/ *n* casillero (*armario*)

lodge /lɑdʒ/ ◆ *n* **1** casa del guarda **2** (*de caza, pesca, etc.*) pabellón **3** portería ◆ *vi* **1** ~ (**with sb/at...**) hospedarse (con algn/en la casa de...) **2** ~ **in sth** alojarse en algo **lodger** *n* (*GB*) inquilino, -a **lodging** *n* **1** alojamiento: *board and lodging* (*GB*) alojamiento y comida **2 lodgings** [*pl*] (*GB*) habitaciones

loft /lɔːft; *GB* lɒft/ *n* desván, buhardilla, zarzo

log[1] /lɔːg; *GB* lɒg/ *n* **1** tronco **2** leño

log[2] /lɔːg; *GB* lɒg/ ◆ *n* diario de vuelo/navegación ◆ *vt* (**-gg-**) anotar **PHR V to log in/on** (*Informát*) entrar al sistema **to log off/out** (*Informát*) salir del sistema

logic /ˈlɑdʒɪk/ *n* lógica **logical** *adj* lógico

logo /ˈloʊgoʊ/ *n* (*pl* ~**s**) logotipo

lollipop /ˈlɑlipɑp/ *n* colombina®

lonely /ˈloʊnli/ *adj* **1** solo: *to feel lonely* sentirse solo ☛ *Ver nota en* ALONE **2** solitario **loneliness** *n* soledad **loner** *n* solitario, -a

long[1] /lɔːŋ; *GB* lɒŋ/ ◆ *adj* (**longer** /lɔːŋgər/ **longest** /lɔːŋgɪst/) **1** (*longitud*) largo: *It's two meters long.* Mide dos metros de largo. **2** (*tiempo*): *a long time ago* hace mucho tiempo ◊ *How long is the vacation?* ¿Cuánto duran las vacaciones? **LOC at the longest** como máximo **in the long run** a la larga *Ver tb* TERM ◆ *adv* (**longer** /lɔːŋgər/ **longest** /lɔːŋgɪst/) **1** mucho (tiempo): *Stay as long as you like.* Quédese cuanto quiera. ◊ *long ago* hace mucho tiempo ◊ *long before/after* mucho antes/después **2** todo: *the whole night long* toda la noche ◊ *all day long* todo el día **LOC as/so long as** con tal de que **for long** mucho tiempo **no longer/not any longer**: *I can't stay any longer.* No me puedo quedar más.

long[2] /lɔːŋ; *GB* lɒŋ/ *vi* **1** ~ **for sth/to do sth** ansiar algo/hacer algo **2** ~ **for sb to do sth** estar deseando que algn haga algo **longing** *n* anhelo

long-distance /ˌlɔːŋ ˈdɪstəns; *GB* ˌlɒŋ-/ *adj, adv* de larga distancia: *to phone long-distance* hacer una llamada de larga distancia

longitude /ˈlɑndʒɪtuːd; *GB* -tjuːd/ *n* longitud (*Geog*) ☛ *Comparar con* LATITUDE

long jump *n* salto largo

long-life /ˌlɔːŋ ˈlaɪf; *GB* ˌlɒŋ-/ *adj* de larga duración

long-range /ˌlɔːŋ ˈreɪndʒ; *GB* ˌlɒŋ-/ *adj* **1** a largo plazo **2** de largo alcance

long-sighted /ˈlɔːŋ saɪtɪd; *GB* ˌlɒŋ-/ (*GB*) (*USA* **farsighted**) *adj* hipermétrope

long-standing /ˌlɔːŋ ˈstændɪŋ; *GB* ˌlɒŋ-/ *adj* de hace mucho tiempo

long-suffering /ˌlɔːŋ ˈsʌfərɪŋ; *GB* ˌlɒŋ-/ *adj* resignado

long-term /ˌlɔːŋ ˈtɜːrm; *GB* ˌlɒŋ-/ *adj* a largo plazo

loo /luː/ *n* (*pl* **loos**) (*GB, coloq*) baño ☛ *Ver nota en* TOILET

look[1] /lʊk/ *vi* **1** mirar: *She looked out of the window.* Miró por la ventana. **2** parecer: *You look tired.* Te ves cansada. **3** ~ **onto sth** dar a algo **LOC don't look a gift horse in the mouth** (*refrán*) a caballo regalado no se le mira el colmillo (**not**) **to look yourself** (no) parecer uno mismo **to look on the bright side** mirar el lado bueno de las cosas **to look sb up and down** mirar a algn de arriba abajo **to look your age** aparentar uno la edad que tiene

PHR V to look after yourself/sb cuidarse/cuidar a algn

to look around 1 volver la cabeza para mirar **2** mirar por ahí **to look around sth** visitar algo **to look at sth 1** examinar algo **2** considerar algo

to look at sth/sb mirar algo/a algn **to look back** (**on sth**) pensar (en algo) (*pasado*)

to look down on sth/sb (*coloq*) despreciar algo/a algn

to look for sth/sb buscar algo/a algn

to look forward to sth/doing sth tener ganas de algo/hacer algo

to look into sth investigar algo

to look on mirar (sin tomar parte)

look out: *Look out!* ¡Cuidado! **to look out** (**for sth/sb**) fijarse (por si se ve

algo/a algn)
to look sth over examinar algo
to look up 1 alzar la vista **2** (*coloq*) mejorar **to look up to sb** admirar a algn **to look sth up** buscar algo (*en un diccionario o en un libro*)

look² /lʊk/ *n* **1** mirada, vistazo: *to have/take a look at sth* echar una mirada a algo **2** *to have a look for sth* buscar algo **3** aspecto, aire **4** moda **5 looks** [*pl*] físico: *good looks* belleza

lookout /ˈlʊkaʊt/ *n* vigía **LOC to be on the lookout for sth/sb**; **to keep a lookout for sth/sb** *Ver* TO LOOK OUT (FOR STH/SB) *en* LOOK¹

loom /luːm/ ◆ *n* telar ◆ *vi* **1** ~ **(up)** surgir, asomar(se) **2** (*fig*) amenazar, vislumbrarse

loony /ˈluːni/ *n* (*pl* **-ies**) *adj* (*coloq, pey*) loco, -a

loop /luːp/ ◆ *n* **1** curva, vuelta **2** (*con nudo*) lazo ◆ **1** *vi* dar vueltas **2** *vt*: *to loop sth round/over sth* pasar algo alrededor de/por algo

loophole /ˈluːphoʊl/ *n* escapatoria

loose /luːs/ ◆ *adj* **(-er, -est) 1** suelto: *loose change* menuda **2** (*que se puede quitar*) flojo **3** (*vestido*) holgado, ancho **4** (*moral*) relajado **LOC to be at a loose end** no tener nada que hacer *Ver tb* LET¹ ◆ *n* **LOC to be on the loose** andar suelto **loosely** *adv* **1** sin apretar **2** libremente, aproximadamente

loosen /ˈluːsn/ **1** *vt, vi* aflojar(se), soltar(se), desamarrar(se) **2** *vt* (*control*) relajar **PHR V to loosen up 1** relajarse, soltarse **2** entrar en calor

loot /luːt/ ◆ *n* botín ◆ *vt, vi* saquear **looting** *n* saqueo

lop /lɑp/ *vt* **(-pp-)** podar **PHR V to lop sth off/away** cortar algo

lopsided /ˌlɑpˈsaɪdɪd/ *adj* **1** torcido **2** (*fig*) desequilibrado

lord /lɔːrd/ *n* **1** señor **2 the Lord** el Señor: *the Lord's Prayer* el padrenuestro **3 the Lords** *Ver* THE HOUSE OF LORDS **4 Lord** (*GB*) (*título*) Lord *Ver tb* LADY **lordship** *n* **LOC your/his Lordship** su Señoría

lorry /ˈlɔːri; *GB* ˈlɒrɪ/ *n* (*pl* **-ies**) (*GB*) (*USA* **truck**) camión

lose /luːz/ (*pret, pp* **lost** /lɔːst; *GB* lɒst/) **1** *vt, vi* perder: *He lost his title to the Russian.* El ruso le quitó el título. **2** *vt* ~ **sb sth** hacer perder algo a algn: *It lost us the game.* Nos costó el partido. **3** *vi* (*reloj*) atrasarse **LOC to lose your mind** volverse loco **to lose your nerve** acobardarse **to lose sight of sth/sb** perder algo/a algn de vista: *We must not lose sight of the fact that...* Debemos tener presente el hecho de que... **to lose your touch** perder facultades **to lose your way** perderse *Ver tb* COOL, GROUND, TEMPER¹, TOSS, TRACK, WEIGHT **PHR V to lose out (on sth)/(to sth/sb)** (*coloq*) salir perdiendo (en algo)/(con respecto a algo/algn) **loser** *n* perdedor, -ora, fracasado, -a

loss /lɔːs; *GB* lɒs/ *n* pérdida **LOC to be at a loss** estar desorientado

lost /lɔːst; *GB* lɒst/ ◆ *adj* perdido: *to get lost* perderse **LOC get lost!** (*argot*) ¡piérdese!, ¡esfúmese! ◆ *pret, pp de* LOSE

lost and found *n* objetos perdidos

lot¹ /lɑt/ ◆ **the (whole) lot** *n* (*esp GB*) todo(s): *That's the lot!* ¡Eso es todo! ◆ **a lot**, **lots** *pron* (*coloq*) mucho(s): *He spends a lot on clothes.* Gasta mucho en ropa. ◆ **a lot of**, **lots of** *adj* (*coloq*) mucho(s): *lots of people* un montón de gente ◇ *What a lot of presents!* ¡Qué cantidad de regalos! ☛ *Ver nota en* MANY *Ver tb* MUCHO **LOC to see a lot of sb** ver bastante a algn ◆ *adv* mucho: *It's a lot colder today.* Hoy está haciendo mucho más frío. ◇ *Thanks a lot.* Muchas gracias.

lot² /lɑt/ *n* **1** terreno **2** (*GB*) grupo: *What do you lot want?* ¿Qué quieren ustedes? ◇ *I don't go out with that lot.* No salgo con ésos. **3** suerte (*destino*)

lotion /ˈloʊʃn/ *n* loción

lottery /ˈlɑtəri/ *n* (*pl* **-ies**) lotería

loud /laʊd/ ◆ *adj* **(-er, -est) 1** (*volumen*) alto, fuerte, duro **2** (*grito*) fuerte **3** (*color*) chillón ◆ *adv* **(-er, -est)** alto: *Speak louder.* Habla más fuerte. **LOC out loud** en voz alta

loudspeaker /ˈlaʊdspiːkər/ (*tb* **speaker**) *n* parlante

lounge /laʊndʒ/ ◆ *vi* ~ **(about/around)** holgazanear ◆ *n* **1** sala: *departure lounge* sala de embarque **2** salón

louse /laʊs/ *n* (*pl* **lice** /laɪs/) piojo

lousy /ˈlaʊzi/ *adj* **(-ier, -iest)** terrible

lout /laʊt/ *n* (*GB*) patán

lovable /ˈlʌvəbl/ *adj* encantador

love /lʌv/ ◆ *n* **1** amor: *love story/song* historia/canción de amor ☛ Nótese que con personas se dice **love** *for* **somebody** y con cosas **love** *of* **something**. **2** (*Dep*) cero **LOC to be in love (with sb)** estar enamorado (de algn) **to give/send sb your love** dar/mandar saludos a algn **to make love (to sb)** hacer el amor (con algn) *Ver tb* FALL ◆ *vt* **1** amar, querer: *Do you love me?* ¿Me quiere? **2** *She loves horses.* Le encantan los caballos. ◊ *I'd love to come.* Me encantaría ir.

love affair *n* aventura amorosa

lovely /ˈlʌvli/ *adj* (**-ier**, **-iest**) **1** precioso **2** encantador **3** muy agradable: *We had a lovely time.* La pasamos muy bien.

lovemaking /ˈlʌvmeɪkɪŋ/ *n* relaciones sexuales

lover /ˈlʌvər/ *n* amante

loving /ˈlʌvɪŋ/ *adj* cariñoso **lovingly** *adv* amorosamente

low /loʊ/ ◆ *adj* (**lower**, **lowest**) **1** bajo: *low pressure* baja presión ◊ *high and low temperatures* temperaturas altas y bajas ◊ *lower lip* labio inferior ◊ *lower case* minúsculas ◊ *the lower middle classes* la clase media baja ☛ *Comparar con* HIGH[1], UPPER **2** (*voz, sonido*) grave **3** abatido **LOC to keep a low profile** procurar pasar desapercibido *Ver tb* ESTEEM ◆ *adv* (**lower**, **lowest**) bajo: *to shoot low* disparar bajo **LOC** *Ver* STOOP ◆ *n* mínimo

low-alcohol /ˌloʊ ˈælkəhɔːl; *GB* -hɒl/ *adj* bajo en alcohol

low-calorie /ˌloʊ ˈkæləri/ *adj* bajo en calorías

> **Low-calorie** es el término general para referirnos a los productos bajos en calorías o "light". Para bebidas se usa **diet**: *diet drinks* bebidas bajas en calorías/bebibas dietéticas.

low-cost /ˌloʊ ˈkɔːst; *GB* -ˈkɒst/ *adj* barato

lower /ˈloʊər/ *vt, vi* bajar(se)

low-fat /ˌloʊ ˈfæt/ *adj* de bajo contenido graso: *low-fat yogurt* yogur descremado

low-key /ˌloʊ ˈkiː/ *adj* discreto

lowlands /ˈloʊləndz/ *n* [*pl*] tierras bajas **lowland** *adj* de las tierras bajas

low tide *n* marea baja

loyal /ˈlɔɪəl/ *adj* ~ (**to sth/sb**) fiel a algo/algn **loyalist** *n* partidario, -a del régimen **loyalty** *n* (*pl* **-ies**) lealtad

luck /lʌk/ *n* suerte: *a stroke of luck* un golpe de suerte **LOC no such luck** ¡ojalá! **to be in/out of luck** estar de buenas/malas *Ver tb* CHANCE, HARD

lucky /ˈlʌki/ *adj* (**-ier**, **-iest**) **1** (*persona*) afortunado **2** *It's lucky she's still here.* ¡Qué suerte que todavía está aquí! ◊ *a lucky number* un número de la suerte **luckily** *adv* por suerte

ludicrous /ˈluːdɪkrəs/ *adj* ridículo

luggage /ˈlʌgɪdʒ/ (*tb* **baggage**) *n* [*incontable*] equipaje

luggage rack *n* parrilla del equipaje

lukewarm /ˌluːkˈwɔːrm/ *adj* tibio

lull /lʌl/ ◆ *vt* **1** calmar **2** arrullar ◆ *n* período de calma

lumber /ˈlʌmbər/ ◆ **1** *vt* ~ **sb with sth/sb** hacer a algn cargar con algo/algn **2** *vi* moverse pesadamente ◆ *n* madera **lumbering** *adj* torpe, pesado

lump /lʌmp/ ◆ *n* **1** trozo: *sugar lump* terrón de azúcar **2** grumo **3** (*Med*) bulto ◆ *vt* ~ **sth/sb together** juntar algo/a algn **lumpy** *adj* (**-ier**, **-iest**) **1** (*salsa, etc.*) lleno de grumos **2** (*colchón, etc.*) lleno de bolas

lump sum *n* pago único

lunacy /ˈluːnəsi/ *n* [*incontable*] locura

lunatic /ˈluːnətɪk/ *n* loco, -a

lunch /lʌntʃ/ ◆ *n* almuerzo: *to have lunch* almorzar ◊ *the lunch hour* la hora del almuerzo **LOC** *Ver* PACKED *en* PACK ◆ *vi* almorzar: *Ver pág 316.*

lunchtime /ˈlʌntʃtaɪm/ *n* la hora de almorzar

lung /lʌŋ/ *n* pulmón

lurch /lɜːrtʃ/ ◆ *n* sacudida ◆ *vi* **1** tambalearse **2** dar un bandazo

lure /lʊər/ ◆ *n* atractivo ◆ *vt* atraer

lurid /ˈlʊərɪd/ *adj* **1** (*color*) chillón **2** (*descripción, historia*) horripilante

lurk /lɜːrk/ *vi* acechar

luscious /ˈlʌʃəs/ *adj* (*comida*) exquisito

lush /lʌʃ/ *adj* (*vegetación*) exuberante

lust /lʌst/ ◆ *n* **1** lujuria **2** ~ **for sth** sed de algo ◆ *vi* ~ **after/for sth/sb** codiciar algo; desear a algn

luxurious /lʌgˈʒʊəriəs/ *adj* lujoso

luxury /ˈlʌkʃəri/ *n* (*pl* **-ies**) lujo: *a luxury hotel* un hotel de lujo

lying *Ver* LIE[1,2]

lyric /ˈlɪrɪk/ ◆ **lyrics** *n* [*pl*] letra (*de una canción*) ◆ *adj Ver* LYRICAL

lyrical /ˈlɪrɪkl/ *adj* lírico

M m

M, m /em/ *n* (*pl* **M's**, **m's** /emz/) M, m: *M as in Mary* M de María ☛ *Ver ejemplos en* A, A

mac (*tb* **mack**) /mæk/ *n* (*GB, coloq*) *Ver* MACKINTOSH

macabre /məˈkɑbrə/ *adj* macabro

macaroni /ˌmækəˈroʊni/ *n* [*incontable*] macarrones

machine /məˈʃiːn/ *n* (*lit y fig*) máquina

machine gun /məˈʃiːn gʌn/ *n* ametralladora

machinery /məˈʃiːnəri/ *n* maquinaria

mackintosh /ˈmækɪntɑʃ/ (*tb* **mac**, **mack** /mæk/) *n* (*GB*) (*USA* **raincoat**) impermeable, gabardina

mad /mæd/ *adj* (**madder**, **maddest**) **1** (*coloq, esp USA*) **mad (at/with sb)** furioso (con algn) **2** loco: *to be/go mad* estar/volverse loco ◊ *to be mad about sth/sb* (*GB*) estar loco por algo/algn LOC **like mad** (*coloq*) como loco **madly** locamente: *to be madly in love with sb* estar perdidamente enamorado de algn **madness** *n* locura

madam /ˈmædəm/ *n* [*sing*] (*formal*) señora

maddening /ˈmædnɪŋ/ *adj* desesperante

made *pret, pp de* MAKE[1]

magazine /ˈmægəziːn; *GB* ˌmægəˈziːn/ *n* (*GB coloq abrev* **mag**) revista

maggot /ˈmægət/ *n* gusano

magic /ˈmædʒɪk/ ◆ *n* (*lit y fig*) magia LOC **like magic** como por arte de magia ◆ *adj* mágico **magical** *adj* mágico **magician** *n* mago, -a *Ver tb* CONJURER *en* CONJURE

magistrate /ˈmædʒɪstreɪt/ *n* magistrado, -a, juez municipal: *the magistrates' court* el Juzgado de Paz

magnet /ˈmægnət/ *n* imán **magnetic** /mægˈnetɪk/ *adj* magnético **magnetism** /ˈmægnətɪzəm/ *n* magnetismo **magnetize, -ise** *vt* imantar

magnetic field *n* campo magnético

magnificent /mægˈnɪfɪsnt/ *adj* magnífico **magnificence** *n* magnificencia

magnify /ˈmægnɪfaɪ/ *vt, vi* (*pret, pp* **-fied**) aumentar **magnification** *n* (capacidad de) aumento

magnifying glass *n* lupa

magnitude /ˈmægnɪtuːd; *GB* -tjuːd/ *n* magnitud

mahogany /məˈhɑgəni/ *adj, n* caoba

maid /meɪd/ *n* **1** criada, sirvienta **2** (*Hist*) doncella

maiden /ˈmeɪdn/ *n* (*Hist*) doncella

maiden name *n* apellido de soltera

> En los países de habla inglesa, la mayoría de las mujeres toman el apellido del marido cuando se casan.

mail /meɪl/ ◆ *n* [*incontable*] (*esp USA*) correo

> La palabra **post** sigue siendo más normal que **mail** en el inglés británico, aunque **mail** se ha ido introduciendo, especialmente en compuestos como **electronic mail**, **junk mail** y **airmail**.

◆ *vt* ~ **sth (to sb)** enviar por correo algo (a algn)

mailbox /ˈmeɪlbɑks/ (*GB* **letter box**) *n* buzón (*en la calle*)

mailman /ˈmeɪlmæn/ (*GB* **postman**) *n* (*pl* **-men** /-mən/) cartero

mail order *n* venta por correo

maim /meɪm/ *vt* mutilar, lisiar

main[1] /meɪn/ *adj* principal: *main course* plato principal/fuerte LOC **in the main** en general **the main thing** lo principal **mainly** *adv* principalmente

main[2] /meɪn/ *n* **1** cañería: *a water main* una tubería de agua **2 the mains** [*pl*] (*GB*) la red de suministros

mainland /ˈmeɪnlænd/ *n* tierra firme, continente

main line *n* (*Ferrocarril*) línea principal

mainstream /ˈmeɪnstriːm/ *n* corriente principal

maintain /meɪnˈteɪn/ *vt* **1** ~ **sth (with sth/sb)** mantener algo (con algo/algn) **2** conservar: *well-maintained* bien cuidado **3** sostener

maintenance /ˈmeɪntənəns/ *n* mantenimiento **2** pensión de manutención

aize /meɪz/ (*GB*) (*USA* **corn**) *n* maíz

ajestic /mə'dʒestɪk/ *adj* majestuoso

ajesty /'mædʒəsti/ *n* (*pl* **-ies**) **1** najestuosidad **2 Majesty** majestad

ajor /'meɪdʒər/ ◆ *adj* **1** de (gran) mportancia: *to make major changes* ealizar cambios de importancia ◊ *a najor road/problem* una carretera rincipal/un problema importante **2** *Mús*) mayor ◆ *n* **1** mayor **2** (*USA*) *universidad*) materia principal ◆ *vi* ~ **n sth** especializarse en algo

ajority /mə'dʒɔːrəti; *GB* -'dʒɒr-/ *n* (*pl* **ies**) **1** [*v sing o pl*] mayoría: *The ma-ority was/were in favor.* La mayoría staba a favor. **2** [*antes de sustantivo*] nayoritario: *majority rule* gobierno nayoritario

ake¹ /meɪk/ *vt* (*pret, pp* **made** meɪd/) **1** (*causar o crear*): *to make an mpression* impresionar ◊ *to make a ote of sth* anotar algo **2** (*llevar a cabo*): *o make an improvement/change* hacer na mejora/un cambio ◊ *to make an ffort* hacer un esfuerzo ◊ *to make a hone call* hacer una llamada de teléono ◊ *to make a visit/trip* hacer una isita/un viaje **3** (*proponer*): *to make an ffer/a promise* hacer una oferta/una romesa ◊ *to make plans* hacer planes **4** *otros usos*): *to make a mistake* cometer n error ◊ *to make an excuse* sacar una xcusa ◊ *to make a comment* hacer un omentario ◊ *to make a noise/hole/list* acer un ruido/un agujero/una lista **5** ~ **sth** (**from/out of sth**) hacer algo (con/ e algo): *He made a meringue from egg hite.* Hizo un merengue con clara de uevo. ◊ *What's it made (out) of?* ¿De ué está hecho? ◊ *made in Japan* fabriado en Japón **6** ~ **sth** (**for sb**) hacer lgo (para/a algn): *She makes films for hildren.* Hace películas para niños. ◊ *'ll make you a meal/cup of coffee.* Te oy a preparar una comida/taza de afé. **7** ~ **sth into sth** convertir algo en lgo; hacer algo con algo: *We can make his room into a bedroom.* Podemos onvertir esta habitación en dormitoio. **8** ~ **sth/sb + adj/sust**: *He made me ngry.* Hizo que me enfadara. ◊ *That ill only make things worse.* Eso sólo mpeorará las cosas. ◊ *He made my life ell.* Me hizo la vida imposible. **9** ~ **sth/ b do sth** hacer que algo/algn haga lgo ☛ El verbo en infinitivo que viene después de **make** se pone sin TO, salvo en pasiva: *I can't make him do it.* No puedo obligarlo a hacerlo. ◊ *You've made her feel guilty.* Has hecho que se sienta culpable. ◊ *He was made to wait at the police station.* Lo hicieron esperar en la comisaría. **10** ~ **sb sth** hacer a algn algo: *to make sb king* hacer a algn rey **11** llegar a ser: *He'll make a good teacher.* Tiene madera de profesor. **12** (*dinero*) hacer: *She makes lots of money.* Gana una fortuna. **13** (*coloq*) (*conseguir, llegar a*): *Can you make it (to the party)?* ¿Podrá venir (a la fiesta)? **LOC to make do with sth** arreglárselas (con algo) **to make it** (*coloq*) triunfar **to make the most of sth** sacar el mayor provecho de algo ☛ Para otras expresiones con **make**, véanse las entradas del sustantivo, adjetivo, etc., p.ej. **to make love** en LOVE.

PHR V to be made for sb/each other estar hecho para algn/estar hechos el uno para el otro **to make for sth** contribuir a (mejorar) algo **to make for sth/ sb** dirigirse hacia algo/algn: *to make for home* dirigirse hacia la casa

to make sth of sth/sb opinar algo de algo/algn: *What do you make of it all?* ¿Qué opinas de todo esto?

to make off (**with sth**) largarse (con algo)

to make sth out escribir algo: *to make out a check for $10* escribir un cheque por valor de diez dólares **to make sth/ sb out 1** entender algo/a algn **2** distinguir algo/a algn: *to make out sb's handwriting* descifrar la escritura de algn **to make up for sth** compensar algo **to make up** (**with sb**) hacer las paces (con algn) **to make sb up** maquillar a algn **to make sth up 1** formar algo: *the groups that make up our society* los grupos que constituyen nuestra sociedad **2** inventar algo: *to make up an excuse* inventarse una excusa **to make** (**yourself**) **up** maquillarse

make² /meɪk/ *n* marca (*electrodomésticos, carros, etc.*) ☛ *Comparar con* BRAND

maker /'meɪkər/ *n* fabricante

makeshift /'meɪkʃɪft/ *adj* provisional, improvisado

make-up /'meɪk ʌp/ *n* [*incontable*] **1** maquillaje **2** constitución **3** carácter

making /'meɪkɪŋ/ *n* fabricación **LOC to**

be the making of sb ser la clave del éxito de algn **to have the makings of sth 1** (*persona*) tener madera de algo **2** (*cosa*) tener los ingredientes para ser algo

male /meɪl/ ◆ *adj* **1** masculino ☛ Se aplica a las características físicas de los hombres: *The male voice is deeper than the female.* La voz de los hombres es más profunda que la de las mujeres. *Comparar con* MASCULINE **2** macho ☛ *Ver nota en* FEMALE ◆ *n* macho, varón

malice /ˈmælɪs/ *n* malevolencia, mala intención **malicious** /məˈlɪʃəs/ *adj* mal intencionado

malignant /məˈlɪgnənt/ *adj* maligno

mall /mɔːl/ (*tb* **shopping mall**) *n* centro comercial

malnutrition /ˌmælnuːˈtrɪʃn; *GB* -njuː-/ *n* desnutrición

malt /mɔːlt/ *n* malta

mammal /ˈmæml/ *n* mamífero

mammoth /ˈmæməθ/ ◆ *n* mamut ◆ *adj* colosal

man¹ /mæn/ *n* (*pl* **men** /men/) hombre: *a young man* un (hombre) joven ◊ *a man's shirt* una camisa de caballero LOC **the man in/on the street** el ciudadano promedio

> **Man** y **mankind** se utilizan con el significado genérico de "todos los hombres y mujeres". Sin embargo, mucha gente considera este uso discriminatorio, y prefiere utilizar palabras como **humanity, the human race** (singular) o **humans, human beings, people** (plural).

man² /mæn/ *vt* (**-nn-**) **1** (*oficina*) dotar de personal **2** (*nave*) tripular

manage /ˈmænɪdʒ/ **1** *vt* (*empresa*) dirigir **2** *vt* (*propiedades*) administrar **3** *vi* ~ (**without sth/sb**) arreglárselas (sin algo/algn): *I can't manage on $50 a week.* No me alcanza con 50 dólares a la semana. **4** *vt, vi*: *to manage to do sth* conseguir hacer algo ◊ *Can you manage all of it?* ¿Puedes con todo eso? ◊ *Can you manage six o'clock?* ¿Puedes venir a las seis? ◊ *I couldn't manage another mouthful.* Ya no puedo comer ni un bocado más. **manageable** *adj* **1** manejable **2** (*persona o animal*) tratable, dócil

management /ˈmænɪdʒmənt/ *n* dirección, gestión: *a management committee* comité directivo/consejo de administración ◊ *a management consultant* asesor de dirección de empresas

manager /ˈmænɪdʒər/ *n* **1** director, -ora, gerente **2** (*de una propiedad*) administrador, -ora **3** (*Teat*) mánager empresario, -a **4** (*Dep*) mánager **managerial** /ˌmænəˈdʒɪəriəl/ *adj* directivo administrativo, de gerencia

managing director *n* director, -ora general

mandate /ˈmændeɪt/ *n* ~ (**to do sth**) mandato (para hacer algo) **mandatory** /ˈmændətɔːri; *GB* -təri/ *adj* obligatorio

mane /meɪn/ *n* **1** (*caballo*) crin **2** (*león o persona*) melena

maneuver (*GB* **manoeuvre**) /məˈnuːvər/ ◆ *n* maniobra ◆ *vt, vi* maniobrar

manfully /ˈmænfəli/ *adv* valientemente

mangle /ˈmæŋgl/ *vt* mutilar, destrozar

manhood /ˈmænhʊd/ *n* edad viril virilidad

mania /ˈmeɪniə/ *n* manía **maniac** *adj, n* maniaco, -a: *to drive like a maniac* conducir como un loco

manic /ˈmænɪk/ *adj* **1** maniaco **2** frenético

manicure /ˈmænɪkjʊər/ *n* manicure: *to have a manicure* arreglarse las manos

manifest /ˈmænɪfest/ *vt* manifestar mostrar: *to manifest itself* manifestarse/hacerse patente **manifestation** *n* manifestación **manifestly** *adv* manifiestamente

manifesto /ˌmænɪˈfestoʊ/ *n* (*pl* **~s** **~es**) manifiesto

manifold /ˈmænɪfoʊld/ *adj* (*formal*) múltiple

manipulate /məˈnɪpjuleɪt/ *vt* manipular, manejar **manipulation** *n* manipulación **manipulative** *adj* manipulador

mankind /mænˈkaɪnd/ *n* género humano ☛ *Ver nota en* MAN¹

manly /ˈmænli/ *adj* (**-ier, -iest**) varonil viril

man-made /ˌmæn ˈmeɪd/ *adj* artificial

manned /mænd/ *adj* tripulado

mannequin /ˈmænɪkən/ *n* maniquí

manner /ˈmænər/ *n* **1** manera, forma **2** actitud, modo de comportarse

manners [*pl*] modales: *good/bad manners* buena/mala educación ◊ *It's bad manners to stare.* Es de mala educación mirar fijamente. ◊ *He has no manners.* Es un mal educado.

mannerism /ˈmænərɪzəm/ *n* peculiaridad

manoeuvre (*GB*) *Ver* MANEUVER

manor /ˈmænər/ *n* **1** (*territorio*) señorío **2** (*tb* **manor house**) casa señorial

manpower /ˈmænpaʊər/ *n* mano de obra

mansion /ˈmænʃn/ *n* **1** mansión **2** casa solariega

manslaughter /ˈmænslɔːtər/ *n* homicidio involuntario ☛ *Comparar con* HOMICIDE, MURDER

mantelpiece /ˈmæntlˌpiːs/ (*GB tb* **chimney-piece**) *n* repisa de la chimenea

manual /ˈmænjuəl/ ◆ *adj* manual ◆ *n* manual: *a training manual* un manual de instrucciones **manually** *adv* manualmente

manufacture /ˌmænjʊˈfæktʃər/ *vt* **1** fabricar ☛ *Comparar con* PRODUCE **2** (*pruebas*) inventar **manufacturer** *n* fabricante

manure /məˈnʊər/ *n* estiércol

manuscript /ˈmænjuskrɪpt/ *adj, n* manuscrito

many /ˈmeni/ *adj, pron* **1** mucho, -a, -os, -as: *Many people would disagree.* Mucha gente no estaría de acuerdo. ◊ *I don't have many left.* No me quedan muchos. ◊ *In many ways, I regret it.* En cierta manera, lo lamento.

> **Mucho** se traduce según el sustantivo al que acompaña o sustituye. En oraciones afirmativas usamos **a lot (of)**: *She's got a lot of money.* Tiene mucho dinero. ◊ *Lots of people are poor.* Mucha gente es pobre. En oraciones negativas e interrogativas usamos **many** o **a lot of** cuando el sustantivo es contable: *I haven't seen many women as bosses.* No he visto muchas mujeres de jefe. Y usamos **much** o **a lot of** cuando el sustantivo es incontable: *I haven't eaten much (food).* No he comido mucho. *Ver tb* MUCHO

2 ~ **a sth**: *Many a politician has been ruined by scandal.* Muchos políticos han sido arruinados por escándalos. ◊ *many a time* muchas veces **LOC a good/great many** muchísimos *Ver tb* SO

map /mæp/ ◆ *n* **1** mapa **2** (*ciudad*) plano **3** carta **LOC to put sth/sb on the map** dar a conocer algo/a algn ◆ *vt* (**-pp-**) levantar mapas de **PHR V to map sth out 1** planear algo **2** (*idea*) exponer algo

maple /ˈmeɪpl/ *n* arce

maple syrup *n* miel de arce

marathon /ˈmærəθɑn; *GB* -θən/ *n* maratón: *to run a marathon* tomar parte en un maratón ◊ *The interview was a real marathon.* Fue una entrevista interminable.

marble /ˈmɑrbl/ *n* **1** mármol: *a marble statue* una estatua de mármol **2** canica, bola

March /mɑrtʃ/ *n* (*abrev* **Mar**) marzo ☛ *Ver nota y ejemplos en* JANUARY

march /mɑrtʃ/ ◆ *vi* marchar: *The students marched on Parliament.* Los estudiantes se manifestaron ante el Parlamento. **LOC to get your marching orders** ser despedido *Ver tb* QUICK **PHR V to march sb away/off** llevarse a algn **to march in** entrar resueltamente **to march past (sb)** desfilar (ante algn) **to march up to sb** abordar a algn con resolución ◆ *n* marcha **LOC on the march** en marcha **marcher** *n* manifestante

mare /ˈmeər/ *n* yegua

margarine /ˈmɑrdʒərɪn; *GB* ˌmɑːdʒəˈriːn/ (*GB, coloq* **marge** /mɑːdʒ/) *n* margarina

margin /ˈmɑrdʒɪn/ *n* margen **marginal** *adj* **1** marginal **2** (*notas*) al margen **marginally** *adv* ligeramente

marina /məˈriːnə/ *n* puerto de recreo

marine /məˈriːn/ ◆ *adj* **1** marino **2** marítimo ◆ *n* infante de marina: *the Marines* la Infantería de Marina

marital /ˈmærɪtl/ *adj* conyugal: *marital status* estado civil

maritime /ˈmærɪtaɪm/ *adj* marítimo

mark¹ /mɑrk/ *n* marco (*moneda*)

mark² /mɑrk/ ◆ *n* **1** marca **2** señal: *punctuation marks* signos de puntuación **3** (*GB*) (*USA* **grade**) (*Educ*) calificación: *a good/poor mark* una calificación buena/mediocre **LOC on your marks, (get) set, go!** en sus marcas, listos, ¡fuera! **to be up to the mark** (*GB*) dar la talla **to make your**

mark alcanzar el éxito *Ver tb* OVERSTEP ◆ *vt* **1** marcar **2** señalar **3** (*exámenes*) corregir **LOC to mark time 1** (*Mil*) marcar el paso **2** (*fig*) hacer tiempo **mark my words** acuérdate de lo que te estoy diciendo **PHR V to mark sth up/down** aumentar/rebajar el precio de algo **marked** /mɑrkt/ *adj* notable **markedly** /ˈmɑrkɪdli/ *adv* (*formal*) de forma notable

marker /ˈmɑrkər/ *n* marca: *a marker buoy* una boya de señalización

market /ˈmɑrkɪt/ ◆ *n* mercado **LOC in the market for sth** (*coloq*) interesado en comprar algo **on the market** en el mercado: *to put sth on the market* poner algo en venta ◆ *vt* **1** vender **2 ~ sth (to sb)** ofrecer algo (a algn) **marketable** *adj* vendible

marketing /ˈmɑrkətɪŋ/ *n* marketing, mercadotecnia

marketplace /ˈmɑrkɪtpleɪs/ *n* mercado

market research *n* estudios de mercado

marmalade /ˈmɑrməleɪd/ *n* mermelada (*de cítricos*)

maroon /məˈruːn/ *adj, n* rojo oscuro

marooned /məˈruːnd/ *adj* abandonado (*p.ej. en una isla desierta*)

marquee /mɑrˈkiː/ *n* (*USA*) marquesina, lona

marriage /ˈmærɪdʒ/ *n* matrimonio ☛ *Ver nota en* MATRIMONIO

married /ˈmærid/ *adj* ~ **(to sb)** casado (con algn): *to get married* casarse ◊ *a married couple* un matrimonio

marrow /ˈmæroʊ/ *n* médula, tuétano **LOC** *Ver* CHILL

marry /ˈmæri/ *vt, vi* (*pret, pp* **married**) casar(se) *Ver tb* MARRIED

Mars /mɑrz/ *n* Marte

marsh /mɑrʃ/ *n* ciénaga, pantano

marshal /ˈmɑrʃl/ ◆ *n* **1** mariscal **2** (*USA*) jefe, -a de policía ◆ *vt* (**-l-**, *GB* **-ll-**) **1** (*tropas*) formar **2** (*ideas, datos*) ordenar

marshy /ˈmɑrʃi/ *adj* (**-ier**, **-iest**) pantanoso

martial /ˈmɑrʃl/ *adj* marcial

Martian /ˈmɑrʃn/ *adj, n* marciano, -a

martyr /ˈmɑrtər/ *n* mártir **martyrdom** *n* martirio

marvel /ˈmɑrvl/ ◆ *n* maravilla, prodigio ◆ *vi* (**-l-**, *GB* **-ll-**) ~ **at sth** maravillarse ante algo **marvelous** (*GB* **marvellous**) *adj* maravilloso, excelente: *We had a marvelous time.* La pasamos de maravilla. ◊ (*That's*) *marvelous!* ¡Estupendo!

Marxism /ˈmɑrksɪzəm/ *n* marxismo **Marxist** *adj, n* marxista

marzipan /ˈmɑrzɪpæn, ˌmɑrzɪˈpæn/ *n* mazapán

mascara /mæˈskærə; *GB* -ˈskɑːrə/ *n* pestañina, rímel

mascot /ˈmæskɑt/ *n* mascota

masculine /ˈmæskjəlɪn/ *adj, n* masculino (*propio del hombre*)

> **Masculine** se aplica a las cualidades que consideramos típicas de un hombre.

masculinity /ˌmæskjuˈlɪnəti/ *n* masculinidad

mash /mæʃ/ ◆ *n* (*GB, coloq*) puré (de papa) ◆ *vt* **1** ~ **sth (up)** machacar, triturar algo **2** hacer puré de: *mashed potatoes* puré de papa

mask /mæsk; *GB* mɑːsk/ ◆ *n* **1** (*lit, fig*) máscara, careta **2** antifaz **3** (*cirujano*) mascarilla ◆ *vt* **1** (*rostro*) enmascarar **2** tapar **3** (*fig*) encubrir, enmascarar **masked** *adj* **1** enmascarado **2** (*atracador*) encapuchado

mason[1] /ˈmeɪsn/ *n* cantero, albañil

mason[2] (*tb* **Mason**) /ˈmeɪsn/ *n* masón **masonic** (*tb* **Masonic**) /məˈsɑnɪk/ *adj* masónico

masonry /ˈmeɪsənri/ *n* albañilería, mampostería

masquerade /ˌmæskəˈreɪd; *GB* ˌmɑːsk-/ ◆ *n* mascarada, farsa ◆ *vi* ~ **as sth** hacerse pasar por algo; disfrazarse de algo

mass[1] (*tb* **Mass**) /mæs/ *n* (*Relig, Mús*) misa

mass[2] /mæs/ ◆ *n* **1** ~ **(of sth)** masa (de algo) **2** montón, gran cantidad: *masses of letters* un montón de cartas **3** [*usado como adj*] masivo, de masas: *a mass grave* una fosa común ◊ *mass hysteria* histeria colectiva ◊ *the mass media* los medios masivos de comunicación **4 the masses** [*pl*] las masas **LOC the (great) mass of...** la (inmensa) mayoría de... **to be a mass of sth** estar cubierto/lleno de algo ◆ *vt, vi* **1** juntar(se) (en

masa), reunir(se) **2** (*Mil*) formar(se), concentrar(se)
massacre /ˈmæsəkər/ ◆ *n* masacre ◆ *vt* masacrar
massage /məˈsɑʒ; *GB* ˈmæsɑːʒ/ ◆ *vt* dar masaje a ◆ *n* masaje
massive /ˈmæsɪv/ *adj* **1** enorme, monumental **2** macizo, sólido **massively** *adv* enormemente
mass-produce /ˌmæs prəˈdjuːs/ *vt* fabricar en serie
mass production *n* fabricación en serie
mast /mæst; *GB* mɑːst/ *n* **1** (*barco*) mástil **2** (*televisión*) torre
master /ˈmæstər; *GB* ˈmɑːs-/ ◆ *n* **1** amo, dueño, señor **2** maestro **3** (*Náut*) capitán **4** (*cassette*) original **5** *master bedroom* alcoba principal **LOC a master plan** un plan infalible ◆ *vt* **1** dominar **2** controlar **masterful** *adj* **1** con autoridad **2** dominante
masterly /ˈmæstərli; *GB* ˈmɑːs-/ *adj* magistral
mastermind /ˈmæstərmaɪnd; *GB* ˈmɑːs-/ ◆ *n* cerebro ◆ *vt* planear, dirigir
masterpiece /ˈmæstərpiːs; *GB* ˈmɑːs-/ *n* obra maestra
Master's degree (*tb* **Master's**) *n* máster, maestría
mastery /ˈmæstəri; *GB* ˈmɑːs-/ *n* **1** ~ (**of sth**) dominio (de algo) **2** ~ (**over sth/sb**) supremacía (sobre algo/algn)
masturbate /ˈmæstərbeɪt/ *vi* masturbarse **masturbation** *n* masturbación
mat /mæt/ *n* **1** tapete **2** colchoneta **3** individual **4** maraña *Ver tb* MATTED
match¹ /mætʃ/ *n* fósforo
match² /mætʃ/ *n* **1** (*Dep*) partido, encuentro **2** igual **3** ~ (**for sth/sb**) complemento (para algo/algn) **LOC a good match** un buen partido **to find/to meet your match** encontrar la horma de tu zapato
match³ /mætʃ/ **1** *vt, vi* combinar con **2** *vt* hacer juego (con): *matching shoes and purse* zapatos que hacen juego con el bolso **3** *vt* igualar **PHR V to match up** coincidir **to match up to sth/sb** igualar algo/a algn **to match sth up** (**with sth**) acoplar algo (a algo)
matchbox /ˈmætʃbɑks/ *n* caja de fósforos

mate¹ /meɪt/ ◆ *n* **1** (*GB, coloq*) amigo, compañero **2** ayudante **3** (*Náut*) segundo de a bordo **4** (*Zool*) pareja ◆ *vt, vi* aparear(se)
mate² /meɪt/ (*tb* **checkmate**) *n* jaque mate
material /məˈtɪəriəl/ ◆ *n* **1** material: *raw materials* materias primas **2** tela ☛ *Ver nota en* TELA ◆ *adj* material **materially** *adv* sensiblemente
materialism /məˈtɪəriəlɪzəm/ *n* materialismo **materialist** *n* materialista **materialistic** /məˌtɪəriəˈlɪstɪk/ *adj* materialista
materialize, -ise /məˈtɪəriəlaɪz/ *vi* convertirse en realidad
maternal /məˈtɜːrnl/ *adj* **1** maternal **2** (*familiares*) materno
maternity /məˈtɜːrnəti/ *n* maternidad
math (*GB* **maths**) *n* [*incontable*] (*coloq*) matemáticas
mathematical /ˌmæθəˈmætɪkl/ *adj* matemático **mathematician** /ˌmæθəməˈtɪʃn/ *n* matemático, -a **mathematics** /ˌmæθəˈmætɪks/ *n* [*incontable*] matemáticas
matinée /ˌmætnˈeɪ; *GB* ˈmætɪneɪ/ *n* matiné (*cine, teatro*)
mating /ˈmeɪtɪŋ/ *n* apareamiento **LOC mating season** época de celo
matrimony /ˈmætrɪmoʊni; *GB* -məni/ *n* (*formal*) matrimonio **matrimonial** /ˌmætrɪˈmoʊniəl/ *adj* matrimonial
matron /ˈmeɪtrən/ *n* (*GB*) enfermera jefe
matt (*USA tb* **matte**) /mæt/ *adj* **1** mate (*color*) **2** (*tb* **matte paint**) pintura mate ☛ *Comparar con* GLOSS
matted /ˈmætɪd/ *adj* enmarañado
matter /ˈmætər/ ◆ *n* **1** asunto: *I have nothing further to say on the matter.* No tengo nada más que decir al respecto. **2** (*Fís*) materia **3** material: *printed matter* impresos **LOC a matter of hours, minutes, days, etc.** cosa de horas, minutos, días, etc. **a matter of life and death** cuestión de vida o muerte **a matter of opinion** cuestión de opinión **as a matter of course** por costumbre **as a matter of fact** en realidad **for that matter** si vamos a eso **no matter who, what, where, when, etc.**: *no matter what he says* diga lo que diga ◊ *no matter how rich he is* por muy rico que sea ◊ *no matter what* pase lo que pase

(**to be**) **a matter of...** (ser) cuestión de... **to be the matter** (**with sth/sb**) (*coloq*) pasarle algo a algo/algn: *What's the matter with him?* ¿Qué le pasa? ◇ *Is anything the matter?* ¿Qué pasa? ◇ *What's the matter with my dress?* ¿Qué pasa con mi vestido? **to take matters into your own hands** decidir obrar por cuenta propia *Ver tb* LET[1], MINCE, WORSE ◆ *vi* ~ (**to sb**) importar (a algn)

matter-of-fact /ˌmætər əv ˈfækt/ *adj* **1** (*estilo*) prosaico **2** (*persona*) impasible **3** realista

mattress /ˈmætrəs/ *n* colchón

mature /məˈtʊər, -ˈtʃʊər; *GB* -ˈtjʊə(r)/ ◆ *adj* **1** maduro **2** (*Com*) vencido ◆ **1** *vi* madurar **2** *vi* (*Com*) vencer **3** *vt* hacer madurar **maturity** *n* madurez

maul /mɔːl/ *vt* **1** maltratar **2** (*fiera*) herir seriamente

mausoleum /ˌmɔːsəˈliːəm/ *n* mausoleo

mauve /moʊv/ *adj*, *n* malva (*color*)

maverick /ˈmævərɪk/ *n* **LOC to be a maverick** ser independiente, inconformista

maxim /ˈmæksɪm/ *n* máxima

maximize, -ise /ˈmæksɪmaɪz/ *vt* potenciar/llevar al máximo

maximum /ˈmæksɪməm/ *adj*, *n* (*pl* **maxima** /ˈmæksɪmə/) (*abrev* **max**) máximo

May /meɪ/ *n* mayo ☛ *Ver nota y ejemplos en* JANUARY

may /meɪ/ *v modal* (*pret* **might** /maɪt/ *neg* **might not** *o* **mightn't** /ˈmaɪtnt/ *GB*)

> **May** es un verbo modal al que sigue un infinitivo sin TO, y las oraciones interrogativas y negativas se construyen sin el auxiliar *do*. Sólo tiene dos formas: presente, **may**, y pasado, **might**.

1 (*permiso*) poder: *You may come if you wish.* Puede venir si quiere. ◇ *May I go to the toilet?* ¿Puedo ir al baño? ◇ *You may as well go home.* Más vale que vuelvas a casa.

> Para pedir permiso, **may** se considera más cortés que **can**, aunque **can** es mucho más normal: *Can I come in?* ¿Puedo pasar? ◇ *May I get down from the table?* ¿Puedo levantarme de la mesa? ◇ *I'll take a seat, if I may.* Tomaré asiento, si no le importa.

> Sin embargo, en el pasado se usa **coul** mucho más que **might**: *She asked if sh could come in.* Preguntó si podía pasa

2 (*tb* **might**) (*posibilidad*) poder (que *They may/might not come.* Puede qu no vengan. ☛ *Ver nota en* PODER[1] **LC be that as it may** sea como fuere

maybe /ˈmeɪbi/ *adv* quizá(s)

mayhem /ˈmeɪhem/ *n* [*incontabl* alboroto

mayonnaise /ˌmeɪəˈneɪz, ˈmeɪəneɪz/ mayonesa

mayor /ˈmeɪər; *GB* meə(r)/ *n* alcald -esa

maze /meɪz/ *n* laberinto

me /miː/ *pron pers* **1** [*como objeto*] m *Don't hit me.* No me pegues. ◇ *Tell m all about it.* Cuénteme todo. **2** [*despu de preposición*] mí: *as for me* en cuan a mí ◇ *Come with me.* Venga conmigo. [*cuando va sólo o después del verbo* **be**] yo: *Hello, it's me.* Hola, soy y ☛ *Comparar con* I

meadow /ˈmedoʊ/ *n* prado

meager (*GB* **meagre**) /ˈmiːgər/ *a* escaso, pobre

meal /miːl/ *n* comida **LOC to make meal of sth** (*coloq*) hacer algo con ur atención o un esfuerzo exagerado *V tb* SQUARE

mean[1] /miːn/ *vt* (*pret*, *pp* **mea** /ment/) **1** querer decir, significar: *L you know what I mean?* ¿Sabes lo qu quiero decir? ◇ *What does "cuer mean?* ¿Qué quiere decir "cuero"? **2 sth** (**to sb**) significar algo (para algr *You know how much Jane means to m* Sabes lo mucho que Jane significa pa mí. ◇ *That name doesn't mean anythir to me.* Ese nombre no me dice nada. suponer: *His new job means him trav ing more.* Su nuevo trabajo signific que tiene que viajar más. **4** pretender: *didn't mean to.* Fue sin querer. ◇ *meant to have washed the car toda* Pensé en lavar el carro hoy. **5** decir e serio: *She meant it as a joke.* No lo di en serio. ◇ *I'm never coming back– mean it!* ¡No voy a volver nunca, lo dig en serio! **LOC I mean** (*coloq*) quier decir: *It's very warm, isn't it? I mea for this time of year.* Hace mucho calc ¿no? Quiero decir, para esta época d año. ◇ *We went there on Tuesday, mean Thursday.* Fuimos el marte quiero decir, el jueves. **to be meant for each other** estar hechos el uno para el otro **to mean business** (*coloq*) ir en serio **to mean well** tener buenas intenciones

mean² /miːn/ *adj* (**-er**, **-est**) **1** ~ (**to sb**) mezquino (con algn) **2** (*GB*) (*USA* **stingy**) ~ (**with sth**) tacaño (con algo)

mean³ /miːn/ *n* **1** término medio **2** (*Mat*) media **mean** *adj* medio

meander /mɪˈændər/ *vi* **1** (*río*) serpentear **2** (*persona*) deambular **3** (*conversación*) divagar

meaning /ˈmiːnɪŋ/ *n* significado **meaningful** *adj* trascendente **meaningless** *adj* sin sentido

means¹ /miːnz/ *n* (*pl* **means**) manera **LOC a means to an end** un medio para conseguir un fin **by all means** (*formal*) desde luego *Ver tb* WAY

means² /miːnz/ *n* [*pl*] medios

meant *pret, pp de* MEAN¹

meantime /ˈmiːntaɪm/ *adv* mientras tanto **LOC in the meantime** mientras tanto

meanwhile /ˈmiːnwaɪl/ *adv* mientras tanto

measles /ˈmiːzlz/ *n* [*incontable*] sarampión

measurable /ˈmeʒərəbl/ *adj* **1** medible **2** sensible

measure /ˈmeʒər/ ◆ *vt, vi* medir **PHR V to measure sth/sb up (for sth)** medir algo/a algn: *The tailor measured me up for a suit.* El sastre me tomó medidas para un traje. **to measure up (to sth)** estar a la altura (de algo) ◆ *n* medida: *weights and measures* pesos y medidas ◊ *to take measures to do sth* tomar medidas para hacer algo **LOC a measure of sth** un signo de algo **for good measure** para no quedarse cortos **half measures** medias tintas **to make sth to measure** hacer algo a medida

measured /ˈmeʒərd/ *adj* **1** (*lenguaje*) comedido **2** (*pasos*) pausado

measurement /ˈmeʒərmənt/ *n* **1** medición **2** medida

meat /miːt/ *n* carne

meatball /ˈmiːtbɔːl/ *n* albóndiga

meaty /ˈmiːti/ *adj* (**-ier**, **-iest**) **1** carnoso **2** (*fig*) jugoso

mechanic /məˈkænɪk/ *n* mecánico, -a **mechanical** *adj* mecánico **mechanically** *adv* mecánicamente: *I'm not mechanically minded.* Soy terrible con las máquinas.

mechanics /məˈkænɪks/ *n* **1** [*sing*] mecánica (*ciencia*) **2 the mechanics** [*pl*] (*fig*) mecánica, funcionamiento

mechanism /ˈmekənɪzəm/ *n* mecanismo

medal /ˈmedl/ *n* medalla **medalist** (*GB* **medallist**) *n* medallista

medallion /məˈdæliən/ *n* medallón

meddle /ˈmedl/ *vi* (*pey*) **1** ~ (**in sth**) entrometerse (en algo) **2** ~ **with sth** jugar con algo

media /ˈmiːdiə/ *n* **1 the media** [*pl*] los medios de comunicación: *media studies* estudios de comunicación **2** *plural de* MEDIUM¹

mediaeval *Ver* MEDIEVAL

mediate /ˈmiːdieɪt/ *vi* mediar **mediation** *n* mediación **mediator** *n* mediador, -ora

medic /ˈmedɪk/ *n* (*coloq*) **1** médico, -a **2** estudiante de medicina

medical /ˈmedɪkl/ ◆ *adj* **1** médico: *medical student* estudiante de medicina **2** clínico ◆ *n* (*coloq*) reconocimiento médico

medication /ˌmedɪˈkeɪʃn/ *n* medicación

medicinal /məˈdɪsɪnl/ *adj* medicinal

medicine /ˈmedɪsn; *GB* ˈmedsn/ *n* medicina

medieval (*tb* **mediaeval**) /ˌmediˈiːvl/ *adj* medieval

mediocre /ˌmiːdɪˈoʊkər/ *adj* mediocre **mediocrity** /ˌmiːdɪˈɑkrəti/ *n* **1** mediocridad **2** persona mediocre

meditate /ˈmedɪteɪt/ *vi* ~ (**on sth**) meditar (sobre algo) **meditation** *n* meditación

medium¹ /ˈmiːdɪəm/ ◆ *n* **1** (*pl* **media**) medio **2** (*pl* ~**s**) punto medio *Ver tb* MEDIA ◆ *adj* medio: *I'm medium.* Uso la talla mediana.

medium² /ˈmiːdɪəm/ *n* médium

medley /ˈmedli/ *n* (*pl* **-eys**) popurrí

meek /miːk/ *adj* (**-er**, **-est**) manso, dócil **meekly** *adv* mansamente

meet¹ /miːt/ (*pret, pp* **met** /met/) **1** *vt, vi* encontrar(se): *What time shall we meet?* ¿A qué hora nos encontramos? ◊ *Our eyes met across the table.* Nuestras miradas se cruzaron en la mesa. ◊ *Will* *you meet me at the station?* ¿Vas a ir a esperarme a la estación? **2** *vi* reunirse **3** *vt, vi* conocer(se): *Pleased to meet you.* Encantado de conocerlo. ◊ *I'd like you to meet…* Quiero presentarte a… **4** *vt, vi* enfrentar(se) **5** *vt* (*demanda*) satisfacer: *They failed to meet payments on their loan.* No pudieron pagar las letras del préstamo. **LOC to meet sb's eye** mirar a algn a los ojos *Ver tb* MATCH[2] **PHR V to meet up (with sb)** coincidir (con algn) **to meet with sb** (*USA*) reunirse con algn

meet² /miːt/ *n* **1** (*USA, Dep*) (*tb* **meeting**) encuentro **2** (*GB*) partida de caza

meeting /ˈmiːtɪŋ/ *n* **1** encuentro: *meeting place* lugar de encuentro **2** (*discusión*) reunión: *Annual General Meeting* junta general anual **3** (*Dep*) encuentro *Ver tb* MEET[2] **4** (*Pol*) reunión

megaphone /ˈmegəfoʊn/ *n* megáfono

melancholy /ˈmelənkɑli/ ◆ *n* melancolía ◆ *adj* **1** (*persona*) melancólico **2** (*cosa*) triste

mêlée /ˈmeɪleɪ; *GB* ˈmeleɪ/ *n* (*Fr*) pelea, tumulto

mellow /ˈmeloʊ/ ◆ *adj* (**-er**, **-est**) **1** (*fruta*) maduro **2** (*vino*) añejo **3** (*color*) suave **4** (*sonido*) dulce **5** (*actitud*) comprensivo **6** (*coloq*) alegre (*de tomar*) ◆ **1** *vt, vi* (*persona*) ablandarse **2** *vi* (*vino*) añejarse

melodious /məˈloʊdiəs/ *adj* melodioso

melodrama /ˈmelədrɑmə/ *n* melodrama **melodramatic** /ˌmelədrəˈmætɪk/ *adj* melodramático

melody /ˈmelədi/ *n* (*pl* **-ies**) melodía **melodic** /məˈlɑdɪk/ *adj* melódico

melon /ˈmelən/ *n* melón

melt /melt/ **1** *vt, vi* derretir(se): *melting point* punto de fusión **2** *vi* (*fig*) deshacerse: *to melt in the mouth* deshacerse en la boca **3** *vt, vi* disolver(se) **4** *vt, vi* (*fig*) ablandar(se) **PHR V to melt away** derretirse, disolverse, fundirse **to melt sth down** fundir algo **melting** *n* **1** derretimiento **2** fundición

melting pot *n* amalgama (*de razas, culturas, etc.*) **LOC to be in/go into the melting pot** estar en proceso de cambio

member /ˈmembər/ *n* **1** miembro: *Member of Parliament* diputado ◊ *a member of the audience* uno de los asistentes **2** (*club*) socio **3** (*Anat*) miembro

membership *n* **1** afiliación: *to apply for membership* solicitar la entrada ◊ *membership card* tarjeta de socio **2** (número de) miembros/socios

membrane /ˈmembreɪn/ *n* membrana

memento /məˈmentoʊ/ *n* (*pl* **-os** o **-oes**) recuerdo (*objeto*)

memo /ˈmemoʊ/ *n* (*pl* **~s**) (*coloq*) circular, memo: *an inter-office memo* una circular

memoir /ˈmemwɑr/ *n* memoria (*libro*)

memorabilia /ˌmemərəˈbiːliə/ *n* [*pl*] recuerdos (*objetos*)

memorable /ˈmemərəbl/ *adj* memorable

memorandum /ˌmeməˈrændəm/ *n* (*pl* **-anda** /-də/ o **~s**) **1** memorándum, memorando **2** ~ (**to sb**) nota (a algn) **3** (*Jur*) minuta

memorial /məˈmɔːriəl/ *n* ~ (**to sth/sb**) monumento conmemorativo (de algo/algn)

memorize, -ise /ˈmeməraɪz/ *vt* memorizar

memory /ˈreməri/ *n* (*pl* **-ies**) **1** memoria: *from memory* de memoria *Ver tb* BY HEART *en* HEART **2** recuerdo **LOC in memory of sb/to the memory of sb** en memoria de algn *Ver tb* JOG, LIVING, REFRESH

men *plural de* MAN[1]

menace /ˈmenəs/ ◆ *n* **1** ~ (**to sth/sb**) amenaza (para algo/algn) **2 a menace** (*coloq, joc*) un peligro ◆ *vt* ~ **sth/sb** (**with sth**) amenazar algo/a algn (con algo) **menacing** *adj* amenazador

menagerie /məˈnædʒəri/ *n* colección de fieras

mend /mend/ ◆ **1** *vt* arreglar *Ver tb* FIX **2** *vi* curarse **LOC to mend your ways** reformarse ◆ *n* remiendo **LOC on the mend** (*coloq*) mejorando **mending** *n* **1** arreglo (*de la ropa*) **2** ropa para arreglar

menfolk /ˈmenfoʊk/ *n* [*pl*] (*antic*) hombres

meningitis /ˌmenɪnˈdʒaɪtɪs/ *n* meningitis

menopause /ˈmenəpɔːz/ *n* menopausia

menstrual /ˈmenstruəl/ *adj* menstrual

menstruation /ˌmenstruˈeɪʃn/ *n* menstruación

menswear /ˈmenzweər/ *n* ropa de caballero

mental /ˈmentl/ *adj* **1** mental: *mental hospital* hospital para enfermos mentales **2** (*coloq*, *pey*) mal de la cabeza **mentally** *adv* mentalmente: *mentally ill/disturbed* enfermo/trastornado mental

mentality /menˈtæləti/ *n* (*pl* **-ies**) **1** mentalidad **2** (*formal*) intelecto

mention /ˈmenʃn/ ◆ *vt* mencionar, decir, hablar de: *worth mentioning* digno de mención **LOC don't mention it** no hay de qué **not to mention…** por no hablar de…, sin contar… ◆ *n* mención, alusión

mentor /ˈmentɔːr/ *n* mentor

menu /ˈmenjuː/ *n* **1** menú, carta **2** (*Informát*) menú

meow /miˈaʊ/ ◆ *interj* miau ◆ *n* maullido ◆ *vi* maullar

mercantile /ˈmɜːrkəntaɪl/ *adj* mercantil

mercenary /ˈmɜːrsəneri; *GB* -nəri/ ◆ *adj* **1** mercenario **2** (*fig*) interesado ◆ *n* (*pl* **-ies**) mercenario, -a

merchandise /ˈmɜːrtʃəndaɪz, -daɪs/ *n* [*incontable*] mercancía(s), mercadería(s) **merchandising** *n* comercialización

merchant /ˈmɜːrtʃənt/ *n* **1** comerciante, mayorista (que comercia con el extranjero) *Ver tb* DEAL³, DEALER **2** (*Hist*) mercader **3** *merchant bank* banco comercial ◊ *merchant navy* marina mercante

merciful *Ver* MERCY

Mercury /ˈmɜːrkjəri/ *n* Mercurio

mercury /ˈmɜːrkjəri/ (*tb* **quicksilver**) *n* mercurio

mercy /ˈmɜːrsi/ *n* **1** compasión, clemencia: *to have mercy on sb* tener compasión de algn ◊ *mercy killing* eutanasia **2** *It's a mercy that…* Es una suerte que… **LOC at the mercy of sth/sb** a merced de algo/algn **merciful** *adj* ~ (**to/towards sb**) compasivo, clemente (con algn) **2** (*suceso*) feliz **mercifully** *adv* **1** compasivamente, con piedad **2** felizmente **merciless** *adj* ~ (**to/towards sb**) despiadado (con algn)

mere /mɪər/ *adj* mero, simple: *He's a mere child.* No es más que un niño. ◊ *mere coincidence* pura casualidad ◊ *the mere thought of him* con sólo pensar en él **LOC the merest…** el menor…: *The merest glimpse was enough.* Un simple vistazo fue suficiente. **merely** *adv* sólo, meramente

merge /mɜːrdʒ/ *vt, vi* ~ (**sth**) (**with/into sth**) **1** (*Com*) fusionar algo/fusionarse (con/en algo): *Three small companies merged into one large one.* Tres empresas pequeñas se fusionaron para formar una grande. **2** (*fig*) entremezclar algo/entremezclarse; unir algo/unirse (con/en algo): *Past and present merge in Oxford.* En Oxford se entremezclan el pasado y el presente. **merger** *n* fusión

meringue /məˈræŋ/ *n* merengue

merit /ˈmerɪt/ ◆ *n* mérito: *to judge sth on its merits* juzgar algo según sus méritos ◆ *vt* (*formal*) merecer, ser digno de

mermaid /ˈmɜːrmeɪd/ *n* sirena (*mujer-pez*)

merry /ˈmeri/ *adj* (**-ier**, **-iest**) **1** alegre: *Merry Christmas!* ¡Feliz Navidad! **2** (*coloq*) alegre (*de tomar*) **LOC to make merry** (*antic*) divertirse **merriment** *n* (*formal*) alegría, regocijo: *amid merriment* entre risas

merry-go-round /ˈmeri goʊ raʊnd/ *n* carrusel

mesh /meʃ/ ◆ *n* **1** malla: *wire mesh* tela metálica **2** (*Mec*) engranaje **3** (*fig*) red ◆ *vi* ~ (**with sth**) **1** engranar (con algo) **2** (*fig*) encajar (con algo)

mesmerize, -ise /ˈmezməraɪz/ *vt* hipnotizar

mess /mes/ ◆ *n* **1** desastre: *This kitchen's a mess!* ¡Esta cocina está hecha una porquería! **2** (*coloq*, *eufemismo*) (*excremento*) inmundicia **3** enredo, lío **4** desarreglado, -a **5** (*Mil*) (*USA tb* **mess hall**) comedor ◆ *vt* (*USA*, *coloq*) desordenar

PHR V to mess around/about 1 hacerse el tonto **2** pasar el rato **to mess sb around/about; to mess around/about with sb** tratar con desconsideración a algn **to mess sth around/about; to mess around/about with sth** enredar con algo

to mess sb up (*coloq*) traumatizar a algn **to mess sth up 1** ensuciar algo, enredar algo: *Don't mess up my hair!* ¡No me despeine! **2** hacer algo de cualquier manera

to mess with sth/sb (*coloq*) entrometerse en algo/en los asuntos de algn

message /ˈmesɪdʒ/ *n* **1** recado **2** mensaje **3** encargo LOC **to get the message** (*coloq*) enterarse

messenger /ˈmesɪndʒər/ *n* mensajero, -a

Messiah /məˈsaɪə/ (*tb* **messiah**) *n* Mesías

messy /ˈmesi/ *adj* (**-ier**, **-iest**) **1** sucio **2** revuelto, desordenado **3** (*fig*) enredado, problemático

met *pret, pp de* MEET[1]

metabolism /məˈtæbəlɪzəm/ *n* metabolismo

metal /ˈmetl/ *n* metal: *metalwork* trabajo del metal **metallic** /məˈtælɪk/ *adj* metálico

metamorphose /ˌmetəˈmɔːrfoʊz/ *vt, vi* (*formal*) convertir(se) **metamorphosis** /ˌmetəˈmɔːrfəsɪs/ *n* (*pl* **-oses** /-əsiːz/) (*formal*) metamorfosis

metaphor /ˈmetəfɔːr; *GB tb* -fə(r)/ *n* metáfora **metaphorical** /ˌmetəˈfɔːrɪkl; *GB* -ˈfɒr-/ *adj* metafórico ☛ *Comparar con* LITERAL

metaphysics /ˌmetəˈfɪzɪks/ *n* [*incontable*] metafísica **metaphysical** *adj* metafísico

meteor /ˈmiːtɪɔːr/ *n* meteorito **meteoric** /ˌmiːtiˈɔːrɪk; *GB* -ˈɒr-/ *adj* meteórico

meteorite /ˈmiːtiəraɪt/ *n* meteorito

meter /ˈmiːtər/ ◆ *n* **1** (*GB* **metre**) (*abrev* **m**) metro ☛ *Ver Apéndice 1.* **2** contador (*de la luz, etc.*) ◆ *vt* medir **metric** /ˈmetrɪk/ *adj* métrico: *the metric system* el sistema métrico decimal

methane /ˈmeθeɪn/ (*tb* **marsh gas**) *n* metano

method /ˈmeθəd/ *n* método: *a method of payment* un sistema de pago **methodical** /məˈθɑdɪkl/ *adj* metódico **methodology** *n* metodología

Methodist /ˈmeθədɪst/ *adj, n* metodista

methylated spirits /ˌmeθəleɪtɪd ˈspɪrɪts/ (*GB, coloq* **meths**) (*USA* **denatured alcohol**) *n* alcohol azul/ industrial

meticulous /məˈtɪkjələs/ *adj* meticuloso

metre (*GB*) *Ver* METER

metropolis /məˈtrɑpəlɪs/ *n* (*pl* **-lises**) metrópoli **metropolitan** /ˌmetrəˈpɑlɪtən/ *adj* metropolitano

mice *plural de* MOUSE

mickey /ˈmɪki/ *n* LOC **to take the mickey (out of sb)** (*GB, coloq*) burlarse (de algn)

micro /ˈmaɪkroʊ/ (*tb* **microcomputer**) *n* computador personal

microbe /ˈmaɪkroʊb/ *n* microbio

microchip /ˈmaɪkroʊtʃɪp/ (*tb* **chip**) *n* microchip

microcosm /ˈmaɪkrəkɑzəm/ *n* microcosmos

micro-organism /ˌmaɪkroʊˈɔːrgənɪzəm/ *n* microorganismo

microphone /ˈmaɪkrəfoʊn/ *n* micrófono

microprocessor /ˌmaɪkroʊˈprɑsesər; *GB* -ˈprəʊsesə(r)/ *n* microprocesador

microscope /ˈmaɪkrəskoʊp/ *n* microscopio **microscopic** /ˌmaɪkrəˈskɑpɪk/ *adj* microscópico

microwave /ˈmaɪkrəweɪv/ *n* **1** microonda **2** (*tb* **microwave oven**) microondas

mid /mɪd/ *adj*: *in mid-July* a mediados de julio ◇ *mid-morning* media mañana ◇ *in mid sentence* a mitad de la frase ◇ *mid-life crisis* crisis de los cuarenta

mid-air /ˌmɪd ˈeər/ *n* en el aire: *in mid-air* en el aire ◇ *to leave sth in mid-air* dejar algo sin resolver

midday /ˌmɪdˈdeɪ/ *n* mediodía

middle /ˈmɪdl/ ◆ *n* **1 the middle** [*sing*] medio, centro: *in the middle of the night* a mitad de la noche **2** (*coloq*) cintura LOC **in the middle of nowhere** (*coloq*) en la quinta porra ◆ *adj* central, medio: *middle finger* dedo corazón ◇ *middle management* ejecutivos de nivel intermedio LOC **the middle ground** terreno neutral **(to take/follow) a middle course** (tomar/seguir) una línea media

middle age *n* madurez **middle-aged** *adj* de mediana edad, cuarentón

middle class *n* clase media: *the middle classes* la clase media **middle-class** *adj* de clase media

middleman /ˈmɪdlmæn/ *n* (*pl* **-men** /-men/) intermediario

middle name *n* segundo nombre

> En los países de habla inglesa, la mayoría de la gente usa dos nombres y un apellido.

middle-of-the-road /ˌmɪdl əv ˈroʊd/ *adj* (*frec pey*) moderado

iː	i	ɪ	e	æ	ɑ	ʌ	ʊ	uː
see	happy	sit	ten	hat	cot	cup	put	too

middleweight /ˈmɪdlweɪt/ *n* peso medio

midfield /ˌmɪdˈfiːld/ *n* centro del campo: *midfield player* centro (campista) **midfielder** *n* centro (campista)

midge /mɪdʒ/ *n* mosquito

midget /ˈmɪdʒɪt/ *n* enano, -a

midnight /ˈmɪdnaɪt/ *n* medianoche

midriff /ˈmɪdrɪf/ *n* abdomen

midst /mɪdst/ *n* medio: *in the midst of* en medio de **LOC in our midst** entre nosotros

midsummer /ˌmɪdˈsʌmər/ *n* período alrededor del solsticio de verano (*21 de junio*): *Midsummer('s) Day* día de San Juan (24 de junio)

midway /ˌmɪdˈweɪ/ *adv* ~ (**between ...**) a medio camino (entre ...)

midweek /ˌmɪdˈwiːk/ *n* entre semana **LOC in midweek** a mediados de semana

midwife /ˈmɪdwaɪf/ *n* (*pl* **-wives** /-waɪvz/) partero, -a, comadrón, -ona

midwinter /ˌmɪdˈwɪntər/ *n* período alrededor del solsticio de invierno (*21 de diciembre*)

miffed /mɪft/ *adj* (*coloq*) ofendido

might[1] /maɪt/ *v modal* (*neg* **might not** *o* **mightn't** /ˈmaɪtnt/) **1** *pret de* MAY **2** (*tb* **may**) (*posibilidad*) poder (que): *They may/might not come.* Puede que no vengan. ◊ *I might be able to.* Es posible que pueda. **3** (*formal*): *Might I make a suggestion?* ¿Podría hacer una sugerencia? ◊ *And who might she be?* Y ¿ésa quién será? ◊ *You might at least offer to help!* Por lo menos podrías darme una mano. ◊ *You might have told me!* ¡Me lo podía haber dicho! ☛ *Ver nota en* MAY, PODER[1]

might[2] /maɪt/ *n* [*incontable*] fuerza: *with all their might* con todas sus fuerzas ◊ *military might* poderío militar **mightily** *adv* (*coloq*) enormemente **mighty** *adj* (**-ier**, **-iest**) **1** poderoso, potente **2** enorme

migraine /ˈmaɪgreɪn; *GB* ˈmiːgreɪn/ *n* migraña

migrant /ˈmaɪgrənt/ ◆ *adj* **1** (*persona*) emigrante **2** (*animal, ave*) migratorio ◆ *n* emigrante

migrate /ˈmaɪgreɪt; *GB* maɪˈgreɪt/ *vi* emigrar **migratory** /ˈmaɪgrətɔːri; *GB* ˈmaɪgrətri, maɪˈgreɪtəri/ *adj* migratorio

mike /maɪk/ *n* (*coloq*) micrófono

mild /maɪld/ *adj* (**-er**, **-est**) **1** (*carácter*) apacible **2** (*clima*) templado: *a mild winter* un invierno suave **3** (*sabor, etc.*) suave **4** (*enfermedad, castigo*) leve **5** ligero **mildly** *adv* ligeramente, un tanto: *mildly surprised* un tanto sorprendido **LOC to put it mildly** por no decir otra cosa, cuando menos

mildew /ˈmɪlduː; *GB* ˈmɪldjuː/ *n* moho

mild-mannered /ˌmaɪld ˈmænərd/ *adj* apacible

mile /maɪl/ *n* **1** milla **2 miles** (*GB, coloq*): *He's miles better.* El es mucho mejor. **3** *esp* **the mile** carrera de una milla **LOC miles from anywhere/nowhere** en la quinta porra **to be miles away** (*coloq*) estar en la inopia **to see/tell, etc. sth a mile off** (*coloq*) notar algo a la legua **mileage** *n* **1** recorrido en millas, kilometraje **2** (*coloq, fig*) ventaja

milestone /ˈmaɪlstoʊn/ *n* **1** mojón (*en carretera*) **2** (*fig*) hito

milieu /ˌmɪlˈjɜː; *GB* ˈmiːljɜː/ *n* (*pl* **-eus** *o* **-eux**) entorno social

militant /ˈmɪlɪtənt/ ◆ *adj* militante ◆ *n* militante

military /ˈmɪləteri; *GB* -tri/ ◆ *adj* militar ◆ *n* **the military** los militares, el ejército

militia /məˈlɪʃə/ *n* milicia **militiaman** *n* (*pl* **-men** /-mən/) miliciano

milk /mɪlk/ ◆ *n* leche: *milk products* productos lácteos ◊ *milk shake* malteada **LOC** *Ver* CRY ◆ *vt* **1** ordeñar **2** (*fig*) chupar **milky** *adj* (**-ier**, **-iest**) **1** (*té, café, etc.*) con leche **2** lechoso

milkman /ˈmɪlkmæn/ *n* (*pl* **-men** /-mən/) lechero

mill /mɪl/ ◆ *n* **1** molino **2** molinillo **3** fábrica: *steel mill* acerería ◆ *vt* moler **PHR V to mill around/about** arremolinarse **miller** *n* molinero, -a

millennium /mɪˈleniəm/ *n* (*pl* **-ia** /-nɪə/ *o* **-iums**) **1** milenio **2 the millennium** (*fig*) la edad de oro

millet /ˈmɪlɪt/ *n* mijo

million /ˈmɪljən/ *adj, n* **1** millón ☛ *Ver ejemplos en* FIVE **2** (*fig*) sinfín **LOC one, etc. in a million** excepcional **millionth** **1** *adj* millonésimo **2** *n* millonésima parte ☛ *Ver ejemplos en* FIFTH

millionaire /ˌmɪljəˈneər/ *n* (*fem* **millionairess**) millonario, -a

En un contexto comercial **millionaire** también se emplea para el femenino, porque **millionairess** suele usarse para describir a una mujer de la alta sociedad con una gran fortuna familiar.

millstone /ˈmɪlstəʊn/ *n* piedra de molino **LOC a millstone around your/sb's neck** una carga enorme (para algn)

mime /maɪm/ ◆ *n* mimo: *a mime artist* un/una mimo ◆ *vt, vi* hacer mimo, imitar

mimic /ˈmɪmɪk/ ◆ *vt* (*pret, pp* **mimicked** *pt pres* **mimicking**) imitar ◆ *n* imitador, -ora **mimicry** *n* imitación

mince /mɪns/ ◆ *vt* moler (*carne*) **LOC not to mince matters; not to mince (your) words** no andarse con rodeos ◆ *n* (*GB*) (*USA* **ground beef**) carne molida

mincemeat /ˈmɪnsmiːt/ *n* relleno de frutas secas **LOC to make mincemeat of sth/sb** (*coloq*) hacer picadillo algo/a algn

mincemeat pie (*GB* **mince pie**) *n* pastelillo navideño relleno de frutas

mind /maɪnd/ ◆ *n* **1** ánimo **2** (*intelecto*) mente, cerebro: *mind-boggling* increíble **3** pensamiento(s): *My mind was on other things.* Estaba pensando en otra cosa. **4** juicio: *to be sound in mind and body* estar sano en cuerpo y alma **LOC in your mind's eye** en la imaginación **to be in two minds about (doing) sth** (*GB*) estar indeciso sobre (si hacer) algo **to be on your mind**: *What's on your mind?* ¿Qué te preocupa? **to be out of your mind** (*coloq*) estar como loco **to come/spring to mind** ocurrírsele a algn **to have a mind of your own** ser una persona de mente independiente **to have half a mind** (*GB* **a good mind**) **to do sth** (*coloq*) tener ganas de hacer algo **to have sth/sb in mind (for sth)** tener algo/a algn pensado (para algo) **to keep your mind on sth** concentrarse en algo **to make up your mind** decidir(se) **to my mind** a mi parecer **to put/set your/sb's mind at ease/rest** tranquilizarse/tranquilizar a algn **to put/set/turn your mind to sth** centrarse en algo, proponerse algo **to take your/sb's mind off sth** distraerse/distraer a algn de algo *Ver tb* BACK[1], BEAR[2], CHANGE, CLOSE[2], CROSS, FOCUS, FRAME, GREAT, PREY, SIGHT, SLIP, SOUND[2], SPEAK, STATE[1], UPPERMOST ◆ **1** *vt* cuidar de **2** *vt, vi* (*importar*): *I wouldn't mind a drink.* No vendría mal tomar algo. ◊ *Do you mind if I smoke?* ¿Le molesta si fumo? ◊ *I don't mind.* Me da igual. ◊ *Would you mind going tomorrow?* ¿Te importa ir mañana? **3** *vt* preocuparse de: *Don't mind him.* No le hagas caso. **4** (*GB*) (*USA* **watch**) *vt, vi* tener cuidado (con): *Mind your head!* ¡Cuidado con la cabeza! **LOC do you mind?** (*irón, pey*) ¿te/le importa? **mind you; mind** (*GB, coloq*) a decir verdad **never mind** no importa **never you mind** (*coloq*) no preguntes **to mind your own business** no meterse en lo que no le importa **PHR V to mind out (for sth/sb)** tener cuidado (con algo/algn) **minder** *n* (*GB*) cuidador, -ora **mindful** *adj* (*formal*) consciente **mindless** *adj* tonto

mine¹ /maɪn/ *pron pos* mío, -a, -os, -as: *a friend of mine* un amigo mío ◊ *Where's mine?* ¿Dónde está la mía? ☛ *Comparar con* MY

mine² /maɪn/ ◆ *n* mina: *mine worker* minero ◆ *vt* **1** extraer (*minerales*) **2** (*lit y fig*) minar **3** sembrar minas en **miner** *n* minero, -a

minefield /ˈmaɪnfiːld/ *n* **1** campo de minas **2** (*fig*) terreno peligroso/delicado

mineral /ˈmɪnərəl/ *n* mineral: *mineral water* agua mineral

mingle /ˈmɪŋgl/ **1** *vi* charlar con gente (*en una fiesta, reunión, etc.*): *The president mingled with his guests.* El presidente charló con los invitados. **2** *vi* ~ **(with sth)** mezclarse (con algo) **3** *vt* mezclar

miniature /ˈmɪniətʃʊər; *GB* ˈmɪnətʃə(r)/ *n* miniatura

minibus /ˈmɪnibʌs/ *n* (*GB*) buseta

minicab /ˈmɪnikæb/ *n* (*GB*) radiotaxi

minimal /ˈmɪnɪməl/ *adj* mínimo

minimize, -ise /ˈmɪnɪmaɪz/ *vt* minimizar

minimum /ˈmɪnɪməm/ ◆ *n* (*pl* **minimums** *o* **minima** /-mə/) (*abrev* **min**) [*gen sing*] mínimo: *with a minimum of effort* con un esfuerzo mínimo ◆ *adj* mínimo: *There is a minimum charge of…* Se cobra un mínimo de…

mining /ˈmaɪnɪŋ/ *n* minería: *the mining industry* la industria minera

minister /ˈmɪnɪstər/ ◆ *n* **1** (*GB*) (*USA* **secretary**) ~ (**for/of sth**) secretario, -a, ministro, -a (de algo) **2** ministro, -a (*protestante*) ☛ *Ver nota en* PRIEST ◆ *vi* ~ **to sth/sb** (*formal*) atender a algo/ algn **ministerial** /ˌmɪnɪˈstɪəriəl/ *adj* ministerial

ministry /ˈmɪnɪstri/ *n* (*pl* **-ies**) **1** (*GB*) (*USA* **department**) (*Pol*) ministerio, secretaría **2 the ministry** el clero (*protestante*): *to enter/go into/take up the ministry* hacerse pastor/sacerdote

mink /mɪŋk/ *n* visón

minor /ˈmaɪnər/ ◆ *adj* **1** secundario: *minor repairs* pequeñas reparaciones ◊ *minor injuries* heridas leves **2** (*Mús*) menor ◆ *n* menor de edad

minority /maɪˈnɔːrəti; *GB* -ˈnɒr-/ *n* [*v sing o pl*] (*pl* **-ies**) minoría: *a minority vote* un voto minoritario **LOC to be in a/ the minority** estar en (una/la) minoría

mint /mɪnt/ ◆ *n* **1** menta **2** pastilla de menta **3** la Casa de la Moneda **4** [*sing*] (*coloq*) platal **LOC in mint condition** en perfectas condiciones ◆ *vt* acuñar

minus /ˈmaɪnəs/ ◆ *prep* **1** menos **2** (*coloq*) sin: *I'm minus my car today.* Estoy sin carro hoy. **3** (*temperatura*) bajo cero: *minus five* cinco grados bajo cero ◆ *adj* (*Educ*), bajo: *B minus* (*B-*) siete ◆ *n* **1** (*tb* **minus sign**) (signo) menos **2** (*coloq*) desventaja: *the pluses and minuses of sth* las ventajas y las desventajas de algo

minute[1] /ˈmɪnɪt/ *n* **1** minuto **2** minuto, momento: *Wait a minute!/Just a minute!* ¡Un momento! **3** instante: *at that very minute* en ese preciso instante **4** nota (*oficial*) **5 minutes** [*pl*] actas (*de una reunión*) **LOC not for a/one minute/ moment** (*coloq*) ni por un segundo **the minute/moment (that)...** en cuanto...

minute[2] /maɪˈnuːt; *GB* -ˈnjuːt/ *adj* (**-er, -est**) **1** diminuto **2** minucioso **minutely** *adv* minuciosamente

miracle /ˈmɪrəkl/ *n* milagro: *a miracle cure* una cura milagrosa **LOC to do/ work miracles/wonders** (*coloq*) hacer milagros **miraculous** /mɪˈrækjələs/ *adj* **1** milagroso: *He had a miraculous escape.* Salió ileso de milagro. **2** (*coloq*) asombroso

mirage /mɪˈrɑʒ/ *n* espejismo

mirror /ˈmɪrər/ ◆ *n* **1** espejo: *mirror image* réplica exacta/imagen invertida **2** (*en carro*) retrovisor **3** (*fig*) reflejo ◆ *vt* reflejar

mirth /mɜːrθ/ *n* (*formal*) **1** risa **2** alegría

misadventure /ˌmɪsədˈventʃər/ *n* **1** (*formal*) desgracia **2** (*GB, Jur*): *death by misadventure* muerte accidental

misbehave /ˌmɪsbɪˈheɪv/ *vi* portarse mal **misbehavior** (*GB* **misbehaviour**) *n* mal comportamiento

miscalculation /ˌmɪskælkjuˈleɪʃn/ *n* error de cálculo

miscarriage /ˈmɪskærɪdʒ, ˌmɪsˈkær-/ *n* (*Med*) aborto (*espontáneo*) **LOC miscarriage of justice** error judicial

miscellaneous /ˌmɪsəˈleɪniəs/ *adj* variado: *miscellaneous expenditures* gastos varios

mischief /ˈmɪstʃɪf/ *n* **1** travesura, diablura: *to keep out of mischief* no hacer travesuras **2** daño **mischievous** *adj* **1** (*niño*) travieso **2** (*sonrisa*) pícaro

misconceive /ˌmɪskənˈsiːv/ *vt* (*formal*) interpretar mal: *a misconceived project* un proyecto mal planteado **misconception** *n* idea equivocada: *It is a popular misconception that...* Es un error corriente el creer que...

misconduct /ˌmɪsˈkɑndʌkt/ *n* (*formal*) **1** (*Jur*) mala conducta: *professional misconduct* error profesional **2** (*Com*) mala administración

miser /ˈmaɪzər/ *n* avaro, -a **miserly** *adj* (*pey*) **1** avaro **2** mísero

miserable /ˈmɪzrəbl/ *adj* **1** triste, infeliz **2** despreciable **3** miserable: *miserable weather* mal tiempo ◊ *I had a miserable time.* La pasé muy mal. **miserably** *adv* **1** tristemente **2** miserablemente: *Their efforts failed miserably.* Sus esfuerzos fueron un fracaso total.

misery /ˈmɪzəri/ *n* (*pl* **-ies**) **1** tristeza, sufrimiento: *a life of misery* una vida desgraciada **2** [*gen pl*] miseria **3** (*GB, coloq*) aguafiestas **LOC to put sb out of their misery** (*lit y fig*) acabar con la agonía/el sufrimiento de algn

misfortune /ˌmɪsˈfɔːrtʃən/ *n* desgracia

misgiving /ˌmɪsˈɡɪvɪŋ/ *n* [*gen pl*] duda (*aprensión*)

misguided /ˌmɪsˈɡaɪdɪd/ *adj* (*formal*) equivocado: *misguided generosity* generosidad mal entendida

mishap /ˈmɪshæp/ *n* **1** contratiempo **2** percance

misinform /ˌmɪsɪnˈfɔːrm/ *vt* ~ **sb** (**about sth**) (*formal*) informar mal a algn (sobre algo)

misinterpret /ˌmɪsɪnˈtɜːrprɪt/ *vt* interpretar mal **misinterpretation** *n* interpretación errónea

misjudge /ˌmɪsˈdʒʌdʒ/ *vt* **1** juzgar mal **2** calcular mal

mislay /ˌmɪsˈleɪ/ *vt* (*pret, pp* **mislaid**) extraviar

mislead /ˌmɪsˈliːd/ *vt* (*pret, pp* **misled** /-ˈled/) ~ **sb** (**about/as to sth**) llevar a conclusiones erróneas a algn (respecto a algo): *Don't be misled by...* No se deje engañar por... **misleading** *adj* engañoso

mismanagement /ˌmɪsˈmænɪdʒmənt/ *n* mala administración

misogynist /mɪˈsɑdʒɪnɪst/ *n* misógino, -a

misplaced /ˌmɪsˈpleɪst/ *adj* **1** mal colocado **2** (*afecto, confianza*) inmerecido **3** fuera de lugar

misprint /ˈmɪsprɪnt/ *n* errata

misread /ˌmɪsˈriːd/ *vt* (*pret, pp* **misread** /-ˈred/) **1** leer mal **2** interpretar mal

misrepresent /ˌmɪsˌreprɪˈzent/ *vt* ~ **sb** tergiversar las palabras de algn

Miss /mɪs/ *n* señorita (= Srta.) ☛ *Ver nota en* SEÑORITA

miss /mɪs/ ◆ **1** *vt, vi* no acertar, fallar: *to miss your footing* dar un traspié **2** *vt* no ver: *You can't miss it.* Lo va a ver enseguida. ◊ *I missed what you said.* Se me escapó lo que dijiste. ◊ *to miss the point* no ver la intención **3** *vt* (*no llegar a tiempo para*) perder **4** *vt* sentir/advertir la falta de **5** *vt* echar de menos **6** *vt* evitar: *to narrowly miss* (*hitting*) *sth* esquivar algo por un pelo **LOC not to miss much; not to miss a trick** (*coloq*) no perderse ni una **PHR V to miss sth/sb out** (*GB*) olvidarse de algo/a algn **to miss out** (**on sth**) (*coloq*) perder la oportunidad (de algo) ◆ *n* tiro errado **LOC to give sth a miss** (*GB, coloq*): *No thanks, I'll give it a miss.* No gracias. Yo paso.

missile /ˈmɪsl; *GB* ˈmɪsaɪl/ *n* **1** proyectil **2** (*Mil*) misil

missing /ˈmɪsɪŋ/ *adj* **1** extraviado **2** que falta: *He has a tooth missing.* Le falta un diente. **3** desaparecido: *missing persons* desaparecidos

mission /ˈmɪʃn/ *n* misión

missionary /ˈmɪʃəneri; *GB* -nri/ *n* (*pl* **-ies**) misionero, -a

mist /mɪst/ ◆ *n* **1** neblina ☛ *Comparar con* FOG, HAZE **2** (*fig*) bruma: *lost in the mists of time* perdido en la noche de los tiempos ◆ **PHR V to mist over/up** empañar(se) **misty** *adj* (**-ier, -iest**) **1** (*tiempo*) con neblina **2** (*fig*) borroso

mistake /mɪˈsteɪk/ ◆ *n* error, equivocación: *to make a mistake* equivocarse

> Las palabras **mistake, error, fault** y **defect** están relacionadas. **Mistake** y **error** significan lo mismo, pero **error** es más formal. **Fault** indica la culpabilidad de una persona: *It's all your fault.* Es todo culpa tuya. También puede indicar una imperfección: *an electrical fault* una falla eléctrica ◊ *He has many faults.* Tiene muchos defectos. **Defect** es una imperfección más grave.

LOC and no mistake (*coloq*) sin duda alguna **by mistake** por equivocación ◆ *vt* (*pret* **mistook** /mɪˈstʊk/ *pp* **mistaken** /mɪˈsteɪkən/) **1** equivocarse de: *I mistook your meaning/what you meant.* Entendí mal lo que dijiste. **2** ~ **sth/sb for sth/sb** confundir algo/a algn con algo/algn **LOC there's no mistaking sth/sb** es imposible confundir a algo/algn **mistaken** *adj* ~ (**about sth/sb**) equivocado (sobre algo/algn): *if I'm not mistaken* si no me equivoco **mistakenly** *adv* erróneamente, por equivocación

mister /ˈmɪstər/ *n* (*abrev* **Mr.**) Señor

mistletoe /ˈmɪsltoʊ/ *n* muérdago

mistook *pret de* MISTAKE

mistreat /ˌmɪsˈtriːt/ *vt* maltratar

mistress /ˈmɪstrəs/ *n* **1** querida, amante **2** (*de situación, animal*) dueña **3** (*esp GB*) profesora **4** señora *Ver tb* MASTER

mistrust /ˌmɪsˈtrʌst/ ◆ *vt* desconfiar de ◆ *n* ~ (**of sth/sb**) desconfianza (hacia algo/algn)

misty *Ver* MIST

misunderstand /ˌmɪsʌndərˈstænd/ *vt vi* (*pret, pp* **misunderstood** /mɪsˌʌndərˈstʊd/) entender mal **misunderstanding** *n* **1** malentendido **2** desavenencia

misuse /ˌmɪsˈjuːs/ *n* **1** (*palabra*) ma

empleo **2** (*fondos*) malversación **3** abuso

mitigate /ˈmɪtɪgeɪt/ *vt* (*formal*) mitigar, atenuar

mitten /ˈmɪtn/ *n* guante (*con un espacio grande para todos los dedos*)

mix /mɪks/ ◆ **1** *vt, vi* mezclar(se) **2** *vi* **to mix (with sth/sb)** tratar con algo/algn: *She mixes well with other children.* Se relaciona bien con otros niños. **LOC to be/get mixed up in sth** (*coloq*) estar metido/meterse en algo **PHR V to mix sth in(to sth)** añadir algo (a algo) **PHR V to mix sth/sb up (with sth/sb)** confundir algo/a algn (con algo/algn) ◆ *n* **1** mezcla **2** (*Cocina*) preparado **mixed** *adj* **1** mixto **2** surtido **3** (*tiempo*) variable **LOC to have mixed feelings (about sth/sb)** tener sentimientos encontrados (sobre algo/algn) **mixer** *n* **1** batidora **2** (*coloq*): *to be a good/bad mixer* ser sociable/insociable **mixture** *n* **1** mezcla **2** combinación **mix-up** *n* (*coloq*) confusión

moan /moʊn/ ◆ **1** *vt, vi* gemir, decir gimiendo **2** *vi* ~ **(about sth)** (*coloq*) quejarse (de algo) ◆ *n* **1** gemido **2** (*coloq*) queja

moat /moʊt/ *n* foso (*de castillo*)

mob /mɑb/ ◆ *n* [*v sing o pl*] **1** chusma **2** (*coloq*) banda (*de delincuentes*), mafia ◆ *vt* (**-bb-**) acosar

mobile /ˈmoʊbl, -biːl; *GB* -baɪl/ *adj* **1** móvil: *mobile library* biblioteca ambulante ◊ *mobile home* carrocasa **2** (*cara*) cambiante **mobility** /moʊˈbɪləti/ *n* movilidad

mobilize, -ise /ˈmoʊbəlaɪz/ **1** *vt, vi* (*Mil*) movilizar(se) **2** *vt* organizar

mock /mɑk/ ◆ **1** *vt* burlarse de **2** *vi* ~ **(at sth/sb)** burlarse (de algo/algn): *a mocking smile* una sonrisa burlona ◆ *adj* **1** ficticio: *mock battle* simulacro de combate **2** falso, de imitación **mockery** *n* [*incontable*] **1** burla **2** ~ **(of sth)** parodia (de algo) **LOC to make a mockery of sth** poner algo en ridículo

mode /moʊd/ *n* (*formal*) **1** (*de transporte*) medio **2** (*de producción*) modo **3** (*de pensar*) forma

model /ˈmɑdl/ ◆ *n* **1** modelo **2** maqueta: *scale model* maqueta a escala ◊ *model car* carro en miniatura ◆ *vt, vi* (**-l-**, *GB* **-ll-**) modelar, ser modelo **PHR V to model yourself/sth on sth/sb** basarse/basar algo en algo/algn **modeling** (*GB* **modelling**) *n* **1** modelado **2** trabajo de modelo

moderate /ˈmɑdərət/ ◆ *adj* **1** moderado: *Cook over moderate heat.* Cocinar a fuego lento. **2** regular ◆ *n* moderado, -a ◆ /ˈmɑdəreɪt/ *vt, vi* moderar(se): *a moderating influence* una influencia moderadora **moderation** *n* moderación **LOC in moderation** con moderación

modern /ˈmɑdərn/ *adj* moderno: *to study modern languages* estudiar lenguas modernas **modernity** /məˈdɜːrnəti/ *n* modernidad **modernize, -ise** *vt, vi* modernizar(se)

modest /ˈmɑdɪst/ *adj* **1** modesto **2** pequeño, moderado **3** (*suma, precio*) módico **4** ~ **(about sth)** (*aprob*) modesto (con algo) **5** recatado **modesty** *n* modestia

modify /ˈmɑdɪfaɪ/ *vt* (*pret, pp* **-fied**) modificar ☛ La palabra más normal es **change**.

module /ˈmɑdʒuːl; *GB* -djuːl/ *n* módulo **modular** *adj* modular

mogul /ˈmoʊgl/ *n* magnate

moist /mɔɪst/ *adj* húmedo: *a rich, moist fruit cake* un pastel de frutas sabroso y esponjoso ◊ *in order to keep your skin soft and moist* para mantener la piel suave e hidratada

> Tanto **moist** como **damp** se traducen por "húmedo"; **damp** es el término más frecuente y puede tener un matiz negativo: *damp walls* paredes con humedad ◊ *Use a damp cloth.* Use un trapo húmedo. ◊ *cold damp rainy weather* tiempo lluvioso, frío y húmedo.

moisten /ˈmɔɪsn/ *vt, vi* humedecer(se) **moisture** /ˈmɔɪstʃər/ *n* humedad **moisturize, -ise** *vt* hidratar **moisturizer, -iser** *n* crema hidratante

molar /ˈmoʊlər/ *n* muela

mold¹ (*GB* **mould**) /moʊld/ ◆ *n* molde ◆ *vt* moldear

mold² (*GB* **mould**) /moʊld/ *n* moho **moldy** (*GB* **mouldy**) *adj* mohoso

mole /moʊl/ *n* **1** lunar **2** (*lit y fig*) topo

molecule /ˈmɑlɪkjuːl/ *n* molécula **molecular** *adj* molecular

molest /məˈlest/ *vt* **1** agredir sexualmente **2** fastidiar

mollify /ˈmɑlɪfaɪ/ *vt* (*pret, pp* **-fied**) calmar, apaciguar

molten /ˈmoʊltən/ *adj* fundido

mom /mɑm/ (*GB* **mum** /mʌm/) *n* (*coloq*) mamá

moment /ˈmoʊmənt/ *n* momento, instante: *One moment/Just a moment/Wait a moment.* Un momento. ◊ *I'll only be/I won't be a moment.* Enseguida termino. LOC **at a moment's notice** inmediatamente, casi sin aviso **at the moment** de momento, por ahora **for the moment/present** de momento, por ahora **the moment of truth** la hora de la verdad *Ver tb* MINUTE[1], SPUR

momentary /ˈmoʊmənteri; *GB* -tri/ *adj* momentáneo **momentarily** *adv* momentáneamente

momentous /məˈmentəs, moʊˈm-/ *adj* trascendental

momentum /məˈmentəm, moʊˈm-/ *n* **1** impulso, ímpetu **2** (*Fís*) momento: *to gain/gather momentum* tomar impulso

mommy /ˈmɑmi/ (*GB* **mummy**) *n* (*pl* **-ies**) mamá, mami

monarch /ˈmɑnərk, -ɑrk/ *n* monarca **monarchy** *n* (*pl* **-ies**) monarquía

monastery /ˈmɑnəsteri; *GB* -tri/ *n* (*pl* **-ies**) monasterio

monastic /məˈnæstɪk/ *adj* monástico

Monday /ˈmʌndeɪ, ˈmʌndi/ *n* (*abrev* **Mon**) lunes ☛ Los nombres de los días de la semana en inglés llevan mayúscula : *every Monday* todos los lunes ◊ *last/next Monday* el lunes pasado/que viene ◊ *the Monday before last/after next* hace dos lunes/dentro de dos lunes ◊ *Monday morning/evening* el lunes por la mañana/noche ◊ *a week from Monday* el lunes que viene no, el siguiente ◊ *I'll see you (on) Monday.* Nos vemos el lunes. ◊ *We usually play badminton on Mondays/on a Monday.* Normalmente jugamos bádminton los lunes. ◊ *The museum is open Monday through Friday.* El museo abre de lunes a viernes. ◊ *Did you read the article about Italy in Monday's paper?* ¿Leíste el artículo sobre Italia en el periódico del lunes?

monetary /ˈmʌnɪteri, ˈmɑn-; *GB* -tri/ *adj* monetario

money /ˈmʌni/ *n* [*incontable*] dinero, plata: *to spend/save money* gastar/ahorrar dinero ◊ *to earn/make money* ganar/hacer dinero ◊ *money worries* preocupaciones económicas LOC **to get your money's worth** recibir buena calidad (*en una compra o servicio*)

monitor /ˈmɑnɪtər/ ◆ *n* **1** (*TV, Informát*) monitor **2** (*elecciones*) observador, -ora ◆ *vt* **1** controlar, observar **2** (*Radio*) escuchar **monitoring** *n* control, supervisión

monk /mʌŋk/ *n* monje

monkey /ˈmʌŋki/ *n* (*pl* **-eys**) **1** mico, mono **2** (*coloq*) (*niño*) diablillo

monogamy /məˈnɑgəmi/ *n* monogamia **monogamous** *adj* monógamo

monolithic /ˌmɑnəˈlɪθɪk/ *adj* (*lit y fig*) monolítico

monologue (*USA tb* **monolog**) /ˈmɑnəlɔːg; *GB* -lɒg/ *n* monólogo

monopolize, -ise /məˈnɑpəlaɪz/ *vt* monopolizar

monopoly /məˈnəpəli/ *n* (*pl* **-ies**) monopolio

monoxide /məˈnɑksaɪd/ *n* monóxido

monsoon /ˌmɑnˈsuːn/ *n* **1** monzón **2** época de los monzones

monster /ˈmɑnstər/ *n* monstruo **monstrous** /ˈmɑnstrəs/ *adj* monstruoso

monstrosity /mɑnˈstrɑsəti/ *n* (*pl* **-ies**) monstruosidad

month /mʌnθ/ *n* mes: *$14 a month* 14 dólares al mes ◊ *I haven't seen her for months.* Hace meses que no la veo.

monthly /mʌnθli/ ◆ *adj* mensual ◆ *adv* mensualmente ◆ *n* (*pl* **-ies**) publicación mensual

monument /ˈmɑnjumənt/ *n* ~ (**to sth**) monumento (a algo) **monumental** /ˌmɑnjuˈmentl/ *adj* **1** monumental **2** (*fig*) excepcional **3** (*negativo*) garrafal

moo /muː/ *vi* mugir

mood /muːd/ *n* **1** humor: *to be in a good/bad mood* estar de buen/mal humor **2** mal humor: *He's in a mood.* Está de mal humor. **3** ambiente **4** (*Gram*) modo LOC **to be in the/in no mood to do sth/for (doing) sth** (no) estar de humor para (hacer) algo **moody** *adj* (**-ier**, **-iest**) **1** de humor caprichoso **2** malhumorado

moon /muːn/ ◆ *n* luna: *moonbeam* rayo de luna ◊ *moonless* sin luna LOC **over the moon** (*coloq*) loco de contento ◆ *vi* ~ (**about/around**) (*coloq*) ir de aquí para allá distraídamente

moonlight /ˈmuːnlaɪt/ ◆ *n* luz de la luna ◆ *vi* (*pret, pp* **-lighted**) (*coloq*) tener más de un trabajo **moonlit** *adj* iluminado por la luna

Moor /mʊər/ *n* moro, -a **Moorish** *adj* moro, morisco

moor¹ /mʊər/ *n* **1** páramo **2** (*de caza*) coto

moor² /mʊər/ *vt, vi* ~ **sth** (**to sth**) amarrar algo (a algo) **mooring** *n* **1** **moorings** [*pl*] amarras **2** amarradero

moorland /ˈmʊərlənd/ *n* páramo

moose /muːs/ *n* (*pl* **moose**) alce

mop /mɑp/ ◆ *n* **1** trapeador **2** (*pelo*) greña, mata ◆ *vt* (**-pp-**) **1** trapear, limpiar **2** (*cara*) enjugarse PHR V **to mop sth up** limpiar algo

mope /moʊp/ *vi* abatirse PHR V **to mope about/around** andar deprimido

moped /ˈmoʊped/ *n* motoneta

moral /ˈmɔːrəl; *GB* ˈmɒrəl/ ◆ *n* **1** moraleja **2** **morals** [*pl*] moralidad ◆ *adj* **1** moral **2** *a moral tale* un cuento con moraleja **moralistic** /mɒrəˈlɪstɪk/ *adj* (*gen pey*) moralista **morality** /məˈræləti/ *n* moral, moralidad: *standards of morality* valores morales **moralize, -ise** *vt, vi* ~ (**about/on sth**) (*gen pey*) moralizar (sobre algo) **morally** *adv* moralmente: *to behave morally* comportarse honradamente

morale /məˈræl; *GB* -ˈrɑːl/ *n* moral (*ánimo*)

morbid /ˈmɔːrbɪd/ *adj* **1** morboso **2** (*Med*) patológico **morbidity** /mɔːˈbɪdəti/ *n* **1** morbosidad **2** (*Med*) patología

more /mɔːr/ ◆ *adj* más: *more money than sense* más dinero que buen sentido ◊ *more food than could be eaten* más comida de la que se podía comer ◆ *pron* más: *You've had more to drink than me/than I have.* Has bebido más que yo. ◊ *more than $50* más de 50 dólares ◊ *I hope we'll see more of you.* Espero que te veamos más a menudo. ◆ *adv* **1** más ☛ Se usa para formar comparativos de adjetivos y adverbios de dos o más sílabas: : *more quickly* más de prisa ◊ *more expensive* más caro **2** más: *once more* una vez más ◊ *It's more of a hindrance than a help.* Estorba más de lo que ayuda. ◊ *That's more like it!* ¡Eso es! ◊ *even more so* aún más LOC **to be more than happy, glad, willing, etc. to do sth** hacer algo con mucho gusto **more and more** cada vez más, más y más **more or less** más o menos: *more or less finished* casi terminado **what is more** es más, además *Ver tb* ALL

moreover /mɔːˈroʊvər/ *adv* además, por otra parte

morgue /mɔːrg/ *n* morgue

morning /ˈmɔːrnɪŋ/ *n* **1** mañana: *on Sunday morning* el domingo por la mañana ◊ *tomorrow morning* mañana por la mañana ◊ *on the morning of the wedding* la mañana del matrimonio **2** madrugada: *in the early hours of Sunday morning* en la madrugada del domingo ◊ *at three in the morning* a las tres de la madrugada **3** [*antes de sustantivo*] de la mañana, matutino: *the morning newspapers* los periódicos de la mañana LOC **good morning!** ¡buenos días! ☛ En el uso familiar, muchas veces se dice simplemente **morning!** en vez de **good morning!** **in the morning** **1** por la mañana: *eleven o'clock in the morning* las once de la mañana **2** (*del día siguiente*): *I'll call her up in the morning.* La voy a llamar mañana por la mañana.

Utilizamos la preposición **in** con **morning**, **afternoon** y **evening** para referirnos a un período determinado del día: *at three o'clock in the afternoon* a las tres de la tarde, y **on** para hacer referencia a un punto en el calendario: *on a cool May morning* en una fría mañana de mayo ◊ *on Monday afternoon* el lunes por la tarde ◊ *on the morning of the September 4* el cuatro de septiembre por la mañana. Sin embargo, en combinación con **tomorrow**, **this**, **that** y **yesterday** no se usa preposición: *They'll leave this evening.* Se marchan esta tarde. ◊ *I saw her yesterday morning.* La vi ayer por la mañana.

moron /ˈmɔːrɑn/ *n* (*coloq, ofen*) imbécil

morose /məˈroʊs/ *adj* taciturno **morosely** *adv* malhumoradamente

morphine /ˈmɔːrfiːn/ *n* morfina

morsel /ˈmɔːrsl/ *n* bocado

mortal /ˈmɔːrtl/ ◆ *n* mortal ◆ *adj* mortal **mortality** /mɔːrˈtæləti/ *n* **1** mortalidad **2** mortandad

mortar /ˈmɔːrtər/ *n* **1** argamasa, mortero **2** mortero (*cañón, Cocina*)

mortgage /ˈmɔːrgɪdʒ/ ◆ *n* hipoteca:

mortgage payment pago hipotecario ◆ *vt* hipotecar

mortify /ˈmɔːrtɪfaɪ/ *vt* (*pret*, *pp* **-fied**) humillar, mortificar

mortuary /ˈmɔːrtʃʊeri; *GB* ˈmɔːtʃəri/ *n* (*pl* **-ies**) morgue

mosaic /moʊˈzeɪɪk/ *n* mosaico

Moslem *Ver* MUSLIM

mosque /mɑsk/ *n* mezquita

mosquito /məsˈkiːtoʊ, mɑs-/ *n* (*pl* **-oes**) mosquito: *mosquito net* mosquitero

moss /mɔːs; *GB* mɒs/ *n* musgo

most /moʊst/ ◆ *adj* **1** más, la mayor parte de: *Who got (the) most votes?* ¿Quién consiguió más votos? ◊ *Most racial discrimination is based on ignorance.* La mayor parte de la discriminación racial es resultado de la ignorancia. **2** la mayoría de, casi todo: *most days* casi todos los días ◆ *pron* **1** la mayoría de: *Most of you know.* La mayoría de ustedes sabe. ◊ *most of the day* casi todo el día **2** *I ate (the) most.* Yo fui el que más comió. ◊ *the most I could offer you* lo máximo que le podría ofrecer

> **Most** es el superlativo de **much** y de **many** y se usa con sustantivos incontables o en plural: *Who's got most time?* ¿Quién es el que tiene más tiempo? ◊ *most children* la mayoría de los niños. Sin embargo, delante de pronombres o cuando el sustantivo al que precede lleva *the* o un adjetivo posesivo o demostrativo, se usa **most of**: *most of my friends* la mayoría de mis amigos ◊ *most of us* la mayoría de nosotros ◊ *most of these records* la mayoría de estos discos.

◆ *adv* **1** más ☛ Se usa para formar el superlativo de locuciones adverbiales, adjetivos y adverbios de dos o más sílabas : *This is the most interesting book I've read for a long time.* Este es el libro más interesante que he leído en mucho tiempo. ◊ *What upset me (the) most was that...* Lo que más me dolió fue que... ◊ *most of all* sobre todo **2** muy: *most likely* muy probablemente LOC **at (the) most** como mucho/máximo **mostly** *adv* principalmente, por lo general

moth /mɔːθ; *GB* mɒθ/ *n* **1** mariposita de la luz, chapola **2** (*tb* **clothes moth**) polilla

mother /ˈmʌðər/ ◆ *n* madre, mamá ◆ *vt* **1** criar **2** mimar **motherhood** *n* maternidad **mother-in-law** *n* (*pl* **-ers-in-law**) suegra **motherly** *adj* maternal **mother-to-be** *n* (*pl* **-ers-to-be**) futura madre **mother tongue** *n* lengua materna

motif /moʊˈtiːf/ *n* **1** motivo, adorno **2** tema

motion /ˈmoʊʃn/ ◆ *n* **1** movimiento: *motion picture* película de cine **2** (*en reunión*) moción LOC **to go through the motions (of doing sth)** (*coloq*) fingir (hacer algo) **to put/set sth in motion** poner algo en marcha *Ver tb* SLOW ◆ **1** *vi* ~ **to/for sb to do sth** hacer señas a algn para que haga algo **2** *vt* indicar con señas: *to motion sb in* indicar a algn que entre **motionless** *adj* inmóvil

motivate /ˈmoʊtɪveɪt/ *vt* motivar

motive /ˈmoʊtɪv/ *n* ~ (**for sth**) motivo, móvil (de algo): *He had an ulterior motive.* Iba detrás de algo. ☛ La traducción más normal de "motivo" es **reason**.

motor /ˈmoʊtər/ *n* **1** motor ☛ *Ver nota en* ENGINE **2** (*GB, antic, joc*) carro **motoring** *n* automovilismo **motorist** *n* conductor, -ora de carro **motorize, -ise** *vt* motorizar

motor bike *n* (*coloq*) moto

motor boat *n* lancha de motor

motor car *n* (*formal, antic*) carro

motorcycle /ˈmoʊtərsaɪkl/ *n* motocicleta

motor racing *n* carreras de carros

motorway /ˈmoʊtərweɪ/ (*GB*) (*USA* **freeway**) *n* autopista

mottled /ˈmɑtld/ *adj* moteado

motto /ˈmɑtoʊ/ *n* (*pl* **-oes**) lema

mould (*GB*) *Ver* MOLD[1,2]

mouldy (*GB*) *Ver* MOLDY *en* MOLD[2]

mound /maʊnd/ *n* **1** montículo **2** montón

mount /maʊnt/ ◆ *n* **1** monte **2** soporte, montura **3** (*animal*) montura, caballería **4** (*de cuadro*) marco ◆ **1** *vt* (*caballo, etc.*) subirse a, montarse a **2** *vt* (*cuadro*) enmarcar **3** *vt* organizar, montar **4** *vt* instalar **5** *vi* ~ (**up**) (**to sth**) crecer (hasta alcanzar algo) **mounting** *adj* creciente

mountain /ˈmaʊntn; *GB* -ntən/ *n* **1** montaña: *mountain range* cordillera

2 the mountains [*pl*] (*por contraste con la costa*) la montaña **mountaineer** /ˌmaʊntɪˈnɪər/ *n* alpinista **mountaineering** /ˌmaʊntɪˈnɪərɪŋ/ *n* alpinismo **mountainous** /ˈmaʊntənəs/ *adj* montañoso

mountainside /ˈmaʊntənsaɪd/ *n* ladera de montaña

mourn /mɔːrn/ **1** *vi* lamentarse **2** *vi* estar de luto **3** *vt*: *to mourn sth/sb* lamentar algo/llorar la muerte de algn **mourner** *n* doliente **mournful** *adj* triste, lúgubre **mourning** *n* luto, duelo: *in mourning* de luto

mouse /maʊs/ *n* (*pl* **mice** /maɪs/) ratón ☛ *Ver dibujo en* COMPUTADOR

mousse /muːs/ *n* **1** mousse **2** espuma (*para el pelo*)

moustache (*esp GB*) *Ver* MUSTACHE

mouth /maʊθ/ *n* (*pl* **~s** /maʊðz/) **1** boca **2** (*de río*) desembocadura **LOC** *Ver* LOOK[1] **mouthful** *n* **1** bocado **2** (*líquido*) trago

mouthpiece /ˈmaʊθpiːs/ *n* **1** (*Mús*) boquilla **2** (*de teléfono*) micrófono **3** (*fig*) portavoz

movable /ˈmuːvəbl/ *adj* movible

move /muːv/ ◆ *n* **1** movimiento **2** (*de casa*) mudanza **3** (*de trabajo*) cambio **4** (*ajedrez, etc.*) jugada, turno **5** paso **LOC to get a move on** (*coloq*) darse prisa **to make a move 1** actuar **2** ponerse en marcha **LOC** *Ver* FALSE ◆ **1** *vi* mover(se): *Don't move!* ¡No se mueva! ◊ *It's your turn to move.* Te toca mover. **2** *vt, vi* trasladar(se), cambiar(se) (de sitio): *He has been moved to Denver.* Lo trasladaron a Denver. ◊ *I'm going to move the car before they give me a ticket.* Voy a mover el carro antes de que me pongan una multa. ◊ *They sold the house and moved to Scotland.* Vendieron la casa y se trasladaron a Escocia. **3** *vi* ~ **(in)**/**(out)** mudarse: *They had to move out.* Tuvieron que dejar la casa. **4** *vt* conmover **5** *vt* ~ **sb (to do sth)** inducir a algn (a hacer algo) **LOC to move house** (*GB*) cambiarse de casa, mudarse (de casa) *Ver tb* KILL
PHR V to move around/about moverse (de acá para allá)
to move (sth) away alejarse, alejar algo
to move forward avanzar
to move in instalarse
to move on seguir (viajando)
to move out mudarse

movement /ˈmuːvmənt/ *n* **1** movimiento **2** [*incontable*] ~ **(towards/away from sth)** tendencia (hacia/a distanciarse de algo) **3** (*Mec*) mecanismo

movie /ˈmuːvi/ (*esp USA*) *n* película (*de cine*): *to go to the movies* ir a cine

movie theater (*GB* **cinema**) *n* teatro (*de cine*)

moving /muːvɪŋ/ *adj* **1** móvil **2** conmovedor

mow /moʊ/ *vt* (*pret* **mowed** *pp* **mown** /moʊn/ *o* **mowed**) podar, cortar **PHR V to mow sb down** aniquilar a algn **mower** *n* podadora

MP /ˌem ˈpiː/ *abrev* (*GB*) **Member of Parliament** diputado, -a

Mr. /ˈmɪstər/ *abrev* señor (= Sr.)

Mrs. /ˈmɪsɪz/ *abrev* señora (= Sra.)

Ms. /mɪz, məz/ *abrev* señora, señorita ☛ *Ver nota en* SEÑORITA

much /mʌtʃ/ ◆ *adj* mucho: *so much traffic* tanto tráfico ◆ *pron* mucho: *How much is it?* ¿Cuánto es? ◊ *too much* demasiado ◊ *as much as you can* todo lo que puedas ◊ *for much of the day* la mayor parte del día ☛ *Ver nota en* MANY *Ver tb* MUCHO ◆ *adv* mucho: *Much to her surprise…* Para gran sorpresa suya… ◊ *much-needed* muy necesario ◊ *much too cold* demasiado frío **LOC much as** por más que **much the same** prácticamente igual **not much of a…**: *He's not much of an actor.* No es gran cosa como actor. *Ver tb* AS, SO

muck /mʌk/ ◆ *n* **1** estiércol **2** lodo **3** (*coloq, esp GB*) porquería ◆ *v* (*coloq, esp GB*) **PHR V to muck about/around** perder el tiempo **to muck sth up** echar algo a perder **mucky** *adj* (**-ier**, **-iest**) sucio

mucus /ˈmjuːkəs/ *n* [*incontable*] mucosidad

mud /mʌd/ *n* barro, lodo: *mudguard* guardabarros **LOC** *Ver* CLEAR **muddy** *adj* (**-ier**, **-iest**) **1** embarrado **2** (*fig*) turbio, poco claro

muddle /ˈmʌdl/ ◆ *vt* **1** ~ **sth (up)** revolver algo **2** ~ **sth/sb (up)** armar un lío con algo/a algn **3** ~ **A (up) with B**; ~ **A and B (up)** confundir A con B ◆ *n* **1** desorden **2** ~ **(about/over sth)** confusión, lío (con algo): *to get (yourself) into a muddle* armarse un lío **muddled** *adj* enrevesado

muffin /ˈmʌfɪn/ *n* (*USA*) pan dulce hecho con huevos

muffled /ˈmʌfld/ *vt* **1** (*grito*) ahogado **2** (*voz*) apagado **3** ~ **(up)** **(in sth)** (*ropa*) enfundado (en algo)

muffler /ˈmʌflər/ *n* **1** (*GB* **scarf**) bufanda **2** (*carro*) mofle

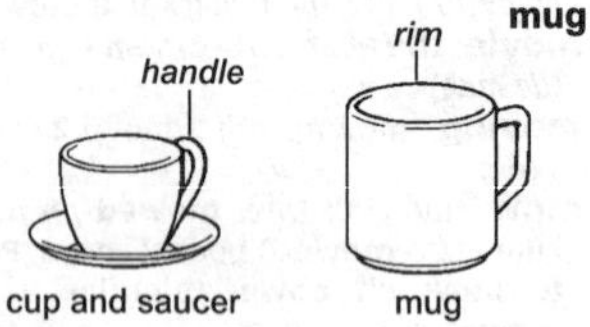

mug /mʌg/ ◆ *n* **1** taza (alta) **2** (*coloq, pey, joc*) jeta **3** (*coloq*) bobo, -a **LOC a mug's game** (*pey, GB*) una pérdida de tiempo ◆ *vt* **(-gg-)** asaltar **mugger** *n* asaltante **mugging** *n* asalto

muggy /ˈmʌgi/ *adj* **(-ier, -iest)** bochornoso (*tiempo*)

mulberry /ˈmʌlberi; *GB* ˈmʌlbəri/ *n* **1** (*tb* **mulberry tree, mulberry bush**) morera **2** mora

mule /mju:l/ *n* **1** mulo, -a **2** chancla

mull /mʌl/ **PHR V to mull sth over** meditar algo

multicolored (*GB* **multicoloured**) /ˈmʌltikʌlərd/ *adj* multicolor

multilingual /ˌmʌltiˈlɪŋgwəl/ *adj* políglota

multinational /ˌmʌltiˈnæʃnəl/ *adj, n* multinacional

multiple /ˈmʌltɪpl/ ◆ *adj* múltiple ◆ *n* múltiplo

multiple sclerosis /ˌmʌltɪpl skləˈroʊsɪs/ *n* esclerosis múltiple

multiplication /ˌmʌltɪplɪˈkeɪʃn/ *n* multiplicación: *multiplication table/sign* tabla/signo de multiplicar

multiplicity /ˌmʌltɪˈplɪsəti/ *n* ~ **of sth** multiplicidad de algo

multiply /ˈmʌltɪplaɪ/ *vt, vi* (*pret, pp* **-lied**) multiplicar(se)

multi-purpose /ˌmʌlti ˈpɜ:rpəs/ *adj* multiuso

multitude /ˈmʌltɪtu:d; *GB* -tju:d/ *n* (*formal*) multitud

mum (*GB*) *Ver* MOM

mumble /ˈmʌmbl/ *vt, vi* hablar entre dientes: *Don't mumble.* Habla alto y claro.

mummy /ˈmʌmi/ *n* (*pl* **-ies**) **1** (*GB*) (*USA* **mommy** /ˈmɑmi/) (*coloq*) mamá, mami **2** momia

mumps /mʌmps/ *n* [*sing*] paperas

munch /mʌntʃ/ *vt, vi* ~ **(on) sth** masticar, mascar algo

mundane /mʌnˈdeɪn/ *adj* corriente, mundano

municipal /mju:ˈnɪsɪpl/ *adj* municipal

munitions /mju:ˈnɪʃnz/ *n* municiones

mural /ˈmjʊərəl/ *n* mural

murder /ˈmɜ:rdər/ ◆ *n* **1** asesinato, homicidio ☛ *Comparar con* MANSLAUGHTER, HOMICIDE **2** (*coloq, fig*) una pesadilla **LOC to get away with murder** (*frec joc, coloq*) hacer lo que le dé la gana a uno ◆ *vt* asesinar, matar ☛ *Ver nota en* ASESINAR **murderer** *n* asesino, -a **murderous** *adj* **1** homicida: *a murderous look* una mirada asesina **2** (*muy desagradable*) matador

murky /mɜ:rki/ *adj* **(-ier, -iest) 1** lóbrego, sombrío **2** (*lit y fig*) turbio

murmur /mɜ:rmər/ ◆ *n* murmullo **LOC without a murmur** sin rechistar ◆ *vt, vi* susurrar

muscle /ˈmʌsl/ ◆ *n* **1** músculo: *Don't move a muscle!* ¡No muevas ni las pestañas! **2** (*fig*) poder ◆ **PHR V to muscle in (on sth/sb)** (*coloq, pey*) participar sin derecho (en algo) **muscular** *adj* **1** muscular **2** musculoso

muse /mju:z/ ◆ *n* musa ◆ **1** *vi* ~ **(about/over/on/upon sth)** meditar (algo); reflexionar (sobre algo) **2** *vt*: *"How interesting," he mused.* —Qué interesante, — dijo pensativo.

museum /mjuˈziəm/ *n* museo

> En Gran Bretaña, **museum** se utiliza para referirse a los museos en los que se exponen esculturas, piezas históricas, científicas, etc. **Gallery** o **art gallery** se utilizan para referirse a museos en los que se exponen principalmente cuadros y esculturas. En Estados Unidos **museum** se emplea en ambos casos.

mushroom /ˈmʌʃru:m, -rʊm/ ◆ *n* hongo, champiñón ◆ *vi* (*a veces pey*) crecer como hongos

mushy /mʌʃi/ *adj* **1** blando **2** (*coloq pey*) muy sentimental

music /ˈmju:zɪk/ *n* **1** música: *a piece of music* una pieza musical ◊ *music hall* teatro de variedades **2** (*texto*) partitura **musical** *adj* musical, de música **musical** (*tb* **musical comedy**) *n* comedia musical **musician** *n* músico **musicianship** *n* maestría musical

musk /mʌsk/ *n* (perfume de) almizcle

musket /ˈmʌskɪt/ *n* mosquete

Muslim /ˈmʌzləm; *GB* ˈmʊzlɪm/ (*tb* **Moslem** /ˈmɑzləm/) *adj*, *n* musulmán, -ana *Ver tb* ISLAM

muslin /ˈmʌzlɪn/ *n* muselina

mussel /ˈmʌsl/ *n* mejillón

must /məst, mʌst/ ◆ *v modal* (*neg* **must not** *o* **mustn't** /ˈmʌsnt/)

> **Must** es un verbo modal al que sigue un infinitivo sin TO, y las oraciones interrogativas y negativas se construyen sin el auxiliar *do*: *Must you go?* ¿Tiene que irse? ◊ *We mustn't tell her.* No debemos decírselo. **Must** sólo tiene la forma del presente: *I must leave early.* Tengo que salir temprano. Cuando necesitamos otras formas utilizamos **to have to**: *He'll have to come tomorrow.* Tendrá que venir mañana. ◊ *We had to eat quickly.* Tuvimos que comer rápido.

• **obligación y prohibición** deber, tener que: *"Must you go so soon?" "Yes, I must."* ¿Tiene que irse tan pronto? Sí.

> **Must** se emplea para dar órdenes o para hacer que alguien o uno mismo siga un determinado comportamiento: *The children must be back by four.* Los niños tienen que volver antes de las cuatro. ◊ *I must stop smoking.* Tengo que dejar de fumar. Cuando las órdenes son impuestas por un agente externo, p.ej. por una ley, una regla, etc., usamos **to have to**: *The doctor says I have to stop smoking.* El médico dice que tengo que dejar de fumar. ◊ *You have to send it before Tuesday.* Tiene que mandarlo antes del martes. En negativa, **must not** o **mustn't** expresan una prohibición: *You mustn't open other people's mail.* No debes abrir el correo de otras personas. Sin embargo, **haven't got to** o **don't have to** expresan que algo no es necesario, es decir, que hay una ausencia de obligación: *You don't have to go if you don't want to.* No tienes que ir si no quieres.

• **sugerencia** tener que: *You must come to lunch one day.* Tiene que venir a almorzar un día de estos. ☛ En la mayoría de los casos, para hacer sugerencias y dar consejos se usa **ought to** o **should**.

• **probabilidad** deber de: *You must be hungry.* Debes de tener hambre. ◊ *You must be Mr. Smith.* Vd. debe de ser el señor Smith.

LOC **if I, you, etc. must** si no hay más remedio ◆ *n* (*coloq*): *It's a must.* Es imprescindible. ◊ *His new book is a must.* Su último libro hay que leerlo.

mustache /ˈmʌstæʃ/ (*GB* **moustache** /məˈstɒʃ/) *n* bigote(s)

mustard /ˈmʌstərd/ *n* **1** (*planta, semilla y salsa*) mostaza **2** color mostaza

muster /ˈmʌstər/ **1** *vt, vi* reunir(se) **2** *vt* reunir, juntar: *to muster (up) enthusiasm* cobrar entusiasmo ◊ *to muster a smile* conseguir sonreír

musty /ˈmʌsti/ *adj* (**-ier**, **-iest**) **1** rancio: *to smell musty* oler a rancio/humedad **2** (*pey, fig*) pasado, rancio, viejo

mutant /ˈmjuːtənt/ *adj*, *n* mutante

mutate /ˈmjuːteɪt; *GB* mjuːˈteɪt/ **1** *vi* ~ (**into sth**) transformarse (en algo) **2** *vi* ~ (**into sth**) (*Biol*) mutar (a algo) **3** *vt* mutar **mutation** *n* mutación

mute /mjuːt/ ◆ *adj* mudo ◆ *n* **1** (*Mús*) sordina **2** (*antic*) (*persona*) mudo, -a ◆ *vt* **1** amortiguar **2** (*Mús*) poner sordina a **muted** *adj* **1** (*sonidos, colores*) apagado **2** (*crítica, etc.*) velado **3** (*Mús*) sordo

mutilate /ˈmjuːtɪleɪt/ *vt* mutilar

mutiny /ˈmjuːtəni/ *n* (*pl* **-ies**) motín **mutinous** *adj* (*fig*) rebelde

mutter /ˈmʌtər/ **1** *vt, vi* ~ (**sth**) (**to sb**) (**about sth**) hablar entre dientes, murmurar (algo) (a algn) (sobre algo) **2** *vi* ~ (**about/against/at sth/sb**) refunfuñar (de algo/algn)

mutton /ˈmʌtn/ *n* (carne de) carnero ☛ *Ver nota en* CARNE

mutual /ˈmjuːtʃuəl/ *adj* **1** mutuo **2** común: *a mutual friend* un amigo común **mutually** *adv* mutuamente: *mutually beneficial* beneficioso para ambas partes

muzzle /ˈmʌzl/ ◆ *n* **1** hocico **2** bozal **3** (*de arma de fuego*) boca ◆ *vt* **1** poner bozal **2** (*fig*) amordazar

my /maɪ/ *adj pos* mi, mío: *It was my*

fault. Fue culpa mía/mi culpa. ◊ *My God!* ¡Dios mío! ◊ *My feet are cold.* Tengo los pies fríos.

En inglés se usa el posesivo delante de partes del cuerpo y prendas de vestir. *Comparar con* MINE sentido 1

myopia /maɪˈoʊpiə/ *n* miopía **myopic** /maɪˈɑpɪk/ *adj* miope

myriad /ˈmɪriəd/ ◆ *n* miríada ◆ *adj*: *their myriad activities* sus muchas actividades

myself /maɪˈself/ *pron* **1** [*uso reflexivo*] me: *I cut myself.* Me corté. ◊ *I said to myself...* Dije para mí... **2** [*uso enfático*] yo mismo, -a: *I myself will do it.* Yo misma lo voy a hacer. **LOC (all) by myself** solo

mysterious /mɪˈstɪəriəs/ *adj* misterioso

mystery /ˈmɪstri/ *n* (*pl* **-ies**) **1** misterio: *It's a mystery to me.* No logro entenderlo. **2** *mystery tour* viaje sorpresa ◊ *the mystery assailant* el agresor misterioso **3** obra de teatro, novela, etc. de misterio

mystic /ˈmɪstɪk/ ◆ *n* místico, -a ◆ *adj* (*tb* **mystical**) místico **mysticism** *n* misticismo, mística

mystification /ˌmɪstɪfɪˈkeɪʃn/ *n* **1** misterio, perplejidad **2** (*pey*) confusión (*deliberada*)

mystify /ˈmɪstɪfaɪ/ *vt* (*pret, pp* **-fied**) dejar perplejo **mystifying** *adj* desconcertante

mystique /mɪˈstiːk/ *n* (*aprob*) [*sing*] misterio

myth /mɪθ/ *n* mito **mythical** *adj* mítico

mythology /mɪˈθɒlədʒi/ *n* mitología **mythological** /ˌmɪθəˈlɒdʒɪkl/ *adj* mitológico

Nn

N, n /en/ *n* (*pl* **N's, n's** /enz/) N, n: *N as in Nancy* N de nené ☛ *Ver ejemplos en* A, A

nag /næg/ *vt, vi* (**-gg-**) **to nag (at) sb 1** dar la lata a algn **2** regañar a algn **3** (*dolor, sospecha*) corroer a algn **nagging** *adj* **1** (*dolor, sospecha*) persistente **2** (*persona*) criticón, pesado

nail /neɪl/ ◆ *n* **1** uña: *nail file* lima de uñas ◊ *nail polish/varnish* (*GB*) esmalte de uñas *Ver tb* FINGERNAIL, TOENAIL **2** clavo **LOC** *Ver* FIGHT, HIT ◆ **PHR V to nail sb down (to sth)** conseguir que algn se comprometa (a algo), conseguir que algn dé una respuesta concreta (sobre algo) **to nail sth to sth** clavar algo a/en algo

naive (*tb* **naïve**) /naɪˈiːv/ *adj* ingenuo

naked /ˈneɪkɪd/ *adj* **1** desnudo: *stark naked* en cueros

"Desnudo" se traduce de tres formas en inglés: **bare, naked** y **nude**. **Bare** se usa para referirse a partes del cuerpo: *bare arms*, **naked** generalmente se refiere a todo el cuerpo: *a naked body* y **nude** se usa para hablar de desnudos artísticos y eróticos: *a nude figure.*

2 (*llama*) descubierto **LOC with the naked eye** a simple vista

name /neɪm/ ◆ *n* **1** nombre: *What's your name?* ¿Cómo te llamas? ◊ *first/Christian name* nombre (de pila) **2** apellido ☛ *Comparar con* SURNAME **3** fama **4** personaje **LOC by name** de nombre **by/of the name of** (*formal*) llamado **in the name of sth/sb** en nombre de algo/algn ◆ *vt* **1** ~ **sth/sb sth** llamar algo/a algn algo **2** ~ **sth/sb (after sb)**; ~ **sth/sb (for sb)** (*GB*) poner nombre a algn; poner a algo/algn el nombre de algn **3** (*identificar*) nombrar **4** (*fecha, precio*) fijar

nameless /ˈneɪmləs/ *adj* anónimo, sin nombre

namely /ˈneɪmli/ *adv* a saber

namesake /ˈneɪmseɪk/ *n* tocayo, -a

nanny /ˈnæni/ *n* (*pl* **-ies**) (*GB*) niñera, nana

nap /næp/ *n* sueñecito, siesta: *to have/take a nap* echarse una siesta

nape /neɪp/ (*tb* **nape of the neck**) *n* nuca

napkin /ˈnæpkɪn/ (*GB* **table napkin**) *n* servilleta

nappy /ˈnæpi/ *n* (*pl* **-ies**) (*GB*) (*USA* **diaper**) pañal

narcotic /nɑrˈkɑtɪk/ *adj*, *n* narcótico

narrate /ˈnæreɪt; *GB* nəˈreɪt/ *vt* narrar, contar **narrator** *n* narrador, -ora

narrative /ˈnærətɪv/ ◆ *n* **1** relato **2** narrativa ◆ *adj* narrativo

narrow /ˈnæroʊ/ ◆ *adj* (**-er**, **-est**) **1** estrecho **2** limitado **3** (*ventaja, mayoría*) escaso LOC **to have a narrow escape** escaparse por un pelo ◆ *vt, vi* hacer(se) más estrecho, estrechar(se), disminuir PHR V **to narrow (sth) down to sth** reducir algo/reducirse a algo **narrowly** *adv*: *He narrowly escaped drowning.* Por poco se ahogó.

narrow-minded /ˌnæroʊ ˈmaɪndɪd/ *adj* de mentalidad cerrada

nasal /ˈneɪzl/ *adj* **1** nasal **2** (*voz*) gangoso

nasty /ˈnæsti; *GB* ˈnɑːs-/ *adj* (**-ier**, **-iest**) **1** desagradable **2** (*olor*) repugnante **3** (*persona*) antipático: *to be nasty to sb* tratar muy mal a algn **4** (*situación, crimen*) feo **5** grave, peligroso: *That's a nasty cut.* ¡Qué cortada tan fea!

nation /ˈneɪʃn/ *n* nación

national /ˈnæʃnəl/ ◆ *adj* nacional: *national service* servicio militar ◆ *n* ciudadano, -a, súbdito, -a

National Health Service *n* (*GB*) (*abrev* **NHS**) Servicio Nacional de Salud

National Insurance *n* (*GB*) Seguro Social: *National Insurance contributions* contribuciones al Seguro Social

nationalism /ˈnæʃənəlɪzəm/ *n* nacionalismo **nationalist** *adj*, *n* nacionalista

nationality /ˌnæʃəˈnæləti/ *n* (*pl* **-ies**) nacionalidad

nationalize, -ise /ˈnæʃnəlaɪz/ *vt* nacionalizar

nationally /ˈnæʃnəli/ *adv* nacionalmente, a escala nacional

nationwide /ˌneɪʃnˈwaɪd/ *adj*, *adv* en todo el territorio nacional, a escala nacional

native /ˈneɪtɪv/ ◆ *n* **1** nativo, -a, natural **2** (*frec pey*) indígena **3** (*se traduce por adj*) originario: *The koala is a native of Australia.* El koala es originario de Australia. ◆ *adj* **1** natal: *native land* patria ◇ *native language/tongue* lengua materna **2** indígena, nativo **3** innato **4** ~ **to**... originario de...

natural /ˈnætʃərəl/ *adj* **1** natural **2** nato, innato

naturalist /ˈnætʃərəlɪst/ *n* naturalista

naturally /ˈnætʃərəli, ˈnætʃrə-/ *adv* **1** naturalmente, con naturalidad **2** por supuesto

nature /ˈneɪtʃər/ *n* **1** (*tb* **Nature**) naturaleza **2** carácter: *good nature* buen carácter ◇ *It's not in my nature to...* No soy capaz de... **3** [*incontable*] tipo, índole LOC **in the nature of sth** como algo

naughty /ˈnɔːti/ *adj* (**-ier**, **-iest**) **1** (*coloq*) travieso: *to be naughty* portarse mal **2** atrevido

nausea /ˈnɔːsiə, ˈnɔːʒə/ *n* náusea

nauseating /ˈnɔːzieɪtɪŋ/ *adj* asqueroso, nauseabundo

nautical /ˈnɔːtɪkl/ *adj* náutico

naval /ˈneɪvl/ *adj* naval, marítimo

nave /neɪv/ *n* nave

navel /ˈneɪvl/ *n* ombligo

navigate /ˈnævɪgeɪt/ **1** *vi* navegar **2** *vi* (*en carro*) guiar **3** *vt* (*barco*) gobernar **4** *vt* (*río, mar*) navegar por **navigation** *n* **1** navegación **2** náutica **navigator** *n* navegante

navy /ˈneɪvi/ *n* **1** (*pl* **-ies**) flota **2** **the navy, the Navy** [*sing*] la armada, la marina **3** (*tb* **navy blue**) azul marino

Nazi /ˈnɑtsi/ *n* nazi

near /nɪər/ ◆ *adj* (**-er**, **-est**) **1** (*lit*) cercano: *Which town is nearer?* ¿Qué ciudad está más cerca? ◇ *to get nearer* acercarse

> Nótese que antes de sustantivo se usa el adjetivo **nearby** en vez de **near**: *a nearby village* un pueblo cercano ◇ *The village is very near.* El pueblo está muy cerca. Sin embargo, cuando queremos utilizar otras formas del adjetivo, como el superlativo, tenemos que utilizar **near**: *the nearest shop* el almacén más cercano.

2 (*fig*) próximo: *in the near future* en un futuro próximo ◆ *prep* cerca de: *I live near the station.* Vivo cerca de la estación. ◇ *Is there a bank near here?* ¿Hay algún banco cerca de acá? ◇ *near the* *beginning* hacia el principio ◆ *adv* (**-er**, **-est**) cerca: *I live quite near.* Vivo bastante cerca. ◇ *We are getting near to Christmas.* Ya falta poco para la Navidad.

Nótese que *I live nearby* es más corriente que *I live near*, pero **nearby** no suele ir modificado por **quite**, **very**, etc.: *I live quite near.*

LOC **not to be anywhere near**; **to be nowhere near** no estar ni siquiera cerca, no parecerse en nada *Ver tb* HAND ◆ *vt, vi* acercarse (a)

nearby /ˌnɪərˈbaɪ/ ◆ *adj* cercano ◆ *adv* cerca: *She lives nearby.* Vive cerca (de acá/allá). ☛ *Ver nota en* NEAR

nearly /ˈnɪərli/ *adv* casi: *He nearly won.* Casi que gana.

A menudo **almost** y **nearly** son intercambiables. Sin embargo, sólo **almost** se puede usar para calificar otro adverbio en **-ly**: *almost completely* casi completamente, y sólo **nearly** puede ser calificado por otros adverbios: *I very nearly left.* Me faltó muy poco para irme.

LOC **not nearly** para nada

nearsighted /ˈnɪərsaɪtɪd/ (*GB* **short-sighted**) *adj* miope

neat /niːt/ *adj* (**-er**, **-est**) **1** ordenado, bien cuidado **2** (*persona*) pulcro y ordenado **3** (*letra*) claro **4** (*coloq*, *esp USA*) estupendo **5** (*GB*) (*trago*) (*USA* **straight**) solo **neatly** *adv* **1** ordenadamente, pulcramente **2** hábilmente

necessarily /ˌnesəˈserəli; *GB* ˈnesəsərəli/ *adv* forzosamente, necesariamente

necessary /ˈnesəseri; *GB* -səri/ *adj* **1** necesario: *Is it necessary for us to meet/necessary that we meet?* ¿Es necesario que nos reunamos? ◇ *if necessary* si resulta necesario **2** inevitable

necessitate /nəˈsesɪteɪt/ *vt* (*formal*) requerir, exigir

necessity /nəˈsesəti/ *n* (*pl* **-ies**) **1** necesidad **2** artículo de primera necesidad

neck /nek/ *n* cuello: *to break your neck* desnucarse *Ver tb* PAIN LOC **neck and neck (with sth/sb)** a la par (con algo/algn) (**to be**) **up to your neck in sth** (estar) metido hasta el cuello en algo *Ver tb* BREATHE, MILLSTONE, RISK, SCRUFF, WRING

necklace /ˈnekləs/ *n* collar

neckline /ˈneklaɪn/ *n* escote

nectarine /ˌnektəˈriːn/ *n* durazno

need /niːd/ ◆ *v modal* (*neg* **need not** *o* **needn't** /ˈniːdnt/) (*esp GB*) (*obligación*) tener que: *You needn't have come.* No hacía falta que vinieras. ◇ *Need I explain it again?* ¿Es necesario que lo explique otra vez?

Cuando **need** es un verbo modal le sigue un infinitivo sin TO, y las oraciones interrogativas y negativas se construyen sin el auxiliar *do.*

◆ *vt* **1** necesitar: *Do you need any help?* ¿Necesitas ayuda? ◇ *It needs painting.* Hace falta pintarlo. **2** ~ **to do sth** (*obligación*) tener que hacer algo: *Do we really need to leave so early?* ¿Es realmente necesario que salgamos tan temprano? ☛ En este sentido se puede usar el verbo modal, pero es más formal: *Need we really leave so early?* ◆ *n* ~ (**for sth**) necesidad (de algo) LOC **if need be** si fuera necesario **to be in need of sth** necesitar algo

needle /ˈniːdl/ *n* aguja LOC *Ver* PIN

needless /ˈniːdləs/ *adj* innecesario LOC **needless to say** no hace falta decir

needlework /ˈniːdlwɜːrk/ *n* [*incontable*] costura, bordado

needy /ˈniːdi/ *adj* necesitado

negative /ˈnegətɪv/ ◆ *adj* negativo ◆ *n* negativo (*de foto*)

neglect /nɪˈglekt/ ◆ *vt* **1** ~ **sth/sb** descuidar algo/a algn **2** ~ **to do sth** olvidar hacer algo ◆ *n* abandono

negligent /ˈneglɪdʒənt/ *adj* negligente **negligence** *n* negligencia

negligible /ˈneglɪdʒəbl/ *adj* insignificante

negotiate /nɪˈgoʊʃieɪt/ **1** *vt, vi* ~ (**sth**) (**with sb**) negociar (algo) (con algn) **2** *vt* (*obstáculo*) salvar **negotiation** *n* [*a menudo pl*] negociación

neigh /neɪ/ ◆ *vi* relinchar ◆ *n* relincho

neighbor (*GB* **neighbour**) /ˈneɪbər/ *n* **1** vecino, -a **2** prójimo, -a **neighborhood** (*GB* **-bourhood**) *n* **1** (*distrito*) barrio **2** (*personas*) vecindario **neighboring** (*GB* **-bouring**) *adj* vecino, contiguo

neither /ˈnaɪðər, ˈniːðər/ ◆ *adj, pron* ninguno ☛ *Ver nota en* NINGUNO ◆ *adv* **1** tampoco

Cuando **neither** significa "tampoco" se puede sustituir por **nor**. Con ambos se utiliza la estructura: **neither/nor + v aux/v modal + sujeto**: *"I didn't go." "Neither/nor did I."* Yo no fui. Yo tampoco. ◊ *I can't swim and neither/nor can my brother.* Yo no sé nadar y mi hermano tampoco. **Either** puede significar "tampoco", pero requiere un verbo precedido por una negación y su posición en la frase es distinta: *I don't like it, and I can't afford it either.* No me gusta, y tampoco puedo comprarlo. ◊ *My sister didn't go either.* Mi hermana tampoco fue. ◊ *"I haven't seen that film." "I haven't either."* —No he visto esa película. —Yo tampoco.

2 neither ... nor ni ... ni

neon /ˈniːɑn/ *n* neón

nephew /ˈnefjuː; *GB* ˈnevjuː/ *n* sobrino: *I have two nephews and one niece.* Tengo dos sobrinos y una sobrina.

Neptune /ˈneptuːn; *GB* -tjuːn/ *n* Neptuno

nerve /nɜːrv/ *n* **1** nervio: *nerve-racking* desesperante **2** valor **3** (*pey, coloq*) descaro: *You've got some nerve!* ¡Qué descaro! LOC **to get on your/sb's nerves** (*coloq*) ponerle a uno/algn los nervios de punta *Ver tb* LOSE

nervous /ˈnɜːrvəs/ *adj* **1** (*Anat*) nervioso: *nervous breakdown* depresión nerviosa **2** ~ (**about/of sth/doing sth**) nervioso (ante algo/la idea de hacer algo) **nervousness** *n* nerviosismo

nest /nest/ *n* (*lit y fig*) nido: *ants' nest* hormiguero

nestle /ˈnesl/ **1** *vi* arrellanarse, acurrucarse **2** *vt, vi* ~ (**sth**) **against/on, etc. sth/sb** recostar algo/recostarse (sobre algo/algn)

net /net/ ◆ *n* **1** (*lit y fig*) red **2** [*incontable*] malla, tul: *net curtains* cortinas de velo ◆ *adj* (*tb* **nett**) **1** (*peso, sueldo*) neto **2** (*resultado*) final **netting** *n* red: *wire netting* (*GB*) malla (metálica)

netball /ˈnetbɔːl/ *n* juego parecido al baloncesto muy popular en los colegios de niñas en Gran Bretaña

nettle /ˈnetl/ *n* ortiga

network /ˈnetwɜːrk/ ◆ *n* **1** red **2** (*TV*) transmisión en cadena (de radio y televisión) ◆ *vt* transmitir en cadena

neurotic /nʊəˈrɑtɪk; *GB* njʊ-/ *adj, n* neurótico, -a

neutral /ˈnuːtrəl; *GB* ˈnjuː-/ ◆ *adj* **1** neutral **2** (*color*) neutro ◆ *n* neutro

never /ˈnevər/ *adv* **1** nunca **2** *That will never do.* Eso es totalmente inaceptable. LOC **well, I never (did)!** ¡no me digas! ☛ *Ver nota en* ALWAYS, NUNCA

nevertheless /ˌnevərðəˈles/ *adv* (*formal*) sin embargo

new /nuː; *GB* njuː/ *adj* (**newer, newest**) **1** nuevo: *What's new?* ¿Qué hay de nuevo? **2 new (to sth)** nuevo (en algo) **3** otro: *a new job* otro trabajo LOC **a new lease on life**; (*GB*) **a new lease of life** una nueva vida (**as**) **good as new** como nuevo *Ver tb* TURN **newly** *adv* recién **newness** *n* novedad

newcomer /ˈnuːkʌmər; *GB* ˈnjuː/ *n* recién llegado, -a

news /nuːz; *GB* njuːz/ *n* [*incontable*] **1** noticia(s): *The news is not good.* Las noticias no son buenas. ◊ *a piece of news* una noticia ◊ *Do you have any news?* ¿Tiene noticias? ◊ *It's news to me.* Ahora me entero. **2 the news** las noticias, el noticiero LOC *Ver* BREAK[1]

newsdealer /ˈnuːzdiːlər; *GB* ˈnjuː-/ (*GB* **newsagent**) /ˈnuːzeɪdʒənt; *GB* ˈnjuː-/ *n* vendedor, -ora de periódicos

newspaper /ˈnuːzpeɪpər; *GB* ˈnjuːs-/ *n* periódico

newsstand /ˈnuːzstænd; *GB* ˈnjuːz-/ *n* puesto de periódicos

new year *n* año nuevo: *New Year's Day* Día de Año Nuevo ◊ *New Year's Eve* el 31 de diciembre

next /nekst/ ◆ *adj* **1** próximo, siguiente: *the next time you see her* la próxima vez que la veas ◊ *the next day* al día siguiente ◊ *next month* el mes que viene ◊ *It's not ideal, but it's the next best thing.* No es ideal, pero es lo mejor que hay. **2** (*contiguo*) de al lado LOC **the next few days, months, etc.** los próximos/siguientes días, meses, etc. *Ver tb* DAY ◆ **next to** *prep* **1** (*situación*) al lado de, junto a **2** (*orden*) después de **3** casi: *next to nothing* casi nada ◊ *next to last* el penúltimo ◆ *adv* **1** después, ahora: *What shall we do next?* ¿Qué hacemos ahora? ◊ *What did they do next?* ¿Qué hicieron después? **2** *when we next meet* la próxima vez que nos veamos **3** (*comparación*): *the next oldest* el siguiente en antigüedad ◆ **the next** *n* [*sing*] el/la siguiente, el próximo, la próxima: *Who's next?* ¿Quién sigue?

next door *adj, adv*: *next-door neighbor* vecino de al lado ◊ *the room next door* la habitación de al lado ◊ *They live next door.* Viven en la puerta de al lado.

next of kin *n* pariente(s) más cercano(s) *Ver tb* KIN

nibble /ˈnɪbl/ *vt, vi* ~ (**at sth**) mordisquear, picar (algo)

nice /naɪs/ *adj* (**nicer**, **nicest**) **1** ~ (**to sb**) simpático, amable (con algn) ☛ Nótese que **sympathetic** se traduce por "compasivo". **2** bonito: *You look nice.* Estás muy lindo. **3** agradable: *to have a nice time* pasarla bien ◊ *It smells nice.* Huele bien. **4** (*tiempo*) bueno **LOC nice and...** (*coloq*) bastante: *nice and warm* calientico **nicely** *adv* **1** bien **2** amablemente

niche /nɪtʃ, niːʃ/ *n* **1** nicho **2** (*fig*) rincón, lugar

nick /nɪk/ ◆ *n* **1** muesca, corte pequeño, mella **2 the nick** (*GB, coloq*) la cana, la chirona **LOC in the nick of time** justo a tiempo ◆ *vt* **1** hacer(se) un corte en, mellar **2** ~ **sth** (**from sth/sb**) volarse algo (de algo/a algn)

nickel /ˈnɪkl/ *n* **1** níquel **2** (*Can, USA*) moneda de 5 centavos

nickname /ˈnɪkneɪm/ ◆ *n* apodo, mote ◆ *vt* apodar

nicotine /ˈnɪkətiːn/ *n* nicotina

niece /niːs/ *n* sobrina

night /naɪt/ *n* **1** noche: *the night before last* antenoche ◊ *night school* escuela nocturna ◊ *night shift* turno de noche **2** (*Teat*) representación: *first/opening night* estreno **LOC at night** de noche, por la noche: *ten o'clock at night* a las diez de la noche **good night** buenas noches, hasta mañana (*como fórmula de despedida*) *Ver tb* DAY, DEAD ☛ *Ver nota en* NOCHE

nightclub /ˈnaɪtklʌb/ *n* discoteca, cabaret

nightfall /ˈnaɪtfɔːl/ *n* anochecer

nightgown /ˈnaɪtgaʊn/ *n* (*coloq* **nightie**) *n* camisón

nightingale /ˈnaɪtngeɪl; *GB* -tɪŋg-/ *n* ruiseñor

nightlife /ˈnaɪtlaɪf/ *n* vida nocturna

nightly /ˈnaɪtli/ ◆ *adv* todas las noches, cada noche ◆ *adj* **1** nocturno **2** (*regular*) de todas las noches

nightmare /ˈnaɪtmeər/ *n* (*lit y fig*) pesadilla **nightmarish** *adj* de pesadilla, espeluznante

night-time /ˈnaɪt taɪm/ *n* noche ☛ *Ver nota en* NOCHE

nil /nɪl/ *n* **1** (*GB, Dep*) cero **2** nulo

nimble /ˈnɪmbl/ *adj* (**-er**, **-est**) **1** ágil **2** (*mente*) despierto

nine /naɪn/ *adj, pron, n* nueve ☛ *Ver ejemplos en* FIVE **ninth 1** *adj* noveno **2** *pron, adv* el noveno, la novena, los novenos, las novenas **3** *n* novena parte, noveno ☛ *Ver ejemplos en* FIFTH

nineteen /ˌnaɪnˈtiːn/ *adj, pron, n* diecinueve ☛ *Ver ejemplos en* FIVE **nineteenth 1** *adj* decimonoveno **2** *pron, adv* el decimonoveno, la decimonovena, los decimonovenos, las decimonovenas **3** *n* diecinueveava parte, diecinueveavo ☛ *Ver ejemplos en* FIFTH

ninety /ˈnaɪnti/ *adj, pron, n* noventa ☛ *Ver ejemplos en* FIFTY, FIVE **ninetieth 1** *adj, pron* nonagésimo **2** *n* noventava parte, noventavo ☛ *Ver ejemplos en* FIFTH

nip /nɪp/ (**-pp-**) **1** *vt* pellizcar **2** *vi* (*coloq*) correr: *to nip out* salir un momento

nipple /ˈnɪpl/ *n* pezón, tetilla

nitrogen /ˈnaɪtrədʒən/ *n* nitrógeno

no /noʊ/ ◆ *adj neg* [*antes de sustantivo*] **1** ninguno: *No two people think alike.* No hay dos personas que piensen igual. ☛ *Ver nota en* NINGUNO **2** (*prohibición*) *No smoking.* Prohibido fumar. **3** (*para enfatizar una negación*): *She's no fool.* No es ninguna tonta. ◊ *It's no joke.* No es ninguna broma. ◆ *adv neg* [*antes de adj comparativo y adv*] no: *His car is no bigger/more expensive than mine.* Su carro no es más grande/caro que el mío. ◆ *interj* ¡no!

nobility /noʊˈbɪləti/ *n* nobleza

noble /ˈnoʊbl/ *adj, n* (**-er** /ˈnoʊblər/**-est** /ˈnoʊblɪst/) noble

nobody /ˈnoʊbədi/ ◆ *pron* (*tb* **no one** /ˈnoʊwʌn/) nadie

En inglés no se pueden usar dos negaciones en la misma frase. Como las palabras **nobody**, **nothing** y **nowhere** son negaciones, el verbo siempre tiene que ser afirmativo: *Nobody saw him.* No lo vio nadie. ◊ *She said nothing.* N dijo nada. ◊ *Nothing happened.* No pasó nada. Cuando el verbo es negativo tenemos que usar **anybody**, **anything** y **anywhere**: *I didn't see anybody.* No vi a nadie. ◊ *She didn't say anything.* No dijo nada.

◆ *n* (*pl* **-ies**) don nadie

nocturnal /nɑkˈtɜːrnl/ *adj* nocturno

nod /nɑd/ ◆ (**-dd-**) **1** *vt, vi* asentir con la cabeza: *He nodded (his head) in agreement.* Asintió (con la cabeza). **2** *vi* **to nod (to/at sb)** saludar con la cabeza (a algn) **3** *vt, vi* indicar/hacer una señal con la cabeza **4** *vi* dar cabezadas **PHR V to nod off** (*coloq*) dormirse ◆ *n* inclinación de la cabeza **LOC to give (sb) the nod** dar permiso (a algn) para hacer algo

noise /nɔɪz/ *n* ruido **LOC to make a noise (about sth)** armar un escándalo (por algo) *Ver tb* BIG **noisily** *adv* ruidosamente, escandalosamente **noisy** *adj* (**-ier**, **-iest**) **1** ruidoso **2** bullicioso

nomad /ˈnoʊmæd/ *n* nómada **nomadic** /noʊˈmædɪk/ *adj* nómada

nominal /ˈnɑmɪnl/ *adj* nominal **nominally** *adv* en apariencia, de nombre

nominate /ˈnɑmɪneɪt/ *vt* **1** ~ **sb (as sth) (for sth)** nombrar, proponer, nominar a algn (como algo) (para algo) **2** ~ **sth (as sth)** establecer, designar algo (como algo) **nomination** *n* nombramiento

nominee /ˌnɑmɪˈniː/ *n* candidato, -a

none /nʌn/ ◆ *pron* **1** ninguno, -a, -os, -as: *None (of them) is/are alive now.* Ya no queda ninguno vivo. **2** [*con sustantivos o pronombres incontables*] nada: *"Is there any bread left?" "No, none."* —¿Queda algo de pan? —No, no queda nada. **3** (*formal*) nadie: *and none more so than…* y nadie más que… **LOC none but** sólo **none other than** ni más ni menos que ◆ *adv* **1** *I'm none the wiser.* Sigo sin entender nada. ◊ *He's none the worse for it.* No le pasó nada. **2** *none too clean* nada limpio

nonetheless *adv* /ˌnʌnðəˈles/ sin embargo

non-existent /ˌnɑn ɪgˈzɪstənt/ *adj* inexistente

non-fiction /ˌnɑn ˈfɪkʃn/ *n* obras que no pertenecen al género de ficción

nonsense /ˈnɑnsens; *GB* -sns/ *n* [*incontable*] **1** disparates **2** tonterías **nonsensical** /nɑnˈsensɪkl/ *adj* absurdo

non-stop /ˌnɑn ˈstɑp/ ◆ *adj* **1** (*vuelo, etc.*) directo **2** ininterrumpido ◆ *adv* **1** directamente, sin hacer escala **2** sin parar, ininterrumpidamente (*hablar, trabajar, etc.*)

noodle /ˈnuːdl/ *n* fideo

noon /nuːn/ *n* (*formal*) mediodía: *at noon* al mediodía ◊ *twelve noon* las doce en punto

no one *Ver* NOBODY

noose /nuːs/ *n* nudo corredizo, lazo

nor /nɔːr/ *conj, adv* **1** ni **2** (ni…) tampoco: *Nor do I.* Yo tampoco. ☛ *Ver nota en* NEITHER

norm /nɔːrm/ *n* norma

normal /ˈnɔːrml/ ◆ *adj* normal ◆ *n* lo normal: *Things are back to normal.* Las cosas han vuelto a la normalidad. **normally** *adv* normalmente ☛ *Ver nota en* ALWAYS

north /nɔːrθ/ ◆ *n* (*tb* **the north**, **the North**) (*abrev* **N**) (el) norte: *Leeds is in the North of England.* Leeds está en el norte de Inglaterra. ◊ *northbound* en/con dirección norte ◆ *adj* (del) norte: *north winds* vientos del norte ◆ *adv* al norte: *We are going north on Tuesday.* Nos vamos al norte el martes. *Ver tb* NORTHWARD(S)

northeast /ˌnɔːrθˈiːst/ ◆ *n* (*abrev* **NE**) nororiente, noreste ◆ *adj* nororiental, (del) noreste ◆ *adv* hacia el nororiente/noreste **northeastern** *adj* (del) nororiente/noreste

northern /ˈnɔːrðərn/ (*tb* **Northern**) *adj* (del) norte: *She has a northern accent.* Tiene acento del norte. ◊ *the northern hemisphere* el hemisferio norte **northerner** *n* norteño, -a

northward(s) /ˈnɔːrθwərd(z)/ *adv* hacia el norte *Ver tb* NORTH *adv*

northwest /ˌnɔːrθˈwest/ ◆ *n* (*abrev* **NW**) noroccidente, noroeste ◆ *adj* noroccidental, (del) noroeste ◆ *adv* hacia el noroccidente /noroeste **northwestern** *adj* noroccidental, (del) noroeste

nose /noʊz/ ◆ *n* **1** nariz **2** (*avión*) morro **3** (*lit y fig*) olfato **LOC** *Ver* BLOW ◆ **PHR V to nose around/about** (*coloq*) husmear

nostalgia /nɑˈstældʒə/ *n* nostalgia

nostril /ˈnɑstrəl/ *n* fosa nasal: *nostrils* nariz

nosy (*GB* **nosey**) /ˈnoʊzi/ *adj* (**-ier**, **-iest**) (*coloq*, *pey*) curioso, fisgón

not /nɑt/ *adv* no: *I hope not.* Espero que no. ◊ *I'm afraid not.* Me temo que no. ◊ *Certainly not!* ¡Ni hablar! ◊ *Not any more.* Ya no. ◊ *Not even…* Ni siquiera…

Not se usa para formar negaciones con verbos auxiliares y modales (**be**, **do**, **have**, **can**, **must**, etc.) y muchas veces se usa en su forma contracta **-n't**: *She is not/isn't going.* ◊ *We did not/didn't go.* ◊ *I must not/mustn't go.* La forma no contracta (**not**) tiene un uso más formal o enfático y se usa para formar la negación de los verbos subordinados: *He warned me not to be late.* Me advirtió que no llegara tarde. ◊ *I suppose not.* Supongo que no. ☛ *Comparar con* NO

LOC **not all that…** no muy… **not as…as all that**: *They're not as rich as all that.* No son tan ricos. **not at all 1** (*respuesta*) de nada *Ver tb* WELCOME **2** nada, en lo más mínimo **not that…** no es que…: *It's not that I mind…* No es que me importe…

notably /ˈnoʊtəbli/ *adv* notablemente

notary public /ˈnoʊtəri pʌblɪk/ *n* (*pl* **notaries public** *o* **notary publics**) notario público, notaria pública

notch /nɑtʃ/ ◆ *n* **1** corte **2** grado ◆ PHR V **to notch sth up** (*coloq*) conseguir algo

note /noʊt/ ◆ *n* **1** (*tb Mús*) nota: *to make a note* (*of sth*) tomar nota (de algo) ◊ *to take notes* tomar apuntes ◊ *notepaper* papel de escribir **2** (*GB*) (*tb* **banknote**, *USA* **bill**) billete **3** (*piano, etc.*) tecla ◆ *vt* advertir, fijarse en PHR V **to note sth down** anotar algo **noted** *adj* ~ (**for/as sth**) célebre (por/por ser algo)

notebook /ˈnoʊtbʊk/ *n* cuaderno, libreta

noteworthy /ˈnoʊtwɜːrði/ *adj* digno de mención

nothing /ˈnʌθɪŋ/ *pron* **1** nada ☛ *Ver nota en* NOBODY **2** cero LOC **for nothing 1** gratis **2** en vano **nothing much** no gran cosa **nothing of the kind/sort** nada por el estilo **to have nothing to do with sth/sb** no tener nada que ver con algo/algn

notice /ˈnoʊtɪs/ ◆ *n* **1** anuncio, cartel: *noticeboard* (*GB*) (*USA* **bulletin board**) cartelera (de avisos) **2** aviso: *until further notice* hasta nuevo aviso ◊ *to give one month's notice* avisar con un mes de antelación **3** dimisión, carta de despido **4** reseña LOC **to take no notice/not to take any notice** (**of sth/sb**) no hacer caso (de algo/algn) *Ver tb* ESCAPE, MOMENT ◆ *vt* **1** darse cuenta **2** prestar atención a, fijarse en **noticeable** *adj* perceptible

notify /ˈnoʊtɪfaɪ/ *vt* (*pret*, *pp* **-fied**) (*formal*) ~ **sb** (**of sth**); ~ **sth to sb** notificar (algo) a algn

notion /ˈnoʊʃn/ *n* **1** ~ (**that…**) noción, idea (de que…) **2** [*incontable*] ~ (**of sth**) idea (de algo): *without any notion of what he would do* sin tener idea de lo que haría

notorious /noʊˈtɔːriəs/ *adj* (*pey*) ~ (**for/as sth**) conocido, famoso (por/por ser algo)

notwithstanding /ˌnɑtwɪθˈstændɪŋ/ *prep*, *adv* (*formal*) a pesar de, no obstante

nought /nɔːt/ *n* (*GB*) (*USA* **zero**) cero

noun /naʊn/ *n* nombre, sustantivo

nourish /ˈnɜːrɪʃ/ *vt* **1** nutrir **2** (*formal*, *fig*) alimentar **nourishing** *adj* nutritivo

novel /ˈnɑvl/ ◆ *adj* original ◆ *n* novela **novelist** *n* novelista

novelty /ˈnɑvlti/ *n* (*pl* **-ies**) novedad

November /noʊˈvembər/ *n* (*abrev* **Nov**) noviembre ☛ *Ver nota y ejemplos en* JANUARY

novice /ˈnɑvɪs/ *n* novato, -a, principiante

now /naʊ/ ◆ *adv* **1** ahora: *by now* ya ◊ *right now* ahora mismo **2** ahora bien LOC (**every**) **now and again/then** de vez en cuando ◆ *conj* **now** (**that…**) ahora que…, ya que…

nowadays /ˈnaʊədeɪz/ *adv* hoy (en día

nowhere /ˈnoʊweər/ *adv* en/por ninguna parte: *There's nowhere to park.* No hay donde estacionarse. ☛ *Ver nota en* NOBODY LOC **to be nowhere to be found/seen** no aparecer por ninguna parte *Ver tb* MIDDLE, NEAR

nozzle /ˈnɑzl/ *n* boquilla

nuance /ˈnuːɑns; *GB* ˈnjuː-/ *n* matiz

nuclear /ˈnuːkliər; *GB* ˈnjuː-/ *adj* nuclear

nucleus /ˈnuːkliəs; *GB* ˈnjuː-/ *n* (*pl* **nuclei** /-kliaɪ/) núcleo

nude /nuːd; *GB* njuːd/ ◆ *adj* desnudo (integral) (*artístico y erótico*) ☛ *Ver nota en* NAKED ◆ *n* desnudo **LOC in the nude** desnudo **nudity** *n* desnudez

nudge /nʌdʒ/ *vt* **1** dar un codazo a *Ver tb* ELBOW **2** empujar suavemente

nuisance /ˈnuːsns; *GB* ˈnjuː-/ *n* **1** molestia **2** (*persona*) pesado, -a

null /nʌl/ *adj* **LOC null and void** nulo

numb /nʌm/ ◆ *adj* entumecido: *numb with shock* paralizado del susto ◆ *vt* **1** entumecer **2** (*fig*) paralizar

number /ˈnʌmbər/ ◆ *n* (*abrev* **No**) número *Ver* REGISTRATION NUMBER **LOC a number of...** varios/ciertos... ◆ *vt* **1** numerar **2** ascender a

number plate (*GB*) (*USA* **license plate**) *n* placa (*de carro*)

numerical /nuːˈmerɪkl; *GB* njuː-/ *adj* numérico

numerous /ˈnuːmərəs; *GB* ˈnjuː-/ *adj* (*formal*) numeroso

nun /nʌn/ *n* monja

nurse /nɜːrs/ ◆ *n* **1** enfermero, -a **2** (*tb* **nursemaid**) niñera *Ver tb* NANNY ◆ **1** *vt* (*lit y fig*) cuidar **2** *vt, vi* amamantar(se) **3** *vt* arrullar **4** *vt* (*sentimientos*) alimentar *Ver tb* NURTURE sentido 2 **nursing** *n* **1** enfermería: *nursing home* residencia privada de la tercera edad **2** cuidado (*de enfermos*)

nursery /ˈnɜːrsəri/ *n* (*pl* **-ies**) **1** guardería, jardín infantil: *nursery school* jardín infantil (para niños de 2 a 5 años) ◊ *nursery rhyme* canción infantil *Ver tb* CRÈCHE, PLAYGROUP **2** habitación de los niños **3** vivero

nurture /ˈnɜːrtʃər/ *vt* **1** (*niño*) criar **2** alimentar **3** (*fig*) fomentar

nut /nʌt/ *n* **1** nuez **2** tuerca **3** (*coloq, pey*) (*GB* **nutter**) chiflado, -a **4** fanático, -a **nutty** *adj* (**-ier**, **-iest**) **1** *a nutty flavor* un sabor a nuez **2** (*coloq*) chiflado

nutcase /ˈnʌtkeɪs/ *n* (*coloq*) chiflado, -a

nutcrackers /ˈnʌtkrækərz/ *n* [*pl*] cascanueces

nutmeg /ˈnʌtmeg/ *n* nuez moscada

nutrient /ˈnuːtriənt; *GB* ˈnjuː-/ *n* (*formal*) nutriente, sustancia nutritiva

nutrition /nuːˈtrɪʃn; *GB* njuː-/ *n* nutrición **nutritional** *adj* nutritivo **nutritious** *adj* nutritivo

nuts /nʌts/ *adj* (*coloq*) **1** loco **2** ~ **about/on** (*GB*) **sth/sb** loco por algo/algn

nutshell /ˈnʌtʃel/ *n* cáscara (*de nuez*) **LOC (to put sth) in a nutshell** (decir algo) en pocas palabras

nutty *Ver* NUT

nylon /ˈnaɪlɑn/ *n* nailon, nylon

nymph /nɪmf/ *n* ninfa

Oo

O, o /oʊ/ *n* (*pl* **O's**, **o's** /oʊz/) **1** O, o: *O as in Oscar* O de Oscar ☛ *Ver ejemplos en* A, A **2** cero

> Cuando se nombra el cero en una serie de números, p.ej. 01865, se pronuncia como la letra **O**: /ˌoʊ wʌn eɪt sɪks ˈfaɪv/.

oak /oʊk/ (*tb* **oak tree**) *n* roble

oar /ɔːr/ *n* remo

oasis /oʊˈeɪsɪs/ *n* (*pl* **oases** /-siːz/) (*lit y fig*) oasis

oath /oʊθ/ *n* **1** juramento **2** palabrota **LOC on/under oath** bajo juramento

oats /oʊts/ *n* [*pl*] (copos de) avena

obedient /oʊˈbiːdiənt; *GB* əˈbiːd-/ *adj* obediente **obedience** *n* obediencia

obese /oʊˈbiːs/ *adj* (*formal*) obeso

obey /oʊˈbeɪ; *GB* əˈbeɪ/ *vt, vi* obedecer

obituary /oʊˈbɪtʃʊeri; *GB* -tʃuəri/ *n* (*pl* **-ies**) obituario

object /ˈɑbdʒɪkt/ ◆ *n* **1** objeto **2** objetivo, propósito **3** (*Gram*) complemento ◆ /əbˈdʒekt/ *vi* ~ (**to sth/sb**) oponerse (a algo/algn); estar en contra (de algo/algn): *If he doesn't object.* Si no tiene inconveniente.

objection /əbˈdʒekʃn/ *n* ~ (**to/against sth/doing sth**) oposición (a algo/a hacer algo); protesta contra algo; inconveniente en hacer algo

objective /əbˈdʒektɪv/ *adj, n* objetivo: *to remain objective* mantener la objetividad

obligation /ˌɑblɪˈgeɪʃn/ *n* **1** obligación **2** (*Com*) compromiso LOC **to be under an/no obligation (to do sth)** (no) tener obligación (de hacer algo)

obligatory /əˈblɪgətɔːri; *GB* -tri/ *adj* (*formal*) obligatorio, de rigor

oblige /əˈblaɪdʒ/ *vt* **1** obligar **2** ~ **sb (with sth/by doing sth)** (*formal*) complacer a algn; hacer el favor a algn (de hacer algo) **obliged** *adj* ~ **(to sb) (for sth/doing sth)** agradecido (a algn) (por algo/hacer algo) LOC **much obliged** se agradece **obliging** *adj* atento

obliterate /əˈblɪtəreɪt/ *vt* (*formal*) eliminar

oblivion /əˈblɪviən/ *n* olvido

oblivious /əˈblɪviəs/ *adj* ~ **of/to sth** no consciente de algo

oblong /ˈɑblɔːŋ; *GB* -lɒŋ/ ◆ *n* rectángulo ◆ *adj* rectangular

oboe /ˈoʊboʊ/ *n* oboe

obscene /əbˈsiːn/ *adj* obsceno

obscure /əbˈskjʊər/ ◆ *adj* **1** oscuro, poco claro **2** desconocido ◆ *vt* oscurecer, esconder

observant /əbˈzɜːrvənt/ *adj* observador

observation /ˌɑbzərˈveɪʃn/ *n* observación

observatory /əbˈzɜːrvətɔːri; *GB* -tri/ *n* (*pl* **-ies**) observatorio

observe /əbˈzɜːrv/ *vt* **1** observar **2** (*formal*) (*fiesta*) guardar **observer** *n* observador, -ora

obsess /əbˈses/ *vt* obsesionar **obsession** *n* ~ **(with/about sth/sb)** obsesión (con algo/algn) **obsessive** *adj* (*pey*) obsesivo

obsolete /ˈɑbsəliːt/ *adj* obsoleto

obstacle /ˈɑbstəkl/ *n* obstáculo

obstetrician /ˌɑbstəˈtrɪʃn/ *n* gineco-obstetra

obstinate /ˈɑbstɪnət/ *adj* obstinado

obstruct /əbˈstrʌkt/ *vt* obstruir

obstruction /əbˈstrʌkʃn/ *n* obstrucción

obtain /əbˈteɪn/ *vt* obtener **obtainable** *adj* que se puede conseguir

obvious /ˈɑbviəs/ *adj* obvio **obviously** *adv* obviamente

occasion /əˈkeɪʒn/ *n* **1** ocasión **2** acontecimiento LOC **on the occasion of sth** (*formal*) con motivo de algo

occasional /əˈkeɪʒənl/ *adj* esporádico: *She reads the occasional book.* Lee uno que otro libro. **occasionally** *adv* de vez en cuando ☛ *Ver nota en* ALWAYS

occupant /ˈɑkjəpənt/ *n* ocupante

occupation /ˌɑkjuˈpeɪʃn/ *n* **1** ocupación **2** profesión ☛ *Ver nota en* WORK[1]

occupational /ˌɑkjuˈpeɪʃənl/ *adj* **1** laboral: *occupational hazards* gajes del oficio **2** (*terapia*) ocupacional

occupier /ˈɑkjʊpaɪər/ *n* ocupante

occupy /ˈɑkjupaɪ/ (*pret, pp* **occupied**) **1** *vt* ocupar **2** *v refl* ~ **yourself (in doing sth/with sth)** entretenerse (haciendo algo con algo)

occur /əˈkɜːr/ *vi* (*pret, pp* **occurred**) **1** ocurrir, producirse **2** (*formal*) aparecer **3** ~ **to sb** ocurrirse a algn

occurrence /əˈkɜːrəns/ *n* **1** hecho, caso **2** (*formal*) existencia, aparición **3** frecuencia ☛ *Comparar con* OCURRENCIA

ocean /ˈoʊʃn/ *n* océano, mar LOC *Ver* DROP ☛ *Ver nota en* OCÉANO

o'clock /əˈklɑk/ *adv*: *six o'clock* las seis (en punto)

October /ɑkˈtoʊbər/ *n* (*abrev* **Oct**) octubre ☛ *Ver nota y ejemplos en* JANUARY

octopus /ˈɑktəpəs/ *n* (*pl* ~**es**) pulpo

odd /ɑd/ *adj* **1** (**odder**, **oddest**) raro **2** (*número*) impar **3** (*fascículo*) suelto **4** (*zapato*) nono **5** sobrante **6** *thirty-odd* treinta y pico **7** *He has the odd beer.* Toma una cerveza de vez en cuando. LOC **to be the odd man/one out** ser el único desparejado, sobrar *Ver tb* FISH

oddity /ˈɑdəti/ *n* (*pl* **-ies**) **1** (*tb* **oddness**) rareza **2** cosa rara **3** (*persona*) bicho raro

oddly /ˈɑdli/ *adv* extrañamente: *Oddly enough…* Lo extraño es que…

odds /ɑdz/ *n* [*pl*] **1** probabilidades: *The odds are that…* Lo más probable es que… **2** apuestas LOC **it makes no odds** (*GB, coloq*) da lo mismo **odds and ends** cosas sin valor **to be at odds (with sb) (over/on sth)** estar reñido (con algn) (por algo), discrepar (sobre algo)

odor (*GB* **odour**) /ˈoʊdər/ *n* (*formal*) olor: *body odor* olor corporal ☛ **Odor** se usa en contextos más formales que **smell** y a veces implica que es un olor desagradable.

of /əv, ɑv/ *prep* **1** de: *a girl of six* una niña de seis años ◊ *It's made of wood.* Es de madera. ◊ *two kilograms of rice* dos kilos de arroz ◊ *It was very kind of him.* Fue muy amable de su parte. **2** (*con posesivos*) de: *a friend of John's* un amigo de John ◊ *a cousin of mine* un primo mío **3** (*con cantidades*): *There were five of us.* Eramos cinco. ◊ *most of all* más que nada ◊ *The six of us went.* Fuimos los seis. **4** (*fechas y tiempo*) de: *the first of March* el primero de marzo **5** (*causa*) de: *What did she die of?* ¿De qué murió?

off /ɔːf; *GB* ɒf/ ◆ *adj* (*GB*) **1** (*comida*) pasado **2** (*leche*) cortado ◆ *part adv* **1** (*a distancia*): *five miles off* a cinco millas de distancia ◊ *some way off* a cierta distancia ◊ *not far off* no (muy) lejos **2** (*quitado*): *You left the lid off.* Lo dejaste destapado. ◊ *with her shoes off* descalza **3** *I must be off.* Tengo que irme. **4** (*coloq*): *The meeting is off.* Se canceló la reunión. **5** (*gas, electricidad*) desconectado **6** (*máquinas, etc.*) apagado **7** (*llave*) cerrado **8** *a day off* un día libre **9** *five percent off* un cinco por ciento de descuento *Ver* WELL OFF **LOC off and on; on and off** de cuando en cuando **to be off (for sth)** (*GB, coloq*): *How are you off for cash?* ¿Cómo está de plata? ☛ *Comparar con* BADLY, BETTER ◆ *prep* **1** de: *to fall off sth* caerse de algo **2** *a street off the main road* una calle que sale de la carretera principal **3** *off the coast* a cierta distancia de la costa **4** (*GB, coloq*) sin ganas de: *to be off your food* estar desganado **LOC come off it!** ¡basta! ☛ Para los usos de **off** en PHRASAL VERBS ver las entradas de los verbos correspondientes, p.ej. **to go off** en GO[1].

off-duty /ˌɔːf ˈduːti/ *adj* fuera de servicio

offend /əˈfend/ *vt* ofender: *to be offended* ofenderse **offender** *n* **1** infractor, -ora **2** delincuente

offense (*GB* **offence**) /əˈfens/ *n* **1** delito **2** ofensa **LOC to take offense (at sth)** ofenderse (por algo)

offensive /əˈfensɪv/ ◆ *adj* **1** ofensivo, insultante **2** (*olor, etc.*) repugnante ◆ *n* ofensiva

offer /ˈɔːfər; *GB* ˈɒf-/ ◆ *vt, vi* ofrecer: *to offer to do sth* ofrecerse a/para hacer algo ◆ *n* oferta **offering** *n* **1** ofrecimiento **2** ofrenda

offhand /ˌɔːfˈhænd; *GB* ˌɒf-/ ◆ *adv* improvisadamente, así, de pronto ◆ *adj* brusco

office /ˈɔːfɪs; *GB* ˈɒf-/ *n* **1** oficina: *office hours* horas de oficina **2** despacho **3** cargo: *to take office* asumir un cargo **LOC in office** en el poder

officer /ˈɔːfɪsər; *GB* ˈɒf-/ *n* **1** (*ejército*) oficial **2** (*gobierno*) funcionario, -a **3** (*tb* **police officer**) policía, agente

office supply store *n* papelería

official /əˈfɪʃl/ ◆ *adj* oficial ◆ *n* funcionario, -a **officially** *adv* oficialmente

off-licence /ˈɔːf laɪsns; *GB* ˈɒf/ (*GB*) (*USA* **liquor store**) *n* estanco

off-peak /ˌɔːf ˈpiːk; *GB* ˈɒf/ *adj* **1** (*precio, tarifa*) de temporada baja **2** (*período*) de menor consumo

off-putting /ˈɔːf pʊtɪŋ; *GB* ˈɒf/ *adj* (*coloq*) **1** desconcertante **2** (*persona*) desagradable

offset /ˌɔːfˈset; *GB* ˈɒfset/ *vt* (**-tt-**) (*pret, pp* **offset**) contrarrestar

offshore /ˌɔːfˈʃɔːr; *GB* ˌɒf-/ *adj* **1** (*isla*) cercano a la costa **2** (*brisa*) terral

offside /ˌɔːfˈsaɪd; *GB* ˌɒf-/ *adj, adv* fuera de juego/lugar

offspring /ˈɔːfsprɪŋ; *GB* ˈɒf-/ *n* (*pl* **offspring**) (*formal*) **1** hijo(s), descendencia **2** cría(s)

often /ˈɔːfn; *GB* ˈɒfn, ˈɒftən/ *adv* **1** a menudo, muchas veces: *How often do you see her?* ¿Cada cuánto la ves? **2** con frecuencia ☛ *Ver nota en* ALWAYS **LOC** *Ver* EVERY

oh! /oʊ/ *interj* **1** ¡oh!, ¡ah!, ¡ay! **2** *Oh yes I will.* ¡Claro que lo haré! ◊ *Oh no you won't!* ¡Por supuesto que no!

oil /ɔɪl/ ◆ *n* **1** petróleo: *oilfield* yacimiento petrolífero ◊ *oil rig* plataforma/torre de perforación ◊ *oil tanker* petrolero ◊ *oil well* pozo petrolífero **2** aceite **3** (*Arte*) óleo ◆ *vt* lubricar **oily** *adj* (**oilier, oiliest**) **1** oleoso **2** aceitoso

oil slick *n* mancha de petróleo, marea negra

okay (*tb* **OK**) /ˌoʊˈkeɪ/ ◆ *adj, adv* (*coloq*) bien ◆ *interj* listo, de acuerdo ◆ *vt* dar el visto bueno a ◆ *n* consentimiento, visto bueno

old /oʊld/ ◆ *adj* (**older**, **oldest**) ☛ *Ver nota en* ELDER **1** viejo: *old age* vejez ◊ *old people* (los) ancianos ◊ *the Old Testament* el Antiguo Testamento **2** *How old are you?* ¿Cuántos años tienes? ◊ *She is two (years old).* Tiene dos años.

> Para decir "tengo diez años", decimos *I am ten* o *I am ten years old.* Sin embargo, para decir "un chico de diez años", decimos *a boy of ten* o *a ten-year-old boy.* ☛ *Ver nota en* YEAR

3 (*anterior*) antiguo **LOC** *Ver* CHIP ◆ **the old** *n* [*pl*] los ancianos

old-fashioned /ˌoʊld ˈfæʃnd/ *adj* **1** pasado de moda **2** tradicional

olive /ˈɑlɪv/ ◆ *n* **1** aceituna **2** (*tb* **olive tree**) olivo: *olive oil* aceite de oliva ◆ *adj* **1** (*tb* **olive green**) verde oliva **2** (*piel*) aceitunado

the Olympic Games *n* [*pl*] **1** (*Hist*) los Juegos Olímpicos **2** (*tb* **the Olympics**) la Olimpiada

omelette (*tb* **omelet**) /ˈɑmlət/ *n* omelet, tortilla

omen /ˈoʊmen/ *n* presagio

ominous /ˈɑmɪnəs/ *adj* ominoso

omission /oʊˈmɪʃn/ *n* omisión, olvido

omit /oʊˈmɪt/ *vt* (**-tt-**) **1** ~ **doing/to do** dejar de hacer algo **2** omitir

omnipotent /ɑmˈnɪpətənt/ *adj* omnipotente

on /ɑn, ɔːn/ ◆ *part adv* **1** (*con un sentido de continuidad*): *to play on* seguir tocando ◊ *further on* más lejos/más allá ◊ *from that day on* a partir de aquel día **2** (*ropa, etc.*) puesto **3** (*máquinas, etc.*) conectado, encendido **4** (*llave*) abierto **5** programado: *When is the movie on?* ¿A qué hora empieza la película? **LOC on and on** sin parar *Ver tb* OFF ◆ *prep* **1** (*tb* **upon**) en, sobre: *on the table* en/sobre la mesa ◊ *on the wall* en la pared **2** (*transporte*): *to go on the train/bus* ir en tren/bus ◊ *to go on foot* ir a pie **3** (*fechas*): *on Sunday(s)* el/los domingo(s) ◊ *on May 3* el tres de mayo **4** (*tb* **upon**) [+ *ing*]: *on arriving home* al llegar a casa **5** (*acerca de*) sobre **6** (*consumo*): *to be on drugs* estar tomando drogas ◊ *to live on fruit/on $20 a week* vivir de fruta/mantenerse con 20 dólares a la semana **7** *to speak on the telephone* hablar por teléfono **8** (*actividad, estado, etc.*) de: *on vacation* de vacaciones ◊ *to be on duty* estar de servicio ☛ Para los usos de **on** en PHRASAL VERBS ver las entradas de los verbos correspondientes, p.ej. **to get on** en GET.

once /wʌns/ ◆ *conj* una vez que: *Once he'd gone...* Cuando se había ido... ◆ *adv* una vez: *once a week* una vez a la semana **LOC at once 1** enseguida **2** a la vez **once again/more** una vez más **once and for all** de una vez por todas **once in a while** de vez en cuando **once or twice** un par de veces **once upon a time** érase una vez

oncoming /ˈɒnkʌmɪŋ, ˈɔːn-/ *adj* en dirección contraria

one¹ /wʌn/ *adj, pron, n* uno, una ☛ *Ver ejemplos en* FIVE

one² /wʌn/ ◆ *adj* **1** un(o), una: *one morning* una mañana **2** único: *the one way to succeed* la única forma de triunfar **3** mismo: *of one mind* de la misma opinión ◆ *pron* **1** [*después de adjetivo*]: *the little ones* los pequeños ◊ *I prefer this/that one.* Prefiero éste/ése. ◊ *Which one?* ¿Cuál? ◊ *another one* otro ◊ *It's better than the old one.* Es mejor que el viejo. **2** el, los, la, las que: *the one at the end* el que está al final **3** uno, una: *I need a pen. Do you have one?* Necesito un bolígrafo. ¿Tienes uno? ◊ *one of her friends* uno de sus amigos ◊ *to tell one from the other* distinguir el uno del otro **4** [*como sujeto*] (*formal*) uno, una: *One must be sure.* Uno debe estar seguro. ☛ *Ver nota en* YOU **LOC (all) in one** a la vez **one by one** uno a uno **one or two** unos cuantos

one another *pron* los unos a los otros el uno al otro ☛ *Ver nota en* EACH OTHER

one-off /ˌwʌn ˈɔːf; *GB* ˈɒf/ *adj, n* (*GB*) (algo) excepcional/único

oneself /wʌnˈself/ *pron* **1** [*uso reflexivo*]: *to cut oneself* cortarse **2** [*uso enfático*] uno mismo: *to do it oneself* hacerlo uno mismo

one-way /ˌwʌn ˈweɪ/ *adj* **1** de sentido único, de una vía **2** (*GB* **single**) (*tiquete*) de ida

ongoing /ˈɑngoʊɪŋ/ *adj* **1** en curso **2** actual

onion /ˈʌnjən/ *n* cebolla

on-line /ˌɑn ˈlaɪn/ *adj, adv* en línea (*Informát*)

onlooker /ˈɑnlʊkər/ *n* espectador, -ora

only /ˈoʊnli/ ◆ *adv* solamente, sólo **LOC not only...but also** no sólo...sino (también) **only just 1** *I've only just arrived.* Acabo de llegar. **2** *I can only just see.* Apenas si puedo ver. *Ver tb* IF ◆ *adj* único: *He is an only child.* Es hijo único. ◆ *conj* (*coloq*) sólo que, pero

onset /ˈɒnset/ *n* llegada, inicio

onslaught /ˈɒnslɔːt/ *n* ~ **(on sth/sb)** ataque (contra algo/algn)

onto (*tb* **on to**) /ˈɒntə, ˈɒntuː, ˈɔːn-/ *prep* en, sobre, a: *to climb (up) onto sth* subirse a algo **PHR V to be onto sb** (*coloq*) seguir la pista de algn **to be onto sth** haber dado con algo

onward /ˈɑnwərd, ˈɔːn-/ ◆ *adj* (*formal*) hacia delante: *your onward journey* la continuación de su viaje ◆ *adv* (*tb* **onwards**) **1** hacia adelante **2** en adelante: *from then onwards* a partir de entonces

ooze /uːz/ **1** *vt, vi* ~ **(with) sth** rezumar (algo) **2** *vt, vi* ~ **from/out of sth** rezumar (de algo)

opaque /oʊˈpeɪk/ *adj* opaco

open /ˈoʊpən/ ◆ *adj* **1** abierto: *Don't leave the door open.* No deje la puerta abierta. **2** (*vista*) despejado **3** público **4** (*fig*): *to leave sth open* dejar algo pendiente **LOC in the open air** al aire libre *Ver tb* BURST, CLICK, WIDE ◆ **1** *vt, vi* abrir(se) **2** *vt* (*proceso*) empezar **3** *vt, vi* (*edificio, exposición, etc.*) inaugurar(se) **PHR V to open into/onto sth** dar a algo **to open sth out** desplegar algo **to open up** (*coloq*) abrirse **to open (sth) up** abrir algo, abrirse: *Open up!* ¡Abra(n)! ◆ **the open** *n* el aire libre **LOC to come (out) into the open** salir a la luz *Ver tb* BRING **opener** *n* destapador **openly** *adv* abiertamente **openness** *n* franqueza

open-air /ˌoʊpən ˈeər/ *adj* al aire libre

opening /ˈoʊpənɪŋ/ ◆ *n* **1** (*hueco*) apertura **2** (*acto*) apertura **3** comienzo **4** (*tb* **opening night**) (*Teat*) estreno **5** inauguración **6** (*trabajo*) vacante **7** oportunidad ◆ *adj* primero

open-minded /ˌoʊpən ˈmaɪndɪd/ *adj* abierto, libre de prejuicios

opera /ˈɑprə/ *n* ópera: *opera house* teatro de la ópera

operate /ˈɑpəreɪt/ **1** *vt, vi* (*máquina*) funcionar, manejar **2** *vi* (*empresa*) operar **3** *vt* (*servicio*) ofrecer **4** *vt* (*negocio*) dirigir **5** *vt, vi* (*Mec*) accionar(se) **6** *vi* ~ **(on sb) (for sth)** (*Med*) operar (a algn) (de algo): *operating room* quirófano

operation /ˌɑpəˈreɪʃn/ *n* **1** operación **2** funcionamiento **LOC to be in/come into operation 1** estar/entrar en funcionamiento **2** (*Jur*) estar/entrar en vigor **operational** *adj* **1** de funcionamiento **2** operativo, en funcionamiento

operative /ˈɑpərətɪv, ˈɑprə-/ ◆ *adj* **1** en funcionamiento **2** (*Jur*) en vigor **3** (*Med*) operatorio ◆ *n* operario, -a

operator /ˈɑpəreɪtər/ *n* maquinista: *radio operator* radiotelegrafista ◊ *switchboard operator* telefonista/ operador

opinion /əˈpɪniən/ *n* ~ **(of/about sth/ sb)** opinión (de/sobre/acerca de algo/ algn) **LOC in my opinion** en mi opinión *Ver tb* MATTER

opinion poll *Ver* POLL sentido 4

opponent /əˈpoʊnənt/ *n* **1** ~ **(at/in sth)** adversario, -a, contrincante (en algo) **2** *to be an opponent of sth* ser contrario a algo

opportunity /ˌɑpərˈtuːnəti; *GB* -ˈtjuːn-/ *n* (*pl* **-ies**) ~ **(for/of doing sth)**; ~ **(to do sth)** oportunidad (de hacer algo) **LOC to take the opportunity to do sth/of doing sth** aprovechar la ocasión para hacer algo

oppose /əˈpoʊz/ *vt* **1** ~ **sth** oponerse a algo **2** ~ **sb** enfrentarse a algn **opposed** *adj* contrario: *to be opposed to sth* ser contrario a algo **LOC as opposed to**: *quality as opposed to quantity* calidad más que cantidad **opposing** *adj* contrario

opposite /ˈɑpəzɪt/ ◆ *adj* **1** (*GB*) de enfrente: *the house opposite* la casa de enfrente **2** opuesto: *the opposite sex* el sexo opuesto ◆ *adv* enfrente: *She was sitting opposite.* Estaba sentada enfrente. ◆ *prep* (*GB*) (*USA* **across from**) ~ **to sth/sb** enfrente de algo/ algn; frente a algo/algn: *opposite each other* frente a frente ◆ *n* ~ **(of sth)** lo contrario (de algo) ☛ *Ver dibujo en* ENFRENTE

opposition /ˌɑpəˈzɪʃn/ *n* ~ **(to sth/sb)** oposición (a algo/algn)

oppress /əˈpres/ *vt* **1** oprimir **2** agobiar **oppressed** *adj* oprimido **oppression** *n* opresión **oppressive** *adj* **1** opresivo **2** agobiante, sofocante

opt /ɑpt/ *vi* **to opt to do sth** optar por hacer algo PHR V **to opt for sth** optar por algo **to opt out (of sth)** optar por no hacer algo, no participar (en algo)

optical /ˈɑptɪkl/ *adj* óptico

optician /ɑpˈtɪʃn/ *n* **1** óptico, -a **2 optician's** (*tienda*) óptica

optimism /ˈɑptɪmɪzəm/ *n* optimismo **optimist** *n* optimista **optimistic** /ˌɑptɪˈmɪstɪk/ *adj* ~ **(about sth)** optimista (sobre/en cuanto a algo)

optimum /ˈɑptɪməm/ (*tb* **optimal**) *adj* óptimo

option /ˈɑpʃn/ *n* opción **optional** *adj* opcional, optativo

or /ɔːr/ *conj* **1** o, u *Ver tb* EITHER **2** (*de otro modo*) o, si no ☛ *Comparar con* ELSE **3** [*después de negativa*] ni *Ver tb* NEITHER LOC **or so**: *an hour or so* una hora más o menos **sth/sb/somewhere or other** (*coloq*) algo/algn/en alguna parte *Ver tb* RATHER, WHETHER

oral /ˈɔːrəl/ ◆ *adj* **1** (*hablado*) oral **2** (*Anat*) bucal, oral ◆ *n* (examen) oral

orange /ˈɔːrɪndʒ; *GB* ˈɒr-/ ◆ *n* **1** (*fruta*) naranja **2** (*tb* **orange tree**) naranjo **3** (*color*) naranja ◆ *adj* (color) naranja, anaranjado

orbit /ˈɔːrbɪt/ ◆ *n* (*lit y fig*) órbita ◆ *vt, vi* ~ **(sth/around sth)** describir una órbita (alrededor de algo)

orchard /ˈɔːrtʃərd/ *n* huerto

orchestra /ˈɔːrkɪstrə/ *n* orquesta

orchid /ˈɔːrkɪd/ *n* orquídea

ordeal /ɔːrˈdiːl/ *n* experiencia terrible, suplicio

order /ˈɔːrdər/ ◆ *n* **1** (*disposición, calma*) orden: *in alphabetical order* por/en orden alfabético **2** (*mandato*) orden **3** (*Com*) pedido **4** (*Mil, Relig*) orden LOC **in order 1** en orden, en regla **2** (*aceptable*) permitido **in order that...** para que... **in order to...** para... **in running/working order** en perfecto estado de funcionamiento **out of order** estropeado: *It's out of order.* No funciona. *Ver tb* LAW, MARCHING *en* MARCH, PECKING *en* PECK ◆ **1** *vt* ~ **sb to do sth** ordenar, mandar a algn hacer algo/que haga algo **2** *vt* ~ **sth (for sb)** pedir, encargar algo (para algn) **3** *vt, vi* ~ **(sth) (for sb)** (*comida, etc.*) pedir (algo) (para algn) **4** *vt* (*formal*) poner en orden, ordenar, organizar PHR V **to order sb about/around** mandar a algn de acá para allá, ser mandón con algn

orderly /ˈɔːrdərli/ *adj* **1** ordenado, metódico **2** disciplinado, pacífico

ordinance /ˈɔːrdɪnəns/ *n* (*USA*) ordenanza municipal

ordinary /ˈɔːrdəneri; *GB* ˈɔːdnri/ *adj* corriente, normal, medio: *ordinary people* gente común ☛ *Comparar con* COMMON sentido 3 LOC **out of the ordinary** fuera de lo común, extraordinario

ore /ɔːr/ *n* mineral metalífero: *gold/iron ore* mineral de oro/hierro

oregano /əˈreɡənoʊ; *GB* ˌɒrɪˈɡɑːnəʊ/ *n* orégano

organ /ˈɔːrɡən/ *n* (*Mús, Anat*), órgano

organic /ɔːrˈɡænɪk/ *adj* orgánico

organism /ˈɔːrɡənɪzəm/ *n* organismo

organization, -isation /ˌɔːrɡənɪˈzeɪʃn; *GB* -naɪˈz-/ *n* organización **organizational, -isational** *adj* organizativo

organize, -ise /ˈɔːrɡənaɪz/ **1** *vt, vi* organizar(se) **2** *vt* (*pensamientos*) poner en orden **organizer, -iser** *n* organizador, -ora

orgy /ˈɔːrdʒi/ *n* (*pl* **-ies**) (*lit y fig*) orgía

orient /ˈɔːrɪənt/ ◆ *vt* (*GB* **orientate** /ˈɔːriənteit/) ~ **sth/sb (towards sth/sb)** orientar algo/a algn (hacia algo/algn): *to orient yourself* orientarse ◆ *n* **the Orient** Oriente **oriental** /ˌɔːriˈentl/ *adj* oriental **orientation** *n* orientación

origin /ˈɔːrɪdʒɪn/ *n* **1** origen **2** [*a menudo pl*] origen, ascendencia

original /əˈrɪdʒənl/ ◆ *adj* **1** original **2** primero, primitivo ◆ *n* original LOC **in the original** en versión original **originality** /əˌrɪdʒəˈnæləti/ *n* originalidad **originally** *adv* **1** con originalidad **2** en un/al principio, antiguamente

originate /əˈrɪdʒɪmeɪt/ **1** *vi* ~ **in/from sth** originarse, tener su origen en algo, provenir de algo **2** *vi* (*comenzar*) nacer, empezar **3** *vt* originar, crear

ornament /ˈɔːrnəmənt/ *n* (objeto de) adorno, ornamento **ornamental** /ˌɔːrnəˈmentl/ *adj* decorativo, de adorno

ornate /ɔːrˈneɪt/ *adj* (*frec pey*) **1** ornamentado, recargado **2** (*lenguaje, estilo*) florido

orphan /ˈɔːrfn/ ◆ *n* huérfano, -a ◆ *vt*: *to be orphaned* quedarse huérfano **orphanage** *n* orfanato

orthodox /ˈɔːrθədɑks/ *adj* ortodoxo

ostrich /ˈɑstrɪtʃ/ *n* avestruz

other /ˈʌðər/ ◆ *adj* **1** [*con sustantivos en plural*] otro: *other books* otros libros ◊ *Do you have other plans?* ¿Tienes otros planes? **2** [*con sustantivos en singular o en plural cuando va precedido de* the, some *o* any, *adjetivos posesivos o demostrativos*] otro: *All their other children have left home.* Sus otros hijos ya se fueron de la casa. ◊ *That other car was better.* Aquel otro carro era mejor. ◊ *some other time* otro día ☛ *Ver nota en* OTRO **LOC the other day, morning, week, etc.** el otro día, la otra mañana, semana, etc. *Ver tb* EVERY, OR, WORD ◆ *pron* **1 others** [*pl*] otros, -as: *Others have said this before.* Otros lo dijeron antes. ◊ *Do you have any others?* ¿Tienes más? **2 the other** el otro, la otra: *I'll keep one and she can have the other.* Me quedo con uno y dejo el otro para ella. **3 the others** [*pl*] los, las demás: *This shirt is too small and the others are too big.* Esta camisa es demasiado pequeña y las demás, demasiado grandes. ◆ **other than** *prep* **1** excepto, a parte de **2** de otra manera que

otherwise /ˈʌðərwaɪz/ ◆ *adv* **1** (*formal*) de otra manera **2** por lo demás ◆ *conj* si no, de no ser así ◆ *adj* distinto

otter /ˈɑtər/ *n* nutria

ouch! /aʊtʃ/ *interj* ¡ay!

ought to /ˈɔːt tə, ˈɔːt tuː/ *v modal* (*neg* **ought not** *o* **oughtn't** /ˈɔːtnt/)

> **Ought to** es un verbo modal, y las oraciones interrogativas y negativas se construyen sin el auxiliar *do*.

1 (*sugerencias y consejos*): *You ought to do it.* Deberías hacerlo. ◊ *I ought to have gone.* Debería haber ido. ☛ *Comparar con* MUST **2** (*probabilidad*): *Five ought to be enough.* Con cinco habrá suficiente.

ounce /aʊns/ *n* (*abrev* **oz**) onza (*28,35 gramos*) (*Ver Apéndice 1.*)

our /ɑr, ˈaʊər/ *adj pos* nuestro, -a, -os, -as: *Our house is in the center.* Nuestra casa está en el centro. ☛ *Ver nota en* MY

ours /ɑrz, ˈaʊərz/ *pron pos* nuestro, -a, -os, -as: *a friend of ours* una amiga nuestra ◊ *Where's ours?* ¿Dónde está el nuestro?

ourselves /ɑrˈselvz, aʊərˈselvz/ *pron* **1** [*uso reflexivo*] nos **2** [*uso enfático*] nosotros mismos **LOC by ourselves 1** a solas **2** sin ayuda, solos

out /aʊt/ ◆ *part adv* **1** fuera, afuera: *to be out* no estar (en casa)/haber salido **2** *The sun is out.* Salió el sol. **3** pasado de moda **4** (*coloq*) (*posibidad, etc.*) descartado **5** (*luz, etc.*) apagado **6** *to call out* (*loud*) llamar en voz alta **7** (*cálculo*) equivocado: *The bill is out by five dollars.* Se equivocaron en cinco dólares en la cuenta. **8** (*jugador*) eliminado **9** (*pelota*) fuera (*de la línea*) *Ver tb* OUT OF **LOC to be out to do sth** estar decidido a hacer algo ☛ Para los usos de **out** en PHRASAL VERBS ver las entradas de los verbos correspondientes, p.ej. **to pick out** en PICK. ◆ *n* **LOC** *Ver* IN

outbreak /ˈaʊtbreɪk/ *n* **1** brote, inicio **2** (*guerra*) estallido

outburst /ˈaʊtbɜːrst/ *n* **1** explosión **2** (*emoción*) estallido

outcast /ˈaʊtkæst; *GB* -kɑːst/ *n* marginado, -a, paria

outcome /ˈaʊtkʌm/ *n* resultado

outcry /ˈaʊtkraɪ/ *n* (*pl* **-ies**) protestas

outdo /ˌaʊtˈduː/ *vt* (*3ª pers sing pres* **-does** /-ˈdʌz/ *pret* **-did** /-ˈdɪd/ *pp* **-done** /-ˈdʌn/) superar

outdoor /ˈaʊtdɔːr/ *adj* al aire libre: *outdoor swimming pool* piscina descubierta

outdoors /ˌaʊtˈdɔːrz/ *adv* al aire libre, fuera, afuera

outer /ˈaʊtər/ *adj* externo, exterior

outfit /ˈaʊtfɪt/ *n* (*ropa*) conjunto

outgoing /ˈaʊtgoʊɪŋ/ *adj* **1** que sale, de salida **2** (*Pol*) cesante, saliente **3** /ˌaʊtˈgoʊɪŋ/ extrovertido

outgrow /ˌaʊtˈgroʊ/ *vt* (*pret* **outgrew** /-ˈgruː/ *pp* **outgrown** /-ˈgroʊn/) **1** *He's outgrown his shoes.* Ya le quedan pequeños los zapatos. **2** (*hábito, etc.*) cansarse de, abandonar

outing /ˈaʊtɪŋ/ *n* excursión

outlandish /aʊtˈlændɪʃ/ *adj* estrafalario, extravagante

outlaw /ˈaʊtlɔː/ ◆ *vt* declarar ilegal ◆ *n* malhechor, -ora

outlet /ˈaʊtlet/ *n* **1** ~ (**for sth**) desagüe, salida (para algo) **2** ~ (**for sth**) (*fig*) desahogo (para algo) **3** (*Com*) punto de venta **4** (*GB* **socket**) enchufe (*en la pared*)

outline /ˈaʊtlaɪn/ ◆ *n* **1** contorno, perfil **2** líneas generales, esbozo ◆ *vt* **1** perfilar, esbozar **2** exponer en líneas generales

outlive /ˌaʊtˈlɪv/ *vt* ~ **sth/sb** sobrevivir a algo/algn

outlook /ˈaʊtlʊk/ *n* **1** ~ (**onto/over sth**) perspectiva (sobre algo) **2** ~ (**on sth**) (*fig*) punto de vista (sobre algo) **3** ~ (**for sth**) perspectiva, pronóstico (para algo)

outnumber /ˌaʊtˈnʌmbər/ *vt* ~ **sb** superar en número a algn

out of /ˈaʊt əv/ *prep* **1** fuera de: *I want that dog out of the house.* Quiero ese perro fuera de la casa. ◊ *to jump out of bed* saltar de la cama **2** (*causa*) por: *out of interest* por interés **3** de: *eight out of every ten* ocho de cada diez ◊ *to copy sth out of a book* copiar algo de un libro **4** (*material*) de, con: *made out of plastic* (hecho) de plástico **5** sin: *to be out of work* estar sin trabajo

outpost /ˈaʊtpoʊst/ *n* (puesto de) avanzada

output /ˈaʊtpʊt/ *n* **1** producción **2** (*Fís*) potencia

outrage /ˈaʊtreɪdʒ/ ◆ *n* **1** atrocidad **2** escándalo **3** ira ◆ /aʊtˈreɪdʒ/ *vt* ~ **sth/sb** ultrajar a algo/algn **outrageous** *adj* **1** escandaloso, monstruoso **2** extravagante

outright /ˈaʊtraɪt/ ◆ *adv* **1** (*sin reservas*) abiertamente, de plano **2** instantáneamente, de golpe **3** en su totalidad **4** (*ganar*) rotundamente ◆ *adj* **1** abierto **2** (*ganador*) indiscutible **3** (*negativa*) rotundo

outset /ˈaʊtset/ *n* **LOC at/from the outset** (**of sth**) al/desde el principio (de algo)

outside /ˌaʊtˈsaɪd/ ◆ *n* exterior: *on/from the outside* por/desde (a)fuera ◆ *prep* (*esp USA* **outside of**) fuera de, afuera de: *Wait outside the door.* Espera en la puerta. ◆ *adv* fuera, afuera ◆ /ˈaʊtsaɪd/ *adj* exterior, de (a)fuera

outsider /ˌaʊtˈsaɪdər/ *n* **1** forastero, -a **2** (*pey*) intruso, -a **3** (*competidor*) desconocido, -a

outskirts /ˈaʊtskɜːrts/ *n* [*pl*] afueras

outspoken /aʊtˈspoʊkən/ *adj* sincero, franco

outstanding /aʊtˈstændɪŋ/ *adj* **1** destacado, excepcional **2** (*visible*) sobresaliente **3** (*pago, trabajo*) pendiente

outstretched /ˌaʊtˈstretʃt/ *adj* extendido, abierto

outward /ˈaʊtwərd/ *adj* **1** externo, exterior **2** (*viaje*) de ida **outwardly** *adv* por fuera, aparentemente **outwards** *adv* hacia fuera

outweigh /ˌaʊtˈweɪ/ *vt* pesar más que, importar más que

oval /ˈoʊvl/ *adj* oval, ovalado

ovary /ˈoʊvəri/ *n* (*pl* **-ies**) ovario

oven /ˈʌvn/ *n* horno *Ver tb* STOVE

over /ˈoʊvər/ ◆ *part adv* **1** *to knock sth over* tirar/volcar algo ◊ *to fall over* caer(se) **2** *to turn sth over* dar la vuelta a algo **3** (*lugar*): *over here/there* por acá/allá ◊ *They came over to see us.* Vinieron a vernos. **4 left over** de sobra: *Is there any food left over?* ¿Queda algo de comida? **5** (*más*): *children of five and over* niños de cinco años en adelante **6** terminado **LOC** (**all**) **over again** otra vez, de nuevo **over and done with** terminado para siempre **over and over** (**again**) una y otra vez *Ver tb* ALL ◆ *prep* **1** sobre, por encima de: *clouds over the mountains* nubes por encima de las montañas **2** al otro lado de: *He lives over the hill.* Vive al otro lado del cerro. **3** más de: (*for*) *over a month* (durante) más de un mes **4** (*tiempo*) durante, mientras: *We'll discuss it over lunch.* Lo discutimos durante el almuerzo. **5** (*a causa de*): *an argument over money* una discusión por cuestiones de plata **LOC over and above** además de ☛ Para los usos de **over** en PHRASAL VERBS ver las entradas de los verbos correspondientes, p.ej. **to think over** en THINK.

over- /ˈoʊvər/ *pref* **1** excesivamente: *over-ambitious* excesivamente ambicioso **2** (*edad*) mayor de: *the over-60s* los mayores de sesenta años

overall /ˌoʊvərˈɔːl/ ◆ *adj* **1** total **2** (*general*) global **3** (*ganador*) absoluto ◆ *adv* **1** en total **2** en general

◆ /ˈoʊvərɔːl/ *n* **1** (*GB*) delantal, bata **2 overalls** [*pl*] overol

overbearing /ˌoʊvərˈbeərɪŋ/ *adj* dominante

overboard /ˈoʊvərbɔːrd/ *adv* por la borda

overcame *pret de* OVERCOME

overcast /ˌoʊvərˈkæst; *GB* -ˈkɑːst/ *adj* nublado, cubierto

overcharge /ˌoʊvərˈtʃɑrdʒ/ *vt, vi* ~ (**sb**) (**for sth**) cobrar de más (a algn) (por algo)

overcoat /ˈoʊvərkoʊt/ *n* abrigo

overcome /ˌoʊvərˈkʌm/ *vt* (*pret* **overcame** /-ˈkeɪm/ *pp* **overcome**) **1** (*dificultad, etc.*) superar, dominar **2** abrumar, invadir: *overcome by fumes/smoke* vencido por los gases/el humo ◊ *overcome with/by emotion* embargado por la emoción

overcrowded /ˌoʊvərˈkraʊdɪd/ *adj* atestado (de gente) **overcrowding** *n* congestión, hacinamiento

overdo /ˌoʊvərˈduː/ *vt* (*pret* **overdid** /-ˈdɪd/ *pp* **overdone** /-ˈdʌn/) **1** exagerar, pasarse con **2** cocer demasiado LOC **to overdo it/things** pasarse (de la raya)

overdose /ˈoʊvərdoʊs/ *n* sobredosis

overdraft /ˈoʊvərdræft; *GB* -drɑːft/ *n* (*GB*) sobregiro (*en una cuenta bancaria*)

overdue /ˌoʊvərduː; *GB* -ˈdjuː/ *adj* **1** retrasado **2** (*Fin*) vencido y no pagado

overestimate /ˌoʊvərˈestɪmeɪt/ *vt* sobreestimar

overflow /ˌoʊvərˈfloʊ/ ◆ **1** *vt, vi* desbordarse **2** *vi* rebosar ◆ /ˈoʊvərfləʊ/ *n* **1** desbordamiento **2** derrame **3** (*tb* **overflow pipe**) cañería de desagüe

overgrown /ˌoʊvərˈgroʊn/ *adj* **1** crecido, grande **2** ~ (**with sth**) (*jardín*) cubierto (de algo)

overhang /ˌoʊvərˈhæŋ/ *vt, vi* (*pret, pp* **overhung** /-ˈhʌŋ/) sobresalir/colgar (por encima): *overhanging* sobresaliente

overhaul /ˌoʊvərˈhɔːl/ ◆ *vt* revisar, poner a punto ◆ /ˈoʊvərhɔːl/ *n* revisión, puesta a punto

overhead /ˈoʊvərhed/ ◆ *adj* **1** elevado **2** (*cable*) aéreo **3** (*luz*) de techo ◆ /ˌoʊvərˈhed/ *adv* por encima de la cabeza, en alto, por lo alto

overhear /ˌoʊvərˈhɪər/ *vt* (*pret, pp* **overheard** /-ˈhɜːrd/) oír (*por casualidad*)

overhung *pret, pp de* OVERHANG

overjoyed /ˌoʊvərˈdʒɔɪd/ *adj* **1** ~ (**at sth**) eufórico (por/con algo) **2** ~ (**to do sth**) contentísimo (de hacer algo)

overland /ˈoʊvərlænd/ ◆ *adj* terrestre ◆ *adv* por tierra

overlap /ˌoʊvərˈlæp/ ◆ *vt, vi* (**-pp-**) **1** superponer(se) **2** (*fig*) coincidir en parte (con) ◆ /ˈoʊvərlæp/ *n* **1** superposición **2** (*fig*) coincidencia

overleaf /ˈoʊvərˌliːf/ *adv* en la página siguiente

overload /ˌoʊvərˈloʊd/ ◆ *vt* ~ **sth/sb** (**with sth**) sobrecargar algo/a algn (de algo) ◆ /ˌoʊvərloʊd/ *n* sobrecarga

overlook /ˌoʊvərˈlʊk/ *vt* **1** dar a, tener vista a **2** pasar por alto **3** no notar **4** (*perdonar*) dejar pasar

overnight /ˌoʊvərˈnaɪt/ ◆ *adv* **1** por la noche **2** (*coloq*) de la noche a la mañana ◆ *adj* **1** de la noche, para una noche **2** (*coloq*) (*éxito*) repentino

overpass /ˈoʊvərpæs; *GB* -pɑːs/ (*GB* **flyover**) *n* paso elevado

overpower /ˌoʊvərˈpaʊər/ *vt* dominar, vencer, reducir **overpowering** *adj* agobiante, arrollador

overran *pret de* OVERRUN

overrate /ˌoʊvəˈreɪt/ *vt* sobreestimar, sobrevalorar

override /ˌoʊvəˈraɪd/ *vt* (*pret* **overrode** /-ˈroʊd/ *pp* **overridden** /-ˈrɪdn/) **1** ~ **sth/sb** hacer caso omiso de algo/algn **2** tener preferencia **overriding** *adj* capital, primordial

overrule /ˌoʊvəˈruːl/ *vt* denegar, anular

overrun /ˌoʊvəˈrʌn/ (*pret* **overran** /-ˈræn/ *pp* **overrun**) **1** *vt* invadir **2** *vi* rebasar (su tiempo)

oversaw *pret de* OVERSEE

overseas /ˌoʊvərˈsiːz/ ◆ *adj* exterior, extranjero ◆ *adv* en el/al extranjero

oversee /ˌoʊvərˈsiː/ *vt* (*pret* **oversaw** /-ˈsɔː/ *pp* **overseen** /-ˈsiːn/) supervisar, inspeccionar

overshadow /ˌoʊvərˈʃædoʊ/ *vt* **1** (*entristecer*) ensombrecer **2** (*persona, logro*) eclipsar

oversight /ˈoʊvərsaɪt/ *n* omisión, olvido

oversleep /ˌoʊvərˈsliːp/ *vi* (*pret, pp* **overslept** /-ˈslept/) quedarse dormido (*no despertarse a tiempo*)

overspend /ˌoʊvərˈspend/ (*pret, pp* **overspent** /-ˈspent/) **1** *vi* gastar en exceso **2** *vt* (*presupuesto*) pasarse de

overstate /ˌoʊvərˈsteɪt/ *vt* exagerar

overstep /ˌoʊvərˈstep/ *vt* (**-pp-**) pasarse LOC **to overstep the mark** pasarse de la raya

overt /oʊˈvɜːrt; *GB* ˈəʊvɜːt/ *adj* (*formal*) abierto

overtake /ˌoʊvərˈteɪk/ (*pret* **overtook** /-ˈtʊk/ *pp* **overtaken** /-ˈteɪkən/) **1** *vt, vi* (*GB*) (*carro*) (*USA* **pass**) rebasar (a) **2** *vt* (*fig*) sobrecoger, sobrepasar

overthrow /ˌoʊvərˈθroʊ/ ◆ *vt* (*pret* **overthrew** /-ˈθruː/ *pp* **overthrown** /-ˈθroʊn/) derrocar ◆ /ˈoʊvərθroʊ/ *n* derrocamiento

overtime /ˈoʊvərtaɪm/ *n, adv* horas extras

overtone /ˈoʊvərtoʊn/ *n* [*gen pl*] connotación

overtook *pret de* OVERTAKE

overture /ˈoʊvərtʃər/ *n* (*Mús*) obertura LOC **to make overtures (to sb)** hacerle propuestas (a algn)

overturn /ˌoʊvərˈtɜːrn/ **1** *vt, vi* volcar(se), darle la vuelta (a) **2** *vt* (*decisión*) anular

overview /ˈoʊvərvjuː/ *n* (*formal*) perspectiva (general)

overweight /ˌoʊvərˈweɪt/ *adj*: *to be overweight* tener exceso de peso ☛ *Ver nota en* FAT

overwhelm /ˌoʊvərˈwelm/ *vt* **1** abatir, derribar **2** (*fig*) abrumar **overwhelming** *adj* abrumador

overwork /ˌoʊvərˈwɜːrk/ *vt, vi* (hacer) trabajar en exceso

owe /oʊ/ *vt, vi* deber, estar en deuda

owing to /ˈoʊɪŋ tu/ *prep* debido a, a causa de

owl /aʊl/ *n* búho, lechuza

own /oʊn/ ◆ *adj, pron* propio, mío, tuyo, suyo, nuestro: *It was my own idea.* Fue idea mía. LOC **of your own** propio: *a house of your own* una casa propia **(all) on your own 1** (completamente) solo **2** por sí solo, sin ayuda *Ver tb* BACK[1] ◆ *vt* poseer, tener, ser dueño de PHR V **to own up (to sth)** (*coloq*) confesarse culpable (de algo)

owner /ˈoʊnər/ *n* dueño, -a **ownership** *n* [*incontable*] propiedad

ox /ɑks/ *n* (*pl* **oxen** /ˈɑksn/) buey

oxygen /ˈɑksɪdʒən/ *n* oxígeno

oyster /ˈɔɪstər/ *n* ostra

ozone /ˈoʊzoʊn/ *n* ozono: *ozone layer* capa de ozono

Pp

P, p /piː/ *n* (*pl* **P's, p's** /piːz/) P, p: *P as in Peter* P de papá ☛ *Ver ejemplos en* A, A

pace /peɪs/ ◆ *n* **1** paso **2** ritmo LOC **to keep pace (with sth/sb) 1** ir al mismo paso (de algo/algn) **2** mantenerse al corriente (de algo/algn) ◆ *vt* pasearse por LOC **to pace up and down (a room, etc.)** pasearse con inquietud (por una habitación, etc.)

pacemaker /ˈpeɪsmeɪkər/ *n* (*Med*) marcapasos

pacifier /ˈpæsɪfaɪər/ *n* (*GB* **dummy**) chupo

pacify /ˈpæsɪfaɪ/ *vt* (*pret, pp* **-fied**) **1** (*temores, ira*) apaciguar **2** (*región*) pacificar

pack /pæk/ ◆ *n* **1** mochila **2** (*GB*) (*USA* **set**) juego: *The pack contains a pen, ten envelopes and twenty sheets of writing paper.* El juego contiene un bolígrafo, diez sobres y veinte esquelas. **3** (*cigarrillos*) cajetilla **4** (*animal*) carga **5** (*perros*) jauría **6** (*lobos*) manada **7** (*GB*) (*USA* **deck**) baraja (*de cartas*) ◆ **1** *vt* (*maleta*) hacer/empacar **2** *vi* hacer/empacar las maletas **3** *vt* llevar (*pistola*) **4** *vt* embalar **5** *vt* ~ **sth into sth** poner algo en algo **6** *vt* ~ **sth in sth** envolver algo con algo **7** *vt* (*caja*) llenar

8 *vt* (*comida*) empacar, envasar **9** *vt* (*habitación*) atestar **LOC to pack your bags** irse **PHR V to pack sth in** (*coloq, esp GB*) dejar algo: *I've packed in my job.* Dejé mi trabajo. **to pack (sth/sb) into sth** apeñuscarse en algo, apeñuscar algo/a algn en algo **to pack up** (*GB, coloq*) descomponerse (*averiarse*) **packed** *adj* **1** al tope **2** ~ **with sth** abarrotado, lleno de algo **LOC packed lunch** (*GB*) (*USA* **brown-bag lunch**) almuerzo para llevar

package /ˈpækɪdʒ/ ◆ *n* **1** (*fig*) paquete, conjunto **2** (*GB* **parcel**) paquete **3** (*equipaje*) bulto ◆ *vt* empacar **packaging** *n* empaque

package tour (*GB* **package holiday**) *n* viaje organizado

packet /ˈpækɪt/ *n* (*esp GB*) paquete

packing /ˈpækɪŋ/ *n* **1** envase **2** relleno

pact /pækt/ *n* pacto

pad /pæd/ ◆ *n* **1** almohadilla **2** (*papel*) bloc ◆ *vt* (**-dd-**) acolchar **PHR V to pad about, along, around, etc.** andar (con pasos suaves) **to pad sth out** (*fig*) echar carreta (*en un libro, discurso, etc.*) **padding** *n* **1** acolchado **2** (*fig*) carreta

paddle /ˈpædl/ ◆ *n* **1** pala (*remo*) **2** (*GB* **bat**) raqueta **LOC to have a paddle** mojarse los pies *Ver tb* CREEK ◆ **1** *vt* (*barca*) dirigir (remando) **2** *vi* remar **3** *vi* mojarse los pies

paddock /ˈpædək/ *n* prado (*donde pastan los caballos*)

padlock /ˈpædlɑk/ *n* candado

paediatrician (*GB*) *Ver* PEDIATRICIAN

pagan /ˈpeɪgən/ *adj, n* pagano, -a

page /peɪdʒ/ ◆ *n* (*abrev* **p**) página ◆ *vt* llamar por el altavoz

paid /peɪd/ ◆ *pret, pp de* PAY ◆ *adj* **1** (*empleado*) a sueldo **2** (*trabajo*) remunerado **LOC to put paid to sth** acabar con algo

pain /peɪn/ *n* **1** dolor: *Is she in pain?* ¿Está muy adolorida? ◊ *painkiller* calmante ◊ *I have a pain in my neck.* Me duele el cuello. **2** ~ (**in the neck**) (*coloq*) (*esp persona*) pesado, cansón **LOC to be at pains to do sth** esforzarse por hacer algo **to take great pains with/over sth** esmerarse mucho en algo **pained** *adj* **1** afligido **2** ofendido **painful** *adj* **1** doloroso: *to be painful* doler **2** (*deber*) lastimoso, doloroso **3** (*decisión*) desagradable **painfully** *adv* terriblemente **painless** *adj* **1** que no duele **2** (*procedimiento*) sin dificultades

painstaking /ˈpeɪnzteɪkɪŋ/ *adj* **1** (*trabajo*) laborioso **2** (*persona*) concienzudo

paint /peɪnt/ ◆ *n* pintura ◆ *vt, vi* pintar **painter** *n* pintor, -ora **painting** *n* **1** pintura **2** cuadro

paintbrush /ˈpeɪntbrʌʃ/ *n* pincel, brocha ☛ *Ver nota en* BRUSH

paintwork /ˈpeɪntwɜːrk/ *n* pintura (*superficie*)

pair /peər/ ◆ *n* **1** par: *a pair of pants* unos pantalones/un pantalón

> Las palabras que designan objetos compuestos por dos elementos (como tenazas, tijeras, pantalones, etc.), llevan el verbo en plural: *My pants are very tight.* Los pantalones me quedan muy justos. Cuando nos referimos a más de uno, utilizamos la palabra **pair**: *I have two pairs of pants.* Tengo dos pantalones.

2 [*v sing o pl*] pareja (*animales, equipo*): *the winning pair* la pareja ganadora ☛ *Comparar con* COUPLE ◆ **PHR V to pair off/up** (**with sb**) emparejarse (con algn) **to pair sb off** (**with sb**) emparejar a algn (con algn)

pajamas /pəˈdʒæməz/ (*GB* **pyjamas** /pəˈdʒɑːməz/) *n* [*pl*] piyama: *a pair of pajamas* una piyama ☛ **Pajama** se usa en singular cuando va delante de otro sustantivo: *pajama pants* el pantalón de la piyama. *Ver tb nota en* PAIR

pal /pæl/ *n* (*coloq*) **1** compañero, -a **2** colega

palace /ˈpæləs/ *n* palacio

palate /ˈpælət/ *n* paladar

pale /peɪl/ ◆ *adj* (**paler**, **palest**) **1** pálido **2** (*color*) claro **3** (*luz*) tenue **LOC to go/turn pale** palidecer ◆ *n* **LOC beyond the pale** (*GB*) (*conducta*) inaceptable

pall /pɔːl/ ◆ *vi* (*GB*) ~ (**on sb**) cansar (a algn) (*de aburrimiento*) ◆ *n* **1** paño mortuorio **2** (*fig*) manto

pallid /ˈpælɪd/ *adj* pálido

pallor /ˈpælər/ *n* palidez

palm /pɔːm/ ◆ *n* **1** (*mano*) palma **2** (*tb* **palm tree**) palmera, palma **LOC to have sb in the palm of your hand** tener a algn en la palma de la mano ◆ **PHR V to**

palm sth/sb off (on sb) (*coloq*) meterle algo/algn (a algn)

paltry /ˈpɔːltri/ *adj* (**-ier**, **-iest**) insignificante

pamper /ˈpæmpər/ *vt* (*frec pey*) mimar

pamphlet /ˈpæmflət/ *n* **1** folleto **2** (*político*) hoja de propaganda, panfleto

pan /pæn/ *n* término genérico que abarca cazuelas, cacerolas, ollas y sartenes ☛ *Ver dibujo en* SAUCEPAN **LOC** *Ver* FLASH

pancake /ˈpænkeɪk/ *n* **1** (*USA*) pancake **2** (*GB*) (*USA* **crêpe**) crepe

panda /ˈpændə/ *n* (*oso*) panda

pander /ˈpændər/ **PHR V to pander to sth/sb** (*pey*) complacer a algo/algn, condescender con algo/algn

pane /peɪn/ *n* lámina de vidrio: *pane of glass* lámina de vidrio ◊ *window pane* vidrio de ventana

panel /ˈpænl/ *n* **1** (*pared, puerta*) pánel **2** (*mandos*) tablero **3** (*TV, Radio*) tablero **4** pánel, jurado **paneled** (*GB* **panelled**) *adj* (revestido) con páneles **paneling** (*GB* **panelling**) *n* revestimiento (*p.ej. de las paredes*): *oak paneling* páneles de roble

pang /pæŋ/ *n* (*lit y fig*) punzada, picada

panic /ˈpænɪk/ ◆ *n* pánico: *panic-stricken* preso del pánico ◆ *vt, vi* (**-ck-**) dejarse llevar por el pánico

pant /pænt/ *vi* jadear

panther /ˈpænθər/ *n* **1** pantera **2** (*USA*) puma

panties /ˈpæntiz/ *n* (*coloq*) [*pl*] calzones (*de mujer*)

pantomime /ˈpæntəmaɪm/ *n* **1** (*GB*) representación teatral con música para la Navidad, basada en cuentos de hadas **2** (*fig*) farsa **3** pantomima

pantry /ˈpæntri/ *n* (*pl* **-ies**) despensa

pants /pænts/ *n* [*pl*] **1** (*USA*) pantalones **2** (*GB*) (*USA* **underpants**) calzoncillos, calzones ☛ *Ver nota en* PAIR

paper /ˈpeɪpər/ ◆ *n* **1** [*incontable*] papel: *a piece of paper* una hoja/un pedazo de papel **2** periódico **3** (*tb* **wallpaper**) papel tapiz **4 papers** [*pl*] documentación **5 papers** [*pl*] papeles, papeleo **6** examen **7** (*científico, académico*) artículo, ponencia **LOC on paper 1** por escrito **2** (*fig*) en teoría ◆ *vt* empapelar

paperback /ˈpeɪpərbæk/ *n* libro de bolsillo

paperwork /ˈpeɪpərwɜːrk/ *n* [*incontable*] **1** papeleo **2** tareas administrativas

par /pɑr/ *n* **LOC to be below par** (*coloq*) no estar en forma **to be on a par with sth/sb** estar al mismo nivel de algo/algn

parable /ˈpærəbl/ *n* parábola (*biblia*)

parachute /ˈpærəʃuːt/ *n* paracaídas

parade /pəˈreɪd/ ◆ *n* **1** desfile **2** (*tb* **parade ground**) plaza de armas ◆ **1** *vi* desfilar **2** *vi* (*Mil*) pasar revista **3** *vt* (*pey*) (*conocimientos*) hacer alarde de **4** *vt* (*esp por las calles*) exhibir

paradise /ˈpærədaɪs/ *n* paraíso

paradox /ˈpærədɑks/ *n* paradoja

paraffin /ˈpærəfɪn/ (*GB*) (*USA* **kerosene**) *n* kerosene

paragraph /ˈpærəgræf; *GB* -grɑːf/ *n* párrafo

parakeet /ˈpærəkiːt/ *n* periquito

parallel /ˈpærəlel/ ◆ *adj* (en) paralelo ◆ *n* **1** (*gen, Geog*) paralelo **2** paralela

paralysis /pəˈræləsɪs/ *n* [*incontable*] **1** parálisis **2** (*fig*) paralización

paralyze (*GB* **paralyse**) /ˈpærəlaɪz/ *vt* paralizar

paramount /ˈpærəmaʊnt/ *adj* primordial: *of paramount importance* de suma importancia

paranoid /ˈpærənɔɪd/ *n, adj* **1** paranoico, -a **2** (*fig*) maniático, -a

paraphrase /ˈpærəfreɪz/ *vt* parafrasear

parasite /ˈpærəsaɪt/ *n* parásito

parcel /ˈpɑrsl/ (*GB*) (*USA* **package**) *n* paquete

parched /pɑrtʃt/ *adj* **1** reseco **2** (*persona*) muerto de sed

parchment /ˈpɑrtʃmənt/ *n* pergamino

pardon /ˈpɑrdn/ ◆ *n* **1** perdón **2** (*Jur*) indulto **LOC** *Ver* BEG ◆ *vt* (*formal*) perdonar **LOC pardon me?** (*GB* **pardon?**) ¿cómo?, ¿qué dijo? **pardon me!** ¡perdón!

parent /ˈpeərənt/ *n* mamá, papá: *parent company* empresa matriz **parentage** *n* **1** ascendencia **2** padres **parental** /pəˈrentl/ *adj* de los padres **parenthood** /ˈpeərənthʊd/ *n* maternidad, paternidad

parenthesis /pəˈrenθəsɪs/ *n* (*pl*

-theses /-θəsiːz/) (*GB* **bracket**) paréntesis: *in parentheses* entre paréntesis

parish /ˈpærɪʃ/ *n* parroquia: *parish priest* párroco

park /pɑrk/ ◆ *n* **1** parque: *parkland* zona verde/parque **2** (*USA*) cancha ◆ *vt, vi* parquear(se)

parking /ˈpɑrkɪŋ/ *n* parqueadero: *parking garage* parqueadero (*edificio*): *parking ticket/fine* multa por estacionamiento indebido ◊ *parking meter* máquina a la que se le paga para parquearse cerca de ésta, por cierto período de tiempo

parking lot (*GB* **car park**) *n* parqueadero

parliament /ˈpɑrləmənt/ *n* parlamento: *Member of Parliament* diputado **parliamentary** /ˌpɑrləˈmentəri/ *adj* parlamentario

parlor (*GB* **parlour**) /ˈpɑrlər/ *n* sala de recibo

parody /ˈpærədi/ *n* (*pl* **-ies**) parodia

parole /pəˈroʊl/ *n* libertad condicional

parrot /ˈpærət/ *n* loro, perico

parsley /ˈpɑrsli/ *n* perejil

parsnip /ˈpɑrsnɪp/ *n* chirivía

part /pɑrt/ ◆ *n* **1** parte: *in part exchange* (*GB*) como parte del pago **2** pieza **3** (*TV*) episodio **4** (*cine, teatro*) papel **5 parts** [*pl*] región: *She's not from these parts.* No es de aquí. **6** (*GB* **parting**) (*pelo*) raya **LOC for my part** por mi parte **for the most part** por lo general **on the part of sb/on sb's part**: *It was an error on my part.* Fue un error de mi parte. **the best/better part of sth** la mayor parte de algo: *for the best part of a year* casi un año **to do your part** (*coloq*) hacer su parte **to take part (in sth)** tomar parte (en algo) **to take sb's part** ponerse de parte de algn ◆ **1** *vt, vi* separar(se) **2** *vt, vi* apartar(se) **3** *vt* partir **LOC to part company (with sb)** separarse (de algn), despedirse (de algn) **to part your hair** hacerse la raya **PHR V to part with sth 1** renunciar a algo **2** (*plata*) gastar algo

partial /ˈpɑrʃl/ *adj* **1** parcial **2** ~ **(towards sth/sb)** predispuesto (a favor de algo/algn) **LOC to be partial to sth/sb** ser aficionado a algo/algn **partially** *adv* **1** parcialmente **2** de manera parcial

participant /pɑrˈtɪsɪpənt/ *n* participante

participate /pɑrˈtɪsɪpeɪt/ *vi* ~ **(in sth)** participar (en algo) **participation** *n* participación

particle /ˈpɑrtɪkl/ *n* partícula

particular /pərˈtɪkjələr/ ◆ *adj* **1** (*concreto*) en particular: *in this particular case* en este caso en particular **2** (*excepcional*) especial **3** ~ **(about sth)** exigente (con algo) ◆ **particulars** *n* [*pl*] datos **particularly** *adv* **1** particularmente, especialmente **2** en particular

parting /ˈpɑrtɪŋ/ *n* **1** despedida **2** (*GB*) (*pelo*) (*USA* **part**) raya

partisan /ˈpɑrtɪzn; *GB* ˌpɑːtɪˈzæn, ˈpɑːtɪzæn/ ◆ *adj* parcial ◆ *n* **1** partidario, -a **2** (*Mil*) colaborador, -a, miembro

partition /pɑrˈtɪʃn/ *n* **1** (*Pol*) división **2** división

partly /ˈpɑrtli/ *adv* en parte

partner /ˈpɑrtnər/ *n* **1** (*Com*) socio **2** (*baile, deportes, relación*) parejo, -a **partnership** *n* **1** asociación **2** (*Com*) sociedad (colectiva)

partridge /ˈpɑrtrɪdʒ/ *n* perdiz

part-time /ˌpɑrt ˈtaɪm/ *adj, adv* (de) medio tiempo

party /ˈpɑrti/ *n* (*pl* **-ies**) **1** (*reunión*) fiesta **2** (*Pol*) partido **3** grupo **4** (*Jur*) parte **LOC to be (a) party to sth** participar en algo

pass /pæs; *GB* pɑːs/ ◆ *n* **1** (*examen*) aprobado **2** (*permiso*) pase **3** (*bus, etc.*) tiquete (*que puede ser usado con la frecuencia diaria deseada por un cierto período de tiempo*) **4** (*Dep*) pase **5** (*montaña*) paso **LOC to make a pass at sb** (*coloq*) insinuársele a algn ◆ **1** *vt, vi* pasar **2** *vt* (*barrera*) cruzar **3** *vt* (*GB* **overtake**) rebasar, pasársele a (*en carro*) **4** *vt* (*límite*) superar **5** *vt* (*examen*) pasar **6** (*ley*) aprobar **7** *vi* suceder

PHR V to pass sth around circular algo

to pass as sth/sb *Ver* TO PASS FOR STH/SB

to pass away (*eufemismo*) morir

to pass by (sth/sb) pasar al lado (de algo/algn) **to pass sth/sb by 1** dejar algo/a algn de lado **2** ignorar algo/a algn

to pass for sth/sb pasar por algo/algn (*ser tomado por*)

to pass sth/sb off as sth/sb hacer

pasar algo/a algn por algo/algn
to pass out desmayarse
to pass sth up (*coloq*) rechazar algo (*oportunidad*)

passable /ˈpæsəbl; *GB* ˈpɑːs-/ *adj* **1** aceptable **2** transitable

passage /ˈpæsɪdʒ/ *n* **1** (*tb* **passageway**) pasadizo, pasillo **2** (*extracto*) pasaje **3** paso

passenger /ˈpæsɪndʒər/ *n* pasajero, -a

passer-by /ˌpæsər ˈbaɪ; *GB* ˌpɑːsə-/ *n* (*pl* **-s-by**) transeúnte

passing /ˈpæsɪŋ; *GB* ˈpɑːs-/ ◆ *adj* **1** pasajero **2** (*referencia*) de pasada **3** (*tráfico*) que pasa ◆ *n* **1** paso **2** (*formal*) desaparición **LOC in passing** de pasada

passion /ˈpæʃn/ *n* pasión **passionate** *adj* apasionado, ardiente

passive /ˈpæsɪv/ ◆ *adj* pasivo ◆ *n* (*tb* **passive voice**) (voz) pasiva

passport /ˈpæspɔːrt; *GB* ˈpɑːs-/ *n* pasaporte

password /ˈpæswɜːrd; *GB* ˈpɑːs-/ (*GB* **watchword**) *n* contraseña

past /pæst; *GB* pɑːst/ ◆ *adj* **1** pasado **2** antiguo: *past students* antiguos alumnos **3** último: *the past few days* los últimos días **4** (*tiempo*) acabado: *The time is past.* Se acabó el tiempo. ◆ *n* **1** pasado **2** (*tb* **past tense**) pretérito, pasado ◆ *prep* **1** *half past two* las dos y media ◊ *past midnight* pasada la medianoche ◊ *It's past five o'clock.* Son las cinco pasadas. **2** (*con verbos de movimiento*): *to walk past sth/sb* pasar por delante de algo/al lado de algn **3** más allá de, después de: *It's past your bedtime.* Ya debías estar acostada. **LOC not to put it past sb (to do sth)** creer a algn capaz (de hacer algo): *I wouldn't put it past him to forget his wife's birthday.* El es muy capaz de olvidarse del cumpleaños de la esposa. ◆ *adv* al lado, por delante: *to walk past* pasar por delante

paste /peɪst/ *n* **1** pasta, masa **2** engrudo **3** paté

pastime /ˈpæstaɪm; *GB* ˈpɑːs-/ *n* pasatiempo

pastor /ˈpæstər; *GB* ˈpɑːs-/ *n* pastor (*sacerdote*)

pastoral /ˈpæstərəl; *GB* ˈpɑːs-/ *adj* **1** pastoril, bucólico **2** *pastoral care* atención personal

pastry /ˈpeɪstri/ *n* **1** masa (*de un pastel, etc.*) **2** (*pl* **-ies**) pastel

pasture /ˈpæstʃər; *GB* ˈpɑːs-/ *n* pasto

pat /pæt/ ◆ *vt* (**-tt-**) **1** dar golpecitos a, dar una palmadita a **2** acariciar ◆ *n* **1** palmadita **2** caricia **3** (*mantequilla*) trozo **LOC to give sb a pat on the back** felicitar a algn

patch /pætʃ/ ◆ *n* **1** (*tela*) parche **2** (*color*) mancha **3** (*niebla, etc.*) zona **4** pedazo de tierra (*donde se cultivan verduras, etc.*) **5** (*GB, coloq*) (*área de trabajo*) zona **LOC not to be a patch on sth/sb** no tener ni comparación con algo/algn *Ver tb* BAD ◆ *vt* parchar **PHR V to patch sth up 1** ponerle parches a algo, parchar algo **2** (*disputa*) resolver algo **patchy** *adj* (**-ier**, **-iest**) **1** irregular: *patchy rain/fog* chubascos/bancos de niebla **2** desigual **3** (*conocimientos*) con lagunas

patchwork /ˈpætʃwɜːrk/ *n* **1** trabajo manual a base de retazos y apliques que se cosen en tela **2** (*fig*) tapiz

patent ◆ *adj* **1** /ˈpeɪtnt/ (*claro*) patente **2** /ˈpætnt; *GB* ˈpeɪtnt/ (*Com*) patentado ◆ /ˈpætnt; *GB* ˈpeɪtnt/ *n* patente ◆ /ˈpætnt; *GB* ˈpeɪtnt/ *vt* patentar **patently** /ˈpeɪtntli/ *adv* claramente

paternal /pəˈtɜːrnl/ *adj* **1** paternal **2** paterno

path /pæθ; *GB* pɑːθ/ *n* **1** (*tb* **pathway**, **footpath**) sendero **2** paso **3** trayectoria **4** (*fig*) camino

pathetic /pəˈθetɪk/ *adj* **1** patético **2** (*coloq*) (*insuficiente*) lamentable

pathological /ˌpæθəˈlɑdʒɪkl/ *adj* patológico **pathology** /pəˈθɑlədʒi/ *n* patología

pathos /ˈpeɪθɑs, -θɔːs/ *n* patetismo

patience /ˈpeɪʃns/ *n* **1** [*incontable*] paciencia **2** (*GB*) (*juego de cartas*) (*USA* **solitaire**) solitario **LOC** *Ver* TRY

patient /ˈpeɪʃnt/ ◆ *n* paciente ◆ *adj* paciente

patio /ˈpætioʊ/ *n* (*pl* **~s** /-oʊz/) **1** terraza **2** patio

patriarch /ˈpeɪtriɑrk/ *n* patriarca

patriot /ˈpeɪtriət; *GB* ˈpæt-/ *n* patriota **patriotic** /ˌpeɪtrɪˈɑtɪk; *GB* ˌpæt-/ *adj* patriótico

patrol /pəˈtroʊl/ ◆ *vt, vi* (**-ll-**) **1** patrullar **2** (*guardia*) hacer la ronda (de) ◆ *n* patrulla

patron /ˈpeɪtrən/ *n* **1** patrocinador, -ora **2** (*antic*) mecenas **3** cliente **patronage** *n* **1** patrocinio **2** (*cliente regular*) apoyo **3** patronazgo

patronize, -ise /ˈpeɪtrənaɪz; *GB* ˈpæt-/ *vt* **1** tratar condescendientemente a **2** apadrinar, patrocinar **patronizing, -ising** *adj* condescendiente

pattern /ˈpætərn/ *n* **1** dibujo (*en tela, etc.*) **2** (*costura, etc.*) patrón **3** pauta, tendencia **patterned** *adj* estampado

pause /pɔːz/ ◆ *n* pausa *Ver tb* BREAK² ◆ *vi* hacer una pausa

pave /peɪv/ *vt* pavimentar **LOC to pave the way (for sth/sb)** preparar el camino (para algo/algn)

pavement /ˈpeɪvmənt/ *n* **1** (*USA*) pavimento **2** (*GB*) (*USA* **sidewalk**) andén, acera

pavilion /pəˈvɪliən/ *n* **1** (*GB*) pabellón **2** quiosco

paving /ˈpeɪvɪŋ/ *n* pavimento: *paving stone* losa

paw /pɔː/ ◆ *n* **1** pata **2** (*coloq, joc*) mano ◆ *vt* manosear

pawn¹ /pɔːn/ *n* (*lit y fig*) peón (*ajedrez*)

pawn² /pɔːn/ *vt* empeñar

pawnbroker /ˈpɔːnˌbroʊkər/ *n* prestamista

pay /peɪ/ ◆ *n* [*incontable*] sueldo: *a pay raise/increase* un aumento de sueldo ◊ *pay claim* reclamación salarial ◊ *payday* día de paga *Ver tb* INCOME ◆ (*pret, pp* **paid**) **1** *vt* **to pay sth (to sb) (for sth)** pagarle algo (a algn) (por algo) **2** *vt, vi* **to pay (sb) (for sth)** pagarle (algo) (a algn) **3** *vi* ser rentable **4** *vi* valer la pena **5** *vt, vi* compensar **LOC to pay attention (to sth/sb)** prestar/poner atención (a algo/algn) **to pay sb a compliment/pay a compliment to sb** hacerle un cumplido a algn **to pay sth/sb a visit** visitar algo/a algn *Ver tb* EARTH

PHR V to pay sb back devolverle la plata a algn **to pay sb back sth; to pay sth back** devolverle algo (a algn)

to pay sth in depositar algo

to pay off (*coloq*) dar fruto, valer la pena **to pay sb off** liquidar, pagar y despedir a algn **to pay sth off** terminar de pagar algo

to pay up pagar del todo

payable *adj* pagadero

payment /ˈpeɪmənt/ *n* **1** pago **2** [*incontable*]: *in/as payment for* como recompensa a/en pago a

pay-off /ˈpeɪ ɔːf/ *n* (*coloq*) **1** pago, soborno **2** recompensa

payroll /ˈpeɪroʊl/ *n* nómina

PC /ˌpiː ˈsiː/ *abrev* (*pl* **PCs**) **1 personal computer** computador personal **2** (*GB*) **police constable** (agente de) policía

PE /ˌpiː ˈiː/ *abrev* **physical education** educación física

pea /piː/ *n* arveja

peace /piːs/ *n* **1** paz **2** tranquilidad: *peace of mind* tranquilidad de conciencia **LOC peace and quiet** paz y tranquilidad **to be at peace (with sth/sb)** estar en armonía (con algo/algn) **to make (your) peace (with sb)** hacer las paces (con algn) *Ver tb* DISTURB **peaceful** *adj* **1** pacífico **2** tranquilo

peach /piːtʃ/ *n* **1** durazno **2** (*tb* **peach tree**) duraznero **3** color durazno

peacock /ˈpiːkɑk/ *n* pavo real

peak /piːk/ ◆ *n* **1** (*montaña*) pico, cumbre **2** punta **3** visera **4** punto máximo ◆ *adj* máximo: *peak hours* horas pico ◊ *in peak condition* en condiciones óptimas ◆ *vi* alcanzar el punto máximo **peaked** *adj* **1** en punta **2** (*gorra*) con visera

peal /piːl/ *n* **1** (*campanas*) repique **2** *peals of laughter* carcajadas

peanut /ˈpiːnʌt/ *n* **1** maní **2 peanuts** [*pl*] (*coloq*) migajas: *He gets paid peanuts.* Le pagan una miseria.

pear /peər/ *n* **1** pera **2** (*tb* **pear tree**) peral

pearl /pɜːrl/ *n* **1** perla **2** (*fig*) joya

peasant /ˈpeznt/ *n* **1** campesino, -a ☛ *Ver nota en* CAMPESINO **2** (*coloq, pey*) montañero, -a, ordinario, -a

peat /piːt/ *n* turba (*carbón*)

pebble /ˈpebl/ *n* piedrita

peck /pek/ ◆ **1** *vt, vi* picotear **2** (*coloq*) *vt* darle un besito/pico a **LOC pecking order** (*coloq*) orden jerárquico ◆ *n* **1** picotazo **2** (*coloq*) besito

peckish /ˈpekɪʃ/ *adj* (*GB, coloq*) tener un poquito de hambre: *to feel peckish* tener ganas de picar algo

peculiar /pɪˈkjuːliər/ *adj* **1** extraño **2** especial **3** ~ **(to sth/sb)** peculiar (de algo/algn) **peculiarity** /pɪˌkjuːliˈærəti/ *n* (*pl* **-ies**) **1** peculiaridad **2** [*incontable*] lo extraño **peculiarly** *adv* **1** especialmente **2** característicamente **3** de una manera extraña

pedal /ˈpedl/ ◆ *n* pedal ◆ *vi* (*pret* **-l-**, *GB* **-ll-**) pedalear

pedantic /pɪˈdæntɪk/ *adj* (*pey*) **1** maniático **2** pedante **3** cursi

pedestrian /pəˈdestriən/ ◆ *n* peatón: *pedestrian zone/crossing* zona peatonal/paso de peatones ◆ *adj* (*pey*) prosaico

pediatrician (*GB* **paedi-**) /ˌpiːdiəˈtrɪʃn/ *n* pediatra

pedigree /ˈpedɪgriː/ *n* **1** (*animal*) pedigrí **2** (*persona*) genealogía **3** casta PHR V **pedigreed** [*adj*] **1** con pedigrí **2** (*caballo*) de raza

pee /piː/ ◆ *vi* (*coloq*) hacer pis, pipí ◆ *n* (*coloq*) pis, pipí

peek /piːk/ *vi* ~ **at sth/sb** echar una mirada a algo/algn ☛ Implica una mirada rápida y muchas veces furtiva.

peel /piːl/ ◆ *vt, vi* pelar(se) PHR V **to peel (away/off) 1** (*papel tapiz*) despegarse **2** (*pintura*) desprenderse **to peel sth away/back/off 1** despegar algo **2** quitar algo ◆ *n* [*incontable*] **1** piel **2** corteza **3** cáscara

> Para cáscaras duras, como de nuez o de huevo, se usa **shell** en vez de **peel**. Para la corteza del limón o de la naranja se utiliza **rind** o **peel**. **Peel** se utiliza para la piel del banano, y para otras frutas con piel más fina, como el durazno, se usa **skin**.

peep /piːp/ ◆ *vi* **1** ~ **at sth/sb** echar una ojeada a algo/algn ☛ Implica una mirada rápida y muchas veces cautelosa. **2** ~ **over, through, etc. sth** atisbar por encima de, por, etc. algo PHR V **to peep out/through** asomarse ◆ *n* **1** vistazo **2** pío LOC **to have/take a peep at sth/sb** echar una ojeada a algo/algn

peer /pɪər/ ◆ *vi* ~ **at sth/sb** mirar algo/a algn ☛ Implica una mirada prolongada que a veces supone esfuerzo. PHR V **to peer out (of sth)** sacar la cabeza (por algo) ◆ *n* **1** igual **2** contemporáneo, -a **3** (*GB*) noble **the peerage** *n* [*v sing o pl*] los pares, la nobleza

peeved /piːvd/ *adj* (*coloq*) molesto (*enojado*)

peg /peg/ ◆ *n* **1** (*GB*) (*tb* **clothes-peg**) gancho **2** (*en la pared*) percha LOC **to bring/take sb down a peg (or two)** bajarle los humos a algn ◆ *vt* (*pp, pret* **-gg-**) **1** (*precios, sueldos*) fijar (el nivel de) **2 to peg sth to sth** ligar algo a algo

pejorative /pɪˈdʒɔːrətɪv; *GB* -ˈdʒɒr-/ *adj* (*formal*) peyorativo

pelican /ˈpelɪkən/ *n* pelícano

pellet /ˈpelɪt/ *n* **1** (*papel, etc.*) bolita, píldora **2** perdigón **3** (*fertilizantes, etc.*) gránulo

pelt /pelt/ ◆ *n* **1** pellejo **2** piel ◆ *vt* (*coloq*) ~ **sb with sth** tirarle cosas a algn LOC **to pelt down (with rain)** llover a cántaros PHR V **to pelt along, down, up, etc. (sth)** (*GB*) ir a toda velocidad (por algún sitio): *They pelted down the hill.* Bajaron el cerro a toda velocidad.

pelvis /ˈpelvɪs/ *n* pelvis **pelvic** *adj* pélvico

pen /pen/ *n* **1** bolígrafo, esfero **2** pluma **3** corral **4** (*para ovejas*) redil **5** (*bebé*) (*tb* **playpen**) corral

penalize, -ise /ˈpiːnəlaɪz, ˈpen-/ *vt* **1** penalizar, sancionar **2** perjudicar

penalty /ˈpenlti/ *n* (*pl* **-ies**) **1** (*castigo*) pena **2** multa **3** desventaja **4** (*Dep*) penalización **5** (*fútbol*) penalty

pence /pens/ *n* (*GB*) (*abrev* **p**) peniques

pencil /ˈpensl/ *n* lápiz: *pencil sharpener* sacapuntas, tajalápiz

pendant /ˈpendənt/ *n* colgante

pending /ˈpendɪŋ/ ◆ *adj* (*formal*) pendiente ◆ *prep* en espera de

pendulum /ˈpendʒʊləm; *GB* -djələm/ *n* péndulo

penetrate /ˈpenɪtreɪt/ *vt* (*organización*) penetrar, infiltrar PHR V **to penetrate into sth** introducirse en algo **to penetrate through sth** atravesar algo **penetrating** *adj* **1** perspicaz **2** (*mirada, sonido*) penetrante

penguin /ˈpeŋgwɪn/ *n* pingüino

penicillin /ˌpenɪˈsɪlɪn/ *n* penicilina

peninsula /pəˈnɪnsələ; *GB* -nsjələ/ *n* península

penis /ˈpiːnɪs/ *n* pene

penknife /ˈpennaɪf/ *n* (*pl* **-knives** /naɪvz/) **1** navaja **2** cortaplumas

penniless /ˈpeniləs/ *adj* sin dinero

penny /ˈpeni/ *n* **1** (*pl* **pence** /pens/) (*GB*) penique: **2** (*pl* **pennies**) (*fig*) céntimo: *It was worth every penny.*

Valía lo que costaba. **3** (*pl* **pennies**) (*USA, coloq*) centavo

pen pal *n* amigo, -a por correspondencia

pension /ˈpenʃn/ ◆ *n* pensión ◆ **PHR V to pension sb off** jubilar a algn **to pension sth off** desechar algo **pensioner** *n* jubilado, -a

penthouse /ˈpenthaʊs/ *n* penthouse

pent-up /ˈpent ʌp/ *adj* **1** (*ira, etc.*) contenido **2** (*deseo*) reprimido

penultimate /penˈʌltɪmət/ *adj* (*formal*) penúltimo

people /ˈpiːpl/ ◆ *n* **1** [*pl*] gente: *People are saying that…* Dice la gente que… **2** personas: *ten people* diez personas ☛ *Comparar con* PERSON **3 the people** [*pl*] (*público*) el pueblo **4** (*nación*) pueblo (*sólo en este sentido es contable*) ◆ *vt* poblar

pepper /ˈpepər/ *n* **1** pimienta: *peppercorn* grano de pimienta **2** pimentón **3** ají

peppermint /ˈpepərmɪnt/ *n* **1** menta **2** (*tb* **mint**) dulce de menta

per /pər/ *prep* por: *per person* por persona ◊ *$60 per day* 60 dólares al día ◊ *per annum* al año

perceive /pərˈsiːv/ *vt* (*formal*) **1** (*observar*) percibir, divisar **2** (*considerar*) interpretar

percent /pər ˈsent/ *adj, adv* por ciento **percentage** *n* porcentaje: *percentage increase* aumento porcentual

perceptible /pərˈseptəbl/ *adj* **1** perceptible **2** (*mejora, etc.*) sensible

perception /pərˈsepʃn/ *n* (*formal*) **1** percepción **2** sensibilidad, perspicacia **3** punto de vista

perceptive /pərˈseptɪv/ *adj* (*formal*) perspicaz

perch /pɜːrtʃ/ ◆ *n* **1** (*para pájaros*) percha **2** posición (elevada) **3** (*pez*) perca ◆ *vi* **1** (*pájaro*) posarse **2** (*persona, edificio*) encaramarse ☛ Casi siempre se utiliza en pasiva o como participio pasado.

percussion /pərˈkʌʃn/ *n* percusión

perennial /pəˈreniəl/ *adj* perenne

perfect¹ /ˈpɜːrfɪkt/ *adj* **1** perfecto **2** ~ **for sth/sb** ideal para algo/algn **3** completo: *a perfect stranger* un completamente desconocido

perfect² /pərˈfekt/ *vt* perfeccionar

perfection /pərˈfekʃn/ *n* perfección **LOC to perfection** a la perfección **perfectionist** *n* perfeccionista

perfectly /ˈpɜːrfɪktli/ *adv* **1** perfectamente **2** completamente

perforate /ˈpɜːrfəreɪt/ *vt* perforar **perforated** *adj* perforado **perforation** *n* **1** perforación **2** perforado

perform /pərˈfɔːrm/ **1** *vt* (*función*) desempeñar **2** *vt* (*operación, ritual, trabajo*) realizar **3** *vt* (*deberes*) cumplir **4** *vt* (*danza, obra de teatro*) representar **5** *vt, vi* (*música*) interpretar **6** *vt, vi* (*teatro*) actuar, representar

performance /pərˈfɔːrməns/ *n* **1** (*estudiante, empleado*) rendimiento **2** (*empresa*) resultados **3** (*Cine*) función **4** (*Mús*) actuación, interpretación **5** (*Teat*) representación: *the evening performance* la función de la noche

performer /pərˈfɔːrmər/ *n* **1** (*Mús*) intérprete **2** (*Teat*) actor, actriz **3** (*variedades*) artista

perfume /pərˈfjuːm; *GB* pɜːˈfjuːm/ *n* perfume

perhaps /pərˈhæps; *GB tb* præps/ *adv* quizá(s), tal vez, a lo mejor: *perhaps not* puede que no *Ver tb* MAYBE

peril /ˈperəl/ *n* peligro, riesgo

perimeter /pəˈrɪmɪtər/ *n* perímetro

period /ˈpɪəriəd/ *n* **1** período: *over a period of three years* a lo largo de tres años **2** época: *period dress/furniture* prendas/muebles de época **3** (*Educ*) hora (de clase) **4** (*Med*) período, regla **5** (*GB* **full stop**) punto (y seguido) ☛ *Ver págs 314–5.*

periodic /ˌpɪəriˈɑdɪk/ (*tb* **periodical** /ˌpɪəriˈɑdɪkl/) *adj* periódico

periodical /ˌpɪəriˈɑdɪkl/ *n* revista

perish /ˈperɪʃ/ *vi* (*formal*) perecer, fallecer **perishable** *adj* perecedero

perjury /ˈpɜːrdʒəri/ *n* perjurio

perk /pɜːrk/ ◆ *v* (*coloq*) **PHR V to perk up 1** animarse, sentirse mejor **2** (*negocios, tiempo*) mejorar ◆ *n* (*coloq*) beneficio (adicional) (*de un trabajo, etc.*)

perm /pɜːrm/ ◆ *n* permanente ◆ *vt*: *to have your hair permed* hacerse la permanente

permanent /ˈpɜːrmənənt/ *adj* **1** permanente, fijo **2** (*daño*) irreparable, para siempre **permanently** *adv* permanentemente, para siempre

permissible /pərˈmɪsəbl/ *adj* permisible, admisible

permission /pərˈmɪʃn/ *n* ~ **(for sth/to do sth)** permiso, autorización (para algo/para hacer algo)

permissive /pərˈmɪsɪv/ *adj* (*frec pey*) permisivo

permit /pərˈmɪt/ ◆ *vt, vi* (**-tt-**) (*formal*) permitir: *If time permits...* Si da tiempo... ☛ *Ver nota en* ALLOW ◆ /ˈpɜːrmɪt/ *n* **1** permiso, autorización **2** (*de entrada*) pase

perpendicular /ˌpɜːrpənˈdɪkjələr/ *adj* **1** ~ **(to sth)** perpendicular (a algo) **2** (*pared de roca*) vertical

perpetrate /ˈpɜːrpətreɪt/ *vt* (*formal*) perpetrar

perpetual /pərˈpetʃuəl/ *adj* **1** perpetuo, continuo **2** constante, interminable

perpetuate /pərˈpetʃueɪt/ *vt* perpetuar

perplexed /pərˈplekst/ *adj* perplejo

persecute /ˈpɜːrsɪkjuːt/ *vt* ~ **sb (for sth)** perseguir a algn (por algo) (*p.ej. raza, religión, etc.*) **persecution** *n* persecución

persevere /ˌpɜːrsɪˈvɪər/ *vi* **1** ~ **(in/with sth)** perseverar (en algo) **2** ~ **(with sb)** seguir insistiendo (con algn) **perseverance** *n* perseverancia

persist /pərˈsɪst/ *vi* **1** ~ **(in sth/in doing sth)** insistir, empeñarse (en algo/en hacer algo) **2** ~ **with sth** continuar con algo **3** persistir **persistence** *n* **1** perseverancia **2** persistencia **persistent** *adj* **1** porfiado, pertinaz **2** continuo, persistente

person /ˈpɜːrsn/ *n* persona ☛ El plural *persons* sólo se usa en lenguaje formal. *Comparar con* PEOPLE **LOC in person** en persona **personal** *adj* personal: *personal assistant* asistente personal ◇ *personal ads* avisos personales **LOC to become/get personal** empezar a hacer críticas personales **personality** /ˌpɜːrsəˈnæləti/ *n* (*pl* **-ies**) personalidad **personalized, -ised** *adj* **1** marcado con las iniciales de uno **2** con membrete **personally** *adv* personalmente: *to know sb personally* conocer a algn personalmente **LOC to take it personally** darse por aludido **to take sth personally** ofenderse por algo

personify /pərˈsɑnɪfaɪ/ *vt* (*pret, pp* **-fied**) personificar

personnel /ˌpɜːrsəˈnel/ *n* [*v sing o pl*] (departamento de) personal: *personnel officer* jefe de personal

perspective /pərˈspektɪv/ *n* perspectiva **LOC to put sth in (its right/true) perspective** poner algo en su sitio

perspire /pərˈspaɪər/ *vi* (*formal*) transpirar **perspiration** *n* **1** sudor **2** transpiración ☛ La palabra más normal es sweat.

persuade /pərˈsweɪd/ *vt* **1** ~ **sb to do sth** persuadir a algn de que haga algo **2** ~ **sb (of sth)** convencer a algn (de algo) **persuasion** *n* **1** persuasión **2** creencia, opinión **persuasive** *adj* **1** convincente **2** persuasivo

pertinent /ˈpɜːrtənənt; *GB* -tɪnənt/ *adj* (*formal*) pertinente

perturb /pərˈtɜːrb/ *vt* (*formal*) perturbar

pervade /pərˈveɪd/ *vt* **1** (*olor*) extenderse por **2** (*luz*) difundirse por **3** (*obra, libro*) impregnar **pervasive** (*tb* **pervading**) *adj* generalizado

perverse /pərˈvɜːrs/ *adj* **1** (*persona*) terco, mal intencionado **2** (*decisión, comportamiento*) malo **3** (*placer, deseo*) perverso **perversion** *n* **1** corrupción **2** perversión **3** tergiversación

pervert /pərˈvɜːrt/ ◆ *vt* **1** tergiversar **2** corromper ◆ /ˈpɜːrvɜːrt/ *n* pervertido, -a

pessimist /ˈpesɪmɪst/ *n* pesimista **pessimistic** /ˌpesɪˈmɪstɪk/ *adj* pesimista

pest /pest/ *n* **1** insecto o animal dañino: *pest control* control de plagas **2** (*coloq, fig*) molestia, peste

pester /ˈpestər/ *vt* molestar

pet /pet/ ◆ *n* **1** animal doméstico **2** (*pey*) favorito, -a ◆ *adj* **1** predilecto **2** (*animal*) domesticado ◆ *vt* (*GB* **stroke**) acariciar: *to pet the cat* acariciar el gato

petal /ˈpetl/ *n* pétalo

peter /ˈpiːtər/ **PHR V to peter out 1** agotarse poco a poco **2** (*conversación*) apagarse

petition /pəˈtɪʃn/ *n* petición

petrol /ˈpetrəl/ (*GB*) (*USA* **gasoline, gas**) *n* gasolina

petroleum /pəˈtroʊliəm/ *n* petróleo

petrol station (*GB*) (*USA* **gas station**) *n* gasolinera, bomba (de gasolina)

petticoat /ˈpetɪkoʊt/ *n* enaguas, fondo

petty /ˈpeti/ (**-ier**, **-iest**) *adj* (*pey*) **1** insignificante **2** (*delito, gasto*) menor: *petty cash* plata para gastos menores **3** (*persona, conducta*) mezquino

pew /pjuː/ *n* banco de iglesia

phantom /ˈfæntəm/ ◆ *n* fantasma ◆ *adj* ilusorio

pharmaceutical /ˌfɑrməˈsuːtɪkl; *GB* -ˈsjuː-/ *adj* farmacéutico

pharmacist /ˈfɑrməsɪst/ *n* farmacéutico, -a

pharmacy /ˈfɑrməsi/ *n* (*pl* **-ies**) farmacia, droguería

"Farmacia" se dice **pharmacy** o **drugstore** en inglés americano, y **pharmacy** o **chemist's (shop)** en inglés británico.

phase /feɪz/ ◆ *n* fase, etapa ◆ *vt* realizar por etapas PHR V **to phase sth in/out** introducir/retirar algo paulatinamente

pheasant /ˈfeznt/ *n* (*pl* **pheasant** *o* **~s**) faisán

phenomena *n plural de* PHENOMENON

phenomenal /fəˈnɑmɪnl/ *adj* fenomenal

phenomenon /fəˈnɒmɪnɑn; *GB* -nən/ *n* (*pl* **-ena** /-ɪnə/) fenómeno

phew! /fjuː/ *interj* ¡uf!

philanthropist /fɪˈlænθrəpɪst/ *n* filántropo, -a

philosopher /fɪˈlɑsəfər/ *n* filósofo, -a

philosophical /ˌfɪləˈsɑfɪkl/ (*tb* **philosophic**) *adj* filosófico

philosophy /fəˈlɑsəfi/ *n* (*pl* **-ies**) filosofía

phlegm /flem/ *n* flema **phlegmatic** *adj* flemático

phobia /ˈfoʊbiə/ *n* fobia

phone /foʊn/ *Ver* TELEPHONE

phonecard /ˈfoʊnkɑrd/ *n* (*GB*) tarjeta para llamar por teléfono

phone-in /ˈfoʊn ɪn/ *n* programa de radio o televisión abierto al público

phon(e)y /ˈfoʊni/ *adj* (*coloq*) (**-ier**, **-iest**) falso

photo /ˈfoʊtoʊ/ *n* (*pl* **~s** /-toʊz/) *Ver* PHOTOGRAPH

photocopier /ˈfoʊtoʊˌkɑpiər/ *n* (*tb* **copier**) fotocopiadora

photocopy /ˈfoʊtoʊkɑpi/ ◆ *vt* (*pret, pp* **-pied**) fotocopiar ◆ *n* (*pl* **-ies**) fotocopia

photograph /ˈfoʊtəgræf; *GB* -grɑːf/ ◆ *n* (*tb* **photo**) fotografía, foto ◆ **1** *vt* fotografiar **2** *vi* salir en una foto: *He photographs well.* Es muy fotogénico. **photographer** /fəˈtɑgrəfər/ *n* fotógrafo, -a **photographic** /ˌfoʊtəˈgræfɪk/ *adj* fotográfico **photography** /fəˈtɑgrəfi/ *n* fotografía

phrase /freɪz/ ◆ *n* **1** locución: *adverbial phrase* locución adverbial **2** expresión, frase: *phrase book* libro de expresiones y frases (para turistas) *Ver tb* CATCH-PHRASE **LOC** *Ver* TURN ◆ *vt* **1** expresar **2** (*Mús*) frasear

physical /ˈfɪzɪkl/ ◆ *adj* físico: *physical fitness* buena forma física ◆ *n* revisión médica **physically** *adv* físicamente: *physically fit* en buena forma física ◊ *physically handicapped* discapacitado

physician /fɪˈzɪʃn/ *n* médico, -a

physicist /ˈfɪzɪsɪst/ *n* físico, -a

physics /ˈfɪzɪks/ *n* [*sing*] física

physiology /ˌfɪziˈɑlədʒi/ *n* fisiología

physiotherapy /ˌfɪzioʊˈθerəpi/ *n* fisioterapia **physiotherapist** *n* fisioterapeuta

physique /fɪˈziːk/ *n* físico (*aspecto*)

pianist /ˈpɪənɪst/ *n* pianista

piano /pɪˈænoʊ/ *n* (*pl* **~s** /-noʊz/) piano: *piano stool* banco de piano

pick /pɪk/ ◆ **1** *vt* elegir, seleccionar ☛ *Ver nota en* CHOOSE **2** *vt* (*flor, fruta, etc.*) cortar **3** *vt*: *to pick your teeth* limpiarse los dientes (con un palillo) ◊ *to pick your nose* meterse el dedo a la nariz ◊ *to pick a hole* (*in sth*) hacer un agujero (en algo) **4** *vt* ~ **sth from/off sth** quitar, recoger algo de algo **5** *vt* (*cerradura*) forzar **6** *vi* ~ **at sth** comer algo con poca gana **LOC to pick a fight/quarrel (with sb)** buscar pelea (con algn) **to pick and choose** ser muy exigente **to pick holes in sth** encontrar defectos en algo **to pick sb's brains** explotar los conocimientos de algn **to pick sb's pocket** robarle la cartera a algn **to pick up speed** cobrar velocidad *Ver tb* BONE

PHR V **to pick on sb 1** meterse con algn, montársela a algn **2** elegir a algn (*para un trabajo desagradable*)

to pick sth out 1 identificar algo **2** destacar algo **to pick sth/sb out 1** escoger algo/a algn **2** (*en una multitud, etc.*) distinguir algo/a algn

to pick up 1 mejorar **2** (*viento*) soplar más fuerte **3** seguir **to pick sb up 1** (*esp en carro*) (ir a) recoger a algn **2** (*coloq*) empezar a salir con algn **3** detener a algn **to pick sth up 1** aprender algo **2** (*enfermedad, acento, costumbre*) coger/agarrar algo **to pick sth/sb up** (re)coger algo/a algn **to pick yourself up** levantarse

◆ *n* **1** (derecho de) elección, selección: *Take your pick*. Escoja el/la que quiera. **2 the pick (of sth)** lo mejor (de algo) **3** pico

pickle /ˈpɪkl/ *n* **1** encurtidos **2** vinagre (*para conservar alimentos*) **LOC to be in a pickle** estar en un lío

pickpocket /ˈpɪkpɑkɪt/ *n* carterista

picnic /ˈpɪknɪk/ *n* picnic

pictorial /pɪkˈtɔːriəl/ *adj* **1** gráfico **2** (*Arte*) pictórico

picture /ˈpɪktʃər/ ◆ *n* **1** cuadro **2** ilustración **3** foto **4** retrato **5** (*fig*) preciosidad **6** imagen, idea **7** (*TV*) imagen **8** (*GB*) película **9 the pictures** [*pl*] (*GB*) el cine **LOC to put sb in the picture** poner a algn al corriente ◆ **1** *v refl* ~ **yourself** imaginarse **2** *vt* retratar, fotografiar

picturesque /ˌpɪktʃəˈresk/ *adj* pintoresco

pie /paɪ/ *n* pay, pie: *apple pie* pay de manzana ◊ *tuna pie* pie de atún

piece /piːs/ ◆ *n* **1** pedazo **2** pieza: *to take sth to pieces* (*GB*) desarmar algo **3** trozo **4** (*papel*) hoja **5** *a piece of advice/news* un consejo/una noticia ☛ **A piece of...** o **pieces of...** se usa con sustantivos incontables. **6** (*Mús*) obra **7** (*Period*) artículo **8** moneda **LOC in one piece** sano y salvo **to be a piece of cake** (*coloq*) ser pan comido **to pieces**: *to pull/tear sth to pieces* hacer algo pedazos: *to fall to pieces* hacerse pedazos: *to smash* (*sth*) *to pieces* hacer algo/hacerse añicos *Ver tb* BIT[1] ◆ **PHR V to piece sth together 1** (*pruebas, datos, etc.*) juntar algo **2** (*pasado*) reconstruir algo, atar cabos

piecemeal /ˈpiːsmiːl/ ◆ *adv* poco a poco ◆ *adj* gradual

pier /pɪər/ *n* embarcadero, malecón

pierce /pɪərs/ *vt* **1** (*bala, cuchillo*) atravesar **2** perforar: *to have your ears pierced* hacerse los agujeros en las orejas **3** (*sonido, etc.*) penetrar en **piercing** *adj* **1** (*grito*) agudo **2** (*mirada, ojos*) penetrante

piety /ˈpaɪəti/ *n* piedad (*religiosa*)

pig /pɪg/ *n* **1** (*coloq, pey*) cerdo, chancho ☛ *Ver nota en* CARNE, CERDO **2** (*tb* **greedy pig**) comelón, -ona

pigeon /ˈpɪdʒɪn/ *n* **1** paloma **2** pichón

pigeon-hole /ˈpɪdʒɪn hoʊl/ *n* casillero

piglet /ˈpɪglət/ *n* cerdito ☛ *Ver nota en* CERDO

pigment /ˈpɪgmənt/ *n* pigmento

pigsty /ˈpɪgstaɪ/ *n* (*pl* **-ies**) (*lit y fig*) chiquero

pigtails /ˈpɪgteɪlz/ *n* [*pl*] trenzas (*de campesina*)

pile /paɪl/ ◆ *n* **1** montón **2** ~ **(of sth)** (*coloq*) un montón de algo ◆ *vt* amontonar, apilar: *to be piled with sth* estar colmado de algo **PHR V to pile in/out** entrar/salir en tropel **to pile up 1** amontonarse **2** (*vehículos*) chocarse unos contra otros **to pile sth up** amontonar algo

pile-up /ˈpaɪl ʌp/ *n* choque múltiple

pilgrim /ˈpɪlgrɪm/ *n* peregrino, -a **pilgrimage** *n* peregrinación

pill /pɪl/ *n* **1** píldora **2 the pill** (*coloq*) (*anticonceptivo*) la píldora

pillar /ˈpɪlər/ *n* pilar

pillar box *n* (*GB*) buzón (*en la calle*)

pillow /ˈpɪloʊ/ *n* almohada **pillowcase** *n* funda de almohada

pilot /ˈpaɪlət/ ◆ *n* **1** piloto **2** (*TV*) programa piloto ◆ *adj* piloto (*experimental*)

pimple /ˈpɪmpl/ *n* grano (*en la piel*)

PIN /pɪn/ (*tb* **PIN number**) *n* **personal identification number** número de identificación personal (*de la tarjeta de crédito*)

pin /pɪn/ ◆ *n* **1** alfiler **2** broche **3** (*enchufe*) borne **LOC pins and needles** hormigueo ◆ *vt* (**-nn-**) **1** (*con alfileres*) prender, sujetar **2** (*persona, brazos*) sujetar **PHR V to pin sb down 1** hacer que algn concrete (algo) **2** (*en el suelo*) inmovilizar a algn

pincer /ˈpɪnsər/ *n* **1** (*cangrejo, etc.*) pinza **2 pincers** [*pl*] pinzas ☛ *Ver nota en* PAIR

pinch /pɪntʃ/ ◆ **1** *vt* pellizcar **2** *vt, vi* (*zapatos, etc.*) apretar **3** *vt* ~ **sth (from sth/sb)** (*coloq*) ratearse algo (de algo/a algn) ◆ *n* **1** pellizco **2** (*sal, etc.*) pizca **LOC in a pinch** en caso de necesidad

pine /paɪn/ ◆ *n* (*tb* **pine tree**) pino ◆ *vi*

1 ~ (**away**) languidecer, consumirse **2** ~ **for sth/sb** extrañar, añorar algo/a algn

pineapple /ˈpaɪnæpl/ *n* piña

ping /pɪŋ/ *n* **1** sonido (metálico) **2** (*de bala*) silbido

ping-pong /ˈpɪŋ pɑŋ/ (*tb* **table tennis**) *n* (*coloq*) ping-pong

pink /pɪŋk/ ◆ *adj* **1** rosado **2** (*de vergüenza, etc.*) colorado ◆ *n* **1** rosado **2** (*Bot*) clavellina

pinnacle /ˈpɪnəkl/ *n* **1** (*fig*) cúspide **2** (*Arquit*) pináculo **3** (*de montaña*) pico

pinpoint /ˈpɪnpɔɪnt/ *vt* **1** localizar exactamente **2** poner el dedo en, precisar

pint /paɪnt/ *n* **1** (*abrev* **pt**) pinta (*0,473 litros, GB 0,568 litros*) *Ver Apéndice 1.* **2** (*GB*): *to have a pint* tomar una cerveza

pin-up /ˈpɪn ʌp/ *n* foto (*de persona atractiva, clavada en la pared*)

pioneer /ˌpaɪəˈnɪər/ ◆ *n* (*lit y fig*) pionero, -a ◆ *vt* ser pionero en **pioneering** *adj* pionero

pious /ˈpaɪəs/ *adj* **1** piadoso, devoto **2** (*pey*) beato

pip /pɪp/ *n* (*GB*) (*USA* **seed**) pepa (*de fruta*)

pipe /paɪp/ ◆ *n* **1** tubería, conducto **2** **pipes** [*pl*] cañería(s) **3** pipa **4** (*Mús*) flauta **5** **pipes** [*pl*] *Ver* BAGPIPE ◆ *vt* transportar (*por tubería, gaseoducto, oleoducto*) **PHR V to pipe down** (*coloq*) callarse **piping** *adj* **LOC piping hot** hirviendo

pipeline /ˈpaɪplaɪn/ *n* tubería, gaseoducto, oleoducto **LOC to be in the pipeline 1** (*pedido*) estar tramitándose **2** (*cambio, propuesta, etc.*) estar preparándose

piracy /ˈpaɪrəsi/ *n* piratería

pirate /ˈpaɪrət/ ◆ *n* pirata ◆ *vt* piratear

Pisces /ˈpaɪsiːz/ *n* Piscis ☛ *Ver ejemplos en* AQUARIUS

pistol /ˈpɪstl/ *n* pistola

piston /ˈpɪstən/ *n* pistón

pit /pɪt/ ◆ *n* **1** fosa **2** (*de carbón*) mina **3** hoyo (*en una superficie*) **4** **the pit** (*GB, Teat*) platea **5** (*taller de carros*) fosa **6** **the pits** [*pl*] (*carreras de carros*) box **7** (*esp GB* **stone**) pepa (*de una fruta*) **LOC to be the pits** (*coloq*) ser pésimo ◆ *v* (**-tt-**) **PHR V to pit sth/sb against sth/sb** oponer algo/a algn contra algo/algn

pitch /pɪtʃ/ ◆ *n* **1** (*GB, Dep*) cancha **2** (*intensidad*) (*Mús*) tono **3** (*tejado*) inclinación **4** (*GB*) puesto (*en mercado, calle*) **5** brea: *pitch-black* negro como la boca del lobo ◆ **1** *vt* montar (*carpa*) **2** *vt* (*ideas*) expresar **3** *vt* lanzar, arrojar **4** *vi* tirarse **5** *vi* (*barco*) cabecear **PHR V to pitch in** (*coloq*) **1** poner manos a la obra **2** comer con buen apetito **to pitch in (with sth)** ayudar (con algo), colaborar **pitched** *adj* (*batalla*) campal

pitcher /ˈpɪtʃər/ *n* **1** (*GB* **jug**) jarrón **2** (*beisbol*) pítcher

pitfall /ˈpɪtfɔːl/ *n* peligro

pith /pɪθ/ *n* médula, meollo

pitiful /ˈpɪtɪfl/ *adj* **1** lastimoso, conmovedor **2** penoso

pitiless /ˈpɪtɪləs/ *adj* **1** despiadado **2** (*fig*) implacable

pity /ˈpɪti/ ◆ *n* **1** pesar, compasión **2** lástima, pesar **LOC to take pity on sb** apiadarse de algn ◆ *vt* (*pret, pp* **pitied**) compadecerse de: *I pity you.* Me das lástima.

pivot /ˈpɪvət/ *n* **1** pivote **2** (*fig*) eje

placard /ˈplækɑrd/ *n* pancarta

placate /ˈpleɪkeɪt; *GB* pləˈkeɪt/ *vt* apaciguar a

place /pleɪs/ ◆ *n* **1** lugar, sitio **2** (*en superficie*) parte **3** (*asiento, posición*) puesto, sitio **4** *It's not my place to…* No me compete… **5** (*coloq*) casa **LOC all over the place** (*coloq*) **1** en todas partes **2** en desorden **in place** en su sitio **in the first, second, etc. place** en primer, segundo, etc. lugar **out of place 1** desplazado, fuera de lugar **2** (*mal ubicado*) fuera de lugar **to take place** tener lugar, ocurrir *Ver tb* CHANGE, HAPPEN ◆ *vt* **1** poner, colocar **2** ~ **sb** identificar a algn **3** ~ **sth (with sth/sb)** (*pedido, apuesta*) hacer algo (en algo/a algn): *We placed an order with them for more text books.* Les hicimos un pedido de más libros de texto. **4** situar

plague /pleɪg/ ◆ *n* **1** peste **2** ~ **of sth** plaga de algo ◆ *vt* **1** importunar, atormentar **2** acosar

plaice /pleɪs/ *n* (*pl* **plaice**) platija (*pez*)

plaid /plæd/ *n* tela escocesa

plain /pleɪn/ ◆ *adj* (**-er**, **-est**) **1** claro **2** franco, directo **3** *plain yogurt* yogurt al natural **4** en blanco, neutro, sin dibujo: *plain paper* papel en blanco **5** (*físico*) sin atractivo, simple **LOC to make sth**

tʃ	dʒ	v	θ	ð	s	z	ʃ
chin	June	van	thin	then	so	zoo	she

plain dejar algo claro *Ver tb* CLEAR ◆ *adv* simplemente: *It's just plain stupid.* Es simplemente estúpido. **plainly** *adv* **1** claramente, con claridad **2** evidentemente

plain clothes *adj* de civil (*policía*)

plaintiff /ˈpleɪntɪf/ *n* demandante (*corte*)

plait (*GB*) *Ver* BRAID

plan /plæn/ ◆ *n* **1** plan, programa **2** plano **3** esquema **LOC** *Ver* MASTER ◆ (**-nn-**) **1** *vt* planear, proyectar: *What do you plan to do?* ¿Qué piensas hacer? **2** *vi* hacer planes **PHR V to plan sth out** planificar algo

plane /pleɪn/ *n* **1** (*tb* **airplane**, *GB* **aeroplane**) avión: *plane crash* accidente de aviación **2** plano **3** cepillo (de carpintero)

planet /ˈplænɪt/ *n* planeta

plank /plæŋk/ *n* **1** tabla, tablón **2** (*fig*) elemento fundamental (*de política, etc.*)

planner /ˈplænər/ *n* planificador, -ora

planning /ˈplænɪŋ/ *n* planificación

plant /plænt; *GB* plɑːnt/ ◆ *n* **1** planta: *plant pot* (*GB*) matera **2** (*Mec*) maquinaria, equipo **3** fábrica **4** (*USA*) central: *power plant* central eléctrica ◆ *vt* **1** plantar **2** (*jardín, campo*) sembrar **3** (*coloq*) (*drogas, etc.*) poner, colocar (*para incriminar*) **4** (*dudas, etc.*) sembrar

plantation /plænˈteɪʃn; *GB* plɑːn-/ *n* **1** (*banano, algodón, etc.*) plantación **2** bosque de árboles plantados

plaque /plæk; *GB* plɑːk/ *n* placa (*tb dental*)

plaster /ˈplæstər; *GB* ˈplɑːs-/ ◆ *n* **1** yeso **2** (*tb* **plaster of Paris**) yeso: *to put sth in plaster* enyesar algo **3** (*GB*) (*tb* **sticking plaster**) (*USA* **Band-Aid**) esparadrapo, cura ◆ *vt* **1** enyesar **2** embadurnar **3** (*fig*) llenar, cubrir

plastic /ˈplæstɪk/ ◆ *n* plástico ◆ *adj* **1** de plástico **2** (*flexible*) plástico

plasticine® /ˈplæstəsiːn/ *n* (*GB*) plastilina

plate /pleɪt/ *n* **1** plato **2** (*metal*) placa, plancha: *plate glass* vidrio prensado **3** baño, enchape (*de oro/plata*) **4** (*imprenta*) lámina

plateau /plæˈtoʊ; *GB* ˈplætəʊ/ *n* (*pl* **~s** *o* **-eaux** /-toʊz/) (*GB*) meseta

platform /ˈplætfɔːrm/ *n* **1** plataforma **2** (*estación de tren*) plataforma, andén **3** (*Pol*) plataforma, programa

platinum /ˈplætɪnəm/ *n* platino

platoon /pləˈtuːn/ *n* (*Mil*) pelotón

plausible /ˈplɔːzəbl/ *adj* **1** creíble **2** (*persona*) convincente

play /pleɪ/ ◆ *n* **1** (*Teat*) obra **2** (*movimiento*) margen, juego **3** (*de fuerzas, personalidades, etc.*) juego **LOC a play on words** un juego de palabras **at play** jugando **in play** en broma *Ver tb* CHILD, FAIR, FOOL ◆ **1** *vt, vi* jugar **2** *vt* ~ **sb** (*Dep*) jugar con algn **3** *vt* (*cartas*) jugar **4** *vt, vi* (*instrumento*) tocar: *to play the guitar* tocar guitarra **5** *vt* (*disco, cinta*) poner **6** *vi* (*música*) sonar **7** *vt* (*pelota*) pasar **8** *vt* (*broma pesada*) hacer **9** *vt* (*papel dramático*) interpretar, hacer de **10** *vt, vi* (*escena, obra*) representar(se) **11** *vt* hacer(se): *to play dumb/the fool* hacerse el bobo **12** *vt* (*manguera*) dirigir **LOC to play it by ear** (*coloq*) improvisar **to play (sth) by ear** tocar (algo) de oído **to play truant** capar clase **to play your cards well/right** jugar bien sus cartas *Ver tb* HAVOC **PHR V to play along (with sb)** seguirle la corriente (a algn) **to play sth down** restarle importancia a algo **to play A off against B** enfrentar a A y B **to play (sb) up** (*coloq*) darle guerra (a algn) **player** *n* **1** jugador, -ora **2** (*Mús*) músico **playful** *adj* **1** juguetón **2** (*humor*) alegre **3** (*comentario*) en broma

playground /ˈpleɪgraʊnd/ *n* patio (de recreo), parque infantil

playgroup /ˈpleɪgruːp/ (*GB*) *n* preescolar

playing card (*tb* **card**) *n* carta

playing field *n* campo deportivo

play-off /ˈpleɪ ɔːf/ *n* partido de desempate

playtime /ˈpleɪtaɪm/ *n* recreo

playwright /ˈpleɪraɪt/ *n* dramaturgo, -a

plea /pliː/ *n* **1** ~ (**for sth**) petición (de algo) **2** súplica **3** pretexto: *on a plea of ill health* con el pretexto de estar enfermo **4** (*Jur*) declaración: *plea of guilty/not guilty* declaración de culpabilidad/inocencia **LOC to make a plea for sth** pedir algo

plead /pliːd/ (*pret, pp* **pled** /pled/ *GB* **pleaded**) **1** *vi* ~ (**with sb**) suplicar(le) (a algn) **2** *vi* ~ **for sth** rogar algo **3** *vi* ~ **for sb** hablar en favor de algn **4** *v* (*defensa*) alegar **LOC to plead guilty/not guilty** declararse culpable/inocente

pleasant /ˈpleznt/ *adj* (**-er**, **-est**) agradable **pleasantly** *adv* **1** agradablemente, gratamente **2** con amabilidad

please /pliːz/ ◆ **1** *vt, vi* complacer **2** *vt* ser un placer para **3** *vi*: *for as long as you please* todo el tiempo que quieras ◊ *I'll do whatever I please.* Voy a hacer lo que me dé la gana. **LOC as you please** como quieras **please yourself!** ¡Haz lo que te dé la gana! ◆ *interj* **1** ¡por favor! **2** (*formal*): *Please come in.* Por favor siga. ◊ *Please do not smoke.* Se ruega no fumar. **LOC please do!** ¡por supuesto! **pleased** *adj* **1** contento ☛ *Ver nota en* GLAD **2** ~ (**with sth/sb**) satisfecho (de algo/con algn) **LOC to be pleased to do sth** alegrarse de hacer algo, tener el placer de hacer algo: *I'd be pleased to come.* Me encantaría ir. **pleased to meet you** encantado de conocerlo/conocerla **pleasing** *adj* **1** grato, agradable **2** (*futuro*) halagüeño

pleasure /ˈpleʒər/ *n* placer: *It gives me pleasure to…* Tengo el placer de… **LOC my pleasure** no hay de qué **to take pleasure in sth** disfrutar con algo **with pleasure** con mucho gusto *Ver tb* BUSINESS **pleasurable** *adj* placentero

pled (*USA*) *pret, pp de* PLEAD

pledge /pledʒ/ ◆ *n* **1** promesa, compromiso **2** (*fianza*) prenda ◆ **1** *vt, vi* (*formal*) prometer, comprometerse **2** *vt* (*joyas, etc.*) empeñar

plentiful /ˈplentɪfl/ *adj* abundante: *a plentiful supply* un suministro abundante **LOC to be in plentiful supply** abundar

plenty /ˈplenti/ ◆ *pron* **1** mucho, de sobra: *plenty to do* mucho que hacer **2** bastante: *That's plenty, thank you.* Es suficiente, gracias. ◆ *adv* **1** (*coloq*) lo bastante: *plenty high enough* lo bastante alto **2** (*USA*) mucho **LOC plenty more 1** de sobra **2** (*personas*) otros muchos

pliable /ˈplaɪəbl/ (*tb* **pliant** /ˈplaɪənt/) *adj* **1** flexible **2** influenciable

pliers /ˈplaɪərz/ *n* [*pl*] alicates, pinzas: *a pair of pliers* unos alicates/unas pinzas ☛ *Ver nota en* PAIR

plight /plaɪt/ *n* **1** (mala) situación **2** crisis

plod /plɑd/ *vi* (**-dd-**) caminar con dificultad **PHR V to plod away (at sth)** trabajar con empeño (en algo)

plonk /plɑŋk/ **PHR V to plonk sth down** dejar caer algo pesadamente

plot /plɑt/ ◆ *n* **1** parcela **2** terreno **3** (*libro, película*) argumento **4** complot, intriga ◆ **1** *vt* (**-tt-**) (*rumbo, etc.*) trazar **2** *vt* (*intriga*) urdir **3** *vi* conjurarse, intrigar

plow (*GB* **plough**) /plaʊ/ ◆ *n* arado ◆ *vt, vi* arar **LOC to plow (your way) through sth** abrirse camino por/entre algo **PHR V to plow sth back** (*ganancias*) reinvertir algo **to plow into sth/sb** estrellarse contra algo/algn

ploy /plɔɪ/ *n* ardid, táctica

pluck /plʌk/ ◆ *vt* **1** arrancar **2** desplumar **3** (*cejas*) depilarse **4** (*cuerda*) pulsar **5** (*guitarra*) puntear **LOC to pluck up courage (to do sth)** armarse de valor (y hacer algo) ◆ *n* (*coloq*) valor, agallas

plug /plʌg/ ◆ *n* **1** (*GB tb* **stopper**) tapón **2** (*Electrón*) enchufe (*macho*) ☛ *Ver dibujo en* ENCHUFE **3** bujía **4** (*coloq*) propaganda ◆ *vt* (**-gg-**) **1** (*agujero*) tapar **2** (*escape*) sellar **3** (*oídos*) taponar **4** (*hueco*) rellenar **5** (*coloq*) hacer propaganda de **PHR V to plug sth in(to sth)** enchufar algo (en algo)

plum /plʌm/ *n* **1** ciruela **2** (*tb* **plum tree**) ciruelo

plumage /ˈpluːmɪdʒ/ *n* plumaje

plumber /ˈplʌmər/ *n* plomero, -a **plumbing** *n* plomería

plummet /ˈplʌmɪt/ *vi* **1** caer en picada **2** (*fig*) bajar drásticamente

plump /plʌmp/ ◆ *adj* **1** rollizo *Ver tb* FAT **2** mullido ◆ **PHR V to plump for sth/sb** (*GB*) decidirse por algo/algn, elegir algo/a algn

plunder /ˈplʌndər/ *vt* saquear

plunge /plʌndʒ/ ◆ **1** *vi* caer (en picada), precipitarse **2** *vt* (*fig*) sumir **3** *vi* zambullirse **4** *vt* sumergir **5** *vt* (*en bolsillo, bolsa, etc.*) meter **6** *vt* (*cuchillo, etc.*) hundir ◆ *n* **1** caída **2** zambullida **3** (*precios*) caída **LOC to take the plunge** dar el gran paso

plural /ˈplʊərəl/ *adj, n* plural

plus /plʌs/ ◆ *prep* **1** (*Mat*) más: *Five plus six equals eleven.* Cinco más seis son once. **2** además de: *plus the fact that…* además de que… ◆ *conj* además

◆ *adj* **1** (como) mínimo: *$500 plus* 500 dólares (como) mínimo ◇ *He must be forty plus.* Debe de tener cuarenta y pico de años. **2** (*Electrón, Mat*) positivo ◆ *n* **1** (*tb* **plus sign**) signo más **2 a** ~ (**for sb**) (*coloq*) un punto a favor (de algn): *the pluses and minuses of sth* los más y los menos de algo

plush /plʌʃ/ *adj* (*coloq*) lujoso, de lujo

Pluto /ˈpluːtoʊ/ *n* Plutón

plutonium /pluːˈtoʊniəm/ *n* plutonio

ply /plaɪ/ ◆ *n* **1** *Ver* PLYWOOD **2** (*papel*) capa **3** (*lana*) hebra ◆ *vt* (*pret, pp* **plied** /plaɪd/) **1** (*formal*) (*oficio*) ejercer: *to ply your trade* desempeñar uno su trabajo **2** (*ruta*) hacer: *This ship plied between the Indies and Spain.* Este barco hacía la ruta entre las Indias y España. **PHR V to ply sb with drink/food** darle de beber/comer a algn (constantemente) **to ply sb with questions** acosar a algn a preguntas

plywood /ˈplaɪwʊd/ *n* tríplex, madera en varias capas

p.m. /ˌpiː ˈem/ *abrev* de la tarde: *at 4:30p.m.* a las cuatro y media de la tarde

> Nótese que cuando decimos **a.m.** o **p.m.** con las horas, no se puede usar **o'clock**: *Shall we meet at three o'clock/ 3p.m.?* ¿Nos vemos a las tres (de la tarde)?

pneumatic /nuːˈmætɪk; *GB* njuː-/ *adj* neumático: *pneumatic drill* taladro neumático

pneumonia /nuːˈmoʊniə; *GB* njuː-/ *n* [*incontable*] **1** pulmonía **2** (*Med*) neumonía

PO /ˌpiːˈoʊ/ *abrev* **Post Office**

poach /poʊtʃ/ **1** *vt* cocinar (a fuego lento) **2** *vt* (*huevo*) cocinar (*sin cáscara, en agua*) **3** *vt, vi* cazar/pescar furtivamente **4** *vt* (*idea*) robar **poacher** *n* cazador/pescador furtivo

pocket /ˈpɑkɪt/ ◆ *n* **1** bolsillo: *pocket money* plata de bolsillo (para niños) ◇ *pocket knife* navaja ◇ *pocket-sized* tamaño de bolsillo **2** foco (*de resistencia, etc.*) **LOC to be out of pocket 1** salir perdiendo plata **2** *I don't want you to be out of pocket.* No quiero que pongas de tu propio bolsillo. *Ver tb* PICK ◆ *vt* **1** meterse en el bolsillo **2** embolsillarse

pod /pɑd/ *n* vaina (*fríjoles, etc.*)

podium /ˈpoʊdiəm/ *n* podio

poem /ˈpoʊəm/ *n* poema

poet /ˈpoʊɪt/ *n* poeta

poetic /poʊˈetɪk/ *adj* poético: *poetic justice* justo castigo o premio

poetry /ˈpoʊətri/ *n* poesía

poignant /ˈpɔɪnjənt/ *adj* conmovedor

poinsettia /ˌpɔɪnˈsetiə, -ˈsetə/ *n* flor de adornos navideños

point /pɔɪnt/ ◆ *n* **1** (*gen, Geom*) punto **2** (*gen, Geog*) punta **3** (*Mat*) coma **4** cuestión: *the point is…* la cuestión es… **5** sentido: *What's the point?* ¿Para qué? **6** (*GB*) (*tb* **power point**, *USA* **outlet**) toma, enchufe **7 points** [*pl*] (*GB, Ferrocarril*) rieles para cambio de vía **LOC in point of fact** en realidad **point of view** punto de vista **to be beside the point** no tener nada que ver **to make a point of doing sth** asegurarse de hacer algo **to make your point** dejar algo en claro **to take sb's point** entender lo que algn dice **to the point** al caso, al grano *Ver tb* PROVE, SORE, STRONG ◆ **1** *vi* ~ (**at/to sth/sb**) señalar (con el dedo) (algo/a algn); apuntar (hacia algo/algn) **2** *vi* ~ **to sth** (*fig*) indicar, señalar algo **3** *vt* ~ **sth at sb** apuntarle a algn con algo: *to point your finger* (*at sth/sb*) indicar(le) (algo/a algn) con el dedo **PHR V to point sth out** (**to sb**) señalar(le) algo a (a algn)

point-blank /ˌpɔɪnt ˈblæŋk/ ◆ *adj* **1** *a point-blank range* a quemarropa **2** (*negativa*) tajante ◆ *adv* **1** a quemarropa **2** (*fig*) de forma tajante

pointed /ˈpɔɪntɪd/ *adj* **1** afilado, puntiagudo **2** (*fig*) intencionado

pointer /ˈpɔɪntər/ *n* **1** indicador **2** puntero **3** (*coloq*) sugerencia **4** pista

pointless /ˈpɔɪntləs/ *adj* **1** sin sentido **2** inútil

poise /pɔɪz/ *n* **1** elegancia **2** aplomo **poised** *adj* **1** suspendido **2** con aplomo

poison /ˈpɔɪzn/ ◆ *n* veneno ◆ *vt* envenenar **poisoning** *n* envenenamiento **poisonous** *adj* venenoso

poke /poʊk/ *vt* dar (*con el dedo, etc.*): *to poke your finger into sth* meter el dedo en algo **LOC to poke fun at sth/sb** burlarse de algo/algn **PHR V to poke around/about** (*coloq*) **1** fisgonear **2** curiosear **to poke out** (**of sth**)**/through** (**sth**) asomar (por algo)

poker /ˈpoʊkər/ *n* **1** chuzo (*para atizar*) **2** póquer

poker-faced /ˈpoʊkər ˌfeɪst/ *adj* de rostro impasible

poky /ˈpoʊki/ *adj* (*coloq*) (**pokier**, **pokiest**) **1** (*USA*) lento **2** (*GB*) diminuto

polar /ˈpoʊlər/ *adj* polar: *polar bear* oso polar

pole /poʊl/ *n* **1** (*Geog, Fís*) polo **2** palo: *pole-vault* salto con garrocha **3** (*telégrafo*) poste LOC **to be poles apart** estar en extremos opuestos ☛ *Comparar con* SER POLOS OPUESTOS *en* POLO

police /pəˈliːs/ ◆ *n* [*pl*] policía: *police officer/constable* (*GB*) (agente de) policía ◊ *police force* la policía ◊ *police state* estado policivo ◊ *police station* estación (de policía) ◆ *vt* vigilar

policeman /pəˈliːsmən/ *n* (*pl* **-men** /-mən/) policía

policewoman /pəˈliːswʊmən/ *n* (*pl* **-women**) policía

policy /ˈpɑləsi/ *n* (*pl* **-ies**) **1** política **2** (*seguros*) póliza

polio /ˈpoʊlɪoʊ/ (*formal* **poliomyelitis**) *n* polio(mielitis)

polish /ˈpɑlɪʃ/ ◆ *vt* **1** brillar, sacarle brillo a, encerar, pulir **2** (*zapatos*) embolar, brillar **3** (*fig*) pulir PHR V **to polish sb off** acabar con algn (*matar*) **to polish sth off** (*coloq*) **1** zamparse algo **2** (*trabajo*) despachar algo rápido ◆ *n* **1** lustre **2** brillo **3** (*muebles*) cera **4** (*zapatos*) betún **5** (*uñas*) esmalte **6** (*fig*) finura, refinamiento **polished** *adj* **1** brillante, pulido **2** (*manera, estilo*) refinado, pulido **3** (*actuación*) impecable

polite /pəˈlaɪt/ *adj* **1** cortés **2** (*persona*) educado **3** (*comportamiento*) correcto

political /pəˈlɪtɪkl/ *adj* político

politician /ˌpɑləˈtɪʃn/ *n* político, -a

politics /ˈpɑlətɪks/ *n* **1** política **2** [*pl*] opiniones políticas **3** [*sing*] (*asignatura*) ciencias políticas

polka dot /ˈpoʊkə dɑt/ (*GB* **spot**) *n* punto

poll /poʊl/ *n* **1** elección **2** votación: *to take a poll on sth* someter algo a votación **3 the polls** [*pl*] las urnas **4** encuesta, sondeo

pollen /ˈpɑlən/ *n* polen

pollute /pəˈluːt/ *vt* ~ **sth** (**with sth**) **1** contaminar algo (con algo) **2** (*fig*) corromper **pollution** *n* **1** contaminación **2** (*fig*) corrupción

polo /ˈpoʊloʊ/ *n* polo (*deporte*)

polo neck (*GB*) (*USA* **turtleneck**) *n* (suéter de) cuello alto/de tortuga

polyester /ˌpɑlɪˈestər/ *n* poliéster

polyethylene /ˌpɑliˈeθəliːn/ *n* polietileno

polystyrene /ˌpɑliˈstaɪriːn/ *n* poliestireno

pomp /pɑmp/ *n* **1** pompa **2** (*pey*) ostentación

pompous /ˈpɑmpəs/ *adj* (*pey*) **1** pomposo **2** (*persona*) presumido

pond /pɑnd/ *n* estanque

ponder /ˈpɑndər/ *vt, vi* ~ (**on/over sth**) reflexionar (sobre algo)

pony /ˈpoʊni/ *n* (*pl* **ponies**) poni: *pony-trekking* excursión en poni ◊ *ponytail* cola de caballo

poodle /ˈpuːdl/ *n* poodle

pool /puːl/ ◆ *n* **1** (*tb* **swimming pool**) piscina **2** charco **3** (*luz*) haz **4** (*río*) pozo **5** estanque **6** (*dinero*) fondo (común) **7** billar pool **8 the** (**football**) **pools** [*pl*] (*GB*) apuestas sobre resultados futbolísticos ◆ *vt* (*recursos, ideas*) aunar, juntar

poor /pʊər, pɔːr/ ◆ *adj* (**-er**, **-est**) **1** pobre **2** malo: *in poor taste* de mal gusto **3** (*nivel*) bajo LOC *Ver* FIGHT ◆ **the poor** *n* [*pl*] los pobres

poorly /pʊərli/ ◆ *adv* **1** mal **2** pobremente ◆ *adj* (*GB*) (*USA* **sick**) mal, enfermo

pop /pɑp/ ◆ *n* **1** pequeño estallido **2** ruido del corcho al saltar **3** (*coloq*) (*bebida*) gaseosa **4** (*USA*) papá **5** (música) pop ◆ (**-pp-**) **1** *vi* reventar el corcho al saltar **2** *vi* hacer ¡pum! **3** *vt, vi* (*bomba de caucho*) reventar(se) **4** *vt* (*corcho*) hacer saltar PHR V **to pop across, back, down, out, etc.** (*coloq, esp GB*) cruzar, volver, bajar, salir, etc. (*rápida o repentinamente*) **to pop sth back, in, etc.** (*coloq*) devolver, meter, etc. algo (*rápida o repentinamente*) **to pop in** visitar (*brevemente*) **to pop out** (**of sth**) salir (de algo) (*repentinamente*) **to pop up** aparecer (*de repente*) LOC **to go pop** reventar(se)

popcorn /ˈpɑpkɔːrn/ *n* maíz pira

pope /poʊp/ *n* (*Relig*) papa

poplar /ˈpɑplər/ *n* álamo

poppy /ˈpɑpi/ *n* (*pl* **-ies**) amapola

Popsicle® /ˈpɑpsɪkl/ *n* (*USA*) (*GB* **ice lolly**) paleta (*helado*)

popular /ˈpɑpjələr/ *adj* **1** popular: (*not*) *to be popular with sb* (no) caerle bien a algn **2** de moda: *Turtlenecks are very popular this season.* Los suéteres de cuello alto se están usando mucho esta temporada. **3** corriente: *popular culture* cultura de masas **4** (*creencia*) generalizado **popularize, -ise** *vt* **1** popularizar **2** divulgar

population /ˌpɑpjuˈleɪʃn/ *n* población: *population explosion* explosión demográfica

porcelain /ˈpɔːrsəlɪn/ *n* [*incontable*] porcelana

porch /pɔːrtʃ/ *n* **1** porche **2** (*USA*) portal, porche

pore /pɔːr/ ◆ *n* poro ◆ PHR V **to pore over sth** estudiar algo detenidamente

pork /pɔːrk/ *n* (carne de) cerdo ☛ *Ver nota en* CARNE

porn /pɔːrn/ *n* (*coloq*) porno

pornography /pɔːrˈnɑgrəfi/ *n* pornografía

porous /ˈpɔːrəs/ *adj* poroso

porpoise /ˈpɔːrpəs/ *n* marsopa

porridge /ˈpɔːrɪdʒ; *GB* ˈpɒr-/ *n* [*incontable*] avena (preparada)

port /pɔːrt/ *n* **1** puerto **2** (*barco*) babor **3** (*vino*) oporto LOC **port of call** puerto de escala

portable /ˈpɔːrtəbl/ *adj* portátil

porter /ˈpɔːrtər/ *n* **1** (*estación, hotel*) mozo, maletero **2** portero

porthole /ˈpɔːrthoʊl/ *n* (*barco, avión*) ventanilla

portion /ˈpɔːrʃn/ *n* **1** porción **2** (*comida*) ración

portrait /ˈpɔːrtrət, -treɪt/ *n* **1** retrato **2** (*fig*) cuadro

portray /pɔːrˈtreɪ/ *vt* **1** retratar **2** ~ **sth/sb (as sth)** (*Teat*) (*novela*) representar algo/a algn (como algo) **portrayal** *n* representación

pose /poʊz/ ◆ **1** *vi* (*para retratarse*) posar **2** *vi* (*pey*) comportarse de forma afectada **3** *vi* ~ **as sth/sb** hacerse pasar por algo/algn **4** *vt* (*dificultad, pregunta*) presentar ◆ *n* **1** postura **2** (*pey*) pose

posh /pɑʃ/ *adj* (**-er**, **-est**) **1** (*hotel, carro, etc.*) de lujo **2** (*zona*) elegante **3** (*esp pey*) (*acento*) afectado **4** (*pey*) de moda

position /pəˈzɪʃn/ ◆ *n* **1** posición **2** situación **3** ~ **(on sth)** (*opinión*) posición respecto a algo **4** (*trabajo*) puesto LOC **to be in a/no position to do sth** estar/no estar en condiciones de hacer algo ◆ *vt* colocar, situar

positive /ˈpɑzətɪv/ *adj* **1** positivo **2** definitivo, categórico **3** ~ (**about sth/that...**) seguro (de algo/de que...) **4** total, auténtico: *a positive disgrace* una completa desgracia **positively** *adv* **1** positivamente **2** con optimismo **3** categóricamente **4** verdaderamente

possess /pəˈzes/ *vt* **1** poseer, tener **2** dominar: *What possessed you to do that?* ¿Cómo se te ocurrió hacer eso? **possession** *n* **1** posesión **2 possessions** [*pl*] pertenencias LOC **to be in possession of sth** tener algo

possibility /ˌpɑsəˈbɪləti/ *n* (*pl* **-ies**) **1** posibilidad: *within/beyond the bounds of possibility* dentro/más allá de lo posible **2 possibilities** [*pl*] posibilidades *Ver tb* CHANCE

possible /ˈpɑsəbl/ *adj* posible: *if possible* si es posible ◊ *as soon as possible* lo más pronto posible LOC **to make sth possible** hacer posible algo **possibly** *adv* posiblemente: *You can't possibly go.* No puedes ir de ninguna manera.

post /poʊst/ ◆ *n* **1** poste, estaca, palo **2** (*trabajo*) puesto **3** (*esp USA* **mail**) correo: *postbox* (*GB*) buzón (en la calle) ☛ *Ver nota en* MAIL ◆ *vt* **1** (*esp USA* **to mail**) poner (al correo), mandar **2** (*Mil*) destinar, mandar **3** (*soldado*) apostar LOC **to keep sb posted (about sth)** tener/mantener a algn al corriente (de algo) **to post bail (for sb)** (*USA*) pagar la fianza (de algn)

postage /ˈpoʊstɪdʒ/ *n* valor del correo: *postage stamp* estampilla (de correo)

postal /ˈpoʊstl/ *adj* postal, de correos: *postal vote* (*GB*) (*USA* **absentee ballot**) voto por correo

postcard /ˈpoʊstkɑːrd/ *n* (tarjeta) postal

postcode /ˈpoʊskoʊd/ (*GB*) (*USA* **Zip code**) *n* código postal

poster /ˈpoʊstər/ *n* **1** (*anuncio*) cartel **2** afiche

posterity /pɑˈsterəti/ *n* posteridad

postgraduate /ˌpoʊstˈgrædʒuət/ *adj* **1** (*USA*) de posdoctorado **2** (*GB*) de posgrado

posthumous /ˈpɑstjʊməs; *GB* ˈpɒstʃəməs/ *adj* póstumo

postman /ˈpoʊstmən/ *n* (*pl* **-men** /-mən/) (*GB*) (*USA* **mailman, letter carrier**) cartero

post-mortem /ˌpoʊst ˈmɔːrtəm/ *n* autopsia

post office *n* oficina de correos ☛ *Ver nota en* ESTANCO

postpone /poʊstˈpoʊn, poʊsˈpoʊn/ *vt* posponer, aplazar

postscript /ˈpoʊstskrɪpt/ *n* **1** posdata **2** (*fig*) nota final

posture /ˈpɑstʃər/ *n* **1** postura **2** actitud

post-war /ˌpoʊst ˈwɔːr/ *adj* de la posguerra

postwoman /ˈpəʊstwʊmən/ *n* (*pl* **-women** /-wɪmɪn/) (*GB*) (*USA* **letter carrier**) cartera

pot /pɑt/ *n* **1** olla: *pots and pans* los trastos de cocina **2** frasco, tarro **3** (*decorativo*) recipiente **4** (*mata*) matera **5** (*coloq*) marihuana LOC **to go to pot** (*coloq*) dañarse, acabarse

potassium /pəˈtæsiəm/ *n* potasio

potato /pəˈteɪtoʊ/ *n* (*pl* **-oes**) papa

potent /ˈpoʊtnt/ *adj* potente, poderoso **potency** *n* fuerza

potential /pəˈtenʃl/ ◆ *adj* potencial ◆ *n* ~ **for sth** potencial de/para algo **potentially** *adv* potencialmente

pothole /ˈpɑthoʊl/ *n* **1** (*Geol*) cueva **2** (*carretera*) hueco, bache

potter /ˈpɑtər/ *n* alfarero, -a, ceramista

pottery /ˈpɑtəri/ *n* **1** (*lugar*) alfarería, taller de cerámica **2** (*arte*) alfarería, cerámica **3** (*objetos*) cerámica

potty /ˈpɑti/ ◆ *adj* (**-ier, -iest**) (*GB, coloq*) **1** (*loco*) ido **2** ~ **about sth/sb** loco por algo/algn ◆ *n* (*pl* **-ies**) (*coloq*) mica

pouch /paʊtʃ/ *n* **1** bolsa pequeña **2** (*tabaco*) tabaquera **3** (*Zool*) bolsa

poultry /ˈpoʊltri/ *n* [*incontable*] aves (de corral)

pounce /paʊns/ *vi* **1** ~ **(on sth/sb)** abalanzarse (sobre algo/algn) **2** (*fig*) saltar (sobre algo/algn)

pound /paʊnd/ ◆ *n* **1** (*abrev* **lb**) libra (*0,454 kilogramos*): *Ver Apéndice 1.* **2** (*dinero*) libra ◆ **1** *vi* ~ **(at sth)** golpear (en algo) **2** *vi* correr pesadamente **3** *vi* ~ **(with sth)** latir fuertemente (de algo) (*miedo, emoción, etc.*) **4** *vt* machacar **5** *vt* golpear **pounding** *n* **1** (*lit y fig*) paliza **2** (*olas*) embate

pour /pɔːr/ **1** *vi* fluir, correr **2** *vi* (*tb* **to pour with rain**) llover a cántaros **3** *vt* (*bebida*) servir PHR V **to pour in 1** entrar a raudales **2** inundar **to pour sth in** echar algo (*añadir*) **to pour out (of sth) 1** fluir (de algo) **2** (*personas*) salir en tropel (de algo) **to pour sth out 1** (*bebida*) servir algo **2** (*expresar*) sacar algo

pout /paʊt/ *vi* **1** hacer un puchero **2** (*provocativamente*) parar los labios

poverty /ˈpɑvərti/ *n* **1** pobreza **2** miseria **3** (*de idea*) falta **poverty-stricken** *adj* necesitado

powder /ˈpaʊdər/ ◆ *n* [*gen incontable*] polvo ◆ *vt* empolvar: *to powder your face* empolvarse la cara **powdered** *adj* en polvo

powdered sugar (*GB* **icing sugar**) *n* azúcar en polvo

power /ˈpaʊər/ ◆ *n* **1** poder: *power-sharing* poder compartido **2 powers** [*pl*] capacidad, facultades **3** fuerza **4** potencia **5** energía **6** (*electricidad*) luz: *power outage* corte de electricidad ◊ *power plant* central eléctrica ◊ *power point* (*GB*) toma/enchufe LOC **the powers that be** (*esp irón*) los que mandan **to do sb a power of good** (*GB, coloq*) sentarle muy bien a algn ◆ *vt* (*avión*) impulsar: *It is powered by electricity.* Funciona con electricidad. **powerful** *adj* **1** poderoso **2** (*máquina*) potente **3** (*brazos, golpe, bebida*) fuerte **4** (*imagen, obra*) intenso **powerless** *adj* **1** sin poder, impotente **2** ~ **to do sth** impotente para hacer algo

practicable /ˈpræktɪkəbl/ *adj* factible

practical /ˈpræktɪkl/ *adj* **1** práctico: *practical joke* broma **2** (*persona*) pragmático **practically** *adv* prácticamente, de forma práctica

practice[1] /ˈpræktɪs/ *n* **1** práctica **2** (*Dep*) entrenamiento **3** (*Mús*) ejercicios **4** (*Med*) consultorio ☛ *Comparar con* GENERAL PRACTICE **5** (*profesión*) ejercicio LOC **to be out of practice** haber perdido práctica

practice[2] (*GB* **practise**) /ˈpræktɪs/ **1** *vt, vi* practicar **2** *vi* (*Dep*) entrenar **3** *vt*

(*Dep*) practicar **4** *vt, vi* ~ **(as sth)** (*profesión*) ejercer (algo) **5** *vt* (*cualidad*) ejercitar **practiced** (*GB* **practised**) *adj* ~ **(in sth)** experto (en algo)

practitioner /præk'tɪʃənər/ *n* **1** experto, -a **2** médico, -a *Ver tb* GENERAL PRACTITIONER

pragmatic /præg'mætɪk/ *adj* pragmático

praise /preɪz/ ◆ *vt* **1** elogiar **2** (*a Dios*) alabar ◆ *n* [*incontable*] **1** elogio(s) **2** halago **3** (*Relig*) alabanza **praiseworthy** *adj* digno de elogio

prawn /prɔːn/ *n* (*GB*) (*USA* **shrimp**) camarón

pray /preɪ/ *vi* rezar, orar

prayer /preər/ *n* oración

preach /priːtʃ/ **1** *vt, vi* (*Relig*) predicar **2** *vi* ~ **(at/to sb)** (*pey*) sermonear (a algn) **3** *vt* aconsejar **preacher** *n* predicador, -ora

precarious /prɪ'keəriəs/ *adj* precario

precaution /prɪ'kɔːʃn/ *n* precaución **precautionary** *adj* preventivo

precede /prɪ'siːd/ *vt* **1** preceder a **2** (*discurso*) introducir

precedence /'presɪdəns/ *n* precedencia

precedent /'presɪdənt/ *n* precedente

preceding /prɪ'siːdɪŋ/ *adj* **1** precedente **2** (*tiempo*) anterior

precinct /'priːsɪŋkt/ *n* **1** (*USA*) distrito **2** (*tb* **precincts**) recinto **3** (*GB*) zona: *pedestrian precinct* zona peatonal

precious /'preʃəs/ ◆ *adj* **1** precioso (*valioso*) ☛ *Comparar con* PRECIOSO **2** ~ **to sb** de gran valor para algn ◆ *adv* LOC **precious few** muy pocos **precious little** muy poco

precipice /'presəpɪs/ *n* precipicio

precise /prɪ'saɪs/ *adj* **1** exacto, preciso **2** (*explicación*) claro **3** (*persona*) meticuloso **precisely** *adv* **1** exactamente, precisamente **2** (*hora*) en punto **3** con precisión **precision** *n* exactitud, precisión

preclude /prɪ'kluːd/ *vt* (*formal*) excluir

precocious /prɪ'koʊʃəs/ *adj* precoz

preconceived /ˌpriːkən'siːvd/ *adj* preconcebido **preconception** *n* idea preconcebida

precondition /ˌpriːkən'dɪʃn/ *n* condición previa

predator /'predətər/ *n* depredador

predatory *adj* **1** (*animal*) depredador **2** (*persona*) rapaz

predecessor /'predɪsesər; *GB* 'priːdə-/ *n* predecesor, -ora

predicament /prɪ'dɪkəmənt/ *n* situación difícil, apuro

predict /prɪ'dɪkt/ *vt* **1** predecir, prever **2** pronosticar **predictable** *adj* predecible, previsible **prediction** *n* predicción, pronóstico

predominant /prɪ'dɑmɪnənt/ *adj* predominante **predominantly** *adv* predominantemente

pre-empt /pri 'empt/ *vt* adelantarse a

preface /'prefəs/ *n* **1** prefacio, prólogo **2** (*discurso*) introducción

prefer /prɪ'fɜːr/ *vt* **(-rr-)** preferir: *Would you prefer cake or cookies?* ¿Qué prefiere, torta o galletas? ☛ *Ver nota en* PREFERIR **preferable** /'prefrəbl/ *adj* preferible **preferably** /'prefrəbli/ preferiblemente **preference** /'prefrəns/ *n* preferencia LOC **in preference to sth/sb** en lugar de algo/algn **preferential** /ˌprefə'renʃl/ *adj* preferente

prefix /'priːfɪks/ *n* prefijo

pregnant /'pregnənt/ *adj* **1** embarazada **2** (*animal*) preñada **pregnancy** *n* (*pl* **-ies**) embarazo

prejudice /'predʒudɪs/ ◆ *n* **1** [*incontable*] prejuicios **2** prejuicio **3** parcialidad LOC **without prejudice to sth/sb** sin perjuicio de algo/algn ◆ *vt* **1** (*persona*) predisponer **2** (*decisión, resultado*) influir en **3** perjudicar **prejudiced** *adj* **1** parcializado, prejuiciado **2** intolerante LOC **to be prejudiced against sth/sb** estar predispuesto contra algo/algn

preliminary /prɪ'lɪmɪneri; *GB* -nəri/ ◆ *adj* **1** preliminar **2** (*Dep*) eliminatorio ◆ **preliminaries** *n* [*pl*] preliminares

prelude /'preljuːd/ *n* **1** (*Mús*) preludio **2** (*fig*) prólogo

premature /ˌpriːmə'tʊər, -'tʃʊər; *GB* 'premətjʊə(r)/ *adj* prematuro

premier /prɪ'mɪər; *GB* 'premiə(r)/ ◆ *n* primer ministro, primera ministra ◆ *adj* principal

première /prɪ'mɪər; *GB* 'premieə(r)/ *n* estreno

premises /'premɪsɪz/ *n* [*pl*] **1** (*almacén, bar, etc.*) local **2** (*empresa*) oficinas **3** edificio

premium /ˈpriːmiəm/ *n* (*pago*) prima LOC **to be at a premium** escasear

preoccupation /priɑkjuˈpeɪʃn/ *n* ~ (**with sth**) preocupación (por algo) **preoccupied** *adj* **1** preocupado **2** abstraído

preparation /ˌprepəˈreɪʃn/ *n* **1** preparación **2 preparations** [*pl*] (**for sth**) preparativos (para algo)

preparatory /prɪˈpærətɔːri, ˈprepərə-; *GB* -tri/ *adj* preparatorio

prepare /prɪˈpeər/ **1** *vi* ~ **for sth/to do sth** prepararse para algo/para hacer algo; hacer preparativos para algo **2** *vt* preparar LOC **to be prepared to do sth** estar dispuesto a hacer algo

preposterous /prɪˈpɑstərəs/ *adj* absurdo

prerequisite /ˌpriːˈrekwəzɪt/ (*tb* **precondition**) *n* (*formal*) ~ (**for/of sth**) prerrequisito, requisito, condición previa (para algo)

prerogative /prɪˈrɑgətɪv/ *n* prerrogativa

prescribe /prɪˈskraɪb/ *vt* **1** (*medicina*) formular, recetar **2** recomendar

prescription /prɪˈskrɪpʃn/ *n* **1** (*lit y fig*) fórmula, receta **2** (*acción*) prescripción

presence /ˈprezns/ *n* **1** presencia **2** asistencia **3** existencia

present /ˈpreznt/ ◆ *adj* **1** ~ (**at/in sth**) presente (en algo) (*lugar, sustancia*) **2** (*tiempo*) actual **3** (*mes, año*) presente LOC **to the present day** hasta hoy ◆ *n* **1 the present** (*tiempo*) el presente **2** regalo: *to give sb a present* regalarle algo a algn LOC **at present** actualmente *Ver tb* MOMENT ◆ /prɪˈzent/ *vt* **1** presentar: *to present yourself* presentarse **2** ~ **sb with sth**; ~ **sth** (**to sb**) hacer(le) entrega de algo (a algn): *~ sb with a problem* plantearle a algn un problema **3** (*argumento*) exponer **4** ~ **itself** (**to sb**) (*oportunidad*) presentársele a algn **5** (*Teat*) representar **presentable** /prɪˈzentəbl/ *adj* **1** presentable **2** (*decente*) visible

presentation /ˌpriːzenˈteɪʃn, ˌprezn-/ *n* **1** presentación **2** (*argumento*) exposición **3** (*Teat*) representación **4** (*premio*) entrega

present-day /ˌpreznt ˈdeɪ/ *adj* actual

presenter /prɪˈzentər/ *n* (*GB*) (*USA* **host**) presentador, -ora

presently /ˈprezntli/ *adv* **1** (*esp USA*) actualmente **2** (*GB*) [*futuro: generalmente al final de la frase*] en un momento, dentro de poco: *I will follow on presently.* Voy dentro de un momento. **3** (*GB*) [*pasado: generalmente al principio de la frase*] al poco tiempo: *Presently he got up to go.* Al poco tiempo se levantó para irse. **4** (*GB*) luego

preservation /ˌprezərˈveɪʃn/ *n* conservación, preservación

preservative /prɪˈzɜːrvətɪv/ *adj, n* preservador, conservante

preserve /prɪˈzɜːrv/ ◆ *vt* **1** conservar (*comida, etc.*) **2** ~ **sth** (**for sth**) preservar algo (para algo) **3** ~ **sb** (**from sth/sb**) preservar, proteger a algn (de algn/algo) ◆ *n* **1** [*gen pl*] conserva, mermelada **2** (*caza*) (*lit y fig*) reserva: *the exclusive preserve of party members* el privilegio exclusivo de los miembros del partido

preside /prɪˈzaɪd/ *vi* ~ (**over/at sth**) presidir (algo)

presidency /ˈprezɪdənsi, -den-/ *n* (*pl* **-ies**) presidencia

president /ˈprezɪdənt, -dent/ *n* presidente, -a **presidential** /ˌprezɪˈdenʃl/ *adj* presidencial

press /pres/ ◆ *n* **1** (*tb* **the Press**) la prensa: *press conference* rueda de prensa ◊ *press clipping* recorte de prensa ◊ *press release* comunicado de prensa **2** planchado **3** (*tb* **printing press**) imprenta ◆ **1** *vt, vi* apretar **2** *vt* pulsar, presionar **3** *vi* ~ (**up**) **against sb** arrimarse a algn **4** *vt* (*uvas*) pisar **5** *vt* (*aceitunas, flores*) prensar **6** *vt* planchar **7** *vt* ~ **sb** (**for sth/to do sth**) presionar a algn (para que haga algo) LOC **to be pressed for time** andar muy escaso de tiempo *Ver tb* CHARGE PHR V **to press ahead/on** (**with sth**) seguir adelante (con algo) **to press for sth** presionar para que se haga algo

pressing /ˈpresɪŋ/ *adj* apremiante, urgente

press-up /ˈpres ʌp/ (*GB*) (*tb esp USA* **push-up**) *n* flexión de brazos

pressure /ˈpreʃər/ ◆ *n* ~ (**of sth**); ~ (**to do sth**) presión (de algo); presión (para hacer algo): *pressure gauge* manómetro ◊ *pressure group* grupo de presión LOC **to put pressure on sb** (**to do sth**) presionar a algn (para que haga algo) ◆ *vt Ver* PRESSURIZE

pressure cooker *n* olla a presión/ pitadora ☛ *Ver dibujo en* SAUCEPAN

pressurize, -ise /ˈpreʃəraɪz/ (*tb* **pressure**) *vt* **1** ~ **sb into (doing) sth** presionar a algn para que haga algo **2** (*Fís*) presurizar

prestige /preˈstiːʒ/ *n* prestigio **prestigious** /preˈstiːdʒəs/ *adj* prestigioso

presumably /prɪˈzuːməbli; *GB* -ˈzjuːm-/ *adv* es de suponer que

presume /prɪˈzuːm; *GB* -ˈzjuːm/ *vt* asumir: *I presume so.* Eso creo.

presumption /prɪˈzʌmpʃn/ *n* **1** presunción **2** atrevimiento

presumptuous /prɪˈzʌmptʃuəs/ *adj* impertinente

presuppose /ˌpriːsəˈpoʊz/ *vt* presuponer

pretend /prɪˈtend/ ◆ *vt, vi* **1** fingir **2** pretender **3** ~ **to be sth/sb** hacerse pasar por algo: *He pretended to be an electrician.* Se hizo pasar por electricista. **4** ~ **to be sth** jugar a algo: *They're pretending to be explorers.* Están jugando a los exploradores. ◆ (*coloq*) *adj* **1** de juguete **2** fingido

pretense (*GB* **pretence**) /ˈpriːtens, prɪˈtens/ *n* **1** [*incontable*] engaño(s): *They abandoned all pretense of objectivity.* Dejaron de fingir que eran objetivos. **2** (*formal*) ostentación

pretentious /prɪˈtenʃəs/ *adj* pretencioso

pretext /ˈpriːtekst/ *n* pretexto

pretty /ˈprɪti/ ◆ *adj* (**-ier**, **-iest**) bonito, lindo **LOC not to be a pretty sight** no ser nada agradable ◆ *adv* bastante *Ver tb* QUITE sentido 1 ☛ *Ver nota en* FAIRLY, FAIRLY **LOC pretty much/well** más o menos

prevail /prɪˈveɪl/ *vi* **1** (*ley, condiciones*) imperar **2** predominar **3** (*fig*) prevalecer **PHR V to prevail (up)on sb to do sth** (*formal*) convencer a algn para que haga algo **prevailing** (*formal*) *adj* **1** reinante **2** (*viento*) predominante

prevalent /ˈprevələnt/ *adj* (*formal*) **1** difundido **2** predominante **prevalence** *n* **1** difusión **2** predominancia

prevent /prɪˈvent/ *vt* **1** ~ **sb from doing sth** impedir que algn haga algo **2** ~ **sth** evitar, prevenir algo

prevention /prɪˈvenʃn/ *n* prevención

preventive /prɪˈventɪv/ *adj* preventivo

preview /ˈpriːvjuː/ *n* preestreno, avance

previous /ˈpriːviəs/ *adj* anterior **LOC previous to doing sth** antes de hacer algo **previously** *adv* anteriormente

pre-war /ˌpriː ˈwɔːr/ *adj* de (la) preguerra

prey /preɪ/ ◆ *n* [*incontable*] (*lit y fig*) presa ◆ *vi* **LOC to prey on sb's mind** preocupar a algn **PHR V to prey on sth/sb 1** cazar algo/a algn **2** vivir a costa de algo/algn

price /praɪs/ ◆ *n* precio: *to go up/down in price* subir/bajar de precio **LOC at any price** a toda costa **not at any price** por nada del mundo *Ver tb* CHEAP ◆ *vt* **1** fijar el precio de **2** avaluar **3** ponerle el precio a **priceless** *adj* invalorable, inapreciable

prick /prɪk/ ◆ *n* **1** punzada **2** pinchazo ◆ *vt* pinchar (*fig*) remorder (*la conciencia*) **LOC to prick up your ears 1** parar las orejas **2** aguzar el oído

prickly /ˈprɪkli/ *adj* (**-ier**, **-iest**) **1** espinoso **2** que pica **3** (*coloq*) cascarrabias

pride /praɪd/ ◆ *n* **1** ~ **(in sth)** orgullo (por algo) **2** (*pey*) orgullo, soberbia **LOC (to be) sb's pride and joy** (ser) la niña de los ojos de algn **to take pride in sth** enorgullecerse de hacer algo ◆ *vt* **LOC to pride yourself on sth** preciarse de algo

priest /priːst/ *n* sacerdote, cura **priesthood** *n* **1** sacerdocio **2** clero

> En inglés normalmente se usa la palabra **priest** para referirse a los sacerdotes católicos. Los párrocos anglicanos se llaman **clergyman** o **vicar**, y los de las demás religiones protestantes **minister**.

prig /prɪg/ *n* (*pey*) mojigato, -a **priggish** *adj* mojigato

prim /prɪm/ *adj* (*pey*) (**primmer**, **primmest**) **1** remilgado **2** (*aspecto*) recatado

primarily /praɪˈmerəli; *GB* tb ˈpraɪmərəli/ *adv* principalmente, sobre todo

primary /ˈpraɪmeri; *GB* -məri/ ◆ *adj* primario: *primary school* (*GB*) escuela primaria **2** primordial **3** principal ◆ (*pl* **-ies**) (*USA*) (*tb* **primary election**) elección primaria

prime /praɪm/ ◆ *adj* **1** principal **2** de primera: *a prime example* un ejemplo excelente ◆ *n* LOC **in your prime/in the prime of life** en la flor de la vida ◆ *vt* **1** ~ **sb** (**for sth**) preparar a algn (para algo) **2** ~ **sb** (**with sth**) poner al tanto a algn (de algo)

Prime Minister *n* primer ministro, primera ministra

primeval (*GB*) (*tb* **primaeval**) /praɪˈmiːvl/ *adj* primigenio

primitive /ˈprɪmətɪv/ *adj* primitivo

primrose /ˈprɪmroʊz/ ◆ *n* primavera (*flor*) ◆ *adj, n* amarillo pálido

prince /prɪns/ *n* príncipe

princess /ˌprɪnˈses/ *n* princesa

principal /ˈprɪnsəpl/ ◆ *adj* principal ◆ *n* director, -ora (*de colegio*)

principle /ˈprɪnsəpl/ *n* (*gen*) principio: *a woman of principle* una mujer de principios LOC **in principle** en principio **on principle** por principio

print /prɪnt/ ◆ *vt* **1** imprimir **2** (*Period*) publicar **3** escribir en letra de imprenta **4** (*tela*) estampar PHR V **to print** (**sth**) **out** imprimir (algo) (*Informát*) ◆ *n* **1** (*tipografía*) letra **2** huella **3** (*Arte*) grabado **4** (*Fot*) copia **5** tela estampada LOC **in print 1** (*libro*) en venta **2** publicado **out of print** agotado *Ver tb* SMALL **printer** *n* **1** (*persona*) impresor, -ora **2** (*máquina*) impresora ☛ *Ver dibujo en* COMPUTADOR **3 the printers** [*pl*] (*taller*) imprenta **printing** *n* **1** imprenta (*técnica*): *a printing error* error de imprenta, una errata **2** (*libros, etc.*) impresión **printout** *n* copia impresa (*esp Informát*)

prior /ˈpraɪər/ ◆ *adj* previo ◆ **prior to** *adv* **1 prior to doing sth** antes de hacer algo **2 prior to sth** anterior a algo **priority** *n* (*pl* **-ies**) ~ (**over sth/sb**) prioridad (sobre algo/algn) LOC **to get your priorities right** saber cuáles son las prioridades de uno

prise /praɪz/ (*GB*) *Ver* PRY

prison /ˈprɪzn/ *n* cárcel: *prison camp* campo de concentración **prisoner** *n* **1** preso, -a **2** (*cautivo*) prisionero, -a **3** detenido, -a **4** (*en juzgado*) acusado, -a LOC *Ver* CAPTIVE

privacy /ˈpraɪvəsi; *GB* ˈprɪv-/ *n* intimidad

private /ˈpraɪvət/ ◆ *adj* **1** privado: *private enterprise* empresa privada ◊ *private eye* detective privado **2** (*individual*) particular **3** (*persona*) reservado **4** (*lugar*) íntimo ◆ *n* **1** (*Mil*) soldado raso **2 privates** [*pl*] (*coloq*) partes pudendas LOC **in private** en privado **privately** *adv* en privado **privatize, -ise** *vt* privatizar

privilege /ˈprɪvəlɪdʒ/ *n* **1** privilegio **2** (*Jur*) inmunidad **privileged** *adj* **1** privilegiado **2** (*información*) confidencial

privy /ˈprɪvi/ *adj* LOC **to be privy to sth** (*formal*) tener conocimiento de algo

prize /praɪz/ ◆ *n* premio ◆ *adj* **1** premiado **2** de primera **3** (*irón*) de remate ◆ *vt* estimar

pro /proʊ/ ◆ *n* LOC **the pros and** (**the**) **cons** los pros y los contras ◆ *adj, n* (*coloq*) profesional

probable /ˈprɑbəbl/ *adj* probable: *It seems probable that he'll arrive tomorrow.* Parece probable que llegue mañana. **probability** /prɑbəˈbɪləti/ *n* (*pl* **-ies**) probabilidad LOC **in all probability** con toda probabilidad **probably** *adv* probablemente

> En inglés se suele usar el adverbio en los casos en que se usaría *es probable que* en español: *They will probably go.* Es probable que vayan.

probation /proʊˈbeɪʃn; *GB* prə-/ *n* **1** libertad condicional **2** (*empleado*) prueba: *a three-month probation period* un período de prueba de tres meses

probe /proʊb/ ◆ *n* sonda ◆ **1** *vt, vi* (*Med*) sondar **2** *vt, vi* explorar **3** *vt* ~ **sb about/on sth** examinar a algn de algo **4** *vi* ~ (**into sth**) investigar (algo) **probing** *adj* (*pregunta*) penetrante

problem /ˈprɑbləm/ *n* problema LOC *Ver* TEETHE **problematic**(**al**) *adj* **1** problemático **2** (*discutible*) dudoso

procedure /prəˈsiːdʒər/ *n* **1** procedimiento **2** (*gestión*) trámite(s)

proceed /prəˈsiːd, proʊ-/ *vi* **1** proceder **2** ~ (**to sth/to do sth**) pasar (a algo/a hacer algo) **3** (*formal*) avanzar, ir **4** ~ (**with sth**) continuar, seguir adelante (con algo) **proceedings** *n* [*pl*] **1** acto **2** (*Jur*) proceso **3** (*reunión*) actas

proceeds /ˈproʊsiːdz/ *n* [*pl*] ~ (**of/from sth**) ganancias (de algo)

process /ˈprɑses; *GB* ˈprəʊses/ ◆ *n* **1** (*método*) procedimiento **2** (*Jur*) proceso LOC **in the process** al hacerlo **to be in**

the process of (**doing**) **sth** estar haciendo algo ◆ *vt* **1** (*alimento, materia prima*) tratar **2** (*solicitud*) tramitar **3** (*Fot*) revelar *Ver tb* DEVELOP **4** (*Informát*) procesar **processing** *n* **1** tratamiento **2** (*Fot*) revelado **3** (*Informát*) proceso: *word processing* procesamiento de textos

procession /prəˈseʃn/ *n* desfile, procesión

processor /ˈprɑsesər; *GB* ˈprəʊsesə(r)/ *n* procesador *Ver* MICROPROCESSOR, FOOD PROCESSOR

proclaim /prəˈkleɪm/ *vt* proclamar **proclamation** *n* **1** proclama **2** (*acto*) proclamación

prod /prɑd/ ◆ *vt, vi* (**-dd-**) ~ (**at**) **sth/sb** empujar, picar algo/a algn ◆ *n* (*lit y fig*) empujón

prodigious /prəˈdɪdʒəs/ *adj* prodigioso

prodigy /ˈprɑdədʒi/ *n* (*pl* **-ies**) prodigio

produce /prəˈduːs; *GB* -ˈdjuːs/ ◆ *vt* **1** producir ☛ *Comparar con* MANUFACTURE **2** (*cultivo*) dar **3** (*cría*) tener **4** ~ **sth** (**from/out of sth**) sacar algo (de algo) **5** (*Teat*) poner en escena **6** (*Cine, TV*) producir ◆ /ˈprɑduːs, ˈproʊ-; *GB* -djuːs/ *n* [*incontable*] productos: *produce of France* producto de Francia ☛ *Ver nota en* PRODUCT **producer** *n* **1** (*gen, Cine, TV*) productor, -ora ☛ *Comparar con* DIRECTOR, CONSUMER *en* CONSUME **2** (*Teat*) director, -ora de escena

product /ˈprɑdʌkt/ *n* producto: *Coal was once a major industrial product.* El carbón fue en un tiempo uno de los productos industriales más importantes.

> **Product** se utiliza para referirse a productos industriales, mientras que **produce** se usa para los productos del campo.

production /prəˈdʌkʃn/ *n* producción: *production line* línea de ensamblaje

productive /prəˈdʌktɪv/ *adj* productivo **productivity** /ˌproʊdʌkˈtɪvəti, ˌprɑd-/ *n* productividad

profess /prəˈfes/ *vt* (*formal*) **1** ~ **to be sth** pretender ser algo; declararse algo **2** ~ (**yourself**) **sth** declarar(se) algo **3** (*Relig*) profesar **professed** *adj* **1** supuesto **2** declarado

profession /prəˈfeʃn/ *n* profesión ☛ *Ver nota en* WORK[1] **professional** *adj* profesional

professor /prəˈfesər/ *n* (*abrev* **Prof.**) **1** (*USA*) profesor, -ora de universidad **2** (*GB*) catedrático, -a de universidad

proficiency /prəˈfɪʃnsi/ *n* ~ (**in sth/doing sth**) competencia, capacidad en algo/para hacer algo **proficient** *adj* ~ (**in/at sth/doing sth**) competente en algo: *She's very proficient in/at swimming.* Es una nadadora muy competente.

profile /ˈproʊfaɪl/ *n* perfil

profit /ˈprɑfɪt/ ◆ *n* **1** ganancia(s), beneficio(s): *to do sth for profit* hacer algo con fines de lucro ◊ *to make a profit of $20* sacar una ganancia de 20 dólares ◊ *to sell at a profit* vender con ganancia ◊ *profit-making* lucrativo **2** (*fig*) beneficio, provecho ◆ **PHR V to profit from sth** beneficiarse de algo **profitable** *adj* **1** rentable **2** provechoso

profound /prəˈfaʊnd/ *adj* profundo **profoundly** *adv* profundamente, extremadamente

profusely /prəˈfjuːsli/ *adv* profusamente

profusion /prəˈfjuːʒn/ *n* profusión, abundancia **LOC in profusion** en abundancia

program (*GB* **programme**) /ˈproʊgræm, -grəm/ ◆ *n* programa ☛ En lenguaje infórmatico se escribe **program** también en Gran Bretaña. ◆ *vt, vi* (**-mm-**) programar **programmer** (*tb* **computer programmer**) *n* programador, -ora **programming** *n* programación

progress /ˈprɑgres; *GB* ˈprəʊg-/ ◆ *n* [*incontable*] **1** progreso(s) **2** (*movimiento*) avance: *to make progress* avanzar **LOC in progress** en marcha ◆ /prəˈgres/ *vi* avanzar

progressive /prəˈgresɪv/ *adj* **1** progresivo **2** (*Pol*) progresista

prohibit /proʊˈhɪbɪt; *GB* prə-/ *vt* (*formal*) **1** ~ **sth/sb from doing sth** prohibir algo/prohibirle a algn hacer algo **2** ~ **sth/sb from doing sth** impedir algo/impedirle a algn hacer algo **prohibition** /ˌproʊəˈbɪʃn/ *n* prohibición

project /ˈprɑdʒekt/ ◆ *n* proyecto ◆ /prəˈdʒekt/ **1** *vt* proyectar **2** *vi* sobresalir **projection** *n* proyección **projector**

proyector (*de cine*): *overhead projector* retroproyector

prolific /prəˈlɪfɪk/ *adj* prolífico

prologue (*USA tb* **prolog**) /ˈproʊlɔːg; *GB* -lɒg/ *n* ~ (**to sth**) (*lit y fig*) prólogo (de algo)

prolong /prəˈlɔːŋ; *GB* -ˈlɒŋ/ *vt* prolongar, alargar

prom /prɑm/ *n* **1** (*USA*) baile de fin de curso **2** (*GB*) *Ver* PROMENADE

promenade /ˌprɑməˈneɪd; *GB* -ˈnɑːd/ (*GB, coloq* **prom**) *n* malecón, paseo (marítimo)

prominent /ˈprɑmɪnənt/ *adj* **1** prominente **2** importante

promiscuous /prəˈmɪskjuəs/ *adj* promiscuo

promise /ˈprɑmɪs/ ◆ *n* **1** promesa **2** *to show promise* ser prometedor ◆ *vt, vi* prometer **promising** *adj* prometedor

promote /prəˈmoʊt/ *vt* **1** promover, fomentar **2** (*en el trabajo*) ascender **3** (*Com*) promocionar **promoter** *n* promotor, -ora **promotion** *n* **1** ascenso **2** promoción, fomento

prompt /prɑmpt/ ◆ *adj* **1** sin dilación **2** (*servicio*) rápido **3** (*persona*) puntual ◆ *adv* en punto ◆ **1** *vt* ~ **sb to do sth** inducir a algn a hacer algo **2** *vt* (*reacción*) provocar **3** *vt, vi* (*Teat*) apuntar **promptly** *adv* **1** con prontitud **2** puntualmente **3** al punto

prone /proʊn/ *adj* ~ **to sth** propenso a algo

pronoun /ˈproʊnaʊn/ *n* pronombre

pronounce /prəˈnaʊns/ *vt* **1** pronunciar **2** declarar **pronounced** *adj* **1** (*acento*) marcado **2** (*mejora*) notable **3** (*movimiento*) pronunciado

pronunciation /prəˌnʌnsiˈeɪʃn/ *n* pronunciación

proof /pruːf/ *n* **1** [*incontable*] prueba(s) **2** comprobación

prop /prɑp/ ◆ *n* **1** (*lit y fig*) apoyo **2** puntal, soporte ◆ *vt* (**-pp-**) ~ **sth** (**up**) **against sth** apoyar algo contra algo **PHR V to prop sth up 1** apuntalar algo **2** (*pey, fig*) respaldar algo

propaganda /ˌprɑpəˈgændə/ *n* propaganda

propel /prəˈpel/ *vt* (**-ll-**) **1** impulsar **2** (*Mec*) propulsar **propellant** *adj, n* propulsor

propeller /prəˈpelər/ *n* hélice

propensity /prəˈpensəti/ *n* (*formal*) ~ (**for/to sth**) propensión (a algo)

proper /ˈprɑpər/ *adj* **1** debido **2** adecuado **3** de verdad **4** correcto **5** decente **6** propiamente dicho: *the city proper* la ciudad propiamente dicha **properly** *adv* **1** bien **2** (*comportarse*) con propiedad **3** adecuadamente

property /ˈprɑpərti/ *n* (*pl* **-ies**) **1** propiedad **2** [*incontable*] bienes: *personal property* bienes muebles

prophecy /ˈprɑfəsi/ *n* (*pl* **-ies**) profecía

prophesy /ˈprɑfəsaɪ/ (*pret, pp* **-sied**) **1** *vt* predecir **2** *vi* profetizar

prophet /ˈprɑfɪt/ *n* profeta

proportion /prəˈpɔːrʃn/ *n* proporción: *sense of proportion* sentido de la proporción **LOC** (**all**) **out of proportion 1** desmesuradamente **2** desproporcionado *Ver tb* THING **proportional** *adj* ~ (**to sth**) proporcional a algo; en proporción con algo

proposal /prəˈpoʊzl/ *n* **1** propuesta **2** (*tb* **proposal of marriage**) proposición de matrimonio

propose /prəˈpoʊz/ **1** *vt* (*sugerencia*) proponer **2** *vt* ~ **to do sth/doing sth** proponerse hacer algo **3** *vi* ~ (**to sb**) proponerle matrimonio (a algn)

proposition /ˌprɑpəˈzɪʃn/ *n* **1** proposición **2** propuesta

proprietor /prəˈpraɪətər/ *n* propietario, -a

prose /proʊz/ *n* prosa

prosecute /ˈprɑsɪkjuːt/ *vt* procesar: *prosecuting lawyer* abogado de la parte acusadora **prosecution** *n* **1** enjuiciamiento, procesamiento **2** (*abogado*) acusación **prosecutor** *n* fiscal

prospect /ˈprɑspekt/ *n* **1** perspectiva **2** ~ (**of sth/doing sth**) expectativa(s), posibilidad(es) (de algo/hacer algo) **3** (*antic*) panorama, vista **prospective** /prəˈspektɪv/ *adj* **1** futuro **2** probable

prospectus /prəˈspektəs/ *n* prospecto (*folleto promocional*)

prosper /ˈprɑspər/ *vi* prosperar **prosperity** /prɑˈsperəti/ *n* prosperidad **prosperous** *adj* próspero

prostitute /ˈprɑstɪtuːt; *GB* -tjuːt/ *n* **1** prostituta **2 male prostitute** prostituto **prostitution** *n* prostitución

prostrate /ˈprɑstreɪt/ *adj* **1** postrado **2** ~ (**with sth**) abatido (por algo)

protagonist /prəˈtæɡənɪst/ *n* **1** protagonista **2** ~ **(of sth)** defensor, -ora (de algo)

protect /prəˈtekt/ *vt* ~ **sth/sb (against/ from sth)** proteger algo/a algn (contra/ de algo) **protection** *n* **1** ~ **(for sth)** protección (de/para algo) **2** ~ **(against sth)** protección (contra algo)

protective /prəˈtektɪv/ *adj* protector

protein /ˈproʊtiːn/ *n* proteína

protest /ˈproʊtest/ ◆ *n* protesta ◆ /prəˈtest/ **1** *vi* ~ **(about/at/against sth)** protestar (por/de/contra algo) **2** *vt* declarar **protester** /ˈproʊtestər/ *n* manifestante *Ver tb* DEMONSTRATOR

Protestant /ˈprɑtɪstənt/ *adj, n* protestante

prototype /ˈproʊtətaɪp/ *n* prototipo

protrude /proʊˈtruːd; *GB* prə-/ *vi* ~ **(from sth)** sobresalir (de algo): *protruding teeth* dientes salidos

proud /praʊd/ *adj* **(-er, -est) 1** (*aprob*) ~ **(of sth/sb)** orgulloso (de algo/algn) **2** (*aprob*) ~ **(to do sth/that…)** orgulloso (de hacer algo/de que…) **3** (*pey*) arrogante **proudly** *adv* con orgullo

prove /pruːv/ *vt* (*pp* **proven**, *GB* **proved** /ˈpruːvn/) **1** ~ **sth (to sb)** probar(le), demostrar(le) algo (a algn) **2** *vt, vi* ~ **(yourself) (to be) sth** resultar (ser) algo: *The task proved (to be) very difficult.* La tarea resultó (ser) muy difícil. **LOC to prove your point** demostrar que se está en lo cierto

proven /ˈpruːvn/ ◆ *adj* comprobado ◆ (*USA*) *pp de* PROVE

proverb /ˈprɑvɜːrb/ *n* proverbio **proverbial** *adj* **1** proverbial **2** por todos conocido

provide /prəˈvaɪd/ *vt* ~ **sb (with sth)**; ~ **sth (for sb)** proporcionarle, suministrarle algo a algn **PHR V to provide for sb** mantener a algn **to provide for sth 1** prever algo **2** estipular algo

provided /prəˈvaɪdɪd/ (*tb* **providing**) *conj* ~ **(that…)** siempre y cuando, con la condición de que, con tal (de) que

province /ˈprɑvɪns/ *n* **1** provincia **2 the provinces** [*pl*] las provincias **3** competencia: *It's not my province.* Está fuera de mi competencia. **provincial** /prəˈvɪnʃl/ *adj* **1** provincial, de la provincia **2** (*pey*) de provincia, provinciano

provision /prəˈvɪʒn/ *n* **1** ~ **of sth** suministro, abastecimiento de algo **2** *to make provision for sb* hacer previsiones para el porvenir de algn ◊ *to make provision against/for sth* prever algo **3 provisions** [*pl*] víveres, provisiones **4** (*Jur*) disposición, estipulación

provisional /prəˈvɪʒənl/ *adj* provisional

proviso /prəˈvaɪzoʊ/ *n* (*pl* **~s**) condición

provocation /ˌprɑvəˈkeɪʃn/ *n* provocación **provocative** /prəˈvɑkətɪv/ *adj* provocador, provocativo

provoke /prəˈvoʊk/ *vt* **1** (*persona*) provocar **2** ~ **sb into doing sth/to do sth** inducir, incitar a algn a hacer algo **3** ~ **sth** provocar, causar algo

prow /praʊ/ *n* proa

prowess /ˈpraʊəs/ *n* **1** proeza **2** habilidad

prowl /praʊl/ *vt, vi* ~ **(about/around)** rondar, merodear

proximity /prɑkˈsɪməti/ *n* proximidad

proxy /ˈprɑksi/ *n* **1** apoderado, -a representante **2** poder: *by proxy* por poder

prude /pruːd/ *n* (*pey*) mojigato, -a

prudent /ˈpruːdnt/ *adj* prudente

prune¹ /pruːn/ *n* ciruela pasa

prune² /pruːn/ *vt* **1** podar **2** (*fig*) recortar **pruning** *n* poda

pry /praɪ/ (*pret, pp* **pried** /praɪd/) *vi* **to pry (into sth)** entrometerse (en algo) fisgonear **PHR V pry sth apart, off open, etc. (with sth)** separar, quitar abrir, etc. algo (haciendo palanca con algo)

P.S. /ˌpiːˈes/ *abrev* **postscript** posdata (= P.D.)

psalm /sɑm/ *n* salmo

pseudonym /ˈsuːdənɪm; *GB* ˈsjuːdənɪm/ *n* seudónimo

psyche /ˈsaɪki/ *n* psique, psiquis

psychiatry /saɪˈkaɪətri/ *n* psiquiatría **psychiatric** /ˌsaɪkiˈætrɪk/ *adj* psiquiátrico **psychiatrist** /saɪˈkaɪətrɪst/ psiquiatra

psychic /ˈsaɪkɪk/ *adj* **1** (*tb* **psychical**) psíquico **2** (*persona*): *to be psychic* tener poderes parapsicológicos

psychoanalysis /ˌsaɪkoʊəˈnæləsɪs/ (**analysis**) *n* psicoanálisis

psychology /saɪˈkɑlədʒi/ *n* psicología **psychological** /ˌsaɪkəˈlɑdʒɪkl/ *a* psicológico **psychologist** /saɪˈkɑlədʒɪst/ *n* psicólogo, -a

pub /pʌb/ *n* (*GB*) bar

puberty /ˈpjuːbərti/ *n* pubertad

pubic /ˈpjuːbɪk/ *adj* púbico: *pubic hair* vello púbico

public /ˈpʌblɪk/ ◆ *adj* público: *public convenience* (*GB*) baño público ◊ *public house* (*GB*) bar ☛ *Ver nota en* ESCUELA ◆ *n* público LOC **in public** en público

publication /ˌpʌblɪˈkeɪʃn/ *n* publicación

publicity /pʌbˈlɪsəti/ *n* publicidad: *publicity campaign* campaña publicitaria

publicize, -ise /ˈpʌblɪsaɪz/ *vt* **1** hacer público **2** promover, promocionar

publicly /ˈpʌblɪkli/ *adv* públicamente

public school *n* **1** (*USA*) escuela pública, colegio público **2** (*GB*) colegio privado

publish /ˈpʌblɪʃ/ *vt* **1** publicar **2** hacer público **publisher** *n* **1** editor, -ora **2** (casa) editorial **publishing** *n* mundo editorial: *publishing house* casa editorial

pudding /ˈpʊdɪŋ/ *n* **1** (*GB*) postre **2** pudín **3** *black pudding* morcilla

puddle /ˈpʌdl/ *n* charco

puff /pʌf/ ◆ *n* **1** soplo, resoplido **2** (*humo, vapor*) bocanada **3** (*coloq*) (*cigarrillo*) chupada, fumada **4** (*coloq*) aliento ◆ **1** *vi* jadear **2** *vi* ~ (**away**) **at/on sth** (*pipa, etc.*) fumar algo **3** *vt* (*humo*) salir a bocanadas **4** *vt* (*cigarro, etc.*) fumar PHR V **to puff sb out** (*GB, coloq*) dejar a algn sin aire **to puff sth out** inflar algo **to puff up** hincharse **puffed** (*tb* **puffed out**) (*coloq*) *adj* sin aire **puffy** *adj* (**-ier**, **-iest**) hinchado (*esp cara*)

pull /pʊl/ ◆ *n* **1** ~ (**at/on sth**) jalón, tirón (en algo) **2 the ~ of sth** la atracción, la llamada de algo **3** *It was a hard pull.* Resultó un duro esfuerzo. ◆ **1** *vt* dar un tirón/jalón a, tirar/jalar de **2** *vi* ~ (**at/on sth**) jalar de algo **3** *vt* (*carreta, etc.*) jalar de **4** *vt*: *to pull a muscle* darle a algn un tirón/jalón en un músculo **5** *vt* (*gatillo*) apretar **6** *vt* (*corcho, muela, pistola*) sacar LOC **to pull sb's leg** (*coloq*) tomarle el pelo a algn **to pull strings (for sb)** (*coloq*) mover palancas (para algn) **to pull your socks up** (*GB, coloq*) esforzarse por mejorar **to pull your weight** poner todo su esfuerzo *Ver tb* FACE[1]

PHR V **to pull sth apart** partir algo en dos

to pull sth down 1 bajar algo **2** (*edificio*) tumbar algo

to pull into sth; **pull in (to sth) 1** (*tren*) llegar a algo **2** (*carro*) parar en algo

to pull sth off (*coloq*) conseguir algo

to pull out (of sth) 1 retirarse (de algo) **2** salir(se) (de algo) **to pull sth out** sacar algo **to pull sth/sb out (of sth)** retirar algo/a algn (de algo)

to pull over hacerse a un lado (*carro, etc.*)

to pull yourself together dominarse

to pull up parar **to pull sth up 1** levantar algo **2** (*planta*) arrancar algo

pulley /ˈpʊli/ *n* (*pl* **-eys**) polea

pullover /ˈpʊloʊvər/ *n* suéter ☛ *Ver nota en* SWEATER

pulp /pʌlp/ *n* **1** pulpa **2** (*de madera*) pasta

pulpit /ˈpʊlpɪt/ *n* púlpito

pulsate /ˈpʌlseɪt; *GB* pʌlˈseɪt/ (*tb* **pulse**) *vi* palpitar, latir

pulse /pʌls/ *n* **1** (*Med*) pulso **2** ritmo **3** pulsación **4** [*gen pl*] legumbre seca

pumice /ˈpʌmɪs/ (*tb* **pumice stone**) *n* piedra pómez

pummel /ˈpʌml/ *vt* (**-l-**, *GB* **-ll-**) golpear, dar una paliza

pump /pʌmp/ ◆ *n* **1** bomba: *gasoline pump* surtidor de gasolina **2** zapatilla ◆ **1** *vt* bombear **2** *vi* dar bomba, bombear **3** *vi* (*corazón*) latir, bombear **4** ~ **sb (for sth)** (*coloq*) sonsacar a algn; sonsacarle algo a algn PHR V **to pump sth up** inflar algo

pumpkin /ˈpʌmpkɪn/ *n* auyama

pun /pʌn/ *n* **pun (on sth)** juego de palabras (con algo)

punch /pʌntʃ/ ◆ *n* **1** punzón **2** (*para tiquetes*) perforadora **3** (*bebida*) ponche **4** puñetazo ◆ *vt* **1** perforar, picar: *to punch a hole in sth* hacer un agujero en algo **2** darle un puñetazo a

punch-up /ˈpʌntʃ ʌp/ *n* (*GB, coloq*) pelea a puños

punctual /ˈpʌŋktʃuəl/ *adj* puntual ☛ *Ver nota en* PUNTUAL **punctuality** /ˌpʌŋktʃuˈæləti/ *n* puntualidad

punctuate /ˈpʌŋktʃueɪt/ *vt* **1** (*Gram*) puntuar **2** ~ **sth (with sth)** interrumpir algo (con algo)

puncture /ˈpʌŋktʃər/ ◆ *n* **1** perforación **2** (*llanta*) pinchazo ◆ **1** *vt, vi* pinchar(se) **2** *vt* (*Med*) perforar

pundit /ˈpʌndɪt/ *n* entendido, -a, lumbrera

pungent /ˈpʌndʒənt/ *adj* **1** acre **2** punzante **3** (*fig*) mordaz

punish /ˈpʌnɪʃ/ *vt* castigar **punishment** *n* **1** castigo **2** (*fig*) paliza

punitive /ˈpjuːnətɪv/ *adj* (*formal*) **1** punitivo **2** desorbitado

punk /pʌŋk/ ◆ *n* **1** (*tb* **punk rock**) (*tb* **punk rocker**) punk **2** (*pey, coloq, esp USA*) patán ◆ *adj* punki

punt /pʌnt/ *n* (*GB*) bote largo y plano que se impulsa con una pértiga

punter /ˈpʌntər/ *n* (*GB*) **1** apostador, -ora **2** (*coloq*) cliente, miembro del público

pup /pʌp/ *n* **1** *Ver* PUPPY **2** cría

pupil /ˈpjuːpl/ *n* **1** pupila (*del ojo*) **2** (*esp GB*) (*USA tb* **student**) alumno, -a **3** discípulo, -a

puppet /ˈpʌpɪt/ *n* **1** (*lit*) marioneta **2** (*fig*) títere

puppy /ˈpʌpi/ (*pl* **-ies**) (*tb* **pup** /pʌp/) *n* cachorro, -a

purchase /ˈpɜːrtʃəs/ ◆ *n* (*formal*) compra, adquisición LOC *Ver* COMPULSORY ◆ *vt* (*formal*) comprar **purchaser** *n* (*formal*) comprador, -ora

pure /pjʊər/ *adj* (**purer**, **purest**) puro **purely** *adv* puramente, simplemente

purée /pjʊəˈreɪ; *GB* ˈpjʊəreɪ/ *n* puré

purge /pɜːrdʒ/ ◆ *vt* ~ **sth/sb (of/from sth)** purgar algo/algn (de algo) ◆ *n* **1** purga **2** purgante

purify /ˈpjʊərɪfaɪ/ *vt* (*pret, pp* **-fied**) purificar

puritan /ˈpjʊərɪtən/ *adj, n* puritano, -a **puritanical** /ˌpjʊərɪˈtænɪkl/ *adj* (*pey*) puritano

purity /ˈpjʊərəti/ *n* pureza

purple /ˈpɜːrpl/ *adj, n* morado

purport /pərˈpɔːrt/ *vt* (*formal*): *It purports to be*… Pretende ser…

purpose /ˈpɜːrpəs/ *n* **1** propósito, motivo: *purpose-built* (*GB*) construido con un fin específico **2** determinación: *to have a/no sense of purpose* (no) tener una meta en la vida LOC **for the purpose of** para efectos de **for this purpose** para este propósito **on purpose** a propósito *Ver tb* INTENT

purposeful *adj* decidido **purposely** *adv* intencionadamente

purr /pɜːr/ *vi* ronronear

purse /pɜːrs/ ◆ *n* **1** (*GB* **handbag**) bolso **2** (*GB*) (*USA* **coin purse**) monedero ☛ *Comparar con* WALLET ◆ *vt*: *to purse your lips* fruncir los labios

pursue /pərˈsuː; *GB* -ˈsjuː/ *vt* (*formal*) **1** perseguir ☛ La palabra más normal es **chase**. **2** (*actividad*) dedicarse a **3** (*conversación*) continuar (con)

pursuit /pərˈsuːt; *GB* -ˈsjuːt/ *n* (*formal*) **1** ~ **of sth** búsqueda de algo **2** [*gen pl*] actividad LOC **in pursuit of sth** en busca de algo **in pursuit (of sth/sb)** persiguiendo (algo/a algn)

push /pʊʃ/ ◆ *n* empujón LOC **to get/give sb the push** (*GB, coloq*) ser echado/darle la patada a algn ◆ **1** *vt, vi* empujar: *to push past sb* pasar a algn empujando **2** *vt, vi* ~ **(on/against)** sth (*botón*) apretar **3** *vt* (*coloq*) (*idea*) promover LOC **to be pushed for sth** (*GB, coloq*) andar corto de algo PHR V **to push ahead/forward/on (with sth)** seguir adelante (con algo) **to push sb around** (*coloq*) mangonear a algn **to push in** colarse **to push off** (*GB, coloq*) largarse

pushchair /ˈpʊʃtʃeər/ *n* (*GB*) (*USA* **stroller**) caminador

push-up /ˈpʊʃ ʌp/ (*GB tb* **press-up**) flexión de brazos

pushy /ˈpʊʃi/ *adj* (**-ier**, **-iest**) (*coloq, pey*) avasallador

put /pʊt/ *vt* (**-tt-**) (*pret, pp* **put**) **1** poner, colocar, meter: *Did you put sugar in my tea?* ¿Me pusiste azúcar en el té? ◊ *put sb out of work* dejar a algn sin trabajo ◊ *Put them together*. Júntalos. **2** decir, expresar **3** (*pregunta, sugerencia*) hacer **4** (*tiempo, esfuerzo*) dedicar ☛ Para expresiones con **put**, véanse las entradas del sustantivo, adjetivo, etc., p.ej. **to put sth right** en RIGHT. PHR V **to put sth across/over** comunicar algo **to put yourself across/over** expresarse

to put sth aside 1 dejar algo a un lado **2** (*dinero*) ahorrar, reservar algo

to put sth away guardar algo

to put sth back 1 devolver algo a su lugar, guardar algo **2** (*reloj*) atrasar algo **3** (*posponer*) aplazar algo

to put sth by (*GB*) **1** (*dinero*) ahorrar

algo **2** (*reservar*) guardar algo
to put sb down (*coloq*) humillar, despreciar a algn **to put sth down 1** poner algo (en el suelo, etc.) **2** dejar, soltar algo **3** (*escribir*) apuntar algo **4** (*rebelión*) sofocar algo, reprimir algo **5** (*animal*) sacrificar algo **to put sth down to sth** atribuirle algo a algo
to put sth forward 1 (*propuesta*) presentar algo **2** (*sugerencia*) proponer algo **3** (*reloj*) adelantar algo
to put sth into (doing) sth dedicar algo a (hacer) algo, invertir algo en (hacer) algo
to put sb off 1 decirle a algn que no venga **2** distraer a algn **to put sb off (sth/doing sth)** (*GB*) quitarle a algn las ganas (de algo/de hacer algo)
to put sth on 1 (*ropa*) ponerse algo **2** (*luz, etc.*) prender algo **3** engordar algo: *to put on weight* engordar ◊ *to put on two kilograms* engordar dos kilos **4** (*obra de teatro*) hacer, montar algo **5** fingir algo
to put sb out [*gen pasiva*] molestar a algn **to put sth out 1** sacar algo **2** (*luz, fuego*) apagar algo **3** (*mano*) tender algo
to put yourself out (to do sth) (*coloq*) molestarse (en hacer algo) **to put sth through** llevar a cabo algo (*plan, reforma, etc.*) **to put sb through sth** someter a algn a algo **to put sb through (to sb)** comunicar a algn (con algn) (*por teléfono*)
to put sth to sb sugerirle, proponerle algo a algn
to put sth together armar, montar algo (*aparato*)
to put sb up alojar a algn **to put sth up 1** (*mano*) levantar algo **2** (*edificio*) construir, levantar algo **3** (*letrero, etc.*) poner algo **4** (*precio*) subir algo **to put up with sth/sb** aguantar(se) algo/a algn

putrid /ˈpjuːtrɪd/ *adj* **1** podrido, putrefacto **2** (*color, etc.*) asqueroso

putter /ˈpʌtər/ PHR V **to putter about/around (sth)** hacer trabajitos (en algo)

putty /ˈpʌti/ *n* pasta (*para vidrios*)

puzzle /ˈpʌzl/ ◆ *n* **1** acertijo **2** misterio **3** rompecabezas ◆ *vt* desconcertar PHR V **to puzzle sth out** resolver algo **to puzzle over sth** devanarse los sesos sobre algo

pygmy /ˈpɪgmi/ ◆ *n* pigmeo, -a ◆ *adj* enano: *pygmy horse* caballo enano

pyjamas (*GB*) *Ver* PAJAMAS

pylon /ˈpaɪlɑn; *GB* ˈpaɪlən/ *n* (*GB*) (*USA* **tower**) torre de conducción eléctrica

pyramid /ˈpɪrəmɪd/ *n* pirámide

python /ˈpaɪθɑn; *GB* ˈpaɪθn/ *n* pitón

Qq

Q, q /kjuː/ *n* (*pl* **Q's, q's** /kjuːz/) Q, q: *Q as in Queen* Q de Quito ☛ *Ver ejemplos en* A, A

quack /kwæk/ ◆ *n* **1** graznido **2** (*coloq, pey*) curandero, -a ◆ *vi* graznar

quadruple /kwɑˈdruːpl; *GB* ˈkwɒdrʊpl/ ◆ *adj* cuádruple ◆ *vt, vi* cuadruplicar(se)

quagmire /ˈkwægmaɪər, kwɑg-/ *n* (*lit y fig*) atolladero

quail /kweɪl/ ◆ *n* (*pl* **quail** *o* **~s**) codorniz ◆ *vi* ~ **(at sth/sb)** acobardarse ante algo/algn

quaint /kweɪnt/ *adj* **1** (*idea, costumbre, etc.*) curioso **2** (*lugar, edificio*) pintoresco

quake /kweɪk/ ◆ *vi* temblar ◆ (*coloq*) *n* temblor, terremoto

qualification /ˌkwɑlɪfɪˈkeɪʃn/ *n* **1** (*diploma, etc.*) título **2 qualifications** [*pl*] preparación **3** requisito **4** modificación: *without qualification* sin reservas **5** calificación

qualified /ˈkwɑlɪfaɪd/ *adj* **1** titulado **2** capacitado **3** (*éxito, etc.*) limitado

qualify /ˈkwɑlɪfaɪ/ (*pret, pp* **-fied**) **1** *vt* ~ **sb (for sth/to do sth)** capacitar a algn (para algo/para hacer algo); darle derecho a algn a algo/a hacer algo **2** *vi* ~ **for sth/to do sth** tener derecho a algo/a hacer algo **3** *vt* (*declaración*) matizar, modificar **4** *vi* ~ **(as sth)** obtener el título (de algo) **5** *vi* ~ **(as sth)** contar (como algo) **6** *vi* ~ (**for sth**) cumplir los requisitos (para algo) **7** *vi* ~ (**for sth**) (*Dep*) clasificarse (para algo) **qualifying** *adj* eliminatorio

qualitative /ˈkwɑlɪteɪtɪv; *GB* -tət-/ *adj* cualitativo

quality /ˈkwɑləti/ *n* (*pl* **-ies**) **1** calidad **2** clase **3** cualidad **4** característica

qualm /kwɑlm/ *n* escrúpulo, duda

quandary /ˈkwɑndəri/ *n* LOC **to be in a quandary 1** tener un dilema **2** estar en un aprieto

quantify /ˈkwɑntɪfaɪ/ *vt* (*pret, pp* **-fied**) cuantificar

quantitative /ˈkwɑntɪteɪtɪv; *GB* -tət-/ *adj* cuantitativo

quantity /ˈkwɑntəti/ *n* (*pl* **-ies**) cantidad

quarantine /ˈkwɔːrəntiːn; *GB* ˈkwɒr-/ *n* cuarentena

quarrel /ˈkwɔːrəl; *GB* ˈkwɒrəl/ ◆ *n* **1** pelea **2** queja LOC *Ver* PICK ◆ *vi* (**-l-**, *GB* **-ll-**) ~ (**with sb**) (**about/over sth**) pelear (con algn) (por algo) **quarrelsome** *adj* peleador, pendenciero

quarry /ˈkwɔːri; *GB* ˈkwɒri/ *n* (*pl* **-ies**) **1** presa **2** cantera

quart /kwɔːrt/ *n* (*abrev* **qt**) cuarto de galón (= 0,95 litros)

quarter /ˈkwɔːrtər/ *n* **1** cuarto: *It's a quarter to/after one.* Falta cuarto para la una./Es la una y cuarto. **2** una cuarta parte: *a quarter full* lleno en una cuarta parte **3** (*recibos, etc.*) trimestre **4** barrio **5** (*USA*) veinticinco centavos **6 quarters** [*pl*] (*esp Mil*) alojamiento LOC **in/from all quarters** en/de todas partes

quarter-final /ˌkwɔːrtər ˈfaɪnəl/ *n* cuartos de final

quarterly /ˈkwɔːrtərli/ ◆ *adj* trimestral ◆ *adv* trimestralmente ◆ *n* revista trimestral

quartet /kwɔːrˈtet/ *n* cuarteto

quartz /kwɔːrts/ *n* cuarzo

quash /kwɑʃ/ *vt* **1** (*sentencia*) anular **2** (*rebelión*) sofocar **3** (*rumor, sospecha, etc.*) poner(le) fin a

quay /kiː/ (*tb* **quayside** /ˈkiːsaɪd/) *n* muelle

queen /kwiːn/ *n* reina (*tb baraja*)

queer /kwɪər/ ◆ *adj* **1** (*argot, ofen*) gay, homosexual **2** (*antic*) raro LOC *Ver* FISH ◆ *n* (*argot, ofen*) gay, homosexual ☛ *Comparar con* GAY

quell /kwel/ *vt* **1** (*revuelta, etc.*) aplastar **2** (*miedo, dudas, etc.*) disipar

quench /kwentʃ/ *vt* apagar (*sed, fuego, pasión*)

query /ˈkwɪəri/ ◆ *n* (*pl* **-ies**) (*pregunta*) duda: *Do you have any queries?* ¿Tienes alguna duda? ◆ *vt* (*pret, pp* **queried**) cuestionar

quest /kwest/ *n* (*formal*) búsqueda

question /ˈkwestʃən/ ◆ *n* **1** pregunta: *to ask/answer a question* hacer/responder a una pregunta **2** ~ (**of sth**) cuestión (de algo) LOC **to be out of the question** ser impensable **to bring/call sth into question** poner algo en duda *Ver tb* LOADED *en* LOAD ◆ *vt* **1** hacerle preguntas a, interrogar a **2** ~ **sth** dudar de algo **questionable** *adj* dudoso

questioning /ˈkwestʃənɪŋ/ ◆ *n* interrogatorio ◆ *adj* inquisitivo, expectante

question mark *n* signo de interrogación: *Ver págs 314–5.*

questionnaire /ˌkwestʃəˈneər/ *n* cuestionario

queue /kjuː/ ◆ *n* (*GB*) (*USA* **line**) fila, cola (*de personas, etc.*) LOC *Ver* JUMP ◆ *vi* ~ (**up**) (*GB*) (*USA* **line up**) hacer fila, cola

quick /kwɪk/ ◆ *adj* (**-er**, **-est**) **1** rápido: *Be quick!* ¡Apúrese! ☛ *Ver nota en* FAST[1] **2** (*persona, mente, etc.*) agudo LOC **a quick temper** mal genio **quick march** ¡paso rápido! **to be quick to do sth** no demorar(se) en hacer algo *Ver tb* BUCK ◆ *adv* (**-er**, **-est**) rápido, rápidamente

quicken /ˈkwɪkən/ *vt, vi* **1** acelerar(se) **2** (*ritmo, interés*) avivar(se)

quickly /ˈkwɪkli/ *adv* rápido, rápidamente

quid /kwɪd/ *n* (*pl* **quid**) (*GB, coloq*) libra: *It's five quid each.* Son cinco libras cada uno.

quiet /ˈkwaɪət/ ◆ *adj* (**-er**, **-est**) (*lugar, vida*) tranquilo **2** callado: *Be quiet!* ¡Cállese! ¡Silencio! **3** silencioso ◆ *n* **1** silencio **2** tranquilidad LOC **on the quiet** a escondidas *Ver tb* PEACE **quiet** (*esp GB* **quieten**) *vt* ~ (**sth/sb**) (**down**) calmar (algo/a algn) PHR V **to quiet(en) down** tranquilizarse, calmarse

quietly /ˈkwaɪətli/ *adv* **1** en silencio **2** tranquilamente **3** en voz baja

quietness /ˈkwaɪətnəs/ *n* tranquilidad

quilt /kwɪlt/ *n* **1** (**patchwork quilt**

colcha (*de retazos*) **2** (*GB* **continental quilt**) edredón nórdico

quintet /kwɪnˈtet/ *n* quinteto

quirk /kwɜːrk/ *n* **1** rareza **2** capricho **quirky** *adj* extraño

quit /kwɪt/ (**-tt-**) (*pret, pp* **quit**) **1** *vt, vi* (*trabajo, etc.*) dejar **2** *vt* ~ **(doing) sth** dejar (de hacer) algo **3** *vi* irse

quite /kwaɪt/ *adv* **1** bastante: *He played quite well.* Jugó bastante bien. **2** (*GB*) totalmente, absolutamente: *quite empty/sure* absolutamente vacío/ seguro ◊ *She played quite brilliantly.* Tocó de maravilla. ☛ *Ver nota en* FAIRLY **LOC not quite** no exactamente, no completamente **quite a; quite some** (*aprob, esp USA*) todo un: *It gave me quite a shock.* Me metió un buen susto. **quite a few** (*esp GB*) un número bastante grande

quiver /ˈkwɪvər/ ◆ *vi* temblar, estremecerse ◆ *n* temblor, estremecimiento

quiz /kwɪz/ ◆ *n* (*pl* **quizzes**) concurso, prueba (*de conocimientos*) ◆ *vt* (**-zz-**) ~ **sb (about sth/sb)** interrogar a algn (sobre algo/algn) **quizzical** *adj* inquisitivo

quorum /ˈkwɔːrəm/ *n* [*gen sing*] quórum

quota /ˈkwoʊtə/ *n* **1** cupo **2** cuota, parte

quotation /kwoʊˈteɪʃn/ *n* **1** (*tb* **quote**) (*de un libro, etc.*) cita **2** (*Fin*) cotización **3** (*tb* **quote**) presupuesto

quotation marks (*tb* **quotes**) *n* [*pl*] comillas ☛ *Ver págs 314–5.*

quote /kwoʊt/ ◆ **1** *vt, vi* citar **2** *vt* dar un presupuesto **3** *vt* cotizar ◆ *n* **1** *Ver* QUOTATION sentido 1 **2** *Ver* QUOTATION sentido 3 **3 quotes** [*pl*] *Ver* QUOTATION MARKS

Rr

R, r /ɑr/ *n* (*pl* **R's, r's** /ɑrz/) R, r: *R as in Robert* R de Roberto ☛ *Ver ejemplos en* A, A

rabbit /ˈræbɪt/ *n* conejo ☛ *Ver nota en* CONEJO

rabid /ˈræbɪd/ *adj* rabioso

rabies /ˈreɪbiːz/ *n* [*incontable*] rabia (*enfermedad*)

raccoon /ræˈkuːn/ *n* mapache

race¹ /reɪs/ *n* raza: *race relations* relaciones raciales

race² /reɪs/ ◆ *n* carrera **LOC** *Ver* RAT ◆ **1** *vi* (*en carrera*) correr **2** *vi* correr a toda velocidad **3** *vi* competir **4** *vi* (*pulso, corazón*) latir muy rápido **5** *vt* ~ **sb** echar una carrera con algn **6** *vt* (*caballo*) hacer correr, presentar

racecar /ˈreɪskɑr/ (*GB* **racing car**) *n* carro de carreras

racecourse /ˈreɪskɔːrs/ (*USA tb* **racetrack**) *n* hipódromo

racehorse /ˈreɪshɔːrs/ *n* caballo de carreras

racetrack /ˈreɪstræk/ *n* **1** circuito (de automovilismo, etc.) **2** (*GB* **racecourse**) hipódromo

racial /ˈreɪʃl/ *adj* racial

racing /ˈreɪsɪŋ/ *n* carreras: *horse racing* carreras de caballos ◊ *racing bike* moto de carreras

racism /ˈreɪsɪzəm/ *n* racismo **racist** *adj, n* racista

rack /ræk/ ◆ *n* **1** soporte **2** (*para equipaje*) portaequipaje *Ver* ROOF-RACK **3 the rack** el potro ◆ *vt* **LOC to rack your brain(s)** devanarse los sesos

racket /ˈrækɪt/ *n* **1** (*tb* **racquet**) raqueta **2** alboroto **3** negocio turbio: *What a racket!* ¡Qué robo!

racquet *Ver* RACKET sentido 1

racy /ˈreɪsi/ *adj* (**racier**, **raciest**) **1** (*estilo*) vivo **2** (*chiste*) picante

radar /ˈreɪdɑr/ *n* [*incontable*] radar

radiant /ˈreɪdiənt/ *adj* ~ **(with sth)** radiante (de algo): *radiant with joy* radiante de alegría **radiance** *n* resplandor

radiate /ˈreɪdieɪt/ **1** *vt, vi* (*luz, alegría*) irradiar **2** *vi* (*de un punto central*) salir

radiation /ˌreɪdiˈeɪʃn/ *n* radiación: *radiation sickness* enfermedad por radiación

radiator /ˈreɪdɪeɪtər/ *n* radiador

radical /ˈrædɪkl/ *adj, n* radical

radio /ˈreɪdioʊ/ *n* (*pl* ~**s**) radio: *radio station* emisora (de radio)

radioactive /ˌreɪdioʊˈæktɪv/ *adj* radiactivo **radioactivity** /ˌreɪdioʊækˈtɪvəti/ *n* radiactividad

radish /ˈrædɪʃ/ *n* rábano

radius /ˈreɪdiəs/ *n* (*pl* **radii** /-diaɪ/) radio

raffle /ˈræfl/ *n* rifa

raft /ræft; *GB* rɑːft/ *n* balsa: *life raft* balsa salvavidas

rafter /ˈræftər; *GB* ˈrɑːf-/ *n* viga (*del techo*)

rag /ræg/ *n* **1** trapo **2 rags** [*pl*] andrajos **3** (*coloq, pey*) periodicucho

rage /reɪdʒ/ ◆ *n* (*ira*) cólera: *to fly into a rage* montar en cólera **LOC to be all the rage** hacer furor ◆ *vi* **1** ponerse furioso **2** (*tormenta*) rugir **3** (*batalla*) continuar con furia

ragged /ˈrægɪd/ *adj* **1** (*ropa*) roto **2** (*persona*) andrajoso

raging /ˈreɪdʒɪŋ/ *adj* **1** (*dolor, sed*) atroz **2** (*mar*) enfurecido **3** (*tormenta*) violento

raid /reɪd/ ◆ *n* **1** ~ (**on sth**) ataque (contra algo) **2** ~ (**on sth**) (*robo*) asalto (a algo) **3** (*policial*) redada ◆ *vt* **1** (*policía*) registrar **2** (*fig*) saquear **raider** *n* asaltante

rail /reɪl/ *n* **1** barandal **2** (*cortinas*) riel **3** (*Ferrocarril*) vía, riel **4** (*Ferrocarril*): *rail strike* huelga de ferroviarios ◊ *by rail* por ferrocarril

railing /ˈreɪlɪŋ/ (*tb* **railings**) *n* reja (*para cercar*)

railroad /ˈreɪlroʊd/ (*GB* **railway**) *n* ferrocarril

railway /ˈreɪlweɪ/ (*GB*) (*USA* **railroad**) *n* **1** ferrocarril: *railway station* estación de ferrocarril **2** (*tb* **railway line/track**) vía férrea

rain /reɪn/ ◆ *n* (*lit y fig*) lluvia: *It's pouring with rain.* Está lloviendo a cántaros. ◆ *vi* (*lit y fig*) llover: *It's raining hard.* Está lloviendo mucho.

rainbow /ˈreɪnboʊ/ *n* arco iris

raincoat /ˈreɪnkoʊt/ *n* gabardina

rainfall /ˈreɪnfɑl/ *n* [*incontable*] precipitaciones

rainforest /ˈreɪnfɔːrɪst/ *n* selva tropical

rainy /ˈreɪni/ *adj* (**-ier**, **-iest**) lluvioso

raise /reɪz/ ◆ *vt* **1** levantar **2** (*salarios, precios*) subir **3** (*esperanzas*) aumentar **4** (*nivel*) mejorar **5** (*alarma*) dar **6** (*tema*) plantear **7** (*préstamo, fondos*) conseguir **8** (*niños, animales*) criar ☛ *Comparar con* EDUCATE, TO BRING SB UP *en* BRING **9** (*ejército*) reclutar **LOC to raise your eyebrows** (**at sth**) arquear las cejas (por algo) **to raise your glass** (**to sb**) alzar las copas (por algn) ◆ *n* (*GB* **rise**) aumento (*salarial*)

raisin /ˈreɪzn/ *n* pasa

rake /reɪk/ ◆ *n* **1** rastrillo **2** (*Agricultura*) rastro ◆ *vt, vi* rastrillar **LOC to rake it in** estar acuñando dinero **PHR V to rake sth up** (*coloq*) sacar a relucir algo (*pasado, etc.*)

rally /ˈræli/ (*pret, pp* **rallied**) ◆ **1** *vi* ~ (**around**) cerrar filas **2** *vt* ~ **sb** (**around sb**) reunir a algn (en torno a algn) **3** *vi* recuperarse ◆ *n* (*pl* **-ies**) **1** mitin **2** (*tenis, etc.*) peloteo **3** (*carros*) rally

ram /ræm/ ◆ *n* carnero ◆ (**-mm-**) **1** *vi* **to ram into sth** chocar (con algo) **2** *vt* (*puerta, etc.*) empujar con fuerza **3** *vt* **to ram sth in, into, on, etc. sth** meter algo en algo a la fuerza

ramble /ˈræmbl/ *vi* ~ (**on**) (**about sth/sb**) (*fig*) divagar (acerca de algo/algn) **rambling** *adj* **1** laberíntico **2** (*Bot*) trepador **3** (*discurso*) que se va por las ramas

ramp /ræmp/ *n* **1** rampa **2** (*en carretera*) desnivel

rampage /ˈræmpeɪdʒ, ræmˈpeɪdʒ/ ◆ *vi* desmandarse ◆ /ˈræmpeɪdʒ/ *n* desmán **LOC to be/go on the rampage** desmandarse

rampant /ˈræmpənt/ *adj* **1** desenfrenado **2** (*plantas*) exuberante

ramshackle /ˈræmʃækl/ *adj* destartalado

ran *pret de* RUN

ranch /ræntʃ; *GB* rɑːntʃ/ *n* rancho, granja

rancid /ˈrænsɪd/ *adj* rancio

random /ˈrændəm/ ◆ *adj* al azar ◆ *n* **LOC at random** al azar

rang *pret de* RING²

range /reɪndʒ/ ◆ *n* **1** (*montañas*) cadena **2** gama **3** (*productos*) línea **4** escala **5** (*visión, sonido*) campo (de alcance) **6** (*armas*) alcance ◆ **1** *vi* ~ **from sth to sth** extenderse, ir desde algo hasta algo **2** *vi* ~ **from sth to sth**; ~ **between sth and sth** (*cifra*) oscilar entre algo y algo **3** *vt* alinear **4** *vi* ~ (**over/through sth**) recorrer (algo)

rank /ræŋk/ ◆ *n* **1** categoría **2** (*Mil*) grado, rango LOC **the rank and file** la base ◆ **1** *vt* ~ **sth/sb** (**as sth**) clasificar algo/a algn (como algo); considerar algo/a algn (algo) **2** *vi* situarse: *high-ranking* de alto rango

ransack /ˈrænsæk/ *vt* **1** ~ **sth** (**for sth**) volver algo patas arriba (en busca de algo) **2** desvalijar

ransom /ˈrænsəm/ *n* rescate LOC *Ver* HOLD

rap /ræp/ ◆ *n* **1** golpe seco **2** (*Mús*) rap ◆ *vt, vi* (**-pp-**) golpear

rape /reɪp/ ◆ *vt* violar ☛ *Ver nota en* VIOLATE ◆ *n* **1** violación **2** (*Bot*) colza **rapist** *n* violador

rapid /ˈræpɪd/ *adj* rápido **rapidity** /rəˈpɪdəti/ *n* (*formal*) rapidez **rapidly** *adv* (muy) deprisa

rapport /ræˈpɔːr/ *n* compenetración

rapt /ræpt/ *adj* ~ (**in sth**) absorto (en algo)

rapture /ˈræptʃər/ *n* éxtasis **rapturous** *adj* delirante, extático

rare¹ /reər/ *adj* (**rarer**, **rarest**) poco común: *a rare opportunity* una ocasión poco frecuente **rarely** *adv* pocas veces ☛ *Ver nota en* ALWAYS **rarity** *n* (*pl* **-ies**) rareza

rare² /reər/ (*GB*) *adj* poco cocido (*carne*)

rash¹ /ræʃ/ *n* salpullido

rash² /ræʃ/ *adj* (**rasher**, **rashest**) imprudente, precipitado: *In a rash moment I promised her…* En un arrebato le prometí…

raspberry /ˈræzberi; *GB* ˈrɑːzbəri/ *n* (*pl* **-ies**) frambuesa

rat /ræt/ *n* rata LOC **the rat race** (*coloq, pey*) las carreras de la vida moderna

rate¹ /reɪt/ *n* **1** razón (*proporción*): *at a rate of 50 a/per week* a razón de cincuenta a la semana ◊ *the exchange rate/the rate of exchange* el tipo de cambio **2** tarifa: *an hourly rate of pay* una tarifa por horas ◊ *interest rate* el tipo de interés LOC **at any rate** de todos modos **at this/that rate** (*coloq*) a este/ese paso

rate² /reɪt/ *vt* **1** estimar, valorar: *highly rated* tenido en alta estima **2** considerar como

rather /ˈræðər; *GB* ˈrɑːð-/ *adv* (*esp GB*) algo, bastante: *I rather suspect…* Me inclino a sospechar… ☛ *Ver nota en* FAIRLY LOC **I'd, you'd, etc. rather… (than)**: *I'd rather walk than wait for the bus.* Prefiero irme a pie que esperar el bus. ☛ *Ver nota en* PREFERIR **or rather** o mejor dicho **rather than** *prep* mejor que

rating /ˈreɪtɪŋ/ *n* **1** clasificación: *a high/low popularity rating* un nivel alto/bajo de popularidad **2 the ratings** [*pl*] (*TV*) los índices de sintonía/popularidad

ratio /ˈreɪʃioʊ/ *n* (*pl* **~s**) proporción: *The ratio of boys to girls in this class is three to one.* La proporción de niños y niñas en este curso es de tres a una.

ration /ˈræʃn/ ◆ *n* ración ◆ *vt* ~ **sth/sb** (**to sth**) racionar algo/a algn (a algo) **rationing** *n* racionamiento

rational /ˈræʃnəl/ *adj* racional, razonable **rationality** /ræʃəˈnæləti/ *n* racionalidad **rationalization, -isation** *n* racionalización **rationalize, -ise** *vt* racionalizar

rattle /ˈrætl/ ◆ **1** *vt* hacer sonar **2** *vi* hacer ruido, tintinear PHR V **rattle along, off, past, etc.** traquetear **to rattle sth off** farfullar algo ◆ *n* **1** traqueteo **2** sonajero

rattlesnake /ˈrætlsneɪk/ *n* culebra de cascabel

ravage /ˈrævɪdʒ/ *vt* devastar

rave /reɪv/ ◆ *vi* **1** ~ (**at/against/about sth/sb**) despotricar (contra algo/algn) **2** ~ (**on**) **about sth/sb** (*coloq*) poner por las nubes algo/a algn ◆ *n* fiesta con música acid

raven /ˈreɪvn/ *n* cuervo

raw /rɔː/ *adj* **1** crudo **2** sin refinar: *raw silk* seda en bruto ◊ *raw material* materia prima **3** (*herida*) en carne viva

ray /reɪ/ *n* rayo: *X-rays* rayos X

razor /ˈreɪzər/ *n* máquina de afeitar, barbera

razor blade *n* cuchilla de afeitar

reach /riːtʃ/ ◆ **1** *vi* ~ **for sth** extender

la mano para coger algo **2** *vi* ~ **out** (**to sth/sb**) extenderle la mano (a algo/ algn) **3** *vt* alcanzar **4** *vt* localizar **5** *vt* llegar a: *to reach an agreement* llegar a un acuerdo ◆ *n* LOC **beyond/out of/ within** (**your**) **reach** fuera del alcance/ al alcance (de algn) **within** (**easy**) **reach** (**of sth/sb**) a corta distancia (de algo/ algn)

react /ri'ækt/ *vi* **1** ~ (**to sth/sb**) reaccionar (a/ante algo/algn) **2** ~ (**against sth/ sb**) reaccionar (contra algo/algn) **reaction** *n* ~ (**to sth/sb**) reacción (a/ante algo/algn) **reactionary** *adj* reaccionario

reactor /ri'æktər/ *n* **1** (*tb* **nuclear reactor**) reactor nuclear **2** reactor

read /riːd/ (*pret, pp* **read** /red/) **1** *vt, vi* ~ (**about/of sth/sb**) leer (sobre algo/ algn) **2** *vt* ~ **sth** (**as sth**) interpretar algo (como algo) **3** *vi* (*telegrama, etc.*) decir, rezar **4** *vi* (*contador, etc.*) marcar PHR V **to read on** seguir leyendo **to read sth into sth** atribuirle algo a algo **to read sth out** leer algo en voz alta **readable** *adj* legible **reading** *n* lectura: *reading glasses* gafas para leer

reader /'riːdər/ *n* lector, -ora **readership** *n* [*incontable*] número de lectores

ready /'redi/ *adj* (**-ier**, **-iest**) **1** ~ (**for sth/to do sth**) listo, preparado (para algo/para hacer algo): *to get ready* alistarse/prepararse **2** ~ (**to do sth**) dispuesto (a hacer algo): *He's always ready to help his friends.* Siempre está dispuesto a ayudar a sus amigos. **3** ~ **to do sth** a punto de hacer algo **4** a (la) mano **readily** *adv* **1** de buena gana **2** fácilmente **readiness** *n* disposición: (*to do sth*) *in readiness for sth* (hacer algo) en preparación de algo ◊ *her readiness to help* su disposición para ayudar

ready-made /'redi meɪd/ *adj* **1** (*ropa, etc.*) de confección **2** ya hecho: *You can buy ready-made curtains.* Puedes comprar cortinas ya hechas.

real /'riːəl/ *adj* **1** real, verdadero: *real life* la vida real **2** verdadero, auténtico: *That's not his real name.* Ese no es su nombre verdadero. ◊ *The meal was a real disaster.* La comida fue un verdadero desastre.

real estate *n* (*USA*) propiedad raíz

real estate agent (*GB* **estate agent**) *n* corredor, -ora de propiedad raíz

realism /'riːəlɪzəm/ *n* realismo **realist** *n* realista **realistic** /ˌriːə'lɪstɪk/ *adj* realista

reality /ri'æləti/ *n* (*pl* **-ies**) realidad LOC **in reality** en realidad

realize, -ise /'riːəlaɪz/ *vt* **1** ~ **sth** darse cuenta de algo: *Not realizing that...* Sin darse cuenta de que... **2** (*plan, ambición*) cumplir **realization, -isation** *n* comprensión

really /'riːəli, 'riːli/ *adv* **1** [+ *verbo*] de verdad: *I really mean that.* Te lo digo de verdad. **2** [+ *adj*] muy, realmente: *Is it really true?* ¿Es realmente cierto? **3** (*expresa sorpresa, interés, duda, etc.*): *Really?* ¿En serio?

realm /relm/ *n* (*fig*) reino: *the realms of possibility* el ámbito de lo posible

reap /riːp/ *vt* segar, cosechar

reappear /ˌriːə'pɪər/ *vi* reaparecer **reappearance** *n* reaparición

rear[1] /rɪər/ **the rear** *n* [*sing*] (*formal*) la parte trasera: *a rear window* una ventana trasera LOC *Ver* BRING

rear[2] /rɪər/ **1** *vt* criar **2** *vi* ~ (**up**) (*caballo*) encabritarse **3** *vt* erguir

rearrange /ˌriːə'reɪndʒ/ *vt* **1** arreglar cambiar **2** (*planes*) volver a organizar

reason /'riːzn/ ◆ *n* **1** ~ (**for sth/doing sth**) razón, motivo (de/para algo/para hacer algo) **2** ~ (**why.../that...**) razón motivo (por la/el que.../de que...) razón, sentido común LOC **by reason of sth** (*formal*) en virtud de algo **in/within reason** dentro de lo razonable **to make sb see reason** hacer entrar en razón a algn *Ver tb* STAND ◆ *vi* razonar **reasonable** *adj* **1** razonable, sensato **2** tolerable, moderado **reasonably** *adv* **1** bastante **2** con sensatez **reasoning** razonamiento

reassure /ˌriːə'ʃʊər/ *vt* tranquilizar **reassurance** *n* **1** consuelo, tranquilidad **2** palabras tranquilizadoras **reassuring** *adj* tranquilizador

rebate /'riːbeɪt/ *n* reembolso

rebel /'rebl/ ◆ *n* rebelde ◆ /rɪ'bel/ (**-ll-**) rebelarse **rebellion** /rɪ'beljən/ rebelión **rebellious** /rɪ'beljəs/ *adj* rebelde

rebirth /ˌriː'bɜːrθ/ *n* **1** renacimiento resurgimiento

rebound /rɪ'baʊnd/ ◆ *vi* **1** ~ (**from/off sth**) rebotar (en algo) **2** ~ (**on sb**) repe cutir (en algn) ◆ /ˈriːbaʊnd/ *n* rebote **LOC on the rebound** de rebote

rebuff /rɪˈbʌf/ ◆ *n* **1** desaire **2** rechazo ◆ *vt* **1** desairar **2** rechazar

rebuild /ˌriːˈbɪld/ *vt* (*pret, pp* **rebuilt** /ˌriːˈbɪlt/) reconstruir

rebuke /rɪˈbjuːk/ ◆ *vt* regañar, reprender ◆ *n* regaño, reprimenda

recall /rɪˈkɔːl/ *vt* **1** llamar **2** (*embajador, etc.*) retirar **3** (*libro*) reclamar **4** (*parlamento*) convocar **5** recordar *Ver tb* REMEMBER

recapture /ˌriːˈkæptʃər/ *vt* **1** recobrar, reconquistar **2** (*fig*) revivir, reproducir

recede /rɪˈsiːd/ *vi* **1** retroceder: *receding chin* mentón hundido ◊ *receding hair(line)* entradas **2** (*marea*) bajar

receipt /rɪˈsiːt/ *n* **1** ~ (**for sth**) (*formal*) recibo (de algo): *to acknowledge receipt of sth* acusar recibo de algo ◊ *a receipt for your expenses* un recibo de sus gastos **2 receipts** [*pl*] ingresos

receive /rɪˈsiːv/ *vt* **1** recibir, acoger **2** (*herida*) sufrir

receiver /rɪˈsiːvər/ *n* **1** (*radio, TV*) receptor **2** (*teléfono*) auricular: *to lift/pick up the receiver* descolgar (el auricular) **3** destinatario, -a

recent /ˈriːsnt/ *adj* reciente: *in recent years* en los últimos años **recently** *adv* **1** recientemente: *until recently* hasta hace poco **2** (*tb* **recently-**) recién: *a recently-appointed director* una directora recién nombrada

reception /rɪˈsepʃn/ *n* **1** recepción: *reception desk* (mostrador de) recepción **2** acogida **receptionist** *n* recepcionista

receptive /rɪˈseptɪv/ *adj* ~ (**to sth**) receptivo (a algo)

recess /ˈriːses; *GB* rɪˈses/ *n* **1** (*parlamento*) receso **2** descanso **3** (*USA*) (*en escuela*) recreo **4** (*nicho*) hueco **5** [*gen pl*] escondrijo, lugar recóndito

recession /rɪˈseʃn/ *n* recesión

recharge /ˌriːˈtʃɑːrdʒ/ *vt* recargar

recipe /ˈresəpi/ *n* **1** ~ (**for sth**) (*cocina*) receta (de algo) **2** ~ **for sth** (*fig*) fórmula para/de algo

recipient /rɪˈsɪpiənt/ *n* **1** destinatario, -a **2** (*dinero, etc.*) beneficiario, -a

reciprocal /rɪˈsɪprəkl/ *adj* recíproco

reciprocate /rɪˈsɪprəkeɪt/ *vt* (*formal*) *vi* corresponder

recital /rɪˈsaɪtl/ *n* recital

recite /rɪˈsaɪt/ *vt* **1** recitar **2** enumerar

reckless /ˈrekləs/ *adj* **1** temerario **2** imprudente

reckon /ˈrekən/ *vt* **1** considerar **2** creer **3** calcular **PHR V to reckon on sth/sb** contar con algo/algn: *We reckoned on needing $30 a day.* Calculamos que necesitábamos $30 dólares al día. **to reckon with sth/sb 1** (*tomar en consideración*) contar con algo/algn **2** (*hacerle frente a algo/algn*): *There is still your father to reckon with.* Todavía hay que vérselas con tu papá. **reckoning** *n* [*sing*] **1** cálculos: *by my reckoning* según mis cálculos **2** cuentas

reclaim /rɪˈkleɪm/ *vt* **1** recuperar **2** (*materiales, etc.*) reciclar **reclamation** *n* recuperación

recline /rɪˈklaɪn/ *vt, vi* reclinar(se), recostar(se) **reclining** *adj* reclinable (*silla*)

recognition /ˌrekəgˈnɪʃn/ *n* reconocimiento: *in recognition of sth* en reconocimiento a algo ◊ *to have changed beyond recognition* estar irreconocible

recognize, -ise /ˈrekəgnaɪz/ *vt* reconocer **recognizable, -isable** *adj* reconocible

recoil /rɪˈkɔɪl/ *vi* **1** ~ (**at/from sth/sb**) reaccionar con repugnancia (ante algo/algn) **2** retroceder

recollect /ˌrekəˈlekt/ *vt* recordar **recollection** *n* recuerdo

recommend /ˌrekəˈmend/ *vt* recomendar

recompense /ˈrekəmpens/ ◆ *vt* (*formal*) ~ **sb** (**for sth**) recompensar a algn (por algo) ◆ *n* (*formal*) [*sing*] recompensa

reconcile /ˈrekənsaɪl/ *vt* **1** reconciliar **2** ~ **sth** (**with sth**) conciliar algo (con algo) **3** *to reconcile yourself to sth* resignarse a algo **reconciliation** *n* [*sing*] **1** conciliación **2** reconciliación

reconnaissance /rɪˈkɑnɪsns/ *n* reconocimiento (*Mil, etc.*)

reconsider /ˌriːkənˈsɪdər/ **1** *vt* reconsiderar **2** *vi* recapacitar

reconstruct /ˌriːkənˈstrʌkt/ *vt* ~ **sth** (**from sth**) reconstruir algo (a partir de algo)

record /ˈrekərd; *GB* ˈrekɔːd/ ◆ *n* **1** registro: *to make/keep a record of sth* hacer/llevar un registro de algo

2 historial: *a criminal record* antecedentes penales **3** disco: *a record company* una casa discográfica **4** récord: *to beat/ break a record* batir/superar un récord **LOC to put/set the record straight** dejar/ poner las cosas claras ♦ /rɪˈkɔːrd/ *vt* **1** registrar, anotar **2** ~ (**sth**) (**from sth**) (**on sth**) grabar (algo) (de algo) (en algo) **3** (*termómetro, etc.*) marcar

record-breaking /ˈrekərd breɪkɪŋ/ *adj* sin precedentes

recorder /rɪˈkɔːrdər/ *n* **1** flauta dulce **2** *Ver* TAPE RECORDER, VCR

recording /rɪˈkɔːrdɪŋ/ *n* grabación

record player *n* tocadiscos

recount /rɪˈkaʊnt/ *vt* ~ **sth** (**to sb**) referirle algo (a algn)

recourse /rɪˈkɔːrs/ *n* recurso **LOC to have recourse to sth/sb** (*formal*) recurrir a algo/algn

recover /rɪˈkʌvər/ **1** *vt* recuperar, recobrar: *to recover consciousness* recobrar el conocimiento **2** *vi* ~ (**from sth**) recuperarse, reponerse (de algo)

recovery /rɪˈkʌvəri/ *n* **1** (*pl* **-ies**) recuperación, rescate **2** [*sing*] ~ (**from sth**) restablecimiento (de algo)

recreation /ˌrekriˈeɪʃn/ *n* **1** esparcimiento, pasatiempo, recreación **2** (hora del) recreo: *recreation ground* campo de deportes

recruit /rɪˈkruːt/ ♦ *n* recluta ♦ *vt* ~ **sb** (**as/to sth**) reclutar a algn (como/para algo) **recruitment** *n* reclutamiento

rectangle /ˈrektæŋgl/ *n* rectángulo

rector /ˈrektər/ *n* (*GB*) párroco *Ver tb* VICAR **rectory** *n* casa del párroco

recuperate /rɪˈkuːpəreɪt/ **1** (*formal*) *vi* ~ (**from sth**) recuperarse, reponerse (de algo) **2** *vt* recuperar

recur /rɪˈkɜːr/ *vi* (**-rr-**) repetirse, volver a aparecer

recycle /ˌriːˈsaɪkl/ *vt* reciclar **recyclable** *adj* reciclable **recycling** *n* reciclaje

red /red/ ♦ *adj* (**redder**, **reddest**) **1** rojo: *a red dress* un vestido rojo **2** (*rostro*) colorado **3** (*vino*) rojo, tinto **LOC a red herring** una pista falsa ♦ *n* rojo: *You can turn right on red here.* Acá se puede voltear estando en rojo. **reddish** *adj* rojizo

redeem /rɪˈdiːm/ *vt* **1** redimir: *to redeem yourself* salvarse **2** compensar **3** ~ **sth** (**from sth/sb**) sacar de la casa de empeño, desempeñar algo (de algo/ algn)

redemption /rɪˈdempʃn/ *n* (*formal*) redención

redevelopment /ˌriːdɪˈveləpmənt/ *n* nueva edificación, reurbanización

redo /ˌriːˈduː/ *vt* (*pret* **redid** /-ˈdɪd/ *pp* **redone** /-ˈdʌn/) rehacer

red tape *n* papeleo (*burocrático*)

reduce /rɪˈduːs; *GB* -ˈdjuːs/ **1** *vt* ~ **sth** (**from sth to sth**) reducir, disminuir algo (de algo a algo) **2** *vt* ~ **sth** (**by sth**) disminuir, rebajar algo (en algo) **3** *vi* reducirse **4** *vt* ~ **sth/sb** (**from sth**) **to sth**: *The house was reduced to ashes.* La casa quedó reducida a cenizas. ◊ *to reduce sb to tears* hacer llorar a algn **reduced** *adj* rebajado

reduction /rɪˈdʌkʃn/ *n* **1** ~ (**in sth**) reducción (de algo) **2** ~ (**of sth**) rebaja, descuento ~ (de algo): *a reduction of 5%* un descuento del 5%

redundancy /rɪˈdʌndənsi/ *n* (*pl* **-ies**) (*GB*) despido (*por cierre de empresa o reducción de personal*): *redundancy pay* indemnización por despido

redundant /rɪˈdʌndənt/ *adj* **1** (*GB*): *to be made redundant* ser despedido por cierre de empresa o reducción de personal **2** superfluo

reed /riːd/ *n* carrizo

reef /riːf/ *n* arrecife

reek /riːk/ *vi* (*pey*) ~ (**of sth**) (*lit y fig*) apestar, heder (a algo)

reel /riːl/ ♦ *n* **1** bobina, carrete **2** (*película*) rollo ♦ *vi* **1** tambalearse **2** (*cabeza*) dar vueltas **PHR V to reel sth off** recitar algo (de un jalón)

re-enter /ˌriː ˈentər/ *vt* ~ **sth** volver a entrar, reingresar en algo **re-entry** *n* reentrada

refer /rɪˈfɜːr/ (**-rr-**) **1** *vi* ~ **to sth/sb** referirse a algo/algn **2** *vt, vi* remitir(se)

referee /ˌrefəˈriː/ ♦ *n* **1** (*Dep*) (*juez*) árbitro, -a **2** (*GB*) (*para empleo*) persona que da una referencia ♦ *vt, vi* arbitrar

reference /ˈrefərəns/ *n* referencia **LOC in/with reference to sth/sb** (*esp Com*) en/con referencia a algo/algn

referendum /ˌrefəˈrendəm/ *n* (*pl* **~s**) plebiscito, referendo

refill /ˌriːˈfɪl/ ◆ *vt* rellenar ◆ /ˈriːfɪl/ *n* repuesto

refine /rɪˈfaɪn/ *vt* **1** refinar **2** (*modelo, técnica, etc.*) pulir **refinement** *n* **1** refinamiento **2** (*Mec*) refinación **3** sutileza **refinery** *n* (*pl* **-ies**) refinería

reflect /rɪˈflekt/ **1** *vt* reflejar **2** *vt* (*luz*) reflejarse **3** *vi* ~ (**on/upon sth**) reflexionar (sobre algo) LOC **to reflect on sth/sb**: *to reflect well/badly on sth/sb* decir mucho/poco en favor de algo/algn **reflection** (*GB tb* **reflexion**) *n* **1** reflejo **2** (*acto, pensamiento*) reflexión LOC **on reflection** pensándolo bien **to be a reflection on sth/sb** dar mala impresión de algo/algn: *His rudeness is no reflection on you.* Su mala educación no es culpa tuya.

reflex /ˈriːfleks/ (*tb* **reflex action**) *n* reflejo

reform /rɪˈfɔːrm/ ◆ *vt, vi* reformar(se) ◆ *n* reforma **reformation** *n* **1** reforma **2 the Reformation** la Reforma

refrain¹ /rɪˈfreɪn/ *n* (*formal*) estribillo

refrain² /rɪˈfreɪn/ *vi* (*formal*) ~ (**from sth**) abstenerse (de algo): *Please refrain from smoking in the hospital.* Por favor absténganse de fumar en el hospital.

refresh /rɪˈfreʃ/ *vt* refrescar LOC **to refresh sb's memory** (**about sth/sb**) refrescarle la memoria a algn (sobre algo/algn) **refreshing** *adj* **1** refrescante **2** (*fig*) alentador

refreshments /rɪˈfreʃmənts/ *n* [*pl*] refrigerio, pasabocas y refrescos: *Refreshments will be served after the concert.* Habrá botana y refrescos después del concierto.

refrigerate /rɪˈfrɪdʒəreɪt/ *vt* refrigerar **refrigeration** *n* refrigeración

refrigerator /rɪˈfrɪdʒəreɪtər/ (*coloq* **fridge** /frɪdʒ/) *n* nevera, refrigerador *Ver tb* FREEZER

refuge /ˈrefjuːdʒ/ *n* **1** ~ (**from sth/sb**) refugio (de algo/algn): *to take refuge* refugiarse **2** (*Pol*) asilo ☛ *Comparar con* ASYLUM

refugee /ˌrefjuˈdʒiː/ *n* refugiado, -a

refund /riˈfʌnd/ ◆ *vt* reembolsar ◆ /ˈriːfʌnd/ *n* reembolso

refusal /rɪˈfjuːzl/ *n* **1** denegación, rechazo **2** ~ (**to do sth**) negativa (a hacer algo)

refuse¹ /rɪˈfjuːz/ **1** *vt* rechazar, rehusar: *to refuse an offer* rechazar una oferta ◊ *to refuse (sb) entry/entry (to sb)* negarle la entrada (a algn) **2** *vi* ~ (**to do sth**) negarse (a hacer algo)

refuse² /ˈrefjuːs/ *n* [*incontable*] desperdicios

regain /rɪˈgeɪn/ *vt* recuperar: *to regain consciousness* recobrar el conocimiento

regal /ˈriːgl/ *adj* regio

regard /rɪˈgɑrd/ ◆ *vt* **1** ~ **sth/sb as sth** considerar algo/a algn (como) algo **2** (*formal*) ~ **sth/sb** (**with sth**) mirar algo/a algn (con algo) LOC **as regards sth/sb** en cuanto a algo/algn, en/por lo que se refiere a algo/algn ◆ *n* **1** ~ **to/for sth/sb** respeto a/por algo/algn: *with no regard for/to speed limits* sin ningún respeto hacia los límites de velocidad **2 regards** [*pl*] (*en cartas*) saludos LOC **in this/that/one regard** en este/ese/un aspecto **in/with regard to sth/sb** con respecto a algo/algn **regarding** *prep* con referencia a **regardless** *adv* (*coloq*) pase lo que pase **regardless of** *prep* sea cual sea, sin tener en cuenta

regime /reɪˈʒiːm/ *n* régimen (*gobierno, reglas, etc.*) ☛ *Comparar con* DIET

regiment /ˈredʒɪmənt/ *n* regimiento **regimented** *adj* reglamentado

region /ˈriːdʒən/ *n* región LOC **in the region of sth** alrededor de algo

register /ˈredʒɪstər/ ◆ *n* **1** registro **2** (*en el colegio*) lista: *to call the register* pasar lista ◆ **1** *vt* ~ **sth** (**in sth**) registrar algo (en algo) **2** *vi* ~ (**at/for/with sth**) inscribirse (en/para algo) **3** *vt* (*cifras, etc.*) registrar **4** *vt* (*sorpresa, etc.*) acusar, mostrar **5** *vt* (*correo*) mandar por/como recomendado

registered mail *n* correo recomendado: *to send sth by registered mail* mandar algo por correo recomendado

registrar /ˈredʒɪstrɑr/ *n* **1** funcionario, -a (*del registro civil, etc.*) **2** (*Educ*) subdirector, -ora (*de admisiones, exámenes, etc.*)

registration /ˌredʒɪˈstreɪʃn/ *n* **1** registro **2** inscripción

registration number (*GB*) (*USA* **license plate number**) *n* número de la placa

registry office /ˈredʒɪstri ɒfɪs/ (*tb* **register office**) *n* (*GB*) **1** (*nacimientos, defunciones, etc.*) notaría **2** (*matrimonio civil*) juzgado

regret /rɪˈgret/ ◆ *n* **1** ~ (**at/about sth**)

pesar (por algo) **2** ~ **(for sth)** remordimiento (por algo) ◆ *vt* **(-tt-) 1** lamentar **2** arrepentirse de **regretfully** *adv* con pesar, con pena **regrettable** *adj* lamentable

regular /ˈregjələr/ ◆ *adj* **1** regular: *to get regular exercise* hacer ejercicio con regularidad **2** habitual LOC **on a regular basis** con regularidad ◆ *n* cliente habitual **regularity** /ˌregjuˈlærəti/ *n* regularidad **regularly** *adv* **1** regularmente **2** con regularidad

regulate /ˈregjuleɪt/ *vt* regular, reglamentar **regulation** *n* **1** regulación **2** [*gen pl*] norma: *safety regulations* normas de seguridad

rehabilitate /ˌriːəˈbɪlɪteɪt/ *vt* rehabilitar **rehabilitation** *n* rehabilitación

rehearse /rɪˈhɜːrs/ *vt, vi* ~ **(sb) (for sth)** ensayar (con algn) (algo) **rehearsal** *n* ensayo: *a dress rehearsal* un ensayo general

reign /reɪn/ ◆ *n* reinado ◆ *vi* ~ **(over sth/sb)** reinar (sobre algo/algn)

reimburse /ˌriːɪmˈbɜːrs/ *vt* **1** ~ **sth (to sb)** reembolsar(le) algo (a algn) **2** ~ **sb (for sth)** reembolsarle a algn (los gastos de algo)

rein /reɪn/ *n* rienda

reindeer /ˈreɪndɪər/ *n* (*pl* **reindeer**) reno

reinforce /ˌriːɪnˈfɔːrs/ *vt* reforzar **reinforcement** *n* **1** consolidación, refuerzo **2 reinforcements** [*pl*] (*Mil*) refuerzos

reinstate /ˌriːɪnˈsteɪt/ *vt* (*formal*) ~ **sth/sb (in/as sth)** restituir, reintegrar algo/a algn (en algo): *He was reinstated as chairman.* Lo restituyeron en su cargo de presidente.

reject /rɪˈdʒekt/ ◆ *vt* rechazar ◆ /ˈriːdʒekt/ *n* **1** marginado, -a **2** cosa defectuosa **rejection** *n* rechazo

rejoice /rɪˈdʒɔɪs/ *vi* (*formal*) ~ **(at/in/over sth)** alegrarse, regocijarse (por/de algo)

rejoin /ˌriːˈdʒɔɪn/ *vt* **1** reincorporarse a **2** volver a juntarse con

relapse /rɪˈlæps/ ◆ *vi* recaer ◆ /ˈriːlæps/ *n* recaída

relate /rɪˈleɪt/ **1** *vt* ~ **sth (to sb)** (*formal*) relatar(le) algo (a algn) **2** *vt* ~ **sth to/with sth** relacionar algo con algo **3** *vi* ~ **to sth/sb** estar relacionado con algo/algn **4** *vi* ~ **(to sth/sb)** (*entender*) identificarse (con algo/algn) **related** *adj* **1** relacionado **2** ~ **(to sb)** emparentado (con algn): *to be related by marriage* ser pariente(s) político(s)

relation /rɪˈleɪʃn/ *n* **1** ~ **(to sth/between...)** relación (con algo/entre...) **2** pariente, -a **3** parentesco: *What relation are you?* ¿Qué parentesco tienen? ◊ *Is he any relation (to you)?* ¿Es familiar tuyo? LOC **in/with relation to** (*formal*) con relación a *Ver tb* BEAR[2] **relationship** *n* **1** ~ **(between A and B)**; ~ **(of A to/with B)** relación (entre A y B) **2** (relación de) parentesco **3** relación (*sentimental o sexual*)

relative /ˈrelətɪv/ ◆ *n* pariente, -a ◆ *adj* relativo

relax /rɪˈlæks/ **1** *vt, vi* relajar(se) **2** *vt* aflojar **relaxation** *n* **1** relajación **2** descanso **3** pasatiempo **relaxing** *adj* relajante

relay /ˈriːleɪ/ ◆ *n* **1** relevo, tanda **2** (*tb* **relay race**) carrera de relevos ◆ /ˈriːleɪ, rɪˈleɪ/ *vt* (*pret, pp* **relayed**) **1** transmitir **2** (*GB, TV, Radio*) retransmitir

release /rɪˈliːs/ ◆ *vt* **1** liberar **2** poner en libertad **3** soltar: *to release your grip on sth/sb* soltar algo/a algn **4** (*noticia*) dar a conocer **5** (*disco*) poner a la venta **6** (*película*) estrenar ◆ *n* **1** liberación **2** puesta en libertad **3** (*acto*) aparición (*de un disco, etc.*), publicación, estreno: *The movie is in general release.* Pasan la película en todos los teatros.

relegate /ˈrelɪgeɪt/ *vt* **1** relegar **2** (*esp GB, Dep*) bajar **relegation** *n* **1** relegación **2** (*Dep*) descenso

relent /rɪˈlent/ *vi* ceder **relentless** *adj* **1** implacable **2** (*ambición*) tenaz

relevant /ˈreləvənt/ *adj* pertinente, relevante, que viene al caso **relevance** (*tb* **relevancy**) *n* pertinencia, relevancia

reliable /rɪˈlaɪəbl/ *adj* **1** (*persona*) responsable, de confianza **2** (*datos*) confiable **3** (*fuente*) fidedigno **4** (*método aparato*) confiable, seguro **reliability** /rɪˌlaɪəˈbɪləti/ *n* confiabilidad

reliance /rɪˈlaɪəns/ *n* ~ **on sth/sb** dependencia de algo/algn; confianza en algo/algn

relic /ˈrelɪk/ *n* reliquia

relief /rɪˈliːf/ *n* **1** alivio: *much to my relief* por suerte para mí **2** ayuda, auxilio **3** (*persona*) relevo **4** (*Arte, Geog*) relieve

relieve /rɪˈliːv/ **1** *vt* aliviar **2** *v refl* ~ **yourself** (*eufemismo*) hacer uno sus necesidades **3** *vt* relevar **PHR V to relieve sb of sth** quitarle algo a algn

religion /rɪˈlɪdʒən/ *n* religión **religious** *adj* religioso

relinquish /rɪˈlɪŋkwɪʃ/ *vt* (*formal*) **1** ~ **sth** (**to sb**) renunciar a algo (en favor de algn) **2** abandonar ☛ La palabra más normal es **give sth up**.

relish /ˈrelɪʃ/ ◆ *n* ~ (**for sth**) gusto (por algo) ◆ *vt* ~ **sth** disfrutar algo

reluctant /rɪˈlʌktənt/ *adj* ~ (**to do sth**) renuente, reacio (a hacer algo) **reluctance** *n* renuencia **reluctantly** *adv* de mala gana

rely /rɪˈlaɪ/ *v* (*pret, pp* **relied**) **PHR V to rely on/upon sth/sb** (**to do sth**) depender de, confiar en, contar con algo/algn (para hacer algo)

remain /rɪˈmeɪn/ (*formal*) *vi* **1** quedar(se) ☛ La palabra más normal es **stay**. **2** (*continuar*) permanecer, seguir siendo **remainder** *n* [*sing*] resto (*tb Mat*) **remains** *n* [*pl*] **1** restos **2** ruinas

remand /rɪˈmænd; *GB* -ˈmɑːnd/ ◆ *vt*: *to remand sb in custody/on bail* poner a algn en detención preventiva/en libertad bajo fianza ◆ *n* custodia **LOC on remand** detenido

remark /rɪˈmɑrk/ ◆ *vt* comentar, mencionar **PHR V to remark on/upon sth/sb** hacer un comentario sobre algo/algn ◆ *n* comentario **remarkable** *adj* **1** extraordinario **2** ~ (**for sth**) notable (por algo)

remedial /rɪˈmiːdiəl/ *adj* **1** (*acción, medidas*) de recuperación, de saneamiento **2** (*clases*) remedial

remedy /ˈremədi/ ◆ *n* (*pl* **-ies**) remedio ◆ *vt* (*pret, pp* **-died**) remediar

remember /rɪˈmembər/ *vt, vi* acordarse (de): *as far as I remember* que yo recuerde ◊ *Remember that we have visitors tonight.* Recuerda que tenemos visita esta noche. ◊ *Remember to call your mother.* Acuérdate de llamar a tu mamá.

Remember varía de significado según se use con infinitivo o con una forma en **-ing**. Cuando va seguido de infinitivo, éste hace referencia a una acción que todavía no se ha realizado: *Remember to mail that letter.* Acuérdate de mandar esa carta. Cuando se usa seguido por una forma en **-ing**, éste se refiere a una acción que ya ha tenido lugar: *I remember mailing that letter.* Recuerdo haber puesto esa carta en el correo.

PHR V to remember sb to sb darle recuerdos de algn a algn: *Remember me to Anna.* Dale recuerdos de mi parte a Anna. ☛ *Comparar con* REMIND

remembrance *n* conmemoración, recuerdo

remind /rɪˈmaɪnd/ *vt* ~ **sb** (**to do sth**) acordarle, recordarle a algn (que haga algo): *Remind me to call my mother.* Acuérdeme de llamar a mi mamá. ☛ *Comparar con "Remember to call your mother" en* REMEMBER **PHR V to remind sb of sth/sb**

La construcción **to remind sb of sth/sb** se utiliza cuando una cosa o una persona recuerdan a algo o a alguien: *Your brother reminds me of John.* Tu hermano me recuerda a John. ◊ *That song reminds me of my first girlfriend.* Esa canción me recuerda a mi primera novia.

reminder *n* **1** recuerdo, recordatorio **2** aviso

reminisce /ˌremɪˈnɪs/ *vi* ~ (**about sth**) rememorar (algo)

reminiscent /ˌremɪˈnɪsnt/ *adj* ~ **of sth/sb** con reminiscencias de algo/algn **reminiscence** *n* reminiscencia, evocación

remnant /ˈremnənt/ *n* **1** resto **2** (*fig*) vestigio **3** retazo (*tela*)

remorse /rɪˈmɔːrs/ *n* [*incontable*] ~ (**for sth**) remordimiento (por algo) **remorseless** *adj* **1** despiadado **2** implacable

remote /rɪˈmoʊt/ *adj* (**-er**, **-est**) **1** (*lit y fig*) remoto, lejano, alejado **2** (*persona*) distante **3** (*posibilidad*) remoto **remotely** *adv* remotamente

remove /rɪˈmuːv/ *vt* **1** ~ **sth** (**from sth**) quitar(se) algo (de algo): *to remove your coat* quitarse el abrigo ☛ Es más normal decir **take off**, **take out**, etc. **2** (*fig*) eliminar **3** ~ **sb** (**from sth**) sacar, destituir a algn (de algo) **removable** *adj* que se puede quitar **removal** *n* **1** eliminación **2** trasteo

the Renaissance /ˈrenəsɑns; *GB* rɪˈneɪsns/ *n* el Renacimiento

render /ˈrendər/ *vt* (*formal*) **1** (*servicio, etc.*) prestar **2** hacer: *She was rendered speechless.* Quedó muda. **3** (*Mús, Arte*) interpretar

rendezvous /ˈrɑndeɪvuː/ *n* (*pl* **rendezvous** /-z/) **1** cita *Ver tb* APPOINTMENT *en* APPOINT **2** lugar de reunión

renegade /ˈrenɪgeɪd/ *n* (*formal, pey*) renegado, -a, rebelde

renew /rɪˈnuː; *GB* -ˈnjuː/ *vt* **1** renovar **2** (*reestablecer*) reanudar **3** reafirmar **renewable** *adj* renovable **renewal** *n* renovación

renounce /rɪˈnaʊns/ *vt* (*formal*) renunciar a: *He renounced his right to be king.* Renunció a su derecho al trono.

renovate /ˈrenəveɪt/ *vt* restaurar

renowned /rɪˈnaʊnd/ *adj* ~ (**as/for sth**) famoso (como/por algo)

rent /rent/ ◆ *n* renta, arriendo LOC **for rent** (*GB tb* **to let**) se alquila(n) ☛ *Ver nota en* ALQUILAR ◆ *vt* **1** ~ **sth** (**from sb**) alquilar algo (de algn): *I rent a garage from a neighbor.* Un vecino me alquila su garaje. **2** ~ **sth** (**out**) (**to sb**) (*GB tb* **to let sth** (**to sb**)) alquilar algo (a algn): *We rented out the house to some students.* Les alquilamos nuestra casa a unos estudiantes. **rental** *n* alquiler (*carros, electrodomésticos, etc.*)

reorganize, -ise /ˌriˈɔːrgənaɪz/ *vt, vi* reorganizar(se)

rep /rep/ *n* (*coloq*) *Ver* REPRESENTATIVE

repaid *pret, pp de* REPAY

repair /rɪˈpeər/ ◆ *vt* **1** reparar *Ver tb* FIX, MEND **2** remediar ◆ *n* reparación: *It's beyond repair.* No tiene arreglo. LOC **in a good state of/in good repair** en buen estado

repay /rɪˈpeɪ/ *vt* (*pret, pp* **repaid**) **1** (*dinero, favor*) devolver **2** (*persona*) reembolsar, compensar **3** (*préstamo, deuda*) pagar **4** (*amabilidad*) corresponder a **repayment** *n* **1** reembolso, devolución **2** (*cantidad*) pago

repeat /rɪˈpiːt/ ◆ **1** *vt, vi* repetir(se) **2** *vt* (*confidencia*) contar ◆ *n* repetición **repeated** *adj* **1** repetido **2** reiterado **repeatedly** *adv* repetidamente, en repetidas ocasiones

repel /rɪˈpel/ *vt* (**-ll-**) **1** repeler **2** (*oferta, etc.*) rechazar **3** repugnar

repellent /rɪˈpelənt/ ◆ *adj* ~ (**to sb**) repelente (para algn) ◆ *n* repelente (*para mosquitos, etc.*): *insect repellent* loción antimosquitos

repent /rɪˈpent/ *vt, vi* ~ (**of**) **sth** arrepentirse de algo **repentance** *n* arrepentimiento

repercussion /ˌriːpərˈkʌʃn/ *n* [*gen pl*] repercusión

repertoire /ˈrepərtwɑr/ *n* repertorio (*de un músico, actor, etc.*)

repertory /ˈrepərtɔːri; *GB* -tri/ (*tb* **repertory company/theater**, *o coloq* **rep**) *n* compañía de repertorio

repetition /ˌrepəˈtɪʃn/ *n* repetición **repetitive** /rɪˈpetətɪv/ *adj* repetitivo

replace /rɪˈpleɪs/ *vt* **1** colocar de nuevo en su sitio **2** reponer **3** reemplazar **4** (*algo roto*) cambiar: *to replace a broken window* cambiar el vidrio quebrado de una ventana **5** destituir **replacement** *n* **1** sustitución, reemplazo **2** (*persona*) suplente **3** (*pieza*) repuesto

replay /ˈriːpleɪ/ *n* **1** partido de desempate **2** (*TV*) repetición

reply /rɪˈplaɪ/ ◆ *vi* (*pret, pp* **replied**) responder, contestar *Ver tb* ANSWER ◆ *n* (*pl* **-ies**) respuesta

report /rɪˈpɔːrt/ ◆ **1** *vt* ~ **sth** informar de/sobre algo; comunicar, dar parte de algo **2** *vt* (*crimen, culpable*) denunciar **3** *vi* ~ (**on sth**) informar (acerca de/sobre algo) **4** *vi* ~ (**to/for sth**) (*trabajo, etc.*) presentarse (en/a algo) **5** ~ **to sb** rendir cuentas a algn ◆ *n* **1** informe **2** noticia **3** (*Period*) reportaje **4** informe escolar **5** (*pistola*) detonación **reportedly** *adv* según nuestras fuentes **reporter** *n* reportero, -a

represent /ˌreprɪˈzent/ *vt* **1** representar **2** describir **representation** *n* representación

representative /ˌreprɪˈzentətɪv/ ◆ *adj* representativo ◆ *n* **1** representante **2** (*USA, Pol*) diputado, -a *Ver pág 318.*

repress /rɪˈpres/ *vt* **1** reprimir **2** contener **repression** *n* represión

reprieve /rɪˈpriːv/ *n* **1** indulto **2** (*fig*) respiro

reprimand /ˈreprɪmænd; *GB* -mɑːnd/ ◆ *vt* reprender ◆ *n* reprimenda

reprisal /rɪˈpraɪzl/ *n* represalia

reproach /rɪˈproʊtʃ/ ◆ *vt* ~ **sb** (**for with sth**) reprochar (algo) a algn ◆ *n* reproche LOC **above/beyond reproach** por encima de toda crítica

reproduce /ˌriːprəˈduːs; *GB* -ˈdjuːs/ *vt, vi* reproducir(se) **reproduction** *n* reproducción **reproductive** *adj* reproductor

reptile /ˈreptl; *GB* -taɪl/ *n* reptil

republic /rɪˈpʌblɪk/ *n* república **republican** (*tb* **Republican**) *adj, n* republicano, -a

repugnant /rɪˈpʌgnənt/ *adj* repugnante

repulsive /rɪˈpʌlsɪv/ *adj* repulsivo

reputable /ˈrepjətəbl/ *adj* **1** (*persona*) de buena reputación, de confianza **2** (*empresa*) acreditado

reputation /ˌrepjuˈteɪʃn/ *n* reputación, fama

repute /rɪˈpjuːt/ *n* (*formal*) reputación, fama **reputed** *adj* **1** supuesto **2** *He is reputed to be...* Tiene fama de ser.../Se dice que es... **reputedly** *adv* según se dice

request /rɪˈkwest/ ◆ *n* ~ (**for sth**) petición, solicitud (de algo): *to make a request for sth* pedir algo ◆ *vt* ~ **sth** (**from/of sb**) pedir algo (a algn) ☛ La palabra más normal es **ask**.

require /rɪˈkwaɪər/ *vt* **1** requerir **2** (*formal*) necesitar ☛ La palabra más normal es **need**. **3** (*formal*) ~ **sb to do sth** exigir a algn que haga algo **requirement** *n* **1** necesidad **2** requisito

rescue /ˈreskjuː/ ◆ *vt* rescatar, salvar ◆ *n* rescate: *rescue operation/team* operación/equipo de rescate LOC **to come/go to sb's rescue** acudir al rescate de algn **rescuer** *n* salvador, -ora

research /rɪˈsɜːrtʃ, ˈriːsɜːrtʃ/ ◆ *n* [*incontable*] ~ (**into/on sth**) investigación (sobre algo) (*académica*) ◆ *vi* ~ (**into/on**) **sth** investigar (algo) **researcher** *n* investigador, -ora

resemble /rɪˈzembl/ *vt* parecerse a **resemblance** *n* parecido LOC *Ver* BEAR[2]

resent /rɪˈzent/ *vt* resentirse de/por **resentful** *adj* **1** (*mirada, etc.*) de resentimiento **2** resentido **resentment** *n* resentimiento

reservation /ˌrezərˈveɪʃn/ *n* reserva: *I have reservations on that subject.* Tengo ciertas reservas sobre ese tema.

reserve /rɪˈzɜːrv/ ◆ *vt* **1** reservar **2** (*derecho*) reservarse ◆ *n* **1** reserva(s) **2** **reserves** [*pl*] (*Mil*) reservistas LOC **in reserve** de reserva **reserved** *adj* reservado

reservoir /ˈrezərvwɑr/ *n* **1** (*lit*) depósito, embalse, represa **2** (*fig*) reserva

reshuffle /ˌriːˈʃʌfl/ *n* reorganización

reside /rɪˈzaɪd/ *vi* (*formal*) residir

residence /ˈrezɪdəns/ *n* (*formal*) **1** residencia: *residence hall* residencia universitaria **2** (*ret*) casa

resident /ˈrezɪdənt/ ◆ *n* **1** residente **2** (*hotel*) huésped ◆ *adj* residente: *to be resident* residir **residential** /ˌrezɪˈdenʃl/ *adj* **1** de viviendas **2** (*curso*) con alojamiento incluido

residue /ˈrezɪduː; *GB* -djuː/ *n* residuo

resign /rɪˈzaɪn/ *vt, vi* renunciar, dimitir PHR V **to resign yourself to sth** resignarse a algo **resignation** *n* **1** renuncia, dimisión **2** resignación

resilient /rɪˈzɪliənt/ *adj* **1** (*material*) elástico **2** (*persona*) resistente **resilience** *n* **1** elasticidad **2** capacidad de recuperación

resist /rɪˈzɪst/ **1** *vi* resistir **2** *vt* resistirse (a): *I had to buy it, I couldn't resist it.* Tuve que comprarlo, no lo pude resistir. **3** *vt* (*presión, reforma*) oponerse a, oponer resistencia a

resistance /rɪˈzɪstəns/ *n* ~ (**to sth/sb**) resistencia (a algo/algn): *He didn't put up/offer much resistance.* No presentó gran oposición. ◊ *the body's resistance to diseases* la resistencia del organismo a las enfermedades

resolute /ˈrezəluːt/ *adj* resuelto, decidido ☛ La palabra más normal es **determined**. **resolutely** *adv* **1** con firmeza **2** resueltamente

resolution /ˌrezəˈluːʃn/ *n* **1** resolución **2** propósito: *New Year's resolutions* propósitos para el año nuevo

resolve /rɪˈzɑlv/ (*formal*) **1** *vi* ~ **to do sth** resolverse a hacer algo **2** *vt* acordar: *The senate resolved that...* El Senado acordó que... **3** *vt* (*disputa, crisis*) resolver

resort[1] /rɪˈzɔːrt/ ◆ *vt* ~ **to sth** recurrir a algo: *to resort to violence* recurrir a la violencia ◆ *n* LOC *Ver* LAST

resort[2] /rɪˈzɔːrt/ *n*: *a coastal resort* un balneario ◊ *a ski resort* un centro turístico de esquí

resounding /rɪˈzaʊndɪŋ/ *adj* rotundo: *a resounding success* un éxito rotundo

resource /ˈriːsɔːrs/ *n* recurso **resourceful** /rɪˈsɔːrsfəl/ *adj* de recursos:

She is very resourceful. Tiene mucho ingenio para salir de apuros.

respect /rɪˈspekt/ ◆ *n* **1** ~ (**for sth/sb**) respeto, consideración (por algo/algn) **2** concepto: *in this respect* en este sentido **LOC with respect to sth** (*formal*) por lo que respecta a algo ◆ *vt* ~ **sb** (**as/for sth**) respetar a algn (como/ por algo): *I respect them for their honesty.* Los respeto por su honradez. ◊ *He respected her as a detective.* La respetaba como detective. **respectful** *adj* respetuoso

respectable /rɪˈspektəbl/ *adj* **1** respetable, decente **2** considerable

respective /rɪˈspektɪv/ *adj* respectivo: *They all got on with their respective jobs.* Todos volvieron a sus respectivos trabajos.

respite /ˈrespɪt/ *n* **1** respiro **2** alivio

respond /rɪˈspɑnd/ *vi* **1** ~ (**to sth**) responder (a algo): *The patient is responding to treatment.* El paciente está respondiendo al tratamiento. **2** contestar: *I wrote to them last week but they haven't responded.* Les escribí la semana pasada, pero no han contestado. ☛ Para decir "contestar", **answer** y **reply** son palabras más normales.

response /rɪˈspɑns/ *n* ~ (**to sth/sb**) **1** respuesta (a algo/algn): *In response to your inquiry...* En respuesta a su pregunta... **2** reacción (a algo/algn)

responsibility /rɪˌspɑnsəˈbɪləti/ *n* (*pl* **-ies**) ~ (**for sth**); ~ (**for/to sb**) responsabilidad (por algo); responsabilidad (sobre/ante algn): *to take full responsibility for sth/sb* asumir toda la responsabilidad por algo/algn

responsible /rɪˈspɑnsəbl/ *adj* ~ (**for sth/doing sth**); ~ **to sth/sb** responsable (de algo/hacer algo); ante algo/algn: *She's responsible for five patients.* Tiene cinco pacientes a su cargo. ◊ *to act in a responsible way* comportarse de una forma responsable

responsive /rɪˈspɑnsɪv/ *adj* **1** receptivo: *a responsive audience* un público receptivo **2** sensible: *to be responsive* (*to sth*) ser sensible (a algo)

rest[1] /rest/ ◆ **1** *vt, vi* descansar **2** *vt, vi* ~ (**sth**) **on/against sth** apoyar algo/ apoyarse en/contra algo **3** (*formal*) *vi* dejar, permanecer: *to let the matter rest* dejar el asunto ◆ *n* descanso: *to have a rest* tomarse un descanso ◊ *to get some rest* descansar **LOC at rest** en reposo, en paz **to come to rest** pararse *Ver tb* MIND **restful** *adj* descansado, sosegado

rest[2] /rest/ *n* **the** ~ (**of sth**) **1** [*incontable*] el resto (de algo) **2** [*pl*] los/las demás, los otros, las otras (de algo): *The rest of the players are going.* Los demás jugadores van.

restaurant /ˈrestərɔːnt; *GB* -trɒnt/ *n* restaurante ☛ *Ver pág 316.*

restless /ˈrestləs/ *adj* **1** agitado **2** inquieto: *to become/grow restless* impacientarse **3** *to have a restless night* pasar una mala noche

restoration /ˌrestəˈreɪʃn/ *n* **1** devolución **2** restauración **3** restablecimiento

restore /rɪˈstɔːr/ *vt* **1** ~ **sth** (**to sth/sb**) (*formal*) (*confianza, salud*) devolver algo (a algo/algn) **2** (*orden, paz*) restablecer **3** (*bienes*) restituir **4** (*monarquía*) restaurar

restrain /rɪˈstreɪn/ **1** *vt* ~ **sb** contener a algn **2** *v refl* ~ **yourself** contenerse **3** *vt* (*entusiasmo*) dominar, contener **4** *vt* (*lágrimas*) contener **restrained** *adj* moderado, comedido

restraint /rɪˈstreɪnt/ *n* (*formal*) **1** compostura **2** limitación, restricción **3** moderación

restrict /rɪˈstrɪkt/ *vt* limitar **restricted** limitado: *to be restricted to sth* estar restringido a algo **restriction** *n* restricción **restrictive** *adj* restrictivo

restroom /ˈrestruːm/ *n* baño

result /rɪˈzʌlt/ ◆ *n* resultado: *As a result of...* Como consecuencia de... ◆ *vi* ~ (**from sth**) ser el resultado (de algo); originarse (por algo) **PHR V to result in sth** terminar en algo

resume /rɪˈzuːm; *GB* -ˈzjuːm/ (*formal*) **1** *vt, vi* reanudar(se) **2** *vt* recobrar, volver a asumir **resumption** *n* [*sing*] (*formal*) reanudación

resumé /ˈrezəmeɪ/ (*GB* **curriculum vitae**, *abrev* **cv**) *n* hoja de vida, currículo

resurgence /rɪˈsɜːrdʒəns/ *n* (*formal*) resurgimiento

resurrect /ˌrezəˈrekt/ *vt* resucitar: *to resurrect old traditions* hacer revivir viejas tradiciones **resurrection** *n* resurrección

resuscitate /rɪˈsʌsɪteɪt/ *vt* reanimar, resucitar **resuscitation** *n* reanimación

retail /ˈriːteɪl/ ◆ *n* venta al por menor: *retail price* precio de venta al público ◆ *vt, vi* vender(se) al público **retailer** *n* (comerciante) minorista

retain /rɪˈteɪn/ *vt* (*formal*) **1** quedarse con **2** conservar **3** retener **4** quedarse con (*en la memoria*)

retaliate /rɪˈtælieɪt/ *vi* ~ (**against sth/ sb**) vengarse (de algo/algn); tomar represalias (contra algo/algn) **retaliation** *n* ~ (**against sth/sb/for sth**) represalia (contra algo/algn/por algo)

retarded /rɪˈtɑrdɪd/ *adj* retrasado

retch /retʃ/ *vi* querer vomitar

retention /rɪˈtenʃn/ *n* (*formal*) retención, conservación

rethink /ˌriːˈθɪŋk/ *vt* (*pret, pp* **rethought** /-ˈθɔːt/) reconsiderar

reticent /ˈretɪsnt/ *adj* reservado **reticence** *n* reserva

retire /rɪˈtaɪər/ **1** *vt, vi* jubilar(se) **2** *vi* (*formal, joc*) retirarse a sus aposentos **3** *vi* (*formal, Mil*) retirarse **retired** *adj* jubilado **retiring** *adj* **1** retraído **2** que se jubila

retirement /rɪˈtaɪərmənt/ *n* jubilación, retiro

retort /rɪˈtɔːrt/ ◆ *n* réplica, contestación ◆ *vt* replicar

retrace /rɪˈtreɪs/ *vt* desandar (*camino*): *to retrace your steps* volver sobre tus pasos

retract /rɪˈtrækt/ *vt, vi* (*formal*) **1** (*declaración*) retractarse (de) **2** (*garra, uña, etc.*) retraer(se) **3** replegar(se)

retreat /rɪˈtriːt/ ◆ *vi* batirse en retirada ◆ *n* **1** retirada **2 the retreat** (*Mil*) retreta **3** retiro **4** refugio

retrial /ˌriːˈtraɪəl/ *n* nuevo juicio

retribution /ˌretrɪˈbjuːʃn/ *n* (*formal*) **1** justo castigo **2** venganza

retrieval /rɪˈtriːvl/ *n* (*formal*) recuperación

retrieve /rɪˈtriːv/ *vt* **1** (*formal*) recobrar **2** (*Informát*) recuperar **3** (*perro de caza*) cobrar (*la pieza matada*) **retriever** *n* perro de caza

retrograde /ˈretrəgreɪd/ *adj* (*formal*) retrógrado

retrospect /ˈretrəspekt/ *n* LOC **in retrospect** mirando hacia atrás

retrospective /ˌretrəˈspektɪv/ ◆ *adj* **1** retrospectivo **2** retroactivo ◆ *n* exposición retrospectiva

return /rɪˈtɜːrn/ ◆ **1** *vi* regresar, volver **2** *vt* devolver **3** *vt* (*Pol*) elegir **4** *vt* (*formal*) declarar **5** (*síntoma*) reaparecer ◆ *n* **1** vuelta, regreso: *on my return* a mi vuelta **2** ~ (**to sth**) retorno (a algo) **3** reaparición **4** devolución **5** declaración: (*income-*)*tax return* declaración de renta **6** ~ (**on sth**) rendimiento (de algo) **7** (*GB*) (*tb* **return ticket**) pasaje/ tiquete de ida y vuelta ☛ *Comparar con* SINGLE **8** (*GB*) [*antes de sustantivo*] de regreso: *return journey* viaje de regreso LOC **in return** (**for sth**) en recompensa/a cambio (de algo)

returnable /rɪˈtɜːrnəbl/ *adj* **1** (*dinero*) reembolsable **2** (*envase*) retornable

reunion /riːˈjuːniən/ *n* reunión, reencuentro

reunite /ˌriːjuːˈnaɪt/ *vt, vi* **1** reunir(se), reencontrar(se) **2** reconciliar(se)

rev /rev/ ◆ *n* [*gen pl*] (*coloq*) revolución (*de motor*) ◆ *v* (**-vv-**) PHR V **to rev (sth) up** acelerar (algo)

revalue /ˌriːˈvæljuː/ *vt* **1** (*propiedad, etc.*) revaluar **2** (*moneda*) revalorar **revaluation** *n* revalorización

revamp /ˌriːˈvæmp/ *vt* (*coloq*) modernizar

reveal /rɪˈviːl/ *vt* **1** (*secretos, datos, etc.*) revelar **2** mostrar, descubrir **revealing** *adj* **1** revelador **2** (*vestido*) atrevido

revel /ˈrevl/ *vi* (**-l-**, *GB* **-ll-**) PHR V **to revel in sth/doing sth** deleitarse en algo/en hacer algo

revelation /ˌrevəˈleɪʃn/ *n* revelación

revenge /rɪˈvendʒ/ *n* revancha, venganza LOC **to take (your) revenge (on sb)** vengarse (de algn) PHR V **to revenge yourself/be revenged on sb** vengarse de algn

revenue /ˈrevənuː; *GB* -ənjuː/ *n* ingresos: *a source of government revenue* una fuente de ingresos del gobierno

reverberate /rɪˈvɜːrbəreɪt/ *vi* **1** resonar **2** (*fig*) tener repercusiones **reverberation** *n* **1** resonancia **2 reverberations** [*pl*] (*fig*) repercusiones

revere /rɪˈvɪər/ *vt* (*formal*) venerar

reverence /ˈrevərəns/ *n* reverencia (*veneración*)

reverend /ˈrevərənd/ (*tb* **the Reverend**) *adj* (*abrev* **Rev.**) reverendo

reverent /ˈrevərənt/ *adj* reverente

reversal /rɪˈvɜːrsl/ *n* **1** (*opinión*) cambio **2** (*suerte, fortuna*) revés **3** (*Jur*) revocación **4** (*de papeles*) inversión

reverse /rɪˈvɜːrs/ ◆ *n* **1 the ~ (of sth)** lo contrario (de algo): *quite the reverse* todo lo contrario **2** reverso **3** (*papel*) dorso **4** (*tb* **reverse gear**) la reversa, marcha atrás ◆ **1** *vt* invertir **2** *vt, vi* poner/ir en reversa **3** *vt* (*decisión*) revocar LOC **to reverse (the) charges** (*GB*) (*USA* **to call collect**) llamar por cobro revertido

revert /rɪˈvɜːrt/ *vi* **1 ~ to sth** volver a algo (*estado, tema, etc. anterior*) **2 ~ (to sth/sb)** (*propiedad, etc.*) revertir (a algo/algn)

review /rɪˈvjuː/ ◆ *n* **1** examen, revisión **2** informe **3** (*crítica*) reseña **4** (*gen, Mil*) revista ◆ **1** *vt* reconsiderar **2** *vt* examinar **3** *vt* hacer una reseña de **4** *vi* (*GB* **revise**) repasar: *to review for a test* repasar para un examen **5** *vt* (*Mil*) pasar revista a **reviewer** *n* crítico, -a

revise /rɪˈvaɪz/ **1** *vt* revisar **2** *vt* modificar **3** *vt, vi* (*GB*) (*USA* **review**) *vi* repasar (*para un examen*)

revision /rɪˈvɪʒn/ *n* **1** revisión **2** modificación **3** (*GB*) repaso: *to do some revision* repasar

revival /rɪˈvaɪvl/ *n* **1** restablecimiento **2** (*moda*) resurgimiento **3** (*Teat*) reposición

revive /rɪˈvaɪv/ **1** *vt, vi* (*enfermo*) reanimar(se) **2** *vt* (*recuerdos*) refrescar **3** *vt, vi* (*economía*) reactivar(se) **4** *vt* (*Teat*) reponer

revoke /rɪˈvoʊk/ *vt* (*formal*) revocar

revolt /rɪˈvoʊlt/ ◆ **1** *vi* **~ (against sth/sb)** sublevarse, rebelarse contra algo/algn **2** *vt* repugnar a, dar asco a: *The smell revolted him.* El olor le repugnaba. ◆ *n* **~ (over sth)** sublevación, rebelión (por algo)

revolting /rɪˈvoʊltɪŋ/ *adj* (*coloq*) repugnante

revolution /ˌrevəˈluːʃn/ *n* revolución **revolutionary** *n* (*pl* **-ies**) *adj* revolucionario, -a

revolve /rɪˈvɑlv/ *vt, vi* (hacer) girar PHR V **to revolve around sth/sb** centrarse en/girar alrededor de algo/algn

revolver /rɪˈvɑlvər/ *n* revólver

revulsion /rɪˈvʌlʃn/ *n* repugnancia

reward /rɪˈwɔːrd/ ◆ *n* recompensa, premio ◆ *vt* recompensar **rewarding** *adj* gratificante

rewrite /ˌriːˈraɪt/ *vt* (*pret* **rewrote** /-roʊt/ *pp* **rewritten** /-ˈrɪtn/) volver a escribir

rhetoric /ˈretərɪk/ *n* retórica

rhinoceros /raɪˈnɑsərəs/ *n* (*pl* **rhinoceros** *o* **~es**) rinoceronte

rhubarb /ˈruːbɑrb/ *n* ruibarbo

rhyme /raɪm/ ◆ *n* **1** rima **2** (*poema*) verso *Ver* NURSERY ◆ *vt, vi* rimar

rhythm /ˈrɪðəm/ *n* ritmo

rib /rɪb/ *n* costilla (*Anat*): *ribcage* caja torácica

ribbon /ˈrɪbən/ *n* cinta, lazo LOC **to tear, cut, etc. sth to ribbons** hacer algo trizas

rice /raɪs/ *n* arroz: *rice field* arrozal ◇ *brown rice* arroz integral ◇ *rice pudding* arroz con leche

rich /rɪtʃ/ *adj* (**-er, -est**) **1** rico: *to become/get rich* enriquecerse ◇ *to be rich in sth* ser rico/abundar en algo **2** (*lujoso*) suntuoso **3** (*tierra*) fértil **4** (*comida*) pesado, empalagoso **the rich** *n* [*pl*] los ricos **riches** *n* riqueza(s) **richly** *adv* LOC **to richly deserve sth** tener algo bien merecido

rickety /ˈrɪkəti/ *adj* (*coloq*) **1** (*estructura*) desvencijado **2** (*mueble*) cojo

rid /rɪd/ *vt* (**-dd-**) (*pret, pp* **rid**) **to rid sth/sb of sth/sb** librar algo/a algn de algo/algn; eliminar algo de algo LOC **to be/get rid of sth/sb** deshacerse/librarse de algo/algn

ridden /ˈrɪdn/ ◆ *pp de* RIDE ◆ *adj* **~ with/by sth** agobiado, acosado por algo

riddle¹ /ˈrɪdl/ *n* **1** acertijo, adivinanza **2** misterio, enigma

riddle² /ˈrɪdl/ *vt* **1** (*a balazos*) acribillar **2** (*pey, fig*): *to be riddled with sth* estar plagado/lleno de algo

ride /raɪd/ ◆ (*pret* **rode** /roʊd/ *pp* **ridden** /ˈrɪdn/) **1** *vt* (*caballo*) montar a **2** *vt* (*bicicleta, etc.*) montar en **3** *vi* montar a caballo **4** *vi* (*en vehículo*) viajar, ir ◆ *n* **1** (*a caballo*) paseo **2** (*en vehículo*) viaje: *to go for a ride* ir a dar una vuelta LOC **to take sb for a ride** (*coloq*) tomarle el pelo a algn **rider** *n* **1** jinete **2** ciclista **3** motociclista

ridge /rɪdʒ/ *n* **1** (*montaña*) cresta **2** (*tejado*) caballete

ridicule /ˈrɪdɪkjuːl/ ◆ *n* ridículo ◆ *vt* ridiculizar **ridiculous** /rɪˈdɪkjələs/ *adj* ridículo, absurdo

riding /ˈraɪdɪŋ/ *n* equitación: *I like riding.* Me gusta montar a caballo.

rife /raɪf/ *adj (formal)*: *to be rife (with sth)* abundar (en algo)

rifle /ˈraɪfl/ *n* fusil, rifle

rift /rɪft/ *n* **1** (*Geog*) grieta **2** (*fig*) división

rig /rɪg/ ◆ *vt* (**-gg-**) falsificar **PHR V to rig sth up** armar algo, improvisar algo ◆ *n* **1** (*tb* **rigging**) aparejo, jarcia **2** aparato

right /raɪt/ ◆ *adj* **1** correcto, cierto: *You are absolutely right.* Tienes toda la razón. ◇ *Are these figures right?* ¿Son estas cifras correctas? **2** adecuado, correcto: *Is this the right color for the curtains?* ¿Es éste el color adecuado para las cortinas? ◇ *to be on the right track* ir por buen camino **3** (*momento*) oportuno: *It wasn't the right time to say that.* No era el momento oportuno para decir aquello. **4** (*pie, mano*) derecho **5** justo: *It's not right to pay people so badly.* No es justo pagarle tan mal a la gente. ◇ *He was right to do that.* Hizo bien en obrar así. **6** (*GB, coloq*) de remate: *a right fool* un tonto de remate *Ver tb* ALL RIGHT **LOC to get sth right** acertar algo, hacer algo bien **to get sth right/straight** dejar algo claro **to put/set sth/sb right** corregir algo/a algn, arreglar algo *Ver tb* CUE, SIDE ◆ *adv* **1** bien, correctamente: *Have I spelled your name right?* ¿Escribí bien tu nombre? **2** exactamente: *right beside you* justo a tu lado **3** completamente: *right to the end* hasta el final **4** a la derecha: *to turn right* voltear a la derecha **5** inmediatamente: *I'll be right back.* Vuelvo ahora mismo. **LOC right now** ahora mismo **right away** enseguida *Ver tb* SERVE ◆ *n* **1** bien: *right and wrong* el bien y el mal **2** ~ (**to sth/to do sth**) derecho a algo/a hacer algo: *human rights* los derechos humanos **3** (*tb Pol*) derecha: *on the right* a la derecha **LOC by rights 1** en buena ley **2** en teoría **in your own right** por derecho propio **to be in the right** tener razón ◆ *vt* **1** enderezar **2** corregir

right angle *n* ángulo recto

righteous /ˈraɪtʃəs/ *adj* **1** (*formal*) (*persona*) recto, honrado **2** (*indignación*) justificado **3** (*pey*) virtuoso

rightful /ˈraɪtfl/ *adj* [*sólo antes de sustantivo*] legítimo: *the rightful heir* el heredero legítimo

right-hand /ˈraɪt hænd/ *adj*: *on the right-hand side* a mano derecha **LOC right-hand man** brazo derecho **right-handed** *adj* diestro

rightly /ˈraɪtli/ *adv* correctamente, justificadamente: *rightly or wrongly* mal que bien

right wing ◆ *n* derecha ◆ *adj* de derecha(s), derechista

rigid /ˈrɪdʒɪd/ *adj* **1** rígido **2** (*actitud*) inflexible

rigor (*GB* **rigour**) /ˈrɪgər/ *n* (*formal*) rigor **rigorous** *adj* riguroso

rim /rɪm/ *n* **1** borde ☛ *Ver dibujo en* MUG **2** [*gen pl*] (*gafas*) montura **3** llanta

rind /raɪnd/ *n* **1** (*limón*) cáscara **2** (*queso*) corteza **3** (*tocino*) garra ☛ *Ver nota en* PEEL

ring[1] /rɪŋ/ ◆ *n* **1** anillo: *ring road* (*GB*) circunvalar **2** aro **3** círculo **4** (*tb* **circus ring**) pista (*de circo*) **5** (*tb* **boxing ring**) ring **6** (*tb* **bullring**) ruedo ◆ *vt* (*pret, pp* **-ed**) **1** ~ **sth/sb** (**with sth**) rodear algo/a algn (de algo) **2** (*esp pájaro*) anillar

ring[2] /rɪŋ/ ◆ (*pret* **rang** /ræŋ/ *pp* **rung** /rʌŋ/) **1** *vi* sonar **2** *vt* (*timbre*) tocar **3** *vi* ~ (**for sth/sb**) llamar (a algo/algn) **4** *vi* (*oídos*) zumbar **5** *vt, vi* (*GB*) ~ (**sth/sb**) (**up**) llamar a algo/algn (*por teléfono*) **PHR V to ring** (**sb**) **back** (*GB*) volver a llamar (a algn), devolver la llamada (a algn) **to ring off** (*GB*) colgar ◆ *n* **1** (*timbre*) timbrazo **2** (*campanas*) toque **3** [*sing*] sonido **4** (*coloq*): *to give sb a ring* dar un telefonazo a algn

ringleader /ˈrɪŋˌliːdər/ *n* (*pey*) cabecilla

rink /rɪŋk/ *n* pista *Ver* ICE RINK

rinse /rɪns/ ◆ *vt* ~ **sth** (**out**) enjuagar algo ◆ *n* **1** enjuagado **2** tinte

riot /ˈraɪət/ ◆ *n* disturbio, motín: *riot police* policía antimotines **LOC** *Ver* RUN ◆ *vi* causar disturbios, amotinarse **rioting** *n* disturbios **riotous** *adj* **1** desenfrenado, bullicioso (*fiesta*) **2** (*formal, Jur*) alborotador

rip /rɪp/ ◆ *vt, vi* (**-pp-**) rasgar(se): *to rip sth open* abrir algo desgarrándolo **PHR V rip sb off** (*coloq*) estafar a algn **rip sth off/out** arrancar algo **to rip sth up** desgarrar algo ◆ *n* desgarrón

ripe /raɪp/ *adj* **1** (*fruta, queso*) maduro

2 ~ **(for sth)** listo (para algo): *The time is ripe for his return.* Ha llegado la hora de que regrese. **ripen** *vt, vi* madurar

rip-off /ˈrɪp ɔːf/ *n* (*coloq*) estafa, robo

ripple /ˈrɪpl/ ◆ *n* **1** onda, rizo **2** murmullo (*de risas, interés, etc.*) ◆ *vt, vi* ondular(se)

rise /raɪz/ ◆ *vi* (*pret* **rose** /roʊz/ *pp* **risen** /ˈrɪzn/) **1** subir **2** (*voz*) alzarse **3** (*formal*) (*persona, viento*) levantarse **4** ~ **(up)** **(against sth/sb)** (*formal*) sublevarse (contra algo/algn) **5** (*sol, luna*) salir **6** ascender (*en rango*) **7** (*río*) nacer **8** (*nivel de un río*) crecer ◆ *n* **1** subida, ascenso **2** (*cantidad*) subida, aumento **3** cuesta **4** (*GB*) (*USA* **raise**) aumento (*de sueldo*) LOC **to give rise to sth** (*formal*) dar lugar a algo

rising /ˈraɪzɪŋ/ ◆ *n* **1** (*Pol*) levantamiento **2** (*sol, luna*) salida ◆ *adj* **1** creciente **2** (*sol*) naciente

risk /rɪsk/ ◆ *n* ~ **(of sth/that...)** riesgo (de algo/de que...) LOC **at risk** en peligro **to take a risk/risks** arriesgarse *Ver tb* RUN ◆ *vt* **1** arriesgar(se a) **2** ~ **doing sth** exponerse, arriesgarse a hacer algo LOC **to risk your neck** arriesgar el pellejo **risky** *adj* **(-ier, -iest)** arriesgado

rite /raɪt/ *n* rito

ritual /ˈrɪtʃuəl/ ◆ *n* ritual, rito ◆ *adj* ritual

rival /ˈraɪvl/ ◆ *n* ~ **(for/in sth)** rival (para/en algo) ◆ *adj* rival ◆ *vt* **(-l-,** *esp GB* **-ll-)** ~ **sth/sb (for/in sth)** rivalizar con algo/algn (en algo) **rivalry** *n* (*pl* **-ies**) rivalidad

river /ˈrɪvər/ *n* río: *river bank* orilla (del río) ☛ *Ver nota en* RÍO **riverside** *n* orilla (del río)

rivet /ˈrɪvɪt/ *vt* **1** (*lit*) remachar **2** (*ojos*) clavar **3** (*atraer*) fascinar **riveting** *adj* fascinante

roach /roʊtʃ/ *n* (*USA*) cucaracha

road /roʊd/ *n* **1** (*entre ciudades*) carretera: *roadblock* control (policial) ◊ *across/over the road* al otro lado de la carretera **2 Road** (*abrev* **Rd**) (*en nombres de calles*): *Banbury Road* la calle Banbury LOC **by road** por carretera **on the road to sth** en camino de algo **roadside** *n* borde de la carretera: *roadside café* café de carretera **roadway** *n* calzada

roadworks /ˈroʊdwɜːrks/ *n* [*pl*] (*GB*) obras: *There were roadworks on the motorway.* Había obras en la autopista.

roam /roʊm/ **1** *vt* vagar por, recorrer **2** *vi* vagar

roar /rɔːr/ ◆ *n* **1** (*león, etc.*) rugido **2** estruendo: *roars of laughter* carcajadas ◆ **1** *vi* gritar: *to roar with laughter* reírse a carcajadas **2** *vi* (*león, etc.*) rugir **3** *vt* decir a gritos **roaring** *adj* LOC **to do a roaring trade (in sth)** hacer un negocio tremendo (en algo)

roast /roʊst/ ◆ **1** *vt, vi* (*carne*) asar(se) **2** *vt, vi* (*café, etc.*) tostar(se) **3** *vi* (*persona*) asarse ◆ *adj, n* asado: *roast beef* carne de res asada en su jugo

rob /rɑb/ *vt* **(-bb-)** **to rob sth/sb (of sth)** robar (algo) a algo/algn

> Los verbos **rob** y **steal** significan "robar". **Rob** se utiliza con complementos de persona o lugar: *He robbed me (of all my money).* Me robó (toda mi plata). **Steal** se usa cuando mencionamos el objeto robado (de un lugar o a una persona): *He stole all my money (from me).* Me robó toda mi plata. **Burglarize** se refiere a robos en casas particulares o almacenes, normalmente cuando los dueños están fuera: *The house has been burglarized.* Han robado en la casa.

robber *n* **1** ladrón, -ona **2** (*tb* **bank robber**) asaltante ☛ *Ver nota en* THIEF **robbery** *n* (*pl* **-ies**) **1** robo **2** (*violento*) atraco ☛ *Ver nota en* THEFT

robe /roʊb/ *n* **1** (*GB tb* **dressing gown**) bata **2** (*ceremonial*) manto

robin /ˈrɑbɪn/ *n* petirrojo

robot /ˈroʊbɑt/ *n* robot

robust /roʊˈbʌst/ *adj* robusto, enérgico

rock¹ /rɑk/ *n* **1** roca: *rock climbing* escalada, montañismo **2** (*USA*) piedra LOC **at rock bottom** en su punto más bajo, por los suelos **on the rocks 1** (*coloq*) en crisis **2** (*coloq*) (*bebida*) en las rocas (*con hielo*)

rock² /rɑk/ **1** *vt, vi* mecer(se): *rocking chair* mecedora **2** *vt* (*niño*) arrullar **3** *vt, vi* (*lit y fig*) estremecer(se), sacudir(se)

rock³ /rɑk/ (*tb* **rock music**) *n* (música) rock

rocket /ˈrɑkɪt/ ◆ *n* cohete ◆ *vi* aumentar muy rápidamente

rocky /ˈrɑki/ *adj* **(-ier, -iest)** **1** rocoso **2** (*fig*) inestable

rod /rɑd/ *n* **1** barra **2** vara

rode *pret de* RIDE

rodent /ˈroʊdnt/ *n* roedor

rogue /roʊg/ *n* **1** (*antic*) sinvergüenza **2** (*joc*) pícaro, -a

role /roʊl/ *n* papel: *role model* modelo a imitar

roll /roʊl/ ◆ *n* **1** rollo **2** pan pequeño ☛ *Ver dibujo en* PAN **3** (*con relleno*) sánduche **4** balanceo **5** registro, lista: *roll-call* (acto de pasar) lista **6** fajo ◆ **1** *vt, vi* (hacer) rodar **2** *vt, vi* dar vueltas (a algo) **3** *vt, vi* ~ (**up**) enrollar(se) **4** *vt, vi* ~ (**up**) envolver(se) **5** *vt* (*cigarrillo*) hacer **6** *vt* allanar con un rodillo **7** *vt, vi* balancear(se) **LOC to be rolling in it** (*coloq*) nadar en oro *Ver tb* BALL **PHR V to roll in** (*coloq*) llegar en grandes cantidades **to roll on** (*tiempo*) pasar **to roll sth out** extender algo **to roll over** darse la vuelta **to roll up** (*coloq*) presentarse **rolling** *adj* ondulante

roller /ˈroʊlər/ *n* **1** rodillo **2** rulo (*pelo*)

roller coaster /ˈroʊlər koʊstər/ *n* montaña rusa

roller skate *n* patín

rolling pin *n* rodillo (*de cocina*)

romance /ˈroʊmæns/ *n* **1** romanticismo: *the romance of foreign lands* el romanticismo de las tierras lejanas **2** amor, amorío: *a holiday romance* un amor de vacaciones **3** novela de amor

romantic /roʊˈmæntɪk/ *adj* romántico

romp /rɑmp/ ◆ *vi* ~ (**about/around**) retozar, corretear ◆ *n* **1** retozo **2** (*coloq*) (*cine, teatro, literatura*) obra divertida y sin pretensiones

roof /ruːf, rʊf/ *n* (*pl* ~**s**) **1** tejado **2** (*carro*) techo **roofing** *n* techado

roof-rack /ˈruːf ræk, ˈrʊf/ *n* parrilla (*de carro*)

rooftop /ˈruːftɑp, ˈrʊf-/ *n* **1** azotea **2** tejado

room /ruːm, rʊm/ *n* **1** habitación, cuarto, sala *Ver* DINING ROOM, LIVING ROOM **2** sitio, lugar: *Is there room for me?* ¿Hay lugar para mí? ◊ *room to breathe* espacio para respirar **3** *There's no room for doubt.* No cabe duda. ◊ *There's room for improvement.* Podría mejorarse.

roommate /ˈruːmmeɪt/ *n* compañero, -a de habitación

room service *n* servicio de habitaciones

room temperature *n* temperatura ambiente

roomy /ˈruːmi/ *adj* (**-ier**, **-iest**) espacioso

roost /ruːst/ ◆ *n* percha (*para aves*) ◆ *vi* posarse para dormir

rooster /ˈruːstər/ *n* gallo

root /ruːt, rʊt/ ◆ *n* raíz: *square root* raíz cuadrada **LOC the root cause** (**of sth**) la causa fundamental (de algo) **to put down** (**new**) **roots** echar raices ◆ **PHR V to root sth out 1** erradicar algo, arrancar algo de raíz **2** (*coloq*) encontrar algo **to root about/around** (**for sth**) revolver (en busca de algo) **to root for sth/sb** (*coloq*) apoyar/animar algo/a algn

rope /roʊp/ ◆ *n* cuerda **LOC to show sb/know/learn the ropes** enseñarle a algn/conocer/aprender el oficio *Ver* END ◆ **PHR V to rope sb in** (**to do sth**) (*coloq*) agarrar a algn (para hacer algo) **to rope sth off** acordonar un lugar

rope ladder *n* escalera de cuerda

rosary /ˈroʊzəri/ *n* (*pl* **-ies**) rosario (*oración y cuentas*)

rosé /roʊˈzeɪ; *GB* ˈrəʊzeɪ/ *n* (vino) rosado

rose[1] *pret de* RISE

rose[2] /roʊz/ *n* rosa

rosette /roʊˈzet/ *n* escarapela

rosy /ˈroʊzi/ *adj* (**rosier**, **rosiest**) **1** sonrosado **2** (*fig*) prometedor

rot /rɑt/ *vt, vi* (*pret, pp* **rotted** /ˈrɑtɪd/) pudrir(se)

rota /ˈroʊtə/ *n* (*pl* ~**s**) (*GB*) lista (*de turnos*)

rotate /ˈroʊteɪt; *GB* rəʊˈteɪt/ *vt, vi* **1** (hacer) girar **2** alternar(se) **rotation** *n* **1** rotación **2** alternancia **LOC in rotation** por turno

rotten /ˈrɑtn/ *adj* **1** podrido **2** (*fig*) asqueroso

rough /rʌf/ ◆ *adj* (**-er**, **-est**) **1** (*superficie*) áspero **2** (*mar*) picado **3** (*comportamiento*) violento **4** (*tratamiento*) desconsiderado **5** (*cálculo*) aproximado **6** (*coloq*) malo: *I feel a little rough.* No me encuentro bien. **LOC to be rough** (**on sb**) (*coloq*) ser duro (con algn) ◆ *adv* (**-er**, **-est**) duro ◆ *n* **LOC in rough** (*GB*) en sucio ◆ *vt* **LOC to rough it**

(*coloq*) pasar apuros **roughly** *adv* **1** violentamente **2** aproximadamente

roulette /ruːˈlet/ *n* ruleta

round¹ /raʊnd/ *adj* redondo

round² /raʊnd/ *adv* (*GB*) **1** *Ver* AROUND² **2** *all year round* durante todo el año ◊ *a shorter way round* un camino más corto ◊ *round the clock* las 24 horas ◊ *round at María's* en la casa de María **LOC round about** de alrededor: *the houses round about* las casas de alrededor

round³ (*tb* **around**) /raʊnd/ *prep* (*GB*) **1** por: *to show sb round the house* enseñarle a algn la casa **2** alrededor de: *She wrapped the towel round her waist.* Se enrolló la toalla alrededor de la cintura. **3** a la vuelta de: *just round the corner* a la vuelta de la esquina

round⁴ /raʊnd/ *n* **1** ronda: *a round of talks* una ronda de conversaciones **2** recorrido (*del cartero*), visitas (*del médico*) **3** ronda (*de bebidas*): *It's my round.* Esta ronda la pago yo. **4** (*Dep*) asalto, vuelta **5** *a round of applause* una salva de aplausos **6** tiro, ráfaga

round⁵ /raʊnd/ *vt* (*esquina*) doblar **PHR V to round sth off** terminar algo **to round sth/sb up 1** (*personas*) juntar a algn **2** (*ganado*) acorralar algo **to round sth up/down** redondear algo por lo alto/bajo (*cifra, precio, etc.*)

roundabout /ˈraʊndəbaʊt/ ◆ *adj* indirecto: *in a roundabout way* de forma indirecta/dando un rodeo ◆ *n* **1** (*tb* **carousel, merry-go-round**) carrusel **2** (*GB*) glorieta

round trip *n* viaje de ida y vuelta

round trip ticket *n* pasaje/tiquete de ida y vuelta

rouse /raʊz/ *vt* **1** ~ **sb (from/out of sth)** (*formal*) despertar a algn (de algo) **2** provocar **rousing** *adj* **1** (*discurso*) enardecedor **2** (*aplauso*) caluroso

rout /raʊt/ ◆ *n* derrota ◆ *vt* derrotar

route /raʊt, ruːt/ *n* ruta

routine /ruːˈtiːn/ ◆ *n* rutina ◆ *adj* de rutina, rutinario **routinely** *adv* rutinariamente

row¹ /roʊ/ *n* fila, hilera **LOC in a row** uno tras otro: *the third week in a row* la tercera semana seguida ◊ *four days in a row* cuatro días seguidos

row² /roʊ/ ◆ *vt, vi* remar, navegar a remo: *She rowed the boat to the bank.* Remó hacia la orilla. ◊ *Will you row me across the river?* ¿Me lleva al otro lado del río (en bote)? ◊ *to row across the lake* cruzar el lago a remo ◆ *n*: *to go for a row* salir a remar

row³ /raʊ/ (*GB*) ◆ *n* (*coloq*) **1** pelea: *to have a row* pelearse ☛ También se dice **argument**. **2** jaleo **3** ruido ◆ *vi* pelear

rowdy /ˈraʊdi/ *adj* (**-ier**, **-iest**) (*pey*) **1** (*persona*) ruidoso, peleador **2** (*reunión*) alborotado

royal /ˈrɔɪəl/ *adj* real

Royal Highness *n*: *your/his/her Royal Highness* Su Alteza Real

royalty /ˈrɔɪəlti/ *n* **1** [*sing*] realeza **2** (*pl* **-ties**) derechos de autor

rub /rʌb/ ◆ (**-bb-**) **1** *vt* restregar, frotar: *to rub your hands together* frotarse las manos **2** *vt* friccionar **3** *vi* **to rub (on/against sth)** rozar (contra algo) **PHR V to rub off (on/onto sb)** pegarse (a algn) **to rub sth out** borrar algo ◆ *n* frote: *to give sth a rub* frotar algo

rubber /ˈrʌbər/ *n* **1** caucho, goma: *rubber/elastic band* caucho (banda elástica) ◊ *rubber stamp* sello de goma **2** (*GB*) (*USA* **eraser**) goma (*de borrar*) **3** (*USA, coloq*) preservativo

rubbish /ˈrʌbɪʃ/ (*GB*) (*USA* **garbage, trash**) *n* [*incontable*] **1** basura: *rubbish dump/tip* basurero **2** (*pey, fig*) tonterías

rubble /ˈrʌbl/ *n* [*incontable*] escombros

ruby /ˈruːbi/ *n* (*pl* **-ies**) rubí

rucksack /ˈrʌksæk/ (*GB*) (*esp USA* **backpack**) *n* morral, mochila

rudder /ˈrʌdər/ *n* timón

rude /ruːd/ *adj* (**ruder**, **rudest**) **1** grosero, maleducado: *to be rude to do sth* ser de mala educación hacer algo **2** indecente **3** (*chiste, etc.*) verde **4** tosco

rudimentary /ˌruːdɪˈmentəri/ *adj* rudimentario

ruffle /ˈrʌfl/ *vt* **1** (*superficie*) agitar **2** (*pelo*) alborotar **3** (*plumas*) encrespar **4** (*tela*) arrugar **5** perturbar, desconcertar

rug /rʌg/ *n* **1** tapete, alfombra **2** manta de viaje

rugby /ˈrʌgbi/ *n* rugby

rugged /ˈrʌgɪd/ *adj* **1** (*terreno*) escabroso, accidentado **2** (*montaña*) escarpado **3** (*facciones*) duro

ruin /ˈruːɪn/ ◆ *n* (*lit y fig*) ruina ◆ *vt*

1 arruinar, destrozar **2** estropear, malograr

rule /ruːl/ ◆ *n* **1** regla, norma **2** costumbre **3** imperio, dominio, gobierno **4** (*gobierno*) mandato **5** (*de monarca*) reinado **LOC as a (general) rule** en general, por regla general ◆ **1** *vt, vi* ~ (**over sth/sb**) (*Pol*) gobernar (algo/a algn) **2** *vt* dominar, regir **3** *vt, vi* (*Jur*) fallar, decidir **4** *vt* (*línea*) trazar **PHR V to rule sth/sb out** (**as sth**) descartar algo/a algn (por algo)

ruler /ˈruːlər/ *n* **1** gobernante **2** (*instrumento*) regla

ruling /ˈruːlɪŋ/ ◆ *adj* **1** imperante **2** (*Pol*) dirigente, en el poder ◆ *n* fallo

rum /rʌm/ *n* ron

rumble /ˈrʌmbl/ ◆ *vi* **1** retumbar, hacer un ruido sordo **2** (*estómago*) sonar ◆ *n* estruendo, ruido sordo

rummage /ˈrʌmɪdʒ/ *vi* **1** ~ **about/around** revolver, rebuscar **2** ~ **among/in/through sth** (**for sth**) revolver, hurgar (en) algo (en busca de algo)

rumor (*GB* **rumour**) /ˈruːmər/ *n* rumor: *Rumor has it that…* Hay rumores de que…

rump /rʌmp/ *n* **1** grupa, ancas **2** (*tb* **rump steak**) (filete de) cadera

run /rʌn/ ◆ (**-nn-**) (*pret* **ran** /ræn/ *pp* **run**) **1** *vt, vi* correr: *I had to run to catch the bus.* Tuve que correr para alcanzar el bus. ◊ *I ran almost ten kilometers.* Corrí casi diez kilómetros. **2** *vt, vi* recorrer: *to run your fingers through sb's hair* pasar los dedos por el pelo de algn ◊ *to run your eyes over sth* echar un vistazo a algo ◊ *She ran her eye around the room.* Recorrió la habitación con la mirada. ◊ *A shiver ran down her spine.* Un escalofrío le recorrió la espalda. ◊ *The tears ran down her cheeks.* Las lágrimas le corrían por las mejillas. **3** *vt, vi* (*máquina, sistema, organización*) (hacer) funcionar: *Everything is running smoothly.* Todo marcha sobre ruedas. ◊ *Run the engine for a few minutes before you start off.* Tenga el motor en marcha unos minutos antes de arrancar. **4** *vi* extenderse: *The cable runs the length of the wall.* El cable recorre todo el largo de la pared. ◊ *A fence runs around the field.* Una valla circunda el prado. **5** *vi* (*bus, tren, etc.*): *The buses run every hour.* Hay un bus cada hora. ◊ *The train is running an hour late.* El tren tiene una hora de retraso. **6** *vt* llevar (*en carro*): *Can I run you to the station?* ¿La puedo llevar a la estación? **7 to run** (**for…**) (*Teat*) representarse (durante…) **8** *vt*: *to run a bath* preparar un baño **9** *vi*: *to leave the tap running* dejar la llave abierta **10** *vi* (*nariz*) gotear **11** *vi* (*tinte*) desteñir **12** *vt* (*negocio, etc.*) administrar, dirigir **13** *vt* (*servicio, curso, etc.*) organizar, ofrecer **14** *vt* (*Informát*) ejecutar **15** *vi* **to run** (**for sth**) (*Pol*) presentarse como candidato (a algo) **16** *vt* (*Period*) publicar **LOC to run dry** secarse **to run for it** echar a correr **to run in the family** ser de familia **to run out of steam** (*coloq*) perder el ímpetu **to run riot** desmandarse **to run the risk** (**of doing sth**) correr el riesgo/peligro (de hacer algo) *Ver tb* DEEP, TEMPERATURE, WASTE

PHR V to run about/around corretear

to run across sth/sb toparse con algo/algn

to run after sb perseguir a algn

to run at sth: *Inflation is running at 25%.* La inflación alcanza el 25%.

to run away (**from sth/sb**) huir (de algo/algn)

to run into sth/sb 1 tropezar con algo/algn **2** chocarse con/contra algo, atropellar a algn **to run sth into sth**: *He ran the car into a tree.* Se chocó contra un árbol.

to run off (**with sth**) huir, escaparse (con algo)

to run out 1 caducar **2** acabarse, agotarse **to run out of sth** quedarse sin algo

to run sb over atropellar a algn

◆ *n* **1** carrera: *to go for a run* salir a correr ◊ *to break into a run* echar a correr **2** paseo (*en carro, etc.*) **3** período: *a run of bad luck* una temporada de mala suerte **4** (*Teat*) temporada **LOC to be on the run** haberse fugado/estar huido de la justicia *Ver tb* BOLT[2], LONG[1]

runaway /ˈrʌnəweɪ/ ◆ *adj* **1** fugitivo **2** fuera de control **3** fácil ◆ *n* fugitivo, -a

run-down /ˌrʌn ˈdaʊn/ *adj* **1** (*edificio*) en un estado de abandono **2** (*persona*) desmejorado

rung[1] *pp de* RING[2]

rung[2] /rʌŋ/ *n* peldaño

runner /ˈrʌnər/ *n* corredor, -ora

runner-up /ˌrʌnər ˈʌp/ *n* (*pl* **-s-up** /ˌrʌnərz ˈʌp/) subcampeón, -ona

running /ˈrʌnɪŋ/ ◆ *n* **1** atletismo **2** funcionamiento **3** organización LOC **to be in/out of the running (for sth)** (*coloq*) tener/no tener posibilidades (deconseguir algo) ◆ *adj* **1** continuo **2** consecutivo: *four days running* cuatro días seguidos **3** (*agua*) corriente LOC *Ver* ORDER

runny /ˈrʌni/ *adj* (**-ier**, **-iest**) (*coloq*) **1** líquido **2** *to have a runny nose* tener la nariz goteando

run-up /ˈrʌn ʌp/ *n* ~ (**to sth**) período previo (a algo)

runway /ˈrʌnweɪ/ *n* pista (*de aterrizaje*)

rupture /ˈrʌptʃər/ ◆ *n* (*formal*) ruptura ◆ *vt, vi* desgarrarse

rush /rʌʃ/ ◆ **1** *vi* ir de afán, afanarse: *They rushed out of school.* Salieron corriendo del colegio. ◊ *They rushed to help her.* Se afanaron a ayudarle. **2** *vi* actuar precipitadamente **3** *vt* apresurar a: *Don't rush me!* ¡No me acose! **4** *vt* llevar de afán: *He was rushed to the hospital.* Lo llevaron al hospital con la mayor urgencia. ◆ *n* **1** [*sing*] precipitación: *There was a rush to the exit.* La gente se precipitó hacia la salida. **2** (*coloq*) prisa: *I'm in a terrible rush.* Estoy de mucho afán. ◊ *There's no rush.* No hay prisa. ◊ *the rush hour* la hora pico

rust /rʌst/ ◆ *n* óxido ◆ *vt, vi* oxidar(se)

rustic /ˈrʌstɪk/ *adj* rústico

rustle /ˈrʌsl/ ◆ *vt, vi* (hacer) crujir, (hacer) susurrar PHR V **to rustle sth up** (*coloq*) preparar algo: *I'll rustle up some coffee for you.* Enseguida te preparo un café. ◆ *n* crujido, susurro

rusty /ˈrʌsti/ *adj* (**-ier**, **-iest**) **1** oxidado **2** (*fig*) falto de práctica

rut /rʌt/ *n* bache LOC **to be (stuck) in a rut** estar estancado

ruthless /ˈruːθləs/ *adj* despiadado, implacable **ruthlessly** *adv* despiadadamente **ruthlessness** crueldad, implacabilidad

rye /raɪ/ *n* centeno

Ss

S, s /es/ *n* (*pl* **S's**, **s's** /ˈesɪz/) S, s: *S as in Sam* S de sapo ☛ *Ver ejemplos en* A, A

the Sabbath /ˈsæbəθ/ *n* **1** (*de los cristianos*) domingo **2** (*de los judíos*) sábado

sabotage /ˈsæbətɑʒ/ ◆ *n* sabotaje ◆ *vt* sabotear

saccharin /ˈsækərɪn/ *n* sacarina

sack¹ /sæk/ *n* **1** costal, saco **2** (**the sack**) (*coloq*) la cama

sack² /sæk/ *vt* (*GB, coloq*) despedir **the sack** *n* despido: *to give sb the sack* despedir a algn ◊ *to get the sack* ser despedido

sacred /ˈseɪkrɪd/ *adj* sagrado, sacro

sacrifice /ˈsækrɪfaɪs/ ◆ *n* sacrificio: *to make sacrifices* hacer sacrificios/sacrificarse ◆ *vt* ~ **sth (to/for sth/sb)** sacrificar algo (por algo/algn)

sacrilege /ˈsækrəlɪdʒ/ *n* sacrilegio

sad /sæd/ *adj* (**sadder**, **saddest**) **1** triste **2** (*situación*) lamentable **sadden** *vt* entristecer

saddle /ˈsædl/ ◆ *n* **1** (*para caballo*) montura, silla **2** (*GB*) (*para bicicleta o moto*) (*USA* **seat**) silla ◆ *vt* **1** ~ **sth** ensillar algo **2** ~ **sb with sth** hacer cargar a algn con algo

sadism /ˈseɪdɪzəm/ *n* sadismo

sadly /ˈsædli/ *adv* **1** tristemente, con tristeza **2** lamentablemente, desafortunadamente

sadness /ˈsædnəs/ *n* tristeza, melancolía

safari /səˈfɑri/ *n* (*pl* ~**s**) safari

safe¹ /seɪf/ *adj* (**safer**, **safest**) **1** ~ (**from sth/sb**) a salvo (de algo/algn) **2** seguro: *Your secret is safe with me.* Tu secreto está seguro conmigo. **3** ileso **4** (*conductor*) prudente LOC **safe and sound** sano y salvo **to be on the safe side** por si acaso: *It's best to be on the safe side.* Es mejor no correr riesgos

Ver tb BETTER **safely** *adv* **1** sin novedad, sin ningún percance **2** tranquilamente, sin peligro: *safely locked away* guardado bajo llave en un lugar seguro

safe² /seɪf/ *n* caja fuerte

safeguard /ˈseɪfɡɑrd/ ◆ *n* ~ (**against sth**) garantía, protección (contra algo) ◆ *vt* ~ **sth/sb** (**against sth/sb**) proteger algo/a algn (de algo/algn)

safety /ˈseɪfti/ *n* seguridad

safety belt (*tb* **seat belt**) *n* cinturón de seguridad

safety net *n* **1** red de seguridad **2** red de protección

safety pin /ˈseɪfti pɪn/ *n* gancho (de nodriza)

safety valve *n* válvula de seguridad

sag /sæɡ/ *vi* (**-gg-**) **1** (*cama, sofá*) hundirse **2** (*madera*) combarse

Sagittarius /ˌsædʒɪˈteəriəs/ *n* Sagitario ☛ *Ver ejemplos en* AQUARIUS

said *pret, pp de* SAY

sail /seɪl/ ◆ *n* vela **LOC** *Ver* SET² ◆ **1** *vt, vi* navegar: *to sail around the world* dar la vuelta al mundo en barco **2** *vi* ~ (**from...**) (**for/to...**) salir (desde...) (para...): *The ship sails at noon.* El barco zarpa a las doce del mediodía. **3** *vi* (*objeto*) volar **PHR V to sail through** (**sth**) hacer (algo) sin dificultad: *She sailed through her exams.* Aprobó los exámenes sin ningún problema.

sailboat (*GB* **sailing boat**) *n* velero

sailing /ˈseɪlɪŋ/ *n* **1** navegar: *to go sailing* hacer vela **2** *There are three sailings a day.* Hay tres salidas diarias.

sailor /ˈseɪlər/ *n* marinero, marino

saint /seɪnt, snt/ *n* (*abrev* **St**) san, santo, -a: *Saint Bernard/Teresa* San Bernardo/Santa Teresa

sake /seɪk/ *n* **LOC for God's, goodness', Heaven's, etc. sake** por (el amor de) Dios **for sth's/sb's sake**; **for the sake of sth/sb** por algo/algn, por (el) bien de algo/algn

salad /ˈsæləd/ *n* ensalada

salary /ˈsæləri/ *n* (*pl* **-ies**) salario, sueldo (*gen mensual*) ☛ *Comparar con* WAGE

sale /seɪl/ *n* **1** venta: *sales department* servicio de ventas **2** liquidación, rebajas: *to hold/have a sale* tener una liquidación **3** subasta **LOC for sale** en venta: *For sale.* Se vende. **on sale 1** a la venta **2** (*USA*) rebajado

salesman /ˈseɪlzmən/ *n* (*pl* **-men** /-mən/) vendedor

salesperson /ˈseɪlzpɜːrsn/ *n* (*pl* **-people**) vendedor, -ora

sales tax *n* (*USA*) impuesto sobre las ventas

saleswoman /ˈseɪlzwʊmən/ *n* (*pl* **-women**) vendedora

saliva /səˈlaɪvə/ *n* saliva

salmon /ˈsæmən/ *n* (*pl* **salmon**) salmón

salon /səˈlɑn; *GB* ˈsælɒn/ *n* salón (*de belleza*)

saloon /səˈluːn/ *n* **1** salón (*de barco, etc.*) **2** (*USA*) bar **3** (*GB*) (*tb* **saloon car**) (*USA* **sedan**) automóvil de cuatro puertas

salt /sɑlt/ *n* sal **salted** *adj* salado **salty** (**-ier**, **-iest**) (*tb* **salt**) *adj* salado

saltshaker /ˈsɑltʃeɪkər/ (*GB* **salt cellar**) *n* salero

salt-water /ˈsɑlt wɔːtər/ *adj* de agua salada

salutary /ˈsæljəteri; *GB* -tri/ *adj* saludable

salute /səˈluːt/ ◆ *vt, vi* (*formal*) saludar (*a un militar*) ☛ *Comparar con* GREET ◆ *n* **1** saludo **2** salva

salvage /ˈsælvɪdʒ/ ◆ *n* salvamento ◆ *vt* recuperar

salvation /sælˈveɪʃn/ *n* salvación

same /seɪm/ ◆ *adj* mismo, igual (*idéntico*): *the same thing* lo mismo ◊ *I left that same day.* Salí ese mismo día. ☛ A veces se usa para dar énfasis a la oración: *the very same man* el mismísimo hombre. **LOC at the same time 1** a la vez **2** no obstante, sin embargo **to be in the same boat** estar en el mismo barco ◆ **the same** *adv* de la misma manera, igual: *to treat everyone the same* tratar a todos de la misma manera ◆ *pron* **the same** (**as sth/sb**) el mismo, la misma, etc. (que algo/algn): *I think the same as you.* Pienso igual que tú. **LOC all/just the same 1** de todos modos **2** *It's all the same to me.* Me da igual. **same here** (*coloq*) lo mismo digo (**the**) **same to you** igualmente

sample /ˈsæmpl; *GB* ˈsɑːmpl/ ◆ *n* muestra ◆ *vt* probar

sanatorium /ˌsænəˈtɔːriəm/ (*USA tb*

sanitarium /ˌsænəˈteəriəm/) *n* (*pl* **~s** *o* **-ria** /-riə/) sanatorio

sanction /ˈsæŋkʃn/ ◆ *n* **1** aprobación **2** sanción: *to lift sanctions* levantar sanciones ◆ *vt* dar el permiso para, sancionar

sanctuary /ˈsæŋktʃueri; *GB* -uəri/ *n* (*pl* **-ies**) santuario: *The rebels took sanctuary in the church.* Los rebeldes se refugiaron en la iglesia.

sand /sænd/ *n* arena

sandal /ˈsændl/ *n* sandalia, huarache

sandcastle /ˈsændkæsl; *GB* -kɑːsl/ *n* castillo de arena

sand dune (*tb* **dune**) *n* duna

sandpaper /ˈsændpeɪpər/ *n* papel de lija

sandwich /ˈsænwɪtʃ; *GB* -wɪdʒ/ ◆ *n* sánduche ◆ *vt* apretujar (*entre dos personas o cosas*)

sandy /ˈsændi/ *adj* (**-ier**, **-iest**) arenoso

sane /seɪn/ *adj* (**saner**, **sanest**) **1** cuerdo **2** sensato

sang *pret de* SING

sanitarium (*USA*) *Ver* SANATORIUM

sanitary /ˈsænəteri; *GB* -tri/ *adj* higiénico

sanitary pad (*GB* **sanitary towel**) *n* toalla sanitaria

sanitation /ˌsænɪˈteɪʃn/ *n* saneamiento, sanidad

sanity /ˈsænəti/ *n* **1** cordura **2** sensatez

sank *pret de* SINK

sap /sæp/ ◆ *n* savia ◆ *vt* (**-pp-**) socavar, minar

sapphire /ˈsæfaɪər/ *adj*, *n* (color) zafiro

sarcasm /ˈsɑrkæzəm/ *n* sarcasmo **sarcastic** /sɑrˈkæstɪk/ *adj* sarcástico

sardine /ˌsɑrˈdiːn/ *n* sardina

sash /sæʃ/ *n* faja

sat *pret, pp de* SIT

satellite /ˈsætəlaɪt/ *n* satélite

satin /ˈsætn; *GB* ˈsætɪn/ *n* raso, satín

satire /ˈsætaɪər/ *n* sátira **satirical** /səˈtɪrɪkl/ *adj* satírico

satisfaction /ˌsætɪsˈfækʃn/ *n* satisfacción

satisfactory /ˌsætɪsˈfæktəri/ *adj* satisfactorio

satisfy /ˈsætɪsfaɪ/ *vt* (*pret, pp* **-fied**) **1** (*curiosidad*) satisfacer **2** (*condiciones, etc.*) cumplir con **3 ~ sb (as to sth)** convencer a algn (de algo) **satisfied** *adj* **~ (with sth)** satisfecho (con algo) **satisfying** *adj* satisfactorio: *a satisfying meal* una comida que deja satisfecho

saturate /ˈsætʃəreɪt/ *vt* **~ sth (with sth)** empapar algo (de algo): *The market is saturated.* El mercado está saturado. **saturation** *n* saturación

Saturday /ˈsætərdeɪ, ˈsætərdi/ *n* (*abrev* **Sat**) sábado ☛ *Ver ejemplos en* MONDAY

Saturn /ˈsætərn/ *n* Saturno

sauce /sɔːs/ *n* salsa

saucepan /ˈsɔːspæn; *GB* -pən/ *n* olla

saucer /ˈsɔːsər/ *n* plato para taza ☛ *Ver dibujo en* MUG

sauna /ˈsɔːnə, ˈsaʊnə/ *n* sauna

saunter /ˈsɔːntər/ *vi* pasearse: *He sauntered over to the bar.* Fue hacia la barra con mucha tranquilidad.

sausage /ˈsɔːsɪdʒ; *GB* ˈsɒs-/ *n* salchicha, embutido

sausage roll *n* (*GB*) hojaldre relleno de carne de embutido

savage /ˈsævɪdʒ/ ◆ *adj* **1** salvaje **2** (*perro, etc.*) rabioso **3** (*ataque, régimen*) brutal: *savage cuts in the budget* cortes terribles en el presupuesto ◆ *n* salvaje ◆ *vt* atacar con ferocidad **savagery** *n* salvajismo

save /seɪv/ ◆ *vt* **1 ~ sb (from sth)** salvar a algn (de algo) **2 ~ (up) (for sth)** (*dinero*) ahorrar (para algo) **3** (*Informát*) guardar **4 ~ (sb) sth** evitar (a algn) algo: *That will save us a lot of trouble.* Eso nos evitará muchos problemas. **5** (*Dep*) parar LOC **to save face** guardar las apariencias ◆ *n* tapada (*de balón*)

saving /ˈseɪvɪŋ/ *n* **1** ahorro: *a saving of $5* un ahorro de cinco dólares **savings** [*pl*] ahorros

savior (*GB* **saviour**) /ˈseɪvɪər/ *n* salvador, -ora

savory (*GB* **savoury**) /ˈseɪvəri/ *adj* **1** sabroso **2** (*GB*) salado

saw[1] *pret de* SEE

saw[2] /sɔː/ ◆ *n* sierra ◆ *vt* (*pret* **sawed** *pp* **sawed**, *GB* **sawn** /sɔːn/) serrar *Ver tb* CUT **PHR V to saw sth down** talar algo con una sierra **to saw sth off (sth)** cortar algo (de algo) con una sierra: *a sawed-off shotgun* una escopeta de cañones recortados **to saw sth up** serrar algo **sawdust** *n* aserrín

saxophone /ˈsæksəfoʊn/ (*coloq* **sax**) *n* saxofón

say /seɪ/ ◆ *vt* (*3ª persona sing* **says** /sez/ *pret, pp* **said** /sed/) **1 to say sth (to sb)** decir algo (a algn): *to say yes* decir que sí

> **Say** suele utilizarse cuando se mencionan las palabras textuales o para introducir una oración en estilo indirecto precedida por **that**: *"I'll leave at nine," he said.* Me marcho a las nueve —dijo. ◊ *He said that he would leave at nine.* Dijo que se marcharía a las nueve. **Tell** se utiliza para introducir una oración en estilo indirecto y tiene que ir seguido de un sustantivo, un pronombre o un nombre propio: *He told me that he would leave at nine.* Me dijo que se marcharía a las nueve. Con órdenes o consejos se suele usar **tell**: *I told them to hurry up.* Les dije que se afanaran. ◊ *She's always telling me what I ought to do.* Siempre me está diciendo lo que tengo que hacer.

2 digamos, pongamos (que): *Let's take any writer, say Dickens…* Tomemos cualquier escritor, digamos Dickens… ◊ *Say there are 30 in a class…* Digamos que hay 30 en una clase… **3** *What time does it say on that clock?* ¿Qué hora tiene ese reloj? ◊ *The map says the hotel is on the right.* El plano dice que el hotel está a la derecha. **LOC it goes without saying that…** se da por sentado que… **that is to say** es decir *Ver tb* DARE[1], FAREWELL, LET[1], NEEDLESS, SORRY, WORD ◆ *n* **LOC to have a/some say (in sth)** tener voz y voto (en algo) **to have your say** expresar su opinión

saying /ˈseɪɪŋ/ *n* dicho, refrán *Ver tb* PROVERB

scab /skæb/ *n* costra

scaffold /ˈskæfoʊld/ *n* **1** patíbulo, cadalso **2** (*USA*) *Ver* SCAFFOLDING

scaffolding /ˈskæfəldɪŋ/ *n* [*incontable*] andamiaje, andamio

scald /skɔːld/ ◆ *vt* escaldar ◆ *n* escaldadura **scalding** *adj* hirviendo

scale[1] /skeɪl/ *n* **1** (*gen, Mús*) escala: *a large-scale map* un mapa a gran escala ◊ *a scale model* una maqueta **2** alcance, magnitud, envergadura: *the scale of the problem* la magnitud del problema **LOC to scale** a escala

scale[2] /skeɪl/ *n* escama

scale[3] /skeɪl/ *vt* escalar, trepar

scale[4] /skeɪl/ *n* (*GB* **scales** /skeɪlz/ [*pl*]) balanza, báscula

scalp /skælp/ *n* cuero cabelludo

scalpel /ˈskælpəl/ *n* bisturí

scamper /ˈskæmpər/ *vi* corretear

scan /skæn/ ◆ *vt* (**-nn-**) **1** escudriñar, examinar **2** explorar con un escáner **3** echar un vistazo a ◆ *n* exploración ultrasónica, ecografía

scandal /ˈskændl/ *n* **1** escándalo **2** chisme **scandalize, -ise** *vt* escandalizar **scandalous** *adj* escandaloso

scant /skænt/ *adj* (*formal*) escaso **scanty** *adj* (**-ier**, **-iest**) escaso **scantily** *adv* escasamente: *scantily dressed* ligero de ropa

scapegoat /ˈskeɪpgoʊt/ *n* chivo expiatorio: *She has been made a scapegoat for what happened.* Cargó con las culpas por lo que pasó.

scar /skɑr/ ◆ *n* cicatriz ◆ *vt* (**-rr-**) dejar una cicatriz en

scarce /skeərs/ *adj* (**-er**, **-est**) escaso: *Food was scarce.* Los alimentos escaseaban.

scarcely /ˈskeərsli/ *adv* **1** apenas: *There were scarcely a hundred people present.* Apenas había un centenar de personas. **2** *You can scarcely expect me to believe that.* ¿Y espera que me crea eso? *Ver tb* HARDLY

scarcity /ˈskeərsəti/ *n* (*pl* **-ies**) escasez

scare /ˈskeər/ ◆ *vt* asustar **PHR V to scare sb away/off** ahuyentar a algn ◆ *n* susto: *bomb scare* amenaza de bomba **scared** *adj*: *to be scared* estar asustado/tener miedo ◊ *She's scared of the dark.* Le da miedo la oscuridad. **LOC to be scared stiff** (*coloq*) estar muerto de miedo *Ver tb* WIT

scarecrow /ˈskeərkroʊ/ *n* espantapájaros

scarf /skɑrf/ *n* (*pl* **scarfs** *o* **scarves** /skɑrvz/) **1** bufanda **2** pañuelo

scarlet /ˈskɑrlət/ *adj, n* escarlata

scary /ˈskeəri/ *adj* (**-ier**, **-iest**) (*coloq*) espeluznante: *How scary!* ¡Qué miedo!

scathing /ˈskeɪðɪŋ/ *adj* **1** mordaz **2** feroz: *a scathing attack on…* un feroz ataque contra…

scatter /ˈskætər/ **1** *vt, vi* dispersar(se) **2** *vt* esparcir **scattered** *adj* esparcido, disperso: *scattered showers* aguaceros aislados

scavenge /ˈskævɪndʒ/ *vi* **1** (*animal, ave*) buscar carroña **2** (*persona*) buscar (*en la basura*) **scavenger** *n* **1** animal/ave de carroña **2** persona que busca en las basuras

scenario /səˈnærioʊ; *GB* -ˈnɑːr-/ *n* (*pl* **~s**) **1** (*Teat*) argumento **2** (*fig*) marco hipotético

scene /siːn/ *n* **1** (*gen, Teat*) escena: *a change of scene* un cambio de aires **2** escenario: *the scene of the crime* el lugar del crimen **3** escándalo: *to make a scene* armar un escándalo **4 the scene** [*sing*] (*coloq*) el ambiente: *the political scene* el ámbito político **LOC** *Ver* SET[2]

scenery /ˈsiːnəri/ *n* [*incontable*] **1** paisaje

La palabra **scenery** tiene un fuerte matiz positivo, tiende a usarse con adjetivos como *beautiful, spectacular, stunning*, etc. y se utiliza fundamentalmente para describir paisajes naturales. Por otro lado, **landscape** suele referirse a paisajes construidos por el hombre: *an urban/industrial landscape* un paisaje urbano/industrial ◊ *Trees and hedges are typical features of the British landscape.* Los árboles y los setos son rasgos típicos del paisaje británico.

2 (*Teat*) decorado

scenic /ˈsiːnɪk/ *adj* pintoresco, panorámico

scent /sent/ *n* **1** olor (*agradable*) **2** perfume **3** rastro, pista **scented** *adj* perfumado

sceptic (*GB*) *Ver* SKEPTIC

schedule /ˈskedʒʊl; *GB* ˈʃedjuːl/ ◆ *n* **1** programa: *to be two months ahead of/behind schedule* llevar dos meses de adelanto/retraso con respecto al calendario previsto ◊ *to arrive on schedule* llegar a la hora prevista **2** (*esp GB* **timetable**) horario ◆ *vt* programar: *scheduled flight* vuelo regular

scheme /skiːm/ ◆ *n* **1** conspiración **2** (*GB*) plan, proyecto: *training scheme* programa de formación ◊ *savings/pension scheme* plan de ahorro/de pensiones **3** *color scheme* combinación de colores ◆ *vi* conspirar

schizophrenia /ˌskɪtsəˈfriːniə/ *n* esquizofrenia **schizophrenic** /ˌskɪtsəˈfrenɪk/ *adj, n* esquizofrénico, -a

scholar /ˈskɑlər/ *n* **1** becario, -a **2** erudito, -a **scholarship** *n* **1** beca **2** erudición

school /skuːl/ *n* **1** colegio, escuela: *school age/uniform* edad/uniforme escolar *Ver tb* COMPREHENSIVE SCHOOL

Utilizamos las palabras **school** y **church** sin artículo cuando alguien va al colegio como alumno o profesor o a la iglesia para rezar: *I enjoyed being at school.* Me gustaba ir al colegio. ◊ *We go to church every Sunday.* Vamos a misa todos los domingos. Usamos el artículo cuando nos referimos a estos sitios por algún otro motivo: *I have to go to the school to talk to John's teacher.* Tengo que ir a la escuela a hablar con el profesor de John.

2 (*USA*) universidad **3** clases: *School begins at nine o'clock.* Las clases empiezan a las nueve. **4** facultad: *law school* Facultad de derecho **5** (*Arte, Liter*) escuela **LOC school of thought** escuela de pensamiento

schoolboy /ˈskuːlbɔɪ/ *n* colegial

schoolchild /ˈskuːltʃaɪld/ *n* colegial, -ala

schoolgirl /ˈskuːlgɜːrl/ *n* colegiala

schooling /ˈskuːlɪŋ/ *n* educación, estudios

school leaver *n* (*GB*) chico, -a que acaba de terminar la escuela

schoolmaster /ˈskuːlmæstər; *GB* -mɑːs/ *n* maestro

schoolmistress /ˈskuːlmɪstrəs/ *n* maestra

schoolteacher /ˈskuːltiːtʃər/ *n* profesor, -ora

science /ˈsaɪəns/ *n* ciencia(s): *science fiction* ciencia-ficción **scientific** *adj* científico **scientifically** *adv* científicamente **scientist** *n* científico, -a

sci-fi /ˌsaɪ ˈfaɪ/ *n* (*coloq*) **science fiction** ciencia-ficción

scissors /ˈsɪzərz/ *n* [*pl*] tijeras: *a pair of scissors* unas tijeras ☛ *Ver nota en* TIJERA

scoff /skɔːf; *GB* skɒf/ *vi* ~ (**at sth/sb**) mofarse (de algo/algn)

scold /skoʊld/ *vt* ~ **sb** (**for sth**) regañar a algn (por algo)

scoop /skuːp/ ◆ *n* **1** pala: *ice cream scoop* cuchara para servir el helado **2** cucharada: *a scoop of ice cream* una bola de helado **3** (*Period*) primicia ◆ *vt* cavar, sacar (*con pala*) **PHR V to scoop sth out** sacar algo (*con la mano, una cuchara, etc.*)

scooter /ˈskuːtər/ *n* **1** Vespa, motoneta **2** patineta, monopatín (*con manillar*)

scope /skoʊp/ *n* **1** ~ (**for sth/to do sth**) potencial (para algo/para hacer algo) **2** ámbito, alcance: *within/beyond the scope of this dictionary* dentro/más allá del ámbito de este diccionario

scorch /skɔːrtʃ/ *vt, vi* chamuscar(se), quemar(se) **scorching** *adj* abrasador

score /skɔːr/ ◆ *n* **1** tanteo: *to keep score* llevar la cuenta de los tantos ◊ *The final score was 4–3.* El resultado final fue 4–3. **2** (*Educ*) puntuación **3 scores** [*pl*] montones **4** (*Mús*) partitura **5** veintena **LOC on that score** en ese sentido ◆ **1** *vt, vi* (*Dep*) marcar **2** *vt* (*Educ*) sacar **scoreboard** *n* marcador

scorn /skɔːrn/ ◆ *n* ~ (**for sth/sb**) desdén (hacia algo/algn) ◆ *vt* desdeñar **scornful** *adj* desdeñoso

Scorpio /ˈskɔːrpioʊ/ *n* (*pl* ~**s**) Escorpión ☛ *Ver ejemplos en* AQUARIUS

scorpion /ˈskɔːrpiən/ *n* escorpión

Scotch /skɑtʃ/ *n* whisky escocés

Scotch tape® (*GB* **Sellotape**®) ◆ *n* cinta pegante ◆ *vt* pegar con cinta pegante

scour /ˈskaʊər/ *vt* **1** restregar **2** ~ **sth** (**for sth/sb**) registrar, recorrer algo (en busca de algo/algn)

scourge /skɜːrdʒ/ *n* azote

scout /ˈskaʊt/ *n* **1** (*Mil*) explorador **2** (*tb* **Boy/Girl Scout**, **Scout**) scout

scowl /skaʊl/ ◆ *n* ceño fruncido ◆ *vi* mirar con el ceño fruncido

scrabble /ˈskræbl/ (*GB*) **PHR V to scrabble about** (**for sth**) escarbar (en busca de algo)

scramble /ˈskræmbl/ ◆ **1** *vi* trepar **2** *vi* ~ (**for sth**) pelearse (por algo) ◆ *n* [*sing*] ~ (**for sth**) barullo (por algo)

scrambled eggs *n* huevos pericos/revueltos

scrap /skræp/ ◆ *n* **1** pedazo: *a scrap of paper* un pedazo de papel ◊ *scraps* (*of food*) sobras **2** [*incontable*] chatarra: *scrap paper* papel para apuntes **3** [*sing*] (*fig*) pizca **4** pelea ◆ (**-pp-**) **1** *vt* descartar, desechar **2** *vi* pelearse

scrapbook /ˈskræpbʊk/ *n* álbum de recortes

scrape /skreɪp/ ◆ **1** *vt* raspar **2** *vt* ~ **sth away/off** quitar algo raspando **3** *vt* ~ **sth off sth** quitar algo de algo raspando **4** *vi* ~ (**against sth**) rozar algo **PHR V to scrape in/into sth** tener éxito/conseguir algo a duras penas: *She just scraped into college.* Entró en la universidad a duras penas. **to scrape sth together/up** reunir algo a duras penas **to scrape through** (**sth**) aprobar (algo) a duras penas ◆ *n* raspadura

scratch /skrætʃ/ ◆ **1** *vt, vi* arañar(se) **2** *vt, vi* rascarse **3** *vt* rayar **PHR V to scratch sth away, off, etc.** quitar algo de algo raspándolo ◆ *n* **1** rasguño, arañazo **2** [*sing*]: *The dog gave itself a good scratch.* El perro se dio una buena rascada. **LOC** (**to be/come**) **up to scratch** (estar/llegar) a la altura (**to start sth**) **from scratch** (empezar algo) de cero

scrawl /skrɔːl/ ◆ **1** *vt* garabatear **2** *vi* hacer garabatos ◆ *n* [*sing*] garabato

scream /skriːm/ ◆ **1** *vt* gritar **2** *vi* chillar: *to scream with excitement* gritar de emoción ◆ *n* **1** chillido, grito: *a scream of pain* un grito de dolor **2** [*sing*] (*coloq*) algo/algn divertidísimo

screech /skriːtʃ/ ◆ *vi* chillar, chirriar ◆ *n* [*sing*] chillido, chirrido

screen /skriːn/ *n* **1** pantalla ☛ *Ver dibujo en* COMPUTADOR **2** biombo

screw /skruː/ ◆ *n* tornillo ◆ *vt* **1** atornillar, fijar con tornillos **2** enroscar **PHR V to screw sth up 1** (*papel*) hacer una pelota con algo **2** (*cara*) torcer algo **3** (*coloq*) (*planes, situación, etc.*) estropear algo

screwdriver /ˈskruːdraɪvər/ *n* destornillador

scribble /ˈskrɪbl/ ◆ **1** *vt* garabatear **2** *vi* hacer garabatos ◆ *n* garabatos

script /skrɪpt/ ◆ *n* **1** guión **2** letra **3** escritura ◆ *vt* escribir el guión para

scripture /ˈskrɪptʃər/ (*tb* **Scripture/the Scriptures**) *n* las Sagradas Escrituras

scroll /skroʊl/ *n* **1** pergamino **2** rollo de papel

scrub¹ /skrʌb/ *n* [*incontable*] matorrales

scrub² /skrʌb/ ◆ *vt* (**-bb-**) restregar ◆ *n*: *Give your nails a good scrub.* Cepíllate bien las uñas.

scruff /skrʌf/ *n* LOC **by the scruff of the neck** por el pescuezo

scruffy /ˈskrʌfi/ *adj* (**-ier**, **-iest**) (*coloq*) desaliñado

scrum /skrʌm/ *n* melé (*rugby*)

scruples /ˈskru:plz/ *n* escrúpulos

scrupulous /ˈskru:pjələs/ *adj* escrupuloso **scrupulously** *adv* escrupulosamente: *scrupulously clean* impecable

scrutinize, -ise /ˈskru:tənaɪz/ *vt* **1** examinar **2** inspeccionar

scrutiny /ˈskru:təni/ *n* **1** examen **2** (*tb Pol*) escrutinio

scuba diving /ˈsku:bə daɪvɪŋ/ *n* submarinismo

scuff /skʌf/ *vt* rayar(se)

scuffle /ˈskʌfl/ *n* **1** enfrentamiento **2** forcejeo

sculptor /ˈskʌlptər/ *n* escultor, -ora

sculpture /ˈskʌlptʃər/ *n* escultura

scum /skʌm/ *n* **1** espuma **2** escoria

scurry /ˈskʌri/ *vi* (*pret*, *pp* **scurried**) ir apresuradamente PHR V **to scurry around/about 1** trajinar **2** corretear

scuttle /ˈskʌtl/ *vi*: *She scuttled back to her car.* Volvió a su carro a toda prisa. ◊ *to scuttle away/off* escabullirse

scythe /saɪð/ *n* guadaña

sea /si:/ *n* **1** mar: *sea creatures* animales marinos ◊ *the sea air/breeze* la brisa marina ◊ *sea port* puerto marítimo ☛ *Ver nota en* MAR **2 seas** [*pl*] mar: *heavy/rough seas* marejada **3** mar: *a sea of people* un mar de gente LOC **at sea** en el mar **to be all at sea** estar en medio de un mar de dudas

seabed /ˈsi:bed/ *n* lecho marino

seafood /ˈsi:fu:d/ *n* [*incontable*] mariscos

seagull /ˈsi:gʌl/ *n* gaviota

seal¹ /si:l/ *n* foca

seal² /si:l/ ◆ *n* sello ◆ *vt* **1** sellar **2** (*documento*) lacrar **3** (*sobre*) cerrar PHR V **to seal sth off** separar, aislar algo

sea level *n* nivel del mar

seam /si:m/ *n* **1** costura **2** veta

search /sɜ:rtʃ/ ◆ **1** *vi* ~ **for sth** buscar algo **2** *vt* ~ **sth/sb** (**for sth**) registrar algo/a algn (en busca de algo): *They searched the house for drugs.* Registraron la casa en busca de drogas. ◆ *n* **1** ~ (**for sth/sb**) búsqueda (de algo/algn) **2** (*policial*) registro **searching** *adj* penetrante

searchlight /ˈsɜ:rtʃlaɪt/ *n* (*foco*) reflector

seashell /ˈsi:ʃel/ *n* concha marina

seasick /ˈsi:sɪk/ *adj* mareado

seaside /ˈsi:saɪd/ *adj* en la costa

season¹ /ˈsi:zn/ *n* **1** estación **2** temporada: *season ticket* abono de temporada LOC **in season** que está en temporada *Ver tb* MATING **seasonal** *adj* **1** propio de la estación **2** (*trabajo*) de temporada

season² /ˈsi:zn/ *vt* condimentar, sazonar **seasoned** *adj* **1** condimentado **2** (*persona*) con mucha experiencia **seasoning** *n* condimento

seat /si:t/ ◆ *n* **1** (*carro*) (*avión*) asiento **2** (*moto*) silla **3** (*parque*) banco **4** (*teatro*) butaca **5** (*Pol*) curul **6** (*GB*, *Pol*) circunscripción electoral LOC *Ver* DRIVER ◆ *vt* tener cabida para: *The stadium can seat 5,000 people.* El estadio tiene cabida para 5.000 personas.

seat belt (*tb* **safety belt**) *n* cinturón de seguridad

seating /ˈsi:tɪŋ/ *n* [*incontable*] asientos

seaweed /ˈsi:wi:d/ *n* [*incontable*] alga

secluded /sɪˈklu:dɪd/ *adj* **1** (*lugar*) apartado **2** (*vida*) retirado **seclusion** *n* **1** aislamiento **2** soledad

second (*abrev* **2nd**) /ˈsekənd/ ◆ *adj* segundo LOC **second thoughts**: *We had second thoughts.* Lo reconsideramos. ◊ *On second thoughts...* Pensándolo bien... ◆ *pron*, *adv* el segundo, la segunda, los segundos, las segundas ◆ *n* **1 the second** el (día) dos **2** (*tb* **second gear**) segunda **3** (*tiempo*) segundo: *the second hand* el segundero ☛ *Ver ejemplos en* FIFTH ◆ *vt* secundar

secondary /ˈsekənderi/ *adj* secundario

second-best /ˌsekənd ˈbest/ *adj* segundo mejor

second-class /ˌsekənd ˈklæs/ *adj* **1** de segunda clase: *a second-class ticket* un tiquete de segunda (clase) **2** (*correo*) de franqueo normal

second-hand /ˌsekənd ˈhænd/ *adj, adv* de segunda mano

secondly /ˈsekəndli/ *adv* en segundo lugar

second-rate /ˌsekənd ˈreit/ *adj* de segunda categoría

secret /ˈsiːkrət/ *adj, n* secreto **secrecy** *n* **1** secretismo **2** confidencialidad

secretarial /ˌsekrəˈteəriəl/ *adj* **1** (*personal*) administrativo **2** (*trabajo*) de secretario, -a

secretary /ˈsekrəteri; *GB* -rətri/ *n* (*pl* **-ies**) secretario, -a

Secretary of State *n* **1** (*USA*) secretario, -a de Relaciones Exteriores **2** (*GB*) secretario, -a

secrete /sɪˈkriːt/ *vt* (*formal*) **1** segregar **2** ocultar **secretion** *n* secreción

secretive /ˈsiːkrətɪv/ *adj* reservado

secretly /ˈsiːkrətli/ *adv* en secreto

sect /sekt/ *n* secta

sectarian /sekˈteəriən/ *adj* sectario

section /ˈsekʃn/ *n* **1** sección, parte **2** (*carretera*) tramo **3** (*sociedad*) sector **4** (*ley, código*) artículo

sector /ˈsektər/ *n* sector

secular /ˈsekjələr/ *adj* laico

secure /sɪˈkjʊər/ ◆ *adj* **1** seguro **2** (*prisión*) de alta seguridad ◆ *vt* **1** fijar **2** (*acuerdo, contrato*) conseguir **securely** *adv* firmemente **security** *n* (*pl* **-ies**) **1** seguridad **2** (*préstamo*) fianza

security guard *n* guardia de seguridad

sedan /sɪˈdæn/ (*GB* **saloon**) *n* automóvil de cuatro puertas

sedate /sɪˈdeɪt/ ◆ *adj* serio ◆ *vt* sedar **sedation** *n* sedación LOC **to be under sedation** estar bajo los efectos de calmantes **sedative** *adj, n* /ˈsedətɪv/ sedante

sedentary /ˈsednteri; *GB* -tri/ *adj* sedentario

sediment /ˈsedɪmənt/ *n* sedimento

sedition /sɪˈdɪʃn/ *n* sedición

seduce /sɪˈduːs; *GB* -ˈdjuːs/ *vt* seducir **seduction** *n* seducción **seductive** *adj* seductor

see /siː/ *vt, vi* (*pret* **saw** /sɔː/ *pp* **seen** /siːn/) **1** ver: *I saw a program on TV about that.* Vi un programa en la televisión sobre eso. ◊ *to go and see a movie* ir a ver una película ◊ *She'll never see again.* No volverá a ver nunca. ◊ *See page 158.* Véase la página 158. ◊ *Go and see if the mailman's been here.* Vaya a ver si ha llegado el correo. ◊ *Let's see.* Vamos a ver. ◊ *I'm seeing Sue tonight.* Quedé de ver a Sue esta noche. **2** acompañar: *He saw her to the door.* La acompañó hasta la puerta. **3** encargarse: *I'll see that it's done.* Ya me encargaré de que se lleve a cabo. **4** comprender LOC **see you (around); (I'll) be seeing you** (*coloq*) hasta luego **seeing that...** en vista de que... ☛ Para otras expresiones con **see**, véanse las entradas del sustantivo, adjetivo, etc., p.ej. **to make sb see reason** en REASON. PHR V **to see about sth/doing sth** encargarse de algo/hacer algo **to see sb off 1** ir a despedir a algn **2** correr a algn **to see through sth/sb** calar algo/a algn **to see to sth** ocuparse de algo

seed /siːd/ *n* semilla

seedy /ˈsiːdi/ *adj* (**-ier**, **-iest**) sórdido

seek /siːk/ *vt, vi* (*pret, pp* **sought** /sɔːt/) (*formal*) **1** ~ (**after/for sth**) buscar (algo) **2** ~ (**to do sth**) intentar (hacer algo) PHR V **to seek sth/sb out** buscar y encontrar algo/a algn

seem /siːm/ *vi* parecer: *It seems that...* Parece que... ☛ No se usa en tiempos continuos. *Ver tb* APPEAR sentido 2 **seemingly** *adv* aparentemente

seen *pp de* SEE

seep /siːp/ *vi* filtrarse

seething /ˈsiːðɪŋ/ *adj* ~ **with sth** abarrotado de algo

see-through /ˈsiː θruː/ *adj* transparente

segment /ˈsegmənt/ *n* **1** (*Geom*) segmento **2** (*de naranja, etc.*) gajo, casco

segregate /ˈsegrɪgeɪt/ *vt* ~ **sth/sb (from sth/sb)** segregar algo/a algn (de algo/algn)

seize /siːz/ *vt* **1** coger: *to seize hold of sth* agarrar algo ◊ *We were seized by panic.* El pánico se apoderó de nosotros. **2** (*armas, drogas, etc.*) incautarse de **3** (*personas, edificios*) capturar **4** (*bienes*) embargar **5** (*control*) hacerse con **6** (*oportunidad, etc.*) aprovechar: *to seize the initiative* tomar la iniciativa **PHR V to seize on/upon sth** aprovecharse de algo **to seize up** agarrotarse, atascarse **seizure** /ˈsiːʒər/ *n* **1** (*de contrabando, etc.*) incautación **2** captura **3** (*Med*) ataque

seldom /ˈseldəm/ *adv* rara vez: *We seldom go out.* Rara vez salimos. ☛ *Ver nota en* ALWAYS

select /sɪˈlekt/ ◆ *vt* ~ **sth/sb (as sth)** elegir algo/a algn (como algo) ◆ *adj* selecto **selection** *n* selección **selective** *adj* ~ (**about sth/sb**) selectivo (en cuanto a algo/a algn)

self /self/ *n* (*pl* **selves** /selvz/) ser: *She's her old self again.* Es la misma de siempre otra vez.

self-centered (*GB* **-centred**) /ˌself ˈsentərd/ *adj* egocéntrico

self-confident /ˌself ˈkɑnfɪdənt/ *adj* seguro de sí mismo

self-conscious /ˌself ˈkɑnʃəs/ *adj* inseguro

self-contained /ˌself kənˈteɪnd/ *adj* (*departamento*) completo

self-control /ˌself kənˈtroʊl/ *n* autocontrol

self-defense /ˌself dɪˈfens/ *n* defensa propia

self-determination /ˌself dɪˌtɜːrmɪˈneɪʃn/ *n* autodeterminación

self-employed /ˌself ɪmˈplɔɪd/ *adj* (*trabajador*) independiente

self-interest /ˌself ˈɪntrəst/ *n* interés propio

selfish /ˈselfɪʃ/ *adj* egoísta

self-pity /ˌself ˈpɪti/ *n* autocompasión

self-portrait /ˌself ˈpɔːrtrɪt, -treɪt/ *n* autorretrato

self-respect /ˌself rɪˈspekt/ *n* dignidad

self-satisfied /ˌself ˈsætɪsfaɪd/ *adj* excesivamente satisfecho de sí mismo

self-service /ˌself ˈsɜːrvɪs/ *adj* autoservicio

sell /sel/ *vt, vi* (*pp, pret* **sold** /soʊld/) ~ (**at/for sth**) vender(se) (a algo) **LOC to be sold out** (**of sth**) haber agotado existencias **PHR V to sell sth off** vender algo a bajo precio **to sell out** (*entradas*) agotarse

sell-by date /ˈsel baɪ deɪt/ (*USA* **expiration date**) *n* fecha de caducidad

seller /ˈselər/ *n* vendedor, -ora

selling /ˈselɪŋ/ *n* venta

Sellotape® /ˈseləteɪp/ ◆ *n* (*USA* **Scotch tape®**) cinta pegante ◆ *vt* pegar con cinta pegante

selves *plural de* SELF

semester /səˈmestər/ *n* semestre: *the spring/fall semester* el primer/segundo semestre

semi /ˈsemi/ *n* (*pl* **semis** /ˈsemiz/) (*GB, coloq*) una casa cuyo costado está unido al de otra

semicircle /ˈsemisɜːrkl/ *n* **1** semicírculo **2** semicircunferencia

semicolon /ˈsemikəʊlon; *GB* ˌsemiˈk-/ *n* punto y coma: *Ver págs 314–5.*

semi-detached /ˌsemi dɪˈtætʃt/ *adj* (*GB*): *a semi-detached house* una casa cuyo costado está unido al de otra

seminar /ˈsemɪnɑr/ *n* seminario (*clase*)

senate /ˈsenət/ *n* [*v sing o pl*] **1** (*Pol*) Senado **2** (*Univ*) junta de gobierno **senator** /ˈsenətər/ *n* (*abrev* **Sen**) senador, -ora *Ver pág 318.*

send /send/ *vt* (*pret, pp* **sent** /sent/) **1** enviar, mandar: *She was sent to bed without any supper.* La mandaron a la cama sin comer. **2** hacer (que) (*GB*) *to send sb to sleep* dormir a algn: *The story sent shivers down my spine.* La historia me dio escalofríos. ◊ *to send sb mad* (*GB*) volver loco a algn **LOC** *Ver* LOVE **PHR V to send for sb** llamar a algn, mandar buscar a algn **to send (off) for sth** pedir/encargar algo

to send sb in enviar a algn (*esp tropas, policía, etc.*) **to send sth in** enviar algo: *I sent my application in last week.* Envié mi solicitud la semana pasada.

to send sth off 1 mandar algo por correo **2** despachar algo

to send sth out 1 (*rayos, etc.*) emitir algo **2** (*invitaciones, etc.*) enviar algo

to send sth/sb up (*GB, coloq*) parodiar algo/a algn

sender *n* remitente

senile /ˈsiːnaɪl/ *adj* senil **senility** /səˈnɪləti/ *n* senilidad

senior /ˈsiːnɪər/ ◆ *adj* **1** superior: *senior partner* socio mayoritario **2** (*abrev* **Sr.**) padre: *John Brown, Senior* John Brown, padre ◆ *n* **1** mayor: *She is two years my senior.* Me lleva dos años **2** estudiante de onceavo año **seniority** /ˌsiːnˈjɔːrəti; *GB* -ˈɒr-/ *n* antigüedad (*rango, años, etc.*)

senior citizen *n* ciudadano de la tercera edad

senior high school *n* ☛ *Ver pág 317.*

sensation /sen'seɪʃn/ *n* sensación **sensational** *adj* **1** sensacional **2** (*pey*) sensacionalista

sense /sens/ ◆ *n* **1** sentido: *sense of smell/touch/taste* olfato/tacto/gusto ◊ *a sense of humor* sentido del humor ◊ *It gives him a sense of security.* Lo hace sentirse seguro. **2** juicio, sensatez: *to come to your senses* recobrar el juicio ◊ *to make sb see sense* hacer que algn entre en razón **LOC in a sense** en cierto sentido **to make sense** tener sentido **to make sense of sth** descifrar algo **to see sense** entrar en razón ◆ *vt* **1** sentir, ser consciente de **2** (*máquina*) detectar

senseless /'sensləs/ *adj* **1** insensato **2** sin sentido (*inconsciente*)

sensibility /ˌsensə'bɪləti/ *n* sensibilidad

sensible /'sensəbl/ *adj* ☛ *Comparar con* SENSITIVE **1** sensato **2** (*decisión*) acertado **sensibly** *adv* **1** (*comportarse*) con prudencia **2** (*vestirse*) adecuadamente

sensitive /'sensətɪv/ *adj* ☛ *Comparar con* SENSIBLE **1** sensible: *She's very sensitive to criticism.* Es muy susceptible a la crítica. **2** (*asunto, piel*) delicado: *sensitive documents* documentos confidenciales **sensitivity** /ˌsensə'tɪvəti/ *n* **1** sensibilidad **2** susceptibilidad **3** (*asunto, piel*) delicadeza

sensual /'senʃuəl/ *adj* sensual **sensuality** /ˌsenʃu'æləti/ *n* sensualidad

sensuous /'senʃuəs/ *adj* sensual

sent *pret, pp de* SEND

sentence /'sentəns/ ◆ *n* **1** (*Gram*) frase, oración **2** sentencia: *a life sentence* cadena perpetua ◆ *vt* sentenciar, condenar

sentiment /'sentɪmənt/ *n* **1** sentimentalismo **2** sentimiento **sentimental** /ˌsentɪ'mentl/ *adj* **1** sentimental **2** sensiblero **sentimentality** /ˌsentɪmen'tæləti/ *n* sentimentalismo, sensiblería

sentry /'sentri/ *n* (*pl* **-ies**) centinela

separate /'seprət, 'sepərɪt/ ◆ *adj* **1** separado **2** distinto: *It happened on three separate occasions.* Ocurrió en tres ocasiones distintas. ◆ /'sepəreɪt/ **1** *vt, vi* separar(se) **2** *vt* dividir: *We separated the children into three groups.* Dividimos a los niños en tres grupos. **separately** *adv* por separado **separation** *n* separación

September /sep'tembər/ *n* (*abrev* **Sept**) septiembre ☛ *Ver nota y ejemplos en* JANUARY

sequel /'siːkwəl/ *n* **1** secuela **2** (*película, libro, etc.*) continuación

sequence /'siːkwəns/ *n* sucesión, serie

serene /sə'riːn/ *adj* sereno

sergeant /'sɑrdʒənt/ *n* sargento

serial /'sɪəriəl/ *n* serie: *a radio serial* una serie radial ☛ *Ver nota en* SERIES

series /'sɪəriːz/ *n* (*pl* **series**) **1** serie **2** sucesión **3** (*Radio, TV*) serie: *a television series* una serie de televisión

En inglés utilizamos la palabra **series** para referirnos a las series que tratan una historia diferente en cada episodio, y **serial** para referirnos a una sola historia dividida en capítulos.

serious /'sɪəriəs/ *adj* **1** serio: *Is he serious (about it)?* ¿Lo dice en serio? ◊ *to be serious about sb* andar en serio con algn **2** (*enfermedad, error, crimen*) grave **seriously** *adv* **1** en serio **2** gravemente **seriousness** *n* **1** seriedad **2** gravedad

sermon /'sɜːrmən/ *n* sermón

servant /'sɜːrvənt/ *n* **1** criado, -a **2** *Ver* CIVIL

serve /sɜːrv/ ◆ **1** *vt* ~ **sth (up) (to sb)** servir algo (a algn) **2** *vi* ~ **(with sth)** servir (en algo): *He served with the eighth squadron.* Sirvió en el octavo escuadrón. **3** *vt* (*cliente*) atender **4** *vt* (*condena*) cumplir **5** *vt, vi* ~ **(sth) (to sb)** (*deporte de raqueta*) sacar (algo) (a algn) **LOC to serve sb right**: *It serves them right!* Se lo merecen. *Ver tb* FIRST **PHR V to serve sth out 1** servir algo **2** distribuir algo ◆ *n* (*tenis*) saque: *Whose serve is it?* ¿A quién le toca sacar?

service /'sɜːrvɪs/ ◆ *n* **1** servicio: *on active service* en servicio activo ◊ *10% extra for service* un 10% de recargo por servicio ◊ *morning service* los oficios de la mañana **2** (*de carro*) revisión **3** (*deporte de raqueta*) saque ◆ *vt* hacer la revisión

serviceman /ˈsɜːrvɪsmən/ *n* (*pl* **-men** /-men/) militar

service station *n* estación de servicio

servicewoman /ˈsɜːrvɪswʊmən/ *n* (*pl* **-women**) militar

session /ˈseʃn/ *n* sesión

set[1] /set/ *n* **1** juego: *a set of saucepans* una batería de cocina **2** (*de personas*) círculo **3** (*Electrón*) aparato **4** (*tenis*) set **5** (*Teat*) decorado **6** (*Cine*) escenario

set[2] /set/ (**-tt-**) (*pret, pp* **set**) **1** *vt* (*localizar*): *The movie is set in Austria.* La película se desarrolla en Austria. **2** *vt* (*preparar*) poner: *I've set the alarm clock for seven.* Puse el despertador a las siete. ◊ *Did you set the VCR to record that movie?* ¿Programaste el video para grabar esa película? **3** *vt* (*fijar*) establecer: *She's set a new world record.* Estableció un nuevo récord mundial. ◊ *They haven't set a date for their wedding yet.* No han fijado la fecha del matrimonio todavía. ◊ *Can we set a limit to the cost of the trip?* ¿Podemos fijar un límite al costo del viaje? **4** *vt* (*cambio de estado*): *They set the prisoners free.* Pusieron en libertad a los prisioneros. ◊ *It set me thinking.* Me puso a pensar. **5** *vt* (*mandar*) poner: *She set them a difficult task.* Les puso una tarea difícil. **6** *vi* (*el sol*) ponerse **7** *vi* cuajar, fraguar, endurecerse: *Put the Jell-O in the fridge to set.* Meta la gelatina en la nevera para que cuaje. **8** *vt* (*formal*) poner, colocar: *He set a bowl of soup in front of me.* Me puso un plato de sopa delante. **9** *vt* (*hueso quebrado*) enyesar **10** *vt* (*pelo*) rizar **11** *vt* engarzar **LOC to set a good/bad example (to sb)** dar buen/mal ejemplo (a algn) **to set a/the trend** poner una moda **to set fire to sth/to set sth on fire** prender fuego a algo **to set light to sth** prender fuego a algo **to set sail (to/for)** zarpar (rumbo a) **to set sth alight** prender fuego a algo **to set the scene (for sth) 1** describir el escenario (para algo) **2** preparar el terreno (para algo) **to set your heart on (having/doing) sth** poner el corazón en (tener/hacer) algo *Ver tb* BALL, MIND, MOTION, RECORD, RIGHT, WORK[1]

PHR V to set about (doing) sth ponerse a hacer algo

to set off salir: *to set off on a journey* salir de viaje **to set sth off 1** hacer explotar algo **2** ocasionar algo

to set out 1 emprender un viaje **2** salir: *to set out from London* salir de Londres ◊ *They set out for Australia.* Salieron para Australia. **to set out to do sth** proponerse hacer algo

to set sth up 1 levantar algo **2** montar algo

set[3] /set/ *adj* **1** situado **2** determinado **LOC to be all set (for sth/to do sth)** estar preparado (para algo/para hacer algo) *Ver tb* MARK[2]

setting /ˈsetɪŋ/ *n* **1** montadura **2** ambientación **3** [*sing*] (*del sol*) puesta

settle /ˈsetl/ **1** *vi* establecerse, quedarse a vivir **2** *vi* ~ (**on sth**) posarse (en algo) **3** *vt* (*estómago*) asentar **4** *vt* ~ **sth (with sb)** (*disputa*) resolver algo (con algn) **5** *vt* (*cuenta*) pagar **6** *vi* (*sedimento*) depositarse **PHR V to settle down** acostumbrarse: *to marry and settle down* casarse y sentar cabeza **to settle for sth** aceptar algo **to settle in/into sth** adaptar(se) a algo **PHR V to settle on sth** decidirse por algo **to settle up (with sb)** liquidar las cuentas (con algn) **settled** *adj* estable

settlement /ˈsetlmənt/ *n* **1** acuerdo **2** colonización, poblado

settler /ˈsetlər/ *n* poblador, -ora

seven /ˈsevn/ *adj, pron, n* siete ☛ *Ver ejemplos en* FIVE **seventh 1** *adj* séptimo **2** *pron, adv* el séptimo, la séptima, los séptimos, las séptimas **3** *n* séptima parte, séptimo ☛ *Ver ejemplos en* FIFTH

seventeen /ˌsevnˈtiːn/ *adj, pron, n* diecisiete ☛ *Ver ejemplos en* FIVE **seventeenth 1** *adj* decimoséptimo **2** *pron, adv* el decimoséptimo, la decimoséptima, los decimoséptimos, las decimoséptimas **3** *n* diecisieteava parte, diecisieteavo ☛ *Ver ejemplos en* FIFTH

seventy /ˈsevnti/ *adj, pron, n* setenta ☛ *Ver ejemplos en* FIFTY, FIVE **seventieth 1** *adj, pron* septuagésimo **2** *n* setentava parte, setentavo ☛ *Ver ejemplos en* FIFTH

sever /ˈsevər/ *vt* (*formal*) **1** ~ **sth (from sth)** cortar algo (de algo) **2** (*relaciones*) romper

several /ˈsevrəl/ *adj, pron* varios, -as

severe /sɪˈvɪər/ *adj* (**-er**, **-est**) **1** (*semblante, castigo*) severo **2** (*tormenta, helada*) fuerte **3** (*dolor*) intenso

sew /soʊ/ *vt, vi* (*pret* **sewed** *pp* **sewn** /soʊn/ *o* **sewed**) coser **PHR V to sew**

sth up coser algo: *to sew up a hole* remendar un agujero

sewage /ˈsuːɪdʒ; *GB* ˈsjuː-/ *n* [*incontable*] aguas negras

sewer /ˈsuːər; *GB* ˈsjuː-/ *n* alcantarilla, cloaca

sewing /ˈsoʊɪŋ/ *n* costura

sewn *pp de* SEW

sex /seks/ *n* **1** sexo **2** trato sexual: *to have sex* (*with sb*) tener relaciones sexuales (con algn)

sexism /ˈseksɪzəm/ *n* sexismo

sexual /ˈsekʃuəl/ *adj* sexual: *sexual intercourse* relaciones sexuales, coito **sexuality** /ˌsekʃuˈæləti/ *n* sexualidad

shabby /ˈʃæbi/ *adj* (**-ier**, **-iest**) **1** (*ropa*) raído **2** (*cosas*) en mal estado **3** (*gente*) desharrapado **4** (*comportamiento*) mezquino

shack /ʃæk/ *n* choza

shade /ʃeɪd/ ◆ *n* **1** sombra ☛ *Ver dibujo en* SOMBRA **2** pantalla (*de lámpara*) **3** persiana **4** (*color*) tono **5** (*significado*) matiz ◆ *vt* dar sombra a **shady** *adj* (**-ier**, **-iest**) sombreado

shadow /ˈʃædoʊ/ ◆ *n* **1** sombra ☛ *Ver dibujo en* SOMBRA **2 shadows** [*pl*] tinieblas ◆ *vt* seguir y vigilar secretamente ◆ *adj* de la oposición (*política*) **shadowy** *adj* **1** (*lugar*) oscuro **2** (*fig*) indefinido

shaft /ʃæft; *GB* ʃɑːft/ *n* **1** flecha **2** mango largo **3** fuste **4** eje **5** pozo: *the elevator shaft* el hueco del ascensor **6** ~ (**of sth**) rayo (de algo)

shaggy /ˈʃægi/ *adj* (**-ier**, **-iest**) peludo: *shaggy eyebrows* cejas peludas ◊ *shaggy hair* pelo desgreñado

shake /ʃeɪk/ (*pret* **shook** /ʃʊk/ *pp* **shaken** /ˈʃeɪkən/) ◆ **1** *vt* ~ **sth/sb** (**about/around**) sacudir, agitar algo/a algn **2** *vi* temblar **3** *vt* ~ **sb** (**up**) perturbar a algn LOC **to shake sb's hand/shake hands** (**with sb**) dar la mano a algn **to shake your head** negar con la cabeza PHR V **to shake sb off** quitarse a algn de encima **to shake sb up** dar una sacudida a algn **to shake sth up** agitar algo ◆ *n* [*gen sing*] sacudida: *a shake of the head* una negación con la cabeza **shaky** *adj* (**-ier**, **-iest**) **1** tembloroso **2** poco firme

shall /ʃəl, ʃæl/ ◆ (*contracción* **'ll** *neg* **shall not** *o* **shan't** /ʃænt; *GB* ʃɑːnt/) *v aux* (*esp GB*) para formar el futuro: *As we shall see*... Como veremos... ◊ *I shall tell her tomorrow.* Se lo diré mañana.

> **Shall** y **will** se usan para formar el futuro en inglés. **Shall** se utiliza con la primera persona del singular y del plural, **I** y **we**, y **will** con las demás personas. Sin embargo, en inglés hablado **will** (o **'ll**) tiende a utilizarse con todos los pronombres.

◆ *v modal*

> **Shall** es un verbo modal al que sigue un infinitivo sin TO, y las oraciones interrogativas y negativas se construyen sin el auxiliar *do*.

1 (*formal*) (*voluntad, determinación*): *He shall be given a fair trial.* Tendrá un juicio justo. ◊ *I shan't go.* No iré. ☛ En este sentido, **shall** es más formal que **will**, especialmente cuando se usa con pronombres que no sean *I* y *we*. **2** (*oferta, petición*): *Shall we pick you up?* ¿Pasamos por ti? ☛ En Estados Unidos se usa **should** en lugar de **shall** con este significado.

shallow /ˈʃæloʊ/ *adj* (**-er**, **-est**) **1** (*agua*) poco profundo **2** (*pey*) (*persona*) superficial

shambles /ˈʃæmblz/ *n* (*coloq*) desastre: *to be* (*in*) *a shambles* estar hecho un desastre

shame /ʃeɪm/ ◆ *n* **1** vergüenza **2** deshonra **3 a shame** (*coloq*) lástima: *What a shame!* ¡Qué lástima! LOC **to put sth/sb to shame** superar a algo/algn por mucho *Ver tb* CRY ◆ *vt* **1** avergonzar **2** deshonrar

shameful /ˈʃeɪmfl/ *adj* vergonzoso

shameless /ˈʃeɪmləs/ *adj* descarado, sinvergüenza

shampoo /ʃæmˈpuː/ ◆ *n* (*pl* **-oos**) champú ◆ *vt* (*pret, pp* **-ooed** *pt pres* **-ooing**) lavar (con champú)

shan't /ʃænt; *GB* ʃɑːnt/ = SHALL NOT *Ver* SHALL

shanty town /ˈʃænti taʊn/ *n* barrio de tugurios

shape /ʃeɪp/ ◆ *n* **1** forma **2** figura LOC **in any shape** (**or form**) (*coloq*) de cualquier tipo **in shape** en forma **out of shape 1** deformado **2** en mala condición **to give shape to sth** (*fig*) plasmar algo **to take shape** ir cobrando forma ◆ *vt* **1** ~ **sth** (**into sth**) dar forma (de algo) a algo **2** forjar **shapeless** *adj* amorfo

share /ʃeər/ ◆ *n* **1** ~ **(in/of sth)** parte (en/de algo) **2** (*Fin*) acción **LOC** *Ver* FAIR ◆ **1** *vt* ~ **sth (out) (among/between sb)** repartir algo (entre algn) **2** *vt, vi* ~ **(sth) (with sb)** compartir (algo) (con algn)

shareholder /ˈʃeərhoʊldər/ *n* accionista

shark /ʃɑrk/ *n* tiburón

sharp /ʃɑrp/ ◆ *adj* (**-er**, **-est**) **1** (*cuchillo*) afilado **2** (*curva*) cerrado **3** (*subida*) pronunciado **4** nítido **5** (*sonido*) agudo **6** (*sabor*) ácido **7** (*olor*) acre **8** (*viento*) cortante **9** (*dolor*) agudo **10** poco escrupuloso **11** (*Mús*) sostenido ◆ *n* sostenido ☛ *Comparar con* FLAT ◆ *adv* (*coloq*) en punto **sharpen** *vt, vi* afilar

shatter /ˈʃætər/ *vt, vi* **1** hacer(se) añicos **2** destruir **shattering** *adj* demoledor

shave /ʃeɪv/ *vt, vi* afeitar(se), rasurar (se) **LOC** *Ver* CLOSE[1]

she /ʃiː/ ◆ *pron pers* ella (*se usa también para referirse a carros, barcos o naciones*): *She didn't come.* No vino. ☛ El *pron pers* no puede omitirse en inglés. *Comparar con* HER 3 ◆ *n* hembra: *Is it a he or a she?* ¿Es macho o hembra?

shear /ʃɪər/ *vt* (*pret* **sheared** *pp* **shorn** /ʃɔːrn/ *o* **sheared**) **1** (*oveja*) trasquilar **2** cortar **shears** /ʃɪəz/ *n* [*pl*] tijera (de podar)

sheath /ʃiːθ/ *n* (*pl* **~s** /ʃiːðz/) vaina, estuche

she'd /ʃiːd/ **1** = SHE HAD *Ver* HAVE **2** = SHE WOULD *Ver* WOULD

shed[1] /ʃed/ *n* cobertizo

shed[2] /ʃed/ *vt* (**-dd-**) (*pret, pp* **shed**) **1** (*hojas*) perder **2** (*la piel*) mudar **3** (*formal*) (*sangre o lágrimas*) derramar **4** ~ **sth (on sth/sb)** (*luz*) arrojar, difundir algo (sobre algo/algn)

sheep /ʃiːp/ *n* (*pl* **sheep**) oveja *Ver tb* EWE, RAM ☛ *Ver nota en* CARNE **sheepish** *adj* tímido, avergonzado

sheer /ʃɪər/ *adj* **1** (*absoluto*) puro **2** (*de la tela*) diáfano **3** (*casi vertical*) escarpado

sheet /ʃiːt/ *n* **1** (*para una cama*) sábana **2** (*de papel*) hoja **3** (*de vidrio, metal*) lámina

sheikh /ʃeɪk/ *n* jeque

shelf /ʃelf/ *n* (*pl* **shelves** /ʃelvz/) estante, anaquel, repisa

she'll /ʃiːl/ = SHE WILL *Ver* WILL

shell[1] /ʃel/ *n* **1** (*molusco*) concha **2** (*nuez*) cáscara **3** (*huevo*) cascarón ☛ *Ver nota en* PEEL **4** (*tortuga, crustáceo, insecto*) caparazón **5** (*barco*) casco **6** (*edificio*) armazón

shell[2] /ʃel/ ◆ *n* obús ◆ *vt* bombardear

shellfish /ˈʃelfɪʃ/ *n* (*pl* **shellfish**) **1** (*Zool*) crustáceo **2** (*como alimento*) marisco

shelter /ˈʃeltər/ ◆ *n* **1** ~ **(from sth)** (*protección*) abrigo, resguardo (contra algo): *to take shelter* refugiarse **2** (*lugar*) refugio ◆ **1** *vt* ~ **sth/sb (from sth/sb)** resguardar, abrigar algo/a algn (de algo/algn) **2** *vi* ~ **(from sth)** refugiarse, ponerse al abrigo (de algo) **sheltered** *adj* **1** (*lugar*) abrigado **2** (*vida*) protegido

shelve /ʃelv/ *vt* archivar

shelves *plural de* SHELF

shelving /ˈʃelvɪŋ/ *n* estantería

shepherd /ˈʃepərd/ *n* pastor

sherry /ˈʃeri/ *n* (*pl* **-ies**) jerez

she's /ʃiːz/ **1** = SHE IS *Ver* BE **2** = SHE HAS *Ver* HAVE

shield /ʃiːld/ ◆ *n* escudo ◆ *vt* ~ **sth/sb (from sth/sb)** proteger algo/a algn (contra algo/algn)

shift /ʃɪft/ ◆ **1** *vi* moverse, cambiar de sitio: *She shifted uneasily in her seat.* Se movió inquietamente en su asiento. **2** *vt* mover, cambiar de sitio: *I can't shift it.* No lo puedo mover. ◆ *n* **1** cambio: *a shift in public opinion* un cambio en la opinión pública **2** (*trabajo*) turno

shifty /ˈʃɪfti/ *adj* (**-ier**, **-iest**) sospechoso

shilling /ˈʃɪlɪŋ/ *n* chelín

shimmer /ˈʃɪmər/ *vi* **1** (*agua, seda*) brillar **2** (*luz*) resplandecer **3** (*luz en agua*) relucir

shin /ʃɪn/ *n* **1** espinilla **2** (*tb* **shin-bone**) tibia

shine /ʃaɪn/ ◆ (*pret, pp* **shone** /ʃoʊn *GB* ʃɒn/) **1** *vi* brillar: *His face shone with happiness.* Su cara irradiaba felicidad. **2** *vt* (*linterna, etc.*) dirigir **3** *vi* ~ **at/in sth** brillar: *She's always shone at languages.* Siempre ha sido muy buena para los idiomas. ◆ *n* brillo

shingle /ˈʃɪŋgl/ *n* guijarros

shiny /ˈʃaɪni/ *adj* (**-ier**, **-iest**) brillante, reluciente

ship /ʃɪp/ ◆ *n* barco, buque: *T*

captain went on board ship. El capitán subió al barco. ◊ *to launch a ship* botar un barco ◊ *a merchant ship* un buque mercante ☛ *Ver nota en* BOAT ◆ *vt* (**-pp-**) enviar (por vía marítima)

shipbuilding /ˈʃɪpbɪldɪŋ/ *n* construcción naval

shipment /ˈʃɪpmənt/ *n* cargamento

shipping /ˈʃɪpɪŋ/ *n* embarcaciones, buques: *shipping lane/route* vía/ruta de navegación

shipwreck /ˈʃɪprek/ ◆ *n* naufragio ◆ *vt*: *to be shipwrecked* naufragar

shirt /ʃɜːrt/ *n* camisa

shiver /ˈʃɪvər/ ◆ *vi* **1** ~ **(with sth)** temblar (de algo) **2** estremecerse ◆ *n* escalofrío

shoal /ʃoʊl/ *n* banco (*de peces*)

shock /ʃɑk/ ◆ *n* **1** conmoción **2** (*tb* **electric shock**) descarga eléctrica **3** (*Med*) shock ◆ **1** *vt* conmover, trastornar **2** *vt, vi* escandalizarse **shocking** *adj* **1** (*comportamiento*) escandaloso **2** (*noticia, crimen, etc.*) espantoso **3** (*coloq*) horrible, espeluznante

shod *pret, pp de* SHOE

shoddy /ˈʃɑdi/ *adj* (**-ier**, **-iest**) **1** (*producto*) de baja calidad **2** (*trabajo*) mal hecho

shoe /ʃuː/ ◆ *n* **1** zapato: *shoe shop* zapatería ◊ *shoe polish* betún ◊ *What shoe size do you wear?* ¿Qué número de zapato usa? ☛ *Ver nota en* PAIR **2** *Ver* HORSESHOE ◆ *vt* (*pret, pp* **shod** /ʃɑd/) herrar

shoelace /ˈʃuːleɪs/ (*USA tb* **shoestring**) *n* cordón

shoestring /ˈʃuːstrɪŋ/ (*GB* **shoelace**) *n* cordón **LOC on a shoestring** (*GB*) con escasos medios

shone *pret, pp de* SHINE

shook *pret de* SHAKE

shoot /ʃuːt/ ◆ (*pret, pp* **shot** /ʃɑt/) **1** *vt* pegar un tiro a: *to shoot rabbits* cazar conejos ◊ *She was shot in the leg.* Recibió un disparo en la pierna. ◊ *to shoot sb dead* matar (a tiros) a algn **2** *vi* ~ **at sth/sb** disparar a algo/contra algn **3** *vt* fusilar **4** *vt* (*mirada*) lanzar **5** *vt* (*película*) rodar **6** *vi* ~ **along, past, out, etc.** ir, pasar, salir, etc., volando **7** *vi* (*Dep*) chutar **PHR V to shoot sb down** matar a algn (a tiros) **to shoot sth down** derribar algo (a tiros) **to shoot up 1** (*precios*) dispararse **2** (*planta*) crecer rápidamente **3** (*niño*) crecer mucho ◆ *n* brote

shop /ʃɑp/ ◆ *n* **1** (*GB*) (*USA gen* **store**) almacén: *a clothes shop* un almacén de ropa ◊ *I'm going to the shops.* Voy a hacer las compras. **2** *Ver* WORKSHOP **LOC** *Ver* TALK ◆ *vi* (**-pp-**) ir de compras, hacer compras: *to shop for sth* buscar algo (en los almacenes) **PHR V to shop around** (*coloq*) comparar precios

shop assistant *n* vendedor, -ora

shopkeeper /ˈʃɑpkiːpər/ (*tb* **storekeeper**) *n* comerciante, tendero, -a

shoplifting /ˈʃɑplɪftɪŋ/ *n* hurto (*en un almacén*): *She was charged with shoplifting.* La acusaron de haberse llevado cosas sin pagar en un almacén. **shoplifter** *n* ladrón, -ona ☛ *Ver nota en* THIEF

shopper /ˈʃɑpər/ *n* comprador, -ora

shopping /ˈʃɑpɪŋ/ *n* compra(s): *to do the shopping* mercar ◊ *She's gone shopping.* Fue de compras. ◊ *shopping bag* bolsa de compras

shopping cart *n* carrito de compras

shopping center (*tb* **shopping mall**) *n* centro comercial

shore /ʃɔːr/ *n* **1** costa: *to go on shore* desembarcar **2** orilla (*de mar, lago*): *on the shore(s) of Loch Ness* a orillas del Lago Ness ☛ *Comparar con* BANK[1]

shorn *pp de* SHEAR

short[1] /ʃɔːrt/ *adj* (**-er**, **-est**) **1** (*pelo, vestido*) corto: *I was only there for a short while.* Sólo estuve allá un rato. ◊ *a short time ago* hace poco **2** (*persona*) bajo **3** ~ **(of/on sth)** escaso (de algo): *Water is short.* Hay escasez de agua. ◊ *I'm a little short on time just now.* Ando un poco justo de tiempo en estos momentos. ◊ *I'm $5 short.* Me faltan cinco dólares. **4** ~ **for sth**: *Ben is short for Benjamin.* Ben es el diminutivo de Benjamin. **LOC for short** para abreviar: *He's called Ben for short.* Lo llamamos Ben para abreviar. **in short** resumiendo **to get/receive short shrift** ser despachado sin contemplaciones **to have a short temper** tener mal genio *Ver tb* BREATH, TERM

short[2] /ʃɔːrt/ ◆ *adv Ver* CUT, FALL, STOP ◆ *n* **1** *Ver* SHORT-CIRCUIT **2** (*Cine*) corto

shortage /ˈʃɔːrtɪdʒ/ *n* escasez

short-circuit /ˌʃɔːrt ˈsɜːrkɪt/ ◆ **1** *vi* tener un cortocircuito **2** *vt* causar un cortocircuito en ◆ *n* (*coloq* **short**) cortocircuito

shortcoming /ˈʃɔːrtkʌmɪŋ/ *n* deficiencia: *severe shortcomings in police tactics* graves deficiencias en las tácticas policiales

short cut *n* atajo: *He took a short cut through the park.* Tomó un atajo por el parque.

shorten /ˈʃɔːrtn/ *vt, vi* acortar(se)

shorthand /ˈʃɔːrthænd/ *n* taquigrafía

short list *n* lista final de candidatos

short-lived /ˌʃɔːrt ˈlɪvd, -laɪvd/ *adj* efímero

shortly /ˈʃɔːrtli/ *adv* **1** dentro de poco **2** poco: *shortly afterwards* poco después

shorts /ʃɔːrts/ *n* [*pl*] **1** shorts **2** (*USA*) calzoncillos ☛ *Ver nota en* PAIR

short-sighted /ˌʃɔːrt ˈsaɪtɪd/ *adj* **1** (*USA* **nearsighted**) miope **2** (*fig*) imprudente

short-term /ˈʃɔːrt tɜːrm/ *adj* a corto plazo: *short-term plans* planes a corto plazo

shot¹ /ʃɑt/ *n* **1** disparo **2** intento: *to have a shot at* (*doing*) *sth* intentar hacer algo **3** (*Dep*) golpe **4 the shot** [*sing*] (*Dep*): *to put the shot* lanzar el peso **5** (*Fot*) foto **6** (*coloq*) pico **LOC** *Ver* BIG

shot² *pret, pp de* SHOOT

shotgun /ˈʃɑtgʌn/ *n* escopeta

should /ʃəd, ʃʊd/ *v modal* (*neg* **should not** *o* **shouldn't** /ˈʃʊdnt/)

> **Should** es un verbo modal al que sigue un infinitivo sin TO, y las oraciones interrogativas y negativas se construyen sin el auxiliar *do*.

1 (*sugerencias y consejos*) deber: *You shouldn't drink and drive.* No deberías manejar si has bebido. ☛ *Comparar con* MUST **2** (*probabilidad*) deber de: *They should be there by now.* Ya deben de haber llegado. **3** *How should I know?* ¿Y yo qué sé? **4** (*GB* **shall**): *Should we pick you up?* Pasamos por ti?

shoulder /ˈʃoʊldər/ ◆ *n* hombro **LOC** *Ver* CHIP ◆ *vt* cargar con

shoulder blade *n* omóplato

shout /ʃaʊt/ ◆ *n* grito ◆ *vt, vi* ~ (**sth**) (**out**) (**at/to sb**) gritar (algo) (a algn) **PHR V to shout sb down** callar a algn con abucheos

> Cuando utilizamos **to shout** con **at sb** tiene el sentido de *regañar*, pero cuando lo utilizamos con **to sb** tiene el sentido de *decir a gritos*: *Don't shout at him, he's only little.* No le grite, que es muy pequeño. ◊ *She shouted the number out to me from the car.* Me gritó el número desde el carro.

shove /ʃʌv/ ◆ **1** *vt, vi* empujar **2** *vt* (*coloq*) meter ◆ *n* [*gen sing*] empujón

shovel /ˈʃʌvl/ ◆ *n* pala ◆ *vt* (**-l-**, *GB* **-ll-**) (re)mover con una pala

show /ʃoʊ/ ◆ *n* **1** demostración, función **2** exposición, feria **3** demostración, alarde: *a show of force* una demostración de fuerza ◊ *to make a show of sth* hacer alarde de algo **LOC for show** para impresionar **on show** expuesto ◆ (*pret* **showed** *pp* **shown** /ʃoʊn/ *o* **showed**) **1** *vt* mostrar, enseñar **2** *vi* verse, notarse **3** *vt* demostrar **4** *vt* (*película*) proyectar **5** *vt* (*Arte*) exponer **LOC** *Ver* ROPE **PHR V to show off (to sb)** (*coloq, pey*) presumir (delante de algn) **to show sth/sb off 1** (*aprob*) hacer resaltar algo/a algn **2** (*pey*) presumir de algo/algn **to show up** (*coloq*) presentarse **to show sb up** (*coloq*) avergonzar a algn

show business *n* mundo del espectáculo

showdown /ˈʃoʊdaʊn/ *n* enfrentamiento decisivo

shower /ˈʃaʊər/ ◆ *n* **1** chubasco, chaparrón **2** ~ (**of sth**) lluvia (de algo) **3** ducha: *to take/have a shower* bañarse ◆ (*USA*) shower ◆ *vt* ~ **sb with sth** (*fig*) colmar a algn de algo

showing /ˈʃoʊɪŋ/ *n* **1** (*Cine*) función **2** actuación

shown *pp de* SHOW

showroom /ˈʃoʊruːm/ *n* sala de exposición

shrank *pret de* SHRINK

shrapnel /ˈʃræpnəl/ *n* metralla

shred /ʃred/ ◆ *n* **1** (*de verduras*) tira **2** (*de tabaco*) brizna **3** (*de tela*) jirón **4 of sth** (*fig*) pizca de algo ◆ *vt* (**-dd-**) hacer tiras, desmenuzar

shrewd /ʃruːd/ *adj* (**-er, -est**) **1** astuto, perspicaz **2** (*decisión*) inteligente, acertado

shriek /ʃriːk/ ~ (**with sth**) ◆ *vt, vi* gritar, chillar (de algo): *to shriek wit* *laughter* reírse a carcajadas ◆ *n* chillido

shrift /ʃrɪft/ *n Ver* SHORT[1]

shrill /ʃrɪl/ *adj* (**-er**, **-est**) **1** agudo, chillón **2** (*protesta, etc.*) estridente

shrimp /ʃrɪmp/ *n* camarón

shrine /ʃraɪn/ *n* **1** santuario **2** sepulcro

shrink /ʃrɪŋk/ *vt, vi* (*pret* **shrank** /ʃræŋk/ *o* **shrunk** /ʃrʌŋk/ *pp* **shrunk**) encoger(se), reducir(se) **PHR V to shrink from sth/doing sth** vacilar ante algo/en hacer algo

shrivel /ˈʃrɪvl/ *vt, vi* (**-l-**, *GB* **-ll-**) ~ (**sth**) (**up**) **1** secar algo/secarse **2** arrugar algo/arrugarse, marchitarse

shroud /ʃraʊd/ ◆ *n* **1** sudario **2** ~ (**of sth**) (*fig*) manto, velo (de algo) ◆ *vt* ~ **sth in sth** envolver algo de algo: *shrouded in secrecy* rodeado del mayor secreto

shrub /ʃrʌb/ *n* arbusto pequeño (*de ornato*) ☛ *Comparar con* BUSH

shrug /ʃrʌg/ ◆ *vt, vi* (**-gg-**) ~ (**your shoulders**) encogerse de hombros **PHR V to shrug sth off** no dar importancia a algo ◆ *n* encogimiento de hombros

shrunk *pret, pp de* SHRINK

shudder /ˈʃʌdər/ ◆ *vi* **1** ~ (**with sth**) estremecerse (de algo) **2** dar sacudidas ◆ *n* **1** estremecimiento, escalofrío **2** sacudida

shuffle /ˈʃʌfl/ **1** *vt, vi* (*cartas*) barajar **2** *vt* ~ **your feet** arrastrar los pies **3** *vi* ~ (**along**) caminar arrastrando los pies

shun /ʃʌn/ *vt* (**-nn-**) evitar, rehuir

shut /ʃʌt/ ◆ *vt, vi* (**-tt-**) (*pret, pp* **shut**) cerrar(se) **LOC** *Ver* CLICK
PHR V to shut sth/sb away encerrar algo/a algn
to shut (sth) down cerrar (algo)
to shut sth in sth machucar(se) algo con algo
to shut sth off cortar algo (*suministro*)
to shut sth/sb off (from sth) aislar algo/a algn (de algo)
to shut sth/sb out (of sth) excluir algo/a algn (de algo)
to shut up (*coloq*) callarse **to shut sb up** (*coloq*) hacer callar a algn **to shut sth up** cerrar algo **to shut sth/sb up (in sth)** encerrar algo/a algn (en algo)
◆ *adj* [*siempre se usa después del verbo*] cerrado: *The door was shut.* La puerta estaba cerrada. ☛ *Comparar con* CLOSED *en* CLOSE[2]

shutter /ˈʃʌtər/ *n* **1** contraventana **2** (*Fot*) obturador

shuttle /ˈʃʌtl/ *n* **1** lanzadera **2** puente (aéreo): *shuttle service* servicio de enlace **3** (*tb* **space shuttle**) transbordador espacial

shy /ʃaɪ/ ◆ *adj* (**shyer**, **shyest**) tímido: *to be shy of sth/sb* asustarle a uno algo/algn ◆ *vi* (*pret, pp* **shied** /ʃaɪd/) **to shy (at sth)** (*caballo*) espantarse (de algo) **PHR V to shy away from sth/doing sth** asustarse de (hacer) algo **shyness** *n* timidez

sick /sɪk/ ◆ *adj* (**-er**, **-est**) **1** (*GB tb* **ill**) enfermo: *to be out sick* estar enfermo ☛ *Ver nota en* ENFERMO **2** mareado **3** ~ **of sth/sb/doing sth** (*coloq*) harto de algo/algn/hacer algo **4** (*coloq*) morboso **LOC to be sick** vomitar **to be sick to death of/sick and tired of sth/sb** (*coloq*) estar hasta la coronilla de algo/algn **to make sb sick** poner a algn enfermo ◆ *n* (*GB, coloq*) vómito **sicken** *vt* dar asco a algn **sickening** *adj* **1** repugnante **2** irritante

sickly /ˈsɪkli/ *adj* (**-ier**, **-iest**) **1** enfermizo **2** (*gusto, olor*) empalagoso

sickness /ˈsɪknəs/ *n* **1** enfermedad **2** náuseas

side /saɪd/ ◆ *n* **1** cara: *on the other side* al revés **2** lado: *to sit at/by sb's side* sentarse al lado de algn **3** (*de una casa*) costado: *a side door* una puerta lateral **4** (*de una montaña*) ladera **5** (*de un lago*) orilla **6** (*Anat*) (*de una persona*) costado **7** (*de un animal*) flanco **8** parte: *to change sides* pasarse al otro bando ◊ *to be on our side* ser de los nuestros ◊ *Whose side are you on?* ¿De qué lado está usted? **9** (*GB, Dep*) (*USA* **team**) equipo **10** aspecto: *the different sides of a question* los distintos aspectos de un tema **LOC on/from all sides; on/from every side** por/de todos lados, por/de todas partes **side by side** uno al lado del otro **to get on the right/wrong side of sb** caer bien/mal a algn **to put sth on/to one side** dejar algo a un lado **to take sides (with sb)** tomar partido (con algn) *Ver tb* LOOK[1], SAFE[1] ◆ **PHR V to side with/against sb** ponerse del lado de/en contra de algn

sideboard /ˈsaɪdbɔːrd/ *n* aparador

side effect *n* efecto secundario

side street *n* bocacalle

sidetrack /ˈsaɪdtræk/ *vt* desviar
sidewalk /ˈsaɪdwɔːk/ (*GB* **pavement**) *n* andén, acera
sideways /ˈsaɪdweɪz/ *adv, adj* **1** de/hacia un lado **2** (*mirada*) de reojo
siege /siːdʒ/ *n* **1** sitio **2** cerco policial
sieve /sɪv/ ◆ *n* cedazo ◆ *vt* cernir, colar
sift /sɪft/ *vt* **1** cernir, colar **2** ~ **(through) sth** (*fig*) examinar algo cuidadosamente
sigh /saɪ/ ◆ *vi* suspirar ◆ *n* suspiro
sight /saɪt/ *n* **1** vista: *to have poor sight* tener mala vista **2 the sights** [*pl*] lugares de interés **LOC at/on sight** en el acto **in sight** a la vista **out of sight, out of mind** ojos que no ven, corazón que no siente *Ver tb* CATCH, LOSE, PRETTY
sightseeing /ˈsaɪtsiːɪŋ/ *n* turismo
sign[1] /saɪn/ *n* **1** signo: *the signs of the Zodiac* los signos del Zodiaco **2** (*tráfico*) señal, letrero **3** señal: *to make a sign at sb* hacerle una señal a algn **4** ~ **(of sth)** señal, indicio (de algo): *a good/bad sign* una buena/mala señal ◊ *there are signs that…* hay indicios de que… **5** ~ **(of sth)** (*Med*) síntoma (de algo)
sign[2] /saɪn/ *vt, vi* firmar **PHR V to sign sb up 1** contratar a algn **2** (*Dep*) fichar a algn **to sign up (for sth) 1** inscribirse (en algo) **2** hacerse socio (de algo)
signal /ˈsɪgnəl/ ◆ *n* señal ◆ *vt, vi* (**-l-**, *GB* **-ll-**) **1** hacer señas: *to signal (to) sb to do sth* hacer señas a algn para que haga algo **2** mostrar: *to signal your discontent* dar muestras de descontento
signature /ˈsɪgnətʃər/ *n* firma
significant /sɪgˈnɪfɪkənt/ *adj* significativo **significance** *n* **1** significación **2** significado **3** trascendencia
signify /ˈsɪgnɪfaɪ/ *vt* (*pret, pp* **-fied**) **1** significar **2** indicar
sign language *n* lenguaje por señas
signpost /ˈsaɪnpoʊst/ *n* poste indicador
silence /ˈsaɪləns/ ◆ *n, interj* silencio ◆ *vt* callar
silent /ˈsaɪlənt/ *adj* **1** silencioso **2** callado **3** (*letra, película*) mudo
silhouette /ˌsɪluˈet/ ◆ *n* silueta ◆ *vt* **LOC to be silhouetted (against sth)** dibujarse (sobre algo)
silk /sɪlk/ *n* seda **silky** *adj* (**-ier, -iest**) sedoso
sill /sɪl/ *n* alféizar
silly /ˈsɪli/ *adj* (**-ier, -iest**) **1** bobo: *That was a very silly thing to say.* Qué bobada la que dijiste. ☛ *Ver nota en* BOBO **2** ridículo: *to feel/look silly* sentirse/parecer ridículo
silver /ˈsɪlvər/ ◆ *n* **1** plata: *silver-plated* con baño de plata **2** cambio **3** (cubiertos de) plata **LOC** *Ver* ANNIVERSARY ◆ *adj* **1** de plata **2** (*color*) plateado **silvery** *adj* plateado
similar /ˈsɪmɪlər/ *adj* ~ **(to sth/sb)** parecido (a algo/algn) **similarity** /ˌsɪməˈlærəti/ *n* (*pl* **-ies**) similitud, semejanza **similarly** *adv* **1** de forma parecida **2** (*también*) del mismo modo, igualmente
simile /ˈsɪməli/ *n* símil
simmer /ˈsɪmər/ *vt, vi* hervir a fuego lento
simple /ˈsɪmpl/ *adj* (**-er, -est**) **1** sencillo, simple **2** fácil **3** (*persona*) bobo, tonto, lento
simplicity /sɪmˈplɪsəti/ *n* sencillez
simplify /ˈsɪmplɪfaɪ/ *vt* (*pret, pp* **-fied**) simplificar
simplistic /sɪmˈplɪstɪk/ *adj* simplista
simply /ˈsɪmpli/ *adv* **1** sencillamente, simplemente **2** de manera sencilla, modestamente **3** tan sólo
simulate /ˈsɪmjuleɪt/ *vt* simular
simultaneous /ˌsaɪmlˈteɪniəs; *GB* ˌsɪm-/ *adj* ~ **(with sth)** simultáneo (a algo) **simultaneously** *adv* simultáneamente
sin /sɪn/ ◆ *n* pecado ◆ *vi* (**-nn-**) **to sin (against sth)** pecar (contra algo)
since /sɪns/ ◆ *conj* **1** desde (que): *How long has it been since we visited your mother?* ¿Cuánto hace desde que visitamos a tu mamá? **2** puesto que ◆ *prep* desde (que): *It was the first time they'd won since 1974.* Era la primera vez que ganaban desde 1974.

Tanto **since** como **from** se traducen por "desde" y se usan para especificar el punto de partida de la acción del verbo. **Since** se usa cuando la acción se extiende en el tiempo hasta el momento presente: *She has been here since three.* Está aquí desde las tres. **From** se usa cuando la acción ya ha terminado o no ha empezado todavía: *I was there from three until four.* Estuve allá desde las tres hasta las cuatro. ◊ *I'll be there from* *three.* Voy a estar allá a partir de las tres. ☛ *Ver nota en* FOR sentido 3

◆ *adv* desde entonces: *We haven't heard from him since.* No sabemos nada desde entonces.

sincere /sɪnˈsɪər/ *adj* sincero **sincerely** *adv* sinceramente **LOC** *Ver* YOURS **sincerity** /sɪnˈserəti/ *n* sinceridad

sinful /ˈsɪnfl/ *adj* **1** pecador **2** pecaminoso

sing /sɪŋ/ *vt, vi* (*pret* **sang** /sæŋ/ *pp* **sung** /sʌŋ/) ~ (**sth**) (**for/to sb**) cantar (algo) (a algn) **singer** *n* cantante **singing** *n* canto, cantar

single /ˈsɪŋgl/ ◆ *adj* **1** solo, único: *every single day* cada día **2** (*cama*) individual **3** (*GB*) (*USA* **one-way**) (*tiquete*) de ida ☛ *Comparar con* ROUND TRIP TICKET **4** soltero: *single parent* madre soltera/padre soltero **LOC in single file** en fila india *Ver tb* BLOW ◆ *n* **1** tiquete de ida **2** (*disco*) sencillo ☛ *Comparar con* ALBUM **3 singles** [*pl*] (*Dep*) individuales ◆ **PHR V to single sth/sb out (for sth)** elegir algo/a algn (para algo)

single-handedly /ˌsɪŋgl ˈhændɪdli/ (*tb* **single-handed**) *adv* sin ayuda

single-minded /ˌsɪŋgl ˈmaɪndɪd/ *adj* decidido, resuelto

singular /ˈsɪŋgjələr/ ◆ *adj* **1** (*Gram*) singular **2** extraordinario, singular ◆ *n*: *in the singular* en singular

sinister /ˈsɪnɪstər/ *adj* siniestro

sink /sɪŋk/ ◆ (*pret* **sank** /sæŋk/ *pp* **sunk** /sʌŋk/) **1** *vt, vi* hundir(se) **2** *vi* bajar **3** *vi* (*sol*) ocultarse **4** *vt* (*coloq*) (*planes*) echar a perder **LOC to be sunk in sth** estar sumido en algo *Ver tb* HEART **PHR V to sink in 1** (*líquido*) absorberse **2** *It hasn't sunk in yet that…* Todavía no me he hecho a la idea de que… **to sink into sth 1** (*líquido*) penetrar en algo **2** (*fig*) sumirse en algo **to sink sth into sth** clavar algo en algo (*dientes, puñal*) ◆ *n* **1** (*USA*) lavamanos, lavabo **2 kitchen sink** lavaplatos ☛ *Comparar con* WASHBASIN

sinus /ˈsaɪnəs/ *n* seno (*de hueso*)

sip /sɪp/ ◆ *vt, vi* (**-pp-**) beber a sorbos ◆ *n* sorbo

sir /sɜːr/ *n* **1** *Yes, sir* Sí, señor **2 Sir**: *Dear Sir* Estimado Señor **3 Sir** /sər/: *Sir Laurence Olivier*

siren /ˈsaɪrən/ *n* sirena (*de policía, ambulancia*)

sister /ˈsɪstər/ *n* **1** hermana **2** (*GB, Med*) enfermera jefe **3 Sister** (*Relig*) hermana **4** *sister ship* barco gemelo ◊ *sister organization* organización hermana

sister-in-law /ˈsɪstər ɪn lɔː/ *n* (*pl* **-ers-in-law**) cuñada

sit /sɪt/ (**-tt-**) (*pret, pp* **sat** /sæt/) **1** *vi* sentarse, tomar asiento, estar sentado **2** *vt* **to sit sb** (**down**) (hacer) sentar a algn **3** *vi* **to sit** (**for sb**) (*Arte*) posar (para algn) **4** *vi* (*parlamento*) permanecer en sesión **5** *vi* (*comité, etc.*) reunirse **6** *vi* (*objeto*) estar **7** *vt* (*GB*) (*examen*) presentarse a

PHR V to sit around esperar sentado: *to sit around doing nothing* pasarse el día sin hacer nada

to sit back ponerse cómodo

to sit (**yourself**) **down** sentarse, tomar asiento

to sit up 1 incorporarse **2** quedarse levantado

site /saɪt/ *n* **1** emplazamiento: *construction site* obra/sitio de construcción **2** (*de suceso*) lugar

sitting /ˈsɪtɪŋ/ *n* **1** sesión **2** (*para comer*) tanda

sitting room (*esp GB*) *Ver* LIVING ROOM

situated /ˈsɪtʃueɪtɪd/ *adj* situado, ubicado

situation /ˌsɪtʃuˈeɪʃn/ *n* **1** situación **2** (*GB, formal*): *situations vacant* ofertas de trabajo

six /sɪks/ *adj, pron, n* seis ☛ *Ver ejemplos en* FIVE **sixth 1** *adj* sexto **2** *pron, adv* el sexto, la sexta, los sextos, las sextas **3** *n* sexta parte, sexto ☛ *Ver ejemplos en* FIFTH

sixteen /ˌsɪksˈtiːn/ *adj, pron, n* dieciséis ☛ *Ver ejemplos en* FIVE **sixteenth 1** *adj* decimosexto **2** *pron, adv* el decimosexto, la decimosexta, los decimosextos, las decimosextas **3** *n* dieciseisava parte, dieciseisavo ☛ *Ver ejemplos en* FIFTH

sixth form *n* (*GB*) los dos últimos años de la enseñanza secundaria

sixty /ˈsɪksti/ *adj, pron, n* sesenta ☛ *Ver ejemplos en* FIFTY, FIVE **sixtieth 1** *adj, pron* sexagésimo **2** *n* sesentava parte, sesentavo ☛ *Ver ejemplos en* FIFTH

size /saɪz/ ◆ *n* **1** tamaño **2** (*ropa, calzado*) talla: *I wear size seven.* Calzo la talla siete americana. ◆ PHR V **to size sth/sb up** (*coloq*) evaluar algo/a algn: *She sized him up immediately.* Adivinó sus intenciones enseguida. **sizeable** (*tb* **sizable**) *adj* considerable

skate /skeɪt/ ◆ *n* **1** (*tb* **ice skate**) patín **2** *Ver* ROLLER SKATE ◆ *vi* patinar **skater** *n* patinador, -ora **skating** *n* patinaje

skateboard /ˈskeɪtbɔːrd/ *n* patineta

skeleton /ˈskelɪtn/ ◆ *n* esqueleto ◆ *adj* mínimo: *skeleton staff/service* personal/servicio mínimo ◊ *skeleton key* llave maestra

skeptic (*GB* **sceptic**) /ˈskeptɪk/ *n* escéptico, -a

skeptical (*GB* **scep-**) *adj* ~ (**of/about sth**) escéptico (acerca de algo)

skepticism (*GB* **scep-**) *n* escepticismo

sketch /sketʃ/ ◆ *n* **1** esbozo **2** (*Teat*) sketch ◆ *vt, vi* esbozar **sketchy** *adj* (**-ier**, **-iest**) (*frec pey*) superficial, vago

ski /skiː/ ◆ *vi* (*pret, pp* **skied** *pt pres* **skiing**) esquiar ◆ *n* esquí **skiing** *n* esquí: *to go skiing* ir a esquiar

skid /skɪd/ ◆ *vi* (**-dd-**) **1** (*carro*) patinar **2** (*persona*) resbalar ◆ *n* patinada

skies *plural de* SKY

skill /skɪl/ *n* **1** ~ (**at/in sth/doing sth**) habilidad (para algo/hacer algo) **2** destreza **skillful** (*GB* **skilful**) *adj* **1** ~ (**at/in sth/doing sth**) hábil (para algo/hacer algo) **2** (*pintor, jugador*) diestro **skilled** *adj* ~ (**at/in sth/doing sth**) hábil (para algo/hacer algo); experto (en algo/hacer algo): *skilled work/worker* trabajo/trabajador especializado

skillet /ˈskɪlɪt/ *n* sartén

skim /skɪm/ *vt* (**-mm-**) **1** (*leche*) descremar **2** (*sopa*) quitar la grasa de **3** pasar (algo) casi rozando **4** ~ (**through/over**) **sth** leer algo por encima

skim milk (*GB* **skimmed milk**) *n* leche descremada

skin /skɪn/ ◆ *n* **1** (*de animal, persona*) piel **2** (*de fruta, embutidos*) piel, cáscara ☞ *Ver nota en* PEEL **3** (*de leche*) nata LOC **by the skin of your teeth** (*coloq*) por un pelo ◆ *vt* (**-nn-**) despellejar

skinhead /ˈskɪnhed/ *n* cabeza rapada

skinny /ˈskɪni/ *adj* (**-ier**, **-iest**) (*coloq, pey*) flaco ☞ *Ver nota en* DELGADO

skip /skɪp/ ◆ (**-pp-**) **1** *vi* brincar **2** *vi* (*USA* **jump**) saltar al lazo: *skipping rope* lazo **3** *vt* saltarse ◆ *n* brinco

skipper /ˈskɪpər/ *n* (*coloq*) capitán, -ana (*de barco*)

skirmish /ˈskɜːrmɪʃ/ *n* escaramuza

skirt /skɜːrt/ ◆ *n* falda ◆ PHR V **to skirt around sth** soslayar algo

skull /skʌl/ *n* calavera, cráneo

skunk /skʌŋk/ *n* zorrillo

sky /skaɪ/ *n* (*pl* **skies**) cielo: *sky-high* por las nubes ◊ *skylight* claraboya ◊ *skyline* línea del horizonte (en una ciudad) ◊ *skyscraper* rascacielos

slab /slæb/ *n* **1** (*mármol*) losa **2** (*concreto*) bloque **3** (*chocolate*) tableta

slack /slæk/ *adj* (**-er**, **-est**) **1** flojo **2** (*persona*) descuidado

slacken /ˈslækən/ *vt, vi* ~ (**sth**) (**off/up**) aflojar (algo)

slain *pp de* SLAY

slam /slæm/ (**-mm-**) **1** *vt, vi* ~ (**sth**) (**to/shut**) cerrar algo/cerrarse (de golpe) **2** *vt* arrojar, tirar: *to slam on your brakes* frenar de golpe **3** (*coloq*) *vt* (*criticar*) vapulear

slander /ˈslændər; *GB* ˈslɑːn-/ ◆ *n* calumnia ◆ *vt* calumniar

slang /slæŋ/ *n* argot

slant /slænt; *GB* slɑːnt/ ◆ **1** *vt, vi* inclinar(se), ladear(se) **2** *vt* (*frec pey*) presentar de forma subjetiva ◆ *n* inclinación **2** ~ (**on/to sth**) (*fig*) sesgo (en algo)

slap /slæp/ ◆ *vt* (**-pp-**) **1** (*cara*) cachetear **2** (*espalda*) dar palmadas en **3** arrojar/tirar/dejar caer (con un golpe) ◆ *n* **1** (*espalda*) palmada **2** (*castigo*) palmada **3** (*cara*) bofetada, cachetada ◆ *adv* (*GB coloq*) de lleno: *slap in the middle* justo en medio

slash /slæʃ/ ◆ *vt* **1** cortar **2** destrozar a navajazos (*ruedas, pinturas, etc.*) **3** (*precios, etc.*) aplastar ◆ *n* **1** navajazo, cuchillada **2** tajo, corte

slate /sleɪt/ *n* **1** pizarra **2** teja (de pizarra)

slaughter /ˈslɔːtər/ ◆ *n* **1** (*animales*) matanza **2** (*personas*) masacre ◆ *vt* **1** sacrificar (*en matadero*) **2** masacrar **3** (*coloq, esp Dep*) dar una paliza a

slave /sleɪv/ ◆ *n* ~ (**of/to sth/sb**) esclavo, -a (de algo/algn) ◆ *vi* ~ (**away**) (**at sth**) matarse trabajando (en algo)

slavery /ˈsleɪvəri/ *n* esclavitud

slay /sleɪ/ *vt* (*pret* **slew** /sluː/ *pp* **sla**

/sleɪn/) (*GB formal o USA*) matar (*violentamente*)

sleazy /ˈsliːzi/ *adj* (**-ier**, **-iest**) (*coloq*) sórdido

sled /sled/ (*GB* **sledge** /sledʒ/) *n* trineo (*de nieve*) ☛ *Comparar con* SLEIGH

sleek /sliːk/ *adj* (**-er**, **-est**) lustroso

sleep /sliːp/ ◆ *n* [*sing*] sueño **LOC to go to sleep** dormirse ◆ (*pret, pp* **slept** /slept/) **1** *vi* dormir: *sleeping bag* bolsa de dormir/sleeping bag ◊ *sleeping pill* pastilla para dormir **2** *vt* albergar, tener camas para **PHR V to sleep in** (*GB* **to lie in**) (*coloq*) quedarse en la cama **to sleep on sth** consultar algo con la almohada **to sleep sth off** dormir para recuperarse de algo: *to sleep it off* dormir la borrachera **to sleep through sth** no ser despertado por algo **to sleep with sb** acostarse con algn

sleeper /ˈsliːpər/ *n* **1** durmiente: *to be a heavy/light sleeper* tener el sueño pesado/ligero **2** (*en las carrileras del tren*) durmiente **3** (*en el tren*) litera **4** (*en el tren*) coche cama

sleepless /ˈsliːpləs/ *adj* en vela

sleepwalker /ˈsliːpwɔːkər/ *n* sonámbulo

sleepy /ˈsliːpi/ *adj* (**-ier**, **-iest**) **1** somnoliento **2** (*lugar*) tranquilo **LOC to be sleepy** tener sueño

sleet /sliːt/ *n* aguanieve

sleeve /sliːv/ *n* **1** manga **2** (*tb* **album sleeve**) (*de disco*) carátula **LOC (to have sth) up your sleeve** (tener algo) guardado en la manga **sleeveless** *adj* sin mangas

sleigh /sleɪ/ *n* trineo (*de caballos*) ☛ *Comparar con* SLED

slender /ˈslendər/ *adj* (**-er**, **-est**) **1** delgado **2** (*persona*) esbelto *Ver tb* THIN **3** escaso

slept *pret, pp de* SLEEP

slew *pret de* SLAY

slice /slaɪs/ ◆ *n* **1** (*pan, jamón*) rebanada ☛ *Ver dibujo en* PAN **2** (*fruta*) rodaja **3** (*carne*) pedazo **4** (*coloq*) porción ◆ *vt* **1** cortar (*en rebanadas, etc.*) **2** ~ **through/into sth** cortar algo limpiamente **PHR V to slice sth up** cortar algo en rebanadas, etc.

slick /slɪk/ ◆ *adj* (**-er**, **-est**) **1** (*representación*) logrado **2** (*vendedor*) astuto ◆ *n* *Ver* OIL SLICK

slide /slaɪd/ ◆ *n* **1** resbaladilla **2** diapositiva: *slide projector* proyector de diapositivas **3** (*microscopio*) portaobjetos **4** (*fig*) deslizamiento ◆ (*pret, pp* **slid** /slɪd/) **1** *vi* resbalar, deslizarse **2** *vt* deslizar, correr

sliding door *n* puerta corrediza

slight /slaɪt/ *adj* (**-er**, **-est**) **1** imperceptible **2** mínimo, ligero: *without the slightest difficulty* sin la menor dificultad **3** (*persona*) delgado, frágil **LOC not in the slightest** ni lo más mínimo **slightly** *adv* ligeramente: *He's slightly better.* Está un poco mejor.

slim /slɪm/ ◆ *adj* (**slimmer**, **slimmest**) **1** (*aprob*) (*persona*) delgado ☛ *Ver nota en* DELGADO **2** (*oportunidad*) escaso **3** (*esperanza*) ligero ◆ *vt, vi* (**-mm-**) ~ (**down**) adelgazar

slime /slaɪm/ *n* **1** cieno **2** baba **slimy** baboso, viscoso

sling¹ /slɪŋ/ *n* cabestrillo

sling² *vt* (*pret, pp* **slung** /slʌŋ/) **1** (*coloq*) lanzar (*con fuerza*) **2** colgar

slink /slɪŋk/ *vi* (*pret, pp* **slunk** /slʌŋk/) deslizarse (*sigilosamente*): *to slink away* largarse furtivamente

slip /slɪp/ ◆ *n* **1** resbalón **2** error, desliz **3** (*ropa*) combinación, enagua **4** (*de papel*) comprobante **LOC to give sb the slip** (*coloq*) perder a algn, escaparse ◆ (**-pp-**) **1** *vt, vi* resbalar, deslizar(se) **2** *vi* ~ **from/out of/through sth** escurrirse de/entre algo **3** *vt* ~ **sth (from/off sth)** soltar algo (de algo) **LOC to slip your mind**: *It slipped my mind.* Se me olvidó. *Ver tb* LET¹ **PHR V to slip away** escabullirse **to slip sth off** quitarse algo **to slip sth on** ponerse algo **to slip out 1** salir un momento **2** escabullirse **3** *It just slipped out.* Se me salió. **to slip up (on sth)** (*coloq*) equivocarse (en algo)

slipper /ˈslɪpər/ *n* chancla, pantufla

slippery /ˈslɪpəri/ *adj* **1** (*suelo*) resbaladizo **2** (*pez, persona*) escurridizo

slit /slɪt/ ◆ *n* **1** ranura **2** (*en una falda*) abertura **3** corte **4** rendija, abertura ◆ *vt* (**-tt-**) (*pret, pp* **slit**) cortar: *to slit sb's throat* degollar a algn **LOC to slit sth open** abrir algo con un cuchillo

slither /ˈslɪðər/ *vi* **1** deslizarse **2** resbalar, patinar

sliver /ˈslɪvər/ *n* **1** astilla **2** rodaja fina

slob /slɑb/ *n* (*coloq*) **1** vago **2** dejado

slog /slɔːg/ *vi* (**-gg-**) caminar trabajosamente **PHR V to slog (away) at sth** (*coloq*) trabajar como negro

slogan /ˈsloʊgən/ *n* eslogan

slop /slɑp/ (**-pp-**) **1** *vt* echar (*descuidadamente*) **2** *vt, vi* derramar(se)

slope /sloʊp/ ◆ *n* **1** pendiente **2** (*de esquí*) pista ◆ *vi* tener una pendiente

sloppy /ˈslɑpi/ *adj* (**-ier**, **-iest**) **1** descuidado, mal hecho **2** desaliñado **3** (*coloq*) sentimentaloide

slot /slɑt/ ◆ *n* **1** ranura **2** puesto: *a ten-minute slot on TV* un espacio de diez minutos en la televisión ◆ *v* (**-tt-**) **PHR V to slot in** encajar **to slot sth in** introducir/meter algo

slot machine *n* máquina de monedas

slow /sloʊ/ ◆ *adj* (**-er**, **-est**) **1** lento: *We're making slow progress.* Estamos avanzando lentamente. **2** torpe: *He's a little slow.* Le cuesta entender las cosas. **3** (*negocio*) lento: *Business is awfully slow today.* El negocio anda bastante lento hoy. **4** (*reloj*) atrasado: *That clock is five minutes slow.* Ese reloj está atrasado cinco minutos. **LOC in slow motion** en cámara lenta **to be slow to do sth/in doing sth** tardar en hacer algo ◆ *adv* (**-er**, **-est**) despacio ◆ **1** *vt* ~ **sth (up/down)** reducir la velocidad de algo: *to slow up the development of research* frenar el desarrollo de la investigación **2** *vi* ~ **(up/down)** reducir la velocidad, ir más despacio: *Production has slowed (up/down).* El ritmo de la producción disminuyó. **slowly** *adv* **1** despacio **2** poco a poco

sludge /slʌdʒ/ *n* **1** fango **2** sedimento

slug /slʌg/ *n* babosa **sluggish** *adj* **1** lento **2** aletargado **3** (*Econ*) flojo

slum /slʌm/ *n* **1** (*tb* **slum area**) barrio popular/pobre **2** (*fig*) pocilga

slump /slʌmp/ ◆ *vi* **1** (*tb* **to slump down**) desplomarse **2** (*Com*) sufrir un bajón ◆ *n* depresión, bajón

slung *pret, pp de* SLING[2]

slunk *pret, pp de* SLINK

slur[1] /slɜːr/ *vt* (**-rr-**) articular mal

slur[2] /slɜːr/ *n* calumnia

slush /slʌʃ/ *n* nieve derretida y sucia

sly /slaɪ/ *adj* (**slyer**, **slyest**) **1** astuto **2** (*mirada*) furtivo

smack /smæk/ ◆ *n* golpe, manotazo ◆ *vt* dar un manotazo a **PHR V to smack of sth** oler a algo (*fig*)

small /smɔːl/ *adj* (**-er**, **-est**) **1** pequeño: *a small number of people* unas pocas personas ◊ *small change* vuelto/devuelta sencilla ◊ *in the small* (*USA wee*) *hours* de madrugada ◊ *to make small talk* hablar de cosas sin importancia **2** (*letra*) minúscula **LOC a small fortune** un platal **it's a small world** (*refrán*) qué pequeño es el mundo **the small print** la letra pequeña (*en un contrato*)

> **Small** suele utilizarse como el opuesto de **big** o **large** y puede ser modificado por adverbios: *Our house is smaller than yours.* Nuestra casa es más pequeña que la de ustedes. ◊ *I have a fairly small income.* Tengo unos ingresos bastante modestos. **Little** no suele ir acompañado por adverbios y a menudo va detrás de otro adjetivo: *He's a horrible little man.* Es un hombre horrible. ◊ *What a lovely little house!* ¡Qué casita tan encantadora!

smallpox /ˈsmɔːlpɑks/ *n* viruela

small-scale /ˈsmɔːl skeɪl/ *adj* a pequeña escala

smart /smɑrt/ ◆ *adj* (**-er**, **-est**) **1** vivo, astuto **2** (*esp GB*) elegante ◆ *vi* arder **smarten** (*GB*) **PHR V to smarten (yourself) up** arreglar(se) **to smarten sth up** lavarle la cara a algo

smash /smæʃ/ ◆ **1** *vt* quebrar, destrozar **2** *vi* hacerse trizas **PHR V to smash against, into, through, etc. sth** estrellarse contra algo **to smash sth against, into, through, etc. sth** estrellar algo contra algo **to smash sth up** destrozar algo ◆ *n* **1** estrépito **2** (*tb* **smash-up**) accidente de tráfico **3** (*tb* **smash hit**) (*coloq*) exitazo

smashing /ˈsmæʃɪŋ/ *adj* (*GB*) estupendo

smear /smɪər/ *vt* **1** ~ **sth on/over sth** untar algo en algo **2** ~ **sth with sth** untar algo de algo **3** ~ **sth with sth** manchar algo de algo

smell /smel/ ◆ *n* **1** olor: *a smell of gas* un olor a gas ☛ *Ver nota en* ODOR **2** (*tb* **sense of smell**) olfato: *My sense of smell isn't very good.* No tengo muy buen (sentido del) olfato. ◆ (*pret, pp* **smelled** *o* **smelt** /smelt/ *esp GB*) ☛ *Ver nota en* DREAM **1** *vi* ~ **(like sth)**

oler (a algo): *It smells like fish.* Huele a pescado. ◊ *What does it smell like?* ¿A qué huele? **2** *vt* oler: *Smell this rose!* ¡Huele esta rosa!

Es muy normal el uso del verbo **smell** con **can** o **could**: *I can smell something burning.* Huele a quemado. ◊ *I could smell gas.* Olía a gas.

3 *vt, vi* olfatear ☛ *Ver nota en* DREAM **smelly** *adj* (**-ier**, **-iest**) (*coloq*) hediondo: *It's smelly in here.* Huele maluco acá.

smile /smaɪl/ ◆ *n* sonrisa: *to give sb a smile* sonreírle a algn **LOC** *Ver* BRING ◆ *vi* sonreír

smirk /smɜːrk/ ◆ *n* sonrisa socarrona o de satisfacción ◆ *vi* sonreír con burla

smock /smɑk/ *n* delantal, bata (*de pintor*), blusón (*de mujer*)

smog /smɑg, smɔːg/ *n* neblina producida por la contaminación

smoke /smoʊk/ ◆ **1** *vt, vi* fumar: *to smoke a pipe* fumar pipa **2** *vi* echar humo **3** *vt* (*pescado, etc.*) ahumar ◆ *n* **1** humo **2** (*coloq*) *to have a smoke* fumar **smoker** *n* fumador, -ora **smoking** *n* fumar: *"No Smoking"* "prohibido fumar" **smoky** (*GB tb* **smokey**) *adj* (**-ier**, **-iest**) **1** (*habitación*) lleno de humo **2** (*fuego*) humeante **3** (*sabor, color, etc.*) ahumado

smolder (*GB* **smoulder**) /ˈsmoʊldər/ *vi* consumirse, arder (*sin llama*)

smooth /smuːð/ ◆ *adj* (**-er**, **-est**) **1** liso **2** (*piel, whisky, etc.*) suave **3** (*carretera*) llano **4** (*viaje, período*) sin problemas: *The smooth reformist period has ended.* El período de reformas sin obstáculos se acabó. **5** (*salsa, etc.*) sin grumos **6** (*pey*) (*persona*) adulador ◆ *vt* alisar **PHR V to smooth sth over** allanar algo (*dificultades*) **smoothly** *adv*: *to go smoothly* ir sobre ruedas

smother /ˈsmʌðər/ *vt* **1** (*persona*) asfixiar **2** ~ **sth/sb with/in sth** cubrir algo/a algn de algo **3** (*llamas*) sofocar

smudge /smʌdʒ/ ◆ *n* borrón, manchón ◆ *vt, vi* hacer borrones

smug /smʌg/ *adj* (**smugger**, **smuggest**) (*frec pey*) engreído, petulante

smuggle /ˈsmʌgl/ *vt* pasar de contrabando **PHR V to smuggle sth/sb in/out** meter/sacar en secreto algo/a algn **smuggler** *n* contrabandista **smuggling** *n* contrabando

snack /snæk/ ◆ *n* mecato, galguerías, refrigerio: *snack bar* cafetería ◊ *to have a snack* comer algo ligero ◆ *vi* (*coloq*) picar

snag /snæg/ *n* obstáculo

snail /sneɪl/ *n* caracol

snake /sneɪk/ ◆ *n* serpiente, culebra ◆ *vi* serpentear (*carretera, etc.*)

snap /snæp/ ◆ (**-pp-**) **1** *vt, vi* tronar **2** *vt, vi* romper(se) en dos **PHR V to snap at sb** hablar/contestar bruscamente ◆ *n* **1** (*ruido seco*) chasquido **2** (*GB*) (*tb* **snapshot**) foto ◆ *adj* (*coloq*) repentino (*decisión*)

snapshot /ˈsnæpʃɑt/ *n* foto

snare /sneər/ ◆ *n* trampa ◆ *vt* atrapar

snarl /snɑrl/ ◆ *n* gruñido ◆ *vi* gruñir

snatch /snætʃ/ ◆ *vt* **1** arrebatar, arrancar **2** (*coloq*) robar de un tirón **3** raptar **4** (*oportunidad*) aprovechar, agarrarse a **PHR V to snatch at sth 1** (*objeto*) tirar de algo, agarrar algo bruscamente **2** (*oportunidad*) agarrarse a algo, aprovechar algo ◆ *n* **1** (*conversación, canción*) fragmento **2** secuestro **3** (*coloq*) robo

sneak /sniːk/ ◆ *vt*: *to sneak a look at sth/sb* mirar algo/a algn a hurtadillas **PHR V to sneak in, out, away, etc.** entrar, salir, marcharse a hurtadillas **to sneak into, out of, past, etc. sth** entrar en, salir de, pasar por delante de algo a hurtadillas ◆ *n* (*coloq*) soplón, -ona

sneakers /ˈsniːkərz/ *n* [*pl*] (*GB* **trainers**) tenis (*zapatos*)

sneer /snɪər/ ◆ *n* **1** sonrisa sarcástica **2** comentario desdeñoso ◆ *vi* ~ (**at sth/sb**) reírse con desprecio (de algo/algn)

sneeze /sniːz/ ◆ *n* estornudo ◆ *vi* estornudar

snicker /ˈsnɪkər/ (*GB* **snigger** /ˈsnɪgə(r)/) ◆ *n* risita sarcástica ◆ *vi* ~ (**at sth/sb**) reírse (con sarcasmo) (de algo/algn)

sniff /snɪf/ ◆ **1** *vi* husmear **2** *vt* oler **3** *vt* inhalar ◆ *n* inhalación

snip /snɪp/ *vt* (**-pp-**) cortar con tijeras: *to snip sth off* recortar algo

sniper /ˈsnaɪpər/ *n* francotirador, -ora

snob /snɑb/ *n* esnob **snobbery** *n* esnobismo **snobbish** *adj* esnob

snoop /snuːp/ ◆ *vi* (*coloq*) (*tb* **to snoop about/around**) fisgonear ◆ *n* (*USA*) fisgón **LOC** (*GB*) **to have a snoop about/around** reconocer el terreno **to have a snoop about/around sth** fisgonear algo

snore /snɔːr/ *vi* roncar

snorkel /ˈsnɔːrkl/ *n* tubo de bucear

snort /snɔːrt/ ◆ *vi* **1** (*animal*) bufar **2** (*persona*) bufar, gruñir ◆ *n* bufido

snout /snaʊt/ *n* hocico

snow /snəʊ/ ◆ *n* nieve ◆ *vi* nevar **LOC to be snowed in** estar aislado por la nieve **to be snowed under (with sth)**: *I was snowed under with work.* Estaba inundado de trabajo.

snowball /ˈsnoʊbɔːl/ ◆ *n* bola de nieve ◆ *vi* multiplicarse (rápidamente)

snowdrop /ˈsnoʊdrɑp/ *n* campanilla blanca (*flor*)

snowfall /ˈsnoʊfɔːl/ *n* nevada

snowflake /ˈsnoʊfleɪk/ *n* copo de nieve

snowman /ˈsnoʊmæn/ *n* (*pl* **-men** /-men/) muñeco de nieve

snowy /ˈsnoʊi/ *adj* (**-ier, -iest**) **1** cubierto de nieve **2** (*día, etc.*) de nieve

snub /snʌb/ *vt* (**-bb-**) hacer un desaire a

snug /snʌg/ *adj* (**-gg-**) cómodo y agradable

snuggle /ˈsnʌgl/ *vi* **1** ~ **down** acurrucarse **2** ~ **up to sb** acurrucarse junto a algn

so /soʊ/ *adv, conj* **1** tan: *Don't be so silly!* ¡No seas tan bobo! ◊ *It's so cold!* ¡Está haciendo mucho frío! ◊ *I'm so sorry!* ¡Cuánto lo siento! **2** así: *So it seems.* Así parece. ◊ *Hold out your hand, like so.* Extiende la mano, así. ◊ *The table is about so big.* La mesa es más o menos así de grande. ◊ *If so,...* Si es así,... **3** *I believe/think so.* Creo que sí. ◊ *I expect/hope so.* Espero que sí. **4** (*para expresar acuerdo*): *"I'm hungry." "So am I."* —Tengo hambre. —Yo también. ☛ En este caso el pronombre o sustantivo va detrás del verbo. **5** (*expresando sorpresa*): *"Philip's gone home." "So he has."* —Philip se fue para la casa. —Tienes razón. **6** [*uso enfático*]: *He's as clever as his brother, maybe more so.* Es tan avispado como su hermano, puede que incluso más. ◊ *She has complained, and rightly so.* Se quejó, y con mucha razón. **7** así que: *The stores were closed so I didn't get any milk.* Las tiendas estaban cerradas, así que no compré leche. **8** entonces: *So why did you do it?* ¿Y entonces, por qué lo hiciste? **LOC and so on (and so forth)** etcétera, etcétera **is that so?** no me digas **so as to do sth** para hacer algo **so many** tantos **so much** tanto **so?; so what?** (*coloq*) ¿y qué? **so that** para que

soak /soʊk/ **1** *vt* remojar, empapar **2** *vi* estar en remojo **LOC to get soaked (through)** empaparse **PHR V to soak into sth** ser absorbido por algo **to soak through** penetrar (*líquido*) **to soak sth up 1** (*líquido*) absorber algo **2** (*fig*) empaparse de algo **soaked** *adj* empapado

soap /soʊp/ *n* [*incontable*] jabón

soap opera *n* telenovela

soapy /ˈsoʊpi/ *adj* (**-ier**, **-iest**) jabonoso

soar /sɔːr/ *vi* **1** (*avión*) remontarse **2** (*precios*) dispararse **3** (*ave*) planear

sob /sɑb/ ◆ *vi* (**-bb-**) sollozar ◆ *n* sollozo **sobbing** *n* sollozos

sober /ˈsoʊbər/ *adj* **1** sobrio **2** serio

so-called /ˌsoʊ ˈkɔːld/ *adj* (*pey*) (mal) llamado

soccer /ˈsɑkər/ *n* (*coloq*) fútbol ☛ *Ver nota en* FÚTBOL

sociable /ˈsoʊʃəbl/ *adj* (*aprob*) sociable

social /ˈsoʊʃəl/ *adj* social

socialism /ˈsoʊʃəlɪzəm/ *n* socialismo **socialist** *n* socialista

socialize, -ise /ˈsoʊʃəlaɪz/ *vi* ~ (**with sb**) relacionarse (con algn): *He doesn't socialize much.* No sale mucho.

social security *n* seguro social

social services *n* [*pl*] servicios de asistencia social

social work *n* trabajo social **social worker** *n* trabajador, -ora social

society /səˈsaɪəti/ *n* (*pl* **-ies**) **1** sociedad **2** (*formal*) compañía: *polite society* la gente bien **3** asociación

sociological /ˌsoʊsiəˈlɑdʒɪkl/ *adj* sociológico

sociologist /ˌsoʊsiˈɑlədʒɪst/ *n* sociólogo, -a **sociology** *n* sociología

sock /sɑk/ *n* media (*corta*) **LOC** *Ver* PULL ☛ *Ver nota en* PAIR

socket /ˈsɑkɪt/ *n* **1** (*ojo*) órbita **2** enchufe, toma (*de pared*) ☛ *Ver dibujo en* ENCHUFE **3** (*tb* **light socket**) rosca (*de bombillo*)

soda /ˈsoʊdə/ *n* **1** soda **2** (*tb* **soda pop**) (*USA, coloq*) refresco
sodden /ˈsɑdn/ *adj* empapado
sodium /ˈsoʊdiəm/ *n* sodio
sofa /ˈsoʊfə/ *n* sofá
soft /sɔːft; *GB* sɒft/ *adj* (**-er**, **-est**) **1** blando: *soft option* opción fácil **2** (*piel, color, luz, sonido*) suave **3** (*brisa*) ligero **4** (*voz*) bajo **LOC to have a soft spot for sth/sb** (*coloq*) tener debilidad por algo/algn **softly** *adv* suavemente
soft drink *n* bebida no alcohólica
soften /ˈsɔːfn; *GB* ˈsɒfn/ **1** *vt, vi* ablandar(se) **2** *vt, vi* suavizar(se)
soft-spoken /ˌsɔːft ˈspoʊkən/ *adj* de voz suave
software /ˈsɔːftweər; *GB* ˈsɒft-/ *n* [*incontable*] software
soggy /ˈsɑgi, ˈsɔːgi/ *adj* (**-ier**, **-iest**) **1** empapado **2** (*torta, pan, etc.*) rejudo
soil /sɔɪl/ ◆ *n* tierra ◆ (*formal*) *vt* **1** ensuciar **2** (*reputación*) manchar
solace /ˈsɑləs/ *n* (*formal*) solaz, consuelo
solar /ˈsoʊlər/ *adj* solar: *solar energy* energía solar
sold *pret, pp de* SELL
soldier /ˈsoʊldʒər/ *n* soldado
sole[1] /soʊl/ *n* **1** (*pie*) planta **2** suela
sole[2] /soʊl/ *adj* **1** único: *her sole interest* su único interés **2** exclusivo
solemn /ˈsɑləm/ *adj* **1** (*aspecto, manera*) serio **2** (*acontecimiento, promesa*) solemne **solemnity** /səˈlemnəti/ *n* (*formal*) solemnidad
solicitor /səˈlɪsɪtər/ *n* (*GB*) **1** abogado, -a **2** notario, -a ☛ *Ver nota en* ABOGADO
solid /ˈsɑlɪd/ ◆ *adj* **1** sólido **2** compacto **3** seguido: *I slept for ten hours solid.* Dormí diez horas seguidas. ◆ *n* **1** **solids** [*pl*] alimentos sólidos **2** (*Geom*) figura de tres dimensiones **solidly** *adv* **1** sólidamente **2** sin interrupción
solidarity /ˌsɑlɪˈdærəti/ *n* solidaridad
solidify /səˈlɪdɪfaɪ/ *vi* (*pret, pp* **-fied**) solidificarse
solidity /səˈlɪdəti/ (*tb* **solidness**) *n* solidez
solitary /ˈsɑləteri; *GB* -tri/ *adj* **1** solitario: *to lead a solitary life* llevar una vida solitaria **2** (*lugar*) apartado **3** solo **LOC solitary confinement** (*coloq* **solitary**) incomunicación
solitude /ˈsɑlɪtuːd; *GB* -tjuːd/ *n* soledad
solo /ˈsoʊloʊ/ ◆ *n* (*pl* ~**s**) solo ◆ *adj, adv* sin acompañamiento **soloist** *n* solista
soluble /ˈsɑljəbl/ *adj* soluble
solution /səˈluːʃn/ *n* solución
solve /sɑlv/ *vt* resolver
solvent /ˈsɑlvənt/ *n* solvente
somber (*GB* **sombre**) /ˈsɑmbər/ *adj* **1** sombrío **2** (*color*) oscuro **3** (*manera, humor*) melancólico
some /səm/ *adj, pron* **1** algo de: *There's some ice in the freezer.* Hay hielo en el congelador. ◇ *Would you like some?* ¿Quiere un poquito? **2** unos (cuantos), algunos: *Do you want some potato chips?* ¿Quiere papas fritas?

¿**Some** o **any**? Ambos se utilizan con sustantivos incontables o en plural, y aunque muchas veces no se traducen en español, en inglés no se pueden omitir. Normalmente, **some** se usa en las oraciones afirmativas y **any** en las interrogativas y negativas: *I've got some money.* Tengo (algo de) plata. ◇ *Do you have any children?* ¿Tienes hijos? ◇ *I don't want any candy.* No quiero dulces. Sin embargo, **some** se puede usar en oraciones interrogativas cuando se espera una respuesta afirmativa, por ejemplo, para ofrecer o pedir algo: *Would you like some coffee?* ¿Quiere café? ◇ *Can I have some bread, please?* ¿Me pasas el pan, por favor? Cuando **any** se usa en oraciones afirmativas significa "cualquiera": *Any parent would have worried.* Cualquier papá se habría preocupado. *Ver tb ejemplos en* ANY

somebody /ˈsʌmbədi/ (*tb* **someone** /ˈsʌmwʌn/) *pron* alguien: *somebody else* otra persona ☛ La diferencia entre **somebody** y **anybody**, o entre **someone** y **anyone**, es la misma que hay entre **some** y **any**. *Ver nota en* SOME
somehow /ˈsʌmhaʊ/ (*USA tb* **someway**) *adv* **1** de algún modo: *Somehow we had gotten completely lost.* De algún modo quedamos completamente perdidos. **2** por alguna razón: *I somehow get the feeling that I've been here before.* No sé por qué, me da la impresión de que ya he estado aquí.
someone /ˈsʌmwʌn/ *pron Ver* SOMEBODY

someplace /ˈsʌmpleɪs/ *Ver* SOMEWHERE

somersault /ˈsʌmərsɔːlt/ *n* **1** voltereta: *to do a forward/backward somersault* dar una voltereta hacia delante/hacia atrás **2** (*de acróbata*) salto mortal **3** (*de carro*) vuelta de campana

something /ˈsʌmθɪŋ/ *pron* algo: *something else* otra cosa ◊ *something to eat* algo de comer ☛ La diferencia entre **something** y **anything** es la misma que hay entre **some** y **any**. *Ver nota en* SOME

sometime /ˈsʌmtaɪm/ *adv* **1** algún/un día: *sometime or other* un día de estos **2** en algún momento: *Can I see you sometime today?* ¿Podemos hablar hoy en algún momento?

sometimes /ˈsʌmtaɪmz/ *adv* **1** a veces **2** de vez en cuando ☛ *Ver nota en* ALWAYS

someway /ˈsʌmweɪ/ *Ver* SOMEHOW

somewhat /ˈsʌmwɑt/ *adv* [*con adj o adv*] **1** algo, un poco, un tanto: *I have a somewhat different question.* Tengo una pregunta un poco diferente. **2** bastante: *We missed the bus, which was somewhat unfortunate.* Perdimos el bus, lo cual fue bastante mala suerte.

somewhere /ˈsʌmweər/ (*USA tb* **someplace**) ◆ *adv* a/en/por alguna parte/algún sitio: *I've seen your glasses somewhere downstairs.* Vi sus gafas en alguna parte abajo. ◊ *somewhere else* en algún otro lugar ◆ *pron*: *to have somewhere to go* tener algún lugar adonde ir ☛ La diferencia entre **somewhere** y **anywhere** es la misma que hay entre **some** y **any**. *Ver nota en* SOME

son /sʌn/ *n* hijo **LOC** *Ver* FATHER

song /sɔːŋ; *GB* sɒŋ/ *n* **1** canción **2** canto

son-in-law /ˈsʌn ɪn lɔː/ *n* (*pl* **sons-in-law**) yerno

soon /suːn/ *adv* (**-er**, **-est**) pronto, dentro de poco **LOC as soon as** apenas, en cuanto, tan pronto como: *as soon as possible* apenas/en cuanto sea posible **(just) as soon do sth (as do sth)**: *I'd (just) as soon stay at home as go for a walk.* Lo mismo me da quedarme en la casa que ir a dar una vuelta. **sooner or later** tarde o temprano **the sooner the better** cuanto antes mejor

soot /sʊt/ *n* hollín

soothe /suːð/ *vt* **1** (*persona, etc.*) calmar **2** (*dolor, etc.*) aliviar

sophisticated /səˈfɪstɪkeɪtɪd/ *adj* sofisticado **sophistication** *n* sofisticación

sophomore /ˈsɑfmɔːr/ *n* (*USA*) estudiante de segundo año

soppy /ˈsɑpi/ *adj* (*coloq*) sensiblero

sordid /ˈsɔːrdɪd/ *adj* **1** sórdido **2** (*comportamiento*) vil

sore /sɔːr/ ◆ *n* llaga ◆ *adj* dolorido: *to have a sore throat* tener dolor de garganta ◊ *I've got sore eyes.* Me duelen los ojos. **LOC a sore point** un asunto delicado **sorely** *adv* (*formal*) *She will be sorely missed.* Se le echará de menos enormemente. ◊ *I was sorely tempted to do it.* Tuve una gran tentación de hacerlo.

sorrow /ˈsɑroʊ/ *n* pesar: *to my great sorrow* con gran pesar mío

sorry /ˈsɑri/ ◆ *interj* **1** (*para disculparse*) ¡perdón! ☛ *Ver nota en* EXCUSE **2 sorry?** ¿cómo dice?, ¿qué dijo? ◆ *adj* **1** *I'm sorry I'm late.* Qué pena llegar tarde. ◊ *I'm so sorry!* ¡Lo lamento mucho! **2** *He's very sorry for what he's done.* Está muy arrepentido por lo que hizo. ◊ *You'll be sorry!* ¡Te vas a arrepentir! **3** (**-ier**, **-iest**) (*estado*) lastimoso **LOC to say you are sorry** disculparse *Ver tb* BETTER, FEEL

sort /sɔːrt/ ◆ *n* **1** tipo: *They sell all sorts of gifts.* Venden toda clase de regalos. **2** (*antic, coloq*) persona: *He's not a bad sort really.* No es mala persona. **LOC a sort of**: *It's a sort of autobiography.* Es una especie de autobiografía. **sort of**: *I feel sort of uneasy.* Me siento como nervioso. *Ver tb* NOTHING ◆ *vt* clasificar **PHR V to sort sth out** arreglar, solucionar algo **to sort through sth** clasificar, ordenar algo

so-so /ˌsoʊ ˈsoʊ, ˈsoʊ soʊ/ *adj, adv* (*coloq*) más o menos, regular

sought *pret, pp de* SEEK

sought-after /ˈsɔːt æftər; *GB* -ɑːf-/ *adj* codiciado

soul /soʊl/ *n* alma: *There wasn't a soul to be seen.* No se veía un alma. ◊ *Poor soul!* ¡Pobre! **LOC** *Ver* BODY

sound[1] /saʊnd/ ◆ *n* **1** sonido: *sound waves* ondas sonoras **2** ruido: *I could hear the sound of voices.* Podía oír ruido de voces. ◊ *She opened the door without a sound.* Abrió la puerta sin hacer ruido. **3 the sound** el volumen: *Can you turn the sound up/down?* ¿Puedes subirle/bajarle al volumen? ◆ **1** *vi* sonar: *Your voice sounds a little strange.* Tu voz suena un poco rara. **2** *vt* (*trompeta, etc.*) tocar **3** *vt* (*alarma*) hacer sonar **4** *vt* pronunciar: *You don't sound the "h".* No se pronuncia la "h". **5** *vi* parecer: *She sounded very surprised.* Parecía muy sorprendida. ◊ *He sounds like a very nice person from his letter.* A juzgar por su carta, parece una persona muy simpática.

sound² /saʊnd/ ◆ *adj* (**-er**, **-est**) **1** sano **2** (*estructura*) sólido **3** (*creencia*) firme **4** (*consejo, paliza*) bueno LOC **being of sound mind** hallándose en pleno uso de sus facultades mentales *Ver tb* SAFE¹ ◆ *adv* LOC **to be sound asleep** estar profundamente dormido

sound³ /saʊnd/ *vt* (*mar*) sondear PHR V **to sound sb out (about/on sth)** sondear a algn (sobre algo)

soundproof /ˈsaʊndpruːf/ ◆ *adj* con aislamiento acústico ◆ *vt* aislar acústicamente

soundtrack /ˈsaʊndtræk/ *n* banda sonora

soup /suːp/ *n* sopa, caldo: *soup spoon* cuchara sopera ◊ *chicken soup* sopa de pollo

sour /ˈsaʊər/ *adj* **1** (*sabor, cara*) agrio **2** (*leche*) cortado LOC **to go/turn sour** agriarse/dañarse

source /sɔːrs/ *n* **1** (*información*) fuente: *They didn't reveal their sources.* No revelaron sus fuentes. **2** (*río*) nacimiento: *a source of income* una fuente de ingresos

south /saʊθ/ ◆ *n* (*tb* **the south**, **the South**) (*abrev* **S**) (el) sur: *Brighton is in the South of England.* Brighton está al sur de Inglaterra. ◊ *southbound* en/con dirección sur ◆ *adj* (del) sur: *south winds* vientos del sur ◆ *adv* al sur: *The house faces south.* La casa mira hacia el sur. *Ver tb* SOUTHWARD(S)

southeast /ˌsaʊθˈiːst/ ◆ *n* (*abrev* **SE**) suroriente, sureste ◆ *adj* suroriental, (del) sureste ◆ *adv* hacia el suroriente/sureste **southeastern** *adj* suroriental, (del) sureste

southern /ˈsʌðərn/ (*tb* **Southern**) *adj* del sur, meridional: *southern Italy* el sur de Italia ◊ *the southern hemisphere* el hemisferio sur **southerner** *n* sureño, -a

southward(s) /ˈsaʊθwərd(z)/ *adv* hacia el sur *Ver tb* SOUTH *adv*

southwest /ˌsaʊθˈwest/ ◆ *n* (*abrev* **SW**) suroccidente, suroeste ◆ *adj* suroccidental, (del) suroeste ◆ *adv* hacia el suroccidente/suroeste **southwestern** *adj* suroccidental, (del) suroeste

souvenir /ˈsuːvənɪər; *GB* ˌsuːvəˈnɪə(r)/ *n* recuerdo (*objeto*)

sovereign /ˈsɑvərɪn, ˈsɑvrɪn/ *adj*, *n* soberano, -a **sovereignty** *n* soberanía

sow¹ /saʊ/ *n* marrana ☛ *Ver nota en* CERDO

sow² /soʊ/ *vt* (*pret* **sowed** *pp* **sown** /soʊn/ *o* **sowed**) sembrar

soy /sɔɪ/ (*GB* **soya** /sɔɪə/) *n* soya: *soy bean* soya (*grano*)

spa /spɑ/ *n* balneario

space /speɪs/ ◆ *n* **1** [*incontable*] (*cabida*) sitio, espacio, campo: *Leave some space for the dogs.* Déjeles campo a los perros. ◊ *There's no space for my suitcase.* No queda espacio para mi maleta. **2** (*Aeronáut*) espacio: *a space flight* un vuelo espacial ◊ *to stare into space* mirar al vacío **3** (*período*) espacio: *in a short space of time* en un breve espacio de tiempo ◆ *vt* ~ **sth (out)** espaciar algo

spacecraft /ˈspeɪskræft; *GB* -krɑːft/ *n* (*pl* **spacecraft**) (*tb* **spaceship**) nave espacial

spacious /ˈspeɪʃəs/ *adj* espacioso, amplio

spade /speɪd/ *n* **1** garlancha, pala **2** **spades** [*pl*] espadas (*cartas*) ☛ *Ver nota en* BARAJA

spaghetti /spəˈgeti/ *n* [*incontable*] espagueti(s)

span /spæn/ ◆ *n* **1** (*de un puente*) luz **2** (*de tiempo*) lapso, duración: *time span/span of time* lapso de tiempo ◆ *vt* (**-nn-**) **1** (*puente*) cruzar **2** abarcar

spank /spæŋk/ *vt* dar una palmada a (en las nalgas), pegarle a

spanner /ˈspænər/ (*GB*) (*tb esp USA* **wrench**) *n* (*Mec*) llave (*herramienta*)

spare /speər/ ◆ *adj* **1** sobrante, de sobra: *There are no spare seats.* No quedan asientos. ◊ *the spare room* el cuarto de huéspedes **2** de repuesto, de reserva: *a spare tire/part* una llanta/pieza de repuesto **3** (*tiempo*) libre, de ocio ◆ *n* (pieza de) repuesto ◆ *vt* **1** ~ **sth** (**for sth/sb**) (*tiempo, dinero, etc.*) tener algo (para algo/algn) **2** (*la vida de algn*) perdonar **3** escatimar: *No expense was spared.* No repararon en gastos. **4** ahorrar: *Spare me the gory details.* Ahórreme los detalles desagradables. LOC **to spare** de sobra: *with two minutes to spare* faltando dos minutos **sparing** *adj* ~ **with/of/in sth** parco en algo; mesurado con algo

spark /spɑrk/ ◆ *n* chispa ◆ PHR V **to spark sth (off)** (*coloq*) provocar algo, ocasionar algo

sparkle /ˈspɑrkl/ ◆ *vi* centellear, destellar ◆ *n* centelleo **sparkling** *adj* **1** (*tb* **sparkly**) centelleante **2** (*vino, etc.*) espumoso

sparrow /ˈspæroʊ/ *n* copetón

sparse /spɑrs/ *adj* **1** escaso, esparcido **2** (*población*) disperso **3** (*pelo*) ralo

spartan /ˈspɑrtn/ *adj* espartano

spasm /ˈspæzəm/ *n* espasmo

spat *pret, pp de* SPIT

spate /speɪt/ *n* racha, ola

spatial /ˈspeɪʃl/ *adj* (*formal*) del espacio, espacial, en el espacio (*como dimensión*) ☛ *Comparar con* SPACE

spatter /ˈspætər/ *vt* ~ **sb with sth**; ~ **sth on sb** rociar, salpicar a algn de algo

speak /spiːk/ (*pret* **spoke** /spoʊk/ *pp* **spoken** /spoʊkən/) **1** *vi* hablar: *Can I speak to you a minute, please?* ¿Puedo hablar contigo un minuto, por favor? ☛ *Ver nota en* HABLAR **2** *vt* decir, hablar: *to speak the truth* decir la verdad ◊ *Do you speak French?* ¿Habla francés? **3** *vi* ~ (**on/about sth**) pronunciar un discurso/dar una conferencia (sobre algo) **4** (*coloq*) *vi* ~ (**to sb**) hablarse (con algn) LOC **generally, etc. speaking** en términos generales **so to speak** por así decirlo **to speak for itself**: *The statistics speak for themselves.* Las estadísticas hablan por sí solas. **to speak for sb** hablar en favor de algn **to speak up** hablar más alto **to speak your mind** hablar con franqueza *Ver tb* STRICTLY *en* STRICT

speaker /ˈspiːkər/ *n* **1** el/la que habla: *Spanish speaker* hispanohablante **2** (*en público*) orador, -ora, conferencista **3** (*coloq*) parlante *Ver* LOUDSPEAKER

spear /spɪər/ *n* **1** lanza **2** (*para pesca*) arpón

special /ˈspeʃl/ ◆ *adj* **1** especial: *nothing special* nada en especial **2** (*reunión, edición, pago*) extraordinario ◆ *n* **1** (*tren, programa, etc.*) especial **2** (*USA, coloq*) oferta especial **specialist** *n* especialista

specialize, -ise /ˈspeʃəlaɪz/ *vi* ~ (**in sth**) especializarse (en algo) **specialization, -isation** *n* especialización **specialized, -ised** *adj* especializado

specially /ˈspeʃli/ *adv* **1** especialmente, expresamente

> Aunque **specially** y **especially** tienen significados similares, se usan de forma distinta. **Specially** se usa fundamentalmente con participios: *specially designed for schools* diseñado especialmente para los colegios. **Especially** se usa cuando significa "sobre todo" o "en particular": *He likes all animals, especially dogs.* Le encantan los animales, sobre todo los perros.

2 (*tb* **especially**) particularmente, sobre todo

specialty /ˈspeʃəlti/ (*GB* **speciality** /ˌspeʃɪˈæləti/) *n* (*pl* **-ies**) especialidad

species /ˈspiːʃiːz/ *n* (*pl* **species**) especie

specific /spəˈsɪfɪk/ *adj* específico, preciso, concreto **specifically** *adv* concretamente, específicamente, especialmente

specification /ˌspesɪfɪˈkeɪʃn/ *n* **1** especificación **2** [*gen pl*] especificaciones, plan detallado

specify /ˈspesɪfaɪ/ *vt* (*pret, pp* **-fied**) especificar, precisar

specimen /ˈspesɪmən/ *n* espécimen, ejemplar, muestra

speck /spek/ *n* **1** (*de suciedad*) manchita **2** (*de polvo*) mota **3** *a speck on the horizon* un punto en el horizonte (*pedacito*) pizca

spectacle /ˈspektəkl/ *n* espectáculo

spectacles /ˈspektəklz/ *n* (*GB*) (*abrev* **specs**) [*pl*] (*formal*) gafas, anteojos ☛ La palabra más normal es **glasses**. *Ver nota en* PAIR

spectacular /spekˈtækjələr/ *adj* espectacular

spectator /ˈspekteɪtər; *GB* spekˈteɪtə(r)/ *n* espectador, -ora

specter (*GB* **spectre**) /ˈspektər/ *n* (*formal, lit y fig*) espectro, fantasma: *the specter of another war* el fantasma de una nueva guerra

spectrum /ˈspektrəm/ *n* (*pl* **-tra** /ˈspektrə/) **1** espectro **2** espectro, gama

speculate /ˈspekjuleɪt/ *vi* ~ (**about sth**) especular (sobre/acerca de algo) **speculation** *n* ~ (**on/about sth**) especulación (sobre algo)

speculative /ˈspekjələtɪv/ *adj* especulativo

speculator /ˈspekjuleɪtər/ *n* especulador, -ora

sped *pret, pp de* SPEED

speech /spiːtʃ/ *n* **1** habla: *freedom of speech* libertad de expresión ◊ *to lose the power of speech* perder el habla ◊ *speech therapy* terapia del lenguaje **2** discurso: *to make/deliver/give a speech* pronunciar/dar/echar un discurso **3** lenguaje: *children's speech* el lenguaje de los niños **4** (*Teat*) parlamento

speechless /ˈspiːtʃləs/ *adj* sin habla, mudo: *The boy was almost speechless.* El niño apenas podía articular palabra.

speed /spiːd/ ◆ *n* velocidad, rapidez LOC **at full speed** a toda velocidad *Ver tb* FULL, PICK ◆ *vt* (*pret, pp* **speeded**) acelerar PHR V **to speed up** apurarse **to speed sth up** acelerar algo ◆ *vi* (*pret, pp* **sped** /sped/) ir a toda velocidad: *I was fined for speeding.* Me pusieron una multa por exceso de velocidad.

speedily /ˈspiːdɪli/ *adv* rápidamente

speedometer /spiːˈdɑmɪtər/ *n* velocímetro

speedy /ˈspiːdi/ *adj* (**-ier, -iest**) (*frec coloq*) pronto, rápido: *a speedy recovery* una pronta recuperación

spell /spel/ ◆ *n* **1** conjuro, hechizo **2** temporada, racha **3** ~ (**at/on sth**) tanda, turno (en algo) LOC *Ver* CAST ◆ *vt, vi* (*pret, pp* **spelled** *o* **spelt** /spelt/ (*GB*)) ☛ *Ver nota en* DREAM **1** deletrear, escribir **2** suponer, significar PHR V **to spell sth out** explicar algo claramente

spelling /ˈspelɪŋ/ *n* ortografía

spelt *pret, pp de* SPELL

spend /spend/ *vt* (*pret, pp* **spent** /spent/) **1** ~ **sth** (**on/sth**) gastar algo (en algo) **2** (*tiempo libre, etc.*) pasar **3** ~ **sth on sth** dedicar algo a algo **spending** *n* gasto: *public spending* el gasto público

sperm /spɜːrm/ *n* (*pl* **sperm**) esperma

sphere /sfɪər/ *n* esfera

sphinx /sfɪŋks/ (*tb* **the Sphinx**) *n* esfinge

spice /spaɪs/ ◆ *n* **1** (*lit*) especia(s) **2** (*fig*) interés: *to add spice to a situation* darle sabor a una situación ◆ *vt* sazonar **spicy** *adj* (**-ier, -iest**) condimentado, picante *Ver tb* HOT

spider /ˈspaɪdər/ *n* araña: *spider web* telaraña *Ver tb* COBWEB

spied *pret, pp de* SPY

spike /spaɪk/ *n* **1** púa, clavo **2** punta **spiky** *adj* (**-ier, -iest**) erizado de púas, puntiagudo

spill /spɪl/ ◆ *vt, vi* (*pret, pp* **spilled** *o* **spilt** /spɪlt/ (*GB*)) ☛ *Ver nota en* DREAM derramar(se), verter(se) LOC *Ver* CRY PHR V **to spill over** rebosar, botarse, desbordarse ◆ *n* (*tb* **spillage**) **1** derramamiento **2** derrame

spin /spɪn/ ◆ (**-nn-**) (*pret, pp* **spun** /spʌn/) **1** *vi* ~ (**around**) dar vueltas, girar **2** *vt* ~ **sth** (**around**) (hacer) girar algo; dar vueltas a algo **3** *vt, vi* (*lavadora*) centrifugar **4** *vt* hilar PHR V **to spin sth out** alargar algo, prolongar algo ◆ *n* **1** vuelta, giro **2** (*coloq*) (*paseo en carro/moto*) vuelta: *to go for a spin* dar una vuelta

spinach /ˈspɪnɪtʃ; *GB* -ɪdʒ/ *n* [*incontable*] espinaca(s)

spinal /ˈspaɪnl/ *adj* espinal: *spinal column* columna vertebral

spine /spaɪn/ *n* **1** (*Anat*) columna vertebral **2** (*Bot*) espina **3** (*Zool*) púa **4** (*de un libro*) lomo

spinster /ˈspɪnstər/ *n* **1** soltera **2** (*frec ofen*) solterona

spiral /ˈspaɪrəl/ ◆ *n* espiral ◆ *adj* (en) espiral, helicoidal: *a spiral staircase* una escalera de caracol

spire /ˈspaɪər/ *n* aguja (*en una torre de iglesia*)

spirit /ˈspɪrɪt/ *n* **1** espíritu, alma **2** fantasma **3** brío, ánimo **4** temple **5 spirits** [*pl*] (*bebida alcohólica*) licor **6 spirits** [*pl*] estado de ánimo, humor: *in high spirits* de muy buen humor **spirited** *adj* lleno de vida, brioso

spiritual /ˈspɪrɪtʃuəl/ *adj* espiritual

spit /spɪt/ ◆ (**-tt-**) (*pret, pp* **spat** /spæt/

(*tb esp USA* **spit**)) **1** *vt, vi* escupir **2** *vt* (*insulto, etc.*) soltar **3** *vi* (*fuego, etc.*) echar chispas, chisporrotear **PHR V to spit sth out** escupir algo ◆ *n* **1** saliva, esputo **2** punta (*de tierra*) **3** (*cocina*) espetón, asador

spite /spaɪt/ ◆ *n* despecho, resentimiento: *out of/from spite* por despecho **LOC in spite of** a pesar de ◆ *vt* molestar, fastidiar **spiteful** *adj* malo, rencoroso

splash /splæʃ/ ◆ *n* **1** chapoteo **2** (*mancha*) salpicadura **3** (*de color*) mancha **LOC to make a splash** (*coloq*) causar sensación ◆ **1** *vi* chapotear **2** *vt* ~ **sth/sb (with sth)** (*GB, coloq*) salpicar algo/a algn (de algo) **PHR V to splash out (on sth)** (*coloq*) derrochar dinero (en algo), darse el lujo de comprar (algo)

splatter /ˈsplætər/ (*tb* **spatter**) *vt* salpicar

splendid /ˈsplendɪd/ *adj* espléndido, magnífico

splendor (*GB* **splendour**) /ˈsplendər/ *n* esplendor

splint /splɪnt/ *n* tablilla (*para entablillar un hueso roto*)

splinter /ˈsplɪntər/ ◆ *n* astilla ◆ *vt, vi* **1** astillar(se) **2** dividir(se)

split /splɪt/ ◆ (**-tt-**) (*pret, pp* **split**) **1** *vt, vi* partir(se): *to split sth in two* partir algo en dos **2** *vt, vi* dividir(se) **3** *vt, vi* repartir(se) **4** *vi* abrirse, rajarse **PHR V to split up (with sb)** separarse (de algn) ◆ *n* **1** división, ruptura **2** abertura, rajadura **3 the splits** [*pl*] (*Dep, danza*): *to do the splits* hacer un split ◆ *adj* partido, dividido

splutter /ˈsplʌtər/ ◆ **1** *vt, vi* farfullar, balbucear **2** *vi* (*tb* **sputter**) (*del fuego, etc.*) echar chispas, chisporrotear ◆ *n* chisporroteo

spoil /spɔɪl/ (*pret, pp* **spoilt** /spɔɪlt/ *o* **spoiled**) ☛ *Ver nota en* DREAM **1** *vt, vi* dañar(se), deteriorar(se), afear(se) **2** *vt* (*niño*) mimar, consentir

spoils /spɔɪlz/ *n* [*pl*] botín (*de robo, guerra, etc.*)

spoilt ◆ *pret, pp de* SPOIL ◆ *adj* mimado, consentido

spoke /spoʊk/ ◆ *pret de* SPEAK ◆ *n* rayo, radio (*de una rueda*)

spoken *pp de* SPEAK

spokesman /ˈspoʊksmən/ *n* (*pl* **-men** /-mən/) portavoz ☛ Se prefiere utilizar la forma **spokesperson**, que se refiere tanto a un hombre como a una mujer.

spokesperson /ˈspoʊkspɜːrsn/ *n* portavoz ☛ Se refiere tanto a un hombre como a una mujer. *Comparar con* SPOKESMAN y SPOKESWOMAN

spokeswoman /ˈspoʊkswʊmən/ *n* (*pl* **-women**) portavoz ☛ Se prefiere utilizar la forma **spokesperson**, que se refiere tanto a un hombre como a una mujer.

sponge /spʌndʒ/ ◆ *n* **1** esponja **2** (*tb* **sponge cake**) ponqué, torta ◆ **PHR V to sponge off sb** (*coloq*) vivir a costillas de algn

sponsor /ˈspɑnsər/ ◆ *n* patrocinador, -ora ◆ *vt* patrocinar **sponsorship** *n* patrocinio

spontaneous /spɑnˈteɪniəs/ *adj* espontáneo **spontaneity** /ˌspɑntəˈneɪəti/ *n* espontaneidad

spooky /spuːki/ *adj* (*coloq*) (**-ier, -iest**) **1** miedoso, de aspecto embrujado **2** misterioso

spoon /spuːn/ ◆ *n* **1** cuchara: *a serving spoon* un cucharón **2** (*tb* **spoonful**) cucharada ◆ *vt*: *She spooned the mixture out of the bowl.* Sacó la mezcla de la taza con una cuchara.

sporadic /spəˈrædɪk/ *adj* esporádico

sport /spɔːrt/ *n* **1** deporte: *sports center* centro deportivo ◊ *sports facilities* instalaciones deportivas ◊ *sports field* campo deportivo **2** (*coloq*) *Be a sport and lend me your bike.* Sea bueno y présteme la bicicleta. ◊ *a good/bad sport* un buen/mal perdedor **sporting** *adj* deportivo

sports car *n* carro deportivo

sportsman /ˈspɔːrtsmən/ *n* (*pl* **-men** /-mən/) deportista **sportsmanlike** *adj* deportivo (*justo*) **sportsmanship** *n* espíritu deportivo

sportswoman /ˈspɔːrtswʊmən/ *n* (*pl* **-women**) deportista

spot¹ /spɑt/ *vt* (**-tt-**) divisar: *He finally spotted a shirt he liked.* Por fin encontró una camisa que le gustara. ◊ *Nobody spotted the mistake.* Nadie notó el error

spot² /spɑt/ *n* **1** (*GB*) (*USA* **polka dot**) (*diseño*) punto: *a blue skirt with red spots on it* una falda azul con puntico rojos **2** (*en animales, etc.*) manch

3 (*GB, Med*) grano **4** lugar **5** ~ **of sth** (*GB, coloq*): *Would you like a spot of lunch?* ¿Quiere algo de almuerzo? ◊ *You seem to be having a spot of bother.* Parece que tienes un pequeño problema. **6** *Ver* SPOTLIGHT **LOC** *Ver* SOFT

spotless /ˈspɑtləs/ *adj* **1** (*casa*) inmaculado **2** (*reputación*) intachable

spotlight /ˈspɑtlaɪt/ *n* **1** (*tb* **spot**) reflector **2** (*fig*): *to be in the spotlight* ser el centro de atención

spotted /ˈspɑtɪd/ *adj* **1** (*animal*) con manchas **2** (*ropa*) con puntos

spotty /ˈspɑti/ *adj* (*GB*) (**-ier**, **-iest**) **1** con muchos granos **2** (*tela*) de puntos

spouse /spaʊs; *GB* spaʊz/ *n* (*Jur*) cónyuge

spout /spaʊt/ ◆ *n* **1** (*de tetera*) pico **2** (*de una canal*) bajante ◆ **1** *vi* ~ (**out/up**) salir a chorros **2** *vi* ~ (**out of/from sth**) salir a chorros, brotar (de algo) **3** *vt* ~ **sth** (**out/up**) echar algo a chorros **4** *vt* (*coloq, frec pey*) recitar **5** *vi* (*coloq, frec pey*) disertar, declamar

sprain /spreɪn/ ◆ *vt*: *to sprain your ankle* torcerse el tobillo ◆ *n* torcedura, esguince

sprang *pret de* SPRING

sprawl /sprɔːl/ *vi* **1** ~ (**out**) (**across/in/on sth**) tumbarse, despaturrarse (sobre/en algo) **2** (*ciudad, etc.*) extenderse (*desordenadamente*)

spray /spreɪ/ ◆ *n* **1** rociada **2** (*del mar*) espuma **3** (*para el pelo, etc.*) aerosol **4** (*lata*) atomizador, aerosol ◆ **1** *vt* ~ **sth on/over sth/sb**; ~ **sth/sb with sth** rociar algo/a algn de algo **2** *vi* ~ (**out**) (**over, across, etc. sth/sb**) salpicar(le) (algo/a algn)

spread /spred/ ◆ (*pret, pp* **spread**) **1** *vt* ~ **sth** (**out**) (**on/over sth**) extender, desplegar algo (en/sobre/por algo) **2** *vt* ~ **sth with sth** cubrir algo de/con algo **3** *vt, vi* untar(se) **4** *vt, vi* extender(se), propagar(se) **5** *vt, vi* (*noticia*) divulgar(se) **6** *vt* distribuir ◆ *n* **1** extensión **2** (*alas*) envergadura **3** propagación, difusión **4** paté, queso, etc. para untar

spree /spriː/ *n* tiempo breve de inmoderación: *to go on a shopping/spending spree* salir a comprar cosas/gastar plata sin moderación

spring /sprɪŋ/ ◆ *n* **1** primavera: *spring cleaning* limpieza general **2** salto **3** manantial **4** resorte **5** (*colchón, sillón*) muelle **6** elasticidad ◆ *vi* (*pret* **sprang** /spræŋ/ *pp* **sprung** /sprʌŋ/) **1** saltar: *to spring into action* ponerse en acción *Ver tb* JUMP **2** (*líquido*) brotar **LOC** *Ver* MIND **PHR V to spring back** rebotar **to spring from sth** provenir de algo **to spring sth on sb** (*coloq*) llegarle por sorpresa a algn con algo, salirle a algn con algo

springboard /ˈsprɪŋbɔːrd/ *n* (*lit y fig*) trampolín

springtime /ˈsprɪŋtaɪm/ *n* primavera

sprinkle /ˈsprɪŋkl/ *vt* **1** ~ **sth** (**with sth**) rociar, salpicar algo (de algo) **2** ~ **sth** (**on/onto/over sth**) rociar algo (sobre algo) **sprinkling** *n* ~ (**of sth/sb**) un poquito (de algo); unos, -as cuantos, -as

sprint /sprɪnt/ ◆ *vi* **1** correr a toda velocidad **2** (*Dep*) hacer un sprint ◆ *n* carrera de velocidad, sprint

sprout /spraʊt/ ◆ **1** *vi* ~ (**out/up**) (**from sth**) brotar, aparecer (de algo) **2** *vt* (*Bot*) echar (*flores, brotes, etc.*) ◆ *n* **1** brote **2** *Ver* BRUSSELS SPROUT

sprung *pp de* SPRING

spun *pret, pp de* SPIN

spur /spɜːr/ ◆ *n* **1** espuela **2 a** ~ (**to sth**) (*fig*) un incentivo (para algo) **LOC on the spur of the moment** impulsivamente ◆ *vt* (**-rr-**) ~ **sth/sb** (**on**) incitar a algn

spurn /spɜːrn/ *vt* (*formal*) rechazar

spurt /spɜːrt/ ◆ *vi* ~ (**out**) (**from sth**) salir a chorros (de algo) ◆ *n* **1** chorro **2** (*esfuerzo, actividad*) arrancón

spy /spaɪ/ ◆ *n* (*pl* **spies**) espía: *spy thrillers* novelas de espionaje ◆ *vi* (*pret, pp* **spied**) **to spy** (**on sth/sb**) espiar (algo/a algn)

squabble /ˈskwɑbl/ ◆ *vi* ~ (**with sb**) (**about/over sth**) pelear(se) (con algn) (por algo) ◆ *n* pelea, disputa

squad /skwɑd/ *n* **1** (*Mil*) escuadrón **2** (*policía*) brigada: *the drug squad* la brigada antidrogas **3** (*Dep*) equipo

squadron /ˈskwɑdrən/ *n* escuadrón

squalid /ˈskwɑlɪd/ *adj* sórdido

squalor /ˈskwɑlər/ *n* miseria

squander /ˈskwɑndər/ *vt* ~ **sth** (**on sth**) **1** (*dinero*) despilfarrar algo (en algo) **2** (*tiempo*) malgastar algo (en algo) **3** (*energía, oportunidad*) desperdiciar algo (en algo)

square /skweər/ ◆ *adj* cuadrado: *one*

square meter un metro cuadrado **LOC a square meal** una buena comida **to be (all) square (with sb)** quedar en paz (con algn) *Ver tb* FAIR ◆ *n* **1** (*Mat*) cuadrado **2** cuadro **3** (*en un tablero*) casilla **4** (*abrev* **Sq**) plaza (= Pza.) ◆ **PHR V to square up (with sb)** pagar(le) una deuda (a algn)

squarely /ˈskweərli/ *adv* directamente

square root *n* raíz cuadrada

squash /skwɑʃ/ ◆ *vt, vi* espichar(se): *It was squashed flat.* Estaba espichado. ◆ *n* **1** *What a squash!* ¡Qué apretones! **2** (*GB*) concentrado de frutas para hacer refrescos **3** (*formal* **squash rackets**) (*Dep*) squash **4** calabaza

squat /skwɑt/ ◆ *vi* (**-tt-**) ~ (**down**) **1** (*persona*) ponerse en cuclillas **2** (*animal*) agazaparse ◆ *adj* (**-tter**, **-ttest**) achatado, bajito y corpulento

squawk /skwɔːk/ ◆ *vi* graznar, chillar ◆ *n* graznido, chillido

squeak /skwiːk/ ◆ *n* **1** (*animal, etc.*) chillido **2** (*gozne, etc.*) chirrido ◆ *vi* **1** (*animal, etc.*) chillar **2** (*gozne*) chirriar **squeaky** *adj* (**-ier**, **-iest**) **1** (*voz*) chillón **2** (*gozne, etc.*) que chirría

squeal /skwiːl/ ◆ *n* alarido, chillido ◆ *vt, vi* chillar

squeamish /ˈskwiːmɪʃ/ *adj* impresionable, remilgado, asquiento

squeeze /skwiːz/ ◆ **1** *vt* apretar **2** *vt* exprimir, estrujar **3** *vt, vi* ~ (**sth/sb**) **into, past, through, etc.** (**sth**): *to squeeze through a gap in the hedge* meterse por entre un hueco en el seto ◊ *Can you squeeze past/by?* ¿Puede pasar? ◊ *Can you squeeze anything else into that case?* ¿Puedes meter algo más en esa maleta? ◆ *n* **1** apretón: *a squeeze of lemon* un chorrito de limón **2** apretura **3** (*coloq, Fin*) recortes

squint /ˈskwɪnt/ ◆ *vi* **1** ~ (**at/through sth**) mirar (algo, a través de algo) con los ojos entrecerrados **2** bizquear ◆ *n* estrabismo

squirm /skwɜːrm/ *vi* **1** retorcerse **2** sentir mucha vergüenza

squirrel /ˈskwɜːrəl; *GB* ˈskwɪrəl/ *n* ardilla

squirt /skwɜːrt/ ◆ **1** *vt*: *to squirt soda water into a glass* echar un chorro de soda en un vaso **2** *vt* ~ **sth/sb (with sth)** cubrir algo/a algn con un chorro (de algo) **3** *vi* ~ (**out of/from sth**) salir a chorros (de algo) ◆ *n* chorro

stab /stæb/ ◆ *vt* (**-bb-**) **1** apuñalar **2** punzar ◆ *n* puñalada **LOC to have a stab at (doing) sth** (*coloq*) intentar (hacer) algo **stabbing** *adj* punzante **stabbing** *n* apuñalamiento

stability /stəˈbɪləti/ *n* estabilidad

stabilize, -ise /ˈsteɪbəlaɪz/ *vt, vi* estabilizar(se)

stable[1] /ˈsteɪbl/ *adj* **1** estable **2** equilibrado

stable[2] /ˈsteɪbl/ *n* **1** establo **2** caballeriza

stack /stæk/ ◆ *n* **1** montón (*de libros, leña, etc.*) **2** ~ **of sth** [*gen pl*] (*coloq*) montón de algo ◆ *vt* ~ **sth (up)** amontonar algo

stadium /ˈsteɪdiəm/ *n* (*pl* ~**s** *o* **-dia** /-diə/) estadio

staff /stæf; *GB* stɑːf/ ◆ *n* (planta de) personal: *teaching staff* cuerpo docente ◊ *The whole staff is all working long hours.* Todo el personal está trabajando hasta tarde. ◆ *vt* dotar de personal

stag /stæg/ ◆ *n* ciervo ☛ *Ver nota en* CIERVO ◆ *adj*: *stag night/party* despedida de soltero

stage /steɪdʒ/ ◆ *n* **1** escenario **2 the stage** [*sing*] el teatro (*profesión*) **3** etapa: *at this stage* en este momento/a estas alturas **LOC in stages** por etapas **stage by stage** paso por/a paso **to be/go on the stage** ser/hacerse actor/actriz ◆ *vt* **1** montar **2** poner en escena, escenificar **3** (*huelga*) organizar

stagger /ˈstægər/ ◆ **1** *vi* tambalearse: *He staggered back home/to his feet.* Volvió a su casa/Se puso de pie tambaleándose. **2** *vt* dejar atónito **3** *vt* (*viaje, vacaciones*) escalonar ◆ *n* tambaleo **staggering** *adj* asombroso

stagnant /ˈstægnənt/ *adj* estancado

stagnate /ˈstægneɪt; *GB* stægˈneɪt/ *vi* estancarse **stagnation** *n* estancamiento

stain /steɪn/ ◆ *n* **1** mancha **2** tintura (*para madera*) ☛ *Comparar con* DYE ◆ **1** *vt, vi* manchar(se) **2** *vt* teñir: *stained glass window* vitral **stainless** *adj*: *stainless steel* acero inoxidable

stair /steər/ *n* **1 stairs** [*pl*] escalera(s): *to go up/down the stairs* subir/bajar las escaleras **2** peldaño, escalón

staircase /ˈsteərkeɪs/ (*tb* **stairway**) ...

escalera(s) (*parte de un edificio*) *Ver tb* LADDER

stake /steɪk/ ◆ *n* **1** estaca **2 the stake** la hoguera **3** [*gen pl*] apuesta **4** (*inversión*) participación LOC **at stake** en juego: *His reputation is at stake.* Está en juego su reputación. ◆ *vt* **1** apuntalar **2** ~ **sth** (**on sth**) apostarle algo (a algo) LOC **to stake** (**out**) **a/your claim** (**to sth/sb**) reclamar un derecho (sobre algo/algn)

stale /steɪl/ *adj* **1** (*pan*) viejo **2** (*comida*) pasado **3** (*aire*) viciado **4** (*persona*) anquilosado

stalemate /ˈsteɪlmeɪt/ *n* **1** (*ajedrez*) tablas **2** (*fig*) punto muerto

stalk /stɔːk/ ◆ *n* **1** tallo **2** (*de fruta*) palito, cabito ◆ **1** *vt* (*a un animal*) acechar **2** *vi* ~ (**along**) andar con actitud altiva

stall /stɔːl/ ◆ *n* **1** (*en mercado*) puesto **2** (*en establo*) compartimiento **3 stalls** [*pl*] (*GB*) (*en teatro*) luneta ◆ **1** *vt, vi* (*carro, motor*) apagar(se) **2** *vi* buscar evasivas

stallion /ˈstæliən/ *n* semental (*caballo*)

stalwart /ˈstɔːlwərt/ ◆ *n* incondicional ◆ *adj* (*antic, formal*) recio, fornido

stamina /ˈstæmɪnə/ *n* resistencia

stammer /ˈstæmər/ (*tb* **stutter**) ◆ **1** *vi* tartamudear **2** *vt* ~ **sth** (**out**) decir algo tartamudeando ◆ *n* tartamudeo

stamp /stæmp/ ◆ *n* **1** (*de correos*) estampilla: *stamp collecting* filatelia

En el Reino Unido existen dos tipos de estampillas: *first class* y *second class.* Las estampillas de primera clase valen un poco más, pero las cartas llegan antes.

2 (*fiscal*) estampilla **3** (*de caucho*) sello **4** (*con el pie*) zapatazo, patada ◆ **1** *vt, vi* dar zapatazos, dar patadas **2** *vi* (*baile*) zapatear **3** *vt* (*carta*) poner estampilla a, portear **4** *vt* imprimir, estampar, sellar PHR V **to stamp sth out** (*fig*) erradicar, acabar con algo

stampede /stæmˈpiːd/ ◆ *n* estampida, desbandada ◆ *vi* desbandarse

stance /stæns; *GB* stɑːns/ *n* **1** posición, postura **2** ~ (**on sth**) posición, actitud (hacia /con respecto a algo)

stand /stænd/ ◆ *n* **1** ~ (**on sth**) (*fig*) posición, actitud (hacia algo) **2** (*a menudo en compuestos*) pie, soporte: *music stand* atril **3** puesto, caseta **4** (*Dep*) [*a menudo pl*] tribuna **5** (*USA, Jur*) estrado LOC **to make a stand** (**against sth/sb**) oponer(le) resistencia (a algo/algn) **to take a stand** (**on sth**) pronunciarse (sobre algo) ◆ (*pret, pp* **stood** /stʊd/) **1** *vi* estar de pie, mantenerse de pie: *Stand still.* Estése quieto. **2** *vi* ~ (**up**) ponerse de pie, pararse **3** *vt* poner, colocar **4** *vi* medir: *He stands six feet in his socks.* Mide seis pies sin zapatos. **5** *vi* encontrarse: *A house once stood here.* Antes había una casa acá. **6** *vi* (*oferta, etc.*) seguir en pie **7** *vi* permanecer, estar: *as things stand* tal como están las cosas **8** *vt* aguantar(se), soportar: *I can't stand him.* No me lo aguanto. **9** *vi* ~ (**for sth**) (*GB, Pol*) (*USA* **run** (**for sth**)) postularse (a algo) LOC **it/that stands to reason** es lógico **to stand a chance** (**of sth**) tener posibilidades (de algo) **to stand firm** mantenerse firme *Ver tb* BAIL, LEG, TRIAL PHR V **to stand in** (**for sb**) reemplazar (a algn), sustituir (a algn) **to stand by sb** apoyar a algn **to stand for sth 1** significar, representar algo **2** apoyar algo **3** (*coloq*) tolerar algo **to stand out** (**from sth/sb**) (*ser mejor*) destacarse (sobre algo/algn) **to stand sb up** (*coloq*) dejar plantado a algn **to stand up for sth/sb/yourself** defender algo/a algn/defenderse **to stand up to sb** hacerle frente a algn

standard /ˈstændərd/ ◆ *n* estándar LOC **to be up to/below standard** ser/no ser del nivel requerido ◆ *adj* **1** estándar **2** oficial

standardize, -ise /ˈstændərdaɪz/ *vt* estandarizar

standard of living *n* nivel de vida

standby /ˈstændbaɪ/ *n* (*pl* **-bys**) **1** (*cosa*) recurso (*de emergencia*), repuesto: *Carry a spare battery as a standby.* Llévese una pila de repuesto por lo que pudiera pasar. **2** (*persona*) reserva **3** lista de espera LOC **on standby 1** preparado para la salida, ayudar, etc. **2** en lista de espera

stand-in /ˈstænd ɪn/ *n* sustituto, -a, reemplazo

standing /ˈstændɪŋ/ ◆ *n* **1** prestigio **2** *of long standing* duradero ◆ *adj* permanente

standing order *n* (*GB*) (*banco*) orden permanente de pago

standpoint /ˈstændpɔɪnt/ *n* punto de vista

standstill /ˈstændstɪl/ *n* paralizado: *to be at/come to/bring sth to a standstill* paralizarse/detenerse/parar algo **LOC** *Ver* GRIND

stank *pret de* STINK

staple¹ /ˈsteɪpl/ *adj* principal

staple² /ˈsteɪpl/ ◆ *n* gancho de cosedora, grapa ◆ *vt* (*papel*) coser **stapler** *n* cosedora, grapadora

star /stɑr/ ◆ *n* estrella ◆ *vi* (**-rr-**) ~ (**in sth**) protagonizar algo

starboard /ˈstɑrbərd/ *n* estribor

starch /stɑrtʃ/ *n* **1** almidón **2** fécula **starched** *adj* almidonado

stardom /ˈstɑrdəm/ *n* estrellato

stare /steər/ *vi* ~ (**at sth/sb**) mirar fijamente (algo/a algn)

stark /stɑrk/ *adj* (**-er**, **-est**) **1** desolador **2** crudo **3** (*contraste*) manifiesto

starry /ˈstɑri/ *adj* (**-ier**, **-iest**) estrellado

start /stɑrt/ ◆ *n* **1** principio **2** (*Dep*) **the start** [*sing*] la salida **LOC for a start** para empezar **to get off to a good, bad, etc. start** tener un buen/mal comienzo ◆ **1** *vt, vi* empezar: *It started to rain.* Empezó a llover. **2** *vi* (*carro, motor*) arrancar **3** *vt* (*rumor*) iniciar **LOC to start with** para empezar *Ver tb* BALL, FALSE, SCRATCH **PHR V to start off** salir **to start out** (**on sth/to do sth**) empezar (con algo/a hacer algo) **to start** (**sth**) **up 1** (*motor*) arrancar, encender **2** (*negocio*) empezar, montar

starter /ˈstɑrtər/ *n* (*GB, coloq*) entrada (*en una comida*)

starting point *n* punto de partida

startle /ˈstɑrtl/ *vt* asustar **startling** *adj* asombroso

starve /stɑrv/ **1** *vi* pasar hambre: *to starve* (*to death*) morirse de hambre/inanición **2** *vt* matar de hambre, hacer pasar hambre **3** *vt* ~ **sth/sb of sth** (*fig*) privar algo/a algn de algo **LOC to be starving** (*coloq*) morirse de hambre **starvation** *n* hambre ☛ *Ver nota en* HAMBRE

state¹ /steɪt/ ◆ *n* **1** estado: *to be in no state to drive* no estar en condiciones para manejar ◊ *the State* el Estado **2 the States** [*sing*] (*coloq*) los Estados Unidos **LOC state of affairs** situación, estado de cosas **state of mind** estado mental *Ver tb* REPAIR ◆ *adj* (*tb* **State**) estatal: *a state visit* una visita oficial

state² /steɪt/ *vt* **1** manifestar, afirmar: *State your name.* Diga/escriba su nombre. **2** establecer: *within the stated limits* dentro de los límites establecidos

stately /ˈsteɪtli/ *adj* (**-ier**, **-iest**) majestuoso

statement /ˈsteɪtmənt/ *n* declaración: *to issue a statement* expedir una declaración

statesman /ˈsteɪtsmən/ *n* (*pl* **-men** /-mən/) estadista

static¹ /ˈstætɪk/ *adj* estático

static² /ˈstætɪk/ *n* **1** (*interferencia*) estática **2** (*tb* **static electricity**) electricidad estática

station¹ /ˈsteɪʃn/ *n* **1** estación: *train station* estación (de tren) **2** *nuclear power station* (*GB*) central de energía nuclear ◊ *police station* estación de policía ◊ *fire station* estación de bomberos ◊ *gas station* bomba de gasolina **3** (*Radio*) emisora

station² /ˈsteɪʃn/ *vt* **1** enviar en comisión **2** (*tropas*) acantonar

stationary /ˈsteɪʃəneri; *GB* -nri/ *adj* estacionario

stationery /ˈsteɪʃəneri; *GB* -nri/ *n* artículos de papelería

station wagon (*GB* **estate** (**car**)) *n* camioneta

statistic /stəˈtɪstɪk/ *n* estadística **statistics** *n* [*sing*] estadística (*Mat*)

statue /ˈstætʃuː/ *n* estatua

stature /ˈstætʃər/ *n* **1** (*lit*) estatura **2** (*fig*) talla

status /ˈstætəs/ *n* categoría: *social status* posición social ◊ *marital status* estado civil ◊ *status symbol* símbolo de posición social

statute /ˈstætʃuːt/ *n* estatuto: *statute book* código **statutory** /ˈstætʃətɔːri; *GB* -tri/ *adj* estatutario, legal

staunch /stɔːntʃ/ *adj* (**-er**, **-est**) incondicional

stave /steɪv/ **PHR V to stave sth off 1** (*crisis*) evitar **2** (*ataque*) rechazar

stay /steɪ/ ◆ *vi* quedarse: *to stay* (*at*) *home* quedarse en la casa ◊ *What hotel are you staying at?* ¿En qué hotel te estás quedando? ◊ *to stay sober* no emborracharse **LOC** *Ver* CLEAR, COOL **PHR V to stay away** (**from sth/sb**) permanecer alejado (de algo/algn) **to stay behind** quedarse **to stay in** quedarse en la casa **to stay on (at…)** quedarse (en…) **to stay up** no acostarse: *to stay up late* acostarse tarde ◆ *n* estadía

steady /ˈstedi/ ◆ *adj* (**-ier**, **-iest**) **1** firme: *to hold sth steady* sostener algo con firmeza **2** constante, regular: *a steady boyfriend* un novio en serio ◊ *a steady job/income* un trabajo/sueldo fijo ◆ (*pret, pp* **steadied**) **1** *vi* estabilizarse **2** *v refl* ~ **yourself** recuperar el equilibrio

steak /steɪk/ *n* filete

steal /stiːl/ (*pret* **stole** /stoʊl/ *pp* **stolen** /ˈstoʊlən/) **1** *vt, vi* ~ (**sth**) (**from sth/sb**) robar(le) (algo) (a algo/algn) ☛ *Ver nota en* ROB **2** *vi* ~ **in, out, away, etc.**: *He stole into the room.* Entró al cuarto sigilosamente. ◊ *They stole away.* Salieron a escondidas. ◊ *to steal up on sb* acercarse a algn sin hacer ruido

stealth /stelθ/ *n* sigilo: *by stealth* sigilosamente **stealthy** *adj* (**-ier**, **-iest**) sigiloso

steam /stiːm/ ◆ *n* vapor: *steam engine* máquina/motor de vapor **LOC** *Ver* LET[1], RUN ◆ **1** *vi* echar vapor: *steaming hot coffee* café hirviendo **2** *vt* cocinar al vapor **LOC to get (all) steamed up (about/over sth)** (*coloq*) exaltarse/ponerse furioso (por algo) **PHR V to steam up** empañarse

steamer /ˈstiːmər/ *n* buque de vapor

steamroller /ˈstiːmˌroʊlər/ *n* aplanadora

steel /stiːl/ ◆ *n* acero ◆ *v refl* ~ **yourself (against sth)** armarse de valor (para algo)

steep /stiːp/ *adj* (**-er**, **-est**) **1** empinado: *a steep mountain* una montaña escarpada **2** (*coloq*) (*precio*) excesivo

steeply /ˈstiːpli/ *adv* con mucha pendiente: *The plane was climbing steeply.* El avión ascendía vertiginosamente. ◊ *Share prices fell steeply.* Las acciones cayeron en picada.

steer /stɪər/ *vt, vi* **1** conducir, gobernar: *to steer north* seguir rumbo al norte ◊ *to steer by the stars* guiarse por las estrellas ◊ *He steered the discussion away from the subject.* Llevó la conversación hacia otro tema. **2** navegar **LOC** *Ver* CLEAR **steering** *n* dirección

steering wheel *n* timón, cabrilla

stem[1] /stem/ ◆ *n* tallo ◆ *v* (**-mm-**) **PHR V to stem from sth** tener su origen en algo

stem[2] /stem/ *vt* (**-mm-**) contener

stench /stentʃ/ *n* hedor

step /step/ ◆ *vi* (**-pp-**) dar un paso, pisar: *to step on sth* pisar algo ◊ *to step over sth* pasar por encima de algo **PHR V to step down** retirarse **to step in** intervenir **to step up** incrementar ◆ *n* **1** paso **2** escalón, peldaño **3 steps** [*pl*] escaleras **LOC step by step** paso a paso **to be in/out of step (with sth/sb) 1** (*lit*) llevar/no llevar(le) el paso (a algo/algn) **2** (*fig*) estar de acuerdo/en desacuerdo (con algo/algn) **to take steps to do sth** tomar medidas para hacer algo *Ver tb* WATCH

stepbrother /ˈstepbrʌðər/ *n* hermanastro ☛ *Ver nota en* HERMANASTRO

stepchild /ˈsteptʃaɪld/ *n* (*pl* **-children**) hijastro, -a

stepdaughter /ˈstepdɔːtər/ *n* hijastra

stepfather /ˈstepfɑðər/ *n* padrastro

stepladder /ˈsteplædər/ *n* escalera de tijera

stepmother /ˈstepmʌðər/ *n* madrastra

step-parent /ˈstep peərənt/ *n* padrastro, madrastra

stepsister /ˈstepsɪstər/ *n* hermanastra ☛ *Ver nota en* HERMANASTRO

stepson /ˈstepsʌn/ *n* hijastro

stereo /ˈsterioʊ/ *n* (*pl* ~**s**) estéreo

stereotype /ˈsteriətaɪp/ *n* estereotipo

sterile /ˈsterəl; *GB* ˈsteraɪl/ *adj* estéril **sterility** /stəˈrɪləti/ *n* esterilidad **sterilize, -ise** /ˈsterəlaɪz/ *vt* esterilizar

sterling /ˈstɜːrlɪŋ/ ◆ *adj* **1** (*plata*) de ley **2** (*fig*) excelente ◆ (*GB*) (*tb* **pound sterling**) *n* libra esterlina

stern[1] /stɜːrn/ *adj* (**-er**, **-est**) severo, duro

stern[2] /stɜːrn/ *n* popa

stew /stuː; *GB* stjuː/ ◆ *vt, vi* cocinar, guisar ◆ *n* guisado, cocido

steward /ˈstuːərd; *GB* ˈstjuːəd/ *n* **1** (*fem* **stewardess**) (*en un avión*) auxiliar de vuelo: (*air*) *stewardess* auxiliar de vuelo **2** (*en un barco*) camarero, -a

stick[1] /stɪk/ *n* **1** palo, vara **2** bastón **3** barra: *a stick of celery* un tallo de apio ◊

a stick of dynamite un cartucho de dinamita

stick[2] /stɪk/ (*pret, pp* **stuck** /stʌk/) **1** *vt* hincar, clavar: *to stick a needle in your finger* clavarse una aguja en el dedo ◊ *to stick your fork into a potato* clavarle el tenedor a una papa **2** *vt, vi* pegar(se): *Jam sticks to your fingers.* La mermelada se pega a los dedos. **3** *vt* (*coloq*) poner: *He stuck the pen behind his ear.* Se puso el esfero detrás de la oreja. **4** *vt* atascarse: *The bus got stuck in the mud.* El bus se atascó en el barro. ◊ *The elevator got stuck between floors six and seven.* El ascensor se atascó entre los pisos quinto y sexto. **5** *vt* (*coloq*) aguantar(se): *I can't stick it any longer.* No aguanto más. **6** *vi* ~ **at sth** seguir trabajando, persistir en algo **7** ~ **by sb** apoyar a algn **8** ~ **to sth** atenerse a algo **PHR V to stick around** (*coloq*) quedarse cerca

to stick out salir: *His ears stick out.* Tiene las orejas muy salidas. **to stick it/sth out** (*coloq*) aguantar(se) algo **to stick sth out 1** (*lengua, mano*) sacar **2** (*cabeza*) asomar

to stick together mantenerse unidos

to stick up sobresalir **to stick up for yourself/sth/sb** defenderse/defender algo/a algn

sticker /ˈstɪkər/ *n* autoadhesivo

sticky /ˈstɪki/ *adj* **1** pegajoso **2** (*coloq*) (*situación*) difícil

stiff /stɪf/ ◆ *adj* (**-er**, **-est**) **1** rígido, duro **2** (*articulación*) engarrotado **3** (*sólido*) espeso **4** difícil, duro **5** (*formal*) tieso **6** (*brisa, bebida alcohólica*) fuerte ◆ *adv* (*coloq*) extremadamente: *bored/scared stiff* muerto de aburrimiento/miedo

stiffen /ˈstɪfn/ **1** *vi* ponerse rígido/tieso **2** *vi* (*articulación*) agarrotarse **3** *vt* (*cuello*) almidonar

stifle /ˈstaɪfl/ **1** *vt, vi* ahogar(se) **2** *vt* (*rebelión*) contener **3** *vt* (*bostezo*) reprimir **4** *vt* (*ideas*) ahogar, reprimir **stifling** *adj* sofocante

stigma /ˈstɪgmə/ *n* estigma

still[1] /stɪl/ *adv* **1** todavía, aún

¿**Still** o **yet**? **Still** se usa en frases afirmativas e interrogativas y siempre va detrás de los verbos auxiliares o modales y delante de los demás verbos: *He still talks about her.* Todavía habla de ella. ◊ *Are you still here?* ¿Todavía estás aquí? **Yet** se usa en frases negativas y siempre va al final de la oración: *Aren't they here yet?* ¿No han llegado todavía? ◊ *He hasn't done it yet.* No lo ha hecho todavía. Sin embargo, **still** se puede usar con frases negativas cuando queremos darle énfasis a la oración. En este caso siempre se coloca delante del verbo, aunque sea auxiliar o modal: *He still hasn't done it.* Todavía no lo ha hecho. ◊ *He still can't do it.* Todavía no lo sabe hacer.

2 aún así, sin embargo, no obstante: *Still, it didn't turn out badly.* A pesar de todo, no salió del todo mal.

still[2] /stɪl/ *adj* **1** quieto: *still life* bodegón ◊ *Stand still!* ¡No se mueva! ☛ *Comparar con* QUIET **2** (*agua, viento*) tranquilo **3** (*bebida*) sin gas

stillness /ˈstɪlnəs/ *n* calma, quietud

stilt /stɪlt/ *n* **1** zanco **2** pilote

stilted /ˈstɪltɪd/ *adj* rebuscado, artificial

stimulant /ˈstɪmjələnt/ *n* estimulante

stimulate /ˈstɪmjuleɪt/ *vt* estimular **stimulating** *adj* **1** estimulante **2** interesante

stimulus /ˈstɪmjələs/ *n* (*pl* **-muli** /-laɪ/) estímulo, incentivo

sting /stɪŋ/ ◆ *n* **1** aguijón **2** (*herida*) picadura **3** (*dolor*) picazón ◆ (*pret, pp* **stung** /stʌŋ/) **1** *vt, vi* picar **2** *vi* escocer **3** *vt* (*fig*) herir

stingy /ˈstɪndʒi/ *adj* tacaño

stink /stɪŋk/ ◆ *vi* (*pret* **stank** /stæŋk/ *o* **stunk** /stʌŋk/ *pp* **stunk**) (*coloq*) **1** ~ (**of sth**) heder (a algo) **2** ~ (**of sth**) (*fig*) oler (a algo) **PHR V to stink sth out** hacer oler mal algo ◆ *n* (*coloq*) tufo, hedor **stinking** *adj* (*coloq*) maldito

stint /stɪnt/ *n* período: *a training stint in London* un período de aprendizaje en Londres ◊ *She's doing a stint as a reporter.* Está trabajando como periodista por un tiempo.

stipulate /ˈstɪpjuleɪt/ *vt* (*formal*) estipular

stir /stɜːr/ ◆ (**-rr-**) **1** *vt* rebullir, remover **2** *vt, vi* mover(se) **3** *vt* (*imaginación, etc.*) despertar **PHR V to stir sth up** provocar algo ◆ *n* **1** *to give sth a stir* rebullir algo **2** alboroto **stirring** *adj* emocionante

stirrup /ˈstɪrəp/ *n* estribo

stitch /stɪtʃ/ ◆ *n* **1** (*costura*) puntada **2** (*tejido*) punto **3** (*dolor*) bazo: *I got a stitch in my side.* Me dio bazo. **LOC in stitches** (*coloq*) muerto de risa ◆ *vt, vi* coser **stitching** *n* costura

stock /stɑk/ ◆ *n* **1** existencias **2** ~ (**of sth**) surtido, reserva (de algo) **3** (*tb* **livestock**) ganado **4** (*Fin*) [*gen pl*] acción **5** (*de empresa*) capital social **6** (*Cocina*) caldo **LOC out of/in stock** agotado/en existencia **to take stock** (**of sth**) hacer un balance (algo) ◆ *adj* gastado, manido (*frase, etc.*) ◆ *vt* tener (existencias de) **PHR V to stock up** (**on/with sth**) abastecerse (de algo)

stockbroker /ˈstɑkbroʊkər/ (*tb* **broker**) *n* corredor, -ora de bolsa

stock exchange (*tb* **stock market**) *n* bolsa

stocking /ˈstɑkɪŋ/ *n* media (*velada*)

stocktaking /ˈstɑkteɪkɪŋ/ (*GB*) (*USA* **inventory**) *n* inventario (*acción*)

stocky /ˈstɑki/ *adj* (**-ier**, **-iest**) bajito y corpulento

stodgy /ˈstɑdʒi/ *adj* (**-ier**, **-iest**) (*coloq, pey*) pesado

stoke /stoʊk/ *vt* ~ **sth** (**up**) (**with sth**) (*fuego*) alimentar algo (con algo)

stole *pret de* STEAL

stolen *pp de* STEAL

stolid /ˈstɑlɪd/ *adj* (*pey*) impasible

stomach /ˈstʌmək/ ◆ *n* **1** estómago: *stomach ache* dolor de estómago **2** vientre **3** ~ **for sth** (*fig*) ganas de algo ◆ *vt* aguantar(se), soportar(se): *I can't stomach too much violence in films.* No me soporto las películas con demasiada violencia.

stone /stoʊn/ ◆ *n* **1** piedra: *the Stone Age* la Edad de Piedra **2** (*GB*) (*esp USA* **pit**) (*de fruta*) pepa **3** (*GB*) (*pl* **stone**) unidad de peso equivalente a 14 libras o 6,348 kg ◆ *vt* apedrear **stoned** *adj* (*coloq*) **1** borracho **2** trabado, sollado (*con marihuana, etc.*)

stony /ˈstoʊni/ *adj* (**-ier**, **-iest**) **1** pedregoso, cubierto de piedras **2** (*mirada*) frío **3** (*silencio*) sepulcral

stood *pret, pp de* STAND

stool /stuːl/ *n* butaca, banca

stoop /stuːp/ ◆ *vi* ~ (**down**) agacharse, inclinarse **LOC to stoop so low** (**as to do sth**) llegar tan bajo (como para hacer algo) ◆ *n*: *to walk with/have a stoop* andar encorvado

stop /stɑp/ ◆ (**-pp-**) **1** *vt, vi* parar(se), detener(se) **2** *vt* (*proceso*) interrumpir **3** *vt* (*injusticia, etc.*) acabar con, poner fin a **4** *vt* ~ **doing sth** dejar de hacer algo: *Stop it!* ¡No más! **5** *vt* ~ **sth/sb** (**from**) **doing sth** impedir que algo/algn haga algo: *to stop yourself doing sth* hacer un esfuerzo por no hacer algo **6** *vt* cancelar **7** *vt* (*pago*) suspender **8** *vt* (*cheque*) dar orden de no pagar **9** *vi* (*GB, coloq*) quedarse **LOC to stop dead/short** parar(se) en seco **to stop short of** (**doing**) **sth** no llegar a (hacer) algo *Ver tb* BUCK[3] **PHR V to stop off** (**at/in...**) pasar (por...) ◆ *n* **1** parada, alto: *to come to a stop* detenerse/parar(se) **2** (*bus, tren, etc.*) paradero **3** (*tren*) parada **4** (*ortografía*) punto **stoppage** *n* **1** paro **2** **stoppages** [*pl*] deducciones

stopgap /ˈstɑpgæp/ *n* **1** sustituto, -a **2** recurso provisional

stopover /ˈstɑpoʊvər/ *n* escala (*en un viaje*)

stopper /ˈstɑpər/ (*USA tb* **plug**) *n* tapón

stopwatch /ˈstɑpwɑtʃ/ *n* cronómetro

storage /ˈstɔːrɪdʒ/ *n* **1** almacenamiento, bodegaje: *storage space* sitio para guardar cosas **2** depósito, bodega

store /stɔːr/ ◆ *n* **1** (*GB* **shop**) almacén **2** provisión, reserva **3** **stores** [*pl*] provisiones, víveres **LOC to be in store for sb** aguardarle a algn (*sorpresa, etc.*) **to have in store for sb** tenerle reservado a algn (*sorpresa, etc.*) ◆ *vt* ~ **sth** (**up/away**) almacenar, guardar, acumular algo

storekeeper /ˈstɔːrkiːpər/ (*GB* **shopkeeper**) *n* comerciante, tendero, -a

storeroom /ˈstɔːruːm/ *n* despensa, depósito

storey (*GB*) *Ver* STORY[2]

stork /stɔːrk/ *n* cigüeña

storm /stɔːrm/ ◆ *n* tormenta, tempestad: *a storm of criticism* fuertes críticas ◆ **1** *vi* ~ **in/off/out** entrar/irse/salir furioso **2** *vt* (*edificio*) asaltar/tomarse **stormy** *adj* (**-ier**, **-iest**) **1** tormentoso **2** (*debate*) acalorado **3** (*relación*) turbulento

story[1] /ˈstɔːri/ *n* (*pl* **-ies**) **1** historia **2** cuento **3** (*Period*) noticia

story² /ˈstɔːri/ *n* (*pl* **-ies**) (*GB* **storey**; *pl* **-eys**) piso

stout /staʊt/ *adj* **1** fuerte **2** (*frec eufemismo*) gordo *Ver tb* FAT

stove /stoʊv/ *n* **1** estufa **2** calentador

stow /stoʊ/ *vt* ~ **sth** (**away**) guardar algo

straddle /ˈstrædl/ *vt* poner una pierna a cada lado de

straggle /ˈstrægl/ *vi* **1** (*planta*) desparramarse **2** (*persona*) rezagarse **straggler** *n* rezagado, -a **straggly** *adj* (**-ier**, **-iest**) desordenado, desgreñado

straight /streɪt/ ◆ *adj* (**-er**, **-est**) **1** recto: *straight hair* pelo liso **2** en orden **3** derecho LOC **to be straight** (**with sb**) ser franco (con algn) **to keep a straight face** no reírse *Ver tb* RECORD ◆ *adv* (**-er**, **-est**) **1** en línea recta: *Look straight ahead.* Mire adelante. **2** (*sentarse*) derecho **3** (*pensar*) claramente **4** (*venir(se), irse(se)*) directamente LOC **straight away** inmediatamente **straight out** sin vacilar

straighten /ˈstreɪtn/ **1** *vi* volverse recto, enderezarse **2** *vt, vi* (*la espalda*) enderezar(se) **3** *vt* (*corbata, falda*) arreglarse PHR V **to straighten sth out** desenredar algo **to straighten up** enderezar(se)

straightforward /ˌstreɪtˈfɔːrwərd/ *adj* **1** (*persona*) honrado **2** franco **3** (*estilo*) sencillo

strain /streɪn/ ◆ **1** *vi* hacer un esfuerzo **2** *vt* (*cuerda*) estirar **3** *vt* (*el oído*) aguzar **4** *vt* (*músculo, espalda*) torcer(se) **5** *vt* (*vista, voz, corazón*) forzar **6** *vt* ~ **sth** (**off**) colar algo ◆ *n* **1** tensión: *Their relationship is showing signs of strain.* Su relación da muestras de tensión. **2** torcedura: *eye strain* fatiga visual **strained** *adj* **1** (*risa, tono de voz*) forzado **2** preocupado

strainer /ˈstreɪnər/ *n* colador

straitjacket /ˈstreɪtdʒækɪt/ *n* camisa de fuerza

straits /streɪts/ *n* **1** estrecho: *the Straits of Magellan* el Estrecho de Magallanes **2** *in dire straits* en una situación desesperada

strand /strænd/ *n* **1** hebra, hilo **2** *a strand of hair* un pelo

stranded /ˈstrændɪd/ *adj* abandonado: *to be left stranded* quedarse botado

strange /streɪndʒ/ *adj* (**-er**, **-est**) **1** desconocido **2** raro, extraño: *I find it strange that...* Me extraña que... **stranger** *n* **1** desconocido, -a **2** foráneo, -a

strangle /ˈstræŋgl/ *vt* estrangular, ahogar

strap /stræp/ ◆ *n* **1** correa, pasador, tira ☛ *Ver dibujo en* RELOJ **2** (*de reloj*) pulso **3** (*de un vestido*) tiranta ◆ *vt* ~ **sth** (**up**) (*Med*) vendar algo PHR V **to strap sth on** amarrar, asegurar algo (*con correas*) **to strap sb in** ponerle el cinturón de seguridad a algn

strategy /ˈstrætədʒi/ *n* (*pl* **-ies**) estrategia **strategic** /strəˈtiːdʒɪk/ *adj* estratégico

straw /strɔː/ *n* paja: *a straw hat* un sombrero de paja LOC **the last/final straw** la gota que rebosa la copa

strawberry /ˈstrɔːberi; *GB* -bəri/ *n* (*pl* **-ies**) fresa: *strawberries and cream* fresas con crema

stray /streɪ/ ◆ *vi* **1** perderse, extraviarse **2** apartarse ◆ *adj* **1** perdido, extraviado **2** (*sin dueño*): *a stray dog* un perro callejero **3** aislado: *a stray bullet* una bala perdida

streak /striːk/ ◆ *n* **1** veta **2** rasgo, vena **3** (*de suerte*) racha: *to be on a winning/losing streak* tener una racha de suerte/mala suerte ◆ **1** *vt* ~ **sth** (**with sth**) rayar, vetear algo (de algo) **2** *vi* correr como un rayo

stream /striːm/ ◆ *n* **1** quebrada, arroyo, riachuelo **2** (*de líquido, palabras*) torrente **3** (*de gente*) oleada **4** (*de carros*) caravana ◆ *vi* **1** (*agua, sangre*) manar **2** (*lágrimas*) correr **3** (*luz*) entrar/salir a raudales **4** derramar

streamer /ˈstriːmər/ *n* serpentina

streamline /ˈstriːmlaɪn/ *vt* **1** hacer más aerodinámico **2** (*fig*) racionalizar

street /striːt/ *n* (*abrev* **St.**) calle: *the main street* la calle principal ☛ Nótese que cuando **street** va precedido por el nombre de la calle, se escribe con mayúscula. *Ver tb* ROAD *y nota en* CALLE LOC (**right**) **up your street**: *This job seems right up your street.* Este trabajo parece ideal para ti. **to be streets ahead** (**of sth/sb**) llevarle mucha ventaja (a algo/algn) *Ver tb* MAN¹

streetcar /ˈstriːtkɑr/ (*GB* **tram**) tranvía

strength /streŋθ/ *n* **1** [*incontable*] fuerza **2** (*material*) resistencia **3** (*luz, emoción*) intensidad **4** punto fuerte **LOC on the strength of sth** fundándose en algo, confiando en algo **strengthen** *vt, vi* fortalecer(se), reforzar(se)

strenuous /ˈstrenjuəs/ *adj* **1** agotador **2** vigoroso

stress /stres/ ◆ *n* **1** estrés **2** ~ **(on sth)** énfasis (en algo) **3** (*Ling, Mús*) acento **4** (*Mec*) tensión ◆ *vt* subrayar, recalcar **stressful** *adj* estresante

stretch /stretʃ/ ◆ **1** *vt, vi* estirar(se), alargar(se) **2** *vi* desperezarse **3** *vi* (*terreno, etc.*) extenderse **4** *vt* (*persona*) exigirle el máximo esfuerzo a **LOC to stretch your legs** estirar las piernas **PHR V to stretch (yourself) out** tenderse ◆ *n* **1** *to have a stretch* estirarse **2** elasticidad **3** ~ **(of sth)** (*terreno*) trecho (de algo) **4** ~ **(of sth)** (*tiempo*) intervalo, período (de algo) **LOC at a stretch** sin interrupción, seguidos

stretcher /ˈstretʃər/ *n* camilla

strewn /struːn/ *adj* **1** ~ **(all) over sth** desparramado por algo **2** ~ **with sth** cubierto de algo

stricken /ˈstrɪkən/ *adj* ~ **(by/with sth)** aquejado (por algo): *drought-stricken area* zona afectada por la sequía

strict /strɪkt/ *adj* **(-er, -est) 1** severo **2** estricto, preciso **LOC in strictest confidence** con la más absoluta reserva **strictly** *adv* **1** severamente **2** estrictamente: *strictly prohibited* terminantemente prohibido **LOC strictly speaking** en sentido estricto

stride /straɪd/ ◆ *vi* (*pret* **strode** /stroʊd/ *pp* **stridden** /ˈstrɪdn/) **1** andar a pasos largos **2** ~ **up to sth/sb** acercársele resueltamente a algo/algn ◆ *n* **1** zancada **2** (*modo de andar*) paso **LOC to take sth in your stride** tomarlo con calma

strident /ˈstraɪdnt/ *adj* estridente

strife /straɪf/ *n* lucha, conflicto

strike /straɪk/ ◆ *n* **1** huelga: *to go on strike* declararse en huelga **2** (*Mil*) ataque ◆ (*pret, pp* **struck** /strʌk/) **1** *vt* golpear, pegar **2** *vt* (*carro, etc.*) atropellar **3** *vt* chocar contra **4** *vi* atacar **5** *vt, vi* (*reloj*) dar (la hora) **6** *vt* (*oro, etc.*) hallar **7** *vt* (*fósforo*) encender **8** *vt*: *It strikes me that…* Se me ocurre que… **9** *vt* impresionar a, llamar la atención a: *I was struck by the similarity between them.* Me impresionó lo parecidos que eran. **LOC** *Ver* HOME **PHR V to strike back (at sth/sb)** devolver(le) el golpe (a algo/algn) **to strike (sth) up** empezar a tocar (algo) **to strike up sth (with sb) 1** (*conversación*) entablar algo (con algn) **2** (*amistad*) trabar algo (con algn)

striker /ˈstraɪkər/ *n* **1** huelguista **2** (*Dep*) delantero

striking /ˈstraɪkɪŋ/ *adj* llamativo

string /strɪŋ/ ◆ *n* **1** pita, cuerda: *I need some string to tie up this package.* Necesito una pita para amarrar este paquete. **2** (*de perlas, etc.*) sarta **LOC (with) no strings attached/without strings** (*coloq*) sin condiciones *Ver tb* PULL ◆ *vt* (*pret, pp* **strung** /strʌŋ/) ~ **sth (up)** colgar algo (*con cuerda, etc.*) **PHR V to string (sth) out** extenderse/extender algo **to string sth together** hilar algo

stringent /ˈstrɪndʒənt/ *adj* riguroso

strip¹ /strɪp/ **(-pp-) 1** *vt* (*una máquina*) desmantelar **2** *vt* (*papel, pintura, etc.*) quitar **3** *vt* ~ **sth of sth** despojar a algo de algo **4** *vt* ~ **sb of sth** quitarle algo a algn **5** *vt, vi* ~ **(off)** desnudar(se)

strip² /strɪp/ *n* **1** (*de papel, metal, etc.*) tira **2** (*de tierra, agua, etc.*) franja

stripe /straɪp/ *n* raya **striped** *adj* de rayas, rayado

strive /straɪv/ *vi* (*pret* **strove** /stroʊv/ *pp* **striven** /ˈstrɪvn/) (*formal*) ~ **(for/after sth)** esforzarse (por alcanzar algo)

strode *pret de* STRIDE

stroke¹ /stroʊk/ *n* **1** golpe: *a stroke of luck* un golpe de suerte/una chiripa **2** (*Dep*) brazada **3** pincelada **4** brochazo **5** trazo (*de esfero, etc.*) **6** campanada **7** (*Med*) derrame cerebral **LOC at a stroke** (*esp GB*) de un golpe **not to do a stroke (of work)** (*esp GB*) no hacer absolutamente nada

stroke² /stroʊk/ *vt* acariciar

stroll /stroʊl/ ◆ *n* paseo: *to go for/take a stroll* dar un paseo ◆ *vi* caminar

stroller /ˈstroʊlər/ (*GB* **pushchair**) *n* caminador

strong /strɔːŋ; *GB* strɒŋ/ *adj* **(-er, -est)** fuerte **LOC to be going strong** (*coloq*) estar muy fuerte **to be your/sb's strong point/suit** ser el fuerte de uno/algn

strong-minded /ˌstrɔːŋ ˈmaɪndɪd/ *adj* decidido

strove *pret de* STRIVE

struck *pret, pp de* STRIKE

structure /ˈstrʌktʃər/ ◆ *n* **1** estructura **2** construcción ◆ *vt* estructurar

struggle /ˈstrʌgl/ ◆ *vi* **1** luchar **2** ~ (**against/with sth/sb**) forcejear (con algo/algn) ◆ *n* **1** lucha **2** esfuerzo

strung *pret, pp de* STRING

strut /strʌt/ ◆ *n* puntal ◆ *vi* (**-tt-**) ~ (**about/along**) pavonearse

stub /stʌb/ *n* **1** cabo **2** (*de cigarrillo*) colilla **3** (*de cheque*) talón

stubble /ˈstʌbl/ *n* **1** rastrojo **2** barba (incipiente)

stubborn /ˈstʌbərn/ *adj* **1** terco, tenaz **2** (*mancha, tos*) rebelde

stuck /stʌk/ ◆ *pret, pp de* STICK² ◆ *adj* **1** atascado: *to get stuck* atascarse **2** (*coloq*): *to be/get stuck with sth/sb* tener que cargar con algo/tener que aguantarse a algn

stuck-up /ˌstʌk ˈʌp/ *adj* (*coloq*) estirado, creído

stud /stʌd/ *n* **1** tachuela **2** (*en zapato deportivo*) taco **3** caballo semental **4** (*tb* **stud farm**) caballeriza

student /ˈstuːdnt; *GB* ˈstjuː-/ *n* **1** estudiante (*de universidad*) **2** alumno, -a

studied /ˈstʌdid/ *adj* deliberado

studio /ˈstuːdioʊ; *GB* ˈstjuː-/ *n* (*pl* **~s**) **1** taller **2** (*Cine, TV*) estudio

studious /ˈstuːdiəs; *GB* ˈstjuː-/ *adj* **1** estudioso **2** (*formal*) deliberado

study /ˈstʌdi/ ◆ *n* (*pl* **-ies**) **1** (*investigación*) estudio **2** (*cuarto*) estudio ◆ *vt, vi* (*pret, pp* **studied**) estudiar

stuff /stʌf/ ◆ *n* **1** material, sustancia **2** (*coloq*) cosas *Ver* FOODSTUFFS ◆ **1** *vt* ~ **sth** (**with sth**) rellenar algo (con algo) **2** *vt* ~ **sth in**; ~ **sth into sth** meter algo a la fuerza (en algo) **3** *v refl* ~ **yourself** (**with sth**) atiborrarse (de algo) **4** *vt* (*animal*) disecar **LOC get stuffed!** (*GB, coloq*) ¡váyase a la gorra! **stuffing** *n* relleno

stuffy /ˈstʌfi/ *adj* (**-ier**, **-iest**) **1** cargado **2** (*coloq*) (*persona*) estirado

stumble /ˈstʌmbl/ *vi* **1** ~ (**over sth**) tropezarse (con algo): *stumbling block* obstáculo (fig) **2** ~ (**over sth**) equivocarse (en algo) **PHR V to stumble across/on sth/sb** tropezarse con algo/algn

stump /stʌmp/ *n* **1** (*de árbol*) cepa **2** (*de miembro*) muñón

stun /stʌn/ *vt* **1** (**-nn-**) (*fig*) asombrar **2** (*lit*) aturdir **stunning** *adj* (*coloq, aprob*) asombroso, impresionante

stung *pret, pp de* STING

stunk *pret, pp de* STINK

stunt¹ /stʌnt/ *n* (*coloq*) **1** truco **2** acrobacia

stunt² /stʌnt/ *vt* atrofiar

stupendous /stuːˈpendəs; *GB* stjuː-/ *adj* formidable, estupendo

stupid /ˈstuːpɪd; *GB* ˈstjuː-/ *adj* (**-er**, **-est**) tonto, estúpido ☛ *Ver nota en* TONTO **stupidity** /stuːˈpɪdəti; *GB* stjuː-/ *n* estupidez

stupor /ˈstuːpər; *GB* ˈstjuː-/ *n* [*gen sing*]: *in a drunken stupor* aturdido por la bebida

sturdy /ˈstɜːrdi/ *adj* (**-ier**, **-iest**) **1** (*zapatos, constitución*) fuerte **2** (*mesa*) sólido **3** (*persona, planta*) robusto

stutter /ˈstʌtər/ (*tb* **stammer**) ◆ *vi* tartamudear ◆ *n* tartamudeo

sty¹ /staɪ/ *n* (*pl* **sties**) pocilga

sty² /staɪ/ *n* (*pl* **sties**) (*tb* **stye**) orzuelo

style /staɪl/ *n* **1** estilo **2** modo **3** distinción **4** modelo: *the latest style* la última moda **stylish** *adj* elegante

suave /swɑv/ *adj* con muy buenas maneras (*a veces excesivamente atento*)

subconscious /ˌsʌbˈkɑnʃəs/ *adj, n* subconsciente

subdivide /ˌsʌbdɪˈvaɪd/ **1** *vt* ~ **sth** (**into sth**) subdividir algo (en algo) **2** *vi* ~ (**into sth**) subdividirse (en algo)

subdue /səbˈduː; *GB* -ˈdjuː/ *vt* someter **subdued** *adj* **1** (*voz*) bajo **2** (*luz, colores*) suave **3** (*persona*) abatido

subheading /ˈsʌbhedɪŋ/ *n* subtítulo

subject¹ /ˈsʌbdʒɪkt/ *n* **1** tema **2** asignatura **3** (*Gram*) sujeto **4** súbdito

subject² /ˈsʌbdʒɪkt/ *adj* ~ **to sth/sb** sujeto a algo/a algn

subject³ /səbˈdʒekt/ *vt* ~ **sth/sb** (**to sth**) someter, exponer algo/a algn (a algo) **subjection** *n* sometimiento

subjective /səbˈdʒektɪv/ *adj* subjetivo

subject matter /ˈsʌbdʒekt mætər/ *n* tema

subjunctive /səbˈdʒʌŋktɪv/ *n* subjuntivo

sublime /sə'blaɪm/ *adj* sublime

submarine /'sʌbməriːn; *GB* ˌsʌbmə'riːn/ *adj, n* submarino

submerge /səb'mɜːrdʒ/ **1** *vi* sumergirse **2** *vt* sumergir, inundar

submission /səb'mɪʃn/ *n* ~ (**to sth/sb**) **1** sumisión (a algo/algn) **2** (*documento, decisión*) presentación

submissive /səb'mɪsɪv/ *adj* sumiso

submit /səb'mɪt/ (**-tt-**) **1** *vi* ~ (**to sth/sb**) someterse, rendirse (a algo/algn) **2** *vt* ~ **sth** (**to sth/sb**) presentar algo (a algo/ algn): *Applications must be submitted by March 31.* El plazo de entrega de solicitudes vence el 31 de marzo.

subordinate /sə'bɔːrdənət; *GB* -dɪnət/ ◆ *adj, n* subordinado, -a ◆ /sə'bɔːrdəneɪt; *GB* -dɪneɪt/ *vt* ~ **sth** (**to sth**) subordinar algo (a algo)

subscribe /səb'skraɪb/ *vi* ~ (**to sth**) suscribirse (a algo) **PHR V to subscribe to sth** (*formal*) suscribir algo (*opinión*) **subscriber** *n* **1** suscriptor, -ora **2** abonado, -a **subscription** *n* **1** suscripción **2** cuota

subsequent /'sʌbsɪkwənt/ *adj* [*sólo antes de sustantivo*] posterior **subsequently** *adv* posteriormente, más tarde **subsequent to** *prep* (*formal*) posterior a, después de

subside /səb'saɪd/ *vi* **1** hundirse **2** (*agua*) bajar **3** (*viento*) amainar **4** (*emoción*) calmarse **subsidence** /səb'saɪdns, 'sʌbsɪdns/ *n* hundimiento

subsidiary /səb'sɪdieri; *GB* -diəri/ ◆ *adj* secundario, subsidiario ◆ *n* (*pl* **-ies**) subsidiaria, sucursal

subsidize, -ise /'sʌbsɪdaɪz/ *vt* subsidiar

subsidy /'sʌbsədi/ *n* (*pl* **-ies**) subsidio

subsist /səb'sɪst/ *vi* ~ (**on sth**) (*formal*) subsistir (a base de algo) **subsistence** *n* subsistencia

substance /'sʌbstəns/ *n* **1** sustancia **2** esencia

substantial /səb'stænʃl/ *adj* **1** considerable, importante **2** (*construcción*) sólido **substantially** *adv* **1** considerablemente **2** esencialmente

substitute /'sʌbstɪtuːt; *GB* -tjuːt/ ◆ *n* **1** ~ (**for sb**) sustituto (de algn) **2** ~ (**for sth**) sustitutivo (de algo) **3** (*Dep*) reserva ◆ *vt, vi* ~ **A** (**for B**)/(**B with A**) (*esp GB*) sustituir B (por A): *Substitute honey for sugar/sugar with honey.* Sustituya el azúcar por miel.

subtle /'sʌtl/ *adj* (**-er**, **-est**) **1** sutil **2** (*sabor*) delicado **3** (*persona*) agudo, perspicaz **4** (*olor, color*) suave **subtlety** *n* (*pl* **-ies**) sutileza

subtract /səb'trækt/ *vt, vi* ~ (**sth**) (**from sth**) restar (algo) (de algo) **subtraction** *n* sustracción, resta

suburb /'sʌbɜːrb/ *n* barrio residencial de las afueras: *the suburbs* los barrios periféricos/de las afueras **suburban** *adj* /sə'bɜːrbən/ suburbano

subversive /səb'vɜːrsɪv/ *adj* subversivo

subway /'sʌbweɪ/ *n* **1** (*GB* **the underground**, *coloq* **the tube**) metro **2** (*GB*) paso subterráneo

succeed /sək'siːd/ **1** *vi* tener éxito, triunfar: *to succeed in doing sth* conseguir/lograr hacer algo **2** *vt, vi* ~ (**sb**) suceder (a algn) **3** *vi* ~ (**to sth**) heredar (algo): *to succeed to the throne* subir al trono

success /sək'ses/ *n* éxito: *to be a success* tener éxito ◇ *hard work is the key to success* el trabajo es la clave del éxito **successful** *adj* exitoso: *a successful writer* un escritor exitoso ◇ *the successful candidate* el candidato elegido ◇ *to be successful in doing sth* lograr hacer algo con éxito

succession /sək'seʃn/ *n* **1** sucesión **2** serie **LOC in succession**: *three times in quick succession* tres veces seguidas

successor /sək'sesər/ *n* ~ (**to sth/sb**) sucesor, -ora (a/para algo/de algn): *successor to the former world title holder* sucesor del último campeón del mundo

succumb /sə'kʌm/ *vi* ~ (**to sth**) sucumbir (a algo)

such /sʌtʃ/ *adj, pron* **1** semejante, tal: *Whatever gave you such an idea?* ¿Cómo se te ocurre semejante idea? ◇ *I did no such thing!* ¡Yo no hice eso! ◇ *There's no such thing as ghosts.* Los fantasmas no existen. **2** [*uso enfático*] tan, tanto: *I'm in such a hurry.* Tengo muchísimo afán. ◇ *We had such a wonderful time.* La pasamos de maravilla. ☛ **Such** se usa con adjetivos que acompañan a un sustantivo y **so** con adjetivos solos. Compárense los siguientes ejemplos: *The food was so good.* ◇ *We had such good food.* ◇ *You are so intelligent.* ◇ *You* *are such an intelligent person.* LOC **as such** como tal: *It's not a promotion as such.* No es un ascenso propiamente dicho. **in such a way that…** de tal manera que… **such as** por ejemplo, como

suck /sʌk/ *vt, vi* **1** chupar **2** (*bomba*) succionar **sucker** *n* **1** ventosa **2** (*coloq*) bobo, -a

sudden /ˈsʌdn/ *adj* súbito, repentino LOC **all of a sudden** de pronto **suddenly** *adv* de pronto

suds /sʌdz/ *n* [*pl*] espuma

sue /suː, sjuː/ *vt, vi* **to sue (sb) (for sth)** demandar (a algn) (por algo)

suede /sweɪd/ *n* ante, gamuza

suffer /ˈsʌfər/ **1** *vi* ~ (**from/with sth**) padecer (de algo) **2** *vt, vi* (*dolor, derrota*) sufrir **3** *vi* salir perjudicado **suffering** *n* sufrimiento

sufficient /səˈfɪʃnt/ *adj* ~ (**for sth/sb**) suficiente (para algo/algn)

suffix /ˈsʌfɪks/ *n* sufijo ☛ *Comparar con* PREFIX

suffocate /ˈsʌfəkeɪt/ **1** *vt, vi* asfixiar(se) **2** *vi* ahogarse **suffocating** *adj* sofocante **suffocation** *n* asfixia

sugar /ˈʃʊgər/ *n* azúcar: *sugar bowl* azucarera ◊ *sugar cube/lump* terrón de azúcar

suggest /səgˈdʒest; *GB* səˈdʒ-/ *vt* **1** sugerir: *I suggest you go to the doctor.* Te aconsejo que vayas al médico. **2** indicar **3** insinuar **suggestion** *n* **1** sugerencia **2** indicio **3** insinuación **suggestive** *adj* **1** ~ (**of sth**) indicativo (de algo) **2** insinuante

suicidal /ˌsuːɪˈsaɪdl/ *adj* **1** suicida **2** a punto de suicidarse

suicide /ˈsuːɪsaɪd/ *n* **1** suicidio: *to commit suicide* suicidarse **2** suicida

suit /suːt/ ◆ *n* **1** vestido: *a two/three-piece suit* un vestido de dos/tres piezas **2** (*cartas*) palo ☛ *Ver nota en* BARAJA LOC *Ver* STRONG ◆ *vt* **1** quedar bien **2** convenir **3** sentar bien

suitability /ˌsuːtəˈbɪləti/ (*tb* **suitableness**) *n* idoneidad, adecuación

suitable /ˈsuːtəbl/ *adj* ~ (**for sth/sb**) **1** adecuado (para algo/algn) **2** conveniente (para algo/algn) **suitably** *adv* debidamente

suitcase /ˈsuːtkeɪs/ *n* maleta

suite /swiːt/ *n* **1** (*hotel*) suite **2** juego: *a dining room suite* un juego de sala

suited /ˈsuːtɪd/ *adj* ~ (**for/to sth/sb**) adecuado (para algo/algn): *He and his wife are well suited (to each other).* El y su esposa están hechos el uno para el otro.

sulfur (*GB* **sulphur**) /ˈsʌlfər/ *n* azufre

sulk /sʌlk/ *vi* (*pey*) estar/ponerse de mal genio, enfurruñarse **sulky** *adj* (**-ier**, **-iest**) enfurruñado, de mal genio

sullen /ˈsʌlən/ *adj* (*pey*) huraño

sultan /ˈsʌltən/ *n* sultán

sultana /sʌlˈtænə; *GB* -ɑːnə/ *n* (*GB*) uva pasa (*sin semilla*)

sultry /ˈsʌltri/ *adj* (**-ier**, **-iest**) **1** sofocante **2** sensual

sum /sʌm/ ◆ *n* suma: *to be good at sums* ser bueno en matemáticas ◊ *the sum of $200* la suma de 200 dólares ◆ *v* (**-mm-**) PHR V **to sum (sth) up** resumir (algo): *to sum up…* en resumen… **to sum sth/sb up** hacerse una idea de algo/algn

summarize, -ise /ˈsʌməraɪz/ *vt, vi* resumir **summary** *n* (*pl* **-ies**) resumen

summer /ˈsʌmər/ *n* verano: *a summer's day* un día de verano ◊ *summer weather* clima de verano **summery** *adj* veraniego

summit /ˈsʌmɪt/ *n* cumbre: *summit conference/meeting* cumbre

summon /ˈsʌmən/ *vt* **1** convocar, llamar: *to summon help* pedir ayuda **2** ~ **sth** (**up**) (*valor, etc.*) hacer acopio de algo, armarse de algo: *I couldn't summon (up) the energy.* No encontré las fuerzas. PHR V **to summon sth up** evocar algo

summons /ˈsʌmənz/ *n* (*pl* **-onses**) citación

sun /sʌn/ ◆ *n* sol: *The sun was shining* Hacía sol. ◆ *v refl* (**-nn-**) **to sun yourself** asolearse

sunbathe /ˈsʌnbeɪð/ *vi* tomar el sol

sunbeam /ˈsʌnbiːm/ *n* rayo de sol

sunburn /ˈsʌnbɜːrn/ *n* quemadura de sol: *to get a sunburn* quemarse ☛ *Comparar con* SUNTAN **sunburnt** *adj* quemado por el sol

sundae /ˈsʌndeɪ/ *n* copa de helado sundae

Sunday /ˈsʌndeɪ, ˈsʌndi/ *n* (*abrev* **Sun**) domingo ☛ *Ver ejemplos en* MONDAY

sundry /ˈsʌndri/ *adj* varios, diversos: *on sundry occasions* en diversas ocasiones **LOC all and sundry** (*coloq*) todos y cada uno

sunflower /ˈsʌnflaʊər/ *n* girasol

sung *pp de* SING

sunglasses /ˈsʌnglæsɪz; *GB* -glɑːs-/ *n* [*pl*] gafas oscuras (de sol): *a pair of sunglasses* un par de gafas oscuras ☛ *Ver nota en* PAIR

sunk *pp de* SINK

sunken /ˈsʌŋkən/ *adj* hundido

sunlight /ˈsʌnlaɪt/ *n* luz solar, luz del sol

sunlit /ˈsʌnlɪt/ *adj* iluminado por el sol

sunny /ˈsʌni/ *adj* (**-ier**, **-iest**) **1** (*día*) de sol: *a sunny room* un cuarto al que le entra mucho sol ◊ *It's sunny today.* Hoy hace sol. **2** (*personalidad*) alegre

sunrise /ˈsʌnraɪz/ *n* salida del sol, amanecer

sunset /ˈsʌnset/ *n* puesta del sol

sunshine /ˈsʌnʃaɪn/ *n* sol: *Let's sit in the sunshine.* Sentémonos en el sol.

sunstroke /ˈsʌnstroʊk/ *n* insolación: *to get sunstroke* darle a uno (una) insolación

suntan /ˈsʌntæn/ *n* bronceado: *to get a suntan* broncearse ☛ *Comparar con* SUNBURN **suntanned** *adj* bronceado

super /ˈsuːpər/ *adj* estupendo

superb /suːˈpɜːrb/ *adj* magnífico **superbly** *adv* de maravilla: *a superbly situated house* una casa en un sitio magnífico

superficial /ˌsuːpərˈfɪʃl/ *adj* superficial **superficiality** /ˌsuːpərˌfɪʃɪˈæləti/ *n* superficialidad **superficially** *adv* superficialmente, aparentemente

superfluous /suːˈpɜːrflʊəs/ *adj* superfluo, innecesario: *to be superfluous* estar de sobra

superhuman /ˌsuːpərˈhjuːmən/ *adj* sobrehumano

superimpose /ˌsuːpərɪmˈpoʊz/ *vt* ~ **sth (on sth)** superponer algo (a algo)

superintendent /ˌsuːpərɪnˈtendənt/ *n* **1** inspector, -ora (*de policía*) **2** encargado, -a, superintendente **3** portero, -a

superior /suːˈpɪəriər/ ◆ *adj* **1** ~ (**to sth/sb**) superior (a algo/algn) **2** (*tono, sonrisa*) de superioridad: *He's so superior.* Se da unos aires de superioridad. ◆ *n* superior: *Mother Superior* la Madre Superiora **superiority** /suːˌpɪəriˈɑrəti/ *n* ~ (**in sth**); ~ (**over/to sth/sb**) superioridad (en algo); superioridad (sobre algo/algn)

superlative /suːˈpɜːrlətɪv/ *adj, n* superlativo

supermarket /ˈsuːpərmɑrkɪt/ *n* supermercado

supernatural /ˌsuːpərˈnætʃərəl/ *adj* **1** sobrenatural **2 the supernatural** *n* lo sobrenatural

superpower /ˈsuːpərpaʊər/ *n* superpotencia

supersede /ˌsuːpərˈsiːd/ *vt* reemplazar, sustituir

supersonic /ˌsuːpərˈsɑnɪk/ *adj* supersónico

superstition /ˌsuːpərˈstɪʃn/ *n* superstición **superstitious** *adj* supersticioso

superstore /ˈsuːpərstɔːr/ *n* super almacén, hipermercado

supervise /ˈsuːpərvaɪz/ *vt* supervisar **supervision** /ˌsuːpərˈvɪʒn/ *n* supervisión **supervisor** *n* supervisor, -ora

supper /ˈsʌpər/ *n* comida: *to have supper* comer ☛ *Ver pág 316.*

supple /ˈsʌpl/ *adj* (**-er**, **-est**) flexible

supplement /ˈsʌplɪmənt/ ◆ *n* **1** suplemento, complemento **2** (*de libro*) apéndice ◆ *vt* complementar, completar: *supplemented by* complementado por

supplementary /ˌsʌplɪˈmenteri; *GB* -tri/ *adj* adicional, complementario, suplementario

supplier /səˈplaɪər/ *n* proveedor, -ora, abastecedor, -ora

supply /səˈplaɪ/ ◆ *vt* (*pret, pp* **supplied**) **1** ~ **sb (with sth)** proveer, abastecer a algn (de algo) **2** ~ **sth (to sb)** suministrar(le), proporcionar(le), facilitar(le) algo (a algn) ◆ *n* (*pl* **-ies**) **1** suministro, provisión **2 supplies** [*pl*] víveres **3 supplies** [*pl*] (*Mil*) pertrechos **LOC supply and demand** la oferta y la demanda *Ver tb* PLENTIFUL

support /səˈpɔːrt/ ◆ *vt* **1** (*peso*) sostener, soportar **2** (*causa*) apoyar, respaldar: *a supporting role* un papel secundario **3** (*GB, Dep*) seguir: *Which team do you support?* ¿Por qué equipo vas? **4** (*persona*) mantener ◆ *n* **1** apoyo **2** soporte **supporter** *n* **1** (*Pol*) partidario, -a **2** (*GB, Dep*) seguidor, -ora **3** (*de teoría*) seguidor, -ora **supportive** *adj* que ayuda: *to be supportive* apoyar

suppose /sə'poʊz/ *vt* **1** suponer, imaginarse **2** (*sugerencia*): *Suppose we change the subject?* ¿Qué te parece si cambiamos de tema? LOC **to be supposed to do sth** tener que hacer algo **supposed** *adj* supuesto **supposedly** *adv* supuestamente **supposing** (*tb* **supposing that**) *conj* **1** suponiendo que **2** si, en el caso de que

suppress /sə'pres/ *vt* **1** (*rebelión*) reprimir **2** (*información*) ocultar **3** (*sentimiento*) contener, reprimir **4** (*bostezo*) ahogar

supremacy /su:'preməsi, sju:-/ *n* ~ (**over sth/sb**) supremacía (sobre algo/ algn)

supreme /su:'pri:m, sju:-/ *adj* supremo, sumo

the Supreme Court *n* (*USA*) la Corte Suprema (de Justicia) ☛ *Ver pág 316.*

surcharge /'sɜ:rtʃɑrdʒ/ *n* ~ (**on sth**) recargo (sobre algo)

sure /ʃʊər/ ◆ *adj* (**surer**, **surest**) **1** seguro, cierto: *He's sure to be elected.* Es seguro que lo van a elegir. **2** estable, firme LOC **to be sure of sth** estar seguro de algo **to be sure to do sth**; **to be sure and do sth** no dejar de hacer algo **for sure** (*coloq*) con seguridad **to make sure** (**of sth/that...**) asegurarse (de algo/de que...): *Make sure you are home by nine.* No se te olvide que tienes que estar en la casa a las nueve. **sure!** (*coloq, esp USA*) ¡claro! ◆ *adv* LOC **sure enough** efectivamente

surely /'ʃʊərli; *GB* 'ʃɔ:li/ *adv* **1** ciertamente, seguramente, por supuesto **2** (*sorpresa*): *Surely you can't agree?* No estarás de acuerdo, ¿cierto?

surf /sɜ:rf/ ◆ *n* **1** oleaje, olas **2** espuma (*de las olas*) ◆ *vi* hacer surf

surface /'sɜ:rfɪs/ ◆ *n* **1** superficie: *by surface mail* por correo terrestre o marítimo ◊ *the earth's surface* la superficie de la tierra ◊ *a surface wound* una herida superficial **2** cara ◆ **1** *vt* ~ **sth** (**with sth**) recubrir algo (con algo) **2** *vi* salir a la superficie

surge /sɜ:rdʒ/ ◆ *vi*: *They surged into the stadium.* Entraron en tropel al estadio. ◆ *n* ~ (**of sth**) oleada (de algo)

surgeon /'sɜ:rdʒən/ *n* cirujano, -a **surgery** *n* (*pl* **-ies**) **1** cirugía: *brain surgery* neurocirugía ◊ *to undergo surgery* someterse a una operación quirúrgica **2** (*GB*) consultorio (*de un médico*): *surgery hours* horas de consulta **surgical** *adj* quirúrgico

surly /'sɜ:rli/ *adj* (**-ier**, **-iest**) arisco

surmount /sər'maʊnt/ *vt* superar

surname /'sɜ:rneɪm/ (*esp GB*) (*USA* **last name**) *n* apellido ☛ *Comparar con* NAME

surpass /sər'pæs; *GB* -'pɑ:s/ (*formal*) **1** *vt* superar **2** *v refl* ~ **yourself** superarse

surplus /'sɜ:rpləs/ ◆ *n* excedente: *the food surplus in Western Europe* el excedente de alimentos en Europa Occidental ◆ *adj* sobrante

surprise /sər'praɪz/ ◆ *n* sorpresa LOC **to take sth/sb by surprise** tomar algo/ a algn por sorpresa ◆ *vt* **1** sorprender: *I wouldn't be surprised if it rained.* No me extrañaría que lloviera. **2** ~ **sb** tomar por sorpresa a algn **surprised** *adj* ~ (**at sth/sb**) sorprendido (por algo/ con algn): *I'm not surprised!* ¡No me extraña!

surrender /sə'rendər/ ◆ **1** *vi* ~ (**to sb**) rendirse (a algn) **2** *vt* ~ **sth** (**to sb**) (*formal*) entregar(le) algo (a algn) ◆ *n* rendición, entrega

surreptitious /ˌsʌrəp'tɪʃəs/ *adj* subrepticio, furtivo

surrogate /'sʌrəgət/ *n* (*formal*) sustituto, -a

surround /sə'raʊnd/ *vt* rodear **surrounding** *adj* circundante: *the surrounding countryside* el campo de los alrededores **surroundings** *n* [*pl*] alrededores

surveillance /sɜ:r'veɪləns/ *n* vigilancia: *to keep sb under surveillance* mantener a algn bajo vigilancia

survey /sər'veɪ/ ◆ *vt* **1** contemplar **2** (*Geog*) ~ **sth** medir algo; levantar un plano de algo **3** (*GB*) hacer una inspección (*de un edificio*) **4** encuestar ◆ /'sɜ:rveɪ/ *n* **1** panorama **2** (*GB*) inspección (*de una casa, etc.*) **3** encuesta **surveying** /sɜ:r'veɪɪŋ/ *n* agrimensura **surveyor** /sər'veɪər/ *n* **1** (*GB*) persona que lleva a cabo la inspección y avalúo de edificios **2** agrimensor, -a

survive /sər'vaɪv/ **1** *vi* sobrevivir **2** *vi* ~ (**on sth**) subsistir (a base de algo) **3** *vt* ~ **sth** (*un naufragio, incendio, etc.*) sobrevivir a algo **survival** *n* supervivencia **survivor** *n* superviviente, sobreviviente

susceptible /səˈseptəbl/ *adj* **1** ~ **to sth**: *He's very susceptible to flattery.* Es fácil de convencer con halagos. **2** ~ **to sth** (*Med*) propenso a algo **3** sensible, susceptible

suspect /səˈspekt/ ◆ *vt* **1** sospechar **2** (*motivo, etc.*) desconfiar de **3** ~ **sb** (**of sth/of doing sth**) sospechar de algn; sospechar que algn ha hecho algo ◆ /ˈsʌspekt/ *adj, n* sospechoso, -a

suspend /səˈspend/ *vt* **1** ~ **sth** (**from sth**) colgar algo (de algo): *to suspend sth from the ceiling* colgar algo del techo ☛ La palabra más común es **hang**. **2** suspender: *suspended sentence* sentencia que no se cumple a menos que se cometa otro crimen

suspender /səˈspendər/ *n* **1 suspenders** (*GB* **braces**) [*pl*] tirantas, cargaderas **2** (*GB*) liga (*para medias*)

suspense /səˈspens/ *n* suspenso, tensión

suspension /səˈspenʃn/ *n* suspensión: *suspension bridge* puente colgante

suspicion /səˈspɪʃn/ *n* sospecha, desconfianza: *on suspicion of...* bajo sospecha de...

suspicious /səˈspɪʃəs/ *adj* **1** ~ (**about/of sth/sb**) desconfiado (de algo/algn): *They're suspicious of foreigners.* Desconfían de los extranjeros. **2** sospechoso: *He died in suspicious circumstances.* Murió en circunstancias sospechosas.

sustain /səˈsteɪn/ *vt* **1** (*vida, interés*) mantener: *People have a limited capacity to sustain interest in politics.* La gente tiene una capacidad limitada para mantener el interés en la política. **2** sostener: *It is difficult to sustain this argument.* Es difícil sostener este argumento. ◊ *sustained economic growth* crecimiento económico sostenido **3** (*formal*) (*lesión, pérdida, etc.*) sufrir

swagger /ˈswægər/ *vi* pavonearse, andar con actitud orgullosa

swallow¹ /ˈswɑloʊ/ *n* golondrina

swallow² /ˈswɑloʊ/ ◆ **1** *vt, vi* tragar **2** *vt* (*coloq*) (*tolerar, creer*) tragarse **3** *vt* ~ **sth/sb** (**up**) (*fig*) tragarse algo/a algn; consumir algo ◆ *n* trago

swam *pret de* SWIM

swamp /swɑmp/ ◆ *n* pantano ◆ *vt* **1** (*lit*) inundar **2** ~ **sth/sb** (**with sth**) (*fig*) inundar algo/a algn (de algo)

swan /swɑn/ *n* cisne

swap (*tb* **swop**) /swɑp/ *vt, vi* (**-pp-**) (*coloq*) (inter)cambiar: *to swap sth round* cambiar algo de lugar

swarm /swɔːrm/ ◆ *n* **1** (*abejas*) enjambre **2** (*moscas*) nube **3** (*gente*) multitud: *swarms of people* un mar de gente ◆ **PHR V to swarm in/out** entrar/salir en manada **to swarm with sth/sb** estar repleto de algo/algn

swat /swɑt/ *vt* (**-tt-**) aplastar (*un insecto*)

sway /sweɪ/ ◆ **1** *vt, vi* balancear(se), mecer(se) **2** *vi* tambalearse **3** *vt* influir en ◆ *n* **1** balanceo **2** (*fig*) dominio

swear /sweər/ (*pret* **swore** /swɔːr/ *pp* **sworn** /swɔːrn/) **1** *vi* decir groserías: *swear word* grosería ◊ *Your sister swears a lot.* Tu hermana dice muchas groserías. **2** *vt, vi* jurar: *to swear to tell the truth* jurar decir la verdad **PHR V to swear by sth/sb** (*coloq*) confiar plenamente en algo/algn **to swear sb in** tomarle juramento a algn

sweat /swet/ ◆ *n* sudor ◆ *vi* sudar **LOC to sweat it out** (*coloq*) aguantarse **sweaty** *adj* (**-ier**, **-iest**) sudado, que hace sudar

sweater /ˈswetər/ *n* suéter

> En Estados Unidos, un **sweater** puede ser abierto o cerrado, mientras que un **pullover** es siempre cerrado. En Gran Bretaña, no hay diferencia entre **sweater**, **pullover** y **jersey**, que significan todos suéter cerrado. Un suéter abierto se llama **cardigan** en Gran Bretaña.

sweatshirt /ˈswetʃɜːrt/ *n* suéter deportivo

sweep /swiːp/ ◆ (*pret, pp* **swept** /swept/) **1** *vt, vi* barrer **2** *vt* (*chimenea*) deshollinar **3** *vt* arrastrar **4** *vi* extenderse **5** *vi*: *She swept out of the room.* Salió de la habitación con paso majestuoso. **6** *vt, vi* ~ (**through, over, across, etc.**) **sth** recorrer algo; extenderse por algo **LOC to sweep sb off their feet** robarle el corazón a algn **PHR V to sweep** (**sth**) **away/up** barrer/limpiar (algo) ◆ *n* **1** barrida **2** movimiento, gesto (amplio) **3** extensión, alcance **4** (*de policía*) rastrillada, pasada

sweeping /ˈswiːpɪŋ/ *adj* **1** (*cambio*) radical **2** (*pey*) (*afirmación*) tajante

sweet /swiːt/ ◆ *adj* (**-er**, **-est**) **1** dulce

2 (*olor*) fragante **3** (*sonido*) melodioso **4** (*coloq*) bello, cuco **5** (*carácter*) encantador LOC **to have a sweet tooth** (*coloq*) ser dulcero ◆ *n* **1** (*GB*) (*USA* **candy**) dulce **2** (*GB*) *Ver* DESSERT **sweetness** *n* dulzura

sweet corn /ˈswiːt kɔːrn/ *n* maíz tierno ☛ *Comparar con* MAIZE

sweeten /ˈswiːtn/ *vt* **1** endulzar, ponerle azúcar a **2** ~ **sb** (**up**) (*coloq*) ablandar a algn **sweetener** *n* edulcorante

sweetheart /ˈswiːthɑrt/ *n* **1** (*antic*) novio, -a **2** (*tratamiento*) (mi) amor

sweet pea *n* alverjilla (*planta trepadora olorosa*)

swell /swel/ *vt, vi* (*pret* **swelled** *pp* **swollen** /ˈswoʊlən/ *o* **swelled**) hinchar(se) **swelling** *n* hinchazón

swept *pret, pp de* SWEEP

swerve /swɜːrv/ *vt, vi* dar un viraje brusco, dar un timonazo: *The car swerved to avoid the child.* El carro viró bruscamente para esquivar al niño.

swift /swɪft/ *adj* (**-er**, **-est**) rápido, pronto: *a swift reaction* una reacción rápida

swill /swɪl/ *vt* ~ **sth** (**out/down**) (*esp GB*) enjuagar algo

swim /swɪm/ ◆ (**-mm-**) (*pret* **swam** /swæm/ *pp* **swum** /swʌm/) **1** *vt, vi* nadar: *to swim the English Channel* atravesar el Canal de la Mancha a nado ◊ *to swim breaststroke* nadar pecho ◊ *to go swimming* ir a nadar **2** *vi* (*cabeza*) dar vueltas (*cuando uno se marea*) ◆ *n* nadada: *to go for a swim* ir a nadar **swimmer** *n* nadador, -ora **swimming** *n* natación

swimming /ˈswɪmɪŋ/ *n* la natación

swimming costume (*GB*) *Ver* SWIMSUIT

swimming pool *n* piscina

swimming trunks *n* [*pl*] vestido de baño (de caballero): *a pair of swimming trunks* un vestido de baño ☛ *Ver nota en* PAIR

swimsuit /ˈswɪmsuːt/ *n* vestido de baño (*de mujer*)

swindle /ˈswɪndl/ ◆ *vt* (*coloq*) estafar ◆ *n* **1** estafa **2** engaño **swindler** *n* estafador, -ora

swing /swɪŋ/ ◆ (*pret, pp* **swung** /swʌŋ/) **1** *vt, vi* balancear(se) **2** *vt, vi* columpiar(se) **3** *vi* [*seguido de adverbio*]: *The door swung open/shut.* La puerta se abrió/cerró. PHR V **to swing (a)round** dar media vuelta ◆ *n* **1** balanceo **2** columpio **3** cambio: *mood swings* cambios bruscos de genio LOC *Ver* FULL

swirl /swɜːrl/ *vt, vi* arremolinar(se): *Flakes of snow swirled in the cold wind.* Los copos de nieve se arremolinaban en el frío viento.

switch /swɪtʃ/ ◆ *n* **1** interruptor **2** (*tb* **switch-over**) (*coloq*) cambio: *a switch to Labor* un cambio hacia los laboristas ◆ **1** *vi* ~ (**from sth**) **to sth** cambiar (de algo) a algo **2** *vt* ~ **sth** (**with sth/sb**) intercambiar algo (con algo/algn) PHR V **to switch** (**sth**) **off** desconectar (algo), apagar (algo) **to switch** (**sth**) **on** encender (algo), prender

switchboard /ˈswɪtʃbɔːrd/ *n* conmutador

swivel /ˈswɪvl/ *v* (**-l-**, *GB* **-ll-**) PHR V **to swivel round** girar(se)

swollen *pp de* SWELL

swoop /swuːp/ ◆ *vi* ~ (**down**) (**on sth/sb**) descender en picada (sobre algo/algn) ◆ *n* redada: *Police made a dawn swoop.* La policía hizo una redada al amanecer.

swop *Ver* SWAP

sword /sɔːrd/ *n* espada

swore *pret de* SWEAR

sworn *pp de* SWEAR

swum *pp de* SWIM

swung *pret, pp de* SWING

syllable /ˈsɪləbl/ *n* sílaba

syllabus /ˈsɪləbəs/ *n* (*pl* **-buses**, **-bi** /-baɪ/) programa (de estudios): *Does the syllabus cover modern literature?* ¿Cubre el programa la literatura moderna?

symbol /ˈsɪmbl/ *n* ~ (**of/for sth**) símbolo (de algo) **symbolic** /sɪmˈbɑlɪk/ *adj* ~ (**of sth**) simbólico (de algo) **symbolism** /ˈsɪmbəlɪzəm/ *n* simbolismo **symbolize, -ise** /ˈsɪmbəlaɪz/ *vt* simbolizar

symmetry /ˈsɪmətri/ *n* simetría **symmetrical** /sɪˈmetrɪkl/ (*tb* **symmetric**) *adj* simétrico

sympathetic /ˌsɪmpəˈθetɪk/ *adj* **1** ~ (**to/towards/with sb**) comprensivo, compasivo (con algn): *They were very sympathetic when I told them I could no* *sit the exam.* Fueron muy comprensivos cuando les dije que no podía presentarme al examen. ☛ Nótese que "simpático" se dice **nice** o **friendly**. **2** ~ (**to sth/sb**) con buena disposición (hacia algo/algn): *lawyers sympathetic to the peace movement* abogados que apoyan el movimiento pacifista

sympathize, -ise /ˈsɪmpəθaɪz/ *vi* ~ (**with sth/sb**) **1** compadecerse (de algo/algn) **2** estar de acuerdo (con algo/algn) **sympathy** *n* (*pl* **-ies**) **1** ~ (**for/towards sb**) compasión (por/hacia algn) **2** condolencia

symphony /ˈsɪmfəni/ *n* (*pl* **-ies**) sinfonía

symptom /ˈsɪmptəm/ *n* síntoma: *The riots are a symptom of a deeper problem.* Los disturbios son un síntoma de problemas más profundos.

synagogue /ˈsɪnəgɒg/ *n* sinagoga

synchronize, -ise /ˈsɪŋkrənaɪz/ *vt, vi* ~ (**sth**) (**with sth**) sincronizar (algo) (con algo)

syndicate /ˈsɪndɪkət/ *n* sindicato

syndrome /ˈsɪndroʊm/ *n* (*Med, fig*) síndrome

synonym /ˈsɪnənɪm/ *n* sinónimo **synonymous** /sɪˈnɒnɪməs/ *adj* ~ (**with sth**) sinónimo (de algo)

syntax /ˈsɪntæks/ *n* sintaxis

synthetic /sɪnˈθetɪk/ *adj* **1** sintético **2** (*coloq, pey*) artificial

syringe /sɪˈrɪndʒ/ *n* jeringa

syrup /ˈsɪrəp/ *n* **1** almíbar **2** jarabe (*para la tos*)

system /ˈsɪstəm/ *n* **1** sistema: *the metric/solar system* el sistema métrico/solar **2** método: *different systems of government* diferentes sistemas de gobierno LOC **to get sth out of your system** (*coloq*) desahogarse de algo **systematic** /ˌsɪstəˈmætɪk/ *adj* **1** sistemático **2** metódico

Tt

T, t /tiː/ *n* (*pl* **T's, t's** /tiːz/) T, t: *T as in Tom* T de trompo ☛ *Ver ejemplos en* A, A

tab /tæb/ *n* **1** (*de lata de bebida*) anillo **2** etiqueta **3** *USA* cuenta

table /ˈteɪbl/ *n* **1** mesa: *bedside/coffee table* mesita de noche/mesa de centro **2** tabla: *table of contents* índice de materias LOC **to lay/set the table** poner la mesa *Ver tb* LAY[1], CLEAR

tablecloth /ˈteɪblklɔːθ; *GB* -klɒθ/ *n* mantel

tablespoon /ˈteɪblspuːn/ *n* **1** cuchara (grande) **2** (*tb* **tablespoonful**) cucharada

tablet /ˈtæblət/ *n* tableta, pastilla

table tennis *n* ping pong

tabloid /ˈtæblɔɪd/ *n* tabloide: *the tabloid press* la prensa sensacionalista

taboo /təˈbuː, tæ-/ *adj, n* (*pl* **~s**) tabú: *a taboo subject* un tema tabú

tacit /ˈtæsɪt/ *adj* tácito

tack /tæk/ ◆ *vt* clavar (con tachuelas) PHR V **to tack sth on** (**to sth**) (*coloq*) añadir(le) algo (a algo) ◆ *n* tachuela

tackle /ˈtækl/ ◆ *n* **1** [*incontable*] equipo, aparejos: *fishing tackle* equipo de pesca **2** (*en fútbol*) ataque **3** (*en rugby*) parada de un contrario, ataque ◆ *vt* **1** ~ **sth** hacerle frente a algo: *to tackle a problem* enfrentar un problema **2** ~ **sb about/on/over sth** abordar a algn sobre algo **3** (*en fútbol*) atacar **4** (*en rugby*) parar a un contrario

tacky /ˈtæki/ *adj* (**-ier**, **-iest**) **1** pegajoso **2** (*coloq*) lobo

tact /tækt/ *n* tacto **tactful** *adj* diplomático, discreto

tactic /ˈtæktɪk/ *n* táctica **tactical** *adj* **1** táctico **2** estratégico: *a tactical decision* una decisión estratégica

tactless /ˈtæktləs/ *adj* indiscreto, poco diplomático: *It was tactless of you to ask him his age.* Fue una indiscreción de tu parte preguntarle su edad.

tadpole /ˈtædpoʊl/ *n* renacuajo

tag /tæg/ ◆ *n* etiqueta ◆ *vt* (**-gg-**) etiquetar PHR V **to tag along (behind/**

with sb) acompañar a algn, pegársele a algn

tail[1] /teɪl/ *n* **1** cola, rabo **2 tails** [*pl*] frac **3 tails** [*pl*] sello: *Heads or tails?* ¿Cara o sello? **LOC** *Ver* HEAD[1]

tail[2] /teɪl/ *vt* perseguir **PHR V to tail away/off 1** disminuir, desvanecerse **2** (*ruido, etc.*) apagarse

tailor /ˈteɪlər/ ◆ *n* sastre ◆ *vt* (*fig*) ~ **sth for/to sth/sb** adaptar algo para algo; adaptarle algo a algo/algn

tailor-made /ˌteɪlər ˈmeɪd/ *adj* **1** (hecho) sobre medidas **2** (*fig*) a la medida de sus necesidades

taint /teɪnt/ *vt* **1** contaminar **2** (*reputación*) manchar

take

Bring the newspaper.

Fetch the newspaper.

Take the newspaper.

take /teɪk/ *vt* (*pret* **took** /tʊk/ *pp* **taken** /ˈteɪkən/) **1** tomar: *to take sb's hand/take sb by the hand* tomar a algn de la mano ◊ *to take the bus* tomar el bus **2** ~ **sth/sb (with you)** llevar(se) algo/a algn: *Take the dog with you.* Llévate el perro. **3** ~ **sth to sb** llevarle algo (la algn **4** ~ **sth from/out of sth** sacar algo de algo **5** (*sin permiso*) llevarse **6** ~ **sth (from sb)** quitar(le) algo (a algn) **7** aceptar: *Do you take checks?* ¿Aceptan cheques? **8** (*tolerar*) soportar **9** (*comprar*) llevarse **10** (*tiempo*) demorar: *It takes an hour to get there.* Se demora una hora en llegar. ◊ *It won't take long.* No lleva mucho tiempo. **11** (*interpretar, entender*) tomar: *She took it the wrong way/as a compliment.* Lo tomó a mal/como un cumplido. **12** (*cualidad*) necesitarse, hacer falta: *It takes courage to speak out.* Se necesita coraje para decir lo que uno piensa. **13** (*talla*) (*esp GB*) usar: *What size shoes do you take?* ¿Qué número calzas? **14** (*foto*) tomar

LOC to take it (that...) suponer (que...) **to take some/a lot of doing** (*coloq*) no ser fácil ☛ Para otras expresiones con **take**, véanse las entradas del sustantivo, adjetivo, etc., p.ej. **to take place** en PLACE.

PHR V to take sb aback [*gen pasiva*] dejar a algn sorprendido: *It really took me aback.* Me tomó por sorpresa.

to take after sb salir, parecerse a algn

to take sth apart desarmar algo

to take sth/sb away (from sth/sb) quitar algo/a algn (de algo/algn)

to take sth back 1 (*almacén*) devolver algo **2** retractarse de algo

to take sth down 1 bajar algo **2** desmontar algo **3** anotar algo

to take sb in 1 alojar/acoger a algn **2** engañar a algn **to take sth in** entender, asimilar algo

to take off despegar **to take sth off 1** (*prenda*) quitarse algo **2** *to take the day off* tomarse el día libre

to take sb on contratar a algn **to take sth on** aceptar algo (*trabajo*)

to take it/sth out on sb desquitarse de algo con algn, tomarla con algn **to take sb out** invitar a algn a salir: *I'm taking him out tonight.* Voy a salir con él esta noche. **to take sth out** sacar, extraer algo

to take over from sb reemplazar a algn (en algo) **to take sth over 1** adquirir algo (*empresa*) **2** hacerse cargo de algo

to take to sth/sb: *I took to his parents immediately.* Sus papás me cayeron bien inmediatamente.

to take up sth ocupar algo (*espacio, tiempo*) **to take sb up on sth** (*coloq*) aceptar algo de algn (*oferta*) **to take sth up** empezar algo (*como hobby*) **to take sth up with sb** plantearle algo a algn

takeaway /ˈteɪkəweɪ/ (*GB*) *Ver* TAKE OUT

taken *pp de* TAKE

take-off /ˈteɪk ɔːf/ *n* despegue

takeout /ˈteɪkaʊt/ (*GB* **takeaway**) *n* **1** restaurante donde se vende comida para llevar ☞ *Ver pág 316.* **2** comida para llevar

takeover /ˈteɪkoʊvər/ *n* **1** (*empresa*) adquisición: *takeover bid* oferta pública de adquisición **2** (*Mil*) toma del poder

takings /ˈteɪkɪŋz/ *n* [*pl*] ingresos

talc /tælk/ (*tb* **talcum** /ˈtælkəm/) (*tb* **talcum powder**) *n* talco

tale /teɪl/ *n* **1** cuento, historia **2** chisme

talent /ˈtælənt/ *n* ~ (**for sth**) talento (para algo) **talented** *adj* talentoso, de talento

talk /tɔːk/ ◆ *n* **1** conversación, charla: *to have a talk with sb* tener una conversación con algn **2 talks** [*pl*] negociaciones ◆ **1** *vi* ~ (**to/with sb**) (**about/of sth/sb**) hablar (con algn) (sobre/de algo/algn) ☞ *Ver nota en* HABLAR **2** *vt* hablar de: *to talk business* hablar de negocios ◊ *to talk sense* hablar con sentido **3** *vi* chismosear **LOC to talk shop** (*pey*) hablar del trabajo **to talk your way out of (doing) sth** librarse de (hacer) algo con labia **PHR V to talk down to sb** hablarle a algn como si fuera bobo **to talk sb into/out of doing sth** persuadir a algn para que haga/no haga algo **talkative** *adj* hablador

tall /tɔːl/ *adj* (**-er**, **-est**) alto: *How tall are you?* ¿Cuánto mides? ◊ *Tom is six feet tall.* Tom mide 1,80. ◊ *a tall tree* un árbol alto ◊ *a tall tower* una torre alta ☞ *Ver nota en* ALTO

tambourine /ˌtæmbəˈriːn/ *n* pandereta

tame /teɪm/ ◆ *adj* (**tamer**, **tamest**) **1** domesticado **2** manso **3** (*fiesta, libro*) insulso ◆ *vt* domar

tamper /ˈtæmpər/ **PHR V to tamper with sth** alterar algo

tampon /ˈtæmpɑn/ *n* tampón

tan /tæn/ ◆ *vt, vi* (**-nn-**) broncear(se) ◆ *n* (*tb* **suntan**) bronceado (*del cutis*): *to get a tan* broncearse ◆ *adj* de color canela

tangent /ˈtændʒənt/ *n* tangente **LOC to go/fly off at a tangent** salirse por la tangente

tangerine /ˈtændʒəriːn; *GB* ˌtændʒəˈriːn/ ◆ *n* mandarina ◆ *adj, n* (de) color naranja oscuro

tangle /ˈtæŋgl/ ◆ *n* **1** enredo **2** lío: *to get into a tangle* armarse un lío ◆ *vt, vi* ~ (**sth**) (**up**) enredar algo/enredarse **tangled** *adj* enredado

tank /tæŋk/ *n* **1** tanque: *petrol tank* tanque de gasolina **2** acuario **3** (*Mil*) tanque

tanker /ˈtæŋkər/ *n* **1** petrolero **2** camión cisterna

tantalize, -ise /ˈtæntəlaɪz/ *vt* atormentar **tantalizing, -ising** *adj* tentador

tantrum /ˈtæntrəm/ *n* berrinche: *Peter threw/had a tantrum.* Peter hizo un berrinche.

tap[1] /tæp/ ◆ *n* (*USA tb* **faucet**) llave: *to turn the tap on/off* abrir/cerrar la llave ◆ (**-pp-**) **1** *vt, vi* ~ (**into**) **sth** explotar algo **2** *vt* (*teléfono*) intervenir

tap[2] /tæp/ ◆ *n* golpecito ◆ *vt* (**-pp-**) **1 to tap sth** (**against/on sth**) dar golpecitos con algo (en algo) **2 to tap sth/sb** (**on sth**) (**with sth**) darle golpecitos a algo/algn (en algo) (con algo): *to tap sb on the shoulder* darle una palmadita a alguien en la espalda

tape /teɪp/ ◆ *n* **1** cinta: *adhesive tape* cinta pegante **2** cinta (*de grabación*): *to have sth on tape* tener algo grabado **3** *Ver* TAPE MEASURE ◆ **1** *vt* ~ **sth** (**up**) amarrar algo con cinta **2** *vt, vi* grabar

tape deck *n* grabadora

tape measure /ˈteɪp meʒər/ (*tb* **tape**, **measuring tape**) *n* metro (*para medir*)

tape recorder *n* grabadora

tapestry /ˈtæpəstri/ *n* (*pl* **-ies**) tapiz

tar /tɑr/ *n* alquitrán

target /ˈtɑrgɪt/ ◆ *n* **1** blanco, objetivo: *military targets* objetivos militares **2** objetivo: *I'm not going to meet my weekly target.* No voy a cumplir mi objetivo semanal. ◆ *vt* **1** ~ **sth/sb** dirigirse a algo/algn: *We're targeting young drivers.* Nos estamos dirigiendo a los conductores jóvenes. **2** ~ **sth at/on sth/sb** dirigirle algo a algo/algn

tariff /ˈtærɪf/ *n* **1** tarifa **2** arancel

Tarmac® /ˈtɑrmæk/ *n* **1 tarmac** pista (*de aeropuerto*) **2** (*GB*) (*tb* **tarmacadam**) asfalto

tarnish /ˈtɑrnɪʃ/ **1** *vt, vi* deslucir(se) **2** *vt* (*fig*) desacreditar

tart /tɑrt/ *adj* torta dulce

tartan /ˈtɑrtn/ *n* tela escocesa

task /tæsk; *GB* tɑːsk/ *n* tarea: *Your first*

task will be to type these letters. Su primera tarea es pasar estas cartas a máquina.

taste /teɪst/ ◆ *n* **1** sabor **2** ~ (**for sth**) gusto (por algo) **3** (*tb* **sense of taste**) gusto **4** ~ (**of sth**) (*comida, bebida*) poquito (de algo) **5** ~ (**of sth**) muestra (de algo): *her first taste of life in the city* su primera experiencia de la vida en la ciudad ◆ **1** *vt, vi* notar el sabor (de): *I can't taste anything.* No me sabe a nada. **2** *vi* ~ (**of sth**) saber (a algo) **3** *vt* probar **4** *vt* (*fig*) experimentar, conocer

tasteful /ˈteɪstfl/ *adj* de buen gusto

tasteless /ˈteɪstləs/ *adj* **1** insípido, soso **2** de mal gusto

tasty /ˈteɪsti/ *adj* (**-ier**, **-iest**) sabroso

tattered /ˈtætərd/ *adj* vuelto pedazos

tatters /ˈtætərz/ *n* [*pl*] harapos **LOC in tatters** vuelto pedazos

tattoo /tæˈtuː; *GB* təˈtuː/ ◆ *n* (*pl* **~s**) tatuaje ◆ *vt* tatuar

tatty /ˈtæti/ *adj* (**-ier**, **-iest**) (*GB, coloq*) en mal estado

taught *pret, pp de* TEACH

taunt /tɔːnt/ ◆ *vt* burlarse de ◆ *n* burla

Taurus /ˈtɔːrəs/ *n* Tauro ☛ *Ver ejemplos en* AQUARIUS

taut /tɔːt/ *adj* estirado, tenso

tavern /ˈtævərn/ *n* (*antic*) taberna

tax /tæks/ ◆ *n* impuesto: *tax return* declaración de renta ◆ *vt* **1** (*artículos*) gravar con un impuesto **2** (*personas*) imponer contribuciones a **3** (*recursos*) exigirle demasiado a **4** (*paciencia, etc.*) poner a prueba, abusar de **taxable** *adj* gravable **taxation** *n* (recaudación/pago de) impuestos **taxing** *adj* agotador, extenuante

tax-free /ˌtæks ˈfriː/ *adj* libre de impuestos

taxi /ˈtæksi/ ◆ *n* (*tb* **taxicab**, *esp USA* **cab**) taxi: *taxi driver* taxista ◆ *vi* carretear (*avión*)

taxpayer /ˈtækspeɪər/ *n* contribuyente

tea /tiː/ *n* **1** té **2** onces **3** (*GB*) comida **LOC** *Ver* CUP

teach /tiːtʃ/ (*pret, pp* **taught** /tɔːt/) **1** *vt* enseñar: *Jeremy is teaching us how to use the computer.* Jeremy nos está enseñando a usar el computador. **2** *vt, vi* dar clases (de) *Ver tb* COACH **LOC to teach sb a lesson** enseñarle a algn algo, darle a algn una lección (*como castigo*)

teacher /ˈtiːtʃər/ *n* profesor, -ora: *English teacher* profesor de inglés

teaching /ˈtiːtʃɪŋ/ *n* enseñanza: *teaching materials* materiales didácticos ◊ *a teaching career* una carrera docente

tea kettle (*GB* **kettle**) *n* pava, tetera (*para calentar agua*)

team /tiːm/ ◆ *n* [*v sing o pl*] equipo ◆ **PHR V to team up** (**with sb**) formar equipo (con algn)

teamwork /ˈtiːmwɜːrk/ *n* trabajo en equipo

teapot /ˈtiːpɑt/ *n* tetera

tear¹ /tɪər/ *n* lágrima: *He was in tears.* Estaba llorando. **LOC** *Ver* BRING **tearful** *adj* lloroso

tear² /teər/ ◆ (*pret* **tore** /tɔːr/ *pp* **torn** /tɔːrn/) **1** *vt, vi* rasgar(se) **2** *vt* ~ **sth out** arrancar algo **3** *vi* ~ **along/past** ir/pasar a toda velocidad **PHR V to be torn between A and B** no poder decidirse entre A y B **to tear sth down** derribar algo **to tear sth up** hacer pedazos algo ◆ *n* desgarrón **LOC** *Ver* WEAR

tearoom /ˈtiːruːm, -rʊm/ (*GB*) (*tb* **tea shop**) *n* salón de té

tease /tiːz/ *vt* tomarle el pelo, atormentar

teaspoon /ˈtiːspuːn/ *n* **1** cucharita **2** (*tb* **teaspoonful**) cucharadita

teatime /ˈtiːtaɪm/ *n* (*GB*) hora de las onces

technical /ˈteknɪkl/ *adj* **1** técnico **2** según la ley/las reglas: *a technical point* una cuestión de forma **technicality** /ˌteknɪˈkæləti/ *n* (*pl* **-ies**) **1** detalle técnico, tecnicismo **2** formalismo **technically** *adv* **1** técnicamente, en términos técnicos **2** estrictamente

technical college *n* (*GB*) institución superior de formación profesional

technician /tekˈnɪʃn/ *n* técnico, -a

technique /tekˈniːk/ *n* técnica

technology /tekˈnɑlədʒi/ *n* (*pl* **-ies**) tecnología **technological** /ˌteknəˈlɑdʒɪkl/ *adj* tecnológico

teddy bear /ˈtedi beər/ *n* osito de felpa

tedious /ˈtiːdiəs/ *adj* tedioso

tedium /ˈtiːdiəm/ *n* tedio

teem /tiːm/ *vi* ~ **with sth** estar repleto de algo

teenage /ˈtiːneɪdʒ/ *adj* de adolescentes **teenager** *n* adolescente

teens /tiːnz/ *n* [*pl*] edad entre los 13 y los 19 años

tee shirt *Ver* T-SHIRT

teeth *plural de* TOOTH

teethe /tiːð/ *vi* salirle (a un niño) los dientes LOC **teething problems/troubles** problemas menores en los inicios de un negocio

telecommunications /ˌtelɪkəˌmjuːnɪˈkeɪʃnz/ *n* [*pl*] telecomunicaciones

telegraph /ˈtelɪgræf; *GB* -grɑːf/ *n* telégrafo

telephone /ˈtelɪfoʊn/ ◆ *n* (*tb* **phone**) teléfono: *telephone call* llamada telefónica ◊ *telephone book/directory* directorio telefónico LOC **on the telephone 1** *She's on the telephone.* Está hablando por teléfono. **2** (*GB*): *We're not on the telephone.* No tenemos teléfono. ◆ *vt, vi* llamar por teléfono (a algo/algn)

telephone booth (*tb* **phone booth**, *GB tb* **telephone box**, **phone box**) *n* cabina telefónica

telescope /ˈtelɪskoʊp/ *n* telescopio

televise /ˈtelɪvaɪz/ *vt* televisar

television /ˈtelɪvɪʒn/ (*GB, coloq* **telly**) *n* (*abrev* **TV**) **1** televisión: *to watch television* ver televisión **2** (*tb* **television set**) televisor

En Gran Bretaña hay cinco canales de televisión nacionales: BBC1, BBC2, ITV, Channel 4 y Channel 5. En ITV, Channel 4 y Channel 5 hay comerciales (son **commercial channels**). La BBC1 y BBC2 no tienen comerciales y se financian a través del pago de un impuesto anual que permite el uso de uno o más televisores (**TV licence**). También existen otros canales privados nacionales e internacionales por cable o vía satélite.

telex /ˈteleks/ *n* télex

tell /tel/ (*pret, pp* **told** /toʊld/) **1** *vt* decir: *to tell the truth* decir la verdad

En estilo indirecto **tell** va generalmente seguido por un objeto directo de persona: *Tell him to wait.* Dile que espere. ◊ *She told him to hurry up.* Le dijo que se apurara. *Ver nota en* SAY

2 *vt* contar: *Tell me all about it.* Cuéntamelo todo. ◊ *Promise you won't tell.* Prométeme que no lo vas a contar. **3** *vt, vi* saber: *You can tell she's French.* Se nota que es francesa. **4** *vt* ~ **A from B** distinguir A de B LOC **I told you (so)** (*coloq*) (ya) te lo dije **there's no telling** es imposible saberlo **to tell time** (*GB* **to tell the time**) decir la hora **you never can tell** nunca se sabe **you're telling me!** (*coloq*) ¡Me lo vas a decir a mí! PHR V **to tell sb off (for sth/doing sth)** (*coloq*) regañar a algn (por algo/hacer algo) **to tell on sb** (*coloq*) sapear a algn

teller /ˈtelər/ *n* cajero, -a (*de banco*)

telling /ˈtelɪŋ/ *adj* significativo, diciente

telling-off /ˌtelɪŋ ˈɔːf/ *n* regaño

telly /ˈteli/ *n* (*pl* **-ies**) (*GB, coloq*) tele

temp /temp/ *n* (*coloq*) empleado, -a temporal

temper[1] /ˈtempər/ *n* humor, genio: *to get into a temper* ponerse de mal genio LOC **in a (bad, foul, rotten, etc.) temper** de mal genio **to keep your temper** dominarse la paciencia **to lose your temper** perder la paciencia/ponerse bravo *Ver tb* QUICK, SHORT[1]

temper[2] /ˈtempər/ *vt* ~ **sth (with sth)** templar algo (con algo)

temperament /ˈtemprəmənt/ *n* temperamento

temperamental /ˌtemprəˈmentl/ *adj* temperamental

temperate /ˈtempərət/ *adj* **1** (*comportamiento, carácter*) moderado **2** (*clima, región*) templado

temperature /ˈtemprətʃʊər; *GB* -tʃər/ *n* temperatura LOC **to have/run a temperature** tener fiebre

template /ˈtemplɪt/ *n* plantilla

temple /ˈtempl/ *n* **1** (*Relig*) templo **2** (*Anat*) sien

tempo /ˈtempoʊ/ *n* (*pl* ~**s** *Mús* **tempi** /ˈtempiː/) **1** (*Mús*) tiempo **2** (*fig*) ritmo

temporary /ˈtempəreri; *GB* -prəri/ *adj* temporal, provisional **temporarily** *adv* temporalmente

tempt /tempt/ *vt* tentar **temptation** *n* tentación **tempting** *adj* tentador

ten /ten/ *adj, pron, n* diez ☛ *Ver ejemplos en* FIVE **tenth 1** *adj* décimo **2** *pron, adv* el décimo, la décima, los décimos, las décimas **3** *n* décima parte, décimo ☛ *Ver ejemplos en* FIFTH

tenacious /təˈneɪʃəs/ *adj* tenaz

tenacity /tə'næsəti/ *n* tenacidad

tenant /'tenənt/ *n* inquilino, -a, arrendatario, -a **tenancy** *n* (*pl* **-ies**) arrendamiento

tend /tend/ **1** *vt* cuidar, atender **2** *vi* ~ **to** (**do sth**) tender, tener tendencia a (hacer algo) **tendency** *n* (*pl* **-ies**) tendencia, propensión

tender /'tendər/ *adj* **1** (*planta, carne*) tierno **2** (*herida*) adolorido **3** (*mirada*) cariñoso **tenderly** *adv* tiernamente, con ternura **tenderness** *n* ternura

tendon /'tendən/ *n* tendón

tenement /'tenəmənt/ *n*: *a tenement block/tenement house* un inquilinato

tenner /'tenər/ *n* (*GB, coloq*) (billete de) diez libras

tennis /'tenɪs/ *n* tenis

tenor /'tenər/ *n* tenor

tense¹ /tens/ *adj* (**-er**, **-est**) tenso

tense² /tens/ *n* (*Gram*) tiempo: *in the past tense* en tiempo pasado

tension /'tenʃn/ *n* tensión

tent /tent/ *n* carpa

tentacle /'tentəkl/ *n* tentáculo

tentative /'tentətɪv/ *adj* **1** tentativo **2** cauteloso

tenth *Ver* TEN

tenuous /'tenjuəs/ *adj* tenue

tenure /'tenjər; *GB* -jʊə(r)/ *n* **1** (*de un puesto*) ocupación: *security of tenure* derecho de permanencia ◊ *The tenure of the US presidency is four years.* El período presidencial en EEUU es de cuatro años. **2** (*de tierra, propiedad*) tenencia

tepid /'tepɪd/ *adj* tibio

term /tɜːrm/ ◆ *n* **1** período, plazo: *term of office* mandato (de un gobierno) ◊ *the long-term risks* los riesgos a largo plazo **2** trimestre: *the autumn/spring/summer term* el primer/segundo/tercer trimestre **3** expresión, término *Ver tb* TERMS **LOC in the long/short term** a largo/corto plazo ◆ *vt* (*formal*) calificar de

terminal /'tɜːrmɪnl/ *adj, n* terminal

terminate /'tɜːrmɪneɪt/ **1** *vt, vi* terminar: *This train terminates at Euston.* Este tren va hasta Euston. **2** *vt* (*contrato, etc.*) rescindir

terminology /ˌtɜːrmɪ'nɑlədʒi/ *n* (*pl* **-ies**) terminología

terminus /'tɜːrmɪnəs/ *n* (*pl* **termini** /'tɜːrmɪnaɪ/ *o* **~es** /-nəsɪz/) (estación) terminal

termite /'tɜːrmɑɪt/ *n* termita

terms /tɜːrmz/ *n* [*pl*] **1** condiciones **2** términos **LOC to be on good, bad, etc. terms (with sb)** tener buenas, malas, etc. relaciones con algn **to come to terms with sth/sb** aceptar algo/a algn *Ver tb* EQUAL

terrace /'terəs/ *n* **1** terraza **2 the terraces** [*pl*] (*GB, Dep*) las tribunas **3** (*GB*) hilera de casas con muros divisorios comunes **4** (*GB*) (*tb* **terraced house**) (*USA* **row house**) casa de una hilera con muros divisorios comunes **5** (*Agricultura*) terraza

terrain /tə'reɪn/ *n* terreno

terrible /'terəbl/ *adj* **1** (*accidente, heridas*) terrible **2** (*coloq*) espantoso, terrible **terribly** *adv* terriblemente: *I'm terribly sorry.* Lo siento muchísimo.

terrific /tə'rɪfɪk/ *adj* (*coloq*) **1** tremendo **2** fabuloso: *It was a terrific bargain.* Fue una ganga increíble.

terrify /'terɪfaɪ/ *vt* (*pret, pp* **-fied**) aterrorizar **terrified** *adj* aterrorizado: *She's terrified of flying.* Le aterra volar. **LOC** *Ver* WIT **terrifying** *adj* aterrador, espantoso

territorial /ˌterə'tɔːriəl/ *adj* territorial

territory /'terətɔːri; *GB* -tri/ *n* (*pl* **-ies**) territorio **territorial** *adj* territorial

terror /'terər/ *n* terror: *to scream with terror* gritar de terror

terrorism /'terərɪzəm/ *n* terrorismo **terrorist** *n* terrorista

terrorize, -ise /'terəraɪz/ *vt* aterrorizar

terse /tɜːrs/ *adj* lacónico: *a terse reply* una respuesta seca

test /test/ ◆ *n* **1** prueba: *blood test* análisis de sangre **2** (*Educ*) examen: *I'll give you a test on Thursday.* Les voy a hacer un examen/una previa el jueves ◆ *vt* **1** probar, poner a prueba **2** ~ **sth for sth** someter algo a pruebas de algo **3** ~ **sb** (**on sth**) (*Educ*) examinar a algn (sobre algo)

testament /'testəmənt/ *n* (*formal*) ~ (**to sth**) testimonio (de algo)

testicle /'testɪkl/ *n* testículo

testify /'testɪfaɪ/ *vt, vi* (*pret, pp* **-fied**) declarar

testimony /ˈtestɪmoʊni; *GB* -məni/ *n* (*pl* **-ies**) testimonio

test tube *n* tubo de ensayo: *test-tube baby* bebé de probeta

tether /ˈteðər/ *vt* (*animal*) amarrar

text /tekst/ *n* texto: *set text* (*GB*) lectura obligatoria

textbook /ˈtekstbʊk/ *n* libro de texto

textile /ˈtekstaɪl/ *n* [*gen pl*] textil

texture /ˈtekstʃər/ *n* textura

than /ðən, ðæn/ *conj, prep* **1** [*después de comparativo*] que: *faster than ever* más rápido que nunca ◊ *better than he thought* mejor de lo que había pensado **2** (*con tiempo y distancia*) de: *more than an hour/a kilometer* más de una hora/un kilómetro

thank /θæŋk/ *vt* ~ **sb** (**for sth/doing sth**) darle las gracias a algn (por algo/hacer algo); agradecerle algo a algn LOC **thank you** gracias

thankful /θæŋkfl/ *adj* agradecido

thanks /θæŋks/ ◆ *interj* (*coloq*) ¡gracias!: *Thanks for coming!* ¡Gracias por venir! ◆ *n Ver* VOTE

thanksgiving /ˌθæŋksˈɡɪvɪŋ/ *n* acción de gracias: *Thanksgiving* (*Day*) Día de Acción de Gracias

that¹ /ðət, ðæt/ *conj* que: *I told him that he should wait.* Le dije que se esperara.

that² /ðət, ðæt/ *pron rel* **1** [*sujeto*] que: *The letter that came is from him.* La carta que llegó es de él. **2** [*complemento*] que: *These are the books* (*that*) *I bought.* Estos son los libros que compré. ◊ *the job* (*that*) *I applied for* el trabajo que solicité **3** [*con expresiones temporales*] en que: *the year that he died* el año en que murió

that³ /ðæt/ ◆ *adj* (*pl* **those** /ðoʊz/) ese, aquel ◆ *pron* (*pl* **those** /ðoʊz/) eso, ése, -a, ésos, -as, aquello, aquél, -lla, aquéllos, -llas ☛ *Comparar con* THIS LOC **that is** (**to say**) es decir **that's right/it** eso es ◆ *adv*: *that low* así de bajito ◊ *that near* tan cerca

that⁴ /ðæt/ *adv* tan: *It's that long.* Es así de largo. ◊ *that much worse* tanto peor

thatch /θætʃ/ *vt* poner un techo de paja **thatched** *adj* con techo de paja

thaw /θɔː/ ◆ *vt, vi* deshelar(se), descongelar(se) ◆ *n* deshielo

the /ðə/ ☛ Antes de vocal se pronuncia /ði/o, si se quiere dar énfasis, /ðiː/ *art def* el/la/lo, los/las LOC **the more/less... the more/less...** cuanto más/menos... más/menos...

El artículo definido en inglés: 1 No se utiliza con sustantivos contables en plural cuando hablamos en general: *Books are expensive.* Los libros son caros. ◊ *Children learn very fast.* Los niños aprenden muy rápido. **2** Se omite con sustantivos incontables cuando se refieren a una sustancia o a una idea en general: *I like cheese/pop music.* Me gusta el queso/la música pop. **3** Normalmente se omite con nombres propios y con nombres que indican relaciones familiares: *Mrs. Smith* la Sra Smith ◊ *Ana's mother* la madre de Ana ◊ *Grandma came yesterday.* Ayer vino la abuela. **4** Con las partes del cuerpo y los objetos personales se suele usar el posesivo en vez del artículo: *Give me your hand.* Dame la mano. ◊ *He put his tie on.* Se puso la corbata. **5** **School** y **church** pueden utilizarse con artículo o sin él, pero el significado es distinto. ☛ *Ver nota en* SCHOOL

theater (*GB* **theatre**) /ˈθiːətər; *GB* ˈθɪətə(r)/ *n* **1** teatro **2** (*USA*) (**movie**) **theater** teatro, cine LOC *Ver* LECTURE

theatrical /θiˈætrɪkl/ *adj* teatral, de teatro

theft /θeft/ *n* robo

Theft es el término que se utiliza para los robos que se realizan sin que nadie los vea y sin recurrir a la violencia: *car/cattle thefts* robos de carros/ganado, **robbery** se refiere a los robos llevados a cabo por medio de la violencia o con amenazas: *armed/bank robbery* robo a mano armada/de un banco y **burglary** se usa para los robos en casas o almacenes cuando los dueños están ausentes. *Ver tb notas en* THIEF *y* ROB

their /ðeər/ *adj pos* su(s) (*de ellos*): *What color is their cat?* ¿De qué color es el gato de ellos? ☛ *Ver nota en* MY

theirs /ðeərz/ *pron pos* de ellos/ellas, suyo, -a, -os, -as: *a friend of theirs* un amigo de ellos/ellas ◊ *Our apartment is not as big as theirs.* Nuestro departamento no es tan grande como el de ellos.

them /ðəm, ðem/ *pron pers* **1** [*como*

objeto directo] los, las: *I saw them yesterday.* Los vi ayer. **2** [*como objeto indirecto*] les: *Tell them to wait.* Diles que esperen. **3** [*después de preposición o del verbo* **to be**] ellos/ellas: *Go with them.* Ve con ellos. ◊ *They took it with them.* Lo llevaron con ellos/ellas. ◊ *Was it them at the door?* ¿Eran ellos los que estaban en la puerta? ☛ *Comparar con* THEY

theme /θiːm/ *n* tema

themselves /ðəmˈselvz/ *pron* **1** [*uso reflexivo*] se: *They enjoyed themselves a lot.* Se divertieron mucho. **2** [*con preposición*] sí mismos, -as: *They were talking about themselves.* Hablaban de ellos/sí mismos. **3** [*uso enfático*] ellos, -as mismos, -as: *Did they paint the house themselves?* ¿Pintaron la casa ellos mismos?

then /ðen/ *adv* **1** entonces: *until then* hasta entonces ◊ *from then on* desde entonces **2** en aquella época: *Life was harder then.* La vida era más dura en aquella época. **3** luego, después: *the soup and then the chicken* la sopa y luego el pollo **4** (*así que*) en ese caso, pues, entonces: *You're not coming, then?* ¿Entonces no vienes?

theology /θiˈɑlədʒi/ *n* teología **theological** /ˌθiːəˈlɑdʒɪkl/ *adj* teológico

theoretical /ˌθɪəˈretɪkl/ *adj* teórico

theory /ˈθɪəri/ *n* (*pl* **-ies**) teoría: *in theory* en teoría

therapeutic /ˌθerəˈpjuːtɪk/ *adj* terapéutico

therapist /ˈθerəpɪst/ *n* terapeuta

therapy /ˈθerəpi/ *n* terapia

there /ðeər/ ◆ *adv* ahí, allí, allá: *My car is there, in front of the bar.* Mi carro está allí, delante del bar. **LOC there and then** en el acto, ahí mismo *Ver tb* HERE ◆ *pron* **LOC there + to be**: *There's someone at the door.* Hay alguien en la puerta. ◊ *How many are there?* ¿Cuántos hay? ◊ *There'll be twelve guests at the party.* Va a haber doce invitados en la fiesta. ◊ *There was a terrible accident yesterday.* Hubo un accidente horrible ayer. ◊ *There has been very little rain recently.* Ha llovido muy poco últimamente. ☛ *Ver nota en* HABER **there + v modal + be**: *There must be no mistakes.* No debe haber ningún error. ◊ *There might be rain later.* Podría haber chubascos más tarde. ◊ *There shouldn't be any problems.* No creo que haya ningún problema. ◊ *How can there be that many?* ¿Cómo es posible que haya tantos?

There se usa también con **seem** y **appear**: *There seem/appear to be two ways of looking at this problem.* Parece que hay dos formas de ver este problema.

thereafter /ˌðeərˈæftər; *GB* -ˈɑːf-/ *adv* (*formal*) a partir de entonces

thereby /ˌðeərˈbaɪ/ *adv* (*formal*) **1** por eso/ello **2** de este modo

therefore /ˈðeəfɔːr/ *adv* por (lo) tanto, por consiguiente

thermal /ˈθɜːrml/ *adj* **1** térmico **2** (*fuente*) termal

thermometer /θərˈmɑmɪtər/ *n* termómetro

thermostat /ˈθɜːrməstæt/ *n* termostato

these /ðiːz/ ◆ *adj* [*pl*] estos, -as ◆ *pron* [*pl*] éstos, -as *Ver tb* THIS

thesis /ˈθiːsɪs/ *n* (*pl* **theses** /ˈθiːsiːz/) tesis

they /ðeɪ/ *pron pers* ellos, ellas: *They didn't like it.* No les gustó. ☛ El *pron pers* no se puede omitir en inglés. *Comparar con* THEM

they'd /ðeɪd/ **1** = THEY HAD *Ver* HAVE **2** = THEY WOULD *Ver* WOULD

they'll /ðeɪl/ = THEY WILL *Ver* WILL

they're /ðeər/ = THEY ARE *Ver* BE

they've /ðeɪv/ = THEY HAVE *Ver* HAVE

thick /θɪk/ ◆ *adj* (**-er**, **-est**) **1** grueso: *The ice was six inches thick.* El hielo tenía quince centímetros de grueso. **2** espeso: *This sauce is too thick.* Esta salsa está demasiado espesa. **3** (*barba*) poblado **4** (*acento*) marcado **5** (*coloq, esp GB*) (*persona*) cerrado de la cabeza ◆ *adv* (**-er**, **-est**) (*tb* **thickly**) grueso: *Don't spread the butter too thick.* No le pongas demasiada mantequilla. ◆ *n* **LOC in the thick of sth** en medio de algo **through thick and thin** contra viento y marea **thicken** *vt, vi* espesar(se) **thickly** *adv* **1** grueso, de modo grueso, espesamente **2** (*poblado*) densamente **thickness** *n* espesor, grosor

thief /θiːf/ *n* (*pl* **thieves** /θiːvz/) ladrón, -ona

Thief es el término general que se utiliza para designar a un ladrón que roba cosas, generalmente sin que nadie lo vea y sin recurrir a la violencia, **robber** se aplica a la persona que roba bancos, almacenes, etc., a menudo mediante la violencia o con amenazas, **burglar** se utiliza para los ladrones que roban en una casa o un almacén cuando no hay nadie y **shoplifter** es la persona que se lleva cosas de un almacén sin pagarlas. *Ver tb notas en* ROB *y* THEFT

thigh /θaɪ/ *n* muslo

thimble /ˈθɪmbl/ *n* dedal

thin /θɪn/ ◆ *adj* (**thinner**, **thinnest**) **1** (*persona*) delgado, flaco ☛ *Ver nota en* DELGADO **2** fino, delgado **3** (*sopa*) aguado **LOC** (**to be**) **thin on the ground** (*GB*) (ser) escaso **to vanish, etc. into thin air** desaparecer como por arte de magia *Ver tb* THICK ◆ *adv* (**thinner**, **thinnest**) (*tb* **thinly**) fino ◆ *vt, vi* (**-nn-**) ~ (**sth**) (**out**) hacer algo/hacerse menos denso

thing /θɪŋ/ *n* **1** cosa: *What's that thing on the table?* ¿Qué es eso que hay en la mesa? ◊ *I can't see a thing.* No veo nada. ◊ *the main thing* lo más importante ◊ *the first thing* lo primero ◊ *Forget the whole thing.* Olvídate del asunto. ◊ *to take things seriously* tomarlo todo en serio ◊ *The way things are going...* Tal como está la situación... **2 things** cosas: *You can put your things in that drawer.* Puedes poner tus cosas en ese cajón. **3** *Poor* (*little*) *thing!* ¡Pobrecito! **4 the thing**: *Just the thing for tired business people.* Justo lo que necesitan los hombres de negocios cansados. **LOC first/last thing** a primera/última hora **for one thing** para empezar **to be a good thing** (**that**)... menos mal (que)...: *It was a good thing that...* Menos mal que... **to get/keep things in proportion** ver el asunto en su justa medida **the thing is...** la cosa es que...

think /θɪŋk/ (*pret, pp* **thought** /θɔːt/) **1** *vt, vi* pensar: *What are you thinking* (*about*)? ¿En qué estás pensando? ◊ *Just think!* ¡Imagínate! ◊ *Who'd have thought* (*it*)? ¿Quién lo hubiera pensado? ◊ *The job took longer than we thought.* El trabajo nos llevó más de lo que habíamos pensado. **2** *vi* reflexionar **3** *vt* creer: *I* (*don't*) *think so.* Creo que sí/no. ◊ *What do you think* (*of her*)? ¿Qué opinas (de ella)? ◊ *It would be nice, don't you think?* Sería estupendo, ¿no te parece? ◊ *I think this is the house.* Me parece que ésta es la casa. **LOC I should think so!** ¡no faltaba más! **to think the world of sb** tener a algn en alta estima *Ver tb* GREAT

PHR V to think about sth/sb 1 reflexionar sobre algo/algn **2** recordar algo/a algn **3** tener algo/a algn en cuenta **to think about** (**doing**) **sth** pensar en (hacer) algo: *I'll think about it.* Lo voy a pensar.

to think of sth 1 pensar en algo **2** imaginar algo **3** recordar algo

to think sth out: *a well thought out plan* un plan bien pensado

to think sth over reflexionar sobre algo

to think sth up (*coloq*) inventar/pensar algo

thinker /ˈθɪŋkər/ *n* pensador, -ora

thinking /ˈθɪŋkɪŋ/ ◆ *n* [*incontable*] forma de pensar: *What's your thinking on this?* ¿Qué piensas de esto? ◊ *Quick thinking* ¡Bien pensado! **LOC** *Ver* WISHFUL *en* WISH ◆ *adj* [*sólo antes de sustantivo*] racional, inteligente: *thinking people* gente inteligente

third (*abrev* **3rd**) /θɜːrd/ ◆ *adj* tercero ◆ *pron, adv* el tercero, la tercera, los terceros, las terceras ◆ *n* **1** tercio, tercera parte **2 the third** el (día) tres **3** (*tb* **third gear**) tercera ☛ *Ver ejemplos en* FIFTH **thirdly** *adv* en tercer lugar (*en una enumeración*)

third party *n* tercera persona

the Third World *n* el Tercer Mundo

thirst /θɜːrst/ *n* ~ (**for sth**) sed (de algo) **thirsty** *adj* (**-ier**, **-iest**) sediento: *to be thirsty* tener sed

thirteen /ˌθɜːrˈtiːn/ *adj, pron, n* trece ☛ *Ver ejemplos en* FIVE **thirteenth 1** *adj* decimotercero **2** *pron, adv* el decimotercero, la decimotercera, los decimoterceros, las decimoterceras **3** *n* treceava parte, treceavo ☛ *Ver ejemplos en* FIFTH

thirty /ˈθɜːrti/ *adj, pron, n* treinta ☛ *Ver ejemplos en* FIFTY, FIVE **thirtieth 1** *adj, pron* trigésimo **2** *n* treintava parte, treintavo ☛ *Ver ejemplos en* FIFTH

this /ðɪs/ ◆ *adj* (*pl* **these** /ðiːz/) este, -a,

estos, -as: *I don't like this color.* No me gusta este color. ◊ *This one suits me.* Este me favorece. ◊ *These shoes are more comfortable than those.* Estos zapatos son más cómodos que ésos. ☛ *Comparar con* THAT³, TONIGHT ◆ *pron* (*pl* **these** /ðiːz/) **1** éste, -a, éstos, -as: *This is John's father.* Este es el papá de John. ◊ *I prefer these.* Prefiero éstos. **2** esto: *Listen to this…* Escucha esto… ◆ *adv*: *this high* así de alto ◊ *this far* tan lejos

thistle /ˈθɪsl/ *n* cardo

thorn /θɔːrn/ *n* espina (*de rosal, etc.*) **thorny** *adj* (**-ier**, **-iest**) espinoso

thorough /ˈθʌroʊ; *GB* ˈθʌrə/ *adj* **1** (*investigación, conocimiento*) a fondo **2** (*persona*) meticuloso **thoroughly** *adv* **1** a conciencia **2** enormemente

those /ðoʊz/ ◆ *adj* [*pl*] aquellos, -as, esos, -as ◆ *pron* [*pl*] aquéllos, -as, ésos, -as *Ver tb* THAT³

though /ðoʊ/ ◆ *conj* aunque, pero ◆ *adv* (*coloq*) de todas formas

thought¹ *pret, pp de* THINK

thought² /θɔːt/ *n* **1** pensamiento: *deep/lost in thought* perdido en sus propios pensamientos **2** ~ (**of doing sth**) idea (de hacer algo) **LOC** *Ver* FOOD, SCHOOL, SECOND, TRAIN¹ **thoughtful** *adj* **1** pensativo **2** atento: *It was very thoughtful of you.* Fue todo un detalle de tu parte. **thoughtless** *adj* desconsiderado

thousand /ˈθaʊznd/ *adj, pron, n* mil ☛ *Ver ejemplos en* FIVE **thousandth 1** *adj, pron* milésimo **2** *n* milésima parte ☛ *Ver ejemplos en* FIFTH

thrash /θræʃ/ *vt* darle una paliza a **thrashing** *n* paliza

thread /θred/ ◆ *n* ~ (**of sth**) hilo (de algo): *a needle and thread* aguja e hilo ◆ *vt* ensartar

threat /θret/ *n* ~ (**to sth/sb**) (**of sth**) amenaza (para algo/algn) (de algo): *a threat to national security* una amenaza para la seguridad nacional **threaten** *vt* **1** ~ **sth/sb** (**with sth**) amenazar algo/a algn (con algo) **2** ~ **to do sth** amenazar con hacer algo **threatening** *adj* amenazador

three /θriː/ *adj, pron, n* tres ☛ *Ver ejemplos en* FIVE

three-dimensional /ˌθriː dɪˈmenʃənl/ (*tb* **3–D** /ˌθriː ˈdiː/) *adj* tridimensional

threshold /ˈθreʃhoʊld/ *n* umbral

threw *pret de* THROW¹

thrill /θrɪl/ *n* **1** escalofrío **2** emoción: *What a thrill!* ¡Qué emoción! **thrilled** *adj* entusiasmado, emocionado **thriller** *n* obra de suspenso (*película, novela, etc.*) **thrilling** *adj* emocionante

thrive /θraɪv/ *vi* ~ (**on sth**) prosperar, crecer (con algo): *a thriving industry* una industria floreciente

throat /θroʊt/ *n* garganta: *a sore throat* dolor de garganta

throb /θrɑb/ ◆ *vi* (**-bb-**) ~ (**with sth**) vibrar, palpitar (de algo) ◆ *n* vibración, palpitación

throne /θroʊn/ *n* trono

through (*USA coloq tb* **thru**) /θruː/ ◆ *prep* **1** a través de, por: *She made her way through the traffic.* Se abrió paso a través del tráfico. ◊ *to breathe through your nose* respirar por la nariz **2** durante, a lo largo de: *I'm halfway through the book.* Ya voy por la mitad del libro. **3** por (culpa de): *through carelessness* por descuido **4** (*USA*) hasta… inclusive: *Tuesday through Friday* de martes a viernes ◆ *part adv* **1** de un lado a otro: *Can you get through?* ¿Puedes pasar al otro lado? **2** de principio a fin: *I've read the poem through once.* He leído todo el poema una vez. ◊ *all night through* toda la noche ☛ Para los usos de **through** en PHRASAL VERBS ver las entradas de los verbos correspondientes, p. ej. **to break through** en BREAK. ◆ *adj* directo: *a through train* un tren directo ◊ *No through road.* Callejón sin salida.

throughout /θruːˈaʊt/ ◆ *prep* por todo, durante todo: *throughout his life* toda su vida ◆ *adv* **1** por todas partes **2** todo el tiempo

throw¹ /θroʊ/ *vt* (*pret* **threw** /θruː/ *pp* **thrown** /θroʊn/) **1** ~ **sth** (**to sth/sb**) tirar(le), echar(le) algo (a algo/algn): *Throw the ball to Mary.* Tírale la pelota a Mary. **2** ~ **sth** (**at sth/sb**) tirar(le), lanzar(le) algo (a algo/algn) ☛ **To throw sth at sth/sb** indica que la intención es de darle a un objeto o de hacerle daño a una persona: *Don't throw stones at the cat.* No le tires piedras al gato. **3** [+ *loc adv*] echar: *He threw back his head.* Echó la cabeza para atrás. ◊ *She threw up her hands in horror.* Levantó los brazos horrorizada **4** (*caballo, etc.*) arrojar **5** (*coloq*) descon certar **6** dejar (*de cierta forma*): *to be thrown out of work* quedarse sin trabajo ◊ *We were thrown into confusion by the news.* La noticia nos dejó confusos. **7** (*luz, sombra*) proyectar **LOC** *Ver* CAUTION, FIT[3] **PHR V to throw sth about/around** desparramar algo **to throw sth away** tirar algo (*a la basura*) **to throw sb out** expulsar a algn **to throw sth out 1** (*propuesta, etc.*) rechazar algo **2** tirar algo (*a la basura*) **to throw (sth) up** vomitar (algo)

throw² /θroʊ/ *n* **1** lanzamiento **2** (*dados, baloncesto, etc.*) tiro: *It's your throw.* Te toca a ti (jugar).

thrown *pp de* THROW[1]

thru (*USA*) *Ver* THROUGH

thrust /θrʌst/ ◆ (*pret, pp* **thrust**) **1** *vt* meter, clavar **2** *vt, vi* ~ **at sb (with sth)**; ~ **sth at sb** lanzarle algo a algn (*con brusquedad*) **PHR V to thrust sth/sb on/upon sb** obligar a algn a aceptar algo/a algn, imponerle algo a algn ◆ *n* **1** empujón **2** (*de espada*) estocada **3** ~ **(of sth)** idea fundamental (sobre algo)

thud /θʌd/ ◆ *n* ruido (sordo), golpe (sordo) ◆ *vi* (**-dd-**) **1** hacer un ruido sordo, caer con un ruido sordo: *to thud against/into sth* golpear/chocar contra algo con un ruido sordo **2** (*corazón*) latir fuertemente

thug /θʌg/ *n* gángster, rufián, matón

thumb /θʌm/ ◆ *n* pulgar (*de la mano*) **LOC** *Ver* TWIDDLE ◆ *vi* ~ **through sth** hojear algo **LOC to thumb a lift** echar dedo *Ver tb* FINGER

thump /θʌmp/ ◆ **1** *vt* golpear, darle un golpe a **2** *vi* (*corazón*) latir fuertemente ◆ *n* **1** puñetazo, golpazo **2** ruido sordo

thunder /ˈθʌndər/ ◆ *n* [*incontable*] trueno: *a clap of thunder* un trueno ◆ *vi* **1** tronar **2** retumbar

thunderstorm /ˈθʌndərstɔːm/ *n* tormenta eléctrica

Thursday /ˈθɜːrzdi, -deɪ/ *n* (*abrev* **Thur**, **Thurs**) jueves ☛ *Ver ejemplos en* MONDAY

thus /ðʌs/ *adv* (*formal*) **1** así, de esta manera **2** (*por esta razón*) por (lo) tanto, así que

thwart /θwɔːrt/ *vt* frustrar, impedir

tick /tɪk/ ◆ *n* **1** (*de reloj, etc.*) tictac **2** (*GB*) (*marca*) (*USA* **check**) chulito, visto bueno ◆ **1** *vi* (*reloj, etc.*) hacer tictac **2** *vt*: *to tick sth* (*off*) (*GB*) (*USA* **to check sth (off)**): marcar algo con una señal **PHR V to tick away/by** pasar **to tick over 1** (*GB*) (*USA* **to turn over**) (*carro*) estar andando **2** (*Com*) mantenerse a flote

ticket /ˈtɪkɪt/ *n* **1** (*tren, etc.*) tiquete, boleto **2** (*Teat, Cine*) boleta **3** (*GB*) (*USA* **card**) (*biblioteca*) carné **4** etiqueta

tickle /ˈtɪkl/ ◆ *vt, vi* hacer cosquillas (a) ◆ *n* cosquilleo, picor

ticklish /ˈtɪklɪʃ/ *adj* que tiene cosquillas: *to be ticklish* ser cosquilloso

tidal /ˈtaɪdl/ *adj* de (la) marea

tidal wave *n* maremoto

tide /taɪd/ *n* **1** marea: *The tide is coming in/going out.* La marea está subiendo/bajando. **2** (*fig*) corriente

tidy /ˈtaɪdi/ ◆ *adj* (**tidier**, **tidiest**) **1** ordenado **2** (*apariencia*) pulcro, aseado ◆ *vt* (*pret, pp* **tidied**) ~ **(up)** arreglar, ordenar **PHR V to tidy sth away** poner algo en su sitio

tie /taɪ/ ◆ *n* **1** (*tb* **necktie**) corbata **2** [*gen pl*] lazo: *family ties* lazos familiares **3** (*Dep*) empate **4** (*USA*) (*Ferrocarril*) durmiente ◆ *vt, vi* (*pret, pp* **tied** *pt pres* **tying**) **1** amarrar(se) **2** (*corbata, etc.*) anudar(se) **3** (*Dep*) empatar **PHR V to tie sb/yourself down** comprometer(se): *Having young children really ties you down.* Tener niños pequeños ata muchísimo. **to tie sth/sb up** amarrar algo/a algn

tier /tɪər/ *n* grada, fila, piso

tiger /ˈtaɪgər/ *n* tigre **tigress** *n* tigresa

tight /taɪt/ ◆ *adj* (**-er**, **-est**) **1** apretado, ajustado: *These shoes are too tight.* Estos zapatos me quedan demasiado apretados. **2** tirante **3** (*control*) riguroso ◆ *adv* (**-er**, **-est**) bien, fuertemente: *Hold tight!* ¡Agárrense bien! **tighten** *vt, vi* ~ **(sth) (up)** apretar algo/apretarse: *The government wants to tighten immigration controls.* El gobierno quiere hacer más riguroso el control de la inmigración. **tightly** *adv* bien, fuertemente, rigurosamente

tightrope /ˈtaɪtroʊp/ *n* cuerda floja

tights /taɪts/ *n* [*pl*] **1** medias pantalón **2** (*para ballet, etc.*) mallas ☛ *Ver nota en* PAIR

tile /taɪl/ ◆ *n* **1** teja **2** azulejo **3** baldosa ◆ *vt* **1** entejar, tejar **2** enchapar con azulejos **3** embaldosar

till¹ *Ver* UNTIL

till² /tɪl/ *n* caja (registradora): *Please pay at the till.* Pague en la caja, por favor.

tilt /tɪlt/ ◆ *vt, vi* inclinar(se), ladear(se) ◆ *n* inclinación, ladeo

timber /ˈtɪmbər/ *n* **1** madera **2** árboles (madereros) **3** viga

time /taɪm/ ◆ *n* **1** tiempo: *You've been gone a long time!* ¡Te demoraste mucho! **2** hora: *What time is it?/What's the time?* ¿Qué horas son? ◊ *It's time we were going/time for us to go.* Es hora de que nos vayamos. ◊ *by the time we reached home* para cuando llegamos a la casa ◊ *(by) this time next year* para esta época el año entrante ◊ *at the present time* actualmente **3** vez, ocasión: *last time* la última vez ◊ *every time* cada vez ◊ *for the first time* por primera vez **4** tiempo, época **LOC ahead of time** adelantado **all the time** todo el tiempo **(and) about time (too)** (*coloq*) ya era hora **at all times** en todo momento **at a time** a la vez: *one at a time* de uno en uno **at one time** en cierta época **at the time** en aquel momento **at times** a veces **for a time** (por) un momento, durante algún tiempo **for the time being** por/en el momento **from time to time** de vez en cuando **in good time** temprano, con tiempo **in time** con el tiempo **in time (for sth/to do sth)** a tiempo (para algo/para hacer algo) **on time** a tiempo, puntual ☛ *Ver nota en* PUNTUAL **time after time**; **time and (time) again** una y otra vez **to have a good time** pasarla bien **to have the time of your life** pasarla de maravilla **to take your time (over sth/to do sth/doing sth)** tomarse uno su tiempo (para algo/hacer algo) *Ver tb* BIDE, BIG, HARD, KILL, MARK², NICK, ONCE, PRESS, SAME, TELL ◆ *vt* **1** programar, prever **2** *to time sth well/badly* escoger un momento oportuno/inoportuno para (hacer) algo **3** medir el tiempo, cronometrar **timer** *n* reloj automático **timing** *n* **1** coordinación: *the timing of the election* la fecha escogida para las elecciones **2** cronometraje

timely /ˈtaɪmli/ *adj* (**-ier**, **-iest**) oportuno

times /taɪmz/ *prep* multiplicado por: *Three times four is twelve.* Cuatro por tres son doce.

timetable /ˈtaɪmteɪbl/ (*esp USA* **schedule**) *n* horario

timid /ˈtɪmɪd/ *adj* tímido, temeroso: *the first timid steps towards…* los primeros tímidos pasos hacia… ◊ *Don't be timid.* No tengan miedo.

tin /tɪn/ *n* **1** estaño: *tin foil* papel de aluminio **2** (*tb esp USA* **can**) lata: *tin-opener* abrelatas ☛ *Ver dibujo en* CONTAINER *y nota en* LATA

tinge /tɪndʒ/ ◆ *vt* ~ **sth (with sth)** (*lit y fig*) teñir algo (de algo) ◆ *n* tinte, matiz

tingle /ˈtɪŋgl/ *vi* **1** hormiguear **2** ~ **with sth** (*fig*) estremecerse de algo

tinker /ˈtɪŋkər/ *vi* ~ **(with sth)** juguetear (con algo) (*tratando de arreglarlo*)

tinned /tɪnd/ (*USA* **canned**) *adj* en lata, de lata, enlatado

tinsel /ˈtɪnsl/ *n* guirnalda dorada o plateada para decoraciones navideñas

tint /tɪnt/ *n* **1** matiz **2** (*peluquería*) tinte **tinted** *adj* **1** (*pelo*) teñido **2** (*lentes*) ahumado

tiny /ˈtaɪni/ *adj* (**tinier**, **tiniest**) diminuto, minúsculo

tip /tɪp/ ◆ *n* **1** punta **2** (*GB*) basurero *Ver tb* DUMP **3** propina **4** consejo ◆ (**-pp-**) **1** *vt, vi* **to tip (sth) (up)** inclinar algo/inclinarse **2** *vt* tirar, botar **3** *vt, vi* dar (una) propina (a) **PHR V to tip sb off** (*coloq*) avisar a algn **to tip (sth) over** volcarse, volcar algo

tiptoe /ˈtɪptoʊ/ ◆ *n* **LOC on tiptoe** de puntillas ◆ *vi*: *to tiptoe in/out* entrar/salir de puntillas

tire¹ /ˈtaɪər/ *vt* cansar(se) *vi* ~ **of sth/sb/of doing sth** cansarse, hartarse de algo/algn/de hacer algo **PHR V to tire sb/yourself out** agotar a algn/agotarse **tired** *adj* cansón **LOC tired out** agotado **to be (sick and) tired of sth/sb/doing sth** estar jarto de algo/algn/de hacer algo

tire² (*GB* **tyre**) /ˈtaɪər/ *n* llanta

tireless /ˈtaɪərləs/ *adj* incansable

tiresome /ˈtaɪərsəm/ *adj* **1** (*tarea*) fastidioso **2** (*persona*) pesado

tiring /ˈtaɪrɪŋ/ *adj* agotador, cansón: *a long and tiring journey* un viaje largo y agotador

tissue /ˈtɪʃuː/ *n* **1** (*Biol, Bot*) tejido **2** pañuelo facial, Kleenex® **3** (*tb* **tissue paper**) papel globo

tit /tɪt/ *n* **1** (*ofen*) teta **2** (*Ornitología*)

herrerillo **LOC tit for tat** ojo por ojo, diente por diente

title /ˈtaɪtl/ *n* **1** título: *title page* portada ◊ *title role* papel principal **2** título nobiliario **3** tratamiento **4** ~ (**to sth**) (*Jur*) derecho (a algo): *title deed* título de propiedad

titter /ˈtɪtər/ ◆ *n* risita ◆ *vi* reírse disimuladamente

to /tə, tuː/ *prep* **1** (*dirección*) a, para: *to go to the beach* ir a la playa ◊ *the road to Edinburgh* la carretera de Edimburgo **2** [*con objeto indirecto*] a: *He gave it to Bob.* Se lo dio a Bob. **3** hacia: *Move to the left.* Muévase hacia la izquierda. **4** hasta: *faithful to the end/last* leal hasta el final **5** (*duración*): *It lasts two to three hours.* Dura entre dos y tres horas. **6** (*hora*): *ten to one* diez para la una **7** de: *the key to the door* la llave de la puerta **8** (*comparación*) a: *I prefer walking to climbing.* Prefiero caminar a escalar. **9** (*proporción*) por: *How many miles to the gallon?* ¿Cuantos kilómetros hace por litro? **10** (*propósito*): *to go to sb's aid* ir en ayuda de algn **11** para: *to my surprise* para mi sorpresa **12** (*opinión*) a, para: *It looks red to me.* A mí me parece rojo. **LOC to and fro** de un lado a otro

La partícula **to** se utiliza para formar el infinitivo en inglés y tiene varios usos: *to go* ir ◊ *to eat* comer ◊ *I came to see you.* Vine para/a verte. ◊ *He didn't know what to do.* No sabía qué hacer. ◊ *It's for you to decide.* Tiene que decidirlo usted.

toad /toʊd/ *n* sapo

toast /toʊst/ ◆ *n* [*incontable*] **1** pan tostado: *a slice/piece of toast* una rebanada de pan tostado ◊ *toast and jam* tostada con mermelada ◊ *Would you like some toast?* ¿Quiere tostadas? **2** brindis ◆ *vt* **1** tostar **2** brindar por **toaster** *n* tostador

tobacco /təˈbækoʊ/ *n* (*pl* ~**s**) tabaco **tobacconist's** *n* tabaquería

today /təˈdeɪ/ *adv*, *n* **1** hoy **2** hoy (en) día: *Today's computers are very small.* Los computadores de hoy en día son muy pequeños.

toddler /ˈtɑdlər/ *n* niño, -a (*que acaba de aprender a caminar*)

toe /toʊ/ ◆ *n* **1** dedo (*del pie*): *big toe* dedo gordo (del pie) ☛ *Comparar con* FINGER **2** punta (*de media*), puntera (*de zapato*) **LOC on your toes** alerta ◆ *vt* (*pret, pp* **toed** *pt pres* **toeing**) **LOC to toe the line** conformarse

toenail /ˈtoʊneɪl/ *n* uña del pie

toffee /ˈtɔːfi; *GB* ˈtfi/ *n* caramelo

together /təˈgeðər/ *part adv* **1** juntos: *Can we have lunch together?* ¿Podemos almorzar juntos? **2** a la vez: *Don't all talk together.* No hablen todos a la vez. **LOC together with** junto con, además de *Ver tb* ACT ☛ Para los usos de **together** en PHRASAL VERBS ver las entradas de los verbos correspondientes, p.ej. **to pull yourself together** en PULL. **togetherness** *n* unidad, armonía

toil /tɔɪl/ ◆ *vi* (*formal*) trabajar duramente ◆ *n* (*formal*) trabajo, esfuerzo *Ver tb* WORK[1]

toilet /ˈtɔɪlət/ *n* **1** baño: *toilet paper* papel higiénico **2** (*público*) baños

En inglés norteamericano se dice **bathroom** si es en una casa particular, y **bathroom**, **washroom** o **restroom** en edificios públicos. En inglés británico se dice **toilet** o **loo** (*coloq*) para referirnos al baño de las casas particulares (**lavatory** y **WC** han caído en desuso). **The Gents**, **the Ladies**, **the toilets**, **the cloakroom** o **public conveniences** se usan si hablamos de los baños en lugares públicos.

toiletries *n* [*pl*] productos de tocador

token /ˈtoʊkən/ ◆ *n* **1** señal, muestra: *as a token of our gratitude* como muestra de nuestro agradecimiento **2** ficha **3** vale ◆ *adj* simbólico (*pago, muestra, etc.*)

told *pret, pp de* TELL

tolerate /ˈtɑləreɪt/ *vt* tolerar **tolerance** *n* tolerancia **tolerant** *adj* ~ (**of/towards sth/sb**) tolerante (con algo/algn)

toll /toʊl/ *n* **1** peaje **2** número de víctimas **LOC to take its toll** (**of sth**) cobrarse su saldo (de algo)

tollbooth /ˈtoʊlbuːθ/ *n* (caseta de) peaje

tollroad /ˈtoʊlroʊd/ (*USA* **turnpike**) *n* carretera en la que se debe pagar peaje para poder transitarla

tomato /təˈmeɪtoʊ; *GB* təˈmɑːtəʊ/ *n* (*pl* **-oes**) tomate

tomb /tuːm/ *n* tumba **tombstone** *n* lápida

tom-cat /ˈtɑm kæt/ (*tb* **tom**) *n* gato (macho) ☛ *Ver nota en* GATO

tomorrow /təˈmɑroʊ/ *n, adv* mañana: *tomorrow morning* mañana por la mañana ◊ *a week from tomorrow* dentro de ocho días ◊ *See you tomorrow.* Hasta mañana/Nos vemos mañana. **LOC** *Ver* DAY

ton /tʌn/ *n* **1** 2.000 libras o 907 kg ☛ *Comparar con* TONNE **2 tons** [*pl*] (**of sth**) (*coloq*) montones (de algo)

tone /toʊn/ ◆ *n* **1** tono: *Don't speak to me in that tone of voice.* No me hable en ese tono. **2** tonalidad ◆ **PHR V to tone sth down** suavizar (el tono de) algo

tongs /tɑŋz/ *n* [*pl*] tenazas: *a pair of tongs* unas tenazas ☛ *Ver nota en* PAIR

tongue /tʌŋ/ *n* **1** lengua **2** (*formal*) idioma, lengua *Ver tb* MOTHER TONGUE *en* MOTHER **LOC to put/stick your tongue out** sacar la lengua (**with**) **tongue in cheek** irónicamente

tonic /ˈtɑnɪk/ *n* **1** tónico **2** (*tb* **tonic water**) tónica

tonight /təˈnaɪt/ *n, adv* esta noche: *What's on TV tonight?* ¿Qué presentan esta noche en la televisión?

tonne /tʌn/ *n* (*GB*) (*USA* **metric ton**) tonelada (métrica) ☛ *Comparar con* TON

tonsil /ˈtɑnsl/ *n* amígdala **tonsilitis** /ˌtɑnsəˈlaɪtɪs/ *n* [*incontable*] amigdalitis

too /tuː/ *adv* **1** también: *I've been to Paris too.* Yo también he estado en París. ☛ *Ver nota en* TAMBIÉN **2** demasiado: *It's too cold outside.* Está haciendo demasiado frío en la calle. **3** para colmo, encima: *Her purse was stolen. And on her birthday too.* Le robaron la cartera, y encima en su cumpleaños. **4** muy: *I'm not too sure.* No estoy muy segura.

took *pret de* TAKE

tool /tuːl/ *n* herramienta: *tool box/kit* caja/juego de herramientas

tooth /tuːθ/ *n* (*pl* **teeth** /tiːθ/) diente, muela: *to have a tooth pulled* hacerse sacar una muela ◊ *false teeth* dentadura postiza **LOC** *Ver* FIGHT, GRIT, SKIN, SWEET

toothache /ˈtuːθeɪk/ *n* dolor de muelas

toothbrush /ˈtuːθbrʌʃ/ *n* cepillo de dientes ☛ *Ver dibujo en* BRUSH

toothpaste /ˈtuːθpeɪst/ *n* crema de dientes

toothpick /ˈtuːθpɪk/ *n* palillo

top[1] /tɑp/ ◆ *n* **1** lo más alto, la parte de arriba: *the top of the page* la cabecera de la página **2** (*de cerro*) (*fig*) cumbre **3** (*de una lista*) cabeza **4** tapón **5** prenda de vestir que se lleva en la parte superior del cuerpo **LOC at the top of your voice** a gritos **to be on top (of sth)** dominar (algo) **off the top of your head** (*coloq*) sin pensarlo **on top** encima **on top of sth/sb 1** sobre algo/algn **2** además de algo/algn: *And on top of all that...* Y para colmo... ◆ *adj* **1** superior: *a top floor apartment* un apartamento en el piso de arriba/último piso ◊ *top quality* de la mejor calidad ◊ *the top jobs* los mejores empleos ◊ *a top British scientist* un científico británico de primera categoría **2** máximo ◆ *vt* (**-pp-**) rematar: *ice cream topped with chocolate sauce* helado con crema de chocolate por encima ◊ *and to top it all...* y para acabarlo de rematar... **PHR V to top sth up** rellenar algo: *We topped up our glasses.* Llenamos los vasos otra vez.

top[2] /tɑp/ *n* trompo

top hat (*GB* **topper**) *n* sombrero de copa

topic /ˈtɑpɪk/ *n* tema **topical** *adj* actual

topple /ˈtɑpl/ ~ (**over**) **1** *vt* hacer caer **2** *vi* caerse

top secret *adj* reservado, secreto

torch /tɔːrtʃ/ *n* **1** linterna **2** antorcha

tore *pret de* TEAR[2]

torment /ˈtɔːrment/ ◆ *n* tormento ◆ /tɔːrˈment/ *vt* **1** atormentar **2** fastidiar

torn *pp de* TEAR[2]

tortoise /ˈtɔːrtəs/ *n* tortuga (*gen* *grande*)

torture /ˈtɔːrtʃər/ ◆ *n* **1** tortura **2** (*fig*) tormento ◆ *vt* **1** torturar **2** (*fig*) atormentar **torturer** *n* torturador, -ora

Tory /ˈtɔːri/ (*pl* **-ies**) *n, adj* (*GB*) conservador, -ora: *the Tory Party* el Partido Conservador *Ver tb* CONSERVATIVE ☛ *Comparar con* LABOR sentido 4, LIBERAL sentido 3

toss /tɔːs; *GB* tɒs/ ◆ **1** *vt* tirar, echar (*descuidadamente o sin fuerza*) **2** *vt* (*la cabeza*) sacudir **3** *vi* agitarse: *to toss and turn* dar vueltas (en la cama) **4** *vt* (*una moneda*) tirar a cara o sello: *to toss sb for sth* jugarle algo a algn a cara o sello **5** *vi*: *to toss* (*up*) *for sth* ganar decidir algo con un carisellazo ◆ *n* **1** (*de la cabeza*) sacudida **2** (*de una moneda*) tirada **LOC to win/lose the toss** ganar/perder al tirar la moneda (*fútbol, etc.*)

total /ˈtoʊtl/ ◆ *adj, n* total ◆ *vt* (**-l-**, *esp GB* **-ll-**) **1** sumar **2** ascender a **totally** *adv* totalmente

totter /ˈtɑtər/ *vi* **1** titubear **2** tambalearse

touch¹ /tʌtʃ/ **1** *vt, vi* tocar(se) **2** *vt* rozar **3** *vt* [*en frases negativas*] probar: *You've hardly touched your steak.* Casi ni probaste la carne. **4** *vt* conmover **5** *vt* igualar **LOC touch wood** (*GB*) toca madera **PHR V to touch down** aterrizar **to touch on/upon sth** hablar de pasada de algo

touch² /tʌtʃ/ *n* **1** toque: *to put the finishing touches to sth* dar el toque final a algo **2** (*tb* **sense of touch**) tacto: *soft to the touch* suave al tacto **3 a ~ (of sth)** una pizca, un poco (de algo): *I've got a touch of the flu.* Tengo un poco de gripa. ◊ *a touch more garlic* una pizca más de ajo ◊ *It's a touch colder today.* Hoy está más fresco. **4** maña: *He hasn't lost his touch.* No ha perdido la maña. **LOC at a touch** al menor roce **in/out of touch (with sb)** en/fuera de contacto (con algn) **to be in/out of touch with sth** estar/no estar al corriente de algo **to get/keep in touch with sb** ponerse/mantenerse en contacto con algn *Ver tb* LOSE

ouched /tʌtʃt/ *adj* conmovido **touching** *adj* conmovedor

ouchy /ˈtʌtʃi/ *adj* (**-ier**, **-iest**) **1** (*persona*) susceptible **2** (*situación, tema, etc.*) delicado

ough /tʌf/ *adj* (**-er**, **-est**) **1** duro **2** fuerte, sólido **3** tenaz **4** (*medida*) severo **5** (*carne*) duro **6** (*decisión, etc.*) difícil: *to have a tough time* pasarla muy mal **7** (*coloq*): *Tough luck!* ¡De malas! **LOC (as) tough as nails** (*coloq*) duro, resistente **to be/get tough (with sb)** ser/ponerse duro (con algn) **toughen ~ (up)** *vt, vi* endurecer(se) **toughness** *n* **1** dureza, resistencia **2** firmeza

our /tʊər/ ◆ *n* **1** excursión **2** visita: *guided tour* visita guiada **3** gira: *to be on tour/go on tour in Venezuela* estar de gira/hacer una gira por Venezuela ☛ *Ver nota en* VIAJE ◆ **1** *vt* recorrer **2** *vi* viajar **3** *vt, vi* (*cantantes, etc.*) efectuar una gira (en)

tourism /ˈtʊərɪzəm/ *n* turismo

tourist /ˈtʊerɪst/ *n* turista: *tourist attraction* lugar de interés turístico

tournament /ˈtɜːrnəmənt; *GB* ˈtɔːn-/ *n* torneo

tow /toʊ/ ◆ *vt* remolcar **PHR V to tow sth away** llevarse algo a remolque ◆ *n* [*gen sing*] remolque **LOC in tow** (*coloq*): *He had his family in tow.* Iba con la familia detrás/a la zaga.

towards /tɔːrdz; *GB* təˈwɔːdz/ (*tb* **toward** /tɔːrd; *GB* təˈwɔːd/) *prep* **1** (*dirección, tiempo*) hacia: *towards the end of the film* casi al terminar la película **2** con, respecto a: *to be friendly towards sb* ser amable con algn **3** (*propósito*) para: *to put money towards sth* poner plata para algo

towel /ˈtaʊəl/ *n* toalla

tower /ˈtaʊər/ ◆ *n* torre: *tower block* (*GB*) bloque de apartamentos (muy alto) ◆ **PHR V to tower above/over sth/sb** alzarse por encima de algo/algn

town /taʊn/ *n* **1** ciudad **2** centro: *to go into town* ir al centro **LOC (out) on the town** de parranda **to go to town (on sth)** (*coloq*) tirar la casa por la ventana (en algo)

town hall *n* alcaldía (*edificio*)

toy /tɔɪ/ ◆ *n* juguete ◆ **PHR V to toy with sth 1** juguetear con algo **2** *to toy with the idea of doing sth* considerar la idea de hacer algo

trace /treɪs/ ◆ *n* rastro, huella: *to disappear without a trace* desaparecer sin dejar rastro ◊ *She speaks without a trace of an Irish accent.* Habla sin ningún rastro de acento irlandés. ◆ *vt* **1** seguir la pista de **2 ~ sth/sb (to sth)** dar con algo/algn (en algo) **3** remontar(se): *It can be traced back to the Middle Ages.* Se remonta hasta la Edad Media. **4 ~ sth (out)** delinear, trazar algo **5** calcar

track /træk/ ◆ *n* **1** [*gen pl*] huella (*de animal, rueda, etc.*) **2** camino, senda *Ver tb* PATH **3** (*Dep*) pista, circuito **4** (*Ferrocarril*) carrilera **5** canción (*de disco o casete*) *Ver tb* SOUNDTRACK **LOC off track** fuera de rumbo **on the right/wrong track** por buen/mal camino **to be on sb's track** seguirle la pista a algn **to keep/lose track of sth/sb** seguir/

perder la pista de algo/algn: *to lose track of time* perder la noción del tiempo **to make tracks (for...)** (*coloq*) irse, ponerse en camino (para...) *Ver tb* BEAT ◆ *vt* ~ **sb (to sth)** seguir la pista/las huellas de algn (hasta algo) **PHR V to track sth/sb down** localizar algo/a algn

tracksuit /ˈtræksuːt/ *n* sudadera, buzo

trade /treɪd/ ◆ *n* **1** comercio **2** industria: *the tourist trade* la industria turística **3** oficio: *He's a carpenter by trade.* Es carpintero de oficio. ☛ *Ver nota en* WORK[1] **LOC** *Ver* ROARING *en* ROAR, TRICK ◆ **1** *vi* comerciar, negociar **2** *vt* ~ **(sb) sth for sth** cambiar(le) (a algn) algo por algo **PHR V to trade sth in (for sth)** dar algo en parte de pago (de algo)

trademark /ˈtreɪdmɑrk/ *n* marca registrada

trader /treɪdər/ *n* comerciante

tradesman /ˈtreɪdzmən/ *n* (*pl* **-men** /-mən/) (*esp GB*) **1** proveedor: *tradesmen's entrance* entrada de servicio **2** comerciante

trade union *n* sindicato

trading /treɪdɪŋ/ *n* comercio

traffic /ˈtræfɪk/ ◆ *n* tráfico: *traffic jam* embotellamiento ◊ *traffic warden* agente de tránsito ◆ *vi* (*pret, pp* **trafficked** *pt pres* **trafficking**) ~ **(in sth)** traficar (con algo) **trafficker** *n* traficante

traffic light *n* semáforo

tragedy /ˈtrædʒədi/ *n* (*pl* **-ies**) tragedia

trail /treɪl/ ◆ *n* **1** estela (*de humo*) **2** reguero (*de sangre*) **3** senda **4** rastro (*de un animal*): *to be on sb's trail* seguirle la pista a algn ◆ **1** *vi* ~ **along behind (sth/sb)** caminar despacio detrás (de algo/algn) **2** *vi* perder: *trailing by two goals to three* perdiendo por dos goles a tres

trailer /ˈtreɪlər/ *n* **1** (*GB* **caravan**) casa rodante, carrocasa **2** remolque **3** (*Cine*) avance, corto

train[1] /treɪn/ *n* **1** tren: *by train* en tren ◊ *train station* estación de ferrocarril: *train track(s)* carrilera/rieles **2** sucesión, serie **LOC train of thought** hilo de ideas

train[2] /treɪn/ **1** *vi* estudiar, formarse: *She trained to be a lawyer.* Estudió para abogada. ◊ *to train as a nurse* estudiar enfermería **2** *vt* adiestrar **3** *vt, vi* (*Dep*) entrenar(se), preparar(se) **4** ~ **sth on sth/sb** enfocar(le) algo/a algn con algo (*cámara, etc.*), apuntarle a algo/algn con algo (*pistola, etc.*) **trainee** /treɪˈniː/ *n* aprendiz, -iza **trainer** *n* **1** entrenador, -ora (*de atletas o animales*) **2** (*GB*) (*USA* **sneaker**) [*gen pl*] tenis (*zapato*) **training** *n* **1** (*Dep*) entrenamiento **2** formación, preparación

trait /treɪt/ *n* rasgo (*de personalidad*)

traitor /ˈtreɪtər/ *n* traidor, -ora *Ver tb* BETRAY

tram /træm/ (*esp GB*) (*USA* **streetcar**) *n* tranvía

tramp /træmp/ ◆ **1** *vi* caminar pesadamente **2** *vt* patear ◆ *n* vagabundo, -a

trample /ˈtræmpl/ *vt* ~ **sth/sb (down)**; ~ **on sth/sb** pisotear algo/a algn

tranquilize, -ise /ˈtræŋkwəlaɪz/ *vt* tranquilizar (*sobre todo por medio de sedantes*) **tranquilizer, -iser** *n* tranquilizante: *She's on tranquilizers.* Toma tranquilizantes.

transfer /trænsˈfɜːr/ ◆ **(-rr-) 1** *vt, vi* trasladar(se) **2** *vt* transferir **3** *vi* ~ **(from...) (to...)** hacer transbordo (de...) (a...) ◆ /ˈtrænsfɜːr/ *n* **1** transferencia, traspaso, traslado **2** (*Dep*) jugador comprado por otro equipo **3** transbordo **4** (*GB*) calcomanía

transform /trænsˈfɔːrm/ *vt* transformar **transformation** *n* transformación

transformer /trænsˈfɔːrmər/ (*Electrón*) transformador

translate /trænsˈleɪt/ *vt, vi* traducir(se): *to translate sth from French (in)to Dutch* traducir algo del francés al holandés ◊ *It translates as "fatherland"* Se traduce como "fatherland" ☛ *Comparar con* INTERPRET **translation** *n* traducción: *translation into/from Spanish* traducción al/del español ◊ *to do a translation* hacer una traducción **LOC in translation**: *García Márquez in translation* García Márquez traducido **translator** *n* traductor, -ora

transmit /trænsˈmɪt/ *vt* **(-tt-)** transmitir **transmitter** *n* (*Electrón*) transmisor, emisora

transparent /trænsˈpærənt/ *adj* (*lit*) transparente **2** (*mentira, etc*) evidente

transplant /trænsˈplænt; *GB* -ˈplɑːnt/ ◆ *vt* (*Bot, Med*) trasplantar ◆ /ˈtrænplænt; *GB* -plɑːnt/ *n* trasplante: *a heart transplant* un trasplante de corazón

transport /trænˈspɔːrt/ *vt* transportar

llevar **transportation** (*GB* **transport** /ˈtrænspɔːt/) *n* transporte

transvestite /trænzˈvestaɪt/ *n* travesti

trap /træp/ ◆ *n* trampa: *to lay/set a trap* poner una trampa ◆ *vt* (**-pp-**) **1** atrapar, aprisionar **2** engañar

trapdoor /ˈtræpdɔːr/ (*tb* **trap**) *n* trampilla

trapeze /træˈpiːz; *GB* trə-/ *n* trapecio (*circo*)

trash /træʃ/ *n* (*USA*) **1** (*lit y fig*) basura: *trash can* tarro/caneca de basura ◊ *It's trash.* No vale para nada.

En inglés británico se usa **rubbish** para *basura*, **dustbin** para *caneca de basura* y **trash** sólo se usa en sentido figurado.

2 (*coloq, pey*) gentuza **trashy** *adj* malo, de mala calidad

travel /ˈtrævl/ ◆ *n* **1** [*incontable*] los viajes, viajar: *travel bag* bolsa de viaje **2 travels** [*pl*] (*esp GB*): *to be on your travels* estar de viaje ◊ *Did you see John on your travels?* ¿Vio a John en sus viajes? ☛ *Ver nota en* VIAJE ◆ (**-l-**, *GB* **-ll-**) **1** *vi* viajar: *to travel by car, bus, etc.* viajar/ir en carro, bus, etc. **2** *vt* recorrer

travel agency *n* (*pl* **-ies**) agencia de viajes

travel agent *n* agente de viajes

traveler's check (*GB* **traveller's cheque**) *n* cheque de viajero

tray /treɪ/ *n* bandeja

treacherous /ˈtretʃərəs/ *adj* traicionero, pérfido **treachery** *n* **1** traición, perfidia ☛ *Comparar con* TREASON **2** falsedad

tread /tred/ ◆ (*pret* **trod** /trɑd/ *pp* **trodden** /ˈtrɑdn/ *o* **trod**) **1** *vi* ~ (**on/in sth**) pisar (algo) **2** *vt* ~ **sth** (**in/down/out**) pisotear algo **3** *vt* (*camino*) hollar LOC **to tread carefully** caminar con pies de plomo ◆ *n* [*sing*] paso

treason /ˈtriːzn/ *n* alta traición ☛ **Treason** se usa específicamente para referirse a un acto de traición hacia el propio país. *Comparar con* TREACHERY *en* TREACHEROUS

treasure /ˈtreʒər/ ◆ *n* tesoro: *art treasures* joyas de arte ◆ *vt* apreciar muchísimo, guardar como un tesoro: *her most treasured possession* su posesión más preciada

treasurer /ˈtreʒərər/ *n* tesorero, -a

the Treasury /ˈtreʒəri/ *n* Ministerio de Hacienda y Crédito Público

treat /triːt/ ◆ **1** *vt* tratar: *to treat sth as a joke* tomar algo en broma **2** *vt* ~ **sb** (**to sth**) invitar a algn (a algo): *Let me treat you.* Déjame invitarte. **3** *v refl* ~ **yourself** (**to sth**) darse el lujo/gusto (de algo) LOC **to treat sb like dirt/a dog** (*coloq*) tratar a algn como basura ◆ *n* **1** placer, gusto: *as a special treat* como recompensa especial ◊ *to give yourself a treat* permitirse un lujo/gusto **2** *This is my treat.* Invito yo. LOC **a treat** (*coloq*) a las mil maravillas

treatment /ˈtriːtmənt/ *n* **1** tratamiento **2** trato

treaty /ˈtriːti/ *n* (*pl* **-ies**) tratado

treble[1] /ˈtrebl/ (*GB*) (*USA* **triple**) ◆ *adj, n* triple ◆ *vt, vi* triplicar(se)

treble[2] /ˈtrebl/ ◆ *n* (*Mús*) **1** tiple, soprano **2** [*incontable*] agudos ◆ *adj* atiplado, de soprano: *treble clef* clave de sol ☛ *Comparar con* BASS

tree /triː/ *n* árbol

trek /trek/ ◆ *n* caminata, excursión ◆ *vi* (**-kk-**) caminar (*penosamente*)

tremble /ˈtrembl/ *vi* ~ (**with/at sth**) temblar (de/por algo)

trembling /ˈtremblɪŋ/ ◆ *adj* tembloroso ◆ *n* temblor

tremendous /trəˈmendəs/ *adj* **1** enorme: *a tremendous number* una gran cantidad **2** estupendo **tremendously** *adv* enormemente

tremor /ˈtremər/ *n* temblor, estremecimiento

trench /trentʃ/ *n* **1** (*Mil*) trinchera **2** zanja

trend /trend/ *n* tendencia LOC *Ver* SET[2], BUCK[2]

trendy /ˈtrendi/ *adj* (*coloq*) muy al día

trespass /ˈtrespəs/ *vi* ~ (**on sth**) entrar sin derecho (en algo): *no trespassing* prohibido el paso **trespasser** *n* intruso, -a

trial /ˈtraɪəl/ *n* **1** juicio, proceso **2** prueba: *a trial period* un período de prueba ◊ *to take sth on trial* llevarse algo a prueba **3** (*deporte*) preselección LOC **to be/go on trial/stand trial** (**for sth**) ser procesado (por algo) **trial and error**: *She learned to type by trial and error.* Aprendió a escribir a máquina cometiendo errores. **trials and tribulations** tribulaciones

triangle /ˈtraɪæŋgl/ *n* triángulo **triangular** /traɪˈæŋgjələr/ *adj* triangular

tribe /traɪb/ *n* tribu

tribulation /ˌtrɪbjuˈleɪʃn/ *n* *Ver* TRIAL

tribute /ˈtrɪbjuːt/ *n* **1** homenaje **2 a** ~ (**to sth**): *That is a tribute to his skill.* Eso acredita su habilidad.

trick /trɪk/ ◆ *n* **1** engaño, broma, trampa: *to play a trick on sb* hacerle una broma a algn ◊ *His memory played tricks on him.* La memoria le jugaba malas pasadas. ◊ *a dirty trick* una mala pasada ◊ *a trick question* una pregunta capciosa **2** truco: *The trick is to wait.* El truco está en esperar. ◊ *a trick of the light* un efecto de la luz **3** (*magia*): *conjuring tricks* trucos con las manos ◊ *card tricks* trucos con cartas **LOC every/any trick in the book** todos los trucos: *I tried every trick in the book.* Lo intenté todo. **the tricks of the trade** los trucos del oficio *Ver tb* MISS ◆ *vt* engañar: *to trick sb into (doing) sth* embaucar a algn para que haga algo ◊ *to trick sb out of sth* quitarle algo a algn mediante engaño **trickery** *n* engaños, astucia

trickle /ˈtrɪkl/ ◆ *vi* salir en un chorro fino, gotear ◆ *n* **1** hilo: *a trickle of blood* un hilo de sangre **2** ~ (**of sth**) (*fig*) goteo (de algo)

tricky /ˈtrɪki/ *adj* (**-ier**, **-iest**) complicado, difícil

tried *pret, pp de* TRY

trifle /ˈtraɪfl/ ◆ *n* **1** nadería, bagatela **2** (*GB*) postre hecho a base de capas de bizcocho, fruta y crema **LOC a trifle** algo: *a trifle short* un poquito corto ◆ *vi* ~ **with sth/sb** jugar con algo/algn

trigger /ˈtrɪgər/ ◆ *n* gatillo, disparador ◆ *vt* ~ **sth** (**off**) **1** (*fig*) provocar, desencadenar algo **2** (*alarma, etc.*) accionar algo

trillion /ˈtrɪljən/ *adj, n* billón ☛ *Ver nota en* BILLION

trim¹ /trɪm/ *adj* (**trimmer**, **trimmest**) (*aprob*) **1** bien cuidado, aseado **2** esbelto, elegante

trim² /trɪm/ ◆ *vt* (**-mm-**) **1** recortar **2** ~ **sth off** (**sth**) quitarle algo (a algo) **3** ~ **sth** (**with sth**) (*vestido, etc.*) adornar algo (con algo) ◆ *n* **1** corte: *to have a trim* hacerse cortar el pelo un poco **2** adorno **trimming** *n* **1** adorno **2 trimmings** [*pl*] (*comida*) guarnición

trip¹ /trɪp/ (**-pp-**) **1** *vi* ~ (**over/up**) tropezar: *She tripped (up) on a stone.* Tropezó con una piedra. **2** *vt* ~ **sb** (**up**) ponerle zancadilla a algn **PHR V to trip** (**sb**) **up** confundirse/confundir a algn

trip² /trɪp/ *n* viaje, excursión: *to go on a trip* hacer un viaje ◊ *a business trip* un viaje de negocios ◊ *a bus trip* una excursión en bus ☛ *Ver nota en* VIAJE

triple /ˈtrɪpl/ ◆ *adj, n* triple: *at triple the speed* al triple de velocidad ◆ *vt, vi* triplicar(se)

triplet /ˈtrɪplət/ *n* trillizo, -a

triumph /ˈtraɪʌmf/ ◆ *n* triunfo, éxito: *to return home in triumph* regresar a casa triunfalmente ◊ *a shout of triumph* un grito de júbilo ◆ *vi* ~ (**over sth/sb**) triunfar (sobre algo/algn) **triumphal** /traɪˈʌmfl/ *adj* triunfal (*arco, procesión*) **triumphant** *adj* **1** triunfante **2** jubiloso **triumphantly** *adv* triunfalmente, jubilosamente

trivial /ˈtrɪviəl/ *adj* trivial, insignificante **triviality** /ˌtrɪviˈæləti/ *n* (*pl* **-ies**) trivialidad

trod *pret de* TREAD

trodden *pp de* TREAD

troop /truːp/ ◆ *n* **1** tropel, manada **2 troops** [*pl*] tropas, soldados ◆ **PHR V to troop in(to), out (of), etc.** entrar, salir etc. en tropel

trophy /ˈtroʊfi/ *n* (*pl* **-ies**) trofeo

tropic /ˈtrɑpɪk/ *n* **1** trópico **2 the tropics** [*pl*] el trópico **tropical** *adj* tropical

trot /trɑt/ ◆ *vi* (**-tt-**) trotar, ir al trote ◆ *n* trote **LOC on the trot** (*coloq*) sin parar

trouble /ˈtrʌbl/ ◆ *n* **1** [*incontable*] problemas: *The trouble is (that)...* Lo malo es que... ◊ *What's the trouble?* ¿Qué pasa? **2** problema: *money troubles* dificultades económicas **3** [*incontable*] molestia, esfuerzo: *It's no trouble.* No es molestia. ◊ *It's not worth the trouble.* No vale la pena. **4** disturbios, conflicto **5** (*Med*) dolencia: *back trouble* problemas de espalda **LOC to be in trouble** tener problemas, estar en un aprieto: *If I don't get home by ten I'll be in trouble.* Si no llego a la casa a las diez me matan. **to get into trouble** meterse en un lío: *He got into trouble with the police.* Tuvo problemas con la policía

to go to a lot of trouble (to do sth) tomarse muchas molestias (por hacer algo) *Ver tb* ASK, TEETHE ◆ *vt* **1** molestar: *Don't trouble yourself.* No se moleste. **2** preocupar: *What's troubling you?* ¿Qué es lo que te preocupa? **troubled** *adj* **1** (*expresión, voz*) preocupado, afligido **2** (*período*) agitado **3** (*vida*) accidentado **troublesome** *adj* (*cosa*) molesto

trouble-free /ˌtrʌbl ˈfriː/ *adj* **1** sin problemas **2** (*viaje*) sin ninguna varada

troublemaker /ˈtrʌblˌmeɪkər/ *n* buscapleitos, alborotador, -ora

trough /trɔːf; *GB* trɒf/ *n* **1** abrevadero **2** comedero **3** canal **4** (*Meteor*) depresión

trousers /ˈtraʊzərz/ *n* [*pl*] (*GB*) (*USA* **pants**) pantalones: *a pair of trousers* un pantalón ☛ *Ver nota en* PANTALÓN **trouser** *adj*: *trouser leg/pocket* pierna/bolsillo del pantalón

trout /traʊt/ *n* (*pl* **trout**) trucha

truant /ˈtruːənt/ *n* (*Educ*) ausente LOC *Ver* PLAY

truce /truːs/ *n* tregua

truck /trʌk/ *n* **1** (*GB* **lorry**) camión, camioneta **2** (*GB*) (*ferrocarriles*) vagón

true /truː/ *adj* (**truer**, **truest**) **1** cierto, verdad: *It's too good to be true.* Es demasiado bueno para ser cierto. **2** (*historia*) verídico **3** verdadero, auténtico: *the true value of the house* el valor real de la casa **4** fiel: *to be true to your word/principles* cumplir lo prometido/ser fiel a sus principios LOC **to come true** hacerse realidad **true to life** realista

truly /ˈtruːli/ *adv* sinceramente, verdaderamente, realmente LOC *Ver* WELL[2]

trump /trʌmp/ *n* triunfo: *Hearts are trumps.* Pintan corazones.

trumpet /ˈtrʌmpɪt/ *n* trompeta

trundle /ˈtrʌndl/ **1** *vi* rodar lentamente **2** *vt* arrastrar **3** *vt* empujar

trunk /trʌŋk/ *n* **1** (*Anat, Bot*) tronco **2** baúl **3** (*elefante*) trompa **4 trunks** [*pl*] traje/pantaloneta (de baño) **5** (*GB* **boot**) (*en un carro*) baúl, maleta

trust /trʌst/ ◆ *n* **1** ~ **(in sth/sb)** confianza (en algo/algn) **2** responsabilidad: *As a teacher you are in a position of trust.* Los profesores están en una posición de responsabilidad. **3** fideicomiso **4** fundación LOC *Ver* BREACH ◆ **1** *vt* fiarse de **2** *vt* ~ **sb with sth** confiar algo a algn PHR V **to trust to sth** confiar en algo **trusted** *adj* de confianza **trusting** *adj* confiado

trustee /trʌˈstiː/ *n* **1** fideicomisario, -a **2** administrador, -ora

trustworthy /ˈtrʌstwɜːrði/ *adj* digno de confianza

truth /truːθ/ *n* (*pl* ~**s** /truːðz/) verdad LOC *Ver* ECONOMICAL, MOMENT **truthful** *adj* sincero: *to be truthful* decir la verdad

try /traɪ/ ◆ (*pret, pp* **tried**) **1** *vi* intentar ☛ En uso coloquial, **try to + infinitivo** se puede sustituir por **try and + infinitivo**: *I'll try to/and finish it.* Voy a tratar de terminarlo. **2** *vt* probar: *Can I try the soup?* ¿Puedo probar la sopa? **3** *vt* (*Jur*) (*caso*) ver **4** *vt* **to try sb (for sth)** (*Jur*) procesar a algn (por algo); juzgar a algn LOC **to try and do sth** intentar hacer algo **to try sb's patience** hacerle perder la paciencia a algn *Ver tb* BEST PHR V **to try sth on** probar(se) algo (*ropa, zapatos, lentes, etc.*) ◆ *n* (*pl* **tries**) **1** *I'll give it a try.* Lo voy a intentar. **2** (*rugby*) ensayo **trying** *adj* difícil

T-shirt /ˈtiː ʃɜːrt/ *n* camiseta

tub /tʌb/ *n* **1** platón, balde **2** tarro

tube /tuːb; *GB* tjuːb/ *n* **1** ~ **(of sth)** tubo (de algo) ☛ *Ver dibujo en* CONTAINER **2 the tube** (*GB, coloq*) (*GB tb* **the underground**, *USA* **subway**) (el) metro: *by tube* en metro

tuck /tʌk/ *vt* **1** ~ **sth into sth** meter algo en algo **2** ~ **sth around sth/sb** arropar algo/a algn con algo: *to tuck sth around you* arroparse con algo PHR V **to be tucked away** (*coloq*) **1** (*dinero*) estar guardado **2** (*pueblo, edificio*) estar escondido **to tuck sth in** meter algo (*camisa*) **to tuck sb in/up** meter a algn (*en la cama*)

Tuesday /ˈtuːzdeɪ, ˈtuːzdi; *GB* ˈtjuː-/ *n* (*abrev* **Tue**, **Tues**) martes ☛ *Ver ejemplos en* MONDAY

tuft /tʌft/ *n* **1** (*pelo*) mechón **2** (*plumas*) penacho **3** (*pasto*) manojo

tug /tʌg/ ◆ (**-gg-**) **1** *vi* **to tug (at sth)** tirar (con fuerza) de algo: *He tugged at his mother's coat.* Le dio un fuerte tirón al abrigo de su madre. **2** *vt* arrastrar ◆ *n* **1 tug (at/on sth)** tirón (a/de algo) **2** (*tb* **tugboat**) remolcador

tuition /tuˈɪʃn; *GB* tju-/ *n* [*incontable*]

1 (*USA*) matrícula (y pensión) **2** (*GB, formal*) instrucción, clases: *private tuition* clases particulares ◊ *tuition fees* (precio de la) matrícula

tulip /ˈtuːlɪp; *GB* ˈtjuː-/ *n* tulipán

tumble /ˈtʌmbl/ ◆ *vi* caer(se), desplomarse PHR V **to tumble down** venirse abajo ◆ *n* caída

tumble-dryer (*tb* **tumble-drier**) /ˈtʌmbl draɪər/ *n* (*GB*) secadora

tumbler /ˈtʌmblər/ *n* vaso (*de lados rectos*)

tummy /ˈtʌmi/ *n* (*pl* **-ies**) (*coloq*) barriga: *tummy ache* dolor de barriga

tumor (*GB* **tumour**) /ˈtuːmər; *GB* ˈtjuː-/ *n* tumor

tuna /ˈtuːnə; *GB* ˈtjuːnə/ (*pl* **tuna** *o* **~s**) (*tb* **tuna-fish**) *n* atún

tune /tuːn; *GB* tjuːn/ ◆ *n* **1** melodía **2** canción, tonada LOC **in/out of tune** afinado/desafinado **in/out of tune with sth/sb** de acuerdo/en desacuerdo (con algo/algn) *Ver tb* CHANGE ◆ *vt* **1** (*piano*) afinar **2** (*motor*) afinar PHR V **to tune in (to sth)** sintonizar (algo): *Tune in to us again tomorrow.* Vuelva a sintonizarnos mañana. **to tune up** afinar (instrumentos) **tuneful** *adj* melodioso

tunic /ˈtuːnɪk; *GB* ˈtjuː-/ *n* túnica

tunnel /ˈtʌnl/ ◆ *n* **1** túnel **2** galería ◆ (**-l-**, *GB* **-ll-**) **1** *vi* ~ **(into/through/under sth)** abrir un túnel (en/a través de/debajo de algo) **2** *vt, vi* excavar

turban /ˈtɜːrbən/ *n* turbante

turbulence /ˈtɜːrbjələns/ *n* turbulencia **turbulent** *adj* **1** turbulento **2** alborotado

turf /tɜːrf/ ◆ *n* [*incontable*] césped ◆ *vt* ponerle césped a PHR V **to turf sth/sb out (of sth)** (*GB, coloq*) echar algo/a algn (de algo)

turkey /ˈtɜːrki/ *n* (*pl* **~s**) pavo, guajolote

turmoil /ˈtɜːrmɔɪl/ *n* alboroto

turn /tɜːrn/ ◆ **1** *vi* girar, dar vueltas **2** *vt* hacer girar, dar (la) vuelta a, voltear **3** *vt, vi* voltear(se): *She turned her back on Simon and walked off.* Le dio la espalda a Simon y se fue. **4** *vt* (*página*) pasar **5** *vi*: *to turn left* voltear a la izquierda **6** *vt* (*esquina*) voltear en **7** *vi* ponerse, volverse: *to turn white/red* ponerse blanco/rojo ☛ *Ver nota en* BECOME **8** *vt, vi* ~ **(sth/sb) (from A) into B** convertirse, convertir (algo/a algn) (de A) en B **9** *vt*: *to turn 40* cumplir los 40 LOC **to turn a blind eye (to sth)** hacerse el de la vista gorda (ante algo) **to turn back the clock** volver al pasado **to turn over a new leaf** empezar una nueva vida **to turn your back on sth/sb** darle la espalda a algo/algn *Ver tb* MIND, PALE, SOUR

PHR V **to turn around 1** girar, dar vueltas **2** voltear(se) **to turn (sth/sb) around** (*tb* **to turn round**) girar (algo/a algn)

to turn away (from sth/sb) apartar la vista (de algo/algn) **to turn sb away** negarse a ayudar a algn **to turn sb away from sth** echar a algn de algo

to turn back voltearse hacia atrás **to turn sb back** hacer voltear a algn

to turn sth down bajarle (el volumen) a algo **to turn sth/sb down** rechazar algo/a algn

to turn off desviarse (*de un camino*) **to turn sb off** (*coloq*) desanimar/quitarle las ganas a algn **to turn sth off 1** apagar algo **2** (*llave*) cerrar algo **3** (*fig*) desconectar algo

to turn sb on (*coloq*) excitar a algn **to turn sth on 1** prender algo **2** (*llave*) abrir algo

to turn out 1 asistir, presentarse **2** resultar, salir **to turn sb out (of/from sth)** echar a algn (de algo) **to turn sth out** apagar algo (*luz*)

to turn over (*GB* **to tick over**): *she left the car turning over* dejó el carro prendido **to turn (sth/sb) over** voltear (algo/a algn)

to turn to sb acudir a algn

to turn up presentarse, aparecer **to turn sth up** subirle (el volumen) a algo

◆ *n* **1** vuelta **2** (*cabeza*) movimiento **3** giro, vuelta: *to take a wrong turn* tomar un camino equivocado **4** curva **5** (*circunstancias*) cambio: *to take a turn for the better/worse* empezar a mejorar/empeorar **6** turno: *It's your turn.* Te toca a ti. **7** (*coloq*) susto **8** (*coloq*) ataque, desmayo LOC **a turn of phrase** un giro (*del lenguaje*) **in turn** sucesivamente, uno tras otro **to do sb a good/bad turn** hacer un favor/una mala pasada a algn **to take turns (at sth)** turnarse (para/en algo)

turning /ˈtɜːrnɪŋ/ *n* bocacalle: *Take the second turning on the right.* Voltee por la segunda a la derecha.

turning point *n* momento crítico, punto decisivo

turnip /ˈtɜːrnɪp/ *n* nabo

turnout /ˈtɜːrnaʊt/ *n* asistencia, concurrencia

turnover /ˈtɜːrnoʊvər/ *n* **1** (*negocio*) facturación **2** (*personal/mercancías*) movimiento **3** empanada

turnpike /ˈtɜːrnpɑɪk/ (*GB* **tollroad**) *n* carretera en la que se paga peaje

turntable /ˈtɜrnteɪbl/ *n* (*tocadiscos*) tornamesa

turpentine /ˈtɜːrpəntaɪn/ (*GB coloq* **turps** /tɜːps/) *n* aguarrás

turquoise /ˈtɜːrkwɔɪz/ ◆ *n* turquesa ◆ *adj* (de) color turquesa

turret /ˈtɜːrət/ *n* torreón, torre

turtle /ˈtɜːrtl/ *n* tortuga

turtleneck /ˈtɜːrtlnek/ (*GB* **polo neck**) *n* (suéter de) cuello de tortuga

tusk /tʌsk/ *n* colmillo

tutor /ˈtuːtər; *GB* ˈtjuː-/ *n* **1** profesor, -ora particular **2** (*GB*) (*universidad*) profesor, -ora

tutorial /tuːˈtɔːriəl; *GB* tjuː-/ ◆ *adj* de tutor ◆ *n* seminario (*clase*)

twang /twæŋ/ *n* **1** (*esp Mús*) punteado (vibrante) **2** (*voz*) gangueo

twelve /twelv/ *adj, pron, n* doce ☛ *Ver ejemplos en* FIVE **twelfth 1** *adj* duodécimo **2** *pron, adv* el duodécimo, la duodécima, los duodécimos, las duodécimas **3** *n* doceava parte, doceavo ☛ *Ver ejemplos en* FIFTH

twenty /ˈtwenti/ *adj, pron, n* veinte ☛ *Ver ejemplos en* FIFTY, FIVE **twentieth 1** *adj, pron* vigésimo **2** *n* veinteava parte, veinteavo ☛ *Ver ejemplos en* FIFTH

twice /twaɪs/ *adv* dos veces: *twice as much/many* el doble **LOC** *Ver* ONCE

twiddle /ˈtwɪdl/ *vt, vi* ~ (**with**) **sth** jugar con algo; (hacer) girar algo (*cuando se está aburrido, distraído etc.*) **LOC to twiddle your thumbs 1** (*físicamente*) entrelazar los dedos de las manos y mover los pulgares en circulos (por impaciencia, etc.) **2** estar sin hacer nada

twig /twɪg/ *n* ramita

twilight /ˈtwaɪlaɪt/ *n* crepúsculo

twin /twɪn/ *n* **1** gemelo, -a, mellizo, -a **2** (*de un par*) gemelo, pareja, doble: *twin beds* camas gemelas

twinge /twɪndʒ/ *n* punzada

twinkle /ˈtwɪŋkl/ *vi* **1** centellear, destellar **2** ~ (**with sth**) (*ojos*) brillar (de algo)

twirl /twɜːrl/ *vt, vi* **1** (hacer) girar, dar vueltas (a) **2** retorcer(se)

twist /twɪst/ ◆ **1** *vt, vi* torcer(se), retorcer(se) **2** *vt, vi* enrollar(se), enroscar(se) **3** *vi* (*camino, río*) serpentear **4** *vt* (*palabras, etc.*) tergiversar ◆ *n* **1** torsión, torcedura **2** (*camino, río*) recodo, curva **3** (*limón, papel*) pedacito **4** (*cambio*) giro

twit /twɪt/ *n* (*coloq, esp GB*) tonto, -a

twitch /twɪtʃ/ ◆ *n* **1** movimiento repentino **2** tic **3** tirón ◆ *vt, vi* **1** crispar(se), moverse (nerviosamente) **2** ~ **(at) sth** darle un tirón a algo

twitter /ˈtwɪtər/ *vi* gorjear

two /tuː/ *adj, pron, n* dos ☛ *Ver ejemplos en* FIVE **LOC to put two and two together** atar cabos

two-faced /ˌtuː ˈfeɪst/ *adj* falso

two-way /ˌtuː ˈweɪ/ *adj* **1** (*proceso*) doble **2** (*comunicación*) recíproco

tycoon /taɪˈkuːn/ *n* magnate

tying *Ver* TIE

type /taɪp/ ◆ *n* **1** tipo, clase: *all types of jobs* todo tipo de trabajos ◊ *He's not my type* (*of person*). No es mi tipo. **2** (*modelo*) tipo: *She's not the artistic type.* No tiene mucha afición por el arte. ◆ *vt, vi* escribir (a máquina), mecanografiar ☛ Se usa a menudo con **out** o **up**: *to type sth up* pasar algo a máquina

typescript /ˈtaɪpskrɪpt/ *n* (*GB*) texto mecanografiado

typewriter /ˈtaɪpˌraɪtər/ *n* máquina de escribir

typhoid (fever) /ˈtaɪfɔɪd/ *n* [*incontable*] (fiebre) tifoidea

typical /ˈtɪpɪkl/ *adj* típico, característico **typically** *adv* **1** típicamente **2** por regla general

typify /ˈtɪpɪfaɪ/ *vt* (*pret, pp* **-fied**) tipificar, ser ejemplo de

typing /ˈtaɪpɪŋ/ *n* mecanografía

typist /ˈtaɪpɪst/ *n* mecanógrafo, -a

tyranny /ˈtɪrəni/ *n* tiranía

tyrant /ˈtaɪrənt/ *n* tirano, -a

tyre (*GB*) *Ver* TIRE[2]

Uu

U, u /juː/ *n* (*pl* **U's**, **u's** /juːz/) U, u: *U as in uncle* U de uno ☛ *Ver ejemplos en* A, A

ubiquitous /juːˈbɪkwɪtəs/ *adj* (*formal*) ubicuo

UFO (*tb* **ufo**) /ˌjuː ef ˈoʊ/ *abrev* (*pl* **~s**) OVNI (= objeto volador no identificado)

ugh! /ɜː, ʊx/ *interj* ¡gas!

ugly /ˈʌgli/ *adj* (**uglier**, **ugliest**) **1** feo **2** siniestro, peligroso

ulcer /ˈʌlsər/ *n* úlcera

ultimate /ˈʌltɪmət/ *adj* **1** último, final **2** mayor **3** principal **ultimately** *adv* **1** al final, en última instancia **2** fundamentalmente

umbrella /ʌmˈbrelə/ *n* (*lit y fig*) paraguas

umpire /ˈʌmpaɪər/ *n* árbitro, -a (*tenis, beisbol*)

unable /ʌnˈeɪbl/ *adj* (*frec fml*) incapaz, imposibilitado

unacceptable /ˌʌnəkˈseptəbl/ *adj* inaceptable

unaccustomed /ˌʌnəˈkʌstəmd/ *adj* **1** *to be unaccustomed to* (*doing*) *sth* no estar acostumbrado a (hacer) algo **2** desacostumbrado, insólito

unambiguous /ˌʌnæmˈbɪgjuəs/ *adj* inequívoco

unanimous /juˈnænɪməs/ *adj* ~ (**in sth**) unánime (en algo)

unarmed /ˌʌnˈɑrmd/ *adj* **1** desarmado, sin armas **2** (*indefenso*) inerme

unattractive /ˌʌnəˈtræktɪv/ *adj* poco atractivo

unavailable /ˌʌnəˈveɪləbl/ *adj* no disponible

unavoidable /ˌʌnəˈvɔɪdəbl/ *adj* inevitable

unaware /ˌʌnəˈweər/ *adj* no consciente: *He was unaware that…* Ignoraba que…

unbearable /ʌnˈbeərəbl/ *adj* insoportable

unbeatable /ʌnˈbiːtəbl/ *adj* invencible, inigualable

unbeaten /ʌnˈbiːtn/ *adj* (*Dep*) nunca superado, invicto

unbelievable /ˌʌnbɪˈliːvəbl/ *adj* incríble *Ver tb* INCREDIBLE

unbroken /ʌnˈbroʊkən/ *adj* **1** intacto ininterrumpido **3** (*récord*) imbatido (*espíritu*) indómito

uncanny /ʌnˈkæni/ *adj* (**-ier**, **-iest**) misterioso **2** asombroso

uncertain /ʌnˈsɜːrtn/ *adj* **1** insegu dudoso, indeciso **2** incierto: *It is unce tain whether…* No se sabe si… **3** var ble **uncertainty** *n* (*pl* **-ies**) incer dumbre, duda

unchanged /ʌnˈtʃeɪnʒd/ *adj* igual, s alteración

uncle /ˈʌŋkl/ *n* tío

unclear /ˌʌnˈklɪər/ *adj* poco claro, na claro

uncomfortable /ʌnˈkʌmfərtəbl; (-ft-/ *adj* incómodo **uncomfortably** *a* incómodamente: *The exams are getti uncomfortably close.* Los exámenes están acercando de manera preoc pante.

uncommon /ʌnˈkɑmən/ *adj* po común, insólito

uncompromising /ʌnˈkɑmprəmaɪzɪ *adj* inflexible, firme

unconcerned /ˌʌnkənˈsɜːrnd/ *adj* **1** (**about/by sth**) indiferente (a algo) despreocupado

unconditional /ˌʌnkənˈdɪʃənl/ *a* incondicional

unconscious /ʌnˈkɑnʃəs/ ◆ *adj* inconsciente **2** *to be unconscious of s* no darse cuenta de algo ◆ **the unco scious** *n* el subconsciente ☛ *Co parar con* SUBCONSCIOUS

unconventional /ˌʌnkənˈvenʃənl/ *a* poco convencional

unconvincing /ˌʌnkənˈvɪnsɪŋ/ *a* poco convincente

uncouth /ʌnˈkuːθ/ *adj* grosero, incul

uncover /ʌnˈkʌvər/ *vt* **1** destapa descubrir **2** (*fig*) descubrir

undecided /ˌʌndɪˈsaɪdɪd/ *adj* pendiente, sin resolver **2** ~ (**about s sb**) indeciso (sobre algo/algn)

undeniable /ˌʌndɪˈnaɪəbl/ *adj* inneg

le, indiscutible **undeniably** *adv* indudablemente

nder /ˈʌndər/ *prep* **1** debajo de: *It was under the bed.* Estaba debajo de la cama. **2** (*edad*) menor de **3** (*cantidad*) menos de **4** (*gobierno, mando, etc.*) bajo **5** (*Jur*) según (*una ley, etc.*) **6** *under construction* en construcción

nder- /ˈʌndər/ *pref* **1** insuficientemente: *Women are underrepresented in the group.* Las mujeres tienen una representación demasiado pequeña en el grupo. ◊ *underused* infrautilizado **2** (*edad*) menor de: *the under-fives* los menores de cinco años ◊ *the under-21s* los menores de veintiún años ◊ *the under-21 team* el equipo de menores de 21 años ◊ *underage drinking* el consumo de bebidas alcohólicas por menores de edad

ndercover /ˌʌndərˈkʌvər/ *adj* **1** (*policía*) secreto **2** (*operación*) secreto, clandestino

nderestimate /ˌʌndərˈestɪmeɪt/ *vt* subestimar

ndergo /ˌʌndərˈgoʊ/ *vt* (*pret* **underwent** /-ˈwent/ *pp* **undergone** /-ˈgɔːn; *GB* -ˈgɒn/) **1** experimentar, sufrir **2** (*prueba*) pasar **3** (*curso*) seguir **4** (*tratamiento, cirugía*) someterse a

ndergraduate /ˌʌndərˈgrædʒuət/ *n* estudiante no graduado

nderground /ˌʌndərˈgraʊnd/ ◆ *adv* **1** bajo tierra **2** (*fig*) en la clandestinidad ◆ *adj* **1** subterráneo **2** (*fig*) clandestino ◆ *n* **1** (*GB tb coloq* **the tube**, *USA* **subway**) metro **2** movimiento clandestino

ndergrowth /ˈʌndərgroʊθ/ *n* maleza

nderlie /ˌʌndərˈlaɪ/ *vt* (*pret* **underlay** /ˌʌndərˈleɪ/ *pp* **underlain** /-ˈleɪn/) (*fig*) estar detrás de

nderline /ˈʌndərlaɪn/ (*tb* **underscore**) *vt* subrayar

ndermine /ˌʌndərˈmaɪn/ *vt* socavar, debilitar

nderneath /ˌʌndərˈniːθ/ ◆ *prep* debajo de ◆ *adv* (por) debajo ◆ **the underneath** *n* [*incontable*] la parte inferior

nderpants /ˈʌndərpænts/ (*coloq* **pants**) *n* [*pl*] calzoncillos: *a pair of underpants* unos calzoncillos ☛ *Ver nota en* PAIR

underprivileged /ˌʌndərˈprɪvəlɪdʒd/ *adj* desheredado, marginado

undershirt /ˈʌndərʃɜːrt/ *n* (*GB* **vest**) camiseta

underside /ˈʌndərsaɪd/ *n* parte de abajo, costado inferior

understand /ˌʌndərˈstænd/ (*pret, pp* **understood** /-ˈstʊd/) **1** *vt, vi* entender **2** *vt* explicarse **3** *vt* (*saber manejar*) entender de **4** *vt* (*frec fml*) tener entendido **understandable** *adj* comprensible **understandably** *adv* naturalmente

understanding /ˌʌndərˈstændɪŋ/ ◆ *adj* comprensivo ◆ *n* **1** entendimiento, comprensión **2** conocimiento **3** acuerdo (informal) **4** ~ (**of sth**) (*frec fml*) interpretación (de algo)

understate /ˌʌndərˈsteɪt/ *vt* decir que algo es más pequeño o menos importante de lo que es

understatement /ˈʌndərsteɪtmənt/ *n*: *To say they are disappointed would be an understatement.* Decir que están desilusionados sería poquito.

understood *pret, pp de* UNDERSTAND

undertake /ˌʌndərˈteɪk/ *vt* (*pret* **undertook** /-ˈtʊk/ *pp* **undertaken** /-ˈteɪkən/) (*formal*) **1** emprender **2** ~ **to do sth** comprometerse a hacer algo **undertaking** *n* **1** (*formal*) compromiso, obligación **2** [*incontable*] (*Com*) empresa

undertaker /ˈʌndərteɪkər/ *n* director, -ora, de pompas fúnebres **the undertaker's** *n* (*GB*) la funeraria

undertook *pret de* UNDERTAKE

underwater /ˌʌndərˈwɔːtər/ ◆ *adj* submarino ◆ *adv* bajo el agua

underwear /ˈʌndərweər/ *n* ropa interior

underwent *pret de* UNDERGO

the underworld /ˈʌndərwɜːrld/ *n* **1** el infierno **2** el hampa

undesirable /ˌʌndɪˈzaɪərəbl/ *adj, n* indeseable

undid *pret de* UNDO

undisputed /ˌʌndɪˈspjuːtɪd/ *adj* incuestionable, indiscutible

undisturbed /ˌʌndɪˈstɜːrbd/ *adj* **1** (*persona*) tranquilo, sin ser molestado **2** (*cosa*) sin tocar

undo /ʌnˈduː/ *vt* (*pret* **undid** /ʌnˈdɪd/ *pp* **undone** /ʌnˈdʌn/) **1** deshacer **2** desabrochar **3** desamarrar **4** (*envoltura*) quitar **5** anular: *to undo the* *damage* reparar el daño **undone** *adj* **1** desabrochado, desamarrado: *to come undone* desabrocharse/desamarrarse **2** sin acabar

undoubtedly /ʌnˈdaʊtɪdli/ *adv* indudablemente

undress /ʌnˈdres/ *vt, vi* desvestir(se) ☛ Es más normal decir **to get undressed**. **undressed** *adj* desvestido

undue /ˌʌnˈduː; *GB* -ˈdjuː/ *adj* (*formal*) [*sólo antes de sustantivo*] excesivo **unduly** *adv* (*formal*) excesivamente, en demasía

unearth /ʌnˈɜːrθ/ *vt* desenterrar, sacar a la luz

unease /ʌnˈiːz/ *n* malestar

uneasy /ʌnˈiːzi/ *adj* (**-ier**, **-iest**) **1** ~ (**about/at sth**) inquieto (por algo) **2** (*silencio*) incómodo

uneducated /ʌnˈedʒukeɪtɪd/ *adj* inculto, ignorante

unemployed /ˌʌnɪmˈplɔɪd/ *adj* desempleado, en paro **the unemployed** *n* [*pl*] los desempleados

unemployment /ˌʌnɪmˈplɔɪmənt/ *n* desempleo, paro

unequal /ʌnˈiːkwəl/ *adj* **1** desigual **2** (*formal*): *to feel unequal to sth* no sentirse a la altura de algo

uneven /ʌnˈiːvn/ *adj* **1** desigual **2** (*pulso*) irregular **3** (*suelo*) desnivelado

uneventful /ˌʌnɪˈventfl/ *adj* sin incidentes, tranquilo

unexpected /ˌʌnɪkˈspektɪd/ *adj* inesperado, imprevisto

unfair /ˌʌnˈfeər/ *adj* **1** ~ (**to/on sb**) injusto (con algn) **2** (*competencia*) desleal **3** (*despido*) improcedente

unfaithful /ʌnˈfeɪθfl/ *adj* **1** infiel **2** (*antic*) desleal

unfamiliar /ˌʌnfəˈmɪliər/ *adj* **1** poco familiar **2** (*persona, cara*) desconocido **3** ~ **with sth** poco familiarizado con algo

unfashionable /ʌnˈfæʃnəbl/ *adj* pasado de moda

unfasten /ʌnˈfæsn; *GB* -ˈfɑːsn/ *vt* **1** desabrochar, desamarrar **2** abrir **3** soltar

unfavourable /ʌnˈfeɪvərəbl/ *adj* **1** adverso, desfavorable **2** poco propicio

unfinished /ʌnˈfɪnɪʃt/ *adj* sin terminar: *unfinished business* asuntos pendientes

unfit /ʌnˈfɪt/ *adj* **1** ~ (**for sth/to do sth**) inadecuado, no apto (para algo/para hacer algo); incapaz (de hacer algo) **2** poco en forma

unfold /ʌnˈfoʊld/ **1** *vt* extender, desdoblar, desplegar **2** *vt, vi* (*fig*) revelar(se)

unforeseen /ˌʌnfərˈsiːn, -fɔːr-/ *adj* imprevisto

unforgettable /ˌʌnfərˈgetəbl/ *adj* inolvidable

unforgivable (*GB* **unforgiveable**) /ˌʌnfərˈgɪvəbl/ *adj* imperdonable

unfortunate /ʌnˈfɔːrtʃənət/ *adj* **1** desafortunado: *It is unfortunate* (*that*)... Es de lamentar que... **2** (*accidente*) lamentable **3** (*comentario*) inoportuno **unfortunately** *adv* por desgracia, desgraciadamente

unfriendly /ʌnˈfrendli/ *adj* (**-ier**, **-iest**) ~ (**to/towards sb**) antipático (con/hacia algn)

ungrateful /ʌnˈgreɪtfl/ *adj* **1** desagradecido **2** ~ (**to sb**) ingrato (con algn)

unhappy /ʌnˈhæpi/ *adj* (**-ier**, **-iest**) **1** desdichado, triste **2** ~ (**about/at sth**) preocupado, disgustado (por algo) **unhappiness** *n* desdicha

unharmed /ʌnˈhɑrmd/ *adj* ileso

unhealthy /ʌnˈhelθi/ *adj* (**-ier**, **-iest**) **1** enfermizo **2** insalubre **3** (*interés*) morboso

unhelpful /ʌnˈhelpfl/ *adj* poco servicial

uniform /ˈjuːnɪfɔːrm/ ◆ *adj* uniforme ◆ *n* uniforme LOC **in uniform** de uniforme

unify /ˈjuːnɪfaɪ/ *vt* (*pret, pp* **-fied**) unificar

unimportant /ˌʌnɪmˈpɔːrt(ə)nt/ *adj* sin importancia, insignificante

uninhabited /ˌʌnɪnˈhæbɪtɪd/ *adj* deshabitado, despoblado

unintentionally /ˌʌnɪnˈtenʃənəli/ *adv* sin querer

uninterested /ʌnˈɪntrəstɪd/ *adj* ~ (**in sth/sb**) indiferente (a algo/algn); no interesado (en algo/algn)

union /ˈjuːniən/ *n* **1** unión: *the Union Jack* la bandera del Reino Unido **2** *Ver* TRADE UNION

unique /juˈniːk/ *adj* **1** único **2** ~ **to sth/sb** exclusivo de algo/algn **3** (*poco común*) excepcional, extraordinario

unison /ˈjuːnɪsn, ˈjuːnɪzn/ *n* LOC **i**

unison (with sth/sb) al unísono (con algo/algn)

unit /ˈjuːnɪt/ *n* **1** unidad **2** (*de mobiliario*) módulo: *kitchen unit* (*GB*) mueble de cocina

unite /juˈnaɪt/ **1** *vt, vi* unir(se) **2** *vi* ~ **(in sth/in doing sth/to do sth)** unirse, juntarse (en algo/para hacer algo)

unity /ˈjuːnəti/ *n* **1** unidad **2** (*concordia*) unidad, armonía

universal /ˌjuːnɪˈvɜːrsl/ *adj* universal, general **universally** *adv* universalmente, mundialmente

universe /ˈjuːnɪvɜːrs/ *n* (*lit y fig*) universo

university /ˌjuːnɪˈvɜːrsəti/ *n* (*pl* **-ies**) universidad: *to go to university* (*GB*) ir a la universidad ☛ *Ver nota en* SCHOOL

unjust /ˌʌnˈdʒʌst/ *adj* injusto

unkempt /ˌʌnˈkempt/ *adj* **1** desaliñado, descuidado **2** (*pelo*) despeinado

unkind /ˌʌnˈkaɪnd/ *adj* **1** (*persona*) poco amable, cruel **2** (*comentario*) cruel

unknown /ˌʌnˈnoʊn/ *adj* ~ **(to sb)** desconocido (para algn)

unlawful /ʌnˈlɔːfl/ *adj* ilegal, ilícito

unleash /ʌnˈliːʃ/ *vt* ~ **sth (against/on sth/sb) 1** (*animal*) soltar algo (contra algo/algn) **2** (*fig*) desatar, desencadenar algo (contra algo/algn)

unless /ənˈles/ *conj* a menos que, a no ser que, si no

unlike /ˌʌnˈlaɪk/ ◆ *adj* **1** distinto **2** (*no típico de*): *It's unlike him to be late.* Es muy raro que llegue tarde. ◆ *prep* a diferencia de

unlikely /ʌnˈlaɪkli/ *adj* (**-ier**, **-iest**) **1** poco probable, improbable **2** (*cuento, excusa, etc.*) inverosímil

unlimited /ʌnˈlɪmɪtɪd/ *adj* ilimitado, sin límite

unload /ˌʌnˈloʊd/ *vt, vi* descargar

unlock /ˌʌnˈlɑk/ *vt, vi* abrir(se) (*con llave*)

unlucky /ʌnˈlʌki/ *adj* **1** desgraciado, desafortunado: *to be unlucky* tener mala suerte **2** aciago

unmarried /ˌʌnˈmærid/ *adj* soltero

unmistakable /ˌʌnmɪˈsteɪkəbl/ *adj* inconfundible, inequívoco

unmoved /ˌʌnˈmuːvd/ *adj* impasible

unnatural /ʌnˈnætʃərəl/ *adj* **1** antinatural, anormal **2** contra natura **3** afectado, poco natural

unnecessary /ʌnˈnesəseri; *GB* -sri/ *adj* **1** innecesario, superfluo **2** (*comentario*) gratuito

unnoticed /ˌʌnˈnoʊtɪst/ *adj* desapercibido, inadvertido

unobtrusive /ˌʌnəbˈtruːsɪv/ *adj* discreto

unofficial /ˌʌnəˈfɪʃl/ *adj* no oficial, extraoficial

unorthodox /ʌnˈɔːrθədɑks/ *adj* **1** poco ortodoxo **2** (*Relig*) heterodoxo

unpack /ˌʌnˈpæk/ **1** *vi* desempacar las maletas **2** *vt* desembalar **3** *vt* (*maleta*) desempacar

unpaid /ˌʌnˈpeɪd/ *adj* **1** no pagado, por cobrar **2** (*persona, trabajo*) no retribuido

unpleasant /ʌnˈpleznt/ *adj* **1** desagradable **2** (*persona*) antipático

unpopular /ˌʌnˈpɑpjələr/ *adj* impopular, poco popular

unprecedented /ʌnˈpresɪdentɪd/ *adj* sin precedentes

unpredictable /ˌʌnprɪˈdɪktəbl/ *adj* imprevisible, impredecible

unqualified /ʌnˈkwɑlɪfaɪd/ *adj* **1** sin título, no cualificado **2** ~ **to do sth** no competente, inhabilitado para hacer algo

unravel /ʌnˈrævl/ *vt, vi* (**-l-**, *GB* **-ll-**) (*lit y fig*) desenmarañar(se), desenredar(se)

unreal /ˌʌnˈrɪəl/ *adj* irreal, ilusorio

unrealistic /ˌʌnrɪəˈlɪstɪk/ *adj* poco realista

unreasonable /ʌnˈriːznəbl/ *adj* **1** irrazonable, poco razonable **2** excesivo

unreliable /ˌʌnrɪˈlaɪəbl/ *adj* **1** poco fiable **2** (*persona*) poco serio, incumplido

unrest /ʌnˈrest/ *n* **1** malestar, intranquilidad **2** (*Pol*) disturbios

unruly /ʌnˈruːli/ *adj* indisciplinado, revoltoso

unsafe /ʌnˈseɪf/ *adj* inseguro, peligroso

unsatisfactory /ˌʌnˌsætɪsˈfæktəri/ *adj* insatisfactorio, inaceptable

unsavory (*GB* **unsavoury**) /ʌnˈseɪvəri/ *adj* **1** desagradable **2** (*persona*) indeseable

unscathed /ʌnˈskeɪðd/ *adj* **1** ileso **2** (*fig*) indemne

unscrew /ˌʌnˈskruː/ *vt, vi* **1** (*tornillo,*

etc.) desatornillar(se) **2** (*tapa, etc.*) desenroscar(se)
unscrupulous /ʌnˈskruːpjələs/ *adj* sin escrúpulos, inescrupuloso
unseen /ˌʌnˈsiːn/ *adj* invisible, inadvertido, no visto
unsettle /ˌʌnˈsetl/ *vt* perturbar, inquietar **unsettled** *adj* **1** (*persona*) incómodo **2** (*situación*) inestable **3** (*cambiable*) variable, incierto **4** (*asunto*) pendiente **unsettling** *adj* perturbador, inquietante
unshaven /ˌʌnˈʃeɪvn/ *adj* sin afeitar
unsightly /ʌnˈsaɪtli/ *adj* antiestético, feo
unskilled /ˌʌnˈskɪld/ *adj* **1** (*trabajador*) no cualificado **2** (*trabajo*) no especializado
unspoiled /ˌʌnˈspɒɪlt/ (*GB* **unspoilt**) *adj* intacto, sin estropear
unspoken /ˌʌnˈspoʊkən/ *adj* tácito, no expresado
unstable /ʌnˈsteɪbl/ *adj* inestable
unsteady /ʌnˈstedi/ *adj* (**-ier**, **-iest**) **1** inseguro, vacilante **2** (*mano, voz*) tembloroso
unstuck /ˌʌnˈstʌk/ *adj* despegado LOC **to come unstuck 1** despegarse **2** (*coloq, fig*) fracasar
unsuccessful /ˌʌnsəkˈsesfl/ *adj* infructuoso, fracasado: *to be unsuccessful in doing sth* no lograr hacer algo **unsuccessfully** *adv* sin éxito
unsuitable /ˌʌnˈsuːtəbl/ *adj* **1** no apto, inapropiado **2** (*momento*) inoportuno
unsure /ˌʌnˈʃʊər; *GB* -ˈʃɔː(r)/ *adj* **1** ~ (**of yourself**) inseguro (de sí mismo) **2** **to be** ~ (**about/of sth**) no estar seguro (de algo)
unsuspecting /ˌʌnsəˈspektɪŋ/ *adj* confiado
unsympathetic /ˌʌnˌsɪmpəˈθetɪk/ *adj* **1** poco comprensivo **2** antipático
unthinkable /ʌnˈθɪŋkəbl/ *adj* impensable, inconcebible
untidy /ʌnˈtaɪdi/ *adj* (**-ier**, **-iest**) **1** desordenado **2** (*apariencia*) desaliñado, descuidado **3** (*pelo*) despeinado
untie /ʌnˈtaɪ/ *vt* (*pret, pp* **untied** *pt pres* **untying**) desamarrar
until /ənˈtɪl/ (*tb* **till**) ◆ *conj* hasta que ◆ *prep* hasta: *until recently* hasta hace poco ☛ *Ver nota en* HASTA
untouched /ʌnˈtʌtʃt/ *adj* ~ (**by sth**) **1** intacto, sin tocar **2** (*comida*) sin probar **3** insensible (a algo) **4** no afectado (por algo) **5** indemne
untrue /ʌnˈtruː/ *adj* **1** falso **2** ~ (**to sth/sb**) infiel (a algo/algn)
unused *adj* **1** /ˌʌnˈjuːzd/ sin usar **2** /ˌʌnˈjuːst/ ~ **to sth/sb** no acostumbrado a algo/algn
unusual /ʌnˈjuːʒuəl/ *adj* **1** inusual, inusitado **2** (*extraño*) raro **3** distintivo **unusually** *adv* inusitadamente, extraordinariamente: *unusually talented* de un talento poco común
unveil /ˌʌnˈveɪl/ *vt* **1** ~ **sth/sb** quitar el velo a algo/algn **2** (*monumento, etc.*) descubrir **3** (*fig*) revelar
unwanted /ˌʌnˈwɑntɪd/ *adj* **1** no deseado: *to feel unwanted* sentirse rechazado ◊ *an unwanted pregnancy* un embarazo no deseado **2** superfluo, sobrante
unwarranted /ʌnˈwɔːrəntɪd; *GB* -ˈwɒr-/ *adj* injustificado
unwelcome /ʌnˈwelkəm/ *adj* inoportuno, molesto: *to make you feel unwelcome* hacer sentir incómodo a algn
unwell /ʌnˈwel/ *adj* indispuesto
unwilling /ʌnˈwɪlɪŋ/ *adj* no dispuesto **unwillingness** *n* falta de voluntad
unwind /ˌʌnˈwaɪnd/ (*pret, pp* **unwound** /-ˈwaʊnd/) **1** *vt, vi* desenrollar(se) **2** (*coloq*) *vi* relajarse
unwise /ˌʌnˈwaɪz/ *adj* imprudente
unwittingly /ʌnˈwɪtɪŋli/ *adv* inconscientemente
unwound *pret, pp de* UNWIND
up /ʌp/ ◆ *part adv* **1** levantado: *Is he up yet?* ¿Ya se levantó? **2** más alto, más arriba: *Pull your socks up.* Súbase las medias. **3** ~ (**to sth/sb**): *He came up (to me).* Se (me) acercó. **4** en trozos: *to tear sth up* romper algo en pedazos **5** (*firmemente*): *to lock sth up* guardar/encerrar algo bajo llave **6** (*terminado*): *Your time is up.* Se le acabó el tiempo. **7** en su sitio, colocado: *Are the curtains up yet?* ¿Ya están colocadas las cortinas? LOC **not to be up to much** no valer mucho **to be up to sb** depender de algn, ser decisión de algn: *It's up to you.* Usted decide. **to be up (with sb)**: *What's up with you?* ¿Qué te pasa? **up and down 1** de arriba a abajo **2** *to jump up and down* dar saltos **up to sth 1** (*tb* **up until sth**) hasta algo: *up to now* hasta ahora

2 capaz de algo, a la altura de algo: *I don't feel up to it.* No me siento capaz de hacerlo. **3** (*coloq*): *What are you up to?* ¿Qué estás haciendo? ◊ *He's up to no good.* Está tramando algo. ☛ Para los usos de **up** en PHRASAL VERBS ver las entradas de los verbos correspondientes, p.ej. **to go up** en GO[1]. ◆ *prep* arriba: *further up the road* calle arriba **LOC up and down sth** de un lado a otro de algo ◆ *n* **LOC ups and downs** altibajos

upbringing /ˈʌpbrɪŋɪŋ/ *n* crianza, educación (*en la casa*)

update /ˌʌpˈdeɪt/ ◆ *vt* **1** actualizar **2** ~ **sb** (**on sth**) poner al día a algn (de algo) ◆ /ˈʌpdeɪt/ *n* **1** (*tb* **updating**) actualización **2** ~ (**on sth/sb**) información actualizada (sobre algo/algn)

upgrade /ˌʌpˈgreɪd/ *vt* **1** mejorar **2** (*persona*) ascender

upheaval /ʌpˈhiːvl/ *n* **1** agitación **2** trastorno

upheld *pret, pp de* UPHOLD

uphill /ˌʌpˈhɪl/ *adj, adv* cuesta arriba: *an uphill struggle* una lucha difícil

uphold /ʌpˈhoʊld/ *vt* (*pret, pp* **upheld** /-ˈheld/) **1** sostener (*decisión, etc.*) **2** mantener (*tradición, etc.*)

upholstered /ˌʌpˈhoʊlstərd, ˌʌpˈoʊl-/ *adj* tapizado **upholstery** *n* [*incontable*] tapicería

upkeep /ˈʌpkiːp/ *n* mantenimiento

uplifting /ʌpˈlɪftɪŋ/ *adj* edificante

upmarket /ˈʌpmɑrkɪt/ *adj* (*zona, hotel, carro*) para gente pudiente/con plata

upon /əˈpɑn/ *prep* (*formal*) *Ver tb* ON, ONCE

upper /ˈʌpər/ *adj* **1** superior, de arriba: *upper case* mayúsculas ◊ *upper limit* tope **2** alto: *the upper class* la clase alta ☛ *Ver ejemplos en* LOW **LOC to gain, get, etc. the upper hand** conseguir, etc. ventaja

uppermost /ˈʌpərmoʊst/ *adj* más alto (*posición*) **LOC to be uppermost in your mind** ser lo que más le preocupa a algn

upright /ˈʌpraɪt/ ◆ *adj* **1** (*posición*) vertical **2** (*persona*) recto, honrado ◆ *adv* derecho, en posición vertical

uprising /ˈʌpraɪzɪŋ/ *n* sublevacíon, rebelión

uproar /ˈʌprɔːr/ *n* [*incontable*] tumulto, alboroto

uproot /ˌʌpˈruːt, -ˈrʊt/ *vt* **1** arrancar (*con las raíces*) **2** ~ **sb/yourself** (**from sth**) (*fig*) desarraigarse, desarraigar a algn (de algo)

upset /ˌʌpˈset/ ◆ *vt* (*pret, pp* **upset**) **1** disgustar, afectar **2** (*plan, etc.*) desbaratar **3** (*recipiente*) tumbar, voltear ◆ *adj* ☛ Se pronuncia /ˈʌpset/ antes de sustantivo. **1** molesto, disgustado **2** (*estómago*) descompuesto ◆ /ˈʌpset/ *n* **1** trastorno, disgusto **2** (*Med*) trastorno

upshot /ˈʌpʃɑt/ *n* **the** ~ (**of sth**) el resultado final (de algo)

upside down /ˌʌpsaɪd ˈdaʊn/ *adj, adv* **1** al revés, boca abajo ☛ *Ver dibujo en* REVÉS **2** (*coloq, fig*) patas arriba

upstairs /ˌʌpˈsteərz/ ◆ *adv* (en el piso de) arriba ◆ *adj* del piso de arriba ◆ *n* (*coloq*) piso de arriba

upstream /ˌʌpˈstriːm/ *adv* **1** contra la corriente (*de un río, etc.*) **2** corriente arriba

upsurge /ˈʌpsɜːrdʒ/ *n* **1** ~ (**in sth**) aumento (de algo) **2** ~ (**of sth**) oleada (de algo) (*enojo, interés, etc.*)

up-to-date /ˌʌp tə ˈdeɪt/ *adj* **1** a la última **2** al día

upturn /ˈʌptɜːrn/ *n* ~ (**in sth**) mejora, aumento (en algo)

upturned /ˌʌpˈtɜːrnd/ *adj* **1** (*cajón, etc.*) volteado (*hacia arriba*) **2** (*nariz*) respingado

upward /ˈʌpwərd/ ◆ *adj* ascendente: *an upward trend* una tendencia al alza ◆ *adv* (*tb* **upwards**) hacia arriba **upwards of** *prep* más de (*cierto número*)

uranium /juˈreɪniəm/ *n* uranio

Uranus /ˈjʊərənəs, jʊˈreɪnəs/ *n* Urano

urban /ˈɜːrbən/ *adj* urbano

urge /ɜːrdʒ/ ◆ *vt* ~ **sb** (**to do sth**) animar, instar a algn (a hacer algo) **PHR V to urge sb on** animar a algn ◆ *n* deseo, impulso

urgency /ˈɜːrdʒənsi/ *n* apremio, urgencia

urgent /ˈɜːrdʒənt/ *adj* **1** urgente: *to be in urgent need of sth* necesitar algo urgentemente **2** apremiante

urine /ˈjʊərɪn/ *n* orina

us /əs, ʌs/ *pron pers* **1** [*como objeto*] nos: *She gave us the job.* Nos dio el trabajo. ◊ *He ignored us.* No nos hizo caso. ☛ *Ver nota en* LET[1] **2** [*después de preposición y del verbo* **to be**] nosotros, -as: *behind us* detrás de nosotros ◊ *both of us* nosotros dos ◊ *It's us.* Somos nosotros. ☛ *Comparar con* WE

usage /ˈjuːsɪdʒ, ˈjuːzɪdʒ/ *n* uso

use¹ /juːz/ *vt* (*pret, pp* **used** /juːzd/) **1** utilizar, usar, hacer uso de **2** (*esp persona*) utilizar, aprovecharse de **3** consumir, gastar PHR V **to use sth up** agotar algo, acabar algo

use² /juːs/ *n* **1** uso: *for your own use* para uso personal ◊ *a machine with many uses* una máquina con múltiples usos ◊ *to find a use for sth* encontrarle alguna utilidad a algo **2** *What's the use of crying?* ¿De qué sirve llorar? ◊ *What's the use?* ¿Para qué? LOC **in use** en uso **to be of use** servir **to be no use** **1** no servir de nada **2** ser (un) inútil **to have the use of sth** poder usar algo **to make use of sth** aprovechar algo

used¹ /juːzd/ *adj* usado, de segunda mano

used² /juːst/ *adj* acostumbrado: *to get used to sth/doing sth* acostumbrarse a algo/hacer algo ◊ *I am used to being alone.* Estoy acostumbrado a estar solo.

used to /ˈjuːst tə, ˈjuːst tu/ *v modal*

Used to + infinitivo se utiliza para describir hábitos y situaciones que ocurrían en el pasado y que no ocurren en la actualidad: *I used to live in London.* Antes vivía en Londres. ◊ *We used to visit him in the summer.* Solíamos visitarlo en el verano. Las oraciones interrogativas o negativas se forman generalmente con **did**: *He didn't use to be fat.* Antes no era gordo. ◊ *You used to smoke, didn't you?* Antes fumabas, ¿no?

useful /ˈjuːsfl/ *adj* útil, provechoso *Ver tb* HANDY **usefulness** *n* utilidad

useless /ˈjuːsləs/ *adj* **1** inútil, inservible **2** (*coloq*) inepto

user /ˈjuːzər/ *n* usuario, -a: *user friendly* fácil de manejar

usual /ˈjuːʒuəl/ *adj* acostumbrado, habitual, normal: *later/more than usual* más tarde de lo normal/más que de costumbre ◊ *the usual* lo de siempre LOC **as usual** como siempre

usually /ˈjuːʒuəli/ *adv* normalmente: *I don't usually have breakfast.* No suelo desayunar. ☛ *Ver nota en* ALWAYS

utensil /juːˈtensl/ *n* [*gen pl*] utensilio

utility /juːˈtɪləti/ *n* (*pl* **-ies**) **1** utilidad **2** [*gen pl*]: *public/privatized* (*GB*) *utilities* empresas de servicios públicas

utmost /ˈʌtmoʊst/ ◆ *adj* mayor: *with the utmost care* con sumo cuidado ◆ LOC **to do your utmost (to do sth)** hacer todo lo posible (por hacer algo)

utter¹ /ˈʌtər/ *vt* pronunciar, proferir

utter² /ˈʌtər/ *adj* total, absoluto **utterly** *adv* totalmente, absolutamente

Vv

V, v /viː/ *n* (*pl* **V's**, **v's** /viːz/) **1** V, v: *V as in Victor* V de vaca ☛ *Ver ejemplos en* A, A **2** *V-neck* (con) cuello en V ◊ *v-shaped* en forma de v

vacant /ˈveɪkənt/ *adj* **1** vacante *Ver tb* SITUATION **2** (*mirada*) perdido **3** (*expresión*) distraído **vacancy** *n* (*pl* **-ies**) **1** vacante **2** habitación disponible **vacantly** *adv* distraídamente

vacate /ˈveɪkeɪt; *GB* vəˈkeɪt/ *vt* (*formal*) **1** (*casa*) desocupar **2** (*asiento, puesto*) dejar vacío

vacation /veɪˈkeɪʃn; *GB* və-/ (*GB tb* **holiday**) *n* vacaciones

En Gran Bretaña **vacation** se u[sa] sobre todo para las vacaciones de l[as] universidades y los tribunales de jus[ti]cia. En el resto de los casos, **holiday** [es] la palabra más normal. En Estad[os] Unidos **vacation** tiene un uso m[ás] generalizado.

vaccination /ˌvæksɪˈneɪʃn/ *n* **1** vac[u]nación **2** vacuna: *polio vaccinatio[ns]* vacunas contra la polio

vaccine /vækˈsiːn; *GB* ˈvæksiːn/ [*n*] vacuna

vacuum /ˈvækjuəm/ ◆ *n* (*pl* **~s**) vacío: *vacuum-packed* envasado vacío **2 vacuum cleaner** aspiradora LOC **in a vacuum** aislado (*de otras personas, acontecimientos*) ◆ *vt, vi* aspirar

vagina /vəˈdʒaɪnə/ *n* (*pl* ~**s**) vagina

vague /veɪg/ *adj* (**-er**, **-est**) **1** vago **2** (*persona*) indeciso **3** (*gesto, expresión*) distraído **vaguely** *adv* **1** vagamente **2** aproximadamente: *It looks vaguely familiar.* Me resulta vagamente familiar. **3** distraídamente

vain /veɪn/ *adj* (**-er**, **-est**) **1** vanidoso **2** (*inútil*) vano LOC **in vain** en vano

valiant /ˈvæliənt/ *adj* valiente

valid /ˈvælɪd/ *adj* válido **validity** /vəˈlɪdəti/ *n* validez

valley /ˈvæli/ *n* (*pl* **-eys**) valle

valuable /ˈvæljuəbl/ *adj* valioso ☛ *Comparar con* INVALUABLE **valuables** *n* [*pl*] objetos de valor

valuation /ˌvæljuˈeɪʃn/ *n* avalúo

value /ˈvæljuː/ ◆ *n* **1** valor **2 values** [*pl*] (*moral*) valores LOC **to be good value** estar a un muy buen precio ◆ *vt* **1** ~ **sth** (**at sth**) avaluar algo (en algo) **2** ~ **sth/sb** (**as sth**) valorar, apreciar algo/a algn (como algo)

valve /vælv/ *n* válvula

vampire /ˈvæmpaɪər/ *n* vampiro

van /væn/ *n* camioneta

vandal /ˈvændl/ *n* vándalo, -a **vandalism** *n* vandalismo **vandalize, -ise** *vt* destrozar (*intencionadamente*)

the vanguard /ˈvæŋgɑːd/ *n* la vanguardia

vanilla /vəˈnɪlə/ *n* vainilla

vanish /ˈvænɪʃ/ *vi* desaparecer

vanity /ˈvænəti/ *n* vanidad

vantage point /ˈvæntɪdʒ pɔɪnt; *GB* ˈvɑːn-/ *n* posición estratégica

vapor (*GB* **vapour**) /ˈveɪpər/ *n* vapor

variable /ˈveəriəbl/ *adj, n* variable

variance /ˈveəriəns/ *n* discrepancia LOC **to be at variance (with sth/sb)** (*formal*) estar en desacuerdo (con algo/algn), discrepar de algo

variant /ˈveəriənt/ *n* variante

variation /ˌveəriˈeɪʃn/ *n* ~ (**in/of sth**) variación, variante (en/de algo)

varied /ˈveərid/ *adj* variado

variety /vəˈraɪəti/ *n* (*pl* **-ies**) variedad: *a variety of subjects* varios temas ◊ *variety show* espectáculo de variedades

various /ˈveəriəs/ *adj* varios, diversos

varnish /ˈvɑrnɪʃ/ ◆ *n* barniz ◆ *vt* barnizar

vary /ˈveəri/ *vt, vi* (*pret, pp* **varied**) variar **varying** *adj* variable: *in varying amounts* en diversas cantidades

vase /veɪs, veɪz; *GB* vɑːz/ *n* jarrón, florero

vast /væst; *GB* vɑːst/ *adj* **1** abrumado, vasto: *the vast majority* la gran mayoría **2** (*coloq*) (*suma, cantidad*) enorme, considerable **vastly** *adv* considerablemente, enormemente

VAT /ˌviː eɪ ˈtiː/ *abrev* (*GB*) **value added tax** IVA

vat /væt/ *n* tanque

vault /vɔːlt/ ◆ *n* **1** bóveda **2** cripta **3** (*tb* **bank vault**) bóveda de seguridad **4** salto ◆ *vt, vi* ~ (**over**) **sth** saltar (algo) (*apoyándose en las manos o con garrocha*)

VCR /ˌviː siː ˈɑr/ *abrev* (*USA*) *Ver* VIDEO (CASSETTE) RECORDER

veal /viːl/ *n* ternera ☛ *Ver nota en* CARNE

veer /vɪər/ *vi* **1** virar, desviarse: *to veer off course* salirse del rumbo **2** (*viento*) cambiar (de dirección)

vegetable /ˈvedʒtəbl/ *n* **1** verdura, legumbre **2** (*persona*) vegetal

vegetarian /ˌvedʒəˈteəriən/ *adj, n* vegetariano, -a

vegetation /ˌvedʒəˈteɪʃn/ *n* vegetación

vehement /ˈviːəmənt/ *adj* vehemente, apasionado

vehicle /ˈviːɪkl/ *n* **1** vehículo **2** ~ (**for sth**) (*fig*) vehículo (de/para algo); medio (de algo)

veil /veɪl/ ◆ *n* (*lit y fig*) velo ◆ *vt* (*fig*) velar, disimular, encubrir: *veiled in secrecy* rodeado de secreto **veiled** *adj* (*amenaza*) velado

vein /veɪn/ *n* **1** vena **2** (*Geol*) veta **3** ~ (**of sth**) (*fig*) vena, rasgo (de algo) **4** tono, estilo

velocity /vəˈlɑsəti/ *n* velocidad

> **Velocity** se emplea especialmente en contextos científicos o formales mientras que **speed** es de uso más general.

velvet /ˈvelvɪt/ *n* terciopelo

vending machine /ˈvendɪŋ məʃiːn/ *n* distribuidor automático (*máquina que* *vende pequeños artículos como cigarrillos, chocolatinas, etc. al echarle monedas*)

vendor /ˈvendər/ *n* (*formal*) vendedor, -ora

veneer /vəˈnɪər/ *n* **1** (*madera, plástico*) enchapado **2** ~ (**of sth**) (*frec pey, fig*) barniz, apariencia (de algo)

vengeance /ˈvendʒəns/ *n* venganza: *to take vengeance on sb* vengarse de algn LOC **with a vengeance** de verdad

venison /ˈvenɪsn, ˈvenɪzn/ *n* (carne de) venado

venom /ˈvenəm/ *n* **1** veneno **2** (*fig*) veneno, odio **venomous** *adj* (*lit y fig*) venenoso

vent /vent/ ◆ *n* **1** respiradero: *air vent* rejilla de ventilación **2** (*chaqueta, etc.*) abertura LOC **to give** (**full**) **vent to sth** dar rienda suelta a algo ◆ *vt* ~ **sth** (**on sth/sb**) descargar algo (en algo/algn)

ventilator /ˈventɪleɪtər/ *n* ventilador

venture /ˈventʃər/ ◆ *n* proyecto, empresa *Ver tb* ENTERPRISE ◆ **1** *vi* aventurarse: *They rarely ventured into the city.* Rara vez se aventuraban a ir a la ciudad. **2** *vt* (*formal*) (*opinión, etc.*) aventurar, atreverse a expresar

venue /ˈvenjuː/ *n* **1** lugar (*de reunión*) **2** (*esp GB*) local (*para música*) **3** campo (*para un partido*)

Venus /ˈviːnəs/ *n* Venus

verb /vɜːrb/ *n* verbo

verbal /ˈvɜːrbl/ *adj* verbal

verdict /ˈvɜːrdɪkt/ *n* veredicto

verge /vɜːrdʒ/ ◆ *n* (*GB*) borde de hierba (*en camino, jardín, etc.*) LOC **on the verge of** (**doing**) **sth** al borde de algo, a punto de hacer algo ◆ PHR V **to verge on sth** rayar en algo, acercarse a

verification /ˌverɪfɪˈkeɪʃn/ *n* **1** verificación, comprobación **2** ratificación

verify /ˈverɪfaɪ/ *vt* (*pret, pp* **-fied**) **1** verificar, comprobar **2** (*miedo, etc.*) ratificar

veritable /ˈverɪtəbl/ *adj* (*formal, joc*) verdadero

versatile /ˈvɜːrsətl; *GB* -taɪl/ *adj* versátil

verse /vɜːrs/ *n* **1** poesía **2** estrofa **3** versículo LOC *Ver* CHAPTER

versed /vɜːrst/ *adj* ~ **in sth** versado en algo

version /ˈvɜːrʒn; *GB* -ʃn/ *n* versión

vertebra /ˈvɜːrtɪbrə/ *n* (*pl* **-brae** /-reɪ/) vértebra

vertical /ˈvɜːrtɪkl/ *adj, n* vertical

verve /vɜːrv/ *n* brío, entusiasmo

very /ˈveri/ ◆ *adv* **1** muy: *I'm very sorry.* Lo siento mucho. ◊ *not very much* no mucho **2** *the very best* lo mejor posible ◊ *at the very latest* a más tardar ◊ *your very own pony* un pony sólo para t **3** mismo: *the very next day* justo al día siguiente ◆ *adj* **1** *at that very moment* en ese mismísimo momento ◊ *You're the very man I need.* Eres precisamente el hombre que necesito. **2** *at the very end/beginning* justo al final/principio **3** *the very idea/thought of…* la simple idea de…/de sólo pensar en… LOC *Ve* EYE, FIRST

vessel /ˈvesl/ *n* **1** (*formal*) buque, barco **2** (*formal*) vasija **3** conducto

vest¹ /vest/ *n* **1** (*GB* **waistcoat**) chaleco **2** (*GB*) (*USA* **undershirt**) camiseta (*interior*)

vest² /vest/ *vt* LOC **to have a vested interest in sth** tener intereses creados en algo

vestige /ˈvestɪdʒ/ *n* vestigio

vet¹ /vet/ *vt* (**-tt-**) (*GB*) investigar

vet² *Ver* VETERINARIAN

veteran /ˈvetərən/ ◆ *adj, n* veterano, ◆ *n* (*USA, coloq* **vet**) ex-combatiente

veterinarian (*GB* **veterinary surgeon**) *n* veterinario, -a

veto /ˈviːtoʊ/ ◆ *n* (*pl* ~**es**) veto ◆ *vt* (*pres* ~**ing**) vetar

via /viə, vaɪə/ *prep* por, vía: *via Paris* vía París

viable /ˈvaɪəbl/ *adj* viable

vibrate /ˈvaɪbreɪt; *GB* vaɪˈbreɪt/ *vt,* (hacer) vibrar **vibration** *n* vibración

vicar /ˈvɪkər/ *n* (*GB*) párroco anglica ☛ *Ver nota en* PRIEST **vicarage** *n* (*G* casa del párroco

vice- /vaɪs/ *pref* vice-

vice¹ /vaɪs/ *n* vicio

vice² (*GB*) *Ver* VISE

vice versa /ˌvaɪs ˈvɜːrsə/ *adv* vi versa

vicinity /vəˈsɪnəti/ *n* LOC **in the vicin** (**of sth**) (*formal*) en el área alrede (de algo)

vicious /ˈvɪʃəs/ *adj* **1** malicioso, cr **2** (*ataque, golpe*) con rabia, cruel

3 (*perro*) bravo LOC **a vicious circle** un círculo vicioso

victim /ˈvɪktɪm/ *n* víctima LOC *Ver* FALL **victimize, -ise** *vt* **1** discriminar, tratar injustamente **2** tiranizar

victor /ˈvɪktər/ *n* (*formal*) vencedor, -ora **victorious** /vɪkˈtɔːriəs/ *adj* **1** ~ (**in sth**) victorioso (en algo) **2** (*equipo*) vencedor **3 to be** ~ (**over sth/sb**) triunfar (sobre algo/algn)

victory /ˈvɪktəri/ *n* (*pl* **-ies**) victoria, triunfo

video /ˈvɪdioʊ/ *n* (*pl* ~**s**) **1** video **2** (*GB*) (*tb* **video** (**cassette**) **recorder**) (*USA* **VCR**) (aparato de) video **videotape** *n* cinta de video

view /vjuː/ ◆ *n* **1** vista **2 viewing** sesión: *We had a private viewing of the movie.* Vimos la película en una sesión privada. **3** [*gen pl*] ~ (**about/on sth**) opinión, parecer (sobre algo) **4** (*modo de entender*) criterio, concepto **5** (*imagen*) visión LOC **in my, etc. view** (*formal*) en mi, etc. opinión **in view of sth** en vista de algo **with a view to doing sth** (*formal*) con miras a hacer algo *Ver tb* POINT ◆ *vt* **1** mirar, ver **2** ~ **sth** (**as sth**) ver, considerar algo (como algo) **viewer** *n* **1** telespectador, -ora **2** espectador, -ora **3** (*aparato*) visor **viewpoint** *n* punto de vista

vigil /ˈvɪdʒɪl/ *n* vela, vigilia

vigilant /ˈvɪdʒɪlənt/ *adj* vigilante, alerta

vigorous /ˈvɪgərəs/ *adj* vigoroso, enérgico

vile /vaɪl/ *adj* (**viler, vilest**) repugnante, asqueroso

village /ˈvɪlɪdʒ/ *n* **1** pueblo **2** (*pequeño*) aldea **villager** *n* habitante de un pueblo

villain /ˈvɪlən/ *n* **1** (*esp Teat*) malo, -a **2** (*GB, coloq*) delincuente

vindicate /ˈvɪndɪkeɪt/ *vt* **1** vindicar **2** justificar

vine /vaɪn/ *n* **1** vid, parra **2** enredadera

vinegar /ˈvɪnɪgər/ *n* vinagre

vineyard /ˈvɪnjərd/ *n* viña, viñedo

vintage /ˈvɪntɪdʒ/ ◆ *n* **1** cosecha **2** vendimia ◆ *adj* **1** (*vino*) añejo **2** (*fig*) clásico

vinyl /ˈvaɪnl/ *n* vinilo

violate /ˈvaɪəleɪt/ *vt* **1** violar (*ley, normas*)

Violate casi nunca se usa en sentido sexual. En este sentido, utilizamos rape.

2 (*confianza*) quebrantar **3** (*intimidad*) invadir

violence /ˈvaɪələns/ *n* **1** violencia **2** (*emociones*) intensidad, violencia

violent /ˈvaɪələnt/ *adj* **1** violento **2** (*emociones*) intenso, violento

violet /ˈvaɪələt/ *adj, n* violeta (*flor*)

violin /ˌvaɪəˈlɪn/ *n* violín

virgin /ˈvɜːrdʒɪn/ *adj, n* virgen

Virgo /ˈvɜːgəʊ/ *n* (*pl* **Virgos**) Virgo ☛ *Ver ejemplos en* AQUARIUS

virile /ˈvɪrəl; *GB* ˈvɪraɪl/ *adj* viril

virtual /ˈvɜːrtʃuəl/ *adj* virtual **virtually** *adv* virtualmente, prácticamente

virtue /ˈvɜːrtʃuː/ *n* **1** virtud **2** ventaja LOC **by virtue of sth** (*formal*) en virtud de algo **virtuous** *adj* virtuoso

virus /ˈvaɪrəs/ *n* (*pl* **viruses**) virus

visa /ˈviːzə/ *n* visa

vis-à-vis /ˌviːz ə ˈviː; *GB* ˌviːz ɑː ˈviː/ *prep* (*Fr*) **1** con relación a **2** en comparación con

vise (*GB* **vice**) /vaɪs/ *n* tornillo de banco (*de carpintero*)

visible /ˈvɪzəbl/ *adj* **1** visible **2** (*fig*) patente **visibly** *adv* visiblemente, notablemente

vision /ˈvɪʒn/ *n* **1** (*facultad*) vista **2** (*previsión, sueño*) visión

visit /ˈvɪzɪt/ ◆ **1** *vt, vi* visitar **2** *vt* (*país*) ir a **3** *vt* (*persona*) ir a ver a ◆ *n* visita LOC *Ver* PAY **visiting** *adj* visitante (*equipo, profesor*): *visiting hours* horas de visita **visitor** *n* **1** visitante, visita **2** turista

vista /ˈvɪstə/ *n* (*formal*) **1** vista, panorámica **2** (*fig*) perspectiva

visual /ˈvɪʒuəl/ *adj* visual: *visual display unit* monitor pantalla **visualize, -ise** *vt* **1** ~ (**yourself**) ver(se) **2** prever

vital /ˈvaɪtl/ *adj* **1** ~ (**for/to sth/sb**) vital, imprescindible (para algo/algn): *vital statistics* medidas vitales **2** (*órgano, carácter*) vital **vitally** *adv*: *vitally important* de vital importancia

vitamin /ˈvaɪtəmɪn; *GB* ˈvɪt-/ *n* vitamina

vivacious /vɪˈveɪʃəs/ *adj* animado

vivid /ˈvɪvɪd/ *adj* vivo (*colores, imaginación, etc.*) **vividly** *adv* vivamente

vocabulary /voˈkæbjəleri; *GB* -ləri/ *n* (*pl* **-ies**) (*tb coloq* **vocab** /ˈvoʊkæb/) vocabulario

vocal /ˈvoʊkl/ ◆ *adj* **1** vocal: *vocal chords* cuerdas vocales **2** (*que habla mucho*) bulloso: *a group of very vocal supporters* un grupo de seguidores muy bullosos ◆ *n* [*gen pl*]: *to do the/be on vocals* ser el cantante/cantar

vocation /voʊˈkeɪʃn/ *n* ~ (**for/to sth**) vocación (de algo) **vocational** *adj* técnico: *vocational training* formación profesional

vociferous /voʊˈsɪfərəs; *GB* və-/ *adj* vociferante

vogue /voʊg/ *n* ~ (**for sth**) moda (de algo) **LOC in vogue** en boga

voice /vɔɪs/ ◆ *n* voz: *to raise/lower your voice* levantar/bajar la voz ◇ *to have no voice in the matter* no tener voz en el asunto **LOC to make your voice heard** expresar uno su opinión *Ver tb* TOP[1] ◆ *vt* expresar

void /vɔɪd/ ◆ *n* (*formal*) vacío ◆ *adj* (*formal*) anulado: *to make sth void* anular algo *Ver* NULL

volatile /ˈvɑlətl; *GB* -taɪl/ *adj* **1** (*frec pey*) (*persona*) voluble **2** (*situación*) inestable

volcano /vɑlˈkeɪnoʊ/ *n* (*pl* **-oes**) volcán

volition /voʊˈlɪʃn; *GB* və-/ *n* (*formal*) **LOC of your own volition** por voluntad propia

volley /ˈvɑli/ *n* (*pl* **-eys**) **1** (*Dep*) volea **2** (*piedras, balas*) lluvia **3** (*fig*) retahíla

volleyball /ˈvɑlibɔːl/ *n* voleibol

volt /voʊlt/ *n* voltio **voltage** *n* voltaje: *high voltage* tensión alta

volume /ˈvɑljuːm, -jəm/ *n* **1** volumen **2** (*libro*) volumen, tomo

voluminous /vəˈluːmɪnəs/ *adj* (*formal*) **1** amplio **2** (*escrito*) copioso

voluntary /ˈvɑlənteri; *GB* -tri/ *adj* voluntario

volunteer /ˌvɑlənˈtɪər/ ◆ *n* voluntario, -a ◆ **1** *vi* ~ (**for sth/to do sth**) ofrecerse (voluntario) (para algo); ofrecerse (a hacer algo) **2** *vt* ofrecer (*información, sugerencia*)

vomit /ˈvɑmɪt/ ◆ *vt, vi* vomitar ☛ Es más normal decir **to be sick**. ◆ *n* vómito **vomiting** *n* vómitos

voracious /vəˈreɪʃəs/ *adj* voraz, insaciable

vote /voʊt/ ◆ *n* **1** voto **2** votación: *to take a vote on sth/put sth to the vote* someter algo a votación **3 the vote** el derecho al voto **LOC vote of no confidence** voto de censura **vote of thanks** palabras de agradecimiento ◆ **1** *vt, vi* votar: *to vote for/against sth/sb* votar a favor/en contra de algo/algn **2** *vt* (*dinero*) asignar **3** *vt* ~ (**that...**) (*coloq*) proponer que... **voter** *n* votante **voting** *n* votación

vouch /vaʊtʃ/ *vi* **1** ~ **for sth/sb** responder por algo/algn **2** ~ **for sth/that...** dar fe de, confirmar algo/que...

voucher /ˈvaʊtʃər/ *n* vale, cupón, comprobante

vow /vaʊ/ ◆ *n* voto, promesa solemne ◆ *vt* **to vow (that)... /to do sth** jurar que.../hacer algo

vowel /ˈvaʊəl/ *n* vocal

voyage /ˈvɔɪɪdʒ/ *n* viaje

> **Voyage** se usa generalmente para viajes por mar, por el espacio y en sentido figurado. *Ver nota en* VIAJE

vulgar /ˈvʌlgər/ *adj* **1** vulgar **2** (*chiste, etc.*) grosero

vulnerable /ˈvʌlnərəbl/ *adj* vulnerable

vulture /ˈvʌltʃər/ *n* **1** buitre **2** gallina[illegible]

Ww

W, w /ˈdʌbljuː/ *n* (*pl* **W's, w's** /ˈdʌbljuːz/) W, w: *W as in William* W de Washington ☛ *Ver ejemplos en* A, A

wade /weɪd/ **1** *vi* caminar con dificultad por agua, lodo, etc. **2** *vt, vi* (*riachuelo*) vadear

wafer /ˈweɪfər/ *n* **1** galleta wafer **2** oblea

wag /wæg/ *vt, vi* (**-gg-**) **1** mover(se) (de un lado a otro) **2** (*cola*) menear(se)

wage /weɪdʒ/ ◆ *n* [*gen pl*] sueldo (*semanal*) ☛ *Comparar con* SALARY ◆ *vt* **LOC to wage (a) war/a battle (against/on sth/sb)** librar una batalla (contra algo/algn)

wagon (*GB tb* **waggon**) /ˈwægən/ *n* **1** carreta **2** (*Ferrocarril*) vagón

wail /weɪl/ ◆ *vi* **1** gemir **2** (*sirena*) aullar ◆ *n* gemido, aullido

waist /weɪst/ *n* cintura: *waistband* pretina ◊ *waistline* cintura/talle

waistcoat /ˈweskət; *GB* ˈweɪskəʊt/ (*GB*) (*USA* **vest**) *n* chaleco

wait /weɪt/ ◆ **1** *vi* ~ (**for sth/sb**) esperar (algo/a algn): *Wait a minute...* Un momento... ◊ *I can't wait to...* No veo la hora de... ☛ *Ver nota en* ESPERAR **2** *vt* (*turno*) esperar **LOC to keep sb waiting** hacer esperar a algn **PHR V to wait on sb** servir a algn **to wait up (for sb)** esperar levantado (a algn) ◆ *n* espera: *We had a three-hour wait for the bus.* Nos tocó esperar el bus tres horas. ☛ *Comparar con* AWAIT **waiter** *n* mesero **waitress** *n* mesera

waive /weɪv/ *vt* (*formal*) **1** (*pago*) renunciar a **2** (*norma*) pasar por alto

wake /weɪk/ ◆ *vt, vi* (*pret* **woke** /woʊk/ *pp* **woken** /ˈwoʊkən/) ~ (**sb**) (**up**) despertarse, despertar a algn ☛ *Ver nota en* AWAKE *y comparar con* AWAKEN **PHR V to wake (sb) up** despabilarse, despabilar a algn **to wake up to sth** darse cuenta de algo ◆ *n* **1** velorio **2** (*Náut*) estela **LOC in the wake of sth** después de algo, tras algo

walk /wɔːk/ ◆ **1** *vi* caminar **2** *vt* pasear: *I'll walk you home.* Te acompaño a tu casa. **3** *vt* recorrer (a pie) **PHR V to walk away/off** irse **to walk into sth/sb** chocar(se) contra algo/con algn **to walk out** (*coloq*) declararse en huelga **to walk out of sth** largarse de algo ◆ *n* **1** paseo, vuelta, caminata: *to go for a walk* (ir a) dar una vuelta/darse una caminata ◊ *It's a ten-minute walk.* Está a diez minutos a pie. **2** andar, manera de caminar **LOC a walk of life**: *people from all walks of life* gente de todos los tipos o profesiones **walker** *n* caminante **walking** *n* marcha: *walking shoes* zapatos para caminar ◊ *walking stick* bastón **walkout** *n* huelga

Walkman® /wɔːkmən/ *n* (*pl* **-mans**) walkman®

wall /wɔːl/ *n* **1** muro, pared **2** (*ciudad*) (*fig*) muralla **LOC** *Ver* BACK[1] **walled** *adj* **1** amurallado **2** cercado

wallet /ˈwɑlɪt/ *n* billetera ☛ *Comparar con* PURSE

wallpaper /ˈwɔːlpeɪpər/ *n* papel de pared

walnut /ˈwɔːlnʌt/ *n* **1** nuez de castilla **2** nogal (*árbol y madera*)

waltz /wɔːl(t)s/ ◆ *n* vals ◆ *vi* bailar el vals

wand /wɑnd/ *n* vara: *magic wand* varita mágica

wander /ˈwɑndər/ **1** *vi* deambular

> A menudo **wander** va seguido de **around, about** u otras preposiciones o adverbios. En estos casos, hay que traducirlo por distintos verbos en español, y tiene el significado de distraídamente, sin propósito: *to wander in* entrar distraídamente ◊ *She wandered across the road.* Cruzó la calle distraídamente.

2 *vi* (*pensamientos*) vagar **3** *vi* (*mirada*) pasear **4** *vt* (*calles, etc.*) vagar por **PHR V to wander away/off** extraviarse (*animal*), alejarse

wane /weɪn/ (*tb* **to be on the wane**) *vi* menguar, disminuir (*poder, entusiasmo*)

want /wɑnt/ ◆ **1** *vt, vi* querer: *I want some cheese.* Quiero queso. ◊ *Do you want to go?* ¿Quieres ir?

Nótese que **like** también significa "querer", pero sólo se utiliza para ofrecer algo o para invitar a alguien: *Would you like to come to dinner?* ¿Quiere venir a comer? ◊ *Would you like something to eat?* ¿Quiere comer algo?

2 *vt* necesitar: *The car wants more oil.* El carro necesita más aceite. **3** *vt* buscar, necesitar: *You're wanted upstairs/on the phone.* Lo buscan arriba./Lo llaman por teléfono. ◆ *n* **1** [*gen pl*] necesidad, deseo **2** ~ **of sth** falta de algo: *for want of* por falta de ◊ *not for want of trying* no por no intentarlo **3** miseria, pobreza **wanting** *adj* ~ (**in sth**) (*formal*) falto (de algo)

war /wɔːr/ *n* **1** guerra **2** conflicto **3** ~ (**against sth/sb**) lucha (contra algo/ algn) LOC **at war** en guerra **to make/ wage war on sth/sb** hacerle la guerra a algo/algn *Ver tb* WAGE

ward /wɔːrd/ ◆ *n* sala (*de hospital*) ◆ PHR V **to ward sth off 1** (*ataque*) rechazar algo **2** (*el mal*) ahuyentar algo **3** (*peligro*) prevenir algo

warden /ˈwɔːrdn/ *n* guardia, guarda *Ver tb* TRAFFIC

wardrobe /ˈwɔːrdroʊb/ *n* **1** armario, clóset (*para colgar ropa*) **2** vestuario

warehouse /ˈweərhaʊs/ *n* bodega

wares /weərz/ *n* [*pl*] (*antic*) mercancías

warfare /ˈwɔːrfeər/ *n* guerra

warlike /ˈwɔːrlaɪk/ *adj* belicoso

warm /wɔːrm/ ◆ *adj* (**-er**, **-est**) **1** (*clima*) templado: *to be warm* hacer calor ☛ *Ver nota en* FRÍO **2** (*cosa*) caliente **3** (*persona*): *to be/get warm* tener calor/calentarse **4** (*ropa*) abrigado **5** (*fig*) caluroso, cordial ◆ *vt, vi* ~ (**sth/yourself**) (**up**) calentar algo; calentarse PHR V **to warm up 1** (*Dep*) calentar **2** (*motor*) calentarse **to warm sth up** recalentar algo (*comida*) **warming** *n*: *global warming* el calentamiento global **warmly** *adv* **1** calurosamente **2** *warmly dressed* vestido con ropa abrigadora **3** (*dar las gracias*) efusivamente **warmth** *n* **1** calor **2** (*fig*) simpatía, amabilidad, entusiasmo

warn /wɔːrn/ *vt* **1** ~ **sb** (**about/of sth**) advertir a algn (de algo); prevenir a algn (contra algo): *They warned us about/of the strike.* Nos advirtieron de la huelga. ◊ *They warned us about the neighbors.* Nos previnieron contra los vecinos. **2** ~ **sb that...** advertir a algn que...: *I warned them that it would be expensive.* Les advertí que sería caro. **3** ~ **sb against doing sth** advertir a algn que no haga algo: *They warned us against going into the forest.* Nos advirtieron que no fuéramos al bosque. **4** ~ **sb** (**not**) **to do sth** ordenar a algn que (no) haga algo (bajo amenaza) **warning** *n* aviso, advertencia

warp /wɔːrp/ *vt, vi* ondear(se), encocar(se) **warped** *adj* retorcido (*mente*)

warrant /ˈwɔːrənt; *GB* ˈwɒr-/ ◆ *n* (*Jur*) orden: *search warrant* orden de cateo ◆ *vt* (*formal*) justificar

warranty /ˈwɔːrənti; *GB* ˈwɒr-/ *n* (*pl* **-ies**) garantía *Ver tb* GUARANTEE

warren /ˈwɔːrən; *GB* ˈwɒrən/ *n* **1** madriguera **2** (*fig*) laberinto

warrior /ˈwɔːrɪər; *GB* ˈwɒr-/ *n* guerrero, -a

warship /ˈwɔːrʃɪp/ *n* buque de guerra

wart /wɔːrt/ *n* verruga

wartime /ˈwɔːrtaɪm/ *n* (tiempo de) guerra

wary /ˈweəri/ *adj* (**warier**, **wariest**) cauto: *to be wary of sth/sb* desconfiar de algo/algn

was /wəz, wɑz, wʌz/ *pret de* BE

wash /wɑʃ/ ◆ *n* **1** lavado: *to have a wash* lavarse **2 the wash** [*sing*]: *All my shirts are in the wash.* Todas mis camisas se están lavando. **3** [*sing*] (*Náut*) estela ◆ **1** *vt, vi* lavar(se): *to wash yourself* lavarse **2** *vi* ~ **over sth** cubrir algo **3** *vi* ~ **over sb** (*fig*) invadir a algn **4** *vt* llevar, arrastrar: *to be washed overboard* ser arrastrado por la borda por las olas PHR V **to wash sth/sb away** arrastrar algo/a algn, llevarse algo/a algn **to wash off** quitarse (lavando) **to wash sth off** quitar algo (lavando) **to wash sth out** lavar algo **to wash up** (*USA*) lavarse (*las manos y la cara*) (*GB*) lavar los platos **to wash sth up** (*GB*) (*platos*) lavar algo **2** (*mar*) llevar algo a la playa **washable** *adj* lavable

washbasin /ˈwɑʃbeɪsn/ (*GB*) (*USA* **sink**) *n* lavamanos, lavabo

washcloth /ˈwɑʃklɔːθ// *n* toalla para la cara

washing /ˈwɑʃɪŋ/ *n* **1** lavado: *washing powder* (*esp GB*) detergente (de lavadora) **2** ropa sucia **3** ropa lavada

washing machine *n* lavadora

washing-up /ˌwɑʃɪŋ ˈʌp/ *n* (*GB*) platos (para lavar): *to do the washing-up* lavar los platos ◊ *washing-up liquid* detergente jabón (para platos)

washroom /ˈwɑʃruːm/ *n* (*USA, eufemismo*) baño ☛ *Ver nota en* TOILET

wasn't /ˈwʌz(ə)nt/ = WAS NOT *Ver* BE

wasp /wɑsp/ *n* avispa

waste /weɪst/ ◆ *adj* **1** *waste material/products* desechos **2** baldío (*terreno*) ◆ *vt* **1** malgastar **2** (*tiempo, ocasión*) perder **3** (*no usar*) desperdiciar **LOC to waste your breath** perder el tiempo **PHR V to waste away** consumirse ◆ *n* **1** pérdida, desperdicio **2** (*acción*) derroche, despilfarro **3** [*incontable*] desperdicios, desechos, basura: *waste disposal* recogida de basura/desechos **LOC to go/run to waste** echarse a perder, desperdiciarse **wasted** *adj* inútil (*viaje, esfuerzo*) **wasteful** *adj* **1** derrochador **2** (*método, proceso*) antieconómico

wastebasket /ˈweɪstbæskɪt/ (*GB* **waste-paper basket**) *n* caneca (de basura)

wasteland /ˈweɪstlænd/ *n* tierra baldía

watch /wɑtʃ/ ◆ *n* **1** reloj (*de pulsera*) ☛ *Ver dibujo en* RELOJ **2** (turno de) guardia **3** (*personas*) guardia, vigías **LOC to keep watch (over sth/sb)** vigilar (algo/a algn) *Ver tb* CLOSE[1] ◆ **1** *vt, vi* observar, mirar **2** *vt, vi* (*espiar*) vigilar, observar **3** *vt* (*TV, Dep*) ver **4** *vt, vi* ~ **(over) sth/sb** cuidar (algo/a algn) **5** *vi* ~ **for sth** estar atento a algo; esperar algo **6** *vt* tener cuidado con, fijarse en: *Watch your language.* No digas groserías. **LOC to watch your step** tener cuidado **PHR V to watch out** tener cuidado: *Watch out!* ¡Cuidado! **to watch out for sth/sb** estar atento a algo/algn: *Watch out for that hole.* Cuidado con ese hueco. **watchful** *adj* vigilante, alerta

watchdog /ˈwɑtʃdɔːg; *GB* -dɒg/ *n* organismo de control/vigilancia

water /ˈwɔːtər/ ◆ *n* agua **LOC under water 1** bajo el agua, debajo del agua **2** inundado *Ver tb* FISH ◆ **1** *vt* (*planta*) regar **2** *vi* (*ojos*) llorar **3** *vi* (*boca*) hacerse agua **PHR V to water sth down 1** diluir algo con agua **2** (*fig*) suavizar algo

watercolor (*GB* **-colour**) /ˈwɔːtərkʌlər/ *n* acuarela

watercress /ˈwɔːtərkres/ *n* [*incontable*] berro

waterfall /ˈwɔːtərfɔːl/ *n* cascada, catarata

watermelon /ˈwɔːtərmelən/ *n* sandía

waterproof /ˈwɔːtərpruːf/ *adj, n* impermeable

watershed /ˈwɔːtərʃed/ *n* momento decisivo/crítico

water-skiing /ˈwɔːtər skiːɪŋ/ *n* esquí acuático

watertight /ˈwɔːtərtaɪt/ *adj* **1** hermético **2** (*argumento*) irrebatible

waterway /ˈwɔːtərweɪ/ *n* vía fluvial, canal

watery /ˈwɔːtəri/ *adj* **1** (*pey*) aguado **2** (*color*) pálido **3** (*ojos*) lloroso

watt /wɑt/ *n* vatio, watt

wave /weɪv/ ◆ **1** *vt, vi* agitar(se) **2** *vi* (*bandera*) ondear **3** *vi* ~ **(at/to sb)** hacer señas con la mano (a algn) **4** *vt, vi* (*pelo, etc.*) ondular(se) **PHR V to wave sth aside** rechazar algo (*protesta*) ◆ *n* **1** ola **2** (*fig*) oleada **3** seña (con la mano) **4** (*Fís*) (*pelo*) onda **wavelength** *n* longitud de onda

waver /ˈweɪvər/ *vi* **1** flaquear **2** (*voz*) temblar **3** vacilar

wavy /ˈweɪvi/ *adj* (**wavier**, **waviest**) **1** ondulado **2** ondulante

wax /wæks/ *n* cera

way /weɪ/ ◆ *n* **1 way (from ... to ...)** camino (de ... a ...): *to ask/tell sb the way* preguntarle/indicarle a algn por dónde se va ◊ *across/over the way* al frente/al otro lado de la calle ◊ *the shop across the way* el almacén del frente ◊ *a long way (away)* lejos ◊ *way out* salida **2 Way** (*en nombres*) vía **3** paso: *Get out of my way!* ¡Quítese de en medio! **4** dirección: *"Which way?" "That way."* —Por dónde? —Por ahí. **5** forma, manera: *Do it your own way!* ¡Hágalo como quiera! **6** [*gen pl*] costumbre **LOC by the way** a propósito **in a/one way; in some ways** en cierto modo **no way!** (*coloq*) ¡ni hablar!, ¡ni riesgos! **one way or another** como sea **on the way** en (el) camino: *I'm on my way.* Me voy. **the other way around 1** al revés **2** por el otro lado **to divide, split, etc. sth two, three, etc. ways** dividir algo entre dos, tres, etc. **to get/have your own way** salirse con la suya **to give way (to sth/sb) 1** ceder (ante algo/algn) **2** ceder el paso/la vía (a algo/algn) **to give way to sth** entregarse a algo, dejarse dominar por algo **to go out of your way (to do sth)** tomarse la molestia (de hacer algo) **to make way (for sth/sb)** dar(le) paso (a algo/algn) **to make your way (to/towards sth)** irse (a/hacia algo) **under way** en marcha **way of life** estilo de vida **ways and means** medios *Ver tb* BAR, FEEL, FIGHT, FIND, HARD, HARM, LEAD², LOSE, MEND, PAVE ◆ *adv* (*coloq*) muy: *way ahead* muy por delante **LOC way back** hace mucho tiempo: *way back in the fifties* allá por los años cincuenta

we /wiː/ *pron pers* nosotros: *Why don't we go?* ¿Por qué no vamos? ☛ El *pron pers* no se puede omitir en inglés. *Comparar con* US

weak /wiːk/ *adj* (**-er**, **-est**) **1** débil **2** (*Med*) delicado **3** (*bebida*) débil **4** ~ **(at/in/on sth)** débil (en algo) **weaken 1** *vt, vi* debilitar(se) **2** *vi* ceder **weakness** *n* **1** debilidad **2** flaqueza

wealth /welθ/ *n* **1** [*incontable*] riqueza **2** ~ **of sth** abundancia de algo **wealthy** *adj* (**-ier**, **-iest**) rico

weapon /ˈwepən/ *n* arma

wear /weər/ ◆ (*pret* **wore** /wɔːr/ *pp* **worn** /wɔːrn/) **1** *vt* (*ropa, lentes, etc.*) tener puesto, llevar, usar **2** *vt* (*expresión*) tener **3** *vt, vi* desgastar(se) **4** *vt* (*agujero, etc.*) hacer **5** *vi* durar: *a fabric that will wear (well)* una tela que dura **PHR V to wear (sth) away** desgastar algo/desgastarse por completo **to wear sb down** agotar a algn **to wear sth down** minar algo **to wear (sth) down/out** desgastar algo/desgastarse **to wear off** desaparecer (*novedad, etc.*) **to wear sb out** agotar a algn

¿**Wear** o **carry**? **Wear** se utiliza para referirse a ropa, calzado y complementos, y también a perfumes y gafas: *Do you have to wear a suit at work?* ¿Tiene que ponerse saco y corbata para ir a trabajar? ◇ *What perfume are you wearing?* ¿Qué perfume tiene/se echó? ◇ *He doesn't wear glasses.* No usa gafas. Utilizamos **carry** cuando nos referimos a objetos que llevamos con nosotros, especialmente en las manos o en los brazos: *She wasn't wearing her raincoat, she was carrying it over her arm.* No llevaba puesta la gabardina, la tenía en el brazo.

◆ *n* **1** desgaste **2** uso **3** ropa: *ladies' wear* ropa para dama **LOC wear and tear** desgaste por el uso

weary /ˈwɪəri/ *adj* (**-ier**, **-iest**) **1** agotado **2** ~ **of sth** hastiado de algo

weather /ˈweðər/ ◆ *n* tiempo: *weather forecast* pronóstico del tiempo **LOC under the weather** (*coloq*) decaído ◆ *vt* superar (*crisis*)

weave /wiːv/ (*pret* **wove** /woʊv/ *pp* **woven** /ˈwoʊvn/) **1** *vt* tejer algo (con algo) **2** *vt* ~ **sth into sth** (*fig*) incluir algo (en algo) **3** *vi* (*pret, pp* **weaved**) serpentear

web /web/ *n* **1** telaraña **2** (*fig*) red **3** (*engaños*) maraña

we'd /wiːd/ **1** = WE HAD *Ver* HAVE **2** = WE WOULD *Ver* WOULD

wedding /ˈwedɪŋ/ *n* matrimonio *wedding ring/cake* alianza/anillo/torta de matrimonio **LOC** *Ver* ANNIVERSARY ☛ *Ver nota en* MATRIMONIO

wedge /wedʒ/ ◆ *n* **1** cuña **2** (*queso pastel*) pedazo (grande) **3** (*limón*) trozo (*en forma de gajo*) ◆ *vt* **1** *to wedge sth open/shut* mantener algo abierto/cerrado con cuña **2** *to wedge itself/get wedged* atascarse **3** (*esp personas*) apretujar

Wednesday /ˈwenzdeɪ, ˈwenzdi/ *n* (*abrev* **Wed**) miércoles ☛ *Ver ejemplos en* MONDAY

wee /wiː/ *adj* **1** (*Escocia*) pequeñito (*coloq*) poquito: *a wee bit* un poquitín

weed /wiːd/ ◆ *n* **1** maleza: *weedkiller* herbicida **2** [*incontable*] (*en agua*) alga **3** (*coloq, pey*) enclenque **4** (*GB*) persona sin carácter: *He's a weed.* No tiene carácter. ◆ *vt* escardar **PHR V to weed sth/sb out** eliminar algo/a algn

week /wiːk/ *n* semana: *35-hour week* semana laboral de 35 horas **LOC a week from Monday/Monday week** (*GB*) el lunes que viene no, el siguiente, de lunes en ocho días **a week from today/tomorrow** de hoy/mañana en ocho días **weekday** *n* día laborable/de semana **weekend** /ˌwiːkˈend/ *n* fin de semana

weekly /ˈwiːkli/ ◆ *adj* semanal ◆ *adv* semanalmente ◆ *n* (*pl* **-ies**) semanario

weep /wiːp/ *vi* (*pret, pp* **wept** /wept/) (*formal*) ~ **(for/over sth/sb)** llorar (p algo/algn): *weeping willow* sauce llorón **weeping** *n* llanto

weigh /weɪ/ **1** *vt, vi* pesar **2** *vt* ~ **sth** (**up**) sopesar algo **3** *vi* ~ (**against sth/ sb**) influir (en contra de algo/algn) **LOC to weigh anchor** levar anclas **PHR V to weigh sb down** abrumar a algn **to weigh sth/sb down**: *weighed down with luggage* muy cargado de equipaje

weight /weɪt/ ◆ *n* **1** (*lit y fig*) peso: *it's sold by weight* se vende por/al peso **2** pesa, peso **LOC to lose/put on weight** (*persona*) adelgazar/engordar *Ver tb* CARRY, PULL ◆ *vt* **1** poner peso o pesas en **2** ~ **sth** (**down**) (**with sth**) sujetar algo (con algo) **weighting** *n* **1** (*GB*): *London weighting* complemento salarial por trabajar en Londres **2** importancia **weightless** *adj* ingrávido **weighty** *adj* (**-ier**, **-iest**) **1** pesado **2** (*fig*) de peso, importante

weir /wɪər/ *n* presa (*colocada en la corriente de un río*)

weird /wɪərd/ *adj* (**-er**, **-est**) **1** sobrenatural, misterioso **2** (*coloq*) raro

welcome /ˈwelkəm/ ◆ *adj* **1** bienvenido **2** agradable **LOC to be welcome to sth/to do sth**: *You're welcome to use my car/to stay.* Mi carro está a su disposición./Se puede quedar con toda confianza. **you're welcome** de nada, a la orden ◆ *n* bienvenida, acogida ◆ *vt* **1** dar la bienvenida a, recibir **2** agradecer **3** acoger, recibir **welcoming** *adj* acogedor

weld /weld/ *vt, vi* soldar(se)

welfare /ˈwelfeər/ *n* **1** bienestar **2** asistencia: *the Welfare State* el Estado del bienestar (*sistema estatal que consiste en encargarse de ciertos servicios de los ciudadanos como servicio médico gratis, ancianatos sin ningún costo, etc.*) **3** (*GB* **social security**) seguro social

we'll /wiːl/ **1** = WE SHALL *Ver* SHALL **2** = WE WILL *Ver* WILL

well[1] /wel/ ◆ *n* pozo ◆ *vi* ~ (**up**) brotar

well[2] /wel/ ◆ *adj* (*comp* **better** /ˈbetər/ *superl* **best** /best/) bien: *to be well* estar bien ◊ *to get well* reponerse, aliviarse ◆ *adv* (*comp* **better** /ˈbetər/ *superl* **best** /best/) **1** bien **2** (*después de* **can, could, may, might**): *I can well believe it.* Lo creo totalmente. ◊ *I can't very well leave.* No puedo irme sin más. **LOC as well** también ☞ *Ver nota en* TAMBIÉN **as well as** además de **may/might (just) as well do sth**: *We may/might as well go home.* Bien podríamos irnos para la casa. **to do well 1** progresar **2** [*sólo en tiempo continuo*] (*paciente*) recuperarse **well and truly** (*GB, coloq*) completamente *Ver tb* DISPOSED, JUST, MEAN[1], PRETTY

well[3] /wel/ *interj* **1** (*asombro*) ¡vaya!: *Well, look who's here!* ¡Vaya, vaya! Miren quién está aquí. **2** (*resignación*) bueno: *Oh well, that's that then.* Bueno, qué le vamos a hacer. **3** (*interrogación*) ¿y entonces? **4** (*duda*) pues: *Well, I don't know…* Pues, no sé…

well behaved *adj* bien educado: *to be well behaved* portarse bien

well-being /ˈwel biːɪŋ/ *n* bienestar

well-earned /ˈwel ɜːrnd/ *adj* merecido

wellington /ˈwelɪŋtən/ (*tb* **wellington boot**) *n* [*gen pl*] (*esp GB*) bota de caucho

well-kept /ˈwel kept/ *adj* **1** cuidado, bien conservado **2** (*secreto*) bien guardado

well known *adj* muy conocido, famoso: *It's a well-known fact that…* Es sabido que…

well-meaning *adj* bienintencionado

well off *adj* acomodado, rico

well-to-do /ˌwel tə ˈduː/ *adj* acomodado

went *pret de* GO[1]

wept *pret, pp de* WEEP

were /wər, wɜːr/ *pret de* BE

we're /wɪər/ = WE ARE *Ver* BE

weren't /wɜːrnt/ = WERE NOT *Ver* BE

west /west/ ◆ *n* **1** (*tb* **the west**, **the West**) (*abrev* **W**) (el) occidente, (el) oeste: *I live in the west of Scotland.* Vivo en el occidente de Escocia. ◊ *westbound* en/con dirección oeste **2 the West** (el) Occidente, los países occidentales ◆ *adj* occidental, (del) oeste: *west winds* vientos del oeste ◆ *adv* al occidente/oeste: *to travel west* viajar hacia el oeste *Ver tb* WESTWARD(S)

western /ˈwestərn/ ◆ *adj* (*tb* **Western**) occidental, (del) oeste ◆ *n* novela o película del oeste **westerner** *n* occidental

westward(s) /ˈwestwərd(z)/ *adv* hacia el occidente/oeste *Ver tb* WEST *adv*

wet /wet/ ◆ *adj* (**wetter**, **wettest**) **1** mojado: *to get wet* mojarse **2** húmedo: *in wet places* en lugares húmedos

3 (*tiempo*) lluvioso **4** (*pintura, etc.*) fresco ◆ *n* **1 the wet** (*GB*) lluvia: *Come in out of the wet.* Entre y escámpese de la lluvia. **2** humedad ◆ (*pret, pp* **wet** *o* **wetted**) **1** *vt* mojar, humedecer: *to wet the/your bed* hacerse pipí/orinarse en la cama **2** *v refl* **to wet yourself/your pants** orinarse

we've /wiːv/ = WE HAVE *Ver* HAVE

whack /wæk/ ◆ *vt* (*coloq*) dar un buen golpe a ◆ *n* golpe (duro)

whale /weɪl/ *n* ballena

wharf /wɔːrf/ *n* (*pl* **~s** *o* **-ves** /wɔːvz/) muelle

what /wɑt, wʌt/ ◆ *adj interr* qué: *What time is it?* ¿Qué horas son? ◊ *What color is it?* ¿De qué color es? ◆ *pron interr* qué: *What did you say?* ¿Qué dijiste? ◊ *What's her phone number?* ¿Cuál es el número de teléfono de ella? ◊ *What's your name?* ¿Cómo te llamas? LOC **what about...? 1** ¿qué le parece si...? **2** *What about the money you owe me/the risks involved?* ¿Y qué hay del dinero que me debes/del riesgo que implica?

> **¿Which** o **what**? **Which** se refiere a uno o más miembros de un grupo limitado: *Which is your car, this one or that one?* ¿Cuál es tu coche, éste o aquél? **What** se usa cuando el grupo no es tan limitado: *What are your favorite books?* ¿Cuáles son sus libros preferidos?

what if...? ¿y (qué pasa) si...?: *What if it rains?* ¿Y si llueve? ◆ *adj rel, pron rel* el/la/lo que: *what money I have* (toda) la plata que tenga ◊ *I know what you're thinking.* Sé lo que estás pensando. ◆ *adj* qué: *What a pity!* ¡Qué pesar! ◆ *interj* **1 what!** ¡cómo! **2 what?** (*coloq*) ¿qué?, ¿cómo?

whatever /wɑtˈevər/ ◆ *pron* **1** (todo) lo que: *Give whatever you can.* Dé lo que pueda. **2** *whatever happens* pase lo que pase LOC **or whatever** (*coloq*) o el/la/lo que sea: *...basketball, swimming or whatever.* ...basketball, natación o el que sea. ◆ *adj* cualquier: *I'll be in whatever time you come.* Voy a estar a cualquier hora que venga. ◆ *pron interr* qué (demonios): *Whatever can it be?* ¿Qué demonios puede ser? ◆ *adv* (*tb* **whatsoever**) en absoluto: *nothing whatsoever* nada en absoluto

wheat /wiːt/ *n* trigo

wheel /wiːl/ ◆ *n* **1** rueda **2** cabrilla, timón ◆ **1** *vt* (*bicicleta, etc.*) empujar **2** *vt* (*persona*) llevar **3** *vi* (*pájaro*) revolotear **4** *vi* ~ **(a)round** voltearse

wheelbarrow /ˈwiːlbæroʊ/ (*GB tb* **barrow**) *n* carreta (*de mano*)

wheelchair /ˈwiːltʃeər/ *n* silla de ruedas

wheeze /wiːz/ *vi* respirar con dificultad, resollar

when /wen/ ◆ *adv interr* cuándo: *When did he die?* ¿Cuándo murió? ◊ *I don't know when she arrived.* No sé cuándo llegó. ◆ *adv rel* en (el/la/los/las) que: *There are times when...* Hay veces en que... ◆ *conj* cuando: *It was raining when I arrived.* Estaba lloviendo cuando llegué. ◊ *I'll call you when I'm ready.* Te llamo cuando esté lista.

whenever /wenˈevər/ *conj* **1** cuando: *Come whenever you like.* Venga cuando quiera. **2** (*todas las veces que*) cuando, siempre que: *You can borrow my car whenever you want.* Puedes usar mi carro cuando/siempre que quieras.

where /weər/ ◆ *adv interr* dónde: *Where are you going?* ¿Adónde vas? ◊ *I don't know where it is.* No sé dónde está. ◆ *adv rel* donde: *the town where I was born* el pueblo en que nací ◆ *conj* donde: *Stay where you are.* Quédese donde está.

whereabouts /ˈweərəˈbaʊts/ ◆ *adv interr* dónde ◆ *n* [*v sing o pl*] paradero

whereas /ˌweərˈæz/ *conj* (*formal*) mientras que

whereby /weərˈbaɪ/ *adv rel* (*formal*) según/por el/la/lo cual

whereupon /ˌweərəˈpɑn/ *conj* tras lo cual

wherever /ˌweərˈevər/ ◆ *conj* dondequiera que: *wherever you like* donde quieras ◆ *adv interr* dónde (demonios)

whet /wet/ *vt* (**-tt-**) LOC **to whet sb's appetite** abrirle el apetito a algn

whether /ˈweðər/ *conj* si: *I'm not sure whether to resign or stay on.* No sé si renunciar o continuar. ◊ *It depends on whether the letter arrives on time.* Depende de si la carta llega a tiempo LOC **whether or not**: *whether or not it rains/whether it rains or not* tanto si llueve como si no

which /wɪtʃ/ ◆ *adj interr* qué: *Which book did you take?* ¿Qué libro te llevaste? ◊ *Do you know which one is* *yours?* ¿Sabe cuál es el suyo? ☛ *Ver nota en* WHAT ◆ *pron interr* cuál: *Which is your favorite?* ¿Cuál es tu preferido? ☛ *Ver nota en* WHAT ◆ *adj rel, pron rel* **1** [*sujeto*] que: *the book which is on the table* el libro que está sobre la mesa **2** [*complemento*] que: *the article (which) I read yesterday* el artículo que leí ayer **3** (*formal*) [*después de preposición*] el/la/lo cual: *her work, about which I know nothing...* el trabajo de ella, del cual no sé nada... ◊ *in which case* en cuyo caso ◊ *the bag in which I put it* la bolsa en la que lo puse ☛ Este uso es muy formal. Lo más normal es poner la preposición al final: *the bag which I put it in.*

whichever /wɪtʃˈevər/ **1** *pron* el/la que: *whichever you like* el que usted quiera **2** *adj* cualquiera: *It's the same, whichever route you take.* No importa la ruta que elijas.

whiff /wɪf/ *n* olor pasajero: *to have a whiff of sth* oler algo

while /waɪl/ ◆ *n* [*sing*] tiempo, rato: *for a while* durante un rato **LOC** *Ver* ONCE, WORTH ◆ *conj* (*GB tb* **whilst** /waɪlst/) **1** (*tiempo*) mientras **2** (*contraste*) mientras (que): *I drink coffee while she prefers tea.* Yo tomo café, mientras que ella prefiere el té. **3** (*formal*) aunque: *While I admit that...* Aunque admito que... **LOC while you're at it** ya que estás, vas, etc. ◆ **PHR V to while sth away** pasar algo: *to while the morning away* pasar la mañana

whim /wɪm/ *n* capricho, antojo

whimper /ˈwɪmpər/ ◆ *vi* lloriquear ◆ *n* lloriqueo

whip /wɪp/ ◆ *n* **1** azote, látigo **2** (*Pol*) diputado, -a encargado, -a de la disciplina de su grupo parlamentario ◆ *vt* **1** azotar **2** ~ **sth (up) (into sth)** (*Cocina*) batir algo (hasta obtener algo): *whipped cream* crema batida **PHR V to whip sth up 1** preparar algo rápidamente **2** causar algo

whirl /wɜːrl/ ◆ **1** *vt, vi* (hacer) girar **2** *vi* (*hojas*) arremolinarse **3** *vi* (*cabeza*) dar vueltas ◆ *n* [*sing*] **1** giro **2** remolino: *a whirl of dust* un remolino de polvo **3** (*fig*) torbellino: *My head is in a whirl.* La cabeza me da vueltas.

whirlpool /ˈwɜːrlpuːl/ *n* remolino

whirlwind /ˈwɜːrlwɪnd/ ◆ *n* torbellino ◆ *adj* (*fig*) relámpago

whirr (*esp USA* **whir**) /wɜːr/ ◆ *n* zumbido ◆ *vi* zumbar

whisk /wɪsk/ ◆ *n* batidor, batidora (eléctrica) ◆ *vt* (*Cocina*) batir **PHR V to whisk sth/sb away/off** llevarse algo/a algn volando

whiskers /ˈwɪskərz/ *n* [*pl*] **1** (*de animal*) bigotes **2** (*de hombre*) barbas y/o bigotes

whiskey /ˈwɪski/ *n* (*pl* **-eys**) (*esp GB* **whisky**; *pl* **-ies**) whisky

whisper /ˈwɪspər/ ◆ **1** *vi* susurrar **2** *vi* cuchichear **3** *vt* decir en voz baja ◆ *n* **1** cuchicheo **2** susurro

whistle /ˈwɪsl/ ◆ *n* **1** silbido **2** silbato, pito ◆ *vt, vi* silbar, pitar

white /waɪt/ ◆ *adj* (**-er**, **-est**) **1** blanco: *white bread* pan blanco **2** ~ **(with sth)** pálido (de algo) ◆ *n* **1** blanco **2** clara (*de huevo*) ☛ *Comparar con* YOLK

white-collar /ˌwaɪt ˈkɑlər/ *adj* de oficina: *white-collar workers* oficinistas

whiteness /ˈwaɪtnəs/ *n* blancura

White Paper *n* (*GB*) libro blanco (*documento oficial en el que se consigna la política gubernamental sobre algún asunto a considerar por el parlamento*)

whitewash /ˈwaɪtwɑʃ/ ◆ *n* jalbegue ◆ *vt* **1** enjalbegar **2** (*fig*) encubrir

who /huː/ ◆ *pron interr* quién, quiénes: *Who are they?* ¿Quiénes son? ◊ *Who did you meet?* ¿A quién te encontraste? ◊ *Who is it?* ¿Quién es? ◊ *They wanted to know who had called.* Preguntaron quién había llamado. ◆ *pron rel* **1** [*sujeto*] que: *people who eat garlic* gente que come ajo ◊ *the man who wanted to meet you* el hombre que quería conocerte ◊ *all those who want to go* todos los que quieran ir **2** [*complemento*] que: *I bumped into a woman (who) I knew.* Me topé con una mujer a la que conocía. ◊ *the man (who) I had spoken to* el hombre con el que había hablado ☛ *Ver nota en* WHOM

whoever /huːˈevər/ *pron* **1** quien: *Whoever gets the job...* Quien consiga el trabajo... **2** quienquiera que

whole /hoʊl/ ◆ *adj* **1** entero: *a whole bottle* una botella entera **2** (*coloq*) todo: *to forget the whole thing* olvidar todo el asunto ◆ *n* todo: *the whole of August* todo agosto **LOC on the whole** en general

wholehearted /ˌhoʊlˈhɑrtɪd/ *adj*

incondicional **wholeheartedly** sin reservas

wholesale /ˈhoʊlseɪl/ *adj, adv* **1** al por mayor **2** total: *wholesale destruction* destrucción total

wholesome /ˈhoʊlsəm/ *adj* sano, saludable

whole wheat *adj* integral: *whole wheat bread* pan integral

wholly /ˈhoʊlli/ *adv* totalmente

whom /huːm/ ◆ *pron interr (formal)* a quién: *Whom did you meet there?* ¿Con quién se encontró allá? ◊ *To whom did you give the money?* ¿A quién diste la plata? ☛ Este uso es muy formal. Lo más normal es decir: *Who did you meet there?* ◊ *Who did you give the money to?* ◆ *pron rel (formal)*: *the investors, some of whom bought shares* los inversores, algunos de los cuales compraron acciones ◊ *the person to whom this letter was addressed* la persona a quien iba dirigida esta carta ☛ Este uso es muy formal. Sería mucho más corriente decir: *the person this letter was addressed to.*

whose /huːz/ ◆ *pron interr, adj interr* de quién: *Whose house is that?* ¿De quién es esa casa? ◊ *I wonder whose it is.* Me pregunto de quién es. ◆ *adj rel* cuyo, -a, -os, -as: *the people whose house we stayed in* las personas en cuya casa estuvimos

why /waɪ/ *adv interr, adv rel* por qué: *Why was she so late?* ¿Por qué llegó tan tarde? ◊ *the reason why he could not attend* la razón por la cual no pudo asistir LOC **why not** por qué no: *Why not go to the movies?* ¿Por qué no vamos al teatro?

wicked /ˈwɪkɪd/ *adj* (**-er**, **-est**) **1** malvado **2** malicioso **wickedness** *n* maldad

wicker /ˈwɪkər/ *n* mimbre

wicket /ˈwɪkɪt/ *n* **1** meta, palos **2** terreno

wide /waɪd/ ◆ *adj* (**wider**, **widest**) **1** (*fig*) amplio: *a wide range of possibilities* una amplia gama de posibilidades **2** ancho: *How wide is it?* ¿Cuánto tiene de ancho? ◊ *It's two feet wide.* Tiene dos pies de ancho. ☛ *Ver nota en* BROAD **3** extenso ◆ *adv* muy: *wide awake* completamente despierto LOC **wide open** abierto de par en par *Ver tb* FAR

widely *adv* extensamente, mucho: *widely used* muy utilizado **widen** *vt, vi* ensanchar(se), ampliar(se)

wide-ranging /ˌwaɪd ˈreɪndʒɪŋ/ *adj* de gran alcance (*investigación, etc.*), muy diverso

widespread /ˈwaɪdspred/ *adj* general, difundido

widow /ˈwɪdoʊ/ *n* viuda **widowed** *adj* viudo **widower** *n* viudo

width /wɪdθ, wɪtθ/ *n* anchura, ancho

wield /wiːld/ *vt* **1** (*arma, etc.*) empuñar, blandir **2** (*poder*) ejercer

wife /waɪf/ *n* (*pl* **wives** /waɪvz/) esposa, mujer

wig /wɪg/ *n* peluca

wiggle /ˈwɪgl/ *vt, vi* (*coloq*) menear(se)

wild /waɪld/ ◆ *adj* (**-er**, **-est**) **1** salvaje **2** (*planta*) silvestre **3** (*paisaje*) agreste **4** (*tiempo*) tempestuoso **5** desenfrenado **6** (*enojado*) furioso **7** (*coloq*) (*entusiasmado*) loco ◆ *n* **1 the wild** la selva: *in the wild* en estado salvaje **2 the wilds** [*pl*] (las) tierras remotas

wilderness /ˈwɪldərnəs/ *n* **1** tierra no cultivada, desierto **2** (*fig*) selva

wildlife /ˈwaɪldlaɪf/ *n* flora y fauna

wildly /ˈwaɪldli/ *adv* **1** locamente, como loco **2** violentamente, furiosamente

will /wɪl/ ◆ (*contracción* **'ll** *neg* **will not** *o* **won't** /woʊnt/) *v aux* para formar el futuro: *He'll come, won't he?* Vendrá, ¿verdad? ◊ *I hope it won't rain.* Espero que no llueva. ◊ *That'll be the mailman.* Ese debe de ser el cartero. ◊ *You'll do as you're told.* Harás lo que te manden. ☛ *Ver nota en* SHALL ◆ *v modal*

> **Will** es un verbo modal al que sigue un infinitivo sin TO, y las oraciones interrogativas y negativas se construyen sin el auxiliar *do.*

1 (*voluntad, determinación*): *She won't go.* No quiere ir. ◊ *Will the car start?* ¿El carro arranca o no arranca? ☛ *Ver nota en* SHALL **2** (*oferta, petición*): *Will you help me?* ¿Puedes ayudarme? ◊ *Will you stay for tea?* ¿Quiere quedarse a tomar té? ◊ *Won't you sit down?* ¿No quiere sentarse? **3** (*regla general*): *Oil will float on water.* El aceite flota en el agua. ◆ *n* **1** voluntad **2** deseo **3** (*t* **testament**) testamento LOC **at wi**[ll] libremente *Ver tb* FREE

willful (*esp GB* **wilful**) /ˈwɪlfl/ *adj* (*pe*

1 (*acto*) voluntario, intencionado **2** (*delito*) premeditado **3** (*persona*) testarudo **willfully** *adv* deliberadamente

willing /ˈwɪlɪŋ/ *adj* **1** complaciente, bien dispuesto **2** ~ (**to do sth**) dispuesto (a hacer algo) **3** (*apoyo, etc.*) espontáneo **willingly** *adv* voluntariamente, de buena gana **willingness** *n* **1** buena voluntad **2** ~ (**to do sth**) voluntad (de hacer algo)

willow /ˈwɪloʊ/ (*tb* **willow tree**) *n* sauce

willpower /ˈwɪlpaʊər/ *n* fuerza de voluntad

wilt /wɪlt/ *vi* **1** marchitarse **2** (*fig*) decaer

win /wɪn/ ◆ (**-nn-**) (*pret, pp* **won** /wʌn/) **1** *vi* ganar **2** *vt* ganar, llevarse **3** *vt* (*victoria*) conseguir, lograr **4** *vt* (*apoyo, amigos*) ganarse, granjearse **LOC** *Ver* TOSS **PHR V to win sth/sb back** recuperar algo/a algn **to win sb over/around (to sth)** convencer a algn (de que haga algo) ◆ *n* victoria

wince /wɪns/ *vi* **1** hacer una mueca de dolor **2** hacer un gesto de disgusto

wind¹ /wɪnd/ *n* **1** viento **2** aliento, resuello **3** [*incontable*] gases (*en los intestinos*) **LOC to get wind of sth** enterarse de algo *Ver tb* CAUTION

wind² /waɪnd/ (*pret, pp* **wound** /waʊnd/) **1** *vi* serpentear **2** *vt* ~ **sth around/onto sth** enrollar algo alrededor de algo **3** *vt* ~ **sth (up)** dar cuerda a algo **PHR V to wind down 1** (*persona*) relajarse **2** (*actividad*) llegar a su fin **to wind sb up** (*GB, coloq*) **1** darle cuerda a algn **2** (*fastidiar*) provocar a algn **to wind (sth) up** terminar (algo), concluir (algo) **to wind sth up** liquidar algo (*negocio*) **winding** *adj* **1** tortuoso, serpenteante **2** (*escalera*) de caracol

windfall /ˈwɪndfɔːl/ *n* **1** fruta caída (del árbol) **2** (*fig*) sorpresa caída del cielo

windmill /ˈwɪndmɪl/ *n* molino de viento

window /ˈwɪndoʊ/ *n* **1** ventana: *windowsill/window ledge* alféizar **2** (*carro, taquilla*) ventanilla **3** (*tb* **windowpane**) cristal **4** vitrina: *to go window shopping* ir a vitrinear

windshield /ˈwɪndʃiːld/ (*GB* **windscreen**) /ˈwɪndskriːn/ *n* parabrisas: (*windshield*) *wiper* limpiabrisas

windsurfing /ˈwɪndsɜːrfɪŋ/ *n* windsurf

windy /ˈwɪndi/ *adj* (**-ier**, **-iest**) **1** de mucho viento **2** (*lugar*) expuesto al viento

wine /waɪn/ *n* vino: *wine glass* copa (para vino)

wing /wɪŋ/ *n* **1** (*gen, Arquit, Pol*) ala: *the right/left wing of the party* el ala derecha/izquierda del partido **2** (*GB, vehículo*) (*USA* **fender**) guardabarros, tapabarros **3 the wings** [*pl*] (*Teat*) bastidores

wink /wɪŋk/ ◆ **1** *vi* ~ (**at sb**) guiñar el ojo (a algn) **2** *vi* (*luz*) parpadear **3** *vt* (*ojo*) guiñar ◆ *n* guiño

winner /ˈwɪnər/ *n* ganador, -ora

winning /ˈwɪnɪŋ/ *adj* **1** ganador **2** premiado **3** (*sonrisa, persona*) cautivador, encantador **winnings** *n* [*pl*] ganancias

winter /ˈwɪntər/ ◆ *n* invierno ◆ *vi* invernar, pasar el invierno

wipe /waɪp/ *vt* **1** ~ **sth (from/off sth) (on/with sth)** limpiar(se), secar(se) algo (de algo) (con algo) **2** ~ **sth (from/off sth)** (*eliminar*) borrar algo (de algo) **3** ~ **sth across, onto, over, etc. sth** pasar algo por algo **PHR V to wipe sth away/off/up** limpiar algo, secar algo **to wipe sth out 1** destruir algo **2** (*enfermedad, crimen*) erradicar algo

wire /ˈwaɪər/ ◆ *n* **1** alambre **2** (*Electrón*) cable **3** [*sing*] alambrado a **4** (*USA*) telegrama ◆ *vt* **1** ~ **sth (up)** hacer la instalación eléctrica de algo **2** ~ **sth (up) to sth** conectar algo a algo **3** (*USA*) poner un telegrama **wiring** *n* [*incontable*] **1** instalación eléctrica **2** cables

wireless /ˈwaɪərləs/ *n* (*antic*) **1** radio (*electrodoméstico*) **2** radiotransmisor

wisdom /ˈwɪzdəm/ *n* **1** sabiduría: *wisdom tooth* muela cordal/del juicio **2** prudencia, cordura **LOC** *Ver* CONVENTION

wise /waɪz/ *adj* (**wiser**, **wisest**) **1** acertado, prudente **2** sabio **LOC to be no wiser/none the wiser**; **not to be any the wiser** seguir sin entender nada

wish /wɪʃ/ ◆ **1** *vi* ~ **for sth** desear algo **2** *vt* ~ **sb sth** desear algo a algn **3** *vt* (*formal*) querer **4** *vt* (*que no se puede realizar*): *I wish he'd go away.* ¡Ojalá se fuera! ◊ *She wished she had gone.* Se arrepintió de no haber ido. ☛ El uso de **were**, y no **was**, con **I, he** o **she** después de **wish** se considera más correcto: *I wish I were rich!* ¡Ojalá fuera rico! **5** *vi* pedir un deseo ◆ *n* **1** ~ **(for sth/to do sth)** deseo (de algo/de hacer algo): *against my wishes* contra mi voluntad **2 wishes** [*pl*]: (*with*) *best wishes, Mary* un abrazo de Mary **LOC** *Ver* BEST **wishful** *adj* **LOC wishful thinking**: *It's wishful thinking on my part.* Me estoy haciendo ilusiones.

wistful /ˈwɪstfl/ *adj* triste, melancólico

wit /wɪt/ *n* **1** ingenio **2** (*persona*) persona ingeniosa **3 wits** [*pl*] inteligencia, juicio **LOC to be at your wits' end** estar para volverse loco **to be frightened/terrified/scared out of your wits** estar muerto de miedo

witch /wɪtʃ/ *n* bruja

witchcraft /ˈwɪtʃkræft; *GB* -krɑːft/ *n* [*incontable*] brujería

witch-hunt /ˈwɪtʃ hʌnt/ *n* (*lit y fig*) caza de brujas

with /wɪð, wɪθ/ *prep* **1** con: *I'll be with you in a minute.* Un minuto y estoy contigo. ◊ *He's with ICI.* Está trabajando en ICI. **2** (*descripciones*) de, con: *the man with the scar* el hombre de la cicatriz ◊ *a house with a garden* una casa con jardín **3** de: *Fill the glass with water.* Llene el vaso de agua. **4** (*apoyo y conformidad*): *The public are with the miners.* La gente está con los mineros. ◊ *I'm with you all the way.* Estoy completamente de acuerdo contigo. **5** (*a causa de*) de: *to tremble with fear* temblar de miedo **LOC to be with sb** (*coloq*) seguir lo que algn dice: *I'm not with you.* No te entiendo. **with it** (*coloq*) **1** al día **2** de moda ☛ Para los usos de **with** en PHRASAL VERBS ver las entradas de los verbos correspondientes, p.ej. **to bear with** en BEAR.

withdraw /wɪðˈdrɔː, wɪθˈd-/ (*pret* **withdrew** /-ˈdruː/ *pp* **withdrawn** /-ˈdrɔːn/) **1** *vt, vi* retirar(se) **2** *vt* (*dinero*) retirar **3** *vt* (*formal*) (*palabras*) retractarse de **withdrawal** /-ˈdrɔːəl/ *n* **1** retirada, retiro **2** (*Med*): *withdrawal symptoms* síndrome de abstinencia **withdrawn** *adj* introvertido

wither /ˈwɪðər/ *vt, vi* ~ **(sth) (away/up)** marchitar algo/marchitarse, secar algo/secarse

withhold /wɪθˈhoʊld, wɪðˈh-/ *vt* (*pret, pp* **withheld** /-ˈheld/) (*formal*) **1** retener **2** (*información*) ocultar **3** (*consentimiento*) negar

within /wɪˈðɪn, -ˈθɪn/ ◆ *prep* **1** (*tiempo*) en el plazo de: *within a month of having left* al mes de haberse ido **2** (*distancia*) a menos de **3** al alcance de: *It's within walking distance.* Se puede ir a pie. **4** (*formal*) dentro de ◆ *adv* (*formal*) dentro

without /wɪˈðaʊt, -ˈθaʊt/ *prep* sin: *without saying goodbye* sin despedirse ◊ *without him/his knowing* sin que él supiera nada

withstand /wɪðˈstænd, wɪθˈstænd/ *vt* (*pret, pp* **withstood** /-ˈstʊd/) (*formal*) resistir

witness /ˈwɪtnəs/ ◆ *n* ~ **(to sth)** testigo, -a (de algo) ◆ *vt* **1** presenciar **2** ser testigo de

witness stand (*GB* **witness box**) *n* estrado

witty /ˈwɪti/ *adj* (**-ier**, **-iest**) chistoso, ingenioso

wives *plural de* WIFE

wizard /ˈwɪzərd/ *n* mago, hechicero

wobble /ˈwɑbl/ **1** *vi* (*persona*) tambalearse **2** *vi* (*silla*) cojear **3** *vi* (*gelatina*) temblar **4** *vt* mover **wobbly** *adj* (*coloq*) **1** que se tambalea **2** cojo **3** *a wobbly tooth* (*GB*) un diente flojo

woe /woʊ/ *n* desgracia **LOC woe betide (sb)** pobre de (algn): *Woe betide me if I forget!* ¡Pobre de mí si se me olvida!

wok /wɑk/ *n* sartén chino para freír verduras, etc. ☛ *Ver dibujo en* SAUCEPAN

woke *pret de* WAKE

woken *pp de* WAKE

wolf /wʊlf/ *n* (*pl* **wolves** /wʊlvz/) lobo *Ver tb* PACK

woman /ˈwʊmən/ *n* (*pl* **women** /ˈwɪmɪn/) mujer

womb /wuːm/ *n* matriz (*Anat*)

won *pret, pp de* WIN

wonder /ˈwʌndər/ ◆ **1** (*formal*) *vi* ~ **(at sth)** admirarse (de algo) **2** *vt, vi* preguntarse: *It makes you wonder.* Te hace pensar. ◊ *I wonder if/whether he's coming.* Me pregunto si va a venir. ◆ *n* **1** asombro **2** maravilla **LOC it's a wonder (that)...** es un milagro (que)... **no wonder (that...)** no es de extrañar (que)... *Ver tb* MIRACLE

wonderful /ˈwʌndərfl/ *adj* maravilloso, estupendo

won't /woʊnt/ = WILL NOT *Ver* WILL

wood /wʊd/ *n* **1** madera **2** leña **3** [*a menudo pl*] bosque: *We went into the woods.* Fuimos al bosque. **LOC** *Ver* TOUCH[1] **wooded** *adj* arbolado **wooden** *adj* **1** de madera **2** (*pierna*) de palo **3** (*cara*) inexpresivo

woodland /ˈwʊdlənd/ *n* bosque

woodwind /ˈwʊdwɪnd/ *n* instrumentos de viento (*de madera*)

woodwork /ˈwʊdwɜːrk/ *n* **1** molduras **2** carpintería, ebanistería

wool /wʊl/ *n* lana **woolen** (*GB* **woollen**) (*tb* **wooly**, *GB* **woolly**) *adj* de lana

word /wɜːrd/ ◆ *n* palabra
LOC in other words en otras palabras, es decir **to give sb your word (that...)** dar su palabra a algn (de que...) **to have a word (with sb) (about sth)** hablar (con algn) (de algo) **to keep/break your word** cumplir/faltar a su palabra **to put in/say a (good) word for sb** recomendar a algn, interceder por algn **to take sb's word for it (that...)** creer a algn (cuando dice que...) **without a word** sin decir palabra **words to that effect**: *He told me to get out, or words to that effect.* Me dijo que me fuera, o algo parecido. *Ver tb* BREATHE, EAT, LAST, MARK[2], MINCE, PLAY ◆ *vt* expresar, redactar **wording** *n* términos, texto

word processor *n* procesador de palabras **word processing** procesamiento de palabras

wore *pret de* WEAR

work[1] /wɜːrk/ *n* **1** [*incontable*] trabajo: *to leave work* salir del trabajo ◊ *work experience* experiencia laboral/profesional **2** obra: *Is this your own work?* ¿Lo hizo usted sola? ◊ *a piece of work* una obra/un trabajo **3** obra: *the complete works of Shakespeare* las obras completas de Shakespeare **4 works** [*pl*] (*esp GB*) obras: *Danger! Works ahead.* ¡Peligro! Obras en la vía. ☛ La palabra más normal es **roadworks**.
LOC at work en el trabajo **to get (down)/go/set to work (on sth/to do sth)** ponerse a trabajar (en algo/para hacer algo) *Ver tb* STROKE[1]

Las palabras **work** y **job** se diferencian en que **work** es incontable y **job** es contable: *I've found work/a new job at the hospital.* Encontré un trabajo en el hospital. **Employment** es más formal que **work** y **job**, y se utiliza para referirse a la condición de los que tienen empleo: *Many women are in part-time employment.* Muchas mujeres tienen trabajos de medio tiempo. **Occupation** es el término que se utiliza en los impresos oficiales: *Occupation: student* Profesión: estudiante. **Profession** se utiliza para referirse a los trabajos que requieren una carrera universitaria: *the medical profession* la profesión médica. **Trade** se usa para designar los oficios que requieren una formación especial: *He's a carpenter by trade.* Es carpintero de profesión.

work[2] /wɜːrk/ (*pret, pp* **worked**) **1** *vi* ~ **(away) (at/on sth)** trabajar (en algo): *to work as a lawyer* trabajar de abogado ◊ *to work on the assumption that...* basarse en la suposición de que... **2** *vi* ~ **for sth** esforzarse por algo/por hacer algo **3** *vi* (*Mec*) funcionar **4** *vi* surtir efecto: *It will never work.* No va a ser factible. **5** *vt* (*máquina, etc.*) manejar **6** *vt* (*persona*) hacer trabajar **7** *vt* (*mina, etc.*) explotar **8** *vt* (*tierra*) cultivar
LOC to work free/loose, etc. soltar(se), aflojar(se) **to work like a charm** (*coloq*) tener un efecto mágico **to work your fingers to the bone** matarse trabajando *Ver tb* MIRACLE
PHR V to work out 1 resultar, salir **2** resolverse **3** hacer ejercicio **to work sth out 1** calcular algo **2** solucionar algo **3** planear algo, elaborar algo **to work sth up 1** desarrollar algo **2** *to work up an appetite* abrir el apetito **to work sb up (into sth)** estimular a algn (hasta algo): *to get worked up* exaltarse **workable** *adj* práctico, factible

worker /ˈwɜːrkər/ *n* **1** trabajador, -ora **2** obrero, -a

workforce /ˈwɜːrkfɔːrs/ *n* mano de obra

working /ˈwɜːrkɪŋ/ ◆ *adj* **1** activo **2** de trabajo **3** laboral, laborable **4** que funciona **5** (*conocimiento*) básico **LOC** *Ver* ORDER
◆ *n* **workings** [*pl*] ~ **(of sth)** funcionamiento (de algo)

working class ◆ *n* (*tb* **working classes**) clase obrera ◆ *adj* (*USA*) (*tb* **blue-collar**) de clase obrera

workload /ˈwɜːrkloʊd/ *n* cantidad de trabajo

workman /ˈwɜːrkmən/ *n* (*pl* **-men** /-mən/) obrero **workmanship** *n* **1** (*de persona*) arte **2** (*de producto*) fabricación

workmate /ˈwɜːrkmeɪt/ (*GB*) (*USA* **coworker**) *n* compañero, -a de trabajo

workplace /ˈwɜːrkpleɪs/ *n* lugar de trabajo

workshop /ˈwɜːrkʃɑp/ *n* taller

worktop /ˈwɜːrktɑp/ *n* (*GB*) (*USA* **counter(top)**) superficie para trabajo (*cocina, taller*)

world /wɜːrld/ *n* **1** mundo: *all over the world/the world over* por el mundo entero ◊ *world-famous* famoso en el mundo entero **2** mundial, universal: *the world population* la población mundial **LOC** *Ver* SMALL, THINK **worldly** *adj* (**-ier**, **-iest**) **1** mundano **2** (*bienes*) terrenal **3** de mundo

worldwide /ˈwɜːrldwaɪd/ ◆ *adj* mundial, universal ◆ *adv* por todo el mundo

worm /wɜːrm/ *n* **1** gusano **2** (*tb* **earthworm**) lombriz **LOC** *Ver* EARLY

worn *pp de* WEAR

worn out *adj* **1** gastado **2** (*persona*) agotado

worry /ˈwʌri/ ◆ (*pret, pp* **worried**) **1** *vi* ~ (**yourself**) (**about sth/sb**) preocuparse (por algo/algn) **2** *vt* preocupar, inquietar: *to be worried by sth* preocuparse por algo ◆ *n* (*pl* **-ies**) **1** [*incontable*] intranquilidad **2** problema: *financial worries* problemas económicos **worried** *adj* **1** ~ (**about sth/sb**) preocupado (por algo/algn) **2 to be ~ that…** preocuparle a algn que…: *I'm worried that he might get lost.* Me preocupa que se pueda perder. **worrying** *adj* inquietante, preocupante

worse /wɜːrs/ ◆ *adj* (*comp de* **bad**) ~ (**than sth/than doing sth**) peor (que algo/que hacer algo): *to get worse* empeorar *Ver tb* BAD, WORST **LOC to make matters/things worse** para colmo (de desgracias) ◆ *adv* (*comp de* **badly**) peor: *She speaks German even worse than I do.* Habla alemán incluso peor que yo. ◆ *n* lo peor: *to take a turn for the worse* empeorar **worsen** *vt, vi* empeorar, agravar(se)

worship /ˈwɜːrʃɪp/ ◆ *n* **1** ~ (**of sth/sb**) veneración (de algo/algn) **2** ~ (**of sth/sb**) (*Relig*) culto (a algo/algn) ◆ (**-p-**, *GB* **-pp-**) **1** *vt, vi* adorar **2** *vt* rendir culto a **worshipper** *n* devoto, -a

worst /wɜːrst/ ◆ *adj* (*superl de* **bad**) peor: *My worst fears were confirmed.* Pasó lo que más me temía. *Ver tb* BAD, WORSE ◆ *adv* (*superl de* **badly**) peor: *the worst hit areas* las áreas más afectadas ◆ **the worst** *n* lo peor **LOC at (the) worst; if the worst comes to the worst** en el peor de los casos

worth /wɜːrθ/ ◆ *adj* **1** con un valor de, que vale: *to be worth $5* valer cinco dólares **2** *It's worth reading.* Vale la pena leerlo. **LOC to be worth it** valer la pena **to be worth sb's while** valer la pena ◆ *n* **1** valor **2** (*en dinero*): *$10 worth of gas* diez dólares de gasolina **3** (*en tiempo*): *two weeks' worth of supplies* suministros para dos semanas **LOC** *Ver* MONEY **worthless** *adj* **1** sin valor **2** (*persona*) despreciable

worthwhile /ˌwɜːrθˈwaɪl/ *adj* que vale la pena: *to be worthwhile doing/to do sth* valer la pena hacer algo

worthy /ˈwɜːrði/ *adj* (**-ier**, **-iest**) **1** meritorio: *to be worthy of sth* ser digno de algo **2** (*causa*) noble **3** (*persona*) respetable

would /wəd, wʊd/ ◆ (*contracción* **'d** *neg* **would not** *o* **wouldn't** /ˈwʊdnt/) *v aux* (*condicional*): *Would you do it if I paid you?* ¿Lo haría si le pagara? ◊ *He said he would come at five.* Dijo que vendría a las cinco. ◆ *v modal*

Would es un verbo modal al que sigue un infinitivo sin TO, y las oraciones interrogativas y negativas se construyen sin el auxiliar *do*.

1 (*oferta, petición*): *Would you like a drink?* ¿Quiere tomar algo? ◊ *Would you come this way?* ¿Quiere venir por acá? **2** (*propósito*): *I left a note so (that) they'd call us.* Dejé una nota para que nos llamaran. **3** (*voluntad*): *He wouldn't shake my hand.* No quería darme la mano.

wouldn't = WOULD NOT *Ver* WOULD

wound[1] /wuːnd/ ◆ *n* herida ◆ *vt* herir: *He was wounded in the back during the war.* Recibió una herida en la espalda durante la guerra. **the wounded** *n* [*pl*] los heridos ☛ *Ver nota en* HERIDA

wound² *pret, pp de* WIND²

wove *pret de* WEAVE

woven *pp de* WEAVE

wow! /waʊ/ *interj* (*coloq*) ¡guau!, ¡huy!

wrangle /ˈræŋgl/ ◆ *n* ~ (**about/over sth**) disputa (sobre algo) ◆ *vi* discutir

wrap /ræp/ ◆ *vt* (**-pp-**) **1** ~ **sth/sb** (**up**) envolver algo/a algn **2** ~ **sth** (**a**)**round sth/sb** atar algo alrededor de algo/algn LOC **to be wrapped up in sth/sb** estar, entregado/dedicado a algo/algn, estar absorto en algo PHR V **to wrap** (**sb/yourself**) **up** (*GB*) abrigar a algn/abrigarse **to wrap sth up** (*coloq*) concluir algo ◆ *n* chal **wrapper** *n* envoltura **wrapping** *n* envoltura: *wrapping paper* papel de envolver, papel de regalo

wrath /ræθ; *GB* rɒθ/ *n* (*formal*) ira

wreath /ri:θ/ *n* (*pl* ~**s** /ri:ðz/) corona (*funeraria*)

wreck /rek/ ◆ *n* **1** naufragio **2** (*coloq, fig*) ruina **3** carcacha ◆ *vt* destrozar, echar abajo **wreckage** *n* restos (*accidente, etc.*)

wrench /rentʃ/ ◆ *vt* **1** ~ **sth off** (**sth**) arrancar algo (de algo) (*de un tirón*) **2** ~ **sth out of sth** sacar algo (de algo) (*de un tirón*) ◆ *n* **1** tirón **2** (*fig*) golpe **3** (*GB tb* **spanner**) llave (*herramienta*)

wrestle /ˈresl/ *vi* (*Dep, fig*) luchar **wrestler** *n* luchador, -ora **wrestling** *n* lucha libre

wretch /retʃ/ *n* desgraciado, -a

wretched /ˈretʃɪd/ *adj* **1** desgraciado, desconsolado **2** (*coloq*) maldito

wriggle /ˈrɪgl/ *vt, vi* **1** ~ (**about**) menear(se), mover(se) **2** retorcer(se): *to wriggle free* lograr soltarse

wring /rɪŋ/ *vt* (*pret, pp* **wrung** /rʌŋ/) **1** ~ **sth** (**out**) retorcer, exprimir algo **2** ~ **sth** (**out**) (*trapo*) escurrir algo **3** ~ **sth out of/from sb** sacarle algo a algn LOC **to wring sb's neck** (*coloq*) retorcerle el pescuezo a algn

wrinkle /ˈrɪŋkl/ ◆ *n* arruga ◆ **1** *vt, vi* arrugar(se) **2** *vt* (*ceño*) fruncir **3** *vt* (*nariz*) arrugar

wrist /rɪst/ *n* muñeca

write /raɪt/ *vt, vi* (*pret* **wrote** /roʊt/ *pp* **written** /ˈrɪtn/) escribir
PHR V **to write back** (**to sb**) contestar(le a algn)
to write sth down anotar algo
to write off/away (**to sth/sb**) **for sth** escribir (a algo/algn) pidiendo algo **to write sth off 1** anular algo, borrar algo (*cuenta incobrable*) **2** dar algo de baja **3** destrozar algo **to write sth/sb off** (**as sth**) desechar algo/a algn (por algo) **to write sth out 1** escribir algo (en limpio) **2** copiar algo
to write sth up redactar algo

write-off /ˈraɪt ɔ:f; *GB* -ɒf/ *n* (*GB*) desastre: *The car was a write-off.* Al carro lo declararon siniestro total.

writer /ˈraɪtər/ *n* escritor, -ora

writhe /raɪð/ *vi* retorcerse: *to writhe in agony* retorcerse de dolor

writing /ˈraɪtɪŋ/ *n* **1** escribir, escritura **2** escrito **3** estilo de redacción **4** letra **5** **writings** [*pl*] obras LOC **in writing** por escrito

written /ˈrɪtn/ ◆ *adj* por escrito ◆ *pp de* WRITE

wrong /rɔ:ŋ; *GB* rɒŋ/ ◆ *adj* **1** malo, injusto: *It is wrong to…* No está bien… ◊ *He was wrong to say that.* Hizo mal en decir eso. **2** equivocado, incorrecto, falso: *to be wrong* estar equivocado/equivocarse **3** inoportuno, equivocado: *the wrong way up/round* boca abajo/al revés **4** *What's wrong?* ¿Qué pasa? LOC *Ver* SIDE ◆ *adv* mal, equivocadamente, incorrectamente *Ver tb* WRONGLY LOC **to get sb wrong** (*coloq*) malinterpretar a algn **to get sth wrong** equivocarse en algo **to go wrong 1** equivocarse **2** (*máquina*) dañarse **3** salir/ir mal ◆ *n* **1** mal **2** (*formal*) injusticia LOC **to be in the wrong** (*fml*) estar equivocado **wrongful** *adj* injusto, ilegal **wrongly** *adv* equivocadamente, incorrectamente

wrote *pret de* WRITE

wrought iron /ˌrɔ:t ˈaɪən/ *n* hierro forjado

wrung *pret, pp de* WRING

Xx

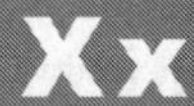

X, x /eks/ *n* (*pl* **X's**, **x's** /ˈeksɪz/) X, x: *X as in xylophone* X de xilófono ☛ *Ver ejemplos en* A, A

Xmas /ˈkrɪsməs/ *n* (*coloq*) Navidad

X-ray /ˈeks reɪ/ *n* radiografía: *X-rays* rayos X

xylophone /ˈzaɪləfoʊn/ *n* xilófono

Yy

Y, y /waɪ/ *n* (*pl* **Y's**, **y's** /waɪz/) Y, y: *Y as in yellow* Y de yuca ☛ *Ver ejemplos en* A, A

yacht /jɑt/ *n* yate **yachting** *n* navegación en yate

yank /jæŋk/ *vt, vi* (*coloq*) dar un tirón brusco (a) **PHR V to yank sth off/out** quitar/sacar algo de un tirón

Yankee /ˈjæŋki/ (*tb* **Yank**) *n* (*coloq*) yanqui

yard /jɑrd/ *n* **1** jardín **2** (*GB*) patio **3** (*abrev* **yd**) yarda (*0/9144 m*)

yardstick /ˈjɑrdstɪk/ *n* criterio

yarn /jɑrn/ *n* **1** hilo **2** cuento

yawn /jɔːn/ ◆ *vi* bostezar ◆ *n* bostezo **yawning** *adj* **1** (*brecha*) grande **2** (*abismo*) profundo

yeah! /jeə/ *interj* (*coloq*) ¡sí!

year /jɪər, jɜːr/ *n* **1** año: *for years* durante/desde hace muchos años **2** (*GB, escuela*) (*USA* **grade**) año **3** *a two-year-old* (*child*) un niño de dos años ◊ *I am ten* (*years old*). Tengo diez años. ☛ Nótese que cuando expresamos la edad en años, podemos omitir **years old**. *Ver nota en* OLD

yearly /ˈjɪərli/ ◆ *adj* anual ◆ *adv* anualmente, cada año

yearn /jɜːrn/ *vi* **1** ~ (**for sth/sb**) suspirar (por algo/algn) **2** ~ (**to do sth**) anhelar (hacer algo) **yearning** *n* **1** ~ (**for sth/sb**) anhelo (de algo); añoranza (de algn) **2** ~ (**to do sth**) ansia (por/de hacer algo)

yeast /jiːst/ *n* levadura

yell /jel/ ◆ *vi* **1** ~ (**out**) (**at sb**) gritar(le) (a algo/algn) **2** ~ (**in/with sth**) gritar (de algo) ◆ *n* grito, alarido

yellow /ˈjeloʊ/ *adj, n* amarillo

yelp /jelp/ *vi* **1** (*animal*) gemir **2** (*persona*) gritar

yes /jes/ ◆ *interj* ¡sí! ◆ *n* (*pl* **yeses** /ˈjesɪz/) sí

yesterday /ˈjestərdeɪ, -di/ *adv, n* ayer: *yesterday morning* ayer por la mañana *Ver tb* DAY

yet /jet/ ◆ *adv* **1** [*en frases negativas*] todavía, aún: *not yet* todavía no ◊ *They haven't called yet.* Todavía no han llamado. ☛ *Ver nota en* STILL[1] **2** [*en frases interrogativas*] ya

¿**Yet** o **already**? **Yet** sólo se usa en frases interrogativas y siempre va al final de la oración: *Have you finished it yet?* ¿Ya lo terminaste? **Already** se usa en frases afirmativas e interrogativas y normalmente va después de los verbos auxiliares o modales y delante de los demás verbos: *Have you finished already?* ¿Ya terminaste? ◊ *He already knew her.* Ya la conocía. Cuando **already** indica sorpresa de que una acción se haya realizado antes de lo esperado se puede poner al final de la frase: *He has found a job already!* ¡Ya encontró trabajo! ◊ *Is it there already? That was quick!* ¿Ya está ahí? ¡Qué rapidez! *Ver tb ejemplos en* ALREADY

3 [*después de superlativo*]: *her best novel yet* su mejor novela hasta la fecha **4** [*antes de comparativo*] incluso: *yet more work* aún más trabajo **LOC yet again**

una vez más ◆ *conj* aún así: *It's incredible yet true.* Es increíble pero cierto.

yew /juː/ (*tb* **yew tree**) *n* tejo (*Bot*)

yield /jiːld/ ◆ **1** *vt* producir, dar **2** *vt* (*Fin*) rendir **3** *vi* ~ (**to sth/sb**) (*formal*) rendirse (a algo/algn); ceder (ante algo/algn) ☛ La palabra más normal es **give in**. ◆ *n* **1** producción **2** (*Agricultura*) cosecha **3** (*Fin*) rendimiento **yielding** *adj* **1** flexible **2** sumiso

yogurt (*tb* **yoghurt**, *GB tb* **yoghourt**) /ˈjoʊgərt; *GB* ˈjɒgət/ *n* yogur

yoke /joʊk/ *n* yugo

yolk /joʊk/ *n* yema ☛ *Comparar con* WHITE sentido 2

you /juː/ *pron pers* **1** [*como sujeto*] tú, usted, -es: *You said that...* Dijiste/usted dijo/ustedes dijeron que... **2** [*en frases impersonales*]: *You can't smoke in here.* No se puede fumar aquí. ☛ En las frases impersonales se puede usar **one** con el mismo significado que **you**, pero es mucho más formal. **3** [*como objeto directo*] te, lo, la, los, las **4** [*como objeto indirecto*] te, le, les: *I told you to wait.* Te dije que esperaras. **5** [*después de preposición*] ti, usted, -es: *Can I go with you?* ¿Puedo ir contigo/con usted/con ustedes? ☛ El *pron pers* no se puede omitir en inglés.

you'd /juːd/ **1** = YOU HAD *Ver* HAVE **2** = YOU WOULD *Ver* WOULD

you'll /juːl/ = YOU WILL *Ver* WILL

young /jʌŋ/ ◆ *adj* (**younger** /jʌŋgər/ **youngest** /jʌŋgɪst/) joven: *young people* jóvenes ◊ *He's two years younger than I am.* Tiene dos años menos que yo. ◆ *n* [*pl*] **1** (*de animales*) crías **2 the young** los jóvenes

youngster /ˈjʌŋstər/ *n* joven

your /jʊər, jɔːr/ *adj pos* tu(s), su(s): *to break your arm* quebrarse el brazo ◊ *Your room is ready.* Su habitación está lista. ☛ *Ver nota en* MY

you're /jʊər, jɔːr/ = YOU ARE *Ver* BE

yours /jʊərz, jɔːrz/ *pron pos* tuyo, -a, -os, -as, suyo, -a, -os, -as: *Is she a friend of yours?* ¿Es amiga suya/tuya? ◊ *Where is yours?* ¿Dónde está el suyo/tuyo? **LOC Yours faithfully/sincerely** Le saluda atentamente ☛ *Ver págs 310–1.*

yourself /jʊərˈself, jɔːrˈself/ *pron* (*pl* **-selves** /-ˈselvz/) **1** [*uso reflexivo*] te, se: *Enjoy yourselves!* ¡Pásenla bien! **2** [*después de prep*] ti (mismo): *proud of yourself* orgulloso de ti/usted mismo **3** [*uso enfático*] tú mismo, -a, ustedes mismos, -as **LOC (all) by yourself/yourselves** (completamente), solo(s) **to be yourself/yourselves** ser natural: *Just be yourself.* Simplemente sé tú mismo.

youth /juːθ/ *n* **1** juventud: *In my youth...* Cuando yo era joven... ◊ *youth club/hostel* club para jóvenes/albergue juvenil **2** (*pl* ~**s** /juːðz/) (*frec pey*) joven **youthful** *adj* jovial, juvenil

you've /juːv/ = YOU HAVE *Ver* HAVE

Zz

Z, z /ziː; *GB* zed/ *n* (*pl* **Z's**, **z's** /ziːz; *GB* zedz/) Z, z: *Z as in zebra* Z de zapato ☛ *Ver ejemplos en* A, A

zeal /ziːl/ *n* entusiasmo, fervor **zealous** /ˈzeləs/ *adj* entusiasta

zebra /ˈziːbrə/ *n* (*pl* **zebra** *o* ~**s**) cebra

zebra crossing *n* (*GB*) (*USA* **crosswalk**) cruce de peatones/peatonal

zenith /ˈziːnɪθ; *GB* ˈzenɪθ/ *n* cenit

zero /ˈzɪəroʊ/ *n* (*pl* ~**s**) *adj, pron* cero

zest /zest/ *n* ~ (**for sth**) entusiasmo, pasión (por algo)

zigzag /ˈzɪgzæg/ ◆ *adj* en zigzag ◆ *n* zigzag

zinc /zɪŋk/ *n* cinc, zinc

zip /zɪp/ ◆ (**-pp-**) **1** *vt* **to zip sth (up)** cerrar la cremallera de algo **2** *vi* **to zip (up)** cerrarse con cremallera ◆ *n* (*GB*) cremallera, cierre

Zip code (*GB* **postcode**) *n* código postal

zipper /ˈzɪpər/ (*GB* **zip**) *n* cremallera, cierre

zodiac /ˈzoʊdiæk/ *n* zodiaco

zone /zoʊn/ *n* zona

zoo /zu:/ (*pl* **zoos**) (*formal* **zoological gardens**) *n* (parque) zoológico

zoology /zu:ˈɑlədʒi/ *n* zoología **zoologist** /zu:ˈɑlədʒɪst/ *n* zoólogo, -a

zoom /zu:m/ *vi* ir muy rápido: *to zoom past* pasar como un bólido PHR V **to zoom in (on sth/sb)** enfocar (algo/a algn) (*con un zoom*)

zoom lens *n* zoom

zucchini /zu:ˈki:ni/ *n* (*pl* **zucchini**) (*GB* **courgette**) calabacín, zuchini

Apéndices

En esta sección final se encuentran los apéndices a los que hacemos referencia a lo largo del diccionario:

Apéndice 1

Expresiones numéricas

Números

Cardinales		Ordinales	
1	one	**1st**	first
2	two	**2nd**	second
3	three	**3rd**	third
4	four	**4th**	fourth
5	five	**5th**	fifth
6	six	**6th**	sixth
7	seven	**7th**	seventh
8	eight	**8th**	eighth
9	nine	**9th**	ninth
10	ten	**10th**	tenth
11	eleven	**11th**	eleventh
12	twelve	**12th**	twelfth
13	thirteen	**13th**	thirteenth
14	fourteen	**14th**	fourteenth
15	fifteen	**15th**	fifteenth
16	sixteen	**16th**	sixteenth
17	seventeen	**17th**	seventeenth
18	eighteen	**18th**	eighteenth
19	nineteen	**19th**	nineteenth
20	twenty	**20th**	twentieth
21	twenty-one	**21st**	twenty-first
22	twenty-two	**22nd**	twenty-second
30	thirty	**30th**	thirtieth
40	forty	**40th**	fortieth
50	fifty	**50th**	fiftieth
60	sixty	**60th**	sixtieth
70	seventy	**70th**	seventieth
80	eighty	**80th**	eightieth
90	ninety	**90th**	ninetieth
100	a/one hundred	**100th**	hundredth
101	a/one hundred and one	**101st**	hundred and first
200	two hundred	**200th**	two hundredth
1,000	a/one thousand	**1,000th**	thousandth
10,000	ten thousand	**10,000th**	ten thousandth
100,000	a/one hundred thousand	**100,000th**	hundred thousandth
1,000,000	a/one million	**1,000,000th**	millionth

Ejemplos

528	*five hundred and twenty-eight*
2,976	*two thousand, nine hundred and seventy-six*
50,439	*fifty thousand, four hundred and thirty-nine*
2,250,321	*two million, two hundred and fifty thousand, three hundred and twenty-one*

En inglés se utiliza una coma (y NO un punto) para marcar el millar, por ejemplo *25,000*.

En cuanto a números como 100, 1,000, 1,000,000, etc, se pueden decir de dos maneras, ***one hundred*** o ***a hundred***, ***one thousand*** o ***a thousand***.

0 (cero) se pronuncia ***zero***, ***nothing***, ***o*** /oʊ/, ***nought*** (*GB*) dependiendo de las expresiones.

Quebrados

½	a half
⅓	a/one third
¼	a quarter
⅖	two fifths
⅛	an/one eighth
⅒	a/one tenth
1/16	a/one sixteenth
1½	one and a half
2⅜	two and three eighths

Hay dos maneras de expresar los quebrados en inglés: lo normal es decir *one eighth of the cake, two thirds of the population*, etc; pero su profesor de matemáticas puede pedirle que resuelva el siguiente ejercicio:

Multiply two over five by three over eight (⅖ × ⅜).

Expresiones matemáticas

+	plus
–	minus
×	times *o* multiplied by
÷	divided by
=	equals
%	per cent
3^2	three squared
5^3	five cubed
6^{10}	six to the tenth power

Ejemplos

6 + 9 = 15 *Six **plus** nine equals/is fifteen.*

5 × 6 = 30 *Five **times** six equals thirty./ Five **multiplied by** six is thirty.*

75% *Seventy-five **per cent** of the class passed the test.*

Decimales

0.1	(zero) point one
0.25	(zero) point two five
1.75	one point seven five

En inglés se utiliza una coma (y NO un punto) para marcar los decimales.

Peso

		Sistema en los Estados Unidos		Sistema Métrico Decimal	
		1 ounce	(oz.)	= 31.103 grams	(g)
16 ounces	=	**1 pound**	(lb.)	= 0.373 kilogram	(kg)
2,000 pounds	=	**1 ton**	(t.)	= 0.907 metric ton	(m.t.)

Ejemplos

The baby weighed 7 lb 4 oz (seven pounds four ounces).

For this recipe you need 500g (five hundred grams) of flour.

Longitud

		Sistema en los Estados Unidos		Sistema Métrico Decimal	
		1 inch	(in.)	= 25.4 millimeters	(mm)
12 inches	=	**1 foot**	(ft.)	= 30.48 centimeters	(cm)
3 feet	=	**1 yard**	(yd.)	= 0.914 meter	(m)
1 760 yards	=	**1 mile**		= 1.609 kilometers	(km)

Ejemplos

Height: 5 ft 9 in (five foot nine/five feet nine).

The hotel is 30 yds (thirty yards) from the beach.

The car was doing 50 mph (fifty miles per hour).

The room is 11' × 9'6" (eleven foot by nine foot six/eleven feet by nine feet six).

Superficie

		Sistema en los Estados Unidos		Sistema Métrico Decimal
		1 square inch (sq in.)	=	6.452 square centimeters
144 square inches	=	**1 square foot** (sq ft.)	=	929.03 square centimeters
9 square feet	=	**1 square yard** (sq yd.)	=	0.836 square meter
4,840 square yards	=	**1 acre**	=	0.405 hectare
640 acres	=	**1 square mile**	=	2.59 square kilometers/259 hectares

Ejemplos

They have a 200-acre farm.

The fire destroyed 40 square miles of woodland.

Capacidad (líquidos)

		Sistema en los Estados Unidos		Sistema Métrico Decimal
		1 cup	=	0.2371 liter (ℓ)
2 cups	=	**1 pint** (pt.)	=	0.4731 liter (ℓ)
2 pints	=	**1 quart** (qt.)	=	0.9461 liter (ℓ)
8 pints	=	**1 gallon** (gal.)	=	3.7851 liters

Ejemplos

I bought a quart of milk at the store.

The gas tank holds 12 gallons.

En las recetas de cocina, una taza (**a cup**) de ingredientes como la harina o el azúcar equivale a 0,275 litros

Moneda

EEUU	Valor de la moneda/billete	Nombre de la moneda/billete
1¢	a cent	a penny
5¢	five cents	a nickel
10¢	ten cents	a dime
25¢	twenty-five cents	a quarter
$1	a dollar	a dollar bill
$5	five dollars (five bucks*)	a five-dollar bill
$10	ten dollars (ten bucks*)	a ten-dollar bill
$20	twenty dollars (twenty bucks*)	a twenty-dollar bill
$50	fifty dollars (fifty bucks*)	a fifty-dollar bill
$100	a hundred dollars (a hundred bucks*)	a hundred-dollar bill

Ejemplos

$5.75: five seventy-five

$0.79: seventy-nine cents

The apples are $1.29 (a dollar twenty-nine/one twenty-nine) a pound.

We pay $400 a month for rent.

* Las expresiones que aparecen entre paréntesis son más coloquiales.

Fechas

Cómo escribirlas:

4/15/98 (GB *15/4/98*)

4–15–98 (GB *15.4.98*)

April 15, 1998

15 April 1998 (GB)

Cómo decirlas:

April fifteenth, nineteen ninety-eight

The fifteenth of April/April the fifteenth, nineteen ninety-eight (GB)

Ejemplos

Her birthday is on April 9/9th (April ninth).

The restaurant will be closed May 3–June 1 (from May third through June first).

Apéndice 2
Nombres de lugar

Afghanistan /æfˈgænɪstæn; *GB* -stɑːn/; Afghan /ˈæfgæn/, Afghani /æfˈgɑni/, Afghanistani /æfˌgænɪˈstæni; *GB* -ˈstɑːni/
Africa /ˈæfrɪkə/; African /ˈæfrɪkən/
Albania /ælˈbeɪniə/; Albanian /ælˈbeɪniən/
Algeria /ælˈdʒɪəriə/; Algerian /ælˈdʒɪəriən/
America ☛ (the) United States (of America)
America /əˈmerɪkə/; American /əˈmerɪkən/
Andorra /ænˈdɔːrə/; Andorran /ænˈdɔːrən/
Angola /æŋˈgoʊlə/; Angolan /æŋˈgoʊlən/
Antarctica /ænˈtɑrktɪkə/; Antarctic
Antigua and Barbuda /ænˌtiːgə ən bɑːˈbjuːdə/; Antiguan /ænˈtiːgən/, Barbudan /bɑːˈbjuːdən/
(the) **Arctic Ocean** /ˌɑrktɪk ˈoʊʃn/; Arctic
Argentina /ˌɑrdʒənˈtiːnə/, the Argentine /ˈɑrdʒəntaɪn/; Argentinian /ˌɑrdʒənˈtɪniən/, Argentine
Armenia /ɑrˈmiːniə/; Armenian /ɑrˈmiːniən/
Asia /ˈeɪʒə, ˈeɪʃə/; Asian /ˈeɪʒn, ˈeɪʃn/
Australia /ɔːˈstreɪliə, ɑˈs-/; Australian /ɔːˈstreɪliən, ɑˈs-/
Austria /ˈɔːstriə, ˈɑs-/; Austrian /ˈɔːstriən, ˈɑs-/
(the) **Bahamas** /bəˈhɑməz/; Bahamian /bəˈheɪmiən/
Bangladesh /ˌbæŋgləˈdeʃ/; Bangladeshi /ˌbæŋgləˈdeʃi/
Barbados /bɑrˈbeɪdoʊs/; Barbadian /bɑrˈbeɪdiən/
Belgium /ˈbeldʒəm/; Belgian /ˈbeldʒən/
Belize /bəˈliːz/; Belizean /bəˈliːziən/
Bolivia /bəˈlɪviə/; Bolivian /bəˈlɪviən/
Bosnia-Herzegovina /ˌbɑzniə ˌhertsəgəˈviːnə/; Bosnian /ˈbɑzniən/
Botswana /bɑtˈswɑnə/; Botswanan /bɑtˈswɑnən/, *también* the Tswanan /ˈtswɑnən/
Brazil /brəˈzɪl/; Brazilian /brəˈzɪliən/
Bulgaria /bʌlˈgeəriə/; Bulgarian /bʌlˈgeəriən/
Burundi /bʊˈrʊndi /; Burundian /bʊˈrʊndiən/
Cambodia /kæmˈboʊdiə/; Cambodian /kæmˈboʊdiən/
Cameroon /ˌkæməˈruːn/; Cameroonian /ˌkæməˈruːniən/
Canada /ˈkænədə/; Canadian /kəˈneɪdiən/
Cape Verde Islands /ˌkeɪp ˈvɜːrd aɪləndz/; Cape Verdean /ˌkeɪp ˈvɜːrdiən/
(the) **Caribbean Sea** /ˌkærəˌbiːən ˈsiː, kəˈrɪbiːən/; Caribbean
Central African Republic /ˌsentrəl ˌæfrɪkən rɪˈpʌblɪk/
Chad /tʃæd/; Chadian /ˈtʃædiən/
Chile /ˈtʃɪli/; Chilean /ˈtʃɪliən/
China /ˈtʃaɪnə/; Chinese /ˌtʃaɪˈniːz/
Colombia /kəˈlʌmbiə/; Colombian /kəˈlʌmbiən/
Congo /ˈkɑŋgoʊ/ Congolese /ˌkɑŋgəˈliːz/
Costa Rica /ˌkoʊstə ˈriːkə/; Costa Rican /ˌkoʊstə ˈriːkən/
Côte d'Ivoire /ˌkoʊt diːˈvwɑr/
Croatia /kroʊˈeɪʃə/; Croatian /kroʊˈeɪʃən/
Cuba /ˈkjuːbə/; Cuban /ˈkjuːbən/
Cyprus /ˈsaɪprəs/; Cypriot /ˈsɪpriət/
(the) **Czech Republic** /ˌtʃek rɪˈpʌblɪk/; Czech /tʃek/
Denmark /ˈdenmɑrk/; Danish /ˈdeɪnɪʃ/, Dane /deɪn/
(the) **Dominican Republic** /dəˌmɪnɪkən rɪˈpʌblɪk/; Dominican /dəˈmɪnɪkən/
Ecuador /ˈekwədɔːr/; Ecuadorian /ˌekwəˈdɔːriən/
Egypt /ˈiːdʒɪpt/; Egyptian /iˈdʒɪpʃn/
El Salvador /el ˈsælvədɔːr/; Salvadorean /ˌsælvəˈdɔːriən/
Equatorial Guinea /ˌekwəˌtɔːriəl ˈgɪni/; Equatorial Guinean /ˌekwəˌtɔːriəl ˈgɪniən/
Ethiopia /ˌiːθiˈoʊpiə/; Ethiopian /ˌiːθiˈoʊpiən/
Europe /ˈjʊərəp/; European /ˌjʊərəˈpiːən/
Fiji /ˈfiːdʒiː; *GB* ˌfiːˈdʒiː/; Fijian /ˈfiːdʒiən; *GB* ˌfiːˈdʒiːən/
Finland /ˈfɪnlənd/; Finnish /ˈfɪnɪʃ/, Finn /fɪn/
France /fræns; *GB* frɑːns/; French /frentʃ/, Frenchman /ˈfrentʃmən/, Frenchwoman /ˈfrentʃwʊmən/

Gabon /gæˈboʊn; *GB* -ˈbɒn/; Gabonese /ˌgæbəˈniːz/
The Gambia /ˈgæmbiə/; Gambian /ˈgæmbiən/
Germany /ˈdʒɜːrməni/; German /ˈdʒɜːrmən/
Ghana /ˈgɑnə/; Ghanaian /gɑˈneɪən/
Gibraltar /dʒɪˈbrɔːltər/; Gibraltarian /ˌdʒɪbrɔːlˈteəriən/
Greece /griːs/; Greek /griːk/
Guatemala /ˌgwɑtəˈmɑlə/; Guatemalan /ˌgwɑtəˈmɑlən/
Guinea /ˈgɪni/; Guinean /ˈgɪniən/
Guinea-Bissau /ˌgɪni bɪˈsaʊ/
Guyana /gaɪˈænə/; Guyanese /ˌgaɪəˈniːz/
Haiti /ˈheɪti/; Haitian /ˈheɪʃn/
Holland /ˈhɑlənd/ ☛ (the) Netherlands
Honduras /hɑnˈdʊərəs; *GB* -ˈdjʊə-/; Honduran /hɑnˈdʊərən; *GB* -ˈdjʊə-/
Hong Kong /ˈhɑŋ kɑŋ/
Hungary /ˈhʌŋgəri/; Hungarian /hʌŋˈgeəriən/
Iceland /ˈaɪslənd/; Icelandic /aɪsˈlændɪk/
India /ˈɪndiə/; Indian /ˈɪndiən/
Indonesia /ˌɪndəˈniːʒə; *GB* ˈ-niːziə/; Indonesian /ˌɪndəˈniːʒn; *GB* -zɪən/
Iran /ɪˈrɑn/; Iranian /ɪˈreɪniən/
Iraq /ɪˈrɑk/; Iraqi /ɪˈrɑki/
(**the Republic of**) **Ireland** /ˈaɪələnd/; Irish /ˈaɪərɪʃ/
Israel /ˈɪzreɪl/; Israeli /ɪzˈreɪli/
Italy /ˈɪtəli/; Italian /ɪˈtæliən/
Jamaica /dʒəˈmeɪkə/; Jamaican /dʒəˈmeɪkən/
Japan /dʒəˈpæn/; Japanese /ˌdʒæpəˈniːz/
Jordan /ˈdʒɔːrdn/; Jordanian /dʒɔːrˈdeɪnˈiən/
Kenya /ˈkenjə/; Kenyan /ˈkenjən/
Korea /kəˈriːə; *GB* kəˈrɪə/; North Korea, North Korean /ˌnɔːθ kəˈriːən; *GB* kəˈrɪən/; South Korea, South Korean /ˌsaʊθ kəˈriːən; *GB* kəˈrɪən/
Kuwait /kuˈweɪt/; Kuwaiti /kuˈweɪti/
Laos /laʊs/; Laotian /leɪˈoʊʃn; *GB* ˈlaʊʃn/
Lebanon /ˈlebənɑn; *GB* -nən/; Lebanese /ˌlebəˈniːz/
Libya /ˈlɪbiə/; Libyan /ˈlɪbiən/
Liechtenstein /ˈlɪktənstaɪn, lɪxt-/; Liechtenstein, Liechtensteiner /ˈlɪktənstaɪnə(r), ˈlɪxt-/
Luxembourg /ˈlʌksəmbɜːrg/; Luxembourg, Luxembourger /ˈlʌksəmbɜːrgər/
Madagascar /ˌmædəˈgæskər/; Madagascan /ˌmædəˈgæskən/, Malagasy /ˌmæləˈgæsi/
Malawi /məˈlɑwi/; Malawian /məˈlɑwiən/
Malaysia /məˈleɪʒə; *GB* -ˈleɪziə/; Malaysian /məˈleɪʒn; *GB* -ˈleɪziən/
Maldives /ˈmɑldiːvz/; Maldivian /mɑlˈdɪviən/
Mali /ˈmɑli/; Malian /ˈmɑliən/
Malta /ˈmɑltə/; Maltese /ˌmɑlˈtiːz/
Mauritania /ˌmɔːrɪˈteɪniə; *GB* ˌmɒr-/; Mauritanian /ˌmɔːrɪˈteɪniən; *GB* ˌmɒr-/
Mauritius /mɔːˈrɪʃəs; *GB* mə-/; Mauritian /mɔːˈrɪʃn; *GB* mə-/
Mexico /ˈmeksɪkoʊ/; Mexican /ˈmeksɪkən/
Monaco /ˈmɑnəkoʊ/; Monegasque /ˌmɑniˈgæsk/
Mongolia /mɑŋˈgoʊliə/; Mongolian /mɑŋˈgoʊ liən/, Mongol /ˈmɑŋgl/
Montserrat /ˌmɑntsəˈræt/; Montserratian /ˌmɑntsəˈreɪʃn/
Morocco /məˈrɑkoʊ/; Moroccan /məˈrɑkən/
Mozambique /ˌmoʊzæmˈbiːk/; Mozambiquean /ˌmoʊzæmˈbiːkən/
Namibia /nəˈmɪbiə/; Namibian /nəˈmɪbiən/
Nepal /nɪˈpɑl/; Nepalese /ˌnepəˈliːz/
(**the**) **Netherlands** /ˈneðərləndz/; Dutch /dʌtʃ/, Dutchman /ˈdʌtʃmən/, Dutchwoman /ˈdʌtʃwʊmən/
New Zealand /ˌnuː ˈziːlənd; *GB* ˌnjuː-/; New Zealand, New Zealander /ˌnuː ˈziːləndər; *GB* ˌnjuː-/
Nicaragua /ˌnɪkəˈrɑgwə; *GB* -ˈrægjuə/; Nicaraguan /ˌnɪkəˈrɑgwən; *GB* -ˈrægjuən/
Niger /ˈnaɪdʒər; *GB* niːˈʒeə(r)/; Nigerier /niːˈʒeəriən/
Nigeria /naɪˈdʒɪəriə/ Nigerian /naɪˈdʒɪəriən/
Norway /ˈnɔːrweɪ/; Norwegian /nɔːrˈwiːdʒən/
Oman /oʊˈmɑn/; Omani /oʊˈmɑni/
Pakistan /ˈpækɪstæn; *GB* ˌpɑːkɪˈstɑn/; Pakistani /ˌpækɪˈstæni; *GB* ˌpɑːkɪˈstɑːni/
Panama /ˈpænəmɑ/; Panamanian /ˌpænəˈmeɪniən/

Papua New Guinea /ˌpæpuə ˌnuː ˈgɪni; *GB* -ˌnjuː-/; Papuan /ˈpæpuən/
Paraguay /ˈpærəgweɪ; *GB* -gwaɪ/; Paraguayan /ˌpærəˈgweɪən; *GB* -ˈgwaɪən/
Peru /pəˈruː/; Peruvian /pəˈruːviən/
(the) **Philippines** /ˈfɪlɪpiːnz/; Philippine /ˈfɪlɪpiːn/, Filipino /ˌfɪlɪˈpiːnoʊ/
Poland /ˈpoʊlənd/; Polish /ˈpoʊlɪʃ/, Pole /poʊl/
Portugal /ˈpɔːrtʃʊgl/; Portuguese /ˌpɔːrtʃuˈgiːz/
Romania /ruˈmeɪniə/; Romanian /ruˈmeɪniən/
Russia /ˈrʌʃə/; Russian /ˈrʌʃn/
Rwanda /ruˈɑndə/; Rwandan /ruˈɑndən/
San Marino /ˌsæn məˈriːnoʊ/; San Marinese /ˌsæn ˌmærɪˈniːz/
Sao Tomé and Principe /ˌsaʊ təˌmeɪ ən ˈprɪnsɪpeɪ/
Saudi Arabia /ˌsaʊdi əˈreɪbiə/; Saudi /ˈsaʊdi/, Saudi Arabian /ˌsaʊdi əˈreɪbiən/
Senegal /ˌsenɪˈgɔːl/; Senegalese /ˌsenɪgəˈliːz/
(the) **Seychelles** /seɪˈʃelz/; Seychellois /ˌseɪʃelˈwa/
Sierra Leone /siˌerə liˈoʊn/; Sierra Leonean /siˌerə liˈoʊniən/
Singapore /ˈsɪŋgəpɔːr; *GB* ˌsɪŋəˈpɔː(r), ˌsɪŋgə-/; Singaporean /ˌsɪŋəˈpɔːriən, ˌsɪŋgə-/
Slovakia /sloʊˈvɑkiə, -ˈvæk-/; Slovak /ˈsloʊvæk/
(the) **Solomon Islands** /ˈsɑləmən aɪləndz/
Somalia /səˈmɑliə/; Somali /səˈmɑli/
(the Republic of) **South Africa** /ˌsaʊθ ˈæfrɪkə/; South African /ˌsaʊθ ˈæfrɪkən/
Spain /speɪn/; Spanish /ˈspænɪʃ/, Spaniard /ˈspænɪərd/
Sri Lanka /sri ˈlɑŋkə; *GB* -ˈlæŋ-/; Sri Lankan /sri ˈlɑŋkən; *GB* -ˈlæŋ-/
St. Lucia /seɪnt ˈluːʃə; *GB* snt-/
Sudan /suˈdæn; *GB* -ˈdɑːn/; Sudanese /ˌsuːdəˈniːz/
Suriname /ˌsʊərɪˈnɑmə/; Surinamese /ˌsʊərɪnəˈmiːz/
Swaziland /ˈswɑzilænd/; Swazi /ˈswɑzi/
Sweden /ˈswiːdn/; Swedish /ˈswiːdiʃ/, Swede /swiːd/
Switzerland /ˈswɪtsərlənd/; Swiss /swɪs/
Syria /ˈsɪriə/; Syrian /ˈsɪriən/
Taiwan /taɪˈwɑn/; Taiwanese /ˌtaɪwəˈniːz/
Tanzania /ˌtænzəˈniːə/; Tanzanian /ˌtænzəˈniːən/
Thailand /ˈtaɪlænd/; Thai /taɪ/
Tibet /tɪˈbet/; Tibetan /tɪˈbetn/
Togo /ˈtoʊgoʊ/; Togolese /ˌtoʊgəˈliːz/
Trinidad and Tobago /ˌtrɪnɪdæd ən təˈbeɪgoʊ/; Trinidadian /ˌtrɪnɪˈdædiən/, Tobagan /təˈbeɪgən/, Tobagonian /ˌtoʊbəˈgoʊniən/
Tunisia /tuˈniːʒə; *GB* tjuˈnɪziə/; Tunisian / tuˈniːʒn; *GB* tjuˈnɪziən/
Turkey /ˈtɜːrki/; Turkish /ˈtɜːrkɪʃ/, Turk /tɜːrk/
Uganda /juːˈgændə/; Ugandan /juːˈgændən/
United Arab Emirates /juˌnaɪtɪd ˌærəb ˈemɪrəts/
(the) **United States of America** /juˌnaɪtɪd ˌsteɪts əv əˈmerɪkə/; American /əˈmerɪkən/
Uruguay /ˈjʊərəgwaɪ/; Uruguayan /ˌjʊərəˈgwaɪən/
Vatican City /ˌvætɪkən ˈsɪti/
Venezuela /ˌvenəˈzweɪlə/; Venezuelan /ˌvenəˈzweɪlən/
Vietnam /viˌetˈnɑm; *GB* -ˈnæm/; Vietnamese /viˌetnəˈmiːz/
(the) **West Indies** /ˌwest ˈɪndiz/; West Indian /ˌwest ˈɪndiən/
Yemen Republic /ˌjemən rɪˈpʌblɪk/; Yemeni /ˈjeməni/
Yugoslavia /ˌjuːgoʊˈslɑviə/; Yugoslavian /ˌjuːgoʊˈslɑviən/, Yugoslav /ˈjuːgoʊslɑv/
Zaïre /zɑˈɪər/; Zairean /zɑˈɪəriən/
Zambia /ˈzæmbiə/; Zambian /ˈzæmbiən/
Zimbabwe /zɪmˈbɑbwi/; Zimbabwean /zɪmˈbɑbwiən/

Cómo construir el plural

Para construir el plural debe añadirse una ***-s*** al final (p. ej. a *Haitian*, two *Haitians*), excepto en el caso de ***Swiss*** y de palabras terminadas en ***-ese*** (tales como *Japanese*), que son invariables. Cuando las nacionalidades terminan en ***-man*** o ***-woman***, la forma plural es ***-men*** y ***-women***, p. ej. three *Frenchmen*.

Apéndice 3

División territorial de los EEUU

Los estados que configuran EEUU

Alabama (AL) /ˌæləˈbæmə/
Alaska (AK) /əˈlæskə/
Arizona (AZ) /ˌærɪˈzoʊnə/
Arkansas (AR) /ˈɑːrkənsɔː/
California (CA) /ˌkælɪˈfɔːrnjə/
Colorado (CO) /ˌkɑləˈrædoʊ/
Connecticut (CT) /kəˈnetɪkət/
Delaware (DE) /ˈdeləweər/
Florida (FL) /ˈflɔːrɪdə/
Georgia (GA) /ˈdʒɔːrdʒə/
Hawaii (HI) /həˈwaɪi/
Idaho (ID) /ˈaɪdəhoʊ/
Illinois (IL) /ˌɪlɪˈnɔɪ/
Indiana (IN) /ˌɪndiˈænə/
Iowa (IA) /ˈaɪəwə/
Kansas (KS) /ˈkænzəs/
Kentucky (KY) /kənˈtʌki/
Louisiana (LA) /luːˌiːziˈænə/
Maine (ME) /meɪn/
Maryland (MD) /ˈmerɪlənd/
Massachusetts (MA) /ˌmæsəˈtʃuːsɪts/
Michigan (MI) /ˈmɪʃɪgən/
Minnesota (MN) /ˌmɪnɪˈsoʊtə/
Mississippi (MS) /ˌmɪsɪˈsɪpi/
Missouri (MO) /mɪˈzʊri/
Montana (MT) /mɑnˈtænə/
Nebraska (NE) /nəˈbræskə/
Nevada (NV) /nəˈvɑdə, nəˈvædə/
New Hampshire (NH) /ˌnuː ˈhæmpʃər/
New Jersey (NJ) /ˌnuː ˈdʒɜːrzi/
New Mexico (NM) /ˌnuː ˈmeksɪkoʊ/
New York (NY) /ˌnuː ˈjɔːrk/
North Carolina (NC) /ˌnɔːrθ kærəˈlaɪnə/
North Dakota (ND) /ˌnɔːrθ dəˈkoʊtə/
Ohio (OH) /oʊˈhaɪoʊ/
Oklahoma (OK) /ˌoʊkləˈhoʊmə/
Oregon (OR) /ˈɔːrɪgən/
Pennsylvania (PA) /ˌpensəlˈveɪnjə/
Rhode Island (RI) /ˌroʊd ˈaɪlənd/
South Carolina (SC) /ˌsaʊθ kærəˈlaɪnə/
South Dakota (SD) /ˌsaʊθ dəˈkoʊtə/
Tennessee (TN) /ˌtenəˈsiː/
Texas (TX) /ˈteksəs/
Utah (UT) /ˈjuːtɑ/
Vermont (VT) /vərˈmɑnt/
Virginia (VA) /vərˈdʒɪnjə/
Washington (WA) /ˈwɑʃɪŋtən, ˈwɔː-/
West Virginia (WV) /ˌwest vərˈdʒɪnjə/
Wisconsin (WI) /wɪsˈkɑnsɪn/
Wyoming (WY) /waɪˈoʊmɪŋ/

Ciudades principales

Atlanta /ətˈlæntə/
Anchorage /ˈæŋkərɪdʒ/
Baltimore /ˈbɔːltɪmɔːr/
Boston /ˈbɔːstən, ˈbɑs-/
Chicago /ʃɪˈkɑgoʊ/
Cincinnati /ˌsɪnsɪˈnæti/
Cleveland /ˈkliːvlənd/
Dallas /ˈdæləs/
Denver /ˈdenvər/
Detroit /dɪˈtrɔɪt/
Honolulu /ˌhɑnəˈluːluː/
Houston /ˈhjuːstən/
Indianapolis /ˌɪndiəˈnæpəlɪs/
Kansas City /ˌkænzəs ˈsɪti/
Los Angeles /lɔːs ˈændʒələs, lɑs-/
Miami /maɪˈæmi/
Milwaukee /mɪlˈwɔːki/
Minneapolis /ˌmɪniˈæpəlɪs/
New Orleans /ˌnuː ˈɔːrliːənz, ɔːrˈliːnz/
New York /ˌnuː ˈjɔːrk/
Philadelphia /ˌfɪləˈdelfiə/
Pittsburgh /ˈpɪtsbɜːrg/
San Diego /ˌsæn diˈeɪgoʊ/
San Francisco /ˌsæn frənˈsɪskoʊ/
Seattle /siˈætl/
St. Louis /seɪnt ˈluːɪs/
Washington D.C. /ˈwɑʃɪŋtən ˌdiː ˈsiː, ˈwɔː-/

Apéndice 4
Las Islas Británicas

Great Britain (**GB**) o **Britain** está formada por Inglaterra – **England** /ˈɪŋglənd/, Escocia – **Scotland** /ˈskɑtlənd/ y Gales – **Wales** /weɪlz/.

El estado político es oficialmente conocido como **the United Kingdom** (**of Great Britain and Northern Ireland**) (**UK**) e incluye Irlanda del Norte además de Gran Bretaña. Sin embargo muchas veces se usa el término **Great Britain** como sinónimo de **United Kingdom**.

Cuando hablamos de **the British Isles** nos referimos a la isla de Gran Bretaña y la isla de Irlanda /ˈaɪərlənd/.

Ciudades principales de las Islas Británicas

Aberdeen /ˈæbərdiːn/
Bath /bæθ; *GB* bɑːθ/
Belfast /ˈbelfæst/
Berwick-upon-Tweed /ˌberɪk əpɑn ˈtwiːd/
Birmingham /ˈbɜːrmɪŋəm/
Blackpool /ˈblækpuːl/
Bournemouth /ˈbɔːrnməθ/
Bradford /ˈbrædfərd/
Brighton /ˈbraɪtn/
Bristol /ˈbrɪstl/
Caernarfon /kərˈnɑrvn/
Cambridge /ˈkeɪmbrɪdʒ/
Canterbury /ˈkæntərberi; *GB* -bəri/
Cardiff /ˈkɑrdɪf/
Carlisle /ˈkɑrlaɪl/
Chester /ˈtʃestər/
Colchester /ˈkoʊltʃestər/
Cork /kɔːrk/
Coventry /ˈkʌvəntri; *GB* ˈkɒv-/
Derby /ˈdɑrbi/
Douglas /ˈdʌgləs/
Dover /ˈdoʊvər/
Dublin /ˈdʌblɪn/
Dundee /dʌnˈdiː/
Durham /ˈdɜːrəm; *GB* ˈdʌr-/
Eastbourne /ˈiːstbɔːrn/
Edinburgh /ˈednbɜːrə/
Ely /ˈiːli/
Exeter /ˈeksɪtər/
Galway /ˈgɔːlweɪ/
Glasgow /ˈglæsgoʊ; *GB* ˈglɑːz-/
Gloucester /ˈglɔːstər/
Hastings /ˈheɪstɪŋz/
Hereford /ˈherɪfərd/
Holyhead /ˈhɑlihed/
Inverness /ˌɪnvərˈnes/
Ipswich /ˈɪpswɪtʃ/
Keswick /ˈkezɪk/
Kingston upon Hull /ˌkɪŋstən əpɑn ˈhʌl/
Leeds /liːdz/
Leicester /ˈlestər/
Limerick /ˈlɪmərɪk/
Lincoln /ˈlɪŋkən/
Liverpool /ˈlɪvərpuːl/
London /ˈlʌndən/
Londonderry /ˈlʌndənderi/
Luton /ˈluːtn/
Manchester /ˈmæntʃestər/
Middlesbrough /ˈmɪdlzbrə/
Newcastle upon Tyne /ˌnuːkæsl əpɑn ˈtaɪn; *GB* ˌnjuːkɑːsl -/
Norwich /ˈnɔːrɪtʃ; *GB* ˈnɒrɪdʒ/
Nottingham /ˈnɑtɪŋəm/
Oxford /ˈɑksfərd/
Plymouth /ˈplɪməθ/
Poole /puːl/
Portsmouth /ˈpɔːrtsməθ/
Ramsgate /ˈræmzgeɪt/
Reading /ˈredɪŋ/
Salisbury /ˈsɔːlzberi/
Sheffield /ˈʃefiːld/
Shrewsbury /ˈʃruːzberi; *GB* ˈʃroʊzbəri/
Southampton /saʊθˈhæmptən/
St. Andrews /seɪnt ˈændruːz; *GB* snt/
Stirling /ˈstɜːrlɪŋ/
Stoke-on-Trent /ˌstoʊk ɑn ˈtrent/
Stratford-upon-Avon /ˌstrætfərd əpɑn ˈeɪvn/
Swansea /ˈswɑnzi, *US tb* -si/
Taunton /ˈtɔːntn; *GB* -tən/
Warwick /ˈwɔːrɪk/
Worcester /ˈwʊstər/
York /jɔːrk/

Apéndice 5

Verbos irregulares

Infinitivo	Pasado	Participio
arise	arose	arisen
awake	awoke	awoken
be	was/were	been
bear[2]	bore	borne
beat	beat	beaten
become	became	become
begin	began	begun
bend	bent	bent
bet	bet, betted	bet, betted
bid	bid	bid
bind	bound	bound
bite	bit	bitten
bleed	bled	bled
bless	blessed	blessed
blow	blew	blown
break[1]	broke	broken
breed	bred	bred
bring	brought	brought
broadcast	broadcast	broadcast
build	built	built
burn	burned, burnt	burned, burnt
burst	burst	burst
bust[2]	busted, bust	busted, bust
buy	bought	bought
cast	cast	cast
catch	caught	caught
choose	chose	chosen
cling	clung	clung
come	came	come
cost	cost, costed	cost, costed
creep	crept	crept
cut	cut	cut
deal[3]	dealt	dealt
dig	dug	dug
dive	dove; (*GB*) dived	dived
do[2]	did	done
draw[2]	drew	drawn
dream	dreamed, dreamt	dreamed, dreamt
drink	drank	drunk
drive	drove	driven
eat	ate	eaten

Infinitivo	Pasado	Participio
fall	fell	fallen
feed	fed	fed
feel	felt	felt
fight	fought	fought
find	found	found
flee	fled	fled
fling	flung	flung
fly	flew	flown
forbid	forbade	forbidden
forecast	forecasted, forecast	forecasted, forecast
forget	forgot	forgotten
forgive	forgave	forgiven
freeze	froze	frozen
get	got	gotten; (*GB*) got
give	gave	given
go[1]	went	gone
grind	ground	ground
grow	grew	grown
hang	hung, hanged	hung, hanged
have	had	had
hear	heard	heard
hide[1]	hid	hidden
hit	hit	hit
hold	held	held
hurt	hurt	hurt
keep	kept	kept
kneel	kneeled, knelt	kneeled, knelt
knit	knitted	knitted
know	knew	known
lay[1]	laid	laid
lead[2]	led	led
lean[2]	leaned, leant	leaned, leant
leap	leaped, leapt	leaped, leapt
learn	learned, learnt	learned, learnt
leave	left	left
lend	lent	lent
let	let	let
lie[2]	lay	lain
light	lighted, lit	lighted, lit
lose	lost	lost
make[1]	made	made

Infinitivo	Pasado	Participio
mean[1]	meant	meant
meet[1]	met	met
mistake	mistook	mistaken
misunder -stand	misunder -stood	misunder -stood
mow	mowed	mown, mowed
overcome	overcame	overcome
pay	paid	paid
plead	pled; (*GB*) pleaded	pled; (*GB*) pleaded
prove	proved	proven; (*GB*) proved
put	put	put
quit	quit, quitted	quit, quitted
read	read	read
ride	rode	ridden
ring[2]	rang	rung
rise[2]	rose	risen
run[1]	ran	run
saw[2]	sawed	sawed; (*GB*) sawn
say	said	said
see	saw	seen
seek	sought	sought
sell	sold	sold
send	sent	sent
set[2]	set	set
sew	sewed	sewn, sewed
shake	shook	shaken
shed[2]	shed	shed
shine	shone	shone
shoe	shod	shod
shoot	shot	shot
show	showed	shown, showed
shrink	shrank, shrunk	shrunk
shut	shut	shut
sing	sang	sung
sink	sank	sunk
sit	sat	sat
sleep	slept	slept
slide	slid	slid
sling[2]	slung	slung
slit	slit	slit
smell	smelled, smelt	smelled, smelt
sow[2]	sowed	sown, sowed

Infinitivo	Pasado	Participio
speak	spoke	spoken
speed	sped, speeded	sped, speeded
spell	spelled, spelt	spelled, spelt
spend	spent	spent
spill	spilled, spilt	spilled, spilt
spin	spun	spun
spit	spat; (*esp USA*) spit	spat; (*esp USA*) spit
split	split	split
spoil	spoiled, spoilt	spoiled, spoilt
spread	spread	spread
spring	sprang	sprung
stand	stood	stood
steal	stole	stolen
stick[2]	stuck	stuck
sting	stung	stung
stink	stank, stunk	stunk
stride	strode	strode
strike	struck	struck
string	strung	strung
strive	strove	striven
swear	swore	sworn
sweep	swept	swept
swell	swelled	swollen, swelled
swim	swam	swum
swing	swung	swung
take	took	taken
teach	taught	taught
tear[2]	tore	torn
tell	told	told
think	thought	thought
throw[1]	threw	thrown
thrust	thrust	thrust
tread	trod	trodden, trod
wake	woke	woken
wear	wore	worn
weave	wove, weaved	woven, weaved
weep	wept	wept
win	won	won
wind[2]	wound	wound
wring	wrung	wrung
write	wrote	written

La pronunciación

Hay palabras que tienen más de una pronunciación posible. En el ***Oxford Escolar*** se encuentran las más comunes, ordenadas por su frecuencia de uso.

either /ˈiːðər, ˈaɪðər/

Si la pronunciación de la palabra cambia mucho en inglés británico, se indica mediante la abreviatura *GB*.

salon /səˈlɑn; *GB* ˈsælɒn/

/ ˈ / indica el acento principal de la palabra.

money /ˈmʌni/ lleva el acento en la primera sílaba

lagoon /ləˈguːn/ se acentúa en la segunda sílaba

/ ˌ / muestra el acento secundario de la palabra.

pronunciation /prəˌnʌnsiˈeɪʃn/ lleva el acento secundario en la sílaba /ˌnʌn/ y el acento principal en la sílaba /ˈeɪʃn/.

r En inglés americano hablado siempre se pronuncia la **r** final.

Sin embargo, en inglés británico no se pronuncia la **r** final, salvo que la palabra siguiente empiece por vocal.

La **r** no se pronuncia en la frase *His car broke down*, pero sí en *His car is brand new.*

Por esta razón, en la versión británica aclaramos esta dificultad añadiendo una **r** entre paréntesis en la transcripción fonética.

chauffeur /ʃoʊˈfɜːr; *GB* ˈʃəʊfə(r)/

ɑː/ɒ Además, hay dos símbolos fonéticos que sólo aparecen en la versión británica:

ɑː **bath** /bæθ; *GB* bɑːθ/
ɒ **off** /ɔːf; *GB* ɒf/

Formas tónicas y átonas

Algunas palabras de uso frecuente (**an**, **as**, **from**, **that**, **of**, etc) tienen dos pronunciaciones posibles, una tónica y otra átona. De las dos, la forma átona es la más frecuente.

Tomemos por ejemplo el caso de la preposición **from** /frəm, frɑm/, que normalmente se pronuncia /frəm/, como en la frase

He comes from Spain.

Ahora bien, si aparece al final de la oración, o le queremos dar un énfasis especial, utilizamos la pronunciación tónica /frɑm/, como en el caso de

The ˌpresent's not ˈfrom John, it's ˈfor him.

Palabras derivadas

En muchas ocasiones, la pronunciación de una palabra derivada es la suma de la pronunciación de sus elementos. En estos casos no damos la transcipción fonética, ya que es predecible.

slowly = **slow** + **ly**
/ˈsloʊli/ /sloʊ + li/

astonishingly = **astonish** + **ing** + **ly**
/əˈstɑnɪʃɪŋli/ /əˈstɑnɪʃ + ɪŋ + li/

Pero a veces el acento de la palabra cambia al añadirle las desinencias, y en estos casos sí mostramos la pronunciación.

photograph /ˈfoʊtəgræf/
photographer /fəˈtɑgrəfər/
photographic /ˌfoʊtəˈgræfɪk/
photography /fəˈtɑgrəfi/

En el caso de las derivadas terminadas en **-tion**, la norma de que el acento recaiga sobre la penúltima sílaba se cumple con regularidad, y por lo tanto no indicamos la pronunciación.

alter /ˈɔːlter/
alteration /ˌɔːltəˈreɪʃn/
confirm /kənˈfɜːrm/
confirmation /ˌkɑnfərˈmeɪʃn/